中国人口普查
CHINA POPULATION CENSUS

2020

宁夏回族自治区人口普查年鉴（上册）

NINGXIA POPULATION CENSUS YEARBOOK 2020

(BOOK 1)

宁夏回族自治区第七次全国人口普查领导小组办公室
宁　夏　回　族　自　治　区　统　计　局　编

Compiled by
Office of the Leading Group of Ningxia Hui Autonomous Region
for the Seventh National Population Census
Ningxia Hui Autonomous Region Bureau of Statistics

中国统计出版社
China Statistics Press

图书在版编目（CIP）数据

宁夏回族自治区人口普查年鉴. 2020. 上册 / 宁夏回族自治区第七次全国人口普查领导小组办公室, 宁夏回族自治区统计局编. -- 北京 : 中国统计出版社, 2022.8
ISBN 978-7-5037-9832-0

Ⅰ. ①宁… Ⅱ. ①宁… ②宁… Ⅲ. ①人口普查－统计资料－宁夏－2020－年鉴 Ⅳ. ①C924.254.3-54

中国版本图书馆 CIP 数据核字(2022)第 100420 号

宁夏回族自治区人口普查年鉴-2020（上册）
Ningxia Population Census Yearbook 2020 (Book 1)

作　　者/宁夏回族自治区第七次全国人口普查领导小组办公室　宁夏回族自治区统计局
责任编辑/张　洁
封面设计/李雪燕
出版发行/中国统计出版社有限公司
通信地址/北京市丰台区西三环南路甲 6 号　邮政编码/100073
发行电话/邮购（010）63376909　书店（010）68783171
网　　址/http://www.zgtjcbs.com/
印　　刷/河北鑫兆源印刷有限公司
经　　销/新华书店
开　　本/880mm×1230mm　1/16
字　　数/1536 千字
印　　张/48
版　　别/2022 年 8 月第 1 版
版　　次/2022 年 8 月第 1 次印刷
定　　价/890.00 元（全三册附光盘）

《宁夏回族自治区人口普查年鉴—2020》编委会和编辑工作人员

编 辑 说 明

以 2020 年 11 月 1 日零时为标准时点的第七次全国人口普查是中国特色社会主义进入新时代，第一个百年奋斗目标即将实现的重要历史节点，人口发展进入重要转折期开展的一次重大国情国力调查。自 2019 年下半年普查工作启动以来，在国务院第七次全国人口普查领导小组的统一部署下，在自治区党委和政府的坚强领导下，在全区各地各有关部门的鼎力支持下，在广大普查对象的积极配合下，通过全区各级普查机构的精心组织和近 4 万名普查人员的辛勤努力，普查登记工作圆满完成，获得了大量有价值的人口统计信息，为科学制定全区国民经济和社会发展战略规划，推动高质量发展提供了强有力支持。为了满足社会各界的需要，现将汇总的数据资料编辑出版。

为便于读者使用本资料，现将有关情况说明如下:

一、普查对象和标准时点

第七次全国人口普查的普查对象是指普查标准时点在中华人民共和国境内的自然人以及在中华人民共和国境外但未定居的中国公民，不包括在中华人民共和国境内短期停留的境外人员。普查标准时点为 2020 年 11 月 1 日零时。

二、普查表式

第七次全国人口普查采用长、短两种普查表。普查短表包括反映人口基本状况的项目，由全部住户（不包括港澳台居民和外籍人员）填报；普查长表包括所有短表项目和人口的经济活动、婚姻生育和住房等情况的项目，在全部住户中抽取 10%的户（不包括港澳台居民和外籍人员）填报。

三、资料主要内容

本资料分为三部分。第一部分是全部人口数据，主要反映人口的基本状况，分为八卷，共 196 张表；第二部分是普查长表数据，主要反映人口的各种结构情况，分为九卷，共 218 张表；第三部分是附录，主要是普查的有关规定和技术文件等。

四、数据汇总口径及推算说明

本资料是按照普查实际登记直接汇总的数据，不包括漏登的人口，不包括中国人民解放军现役军人、武警部队人员，以及军队管理的离退休人员。资料中各项指标的汇总结果未做任何误差校正，读者在使用时应考虑不同指标登记误差因素的影响。

由于普查长表是按户抽样并进行登记，因此人口总数以及各种人口结构数据的抽样比会存在略微差异，请读者使用本资料推算总体时，对采用的方法予以注意。

五、城乡划分规定

本次人口普查关于城乡的划分，按照国家统计局《统计上划分城乡的规定》执行。

六、其他

本资料中部分相对数由于单位取舍问题而产生的计算误差，均未做机械调整。本资料中空项表示无数字或数字很小。

目　　录

上　册

第一部分　全部数据资料

第三卷 年龄

第四卷 教育

第五卷　家庭

第六卷　死亡

第七卷 户口登记状况

第八卷 住房

中　册

第二部分　长表数据资料

第四卷　就业

第五卷　婚姻

下　册

第二部分　长表数据资料(续)

第六卷　生育

第九卷 住房

第三部分　附　录

第一部分　全部数据资料

第一卷　概要

1-1 各地区户数、

地区	户数			合计			
	合计	家庭户	集体户	合计	男	女	性别比(女=100)
宁 夏	**2661882**	**2535074**	**126808**	**7202654**	**3668938**	**3533716**	**103.83**
银川市	**1110564**	**1030103**	**80461**	**2859074**	**1453869**	**1405205**	**103.46**
兴庆区	326812	306830	19982	808282	405595	402687	100.72
西夏区	163416	137561	25855	449559	228192	221367	103.08
金凤区	255507	244007	11500	643952	319862	324090	98.70
永宁县	122065	116910	5155	321618	164901	156717	105.22
贺兰县	132619	126997	5622	341507	174335	167172	104.28
灵武市	110145	97798	12347	294156	160984	133172	120.88
石嘴山市	**306585**	**294617**	**11968**	**751389**	**384491**	**366898**	**104.80**
大武口区	121908	115259	6649	298292	150339	147953	101.61
惠农区	76367	73453	2914	178891	94684	84207	112.44
平罗县	108310	105905	2405	274206	139468	134738	103.51
吴忠市	**484007**	**470326**	**13681**	**1382713**	**702838**	**679875**	**103.38**
利通区	168639	164635	4004	460790	230210	230580	99.84
红寺堡区	59429	56661	2768	197604	100959	96645	104.46
盐池县	61786	59179	2607	159209	84321	74888	112.60
同心县	97581	95666	1915	320801	162480	158321	102.63
青铜峡市	96572	94185	2387	244309	124868	119441	104.54
固原市	**387546**	**376282**	**11264**	**1142142**	**580618**	**561524**	**103.40**
原州区	162096	156014	6082	471329	235864	235465	100.17
西吉县	97582	95890	1692	315827	162621	153206	106.15
隆德县	39668	38776	892	109451	55689	53762	103.58
泾源县	28185	27656	529	85023	43629	41394	105.40
彭阳县	60015	57946	2069	160512	82815	77697	106.59
中卫市	**373180**	**363746**	**9434**	**1067336**	**547122**	**520214**	**105.17**
沙坡头区	150498	145876	4622	399796	205376	194420	105.64
中宁县	117789	115207	2582	334022	171168	162854	105.11
海原县	104893	102663	2230	333518	170578	162940	104.69

人口数和性别比

单位：户、人

人口数								平均家庭户规模（人/户）
家庭户				集体户				
小计	男	女	性别比（女=100）	小计	男	女	性别比（女=100）	
6709343	**3381503**	**3327840**	**101.61**	**493311**	**287435**	**205876**	**139.62**	**2.65**
2568917	**1282994**	**1285923**	**99.77**	**290157**	**170875**	**119282**	**143.25**	**2.49**
738208	365640	372568	98.14	70074	39955	30119	132.66	2.41
345665	173635	172030	100.93	103894	54557	49337	110.58	2.51
603272	295894	307378	96.26	40680	23968	16712	143.42	2.47
301927	154411	147516	104.67	19691	10490	9201	114.01	2.58
323531	162479	161052	100.89	17976	11856	6120	193.73	2.55
256314	130935	125379	104.43	37842	30049	7793	385.59	2.62
703095	**352939**	**350156**	**100.79**	**48294**	**31552**	**16742**	**188.46**	**2.39**
275466	136065	139401	97.61	22826	14274	8552	166.91	2.39
165839	84695	81144	104.38	13052	9989	3063	326.12	2.26
261790	132179	129611	101.98	12416	7289	5127	142.17	2.47
1313237	**662655**	**650582**	**101.86**	**69476**	**40183**	**29293**	**137.18**	**2.79**
440050	219564	220486	99.58	20740	10646	10094	105.47	2.67
187607	94905	92702	102.38	9997	6054	3943	153.54	3.31
147633	75759	71874	105.41	11576	8562	3014	284.07	2.49
308140	155585	152555	101.99	12661	6895	5766	119.58	3.22
229807	116842	112965	103.43	14502	8026	6476	123.93	2.44
1091419	**554980**	**536439**	**103.46**	**50723**	**25638**	**25085**	**102.20**	**2.90**
445495	223788	221707	100.94	25834	12076	13758	87.77	2.86
303125	156400	146725	106.59	12702	6221	6481	95.99	3.16
105993	53620	52373	102.38	3458	2069	1389	148.96	2.73
82548	42341	40207	105.31	2475	1288	1187	108.51	2.98
154258	78831	75427	104.51	6254	3984	2270	175.51	2.66
1032675	**527935**	**504740**	**104.60**	**34661**	**19187**	**15474**	**124.00**	**2.84**
385168	197168	188000	104.88	14628	8208	6420	127.85	2.64
325038	166048	158990	104.44	8984	5120	3864	132.51	2.82
322469	164719	157750	104.42	11049	5859	5190	112.89	3.14

1-1a 各地区户数、

地 区	户数			合计			
	合计	家庭户	集体户	合计	男	女	性别比 (女=100)
宁 夏	**1155063**	**1084791**	**70272**	**2988589**	**1488244**	**1500345**	**99.19**
银川市	**650322**	**598765**	**51557**	**1656514**	**825932**	**830582**	**99.44**
兴庆区	248321	234175	14146	603870	300640	303230	99.15
西夏区	144958	119456	25502	394678	199939	194739	102.67
金凤区	207138	197387	9751	516295	254194	262101	96.98
永宁县							
贺兰县	1579	1446	133	4307	2344	1963	119.41
灵武市	48326	46301	2025	137364	68815	68549	100.39
石嘴山市	**154736**	**149539**	**5197**	**365366**	**185096**	**180270**	**102.68**
大武口区	103868	100891	2977	245272	122035	123237	99.02
惠农区	50868	48648	2220	120094	63061	57033	110.57
平罗县							
吴忠市	**176488**	**171227**	**5261**	**488605**	**240822**	**247783**	**97.19**
利通区	110590	107683	2907	300492	146940	153552	95.69
红寺堡区	21875	20626	1249	72245	35761	36484	98.02
盐池县							
同心县							
青铜峡市	44023	42918	1105	115868	58121	57747	100.65
固原市	**86484**	**81844**	**4640**	**246800**	**119479**	**127321**	**93.84**
原州区	86484	81844	4640	246800	119479	127321	93.84
西吉县							
隆德县							
泾源县							
彭阳县							
中卫市	**87033**	**83416**	**3617**	**231304**	**116915**	**114389**	**102.21**
沙坡头区	87033	83416	3617	231304	116915	114389	102.21
中宁县							
海原县							

人口数和性别比(城市)

单位：户、人

人口数								平均家庭户规模（人/户）
家庭户				集体户				
小计	男	女	性别比（女=100）	小计	男	女	性别比（女=100）	
2716247	**1342020**	**1374227**	**97.66**	**272342**	**146224**	**126118**	**115.94**	**2.50**
1462082	**719598**	**742484**	**96.92**	**194432**	**106334**	**88098**	**120.70**	**2.44**
555669	272626	283043	96.32	48201	28014	20187	138.77	2.37
291977	146206	145771	100.30	102701	53733	48968	109.73	2.44
480989	234064	246925	94.79	35306	20130	15176	132.64	2.44
3849	1992	1857	107.27	458	352	106	332.08	2.66
129598	64710	64888	99.73	7766	4105	3661	112.13	2.80
346380	**171740**	**174640**	**98.34**	**18986**	**13356**	**5630**	**237.23**	**2.32**
234894	114976	119918	95.88	10378	7059	3319	212.68	2.33
111486	56764	54722	103.73	8608	6297	2311	272.48	2.29
460768	**228333**	**232435**	**98.24**	**27837**	**12489**	**15348**	**81.37**	**2.69**
285771	140898	144873	97.26	14721	6042	8679	69.62	2.65
66285	32918	33367	98.65	5960	2843	3117	91.21	3.21
108712	54517	54195	100.59	7156	3604	3552	101.46	2.53
226566	**110858**	**115708**	**95.81**	**20234**	**8621**	**11613**	**74.24**	**2.77**
226566	110858	115708	95.81	20234	8621	11613	74.24	2.77
220451	**111491**	**108960**	**102.32**	**10853**	**5424**	**5429**	**99.91**	**2.64**
220451	111491	108960	102.32	10853	5424	5429	99.91	2.64

1-1b 各地区户数、

地区	户数			合计			
	合计	家庭户	集体户	合计	男	女	性别比（女=100）
宁　夏	**612772**	**580390**	**32382**	**1690065**	**857525**	**832540**	**103.00**
银川市	**243567**	**227942**	**15625**	**637142**	**327775**	**309367**	**105.95**
兴庆区	48382	45723	2659	122604	62188	60416	102.93
西夏区	4733	4552	181	13864	7016	6848	102.45
金凤区	3923	3716	207	11657	5999	5658	106.03
永宁县	76758	72633	4125	207698	106311	101387	104.86
贺兰县	83384	79243	4141	217763	110159	107604	102.37
灵武市	26387	22075	4312	63556	36102	27454	131.50
石嘴山市	**86049**	**81800**	**4249**	**220136**	**110736**	**109400**	**101.22**
大武口区	9429	6566	2863	27040	14040	13000	108.00
惠农区	13025	12750	275	29637	15007	14630	102.58
平罗县	63595	62484	1111	163459	81689	81770	99.90
吴忠市	**96606**	**92092**	**4514**	**282514**	**144192**	**138322**	**104.24**
利通区	8285	7870	415	20987	11086	9901	111.97
红寺堡区	2968	2193	775	6953	4239	2714	156.19
盐池县	31837	30638	1199	88016	44571	43445	102.59
同心县	42158	40513	1645	140077	70241	69836	100.58
青铜峡市	11358	10878	480	26481	14055	12426	113.11
固原市	**84478**	**80519**	**3959**	**251106**	**124237**	**126869**	**97.93**
原州区	7180	6964	216	21010	10853	10157	106.85
西吉县	29612	28245	1367	96776	47334	49442	95.74
隆德县	14936	14318	618	41744	20446	21298	96.00
泾源县	10222	9802	420	30003	15016	14987	100.19
彭阳县	22528	21190	1338	61573	30588	30985	98.72
中卫市	**102072**	**98037**	**4035**	**299167**	**150585**	**148582**	**101.35**
沙坡头区	6819	6456	363	18003	9568	8435	113.43
中宁县	58898	57096	1802	163702	82682	81020	102.05
海原县	36355	34485	1870	117462	58335	59127	98.66

人口数和性别比(镇)

单位：户、人

人口数								平均家庭户规模（人/户）
家庭户				集体户				
小计	男	女	性别比（女=100）	小计	男	女	性别比（女=100）	
1566315	**785240**	**781075**	**100.53**	**123750**	**72285**	**51465**	**140.45**	**2.70**
587125	**295913**	**291212**	**101.61**	**50017**	**31862**	**18155**	**175.50**	**2.58**
112934	56274	56660	99.32	9670	5914	3756	157.45	2.47
13332	6698	6634	100.96	532	318	214	148.60	2.93
11012	5579	5433	102.69	645	420	225	186.67	2.96
192026	98178	93848	104.61	15672	8133	7539	107.88	2.64
204720	101575	103145	98.48	13043	8584	4459	192.51	2.58
53101	27609	25492	108.30	10455	8493	1962	432.87	2.41
206891	**103295**	**103596**	**99.71**	**13245**	**7441**	**5804**	**128.20**	**2.53**
18552	9463	9089	104.11	8488	4577	3911	117.03	2.83
28765	14450	14315	100.94	872	557	315	176.83	2.26
159574	79382	80192	98.99	3885	2307	1578	146.20	2.55
260647	**131080**	**129567**	**101.17**	**21867**	**13112**	**8755**	**149.77**	**2.83**
18967	9642	9325	103.40	2020	1444	576	250.69	2.41
5100	2774	2326	119.26	1853	1465	388	377.58	2.33
83669	41969	41700	100.65	4347	2602	1745	149.11	2.73
128320	63985	64335	99.46	11757	6256	5501	113.72	3.17
24591	12710	11881	106.98	1890	1345	545	246.79	2.26
230409	**113844**	**116565**	**97.67**	**20697**	**10393**	**10304**	**100.86**	**2.86**
20377	10492	9885	106.14	633	361	272	132.72	2.93
85493	42110	43383	97.07	11283	5224	6059	86.22	3.03
39421	19093	20328	93.92	2323	1353	970	139.48	2.75
27863	13982	13881	100.73	2140	1034	1106	93.49	2.84
57255	28167	29088	96.83	4318	2421	1897	127.62	2.70
281243	**141108**	**140135**	**100.69**	**17924**	**9477**	**8447**	**112.19**	**2.87**
16955	8749	8206	106.62	1048	819	229	357.64	2.63
156898	79240	77658	102.04	6804	3442	3362	102.38	2.75
107390	53119	54271	97.88	10072	5216	4856	107.41	3.11

1-1c 各地区户数、

地　区	户数			合计			
	合计	家庭户	集体户	合计	男	女	性别比（女=100）
宁　夏	**894047**	**869893**	**24154**	**2524000**	**1323169**	**1200831**	**110.19**
银川市	**216675**	**203396**	**13279**	**565418**	**300162**	**265256**	**113.16**
兴庆区	30109	26932	3177	81808	42767	39041	109.54
西夏区	13725	13553	172	41017	21237	19780	107.37
金凤区	44446	42904	1542	116000	59669	56331	105.93
永宁县	45307	44277	1030	113920	58590	55330	105.89
贺兰县	47656	46308	1348	119437	61832	57605	107.34
灵武市	35432	29422	6010	93236	56067	37169	150.84
石嘴山市	**65800**	**63278**	**2522**	**165887**	**88659**	**77228**	**114.80**
大武口区	8611	7802	809	25980	14264	11716	121.75
惠农区	12474	12055	419	29160	16616	12544	132.46
平罗县	44715	43421	1294	110747	57779	52968	109.08
吴忠市	**210913**	**207007**	**3906**	**611594**	**317824**	**293770**	**108.19**
利通区	49764	49082	682	139311	72184	67127	107.53
红寺堡区	34586	33842	744	118406	60959	57447	106.11
盐池县	29949	28541	1408	71193	39750	31443	126.42
同心县	55423	55153	270	180724	92239	88485	104.24
青铜峡市	41191	40389	802	101960	52692	49268	106.95
固原市	**216584**	**213919**	**2665**	**644236**	**336902**	**307334**	**109.62**
原州区	68432	67206	1226	203519	105532	97987	107.70
西吉县	67970	67645	325	219051	115287	103764	111.11
隆德县	24732	24458	274	67707	35243	32464	108.56
泾源县	17963	17854	109	55020	28613	26407	108.35
彭阳县	37487	36756	731	98939	52227	46712	111.81
中卫市	**184075**	**182293**	**1782**	**536865**	**279622**	**257243**	**108.70**
沙坡头区	56646	56004	642	150489	78893	71596	110.19
中宁县	58891	58111	780	170320	88486	81834	108.13
海原县	68538	68178	360	216056	112243	103813	108.12

人口数和性别比(乡村)

单位：户、人

人口数								平均家庭户规模(人/户)
家庭户				集体户				
小计	男	女	性别比(女=100)	小计	男	女	性别比(女=100)	
2426781	**1254243**	**1172538**	**106.97**	**97219**	**68926**	**28293**	**243.62**	**2.79**
519710	**267483**	**252227**	**106.05**	**45708**	**32679**	**13029**	**250.82**	**2.56**
69605	36740	32865	111.79	12203	6027	6176	97.59	2.58
40356	20731	19625	105.64	661	506	155	326.45	2.98
111271	56251	55020	102.24	4729	3418	1311	260.72	2.59
109901	56233	53668	104.78	4019	2357	1662	141.82	2.48
114962	58912	56050	105.11	4475	2920	1555	187.78	2.48
73615	38616	34999	110.33	19621	17451	2170	804.19	2.50
149824	**77904**	**71920**	**108.32**	**16063**	**10755**	**5308**	**202.62**	**2.37**
22020	11626	10394	111.85	3960	2638	1322	199.55	2.82
25588	13481	12107	111.35	3572	3135	437	717.39	2.12
102216	52797	49419	106.84	8531	4982	3549	140.38	2.35
591822	**303242**	**288580**	**105.08**	**19772**	**14582**	**5190**	**280.96**	**2.86**
135312	69024	66288	104.13	3999	3160	839	376.64	2.76
116222	59213	57009	103.87	2184	1746	438	398.63	3.43
63964	33790	30174	111.98	7229	5960	1269	469.66	2.24
179820	91600	88220	103.83	904	639	265	241.13	3.26
96504	49615	46889	105.81	5456	3077	2379	129.34	2.39
634444	**330278**	**304166**	**108.58**	**9792**	**6624**	**3168**	**209.09**	**2.97**
198552	102438	96114	106.58	4967	3094	1873	165.19	2.95
217632	114290	103342	110.59	1419	997	422	236.26	3.22
66572	34527	32045	107.75	1135	716	419	170.88	2.72
54685	28359	26326	107.72	335	254	81	313.58	3.06
97003	50664	46339	109.33	1936	1563	373	419.03	2.64
530981	**275336**	**255645**	**107.70**	**5884**	**4286**	**1598**	**268.21**	**2.91**
147762	76928	70834	108.60	2727	1965	762	257.87	2.64
168140	86808	81332	106.73	2180	1678	502	334.26	2.89
215079	111600	103479	107.85	977	643	334	192.51	3.15

1-2 各地区分性别、

地　区	人口数			居住本乡、镇、街道，户口在本乡、镇、街道		
	合计	男	女	小计	男	女
宁　夏	**7202654**	**3668938**	**3533716**	**3820865**	**1919323**	**1901542**
银川市	**2859074**	**1453869**	**1405205**	**1227535**	**600779**	**626756**
兴庆区	808282	405595	402687	353184	169529	183655
西夏区	449559	228192	221367	156831	76725	80106
金凤区	643952	319862	324090	323612	156533	167079
永宁县	321618	164901	156717	138987	70162	68825
贺兰县	341507	174335	167172	134786	66950	67836
灵武市	294156	160984	133172	120135	60880	59255
石嘴山市	**751389**	**384491**	**366898**	**384824**	**191368**	**193456**
大武口区	298292	150339	147953	160378	78589	81789
惠农区	178891	94684	84207	85617	42820	42797
平罗县	274206	139468	134738	138829	69959	68870
吴忠市	**1382713**	**702838**	**679875**	**781509**	**395815**	**385694**
利通区	460790	230210	230580	229125	114835	114290
红寺堡区	197604	100959	96645	112627	57259	55368
盐池县	159209	84321	74888	74305	38215	36090
同心县	320801	162480	158321	236589	120080	116509
青铜峡市	244309	124868	119441	128863	65426	63437
固原市	**1142142**	**580618**	**561524**	**782196**	**400890**	**381306**
原州区	471329	235864	235465	251340	126876	124464
西吉县	315827	162621	153206	252349	130911	121438
隆德县	109451	55689	53762	85827	43888	41939
泾源县	85023	43629	41394	72181	37282	34899
彭阳县	160512	82815	77697	120499	61933	58566
中卫市	**1067336**	**547122**	**520214**	**644801**	**330471**	**314330**
沙坡头区	399796	205376	194420	207022	105663	101359
中宁县	334022	171168	162854	180930	92213	88717
海原县	333518	170578	162940	256849	132595	124254

户口登记状况的人口

单位：人

居住本乡、镇、街道，户口在外乡、镇、街道，离开户口登记地半年以上			居住本乡、镇、街道，户口待定			原住本乡、镇、街道，现在港澳台或国外工作学习		
小计	男	女	小计	男	女	小计	男	女
3362670	**1739397**	**1623273**	**13287**	**6909**	**6378**	**5832**	**3309**	**2523**
1620472	**847418**	**773054**	**7794**	**4102**	**3692**	**3273**	**1570**	**1703**
451350	234227	217123	2061	1064	997	1687	775	912
291613	150882	140731	663	366	297	452	219	233
316631	161427	155204	2903	1523	1380	806	379	427
182045	94415	87630	527	289	238	59	35	24
205310	106677	98633	1283	639	644	128	69	59
173523	99790	73733	357	221	136	141	93	48
365026	**192266**	**172760**	**812**	**417**	**395**	**727**	**440**	**287**
137234	71401	65833	293	156	137	387	193	194
92885	51651	41234	271	141	130	118	72	46
134907	69214	65693	248	120	128	222	175	47
598617	**305550**	**293067**	**1794**	**927**	**867**	**793**	**546**	**247**
230857	114948	115909	563	284	279	245	143	102
84536	43433	41103	332	184	148	109	83	26
84736	46011	38725	124	68	56	44	27	17
83636	42052	41584	308	144	164	268	204	64
114852	59106	55746	467	247	220	127	89	38
357965	**178591**	**179374**	**1517**	**798**	**719**	**464**	**339**	**125**
219094	108494	110600	727	384	343	168	110	58
63033	31449	31584	328	175	153	117	86	31
23411	11670	11741	159	84	75	54	47	7
12690	6262	6428	110	49	61	42	36	6
39737	20716	19021	193	106	87	83	60	23
420590	**215572**	**205018**	**1370**	**665**	**705**	**575**	**414**	**161**
192101	99336	92765	451	229	222	222	148	74
152479	78604	73875	433	222	211	180	129	51
76010	37632	38378	486	214	272	173	137	36

1−2a 各地区分性别、

地 区	人 口 数			居住本乡、镇、街道，户口在本乡、镇、街道		
	合计	男	女	小计	男	女
宁 夏	**2988589**	**1488244**	**1500345**	**1207925**	**584104**	**623821**
银川市	**1656514**	**825932**	**830582**	**682598**	**328334**	**354264**
兴庆区	603870	300640	303230	260902	124511	136391
西夏区	394678	199939	194739	130755	63533	67222
金凤区	516295	254194	262101	250729	120313	130416
永宁县						
贺兰县	4307	2344	1963	954	494	460
灵武市	137364	68815	68549	39258	19483	19775
石嘴山市	**365366**	**185096**	**180270**	**183976**	**89235**	**94741**
大武口区	245272	122035	123237	129602	62512	67090
惠农区	120094	63061	57033	54374	26723	27651
平罗县						
吴忠市	**488605**	**240822**	**247783**	**182592**	**89575**	**93017**
利通区	300492	146940	153552	117526	57232	60294
红寺堡区	72245	35761	36484	25153	12427	12726
盐池县						
同心县						
青铜峡市	115868	58121	57747	39913	19916	19997
固原市	**246800**	**119479**	**127321**	**77025**	**36480**	**40545**
原州区	246800	119479	127321	77025	36480	40545
西吉县						
隆德县						
泾源县						
彭阳县						
中卫市	**231304**	**116915**	**114389**	**81734**	**40480**	**41254**
沙坡头区	231304	116915	114389	81734	40480	41254
中宁县						
海原县						

户口登记状况的人口(城市)

单位：人

居住本乡、镇、街道，户口在外乡、镇、街道，离开户口登记地半年以上			居住本乡、镇、街道，户口待定			原住本乡、镇、街道，现在港澳台或国外工作学习		
小计	男	女	小计	男	女	小计	男	女
1771385	**899390**	**871995**	**5738**	**3080**	**2658**	**3541**	**1670**	**1871**
967129	**494199**	**472930**	**4030**	**2128**	**1902**	**2757**	**1271**	**1486**
339784	174603	165181	1646	834	812	1538	692	846
262953	135889	127064	545	314	231	425	203	222
263111	132624	130487	1697	903	794	758	354	404
3343	1845	1498	10	5	5			
97938	49238	48700	132	72	60	36	22	14
180553	**95422**	**85131**	**384**	**214**	**170**	**453**	**225**	**228**
115101	59227	55874	203	117	86	366	179	187
65452	36195	29257	181	97	84	87	46	41
305147	**150770**	**154377**	**665**	**364**	**301**	**201**	**113**	**88**
182561	89502	93059	272	139	133	133	67	66
46913	23216	23697	150	96	54	29	22	7
75673	38052	37621	243	129	114	39	24	15
169308	**82732**	**86576**	**408**	**240**	**168**	**59**	**27**	**32**
169308	82732	86576	408	240	168	59	27	32
149248	**76267**	**72981**	**251**	**134**	**117**	**71**	**34**	**37**
149248	76267	72981	251	134	117	71	34	37

1-2b 各地区分性别、

地　区	人　口　数			居住本乡、镇、街道，户口在本乡、镇、街道		
	合计	男	女	小计	男	女
宁　夏	**1690065**	**857525**	**832540**	**691333**	**343244**	**348089**
银川市	**637142**	**327775**	**309367**	**204722**	**99958**	**104764**
兴庆区	122604	62188	60416	46948	22078	24870
西夏区	13864	7016	6848	7255	3620	3635
金凤区	11657	5999	5658	9126	4600	4526
永宁县	207698	106311	101387	57877	28832	29045
贺兰县	217763	110159	107604	62094	29861	32233
灵武市	63556	36102	27454	21422	10967	10455
石嘴山市	**220136**	**110736**	**109400**	**81640**	**40801**	**40839**
大武口区	27040	14040	13000	13719	7303	6416
惠农区	29637	15007	14630	11867	6014	5853
平罗县	163459	81689	81770	56054	27484	28570
吴忠市	**282514**	**144192**	**138322**	**137337**	**69130**	**68207**
利通区	20987	11086	9901	14060	7182	6878
红寺堡区	6953	4239	2714	2103	1085	1018
盐池县	88016	44571	43445	26856	13374	13482
同心县	140077	70241	69836	80810	40573	40237
青铜峡市	26481	14055	12426	13508	6916	6592
固原市	**251106**	**124237**	**126869**	**138150**	**68477**	**69673**
原州区	21010	10853	10157	15196	7854	7342
西吉县	96776	47334	49442	45163	22114	23049
隆德县	41744	20446	21298	24690	12136	12554
泾源县	30003	15016	14987	20869	10610	10259
彭阳县	61573	30588	30985	32232	15763	16469
中卫市	**299167**	**150585**	**148582**	**129484**	**64878**	**64606**
沙坡头区	18003	9568	8435	13502	6891	6611
中宁县	163702	82682	81020	60228	29872	30356
海原县	117462	58335	59127	55754	28115	27639

户口登记状况的人口(镇)

单位：人

居住本乡、镇、街道，户口在外乡、镇、街道，离开户口登记地半年以上			居住本乡、镇、街道，户口待定			原住本乡、镇、街道，现在港澳台或国外工作学习		
小计	男	女	小计	男	女	小计	男	女
995085	**512370**	**482715**	**3072**	**1569**	**1503**	**575**	**342**	**233**
430278	**226719**	**203559**	**1904**	**975**	**929**	**238**	**123**	**115**
75258	39907	35351	275	138	137	123	65	58
6554	3371	3183	54	24	30	1	1	
2462	1361	1101	67	37	30	2	1	1
149428	77266	72162	364	198	166	29	15	14
154581	79770	74811	1023	496	527	65	32	33
41995	25044	16951	121	82	39	18	9	9
138189	**69785**	**68404**	**249**	**109**	**140**	**58**	**41**	**17**
13252	6705	6547	59	24	35	10	8	2
17714	8963	8751	44	21	23	12	9	3
107223	54117	53106	146	64	82	36	24	12
144771	**74838**	**69933**	**278**	**140**	**138**	**128**	**84**	**44**
6891	3889	3002	25	7	18	11	8	3
4837	3148	1689	7	4	3	6	2	4
61091	31161	29930	62	33	29	7	3	4
59053	29540	29513	139	74	65	75	54	21
12899	7100	5799	45	22	23	29	17	12
112564	**55549**	**57015**	**323**	**170**	**153**	**69**	**41**	**28**
5770	2972	2798	30	16	14	14	11	3
51490	25162	26328	110	53	57	13	5	8
16985	8271	8714	58	32	26	11	7	4
9087	4382	4705	34	16	18	13	8	5
29232	14762	14470	91	53	38	18	10	8
169283	**85479**	**83804**	**318**	**175**	**143**	**82**	**53**	**29**
4469	2656	1813	18	11	7	14	10	4
103277	52689	50588	156	93	63	41	28	13
61537	30134	31403	144	71	73	27	15	12

1-2c 各地区分性别、

地区	人口数			居住本乡、镇、街道，户口在本乡、镇、街道		
	合计	男	女	小计	男	女
宁　夏	**2524000**	**1323169**	**1200831**	**1921607**	**991975**	**929632**
银川市	**565418**	**300162**	**265256**	**340215**	**172487**	**167728**
兴庆区	81808	42767	39041	45334	22940	22394
西夏区	41017	21237	19780	18821	9572	9249
金凤区	116000	59669	56331	63757	31620	32137
永宁县	113920	58590	55330	81110	41330	39780
贺兰县	119437	61832	57605	71738	36595	35143
灵武市	93236	56067	37169	59455	30430	29025
石嘴山市	**165887**	**88659**	**77228**	**119208**	**61332**	**57876**
大武口区	25980	14264	11716	17057	8774	8283
惠农区	29160	16616	12544	19376	10083	9293
平罗县	110747	57779	52968	82775	42475	40300
吴忠市	**611594**	**317824**	**293770**	**461580**	**237110**	**224470**
利通区	139311	72184	67127	97539	50421	47118
红寺堡区	118406	60959	57447	85371	43747	41624
盐池县	71193	39750	31443	47449	24841	22608
同心县	180724	92239	88485	155779	79507	76272
青铜峡市	101960	52692	49268	75442	38594	36848
固原市	**644236**	**336902**	**307334**	**567021**	**295933**	**271088**
原州区	203519	105532	97987	159119	82542	76577
西吉县	219051	115287	103764	207186	108797	98389
隆德县	67707	35243	32464	61137	31752	29385
泾源县	55020	28613	26407	51312	26672	24640
彭阳县	98939	52227	46712	88267	46170	42097
中卫市	**536865**	**279622**	**257243**	**433583**	**225113**	**208470**
沙坡头区	150489	78893	71596	111786	58292	53494
中宁县	170320	88486	81834	120702	62341	58361
海原县	216056	112243	103813	201095	104480	96615

户口登记状况的人口(乡村)

单位：人

居住本乡、镇、街道，户口在外乡、镇、街道，离开户口登记地半年以上			居住本乡、镇、街道，户口待定			原住本乡、镇、街道，现在港澳台或国外工作学习		
小计	男	女	小计	男	女	小计	男	女
596200	**327637**	**268563**	**4477**	**2260**	**2217**	**1716**	**1297**	**419**
223065	**126500**	**96565**	**1860**	**999**	**861**	**278**	**176**	**102**
36308	19717	16591	140	92	48	26	18	8
22106	11622	10484	64	28	36	26	15	11
51058	27442	23616	1139	583	556	46	24	22
32617	17149	15468	163	91	72	30	20	10
47386	25062	22324	250	138	112	63	37	26
33590	25508	8082	104	67	37	87	62	25
46284	**27059**	**19225**	**179**	**94**	**85**	**216**	**174**	**42**
8881	5469	3412	31	15	16	11	6	5
9719	6493	3226	46	23	23	19	17	2
27684	15097	12587	102	56	46	186	151	35
148699	**79942**	**68757**	**851**	**423**	**428**	**464**	**349**	**115**
41405	21557	19848	266	138	128	101	68	33
32786	17069	15717	175	84	91	74	59	15
23645	14850	8795	62	35	27	37	24	13
24583	12512	12071	169	70	99	193	150	43
26280	13954	12326	179	96	83	59	48	11
76093	**40310**	**35783**	**786**	**388**	**398**	**336**	**271**	**65**
44016	22790	21226	289	128	161	95	72	23
11543	6287	5256	218	122	96	104	81	23
6426	3399	3027	101	52	49	43	40	3
3603	1880	1723	76	33	43	29	28	1
10505	5954	4551	102	53	49	65	50	15
102059	**53826**	**48233**	**801**	**356**	**445**	**422**	**327**	**95**
38384	20413	17971	182	84	98	137	104	33
49202	25915	23287	277	129	148	139	101	38
14473	7498	6975	342	143	199	146	122	24

1-3 各地区分性别的户口登记地在外乡镇街道的人口状况

单位：人

地区	户口登记地					
	合计			本县(市、区)		
	合计	男	女	小计	男	女
宁夏	**3362670**	**1739397**	**1623273**	**1484809**	**735118**	**749691**
银川市	**1620472**	**847418**	**773054**	**410342**	**201776**	**208566**
兴庆区	451350	234227	217123	99147	46988	52159
西夏区	291613	150882	140731	43041	21115	21926
金凤区	316631	161427	155204	54372	25500	28872
永宁县	182045	94415	87630	57878	28935	28943
贺兰县	205310	106677	98633	69148	34634	34514
灵武市	173523	99790	73733	86756	44604	42152
石嘴山市	**365026**	**192266**	**172760**	**193758**	**96607**	**97151**
大武口区	137234	71401	65833	50561	24827	25734
惠农区	92885	51651	41234	43532	21893	21639
平罗县	134907	69214	65693	99665	49887	49778
吴忠市	**598617**	**305550**	**293067**	**355342**	**175901**	**179441**
利通区	230857	114948	115909	147949	72639	75310
红寺堡区	84536	43433	41103	21586	10706	10880
盐池县	84736	46011	38725	56813	28667	28146
同心县	83636	42052	41584	53197	25750	27447
青铜峡市	114852	59106	55746	75797	38139	37658
固原市	**357965**	**178591**	**179374**	**235109**	**114696**	**120413**
原州区	219094	108494	110600	131869	64245	67624
西吉县	63033	31449	31584	48728	23583	25145
隆德县	23411	11670	11741	16850	8230	8620
泾源县	12690	6262	6428	8294	3940	4354
彭阳县	39737	20716	19021	29368	14698	14670
中卫市	**420590**	**215572**	**205018**	**290258**	**146138**	**144120**
沙坡头区	192101	99336	92765	144445	73315	71130
中宁县	152479	78604	73875	86409	43816	42593
海原县	76010	37632	38378	59404	29007	30397

1–3　续表　　　　单位：人

地　区	户口登记地					
	本自治区其他县(市、区)			自治区外		
	小计	男	女	小计	男	女
宁　夏	**1202742**	**609520**	**593222**	**675119**	**394759**	**280360**
银川市	**735357**	**370383**	**364974**	**474773**	**275259**	**199514**
兴庆区	174942	85133	89809	177261	102106	75155
西夏区	157677	78769	78908	90895	50998	39897
金凤区	185231	91021	94210	77028	44906	32122
永宁县	76445	38177	38268	47722	27303	20419
贺兰县	83998	42118	41880	52164	29925	22239
灵武市	57064	35165	21899	29703	20021	9682
石嘴山市	**96284**	**50594**	**45690**	**74984**	**45065**	**29919**
大武口区	49861	25722	24139	36812	20852	15960
惠农区	25195	14108	11087	24158	15650	8508
平罗县	21228	10764	10464	14014	8563	5451
吴忠市	**178150**	**90952**	**87198**	**65125**	**38697**	**26428**
利通区	64064	31492	32572	18844	10817	8027
红寺堡区	54590	27795	26795	8360	4932	3428
盐池县	11817	7215	4602	16106	10129	5977
同心县	25699	13184	12515	4740	3118	1622
青铜峡市	21980	11266	10714	17075	9701	7374
固原市	**98906**	**49855**	**49051**	**23950**	**14040**	**9910**
原州区	74240	36806	37434	12985	7443	5542
西吉县	10259	5402	4857	4046	2464	1582
隆德县	4273	2217	2056	2288	1223	1065
泾源县	3261	1669	1592	1135	653	482
彭阳县	6873	3761	3112	3496	2257	1239
中卫市	**94045**	**47736**	**46309**	**36287**	**21698**	**14589**
沙坡头区	29381	14845	14536	18275	11176	7099
中宁县	51102	26084	25018	14968	8704	6264
海原县	13562	6807	6755	3044	1818	1226

1-3a 各地区分性别的户口登记地在外乡镇街道的人口状况(城市)

单位：人

地 区	户口登记地					
	合 计			本县(市、区)		
	合计	男	女	小计	男	女
宁 夏	**1771385**	**899390**	**871995**	**753153**	**369451**	**383702**
银川市	**967129**	**494199**	**472930**	**240944**	**116469**	**124475**
兴庆区	339784	174603	165181	79283	37419	41864
西夏区	262953	135889	127064	41486	20311	21175
金凤区	263111	132624	130487	49603	23241	26362
永宁县						
贺兰县	3343	1845	1498	496	260	236
灵武市	97938	49238	48700	70076	35238	34838
石嘴山市	**180553**	**95422**	**85131**	**77272**	**38185**	**39087**
大武口区	115101	59227	55874	49320	24169	25151
惠农区	65452	36195	29257	27952	14016	13936
平罗县						
吴忠市	**305147**	**150770**	**154377**	**205104**	**100929**	**104175**
利通区	182561	89502	93059	122858	59954	62904
红寺堡区	46913	23216	23697	18451	9065	9386
盐池县						
同心县						
青铜峡市	75673	38052	37621	63795	31910	31885
固原市	**169308**	**82732**	**86576**	**104359**	**50423**	**53936**
原州区	169308	82732	86576	104359	50423	53936
西吉县						
隆德县						
泾源县						
彭阳县						
中卫市	**149248**	**76267**	**72981**	**125474**	**63445**	**62029**
沙坡头区	149248	76267	72981	125474	63445	62029
中宁县						
海原县						

1-3a　续表　　　　单位：人

地　区	户口登记地					
	本自治区其他县(市、区)			自治区外		
	小计	男	女	小计	男	女
宁　夏	**645121**	**316780**	**328341**	**373111**	**213159**	**159952**
银川市	**442395**	**216284**	**226111**	**283790**	**161446**	**122344**
兴庆区	130554	62924	67630	129947	74260	55687
西夏区	136483	67915	68568	84984	47663	37321
金凤区	154534	75361	79173	58974	34022	24952
永宁县						
贺兰县	1504	773	731	1343	812	531
灵武市	19320	9311	10009	8542	4689	3853
石嘴山市	**55667**	**29260**	**26407**	**47614**	**27977**	**19637**
大武口区	36831	18751	18080	28950	16307	12643
惠农区	18836	10509	8327	18664	11670	6994
平罗县						
吴忠市	**79036**	**38076**	**40960**	**21007**	**11765**	**9242**
利通区	47314	22570	24744	12389	6978	5411
红寺堡区	25003	12283	12720	3459	1868	1591
盐池县						
同心县						
青铜峡市	6719	3223	3496	5159	2919	2240
固原市	**55761**	**27126**	**28635**	**9188**	**5183**	**4005**
原州区	55761	27126	28635	9188	5183	4005
西吉县						
隆德县						
泾源县						
彭阳县						
中卫市	**12262**	**6034**	**6228**	**11512**	**6788**	**4724**
沙坡头区	12262	6034	6228	11512	6788	4724
中宁县						
海原县						

1-3b 各地区分性别的户口登记地在外乡镇街道的人口状况(镇)

单位：人

地区	户口登记地					
	合计			本县(市、区)		
	合计	男	女	小计	男	女
宁夏	**995085**	**512370**	**482715**	**560320**	**277614**	**282706**
银川市	**430278**	**226719**	**203559**	**136494**	**68115**	**68379**
兴庆区	75258	39907	35351	16690	7933	8757
西夏区	6554	3371	3183	455	229	226
金凤区	2462	1361	1101	426	193	233
永宁县	149428	77266	72162	50819	25446	25373
贺兰县	154581	79770	74811	55414	27622	27792
灵武市	41995	25044	16951	12690	6692	5998
石嘴山市	**138189**	**69785**	**68404**	**101801**	**50816**	**50985**
大武口区	13252	6705	6547	576	274	302
惠农区	17714	8963	8751	12153	6049	6104
平罗县	107223	54117	53106	89072	44493	44579
吴忠市	**144771**	**74838**	**69933**	**93405**	**46231**	**47174**
利通区	6891	3889	3002	2628	1436	1192
红寺堡区	4837	3148	1689	502	330	172
盐池县	61091	31161	29930	48691	24322	24369
同心县	59053	29540	29513	39876	19226	20650
青铜峡市	12899	7100	5799	1708	917	791
固原市	**112564**	**55549**	**57015**	**93497**	**45189**	**48308**
原州区	5770	2972	2798	3144	1622	1522
西吉县	51490	25162	26328	45427	21803	23624
隆德县	16985	8271	8714	13887	6693	7194
泾源县	9087	4382	4705	7249	3415	3834
彭阳县	29232	14762	14470	23790	11656	12134
中卫市	**169283**	**85479**	**83804**	**135123**	**67263**	**67860**
沙坡头区	4469	2656	1813	1617	858	759
中宁县	103277	52689	50588	81071	40972	40099
海原县	61537	30134	31403	52435	25433	27002

1-3b 续表 单位：人

地 区	户口登记地					
	本自治区其他县(市、区)			自治区外		
	小计	男	女	小计	男	女
宁 夏	**270560**	**139426**	**131134**	**164205**	**95330**	**68875**
银川市	**177723**	**91655**	**86068**	**116061**	**66949**	**49112**
兴庆区	28284	14572	13712	30284	17402	12882
西夏区	4963	2498	2465	1136	644	492
金凤区	1197	630	567	839	538	301
永宁县	58833	29264	29569	39776	22556	17220
贺兰县	64842	32471	32371	34325	19677	14648
灵武市	19604	12220	7384	9701	6132	3569
石嘴山市	**21053**	**10370**	**10683**	**15335**	**8599**	**6736**
大武口区	6902	3239	3663	5774	3192	2582
惠农区	3692	1870	1822	1869	1044	825
平罗县	10459	5261	5198	7692	4363	3329
吴忠市	**35320**	**18818**	**16502**	**16046**	**9789**	**6257**
利通区	3115	1752	1363	1148	701	447
红寺堡区	3188	2018	1170	1147	800	347
盐池县	5254	2754	2500	7146	4085	3061
同心县	16103	8242	7861	3074	2072	1002
青铜峡市	7660	4052	3608	3531	2131	1400
固原市	**12522**	**6456**	**6066**	**6545**	**3904**	**2641**
原州区	2206	1108	1098	420	242	178
西吉县	3665	1846	1819	2398	1513	885
隆德县	1830	910	920	1268	668	600
泾源县	1337	695	642	501	272	229
彭阳县	3484	1897	1587	1958	1209	749
中卫市	**23942**	**12127**	**11815**	**10218**	**6089**	**4129**
沙坡头区	1523	833	690	1329	965	364
中宁县	14909	7554	7355	7297	4163	3134
海原县	7510	3740	3770	1592	961	631

1-3c 各地区分性别的户口登记地在外乡镇街道的人口状况(乡村)

单位：人

地区	户口登记地					
	合计			本县(市、区)		
	合计	男	女	小计	男	女
宁夏	**596200**	**327637**	**268563**	**171336**	**88053**	**83283**
银川市	**223065**	**126500**	**96565**	**32904**	**17192**	**15712**
兴庆区	36308	19717	16591	3174	1636	1538
西夏区	22106	11622	10484	1100	575	525
金凤区	51058	27442	23616	4343	2066	2277
永宁县	32617	17149	15468	7059	3489	3570
贺兰县	47386	25062	22324	13238	6752	6486
灵武市	33590	25508	8082	3990	2674	1316
石嘴山市	**46284**	**27059**	**19225**	**14685**	**7606**	**7079**
大武口区	8881	5469	3412	665	384	281
惠农区	9719	6493	3226	3427	1828	1599
平罗县	27684	15097	12587	10593	5394	5199
吴忠市	**148699**	**79942**	**68757**	**56833**	**28741**	**28092**
利通区	41405	21557	19848	22463	11249	11214
红寺堡区	32786	17069	15717	2633	1311	1322
盐池县	23645	14850	8795	8122	4345	3777
同心县	24583	12512	12071	13321	6524	6797
青铜峡市	26280	13954	12326	10294	5312	4982
固原市	**76093**	**40310**	**35783**	**37253**	**19084**	**18169**
原州区	44016	22790	21226	24366	12200	12166
西吉县	11543	6287	5256	3301	1780	1521
隆德县	6426	3399	3027	2963	1537	1426
泾源县	3603	1880	1723	1045	525	520
彭阳县	10505	5954	4551	5578	3042	2536
中卫市	**102059**	**53826**	**48233**	**29661**	**15430**	**14231**
沙坡头区	38384	20413	17971	17354	9012	8342
中宁县	49202	25915	23287	5338	2844	2494
海原县	14473	7498	6975	6969	3574	3395

1－3c　续表

单位：人

地　区	户口登记地					
	本自治区其他县(市、区)			自治区外		
	小计	男	女	小计	男	女
宁　夏	**287061**	**153314**	**133747**	**137803**	**86270**	**51533**
银川市	**115239**	**62444**	**52795**	**74922**	**46864**	**28058**
兴庆区	16104	7637	8467	17030	10444	6586
西夏区	16231	8356	7875	4775	2691	2084
金凤区	29500	15030	14470	17215	10346	6869
永宁县	17612	8913	8699	7946	4747	3199
贺兰县	17652	8874	8778	16496	9436	7060
灵武市	18140	13634	4506	11460	9200	2260
石嘴山市	**19564**	**10964**	**8600**	**12035**	**8489**	**3546**
大武口区	6128	3732	2396	2088	1353	735
惠农区	2667	1729	938	3625	2936	689
平罗县	10769	5503	5266	6322	4200	2122
吴忠市	**63794**	**34058**	**29736**	**28072**	**17143**	**10929**
利通区	13635	7170	6465	5307	3138	2169
红寺堡区	26399	13494	12905	3754	2264	1490
盐池县	6563	4461	2102	8960	6044	2916
同心县	9596	4942	4654	1666	1046	620
青铜峡市	7601	3991	3610	8385	4651	3734
固原市	**30623**	**16273**	**14350**	**8217**	**4953**	**3264**
原州区	16273	8572	7701	3377	2018	1359
西吉县	6594	3556	3038	1648	951	697
隆德县	2443	1307	1136	1020	555	465
泾源县	1924	974	950	634	381	253
彭阳县	3389	1864	1525	1538	1048	490
中卫市	**57841**	**29575**	**28266**	**14557**	**8821**	**5736**
沙坡头区	15596	7978	7618	5434	3423	2011
中宁县	36193	18530	17663	7671	4541	3130
海原县	6052	3067	2985	1452	857	595

1-4 各地区分性别、民族的人口

单位：人

地区	合计			汉族		
	合计	男	女	小计	男	女
宁夏	**7202654**	**3668938**	**3533716**	**4612964**	**2365052**	**2247912**
银川市	**2859074**	**1453869**	**1405205**	**2145863**	**1096876**	**1048987**
兴庆区	808282	405595	402687	654116	329928	324188
西夏区	449559	228192	221367	336511	171602	164909
金凤区	643952	319862	324090	487411	242909	244502
永宁县	321618	164901	156717	237592	122652	114940
贺兰县	341507	174335	167172	267951	137373	130578
灵武市	294156	160984	133172	162282	92412	69870
石嘴山市	**751389**	**384491**	**366898**	**568238**	**291871**	**276367**
大武口区	298292	150339	147953	260471	131176	129295
惠农区	178891	94684	84207	135940	72638	63302
平罗县	274206	139468	134738	171827	88057	83770
吴忠市	**1382713**	**702838**	**679875**	**618594**	**319392**	**299202**
利通区	460790	230210	230580	176558	88835	87723
红寺堡区	197604	100959	96645	69506	36328	33178
盐池县	159209	84321	74888	153080	80856	72224
同心县	320801	162480	158321	30292	16570	13722
青铜峡市	244309	124868	119441	189158	96803	92355
固原市	**1142142**	**580618**	**561524**	**605884**	**309115**	**296769**
原州区	471329	235864	235465	259621	129795	129826
西吉县	315827	162621	153206	129996	67739	62257
隆德县	109451	55689	53762	92652	47143	45509
泾源县	85023	43629	41394	11929	6519	5410
彭阳县	160512	82815	77697	111686	57919	53767
中卫市	**1067336**	**547122**	**520214**	**674385**	**347798**	**326587**
沙坡头区	399796	205376	194420	362899	186630	176269
中宁县	334022	171168	162854	234234	120585	113649
海原县	333518	170578	162940	77252	40583	36669

1-4 续表 1

单位：人

地 区	蒙古族			回 族			藏 族		
	小计	男	女	小计	男	女	小计	男	女
宁 夏	**9499**	**4535**	**4964**	**2523581**	**1270893**	**1252688**	**1481**	**722**	**759**
银川市	**7106**	**3349**	**3757**	**667606**	**334407**	**333199**	**1079**	**516**	**563**
兴庆区	2157	1039	1118	142094	69685	72409	251	134	117
西夏区	1568	736	832	100847	50725	50122	447	194	253
金凤区	2426	1117	1309	143992	70815	73177	200	92	108
永宁县	209	98	111	79774	39996	39778	49	21	28
贺兰县	516	229	287	70231	35314	34917	82	41	41
灵武市	230	130	100	130668	67872	62796	50	34	16
石嘴山市	**1351**	**668**	**683**	**176176**	**89084**	**87092**	**154**	**82**	**72**
大武口区	892	434	458	33324	16913	16411	94	57	37
惠农区	278	146	132	41517	21298	20219	30	13	17
平罗县	181	88	93	101335	50873	50462	30	12	18
吴忠市	**523**	**248**	**275**	**755108**	**378876**	**376232**	**113**	**61**	**52**
利通区	213	102	111	281902	140214	141688	46	22	24
红寺堡区	18	9	9	127812	64486	63326	11	6	5
盐池县	79	39	40	5792	3290	2502	5	4	1
同心县	16	6	10	290349	145838	144511	16	8	8
青铜峡市	197	92	105	49253	25048	24205	35	21	14
固原市	**178**	**89**	**89**	**534691**	**270815**	**263876**	**47**	**22**	**25**
原州区	148	75	73	210687	105615	105072	25	10	15
西吉县	15	6	9	185606	94782	90824	11	8	3
隆德县	2	2		16630	8471	8159	4		4
泾源县	10	4	6	73043	37089	35954	2	1	1
彭阳县	3	2	1	48725	24858	23867	5	3	2
中卫市	**341**	**181**	**160**	**390000**	**197711**	**192289**	**88**	**41**	**47**
沙坡头区	247	133	114	35292	17868	17424	42	21	21
中宁县	72	39	33	99133	50254	48879	41	18	23
海原县	22	9	13	255575	129589	125986	5	2	3

1-4 续表 2

单位：人

地 区	维吾尔族			苗 族			彝 族		
	小计	男	女	小计	男	女	小计	男	女
宁 夏	**1380**	**623**	**757**	**11090**	**5944**	**5146**	**1411**	**731**	**680**
银川市	**1115**	**509**	**606**	**5071**	**2746**	**2325**	**1015**	**530**	**485**
兴庆区	240	113	127	476	242	234	183	110	73
西夏区	754	342	412	1010	521	489	548	259	289
金凤区	80	32	48	280	159	121	183	102	81
永宁县	15	6	9	2573	1416	1157	31	19	12
贺兰县	19	11	8	697	383	314	54	29	25
灵武市	7	5	2	35	25	10	16	11	5
石嘴山市	**62**	**35**	**27**	**552**	**299**	**253**	**100**	**62**	**38**
大武口区	45	26	19	143	84	59	24	16	8
惠农区	13	7	6	102	51	51	50	28	22
平罗县	4	2	2	307	164	143	26	18	8
吴忠市	**35**	**17**	**18**	**4449**	**2331**	**2118**	**190**	**88**	**102**
利通区	26	12	14	615	328	287	72	36	36
红寺堡区	2	2		8	5	3	22	11	11
盐池县	1		1	56	31	25	6	3	3
同心县	2	1	1	25	11	14	2		2
青铜峡市	4	2	2	3745	1956	1789	88	38	50
固原市	**155**	**57**	**98**	**321**	**161**	**160**	**28**	**9**	**19**
原州区	129	49	80	175	93	82	9	5	4
西吉县	15	4	11	71	34	37	3	2	1
隆德县	2	2		47	19	28	4		4
泾源县	4	1	3	7	4	3	1		1
彭阳县	5	1	4	21	11	10	11	2	9
中卫市	**13**	**5**	**8**	**697**	**407**	**290**	**78**	**42**	**36**
沙坡头区	4	2	2	481	283	198	38	20	18
中宁县	3	2	1	147	78	69	35	20	15
海原县	6	1	5	69	46	23	5	2	3

1-4 续表 3

单位：人

地区	壮族			布依族			朝鲜族		
	小计	男	女	小计	男	女	小计	男	女
宁夏	**1583**	**685**	**898**	**2480**	**1219**	**1261**	**518**	**254**	**264**
银川市	**1200**	**524**	**676**	**1019**	**488**	**531**	**404**	**199**	**205**
兴庆区	221	101	120	140	66	74	124	68	56
西夏区	618	263	355	342	152	190	83	36	47
金凤区	232	103	129	56	25	31	146	71	75
永宁县	46	18	28	269	141	128	8	6	2
贺兰县	58	29	29	190	92	98	32	13	19
灵武市	25	10	15	22	12	10	11	5	6
石嘴山市	**136**	**72**	**64**	**138**	**76**	**62**	**84**	**40**	**44**
大武口区	83	43	40	32	20	12	57	25	32
惠农区	26	17	9	54	28	26	21	11	10
平罗县	27	12	15	52	28	24	6	4	2
吴忠市	**110**	**44**	**66**	**1055**	**521**	**534**	**14**	**8**	**6**
利通区	26	11	15	91	43	48	1	1	
红寺堡区	1	1		2		2			
盐池县	16	6	10	8	4	4			
同心县	4		4	9	6	3	1	1	
青铜峡市	63	26	37	945	468	477	12	6	6
固原市	**69**	**18**	**51**	**160**	**79**	**81**	**7**	**2**	**5**
原州区	56	17	39	50	21	29	5	1	4
西吉县	1		1	22	12	10	2	1	1
隆德县	4		4	80	43	37			
泾源县	2		2	1		1			
彭阳县	6	1	5	7	3	4			
中卫市	**68**	**27**	**41**	**108**	**55**	**53**	**9**	**5**	**4**
沙坡头区	44	22	22	63	33	30	5	3	2
中宁县	16	4	12	33	16	17	3	2	1
海原县	8	1	7	12	6	6	1		1

1-4 续表 4

单位：人

地区	满族			侗族			瑶族		
	小计	男	女	小计	男	女	小计	男	女
宁夏	**28016**	**13892**	**14124**	**587**	**305**	**282**	**384**	**195**	**189**
银川市	**21428**	**10615**	**10813**	**471**	**242**	**229**	**243**	**131**	**112**
兴庆区	7190	3547	3643	92	53	39	34	21	13
西夏区	3415	1695	1720	262	122	140	150	76	74
金凤区	7953	3927	4026	78	43	35	39	22	17
永宁县	822	403	419	14	7	7	14	8	6
贺兰县	1418	690	728	14	8	6	2	2	
灵武市	630	353	277	11	9	2	4	2	2
石嘴山市	**3737**	**1861**	**1876**	**42**	**19**	**23**	**20**	**10**	**10**
大武口区	2755	1346	1409	11	7	4	7	2	5
惠农区	673	358	315	10	2	8	3	3	
平罗县	309	157	152	21	10	11	10	5	5
吴忠市	**1820**	**902**	**918**	**37**	**23**	**14**	**97**	**47**	**50**
利通区	972	469	503	7	3	4	22	11	11
红寺堡区	58	32	26	2	2				
盐池县	129	71	58	5	3	2	2		2
同心县	39	22	17						
青铜峡市	622	308	314	23	15	8	73	36	37
固原市	**293**	**136**	**157**	**8**	**4**	**4**	**9**	**3**	**6**
原州区	241	109	132	6	4	2	6	3	3
西吉县	19	12	7				1		1
隆德县	9	3	6	2		2			
泾源县	8	6	2						
彭阳县	16	6	10				2		2
中卫市	**738**	**378**	**360**	**29**	**17**	**12**	**15**	**4**	**11**
沙坡头区	515	272	243	17	12	5	11	3	8
中宁县	181	87	94	8	4	4	3	1	2
海原县	42	19	23	4	1	3	1		1

1-4　续表 5

单位：人

地　区	白　族			土家族			哈尼族		
	小计	男	女	小计	男	女	小计	男	女
宁　夏	**352**	**153**	**199**	**3215**	**1661**	**1554**	**124**	**47**	**77**
银川市	**280**	**122**	**158**	**2633**	**1348**	**1285**	**86**	**37**	**49**
兴庆区	51	20	31	423	211	212	24	11	13
西夏区	190	83	107	1538	777	761	45	18	27
金凤区	20	12	8	400	205	195	10	5	5
永宁县	2	1	1	112	66	46			
贺兰县	10	3	7	95	50	45	3	1	2
灵武市	7	3	4	65	39	26	4	2	2
石嘴山市	**22**	**12**	**10**	**269**	**149**	**120**	**9**	**3**	**6**
大武口区	18	9	9	168	90	78	1		1
惠农区				72	39	33	8	3	5
平罗县	4	3	1	29	20	9			
吴忠市	**31**	**10**	**21**	**133**	**74**	**59**	**7**	**1**	**6**
利通区	12	6	6	76	37	39	5	1	4
红寺堡区	1		1	6	3	3			
盐池县	3		3	10	7	3	1		1
同心县	7		7	10	6	4			
青铜峡市	8	4	4	31	21	10	1		1
固原市	**13**	**5**	**8**	**82**	**41**	**41**	**18**	**5**	**13**
原州区	6	4	2	48	24	24	15	3	12
西吉县	3	1	2	17	10	7			
隆德县	2		2	5	3	2			
泾源县				6		6			
彭阳县	2		2	6	4	2	3	2	1
中卫市	**6**	**4**	**2**	**98**	**49**	**49**	**4**	**1**	**3**
沙坡头区	2	1	1	46	24	22	4	1	3
中宁县	2	1	1	30	15	15			
海原县	2	2		22	10	12			

1-4 续表 6

单位：人

地　区	哈萨克族			傣　族			黎　族		
	小计	男	女	小计	男	女	小计	男	女
宁　夏	**275**	**119**	**156**	**74**	**29**	**45**	**226**	**91**	**135**
银川市	**226**	**112**	**114**	**58**	**25**	**33**	**179**	**73**	**106**
兴庆区	6	4	2	19	9	10	20	12	8
西夏区	202	97	105	30	13	17	90	34	56
金凤区	8	3	5	4	2	2	31	10	21
永宁县	1		1				18	10	8
贺兰县	2	1	1	5	1	4	11	3	8
灵武市	7	7					9	4	5
石嘴山市	**8**	**1**	**7**	**4**	**3**	**1**	**14**	**5**	**9**
大武口区	3	1	2	2	1	1	7	2	5
惠农区	4		4	2	2		6	3	3
平罗县	1		1				1		1
吴忠市	**3**	**1**	**2**	**2**		**2**	**10**	**3**	**7**
利通区	1		1				5	3	2
红寺堡区	2	1	1	2		2	1		1
盐池县									
同心县									
青铜峡市							4		4
固原市	**29**	**5**	**24**	**6**		**6**	**12**	**3**	**9**
原州区	17	5	12	1		1	7	1	6
西吉县	10		10	4		4			
隆德县									
泾源县	1		1				2	1	1
彭阳县	1		1	1		1	3	1	2
中卫市	**9**		**9**	**4**	**1**	**3**	**11**	**7**	**4**
沙坡头区				3	1	2	9	6	3
中宁县	1		1	1		1	1	1	
海原县	8		8				1		1

1-4　续表 7　　　　单位：人

地　区	傈僳族			佤　族			畲　族		
	小计	男	女	小计	男	女	小计	男	女
宁　夏	**46**	**15**	**31**	**23**	**13**	**10**	**129**	**71**	**58**
银川市	**33**	**11**	**22**	**15**	**9**	**6**	**100**	**57**	**43**
兴庆区	8	3	5	3	1	2	36	22	14
西夏区	20	7	13	3	1	2	20	12	8
金凤区	2		2	6	5	1	15	8	7
永宁县	1		1	1		1	9	4	5
贺兰县	1	1					6	3	3
灵武市	1		1	2	2		14	8	6
石嘴山市	**3**	**1**	**2**	**1**		**1**	**16**	**7**	**9**
大武口区				1		1	5	1	4
惠农区	3	1	2				10	5	5
平罗县							1	1	
吴忠市	**4**	**1**	**3**	**3**	**1**	**2**	**5**	**1**	**4**
利通区	1		1	2	1	1	5	1	4
红寺堡区									
盐池县	2	1	1						
同心县				1		1			
青铜峡市	1		1						
固原市	**1**		**1**				**1**		**1**
原州区	1		1				1		1
西吉县									
隆德县									
泾源县									
彭阳县									
中卫市	**5**	**2**	**3**	**4**	**3**	**1**	**7**	**6**	**1**
沙坡头区	3	2	1	3	3		2	2	
中宁县	2		2	1		1	3	2	1
海原县							2	2	

1-4 续表 8 单位：人

地 区	高山族			拉祜族			水 族		
	小计	男	女	小计	男	女	小计	男	女
宁 夏	**8**	**6**	**2**	**20**	**11**	**9**	**80**	**34**	**46**
银川市	**8**	**6**	**2**	**16**	**10**	**6**	**58**	**27**	**31**
兴庆区	4	3	1	2		2	6	2	4
西夏区	3	2	1	5	4	1	38	19	19
金凤区				3	1	2	2	2	
永宁县				1		1	9	4	5
贺兰县	1	1					3		3
灵武市				5	5				
石嘴山市				**2**	**1**	**1**	**10**	**4**	**6**
大武口区							3	1	2
惠农区				2	1	1	7	3	4
平罗县									
吴忠市							**4**	**2**	**2**
利通区							1	1	
红寺堡区									
盐池县									
同心县									
青铜峡市							3	1	2
固原市				**1**		**1**	**2**		**2**
原州区							2		2
西吉县				1		1			
隆德县									
泾源县									
彭阳县									
中卫市				**1**		**1**	**6**	**1**	**5**
沙坡头区							1		1
中宁县				1		1	5	1	4
海原县									

1-4　续表 9　　　　单位：人

地　区	东乡族			纳西族			景颇族		
	小计	男	女	小计	男	女	小计	男	女
宁　夏	**1324**	**723**	**601**	**47**	**17**	**30**	**16**	**7**	**9**
银川市	**362**	**184**	**178**	**44**	**15**	**29**	**14**	**6**	**8**
兴庆区	108	59	49	10	5	5	8	3	5
西夏区	106	44	62	29	8	21	4	1	3
金凤区	74	40	34	3	1	2			
永宁县	16	6	10	1	1				
贺兰县	34	21	13						
灵武市	24	14	10	1		1	2	2	
石嘴山市	**85**	**45**	**40**	**1**	**1**		**1**	**1**	
大武口区	46	27	19	1	1		1	1	
惠农区	23	11	12						
平罗县	16	7	9						
吴忠市	**260**	**127**	**133**	**1**	**1**		**1**		**1**
利通区	84	47	37						
红寺堡区	138	67	71				1		1
盐池县	7	3	4						
同心县	20	5	15	1	1				
青铜峡市	11	5	6						
固原市	**70**	**27**	**43**						
原州区	43	19	24						
西吉县	23	7	16						
隆德县									
泾源县	2	1	1						
彭阳县	2		2						
中卫市	**547**	**340**	**207**	**1**		**1**			
沙坡头区	27	12	15						
中宁县	50	28	22						
海原县	470	300	170	1		1			

1-4 续表 10

单位：人

地 区	柯尔克孜族			土 族			达斡尔族		
	小计	男	女	小计	男	女	小计	男	女
宁 夏	**37**	**13**	**24**	**461**	**245**	**216**	**101**	**55**	**46**
银川市	**27**	**9**	**18**	**371**	**204**	**167**	**92**	**51**	**41**
兴庆区	2		2	53	34	19	21	13	8
西夏区	24	9	15	192	104	88	30	16	14
金凤区	1		1	80	45	35	29	15	14
永宁县				15	6	9	3	3	
贺兰县				29	14	15	9	4	5
灵武市				2	1	1			
石嘴山市	**4**	**3**	**1**	**20**	**11**	**9**	**5**	**2**	**3**
大武口区				16	9	7	4	1	3
惠农区				2	1	1	1	1	
平罗县	4	3	1	2	1	1			
吴忠市				**33**	**14**	**19**	**2**	**2**	
利通区				19	7	12			
红寺堡区				4	3	1			
盐池县				2	1	1			
同心县							1	1	
青铜峡市				8	3	5	1	1	
固原市	**6**	**1**	**5**	**20**	**9**	**11**	**2**		**2**
原州区	3	1	2	12	5	7	1		1
西吉县	2		2	4	3	1			
隆德县				3	1	2			
泾源县				1		1	1		1
彭阳县	1		1						
中卫市				**17**	**7**	**10**			
沙坡头区				7	3	4			
中宁县				7	3	4			
海原县				3	1	2			

1-4　续表 11

单位：人

地　区	仫佬族			羌　族			布朗族		
	小计	男	女	小计	男	女	小计	男	女
宁　夏	**50**	**25**	**25**	**107**	**63**	**44**	**3**	**2**	**1**
银川市	**48**	**23**	**25**	**86**	**50**	**36**	**3**	**2**	**1**
兴庆区	5	2	3	17	11	6	1	1	
西夏区	37	18	19	24	16	8	2	1	1
金凤区	5	3	2	32	15	17			
永宁县				3	2	1			
贺兰县	1		1	3	1	2			
灵武市				7	5	2			
石嘴山市	**2**	**2**		**6**	**2**	**4**			
大武口区	2	2		3	2	1			
惠农区									
平罗县				3		3			
吴忠市				**9**	**6**	**3**			
利通区				1		1			
红寺堡区									
盐池县				2	1	1			
同心县				4	4				
青铜峡市				2	1	1			
固原市				**3**	**2**	**1**			
原州区									
西吉县				1		1			
隆德县									
泾源县									
彭阳县				2	2				
中卫市				**3**	**3**				
沙坡头区									
中宁县				3	3				
海原县									

1-4 续表 12

单位：人

地　区	撒拉族			毛南族			仡佬族		
	小计	男	女	小计	男	女	小计	男	女
宁　夏	**138**	**67**	**71**	**30**	**11**	**19**	**165**	**88**	**77**
银川市	**84**	**40**	**44**	**28**	**10**	**18**	**134**	**77**	**57**
兴庆区	9	3	6	1		1	13	11	2
西夏区	50	28	22	15	6	9	99	49	50
金凤区	13	5	8	9	2	7	15	12	3
永宁县	1	1					4	3	1
贺兰县	6	1	5	3	2	1	3	2	1
灵武市	5	2	3						
石嘴山市	**14**	**8**	**6**				**17**	**4**	**13**
大武口区	5	3	2				5	2	3
惠农区	8	5	3				11	1	10
平罗县	1		1				1	1	
吴忠市	**28**	**15**	**13**				**9**	**4**	**5**
利通区	13	8	5				2		2
红寺堡区	5	2	3						
盐池县									
同心县							1		1
青铜峡市	10	5	5				6	4	2
固原市	**8**	**2**	**6**				**3**	**2**	**1**
原州区	7	2	5						
西吉县									
隆德县									
泾源县							2	2	
彭阳县	1		1				1		1
中卫市	**4**	**2**	**2**	**2**	**1**	**1**	**2**	**1**	**1**
沙坡头区				2	1	1	2	1	1
中宁县									
海原县	4	2	2						

1-4　续表 13　　　　单位：人

地　区	锡伯族			阿昌族			普米族		
	小计	男	女	小计	男	女	小计	男	女
宁　夏	**238**	**132**	**106**	**3**	**1**	**2**	**24**	**7**	**17**
银川市	**172**	**90**	**82**	**1**		**1**	**21**	**5**	**16**
兴庆区	51	23	28				2	1	1
西夏区	47	25	22	1		1	18	4	14
金凤区	64	33	31						
永宁县	1	1					1		1
贺兰县	4	3	1						
灵武市	5	5							
石嘴山市	**51**	**31**	**20**	**2**	**1**	**1**			
大武口区	43	26	17	2	1	1			
惠农区	8	5	3						
平罗县									
吴忠市	**4**	**4**							
利通区	3	3							
红寺堡区									
盐池县	1	1							
同心县									
青铜峡市									
固原市	**2**	**1**	**1**				**3**	**2**	**1**
原州区	2	1	1						
西吉县									
隆德县							3	2	1
泾源县									
彭阳县									
中卫市	**9**	**6**	**3**						
沙坡头区	7	5	2						
中宁县	1	1							
海原县	1		1						

1-4 续表 14

单位：人

地　区	塔吉克族			怒　族			乌孜别克族		
	小计	男	女	小计	男	女	小计	男	女
宁　夏	**6**	**4**	**2**	**4**	**2**	**2**	**3**		**3**
银川市	**5**	**4**	**1**	**4**	**2**	**2**	**3**		**3**
兴庆区	1	1					1		1
西夏区	4	3	1	4	2	2	2		2
金凤区									
永宁县									
贺兰县									
灵武市									
石嘴山市									
大武口区									
惠农区									
平罗县									
吴忠市	**1**		**1**						
利通区									
红寺堡区									
盐池县	1		1						
同心县									
青铜峡市									
固原市									
原州区									
西吉县									
隆德县									
泾源县									
彭阳县									
中卫市									
沙坡头区									
中宁县									
海原县									

1-4　续表 15　　　　单位：人

地　区	俄罗斯族			鄂温克族			德 昂 族		
	小计	男	女	小计	男	女	小计	男	女
宁　夏	**29**	**12**	**17**	**18**	**7**	**11**			
银川市	**22**	**10**	**12**	**17**	**7**	**10**			
兴庆区	11	4	7	4	1	3			
西夏区	4	1	3	10	6	4			
金凤区	6	4	2	3		3			
永宁县									
贺兰县	1	1							
灵武市									
石嘴山市	**4**	**1**	**3**	**1**		**1**			
大武口区									
惠农区	1		1						
平罗县	3	1	2	1		1			
吴忠市	**2**	**1**	**1**						
利通区	2	1	1						
红寺堡区									
盐池县									
同心县									
青铜峡市									
固原市									
原州区									
西吉县									
隆德县									
泾源县									
彭阳县									
中卫市	**1**		**1**						
沙坡头区	1		1						
中宁县									
海原县									

1-4 续表 16 单位：人

地 区	保安族			裕固族			京 族		
	小计	男	女	小计	男	女	小计	男	女
宁 夏	**27**	**12**	**15**	**93**	**50**	**43**	**2**	**1**	**1**
银川市	**11**	**3**	**8**	**63**	**36**	**27**	**1**		**1**
兴庆区	5	1	4	21	9	12			
西夏区	3	1	2	18	13	5	1		1
金凤区	1		1	18	9	9			
永宁县				2	1	1			
贺兰县	1		1	4	4				
灵武市	1	1							
石嘴山市	**11**	**6**	**5**	**11**	**4**	**7**	**1**	**1**	
大武口区	11	6	5	4	1	3	1	1	
惠农区				4	3	1			
平罗县				3		3			
吴忠市	**4**	**3**	**1**	**1**	**1**				
利通区	1	1							
红寺堡区	1	1							
盐池县									
同心县	1		1						
青铜峡市	1	1		1	1				
固原市				**4**		**4**			
原州区				3		3			
西吉县									
隆德县									
泾源县									
彭阳县				1		1			
中卫市	**1**		**1**	**14**	**9**	**5**			
沙坡头区	1		1	13	8	5			
中宁县				1	1				
海原县									

1-4　续表 17　　　　单位：人

地　区	塔塔尔族			独 龙 族			鄂伦春族		
	小计	男	女	小计	男	女	小计	男	女
宁　夏	**2**		**2**	**2**	**1**	**1**	**9**	**6**	**3**
银川市	**2**		**2**	**2**	**1**	**1**	**9**	**6**	**3**
兴庆区							2	1	1
西夏区	2		2	2	1	1	4	2	2
金凤区							1	1	
永宁县									
贺兰县							2	2	
灵武市									
石嘴山市									
大武口区									
惠农区									
平罗县									
吴忠市									
利通区									
红寺堡区									
盐池县									
同心县									
青铜峡市									
固原市									
原州区									
西吉县									
隆德县									
泾源县									
彭阳县									
中卫市									
沙坡头区									
中宁县									
海原县									

1-4 续表 18

单位：人

地　区	赫哲族			门巴族			珞巴族		
	小计	男	女	小计	男	女	小计	男	女
宁　夏	**7**	**3**	**4**	**5**	**3**	**2**	**1**		**1**
银川市	**7**	**3**	**4**	**5**	**3**	**2**	**1**		**1**
兴庆区	1		1						
西夏区	1		1	4	3	1	1		1
金凤区	5	3	2						
永宁县									
贺兰县				1		1			
灵武市									
石嘴山市									
大武口区									
惠农区									
平罗县									
吴忠市									
利通区									
红寺堡区									
盐池县									
同心县									
青铜峡市									
固原市									
原州区									
西吉县									
隆德县									
泾源县									
彭阳县									
中卫市									
沙坡头区									
中宁县									
海原县									

1-4 续表 19 单位：人

地区	基诺族			未定族称人口			入籍		
	小计	男	女	小计	男	女	小计	男	女
宁 夏	**3**	**1**	**2**	**145**	**77**	**68**	**8**	**3**	**5**
银川市	**3**	**1**	**2**	**114**	**56**	**58**	**6**	**2**	**4**
兴庆区				12	5	7	3	2	1
西夏区	3	1	2	79	40	39			
金凤区				14	4	10	2		2
永宁县				1	1				
贺兰县				4	2	2	1		1
灵武市				4	4				
石嘴山市				**5**	**3**	**2**			
大武口区				2	2				
惠农区				2		2			
平罗县				1	1				
吴忠市				**11**	**8**	**3**			
利通区				6	6				
红寺堡区				1		1			
盐池县				1		1			
同心县									
青铜峡市				3	2	1			
固原市				**6**	**3**	**3**			
原州区				2	2				
西吉县									
隆德县				2		2			
泾源县				1	1				
彭阳县				1		1			
中卫市				**9**	**7**	**2**	**2**	**1**	**1**
沙坡头区				4	3	1	1	1	
中宁县				3	2	1	1		1
海原县				2	2				

1-4a 各地区分性别、民族的人口(城市)

单位：人

地 区	合 计			汉 族		
	合计	男	女	小计	男	女
宁 夏	**2988589**	**1488244**	**1500345**	**2272470**	**1137239**	**1135231**
银川市	**1656514**	**825932**	**830582**	**1300019**	**650899**	**649120**
兴庆区	603870	300640	303230	503977	251971	252006
西夏区	394678	199939	194739	312340	159022	153318
金凤区	516295	254194	262101	407632	201476	206156
永宁县						
贺兰县	4307	2344	1963	3690	2011	1679
灵武市	137364	68815	68549	72380	36419	35961
石嘴山市	**365366**	**185096**	**180270**	**309641**	**156968**	**152673**
大武口区	245272	122035	123237	216168	107455	108713
惠农区	120094	63061	57033	93473	49513	43960
平罗县						
吴忠市	**488605**	**240822**	**247783**	**260814**	**129643**	**131171**
利通区	300492	146940	153552	123803	60781	63022
红寺堡区	72245	35761	36484	31579	15805	15774
盐池县						
同心县						
青铜峡市	115868	58121	57747	105432	53057	52375
固原市	**246800**	**119479**	**127321**	**178089**	**86476**	**91613**
原州区	246800	119479	127321	178089	86476	91613
西吉县						
隆德县						
泾源县						
彭阳县						
中卫市	**231304**	**116915**	**114389**	**223907**	**113253**	**110654**
沙坡头区	231304	116915	114389	223907	113253	110654
中宁县						
海原县						

1-4a　续表 1　　　　单位：人

地　区	蒙古族			回　族			藏　族		
	小计	男	女	小计	男	女	小计	男	女
宁　夏	**7454**	**3528**	**3926**	**671338**	**329146**	**342192**	**1016**	**481**	**535**
银川市	**5762**	**2703**	**3059**	**321968**	**158252**	**163716**	**817**	**375**	**442**
兴庆区	1887	900	987	89394	43496	45898	184	93	91
西夏区	1540	724	816	70253	35110	35143	443	193	250
金凤区	2221	1023	1198	97363	47231	50132	179	82	97
永宁县									
贺兰县	12	5	7	578	312	266	4	3	1
灵武市	102	51	51	64380	32103	32277	7	4	3
石嘴山市	**1058**	**518**	**540**	**50397**	**25479**	**24918**	**87**	**52**	**35**
大武口区	857	414	443	24879	12480	12399	71	44	27
惠农区	201	104	97	25518	12999	12519	16	8	8
平罗县									
吴忠市	**325**	**145**	**180**	**224657**	**109627**	**115030**	**61**	**30**	**31**
利通区	177	84	93	175134	85404	89730	41	17	24
红寺堡区	10	3	7	40482	19872	20610	1	1	
盐池县									
同心县									
青铜峡市	138	58	80	9041	4351	4690	19	12	7
固原市	**125**	**66**	**59**	**67996**	**32687**	**35309**	**15**	**6**	**9**
原州区	125	66	59	67996	32687	35309	15	6	9
西吉县									
隆德县									
泾源县									
彭阳县									
中卫市	**184**	**96**	**88**	**6320**	**3101**	**3219**	**36**	**18**	**18**
沙坡头区	184	96	88	6320	3101	3219	36	18	18
中宁县									
海原县									

1-4a 续表 2

单位：人

地区	维吾尔族			苗族			彝族		
	小计	男	女	小计	男	女	小计	男	女
宁夏	**1251**	**569**	**682**	**2750**	**1483**	**1267**	**931**	**465**	**466**
银川市	**1053**	**479**	**574**	**1621**	**856**	**765**	**792**	**398**	**394**
兴庆区	227	110	117	393	209	184	125	76	49
西夏区	749	338	411	991	514	477	548	259	289
金凤区	73	29	44	225	124	101	115	61	54
永宁县									
贺兰县				1		1			
灵武市	4	2	2	11	9	2	4	2	2
石嘴山市	**56**	**32**	**24**	**199**	**106**	**93**	**62**	**35**	**27**
大武口区	43	25	18	126	74	52	20	13	7
惠农区	13	7	6	73	32	41	42	22	20
平罗县									
吴忠市	**29**	**16**	**13**	**633**	**357**	**276**	**64**	**27**	**37**
利通区	25	12	13	130	73	57	44	20	24
红寺堡区	2	2		3	1	2	13	4	9
盐池县									
同心县									
青铜峡市	2	2		500	283	217	7	3	4
固原市	**112**	**42**	**70**	**62**	**35**	**27**	**6**	**2**	**4**
原州区	112	42	70	62	35	27	6	2	4
西吉县									
隆德县									
泾源县									
彭阳县									
中卫市	**1**		**1**	**235**	**129**	**106**	**7**	**3**	**4**
沙坡头区	1		1	235	129	106	7	3	4
中宁县									
海原县									

1-4a　续表 3　　　　单位：人

地　区	壮　族			布依族			朝鲜族		
	小计	男	女	小计	男	女	小计	男	女
宁　夏	**1226**	**536**	**690**	**848**	**404**	**444**	**429**	**204**	**225**
银川市	**1018**	**441**	**577**	**510**	**229**	**281**	**334**	**161**	**173**
兴庆区	187	83	104	115	52	63	110	59	51
西夏区	617	263	354	337	150	187	82	35	47
金凤区	204	92	112	48	22	26	137	66	71
永宁县									
贺兰县				2	1	1			
灵武市	10	3	7	8	4	4	5	1	4
石嘴山市	**93**	**49**	**44**	**54**	**30**	**24**	**75**	**34**	**41**
大武口区	75	38	37	26	17	9	56	25	31
惠农区	18	11	7	28	13	15	19	9	10
平罗县									
吴忠市	**35**	**17**	**18**	**243**	**127**	**116**	**12**	**6**	**6**
利通区	18	11	7	23	13	10	1	1	
红寺堡区									
盐池县									
同心县									
青铜峡市	17	6	11	220	114	106	11	5	6
固原市	**51**	**16**	**35**	**19**	**6**	**13**	**5**	**1**	**4**
原州区	51	16	35	19	6	13	5	1	4
西吉县									
隆德县									
泾源县									
彭阳县									
中卫市	**29**	**13**	**16**	**22**	**12**	**10**	**3**	**2**	**1**
沙坡头区	29	13	16	22	12	10	3	2	1
中宁县									
海原县									

1-4a 续表 4 单位：人

地　区	满族			侗族			瑶族		
	小计	男	女	小计	男	女	小计	男	女
宁　夏	**22581**	**11093**	**11488**	**453**	**226**	**227**	**253**	**133**	**120**
银川市	**17401**	**8565**	**8836**	**416**	**208**	**208**	**211**	**113**	**98**
兴庆区	6356	3122	3234	76	43	33	25	17	8
西夏区	3391	1682	1709	262	122	140	150	76	74
金凤区	7258	3573	3685	73	39	34	35	19	16
永宁县									
贺兰县	16	9	7	1	1				
灵武市	380	179	201	4	3	1	1	1	
石嘴山市	**3201**	**1571**	**1630**	**16**	**7**	**9**	**9**	**4**	**5**
大武口区	2669	1301	1368	8	5	3	6	1	5
惠农区	532	270	262	8	2	6	3	3	
平罗县									
吴忠市	**1345**	**642**	**703**	**8**	**2**	**6**	**18**	**12**	**6**
利通区	893	425	468	6	2	4	8	5	3
红寺堡区	23	11	12						
盐池县									
同心县									
青铜峡市	429	206	223	2		2	10	7	3
固原市	**201**	**93**	**108**	**3**	**2**	**1**	**5**	**2**	**3**
原州区	201	93	108	3	2	1	5	2	3
西吉县									
隆德县									
泾源县									
彭阳县									
中卫市	**433**	**222**	**211**	**10**	**7**	**3**	**10**	**2**	**8**
沙坡头区	433	222	211	10	7	3	10	2	8
中宁县									
海原县									

1-4a 续表 5 单位：人

地区	白族			土家族			哈尼族		
	小计	男	女	小计	男	女	小计	男	女
宁夏	**283**	**126**	**157**	**2583**	**1281**	**1302**	**100**	**38**	**62**
银川市	**250**	**111**	**139**	**2234**	**1105**	**1129**	**76**	**33**	**43**
兴庆区	42	18	24	362	174	188	21	10	11
西夏区	188	81	107	1524	769	755	45	18	27
金凤区	16	10	6	313	144	169	9	5	4
永宁县									
贺兰县				2	2				
灵武市	4	2	2	33	16	17	1		1
石嘴山市	**14**	**6**	**8**	**194**	**101**	**93**	**6**	**1**	**5**
大武口区	14	6	8	129	69	60			
惠农区				65	32	33	6	1	5
平罗县									
吴忠市	**15**	**6**	**9**	**76**	**36**	**40**	**5**	**1**	**4**
利通区	8	3	5	63	31	32	5	1	4
红寺堡区				3	1	2			
盐池县									
同心县									
青铜峡市	7	3	4	10	4	6			
固原市	**3**	**2**	**1**	**44**	**22**	**22**	**10**	**2**	**8**
原州区	3	2	1	44	22	22	10	2	8
西吉县									
隆德县									
泾源县									
彭阳县									
中卫市	**1**	**1**		**35**	**17**	**18**	**3**	**1**	**2**
沙坡头区	1	1		35	17	18	3	1	2
中宁县									
海原县									

1-4a 续表 6

单位：人

地 区	哈萨克族			傣 族			黎 族		
	小计	男	女	小计	男	女	小计	男	女
宁 夏	**237**	**113**	**124**	**57**	**27**	**30**	**165**	**65**	**100**
银川市	**219**	**108**	**111**	**50**	**23**	**27**	**138**	**54**	**84**
兴庆区	4	2	2	16	8	8	16	10	6
西夏区	200	96	104	30	13	17	90	34	56
金凤区	8	3	5	4	2	2	28	9	19
永宁县									
贺兰县									
灵武市	7	7					4	1	3
石嘴山市	**5**		**5**	**3**	**3**		**11**	**4**	**7**
大武口区	1		1	1	1		7	2	5
惠农区	4		4	2	2		4	2	2
平罗县									
吴忠市	**2**	**1**	**1**	**1**		**1**	**7**	**3**	**4**
利通区							5	3	2
红寺堡区	2	1	1	1		1			
盐池县									
同心县									
青铜峡市							2		2
固原市	**11**	**4**	**7**				**2**		**2**
原州区	11	4	7				2		2
西吉县									
隆德县									
泾源县									
彭阳县									
中卫市				**3**	**1**	**2**	**7**	**4**	**3**
沙坡头区				3	1	2	7	4	3
中宁县									
海原县									

1-4a　续表 7

单位：人

地　区	傈僳族			佤　族			畲　族		
	小计	男	女	小计	男	女	小计	男	女
宁　夏	**38**	**13**	**25**	**13**	**8**	**5**	**85**	**47**	**38**
银川市	**30**	**10**	**20**	**10**	**7**	**3**	**66**	**39**	**27**
兴庆区	8	3	5	1	1		33	21	12
西夏区	20	7	13	3	1	2	19	11	8
金凤区	2		2	6	5	1	14	7	7
永宁县									
贺兰县									
灵武市									
石嘴山市	**3**	**1**	**2**	**1**		**1**	**12**	**5**	**7**
大武口区				1		1	4	1	3
惠农区	3	1	2				8	4	4
平罗县									
吴忠市	**1**		**1**	**2**	**1**	**1**	**5**	**1**	**4**
利通区	1		1	2	1	1	5	1	4
红寺堡区									
盐池县									
同心县									
青铜峡市									
固原市	**1**		**1**						
原州区	1		1						
西吉县									
隆德县									
泾源县									
彭阳县									
中卫市	**3**	**2**	**1**				**2**	**2**	
沙坡头区	3	2	1				2	2	
中宁县									
海原县									

1-4a 续表 8

单位：人

地 区	高山族			拉祜族			水 族		
	小计	男	女	小计	男	女	小计	男	女
宁 夏	**7**	**5**	**2**	**10**	**5**	**5**	**52**	**27**	**25**
银川市	**7**	**5**	**2**	**8**	**4**	**4**	**45**	**23**	**22**
兴庆区	4	3	1	2		2	5	2	3
西夏区	3	2	1	5	4	1	38	19	19
金凤区				1		1	2	2	
永宁县									
贺兰县									
灵武市									
石嘴山市				**2**	**1**	**1**	**6**	**3**	**3**
大武口区							2	1	1
惠农区				2	1	1	4	2	2
平罗县									
吴忠市							**1**	**1**	
利通区							1	1	
红寺堡区									
盐池县									
同心县									
青铜峡市									
固原市									
原州区									
西吉县									
隆德县									
泾源县									
彭阳县									
中卫市									
沙坡头区									
中宁县									
海原县									

1−4a　续表 9　　单位：人

地　区	东乡族			纳西族			景颇族		
	小计	男	女	小计	男	女	小计	男	女
宁　夏	**541**	**268**	**273**	**43**	**15**	**28**	**7**	**4**	**3**
银川市	**261**	**128**	**133**	**42**	**14**	**28**	**6**	**3**	**3**
兴庆区	85	48	37	10	5	5	1	1	
西夏区	105	43	62	29	8	21	4	1	3
金凤区	62	35	27	3	1	2			
永宁县									
贺兰县									
灵武市	9	2	7				1	1	
石嘴山市	**50**	**29**	**21**	**1**	**1**		**1**	**1**	
大武口区	31	19	12	1	1		1	1	
惠农区	19	10	9						
平罗县									
吴忠市	**183**	**89**	**94**						
利通区	61	31	30						
红寺堡区	122	58	64						
盐池县									
同心县									
青铜峡市									
固原市	**26**	**12**	**14**						
原州区	26	12	14						
西吉县									
隆德县									
泾源县									
彭阳县									
中卫市	**21**	**10**	**11**						
沙坡头区	21	10	11						
中宁县									
海原县									

1-4a 续表 10

单位：人

地　区	柯尔克孜族			土　族			达斡尔族		
	小计	男	女	小计	男	女	小计	男	女
宁　夏	**29**	**9**	**20**	**351**	**189**	**162**	**83**	**45**	**38**
银川市	**27**	**9**	**18**	**304**	**171**	**133**	**76**	**42**	**34**
兴庆区	2		2	46	29	17	18	11	7
西夏区	24	9	15	189	103	86	30	16	14
金凤区	1		1	68	38	30	28	15	13
永宁县									
贺兰县									
灵武市				1	1				
石嘴山市				**8**	**4**	**4**	**5**	**2**	**3**
大武口区				6	3	3	4	1	3
惠农区				2	1	1	1	1	
平罗县									
吴忠市				**28**	**10**	**18**	**1**	**1**	
利通区				18	6	12			
红寺堡区				2	1	1			
盐池县									
同心县									
青铜峡市				8	3	5	1	1	
固原市	**2**		**2**	**5**	**1**	**4**	**1**		**1**
原州区	2		2	5	1	4	1		1
西吉县									
隆德县									
泾源县									
彭阳县									
中卫市				**6**	**3**	**3**			
沙坡头区				6	3	3			
中宁县									
海原县									

1-4a　续表 11　　　　单位：人

地　区	仫佬族			羌　族			布朗族		
	小计	男	女	小计	男	女	小计	男	女
宁　夏	**49**	**25**	**24**	**63**	**38**	**25**	**3**	**2**	**1**
银川市	**47**	**23**	**24**	**60**	**36**	**24**	**3**	**2**	**1**
兴庆区	5	2	3	10	7	3	1	1	
西夏区	37	18	19	21	14	7	2	1	1
金凤区	5	3	2	27	14	13			
永宁县									
贺兰县									
灵武市				2	1	1			
石嘴山市	**2**	**2**		**3**	**2**	**1**			
大武口区	2	2		3	2	1			
惠农区									
平罗县									
吴忠市									
利通区									
红寺堡区									
盐池县									
同心县									
青铜峡市									
固原市									
原州区									
西吉县									
隆德县									
泾源县									
彭阳县									
中卫市									
沙坡头区									
中宁县									
海原县									

1—4a 续表 12

单位：人

地 区	撒拉族			毛南族			仡佬族		
	小计	男	女	小计	男	女	小计	男	女
宁 夏	**104**	**51**	**53**	**25**	**8**	**17**	**138**	**71**	**67**
银川市	**75**	**35**	**40**	**25**	**8**	**17**	**122**	**68**	**54**
兴庆区	8	2	6	1		1	12	10	2
西夏区	49	27	22	15	6	9	99	49	50
金凤区	13	5	8	9	2	7	11	9	2
永宁县									
贺兰县	1		1						
灵武市	4	1	3						
石嘴山市	**9**	**6**	**3**				**14**	**2**	**12**
大武口区	1	1					3	1	2
惠农区	8	5	3				11	1	10
平罗县									
吴忠市	**18**	**9**	**9**				**1**		**1**
利通区	10	6	4				1		1
红寺堡区									
盐池县									
同心县									
青铜峡市	8	3	5						
固原市	**2**	**1**	**1**						
原州区	2	1	1						
西吉县									
隆德县									
泾源县									
彭阳县									
中卫市							**1**	**1**	
沙坡头区							1	1	
中宁县									
海原县									

1-4a　续表 13　　　　单位：人

地　区	锡伯族			阿昌族			普米族		
	小计	男	女	小计	男	女	小计	男	女
宁　夏	**210**	**109**	**101**	**1**		**1**	**20**	**5**	**15**
银川市	**152**	**73**	**79**	**1**		**1**	**20**	**5**	**15**
兴庆区	46	20	26				2	1	1
西夏区	47	25	22	1		1	18	4	14
金凤区	59	28	31						
永宁县									
贺兰县									
灵武市									
石嘴山市	**49**	**29**	**20**						
大武口区	42	25	17						
惠农区	7	4	3						
平罗县									
吴忠市	**3**	**3**							
利通区	3	3							
红寺堡区									
盐池县									
同心县									
青铜峡市									
固原市									
原州区									
西吉县									
隆德县									
泾源县									
彭阳县									
中卫市	**6**	**4**	**2**						
沙坡头区	6	4	2						
中宁县									
海原县									

1-4a 续表 14

单位：人

地区	塔吉克族			怒族			乌孜别克族		
	小计	男	女	小计	男	女	小计	男	女
宁夏	**5**	**4**	**1**	**4**	**2**	**2**	**3**		**3**
银川市	**5**	**4**	**1**	**4**	**2**	**2**	**3**		**3**
兴庆区	1	1					1		1
西夏区	4	3	1	4	2	2	2		2
金凤区									
永宁县									
贺兰县									
灵武市									
石嘴山市									
大武口区									
惠农区									
平罗县									
吴忠市									
利通区									
红寺堡区									
盐池县									
同心县									
青铜峡市									
固原市									
原州区									
西吉县									
隆德县									
泾源县									
彭阳县									
中卫市									
沙坡头区									
中宁县									
海原县									

1-4a　续表 15

单位：人

地　区	俄罗斯族			鄂温克族			德 昂 族		
	小计	男	女	小计	男	女	小计	男	女
宁　夏	**22**	**9**	**13**	**17**	**7**	**10**			
银川市	**18**	**8**	**10**	**17**	**7**	**10**			
兴庆区	9	3	6	4	1	3			
西夏区	4	1	3	10	6	4			
金凤区	5	4	1	3		3			
永宁县									
贺兰县									
灵武市									
石嘴山市	**1**		**1**						
大武口区									
惠农区	1		1						
平罗县									
吴忠市	**2**	**1**	**1**						
利通区	2	1	1						
红寺堡区									
盐池县									
同心县									
青铜峡市									
固原市									
原州区									
西吉县									
隆德县									
泾源县									
彭阳县									
中卫市	**1**		**1**						
沙坡头区	1		1						
中宁县									
海原县									

1-4a 续表 16 单位：人

地 区	保安族			裕固族			京 族		
	小计	男	女	小计	男	女	小计	男	女
宁 夏	**24**	**12**	**12**	**76**	**41**	**35**	**1**		**1**
银川市	**9**	**3**	**6**	**53**	**30**	**23**	**1**		**1**
兴庆区	5	1	4	19	8	11			
西夏区	3	1	2	18	13	5	1		1
金凤区				16	9	7			
永宁县									
贺兰县									
灵武市	1	1							
石嘴山市	**11**	**6**	**5**	**6**	**2**	**4**			
大武口区	11	6	5	4	1	3			
惠农区				2	1	1			
平罗县									
吴忠市	**3**	**3**		**1**	**1**				
利通区	1	1							
红寺堡区	1	1							
盐池县									
同心县									
青铜峡市	1	1		1	1				
固原市				**3**		**3**			
原州区				3		3			
西吉县									
隆德县									
泾源县									
彭阳县									
中卫市	**1**		**1**	**13**	**8**	**5**			
沙坡头区	1		1	13	8	5			
中宁县									
海原县									

1-4a　续表 17

单位：人

地　区	塔塔尔族			独龙族			鄂伦春族		
	小计	男	女	小计	男	女	小计	男	女
宁　夏	**2**		**2**	**2**	**1**	**1**	**6**	**4**	**2**
银川市	**2**		**2**	**2**	**1**	**1**	**6**	**4**	**2**
兴庆区							1	1	
西夏区	2		2	2	1	1	4	2	2
金凤区							1	1	
永宁县									
贺兰县									
灵武市									
石嘴山市									
大武口区									
惠农区									
平罗县									
吴忠市									
利通区									
红寺堡区									
盐池县									
同心县									
青铜峡市									
固原市									
原州区									
西吉县									
隆德县									
泾源县									
彭阳县									
中卫市									
沙坡头区									
中宁县									
海原县									

1-4a 续表 18

单位：人

地　　区	赫哲族			门巴族			珞巴族		
	小计	男	女	小计	男	女	小计	男	女
宁　夏	**6**	**3**	**3**	**4**	**3**	**1**	**1**		**1**
银川市	**6**	**3**	**3**	**4**	**3**	**1**	**1**		**1**
兴庆区	1		1						
西夏区	1		1	4	3	1	1		1
金凤区	4	3	1						
永宁县									
贺兰县									
灵武市									
石嘴山市									
大武口区									
惠农区									
平罗县									
吴忠市									
利通区									
红寺堡区									
盐池县									
同心县									
青铜峡市									
固原市									
原州区									
西吉县									
隆德县									
泾源县									
彭阳县									
中卫市									
沙坡头区									
中宁县									
海原县									

1-4a　续表 19　　　　　　　　　　　　　　　　　　　　　　　　单位：人

地　区	基诺族			未定族称人口			入　籍		
	小计	男	女	小计	男	女	小计	男	女
宁　夏	**3**	**1**	**2**	**114**	**55**	**59**	**2**	**1**	**1**
银川市	**3**	**1**	**2**	**103**	**48**	**55**	**1**		**1**
兴庆区				12	5	7			
西夏区	3	1	2	77	39	38			
金凤区				13	3	10	1		1
永宁县									
贺兰县									
灵武市				1	1				
石嘴山市				**1**		**1**			
大武口区									
惠农区				1		1			
平罗县									
吴忠市				**6**	**4**	**2**			
利通区				3	3				
红寺堡区				1		1			
盐池县									
同心县									
青铜峡市				2	1	1			
固原市				**1**	**1**				
原州区				1	1				
西吉县									
隆德县									
泾源县									
彭阳县									
中卫市				**3**	**2**	**1**	**1**	**1**	
沙坡头区				3	2	1	1	1	
中宁县									
海原县									

1-4b 各地区分性别、民族的人口(镇)

单位：人

地区	合计			汉族		
	合计	男	女	小计	男	女
宁夏	**1690065**	**857525**	**832540**	**1128117**	**577128**	**550989**
银川市	**637142**	**327775**	**309367**	**495827**	**256253**	**239574**
兴庆区	122604	62188	60416	101479	51595	49884
西夏区	13864	7016	6848	1576	849	727
金凤区	11657	5999	5658	4054	2145	1909
永宁县	207698	106311	101387	164183	84579	79604
贺兰县	217763	110159	107604	181310	91966	89344
灵武市	63556	36102	27454	43225	25119	18106
石嘴山市	**220136**	**110736**	**109400**	**159870**	**80870**	**79000**
大武口区	27040	14040	13000	21887	11541	10346
惠农区	29637	15007	14630	23257	11811	11446
平罗县	163459	81689	81770	114726	57518	57208
吴忠市	**282514**	**144192**	**138322**	**126704**	**66024**	**60680**
利通区	20987	11086	9901	10956	5805	5151
红寺堡区	6953	4239	2714	4317	2724	1593
盐池县	88016	44571	43445	85621	43344	42277
同心县	140077	70241	69836	9360	5313	4047
青铜峡市	26481	14055	12426	16450	8838	7612
固原市	**251106**	**124237**	**126869**	**152770**	**75951**	**76819**
原州区	21010	10853	10157	7754	4153	3601
西吉县	96776	47334	49442	50393	24967	25426
隆德县	41744	20446	21298	40063	19593	20470
泾源县	30003	15016	14987	3463	1839	1624
彭阳县	61573	30588	30985	51097	25399	25698
中卫市	**299167**	**150585**	**148582**	**192946**	**98030**	**94916**
沙坡头区	18003	9568	8435	15001	8048	6953
中宁县	163702	82682	81020	152136	76955	75181
海原县	117462	58335	59127	25809	13027	12782

1-4b　续表 1　　　　单位：人

地　区	蒙古族			回　族			藏　族		
	小计	男	女	小计	男	女	小计	男	女
宁　夏	**1308**	**642**	**666**	**551957**	**275254**	**276703**	**265**	**129**	**136**
银川市	**915**	**442**	**473**	**134273**	**67879**	**66394**	**160**	**80**	**80**
兴庆区	243	128	115	19785	9912	9873	54	33	21
西夏区	4	2	2	12272	6161	6111			
金凤区	5	3	2	7583	3843	3740			
永宁县	181	84	97	40653	20228	20425	38	16	22
贺兰县	408	183	225	33980	16966	17014	49	22	27
灵武市	74	42	32	20000	10769	9231	19	9	10
石嘴山市	**213**	**108**	**105**	**59311**	**29367**	**29944**	**51**	**23**	**28**
大武口区	30	17	13	4914	2364	2550	21	12	9
惠农区	41	20	21	6215	3112	3103	11	3	8
平罗县	142	71	71	48182	23891	24291	19	8	11
吴忠市	**102**	**52**	**50**	**154625**	**77555**	**77070**	**13**	**8**	**5**
利通区	8	4	4	9822	5183	4639			
红寺堡区	3	2	1	2619	1505	1114	1		1
盐池县	47	22	25	2199	1132	1067	1	1	
同心县	11	4	7	130631	64887	65744	10	6	4
青铜峡市	33	20	13	9354	4848	4506	1	1	
固原市	**13**	**8**	**5**	**98116**	**48194**	**49922**	**13**	**8**	**5**
原州区	2	2		13210	6678	6532	1	1	
西吉县	4	3	1	46298	22326	23972	6	5	1
隆德县				1655	845	810	1		1
泾源县	7	3	4	26517	13168	13349	1		1
彭阳县				10436	5177	5259	4	2	2
中卫市	**65**	**32**	**33**	**105632**	**52259**	**53373**	**28**	**10**	**18**
沙坡头区	5	4	1	2962	1492	1470	1	1	
中宁县	50	24	26	11189	5544	5645	23	7	16
海原县	10	4	6	91481	45223	46258	4	2	2

1-4b 续表 2

单位：人

地区	维吾尔族			苗族			彝族		
	小计	男	女	小计	男	女	小计	男	女
宁夏	**66**	**30**	**36**	**2674**	**1455**	**1219**	**167**	**93**	**74**
银川市	**45**	**22**	**23**	**1917**	**1053**	**864**	**95**	**54**	**41**
兴庆区	11	3	8	50	17	33	29	13	16
西夏区	1	1		1		1			
金凤区				2	2				
永宁县	14	6	8	1481	817	664	25	15	10
贺兰县	18	11	7	373	211	162	39	25	14
灵武市	1	1		10	6	4	2	1	1
石嘴山市	**5**	**3**	**2**	**59**	**33**	**26**	**14**	**10**	**4**
大武口区	2	1	1	13	8	5	4	3	1
惠农区				5	3	2	1	1	
平罗县	3	2	1	41	22	19	9	6	3
吴忠市	**2**		**2**	**559**	**293**	**266**	**37**	**19**	**18**
利通区				123	60	63	20	11	9
红寺堡区									
盐池县	1		1	19	11	8	5	3	2
同心县	1		1	9	4	5	1		1
青铜峡市				408	218	190	11	5	6
固原市	**10**	**3**	**7**	**59**	**30**	**29**	**8**	**2**	**6**
原州区	2	1	1	22	10	12			
西吉县	6	2	4	26	15	11	2	1	1
隆德县				9	4	5			
泾源县	1		1	2	1	1			
彭阳县	1		1				6	1	5
中卫市	**4**	**2**	**2**	**80**	**46**	**34**	**13**	**8**	**5**
沙坡头区				9	5	4	2	1	1
中宁县	1	1		46	25	21	8	5	3
海原县	3	1	2	25	16	9	3	2	1

1-4b　续表 3　　　　单位：人

地　区	壮　族			布依族			朝鲜族		
	小计	男	女	小计	男	女	小计	男	女
宁　夏	**198**	**83**	**115**	**428**	**223**	**205**	**66**	**34**	**32**
银川市	**117**	**54**	**63**	**283**	**150**	**133**	**53**	**27**	**26**
兴庆区	28	12	16	21	13	8	13	8	5
西夏区	1		1	4	2	2			
金凤区									
永宁县	40	16	24	171	88	83	8	6	2
贺兰县	39	20	19	83	45	38	26	9	17
灵武市	9	6	3	4	2	2	6	4	2
石嘴山市	**30**	**14**	**16**	**17**	**9**	**8**	**8**	**5**	**3**
大武口区	7	5	2	4	2	2	1		1
惠农区	4	2	2	7	4	3	1	1	
平罗县	19	7	12	6	3	3	6	4	2
吴忠市	**32**	**10**	**22**	**88**	**45**	**43**	**1**	**1**	
利通区	5		5	26	10	16			
红寺堡区	1	1							
盐池县	12	4	8	1	1				
同心县	1		1	4	3	1	1	1	
青铜峡市	13	5	8	57	31	26			
固原市	**7**		**7**	**21**	**10**	**11**	**1**		**1**
原州区				9	5	4			
西吉县				8	4	4	1		1
隆德县	2		2	2		2			
泾源县	2		2						
彭阳县	3		3	2	1	1			
中卫市	**12**	**5**	**7**	**19**	**9**	**10**	**3**	**1**	**2**
沙坡头区	3	3		5	3	2			
中宁县	7	2	5	12	4	8	2	1	1
海原县	2		2	2	2		1		1

1-4b 续表 4

单位：人

地 区	满族			侗族			瑶族		
	小计	男	女	小计	男	女	小计	男	女
宁 夏	**3780**	**1912**	**1868**	**63**	**34**	**29**	**34**	**16**	**18**
银川市	**2909**	**1465**	**1444**	**31**	**17**	**14**	**19**	**10**	**9**
兴庆区	768	390	378	10	7	3	7	3	4
西夏区	2	1	1						
金凤区	10	5	5						
永宁县	719	353	366	9	4	5	11	6	5
贺兰县	1245	604	641	11	5	6	1	1	
灵武市	165	112	53	1	1				
石嘴山市	**406**	**208**	**198**	**15**	**7**	**8**	**4**	**3**	**1**
大武口区	78	43	35	3	2	1	1	1	
惠农区	80	41	39	1		1			
平罗县	248	124	124	11	5	6	3	2	1
吴忠市	**259**	**139**	**120**	**9**	**8**	**1**	**8**	**2**	**6**
利通区	16	8	8				3	1	2
红寺堡区	8	5	3	1	1				
盐池县	91	46	45	1		1	2		2
同心县	23	13	10						
青铜峡市	121	67	54	7	7		3	1	2
固原市	**21**	**10**	**11**						
原州区	2		2						
西吉县	8	5	3						
隆德县	3	1	2						
泾源县	2	2							
彭阳县	6	2	4						
中卫市	**185**	**90**	**95**	**8**	**2**	**6**	**3**	**1**	**2**
沙坡头区	8	7	1						
中宁县	157	74	83	5	1	4	3	1	2
海原县	20	9	11	3	1	2			

1-4b　续表 5　　　　单位：人

地　区	白　族			土家族			哈尼族		
	小计	男	女	小计	男	女	小计	男	女
宁　夏	**38**	**13**	**25**	**379**	**216**	**163**	**10**	**5**	**5**
银川市	**17**	**4**	**13**	**229**	**133**	**96**	**6**	**3**	**3**
兴庆区	4		4	45	26	19	2	1	1
西夏区				2		2			
金凤区				3	1	2			
永宁县	1		1	91	56	35			
贺兰县	10	3	7	72	38	34	2	1	1
灵武市	2	1	1	16	12	4	2	1	1
石嘴山市	**6**	**5**	**1**	**59**	**36**	**23**	**1**		**1**
大武口区	3	2	1	35	18	17	1		1
惠农区				4	4				
平罗县	3	3		20	14	6			
吴忠市	**5**		**5**	**26**	**15**	**11**			
利通区				3	1	2			
红寺堡区	1		1	1		1			
盐池县	1		1	5	2	3			
同心县	3		3	4	3	1			
青铜峡市				13	9	4			
固原市	**8**	**2**	**6**	**25**	**10**	**15**	**3**	**2**	**1**
原州区	3	2	1	2	1	1			
西吉县	2		2	13	6	7			
隆德县	1		1	4	2	2			
泾源县				3		3			
彭阳县	2		2	3	1	2	3	2	1
中卫市	**2**	**2**		**40**	**22**	**18**			
沙坡头区				2	2				
中宁县	1	1		22	12	10			
海原县	1	1		16	8	8			

1-4b 续表 6　　单位：人

地　区	哈萨克族			傣　族			黎　族		
	小计	男	女	小计	男	女	小计	男	女
宁　夏	**12**	**3**	**9**	**13**	**2**	**11**	**36**	**18**	**18**
银川市	**5**	**2**	**3**	**8**	**2**	**6**	**28**	**15**	**13**
兴庆区	1	1		3	1	2	4	2	2
西夏区	1		1						
金凤区									
永宁县	1		1				18	10	8
贺兰县	2	1	1	5	1	4	4	1	3
灵武市							2	2	
石嘴山市	**2**	**1**	**1**	**1**		**1**	**3**	**1**	**2**
大武口区	2	1	1	1		1			
惠农区							2	1	1
平罗县							1		1
吴忠市	**1**		**1**						
利通区	1		1						
红寺堡区									
盐池县									
同心县									
青铜峡市									
固原市	**2**		**2**	**3**		**3**	**3**	**1**	**2**
原州区				1		1			
西吉县	2		2	1		1			
隆德县									
泾源县									
彭阳县				1		1	3	1	2
中卫市	**2**		**2**	**1**		**1**	**2**	**1**	**1**
沙坡头区									
中宁县				1		1	1	1	
海原县	2		2				1		1

1-4b　续表 7　　　　单位：人

地　区	傈僳族			佤　族			畲　族		
	小计	男	女	小计	男	女	小计	男	女
宁　夏	**4**	**2**	**2**	**6**	**1**	**5**	**25**	**11**	**14**
银川市	**1**	**1**		**4**	**1**	**3**	**18**	**7**	**11**
兴庆区				2		2	3	1	2
西夏区									
金凤区									
永宁县				1		1	8	3	5
贺兰县	1	1					6	3	3
灵武市				1	1		1		1
石嘴山市							**3**	**1**	**2**
大武口区							1		1
惠农区							2	1	1
平罗县									
吴忠市	**2**	**1**	**1**	**1**		**1**			
利通区									
红寺堡区									
盐池县	2	1	1						
同心县				1		1			
青铜峡市									
固原市									
原州区									
西吉县									
隆德县									
泾源县									
彭阳县									
中卫市	**1**		**1**	**1**		**1**	**4**	**3**	**1**
沙坡头区									
中宁县	1		1	1		1	2	1	1
海原县							2	2	

1-4b 续表 8

单位：人

地 区	高山族			拉祜族			水 族		
	小计	男	女	小计	男	女	小计	男	女
宁 夏	**1**	**1**		**2**		**2**	**12**	**5**	**7**
银川市	**1**	**1**		**1**		**1**	**7**	**3**	**4**
兴庆区									
西夏区									
金凤区									
永宁县				1		1	5	3	2
贺兰县	1	1					2		2
灵武市									
石嘴山市							**3**	**1**	**2**
大武口区							1		1
惠农区							2	1	1
平罗县									
吴忠市							**2**	**1**	**1**
利通区									
红寺堡区									
盐池县									
同心县									
青铜峡市							2	1	1
固原市									
原州区									
西吉县									
隆德县									
泾源县									
彭阳县									
中卫市				**1**		**1**			
沙坡头区									
中宁县				1		1			
海原县									

1-4b　续表 9　　　　单位：人

地　区	东乡族			纳西族			景颇族		
	小计	男	女	小计	男	女	小计	男	女
宁　夏	**199**	**101**	**98**	**2**		**2**	**8**	**3**	**5**
银川市	**50**	**29**	**21**	**1**		**1**	**8**	**3**	**5**
兴庆区	16	8	8				7	2	5
西夏区									
金凤区									
永宁县	11	5	6						
贺兰县	17	11	6						
灵武市	6	5	1	1		1	1	1	
石嘴山市	**19**	**11**	**8**						
大武口区	11	7	4						
惠农区	3	1	2						
平罗县	5	3	2						
吴忠市	**25**	**10**	**15**						
利通区	2	2							
红寺堡区									
盐池县	7	3	4						
同心县	10	2	8						
青铜峡市	6	3	3						
固原市	**7**		**7**						
原州区	2		2						
西吉县	3		3						
隆德县									
泾源县	1		1						
彭阳县	1		1						
中卫市	**98**	**51**	**47**	**1**		**1**			
沙坡头区	3	1	2						
中宁县	22	15	7						
海原县	73	35	38	1		1			

1-4b 续表 10 单位：人

地区	柯尔克孜族			土族			达斡尔族		
	小计	男	女	小计	男	女	小计	男	女
宁夏	**5**	**3**	**2**	**66**	**31**	**35**	**16**	**10**	**6**
银川市				**42**	**19**	**23**	**15**	**9**	**6**
兴庆区				5	3	2	3	2	1
西夏区									
金凤区									
永宁县				13	5	8	3	3	
贺兰县				23	11	12	9	4	5
灵武市				1		1			
石嘴山市	**4**	**3**	**1**	**12**	**7**	**5**			
大武口区				10	6	4			
惠农区									
平罗县	4	3	1	2	1	1			
吴忠市				**2**	**2**		**1**	**1**	
利通区									
红寺堡区				1	1				
盐池县				1	1				
同心县							1	1	
青铜峡市									
固原市	**1**		**1**	**5**	**1**	**4**			
原州区									
西吉县	1		1	1		1			
隆德县				3	1	2			
泾源县				1		1			
彭阳县									
中卫市				**5**	**2**	**3**			
沙坡头区									
中宁县				4	2	2			
海原县				1		1			

1-4b 续表 11 单位：人

地区	仫佬族			羌族			布朗族		
	小计	男	女	小计	男	女	小计	男	女
宁夏	**1**		**1**	**23**	**15**	**8**			
银川市	**1**		**1**	**8**	**5**	**3**			
兴庆区				3	2	1			
西夏区									
金凤区									
永宁县				3	2	1			
贺兰县	1		1	2	1	1			
灵武市									
石嘴山市				**3**		**3**			
大武口区									
惠农区									
平罗县				3		3			
吴忠市				**6**	**5**	**1**			
利通区									
红寺堡区									
盐池县									
同心县				4	4				
青铜峡市				2	1	1			
固原市				**3**	**2**	**1**			
原州区									
西吉县				1		1			
隆德县									
泾源县									
彭阳县				2	2				
中卫市				**3**	**3**				
沙坡头区									
中宁县				3	3				
海原县									

1-4b 续表 12 单位：人

地 区	撒拉族			毛南族			仡佬族		
	小计	男	女	小计	男	女	小计	男	女
宁 夏	**14**	**5**	**9**	**5**	**3**	**2**	**13**	**8**	**5**
银川市	**6**	**2**	**4**	**3**	**2**	**1**	**7**	**5**	**2**
兴庆区	1	1					1	1	
西夏区									
金凤区									
永宁县							4	3	1
贺兰县	4		4	3	2	1	2	1	1
灵武市	1	1							
石嘴山市	**5**	**2**	**3**				**2**	**1**	**1**
大武口区	4	2	2				2	1	1
惠农区									
平罗县	1		1						
吴忠市	**1**		**1**				**1**		**1**
利通区	1		1						
红寺堡区									
盐池县									
同心县							1		1
青铜峡市									
固原市	**1**		**1**				**3**	**2**	**1**
原州区									
西吉县									
隆德县									
泾源县							2	2	
彭阳县	1		1				1		1
中卫市	**1**	**1**		**2**	**1**	**1**			
沙坡头区				2	1	1			
中宁县									
海原县	1	1							

1-4b　续表 13

单位：人

地　区	锡伯族			阿昌族			普米族		
	小计	男	女	小计	男	女	小计	男	女
宁　夏	**13**	**11**	**2**				**1**		**1**
银川市	**11**	**9**	**2**				**1**		**1**
兴庆区	3	2	1						
西夏区									
金凤区									
永宁县	1	1					1		1
贺兰县	4	3	1						
灵武市	3	3							
石嘴山市	**1**	**1**							
大武口区	1	1							
惠农区									
平罗县									
吴忠市									
利通区									
红寺堡区									
盐池县									
同心县									
青铜峡市									
固原市									
原州区									
西吉县									
隆德县									
泾源县									
彭阳县									
中卫市	**1**	**1**							
沙坡头区									
中宁县	1	1							
海原县									

1-4b 续表 14 单位：人

地 区	塔吉克族			怒 族			乌孜别克族		
	小计	男	女	小计	男	女	小计	男	女
宁 夏									
银川市									
兴庆区									
西夏区									
金凤区									
永宁县									
贺兰县									
灵武市									
石嘴山市									
大武口区									
惠农区									
平罗县									
吴忠市									
利通区									
红寺堡区									
盐池县									
同心县									
青铜峡市									
固原市									
原州区									
西吉县									
隆德县									
泾源县									
彭阳县									
中卫市									
沙坡头区									
中宁县									
海原县									

1-4b 续表 15 单位：人

地 区	俄罗斯族			鄂温克族			德 昂 族		
	小计	男	女	小计	男	女	小计	男	女
宁 夏	**4**	**2**	**2**	**1**		**1**			
银川市	**1**	**1**							
兴庆区									
西夏区									
金凤区									
永宁县									
贺兰县	1	1							
灵武市									
石嘴山市	**3**	**1**	**2**	**1**		**1**			
大武口区									
惠农区									
平罗县	3	1	2	1		1			
吴忠市									
利通区									
红寺堡区									
盐池县									
同心县									
青铜峡市									
固原市									
原州区									
西吉县									
隆德县									
泾源县									
彭阳县									
中卫市									
沙坡头区									
中宁县									
海原县									

1-4b 续表 16 单位：人

地 区	保安族			裕固族			京 族		
	小计	男	女	小计	男	女	小计	男	女
宁 夏	**2**		**2**	**9**	**7**	**2**	**1**	**1**	
银川市	**1**		**1**	**8**	**6**	**2**			
兴庆区				2	1	1			
西夏区									
金凤区									
永宁县				2	1	1			
贺兰县	1		1	4	4				
灵武市									
石嘴山市				**1**	**1**		**1**	**1**	
大武口区							1	1	
惠农区				1	1				
平罗县									
吴忠市	**1**		**1**						
利通区									
红寺堡区									
盐池县									
同心县	1		1						
青铜峡市									
固原市									
原州区									
西吉县									
隆德县									
泾源县									
彭阳县									
中卫市									
沙坡头区									
中宁县									
海原县									

1-4b　续表 17

单位：人

地　区	塔塔尔族			独 龙 族			鄂伦春族		
	小计	男	女	小计	男	女	小计	男	女
宁　夏							**3**	**2**	**1**
银川市							**3**	**2**	**1**
兴庆区							1		1
西夏区									
金凤区									
永宁县									
贺兰县							2	2	
灵武市									
石嘴山市									
大武口区									
惠农区									
平罗县									
吴忠市									
利通区									
红寺堡区									
盐池县									
同心县									
青铜峡市									
固原市									
原州区									
西吉县									
隆德县									
泾源县									
彭阳县									
中卫市									
沙坡头区									
中宁县									
海原县									

1-4b 续表 18

单位：人

地 区	赫哲族			门巴族			珞巴族		
	小计	男	女	小计	男	女	小计	男	女
宁 夏				**1**		**1**			
银川市				**1**		**1**			
兴庆区									
西夏区									
金凤区									
永宁县									
贺兰县				1		1			
灵武市									
石嘴山市									
大武口区									
惠农区									
平罗县									
吴忠市									
利通区									
红寺堡区									
盐池县									
同心县									
青铜峡市									
固原市									
原州区									
西吉县									
隆德县									
泾源县									
彭阳县									
中卫市									
沙坡头区									
中宁县									
海原县									

1-4b 续表 19

单位：人

地区	基诺族			未定族称人口			入籍		
	小计	男	女	小计	男	女	小计	男	女
宁夏				**16**	**13**	**3**	**1**		**1**
银川市				**6**	**5**	**1**			
兴庆区									
西夏区									
金凤区									
永宁县				1	1				
贺兰县				2	1	1			
灵武市				3	3				
石嘴山市				**3**	**3**				
大武口区				2	2				
惠农区									
平罗县				1	1				
吴忠市				**1**	**1**				
利通区				1	1				
红寺堡区									
盐池县									
同心县									
青铜峡市									
固原市				**3**	**1**	**2**			
原州区									
西吉县									
隆德县				1		1			
泾源县				1	1				
彭阳县				1		1			
中卫市				**3**	**3**		**1**		**1**
沙坡头区									
中宁县				2	2		1		1
海原县				1	1				

1－4c　各地区分性别、民族的人口(乡村)

单位：人

地　区	合　计			汉　族		
	合计	男	女	小计	男	女
宁　夏	**2524000**	**1323169**	**1200831**	**1212377**	**650685**	**561692**
银川市	**565418**	**300162**	**265256**	**350017**	**189724**	**160293**
兴庆区	81808	42767	39041	48660	26362	22298
西夏区	41017	21237	19780	22595	11731	10864
金凤区	116000	59669	56331	75725	39288	36437
永宁县	113920	58590	55330	73409	38073	35336
贺兰县	119437	61832	57605	82951	43396	39555
灵武市	93236	56067	37169	46677	30874	15803
石嘴山市	**165887**	**88659**	**77228**	**98727**	**54033**	**44694**
大武口区	25980	14264	11716	22416	12180	10236
惠农区	29160	16616	12544	19210	11314	7896
平罗县	110747	57779	52968	57101	30539	26562
吴忠市	**611594**	**317824**	**293770**	**231076**	**123725**	**107351**
利通区	139311	72184	67127	41799	22249	19550
红寺堡区	118406	60959	57447	33610	17799	15811
盐池县	71193	39750	31443	67459	37512	29947
同心县	180724	92239	88485	20932	11257	9675
青铜峡市	101960	52692	49268	67276	34908	32368
固原市	**644236**	**336902**	**307334**	**275025**	**146688**	**128337**
原州区	203519	105532	97987	73778	39166	34612
西吉县	219051	115287	103764	79603	42772	36831
隆德县	67707	35243	32464	52589	27550	25039
泾源县	55020	28613	26407	8466	4680	3786
彭阳县	98939	52227	46712	60589	32520	28069
中卫市	**536865**	**279622**	**257243**	**257532**	**136515**	**121017**
沙坡头区	150489	78893	71596	123991	65329	58662
中宁县	170320	88486	81834	82098	43630	38468
海原县	216056	112243	103813	51443	27556	23887

1-4c　续表 1　　　　　　　　　　　　　　　　　　　　　　　　单位：人

地　区	蒙古族			回　族			藏　族		
	小计	男	女	小计	男	女	小计	男	女
宁　夏	**737**	**365**	**372**	**1300286**	**666493**	**633793**	**200**	**112**	**88**
银川市	**429**	**204**	**225**	**211365**	**108276**	**103089**	**102**	**61**	**41**
兴庆区	27	11	16	32915	16277	16638	13	8	5
西夏区	24	10	14	18322	9454	8868	4	1	3
金凤区	200	91	109	39046	19741	19305	21	10	11
永宁县	28	14	14	39121	19768	19353	11	5	6
贺兰县	96	41	55	35673	18036	17637	29	16	13
灵武市	54	37	17	46288	25000	21288	24	21	3
石嘴山市	**80**	**42**	**38**	**66468**	**34238**	**32230**	**16**	**7**	**9**
大武口区	5	3	2	3531	2069	1462	2	1	1
惠农区	36	22	14	9784	5187	4597	3	2	1
平罗县	39	17	22	53153	26982	26171	11	4	7
吴忠市	**96**	**51**	**45**	**375826**	**191694**	**184132**	**39**	**23**	**16**
利通区	28	14	14	96946	49627	47319	5	5	
红寺堡区	5	4	1	84711	43109	41602	9	5	4
盐池县	32	17	15	3593	2158	1435	4	3	1
同心县	5	2	3	159718	80951	78767	6	2	4
青铜峡市	26	14	12	30858	15849	15009	15	8	7
固原市	**40**	**15**	**25**	**368579**	**189934**	**178645**	**19**	**8**	**11**
原州区	21	7	14	129481	66250	63231	9	3	6
西吉县	11	3	8	139308	72456	66852	5	3	2
隆德县	2	2		14975	7626	7349	3		3
泾源县	3	1	2	46526	23921	22605	1	1	
彭阳县	3	2	1	38289	19681	18608	1	1	
中卫市	**92**	**53**	**39**	**278048**	**142351**	**135697**	**24**	**13**	**11**
沙坡头区	58	33	25	26010	13275	12735	5	2	3
中宁县	22	15	7	87944	44710	43234	18	11	7
海原县	12	5	7	164094	84366	79728	1		1

1-4c 续表 2

单位：人

地 区	维吾尔族			苗 族			彝 族		
	小计	男	女	小计	男	女	小计	男	女
宁 夏	**63**	**24**	**39**	**5666**	**3006**	**2660**	**313**	**173**	**140**
银川市	**17**	**8**	**9**	**1533**	**837**	**696**	**128**	**78**	**50**
兴庆区	2		2	33	16	17	29	21	8
西夏区	4	3	1	18	7	11			
金凤区	7	3	4	53	33	20	68	41	27
永宁县	1		1	1092	599	493	6	4	2
贺兰县	1		1	323	172	151	15	4	11
灵武市	2	2		14	10	4	10	8	2
石嘴山市	**1**		**1**	**294**	**160**	**134**	**24**	**17**	**7**
大武口区				4	2	2			
惠农区				24	16	8	7	5	2
平罗县	1		1	266	142	124	17	12	5
吴忠市	**4**	**1**	**3**	**3257**	**1681**	**1576**	**89**	**42**	**47**
利通区	1		1	362	195	167	8	5	3
红寺堡区				5	4	1	9	7	2
盐池县				37	20	17	1		1
同心县	1	1		16	7	9	1		1
青铜峡市	2		2	2837	1455	1382	70	30	40
固原市	**33**	**12**	**21**	**200**	**96**	**104**	**14**	**5**	**9**
原州区	15	6	9	91	48	43	3	3	
西吉县	9	2	7	45	19	26	1	1	
隆德县	2	2		38	15	23	4		4
泾源县	3	1	2	5	3	2	1		1
彭阳县	4	1	3	21	11	10	5	1	4
中卫市	**8**	**3**	**5**	**382**	**232**	**150**	**58**	**31**	**27**
沙坡头区	3	2	1	237	149	88	29	16	13
中宁县	2	1	1	101	53	48	27	15	12
海原县	3		3	44	30	14	2		2

1-4c　续表 3　　单位：人

地　区	壮　族			布依族			朝鲜族		
	小计	男	女	小计	男	女	小计	男	女
宁　夏	**159**	**66**	**93**	**1204**	**592**	**612**	**23**	**16**	**7**
银川市	**65**	**29**	**36**	**226**	**109**	**117**	**17**	**11**	**6**
兴庆区	6	6		4	1	3	1	1	
西夏区				1		1	1	1	
金凤区	28	11	17	8	3	5	9	5	4
永宁县	6	2	4	98	53	45			
贺兰县	19	9	10	105	46	59	6	4	2
灵武市	6	1	5	10	6	4			
石嘴山市	**13**	**9**	**4**	**67**	**37**	**30**	**1**	**1**	
大武口区	1		1	2	1	1			
惠农区	4	4		19	11	8	1	1	
平罗县	8	5	3	46	25	21			
吴忠市	**43**	**17**	**26**	**724**	**349**	**375**	**1**	**1**	
利通区	3		3	42	20	22			
红寺堡区				2		2			
盐池县	4	2	2	7	3	4			
同心县	3		3	5	3	2			
青铜峡市	33	15	18	668	323	345	1	1	
固原市	**11**	**2**	**9**	**120**	**63**	**57**	**1**	**1**	
原州区	5	1	4	22	10	12			
西吉县	1		1	14	8	6	1	1	
隆德县	2		2	78	43	35			
泾源县				1		1			
彭阳县	3	1	2	5	2	3			
中卫市	**27**	**9**	**18**	**67**	**34**	**33**	**3**	**2**	**1**
沙坡头区	12	6	6	36	18	18	2	1	1
中宁县	9	2	7	21	12	9	1	1	
海原县	6	1	5	10	4	6			

1-4c 续表 4

单位：人

地区	满族			侗族			瑶族		
	小计	男	女	小计	男	女	小计	男	女
宁夏	**1655**	**887**	**768**	**71**	**45**	**26**	**97**	**46**	**51**
银川市	**1118**	**585**	**533**	**24**	**17**	**7**	**13**	**8**	**5**
兴庆区	66	35	31	6	3	3	2	1	1
西夏区	22	12	10						
金凤区	685	349	336	5	4	1	4	3	1
永宁县	103	50	53	5	3	2	3	2	1
贺兰县	157	77	80	2	2		1	1	
灵武市	85	62	23	6	5	1	3	1	2
石嘴山市	**130**	**82**	**48**	**11**	**5**	**6**	**7**	**3**	**4**
大武口区	8	2	6						
惠农区	61	47	14	1		1			
平罗县	61	33	28	10	5	5	7	3	4
吴忠市	**216**	**121**	**95**	**20**	**13**	**7**	**71**	**33**	**38**
利通区	63	36	27	1	1		11	5	6
红寺堡区	27	16	11	1	1				
盐池县	38	25	13	4	3	1			
同心县	16	9	7						
青铜峡市	72	35	37	14	8	6	60	28	32
固原市	**71**	**33**	**38**	**5**	**2**	**3**	**4**	**1**	**3**
原州区	38	16	22	3	2	1	1	1	
西吉县	11	7	4				1		1
隆德县	6	2	4	2		2			
泾源县	6	4	2						
彭阳县	10	4	6				2		2
中卫市	**120**	**66**	**54**	**11**	**8**	**3**	**2**	**1**	**1**
沙坡头区	74	43	31	7	5	2	1	1	
中宁县	24	13	11	3	3				
海原县	22	10	12	1		1	1		1

1-4c　续表 5　　　　单位：人

地　区	白　族			土家族			哈尼族		
	小计	男	女	小计	男	女	小计	男	女
宁　夏	**31**	**14**	**17**	**253**	**164**	**89**	**14**	**4**	**10**
银川市	**13**	**7**	**6**	**170**	**110**	**60**	**4**	**1**	**3**
兴庆区	5	2	3	16	11	5	1		1
西夏区	2	2		12	8	4			
金凤区	4	2	2	84	60	24	1		1
永宁县	1	1		21	10	11			
贺兰县				21	10	11	1		1
灵武市	1		1	16	11	5	1	1	
石嘴山市	**2**	**1**	**1**	**16**	**12**	**4**	**2**	**2**	
大武口区	1	1		4	3	1			
惠农区				3	3		2	2	
平罗县	1		1	9	6	3			
吴忠市	**11**	**4**	**7**	**31**	**23**	**8**	**2**		**2**
利通区	4	3	1	10	5	5			
红寺堡区				2	2				
盐池县	2		2	5	5		1		1
同心县	4		4	6	3	3			
青铜峡市	1	1		8	8		1		1
固原市	**2**	**1**	**1**	**13**	**9**	**4**	**5**	**1**	**4**
原州区				2	1	1	5	1	4
西吉县	1	1		4	4				
隆德县	1		1	1	1				
泾源县				3		3			
彭阳县				3	3				
中卫市	**3**	**1**	**2**	**23**	**10**	**13**	**1**		**1**
沙坡头区	1		1	9	5	4	1		1
中宁县	1		1	8	3	5			
海原县	1	1		6	2	4			

1-4c 续表 6

单位：人

地　区	哈萨克族			傣　族			黎　族		
	小计	男	女	小计	男	女	小计	男	女
宁　夏	**26**	**3**	**23**	**4**		**4**	**25**	**8**	**17**
银川市	**2**	**2**					**13**	**4**	**9**
兴庆区	1	1							
西夏区	1	1							
金凤区							3	1	2
永宁县									
贺兰县							7	2	5
灵武市							3	1	2
石嘴山市	**1**		**1**						
大武口区									
惠农区									
平罗县	1		1						
吴忠市				**1**		**1**	**3**		**3**
利通区									
红寺堡区				1		1	1		1
盐池县									
同心县									
青铜峡市							2		2
固原市	**16**	**1**	**15**	**3**		**3**	**7**	**2**	**5**
原州区	6	1	5				5	1	4
西吉县	8		8	3		3			
隆德县									
泾源县	1		1				2	1	1
彭阳县	1		1						
中卫市	**7**		**7**				**2**	**2**	
沙坡头区							2	2	
中宁县	1		1						
海原县	6		6						

1-4c　续表 7　　　　单位：人

地　区	傈僳族			佤　族			畲　族		
	小计	男	女	小计	男	女	小计	男	女
宁　夏	**4**		**4**	**4**	**4**		**19**	**13**	**6**
银川市	**2**		**2**	**1**	**1**		**16**	**11**	**5**
兴庆区									
西夏区							1	1	
金凤区							1	1	
永宁县	1		1				1	1	
贺兰县									
灵武市	1		1	1	1		13	8	5
石嘴山市							**1**	**1**	
大武口区									
惠农区									
平罗县							1	1	
吴忠市	**1**		**1**						
利通区									
红寺堡区									
盐池县									
同心县									
青铜峡市	1		1						
固原市							**1**		**1**
原州区							1		1
西吉县									
隆德县									
泾源县									
彭阳县									
中卫市	**1**		**1**	**3**	**3**		**1**	**1**	
沙坡头区				3	3				
中宁县	1		1				1	1	
海原县									

1-4c 续表 8

单位：人

地　区	高山族			拉祜族			水　族		
	小计	男	女	小计	男	女	小计	男	女
宁　夏				**8**	**6**	**2**	**16**	**2**	**14**
银川市				**7**	**6**	**1**	**6**	**1**	**5**
兴庆区							1		1
西夏区									
金凤区				2	1	1			
永宁县							4	1	3
贺兰县							1		1
灵武市				5	5				
石嘴山市							**1**		**1**
大武口区									
惠农区							1		1
平罗县									
吴忠市							**1**		**1**
利通区									
红寺堡区									
盐池县									
同心县									
青铜峡市							1		1
固原市				**1**		**1**	**2**		**2**
原州区							2		2
西吉县				1		1			
隆德县									
泾源县									
彭阳县									
中卫市							**6**	**1**	**5**
沙坡头区							1		1
中宁县							5	1	4
海原县									

1-4c　续表 9　　　　单位：人

地　区	东乡族			纳西族			景颇族		
	小计	男	女	小计	男	女	小计	男	女
宁　夏	**584**	**354**	**230**	**2**	**2**		**1**		**1**
银川市	**51**	**27**	**24**	**1**	**1**				
兴庆区	7	3	4						
西夏区	1	1							
金凤区	12	5	7						
永宁县	5	1	4	1	1				
贺兰县	17	10	7						
灵武市	9	7	2						
石嘴山市	**16**	**5**	**11**						
大武口区	4	1	3						
惠农区	1		1						
平罗县	11	4	7						
吴忠市	**52**	**28**	**24**	**1**	**1**		**1**		**1**
利通区	21	14	7						
红寺堡区	16	9	7				1		1
盐池县									
同心县	10	3	7	1	1				
青铜峡市	5	2	3						
固原市	**37**	**15**	**22**						
原州区	15	7	8						
西吉县	20	7	13						
隆德县									
泾源县	1	1							
彭阳县	1		1						
中卫市	**428**	**279**	**149**						
沙坡头区	3	1	2						
中宁县	28	13	15						
海原县	397	265	132						

1-4c 续表 10　　　　单位：人

地区	柯尔克孜族			土族			达斡尔族		
	小计	男	女	小计	男	女	小计	男	女
宁　夏	**3**	**1**	**2**	**44**	**25**	**19**	**2**		**2**
银川市				**25**	**14**	**11**	**1**		**1**
兴庆区				2	2				
西夏区				3	1	2			
金凤区				12	7	5	1		1
永宁县				2	1	1			
贺兰县				6	3	3			
灵武市									
石嘴山市									
大武口区									
惠农区									
平罗县									
吴忠市				**3**	**2**	**1**			
利通区				1	1				
红寺堡区				1	1				
盐池县				1		1			
同心县									
青铜峡市									
固原市	**3**	**1**	**2**	**10**	**7**	**3**	**1**		**1**
原州区	1	1		7	4	3			
西吉县	1		1	3	3				
隆德县									
泾源县							1		1
彭阳县	1		1						
中卫市				**6**	**2**	**4**			
沙坡头区				1		1			
中宁县				3	1	2			
海原县				2	1	1			

1-4c 续表 11

单位：人

地 区	仫佬族			羌 族			布朗族		
	小计	男	女	小计	男	女	小计	男	女
宁 夏				**21**	**10**	**11**			
银川市				**18**	**9**	**9**			
兴庆区				4	2	2			
西夏区				3	2	1			
金凤区				5	1	4			
永宁县									
贺兰县				1		1			
灵武市				5	4	1			
石嘴山市									
大武口区									
惠农区									
平罗县									
吴忠市				**3**	**1**	**2**			
利通区				1		1			
红寺堡区									
盐池县				2	1	1			
同心县									
青铜峡市									
固原市									
原州区									
西吉县									
隆德县									
泾源县									
彭阳县									
中卫市									
沙坡头区									
中宁县									
海原县									

1-4c 续表 12

单位：人

地区	撒拉族			毛南族			仡佬族		
	小计	男	女	小计	男	女	小计	男	女
宁　夏	**20**	**11**	**9**				**14**	**9**	**5**
银川市	**3**	**3**					**5**	**4**	**1**
兴庆区									
西夏区	1	1							
金凤区							4	3	1
永宁县	1	1							
贺兰县	1	1					1	1	
灵武市									
石嘴山市							**1**	**1**	
大武口区									
惠农区									
平罗县							1	1	
吴忠市	**9**	**6**	**3**				**7**	**4**	**3**
利通区	2	2					1		1
红寺堡区	5	2	3						
盐池县									
同心县									
青铜峡市	2	2					6	4	2
固原市	**5**	**1**	**4**						
原州区	5	1	4						
西吉县									
隆德县									
泾源县									
彭阳县									
中卫市	**3**	**1**	**2**				**1**		**1**
沙坡头区							1		1
中宁县									
海原县	3	1	2						

1-4c　续表 13　　　　　　　　　　　　单位：人

地　区	锡伯族			阿昌族			普米族		
	小计	男	女	小计	男	女	小计	男	女
宁　夏	**15**	**12**	**3**	**2**	**1**	**1**	**3**	**2**	**1**
银川市	**9**	**8**	**1**						
兴庆区	2	1	1						
西夏区									
金凤区	5	5							
永宁县									
贺兰县									
灵武市	2	2							
石嘴山市	**1**	**1**		**2**	**1**	**1**			
大武口区				2	1	1			
惠农区	1	1							
平罗县									
吴忠市	**1**	**1**							
利通区									
红寺堡区									
盐池县	1	1							
同心县									
青铜峡市									
固原市	**2**	**1**	**1**				**3**	**2**	**1**
原州区	2	1	1						
西吉县									
隆德县							3	2	1
泾源县									
彭阳县									
中卫市	**2**	**1**	**1**						
沙坡头区	1	1							
中宁县									
海原县	1		1						

1-4c 续表 14　　　　单位：人

地　区	塔吉克族			怒　族			乌孜别克族		
	小计	男	女	小计	男	女	小计	男	女
宁　夏	**1**		**1**						
银川市									
兴庆区									
西夏区									
金凤区									
永宁县									
贺兰县									
灵武市									
石嘴山市									
大武口区									
惠农区									
平罗县									
吴忠市	**1**		**1**						
利通区									
红寺堡区									
盐池县	1		1						
同心县									
青铜峡市									
固原市									
原州区									
西吉县									
隆德县									
泾源县									
彭阳县									
中卫市									
沙坡头区									
中宁县									
海原县									

1-4c　续表 15　　　　单位：人

地　区	俄罗斯族			鄂温克族			德 昂 族		
	小计	男	女	小计	男	女	小计	男	女
宁　夏	**3**	**1**	**2**						
银川市	**3**	**1**	**2**						
兴庆区	2	1	1						
西夏区									
金凤区	1		1						
永宁县									
贺兰县									
灵武市									
石嘴山市									
大武口区									
惠农区									
平罗县									
吴忠市									
利通区									
红寺堡区									
盐池县									
同心县									
青铜峡市									
固原市									
原州区									
西吉县									
隆德县									
泾源县									
彭阳县									
中卫市									
沙坡头区									
中宁县									
海原县									

1-4c 续表 16

单位：人

地　区	保安族			裕固族			京　族		
	小计	男	女	小计	男	女	小计	男	女
宁　夏	**1**		**1**	**8**	**2**	**6**			
银川市	**1**		**1**	**2**		**2**			
兴庆区									
西夏区									
金凤区	1		1	2		2			
永宁县									
贺兰县									
灵武市									
石嘴山市				**4**	**1**	**3**			
大武口区									
惠农区				1	1				
平罗县				3		3			
吴忠市									
利通区									
红寺堡区									
盐池县									
同心县									
青铜峡市									
固原市				**1**		**1**			
原州区									
西吉县									
隆德县									
泾源县									
彭阳县				1		1			
中卫市				**1**	**1**				
沙坡头区									
中宁县				1	1				
海原县									

1－4c　续表 17

单位：人

地　区	塔塔尔族			独 龙 族			鄂伦春族		
	小计	男	女	小计	男	女	小计	男	女
宁　夏									
银川市									
兴庆区									
西夏区									
金凤区									
永宁县									
贺兰县									
灵武市									
石嘴山市									
大武口区									
惠农区									
平罗县									
吴忠市									
利通区									
红寺堡区									
盐池县									
同心县									
青铜峡市									
固原市									
原州区									
西吉县									
隆德县									
泾源县									
彭阳县									
中卫市									
沙坡头区									
中宁县									
海原县									

1-4c 续表 18　　　　单位：人

地　区	赫哲族			门巴族			珞巴族		
	小计	男	女	小计	男	女	小计	男	女
宁　夏	**1**		**1**						
银川市	**1**		**1**						
兴庆区									
西夏区									
金凤区	1		1						
永宁县									
贺兰县									
灵武市									
石嘴山市									
大武口区									
惠农区									
平罗县									
吴忠市									
利通区									
红寺堡区									
盐池县									
同心县									
青铜峡市									
固原市									
原州区									
西吉县									
隆德县									
泾源县									
彭阳县									
中卫市									
沙坡头区									
中宁县									
海原县									

1-4c　续表 19　　　　单位：人

地　区	基诺族			未定族称人口			入　籍		
	小计	男	女	小计	男	女	小计	男	女
宁　夏				**15**	**9**	**6**	**5**	**2**	**3**
银川市				**5**	**3**	**2**	**5**	**2**	**3**
兴庆区							3	2	1
西夏区				2	1	1			
金凤区				1	1		1		1
永宁县									
贺兰县				2	1	1	1		1
灵武市									
石嘴山市				**1**		**1**			
大武口区									
惠农区				1		1			
平罗县									
吴忠市				**4**	**3**	**1**			
利通区				2	2				
红寺堡区									
盐池县				1		1			
同心县									
青铜峡市				1	1				
固原市				**2**	**1**	**1**			
原州区				1	1				
西吉县									
隆德县				1		1			
泾源县									
彭阳县									
中卫市				**3**	**2**	**1**			
沙坡头区				1	1				
中宁县				1		1			
海原县				1	1				

1-5 各地区分年龄、性别的人口

单位：人

地　区	合　计			0岁		
	合计	男	女	小计	男	女
宁　夏	**7202654**	**3668938**	**3533716**	**83027**	**42661**	**40366**
银川市	**2859074**	**1453869**	**1405205**	**31954**	**16356**	**15598**
兴庆区	808282	405595	402687	7636	3899	3737
西夏区	449559	228192	221367	4512	2280	2232
金凤区	643952	319862	324090	8893	4544	4349
永宁县	321618	164901	156717	3794	1917	1877
贺兰县	341507	174335	167172	4320	2283	2037
灵武市	294156	160984	133172	2799	1433	1366
石嘴山市	**751389**	**384491**	**366898**	**5898**	**3086**	**2812**
大武口区	298292	150339	147953	2180	1144	1036
惠农区	178891	94684	84207	1227	649	578
平罗县	274206	139468	134738	2491	1293	1198
吴忠市	**1382713**	**702838**	**679875**	**16821**	**8712**	**8109**
利通区	460790	230210	230580	4855	2513	2342
红寺堡区	197604	100959	96645	3086	1566	1520
盐池县	159209	84321	74888	1560	833	727
同心县	320801	162480	158321	5200	2720	2480
青铜峡市	244309	124868	119441	2120	1080	1040
固原市	**1142142**	**580618**	**561524**	**14459**	**7324**	**7135**
原州区	471329	235864	235465	6036	3034	3002
西吉县	315827	162621	153206	4592	2330	2262
隆德县	109451	55689	53762	1034	561	473
泾源县	85023	43629	41394	1028	538	490
彭阳县	160512	82815	77697	1769	861	908
中卫市	**1067336**	**547122**	**520214**	**13895**	**7183**	**6712**
沙坡头区	399796	205376	194420	4499	2302	2197
中宁县	334022	171168	162854	4180	2177	2003
海原县	333518	170578	162940	5216	2704	2512

1-5 续表 1

单位：人

地区	1-4岁			5-9岁			10-14岁		
	小计	男	女	小计	男	女	小计	男	女
宁夏	**406356**	**210223**	**196133**	**495900**	**258040**	**237860**	**482721**	**251659**	**231062**
银川市	**158016**	**81950**	**76066**	**176020**	**92014**	**84006**	**150741**	**79258**	**71483**
兴庆区	39426	20612	18814	50205	26574	23631	43851	23216	20635
西夏区	21409	11181	10228	22987	11913	11074	19932	10328	9604
金凤区	42989	22203	20786	40605	21053	19552	30097	15636	14461
永宁县	19232	9900	9332	21156	10959	10197	19546	10320	9226
贺兰县	20128	10336	9792	21992	11531	10461	18892	9891	9001
灵武市	14832	7718	7114	19075	9984	9091	18423	9867	8556
石嘴山市	**30456**	**15652**	**14804**	**37731**	**19547**	**18184**	**41758**	**21556**	**20202**
大武口区	12280	6258	6022	14783	7628	7155	15514	7994	7520
惠农区	6060	3151	2909	7831	4121	3710	8802	4604	4198
平罗县	12116	6243	5873	15117	7798	7319	17442	8958	8484
吴忠市	**82317**	**42757**	**39560**	**107054**	**55595**	**51459**	**111214**	**58333**	**52881**
利通区	24072	12575	11497	31243	16644	14599	35035	18741	16294
红寺堡区	14786	7669	7117	19418	9787	9631	18331	9461	8870
盐池县	8024	4226	3798	9930	5296	4634	9560	5311	4249
同心县	25026	12849	12177	33779	17328	16451	33098	16935	16163
青铜峡市	10409	5438	4971	12684	6540	6144	15190	7885	7305
固原市	**69536**	**35606**	**33930**	**94392**	**48831**	**45561**	**97243**	**50167**	**47076**
原州区	29583	15204	14379	40425	20873	19552	39440	20323	19117
西吉县	21339	10899	10440	27967	14457	13510	30457	15747	14710
隆德县	4950	2514	2436	7552	3955	3597	8069	4181	3888
泾源县	5257	2749	2508	7101	3669	3432	7125	3635	3490
彭阳县	8407	4240	4167	11347	5877	5470	12152	6281	5871
中卫市	**66031**	**34258**	**31773**	**80703**	**42053**	**38650**	**81765**	**42345**	**39420**
沙坡头区	21487	11221	10266	23469	12361	11108	24553	12959	11594
中宁县	20391	10556	9835	24452	12679	11773	24757	12718	12039
海原县	24153	12481	11672	32782	17013	15769	32455	16668	15787

1-5 续表 2

单位：人

地区	15-19岁			20-24岁			25-29岁		
	小计	男	女	小计	男	女	小计	男	女
宁 夏	**433094**	**224272**	**208822**	**444510**	**224475**	**220035**	**547857**	**278487**	**269370**
银川市	**164091**	**86609**	**77482**	**205947**	**102567**	**103380**	**250138**	**126219**	**123919**
兴庆区	43045	22780	20265	50251	23669	26582	68882	33684	35198
西夏区	48589	25133	23456	65881	32352	33529	38049	19899	18150
金凤区	24486	12861	11625	34027	16413	17614	63553	30450	33103
永宁县	18063	9233	8830	20826	10568	10258	25599	13088	12511
贺兰县	14797	8170	6627	16816	8877	7939	28851	14388	14463
灵武市	15111	8432	6679	18146	10688	7458	25204	14710	10494
石嘴山市	**40607**	**20984**	**19623**	**37957**	**20346**	**17611**	**46300**	**24391**	**21909**
大武口区	17126	9369	7757	17721	9367	8354	18270	9385	8885
惠农区	8136	4355	3781	7986	4487	3499	10438	5853	4585
平罗县	15345	7260	8085	12250	6492	5758	17592	9153	8439
吴忠市	**84247**	**43147**	**41100**	**78205**	**39543**	**38662**	**101606**	**51733**	**49873**
利通区	27914	13914	14000	27072	12845	14227	34880	17114	17766
红寺堡区	12861	6504	6357	12318	6434	5884	15525	8035	7490
盐池县	7156	3996	3160	7255	4054	3201	11947	6360	5587
同心县	22041	11361	10680	19723	9806	9917	24622	12400	12222
青铜峡市	14275	7372	6903	11837	6404	5433	14632	7824	6808
固原市	**79289**	**40205**	**39084**	**64114**	**31576**	**32538**	**72975**	**36340**	**36635**
原州区	31548	15961	15587	28578	13104	15474	31019	14988	16031
西吉县	24801	12440	12361	18523	9751	8772	21127	11001	10126
隆德县	6367	3242	3125	4806	2430	2376	6174	3047	3127
泾源县	6064	3062	3002	5024	2479	2545	5439	2644	2795
彭阳县	10509	5500	5009	7183	3812	3371	9216	4660	4556
中卫市	**64860**	**33327**	**31533**	**58287**	**30443**	**27844**	**76838**	**39804**	**37034**
沙坡头区	21428	11210	10218	20899	10852	10047	30193	15643	14550
中宁县	19232	10003	9229	16515	8826	7689	23218	12217	11001
海原县	24200	12114	12086	20873	10765	10108	23427	11944	11483

1-5　续表 3　　　　单位：人

地　区	30-34岁			35-39岁			40-44岁		
	小计	男	女	小计	男	女	小计	男	女
宁　夏	**635014**	**323478**	**311536**	**541665**	**278748**	**262917**	**547016**	**280284**	**266732**
银川市	**297264**	**151945**	**145319**	**229728**	**119294**	**110434**	**206908**	**106593**	**100315**
兴庆区	80078	39845	40233	69107	34838	34269	64917	32837	32080
西夏区	39651	20557	19094	28293	14887	13406	25137	12855	12282
金凤区	78891	39029	39862	56846	28560	28286	45414	22849	22565
永宁县	31468	16305	15163	24574	13070	11504	22521	11953	10568
贺兰县	37821	19317	18504	27570	14467	13103	24547	12646	11901
灵武市	29355	16892	12463	23338	13472	9866	24372	13453	10919
石嘴山市	**58234**	**29786**	**28448**	**51870**	**26917**	**24953**	**61860**	**32002**	**29858**
大武口区	23954	12061	11893	20605	10255	10350	23841	12063	11778
惠农区	13622	7418	6204	12391	6882	5509	15237	8112	7125
平罗县	20658	10307	10351	18874	9780	9094	22782	11827	10955
吴忠市	**111837**	**56649**	**55188**	**100936**	**51444**	**49492**	**110823**	**55986**	**54837**
利通区	40527	20260	20267	34792	17599	17193	39200	19451	19749
红寺堡区	16090	8119	7971	14971	7401	7570	15210	7576	7634
盐池县	13070	6868	6202	11905	6276	5629	13037	6991	6046
同心县	24456	12346	12110	22586	11538	11048	22659	11242	11417
青铜峡市	17694	9056	8638	16682	8630	8052	20717	10726	9991
固原市	**82041**	**40786**	**41255**	**82872**	**41169**	**41703**	**88743**	**45201**	**43542**
原州区	38734	18887	19847	38287	18899	19388	37520	18990	18530
西吉县	20906	10757	10149	21401	10827	10574	23130	11895	11235
隆德县	6752	3378	3374	6434	3096	3338	7746	3842	3904
泾源县	5234	2517	2717	5842	2852	2990	6923	3554	3369
彭阳县	10415	5247	5168	10908	5495	5413	13424	6920	6504
中卫市	**85638**	**44312**	**41326**	**76259**	**39924**	**36335**	**78682**	**40502**	**38180**
沙坡头区	33931	17735	16196	28442	15093	13349	29864	15517	14347
中宁县	27148	14165	12983	23281	11994	11287	24947	12929	12018
海原县	24559	12412	12147	24536	12837	11699	23871	12056	11815

1-5 续表 4

单位：人

地　　区	45-49岁			50-54岁			55-59岁		
	小计	男	女	小计	男	女	小计	男	女
宁　夏	**595400**	**305580**	**289820**	**576630**	**291504**	**285126**	**439322**	**223885**	**215437**
银川市	**228213**	**117270**	**110943**	**220939**	**111157**	**109782**	**173337**	**86277**	**87060**
兴庆区	68936	35255	33681	62973	31771	31202	49006	24459	24547
西夏区	30125	15202	14923	30884	15315	15569	23114	11709	11405
金凤区	47539	23875	23664	47975	23122	24853	41652	19876	21776
永宁县	26648	13844	12804	25751	12974	12777	20011	10163	9848
贺兰县	27959	14131	13828	28436	14106	14330	22921	11412	11509
灵武市	27006	14963	12043	24920	13869	11051	16633	8658	7975
石嘴山市	**76823**	**39478**	**37345**	**77557**	**39593**	**37964**	**57185**	**30089**	**27096**
大武口区	30313	15098	15215	30508	15138	15370	22171	11455	10716
惠农区	20570	11017	9553	21434	11564	9870	14910	8160	6750
平罗县	25940	13363	12577	25615	12891	12724	20104	10474	9630
吴忠市	**112962**	**57669**	**55293**	**107780**	**54331**	**53449**	**79490**	**40646**	**38844**
利通区	39339	19685	19654	35383	17279	18104	26023	12824	13199
红寺堡区	14317	7305	7012	13245	6855	6390	9201	4975	4226
盐池县	15085	8065	7020	14697	7884	6813	11396	6031	5365
同心县	20006	10085	9921	20426	10122	10304	15079	7826	7253
青铜峡市	24215	12529	11686	24029	12191	11838	17791	8990	8801
固原市	**89148**	**45944**	**43204**	**84218**	**43198**	**41020**	**65211**	**34320**	**30891**
原州区	35935	18454	17481	32655	16526	16129	25194	12927	12267
西吉县	21961	11465	10496	21135	10837	10298	16632	8808	7824
隆德县	10033	4926	5107	10361	5276	5085	8467	4475	3992
泾源县	6527	3529	2998	5890	3180	2710	4406	2332	2074
彭阳县	14692	7570	7122	14177	7379	6798	10512	5778	4734
中卫市	**88254**	**45219**	**43035**	**86136**	**43225**	**42911**	**64099**	**32553**	**31546**
沙坡头区	38778	19743	19035	36602	18497	18105	25761	13003	12758
中宁县	28225	14452	13773	28532	14157	14375	21914	10971	10943
海原县	21251	11024	10227	21002	10571	10431	16424	8579	7845

1-5 续表 5

单位：人

地 区	60-64岁			65-69岁			70-74岁		
	小计	男	女	小计	男	女	小计	男	女
宁 夏	**281318**	**142454**	**138864**	**276001**	**136133**	**139868**	**180377**	**86579**	**93798**
银川市	**113818**	**56872**	**56946**	**104870**	**50786**	**54084**	**62932**	**30230**	**32702**
兴庆区	32875	16221	16654	30539	14167	16372	19589	9645	9944
西夏区	15304	7756	7548	13574	6752	6822	8160	3795	4365
金凤区	28691	14264	14427	22759	11299	11460	12335	5918	6417
永宁县	12187	6097	6090	13612	6677	6935	8113	3801	4312
贺兰县	15055	7648	7407	14249	6939	7310	8061	3864	4197
灵武市	9706	4886	4820	10137	4952	5185	6674	3207	3467
石嘴山市	**36072**	**18684**	**17388**	**33662**	**16328**	**17334**	**22304**	**10134**	**12170**
大武口区	13554	7013	6541	11990	5792	6198	8552	3686	4866
惠农区	8445	4537	3908	7318	3484	3834	4895	2120	2775
平罗县	14073	7134	6939	14354	7052	7302	8857	4328	4529
吴忠市	**50162**	**24862**	**25300**	**51922**	**25495**	**26427**	**33720**	**16192**	**17528**
利通区	16417	7835	8582	18521	8959	9562	11228	5433	5795
红寺堡区	5114	2676	2438	5095	2659	2436	3665	1830	1835
盐池县	7736	3969	3767	6934	3406	3528	4503	2148	2355
同心县	9131	4596	4535	8323	4187	4136	6303	2996	3307
青铜峡市	11764	5786	5978	13049	6284	6765	8021	3785	4236
固原市	**39945**	**21106**	**18839**	**43688**	**22743**	**20945**	**32909**	**16348**	**16561**
原州区	15052	7688	7364	15719	7895	7824	11235	5384	5851
西吉县	10105	5326	4779	11492	6091	5401	8891	4438	4453
隆德县	5076	2861	2215	5592	3016	2576	4518	2305	2213
泾源县	3284	1718	1566	3769	2010	1759	2701	1454	1247
彭阳县	6428	3513	2915	7116	3731	3385	5564	2767	2797
中卫市	**41321**	**20930**	**20391**	**41859**	**20781**	**21078**	**28512**	**13675**	**14837**
沙坡头区	17830	9045	8785	17661	8659	9002	11169	5257	5912
中宁县	13546	6891	6655	13622	6880	6742	9252	4409	4843
海原县	9945	4994	4951	10576	5242	5334	8091	4009	4082

1-5 续表 6 单位：人

地 区	75-79岁			80-84岁			85-89岁		
	小计	男	女	小计	男	女	小计	男	女
宁 夏	**124195**	**57830**	**66365**	**74159**	**34623**	**39536**	**29357**	**13855**	**15502**
银川市	**41919**	**18934**	**22985**	**27291**	**12461**	**14830**	**11423**	**5379**	**6044**
兴庆区	12776	5631	7145	9006	4001	5005	3936	1888	2048
西夏区	6658	2828	3830	4757	2211	2546	1965	942	1023
金凤区	8409	3806	4603	5682	2618	3064	2363	1142	1221
永宁县	4691	2281	2410	2578	1205	1373	979	422	557
贺兰县	4939	2403	2536	2751	1268	1483	1084	495	589
灵武市	4446	1985	2461	2517	1158	1359	1096	490	606
石嘴山市	**17732**	**7732**	**10000**	**11504**	**5370**	**6134**	**4547**	**2116**	**2431**
大武口区	7482	3089	4393	5075	2387	2688	1853	865	988
惠农区	4581	1833	2748	3151	1483	1668	1405	606	799
平罗县	5669	2810	2859	3278	1500	1778	1289	645	644
吴忠市	**22472**	**10872**	**11600**	**12583**	**5915**	**6668**	**4943**	**2240**	**2703**
利通区	7289	3465	3824	4375	1934	2441	1925	828	1097
红寺堡区	2449	1186	1263	1298	643	655	464	206	258
盐池县	3045	1496	1549	1666	790	876	579	262	317
同心县	4657	2341	2316	2458	1234	1224	891	430	461
青铜峡市	5032	2384	2648	2786	1314	1472	1084	514	570
固原市	**22906**	**10987**	**11919**	**12479**	**5934**	**6545**	**4794**	**2310**	**2484**
原州区	7942	3751	4191	4315	2029	2286	1676	768	908
西吉县	6189	3021	3168	3415	1655	1760	1406	704	702
隆德县	3124	1486	1638	1680	771	909	579	263	316
泾源县	1949	963	986	1015	509	506	362	198	164
彭阳县	3702	1766	1936	2054	970	1084	771	377	394
中卫市	**19166**	**9305**	**9861**	**10302**	**4943**	**5359**	**3650**	**1810**	**1840**
沙坡头区	7402	3452	3950	4151	1977	2174	1337	665	672
中宁县	6141	2964	3177	3194	1439	1755	1148	581	567
海原县	5623	2889	2734	2957	1527	1430	1165	564	601

1-5 续表 7 单位：人

地 区	90-94岁			95-99岁			100岁及以上		
	小计	男	女	小计	男	女	小计	男	女
宁 夏	**7251**	**3505**	**3746**	**1337**	**616**	**721**	**147**	**47**	**100**
银川市	**2936**	**1455**	**1481**	**533**	**228**	**305**	**56**	**15**	**41**
兴庆区	1050	518	532	184	81	103	14	4	10
西夏区	503	267	236	69	29	40	6	1	5
金凤区	619	292	327	113	49	64	14	3	11
永宁县	221	107	114	44	16	28	4	1	3
贺兰县	253	136	117	56	25	31	9	2	7
灵武市	290	135	155	67	28	39	9	4	5
石嘴山市	**1120**	**594**	**526**	**201**	**103**	**98**	**11**	**3**	**8**
大武口区	441	253	188	76	39	37	3		3
惠农区	372	205	167	73	40	33	7	3	4
平罗县	307	136	171	52	24	28	1		1
吴忠市	**1298**	**577**	**721**	**276**	**125**	**151**	**45**	**15**	**30**
利通区	553	244	309	132	64	68	15	4	11
红寺堡区	131	59	72	25	10	15	4	3	1
盐池县	102	49	53	20	9	11	2	1	1
同心县	266	117	149	52	15	37	19	6	13
青铜峡市	246	108	138	47	27	20	5	1	4
固原市	**1006**	**440**	**566**	**155**	**73**	**82**	**19**	**10**	**9**
原州区	371	153	218	56	22	34	9	4	5
西吉县	299	139	160	52	28	24	7	5	2
隆德县	117	54	63	17	9	8	3	1	2
泾源县	76	32	44	7	5	2			
彭阳县	143	62	81	23	9	14			
中卫市	**891**	**439**	**452**	**172**	**87**	**85**	**16**	**4**	**12**
沙坡头区	276	152	124	60	32	28	4	1	3
中宁县	283	141	142	38	17	21	6	2	4
海原县	332	146	186	74	38	36	6	1	5

1-5a 各地区分年龄、性别的人口(城市)

单位：人

地　区	合　计			0岁		
	合计	男	女	小计	男	女
宁　夏	**2988589**	**1488244**	**1500345**	**31538**	**16190**	**15348**
银川市	**1656514**	**825932**	**830582**	**17810**	**9132**	**8678**
兴庆区	603870	300640	303230	5563	2851	2712
西夏区	394678	199939	194739	3748	1904	1844
金凤区	516295	254194	262101	6845	3524	3321
永宁县						
贺兰县	4307	2344	1963	49	27	22
灵武市	137364	68815	68549	1605	826	779
石嘴山市	**365366**	**185096**	**180270**	**2604**	**1380**	**1224**
大武口区	245272	122035	123237	1825	962	863
惠农区	120094	63061	57033	779	418	361
平罗县						
吴忠市	**488605**	**240822**	**247783**	**5545**	**2840**	**2705**
利通区	300492	146940	153552	3320	1699	1621
红寺堡区	72245	35761	36484	1141	593	548
盐池县						
同心县						
青铜峡市	115868	58121	57747	1084	548	536
固原市	**246800**	**119479**	**127321**	**2777**	**1409**	**1368**
原州区	246800	119479	127321	2777	1409	1368
西吉县						
隆德县						
泾源县						
彭阳县						
中卫市	**231304**	**116915**	**114389**	**2802**	**1429**	**1373**
沙坡头区	231304	116915	114389	2802	1429	1373
中宁县						
海原县						

1-5a　续表 1

单位：人

地　区	1-4岁			5-9岁			10-14岁		
	小计	男	女	小计	男	女	小计	男	女
宁　夏	**159710**	**82946**	**76764**	**184775**	**96871**	**87904**	**172261**	**90390**	**81871**
银川市	**88977**	**46318**	**42659**	**98298**	**51487**	**46811**	**81434**	**42834**	**38600**
兴庆区	29371	15388	13983	37118	19677	17441	31570	16693	14877
西夏区	17544	9140	8404	18030	9423	8607	15525	8050	7475
金凤区	33291	17220	16071	31692	16362	15330	23117	12007	11110
永宁县									
贺兰县	267	141	126	328	175	153	231	144	87
灵武市	8504	4429	4075	11130	5850	5280	10991	5940	5051
石嘴山市	**14461**	**7377**	**7084**	**17456**	**9111**	**8345**	**18494**	**9628**	**8866**
大武口区	10315	5258	5057	11925	6180	5745	12443	6440	6003
惠农区	4146	2119	2027	5531	2931	2600	6051	3188	2863
平罗县									
吴忠市	**27577**	**14340**	**13237**	**34851**	**18380**	**16471**	**37572**	**19765**	**17807**
利通区	16268	8476	7792	20949	11250	9699	22914	12193	10721
红寺堡区	5670	2932	2738	7573	3866	3707	6978	3628	3350
盐池县									
同心县									
青铜峡市	5639	2932	2707	6329	3264	3065	7680	3944	3736
固原市	**14858**	**7654**	**7204**	**20272**	**10517**	**9755**	**20516**	**10681**	**9835**
原州区	14858	7654	7204	20272	10517	9755	20516	10681	9835
西吉县									
隆德县									
泾源县									
彭阳县									
中卫市	**13837**	**7257**	**6580**	**13898**	**7376**	**6522**	**14245**	**7482**	**6763**
沙坡头区	13837	7257	6580	13898	7376	6522	14245	7482	6763
中宁县									
海原县									

1-5a 续表 2

单位：人

地　区	15-19岁			20-24岁			25-29岁		
	小计	男	女	小计	男	女	小计	男	女
宁　夏	**192978**	**97856**	**95122**	**205570**	**97984**	**107586**	**242857**	**118484**	**124373**
银川市	**104312**	**54053**	**50259**	**134373**	**64890**	**69483**	**146705**	**71790**	**74915**
兴庆区	27564	14373	13191	37526	17866	19660	51842	25121	26721
西夏区	46738	24141	22597	62696	30729	31967	33479	17607	15872
金凤区	19976	10407	9569	26655	12667	13988	50213	23825	26388
永宁县									
贺兰县	115	81	34	298	186	112	388	184	204
灵武市	9919	5051	4868	7198	3442	3756	10783	5053	5730
石嘴山市	**16800**	**8735**	**8065**	**15083**	**7959**	**7124**	**22440**	**11679**	**10761**
大武口区	10900	5602	5298	9898	5148	4750	15050	7634	7416
惠农区	5900	3133	2767	5185	2811	2374	7390	4045	3345
平罗县									
吴忠市	**37271**	**17965**	**19306**	**27867**	**12717**	**15150**	**37096**	**17535**	**19561**
利通区	20875	10004	10871	18277	7999	10278	23294	10853	12441
红寺堡区	6734	3182	3552	3832	1821	2011	5995	2766	3229
盐池县									
同心县									
青铜峡市	9662	4779	4883	5758	2897	2861	7807	3916	3891
固原市	**19629**	**9502**	**10127**	**15456**	**6164**	**9292**	**16444**	**7364**	**9080**
原州区	19629	9502	10127	15456	6164	9292	16444	7364	9080
西吉县									
隆德县									
泾源县									
彭阳县									
中卫市	**14966**	**7601**	**7365**	**12791**	**6254**	**6537**	**20172**	**10116**	**10056**
沙坡头区	14966	7601	7365	12791	6254	6537	20172	10116	10056
中宁县									
海原县									

1-5a　续表 3　　单位：人

地　区	30-34岁			35-39岁			40-44岁		
	小计	男	女	小计	男	女	小计	男	女
宁　夏	**295893**	**146146**	**149747**	**244247**	**122721**	**121526**	**234210**	**117651**	**116559**
银川市	**173964**	**86489**	**87475**	**135969**	**68589**	**67380**	**119446**	**60062**	**59384**
兴庆区	60391	29785	30606	52445	26052	26393	49448	24707	24741
西夏区	35080	18257	16823	24177	12751	11426	21095	10802	10293
金凤区	63219	30892	32327	46738	23272	23466	36586	18279	18307
永宁县									
贺兰县	568	296	272	404	226	178	301	172	129
灵武市	14706	7259	7447	12205	6288	5917	12016	6102	5914
石嘴山市	**30582**	**15654**	**14928**	**26823**	**13772**	**13051**	**31274**	**16020**	**15254**
大武口区	20658	10321	10337	17869	8878	8991	20676	10495	10181
惠农区	9924	5333	4591	8954	4894	4060	10598	5525	5073
平罗县									
吴忠市	**45854**	**22065**	**23789**	**40396**	**20070**	**20326**	**43485**	**21516**	**21969**
利通区	28355	13605	14750	24297	12030	12267	26587	12913	13674
红寺堡区	7164	3357	3807	6561	3206	3355	5490	2748	2742
盐池县									
同心县									
青铜峡市	10335	5103	5232	9538	4834	4704	11408	5855	5553
固原市	**22393**	**10280**	**12113**	**22500**	**10675**	**11825**	**21468**	**10541**	**10927**
原州区	22393	10280	12113	22500	10675	11825	21468	10541	10927
西吉县									
隆德县									
泾源县									
彭阳县									
中卫市	**23100**	**11658**	**11442**	**18559**	**9615**	**8944**	**18537**	**9512**	**9025**
沙坡头区	23100	11658	11442	18559	9615	8944	18537	9512	9025
中宁县									
海原县									

1-5a 续表 4

单位：人

地　区	45-49岁			50-54岁			55-59岁		
	小计	男	女	小计	男	女	小计	男	女
宁　夏	**249288**	**125771**	**123517**	**228102**	**112902**	**115200**	**172111**	**85103**	**87008**
银川市	**126048**	**63460**	**62588**	**119766**	**58698**	**61068**	**96933**	**47158**	**49775**
兴庆区	51678	26210	25468	46334	23176	23158	36748	18143	18605
西夏区	25629	12889	12740	26323	12970	13353	19831	9951	9880
金凤区	37817	18862	18955	38300	18171	20129	34155	16052	18103
永宁县									
贺兰县	318	163	155	384	212	172	245	125	120
灵武市	10606	5336	5270	8425	4169	4256	5954	2887	3067
石嘴山市	**40130**	**20436**	**19694**	**39943**	**20386**	**19557**	**28162**	**14617**	**13545**
大武口区	25834	12838	12996	25716	12709	13007	18765	9469	9296
惠农区	14296	7598	6698	14227	7677	6550	9397	5148	4249
平罗县									
吴忠市	**40966**	**20640**	**20326**	**34047**	**16657**	**17390**	**23720**	**11624**	**12096**
利通区	25230	12497	12733	21031	10173	10858	15077	7258	7819
红寺堡区	4109	2137	1972	3685	1824	1861	2509	1297	1212
盐池县									
同心县									
青铜峡市	11627	6006	5621	9331	4660	4671	6134	3069	3065
固原市	**19428**	**9749**	**9679**	**15953**	**7930**	**8023**	**11602**	**5889**	**5713**
原州区	19428	9749	9679	15953	7930	8023	11602	5889	5713
西吉县									
隆德县									
泾源县									
彭阳县									
中卫市	**22716**	**11486**	**11230**	**18393**	**9231**	**9162**	**11694**	**5815**	**5879**
沙坡头区	22716	11486	11230	18393	9231	9162	11694	5815	5879
中宁县									
海原县									

1-5a　续表 5　　　　单位：人

地　区	60-64岁			65-69岁			70-74岁		
	小计	男	女	小计	男	女	小计	男	女
宁　夏	**112281**	**55336**	**56945**	**102254**	**48554**	**53700**	**64599**	**30170**	**34429**
银川市	**66803**	**32828**	**33975**	**58335**	**27721**	**30614**	**35419**	**17022**	**18397**
兴庆区	25441	12464	12977	23581	10754	12827	15502	7639	7863
西夏区	13517	6731	6786	11813	5821	5992	7088	3266	3822
金凤区	24049	11807	12242	19001	9351	9650	10105	4843	5262
永宁县									
贺兰县	153	82	71	144	73	71	54	29	25
灵武市	3643	1744	1899	3796	1722	2074	2670	1245	1425
石嘴山市	**16772**	**8634**	**8138**	**14434**	**6852**	**7582**	**10154**	**4248**	**5906**
大武口区	11808	5947	5861	10494	4945	5549	7534	3190	4344
惠农区	4964	2687	2277	3940	1907	2033	2620	1058	1562
平罗县									
吴忠市	**14345**	**6808**	**7537**	**15832**	**7489**	**8343**	**9918**	**4706**	**5212**
利通区	9246	4328	4918	10419	4950	5469	6305	3027	3278
红寺堡区	1450	741	709	1274	664	610	955	461	494
盐池县									
同心县									
青铜峡市	3649	1739	1910	4139	1875	2264	2658	1218	1440
固原市	**6741**	**3363**	**3378**	**6234**	**3006**	**3228**	**4439**	**2015**	**2424**
原州区	6741	3363	3378	6234	3006	3228	4439	2015	2424
西吉县									
隆德县									
泾源县									
彭阳县									
中卫市	**7620**	**3703**	**3917**	**7419**	**3486**	**3933**	**4669**	**2179**	**2490**
沙坡头区	7620	3703	3917	7419	3486	3933	4669	2179	2490
中宁县									
海原县									

1-5a 续表 6 单位：人

地区	75-79岁			80-84岁			85-89岁		
	小计	男	女	小计	男	女	小计	男	女
宁 夏	**47084**	**20431**	**26653**	**31720**	**14535**	**17185**	**13122**	**6166**	**6956**
银川市	**24654**	**10753**	**13901**	**17490**	**7922**	**9568**	**7472**	**3590**	**3882**
兴庆区	10142	4386	5756	7339	3265	4074	3249	1590	1659
西夏区	5758	2406	3352	4307	1985	2322	1781	849	932
金凤区	6996	3140	3856	4874	2239	2635	2050	983	1067
永宁县									
贺兰县	33	18	15	17	4	13	7	4	3
灵武市	1725	803	922	953	429	524	385	164	221
石嘴山市	**9514**	**3761**	**5753**	**6748**	**3158**	**3590**	**2679**	**1222**	**1457**
大武口区	6731	2765	3966	4639	2174	2465	1707	801	906
惠农区	2783	996	1787	2109	984	1125	972	421	551
平罗县									
吴忠市	**6464**	**3039**	**3425**	**3707**	**1715**	**1992**	**1576**	**700**	**876**
利通区	4112	1940	2172	2433	1080	1353	1117	483	634
红寺堡区	601	285	316	355	182	173	123	50	73
盐池县									
同心县									
青铜峡市	1751	814	937	919	453	466	336	167	169
固原市	**3264**	**1462**	**1802**	**1890**	**859**	**1031**	**752**	**338**	**414**
原州区	3264	1462	1802	1890	859	1031	752	338	414
西吉县									
隆德县									
泾源县									
彭阳县									
中卫市	**3188**	**1416**	**1772**	**1885**	**881**	**1004**	**643**	**316**	**327**
沙坡头区	3188	1416	1772	1885	881	1004	643	316	327
中宁县									
海原县									

1−5a　续表 7　　　　单位：人

地　区	90−94岁			95−99岁			100岁及以上		
	小计	男	女	小计	男	女	小计	男	女
宁　夏	**3367**	**1746**	**1621**	**577**	**279**	**298**	**45**	**12**	**33**
银川市	**1962**	**990**	**972**	**315**	**137**	**178**	**29**	**9**	**20**
兴庆区	860	432	428	146	64	82	12	4	8
西夏区	457	241	216	58	25	33	4	1	3
金凤区	516	251	265	89	38	51	11	2	9
永宁县									
贺兰县	3	2	1						
灵武市	126	64	62	22	10	12	2	2	
石嘴山市	**692**	**402**	**290**	**114**	**64**	**50**	**7**	**1**	**6**
大武口区	414	241	173	69	38	31	2		2
惠农区	278	161	117	45	26	19	5	1	4
平罗县									
吴忠市	**412**	**200**	**212**	**97**	**49**	**48**	**7**	**2**	**5**
利通区	310	148	162	71	32	39	5	2	3
红寺堡区	35	16	19	11	5	6			
盐池县									
同心县									
青铜峡市	67	36	31	15	12	3	2		2
固原市	**157**	**69**	**88**	**25**	**12**	**13**	**2**		**2**
原州区	157	69	88	25	12	13	2		2
西吉县									
隆德县									
泾源县									
彭阳县									
中卫市	**144**	**85**	**59**	**26**	**17**	**9**			
沙坡头区	144	85	59	26	17	9			
中宁县									
海原县									

1-5b 各地区分年龄、性别的人口(镇)

单位：人

地区	合计			0岁		
	合计	男	女	小计	男	女
宁 夏	**1690065**	**857525**	**832540**	**20036**	**10284**	**9752**
银川市	**637142**	**327775**	**309367**	**8075**	**4127**	**3948**
兴庆区	122604	62188	60416	1292	624	668
西夏区	13864	7016	6848	257	133	124
金凤区	11657	5999	5658	148	77	71
永宁县	207698	106311	101387	2753	1411	1342
贺兰县	217763	110159	107604	3068	1604	1464
灵武市	63556	36102	27454	557	278	279
石嘴山市	**220136**	**110736**	**109400**	**2104**	**1090**	**1014**
大武口区	27040	14040	13000	205	104	101
惠农区	29637	15007	14630	224	112	112
平罗县	163459	81689	81770	1675	874	801
吴忠市	**282514**	**144192**	**138322**	**3477**	**1834**	**1643**
利通区	20987	11086	9901	155	81	74
红寺堡区	6953	4239	2714	80	37	43
盐池县	88016	44571	43445	1034	566	468
同心县	140077	70241	69836	2032	1058	974
青铜峡市	26481	14055	12426	176	92	84
固原市	**251106**	**124237**	**126869**	**2741**	**1384**	**1357**
原州区	21010	10853	10157	277	135	142
西吉县	96776	47334	49442	1045	534	511
隆德县	41744	20446	21298	357	204	153
泾源县	30003	15016	14987	352	178	174
彭阳县	61573	30588	30985	710	333	377
中卫市	**299167**	**150585**	**148582**	**3639**	**1849**	**1790**
沙坡头区	18003	9568	8435	171	78	93
中宁县	163702	82682	81020	1954	998	956
海原县	117462	58335	59127	1514	773	741

1—5b　续表 1

单位：人

地　区	1—4岁			5—9岁			10—14岁		
	小计	男	女	小计	男	女	小计	男	女
宁　夏	**102622**	**53263**	**49359**	**130552**	**68120**	**62432**	**125985**	**65826**	**60159**
银川市	**39536**	**20467**	**19069**	**43674**	**22793**	**20881**	**37321**	**19657**	**17664**
兴庆区	6249	3268	2981	7894	4154	3740	7336	3906	3430
西夏区	1230	629	601	1459	732	727	1125	563	562
金凤区	915	478	437	973	505	468	774	397	377
永宁县	14063	7283	6780	14949	7777	7172	12817	6786	6031
贺兰县	14049	7231	6818	14546	7598	6948	11720	6139	5581
灵武市	3030	1578	1452	3853	2027	1826	3549	1866	1683
石嘴山市	**10498**	**5407**	**5091**	**12638**	**6498**	**6140**	**14354**	**7315**	**7039**
大武口区	1045	541	504	1463	741	722	1489	750	739
惠农区	1215	648	567	1326	669	657	1579	796	783
平罗县	8238	4218	4020	9849	5088	4761	11286	5769	5517
吴忠市	**18113**	**9440**	**8673**	**25304**	**13251**	**12053**	**24668**	**13087**	**11581**
利通区	859	451	408	1275	654	621	1399	796	603
红寺堡区	326	166	160	359	192	167	342	179	163
盐池县	5614	2900	2714	7145	3810	3335	6646	3720	2926
同心县	10314	5401	4913	14832	7750	7082	14515	7457	7058
青铜峡市	1000	522	478	1693	845	848	1766	935	831
固原市	**14870**	**7697**	**7173**	**23059**	**12049**	**11010**	**23878**	**12422**	**11456**
原州区	1410	735	675	1951	1014	937	1753	909	844
西吉县	6041	3145	2896	9671	5050	4621	10319	5426	4893
隆德县	1980	1004	976	3419	1817	1602	3771	1974	1797
泾源县	1833	981	852	2607	1373	1234	2686	1336	1350
彭阳县	3606	1832	1774	5411	2795	2616	5349	2777	2572
中卫市	**19605**	**10252**	**9353**	**25877**	**13529**	**12348**	**25764**	**13345**	**12419**
沙坡头区	842	443	399	1265	655	610	1224	665	559
中宁县	10217	5357	4860	11142	5866	5276	11453	5898	5555
海原县	8546	4452	4094	13470	7008	6462	13087	6782	6305

1-5b 续表 2

单位：人

地区	15-19岁			20-24岁			25-29岁		
	小计	男	女	小计	男	女	小计	男	女
宁　夏	**113573**	**58390**	**55183**	**92152**	**46372**	**45780**	**135070**	**66331**	**68739**
银川市	**31208**	**17485**	**13723**	**38047**	**19322**	**18725**	**60311**	**30427**	**29884**
兴庆区	5681	3672	2009	7351	3579	3772	11637	5592	6045
西夏区	474	225	249	963	435	528	1485	727	758
金凤区	445	240	205	860	409	451	1091	543	548
永宁县	11615	5855	5760	13924	6749	7175	18961	9452	9509
贺兰县	10632	5874	4758	10280	5272	5008	20465	10041	10424
灵武市	2361	1619	742	4669	2878	1791	6672	4072	2600
石嘴山市	**12449**	**6349**	**6100**	**15014**	**7699**	**7315**	**15173**	**7551**	**7622**
大武口区	2880	1558	1322	6434	3435	2999	1573	801	772
惠农区	1092	571	521	1255	681	574	1712	929	783
平罗县	8477	4220	4257	7325	3583	3742	11888	5821	6067
吴忠市	**20148**	**10366**	**9782**	**14502**	**7372**	**7130**	**22017**	**10905**	**11112**
利通区	706	414	292	1233	738	495	1777	997	780
红寺堡区	159	92	67	704	441	263	1086	727	359
盐池县	5070	2739	2331	3745	1877	1868	7306	3530	3776
同心县	13489	6699	6790	7767	3693	4074	10479	4867	5612
青铜峡市	724	422	302	1053	623	430	1369	784	585
固原市	**25709**	**12284**	**13425**	**10911**	**5181**	**5730**	**15668**	**6994**	**8674**
原州区	811	446	365	1233	605	628	1440	730	710
西吉县	13873	6404	7469	4115	1889	2226	5997	2594	3403
隆德县	2511	1251	1260	1533	758	775	2265	992	1273
泾源县	2996	1406	1590	1612	736	876	2109	917	1192
彭阳县	5518	2777	2741	2418	1193	1225	3857	1761	2096
中卫市	**24059**	**11906**	**12153**	**13678**	**6798**	**6880**	**21901**	**10454**	**11447**
沙坡头区	506	286	220	861	493	368	1143	603	540
中宁县	11622	5914	5708	6922	3545	3377	12558	6211	6347
海原县	11931	5706	6225	5895	2760	3135	8200	3640	4560

1-5b　续表 3

单位：人

地　区	30-34岁			35-39岁			40-44岁		
	小计	男	女	小计	男	女	小计	男	女
宁　夏	**164911**	**81704**	**83207**	**140755**	**71934**	**68821**	**136436**	**70088**	**66348**
银川市	**74684**	**38374**	**36310**	**55917**	**29668**	**26249**	**48099**	**25241**	**22858**
兴庆区	13166	6491	6675	11256	5706	5550	10017	5138	4879
西夏区	1386	693	693	1132	601	531	1061	551	510
金凤区	980	532	448	736	366	370	855	442	413
永宁县	24567	12642	11925	18035	9731	8304	14911	7952	6959
贺兰县	27558	13860	13698	19727	10264	9463	16058	8236	7822
灵武市	7027	4156	2871	5031	3000	2031	5197	2922	2275
石嘴山市	**18296**	**8838**	**9458**	**16596**	**8376**	**8220**	**19701**	**10095**	**9606**
大武口区	1628	822	806	1359	654	705	1523	746	777
惠农区	2099	1068	1031	1800	933	867	2330	1206	1124
平罗县	14569	6948	7621	13437	6789	6648	15848	8143	7705
吴忠市	**24498**	**11978**	**12520**	**22671**	**11548**	**11123**	**22621**	**11470**	**11151**
利通区	1803	954	849	1448	789	659	1665	873	792
红寺堡区	816	540	276	539	355	184	472	296	176
盐池县	8466	3955	4511	7927	3880	4047	7684	3886	3798
同心县	11617	5607	6010	10905	5529	5376	10542	5196	5346
青铜峡市	1796	922	874	1852	995	857	2258	1219	1039
固原市	**19389**	**8796**	**10593**	**20285**	**9404**	**10881**	**21819**	**10800**	**11019**
原州区	1669	846	823	1413	756	657	1551	818	733
西吉县	7341	3315	4026	7940	3610	4330	7981	3916	4065
隆德县	3057	1297	1760	3248	1416	1832	3781	1793	1988
泾源县	2235	981	1254	2459	1147	1312	2675	1398	1277
彭阳县	5087	2357	2730	5225	2475	2750	5831	2875	2956
中卫市	**28044**	**13718**	**14326**	**25286**	**12938**	**12348**	**24196**	**12482**	**11714**
沙坡头区	1363	739	624	1258	711	547	1328	713	615
中宁县	16230	8183	8047	13607	7025	6582	13819	7240	6579
海原县	10451	4796	5655	10421	5202	5219	9049	4529	4520

1-5b 续表 4

单位：人

地 区	45-49岁			50-54岁			55-59岁		
	小计	男	女	小计	男	女	小计	男	女
宁 夏	**138556**	**71484**	**67072**	**121892**	**61981**	**59911**	**87310**	**44684**	**42626**
银川市	**51869**	**26997**	**24872**	**46392**	**23406**	**22986**	**35140**	**17531**	**17609**
兴庆区	10492	5363	5129	9317	4628	4689	6964	3451	3513
西夏区	892	473	419	787	426	361	557	276	281
金凤区	946	480	466	917	483	434	636	340	296
永宁县	16347	8552	7795	14129	7097	7032	10640	5340	5300
贺兰县	17200	8682	8518	15734	7561	8173	12946	6279	6667
灵武市	5992	3447	2545	5508	3211	2297	3397	1845	1552
石嘴山市	**21573**	**11041**	**10532**	**18737**	**9508**	**9229**	**12710**	**6618**	**6092**
大武口区	1903	934	969	2004	997	1007	1376	806	570
惠农区	3058	1551	1507	3308	1701	1607	2366	1216	1150
平罗县	16612	8556	8056	13425	6810	6615	8968	4596	4372
吴忠市	**21897**	**11293**	**10604**	**19953**	**10286**	**9667**	**13924**	**7406**	**6518**
利通区	1868	959	909	1861	941	920	1380	742	638
红寺堡区	603	359	244	585	357	228	397	240	157
盐池县	7748	3978	3770	6181	3081	3100	4569	2355	2214
同心县	8810	4497	4313	8198	4165	4033	5490	2891	2599
青铜峡市	2868	1500	1368	3128	1742	1386	2088	1178	910
固原市	**20148**	**10312**	**9836**	**16511**	**8638**	**7873**	**11173**	**5939**	**5234**
原州区	1522	796	726	1554	820	734	1357	696	661
西吉县	6712	3447	3265	5177	2765	2412	3321	1711	1610
隆德县	4306	2084	2222	3593	1819	1774	2468	1326	1142
泾源县	2212	1216	996	1878	1011	867	1270	704	566
彭阳县	5396	2769	2627	4309	2223	2086	2757	1502	1255
中卫市	**23069**	**11841**	**11228**	**20299**	**10143**	**10156**	**14363**	**7190**	**7173**
沙坡头区	1690	909	781	1875	995	880	1354	728	626
中宁县	14656	7454	7202	12757	6263	6494	8867	4272	4595
海原县	6723	3478	3245	5667	2885	2782	4142	2190	1952

1-5b 续表 5

单位：人

地 区	60-64岁			65-69岁			70-74岁		
	小计	男	女	小计	男	女	小计	男	女
宁 夏	**52740**	**26332**	**26408**	**51576**	**24956**	**26620**	**33922**	**15989**	**17933**
银川市	**21800**	**10774**	**11026**	**20269**	**9856**	**10413**	**11438**	**5435**	**6003**
兴庆区	4566	2186	2380	4095	1974	2121	2298	1109	1189
西夏区	324	178	146	272	147	125	173	84	89
金凤区	432	218	214	409	215	194	239	117	122
永宁县	6165	3088	3077	6251	3026	3225	3660	1717	1943
贺兰县	8430	4196	4234	7217	3486	3731	3856	1825	2031
灵武市	1883	908	975	2025	1008	1017	1212	583	629
石嘴山市	**8074**	**4035**	**4039**	**8401**	**3825**	**4576**	**6010**	**2751**	**3259**
大武口区	658	409	249	544	288	256	436	216	220
惠农区	1520	771	749	1581	686	895	1247	536	711
平罗县	5896	2855	3041	6276	2851	3425	4327	1999	2328
吴忠市	**8230**	**4129**	**4101**	**7847**	**3852**	**3995**	**5504**	**2601**	**2903**
利通区	953	452	501	1130	568	562	636	297	339
红寺堡区	176	99	77	148	84	64	85	43	42
盐池县	2785	1409	1376	2333	1116	1217	1674	784	890
同心县	3120	1539	1581	2875	1433	1442	2215	1064	1151
青铜峡市	1196	630	566	1361	651	710	894	413	481
固原市	**6089**	**3166**	**2923**	**6834**	**3453**	**3381**	**5192**	**2492**	**2700**
原州区	791	422	369	902	457	445	605	308	297
西吉县	1803	898	905	1957	988	969	1532	719	813
隆德县	1290	679	611	1458	725	733	1125	547	578
泾源县	813	441	372	862	470	392	589	322	267
彭阳县	1392	726	666	1655	813	842	1341	596	745
中卫市	**8547**	**4228**	**4319**	**8225**	**3970**	**4255**	**5778**	**2710**	**3068**
沙坡头区	951	518	433	922	452	470	595	293	302
中宁县	5335	2570	2765	5090	2428	2662	3460	1596	1864
海原县	2261	1140	1121	2213	1090	1123	1723	821	902

1-5b 续表 6

单位：人

地 区	75-79岁			80-84岁			85-89岁		
	小计	男	女	小计	男	女	小计	男	女
宁 夏	**22751**	**10735**	**12016**	**13075**	**6106**	**6969**	**4824**	**2321**	**2503**
银川市	**7145**	**3304**	**3841**	**4095**	**1920**	**2175**	**1628**	**756**	**872**
兴庆区	1471	683	788	990	424	566	406	181	225
西夏区	164	77	87	76	40	36	32	19	13
金凤区	156	85	71	88	42	46	41	23	18
永宁县	2154	1013	1141	1175	568	607	448	208	240
贺兰县	2338	1098	1240	1297	609	688	502	232	270
灵武市	862	348	514	469	237	232	199	93	106
石嘴山市	**4215**	**2018**	**2197**	**2513**	**1178**	**1335**	**858**	**435**	**423**
大武口区	291	132	159	173	87	86	48	17	31
惠农区	1068	504	564	590	295	295	209	104	105
平罗县	2856	1382	1474	1750	796	954	601	314	287
吴忠市	**3845**	**1838**	**2007**	**2265**	**1065**	**1200**	**779**	**356**	**423**
利通区	450	212	238	262	113	149	98	43	55
红寺堡区	41	20	21	22	7	15	12	4	8
盐池县	1156	556	600	676	316	360	209	90	119
同心县	1542	761	781	903	439	464	295	136	159
青铜峡市	656	289	367	402	190	212	165	83	82
固原市	**3772**	**1763**	**2009**	**2068**	**976**	**1092**	**804**	**403**	**401**
原州区	453	216	237	198	95	103	91	39	52
西吉县	1054	480	574	611	291	320	231	125	106
隆德县	888	435	453	472	218	254	182	90	92
泾源县	434	202	232	255	131	124	100	51	49
彭阳县	943	430	513	532	241	291	200	98	102
中卫市	**3774**	**1812**	**1962**	**2134**	**967**	**1167**	**755**	**371**	**384**
沙坡头区	374	170	204	206	79	127	62	32	30
中宁县	2229	1057	1172	1257	547	710	429	208	221
海原县	1171	585	586	671	341	330	264	131	133

1-5b　续表 7　　　　单位：人

地　区	90-94岁			95-99岁			100岁及以上		
	小计	男	女	小计	男	女	小计	男	女
宁　夏	**1114**	**534**	**580**	**187**	**81**	**106**	**26**	**10**	**16**
银川市	**412**	**202**	**210**	**73**	**29**	**44**	**9**	**4**	**5**
兴庆区	109	51	58	17	8	9			
西夏区	12	5	7	3	2	1			
金凤区	11	5	6	3	1	2	2	1	1
永宁县	118	60	58	15	3	12	1	1	
贺兰县	111	60	51	26	12	14	3		3
灵武市	51	21	30	9	3	6	3	2	1
石嘴山市	**187**	**90**	**97**	**34**	**19**	**15**	**1**		**1**
大武口区	5	2	3	2		2	1		1
惠农区	46	21	25	12	9	3			
平罗县	136	67	69	20	10	10			
吴忠市	**201**	**96**	**105**	**39**	**15**	**24**	**11**	**4**	**7**
利通区	23	10	13	5	2	3	1		1
红寺堡区	1	1							
盐池县	36	19	17	12	4	8			
同心县	108	48	60	19	7	12	10	4	6
青铜峡市	33	18	15	3	2	1			
固原市	**163**	**76**	**87**	**21**	**8**	**13**	**2**		**2**
原州区	22	9	13	5	1	4	2		2
西吉县	51	25	26	4	2	2			
隆德县	36	16	20	4	1	3			
泾源县	22	12	10	4	3	1			
彭阳县	32	14	18	4	1	3			
中卫市	**151**	**70**	**81**	**20**	**10**	**10**	**3**	**2**	**1**
沙坡头区	11	5	6	1		1	1	1	
中宁县	85	44	41	12	5	7	1	1	
海原县	55	21	34	7	5	2	1		1

1-5c 各地区分年龄、性别的人口(乡村)

单位：人

地 区	合 计			0岁		
	合计	男	女	小计	男	女
宁 夏	**2524000**	**1323169**	**1200831**	**31453**	**16187**	**15266**
银川市	**565418**	**300162**	**265256**	**6069**	**3097**	**2972**
兴庆区	81808	42767	39041	781	424	357
西夏区	41017	21237	19780	507	243	264
金凤区	116000	59669	56331	1900	943	957
永宁县	113920	58590	55330	1041	506	535
贺兰县	119437	61832	57605	1203	652	551
灵武市	93236	56067	37169	637	329	308
石嘴山市	**165887**	**88659**	**77228**	**1190**	**616**	**574**
大武口区	25980	14264	11716	150	78	72
惠农区	29160	16616	12544	224	119	105
平罗县	110747	57779	52968	816	419	397
吴忠市	**611594**	**317824**	**293770**	**7799**	**4038**	**3761**
利通区	139311	72184	67127	1380	733	647
红寺堡区	118406	60959	57447	1865	936	929
盐池县	71193	39750	31443	526	267	259
同心县	180724	92239	88485	3168	1662	1506
青铜峡市	101960	52692	49268	860	440	420
固原市	**644236**	**336902**	**307334**	**8941**	**4531**	**4410**
原州区	203519	105532	97987	2982	1490	1492
西吉县	219051	115287	103764	3547	1796	1751
隆德县	67707	35243	32464	677	357	320
泾源县	55020	28613	26407	676	360	316
彭阳县	98939	52227	46712	1059	528	531
中卫市	**536865**	**279622**	**257243**	**7454**	**3905**	**3549**
沙坡头区	150489	78893	71596	1526	795	731
中宁县	170320	88486	81834	2226	1179	1047
海原县	216056	112243	103813	3702	1931	1771

1-5c　续表 1　　　　单位：人

地　区	1-4岁			5-9岁			10-14岁		
	小计	男	女	小计	男	女	小计	男	女
宁　夏	**144024**	**74014**	**70010**	**180573**	**93049**	**87524**	**184475**	**95443**	**89032**
银川市	**29503**	**15165**	**14338**	**34048**	**17734**	**16314**	**31986**	**16767**	**15219**
兴庆区	3806	1956	1850	5193	2743	2450	4945	2617	2328
西夏区	2635	1412	1223	3498	1758	1740	3282	1715	1567
金凤区	8783	4505	4278	7940	4186	3754	6206	3232	2974
永宁县	5169	2617	2552	6207	3182	3025	6729	3534	3195
贺兰县	5812	2964	2848	7118	3758	3360	6941	3608	3333
灵武市	3298	1711	1587	4092	2107	1985	3883	2061	1822
石嘴山市	**5497**	**2868**	**2629**	**7637**	**3938**	**3699**	**8910**	**4613**	**4297**
大武口区	920	459	461	1395	707	688	1582	804	778
惠农区	699	384	315	974	521	453	1172	620	552
平罗县	3878	2025	1853	5268	2710	2558	6156	3189	2967
吴忠市	**36627**	**18977**	**17650**	**46899**	**23964**	**22935**	**48974**	**25481**	**23493**
利通区	6945	3648	3297	9019	4740	4279	10722	5752	4970
红寺堡区	8790	4571	4219	11486	5729	5757	11011	5654	5357
盐池县	2410	1326	1084	2785	1486	1299	2914	1591	1323
同心县	14712	7448	7264	18947	9578	9369	18583	9478	9105
青铜峡市	3770	1984	1786	4662	2431	2231	5744	3006	2738
固原市	**39808**	**20255**	**19553**	**51061**	**26265**	**24796**	**52849**	**27064**	**25785**
原州区	13315	6815	6500	18202	9342	8860	17171	8733	8438
西吉县	15298	7754	7544	18296	9407	8889	20138	10321	9817
隆德县	2970	1510	1460	4133	2138	1995	4298	2207	2091
泾源县	3424	1768	1656	4494	2296	2198	4439	2299	2140
彭阳县	4801	2408	2393	5936	3082	2854	6803	3504	3299
中卫市	**32589**	**16749**	**15840**	**40928**	**21148**	**19780**	**41756**	**21518**	**20238**
沙坡头区	6808	3521	3287	8306	4330	3976	9084	4812	4272
中宁县	10174	5199	4975	13310	6813	6497	13304	6820	6484
海原县	15607	8029	7578	19312	10005	9307	19368	9886	9482

1-5c 续表 2

单位：人

地区	15-19岁			20-24岁			25-29岁		
	小计	男	女	小计	男	女	小计	男	女
宁 夏	**126543**	**68026**	**58517**	**146788**	**80119**	**66669**	**169930**	**93672**	**76258**
银川市	**28571**	**15071**	**13500**	**33527**	**18355**	**15172**	**43122**	**24002**	**19120**
兴庆区	9800	4735	5065	5374	2224	3150	5403	2971	2432
西夏区	1377	767	610	2222	1188	1034	3085	1565	1520
金凤区	4065	2214	1851	6512	3337	3175	12249	6082	6167
永宁县	6448	3378	3070	6902	3819	3083	6638	3636	3002
贺兰县	4050	2215	1835	6238	3419	2819	7998	4163	3835
灵武市	2831	1762	1069	6279	4368	1911	7749	5585	2164
石嘴山市	**11358**	**5900**	**5458**	**7860**	**4688**	**3172**	**8687**	**5161**	**3526**
大武口区	3346	2209	1137	1389	784	605	1647	950	697
惠农区	1144	651	493	1546	995	551	1336	879	457
平罗县	6868	3040	3828	4925	2909	2016	5704	3332	2372
吴忠市	**26828**	**14816**	**12012**	**35836**	**19454**	**16382**	**42493**	**23293**	**19200**
利通区	6333	3496	2837	7562	4108	3454	9809	5264	4545
红寺堡区	5968	3230	2738	7782	4172	3610	8444	4542	3902
盐池县	2086	1257	829	3510	2177	1333	4641	2830	1811
同心县	8552	4662	3890	11956	6113	5843	14143	7533	6610
青铜峡市	3889	2171	1718	5026	2884	2142	5456	3124	2332
固原市	**33951**	**18419**	**15532**	**37747**	**20231**	**17516**	**40863**	**21982**	**18881**
原州区	11108	6013	5095	11889	6335	5554	13135	6894	6241
西吉县	10928	6036	4892	14408	7862	6546	15130	8407	6723
隆德县	3856	1991	1865	3273	1672	1601	3909	2055	1854
泾源县	3068	1656	1412	3412	1743	1669	3330	1727	1603
彭阳县	4991	2723	2268	4765	2619	2146	5359	2899	2460
中卫市	**25835**	**13820**	**12015**	**31818**	**17391**	**14427**	**34765**	**19234**	**15531**
沙坡头区	5956	3323	2633	7247	4105	3142	8878	4924	3954
中宁县	7610	4089	3521	9593	5281	4312	10660	6006	4654
海原县	12269	6408	5861	14978	8005	6973	15227	8304	6923

1-5c　续表 3　　　　单位：人

地　区	30-34岁			35-39岁			40-44岁		
	小计	男	女	小计	男	女	小计	男	女
宁　夏	**174210**	**95628**	**78582**	**156663**	**84093**	**72570**	**176370**	**92545**	**83825**
银川市	**48616**	**27082**	**21534**	**37842**	**21037**	**16805**	**39363**	**21290**	**18073**
兴庆区	6521	3569	2952	5406	3080	2326	5452	2992	2460
西夏区	3185	1607	1578	2984	1535	1449	2981	1502	1479
金凤区	14692	7605	7087	9372	4922	4450	7973	4128	3845
永宁县	6901	3663	3238	6539	3339	3200	7610	4001	3609
贺兰县	9695	5161	4534	7439	3977	3462	8188	4238	3950
灵武市	7622	5477	2145	6102	4184	1918	7159	4429	2730
石嘴山市	**9356**	**5294**	**4062**	**8451**	**4769**	**3682**	**10885**	**5887**	**4998**
大武口区	1668	918	750	1377	723	654	1642	822	820
惠农区	1599	1017	582	1637	1055	582	2309	1381	928
平罗县	6089	3359	2730	5437	2991	2446	6934	3684	3250
吴忠市	**41485**	**22606**	**18879**	**37869**	**19826**	**18043**	**44717**	**23000**	**21717**
利通区	10369	5701	4668	9047	4780	4267	10948	5665	5283
红寺堡区	8110	4222	3888	7871	3840	4031	9248	4532	4716
盐池县	4604	2913	1691	3978	2396	1582	5353	3105	2248
同心县	12839	6739	6100	11681	6009	5672	12117	6046	6071
青铜峡市	5563	3031	2532	5292	2801	2491	7051	3652	3399
固原市	**40259**	**21710**	**18549**	**40087**	**21090**	**18997**	**45456**	**23860**	**21596**
原州区	14672	7761	6911	14374	7468	6906	14501	7631	6870
西吉县	13565	7442	6123	13461	7217	6244	15149	7979	7170
隆德县	3695	2081	1614	3186	1680	1506	3965	2049	1916
泾源县	2999	1536	1463	3383	1705	1678	4248	2156	2092
彭阳县	5328	2890	2438	5683	3020	2663	7593	4045	3548
中卫市	**34494**	**18936**	**15558**	**32414**	**17371**	**15043**	**35949**	**18508**	**17441**
沙坡头区	9468	5338	4130	8625	4767	3858	9999	5292	4707
中宁县	10918	5982	4936	9674	4969	4705	11128	5689	5439
海原县	14108	7616	6492	14115	7635	6480	14822	7527	7295

1-5c 续表 4

单位：人

地　区	45-49岁			50-54岁			55-59岁		
	小计	男	女	小计	男	女	小计	男	女
宁　夏	**207556**	**108325**	**99231**	**226636**	**116621**	**110015**	**179901**	**94098**	**85803**
银川市	**50296**	**26813**	**23483**	**54781**	**29053**	**25728**	**41264**	**21588**	**19676**
兴庆区	6766	3682	3084	7322	3967	3355	5294	2865	2429
西夏区	3604	1840	1764	3774	1919	1855	2726	1482	1244
金凤区	8776	4533	4243	8758	4468	4290	6861	3484	3377
永宁县	10301	5292	5009	11622	5877	5745	9371	4823	4548
贺兰县	10441	5286	5155	12318	6333	5985	9730	5008	4722
灵武市	10408	6180	4228	10987	6489	4498	7282	3926	3356
石嘴山市	**15120**	**8001**	**7119**	**18877**	**9699**	**9178**	**16313**	**8854**	**7459**
大武口区	2576	1326	1250	2788	1432	1356	2030	1180	850
惠农区	3216	1868	1348	3899	2186	1713	3147	1796	1351
平罗县	9328	4807	4521	12190	6081	6109	11136	5878	5258
吴忠市	**50099**	**25736**	**24363**	**53780**	**27388**	**26392**	**41846**	**21616**	**20230**
利通区	12241	6229	6012	12491	6165	6326	9566	4824	4742
红寺堡区	9605	4809	4796	8975	4674	4301	6295	3438	2857
盐池县	7337	4087	3250	8516	4803	3713	6827	3676	3151
同心县	11196	5588	5608	12228	5957	6271	9589	4935	4654
青铜峡市	9720	5023	4697	11570	5789	5781	9569	4743	4826
固原市	**49572**	**25883**	**23689**	**51754**	**26630**	**25124**	**42436**	**22492**	**19944**
原州区	14985	7909	7076	15148	7776	7372	12235	6342	5893
西吉县	15249	8018	7231	15958	8072	7886	13311	7097	6214
隆德县	5727	2842	2885	6768	3457	3311	5999	3149	2850
泾源县	4315	2313	2002	4012	2169	1843	3136	1628	1508
彭阳县	9296	4801	4495	9868	5156	4712	7755	4276	3479
中卫市	**42469**	**21892**	**20577**	**47444**	**23851**	**23593**	**38042**	**19548**	**18494**
沙坡头区	14372	7348	7024	16334	8271	8063	12713	6460	6253
中宁县	13569	6998	6571	15775	7894	7881	13047	6699	6348
海原县	14528	7546	6982	15335	7686	7649	12282	6389	5893

1-5c　续表 5

单位：人

地　区	60-64岁			65-69岁			70-74岁		
	小计	男	女	小计	男	女	小计	男	女
宁　夏	**116297**	**60786**	**55511**	**122171**	**62623**	**59548**	**81856**	**40420**	**41436**
银川市	**25215**	**13270**	**11945**	**26266**	**13209**	**13057**	**16075**	**7773**	**8302**
兴庆区	2868	1571	1297	2863	1439	1424	1789	897	892
西夏区	1463	847	616	1489	784	705	899	445	454
金凤区	4210	2239	1971	3349	1733	1616	1991	958	1033
永宁县	6022	3009	3013	7361	3651	3710	4453	2084	2369
贺兰县	6472	3370	3102	6888	3380	3508	4151	2010	2141
灵武市	4180	2234	1946	4316	2222	2094	2792	1379	1413
石嘴山市	**11226**	**6015**	**5211**	**10827**	**5651**	**5176**	**6140**	**3135**	**3005**
大武口区	1088	657	431	952	559	393	582	280	302
惠农区	1961	1079	882	1797	891	906	1028	526	502
平罗县	8177	4279	3898	8078	4201	3877	4530	2329	2201
吴忠市	**27587**	**13925**	**13662**	**28243**	**14154**	**14089**	**18298**	**8885**	**9413**
利通区	6218	3055	3163	6972	3441	3531	4287	2109	2178
红寺堡区	3488	1836	1652	3673	1911	1762	2625	1326	1299
盐池县	4951	2560	2391	4601	2290	2311	2829	1364	1465
同心县	6011	3057	2954	5448	2754	2694	4088	1932	2156
青铜峡市	6919	3417	3502	7549	3758	3791	4469	2154	2315
固原市	**27115**	**14577**	**12538**	**30620**	**16284**	**14336**	**23278**	**11841**	**11437**
原州区	7520	3903	3617	8583	4432	4151	6191	3061	3130
西吉县	8302	4428	3874	9535	5103	4432	7359	3719	3640
隆德县	3786	2182	1604	4134	2291	1843	3393	1758	1635
泾源县	2471	1277	1194	2907	1540	1367	2112	1132	980
彭阳县	5036	2787	2249	5461	2918	2543	4223	2171	2052
中卫市	**25154**	**12999**	**12155**	**26215**	**13325**	**12890**	**18065**	**8786**	**9279**
沙坡头区	9259	4824	4435	9320	4721	4599	5905	2785	3120
中宁县	8211	4321	3890	8532	4452	4080	5792	2813	2979
海原县	7684	3854	3830	8363	4152	4211	6368	3188	3180

1-5c 续表 6

单位：人

地 区	75-79岁			80-84岁			85-89岁		
	小计	男	女	小计	男	女	小计	男	女
宁 夏	**54360**	**26664**	**27696**	**29364**	**13982**	**15382**	**11411**	**5368**	**6043**
银川市	**10120**	**4877**	**5243**	**5706**	**2619**	**3087**	**2323**	**1033**	**1290**
兴庆区	1163	562	601	677	312	365	281	117	164
西夏区	736	345	391	374	186	188	152	74	78
金凤区	1257	581	676	720	337	383	272	136	136
永宁县	2537	1268	1269	1403	637	766	531	214	317
贺兰县	2568	1287	1281	1437	655	782	575	259	316
灵武市	1859	834	1025	1095	492	603	512	233	279
石嘴山市	**4003**	**1953**	**2050**	**2243**	**1034**	**1209**	**1010**	**459**	**551**
大武口区	460	192	268	263	126	137	98	47	51
惠农区	730	333	397	452	204	248	224	81	143
平罗县	2813	1428	1385	1528	704	824	688	331	357
吴忠市	**12163**	**5995**	**6168**	**6611**	**3135**	**3476**	**2588**	**1184**	**1404**
利通区	2727	1313	1414	1680	741	939	710	302	408
红寺堡区	1807	881	926	921	454	467	329	152	177
盐池县	1889	940	949	990	474	516	370	172	198
同心县	3115	1580	1535	1555	795	760	596	294	302
青铜峡市	2625	1281	1344	1465	671	794	583	264	319
固原市	**15870**	**7762**	**8108**	**8521**	**4099**	**4422**	**3238**	**1569**	**1669**
原州区	4225	2073	2152	2227	1075	1152	833	391	442
西吉县	5135	2541	2594	2804	1364	1440	1175	579	596
隆德县	2236	1051	1185	1208	553	655	397	173	224
泾源县	1515	761	754	760	378	382	262	147	115
彭阳县	2759	1336	1423	1522	729	793	571	279	292
中卫市	**12204**	**6077**	**6127**	**6283**	**3095**	**3188**	**2252**	**1123**	**1129**
沙坡头区	3840	1866	1974	2060	1017	1043	632	317	315
中宁县	3912	1907	2005	1937	892	1045	719	373	346
海原县	4452	2304	2148	2286	1186	1100	901	433	468

1-5c　续表 7　　　　单位：人

地　区	90-94岁			95-99岁			100岁及以上		
	小计	男	女	小计	男	女	小计	男	女
宁　夏	**2770**	**1225**	**1545**	**573**	**256**	**317**	**76**	**25**	**51**
银川市	**562**	**263**	**299**	**145**	**62**	**83**	**18**	**2**	**16**
兴庆区	81	35	46	21	9	12	2		2
西夏区	34	21	13	8	2	6	2		2
金凤区	92	36	56	21	10	11	1		1
永宁县	103	47	56	29	13	16	3		3
贺兰县	139	74	65	30	13	17	6	2	4
灵武市	113	50	63	36	15	21	4		4
石嘴山市	**241**	**102**	**139**	**53**	**20**	**33**	**3**	**2**	**1**
大武口区	22	10	12	5	1	4			
惠农区	48	23	25	16	5	11	2	2	
平罗县	171	69	102	32	14	18	1		1
吴忠市	**685**	**281**	**404**	**140**	**61**	**79**	**27**	**9**	**18**
利通区	220	86	134	56	30	26	9	2	7
红寺堡区	95	42	53	14	5	9	4	3	1
盐池县	66	30	36	8	5	3	2	1	1
同心县	158	69	89	33	8	25	9	2	7
青铜峡市	146	54	92	29	13	16	3	1	2
固原市	**686**	**295**	**391**	**109**	**53**	**56**	**15**	**10**	**5**
原州区	192	75	117	26	9	17	5	4	1
西吉县	248	114	134	48	26	22	7	5	2
隆德县	81	38	43	13	8	5	3	1	2
泾源县	54	20	34	3	2	1			
彭阳县	111	48	63	19	8	11			
中卫市	**596**	**284**	**312**	**126**	**60**	**66**	**13**	**2**	**11**
沙坡头区	121	62	59	33	15	18	3		3
中宁县	198	97	101	26	12	14	5	1	4
海原县	277	125	152	67	33	34	5	1	4

1-6 各地区分性别、受教育程度的3岁及以上人口

单位：人

地区	3岁及以上人口			未上过学		
	合计	男	女	小计	男	女
宁 夏	**6927596**	**3526853**	**3400743**	**422737**	**133717**	**289020**
银川市	**2752622**	**1398880**	**1353742**	**110693**	**34570**	**76123**
兴庆区	782615	392318	390297	24553	7589	16964
西夏区	434838	220579	214259	13929	4152	9777
金凤区	614410	304704	309706	18495	6183	12312
永宁县	308647	158212	150435	17620	5594	12026
贺兰县	327612	167072	160540	17253	5200	12053
灵武市	284500	155995	128505	18843	5852	12991
石嘴山市	**731142**	**374099**	**357043**	**31350**	**9487**	**21863**
大武口区	290503	146369	144134	9481	2802	6679
惠农区	174824	92558	82266	5795	1693	4102
平罗县	265815	135172	130643	16074	4992	11082
吴忠市	**1327051**	**673913**	**653138**	**104275**	**32803**	**71472**
利通区	444617	221756	222861	29286	8784	20502
红寺堡区	187579	95773	91806	24264	7728	16536
盐池县	153973	81539	72434	7611	2353	5258
同心县	303665	153625	150040	23774	8099	15675
青铜峡市	237217	121220	115997	19340	5839	13501
固原市	**1094831**	**556389**	**538442**	**95467**	**31138**	**64329**
原州区	451314	225613	225701	37491	11736	25755
西吉县	301101	155060	146041	23526	8100	15426
隆德县	106135	53963	52172	7712	2430	5282
泾源县	81546	41796	39750	13415	4999	8416
彭阳县	154735	79957	74778	13323	3873	9450
中卫市	**1021950**	**523572**	**498378**	**80952**	**25719**	**55233**
沙坡头区	384858	197635	187223	23415	6859	16556
中宁县	320246	164013	156233	22143	6881	15262
海原县	316846	161924	154922	35394	11979	23415

1-6　续表 1　　　　单位：人

地　区	学前教育			小　学		
	小计	男	女	小计	男	女
宁　夏	**267417**	**137968**	**129449**	**1880672**	**889341**	**991331**
银川市	**109249**	**56508**	**52741**	**545111**	**260358**	**284753**
兴庆区	28104	14667	13437	141276	68736	72540
西夏区	14603	7550	7053	75825	35069	40756
金凤区	28699	14819	13880	97080	46092	50988
永宁县	13260	6768	6492	84209	40145	44064
贺兰县	13868	7130	6738	75258	35959	39299
灵武市	10715	5574	5141	71463	34357	37106
石嘴山市	**21595**	**11100**	**10495**	**169039**	**77155**	**91884**
大武口区	8524	4355	4169	58771	26466	32305
惠农区	4377	2263	2114	38042	17152	20890
平罗县	8694	4482	4212	72226	33537	38689
吴忠市	**49773**	**25816**	**23957**	**425252**	**199958**	**225294**
利通区	16167	8435	7732	105760	50103	55657
红寺堡区	8421	4328	4093	75188	37036	38152
盐池县	5725	3023	2702	50296	23484	26812
同心县	12492	6435	6057	136909	61991	74918
青铜峡市	6968	3595	3373	57099	27344	29755
固原市	**46465**	**23696**	**22769**	**420027**	**199802**	**220225**
原州区	19293	9946	9347	149768	71382	78386
西吉县	13345	6768	6577	138964	66730	72234
隆德县	3608	1794	1814	40271	18249	22022
泾源县	4186	2159	2027	30999	15984	15015
彭阳县	6033	3029	3004	60025	27457	32568
中卫市	**40335**	**20848**	**19487**	**321243**	**152068**	**169175**
沙坡头区	13653	7149	6504	87252	41002	46250
中宁县	13020	6771	6249	97171	45353	51818
海原县	13662	6928	6734	136820	65713	71107

1-6 续表 2

单位：人

地区	初中			高中			大学专科		
	小计	男	女	小计	男	女	小计	男	女
宁夏	**2140403**	**1208827**	**931576**	**967429**	**528316**	**439113**	**645523**	**331865**	**313658**
银川市	**792871**	**437248**	**355623**	**446445**	**238581**	**207864**	**369632**	**186441**	**183191**
兴庆区	228844	124338	104506	142070	73138	68932	112937	53013	59924
西夏区	105370	57154	48216	80133	43366	36767	68017	37221	30796
金凤区	134985	71626	63359	94897	47433	47464	102218	50045	52173
永宁县	115140	65473	49667	37343	20610	16733	25028	12248	12780
贺兰县	112756	63205	49551	49822	27159	22663	33780	16554	17226
灵武市	95776	55452	40324	42180	26875	15305	27652	17360	10292
石嘴山市	**277500**	**153804**	**123696**	**117078**	**63908**	**53170**	**63018**	**33074**	**29944**
大武口区	95164	50642	44522	54405	29315	25090	32435	16779	15656
惠农区	71545	40980	30565	30857	17573	13284	14805	8199	6606
平罗县	110791	62182	48609	31816	17020	14796	15778	8096	7682
吴忠市	**447379**	**255747**	**191632**	**151556**	**84299**	**67257**	**84883**	**43395**	**41488**
利通区	170028	92296	77732	58389	30976	27413	36939	17523	19416
红寺堡区	49328	29856	19472	15629	8868	6761	7741	4327	3414
盐池县	52193	30913	21280	18224	11063	7161	11205	6200	5005
同心县	82391	50345	32046	25826	14896	10930	11787	6546	5241
青铜峡市	93439	52337	41102	33488	18496	14992	17211	8799	8412
固原市	**277999**	**164220**	**113779**	**127534**	**71699**	**55835**	**67213**	**36285**	**30928**
原州区	121906	68960	52946	56769	30916	25853	31980	16814	15166
西吉县	68771	42695	26076	32228	17775	14453	14519	7830	6689
隆德县	27898	16354	11544	12939	7626	5313	8264	4668	3596
泾源县	19216	11275	7941	7156	3952	3204	3554	1901	1653
彭阳县	40208	24936	15272	18442	11430	7012	8896	5072	3824
中卫市	**344654**	**197808**	**146846**	**124816**	**69829**	**54987**	**60777**	**32670**	**28107**
沙坡头区	148050	82541	65509	58446	32287	26159	28907	15376	13531
中宁县	118181	66978	51203	37759	21300	16459	19054	10230	8824
海原县	78423	48289	30134	28611	16242	12369	12816	7064	5752

1–6　续表 3

单位：人

地　区	大学本科			硕士研究生			博士研究生		
	小计	男	女	小计	男	女	小计	男	女
宁　夏	**565068**	**279437**	**285631**	**35218**	**15728**	**19490**	**3129**	**1654**	**1475**
银川市	**347066**	**170967**	**176099**	**28942**	**12831**	**16111**	**2613**	**1376**	**1237**
兴庆区	95635	46788	48847	8379	3624	4755	817	425	392
西夏区	70758	33361	37397	5552	2335	3217	651	371	280
金凤区	124223	62107	62116	12804	5897	6907	1009	502	507
永宁县	15644	7210	8434	371	146	225	32	18	14
贺兰县	23535	11310	12225	1262	513	749	78	42	36
灵武市	17271	10191	7080	574	316	258	26	18	8
石嘴山市	**49821**	**24800**	**25021**	**1605**	**706**	**899**	**136**	**65**	**71**
大武口区	30544	15466	15078	1094	501	593	85	43	42
惠农区	9123	4583	4540	251	102	149	29	13	16
平罗县	10154	4751	5403	260	103	157	22	9	13
吴忠市	**62066**	**30987**	**31079**	**1738**	**834**	**904**	**129**	**74**	**55**
利通区	27113	13212	13901	871	395	476	64	32	32
红寺堡区	6826	3527	3299	173	97	76	9	6	3
盐池县	8493	4387	4106	214	107	107	12	9	3
同心县	10238	5184	5054	225	115	110	23	14	9
青铜峡市	9396	4677	4719	255	120	135	21	13	8
固原市	**58320**	**28711**	**29609**	**1630**	**740**	**890**	**176**	**98**	**78**
原州区	32955	15334	17621	1043	467	576	109	58	51
西吉县	9499	5052	4447	228	101	127	21	9	12
隆德县	5303	2770	2533	122	59	63	18	13	5
泾源县	2955	1491	1464	62	34	28	3	1	2
彭阳县	7608	4064	3544	175	79	96	25	17	8
中卫市	**47795**	**23972**	**23823**	**1303**	**617**	**686**	**75**	**41**	**34**
沙坡头区	24389	12072	12317	708	330	378	38	19	19
中宁县	12610	6361	6249	285	128	157	23	11	12
海原县	10796	5539	5257	310	159	151	14	11	3

1-6a 各地区分性别、受教育程度的3岁及以上人口(城市)

单位：人

地区	3岁及以上人口			未上过学		
	合计	男	女	小计	男	女
宁夏	**2882226**	**1433290**	**1448936**	**89249**	**26253**	**62996**
银川市	**1596992**	**795129**	**801863**	**39526**	**11807**	**27719**
兴庆区	584932	290822	294110	14123	4343	9780
西夏区	382524	193655	188869	9407	2621	6786
金凤区	493536	242432	251104	10263	3134	7129
永宁县						
贺兰县	4144	2260	1884	83	31	52
灵武市	131856	65960	65896	5650	1678	3972
石嘴山市	**356103**	**180338**	**175765**	**9955**	**2898**	**7057**
大武口区	238714	118685	120029	6734	1995	4739
惠农区	117389	61653	55736	3221	903	2318
平罗县						
吴忠市	**470163**	**231313**	**238850**	**20890**	**6220**	**14670**
利通区	289545	141271	148274	11842	3472	8370
红寺堡区	68506	33822	34684	4827	1534	3293
盐池县						
同心县						
青铜峡市	112112	56220	55892	4221	1214	3007
固原市	**237214**	**114525**	**122689**	**13158**	**3653**	**9505**
原州区	237214	114525	122689	13158	3653	9505
西吉县						
隆德县						
泾源县						
彭阳县						
中卫市	**221754**	**111985**	**109769**	**5720**	**1675**	**4045**
沙坡头区	221754	111985	109769	5720	1675	4045
中宁县						
海原县						

1-6a　续表 1　　单位：人

地　区	学前教育			小　学		
	小计	男	女	小计	男	女
宁　夏	**109750**	**57076**	**52674**	**497759**	**230077**	**267682**
银川市	**61649**	**32066**	**29583**	**246057**	**115181**	**130876**
兴庆区	21033	11033	10000	96200	46271	49929
西夏区	11722	6070	5652	54971	25120	29851
金凤区	22351	11537	10814	66079	30477	35602
永宁县						
贺兰县	198	108	90	919	477	442
灵武市	6345	3318	3027	27888	12836	15052
石嘴山市	**10218**	**5243**	**4975**	**63430**	**28307**	**35123**
大武口区	7128	3661	3467	42270	18702	23568
惠农区	3090	1582	1508	21160	9605	11555
平罗县						
吴忠市	**18626**	**9746**	**8880**	**97616**	**45209**	**52407**
利通区	11246	5928	5318	57328	26587	30741
红寺堡区	3591	1831	1760	23058	10646	12412
盐池县						
同心县						
青铜峡市	3789	1987	1802	17230	7976	9254
固原市	**10195**	**5228**	**4967**	**55049**	**25196**	**29853**
原州区	10195	5228	4967	55049	25196	29853
西吉县						
隆德县						
泾源县						
彭阳县						
中卫市	**9062**	**4793**	**4269**	**35607**	**16184**	**19423**
沙坡头区	9062	4793	4269	35607	16184	19423
中宁县						
海原县						

1-6a 续表 2

单位：人

地区	初中			高中			大学专科		
	小计	男	女	小计	男	女	小计	男	女
宁夏	**841008**	**443323**	**397685**	**525966**	**272723**	**253243**	**395997**	**199462**	**196535**
银川市	**397872**	**210237**	**187635**	**289048**	**148550**	**140498**	**258434**	**129615**	**128819**
兴庆区	163391	87452	75939	108649	54621	54028	89153	42391	46762
西夏区	88662	47362	41300	75760	40706	35054	65969	36177	29792
金凤区	98707	51038	47669	80333	39607	40726	89588	43956	45632
永宁县									
贺兰县	1616	949	667	626	367	259	436	211	225
灵武市	45496	23436	22060	23680	13249	10431	13288	6880	6408
石嘴山市	**128033**	**68455**	**59578**	**70986**	**37787**	**33199**	**41427**	**21804**	**19623**
大武口区	80863	42007	38856	47260	24674	22586	29997	15567	14430
惠农区	47170	26448	20722	23726	13113	10613	11430	6237	5193
平罗县									
吴忠市	**170127**	**89162**	**80965**	**79833**	**41215**	**38618**	**47765**	**22763**	**25002**
利通区	106480	54944	51536	46992	24142	22850	31573	14606	16967
红寺堡区	18733	10483	8250	9604	4905	4699	4128	2164	1964
盐池县									
同心县									
青铜峡市	44914	23735	21179	23237	12168	11069	12064	5993	6071
固原市	**61832**	**31815**	**30017**	**41879**	**21826**	**20053**	**25278**	**13159**	**12119**
原州区	61832	31815	30017	41879	21826	20053	25278	13159	12119
西吉县									
隆德县									
泾源县									
彭阳县									
中卫市	**83144**	**43654**	**39490**	**44220**	**23345**	**20875**	**23093**	**12121**	**10972**
沙坡头区	83144	43654	39490	44220	23345	20875	23093	12121	10972
中宁县									
海原县									

1-6a 续表 3

单位：人

地 区	大学本科			硕士研究生			博士研究生		
	小计	男	女	小计	男	女	小计	男	女
宁 夏	**390576**	**189960**	**200616**	**29245**	**13005**	**16240**	**2676**	**1411**	**1265**
银川市	**276453**	**135062**	**141391**	**25569**	**11354**	**14215**	**2384**	**1257**	**1127**
兴庆区	83750	40910	42840	7858	3398	4460	775	403	372
西夏区	69875	32920	36955	5508	2309	3199	650	370	280
金凤区	113346	56682	56664	11920	5524	6396	949	477	472
永宁县									
贺兰县	254	110	144	12	7	5			
灵武市	9228	4440	4788	271	116	155	10	7	3
石嘴山市	**30720**	**15234**	**15486**	**1232**	**559**	**673**	**102**	**51**	**51**
大武口区	23367	11568	11799	1017	470	547	78	41	37
惠农区	7353	3666	3687	215	89	126	24	10	14
平罗县									
吴忠市	**34213**	**16496**	**17717**	**1021**	**462**	**559**	**72**	**40**	**32**
利通区	23266	11220	12046	767	344	423	51	28	23
红寺堡区	4466	2208	2258	92	47	45	7	4	3
盐池县									
同心县									
青铜峡市	6481	3068	3413	162	71	91	14	8	6
固原市	**28830**	**13199**	**15631**	**898**	**397**	**501**	**95**	**52**	**43**
原州区	28830	13199	15631	898	397	501	95	52	43
西吉县									
隆德县									
泾源县									
彭阳县									
中卫市	**20360**	**9969**	**10391**	**525**	**233**	**292**	**23**	**11**	**12**
沙坡头区	20360	9969	10391	525	233	292	23	11	12
中宁县									
海原县									

1-6b 各地区分性别、受教育程度的3岁及以上人口(镇)

单位：人

地区	3岁及以上人口			未上过学		
	合计	男	女	小计	男	女
宁 夏	**1622455**	**822512**	**799943**	**77575**	**24682**	**52893**
银川市	**610438**	**313954**	**296484**	**24191**	**7434**	**16757**
兴庆区	118481	60097	58384	3352	967	2385
西夏区	13018	6587	6431	888	322	566
金凤区	11070	5705	5365	1119	425	694
永宁县	198308	101433	96875	8067	2499	5568
贺兰县	207956	105024	102932	7038	2070	4968
灵武市	61605	35108	26497	3727	1151	2576
石嘴山市	**213027**	**107087**	**105940**	**7846**	**2345**	**5501**
大武口区	26361	13697	12664	1213	342	871
惠农区	28848	14596	14252	1126	327	799
平罗县	157818	78794	79024	5507	1676	3831
吴忠市	**270672**	**137987**	**132685**	**16194**	**5376**	**10818**
利通区	20427	10799	9628	2186	696	1490
红寺堡区	6731	4128	2603	367	118	249
盐池县	84481	42706	41775	3192	976	2216
同心县	133171	66621	66550	8150	2831	5319
青铜峡市	25862	13733	12129	2299	755	1544
固原市	**241685**	**119396**	**122289**	**14298**	**4588**	**9710**
原州区	20051	10363	9688	2085	691	1394
西吉县	93060	45409	47651	5075	1727	3348
隆德县	40544	19809	20735	1165	382	783
泾源县	28807	14377	14430	2620	1002	1618
彭阳县	59223	29438	29785	3353	786	2567
中卫市	**286633**	**144088**	**142545**	**15046**	**4939**	**10107**
沙坡头区	17446	9286	8160	1228	331	897
中宁县	157033	79213	77820	5343	1600	3743
海原县	112154	55589	56565	8475	3008	5467

1-6b　续表 1

单位：人

地　区	学前教育			小　学		
	小计	男	女	小计	男	女
宁　夏	**70049**	**36300**	**33749**	**413339**	**189979**	**223360**
银川市	**27917**	**14365**	**13552**	**126678**	**60197**	**66481**
兴庆区	4520	2335	2185	21512	10331	11181
西夏区	1042	544	498	4893	2346	2547
金凤区	668	349	319	3807	1928	1879
永宁县	9878	5077	4801	45093	21414	23679
贺兰县	9635	4909	4726	37183	17472	19711
灵武市	2174	1151	1023	14190	6706	7484
石嘴山市	**7519**	**3876**	**3643**	**46605**	**20800**	**25805**
大武口区	746	382	364	7203	3337	3866
惠农区	829	444	385	7541	3219	4322
平罗县	5944	3050	2894	31861	14244	17617
吴忠市	**11014**	**5726**	**5288**	**87187**	**39767**	**47420**
利通区	538	287	251	5641	2726	2915
红寺堡区	183	88	95	1899	933	966
盐池县	4126	2164	1962	21647	10024	11623
同心县	5427	2826	2601	50463	22486	27977
青铜峡市	740	361	379	7537	3598	3939
固原市	**10788**	**5611**	**5177**	**75860**	**34019**	**41841**
原州区	928	503	425	8543	4051	4492
西吉县	3892	2017	1875	30326	13595	16731
隆德县	1517	793	724	11398	4777	6621
泾源县	1568	817	751	8858	4301	4557
彭阳县	2883	1481	1402	16735	7295	9440
中卫市	**12811**	**6722**	**6089**	**77009**	**35196**	**41813**
沙坡头区	552	304	248	5523	2508	3015
中宁县	7098	3764	3334	28913	13044	15869
海原县	5161	2654	2507	42573	19644	22929

1-6b 续表 2

单位：人

地　区	初　中			高　中			大学专科		
	小计	男	女	小计	男	女	小计	男	女
宁　夏	**534393**	**293289**	**241104**	**257260**	**140449**	**116811**	**150443**	**78266**	**72177**
银川市	**205575**	**113666**	**91909**	**101113**	**55747**	**45366**	**73611**	**37359**	**36252**
兴庆区	38514	20740	17774	23021	12262	10759	16687	8146	8541
西夏区	4020	2187	1833	1244	701	543	634	341	293
金凤区	3708	2079	1629	1037	577	460	485	223	262
永宁县	71662	40265	31397	28522	15544	12978	20689	10059	10630
贺兰县	67738	36868	30870	37900	20257	17643	27190	13271	13919
灵武市	19933	11527	8406	9389	6406	2983	7926	5319	2607
石嘴山市	**90877**	**48823**	**42054**	**28632**	**15704**	**12928**	**15627**	**7692**	**7935**
大武口区	6142	3583	2559	2675	1638	1037	1497	680	817
惠农区	12171	6692	5479	4015	2251	1764	1998	1084	914
平罗县	72564	38548	34016	21942	11815	10127	12132	5928	6204
吴忠市	**84540**	**47883**	**36657**	**36110**	**20356**	**15754**	**19591**	**10749**	**8842**
利通区	8842	5127	3715	1669	1056	613	976	573	403
红寺堡区	1945	1285	660	856	622	234	1022	750	272
盐池县	29107	15685	13422	12204	6800	5404	7651	3926	3725
同心县	35248	20335	14913	18334	9968	8366	8139	4465	3674
青铜峡市	9398	5451	3947	3047	1910	1137	1803	1035	768
固原市	**57361**	**30953**	**26408**	**44553**	**23454**	**21099**	**19894**	**10914**	**8980**
原州区	6197	3793	2404	1253	783	470	595	311	284
西吉县	19417	10607	8810	20599	10160	10439	6974	3739	3235
隆德县	10772	5328	5444	6974	3782	3192	4763	2690	2073
泾源县	6456	3439	3017	4583	2349	2234	2382	1302	1080
彭阳县	14519	7786	6733	11144	6380	4764	5180	2872	2308
中卫市	**96040**	**51964**	**44076**	**46852**	**25188**	**21664**	**21720**	**11552**	**10168**
沙坡头区	7155	4223	2932	1727	1169	558	746	468	278
中宁县	63395	33433	29962	28043	15052	12991	14365	7528	6837
海原县	25490	14308	11182	17082	8967	8115	6609	3556	3053

1-6b　续表 3　　　　单位：人

地　区	大学本科			硕士研究生			博士研究生		
	小计	男	女	小计	男	女	小计	男	女
宁　夏	**115819**	**57941**	**57878**	**3347**	**1488**	**1859**	**230**	**118**	**112**
银川市	**49110**	**24200**	**24910**	**2102**	**911**	**1191**	**141**	**75**	**66**
兴庆区	10375	5097	5278	464	200	264	36	19	17
西夏区	279	136	143	18	10	8			
金凤区	238	121	117	8	3	5			
永宁县	14064	6443	7621	312	121	191	21	11	10
贺兰县	20077	9684	10393	1124	456	668	71	37	34
灵武市	4077	2719	1358	176	121	55	13	8	5
石嘴山市	**15666**	**7752**	**7914**	**237**	**90**	**147**	**18**	**5**	**13**
大武口区	6819	3713	3106	62	21	41	4	1	3
惠农区	1145	569	576	22	9	13	1	1	
平罗县	7702	3470	4232	153	60	93	13	3	10
吴忠市	**15700**	**7964**	**7736**	**311**	**151**	**160**	**25**	**15**	**10**
利通区	557	326	231	15	7	8	3	1	2
红寺堡区	451	325	126	7	6	1	1	1	
盐池县	6429	3075	3354	119	52	67	6	4	2
同心县	7263	3636	3627	133	66	67	14	8	6
青铜峡市	1000	602	398	37	20	17	1	1	
固原市	**18595**	**9697**	**8898**	**307**	**147**	**160**	**29**	**13**	**16**
原州区	436	226	210	10	5	5	4		4
西吉县	6659	3513	3146	108	47	61	10	4	6
隆德县	3886	2022	1864	64	32	32	5	3	2
泾源县	2301	1147	1154	38	20	18	1		1
彭阳县	5313	2789	2524	87	43	44	9	6	3
中卫市	**16748**	**8328**	**8420**	**390**	**189**	**201**	**17**	**10**	**7**
沙坡头区	482	260	222	31	21	10	2	2	
中宁县	9693	4718	4975	175	71	104	8	3	5
海原县	6573	3350	3223	184	97	87	7	5	2

1-6c 各地区分性别、受教育程度的3岁及以上人口(乡村)

单位：人

地区	3岁及以上人口			未上过学		
	合计	男	女	小计	男	女
宁 夏	**2422915**	**1271051**	**1151864**	**255913**	**82782**	**173131**
银川市	**545192**	**289797**	**255395**	**46976**	**15329**	**31647**
兴庆区	79202	41399	37803	7078	2279	4799
西夏区	39296	20337	18959	3634	1209	2425
金凤区	109804	56567	53237	7113	2624	4489
永宁县	110339	56779	53560	9553	3095	6458
贺兰县	115512	59788	55724	10132	3099	7033
灵武市	91039	54927	36112	9466	3023	6443
石嘴山市	**162012**	**86674**	**75338**	**13549**	**4244**	**9305**
大武口区	25428	13987	11441	1534	465	1069
惠农区	28587	16309	12278	1448	463	985
平罗县	107997	56378	51619	10567	3316	7251
吴忠市	**586216**	**304613**	**281603**	**67191**	**21207**	**45984**
利通区	134645	69686	64959	15258	4616	10642
红寺堡区	112342	57823	54519	19070	6076	12994
盐池县	69492	38833	30659	4419	1377	3042
同心县	170494	87004	83490	15624	5268	10356
青铜峡市	99243	51267	47976	12820	3870	8950
固原市	**615932**	**322468**	**293464**	**68011**	**22897**	**45114**
原州区	194049	100725	93324	22248	7392	14856
西吉县	208041	109651	98390	18451	6373	12078
隆德县	65591	34154	31437	6547	2048	4499
泾源县	52739	27419	25320	10795	3997	6798
彭阳县	95512	50519	44993	9970	3087	6883
中卫市	**513563**	**267499**	**246064**	**60186**	**19105**	**41081**
沙坡头区	145658	76364	69294	16467	4853	11614
中宁县	163213	84800	78413	16800	5281	11519
海原县	204692	106335	98357	26919	8971	17948

1-6c　续表 1　　　　单位：人

地　区	学前教育			小　学		
	小计	男	女	小计	男	女
宁　夏	**87618**	**44592**	**43026**	**969574**	**469285**	**500289**
银川市	**19683**	**10077**	**9606**	**172376**	**84980**	**87396**
兴庆区	2551	1299	1252	23564	12134	11430
西夏区	1839	936	903	15961	7603	8358
金凤区	5680	2933	2747	27194	13687	13507
永宁县	3382	1691	1691	39116	18731	20385
贺兰县	4035	2113	1922	37156	18010	19146
灵武市	2196	1105	1091	29385	14815	14570
石嘴山市	**3858**	**1981**	**1877**	**59004**	**28048**	**30956**
大武口区	650	312	338	9298	4427	4871
惠农区	458	237	221	9341	4328	5013
平罗县	2750	1432	1318	40365	19293	21072
吴忠市	**20133**	**10344**	**9789**	**240449**	**114982**	**125467**
利通区	4383	2220	2163	42791	20790	22001
红寺堡区	4647	2409	2238	50231	25457	24774
盐池县	1599	859	740	28649	13460	15189
同心县	7065	3609	3456	86446	39505	46941
青铜峡市	2439	1247	1192	32332	15770	16562
固原市	**25482**	**12857**	**12625**	**289118**	**140587**	**148531**
原州区	8170	4215	3955	86176	42135	44041
西吉县	9453	4751	4702	108638	53135	55503
隆德县	2091	1001	1090	28873	13472	15401
泾源县	2618	1342	1276	22141	11683	10458
彭阳县	3150	1548	1602	43290	20162	23128
中卫市	**18462**	**9333**	**9129**	**208627**	**100688**	**107939**
沙坡头区	4039	2052	1987	46122	22310	23812
中宁县	5922	3007	2915	68258	32309	35949
海原县	8501	4274	4227	94247	46069	48178

1-6c 续表 2

单位：人

地　区	初　中			高　中			大学专科		
	小计	男	女	小计	男	女	小计	男	女
宁　夏	**765002**	**472215**	**292787**	**184203**	**115144**	**69059**	**99083**	**54137**	**44946**
银川市	**189424**	**113345**	**76079**	**56284**	**34284**	**22000**	**37587**	**19467**	**18120**
兴庆区	26939	16146	10793	10400	6255	4145	7097	2476	4621
西夏区	12688	7605	5083	3129	1959	1170	1414	703	711
金凤区	32570	18509	14061	13527	7249	6278	12145	5866	6279
永宁县	43478	25208	18270	8821	5066	3755	4339	2189	2150
贺兰县	43402	25388	18014	11296	6535	4761	6154	3072	3082
灵武市	30347	20489	9858	9111	7220	1891	6438	5161	1277
石嘴山市	**58590**	**36526**	**22064**	**17460**	**10417**	**7043**	**5964**	**3578**	**2386**
大武口区	8159	5052	3107	4470	3003	1467	941	532	409
惠农区	12204	7840	4364	3116	2209	907	1377	878	499
平罗县	38227	23634	14593	9874	5205	4669	3646	2168	1478
吴忠市	**192712**	**118702**	**74010**	**35613**	**22728**	**12885**	**17527**	**9883**	**7644**
利通区	54706	32225	22481	9728	5778	3950	4390	2344	2046
红寺堡区	28650	18088	10562	5169	3341	1828	2591	1413	1178
盐池县	23086	15228	7858	6020	4263	1757	3554	2274	1280
同心县	47143	30010	17133	7492	4928	2564	3648	2081	1567
青铜峡市	39127	23151	15976	7204	4418	2786	3344	1771	1573
固原市	**158806**	**101452**	**57354**	**41102**	**26419**	**14683**	**22041**	**12212**	**9829**
原州区	53877	33352	20525	13637	8307	5330	6107	3344	2763
西吉县	49354	32088	17266	11629	7615	4014	7545	4091	3454
隆德县	17126	11026	6100	5965	3844	2121	3501	1978	1523
泾源县	12760	7836	4924	2573	1603	970	1172	599	573
彭阳县	25689	17150	8539	7298	5050	2248	3716	2200	1516
中卫市	**165470**	**102190**	**63280**	**33744**	**21296**	**12448**	**15964**	**8997**	**6967**
沙坡头区	57751	34664	23087	12499	7773	4726	5068	2787	2281
中宁县	54786	33545	21241	9716	6248	3468	4689	2702	1987
海原县	52933	33981	18952	11529	7275	4254	6207	3508	2699

1−6c 续表 3 单位：人

地区	大学本科			硕士研究生			博士研究生		
	小计	男	女	小计	男	女	小计	男	女
宁 夏	**58673**	**31536**	**27137**	**2626**	**1235**	**1391**	**223**	**125**	**98**
银川市	**21503**	**11705**	**9798**	**1271**	**566**	**705**	**88**	**44**	**44**
兴庆区	1510	781	729	57	26	31	6	3	3
西夏区	604	305	299	26	16	10	1	1	
金凤区	10639	5304	5335	876	370	506	60	25	35
永宁县	1580	767	813	59	25	34	11	7	4
贺兰县	3204	1516	1688	126	50	76	7	5	2
灵武市	3966	3032	934	127	79	48	3	3	
石嘴山市	**3435**	**1814**	**1621**	**136**	**57**	**79**	**16**	**9**	**7**
大武口区	358	185	173	15	10	5	3	1	2
惠农区	625	348	277	14	4	10	4	2	2
平罗县	2452	1281	1171	107	43	64	9	6	3
吴忠市	**12153**	**6527**	**5626**	**406**	**221**	**185**	**32**	**19**	**13**
利通区	3290	1666	1624	89	44	45	10	3	7
红寺堡区	1909	994	915	74	44	30	1	1	
盐池县	2064	1312	752	95	55	40	6	5	1
同心县	2975	1548	1427	92	49	43	9	6	3
青铜峡市	1915	1007	908	56	29	27	6	4	2
固原市	**10895**	**5815**	**5080**	**425**	**196**	**229**	**52**	**33**	**19**
原州区	3689	1909	1780	135	65	70	10	6	4
西吉县	2840	1539	1301	120	54	66	11	5	6
隆德县	1417	748	669	58	27	31	13	10	3
泾源县	654	344	310	24	14	10	2	1	1
彭阳县	2295	1275	1020	88	36	52	16	11	5
中卫市	**10687**	**5675**	**5012**	**388**	**195**	**193**	**35**	**20**	**15**
沙坡头区	3547	1843	1704	152	76	76	13	6	7
中宁县	2917	1643	1274	110	57	53	15	8	7
海原县	4223	2189	2034	126	62	64	7	6	1

1-7 各地区分性别的15岁及以上文盲人口

单位：人、%

地区	15岁及以上人口			文盲人口			文盲人口占15岁及以上人口比重		
	合计	男	女	合计	男	女	合计	男	女
宁 夏	**5734650**	**2906355**	**2828295**	**290889**	**76950**	**213939**	**5.07**	**2.65**	**7.56**
银川市	**2342343**	**1184291**	**1158052**	**78338**	**20037**	**58301**	**3.34**	**1.69**	**5.03**
兴庆区	667164	331294	335870	18249	4463	13786	2.74	1.35	4.10
西夏区	380719	192490	188229	10128	2390	7738	2.66	1.24	4.11
金凤区	521368	256426	264942	12427	3328	9099	2.38	1.30	3.43
永宁县	257890	131805	126085	12407	3326	9081	4.81	2.52	7.20
贺兰县	276175	140294	135881	12196	3151	9045	4.42	2.25	6.66
灵武市	239027	131982	107045	12931	3379	9552	5.41	2.56	8.92
石嘴山市	**635546**	**324650**	**310896**	**21496**	**5527**	**15969**	**3.38**	**1.70**	**5.14**
大武口区	253535	127315	126220	6880	1725	5155	2.71	1.35	4.08
惠农区	154971	82159	72812	4441	1145	3296	2.87	1.39	4.53
平罗县	227040	115176	111864	10175	2657	7518	4.48	2.31	6.72
吴忠市	**1065307**	**537441**	**527866**	**71252**	**18365**	**52887**	**6.69**	**3.42**	**10.02**
利通区	365585	179737	185848	22011	5640	16371	6.02	3.14	8.81
红寺堡区	141983	72476	69507	16720	4439	12281	11.78	6.12	17.67
盐池县	130135	68655	61480	5541	1368	4173	4.26	1.99	6.79
同心县	223698	112648	111050	11002	2557	8445	4.92	2.27	7.60
青铜峡市	203906	103925	99981	15978	4361	11617	7.84	4.20	11.62
固原市	**866512**	**438690**	**427822**	**65693**	**18805**	**46888**	**7.58**	**4.29**	**10.96**
原州区	355845	176430	179415	25792	7030	18762	7.25	3.98	10.46
西吉县	231472	119188	112284	14795	4343	10452	6.39	3.64	9.31
隆德县	87846	44478	43368	5099	1334	3765	5.80	3.00	8.68
泾源县	64512	33038	31474	10917	3842	7075	16.92	11.63	22.48
彭阳县	126837	65556	61281	9090	2256	6834	7.17	3.44	11.15
中卫市	**824942**	**421283**	**403659**	**54110**	**14216**	**39894**	**6.56**	**3.37**	**9.88**
沙坡头区	325788	166533	159255	17326	4306	13020	5.32	2.59	8.18
中宁县	260242	133038	127204	14056	3495	10561	5.40	2.63	8.30
海原县	238912	121712	117200	22728	6415	16313	9.51	5.27	13.92

1-7a　各地区分性别的15岁及以上文盲人口(城市)

单位：人、%

地　区	15岁及以上人口			文盲人口			文盲人口占15岁及以上人口比重		
	合计	男	女	合计	男	女	合计	男	女
宁　夏	**2440305**	**1201847**	**1238458**	**61481**	**13545**	**47936**	**2.52**	**1.13**	**3.87**
银川市	**1369995**	**676161**	**693834**	**26736**	**5679**	**21057**	**1.95**	**0.84**	**3.03**
兴庆区	500248	246031	254217	10050	2221	7829	2.01	0.90	3.08
西夏区	339831	171422	168409	6882	1449	5433	2.03	0.85	3.23
金凤区	421350	205081	216269	6106	1208	4898	1.45	0.59	2.26
永宁县									
贺兰县	3432	1857	1575	46	15	31	1.34	0.81	1.97
灵武市	105134	51770	53364	3652	786	2866	3.47	1.52	5.37
石嘴山市	**312351**	**157600**	**154751**	**7279**	**1811**	**5468**	**2.33**	**1.15**	**3.53**
大武口区	208764	103195	105569	4907	1222	3685	2.35	1.18	3.49
惠农区	103587	54405	49182	2372	589	1783	2.29	1.08	3.63
平罗县									
吴忠市	**383060**	**185497**	**197563**	**14198**	**3236**	**10962**	**3.71**	**1.74**	**5.55**
利通区	237041	113322	123719	8116	1825	6291	3.42	1.61	5.08
红寺堡区	50883	24742	26141	2715	608	2107	5.34	2.46	8.06
盐池县									
同心县									
青铜峡市	95136	47433	47703	3367	803	2564	3.54	1.69	5.37
固原市	**188377**	**89218**	**99159**	**9408**	**2022**	**7386**	**4.99**	**2.27**	**7.45**
原州区	188377	89218	99159	9408	2022	7386	4.99	2.27	7.45
西吉县									
隆德县									
泾源县									
彭阳县									
中卫市	**186522**	**93371**	**93151**	**3860**	**797**	**3063**	**2.07**	**0.85**	**3.29**
沙坡头区	186522	93371	93151	3860	797	3063	2.07	0.85	3.29
中宁县									
海原县									

1-7b 各地区分性别的15岁及以上文盲人口(镇)

单位：人、%

地 区	15岁及以上人口			文盲人口			文盲人口占15岁及以上人口比重		
	合计	男	女	合计	男	女	合计	男	女
宁 夏	**1310870**	**660032**	**650838**	**48953**	**11923**	**37030**	**3.73**	**1.81**	**5.69**
银川市	**508536**	**260731**	**247805**	**16184**	**3927**	**12257**	**3.18**	**1.51**	**4.95**
兴庆区	99833	50236	49597	2359	510	1849	2.36	1.02	3.73
西夏区	9793	4959	4834	488	151	337	4.98	3.04	6.97
金凤区	8847	4542	4305	791	273	518	8.94	6.01	12.03
永宁县	163116	83054	80062	5297	1291	4006	3.25	1.55	5.00
贺兰县	174380	87587	86793	4825	1085	3740	2.77	1.24	4.31
灵武市	52567	30353	22214	2424	617	1807	4.61	2.03	8.13
石嘴山市	**180542**	**90426**	**90116**	**5465**	**1289**	**4176**	**3.03**	**1.43**	**4.63**
大武口区	22838	11904	10934	796	180	616	3.49	1.51	5.63
惠农区	25293	12782	12511	903	221	682	3.57	1.73	5.45
平罗县	132411	65740	66671	3766	888	2878	2.84	1.35	4.32
吴忠市	**210952**	**106580**	**104372**	**9725**	**2337**	**7388**	**4.61**	**2.19**	**7.08**
利通区	17299	9104	8195	1692	497	1195	9.78	5.46	14.58
红寺堡区	5846	3665	2181	221	52	169	3.78	1.42	7.75
盐池县	67577	33575	34002	2111	454	1657	3.12	1.35	4.87
同心县	98384	48575	49809	3806	781	3025	3.87	1.61	6.07
青铜峡市	21846	11661	10185	1895	553	1342	8.67	4.74	13.18
固原市	**186558**	**90685**	**95873**	**8912**	**2324**	**6588**	**4.78**	**2.56**	**6.87**
原州区	15619	8060	7559	1484	440	1044	9.50	5.46	13.81
西吉县	69700	33179	36521	2611	615	1996	3.75	1.85	5.47
隆德县	32217	15447	16770	556	137	419	1.73	0.89	2.50
泾源县	22525	11148	11377	2090	764	1326	9.28	6.85	11.66
彭阳县	46497	22851	23646	2171	368	1803	4.67	1.61	7.62
中卫市	**224282**	**111610**	**112672**	**8667**	**2046**	**6621**	**3.86**	**1.83**	**5.88**
沙坡头区	14501	7727	6774	901	215	686	6.21	2.78	10.13
中宁县	128936	64563	64373	3329	687	2642	2.58	1.06	4.10
海原县	80845	39320	41525	4437	1144	3293	5.49	2.91	7.93

1–7c　各地区分性别的15岁及以上文盲人口(乡村)

单位：人、%

地　区	15岁及以上人口			文盲人口			文盲人口占15岁及以上人口比重		
	合计	男	女	合计	男	女	合计	男	女
宁　夏	**1983475**	**1044476**	**938999**	**180455**	**51482**	**128973**	**9.10**	**4.93**	**13.74**
银川市	**463812**	**247399**	**216413**	**35418**	**10431**	**24987**	**7.64**	**4.22**	**11.55**
兴庆区	67083	35027	32056	5840	1732	4108	8.71	4.94	12.82
西夏区	31095	16109	14986	2758	790	1968	8.87	4.90	13.13
金凤区	91171	46803	44368	5530	1847	3683	6.07	3.95	8.30
永宁县	94774	48751	46023	7110	2035	5075	7.50	4.17	11.03
贺兰县	98363	50850	47513	7325	2051	5274	7.45	4.03	11.10
灵武市	81326	49859	31467	6855	1976	4879	8.43	3.96	15.51
石嘴山市	**142653**	**76624**	**66029**	**8752**	**2427**	**6325**	**6.14**	**3.17**	**9.58**
大武口区	21933	12216	9717	1177	323	854	5.37	2.64	8.79
惠农区	26091	14972	11119	1166	335	831	4.47	2.24	7.47
平罗县	94629	49436	45193	6409	1769	4640	6.77	3.58	10.27
吴忠市	**471295**	**245364**	**225931**	**47329**	**12792**	**34537**	**10.04**	**5.21**	**15.29**
利通区	111245	57311	53934	12203	3318	8885	10.97	5.79	16.47
红寺堡区	85254	44069	41185	13784	3779	10005	16.17	8.58	24.29
盐池县	62558	35080	27478	3430	914	2516	5.48	2.61	9.16
同心县	125314	64073	61241	7196	1776	5420	5.74	2.77	8.85
青铜峡市	86924	44831	42093	10716	3005	7711	12.33	6.70	18.32
固原市	**491577**	**258787**	**232790**	**47373**	**14459**	**32914**	**9.64**	**5.59**	**14.14**
原州区	151849	79152	72697	14900	4568	10332	9.81	5.77	14.21
西吉县	161772	86009	75763	12184	3728	8456	7.53	4.33	11.16
隆德县	55629	29031	26598	4543	1197	3346	8.17	4.12	12.58
泾源县	41987	21890	20097	8827	3078	5749	21.02	14.06	28.61
彭阳县	80340	42705	37635	6919	1888	5031	8.61	4.42	13.37
中卫市	**414138**	**216302**	**197836**	**41583**	**11373**	**30210**	**10.04**	**5.26**	**15.27**
沙坡头区	124765	65435	59330	12565	3294	9271	10.07	5.03	15.63
中宁县	131306	68475	62831	10727	2808	7919	8.17	4.10	12.60
海原县	158067	82392	75675	18291	5271	13020	11.57	6.40	17.21

1-8 各地区家庭户规模

单位：户、%

地区	家庭户户数	一人户		二人户		三人户	
		户数	比重	户数	比重	户数	比重
宁夏	**2535074**	**537492**	**21.20**	**791806**	**31.23**	**593704**	**23.42**
银川市	**1030103**	**237740**	**23.08**	**333648**	**32.39**	**257300**	**24.98**
兴庆区	306830	78063	25.44	100476	32.75	75175	24.50
西夏区	137561	30986	22.53	45178	32.84	33852	24.61
金凤区	244007	56106	22.99	78427	32.14	65692	26.92
永宁县	116910	25279	21.62	37623	32.18	27510	23.53
贺兰县	126997	26426	20.81	41707	32.84	32673	25.73
灵武市	97798	20880	21.35	30237	30.92	22398	22.90
石嘴山市	**294617**	**70218**	**23.83**	**106084**	**36.01**	**70934**	**24.08**
大武口区	115259	27566	23.92	40855	35.45	28488	24.72
惠农区	73453	20886	28.43	26303	35.81	16427	22.36
平罗县	105905	21766	20.55	38926	36.76	26019	24.57
吴忠市	**470326**	**88267**	**18.77**	**142060**	**30.20**	**105766**	**22.49**
利通区	164635	30658	18.62	51203	31.10	41741	25.35
红寺堡区	56661	7796	13.76	12852	22.68	11571	20.42
盐池县	59179	13079	22.10	20791	35.13	12759	21.56
同心县	95666	15241	15.93	23164	24.21	17842	18.65
青铜峡市	94185	21493	22.82	34050	36.15	21853	23.20
固原市	**376282**	**73691**	**19.58**	**102383**	**27.21**	**78383**	**20.83**
原州区	156014	30375	19.47	42568	27.28	33370	21.39
西吉县	95890	16783	17.50	22696	23.67	19428	20.26
隆德县	38776	8387	21.63	11615	29.95	8292	21.38
泾源县	27656	5388	19.48	7086	25.62	5490	19.85
彭阳县	57946	12758	22.02	18418	31.78	11803	20.37
中卫市	**363746**	**67576**	**18.58**	**107631**	**29.59**	**81321**	**22.36**
沙坡头区	145876	27877	19.11	47439	32.52	36737	25.18
中宁县	115207	21693	18.83	34460	29.91	25633	22.25
海原县	102663	18006	17.54	25732	25.06	18951	18.46

1-8　续表 1　　　　单位：户、%

地　区	四人户		五人户		六人户	
	户数	比重	户数	比重	户数	比重
宁　夏	**384377**	**15.16**	**139732**	**5.51**	**59356**	**2.34**
银川市	**141656**	**13.75**	**40257**	**3.91**	**14907**	**1.45**
兴庆区	38195	12.45	10259	3.34	3621	1.18
西夏区	18810	13.67	5906	4.29	2170	1.58
金凤区	31130	12.76	8680	3.56	3061	1.25
永宁县	17905	15.32	5571	4.77	2191	1.87
贺兰县	18497	14.56	5229	4.12	1946	1.53
灵武市	17119	17.50	4612	4.72	1918	1.96
石嘴山市	**34776**	**11.80**	**8656**	**2.94**	**2908**	**0.99**
大武口区	13212	11.46	3542	3.07	1222	1.06
惠农区	7270	9.90	1858	2.53	525	0.71
平罗县	14294	13.50	3256	3.07	1161	1.10
吴忠市	**80903**	**17.20**	**31741**	**6.75**	**13934**	**2.96**
利通区	29413	17.87	7498	4.55	2968	1.80
红寺堡区	11879	20.97	6866	12.12	3460	6.11
盐池县	9390	15.87	2200	3.72	731	1.24
同心县	18378	19.21	11995	12.54	5525	5.78
青铜峡市	11843	12.57	3182	3.38	1250	1.33
固原市	**66727**	**17.73**	**31759**	**8.44**	**15010**	**3.99**
原州区	29956	19.20	12064	7.73	5197	3.33
西吉县	17010	17.74	10688	11.15	5532	5.77
隆德县	5852	15.09	2642	6.81	1325	3.42
泾源县	5081	18.37	2519	9.11	1360	4.92
彭阳县	8828	15.23	3846	6.64	1596	2.75
中卫市	**60315**	**16.58**	**27319**	**7.51**	**12597**	**3.46**
沙坡头区	22823	15.65	6883	4.72	2940	2.02
中宁县	19106	16.58	8111	7.04	3967	3.44
海原县	18386	17.91	12325	12.01	5690	5.54

1-8 续表 2

单位：户、%

地　　区	七人户		八人户		九人户		十人及以上户	
	户数	比重	户数	比重	户数	比重	户数	比重
宁　夏	**19521**	**0.77**	**6011**	**0.24**	**1818**	**0.07**	**1257**	**0.05**
银川市	**3205**	**0.31**	**872**	**0.08**	**256**	**0.02**	**262**	**0.03**
兴庆区	719	0.23	200	0.07	59	0.02	63	0.02
西夏区	460	0.33	119	0.09	39	0.03	41	0.03
金凤区	606	0.25	190	0.08	47	0.02	68	0.03
永宁县	570	0.49	166	0.14	56	0.05	39	0.03
贺兰县	378	0.30	92	0.07	28	0.02	21	0.02
灵武市	472	0.48	105	0.11	27	0.03	30	0.03
石嘴山市	**691**	**0.23**	**188**	**0.06**	**77**	**0.03**	**85**	**0.03**
大武口区	269	0.23	51	0.04	27	0.02	27	0.02
惠农区	114	0.16	25	0.03	16	0.02	29	0.04
平罗县	308	0.29	112	0.11	34	0.03	29	0.03
吴忠市	**5148**	**1.09**	**1613**	**0.34**	**554**	**0.12**	**340**	**0.07**
利通区	791	0.48	185	0.11	87	0.05	91	0.06
红寺堡区	1490	2.63	497	0.88	163	0.29	87	0.15
盐池县	172	0.29	25	0.04	15	0.03	17	0.03
同心县	2349	2.46	791	0.83	254	0.27	127	0.13
青铜峡市	346	0.37	115	0.12	35	0.04	18	0.02
固原市	**5803**	**1.54**	**1745**	**0.46**	**494**	**0.13**	**287**	**0.08**
原州区	1751	1.12	481	0.31	143	0.09	109	0.07
西吉县	2566	2.68	828	0.86	244	0.25	115	0.12
隆德县	457	1.18	147	0.38	42	0.11	17	0.04
泾源县	521	1.88	148	0.54	35	0.13	28	0.10
彭阳县	508	0.88	141	0.24	30	0.05	18	0.03
中卫市	**4674**	**1.28**	**1593**	**0.44**	**437**	**0.12**	**283**	**0.08**
沙坡头区	795	0.54	257	0.18	62	0.04	63	0.04
中宁县	1490	1.29	536	0.47	134	0.12	77	0.07
海原县	2389	2.33	800	0.78	241	0.23	143	0.14

1-8a　各地区家庭户规模(城市)

单位：户、%

地　　区	家庭户户　数	一人户		二人户		三人户	
		户数	比重	户数	比重	户数	比重
宁　夏	**1084791**	**241736**	**22.28**	**347297**	**32.02**	**280871**	**25.89**
银川市	**598765**	**141246**	**23.59**	**196409**	**32.80**	**155197**	**25.92**
兴庆区	234175	60334	25.76	77952	33.29	58091	24.81
西夏区	119456	28016	23.45	40245	33.69	29817	24.96
金凤区	197387	45583	23.09	64833	32.85	54252	27.49
永宁县							
贺兰县	1446	249	17.22	446	30.84	419	28.98
灵武市	46301	7064	15.26	12933	27.93	12618	27.25
石嘴山市	**149539**	**38567**	**25.79**	**53340**	**35.67**	**36543**	**24.44**
大武口区	100891	25004	24.78	36625	36.30	25059	24.84
惠农区	48648	13563	27.88	16715	34.36	11484	23.61
平罗县							
吴忠市	**171227**	**30728**	**17.95**	**50679**	**29.60**	**46013**	**26.87**
利通区	107683	19497	18.11	32389	30.08	29316	27.22
红寺堡区	20626	2817	13.66	4597	22.29	4346	21.07
盐池县							
同心县							
青铜峡市	42918	8414	19.60	13693	31.91	12351	28.78
固原市	**81844**	**15761**	**19.26**	**22151**	**27.06**	**19491**	**23.81**
原州区	81844	15761	19.26	22151	27.06	19491	23.81
西吉县							
隆德县							
泾源县							
彭阳县							
中卫市	**83416**	**15434**	**18.50**	**24718**	**29.63**	**23627**	**28.32**
沙坡头区	83416	15434	18.50	24718	29.63	23627	28.32
中宁县							
海原县							

1-8a 续表 1

单位：户、%

地　区	四人户		五人户		六人户	
	户数	比重	户数	比重	户数	比重
宁　夏	**158439**	**14.61**	**39984**	**3.69**	**13231**	**1.22**
银川市	**77657**	**12.97**	**20032**	**3.35**	**6752**	**1.13**
兴庆区	27717	11.84	7109	3.04	2395	1.02
西夏区	15191	12.72	4369	3.66	1489	1.25
金凤区	23894	12.11	6258	3.17	2134	1.08
永宁县						
贺兰县	247	17.08	56	3.87	23	1.59
灵武市	10608	22.91	2240	4.84	711	1.54
石嘴山市	**15850**	**10.60**	**3832**	**2.56**	**1126**	**0.75**
大武口区	10726	10.63	2555	2.53	753	0.75
惠农区	5124	10.53	1277	2.62	373	0.77
平罗县						
吴忠市	**32821**	**19.17**	**7739**	**4.52**	**2448**	**1.43**
利通区	20688	19.21	4306	4.00	1242	1.15
红寺堡区	5256	25.48	2217	10.75	893	4.33
盐池县						
同心县						
青铜峡市	6877	16.02	1216	2.83	313	0.73
固原市	**17134**	**20.93**	**5016**	**6.13**	**1780**	**2.17**
原州区	17134	20.93	5016	6.13	1780	2.17
西吉县						
隆德县						
泾源县						
彭阳县						
中卫市	**14977**	**17.95**	**3365**	**4.03**	**1125**	**1.35**
沙坡头区	14977	17.95	3365	4.03	1125	1.35
中宁县						
海原县						

1-8a　续表 2　　　　单位：户、%

地　区	七人户		八人户		九人户		十人及以上户	
	户数	比重	户数	比重	户数	比重	户数	比重
宁　夏	**2377**	**0.22**	**523**	**0.05**	**162**	**0.01**	**171**	**0.02**
银川市	**1044**	**0.17**	**264**	**0.04**	**67**	**0.01**	**97**	**0.02**
兴庆区	393	0.17	113	0.05	33	0.01	38	0.02
西夏区	237	0.20	57	0.05	17	0.01	18	0.02
金凤区	301	0.15	78	0.04	16	0.01	38	0.02
永宁县								
贺兰县	5	0.35					1	0.07
灵武市	108	0.23	16	0.03	1		2	
石嘴山市	**198**	**0.13**	**38**	**0.03**	**21**	**0.01**	**24**	**0.02**
大武口区	127	0.13	22	0.02	11	0.01	9	0.01
惠农区	71	0.15	16	0.03	10	0.02	15	0.03
平罗县								
吴忠市	**581**	**0.34**	**131**	**0.08**	**50**	**0.03**	**37**	**0.02**
利通区	206	0.19	19	0.02	9	0.01	11	0.01
红寺堡区	330	1.60	106	0.51	40	0.19	24	0.12
盐池县								
同心县								
青铜峡市	45	0.10	6	0.01	1		2	
固原市	**405**	**0.49**	**72**	**0.09**	**23**	**0.03**	**11**	**0.01**
原州区	405	0.49	72	0.09	23	0.03	11	0.01
西吉县								
隆德县								
泾源县								
彭阳县								
中卫市	**149**	**0.18**	**18**	**0.02**	**1**		**2**	
沙坡头区	149	0.18	18	0.02	1		2	
中宁县								
海原县								

1-8b 各地区家庭户规模(镇)

单位：户、%

地区	家庭户户数	一人户		二人户		三人户	
		户数	比重	户数	比重	户数	比重
宁夏	**580390**	**115758**	**19.94**	**169500**	**29.20**	**142410**	**24.54**
银川市	**227942**	**49053**	**21.52**	**68762**	**30.17**	**59599**	**26.15**
兴庆区	45723	10870	23.77	14310	31.30	11814	25.84
西夏区	4552	704	15.47	1182	25.97	1057	23.22
金凤区	3716	599	16.12	1035	27.85	820	22.07
永宁县	72633	15019	20.68	20836	28.69	19071	26.26
贺兰县	79243	15597	19.68	24524	30.95	22358	28.21
灵武市	22075	6264	28.38	6875	31.14	4479	20.29
石嘴山市	**81800**	**15588**	**19.06**	**27553**	**33.68**	**22705**	**27.76**
大武口区	6566	1113	16.95	1950	29.70	1603	24.41
惠农区	12750	3386	26.56	4867	38.17	2844	22.31
平罗县	62484	11089	17.75	20736	33.19	18258	29.22
吴忠市	**92092**	**17782**	**19.31**	**25999**	**28.23**	**19463**	**21.13**
利通区	7870	1947	24.74	2880	36.59	1556	19.77
红寺堡区	2193	777	35.43	643	29.32	324	14.77
盐池县	30638	5349	17.46	8868	28.94	7892	25.76
同心县	40513	6406	15.81	9526	23.51	7886	19.47
青铜峡市	10878	3303	30.36	4082	37.53	1805	16.59
固原市	**80519**	**15714**	**19.52**	**20881**	**25.93**	**17739**	**22.03**
原州区	6964	1511	21.70	1845	26.49	1269	18.22
西吉县	28245	4969	17.59	6505	23.03	6255	22.15
隆德县	14318	2718	18.98	4127	28.82	3357	23.45
泾源县	9802	2092	21.34	2357	24.05	2130	21.73
彭阳县	21190	4424	20.88	6047	28.54	4728	22.31
中卫市	**98037**	**17621**	**17.97**	**26305**	**26.83**	**22904**	**23.36**
沙坡头区	6456	1406	21.78	2270	35.16	1280	19.83
中宁县	57096	9988	17.49	16428	28.77	14855	26.02
海原县	34485	6227	18.06	7607	22.06	6769	19.63

1-8b　续表 1　　　　单位：户、%

地　区	四人户		五人户		六人户	
	户数	比重	户数	比重	户数	比重
宁　夏	**102643**	**17.69**	**33403**	**5.76**	**12183**	**2.10**
银川市	**36427**	**15.98**	**9805**	**4.30**	**3429**	**1.50**
兴庆区	6488	14.19	1572	3.44	558	1.22
西夏区	1108	24.34	392	8.61	78	1.71
金凤区	748	20.13	308	8.29	127	3.42
永宁县	12566	17.30	3499	4.82	1278	1.76
贺兰县	12330	15.56	3167	4.00	1084	1.37
灵武市	3187	14.44	867	3.93	304	1.38
石嘴山市	**12738**	**15.57**	**2395**	**2.93**	**673**	**0.82**
大武口区	1177	17.93	447	6.81	199	3.03
惠农区	1260	9.88	305	2.39	71	0.56
平罗县	10301	16.49	1643	2.63	403	0.64
吴忠市	**17738**	**19.26**	**7136**	**7.75**	**2672**	**2.90**
利通区	1082	13.75	258	3.28	102	1.30
红寺堡区	280	12.77	105	4.79	41	1.87
盐池县	6496	21.20	1463	4.78	454	1.48
同心县	8815	21.76	4896	12.09	1928	4.76
青铜峡市	1065	9.79	414	3.81	147	1.35
固原市	**16237**	**20.17**	**6462**	**8.03**	**2443**	**3.03**
原州区	1157	16.61	670	9.62	313	4.49
西吉县	6126	21.69	2828	10.01	1071	3.79
隆德县	2771	19.35	915	6.39	340	2.37
泾源县	2058	21.00	734	7.49	300	3.06
彭阳县	4125	19.47	1315	6.21	419	1.98
中卫市	**19503**	**19.89**	**7605**	**7.76**	**2966**	**3.03**
沙坡头区	797	12.35	390	6.04	218	3.38
中宁县	11389	19.95	3008	5.27	1171	2.05
海原县	7317	21.22	4207	12.20	1577	4.57

1-8b 续表 2

单位：户、%

地　区	七人户		八人户		九人户		十人及以上户	
	户数	比重	户数	比重	户数	比重	户数	比重
宁　夏	**3210**	**0.55**	**825**	**0.14**	**249**	**0.04**	**209**	**0.04**
银川市	**654**	**0.29**	**135**	**0.06**	**40**	**0.02**	**38**	**0.02**
兴庆区	78	0.17	17	0.04	8	0.02	8	0.02
西夏区	24	0.53	5	0.11			2	0.04
金凤区	52	1.40	22	0.59	2	0.05	3	0.08
永宁县	276	0.38	56	0.08	18	0.02	14	0.02
贺兰县	149	0.19	23	0.03	6	0.01	5	0.01
灵武市	75	0.34	12	0.05	6	0.03	6	0.03
石嘴山市	**109**	**0.13**	**22**	**0.03**	**8**	**0.01**	**9**	**0.01**
大武口区	51	0.78	13	0.20	7	0.11	6	0.09
惠农区	14	0.11	3	0.02				
平罗县	44	0.07	6	0.01	1		3	
吴忠市	**907**	**0.98**	**248**	**0.27**	**85**	**0.09**	**62**	**0.07**
利通区	29	0.37	6	0.08	4	0.05	6	0.08
红寺堡区	18	0.82	2	0.09	2	0.09	1	0.05
盐池县	90	0.29	10	0.03	7	0.02	9	0.03
同心县	735	1.81	211	0.52	69	0.17	41	0.10
青铜峡市	35	0.32	19	0.17	3	0.03	5	0.05
固原市	**745**	**0.93**	**187**	**0.23**	**60**	**0.07**	**51**	**0.06**
原州区	131	1.88	38	0.55	16	0.23	14	0.20
西吉县	354	1.25	82	0.29	28	0.10	27	0.10
隆德县	62	0.43	18	0.13	5	0.03	5	0.03
泾源县	94	0.96	30	0.31	5	0.05	2	0.02
彭阳县	104	0.49	19	0.09	6	0.03	3	0.01
中卫市	**795**	**0.81**	**233**	**0.24**	**56**	**0.06**	**49**	**0.05**
沙坡头区	62	0.96	19	0.29	7	0.11	7	0.11
中宁县	207	0.36	40	0.07	4	0.01	6	0.01
海原县	526	1.53	174	0.50	45	0.13	36	0.10

1－8c　各地区家庭户规模(乡村)

单位：户、%

地　　区	家庭户户　数	一人户		二人户		三人户	
		户数	比重	户数	比重	户数	比重
宁　夏	**869893**	**179998**	**20.69**	**275009**	**31.61**	**170423**	**19.59**
银川市	**203396**	**47441**	**23.32**	**68477**	**33.67**	**42504**	**20.90**
兴庆区	26932	6859	25.47	8214	30.50	5270	19.57
西夏区	13553	2266	16.72	3751	27.68	2978	21.97
金凤区	42904	9924	23.13	12559	29.27	10620	24.75
永宁县	44277	10260	23.17	16787	37.91	8439	19.06
贺兰县	46308	10580	22.85	16737	36.14	9896	21.37
灵武市	29422	7552	25.67	10429	35.45	5301	18.02
石嘴山市	**63278**	**16063**	**25.38**	**25191**	**39.81**	**11686**	**18.47**
大武口区	7802	1449	18.57	2280	29.22	1826	23.40
惠农区	12055	3937	32.66	4721	39.16	2099	17.41
平罗县	43421	10677	24.59	18190	41.89	7761	17.87
吴忠市	**207007**	**39757**	**19.21**	**65382**	**31.58**	**40290**	**19.46**
利通区	49082	9214	18.77	15934	32.46	10869	22.14
红寺堡区	33842	4202	12.42	7612	22.49	6901	20.39
盐池县	28541	7730	27.08	11923	41.77	4867	17.05
同心县	55153	8835	16.02	13638	24.73	9956	18.05
青铜峡市	40389	9776	24.20	16275	40.30	7697	19.06
固原市	**213919**	**42216**	**19.73**	**59351**	**27.74**	**41153**	**19.24**
原州区	67206	13103	19.50	18572	27.63	12610	18.76
西吉县	67645	11814	17.46	16191	23.94	13173	19.47
隆德县	24458	5669	23.18	7488	30.62	4935	20.18
泾源县	17854	3296	18.46	4729	26.49	3360	18.82
彭阳县	36756	8334	22.67	12371	33.66	7075	19.25
中卫市	**182293**	**34521**	**18.94**	**56608**	**31.05**	**34790**	**19.08**
沙坡头区	56004	11037	19.71	20451	36.52	11830	21.12
中宁县	58111	11705	20.14	18032	31.03	10778	18.55
海原县	68178	11779	17.28	18125	26.58	12182	17.87

1-8c 续表 1

单位：户、%

地 区	四人户		五人户		六人户	
	户数	比重	户数	比重	户数	比重
宁 夏	**123295**	**14.17**	**66345**	**7.63**	**33942**	**3.90**
银川市	**27572**	**13.56**	**10420**	**5.12**	**4726**	**2.32**
兴庆区	3990	14.82	1578	5.86	668	2.48
西夏区	2511	18.53	1145	8.45	603	4.45
金凤区	6488	15.12	2114	4.93	800	1.86
永宁县	5339	12.06	2072	4.68	913	2.06
贺兰县	5920	12.78	2006	4.33	839	1.81
灵武市	3324	11.30	1505	5.12	903	3.07
石嘴山市	**6188**	**9.78**	**2429**	**3.84**	**1109**	**1.75**
大武口区	1309	16.78	540	6.92	270	3.46
惠农区	886	7.35	276	2.29	81	0.67
平罗县	3993	9.20	1613	3.71	758	1.75
吴忠市	**30344**	**14.66**	**16866**	**8.15**	**8814**	**4.26**
利通区	7643	15.57	2934	5.98	1624	3.31
红寺堡区	6343	18.74	4544	13.43	2526	7.46
盐池县	2894	10.14	737	2.58	277	0.97
同心县	9563	17.34	7099	12.87	3597	6.52
青铜峡市	3901	9.66	1552	3.84	790	1.96
固原市	**33356**	**15.59**	**20281**	**9.48**	**10787**	**5.04**
原州区	11665	17.36	6378	9.49	3104	4.62
西吉县	10884	16.09	7860	11.62	4461	6.59
隆德县	3081	12.60	1727	7.06	985	4.03
泾源县	3023	16.93	1785	10.00	1060	5.94
彭阳县	4703	12.80	2531	6.89	1177	3.20
中卫市	**25835**	**14.17**	**16349**	**8.97**	**8506**	**4.67**
沙坡头区	7049	12.59	3128	5.59	1597	2.85
中宁县	7717	13.28	5103	8.78	2796	4.81
海原县	11069	16.24	8118	11.91	4113	6.03

1-8c 续表 2

单位：户、%

地 区	七人户		八人户		九人户		十人及以上户	
	户数	比重	户数	比重	户数	比重	户数	比重
宁 夏	**13934**	**1.60**	**4663**	**0.54**	**1407**	**0.16**	**877**	**0.10**
银川市	**1507**	**0.74**	**473**	**0.23**	**149**	**0.07**	**127**	**0.06**
兴庆区	248	0.92	70	0.26	18	0.07	17	0.06
西夏区	199	1.47	57	0.42	22	0.16	21	0.15
金凤区	253	0.59	90	0.21	29	0.07	27	0.06
永宁县	294	0.66	110	0.25	38	0.09	25	0.06
贺兰县	224	0.48	69	0.15	22	0.05	15	0.03
灵武市	289	0.98	77	0.26	20	0.07	22	0.07
石嘴山市	**384**	**0.61**	**128**	**0.20**	**48**	**0.08**	**52**	**0.08**
大武口区	91	1.17	16	0.21	9	0.12	12	0.15
惠农区	29	0.24	6	0.05	6	0.05	14	0.12
平罗县	264	0.61	106	0.24	33	0.08	26	0.06
吴忠市	**3660**	**1.77**	**1234**	**0.60**	**419**	**0.20**	**241**	**0.12**
利通区	556	1.13	160	0.33	74	0.15	74	0.15
红寺堡区	1142	3.37	389	1.15	121	0.36	62	0.18
盐池县	82	0.29	15	0.05	8	0.03	8	0.03
同心县	1614	2.93	580	1.05	185	0.34	86	0.16
青铜峡市	266	0.66	90	0.22	31	0.08	11	0.03
固原市	**4653**	**2.18**	**1486**	**0.69**	**411**	**0.19**	**225**	**0.11**
原州区	1215	1.81	371	0.55	104	0.15	84	0.12
西吉县	2212	3.27	746	1.10	216	0.32	88	0.13
隆德县	395	1.62	129	0.53	37	0.15	12	0.05
泾源县	427	2.39	118	0.66	30	0.17	26	0.15
彭阳县	404	1.10	122	0.33	24	0.07	15	0.04
中卫市	**3730**	**2.05**	**1342**	**0.74**	**380**	**0.21**	**232**	**0.13**
沙坡头区	584	1.04	220	0.39	54	0.10	54	0.10
中宁县	1283	2.21	496	0.85	130	0.22	71	0.12
海原县	1863	2.73	626	0.92	196	0.29	107	0.16

1-9 各地区家庭户类别

单位：户、%

地　区	家庭户	一代户		二代户	
	户　数	户数	比重	户数	比重
宁　夏	**2535074**	**1195081**	**47.14**	**1125665**	**44.40**
银川市	**1030103**	**514800**	**49.98**	**439244**	**42.64**
兴庆区	306830	159264	51.91	127591	41.58
西夏区	137561	69190	50.30	57768	41.99
金凤区	244007	120423	49.35	105074	43.06
永宁县	116910	57461	49.15	50832	43.48
贺兰县	126997	61102	48.11	55503	43.70
灵武市	97798	47360	48.43	42476	43.43
石嘴山市	**294617**	**158965**	**53.96**	**118856**	**40.34**
大武口区	115259	60213	52.24	47552	41.26
惠农区	73453	42993	58.53	27241	37.09
平罗县	105905	55759	52.65	44063	41.61
吴忠市	**470326**	**208146**	**44.26**	**220479**	**46.88**
利通区	164635	72779	44.21	79087	48.04
红寺堡区	56661	18495	32.64	29476	52.02
盐池县	59179	31534	53.29	24437	41.29
同心县	95666	34341	35.90	50177	52.45
青铜峡市	94185	50997	54.15	37302	39.61
固原市	**376282**	**154908**	**41.17**	**178275**	**47.38**
原州区	156014	63806	40.90	76672	49.14
西吉县	95890	34923	36.42	48202	50.27
隆德县	38776	17374	44.81	16376	42.23
泾源县	27656	11027	39.87	12461	45.06
彭阳县	57946	27778	47.94	24564	42.39
中卫市	**363746**	**158262**	**43.51**	**168811**	**46.41**
沙坡头区	145876	68519	46.97	64849	44.45
中宁县	115207	51174	44.42	51435	44.65
海原县	102663	38569	37.57	52527	51.16

1-9　续表　　单位：户、%

地　区	三代户		四代户		五代及以上户	
	户数	比重	户数	比重	户数	比重
宁　夏	**209813**	**8.28**	**4514**	**0.18**	**1**	
银川市	**74870**	**7.27**	**1189**	**0.12**		
兴庆区	19705	6.42	270	0.09		
西夏区	10436	7.59	167	0.12		
金凤区	18261	7.48	249	0.10		
永宁县	8486	7.26	131	0.11		
贺兰县	10241	8.06	151	0.12		
灵武市	7741	7.92	221	0.23		
石嘴山市	**16555**	**5.62**	**240**	**0.08**	**1**	
大武口区	7381	6.40	113	0.10		
惠农区	3173	4.32	45	0.06	1	
平罗县	6001	5.67	82	0.08		
吴忠市	**40637**	**8.64**	**1064**	**0.23**		
利通区	12472	7.58	297	0.18		
红寺堡区	8419	14.86	271	0.48		
盐池县	3129	5.29	79	0.13		
同心县	10827	11.32	321	0.34		
青铜峡市	5790	6.15	96	0.10		
固原市	**42020**	**11.17**	**1079**	**0.29**		
原州区	15214	9.75	322	0.21		
西吉县	12399	12.93	366	0.38		
隆德县	4878	12.58	148	0.38		
泾源县	4069	14.71	99	0.36		
彭阳县	5460	9.42	144	0.25		
中卫市	**35731**	**9.82**	**942**	**0.26**		
沙坡头区	12251	8.40	257	0.18		
中宁县	12258	10.64	340	0.30		
海原县	11222	10.93	345	0.34		

1-9a 各地区家庭户类别(城市)

单位：户、%

地 区	家庭户户数	一代户		二代户	
		户数	比重	户数	比重
宁 夏	**1084791**	**520726**	**48.00**	**491147**	**45.28**
银川市	**598765**	**300563**	**50.20**	**257064**	**42.93**
兴庆区	234175	122227	52.19	97283	41.54
西夏区	119456	61897	51.82	48982	41.00
金凤区	197387	98097	49.70	84767	42.94
永宁县					
贺兰县	1446	606	41.91	725	50.14
灵武市	46301	17736	38.31	25307	54.66
石嘴山市	**149539**	**81540**	**54.53**	**60087**	**40.18**
大武口区	100891	54067	53.59	41079	40.72
惠农区	48648	27473	56.47	19008	39.07
平罗县					
吴忠市	**171227**	**70922**	**41.42**	**89320**	**52.16**
利通区	107683	44900	41.70	56340	52.32
红寺堡区	20626	6317	30.63	12100	58.66
盐池县					
同心县					
青铜峡市	42918	19705	45.91	20880	48.65
固原市	**81844**	**31917**	**39.00**	**42973**	**52.51**
原州区	81844	31917	39.00	42973	52.51
西吉县					
隆德县					
泾源县					
彭阳县					
中卫市	**83416**	**35784**	**42.90**	**41703**	**49.99**
沙坡头区	83416	35784	42.90	41703	49.99
中宁县					
海原县					

1-9a 续表

单位：户、%

地　区	三代户		四代户		五代及以上户	
	户数	比重	户数	比重	户数	比重
宁　夏	**71999**	**6.64**	**918**	**0.08**	**1**	
银川市	**40646**	**6.79**	**492**	**0.08**		
兴庆区	14498	6.19	167	0.07		
西夏区	8474	7.09	103	0.09		
金凤区	14359	7.27	164	0.08		
永宁县						
贺兰县	114	7.88	1	0.07		
灵武市	3201	6.91	57	0.12		
石嘴山市	**7817**	**5.23**	**94**	**0.06**	**1**	
大武口区	5679	5.63	66	0.07		
惠农区	2138	4.39	28	0.06	1	
平罗县						
吴忠市	**10824**	**6.32**	**161**	**0.09**		
利通区	6355	5.90	88	0.08		
红寺堡区	2159	10.47	50	0.24		
盐池县						
同心县						
青铜峡市	2310	5.38	23	0.05		
固原市	**6847**	**8.37**	**107**	**0.13**		
原州区	6847	8.37	107	0.13		
西吉县						
隆德县						
泾源县						
彭阳县						
中卫市	**5865**	**7.03**	**64**	**0.08**		
沙坡头区	5865	7.03	64	0.08		
中宁县						
海原县						

1-9b 各地区家庭户类别(镇)

单位：户、%

地　区	家庭户	一代户		二代户	
	户　数	户数	比重	户数	比重
宁　夏	**580390**	**251421**	**43.32**	**283940**	**48.92**
银川市	**227942**	**104956**	**46.05**	**105666**	**46.36**
兴庆区	45723	22489	49.19	20303	44.40
西夏区	4552	1695	37.24	2580	56.68
金凤区	3716	1467	39.48	1820	48.98
永宁县	72633	32207	44.34	34892	48.04
贺兰县	79243	35016	44.19	37487	47.31
灵武市	22075	12082	54.73	8584	38.89
石嘴山市	**81800**	**38425**	**46.97**	**38708**	**47.32**
大武口区	6566	2657	40.47	3166	48.22
惠农区	12750	7396	58.01	4761	37.34
平罗县	62484	28372	45.41	30781	49.26
吴忠市	**92092**	**38466**	**41.77**	**46589**	**50.59**
利通区	7870	4415	56.10	2983	37.90
红寺堡区	2193	1335	60.88	734	33.47
盐池县	30638	12387	40.43	16271	53.11
同心县	40513	13517	33.36	23003	56.78
青铜峡市	10878	6812	62.62	3598	33.08
固原市	**80519**	**30985**	**38.48**	**42108**	**52.30**
原州区	6964	2983	42.83	3153	45.28
西吉县	28245	9502	33.64	16223	57.44
隆德县	14318	5757	40.21	7035	49.13
泾源县	9802	3789	38.66	5058	51.60
彭阳县	21190	8954	42.26	10639	50.21
中卫市	**98037**	**38589**	**39.36**	**50869**	**51.89**
沙坡头区	6456	3350	51.89	2471	38.27
中宁县	57096	23369	40.93	28575	50.05
海原县	34485	11870	34.42	19823	57.48

1-9b　续表　　　　单位：户、%

地　区	三代户		四代户		五代及以上户	
	户数	比重	户数	比重	户数	比重
宁　夏	**44254**	**7.62**	**775**	**0.13**		
银川市	**17080**	**7.49**	**240**	**0.11**		
兴庆区	2891	6.32	40	0.09		
西夏区	270	5.93	7	0.15		
金凤区	414	11.14	15	0.40		
永宁县	5468	7.53	66	0.09		
贺兰县	6655	8.40	85	0.11		
灵武市	1382	6.26	27	0.12		
石嘴山市	**4619**	**5.65**	**48**	**0.06**		
大武口区	728	11.09	15	0.23		
惠农区	583	4.57	10	0.08		
平罗县	3308	5.29	23	0.04		
吴忠市	**6874**	**7.46**	**163**	**0.18**		
利通区	466	5.92	6	0.08		
红寺堡区	122	5.56	2	0.09		
盐池县	1943	6.34	37	0.12		
同心县	3885	9.59	108	0.27		
青铜峡市	458	4.21	10	0.09		
固原市	**7277**	**9.04**	**149**	**0.19**		
原州区	809	11.62	19	0.27		
西吉县	2466	8.73	54	0.19		
隆德县	1495	10.44	31	0.22		
泾源县	935	9.54	20	0.20		
彭阳县	1572	7.42	25	0.12		
中卫市	**8404**	**8.57**	**175**	**0.18**		
沙坡头区	616	9.54	19	0.29		
中宁县	5074	8.89	78	0.14		
海原县	2714	7.87	78	0.23		

1-9c 各地区家庭户类别(乡村)

单位：户、%

地　区	家庭户户　数	一代户		二代户	
		户数	比重	户数	比重
宁　夏	**869893**	**422934**	**48.62**	**350578**	**40.30**
银川市	**203396**	**109281**	**53.73**	**76514**	**37.62**
兴庆区	26932	14548	54.02	10005	37.15
西夏区	13553	5598	41.30	6206	45.79
金凤区	42904	20859	48.62	18487	43.09
永宁县	44277	25254	57.04	15940	36.00
贺兰县	46308	25480	55.02	17291	37.34
灵武市	29422	17542	59.62	8585	29.18
石嘴山市	**63278**	**39000**	**61.63**	**20061**	**31.70**
大武口区	7802	3489	44.72	3307	42.39
惠农区	12055	8124	67.39	3472	28.80
平罗县	43421	27387	63.07	13282	30.59
吴忠市	**207007**	**98758**	**47.71**	**84570**	**40.85**
利通区	49082	23464	47.81	19764	40.27
红寺堡区	33842	10843	32.04	16642	49.18
盐池县	28541	19147	67.09	8166	28.61
同心县	55153	20824	37.76	27174	49.27
青铜峡市	40389	24480	60.61	12824	31.75
固原市	**213919**	**92006**	**43.01**	**93194**	**43.57**
原州区	67206	28906	43.01	30546	45.45
西吉县	67645	25421	37.58	31979	47.27
隆德县	24458	11617	47.50	9341	38.19
泾源县	17854	7238	40.54	7403	41.46
彭阳县	36756	18824	51.21	13925	37.88
中卫市	**182293**	**83889**	**46.02**	**76239**	**41.82**
沙坡头区	56004	29385	52.47	20675	36.92
中宁县	58111	27805	47.85	22860	39.34
海原县	68178	26699	39.16	32704	47.97

1–9c　续表　　　　单位：户、%

地　区	三代户		四代户		五代及以上户	
	户数	比重	户数	比重	户数	比重
宁　夏	**93560**	**10.76**	**2821**	**0.32**		
银川市	**17144**	**8.43**	**457**	**0.22**		
兴庆区	2316	8.60	63	0.23		
西夏区	1692	12.48	57	0.42		
金凤区	3488	8.13	70	0.16		
永宁县	3018	6.82	65	0.15		
贺兰县	3472	7.50	65	0.14		
灵武市	3158	10.73	137	0.47		
石嘴山市	**4119**	**6.51**	**98**	**0.15**		
大武口区	974	12.48	32	0.41		
惠农区	452	3.75	7	0.06		
平罗县	2693	6.20	59	0.14		
吴忠市	**22939**	**11.08**	**740**	**0.36**		
利通区	5651	11.51	203	0.41		
红寺堡区	6138	18.14	219	0.65		
盐池县	1186	4.16	42	0.15		
同心县	6942	12.59	213	0.39		
青铜峡市	3022	7.48	63	0.16		
固原市	**27896**	**13.04**	**823**	**0.38**		
原州区	7558	11.25	196	0.29		
西吉县	9933	14.68	312	0.46		
隆德县	3383	13.83	117	0.48		
泾源县	3134	17.55	79	0.44		
彭阳县	3888	10.58	119	0.32		
中卫市	**21462**	**11.77**	**703**	**0.39**		
沙坡头区	5770	10.30	174	0.31		
中宁县	7184	12.36	262	0.45		
海原县	8508	12.48	267	0.39		

1-10 各地区分性别、月份的出生人口
(2019.11.1-2020.10.31)

单位：人

地　区	出生人口			2019年11月		
	合计	男	女	小计	男	女
宁　夏	**83255**	**42773**	**40482**	**9113**	**4674**	**4439**
银川市	**32006**	**16384**	**15622**	**3576**	**1851**	**1725**
兴庆区	7650	3906	3744	838	395	443
西夏区	4518	2282	2236	481	257	224
金凤区	8906	4549	4357	1022	544	478
永宁县	3796	1918	1878	419	210	209
贺兰县	4330	2291	2039	521	297	224
灵武市	2806	1438	1368	295	148	147
石嘴山市	**5913**	**3090**	**2823**	**677**	**341**	**336**
大武口区	2184	1147	1037	247	121	126
惠农区	1228	649	579	163	88	75
平罗县	2501	1294	1207	267	132	135
吴忠市	**16867**	**8736**	**8131**	**1855**	**974**	**881**
利通区	4864	2518	2346	571	306	265
红寺堡区	3091	1569	1522	321	171	150
盐池县	1562	834	728	164	83	81
同心县	5220	2729	2491	565	291	274
青铜峡市	2130	1086	1044	234	123	111
固原市	**14505**	**7346**	**7159**	**1461**	**719**	**742**
原州区	6052	3043	3009	621	297	324
西吉县	4610	2336	2274	463	226	237
隆德县	1038	563	475	115	65	50
泾源县	1033	542	491	103	58	45
彭阳县	1772	862	910	159	73	86
中卫市	**13964**	**7217**	**6747**	**1544**	**789**	**755**
沙坡头区	4520	2313	2207	518	254	264
中宁县	4199	2186	2013	454	237	217
海原县	5245	2718	2527	572	298	274

1-10 续表 1

单位：人

地 区	2019年12月			2020年1月		
	小计	男	女	小计	男	女
宁 夏	**8605**	**4410**	**4195**	**7713**	**3935**	**3778**
银川市	**3401**	**1731**	**1670**	**3097**	**1593**	**1504**
兴庆区	818	412	406	773	409	364
西夏区	448	226	222	461	220	241
金凤区	951	482	469	806	417	389
永宁县	432	215	217	353	185	168
贺兰县	470	243	227	426	242	184
灵武市	282	153	129	278	120	158
石嘴山市	**589**	**325**	**264**	**543**	**281**	**262**
大武口区	208	109	99	214	104	110
惠农区	121	83	38	106	60	46
平罗县	260	133	127	223	117	106
吴忠市	**1781**	**938**	**843**	**1513**	**755**	**758**
利通区	530	269	261	430	229	201
红寺堡区	302	159	143	262	121	141
盐池县	199	107	92	132	73	59
同心县	519	292	227	473	226	247
青铜峡市	231	111	120	216	106	110
固原市	**1455**	**716**	**739**	**1337**	**681**	**656**
原州区	613	302	311	569	293	276
西吉县	477	235	242	407	214	193
隆德县	96	49	47	92	49	43
泾源县	107	58	49	104	56	48
彭阳县	162	72	90	165	69	96
中卫市	**1379**	**700**	**679**	**1223**	**625**	**598**
沙坡头区	450	227	223	399	196	203
中宁县	426	210	216	368	194	174
海原县	503	263	240	456	235	221

1-10 续表 2

单位：人

地区	2020年2月			2020年3月			2020年4月		
	小计	男	女	小计	男	女	小计	男	女
宁夏	**6684**	**3502**	**3182**	**6840**	**3539**	**3301**	**6341**	**3235**	**3106**
银川市	**2504**	**1255**	**1249**	**2608**	**1343**	**1265**	**2398**	**1197**	**1201**
兴庆区	627	325	302	630	318	312	551	286	265
西夏区	366	166	200	355	188	167	359	161	198
金凤区	656	337	319	726	372	354	689	343	346
永宁县	293	125	168	330	165	165	291	142	149
贺兰县	322	178	144	336	173	163	289	142	147
灵武市	240	124	116	231	127	104	219	123	96
石嘴山市	**515**	**287**	**228**	**533**	**282**	**251**	**439**	**240**	**199**
大武口区	179	102	77	183	93	90	175	104	71
惠农区	103	56	47	111	54	57	88	38	50
平罗县	233	129	104	239	135	104	176	98	78
吴忠市	**1340**	**713**	**627**	**1324**	**683**	**641**	**1265**	**645**	**620**
利通区	428	234	194	378	190	188	360	168	192
红寺堡区	233	117	116	250	129	121	220	128	92
盐池县	118	73	45	114	62	52	122	67	55
同心县	392	193	199	408	217	191	394	193	201
青铜峡市	169	96	73	174	85	89	169	89	80
固原市	**1205**	**633**	**572**	**1224**	**629**	**595**	**1145**	**602**	**543**
原州区	481	252	229	501	261	240	457	230	227
西吉县	403	206	197	417	214	203	388	212	176
隆德县	82	37	45	73	43	30	88	51	37
泾源县	73	38	35	95	44	51	61	29	32
彭阳县	166	100	66	138	67	71	151	80	71
中卫市	**1120**	**614**	**506**	**1151**	**602**	**549**	**1094**	**551**	**543**
沙坡头区	343	179	164	368	180	188	363	190	173
中宁县	346	190	156	356	198	158	324	156	168
海原县	431	245	186	427	224	203	407	205	202

1-10　续表 3　　　　单位：人

地　区	2020年5月			2020年6月			2020年7月		
	小计	男	女	小计	男	女	小计	男	女
宁　夏	**6042**	**3057**	**2985**	**5994**	**3088**	**2906**	**6294**	**3222**	**3072**
银川市	**2269**	**1153**	**1116**	**2460**	**1263**	**1197**	**2486**	**1288**	**1198**
兴庆区	566	309	257	584	295	289	598	320	278
西夏区	360	194	166	332	175	157	347	176	171
金凤区	636	297	339	732	365	367	749	385	364
永宁县	237	126	111	286	150	136	273	137	136
贺兰县	293	148	145	323	171	152	325	166	159
灵武市	177	79	98	203	107	96	194	104	90
石嘴山市	**448**	**245**	**203**	**424**	**216**	**208**	**398**	**192**	**206**
大武口区	155	78	77	167	94	73	160	84	76
惠农区	94	51	43	91	40	51	75	37	38
平罗县	199	116	83	166	82	84	163	71	92
吴忠市	**1177**	**595**	**582**	**1174**	**603**	**571**	**1298**	**687**	**611**
利通区	329	166	163	329	177	152	357	183	174
红寺堡区	251	121	130	228	102	126	238	123	115
盐池县	109	55	54	114	52	62	121	67	54
同心县	356	199	157	359	203	156	403	224	179
青铜峡市	132	54	78	144	69	75	179	90	89
固原市	**1168**	**571**	**597**	**1015**	**507**	**508**	**1049**	**525**	**524**
原州区	463	229	234	439	215	224	434	215	219
西吉县	381	183	198	301	157	144	363	184	179
隆德县	78	36	42	66	34	32	60	36	24
泾源县	105	54	51	75	37	38	72	34	38
彭阳县	141	69	72	134	64	70	120	56	64
中卫市	**980**	**493**	**487**	**921**	**499**	**422**	**1063**	**530**	**533**
沙坡头区	317	157	160	326	182	144	311	170	141
中宁县	301	152	149	276	149	127	314	146	168
海原县	362	184	178	319	168	151	438	214	224

1-10 续表 4

单位：人

地区	2020年8月			2020年9月			2020年10月		
	小计	男	女	小计	男	女	小计	男	女
宁 夏	**6440**	**3270**	**3170**	**6487**	**3374**	**3113**	**6702**	**3467**	**3235**
银川市	**2485**	**1253**	**1232**	**2374**	**1232**	**1142**	**2348**	**1225**	**1123**
兴庆区	572	272	300	524	279	245	569	286	283
西夏区	347	170	177	334	176	158	328	173	155
金凤区	687	354	333	670	346	324	582	307	275
永宁县	311	175	136	284	148	136	287	140	147
贺兰县	347	168	179	323	160	163	355	203	152
灵武市	221	114	107	239	123	116	227	116	111
石嘴山市	**458**	**233**	**225**	**438**	**224**	**214**	**451**	**224**	**227**
大武口区	170	92	78	167	78	89	159	88	71
惠农区	96	51	45	89	45	44	91	46	45
平罗县	192	90	102	182	101	81	201	90	111
吴忠市	**1323**	**661**	**662**	**1384**	**704**	**680**	**1433**	**778**	**655**
利通区	391	203	188	363	183	180	398	210	188
红寺堡区	226	116	110	287	141	146	273	141	132
盐池县	114	53	61	128	66	62	127	76	51
同心县	442	212	230	450	236	214	459	243	216
青铜峡市	150	77	73	156	78	78	176	108	68
固原市	**1112**	**565**	**547**	**1137**	**597**	**540**	**1197**	**601**	**596**
原州区	466	233	233	481	239	242	527	277	250
西吉县	341	177	164	352	180	172	317	148	169
隆德县	101	53	48	79	48	31	108	62	46
泾源县	73	43	30	84	50	34	81	41	40
彭阳县	131	59	72	141	80	61	164	73	91
中卫市	**1062**	**558**	**504**	**1154**	**617**	**537**	**1273**	**639**	**634**
沙坡头区	370	194	176	371	191	180	384	193	191
中宁县	309	170	139	355	193	162	370	191	179
海原县	383	194	189	428	233	195	519	255	264

1−10a 各地区分性别、月份的出生人口
(2019.11.1−2020.10.31)(城市)

单位：人

地区	出生人口			2019年11月		
	合计	男	女	小计	男	女
宁 夏	**31584**	**16213**	**15371**	**3554**	**1807**	**1747**
银川市	**17832**	**9142**	**8690**	**1979**	**1010**	**969**
兴庆区	5568	2854	2714	611	288	323
西夏区	3754	1906	1848	390	210	180
金凤区	6855	3528	3327	792	424	368
永宁县						
贺兰县	49	27	22	5	2	3
灵武市	1606	827	779	181	86	95
石嘴山市	**2607**	**1381**	**1226**	**313**	**157**	**156**
大武口区	1827	963	864	209	101	108
惠农区	780	418	362	104	56	48
平罗县						
吴忠市	**5552**	**2844**	**2708**	**653**	**344**	**309**
利通区	3325	1702	1623	397	204	193
红寺堡区	1141	593	548	124	70	54
盐池县						
同心县						
青铜峡市	1086	549	537	132	70	62
固原市	**2783**	**1414**	**1369**	**281**	**129**	**152**
原州区	2783	1414	1369	281	129	152
西吉县						
隆德县						
泾源县						
彭阳县						
中卫市	**2810**	**1432**	**1378**	**328**	**167**	**161**
沙坡头区	2810	1432	1378	328	167	161
中宁县						
海原县						

1-10a 续表 1

单位：人

地区	2019年12月			2020年1月		
	小计	男	女	小计	男	女
宁 夏	**3374**	**1740**	**1634**	**2928**	**1490**	**1438**
银川市	**1912**	**956**	**956**	**1715**	**878**	**837**
兴庆区	618	305	313	566	304	262
西夏区	381	192	189	361	173	188
金凤区	740	370	370	627	322	305
永宁县						
贺兰县	5	2	3	4	3	1
灵武市	168	87	81	157	76	81
石嘴山市	**261**	**155**	**106**	**246**	**130**	**116**
大武口区	182	97	85	177	88	89
惠农区	79	58	21	69	42	27
平罗县						
吴忠市	**603**	**322**	**281**	**481**	**244**	**237**
利通区	369	190	179	281	152	129
红寺堡区	115	65	50	98	44	54
盐池县						
同心县						
青铜峡市	119	67	52	102	48	54
固原市	**305**	**164**	**141**	**228**	**111**	**117**
原州区	305	164	141	228	111	117
西吉县						
隆德县						
泾源县						
彭阳县						
中卫市	**293**	**143**	**150**	**258**	**127**	**131**
沙坡头区	293	143	150	258	127	131
中宁县						
海原县						

1-10a 续表 2

单位：人

地　区	2020年2月			2020年3月			2020年4月		
	小计	男	女	小计	男	女	小计	男	女
宁　夏	**2523**	**1294**	**1229**	**2555**	**1307**	**1248**	**2325**	**1178**	**1147**
银川市	**1407**	**706**	**701**	**1434**	**740**	**694**	**1317**	**663**	**654**
兴庆区	453	227	226	463	233	230	403	217	186
西夏区	310	143	167	296	158	138	296	133	163
金凤区	504	258	246	537	277	260	519	255	264
永宁县									
贺兰县				5	3	2	2	1	1
灵武市	140	78	62	133	69	64	97	57	40
石嘴山市	**225**	**127**	**98**	**215**	**110**	**105**	**199**	**110**	**89**
大武口区	157	89	68	156	81	75	147	89	58
惠农区	68	38	30	59	29	30	52	21	31
平罗县									
吴忠市	**454**	**236**	**218**	**448**	**224**	**224**	**411**	**206**	**205**
利通区	280	151	129	260	131	129	244	113	131
红寺堡区	83	40	43	93	45	48	83	52	31
盐池县									
同心县									
青铜峡市	91	45	46	95	48	47	84	41	43
固原市	**226**	**118**	**108**	**231**	**125**	**106**	**181**	**86**	**95**
原州区	226	118	108	231	125	106	181	86	95
西吉县									
隆德县									
泾源县									
彭阳县									
中卫市	**211**	**107**	**104**	**227**	**108**	**119**	**217**	**113**	**104**
沙坡头区	211	107	104	227	108	119	217	113	104
中宁县									
海原县									

1-10a 续表 3

单位：人

地 区	2020年5月			2020年6月			2020年7月		
	小计	男	女	小计	男	女	小计	男	女
宁 夏	**2300**	**1152**	**1148**	**2408**	**1232**	**1176**	**2451**	**1289**	**1162**
银川市	**1301**	**667**	**634**	**1393**	**713**	**680**	**1429**	**765**	**664**
兴庆区	395	219	176	439	220	219	428	229	199
西夏区	312	170	142	278	147	131	284	146	138
金凤区	486	234	252	570	286	284	592	320	272
永宁县									
贺兰县	4	1	3	6	4	2	9	5	4
灵武市	104	43	61	100	56	44	116	65	51
石嘴山市	**196**	**99**	**97**	**189**	**99**	**90**	**189**	**94**	**95**
大武口区	127	61	66	132	74	58	134	67	67
惠农区	69	38	31	57	25	32	55	27	28
平罗县									
吴忠市	**386**	**184**	**202**	**389**	**187**	**202**	**418**	**213**	**205**
利通区	229	118	111	228	114	114	234	125	109
红寺堡区	100	43	57	92	43	49	80	38	42
盐池县									
同心县									
青铜峡市	57	23	34	69	30	39	104	50	54
固原市	**219**	**106**	**113**	**238**	**121**	**117**	**217**	**111**	**106**
原州区	219	106	113	238	121	117	217	111	106
西吉县									
隆德县									
泾源县									
彭阳县									
中卫市	**198**	**96**	**102**	**199**	**112**	**87**	**198**	**106**	**92**
沙坡头区	198	96	102	199	112	87	198	106	92
中宁县									
海原县									

1-10a　续表 4　　　　单位：人

地　区	2020年8月			2020年9月			2020年10月		
	小计	男	女	小计	男	女	小计	男	女
宁　夏	**2504**	**1282**	**1222**	**2362**	**1233**	**1129**	**2300**	**1209**	**1091**
银川市	**1399**	**699**	**700**	**1302**	**699**	**603**	**1244**	**646**	**598**
兴庆区	436	215	221	371	204	167	385	193	192
西夏区	289	139	150	280	149	131	277	146	131
金凤区	529	269	260	509	269	240	450	244	206
永宁县									
贺兰县	3	1	2	4	4		2	1	1
灵武市	142	75	67	138	73	65	130	62	68
石嘴山市	**204**	**114**	**90**	**185**	**89**	**96**	**185**	**97**	**88**
大武口区	143	81	62	132	62	70	131	73	58
惠农区	61	33	28	53	27	26	54	24	30
平罗县									
吴忠市	**444**	**228**	**216**	**422**	**213**	**209**	**443**	**243**	**200**
利通区	286	141	145	240	120	120	277	143	134
红寺堡区	74	43	31	108	57	51	91	53	38
盐池县									
同心县									
青铜峡市	84	44	40	74	36	38	75	47	28
固原市	**228**	**118**	**110**	**214**	**111**	**103**	**215**	**114**	**101**
原州区	228	118	110	214	111	103	215	114	101
西吉县									
隆德县									
泾源县									
彭阳县									
中卫市	**229**	**123**	**106**	**239**	**121**	**118**	**213**	**109**	**104**
沙坡头区	229	123	106	239	121	118	213	109	104
中宁县									
海原县									

1-10b 各地区分性别、月份的出生人口

(2019.11.1-2020.10.31)(镇)

单位：人

地　区	出生人口			2019年11月		
	合计	男	女	小计	男	女
宁　夏	**20090**	**10313**	**9777**	**2219**	**1139**	**1080**
银川市	**8092**	**4140**	**3952**	**935**	**495**	**440**
兴庆区	1295	627	668	148	71	77
西夏区	257	133	124	26	14	12
金凤区	148	77	71	14	7	7
永宁县	2754	1411	1343	317	155	162
贺兰县	3078	1612	1466	374	217	157
灵武市	560	280	280	56	31	25
石嘴山市	**2109**	**1092**	**1017**	**235**	**121**	**114**
大武口区	206	105	101	22	12	10
惠农区	224	112	112	28	17	11
平罗县	1679	875	804	185	92	93
吴忠市	**3486**	**1839**	**1647**	**365**	**168**	**197**
利通区	156	81	75	19	10	9
红寺堡区	80	37	43	3	1	2
盐池县	1035	566	469	109	49	60
同心县	2038	1062	976	221	103	118
青铜峡市	177	93	84	13	5	8
固原市	**2748**	**1385**	**1363**	**283**	**144**	**139**
原州区	279	135	144	29	12	17
西吉县	1048	534	514	121	57	64
隆德县	357	204	153	43	28	15
泾源县	354	179	175	36	23	13
彭阳县	710	333	377	54	24	30
中卫市	**3655**	**1857**	**1798**	**401**	**211**	**190**
沙坡头区	174	80	94	21	11	10
中宁县	1960	1000	960	218	117	101
海原县	1521	777	744	162	83	79

1-10b 续表 1

单位：人

地 区	2019年12月			2020年1月		
	小计	男	女	小计	男	女
宁 夏	**2085**	**1091**	**994**	**1912**	**975**	**937**
银川市	**857**	**441**	**416**	**765**	**400**	**365**
兴庆区	115	62	53	138	66	72
西夏区	24	12	12	36	19	17
金凤区	14	8	6	9	4	5
永宁县	304	156	148	244	127	117
贺兰县	333	164	169	281	163	118
灵武市	67	39	28	57	21	36
石嘴山市	**214**	**113**	**101**	**195**	**98**	**97**
大武口区	14	8	6	19	6	13
惠农区	23	14	9	19	10	9
平罗县	177	91	86	157	82	75
吴忠市	**382**	**216**	**166**	**339**	**166**	**173**
利通区	15	8	7	20	11	9
红寺堡区	7	1	6	8	2	6
盐池县	130	68	62	96	55	41
同心县	213	133	80	194	88	106
青铜峡市	17	6	11	21	10	11
固原市	**255**	**136**	**119**	**263**	**130**	**133**
原州区	24	11	13	42	22	20
西吉县	84	48	36	96	51	45
隆德县	37	23	14	34	18	16
泾源县	36	20	16	33	18	15
彭阳县	74	34	40	58	21	37
中卫市	**377**	**185**	**192**	**350**	**181**	**169**
沙坡头区	15	7	8	12	5	7
中宁县	210	104	106	186	101	85
海原县	152	74	78	152	75	77

1-10b 续表 2

单位：人

地　区	2020年2月			2020年3月			2020年4月		
	小计	男	女	小计	男	女	小计	男	女
宁　夏	**1599**	**834**	**765**	**1614**	**868**	**746**	**1396**	**723**	**673**
银川市	**619**	**304**	**315**	**639**	**337**	**302**	**550**	**272**	**278**
兴庆区	104	60	44	93	44	49	92	44	48
西夏区	23	11	12	19	9	10	15	6	9
金凤区	10	6	4	18	11	7	19	6	13
永宁县	208	85	123	235	123	112	191	99	92
贺兰县	230	126	104	230	121	109	185	88	97
灵武市	44	16	28	44	29	15	48	29	19
石嘴山市	**178**	**103**	**75**	**195**	**117**	**78**	**147**	**81**	**66**
大武口区	11	7	4	16	7	9	17	9	8
惠农区	18	12	6	27	13	14	20	7	13
平罗县	149	84	65	152	97	55	110	65	45
吴忠市	**259**	**142**	**117**	**255**	**141**	**114**	**255**	**147**	**108**
利通区	17	11	6	12	6	6	12	7	5
红寺堡区	11	7	4	6	3	3	8	6	2
盐池县	77	49	28	66	39	27	76	45	31
同心县	140	65	75	160	88	72	140	79	61
青铜峡市	14	10	4	11	5	6	19	10	9
固原市	**233**	**128**	**105**	**234**	**122**	**112**	**188**	**90**	**98**
原州区	22	16	6	18	11	7	30	12	18
西吉县	108	50	58	98	55	43	57	34	23
隆德县	22	11	11	23	15	8	26	12	14
泾源县	25	11	14	39	17	22	22	9	13
彭阳县	56	40	16	56	24	32	53	23	30
中卫市	**310**	**157**	**153**	**291**	**151**	**140**	**256**	**133**	**123**
沙坡头区	19	5	14	14	9	5	13	5	8
中宁县	176	94	82	160	88	72	140	69	71
海原县	115	58	57	117	54	63	103	59	44

1-10b 续表 3

单位：人

地 区	2020年5月			2020年6月			2020年7月		
	小计	男	女	小计	男	女	小计	男	女
宁 夏	**1508**	**756**	**752**	**1501**	**774**	**727**	**1514**	**742**	**772**
银川市	**563**	**280**	**283**	**610**	**317**	**293**	**619**	**318**	**301**
兴庆区	112	51	61	90	45	45	115	60	55
西夏区	17	8	9	17	10	7	14	7	7
金凤区	12	7	5	13	7	6	9	2	7
永宁县	177	94	83	208	113	95	213	112	101
贺兰县	212	107	105	226	119	107	231	118	113
灵武市	33	13	20	56	23	33	37	19	18
石嘴山市	**155**	**85**	**70**	**157**	**76**	**81**	**141**	**63**	**78**
大武口区	18	9	9	20	11	9	12	6	6
惠农区	10	5	5	19	8	11	16	7	9
平罗县	127	71	56	118	57	61	113	50	63
吴忠市	**268**	**136**	**132**	**277**	**148**	**129**	**274**	**156**	**118**
利通区	5	2	3	19	11	8	10	5	5
红寺堡区	10	5	5	7	4	3	7	4	3
盐池县	76	39	37	78	40	38	84	50	34
同心县	161	81	80	156	85	71	159	89	70
青铜峡市	16	9	7	17	8	9	14	8	6
固原市	**260**	**123**	**137**	**198**	**95**	**103**	**194**	**90**	**104**
原州区	24	11	13	16	5	11	14	5	9
西吉县	106	52	54	72	36	36	88	43	45
隆德县	27	16	11	28	16	12	25	17	8
泾源县	36	14	22	27	13	14	25	11	14
彭阳县	67	30	37	55	25	30	42	14	28
中卫市	**262**	**132**	**130**	**259**	**138**	**121**	**286**	**115**	**171**
沙坡头区	10	5	5	12	9	3	16	8	8
中宁县	143	72	71	144	70	74	142	50	92
海原县	109	55	54	103	59	44	128	57	71

1-10b 续表 4

单位：人

地区	2020年8月			2020年9月			2020年10月		
	小计	男	女	小计	男	女	小计	男	女
宁　夏	**1560**	**761**	**799**	**1584**	**833**	**751**	**1598**	**817**	**781**
银川市	**649**	**318**	**331**	**644**	**332**	**312**	**642**	**326**	**316**
兴庆区	78	28	50	101	45	56	109	51	58
西夏区	25	13	12	20	14	6	21	10	11
金凤区	10	8	2	9	5	4	11	6	5
永宁县	231	129	102	218	121	97	208	97	111
贺兰县	268	125	143	250	123	127	258	141	117
灵武市	37	15	22	46	24	22	35	21	14
石嘴山市	**171**	**78**	**93**	**159**	**84**	**75**	**162**	**73**	**89**
大武口区	18	9	9	22	12	10	17	9	8
惠农区	16	5	11	8	3	5	20	11	9
平罗县	137	64	73	129	69	60	125	53	72
吴忠市	**262**	**118**	**144**	**275**	**143**	**132**	**275**	**158**	**117**
利通区	7	2	5	7	1	6	13	7	6
红寺堡区	3	1	2	2		2	8	3	5
盐池县	82	40	42	88	46	42	73	46	27
同心县	162	69	93	164	86	78	168	96	72
青铜峡市	8	6	2	14	10	4	13	6	7
固原市	**216**	**105**	**111**	**214**	**119**	**95**	**210**	**103**	**107**
原州区	17	7	10	16	7	9	27	16	11
西吉县	78	40	38	79	43	36	61	25	36
隆德县	34	15	19	31	17	14	27	16	11
泾源县	25	14	11	28	17	11	22	12	10
彭阳县	62	29	33	60	35	25	73	34	39
中卫市	**262**	**142**	**120**	**292**	**155**	**137**	**309**	**157**	**152**
沙坡头区	13	4	9	15	6	9	14	6	8
中宁县	139	75	64	146	82	64	156	78	78
海原县	110	63	47	131	67	64	139	73	66

1-10c　各地区分性别、月份的出生人口(2019.11.1—2020.10.31)(乡村)

单位：人

地　区	出生人口			2019年11月		
	合计	男	女	小计	男	女
宁　夏	**31581**	**16247**	**15334**	**3340**	**1728**	**1612**
银川市	**6082**	**3102**	**2980**	**662**	**346**	**316**
兴庆区	787	425	362	79	36	43
西夏区	507	243	264	65	33	32
金凤区	1903	944	959	216	113	103
永宁县	1042	507	535	102	55	47
贺兰县	1203	652	551	142	78	64
灵武市	640	331	309	58	31	27
石嘴山市	**1197**	**617**	**580**	**129**	**63**	**66**
大武口区	151	79	72	16	8	8
惠农区	224	119	105	31	15	16
平罗县	822	419	403	82	40	42
吴忠市	**7829**	**4053**	**3776**	**837**	**462**	**375**
利通区	1383	735	648	155	92	63
红寺堡区	1870	939	931	194	100	94
盐池县	527	268	259	55	34	21
同心县	3182	1667	1515	344	188	156
青铜峡市	867	444	423	89	48	41
固原市	**8974**	**4547**	**4427**	**897**	**446**	**451**
原州区	2990	1494	1496	311	156	155
西吉县	3562	1802	1760	342	169	173
隆德县	681	359	322	72	37	35
泾源县	679	363	316	67	35	32
彭阳县	1062	529	533	105	49	56
中卫市	**7499**	**3928**	**3571**	**815**	**411**	**404**
沙坡头区	1536	801	735	169	76	93
中宁县	2239	1186	1053	236	120	116
海原县	3724	1941	1783	410	215	195

1-10c 续表 1

单位：人

地　区	2019年12月			2020年1月		
	小计	男	女	小计	男	女
宁　夏	**3146**	**1579**	**1567**	**2873**	**1470**	**1403**
银川市	**632**	**334**	**298**	**617**	**315**	**302**
兴庆区	85	45	40	69	39	30
西夏区	43	22	21	64	28	36
金凤区	197	104	93	170	91	79
永宁县	128	59	69	109	58	51
贺兰县	132	77	55	141	76	65
灵武市	47	27	20	64	23	41
石嘴山市	**114**	**57**	**57**	**102**	**53**	**49**
大武口区	12	4	8	18	10	8
惠农区	19	11	8	18	8	10
平罗县	83	42	41	66	35	31
吴忠市	**796**	**400**	**396**	**693**	**345**	**348**
利通区	146	71	75	129	66	63
红寺堡区	180	93	87	156	75	81
盐池县	69	39	30	36	18	18
同心县	306	159	147	279	138	141
青铜峡市	95	38	57	93	48	45
固原市	**895**	**416**	**479**	**846**	**440**	**406**
原州区	284	127	157	299	160	139
西吉县	393	187	206	311	163	148
隆德县	59	26	33	58	31	27
泾源县	71	38	33	71	38	33
彭阳县	88	38	50	107	48	59
中卫市	**709**	**372**	**337**	**615**	**317**	**298**
沙坡头区	142	77	65	129	64	65
中宁县	216	106	110	182	93	89
海原县	351	189	162	304	160	144

1-10c　续表 2　　　　单位：人

地　区	2020年2月			2020年3月			2020年4月		
	小计	男	女	小计	男	女	小计	男	女
宁　夏	**2562**	**1374**	**1188**	**2671**	**1364**	**1307**	**2620**	**1334**	**1286**
银川市	**478**	**245**	**233**	**535**	**266**	**269**	**531**	**262**	**269**
兴庆区	70	38	32	74	41	33	56	25	31
西夏区	33	12	21	40	21	19	48	22	26
金凤区	142	73	69	171	84	87	151	82	69
永宁县	85	40	45	95	42	53	100	43	57
贺兰县	92	52	40	101	49	52	102	53	49
灵武市	56	30	26	54	29	25	74	37	37
石嘴山市	**112**	**57**	**55**	**123**	**55**	**68**	**93**	**49**	**44**
大武口区	11	6	5	11	5	6	11	6	5
惠农区	17	6	11	25	12	13	16	10	6
平罗县	84	45	39	87	38	49	66	33	33
吴忠市	**627**	**335**	**292**	**621**	**318**	**303**	**599**	**292**	**307**
利通区	131	72	59	106	53	53	104	48	56
红寺堡区	139	70	69	151	81	70	129	70	59
盐池县	41	24	17	48	23	25	46	22	24
同心县	252	128	124	248	129	119	254	114	140
青铜峡市	64	41	23	68	32	36	66	38	28
固原市	**746**	**387**	**359**	**759**	**382**	**377**	**776**	**426**	**350**
原州区	233	118	115	252	125	127	246	132	114
西吉县	295	156	139	319	159	160	331	178	153
隆德县	60	26	34	50	28	22	62	39	23
泾源县	48	27	21	56	27	29	39	20	19
彭阳县	110	60	50	82	43	39	98	57	41
中卫市	**599**	**350**	**249**	**633**	**343**	**290**	**621**	**305**	**316**
沙坡头区	113	67	46	127	63	64	133	72	61
中宁县	170	96	74	196	110	86	184	87	97
海原县	316	187	129	310	170	140	304	146	158

1-10c 续表 3

单位：人

地 区	2020年5月			2020年6月			2020年7月		
	小计	男	女	小计	男	女	小计	男	女
宁 夏	**2234**	**1149**	**1085**	**2085**	**1082**	**1003**	**2329**	**1191**	**1138**
银川市	**405**	**206**	**199**	**457**	**233**	**224**	**438**	**205**	**233**
兴庆区	59	39	20	55	30	25	55	31	24
西夏区	31	16	15	37	18	19	49	23	26
金凤区	138	56	82	149	72	77	148	63	85
永宁县	60	32	28	78	37	41	60	25	35
贺兰县	77	40	37	91	48	43	85	43	42
灵武市	40	23	17	47	28	19	41	20	21
石嘴山市	**97**	**61**	**36**	**78**	**41**	**37**	**68**	**35**	**33**
大武口区	10	8	2	15	9	6	14	11	3
惠农区	15	8	7	15	7	8	4	3	1
平罗县	72	45	27	48	25	23	50	21	29
吴忠市	**523**	**275**	**248**	**508**	**268**	**240**	**606**	**318**	**288**
利通区	95	46	49	82	52	30	113	53	60
红寺堡区	141	73	68	129	55	74	151	81	70
盐池县	33	16	17	36	12	24	37	17	20
同心县	195	118	77	203	118	85	244	135	109
青铜峡市	59	22	37	58	31	27	61	32	29
固原市	**689**	**342**	**347**	**579**	**291**	**288**	**638**	**324**	**314**
原州区	220	112	108	185	89	96	203	99	104
西吉县	275	131	144	229	121	108	275	141	134
隆德县	51	20	31	38	18	20	35	19	16
泾源县	69	40	29	48	24	24	47	23	24
彭阳县	74	39	35	79	39	40	78	42	36
中卫市	**520**	**265**	**255**	**463**	**249**	**214**	**579**	**309**	**270**
沙坡头区	109	56	53	115	61	54	97	56	41
中宁县	158	80	78	132	79	53	172	96	76
海原县	253	129	124	216	109	107	310	157	153

1-10c　续表 4

单位：人

地　区	2020年8月			2020年9月			2020年10月		
	小计	男	女	小计	男	女	小计	男	女
宁　夏	**2376**	**1227**	**1149**	**2541**	**1308**	**1233**	**2804**	**1441**	**1363**
银川市	**437**	**236**	**201**	**428**	**201**	**227**	**462**	**253**	**209**
兴庆区	58	29	29	52	30	22	75	42	33
西夏区	33	18	15	34	13	21	30	17	13
金凤区	148	77	71	152	72	80	121	57	64
永宁县	80	46	34	66	27	39	79	43	36
贺兰县	76	42	34	69	33	36	95	61	34
灵武市	42	24	18	55	26	29	62	33	29
石嘴山市	**83**	**41**	**42**	**94**	**51**	**43**	**104**	**54**	**50**
大武口区	9	2	7	13	4	9	11	6	5
惠农区	19	13	6	28	15	13	17	11	6
平罗县	55	26	29	53	32	21	76	37	39
吴忠市	**617**	**315**	**302**	**687**	**348**	**339**	**715**	**377**	**338**
利通区	98	60	38	116	62	54	108	60	48
红寺堡区	149	72	77	177	84	93	174	85	89
盐池县	32	13	19	40	20	20	54	30	24
同心县	280	143	137	286	150	136	291	147	144
青铜峡市	58	27	31	68	32	36	88	55	33
固原市	**668**	**342**	**326**	**709**	**367**	**342**	**772**	**384**	**388**
原州区	221	108	113	251	121	130	285	147	138
西吉县	263	137	126	273	137	136	256	123	133
隆德县	67	38	29	48	31	17	81	46	35
泾源县	48	29	19	56	33	23	59	29	30
彭阳县	69	30	39	81	45	36	91	39	52
中卫市	**571**	**293**	**278**	**623**	**341**	**282**	**751**	**373**	**378**
沙坡头区	128	67	61	117	64	53	157	78	79
中宁县	170	95	75	209	111	98	214	113	101
海原县	273	131	142	297	166	131	380	182	198

1-11 各地区分性别、月份的死亡人口

(2019.11.1-2020.10.31)

单位：人

地　区	死亡人口			2019年11月		
	合计	男	女	小计	男	女
宁　夏	**36387**	**20955**	**15432**	**2999**	**1694**	**1305**
银川市	**10995**	**6330**	**4665**	**859**	**482**	**377**
兴庆区	3093	1784	1309	247	141	106
西夏区	1733	1038	695	140	83	57
金凤区	1717	993	724	129	72	57
永宁县	1546	861	685	103	56	47
贺兰县	1497	876	621	122	66	56
灵武市	1409	778	631	118	64	54
石嘴山市	**5613**	**3315**	**2298**	**497**	**286**	**211**
大武口区	1907	1151	756	190	105	85
惠农区	1589	942	647	117	79	38
平罗县	2117	1222	895	190	102	88
吴忠市	**7240**	**4114**	**3126**	**612**	**346**	**266**
利通区	2306	1314	992	190	102	88
红寺堡区	882	527	355	94	55	39
盐池县	848	509	339	56	32	24
同心县	1506	793	713	106	57	49
青铜峡市	1698	971	727	166	100	66
固原市	**6672**	**3860**	**2812**	**571**	**312**	**259**
原州区	2247	1321	926	203	114	89
西吉县	1816	1029	787	137	70	67
隆德县	874	527	347	73	43	30
泾源县	668	379	289	69	36	33
彭阳县	1067	604	463	89	49	40
中卫市	**5867**	**3336**	**2531**	**460**	**268**	**192**
沙坡头区	2281	1331	950	194	124	70
中宁县	1837	1040	797	136	73	63
海原县	1749	965	784	130	71	59

1-11　续表 1　　　　单位：人

地　区	2019年12月			2020年1月		
	小计	男	女	小计	男	女
宁　夏	**2679**	**1570**	**1109**	**2982**	**1686**	**1296**
银川市	**879**	**536**	**343**	**957**	**545**	**412**
兴庆区	239	143	96	260	149	111
西夏区	146	96	50	169	104	65
金凤区	131	77	54	138	80	58
永宁县	128	72	56	129	69	60
贺兰县	134	85	49	128	66	62
灵武市	101	63	38	133	77	56
石嘴山市	**486**	**287**	**199**	**475**	**264**	**211**
大武口区	160	98	62	162	88	74
惠农区	132	76	56	147	86	61
平罗县	194	113	81	166	90	76
吴忠市	**476**	**277**	**199**	**610**	**338**	**272**
利通区	138	79	59	209	117	92
红寺堡区	69	39	30	53	35	18
盐池县	59	32	27	70	46	24
同心县	87	54	33	127	64	63
青铜峡市	123	73	50	151	76	75
固原市	**416**	**224**	**192**	**462**	**270**	**192**
原州区	142	85	57	139	80	59
西吉县	116	63	53	139	87	52
隆德县	38	22	16	74	45	29
泾源县	43	18	25	39	17	22
彭阳县	77	36	41	71	41	30
中卫市	**422**	**246**	**176**	**478**	**269**	**209**
沙坡头区	176	107	69	212	119	93
中宁县	132	79	53	139	78	61
海原县	114	60	54	127	72	55

1-11 续表 2

单位：人

地　区	2020年2月			2020年3月			2020年4月		
	小计	男	女	小计	男	女	小计	男	女
宁　夏	**3013**	**1696**	**1317**	**3314**	**1908**	**1406**	**3002**	**1741**	**1261**
银川市	**872**	**496**	**376**	**955**	**547**	**408**	**872**	**507**	**365**
兴庆区	242	134	108	278	162	116	251	145	106
西夏区	132	82	50	141	78	63	129	80	49
金凤区	146	92	54	136	80	56	129	70	59
永宁县	119	57	62	144	86	58	124	68	56
贺兰县	114	64	50	119	74	45	129	85	44
灵武市	119	67	52	137	67	70	110	59	51
石嘴山市	**463**	**261**	**202**	**538**	**318**	**220**	**432**	**265**	**167**
大武口区	140	75	65	163	104	59	158	100	58
惠农区	144	89	55	160	98	62	110	65	45
平罗县	179	97	82	215	116	99	164	100	64
吴忠市	**590**	**317**	**273**	**655**	**372**	**283**	**597**	**346**	**251**
利通区	185	102	83	209	122	87	174	95	79
红寺堡区	82	46	36	83	51	32	61	39	22
盐池县	71	41	30	79	48	31	80	58	22
同心县	125	68	57	151	73	78	146	73	73
青铜峡市	127	60	67	133	78	55	136	81	55
固原市	**587**	**344**	**243**	**629**	**373**	**256**	**610**	**358**	**252**
原州区	199	123	76	232	137	95	206	116	90
西吉县	147	90	57	168	95	73	161	94	67
隆德县	76	42	34	82	57	25	72	41	31
泾源县	67	36	31	54	32	22	66	38	28
彭阳县	98	53	45	93	52	41	105	69	36
中卫市	**501**	**278**	**223**	**537**	**298**	**239**	**491**	**265**	**226**
沙坡头区	205	115	90	193	113	80	188	117	71
中宁县	153	84	69	177	89	88	131	60	71
海原县	143	79	64	167	96	71	172	88	84

1-11 续表 3

单位：人

地区	2020年5月			2020年6月			2020年7月		
	小计	男	女	小计	男	女	小计	男	女
宁夏	**3164**	**1817**	**1347**	**2863**	**1672**	**1191**	**2851**	**1681**	**1170**
银川市	**952**	**556**	**396**	**927**	**536**	**391**	**902**	**524**	**378**
兴庆区	275	167	108	262	145	117	258	148	110
西夏区	158	102	56	159	97	62	126	74	52
金凤区	158	88	70	147	83	64	154	89	65
永宁县	120	71	49	140	82	58	151	81	70
贺兰县	133	74	59	119	71	48	100	69	31
灵武市	108	54	54	100	58	42	113	63	50
石嘴山市	**444**	**242**	**202**	**403**	**233**	**170**	**383**	**245**	**138**
大武口区	162	98	64	124	77	47	133	82	51
惠农区	118	64	54	125	65	60	102	68	34
平罗县	164	80	84	154	91	63	148	95	53
吴忠市	**610**	**347**	**263**	**531**	**304**	**227**	**559**	**317**	**242**
利通区	203	110	93	176	105	71	179	111	68
红寺堡区	88	46	42	62	40	22	69	39	30
盐池县	68	40	28	69	35	34	60	34	26
同心县	125	72	53	99	50	49	109	57	52
青铜峡市	126	79	47	125	74	51	142	76	66
固原市	**626**	**376**	**250**	**555**	**336**	**219**	**540**	**304**	**236**
原州区	200	120	80	174	111	63	186	110	76
西吉县	176	105	71	181	99	82	154	79	75
隆德县	81	54	27	77	45	32	68	39	29
泾源县	70	48	22	41	31	10	46	27	19
彭阳县	99	49	50	82	50	32	86	49	37
中卫市	**532**	**296**	**236**	**447**	**263**	**184**	**467**	**291**	**176**
沙坡头区	192	105	87	158	92	66	202	132	70
中宁县	171	102	69	152	85	67	152	94	58
海原县	169	89	80	137	86	51	113	65	48

1-11 续表 4

单位：人

地 区	2020年8月			2020年9月			2020年10月		
	小计	男	女	小计	男	女	小计	男	女
宁 夏	**2894**	**1647**	**1247**	**2908**	**1718**	**1190**	**3718**	**2125**	**1593**
银川市	**941**	**521**	**420**	**857**	**516**	**341**	**1022**	**564**	**458**
兴庆区	267	155	112	223	129	94	291	166	125
西夏区	162	78	84	131	85	46	140	79	61
金凤区	140	80	60	145	88	57	164	94	70
永宁县	122	68	54	130	77	53	136	74	62
贺兰县	133	76	57	120	71	49	146	75	71
灵武市	117	64	53	108	66	42	145	76	69
石嘴山市	**431**	**264**	**167**	**477**	**293**	**184**	**584**	**357**	**227**
大武口区	151	98	53	157	97	60	207	129	78
惠农区	121	65	56	143	81	62	170	106	64
平罗县	159	101	58	177	115	62	207	122	85
吴忠市	**605**	**349**	**256**	**600**	**341**	**259**	**795**	**460**	**335**
利通区	200	122	78	176	94	82	267	155	112
红寺堡区	59	35	24	84	51	33	78	51	27
盐池县	75	43	32	74	48	26	87	52	35
同心县	121	68	53	124	65	59	186	92	94
青铜峡市	150	81	69	142	83	59	177	110	67
固原市	**459**	**264**	**195**	**484**	**282**	**202**	**733**	**417**	**316**
原州区	163	88	75	157	91	66	246	146	100
西吉县	115	70	45	128	67	61	194	110	84
隆德县	60	36	24	70	44	26	103	59	44
泾源县	50	28	22	52	33	19	71	35	36
彭阳县	71	42	29	77	47	30	119	67	52
中卫市	**458**	**249**	**209**	**490**	**286**	**204**	**584**	**327**	**257**
沙坡头区	180	95	85	185	112	73	196	100	96
中宁县	140	80	60	162	95	67	192	121	71
海原县	138	74	64	143	79	64	196	106	90

1-11a　各地区分性别、月份的死亡人口
(2019.11.1-2020.10.31)(城市)

单位：人

地　区	死亡人口			2019年11月		
	合计	男	女	小计	男	女
宁　夏	**11894**	**7055**	**4839**	**991**	**583**	**408**
银川市	**5571**	**3247**	**2324**	**448**	**254**	**194**
兴庆区	2357	1359	998	195	111	84
西夏区	1522	912	610	121	71	50
金凤区	1339	789	550	105	58	47
永宁县						
贺兰县	5	5				
灵武市	348	182	166	27	14	13
石嘴山市	**2712**	**1631**	**1081**	**237**	**143**	**94**
大武口区	1692	1020	672	166	93	73
惠农区	1020	611	409	71	50	21
平罗县						
吴忠市	**1859**	**1109**	**750**	**147**	**91**	**56**
利通区	1195	705	490	94	58	36
红寺堡区	177	112	65	10	7	3
盐池县						
同心县						
青铜峡市	487	292	195	43	26	17
固原市	**841**	**510**	**331**	**88**	**52**	**36**
原州区	841	510	331	88	52	36
西吉县						
隆德县						
泾源县						
彭阳县						
中卫市	**911**	**558**	**353**	**71**	**43**	**28**
沙坡头区	911	558	353	71	43	28
中宁县						
海原县						

1-11a 续表 1

单位：人

地　区	2019年12月			2020年1月		
	小计	男	女	小计	男	女
宁　夏	**891**	**540**	**351**	**1027**	**611**	**416**
银川市	**449**	**275**	**174**	**493**	**305**	**188**
兴庆区	191	112	79	202	120	82
西夏区	127	84	43	152	95	57
金凤区	104	61	43	111	72	39
永宁县						
贺兰县						
灵武市	27	18	9	28	18	10
石嘴山市	**223**	**130**	**93**	**242**	**137**	**105**
大武口区	144	86	58	149	82	67
惠农区	79	44	35	93	55	38
平罗县						
吴忠市	**95**	**57**	**38**	**154**	**83**	**71**
利通区	60	38	22	107	59	48
红寺堡区	11	6	5	8	7	1
盐池县						
同心县						
青铜峡市	24	13	11	39	17	22
固原市	**55**	**33**	**22**	**60**	**40**	**20**
原州区	55	33	22	60	40	20
西吉县						
隆德县						
泾源县						
彭阳县						
中卫市	**69**	**45**	**24**	**78**	**46**	**32**
沙坡头区	69	45	24	78	46	32
中宁县						
海原县						

1-11a 续表 2

单位：人

地区	2020年2月			2020年3月			2020年4月		
	小计	男	女	小计	男	女	小计	男	女
宁 夏	**931**	**563**	**368**	**1069**	**645**	**424**	**958**	**577**	**381**
银川市	**445**	**257**	**188**	**473**	**268**	**205**	**439**	**256**	**183**
兴庆区	182	98	84	207	123	84	191	112	79
西夏区	117	70	47	121	66	55	117	74	43
金凤区	120	76	44	102	55	47	98	55	43
永宁县									
贺兰县				1	1				
灵武市	26	13	13	42	23	19	33	15	18
石嘴山市	**213**	**127**	**86**	**249**	**160**	**89**	**225**	**136**	**89**
大武口区	124	67	57	147	93	54	141	90	51
惠农区	89	60	29	102	67	35	84	46	38
平罗县									
吴忠市	**145**	**88**	**57**	**177**	**110**	**67**	**142**	**84**	**58**
利通区	93	55	38	113	67	46	88	52	36
红寺堡区	19	11	8	14	9	5	9	6	3
盐池县									
同心县									
青铜峡市	33	22	11	50	34	16	45	26	19
固原市	**53**	**42**	**11**	**88**	**55**	**33**	**68**	**42**	**26**
原州区	53	42	11	88	55	33	68	42	26
西吉县									
隆德县									
泾源县									
彭阳县									
中卫市	**75**	**49**	**26**	**82**	**52**	**30**	**84**	**59**	**25**
沙坡头区	75	49	26	82	52	30	84	59	25
中宁县									
海原县									

1-11a 续表 3

单位：人

地区	2020年5月			2020年6月			2020年7月		
	小计	男	女	小计	男	女	小计	男	女
宁 夏	**1016**	**603**	**413**	**943**	**539**	**404**	**958**	**574**	**384**
银川市	**500**	**299**	**201**	**471**	**265**	**206**	**451**	**257**	**194**
兴庆区	212	125	87	197	99	98	194	112	82
西夏区	137	88	49	140	88	52	112	66	46
金凤区	124	70	54	104	63	41	125	71	54
永宁县									
贺兰县	2	2		1	1				
灵武市	25	14	11	29	14	15	20	8	12
石嘴山市	**210**	**125**	**85**	**195**	**111**	**84**	**181**	**110**	**71**
大武口区	140	85	55	114	70	44	112	66	46
惠农区	70	40	30	81	41	40	69	44	25
平罗县									
吴忠市	**157**	**91**	**66**	**148**	**90**	**58**	**170**	**106**	**64**
利通区	105	62	43	98	56	42	99	66	33
红寺堡区	20	8	12	18	13	5	15	9	6
盐池县									
同心县									
青铜峡市	32	21	11	32	21	11	56	31	25
固原市	**80**	**44**	**36**	**60**	**34**	**26**	**72**	**39**	**33**
原州区	80	44	36	60	34	26	72	39	33
西吉县									
隆德县									
泾源县									
彭阳县									
中卫市	**69**	**44**	**25**	**69**	**39**	**30**	**84**	**62**	**22**
沙坡头区	69	44	25	69	39	30	84	62	22
中宁县									
海原县									

1-11a 续表 4 单位：人

地 区	2020年8月			2020年9月			2020年10月		
	小计	男	女	小计	男	女	小计	男	女
宁 夏	**977**	**536**	**441**	**947**	**578**	**369**	**1186**	**706**	**480**
银川市	**467**	**254**	**213**	**425**	**262**	**163**	**510**	**295**	**215**
兴庆区	199	117	82	170	100	70	217	130	87
西夏区	138	65	73	116	76	40	124	69	55
金凤区	105	61	44	116	71	45	125	76	49
永宁县									
贺兰县							1	1	
灵武市	25	11	14	23	15	8	43	19	24
石嘴山市	**207**	**122**	**85**	**228**	**137**	**91**	**302**	**193**	**109**
大武口区	139	91	48	134	83	51	182	114	68
惠农区	68	31	37	94	54	40	120	79	41
平罗县									
吴忠市	**166**	**92**	**74**	**154**	**91**	**63**	**204**	**126**	**78**
利通区	107	57	50	93	52	41	138	83	55
红寺堡区	13	9	4	22	14	8	18	13	5
盐池县									
同心县									
青铜峡市	46	26	20	39	25	14	48	30	18
固原市	**63**	**31**	**32**	**63**	**42**	**21**	**91**	**56**	**35**
原州区	63	31	32	63	42	21	91	56	35
西吉县									
隆德县									
泾源县									
彭阳县									
中卫市	**74**	**37**	**37**	**77**	**46**	**31**	**79**	**36**	**43**
沙坡头区	74	37	37	77	46	31	79	36	43
中宁县									
海原县									

1-11b 各地区分性别、月份的死亡人口
(2019.11.1-2020.10.31)(镇)

单位：人

地 区	死亡人口			2019年11月		
	合计	男	女	小计	男	女
宁 夏	**7445**	**4295**	**3150**	**556**	**313**	**243**
银川市	**2564**	**1517**	**1047**	**174**	**98**	**76**
兴庆区	379	228	151	24	12	12
西夏区	40	19	21	1	1	
金凤区	36	20	16	3	3	
永宁县	986	557	429	66	37	29
贺兰县	823	506	317	60	34	26
灵武市	300	187	113	20	11	9
石嘴山市	**1242**	**740**	**502**	**106**	**55**	**51**
大武口区	108	66	42	12	6	6
惠农区	216	118	98	22	14	8
平罗县	918	556	362	72	35	37
吴忠市	**1215**	**681**	**534**	**91**	**53**	**38**
利通区	151	84	67	5	3	2
红寺堡区	21	15	6	1	1	
盐池县	211	129	82	7	5	2
同心县	522	279	243	45	25	20
青铜峡市	310	174	136	33	19	14
固原市	**1027**	**574**	**453**	**77**	**44**	**33**
原州区	153	81	72	11	7	4
西吉县	225	136	89	13	11	2
隆德县	191	111	80	20	12	8
泾源县	175	90	85	12	4	8
彭阳县	283	156	127	21	10	11
中卫市	**1397**	**783**	**614**	**108**	**63**	**45**
沙坡头区	251	139	112	18	12	6
中宁县	667	376	291	47	26	21
海原县	479	268	211	43	25	18

1-11b　续表 1　　单位：人

地　区	2019年12月			2020年1月		
	小计	男	女	小计	男	女
宁　夏	**554**	**324**	**230**	**606**	**341**	**265**
银川市	**192**	**114**	**78**	**243**	**128**	**115**
兴庆区	21	14	7	35	18	17
西夏区	3	2	1	2	1	1
金凤区	3	2	1	4		4
永宁县	86	48	38	96	51	45
贺兰县	63	40	23	70	35	35
灵武市	16	8	8	36	23	13
石嘴山市	**97**	**65**	**32**	**94**	**52**	**42**
大武口区	5	3	2	7	4	3
惠农区	20	11	9	15	5	10
平罗县	72	51	21	72	43	29
吴忠市	**83**	**49**	**34**	**89**	**55**	**34**
利通区	12	8	4	12	9	3
红寺堡区	2	1	1	2	2	
盐池县	18	8	10	13	12	1
同心县	30	20	10	35	20	15
青铜峡市	21	12	9	27	12	15
固原市	**79**	**38**	**41**	**66**	**38**	**28**
原州区	10	6	4	8	6	2
西吉县	24	12	12	14	6	8
隆德县	2	1	1	14	11	3
泾源县	15	5	10	11	3	8
彭阳县	28	14	14	19	12	7
中卫市	**103**	**58**	**45**	**114**	**68**	**46**
沙坡头区	18	7	11	27	14	13
中宁县	49	32	17	51	28	23
海原县	36	19	17	36	26	10

1-11b 续表 2

单位：人

地 区	2020年2月			2020年3月			2020年4月		
	小计	男	女	小计	男	女	小计	男	女
宁 夏	**567**	**314**	**253**	**650**	**373**	**277**	**618**	**351**	**267**
银川市	**188**	**107**	**81**	**209**	**130**	**79**	**220**	**138**	**82**
兴庆区	33	22	11	31	23	8	37	23	14
西夏区				4	1	3	3	2	1
金凤区	2	1	1	2	1	1	3	2	1
永宁县	68	32	36	87	51	36	83	45	38
贺兰县	60	39	21	63	42	21	71	52	19
灵武市	25	13	12	22	12	10	23	14	9
石嘴山市	**116**	**60**	**56**	**109**	**59**	**50**	**88**	**59**	**29**
大武口区	9	5	4	10	7	3	8	6	2
惠农区	21	14	7	20	8	12	8	6	2
平罗县	86	41	45	79	44	35	72	47	25
吴忠市	**79**	**45**	**34**	**118**	**61**	**57**	**109**	**64**	**45**
利通区	8	6	2	19	10	9	12	7	5
红寺堡区	3	1	2	3	3				
盐池县	16	10	6	17	12	5	25	17	8
同心县	34	20	14	55	23	32	47	23	24
青铜峡市	18	8	10	24	13	11	25	17	8
固原市	**81**	**44**	**37**	**89**	**54**	**35**	**94**	**47**	**47**
原州区	14	8	6	12	8	4	17	5	12
西吉县	11	8	3	24	12	12	21	13	8
隆德县	16	9	7	17	14	3	20	9	11
泾源县	16	8	8	19	12	7	12	6	6
彭阳县	24	11	13	17	8	9	24	14	10
中卫市	**103**	**58**	**45**	**125**	**69**	**56**	**107**	**43**	**64**
沙坡头区	27	14	13	16	12	4	19	9	10
中宁县	43	24	19	65	34	31	46	15	31
海原县	33	20	13	44	23	21	42	19	23

1-11b 续表 3

单位：人

地 区	2020年5月			2020年6月			2020年7月		
	小计	男	女	小计	男	女	小计	男	女
宁 夏	**651**	**373**	**278**	**628**	**388**	**240**	**556**	**343**	**213**
银川市	**215**	**121**	**94**	**232**	**147**	**85**	**204**	**133**	**71**
兴庆区	35	24	11	35	24	11	26	12	14
西夏区	5	3	2	6	1	5	4	1	3
金凤区	1	1		7	4	3	1	1	
永宁县	70	40	30	94	57	37	89	57	32
贺兰县	79	41	38	68	45	23	62	46	16
灵武市	25	12	13	22	16	6	22	16	6
石嘴山市	**104**	**59**	**45**	**93**	**60**	**33**	**87**	**54**	**33**
大武口区	12	7	5	4	3	1	13	9	4
惠农区	17	9	8	17	12	5	15	10	5
平罗县	75	43	32	72	45	27	59	35	24
吴忠市	**105**	**58**	**47**	**99**	**55**	**44**	**81**	**42**	**39**
利通区	14	4	10	12	10	2	12	3	9
红寺堡区	2	1	1	1	1		1		1
盐池县	15	8	7	20	10	10	13	7	6
同心县	48	31	17	40	18	22	28	17	11
青铜峡市	26	14	12	26	16	10	27	15	12
固原市	**93**	**57**	**36**	**83**	**52**	**31**	**91**	**52**	**39**
原州区	15	9	6	13	6	7	16	8	8
西吉县	15	10	5	23	15	8	20	9	11
隆德县	16	12	4	13	9	4	21	13	8
泾源县	16	11	5	10	7	3	15	9	6
彭阳县	31	15	16	24	15	9	19	13	6
中卫市	**134**	**78**	**56**	**121**	**74**	**47**	**93**	**62**	**31**
沙坡头区	22	14	8	17	11	6	16	11	5
中宁县	67	41	26	64	35	29	50	34	16
海原县	45	23	22	40	28	12	27	17	10

1-11b 续表 4

单位：人

地　区	2020年8月			2020年9月			2020年10月		
	小计	男	女	小计	男	女	小计	男	女
宁　夏	**625**	**367**	**258**	**661**	**378**	**283**	**773**	**430**	**343**
银川市	**226**	**138**	**88**	**206**	**128**	**78**	**255**	**135**	**120**
兴庆区	40	22	18	23	14	9	39	20	19
西夏区	7	3	4	5	4	1			
金凤区	2	1	1	3	1	2	5	3	2
永宁县	72	45	27	80	44	36	95	50	45
贺兰县	74	44	30	73	48	25	80	40	40
灵武市	31	23	8	22	17	5	36	22	14
石嘴山市	**102**	**66**	**36**	**114**	**69**	**45**	**132**	**82**	**50**
大武口区	7	3	4	10	7	3	11	6	5
惠农区	24	13	11	20	8	12	17	8	9
平罗县	71	50	21	84	54	30	104	68	36
吴忠市	**93**	**49**	**44**	**128**	**68**	**60**	**140**	**82**	**58**
利通区	12	10	2	15	3	12	18	11	7
红寺堡区	2	1	1	2	2		2	2	
盐池县	18	10	8	29	19	10	20	11	9
同心县	38	17	21	52	27	25	70	38	32
青铜峡市	23	11	12	30	17	13	30	20	10
固原市	**91**	**51**	**40**	**84**	**46**	**38**	**99**	**51**	**48**
原州区	18	8	10	10	4	6	9	6	3
西吉县	16	12	4	25	15	10	19	13	6
隆德县	14	7	7	16	6	10	22	8	14
泾源县	18	10	8	14	8	6	17	7	10
彭阳县	25	14	11	19	13	6	32	17	15
中卫市	**113**	**63**	**50**	**129**	**67**	**62**	**147**	**80**	**67**
沙坡头区	25	14	11	20	9	11	26	12	14
中宁县	46	26	20	69	39	30	70	42	28
海原县	42	23	19	40	19	21	51	26	25

1-11c　各地区分性别、月份的死亡人口(2019.11.1-2020.10.31)(乡村)

单位：人

地　区	死亡人口			2019年11月		
	合计	男	女	小计	男	女
宁　夏	**17048**	**9605**	**7443**	**1452**	**798**	**654**
银川市	**2860**	**1566**	**1294**	**237**	**130**	**107**
兴庆区	357	197	160	28	18	10
西夏区	171	107	64	18	11	7
金凤区	342	184	158	21	11	10
永宁县	560	304	256	37	19	18
贺兰县	669	365	304	62	32	30
灵武市	761	409	352	71	39	32
石嘴山市	**1659**	**944**	**715**	**154**	**88**	**66**
大武口区	107	65	42	12	6	6
惠农区	353	213	140	24	15	9
平罗县	1199	666	533	118	67	51
吴忠市	**4166**	**2324**	**1842**	**374**	**202**	**172**
利通区	960	525	435	91	41	50
红寺堡区	684	400	284	83	47	36
盐池县	637	380	257	49	27	22
同心县	984	514	470	61	32	29
青铜峡市	901	505	396	90	55	35
固原市	**4804**	**2776**	**2028**	**406**	**216**	**190**
原州区	1253	730	523	104	55	49
西吉县	1591	893	698	124	59	65
隆德县	683	416	267	53	31	22
泾源县	493	289	204	57	32	25
彭阳县	784	448	336	68	39	29
中卫市	**3559**	**1995**	**1564**	**281**	**162**	**119**
沙坡头区	1119	634	485	105	69	36
中宁县	1170	664	506	89	47	42
海原县	1270	697	573	87	46	41

1-11c 续表 1

单位：人

地 区	2019年12月			2020年1月		
	小计	男	女	小计	男	女
宁 夏	**1234**	**706**	**528**	**1349**	**734**	**615**
银川市	**238**	**147**	**91**	**221**	**112**	**109**
兴庆区	27	17	10	23	11	12
西夏区	16	10	6	15	8	7
金凤区	24	14	10	23	8	15
永宁县	42	24	18	33	18	15
贺兰县	71	45	26	58	31	27
灵武市	58	37	21	69	36	33
石嘴山市	**166**	**92**	**74**	**139**	**75**	**64**
大武口区	11	9	2	6	2	4
惠农区	33	21	12	39	26	13
平罗县	122	62	60	94	47	47
吴忠市	**298**	**171**	**127**	**367**	**200**	**167**
利通区	66	33	33	90	49	41
红寺堡区	56	32	24	43	26	17
盐池县	41	24	17	57	34	23
同心县	57	34	23	92	44	48
青铜峡市	78	48	30	85	47	38
固原市	**282**	**153**	**129**	**336**	**192**	**144**
原州区	77	46	31	71	34	37
西吉县	92	51	41	125	81	44
隆德县	36	21	15	60	34	26
泾源县	28	13	15	28	14	14
彭阳县	49	22	27	52	29	23
中卫市	**250**	**143**	**107**	**286**	**155**	**131**
沙坡头区	89	55	34	107	59	48
中宁县	83	47	36	88	50	38
海原县	78	41	37	91	46	45

1-11c 续表 2

单位：人

地 区	2020年2月			2020年3月			2020年4月		
	小计	男	女	小计	男	女	小计	男	女
宁 夏	**1515**	**819**	**696**	**1595**	**890**	**705**	**1426**	**813**	**613**
银川市	**239**	**132**	**107**	**273**	**149**	**124**	**213**	**113**	**100**
兴庆区	27	14	13	40	16	24	23	10	13
西夏区	15	12	3	16	11	5	9	4	5
金凤区	24	15	9	32	24	8	28	13	15
永宁县	51	25	26	57	35	22	41	23	18
贺兰县	54	25	29	55	31	24	58	33	25
灵武市	68	41	27	73	32	41	54	30	24
石嘴山市	**134**	**74**	**60**	**180**	**99**	**81**	**119**	**70**	**49**
大武口区	7	3	4	6	4	2	9	4	5
惠农区	34	15	19	38	23	15	18	13	5
平罗县	93	56	37	136	72	64	92	53	39
吴忠市	**366**	**184**	**182**	**360**	**201**	**159**	**346**	**198**	**148**
利通区	84	41	43	77	45	32	74	36	38
红寺堡区	60	34	26	66	39	27	52	33	19
盐池县	55	31	24	62	36	26	55	41	14
同心县	91	48	43	96	50	46	99	50	49
青铜峡市	76	30	46	59	31	28	66	38	28
固原市	**453**	**258**	**195**	**452**	**264**	**188**	**448**	**269**	**179**
原州区	132	73	59	132	74	58	121	69	52
西吉县	136	82	54	144	83	61	140	81	59
隆德县	60	33	27	65	43	22	52	32	20
泾源县	51	28	23	35	20	15	54	32	22
彭阳县	74	42	32	76	44	32	81	55	26
中卫市	**323**	**171**	**152**	**330**	**177**	**153**	**300**	**163**	**137**
沙坡头区	103	52	51	95	49	46	85	49	36
中宁县	110	60	50	112	55	57	85	45	40
海原县	110	59	51	123	73	50	130	69	61

1-11c 续表 3

单位：人

地区	2020年5月			2020年6月			2020年7月		
	小计	男	女	小计	男	女	小计	男	女
宁夏	**1497**	**841**	**656**	**1292**	**745**	**547**	**1337**	**764**	**573**
银川市	**237**	**136**	**101**	**224**	**124**	**100**	**247**	**134**	**113**
兴庆区	28	18	10	30	22	8	38	24	14
西夏区	16	11	5	13	8	5	10	7	3
金凤区	33	17	16	36	16	20	28	17	11
永宁县	50	31	19	46	25	21	62	24	38
贺兰县	52	31	21	50	25	25	38	23	15
灵武市	58	28	30	49	28	21	71	39	32
石嘴山市	**130**	**58**	**72**	**115**	**62**	**53**	**115**	**81**	**34**
大武口区	10	6	4	6	4	2	8	7	1
惠农区	31	15	16	27	12	15	18	14	4
平罗县	89	37	52	82	46	36	89	60	29
吴忠市	**348**	**198**	**150**	**284**	**159**	**125**	**308**	**169**	**139**
利通区	84	44	40	66	39	27	68	42	26
红寺堡区	66	37	29	43	26	17	53	30	23
盐池县	53	32	21	49	25	24	47	27	20
同心县	77	41	36	59	32	27	81	40	41
青铜峡市	68	44	24	67	37	30	59	30	29
固原市	**453**	**275**	**178**	**412**	**250**	**162**	**377**	**213**	**164**
原州区	105	67	38	101	71	30	98	63	35
西吉县	161	95	66	158	84	74	134	70	64
隆德县	65	42	23	64	36	28	47	26	21
泾源县	54	37	17	31	24	7	31	18	13
彭阳县	68	34	34	58	35	23	67	36	31
中卫市	**329**	**174**	**155**	**257**	**150**	**107**	**290**	**167**	**123**
沙坡头区	101	47	54	72	42	30	102	59	43
中宁县	104	61	43	88	50	38	102	60	42
海原县	124	66	58	97	58	39	86	48	38

1−11c　续表 4　　　　单位：人

地　区	2020年8月			2020年9月			2020年10月		
	小计	男	女	小计	男	女	小计	男	女
宁　夏	**1292**	**744**	**548**	**1300**	**762**	**538**	**1759**	**989**	**770**
银川市	**248**	**129**	**119**	**226**	**126**	**100**	**257**	**134**	**123**
兴庆区	28	16	12	30	15	15	35	16	19
西夏区	17	10	7	10	5	5	16	10	6
金凤区	33	18	15	26	16	10	34	15	19
永宁县	50	23	27	50	33	17	41	24	17
贺兰县	59	32	27	47	23	24	65	34	31
灵武市	61	30	31	63	34	29	66	35	31
石嘴山市	**122**	**76**	**46**	**135**	**87**	**48**	**150**	**82**	**68**
大武口区	5	4	1	13	7	6	14	9	5
惠农区	29	21	8	29	19	10	33	19	14
平罗县	88	51	37	93	61	32	103	54	49
吴忠市	**346**	**208**	**138**	**318**	**182**	**136**	**451**	**252**	**199**
利通区	81	55	26	68	39	29	111	61	50
红寺堡区	44	25	19	60	35	25	58	36	22
盐池县	57	33	24	45	29	16	67	41	26
同心县	83	51	32	72	38	34	116	54	62
青铜峡市	81	44	37	73	41	32	99	60	39
固原市	**305**	**182**	**123**	**337**	**194**	**143**	**543**	**310**	**233**
原州区	82	49	33	84	45	39	146	84	62
西吉县	99	58	41	103	52	51	175	97	78
隆德县	46	29	17	54	38	16	81	51	30
泾源县	32	18	14	38	25	13	54	28	26
彭阳县	46	28	18	58	34	24	87	50	37
中卫市	**271**	**149**	**122**	**284**	**173**	**111**	**358**	**211**	**147**
沙坡头区	81	44	37	88	57	31	91	52	39
中宁县	94	54	40	93	56	37	122	79	43
海原县	96	51	45	103	60	43	145	80	65

1-12 各地区家庭户的住房间数和面积

地　　区	家庭户户　数（户）	家庭户人　数（人）	平均每户住房建筑面积（平方米/户）	平均每户住房间数（间/户）	人均住房建筑面积（平方米/人）	人　　均住房间数（间/人）
宁　夏	**2361757**	**6371085**	**97.38**	**2.66**	**36.10**	**0.98**
银川市	**959837**	**2429969**	**98.30**	**2.52**	**38.83**	**1.00**
兴庆区	285880	694680	91.96	2.36	37.84	0.97
西夏区	129290	328999	88.18	2.39	34.65	0.94
金凤区	233551	581854	108.66	2.66	43.62	1.07
永宁县	104177	277939	98.24	2.59	36.82	0.97
贺兰县	118447	306512	100.37	2.52	38.79	0.98
灵武市	88492	239985	103.49	2.75	38.16	1.02
石嘴山市	**279286**	**676294**	**88.87**	**2.46**	**36.70**	**1.01**
大武口区	109255	265393	90.68	2.52	37.33	1.04
惠农区	70321	159899	79.91	2.31	35.14	1.02
平罗县	99710	251002	93.20	2.49	37.02	0.99
吴忠市	**438481**	**1250426**	**102.64**	**2.74**	**35.99**	**0.96**
利通区	157614	426670	104.71	2.58	38.68	0.95
红寺堡区	52439	178598	107.46	3.00	31.55	0.88
盐池县	51828	132403	93.15	2.66	36.46	1.04
同心县	87872	292626	112.28	2.98	33.72	0.90
青铜峡市	88728	220129	92.12	2.69	37.13	1.08
固原市	**349151**	**1036970**	**91.63**	**2.81**	**30.85**	**0.95**
原州区	145097	423126	97.66	2.64	33.49	0.91
西吉县	87201	285885	89.54	2.70	27.31	0.82
隆德县	36706	101603	88.01	2.93	31.80	1.06
泾源县	25836	79370	96.12	4.34	31.29	1.41
彭阳县	54311	146986	79.19	2.62	29.26	0.97
中卫市	**335002**	**977426**	**100.95**	**2.95**	**34.60**	**1.01**
沙坡头区	134120	363039	99.23	2.91	36.66	1.08
中宁县	109034	313854	102.76	3.01	35.70	1.04
海原县	91848	300533	101.32	2.93	30.97	0.89

注：本表数据为居住在普通住宅的家庭户。

1-12a 各地区家庭户的住房间数和面积(城市)

地区	家庭户户数(户)	家庭户人数(人)	平均每户住房建筑面积(平方米/户)	平均每户住房间数(间/户)	人均住房建筑面积(平方米/人)	人均住房间数(间/人)
宁夏	**1030336**	**2613804**	**96.16**	**2.44**	**37.90**	**0.96**
银川市	**570003**	**1405571**	**97.71**	**2.45**	**39.63**	**1.00**
兴庆区	219541	525637	92.73	2.37	38.73	0.99
西夏区	113799	281321	84.50	2.25	34.18	0.91
金凤区	190686	468186	109.97	2.64	44.79	1.07
永宁县						
贺兰县	1421	3790	94.22	2.26	35.32	0.85
灵武市	44556	126637	103.68	2.62	36.48	0.92
石嘴山市	**143020**	**335906**	**85.11**	**2.39**	**36.24**	**1.02**
大武口区	96022	227364	88.19	2.45	37.25	1.03
惠农区	46998	108542	78.82	2.26	34.13	0.98
平罗县						
吴忠市	**164798**	**449037**	**98.64**	**2.43**	**36.20**	**0.89**
利通区	104831	280637	98.67	2.37	36.86	0.89
红寺堡区	19219	62835	110.52	2.89	33.81	0.88
盐池县						
同心县						
青铜峡市	40748	105565	92.99	2.38	35.89	0.92
固原市	**76746**	**217172**	**100.55**	**2.48**	**35.53**	**0.88**
原州区	76746	217172	100.55	2.48	35.53	0.88
西吉县						
隆德县						
泾源县						
彭阳县						
中卫市	**75769**	**206118**	**95.43**	**2.41**	**35.08**	**0.89**
沙坡头区	75769	206118	95.43	2.41	35.08	0.89
中宁县						
海原县						

注：本表数据为居住在普通住宅的家庭户。

1-12b 各地区家庭户的住房间数和面积(镇)

地区	家庭户户数(户)	家庭户人数(人)	平均每户住房建筑面积(平方米/户)	平均每户住房间数(间/户)	人均住房建筑面积(平方米/人)	人均住房间数(间/人)
宁夏	**533038**	**1472005**	**95.43**	**2.51**	**34.56**	**0.91**
银川市	**209596**	**551454**	**97.86**	**2.46**	**37.19**	**0.94**
兴庆区	42641	106687	89.37	2.25	35.72	0.90
西夏区	3949	11801	101.48	2.68	33.96	0.90
金凤区	3467	10457	109.60	3.15	36.34	1.04
永宁县	65472	178016	97.07	2.48	35.70	0.91
贺兰县	74874	196375	105.10	2.54	40.07	0.97
灵武市	19193	48118	88.28	2.43	35.21	0.97
石嘴山市	**78567**	**201149**	**90.66**	**2.43**	**35.41**	**0.95**
大武口区	6198	17732	85.49	2.53	29.88	0.88
惠农区	12370	27968	80.71	2.33	35.70	1.03
平罗县	59999	155449	93.25	2.44	35.99	0.94
吴忠市	**81644**	**239635**	**100.91**	**2.66**	**34.38**	**0.91**
利通区	6882	17095	84.14	2.23	33.87	0.90
红寺堡区	1334	3550	67.45	2.34	25.35	0.88
盐池县	27117	76275	98.67	2.57	35.08	0.92
同心县	36340	119955	113.16	2.86	34.28	0.87
青铜峡市	9971	22760	78.42	2.49	34.35	1.09
固原市	**73236**	**215077**	**85.90**	**2.44**	**29.25**	**0.83**
原州区	5937	17657	86.15	2.67	28.97	0.90
西吉县	25615	80149	82.50	2.23	26.37	0.71
隆德县	13366	37319	89.10	2.53	31.91	0.91
泾源县	8614	25918	104.42	3.33	34.71	1.11
彭阳县	19704	54034	79.96	2.21	29.16	0.80
中卫市	**89995**	**264690**	**96.75**	**2.61**	**32.89**	**0.89**
沙坡头区	5862	15965	102.53	3.12	37.65	1.14
中宁县	54915	153059	98.43	2.64	35.31	0.95
海原县	29218	95666	92.44	2.44	28.23	0.74

注：本表数据为居住在普通住宅的家庭户。

1-12c 各地区家庭户的住房间数和面积(乡村)

地　区	家庭户 户　数 (户)	家庭户 人　数 (人)	平均每户住 房建筑面积 (平方米/户)	平均每户 住房间数 (间/户)	人均住房 建筑面积 (平方米/人)	人　均 住房间数 (间/人)
宁　夏	**798383**	**2285276**	**100.26**	**3.03**	**35.03**	**1.06**
银川市	**180238**	**472944**	**100.65**	**2.79**	**38.36**	**1.06**
兴庆区	23698	62356	89.42	2.53	33.98	0.96
西夏区	11542	35877	119.94	3.61	38.59	1.16
金凤区	39398	103211	102.26	2.75	39.04	1.05
永宁县	38705	99923	100.23	2.78	38.83	1.08
贺兰县	42152	106347	92.17	2.50	36.53	0.99
灵武市	24743	65230	114.93	3.23	43.60	1.23
石嘴山市	**57699**	**139239**	**95.73**	**2.67**	**39.67**	**1.11**
大武口区	7035	20297	129.27	3.51	44.81	1.22
惠农区	10953	23389	83.67	2.51	39.18	1.17
平罗县	39711	95553	93.12	2.57	38.70	1.07
吴忠市	**192039**	**561754**	**106.81**	**3.04**	**36.51**	**1.04**
利通区	45901	128938	121.60	3.11	43.29	1.11
红寺堡区	31886	112213	107.29	3.09	30.49	0.88
盐池县	24711	56128	87.09	2.76	38.34	1.21
同心县	51532	172671	111.67	3.07	33.33	0.92
青铜峡市	38009	91804	94.78	3.07	39.24	1.27
固原市	**199169**	**604721**	**90.30**	**3.07**	**29.74**	**1.01**
原州区	62414	188297	95.19	2.84	31.55	0.94
西吉县	61586	205736	92.47	2.89	27.68	0.87
隆德县	23340	64284	87.39	3.16	31.73	1.15
泾源县	17222	53452	91.97	4.84	29.63	1.56
彭阳县	34607	92952	78.75	2.86	29.32	1.06
中卫市	**169238**	**506618**	**105.66**	**3.37**	**35.30**	**1.12**
沙坡头区	52489	140956	104.33	3.61	38.85	1.34
中宁县	54119	160795	107.17	3.38	36.07	1.14
海原县	62630	204867	105.47	3.16	32.24	0.96

注：本表数据为居住在普通住宅的家庭户。

第一部分　全部数据资料

第二卷　民族

2-1　全区各民族人口及比重

单位：人、%

民　族	人口数	男	女	各民族人口占总人口的比重
总　计	**7202654**	**3668938**	**3533716**	**100.00**
汉　族	4612964	2365052	2247912	64.05
蒙古族	9499	4535	4964	0.13
回　族	2523581	1270893	1252688	35.04
藏　族	1481	722	759	0.02
维吾尔族	1380	623	757	0.02
苗　族	11090	5944	5146	0.15
彝　族	1411	731	680	0.02
壮　族	1583	685	898	0.02
布依族	2480	1219	1261	0.03
朝鲜族	518	254	264	0.01
满　族	28016	13892	14124	0.39
侗　族	587	305	282	0.01
瑶　族	384	195	189	0.01
白　族	352	153	199	
土家族	3215	1661	1554	0.04
哈尼族	124	47	77	
哈萨克族	275	119	156	
傣　族	74	29	45	
黎　族	226	91	135	
傈僳族	46	15	31	
佤　族	23	13	10	
畲　族	129	71	58	
高山族	8	6	2	
拉祜族	20	11	9	
水　族	80	34	46	
东乡族	1324	723	601	0.02
纳西族	47	17	30	
景颇族	16	7	9	
柯尔克孜族	37	13	24	
土　族	461	245	216	0.01
达斡尔族	101	55	46	
仫佬族	50	25	25	
羌　族	107	63	44	
布朗族	3	2	1	
撒拉族	138	67	71	
毛南族	30	11	19	
仡佬族	165	88	77	
锡伯族	238	132	106	
阿昌族	3	1	2	
普米族	24	7	17	
塔吉克族	6	4	2	
怒　族	4	2	2	
乌孜别克族	3		3	
俄罗斯族	29	12	17	
鄂温克族	18	7	11	
德昂族				
保安族	27	12	15	
裕固族	93	50	43	
京　族	2	1	1	
塔塔尔族	2		2	
独龙族	2	1	1	
鄂伦春族	9	6	3	
赫哲族	7	3	4	
门巴族	5	3	2	
珞巴族	1		1	
基诺族	3	1	2	
未定族称人口	145	77	68	
入　籍	8	3	5	

2-1a 全区各民族人口及比重(城市)

单位：人、%

民族	人口数	男	女	各民族人口占总人口的比重
总计	**2988589**	**1488244**	**1500345**	**100.00**
汉族	2272470	1137239	1135231	76.04
蒙古族	7454	3528	3926	0.25
回族	671338	329146	342192	22.46
藏族	1016	481	535	0.03
维吾尔族	1251	569	682	0.04
苗族	2750	1483	1267	0.09
彝族	931	465	466	0.03
壮族	1226	536	690	0.04
布依族	848	404	444	0.03
朝鲜族	429	204	225	0.01
满族	22581	11093	11488	0.76
侗族	453	226	227	0.02
瑶族	253	133	120	0.01
白族	283	126	157	0.01
土家族	2583	1281	1302	0.09
哈尼族	100	38	62	
哈萨克族	237	113	124	0.01
傣族	57	27	30	
黎族	165	65	100	0.01
傈僳族	38	13	25	
佤族	13	8	5	
畲族	85	47	38	
高山族	7	5	2	
拉祜族	10	5	5	
水族	52	27	25	
东乡族	541	268	273	0.02
纳西族	43	15	28	
景颇族	7	4	3	
柯尔克孜族	29	9	20	
土族	351	189	162	0.01
达斡尔族	83	45	38	
仫佬族	49	25	24	
羌族	63	38	25	
布朗族	3	2	1	
撒拉族	104	51	53	
毛南族	25	8	17	
仡佬族	138	71	67	
锡伯族	210	109	101	0.01
阿昌族	1		1	
普米族	20	5	15	
塔吉克族	5	4	1	
怒族	4	2	2	
乌孜别克族	3		3	
俄罗斯族	22	9	13	
鄂温克族	17	7	10	
德昂族				
保安族	24	12	12	
裕固族	76	41	35	
京族	1		1	
塔塔尔族	2		2	
独龙族	2	1	1	
鄂伦春族	6	4	2	
赫哲族	6	3	3	
门巴族	4	3	1	
珞巴族	1		1	
基诺族	3	1	2	
未定族称人口	114	55	59	
入籍	2	1	1	

2-1b　全区各民族人口及比重(镇)

单位：人、%

民　族	人口数	男	女	各民族人口占总人口的比重
总　计	**1690065**	**857525**	**832540**	**100.00**
汉　族	1128117	577128	550989	66.75
蒙古族	1308	642	666	0.08
回　族	551957	275254	276703	32.66
藏　族	265	129	136	0.02
维吾尔族	66	30	36	
苗　族	2674	1455	1219	0.16
彝　族	167	93	74	0.01
壮　族	198	83	115	0.01
布依族	428	223	205	0.03
朝鲜族	66	34	32	
满　族	3780	1912	1868	0.22
侗　族	63	34	29	
瑶　族	34	16	18	
白　族	38	13	25	
土家族	379	216	163	0.02
哈尼族	10	5	5	
哈萨克族	12	3	9	
傣　族	13	2	11	
黎　族	36	18	18	
傈僳族	4	2	2	
佤　族	6	1	5	
畲　族	25	11	14	
高山族	1	1		
拉祜族	2		2	
水　族	12	5	7	
东乡族	199	101	98	0.01
纳西族	2		2	
景颇族	8	3	5	
柯尔克孜族	5	3	2	
土　族	66	31	35	
达斡尔族	16	10	6	
仫佬族	1		1	
羌　族	23	15	8	
布朗族				
撒拉族	14	5	9	
毛南族	5	3	2	
仡佬族	13	8	5	
锡伯族	13	11	2	
阿昌族				
普米族	1		1	
塔吉克族				
怒　族				
乌孜别克族				
俄罗斯族	4	2	2	
鄂温克族	1		1	
德昂族				
保安族	2		2	
裕固族	9	7	2	
京　族	1	1		
塔塔尔族				
独龙族				
鄂伦春族	3	2	1	
赫哲族				
门巴族	1		1	
珞巴族				
基诺族				
未定族称人口	16	13	3	
入　籍	1		1	

2-1c 全区各民族人口及比重(乡村)

单位：人、%

民族	人口数	男	女	各民族人口占总人口的比重
总计	**2524000**	**1323169**	**1200831**	**100.00**
汉族	1212377	650685	561692	48.03
蒙古族	737	365	372	0.03
回族	1300286	666493	633793	51.52
藏族	200	112	88	0.01
维吾尔族	63	24	39	
苗族	5666	3006	2660	0.22
彝族	313	173	140	0.01
壮族	159	66	93	0.01
布依族	1204	592	612	0.05
朝鲜族	23	16	7	
满族	1655	887	768	0.07
侗族	71	45	26	
瑶族	97	46	51	
白族	31	14	17	
土家族	253	164	89	0.01
哈尼族	14	4	10	
哈萨克族	26	3	23	
傣族	4		4	
黎族	25	8	17	
傈僳族	4		4	
佤族	4	4		
畲族	19	13	6	
高山族				
拉祜族	8	6	2	
水族	16	2	14	
东乡族	584	354	230	0.02
纳西族	2	2		
景颇族	1		1	
柯尔克孜族	3	1	2	
土族	44	25	19	
达斡尔族	2		2	
仫佬族				
羌族	21	10	11	
布朗族				
撒拉族	20	11	9	
毛南族				
仡佬族	14	9	5	
锡伯族	15	12	3	
阿昌族	2	1	1	
普米族	3	2	1	
塔吉克族	1		1	
怒族				
乌孜别克族				
俄罗斯族	3	1	2	
鄂温克族				
德昂族				
保安族	1		1	
裕固族	8	2	6	
京族				
塔塔尔族				
独龙族				
鄂伦春族				
赫哲族	1		1	
门巴族				
珞巴族				
基诺族				
未定族称人口	15	9	6	
入籍	5	2	3	

2-2　全区各民族分年龄、性别的人口

单位：人

年龄组	合计			汉族		
	合计	男	女	小计	男	女
总　计	**7202654**	**3668938**	**3533716**	**4612964**	**2365052**	**2247912**
0–4岁	489383	252884	236499	269174	139863	129311
5–9岁	495900	258040	237860	255178	133840	121338
10–14岁	482721	251659	231062	248551	130738	117813
15–19岁	433094	224272	208822	231883	122423	109460
20–24岁	444510	224475	220035	254418	130656	123762
25–29岁	547857	278487	269370	349961	179462	170499
30–34岁	635014	323478	311536	425370	218385	206985
35–39岁	541665	278748	262917	352694	183577	169117
40–44岁	547016	280284	266732	356262	185553	170709
45–49岁	595400	305580	289820	426382	220824	205558
50–54岁	576630	291504	285126	417008	212929	204079
55–59岁	439322	223885	215437	321205	164255	156950
60–64岁	281318	142454	138864	210403	107401	103002
65–69岁	276001	136133	139868	198459	97257	101202
70–74岁	180377	86579	93798	126402	59812	66590
75–79岁	124195	57830	66365	88297	40280	48017
80–84岁	74159	34623	39536	54281	24985	29296
85–89岁	29357	13855	15502	21199	9927	11272
90–94岁	7251	3505	3746	4899	2452	2447
95–99岁	1337	616	721	868	411	457
100岁及以上	147	47	100	70	22	48

2–2　续表 1

单位：人

年龄组	蒙古族			回族			藏族		
	小计	男	女	小计	男	女	小计	男	女
总　计	**9499**	**4535**	**4964**	**2523581**	**1270893**	**1252688**	**1481**	**722**	**759**
0–4岁	841	448	393	214976	110293	104683	83	40	43
5–9岁	824	413	411	236779	122178	114601	101	50	51
10–14岁	542	279	263	231415	119525	111890	72	34	38
15–19岁	574	265	309	196868	99669	97199	134	56	78
20–24岁	991	461	530	180240	88931	91309	390	180	210
25–29岁	754	368	386	192656	96283	96373	135	67	68
30–34岁	1045	511	534	203138	101760	101378	137	64	73
35–39岁	812	414	398	183737	92518	91219	114	55	59
40–44岁	649	301	348	186161	92427	93734	75	40	35
45–49岁	652	297	355	164160	82360	81800	74	42	32
50–54岁	534	234	300	155225	76466	78759	53	34	19
55–59岁	467	200	267	114617	58017	56600	46	26	20
60–64岁	323	140	183	68768	34042	34726	23	13	10
65–69岁	217	92	125	76116	38188	37928	28	15	13
70–74岁	107	44	63	53186	26402	26784	11	4	7
75–79岁	81	33	48	35312	17324	17988	2		2
80–84岁	59	25	34	19418	9428	9990	1	1	
85–89岁	21	9	12	7967	3828	4139	1		1
90–94岁	6	1	5	2307	1028	1279	1	1	
95–99岁				460	202	258			
100岁及以上				75	24	51			

2-2 续表 2

单位：人

年龄组	维吾尔族			苗族			彝族		
	小计	男	女	小计	男	女	小计	男	女
总　计	**1380**	**623**	**757**	**11090**	**5944**	**5146**	**1411**	**731**	**680**
0—4岁	34	22	12	920	478	442	60	34	26
5—9岁	63	30	33	211	114	97	61	28	33
10—14岁	25	14	11	89	45	44	34	18	16
15—19岁	113	49	64	737	442	295	128	58	70
20—24岁	779	323	456	1825	1014	811	510	262	248
25—29岁	130	72	58	1254	710	544	130	71	59
30—34岁	66	27	39	1160	645	515	139	65	74
35—39岁	50	26	24	1184	623	561	97	55	42
40—44岁	22	8	14	1182	611	571	93	44	49
45—49岁	35	16	19	1122	595	527	66	43	23
50—54岁	19	15	4	775	375	400	51	32	19
55—59岁	18	11	7	387	185	202	27	15	12
60—64岁	6	2	4	131	57	74	8	3	5
65—69岁	6	2	4	75	32	43	1	1	
70—74岁	6	4	2	20	9	11	1		1
75—79岁	4		4	9	3	6	1	1	
80—84岁	2	2		4	3	1	2		2
85—89岁				3	1	2	2	1	1
90—94岁				1	1				
95—99岁	1		1	1	1				
100岁及以上	1		1						

2-2 续表 3

单位：人

年龄组	壮族			布依族			朝鲜族		
	小计	男	女	小计	男	女	小计	男	女
总　计	**1583**	**685**	**898**	**2480**	**1219**	**1261**	**518**	**254**	**264**
0—4岁	91	47	44	122	58	64	39	24	15
5—9岁	79	37	42	42	19	23	34	18	16
10—14岁	45	19	26	19	4	15	23	12	11
15—19岁	164	76	88	150	86	64	19	9	10
20—24岁	482	192	290	432	218	214	36	18	18
25—29岁	92	34	58	205	113	92	38	16	22
30—34岁	153	66	87	225	120	105	54	24	30
35—39岁	98	35	63	209	112	97	36	15	21
40—44岁	75	37	38	274	132	142	33	20	13
45—49岁	75	34	41	297	138	159	26	18	8
50—54岁	82	32	50	269	124	145	41	23	18
55—59岁	57	36	21	140	62	78	51	22	29
60—64岁	40	19	21	64	21	43	37	12	25
65—69岁	13	5	8	23	8	15	23	14	9
70—74岁	10	3	7	7	2	5	6	4	2
75—79岁	5	1	4				7	1	6
80—84岁	14	6	8				8	2	6
85—89岁	7	5	2				7	2	5
90—94岁	1	1		2	2				
95—99岁									
100岁及以上									

2-2 续表 4

单位：人

年龄组	满族			侗族			瑶族		
	小计	男	女	小计	男	女	小计	男	女
总　计	**28016**	**13892**	**14124**	**587**	**305**	**282**	**384**	**195**	**189**
0-4岁	2527	1308	1219	38	20	18	27	15	12
5-9岁	2114	1107	1007	21	11	10	22	11	11
10-14岁	1585	816	769	17	9	8	12	7	5
15-19岁	1400	701	699	74	33	41	50	22	28
20-24岁	1655	858	797	200	102	98	130	68	62
25-29岁	1848	943	905	44	26	18	21	10	11
30-34岁	2852	1467	1385	46	23	23	26	10	16
35-39岁	2081	1037	1044	36	20	16	38	20	18
40-44岁	1764	882	882	26	16	10	20	13	7
45-49岁	2085	991	1094	21	14	7	11	5	6
50-54岁	2196	1030	1166	25	13	12	12	6	6
55-59岁	2053	914	1139	14	7	7	11	5	6
60-64岁	1391	686	705	13	3	10			
65-69岁	962	473	489	5	4	1	1	1	
70-74岁	562	263	299	3	1	2			
75-79岁	436	171	265	1	1		2	1	1
80-84岁	336	152	184	2	2				
85-89岁	130	72	58	1		1	1	1	
90-94岁	32	18	14						
95-99岁	6	2	4						
100岁及以上	1	1							

2-2 续表 5

单位：人

年龄组	白族			土家族			哈尼族		
	小计	男	女	小计	男	女	小计	男	女
总　计	**352**	**153**	**199**	**3215**	**1661**	**1554**	**124**	**47**	**77**
0-4岁	15	9	6	181	90	91	9	6	3
5-9岁	13	6	7	136	59	77	12	4	8
10-14岁	9	4	5	105	38	67	4	2	2
15-19岁	38	18	20	387	194	193	8	3	5
20-24岁	159	71	88	1188	608	580	46	16	30
25-29岁	22	8	14	193	108	85	15	9	6
30-34岁	29	14	15	211	107	104	14	2	12
35-39岁	19	8	11	193	106	87	9	3	6
40-44岁	15	3	12	124	70	54	5	2	3
45-49岁	9	1	8	170	101	69			
50-54岁	8	4	4	140	84	56	1		1
55-59岁	8	4	4	81	43	38			
60-64岁	2	1	1	40	19	21	1		1
65-69岁	4	2	2	22	11	11			
70-74岁				14	9	5			
75-79岁	1		1	9	4	5			
80-84岁				15	7	8			
85-89岁	1		1	6	3	3			
90-94岁									
95-99岁									
100岁及以上									

2-2 续表 6

单位：人

年龄组	哈萨克族			傣族			黎族		
	小计	男	女	小计	男	女	小计	男	女
总计	**275**	**119**	**156**	**74**	**29**	**45**	**226**	**91**	**135**
0-4岁	5	3	2	3	2	1	16	8	8
5-9岁	4	3	1	3	2	1	21	13	8
10-14岁	2	1	1	1		1	11	4	7
15-19岁	43	25	18	7	3	4	26	9	17
20-24岁	174	80	94	31	15	16	58	24	34
25-29岁	8	3	5	9	2	7	18	8	10
30-34岁	8	1	7	11	4	7	21	7	14
35-39岁	12	1	11	2		2	13	2	11
40-44岁	12		12	2		2	16	4	12
45-49岁	2	1	1	1		1	12	6	6
50-54岁	2		2	3		3	4	2	2
55-59岁	1	1		1	1		3	1	2
60-64岁	1		1				4		4
65-69岁							2	2	
70-74岁									
75-79岁	1		1						
80-84岁							1	1	
85-89岁									
90-94岁									
95-99岁									
100岁及以上									

2-2 续表 7

单位：人

年龄组	傈僳族			佤族			畲族		
	小计	男	女	小计	男	女	小计	男	女
总计	**46**	**15**	**31**	**23**	**13**	**10**	**129**	**71**	**58**
0-4岁	2	2					7	1	6
5-9岁	3		3				10	6	4
10-14岁	1	1					7	6	1
15-19岁	4	3	1				5	2	3
20-24岁	20	4	16	7	4	3	16	8	8
25-29岁	5	1	4	1		1	10	5	5
30-34岁	3	1	2	3	1	2	16	9	7
35-39岁	3	1	2	2	1	1	6	4	2
40-44岁	1		1	5	5		12	9	3
45-49岁	3	1	2	3	1	2	14	5	9
50-54岁				2	1	1	6	2	4
55-59岁							12	8	4
60-64岁	1	1					2	2	
65-69岁							3	3	
70-74岁							1		1
75-79岁							1		1
80-84岁							1	1	
85-89岁									
90-94岁									
95-99岁									
100岁及以上									

2-2 续表 8　　　　单位：人

年龄组	高山族			拉祜族			水族		
	小计	男	女	小计	男	女	小计	男	女
总　计	**8**	**6**	**2**	**20**	**11**	**9**	**80**	**34**	**46**
0–4岁							6	2	4
5–9岁				2	2		3	1	2
10–14岁	1		1						
15–19岁				1		1	6	2	4
20–24岁				5	3	2	34	17	17
25–29岁	1	1		3	2	1	7	2	5
30–34岁				4	1	3	7	4	3
35–39岁				1	1		1		1
40–44岁	2	2		2	1	1	7	3	4
45–49岁				1		1	4		4
50–54岁	1	1		1	1		3	2	1
55–59岁	2	1	1				1	1	
60–64岁							1		1
65–69岁									
70–74岁									
75–79岁									
80–84岁									
85–89岁	1	1							
90–94岁									
95–99岁									
100岁及以上									

2-2 续表 9　　　　单位：人

年龄组	东乡族			纳西族			景颇族		
	小计	男	女	小计	男	女	小计	男	女
总　计	**1324**	**723**	**601**	**47**	**17**	**30**	**16**	**7**	**9**
0–4岁	81	42	39	2	2		1	1	
5–9岁	67	32	35	1	1				
10–14岁	90	52	38						
15–19岁	111	49	62	6	3	3	2	2	
20–24岁	183	94	89	26	5	21	4	1	3
25–29岁	142	73	69	2	1	1			
30–34岁	125	80	45	4	2	2	2	1	1
35–39岁	106	60	46	4	1	3	3	1	2
40–44岁	83	50	33				3	1	2
45–49岁	88	49	39						
50–54岁	73	44	29	1	1		1		1
55–59岁	57	34	23	1	1				
60–64岁	37	22	15						
65–69岁	23	14	9						
70–74岁	26	14	12						
75–79岁	16	7	9						
80–84岁	10	5	5						
85–89岁	5	2	3						
90–94岁	1		1						
95–99岁									
100岁及以上									

2-2 续表 10

单位：人

年龄组	柯尔克孜族			土族			达斡尔族		
	小计	男	女	小计	男	女	小计	男	女
总计	**37**	**13**	**24**	**461**	**245**	**216**	**101**	**55**	**46**
0-4岁	2	2		29	13	16	12	7	5
5-9岁	1		1	36	24	12	6	4	2
10-14岁				24	11	13	5	4	1
15-19岁	3	1	2	36	17	19	11	7	4
20-24岁	23	8	15	118	63	55	15	7	8
25-29岁	5	2	3	45	29	16	7	5	2
30-34岁	1		1	42	24	18	10	6	4
35-39岁	1		1	28	12	16	12	8	4
40-44岁	1		1	23	13	10	7	2	5
45-49岁				25	14	11	6	1	5
50-54岁				20	9	11	3	2	1
55-59岁				12	6	6	4	2	2
60-64岁				7	2	5	1		1
65-69岁				4	2	2	2		2
70-74岁				8	5	3			
75-79岁									
80-84岁				2	1	1			
85-89岁				1		1			
90-94岁									
95-99岁				1		1			
100岁及以上									

2-2 续表 11

单位：人

年龄组	仫佬族			羌族			布朗族		
	小计	男	女	小计	男	女	小计	男	女
总计	**50**	**25**	**25**	**107**	**63**	**44**	**3**	**2**	**1**
0-4岁	3	2	1	12	8	4			
5-9岁	2	1	1	3		3			
10-14岁	1	1		4	1	3			
15-19岁	7	2	5	3	2	1			
20-24岁	25	14	11	16	9	7	2	2	
25-29岁	5	2	3	10	7	3			
30-34岁	3	1	2	12	5	7			
35-39岁	1		1	5	3	2	1		1
40-44岁	1	1		8	6	2			
45-49岁	1		1	13	7	6			
50-54岁				11	7	4			
55-59岁	1	1		8	8				
60-64岁									
65-69岁				2		2			
70-74岁									
75-79岁									
80-84岁									
85-89岁									
90-94岁									
95-99岁									
100岁及以上									

2-2　续表 12　　　　单位：人

年龄组	撒拉族			毛南族			仡佬族		
	小计	男	女	小计	男	女	小计	男	女
总　计	**138**	**67**	**71**	**30**	**11**	**19**	**165**	**88**	**77**
0–4岁	10	3	7	3	2	1	6	5	1
5–9岁	6	3	3	2	1	1	2		2
10–14岁	4	2	2				4		4
15–19岁	17	9	8	2		2	21	8	13
20–24岁	35	18	17	10	5	5	83	46	37
25–29岁	17	11	6	4	2	2	9	5	4
30–34岁	13	6	7				8	4	4
35–39岁	8	5	3	2		2	11	7	4
40–44岁	7	3	4				10	6	4
45–49岁	5	1	4	2	1	1	5	2	3
50–54岁	8	3	5	3		3	3	2	1
55–59岁	6	1	5	2		2	2	2	
60–64岁									
65–69岁							1	1	
70–74岁	1	1							
75–79岁									
80–84岁									
85–89岁	1	1							
90–94岁									
95–99岁									
100岁及以上									

2-2　续表 13　　　　单位：人

年龄组	锡伯族			阿昌族			普米族		
	小计	男	女	小计	男	女	小计	男	女
总　计	**238**	**132**	**106**	**3**	**1**	**2**	**24**	**7**	**17**
0–4岁	17	10	7				2	2	
5–9岁	15	8	7				2	2	
10–14岁	10	9	1	1	1				
15–19岁	15	7	8						
20–24岁	24	13	11	1		1	15	1	14
25–29岁	16	7	9				2	2	
30–34岁	24	15	9	1		1	1		1
35–39岁	17	11	6				2		2
40–44岁	16	7	9						
45–49岁	17	6	11						
50–54岁	17	11	6						
55–59岁	15	9	6						
60–64岁	11	6	5						
65–69岁	7	4	3						
70–74岁	5	2	3						
75–79岁	7	3	4						
80–84岁	3	2	1						
85–89岁	1	1							
90–94岁	1	1							
95–99岁									
100岁及以上									

2-2 续表 14 单位：人

年龄组	塔吉克族			怒 族			乌孜别克族		
	小计	男	女	小计	男	女	小计	男	女
总 计	**6**	**4**	**2**	**4**	**2**	**2**	**3**		**3**
0-4岁									
5-9岁									
10-14岁									
15-19岁				2		2			
20-24岁	4	3	1	2	2		3		3
25-29岁	1	1							
30-34岁	1		1						
35-39岁									
40-44岁									
45-49岁									
50-54岁									
55-59岁									
60-64岁									
65-69岁									
70-74岁									
75-79岁									
80-84岁									
85-89岁									
90-94岁									
95-99岁									
100岁及以上									

2-2 续表 15 单位：人

年龄组	俄罗斯族			鄂温克族			德 昂 族		
	小计	男	女	小计	男	女	小计	男	女
总 计	**29**	**12**	**17**	**18**	**7**	**11**			
0-4岁	3		3	1		1			
5-9岁	3	2	1	1		1			
10-14岁	1		1	1	1				
15-19岁	1	1		5	3	2			
20-24岁	2		2	5	2	3			
25-29岁	1	1		1		1			
30-34岁	6	3	3	1		1			
35-39岁	1		1	2	1	1			
40-44岁	1	1							
45-49岁	2	1	1						
50-54岁	5	2	3	1		1			
55-59岁	2	1	1						
60-64岁									
65-69岁									
70-74岁									
75-79岁									
80-84岁									
85-89岁	1		1						
90-94岁									
95-99岁									
100岁及以上									

2-2 续表 16

单位：人

年龄组	保安族			裕固族			京族		
	小计	男	女	小计	男	女	小计	男	女
总 计	**27**	**12**	**15**	**93**	**50**	**43**	**2**	**1**	**1**
0–4岁	1		1	10	6	4	1	1	
5–9岁	3	2	1	12	7	5			
10–14岁	2		2	4	1	3			
15–19岁	1		1	4	2	2			
20–24岁	2	1	1	13	8	5	1		1
25–29岁	4	1	3	6	2	4			
30–34岁	3	1	2	9	6	3			
35–39岁	1	1		6	2	4			
40–44岁	2	2		9	4	5			
45–49岁				3	3				
50–54岁	2	1	1	10	6	4			
55–59岁	2	1	1	3	1	2			
60–64岁	1	1							
65–69岁				2	2				
70–74岁	1		1						
75–79岁	1		1	2		2			
80–84岁									
85–89岁	1	1							
90–94岁									
95–99岁									
100岁及以上									

2-2 续表 17

单位：人

年龄组	塔塔尔族			独龙族			鄂伦春族		
	小计	男	女	小计	男	女	小计	男	女
总 计	**2**		**2**	**2**	**1**	**1**	**9**	**6**	**3**
0–4岁									
5–9岁							1		1
10–14岁									
15–19岁							1	1	
20–24岁	2		2	2	1	1	1	1	
25–29岁									
30–34岁							1	1	
35–39岁							1		1
40–44岁							1	1	
45–49岁							2	1	1
50–54岁									
55–59岁							1	1	
60–64岁									
65–69岁									
70–74岁									
75–79岁									
80–84岁									
85–89岁									
90–94岁									
95–99岁									
100岁及以上									

2-2 续表 18 单位：人

年龄组	赫哲族			门巴族			珞巴族		
	小计	男	女	小计	男	女	小计	男	女
总 计	**7**	**3**	**4**	**5**	**3**	**2**	**1**		**1**
0-4岁									
5-9岁	1	1							
10-14岁									
15-19岁									
20-24岁	1		1	4	3	1	1		1
25-29岁				1		1			
30-34岁	1		1						
35-39岁	1		1						
40-44岁	2	2							
45-49岁									
50-54岁									
55-59岁									
60-64岁	1		1						
65-69岁									
70-74岁									
75-79岁									
80-84岁									
85-89岁									
90-94岁									
95-99岁									
100岁及以上									

2-2 续表 19 单位：人

年龄组	基诺族			未定族称人口			入 籍		
	小计	男	女	小计	男	女	小计	男	女
总 计	**3**	**1**	**2**	**145**	**77**	**68**	**8**	**3**	**5**
0-4岁				10	4	6	1	1	
5-9岁									
10-14岁									
15-19岁	1		1	26	10	16			
20-24岁	2	1	1	59	34	25			
25-29岁				16	11	5	3	1	2
30-34岁				6	5	1	2		2
35-39岁				4	2	2	1		1
40-44岁				3	2	1			
45-49岁				6	1	5			
50-54岁				10	5	5	1	1	
55-59岁				4	2	2			
60-64岁				1	1				
65-69岁									
70-74岁									
75-79岁									
80-84岁									
85-89岁									
90-94岁									
95-99岁									
100岁及以上									

2−2a　全区各民族分年龄、性别的人口(城市)

单位：人

年龄组	合计			汉族		
	合计	男	女	小计	男	女
总　计	**2988589**	**1488244**	**1500345**	**2272470**	**1137239**	**1135231**
0−4岁	191248	99136	92112	139894	72752	67142
5−9岁	184775	96871	87904	129926	68237	61689
10−14岁	172261	90390	81871	120027	63048	56979
15−19岁	192978	97856	95122	122020	63365	58655
20−24岁	205570	97984	107586	135902	65912	69990
25−29岁	242857	118484	124373	182384	89718	92666
30−34岁	295893	146146	149747	228539	113415	115124
35−39岁	244247	122721	121526	189358	95502	93856
40−44岁	234210	117651	116559	180855	91521	89334
45−49岁	249288	125771	123517	202928	102787	100141
50−54岁	228102	112902	115200	188163	93582	94581
55−59岁	172111	85103	87008	142139	70782	71357
60−64岁	112281	55336	56945	93842	46461	47381
65−69岁	102254	48554	53700	83195	39350	43845
70−74岁	64599	30170	34429	52565	24353	28212
75−79岁	47084	20431	26653	39356	17019	22337
80−84岁	31720	14535	17185	27012	12461	14551
85−89岁	13122	6166	6956	11079	5256	5823
90−94岁	3367	1746	1621	2788	1481	1307
95−99岁	577	279	298	463	229	234
100岁及以上	45	12	33	35	8	27

2−2a　续表 1

单位：人

年龄组	蒙古族			回族			藏族		
	小计	男	女	小计	男	女	小计	男	女
总　计	**7454**	**3528**	**3926**	**671338**	**329146**	**342192**	**1016**	**481**	**535**
0−4岁	650	353	297	47925	24565	23360	52	30	22
5−9岁	637	321	316	51835	27091	24744	63	32	31
10−14岁	434	229	205	50082	26234	23848	45	20	25
15−19岁	479	221	258	67669	32916	34753	119	51	68
20−24岁	872	399	473	61809	28329	33480	333	143	190
25−29岁	580	289	291	57416	27184	30232	81	37	44
30−34岁	758	356	402	63343	30724	32619	74	36	38
35−39岁	610	306	304	51758	25665	26093	63	26	37
40−44岁	497	230	267	50831	24908	25923	41	22	19
45−49岁	486	222	264	43592	21644	21948	36	22	14
50−54岁	407	168	239	37182	18026	19156	31	20	11
55−59岁	363	144	219	27544	13244	14300	33	20	13
60−64岁	265	113	152	16841	8137	8704	19	11	8
65−69岁	179	79	100	17992	8689	9303	15	6	9
70−74岁	89	38	51	11418	5534	5884	7	3	4
75−79岁	72	30	42	7244	3231	4013	1		1
80−84岁	53	21	32	4319	1901	2418	1	1	
85−89岁	19	8	11	1880	828	1052	1		1
90−94岁	4	1	3	541	244	297	1	1	
95−99岁				109	49	60			
100岁及以上				8	3	5			

2-2a 续表 2

单位：人

年龄组	维吾尔族			苗族			彝族		
	小计	男	女	小计	男	女	小计	男	女
总计	**1251**	**569**	**682**	**2750**	**1483**	**1267**	**931**	**465**	**466**
0-4岁	29	18	11	160	85	75	29	15	14
5-9岁	52	24	28	69	35	34	40	19	21
10-14岁	20	10	10	54	30	24	21	12	9
15-19岁	107	45	62	271	146	125	104	44	60
20-24岁	758	311	447	836	452	384	445	214	231
25-29岁	108	65	43	229	138	91	68	39	29
30-34岁	51	23	28	246	130	116	65	31	34
35-39岁	36	21	15	211	119	92	46	25	21
40-44岁	14	6	8	186	93	93	40	20	20
45-49岁	24	14	10	194	112	82	28	19	9
50-54岁	16	13	3	162	88	74	19	13	6
55-59岁	14	10	4	63	27	36	15	9	6
60-64岁	4	1	3	22	7	15	6	3	3
65-69岁	5	2	3	26	11	15			
70-74岁	6	4	2	9	5	4			
75-79岁	3		3	5	1	4	1	1	
80-84岁	2	2		3	2	1	2		2
85-89岁				3	1	2	2	1	1
90-94岁				1	1				
95-99岁	1		1						
100岁及以上	1		1						

2-2a 续表 3

单位：人

年龄组	壮族			布依族			朝鲜族		
	小计	男	女	小计	男	女	小计	男	女
总计	**1226**	**536**	**690**	**848**	**404**	**444**	**429**	**204**	**225**
0-4岁	59	32	27	39	19	20	34	20	14
5-9岁	57	30	27	21	9	12	26	14	12
10-14岁	31	12	19	13	2	11	20	10	10
15-19岁	148	66	82	87	40	47	18	9	9
20-24岁	470	185	285	285	134	151	32	15	17
25-29岁	58	26	32	64	36	28	26	8	18
30-34岁	102	48	54	74	42	32	45	21	24
35-39岁	54	20	34	57	29	28	29	12	17
40-44岁	39	19	20	49	23	26	27	17	10
45-49岁	52	23	29	52	24	28	20	14	6
50-54岁	60	23	37	66	32	34	35	20	15
55-59岁	32	20	12	27	9	18	41	16	25
60-64岁	26	13	13	9	3	6	34	10	24
65-69岁	7	4	3	2	1	1	19	11	8
70-74岁	8	2	6	3	1	2	6	4	2
75-79岁	4	1	3				3		3
80-84岁	11	6	5				7	1	6
85-89岁	7	5	2				7	2	5
90-94岁	1	1							
95-99岁									
100岁及以上									

2−2a 续表 4

单位：人

年龄组	满族			侗族			瑶族		
	小计	男	女	小计	男	女	小计	男	女
总　计	**22581**	**11093**	**11488**	**453**	**226**	**227**	**253**	**133**	**120**
0−4岁	2019	1062	957	29	16	13	11	7	4
5−9岁	1763	921	842	18	10	8	13	7	6
10−14岁	1314	686	628	13	5	8	10	6	4
15−19岁	1161	584	577	63	25	38	43	20	23
20−24岁	1335	679	656	183	89	94	115	58	57
25−29岁	1445	731	714	29	18	11	7	4	3
30−34岁	2216	1133	1083	29	16	13	8	4	4
35−39岁	1701	840	861	24	13	11	17	7	10
40−44岁	1396	672	724	14	10	4	8	6	2
45−49岁	1628	760	868	10	6	4	6	5	1
50−54岁	1757	811	946	9	4	5	6	3	3
55−59岁	1683	739	944	10	3	7	5	3	2
60−64岁	1143	549	594	12	3	9			
65−69岁	768	375	393	4	4		1	1	
70−74岁	454	208	246	2	1	1			
75−79岁	368	138	230	1	1		2	1	1
80−84岁	288	129	159	2	2				
85−89岁	109	58	51	1		1	1	1	
90−94岁	29	16	13						
95−99岁	3	1	2						
100岁及以上	1	1							

2−2a 续表 5

单位：人

年龄组	白族			土家族			哈尼族		
	小计	男	女	小计	男	女	小计	男	女
总　计	**283**	**126**	**157**	**2583**	**1281**	**1302**	**100**	**38**	**62**
0−4岁	9	6	3	140	71	69	7	4	3
5−9岁	12	6	6	96	37	59	10	3	7
10−14岁	6	2	4	71	28	43	3	1	2
15−19岁	35	16	19	360	177	183	7	3	4
20−24岁	153	68	85	1116	562	554	41	15	26
25−29岁	13	3	10	131	70	61	11	8	3
30−34岁	19	11	8	137	62	75	9	1	8
35−39岁	13	7	6	113	56	57	7	2	5
40−44岁	6	1	5	81	42	39	4	1	3
45−49岁	4		4	111	63	48			
50−54岁	6	3	3	89	47	42			
55−59岁	4	2	2	57	28	29			
60−64岁				27	12	15	1		1
65−69岁	3	1	2	16	8	8			
70−74岁				10	6	4			
75−79岁				9	4	5			
80−84岁				13	5	8			
85−89岁				6	3	3			
90−94岁									
95−99岁									
100岁及以上									

2-2a　续表 6　　单位：人

年龄组	哈萨克族			傣　族			黎　族		
	小计	男	女	小计	男	女	小计	男	女
总　计	**237**	**113**	**124**	**57**	**27**	**30**	**165**	**65**	**100**
0–4岁	4	2	2	2	2		6	3	3
5–9岁	2	2		2	1	1	8	5	3
10–14岁	1		1				8	3	5
15–19岁	42	25	17	7	3	4	26	9	17
20–24岁	166	78	88	30	14	16	58	24	34
25–29岁	7	3	4	6	2	4	13	7	6
30–34岁	2		2	7	4	3	9	3	6
35–39岁	5	1	4	1		1	10	2	8
40–44岁	4		4	1		1	10	3	7
45–49岁	1	1					10	4	6
50–54岁	1		1				1	1	
55–59岁	1	1		1	1		1		1
60–64岁							4		4
65–69岁							1	1	
70–74岁									
75–79岁	1		1						
80–84岁									
85–89岁									
90–94岁									
95–99岁									
100岁及以上									

2-2a　续表 7　　单位：人

年龄组	傈僳族			佤　族			畲　族		
	小计	男	女	小计	男	女	小计	男	女
总　计	**38**	**13**	**25**	**13**	**8**	**5**	**85**	**47**	**38**
0–4岁	2	2					4		4
5–9岁	3		3				8	4	4
10–14岁	1	1					5	5	
15–19岁	3	2	1				5	2	3
20–24岁	20	4	16	5	3	2	14	8	6
25–29岁	1		1				8	5	3
30–34岁	3	1	2	2	1	1	10	5	5
35–39岁	3	1	2	1		1	5	4	1
40–44岁				4	4		6	4	2
45–49岁	1	1					7	1	6
50–54岁				1		1	3	1	2
55–59岁							5	5	
60–64岁	1	1					1	1	
65–69岁							2	2	
70–74岁							1		1
75–79岁							1		1
80–84岁									
85–89岁									
90–94岁									
95–99岁									
100岁及以上									

2-2a　续表 8　　单位：人

年龄组	高山族			拉祜族			水族		
	小计	男	女	小计	男	女	小计	男	女
总　计	**7**	**5**	**2**	**10**	**5**	**5**	**52**	**27**	**25**
0-4岁							3	2	1
5-9岁				1	1				
10-14岁	1		1						
15-19岁				1		1	6	2	4
20-24岁				4	3	1	30	17	13
25-29岁	1	1		1	1		5	2	3
30-34岁				2		2	2	1	1
35-39岁							1		1
40-44岁	1	1					2	1	1
45-49岁				1		1			
50-54岁	1	1					2	1	1
55-59岁	2	1	1				1	1	
60-64岁									
65-69岁									
70-74岁									
75-79岁									
80-84岁									
85-89岁	1	1							
90-94岁									
95-99岁									
100岁及以上									

2-2a　续表 9　　单位：人

年龄组	东乡族			纳西族			景颇族		
	小计	男	女	小计	男	女	小计	男	女
总　计	**541**	**268**	**273**	**43**	**15**	**28**	**7**	**4**	**3**
0-4岁	47	22	25	1	1				
5-9岁	33	15	18	1	1				
10-14岁	34	20	14						
15-19岁	49	19	30	6	3	3	1	1	
20-24岁	101	47	54	25	5	20	4	1	3
25-29岁	56	25	31	2	1	1			
30-34岁	42	25	17	2	1	1			
35-39岁	44	28	16	4	1	3	1	1	
40-44岁	25	11	14				1	1	
45-49岁	37	20	17						
50-54岁	20	12	8	1	1				
55-59岁	22	12	10	1	1				
60-64岁	10	4	6						
65-69岁	4	1	3						
70-74岁	8	5	3						
75-79岁	3	1	2						
80-84岁	3	1	2						
85-89岁	2		2						
90-94岁	1		1						
95-99岁									
100岁及以上									

2-2a 续表 10

单位：人

年龄组	柯尔克孜族			土族			达斡尔族		
	小计	男	女	小计	男	女	小计	男	女
总 计	**29**	**9**	**20**	**351**	**189**	**162**	**83**	**45**	**38**
0-4岁				19	7	12	9	5	4
5-9岁	1		1	30	19	11	4	4	
10-14岁				16	9	7	5	4	1
15-19岁	2	1	1	28	13	15	11	7	4
20-24岁	23	8	15	100	53	47	14	6	8
25-29岁	1		1	35	24	11	4	3	1
30-34岁				30	18	12	8	4	4
35-39岁	1		1	18	7	11	9	6	3
40-44岁	1		1	18	9	9	6	1	5
45-49岁				20	12	8	5	1	4
50-54岁				13	6	7	3	2	1
55-59岁				7	4	3	3	2	1
60-64岁				4	1	3			
65-69岁				3	2	1	2		2
70-74岁				7	4	3			
75-79岁									
80-84岁				1	1				
85-89岁				1		1			
90-94岁									
95-99岁				1		1			
100岁及以上									

2-2a 续表 11

单位：人

年龄组	仫佬族			羌族			布朗族		
	小计	男	女	小计	男	女	小计	男	女
总 计	**49**	**25**	**24**	**63**	**38**	**25**	**3**	**2**	**1**
0-4岁	3	2	1	9	6	3			
5-9岁	2	1	1	2		2			
10-14岁	1	1		3	1	2			
15-19岁	7	2	5	3	2	1			
20-24岁	25	14	11	15	8	7	2	2	
25-29岁	5	2	3	7	6	1			
30-34岁	3	1	2	6	3	3			
35-39岁	1		1	1		1	1		1
40-44岁	1	1		4	3	1			
45-49岁				4	3	1			
50-54岁				4	2	2			
55-59岁	1	1		4	4				
60-64岁									
65-69岁				1		1			
70-74岁									
75-79岁									
80-84岁									
85-89岁									
90-94岁									
95-99岁									
100岁及以上									

2-2a 续表 12　　单位：人

年龄组	撒拉族			毛南族			仡佬族		
	小计	男	女	小计	男	女	小计	男	女
总　计	**104**	**51**	**53**	**25**	**8**	**17**	**138**	**71**	**67**
0-4岁	6	3	3	2	1	1	5	4	1
5-9岁	3	2	1	1		1	2		2
10-14岁	4	2	2				3		3
15-19岁	15	7	8	2		2	21	8	13
20-24岁	27	14	13	10	5	5	78	43	35
25-29岁	14	8	6	2	1	1	5	2	3
30-34岁	7	3	4				8	4	4
35-39岁	7	5	2	2		2	5	2	3
40-44岁	7	3	4				4	3	1
45-49岁	3	1	2	2	1	1	3	1	2
50-54岁	6	2	4	2		2	2	2	
55-59岁	4		4	2		2	1	1	
60-64岁									
65-69岁							1	1	
70-74岁	1	1							
75-79岁									
80-84岁									
85-89岁									
90-94岁									
95-99岁									
100岁及以上									

2-2a 续表 13　　单位：人

年龄组	锡伯族			阿昌族			普米族		
	小计	男	女	小计	男	女	小计	男	女
总　计	**210**	**109**	**101**	**1**		**1**	**20**	**5**	**15**
0-4岁	16	9	7				1	1	
5-9岁	15	8	7				1	1	
10-14岁	8	7	1						
15-19岁	14	6	8						
20-24岁	23	12	11	1		1	15	1	14
25-29岁	12	5	7				2	2	
30-34岁	20	11	9						
35-39岁	13	7	6				1		1
40-44岁	14	6	8						
45-49岁	16	6	10						
50-54岁	14	8	6						
55-59岁	14	8	6						
60-64岁	9	5	4						
65-69岁	6	3	3						
70-74岁	4	1	3						
75-79岁	7	3	4						
80-84岁	3	2	1						
85-89岁	1	1							
90-94岁	1	1							
95-99岁									
100岁及以上									

2-2a 续表 14

单位：人

年龄组	塔吉克族			怒　族			乌孜别克族		
	小计	男	女	小计	男	女	小计	男	女
总　计	**5**	**4**	**1**	**4**	**2**	**2**	**3**		**3**
0-4岁									
5-9岁									
10-14岁									
15-19岁				2		2			
20-24岁	4	3	1	2	2		3		3
25-29岁	1	1							
30-34岁									
35-39岁									
40-44岁									
45-49岁									
50-54岁									
55-59岁									
60-64岁									
65-69岁									
70-74岁									
75-79岁									
80-84岁									
85-89岁									
90-94岁									
95-99岁									
100岁及以上									

2-2a 续表 15

单位：人

年龄组	俄罗斯族			鄂温克族			德 昂 族		
	小计	男	女	小计	男	女	小计	男	女
总　计	**22**	**9**	**13**	**17**	**7**	**10**			
0-4岁	2		2	1		1			
5-9岁	2	2		1		1			
10-14岁	1		1	1	1				
15-19岁	1	1		4	3	1			
20-24岁	2		2	5	2	3			
25-29岁				1		1			
30-34岁	3	1	2	1		1			
35-39岁	1		1	2	1	1			
40-44岁	1	1							
45-49岁	2	1	1						
50-54岁	4	2	2	1		1			
55-59岁	2	1	1						
60-64岁									
65-69岁									
70-74岁									
75-79岁									
80-84岁									
85-89岁	1		1						
90-94岁									
95-99岁									
100岁及以上									

2−2a　续表 16　　　　单位：人

年龄组	保安族			裕固族			京族		
	小计	男	女	小计	男	女	小计	男	女
总　计	**24**	**12**	**12**	**76**	**41**	**35**	**1**		**1**
0−4岁	1		1	9	5	4			
5−9岁	3	2	1	10	6	4			
10−14岁	2		2	3	1	2			
15−19岁				4	2	2			
20−24岁	1	1		11	7	4	1		1
25−29岁	4	1	3	5	2	3			
30−34岁	2	1	1	4	3	1			
35−39岁	1	1		6	2	4			
40−44岁	2	2		7	3	4			
45−49岁				2	2				
50−54岁	2	1	1	8	5	3			
55−59岁	2	1	1	3	1	2			
60−64岁	1	1							
65−69岁				2	2				
70−74岁	1		1						
75−79岁	1		1	2		2			
80−84岁									
85−89岁	1	1							
90−94岁									
95−99岁									
100岁及以上									

2−2a　续表 17　　　　单位：人

年龄组	塔塔尔族			独龙族			鄂伦春族		
	小计	男	女	小计	男	女	小计	男	女
总　计	**2**		**2**	**2**	**1**	**1**	**6**	**4**	**2**
0−4岁									
5−9岁							1		1
10−14岁									
15−19岁							1	1	
20−24岁	2		2	2	1	1	1	1	
25−29岁									
30−34岁									
35−39岁							1		1
40−44岁							1	1	
45−49岁							1	1	
50−54岁									
55−59岁									
60−64岁									
65−69岁									
70−74岁									
75−79岁									
80−84岁									
85−89岁									
90−94岁									
95−99岁									
100岁及以上									

2–2a 续表 18 单位：人

年龄组	赫哲族			门巴族			珞巴族		
	小计	男	女	小计	男	女	小计	男	女
总　计	**6**	**3**	**3**	**4**	**3**	**1**	**1**		**1**
0–4岁									
5–9岁	1	1							
10–14岁									
15–19岁									
20–24岁	1		1	4	3	1	1		1
25–29岁									
30–34岁	1		1						
35–39岁	1		1						
40–44岁	2	2							
45–49岁									
50–54岁									
55–59岁									
60–64岁									
65–69岁									
70–74岁									
75–79岁									
80–84岁									
85–89岁									
90–94岁									
95–99岁									
100岁及以上									

2–2a 续表 19 单位：人

年龄组	基诺族			未定族称人口			入　籍		
	小计	男	女	小计	男	女	小计	男	女
总　计	**3**	**1**	**2**	**114**	**55**	**59**	**2**	**1**	**1**
0–4岁				10	4	6			
5–9岁									
10–14岁									
15–19岁	1		1	25	9	16			
20–24岁	2	1	1	53	28	25			
25–29岁				9	6	3			
30–34岁				3	3		1		1
35–39岁				4	2	2			
40–44岁									
45–49岁				2		2			
50–54岁				4	1	3	1	1	
55–59岁				4	2	2			
60–64岁									
65–69岁									
70–74岁									
75–79岁									
80–84岁									
85–89岁									
90–94岁									
95–99岁									
100岁及以上									

2-2b　全区各民族分年龄、性别的人口(镇)

单位：人

年龄组	合　计			汉　族		
	合计	男	女	小计	男	女
总　计	**1690065**	**857525**	**832540**	**1128117**	**577128**	**550989**
0-4岁	122658	63547	59111	74588	38799	35789
5-9岁	130552	68120	62432	74183	38864	35319
10-14岁	125985	65826	60159	71571	37691	33880
15-19岁	113573	58390	55183	59790	31779	28011
20-24岁	92152	46372	45780	57225	29728	27497
25-29岁	135070	66331	68739	90059	45019	45040
30-34岁	164911	81704	83207	114813	57618	57195
35-39岁	140755	71934	68821	95357	49206	46151
40-44岁	136436	70088	66348	93194	48427	44767
45-49岁	138556	71484	67072	103544	53774	49770
50-54岁	121892	61981	59911	92240	47185	45055
55-59岁	87310	44684	42626	66447	34067	32380
60-64岁	52740	26332	26408	40494	20302	20192
65-69岁	51576	24956	26620	38690	18599	20091
70-74岁	33922	15989	17933	24943	11663	13280
75-79岁	22751	10735	12016	16820	7834	8986
80-84岁	13075	6106	6969	9771	4456	5315
85-89岁	4824	2321	2503	3511	1685	1826
90-94岁	1114	534	580	754	379	375
95-99岁	187	81	106	114	50	64
100岁及以上	26	10	16	9	3	6

2-2b　续表 1

单位：人

年龄组	蒙古族			回　族			藏　族		
	小计	男	女	小计	男	女	小计	男	女
总　计	**1308**	**642**	**666**	**551957**	**275254**	**276703**	**265**	**129**	**136**
0-4岁	142	69	73	47121	24266	22855	24	8	16
5-9岁	128	66	62	55795	28959	26836	25	11	14
10-14岁	74	35	39	54043	27952	26091	15	7	8
15-19岁	62	29	33	53285	26329	26956	9	5	4
20-24岁	68	33	35	34049	16148	17901	36	18	18
25-29岁	106	51	55	44033	20799	23234	33	18	15
30-34岁	169	87	82	48929	23508	25421	39	16	23
35-39岁	137	74	63	44456	22238	22218	27	13	14
40-44岁	90	41	49	42463	21247	21216	21	10	11
45-49岁	101	51	50	34081	17241	16840	12	6	6
50-54岁	78	39	39	28947	14449	14498	10	9	1
55-59岁	65	33	32	20339	10368	9971	5	2	3
60-64岁	42	18	24	11963	5887	6076	1		1
65-69岁	24	7	17	12687	6266	6421	7	6	1
70-74岁	12	4	8	8892	4281	4611			
75-79岁	5	2	3	5877	2877	3000	1		1
80-84岁	3	2	1	3258	1627	1631			
85-89岁	1	1		1294	623	671			
90-94岁	1		1	356	152	204			
95-99岁				72	30	42			
100岁及以上				17	7	10			

2-2b 续表 2

单位：人

年龄组	维吾尔族			苗 族			彝 族		
	小计	男	女	小计	男	女	小计	男	女
总 计	**66**	**30**	**36**	**2674**	**1455**	**1219**	**167**	**93**	**74**
0–4岁	3	2	1	266	138	128	10	9	1
5–9岁	4	2	2	49	25	24	12	6	6
10–14岁	4	3	1	9	3	6	9	5	4
15–19岁	4	4		150	102	48	14	7	7
20–24岁	9	5	4	308	181	127	28	22	6
25–29岁	13	4	9	338	197	141	20	9	11
30–34岁	6	2	4	293	152	141	22	7	15
35–39岁	4	2	2	355	191	164	14	8	6
40–44岁	5	2	3	262	143	119	16	6	10
45–49岁	6	1	5	323	176	147	10	7	3
50–54岁	2	1	1	171	76	95	7	4	3
55–59岁	4	1	3	111	55	56	4	3	1
60–64岁	1	1		25	12	13	1		1
65–69岁	1		1	11	4	7			
70–74岁				2		2			
75–79岁				1		1			
80–84岁									
85–89岁									
90–94岁									
95–99岁									
100岁及以上									

2-2b 续表 3

单位：人

年龄组	壮 族			布依族			朝鲜族		
	小计	男	女	小计	男	女	小计	男	女
总 计	**198**	**83**	**115**	**428**	**223**	**205**	**66**	**34**	**32**
0–4岁	21	9	12	26	13	13	5	4	1
5–9岁	16	5	11	9	6	3	6	3	3
10–14岁	11	6	5	2	1	1	3	2	1
15–19岁	10	6	4	21	17	4	1		1
20–24岁	6	4	2	42	23	19	1		1
25–29岁	19	6	13	44	23	21	9	5	4
30–34岁	28	8	20	39	22	17	8	2	6
35–39岁	25	9	16	35	18	17	5	2	3
40–44岁	24	12	12	34	18	16	6	3	3
45–49岁	6	3	3	78	38	40	5	3	2
50–54岁	10	5	5	53	25	28	5	3	2
55–59岁	12	8	4	27	11	16	5	2	3
60–64岁	2	1	1	9	4	5	1	1	
65–69岁	3		3	7	2	5	3	2	1
70–74岁	1	1							
75–79岁	1		1				2	1	1
80–84岁	3		3				1	1	
85–89岁									
90–94岁				2	2				
95–99岁									
100岁及以上									

2-2b　续表 4　　　　单位：人

年龄组	满族			侗族			瑶族		
	小计	男	女	小计	男	女	小计	男	女
总　计	**3780**	**1912**	**1868**	**63**	**34**	**29**	**34**	**16**	**18**
0–4岁	368	179	189	5	2	3	7	3	4
5–9岁	255	136	119	2		2	3	1	2
10–14岁	187	93	94	4	4		1	1	
15–19岁	162	79	83	7	5	2	1		1
20–24岁	247	136	111	2	2		5	3	2
25–29岁	274	143	131	9	3	6	5	3	2
30–34岁	435	215	220	9	4	5	3	1	2
35–39岁	241	127	114	7	3	4	3	2	1
40–44岁	247	137	110	6	2	4	2	2	
45–49岁	317	152	165	3	3		1		1
50–54岁	301	145	156	6	5	1	1		1
55–59岁	260	118	142	1	1		2		2
60–64岁	186	98	88						
65–69岁	134	65	69	1		1			
70–74岁	68	37	31	1		1			
75–79岁	43	21	22						
80–84岁	36	17	19						
85–89岁	17	12	5						
90–94岁	1	1							
95–99岁	1	1							
100岁及以上									

2-2b　续表 5　　　　单位：人

年龄组	白族			土家族			哈尼族		
	小计	男	女	小计	男	女	小计	男	女
总　计	**38**	**13**	**25**	**379**	**216**	**163**	**10**	**5**	**5**
0–4岁	4	3	1	29	15	14	2	2	
5–9岁				25	15	10	1		1
10–14岁	1	1		24	10	14	1	1	
15–19岁	1	1		23	13	10			
20–24岁	5	2	3	50	32	18	3	1	2
25–29岁	4	3	1	40	20	20	1	1	
30–34岁	7	1	6	38	23	15	1		1
35–39岁	3		3	46	26	20			
40–44岁	6	2	4	21	12	9			
45–49岁	2		2	30	15	15			
50–54岁	1		1	27	18	9	1		1
55–59岁	1		1	14	9	5			
60–64岁	1		1	6	3	3			
65–69岁				3	2	1			
70–74岁				2	2				
75–79岁	1		1						
80–84岁				1	1				
85–89岁	1		1						
90–94岁									
95–99岁									
100岁及以上									

2-2b 续表 6

单位：人

年龄组	哈萨克族			傣 族			黎 族		
	小计	男	女	小计	男	女	小计	男	女
总 计	**12**	**3**	**9**	**13**	**2**	**11**	**36**	**18**	**18**
0-4岁	1	1					5	4	1
5-9岁				1	1		9	6	3
10-14岁	1	1		1		1	1		1
15-19岁									
20-24岁	4	1	3	1	1				
25-29岁				3		3	2		2
30-34岁	3		3	3		3	7	3	4
35-39岁	1		1				3		3
40-44岁	2		2	1		1	3	1	2
45-49岁									
50-54岁				3		3	2	1	1
55-59岁							2	1	1
60-64岁									
65-69岁							1	1	
70-74岁									
75-79岁									
80-84岁							1	1	
85-89岁									
90-94岁									
95-99岁									
100岁及以上									

2-2b 续表 7

单位：人

年龄组	傈 僳 族			佤 族			畲 族		
	小计	男	女	小计	男	女	小计	男	女
总 计	**4**	**2**	**2**	**6**	**1**	**5**	**25**	**11**	**14**
0-4岁							2	1	1
5-9岁							1	1	
10-14岁							2	1	1
15-19岁	1	1							
20-24岁				1		1	2		2
25-29岁	2	1	1	1		1	2		2
30-34岁				1		1	4	2	2
35-39岁							1		1
40-44岁				1	1		3	2	1
45-49岁	1		1	2		2	4	2	2
50-54岁							1		1
55-59岁							1		1
60-64岁									
65-69岁							1	1	
70-74岁									
75-79岁									
80-84岁							1	1	
85-89岁									
90-94岁									
95-99岁									
100岁及以上									

2-2b 续表 8

单位：人

年龄组	高山族			拉祜族			水族		
	小计	男	女	小计	男	女	小计	男	女
总 计	**1**	**1**		**2**		**2**	**12**	**5**	**7**
0-4岁									
5-9岁							2	1	1
10-14岁									
15-19岁									
20-24岁				1		1	2		2
25-29岁									
30-34岁				1		1	1	1	
35-39岁									
40-44岁	1	1					3	2	1
45-49岁							3		3
50-54岁							1	1	
55-59岁									
60-64岁									
65-69岁									
70-74岁									
75-79岁									
80-84岁									
85-89岁									
90-94岁									
95-99岁									
100岁及以上									

2-2b 续表 9

单位：人

年龄组	东乡族			纳西族			景颇族		
	小计	男	女	小计	男	女	小计	男	女
总 计	**199**	**101**	**98**	**2**		**2**	**8**	**3**	**5**
0-4岁	11	6	5				1	1	
5-9岁	16	7	9						
10-14岁	14	7	7						
15-19岁	21	7	14				1	1	
20-24岁	26	13	13	1		1			
25-29岁	25	11	14						
30-34岁	29	18	11	1		1	1	1	
35-39岁	18	8	10				2		2
40-44岁	10	7	3				2		2
45-49岁	14	7	7						
50-54岁	11	7	4				1		1
55-59岁	2	1	1						
60-64岁	2	2							
65-69岁									
70-74岁									
75-79岁									
80-84岁									
85-89岁									
90-94岁									
95-99岁									
100岁及以上									

2-2b 续表 10

单位：人

年龄组	柯尔克孜族			土族			达斡尔族		
	小计	男	女	小计	男	女	小计	男	女
总 计	**5**	**3**	**2**	**66**	**31**	**35**	**16**	**10**	**6**
0-4岁	2	2		4	3	1	3	2	1
5-9岁				5	4	1	2		2
10-14岁				4	1	3			
15-19岁				5	2	3			
20-24岁				13	7	6	1	1	
25-29岁	2	1	1	6	3	3	3	2	1
30-34岁	1		1	7	3	4	2	2	
35-39岁				4	1	3	3	2	1
40-44岁				4	3	1	1	1	
45-49岁				4	1	3			
50-54岁				3	1	2			
55-59岁				3	1	2	1		1
60-64岁				3	1	2			
65-69岁				1		1			
70-74岁									
75-79岁									
80-84岁									
85-89岁									
90-94岁									
95-99岁									
100岁及以上									

2-2b 续表 11

单位：人

年龄组	仫佬族			羌族			布朗族		
	小计	男	女	小计	男	女	小计	男	女
总 计	**1**		**1**	**23**	**15**	**8**			
0-4岁				2	2				
5-9岁				1		1			
10-14岁									
15-19岁									
20-24岁									
25-29岁				3	1	2			
30-34岁				2	1	1			
35-39岁				2	1	1			
40-44岁				3	3				
45-49岁	1		1	4	2	2			
50-54岁				3	3				
55-59岁				2	2				
60-64岁									
65-69岁				1		1			
70-74岁									
75-79岁									
80-84岁									
85-89岁									
90-94岁									
95-99岁									
100岁及以上									

2-2b　续表 12　　　　单位：人

年龄组	撒拉族			毛南族			仡佬族		
	小计	男	女	小计	男	女	小计	男	女
总　计	**14**	**5**	**9**	**5**	**3**	**2**	**13**	**8**	**5**
0–4岁	1		1	1	1		1	1	
5–9岁				1	1				
10–14岁							1		1
15–19岁	1	1							
20–24岁	6	3	3				4	3	1
25–29岁				2	1	1	2	1	1
30–34岁	2		2						
35–39岁	1		1				2	2	
40–44岁							1		1
45–49岁	1		1				1	1	
50–54岁	1	1		1		1	1		1
55–59岁	1		1						
60–64岁									
65–69岁									
70–74岁									
75–79岁									
80–84岁									
85–89岁									
90–94岁									
95–99岁									
100岁及以上									

2-2b　续表 13　　　　单位：人

年龄组	锡伯族			阿昌族			普米族		
	小计	男	女	小计	男	女	小计	男	女
总　计	**13**	**11**	**2**				**1**		**1**
0–4岁									
5–9岁									
10–14岁	1	1							
15–19岁	1	1							
20–24岁	1	1							
25–29岁	1	1							
30–34岁	1	1							
35–39岁	1	1					1		1
40–44岁	2	1	1						
45–49岁									
50–54岁	1	1							
55–59岁									
60–64岁	2	1	1						
65–69岁	1	1							
70–74岁	1	1							
75–79岁									
80–84岁									
85–89岁									
90–94岁									
95–99岁									
100岁及以上									

2-2b 续表 14

单位：人

年龄组	塔吉克族			怒 族			乌孜别克族		
	小计	男	女	小计	男	女	小计	男	女
总 计									
0-4岁									
5-9岁									
10-14岁									
15-19岁									
20-24岁									
25-29岁									
30-34岁									
35-39岁									
40-44岁									
45-49岁									
50-54岁									
55-59岁									
60-64岁									
65-69岁									
70-74岁									
75-79岁									
80-84岁									
85-89岁									
90-94岁									
95-99岁									
100岁及以上									

2-2b 续表 15

单位：人

年龄组	俄罗斯族			鄂温克族			德 昂 族		
	小计	男	女	小计	男	女	小计	男	女
总 计	**4**	**2**	**2**	**1**		**1**			
0-4岁	1		1						
5-9岁	1		1						
10-14岁									
15-19岁				1		1			
20-24岁									
25-29岁	1	1							
30-34岁	1	1							
35-39岁									
40-44岁									
45-49岁									
50-54岁									
55-59岁									
60-64岁									
65-69岁									
70-74岁									
75-79岁									
80-84岁									
85-89岁									
90-94岁									
95-99岁									
100岁及以上									

2–2b 续表 16 单位：人

年龄组	保安族			裕固族			京族		
	小计	男	女	小计	男	女	小计	男	女
总计	**2**		**2**	**9**	**7**	**2**	**1**	**1**	
0–4岁				1	1		1	1	
5–9岁									
10–14岁				1		1			
15–19岁	1		1						
20–24岁	1		1						
25–29岁				1		1			
30–34岁				3	3				
35–39岁									
40–44岁				1	1				
45–49岁				1	1				
50–54岁				1	1				
55–59岁									
60–64岁									
65–69岁									
70–74岁									
75–79岁									
80–84岁									
85–89岁									
90–94岁									
95–99岁									
100岁及以上									

2–2b 续表 17 单位：人

年龄组	塔塔尔族			独龙族			鄂伦春族		
	小计	男	女	小计	男	女	小计	男	女
总计							**3**	**2**	**1**
0–4岁									
5–9岁									
10–14岁									
15–19岁									
20–24岁									
25–29岁									
30–34岁							1	1	
35–39岁									
40–44岁									
45–49岁							1		1
50–54岁									
55–59岁							1	1	
60–64岁									
65–69岁									
70–74岁									
75–79岁									
80–84岁									
85–89岁									
90–94岁									
95–99岁									
100岁及以上									

2-2b　续表 18　　　　单位：人

年龄组	赫哲族			门巴族			珞巴族		
	小计	男	女	小计	男	女	小计	男	女
总　计				**1**		**1**			
0-4岁									
5-9岁									
10-14岁									
15-19岁									
20-24岁									
25-29岁				1		1			
30-34岁									
35-39岁									
40-44岁									
45-49岁									
50-54岁									
55-59岁									
60-64岁									
65-69岁									
70-74岁									
75-79岁									
80-84岁									
85-89岁									
90-94岁									
95-99岁									
100岁及以上									

2-2b　续表 19　　　　单位：人

年龄组	基诺族			未定族称人口			入　籍		
	小计	男	女	小计	男	女	小计	男	女
总　计				**16**	**13**	**3**	**1**		**1**
0-4岁									
5-9岁									
10-14岁									
15-19岁				1	1				
20-24岁				4	4				
25-29岁				6	4	2			
30-34岁				1	1				
35-39岁							1		1
40-44岁				1	1				
45-49岁									
50-54岁				2	1	1			
55-59岁									
60-64岁				1	1				
65-69岁									
70-74岁									
75-79岁									
80-84岁									
85-89岁									
90-94岁									
95-99岁									
100岁及以上									

2-2c　全区各民族分年龄、性别的人口(乡村)

单位：人

年龄组	合计			汉族		
	合计	男	女	小计	男	女
总　计	**2524000**	**1323169**	**1200831**	**1212377**	**650685**	**561692**
0-4岁	175477	90201	85276	54692	28312	26380
5-9岁	180573	93049	87524	51069	26739	24330
10-14岁	184475	95443	89032	56953	29999	26954
15-19岁	126543	68026	58517	50073	27279	22794
20-24岁	146788	80119	66669	61291	35016	26275
25-29岁	169930	93672	76258	77518	44725	32793
30-34岁	174210	95628	78582	82018	47352	34666
35-39岁	156663	84093	72570	67979	38869	29110
40-44岁	176370	92545	83825	82213	45605	36608
45-49岁	207556	108325	99231	119910	64263	55647
50-54岁	226636	116621	110015	136605	72162	64443
55-59岁	179901	94098	85803	112619	59406	53213
60-64岁	116297	60786	55511	76067	40638	35429
65-69岁	122171	62623	59548	76574	39308	37266
70-74岁	81856	40420	41436	48894	23796	25098
75-79岁	54360	26664	27696	32121	15427	16694
80-84岁	29364	13982	15382	17498	8068	9430
85-89岁	11411	5368	6043	6609	2986	3623
90-94岁	2770	1225	1545	1357	592	765
95-99岁	573	256	317	291	132	159
100岁及以上	76	25	51	26	11	15

2-2c　续表 1

单位：人

年龄组	蒙古族			回族			藏族		
	小计	男	女	小计	男	女	小计	男	女
总　计	**737**	**365**	**372**	**1300286**	**666493**	**633793**	**200**	**112**	**88**
0-4岁	49	26	23	119930	61462	58468	7	2	5
5-9岁	59	26	33	129149	66128	63021	13	7	6
10-14岁	34	15	19	127290	65339	61951	12	7	5
15-19岁	33	15	18	75914	40424	35490	6		6
20-24岁	51	29	22	84382	44454	39928	21	19	2
25-29岁	68	28	40	91207	48300	42907	21	12	9
30-34岁	118	68	50	90866	47528	43338	24	12	12
35-39岁	65	34	31	87523	44615	42908	24	16	8
40-44岁	62	30	32	92867	46272	46595	13	8	5
45-49岁	65	24	41	86487	43475	43012	26	14	12
50-54岁	49	27	22	89096	43991	45105	12	5	7
55-59岁	39	23	16	66734	34405	32329	8	4	4
60-64岁	16	9	7	39964	20018	19946	3	2	1
65-69岁	14	6	8	45437	23233	22204	6	3	3
70-74岁	6	2	4	32876	16587	16289	4	1	3
75-79岁	4	1	3	22191	11216	10975			
80-84岁	3	2	1	11841	5900	5941			
85-89岁	1		1	4793	2377	2416			
90-94岁	1		1	1410	632	778			
95-99岁				279	123	156			
100岁及以上				50	14	36			

2-2c 续表 2

单位：人

年龄组	维吾尔族			苗族			彝族		
	小计	男	女	小计	男	女	小计	男	女
总 计	**63**	**24**	**39**	**5666**	**3006**	**2660**	**313**	**173**	**140**
0-4岁	2	2		494	255	239	21	10	11
5-9岁	7	4	3	93	54	39	9	3	6
10-14岁	1	1		26	12	14	4	1	3
15-19岁	2		2	316	194	122	10	7	3
20-24岁	12	7	5	681	381	300	37	26	11
25-29岁	9	3	6	687	375	312	42	23	19
30-34岁	9	2	7	621	363	258	52	27	25
35-39岁	10	3	7	618	313	305	37	22	15
40-44岁	3		3	734	375	359	37	18	19
45-49岁	5	1	4	605	307	298	28	17	11
50-54岁	1	1		442	211	231	25	15	10
55-59岁				213	103	110	8	3	5
60-64岁	1		1	84	38	46	1		1
65-69岁				38	17	21	1	1	
70-74岁				9	4	5	1		1
75-79岁	1		1	3	2	1			
80-84岁				1	1				
85-89岁									
90-94岁									
95-99岁				1	1				
100岁及以上									

2-2c 续表 3

单位：人

年龄组	壮族			布依族			朝鲜族		
	小计	男	女	小计	男	女	小计	男	女
总 计	**159**	**66**	**93**	**1204**	**592**	**612**	**23**	**16**	**7**
0-4岁	11	6	5	57	26	31			
5-9岁	6	2	4	12	4	8	2	1	1
10-14岁	3	1	2	4	1	3			
15-19岁	6	4	2	42	29	13			
20-24岁	6	3	3	105	61	44	3	3	
25-29岁	15	2	13	97	54	43	3	3	
30-34岁	23	10	13	112	56	56	1	1	
35-39岁	19	6	13	117	65	52	2	1	1
40-44岁	12	6	6	191	91	100			
45-49岁	17	8	9	167	76	91	1	1	
50-54岁	12	4	8	150	67	83	1		1
55-59岁	13	8	5	86	42	44	5	4	1
60-64岁	12	5	7	46	14	32	2	1	1
65-69岁	3	1	2	14	5	9	1	1	
70-74岁	1		1	4	1	3			
75-79岁							2		2
80-84岁									
85-89岁									
90-94岁									
95-99岁									
100岁及以上									

2-2c 续表 4

单位：人

年龄组	满族			侗族			瑶族		
	小计	男	女	小计	男	女	小计	男	女
总 计	**1655**	**887**	**768**	**71**	**45**	**26**	**97**	**46**	**51**
0-4岁	140	67	73	4	2	2	9	5	4
5-9岁	96	50	46	1	1		6	3	3
10-14岁	84	37	47				1		1
15-19岁	77	38	39	4	3	1	6	2	4
20-24岁	73	43	30	15	11	4	10	7	3
25-29岁	129	69	60	6	5	1	9	3	6
30-34岁	201	119	82	8	3	5	15	5	10
35-39岁	139	70	69	5	4	1	18	11	7
40-44岁	121	73	48	6	4	2	10	5	5
45-49岁	140	79	61	8	5	3	4		4
50-54岁	138	74	64	10	4	6	5	3	2
55-59岁	110	57	53	3	3		4	2	2
60-64岁	62	39	23	1		1			
65-69岁	60	33	27						
70-74岁	40	18	22						
75-79岁	25	12	13						
80-84岁	12	6	6						
85-89岁	4	2	2						
90-94岁	2	1	1						
95-99岁	2		2						
100岁及以上									

2-2c 续表 5

单位：人

年龄组	白族			土家族			哈尼族		
	小计	男	女	小计	男	女	小计	男	女
总 计	**31**	**14**	**17**	**253**	**164**	**89**	**14**	**4**	**10**
0-4岁	2		2	12	4	8			
5-9岁	1		1	15	7	8	1	1	
10-14岁	2	1	1	10		10			
15-19岁	2	1	1	4	4		1		1
20-24岁	1	1		22	14	8	2		2
25-29岁	5	2	3	22	18	4	3		3
30-34岁	3	2	1	36	22	14	4	1	3
35-39岁	3	1	2	34	24	10	2	1	1
40-44岁	3		3	22	16	6	1	1	
45-49岁	3	1	2	29	23	6			
50-54岁	1	1		24	19	5			
55-59岁	3	2	1	10	6	4			
60-64岁	1	1		7	4	3			
65-69岁	1	1		3	1	2			
70-74岁				2	1	1			
75-79岁									
80-84岁				1	1				
85-89岁									
90-94岁									
95-99岁									
100岁及以上									

2-2c 续表 6

单位：人

年龄组	哈萨克族			傣族			黎族		
	小计	男	女	小计	男	女	小计	男	女
总计	**26**	**3**	**23**	**4**		**4**	**25**	**8**	**17**
0-4岁				1		1	5	1	4
5-9岁	2	1	1				4	2	2
10-14岁							2	1	1
15-19岁	1		1						
20-24岁	4	1	3						
25-29岁	1		1				3	1	2
30-34岁	3	1	2	1		1	5	1	4
35-39岁	6		6	1		1			
40-44岁	6		6				3		3
45-49岁	1		1	1		1	2	2	
50-54岁	1		1				1		1
55-59岁									
60-64岁	1		1						
65-69岁									
70-74岁									
75-79岁									
80-84岁									
85-89岁									
90-94岁									
95-99岁									
100岁及以上									

2-2c 续表 7

单位：人

年龄组	傈僳族			佤族			畲族		
	小计	男	女	小计	男	女	小计	男	女
总计	**4**		**4**	**4**	**4**		**19**	**13**	**6**
0-4岁							1		1
5-9岁							1	1	
10-14岁									
15-19岁									
20-24岁				1	1				
25-29岁	2		2						
30-34岁							2	2	
35-39岁				1	1				
40-44岁	1		1				3	3	
45-49岁	1		1	1	1		3	2	1
50-54岁				1	1		2	1	1
55-59岁							6	3	3
60-64岁							1	1	
65-69岁									
70-74岁									
75-79岁									
80-84岁									
85-89岁									
90-94岁									
95-99岁									
100岁及以上									

2–2c 续表 8

单位：人

年龄组	高山族			拉祜族			水族		
	小计	男	女	小计	男	女	小计	男	女
总　计				**8**	**6**	**2**	**16**	**2**	**14**
0–4岁							3		3
5–9岁				1	1		1		1
10–14岁									
15–19岁									
20–24岁							2		2
25–29岁				2	1	1	2		2
30–34岁				1	1		4	2	2
35–39岁				1	1				
40–44岁				2	1	1	2		2
45–49岁							1		1
50–54岁				1	1				
55–59岁									
60–64岁							1		1
65–69岁									
70–74岁									
75–79岁									
80–84岁									
85–89岁									
90–94岁									
95–99岁									
100岁及以上									

2–2c 续表 9

单位：人

年龄组	东乡族			纳西族			景颇族		
	小计	男	女	小计	男	女	小计	男	女
总　计	**584**	**354**	**230**	**2**	**2**		**1**		**1**
0–4岁	23	14	9	1	1				
5–9岁	18	10	8						
10–14岁	42	25	17						
15–19岁	41	23	18						
20–24岁	56	34	22						
25–29岁	61	37	24						
30–34岁	54	37	17	1	1		1		1
35–39岁	44	24	20						
40–44岁	48	32	16						
45–49岁	37	22	15						
50–54岁	42	25	17						
55–59岁	33	21	12						
60–64岁	25	16	9						
65–69岁	19	13	6						
70–74岁	18	9	9						
75–79岁	13	6	7						
80–84岁	7	4	3						
85–89岁	3	2	1						
90–94岁									
95–99岁									
100岁及以上									

2-2c 续表 10

单位：人

年龄组	柯尔克孜族			土族			达斡尔族		
	小计	男	女	小计	男	女	小计	男	女
总　计	**3**	**1**	**2**	**44**	**25**	**19**	**2**		**2**
0-4岁				6	3	3			
5-9岁				1	1				
10-14岁				4	1	3			
15-19岁	1		1	3	2	1			
20-24岁				5	3	2			
25-29岁	2	1	1	4	2	2			
30-34岁				5	3	2			
35-39岁				6	4	2			
40-44岁				1	1				
45-49岁				1	1		1		1
50-54岁				4	2	2			
55-59岁				2	1	1			
60-64岁							1		1
65-69岁									
70-74岁				1	1				
75-79岁									
80-84岁				1		1			
85-89岁									
90-94岁									
95-99岁									
100岁及以上									

2-2c 续表 11

单位：人

年龄组	仫佬族			羌族			布朗族		
	小计	男	女	小计	男	女	小计	男	女
总　计				**21**	**10**	**11**			
0-4岁				1		1			
5-9岁									
10-14岁				1		1			
15-19岁									
20-24岁				1	1				
25-29岁									
30-34岁				4	1	3			
35-39岁				2	2				
40-44岁				1		1			
45-49岁				5	2	3			
50-54岁				4	2	2			
55-59岁				2	2				
60-64岁									
65-69岁									
70-74岁									
75-79岁									
80-84岁									
85-89岁									
90-94岁									
95-99岁									
100岁及以上									

2-2c　续表 12　　单位：人

年龄组	撒拉族			毛南族			仡佬族		
	小计	男	女	小计	男	女	小计	男	女
总　计	**20**	**11**	**9**				**14**	**9**	**5**
0–4岁	3		3						
5–9岁	3	1	2						
10–14岁									
15–19岁	1	1							
20–24岁	2	1	1				1		1
25–29岁	3	3					2	2	
30–34岁	4	3	1						
35–39岁							4	3	1
40–44岁							5	3	2
45–49岁	1		1				1		1
50–54岁	1		1						
55–59岁	1	1					1	1	
60–64岁									
65–69岁									
70–74岁									
75–79岁									
80–84岁									
85–89岁	1	1							
90–94岁									
95–99岁									
100岁及以上									

2-2c　续表 13　　单位：人

年龄组	锡伯族			阿昌族			普米族		
	小计	男	女	小计	男	女	小计	男	女
总　计	**15**	**12**	**3**	**2**	**1**	**1**	**3**	**2**	**1**
0–4岁	1	1					1	1	
5–9岁							1	1	
10–14岁	1	1		1	1				
15–19岁									
20–24岁									
25–29岁	3	1	2						
30–34岁	3	3		1		1	1		1
35–39岁	3	3							
40–44岁									
45–49岁	1		1						
50–54岁	2	2							
55–59岁	1	1							
60–64岁									
65–69岁									
70–74岁									
75–79岁									
80–84岁									
85–89岁									
90–94岁									
95–99岁									
100岁及以上									

2-2c 续表 14 单位：人

年龄组	塔吉克族			怒 族			乌孜别克族		
	小计	男	女	小计	男	女	小计	男	女
总 计	**1**		**1**						
0-4岁									
5-9岁									
10-14岁									
15-19岁									
20-24岁									
25-29岁									
30-34岁	1		1						
35-39岁									
40-44岁									
45-49岁									
50-54岁									
55-59岁									
60-64岁									
65-69岁									
70-74岁									
75-79岁									
80-84岁									
85-89岁									
90-94岁									
95-99岁									
100岁及以上									

2-2c 续表 15 单位：人

年龄组	俄罗斯族			鄂温克族			德 昂 族		
	小计	男	女	小计	男	女	小计	男	女
总 计	**3**	**1**	**2**						
0-4岁									
5-9岁									
10-14岁									
15-19岁									
20-24岁									
25-29岁									
30-34岁	2	1	1						
35-39岁									
40-44岁									
45-49岁									
50-54岁	1		1						
55-59岁									
60-64岁									
65-69岁									
70-74岁									
75-79岁									
80-84岁									
85-89岁									
90-94岁									
95-99岁									
100岁及以上									

2-2c 续表 16

单位：人

年龄组	保安族			裕固族			京族		
	小计	男	女	小计	男	女	小计	男	女
总 计	**1**		**1**	**8**	**2**	**6**			
0-4岁									
5-9岁				2	1	1			
10-14岁									
15-19岁									
20-24岁				2	1	1			
25-29岁									
30-34岁	1		1	2		2			
35-39岁									
40-44岁				1		1			
45-49岁									
50-54岁				1		1			
55-59岁									
60-64岁									
65-69岁									
70-74岁									
75-79岁									
80-84岁									
85-89岁									
90-94岁									
95-99岁									
100岁及以上									

2-2c 续表 17

单位：人

年龄组	塔塔尔族			独龙族			鄂伦春族		
	小计	男	女	小计	男	女	小计	男	女
总 计									
0-4岁									
5-9岁									
10-14岁									
15-19岁									
20-24岁									
25-29岁									
30-34岁									
35-39岁									
40-44岁									
45-49岁									
50-54岁									
55-59岁									
60-64岁									
65-69岁									
70-74岁									
75-79岁									
80-84岁									
85-89岁									
90-94岁									
95-99岁									
100岁及以上									

2-2c　续表 18　　单位：人

年龄组	赫哲族			门巴族			珞巴族		
	小计	男	女	小计	男	女	小计	男	女
总　计	**1**		**1**						
0–4岁									
5–9岁									
10–14岁									
15–19岁									
20–24岁									
25–29岁									
30–34岁									
35–39岁									
40–44岁									
45–49岁									
50–54岁									
55–59岁									
60–64岁	1		1						
65–69岁									
70–74岁									
75–79岁									
80–84岁									
85–89岁									
90–94岁									
95–99岁									
100岁及以上									

2-2c　续表 19　　单位：人

年龄组	基诺族			未定族称人口			入籍		
	小计	男	女	小计	男	女	小计	男	女
总　计				**15**	**9**	**6**	**5**	**2**	**3**
0–4岁							1	1	
5–9岁									
10–14岁									
15–19岁									
20–24岁				2	2				
25–29岁				1	1		3	1	2
30–34岁				2	1	1	1		1
35–39岁									
40–44岁				2	1	1			
45–49岁				4	1	3			
50–54岁				4	3	1			
55–59岁									
60–64岁									
65–69岁									
70–74岁									
75–79岁									
80–84岁									
85–89岁									
90–94岁									
95–99岁									
100岁及以上									

2-3　全区各民族分性别、受教育程度的3岁及以上人口

单位：人

民　族	3岁及以上人口			未上过学		
	合计	男	女	小计	男	女
总　计	**6927596**	**3526853**	**3400743**	**422737**	**133717**	**289020**
汉　族	4461833	2286594	2175239	196897	57044	139853
蒙古族	9027	4308	4719	134	62	72
回　族	2402638	1208778	1193860	223030	75636	147394
藏　族	1430	696	734	41	18	23
维吾尔族	1366	613	753	21	13	8
苗　族	10474	5627	4847	1546	540	1006
彝　族	1376	715	661	71	34	37
壮　族	1530	656	874	18	5	13
布依族	2406	1183	1223	414	133	281
朝鲜族	494	241	253	6	3	3
满　族	26646	13200	13446	306	129	177
侗　族	566	293	273	8	4	4
瑶　族	368	183	185	7	3	4
白　族	344	150	194	5	3	2
土家族	3119	1611	1508	25	9	16
哈尼族	118	43	75	1	1	
哈萨克族	273	118	155	1	1	
傣　族	72	28	44			
黎　族	219	86	133	6	3	3
傈僳族	45	14	31	3	1	2
佤　族	23	13	10			
畲　族	124	71	53	3		3
高山族	8	6	2			
拉祜族	20	11	9	2	1	1
水　族	77	33	44	4	1	3
东乡族	1284	706	578	158	63	95
纳西族	46	16	30			
景颇族	15	6	9			
柯尔克孜族	35	11	24			
土　族	443	235	208	12	2	10
达斡尔族	98	53	45	1	1	
仫佬族	49	24	25			
羌　族	102	60	42	2	2	
布朗族	3	2	1			
撒拉族	134	66	68	5	1	4
毛南族	27	9	18			
仡佬族	162	86	76	2		2
锡伯族	231	128	103	2	2	
阿昌族	3	1	2			
普米族	24	7	17	1	1	
塔吉克族	6	4	2			
怒　族	4	2	2			
乌孜别克族	3		3			
俄罗斯族	27	12	15	1		1
鄂温克族	17	7	10			
德昂族						
保安族	26	12	14			
裕固族	86	45	41	1	1	
京　族	1		1			
塔塔尔族	2		2			
独龙族	2	1	1			
鄂伦春族	9	6	3			
赫哲族	7	3	4			
门巴族	5	3	2			
珞巴族	1		1			
基诺族	3	1	2			
未定族称人口	138	74	64	3		3
入　籍	7	2	5			

2-3 续表 1 单位：人

民 族	学前教育			小 学		
	小计	男	女	小计	男	女
总 计	**267417**	**137968**	**129449**	**1880672**	**889341**	**991331**
汉 族	153348	79281	74067	976153	454209	521944
蒙古族	495	280	215	1216	576	640
回 族	111311	57214	54097	892286	428934	463352
藏 族	46	22	24	248	121	127
维吾尔族	37	21	16	100	49	51
苗 族	231	112	119	4542	2402	2140
彝 族	31	19	12	334	181	153
壮 族	59	26	33	180	76	104
布依族	39	18	21	993	491	502
朝鲜族	18	13	5	51	23	28
满 族	1501	810	691	3212	1582	1630
侗 族	17	7	10	55	28	27
瑶 族	16	6	10	94	42	52
白 族	11	8	3	30	10	20
土家族	112	55	57	338	162	176
哈尼族	4	2	2	23	10	13
哈萨克族	3	2	1	18	3	15
傣 族	2	2		8	2	6
黎 族	11	4	7	22	13	9
傈僳族	1		1	6	2	4
佤 族				5	2	3
畲 族	3	2	1	28	15	13
高山族				1		1
拉祜族	2	2		2	2	
水 族	4	1	3	8	2	6
东乡族	44	25	19	492	283	209
纳西族	1	1		1	1	
景颇族				4		4
柯尔克孜族				1		1
土 族	17	8	9	76	38	38
达斡尔族	9	4	5	9	7	2
仫佬族	3	2	1	2	1	1
羌 族	7	3	4	25	16	9
布朗族						
撒拉族	5	2	3	24	13	11
毛南族	1		1	2	1	1
仡佬族	4	3	1	15	8	7
锡伯族	14	7	7	19	12	7
阿昌族				1	1	
普米族	2	2		2	1	1
塔吉克族						
怒 族						
乌孜别克族						
俄罗斯族	1	1		4	1	3
鄂温克族				2	1	1
德昂族						
保安族				11	5	6
裕固族	4	1	3	18	8	10
京 族						
塔塔尔族						
独龙族						
鄂伦春族				1		1
赫哲族	1	1				
门巴族						
珞巴族						
基诺族						
未定族称人口	2	1	1	9	6	3
入 籍				1	1	

2-3　续表 2　　　　单位：人

民　族	初　中			高　中			大学专科		
	小计	男	女	小计	男	女	小计	男	女
总　计	**2140403**	**1208827**	**931576**	**967429**	**528316**	**439113**	**645523**	**331865**	**313658**
汉　族	1465011	818170	646841	712951	391171	321780	505368	261608	243760
蒙古族	1612	784	828	1437	668	769	1414	693	721
回　族	663040	383780	279260	246802	133297	113505	132889	66547	66342
藏　族	229	128	101	159	97	62	159	83	76
维吾尔族	151	85	66	70	34	36	64	35	29
苗　族	2842	1886	956	212	123	89	104	57	47
彝　族	295	183	112	68	33	35	40	19	21
壮　族	232	94	138	161	76	85	146	72	74
布依族	550	348	202	55	29	26	27	13	14
朝鲜族	94	48	46	97	50	47	66	31	35
满　族	4979	2544	2435	4666	2340	2326	4656	2387	2269
侗　族	113	71	42	51	26	25	43	27	16
瑶　族	44	24	20	17	8	9	18	10	8
白　族	46	14	32	29	10	19	22	15	7
土家族	466	273	193	262	156	106	217	121	96
哈尼族	23	11	12	9	1	8	13	5	8
哈萨克族	18	3	15	24	15	9	8	5	3
傣　族	24	9	15	4	1	3	1		1
黎　族	43	14	29	20	8	12	17	8	9
傈僳族	9	3	6	4	2	2	3	1	2
佤　族	9	8	1	4	3	1			
畲　族	32	23	9	15	10	5	10	4	6
高山族	2	2		1	1		1	1	
拉祜族	7	2	5	2		2			
水　族	20	9	11	4	4		2		2
东乡族	283	184	99	121	61	60	73	37	36
纳西族	3	2	1	3	1	2	4	2	2
景颇族	3	1	2	2	2		2	2	
柯尔克孜族	1		1	1		1	3	2	1
土　族	57	34	23	49	23	26	48	28	20
达斡尔族	13	8	5	8	2	6	10	7	3
仫佬族	2		2	2	1	1	3	2	1
羌　族	24	16	8	9	5	4	7	2	5
布朗族	1		1	1	1				
撒拉族	15	7	8	18	9	9	7	5	2
毛南族	2	1	1	3	1	2	2		2
仡佬族	24	14	10	6	3	3	5	1	4
锡伯族	39	24	15	43	26	17	37	18	19
阿昌族	1		1						
普米族	2		2	1	1		1		1
塔吉克族	1		1						
怒　族									
乌孜别克族									
俄罗斯族	2	1	1	4	2	2	2	1	1
鄂温克族				1		1	1		1
德昂族									
保安族	4	2	2	5	3	2	2		2
裕固族	11	4	7	15	6	9	14	9	5
京　族									
塔塔尔族									
独龙族									
鄂伦春族	1		1	2	2		1	1	
赫哲族				2	1	1	1		1
门巴族									
珞巴族									
基诺族									
未定族称人口	22	13	9	8	3	5	9	5	4
入　籍	1		1	1		1	3	1	2

2-3 续表 3 单位：人

民族	大学本科			硕士研究生			博士研究生		
	小计	男	女	小计	男	女	小计	男	女
总　计	**565068**	**279437**	**285631**	**35218**	**15728**	**19490**	**3129**	**1654**	**1475**
汉　族	422224	211297	210927	27454	12518	14936	2427	1296	1131
蒙古族	2424	1141	1283	265	92	173	30	12	18
回　族	126141	60305	65836	6566	2768	3798	573	297	276
藏　族	518	214	304	27	12	15	3	1	2
维吾尔族	898	364	534	21	9	12	4	3	1
苗　族	959	491	468	32	14	18	6	2	4
彝　族	528	243	285	9	3	6			
壮　族	710	297	413	22	9	13	2	1	1
布依族	323	151	172	5		5			
朝鲜族	139	63	76	15	5	10	8	5	3
满　族	6585	3127	3458	673	249	424	68	32	36
侗　族	273	129	144	6	1	5			
瑶　族	167	87	80	5	3	2			
白　族	195	89	106	6	1	5			
土家族	1640	813	827	56	20	36	3	2	1
哈尼族	45	13	32						
哈萨克族	200	89	111	1		1			
傣　族	32	13	19				1	1	
黎　族	97	35	62	3	1	2			
傈僳族	19	5	14						
佤　族	5		5						
畲　族	28	13	15	4	3	1	1	1	
高山族	3	2	1						
拉祜族	5	4	1						
水　族	30	14	16	5	2	3			
东乡族	104	47	57	8	6	2	1		1
纳西族	33	9	24	1		1			
景颇族	4	1	3						
柯尔克孜族	28	9	19	1		1			
土　族	176	98	78	8	4	4			
达斡尔族	38	20	18	10	4	6			
仫佬族	35	18	17	2		2			
羌　族	26	16	10	2		2			
布朗族	1	1							
撒拉族	59	28	31	1	1				
毛南族	17	6	11						
仡佬族	106	57	49						
锡伯族	72	39	33	5		5			
阿昌族	1		1						
普米族	15	2	13						
塔吉克族	5	4	1						
怒　族	4	2	2						
乌孜别克族	3		3						
俄罗斯族	11	4	7	2	2				
鄂温克族	13	6	7						
德昂族									
保安族	3	2	1	1		1			
裕固族	22	16	6				1		1
京　族	1		1						
塔塔尔族	2		2						
独龙族	2	1	1						
鄂伦春族	4	3	1						
赫哲族	3	1	2						
门巴族	5	3	2						
珞巴族	1		1						
基诺族	3	1	2						
未定族称人口	82	44	38	2	1	1	1	1	
入　籍	1		1						

2-3a　全区各民族分性别、受教育程度的3岁及以上人口(城市)

单位：人

民　族	3岁及以上人口			未上过学		
	合计	男	女	小计	男	女
总　计	**2882226**	**1433290**	**1448936**	**89249**	**26253**	**62996**
汉　族	2194462	1096837	1097625	59015	16893	42122
蒙古族	7077	3345	3732	92	44	48
回　族	644860	315547	329313	29519	9061	20458
藏　族	986	461	525	21	9	12
维吾尔族	1239	561	678	16	11	5
苗　族	2655	1430	1225	190	66	124
彝　族	916	460	456	22	15	7
壮　族	1192	517	675	5	2	3
布依族	826	394	432	36	9	27
朝鲜族	408	193	215	5	2	3
满　族	21494	10543	10951	227	98	129
侗　族	438	217	221	6	4	2
瑶　族	248	128	120	2	1	1
白　族	278	124	154			
土家族	2508	1241	1267	17	6	11
哈尼族	96	36	60	1	1	
哈萨克族	236	113	123	1	1	
傣　族	56	26	30			
黎　族	163	63	100	3	1	2
傈僳族	37	12	25	2	1	1
佤　族	13	8	5			
畲　族	81	47	34			
高山族	7	5	2			
拉祜族	10	5	5	1		1
水　族	50	26	24			
东乡族	519	261	258	50	20	30
纳西族	43	15	28			
景颇族	7	4	3			
柯尔克孜族	29	9	20			
土　族	340	183	157	6	1	5
达斡尔族	81	44	37	1	1	
仫佬族	48	24	24			
羌　族	59	36	23	2	2	
布朗族	3	2	1			
撒拉族	102	50	52	2	1	1
毛南族	23	7	16			
仡佬族	135	69	66	1		1
锡伯族	204	106	98	1	1	
阿昌族	1		1			
普米族	20	5	15	1	1	
塔吉克族	5	4	1			
怒　族	4	2	2			
乌孜别克族	3		3			
俄罗斯族	21	9	12	1		1
鄂温克族	16	7	9			
德昂族						
保安族	23	12	11			
裕固族	70	37	33	1	1	
京　族	1		1			
塔塔尔族	2		2			
独龙族	2	1	1			
鄂伦春族	6	4	2			
赫哲族	6	3	3			
门巴族	4	3	1			
珞巴族	1		1			
基诺族	3	1	2			
未定族称人口	107	52	55	2		2
入　籍	2	1	1			

2-3a　续表 1　　　　单位：人

民　族	学前教育			小　学		
	小计	男	女	小计	男	女
总　计	**109750**	**57076**	**52674**	**497759**	**230077**	**267682**
汉　族	79516	41385	38131	353097	161687	191410
蒙古族	366	220	146	923	440	483
回　族	28234	14585	13649	139036	65624	73412
藏　族	27	14	13	130	63	67
维吾尔族	31	16	15	74	39	35
苗　族	64	29	35	702	379	323
彝　族	19	12	7	167	95	72
壮　族	37	20	17	88	35	53
布依族	17	7	10	294	147	147
朝鲜族	15	10	5	42	21	21
满　族	1216	673	543	2562	1244	1318
侗　族	15	6	9	29	13	16
瑶　族	8	4	4	23	13	10
白　族	8	7	1	17	6	11
土家族	83	40	43	205	85	120
哈尼族	3	1	2	16	7	9
哈萨克族	3	2	1	4	2	2
傣　族	1	1		4	2	2
黎　族	3	1	2	11	6	5
傈僳族	1		1	5	2	3
佤　族				4	2	2
畲　族	2	1	1	12	6	6
高山族				1		1
拉祜族	1	1				
水　族	1	1		2	1	1
东乡族	21	11	10	155	72	83
纳西族	1	1		1	1	
景颇族						
柯尔克孜族				1		1
土　族	14	6	8	59	32	27
达斡尔族	6	3	3	7	6	1
仫佬族	3	2	1	2	1	1
羌　族	4	2	2	10	6	4
布朗族						
撒拉族	4	2	2	16	10	6
毛南族	1		1			
仡佬族	3	2	1	7	2	5
锡伯族	14	7	7	18	12	6
阿昌族						
普米族				1	1	
塔吉克族						
怒　族						
乌孜别克族						
俄罗斯族	1	1		3	1	2
鄂温克族				2	1	1
德昂族						
保安族				10	5	5
裕固族	4	1	3	14	7	7
京　族						
塔塔尔族						
独龙族						
鄂伦春族				1		1
赫哲族	1	1				
门巴族						
珞巴族						
基诺族						
未定族称人口	2	1	1	3		3
入　籍				1	1	

2-3a　续表 2　　　　单位：人

民　族	初　中			高　中			大学专科		
	小计	男	女	小计	男	女	小计	男	女
总　计	**841008**	**443323**	**397685**	**525966**	**272723**	**253243**	**395997**	**199462**	**196535**
汉　族	649991	342124	307867	412577	215021	197556	318887	161902	156985
蒙古族	1131	543	588	1095	510	585	1109	539	570
回　族	184172	97636	86536	107600	54829	52771	71333	34630	36703
藏　族	107	58	49	95	60	35	117	60	57
维吾尔族	113	70	43	49	28	21	49	29	20
苗　族	561	371	190	112	60	52	75	46	29
彝　族	117	65	52	47	23	24	27	14	13
壮　族	141	60	81	117	57	60	104	53	51
布依族	110	64	46	33	15	18	18	7	11
朝鲜族	83	39	44	74	36	38	54	27	27
满　族	3777	1899	1878	3676	1829	1847	3789	1922	1867
侗　族	64	42	22	30	12	18	31	19	12
瑶　族	21	12	9	14	7	7	13	6	7
白　族	28	10	18	18	6	12	15	11	4
土家族	265	146	119	167	89	78	164	89	75
哈尼族	16	9	7	7	1	6	10	5	5
哈萨克族	8	2	6	16	14	2	6	4	2
傣　族	16	8	8	4	1	3			
黎　族	23	8	15	16	7	9	13	6	7
傈僳族	5	2	3	2	1	1	3	1	2
佤　族	5	5		2	1	1			
畲　族	16	12	4	13	9	4	8	3	5
高山族	1	1		1	1		1	1	
拉祜族	2		2	1		1			
水　族	8	4	4	4	4		1		1
东乡族	105	65	40	57	30	27	40	21	19
纳西族	2	1	1	2	1	1	3	2	1
景颇族				2	2		1	1	
柯尔克孜族									
土　族	29	16	13	37	19	18	36	21	15
达斡尔族	9	6	3	6	2	4	8	6	2
仫佬族	1		1	2	1	1	3	2	1
羌　族	10	8	2	5	3	2	4	1	3
布朗族	1		1	1	1				
撒拉族	8	3	5	12	4	8	6	4	2
毛南族	2	1	1	2	1	1	2		2
仡佬族	11	7	4	5	2	3	5	1	4
锡伯族	28	15	13	37	21	16	35	17	18
阿昌族									
普米族	1		1	1	1		1		1
塔吉克族									
怒　族									
乌孜别克族									
俄罗斯族	2	1	1				2	1	1
鄂温克族							1		1
德昂族									
保安族	3	2	1	5	3	2	2		2
裕固族	4	1	3	14	6	8	13	8	5
京　族									
塔塔尔族									
独龙族									
鄂伦春族				2	2		1	1	
赫哲族				1	1		1		1
门巴族									
珞巴族									
基诺族									
未定族称人口	10	7	3	5	2	3	6	2	4
入　籍	1		1						

2-3a 续表 3 单位：人

民族	大学本科			硕士研究生			博士研究生		
	小计	男	女	小计	男	女	小计	男	女
总 计	**390576**	**189960**	**200616**	**29245**	**13005**	**16240**	**2676**	**1411**	**1265**
汉 族	296292	146244	150048	23005	10473	12532	2082	1108	974
蒙古族	2088	954	1134	245	84	161	28	11	17
回 族	79344	36803	42541	5149	2134	3015	473	245	228
藏 族	462	186	276	24	10	14	3	1	2
维吾尔族	883	357	526	21	9	12	3	2	1
苗 族	916	465	451	30	12	18	5	2	3
彝 族	508	233	275	9	3	6			
壮 族	679	281	398	20	8	12	1	1	
布依族	313	145	168	5		5			
朝鲜族	115	49	66	13	5	8	7	4	3
满 族	5576	2623	2953	605	223	382	66	32	34
侗 族	257	120	137	6	1	5			
瑶 族	163	83	80	4	2	2			
白 族	187	83	104	5	1	4			
土家族	1551	765	786	53	19	34	3	2	1
哈尼族	43	12	31						
哈萨克族	197	88	109	1		1			
傣 族	30	13	17				1	1	
黎 族	92	33	59	2	1	1			
傈僳族	19	5	14						
佤 族	2		2						
畲 族	26	13	13	3	2	1	1	1	
高山族	3	2	1						
拉祜族	5	4	1						
水 族	29	14	15	5	2	3			
东乡族	82	36	46	8	6	2	1		1
纳西族	33	9	24	1		1			
景颇族	4	1	3						
柯尔克孜族	28	9	19						
土 族	151	84	67	8	4	4			
达斡尔族	35	17	18	9	3	6			
仫佬族	35	18	17	2		2			
羌 族	22	14	8	2		2			
布朗族	1	1							
撒拉族	53	25	28	1	1				
毛南族	16	5	11						
仡佬族	103	55	48						
锡伯族	66	33	33	5		5			
阿昌族	1		1						
普米族	15	2	13						
塔吉克族	5	4	1						
怒 族	4	2	2						
乌孜别克族	3		3						
俄罗斯族	11	4	7	1	1				
鄂温克族	13	6	7						
德昂族									
保安族	2	2		1		1			
裕固族	19	13	6				1		1
京 族	1		1						
塔塔尔族	2		2						
独龙族	2	1	1						
鄂伦春族	2	1	1						
赫哲族	3	1	2						
门巴族	4	3	1						
珞巴族	1		1						
基诺族	3	1	2						
未定族称人口	76	38	38	2	1	1	1	1	
入 籍									

2-3b　全区各民族分性别、受教育程度的3岁及以上人口(镇)

单位：人

民　族	3岁及以上人口			未上过学		
	合计	男	女	小计	男	女
总　计	**1622455**	**822512**	**799943**	**77575**	**24682**	**52893**
汉　族	1087041	555742	531299	40330	11849	28481
蒙古族	1237	609	628	23	13	10
回　族	525977	261910	264067	36626	12633	23993
藏　族	250	124	126	9	4	5
维吾尔族	65	29	36	4	2	2
苗　族	2496	1365	1131	413	129	284
彝　族	162	89	73	13	5	8
壮　族	184	77	107	1		1
布依族	410	212	198	75	15	60
朝鲜族	63	32	31	1	1	
满　族	3578	1813	1765	46	18	28
侗　族	59	32	27	1		1
瑶　族	30	14	16			
白　族	36	12	24	3	1	2
土家族	366	209	157	3	2	1
哈尼族	8	3	5			
哈萨克族	11	2	9			
傣　族	13	2	11			
黎　族	32	15	17	1	1	
傈僳族	4	2	2	1		1
佤　族	6	1	5			
畲　族	25	11	14	1		1
高山族	1	1				
拉祜族	2		2			
水　族	12	5	7	3	1	2
东乡族	193	97	96	15	7	8
纳西族	2		2			
景颇族	7	2	5			
柯尔克孜族	3	1	2			
土　族	64	29	35	3		3
达斡尔族	15	9	6			
仫佬族	1		1			
羌　族	22	14	8			
布朗族						
撒拉族	14	5	9	2		2
毛南族	4	2	2			
仡佬族	13	8	5			
锡伯族	13	11	2	1	1	
阿昌族						
普米族	1		1			
塔吉克族						
怒　族						
乌孜别克族						
俄罗斯族	3	2	1			
鄂温克族	1		1			
德昂族						
保安族	2		2			
裕固族	8	6	2			
京　族						
塔塔尔族						
独龙族						
鄂伦春族	3	2	1			
赫哲族						
门巴族	1		1			
珞巴族						
基诺族						
未定族称人口	16	13	3			
入　籍	1		1			

2-3b 续表 1

单位：人

民 族	学前教育			小 学		
	小计	男	女	小计	男	女
总 计	**70049**	**36300**	**33749**	**413339**	**189979**	**223360**
汉 族	44511	23104	21407	230678	105431	125247
蒙古族	87	36	51	191	94	97
回 族	25094	12976	12118	180297	83303	96994
藏 族	16	5	11	54	27	27
维吾尔族	2	1	1	16	6	10
苗 族	50	29	21	1185	647	538
彝 族	6	4	2	53	30	23
壮 族	13	3	10	41	18	23
布依族	6	5	1	175	89	86
朝鲜族	2	2		6	2	4
满 族	213	108	105	414	217	197
侗 族				6	2	4
瑶 族	3	1	2	13	5	8
白 族	1	1		7	1	6
土家族	22	11	11	68	37	31
哈尼族				2	1	1
哈萨克族						
傣 族	1	1		3		3
黎 族	4	3	1	6	4	2
傈僳族						
佤 族				1		1
畲 族	1	1		8	4	4
高山族						
拉祜族						
水 族				3	1	2
东乡族	8	4	4	74	43	31
纳西族						
景颇族				4		4
柯尔克孜族						
土 族	3	2	1	13	5	8
达斡尔族	3	1	2	2	1	1
仫佬族						
羌 族	2	1	1	7	6	1
布朗族						
撒拉族				2		2
毛南族				2	1	1
仡佬族	1	1				
锡伯族						
阿昌族						
普米族				1		1
塔吉克族						
怒 族						
乌孜别克族						
俄罗斯族				1		1
鄂温克族						
德昂族						
保安族				1		1
裕固族				1		1
京 族						
塔塔尔族						
独龙族						
鄂伦春族						
赫哲族						
门巴族						
珞巴族						
基诺族						
未定族称人口				4	4	
入 籍						

2-3b　续表 2　　　　单位：人

民　族	初　中			高　中			大学专科		
	小计	男	女	小计	男	女	小计	男	女
总　计	**534393**	**293289**	**241104**	**257260**	**140449**	**116811**	**150443**	**78266**	**72177**
汉　族	386026	210333	175693	180115	99813	80302	116447	60664	55783
蒙古族	263	134	129	231	109	122	192	88	104
回　族	145947	81552	64395	75941	40050	35891	32970	17083	15887
藏　族	67	39	28	35	17	18	26	12	14
维吾尔族	12	7	5	11	4	7	11	4	7
苗　族	759	516	243	38	18	20	18	6	12
彝　族	58	39	19	10	3	7	7		7
壮　族	52	17	35	27	13	14	27	13	14
布依族	137	91	46	4	3	1	4	4	
朝鲜族	6	5	1	19	11	8	9	1	8
满　族	779	404	375	691	342	349	643	343	300
侗　族	28	18	10	11	6	5	4	2	2
瑶　族	8	4	4	1		1	3	2	1
白　族	7	2	5	7	2	5	4	1	3
土家族	110	66	44	57	39	18	34	18	16
哈尼族	2	1	1	1		1	2		2
哈萨克族	4	1	3	4		4	1	1	
傣　族	6	1	5				1		1
黎　族	12	3	9	4	1	3	1	1	
傈僳族	2	1	1	1	1				
佤　族	2	1	1						
畲　族	9	4	5	2	1	1	1		1
高山族	1	1							
拉祜族	2		2						
水　族	4	3	1				1		1
东乡族	38	17	21	30	10	20	14	9	5
纳西族				1		1	1		1
景颇族	2	1	1				1	1	
柯尔克孜族	1		1				1	1	
土　族	12	7	5	8	2	6	9	5	4
达斡尔族	3	2	1	1		1	2	1	1
仫佬族	1		1						
羌　族	8	5	3	2		2	2	1	1
布朗族									
撒拉族	3	2	1	1		1	1	1	
毛南族				1		1			
仡佬族	9	5	4	1	1				
锡伯族	4	3	1	2	2		2	1	1
阿昌族									
普米族									
塔吉克族									
怒　族									
乌孜别克族									
俄罗斯族				1	1				
鄂温克族				1		1			
德昂族									
保安族	1		1						
裕固族	4	3	1						
京　族									
塔塔尔族									
独龙族									
鄂伦春族	1		1						
赫哲族									
门巴族									
珞巴族									
基诺族									
未定族称人口	3	1	2	1		1	3	3	
入　籍							1		1

2-3b 续表 3 单位：人

民　族	大学本科			硕士研究生			博士研究生		
	小计	男	女	小计	男	女	小计	男	女
总　计	**115819**	**57941**	**57878**	**3347**	**1488**	**1859**	**230**	**118**	**112**
汉　族	86221	43314	42907	2534	1141	1393	179	93	86
蒙古族	238	130	108	11	5	6	1		1
回　族	28306	13970	14336	748	319	429	48	24	24
藏　族	42	19	23	1	1				
维吾尔族	8	4	4				1	1	
苗　族	31	18	13	2	2				
彝　族	15	8	7						
壮　族	22	12	10	1	1				
布依族	9	5	4						
朝鲜族	19	10	9	1		1			
满　族	750	366	384	41	15	26	1		1
侗　族	9	4	5						
瑶　族	2	2							
白　族	6	4	2	1		1			
土家族	70	35	35	2	1	1			
哈尼族	1	1							
哈萨克族	2		2						
傣　族	2		2						
黎　族	3	2	1	1		1			
傈僳族									
佤　族	3		3						
畲　族	2		2	1	1				
高山族									
拉祜族									
水　族	1		1						
东乡族	14	7	7						
纳西族									
景颇族									
柯尔克孜族				1		1			
土　族	16	8	8						
达斡尔族	3	3		1	1				
仫佬族									
羌　族	1	1							
布朗族									
撒拉族	5	2	3						
毛南族	1	1							
仡佬族	2	1	1						
锡伯族	4	4							
阿昌族									
普米族									
塔吉克族									
怒　族									
乌孜别克族									
俄罗斯族				1	1				
鄂温克族									
德昂族									
保安族									
裕固族	3	3							
京　族									
塔塔尔族									
独龙族									
鄂伦春族	2	2							
赫哲族									
门巴族	1		1						
珞巴族									
基诺族									
未定族称人口	5	5							
入　籍									

2-3c　全区各民族分性别、受教育程度的3岁及以上人口(乡村)

单位：人

民　族	3岁及以上人口			未上过学		
	合计	男	女	小计	男	女
总　计	**2422915**	**1271051**	**1151864**	**255913**	**82782**	**173131**
汉　族	1180330	634015	546315	97552	28302	69250
蒙古族	713	354	359	19	5	14
回　族	1231801	631321	600480	156885	53942	102943
藏　族	194	111	83	11	5	6
维吾尔族	62	23	39	1		1
苗　族	5323	2832	2491	943	345	598
彝　族	298	166	132	36	14	22
壮　族	154	62	92	12	3	9
布依族	1170	577	593	303	109	194
朝鲜族	23	16	7			
满　族	1574	844	730	33	13	20
侗　族	69	44	25	1		1
瑶　族	90	41	49	5	2	3
白　族	30	14	16	2	2	
土家族	245	161	84	5	1	4
哈尼族	14	4	10			
哈萨克族	26	3	23			
傣　族	3		3			
黎　族	24	8	16	2	1	1
傈僳族	4		4			
佤　族	4	4				
畲　族	18	13	5	2		2
高山族						
拉祜族	8	6	2	1	1	
水　族	15	2	13	1		1
东乡族	572	348	224	93	36	57
纳西族	1	1				
景颇族	1		1			
柯尔克孜族	3	1	2			
土　族	39	23	16	3	1	2
达斡尔族	2		2			
仫佬族						
羌　族	21	10	11			
布朗族						
撒拉族	18	11	7	1		1
毛南族						
仡佬族	14	9	5	1		1
锡伯族	14	11	3			
阿昌族	2	1	1			
普米族	3	2	1			
塔吉克族	1		1			
怒　族						
乌孜别克族						
俄罗斯族	3	1	2			
鄂温克族						
德昂族						
保安族	1		1			
裕固族	8	2	6			
京　族						
塔塔尔族						
独龙族						
鄂伦春族						
赫哲族	1		1			
门巴族						
珞巴族						
基诺族						
未定族称人口	15	9	6	1		1
入　籍	4	1	3			

2-3c 续表 1

单位：人

民族	学前教育			小学		
	小计	男	女	小计	男	女
总计	**87618**	**44592**	**43026**	**969574**	**469285**	**500289**
汉族	29321	14792	14529	392378	187091	205287
蒙古族	42	24	18	102	42	60
回族	57983	29653	28330	572953	280007	292946
藏族	3	3		64	31	33
维吾尔族	4	4		10	4	6
苗族	117	54	63	2655	1376	1279
彝族	6	3	3	114	56	58
壮族	9	3	6	51	23	28
布依族	16	6	10	524	255	269
朝鲜族	1	1		3		3
满族	72	29	43	236	121	115
侗族	2	1	1	20	13	7
瑶族	5	1	4	58	24	34
白族	2		2	6	3	3
土家族	7	4	3	65	40	25
哈尼族	1	1		5	2	3
哈萨克族				14	1	13
傣族				1		1
黎族	4		4	5	3	2
傈僳族				1		1
佤族						
畲族				8	5	3
高山族						
拉祜族	1	1		2	2	
水族	3		3	3		3
东乡族	15	10	5	263	168	95
纳西族						
景颇族						
柯尔克孜族						
土族				4	1	3
达斡尔族						
仫佬族						
羌族	1		1	8	4	4
布朗族						
撒拉族	1		1	6	3	3
毛南族						
仡佬族				8	6	2
锡伯族				1		1
阿昌族				1	1	
普米族	2	2				
塔吉克族						
怒族						
乌孜别克族						
俄罗斯族						
鄂温克族						
德昂族						
保安族						
裕固族				3	1	2
京族						
塔塔尔族						
独龙族						
鄂伦春族						
赫哲族						
门巴族						
珞巴族						
基诺族						
未定族称人口				2	2	
入籍						

2-3c　续表 2　　　　单位：人

民　族	初　中			高　中			大学专科		
	小计	男	女	小计	男	女	小计	男	女
总　计	**765002**	**472215**	**292787**	**184203**	**115144**	**69059**	**99083**	**54137**	**44946**
汉　族	428994	265713	163281	120259	76337	43922	70034	39042	30992
蒙古族	218	107	111	111	49	62	113	66	47
回　族	332921	204592	128329	63261	38418	24843	28586	14834	13752
藏　族	55	31	24	29	20	9	16	11	5
维吾尔族	26	8	18	10	2	8	4	2	2
苗　族	1522	999	523	62	45	17	11	5	6
彝　族	120	79	41	11	7	4	6	5	1
壮　族	39	17	22	17	6	11	15	6	9
布依族	303	193	110	18	11	7	5	2	3
朝鲜族	5	4	1	4	3	1	3	3	
满　族	423	241	182	299	169	130	224	122	102
侗　族	21	11	10	10	8	2	8	6	2
瑶　族	15	8	7	2	1	1	2	2	
白　族	11	2	9	4	2	2	3	3	
土家族	91	61	30	38	28	10	19	14	5
哈尼族	5	1	4	1		1	1		1
哈萨克族	6		6	4	1	3	1		1
傣　族	2		2						
黎　族	8	3	5				3	1	2
傈僳族	2		2	1		1			
佤　族	2	2		2	2				
畲　族	7	7					1	1	
高山族									
拉祜族	3	2	1	1		1			
水　族	8	2	6						
东乡族	140	102	38	34	21	13	19	7	12
纳西族	1	1							
景颇族	1		1						
柯尔克孜族				1		1	2	1	1
土　族	16	11	5	4	2	2	3	2	1
达斡尔族	1		1	1		1			
仫佬族									
羌　族	6	3	3	2	2		1		1
布朗族									
撒拉族	4	2	2	5	5				
毛南族									
仡佬族	4	2	2						
锡伯族	7	6	1	4	3	1			
阿昌族	1		1						
普米族	1		1						
塔吉克族	1		1						
怒　族									
乌孜别克族									
俄罗斯族				3	1	2			
鄂温克族									
德昂族									
保安族									
裕固族	3		3	1		1	1	1	
京　族									
塔塔尔族									
独龙族									
鄂伦春族									
赫哲族				1		1			
门巴族									
珞巴族									
基诺族									
未定族称人口	9	5	4	2	1	1			
入　籍				1		1	2	1	1

2-3c 续表 3

单位：人

民 族	大学本科			硕士研究生			博士研究生		
	小计	男	女	小计	男	女	小计	男	女
总 计	**58673**	**31536**	**27137**	**2626**	**1235**	**1391**	**223**	**125**	**98**
汉 族	39711	21739	17972	1915	904	1011	166	95	71
蒙古族	98	57	41	9	3	6	1	1	
回 族	18491	9532	8959	669	315	354	52	28	24
藏 族	14	9	5	2	1	1			
维吾尔族	7	3	4						
苗 族	12	8	4				1		1
彝 族	5	2	3						
壮 族	9	4	5	1		1	1		1
布依族	1	1							
朝鲜族	5	4	1	1		1	1	1	
满 族	259	138	121	27	11	16	1		1
侗 族	7	5	2						
瑶 族	2	2		1	1				
白 族	2	2							
土家族	19	13	6	1		1			
哈尼族	1		1						
哈萨克族	1	1							
傣 族									
黎 族	2		2						
傈僳族									
佤 族									
畲 族									
高山族									
拉祜族									
水 族									
东乡族	8	4	4						
纳西族									
景颇族									
柯尔克孜族									
土 族	9	6	3						
达斡尔族									
仫佬族									
羌 族	3	1	2						
布朗族									
撒拉族	1	1							
毛南族									
仡佬族	1	1							
锡伯族	2	2							
阿昌族									
普米族									
塔吉克族									
怒 族									
乌孜别克族									
俄罗斯族									
鄂温克族									
德昂族									
保安族	1		1						
裕固族									
京 族									
塔塔尔族									
独龙族									
鄂伦春族									
赫哲族									
门巴族									
珞巴族									
基诺族									
未定族称人口	1	1							
入 籍	1		1						

2-4 全区各民族按户口登记地、性别分的户口登记地在外乡镇街道的人口

单位：人

民 族	户口登记地					
	合 计			自治区内		
	合计	男	女	小计	男	女
总 计	**3362670**	**1739397**	**1623273**	**2687551**	**1344638**	**1342913**
汉 族	2367168	1243525	1123643	1747433	877553	869880
蒙古族	5244	2570	2674	2209	1010	1199
回 族	954349	475049	479300	926642	460691	465951
藏 族	1092	540	552	167	76	91
维吾尔族	1092	486	606	110	43	67
苗 族	10642	5718	4924	181	81	100
彝 族	1229	647	582	67	26	41
壮 族	1118	477	641	262	117	145
布依族	2384	1176	1208	48	14	34
朝鲜族	242	121	121	116	54	62
满 族	11831	5898	5933	9205	4442	4763
侗 族	463	242	221	65	29	36
瑶 族	330	165	165	27	14	13
白 族	286	127	159	30	16	14
土家族	2464	1299	1165	365	165	200
哈尼族	99	38	61	19	6	13
哈萨克族	220	101	119	7	1	6
傣 族	60	24	36	4		4
黎 族	154	59	95	44	24	20
傈僳族	39	11	28	5	2	3
佤 族	21	12	9	4	1	3
畲 族	100	60	40	18	7	11
高山族	7	5	2	5	4	1
拉祜族	16	9	7			
水 族	72	31	41	2		2
东乡族	694	345	349	218	103	115
纳西族	43	15	28	8	4	4
景颇族	7	5	2			
柯尔克孜族	30	10	20	5	2	3
土 族	307	165	142	99	54	45
达斡尔族	71	43	28	22	13	9
仫佬族	41	19	22	2	1	1
羌 族	88	56	32	14	6	8
布朗族	3	2	1			
撒拉族	113	57	56	28	12	16
毛南族	17	7	10	8	3	5
仡佬族	148	80	68	3	1	2
锡伯族	105	65	40	59	34	25
阿昌族	1		1			
普米族	16	3	13			
塔吉克族	4	2	2	1		1
怒 族	4	2	2			
乌孜别克族	2		2			
俄罗斯族	14	6	8	7	4	3
鄂温克族	14	7	7	2	1	1
德昂族						
保安族	20	8	12	3	1	2
裕固族	47	27	20	21	15	6
京 族	1		1			
塔塔尔族	2		2			
独龙族	2	1	1			
鄂伦春族	6	4	2	1	1	
赫哲族	6	3	3			
门巴族	5	3	2			
珞巴族	1		1			
基诺族	3	1	2			
未定族称人口	129	70	59	14	7	7
入 籍	4	1	3	1		1

2-4 续表 单位：人

民族	户口登记地					
	自治区内 其中市辖区内人户分离			自治区外		
	小计	男	女	小计	男	女
总　计	**855675**	**417793**	**437882**	**675119**	**394759**	**280360**
汉　族	619071	303251	315820	619735	365972	253763
蒙古族	1404	648	756	3035	1560	1475
回　族	228123	110517	117606	27707	14358	13349
藏　族	88	45	43	925	464	461
维吾尔族	74	30	44	982	443	539
苗　族	115	53	62	10461	5637	4824
彝　族	26	10	16	1162	621	541
壮　族	172	82	90	856	360	496
布依族	30	8	22	2336	1162	1174
朝鲜族	87	40	47	126	67	59
满　族	5920	2832	3088	2626	1456	1170
侗　族	39	17	22	398	213	185
瑶　族	15	9	6	303	151	152
白　族	19	9	10	256	111	145
土家族	195	84	111	2099	1134	965
哈尼族	11	4	7	80	32	48
哈萨克族	5	1	4	213	100	113
傣　族				56	24	32
黎　族	23	10	13	110	35	75
傈僳族	2	1	1	34	9	25
佤　族	1		1	17	11	6
畲　族	15	5	10	82	53	29
高山族	4	3	1	2	1	1
拉祜族				16	9	7
水　族	2		2	70	31	39
东乡族	60	32	28	476	242	234
纳西族	6	3	3	35	11	24
景颇族				7	5	2
柯尔克孜族	1		1	25	8	17
土　族	54	34	20	208	111	97
达斡尔族	20	12	8	49	30	19
仫佬族	2	1	1	39	18	21
羌　族	10	5	5	74	50	24
布朗族				3	2	1
撒拉族	17	10	7	85	45	40
毛南族	5	1	4	9	4	5
仡佬族	1		1	145	79	66
锡伯族	32	19	13	46	31	15
阿昌族				1		1
普米族				16	3	13
塔吉克族				3	2	1
怒　族				4	2	2
乌孜别克族				2		2
俄罗斯族	4	3	1	7	2	5
鄂温克族	2	1	1	12	6	6
德昂族						
保安族	1		1	17	7	10
裕固族	18	12	6	26	12	14
京　族				1		1
塔塔尔族				2		2
独龙族				2	1	1
鄂伦春族	1	1		5	3	2
赫哲族				6	3	3
门巴族				5	3	2
珞巴族				1		1
基诺族				3	1	2
未定族称人口				115	63	52
入　籍				3	1	2

2-4a　全区各民族按户口登记地、性别分的户口登记地在外乡镇街道的人口(城市)

单位：人

民　族	户口登记地					
	合　计			自治区内		
	合计	男	女	小计	男	女
总　计	**1771385**	**899390**	**871995**	**1398274**	**686231**	**712043**
汉　族	1326270	681295	644975	980966	482288	498678
蒙古族	3901	1890	2011	1639	750	889
回　族	420965	206274	214691	407440	199293	208147
藏　族	729	344	385	102	46	56
维吾尔族	998	437	561	91	36	55
苗　族	2430	1316	1114	131	63	68
彝　族	812	401	411	38	13	25
壮　族	862	366	496	200	97	103
布依族	774	370	404	35	8	27
朝鲜族	188	90	98	87	40	47
满　族	8687	4244	4443	6814	3249	3565
侗　族	348	172	176	40	19	21
瑶　族	214	110	104	19	11	8
白　族	247	111	136	21	11	10
土家族	1968	989	979	251	110	141
哈尼族	86	32	54	15	4	11
哈萨克族	203	99	104	4	1	3
傣　族	51	23	28			
黎　族	123	46	77	28	13	15
傈僳族	31	9	22	5	2	3
佤　族	13	8	5	2		2
畲　族	59	38	21	15	6	9
高山族	6	4	2	4	3	1
拉祜族	6	3	3			
水　族	46	24	22	2		2
东乡族	388	188	200	108	49	59
纳西族	39	13	26	6	3	3
景颇族	4	2	2			
柯尔克孜族	25	8	17	2		2
土　族	230	124	106	68	40	28
达斡尔族	56	36	20	20	12	8
仫佬族	40	19	21	2	1	1
羌　族	48	32	16	9	6	3
布朗族	3	2	1			
撒拉族	85	44	41	23	10	13
毛南族	14	5	9	5	1	4
仡佬族	125	65	60	2		2
锡伯族	85	49	36	46	24	22
阿昌族	1		1			
普米族	16	3	13			
塔吉克族	3	2	1			
怒　族	4	2	2			
乌孜别克族	2		2			
俄罗斯族	8	4	4	4	3	1
鄂温克族	14	7	7	2	1	1
德昂族						
保安族	17	8	9	2	1	1
裕固族	36	20	16	19	13	6
京　族	1		1			
塔塔尔族	2		2			
独龙族	2	1	1			
鄂伦春族	6	4	2	1	1	
赫哲族	5	3	2			
门巴族	4	3	1			
珞巴族	1		1			
基诺族	3	1	2			
未定族称人口	99	49	50	6	3	3
入　籍	2	1	1			

2-4a 续表

单位：人

民族	户口登记地					
	自治区内			自治区外		
	其中市辖区内人户分离					
	小计	男	女	小计	男	女
总 计	**722378**	**350864**	**371514**	**373111**	**213159**	**159952**
汉 族	537119	261838	275281	345304	199007	146297
蒙古族	1277	591	686	2262	1140	1122
回 族	177573	85371	92202	13525	6981	6544
藏 族	72	33	39	627	298	329
维吾尔族	71	30	41	907	401	506
苗 族	103	48	55	2299	1253	1046
彝 族	22	7	15	774	388	386
壮 族	155	77	78	662	269	393
布依族	28	7	21	739	362	377
朝鲜族	74	32	42	101	50	51
满 族	5375	2580	2795	1873	995	878
侗 族	38	17	21	308	153	155
瑶 族	13	7	6	195	99	96
白 族	17	7	10	226	100	126
土家族	173	75	98	1717	879	838
哈尼族	11	4	7	71	28	43
哈萨克族	4	1	3	199	98	101
傣 族				51	23	28
黎 族	22	10	12	95	33	62
傈僳族	2	1	1	26	7	19
佤 族	1		1	11	8	3
畲 族	13	4	9	44	32	12
高山族	4	3	1	2	1	1
拉祜族				6	3	3
水 族	2		2	44	24	20
东乡族	46	24	22	280	139	141
纳西族	6	3	3	33	10	23
景颇族				4	2	2
柯尔克孜族	1		1	23	8	15
土 族	48	31	17	162	84	78
达斡尔族	19	12	7	36	24	12
仫佬族	2	1	1	38	18	20
羌 族	8	5	3	39	26	13
布朗族				3	2	1
撒拉族	17	10	7	62	34	28
毛南族	5	1	4	9	4	5
仡佬族	1		1	123	65	58
锡伯族	31	18	13	39	25	14
阿昌族				1		1
普米族				16	3	13
塔吉克族				3	2	1
怒 族				4	2	2
乌孜别克族				2		2
俄罗斯族	4	3	1	4	1	3
鄂温克族	2	1	1	12	6	6
德昂族						
保安族	1		1	15	7	8
裕固族	17	11	6	17	7	10
京 族				1		1
塔塔尔族				2		2
独龙族				2	1	1
鄂伦春族	1	1		5	3	2
赫哲族				5	3	2
门巴族				4	3	1
珞巴族				1		1
基诺族				3	1	2
未定族称人口				93	46	47
入 籍				2	1	1

2-4b　全区各民族按户口登记地、性别分的户口登记地在外乡镇街道的人口(镇)

单位：人

民　族	户口登记地					
	合　计			自治区内		
	合计	男	女	小计	男	女
总　计	**995085**	**512370**	**482715**	**830880**	**417040**	**413840**
汉　族	693921	362076	331845	540688	272588	268100
蒙古族	842	411	431	407	189	218
回　族	293685	146378	147307	287613	143205	144408
藏　族	217	106	111	44	21	23
维吾尔族	49	28	21	9	3	6
苗　族	2631	1438	1193	42	14	28
彝　族	139	84	55	17	7	10
壮　族	137	57	80	41	14	27
布依族	425	220	205	12	6	6
朝鲜族	37	19	18	19	8	11
满　族	2193	1129	1064	1718	864	854
侗　族	51	29	22	15	5	10
瑶　族	30	14	16	6	1	5
白　族	24	7	17	6	3	3
土家族	297	174	123	87	41	46
哈尼族	7	3	4	4	2	2
哈萨克族	8	1	7	2		2
傣　族	8	1	7	4		4
黎　族	23	10	13	13	9	4
傈僳族	4	2	2			
佤　族	5	1	4	2	1	1
畲　族	23	10	13	3	1	2
高山族	1	1		1	1	
拉祜族	2		2			
水　族	12	5	7			
东乡族	158	77	81	78	35	43
纳西族	2		2	1		1
景颇族	3	3				
柯尔克孜族	2	1	1	2	1	1
土　族	50	23	27	21	8	13
达斡尔族	13	7	6	1	1	
仫佬族	1		1			
羌　族	20	14	6	2		2
布朗族						
撒拉族	12	5	7	4	1	3
毛南族	3	2	1	3	2	1
仡佬族	12	8	4	1	1	
锡伯族	9	7	2	7	5	2
阿昌族						
普米族						
塔吉克族						
怒　族						
乌孜别克族						
俄罗斯族	3	1	2	3	1	2
鄂温克族						
德昂族						
保安族	2		2			
裕固族	7	5	2	1	1	
京　族						
塔塔尔族						
独龙族						
鄂伦春族						
赫哲族						
门巴族	1		1			
珞巴族						
基诺族						
未定族称人口	16	13	3	3	1	2
入　籍						

2-4b 续表

单位：人

民族	户口登记地					
	自治区内 其中市辖区内人户分离			自治区外		
	小计	男	女	小计	男	女
总　计	**42605**	**21162**	**21443**	**164205**	**95330**	**68875**
汉　族	28958	14281	14677	153233	89488	63745
蒙古族	58	29	29	435	222	213
回　族	13245	6685	6560	6072	3173	2899
藏　族	11	9	2	173	85	88
维吾尔族	1		1	40	25	15
苗　族	8	3	5	2589	1424	1165
彝　族				122	77	45
壮　族	9	4	5	96	43	53
布依族	1	1		413	214	199
朝鲜族	7	4	3	18	11	7
满　族	286	139	147	475	265	210
侗　族	1		1	36	24	12
瑶　族				24	13	11
白　族				18	4	14
土家族	9	2	7	210	133	77
哈尼族				3	1	2
哈萨克族				6	1	5
傣　族				4	1	3
黎　族	1		1	10	1	9
傈僳族				4	2	2
佤　族				3		3
畲　族	2	1	1	20	9	11
高山族						
拉祜族				2		2
水　族				12	5	7
东乡族	3	1	2	80	42	38
纳西族				1		1
景颇族				3	3	
柯尔克孜族						
土　族	3	1	2	29	15	14
达斡尔族				12	6	6
仫佬族				1		1
羌　族				18	14	4
布朗族						
撒拉族				8	4	4
毛南族						
仡佬族				11	7	4
锡伯族	1	1		2	2	
阿昌族						
普米族						
塔吉克族						
怒　族						
乌孜别克族						
俄罗斯族						
鄂温克族						
德昂族						
保安族				2		2
裕固族	1	1		6	4	2
京　族						
塔塔尔族						
独龙族						
鄂伦春族						
赫哲族						
门巴族				1		1
珞巴族						
基诺族						
未定族称人口				13	12	1
入　籍						

2-4c 全区各民族按户口登记地、性别分的户口登记地在外乡镇街道的人口(乡村)

单位：人

民 族	户口登记地					
	合 计			自治区内		
	合计	男	女	小计	男	女
总 计	**596200**	**327637**	**268563**	**458397**	**241367**	**217030**
汉 族	346977	200154	146823	225779	122677	103102
蒙古族	501	269	232	163	71	92
回 族	239699	122397	117302	231589	118193	113396
藏 族	146	90	56	21	9	12
维吾尔族	45	21	24	10	4	6
苗 族	5581	2964	2617	8	4	4
彝 族	278	162	116	12	6	6
壮 族	119	54	65	21	6	15
布依族	1185	586	599	1		1
朝鲜族	17	12	5	10	6	4
满 族	951	525	426	673	329	344
侗 族	64	41	23	10	5	5
瑶 族	86	41	45	2	2	
白 族	15	9	6	3	2	1
土家族	199	136	63	27	14	13
哈尼族	6	3	3			
哈萨克族	9	1	8	1		1
傣 族	1		1			
黎 族	8	3	5	3	2	1
傈僳族	4		4			
佤 族	3	3				
畲 族	18	12	6			
高山族						
拉祜族	8	6	2			
水 族	14	2	12			
东乡族	148	80	68	32	19	13
纳西族	2	2		1	1	
景颇族						
柯尔克孜族	3	1	2	1	1	
土 族	27	18	9	10	6	4
达斡尔族	2		2	1		1
仫佬族						
羌 族	20	10	10	3		3
布朗族						
撒拉族	16	8	8	1	1	
毛南族						
仡佬族	11	7	4			
锡伯族	11	9	2	6	5	1
阿昌族						
普米族						
塔吉克族	1		1	1		1
怒 族						
乌孜别克族						
俄罗斯族	3	1	2			
鄂温克族						
德昂族						
保安族	1		1	1		1
裕固族	4	2	2	1	1	
京 族						
塔塔尔族						
独龙族						
鄂伦春族						
赫哲族	1		1			
门巴族						
珞巴族						
基诺族						
未定族称人口	14	8	6	5	3	2
入 籍	2		2	1		1

2-4c 续表

单位：人

民 族	户口登记地					
	自治区内			自治区外		
	其中市辖区内人户分离					
	小计	男	女	小计	男	女
总 计	**90692**	**45767**	**44925**	**137803**	**86270**	**51533**
汉 族	52994	27132	25862	121198	77477	43721
蒙古族	69	28	41	338	198	140
回 族	37305	18461	18844	8110	4204	3906
藏 族	5	3	2	125	81	44
维吾尔族	2		2	35	17	18
苗 族	4	2	2	5573	2960	2613
彝 族	4	3	1	266	156	110
壮 族	8	1	7	98	48	50
布依族	1		1	1184	586	598
朝鲜族	6	4	2	7	6	1
满 族	259	113	146	278	196	82
侗 族				54	36	18
瑶 族	2	2		84	39	45
白 族	2	2		12	7	5
土家族	13	7	6	172	122	50
哈尼族				6	3	3
哈萨克族	1		1	8	1	7
傣 族				1		1
黎 族				5	1	4
傈僳族				4		4
佤 族				3	3	
畲 族				18	12	6
高山族						
拉祜族				8	6	2
水 族				14	2	12
东乡族	11	7	4	116	61	55
纳西族				1	1	
景颇族						
柯尔克孜族				2		2
土 族	3	2	1	17	12	5
达斡尔族	1		1	1		1
仫佬族						
羌 族	2		2	17	10	7
布朗族						
撒拉族				15	7	8
毛南族						
仡佬族				11	7	4
锡伯族				5	4	1
阿昌族						
普米族						
塔吉克族						
怒 族						
乌孜别克族						
俄罗斯族				3	1	2
鄂温克族						
德昂族						
保安族						
裕固族				3	1	2
京 族						
塔塔尔族						
独龙族						
鄂伦春族						
赫哲族				1		1
门巴族						
珞巴族						
基诺族						
未定族称人口				9	5	4
入 籍				1		1

第一部分　全部数据资料

第三卷　年龄

3-1　全区分年龄、性别的人口

单位：人、%

年　龄	人　口　数			占总人口比重			性别比
	合计	男	女	合计	男	女	(女=100)
总　计	**7202654**	**3668938**	**3533716**	**100.00**	**50.94**	**49.06**	**103.83**
0-4岁	**489383**	**252884**	**236499**	**6.79**	**3.51**	**3.28**	**106.93**
0	83027	42661	40366	1.15	0.59	0.56	105.69
1	97586	50520	47066	1.35	0.70	0.65	107.34
2	94445	48904	45541	1.31	0.68	0.63	107.38
3	105975	54919	51056	1.47	0.76	0.71	107.57
4	108350	55880	52470	1.50	0.78	0.73	106.50
5-9岁	**495900**	**258040**	**237860**	**6.88**	**3.58**	**3.30**	**108.48**
5	91293	47204	44089	1.27	0.66	0.61	107.07
6	105418	54811	50607	1.46	0.76	0.70	108.31
7	98983	51589	47394	1.37	0.72	0.66	108.85
8	102994	53830	49164	1.43	0.75	0.68	109.49
9	97212	50606	46606	1.35	0.70	0.65	108.58
10-14岁	**482721**	**251659**	**231062**	**6.70**	**3.49**	**3.21**	**108.91**
10	95859	49967	45892	1.33	0.69	0.64	108.88
11	96413	50035	46378	1.34	0.69	0.64	107.89
12	98435	51232	47203	1.37	0.71	0.66	108.54
13	97500	50796	46704	1.35	0.71	0.65	108.76
14	94514	49629	44885	1.31	0.69	0.62	110.57
15-19岁	**433094**	**224272**	**208822**	**6.01**	**3.11**	**2.90**	**107.40**
15	90819	47348	43471	1.26	0.66	0.60	108.92
16	93049	48414	44635	1.29	0.67	0.62	108.47
17	84743	43652	41091	1.18	0.61	0.57	106.23
18	83698	43218	40480	1.16	0.60	0.56	106.76
19	80785	41640	39145	1.12	0.58	0.54	106.37
20-24岁	**444510**	**224475**	**220035**	**6.17**	**3.12**	**3.05**	**102.02**
20	80487	41076	39411	1.12	0.57	0.55	104.22
21	80454	40577	39877	1.12	0.56	0.55	101.76
22	94318	47166	47152	1.31	0.65	0.65	100.03
23	93173	47079	46094	1.29	0.65	0.64	102.14
24	96078	48577	47501	1.33	0.67	0.66	102.27
25-29岁	**547857**	**278487**	**269370**	**7.61**	**3.87**	**3.74**	**103.38**
25	102978	52156	50822	1.43	0.72	0.71	102.62
26	103641	52785	50856	1.44	0.73	0.71	103.79
27	110109	55787	54322	1.53	0.77	0.75	102.70
28	114923	58360	56563	1.60	0.81	0.79	103.18
29	116206	59399	56807	1.61	0.82	0.79	104.56

3-1 续表 1

单位：人、%

年龄	人口数			占总人口比重			性别比
	合计	男	女	合计	男	女	(女=100)
30-34岁	**635014**	**323478**	**311536**	**8.82**	**4.49**	**4.33**	**103.83**
30	140373	71463	68910	1.95	0.99	0.96	103.70
31	130401	66535	63866	1.81	0.92	0.89	104.18
32	122600	62318	60282	1.70	0.87	0.84	103.38
33	127491	64877	62614	1.77	0.90	0.87	103.61
34	114149	58285	55864	1.58	0.81	0.78	104.33
35-39岁	**541665**	**278748**	**262917**	**7.52**	**3.87**	**3.65**	**106.02**
35	105452	53839	51613	1.46	0.75	0.72	104.31
36	108619	55584	53035	1.51	0.77	0.74	104.81
37	102384	52991	49393	1.42	0.74	0.69	107.28
38	119962	61957	58005	1.67	0.86	0.81	106.81
39	105248	54377	50871	1.46	0.75	0.71	106.89
40-44岁	**547016**	**280284**	**266732**	**7.59**	**3.89**	**3.70**	**105.08**
40	110570	56513	54057	1.54	0.78	0.75	104.54
41	108478	55778	52700	1.51	0.77	0.73	105.84
42	108553	55281	53272	1.51	0.77	0.74	103.77
43	102331	52748	49583	1.42	0.73	0.69	106.38
44	117084	59964	57120	1.63	0.83	0.79	104.98
45-49岁	**595400**	**305580**	**289820**	**8.27**	**4.24**	**4.02**	**105.44**
45	116808	60036	56772	1.62	0.83	0.79	105.75
46	118994	60611	58383	1.65	0.84	0.81	103.82
47	122143	63091	59052	1.70	0.88	0.82	106.84
48	121617	62437	59180	1.69	0.87	0.82	105.50
49	115838	59405	56433	1.61	0.82	0.78	105.27
50-54岁	**576630**	**291504**	**285126**	**8.01**	**4.05**	**3.96**	**102.24**
50	128535	64941	63594	1.78	0.90	0.88	102.12
51	118396	59743	58653	1.64	0.83	0.81	101.86
52	125391	63117	62274	1.74	0.88	0.86	101.35
53	97565	49703	47862	1.35	0.69	0.66	103.85
54	106743	54000	52743	1.48	0.75	0.73	102.38
55-59岁	**439322**	**223885**	**215437**	**6.10**	**3.11**	**2.99**	**103.92**
55	100931	51791	49140	1.40	0.72	0.68	105.39
56	102834	53075	49759	1.43	0.74	0.69	106.66
57	108867	55456	53411	1.51	0.77	0.74	103.83
58	85956	43248	42708	1.19	0.60	0.59	101.26
59	40734	20315	20419	0.57	0.28	0.28	99.49
60-64岁	**281318**	**142454**	**138864**	**3.91**	**1.98**	**1.93**	**102.59**
60	53058	27338	25720	0.74	0.38	0.36	106.29
61	44040	22488	21552	0.61	0.31	0.30	104.34
62	57551	29493	28058	0.80	0.41	0.39	105.11
63	64053	32150	31903	0.89	0.45	0.44	100.77
64	62616	30985	31631	0.87	0.43	0.44	97.96

3-1　续表 2

单位：人、%

年　龄	人　口　数			占总人口比重			性别比
	合计	男	女	合计	男	女	(女=100)
65-69岁	**276001**	**136133**	**139868**	**3.83**	**1.89**	**1.94**	**97.33**
65	64313	32122	32191	0.89	0.45	0.45	99.79
66	60169	29550	30619	0.84	0.41	0.43	96.51
67	52680	26003	26677	0.73	0.36	0.37	97.47
68	53173	26266	26907	0.74	0.36	0.37	97.62
69	45666	22192	23474	0.63	0.31	0.33	94.54
70-74岁	**180377**	**86579**	**93798**	**2.50**	**1.20**	**1.30**	**92.30**
70	46219	22539	23680	0.64	0.31	0.33	95.18
71	40104	19832	20272	0.56	0.28	0.28	97.83
72	31075	15191	15884	0.43	0.21	0.22	95.64
73	33083	15677	17406	0.46	0.22	0.24	90.07
74	29896	13340	16556	0.42	0.19	0.23	80.58
75-79岁	**124195**	**57830**	**66365**	**1.72**	**0.80**	**0.92**	**87.14**
75	27537	12341	15196	0.38	0.17	0.21	81.21
76	27944	13122	14822	0.39	0.18	0.21	88.53
77	25887	12138	13749	0.36	0.17	0.19	88.28
78	23091	10827	12264	0.32	0.15	0.17	88.28
79	19736	9402	10334	0.27	0.13	0.14	90.98
80-84岁	**74159**	**34623**	**39536**	**1.03**	**0.48**	**0.55**	**87.57**
80	19795	9315	10480	0.27	0.13	0.15	88.88
81	16224	7558	8666	0.23	0.10	0.12	87.21
82	15690	7314	8376	0.22	0.10	0.12	87.32
83	12013	5546	6467	0.17	0.08	0.09	85.76
84	10437	4890	5547	0.14	0.07	0.08	88.16
85-89岁	**29357**	**13855**	**15502**	**0.41**	**0.19**	**0.22**	**89.38**
85	8688	3952	4736	0.12	0.05	0.07	83.45
86	7198	3419	3779	0.10	0.05	0.05	90.47
87	5892	2786	3106	0.08	0.04	0.04	89.70
88	4175	2015	2160	0.06	0.03	0.03	93.29
89	3404	1683	1721	0.05	0.02	0.02	97.79
90-94岁	**7251**	**3505**	**3746**	**0.10**	**0.05**	**0.05**	**93.57**
90	2845	1407	1438	0.04	0.02	0.02	97.84
91	1532	726	806	0.02	0.01	0.01	90.07
92	1259	571	688	0.02	0.01	0.01	82.99
93	960	474	486	0.01	0.01	0.01	97.53
94	655	327	328	0.01			99.70
95-99岁	**1337**	**616**	**721**	**0.02**	**0.01**	**0.01**	**85.44**
95	491	241	250	0.01			96.40
96	350	157	193				81.35
97	223	100	123				81.30
98	141	62	79				78.48
99	132	56	76				73.68
100岁及以上	**147**	**47**	**100**				**47.00**

3-1a 全区分年龄、性别的人口(城市)

单位：人、%

年龄	人口数			占总人口比重			性别比
	合计	男	女	合计	男	女	(女=100)
总计	**2988589**	**1488244**	**1500345**	**100.00**	**49.80**	**50.20**	**99.19**
0-4岁	**191248**	**99136**	**92112**	**6.40**	**3.32**	**3.08**	**107.63**
0	31538	16190	15348	1.06	0.54	0.51	105.49
1	39021	20199	18822	1.31	0.68	0.63	107.32
2	35804	18565	17239	1.20	0.62	0.58	107.69
3	41815	21722	20093	1.40	0.73	0.67	108.11
4	43070	22460	20610	1.44	0.75	0.69	108.98
5-9岁	**184775**	**96871**	**87904**	**6.18**	**3.24**	**2.94**	**110.20**
5	32350	16844	15506	1.08	0.56	0.52	108.63
6	41405	21598	19807	1.39	0.72	0.66	109.04
7	37252	19468	17784	1.25	0.65	0.60	109.47
8	38728	20480	18248	1.30	0.69	0.61	112.23
9	35040	18481	16559	1.17	0.62	0.55	111.61
10-14岁	**172261**	**90390**	**81871**	**5.76**	**3.02**	**2.74**	**110.41**
10	34058	17855	16203	1.14	0.60	0.54	110.20
11	33395	17504	15891	1.12	0.59	0.53	110.15
12	35626	18750	16876	1.19	0.63	0.56	111.10
13	35829	18780	17049	1.20	0.63	0.57	110.15
14	33353	17501	15852	1.12	0.59	0.53	110.40
15-19岁	**192978**	**97856**	**95122**	**6.46**	**3.27**	**3.18**	**102.87**
15	36177	18597	17580	1.21	0.62	0.59	105.78
16	41243	21027	20216	1.38	0.70	0.68	104.01
17	39396	19706	19690	1.32	0.66	0.66	100.08
18	38167	19288	18879	1.28	0.65	0.63	102.17
19	37995	19238	18757	1.27	0.64	0.63	102.56
20-24岁	**205570**	**97984**	**107586**	**6.88**	**3.28**	**3.60**	**91.08**
20	39797	19314	20483	1.33	0.65	0.69	94.29
21	38799	18333	20466	1.30	0.61	0.68	89.58
22	43431	20325	23106	1.45	0.68	0.77	87.96
23	41220	19657	21563	1.38	0.66	0.72	91.16
24	42323	20355	21968	1.42	0.68	0.74	92.66
25-29岁	**242857**	**118484**	**124373**	**8.13**	**3.96**	**4.16**	**95.27**
25	45019	21743	23276	1.51	0.73	0.78	93.41
26	45186	22040	23146	1.51	0.74	0.77	95.22
27	48368	23477	24891	1.62	0.79	0.83	94.32
28	51577	25217	26360	1.73	0.84	0.88	95.66
29	52707	26007	26700	1.76	0.87	0.89	97.40

3−1a　续表 1　　单位：人、%

年　龄	人　口　数			占总人口比重			性别比
	合计	男	女	合计	男	女	(女=100)
30−34岁	**295893**	**146146**	**149747**	**9.90**	**4.89**	**5.01**	**97.60**
30	63902	31433	32469	2.14	1.05	1.09	96.81
31	60119	29672	30447	2.01	0.99	1.02	97.45
32	58174	28801	29373	1.95	0.96	0.98	98.05
33	60189	29707	30482	2.01	0.99	1.02	97.46
34	53509	26533	26976	1.79	0.89	0.90	98.36
35−39岁	**244247**	**122721**	**121526**	**8.17**	**4.11**	**4.07**	**100.98**
35	48554	24116	24438	1.62	0.81	0.82	98.68
36	50228	25239	24989	1.68	0.84	0.84	101.00
37	46527	23576	22951	1.56	0.79	0.77	102.72
38	52982	26605	26377	1.77	0.89	0.88	100.86
39	45956	23185	22771	1.54	0.78	0.76	101.82
40−44岁	**234210**	**117651**	**116559**	**7.84**	**3.94**	**3.90**	**100.94**
40	46863	23548	23315	1.57	0.79	0.78	101.00
41	47399	23895	23504	1.59	0.80	0.79	101.66
42	46405	23333	23072	1.55	0.78	0.77	101.13
43	44411	22301	22110	1.49	0.75	0.74	100.86
44	49132	24574	24558	1.64	0.82	0.82	100.07
45−49岁	**249288**	**125771**	**123517**	**8.34**	**4.21**	**4.13**	**101.82**
45	48831	24649	24182	1.63	0.82	0.81	101.93
46	50312	25327	24985	1.68	0.85	0.84	101.37
47	50910	25865	25045	1.70	0.87	0.84	103.27
48	50921	25740	25181	1.70	0.86	0.84	102.22
49	48314	24190	24124	1.62	0.81	0.81	100.27
50−54岁	**228102**	**112902**	**115200**	**7.63**	**3.78**	**3.85**	**98.01**
50	52027	25909	26118	1.74	0.87	0.87	99.20
51	47591	23579	24012	1.59	0.79	0.80	98.20
52	49544	24256	25288	1.66	0.81	0.85	95.92
53	37978	18974	19004	1.27	0.63	0.64	99.84
54	40962	20184	20778	1.37	0.68	0.70	97.14
55−59岁	**172111**	**85103**	**87008**	**5.76**	**2.85**	**2.91**	**97.81**
55	39798	19695	20103	1.33	0.66	0.67	97.97
56	40172	20054	20118	1.34	0.67	0.67	99.68
57	44338	22005	22333	1.48	0.74	0.75	98.53
58	32234	15731	16503	1.08	0.53	0.55	95.32
59	15569	7618	7951	0.52	0.25	0.27	95.81
60−64岁	**112281**	**55336**	**56945**	**3.76**	**1.85**	**1.91**	**97.17**
60	21728	10872	10856	0.73	0.36	0.36	100.15
61	18457	9148	9309	0.62	0.31	0.31	98.27
62	23145	11472	11673	0.77	0.38	0.39	98.28
63	25014	12232	12782	0.84	0.41	0.43	95.70
64	23937	11612	12325	0.80	0.39	0.41	94.22

3-1a 续表 2 单位：人、%

年 龄	人口数			占总人口比重			性别比
	合计	男	女	合计	男	女	(女=100)
65-69岁	**102254**	**48554**	**53700**	**3.42**	**1.62**	**1.80**	**90.42**
65	24003	11742	12261	0.80	0.39	0.41	95.77
66	22993	11049	11944	0.77	0.37	0.40	92.51
67	19582	9239	10343	0.66	0.31	0.35	89.33
68	19114	8860	10254	0.64	0.30	0.34	86.41
69	16562	7664	8898	0.55	0.26	0.30	86.13
70-74岁	**64599**	**30170**	**34429**	**2.16**	**1.01**	**1.15**	**87.63**
70	16670	8005	8665	0.56	0.27	0.29	92.38
71	14222	6748	7474	0.48	0.23	0.25	90.29
72	11270	5332	5938	0.38	0.18	0.20	89.79
73	11753	5496	6257	0.39	0.18	0.21	87.84
74	10684	4589	6095	0.36	0.15	0.20	75.29
75-79岁	**47084**	**20431**	**26653**	**1.58**	**0.68**	**0.89**	**76.66**
75	9874	4099	5775	0.33	0.14	0.19	70.98
76	9990	4274	5716	0.33	0.14	0.19	74.77
77	9566	4152	5414	0.32	0.14	0.18	76.69
78	9227	4054	5173	0.31	0.14	0.17	78.37
79	8427	3852	4575	0.28	0.13	0.15	84.20
80-84岁	**31720**	**14535**	**17185**	**1.06**	**0.49**	**0.58**	**84.58**
80	8262	3765	4497	0.28	0.13	0.15	83.72
81	6744	3051	3693	0.23	0.10	0.12	82.62
82	6706	3070	3636	0.22	0.10	0.12	84.43
83	5353	2454	2899	0.18	0.08	0.10	84.65
84	4655	2195	2460	0.16	0.07	0.08	89.23
85-89岁	**13122**	**6166**	**6956**	**0.44**	**0.21**	**0.23**	**88.64**
85	3937	1779	2158	0.13	0.06	0.07	82.44
86	3198	1471	1727	0.11	0.05	0.06	85.18
87	2642	1251	1391	0.09	0.04	0.05	89.94
88	1816	870	946	0.06	0.03	0.03	91.97
89	1529	795	734	0.05	0.03	0.02	108.31
90-94岁	**3367**	**1746**	**1621**	**0.11**	**0.06**	**0.05**	**107.71**
90	1330	712	618	0.04	0.02	0.02	115.21
91	749	372	377	0.03	0.01	0.01	98.67
92	567	280	287	0.02	0.01	0.01	97.56
93	434	226	208	0.01	0.01	0.01	108.65
94	287	156	131	0.01	0.01		119.08
95-99岁	**577**	**279**	**298**	**0.02**	**0.01**	**0.01**	**93.62**
95	231	118	113	0.01			104.42
96	144	68	76				89.47
97	86	38	48				79.17
98	53	23	30				76.67
99	63	32	31				103.23
100岁及以上	**45**	**12**	**33**				**36.36**

3–1b　全区分年龄、性别的人口(镇)

单位：人、%

年　龄	人　口　数			占总人口比重			性别比
	合计	男	女	合计	男	女	(女=100)
总　计	**1690065**	**857525**	**832540**	**100.00**	**50.74**	**49.26**	**103.00**
0–4岁	**122658**	**63547**	**59111**	**7.26**	**3.76**	**3.50**	**107.50**
0	20036	10284	9752	1.19	0.61	0.58	105.46
1	23970	12435	11535	1.42	0.74	0.68	107.80
2	23604	12294	11310	1.40	0.73	0.67	108.70
3	26776	13934	12842	1.58	0.82	0.76	108.50
4	28272	14600	13672	1.67	0.86	0.81	106.79
5–9岁	**130552**	**68120**	**62432**	**7.72**	**4.03**	**3.69**	**109.11**
5	23944	12476	11468	1.42	0.74	0.68	108.79
6	27761	14482	13279	1.64	0.86	0.79	109.06
7	26197	13716	12481	1.55	0.81	0.74	109.90
8	26919	13997	12922	1.59	0.83	0.76	108.32
9	25731	13449	12282	1.52	0.80	0.73	109.50
10–14岁	**125985**	**65826**	**60159**	**7.45**	**3.89**	**3.56**	**109.42**
10	25285	13293	11992	1.50	0.79	0.71	110.85
11	25600	13410	12190	1.51	0.79	0.72	110.01
12	25694	13361	12333	1.52	0.79	0.73	108.34
13	24786	12930	11856	1.47	0.77	0.70	109.06
14	24620	12832	11788	1.46	0.76	0.70	108.86
15–19岁	**113573**	**58390**	**55183**	**6.72**	**3.45**	**3.27**	**105.81**
15	24161	12690	11471	1.43	0.75	0.68	110.63
16	26132	13532	12600	1.55	0.80	0.75	107.40
17	24120	12130	11990	1.43	0.72	0.71	101.17
18	21638	11028	10610	1.28	0.65	0.63	103.94
19	17522	9010	8512	1.04	0.53	0.50	105.85
20–24岁	**92152**	**46372**	**45780**	**5.45**	**2.74**	**2.71**	**101.29**
20	15620	8074	7546	0.92	0.48	0.45	107.00
21	15603	8027	7576	0.92	0.47	0.45	105.95
22	19342	9710	9632	1.14	0.57	0.57	100.81
23	20171	10051	10120	1.19	0.59	0.60	99.32
24	21416	10510	10906	1.27	0.62	0.65	96.37
25–29岁	**135070**	**66331**	**68739**	**7.99**	**3.92**	**4.07**	**96.50**
25	23998	11750	12248	1.42	0.70	0.72	95.93
26	24794	12150	12644	1.47	0.72	0.75	96.09
27	27280	13285	13995	1.61	0.79	0.83	94.93
28	29064	14302	14762	1.72	0.85	0.87	96.88
29	29934	14844	15090	1.77	0.88	0.89	98.37

3-1b 续表 1

单位：人、%

年　龄	人　口　数			占总人口比重			性别比
	合计	男	女	合计	男	女	(女=100)
30–34岁	**164911**	**81704**	**83207**	**9.76**	**4.83**	**4.92**	**98.19**
30	36497	17966	18531	2.16	1.06	1.10	96.95
31	34248	16969	17279	2.03	1.00	1.02	98.21
32	31527	15471	16056	1.87	0.92	0.95	96.36
33	33091	16437	16654	1.96	0.97	0.99	98.70
34	29548	14861	14687	1.75	0.88	0.87	101.18
35–39岁	**140755**	**71934**	**68821**	**8.33**	**4.26**	**4.07**	**104.52**
35	27829	14079	13750	1.65	0.83	0.81	102.39
36	28402	14377	14025	1.68	0.85	0.83	102.51
37	26673	13723	12950	1.58	0.81	0.77	105.97
38	31259	16149	15110	1.85	0.96	0.89	106.88
39	26592	13606	12986	1.57	0.81	0.77	104.77
40–44岁	**136436**	**70088**	**66348**	**8.07**	**4.15**	**3.93**	**105.64**
40	28272	14508	13764	1.67	0.86	0.81	105.41
41	27214	13981	13233	1.61	0.83	0.78	105.65
42	27302	13963	13339	1.62	0.83	0.79	104.68
43	25032	12834	12198	1.48	0.76	0.72	105.21
44	28616	14802	13814	1.69	0.88	0.82	107.15
45–49岁	**138556**	**71484**	**67072**	**8.20**	**4.23**	**3.97**	**106.58**
45	27910	14353	13557	1.65	0.85	0.80	105.87
46	28319	14508	13811	1.68	0.86	0.82	105.05
47	28621	14763	13858	1.69	0.87	0.82	106.53
48	27707	14391	13316	1.64	0.85	0.79	108.07
49	25999	13469	12530	1.54	0.80	0.74	107.49
50–54岁	**121892**	**61981**	**59911**	**7.21**	**3.67**	**3.54**	**103.46**
50	28094	14161	13933	1.66	0.84	0.82	101.64
51	25403	12974	12429	1.50	0.77	0.74	104.38
52	26519	13530	12989	1.57	0.80	0.77	104.17
53	20226	10319	9907	1.20	0.61	0.59	104.16
54	21650	10997	10653	1.28	0.65	0.63	103.23
55–59岁	**87310**	**44684**	**42626**	**5.17**	**2.64**	**2.52**	**104.83**
55	20382	10584	9798	1.21	0.63	0.58	108.02
56	20537	10688	9849	1.22	0.63	0.58	108.52
57	21651	11079	10572	1.28	0.66	0.63	104.80
58	16727	8377	8350	0.99	0.50	0.49	100.32
59	8013	3956	4057	0.47	0.23	0.24	97.51
60–64岁	**52740**	**26332**	**26408**	**3.12**	**1.56**	**1.56**	**99.71**
60	9906	5023	4883	0.59	0.30	0.29	102.87
61	8349	4202	4147	0.49	0.25	0.25	101.33
62	10702	5383	5319	0.63	0.32	0.31	101.20
63	11996	6016	5980	0.71	0.36	0.35	100.60
64	11787	5708	6079	0.70	0.34	0.36	93.90

3-1b 续表 2

单位：人、%

年 龄	人口数			占总人口比重			性别比
	合计	男	女	合计	男	女	(女=100)
65-69岁	**51576**	**24956**	**26620**	**3.05**	**1.48**	**1.58**	**93.75**
65	11940	5879	6061	0.71	0.35	0.36	97.00
66	11193	5315	5878	0.66	0.31	0.35	90.42
67	9866	4852	5014	0.58	0.29	0.30	96.77
68	10017	4890	5127	0.59	0.29	0.30	95.38
69	8560	4020	4540	0.51	0.24	0.27	88.55
70-74岁	**33922**	**15989**	**17933**	**2.01**	**0.95**	**1.06**	**89.16**
70	8717	4177	4540	0.52	0.25	0.27	92.00
71	7572	3666	3906	0.45	0.22	0.23	93.86
72	5903	2837	3066	0.35	0.17	0.18	92.53
73	6204	2879	3325	0.37	0.17	0.20	86.59
74	5526	2430	3096	0.33	0.14	0.18	78.49
75-79岁	**22751**	**10735**	**12016**	**1.35**	**0.64**	**0.71**	**89.34**
75	5076	2320	2756	0.30	0.14	0.16	84.18
76	5172	2446	2726	0.31	0.14	0.16	89.73
77	4844	2293	2551	0.29	0.14	0.15	89.89
78	4123	1981	2142	0.24	0.12	0.13	92.48
79	3536	1695	1841	0.21	0.10	0.11	92.07
80-84岁	**13075**	**6106**	**6969**	**0.77**	**0.36**	**0.41**	**87.62**
80	3577	1676	1901	0.21	0.10	0.11	88.16
81	2858	1334	1524	0.17	0.08	0.09	87.53
82	2805	1288	1517	0.17	0.08	0.09	84.90
83	2052	961	1091	0.12	0.06	0.06	88.08
84	1783	847	936	0.11	0.05	0.06	90.49
85-89岁	**4824**	**2321**	**2503**	**0.29**	**0.14**	**0.15**	**92.73**
85	1484	672	812	0.09	0.04	0.05	82.76
86	1197	593	604	0.07	0.04	0.04	98.18
87	927	435	492	0.05	0.03	0.03	88.41
88	694	356	338	0.04	0.02	0.02	105.33
89	522	265	257	0.03	0.02	0.02	103.11
90-94岁	**1114**	**534**	**580**	**0.07**	**0.03**	**0.03**	**92.07**
90	442	200	242	0.03	0.01	0.01	82.64
91	227	119	108	0.01	0.01	0.01	110.19
92	188	85	103	0.01	0.01	0.01	82.52
93	151	80	71	0.01			112.68
94	106	50	56	0.01			89.29
95-99岁	**187**	**81**	**106**	**0.01**		**0.01**	**76.42**
95	57	30	27				111.11
96	55	27	28				96.43
97	31	9	22				40.91
98	27	12	15				80.00
99	17	3	14				21.43
100岁及以上	**26**	**10**	**16**				**62.50**

3-1c 全区分年龄、性别的人口(乡村)

单位：人、%

年 龄	人口数			占总人口比重			性别比
	合计	男	女	合计	男	女	(女=100)
总 计	**2524000**	**1323169**	**1200831**	**100.00**	**52.42**	**47.58**	**110.19**
0-4岁	**175477**	**90201**	**85276**	**6.95**	**3.57**	**3.38**	**105.78**
0	31453	16187	15266	1.25	0.64	0.60	106.03
1	34595	17886	16709	1.37	0.71	0.66	107.04
2	35037	18045	16992	1.39	0.71	0.67	106.20
3	37384	19263	18121	1.48	0.76	0.72	106.30
4	37008	18820	18188	1.47	0.75	0.72	103.47
5-9岁	**180573**	**93049**	**87524**	**7.15**	**3.69**	**3.47**	**106.31**
5	34999	17884	17115	1.39	0.71	0.68	104.49
6	36252	18731	17521	1.44	0.74	0.69	106.91
7	35534	18405	17129	1.41	0.73	0.68	107.45
8	37347	19353	17994	1.48	0.77	0.71	107.55
9	36441	18676	17765	1.44	0.74	0.70	105.13
10-14岁	**184475**	**95443**	**89032**	**7.31**	**3.78**	**3.53**	**107.20**
10	36516	18819	17697	1.45	0.75	0.70	106.34
11	37418	19121	18297	1.48	0.76	0.72	104.50
12	37115	19121	17994	1.47	0.76	0.71	106.26
13	36885	19086	17799	1.46	0.76	0.71	107.23
14	36541	19296	17245	1.45	0.76	0.68	111.89
15-19岁	**126543**	**68026**	**58517**	**5.01**	**2.70**	**2.32**	**116.25**
15	30481	16061	14420	1.21	0.64	0.57	111.38
16	25674	13855	11819	1.02	0.55	0.47	117.23
17	21227	11816	9411	0.84	0.47	0.37	125.56
18	23893	12902	10991	0.95	0.51	0.44	117.39
19	25268	13392	11876	1.00	0.53	0.47	112.77
20-24岁	**146788**	**80119**	**66669**	**5.82**	**3.17**	**2.64**	**120.17**
20	25070	13688	11382	0.99	0.54	0.45	120.26
21	26052	14217	11835	1.03	0.56	0.47	120.13
22	31545	17131	14414	1.25	0.68	0.57	118.85
23	31782	17371	14411	1.26	0.69	0.57	120.54
24	32339	17712	14627	1.28	0.70	0.58	121.09
25-29岁	**169930**	**93672**	**76258**	**6.73**	**3.71**	**3.02**	**122.84**
25	33961	18663	15298	1.35	0.74	0.61	122.00
26	33661	18595	15066	1.33	0.74	0.60	123.42
27	34461	19025	15436	1.37	0.75	0.61	123.25
28	34282	18841	15441	1.36	0.75	0.61	122.02
29	33565	18548	15017	1.33	0.73	0.59	123.51

3-1c　续表 1　　单位：人、%

年　龄	人口数			占总人口比重			性别比
	合计	男	女	合计	男	女	(女=100)
30—34岁	**174210**	**95628**	**78582**	**6.90**	**3.79**	**3.11**	**121.69**
30	39974	22064	17910	1.58	0.87	0.71	123.19
31	36034	19894	16140	1.43	0.79	0.64	123.26
32	32899	18046	14853	1.30	0.71	0.59	121.50
33	34211	18733	15478	1.36	0.74	0.61	121.03
34	31092	16891	14201	1.23	0.67	0.56	118.94
35—39岁	**156663**	**84093**	**72570**	**6.21**	**3.33**	**2.88**	**115.88**
35	29069	15644	13425	1.15	0.62	0.53	116.53
36	29989	15968	14021	1.19	0.63	0.56	113.89
37	29184	15692	13492	1.16	0.62	0.53	116.31
38	35721	19203	16518	1.42	0.76	0.65	116.25
39	32700	17586	15114	1.30	0.70	0.60	116.36
40—44岁	**176370**	**92545**	**83825**	**6.99**	**3.67**	**3.32**	**110.40**
40	35435	18457	16978	1.40	0.73	0.67	108.71
41	33865	17902	15963	1.34	0.71	0.63	112.15
42	34846	17985	16861	1.38	0.71	0.67	106.67
43	32888	17613	15275	1.30	0.70	0.61	115.31
44	39336	20588	18748	1.56	0.82	0.74	109.81
45—49岁	**207556**	**108325**	**99231**	**8.22**	**4.29**	**3.93**	**109.16**
45	40067	21034	19033	1.59	0.83	0.75	110.51
46	40363	20776	19587	1.60	0.82	0.78	106.07
47	42612	22463	20149	1.69	0.89	0.80	111.48
48	42989	22306	20683	1.70	0.88	0.82	107.85
49	41525	21746	19779	1.65	0.86	0.78	109.94
50—54岁	**226636**	**116621**	**110015**	**8.98**	**4.62**	**4.36**	**106.00**
50	48414	24871	23543	1.92	0.99	0.93	105.64
51	45402	23190	22212	1.80	0.92	0.88	104.40
52	49328	25331	23997	1.95	1.00	0.95	105.56
53	39361	20410	18951	1.56	0.81	0.75	107.70
54	44131	22819	21312	1.75	0.90	0.84	107.07
55—59岁	**179901**	**94098**	**85803**	**7.13**	**3.73**	**3.40**	**109.67**
55	40751	21512	19239	1.61	0.85	0.76	111.81
56	42125	22333	19792	1.67	0.88	0.78	112.84
57	42878	22372	20506	1.70	0.89	0.81	109.10
58	36995	19140	17855	1.47	0.76	0.71	107.20
59	17152	8741	8411	0.68	0.35	0.33	103.92
60—64岁	**116297**	**60786**	**55511**	**4.61**	**2.41**	**2.20**	**109.50**
60	21424	11443	9981	0.85	0.45	0.40	114.65
61	17234	9138	8096	0.68	0.36	0.32	112.87
62	23704	12638	11066	0.94	0.50	0.44	114.21
63	27043	13902	13141	1.07	0.55	0.52	105.79
64	26892	13665	13227	1.07	0.54	0.52	103.31

3-1c 续表 2

单位：人、%

年龄	人口数			占总人口比重			性别比
	合计	男	女	合计	男	女	(女=100)
65-69岁	**122171**	**62623**	**59548**	**4.84**	**2.48**	**2.36**	**105.16**
65	28370	14501	13869	1.12	0.57	0.55	104.56
66	25983	13186	12797	1.03	0.52	0.51	103.04
67	23232	11912	11320	0.92	0.47	0.45	105.23
68	24042	12516	11526	0.95	0.50	0.46	108.59
69	20544	10508	10036	0.81	0.42	0.40	104.70
70-74岁	**81856**	**40420**	**41436**	**3.24**	**1.60**	**1.64**	**97.55**
70	20832	10357	10475	0.83	0.41	0.42	98.87
71	18310	9418	8892	0.73	0.37	0.35	105.92
72	13902	7022	6880	0.55	0.28	0.27	102.06
73	15126	7302	7824	0.60	0.29	0.31	93.33
74	13686	6321	7365	0.54	0.25	0.29	85.82
75-79岁	**54360**	**26664**	**27696**	**2.15**	**1.06**	**1.10**	**96.27**
75	12587	5922	6665	0.50	0.23	0.26	88.85
76	12782	6402	6380	0.51	0.25	0.25	100.34
77	11477	5693	5784	0.45	0.23	0.23	98.43
78	9741	4792	4949	0.39	0.19	0.20	96.83
79	7773	3855	3918	0.31	0.15	0.16	98.39
80-84岁	**29364**	**13982**	**15382**	**1.16**	**0.55**	**0.61**	**90.90**
80	7956	3874	4082	0.32	0.15	0.16	94.90
81	6622	3173	3449	0.26	0.13	0.14	92.00
82	6179	2956	3223	0.24	0.12	0.13	91.72
83	4608	2131	2477	0.18	0.08	0.10	86.03
84	3999	1848	2151	0.16	0.07	0.09	85.91
85-89岁	**11411**	**5368**	**6043**	**0.45**	**0.21**	**0.24**	**88.83**
85	3267	1501	1766	0.13	0.06	0.07	84.99
86	2803	1355	1448	0.11	0.05	0.06	93.58
87	2323	1100	1223	0.09	0.04	0.05	89.94
88	1665	789	876	0.07	0.03	0.03	90.07
89	1353	623	730	0.05	0.02	0.03	85.34
90-94岁	**2770**	**1225**	**1545**	**0.11**	**0.05**	**0.06**	**79.29**
90	1073	495	578	0.04	0.02	0.02	85.64
91	556	235	321	0.02	0.01	0.01	73.21
92	504	206	298	0.02	0.01	0.01	69.13
93	375	168	207	0.01	0.01	0.01	81.16
94	262	121	141	0.01		0.01	85.82
95-99岁	**573**	**256**	**317**	**0.02**	**0.01**	**0.01**	**80.76**
95	203	93	110	0.01			84.55
96	151	62	89	0.01			69.66
97	106	53	53				100.00
98	61	27	34				79.41
99	52	21	31				67.74
100岁及以上	**76**	**25**	**51**				**49.02**

3-2 各地区人口年龄构成(一)

单位：人、%

地　区	人口数				比重			
	合计	0-14岁	15-64岁	65岁及以上	合计	0-14岁	15-64岁	65岁及以上
宁　夏	**7202654**	**1468004**	**5041826**	**692824**	**100.00**	**20.38**	**70.00**	**9.62**
银川市	**2859074**	**516731**	**2090383**	**251960**	**100.00**	**18.07**	**73.11**	**8.81**
兴庆区	808282	141118	590070	77094	100.00	17.46	73.00	9.54
西夏区	449559	68840	345027	35692	100.00	15.31	76.75	7.94
金凤区	643952	122584	469074	52294	100.00	19.04	72.84	8.12
永宁县	321618	63728	227648	30242	100.00	19.81	70.78	9.40
贺兰县	341507	65332	244773	31402	100.00	19.13	71.67	9.20
灵武市	294156	55129	213791	25236	100.00	18.74	72.68	8.58
石嘴山市	**751389**	**115843**	**544465**	**91081**	**100.00**	**15.42**	**72.46**	**12.12**
大武口区	298292	44757	218063	35472	100.00	15.00	73.10	11.89
惠农区	178891	23920	133169	21802	100.00	13.37	74.44	12.19
平罗县	274206	47166	193233	33807	100.00	17.20	70.47	12.33
吴忠市	**1382713**	**317406**	**938048**	**127259**	**100.00**	**22.96**	**67.84**	**9.20**
利通区	460790	95205	321547	44038	100.00	20.66	69.78	9.56
红寺堡区	197604	55621	128852	13131	100.00	28.15	65.21	6.65
盐池县	159209	29074	113284	16851	100.00	18.26	71.15	10.58
同心县	320801	97103	200729	22969	100.00	30.27	62.57	7.16
青铜峡市	244309	40403	173636	30270	100.00	16.54	71.07	12.39
固原市	**1142142**	**275630**	**748556**	**117956**	**100.00**	**24.13**	**65.54**	**10.33**
原州区	471329	115484	314522	41323	100.00	24.50	66.73	8.77
西吉县	315827	84355	199721	31751	100.00	26.71	63.24	10.05
隆德县	109451	21605	72216	15630	100.00	19.74	65.98	14.28
泾源县	85023	20511	54633	9879	100.00	24.12	64.26	11.62
彭阳县	160512	33675	107464	19373	100.00	20.98	66.95	12.07
中卫市	**1067336**	**242394**	**720374**	**104568**	**100.00**	**22.71**	**67.49**	**9.80**
沙坡头区	399796	74008	283728	42060	100.00	18.51	70.97	10.52
中宁县	334022	73780	226558	33684	100.00	22.09	67.83	10.08
海原县	333518	94606	210088	28824	100.00	28.37	62.99	8.64

3-2a 各地区人口年龄构成(一)(城市)

单位：人、%

地 区	人 口 数				比 重			
	合计	0-14岁	15-64岁	65岁及以上	合计	0-14岁	15-64岁	65岁及以上
宁 夏	**2988589**	**548284**	**2177537**	**262768**	**100.00**	**18.35**	**72.86**	**8.79**
银川市	**1656514**	**286519**	**1224319**	**145676**	**100.00**	**17.30**	**73.91**	**8.79**
兴庆区	603870	103622	439417	60831	100.00	17.16	72.77	10.07
西夏区	394678	54847	308565	31266	100.00	13.90	78.18	7.92
金凤区	516295	94945	377708	43642	100.00	18.39	73.16	8.45
永宁县								
贺兰县	4307	875	3174	258	100.00	20.32	73.69	5.99
灵武市	137364	32230	95455	9679	100.00	23.46	69.49	7.05
石嘴山市	**365366**	**53015**	**268009**	**44342**	**100.00**	**14.51**	**73.35**	**12.14**
大武口区	245272	36508	177174	31590	100.00	14.88	72.24	12.88
惠农区	120094	16507	90835	12752	100.00	13.75	75.64	10.62
平罗县								
吴忠市	**488605**	**105545**	**345047**	**38013**	**100.00**	**21.60**	**70.62**	**7.78**
利通区	300492	63451	212269	24772	100.00	21.12	70.64	8.24
红寺堡区	72245	21362	47529	3354	100.00	29.57	65.79	4.64
盐池县								
同心县								
青铜峡市	115868	20732	85249	9887	100.00	17.89	73.57	8.53
固原市	**246800**	**58423**	**171614**	**16763**	**100.00**	**23.67**	**69.54**	**6.79**
原州区	246800	58423	171614	16763	100.00	23.67	69.54	6.79
西吉县								
隆德县								
泾源县								
彭阳县								
中卫市	**231304**	**44782**	**168548**	**17974**	**100.00**	**19.36**	**72.87**	**7.77**
沙坡头区	231304	44782	168548	17974	100.00	19.36	72.87	7.77
中宁县								
海原县								

3–2b　各地区人口年龄构成(一)(镇)

单位：人、%

地　区	人　口　数				比　　重			
	合计	0–14岁	15–64岁	65岁及以上	合计	0–14岁	15–64岁	65岁及以上
宁　夏	**1690065**	**379195**	**1183395**	**127475**	**100.00**	**22.44**	**70.02**	**7.54**
银川市	**637142**	**128606**	**463467**	**45069**	**100.00**	**20.18**	**72.74**	**7.07**
兴庆区	122604	22771	90447	9386	100.00	18.57	73.77	7.66
西夏区	13864	4071	9061	732	100.00	29.36	65.36	5.28
金凤区	11657	2810	7898	949	100.00	24.11	67.75	8.14
永宁县	207698	44582	149294	13822	100.00	21.46	71.88	6.65
贺兰县	217763	43383	159030	15350	100.00	19.92	73.03	7.05
灵武市	63556	10989	47737	4830	100.00	17.29	75.11	7.60
石嘴山市	**220136**	**39594**	**158323**	**22219**	**100.00**	**17.99**	**71.92**	**10.09**
大武口区	27040	4202	21338	1500	100.00	15.54	78.91	5.55
惠农区	29637	4344	20540	4753	100.00	14.66	69.31	16.04
平罗县	163459	31048	116445	15966	100.00	18.99	71.24	9.77
吴忠市	**282514**	**71562**	**190461**	**20491**	**100.00**	**25.33**	**67.42**	**7.25**
利通区	20987	3688	14694	2605	100.00	17.57	70.01	12.41
红寺堡区	6953	1107	5537	309	100.00	15.92	79.63	4.44
盐池县	88016	20439	61481	6096	100.00	23.22	69.85	6.93
同心县	140077	41693	90417	7967	100.00	29.76	64.55	5.69
青铜峡市	26481	4635	18332	3514	100.00	17.50	69.23	13.27
固原市	**251106**	**64548**	**167702**	**18856**	**100.00**	**25.71**	**66.79**	**7.51**
原州区	21010	5391	13341	2278	100.00	25.66	63.50	10.84
西吉县	96776	27076	64260	5440	100.00	27.98	66.40	5.62
隆德县	41744	9527	28052	4165	100.00	22.82	67.20	9.98
泾源县	30003	7478	20259	2266	100.00	24.92	67.52	7.55
彭阳县	61573	15076	41790	4707	100.00	24.48	67.87	7.64
中卫市	**299167**	**74885**	**203442**	**20840**	**100.00**	**25.03**	**68.00**	**6.97**
沙坡头区	18003	3502	12329	2172	100.00	19.45	68.48	12.06
中宁县	163702	34766	116373	12563	100.00	21.24	71.09	7.67
海原县	117462	36617	74740	6105	100.00	31.17	63.63	5.20

3-2c 各地区人口年龄构成(一)(乡村)

单位：人、%

地　区	人口数				比重			
	合计	0-14岁	15-64岁	65岁及以上	合计	0-14岁	15-64岁	65岁及以上
宁　夏	**2524000**	**540525**	**1680894**	**302581**	**100.00**	**21.42**	**66.60**	**11.99**
银川市	**565418**	**101606**	**402597**	**61215**	**100.00**	**17.97**	**71.20**	**10.83**
兴庆区	81808	14725	60206	6877	100.00	18.00	73.59	8.41
西夏区	41017	9922	27401	3694	100.00	24.19	66.80	9.01
金凤区	116000	24829	83468	7703	100.00	21.40	71.96	6.64
永宁县	113920	19146	78354	16420	100.00	16.81	68.78	14.41
贺兰县	119437	21074	82569	15794	100.00	17.64	69.13	13.22
灵武市	93236	11910	70599	10727	100.00	12.77	75.72	11.51
石嘴山市	**165887**	**23234**	**118133**	**24520**	**100.00**	**14.01**	**71.21**	**14.78**
大武口区	25980	4047	19551	2382	100.00	15.58	75.25	9.17
惠农区	29160	3069	21794	4297	100.00	10.52	74.74	14.74
平罗县	110747	16118	76788	17841	100.00	14.55	69.34	16.11
吴忠市	**611594**	**140299**	**402540**	**68755**	**100.00**	**22.94**	**65.82**	**11.24**
利通区	139311	28066	94584	16661	100.00	20.15	67.89	11.96
红寺堡区	118406	33152	75786	9468	100.00	28.00	64.01	8.00
盐池县	71193	8635	51803	10755	100.00	12.13	72.76	15.11
同心县	180724	55410	110312	15002	100.00	30.66	61.04	8.30
青铜峡市	101960	15036	70055	16869	100.00	14.75	68.71	16.54
固原市	**644236**	**152659**	**409240**	**82337**	**100.00**	**23.70**	**63.52**	**12.78**
原州区	203519	51670	129567	22282	100.00	25.39	63.66	10.95
西吉县	219051	57279	135461	26311	100.00	26.15	61.84	12.01
隆德县	67707	12078	44164	11465	100.00	17.84	65.23	16.93
泾源县	55020	13033	34374	7613	100.00	23.69	62.48	13.84
彭阳县	98939	18599	65674	14666	100.00	18.80	66.38	14.82
中卫市	**536865**	**122727**	**348384**	**65754**	**100.00**	**22.86**	**64.89**	**12.25**
沙坡头区	150489	25724	102851	21914	100.00	17.09	68.34	14.56
中宁县	170320	39014	110185	21121	100.00	22.91	64.69	12.40
海原县	216056	57989	135348	22719	100.00	26.84	62.64	10.52

3-3　各地区人口年龄构成(二)

单位：人、%

地　区	人　口　数				比　重			
	合计	0-15岁	16-59岁	60岁及以上	合计	0-15岁	16-59岁	60岁及以上
宁　夏	**7202654**	**1558823**	**4669689**	**974142**	**100.00**	**21.64**	**64.83**	**13.52**
银川市	**2859074**	**546216**	**1947080**	**365778**	**100.00**	**19.10**	**68.10**	**12.79**
兴庆区	808282	150026	548287	109969	100.00	18.56	67.83	13.61
西夏区	449559	74144	324419	50996	100.00	16.49	72.16	11.34
金凤区	643952	127646	435321	80985	100.00	19.82	67.60	12.58
永宁县	321618	67133	212056	42429	100.00	20.87	65.93	13.19
贺兰县	341507	68696	226354	46457	100.00	20.12	66.28	13.60
灵武市	294156	58571	200643	34942	100.00	19.91	68.21	11.88
石嘴山市	**751389**	**124275**	**499961**	**127153**	**100.00**	**16.54**	**66.54**	**16.92**
大武口区	298292	47913	201353	49026	100.00	16.06	67.50	16.44
惠农区	178891	25638	123006	30247	100.00	14.33	68.76	16.91
平罗县	274206	50724	175602	47880	100.00	18.50	64.04	17.46
吴忠市	**1382713**	**337167**	**868125**	**177421**	**100.00**	**24.38**	**62.78**	**12.83**
利通区	460790	101399	298936	60455	100.00	22.01	64.87	13.12
红寺堡区	197604	58808	120551	18245	100.00	29.76	61.01	9.23
盐池县	159209	30791	103831	24587	100.00	19.34	65.22	15.44
同心县	320801	102494	186207	32100	100.00	31.95	58.04	10.01
青铜峡市	244309	43675	158600	42034	100.00	17.88	64.92	17.21
固原市	**1142142**	**293843**	**690398**	**157901**	**100.00**	**25.73**	**60.45**	**13.82**
原州区	471329	122444	292510	56375	100.00	25.98	62.06	11.96
西吉县	315827	90195	183776	41856	100.00	28.56	58.19	13.25
隆德县	109451	23093	65652	20706	100.00	21.10	59.98	18.92
泾源县	85023	22183	49677	13163	100.00	26.09	58.43	15.48
彭阳县	160512	35928	98783	25801	100.00	22.38	61.54	16.07
中卫市	**1067336**	**257322**	**664125**	**145889**	**100.00**	**24.11**	**62.22**	**13.67**
沙坡头区	399796	79154	260752	59890	100.00	19.80	65.22	14.98
中宁县	334022	78281	208511	47230	100.00	23.44	62.42	14.14
海原县	333518	99887	194862	38769	100.00	29.95	58.43	11.62

3-3a 各地区人口年龄构成(二)(城市)

单位：人、%

地 区	人 口 数				比 重			
	合计	0-15岁	16-59岁	60岁及以上	合计	0-15岁	16-59岁	60岁及以上
宁 夏	**2988589**	**584461**	**2029079**	**375049**	**100.00**	**19.56**	**67.89**	**12.55**
银川市	**1656514**	**303392**	**1140643**	**212479**	**100.00**	**18.32**	**68.86**	**12.83**
兴庆区	603870	109351	408247	86272	100.00	18.11	67.61	14.29
西夏区	394678	59646	290249	44783	100.00	15.11	73.54	11.35
金凤区	516295	98947	349657	67691	100.00	19.16	67.72	13.11
永宁县								
贺兰县	4307	900	2996	411	100.00	20.90	69.56	9.54
灵武市	137364	34548	89494	13322	100.00	25.15	65.15	9.70
石嘴山市	**365366**	**56673**	**247579**	**61114**	**100.00**	**15.51**	**67.76**	**16.73**
大武口区	245272	38913	162961	43398	100.00	15.87	66.44	17.69
惠农区	120094	17760	84618	17716	100.00	14.79	70.46	14.75
平罗县								
吴忠市	**488605**	**113645**	**322602**	**52358**	**100.00**	**23.26**	**66.03**	**10.72**
利通区	300492	67862	198612	34018	100.00	22.58	66.10	11.32
红寺堡区	72245	22871	44570	4804	100.00	31.66	61.69	6.65
盐池县								
同心县								
青铜峡市	115868	22912	79420	13536	100.00	19.77	68.54	11.68
固原市	**246800**	**62444**	**160852**	**23504**	**100.00**	**25.30**	**65.18**	**9.52**
原州区	246800	62444	160852	23504	100.00	25.30	65.18	9.52
西吉县								
隆德县								
泾源县								
彭阳县								
中卫市	**231304**	**48307**	**157403**	**25594**	**100.00**	**20.88**	**68.05**	**11.07**
沙坡头区	231304	48307	157403	25594	100.00	20.88	68.05	11.07
中宁县								
海原县								

3-3b　各地区人口年龄构成(二)(镇)

单位：人、%

地　区	人口数				比重			
	合计	0-15岁	16-59岁	60岁及以上	合计	0-15岁	16-59岁	60岁及以上
宁　夏	**1690065**	**403356**	**1106494**	**180215**	**100.00**	**23.87**	**65.47**	**10.66**
银川市	**637142**	**135178**	**435095**	**66869**	**100.00**	**21.22**	**68.29**	**10.50**
兴庆区	122604	24061	84591	13952	100.00	19.62	69.00	11.38
西夏区	13864	4212	8596	1056	100.00	30.38	62.00	7.62
金凤区	11657	2911	7365	1381	100.00	24.97	63.18	11.85
永宁县	207698	46762	140949	19987	100.00	22.51	67.86	9.62
贺兰县	217763	45716	148267	23780	100.00	20.99	68.09	10.92
灵武市	63556	11516	45327	6713	100.00	18.12	71.32	10.56
石嘴山市	**220136**	**42031**	**147812**	**30293**	**100.00**	**19.09**	**67.15**	**13.76**
大武口区	27040	4373	20509	2158	100.00	16.17	75.85	7.98
惠农区	29637	4573	18791	6273	100.00	15.43	63.40	21.17
平罗县	163459	33085	108512	21862	100.00	20.24	66.38	13.37
吴忠市	**282514**	**76362**	**177431**	**28721**	**100.00**	**27.03**	**62.80**	**10.17**
利通区	20987	3858	13571	3558	100.00	18.38	64.66	16.95
红寺堡区	6953	1139	5329	485	100.00	16.38	76.64	6.98
盐池县	88016	21726	57409	8881	100.00	24.68	65.23	10.09
同心县	140077	44801	84189	11087	100.00	31.98	60.10	7.91
青铜峡市	26481	4838	16933	4710	100.00	18.27	63.94	17.79
固原市	**251106**	**69958**	**156203**	**24945**	**100.00**	**27.86**	**62.21**	**9.93**
原州区	21010	5573	12368	3069	100.00	26.53	58.87	14.61
西吉县	96776	30015	59518	7243	100.00	31.01	61.50	7.48
隆德县	41744	10130	26159	5455	100.00	24.27	62.67	13.07
泾源县	30003	8173	18751	3079	100.00	27.24	62.50	10.26
彭阳县	61573	16067	39407	6099	100.00	26.09	64.00	9.91
中卫市	**299167**	**79827**	**189953**	**29387**	**100.00**	**26.68**	**63.49**	**9.82**
沙坡头区	18003	3644	11236	3123	100.00	20.24	62.41	17.35
中宁县	163702	37307	108497	17898	100.00	22.79	66.28	10.93
海原县	117462	38876	70220	8366	100.00	33.10	59.78	7.12

3-3c 各地区人口年龄构成(二)(乡村)

单位：人、%

地区	人口数				比重			
	合计	0-15岁	16-59岁	60岁及以上	合计	0-15岁	16-59岁	60岁及以上
宁夏	**2524000**	**571006**	**1534116**	**418878**	**100.00**	**22.62**	**60.78**	**16.60**
银川市	**565418**	**107646**	**371342**	**86430**	**100.00**	**19.04**	**65.68**	**15.29**
兴庆区	81808	16614	55449	9745	100.00	20.31	67.78	11.91
西夏区	41017	10286	25574	5157	100.00	25.08	62.35	12.57
金凤区	116000	25788	78299	11913	100.00	22.23	67.50	10.27
永宁县	113920	20371	71107	22442	100.00	17.88	62.42	19.70
贺兰县	119437	22080	75091	22266	100.00	18.49	62.87	18.64
灵武市	93236	12507	65822	14907	100.00	13.41	70.60	15.99
石嘴山市	**165887**	**25571**	**104570**	**35746**	**100.00**	**15.41**	**63.04**	**21.55**
大武口区	25980	4627	17883	3470	100.00	17.81	68.83	13.36
惠农区	29160	3305	19597	6258	100.00	11.33	67.21	21.46
平罗县	110747	17639	67090	26018	100.00	15.93	60.58	23.49
吴忠市	**611594**	**147160**	**368092**	**96342**	**100.00**	**24.06**	**60.19**	**15.75**
利通区	139311	29679	86753	22879	100.00	21.30	62.27	16.42
红寺堡区	118406	34798	70652	12956	100.00	29.39	59.67	10.94
盐池县	71193	9065	46422	15706	100.00	12.73	65.21	22.06
同心县	180724	57693	102018	21013	100.00	31.92	56.45	11.63
青铜峡市	101960	15925	62247	23788	100.00	15.62	61.05	23.33
固原市	**644236**	**161441**	**373343**	**109452**	**100.00**	**25.06**	**57.95**	**16.99**
原州区	203519	54427	119290	29802	100.00	26.74	58.61	14.64
西吉县	219051	60180	124258	34613	100.00	27.47	56.73	15.80
隆德县	67707	12963	39493	15251	100.00	19.15	58.33	22.52
泾源县	55020	14010	30926	10084	100.00	25.46	56.21	18.33
彭阳县	98939	19861	59376	19702	100.00	20.07	60.01	19.91
中卫市	**536865**	**129188**	**316769**	**90908**	**100.00**	**24.06**	**59.00**	**16.93**
沙坡头区	150489	27203	92113	31173	100.00	18.08	61.21	20.71
中宁县	170320	40974	100014	29332	100.00	24.06	58.72	17.22
海原县	216056	61011	124642	30403	100.00	28.24	57.69	14.07

第一部分　全部数据资料

第四卷　教育

4-1　全区分年龄、性别、受教育程度的3岁及以上人口

单位：人

年　龄	3岁及以上人口			未上过学		
	合计	男	女	小计	男	女
总　计	**6927596**	**3526853**	**3400743**	**422737**	**133717**	**289020**
3	105975	54919	51056	48660	25421	23239
4	108350	55880	52470	17289	8876	8413
5-9岁	**495900**	**258040**	**237860**	**6338**	**3298**	**3040**
5	91293	47204	44089	4179	2163	2016
6	105418	54811	50607	1217	640	577
7	98983	51589	47394	390	197	193
8	102994	53830	49164	287	164	123
9	97212	50606	46606	265	134	131
10-14岁	**482721**	**251659**	**231062**	**1359**	**736**	**623**
10	95859	49967	45892	241	141	100
11	96413	50035	46378	311	161	150
12	98435	51232	47203	319	168	151
13	97500	50796	46704	284	153	131
14	94514	49629	44885	204	113	91
15-19岁	**433094**	**224272**	**208822**	**1005**	**563**	**442**
15	90819	47348	43471	183	109	74
16	93049	48414	44635	177	104	73
17	84743	43652	41091	188	101	87
18	83698	43218	40480	211	104	107
19	80785	41640	39145	246	145	101
20-24岁	**444510**	**224475**	**220035**	**1443**	**728**	**715**
20	80487	41076	39411	235	120	115
21	80454	40577	39877	251	134	117
22	94318	47166	47152	320	155	165
23	93173	47079	46094	308	168	140
24	96078	48577	47501	329	151	178
25-29岁	**547857**	**278487**	**269370**	**2402**	**983**	**1419**
25	102978	52156	50822	381	169	212
26	103641	52785	50856	415	171	244
27	110109	55787	54322	434	179	255
28	114923	58360	56563	552	231	321
29	116206	59399	56807	620	233	387
30-34岁	**635014**	**323478**	**311536**	**6160**	**1988**	**4172**
30	140373	71463	68910	913	343	570
31	130401	66535	63866	1045	354	691
32	122600	62318	60282	1221	380	841
33	127491	64877	62614	1420	438	982
34	114149	58285	55864	1561	473	1088
35-39岁	**541665**	**278748**	**262917**	**11997**	**3439**	**8558**
35	105452	53839	51613	1751	508	1243
36	108619	55584	53035	2051	600	1451
37	102384	52991	49393	2261	659	1602
38	119962	61957	58005	2890	808	2082
39	105248	54377	50871	3044	864	2180
40-44岁	**547016**	**280284**	**266732**	**18331**	**5079**	**13252**
40	110570	56513	54057	3507	910	2597
41	108478	55778	52700	3451	941	2510
42	108553	55281	53272	3751	1011	2740
43	102331	52748	49583	3444	994	2450
44	117084	59964	57120	4178	1223	2955

4-1 续表 1

单位：人

年 龄	3岁及以上人口			未上过学		
	合计	男	女	小计	男	女
45-49岁	**595400**	**305580**	**289820**	**25705**	**7655**	**18050**
45	116808	60036	56772	4389	1265	3124
46	118994	60611	58383	4575	1319	3256
47	122143	63091	59052	5415	1655	3760
48	121617	62437	59180	5784	1747	4037
49	115838	59405	56433	5542	1669	3873
50-54岁	**576630**	**291504**	**285126**	**33184**	**8639**	**24545**
50	128535	64941	63594	7078	2018	5060
51	118396	59743	58653	6640	1785	4855
52	125391	63117	62274	7111	1799	5312
53	97565	49703	47862	5722	1424	4298
54	106743	54000	52743	6633	1613	5020
55-59岁	**439322**	**223885**	**215437**	**30804**	**6327**	**24477**
55	100931	51791	49140	6041	1445	4596
56	102834	53075	49759	6687	1507	5180
57	108867	55456	53411	7023	1406	5617
58	85956	43248	42708	7219	1293	5926
59	40734	20315	20419	3834	676	3158
60-64岁	**281318**	**142454**	**138864**	**39533**	**9580**	**29953**
60	53058	27338	25720	5296	1074	4222
61	44040	22488	21552	5247	1212	4035
62	57551	29493	28058	8137	2098	6039
63	64053	32150	31903	10071	2535	7536
64	62616	30985	31631	10782	2661	8121
65-69岁	**276001**	**136133**	**139868**	**56706**	**14836**	**41870**
65	64313	32122	32191	11969	2950	9019
66	60169	29550	30619	11768	2957	8811
67	52680	26003	26677	10863	2812	8051
68	53173	26266	26907	11799	3289	8510
69	45666	22192	23474	10307	2828	7479
70-74岁	**180377**	**86579**	**93798**	**43837**	**12071**	**31766**
70	46219	22539	23680	10815	3027	7788
71	40104	19832	20272	9816	2923	6893
72	31075	15191	15884	7236	2016	5220
73	33083	15677	17406	8085	2164	5921
74	29896	13340	16556	7885	1941	5944
75-79岁	**124195**	**57830**	**66365**	**36318**	**10577**	**25741**
75	27537	12341	15196	7621	1953	5668
76	27944	13122	14822	8065	2329	5736
77	25887	12138	13749	7746	2350	5396
78	23091	10827	12264	6982	2160	4822
79	19736	9402	10334	5904	1785	4119
80-84岁	**74159**	**34623**	**39536**	**26067**	**8130**	**17937**
80	19795	9315	10480	6479	2063	4416
81	16224	7558	8666	5762	1803	3959
82	15690	7314	8376	5581	1771	3810
83	12013	5546	6467	4316	1294	3022
84	10437	4890	5547	3929	1199	2730
85岁及以上	**38092**	**18023**	**20069**	**15599**	**4791**	**10808**

4-1 续表 2

单位：人

年 龄	学前教育			小 学		
	小计	男	女	小计	男	女
总 计	**267417**	**137968**	**129449**	**1880672**	**889341**	**991331**
3	57315	29498	27817			
4	91061	47004	44057			
5-9岁	**111795**	**58588**	**53207**	**374056**	**194055**	**180001**
5	76386	39483	36903	10728	5558	5170
6	31538	17141	14397	72033	36665	35368
7	2096	1090	1006	95703	49855	45848
8	1051	520	531	100652	52567	48085
9	724	354	370	94940	49410	45530
10-14岁	**2381**	**1194**	**1187**	**235173**	**123021**	**112152**
10	610	318	292	92892	48406	44486
11	470	229	241	89547	46552	42995
12	389	195	194	40087	21459	18628
13	445	223	222	8970	4727	4243
14	467	229	238	3677	1877	1800
15-19岁	**698**	**320**	**378**	**9471**	**4887**	**4584**
15	323	146	177	1913	984	929
16	155	69	86	1578	835	743
17	96	53	43	1539	831	708
18	75	30	45	1953	1013	940
19	49	22	27	2488	1224	1264
20-24岁	**192**	**78**	**114**	**21962**	**9745**	**12217**
20	48	16	32	2804	1363	1441
21	32	16	16	3531	1599	1932
22	34	13	21	4823	2094	2729
23	43	14	29	5019	2197	2822
24	35	19	16	5785	2492	3293
25-29岁	**113**	**37**	**76**	**46482**	**19479**	**27003**
25	31	15	16	7003	2987	4016
26	24	7	17	8227	3420	4807
27	17	8	9	9211	3819	5392
28	25	5	20	10531	4388	6143
29	16	2	14	11510	4865	6645
30-34岁	**129**	**45**	**84**	**83634**	**35519**	**48115**
30	24	9	15	15705	6471	9234
31	31	9	22	16250	6921	9329
32	26	11	15	16000	6830	9170
33	27	9	18	17932	7712	10220
34	21	7	14	17747	7585	10162
35-39岁	**171**	**56**	**115**	**104479**	**45939**	**58540**
35	27	8	19	17598	7508	10090
36	30	10	20	19111	8053	11058
37	34	11	23	19681	8732	10949
38	42	15	27	24795	11112	13683
39	38	12	26	23294	10534	12760
40-44岁	**246**	**82**	**164**	**127518**	**56635**	**70883**
40	46	16	30	25816	11308	14508
41	51	14	37	24766	11138	13628
42	49	16	33	25632	11180	14452
43	48	20	28	23420	10721	12699
44	52	16	36	27884	12288	15596

4-1 续表 3

单位：人

年龄	学前教育			小学		
	小计	男	女	小计	男	女
45-49岁	**301**	**91**	**210**	**149907**	**66246**	**83661**
45	50	10	40	28452	12726	15726
46	50	14	36	28690	12470	16220
47	67	25	42	30421	13629	16792
48	56	21	35	31489	13798	17691
49	78	21	57	30855	13623	17232
50-54岁	**398**	**113**	**285**	**182860**	**80639**	**102221**
50	82	20	62	37699	16482	21217
51	81	22	59	36687	16132	20555
52	77	27	50	40582	17824	22758
53	75	19	56	32450	14481	17969
54	83	25	58	35442	15720	19722
55-59岁	**372**	**115**	**257**	**131677**	**55946**	**75731**
55	66	21	45	31391	13990	17401
56	74	21	53	31598	13955	17643
57	82	29	53	30152	12522	17630
58	104	32	72	25846	10440	15406
59	46	12	34	12690	5039	7651
60-64岁	**465**	**147**	**318**	**101200**	**44537**	**56663**
60	57	16	41	16226	6730	9496
61	66	14	52	14120	6067	8053
62	101	39	62	20483	9228	11255
63	117	40	77	24683	11009	13674
64	124	38	86	25688	11503	14185
65-69岁	**596**	**211**	**385**	**126504**	**61251**	**65253**
65	137	49	88	27988	13266	14722
66	120	32	88	26838	12656	14182
67	118	46	72	24588	12008	12580
68	120	47	73	25208	12614	12594
69	101	37	64	21882	10707	11175
70-74岁	**478**	**161**	**317**	**86858**	**42383**	**44475**
70	105	43	62	21964	10625	11339
71	119	51	68	19376	9779	9597
72	84	25	59	15104	7500	7604
73	94	25	69	16169	7840	8329
74	76	17	59	14245	6639	7606
75-79岁	**350**	**106**	**244**	**54137**	**26650**	**27487**
75	64	24	40	12671	6024	6647
76	75	16	59	12389	6237	6152
77	83	18	65	11171	5518	5653
78	74	31	43	9650	4728	4922
79	54	17	37	8256	4143	4113
80-84岁	**238**	**78**	**160**	**30011**	**14753**	**15258**
80	56	13	43	8117	3965	4152
81	47	19	28	6579	3255	3324
82	57	22	35	6391	3115	3276
83	47	12	35	4878	2410	2468
84	31	12	19	4046	2008	2038
85岁及以上	**118**	**44**	**74**	**14743**	**7656**	**7087**

4-1　续表 4　　　　单位：人

年龄	初中			高中			大学专科		
	小计	男	女	小计	男	女	小计	男	女
总计	**2140403**	**1208827**	**931576**	**967429**	**528316**	**439113**	**645523**	**331865**	**313658**
3									
4									
5-9岁	**3704**	**2096**	**1608**	**7**	**3**	**4**			
5									
6	630	365	265						
7	794	447	347						
8	1002	578	424	2	1	1			
9	1278	706	572	5	2	3			
10-14岁	**236333**	**123264**	**113069**	**7405**	**3420**	**3985**	**52**	**20**	**32**
10	2107	1097	1010	4	3	1	1	1	
11	6077	3091	2986	6	1	5	1		1
12	57565	29387	28178	67	21	46	3	1	2
13	86303	44922	41381	1490	769	721	4	2	2
14	84281	44767	39514	5838	2626	3212	43	16	27
15-19岁	**110029**	**64664**	**45365**	**240701**	**120665**	**120036**	**38045**	**18613**	**19432**
15	43709	24365	19344	43361	21055	22306	1184	616	568
16	20274	11721	8553	68414	34419	33995	2094	1118	976
17	14881	9026	5855	62495	31091	31404	3842	1878	1964
18	14907	9353	5554	42608	21601	21007	11988	5896	6092
19	16258	10199	6059	23823	12499	11324	18937	9105	9832
20-24岁	**117871**	**70765**	**47106**	**75935**	**42877**	**33058**	**111705**	**50978**	**60727**
20	18818	11715	7103	16489	8920	7569	20617	9523	11094
21	20845	12655	8190	13731	7787	5944	20396	9087	11309
22	25178	15062	10116	15035	8548	6487	23358	10505	12853
23	25674	15193	10481	14934	8606	6328	23515	10796	12719
24	27356	16140	11216	15746	9016	6730	23819	11067	12752
25-29岁	**169596**	**96710**	**72886**	**91238**	**51163**	**40075**	**119344**	**57531**	**61813**
25	30077	17477	12600	16952	9658	7294	24819	11706	13113
26	31868	18499	13369	16844	9487	7357	23403	11122	12281
27	34130	19384	14746	18170	10199	7971	24148	11587	12561
28	36247	20336	15911	19290	10757	8533	23963	11753	12210
29	37274	21014	16260	19982	11062	8920	23011	11363	11648
30-34岁	**222250**	**121139**	**101111**	**98156**	**54004**	**44152**	**109547**	**55736**	**53811**
30	47110	26000	21110	23241	12807	10434	26252	13213	13039
31	44191	24225	19966	21004	11466	9538	23473	11977	11496
32	42531	23024	19507	19000	10448	8552	21335	10990	10345
33	45988	24913	21075	18995	10446	8549	21020	10633	10387
34	42430	22977	19453	15916	8837	7079	17467	8923	8544
35-39岁	**217946**	**121118**	**96828**	**69052**	**37743**	**31309**	**65485**	**33551**	**31934**
35	40541	22163	18378	14068	7710	6358	14850	7572	7278
36	42972	23662	19310	14068	7695	6373	14301	7394	6907
37	41439	23149	18290	12715	6957	5758	12369	6329	6040
38	49154	27547	21607	15009	8176	6833	13236	6763	6473
39	43840	24597	19243	13192	7205	5987	10729	5493	5236
40-44岁	**230143**	**128248**	**101895**	**75317**	**40778**	**34539**	**50508**	**26058**	**24450**
40	46035	25594	20441	14325	7842	6483	10532	5498	5034
41	45002	25140	19862	14915	8084	6831	10512	5342	5170
42	45029	25219	19810	14923	7962	6961	10262	5301	4961
43	43877	24321	19556	14389	7873	6516	9324	4794	4530
44	50200	27974	22226	16765	9017	7748	9878	5123	4755

4-1 续表 5 单位：人

年 龄	初 中			高 中			大学专科		
	小计	男	女	小计	男	女	小计	男	女
45—49岁	**246543**	**136022**	**110521**	**87929**	**48556**	**39373**	**47768**	**25760**	**22008**
45	50104	27576	22528	16514	9085	7429	9580	5085	4495
46	50538	27593	22945	17715	9716	7999	9837	5209	4628
47	50488	28070	22418	18380	9992	8388	9838	5350	4488
48	49259	27198	22061	18031	10073	7958	9507	5258	4249
49	46154	25585	20569	17289	9690	7599	9006	4858	4148
50—54岁	**218806**	**121965**	**96841**	**72708**	**40438**	**32270**	**38220**	**21150**	**17070**
50	49436	27195	22241	17929	10049	7880	9266	5036	4230
51	44284	24412	19872	15896	8900	6996	8291	4571	3720
52	46400	25846	20554	15897	8838	7059	8496	4685	3811
53	37398	21166	16232	11229	6266	4963	5872	3310	2562
54	41288	23346	17942	11757	6385	5372	6295	3548	2747
55—59岁	**164268**	**95132**	**69136**	**62993**	**35476**	**27517**	**29035**	**17212**	**11823**
55	39827	22661	17166	11820	6495	5325	6533	3759	2774
56	39299	22656	16643	13114	7413	5701	6962	4092	2870
57	41430	23842	17588	17039	9452	7587	7750	4507	3243
58	30131	17739	12392	13951	8083	5868	5457	3396	2061
59	13581	8234	5347	7069	4033	3036	2333	1458	875
60—64岁	**76844**	**48533**	**28311**	**41952**	**24897**	**17055**	**15115**	**10233**	**4882**
60	17100	10803	6297	9963	5752	4211	3008	1969	1039
61	13007	8170	4837	7985	4560	3425	2541	1671	870
62	15243	9596	5647	9171	5453	3718	3239	2215	1024
63	16235	10236	5999	8247	5045	3202	3355	2286	1069
64	15259	9728	5531	6586	4087	2499	2972	2092	880
65—69岁	**59736**	**37583**	**22153**	**18699**	**12197**	**6502**	**9753**	**7119**	**2634**
65	14715	9368	5347	5591	3627	1964	2737	1992	745
66	13503	8472	5031	4568	2996	1572	2361	1738	623
67	11273	7106	4167	3346	2196	1150	1743	1279	464
68	10990	6847	4143	2881	1878	1003	1561	1124	437
69	9255	5790	3465	2313	1500	813	1351	986	365
70—74岁	**31779**	**20178**	**11601**	**10544**	**6696**	**3848**	**5138**	**3752**	**1386**
70	9034	5876	3158	2496	1611	885	1346	997	349
71	7023	4504	2519	2278	1454	824	1124	826	298
72	5286	3364	1922	2080	1324	756	1008	744	264
73	5552	3505	2047	1992	1274	718	923	676	247
74	4884	2929	1955	1698	1033	665	737	509	228
75—79岁	**20541**	**12269**	**8272**	**8089**	**4873**	**3216**	**3106**	**2156**	**950**
75	4562	2660	1902	1561	921	640	690	493	197
76	4674	2778	1896	1715	1023	692	685	472	213
77	4224	2561	1663	1700	1030	670	646	440	206
78	3839	2284	1555	1674	1010	664	584	402	182
79	3242	1986	1256	1439	889	550	501	349	152
80—84岁	**9806**	**6175**	**3631**	**4755**	**3083**	**1672**	**1877**	**1364**	**513**
80	3007	1863	1144	1321	838	483	468	325	143
81	2122	1328	794	1018	655	363	394	276	118
82	1944	1223	721	972	636	336	437	313	124
83	1483	937	546	758	485	273	302	232	70
84	1250	824	426	686	469	217	276	218	58
85岁及以上	**4208**	**2966**	**1242**	**1949**	**1447**	**502**	**825**	**632**	**193**

4-1 续表 6

单位：人

年 龄	大学本科			硕士研究生			博士研究生		
	小计	男	女	小计	男	女	小计	男	女
总 计	**565068**	**279437**	**285631**	**35218**	**15728**	**19490**	**3129**	**1654**	**1475**
3									
4									
5-9岁									
5									
6									
7									
8									
9									
10-14岁	**17**	**4**	**13**	**1**		**1**			
10	4	1	3						
11	1	1							
12	4	1	3	1		1			
13	4		4						
14	4	1	3						
15-19岁	**33114**	**14547**	**18567**	**29**	**11**	**18**	**2**	**2**	
15	146	73	73						
16	357	148	209						
17	1697	669	1028	5	3	2			
18	11950	5217	6733	6	4	2			
19	18964	8440	10524	18	4	14	2	2	
20-24岁	**110147**	**47435**	**62712**	**5111**	**1805**	**3306**	**144**	**64**	**80**
20	21441	9397	12044	32	20	12	3	2	1
21	21525	9232	12293	140	66	74	3	1	2
22	24515	10418	14097	1025	360	665	30	11	19
23	21859	9433	12426	1781	653	1128	40	19	21
24	20807	8955	11852	2133	706	1427	68	31	37
25-29岁	**109651**	**49314**	**60337**	**8481**	**3027**	**5454**	**550**	**243**	**307**
25	21488	9327	12161	2133	781	1352	94	36	58
26	21043	9391	11652	1697	631	1066	120	57	63
27	22245	9972	12273	1633	584	1049	121	55	66
28	22706	10338	12368	1510	508	1002	99	44	55
29	22169	10286	11883	1508	523	985	116	51	65
30-34岁	**106282**	**51516**	**54766**	**8157**	**3189**	**4968**	**699**	**342**	**357**
30	25165	11936	13229	1802	608	1194	161	76	85
31	22482	10847	11635	1795	675	1120	130	61	69
32	20712	9898	10814	1637	665	972	138	72	66
33	20381	10019	10362	1576	637	939	152	70	82
34	17542	8816	8726	1347	604	743	118	63	55
35-39岁	**66294**	**33898**	**32396**	**5588**	**2671**	**2917**	**653**	**333**	**320**
35	15322	7799	7523	1175	507	668	120	64	56
36	14745	7561	7184	1223	544	679	118	65	53
37	12682	6563	6119	1081	532	549	122	59	63
38	13480	6842	6638	1198	619	579	158	75	83
39	10065	5133	4932	911	469	442	135	70	65
40-44岁	**41426**	**21472**	**19954**	**3043**	**1672**	**1371**	**484**	**260**	**224**
40	9453	4893	4560	736	386	350	120	66	54
41	8923	4682	4241	748	376	372	110	61	49
42	8194	4197	3997	610	348	262	103	47	56
43	7243	3684	3559	504	294	210	82	47	35
44	7613	4016	3597	445	268	177	69	39	30

4-1 续表 7 单位：人

年 龄	大学本科			硕士研究生			博士研究生		
	小计	男	女	小计	男	女	小计	男	女
45–49岁	**34840**	**19695**	**15145**	**2126**	**1379**	**747**	**281**	**176**	**105**
45	7214	3968	3246	448	284	164	57	37	20
46	7080	3971	3109	441	280	161	68	39	29
47	7010	4030	2980	459	299	160	65	41	24
48	7030	4030	3000	410	277	133	51	35	16
49	6506	3696	2810	368	239	129	40	24	16
50–54岁	**28944**	**17523**	**11421**	**1355**	**930**	**425**	**155**	**107**	**48**
50	6681	3904	2777	325	210	115	39	27	12
51	6161	3679	2482	324	221	103	32	21	11
52	6487	3865	2622	304	208	96	37	25	12
53	4610	2893	1717	185	131	54	24	13	11
54	5005	3182	1823	217	160	57	23	21	2
55–59岁	**19116**	**12857**	**6259**	**943**	**732**	**211**	**114**	**88**	**26**
55	4950	3202	1748	274	196	78	29	22	7
56	4829	3228	1601	246	185	61	25	18	7
57	5112	3469	1643	243	198	45	36	31	5
58	3102	2144	958	127	106	21	19	15	4
59	1123	814	309	53	47	6	5	2	3
60–64岁	**5968**	**4329**	**1639**	**212**	**175**	**37**	**29**	**23**	**6**
60	1354	952	402	49	37	12	5	5	
61	1027	756	271	40	34	6	7	4	3
62	1125	821	304	45	39	6	7	4	3
63	1298	960	338	42	34	8	5	5	
64	1164	840	324	36	31	5	5	5	
65–69岁	**3889**	**2840**	**1049**	**111**	**90**	**21**	**7**	**6**	**1**
65	1121	827	294	51	40	11	4	3	1
66	984	676	308	25	21	4	2	2	
67	733	542	191	15	13	2	1	1	
68	606	459	147	8	8				
69	445	336	109	12	8	4			
70–74岁	**1717**	**1315**	**402**	**22**	**19**	**3**	**4**	**4**	
70	452	353	99	7	7				
71	360	288	72	7	6	1	1	1	
72	273	214	59	2	2		2	2	
73	265	191	74	2	1	1	1	1	
74	367	269	98	4	3	1			
75–79岁	**1632**	**1182**	**450**	**18**	**14**	**4**	**4**	**3**	**1**
75	363	262	101	4	3	1	1	1	
76	337	263	74	3	3		1	1	
77	313	217	96	4	4				
78	283	210	73	3	1	2	2	1	1
79	336	230	106	4	3	1			
80–84岁	**1390**	**1030**	**360**	**14**	**9**	**5**	**1**	**1**	
80	343	246	97	4	2	2			
81	300	220	80	2	2				
82	304	232	72	3	1	2	1	1	
83	225	173	52	4	3	1			
84	218	159	59	1	1				
85岁及以上	**641**	**480**	**161**	**7**	**5**	**2**	**2**	**2**	

4-1a　全区分年龄、性别、受教育程度的3岁及以上人口(城市)

单位：人

年　龄	3岁及以上人口			未上过学		
	合计	男	女	小计	男	女
总　计	**2882226**	**1433290**	**1448936**	**89249**	**26253**	**62996**
3	41815	21722	20093	14051	7406	6645
4	43070	22460	20610	3864	2038	1826
5-9岁	**184775**	**96871**	**87904**	**1862**	**1014**	**848**
5	32350	16844	15506	1139	623	516
6	41405	21598	19807	439	230	209
7	37252	19468	17784	115	65	50
8	38728	20480	18248	86	52	34
9	35040	18481	16559	83	44	39
10-14岁	**172261**	**90390**	**81871**	**459**	**256**	**203**
10	34058	17855	16203	79	45	34
11	33395	17504	15891	109	58	51
12	35626	18750	16876	115	67	48
13	35829	18780	17049	88	54	34
14	33353	17501	15852	68	32	36
15-19岁	**192978**	**97856**	**95122**	**250**	**138**	**112**
15	36177	18597	17580	54	35	19
16	41243	21027	20216	28	22	6
17	39396	19706	19690	52	25	27
18	38167	19288	18879	67	31	36
19	37995	19238	18757	49	25	24
20-24岁	**205570**	**97984**	**107586**	**290**	**156**	**134**
20	39797	19314	20483	45	22	23
21	38799	18333	20466	49	26	23
22	43431	20325	23106	78	39	39
23	41220	19657	21563	58	39	19
24	42323	20355	21968	60	30	30
25-29岁	**242857**	**118484**	**124373**	**374**	**161**	**213**
25	45019	21743	23276	78	32	46
26	45186	22040	23146	53	24	29
27	48368	23477	24891	68	33	35
28	51577	25217	26360	79	37	42
29	52707	26007	26700	96	35	61
30-34岁	**295893**	**146146**	**149747**	**826**	**319**	**507**
30	63902	31433	32469	129	50	79
31	60119	29672	30447	151	60	91
32	58174	28801	29373	172	75	97
33	60189	29707	30482	179	66	113
34	53509	26533	26976	195	68	127
35-39岁	**244247**	**122721**	**121526**	**1584**	**455**	**1129**
35	48554	24116	24438	239	64	175
36	50228	25239	24989	279	83	196
37	46527	23576	22951	317	101	216
38	52982	26605	26377	371	102	269
39	45956	23185	22771	378	105	273
40-44岁	**234210**	**117651**	**116559**	**2508**	**710**	**1798**
40	46863	23548	23315	438	113	325
41	47399	23895	23504	459	123	336
42	46405	23333	23072	502	136	366
43	44411	22301	22110	515	150	365
44	49132	24574	24558	594	188	406

4-1a 续表 1

单位：人

年 龄	3岁及以上人口			未上过学		
	合计	男	女	小计	男	女
45-49岁	**249288**	**125771**	**123517**	**4088**	**1152**	**2936**
45	48831	24649	24182	604	162	442
46	50312	25327	24985	713	210	503
47	50910	25865	25045	822	252	570
48	50921	25740	25181	949	276	673
49	48314	24190	24124	1000	252	748
50-54岁	**228102**	**112902**	**115200**	**5697**	**1379**	**4318**
50	52027	25909	26118	1216	334	882
51	47591	23579	24012	1133	300	833
52	49544	24256	25288	1214	279	935
53	37978	18974	19004	965	219	746
54	40962	20184	20778	1169	247	922
55-59岁	**172111**	**85103**	**87008**	**5587**	**928**	**4659**
55	39798	19695	20103	1010	199	811
56	40172	20054	20118	1157	226	931
57	44338	22005	22333	1330	202	1128
58	32234	15731	16503	1383	197	1186
59	15569	7618	7951	707	104	603
60-64岁	**112281**	**55336**	**56945**	**8562**	**1582**	**6980**
60	21728	10872	10856	1088	183	905
61	18457	9148	9309	1162	187	975
62	23145	11472	11673	1705	329	1376
63	25014	12232	12782	2159	418	1741
64	23937	11612	12325	2448	465	1983
65-69岁	**102254**	**48554**	**53700**	**12452**	**2553**	**9899**
65	24003	11742	12261	2567	512	2055
66	22993	11049	11944	2622	508	2114
67	19582	9239	10343	2454	492	1962
68	19114	8860	10254	2577	553	2024
69	16562	7664	8898	2232	488	1744
70-74岁	**64599**	**30170**	**34429**	**8520**	**1883**	**6637**
70	16670	8005	8665	2200	516	1684
71	14222	6748	7474	1918	447	1471
72	11270	5332	5938	1363	309	1054
73	11753	5496	6257	1550	341	1209
74	10684	4589	6095	1489	270	1219
75-79岁	**47084**	**20431**	**26653**	**7393**	**1625**	**5768**
75	9874	4099	5775	1491	313	1178
76	9990	4274	5716	1612	351	1261
77	9566	4152	5414	1533	334	1199
78	9227	4054	5173	1458	325	1133
79	8427	3852	4575	1299	302	997
80-84岁	**31720**	**14535**	**17185**	**6262**	**1458**	**4804**
80	8262	3765	4497	1466	355	1111
81	6744	3051	3693	1340	287	1053
82	6706	3070	3636	1348	340	1008
83	5353	2454	2899	1079	227	852
84	4655	2195	2460	1029	249	780
85岁及以上	**17111**	**8203**	**8908**	**4620**	**1040**	**3580**

4-1a 续表 2

单位：人

年 龄	学前教育			小 学		
	小计	男	女	小计	男	女
总 计	**109750**	**57076**	**52674**	**497759**	**230077**	**267682**
3	27764	14316	13448			
4	39206	20422	18784			
5–9岁	**40648**	**21425**	**19223**	**140974**	**73715**	**67259**
5	28304	14668	13636	2907	1553	1354
6	10960	6051	4909	29796	15199	14597
7	667	342	325	36205	18921	17284
8	406	198	208	37862	20020	17842
9	311	166	145	34204	18022	16182
10–14岁	**1066**	**543**	**523**	**78934**	**41801**	**37133**
10	277	154	123	32967	17274	15693
11	225	113	112	30867	16218	14649
12	167	80	87	11928	6587	5341
13	191	96	95	2223	1225	998
14	206	100	106	949	497	452
15–19岁	**287**	**120**	**167**	**2358**	**1300**	**1058**
15	128	53	75	492	251	241
16	74	33	41	455	248	207
17	41	18	23	419	229	190
18	26	10	16	486	274	212
19	18	6	12	506	298	208
20–24岁	**85**	**39**	**46**	**2752**	**1535**	**1217**
20	22	9	13	452	255	197
21	13	7	6	430	246	184
22	14	3	11	535	305	230
23	17	7	10	616	354	262
24	19	13	6	719	375	344
25–29岁	**28**	**12**	**16**	**6486**	**3115**	**3371**
25	8	4	4	920	473	447
26	8	3	5	1082	533	549
27	3	1	2	1250	600	650
28	5	3	2	1510	700	810
29	4	1	3	1724	809	915
30–34岁	**47**	**19**	**28**	**14292**	**6357**	**7935**
30	7	1	6	2461	1124	1337
31	11	5	6	2677	1178	1499
32	13	4	9	2830	1263	1567
33	10	7	3	3172	1419	1753
34	6	2	4	3152	1373	1779
35–39岁	**25**	**13**	**12**	**17663**	**7632**	**10031**
35	3	3		3028	1303	1725
36	3	2	1	3310	1420	1890
37	6	3	3	3307	1459	1848
38	4	2	2	4047	1730	2317
39	9	3	6	3971	1720	2251
40–44岁	**29**	**9**	**20**	**23134**	**10177**	**12957**
40	9	3	6	4413	1919	2494
41	3		3	4454	1971	2483
42	3	1	2	4528	2000	2528
43	4	3	1	4488	1996	2492
44	10	2	8	5251	2291	2960

4-1a 续表 3

单位：人

年 龄	学前教育			小 学		
	小计	男	女	小计	男	女
45-49岁	**40**	**13**	**27**	**30403**	**13184**	**17219**
45	5	1	4	5523	2412	3111
46	8	1	7	5791	2541	3250
47	3	2	1	6132	2694	3438
48	8	3	5	6487	2787	3700
49	16	6	10	6470	2750	3720
50-54岁	**52**	**12**	**40**	**37740**	**15574**	**22166**
50	9	1	8	7733	3261	4472
51	10	2	8	7675	3200	4475
52	10	3	7	8384	3470	4914
53	10	3	7	6796	2769	4027
54	13	3	10	7152	2874	4278
55-59岁	**53**	**17**	**36**	**25690**	**9646**	**16044**
55	10	4	6	6299	2490	3809
56	10	2	8	6129	2402	3727
57	14	4	10	6084	2284	3800
58	13	5	8	4665	1601	3064
59	6	2	4	2513	869	1644
60-64岁	**83**	**26**	**57**	**23151**	**8399**	**14752**
60	15	5	10	3494	1270	2224
61	16	5	11	3275	1194	2081
62	16	7	9	4640	1710	2930
63	19	4	15	5666	2025	3641
64	17	5	12	6076	2200	3876
65-69岁	**77**	**22**	**55**	**32886**	**12764**	**20122**
65	14	3	11	6845	2658	4187
66	12	2	10	6966	2658	4308
67	12	4	8	6464	2517	3947
68	18	8	10	6629	2589	4040
69	21	5	16	5982	2342	3640
70-74岁	**88**	**28**	**60**	**25077**	**10234**	**14843**
70	18	7	11	6080	2475	3605
71	22	10	12	5519	2324	3195
72	16	6	10	4457	1836	2621
73	13	2	11	4738	1973	2765
74	19	3	16	4283	1626	2657
75-79岁	**64**	**12**	**52**	**17372**	**6646**	**10726**
75	10	5	5	3811	1384	2427
76	11		11	3627	1390	2237
77	12		12	3474	1345	2129
78	16	5	11	3306	1260	2046
79	15	2	13	3154	1267	1887
80-84岁	**65**	**15**	**50**	**12189**	**4901**	**7288**
80	15	4	11	3124	1230	1894
81	11	2	9	2576	1037	1539
82	17	5	12	2608	1036	1572
83	12	1	11	2132	884	1248
84	10	3	7	1749	714	1035
85岁及以上	**43**	**13**	**30**	**6658**	**3097**	**3561**

4-1a　续表 4　　　　单位：人

年　龄	初　中			高　中			大学专科		
	小计	男	女	小计	男	女	小计	男	女
总　计	**841008**	**443323**	**397685**	**525966**	**272723**	**253243**	**395997**	**199462**	**196535**
3									
4									
5-9岁	**1288**	**715**	**573**	**3**	**2**	**1**			
5									
6	210	118	92						
7	265	140	125						
8	373	209	164	1	1				
9	440	248	192	2	1	1			
10-14岁	**88459**	**46244**	**42215**	**3316**	**1534**	**1782**	**15**	**8**	**7**
10	731	379	352	1	1		1	1	
11	2187	1113	1074	5	1	4	1		1
12	23389	12008	11381	21	6	15	2	1	1
13	32653	17039	15614	671	365	306	2	1	1
14	29499	15705	13794	2618	1161	1457	9	5	4
15-19岁	**31381**	**18524**	**12857**	**117448**	**58420**	**59028**	**20487**	**10494**	**9993**
15	12620	7136	5484	22455	10904	11551	354	180	174
16	5550	3201	2349	34240	17099	17141	710	346	364
17	4507	2656	1851	31636	15617	16019	1811	822	989
18	4317	2693	1624	19459	9769	9690	6551	3433	3118
19	4387	2838	1549	9658	5031	4627	11061	5713	5348
20-24岁	**31697**	**18954**	**12743**	**32222**	**17637**	**14585**	**60309**	**27324**	**32985**
20	4912	3095	1817	6637	3499	3138	12553	5970	6583
21	5330	3277	2053	5783	3152	2631	11478	5147	6331
22	6531	3859	2672	6391	3580	2811	12054	5291	6763
23	7080	4176	2904	6364	3473	2891	11889	5317	6572
24	7844	4547	3297	7047	3933	3114	12335	5599	6736
25-29岁	**52853**	**28788**	**24065**	**43005**	**23416**	**19589**	**64395**	**30354**	**34041**
25	8888	5033	3855	7647	4267	3380	12858	5946	6912
26	9678	5403	4275	7647	4134	3513	12440	5801	6639
27	10413	5662	4751	8570	4705	3865	12940	6057	6883
28	11636	6201	5435	9330	5005	4325	13222	6343	6879
29	12238	6489	5749	9811	5305	4506	12935	6207	6728
30-34岁	**83152**	**42405**	**40747**	**51130**	**26799**	**24331**	**65881**	**32396**	**33485**
30	16378	8422	7956	11564	6075	5489	15017	7359	7658
31	15934	8146	7788	10722	5600	5122	13745	6787	6958
32	16220	8345	7875	9953	5194	4759	13116	6541	6575
33	17856	9014	8842	10254	5390	4864	12972	6291	6681
34	16764	8478	8286	8637	4540	4097	11031	5418	5613
35-39岁	**88027**	**45810**	**42217**	**39616**	**20417**	**19199**	**42976**	**21376**	**21600**
35	15989	8233	7756	7759	3996	3763	9390	4601	4789
36	17381	8938	8443	7973	4112	3861	9322	4740	4582
37	16992	8895	8097	7287	3797	3490	8216	4083	4133
38	19682	10299	9383	8719	4459	4260	8835	4389	4446
39	17983	9445	8538	7878	4053	3825	7213	3563	3650
40-44岁	**93757**	**48691**	**45066**	**46051**	**23384**	**22667**	**34891**	**17324**	**17567**
40	18696	9677	9019	8466	4332	4134	7089	3572	3517
41	18660	9772	8888	9177	4662	4515	7235	3543	3692
42	18423	9712	8711	9110	4548	4562	7137	3515	3622
43	17993	9256	8737	8939	4636	4303	6544	3242	3302
44	19985	10274	9711	10359	5206	5153	6886	3452	3434

4-1a 续表 5

单位：人

年龄	初中			高中			大学专科		
	小计	男	女	小计	男	女	小计	男	女
45-49岁	**99844**	**51017**	**48827**	**53545**	**27632**	**25913**	**33525**	**17299**	**16226**
45	20181	10362	9819	10054	5185	4869	6741	3425	3316
46	20404	10388	10016	10850	5583	5267	6854	3466	3388
47	20226	10408	9818	11199	5713	5486	6957	3643	3314
48	20215	10301	9914	10995	5667	5328	6629	3526	3103
49	18818	9558	9260	10447	5484	4963	6344	3239	3105
50-54岁	**90518**	**45841**	**44677**	**44801**	**22704**	**22097**	**26727**	**14074**	**12653**
50	20452	10363	10089	10914	5630	5284	6526	3382	3144
51	18355	9228	9127	9813	5005	4808	5787	3040	2747
52	19246	9637	9609	9785	4882	4903	5854	3066	2788
53	15423	7947	7476	6993	3576	3417	4188	2259	1929
54	17042	8666	8376	7296	3611	3685	4372	2327	2045
55-59岁	**66806**	**34018**	**32788**	**37879**	**18982**	**18897**	**20422**	**11263**	**9159**
55	16534	8386	8148	7433	3673	3760	4525	2453	2072
56	15944	8087	7857	8113	4145	3968	4883	2653	2230
57	16879	8625	8254	10249	5077	5172	5509	2961	2548
58	11776	5924	5852	8001	4051	3950	3852	2251	1601
59	5673	2996	2677	4083	2036	2047	1653	945	708
60-64岁	**38357**	**21058**	**17299**	**26114**	**13728**	**12386**	**10990**	**6987**	**4003**
60	7944	4340	3604	5892	2975	2917	2165	1329	836
61	6360	3522	2838	4932	2484	2448	1864	1144	720
62	7656	4159	3497	5788	3034	2754	2363	1532	831
63	8390	4603	3787	5242	2846	2396	2439	1547	892
64	8007	4434	3573	4260	2389	1871	2159	1435	724
65-69岁	**33988**	**18653**	**15335**	**12500**	**7370**	**5130**	**7102**	**4887**	**2215**
65	7987	4400	3587	3681	2153	1528	1973	1341	632
66	7790	4310	3480	3051	1813	1238	1717	1196	521
67	6522	3582	2940	2252	1323	929	1257	875	382
68	6301	3413	2888	1954	1161	793	1148	780	368
69	5388	2948	2440	1562	920	642	1007	695	312
70-74岁	**18374**	**10159**	**8215**	**7329**	**4204**	**3125**	**3797**	**2608**	**1189**
70	5308	3049	2259	1698	976	722	997	701	296
71	4058	2254	1804	1599	926	673	819	561	258
72	3024	1665	1359	1444	829	615	744	516	228
73	3173	1755	1418	1384	804	580	674	465	209
74	2811	1436	1375	1204	669	535	563	365	198
75-79岁	**12676**	**6460**	**6216**	**5833**	**3165**	**2668**	**2337**	**1523**	**814**
75	2618	1227	1391	1108	591	517	525	360	165
76	2732	1358	1374	1193	617	576	522	332	190
77	2577	1328	1249	1226	663	563	483	309	174
78	2514	1311	1203	1245	683	562	439	288	151
79	2235	1236	999	1061	611	450	368	234	134
80-84岁	**6805**	**3948**	**2857**	**3675**	**2264**	**1411**	**1470**	**1035**	**435**
80	2010	1137	873	988	590	398	352	234	118
81	1466	840	626	792	492	300	300	208	92
82	1358	779	579	747	462	285	345	234	111
83	1069	630	439	604	367	237	253	188	65
84	902	562	340	544	353	191	220	171	49
85岁及以上	**3026**	**2038**	**988**	**1499**	**1065**	**434**	**673**	**510**	**163**

4-1a 续表 6 单位：人

年 龄	大学本科			硕士研究生			博士研究生		
	小计	男	女	小计	男	女	小计	男	女
总 计	**390576**	**189960**	**200616**	**29245**	**13005**	**16240**	**2676**	**1411**	**1265**
3									
4									
5-9岁									
5									
6									
7									
8									
9									
10-14岁	**12**	**4**	**8**						
10	2	1	1						
11	1	1							
12	4	1	3						
13	1		1						
14	4	1	3						
15-19岁	**20754**	**8857**	**11897**	**13**	**3**	**10**			
15	74	38	36						
16	186	78	108						
17	930	339	591						
18	7258	3076	4182	3	2	1			
19	12306	5326	6980	10	1	9			
20-24岁	**74204**	**30983**	**43221**	**3930**	**1320**	**2610**	**81**	**36**	**45**
20	15161	6454	8707	15	10	5			
21	15626	6445	9181	89	33	56	1		1
22	17065	6990	10075	746	251	495	17	7	10
23	13802	5811	7991	1372	472	900	22	8	14
24	12550	5283	7267	1708	554	1154	41	21	20
25-29岁	**68663**	**30163**	**38500**	**6646**	**2305**	**4341**	**407**	**170**	**237**
25	12872	5367	7505	1685	597	1088	63	24	39
26	12850	5610	7240	1333	491	842	95	41	54
27	13788	5959	7829	1248	421	827	88	39	49
28	14541	6507	8034	1183	391	792	71	30	41
29	14612	6720	7892	1197	405	792	90	36	54
30-34岁	**73232**	**34944**	**38288**	**6722**	**2605**	**4117**	**611**	**302**	**309**
30	16768	7849	8919	1445	488	957	133	65	68
31	15292	7296	7996	1473	545	928	114	55	59
32	14389	6772	7617	1358	541	817	123	66	57
33	14293	6923	7370	1315	535	780	138	62	76
34	12490	6104	6386	1131	496	635	103	54	49
35-39岁	**48857**	**24409**	**24448**	**4900**	**2308**	**2592**	**599**	**301**	**298**
35	11061	5445	5616	980	416	564	105	55	50
36	10794	5417	5377	1059	467	592	107	60	47
37	9320	4720	4600	972	465	507	110	53	57
38	10104	5014	5090	1071	541	530	149	69	80
39	7578	3813	3765	818	419	399	128	64	64
40-44岁	**30637**	**15622**	**15015**	**2765**	**1498**	**1267**	**438**	**236**	**202**
40	6974	3526	3448	667	348	319	111	58	53
41	6631	3428	3203	678	338	340	102	58	44
42	6054	3067	2987	557	311	246	91	43	48
43	5390	2710	2680	467	268	199	71	40	31
44	5588	2891	2697	396	233	163	63	37	26

4-1a 续表 7 单位：人

年 龄	大学本科			硕士研究生			博士研究生		
	小计	男	女	小计	男	女	小计	男	女
45-49岁	**25701**	**14091**	**11610**	**1893**	**1230**	**663**	**249**	**153**	**96**
45	5285	2822	2463	389	248	141	49	32	17
46	5234	2850	2384	396	253	143	62	35	27
47	5099	2845	2254	415	273	142	57	35	22
48	5235	2912	2323	358	238	120	45	30	15
49	4848	2662	2186	335	218	117	36	21	15
50-54岁	**21233**	**12417**	**8816**	**1190**	**802**	**388**	**144**	**99**	**45**
50	4854	2733	2121	285	179	106	38	26	12
51	4505	2594	1911	282	189	93	31	21	10
52	4747	2715	2032	271	183	88	33	21	12
53	3419	2076	1343	162	113	49	22	12	10
54	3708	2299	1409	190	138	52	20	19	1
55-59岁	**14722**	**9513**	**5209**	**845**	**654**	**191**	**107**	**82**	**25**
55	3715	2296	1419	245	174	71	27	20	7
56	3690	2355	1335	222	166	56	24	18	6
57	4012	2638	1374	227	185	42	34	29	5
58	2420	1600	820	107	89	18	17	13	4
59	885	624	261	44	40	4	5	2	3
60-64岁	**4809**	**3379**	**1430**	**188**	**156**	**32**	**27**	**21**	**6**
60	1084	735	349	41	30	11	5	5	
61	806	576	230	36	33	3	6	3	3
62	928	661	267	43	37	6	6	3	3
63	1058	756	302	36	28	8	5	5	
64	933	651	282	32	28	4	5	5	
65-69岁	**3142**	**2217**	**925**	**101**	**83**	**18**	**6**	**5**	**1**
65	887	637	250	45	35	10	4	3	1
66	808	539	269	25	21	4	2	2	
67	607	434	173	14	12	2			
68	480	349	131	7	7				
69	360	258	102	10	8	2			
70-74岁	**1392**	**1035**	**357**	**19**	**16**	**3**	**3**	**3**	
70	364	276	88	5	5				
71	280	220	60	6	5	1	1	1	
72	218	167	51	2	2		2	2	
73	219	155	64	2	1	1			
74	311	217	94	4	3	1			
75-79岁	**1391**	**986**	**405**	**16**	**13**	**3**	**2**	**1**	**1**
75	307	216	91	4	3	1			
76	289	222	67	3	3		1	1	
77	258	170	88	3	3				
78	245	181	64	3	1	2	1		1
79	292	197	95	3	3				
80-84岁	**1244**	**907**	**337**	**10**	**7**	**3**			
80	305	213	92	2	2				
81	257	183	74	2	2				
82	280	213	67	3	1	2			
83	201	155	46	3	2	1			
84	201	143	58						
85岁及以上	**583**	**433**	**150**	**7**	**5**	**2**	**2**	**2**	

4-1b 全区分年龄、性别、受教育程度的3岁及以上人口(镇)

单位：人

年龄	3岁及以上人口			未上过学		
	合计	男	女	小计	男	女
总 计	**1622455**	**822512**	**799943**	**77575**	**24682**	**52893**
3	26776	13934	12842	12791	6723	6068
4	28272	14600	13672	4043	2148	1895
5-9岁	**130552**	**68120**	**62432**	**1326**	**733**	**593**
5	23944	12476	11468	876	487	389
6	27761	14482	13279	259	145	114
7	26197	13716	12481	70	35	35
8	26919	13997	12922	62	34	28
9	25731	13449	12282	59	32	27
10-14岁	**125985**	**65826**	**60159**	**273**	**135**	**138**
10	25285	13293	11992	51	27	24
11	25600	13410	12190	63	31	32
12	25694	13361	12333	61	32	29
13	24786	12930	11856	61	27	34
14	24620	12832	11788	37	18	19
15-19岁	**113573**	**58390**	**55183**	**194**	**103**	**91**
15	24161	12690	11471	45	26	19
16	26132	13532	12600	42	19	23
17	24120	12130	11990	38	21	17
18	21638	11028	10610	30	18	12
19	17522	9010	8512	39	19	20
20-24岁	**92152**	**46372**	**45780**	**221**	**117**	**104**
20	15620	8074	7546	34	18	16
21	15603	8027	7576	50	29	21
22	19342	9710	9632	46	23	23
23	20171	10051	10120	40	21	19
24	21416	10510	10906	51	26	25
25-29岁	**135070**	**66331**	**68739**	**444**	**163**	**281**
25	23998	11750	12248	64	29	35
26	24794	12150	12644	83	30	53
27	27280	13285	13995	79	23	56
28	29064	14302	14762	112	39	73
29	29934	14844	15090	106	42	64
30-34岁	**164911**	**81704**	**83207**	**1257**	**347**	**910**
30	36497	17966	18531	171	46	125
31	34248	16969	17279	222	59	163
32	31527	15471	16056	238	68	170
33	33091	16437	16654	311	82	229
34	29548	14861	14687	315	92	223
35-39岁	**140755**	**71934**	**68821**	**2321**	**608**	**1713**
35	27829	14079	13750	374	104	270
36	28402	14377	14025	400	112	288
37	26673	13723	12950	436	111	325
38	31259	16149	15110	554	132	422
39	26592	13606	12986	557	149	408
40-44岁	**136436**	**70088**	**66348**	**3210**	**872**	**2338**
40	28272	14508	13764	609	153	456
41	27214	13981	13233	637	173	464
42	27302	13963	13339	659	162	497
43	25032	12834	12198	619	179	440
44	28616	14802	13814	686	205	481

4-1b 续表 1

单位：人

年 龄	3岁及以上人口			未上过学		
	合计	男	女	小计	男	女
45-49岁	**138556**	**71484**	**67072**	**4411**	**1259**	**3152**
45	27910	14353	13557	762	218	544
46	28319	14508	13811	798	225	573
47	28621	14763	13858	958	265	693
48	27707	14391	13316	972	277	695
49	25999	13469	12530	921	274	647
50-54岁	**121892**	**61981**	**59911**	**5248**	**1258**	**3990**
50	28094	14161	13933	1109	281	828
51	25403	12974	12429	1066	266	800
52	26519	13530	12989	1113	281	832
53	20226	10319	9907	933	220	713
54	21650	10997	10653	1027	210	817
55-59岁	**87310**	**44684**	**42626**	**5039**	**975**	**4064**
55	20382	10584	9798	946	217	729
56	20537	10688	9849	1121	225	896
57	21651	11079	10572	1138	241	897
58	16727	8377	8350	1192	181	1011
59	8013	3956	4057	642	111	531
60-64岁	**52740**	**26332**	**26408**	**6968**	**1581**	**5387**
60	9906	5023	4883	908	175	733
61	8349	4202	4147	925	205	720
62	10702	5383	5319	1479	323	1156
63	11996	6016	5980	1800	445	1355
64	11787	5708	6079	1856	433	1423
65-69岁	**51576**	**24956**	**26620**	**9780**	**2336**	**7444**
65	11940	5879	6061	2041	483	1558
66	11193	5315	5878	2120	486	1634
67	9866	4852	5014	1891	445	1446
68	10017	4890	5127	1982	512	1470
69	8560	4020	4540	1746	410	1336
70-74岁	**33922**	**15989**	**17933**	**7151**	**1745**	**5406**
70	8717	4177	4540	1761	428	1333
71	7572	3666	3906	1617	440	1177
72	5903	2837	3066	1234	293	941
73	6204	2879	3325	1298	323	975
74	5526	2430	3096	1241	261	980
75-79岁	**22751**	**10735**	**12016**	**6001**	**1596**	**4405**
75	5076	2320	2756	1220	279	941
76	5172	2446	2726	1299	338	961
77	4844	2293	2551	1341	366	975
78	4123	1981	2142	1154	345	809
79	3536	1695	1841	987	268	719
80-84岁	**13075**	**6106**	**6969**	**4424**	**1260**	**3164**
80	3577	1676	1901	1080	307	773
81	2858	1334	1524	947	279	668
82	2805	1288	1517	1001	298	703
83	2052	961	1091	753	212	541
84	1783	847	936	643	164	479
85岁及以上	**6151**	**2946**	**3205**	**2473**	**723**	**1750**

4-1b 续表 2 单位：人

年龄	学前教育			小学		
	小计	男	女	小计	男	女
总计	**70049**	**36300**	**33749**	**413339**	**189979**	**223360**
3	13985	7211	6774			
4	24229	12452	11777			
5-9岁	**30291**	**15964**	**14327**	**97956**	**50885**	**47071**
5	20501	10666	9835	2567	1323	1244
6	8902	4856	4046	18413	9379	9034
7	484	241	243	25427	13316	12111
8	242	129	113	26366	13695	12671
9	162	72	90	25183	13172	12011
10-14岁	**552**	**287**	**265**	**61715**	**32584**	**29131**
10	124	60	64	24613	12957	11656
11	105	50	55	24091	12624	11467
12	105	59	46	10416	5617	4799
13	118	60	58	1818	980	838
14	100	58	42	777	406	371
15-19岁	**193**	**98**	**95**	**1899**	**1014**	**885**
15	86	43	43	429	228	201
16	40	16	24	348	186	162
17	29	21	8	298	160	138
18	23	11	12	373	216	157
19	15	7	8	451	224	227
20-24岁	**47**	**17**	**30**	**3771**	**1655**	**2116**
20	8	2	6	439	225	214
21	9	4	5	565	253	312
22	10	4	6	836	388	448
23	8	2	6	891	362	529
24	12	5	7	1040	427	613
25-29岁	**28**	**9**	**19**	**10014**	**3850**	**6164**
25	12	5	7	1334	498	836
26	1		1	1656	656	1000
27	8	4	4	2014	722	1292
28	5		5	2344	919	1425
29	2		2	2666	1055	1611
30-34岁	**26**	**8**	**18**	**20066**	**7888**	**12178**
30	5	4	1	3769	1429	2340
31	8	2	6	3807	1497	2310
32	3	1	2	3879	1506	2373
33	7		7	4423	1771	2652
34	3	1	2	4188	1685	2503
35-39岁	**36**	**14**	**22**	**24658**	**10294**	**14364**
35	6	2	4	4260	1728	2532
36	8	2	6	4645	1862	2783
37	7	3	4	4699	1976	2723
38	9	5	4	5812	2516	3296
39	6	2	4	5242	2212	3030
40-44岁	**30**	**12**	**18**	**27211**	**11350**	**15861**
40	7	1	6	5714	2340	3374
41	7	3	4	5452	2306	3146
42	3	3		5524	2263	3261
43	7	3	4	4846	2080	2766
44	6	2	4	5675	2361	3314

4-1b 续表 3

单位：人

年龄	学前教育			小学		
	小计	男	女	小计	男	女
45-49岁	**67**	**18**	**49**	**29873**	**12820**	**17053**
45	13	2	11	5643	2432	3211
46	8	1	7	5792	2429	3363
47	17	5	12	6121	2689	3432
48	13	5	8	6236	2630	3606
49	16	5	11	6081	2640	3441
50-54岁	**90**	**34**	**56**	**34517**	**14576**	**19941**
50	23	7	16	7251	3023	4228
51	11	4	7	7093	2985	4108
52	20	7	13	7800	3278	4522
53	17	8	9	6054	2609	3445
54	19	8	11	6319	2681	3638
55-59岁	**80**	**40**	**40**	**23121**	**8881**	**14240**
55	17	8	9	5567	2289	3278
56	19	10	9	5550	2249	3301
57	20	12	8	5261	1979	3282
58	16	8	8	4490	1613	2877
59	8	2	6	2253	751	1502
60-64岁	**78**	**27**	**51**	**18563**	**7272**	**11291**
60	10	4	6	2853	1047	1806
61	10		10	2614	985	1629
62	13	5	8	3719	1520	2199
63	23	11	12	4546	1816	2730
64	22	7	15	4831	1904	2927
65-69岁	**118**	**50**	**68**	**24194**	**10575**	**13619**
65	28	12	16	5186	2151	3035
66	19	5	14	5122	2161	2961
67	25	12	13	4739	2142	2597
68	30	14	16	4937	2263	2674
69	16	7	9	4210	1858	2352
70-74岁	**77**	**22**	**55**	**17019**	**7416**	**9603**
70	22	7	15	4322	1874	2448
71	18	7	11	3797	1693	2104
72	14	3	11	2930	1316	1614
73	11	4	7	3165	1351	1814
74	12	1	11	2805	1182	1623
75-79岁	**64**	**20**	**44**	**10490**	**4824**	**5666**
75	10	5	5	2456	1097	1359
76	15	5	10	2415	1117	1298
77	19	4	15	2188	1008	1180
78	9	3	6	1849	854	995
79	11	3	8	1582	748	834
80-84岁	**48**	**13**	**35**	**5701**	**2750**	**2951**
80	13	2	11	1579	735	844
81	10	4	6	1246	601	645
82	11	4	7	1217	566	651
83	10	2	8	888	454	434
84	4	1	3	771	394	377
85岁及以上	**10**	**4**	**6**	**2571**	**1345**	**1226**

4-1b　续表 4

单位：人

年龄	初中			高中			大学专科		
	小计	男	女	小计	男	女	小计	男	女
总　计	**534393**	**293289**	**241104**	**257260**	**140449**	**116811**	**150443**	**78266**	**72177**
3									
4									
5-9岁	**976**	**538**	**438**	**3**		**3**			
5									
6	187	102	85						
7	216	124	92						
8	248	139	109	1		1			
9	325	173	152	2		2			
10-14岁	**61204**	**31853**	**29351**	**2233**	**965**	**1268**	**5**	**2**	**3**
10	494	248	246	2	1	1			
11	1340	705	635	1		1			
12	15081	7645	7436	30	8	22	1		1
13	22377	11662	10715	410	201	209			
14	21912	11593	10319	1790	755	1035	4	2	2
15-19岁	**23460**	**14103**	**9357**	**76294**	**37619**	**38675**	**5500**	**2548**	**2952**
15	10831	6162	4669	12600	6148	6452	144	71	73
16	4020	2409	1611	21409	10760	10649	218	117	101
17	2717	1746	971	20138	9745	10393	584	297	287
18	2811	1819	992	14439	7071	7368	1816	842	974
19	3081	1967	1114	7708	3895	3813	2738	1221	1517
20-24岁	**24322**	**14089**	**10233**	**19104**	**10537**	**8567**	**23184**	**10476**	**12708**
20	3649	2243	1406	4677	2463	2214	3023	1362	1661
21	4148	2457	1691	3326	1868	1458	3684	1651	2033
22	5099	2968	2131	3636	2003	1633	5125	2275	2850
23	5424	3067	2357	3615	2070	1545	5538	2534	3004
24	6002	3354	2648	3850	2133	1717	5814	2654	3160
25-29岁	**42706**	**22944**	**19762**	**25112**	**13676**	**11436**	**31681**	**14864**	**16817**
25	6894	3785	3109	4372	2404	1968	6341	2906	3435
26	7657	4217	3440	4496	2456	2040	5977	2709	3268
27	8568	4570	3998	5038	2713	2325	6491	3034	3457
28	9422	4962	4460	5423	2947	2476	6589	3186	3403
29	10165	5410	4755	5783	3156	2627	6283	3029	3254
30-34岁	**62778**	**32392**	**30386**	**28352**	**15441**	**12911**	**28857**	**14585**	**14272**
30	12986	6791	6195	6744	3639	3105	7132	3470	3662
31	12560	6533	6027	6229	3360	2869	6322	3180	3142
32	11804	5945	5859	5563	3035	2528	5498	2830	2668
33	13093	6768	6325	5331	2913	2418	5486	2803	2683
34	12335	6355	5980	4485	2494	1991	4419	2302	2117
35-39岁	**64574**	**34927**	**29647**	**19174**	**10653**	**8521**	**16291**	**8402**	**7889**
35	12049	6312	5737	4006	2227	1779	3847	2001	1846
36	12864	6890	5974	3925	2175	1750	3547	1794	1753
37	12371	6790	5581	3556	1949	1607	2987	1547	1440
38	14636	8009	6627	4249	2395	1854	3272	1686	1586
39	12654	6926	5728	3438	1907	1531	2638	1374	1264
40-44岁	**65260**	**35584**	**29676**	**19575**	**11083**	**8492**	**11942**	**6403**	**5539**
40	13294	7274	6020	3980	2278	1702	2609	1389	1220
41	12866	6988	5878	3789	2154	1635	2522	1336	1186
42	12915	7067	5848	3974	2241	1733	2376	1290	1086
43	12239	6619	5620	3590	2009	1581	2114	1126	988
44	13946	7636	6310	4242	2401	1841	2321	1262	1059

4-1b 续表 5

单位：人

年龄	初中			高中			大学专科		
	小计	男	女	小计	男	女	小计	男	女
45-49岁	**64170**	**34492**	**29678**	**21372**	**12061**	**9311**	**10771**	**6110**	**4661**
45	13474	7171	6303	4163	2356	1807	2157	1194	963
46	13493	7182	6311	4364	2460	1904	2266	1266	1000
47	13251	7124	6127	4488	2464	2024	2165	1244	921
48	12478	6794	5684	4258	2476	1782	2190	1244	946
49	11474	6221	5253	4099	2305	1794	1993	1162	831
50-54岁	**50309**	**27333**	**22976**	**16130**	**9242**	**6888**	**8888**	**5199**	**3689**
50	11867	6298	5569	4196	2385	1811	2060	1171	889
51	10314	5623	4691	3510	2042	1468	1944	1118	826
52	10584	5807	4777	3497	2022	1475	2021	1183	838
53	8437	4591	3846	2405	1378	1027	1343	816	527
54	9107	5014	4093	2522	1415	1107	1520	911	609
55-59岁	**35454**	**19712**	**15742**	**13267**	**7868**	**5399**	**6675**	**4430**	**2245**
55	8776	4870	3906	2426	1435	991	1603	1006	597
56	8508	4730	3778	2722	1629	1093	1637	1097	540
57	8953	4906	4047	3627	2101	1526	1746	1156	590
58	6356	3549	2807	2929	1780	1149	1190	808	382
59	2861	1657	1204	1563	923	640	499	363	136
60-64岁	**14966**	**9268**	**5698**	**8304**	**5212**	**3092**	**2949**	**2239**	**710**
60	3270	1980	1290	2051	1214	837	607	442	165
61	2546	1544	1002	1593	959	634	480	363	117
62	2934	1804	1130	1775	1138	637	630	470	160
63	3217	2035	1182	1560	1032	528	653	512	141
64	2999	1905	1094	1325	869	456	579	452	127
65-69岁	**11450**	**7416**	**4034**	**3651**	**2641**	**1010**	**1847**	**1500**	**347**
65	2865	1862	1003	1112	791	321	528	438	90
66	2495	1586	909	872	631	241	443	352	91
67	2143	1432	711	644	480	164	344	274	70
68	2119	1373	746	562	403	159	289	238	51
69	1828	1163	665	461	336	125	243	198	45
70-74岁	**6414**	**4304**	**2110**	**2113**	**1549**	**564**	**930**	**770**	**160**
70	1790	1230	560	521	390	131	239	195	44
71	1447	986	461	430	318	112	212	178	34
72	1086	735	351	425	312	113	182	154	28
73	1109	726	383	404	296	108	185	155	30
74	982	627	355	333	233	100	112	88	24
75-79岁	**3982**	**2633**	**1349**	**1490**	**1079**	**411**	**542**	**437**	**105**
75	957	629	328	280	192	88	110	82	28
76	948	600	348	349	261	88	115	100	15
77	819	549	270	318	235	83	118	94	24
78	698	469	229	283	209	74	100	79	21
79	560	386	174	260	182	78	99	82	17
80-84岁	**1731**	**1206**	**525**	**771**	**557**	**214**	**279**	**221**	**58**
80	558	378	180	228	159	69	84	67	17
81	399	278	121	165	109	56	63	40	23
82	346	243	103	153	111	42	57	50	7
83	232	162	70	113	83	30	35	32	3
84	196	145	51	112	95	17	40	32	8
85岁及以上	**637**	**495**	**142**	**315**	**266**	**49**	**102**	**80**	**22**

4-1b 续表 6

单位：人

年 龄	大学本科			硕士研究生			博士研究生		
	小计	男	女	小计	男	女	小计	男	女
总 计	**115819**	**57941**	**57878**	**3347**	**1488**	**1859**	**230**	**118**	**112**
3									
4									
5-9岁									
5									
6									
7									
8									
9									
10-14岁	**3**		**3**						
10	1		1						
11									
12									
13	2		2						
14									
15-19岁	**6029**	**2904**	**3125**	**4**	**1**	**3**			
15	26	12	14						
16	55	25	30						
17	316	140	176						
18	2145	1050	1095	1	1				
19	3487	1677	1810	3		3			
20-24岁	**20996**	**9293**	**11703**	**485**	**180**	**305**	**22**	**8**	**14**
20	3783	1759	2024	6	1	5	1	1	
21	3802	1752	2050	18	12	6	1	1	
22	4466	2003	2463	122	45	77	2	1	1
23	4485	1928	2557	162	64	98	8	3	5
24	4460	1851	2609	177	58	119	10	2	8
25-29岁	**24060**	**10450**	**13610**	**969**	**349**	**620**	**56**	**26**	**30**
25	4765	2045	2720	201	74	127	15	4	11
26	4737	2009	2728	177	65	112	10	8	2
27	4856	2135	2721	215	79	136	11	5	6
28	4970	2181	2789	190	64	126	9	4	5
29	4732	2080	2652	186	67	119	11	5	6
30-34岁	**22654**	**10668**	**11986**	**865**	**350**	**515**	**56**	**25**	**31**
30	5466	2513	2953	206	67	139	18	7	11
31	4889	2256	2633	200	77	123	11	5	6
32	4362	2002	2360	171	80	91	9	4	5
33	4271	2036	2235	161	61	100	8	3	5
34	3666	1861	1805	127	65	62	10	6	4
35-39岁	**13223**	**6803**	**6420**	**447**	**217**	**230**	**31**	**16**	**15**
35	3154	1647	1507	128	56	72	5	2	3
36	2911	1501	1410	96	39	57	6	2	4
37	2539	1306	1233	68	37	31	10	4	6
38	2629	1350	1279	91	51	40	7	5	2
39	1990	999	991	64	34	30	3	3	
40-44岁	**8998**	**4660**	**4338**	**183**	**109**	**74**	**27**	**15**	**12**
40	2014	1051	963	40	18	22	5	4	1
41	1892	995	897	45	24	21	4	2	2
42	1809	910	899	36	24	12	6	3	3
43	1583	795	788	26	18	8	8	5	3
44	1700	909	791	36	25	11	4	1	3

4-1b 续表 7 单位：人

年龄	大学本科			硕士研究生			博士研究生		
	小计	男	女	小计	男	女	小计	男	女
45—49岁	**7698**	**4598**	**3100**	**171**	**110**	**61**	**23**	**16**	**7**
45	1645	949	696	47	28	19	6	3	3
46	1563	923	640	30	18	12	5	4	1
47	1582	950	632	32	17	15	7	5	2
48	1518	932	586	39	30	9	3	3	
49	1390	844	546	23	17	6	2	1	1
50—54岁	**6582**	**4238**	**2344**	**121**	**96**	**25**	**7**	**5**	**2**
50	1559	972	587	28	23	5	1	1	
51	1435	915	520	29	21	8	1		1
52	1460	933	527	22	17	5	2	2	
53	1017	680	337	18	16	2	2	1	1
54	1111	738	373	24	19	5	1	1	
55—59岁	**3600**	**2721**	**879**	**70**	**54**	**16**	**4**	**3**	**1**
55	1027	743	284	19	15	4	1	1	
56	959	733	226	20	15	5	1		1
57	893	674	219	12	9	3	1	1	
58	541	428	113	12	9	3	1	1	
59	180	143	37	7	6	1			
60—64岁	**893**	**719**	**174**	**18**	**13**	**5**	**1**	**1**	
60	202	157	45	5	4	1			
61	177	145	32	3		3	1	1	
62	150	121	29	2	2				
63	193	161	32	4	4				
64	171	135	36	4	3	1			
65—69岁	**528**	**432**	**96**	**7**	**5**	**2**	**1**	**1**	
65	177	139	38	3	3				
66	122	94	28						
67	78	65	13	1	1		1	1	
68	97	86	11	1	1				
69	54	48	6	2		2			
70—74岁	**217**	**182**	**35**	**1**	**1**				
70	61	52	9	1	1				
71	51	44	7						
72	32	24	8						
73	32	24	8						
74	41	38	3						
75—79岁	**179**	**144**	**35**	**2**	**1**	**1**	**1**	**1**	
75	42	35	7				1	1	
76	31	25	6						
77	40	36	4	1	1				
78	30	22	8						
79	36	26	10	1		1			
80—84岁	**116**	**96**	**20**	**4**	**2**	**2**	**1**	**1**	
80	33	28	5	2		2			
81	28	23	5						
82	19	15	4				1	1	
83	20	15	5	1	1				
84	16	15	1	1	1				
85岁及以上	**43**	**33**	**10**						

4-1c　全区分年龄、性别、受教育程度的3岁及以上人口(乡村)

单位：人

年龄	3岁及以上人口			未上过学		
	合计	男	女	小计	男	女
总　计	**2422915**	**1271051**	**1151864**	**255913**	**82782**	**173131**
3	37384	19263	18121	21818	11292	10526
4	37008	18820	18188	9382	4690	4692
5-9岁	**180573**	**93049**	**87524**	**3150**	**1551**	**1599**
5	34999	17884	17115	2164	1053	1111
6	36252	18731	17521	519	265	254
7	35534	18405	17129	205	97	108
8	37347	19353	17994	139	78	61
9	36441	18676	17765	123	58	65
10-14岁	**184475**	**95443**	**89032**	**627**	**345**	**282**
10	36516	18819	17697	111	69	42
11	37418	19121	18297	139	72	67
12	37115	19121	17994	143	69	74
13	36885	19086	17799	135	72	63
14	36541	19296	17245	99	63	36
15-19岁	**126543**	**68026**	**58517**	**561**	**322**	**239**
15	30481	16061	14420	84	48	36
16	25674	13855	11819	107	63	44
17	21227	11816	9411	98	55	43
18	23893	12902	10991	114	55	59
19	25268	13392	11876	158	101	57
20-24岁	**146788**	**80119**	**66669**	**932**	**455**	**477**
20	25070	13688	11382	156	80	76
21	26052	14217	11835	152	79	73
22	31545	17131	14414	196	93	103
23	31782	17371	14411	210	108	102
24	32339	17712	14627	218	95	123
25-29岁	**169930**	**93672**	**76258**	**1584**	**659**	**925**
25	33961	18663	15298	239	108	131
26	33661	18595	15066	279	117	162
27	34461	19025	15436	287	123	164
28	34282	18841	15441	361	155	206
29	33565	18548	15017	418	156	262
30-34岁	**174210**	**95628**	**78582**	**4077**	**1322**	**2755**
30	39974	22064	17910	613	247	366
31	36034	19894	16140	672	235	437
32	32899	18046	14853	811	237	574
33	34211	18733	15478	930	290	640
34	31092	16891	14201	1051	313	738
35-39岁	**156663**	**84093**	**72570**	**8092**	**2376**	**5716**
35	29069	15644	13425	1138	340	798
36	29989	15968	14021	1372	405	967
37	29184	15692	13492	1508	447	1061
38	35721	19203	16518	1965	574	1391
39	32700	17586	15114	2109	610	1499
40-44岁	**176370**	**92545**	**83825**	**12613**	**3497**	**9116**
40	35435	18457	16978	2460	644	1816
41	33865	17902	15963	2355	645	1710
42	34846	17985	16861	2590	713	1877
43	32888	17613	15275	2310	665	1645
44	39336	20588	18748	2898	830	2068

4-1c 续表 1 单位：人

年龄	3岁及以上人口			未上过学		
	合计	男	女	小计	男	女
45-49岁	**207556**	**108325**	**99231**	**17206**	**5244**	**11962**
45	40067	21034	19033	3023	885	2138
46	40363	20776	19587	3064	884	2180
47	42612	22463	20149	3635	1138	2497
48	42989	22306	20683	3863	1194	2669
49	41525	21746	19779	3621	1143	2478
50-54岁	**226636**	**116621**	**110015**	**22239**	**6002**	**16237**
50	48414	24871	23543	4753	1403	3350
51	45402	23190	22212	4441	1219	3222
52	49328	25331	23997	4784	1239	3545
53	39361	20410	18951	3824	985	2839
54	44131	22819	21312	4437	1156	3281
55-59岁	**179901**	**94098**	**85803**	**20178**	**4424**	**15754**
55	40751	21512	19239	4085	1029	3056
56	42125	22333	19792	4409	1056	3353
57	42878	22372	20506	4555	963	3592
58	36995	19140	17855	4644	915	3729
59	17152	8741	8411	2485	461	2024
60-64岁	**116297**	**60786**	**55511**	**24003**	**6417**	**17586**
60	21424	11443	9981	3300	716	2584
61	17234	9138	8096	3160	820	2340
62	23704	12638	11066	4953	1446	3507
63	27043	13902	13141	6112	1672	4440
64	26892	13665	13227	6478	1763	4715
65-69岁	**122171**	**62623**	**59548**	**34474**	**9947**	**24527**
65	28370	14501	13869	7361	1955	5406
66	25983	13186	12797	7026	1963	5063
67	23232	11912	11320	6518	1875	4643
68	24042	12516	11526	7240	2224	5016
69	20544	10508	10036	6329	1930	4399
70-74岁	**81856**	**40420**	**41436**	**28166**	**8443**	**19723**
70	20832	10357	10475	6854	2083	4771
71	18310	9418	8892	6281	2036	4245
72	13902	7022	6880	4639	1414	3225
73	15126	7302	7824	5237	1500	3737
74	13686	6321	7365	5155	1410	3745
75-79岁	**54360**	**26664**	**27696**	**22924**	**7356**	**15568**
75	12587	5922	6665	4910	1361	3549
76	12782	6402	6380	5154	1640	3514
77	11477	5693	5784	4872	1650	3222
78	9741	4792	4949	4370	1490	2880
79	7773	3855	3918	3618	1215	2403
80-84岁	**29364**	**13982**	**15382**	**15381**	**5412**	**9969**
80	7956	3874	4082	3933	1401	2532
81	6622	3173	3449	3475	1237	2238
82	6179	2956	3223	3232	1133	2099
83	4608	2131	2477	2484	855	1629
84	3999	1848	2151	2257	786	1471
85岁及以上	**14830**	**6874**	**7956**	**8506**	**3028**	**5478**

4-1c 续表 2

单位：人

年 龄	学前教育			小 学		
	小计	男	女	小计	男	女
总 计	**87618**	**44592**	**43026**	**969574**	**469285**	**500289**
3	15566	7971	7595			
4	27626	14130	13496			
5–9岁	**40856**	**21199**	**19657**	**135126**	**69455**	**65671**
5	27581	14149	13432	5254	2682	2572
6	11676	6234	5442	23824	12087	11737
7	945	507	438	34071	17618	16453
8	403	193	210	36424	18852	17572
9	251	116	135	35553	18216	17337
10–14岁	**763**	**364**	**399**	**94524**	**48636**	**45888**
10	209	104	105	35312	18175	17137
11	140	66	74	34589	17710	16879
12	117	56	61	17743	9255	8488
13	136	67	69	4929	2522	2407
14	161	71	90	1951	974	977
15–19岁	**218**	**102**	**116**	**5214**	**2573**	**2641**
15	109	50	59	992	505	487
16	41	20	21	775	401	374
17	26	14	12	822	442	380
18	26	9	17	1094	523	571
19	16	9	7	1531	702	829
20–24岁	**60**	**22**	**38**	**15439**	**6555**	**8884**
20	18	5	13	1913	883	1030
21	10	5	5	2536	1100	1436
22	10	6	4	3452	1401	2051
23	18	5	13	3512	1481	2031
24	4	1	3	4026	1690	2336
25–29岁	**57**	**16**	**41**	**29982**	**12514**	**17468**
25	11	6	5	4749	2016	2733
26	15	4	11	5489	2231	3258
27	6	3	3	5947	2497	3450
28	15	2	13	6677	2769	3908
29	10	1	9	7120	3001	4119
30–34岁	**56**	**18**	**38**	**49276**	**21274**	**28002**
30	12	4	8	9475	3918	5557
31	12	2	10	9766	4246	5520
32	10	6	4	9291	4061	5230
33	10	2	8	10337	4522	5815
34	12	4	8	10407	4527	5880
35–39岁	**110**	**29**	**81**	**62158**	**28013**	**34145**
35	18	3	15	10310	4477	5833
36	19	6	13	11156	4771	6385
37	21	5	16	11675	5297	6378
38	29	8	21	14936	6866	8070
39	23	7	16	14081	6602	7479
40–44岁	**187**	**61**	**126**	**77173**	**35108**	**42065**
40	30	12	18	15689	7049	8640
41	41	11	30	14860	6861	7999
42	43	12	31	15580	6917	8663
43	37	14	23	14086	6645	7441
44	36	12	24	16958	7636	9322

4-1c 续表 3

单位：人

年 龄	学前教育			小 学		
	小计	男	女	小计	男	女
45—49岁	**194**	**60**	**134**	**89631**	**40242**	**49389**
45	32	7	25	17286	7882	9404
46	34	12	22	17107	7500	9607
47	47	18	29	18168	8246	9922
48	35	13	22	18766	8381	10385
49	46	10	36	18304	8233	10071
50—54岁	**256**	**67**	**189**	**110603**	**50489**	**60114**
50	50	12	38	22715	10198	12517
51	60	16	44	21919	9947	11972
52	47	17	30	24398	11076	13322
53	48	8	40	19600	9103	10497
54	51	14	37	21971	10165	11806
55—59岁	**239**	**58**	**181**	**82866**	**37419**	**45447**
55	39	9	30	19525	9211	10314
56	45	9	36	19919	9304	10615
57	48	13	35	18807	8259	10548
58	75	19	56	16691	7226	9465
59	32	8	24	7924	3419	4505
60—64岁	**304**	**94**	**210**	**59486**	**28866**	**30620**
60	32	7	25	9879	4413	5466
61	40	9	31	8231	3888	4343
62	72	27	45	12124	5998	6126
63	75	25	50	14471	7168	7303
64	85	26	59	14781	7399	7382
65—69岁	**401**	**139**	**262**	**69424**	**37912**	**31512**
65	95	34	61	15957	8457	7500
66	89	25	64	14750	7837	6913
67	81	30	51	13385	7349	6036
68	72	25	47	13642	7762	5880
69	64	25	39	11690	6507	5183
70—74岁	**313**	**111**	**202**	**44762**	**24733**	**20029**
70	65	29	36	11562	6276	5286
71	79	34	45	10060	5762	4298
72	54	16	38	7717	4348	3369
73	70	19	51	8266	4516	3750
74	45	13	32	7157	3831	3326
75—79岁	**222**	**74**	**148**	**26275**	**15180**	**11095**
75	44	14	30	6404	3543	2861
76	49	11	38	6347	3730	2617
77	52	14	38	5509	3165	2344
78	49	23	26	4495	2614	1881
79	28	12	16	3520	2128	1392
80—84岁	**125**	**50**	**75**	**12121**	**7102**	**5019**
80	28	7	21	3414	2000	1414
81	26	13	13	2757	1617	1140
82	29	13	16	2566	1513	1053
83	25	9	16	1858	1072	786
84	17	8	9	1526	900	626
85岁及以上	**65**	**27**	**38**	**5514**	**3214**	**2300**

4-1c　续表 4　　　　单位：人

年　龄	初　中			高　中			大学专科		
	小计	男	女	小计	男	女	小计	男	女
总　计	**765002**	**472215**	**292787**	**184203**	**115144**	**69059**	**99083**	**54137**	**44946**
3									
4									
5-9岁	**1440**	**843**	**597**	**1**	**1**				
5									
6	233	145	88						
7	313	183	130						
8	381	230	151						
9	513	285	228	1	1				
10-14岁	**86670**	**45167**	**41503**	**1856**	**921**	**935**	**32**	**10**	**22**
10	882	470	412	1	1				
11	2550	1273	1277						
12	19095	9734	9361	16	7	9			
13	31273	16221	15052	409	203	206	2	1	1
14	32870	17469	15401	1430	710	720	30	9	21
15-19岁	**55188**	**32037**	**23151**	**46959**	**24626**	**22333**	**12058**	**5571**	**6487**
15	20258	11067	9191	8306	4003	4303	686	365	321
16	10704	6111	4593	12765	6560	6205	1166	655	511
17	7657	4624	3033	10721	5729	4992	1447	759	688
18	7779	4841	2938	8710	4761	3949	3621	1621	2000
19	8790	5394	3396	6457	3573	2884	5138	2171	2967
20-24岁	**61852**	**37722**	**24130**	**24609**	**14703**	**9906**	**28212**	**13178**	**15034**
20	10257	6377	3880	5175	2958	2217	5041	2191	2850
21	11367	6921	4446	4622	2767	1855	5234	2289	2945
22	13548	8235	5313	5008	2965	2043	6179	2939	3240
23	13170	7950	5220	4955	3063	1892	6088	2945	3143
24	13510	8239	5271	4849	2950	1899	5670	2814	2856
25-29岁	**74037**	**44978**	**29059**	**23121**	**14071**	**9050**	**23268**	**12313**	**10955**
25	14295	8659	5636	4933	2987	1946	5620	2854	2766
26	14533	8879	5654	4701	2897	1804	4986	2612	2374
27	15149	9152	5997	4562	2781	1781	4717	2496	2221
28	15189	9173	6016	4537	2805	1732	4152	2224	1928
29	14871	9115	5756	4388	2601	1787	3793	2127	1666
30-34岁	**76320**	**46342**	**29978**	**18674**	**11764**	**6910**	**14809**	**8755**	**6054**
30	17746	10787	6959	4933	3093	1840	4103	2384	1719
31	15697	9546	6151	4053	2506	1547	3406	2010	1396
32	14507	8734	5773	3484	2219	1265	2721	1619	1102
33	15039	9131	5908	3410	2143	1267	2562	1539	1023
34	13331	8144	5187	2794	1803	991	2017	1203	814
35-39岁	**65345**	**40381**	**24964**	**10262**	**6673**	**3589**	**6218**	**3773**	**2445**
35	12503	7618	4885	2303	1487	816	1613	970	643
36	12727	7834	4893	2170	1408	762	1432	860	572
37	12076	7464	4612	1872	1211	661	1166	699	467
38	14836	9239	5597	2041	1322	719	1129	688	441
39	13203	8226	4977	1876	1245	631	878	556	322
40-44岁	**71126**	**43973**	**27153**	**9691**	**6311**	**3380**	**3675**	**2331**	**1344**
40	14045	8643	5402	1879	1232	647	834	537	297
41	13476	8380	5096	1949	1268	681	755	463	292
42	13691	8440	5251	1839	1173	666	749	496	253
43	13645	8446	5199	1860	1228	632	666	426	240
44	16269	10064	6205	2164	1410	754	671	409	262

4-1c 续表 5

单位：人

年 龄	初 中			高 中			大学专科		
	小计	男	女	小计	男	女	小计	男	女
45—49岁	**82529**	**50513**	**32016**	**13012**	**8863**	**4149**	**3472**	**2351**	**1121**
45	16449	10043	6406	2297	1544	753	682	466	216
46	16641	10023	6618	2501	1673	828	717	477	240
47	17011	10538	6473	2693	1815	878	716	463	253
48	16566	10103	6463	2778	1930	848	688	488	200
49	15862	9806	6056	2743	1901	842	669	457	212
50—54岁	**77979**	**48791**	**29188**	**11777**	**8492**	**3285**	**2605**	**1877**	**728**
50	17117	10534	6583	2819	2034	785	680	483	197
51	15615	9561	6054	2573	1853	720	560	413	147
52	16570	10402	6168	2615	1934	681	621	436	185
53	13538	8628	4910	1831	1312	519	341	235	106
54	15139	9666	5473	1939	1359	580	403	310	93
55—59岁	**62008**	**41402**	**20606**	**11847**	**8626**	**3221**	**1938**	**1519**	**419**
55	14517	9405	5112	1961	1387	574	405	300	105
56	14847	9839	5008	2279	1639	640	442	342	100
57	15598	10311	5287	3163	2274	889	495	390	105
58	11999	8266	3733	3021	2252	769	415	337	78
59	5047	3581	1466	1423	1074	349	181	150	31
60—64岁	**23521**	**18207**	**5314**	**7534**	**5957**	**1577**	**1176**	**1007**	**169**
60	5886	4483	1403	2020	1563	457	236	198	38
61	4101	3104	997	1460	1117	343	197	164	33
62	4653	3633	1020	1608	1281	327	246	213	33
63	4628	3598	1030	1445	1167	278	263	227	36
64	4253	3389	864	1001	829	172	234	205	29
65—69岁	**14298**	**11514**	**2784**	**2548**	**2186**	**362**	**804**	**732**	**72**
65	3863	3106	757	798	683	115	236	213	23
66	3218	2576	642	645	552	93	201	190	11
67	2608	2092	516	450	393	57	142	130	12
68	2570	2061	509	365	314	51	124	106	18
69	2039	1679	360	290	244	46	101	93	8
70—74岁	**6991**	**5715**	**1276**	**1102**	**943**	**159**	**411**	**374**	**37**
70	1936	1597	339	277	245	32	110	101	9
71	1518	1264	254	249	210	39	93	87	6
72	1176	964	212	211	183	28	82	74	8
73	1270	1024	246	204	174	30	64	56	8
74	1091	866	225	161	131	30	62	56	6
75—79岁	**3883**	**3176**	**707**	**766**	**629**	**137**	**227**	**196**	**31**
75	987	804	183	173	138	35	55	51	4
76	994	820	174	173	145	28	48	40	8
77	828	684	144	156	132	24	45	37	8
78	627	504	123	146	118	28	45	35	10
79	447	364	83	118	96	22	34	33	1
80—84岁	**1270**	**1021**	**249**	**309**	**262**	**47**	**128**	**108**	**20**
80	439	348	91	105	89	16	32	24	8
81	257	210	47	61	54	7	31	28	3
82	240	201	39	72	63	9	35	29	6
83	182	145	37	41	35	6	14	12	2
84	152	117	35	30	21	9	16	15	1
85岁及以上	**545**	**433**	**112**	**135**	**116**	**19**	**50**	**42**	**8**

4-1c 续表 6

单位：人

年 龄	大学本科			硕士研究生			博士研究生		
	小计	男	女	小计	男	女	小计	男	女
总 计	**58673**	**31536**	**27137**	**2626**	**1235**	**1391**	**223**	**125**	**98**
3									
4									
5-9岁									
5									
6									
7									
8									
9									
10-14岁	**2**		**2**	**1**		**1**			
10	1		1						
11									
12				1		1			
13	1		1						
14									
15-19岁	**6331**	**2786**	**3545**	**12**	**7**	**5**	**2**	**2**	
15	46	23	23						
16	116	45	71						
17	451	190	261	5	3	2			
18	2547	1091	1456	2	1	1			
19	3171	1437	1734	5	3	2	2	2	
20-24岁	**14947**	**7159**	**7788**	**696**	**305**	**391**	**41**	**20**	**21**
20	2497	1184	1313	11	9	2	2	1	1
21	2097	1035	1062	33	21	12	1		1
22	2984	1425	1559	157	64	93	11	3	8
23	3572	1694	1878	247	117	130	10	8	2
24	3797	1821	1976	248	94	154	17	8	9
25-29岁	**16928**	**8701**	**8227**	**866**	**373**	**493**	**87**	**47**	**40**
25	3851	1915	1936	247	110	137	16	8	8
26	3456	1772	1684	187	75	112	15	8	7
27	3601	1878	1723	170	84	86	22	11	11
28	3195	1650	1545	137	53	84	19	10	9
29	2825	1486	1339	125	51	74	15	10	5
30-34岁	**10396**	**5904**	**4492**	**570**	**234**	**336**	**32**	**15**	**17**
30	2931	1574	1357	151	53	98	10	4	6
31	2301	1295	1006	122	53	69	5	1	4
32	1961	1124	837	108	44	64	6	2	4
33	1817	1060	757	100	41	59	6	5	1
34	1386	851	535	89	43	46	5	3	2
35-39岁	**4214**	**2686**	**1528**	**241**	**146**	**95**	**23**	**16**	**7**
35	1107	707	400	67	35	32	10	7	3
36	1040	643	397	68	38	30	5	3	2
37	823	537	286	41	30	11	2	2	
38	747	478	269	36	27	9	2	1	1
39	497	321	176	29	16	13	4	3	1
40-44岁	**1791**	**1190**	**601**	**95**	**65**	**30**	**19**	**9**	**10**
40	465	316	149	29	20	9	4	4	
41	400	259	141	25	14	11	4	1	3
42	331	220	111	17	13	4	6	1	5
43	270	179	91	11	8	3	3	2	1
44	325	216	109	13	10	3	2	1	1

4-1c 续表 7 单位：人

年 龄	大学本科			硕士研究生			博士研究生		
	小计	男	女	小计	男	女	小计	男	女
45-49岁	**1441**	**1006**	**435**	**62**	**39**	**23**	**9**	**7**	**2**
45	284	197	87	12	8	4	2	2	
46	283	198	85	15	9	6	1		1
47	329	235	94	12	9	3	1	1	
48	277	186	91	13	9	4	3	2	1
49	268	190	78	10	4	6	2	2	
50-54岁	**1129**	**868**	**261**	**44**	**32**	**12**	**4**	**3**	**1**
50	268	199	69	12	8	4			
51	221	170	51	13	11	2			
52	280	217	63	11	8	3	2	2	
53	174	137	37	5	2	3			
54	186	145	41	3	3		2	1	1
55-59岁	**794**	**623**	**171**	**28**	**24**	**4**	**3**	**3**	
55	208	163	45	10	7	3	1	1	
56	180	140	40	4	4				
57	207	157	50	4	4		1	1	
58	141	116	25	8	8		1	1	
59	58	47	11	2	1	1			
60-64岁	**266**	**231**	**35**	**6**	**6**		**1**	**1**	
60	68	60	8	3	3				
61	44	35	9	1	1				
62	47	39	8				1	1	
63	47	43	4	2	2				
64	60	54	6						
65-69岁	**219**	**191**	**28**	**3**	**2**	**1**			
65	57	51	6	3	2	1			
66	54	43	11						
67	48	43	5						
68	29	24	5						
69	31	30	1						
70-74岁	**108**	**98**	**10**	**2**	**2**		**1**	**1**	
70	27	25	2	1	1				
71	29	24	5	1	1				
72	23	23							
73	14	12	2				1	1	
74	15	14	1						
75-79岁	**62**	**52**	**10**				**1**	**1**	
75	14	11	3						
76	17	16	1						
77	15	11	4						
78	8	7	1				1	1	
79	8	7	1						
80-84岁	**30**	**27**	**3**						
80	5	5							
81	15	14	1						
82	5	4	1						
83	4	3	1						
84	1	1							
85岁及以上	**15**	**14**	**1**						

4-2　各地区分性别、受教育程度的15岁及以上人口

单位：人

地　区	15岁及以上人口			未上过学		
	合计	男	女	小计	男	女
宁　夏	**5734650**	**2906355**	**2828295**	**349091**	**95386**	**253705**
银川市	**2342343**	**1184291**	**1158052**	**90998**	**24165**	**66833**
兴庆区	667164	331294	335870	19492	4899	14593
西夏区	380719	192490	188229	11347	2808	8539
金凤区	521368	256426	264942	14164	3851	10313
永宁县	257890	131805	126085	15033	4258	10775
贺兰县	276175	140294	135881	14710	3885	10825
灵武市	239027	131982	107045	16252	4464	11788
石嘴山市	**635546**	**324650**	**310896**	**26856**	**7120**	**19736**
大武口区	253535	127315	126220	7855	1941	5914
惠农区	154971	82159	72812	4936	1232	3704
平罗县	227040	115176	111864	14065	3947	10118
吴忠市	**1065307**	**537441**	**527866**	**83496**	**22043**	**61453**
利通区	365585	179737	185848	24796	6393	18403
红寺堡区	141983	72476	69507	20027	5572	14455
盐池县	130135	68655	61480	6320	1661	4659
同心县	223698	112648	111050	14776	3528	11248
青铜峡市	203906	103925	99981	17577	4889	12688
固原市	**866512**	**438690**	**427822**	**81629**	**24032**	**57597**
原州区	355845	176430	179415	31487	8704	22783
西吉县	231472	119188	112284	19134	5828	13306
隆德县	87846	44478	43368	6565	1829	4736
泾源县	64512	33038	31474	12476	4497	7979
彭阳县	126837	65556	61281	11967	3174	8793
中卫市	**824942**	**421283**	**403659**	**66112**	**18026**	**48086**
沙坡头区	325788	166533	159255	20256	5214	15042
中宁县	260242	133038	127204	17643	4589	13054
海原县	238912	121712	117200	28213	8223	19990

4-2 续表 1

单位：人

地 区	学前教育			小 学		
	小计	男	女	小计	男	女
宁 夏	**4865**	**1684**	**3181**	**1271443**	**572265**	**699178**
银川市	**1423**	**534**	**889**	**340508**	**153214**	**187294**
兴庆区	305	116	189	81058	36775	44283
西夏区	172	59	113	48756	21038	27718
金凤区	308	131	177	53068	23228	29840
永宁县	357	125	232	58958	27011	31947
贺兰县	151	67	84	49862	22711	27151
灵武市	130	36	94	48806	22451	26355
石嘴山市	**610**	**202**	**408**	**121116**	**52352**	**68764**
大武口区	134	37	97	40214	16842	23372
惠农区	96	32	64	28092	11973	16119
平罗县	380	133	247	52810	23537	29273
吴忠市	**756**	**251**	**505**	**290075**	**129349**	**160726**
利通区	270	95	175	66196	28898	37298
红寺堡区	58	10	48	51369	24972	26397
盐池县	71	31	40	38232	16947	21285
同心县	149	49	100	93859	39830	54029
青铜峡市	208	66	142	40419	18702	21717
固原市	**1170**	**401**	**769**	**299870**	**137818**	**162052**
原州区	255	97	158	99550	45557	53993
西吉县	174	58	116	102192	47682	54510
隆德县	446	182	264	30370	13103	17267
泾源县	37	15	22	22332	11512	10820
彭阳县	258	49	209	45426	19964	25462
中卫市	**906**	**296**	**610**	**219874**	**99532**	**120342**
沙坡头区	170	56	114	58759	26002	32757
中宁县	128	48	80	66949	29740	37209
海原县	608	192	416	94166	43790	50376

4-2　续表 2

单位：人

地　区	初　中			高　中			大学专科		
	小计	男	女	小计	男	女	小计	男	女
宁　夏	**1900366**	**1083467**	**816899**	**960017**	**524893**	**435124**	**645471**	**331845**	**313626**
银川市	**717164**	**397358**	**319806**	**444047**	**237422**	**206625**	**369598**	**186428**	**183170**
兴庆区	207245	112925	94320	141327	72740	68587	112912	53004	59908
西夏区	95894	52177	43717	79583	43124	36459	68012	37219	30793
金凤区	119188	63486	55702	94390	47181	47209	102216	50043	52173
永宁县	105384	60294	45090	37085	20495	16590	25027	12248	12779
贺兰县	103174	58144	45030	49625	27068	22557	33779	16554	17225
灵武市	86279	50332	35947	42037	26814	15223	27652	17360	10292
石嘴山市	**255855**	**142683**	**113172**	**116532**	**63649**	**52883**	**63015**	**33073**	**29942**
大武口区	87005	46513	40492	54170	29194	24976	32434	16778	15656
惠农区	66902	38510	28392	30738	17515	13223	14804	8199	6605
平罗县	101948	57660	44288	31624	16940	14684	15777	8096	7681
吴忠市	**392041**	**226840**	**165201**	**150131**	**83671**	**66460**	**84875**	**43392**	**41483**
利通区	151295	82376	68919	58045	30814	27231	36935	17522	19413
红寺堡区	40510	25257	15253	15271	8709	6562	7740	4326	3414
盐池县	47470	28304	19166	18118	11009	7109	11205	6200	5005
同心县	67249	42653	24596	25395	14730	10665	11784	6545	5239
青铜峡市	85517	48250	37267	33302	18409	14893	17211	8799	8412
固原市	**230741**	**139696**	**91045**	**125767**	**70911**	**54856**	**67209**	**36283**	**30926**
原州区	102428	58820	43608	56041	30581	25460	31977	16812	15165
西吉县	54264	35186	19078	31442	17442	14000	14518	7830	6688
隆德县	23939	14290	9649	12819	7564	5255	8264	4668	3596
泾源县	15982	9656	6326	7111	3931	3180	3554	1901	1653
彭阳县	34128	21744	12384	18354	11393	6961	8896	5072	3824
中卫市	**304565**	**176890**	**127675**	**123540**	**69240**	**54300**	**60774**	**32669**	**28105**
沙坡头区	134523	75372	59151	58040	32092	25948	28905	15376	13529
中宁县	106124	60788	45336	37427	21144	16283	19053	10229	8824
海原县	63918	40730	23188	28073	16004	12069	12816	7064	5752

4-2 续表 3

单位：人

地 区	大学本科			硕士研究生			博士研究生		
	小计	男	女	小计	男	女	小计	男	女
宁 夏	**565051**	**279433**	**285618**	**35217**	**15728**	**19489**	**3129**	**1654**	**1475**
银川市	**347051**	**170963**	**176088**	**28941**	**12831**	**16110**	**2613**	**1376**	**1237**
兴庆区	95629	46786	48843	8379	3624	4755	817	425	392
西夏区	70752	33359	37393	5552	2335	3217	651	371	280
金凤区	124221	62107	62114	12804	5897	6907	1009	502	507
永宁县	15644	7210	8434	370	146	224	32	18	14
贺兰县	23534	11310	12224	1262	513	749	78	42	36
灵武市	17271	10191	7080	574	316	258	26	18	8
石嘴山市	**49821**	**24800**	**25021**	**1605**	**706**	**899**	**136**	**65**	**71**
大武口区	30544	15466	15078	1094	501	593	85	43	42
惠农区	9123	4583	4540	251	102	149	29	13	16
平罗县	10154	4751	5403	260	103	157	22	9	13
吴忠市	**62066**	**30987**	**31079**	**1738**	**834**	**904**	**129**	**74**	**55**
利通区	27113	13212	13901	871	395	476	64	32	32
红寺堡区	6826	3527	3299	173	97	76	9	6	3
盐池县	8493	4387	4106	214	107	107	12	9	3
同心县	10238	5184	5054	225	115	110	23	14	9
青铜峡市	9396	4677	4719	255	120	135	21	13	8
固原市	**58320**	**28711**	**29609**	**1630**	**740**	**890**	**176**	**98**	**78**
原州区	32955	15334	17621	1043	467	576	109	58	51
西吉县	9499	5052	4447	228	101	127	21	9	12
隆德县	5303	2770	2533	122	59	63	18	13	5
泾源县	2955	1491	1464	62	34	28	3	1	2
彭阳县	7608	4064	3544	175	79	96	25	17	8
中卫市	**47793**	**23972**	**23821**	**1303**	**617**	**686**	**75**	**41**	**34**
沙坡头区	24389	12072	12317	708	330	378	38	19	19
中宁县	12610	6361	6249	285	128	157	23	11	12
海原县	10794	5539	5255	310	159	151	14	11	3

4-2a 各地区分性别、受教育程度的15岁及以上人口(城市)

单位：人

地 区	15岁及以上人口			未上过学		
	合计	男	女	小计	男	女
宁 夏	**2440305**	**1201847**	**1238458**	**69013**	**15539**	**53474**
银川市	**1369995**	**676161**	**693834**	**29791**	**6613**	**23178**
兴庆区	500248	246031	254217	10650	2472	8178
西夏区	339831	171422	168409	7568	1661	5907
金凤区	421350	205081	216269	7204	1495	5709
永宁县						
贺兰县	3432	1857	1575	60	19	41
灵武市	105134	51770	53364	4309	966	3343
石嘴山市	**312351**	**157600**	**154751**	**8170**	**1970**	**6200**
大武口区	208764	103195	105569	5487	1343	4144
惠农区	103587	54405	49182	2683	627	2056
平罗县						
吴忠市	**383060**	**185497**	**197563**	**16231**	**3758**	**12473**
利通区	237041	113322	123719	9246	2086	7160
红寺堡区	50883	24742	26141	3472	824	2648
盐池县						
同心县						
青铜峡市	95136	47433	47703	3513	848	2665
固原市	**188377**	**89218**	**99159**	**10505**	**2282**	**8223**
原州区	188377	89218	99159	10505	2282	8223
西吉县						
隆德县						
泾源县						
彭阳县						
中卫市	**186522**	**93371**	**93151**	**4316**	**916**	**3400**
沙坡头区	186522	93371	93151	4316	916	3400
中宁县						
海原县						

4-2a 续表 1

单位：人

地　区	学前教育			小　学		
	小计	男	女	小计	男	女
宁　夏	**1066**	**370**	**696**	**277851**	**114561**	**163290**
银川市	**496**	**183**	**313**	**132923**	**55826**	**77097**
兴庆区	221	88	133	51940	22834	29106
西夏区	105	29	76	33771	14064	19707
金凤区	148	63	85	31850	12771	19079
永宁县						
贺兰县	1		1	557	270	287
灵武市	21	3	18	14805	5887	8918
石嘴山市	**182**	**50**	**132**	**41594**	**16903**	**24691**
大武口区	110	28	82	27347	10931	16416
惠农区	72	22	50	14247	5972	8275
平罗县						
吴忠市	**226**	**73**	**153**	**54123**	**22132**	**31991**
利通区	140	51	89	31160	12498	18662
红寺堡区	42	7	35	13927	5947	7980
盐池县						
同心县						
青铜峡市	44	15	29	9036	3687	5349
固原市	**105**	**39**	**66**	**29987**	**12158**	**17829**
原州区	105	39	66	29987	12158	17829
西吉县						
隆德县						
泾源县						
彭阳县						
中卫市	**57**	**25**	**32**	**19224**	**7542**	**11682**
沙坡头区	57	25	32	19224	7542	11682
中宁县						
海原县						

4-2a 续表 2

单位：人

地区	初中			高中			大学专科		
	小计	男	女	小计	男	女	小计	男	女
宁 夏	**751261**	**396364**	**354897**	**522647**	**271187**	**251460**	**395982**	**199454**	**196528**
银川市	**356491**	**188465**	**168026**	**287471**	**147793**	**139678**	**258429**	**129612**	**128817**
兴庆区	147751	79171	68580	108155	54366	53789	89153	42391	46762
西夏区	81160	43424	37736	75234	40472	34762	65965	36175	29790
金凤区	86470	44733	41737	79878	39381	40497	89587	43955	45632
永宁县									
贺兰县	1487	874	613	625	366	259	436	211	225
灵武市	39623	20263	19360	23579	13208	10371	13288	6880	6408
石嘴山市	**118215**	**63378**	**54837**	**70711**	**37652**	**33059**	**41425**	**21803**	**19622**
大武口区	74277	38660	35617	47085	24588	22497	29996	15566	14430
惠农区	43938	24718	19220	23626	13064	10562	11429	6237	5192
平罗县									
吴忠市	**150254**	**78853**	**71401**	**79160**	**40922**	**38238**	**47760**	**22761**	**24999**
利通区	94115	48465	45650	46727	24025	22702	31569	14605	16964
红寺堡区	15408	8743	6665	9342	4799	4543	4127	2163	1964
盐池县									
同心县									
青铜峡市	40731	21645	19086	23091	12098	10993	12064	5993	6071
固原市	**51273**	**26311**	**24962**	**41408**	**21623**	**19785**	**25276**	**13157**	**12119**
原州区	51273	26311	24962	41408	21623	19785	25276	13157	12119
西吉县									
隆德县									
泾源县									
彭阳县									
中卫市	**75028**	**39357**	**35671**	**43897**	**23197**	**20700**	**23092**	**12121**	**10971**
沙坡头区	75028	39357	35671	43897	23197	20700	23092	12121	10971
中宁县									
海原县									

4-2a 续表 3 单位：人

地区	大学本科			硕士研究生			博士研究生		
	小计	男	女	小计	男	女	小计	男	女
宁 夏	**390564**	**189956**	**200608**	**29245**	**13005**	**16240**	**2676**	**1411**	**1265**
银川市	**276441**	**135058**	**141383**	**25569**	**11354**	**14215**	**2384**	**1257**	**1127**
兴庆区	83745	40908	42837	7858	3398	4460	775	403	372
西夏区	69870	32918	36952	5508	2309	3199	650	370	280
金凤区	113344	56682	56662	11920	5524	6396	949	477	472
永宁县									
贺兰县	254	110	144	12	7	5			
灵武市	9228	4440	4788	271	116	155	10	7	3
石嘴山市	**30720**	**15234**	**15486**	**1232**	**559**	**673**	**102**	**51**	**51**
大武口区	23367	11568	11799	1017	470	547	78	41	37
惠农区	7353	3666	3687	215	89	126	24	10	14
平罗县									
吴忠市	**34213**	**16496**	**17717**	**1021**	**462**	**559**	**72**	**40**	**32**
利通区	23266	11220	12046	767	344	423	51	28	23
红寺堡区	4466	2208	2258	92	47	45	7	4	3
盐池县									
同心县									
青铜峡市	6481	3068	3413	162	71	91	14	8	6
固原市	**28830**	**13199**	**15631**	**898**	**397**	**501**	**95**	**52**	**43**
原州区	28830	13199	15631	898	397	501	95	52	43
西吉县									
隆德县									
泾源县									
彭阳县									
中卫市	**20360**	**9969**	**10391**	**525**	**233**	**292**	**23**	**11**	**12**
沙坡头区	20360	9969	10391	525	233	292	23	11	12
中宁县									
海原县									

4-2b　各地区分性别、受教育程度的15岁及以上人口(镇)

单位：人

地　区	15岁及以上人口			未上过学		
	合计	男	女	小计	男	女
宁　夏	**1310870**	**660032**	**650838**	**59142**	**14943**	**44199**
银川市	**508536**	**260731**	**247805**	**19530**	**4970**	**14560**
兴庆区	99833	50236	49597	2565	558	2007
西夏区	9793	4959	4834	704	230	474
金凤区	8847	4542	4305	991	348	643
永宁县	163116	83054	80062	6503	1669	4834
贺兰县	174380	87587	86793	5563	1295	4268
灵武市	52567	30353	22214	3204	870	2334
石嘴山市	**180542**	**90426**	**90116**	**6195**	**1473**	**4722**
大武口区	22838	11904	10934	1001	228	773
惠农区	25293	12782	12511	942	229	713
平罗县	132411	65740	66671	4252	1016	3236
吴忠市	**210952**	**106580**	**104372**	**11459**	**2878**	**8581**
利通区	17299	9104	8195	1989	591	1398
红寺堡区	5846	3665	2181	272	64	208
盐池县	67577	33575	34002	2329	530	1799
同心县	98384	48575	49809	4824	1081	3743
青铜峡市	21846	11661	10185	2045	612	1433
固原市	**186558**	**90685**	**95873**	**11211**	**2960**	**8251**
原州区	15619	8060	7559	1751	524	1227
西吉县	69700	33179	36521	3368	822	2546
隆德县	32217	15447	16770	752	182	570
泾源县	22525	11148	11377	2389	867	1522
彭阳县	46497	22851	23646	2951	565	2386
中卫市	**224282**	**111610**	**112672**	**10747**	**2662**	**8085**
沙坡头区	14501	7727	6774	1039	245	794
中宁县	128936	64563	64373	3865	819	3046
海原县	80845	39320	41525	5843	1598	4245

4-2b 续表 1

单位：人

地区	学前教育			小学		
	小计	男	女	小计	男	女
宁夏	**992**	**386**	**606**	**253668**	**106510**	**147158**
银川市	**388**	**153**	**235**	**76185**	**33721**	**42464**
兴庆区	40	12	28	11875	5180	6695
西夏区	40	21	19	3350	1582	1768
金凤区	17	7	10	2829	1423	1406
永宁县	166	59	107	27680	12281	15399
贺兰县	72	36	36	20902	8966	11936
灵武市	53	18	35	9549	4289	5260
石嘴山市	**126**	**55**	**71**	**30723**	**12660**	**18063**
大武口区	6	2	4	5381	2408	2973
惠农区	3		3	5826	2366	3460
平罗县	117	53	64	19516	7886	11630
吴忠市	**92**	**38**	**54**	**55340**	**22942**	**32398**
利通区	6	3	3	3981	1839	2142
红寺堡区	2		2	1439	685	754
盐池县	37	22	15	13062	5330	7732
同心县	33	12	21	31495	12598	18897
青铜峡市	14	1	13	5363	2490	2873
固原市	**271**	**107**	**164**	**46925**	**18888**	**28037**
原州区	26	12	14	6193	2839	3354
西吉县	57	17	40	18207	7174	11033
隆德县	124	65	59	6923	2428	4495
泾源县	9	4	5	5616	2610	3006
彭阳县	55	9	46	9986	3837	6149
中卫市	**115**	**33**	**82**	**44495**	**18299**	**26196**
沙坡头区	14	5	9	3950	1688	2262
中宁县	31	10	21	15358	5998	9360
海原县	70	18	52	25187	10613	14574

4-2b 续表 2

单位：人

地 区	初中			高中			大学专科		
	小计	男	女	小计	男	女	小计	男	女
宁 夏	**472213**	**260898**	**211315**	**255024**	**139484**	**115540**	**150438**	**78264**	**72174**
银川市	**186824**	**103817**	**83007**	**100649**	**55525**	**45124**	**73608**	**37359**	**36249**
兴庆区	34900	18835	16065	22891	12189	10702	16687	8146	8541
西夏区	3529	1939	1590	1240	700	540	633	341	292
金凤区	3247	1842	1405	1032	575	457	485	223	262
永宁县	65322	36933	28389	28360	15478	12882	20688	10059	10629
贺兰县	61625	33654	27971	37758	20188	17570	27189	13271	13918
灵武市	18201	10614	7587	9368	6395	2973	7926	5319	2607
石嘴山市	**83444**	**45061**	**38383**	**28506**	**15638**	**12868**	**15627**	**7692**	**7935**
大武口区	5398	3216	2182	2670	1635	1035	1497	680	817
惠农区	11351	6278	5073	4005	2246	1759	1998	1084	914
平罗县	66695	35567	31128	21831	11757	10074	12132	5928	6204
吴忠市	**72748**	**41653**	**31095**	**35687**	**20191**	**15496**	**19590**	**10748**	**8842**
利通区	8108	4711	3397	1664	1053	611	976	573	403
红寺堡区	1796	1212	584	856	622	234	1022	750	272
盐池县	25824	13879	11945	12120	6757	5363	7651	3926	3725
同心县	28482	16860	11622	18002	9850	8152	8138	4464	3674
青铜峡市	8538	4991	3547	3045	1909	1136	1803	1035	768
固原市	**45500**	**24797**	**20703**	**43826**	**23162**	**20664**	**19894**	**10914**	**8980**
原州区	5378	3371	2007	1226	772	454	595	311	284
西吉县	14282	7921	6361	20035	9942	10093	6974	3739	3235
隆德县	8788	4276	4512	6912	3749	3163	4763	2690	2073
泾源县	5235	2859	2376	4554	2339	2215	2382	1302	1080
彭阳县	11817	6370	5447	11099	6360	4739	5180	2872	2308
中卫市	**83697**	**45570**	**38127**	**46356**	**24968**	**21388**	**21719**	**11551**	**10168**
沙坡头区	6518	3872	2646	1719	1166	553	746	468	278
中宁县	57609	30463	27146	27833	14954	12879	14364	7527	6837
海原县	19570	11235	8335	16804	8848	7956	6609	3556	3053

4-2b 续表 3

单位：人

地 区	大学本科			硕士研究生			博士研究生		
	小计	男	女	小计	男	女	小计	男	女
宁 夏	**115816**	**57941**	**57875**	**3347**	**1488**	**1859**	**230**	**118**	**112**
银川市	**49109**	**24200**	**24909**	**2102**	**911**	**1191**	**141**	**75**	**66**
兴庆区	10375	5097	5278	464	200	264	36	19	17
西夏区	279	136	143	18	10	8			
金凤区	238	121	117	8	3	5			
永宁县	14064	6443	7621	312	121	191	21	11	10
贺兰县	20076	9684	10392	1124	456	668	71	37	34
灵武市	4077	2719	1358	176	121	55	13	8	5
石嘴山市	**15666**	**7752**	**7914**	**237**	**90**	**147**	**18**	**5**	**13**
大武口区	6819	3713	3106	62	21	41	4	1	3
惠农区	1145	569	576	22	9	13	1	1	
平罗县	7702	3470	4232	153	60	93	13	3	10
吴忠市	**15700**	**7964**	**7736**	**311**	**151**	**160**	**25**	**15**	**10**
利通区	557	326	231	15	7	8	3	1	2
红寺堡区	451	325	126	7	6	1	1	1	
盐池县	6429	3075	3354	119	52	67	6	4	2
同心县	7263	3636	3627	133	66	67	14	8	6
青铜峡市	1000	602	398	37	20	17	1	1	
固原市	**18595**	**9697**	**8898**	**307**	**147**	**160**	**29**	**13**	**16**
原州区	436	226	210	10	5	5	4		4
西吉县	6659	3513	3146	108	47	61	10	4	6
隆德县	3886	2022	1864	64	32	32	5	3	2
泾源县	2301	1147	1154	38	20	18	1		1
彭阳县	5313	2789	2524	87	43	44	9	6	3
中卫市	**16746**	**8328**	**8418**	**390**	**189**	**201**	**17**	**10**	**7**
沙坡头区	482	260	222	31	21	10	2	2	
中宁县	9693	4718	4975	175	71	104	8	3	5
海原县	6571	3350	3221	184	97	87	7	5	2

4-2c　各地区分性别、受教育程度的15岁及以上人口(乡村)

单位：人

地　区	15岁及以上人口			未上过学		
	合计	男	女	小计	男	女
宁　夏	**1983475**	**1044476**	**938999**	**220936**	**64904**	**156032**
银川市	**463812**	**247399**	**216413**	**41677**	**12582**	**29095**
兴庆区	67083	35027	32056	6277	1869	4408
西夏区	31095	16109	14986	3075	917	2158
金凤区	91171	46803	44368	5969	2008	3961
永宁县	94774	48751	46023	8530	2589	5941
贺兰县	98363	50850	47513	9087	2571	6516
灵武市	81326	49859	31467	8739	2628	6111
石嘴山市	**142653**	**76624**	**66029**	**12491**	**3677**	**8814**
大武口区	21933	12216	9717	1367	370	997
惠农区	26091	14972	11119	1311	376	935
平罗县	94629	49436	45193	9813	2931	6882
吴忠市	**471295**	**245364**	**225931**	**55806**	**15407**	**40399**
利通区	111245	57311	53934	13561	3716	9845
红寺堡区	85254	44069	41185	16283	4684	11599
盐池县	62558	35080	27478	3991	1131	2860
同心县	125314	64073	61241	9952	2447	7505
青铜峡市	86924	44831	42093	12019	3429	8590
固原市	**491577**	**258787**	**232790**	**59913**	**18790**	**41123**
原州区	151849	79152	72697	19231	5898	13333
西吉县	161772	86009	75763	15766	5006	10760
隆德县	55629	29031	26598	5813	1647	4166
泾源县	41987	21890	20097	10087	3630	6457
彭阳县	80340	42705	37635	9016	2609	6407
中卫市	**414138**	**216302**	**197836**	**51049**	**14448**	**36601**
沙坡头区	124765	65435	59330	14901	4053	10848
中宁县	131306	68475	62831	13778	3770	10008
海原县	158067	82392	75675	22370	6625	15745

4-2c 续表 1

单位：人

地 区	学前教育			小 学		
	小计	男	女	小计	男	女
宁 夏	**2807**	**928**	**1879**	**739924**	**351194**	**388730**
银川市	**539**	**198**	**341**	**131400**	**63667**	**67733**
兴庆区	44	16	28	17243	8761	8482
西夏区	27	9	18	11635	5392	6243
金凤区	143	61	82	18389	9034	9355
永宁县	191	66	125	31278	14730	16548
贺兰县	78	31	47	28403	13475	14928
灵武市	56	15	41	24452	12275	12177
石嘴山市	**302**	**97**	**205**	**48799**	**22789**	**26010**
大武口区	18	7	11	7486	3503	3983
惠农区	21	10	11	8019	3635	4384
平罗县	263	80	183	33294	15651	17643
吴忠市	**438**	**140**	**298**	**180612**	**84275**	**96337**
利通区	124	41	83	31055	14561	16494
红寺堡区	14	3	11	36003	18340	17663
盐池县	34	9	25	25170	11617	13553
同心县	116	37	79	62364	27232	35132
青铜峡市	150	50	100	26020	12525	13495
固原市	**794**	**255**	**539**	**222958**	**106772**	**116186**
原州区	124	46	78	63370	30560	32810
西吉县	117	41	76	83985	40508	43477
隆德县	322	117	205	23447	10675	12772
泾源县	28	11	17	16716	8902	7814
彭阳县	203	40	163	35440	16127	19313
中卫市	**734**	**238**	**496**	**156155**	**73691**	**82464**
沙坡头区	99	26	73	35585	16772	18813
中宁县	97	38	59	51591	23742	27849
海原县	538	174	364	68979	33177	35802

4-2c 续表 2

单位：人

地 区	初 中			高 中			大学专科		
	小计	男	女	小计	男	女	小计	男	女
宁 夏	**676892**	**426205**	**250687**	**182346**	**114222**	**68124**	**99051**	**54127**	**44924**
银川市	**173849**	**105076**	**68773**	**55927**	**34104**	**21823**	**37561**	**19457**	**18104**
兴庆区	24594	14919	9675	10281	6185	4096	7072	2467	4605
西夏区	11205	6814	4391	3109	1952	1157	1414	703	711
金凤区	29471	16911	12560	13480	7225	6255	12144	5865	6279
永宁县	40062	23361	16701	8725	5017	3708	4339	2189	2150
贺兰县	40062	23616	16446	11242	6514	4728	6154	3072	3082
灵武市	28455	19455	9000	9090	7211	1879	6438	5161	1277
石嘴山市	**54196**	**34244**	**19952**	**17315**	**10359**	**6956**	**5963**	**3578**	**2385**
大武口区	7330	4637	2693	4415	2971	1444	941	532	409
惠农区	11613	7514	4099	3107	2205	902	1377	878	499
平罗县	35253	22093	13160	9793	5183	4610	3645	2168	1477
吴忠市	**169039**	**106334**	**62705**	**35284**	**22558**	**12726**	**17525**	**9883**	**7642**
利通区	49072	29200	19872	9654	5736	3918	4390	2344	2046
红寺堡区	23306	15302	8004	5073	3288	1785	2591	1413	1178
盐池县	21646	14425	7221	5998	4252	1746	3554	2274	1280
同心县	38767	25793	12974	7393	4880	2513	3646	2081	1565
青铜峡市	36248	21614	14634	7166	4402	2764	3344	1771	1573
固原市	**133968**	**88588**	**45380**	**40533**	**26126**	**14407**	**22039**	**12212**	**9827**
原州区	45777	29138	16639	13407	8186	5221	6106	3344	2762
西吉县	39982	27265	12717	11407	7500	3907	7544	4091	3453
隆德县	15151	10014	5137	5907	3815	2092	3501	1978	1523
泾源县	10747	6797	3950	2557	1592	965	1172	599	573
彭阳县	22311	15374	6937	7255	5033	2222	3716	2200	1516
中卫市	**145840**	**91963**	**53877**	**33287**	**21075**	**12212**	**15963**	**8997**	**6966**
沙坡头区	52977	32143	20834	12424	7729	4695	5067	2787	2280
中宁县	48515	30325	18190	9594	6190	3404	4689	2702	1987
海原县	44348	29495	14853	11269	7156	4113	6207	3508	2699

4-2c 续表 3

单位：人

地区	大学本科			硕士研究生			博士研究生		
	小计	男	女	小计	男	女	小计	男	女
宁夏	**58671**	**31536**	**27135**	**2625**	**1235**	**1390**	**223**	**125**	**98**
银川市	**21501**	**11705**	**9796**	**1270**	**566**	**704**	**88**	**44**	**44**
兴庆区	1509	781	728	57	26	31	6	3	3
西夏区	603	305	298	26	16	10	1	1	
金凤区	10639	5304	5335	876	370	506	60	25	35
永宁县	1580	767	813	58	25	33	11	7	4
贺兰县	3204	1516	1688	126	50	76	7	5	2
灵武市	3966	3032	934	127	79	48	3	3	
石嘴山市	**3435**	**1814**	**1621**	**136**	**57**	**79**	**16**	**9**	**7**
大武口区	358	185	173	15	10	5	3	1	2
惠农区	625	348	277	14	4	10	4	2	2
平罗县	2452	1281	1171	107	43	64	9	6	3
吴忠市	**12153**	**6527**	**5626**	**406**	**221**	**185**	**32**	**19**	**13**
利通区	3290	1666	1624	89	44	45	10	3	7
红寺堡区	1909	994	915	74	44	30	1	1	
盐池县	2064	1312	752	95	55	40	6	5	1
同心县	2975	1548	1427	92	49	43	9	6	3
青铜峡市	1915	1007	908	56	29	27	6	4	2
固原市	**10895**	**5815**	**5080**	**425**	**196**	**229**	**52**	**33**	**19**
原州区	3689	1909	1780	135	65	70	10	6	4
西吉县	2840	1539	1301	120	54	66	11	5	6
隆德县	1417	748	669	58	27	31	13	10	3
泾源县	654	344	310	24	14	10	2	1	1
彭阳县	2295	1275	1020	88	36	52	16	11	5
中卫市	**10687**	**5675**	**5012**	**388**	**195**	**193**	**35**	**20**	**15**
沙坡头区	3547	1843	1704	152	76	76	13	6	7
中宁县	2917	1643	1274	110	57	53	15	8	7
海原县	4223	2189	2034	126	62	64	7	6	1

4-3　各地区分性别、受教育程度的16-59岁人口

单位：人

地　区	16-59岁人口			未上过学		
	合计	男	女	小计	男	女
宁　夏	**4669689**	**2383365**	**2286324**	**130848**	**35292**	**95556**
银川市	**1947080**	**992223**	**954857**	**33482**	**9256**	**24226**
兴庆区	548287	274397	273890	7621	2193	5428
西夏区	324419	165087	159332	4899	1249	3650
金凤区	435321	214397	220924	5329	1598	3731
永宁县	212056	109497	102559	6230	1770	4460
贺兰县	226354	115618	110736	4300	1125	3175
灵武市	200643	113227	87416	5103	1321	3782
石嘴山市	**499961**	**259370**	**240591**	**7941**	**2435**	**5506**
大武口区	201353	102540	98813	2128	656	1472
惠农区	123006	66935	56071	1252	397	855
平罗县	175602	89895	85707	4561	1382	3179
吴忠市	**868125**	**440897**	**427228**	**34123**	**8503**	**25620**
利通区	298936	147831	151105	7681	1928	5753
红寺堡区	120551	61577	58974	12012	2978	9034
盐池县	103831	55582	48249	1790	507	1283
同心县	186207	93907	92300	7472	1632	5840
青铜峡市	158600	82000	76600	5168	1458	3710
固原市	**690398**	**349260**	**341138**	**29924**	**8394**	**21530**
原州区	292510	145073	147437	12900	3540	9360
西吉县	183776	94840	88936	5805	1544	4261
隆德县	65652	32958	32694	1927	509	1418
泾源县	49677	25260	24417	5136	1676	3460
彭阳县	98783	51129	47654	4156	1125	3031
中卫市	**664125**	**341615**	**322510**	**25378**	**6704**	**18674**
沙坡头区	260752	134578	126174	5997	1714	4283
中宁县	208511	107384	101127	6515	1774	4741
海原县	194862	99653	95209	12866	3216	9650

4-3 续表 1

单位：人

地区	学前教育			小学		
	小计	男	女	小计	男	女
宁夏	**2297**	**791**	**1506**	**856077**	**374051**	**482026**
银川市	**741**	**271**	**470**	**214828**	**97866**	**116962**
兴庆区	157	72	85	49294	23779	25515
西夏区	105	34	71	31043	13560	17483
金凤区	190	74	116	32961	15060	17901
永宁县	163	52	111	36972	16764	20208
贺兰县	66	29	37	30304	13467	16837
灵武市	60	10	50	34254	15236	19018
石嘴山市	**198**	**77**	**121**	**61637**	**26717**	**34920**
大武口区	49	19	30	20486	8826	11660
惠农区	29	12	17	13869	6215	7654
平罗县	120	46	74	27282	11676	15606
吴忠市	**346**	**117**	**229**	**206673**	**88365**	**118308**
利通区	142	53	89	43420	18195	25225
红寺堡区	32	4	28	43282	20175	23107
盐池县	28	15	13	22789	9510	13279
同心县	81	21	60	74239	30221	44018
青铜峡市	63	24	39	22943	10264	12679
固原市	**556**	**195**	**361**	**220210**	**94685**	**125525**
原州区	155	63	92	74286	32282	42004
西吉县	106	33	73	78106	34461	43645
隆德县	147	68	79	18250	6809	11441
泾源县	18	7	11	17833	8599	9234
彭阳县	130	24	106	31735	12534	19201
中卫市	**456**	**131**	**325**	**152729**	**66418**	**86311**
沙坡头区	62	24	38	32367	13625	18742
中宁县	61	25	36	44695	19275	25420
海原县	333	82	251	75667	33518	42149

4-3　续表 2　　单位：人

地　区	初　中			高　中			大学专科		
	小计	男	女	小计	男	女	小计	男	女
宁　夏	**1653743**	**931398**	**722345**	**830668**	**450645**	**380023**	**608473**	**305973**	**302500**
银川市	**607914**	**335710**	**272204**	**377646**	**201354**	**176292**	**345848**	**171069**	**174779**
兴庆区	169425	92890	76535	117776	60521	57255	103747	47285	56462
西夏区	78226	42391	35835	68313	36826	31487	65802	35646	30156
金凤区	94745	50493	44252	76863	38372	38491	92716	44116	48600
永宁县	95370	53856	41514	33262	18215	15047	24215	11635	12580
贺兰县	91743	50901	40842	43249	23113	20136	32405	15576	16829
灵武市	78405	45179	33226	38183	24307	13876	26963	16811	10152
石嘴山市	**218282**	**119560**	**98722**	**101630**	**55101**	**46529**	**59730**	**30698**	**29032**
大武口区	70283	36957	33326	46909	25190	21719	30489	15434	15055
惠农区	57159	32504	24655	27169	15399	11770	14267	7811	6456
平罗县	90840	50099	40741	27552	14512	13040	14974	7453	7521
吴忠市	**352078**	**200503**	**151575**	**131111**	**72100**	**59011**	**81024**	**40342**	**40682**
利通区	134992	72144	62848	50082	26134	23948	35238	16254	18984
红寺堡区	37146	22946	14200	13581	7737	5844	7542	4152	3390
盐池县	43696	25629	18067	16266	9767	6499	10683	5772	4911
同心县	60700	38070	22630	22163	12751	9412	11204	6022	5182
青铜峡市	75544	41714	33830	29019	15711	13308	16357	8142	8215
固原市	**206094**	**122491**	**83603**	**110736**	**61463**	**49273**	**63694**	**33297**	**30397**
原州区	92452	52155	40297	48938	26231	22707	30230	15412	14818
西吉县	48693	31379	17314	27534	15097	12437	13945	7312	6633
隆德县	20876	12040	8836	11427	6617	4810	7668	4146	3522
泾源县	13953	8288	5665	6363	3437	2926	3393	1760	1633
彭阳县	30120	18629	11491	16474	10081	6393	8458	4667	3791
中卫市	**269375**	**153134**	**116241**	**109545**	**60627**	**48918**	**58177**	**30567**	**27610**
沙坡头区	118835	64874	53961	51123	27859	23264	27588	14357	13231
中宁县	93052	51896	41156	33244	18512	14732	18257	9592	8665
海原县	57488	36364	21124	25178	14256	10922	12332	6618	5714

4-3 续表 3

单位：人

地　区	大学本科			硕士研究生			博士研究生		
	小计	男	女	小计	男	女	小计	男	女
宁　夏	**549668**	**268184**	**281484**	**34833**	**15416**	**19417**	**3082**	**1615**	**1467**
银川市	**335463**	**162808**	**172655**	**28587**	**12547**	**16040**	**2571**	**1342**	**1229**
兴庆区	91208	43720	47488	8252	3521	4731	807	416	391
西夏区	69849	32693	37156	5535	2321	3214	647	367	280
金凤区	118912	58451	60461	12620	5748	6872	985	485	500
永宁县	15447	7045	8402	366	143	223	31	17	14
贺兰县	22971	10869	12102	1241	499	742	75	39	36
灵武市	17076	10030	7046	573	315	258	26	18	8
石嘴山市	**48816**	**24024**	**24792**	**1593**	**695**	**898**	**134**	**63**	**71**
大武口区	29841	14924	14917	1085	493	592	83	41	42
惠农区	8982	4483	4499	250	101	149	29	13	16
平罗县	9993	4617	5376	258	101	157	22	9	13
吴忠市	**60915**	**30070**	**30845**	**1726**	**823**	**903**	**129**	**74**	**55**
利通区	26453	12703	13750	864	388	476	64	32	32
红寺堡区	6774	3482	3292	173	97	76	9	6	3
盐池县	8353	4266	4087	214	107	107	12	9	3
同心县	10100	5061	5039	225	115	110	23	14	9
青铜峡市	9235	4558	4677	250	116	134	21	13	8
固原市	**57386**	**27905**	**29481**	**1624**	**734**	**890**	**174**	**96**	**78**
原州区	32400	14868	17532	1040	464	576	109	58	51
西吉县	9340	4906	4434	226	99	127	21	9	12
隆德县	5219	2699	2520	122	59	63	16	11	5
泾源县	2917	1459	1458	61	33	28	3	1	2
彭阳县	7510	3973	3537	175	79	96	25	17	8
中卫市	**47088**	**23377**	**23711**	**1303**	**617**	**686**	**74**	**40**	**34**
沙坡头区	24035	11777	12258	708	330	378	37	18	19
中宁县	12379	6171	6208	285	128	157	23	11	12
海原县	10674	5429	5245	310	159	151	14	11	3

4-3a　各地区分性别、受教育程度的16-59岁人口(城市)

单位：人

地　区	16-59岁人口			未上过学		
	合计	男	女	小计	男	女
宁　夏	**2029079**	**1006021**	**1023058**	**21150**	**5363**	**15787**
银川市	**1140643**	**566444**	**574199**	**9400**	**2441**	**6959**
兴庆区	408247	202577	205670	3465	1096	2369
西夏区	290249	147536	142713	2881	689	2192
金凤区	349657	170332	179325	1838	397	1441
永宁县						
贺兰县	2996	1630	1366	20	8	12
灵武市	89494	44369	45125	1196	251	945
石嘴山市	**247579**	**127389**	**120190**	**1908**	**668**	**1240**
大武口区	162961	81882	81079	1189	454	735
惠农区	84618	45507	39111	719	214	505
平罗县						
吴忠市	**322602**	**156689**	**165913**	**5027**	**1146**	**3881**
利通区	198612	95105	103507	2354	537	1817
红寺堡区	44570	21611	22959	2037	422	1615
盐池县						
同心县						
青铜峡市	79420	39973	39447	636	187	449
固原市	**160852**	**76045**	**84807**	**4160**	**925**	**3235**
原州区	160852	76045	84807	4160	925	3235
西吉县						
隆德县						
泾源县						
彭阳县						
中卫市	**157403**	**79454**	**77949**	**655**	**183**	**472**
沙坡头区	157403	79454	77949	655	183	472
中宁县						
海原县						

4-3a 续表 1

单位：人

地　　区	学前教育			小　　学		
	小计	男	女	小计	男	女
宁　夏	**518**	**201**	**317**	**160026**	**68269**	**91757**
银川市	**257**	**102**	**155**	**75511**	**33615**	**41896**
兴庆区	103	51	52	29164	14088	15076
西夏区	60	17	43	19326	8333	10993
金凤区	81	32	49	16760	7124	9636
永宁县						
贺兰县				382	189	193
灵武市	13	2	11	9879	3881	5998
石嘴山市	**54**	**21**	**33**	**17998**	**7998**	**10000**
大武口区	32	14	18	10799	4723	6076
惠农区	22	7	15	7199	3275	3924
平罗县						
吴忠市	**113**	**36**	**77**	**35518**	**14318**	**21200**
利通区	78	27	51	19464	7642	11822
红寺堡区	21	4	17	11509	4726	6783
盐池县						
同心县						
青铜峡市	14	5	9	4545	1950	2595
固原市	**71**	**29**	**42**	**21880**	**8683**	**13197**
原州区	71	29	42	21880	8683	13197
西吉县						
隆德县						
泾源县						
彭阳县						
中卫市	**23**	**13**	**10**	**9119**	**3655**	**5464**
沙坡头区	23	13	10	9119	3655	5464
中宁县						
海原县						

4-3a　续表 2　　　　单位：人

地　区	初　中			高　中			大学专科		
	小计	男	女	小计	男	女	小计	男	女
宁　夏	**625415**	**326912**	**298503**	**443242**	**228487**	**214755**	**369259**	**181724**	**187535**
银川市	**284144**	**150313**	**133831**	**238665**	**122512**	**116153**	**238903**	**117223**	**121680**
兴庆区	117023	63284	53739	88935	44707	44228	81381	37567	43814
西夏区	64716	34476	30240	64313	34430	29883	63831	34661	29170
金凤区	65656	33985	31671	63974	31493	32481	80499	38327	42172
永宁县									
贺兰县	1337	783	554	568	332	236	426	204	222
灵武市	35412	17785	17627	20875	11550	9325	12766	6464	6302
石嘴山市	**95898**	**50730**	**45168**	**61376**	**32536**	**28840**	**39107**	**20214**	**18893**
大武口区	58618	29873	28745	40464	21018	19446	28101	14265	13836
惠农区	37280	20857	16423	20912	11518	9394	11006	5949	5057
平罗县									
吴忠市	**133583**	**69005**	**64578**	**68398**	**34780**	**33618**	**45426**	**20996**	**24430**
利通区	83020	41982	41038	40203	20333	19870	30029	13465	16564
红寺堡区	14311	8005	6306	8141	4159	3982	4012	2059	1953
盐池县									
同心县									
青铜峡市	36252	19018	17234	20054	10288	9766	11385	5472	5913
固原市	**45648**	**22829**	**22819**	**35993**	**18382**	**17611**	**23778**	**11967**	**11811**
原州区	45648	22829	22819	35993	18382	17611	23778	11967	11811
西吉县									
隆德县									
泾源县									
彭阳县									
中卫市	**66142**	**34035**	**32107**	**38810**	**20277**	**18533**	**22045**	**11324**	**10721**
沙坡头区	66142	34035	32107	38810	20277	18533	22045	11324	10721
中宁县									
海原县									

4-3a 续表 3

单位：人

地　区	大学本科			硕士研究生			博士研究生		
	小计	男	女	小计	男	女	小计	男	女
宁　夏	**377929**	**180961**	**196968**	**28904**	**12725**	**16179**	**2636**	**1379**	**1257**
银川市	**266168**	**127917**	**138251**	**25248**	**11093**	**14155**	**2347**	**1228**	**1119**
兴庆区	79676	38093	41583	7735	3297	4438	765	394	371
西夏区	68984	32268	36716	5492	2296	3196	646	366	280
金凤区	108185	53136	55049	11738	5377	6361	926	461	465
永宁县									
贺兰县	251	107	144	12	7	5			
灵武市	9072	4313	4759	271	116	155	10	7	3
石嘴山市	**29915**	**14622**	**15293**	**1223**	**551**	**672**	**100**	**49**	**51**
大武口区	22673	11033	11640	1009	463	546	76	39	37
惠农区	7242	3589	3653	214	88	126	24	10	14
平罗县									
吴忠市	**33452**	**15914**	**17538**	**1013**	**454**	**559**	**72**	**40**	**32**
利通区	22650	10751	11899	763	340	423	51	28	23
红寺堡区	4440	2185	2255	92	47	45	7	4	3
盐池县									
同心县									
青铜峡市	6362	2978	3384	158	67	91	14	8	6
固原市	**28332**	**12784**	**15548**	**895**	**394**	**501**	**95**	**52**	**43**
原州区	28332	12784	15548	895	394	501	95	52	43
西吉县									
隆德县									
泾源县									
彭阳县									
中卫市	**20062**	**9724**	**10338**	**525**	**233**	**292**	**22**	**10**	**12**
沙坡头区	20062	9724	10338	525	233	292	22	10	12
中宁县									
海原县									

4-3b　各地区分性别、受教育程度的16-59岁人口(镇)

单位：人

地　区	16-59岁人口			未上过学		
	合计	男	女	小计	男	女
宁　夏	**1106494**	**560278**	**546216**	**22300**	**5676**	**16624**
银川市	**435095**	**224705**	**210390**	**7278**	**1900**	**5378**
兴庆区	84591	42790	41801	1041	235	806
西夏区	8596	4338	4258	374	121	253
金凤区	7365	3787	3578	542	190	352
永宁县	140949	72249	68700	2704	680	2024
贺兰县	148267	74732	73535	1567	412	1155
灵武市	45327	26809	18518	1050	262	788
石嘴山市	**147812**	**74835**	**72977**	**1372**	**377**	**995**
大武口区	20509	10658	9851	436	98	338
惠农区	18791	9737	9054	191	58	133
平罗县	108512	54440	54072	745	221	524
吴忠市	**177431**	**90098**	**87333**	**4974**	**1182**	**3792**
利通区	13571	7306	6265	643	200	443
红寺堡区	5329	3389	1940	128	25	103
盐池县	57409	28577	28832	688	161	527
同心县	84189	41552	42637	2583	509	2074
青铜峡市	16933	9274	7659	932	287	645
固原市	**156203**	**75679**	**80524**	**4252**	**1077**	**3175**
原州区	12368	6415	5953	641	186	455
西吉县	59518	28248	31270	1423	322	1101
隆德县	26159	12435	13724	167	43	124
泾源县	18751	9169	9582	949	313	636
彭阳县	39407	19412	19995	1072	213	859
中卫市	**189953**	**94961**	**94992**	**4424**	**1140**	**3284**
沙坡头区	11236	6097	5139	277	76	201
中宁县	108497	54803	53694	910	257	653
海原县	70220	34061	36159	3237	807	2430

4-3b 续表 1 单位：人

地区	学前教育			小学		
	小计	男	女	小计	男	女
宁夏	**511**	**207**	**304**	**174701**	**72100**	**102601**
银川市	**203**	**79**	**124**	**51024**	**22731**	**28293**
兴庆区	22	8	14	7591	3440	4151
西夏区	28	14	14	2808	1283	1525
金凤区	13	5	8	2197	1082	1115
永宁县	75	25	50	19114	8532	10582
贺兰县	38	20	18	12514	5450	7064
灵武市	27	7	20	6800	2944	3856
石嘴山市	**63**	**33**	**30**	**15889**	**6622**	**9267**
大武口区	5	2	3	4211	1738	2473
惠农区				2471	1056	1415
平罗县	58	31	27	9207	3828	5379
吴忠市	**54**	**23**	**31**	**40811**	**16382**	**24429**
利通区	4	3	1	2644	1179	1465
红寺堡区	2		2	1166	528	638
盐池县	20	13	7	8562	3373	5189
同心县	22	6	16	25164	9767	15397
青铜峡市	6	1	5	3275	1535	1740
固原市	**124**	**55**	**69**	**35240**	**13427**	**21813**
原州区	14	8	6	4639	1984	2655
西吉县	35	11	24	14699	5587	9112
隆德县	46	28	18	3849	1197	2652
泾源县	5	3	2	4626	2054	2572
彭阳县	24	5	19	7427	2605	4822
中卫市	**67**	**17**	**50**	**31737**	**12938**	**18799**
沙坡头区	8	2	6	2406	968	1438
中宁县	13	5	8	8172	3303	4869
海原县	46	10	36	21159	8667	12492

4−3b　续表 2　　　　单位：人

地　区	初　中			高　中			大学专科		
	小计	男	女	小计	男	女	小计	男	女
宁　夏	**422202**	**229414**	**192788**	**225780**	**122032**	**103748**	**143645**	**72946**	**70699**
银川市	**166638**	**91761**	**74877**	**89068**	**48651**	**40417**	**70621**	**35235**	**35386**
兴庆区	29837	16088	13749	19871	10464	9407	15686	7474	8212
西夏区	3308	1802	1506	1169	651	518	618	327	291
金凤区	2942	1642	1300	950	528	422	478	219	259
永宁县	59278	33203	26075	25545	13845	11700	20012	9537	10475
贺兰县	54655	29476	25179	32780	17199	15581	25991	12425	13566
灵武市	16618	9550	7068	8753	5964	2789	7836	5253	2583
石嘴山市	**74644**	**39497**	**35147**	**25283**	**13559**	**11724**	**14823**	**7050**	**7773**
大武口区	4971	2903	2068	2544	1537	1007	1467	653	814
惠农区	9584	5129	4455	3494	1928	1566	1911	1009	902
平罗县	60089	31465	28624	19245	10094	9151	11445	5388	6057
吴忠市	**65798**	**37040**	**28758**	**31359**	**17596**	**13763**	**18661**	**9969**	**8692**
利通区	7291	4134	3157	1460	902	558	959	559	400
红寺堡区	1721	1154	567	838	607	231	1017	745	272
盐池县	23768	12565	11203	10738	5879	4859	7204	3563	3641
同心县	25738	15012	10726	15625	8524	7101	7754	4119	3635
青铜峡市	7280	4175	3105	2698	1684	1014	1727	983	744
固原市	**40630**	**21479**	**19151**	**38512**	**20082**	**18430**	**18737**	**9895**	**8842**
原州区	4950	3038	1912	1113	686	427	565	285	280
西吉县	12777	6934	5843	17181	8402	8779	6689	3484	3205
隆德县	7675	3532	4143	6205	3313	2892	4324	2316	2008
泾源县	4549	2411	2138	4033	2032	2001	2277	1212	1065
彭阳县	10679	5564	5115	9980	5649	4331	4882	2598	2284
中卫市	**74492**	**39637**	**34855**	**41558**	**22144**	**19414**	**20803**	**10797**	**10006**
沙坡头区	5805	3323	2482	1526	1020	506	706	431	275
中宁县	51099	26344	24755	24877	13214	11663	13748	7048	6700
海原县	17588	9970	7618	15155	7910	7245	6349	3318	3031

4-3b 续表 3

单位：人

地区	大学本科			硕士研究生			博士研究生		
	小计	男	女	小计	男	女	小计	男	女
宁 夏	**113814**	**56323**	**57491**	**3315**	**1466**	**1849**	**226**	**114**	**112**
银川市	**48051**	**23384**	**24667**	**2074**	**892**	**1182**	**138**	**72**	**66**
兴庆区	10047	4864	5183	460	198	262	36	19	17
西夏区	274	131	143	17	9	8			
金凤区	235	118	117	8	3	5			
永宁县	13892	6298	7594	308	118	190	21	11	10
贺兰县	19549	9273	10276	1105	443	662	68	34	34
灵武市	4054	2700	1354	176	121	55	13	8	5
石嘴山市	**15485**	**7604**	**7881**	**235**	**88**	**147**	**18**	**5**	**13**
大武口区	6810	3706	3104	61	20	41	4	1	3
惠农区	1117	547	570	22	9	13	1	1	
平罗县	7558	3351	4207	152	59	93	13	3	10
吴忠市	**15439**	**7740**	**7699**	**310**	**151**	**159**	**25**	**15**	**10**
利通区	552	321	231	15	7	8	3	1	2
红寺堡区	449	323	126	7	6	1	1	1	
盐池县	6304	2967	3337	119	52	67	6	4	2
同心县	7156	3541	3615	133	66	67	14	8	6
青铜峡市	978	588	390	36	20	16	1	1	
固原市	**18374**	**9506**	**8868**	**306**	**146**	**160**	**28**	**12**	**16**
原州区	432	223	209	10	5	5	4		4
西吉县	6597	3458	3139	107	46	61	10	4	6
隆德县	3825	1972	1853	64	32	32	4	2	2
泾源县	2273	1124	1149	38	20	18	1		1
彭阳县	5247	2729	2518	87	43	44	9	6	3
中卫市	**16465**	**8089**	**8376**	**390**	**189**	**201**	**17**	**10**	**7**
沙坡头区	475	254	221	31	21	10	2	2	
中宁县	9495	4558	4937	175	71	104	8	3	5
海原县	6495	3277	3218	184	97	87	7	5	2

4–3c　各地区分性别、受教育程度的16–59岁人口(乡村)

单位：人

地　区	16–59岁人口			未上过学		
	合计	男	女	小计	男	女
宁　夏	**1534116**	**817066**	**717050**	**87398**	**24253**	**63145**
银川市	**371342**	**201074**	**170268**	**16804**	**4915**	**11889**
兴庆区	55449	29030	26419	3115	862	2253
西夏区	25574	13213	12361	1644	439	1205
金凤区	78299	40278	38021	2949	1011	1938
永宁县	71107	37248	33859	3526	1090	2436
贺兰县	75091	39256	35835	2713	705	2008
灵武市	65822	42049	23773	2857	808	2049
石嘴山市	**104570**	**57146**	**47424**	**4661**	**1390**	**3271**
大武口区	17883	10000	7883	503	104	399
惠农区	19597	11691	7906	342	125	217
平罗县	67090	35455	31635	3816	1161	2655
吴忠市	**368092**	**194110**	**173982**	**24122**	**6175**	**17947**
利通区	86753	45420	41333	4684	1191	3493
红寺堡区	70652	36577	34075	9847	2531	7316
盐池县	46422	27005	19417	1102	346	756
同心县	102018	52355	49663	4889	1123	3766
青铜峡市	62247	32753	29494	3600	984	2616
固原市	**373343**	**197536**	**175807**	**21512**	**6392**	**15120**
原州区	119290	62613	56677	8099	2429	5670
西吉县	124258	66592	57666	4382	1222	3160
隆德县	39493	20523	18970	1760	466	1294
泾源县	30926	16091	14835	4187	1363	2824
彭阳县	59376	31717	27659	3084	912	2172
中卫市	**316769**	**167200**	**149569**	**20299**	**5381**	**14918**
沙坡头区	92113	49027	43086	5065	1455	3610
中宁县	100014	52581	47433	5605	1517	4088
海原县	124642	65592	59050	9629	2409	7220

4-3c 续表 1

单位：人

地 区	学前教育			小 学		
	小计	男	女	小计	男	女
宁 夏	**1268**	**383**	**885**	**521350**	**233682**	**287668**
银川市	**281**	**90**	**191**	**88293**	**41520**	**46773**
兴庆区	32	13	19	12539	6251	6288
西夏区	17	3	14	8909	3944	4965
金凤区	96	37	59	14004	6854	7150
永宁县	88	27	61	17858	8232	9626
贺兰县	28	9	19	17408	7828	9580
灵武市	20	1	19	17575	8411	9164
石嘴山市	**81**	**23**	**58**	**27750**	**12097**	**15653**
大武口区	12	3	9	5476	2365	3111
惠农区	7	5	2	4199	1884	2315
平罗县	62	15	47	18075	7848	10227
吴忠市	**179**	**58**	**121**	**130344**	**57665**	**72679**
利通区	60	23	37	21312	9374	11938
红寺堡区	9		9	30607	14921	15686
盐池县	8	2	6	14227	6137	8090
同心县	59	15	44	49075	20454	28621
青铜峡市	43	18	25	15123	6779	8344
固原市	**361**	**111**	**250**	**163090**	**72575**	**90515**
原州区	70	26	44	47767	21615	26152
西吉县	71	22	49	63407	28874	34533
隆德县	101	40	61	14401	5612	8789
泾源县	13	4	9	13207	6545	6662
彭阳县	106	19	87	24308	9929	14379
中卫市	**366**	**101**	**265**	**111873**	**49825**	**62048**
沙坡头区	31	9	22	20842	9002	11840
中宁县	48	20	28	36523	15972	20551
海原县	287	72	215	54508	24851	29657

4–3c　续表 2

单位：人

地　区	初　中			高　中			大学专科		
	小计	男	女	小计	男	女	小计	男	女
宁　夏	**606126**	**375072**	**231054**	**161646**	**100126**	**61520**	**95569**	**51303**	**44266**
银川市	**157132**	**93636**	**63496**	**49913**	**30191**	**19722**	**36324**	**18611**	**17713**
兴庆区	22565	13518	9047	8970	5350	3620	6680	2244	4436
西夏区	10202	6113	4089	2831	1745	1086	1353	658	695
金凤区	26147	14866	11281	11939	6351	5588	11739	5570	6169
永宁县	36092	20653	15439	7717	4370	3347	4203	2098	2105
贺兰县	35751	20642	15109	9901	5582	4319	5988	2947	3041
灵武市	26375	17844	8531	8555	6793	1762	6361	5094	1267
石嘴山市	**47740**	**29333**	**18407**	**14971**	**9006**	**5965**	**5800**	**3434**	**2366**
大武口区	6694	4181	2513	3901	2635	1266	921	516	405
惠农区	10295	6518	3777	2763	1953	810	1350	853	497
平罗县	30751	18634	12117	8307	4418	3889	3529	2065	1464
吴忠市	**152697**	**94458**	**58239**	**31354**	**19724**	**11630**	**16937**	**9377**	**7560**
利通区	44681	26028	18653	8419	4899	3520	4250	2230	2020
红寺堡区	21114	13787	7327	4602	2971	1631	2513	1348	1165
盐池县	19928	13064	6864	5528	3888	1640	3479	2209	1270
同心县	34962	23058	11904	6538	4227	2311	3450	1903	1547
青铜峡市	32012	18521	13491	6267	3739	2528	3245	1687	1558
固原市	**119816**	**78183**	**41633**	**36231**	**22999**	**13232**	**21179**	**11435**	**9744**
原州区	41854	26288	15566	11832	7163	4669	5887	3160	2727
西吉县	35916	24445	11471	10353	6695	3658	7256	3828	3428
隆德县	13201	8508	4693	5222	3304	1918	3344	1830	1514
泾源县	9404	5877	3527	2330	1405	925	1116	548	568
彭阳县	19441	13065	6376	6494	4432	2062	3576	2069	1507
中卫市	**128741**	**79462**	**49279**	**29177**	**18206**	**10971**	**15329**	**8446**	**6883**
沙坡头区	46888	27516	19372	10787	6562	4225	4837	2602	2235
中宁县	41953	25552	16401	8367	5298	3069	4509	2544	1965
海原县	39900	26394	13506	10023	6346	3677	5983	3300	2683

4-3c 续表 3

单位：人

地区	大学本科			硕士研究生			博士研究生		
	小计	男	女	小计	男	女	小计	男	女
宁夏	**57925**	**30900**	**27025**	**2614**	**1225**	**1389**	**220**	**122**	**98**
银川市	**21244**	**11507**	**9737**	**1265**	**562**	**703**	**86**	**42**	**44**
兴庆区	1485	763	722	57	26	31	6	3	3
西夏区	591	294	297	26	16	10	1	1	
金凤区	10492	5197	5295	874	368	506	59	24	35
永宁县	1555	747	808	58	25	33	10	6	4
贺兰县	3171	1489	1682	124	49	75	7	5	2
灵武市	3950	3017	933	126	78	48	3	3	
石嘴山市	**3416**	**1798**	**1618**	**135**	**56**	**79**	**16**	**9**	**7**
大武口区	358	185	173	15	10	5	3	1	2
惠农区	623	347	276	14	4	10	4	2	2
平罗县	2435	1266	1169	106	42	64	9	6	3
吴忠市	**12024**	**6416**	**5608**	**403**	**218**	**185**	**32**	**19**	**13**
利通区	3251	1631	1620	86	41	45	10	3	7
红寺堡区	1885	974	911	74	44	30	1	1	
盐池县	2049	1299	750	95	55	40	6	5	1
同心县	2944	1520	1424	92	49	43	9	6	3
青铜峡市	1895	992	903	56	29	27	6	4	2
固原市	**10680**	**5615**	**5065**	**423**	**194**	**229**	**51**	**32**	**19**
原州区	3636	1861	1775	135	65	70	10	6	4
西吉县	2743	1448	1295	119	53	66	11	5	6
隆德县	1394	727	667	58	27	31	12	9	3
泾源县	644	335	309	23	13	10	2	1	1
彭阳县	2263	1244	1019	88	36	52	16	11	5
中卫市	**10561**	**5564**	**4997**	**388**	**195**	**193**	**35**	**20**	**15**
沙坡头区	3498	1799	1699	152	76	76	13	6	7
中宁县	2884	1613	1271	110	57	53	15	8	7
海原县	4179	2152	2027	126	62	64	7	6	1

4-4　各地区分性别、受教育程度的25岁及以上人口

单位：人

地　　区	25岁及以上人口			未上过学		
	合计	男	女	小计	男	女
宁　夏	**4857046**	**2457608**	**2399438**	**346643**	**94095**	**252548**
银川市	**1972305**	**995115**	**977190**	**90310**	**23803**	**66507**
兴庆区	573868	284845	289023	19367	4832	14535
西夏区	266249	135005	131244	11261	2748	8513
金凤区	462855	227152	235703	13955	3742	10213
永宁县	219001	112004	106997	14942	4218	10724
贺兰县	244562	123247	121315	14627	3842	10785
灵武市	205770	112862	92908	16158	4421	11737
石嘴山市	**556982**	**283320**	**273662**	**26692**	**7022**	**19670**
大武口区	218688	108579	110109	7795	1908	5887
惠农区	138849	73317	65532	4901	1212	3689
平罗县	199445	101424	98021	13996	3902	10094
吴忠市	**902855**	**454751**	**448104**	**82793**	**21668**	**61125**
利通区	310599	152978	157621	24613	6298	18315
红寺堡区	116804	59538	57266	19894	5503	14391
盐池县	115724	60605	55119	6279	1637	4642
同心县	181934	91481	90453	14514	3397	11117
青铜峡市	177794	90149	87645	17493	4833	12660
固原市	**723109**	**366909**	**356200**	**81144**	**23775**	**57369**
原州区	295719	147365	148354	31289	8601	22688
西吉县	188148	96997	91151	19015	5773	13242
隆德县	76673	38806	37867	6532	1810	4722
泾源县	53424	27497	25927	12427	4466	7961
彭阳县	109145	56244	52901	11881	3125	8756
中卫市	**701795**	**357513**	**344282**	**65704**	**17827**	**47877**
沙坡头区	283461	144471	138990	20163	5168	14995
中宁县	224495	114209	110286	17513	4522	12991
海原县	193839	98833	95006	28028	8137	19891

4-4 续表 1 单位：人

地 区	学前教育			小 学		
	小计	男	女	小计	男	女
宁 夏	**3975**	**1286**	**2689**	**1240010**	**557633**	**682377**
银川市	**1048**	**368**	**680**	**333956**	**149634**	**184322**
兴庆区	196	64	132	79229	35719	43510
西夏区	107	39	68	47926	20588	27338
金凤区	238	96	142	51876	22560	29316
永宁县	276	84	192	57646	26367	31279
贺兰县	122	53	69	49083	22298	26785
灵武市	109	32	77	48196	22102	26094
石嘴山市	**502**	**154**	**348**	**119185**	**51335**	**67850**
大武口区	100	29	71	39566	16471	23095
惠农区	83	26	57	27656	11763	15893
平罗县	319	99	220	51963	23101	28862
吴忠市	**577**	**170**	**407**	**281567**	**125669**	**155898**
利通区	177	54	123	64936	28268	36668
红寺堡区	45	8	37	49204	24039	25165
盐池县	53	19	34	37904	16754	21150
同心县	117	34	83	90059	38384	51675
青铜峡市	185	55	130	39464	18224	21240
固原市	**1061**	**343**	**718**	**292633**	**134575**	**158058**
原州区	206	68	138	97013	44410	52603
西吉县	137	37	100	99222	46384	52838
隆德县	433	179	254	29920	12901	17019
泾源县	35	14	21	21615	11192	10423
彭阳县	250	45	205	44863	19688	25175
中卫市	**787**	**251**	**536**	**212669**	**96420**	**116249**
沙坡头区	130	42	88	57699	25472	32227
中宁县	99	38	61	65083	28894	36189
海原县	558	171	387	89887	42054	47833

4-4 续表 2

单位：人

地 区	初 中			高 中			大学专科		
	小计	男	女	小计	男	女	小计	男	女
宁 夏	**1672466**	**948038**	**724428**	**643381**	**361351**	**282030**	**495721**	**262254**	**233467**
银川市	**646496**	**354100**	**292396**	**323337**	**172397**	**150940**	**287318**	**147524**	**139794**
兴庆区	187321	100759	86562	108348	54658	53690	91650	45054	46596
西夏区	87258	47027	40231	50125	27488	22637	38717	21137	17580
金凤区	107816	56460	51356	74067	36716	37351	89493	44270	45223
永宁县	93790	53001	40789	24947	14396	10551	17896	9183	8713
贺兰县	93946	52212	41734	36757	20031	16726	28341	14209	14132
灵武市	76365	44641	31724	29093	19108	9985	21221	13671	7550
石嘴山市	**237971**	**131697**	**106274**	**84701**	**47274**	**37427**	**51276**	**27403**	**23873**
大武口区	81724	43322	38402	40682	21682	19000	27310	14332	12978
惠农区	63129	36151	26978	24113	13837	10276	11761	6604	5157
平罗县	93118	52224	40894	19906	11755	8151	12205	6467	5738
吴忠市	**335524**	**193731**	**141793**	**90396**	**53726**	**36670**	**62024**	**34027**	**27997**
利通区	133973	72078	61895	38480	21203	17277	25621	13614	12007
红寺堡区	30068	19258	10810	7000	4709	2291	5336	3181	2155
盐池县	43679	25891	17788	12193	7705	4488	8719	4964	3755
同心县	49957	33081	16876	10898	7488	3410	8557	4989	3568
青铜峡市	77847	43423	34424	21825	12621	9204	13791	7279	6512
固原市	**188123**	**115272**	**72851**	**68214**	**42290**	**25924**	**49340**	**27889**	**21451**
原州区	85309	49152	36157	33323	19227	14096	25499	13861	11638
西吉县	40861	27318	13543	12454	8160	4294	9223	5317	3906
隆德县	21339	12861	8478	8405	5299	3106	5945	3534	2411
泾源县	11057	6895	4162	3486	2263	1223	2489	1442	1047
彭阳县	29557	19046	10511	10546	7341	3205	6184	3735	2449
中卫市	**264352**	**153238**	**111114**	**76733**	**45664**	**31069**	**45763**	**25411**	**20352**
沙坡头区	123624	68678	54946	40900	23283	17617	22826	12418	10408
中宁县	93290	53244	40046	23796	14248	9548	14822	8184	6638
海原县	47438	31316	16122	12037	8133	3904	8115	4809	3306

4-4 续表 3

单位：人

地　区	大学本科			硕士研究生			博士研究生		
	小计	男	女	小计	男	女	小计	男	女
宁　夏	**421790**	**217451**	**204339**	**30077**	**13912**	**16165**	**2983**	**1588**	**1395**
银川市	**262163**	**134400**	**127763**	**25139**	**11549**	**13590**	**2538**	**1340**	**1198**
兴庆区	79651	40025	39626	7320	3326	3994	786	408	378
西夏区	26683	14011	12672	3542	1603	1939	630	364	266
金凤区	112116	57087	55029	12300	5727	6573	994	494	500
永宁县	9155	4612	4543	322	128	194	27	15	12
贺兰县	20450	10079	10371	1159	481	678	77	42	35
灵武市	14108	8586	5522	496	284	212	24	17	7
石嘴山市	**35190**	**17770**	**17420**	**1341**	**603**	**738**	**124**	**62**	**62**
大武口区	20486	10355	10131	944	438	506	81	42	39
惠农区	6984	3630	3354	195	82	113	27	12	15
平罗县	7720	3785	3935	202	83	119	16	8	8
吴忠市	**48473**	**25005**	**23468**	**1384**	**684**	**700**	**117**	**71**	**46**
利通区	21974	11073	10901	767	359	408	58	31	27
红寺堡区	5125	2757	2368	123	77	46	9	6	3
盐池县	6736	3551	3185	152	76	76	9	8	1
同心县	7664	4019	3645	148	76	72	20	13	7
青铜峡市	6974	3605	3369	194	96	98	21	13	8
固原市	**41229**	**22098**	**19131**	**1218**	**583**	**635**	**147**	**84**	**63**
原州区	22132	11590	10542	849	402	447	99	54	45
西吉县	7082	3933	3149	139	68	71	15	7	8
隆德县	4001	2173	1828	83	38	45	15	11	4
泾源县	2273	1199	1074	40	25	15	2	1	1
彭阳县	5741	3203	2538	107	50	57	16	11	5
中卫市	**34735**	**18178**	**16557**	**995**	**493**	**502**	**57**	**31**	**26**
沙坡头区	17520	9123	8397	569	272	297	30	15	15
中宁县	9684	4981	4703	191	90	101	17	8	9
海原县	7531	4074	3457	235	131	104	10	8	2

4-4a 各地区分性别、受教育程度的25岁及以上人口(城市)

单位：人

地区	25岁及以上人口			未上过学		
	合计	男	女	小计	男	女
宁夏	**2041757**	**1006007**	**1035750**	**68473**	**15245**	**53228**
银川市	**1131310**	**557218**	**574092**	**29527**	**6462**	**23065**
兴庆区	435158	213792	221366	10580	2437	8143
西夏区	230397	116552	113845	7496	1609	5887
金凤区	374719	182007	192712	7117	1446	5671
永宁县						
贺兰县	3019	1590	1429	60	19	41
灵武市	88017	43277	44740	4274	951	3323
石嘴山市	**280468**	**140906**	**139562**	**8103**	**1934**	**6169**
大武口区	187966	92445	95521	5442	1320	4122
惠农区	92502	48461	44041	2661	614	2047
平罗县						
吴忠市	**317922**	**154815**	**163107**	**16120**	**3694**	**12426**
利通区	197889	95319	102570	9175	2044	7131
红寺堡区	40317	19739	20578	3446	811	2635
盐池县						
同心县						
青铜峡市	79716	39757	39959	3499	839	2660
固原市	**153292**	**73552**	**79740**	**10435**	**2253**	**8182**
原州区	153292	73552	79740	10435	2253	8182
西吉县						
隆德县						
泾源县						
彭阳县						
中卫市	**158765**	**79516**	**79249**	**4288**	**902**	**3386**
沙坡头区	158765	79516	79249	4288	902	3386
中宁县						
海原县						

4-4a 续表 1 单位：人

地 区	学前教育			小 学		
	小计	男	女	小计	男	女
宁 夏	**694**	**211**	**483**	**272741**	**111726**	**161015**
银川市	**305**	**98**	**207**	**130344**	**54296**	**76048**
兴庆区	157	53	104	50780	22132	28648
西夏区	47	11	36	33198	13745	19453
金凤区	90	33	57	31188	12368	18820
永宁县						
贺兰县				552	266	286
灵武市	11	1	10	14626	5785	8841
石嘴山市	**145**	**39**	**106**	**40931**	**16544**	**24387**
大武口区	84	23	61	26930	10685	16245
惠农区	61	16	45	14001	5859	8142
平罗县						
吴忠市	**134**	**36**	**98**	**53037**	**21624**	**31413**
利通区	69	20	49	30665	12248	18417
红寺堡区	32	6	26	13517	5789	7728
盐池县						
同心县						
青铜峡市	33	10	23	8855	3587	5268
固原市	**74**	**22**	**52**	**29480**	**11879**	**17601**
原州区	74	22	52	29480	11879	17601
西吉县						
隆德县						
泾源县						
彭阳县						
中卫市	**36**	**16**	**20**	**18949**	**7383**	**11566**
沙坡头区	36	16	20	18949	7383	11566
中宁县						
海原县						

4-4a 续表 2

单位：人

地 区	初 中			高 中			大学专科		
	小计	男	女	小计	男	女	小计	男	女
宁 夏	**688183**	**358886**	**329297**	**372977**	**195130**	**177847**	**315186**	**161636**	**153550**
银川市	**325287**	**169665**	**155622**	**211564**	**107989**	**103575**	**203361**	**102450**	**100911**
兴庆区	134016	70743	63273	86163	42913	43250	75810	36942	38868
西夏区	74948	39592	35356	46977	25485	21492	37436	20440	16996
金凤区	79695	40410	39285	62873	30668	32205	79065	39149	39916
永宁县									
贺兰县	1324	744	580	500	280	220	344	171	173
灵武市	35304	18176	17128	15051	8643	6408	10706	5748	4958
石嘴山市	**112078**	**59672**	**52406**	**56567**	**30208**	**26359**	**35713**	**18906**	**16807**
大武口区	70436	36337	34099	37886	19832	18054	26264	13717	12547
惠农区	41642	23335	18307	18681	10376	8305	9449	5189	4260
平罗县									
吴忠市	**135302**	**70122**	**65180**	**48475**	**26230**	**22245**	**35489**	**18535**	**16954**
利通区	84727	42989	41738	30897	16383	14514	22171	11624	10547
红寺堡区	12712	7264	5448	3466	2104	1362	3265	1788	1477
盐池县									
同心县									
青铜峡市	37863	19869	17994	14112	7743	6369	10053	5123	4930
固原市	**45632**	**23204**	**22428**	**25663**	**14054**	**11609**	**21469**	**11492**	**9977**
原州区	45632	23204	22428	25663	14054	11609	21469	11492	9977
西吉县									
隆德县									
泾源县									
彭阳县									
中卫市	**69884**	**36223**	**33661**	**30708**	**16649**	**14059**	**19154**	**10253**	**8901**
沙坡头区	69884	36223	33661	30708	16649	14059	19154	10253	8901
中宁县									
海原县									

4-4a 续表 3

单位：人

地 区	大学本科			硕士研究生			博士研究生		
	小计	男	女	小计	男	女	小计	男	女
宁 夏	**295606**	**150116**	**145490**	**25302**	**11682**	**13620**	**2595**	**1375**	**1220**
银川市	**206486**	**104830**	**101656**	**22117**	**10202**	**11915**	**2319**	**1226**	**1093**
兴庆区	70012	35046	34966	6894	3139	3755	746	387	359
西夏区	26154	13724	12430	3512	1583	1929	629	363	266
金凤区	102303	52096	50207	11454	5368	6086	934	469	465
永宁县									
贺兰县	227	103	124	12	7	5			
灵武市	7790	3861	3929	245	105	140	10	7	3
石嘴山市	**25789**	**13071**	**12718**	**1046**	**483**	**563**	**96**	**49**	**47**
大武口区	19974	10079	9895	876	412	464	74	40	34
惠农区	5815	2992	2823	170	71	99	22	9	13
平罗县									
吴忠市	**28392**	**14107**	**14285**	**905**	**428**	**477**	**68**	**39**	**29**
利通区	19446	9663	9783	692	321	371	47	27	20
红寺堡区	3797	1930	1867	75	43	32	7	4	3
盐池县									
同心县									
青铜峡市	5149	2514	2635	138	64	74	14	8	6
固原市	**19679**	**10243**	**9436**	**768**	**354**	**414**	**92**	**51**	**41**
原州区	19679	10243	9436	768	354	414	92	51	41
西吉县									
隆德县									
泾源县									
彭阳县									
中卫市	**15260**	**7865**	**7395**	**466**	**215**	**251**	**20**	**10**	**10**
沙坡头区	15260	7865	7395	466	215	251	20	10	10
中宁县									
海原县									

4−4b　各地区分性别、受教育程度的25岁及以上人口(镇)

单位：人

地　区	25岁及以上人口			未上过学		
	合计	男	女	小计	男	女
宁　夏	**1105145**	**555270**	**549875**	**58727**	**14723**	**44004**
银川市	**439281**	**223924**	**215357**	**19411**	**4914**	**14497**
兴庆区	86801	42985	43816	2548	550	1998
西夏区	8356	4299	4057	703	229	474
金凤区	7542	3893	3649	983	345	638
永宁县	137577	70450	67127	6454	1647	4807
贺兰县	153468	76441	77027	5536	1280	4256
灵武市	45537	25856	19681	3187	863	2324
石嘴山市	**153079**	**76378**	**76701**	**6148**	**1439**	**4709**
大武口区	13524	6911	6613	994	223	771
惠农区	22946	11530	11416	937	227	710
平罗县	116609	57937	58672	4217	989	3228
吴忠市	**176302**	**88842**	**87460**	**11339**	**2815**	**8524**
利通区	15360	7952	7408	1978	586	1392
红寺堡区	4983	3132	1851	272	64	208
盐池县	58762	28959	29803	2315	521	1794
同心县	77128	38183	38945	4741	1044	3697
青铜峡市	20069	10616	9453	2033	600	1433
固原市	**149938**	**73220**	**76718**	**11155**	**2927**	**8228**
原州区	13575	7009	6566	1747	522	1225
西吉县	51712	24886	26826	3349	812	2537
隆德县	28173	13438	14735	745	177	568
泾源县	17917	9006	8911	2383	861	1522
彭阳县	38561	18881	19680	2931	555	2376
中卫市	**186545**	**92906**	**93639**	**10674**	**2628**	**8046**
沙坡头区	13134	6948	6186	1034	244	790
中宁县	110392	55104	55288	3844	804	3040
海原县	63019	30854	32165	5796	1580	4216

4-4b 续表 1

单位：人

地　区	学前教育			小　学		
	小计	男	女	小计	男	女
宁　夏	**752**	**271**	**481**	**247998**	**103841**	**144157**
银川市	**297**	**113**	**184**	**74669**	**32878**	**41791**
兴庆区	23	5	18	11575	4997	6578
西夏区	38	21	17	3289	1551	1738
金凤区	13	6	7	2756	1392	1364
永宁县	121	37	84	27095	11975	15120
贺兰县	56	27	29	20558	8764	11794
灵武市	46	17	29	9396	4199	5197
石嘴山市	**65**	**21**	**44**	**30194**	**12405**	**17789**
大武口区	2		2	5272	2355	2917
惠农区	2		2	5738	2322	3416
平罗县	61	21	40	19184	7728	11456
吴忠市	**57**	**18**	**39**	**53775**	**22291**	**31484**
利通区	6	3	3	3884	1789	2095
红寺堡区	2		2	1402	669	733
盐池县	20	10	10	12904	5243	7661
同心县	15	4	11	30336	12152	18184
青铜峡市	14	1	13	5249	2438	2811
固原市	**249**	**98**	**151**	**46013**	**18476**	**27537**
原州区	22	9	13	6018	2757	3261
西吉县	50	12	38	17835	7011	10824
隆德县	116	65	51	6834	2378	4456
泾源县	8	4	4	5459	2550	2909
彭阳县	53	8	45	9867	3780	6087
中卫市	**84**	**21**	**63**	**43347**	**17791**	**25556**
沙坡头区	13	5	8	3881	1659	2222
中宁县	18	6	12	15119	5873	9246
海原县	53	10	43	24347	10259	14088

4-4b 续表 2

单位：人

地 区	初 中			高 中			大学专科		
	小计	男	女	小计	男	女	小计	男	女
宁 夏	**424431**	**232706**	**191725**	**159626**	**91328**	**68298**	**121754**	**65240**	**56514**
银川市	**169562**	**93042**	**76520**	**74786**	**41013**	**33773**	**59814**	**31141**	**28673**
兴庆区	31913	17021	14892	17791	8931	8860	13830	6908	6922
西夏区	2820	1608	1212	891	539	352	413	244	169
金凤区	2594	1502	1092	703	405	298	319	150	169
永宁县	59025	32861	26164	20410	11539	8871	15884	8119	7765
贺兰县	56919	30627	26292	27788	14724	13064	23530	11708	11822
灵武市	16291	9423	6868	7203	4875	2328	5838	4012	1826
石嘴山市	**77285**	**41464**	**35821**	**19689**	**11202**	**8487**	**11993**	**6189**	**5804**
大武口区	4789	2853	1936	1442	913	529	618	367	251
惠农区	10744	5918	4826	3164	1789	1375	1496	835	661
平罗县	61752	32693	29059	15083	8500	6583	9879	4987	4892
吴忠市	**63128**	**36190**	**26938**	**19148**	**11873**	**7275**	**15735**	**8837**	**6898**
利通区	7206	4150	3056	1272	818	454	631	375	256
红寺堡区	1514	1050	464	666	494	172	734	559	175
盐池县	23890	12685	11205	7810	4479	3331	6309	3323	2986
同心县	22685	13742	8943	6749	4431	2318	6536	3701	2835
青铜峡市	7833	4563	3270	2651	1651	1000	1525	879	646
固原市	**39616**	**21535**	**18081**	**20622**	**12357**	**8265**	**16363**	**9325**	**7038**
原州区	4366	2825	1541	836	568	268	336	192	144
西吉县	12281	6823	5458	6679	3930	2749	5760	3201	2559
隆德县	8196	3938	4258	4903	2767	2136	4049	2346	1703
泾源县	3973	2164	1809	2155	1287	868	1942	1111	831
彭阳县	10800	5785	5015	6049	3805	2244	4276	2475	1801
中卫市	**74840**	**40475**	**34365**	**25381**	**14883**	**10498**	**17849**	**9748**	**8101**
沙坡头区	5962	3523	2439	1417	976	441	496	341	155
中宁县	53367	27886	25481	17505	9905	7600	12162	6481	5681
海原县	15511	9066	6445	6459	4002	2457	5191	2926	2265

4-4b 续表 3 单位：人

地区	大学本科			硕士研究生			博士研究生		
	小计	男	女	小计	男	女	小计	男	女
宁 夏	**88791**	**45744**	**43047**	**2858**	**1307**	**1551**	**208**	**110**	**98**
银川市	**38710**	**19915**	**18795**	**1897**	**836**	**1061**	**135**	**72**	**63**
兴庆区	8701	4386	4315	386	169	217	34	18	16
西夏区	187	98	89	15	9	6			
金凤区	167	90	77	7	3	4			
永宁县	8291	4153	4138	278	109	169	19	10	9
贺兰县	17955	8838	9117	1055	436	619	71	37	34
灵武市	3409	2350	1059	156	110	46	11	7	4
石嘴山市	**7499**	**3577**	**3922**	**192**	**76**	**116**	**14**	**5**	**9**
大武口区	346	180	166	57	19	38	4	1	3
惠农区	847	431	416	17	7	10	1	1	
平罗县	6306	2966	3340	118	50	68	9	3	6
吴忠市	**12860**	**6683**	**6177**	**237**	**120**	**117**	**23**	**15**	**8**
利通区	366	224	142	14	6	8	3	1	2
红寺堡区	385	289	96	7	6	1	1	1	
盐池县	5410	2649	2761	99	45	54	5	4	1
同心县	5959	3051	2908	94	50	44	13	8	5
青铜峡市	740	470	270	23	13	10	1	1	
固原市	**15676**	**8380**	**7296**	**224**	**114**	**110**	**20**	**8**	**12**
原州区	245	133	112	4	3	1	1		1
西吉县	5672	3056	2616	79	39	40	7	2	5
隆德县	3279	1744	1535	46	20	26	5	3	2
泾源县	1971	1015	956	25	14	11	1		1
彭阳县	4509	2432	2077	70	38	32	6	3	3
中卫市	**14046**	**7189**	**6857**	**308**	**161**	**147**	**16**	**10**	**6**
沙坡头区	310	184	126	19	14	5	2	2	
中宁县	8238	4088	4150	132	58	74	7	3	4
海原县	5498	2917	2581	157	89	68	7	5	2

4-4c 各地区分性别、受教育程度的25岁及以上人口(乡村)

单位：人

地 区	25岁及以上人口			未上过学		
	合计	男	女	小计	男	女
宁 夏	**1710144**	**896331**	**813813**	**219443**	**64127**	**155316**
银川市	**401714**	**213973**	**187741**	**41372**	**12427**	**28945**
兴庆区	51909	28068	23841	6239	1845	4394
西夏区	27496	14154	13342	3062	910	2152
金凤区	80594	41252	39342	5855	1951	3904
永宁县	81424	41554	39870	8488	2571	5917
贺兰县	88075	45216	42859	9031	2543	6488
灵武市	72216	43729	28487	8697	2607	6090
石嘴山市	**123435**	**66036**	**57399**	**12441**	**3649**	**8792**
大武口区	17198	9223	7975	1359	365	994
惠农区	23401	13326	10075	1303	371	932
平罗县	82836	43487	39349	9779	2913	6866
吴忠市	**408631**	**211094**	**197537**	**55334**	**15159**	**40175**
利通区	97350	49707	47643	13460	3668	9792
红寺堡区	71504	36667	34837	16176	4628	11548
盐池县	56962	31646	25316	3964	1116	2848
同心县	104806	53298	51508	9773	2353	7420
青铜峡市	78009	39776	38233	11961	3394	8567
固原市	**419879**	**220137**	**199742**	**59554**	**18595**	**40959**
原州区	128852	66804	62048	19107	5826	13281
西吉县	136436	72111	64325	15666	4961	10705
隆德县	48500	25368	23132	5787	1633	4154
泾源县	35507	18491	17016	10044	3605	6439
彭阳县	70584	37363	33221	8950	2570	6380
中卫市	**356485**	**185091**	**171394**	**50742**	**14297**	**36445**
沙坡头区	111562	58007	53555	14841	4022	10819
中宁县	114103	59105	54998	13669	3718	9951
海原县	130820	67979	62841	22232	6557	15675

4-4c 续表 1

单位：人

地 区	学前教育			小 学		
	小计	男	女	小计	男	女
宁 夏	**2529**	**804**	**1725**	**719271**	**342066**	**377205**
银川市	**446**	**157**	**289**	**128943**	**62460**	**66483**
兴庆区	16	6	10	16874	8590	8284
西夏区	22	7	15	11439	5292	6147
金凤区	135	57	78	17932	8800	9132
永宁县	155	47	108	30551	14392	16159
贺兰县	66	26	40	27973	13268	14705
灵武市	52	14	38	24174	12118	12056
石嘴山市	**292**	**94**	**198**	**48060**	**22386**	**25674**
大武口区	14	6	8	7364	3431	3933
惠农区	20	10	10	7917	3582	4335
平罗县	258	78	180	32779	15373	17406
吴忠市	**386**	**116**	**270**	**174755**	**81754**	**93001**
利通区	102	31	71	30387	14231	16156
红寺堡区	11	2	9	34285	17581	16704
盐池县	33	9	24	25000	11511	13489
同心县	102	30	72	59723	26232	33491
青铜峡市	138	44	94	25360	12199	13161
固原市	**738**	**223**	**515**	**217140**	**104220**	**112920**
原州区	110	37	73	61515	29774	31741
西吉县	87	25	62	81387	39373	42014
隆德县	317	114	203	23086	10523	12563
泾源县	27	10	17	16156	8642	7514
彭阳县	197	37	160	34996	15908	19088
中卫市	**667**	**214**	**453**	**150373**	**71246**	**79127**
沙坡头区	81	21	60	34869	16430	18439
中宁县	81	32	49	49964	23021	26943
海原县	505	161	344	65540	31795	33745

4-4c　续表 2　　　　　　　　　　　　　　　　　　　　　　单位：人

地　区	初　中			高　中			大学专科		
	小计	男	女	小计	男	女	小计	男	女
宁　夏	**559852**	**356446**	**203406**	**110778**	**74893**	**35885**	**58781**	**35378**	**23403**
银川市	**151647**	**91393**	**60254**	**36987**	**23395**	**13592**	**24143**	**13933**	**10210**
兴庆区	21392	12995	8397	4394	2814	1580	2010	1204	806
西夏区	9490	5827	3663	2257	1464	793	868	453	415
金凤区	25527	14548	10979	10491	5643	4848	10109	4971	5138
永宁县	34765	20140	14625	4537	2857	1680	2012	1064	948
贺兰县	35703	20841	14862	8469	5027	3442	4467	2330	2137
灵武市	24770	17042	7728	6839	5590	1249	4677	3911	766
石嘴山市	**48608**	**30561**	**18047**	**8445**	**5864**	**2581**	**3570**	**2308**	**1262**
大武口区	6499	4132	2367	1354	937	417	428	248	180
惠农区	10743	6898	3845	2268	1672	596	816	580	236
平罗县	31366	19531	11835	4823	3255	1568	2326	1480	846
吴忠市	**137094**	**87419**	**49675**	**22773**	**15623**	**7150**	**10800**	**6655**	**4145**
利通区	42040	24939	17101	6311	4002	2309	2819	1615	1204
红寺堡区	15842	10944	4898	2868	2111	757	1337	834	503
盐池县	19789	13206	6583	4383	3226	1157	2410	1641	769
同心县	27272	19339	7933	4149	3057	1092	2021	1288	733
青铜峡市	32151	18991	13160	5062	3227	1835	2213	1277	936
固原市	**102875**	**70533**	**32342**	**21929**	**15879**	**6050**	**11508**	**7072**	**4436**
原州区	35311	23123	12188	6824	4605	2219	3694	2177	1517
西吉县	28580	20495	8085	5775	4230	1545	3463	2116	1347
隆德县	13143	8923	4220	3502	2532	970	1896	1188	708
泾源县	7084	4731	2353	1331	976	355	547	331	216
彭阳县	18757	13261	5496	4497	3536	961	1908	1260	648
中卫市	**119628**	**76540**	**43088**	**20644**	**14132**	**6512**	**8760**	**5410**	**3350**
沙坡头区	47778	28932	18846	8775	5658	3117	3176	1824	1352
中宁县	39923	25358	14565	6291	4343	1948	2660	1703	957
海原县	31927	22250	9677	5578	4131	1447	2924	1883	1041

4-4c 续表 3

单位：人

地 区	大学本科			硕士研究生			博士研究生		
	小计	男	女	小计	男	女	小计	男	女
宁 夏	**37393**	**21591**	**15802**	**1917**	**923**	**994**	**180**	**103**	**77**
银川市	**16967**	**9655**	**7312**	**1125**	**511**	**614**	**84**	**42**	**42**
兴庆区	938	593	345	40	18	22	6	3	3
西夏区	342	189	153	15	11	4	1	1	
金凤区	9646	4901	4745	839	356	483	60	25	35
永宁县	864	459	405	44	19	25	8	5	3
贺兰县	2268	1138	1130	92	38	54	6	5	1
灵武市	2909	2375	534	95	69	26	3	3	
石嘴山市	**1902**	**1122**	**780**	**103**	**44**	**59**	**14**	**8**	**6**
大武口区	166	96	70	11	7	4	3	1	2
惠农区	322	207	115	8	4	4	4	2	2
平罗县	1414	819	595	84	33	51	7	5	2
吴忠市	**7221**	**4215**	**3006**	**242**	**136**	**106**	**26**	**17**	**9**
利通区	2162	1186	976	61	32	29	8	3	5
红寺堡区	943	538	405	41	28	13	1	1	
盐池县	1326	902	424	53	31	22	4	4	
同心县	1705	968	737	54	26	28	7	5	2
青铜峡市	1085	621	464	33	19	14	6	4	2
固原市	**5874**	**3475**	**2399**	**226**	**115**	**111**	**35**	**25**	**10**
原州区	2208	1214	994	77	45	32	6	3	3
西吉县	1410	877	533	60	29	31	8	5	3
隆德县	722	429	293	37	18	19	10	8	2
泾源县	302	184	118	15	11	4	1	1	
彭阳县	1232	771	461	37	12	25	10	8	2
中卫市	**5429**	**3124**	**2305**	**221**	**117**	**104**	**21**	**11**	**10**
沙坡头区	1950	1074	876	84	43	41	8	3	5
中宁县	1446	893	553	59	32	27	10	5	5
海原县	2033	1157	876	78	42	36	3	3	

4-5　全区分年龄、性别的15岁及以上文盲人口

单位：人、%

年　龄	15岁及以上人口			文盲人口			文盲人口占15岁及以上人口比重		
	合计	男	女	合计	男	女	合计	男	女
总　计	**5734650**	**2906355**	**2828295**	**290889**	**76950**	**213939**	**5.07**	**2.65**	**7.56**
15-19岁	**433094**	**224272**	**208822**	**891**	**503**	**388**	**0.21**	**0.22**	**0.19**
15	90819	47348	43471	165	99	66	0.18	0.21	0.15
16	93049	48414	44635	166	97	69	0.18	0.20	0.15
17	84743	43652	41091	175	92	83	0.21	0.21	0.20
18	83698	43218	40480	173	86	87	0.21	0.20	0.21
19	80785	41640	39145	212	129	83	0.26	0.31	0.21
20-24岁	**444510**	**224475**	**220035**	**1217**	**628**	**589**	**0.27**	**0.28**	**0.27**
20	80487	41076	39411	199	102	97	0.25	0.25	0.25
21	80454	40577	39877	220	118	102	0.27	0.29	0.26
22	94318	47166	47152	264	131	133	0.28	0.28	0.28
23	93173	47079	46094	270	156	114	0.29	0.33	0.25
24	96078	48577	47501	264	121	143	0.27	0.25	0.30
25-29岁	**547857**	**278487**	**269370**	**1863**	**781**	**1082**	**0.34**	**0.28**	**0.40**
25	102978	52156	50822	316	141	175	0.31	0.27	0.34
26	103641	52785	50856	332	139	193	0.32	0.26	0.38
27	110109	55787	54322	336	143	193	0.31	0.26	0.36
28	114923	58360	56563	423	178	245	0.37	0.31	0.43
29	116206	59399	56807	456	180	276	0.39	0.30	0.49
30-34岁	**635014**	**323478**	**311536**	**4579**	**1502**	**3077**	**0.72**	**0.46**	**0.99**
30	140373	71463	68910	672	257	415	0.48	0.36	0.60
31	130401	66535	63866	805	298	507	0.62	0.45	0.79
32	122600	62318	60282	913	290	623	0.74	0.47	1.03
33	127491	64877	62614	1042	317	725	0.82	0.49	1.16
34	114149	58285	55864	1147	340	807	1.00	0.58	1.44
35-39岁	**541665**	**278748**	**262917**	**8811**	**2550**	**6261**	**1.63**	**0.91**	**2.38**
35	105452	53839	51613	1278	381	897	1.21	0.71	1.74
36	108619	55584	53035	1527	466	1061	1.41	0.84	2.00
37	102384	52991	49393	1652	484	1168	1.61	0.91	2.36
38	119962	61957	58005	2080	569	1511	1.73	0.92	2.60
39	105248	54377	50871	2274	650	1624	2.16	1.20	3.19
40-44岁	**547016**	**280284**	**266732**	**13793**	**3808**	**9985**	**2.52**	**1.36**	**3.74**
40	110570	56513	54057	2561	650	1911	2.32	1.15	3.54
41	108478	55778	52700	2608	718	1890	2.40	1.29	3.59
42	108553	55281	53272	2807	752	2055	2.59	1.36	3.86
43	102331	52748	49583	2572	732	1840	2.51	1.39	3.71
44	117084	59964	57120	3245	956	2289	2.77	1.59	4.01

4-5 续表

单位：人、%

年龄	15岁及以上人口			文盲人口			文盲人口占15岁及以上人口比重		
	合计	男	女	合计	男	女	合计	男	女
45—49岁	**595400**	**305580**	**289820**	**19866**	**5742**	**14124**	**3.34**	**1.88**	**4.87**
45	116808	60036	56772	3331	953	2378	2.85	1.59	4.19
46	118994	60611	58383	3575	999	2576	3.00	1.65	4.41
47	122143	63091	59052	4210	1229	2981	3.45	1.95	5.05
48	121617	62437	59180	4429	1298	3131	3.64	2.08	5.29
49	115838	59405	56433	4321	1263	3058	3.73	2.13	5.42
50—54岁	**576630**	**291504**	**285126**	**26646**	**6661**	**19985**	**4.62**	**2.29**	**7.01**
50	128535	64941	63594	5529	1499	4030	4.30	2.31	6.34
51	118396	59743	58653	5352	1374	3978	4.52	2.30	6.78
52	125391	63117	62274	5764	1430	4334	4.60	2.27	6.96
53	97565	49703	47862	4613	1087	3526	4.73	2.19	7.37
54	106743	54000	52743	5388	1271	4117	5.05	2.35	7.81
55—59岁	**439322**	**223885**	**215437**	**25477**	**5040**	**20437**	**5.80**	**2.25**	**9.49**
55	100931	51791	49140	4945	1116	3829	4.90	2.15	7.79
56	102834	53075	49759	5516	1195	4321	5.36	2.25	8.68
57	108867	55456	53411	5730	1127	4603	5.26	2.03	8.62
58	85956	43248	42708	6072	1062	5010	7.06	2.46	11.73
59	40734	20315	20419	3214	540	2674	7.89	2.66	13.10
60—64岁	**281318**	**142454**	**138864**	**33619**	**7844**	**25775**	**11.95**	**5.51**	**18.56**
60	53058	27338	25720	4475	861	3614	8.43	3.15	14.05
61	44040	22488	21552	4387	975	3412	9.96	4.34	15.83
62	57551	29493	28058	6942	1754	5188	12.06	5.95	18.49
63	64053	32150	31903	8622	2065	6557	13.46	6.42	20.55
64	62616	30985	31631	9193	2189	7004	14.68	7.06	22.14
65—69岁	**276001**	**136133**	**139868**	**48836**	**12283**	**36553**	**17.69**	**9.02**	**26.13**
65	64313	32122	32191	10185	2382	7803	15.84	7.42	24.24
66	60169	29550	30619	10107	2436	7671	16.80	8.24	25.05
67	52680	26003	26677	9432	2368	7064	17.90	9.11	26.48
68	53173	26266	26907	10159	2734	7425	19.11	10.41	27.60
69	45666	22192	23474	8953	2363	6590	19.61	10.65	28.07
70—74岁	**180377**	**86579**	**93798**	**37792**	**9986**	**27806**	**20.95**	**11.53**	**29.64**
70	46219	22539	23680	9221	2477	6744	19.95	10.99	28.48
71	40104	19832	20272	8470	2387	6083	21.12	12.04	30.01
72	31075	15191	15884	6249	1666	4583	20.11	10.97	28.85
73	33083	15677	17406	7049	1843	5206	21.31	11.76	29.91
74	29896	13340	16556	6803	1613	5190	22.76	12.09	31.35
75—79岁	**124195**	**57830**	**66365**	**31286**	**8818**	**22468**	**25.19**	**15.25**	**33.86**
75	27537	12341	15196	6532	1585	4947	23.72	12.84	32.55
76	27944	13122	14822	6954	1944	5010	24.89	14.81	33.80
77	25887	12138	13749	6654	1954	4700	25.70	16.10	34.18
78	23091	10827	12264	6050	1817	4233	26.20	16.78	34.52
79	19736	9402	10334	5096	1518	3578	25.82	16.15	34.62
80—84岁	**74159**	**34623**	**39536**	**22638**	**6811**	**15827**	**30.53**	**19.67**	**40.03**
80	19795	9315	10480	5603	1728	3875	28.31	18.55	36.98
81	16224	7558	8666	5020	1532	3488	30.94	20.27	40.25
82	15690	7314	8376	4856	1459	3397	30.95	19.95	40.56
83	12013	5546	6467	3714	1069	2645	30.92	19.28	40.90
84	10437	4890	5547	3445	1023	2422	33.01	20.92	43.66
85岁及以上	**38092**	**18023**	**20069**	**13575**	**3993**	**9582**	**35.64**	**22.16**	**47.75**

4－5a　全区分年龄、性别的15岁及以上文盲人口(城市)

单位：人、%

年龄	15岁及以上人口			文盲人口			文盲人口占15岁及以上人口比重		
	合计	男	女	合计	男	女	合计	男	女
总　计	**2440305**	**1201847**	**1238458**	**61481**	**13545**	**47936**	**2.52**	**1.13**	**3.87**
15－19岁	**192978**	**97856**	**95122**	**220**	**116**	**104**	**0.11**	**0.12**	**0.11**
15	36177	18597	17580	53	30	23	0.15	0.16	0.13
16	41243	21027	20216	25	18	7	0.06	0.09	0.03
17	39396	19706	19690	51	24	27	0.13	0.12	0.14
18	38167	19288	18879	45	20	25	0.12	0.10	0.13
19	37995	19238	18757	46	24	22	0.12	0.12	0.12
20－24岁	**205570**	**97984**	**107586**	**238**	**128**	**110**	**0.12**	**0.13**	**0.10**
20	39797	19314	20483	32	14	18	0.08	0.07	0.09
21	38799	18333	20466	42	23	19	0.11	0.13	0.09
22	43431	20325	23106	60	31	29	0.14	0.15	0.13
23	41220	19657	21563	55	35	20	0.13	0.18	0.09
24	42323	20355	21968	49	25	24	0.12	0.12	0.11
25－29岁	**242857**	**118484**	**124373**	**298**	**129**	**169**	**0.12**	**0.11**	**0.14**
25	45019	21743	23276	63	25	38	0.14	0.11	0.16
26	45186	22040	23146	45	22	23	0.10	0.10	0.10
27	48368	23477	24891	53	25	28	0.11	0.11	0.11
28	51577	25217	26360	64	26	38	0.12	0.10	0.14
29	52707	26007	26700	73	31	42	0.14	0.12	0.16
30－34岁	**295893**	**146146**	**149747**	**663**	**249**	**414**	**0.22**	**0.17**	**0.28**
30	63902	31433	32469	101	34	67	0.16	0.11	0.21
31	60119	29672	30447	121	51	70	0.20	0.17	0.23
32	58174	28801	29373	137	57	80	0.24	0.20	0.27
33	60189	29707	30482	143	55	88	0.24	0.19	0.29
34	53509	26533	26976	161	52	109	0.30	0.20	0.40
35－39岁	**244247**	**122721**	**121526**	**1233**	**354**	**879**	**0.50**	**0.29**	**0.72**
35	48554	24116	24438	192	50	142	0.40	0.21	0.58
36	50228	25239	24989	219	70	149	0.44	0.28	0.60
37	46527	23576	22951	255	79	176	0.55	0.34	0.77
38	52982	26605	26377	277	71	206	0.52	0.27	0.78
39	45956	23185	22771	290	84	206	0.63	0.36	0.90
40－44岁	**234210**	**117651**	**116559**	**2033**	**570**	**1463**	**0.87**	**0.48**	**1.26**
40	46863	23548	23315	335	87	248	0.71	0.37	1.06
41	47399	23895	23504	351	95	256	0.74	0.40	1.09
42	46405	23333	23072	409	113	296	0.88	0.48	1.28
43	44411	22301	22110	412	117	295	0.93	0.52	1.33
44	49132	24574	24558	526	158	368	1.07	0.64	1.50

4-5a 续表 单位：人、%

年 龄	15岁及以上人口			文盲人口			文盲人口占15岁及以上人口比重		
	合计	男	女	合计	男	女	合计	男	女
45-49岁	**249288**	**125771**	**123517**	**3478**	**955**	**2523**	**1.40**	**0.76**	**2.04**
45	48831	24649	24182	518	142	376	1.06	0.58	1.55
46	50312	25327	24985	607	174	433	1.21	0.69	1.73
47	50910	25865	25045	704	199	505	1.38	0.77	2.02
48	50921	25740	25181	809	232	577	1.59	0.90	2.29
49	48314	24190	24124	840	208	632	1.74	0.86	2.62
50-54岁	**228102**	**112902**	**115200**	**5102**	**1212**	**3890**	**2.24**	**1.07**	**3.38**
50	52027	25909	26118	1052	270	782	2.02	1.04	2.99
51	47591	23579	24012	1020	268	752	2.14	1.14	3.13
52	49544	24256	25288	1107	245	862	2.23	1.01	3.41
53	37978	18974	19004	870	193	677	2.29	1.02	3.56
54	40962	20184	20778	1053	236	817	2.57	1.17	3.93
55-59岁	**172111**	**85103**	**87008**	**4981**	**826**	**4155**	**2.89**	**0.97**	**4.78**
55	39798	19695	20103	893	169	724	2.24	0.86	3.60
56	40172	20054	20118	1056	211	845	2.63	1.05	4.20
57	44338	22005	22333	1171	184	987	2.64	0.84	4.42
58	32234	15731	16503	1230	173	1057	3.82	1.10	6.40
59	15569	7618	7951	631	89	542	4.05	1.17	6.82
60-64岁	**112281**	**55336**	**56945**	**7696**	**1389**	**6307**	**6.85**	**2.51**	**11.08**
60	21728	10872	10856	977	156	821	4.50	1.43	7.56
61	18457	9148	9309	1029	166	863	5.58	1.81	9.27
62	23145	11472	11673	1548	299	1249	6.69	2.61	10.70
63	25014	12232	12782	1928	363	1565	7.71	2.97	12.24
64	23937	11612	12325	2214	405	1809	9.25	3.49	14.68
65-69岁	**102254**	**48554**	**53700**	**11417**	**2328**	**9089**	**11.17**	**4.79**	**16.93**
65	24003	11742	12261	2346	456	1890	9.77	3.88	15.41
66	22993	11049	11944	2408	456	1952	10.47	4.13	16.34
67	19582	9239	10343	2254	457	1797	11.51	4.95	17.37
68	19114	8860	10254	2331	497	1834	12.20	5.61	17.89
69	16562	7664	8898	2078	462	1616	12.55	6.03	18.16
70-74岁	**64599**	**30170**	**34429**	**7734**	**1670**	**6064**	**11.97**	**5.54**	**17.61**
70	16670	8005	8665	1970	444	1526	11.82	5.55	17.61
71	14222	6748	7474	1737	400	1337	12.21	5.93	17.89
72	11270	5332	5938	1231	274	957	10.92	5.14	16.12
73	11753	5496	6257	1411	301	1110	12.01	5.48	17.74
74	10684	4589	6095	1385	251	1134	12.96	5.47	18.61
75-79岁	**47084**	**20431**	**26653**	**6625**	**1466**	**5159**	**14.07**	**7.18**	**19.36**
75	9874	4099	5775	1324	272	1052	13.41	6.64	18.22
76	9990	4274	5716	1443	318	1125	14.44	7.44	19.68
77	9566	4152	5414	1372	300	1072	14.34	7.23	19.80
78	9227	4054	5173	1314	298	1016	14.24	7.35	19.64
79	8427	3852	4575	1172	278	894	13.91	7.22	19.54
80-84岁	**31720**	**14535**	**17185**	**5619**	**1267**	**4352**	**17.71**	**8.72**	**25.32**
80	8262	3765	4497	1289	300	989	15.60	7.97	21.99
81	6744	3051	3693	1208	263	945	17.91	8.62	25.59
82	6706	3070	3636	1222	283	939	18.22	9.22	25.83
83	5353	2454	2899	980	198	782	18.31	8.07	26.97
84	4655	2195	2460	920	223	697	19.76	10.16	28.33
85岁及以上	**17111**	**8203**	**8908**	**4144**	**886**	**3258**	**24.22**	**10.80**	**36.57**

4-5b　全区分年龄、性别的15岁及以上文盲人口(镇)

单位：人、%

年　龄	15岁及以上人口			文盲人口			文盲人口占15岁及以上人口比重		
	合计	男	女	合计	男	女	合计	男	女
总　计	**1310870**	**660032**	**650838**	**48953**	**11923**	**37030**	**3.73**	**1.81**	**5.69**
15-19岁	**113573**	**58390**	**55183**	**164**	**88**	**76**	**0.14**	**0.15**	**0.14**
15	24161	12690	11471	34	23	11	0.14	0.18	0.10
16	26132	13532	12600	37	16	21	0.14	0.12	0.17
17	24120	12130	11990	31	17	14	0.13	0.14	0.12
18	21638	11028	10610	26	13	13	0.12	0.12	0.12
19	17522	9010	8512	36	19	17	0.21	0.21	0.20
20-24岁	**92152**	**46372**	**45780**	**183**	**98**	**85**	**0.20**	**0.21**	**0.19**
20	15620	8074	7546	26	16	10	0.17	0.20	0.13
21	15603	8027	7576	43	23	20	0.28	0.29	0.26
22	19342	9710	9632	46	22	24	0.24	0.23	0.25
23	20171	10051	10120	29	17	12	0.14	0.17	0.12
24	21416	10510	10906	39	20	19	0.18	0.19	0.17
25-29岁	**135070**	**66331**	**68739**	**335**	**122**	**213**	**0.25**	**0.18**	**0.31**
25	23998	11750	12248	58	25	33	0.24	0.21	0.27
26	24794	12150	12644	66	26	40	0.27	0.21	0.32
27	27280	13285	13995	58	16	42	0.21	0.12	0.30
28	29064	14302	14762	81	27	54	0.28	0.19	0.37
29	29934	14844	15090	72	28	44	0.24	0.19	0.29
30-34岁	**164911**	**81704**	**83207**	**920**	**261**	**659**	**0.56**	**0.32**	**0.79**
30	36497	17966	18531	121	33	88	0.33	0.18	0.47
31	34248	16969	17279	166	50	116	0.48	0.29	0.67
32	31527	15471	16056	182	54	128	0.58	0.35	0.80
33	33091	16437	16654	222	63	159	0.67	0.38	0.95
34	29548	14861	14687	229	61	168	0.78	0.41	1.14
35-39岁	**140755**	**71934**	**68821**	**1668**	**420**	**1248**	**1.19**	**0.58**	**1.81**
35	27829	14079	13750	258	73	185	0.93	0.52	1.35
36	28402	14377	14025	292	75	217	1.03	0.52	1.55
37	26673	13723	12950	313	77	236	1.17	0.56	1.82
38	31259	16149	15110	384	90	294	1.23	0.56	1.95
39	26592	13606	12986	421	105	316	1.58	0.77	2.43
40-44岁	**136436**	**70088**	**66348**	**2423**	**642**	**1781**	**1.78**	**0.92**	**2.68**
40	28272	14508	13764	453	103	350	1.60	0.71	2.54
41	27214	13981	13233	477	136	341	1.75	0.97	2.58
42	27302	13963	13339	519	115	404	1.90	0.82	3.03
43	25032	12834	12198	456	131	325	1.82	1.02	2.66
44	28616	14802	13814	518	157	361	1.81	1.06	2.61

4-5b 续表

单位：人、%

年 龄	15岁及以上人口			文盲人口			文盲人口占15岁及以上人口比重		
	合计	男	女	合计	男	女	合计	男	女
45-49岁	**138556**	**71484**	**67072**	**3338**	**910**	**2428**	**2.41**	**1.27**	**3.62**
45	27910	14353	13557	571	169	402	2.05	1.18	2.97
46	28319	14508	13811	616	166	450	2.18	1.14	3.26
47	28621	14763	13858	741	178	563	2.59	1.21	4.06
48	27707	14391	13316	710	191	519	2.56	1.33	3.90
49	25999	13469	12530	700	206	494	2.69	1.53	3.94
50-54岁	**121892**	**61981**	**59911**	**4068**	**938**	**3130**	**3.34**	**1.51**	**5.22**
50	28094	14161	13933	816	212	604	2.90	1.50	4.34
51	25403	12974	12429	845	196	649	3.33	1.51	5.22
52	26519	13530	12989	881	215	666	3.32	1.59	5.13
53	20226	10319	9907	709	158	551	3.51	1.53	5.56
54	21650	10997	10653	817	157	660	3.77	1.43	6.20
55-59岁	**87310**	**44684**	**42626**	**4093**	**772**	**3321**	**4.69**	**1.73**	**7.79**
55	20382	10584	9798	776	173	603	3.81	1.63	6.15
56	20537	10688	9849	919	186	733	4.47	1.74	7.44
57	21651	11079	10572	881	179	702	4.07	1.62	6.64
58	16727	8377	8350	975	147	828	5.83	1.75	9.92
59	8013	3956	4057	542	87	455	6.76	2.20	11.22
60-64岁	**52740**	**26332**	**26408**	**5966**	**1294**	**4672**	**11.31**	**4.91**	**17.69**
60	9906	5023	4883	783	144	639	7.90	2.87	13.09
61	8349	4202	4147	793	163	630	9.50	3.88	15.19
62	10702	5383	5319	1264	280	984	11.81	5.20	18.50
63	11996	6016	5980	1555	357	1198	12.96	5.93	20.03
64	11787	5708	6079	1571	350	1221	13.33	6.13	20.09
65-69岁	**51576**	**24956**	**26620**	**8481**	**1964**	**6517**	**16.44**	**7.87**	**24.48**
65	11940	5879	6061	1719	394	1325	14.40	6.70	21.86
66	11193	5315	5878	1821	410	1411	16.27	7.71	24.00
67	9866	4852	5014	1657	383	1274	16.80	7.89	25.41
68	10017	4890	5127	1731	420	1311	17.28	8.59	25.57
69	8560	4020	4540	1553	357	1196	18.14	8.88	26.34
70-74岁	**33922**	**15989**	**17933**	**6215**	**1455**	**4760**	**18.32**	**9.10**	**26.54**
70	8717	4177	4540	1508	349	1159	17.30	8.36	25.53
71	7572	3666	3906	1395	363	1032	18.42	9.90	26.42
72	5903	2837	3066	1090	244	846	18.47	8.60	27.59
73	6204	2879	3325	1136	278	858	18.31	9.66	25.80
74	5526	2430	3096	1086	221	865	19.65	9.09	27.94
75-79岁	**22751**	**10735**	**12016**	**5177**	**1320**	**3857**	**22.76**	**12.30**	**32.10**
75	5076	2320	2756	1063	225	838	20.94	9.70	30.41
76	5172	2446	2726	1130	281	849	21.85	11.49	31.14
77	4844	2293	2551	1159	309	850	23.93	13.48	33.32
78	4123	1981	2142	991	285	706	24.04	14.39	32.96
79	3536	1695	1841	834	220	614	23.59	12.98	33.35
80-84岁	**13075**	**6106**	**6969**	**3797**	**1050**	**2747**	**29.04**	**17.20**	**39.42**
80	3577	1676	1901	917	253	664	25.64	15.10	34.93
81	2858	1334	1524	843	244	599	29.50	18.29	39.30
82	2805	1288	1517	853	235	618	30.41	18.25	40.74
83	2052	961	1091	622	173	449	30.31	18.00	41.15
84	1783	847	936	562	145	417	31.52	17.12	44.55
85岁及以上	**6151**	**2946**	**3205**	**2125**	**589**	**1536**	**34.55**	**19.99**	**47.93**

4-5c　全区分年龄、性别的15岁及以上文盲人口(乡村)

单位：人、%

年　龄	15岁及以上人口			文盲人口			文盲人口占15岁及以上人口比重		
	合计	男	女	合计	男	女	合计	男	女
总　计	**1983475**	**1044476**	**938999**	**180455**	**51482**	**128973**	**9.10**	**4.93**	**13.74**
15-19岁	**126543**	**68026**	**58517**	**507**	**299**	**208**	**0.40**	**0.44**	**0.36**
15	30481	16061	14420	78	46	32	0.26	0.29	0.22
16	25674	13855	11819	104	63	41	0.41	0.45	0.35
17	21227	11816	9411	93	51	42	0.44	0.43	0.45
18	23893	12902	10991	102	53	49	0.43	0.41	0.45
19	25268	13392	11876	130	86	44	0.51	0.64	0.37
20-24岁	**146788**	**80119**	**66669**	**796**	**402**	**394**	**0.54**	**0.50**	**0.59**
20	25070	13688	11382	141	72	69	0.56	0.53	0.61
21	26052	14217	11835	135	72	63	0.52	0.51	0.53
22	31545	17131	14414	158	78	80	0.50	0.46	0.56
23	31782	17371	14411	186	104	82	0.59	0.60	0.57
24	32339	17712	14627	176	76	100	0.54	0.43	0.68
25-29岁	**169930**	**93672**	**76258**	**1230**	**530**	**700**	**0.72**	**0.57**	**0.92**
25	33961	18663	15298	195	91	104	0.57	0.49	0.68
26	33661	18595	15066	221	91	130	0.66	0.49	0.86
27	34461	19025	15436	225	102	123	0.65	0.54	0.80
28	34282	18841	15441	278	125	153	0.81	0.66	0.99
29	33565	18548	15017	311	121	190	0.93	0.65	1.27
30-34岁	**174210**	**95628**	**78582**	**2996**	**992**	**2004**	**1.72**	**1.04**	**2.55**
30	39974	22064	17910	450	190	260	1.13	0.86	1.45
31	36034	19894	16140	518	197	321	1.44	0.99	1.99
32	32899	18046	14853	594	179	415	1.81	0.99	2.79
33	34211	18733	15478	677	199	478	1.98	1.06	3.09
34	31092	16891	14201	757	227	530	2.43	1.34	3.73
35-39岁	**156663**	**84093**	**72570**	**5910**	**1776**	**4134**	**3.77**	**2.11**	**5.70**
35	29069	15644	13425	828	258	570	2.85	1.65	4.25
36	29989	15968	14021	1016	321	695	3.39	2.01	4.96
37	29184	15692	13492	1084	328	756	3.71	2.09	5.60
38	35721	19203	16518	1419	408	1011	3.97	2.12	6.12
39	32700	17586	15114	1563	461	1102	4.78	2.62	7.29
40-44岁	**176370**	**92545**	**83825**	**9337**	**2596**	**6741**	**5.29**	**2.81**	**8.04**
40	35435	18457	16978	1773	460	1313	5.00	2.49	7.73
41	33865	17902	15963	1780	487	1293	5.26	2.72	8.10
42	34846	17985	16861	1879	524	1355	5.39	2.91	8.04
43	32888	17613	15275	1704	484	1220	5.18	2.75	7.99
44	39336	20588	18748	2201	641	1560	5.60	3.11	8.32

4-5c 续表

单位：人、%

年 龄	15岁及以上人口			文盲人口			文盲人口占15岁及以上人口比重		
	合计	男	女	合计	男	女	合计	男	女
45—49岁	**207556**	**108325**	**99231**	**13050**	**3877**	**9173**	**6.29**	**3.58**	**9.24**
45	40067	21034	19033	2242	642	1600	5.60	3.05	8.41
46	40363	20776	19587	2352	659	1693	5.83	3.17	8.64
47	42612	22463	20149	2765	852	1913	6.49	3.79	9.49
48	42989	22306	20683	2910	875	2035	6.77	3.92	9.84
49	41525	21746	19779	2781	849	1932	6.70	3.90	9.77
50—54岁	**226636**	**116621**	**110015**	**17476**	**4511**	**12965**	**7.71**	**3.87**	**11.78**
50	48414	24871	23543	3661	1017	2644	7.56	4.09	11.23
51	45402	23190	22212	3487	910	2577	7.68	3.92	11.60
52	49328	25331	23997	3776	970	2806	7.65	3.83	11.69
53	39361	20410	18951	3034	736	2298	7.71	3.61	12.13
54	44131	22819	21312	3518	878	2640	7.97	3.85	12.39
55—59岁	**179901**	**94098**	**85803**	**16403**	**3442**	**12961**	**9.12**	**3.66**	**15.11**
55	40751	21512	19239	3276	774	2502	8.04	3.60	13.00
56	42125	22333	19792	3541	798	2743	8.41	3.57	13.86
57	42878	22372	20506	3678	764	2914	8.58	3.41	14.21
58	36995	19140	17855	3867	742	3125	10.45	3.88	17.50
59	17152	8741	8411	2041	364	1677	11.90	4.16	19.94
60—64岁	**116297**	**60786**	**55511**	**19957**	**5161**	**14796**	**17.16**	**8.49**	**26.65**
60	21424	11443	9981	2715	561	2154	12.67	4.90	21.58
61	17234	9138	8096	2565	646	1919	14.88	7.07	23.70
62	23704	12638	11066	4130	1175	2955	17.42	9.30	26.70
63	27043	13902	13141	5139	1345	3794	19.00	9.67	28.87
64	26892	13665	13227	5408	1434	3974	20.11	10.49	30.04
65—69岁	**122171**	**62623**	**59548**	**28938**	**7991**	**20947**	**23.69**	**12.76**	**35.18**
65	28370	14501	13869	6120	1532	4588	21.57	10.56	33.08
66	25983	13186	12797	5878	1570	4308	22.62	11.91	33.66
67	23232	11912	11320	5521	1528	3993	23.76	12.83	35.27
68	24042	12516	11526	6097	1817	4280	25.36	14.52	37.13
69	20544	10508	10036	5322	1544	3778	25.91	14.69	37.64
70—74岁	**81856**	**40420**	**41436**	**23843**	**6861**	**16982**	**29.13**	**16.97**	**40.98**
70	20832	10357	10475	5743	1684	4059	27.57	16.26	38.75
71	18310	9418	8892	5338	1624	3714	29.15	17.24	41.77
72	13902	7022	6880	3928	1148	2780	28.25	16.35	40.41
73	15126	7302	7824	4502	1264	3238	29.76	17.31	41.39
74	13686	6321	7365	4332	1141	3191	31.65	18.05	43.33
75—79岁	**54360**	**26664**	**27696**	**19484**	**6032**	**13452**	**35.84**	**22.62**	**48.57**
75	12587	5922	6665	4145	1088	3057	32.93	18.37	45.87
76	12782	6402	6380	4381	1345	3036	34.27	21.01	47.59
77	11477	5693	5784	4123	1345	2778	35.92	23.63	48.03
78	9741	4792	4949	3745	1234	2511	38.45	25.75	50.74
79	7773	3855	3918	3090	1020	2070	39.75	26.46	52.83
80—84岁	**29364**	**13982**	**15382**	**13222**	**4494**	**8728**	**45.03**	**32.14**	**56.74**
80	7956	3874	4082	3397	1175	2222	42.70	30.33	54.43
81	6622	3173	3449	2969	1025	1944	44.84	32.30	56.36
82	6179	2956	3223	2781	941	1840	45.01	31.83	57.09
83	4608	2131	2477	2112	698	1414	45.83	32.75	57.09
84	3999	1848	2151	1963	655	1308	49.09	35.44	60.81
85岁及以上	**14830**	**6874**	**7956**	**7306**	**2518**	**4788**	**49.27**	**36.63**	**60.18**

第一部分　全部数据资料

第五卷　家庭

5-1 全区不同规模的家庭户类别

单位：户

家庭户规模	家庭户户数	一代户	二代户	三代户	四代户	五代及以上户
总 计	**2535074**	**1195081**	**1125665**	**209813**	**4514**	**1**
一人户	537492	537492				
二人户	791806	626584	165222			
三人户	593704	22773	555345	15586		
四人户	384377	5508	313965	64710	194	
五人户	139732	1362	69983	67409	978	
六人户	59356	591	16231	41180	1354	
七人户	19521	292	3737	14385	1106	1
八人户	6011	174	913	4379	545	
九人户	1818	85	191	1340	202	
十人及以上户	1257	220	78	824	135	

5-1a 全区不同规模的家庭户类别(城市)

单位：户

家庭户规模	家庭户户数	一代户	二代户	三代户	四代户	五代及以上户
总 计	**1084791**	**520726**	**491147**	**71999**	**918**	**1**
一人户	241736	241736				
二人户	347297	267151	80146			
三人户	280871	7918	265507	7446		
四人户	158439	2290	128688	27373	88	
五人户	39984	825	14574	24278	307	
六人户	13231	376	1847	10699	309	
七人户	2377	177	300	1739	160	1
八人户	523	101	57	325	40	
九人户	162	46	21	88	7	
十人及以上户	171	106	7	51	7	

5-1b 全区不同规模的家庭户类别(镇)

单位：户

家庭户规模	家庭户户数	一代户	二代户	三代户	四代户	五代及以上户
总计	**580390**	**251421**	**283940**	**44254**	**775**	
一人户	115758	115758				
二人户	169500	132100	37400			
三人户	142410	2523	136510	3377		
四人户	102643	569	87826	14207	41	
五人户	33403	230	17793	15203	177	
六人户	12183	94	3506	8321	262	
七人户	3210	39	719	2270	182	
八人户	825	42	143	568	72	
九人户	249	20	32	178	19	
十人及以上户	209	46	11	130	22	

5-1c 全区不同规模的家庭户类别(乡村)

单位：户

家庭户规模	家庭户户数	一代户	二代户	三代户	四代户	五代及以上户
总计	**869893**	**422934**	**350578**	**93560**	**2821**	
一人户	179998	179998				
二人户	275009	227333	47676			
三人户	170423	12332	153328	4763		
四人户	123295	2649	97451	23130	65	
五人户	66345	307	37616	27928	494	
六人户	33942	121	10878	22160	783	
七人户	13934	76	2718	10376	764	
八人户	4663	31	713	3486	433	
九人户	1407	19	138	1074	176	
十人及以上户	877	68	60	643	106	

5−2 各地区分年龄、性别的一人户

单位：户

地 区	合 计			14岁及以下		
	合计	男	女	小计	男	女
宁 夏	**537492**	**288279**	**249213**	**19736**	**10515**	**9221**
银川市	**237740**	**126417**	**111323**	**6669**	**3522**	**3147**
兴庆区	78063	40016	38047	1966	1046	920
西夏区	30986	16886	14100	533	263	270
金凤区	56106	28735	27371	1719	922	797
永宁县	25279	14402	10877	984	505	479
贺兰县	26426	14591	11835	805	430	375
灵武市	20880	11787	9093	662	356	306
石嘴山市	**70218**	**36786**	**33432**	**1720**	**947**	**773**
大武口区	27566	14084	13482	344	196	148
惠农区	20886	11295	9591	533	295	238
平罗县	21766	11407	10359	843	456	387
吴忠市	**88267**	**45343**	**42924**	**3990**	**2120**	**1870**
利通区	30658	14388	16270	1170	643	527
红寺堡区	7796	4228	3568	422	211	211
盐池县	13079	7370	5709	482	265	217
同心县	15241	7899	7342	1263	666	597
青铜峡市	21493	11458	10035	653	335	318
固原市	**73691**	**42024**	**31667**	**4302**	**2281**	**2021**
原州区	30375	16551	13824	1472	769	703
西吉县	16783	10102	6681	1410	765	645
隆德县	8387	4774	3613	368	199	169
泾源县	5388	3030	2358	288	140	148
彭阳县	12758	7567	5191	764	408	356
中卫市	**67576**	**37709**	**29867**	**3055**	**1645**	**1410**
沙坡头区	27877	15374	12503	825	451	374
中宁县	21693	11991	9702	796	431	365
海原县	18006	10344	7662	1434	763	671

5-2 续表 1

单位：户

地 区	15-19岁			20-24岁		
	小计	男	女	小计	男	女
宁 夏	**19552**	**11260**	**8292**	**42200**	**24684**	**17516**
银川市	**6406**	**3696**	**2710**	**20598**	**11678**	**8920**
兴庆区	2059	1166	893	6975	3539	3436
西夏区	854	476	378	3016	1819	1197
金凤区	1088	624	464	4854	2601	2253
永宁县	843	510	333	2070	1339	731
贺兰县	813	482	331	1994	1278	716
灵武市	749	438	311	1689	1102	587
石嘴山市	**2329**	**1321**	**1008**	**4009**	**2390**	**1619**
大武口区	558	335	223	1308	743	565
惠农区	622	357	265	1021	626	395
平罗县	1149	629	520	1680	1021	659
吴忠市	**3861**	**2291**	**1570**	**6439**	**4015**	**2424**
利通区	1262	724	538	2243	1402	841
红寺堡区	373	210	163	684	410	274
盐池县	501	315	186	965	587	378
同心县	877	542	335	1142	713	429
青铜峡市	848	500	348	1405	903	502
固原市	**3748**	**2156**	**1592**	**5728**	**3236**	**2492**
原州区	1402	826	576	2333	1307	1026
西吉县	1086	622	464	1496	883	613
隆德县	291	141	150	478	235	243
泾源县	284	164	120	381	225	156
彭阳县	685	403	282	1040	586	454
中卫市	**3208**	**1796**	**1412**	**5426**	**3365**	**2061**
沙坡头区	1097	612	485	2186	1386	800
中宁县	934	514	420	1772	1084	688
海原县	1177	670	507	1468	895	573

5-2 续表 2

单位：户

地区	25-29岁			30-34岁			35-39岁		
	小计	男	女	小计	男	女	小计	男	女
宁 夏	**59418**	**37026**	**22392**	**49451**	**32679**	**16772**	**34501**	**22267**	**12234**
银川市	**32807**	**20076**	**12731**	**26666**	**17335**	**9331**	**17000**	**10703**	**6297**
兴庆区	10300	5615	4685	8263	5000	3263	5725	3539	2186
西夏区	4536	3042	1494	3111	2193	918	1780	1203	577
金凤区	9836	5823	4013	7720	4816	2904	4254	2497	1757
永宁县	2748	1916	832	2615	1847	768	1809	1213	596
贺兰县	3256	2242	1014	2944	2060	884	1841	1175	666
灵武市	2131	1438	693	2013	1419	594	1591	1076	515
石嘴山市	**5334**	**3426**	**1908**	**4923**	**3451**	**1472**	**3837**	**2584**	**1253**
大武口区	2074	1282	792	1978	1398	580	1515	1011	504
惠农区	1350	873	477	1404	995	409	1165	809	356
平罗县	1910	1271	639	1541	1058	483	1157	764	393
吴忠市	**8033**	**5152**	**2881**	**6812**	**4311**	**2501**	**5236**	**3143**	**2093**
利通区	2998	1868	1130	2725	1567	1158	1877	989	888
红寺堡区	910	537	373	655	395	260	499	295	204
盐池县	1224	780	444	937	643	294	756	532	224
同心县	1226	759	467	1103	683	420	1035	621	414
青铜峡市	1675	1208	467	1392	1023	369	1069	706	363
固原市	**6270**	**3652**	**2618**	**5360**	**3586**	**1774**	**4373**	**3023**	**1350**
原州区	2838	1651	1187	2611	1687	924	2073	1369	704
西吉县	1432	852	580	1119	804	315	1020	754	266
隆德县	541	298	243	458	290	168	330	221	109
泾源县	414	238	176	278	163	115	268	175	93
彭阳县	1045	613	432	894	642	252	682	504	178
中卫市	**6974**	**4720**	**2254**	**5690**	**3996**	**1694**	**4055**	**2814**	**1241**
沙坡头区	3205	2199	1006	2450	1735	715	1550	1081	469
中宁县	2188	1549	639	1744	1263	481	1142	777	365
海原县	1581	972	609	1496	998	498	1363	956	407

5-2 续表 3

单位：户

地　区	40-44岁			45-49岁			50-54岁		
	小计	男	女	小计	男	女	小计	男	女
宁　夏	**38972**	**22590**	**16382**	**49332**	**26987**	**22345**	**50607**	**27403**	**23204**
银川市	**17021**	**9608**	**7413**	**21385**	**11481**	**9904**	**21503**	**11364**	**10139**
兴庆区	5990	3437	2553	7398	4019	3379	7244	3946	3298
西夏区	1924	1114	810	2627	1399	1228	2786	1467	1319
金凤区	3781	1991	1790	4509	2189	2320	4609	2101	2508
永宁县	1759	1081	678	2258	1347	911	2243	1289	954
贺兰县	1872	1047	825	2323	1209	1114	2381	1260	1121
灵武市	1695	938	757	2270	1318	952	2240	1301	939
石嘴山市	**5167**	**3202**	**1965**	**7723**	**4296**	**3427**	**8472**	**4567**	**3905**
大武口区	2166	1302	864	3516	1872	1644	3869	2017	1852
惠农区	1497	951	546	2470	1454	1016	2721	1547	1174
平罗县	1504	949	555	1737	970	767	1882	1003	879
吴忠市	**7038**	**3758**	**3280**	**8327**	**4330**	**3997**	**8303**	**4292**	**4011**
利通区	2496	1146	1350	2943	1330	1613	2805	1268	1537
红寺堡区	697	367	330	763	408	355	747	397	350
盐池县	1019	674	345	1220	715	505	1325	805	520
同心县	1180	590	590	1224	633	591	1249	615	634
青铜峡市	1646	981	665	2177	1244	933	2177	1207	970
固原市	**5258**	**3309**	**1949**	**6445**	**3750**	**2695**	**6505**	**3858**	**2647**
原州区	2358	1354	1004	2912	1584	1328	2550	1421	1129
西吉县	1138	786	352	1179	777	402	1179	741	438
隆德县	467	309	158	781	429	352	1020	604	416
泾源县	367	243	124	433	272	161	444	292	152
彭阳县	928	617	311	1140	688	452	1312	800	512
中卫市	**4488**	**2713**	**1775**	**5452**	**3130**	**2322**	**5824**	**3322**	**2502**
沙坡头区	1691	1000	691	2324	1314	1010	2524	1449	1075
中宁县	1306	749	557	1797	1022	775	1963	1093	870
海原县	1491	964	527	1331	794	537	1337	780	557

5-2 续表 4

单位：户

地区	55-59岁			60-64岁			65岁及以上		
	小计	男	女	小计	男	女	小计	男	女
宁　夏	**41564**	**22775**	**18789**	**27667**	**13879**	**13788**	**104492**	**36214**	**68278**
银川市	**17567**	**9052**	**8515**	**11305**	**5449**	**5856**	**38813**	**12453**	**26360**
兴庆区	5736	3036	2700	3755	1783	1972	12652	3890	8762
西夏区	2223	1190	1033	1531	761	770	6065	1959	4106
金凤区	4141	1816	2325	2585	1151	1434	7010	2204	4806
永宁县	1917	1102	815	1185	619	566	4848	1634	3214
贺兰县	2014	1058	956	1341	703	638	4842	1647	3195
灵武市	1536	850	686	908	432	476	3396	1119	2277
石嘴山市	**6181**	**3448**	**2733**	**3891**	**1966**	**1925**	**16632**	**5188**	**11444**
大武口区	2573	1350	1223	1468	728	740	6197	1850	4347
惠农区	1952	1154	798	1187	642	545	4964	1592	3372
平罗县	1656	944	712	1236	596	640	5471	1746	3725
吴忠市	**6839**	**3577**	**3262**	**4663**	**2145**	**2518**	**18726**	**6209**	**12517**
利通区	2237	1023	1214	1506	602	904	6396	1826	4570
红寺堡区	590	351	239	347	170	177	1109	477	632
盐池县	1142	652	490	782	410	372	2726	992	1734
同心县	1052	535	517	755	347	408	3135	1195	1940
青铜峡市	1818	1016	802	1273	616	657	5360	1719	3641
固原市	**5923**	**3753**	**2170**	**4115**	**2376**	**1739**	**15664**	**7044**	**8620**
原州区	2250	1324	926	1565	844	721	6011	2415	3596
西吉县	1219	810	409	882	503	379	3623	1805	1818
隆德县	975	638	337	630	408	222	2048	1002	1046
泾源县	393	257	136	325	183	142	1513	678	835
彭阳县	1086	724	362	713	438	275	2469	1144	1325
中卫市	**5054**	**2945**	**2109**	**3693**	**1943**	**1750**	**14657**	**5320**	**9337**
沙坡头区	2051	1190	861	1581	819	762	6393	2138	4255
中宁县	1786	1049	737	1297	696	601	4968	1764	3204
海原县	1217	706	511	815	428	387	3296	1418	1878

5-2a 各地区分年龄、性别的一人户(城市)

单位：户

地区	合计			14岁及以下		
	合计	男	女	小计	男	女
宁夏	**241736**	**122292**	**119444**	**5141**	**2734**	**2407**
银川市	**141246**	**71569**	**69677**	**3187**	**1678**	**1509**
兴庆区	60334	29837	30497	1447	760	687
西夏区	28016	15201	12815	371	180	191
金凤区	45583	22986	22597	1244	662	582
永宁县						
贺兰县	249	157	92	4	3	1
灵武市	7064	3388	3676	121	73	48
石嘴山市	**38567**	**19891**	**18676**	**508**	**285**	**223**
大武口区	25004	12514	12490	256	148	108
惠农区	13563	7377	6186	252	137	115
平罗县						
吴忠市	**30728**	**14581**	**16147**	**723**	**388**	**335**
利通区	19497	8768	10729	479	266	213
红寺堡区	2817	1387	1430	96	49	47
盐池县						
同心县						
青铜峡市	8414	4426	3988	148	73	75
固原市	**15761**	**7948**	**7813**	**426**	**231**	**195**
原州区	15761	7948	7813	426	231	195
西吉县						
隆德县						
泾源县						
彭阳县						
中卫市	**15434**	**8303**	**7131**	**297**	**152**	**145**
沙坡头区	15434	8303	7131	297	152	145
中宁县						
海原县						

5-2a 续表 1

单位：户

地区	15-19岁			20-24岁		
	小计	男	女	小计	男	女
宁 夏	**6116**	**3473**	**2643**	**19608**	**10802**	**8806**
银川市	**3303**	**1841**	**1462**	**12940**	**6870**	**6070**
兴庆区	1551	854	697	5539	2746	2793
西夏区	710	390	320	2749	1643	1106
金凤区	881	500	381	4112	2149	1963
永宁县						
贺兰县	3	3		26	16	10
灵武市	158	94	64	514	316	198
石嘴山市	**806**	**464**	**342**	**1766**	**1019**	**747**
大武口区	463	275	188	1128	638	490
惠农区	343	189	154	638	381	257
平罗县						
吴忠市	**975**	**576**	**399**	**2279**	**1391**	**888**
利通区	645	377	268	1438	874	564
红寺堡区	83	47	36	248	124	124
盐池县						
同心县						
青铜峡市	247	152	95	593	393	200
固原市	**600**	**334**	**266**	**1346**	**704**	**642**
原州区	600	334	266	1346	704	642
西吉县						
隆德县						
泾源县						
彭阳县						
中卫市	**432**	**258**	**174**	**1277**	**818**	**459**
沙坡头区	432	258	174	1277	818	459
中宁县						
海原县						

5-2a 续表 2

单位：户

地　区	25-29岁			30-34岁			35-39岁		
	小计	男	女	小计	男	女	小计	男	女
宁　夏	**31890**	**19024**	**12866**	**25625**	**16236**	**9389**	**16435**	**9954**	**6481**
银川市	**21430**	**12514**	**8916**	**16382**	**10232**	**6150**	**9927**	**5981**	**3946**
兴庆区	8145	4354	3791	6433	3802	2631	4315	2570	1745
西夏区	4265	2873	1392	2907	2054	853	1618	1095	523
金凤区	8232	4795	3437	6335	3916	2419	3450	2005	1445
永宁县									
贺兰县	37	23	14	28	21	7	24	19	5
灵武市	751	469	282	679	439	240	520	292	228
石嘴山市	**2775**	**1718**	**1057**	**2856**	**2016**	**840**	**2214**	**1484**	**730**
大武口区	1822	1120	702	1815	1286	529	1390	917	473
惠农区	953	598	355	1041	730	311	824	567	257
平罗县									
吴忠市	**3535**	**2216**	**1319**	**3027**	**1815**	**1212**	**2119**	**1136**	**983**
利通区	2087	1254	833	1903	1069	834	1343	678	665
红寺堡区	463	235	228	346	176	170	225	115	110
盐池县									
同心县									
青铜峡市	985	727	258	778	570	208	551	343	208
固原市	**1882**	**1033**	**849**	**1674**	**1007**	**667**	**1193**	**712**	**481**
原州区	1882	1033	849	1674	1007	667	1193	712	481
西吉县									
隆德县									
泾源县									
彭阳县									
中卫市	**2268**	**1543**	**725**	**1686**	**1166**	**520**	**982**	**641**	**341**
沙坡头区	2268	1543	725	1686	1166	520	982	641	341
中宁县									
海原县									

5-2a　续表 3

单位：户

地　区	40-44岁			45-49岁			50-54岁		
	小计	男	女	小计	男	女	小计	男	女
宁　夏	**18113**	**9694**	**8419**	**23421**	**11721**	**11700**	**23209**	**11586**	**11623**
银川市	**9899**	**5373**	**4526**	**12224**	**6147**	**6077**	**12250**	**6060**	**6190**
兴庆区	4526	2505	2021	5543	2854	2689	5376	2777	2599
西夏区	1691	978	713	2322	1230	1092	2453	1292	1161
金凤区	3022	1588	1434	3557	1702	1855	3664	1650	2014
永宁县									
贺兰县	18	13	5	23	16	7	18	13	5
灵武市	642	289	353	779	345	434	739	328	411
石嘴山市	**3028**	**1829**	**1199**	**4962**	**2685**	**2277**	**5353**	**2847**	**2506**
大武口区	2015	1216	799	3189	1670	1519	3504	1787	1717
惠农区	1013	613	400	1773	1015	758	1849	1060	789
平罗县									
吴忠市	**2779**	**1263**	**1516**	**3202**	**1458**	**1744**	**2840**	**1254**	**1586**
利通区	1726	730	996	1985	830	1155	1806	767	1039
红寺堡区	268	109	159	267	132	135	248	121	127
盐池县									
同心县									
青铜峡市	785	424	361	950	496	454	786	366	420
固原市	**1370**	**683**	**687**	**1662**	**752**	**910**	**1388**	**698**	**690**
原州区	1370	683	687	1662	752	910	1388	698	690
西吉县									
隆德县									
泾源县									
彭阳县									
中卫市	**1037**	**546**	**491**	**1371**	**679**	**692**	**1378**	**727**	**651**
沙坡头区	1037	546	491	1371	679	692	1378	727	651
中宁县									
海原县									

5-2a 续表 4

单位：户

地 区	55-59岁			60-64岁			65岁及以上		
	小计	男	女	小计	男	女	小计	男	女
宁 夏	**18040**	**9048**	**8992**	**11426**	**5231**	**6195**	**42712**	**12789**	**29923**
银川市	**10174**	**4954**	**5220**	**6730**	**3045**	**3685**	**22800**	**6874**	**15926**
兴庆区	4306	2209	2097	2939	1362	1577	10214	3044	7170
西夏区	1993	1049	944	1389	671	718	5548	1746	3802
金凤区	3323	1429	1894	2063	878	1185	5700	1712	3988
永宁县									
贺兰县	22	12	10	10	5	5	36	13	23
灵武市	530	255	275	329	129	200	1302	359	943
石嘴山市	**3595**	**1942**	**1653**	**2024**	**1010**	**1014**	**8680**	**2592**	**6088**
大武口区	2290	1167	1123	1310	627	683	5822	1663	4159
惠农区	1305	775	530	714	383	331	2858	929	1929
平罗县									
吴忠市	**2175**	**978**	**1197**	**1306**	**509**	**797**	**5768**	**1597**	**4171**
利通区	1413	603	810	853	312	541	3819	1008	2811
红寺堡区	189	99	90	95	49	46	289	131	158
盐池县									
同心县									
青铜峡市	573	276	297	358	148	210	1660	458	1202
固原市	**1089**	**621**	**468**	**684**	**351**	**333**	**2447**	**822**	**1625**
原州区	1089	621	468	684	351	333	2447	822	1625
西吉县									
隆德县									
泾源县									
彭阳县									
中卫市	**1007**	**553**	**454**	**682**	**316**	**366**	**3017**	**904**	**2113**
沙坡头区	1007	553	454	682	316	366	3017	904	2113
中宁县									
海原县									

5−2b　各地区分年龄、性别的一人户(镇)

单位：户

地　区	合　计			14岁及以下		
	合计	男	女	小计	男	女
宁　夏	**115758**	**63255**	**52503**	**3491**	**1862**	**1629**
银川市	**49053**	**27815**	**21238**	**1149**	**587**	**562**
兴庆区	10870	5781	5089	217	112	105
西夏区	704	417	287	42	19	23
金凤区	599	336	263	31	19	12
永宁县	15019	8905	6114	442	217	225
贺兰县	15597	8594	7003	323	177	146
灵武市	6264	3782	2482	94	43	51
石嘴山市	**15588**	**7943**	**7645**	**377**	**214**	**163**
大武口区	1113	646	467	32	19	13
惠农区	3386	1758	1628	80	44	36
平罗县	11089	5539	5550	265	151	114
吴忠市	**17782**	**9373**	**8409**	**685**	**376**	**309**
利通区	1947	953	994	76	36	40
红寺堡区	777	544	233	14	6	8
盐池县	5349	2806	2543	105	65	40
同心县	6406	3167	3239	448	244	204
青铜峡市	3303	1903	1400	42	25	17
固原市	**15714**	**8502**	**7212**	**700**	**359**	**341**
原州区	1511	863	648	101	55	46
西吉县	4969	2789	2180	287	158	129
隆德县	2718	1345	1373	77	37	40
泾源县	2092	1124	968	93	36	57
彭阳县	4424	2381	2043	142	73	69
中卫市	**17621**	**9622**	**7999**	**580**	**326**	**254**
沙坡头区	1406	821	585	44	25	19
中宁县	9988	5478	4510	190	109	81
海原县	6227	3323	2904	346	192	154

5-2b 续表 1

单位：户

地 区	15-19岁			20-24岁		
	小计	男	女	小计	男	女
宁 夏	**3771**	**2170**	**1601**	**9087**	**5515**	**3572**
银川市	**1235**	**736**	**499**	**4187**	**2627**	**1560**
兴庆区	267	157	110	1043	548	495
西夏区	26	17	9	86	66	20
金凤区	14	10	4	45	27	18
永宁县	381	236	145	1252	838	414
贺兰县	370	222	148	1235	797	438
灵武市	177	94	83	526	351	175
石嘴山市	**532**	**284**	**248**	**1063**	**669**	**394**
大武口区	38	19	19	79	48	31
惠农区	84	50	34	144	99	45
平罗县	410	215	195	840	522	318
吴忠市	**649**	**397**	**252**	**1267**	**774**	**493**
利通区	75	41	34	140	94	46
红寺堡区	15	10	5	61	36	25
盐池县	123	81	42	409	247	162
同心县	360	218	142	487	279	208
青铜峡市	76	47	29	170	118	52
固原市	**700**	**395**	**305**	**1192**	**612**	**580**
原州区	67	41	26	90	41	49
西吉县	378	221	157	494	278	216
隆德县	64	29	35	114	42	72
泾源县	79	45	34	164	87	77
彭阳县	112	59	53	330	164	166
中卫市	**655**	**358**	**297**	**1378**	**833**	**545**
沙坡头区	54	25	29	111	71	40
中宁县	284	168	116	739	467	272
海原县	317	165	152	528	295	233

5–2b 续表 2

单位：户

地区	25–29岁			30–34岁			35–39岁		
	小计	男	女	小计	男	女	小计	男	女
宁夏	**14077**	**9052**	**5025**	**12069**	**7999**	**4070**	**8624**	**5488**	**3136**
银川市	**6998**	**4669**	**2329**	**6313**	**4352**	**1961**	**4222**	**2783**	**1439**
兴庆区	1618	894	724	1263	777	486	931	605	326
西夏区	94	67	27	76	50	26	49	31	18
金凤区	70	49	21	53	35	18	40	26	14
永宁县	2020	1441	579	1988	1429	559	1309	888	421
贺兰县	2409	1673	736	2202	1536	666	1312	821	491
灵武市	787	545	242	731	525	206	581	412	169
石嘴山市	**1565**	**1051**	**514**	**1246**	**844**	**402**	**950**	**616**	**334**
大武口区	147	86	61	74	44	30	57	40	17
惠农区	220	154	66	190	143	47	167	114	53
平罗县	1198	811	387	982	657	325	726	462	264
吴忠市	**1720**	**1058**	**662**	**1418**	**846**	**572**	**1180**	**693**	**487**
利通区	151	94	57	172	99	73	115	75	40
红寺堡区	116	82	34	87	67	20	74	56	18
盐池县	730	460	270	498	301	197	345	204	141
同心县	569	313	256	524	274	250	490	254	236
青铜峡市	154	109	45	137	105	32	156	104	52
固原市	**1639**	**856**	**783**	**1245**	**723**	**522**	**996**	**602**	**394**
原州区	100	59	41	79	49	30	81	54	27
西吉县	590	307	283	410	241	169	349	212	137
隆德县	227	108	119	198	94	104	140	74	66
泾源县	234	122	112	155	71	84	132	73	59
彭阳县	488	260	228	403	268	135	294	189	105
中卫市	**2155**	**1418**	**737**	**1847**	**1234**	**613**	**1276**	**794**	**482**
沙坡头区	103	62	41	113	76	37	86	67	19
中宁县	1349	978	371	1098	802	296	662	433	229
海原县	703	378	325	636	356	280	528	294	234

5-2b 续表 3

单位：户

地 区	40-44岁			45-49岁			50-54岁		
	小计	男	女	小计	男	女	小计	男	女
宁 夏	**9514**	**5274**	**4240**	**11410**	**6045**	**5365**	**10966**	**5927**	**5039**
银川市	**3968**	**2227**	**1741**	**4795**	**2601**	**2194**	**4397**	**2378**	**2019**
兴庆区	890	515	375	1035	585	450	991	536	455
西夏区	61	34	27	55	31	24	58	32	26
金凤区	39	22	17	68	36	32	48	25	23
永宁县	1184	699	485	1468	835	633	1266	719	547
贺兰县	1196	623	573	1434	668	766	1342	616	726
灵武市	598	334	264	735	446	289	692	450	242
石嘴山市	**1229**	**720**	**509**	**1498**	**791**	**707**	**1516**	**761**	**755**
大武口区	73	39	34	136	83	53	142	87	55
惠农区	245	165	80	345	199	146	409	215	194
平罗县	911	516	395	1017	509	508	965	459	506
吴忠市	**1571**	**840**	**731**	**1854**	**941**	**913**	**1841**	**1018**	**823**
利通区	140	72	68	154	71	83	193	98	95
红寺堡区	75	57	18	84	65	19	101	73	28
盐池县	442	234	208	556	249	307	500	244	256
同心县	607	274	333	621	294	327	552	276	276
青铜峡市	307	203	104	439	262	177	495	327	168
固原市	**1304**	**715**	**589**	**1629**	**846**	**783**	**1632**	**922**	**710**
原州区	118	73	45	123	74	49	142	88	54
西吉县	437	231	206	481	253	228	437	254	183
隆德县	193	100	93	327	141	186	368	191	177
泾源县	171	102	69	190	108	82	191	120	71
彭阳县	385	209	176	508	270	238	494	269	225
中卫市	**1442**	**772**	**670**	**1634**	**866**	**768**	**1580**	**848**	**732**
沙坡头区	96	64	32	142	97	45	146	98	48
中宁县	694	369	325	904	465	439	909	458	451
海原县	652	339	313	588	304	284	525	292	233

5-2b 续表 4

单位：户

地区	55-59岁			60-64岁			65岁及以上		
	小计	男	女	小计	男	女	小计	男	女
宁 夏	**8397**	**4795**	**3602**	**5158**	**2572**	**2586**	**19194**	**6556**	**12638**
银川市	**3350**	**1787**	**1563**	**1992**	**970**	**1022**	**6447**	**2098**	**4349**
兴庆区	782	397	385	474	211	263	1359	444	915
西夏区	39	20	19	26	12	14	92	38	54
金凤区	42	22	20	39	16	23	110	49	61
永宁县	1012	580	432	577	311	266	2120	712	1408
贺兰县	1053	507	546	678	329	349	2043	625	1418
灵武市	422	261	161	198	91	107	723	230	493
石嘴山市	**1148**	**631**	**517**	**758**	**331**	**427**	**3706**	**1031**	**2675**
大武口区	102	61	41	64	42	22	169	78	91
惠农区	284	171	113	183	93	90	1035	311	724
平罗县	762	399	363	511	196	315	2502	642	1860
吴忠市	**1382**	**809**	**573**	**883**	**445**	**438**	**3332**	**1176**	**2156**
利通区	140	77	63	108	50	58	483	146	337
红寺堡区	62	47	15	29	21	8	59	24	35
盐池县	394	228	166	290	147	143	957	346	611
同心县	435	222	213	265	126	139	1048	393	655
青铜峡市	351	235	116	191	101	90	785	267	518
固原市	**1255**	**830**	**425**	**687**	**399**	**288**	**2735**	**1243**	**1492**
原州区	143	97	46	101	59	42	366	173	193
西吉县	357	236	121	152	94	58	597	304	293
隆德县	295	189	106	156	93	63	559	247	312
泾源县	153	99	54	91	50	41	439	211	228
彭阳县	307	209	98	187	103	84	774	308	466
中卫市	**1262**	**738**	**524**	**838**	**427**	**411**	**2974**	**1008**	**1966**
沙坡头区	110	77	33	110	65	45	291	94	197
中宁县	720	400	320	499	235	264	1940	594	1346
海原县	432	261	171	229	127	102	743	320	423

5-2c 各地区分年龄、性别的一人户(乡村)

单位：户

地区	合计			14岁及以下		
	合计	男	女	小计	男	女
宁夏	**179998**	**102732**	**77266**	**11104**	**5919**	**5185**
银川市	**47441**	**27033**	**20408**	**2333**	**1257**	**1076**
兴庆区	6859	4398	2461	302	174	128
西夏区	2266	1268	998	120	64	56
金凤区	9924	5413	4511	444	241	203
永宁县	10260	5497	4763	542	288	254
贺兰县	10580	5840	4740	478	250	228
灵武市	7552	4617	2935	447	240	207
石嘴山市	**16063**	**8952**	**7111**	**835**	**448**	**387**
大武口区	1449	924	525	56	29	27
惠农区	3937	2160	1777	201	114	87
平罗县	10677	5868	4809	578	305	273
吴忠市	**39757**	**21389**	**18368**	**2582**	**1356**	**1226**
利通区	9214	4667	4547	615	341	274
红寺堡区	4202	2297	1905	312	156	156
盐池县	7730	4564	3166	377	200	177
同心县	8835	4732	4103	815	422	393
青铜峡市	9776	5129	4647	463	237	226
固原市	**42216**	**25574**	**16642**	**3176**	**1691**	**1485**
原州区	13103	7740	5363	945	483	462
西吉县	11814	7313	4501	1123	607	516
隆德县	5669	3429	2240	291	162	129
泾源县	3296	1906	1390	195	104	91
彭阳县	8334	5186	3148	622	335	287
中卫市	**34521**	**19784**	**14737**	**2178**	**1167**	**1011**
沙坡头区	11037	6250	4787	484	274	210
中宁县	11705	6513	5192	606	322	284
海原县	11779	7021	4758	1088	571	517

5-2c　续表 1　　　　单位：户

地　区	15-19岁			20-24岁		
	小计	男	女	小计	男	女
宁　夏	**9665**	**5617**	**4048**	**13505**	**8367**	**5138**
银川市	**1868**	**1119**	**749**	**3471**	**2181**	**1290**
兴庆区	241	155	86	393	245	148
西夏区	118	69	49	181	110	71
金凤区	193	114	79	697	425	272
永宁县	462	274	188	818	501	317
贺兰县	440	257	183	733	465	268
灵武市	414	250	164	649	435	214
石嘴山市	**991**	**573**	**418**	**1180**	**702**	**478**
大武口区	57	41	16	101	57	44
惠农区	195	118	77	239	146	93
平罗县	739	414	325	840	499	341
吴忠市	**2237**	**1318**	**919**	**2893**	**1850**	**1043**
利通区	542	306	236	665	434	231
红寺堡区	275	153	122	375	250	125
盐池县	378	234	144	556	340	216
同心县	517	324	193	655	434	221
青铜峡市	525	301	224	642	392	250
固原市	**2448**	**1427**	**1021**	**3190**	**1920**	**1270**
原州区	735	451	284	897	562	335
西吉县	708	401	307	1002	605	397
隆德县	227	112	115	364	193	171
泾源县	205	119	86	217	138	79
彭阳县	573	344	229	710	422	288
中卫市	**2121**	**1180**	**941**	**2771**	**1714**	**1057**
沙坡头区	611	329	282	798	497	301
中宁县	650	346	304	1033	617	416
海原县	860	505	355	940	600	340

5-2c 续表 2 单位：户

地　区	25-29岁			30-34岁			35-39岁		
	小计	男	女	小计	男	女	小计	男	女
宁　夏	**13451**	**8950**	**4501**	**11757**	**8444**	**3313**	**9442**	**6825**	**2617**
银川市	**4379**	**2893**	**1486**	**3971**	**2751**	**1220**	**2851**	**1939**	**912**
兴庆区	537	367	170	567	421	146	479	364	115
西夏区	177	102	75	128	89	39	113	77	36
金凤区	1534	979	555	1332	865	467	764	466	298
永宁县	728	475	253	627	418	209	500	325	175
贺兰县	810	546	264	714	503	211	505	335	170
灵武市	593	424	169	603	455	148	490	372	118
石嘴山市	**994**	**657**	**337**	**821**	**591**	**230**	**673**	**484**	**189**
大武口区	105	76	29	89	68	21	68	54	14
惠农区	177	121	56	173	122	51	174	128	46
平罗县	712	460	252	559	401	158	431	302	129
吴忠市	**2778**	**1878**	**900**	**2367**	**1650**	**717**	**1937**	**1314**	**623**
利通区	760	520	240	650	399	251	419	236	183
红寺堡区	331	220	111	222	152	70	200	124	76
盐池县	494	320	174	439	342	97	411	328	83
同心县	657	446	211	579	409	170	545	367	178
青铜峡市	536	372	164	477	348	129	362	259	103
固原市	**2749**	**1763**	**986**	**2441**	**1856**	**585**	**2184**	**1709**	**475**
原州区	856	559	297	858	631	227	799	603	196
西吉县	842	545	297	709	563	146	671	542	129
隆德县	314	190	124	260	196	64	190	147	43
泾源县	180	116	64	123	92	31	136	102	34
彭阳县	557	353	204	491	374	117	388	315	73
中卫市	**2551**	**1759**	**792**	**2157**	**1596**	**561**	**1797**	**1379**	**418**
沙坡头区	834	594	240	651	493	158	482	373	109
中宁县	839	571	268	646	461	185	480	344	136
海原县	878	594	284	860	642	218	835	662	173

5-2c 续表 3

单位：户

地区	40-44岁			45-49岁			50-54岁		
	小计	男	女	小计	男	女	小计	男	女
宁 夏	**11345**	**7622**	**3723**	**14501**	**9221**	**5280**	**16432**	**9890**	**6542**
银川市	**3154**	**2008**	**1146**	**4366**	**2733**	**1633**	**4856**	**2926**	**1930**
兴庆区	574	417	157	820	580	240	877	633	244
西夏区	172	102	70	250	138	112	275	143	132
金凤区	720	381	339	884	451	433	897	426	471
永宁县	575	382	193	790	512	278	977	570	407
贺兰县	658	411	247	866	525	341	1021	631	390
灵武市	455	315	140	756	527	229	809	523	286
石嘴山市	**910**	**653**	**257**	**1263**	**820**	**443**	**1603**	**959**	**644**
大武口区	78	47	31	191	119	72	223	143	80
惠农区	239	173	66	352	240	112	463	272	191
平罗县	593	433	160	720	461	259	917	544	373
吴忠市	**2688**	**1655**	**1033**	**3271**	**1931**	**1340**	**3622**	**2020**	**1602**
利通区	630	344	286	804	429	375	806	403	403
红寺堡区	354	201	153	412	211	201	398	203	195
盐池县	577	440	137	664	466	198	825	561	264
同心县	573	316	257	603	339	264	697	339	358
青铜峡市	554	354	200	788	486	302	896	514	382
固原市	**2584**	**1911**	**673**	**3154**	**2152**	**1002**	**3485**	**2238**	**1247**
原州区	870	598	272	1127	758	369	1020	635	385
西吉县	701	555	146	698	524	174	742	487	255
隆德县	274	209	65	454	288	166	652	413	239
泾源县	196	141	55	243	164	79	253	172	81
彭阳县	543	408	135	632	418	214	818	531	287
中卫市	**2009**	**1395**	**614**	**2447**	**1585**	**862**	**2866**	**1747**	**1119**
沙坡头区	558	390	168	811	538	273	1000	624	376
中宁县	612	380	232	893	557	336	1054	635	419
海原县	839	625	214	743	490	253	812	488	324

5-2c 续表 4 单位：户

地　区	55-59岁			60-64岁			65岁及以上		
	小计	男	女	小计	男	女	小计	男	女
宁　夏	**15127**	**8932**	**6195**	**11083**	**6076**	**5007**	**42586**	**16869**	**25717**
银川市	**4043**	**2311**	**1732**	**2583**	**1434**	**1149**	**9566**	**3481**	**6085**
兴庆区	648	430	218	342	210	132	1079	402	677
西夏区	191	121	70	116	78	38	425	175	250
金凤区	776	365	411	483	257	226	1200	443	757
永宁县	905	522	383	608	308	300	2728	922	1806
贺兰县	939	539	400	653	369	284	2763	1009	1754
灵武市	584	334	250	381	212	169	1371	530	841
石嘴山市	**1438**	**875**	**563**	**1109**	**625**	**484**	**4246**	**1565**	**2681**
大武口区	181	122	59	94	59	35	206	109	97
惠农区	363	208	155	290	166	124	1071	352	719
平罗县	894	545	349	725	400	325	2969	1104	1865
吴忠市	**3282**	**1790**	**1492**	**2474**	**1191**	**1283**	**9626**	**3436**	**6190**
利通区	684	343	341	545	240	305	2094	672	1422
红寺堡区	339	205	134	223	100	123	761	322	439
盐池县	748	424	324	492	263	229	1769	646	1123
同心县	617	313	304	490	221	269	2087	802	1285
青铜峡市	894	505	389	724	367	357	2915	994	1921
固原市	**3579**	**2302**	**1277**	**2744**	**1626**	**1118**	**10482**	**4979**	**5503**
原州区	1018	606	412	780	434	346	3198	1420	1778
西吉县	862	574	288	730	409	321	3026	1501	1525
隆德县	680	449	231	474	315	159	1489	755	734
泾源县	240	158	82	234	133	101	1074	467	607
彭阳县	779	515	264	526	335	191	1695	836	859
中卫市	**2785**	**1654**	**1131**	**2173**	**1200**	**973**	**8666**	**3408**	**5258**
沙坡头区	934	560	374	789	438	351	3085	1140	1945
中宁县	1066	649	417	798	461	337	3028	1170	1858
海原县	785	445	340	586	301	285	2553	1098	1455

5-3　各地区家庭户中民族混合户户数

单位：户、%

地　区	家庭户户　数	单一民族户		二个民族户		三个民族户		四个及以上民族户	
		户数	占家庭户比重	户数	占家庭户比重	户数	占家庭户比重	户数	占家庭户比重
宁　夏	**2535074**	**2465995**	**97.28**	**68506**	**2.70**	**568**	**0.02**	**5**	
银川市	**1030103**	**985856**	**95.70**	**43905**	**4.26**	**337**	**0.03**	**5**	
兴庆区	306830	291936	95.15	14813	4.83	81	0.03		
西夏区	137561	132166	96.08	5344	3.88	46	0.03	5	
金凤区	244007	228235	93.54	15673	6.42	99	0.04		
永宁县	116910	114723	98.13	2134	1.83	53	0.05		
贺兰县	126997	123191	97.00	3764	2.96	42	0.03		
灵武市	97798	95605	97.76	2177	2.23	16	0.02		
石嘴山市	**294617**	**286502**	**97.25**	**8081**	**2.74**	**34**	**0.01**		
大武口区	115259	111006	96.31	4241	3.68	12	0.01		
惠农区	73453	71257	97.01	2185	2.97	11	0.01		
平罗县	105905	104239	98.43	1655	1.56	11	0.01		
吴忠市	**470326**	**462168**	**98.27**	**8050**	**1.71**	**108**	**0.02**		
利通区	164635	160503	97.49	4117	2.50	15	0.01		
红寺堡区	56661	55869	98.60	787	1.39	5	0.01		
盐池县	59179	58450	98.77	706	1.19	23	0.04		
同心县	95666	94713	99.00	941	0.98	12	0.01		
青铜峡市	94185	92633	98.35	1499	1.59	53	0.06		
固原市	**376282**	**371412**	**98.71**	**4828**	**1.28**	**42**	**0.01**		
原州区	156014	153695	98.51	2296	1.47	23	0.01		
西吉县	95890	94654	98.71	1232	1.28	4			
隆德县	38776	38427	99.10	345	0.89	4	0.01		
泾源县	27656	27333	98.83	321	1.16	2	0.01		
彭阳县	57946	57303	98.89	634	1.09	9	0.02		
中卫市	**363746**	**360057**	**98.99**	**3642**	**1.00**	**47**	**0.01**		
沙坡头区	145876	144415	99.00	1439	0.99	22	0.02		
中宁县	115207	114120	99.06	1062	0.92	25	0.02		
海原县	102663	101522	98.89	1141	1.11				

5-3a 各地区家庭户中民族混合户户数(城市)

单位：户、%

地 区	家庭户户数	单一民族户		二个民族户		三个民族户		四个及以上民族户	
		户数	占家庭户比重	户数	占家庭户比重	户数	占家庭户比重	户数	占家庭户比重
宁 夏	**1084791**	**1040642**	**95.93**	**43950**	**4.05**	**194**	**0.02**	**5**	
银川市	**598765**	**566532**	**94.62**	**32057**	**5.35**	**171**	**0.03**	**5**	
兴庆区	234175	221662	94.66	12455	5.32	58	0.02		
西夏区	119456	114398	95.77	5019	4.20	34	0.03	5	
金凤区	197387	183911	93.17	13401	6.79	75	0.04		
永宁县									
贺兰县	1446	1388	95.99	58	4.01				
灵武市	46301	45173	97.56	1124	2.43	4	0.01		
石嘴山市	**149539**	**143779**	**96.15**	**5743**	**3.84**	**17**	**0.01**		
大武口区	100891	96869	96.01	4012	3.98	10	0.01		
惠农区	48648	46910	96.43	1731	3.56	7	0.01		
平罗县									
吴忠市	**171227**	**167189**	**97.64**	**4036**	**2.36**	**2**			
利通区	107683	104650	97.18	3031	2.81	2			
红寺堡区	20626	20353	98.68	273	1.32				
盐池县									
同心县									
青铜峡市	42918	42186	98.29	732	1.71				
固原市	**81844**	**80547**	**98.42**	**1294**	**1.58**	**3**			
原州区	81844	80547	98.42	1294	1.58	3			
西吉县									
隆德县									
泾源县									
彭阳县									
中卫市	**83416**	**82595**	**99.02**	**820**	**0.98**	**1**			
沙坡头区	83416	82595	99.02	820	0.98	1			
中宁县									
海原县									

5-3b　各地区家庭户中民族混合户户数(镇)

单位：户、%

地　区	家庭户户　数	单一民族户		二个民族户		三个民族户		四个及以上民族户	
		户数	占家庭户比重	户数	占家庭户比重	户数	占家庭户比重	户数	占家庭户比重
宁　夏	**580390**	**570281**	**98.26**	**10082**	**1.74**	**27**			
银川市	**227942**	**221313**	**97.09**	**6606**	**2.90**	**23**	**0.01**		
兴庆区	45723	43918	96.05	1797	3.93	8	0.02		
西夏区	4552	4511	99.10	41	0.90				
金凤区	3716	3678	98.98	38	1.02				
永宁县	72633	71040	97.81	1590	2.19	3			
贺兰县	79243	76456	96.48	2777	3.50	10	0.01		
灵武市	22075	21710	98.35	363	1.64	2	0.01		
石嘴山市	**81800**	**80465**	**98.37**	**1334**	**1.63**	**1**			
大武口区	6566	6485	98.77	80	1.22	1	0.02		
惠农区	12750	12513	98.14	237	1.86				
平罗县	62484	61467	98.37	1017	1.63				
吴忠市	**92092**	**91349**	**99.19**	**743**	**0.81**				
利通区	7870	7767	98.69	103	1.31				
红寺堡区	2193	2164	98.68	29	1.32				
盐池县	30638	30481	99.49	157	0.51				
同心县	40513	40282	99.43	231	0.57				
青铜峡市	10878	10655	97.95	223	2.05				
固原市	**80519**	**79861**	**99.18**	**658**	**0.82**				
原州区	6964	6929	99.50	35	0.50				
西吉县	28245	27939	98.92	306	1.08				
隆德县	14318	14251	99.53	67	0.47				
泾源县	9802	9708	99.04	94	0.96				
彭阳县	21190	21034	99.26	156	0.74				
中卫市	**98037**	**97293**	**99.24**	**741**	**0.76**	**3**			
沙坡头区	6456	6408	99.26	48	0.74				
中宁县	57096	56716	99.33	377	0.66	3	0.01		
海原县	34485	34169	99.08	316	0.92				

5-3c 各地区家庭户中民族混合户户数(乡村)

单位：户、%

地区	家庭户户数	单一民族户		二个民族户		三个民族户		四个及以上民族户	
		户数	占家庭户比重	户数	占家庭户比重	户数	占家庭户比重	户数	占家庭户比重
宁夏	**869893**	**855072**	**98.30**	**14474**	**1.66**	**347**	**0.04**		
银川市	**203396**	**198011**	**97.35**	**5242**	**2.58**	**143**	**0.07**		
兴庆区	26932	26356	97.86	561	2.08	15	0.06		
西夏区	13553	13257	97.82	284	2.10	12	0.09		
金凤区	42904	40646	94.74	2234	5.21	24	0.06		
永宁县	44277	43683	98.66	544	1.23	50	0.11		
贺兰县	46308	45347	97.92	929	2.01	32	0.07		
灵武市	29422	28722	97.62	690	2.35	10	0.03		
石嘴山市	**63278**	**62258**	**98.39**	**1004**	**1.59**	**16**	**0.03**		
大武口区	7802	7652	98.08	149	1.91	1	0.01		
惠农区	12055	11834	98.17	217	1.80	4	0.03		
平罗县	43421	42772	98.51	638	1.47	11	0.03		
吴忠市	**207007**	**203630**	**98.37**	**3271**	**1.58**	**106**	**0.05**		
利通区	49082	48086	97.97	983	2.00	13	0.03		
红寺堡区	33842	33352	98.55	485	1.43	5	0.01		
盐池县	28541	27969	98.00	549	1.92	23	0.08		
同心县	55153	54431	98.69	710	1.29	12	0.02		
青铜峡市	40389	39792	98.52	544	1.35	53	0.13		
固原市	**213919**	**211004**	**98.64**	**2876**	**1.34**	**39**	**0.02**		
原州区	67206	66219	98.53	967	1.44	20	0.03		
西吉县	67645	66715	98.63	926	1.37	4	0.01		
隆德县	24458	24176	98.85	278	1.14	4	0.02		
泾源县	17854	17625	98.72	227	1.27	2	0.01		
彭阳县	36756	36269	98.68	478	1.30	9	0.02		
中卫市	**182293**	**180169**	**98.83**	**2081**	**1.14**	**43**	**0.02**		
沙坡头区	56004	55412	98.94	571	1.02	21	0.04		
中宁县	58111	57404	98.78	685	1.18	22	0.04		
海原县	68178	67353	98.79	825	1.21				

5-4 各地区有60岁及以上人口的家庭户户数

单位：户

地区	合计	有一个60岁及以上人口的户				有二个60岁及以上人口的户				有三个60岁及以上人口的户
		小计	独自居住	只与未成年人口共同居住	其他	小计	只有一对60岁及以上夫妇居住	只有一对60岁及以上夫妇与未成年人口共同居住	其他	
宁　夏	**650246**	**348704**	**132159**	**4859**	**211686**	**298167**	**202915**	**9714**	**85538**	**3375**
银川市	**240161**	**126465**	**50118**	**1533**	**74814**	**112390**	**78625**	**3535**	**30230**	**1306**
兴庆区	72072	38383	16407	508	21468	33287	22860	1118	9309	402
西夏区	33735	18199	7596	201	10402	15339	10580	529	4230	197
金凤区	52201	26676	9595	308	16773	25220	17116	741	7363	305
永宁县	28205	14703	6033	170	8500	13392	10218	343	2831	110
贺兰县	30864	16364	6183	191	9990	14353	10236	458	3659	147
灵武市	23084	12140	4304	155	7681	10799	7615	346	2838	145
石嘴山市	**85378**	**46701**	**20523**	**434**	**25744**	**38202**	**28723**	**1065**	**8414**	**475**
大武口区	32905	18135	7665	145	10325	14564	10393	382	3789	206
惠农区	20993	12463	6151	114	6198	8411	6325	210	1876	119
平罗县	31480	16103	6707	175	9221	15227	12005	473	2749	150
吴忠市	**118051**	**61498**	**23389**	**894**	**37215**	**56027**	**39868**	**1678**	**14481**	**526**
利通区	40126	20827	7902	332	12593	19109	13672	595	4842	190
红寺堡区	12465	6915	1456	117	5342	5501	2742	233	2526	49
盐池县	15990	7885	3508	102	4275	8005	6487	161	1357	100
同心县	21664	11659	3890	189	7580	9930	6494	346	3090	75
青铜峡市	27806	14212	6633	154	7425	13482	10473	343	2666	112
固原市	**108736**	**62438**	**19779**	**1240**	**41419**	**45673**	**25999**	**1810**	**17864**	**625**
原州区	38765	22026	7576	389	14061	16549	10530	638	5381	190
西吉县	28620	16029	4505	411	11113	12409	5888	548	5973	182
隆德县	14448	8791	2678	132	5981	5579	2951	196	2432	78
泾源县	9208	5507	1838	104	3565	3647	2026	151	1470	54
彭阳县	17695	10085	3182	204	6699	7489	4604	277	2608	121
中卫市	**97920**	**51602**	**18350**	**758**	**32494**	**45875**	**29700**	**1626**	**14549**	**443**
沙坡头区	39898	20604	7974	235	12395	19140	13320	580	5240	154
中宁县	31955	17217	6265	212	10740	14583	9564	510	4509	155
海原县	26067	13781	4111	311	9359	12152	6816	536	4800	134

5-4a 各地区有60岁及以上人口的家庭户户数(城市)

单位：户

地区	合计	有一个60岁及以上人口的户				有二个60岁及以上人口的户				有三个60岁及以上人口的户
		小计	独自居住	只与未成年人口共同居住	其他	小计	只有一对60岁及以上夫妇居住	只有一对60岁及以上夫妇与未成年人口共同居住	其他	
宁夏	**247137**	**130452**	**54138**	**1707**	**74607**	**115332**	**80983**	**3825**	**30524**	**1353**
银川市	**137790**	**71321**	**29530**	**908**	**40883**	**65649**	**45253**	**2166**	**18230**	**820**
兴庆区	56393	29802	13153	416	16233	26274	18026	911	7337	317
西夏区	29471	15721	6937	162	8622	13577	9587	456	3534	173
金凤区	43006	21292	7763	266	13263	21443	14484	619	6340	271
永宁县										
贺兰县	253	124	46	3	75	125	88	6	31	4
灵武市	8667	4382	1631	61	2690	4230	3068	174	988	55
石嘴山市	**41408**	**23211**	**10704**	**201**	**12306**	**17952**	**12950**	**477**	**4525**	**245**
大武口区	29019	15627	7132	122	8373	13224	9672	336	3216	168
惠农区	12389	7584	3572	79	3933	4728	3278	141	1309	77
平罗县										
吴忠市	**34676**	**17810**	**7074**	**281**	**10455**	**16726**	**12435**	**572**	**3719**	**140**
利通区	22615	11726	4672	192	6862	10786	8073	369	2344	103
红寺堡区	3176	1661	384	39	1238	1504	863	68	573	11
盐池县										
同心县										
青铜峡市	8885	4423	2018	50	2355	4436	3499	135	802	26
固原市	**16171**	**9238**	**3131**	**193**	**5914**	**6847**	**4302**	**351**	**2194**	**86**
原州区	16171	9238	3131	193	5914	6847	4302	351	2194	86
西吉县										
隆德县										
泾源县										
彭阳县										
中卫市	**17092**	**8872**	**3699**	**124**	**5049**	**8158**	**6043**	**259**	**1856**	**62**
沙坡头区	17092	8872	3699	124	5049	8158	6043	259	1856	62
中宁县										
海原县										

5-4b 各地区有60岁及以上人口的家庭户户数(镇)

单位：户

地 区	合 计	有一个60岁及以上人口的户				有二个60岁及以上人口的户				有三个60岁及以上人口的户
		小计	独自居住	只与未成年人口共同居住	其他	小计	只有一对60岁及以上夫妇居住	只有一对60岁及以上夫妇与未成年人口共同居住	其他	
宁 夏	**120149**	**65429**	**24352**	**1231**	**39846**	**54194**	**37801**	**2090**	**14303**	**526**
银川市	**44009**	**23336**	**8439**	**303**	**14594**	**20473**	**14515**	**689**	**5269**	**200**
兴庆区	9019	4770	1833	56	2881	4200	2932	119	1149	49
西夏区	709	425	118	7	300	281	196	10	75	3
金凤区	885	457	149	4	304	424	303	19	102	4
永宁县	13316	7127	2697	91	4339	6136	4472	188	1476	53
贺兰县	15658	8190	2721	106	5363	7396	5068	291	2037	72
灵武市	4422	2367	921	39	1407	2036	1544	62	430	19
石嘴山市	**20056**	**10543**	**4464**	**122**	**5957**	**9419**	**7401**	**330**	**1688**	**94**
大武口区	1546	1005	233	10	762	533	300	22	211	8
惠农区	4225	2269	1218	22	1029	1930	1581	42	307	26
平罗县	14285	7269	3013	90	4166	6956	5520	266	1170	60
吴忠市	**19055**	**10231**	**4215**	**177**	**5839**	**8754**	**6276**	**278**	**2200**	**70**
利通区	2271	1170	591	18	561	1096	884	21	191	5
红寺堡区	322	190	88	1	101	132	105		27	
盐池县	5859	3050	1247	65	1738	2781	2052	95	634	28
同心县	7437	4070	1313	71	2686	3340	2113	127	1100	27
青铜峡市	3166	1751	976	22	753	1405	1122	35	248	10
固原市	**17147**	**10368**	**3422**	**384**	**6562**	**6691**	**3937**	**392**	**2362**	**88**
原州区	2083	1201	467	16	718	872	549	20	303	10
西吉县	5042	3037	749	215	2073	1982	982	162	838	23
隆德县	3650	2241	715	45	1481	1391	805	63	523	18
泾源县	2139	1377	530	36	811	746	439	42	265	16
彭阳县	4233	2512	961	72	1479	1700	1162	105	433	21
中卫市	**19882**	**10951**	**3812**	**245**	**6894**	**8857**	**5672**	**401**	**2784**	**74**
沙坡头区	2071	1100	401	14	685	962	591	32	339	9
中宁县	12113	6573	2439	101	4033	5496	3754	219	1523	44
海原县	5698	3278	972	130	2176	2399	1327	150	922	21

5-4c 各地区有60岁及以上人口的家庭户户数(乡村)

单位：户

地区	合计	有一个60岁及以上人口的户				有二个60岁及以上人口的户				有三个60岁及以上人口的户
		小计	独自居住	只与未成年人口共同居住	其他	小计	只有一对60岁及以上夫妇居住	只有一对60岁及以上夫妇与未成年人口共同居住	其他	
宁夏	**282960**	**152823**	**53669**	**1921**	**97233**	**128641**	**84131**	**3799**	**40711**	**1496**
银川市	**58362**	**31808**	**12149**	**322**	**19337**	**26268**	**18857**	**680**	**6731**	**286**
兴庆区	6660	3811	1421	36	2354	2813	1902	88	823	36
西夏区	3555	2053	541	32	1480	1481	797	63	621	21
金凤区	8310	4927	1683	38	3206	3353	2329	103	921	30
永宁县	14889	7576	3336	79	4161	7256	5746	155	1355	57
贺兰县	14953	8050	3416	82	4552	6832	5080	161	1591	71
灵武市	9995	5391	1752	55	3584	4533	3003	110	1420	71
石嘴山市	**23914**	**12947**	**5355**	**111**	**7481**	**10831**	**8372**	**258**	**2201**	**136**
大武口区	2340	1503	300	13	1190	807	421	24	362	30
惠农区	4379	2610	1361	13	1236	1753	1466	27	260	16
平罗县	17195	8834	3694	85	5055	8271	6485	207	1579	90
吴忠市	**64320**	**33457**	**12100**	**436**	**20921**	**30547**	**21157**	**828**	**8562**	**316**
利通区	15240	7931	2639	122	5170	7227	4715	205	2307	82
红寺堡区	8967	5064	984	77	4003	3865	1774	165	1926	38
盐池县	10131	4835	2261	37	2537	5224	4435	66	723	72
同心县	14227	7589	2577	118	4894	6590	4381	219	1990	48
青铜峡市	15755	8038	3639	82	4317	7641	5852	173	1616	76
固原市	**75418**	**42832**	**13226**	**663**	**28943**	**32135**	**17760**	**1067**	**13308**	**451**
原州区	20511	11587	3978	180	7429	8830	5679	267	2884	94
西吉县	23578	12992	3756	196	9040	10427	4906	386	5135	159
隆德县	10798	6550	1963	87	4500	4188	2146	133	1909	60
泾源县	7069	4130	1308	68	2754	2901	1587	109	1205	38
彭阳县	13462	7573	2221	132	5220	5789	3442	172	2175	100
中卫市	**60946**	**31779**	**10839**	**389**	**20551**	**28860**	**17985**	**966**	**9909**	**307**
沙坡头区	20735	10632	3874	97	6661	10020	6686	289	3045	83
中宁县	19842	10644	3826	111	6707	9087	5810	291	2986	111
海原县	20369	10503	3139	181	7183	9753	5489	386	3878	113

5–5　各地区有65岁及以上人口的家庭户户数

单位：户

地　区	合　计	有一个65岁及以上人口的户				有二个65岁及以上人口的户				有三个65岁及以上人口的户
		小计	独自居住	只与未成年人口共同居住	其他	小计	只有一对65岁及以上夫妇居住	只有一对65岁及以上夫妇与未成年人口共同居住	其他	
宁　夏	**486507**	**293887**	**104492**	**3124**	**186271**	**191505**	**133148**	**4490**	**53867**	**1115**
银川市	**174059**	**103559**	**38813**	**927**	**63819**	**70056**	**51008**	**1506**	**17542**	**444**
兴庆区	52895	31336	12652	309	18375	21423	15421	522	5480	136
西夏区	24828	15057	6065	124	8868	9701	7019	235	2447	70
金凤区	35437	20782	7010	169	13603	14553	10379	275	3899	102
永宁县	21209	12579	4848	119	7612	8599	6758	142	1699	31
贺兰县	22078	13349	4842	102	8405	8680	6381	179	2120	49
灵武市	17612	10456	3396	104	6956	7100	5050	153	1897	56
石嘴山市	**64514**	**39868**	**16632**	**274**	**22962**	**24499**	**18736**	**489**	**5274**	**147**
大武口区	24975	15373	6197	91	9085	9531	6979	173	2379	71
惠农区	15924	10393	4964	65	5364	5498	4243	99	1156	33
平罗县	23615	14102	5471	118	8513	9470	7514	217	1739	43
吴忠市	**89324**	**52957**	**18726**	**555**	**33676**	**36197**	**26045**	**762**	**9390**	**170**
利通区	30874	18351	6396	210	11745	12459	9065	262	3132	64
红寺堡区	9401	5792	1109	72	4611	3589	1785	117	1687	20
盐池县	11603	6574	2726	60	3788	5004	4085	64	855	25
同心县	16262	9802	3135	114	6553	6434	4337	159	1938	26
青铜峡市	21184	12438	5360	99	6979	8711	6773	160	1778	35
固原市	**84841**	**53566**	**15664**	**847**	**37055**	**31062**	**17878**	**956**	**12228**	**213**
原州区	29791	18751	6011	249	12491	10982	7185	337	3460	58
西吉县	22644	13940	3623	304	10013	8644	4152	321	4171	60
隆德县	11294	7404	2048	80	5276	3865	2011	86	1768	25
泾源县	7280	4845	1513	79	3253	2414	1384	65	965	21
彭阳县	13832	8626	2469	135	6022	5157	3146	147	1864	49
中卫市	**73769**	**43937**	**14657**	**521**	**28759**	**29691**	**19481**	**777**	**9433**	**141**
沙坡头区	29514	17377	6393	157	10827	12092	8572	243	3277	45
中宁县	23945	14502	4968	134	9400	9394	6258	240	2896	49
海原县	20310	12058	3296	230	8532	8205	4651	294	3260	47

5-5a 各地区有65岁及以上人口的家庭户户数(城市)

单位：户

地区	合计	有一个65岁及以上人口的户				有二个65岁及以上人口的户				有三个65岁及以上人口的户
		小计	独自居住	只与未成年人口共同居住	其他	小计	只有一对65岁及以上夫妇居住	只有一对65岁及以上夫妇与未成年人口共同居住	其他	
宁夏	**181876**	**108160**	**42712**	**1024**	**64424**	**73261**	**53795**	**1699**	**17767**	**455**
银川市	**99106**	**57899**	**22800**	**539**	**34560**	**40923**	**29721**	**947**	**10255**	**284**
兴庆区	41557	24355	10214	248	13893	17090	12347	444	4299	112
西夏区	21643	13011	5548	103	7360	8572	6381	195	1996	60
金凤区	29133	16668	5700	144	10824	12373	8808	228	3337	92
永宁县										
贺兰县	172	101	36	1	64	71	53	3	15	
灵武市	6601	3764	1302	43	2419	2817	2132	77	608	20
石嘴山市	**31582**	**19731**	**8680**	**122**	**10929**	**11771**	**8781**	**217**	**2773**	**80**
大武口区	22204	13462	5822	75	7565	8682	6554	153	1975	60
惠农区	9378	6269	2858	47	3364	3089	2227	64	798	20
平罗县										
吴忠市	**26471**	**15460**	**5768**	**170**	**9522**	**10964**	**8369**	**248**	**2347**	**47**
利通区	17357	10268	3819	114	6335	7055	5435	157	1463	34
红寺堡区	2316	1353	289	23	1041	961	570	34	357	2
盐池县										
同心县										
青铜峡市	6798	3839	1660	33	2146	2948	2364	57	527	11
固原市	**12108**	**7655**	**2447**	**114**	**5094**	**4431**	**2949**	**183**	**1299**	**22**
原州区	12108	7655	2447	114	5094	4431	2949	183	1299	22
西吉县										
隆德县										
泾源县										
彭阳县										
中卫市	**12609**	**7415**	**3017**	**79**	**4319**	**5172**	**3975**	**104**	**1093**	**22**
沙坡头区	12609	7415	3017	79	4319	5172	3975	104	1093	22
中宁县										
海原县										

5-5b 各地区有65岁及以上人口的家庭户户数(镇)

单位：户

地区	合计	有一个65岁及以上人口的户				有二个65岁及以上人口的户				有三个65岁及以上人口的户
		小计	独自居住	只与未成年人口共同居住	其他	小计	只有一对65岁及以上夫妇居住	只有一对65岁及以上夫妇与未成年人口共同居住	其他	
宁 夏	**89194**	**54386**	**19194**	**790**	**34402**	**34636**	**24954**	**964**	**8718**	**172**
银川市	**31242**	**18694**	**6447**	**183**	**12064**	**12484**	**9230**	**285**	**2969**	**64**
兴庆区	6404	3851	1359	37	2455	2540	1827	46	667	13
西夏区	512	337	92	3	242	174	120	7	47	1
金凤区	637	384	110	2	272	250	181	9	60	3
永宁县	9657	5753	2120	63	3570	3894	2982	80	832	10
贺兰县	10677	6355	2043	52	4260	4295	3090	118	1087	27
灵武市	3355	2014	723	26	1265	1331	1030	25	276	10
石嘴山市	**15413**	**9107**	**3706**	**76**	**5325**	**6278**	**5045**	**155**	**1078**	**28**
大武口区	1111	759	169	7	583	350	190	13	147	2
惠农区	3354	2001	1035	10	956	1345	1103	21	221	8
平罗县	10948	6347	2502	59	3786	4583	3752	121	710	18
吴忠市	**14331**	**8690**	**3332**	**104**	**5254**	**5620**	**4118**	**118**	**1384**	**21**
利通区	1776	1085	483	13	589	690	565	10	115	1
红寺堡区	217	140	59		81	77	60		17	
盐池县	4232	2488	957	36	1495	1737	1322	37	378	7
同心县	5639	3483	1048	42	2393	2146	1389	55	702	10
青铜峡市	2467	1494	785	13	696	970	782	16	172	3
固原市	**13497**	**8899**	**2735**	**269**	**5895**	**4565**	**2758**	**224**	**1583**	**33**
原州区	1601	1001	366	10	625	596	376	13	207	4
西吉县	3956	2609	597	153	1859	1339	672	101	566	8
隆德县	2886	1925	559	28	1338	954	563	27	364	7
泾源县	1662	1184	439	27	718	472	276	20	176	6
彭阳县	3392	2180	774	51	1355	1204	871	63	270	8
中卫市	**14711**	**8996**	**2974**	**158**	**5864**	**5689**	**3803**	**182**	**1704**	**26**
沙坡头区	1498	881	291	10	580	613	383	11	219	4
中宁县	8889	5383	1940	57	3386	3491	2512	95	884	15
海原县	4324	2732	743	91	1898	1585	908	76	601	7

5-5c 各地区有65岁及以上人口的家庭户户数(乡村)

单位：户

地　区	合　计	有一个65岁及以上人口的户				有二个65岁及以上人口的户				有三个65岁及以上人口的户
		小计	独自居住	只与未成年人口共同居住	其他	小计	只有一对65岁及以上夫妇居住	只有一对65岁及以上夫妇与未成年人口共同居住	其他	
宁　夏	**215437**	**131341**	**42586**	**1310**	**87445**	**83608**	**54399**	**1827**	**27382**	**488**
银川市	**43711**	**26966**	**9566**	**205**	**17195**	**16649**	**12057**	**274**	**4318**	**96**
兴庆区	4934	3130	1079	24	2027	1793	1247	32	514	11
西夏区	2673	1709	425	18	1266	955	518	33	404	9
金凤区	5667	3730	1200	23	2507	1930	1390	38	502	7
永宁县	11552	6826	2728	56	4042	4705	3776	62	867	21
贺兰县	11229	6893	2763	49	4081	4314	3238	58	1018	22
灵武市	7656	4678	1371	35	3272	2952	1888	51	1013	26
石嘴山市	**17519**	**11030**	**4246**	**76**	**6708**	**6450**	**4910**	**117**	**1423**	**39**
大武口区	1660	1152	206	9	937	499	235	7	257	9
惠农区	3192	2123	1071	8	1044	1064	913	14	137	5
平罗县	12667	7755	2969	59	4727	4887	3762	96	1029	25
吴忠市	**48522**	**28807**	**9626**	**281**	**18900**	**19613**	**13558**	**396**	**5659**	**102**
利通区	11741	6998	2094	83	4821	4714	3065	95	1554	29
红寺堡区	6868	4299	761	49	3489	2551	1155	83	1313	18
盐池县	7371	4086	1769	24	2293	3267	2763	27	477	18
同心县	10623	6319	2087	72	4160	4288	2948	104	1236	16
青铜峡市	11919	7105	2915	53	4137	4793	3627	87	1079	21
固原市	**59236**	**37012**	**10482**	**464**	**26066**	**22066**	**12171**	**549**	**9346**	**158**
原州区	16082	10095	3198	125	6772	5955	3860	141	1954	32
西吉县	18688	11331	3026	151	8154	7305	3480	220	3605	52
隆德县	8408	5479	1489	52	3938	2911	1448	59	1404	18
泾源县	5618	3661	1074	52	2535	1942	1108	45	789	15
彭阳县	10440	6446	1695	84	4667	3953	2275	84	1594	41
中卫市	**46449**	**27526**	**8666**	**284**	**18576**	**18830**	**11703**	**491**	**6636**	**93**
沙坡头区	15407	9081	3085	68	5928	6307	4214	128	1965	19
中宁县	15056	9119	3028	77	6014	5903	3746	145	2012	34
海原县	15986	9326	2553	139	6634	6620	3743	218	2659	40

5–6　各地区有80岁及以上人口的家庭户户数

单位：户

地　区	合　计	有一个80岁及以上人口的户				有二个80岁及以上人口的户				有三个80岁及以上人口的户
		小计	独自居住	只与未成年人口共同居住	其他	小计	只有一对80岁及以上夫妇居住	只有一对80岁及以上夫妇与未成年人口共同居住	其他	
宁　夏	**97889**	**86912**	**25356**	**281**	**61275**	**10953**	**7185**	**50**	**3718**	**24**
银川市	**35864**	**31410**	**10175**	**67**	**21168**	**4448**	**3177**	**11**	**1260**	**6**
兴庆区	11937	10271	3653	26	6592	1662	1194	2	466	4
西夏区	6159	5304	1937	11	3356	855	654	1	200	
金凤区	7080	6088	1816	7	4265	991	696	6	289	1
永宁县	3463	3198	989	8	2201	265	195		70	
贺兰县	3679	3340	973	9	2358	338	236	1	101	1
灵武市	3546	3209	807	6	2396	337	202	1	134	
石嘴山市	**15096**	**13380**	**4691**	**21**	**8668**	**1709**	**1239**	**6**	**464**	**7**
大武口区	6287	5404	1826	4	3574	878	636		242	5
惠农区	4463	4003	1564	8	2431	460	319	3	138	
平罗县	4346	3973	1301	9	2663	371	284	3	84	2
吴忠市	**16953**	**15123**	**4321**	**53**	**10749**	**1825**	**1173**	**11**	**641**	**5**
利通区	6143	5451	1579	23	3849	691	469	4	218	1
红寺堡区	1727	1549	253	7	1289	177	82	2	93	1
盐池县	2108	1895	608	2	1285	211	151		60	2
同心县	3224	2813	739	10	2064	411	238	4	169	
青铜峡市	3751	3415	1142	11	2262	335	233	1	101	1
固原市	**16464**	**14807**	**2963**	**87**	**11757**	**1654**	**807**	**10**	**837**	**3**
原州区	5768	5224	1211	29	3984	544	314	3	227	
西吉县	4575	4046	740	28	3278	527	210	5	312	2
隆德县	2130	1928	327	5	1596	201	89	1	111	1
泾源县	1336	1226	309	12	905	110	62		48	
彭阳县	2655	2383	376	13	1994	272	132	1	139	
中卫市	**13512**	**12192**	**3206**	**53**	**8933**	**1317**	**789**	**12**	**516**	**3**
沙坡头区	5269	4805	1414	15	3376	463	319	2	142	1
中宁县	4198	3796	1053	10	2733	401	242	3	156	1
海原县	4045	3591	739	28	2824	453	228	7	218	1

5-6a 各地区有80岁及以上人口的家庭户户数(城市)

单位：户

地 区	合 计	有一个80岁及以上人口的户				有二个80岁及以上人口的户				有三个80岁及以上人口的户
		小计	独自居住	只与未成年人口共同居住	其他	小计	只有一对80岁及以上夫妇居住	只有一对80岁及以上夫妇与未成年人口共同居住	其他	
宁 夏	**41279**	**35674**	**12312**	**61**	**23301**	**5593**	**4072**	**19**	**1502**	**12**
银川市	**22512**	**19211**	**6786**	**37**	**12388**	**3296**	**2405**	**10**	**881**	**5**
兴庆区	9732	8297	3069	22	5206	1431	1030	2	399	4
西夏区	5539	4733	1823	9	2901	806	626	1	179	
金凤区	5941	5028	1559	6	3463	912	647	6	259	1
永宁县										
贺兰县	24	23	8		15	1	1			
灵武市	1276	1130	327		803	146	101	1	44	
石嘴山市	**8791**	**7595**	**2775**	**8**	**4812**	**1192**	**860**	**3**	**329**	**4**
大武口区	5804	4960	1766	4	3190	840	620		220	4
惠农区	2987	2635	1009	4	1622	352	240	3	109	
平罗县										
吴忠市	**5065**	**4467**	**1398**	**5**	**3064**	**596**	**430**	**4**	**162**	**2**
利通区	3420	2996	954	3	2039	424	313	3	108	
红寺堡区	452	393	67		326	58	32		26	1
盐池县										
同心县										
青铜峡市	1193	1078	377	2	699	114	85	1	28	1
固原市	**2504**	**2234**	**560**	**7**	**1667**	**270**	**179**	**2**	**89**	
原州区	2504	2234	560	7	1667	270	179	2	89	
西吉县										
隆德县										
泾源县										
彭阳县										
中卫市	**2407**	**2167**	**793**	**4**	**1370**	**239**	**198**		**41**	**1**
沙坡头区	2407	2167	793	4	1370	239	198		41	1
中宁县										
海原县										

5-6b 各地区有80岁及以上人口的家庭户户数(镇)

单位：户

地 区	合 计	有一个80岁及以上人口的户				有二个80岁及以上人口的户				有三个80岁及以上人口的户
		小计	独自居住	只与未成年人口共同居住	其他	小计	只有一对80岁及以上夫妇居住	只有一对80岁及以上夫妇与未成年人口共同居住	其他	
宁 夏	**16684**	**14951**	**4274**	**54**	**10623**	**1729**	**1180**	**9**	**540**	**4**
银川市	**5357**	**4804**	**1366**	**6**	**3432**	**552**	**404**		**148**	**1**
兴庆区	1260	1105	329	2	774	155	114		41	
西夏区	101	93	15		78	8	7		1	
金凤区	124	114	24		90	10	5		5	
永宁县	1554	1415	448	1	966	139	110		29	
贺兰县	1675	1495	385	3	1107	179	129		50	1
灵武市	643	582	165		417	61	39		22	
石嘴山市	**3152**	**2854**	**920**	**4**	**1930**	**297**	**225**	**2**	**70**	**1**
大武口区	205	189	35		154	16	7		9	
惠农区	773	704	262	2	440	69	48		21	
平罗县	2174	1961	623	2	1336	212	170	2	40	1
吴忠市	**2827**	**2492**	**793**	**10**	**1689**	**333**	**225**	**2**	**106**	**2**
利通区	317	286	101	3	182	31	27		4	
红寺堡区	30	28	16		12	2	2			
盐池县	812	726	228	2	496	84	59		25	2
同心县	1143	988	247	4	737	155	87	2	66	
青铜峡市	525	464	201	1	262	61	50		11	
固原市	**2657**	**2389**	**505**	**19**	**1865**	**268**	**150**	**3**	**115**	
原州区	282	263	64	3	196	19	6		13	
西吉县	781	699	113	7	579	82	39	2	41	
隆德县	582	515	102	2	411	67	34	1	32	
泾源县	348	328	107	3	218	20	13		7	
彭阳县	664	584	119	4	461	80	58		22	
中卫市	**2691**	**2412**	**690**	**15**	**1707**	**279**	**176**	**2**	**101**	
沙坡头区	254	236	62	2	172	18	9		9	
中宁县	1574	1417	452	3	962	157	117	1	39	
海原县	863	759	176	10	573	104	50	1	53	

5-6c 各地区有80岁及以上人口的家庭户户数(乡村)

单位：户

地区	合计	有一个80岁及以上人口的户				有二个80岁及以上人口的户				有三个80岁及以上人口的户
		小计	独自居住	只与未成年人口共同居住	其他	小计	只有一对80岁及以上夫妇居住	只有一对80岁及以上夫妇与未成年人口共同居住	其他	
宁夏	**39926**	**36287**	**8770**	**166**	**27351**	**3631**	**1933**	**22**	**1676**	**8**
银川市	**7995**	**7395**	**2023**	**24**	**5348**	**600**	**368**	**1**	**231**	
兴庆区	945	869	255	2	612	76	50		26	
西夏区	519	478	99	2	377	41	21		20	
金凤区	1015	946	233	1	712	69	44		25	
永宁县	1909	1783	541	7	1235	126	85		41	
贺兰县	1980	1822	580	6	1236	158	106	1	51	
灵武市	1627	1497	315	6	1176	130	62		68	
石嘴山市	**3153**	**2931**	**996**	**9**	**1926**	**220**	**154**	**1**	**65**	**2**
大武口区	278	255	25		230	22	9		13	1
惠农区	703	664	293	2	369	39	31		8	
平罗县	2172	2012	678	7	1327	159	114	1	44	1
吴忠市	**9061**	**8164**	**2130**	**38**	**5996**	**896**	**518**	**5**	**373**	**1**
利通区	2406	2169	524	17	1628	236	129	1	106	1
红寺堡区	1245	1128	170	7	951	117	48	2	67	
盐池县	1296	1169	380		789	127	92		35	
同心县	2081	1825	492	6	1327	256	151	2	103	
青铜峡市	2033	1873	564	8	1301	160	98		62	
固原市	**11303**	**10184**	**1898**	**61**	**8225**	**1116**	**478**	**5**	**633**	**3**
原州区	2982	2727	587	19	2121	255	129	1	125	
西吉县	3794	3347	627	21	2699	445	171	3	271	2
隆德县	1548	1413	225	3	1185	134	55		79	1
泾源县	988	898	202	9	687	90	49		41	
彭阳县	1991	1799	257	9	1533	192	74	1	117	
中卫市	**8414**	**7613**	**1723**	**34**	**5856**	**799**	**415**	**10**	**374**	**2**
沙坡头区	2608	2402	559	9	1834	206	112	2	92	
中宁县	2624	2379	601	7	1771	244	125	2	117	1
海原县	3182	2832	563	18	2251	349	178	6	165	1

第一部分　全部数据资料

第六卷　死亡

6-1　各地区分年龄、性别的死亡人口
(2019.11.1—2020.10.31)

单位：人

地　区	死亡人口			0岁		
	合计	男	女	小计	男	女
宁　夏	**36387**	**20955**	**15432**	**281**	**143**	**138**
银川市	**10995**	**6330**	**4665**	**61**	**35**	**26**
兴庆区	3093	1784	1309	16	9	7
西夏区	1733	1038	695	7	3	4
金凤区	1717	993	724	13	5	8
永宁县	1546	861	685	4	3	1
贺兰县	1497	876	621	12	9	3
灵武市	1409	778	631	9	6	3
石嘴山市	**5613**	**3315**	**2298**	**17**	**6**	**11**
大武口区	1907	1151	756	5	4	1
惠农区	1589	942	647	1		1
平罗县	2117	1222	895	11	2	9
吴忠市	**7240**	**4114**	**3126**	**59**	**32**	**27**
利通区	2306	1314	992	12	7	5
红寺堡区	882	527	355	7	4	3
盐池县	848	509	339	3	2	1
同心县	1506	793	713	26	13	13
青铜峡市	1698	971	727	11	6	5
固原市	**6672**	**3860**	**2812**	**65**	**33**	**32**
原州区	2247	1321	926	24	13	11
西吉县	1816	1029	787	27	13	14
隆德县	874	527	347	5	2	3
泾源县	668	379	289	5	4	1
彭阳县	1067	604	463	4	1	3
中卫市	**5867**	**3336**	**2531**	**79**	**37**	**42**
沙坡头区	2281	1331	950	26	13	13
中宁县	1837	1040	797	22	10	12
海原县	1749	965	784	31	14	17

6-1 续表 1

单位：人

地 区	1-4岁			5-9岁			10-14岁		
	小计	男	女	小计	男	女	小计	男	女
宁 夏	**212**	**105**	**107**	**117**	**70**	**47**	**167**	**105**	**62**
银川市	**41**	**22**	**19**	**25**	**9**	**16**	**30**	**22**	**8**
兴庆区	11	5	6	6	1	5	5	4	1
西夏区	7	4	3	4	2	2	5	3	2
金凤区	9	9		7	3	4	4	4	
永宁县	5	3	2	4	2	2	6	4	2
贺兰县	5		5				5	5	
灵武市	4	1	3	4	1	3	5	2	3
石嘴山市	**13**	**8**	**5**	**10**	**6**	**4**	**8**	**7**	**1**
大武口区	4	1	3	2	1	1	2	2	
惠农区	4	3	1				1	1	
平罗县	5	4	1	8	5	3	5	4	1
吴忠市	**67**	**32**	**35**	**39**	**24**	**15**	**55**	**31**	**24**
利通区	8	6	2	9	6	3	14	9	5
红寺堡区	10	6	4	6	4	2	8	6	2
盐池县	3	2	1	4	2	2	4	2	2
同心县	33	12	21	15	9	6	24	11	13
青铜峡市	13	6	7	5	3	2	5	3	2
固原市	**46**	**21**	**25**	**27**	**20**	**7**	**36**	**22**	**14**
原州区	21	9	12	7	6	1	13	8	5
西吉县	13	6	7	12	9	3	14	7	7
隆德县				1	1		4	3	1
泾源县	3	2	1	5	3	2	2	2	
彭阳县	9	4	5	2	1	1	3	2	1
中卫市	**45**	**22**	**23**	**16**	**11**	**5**	**38**	**23**	**15**
沙坡头区	8	5	3	5	5		9	2	7
中宁县	16	7	9	4	3	1	7	6	1
海原县	21	10	11	7	3	4	22	15	7

6-1　续表 2　　　　单位：人

地　区	15–19岁			20–24岁			25–29岁		
	小计	男	女	小计	男	女	小计	男	女
宁　夏	**179**	**129**	**50**	**207**	**127**	**80**	**308**	**222**	**86**
银川市	**42**	**33**	**9**	**39**	**20**	**19**	**79**	**61**	**18**
兴庆区	12	7	5	5	4	1	17	13	4
西夏区	6	6		8	2	6	9	7	2
金凤区	9	6	3	10	4	6	6	3	3
永宁县	4	4		3	2	1	7	4	3
贺兰县	2	2		4	2	2	19	15	4
灵武市	9	8	1	9	6	3	21	19	2
石嘴山市	**15**	**8**	**7**	**25**	**14**	**11**	**30**	**22**	**8**
大武口区	4	1	3	5	4	1	8	7	1
惠农区	2	2		2		2	5	4	1
平罗县	9	5	4	18	10	8	17	11	6
吴忠市	**46**	**34**	**12**	**46**	**31**	**15**	**83**	**59**	**24**
利通区	14	10	4	10	5	5	22	16	6
红寺堡区	9	7	2	8	6	2	17	12	5
盐池县	1		1	5	5		13	9	4
同心县	18	14	4	19	12	7	19	12	7
青铜峡市	4	3	1	4	3	1	12	10	2
固原市	**37**	**24**	**13**	**53**	**32**	**21**	**60**	**42**	**18**
原州区	6	3	3	26	15	11	20	9	11
西吉县	21	16	5	12	9	3	23	17	6
隆德县	2	1	1	7	5	2	4	3	1
泾源县	1		1	5	2	3	4	4	
彭阳县	7	4	3	3	1	2	9	9	
中卫市	**39**	**30**	**9**	**44**	**30**	**14**	**56**	**38**	**18**
沙坡头区	9	6	3	13	8	5	8	5	3
中宁县	12	10	2	13	7	6	20	14	6
海原县	18	14	4	18	15	3	28	19	9

6-1 续表 3

单位：人

地　区	30-34岁			35-39岁			40-44岁		
	小计	男	女	小计	男	女	小计	男	女
宁　夏	**453**	**305**	**148**	**501**	**338**	**163**	**791**	**561**	**230**
银川市	**128**	**88**	**40**	**131**	**95**	**36**	**223**	**156**	**67**
兴庆区	33	24	9	31	20	11	62	47	15
西夏区	21	15	6	20	16	4	28	21	7
金凤区	28	21	7	18	13	5	43	33	10
永宁县	13	10	3	31	26	5	24	15	9
贺兰县	13	8	5	15	11	4	35	20	15
灵武市	20	10	10	16	9	7	31	20	11
石嘴山市	**55**	**44**	**11**	**67**	**44**	**23**	**123**	**94**	**29**
大武口区	8	7	1	26	18	8	29	23	6
惠农区	23	15	8	15	10	5	38	26	12
平罗县	24	22	2	26	16	10	56	45	11
吴忠市	**109**	**69**	**40**	**109**	**69**	**40**	**167**	**120**	**47**
利通区	26	14	12	34	23	11	40	30	10
红寺堡区	17	11	6	16	6	10	22	17	5
盐池县	11	8	3	13	11	2	24	13	11
同心县	31	19	12	27	20	7	35	26	9
青铜峡市	24	17	7	19	9	10	46	34	12
固原市	**82**	**50**	**32**	**93**	**59**	**34**	**148**	**102**	**46**
原州区	29	18	11	28	21	7	53	39	14
西吉县	29	19	10	21	10	11	39	23	16
隆德县	7	4	3	14	8	6	13	9	4
泾源县	6	3	3	16	14	2	16	13	3
彭阳县	11	6	5	14	6	8	27	18	9
中卫市	**79**	**54**	**25**	**101**	**71**	**30**	**130**	**89**	**41**
沙坡头区	21	16	5	38	27	11	45	29	16
中宁县	31	20	11	30	24	6	45	32	13
海原县	27	18	9	33	20	13	40	28	12

6-1 续表 4 单位：人

地区	45-49岁			50-54岁			55-59岁		
	小计	男	女	小计	男	女	小计	男	女
宁 夏	**1214**	**842**	**372**	**1594**	**1097**	**497**	**1858**	**1238**	**620**
银川市	**369**	**238**	**131**	**520**	**349**	**171**	**614**	**415**	**199**
兴庆区	103	68	35	134	82	52	150	110	40
西夏区	53	36	17	97	61	36	100	69	31
金凤区	44	28	16	87	55	32	108	72	36
永宁县	51	31	20	65	44	21	98	67	31
贺兰县	64	40	24	65	51	14	82	51	31
灵武市	54	35	19	72	56	16	76	46	30
石嘴山市	**210**	**143**	**67**	**255**	**193**	**62**	**293**	**202**	**91**
大武口区	81	55	26	98	71	27	98	70	28
惠农区	58	41	17	78	62	16	78	59	19
平罗县	71	47	24	79	60	19	117	73	44
吴忠市	**254**	**176**	**78**	**323**	**203**	**120**	**335**	**230**	**105**
利通区	105	70	35	105	69	36	109	74	35
红寺堡区	20	17	3	41	24	17	42	31	11
盐池县	31	24	7	36	23	13	33	26	7
同心县	35	20	15	57	30	27	61	36	25
青铜峡市	63	45	18	84	57	27	90	63	27
固原市	**176**	**130**	**46**	**241**	**170**	**71**	**338**	**229**	**109**
原州区	56	37	19	62	48	14	129	95	34
西吉县	48	34	14	70	44	26	78	46	32
隆德县	24	20	4	34	25	9	50	35	15
泾源县	14	12	2	15	15		27	19	8
彭阳县	34	27	7	60	38	22	54	34	20
中卫市	**205**	**155**	**50**	**255**	**182**	**73**	**278**	**162**	**116**
沙坡头区	80	64	16	108	82	26	114	68	46
中宁县	70	53	17	79	54	25	96	50	46
海原县	55	38	17	68	46	22	68	44	24

6-1 续表 5

单位：人

地　区	60-64岁			65-69岁			70-74岁		
	小计	男	女	小计	男	女	小计	男	女
宁　夏	**2226**	**1445**	**781**	**3561**	**2186**	**1375**	**4233**	**2402**	**1831**
银川市	**674**	**444**	**230**	**1086**	**686**	**400**	**1193**	**699**	**494**
兴庆区	195	129	66	254	174	80	332	219	113
西夏区	111	83	28	153	101	52	168	97	71
金凤区	110	67	43	171	106	65	154	81	73
永宁县	94	65	29	176	115	61	185	99	86
贺兰县	97	63	34	185	110	75	188	110	78
灵武市	67	37	30	147	80	67	166	93	73
石嘴山市	**370**	**255**	**115**	**527**	**319**	**208**	**605**	**332**	**273**
大武口区	120	85	35	178	118	60	211	127	84
惠农区	93	68	25	137	83	54	137	69	68
平罗县	157	102	55	212	118	94	257	136	121
吴忠市	**409**	**250**	**159**	**734**	**435**	**299**	**868**	**485**	**383**
利通区	126	72	54	237	140	97	277	151	126
红寺堡区	53	36	17	78	53	25	84	51	33
盐池县	53	37	16	75	46	29	113	65	48
同心县	71	43	28	143	85	58	175	87	88
青铜峡市	106	62	44	201	111	90	219	131	88
固原市	**410**	**265**	**145**	**662**	**411**	**251**	**873**	**511**	**362**
原州区	146	87	59	216	133	83	274	159	115
西吉县	87	59	28	169	103	66	223	137	86
隆德县	59	44	15	100	71	29	135	78	57
泾源县	33	21	12	72	35	37	104	56	48
彭阳县	85	54	31	105	69	36	137	81	56
中卫市	**363**	**231**	**132**	**552**	**335**	**217**	**694**	**375**	**319**
沙坡头区	152	105	47	221	133	88	271	154	117
中宁县	117	75	42	184	116	68	194	105	89
海原县	94	51	43	147	86	61	229	116	113

6-1　续表 6　　　　　　　　　　　　　　　　　　　　　　　　　　单位：人

地　　区	75-79岁			80-84岁			85-89岁		
	小计	男	女	小计	男	女	小计	男	女
宁　夏	**5849**	**3212**	**2637**	**6443**	**3282**	**3161**	**4277**	**2186**	**2091**
银川市	**1649**	**857**	**792**	**1942**	**1012**	**930**	**1441**	**722**	**719**
兴庆区	414	202	212	594	277	317	465	251	214
西夏区	231	114	117	336	194	142	243	136	107
金凤区	240	137	103	318	177	141	234	120	114
永宁县	287	157	130	249	121	128	179	59	120
贺兰县	233	122	111	234	136	98	160	81	79
灵武市	244	125	119	211	107	104	160	75	85
石嘴山市	**904**	**516**	**388**	**1063**	**562**	**501**	**693**	**373**	**320**
大武口区	320	170	150	377	209	168	232	130	102
惠农区	257	154	103	317	164	153	212	109	103
平罗县	327	192	135	369	189	180	249	134	115
吴忠市	**1116**	**621**	**495**	**1235**	**626**	**609**	**817**	**406**	**411**
利通区	318	191	127	396	195	201	281	141	140
红寺堡区	155	88	67	159	71	88	91	52	39
盐池县	159	83	76	150	92	58	88	46	42
同心县	240	125	115	244	119	125	154	67	87
青铜峡市	244	134	110	286	149	137	203	100	103
固原市	**1164**	**643**	**521**	**1157**	**583**	**574**	**746**	**395**	**351**
原州区	370	216	154	411	218	193	258	140	118
西吉县	310	166	144	314	159	155	215	110	105
隆德县	167	95	72	143	70	73	88	47	41
泾源县	122	68	54	124	59	65	75	41	34
彭阳县	195	98	97	165	77	88	110	57	53
中卫市	**1016**	**575**	**441**	**1046**	**499**	**547**	**580**	**290**	**290**
沙坡头区	408	243	165	456	220	236	221	116	105
中宁县	315	172	143	323	149	174	178	86	92
海原县	293	160	133	267	130	137	181	88	93

6-1 续表 7

单位：人

地　区	90-94岁			95-99岁			100岁及以上		
	小计	男	女	小计	男	女	小计	男	女
宁　夏	**1513**	**755**	**758**	**344**	**181**	**163**	**59**	**24**	**35**
银川市	**564**	**288**	**276**	**130**	**74**	**56**	**14**	**5**	**9**
兴庆区	196	111	85	51	24	27	7	3	4
西夏区	96	50	46	28	18	10	2		2
金凤区	89	38	51	13	10	3	2	1	1
永宁县	56	29	27	5	1	4			
贺兰县	65	31	34	13	9	4	1		1
灵武市	62	29	33	20	12	8	2	1	1
石嘴山市	**275**	**142**	**133**	**49**	**24**	**25**	**6**	**1**	**5**
大武口区	84	43	41	13	5	8	2		2
惠农区	114	63	51	14	9	5	3		3
平罗县	77	36	41	22	10	12	1	1	
吴忠市	**277**	**139**	**138**	**69**	**32**	**37**	**23**	**10**	**13**
利通区	121	64	57	29	15	14	13	6	7
红寺堡区	32	19	13	6	6		1		1
盐池县	22	10	12	5	1	4	2	2	
同心县	56	27	29	18	5	13	5	1	4
青铜峡市	46	19	27	11	5	6	2	1	1
固原市	**202**	**93**	**109**	**49**	**24**	**25**	**7**	**1**	**6**
原州区	73	36	37	22	11	11	3		3
西吉县	76	34	42	13	8	5	2		2
隆德县	15	6	9	2		2			
泾源县	16	5	11	2		2	1	1	
彭阳县	22	12	10	10	5	5	1		1
中卫市	**195**	**93**	**102**	**47**	**27**	**20**	**9**	**7**	**2**
沙坡头区	58	27	31	9	3	6	1		1
中宁县	58	31	27	18	11	7	5	5	
海原县	79	35	44	20	13	7	3	2	1

6–1a　各地区分年龄、性别的死亡人口
(2019.11.1–2020.10.31)(城市)

单位：人

地　区	死亡人口			0岁		
	合计	男	女	小计	男	女
宁　夏	**11894**	**7055**	**4839**	**53**	**28**	**25**
银川市	**5571**	**3247**	**2324**	**24**	**12**	**12**
兴庆区	2357	1359	998	6	4	2
西夏区	1522	912	610	7	3	4
金凤区	1339	789	550	10	4	6
永宁县						
贺兰县	5	5				
灵武市	348	182	166	1	1	
石嘴山市	**2712**	**1631**	**1081**	**3**	**1**	**2**
大武口区	1692	1020	672	2	1	1
惠农区	1020	611	409	1		1
平罗县						
吴忠市	**1859**	**1109**	**750**	**10**	**5**	**5**
利通区	1195	705	490	7	4	3
红寺堡区	177	112	65	1		1
盐池县						
同心县						
青铜峡市	487	292	195	2	1	1
固原市	**841**	**510**	**331**	**7**	**6**	**1**
原州区	841	510	331	7	6	1
西吉县						
隆德县						
泾源县						
彭阳县						
中卫市	**911**	**558**	**353**	**9**	**4**	**5**
沙坡头区	911	558	353	9	4	5
中宁县						
海原县						

6-1a 续表 1

单位：人

地 区	1-4岁			5-9岁			10-14岁		
	小计	男	女	小计	男	女	小计	男	女
宁 夏	**35**	**21**	**14**	**25**	**17**	**8**	**37**	**22**	**15**
银川市	**19**	**12**	**7**	**10**	**5**	**5**	**9**	**6**	**3**
兴庆区	5	1	4	4	1	3	2	2	
西夏区	4	2	2	1	1		4	2	2
金凤区	9	9		5	3	2	2	2	
永宁县									
贺兰县									
灵武市	1		1				1		1
石嘴山市	**4**	**4**		**2**	**1**	**1**	**2**	**2**	
大武口区	1	1		2	1	1	2	2	
惠农区	3	3							
平罗县									
吴忠市	**6**	**3**	**3**	**10**	**8**	**2**	**16**	**11**	**5**
利通区	2	2		6	5	1	10	7	3
红寺堡区				3	2	1	5	3	2
盐池县									
同心县									
青铜峡市	4	1	3	1	1		1	1	
固原市	**3**	**1**	**2**				**4**	**2**	**2**
原州区	3	1	2				4	2	2
西吉县									
隆德县									
泾源县									
彭阳县									
中卫市	**3**	**1**	**2**	**3**	**3**		**6**	**1**	**5**
沙坡头区	3	1	2	3	3		6	1	5
中宁县									
海原县									

6–1a　续表 2　　　　单位：人

地　区	15–19岁			20–24岁			25–29岁		
	小计	男	女	小计	男	女	小计	男	女
宁　夏	**41**	**28**	**13**	**38**	**21**	**17**	**56**	**40**	**16**
银川市	**23**	**16**	**7**	**15**	**6**	**9**	**23**	**18**	**5**
兴庆区	10	6	4	2	2		9	6	3
西夏区	5	5		5	1	4	6	5	1
金凤区	6	4	2	5	2	3	2	1	1
永宁县									
贺兰县									
灵武市	2	1	1	3	1	2	6	6	
石嘴山市	**3**	**1**	**2**	**4**	**3**	**1**	**10**	**9**	**1**
大武口区	2		2	3	3		6	5	1
惠农区	1	1		1		1	4	4	
平罗县									
吴忠市	**7**	**6**	**1**	**11**	**8**	**3**	**14**	**10**	**4**
利通区	5	4	1	5	4	1	9	8	1
红寺堡区				4	3	1	3	1	2
盐池县									
同心县									
青铜峡市	2	2		2	1	1	2	1	1
固原市	**5**	**3**	**2**	**5**	**3**	**2**	**7**	**3**	**4**
原州区	5	3	2	5	3	2	7	3	4
西吉县									
隆德县									
泾源县									
彭阳县									
中卫市	**3**	**2**	**1**	**3**	**1**	**2**	**2**		**2**
沙坡头区	3	2	1	3	1	2	2		2
中宁县									
海原县									

6-1a 续表 3

单位：人

地区	30-34岁			35-39岁			40-44岁		
	小计	男	女	小计	男	女	小计	男	女
宁 夏	**120**	**86**	**34**	**128**	**83**	**45**	**238**	**179**	**59**
银川市	**66**	**48**	**18**	**56**	**39**	**17**	**115**	**87**	**28**
兴庆区	20	16	4	21	13	8	48	36	12
西夏区	17	12	5	20	16	4	22	17	5
金凤区	23	17	6	13	9	4	35	28	7
永宁县									
贺兰县									
灵武市	6	3	3	2	1	1	10	6	4
石嘴山市	**18**	**13**	**5**	**27**	**18**	**9**	**39**	**27**	**12**
大武口区	7	6	1	20	14	6	24	18	6
惠农区	11	7	4	7	4	3	15	9	6
平罗县									
吴忠市	**15**	**10**	**5**	**24**	**12**	**12**	**45**	**35**	**10**
利通区	8	5	3	15	8	7	19	16	3
红寺堡区	4	3	1	7	2	5	8	7	1
盐池县									
同心县									
青铜峡市	3	2	1	2	2		18	12	6
固原市	**11**	**8**	**3**	**8**	**6**	**2**	**22**	**17**	**5**
原州区	11	8	3	8	6	2	22	17	5
西吉县									
隆德县									
泾源县									
彭阳县									
中卫市	**10**	**7**	**3**	**13**	**8**	**5**	**17**	**13**	**4**
沙坡头区	10	7	3	13	8	5	17	13	4
中宁县									
海原县									

6-1a 续表 4 单位：人

地区	45-49岁			50-54岁			55-59岁		
	小计	男	女	小计	男	女	小计	男	女
宁 夏	**401**	**283**	**118**	**575**	**406**	**169**	**620**	**450**	**170**
银川市	**152**	**107**	**45**	**274**	**179**	**95**	**294**	**208**	**86**
兴庆区	74	51	23	104	64	40	105	78	27
西夏区	38	27	11	91	58	33	86	60	26
金凤区	26	19	7	65	43	22	82	59	23
永宁县									
贺兰县				1	1		1	1	
灵武市	14	10	4	13	13		20	10	10
石嘴山市	**100**	**70**	**30**	**136**	**102**	**34**	**131**	**100**	**31**
大武口区	63	42	21	82	61	21	83	59	24
惠农区	37	28	9	54	41	13	48	41	7
平罗县									
吴忠市	**89**	**63**	**26**	**89**	**61**	**28**	**100**	**74**	**26**
利通区	61	38	23	56	41	15	62	43	19
红寺堡区	4	4		7	4	3	8	8	
盐池县									
同心县									
青铜峡市	24	21	3	26	16	10	30	23	7
固原市	**19**	**10**	**9**	**26**	**22**	**4**	**57**	**43**	**14**
原州区	19	10	9	26	22	4	57	43	14
西吉县									
隆德县									
泾源县									
彭阳县									
中卫市	**41**	**33**	**8**	**50**	**42**	**8**	**38**	**25**	**13**
沙坡头区	41	33	8	50	42	8	38	25	13
中宁县									
海原县									

6-1a 续表 5

单位：人

地　区	60-64岁			65-69岁			70-74岁		
	小计	男	女	小计	男	女	小计	男	女
宁　夏	**738**	**490**	**248**	**1072**	**680**	**392**	**1261**	**740**	**521**
银川市	**359**	**242**	**117**	**484**	**308**	**176**	**564**	**334**	**230**
兴庆区	152	101	51	190	128	62	254	166	88
西夏区	100	75	25	129	85	44	150	83	67
金凤区	87	55	32	125	77	48	119	62	57
永宁县									
贺兰县							2	2	
灵武市	20	11	9	40	18	22	39	21	18
石嘴山市	**164**	**120**	**44**	**229**	**155**	**74**	**271**	**151**	**120**
大武口区	105	73	32	153	103	50	193	113	80
惠农区	59	47	12	76	52	24	78	38	40
平罗县									
吴忠市	**98**	**53**	**45**	**191**	**112**	**79**	**229**	**138**	**91**
利通区	58	31	27	114	68	46	145	86	59
红寺堡区	8	4	4	18	12	6	20	12	8
盐池县									
同心县									
青铜峡市	32	18	14	59	32	27	64	40	24
固原市	**57**	**32**	**25**	**89**	**55**	**34**	**107**	**63**	**44**
原州区	57	32	25	89	55	34	107	63	44
西吉县									
隆德县									
泾源县									
彭阳县									
中卫市	**60**	**43**	**17**	**79**	**50**	**29**	**90**	**54**	**36**
沙坡头区	60	43	17	79	50	29	90	54	36
中宁县									
海原县									

6-1a　续表 6

单位：人

地　区	75-79岁			80-84岁			85-89岁		
	小计	男	女	小计	男	女	小计	男	女
宁　夏	**1787**	**979**	**808**	**2280**	**1223**	**1057**	**1600**	**856**	**744**
银川市	**764**	**386**	**378**	**1067**	**558**	**509**	**816**	**440**	**376**
兴庆区	311	142	169	469	227	242	366	203	163
西夏区	197	99	98	300	175	125	221	122	99
金凤区	201	115	86	250	134	116	186	99	87
永宁县									
贺兰县							1	1	
灵武市	55	30	25	48	22	26	42	15	27
石嘴山市	**465**	**253**	**212**	**549**	**304**	**245**	**369**	**202**	**167**
大武口区	290	154	136	339	192	147	221	126	95
惠农区	175	99	76	210	112	98	148	76	72
平罗县									
吴忠市	**264**	**156**	**108**	**323**	**179**	**144**	**222**	**110**	**112**
利通区	167	103	64	216	115	101	152	72	80
红寺堡区	28	17	11	28	17	11	13	6	7
盐池县									
同心县									
青铜峡市	69	36	33	79	47	32	57	32	25
固原市	**134**	**85**	**49**	**144**	**83**	**61**	**96**	**48**	**48**
原州区	134	85	49	144	83	61	96	48	48
西吉县									
隆德县									
泾源县									
彭阳县									
中卫市	**160**	**99**	**61**	**197**	**99**	**98**	**97**	**56**	**41**
沙坡头区	160	99	61	197	99	98	97	56	41
中宁县									
海原县									

6-1a 续表 7

单位：人

地　区	90-94岁			95-99岁			100岁及以上		
	小计	男	女	小计	男	女	小计	男	女
宁　夏	**632**	**338**	**294**	**136**	**79**	**57**	**21**	**6**	**15**
银川市	**341**	**178**	**163**	**88**	**54**	**34**	**8**	**4**	**4**
兴庆区	160	90	70	40	19	21	5	3	2
西夏区	90	46	44	27	18	9	2		2
金凤区	74	36	38	13	10	3	1	1	
永宁县									
贺兰县									
灵武市	17	6	11	8	7	1			
石嘴山市	**159**	**84**	**75**	**22**	**11**	**11**	**5**		**5**
大武口区	81	41	40	11	5	6	2		2
惠农区	78	43	35	11	6	5	3		3
平罗县									
吴忠市	**77**	**46**	**31**	**13**	**7**	**6**	**6**	**2**	**4**
利通区	61	37	24	12	6	6	5	2	3
红寺堡区	7	6	1	1	1				
盐池县									
同心县									
青铜峡市	9	3	6				1		1
固原市	**30**	**15**	**15**	**8**	**5**	**3**	**2**		**2**
原州区	30	15	15	8	5	3	2		2
西吉县									
隆德县									
泾源县									
彭阳县									
中卫市	**25**	**15**	**10**	**5**	**2**	**3**			
沙坡头区	25	15	10	5	2	3			
中宁县									
海原县									

6-1b 各地区分年龄、性别的死亡人口
(2019.11.1-2020.10.31)(镇)

单位：人

地 区	死亡人口			0岁		
	合计	男	女	小计	男	女
宁 夏	**7445**	**4295**	**3150**	**66**	**33**	**33**
银川市	**2564**	**1517**	**1047**	**20**	**15**	**5**
兴庆区	379	228	151	3	3	
西夏区	40	19	21			
金凤区	36	20	16			
永宁县	986	557	429	2	1	1
贺兰县	823	506	317	11	8	3
灵武市	300	187	113	4	3	1
石嘴山市	**1242**	**740**	**502**	**7**	**4**	**3**
大武口区	108	66	42	2	2	
惠农区	216	118	98			
平罗县	918	556	362	5	2	3
吴忠市	**1215**	**681**	**534**	**12**	**5**	**7**
利通区	151	84	67	1		1
红寺堡区	21	15	6			
盐池县	211	129	82	1		1
同心县	522	279	243	8	4	4
青铜峡市	310	174	136	2	1	1
固原市	**1027**	**574**	**453**	**10**	**1**	**9**
原州区	153	81	72	2		2
西吉县	225	136	89	4		4
隆德县	191	111	80	1		1
泾源县	175	90	85	2	1	1
彭阳县	283	156	127	1		1
中卫市	**1397**	**783**	**614**	**17**	**8**	**9**
沙坡头区	251	139	112	3	2	1
中宁县	667	376	291	7	2	5
海原县	479	268	211	7	4	3

6-1b 续表 1

单位：人

地区	1-4岁			5-9岁			10-14岁		
	小计	男	女	小计	男	女	小计	男	女
宁　夏	**38**	**16**	**22**	**32**	**14**	**18**	**26**	**14**	**12**
银川市	**11**	**5**	**6**	**6**	**2**	**4**	**8**	**7**	**1**
兴庆区	4	2	2	1		1	2	1	1
西夏区				2	1	1			
金凤区									
永宁县	5	3	2	2	1	1	3	3	
贺兰县	2		2				3	3	
灵武市				1		1			
石嘴山市	**4**	**2**	**2**	**3**	**1**	**2**			
大武口区	1		1						
惠农区	1		1						
平罗县	2	2		3	1	2			
吴忠市	**8**	**2**	**6**	**15**	**5**	**10**	**9**	**3**	**6**
利通区									
红寺堡区									
盐池县				4	2	2	1		1
同心县	8	2	6	9	3	6	7	3	4
青铜峡市				2		2	1		1
固原市	**4**	**1**	**3**	**4**	**4**		**4**	**3**	**1**
原州区	1		1	1	1		2	1	1
西吉县	1		1	1	1				
隆德县									
泾源县				2	2		1	1	
彭阳县	2	1	1				1	1	
中卫市	**11**	**6**	**5**	**4**	**2**	**2**	**5**	**1**	**4**
沙坡头区	1	1					1		1
中宁县	3	1	2				1	1	
海原县	7	4	3	4	2	2	3		3

6-1b 续表 2

单位：人

地 区	15-19岁			20-24岁			25-29岁		
	小计	男	女	小计	男	女	小计	男	女
宁 夏	**40**	**31**	**9**	**45**	**28**	**17**	**62**	**47**	**15**
银川市	**10**	**10**		**8**	**5**	**3**	**19**	**15**	**4**
兴庆区				1		1	3	3	
西夏区				1	1				
金凤区									
永宁县	2	2		2	2		4	2	2
贺兰县	2	2		3	2	1	10	8	2
灵武市	6	6		1		1	2	2	
石嘴山市	**6**	**4**	**2**	**11**	**7**	**4**	**5**	**4**	**1**
大武口区	1	1		1		1	1	1	
惠农区									
平罗县	5	3	2	10	7	3	4	3	1
吴忠市	**6**	**5**	**1**	**10**	**6**	**4**	**15**	**10**	**5**
利通区	2	1	1	1		1	2	1	1
红寺堡区									
盐池县				2	2		5	4	1
同心县	4	4		5	2	3	7	4	3
青铜峡市				2	2		1	1	
固原市	**6**	**3**	**3**	**7**	**3**	**4**	**10**	**10**	
原州区				1		1			
西吉县	1	1		3	3		3	3	
隆德县	1		1	1		1	2	2	
泾源县	1		1	2		2	3	3	
彭阳县	3	2	1				2	2	
中卫市	**12**	**9**	**3**	**9**	**7**	**2**	**13**	**8**	**5**
沙坡头区	2	2							
中宁县	4	3	1	4	3	1	7	4	3
海原县	6	4	2	5	4	1	6	4	2

6-1b 续表 3 单位：人

地 区	30-34岁			35-39岁			40-44岁		
	小计	男	女	小计	男	女	小计	男	女
宁 夏	**97**	**66**	**31**	**123**	**85**	**38**	**189**	**128**	**61**
银川市	**27**	**17**	**10**	**35**	**27**	**8**	**54**	**35**	**19**
兴庆区	5	4	1	5	4	1	7	7	
西夏区	1		1				1	1	
金凤区							2	2	
永宁县	9	7	2	17	14	3	17	10	7
贺兰县	9	5	4	10	8	2	20	10	10
灵武市	3	1	2	3	1	2	7	5	2
石嘴山市	**16**	**13**	**3**	**13**	**7**	**6**	**39**	**32**	**7**
大武口区	1	1					3	3	
惠农区	5	3	2	1		1	6	4	2
平罗县	10	9	1	12	7	5	30	25	5
吴忠市	**20**	**15**	**5**	**23**	**15**	**8**	**34**	**21**	**13**
利通区	1	1		3	3		3	2	1
红寺堡区									
盐池县	4	3	1	2	2		8	3	5
同心县	11	8	3	11	7	4	19	12	7
青铜峡市	4	3	1	7	3	4	4	4	
固原市	**13**	**8**	**5**	**26**	**17**	**9**	**19**	**10**	**9**
原州区	2	2		2	2		2		2
西吉县	5	3	2	6	3	3	3	2	1
隆德县	2	1	1	6	4	2	4	2	2
泾源县	1	1		6	6		4	3	1
彭阳县	3	1	2	6	2	4	6	3	3
中卫市	**21**	**13**	**8**	**26**	**19**	**7**	**43**	**30**	**13**
沙坡头区	1	1		2	2		5	3	2
中宁县	10	7	3	12	11	1	25	19	6
海原县	10	5	5	12	6	6	13	8	5

6-1b 续表 4 单位：人

地 区	45-49岁			50-54岁			55-59岁		
	小计	男	女	小计	男	女	小计	男	女
宁 夏	**276**	**191**	**85**	**329**	**227**	**102**	**389**	**237**	**152**
银川市	**102**	**64**	**38**	**112**	**81**	**31**	**154**	**103**	**51**
兴庆区	17	10	7	16	11	5	22	16	6
西夏区	3	1	2	1		1	2	1	1
金凤区	2	2					3	1	2
永宁县	27	17	10	45	30	15	63	45	18
贺兰县	40	26	14	33	26	7	45	27	18
灵武市	13	8	5	17	14	3	19	13	6
石嘴山市	**54**	**37**	**17**	**50**	**39**	**11**	**57**	**40**	**17**
大武口区	9	8	1	5	3	2	8	5	3
惠农区	12	6	6	9	8	1	11	5	6
平罗县	33	23	10	36	28	8	38	30	8
吴忠市	**37**	**24**	**13**	**51**	**30**	**21**	**49**	**23**	**26**
利通区	5	2	3	6	2	4	5	3	2
红寺堡区	1	1		1	1				
盐池县	11	8	3	8	4	4	3	2	1
同心县	9	7	2	21	12	9	25	8	17
青铜峡市	11	6	5	15	11	4	16	10	6
固原市	**33**	**24**	**9**	**36**	**27**	**9**	**57**	**35**	**22**
原州区	2		2	5	4	1	8	4	4
西吉县	10	7	3	10	8	2	15	8	7
隆德县	5	2	3	6	4	2	13	11	2
泾源县	5	5		4	4		5	2	3
彭阳县	11	10	1	11	7	4	16	10	6
中卫市	**50**	**42**	**8**	**80**	**50**	**30**	**72**	**36**	**36**
沙坡头区	7	7		16	10	6	13	5	8
中宁县	26	21	5	44	28	16	39	20	19
海原县	17	14	3	20	12	8	20	11	9

6-1b 续表 5 单位：人

地　区	60-64岁			65-69岁			70-74岁		
	小计	男	女	小计	男	女	小计	男	女
宁　夏	**455**	**323**	**132**	**780**	**477**	**303**	**919**	**547**	**372**
银川市	**155**	**105**	**50**	**296**	**201**	**95**	**293**	**187**	**106**
兴庆区	25	16	9	33	27	6	37	28	9
西夏区	2	2		3	1	2	3	2	1
金凤区	2	2		3	3		3	1	2
永宁县	58	43	15	116	78	38	112	68	44
贺兰县	53	32	21	109	74	35	101	62	39
灵武市	15	10	5	32	18	14	37	26	11
石嘴山市	**77**	**58**	**19**	**122**	**62**	**60**	**156**	**87**	**69**
大武口区	8	8		12	7	5	9	8	1
惠农区	12	7	5	28	15	13	24	11	13
平罗县	57	43	14	82	40	42	123	68	55
吴忠市	**72**	**51**	**21**	**127**	**83**	**44**	**164**	**95**	**69**
利通区	9	7	2	27	17	10	19	11	8
红寺堡区	3	3		1	1		1		1
盐池县	16	12	4	19	13	6	26	16	10
同心县	26	19	7	46	29	17	81	40	41
青铜峡市	18	10	8	34	23	11	37	28	9
固原市	**64**	**44**	**20**	**105**	**62**	**43**	**145**	**83**	**62**
原州区	7	3	4	20	14	6	24	12	12
西吉县	16	13	3	11	8	3	28	17	11
隆德县	9	6	3	22	16	6	33	20	13
泾源县	8	4	4	20	5	15	28	14	14
彭阳县	24	18	6	32	19	13	32	20	12
中卫市	**87**	**65**	**22**	**130**	**69**	**61**	**161**	**95**	**66**
沙坡头区	21	16	5	28	12	16	34	21	13
中宁县	47	33	14	61	37	24	63	37	26
海原县	19	16	3	41	20	21	64	37	27

6-1b　续表 6　　　　单位：人

地　区	75-79岁			80-84岁			85-89岁		
	小计	男	女	小计	男	女	小计	男	女
宁　夏	**1202**	**665**	**537**	**1223**	**598**	**625**	**808**	**400**	**408**
银川市	**417**	**222**	**195**	**409**	**217**	**192**	**297**	**137**	**160**
兴庆区	53	30	23	67	26	41	56	29	27
西夏区	6	3	3	9	3	6	6	3	3
金凤区	4	2	2	9	6	3	4	1	3
永宁县	175	89	86	165	81	84	116	39	77
贺兰县	130	74	56	114	70	44	85	47	38
灵武市	49	24	25	45	31	14	30	18	12
石嘴山市	**207**	**125**	**82**	**223**	**111**	**112**	**133**	**75**	**58**
大武口区	15	5	10	23	10	13	7	3	4
惠农区	30	21	9	43	20	23	24	12	12
平罗县	162	99	63	157	81	76	102	60	42
吴忠市	**185**	**106**	**79**	**189**	**101**	**88**	**129**	**57**	**72**
利通区	17	10	7	21	13	8	18	6	12
红寺堡区	8	5	3	4	2	2	1	1	
盐池县	39	25	14	32	21	11	22	10	12
同心县	82	46	36	70	37	33	44	21	23
青铜峡市	39	20	19	62	28	34	44	19	25
固原市	**172**	**94**	**78**	**167**	**71**	**96**	**112**	**62**	**50**
原州区	23	15	8	22	7	15	24	13	11
西吉县	39	25	14	38	19	19	20	12	8
隆德县	34	16	18	31	14	17	17	11	6
泾源县	22	11	11	39	17	22	16	10	6
彭阳县	54	27	27	37	14	23	35	16	19
中卫市	**221**	**118**	**103**	**235**	**98**	**137**	**137**	**69**	**68**
沙坡头区	44	26	18	42	13	29	25	15	10
中宁县	108	56	52	110	47	63	65	27	38
海原县	69	36	33	83	38	45	47	27	20

6-1b 续表 7 单位：人

地区	90-94岁			95-99岁			100岁及以上		
	小计	男	女	小计	男	女	小计	男	女
宁夏	**275**	**134**	**141**	**62**	**30**	**32**	**9**	**4**	**5**
银川市	**110**	**54**	**56**	**20**	**8**	**12**	**1**		**1**
兴庆区	15	8	7	6	3	3	1		1
西夏区									
金凤区	4		4						
永宁县	42	21	21	4	1	3			
贺兰县	37	18	19	6	4	2			
灵武市	12	7	5	4		4			
石嘴山市	**47**	**25**	**22**	**12**	**7**	**5**			
大武口区	2	1	1						
惠农区	9	5	4	1	1				
平罗县	36	19	17	11	6	5			
吴忠市	**45**	**20**	**25**	**12**	**4**	**8**	**3**		**3**
利通区	10	4	6	1	1				
红寺堡区	1	1							
盐池县	6	2	4	2		2			
同心县	20	10	10	6	1	5	3		3
青铜峡市	8	3	5	3	2	1			
固原市	**26**	**10**	**16**	**6**	**2**	**4**	**1**		**1**
原州区	4	3	1				1		1
西吉县	10	3	7	1		1			
隆德县	3	2	1	1		1			
泾源县	5	1	4	1		1			
彭阳县	4	1	3	3	2	1			
中卫市	**47**	**25**	**22**	**12**	**9**	**3**	**4**	**4**	
沙坡头区	5	2	3	1	1				
中宁县	20	10	10	7	5	2	4	4	
海原县	22	13	9	4	3	1			

6-1c　各地区分年龄、性别的死亡人口
(2019.11.1—2020.10.31)(乡村)

单位：人

地　区	死亡人口			0岁		
	合计	男	女	小计	男	女
宁　夏	**17048**	**9605**	**7443**	**162**	**82**	**80**
银川市	**2860**	**1566**	**1294**	**17**	**8**	**9**
兴庆区	357	197	160	7	2	5
西夏区	171	107	64			
金凤区	342	184	158	3	1	2
永宁县	560	304	256	2	2	
贺兰县	669	365	304	1	1	
灵武市	761	409	352	4	2	2
石嘴山市	**1659**	**944**	**715**	**7**	**1**	**6**
大武口区	107	65	42	1	1	
惠农区	353	213	140			
平罗县	1199	666	533	6		6
吴忠市	**4166**	**2324**	**1842**	**37**	**22**	**15**
利通区	960	525	435	4	3	1
红寺堡区	684	400	284	6	4	2
盐池县	637	380	257	2	2	
同心县	984	514	470	18	9	9
青铜峡市	901	505	396	7	4	3
固原市	**4804**	**2776**	**2028**	**48**	**26**	**22**
原州区	1253	730	523	15	7	8
西吉县	1591	893	698	23	13	10
隆德县	683	416	267	4	2	2
泾源县	493	289	204	3	3	
彭阳县	784	448	336	3	1	2
中卫市	**3559**	**1995**	**1564**	**53**	**25**	**28**
沙坡头区	1119	634	485	14	7	7
中宁县	1170	664	506	15	8	7
海原县	1270	697	573	24	10	14

6-1c 续表 1

单位：人

地　区	1-4岁			5-9岁			10-14岁		
	小计	男	女	小计	男	女	小计	男	女
宁　夏	**139**	**68**	**71**	**60**	**39**	**21**	**104**	**69**	**35**
银川市	**11**	**5**	**6**	**9**	**2**	**7**	**13**	**9**	**4**
兴庆区	2	2		1		1	1	1	
西夏区	3	2	1	1		1	1	1	
金凤区				2		2	2	2	
永宁县				2	1	1	3	1	2
贺兰县	3		3				2	2	
灵武市	3	1	2	3	1	2	4	2	2
石嘴山市	**5**	**2**	**3**	**5**	**4**	**1**	**6**	**5**	**1**
大武口区	2		2						
惠农区							1	1	
平罗县	3	2	1	5	4	1	5	4	1
吴忠市	**53**	**27**	**26**	**14**	**11**	**3**	**30**	**17**	**13**
利通区	6	4	2	3	1	2	4	2	2
红寺堡区	10	6	4	3	2	1	3	3	
盐池县	3	2	1				3	2	1
同心县	25	10	15	6	6		17	8	9
青铜峡市	9	5	4	2	2		3	2	1
固原市	**39**	**19**	**20**	**23**	**16**	**7**	**28**	**17**	**11**
原州区	17	8	9	6	5	1	7	5	2
西吉县	12	6	6	11	8	3	14	7	7
隆德县				1	1		4	3	1
泾源县	3	2	1	3	1	2	1	1	
彭阳县	7	3	4	2	1	1	2	1	1
中卫市	**31**	**15**	**16**	**9**	**6**	**3**	**27**	**21**	**6**
沙坡头区	4	3	1	2	2		2	1	1
中宁县	13	6	7	4	3	1	6	5	1
海原县	14	6	8	3	1	2	19	15	4

6-1c 续表 2

单位：人

地 区	15-19岁			20-24岁			25-29岁		
	小计	男	女	小计	男	女	小计	男	女
宁 夏	**98**	**70**	**28**	**124**	**78**	**46**	**190**	**135**	**55**
银川市	**9**	**7**	**2**	**16**	**9**	**7**	**37**	**28**	**9**
兴庆区	2	1	1	2	2		5	4	1
西夏区	1	1		2		2	3	2	1
金凤区	3	2	1	5	2	3	4	2	2
永宁县	2	2		1		1	3	2	1
贺兰县				1		1	9	7	2
灵武市	1	1		5	5		13	11	2
石嘴山市	**6**	**3**	**3**	**10**	**4**	**6**	**15**	**9**	**6**
大武口区	1		1	1	1		1	1	
惠农区	1	1		1		1	1		1
平罗县	4	2	2	8	3	5	13	8	5
吴忠市	**33**	**23**	**10**	**25**	**17**	**8**	**54**	**39**	**15**
利通区	7	5	2	4	1	3	11	7	4
红寺堡区	9	7	2	4	3	1	14	11	3
盐池县	1		1	3	3		8	5	3
同心县	14	10	4	14	10	4	12	8	4
青铜峡市	2	1	1				9	8	1
固原市	**26**	**18**	**8**	**41**	**26**	**15**	**43**	**29**	**14**
原州区	1		1	20	12	8	13	6	7
西吉县	20	15	5	9	6	3	20	14	6
隆德县	1	1		6	5	1	2	1	1
泾源县				3	2	1	1	1	
彭阳县	4	2	2	3	1	2	7	7	
中卫市	**24**	**19**	**5**	**32**	**22**	**10**	**41**	**30**	**11**
沙坡头区	4	2	2	10	7	3	6	5	1
中宁县	8	7	1	9	4	5	13	10	3
海原县	12	10	2	13	11	2	22	15	7

6-1c 续表 3

单位：人

地 区	30-34岁			35-39岁			40-44岁		
	小计	男	女	小计	男	女	小计	男	女
宁 夏	**236**	**153**	**83**	**250**	**170**	**80**	**364**	**254**	**110**
银川市	**35**	**23**	**12**	**40**	**29**	**11**	**54**	**34**	**20**
兴庆区	8	4	4	5	3	2	7	4	3
西夏区	3	3					5	3	2
金凤区	5	4	1	5	4	1	6	3	3
永宁县	4	3	1	14	12	2	7	5	2
贺兰县	4	3	1	5	3	2	15	10	5
灵武市	11	6	5	11	7	4	14	9	5
石嘴山市	**21**	**18**	**3**	**27**	**19**	**8**	**45**	**35**	**10**
大武口区				6	4	2	2	2	
惠农区	7	5	2	7	6	1	17	13	4
平罗县	14	13	1	14	9	5	26	20	6
吴忠市	**74**	**44**	**30**	**62**	**42**	**20**	**88**	**64**	**24**
利通区	17	8	9	16	12	4	18	12	6
红寺堡区	13	8	5	9	4	5	14	10	4
盐池县	7	5	2	11	9	2	16	10	6
同心县	20	11	9	16	13	3	16	14	2
青铜峡市	17	12	5	10	4	6	24	18	6
固原市	**58**	**34**	**24**	**59**	**36**	**23**	**107**	**75**	**32**
原州区	16	8	8	18	13	5	29	22	7
西吉县	24	16	8	15	7	8	36	21	15
隆德县	5	3	2	8	4	4	9	7	2
泾源县	5	2	3	10	8	2	12	10	2
彭阳县	8	5	3	8	4	4	21	15	6
中卫市	**48**	**34**	**14**	**62**	**44**	**18**	**70**	**46**	**24**
沙坡头区	10	8	2	23	17	6	23	13	10
中宁县	21	13	8	18	13	5	20	13	7
海原县	17	13	4	21	14	7	27	20	7

6-1c 续表 4

单位：人

地区	45-49岁			50-54岁			55-59岁		
	小计	男	女	小计	男	女	小计	男	女
宁 夏	**537**	**368**	**169**	**690**	**464**	**226**	**849**	**551**	**298**
银川市	**115**	**67**	**48**	**134**	**89**	**45**	**166**	**104**	**62**
兴庆区	12	7	5	14	7	7	23	16	7
西夏区	12	8	4	5	3	2	12	8	4
金凤区	16	7	9	22	12	10	23	12	11
永宁县	24	14	10	20	14	6	35	22	13
贺兰县	24	14	10	31	24	7	36	23	13
灵武市	27	17	10	42	29	13	37	23	14
石嘴山市	**56**	**36**	**20**	**69**	**52**	**17**	**105**	**62**	**43**
大武口区	9	5	4	11	7	4	7	6	1
惠农区	9	7	2	15	13	2	19	13	6
平罗县	38	24	14	43	32	11	79	43	36
吴忠市	**128**	**89**	**39**	**183**	**112**	**71**	**186**	**133**	**53**
利通区	39	30	9	43	26	17	42	28	14
红寺堡区	15	12	3	33	19	14	34	23	11
盐池县	20	16	4	28	19	9	30	24	6
同心县	26	13	13	36	18	18	36	28	8
青铜峡市	28	18	10	43	30	13	44	30	14
固原市	**124**	**96**	**28**	**179**	**121**	**58**	**224**	**151**	**73**
原州区	35	27	8	31	22	9	64	48	16
西吉县	38	27	11	60	36	24	63	38	25
隆德县	19	18	1	28	21	7	37	24	13
泾源县	9	7	2	11	11		22	17	5
彭阳县	23	17	6	49	31	18	38	24	14
中卫市	**114**	**80**	**34**	**125**	**90**	**35**	**168**	**101**	**67**
沙坡头区	32	24	8	42	30	12	63	38	25
中宁县	44	32	12	35	26	9	57	30	27
海原县	38	24	14	48	34	14	48	33	15

6-1c 续表 5

单位：人

地区	60-64岁			65-69岁			70-74岁		
	小计	男	女	小计	男	女	小计	男	女
宁夏	**1033**	**632**	**401**	**1709**	**1029**	**680**	**2053**	**1115**	**938**
银川市	**160**	**97**	**63**	**306**	**177**	**129**	**336**	**178**	**158**
兴庆区	18	12	6	31	19	12	41	25	16
西夏区	9	6	3	21	15	6	15	12	3
金凤区	21	10	11	43	26	17	32	18	14
永宁县	36	22	14	60	37	23	73	31	42
贺兰县	44	31	13	76	36	40	85	46	39
灵武市	32	16	16	75	44	31	90	46	44
石嘴山市	**129**	**77**	**52**	**176**	**102**	**74**	**178**	**94**	**84**
大武口区	7	4	3	13	8	5	9	6	3
惠农区	22	14	8	33	16	17	35	20	15
平罗县	100	59	41	130	78	52	134	68	66
吴忠市	**239**	**146**	**93**	**416**	**240**	**176**	**475**	**252**	**223**
利通区	59	34	25	96	55	41	113	54	59
红寺堡区	42	29	13	59	40	19	63	39	24
盐池县	37	25	12	56	33	23	87	49	38
同心县	45	24	21	97	56	41	94	47	47
青铜峡市	56	34	22	108	56	52	118	63	55
固原市	**289**	**189**	**100**	**468**	**294**	**174**	**621**	**365**	**256**
原州区	82	52	30	107	64	43	143	84	59
西吉县	71	46	25	158	95	63	195	120	75
隆德县	50	38	12	78	55	23	102	58	44
泾源县	25	17	8	52	30	22	76	42	34
彭阳县	61	36	25	73	50	23	105	61	44
中卫市	**216**	**123**	**93**	**343**	**216**	**127**	**443**	**226**	**217**
沙坡头区	71	46	25	114	71	43	147	79	68
中宁县	70	42	28	123	79	44	131	68	63
海原县	75	35	40	106	66	40	165	79	86

6-1c 续表 6

单位：人

地区	75-79岁			80-84岁			85-89岁		
	小计	男	女	小计	男	女	小计	男	女
宁 夏	**2860**	**1568**	**1292**	**2940**	**1461**	**1479**	**1869**	**930**	**939**
银川市	**468**	**249**	**219**	**466**	**237**	**229**	**328**	**145**	**183**
兴庆区	50	30	20	58	24	34	43	19	24
西夏区	28	12	16	27	16	11	16	11	5
金凤区	35	20	15	59	37	22	44	20	24
永宁县	112	68	44	84	40	44	63	20	43
贺兰县	103	48	55	120	66	54	74	33	41
灵武市	140	71	69	118	54	64	88	42	46
石嘴山市	**232**	**138**	**94**	**291**	**147**	**144**	**191**	**96**	**95**
大武口区	15	11	4	15	7	8	4	1	3
惠农区	52	34	18	64	32	32	40	21	19
平罗县	165	93	72	212	108	104	147	74	73
吴忠市	**667**	**359**	**308**	**723**	**346**	**377**	**466**	**239**	**227**
利通区	134	78	56	159	67	92	111	63	48
红寺堡区	119	66	53	127	52	75	77	45	32
盐池县	120	58	62	118	71	47	66	36	30
同心县	158	79	79	174	82	92	110	46	64
青铜峡市	136	78	58	145	74	71	102	49	53
固原市	**858**	**464**	**394**	**846**	**429**	**417**	**538**	**285**	**253**
原州区	213	116	97	245	128	117	138	79	59
西吉县	271	141	130	276	140	136	195	98	97
隆德县	133	79	54	112	56	56	71	36	35
泾源县	100	57	43	85	42	43	59	31	28
彭阳县	141	71	70	128	63	65	75	41	34
中卫市	**635**	**358**	**277**	**614**	**302**	**312**	**346**	**165**	**181**
沙坡头区	204	118	86	217	108	109	99	45	54
中宁县	207	116	91	213	102	111	113	59	54
海原县	224	124	100	184	92	92	134	61	73

6-1c 续表 7

单位：人

地 区	90-94岁			95-99岁			100岁及以上		
	小计	男	女	小计	男	女	小计	男	女
宁 夏	**606**	**283**	**323**	**146**	**72**	**74**	**29**	**14**	**15**
银川市	**113**	**56**	**57**	**22**	**12**	**10**	**5**	**1**	**4**
兴庆区	21	13	8	5	2	3	1		1
西夏区	6	4	2	1		1			
金凤区	11	2	9				1		1
永宁县	14	8	6	1		1			
贺兰县	28	13	15	7	5	2	1		1
灵武市	33	16	17	8	5	3	2	1	1
石嘴山市	**69**	**33**	**36**	**15**	**6**	**9**	**1**	**1**	
大武口区	1	1		2		2			
惠农区	27	15	12	2	2				
平罗县	41	17	24	11	4	7	1	1	
吴忠市	**155**	**73**	**82**	**44**	**21**	**23**	**14**	**8**	**6**
利通区	50	23	27	16	8	8	8	4	4
红寺堡区	24	12	12	5	5		1		1
盐池县	16	8	8	3	1	2	2	2	
同心县	36	17	19	12	4	8	2	1	1
青铜峡市	29	13	16	8	3	5	1	1	
固原市	**146**	**68**	**78**	**35**	**17**	**18**	**4**	**1**	**3**
原州区	39	18	21	14	6	8			
西吉县	66	31	35	12	8	4	2		2
隆德县	12	4	8	1		1			
泾源县	11	4	7	1		1	1	1	
彭阳县	18	11	7	7	3	4	1		1
中卫市	**123**	**53**	**70**	**30**	**16**	**14**	**5**	**3**	**2**
沙坡头区	28	10	18	3		3	1		1
中宁县	38	21	17	11	6	5	1	1	
海原县	57	22	35	16	10	6	3	2	1

6–2　各地区分性别、受教育程度的3岁及以上死亡人口
(2019.11.1–2020.10.31)

单位：人

地　区	3岁及以上死亡人口			未上过学		
	合计	男	女	小计	男	女
宁　夏	**35969**	**20743**	**15226**	**10859**	**4258**	**6601**
银川市	**10908**	**6280**	**4628**	**2532**	**970**	**1562**
兴庆区	3066	1770	1296	479	160	319
西夏区	1724	1034	690	254	89	165
金凤区	1696	980	716	279	104	175
永宁县	1541	857	684	515	190	325
贺兰县	1483	867	616	446	192	254
灵武市	1398	772	626	559	235	324
石嘴山市	**5588**	**3304**	**2284**	**1092**	**385**	**707**
大武口区	1900	1146	754	243	84	159
惠农区	1584	939	645	255	78	177
平罗县	2104	1219	885	594	223	371
吴忠市	**7139**	**4062**	**3077**	**2602**	**1026**	**1576**
利通区	2288	1302	986	818	326	492
红寺堡区	867	519	348	447	203	244
盐池县	844	507	337	213	79	134
同心县	1460	772	688	481	166	315
青铜峡市	1680	962	718	643	252	391
固原市	**6576**	**3814**	**2762**	**2623**	**1113**	**1510**
原州区	2207	1301	906	845	339	506
西吉县	1782	1015	767	712	319	393
隆德县	869	525	344	257	114	143
泾源县	662	374	288	405	185	220
彭阳县	1056	599	457	404	156	248
中卫市	**5758**	**3283**	**2475**	**2010**	**764**	**1246**
沙坡头区	2250	1315	935	778	286	492
中宁县	1802	1023	779	633	246	387
海原县	1706	945	761	599	232	367

6-2 续表 1

单位：人

地　区	学前教育			小　学		
	小计	男	女	小计	男	女
宁　夏	**135**	**67**	**68**	**15066**	**8929**	**6137**
银川市	**31**	**14**	**17**	**4131**	**2298**	**1833**
兴庆区	5	1	4	1034	559	475
西夏区	5	2	3	703	375	328
金凤区	6	3	3	580	305	275
永宁县	9	7	2	665	390	275
贺兰县	4	1	3	621	362	259
灵武市	2		2	528	307	221
石嘴山市	**23**	**9**	**14**	**2641**	**1498**	**1143**
大武口区	3	1	2	874	472	402
惠农区	4	1	3	791	454	337
平罗县	16	7	9	976	572	404
吴忠市	**23**	**16**	**7**	**2902**	**1760**	**1142**
利通区	10	7	3	780	455	325
红寺堡区				305	219	86
盐池县	1	1		475	302	173
同心县	7	4	3	782	441	341
青铜峡市	5	4	1	560	343	217
固原市	**36**	**19**	**17**	**2958**	**1892**	**1066**
原州区	3	2	1	947	641	306
西吉县	9	4	5	889	547	342
隆德县	18	10	8	470	299	171
泾源县	2	1	1	183	125	58
彭阳县	4	2	2	469	280	189
中卫市	**22**	**9**	**13**	**2434**	**1481**	**953**
沙坡头区	6	3	3	858	531	327
中宁县	7	3	4	704	424	280
海原县	9	3	6	872	526	346

6-2　续表 2　　　　单位：人

地　区	初中			高中			大学专科		
	小计	男	女	小计	男	女	小计	男	女
宁　夏	**6608**	**4969**	**1639**	**2097**	**1599**	**498**	**773**	**592**	**181**
银川市	**2506**	**1750**	**756**	**1015**	**735**	**280**	**428**	**316**	**112**
兴庆区	832	550	282	417	276	141	184	133	51
西夏区	472	344	128	191	149	42	68	51	17
金凤区	399	258	141	224	165	59	119	87	32
永宁县	279	211	68	45	35	10	17	15	2
贺兰县	287	213	74	87	70	17	25	19	6
灵武市	237	174	63	51	40	11	15	11	4
石嘴山市	**1314**	**995**	**319**	**355**	**284**	**71**	**113**	**92**	**21**
大武口区	492	356	136	185	144	41	69	59	10
惠农区	411	311	100	90	72	18	22	17	5
平罗县	411	328	83	80	68	12	22	16	6
吴忠市	**1179**	**927**	**252**	**292**	**222**	**70**	**91**	**71**	**20**
利通区	484	365	119	143	105	38	33	27	6
红寺堡区	84	71	13	15	12	3	8	7	1
盐池县	108	88	20	30	26	4	14	10	4
同心县	144	122	22	25	22	3	13	11	2
青铜峡市	359	281	78	79	57	22	23	16	7
固原市	**648**	**530**	**118**	**202**	**174**	**28**	**71**	**55**	**16**
原州区	264	202	62	96	81	15	32	22	10
西吉县	128	107	21	23	21	2	16	13	3
隆德县	82	67	15	28	23	5	10	8	2
泾源县	50	43	7	14	13	1	4	3	1
彭阳县	124	111	13	41	36	5	9	9	
中卫市	**961**	**767**	**194**	**233**	**184**	**49**	**70**	**58**	**12**
沙坡头区	461	375	86	106	85	21	33	28	5
中宁县	343	262	81	84	65	19	21	16	5
海原县	157	130	27	43	34	9	16	14	2

6-2 续表 3

单位：人

地 区	大学本科			硕士研究生			博士研究生		
	小计	男	女	小计	男	女	小计	男	女
宁 夏	**421**	**322**	**99**	**10**	**7**	**3**			
银川市	**257**	**191**	**66**	**8**	**6**	**2**			
兴庆区	111	88	23	4	3	1			
西夏区	30	23	7	1	1				
金凤区	88	57	31	1	1				
永宁县	11	9	2						
贺兰县	12	10	2	1		1			
灵武市	5	4	1	1	1				
石嘴山市	**50**	**41**	**9**						
大武口区	34	30	4						
惠农区	11	6	5						
平罗县	5	5							
吴忠市	**48**	**39**	**9**	**2**	**1**	**1**			
利通区	19	16	3	1	1				
红寺堡区	8	7	1						
盐池县	2	1	1	1		1			
同心县	8	6	2						
青铜峡市	11	9	2						
固原市	**38**	**31**	**7**						
原州区	20	14	6						
西吉县	5	4	1						
隆德县	4	4							
泾源县	4	4							
彭阳县	5	5							
中卫市	**28**	**20**	**8**						
沙坡头区	8	7	1						
中宁县	10	7	3						
海原县	10	6	4						

6−2a　各地区分性别、受教育程度的3岁及以上死亡人口(2019.11.1−2020.10.31)(城市)

单位：人

地　区	3岁及以上死亡人口			未上过学		
	合计	男	女	小计	男	女
宁　夏	**11815**	**7011**	**4804**	**1858**	**632**	**1226**
银川市	**5532**	**3226**	**2306**	**631**	**188**	**443**
兴庆区	2346	1354	992	245	67	178
西夏区	1514	909	605	181	53	128
金凤区	1321	777	544	136	43	93
永宁县						
贺兰县	5	5				
灵武市	346	181	165	69	25	44
石嘴山市	**2705**	**1626**	**1079**	**316**	**96**	**220**
大武口区	1689	1018	671	180	60	120
惠农区	1016	608	408	136	36	100
平罗县						
吴忠市	**1846**	**1102**	**744**	**483**	**181**	**302**
利通区	1186	699	487	286	106	180
红寺堡区	176	112	64	58	24	34
盐池县						
同心县						
青铜峡市	484	291	193	139	51	88
固原市	**832**	**503**	**329**	**245**	**96**	**149**
原州区	832	503	329	245	96	149
西吉县						
隆德县						
泾源县						
彭阳县						
中卫市	**900**	**554**	**346**	**183**	**71**	**112**
沙坡头区	900	554	346	183	71	112
中宁县						
海原县						

6-2a 续表 1 单位：人

地 区	学前教育			小 学		
	小计	男	女	小计	男	女
宁 夏	**26**	**13**	**13**	**4578**	**2499**	**2079**
银川市	**13**	**6**	**7**	**1969**	**1009**	**960**
兴庆区	3	1	2	770	404	366
西夏区	5	2	3	604	317	287
金凤区	5	3	2	437	215	222
永宁县						
贺兰县				2	2	
灵武市				156	71	85
石嘴山市	**5**	**2**	**3**	**1267**	**688**	**579**
大武口区	2	1	1	774	409	365
惠农区	3	1	2	493	279	214
平罗县						
吴忠市	**4**	**3**	**1**	**650**	**383**	**267**
利通区	4	3	1	430	241	189
红寺堡区				83	59	24
盐池县						
同心县						
青铜峡市				137	83	54
固原市				**322**	**211**	**111**
原州区				322	211	111
西吉县						
隆德县						
泾源县						
彭阳县						
中卫市	**4**	**2**	**2**	**370**	**208**	**162**
沙坡头区	4	2	2	370	208	162
中宁县						
海原县						

6−2a　续表 2　　　　单位：人

地　区	初　中			高　中			大学专科		
	小计	男	女	小计	男	女	小计	男	女
宁　夏	**3143**	**2216**	**927**	**1360**	**1007**	**353**	**527**	**401**	**126**
银川市	**1555**	**1040**	**515**	**792**	**567**	**225**	**344**	**251**	**93**
兴庆区	691	441	250	378	249	129	152	109	43
西夏区	442	319	123	185	144	41	67	51	16
金凤区	338	223	115	205	155	50	114	83	31
永宁县									
贺兰县	2	2		1	1				
灵武市	82	55	27	23	18	5	11	8	3
石嘴山市	**735**	**533**	**202**	**254**	**198**	**56**	**86**	**74**	**12**
大武口区	457	325	132	176	135	41	66	58	8
惠农区	278	208	70	78	63	15	20	16	4
平罗县									
吴忠市	**462**	**344**	**118**	**170**	**126**	**44**	**48**	**39**	**9**
利通区	308	229	79	113	82	31	27	22	5
红寺堡区	22	18	4	4	3	1	5	5	
盐池县									
同心县									
青铜峡市	132	97	35	53	41	12	16	12	4
固原市	**152**	**112**	**40**	**72**	**57**	**15**	**25**	**17**	**8**
原州区	152	112	40	72	57	15	25	17	8
西吉县									
隆德县									
泾源县									
彭阳县									
中卫市	**239**	**187**	**52**	**72**	**59**	**13**	**24**	**20**	**4**
沙坡头区	239	187	52	72	59	13	24	20	4
中宁县									
海原县									

6-2a　续表 3

单位：人

地　区	大学本科			硕士研究生			博士研究生		
	小计	男	女	小计	男	女	小计	男	女
宁　夏	**315**	**236**	**79**	**8**	**7**	**1**			
银川市	**221**	**159**	**62**	**7**	**6**	**1**			
兴庆区	103	80	23	4	3	1			
西夏区	29	22	7	1	1				
金凤区	85	54	31	1	1				
永宁县									
贺兰县									
灵武市	4	3	1	1	1				
石嘴山市	**42**	**35**	**7**						
大武口区	34	30	4						
惠农区	8	5	3						
平罗县									
吴忠市	**28**	**25**	**3**	**1**	**1**				
利通区	17	15	2	1	1				
红寺堡区	4	3	1						
盐池县									
同心县									
青铜峡市	7	7							
固原市	**16**	**10**	**6**						
原州区	16	10	6						
西吉县									
隆德县									
泾源县									
彭阳县									
中卫市	**8**	**7**	**1**						
沙坡头区	8	7	1						
中宁县									
海原县									

6–2b 各地区分性别、受教育程度的3岁及以上死亡人口(2019.11.1–2020.10.31)(镇)

单位：人

地　区	3岁及以上死亡人口			未上过学		
	合计	男	女	小计	男	女
宁　夏	**7357**	**4252**	**3105**	**2119**	**800**	**1319**
银川市	**2538**	**1499**	**1039**	**714**	**293**	**421**
兴庆区	372	223	149	65	27	38
西夏区	40	19	21	19	7	12
金凤区	36	20	16	18	5	13
永宁县	983	555	428	334	124	210
贺兰县	811	498	313	178	84	94
灵武市	296	184	112	100	46	54
石嘴山市	**1233**	**735**	**498**	**268**	**103**	**165**
大武口区	106	64	42	31	9	22
惠农区	215	118	97	37	12	25
平罗县	912	553	359	200	82	118
吴忠市	**1200**	**675**	**525**	**341**	**114**	**227**
利通区	150	84	66	62	23	39
红寺堡区	21	15	6	11	5	6
盐池县	210	129	81	39	10	29
同心县	511	274	237	134	43	91
青铜峡市	308	173	135	95	33	62
固原市	**1014**	**572**	**442**	**404**	**153**	**251**
原州区	150	81	69	79	32	47
西吉县	220	136	84	77	33	44
隆德县	190	111	79	49	18	31
泾源县	173	89	84	98	36	62
彭阳县	281	155	126	101	34	67
中卫市	**1372**	**771**	**601**	**392**	**137**	**255**
沙坡头区	247	136	111	106	41	65
中宁县	657	373	284	150	42	108
海原县	468	262	206	136	54	82

6-2b 续表 1

单位：人

地　区	学前教育			小　学		
	小计	男	女	小计	男	女
宁　夏	**29**	**16**	**13**	**3121**	**1824**	**1297**
银川市	**10**	**5**	**5**	**1003**	**581**	**422**
兴庆区	2		2	139	72	67
西夏区				16	7	9
金凤区				14	12	2
永宁县	6	5	1	398	238	160
贺兰县	1		1	312	170	142
灵武市	1		1	124	82	42
石嘴山市	**3**	**1**	**2**	**568**	**321**	**247**
大武口区	1		1	50	34	16
惠农区				109	60	49
平罗县	2	1	1	409	227	182
吴忠市	**4**	**1**	**3**	**586**	**354**	**232**
利通区				55	35	20
红寺堡区				8	8	
盐池县	1	1		104	68	36
同心县	3		3	298	170	128
青铜峡市				121	73	48
固原市	**7**	**6**	**1**	**386**	**233**	**153**
原州区				53	35	18
西吉县				97	64	33
隆德县	6	6		80	43	37
泾源县				43	28	15
彭阳县	1		1	113	63	50
中卫市	**5**	**3**	**2**	**578**	**335**	**243**
沙坡头区	1		1	93	54	39
中宁县	3	3		261	153	108
海原县	1		1	224	128	96

6-2b　续表 2　　单位：人

地　区	初　中			高　中			大学专科		
	小计	男	女	小计	男	女	小计	男	女
宁　夏	**1445**	**1109**	**336**	**406**	**316**	**90**	**161**	**129**	**32**
银川市	**540**	**412**	**128**	**166**	**124**	**42**	**73**	**57**	**16**
兴庆区	90	68	22	36	24	12	32	24	8
西夏区	3	3		2	2				
金凤区	3	2	1	1	1				
永宁县	181	137	44	37	28	9	16	14	2
贺兰县	208	157	51	76	59	17	23	18	5
灵武市	55	45	10	14	10	4	2	1	1
石嘴山市	**297**	**229**	**68**	**69**	**59**	**10**	**21**	**16**	**5**
大武口区	18	16	2	5	5		1		1
惠农区	59	40	19	6	4	2	2	1	1
平罗县	220	173	47	58	50	8	18	15	3
吴忠市	**197**	**156**	**41**	**45**	**36**	**9**	**17**	**9**	**8**
利通区	30	24	6	3	2	1			
红寺堡区	2	2							
盐池县	39	30	9	18	15	3	7	4	3
同心县	52	43	9	13	11	2	6	4	2
青铜峡市	74	57	17	11	8	3	4	1	3
固原市	**138**	**110**	**28**	**40**	**33**	**7**	**26**	**25**	**1**
原州区	14	10	4	2	2		2	2	
西吉县	30	25	5	8	7	1	6	6	
隆德县	32	25	7	10	7	3	9	8	1
泾源县	20	14	6	7	6	1	1	1	
彭阳县	42	36	6	13	11	2	8	8	
中卫市	**273**	**202**	**71**	**86**	**64**	**22**	**24**	**22**	**2**
沙坡头区	38	34	4	9	7	2			
中宁县	170	119	51	52	38	14	13	13	
海原县	65	49	16	25	19	6	11	9	2

6-2b 续表 3

单位：人

地 区	大学本科			硕士研究生			博士研究生		
	小计	男	女	小计	男	女	小计	男	女
宁 夏	**75**	**58**	**17**	**1**		**1**			
银川市	**31**	**27**	**4**	**1**		**1**			
兴庆区	8	8							
西夏区									
金凤区									
永宁县	11	9	2						
贺兰县	12	10	2	1		1			
灵武市									
石嘴山市	**7**	**6**	**1**						
大武口区									
惠农区	2	1	1						
平罗县	5	5							
吴忠市	**10**	**5**	**5**						
利通区									
红寺堡区									
盐池县	2	1	1						
同心县	5	3	2						
青铜峡市	3	1	2						
固原市	**13**	**12**	**1**						
原州区									
西吉县	2	1	1						
隆德县	4	4							
泾源县	4	4							
彭阳县	3	3							
中卫市	**14**	**8**	**6**						
沙坡头区									
中宁县	8	5	3						
海原县	6	3	3						

6–2c　各地区分性别、受教育程度的3岁及以上死亡人口（2019.11.1–2020.10.31）（乡村）

单位：人

地　区	3岁及以上死亡人口			未上过学		
	合计	男	女	小计	男	女
宁　夏	**16797**	**9480**	**7317**	**6882**	**2826**	**4056**
银川市	**2838**	**1555**	**1283**	**1187**	**489**	**698**
兴庆区	348	193	155	169	66	103
西夏区	170	106	64	54	29	25
金凤区	339	183	156	125	56	69
永宁县	558	302	256	181	66	115
贺兰县	667	364	303	268	108	160
灵武市	756	407	349	390	164	226
石嘴山市	**1650**	**943**	**707**	**508**	**186**	**322**
大武口区	105	64	41	32	15	17
惠农区	353	213	140	82	30	52
平罗县	1192	666	526	394	141	253
吴忠市	**4093**	**2285**	**1808**	**1778**	**731**	**1047**
利通区	952	519	433	470	197	273
红寺堡区	670	392	278	378	174	204
盐池县	634	378	256	174	69	105
同心县	949	498	451	347	123	224
青铜峡市	888	498	390	409	168	241
固原市	**4730**	**2739**	**1991**	**1974**	**864**	**1110**
原州区	1225	717	508	521	211	310
西吉县	1562	879	683	635	286	349
隆德县	679	414	265	208	96	112
泾源县	489	285	204	307	149	158
彭阳县	775	444	331	303	122	181
中卫市	**3486**	**1958**	**1528**	**1435**	**556**	**879**
沙坡头区	1103	625	478	489	174	315
中宁县	1145	650	495	483	204	279
海原县	1238	683	555	463	178	285

6-2c 续表 1

单位：人

地　区	学前教育			小　学		
	小计	男	女	小计	男	女
宁　夏	**80**	**38**	**42**	**7367**	**4606**	**2761**
银川市	**8**	**3**	**5**	**1159**	**708**	**451**
兴庆区				125	83	42
西夏区				83	51	32
金凤区	1		1	129	78	51
永宁县	3	2	1	267	152	115
贺兰县	3	1	2	307	190	117
灵武市	1		1	248	154	94
石嘴山市	**15**	**6**	**9**	**806**	**489**	**317**
大武口区				50	29	21
惠农区	1		1	189	115	74
平罗县	14	6	8	567	345	222
吴忠市	**15**	**12**	**3**	**1666**	**1023**	**643**
利通区	6	4	2	295	179	116
红寺堡区				214	152	62
盐池县				371	234	137
同心县	4	4		484	271	213
青铜峡市	5	4	1	302	187	115
固原市	**29**	**13**	**16**	**2250**	**1448**	**802**
原州区	3	2	1	572	395	177
西吉县	9	4	5	792	483	309
隆德县	12	4	8	390	256	134
泾源县	2	1	1	140	97	43
彭阳县	3	2	1	356	217	139
中卫市	**13**	**4**	**9**	**1486**	**938**	**548**
沙坡头区	1	1		395	269	126
中宁县	4		4	443	271	172
海原县	8	3	5	648	398	250

6–2c 续表 2 单位：人

地 区	初 中			高 中			大学专科		
	小计	男	女	小计	男	女	小计	男	女
宁 夏	**2020**	**1644**	**376**	**331**	**276**	**55**	**85**	**62**	**23**
银川市	**411**	**298**	**113**	**57**	**44**	**13**	**11**	**8**	**3**
兴庆区	51	41	10	3	3				
西夏区	27	22	5	4	3	1	1		1
金凤区	58	33	25	18	9	9	5	4	1
永宁县	98	74	24	8	7	1	1	1	
贺兰县	77	54	23	10	10		2	1	1
灵武市	100	74	26	14	12	2	2	2	
石嘴山市	**282**	**233**	**49**	**32**	**27**	**5**	**6**	**2**	**4**
大武口区	17	15	2	4	4		2	1	1
惠农区	74	63	11	6	5	1			
平罗县	191	155	36	22	18	4	4	1	3
吴忠市	**520**	**427**	**93**	**77**	**60**	**17**	**26**	**23**	**3**
利通区	146	112	34	27	21	6	6	5	1
红寺堡区	60	51	9	11	9	2	3	2	1
盐池县	69	58	11	12	11	1	7	6	1
同心县	92	79	13	12	11	1	7	7	
青铜峡市	153	127	26	15	8	7	3	3	
固原市	**358**	**308**	**50**	**90**	**84**	**6**	**20**	**13**	**7**
原州区	98	80	18	22	22		5	3	2
西吉县	98	82	16	15	14	1	10	7	3
隆德县	50	42	8	18	16	2	1		1
泾源县	30	29	1	7	7		3	2	1
彭阳县	82	75	7	28	25	3	1	1	
中卫市	**449**	**378**	**71**	**75**	**61**	**14**	**22**	**16**	**6**
沙坡头区	184	154	30	25	19	6	9	8	1
中宁县	173	143	30	32	27	5	8	3	5
海原县	92	81	11	18	15	3	5	5	

6-2c 续表 3

单位：人

地 区	大学本科			硕士研究生			博士研究生		
	小计	男	女	小计	男	女	小计	男	女
宁 夏	**31**	**28**	**3**	**1**		**1**			
银川市	**5**	**5**							
兴庆区									
西夏区	1	1							
金凤区	3	3							
永宁县									
贺兰县									
灵武市	1	1							
石嘴山市	**1**		**1**						
大武口区									
惠农区	1		1						
平罗县									
吴忠市	**10**	**9**	**1**	**1**		**1**			
利通区	2	1	1						
红寺堡区	4	4							
盐池县				1		1			
同心县	3	3							
青铜峡市	1	1							
固原市	**9**	**9**							
原州区	4	4							
西吉县	3	3							
隆德县									
泾源县									
彭阳县	2	2							
中卫市	**6**	**5**	**1**						
沙坡头区									
中宁县	2	2							
海原县	4	3	1						

6-3 各地区分性别、婚姻状况的15岁及以上死亡人口

(2019.11.1-2020.10.31)

单位：人

地 区	15岁及以上死亡人口			未 婚		
	合计	男	女	小计	男	女
宁 夏	**35610**	**20532**	**15078**	**1104**	**880**	**224**
银川市	**10838**	**6242**	**4596**	**254**	**196**	**58**
兴庆区	3055	1765	1290	62	50	12
西夏区	1710	1026	684	38	28	10
金凤区	1684	972	712	48	32	16
永宁县	1527	849	678	35	28	7
贺兰县	1475	862	613	42	34	8
灵武市	1387	768	619	29	24	5
石嘴山市	**5565**	**3288**	**2277**	**154**	**122**	**32**
大武口区	1894	1143	751	45	35	10
惠农区	1583	938	645	46	39	7
平罗县	2088	1207	881	63	48	15
吴忠市	**7020**	**3995**	**3025**	**230**	**184**	**46**
利通区	2263	1286	977	58	42	16
红寺堡区	851	507	344	41	31	10
盐池县	834	501	333	22	19	3
同心县	1408	748	660	59	46	13
青铜峡市	1664	953	711	50	46	4
固原市	**6498**	**3764**	**2734**	**290**	**239**	**51**
原州区	2182	1285	897	84	64	20
西吉县	1750	994	756	84	67	17
隆德县	864	521	343	60	58	2
泾源县	653	368	285	21	18	3
彭阳县	1049	596	453	41	32	9
中卫市	**5689**	**3243**	**2446**	**176**	**139**	**37**
沙坡头区	2233	1306	927	56	44	12
中宁县	1788	1014	774	62	47	15
海原县	1668	923	745	58	48	10

6-3 续表 单位：人

地 区	有配偶			离 婚			丧 偶		
	小计	男	女	小计	男	女	小计	男	女
宁 夏	**20593**	**14149**	**6444**	**776**	**577**	**199**	**13137**	**4926**	**8211**
银川市	**6452**	**4472**	**1980**	**282**	**198**	**84**	**3850**	**1376**	**2474**
兴庆区	1820	1294	526	93	61	32	1080	360	720
西夏区	1038	729	309	52	36	16	582	233	349
金凤区	1020	701	319	55	39	16	561	200	361
永宁县	898	616	282	21	19	2	573	186	387
贺兰县	852	588	264	38	28	10	543	212	331
灵武市	824	544	280	23	15	8	511	185	326
石嘴山市	**3198**	**2275**	**923**	**176**	**147**	**29**	**2037**	**744**	**1293**
大武口区	1119	830	289	66	54	12	664	224	440
惠农区	890	633	257	55	45	10	592	221	371
平罗县	1189	812	377	55	48	7	781	299	482
吴忠市	**4006**	**2731**	**1275**	**155**	**108**	**47**	**2629**	**972**	**1657**
利通区	1271	888	383	51	30	21	883	326	557
红寺堡区	490	348	142	8	4	4	312	124	188
盐池县	495	339	156	20	18	2	297	125	172
同心县	803	513	290	30	17	13	516	172	344
青铜峡市	947	643	304	46	39	7	621	225	396
固原市	**3661**	**2459**	**1202**	**80**	**56**	**24**	**2467**	**1010**	**1457**
原州区	1250	869	381	35	21	14	813	331	482
西吉县	961	619	342	20	15	5	685	293	392
隆德县	485	328	157	6	5	1	313	130	183
泾源县	359	239	120	8	6	2	265	105	160
彭阳县	606	404	202	11	9	2	391	151	240
中卫市	**3276**	**2212**	**1064**	**83**	**68**	**15**	**2154**	**824**	**1330**
沙坡头区	1286	906	380	37	34	3	854	322	532
中宁县	1036	706	330	16	13	3	674	248	426
海原县	954	600	354	30	21	9	626	254	372

6-3a　各地区分性别、婚姻状况的15岁及以上死亡人口 (2019.11.1-2020.10.31)(城市)

单位：人

地　区	15岁及以上死亡人口			未　婚		
	合计	男	女	小计	男	女
宁　夏	**11744**	**6967**	**4777**	**279**	**211**	**68**
银川市	**5509**	**3212**	**2297**	**106**	**80**	**26**
兴庆区	2340	1351	989	38	32	6
西夏区	1506	904	602	30	23	7
金凤区	1313	771	542	31	21	10
永宁县						
贺兰县	5	5				
灵武市	345	181	164	7	4	3
石嘴山市	**2701**	**1623**	**1078**	**64**	**52**	**12**
大武口区	1685	1015	670	37	29	8
惠农区	1016	608	408	27	23	4
平罗县						
吴忠市	**1817**	**1082**	**735**	**62**	**45**	**17**
利通区	1170	687	483	31	21	10
红寺堡区	168	107	61	14	9	5
盐池县						
同心县						
青铜峡市	479	288	191	17	15	2
固原市	**827**	**501**	**326**	**32**	**23**	**9**
原州区	827	501	326	32	23	9
西吉县						
隆德县						
泾源县						
彭阳县						
中卫市	**890**	**549**	**341**	**15**	**11**	**4**
沙坡头区	890	549	341	15	11	4
中宁县						
海原县						

6-3a 续表 单位：人

地区	有配偶			离婚			丧偶		
	小计	男	女	小计	男	女	小计	男	女
宁夏	**7000**	**5008**	**1992**	**348**	**253**	**95**	**4117**	**1495**	**2622**
银川市	**3353**	**2343**	**1010**	**184**	**126**	**58**	**1866**	**663**	**1203**
兴庆区	1404	988	416	82	53	29	816	278	538
西夏区	922	649	273	50	35	15	504	197	307
金凤区	812	567	245	45	34	11	425	149	276
永宁县									
贺兰县	5	5							
灵武市	210	134	76	7	4	3	121	39	82
石嘴山市	**1545**	**1147**	**398**	**93**	**74**	**19**	**999**	**350**	**649**
大武口区	995	742	253	62	50	12	591	194	397
惠农区	550	405	145	31	24	7	408	156	252
平罗县									
吴忠市	**1041**	**747**	**294**	**39**	**29**	**10**	**675**	**261**	**414**
利通区	656	476	180	26	17	9	457	173	284
红寺堡区	104	76	28	1	1		49	21	28
盐池县									
同心县									
青铜峡市	281	195	86	12	11	1	169	67	102
固原市	**512**	**372**	**140**	**14**	**8**	**6**	**269**	**98**	**171**
原州区	512	372	140	14	8	6	269	98	171
西吉县									
隆德县									
泾源县									
彭阳县									
中卫市	**549**	**399**	**150**	**18**	**16**	**2**	**308**	**123**	**185**
沙坡头区	549	399	150	18	16	2	308	123	185
中宁县									
海原县									

6-3b　各地区分性别、婚姻状况的15岁及以上死亡人口(2019.11.1-2020.10.31)(镇)

单位：人

地　区	15岁及以上死亡人口			未　婚		
	合计	男	女	小计	男	女
宁　夏	**7283**	**4218**	**3065**	**237**	**188**	**49**
银川市	**2519**	**1488**	**1031**	**63**	**49**	**14**
兴庆区	369	222	147	12	8	4
西夏区	38	18	20	2	1	1
金凤区	36	20	16	1	1	
永宁县	974	549	425	16	12	4
贺兰县	807	495	312	23	19	4
灵武市	295	184	111	9	8	1
石嘴山市	**1228**	**733**	**495**	**35**	**29**	**6**
大武口区	105	64	41	6	5	1
惠农区	215	118	97	7	6	1
平罗县	908	551	357	22	18	4
吴忠市	**1171**	**666**	**505**	**42**	**35**	**7**
利通区	150	84	66	3	2	1
红寺堡区	21	15	6			
盐池县	205	127	78	8	8	
同心县	490	267	223	19	14	5
青铜峡市	305	173	132	12	11	1
固原市	**1005**	**565**	**440**	**46**	**37**	**9**
原州区	147	79	68	6	4	2
西吉县	219	135	84	11	10	1
隆德县	190	111	79	19	17	2
泾源县	170	86	84	1	1	
彭阳县	279	154	125	9	5	4
中卫市	**1360**	**766**	**594**	**51**	**38**	**13**
沙坡头区	246	136	110	9	8	1
中宁县	656	372	284	23	18	5
海原县	458	258	200	19	12	7

6-3b 续表 单位：人

地区	有配偶			离婚			丧偶		
	小计	男	女	小计	男	女	小计	男	女
宁夏	**4343**	**2985**	**1358**	**152**	**113**	**39**	**2551**	**932**	**1619**
银川市	**1514**	**1078**	**436**	**60**	**47**	**13**	**882**	**314**	**568**
兴庆区	221	169	52	7	6	1	129	39	90
西夏区	20	13	7				16	4	12
金凤区	19	12	7	1	1		15	6	9
永宁县	584	408	176	16	14	2	358	115	243
贺兰县	500	358	142	26	19	7	258	99	159
灵武市	170	118	52	10	7	3	106	51	55
石嘴山市	**726**	**504**	**222**	**35**	**30**	**5**	**432**	**170**	**262**
大武口区	56	41	15	1	1		42	17	25
惠农区	142	89	53	7	5	2	59	18	41
平罗县	528	374	154	27	24	3	331	135	196
吴忠市	**708**	**470**	**238**	**30**	**19**	**11**	**391**	**142**	**249**
利通区	85	58	27	4	1	3	58	23	35
红寺堡区	15	13	2				6	2	4
盐池县	135	94	41	5	5		57	20	37
同心县	299	187	112	12	6	6	160	60	100
青铜峡市	174	118	56	9	7	2	110	37	73
固原市	**591**	**396**	**195**	**12**	**4**	**8**	**356**	**128**	**228**
原州区	83	51	32	3	1	2	55	23	32
西吉县	135	99	36	5	2	3	68	24	44
隆德县	112	73	39				59	21	38
泾源县	97	59	38	3	1	2	69	25	44
彭阳县	164	114	50	1		1	105	35	70
中卫市	**804**	**537**	**267**	**15**	**13**	**2**	**490**	**178**	**312**
沙坡头区	133	87	46	3	3		101	38	63
中宁县	399	273	126	4	4		230	77	153
海原县	272	177	95	8	6	2	159	63	96

6–3c　各地区分性别、婚姻状况的15岁及以上死亡人口（2019.11.1–2020.10.31）（乡村）

单位：人

地　区	15岁及以上死亡人口			未　婚		
	合计	男	女	小计	男	女
宁　夏	**16583**	**9347**	**7236**	**588**	**481**	**107**
银川市	**2810**	**1542**	**1268**	**85**	**67**	**18**
兴庆区	346	192	154	12	10	2
西夏区	166	104	62	6	4	2
金凤区	335	181	154	16	10	6
永宁县	553	300	253	19	16	3
贺兰县	663	362	301	19	15	4
灵武市	747	403	344	13	12	1
石嘴山市	**1636**	**932**	**704**	**55**	**41**	**14**
大武口区	104	64	40	2	1	1
惠农区	352	212	140	12	10	2
平罗县	1180	656	524	41	30	11
吴忠市	**4032**	**2247**	**1785**	**126**	**104**	**22**
利通区	943	515	428	24	19	5
红寺堡区	662	385	277	27	22	5
盐池县	629	374	255	14	11	3
同心县	918	481	437	40	32	8
青铜峡市	880	492	388	21	20	1
固原市	**4666**	**2698**	**1968**	**212**	**179**	**33**
原州区	1208	705	503	46	37	9
西吉县	1531	859	672	73	57	16
隆德县	674	410	264	41	41	
泾源县	483	282	201	20	17	3
彭阳县	770	442	328	32	27	5
中卫市	**3439**	**1928**	**1511**	**110**	**90**	**20**
沙坡头区	1097	621	476	32	25	7
中宁县	1132	642	490	39	29	10
海原县	1210	665	545	39	36	3

6-3c 续表

单位：人

地区	有配偶			离婚			丧偶		
	小计	男	女	小计	男	女	小计	男	女
宁夏	**9250**	**6156**	**3094**	**276**	**211**	**65**	**6469**	**2499**	**3970**
银川市	**1585**	**1051**	**534**	**38**	**25**	**13**	**1102**	**399**	**703**
兴庆区	195	137	58	4	2	2	135	43	92
西夏区	96	67	29	2	1	1	62	32	30
金凤区	189	122	67	9	4	5	121	45	76
永宁县	314	208	106	5	5		215	71	144
贺兰县	347	225	122	12	9	3	285	113	172
灵武市	444	292	152	6	4	2	284	95	189
石嘴山市	**927**	**624**	**303**	**48**	**43**	**5**	**606**	**224**	**382**
大武口区	68	47	21	3	3		31	13	18
惠农区	198	139	59	17	16	1	125	47	78
平罗县	661	438	223	28	24	4	450	164	286
吴忠市	**2257**	**1514**	**743**	**86**	**60**	**26**	**1563**	**569**	**994**
利通区	530	354	176	21	12	9	368	130	238
红寺堡区	371	259	112	7	3	4	257	101	156
盐池县	360	245	115	15	13	2	240	105	135
同心县	504	326	178	18	11	7	356	112	244
青铜峡市	492	330	162	25	21	4	342	121	221
固原市	**2558**	**1691**	**867**	**54**	**44**	**10**	**1842**	**784**	**1058**
原州区	655	446	209	18	12	6	489	210	279
西吉县	826	520	306	15	13	2	617	269	348
隆德县	373	255	118	6	5	1	254	109	145
泾源县	262	180	82	5	5		196	80	116
彭阳县	442	290	152	10	9	1	286	116	170
中卫市	**1923**	**1276**	**647**	**50**	**39**	**11**	**1356**	**523**	**833**
沙坡头区	604	420	184	16	15	1	445	161	284
中宁县	637	433	204	12	9	3	444	171	273
海原县	682	423	259	22	15	7	467	191	276

6-4　全区分年龄、性别的死亡人口状况
(2019.11.1—2020.10.31)

单位：人、‰

年　龄	平均人口			死亡人口			死亡率		
	合计	男	女	合计	男	女	合计	男	女
总　计	**7183093**	**3660120**	**3522973**	**36387**	**20955**	**15432**	**5.07**	**5.73**	**4.38**
0–4岁	**492593**	**254613**	**237980**	**493**	**248**	**245**	**1.00**	**0.97**	**1.03**
0	93247	48035	45212	281	143	138	3.01	2.98	3.05
1	94525	49184	45341	84	42	42	0.89	0.85	0.93
2	98885	51175	47710	53	27	26	0.54	0.53	0.54
3	112369	57931	54438	50	26	24	0.44	0.45	0.44
4	93567	48288	45279	25	10	15	0.27	0.21	0.33
5–9岁	**501535**	**261290**	**240245**	**117**	**70**	**47**	**0.23**	**0.27**	**0.20**
5	103420	53679	49741	25	16	9	0.24	0.30	0.18
6	100854	52515	48339	26	12	14	0.26	0.23	0.29
7	101872	53273	48599	27	14	13	0.27	0.26	0.27
8	98189	51265	46924	23	13	10	0.23	0.25	0.21
9	97200	50558	46642	16	15	1	0.16	0.30	0.02
10–14岁	**479190**	**249791**	**229399**	**167**	**105**	**62**	**0.35**	**0.42**	**0.27**
10	96046	50075	45971	36	24	12	0.37	0.48	0.26
11	95239	49308	45931	16	12	4	0.17	0.24	0.09
12	100319	52222	48097	39	28	11	0.39	0.54	0.23
13	96004	50383	45621	42	22	20	0.44	0.44	0.44
14	91582	47803	43779	34	19	15	0.37	0.40	0.34
15–19岁	**427088**	**220880**	**206208**	**179**	**129**	**50**	**0.42**	**0.58**	**0.24**
15	93641	48842	44799	34	27	7	0.36	0.55	0.16
16	85891	44509	41382	38	28	10	0.44	0.63	0.24
17	87100	44887	42213	31	25	6	0.36	0.56	0.14
18	82269	42482	39787	36	20	16	0.44	0.47	0.40
19	78187	40160	38027	40	29	11	0.51	0.72	0.29
20–24岁	**458592**	**231415**	**227177**	**207**	**127**	**80**	**0.45**	**0.55**	**0.35**
20	81370	41150	40220	31	15	16	0.38	0.36	0.40
21	88090	44430	43660	41	26	15	0.47	0.59	0.34
22	93507	46912	46595	33	19	14	0.35	0.41	0.30
23	95709	48263	47446	53	33	20	0.55	0.68	0.42
24	99916	50660	49256	49	34	15	0.49	0.67	0.30
25–29岁	**561612**	**285702**	**275910**	**308**	**222**	**86**	**0.55**	**0.78**	**0.31**
25	103191	52350	50841	48	29	19	0.47	0.55	0.37
26	105602	53610	51992	74	51	23	0.70	0.95	0.44
27	111605	56567	55038	45	32	13	0.40	0.57	0.24
28	115749	59184	56565	76	60	16	0.66	1.01	0.28
29	125465	63991	61474	65	50	15	0.52	0.78	0.24

6-4 续表 1

单位：人、‰

年 龄	平均人口			死亡人口			死亡率		
	合计	男	女	合计	男	女	合计	男	女
30–34岁	**620694**	**316217**	**304477**	**453**	**305**	**148**	**0.73**	**0.96**	**0.49**
30	139131	70871	68260	86	53	33	0.62	0.75	0.48
31	126162	64235	61927	98	65	33	0.78	1.01	0.53
32	128086	65209	62877	71	53	18	0.55	0.81	0.29
33	118418	60203	58215	113	75	38	0.95	1.25	0.65
34	108897	55699	53198	85	59	26	0.78	1.06	0.49
35–39岁	**543403**	**279646**	**263757**	**501**	**338**	**163**	**0.92**	**1.21**	**0.62**
35	109396	55641	53755	72	46	26	0.66	0.83	0.48
36	103115	53171	49944	81	63	18	0.79	1.18	0.36
37	109307	56508	52799	108	82	26	0.99	1.45	0.49
38	116407	60351	56056	113	70	43	0.97	1.16	0.77
39	105178	53975	51203	127	77	50	1.21	1.43	0.98
40–44岁	**554514**	**284050**	**270464**	**791**	**561**	**230**	**1.43**	**1.98**	**0.85**
40	112834	57747	55087	149	105	44	1.32	1.82	0.80
41	108338	55192	53146	129	90	39	1.19	1.63	0.73
42	105107	53928	51179	150	103	47	1.43	1.91	0.92
43	108379	55556	52823	164	119	45	1.51	2.14	0.85
44	119856	61627	58229	199	144	55	1.66	2.34	0.94
45–49岁	**598486**	**306896**	**291590**	**1214**	**842**	**372**	**2.03**	**2.74**	**1.28**
45	116086	59128	56958	227	153	74	1.96	2.59	1.30
46	120794	62019	58775	226	149	77	1.87	2.40	1.31
47	124082	64242	59840	233	161	72	1.88	2.51	1.20
48	116017	59831	56186	272	189	83	2.34	3.16	1.48
49	121507	61676	59831	256	190	66	2.11	3.08	1.10
50–54岁	**562986**	**284659**	**278327**	**1594**	**1097**	**497**	**2.83**	**3.85**	**1.79**
50	122505	61755	60750	295	200	95	2.41	3.24	1.56
51	128938	65100	63838	311	214	97	2.41	3.29	1.52
52	106997	54003	52994	310	221	89	2.90	4.09	1.68
53	102462	51861	50601	308	209	99	3.01	4.03	1.96
54	102084	51940	50144	370	253	117	3.62	4.87	2.33
55–59岁	**418016**	**213764**	**204252**	**1858**	**1238**	**620**	**4.44**	**5.79**	**3.04**
55	104401	54030	50371	380	248	132	3.64	4.59	2.62
56	105296	54110	51186	444	282	162	4.22	5.21	3.16
57	105644	54211	51433	472	336	136	4.47	6.20	2.64
58	56899	28122	28777	304	198	106	5.34	7.04	3.68
59	45776	23291	22485	258	174	84	5.64	7.47	3.74
60–64岁	**288624**	**145749**	**142875**	**2226**	**1445**	**781**	**7.71**	**9.91**	**5.47**
60	50880	26251	24629	317	212	105	6.23	8.08	4.26
61	49258	24939	24319	300	196	104	6.09	7.86	4.28
62	62996	32347	30649	463	307	156	7.35	9.49	5.09
63	61727	30477	31250	563	362	201	9.12	11.88	6.43
64	63763	31735	32028	583	368	215	9.14	11.60	6.71

6-4　续表 2

单位：人、‰

年　龄	平均人口			死亡人口			死亡率		
	合计	男	女	合计	男	女	合计	男	女
65-69岁	**269009**	**132758**	**136251**	**3561**	**2186**	**1375**	**13.24**	**16.47**	**10.09**
65	62310	30883	31427	677	433	244	10.87	14.02	7.76
66	57770	28657	29113	656	400	256	11.36	13.96	8.79
67	52893	26148	26745	663	399	264	12.53	15.26	9.87
68	49223	24118	25105	778	479	299	15.81	19.86	11.91
69	46813	22952	23861	787	475	312	16.81	20.70	13.08
70-74岁	**173538**	**82776**	**90762**	**4233**	**2402**	**1831**	**24.39**	**29.02**	**20.17**
70	45188	22245	22943	836	498	338	18.50	22.39	14.73
71	34255	16747	17508	762	461	301	22.24	27.53	17.19
72	32296	15782	16514	784	440	344	24.28	27.88	20.83
73	32146	14831	17315	873	483	390	27.16	32.57	22.52
74	29653	13171	16482	978	520	458	32.98	39.48	27.79
75-79岁	**123961**	**58472**	**65489**	**5849**	**3212**	**2637**	**47.18**	**54.93**	**40.27**
75	28263	13027	15236	1038	591	447	36.73	45.37	29.34
76	27900	13168	14732	1166	646	520	41.79	49.06	35.30
77	25941	12336	13605	1244	679	565	47.95	55.04	41.53
78	21608	10181	11427	1173	637	536	54.29	62.57	46.91
79	20249	9760	10489	1228	659	569	60.64	67.52	54.25
80-84岁	**72370**	**33767**	**38603**	**6443**	**3282**	**3161**	**89.03**	**97.20**	**81.88**
80	18992	8851	10141	1286	619	667	67.71	69.94	65.77
81	16847	7939	8908	1399	718	681	83.04	90.44	76.45
82	14683	6818	7865	1378	719	659	93.85	105.46	83.79
83	11467	5361	6106	1222	643	579	106.57	119.94	94.82
84	10381	4798	5583	1158	583	575	111.55	121.51	102.99
85-89岁	**28685**	**13737**	**14948**	**4277**	**2186**	**2091**	**149.10**	**159.13**	**139.88**
85	8477	3949	4528	1083	547	536	127.76	138.52	118.37
86	7260	3505	3755	1022	526	496	140.77	150.07	132.09
87	5231	2476	2755	834	444	390	159.43	179.32	141.56
88	4079	1996	2083	704	353	351	172.59	176.85	168.51
89	3638	1811	1827	634	316	318	174.27	174.49	174.06
90-94岁	**6762**	**3288**	**3474**	**1513**	**755**	**758**	**223.75**	**229.62**	**218.19**
90	2339	1140	1199	464	251	213	198.38	220.18	177.65
91	1550	737	813	358	167	191	230.97	226.59	234.93
92	1289	607	682	269	146	123	208.69	240.53	180.35
93	912	453	459	240	108	132	263.16	238.41	287.58
94	672	351	321	182	83	99	270.83	236.47	308.41
95-99岁	**1292**	**597**	**695**	**344**	**181**	**163**	**266.25**	**303.18**	**234.53**
95	468	222	246	126	66	60	269.23	297.30	243.90
96	342	158	184	88	42	46	257.31	265.82	250.00
97	208	95	113	59	35	24	283.65	368.42	212.39
98	157	73	84	49	25	24	312.10	342.47	285.71
99	117	49	68	22	13	9	188.03	265.31	132.35
100岁及以上	**143**	**53**	**90**	**59**	**24**	**35**	**412.59**	**452.83**	**388.89**

6-4a 全区分年龄、性别的死亡人口状况 (2019.11.1-2020.10.31)(城市)

单位：人、‰

年龄	平均人口			死亡人口			死亡率		
	合计	男	女	合计	男	女	合计	男	女
总计	**2980291**	**1484383**	**1495908**	**11894**	**7055**	**4839**	**3.99**	**4.75**	**3.23**
0-4岁	**191065**	**99092**	**91973**	**88**	**49**	**39**	**0.46**	**0.49**	**0.42**
0	36944	18996	17948	53	28	25	1.43	1.47	1.39
1	36541	18957	17584	13	8	5	0.36	0.42	0.28
2	37476	19470	18006	13	8	5	0.35	0.41	0.28
3	46314	24040	22274	6	4	2	0.13	0.17	0.09
4	33790	17629	16161	3	1	2	0.09	0.06	0.12
5-9岁	**187329**	**98325**	**89004**	**25**	**17**	**8**	**0.13**	**0.17**	**0.09**
5	39476	20527	18949	6	4	2	0.15	0.19	0.11
6	38546	20140	18406	3	2	1	0.08	0.10	0.05
7	38492	20331	18161	8	5	3	0.21	0.25	0.17
8	35750	18869	16881	5	3	2	0.14	0.16	0.12
9	35065	18458	16607	3	3		0.09	0.16	
10-14岁	**171750**	**89851**	**81899**	**37**	**22**	**15**	**0.22**	**0.24**	**0.18**
10	33568	17563	16005	4	4		0.12	0.23	
11	33476	17572	15904	5	4	1	0.15	0.23	0.06
12	37218	19613	17605	6	5	1	0.16	0.25	0.06
13	33838	17715	16123	12	5	7	0.35	0.28	0.43
14	33650	17388	16262	10	4	6	0.30	0.23	0.37
15-19岁	**195166**	**98686**	**96480**	**41**	**28**	**13**	**0.21**	**0.28**	**0.13**
15	39871	20543	19328	9	7	2	0.23	0.34	0.10
16	38967	19738	19229	10	6	4	0.26	0.30	0.21
17	40632	20321	20311	8	6	2	0.20	0.30	0.10
18	37548	19098	18450	6	2	4	0.16	0.10	0.22
19	38148	18986	19162	8	7	1	0.21	0.37	0.05
20-24岁	**209402**	**99656**	**109746**	**38**	**21**	**17**	**0.18**	**0.21**	**0.15**
20	40044	19030	21014	5	2	3	0.12	0.11	0.14
21	41495	19549	21946	7	3	4	0.17	0.15	0.18
22	41927	19793	22134	6	1	5	0.14	0.05	0.23
23	42046	20134	21912	8	4	4	0.19	0.20	0.18
24	43890	21150	22740	12	11	1	0.27	0.52	0.04
25-29岁	**250393**	**122415**	**127978**	**56**	**40**	**16**	**0.22**	**0.33**	**0.13**
25	44856	21785	23071	9	7	2	0.20	0.32	0.09
26	46254	22507	23747	14	11	3	0.30	0.49	0.13
27	49873	24212	25661	6	4	2	0.12	0.17	0.08
28	51951	25639	26312	17	13	4	0.33	0.51	0.15
29	57459	28272	29187	10	5	5	0.17	0.18	0.17

6-4a　续表 1

单位：人、‰

年　龄	平均人口			死亡人口			死亡率		
	合计	男	女	合计	男	女	合计	男	女
30–34岁	**289368**	**143093**	**146275**	**120**	**86**	**34**	**0.41**	**0.60**	**0.23**
30	63353	31122	32231	21	14	7	0.33	0.45	0.22
31	59133	29315	29818	21	16	5	0.36	0.55	0.17
32	60570	29961	30609	21	16	5	0.35	0.53	0.16
33	55731	27475	28256	30	18	12	0.54	0.66	0.42
34	50581	25220	25361	27	22	5	0.53	0.87	0.20
35–39岁	**243075**	**122177**	**120898**	**128**	**83**	**45**	**0.53**	**0.68**	**0.37**
35	50497	25094	25403	23	16	7	0.46	0.64	0.28
36	47423	23941	23482	23	19	4	0.48	0.79	0.17
37	49319	24881	24438	26	16	10	0.53	0.64	0.41
38	50897	25669	25228	29	19	10	0.57	0.74	0.40
39	44939	22592	22347	27	13	14	0.60	0.58	0.63
40–44岁	**236974**	**119196**	**117778**	**238**	**179**	**59**	**1.00**	**1.50**	**0.50**
40	48475	24436	24039	47	36	11	0.97	1.47	0.46
41	46550	23357	23193	34	25	9	0.73	1.07	0.39
42	45741	23015	22726	42	32	10	0.92	1.39	0.44
43	46167	23126	23041	51	37	14	1.10	1.60	0.61
44	50041	25262	24779	64	49	15	1.28	1.94	0.61
45–49岁	**249940**	**125798**	**124142**	**401**	**283**	**118**	**1.60**	**2.25**	**0.95**
45	48757	24391	24366	70	44	26	1.44	1.80	1.07
46	50879	25789	25090	86	63	23	1.69	2.44	0.92
47	51633	26250	25383	74	50	24	1.43	1.90	0.95
48	48894	24748	24146	92	66	26	1.88	2.67	1.08
49	49777	24620	25157	79	60	19	1.59	2.44	0.76
50–54岁	**222411**	**109998**	**112413**	**575**	**406**	**169**	**2.59**	**3.69**	**1.50**
50	49629	24752	24877	101	66	35	2.04	2.67	1.41
51	51253	25267	25986	114	86	28	2.22	3.40	1.08
52	42262	20869	21393	112	88	24	2.65	4.22	1.12
53	39196	19370	19826	107	73	34	2.73	3.77	1.71
54	40071	19740	20331	141	93	48	3.52	4.71	2.36
55–59岁	**163235**	**81005**	**82230**	**620**	**450**	**170**	**3.80**	**5.56**	**2.07**
55	40348	20174	20174	120	86	34	2.97	4.26	1.69
56	42209	21030	21179	151	110	41	3.58	5.23	1.94
57	41502	20601	20901	170	127	43	4.10	6.16	2.06
58	20913	10117	10796	94	70	24	4.49	6.92	2.22
59	18263	9083	9180	85	57	28	4.65	6.28	3.05
60–64岁	**114225**	**56233**	**57992**	**738**	**490**	**248**	**6.46**	**8.71**	**4.28**
60	21390	10707	10683	116	83	33	5.42	7.75	3.09
61	20092	9904	10188	104	74	30	5.18	7.47	2.94
62	25098	12446	12652	149	96	53	5.94	7.71	4.19
63	23811	11524	12287	196	131	65	8.23	11.37	5.29
64	23834	11652	12182	173	106	67	7.26	9.10	5.50

6-4a 续表 2

单位：人、‰

年 龄	平均人口			死亡人口			死亡率		
	合计	男	女	合计	男	女	合计	男	女
65-69岁	**99525**	**47215**	**52310**	**1072**	**680**	**392**	**10.77**	**14.40**	**7.49**
65	23688	11502	12186	211	143	68	8.91	12.43	5.58
66	21762	10444	11318	216	134	82	9.93	12.83	7.25
67	19267	9031	10236	196	121	75	10.17	13.40	7.33
68	17809	8211	9598	234	138	96	13.14	16.81	10.00
69	16999	8027	8972	215	144	71	12.65	17.94	7.91
70-74岁	**61954**	**28637**	**33317**	**1261**	**740**	**521**	**20.35**	**25.84**	**15.64**
70	16083	7756	8327	246	150	96	15.30	19.34	11.53
71	12308	5794	6514	231	139	92	18.77	23.99	14.12
72	11583	5499	6084	244	137	107	21.07	24.91	17.59
73	11551	5211	6340	260	161	99	22.51	30.90	15.62
74	10429	4377	6052	280	153	127	26.85	34.96	20.98
75-79岁	**47261**	**20837**	**26424**	**1787**	**979**	**808**	**37.81**	**46.98**	**30.58**
75	10035	4215	5820	305	175	130	30.39	41.52	22.34
76	9928	4321	5607	295	155	140	29.71	35.87	24.97
77	9922	4394	5528	362	202	160	36.48	45.97	28.94
78	8873	3950	4923	383	207	176	43.16	52.41	35.75
79	8503	3957	4546	442	240	202	51.98	60.65	44.43
80-84岁	**30865**	**14203**	**16662**	**2280**	**1223**	**1057**	**73.87**	**86.11**	**63.44**
80	7793	3494	4299	433	217	216	55.56	62.11	50.24
81	7042	3265	3777	473	249	224	67.17	76.26	59.31
82	6356	2914	3442	502	275	227	78.98	94.37	65.95
83	5011	2361	2650	457	263	194	91.20	111.39	73.21
84	4663	2169	2494	415	219	196	89.00	100.97	78.59
85-89岁	**12634**	**6068**	**6566**	**1600**	**856**	**744**	**126.64**	**141.07**	**113.31**
85	3789	1725	2064	394	210	184	103.99	121.74	89.15
86	3166	1526	1640	375	194	181	118.45	127.13	110.37
87	2250	1047	1203	314	176	138	139.56	168.10	114.71
88	1797	905	892	262	130	132	145.80	143.65	147.98
89	1632	865	767	255	146	109	156.25	168.79	142.11
90-94岁	**3143**	**1630**	**1513**	**632**	**338**	**294**	**201.08**	**207.36**	**194.32**
90	1152	595	557	210	115	95	182.29	193.28	170.56
91	705	357	348	131	75	56	185.82	210.08	160.92
92	583	296	287	125	72	53	214.41	243.24	184.67
93	409	223	186	94	42	52	229.83	188.34	279.57
94	294	159	135	72	34	38	244.90	213.84	281.48
95-99岁	**531**	**254**	**277**	**136**	**79**	**57**	**256.12**	**311.02**	**205.78**
95	204	107	97	57	35	22	279.41	327.10	226.80
96	143	60	83	40	23	17	279.72	383.33	204.82
97	74	37	37	17	10	7	229.73	270.27	189.19
98	60	28	32	12	5	7	200.00	178.57	218.75
99	50	22	28	10	6	4	200.00	272.73	142.86
100岁及以上	**45**	**14**	**31**	**21**	**6**	**15**	**466.67**	**428.57**	**483.87**

6-4b 全区分年龄、性别的死亡人口状况
(2019.11.1-2020.10.31)(镇)

单位：人、‰

年 龄	平均人口			死亡人口			死亡率		
	合计	男	女	合计	男	女	合计	男	女
总 计	**1684694**	**855121**	**829573**	**7445**	**4295**	**3150**	**4.42**	**5.02**	**3.80**
0-4岁	**123982**	**64369**	**59613**	**104**	**49**	**55**	**0.84**	**0.76**	**0.92**
0	22493	11671	10822	66	33	33	2.93	2.83	3.05
1	23377	12195	11182	11	5	6	0.47	0.41	0.54
2	24844	12918	11926	11	5	6	0.44	0.39	0.50
3	28915	14966	13949	10	4	6	0.35	0.27	0.43
4	24353	12619	11734	6	2	4	0.25	0.16	0.34
5-9岁	**132215**	**69069**	**63146**	**32**	**14**	**18**	**0.24**	**0.20**	**0.29**
5	27242	14247	12995	4	3	1	0.15	0.21	0.08
6	26621	13918	12703	9	3	6	0.34	0.22	0.47
7	26931	13968	12963	8	2	6	0.30	0.14	0.46
8	25618	13514	12104	7	3	4	0.27	0.22	0.33
9	25803	13422	12381	4	3	1	0.16	0.22	0.08
10-14岁	**125178**	**65375**	**59803**	**26**	**14**	**12**	**0.21**	**0.21**	**0.20**
10	25407	13414	11993	10	6	4	0.39	0.45	0.33
11	25154	13033	12121	2	2		0.08	0.15	
12	25632	13353	12279	6	2	4	0.23	0.15	0.33
13	24762	12954	11808	2	2		0.08	0.15	
14	24223	12621	11602	6	2	4	0.25	0.16	0.34
15-19岁	**109380**	**56156**	**53224**	**40**	**31**	**9**	**0.37**	**0.55**	**0.17**
15	25481	13315	12166	9	8	1	0.35	0.60	0.08
16	24568	12548	12020	6	5	1	0.24	0.40	0.08
17	24026	12184	11842	6	6		0.25	0.49	
18	19474	9944	9530	7	4	3	0.36	0.40	0.31
19	15831	8165	7666	12	8	4	0.76	0.98	0.52
20-24岁	**96601**	**48398**	**48203**	**45**	**28**	**17**	**0.47**	**0.58**	**0.35**
20	15542	8070	7472	7	4	3	0.45	0.50	0.40
21	17563	8963	8600	12	9	3	0.68	1.00	0.35
22	19658	9750	9908	6	4	2	0.31	0.41	0.20
23	20987	10331	10656	9	5	4	0.43	0.48	0.38
24	22851	11284	11567	11	6	5	0.48	0.53	0.43
25-29岁	**140204**	**68824**	**71380**	**62**	**47**	**15**	**0.44**	**0.68**	**0.21**
25	24335	11826	12509	10	8	2	0.41	0.68	0.16
26	25886	12616	13270	10	5	5	0.39	0.40	0.38
27	27850	13615	14235	14	9	5	0.50	0.66	0.35
28	29648	14746	14902	12	11	1	0.40	0.75	0.07
29	32485	16021	16464	16	14	2	0.49	0.87	0.12

6-4b 续表 1

单位：人、‰

年 龄	平均人口			死亡人口			死亡率		
	合计	男	女	合计	男	女	合计	男	女
30—34岁	**161455**	**80147**	**81308**	**97**	**66**	**31**	**0.60**	**0.82**	**0.38**
30	36396	18013	18383	25	15	10	0.69	0.83	0.54
31	32724	16137	16587	17	13	4	0.52	0.81	0.24
32	33164	16404	16760	11	10	1	0.33	0.61	0.06
33	30668	15203	15465	26	15	11	0.85	0.99	0.71
34	28503	14390	14113	18	13	5	0.63	0.90	0.35
35—39岁	**140826**	**72130**	**68696**	**123**	**85**	**38**	**0.87**	**1.18**	**0.55**
35	28698	14490	14208	18	10	8	0.63	0.69	0.56
36	26864	13751	13113	18	15	3	0.67	1.09	0.23
37	28251	14568	13683	34	26	8	1.20	1.78	0.58
38	30173	15596	14577	20	13	7	0.66	0.83	0.48
39	26840	13725	13115	33	21	12	1.23	1.53	0.91
40—44岁	**137256**	**70426**	**66830**	**189**	**128**	**61**	**1.38**	**1.82**	**0.91**
40	28472	14584	13888	37	23	14	1.30	1.58	1.01
41	27333	13987	13346	33	23	10	1.21	1.64	0.75
42	25968	13276	12692	37	26	11	1.42	1.96	0.87
43	26556	13663	12893	46	34	12	1.73	2.49	0.93
44	28927	14916	14011	36	22	14	1.24	1.47	1.00
45—49岁	**138213**	**71301**	**66912**	**276**	**191**	**85**	**2.00**	**2.68**	**1.27**
45	27714	14233	13481	51	38	13	1.84	2.67	0.96
46	28429	14559	13870	36	26	10	1.27	1.79	0.72
47	28979	15076	13903	54	37	17	1.86	2.45	1.22
48	25934	13500	12434	56	33	23	2.16	2.44	1.85
49	27157	13933	13224	79	57	22	2.91	4.09	1.66
50—54岁	**117902**	**60072**	**57830**	**329**	**227**	**102**	**2.79**	**3.78**	**1.76**
50	26493	13396	13097	67	41	26	2.53	3.06	1.99
51	27553	14106	13447	69	46	23	2.50	3.26	1.71
52	22221	11259	10962	57	45	12	2.57	4.00	1.09
53	21144	10841	10303	62	42	20	2.93	3.87	1.94
54	20491	10470	10021	74	53	21	3.61	5.06	2.10
55—59岁	**82649**	**42316**	**40333**	**389**	**237**	**152**	**4.71**	**5.60**	**3.77**
55	21101	10977	10124	89	51	38	4.22	4.65	3.75
56	21034	10897	10137	96	48	48	4.56	4.40	4.74
57	20865	10691	10174	72	57	15	3.45	5.33	1.47
58	11099	5439	5660	78	48	30	7.03	8.83	5.30
59	8550	4312	4238	54	33	21	6.32	7.65	4.96
60—64岁	**54168**	**26944**	**27224**	**455**	**323**	**132**	**8.40**	**11.99**	**4.85**
60	9679	4918	4761	57	33	24	5.89	6.71	5.04
61	9278	4618	4660	58	42	16	6.25	9.09	3.43
62	11619	5931	5688	101	75	26	8.69	12.65	4.57
63	11767	5758	6009	111	82	29	9.43	14.24	4.83
64	11825	5719	6106	128	91	37	10.82	15.91	6.06

6-4b 续表 2

单位：人、‰

年 龄	平均人口			死亡人口			死亡率		
	合计	男	女	合计	男	女	合计	男	女
65-69岁	**50385**	**24476**	**25909**	**780**	**477**	**303**	**15.48**	**19.49**	**11.69**
65	11574	5671	5903	148	93	55	12.79	16.40	9.32
66	10839	5231	5608	143	87	56	13.19	16.63	9.99
67	9907	4877	5030	158	92	66	15.95	18.86	13.12
68	9264	4445	4819	165	109	56	17.81	24.52	11.62
69	8801	4252	4549	166	96	70	18.86	22.58	15.39
70-74岁	**32749**	**15380**	**17369**	**919**	**547**	**372**	**28.06**	**35.57**	**21.42**
70	8625	4121	4504	192	121	71	22.26	29.36	15.76
71	6431	3131	3300	178	113	65	27.68	36.09	19.70
72	6176	2986	3190	162	98	64	26.23	32.82	20.06
73	5993	2708	3285	192	109	83	32.04	40.25	25.27
74	5524	2434	3090	195	106	89	35.30	43.55	28.80
75-79岁	**22740**	**10856**	**11884**	**1202**	**665**	**537**	**52.86**	**61.26**	**45.19**
75	5305	2522	2783	208	126	82	39.21	49.96	29.46
76	5132	2402	2730	253	144	109	49.30	59.95	39.93
77	4817	2311	2506	264	139	125	54.81	60.15	49.88
78	3858	1884	1974	232	124	108	60.13	65.82	54.71
79	3628	1737	1891	245	132	113	67.53	75.99	59.76
80-84岁	**12800**	**5970**	**6830**	**1223**	**598**	**625**	**95.55**	**100.17**	**91.51**
80	3410	1599	1811	257	127	130	75.37	79.42	71.78
81	3013	1405	1608	260	133	127	86.29	94.66	78.98
82	2610	1211	1399	269	141	128	103.07	116.43	91.49
83	2000	943	1057	211	100	111	105.50	106.04	105.01
84	1767	812	955	226	97	129	127.90	119.46	135.08
85-89岁	**4723**	**2297**	**2426**	**808**	**400**	**408**	**171.08**	**174.14**	**168.18**
85	1450	692	758	200	98	102	137.93	141.62	134.56
86	1189	590	599	203	101	102	170.73	171.19	170.28
87	850	411	439	146	83	63	171.76	201.95	143.51
88	695	342	353	139	63	76	200.00	184.21	215.30
89	539	262	277	120	55	65	222.63	209.92	234.66
90-94岁	**1048**	**521**	**527**	**275**	**134**	**141**	**262.40**	**257.20**	**267.55**
90	367	179	188	84	42	42	228.88	234.64	223.40
91	238	121	117	81	36	45	340.34	297.52	384.62
92	195	95	100	46	23	23	235.90	242.11	230.00
93	146	70	76	39	21	18	267.12	300.00	236.84
94	102	56	46	25	12	13	245.10	214.29	282.61
95-99岁	**195**	**83**	**112**	**62**	**30**	**32**	**317.95**	**361.45**	**285.71**
95	58	26	32	17	5	12	293.10	192.31	375.00
96	53	23	30	11	4	7	207.55	173.91	233.33
97	36	15	21	14	9	5	388.89	600.00	238.10
98	31	14	17	16	9	7	516.13	642.86	411.76
99	17	5	12	4	3	1	235.29	600.00	83.33
100岁及以上	**25**	**11**	**14**	**9**	**4**	**5**	**360.00**	**363.64**	**357.14**

6-4c 全区分年龄、性别的死亡人口状况 (2019.11.1-2020.10.31)(乡村)

单位：人、‰

年 龄	平均人口			死亡人口			死亡率		
	合计	男	女	合计	男	女	合计	男	女
总 计	**2518108**	**1320616**	**1197492**	**17048**	**9605**	**7443**	**6.77**	**7.27**	**6.22**
0-4岁	**177546**	**91152**	**86394**	**301**	**150**	**151**	**1.70**	**1.65**	**1.75**
0	33810	17368	16442	162	82	80	4.79	4.72	4.87
1	34607	18032	16575	60	29	31	1.73	1.61	1.87
2	36565	18787	17778	29	14	15	0.79	0.75	0.84
3	37140	18925	18215	34	18	16	0.92	0.95	0.88
4	35424	18040	17384	16	7	9	0.45	0.39	0.52
5-9岁	**181991**	**93896**	**88095**	**60**	**39**	**21**	**0.33**	**0.42**	**0.24**
5	36702	18905	17797	15	9	6	0.41	0.48	0.34
6	35687	18457	17230	14	7	7	0.39	0.38	0.41
7	36449	18974	17475	11	7	4	0.30	0.37	0.23
8	36821	18882	17939	11	7	4	0.30	0.37	0.22
9	36332	18678	17654	9	9		0.25	0.48	
10-14岁	**182262**	**94565**	**87697**	**104**	**69**	**35**	**0.57**	**0.73**	**0.40**
10	37071	19098	17973	22	14	8	0.59	0.73	0.45
11	36609	18703	17906	9	6	3	0.25	0.32	0.17
12	37469	19256	18213	27	21	6	0.72	1.09	0.33
13	37404	19714	17690	28	15	13	0.75	0.76	0.73
14	33709	17794	15915	18	13	5	0.53	0.73	0.31
15-19岁	**122542**	**66038**	**56504**	**98**	**70**	**28**	**0.80**	**1.06**	**0.50**
15	28289	14984	13305	16	12	4	0.57	0.80	0.30
16	22356	12223	10133	22	17	5	0.98	1.39	0.49
17	22442	12382	10060	17	13	4	0.76	1.05	0.40
18	25247	13440	11807	23	14	9	0.91	1.04	0.76
19	24208	13009	11199	20	14	6	0.83	1.08	0.54
20-24岁	**152589**	**83361**	**69228**	**124**	**78**	**46**	**0.81**	**0.94**	**0.66**
20	25784	14050	11734	19	9	10	0.74	0.64	0.85
21	29032	15918	13114	22	14	8	0.76	0.88	0.61
22	31922	17369	14553	21	14	7	0.66	0.81	0.48
23	32676	17798	14878	36	24	12	1.10	1.35	0.81
24	33175	18226	14949	26	17	9	0.78	0.93	0.60
25-29岁	**171015**	**94463**	**76552**	**190**	**135**	**55**	**1.11**	**1.43**	**0.72**
25	34000	18739	15261	29	14	15	0.85	0.75	0.98
26	33462	18487	14975	50	35	15	1.49	1.89	1.00
27	33882	18740	15142	25	19	6	0.74	1.01	0.40
28	34150	18799	15351	47	36	11	1.38	1.91	0.72
29	35521	19698	15823	39	31	8	1.10	1.57	0.51

6-4c 续表 1

单位：人、‰

年 龄	平均人口			死亡人口			死亡率		
	合计	男	女	合计	男	女	合计	男	女
30–34岁	**169871**	**92977**	**76894**	**236**	**153**	**83**	**1.39**	**1.65**	**1.08**
30	39382	21736	17646	40	24	16	1.02	1.10	0.91
31	34305	18783	15522	60	36	24	1.75	1.92	1.55
32	34352	18844	15508	39	27	12	1.14	1.43	0.77
33	32019	17525	14494	57	42	15	1.78	2.40	1.03
34	29813	16089	13724	40	24	16	1.34	1.49	1.17
35–39岁	**159502**	**85339**	**74163**	**250**	**170**	**80**	**1.57**	**1.99**	**1.08**
35	30201	16057	14144	31	20	11	1.03	1.25	0.78
36	28828	15479	13349	40	29	11	1.39	1.87	0.82
37	31737	17059	14678	48	40	8	1.51	2.34	0.55
38	35337	19086	16251	64	38	26	1.81	1.99	1.60
39	33399	17658	15741	67	43	24	2.01	2.44	1.52
40–44岁	**180284**	**94428**	**85856**	**364**	**254**	**110**	**2.02**	**2.69**	**1.28**
40	35887	18727	17160	65	46	19	1.81	2.46	1.11
41	34455	17848	16607	62	42	20	1.80	2.35	1.20
42	33398	17637	15761	71	45	26	2.13	2.55	1.65
43	35656	18767	16889	67	48	19	1.88	2.56	1.12
44	40888	21449	19439	99	73	26	2.42	3.40	1.34
45–49岁	**210333**	**109797**	**100536**	**537**	**368**	**169**	**2.55**	**3.35**	**1.68**
45	39615	20504	19111	106	71	35	2.68	3.46	1.83
46	41486	21671	19815	104	60	44	2.51	2.77	2.22
47	43470	22916	20554	105	74	31	2.42	3.23	1.51
48	41189	21583	19606	124	90	34	3.01	4.17	1.73
49	44573	23123	21450	98	73	25	2.20	3.16	1.17
50–54岁	**222673**	**114589**	**108084**	**690**	**464**	**226**	**3.10**	**4.05**	**2.09**
50	46383	23607	22776	127	93	34	2.74	3.94	1.49
51	50132	25727	24405	128	82	46	2.55	3.19	1.88
52	42514	21875	20639	141	88	53	3.32	4.02	2.57
53	42122	21650	20472	139	94	45	3.30	4.34	2.20
54	41522	21730	19792	155	107	48	3.73	4.92	2.43
55–59岁	**172132**	**90443**	**81689**	**849**	**551**	**298**	**4.93**	**6.09**	**3.65**
55	42952	22879	20073	171	111	60	3.98	4.85	2.99
56	42053	22183	19870	197	124	73	4.68	5.59	3.67
57	43277	22919	20358	230	152	78	5.31	6.63	3.83
58	24887	12566	12321	132	80	52	5.30	6.37	4.22
59	18963	9896	9067	119	84	35	6.28	8.49	3.86
60–64岁	**120231**	**62572**	**57659**	**1033**	**632**	**401**	**8.59**	**10.10**	**6.95**
60	19811	10626	9185	144	96	48	7.27	9.03	5.23
61	19888	10417	9471	138	80	58	6.94	7.68	6.12
62	26279	13970	12309	213	136	77	8.11	9.74	6.26
63	26149	13195	12954	256	149	107	9.79	11.29	8.26
64	28104	14364	13740	282	171	111	10.03	11.90	8.08

6-4c 续表 2

单位：人、‰

年 龄	平均人口			死亡人口			死亡率		
	合计	男	女	合计	男	女	合计	男	女
65-69岁	**119099**	**61067**	**58032**	**1709**	**1029**	**680**	**14.35**	**16.85**	**11.72**
65	27048	13710	13338	318	197	121	11.76	14.37	9.07
66	25169	12982	12187	297	179	118	11.80	13.79	9.68
67	23719	12240	11479	309	186	123	13.03	15.20	10.72
68	22150	11462	10688	379	232	147	17.11	20.24	13.75
69	21013	10673	10340	406	235	171	19.32	22.02	16.54
70-74岁	**78835**	**38759**	**40076**	**2053**	**1115**	**938**	**26.04**	**28.77**	**23.41**
70	20480	10368	10112	398	227	171	19.43	21.89	16.91
71	15516	7822	7694	353	209	144	22.75	26.72	18.72
72	14537	7297	7240	378	205	173	26.00	28.09	23.90
73	14602	6912	7690	421	213	208	28.83	30.82	27.05
74	13700	6360	7340	503	261	242	36.72	41.04	32.97
75-79岁	**53960**	**26779**	**27181**	**2860**	**1568**	**1292**	**53.00**	**58.55**	**47.53**
75	12923	6290	6633	525	290	235	40.63	46.10	35.43
76	12840	6445	6395	618	347	271	48.13	53.84	42.38
77	11202	5631	5571	618	338	280	55.17	60.02	50.26
78	8877	4347	4530	558	306	252	62.86	70.39	55.63
79	8118	4066	4052	541	287	254	66.64	70.59	62.69
80-84岁	**28705**	**13594**	**15111**	**2940**	**1461**	**1479**	**102.42**	**107.47**	**97.88**
80	7789	3758	4031	596	275	321	76.52	73.18	79.63
81	6792	3269	3523	666	336	330	98.06	102.78	93.67
82	5717	2693	3024	607	303	304	106.17	112.51	100.53
83	4456	2057	2399	554	280	274	124.33	136.12	114.21
84	3951	1817	2134	517	267	250	130.85	146.95	117.15
85-89岁	**11328**	**5372**	**5956**	**1869**	**930**	**939**	**164.99**	**173.12**	**157.66**
85	3238	1532	1706	489	239	250	151.02	156.01	146.54
86	2905	1389	1516	444	231	213	152.84	166.31	140.50
87	2131	1018	1113	374	185	189	175.50	181.73	169.81
88	1587	749	838	303	160	143	190.93	213.62	170.64
89	1467	684	783	259	115	144	176.55	168.13	183.91
90-94岁	**2571**	**1137**	**1434**	**606**	**283**	**323**	**235.71**	**248.90**	**225.24**
90	820	366	454	170	94	76	207.32	256.83	167.40
91	607	259	348	146	56	90	240.53	216.22	258.62
92	511	216	295	98	51	47	191.78	236.11	159.32
93	357	160	197	107	45	62	299.72	281.25	314.72
94	276	136	140	85	37	48	307.97	272.06	342.86
95-99岁	**566**	**260**	**306**	**146**	**72**	**74**	**257.95**	**276.92**	**241.83**
95	206	89	117	52	26	26	252.43	292.13	222.22
96	146	75	71	37	15	22	253.42	200.00	309.86
97	98	43	55	28	16	12	285.71	372.09	218.18
98	66	31	35	21	11	10	318.18	354.84	285.71
99	50	22	28	8	4	4	160.00	181.82	142.86
100岁及以上	**73**	**28**	**45**	**29**	**14**	**15**	**397.26**	**500.00**	**333.33**

第一部分　全部数据资料

第七卷　户口登记状况

7-1 全区按现住地、户口登记地、

现住地	户口					
	合计			自治区内		
	合计	男	女	小计	男	女
宁 夏	**3362670**	**1739397**	**1623273**	**2687551**	**1344638**	**1342913**
银川市	**1620472**	**847418**	**773054**	**1145699**	**572159**	**573540**
兴庆区	451350	234227	217123	274089	132121	141968
西夏区	291613	150882	140731	200718	99884	100834
金凤区	316631	161427	155204	239603	116521	123082
永宁县	182045	94415	87630	134323	67112	67211
贺兰县	205310	106677	98633	153146	76752	76394
灵武市	173523	99790	73733	143820	79769	64051
石嘴山市	**365026**	**192266**	**172760**	**290042**	**147201**	**142841**
大武口区	137234	71401	65833	100422	50549	49873
惠农区	92885	51651	41234	68727	36001	32726
平罗县	134907	69214	65693	120893	60651	60242
吴忠市	**598617**	**305550**	**293067**	**533492**	**266853**	**266639**
利通区	230857	114948	115909	212013	104131	107882
红寺堡区	84536	43433	41103	76176	38501	37675
盐池县	84736	46011	38725	68630	35882	32748
同心县	83636	42052	41584	78896	38934	39962
青铜峡市	114852	59106	55746	97777	49405	48372
固原市	**357965**	**178591**	**179374**	**334015**	**164551**	**169464**
原州区	219094	108494	110600	206109	101051	105058
西吉县	63033	31449	31584	58987	28985	30002
隆德县	23411	11670	11741	21123	10447	10676
泾源县	12690	6262	6428	11555	5609	5946
彭阳县	39737	20716	19021	36241	18459	17782
中卫市	**420590**	**215572**	**205018**	**384303**	**193874**	**190429**
沙坡头区	192101	99336	92765	173826	88160	85666
中宁县	152479	78604	73875	137511	69900	67611
海原县	76010	37632	38378	72966	35814	37152

性别分的户口登记地在外乡镇街道的人口

单位：人

登记地								
市辖区内人户分离			自治区内流动人口			自治区外		
小计	男	女	小计	男	女	小计	男	女
855675	**417793**	**437882**	**1831876**	**926845**	**905031**	**675119**	**394759**	**280360**
301927	**143125**	**158802**	**843772**	**429034**	**414738**	**474773**	**275259**	**199514**
121688	57447	64241	152401	74674	77727	177261	102106	75155
64707	31342	33365	136011	68542	67469	90895	50998	39897
115532	54336	61196	124071	62185	61886	77028	44906	32122
			134323	67112	67211	47722	27303	20419
			153146	76752	76394	52164	29925	22239
			143820	79769	64051	29703	20021	9682
103831	**51698**	**52133**	**186211**	**95503**	**90708**	**74984**	**45065**	**29919**
58454	28784	29670	41968	21765	20203	36812	20852	15960
45377	22914	22463	23350	13087	10263	24158	15650	8508
			120893	60651	60242	14014	8563	5451
173603	**85410**	**88193**	**359889**	**181443**	**178446**	**65125**	**38697**	**26428**
150707	73952	76755	61306	30179	31127	18844	10817	8027
22896	11458	11438	53280	27043	26237	8360	4932	3428
			68630	35882	32748	16106	10129	5977
			78896	38934	39962	4740	3118	1622
			97777	49405	48372	17075	9701	7374
131869	**64245**	**67624**	**202146**	**100306**	**101840**	**23950**	**14040**	**9910**
131869	64245	67624	74240	36806	37434	12985	7443	5542
			58987	28985	30002	4046	2464	1582
			21123	10447	10676	2288	1223	1065
			11555	5609	5946	1135	653	482
			36241	18459	17782	3496	2257	1239
144445	**73315**	**71130**	**239858**	**120559**	**119299**	**36287**	**21698**	**14589**
144445	73315	71130	29381	14845	14536	18275	11176	7099
			137511	69900	67611	14968	8704	6264
			72966	35814	37152	3044	1818	1226

7-1a 全区按现住地、户口登记地、

现住地	户口					
	合计			自治区内		
	合计	男	女	小计	男	女
宁　夏	**1771385**	**899390**	**871995**	**1398274**	**686231**	**712043**
银川市	**967129**	**494199**	**472930**	**683339**	**332753**	**350586**
兴庆区	339784	174603	165181	209837	100343	109494
西夏区	262953	135889	127064	177969	88226	89743
金凤区	263111	132624	130487	204137	98602	105535
永宁县						
贺兰县	3343	1845	1498	2000	1033	967
灵武市	97938	49238	48700	89396	44549	44847
石嘴山市	**180553**	**95422**	**85131**	**132939**	**67445**	**65494**
大武口区	115101	59227	55874	86151	42920	43231
惠农区	65452	36195	29257	46788	24525	22263
平罗县						
吴忠市	**305147**	**150770**	**154377**	**284140**	**139005**	**145135**
利通区	182561	89502	93059	170172	82524	87648
红寺堡区	46913	23216	23697	43454	21348	22106
盐池县						
同心县						
青铜峡市	75673	38052	37621	70514	35133	35381
固原市	**169308**	**82732**	**86576**	**160120**	**77549**	**82571**
原州区	169308	82732	86576	160120	77549	82571
西吉县						
隆德县						
泾源县						
彭阳县						
中卫市	**149248**	**76267**	**72981**	**137736**	**69479**	**68257**
沙坡头区	149248	76267	72981	137736	69479	68257
中宁县						
海原县						

性别分的户口登记地在外乡镇街道的人口(城市)

单位：人

登记地								
市辖区内人户分离			自治区内流动人口			自治区外		
小计	男	女	小计	男	女	小计	男	女
722378	**350864**	**371514**	**675896**	**335367**	**340529**	**373111**	**213159**	**159952**
262631	**124157**	**138474**	**420708**	**208596**	**212112**	**283790**	**161446**	**122344**
98289	46097	52192	111548	54246	57302	129947	74260	55687
61344	29667	31677	116625	58559	58066	84984	47663	37321
102998	48393	54605	101139	50209	50930	58974	34022	24952
			2000	1033	967	1343	812	531
			89396	44549	44847	8542	4689	3853
86281	**42748**	**43533**	**46658**	**24697**	**21961**	**47614**	**27977**	**19637**
56928	27959	28969	29223	14961	14262	28950	16307	12643
29353	14789	14564	17435	9736	7699	18664	11670	6994
143633	**70091**	**73542**	**140507**	**68914**	**71593**	**21007**	**11765**	**9242**
124577	60697	63880	45595	21827	23768	12389	6978	5411
19056	9394	9662	24398	11954	12444	3459	1868	1591
			70514	35133	35381	5159	2919	2240
104359	**50423**	**53936**	**55761**	**27126**	**28635**	**9188**	**5183**	**4005**
104359	50423	53936	55761	27126	28635	9188	5183	4005
125474	**63445**	**62029**	**12262**	**6034**	**6228**	**11512**	**6788**	**4724**
125474	63445	62029	12262	6034	6228	11512	6788	4724

7-1b 全区按现住地、户口登记地、

现住地	合计			户口 自治区内		
	合计	男	女	小计	男	女
宁 夏	**995085**	**512370**	**482715**	**830880**	**417040**	**413840**
银川市	**430278**	**226719**	**203559**	**314217**	**159770**	**154447**
兴庆区	75258	39907	35351	44974	22505	22469
西夏区	6554	3371	3183	5418	2727	2691
金凤区	2462	1361	1101	1623	823	800
永宁县	149428	77266	72162	109652	54710	54942
贺兰县	154581	79770	74811	120256	60093	60163
灵武市	41995	25044	16951	32294	18912	13382
石嘴山市	**138189**	**69785**	**68404**	**122854**	**61186**	**61668**
大武口区	13252	6705	6547	7478	3513	3965
惠农区	17714	8963	8751	15845	7919	7926
平罗县	107223	54117	53106	99531	49754	49777
吴忠市	**144771**	**74838**	**69933**	**128725**	**65049**	**63676**
利通区	6891	3889	3002	5743	3188	2555
红寺堡区	4837	3148	1689	3690	2348	1342
盐池县	61091	31161	29930	53945	27076	26869
同心县	59053	29540	29513	55979	27468	28511
青铜峡市	12899	7100	5799	9368	4969	4399
固原市	**112564**	**55549**	**57015**	**106019**	**51645**	**54374**
原州区	5770	2972	2798	5350	2730	2620
西吉县	51490	25162	26328	49092	23649	25443
隆德县	16985	8271	8714	15717	7603	8114
泾源县	9087	4382	4705	8586	4110	4476
彭阳县	29232	14762	14470	27274	13553	13721
中卫市	**169283**	**85479**	**83804**	**159065**	**79390**	**79675**
沙坡头区	4469	2656	1813	3140	1691	1449
中宁县	103277	52689	50588	95980	48526	47454
海原县	61537	30134	31403	59945	29173	30772

性别分的户口登记地在外乡镇街道的人口(镇)

单位：人

登记地									
	市辖区内人户分离			自治区内流动人口			自治区外		
	小计	男	女	小计	男	女	小计	男	女
	42605	**21162**	**21443**	**788275**	**395878**	**392397**	**164205**	**95330**	**68875**
	21038	**10037**	**11001**	**293179**	**149733**	**143446**	**116061**	**66949**	**49112**
	18940	9048	9892	26034	13457	12577	30284	17402	12882
	1471	694	777	3947	2033	1914	1136	644	492
	627	295	332	996	528	468	839	538	301
				109652	54710	54942	39776	22556	17220
				120256	60093	60163	34325	19677	14648
				32294	18912	13382	9701	6132	3569
	13025	**6470**	**6555**	**109829**	**54716**	**55113**	**15335**	**8599**	**6736**
	672	318	354	6806	3195	3611	5774	3192	2582
	12353	6152	6201	3492	1767	1725	1869	1044	825
				99531	49754	49777	7692	4363	3329
	3781	**2175**	**1606**	**124944**	**62874**	**62070**	**16046**	**9789**	**6257**
	3009	1659	1350	2734	1529	1205	1148	701	447
	772	516	256	2918	1832	1086	1147	800	347
				53945	27076	26869	7146	4085	3061
				55979	27468	28511	3074	2072	1002
				9368	4969	4399	3531	2131	1400
	3144	**1622**	**1522**	**102875**	**50023**	**52852**	**6545**	**3904**	**2641**
	3144	1622	1522	2206	1108	1098	420	242	178
				49092	23649	25443	2398	1513	885
				15717	7603	8114	1268	668	600
				8586	4110	4476	501	272	229
				27274	13553	13721	1958	1209	749
	1617	**858**	**759**	**157448**	**78532**	**78916**	**10218**	**6089**	**4129**
	1617	858	759	1523	833	690	1329	965	364
				95980	48526	47454	7297	4163	3134
				59945	29173	30772	1592	961	631

7-1c 全区按现住地、户口登记地、

现住地	户口					
	合计			自治区内		
	合计	男	女	小计	男	女
宁 夏	**596200**	**327637**	**268563**	**458397**	**241367**	**217030**
银川市	**223065**	**126500**	**96565**	**148143**	**79636**	**68507**
兴庆区	36308	19717	16591	19278	9273	10005
西夏区	22106	11622	10484	17331	8931	8400
金凤区	51058	27442	23616	33843	17096	16747
永宁县	32617	17149	15468	24671	12402	12269
贺兰县	47386	25062	22324	30890	15626	15264
灵武市	33590	25508	8082	22130	16308	5822
石嘴山市	**46284**	**27059**	**19225**	**34249**	**18570**	**15679**
大武口区	8881	5469	3412	6793	4116	2677
惠农区	9719	6493	3226	6094	3557	2537
平罗县	27684	15097	12587	21362	10897	10465
吴忠市	**148699**	**79942**	**68757**	**120627**	**62799**	**57828**
利通区	41405	21557	19848	36098	18419	17679
红寺堡区	32786	17069	15717	29032	14805	14227
盐池县	23645	14850	8795	14685	8806	5879
同心县	24583	12512	12071	22917	11466	11451
青铜峡市	26280	13954	12326	17895	9303	8592
固原市	**76093**	**40310**	**35783**	**67876**	**35357**	**32519**
原州区	44016	22790	21226	40639	20772	19867
西吉县	11543	6287	5256	9895	5336	4559
隆德县	6426	3399	3027	5406	2844	2562
泾源县	3603	1880	1723	2969	1499	1470
彭阳县	10505	5954	4551	8967	4906	4061
中卫市	**102059**	**53826**	**48233**	**87502**	**45005**	**42497**
沙坡头区	38384	20413	17971	32950	16990	15960
中宁县	49202	25915	23287	41531	21374	20157
海原县	14473	7498	6975	13021	6641	6380

性别分的户口登记地在外乡镇街道的人口(乡村)

单位：人

登记地								
市辖区内人户分离			自治区内流动人口			自治区外		
小计	男	女	小计	男	女	小计	男	女
90692	**45767**	**44925**	**367705**	**195600**	**172105**	**137803**	**86270**	**51533**
18258	**8931**	**9327**	**129885**	**70705**	**59180**	**74922**	**46864**	**28058**
4459	2302	2157	14819	6971	7848	17030	10444	6586
1892	981	911	15439	7950	7489	4775	2691	2084
11907	5648	6259	21936	11448	10488	17215	10346	6869
			24671	12402	12269	7946	4747	3199
			30890	15626	15264	16496	9436	7060
			22130	16308	5822	11460	9200	2260
4525	**2480**	**2045**	**29724**	**16090**	**13634**	**12035**	**8489**	**3546**
854	507	347	5939	3609	2330	2088	1353	735
3671	1973	1698	2423	1584	839	3625	2936	689
			21362	10897	10465	6322	4200	2122
26189	**13144**	**13045**	**94438**	**49655**	**44783**	**28072**	**17143**	**10929**
23121	11596	11525	12977	6823	6154	5307	3138	2169
3068	1548	1520	25964	13257	12707	3754	2264	1490
			14685	8806	5879	8960	6044	2916
			22917	11466	11451	1666	1046	620
			17895	9303	8592	8385	4651	3734
24366	**12200**	**12166**	**43510**	**23157**	**20353**	**8217**	**4953**	**3264**
24366	12200	12166	16273	8572	7701	3377	2018	1359
			9895	5336	4559	1648	951	697
			5406	2844	2562	1020	555	465
			2969	1499	1470	634	381	253
			8967	4906	4061	1538	1048	490
17354	**9012**	**8342**	**70148**	**35993**	**34155**	**14557**	**8821**	**5736**
17354	9012	8342	15596	7978	7618	5434	3423	2011
			41531	21374	20157	7671	4541	3130
			13021	6641	6380	1452	857	595

7-2 全区按户口登记地、年龄、性别分的

年龄	合计			自治区内		
	合计	男	女	小计	男	女
总计	**3362670**	**1739397**	**1623273**	**2687551**	**1344638**	**1342913**
0-4岁	**204864**	**106403**	**98461**	**174719**	**90537**	**84182**
0	30083	15512	14571	26465	13665	12800
1	41615	21686	19929	35602	18530	17072
2	40199	20836	19363	34008	17597	16411
3	45187	23468	21719	38096	19682	18414
4	47780	24901	22879	40548	21063	19485
5-9岁	**221478**	**116670**	**104808**	**183996**	**96483**	**87513**
5	40198	20956	19242	33587	17414	16173
6	46619	24381	22238	39094	20357	18737
7	44162	23354	20808	36751	19402	17349
8	46339	24643	21696	38099	20147	17952
9	44160	23336	20824	36465	19163	17302
10-14岁	**214725**	**112943**	**101782**	**184040**	**96151**	**87889**
10	43145	22777	20368	35909	18868	17041
11	43672	22953	20719	36708	19126	17582
12	43682	22879	20803	37240	19383	17857
13	42427	22254	20173	36953	19273	17680
14	41799	22080	19719	37230	19501	17729
15-19岁	**257260**	**129002**	**128258**	**232301**	**115019**	**117282**
15	47326	24349	22977	43779	22273	21506
16	58167	29698	28469	54541	27560	26981
17	55260	27641	27619	51452	25432	26020
18	48624	24012	24612	43613	21193	22420
19	47883	23302	24581	38916	18561	20355
20-24岁	**253868**	**122216**	**131652**	**196631**	**90394**	**106237**
20	49008	23383	25625	37547	17273	20274
21	47692	22541	25151	36165	16319	19846
22	52667	25140	27527	41271	18679	22592
23	51205	25010	26195	40370	18831	21539
24	53296	26142	27154	41278	19292	21986
25-29岁	**316772**	**159285**	**157487**	**243796**	**116840**	**126956**
25	58424	28838	29586	44872	21157	23715
26	59382	29690	29692	45766	21832	23934
27	63913	32027	31886	48868	23281	25587
28	67372	34006	33366	52257	25201	27056
29	67681	34724	32957	52033	25369	26664

户口登记地在外乡镇街道的人口

单位：人

登记地					
其中市辖区内人户分离			自治区外		
小计	男	女	小计	男	女
855675	**417793**	**437882**	**675119**	**394759**	**280360**
53672	**27716**	**25956**	**30145**	**15866**	**14279**
8070	4149	3921	3618	1847	1771
10983	5706	5277	6013	3156	2857
10149	5256	4893	6191	3239	2952
11866	6045	5821	7091	3786	3305
12604	6560	6044	7232	3838	3394
53274	**27972**	**25302**	**37482**	**20187**	**17295**
9717	5004	4713	6611	3542	3069
11691	6070	5621	7525	4024	3501
10490	5538	4952	7411	3952	3459
11046	5916	5130	8240	4496	3744
10330	5444	4886	7695	4173	3522
54642	**28610**	**26032**	**30685**	**16792**	**13893**
10271	5388	4883	7236	3909	3327
10511	5472	5039	6964	3827	3137
11163	5895	5268	6442	3496	2946
11447	5987	5460	5474	2981	2493
11250	5868	5382	4569	2579	1990
63068	**31410**	**31658**	**24959**	**13983**	**10976**
13577	6861	6716	3547	2076	1471
16627	8311	8316	3626	2138	1488
14813	7301	7512	3808	2209	1599
10265	5102	5163	5011	2819	2192
7786	3835	3951	8967	4741	4226
42112	**19373**	**22739**	**57237**	**31822**	**25415**
6989	3288	3701	11461	6110	5351
6894	3180	3714	11527	6222	5305
8721	3964	4757	11396	6461	4935
9270	4269	5001	10835	6179	4656
10238	4672	5566	12018	6850	5168
65211	**29732**	**35479**	**72976**	**42445**	**30531**
11307	5176	6131	13552	7681	5871
11959	5487	6472	13616	7858	5758
12938	5910	7028	15045	8746	6299
14322	6437	7885	15115	8805	6310
14685	6722	7963	15648	9355	6293

7-2 续表 1

年 龄	户口					
	合 计			自治区内		
	合计	男	女	小计	男	女
30-34岁	**360672**	**187895**	**172777**	**272218**	**134631**	**137587**
30	81568	42040	39528	61875	30287	31588
31	75190	39049	36141	56575	27958	28617
32	69752	36052	33700	52691	25817	26874
33	71540	37602	33938	53844	26860	26984
34	62622	33152	29470	47233	23709	23524
35-39岁	**279781**	**151054**	**128727**	**219543**	**112633**	**106910**
35	56861	30251	26610	43767	22154	21613
36	57249	30780	26469	44448	22705	21743
37	53101	28862	24239	41676	21524	20152
38	60237	32654	27583	47892	24666	23226
39	52333	28507	23826	41760	21584	20176
40-44岁	**259752**	**140698**	**119054**	**209296**	**108360**	**100936**
40	53617	28909	24708	43637	22431	21206
41	52232	28401	23831	42056	21799	20257
42	51646	27920	23726	41610	21444	20166
43	48102	26091	22011	38631	20013	18618
44	54155	29377	24778	43362	22673	20689
45-49岁	**266265**	**144519**	**121746**	**200169**	**103315**	**96854**
45	53135	28615	24520	42038	21682	20356
46	54156	29284	24872	41290	21226	20064
47	54484	29825	24659	40682	21189	19493
48	53841	29265	24576	39620	20502	19118
49	50649	27530	23119	36539	18716	17823
50-54岁	**236766**	**125629**	**111137**	**172380**	**86862**	**85518**
50	54738	29274	25464	39861	20250	19611
51	49071	25995	23076	35822	17931	17891
52	51304	27146	24158	37473	18857	18616
53	39360	20890	18470	28444	14362	14082
54	42293	22324	19969	30780	15462	15318
55-59岁	**166613**	**85769**	**80844**	**125817**	**62377**	**63440**
55	39096	20454	18642	29108	14597	14511
56	39242	20494	18748	29629	14899	14730
57	41199	21167	20032	31310	15553	15757
58	31948	16061	15887	24383	11801	12582
59	15128	7593	7535	11387	5527	5860
60-64岁	**100480**	**50748**	**49732**	**80548**	**39681**	**40867**
60	19519	9992	9527	15250	7618	7632
61	16307	8319	7988	12835	6369	6466
62	20427	10410	10017	16436	8183	8253
63	22562	11297	11265	18200	8886	9314
64	21665	10730	10935	17827	8625	9202

单位：人

登记地					
其中市辖区内人户分离			自治区外		
小计	男	女	小计	男	女
82431	**38505**	**43926**	**88454**	**53264**	**35190**
17694	8220	9474	19693	11753	7940
16849	7838	9011	18615	11091	7524
16288	7619	8669	17061	10235	6826
16769	7833	8936	17696	10742	6954
14831	6995	7836	15389	9443	5946
71012	**34136**	**36876**	**60238**	**38421**	**21817**
13794	6547	7247	13094	8097	4997
14221	6872	7349	12801	8075	4726
13587	6622	6965	11425	7338	4087
15650	7426	8224	12345	7988	4357
13760	6669	7091	10573	6923	3650
72666	**35488**	**37178**	**50456**	**32338**	**18118**
14215	6829	7386	9980	6478	3502
14387	6970	7417	10176	6602	3574
14573	7145	7428	10036	6476	3560
14049	6862	7187	9471	6078	3393
15442	7682	7760	10793	6704	4089
76677	**37710**	**38967**	**66096**	**41204**	**24892**
15479	7491	7988	11097	6933	4164
15670	7684	7986	12866	8058	4808
15631	7834	7797	13802	8636	5166
15413	7662	7751	14221	8763	5458
14484	7039	7445	14110	8814	5296
67050	**33096**	**33954**	**64386**	**38767**	**25619**
15641	7702	7939	14877	9024	5853
14065	6837	7228	13249	8064	5185
14550	7166	7384	13831	8289	5542
10953	5477	5476	10916	6528	4388
11841	5914	5927	11513	6862	4651
48319	**24102**	**24217**	**40796**	**23392**	**17404**
11226	5560	5666	9988	5857	4131
11510	5839	5671	9613	5595	4018
12419	6298	6121	9889	5614	4275
8911	4353	4558	7565	4260	3305
4253	2052	2201	3741	2066	1675
30794	**15232**	**15562**	**19932**	**11067**	**8865**
5961	3024	2937	4269	2374	1895
5055	2558	2497	3472	1950	1522
6360	3165	3195	3991	2227	1764
6879	3368	3511	4362	2411	1951
6539	3117	3422	3838	2105	1733

7-2 续表 2

年 龄	户口					
	合 计			自治区内		
	合计	男	女	小计	男	女
65-69岁	**91220**	**44566**	**46654**	**76471**	**36933**	**39538**
65	21724	10850	10874	18043	8848	9195
66	20220	9938	10282	16891	8211	8680
67	17387	8550	8837	14489	7065	7424
68	17229	8278	8951	14536	6917	7619
69	14660	6950	7710	12512	5892	6620
70-74岁	**57597**	**27482**	**30115**	**49816**	**23765**	**26051**
70	14677	7168	7509	12736	6223	6513
71	12805	6217	6588	11024	5337	5687
72	10002	4864	5138	8612	4186	4426
73	10596	5004	5592	9189	4361	4828
74	9517	4229	5288	8255	3658	4597
75-79岁	**39021**	**18174**	**20847**	**34284**	**16042**	**18242**
75	8744	3962	4782	7588	3427	4161
76	8805	4109	4696	7762	3636	4126
77	8132	3825	4307	7234	3406	3828
78	7186	3353	3833	6299	2977	3322
79	6154	2925	3229	5401	2596	2805
80-84岁	**23223**	**10641**	**12582**	**20630**	**9497**	**11133**
80	6227	2902	3325	5571	2603	2968
81	5052	2303	2749	4483	2040	2443
82	4866	2238	2628	4330	2021	2309
83	3789	1708	2081	3339	1509	1830
84	3289	1490	1799	2907	1324	1583
85-89岁	**9347**	**4327**	**5020**	**8270**	**3873**	**4397**
85	2758	1194	1564	2450	1076	1374
86	2281	1062	1219	2004	940	1064
87	1850	878	972	1636	783	853
88	1345	651	694	1196	589	607
89	1113	542	571	984	485	499
90-94岁	**2403**	**1129**	**1274**	**2133**	**1025**	**1108**
90	947	458	489	840	416	424
91	535	246	289	479	221	258
92	408	171	237	358	154	204
93	300	148	152	274	139	135
94	213	106	107	182	95	87
95-99岁	**507**	**229**	**278**	**444**	**202**	**242**
95	186	91	95	168	80	88
96	126	53	73	110	48	62
97	84	36	48	70	31	39
98	64	28	36	56	25	31
99	47	21	26	40	18	22
100岁及以上	**56**	**18**	**38**	**49**	**18**	**31**

单位：人

登记地					
其中市辖区内人户分离			自治区外		
小计	男	女	小计	男	女
28705	**13606**	**15099**	**14749**	**7633**	**7116**
6765	3335	3430	3681	2002	1679
6342	3047	3295	3329	1727	1602
5510	2612	2898	2898	1485	1413
5382	2444	2938	2693	1361	1332
4706	2168	2538	2148	1058	1090
18650	**8710**	**9940**	**7781**	**3717**	**4064**
4772	2341	2431	1941	945	996
4072	1894	2178	1781	880	901
3248	1526	1722	1390	678	712
3398	1558	1840	1407	643	764
3160	1391	1769	1262	571	691
13721	**6156**	**7565**	**4737**	**2132**	**2605**
2939	1247	1692	1156	535	621
2954	1303	1651	1043	473	570
2838	1291	1547	898	419	479
2605	1182	1423	887	376	511
2385	1133	1252	753	329	424
8925	**4028**	**4897**	**2593**	**1144**	**1449**
2398	1083	1315	656	299	357
1879	824	1055	569	263	306
1881	875	1006	536	217	319
1504	662	842	450	199	251
1263	584	679	382	166	216
3622	**1668**	**1954**	**1077**	**454**	**623**
1098	469	629	308	118	190
880	395	485	277	122	155
689	331	358	214	95	119
551	266	285	149	62	87
404	207	197	129	57	72
943	**463**	**480**	**270**	**104**	**166**
369	206	163	107	42	65
220	95	125	56	25	31
161	63	98	50	17	33
124	65	59	26	9	17
69	34	35	31	11	20
169	**77**	**92**	**63**	**27**	**36**
70	31	39	18	11	7
38	17	21	16	5	11
24	11	13	14	5	9
19	8	11	8	3	5
18	10	8	7	3	4
12	**3**	**9**	**7**		**7**

7-2a 全区按户口登记地、年龄、性别分的

年 龄				户口		
	合 计			自治区内		
	合计	男	女	小计	男	女
总 计	**1771385**	**899390**	**871995**	**1398274**	**686231**	**712043**
0-4岁	**98465**	**51319**	**47146**	**82243**	**42702**	**39541**
0	14644	7524	7120	12690	6554	6136
1	20438	10635	9803	17176	8907	8269
2	19044	9930	9114	15714	8170	7544
3	21391	11110	10281	17586	9042	8544
4	22948	12120	10828	19077	10029	9048
5-9岁	**101384**	**53770**	**47614**	**81519**	**42965**	**38554**
5	18076	9371	8705	14648	7538	7110
6	21625	11383	10242	17612	9185	8427
7	20021	10619	9402	16082	8541	7541
8	21439	11590	9849	17055	9138	7917
9	20223	10807	9416	16122	8563	7559
10-14岁	**99262**	**52662**	**46600**	**83001**	**43690**	**39311**
10	19583	10464	9119	15720	8354	7366
11	19699	10459	9240	16048	8436	7612
12	20298	10759	9539	16890	8894	7996
13	20159	10637	9522	17221	9026	8195
14	19523	10343	9180	17122	8980	8142
15-19岁	**140815**	**69950**	**70865**	**125279**	**61287**	**63992**
15	23721	12041	11680	21805	10906	10899
16	30007	15065	14942	27992	13894	14098
17	29794	14688	15106	27555	13384	14171
18	27294	13487	13807	24129	11716	12413
19	29999	14669	15330	23798	11387	12411
20-24岁	**158010**	**73160**	**84850**	**120456**	**53165**	**67291**
20	32490	15160	17330	24399	10938	13461
21	31238	14147	17091	23346	10106	13240
22	33029	15046	17983	25475	10969	14506
23	30413	14250	16163	23729	10608	13121
24	30840	14557	16283	23507	10544	12963
25-29岁	**174377**	**85706**	**88671**	**132032**	**61710**	**70322**
25	33023	15767	17256	24827	11290	13537
26	33148	16146	17002	25077	11573	13504
27	34846	17056	17790	26262	12221	14041
28	36753	18217	18536	28118	13307	14811
29	36607	18520	18087	27748	13319	14429

户口登记地在外乡镇街道的人口(城市)

单位：人

登记地					
其中市辖区内人户分离			自治区外		
小计	男	女	小计	男	女
722378	**350864**	**371514**	**373111**	**213159**	**159952**
44929	**23222**	**21707**	**16222**	**8617**	**7605**
6800	3505	3295	1954	970	984
9217	4751	4466	3262	1728	1534
8494	4393	4101	3330	1760	1570
9851	5058	4793	3805	2068	1737
10567	5515	5052	3871	2091	1780
44154	**23264**	**20890**	**19865**	**10805**	**9060**
7949	4102	3847	3428	1833	1595
9733	5078	4655	4013	2198	1815
8653	4593	4060	3939	2078	1861
9221	4956	4265	4384	2452	1932
8598	4535	4063	4101	2244	1857
45640	**23897**	**21743**	**16261**	**8972**	**7289**
8488	4467	4021	3863	2110	1753
8740	4564	4176	3651	2023	1628
9356	4942	4414	3408	1865	1543
9660	5060	4600	2938	1611	1327
9396	4864	4532	2401	1363	1038
55056	**27225**	**27831**	**15536**	**8663**	**6873**
11656	5774	5882	1916	1135	781
14539	7175	7364	2015	1171	844
13186	6448	6738	2239	1304	935
8966	4476	4490	3165	1771	1394
6709	3352	3357	6201	3282	2919
35135	**16036**	**19099**	**37554**	**19995**	**17559**
5938	2764	3174	8091	4222	3869
5749	2652	3097	7892	4041	3851
7238	3256	3982	7554	4077	3477
7683	3510	4173	6684	3642	3042
8527	3854	4673	7333	4013	3320
54575	**24816**	**29759**	**42345**	**23996**	**18349**
9424	4292	5132	8196	4477	3719
9971	4552	5419	8071	4573	3498
10772	4897	5875	8584	4835	3749
12048	5410	6638	8635	4910	3725
12360	5665	6695	8859	5201	3658

7-2a 续表 1

年龄	户口					
	合计			自治区内		
	合计	男	女	小计	男	女
30-34岁	**192115**	**98720**	**93395**	**142855**	**69670**	**73185**
30	43860	22223	21637	32730	15725	17005
31	39811	20313	19498	29531	14350	15181
32	37546	19223	18323	27979	13599	14380
33	37957	19746	18211	28200	13906	14294
34	32941	17215	15726	24415	12090	12325
35-39岁	**145214**	**77858**	**67356**	**112518**	**57147**	**55371**
35	29607	15577	14030	22494	11252	11242
36	29944	16078	13866	22848	11642	11206
37	27761	15067	12694	21477	11023	10454
38	30829	16492	14337	24193	12248	11945
39	27073	14644	12429	21506	10982	10524
40-44岁	**133453**	**71468**	**61985**	**106821**	**54469**	**52352**
40	27268	14592	12676	21991	11185	10806
41	27056	14541	12515	21551	10973	10578
42	26438	14169	12269	21229	10804	10425
43	25103	13399	11704	20112	10226	9886
44	27588	14767	12821	21938	11281	10657
45-49岁	**137359**	**72961**	**64398**	**104070**	**52554**	**51516**
45	27363	14536	12827	21729	11067	10662
46	27968	14969	12999	21435	10868	10567
47	27944	15009	12935	21011	10732	10279
48	27900	14720	13180	20675	10388	10287
49	26184	13727	12457	19220	9499	9721
50-54岁	**123583**	**63442**	**60141**	**90692**	**44468**	**46224**
50	28347	14721	13626	20786	10288	10498
51	25595	13163	12432	18781	9158	9623
52	26843	13711	13132	19768	9656	10112
53	20494	10556	9938	14974	7426	7548
54	22304	11291	11013	16383	7940	8443
55-59岁	**90059**	**44524**	**45535**	**68544**	**32883**	**35661**
55	21010	10534	10476	15782	7592	8190
56	20974	10454	10520	15978	7758	8220
57	22771	11287	11484	17442	8463	8979
58	17144	8294	8850	13160	6150	7010
59	8160	3955	4205	6182	2920	3262
60-64岁	**56444**	**27686**	**28758**	**45163**	**21792**	**23371**
60	10955	5444	5511	8611	4222	4389
61	9247	4574	4673	7272	3548	3724
62	11536	5674	5862	9285	4502	4783
63	12580	6143	6437	10081	4822	5259
64	12126	5851	6275	9914	4698	5216

单位：人

登记地					
其中市辖区内人户分离			自治区外		
小计	男	女	小计	男	女
69779	**32387**	**37392**	**49260**	**29050**	**20210**
14915	6840	8075	11130	6498	4632
14197	6570	7627	10280	5963	4317
13932	6471	7461	9567	5624	3943
14167	6589	7578	9757	5840	3917
12568	5917	6651	8526	5125	3401
60283	**28827**	**31456**	**32696**	**20711**	**11985**
11709	5532	6177	7113	4325	2788
12045	5819	6226	7096	4436	2660
11557	5610	5947	6284	4044	2240
13233	6224	7009	6636	4244	2392
11739	5642	6097	5567	3662	1905
61782	**29943**	**31839**	**26632**	**16999**	**9633**
12091	5766	6325	5277	3407	1870
12262	5887	6375	5505	3568	1937
12424	6068	6356	5209	3365	1844
11977	5787	6190	4991	3173	1818
13028	6435	6593	5650	3486	2164
65248	**31985**	**33263**	**33289**	**20407**	**12882**
13238	6398	6840	5634	3469	2165
13344	6524	6820	6533	4101	2432
13245	6663	6582	6933	4277	2656
13080	6443	6637	7225	4332	2893
12341	5957	6384	6964	4228	2736
56485	**27718**	**28767**	**32891**	**18974**	**13917**
13183	6468	6715	7561	4433	3128
11899	5747	6152	6814	4005	2809
12266	6016	6250	7075	4055	3020
9181	4568	4613	5520	3130	2390
9956	4919	5037	5921	3351	2570
40932	**20197**	**20735**	**21515**	**11641**	**9874**
9520	4662	4858	5228	2942	2286
9698	4879	4819	4996	2696	2300
10543	5290	5253	5329	2824	2505
7554	3635	3919	3984	2144	1840
3617	1731	1886	1978	1035	943
26146	**12810**	**13336**	**11281**	**5894**	**5387**
5087	2538	2549	2344	1222	1122
4272	2149	2123	1975	1026	949
5408	2670	2738	2251	1172	1079
5812	2827	2985	2499	1321	1178
5567	2626	2941	2212	1153	1059

7-2a 续表 2

年龄	户口					
	合计			自治区内		
	合计	男	女	小计	男	女
65-69岁	**50168**	**23935**	**26233**	**41535**	**19630**	**21905**
65	12052	5949	6103	9883	4803	5080
66	11289	5417	5872	9308	4431	4877
67	9585	4549	5036	7880	3729	4151
68	9306	4346	4960	7773	3606	4167
69	7936	3674	4262	6691	3061	3630
70-74岁	**30212**	**14048**	**16164**	**25878**	**12017**	**13861**
70	7792	3745	4047	6701	3231	3470
71	6705	3175	3530	5694	2674	3020
72	5207	2456	2751	4447	2082	2365
73	5518	2549	2969	4757	2216	2541
74	4990	2123	2867	4279	1814	2465
75-79岁	**20701**	**9304**	**11397**	**18169**	**8195**	**9974**
75	4540	1947	2593	3913	1670	2243
76	4577	2058	2519	4019	1806	2213
77	4232	1916	2316	3785	1718	2067
78	3882	1759	2123	3407	1565	1842
79	3470	1624	1846	3045	1436	1609
80-84岁	**12814**	**5734**	**7080**	**11372**	**5089**	**6283**
80	3428	1537	1891	3067	1374	1693
81	2762	1207	1555	2451	1059	1392
82	2674	1216	1458	2378	1090	1288
83	2119	943	1176	1864	829	1035
84	1831	831	1000	1612	737	875
85-89岁	**5269**	**2354**	**2915**	**4660**	**2094**	**2566**
85	1561	659	902	1399	596	803
86	1308	568	740	1151	498	653
87	1040	481	559	915	425	490
88	727	331	396	643	298	345
89	633	315	318	552	277	275
90-94岁	**1398**	**663**	**735**	**1218**	**594**	**624**
90	552	286	266	481	259	222
91	304	136	168	270	123	147
92	243	101	142	206	86	120
93	180	87	93	163	81	82
94	119	53	66	98	45	53
95-99岁	**262**	**123**	**139**	**229**	**107**	**122**
95	104	50	54	95	43	52
96	62	28	34	53	26	27
97	42	16	26	33	12	21
98	27	14	13	25	13	12
99	27	15	12	23	13	10
100岁及以上	**21**	**3**	**18**	**20**	**3**	**17**

单位：人

登记地					
其中市辖区内人户分离			自治区外		
小计	男	女	小计	男	女
23937	**11221**	**12716**	**8633**	**4305**	**4328**
5647	2779	2868	2169	1146	1023
5334	2538	2796	1981	986	995
4586	2144	2442	1705	820	885
4472	2007	2465	1533	740	793
3898	1753	2145	1245	613	632
15387	**7049**	**8338**	**4334**	**2031**	**2303**
3911	1880	2031	1091	514	577
3359	1537	1822	1011	501	510
2673	1234	1439	760	374	386
2826	1284	1542	761	333	428
2618	1114	1504	711	309	402
11427	**5087**	**6340**	**2532**	**1109**	**1423**
2410	996	1414	627	277	350
2455	1075	1380	558	252	306
2379	1081	1298	447	198	249
2170	972	1198	475	194	281
2013	963	1050	425	188	237
7469	**3328**	**4141**	**1442**	**645**	**797**
1994	880	1114	361	163	198
1588	674	914	311	148	163
1563	727	836	296	126	170
1267	562	705	255	114	141
1057	485	572	219	94	125
3074	**1399**	**1675**	**609**	**260**	**349**
935	406	529	162	63	99
748	321	427	157	70	87
592	285	307	125	56	69
453	213	240	84	33	51
346	174	172	81	38	43
794	**388**	**406**	**180**	**69**	**111**
310	175	135	71	27	44
187	82	105	34	13	21
140	55	85	37	15	22
102	52	50	17	6	11
55	24	31	21	8	13
135	**62**	**73**	**33**	**16**	**17**
61	26	35	9	7	2
29	15	14	9	2	7
18	7	11	9	4	5
12	5	7	2	1	1
15	9	6	4	2	2
11	**3**	**8**	**1**		**1**

7-2b 全区按户口登记地、年龄、性别分的

年龄	户口					
	合计			自治区内		
	合计	男	女	小计	男	女
总计	**995085**	**512370**	**482715**	**830880**	**417040**	**413840**
0-4岁	**69744**	**36205**	**33539**	**61054**	**31683**	**29371**
0	10280	5319	4961	9204	4742	4462
1	13814	7239	6575	12135	6362	5773
2	13593	7014	6579	11902	6130	5772
3	15467	8064	7403	13398	7012	6386
4	16590	8569	8021	14415	7437	6978
5-9岁	**78880**	**41534**	**37346**	**67601**	**35476**	**32125**
5	14296	7496	6800	12283	6419	5864
6	16735	8716	8019	14449	7518	6931
7	16009	8485	7524	13749	7268	6481
8	16251	8559	7692	13827	7243	6584
9	15589	8278	7311	13293	7028	6265
10-14岁	**74682**	**39111**	**35571**	**65939**	**34328**	**31611**
10	15284	8090	7194	13159	6915	6244
11	15614	8169	7445	13553	7041	6512
12	15089	7846	7243	13258	6885	6373
13	14361	7494	6867	12836	6659	6177
14	14334	7512	6822	13133	6828	6305
15-19岁	**79496**	**40529**	**38967**	**73813**	**37371**	**36442**
15	15652	8257	7395	14748	7718	7030
16	19041	9933	9108	18179	9383	8796
17	17999	9045	8954	17160	8564	8596
18	14904	7403	7501	13775	6794	6981
19	11900	5891	6009	9951	4912	5039
20-24岁	**59055**	**29236**	**29819**	**47131**	**22423**	**24708**
20	10554	5244	5310	8199	3998	4201
21	10265	5170	5095	7825	3768	4057
22	12073	5985	6088	9744	4591	5153
23	12516	6200	6316	10247	4874	5373
24	13647	6637	7010	11116	5192	5924
25-29岁	**90582**	**44516**	**46066**	**72788**	**34396**	**38392**
25	15670	7566	8104	12678	5883	6795
26	16487	8035	8452	13285	6266	7019
27	18342	8944	9398	14608	6805	7803
28	19723	9752	9971	15936	7578	8358
29	20360	10219	10141	16281	7864	8417

户口登记地在外乡镇街道的人口(镇)

单位：人

登记地					
其中市辖区内人户分离			自治区外		
小计	男	女	小计	男	女
42605	**21162**	**21443**	**164205**	**95330**	**68875**
2509	**1255**	**1254**	**8690**	**4522**	**4168**
350	177	173	1076	577	499
478	248	230	1679	877	802
463	229	234	1691	884	807
568	270	298	2069	1052	1017
650	331	319	2175	1132	1043
2593	**1339**	**1254**	**11279**	**6058**	**5221**
526	262	264	2013	1077	936
564	281	283	2286	1198	1088
509	253	256	2260	1217	1043
523	284	239	2424	1316	1108
471	259	212	2296	1250	1046
2486	**1280**	**1206**	**8743**	**4783**	**3960**
490	250	240	2125	1175	950
554	277	277	2061	1128	933
473	252	221	1831	961	870
500	249	251	1525	835	690
469	252	217	1201	684	517
1529	**907**	**622**	**5683**	**3158**	**2525**
380	235	145	904	539	365
335	206	129	862	550	312
291	177	114	839	481	358
263	146	117	1129	609	520
260	143	117	1949	979	970
2175	**1061**	**1114**	**11924**	**6813**	**5111**
312	161	151	2355	1246	1109
364	175	189	2440	1402	1038
479	230	249	2329	1394	935
496	239	257	2269	1326	943
524	256	268	2531	1445	1086
3074	**1437**	**1637**	**17794**	**10120**	**7674**
562	265	297	2992	1683	1309
580	279	301	3202	1769	1433
599	279	320	3734	2139	1595
665	307	358	3787	2174	1613
668	307	361	4079	2355	1724

7-2b 续表 1

年 龄	合 计			户口 自治区内		
	合计	男	女	小计	男	女
30-34岁	**109687**	**55479**	**54208**	**86910**	**42097**	**44813**
30	24424	12243	12181	19366	9311	10055
31	22994	11596	11398	18135	8742	9393
32	20998	10435	10563	16737	7970	8767
33	21957	11211	10746	17282	8452	8830
34	19314	9994	9320	15390	7622	7768
35-39岁	**87579**	**46670**	**40909**	**71797**	**36757**	**35040**
35	17814	9327	8487	14388	7224	7164
36	18020	9499	8521	14638	7414	7224
37	16682	8934	7748	13713	7074	6639
38	19161	10394	8767	15901	8288	7613
39	15902	8516	7386	13157	6757	6400
40-44岁	**78380**	**42135**	**36245**	**66450**	**34526**	**31924**
40	16589	8921	7668	14180	7329	6851
41	15805	8493	7312	13413	6994	6419
42	15759	8426	7333	13281	6851	6430
43	14132	7577	6555	11905	6135	5770
44	16095	8718	7377	13671	7217	6454
45-49岁	**76478**	**41302**	**35176**	**60487**	**31402**	**29085**
45	15544	8324	7220	12910	6664	6246
46	15750	8404	7346	12661	6514	6147
47	15914	8640	7274	12515	6529	5986
48	15216	8282	6934	11789	6170	5619
49	14054	7652	6402	10612	5525	5087
50-54岁	**63680**	**33425**	**30255**	**49096**	**24728**	**24368**
50	14876	7888	6988	11541	5894	5647
51	13310	7011	6299	10332	5184	5148
52	13738	7194	6544	10600	5336	5264
53	10532	5444	5088	8064	4003	4061
54	11224	5888	5336	8559	4311	4248
55-59岁	**44119**	**22533**	**21586**	**34871**	**17214**	**17657**
55	10503	5494	5009	8193	4165	4028
56	10523	5520	5003	8275	4181	4094
57	10736	5428	5308	8549	4148	4401
58	8351	4134	4217	6624	3180	3444
59	4006	1957	2049	3230	1540	1690
60-64岁	**25742**	**12715**	**13027**	**21769**	**10494**	**11275**
60	4953	2491	2462	4094	2024	2070
61	4204	2084	2120	3492	1667	1825
62	5146	2561	2585	4335	2113	2222
63	5820	2891	2929	4971	2406	2565
64	5619	2688	2931	4877	2284	2593

单位：人

登记地					
其中市辖区内人户分离			自治区外		
小计	男	女	小计	男	女
3817	**1755**	**2062**	**22777**	**13382**	**9395**
769	357	412	5058	2932	2126
782	336	446	4859	2854	2005
714	323	391	4261	2465	1796
813	387	426	4675	2759	1916
739	352	387	3924	2372	1552
3536	**1711**	**1825**	**15782**	**9913**	**5869**
652	313	339	3426	2103	1323
724	340	384	3382	2085	1297
663	322	341	2969	1860	1109
831	394	437	3260	2106	1154
666	342	324	2745	1759	986
3592	**1827**	**1765**	**11930**	**7609**	**4321**
653	331	322	2409	1592	817
727	371	356	2392	1499	893
731	367	364	2478	1575	903
678	347	331	2227	1442	785
803	411	392	2424	1501	923
3857	**1919**	**1938**	**15991**	**9900**	**6091**
716	329	387	2634	1660	974
745	368	377	3089	1890	1199
874	424	450	3399	2111	1288
778	427	351	3427	2112	1315
744	371	373	3442	2127	1315
3723	**1854**	**1869**	**14584**	**8697**	**5887**
869	429	440	3335	1994	1341
724	356	368	2978	1827	1151
793	395	398	3138	1858	1280
660	328	332	2468	1441	1027
677	346	331	2665	1577	1088
2808	**1463**	**1345**	**9248**	**5319**	**3929**
653	337	316	2310	1329	981
705	373	332	2248	1339	909
700	362	338	2187	1280	907
497	264	233	1727	954	773
253	127	126	776	417	359
1814	**914**	**900**	**3973**	**2221**	**1752**
356	204	152	859	467	392
324	160	164	712	417	295
369	181	188	811	448	363
401	204	197	849	485	364
364	165	199	742	404	338

7-2b 续表 2

年龄	户口					
	合计			自治区内		
	合计	男	女	小计	男	女
65-69岁	**23785**	**11375**	**12410**	**21010**	**9908**	**11102**
65	5596	2712	2884	4919	2336	2583
66	5252	2490	2762	4608	2164	2444
67	4542	2230	2312	3998	1932	2066
68	4590	2189	2401	4067	1908	2159
69	3805	1754	2051	3418	1568	1850
70-74岁	**15294**	**7127**	**8167**	**13840**	**6442**	**7398**
70	3943	1865	2078	3589	1697	1892
71	3462	1615	1847	3139	1459	1680
72	2620	1259	1361	2355	1131	1224
73	2847	1305	1542	2569	1177	1392
74	2422	1083	1339	2188	978	1210
75-79岁	**9840**	**4693**	**5147**	**8936**	**4293**	**4643**
75	2225	1031	1194	2019	944	1075
76	2292	1092	1200	2091	996	1095
77	2109	1034	1075	1925	949	976
78	1792	869	923	1610	793	817
79	1422	667	755	1291	611	680
80-84岁	**5544**	**2588**	**2956**	**5085**	**2398**	**2687**
80	1515	721	794	1388	657	731
81	1203	573	630	1109	533	576
82	1201	546	655	1094	510	584
83	874	396	478	796	368	428
84	751	352	399	698	330	368
85-89岁	**1977**	**943**	**1034**	**1808**	**866**	**942**
85	613	268	345	561	248	313
86	498	242	256	456	226	230
87	370	166	204	336	146	190
88	286	157	129	263	146	117
89	210	110	100	192	100	92
90-94岁	**446**	**216**	**230**	**408**	**202**	**206**
90	176	74	102	163	71	92
91	110	62	48	99	56	43
92	71	31	40	65	30	35
93	48	25	23	45	23	22
94	41	24	17	36	22	14
95-99岁	**85**	**34**	**51**	**78**	**32**	**46**
95	26	14	12	24	13	11
96	29	12	17	28	11	17
97	9	2	7	7	2	5
98	14	5	9	13	5	8
99	7	1	6	6	1	5
100岁及以上	**10**	**4**	**6**	**9**	**4**	**5**

单位：人

登记地					
其中市辖区内人户分离			自治区外		
小计	男	女	小计	男	女
1870	**897**	**973**	**2775**	**1467**	**1308**
430	218	212	677	376	301
383	182	201	644	326	318
345	167	178	544	298	246
373	171	202	523	281	242
339	159	180	387	186	201
1305	**632**	**673**	**1454**	**685**	**769**
364	188	176	354	168	186
286	131	155	323	156	167
226	104	122	265	128	137
233	104	129	278	128	150
196	105	91	234	105	129
992	**469**	**523**	**904**	**400**	**504**
224	113	111	206	87	119
205	87	118	201	96	105
183	87	96	184	85	99
198	101	97	182	76	106
182	81	101	131	56	75
634	**303**	**331**	**459**	**190**	**269**
195	93	102	127	64	63
114	57	57	94	40	54
139	62	77	107	36	71
102	45	57	78	28	50
84	46	38	53	22	31
221	**102**	**119**	**169**	**77**	**92**
70	26	44	52	20	32
60	31	29	42	16	26
26	8	18	34	20	14
41	24	17	23	11	12
24	13	11	18	10	8
57	**30**	**27**	**38**	**14**	**24**
23	10	13	13	3	10
17	9	8	11	6	5
6	3	3	6	1	5
7	5	2	3	2	1
4	3	1	5	2	3
13	**7**	**6**	**7**	**2**	**5**
3	3		2	1	1
6	2	4	1	1	
1	1		2		2
3	1	2	1		1
			1		1
			1		**1**

7-2c 全区按户口登记地、年龄、性别分的

年龄	合计			户口 自治区内		
	合计	男	女	小计	男	女
总计	**596200**	**327637**	**268563**	**458397**	**241367**	**217030**
0-4岁	**36655**	**18879**	**17776**	**31422**	**16152**	**15270**
0	5159	2669	2490	4571	2369	2202
1	7363	3812	3551	6291	3261	3030
2	7562	3892	3670	6392	3297	3095
3	8329	4294	4035	7112	3628	3484
4	8242	4212	4030	7056	3597	3459
5-9岁	**41214**	**21366**	**19848**	**34876**	**18042**	**16834**
5	7826	4089	3737	6656	3457	3199
6	8259	4282	3977	7033	3654	3379
7	8132	4250	3882	6920	3593	3327
8	8649	4494	4155	7217	3766	3451
9	8348	4251	4097	7050	3572	3478
10-14岁	**40781**	**21170**	**19611**	**35100**	**18133**	**16967**
10	8278	4223	4055	7030	3599	3431
11	8359	4325	4034	7107	3649	3458
12	8295	4274	4021	7092	3604	3488
13	7907	4123	3784	6896	3588	3308
14	7942	4225	3717	6975	3693	3282
15-19岁	**36949**	**18523**	**18426**	**33209**	**16361**	**16848**
15	7953	4051	3902	7226	3649	3577
16	9119	4700	4419	8370	4283	4087
17	7467	3908	3559	6737	3484	3253
18	6426	3122	3304	5709	2683	3026
19	5984	2742	3242	5167	2262	2905
20-24岁	**36803**	**19820**	**16983**	**29044**	**14806**	**14238**
20	5964	2979	2985	4949	2337	2612
21	6189	3224	2965	4994	2445	2549
22	7565	4109	3456	6052	3119	2933
23	8276	4560	3716	6394	3349	3045
24	8809	4948	3861	6655	3556	3099
25-29岁	**51813**	**29063**	**22750**	**38976**	**20734**	**18242**
25	9731	5505	4226	7367	3984	3383
26	9747	5509	4238	7404	3993	3411
27	10725	6027	4698	7998	4255	3743
28	10896	6037	4859	8203	4316	3887
29	10714	5985	4729	8004	4186	3818

户口登记地在外乡镇街道的人口(乡村)

单位：人

登记地					
			自治区外		
其中市辖区内人户分离					
小计	男	女	小计	男	女
90692	**45767**	**44925**	**137803**	**86270**	**51533**
6234	**3239**	**2995**	**5233**	**2727**	**2506**
920	467	453	588	300	288
1288	707	581	1072	551	521
1192	634	558	1170	595	575
1447	717	730	1217	666	551
1387	714	673	1186	615	571
6527	**3369**	**3158**	**6338**	**3324**	**3014**
1242	640	602	1170	632	538
1394	711	683	1226	628	598
1328	692	636	1212	657	555
1302	676	626	1432	728	704
1261	650	611	1298	679	619
6516	**3433**	**3083**	**5681**	**3037**	**2644**
1293	671	622	1248	624	624
1217	631	586	1252	676	576
1334	701	633	1203	670	533
1287	678	609	1011	535	476
1385	752	633	967	532	435
6483	**3278**	**3205**	**3740**	**2162**	**1578**
1541	852	689	727	402	325
1753	930	823	749	417	332
1336	676	660	730	424	306
1036	480	556	717	439	278
817	340	477	817	480	337
4802	**2276**	**2526**	**7759**	**5014**	**2745**
739	363	376	1015	642	373
781	353	428	1195	779	416
1004	478	526	1513	990	523
1091	520	571	1882	1211	671
1187	562	625	2154	1392	762
7562	**3479**	**4083**	**12837**	**8329**	**4508**
1321	619	702	2364	1521	843
1408	656	752	2343	1516	827
1567	734	833	2727	1772	955
1609	720	889	2693	1721	972
1657	750	907	2710	1799	911

7-2c 续表 1

年龄	合计			户口 自治区内		
	合计	男	女	小计	男	女
30-34岁	**58870**	**33696**	**25174**	**42453**	**22864**	**19589**
30	13284	7574	5710	9779	5251	4528
31	12385	7140	5245	8909	4866	4043
32	11208	6394	4814	7975	4248	3727
33	11626	6645	4981	8362	4502	3860
34	10367	5943	4424	7428	3997	3431
35-39岁	**46988**	**26526**	**20462**	**35228**	**18729**	**16499**
35	9440	5347	4093	6885	3678	3207
36	9285	5203	4082	6962	3649	3313
37	8658	4861	3797	6486	3427	3059
38	10247	5768	4479	7798	4130	3668
39	9358	5347	4011	7097	3845	3252
40-44岁	**47919**	**27095**	**20824**	**36025**	**19365**	**16660**
40	9760	5396	4364	7466	3917	3549
41	9371	5367	4004	7092	3832	3260
42	9449	5325	4124	7100	3789	3311
43	8867	5115	3752	6614	3652	2962
44	10472	5892	4580	7753	4175	3578
45-49岁	**52428**	**30256**	**22172**	**35612**	**19359**	**16253**
45	10228	5755	4473	7399	3951	3448
46	10438	5911	4527	7194	3844	3350
47	10626	6176	4450	7156	3928	3228
48	10725	6263	4462	7156	3944	3212
49	10411	6151	4260	6707	3692	3015
50-54岁	**49503**	**28762**	**20741**	**32592**	**17666**	**14926**
50	11515	6665	4850	7534	4068	3466
51	10166	5821	4345	6709	3589	3120
52	10723	6241	4482	7105	3865	3240
53	8334	4890	3444	5406	2933	2473
54	8765	5145	3620	5838	3211	2627
55-59岁	**32435**	**18712**	**13723**	**22402**	**12280**	**10122**
55	7583	4426	3157	5133	2840	2293
56	7745	4520	3225	5376	2960	2416
57	7692	4452	3240	5319	2942	2377
58	6453	3633	2820	4599	2471	2128
59	2962	1681	1281	1975	1067	908
60-64岁	**18294**	**10347**	**7947**	**13616**	**7395**	**6221**
60	3611	2057	1554	2545	1372	1173
61	2856	1661	1195	2071	1154	917
62	3745	2175	1570	2816	1568	1248
63	4162	2263	1899	3148	1658	1490
64	3920	2191	1729	3036	1643	1393

单位：人

登记地					
其中市辖区内人户分离			自治区外		
小计	男	女	小计	男	女
8835	**4363**	**4472**	**16417**	**10832**	**5585**
2010	1023	987	3505	2323	1182
1870	932	938	3476	2274	1202
1642	825	817	3233	2146	1087
1789	857	932	3264	2143	1121
1524	726	798	2939	1946	993
7193	**3598**	**3595**	**11760**	**7797**	**3963**
1433	702	731	2555	1669	886
1452	713	739	2323	1554	769
1367	690	677	2172	1434	738
1586	808	778	2449	1638	811
1355	685	670	2261	1502	759
7292	**3718**	**3574**	**11894**	**7730**	**4164**
1471	732	739	2294	1479	815
1398	712	686	2279	1535	744
1418	710	708	2349	1536	813
1394	728	666	2253	1463	790
1611	836	775	2719	1717	1002
7572	**3806**	**3766**	**16816**	**10897**	**5919**
1525	764	761	2829	1804	1025
1581	792	789	3244	2067	1177
1512	747	765	3470	2248	1222
1555	792	763	3569	2319	1250
1399	711	688	3704	2459	1245
6842	**3524**	**3318**	**16911**	**11096**	**5815**
1589	805	784	3981	2597	1384
1442	734	708	3457	2232	1225
1491	755	736	3618	2376	1242
1112	581	531	2928	1957	971
1208	649	559	2927	1934	993
4579	**2442**	**2137**	**10033**	**6432**	**3601**
1053	561	492	2450	1586	864
1107	587	520	2369	1560	809
1176	646	530	2373	1510	863
860	454	406	1854	1162	692
383	194	189	987	614	373
2834	**1508**	**1326**	**4678**	**2952**	**1726**
518	282	236	1066	685	381
459	249	210	785	507	278
583	314	269	929	607	322
666	337	329	1014	605	409
608	326	282	884	548	336

7-2c 续表 2

年龄	户口 合计 合计	合计 男	合计 女	自治区内 小计	自治区内 男	自治区内 女
65-69岁	**17267**	**9256**	**8011**	**13926**	**7395**	**6531**
65	4076	2189	1887	3241	1709	1532
66	3679	2031	1648	2975	1616	1359
67	3260	1771	1489	2611	1404	1207
68	3333	1743	1590	2696	1403	1293
69	2919	1522	1397	2403	1263	1140
70-74岁	**12091**	**6307**	**5784**	**10098**	**5306**	**4792**
70	2942	1558	1384	2446	1295	1151
71	2638	1427	1211	2191	1204	987
72	2175	1149	1026	1810	973	837
73	2231	1150	1081	1863	968	895
74	2105	1023	1082	1788	866	922
75-79岁	**8480**	**4177**	**4303**	**7179**	**3554**	**3625**
75	1979	984	995	1656	813	843
76	1936	959	977	1652	834	818
77	1791	875	916	1524	739	785
78	1512	725	787	1282	619	663
79	1262	634	628	1065	549	516
80-84岁	**4865**	**2319**	**2546**	**4173**	**2010**	**2163**
80	1284	644	640	1116	572	544
81	1087	523	564	923	448	475
82	991	476	515	858	421	437
83	796	369	427	679	312	367
84	707	307	400	597	257	340
85-89岁	**2101**	**1030**	**1071**	**1802**	**913**	**889**
85	584	267	317	490	232	258
86	475	252	223	397	216	181
87	440	231	209	385	212	173
88	332	163	169	290	145	145
89	270	117	153	240	108	132
90-94岁	**559**	**250**	**309**	**507**	**229**	**278**
90	219	98	121	196	86	110
91	121	48	73	110	42	68
92	94	39	55	87	38	49
93	72	36	36	66	35	31
94	53	29	24	48	28	20
95-99岁	**160**	**72**	**88**	**137**	**63**	**74**
95	56	27	29	49	24	25
96	35	13	22	29	11	18
97	33	18	15	30	17	13
98	23	9	14	18	7	11
99	13	5	8	11	4	7
100岁及以上	**25**	**11**	**14**	**20**	**11**	**9**

单位：人

登记地					
其中市辖区内人户分离			自治区外		
小计	男	女	小计	男	女
2898	**1488**	**1410**	**3341**	**1861**	**1480**
688	338	350	835	480	355
625	327	298	704	415	289
579	301	278	649	367	282
537	266	271	637	340	297
469	256	213	516	259	257
1958	**1029**	**929**	**1993**	**1001**	**992**
497	273	224	496	263	233
427	226	201	447	223	224
349	188	161	365	176	189
339	170	169	368	182	186
346	172	174	317	157	160
1302	**600**	**702**	**1301**	**623**	**678**
305	138	167	323	171	152
294	141	153	284	125	159
276	123	153	267	136	131
237	109	128	230	106	124
190	89	101	197	85	112
822	**397**	**425**	**692**	**309**	**383**
209	110	99	168	72	96
177	93	84	164	75	89
179	86	93	133	55	78
135	55	80	117	57	60
122	53	69	110	50	60
327	**167**	**160**	**299**	**117**	**182**
93	37	56	94	35	59
72	43	29	78	36	42
71	38	33	55	19	36
57	29	28	42	18	24
34	20	14	30	9	21
92	**45**	**47**	**52**	**21**	**31**
36	21	15	23	12	11
16	4	12	11	6	5
15	5	10	7	1	6
15	8	7	6	1	5
10	7	3	5	1	4
21	**8**	**13**	**23**	**9**	**14**
6	2	4	7	3	4
3		3	6	2	4
5	3	2	3	1	2
4	2	2	5	2	3
3	1	2	2	1	1
1		**1**	**5**		**5**

7-3 全区按现住地、性别分的户口登记地在外省的人口

单位：人

现住地	户口登记地					
	合计			北京		
	合计	男	女	小计	男	女
宁夏	**675119**	**394759**	**280360**	**1750**	**1031**	**719**
银川市	**474773**	**275259**	**199514**	**1395**	**816**	**579**
兴庆区	177261	102106	75155	513	287	226
西夏区	90895	50998	39897	154	83	71
金凤区	77028	44906	32122	533	323	210
永宁县	47722	27303	20419	39	21	18
贺兰县	52164	29925	22239	104	58	46
灵武市	29703	20021	9682	52	44	8
石嘴山市	**74984**	**45065**	**29919**	**146**	**79**	**67**
大武口区	36812	20852	15960	83	40	43
惠农区	24158	15650	8508	46	26	20
平罗县	14014	8563	5451	17	13	4
吴忠市	**65125**	**38697**	**26428**	**84**	**56**	**28**
利通区	18844	10817	8027	38	25	13
红寺堡区	8360	4932	3428	9	6	3
盐池县	16106	10129	5977	10	7	3
同心县	4740	3118	1622	10	7	3
青铜峡市	17075	9701	7374	17	11	6
固原市	**23950**	**14040**	**9910**	**55**	**30**	**25**
原州区	12985	7443	5542	35	18	17
西吉县	4046	2464	1582	4	3	1
隆德县	2288	1223	1065	9	6	3
泾源县	1135	653	482	3	1	2
彭阳县	3496	2257	1239	4	2	2
中卫市	**36287**	**21698**	**14589**	**70**	**50**	**20**
沙坡头区	18275	11176	7099	37	23	14
中宁县	14968	8704	6264	23	18	5
海原县	3044	1818	1226	10	9	1

7-3　续表 1　　　单位：人

现住地	户口登记地 天津 小计	天津 男	天津 女	河北 小计	河北 男	河北 女	山西 小计	山西 男	山西 女
宁　夏	**1231**	**739**	**492**	**30018**	**18601**	**11417**	**14099**	**8532**	**5567**
银川市	**903**	**527**	**376**	**20652**	**12294**	**8358**	**10801**	**6218**	**4583**
兴庆区	314	180	134	7885	4678	3207	3825	2157	1668
西夏区	159	80	79	3843	2167	1676	2187	1177	1010
金凤区	267	159	108	2649	1573	1076	2049	1165	884
永宁县	39	26	13	3074	1798	1276	846	495	351
贺兰县	59	31	28	1887	1155	732	1023	579	444
灵武市	65	51	14	1314	923	391	871	645	226
石嘴山市	**128**	**78**	**50**	**4203**	**2957**	**1246**	**1621**	**1206**	**415**
大武口区	68	41	27	1611	939	672	355	218	137
惠农区	44	30	14	1980	1587	393	1007	806	201
平罗县	16	7	9	612	431	181	259	182	77
吴忠市	**82**	**59**	**23**	**1827**	**1240**	**587**	**906**	**626**	**280**
利通区	35	26	9	755	476	279	317	196	121
红寺堡区	11	5	6	255	183	72	105	82	23
盐池县	13	13		327	239	88	236	170	66
同心县	5	4	1	263	192	71	81	68	13
青铜峡市	18	11	7	227	150	77	167	110	57
固原市	**51**	**27**	**24**	**1136**	**750**	**386**	**235**	**135**	**100**
原州区	25	14	11	892	605	287	152	78	74
西吉县	8	3	5	87	47	40	27	16	11
隆德县	5	2	3	39	28	11	8	5	3
泾源县	1	1		30	10	20	6	2	4
彭阳县	12	7	5	88	60	28	42	34	8
中卫市	**67**	**48**	**19**	**2200**	**1360**	**840**	**536**	**347**	**189**
沙坡头区	50	35	15	1120	682	438	316	217	99
中宁县	10	8	2	949	592	357	183	111	72
海原县	7	5	2	131	86	45	37	19	18

7-3 续表 2

单位：人

现住地	户口登记地								
	内蒙古			辽宁			吉林		
	小计	男	女	小计	男	女	小计	男	女
宁夏	**25683**	**13645**	**12038**	**5934**	**3474**	**2460**	**4608**	**2663**	**1945**
银川市	**15500**	**8191**	**7309**	**4027**	**2263**	**1764**	**3161**	**1770**	**1391**
兴庆区	4455	2324	2131	1244	722	522	906	503	403
西夏区	3596	1858	1738	1017	498	519	740	372	368
金凤区	3737	1971	1766	848	482	366	689	374	315
永宁县	1010	536	474	249	144	105	286	168	118
贺兰县	1808	947	861	283	148	135	290	174	116
灵武市	894	555	339	386	269	117	250	179	71
石嘴山市	**6033**	**3180**	**2853**	**1175**	**728**	**447**	**739**	**449**	**290**
大武口区	2634	1321	1313	614	304	310	437	251	186
惠农区	2255	1266	989	486	375	111	228	156	72
平罗县	1144	593	551	75	49	26	74	42	32
吴忠市	**2383**	**1277**	**1106**	**333**	**219**	**114**	**395**	**250**	**145**
利通区	744	407	337	133	78	55	93	44	49
红寺堡区	129	88	41	47	37	10	19	13	6
盐池县	788	412	376	68	56	12	182	129	53
同心县	155	85	70	27	17	10	15	11	4
青铜峡市	567	285	282	58	31	27	86	53	33
固原市	**336**	**184**	**152**	**94**	**58**	**36**	**105**	**59**	**46**
原州区	221	117	104	61	36	25	75	44	31
西吉县	62	37	25	14	10	4	7	3	4
隆德县	18	7	11	4	2	2	5	1	4
泾源县	13	8	5	5	3	2	2	1	1
彭阳县	22	15	7	10	7	3	16	10	6
中卫市	**1431**	**813**	**618**	**305**	**206**	**99**	**208**	**135**	**73**
沙坡头区	951	556	395	202	138	64	142	88	54
中宁县	417	221	196	90	60	30	48	36	12
海原县	63	36	27	13	8	5	18	11	7

7-3 续表 3

单位：人

现住地	户口登记地								
	黑龙江			上海			江苏		
	小计	男	女	小计	男	女	小计	男	女
宁夏	**7627**	**4323**	**3304**	**742**	**430**	**312**	**16584**	**11438**	**5146**
银川市	**5381**	**3008**	**2373**	**523**	**300**	**223**	**11361**	**7773**	**3588**
兴庆区	1488	811	677	211	120	91	4716	3059	1657
西夏区	1145	607	538	76	48	28	1515	991	524
金凤区	986	526	460	191	105	86	2053	1424	629
永宁县	352	204	148	17	8	9	613	417	196
贺兰县	755	468	287	16	11	5	1230	818	412
灵武市	655	392	263	12	8	4	1234	1064	170
石嘴山市	**1442**	**843**	**599**	**112**	**72**	**40**	**2354**	**1621**	**733**
大武口区	803	448	355	32	17	15	915	571	344
惠农区	408	258	150	71	48	23	870	620	250
平罗县	231	137	94	9	7	2	569	430	139
吴忠市	**360**	**209**	**151**	**43**	**25**	**18**	**1160**	**813**	**347**
利通区	164	91	73	29	18	11	479	310	169
红寺堡区	39	23	16	2		2	108	84	24
盐池县	76	54	22	2	2		123	79	44
同心县	4	2	2	2	1	1	144	100	44
青铜峡市	77	39	38	8	4	4	306	240	66
固原市	**139**	**70**	**69**	**42**	**23**	**19**	**502**	**330**	**172**
原州区	95	46	49	30	16	14	224	144	80
西吉县	11	4	7	1		1	84	53	31
隆德县	14	8	6	6	3	3	67	35	32
泾源县	4	3	1				27	17	10
彭阳县	15	9	6	5	4	1	100	81	19
中卫市	**305**	**193**	**112**	**22**	**10**	**12**	**1207**	**901**	**306**
沙坡头区	211	130	81	19	10	9	822	665	157
中宁县	76	51	25	2		2	226	144	82
海原县	18	12	6	1		1	159	92	67

7-3 续表 4

单位：人

现住地	户口登记地								
	浙江			安徽			福建		
	小计	男	女	小计	男	女	小计	男	女
宁夏	**11166**	**6935**	**4231**	**23735**	**14063**	**9672**	**6762**	**4195**	**2567**
银川市	**7733**	**4720**	**3013**	**17544**	**10274**	**7270**	**4989**	**3037**	**1952**
兴庆区	4563	2732	1831	6754	3878	2876	3029	1827	1202
西夏区	615	379	236	2644	1551	1093	434	238	196
金凤区	1049	667	382	3274	1918	1356	751	473	278
永宁县	648	387	261	1514	889	625	380	243	137
贺兰县	503	307	196	1931	1097	834	264	169	95
灵武市	355	248	107	1427	941	486	131	87	44
石嘴山市	**1407**	**922**	**485**	**2993**	**1787**	**1206**	**714**	**458**	**256**
大武口区	744	466	278	1656	968	688	414	245	169
惠农区	337	243	94	769	472	297	194	145	49
平罗县	326	213	113	568	347	221	106	68	38
吴忠市	**786**	**502**	**284**	**1736**	**1047**	**689**	**352**	**243**	**109**
利通区	325	193	132	809	481	328	197	128	69
红寺堡区	77	49	28	108	69	39	53	44	9
盐池县	123	80	43	401	247	154	27	21	6
同心县	77	52	25	96	60	36	35	21	14
青铜峡市	184	128	56	322	190	132	40	29	11
固原市	**636**	**408**	**228**	**585**	**409**	**176**	**374**	**238**	**136**
原州区	365	241	124	296	171	125	223	143	80
西吉县	91	56	35	70	44	26	61	31	30
隆德县	95	60	35	26	15	11	33	25	8
泾源县	20	13	7	17	11	6	16	9	7
彭阳县	65	38	27	176	168	8	41	30	11
中卫市	**604**	**383**	**221**	**877**	**546**	**331**	**333**	**219**	**114**
沙坡头区	358	230	128	532	341	191	221	148	73
中宁县	203	127	76	249	146	103	82	53	29
海原县	43	26	17	96	59	37	30	18	12

7-3　续表 5　　　　单位：人

现住地	户口登记地 江西 小计	男	女	山东 小计	男	女	河南 小计	男	女
宁　夏	**4511**	**2648**	**1863**	**24438**	**15318**	**9120**	**74865**	**45400**	**29465**
银川市	**3489**	**2034**	**1455**	**17879**	**10885**	**6994**	**51034**	**30746**	**20288**
兴庆区	1918	1099	819	6249	3740	2509	19204	11287	7917
西夏区	393	217	176	3989	2395	1594	10559	6279	4280
金凤区	392	234	158	2846	1664	1182	6192	3767	2425
永宁县	436	273	163	1548	943	605	4655	2799	1856
贺兰县	234	136	98	2028	1214	814	5817	3402	2415
灵武市	116	75	41	1219	929	290	4607	3212	1395
石嘴山市	**341**	**218**	**123**	**3301**	**2231**	**1070**	**14119**	**8498**	**5621**
大武口区	237	144	93	1502	941	561	8105	4680	3425
惠农区	79	59	20	1283	892	391	3844	2481	1363
平罗县	25	15	10	516	398	118	2170	1337	833
吴忠市	**251**	**145**	**106**	**1614**	**1119**	**495**	**4742**	**3015**	**1727**
利通区	114	66	48	670	417	253	1853	1109	744
红寺堡区	41	29	12	168	134	34	391	294	97
盐池县	34	20	14	299	249	50	604	430	174
同心县	11	5	6	115	80	35	339	230	109
青铜峡市	51	25	26	362	239	123	1555	952	603
固原市	**218**	**123**	**95**	**688**	**469**	**219**	**2254**	**1396**	**858**
原州区	122	67	55	395	228	167	1491	918	573
西吉县	37	21	16	77	58	19	276	171	105
隆德县	18	9	9	31	19	12	141	78	63
泾源县	8	4	4	14	7	7	133	74	59
彭阳县	33	22	11	171	157	14	213	155	58
中卫市	**212**	**128**	**84**	**956**	**614**	**342**	**2716**	**1745**	**971**
沙坡头区	130	85	45	519	326	193	1463	945	518
中宁县	65	33	32	385	253	132	982	626	356
海原县	17	10	7	52	35	17	271	174	97

7-3 续表 6

单位：人

现住地	户口登记地								
	湖北			湖南			广东		
	小计	男	女	小计	男	女	小计	男	女
宁夏	**10566**	**6477**	**4089**	**5974**	**3392**	**2582**	**2924**	**1696**	**1228**
银川市	**7531**	**4577**	**2954**	**4158**	**2275**	**1883**	**2324**	**1340**	**984**
兴庆区	2709	1628	1081	1254	692	562	1063	599	464
西夏区	1786	1011	775	1498	785	713	260	149	111
金凤区	1471	958	513	614	335	279	614	360	254
永宁县	495	296	199	308	160	148	130	81	49
贺兰县	612	364	248	307	189	118	218	130	88
灵武市	458	320	138	177	114	63	39	21	18
石嘴山市	**936**	**611**	**325**	**597**	**409**	**188**	**205**	**112**	**93**
大武口区	375	207	168	234	158	76	119	65	54
惠农区	439	323	116	219	160	59	63	36	27
平罗县	122	81	41	144	91	53	23	11	12
吴忠市	**884**	**578**	**306**	**546**	**338**	**208**	**191**	**123**	**68**
利通区	232	142	90	179	108	71	84	55	29
红寺堡区	121	89	32	40	26	14	7	5	2
盐池县	246	172	74	142	91	51	19	9	10
同心县	171	108	63	72	41	31	18	14	4
青铜峡市	114	67	47	113	72	41	63	40	23
固原市	**445**	**249**	**196**	**337**	**182**	**155**	**73**	**49**	**24**
原州区	255	137	118	207	113	94	41	25	16
西吉县	99	62	37	59	31	28	12	9	3
隆德县	27	13	14	23	12	11	11	10	1
泾源县	12	4	8	21	8	13	5	3	2
彭阳县	52	33	19	27	18	9	4	2	2
中卫市	**770**	**462**	**308**	**336**	**188**	**148**	**131**	**72**	**59**
沙坡头区	577	360	217	201	114	87	83	48	35
中宁县	169	90	79	91	49	42	38	19	19
海原县	24	12	12	44	25	19	10	5	5

7-3　续表 7　　　　单位：人

现住地	户口登记地								
	广西			海南			重庆		
	小计	男	女	小计	男	女	小计	男	女
宁夏	**2196**	**1040**	**1156**	**519**	**252**	**267**	**8542**	**5284**	**3258**
银川市	**1675**	**774**	**901**	**416**	**195**	**221**	**5793**	**3589**	**2204**
兴庆区	243	119	124	110	51	59	1773	1066	707
西夏区	949	402	547	188	87	101	1430	852	578
金凤区	159	77	82	83	42	41	1216	783	433
永宁县	148	84	64	8	1	7	507	329	178
贺兰县	139	71	68	23	13	10	652	411	241
灵武市	37	21	16	4	1	3	215	148	67
石嘴山市	**106**	**50**	**56**	**32**	**15**	**17**	**1196**	**692**	**504**
大武口区	31	9	22	20	8	12	508	277	231
惠农区	31	18	13	6	4	2	573	340	233
平罗县	44	23	21	6	3	3	115	75	40
吴忠市	**283**	**147**	**136**	**15**	**7**	**8**	**544**	**341**	**203**
利通区	90	51	39	11	5	6	179	102	77
红寺堡区	2	1	1	1	1		75	51	24
盐池县	9	2	7	1		1	74	43	31
同心县	2	1	1				101	78	23
青铜峡市	180	92	88	2	1	1	115	67	48
固原市	**50**	**24**	**26**	**33**	**21**	**12**	**388**	**264**	**124**
原州区	35	16	19	18	11	7	144	83	61
西吉县	6	4	2	4	1	3	166	133	33
隆德县	5	2	3	2	2		21	8	13
泾源县	1	1		9	7	2	30	24	6
彭阳县	3	1	2				27	16	11
中卫市	**82**	**45**	**37**	**23**	**14**	**9**	**621**	**398**	**223**
沙坡头区	49	29	20	21	12	9	404	251	153
中宁县	22	10	12	1	1		136	81	55
海原县	11	6	5	1	1		81	66	15

7-3 续表 8

单位：人

现住地	户口登记地								
	四川			贵州			云南		
	小计	男	女	小计	男	女	小计	男	女
宁夏	**25971**	**15994**	**9977**	**14586**	**7959**	**6627**	**4158**	**2130**	**2028**
银川市	**19403**	**11911**	**7492**	**7031**	**3907**	**3124**	**2561**	**1281**	**1280**
兴庆区	6721	4023	2698	745	423	322	472	243	229
西夏区	3179	1896	1283	1931	999	932	1217	576	641
金凤区	4634	2922	1712	429	269	160	307	178	129
永宁县	2039	1246	793	2741	1512	1229	316	157	159
贺兰县	1913	1188	725	1030	597	433	157	69	88
灵武市	917	636	281	155	107	48	92	58	34
石嘴山市	**2474**	**1439**	**1035**	**747**	**405**	**342**	**327**	**177**	**150**
大武口区	1256	656	600	226	119	107	82	43	39
惠农区	751	480	271	198	100	98	121	72	49
平罗县	467	303	164	323	186	137	124	62	62
吴忠市	**1787**	**1179**	**608**	**5277**	**2782**	**2495**	**950**	**492**	**458**
利通区	552	322	230	681	366	315	196	89	107
红寺堡区	160	110	50	31	27	4	44	29	15
盐池县	237	164	73	98	66	32	41	24	17
同心县	464	340	124	72	43	29	27	10	17
青铜峡市	374	243	131	4395	2280	2115	642	340	302
固原市	**1099**	**722**	**377**	**513**	**261**	**252**	**174**	**95**	**79**
原州区	504	305	199	217	108	109	97	58	39
西吉县	353	255	98	93	55	38	33	15	18
隆德县	47	27	20	168	82	86	16	6	10
泾源县	58	39	19	11	5	6	10	5	5
彭阳县	137	96	41	24	11	13	18	11	7
中卫市	**1208**	**743**	**465**	**1018**	**604**	**414**	**146**	**85**	**61**
沙坡头区	564	341	223	652	388	264	81	47	34
中宁县	494	299	195	272	160	112	38	18	20
海原县	150	103	47	94	56	38	27	20	7

7-3 续表 9

单位：人

现住地	户口登记地								
	西藏			陕西			甘肃		
	小计	男	女	小计	男	女	小计	男	女
宁 夏	**340**	**156**	**184**	**96287**	**55433**	**40854**	**239591**	**136619**	**102972**
银川市	**288**	**126**	**162**	**69436**	**39485**	**29951**	**172239**	**98150**	**74089**
兴庆区	27	16	11	24244	13714	10530	69423	39491	29932
西夏区	220	94	126	12898	7213	5685	30103	16972	13131
金凤区	23	11	12	12180	6947	5233	25887	14741	11146
永宁县	3	1	2	5899	3393	2506	19075	10517	8558
贺兰县	4		4	8646	4842	3804	19597	11011	8586
灵武市	11	4	7	5569	3376	2193	8154	5418	2736
石嘴山市	**12**	**5**	**7**	**7903**	**4626**	**3277**	**18687**	**10688**	**7999**
大武口区	8	3	5	4006	2259	1747	9243	5191	4052
惠农区	3	1	2	2145	1351	794	5381	3109	2272
平罗县	1	1		1752	1016	736	4063	2388	1675
吴忠市	**20**	**13**	**7**	**13788**	**8103**	**5685**	**22714**	**13194**	**9520**
利通区	15	10	5	3700	2113	1587	5787	3194	2593
红寺堡区				1090	644	446	5033	2710	2323
盐池县				6430	3794	2636	5436	3513	1923
同心县	1		1	434	333	101	1664	1057	607
青铜峡市	4	3	1	2134	1219	915	4794	2720	2074
固原市	**8**	**5**	**3**	**2018**	**1175**	**843**	**10008**	**5661**	**4347**
原州区	6	4	2	1388	798	590	4727	2621	2106
西吉县				220	124	96	1620	995	625
隆德县	1		1	106	62	44	1225	640	585
泾源县				77	46	31	544	319	225
彭阳县	1	1		227	145	82	1892	1086	806
中卫市	**12**	**7**	**5**	**3142**	**2044**	**1098**	**15943**	**8926**	**7017**
沙坡头区	8	4	4	1577	1022	555	6712	3799	2913
中宁县	2	1	1	1385	898	487	8122	4496	3626
海原县	2	2		180	124	56	1109	631	478

7-3 续表 10 单位：人

现住地	户口登记地					
	青海			新疆		
	小计	男	女	小计	男	女
宁 夏	**3737**	**1932**	**1805**	**5975**	**2960**	**3015**
银川市	**2340**	**1170**	**1170**	**3206**	**1623**	**1583**
兴庆区	421	227	194	782	410	372
西夏区	910	419	491	1260	603	657
金凤区	384	198	186	521	260	261
永宁县	133	70	63	214	105	109
贺兰县	365	179	186	269	147	122
灵武市	127	77	50	160	98	62
石嘴山市	**661**	**367**	**294**	**273**	**142**	**131**
大武口区	388	210	178	106	53	53
惠农区	218	132	86	109	60	49
平罗县	55	25	30	58	29	29
吴忠市	**289**	**156**	**133**	**783**	**399**	**384**
利通区	153	76	77	230	119	111
红寺堡区	19	9	10	175	90	85
盐池县	30	23	7	30	20	10
同心县	26	14	12	309	144	165
青铜峡市	61	34	27	39	26	13
固原市	**178**	**86**	**92**	**1176**	**537**	**639**
原州区	110	43	67	534	235	299
西吉县	42	25	17	422	198	224
隆德县	7	3	4	110	53	57
泾源县	7	5	2	51	23	28
彭阳县	12	10	2	59	28	31
中卫市	**269**	**153**	**116**	**537**	**259**	**278**
沙坡头区	143	88	55	110	54	56
中宁县	61	30	31	147	73	74
海原县	65	35	30	280	132	148

7—3a　全区按现住地、性别分的户口登记地在外省的人口(城市)

单位：人

现住地	户口登记地					
	合　计			北　京		
	合计	男	女	小计	男	女
宁　夏	**373111**	**213159**	**159952**	**1303**	**741**	**562**
银川市	**283790**	**161446**	**122344**	**1079**	**613**	**466**
兴庆区	129947	74260	55687	447	241	206
西夏区	84984	47663	37321	146	78	68
金凤区	58974	34022	24952	476	287	189
永宁县						
贺兰县	1343	812	531			
灵武市	8542	4689	3853	10	7	3
石嘴山市	**47614**	**27977**	**19637**	**122**	**63**	**59**
大武口区	28950	16307	12643	78	38	40
惠农区	18664	11670	6994	44	25	19
平罗县						
吴忠市	**21007**	**11765**	**9242**	**44**	**32**	**12**
利通区	12389	6978	5411	30	20	10
红寺堡区	3459	1868	1591	4	4	
盐池县						
同心县						
青铜峡市	5159	2919	2240	10	8	2
固原市	**9188**	**5183**	**4005**	**30**	**17**	**13**
原州区	9188	5183	4005	30	17	13
西吉县						
隆德县						
泾源县						
彭阳县						
中卫市	**11512**	**6788**	**4724**	**28**	**16**	**12**
沙坡头区	11512	6788	4724	28	16	12
中宁县						
海原县						

7-3a 续表 1 单位：人

现住地	户口登记地								
	天津			河北			山西		
	小计	男	女	小计	男	女	小计	男	女
宁夏	**879**	**506**	**373**	**16356**	**9738**	**6618**	**8768**	**5130**	**3638**
银川市	**669**	**374**	**295**	**11877**	**6878**	**4999**	**6970**	**3869**	**3101**
兴庆区	257	146	111	5852	3444	2408	3001	1668	1333
西夏区	155	78	77	3691	2074	1617	2137	1145	992
金凤区	242	143	99	2037	1200	837	1660	952	708
永宁县									
贺兰县	4	1	3	43	25	18	21	13	8
灵武市	11	6	5	254	135	119	151	91	60
石嘴山市	**98**	**60**	**38**	**2288**	**1494**	**794**	**1118**	**850**	**268**
大武口区	68	41	27	1220	739	481	219	127	92
惠农区	30	19	11	1068	755	313	899	723	176
平罗县									
吴忠市	**44**	**29**	**15**	**711**	**423**	**288**	**334**	**202**	**132**
利通区	24	18	6	510	308	202	240	142	98
红寺堡区	6	2	4	107	61	46	33	20	13
盐池县									
同心县									
青铜峡市	14	9	5	94	54	40	61	40	21
固原市	**24**	**13**	**11**	**711**	**494**	**217**	**132**	**67**	**65**
原州区	24	13	11	711	494	217	132	67	65
西吉县									
隆德县									
泾源县									
彭阳县									
中卫市	**44**	**30**	**14**	**769**	**449**	**320**	**214**	**142**	**72**
沙坡头区	44	30	14	769	449	320	214	142	72
中宁县									
海原县									

7-3a　续表 2　　　　单位：人

现住地	户口登记地 内蒙古 小计	内蒙古 男	内蒙古 女	辽宁 小计	辽宁 男	辽宁 女	吉林 小计	吉林 男	吉林 女
宁　夏	**16553**	**8666**	**7887**	**3794**	**2064**	**1730**	**2769**	**1490**	**1279**
银川市	**10482**	**5434**	**5048**	**2830**	**1535**	**1295**	**2046**	**1096**	**950**
兴庆区	3544	1832	1712	1036	599	437	687	376	311
西夏区	3468	1786	1682	1000	488	512	726	366	360
金凤区	3209	1696	1513	724	409	315	565	309	256
永宁县									
贺兰县	24	11	13	7	5	2	27	18	9
灵武市	237	109	128	63	34	29	41	27	14
石嘴山市	**4305**	**2269**	**2036**	**677**	**364**	**313**	**451**	**245**	**206**
大武口区	2453	1229	1224	475	233	242	309	163	146
惠农区	1852	1040	812	202	131	71	142	82	60
平罗县									
吴忠市	**909**	**465**	**444**	**122**	**66**	**56**	**111**	**53**	**58**
利通区	507	259	248	97	54	43	75	34	41
红寺堡区	43	30	13	4	2	2	1	1	
盐池县									
同心县									
青铜峡市	359	176	183	21	10	11	35	18	17
固原市	**159**	**86**	**73**	**48**	**26**	**22**	**53**	**32**	**21**
原州区	159	86	73	48	26	22	53	32	21
西吉县									
隆德县									
泾源县									
彭阳县									
中卫市	**698**	**412**	**286**	**117**	**73**	**44**	**108**	**64**	**44**
沙坡头区	698	412	286	117	73	44	108	64	44
中宁县									
海原县									

7-3a 续表 3 单位：人

现住地	户口登记地								
	黑龙江			上海			江苏		
	小计	男	女	小计	男	女	小计	男	女
宁夏	**4572**	**2450**	**2122**	**558**	**308**	**250**	**9434**	**6256**	**3178**
银川市	**3172**	**1676**	**1496**	**433**	**241**	**192**	**6831**	**4463**	**2368**
兴庆区	1169	629	540	172	94	78	3548	2262	1286
西夏区	1110	582	528	74	46	28	1457	950	507
金凤区	799	417	382	179	98	81	1615	1114	501
永宁县									
贺兰县	7	4	3	1		1	25	19	6
灵武市	87	44	43	7	3	4	186	118	68
石嘴山市	**984**	**553**	**431**	**48**	**22**	**26**	**1365**	**890**	**475**
大武口区	673	365	308	26	11	15	667	407	260
惠农区	311	188	123	22	11	11	698	483	215
平罗县									
吴忠市	**181**	**91**	**90**	**33**	**21**	**12**	**465**	**314**	**151**
利通区	125	63	62	27	17	10	343	225	118
红寺堡区	7	4	3				38	28	10
盐池县									
同心县									
青铜峡市	49	24	25	6	4	2	84	61	23
固原市	**80**	**40**	**40**	**27**	**14**	**13**	**175**	**115**	**60**
原州区	80	40	40	27	14	13	175	115	60
西吉县									
隆德县									
泾源县									
彭阳县									
中卫市	**155**	**90**	**65**	**17**	**10**	**7**	**598**	**474**	**124**
沙坡头区	155	90	65	17	10	7	598	474	124
中宁县									
海原县									

7-3a　续表 4

单位：人

现住地	户口登记地								
	浙江			安徽			福建		
	小计	男	女	小计	男	女	小计	男	女
宁　夏	**6936**	**4260**	**2676**	**12359**	**7241**	**5118**	**4567**	**2789**	**1778**
银川市	**5243**	**3171**	**2072**	**9095**	**5274**	**3821**	**3585**	**2160**	**1425**
兴庆区	3665	2188	1477	4294	2460	1834	2478	1502	976
西夏区	581	360	221	2514	1478	1036	417	224	193
金凤区	862	540	322	1959	1145	814	653	412	241
永宁县									
贺兰县	10	8	2	60	30	30	1	1	
灵武市	125	75	50	268	161	107	36	21	15
石嘴山市	**772**	**514**	**258**	**2052**	**1228**	**824**	**485**	**315**	**170**
大武口区	461	290	171	1383	820	563	322	193	129
惠农区	311	224	87	669	408	261	163	122	41
平罗县									
吴忠市	**387**	**233**	**154**	**635**	**379**	**256**	**175**	**113**	**62**
利通区	247	146	101	468	276	192	136	85	51
红寺堡区	52	29	23	45	28	17	19	13	6
盐池县									
同心县									
青铜峡市	88	58	30	122	75	47	20	15	5
固原市	**280**	**183**	**97**	**222**	**132**	**90**	**159**	**102**	**57**
原州区	280	183	97	222	132	90	159	102	57
西吉县									
隆德县									
泾源县									
彭阳县									
中卫市	**254**	**159**	**95**	**355**	**228**	**127**	**163**	**99**	**64**
沙坡头区	254	159	95	355	228	127	163	99	64
中宁县									
海原县									

7-3a 续表 5

单位：人

现住地	户口登记地								
	江西			山东			河南		
	小计	男	女	小计	男	女	小计	男	女
宁 夏	**3086**	**1775**	**1311**	**14842**	**8930**	**5912**	**43037**	**25427**	**17610**
银川市	**2469**	**1412**	**1057**	**11227**	**6654**	**4573**	**29729**	**17582**	**12147**
兴庆区	1709	974	735	4648	2766	1882	13219	7777	5442
西夏区	393	217	176	3854	2304	1550	10064	5971	4093
金凤区	327	198	129	2361	1366	995	4775	2896	1879
永宁县									
贺兰县	1		1	22	15	7	103	60	43
灵武市	39	23	16	342	203	139	1568	878	690
石嘴山市	**250**	**150**	**100**	**2295**	**1482**	**813**	**9681**	**5733**	**3948**
大武口区	184	102	82	1291	802	489	6569	3813	2756
惠农区	66	48	18	1004	680	324	3112	1920	1192
平罗县									
吴忠市	**156**	**86**	**70**	**659**	**411**	**248**	**1946**	**1120**	**826**
利通区	97	56	41	472	288	184	1239	721	518
红寺堡区	11	6	5	30	21	9	147	86	61
盐池县									
同心县									
青铜峡市	48	24	24	157	102	55	560	313	247
固原市	**110**	**61**	**49**	**298**	**168**	**130**	**897**	**525**	**372**
原州区	110	61	49	298	168	130	897	525	372
西吉县									
隆德县									
泾源县									
彭阳县									
中卫市	**101**	**66**	**35**	**363**	**215**	**148**	**784**	**467**	**317**
沙坡头区	101	66	35	363	215	148	784	467	317
中宁县									
海原县									

7-3a　续表 6　　　　单位：人

现住地	户口登记地								
	湖北			湖南			广东		
	小计	男	女	小计	男	女	小计	男	女
宁　夏	**6642**	**3913**	**2729**	**3912**	**2126**	**1786**	**2038**	**1149**	**889**
银川市	**5038**	**2949**	**2089**	**3076**	**1631**	**1445**	**1725**	**970**	**755**
兴庆区	2124	1249	875	991	528	463	902	491	411
西夏区	1752	988	764	1493	782	711	251	144	107
金凤区	956	589	367	547	300	247	550	324	226
永宁县									
贺兰县	67	42	25	8	5	3			
灵武市	139	81	58	37	16	21	22	11	11
石嘴山市	**660**	**427**	**233**	**306**	**204**	**102**	**147**	**77**	**70**
大武口区	267	142	125	185	122	63	93	48	45
惠农区	393	285	108	121	82	39	54	29	25
平罗县									
吴忠市	**312**	**184**	**128**	**203**	**116**	**87**	**77**	**49**	**28**
利通区	185	109	76	132	75	57	62	39	23
红寺堡区	61	39	22	29	19	10	2	1	1
盐池县									
同心县									
青铜峡市	66	36	30	42	22	20	13	9	4
固原市	**221**	**118**	**103**	**183**	**97**	**86**	**28**	**16**	**12**
原州区	221	118	103	183	97	86	28	16	12
西吉县									
隆德县									
泾源县									
彭阳县									
中卫市	**411**	**235**	**176**	**144**	**78**	**66**	**61**	**37**	**24**
沙坡头区	411	235	176	144	78	66	61	37	24
中宁县									
海原县									

7-3a 续表 7

单位：人

现住地	户口登记地								
	广西			海南			重庆		
	小计	男	女	小计	男	女	小计	男	女
宁夏	**1425**	**630**	**795**	**441**	**213**	**228**	**5083**	**3011**	**2072**
银川市	**1268**	**550**	**718**	**368**	**175**	**193**	**3638**	**2171**	**1467**
兴庆区	189	86	103	99	48	51	1274	734	540
西夏区	943	401	542	188	87	101	1399	831	568
金凤区	124	56	68	79	40	39	868	541	327
永宁县									
贺兰县	1	1					45	31	14
灵武市	11	6	5	2		2	52	34	18
石嘴山市	**52**	**21**	**31**	**24**	**11**	**13**	**813**	**475**	**338**
大武口区	28	8	20	19	7	12	339	189	150
惠农区	24	13	11	5	4	1	474	286	188
平罗县									
吴忠市	**48**	**28**	**20**	**11**	**5**	**6**	**205**	**115**	**90**
利通区	29	18	11	10	4	6	135	74	61
红寺堡区				1	1		28	20	8
盐池县									
同心县									
青铜峡市	19	10	9				42	21	21
固原市	**25**	**14**	**11**	**17**	**10**	**7**	**99**	**53**	**46**
原州区	25	14	11	17	10	7	99	53	46
西吉县									
隆德县									
泾源县									
彭阳县									
中卫市	**32**	**17**	**15**	**21**	**12**	**9**	**328**	**197**	**131**
沙坡头区	32	17	15	21	12	9	328	197	131
中宁县									
海原县									

7–3a　续表 8

单位：人

现住地	户口登记地								
	四川			贵州			云南		
	小计	男	女	小计	男	女	小计	男	女
宁　夏	**14506**	**8616**	**5890**	**4424**	**2393**	**2031**	**2138**	**1034**	**1104**
银川市	**11657**	**7005**	**4652**	**2827**	**1526**	**1301**	**1831**	**900**	**931**
兴庆区	4958	2926	2032	562	317	245	388	200	188
西夏区	3072	1829	1243	1885	975	910	1213	573	640
金凤区	3115	1940	1175	341	212	129	210	116	94
永宁县									
贺兰县	287	192	95	12	8	4	2	1	1
灵武市	225	118	107	27	14	13	18	10	8
石嘴山市	**1559**	**888**	**671**	**281**	**135**	**146**	**102**	**46**	**56**
大武口区	910	478	432	160	82	78	54	21	33
惠农区	649	410	239	121	53	68	48	25	23
平罗县									
吴忠市	**531**	**304**	**227**	**940**	**528**	**412**	**118**	**40**	**78**
利通区	384	213	171	181	103	78	55	18	37
红寺堡区	69	43	26	5	3	2	14	4	10
盐池县									
同心县									
青铜峡市	78	48	30	754	422	332	49	18	31
固原市	**372**	**211**	**161**	**73**	**34**	**39**	**51**	**29**	**22**
原州区	372	211	161	73	34	39	51	29	22
西吉县									
隆德县									
泾源县									
彭阳县									
中卫市	**387**	**208**	**179**	**303**	**170**	**133**	**36**	**19**	**17**
沙坡头区	387	208	179	303	170	133	36	19	17
中宁县									
海原县									

7–3a 续表 9 单位：人

现住地	户口登记地								
	西藏			陕西			甘肃		
	小计	男	女	小计	男	女	小计	男	女
宁夏	**299**	**139**	**160**	**52880**	**29694**	**23186**	**124163**	**69831**	**54332**
银川市	**265**	**118**	**147**	**42028**	**23544**	**18484**	**98409**	**55557**	**42852**
兴庆区	26	15	11	18028	10119	7909	49721	28095	21626
西夏区	219	94	125	12166	6791	5375	26510	15028	11482
金凤区	20	9	11	9460	5368	4092	19528	10977	8551
永宁县									
贺兰县				181	104	77	372	210	162
灵武市				2193	1162	1031	2278	1247	1031
石嘴山市	**9**	**4**	**5**	**4945**	**2851**	**2094**	**11259**	**6345**	**4914**
大武口区	8	3	5	3245	1799	1446	7016	3918	3098
惠农区	1	1		1700	1052	648	4243	2427	1816
平罗县									
吴忠市	**14**	**10**	**4**	**3889**	**2159**	**1730**	**7330**	**3975**	**3355**
利通区	12	8	4	2422	1348	1074	3853	2108	1745
红寺堡区				680	363	317	1947	1005	942
盐池县									
同心县									
青铜峡市	2	2		787	448	339	1530	862	668
固原市	**5**	**3**	**2**	**997**	**556**	**441**	**3349**	**1820**	**1529**
原州区	5	3	2	997	556	441	3349	1820	1529
西吉县									
隆德县									
泾源县									
彭阳县									
中卫市	**6**	**4**	**2**	**1021**	**584**	**437**	**3816**	**2134**	**1682**
沙坡头区	6	4	2	1021	584	437	3816	2134	1682
中宁县									
海原县									

7–3a　续表 10　　　　单位：人

现住地	户口登记地					
	青海			新疆		
	小计	男	女	小计	男	女
宁　夏	**2256**	**1114**	**1142**	**3091**	**1525**	**1566**
银川市	**1584**	**761**	**823**	**2339**	**1157**	**1182**
兴庆区	318	166	152	641	328	313
西夏区	900	413	487	1206	580	626
金凤区	327	168	159	406	200	206
永宁县						
贺兰县	1	1		11	7	4
灵武市	38	13	25	75	42	33
石嘴山市	**296**	**169**	**127**	**170**	**92**	**78**
大武口区	144	76	68	84	41	43
惠农区	152	93	59	86	51	35
平罗县						
吴忠市	**171**	**78**	**93**	**246**	**136**	**110**
利通区	127	58	69	165	91	74
红寺堡区	12	4	8	64	31	33
盐池县						
同心县						
青铜峡市	32	16	16	17	14	3
固原市	**83**	**32**	**51**	**280**	**115**	**165**
原州区	83	32	51	280	115	165
西吉县						
隆德县						
泾源县						
彭阳县						
中卫市	**122**	**74**	**48**	**56**	**25**	**31**
沙坡头区	122	74	48	56	25	31
中宁县						
海原县						

7-3b 全区按现住地、性别分的户口登记地在外省的人口(镇)

单位：人

现住地	户口登记地					
	合计			北京		
	合计	男	女	小计	男	女
宁　夏	**164205**	**95330**	**68875**	**269**	**171**	**98**
银川市	**116061**	**66949**	**49112**	**200**	**122**	**78**
兴庆区	30284	17402	12882	42	25	17
西夏区	1136	644	492			
金凤区	839	538	301	1	1	
永宁县	39776	22556	17220	29	15	14
贺兰县	34325	19677	14648	94	51	43
灵武市	9701	6132	3569	34	30	4
石嘴山市	**15335**	**8599**	**6736**	**16**	**13**	**3**
大武口区	5774	3192	2582	2	2	
惠农区	1869	1044	825	2	1	1
平罗县	7692	4363	3329	12	10	2
吴忠市	**16046**	**9789**	**6257**	**19**	**10**	**9**
利通区	1148	701	447	2	1	1
红寺堡区	1147	800	347			
盐池县	7146	4085	3061	5	3	2
同心县	3074	2072	1002	6	4	2
青铜峡市	3531	2131	1400	6	2	4
固原市	**6545**	**3904**	**2641**	**9**	**6**	**3**
原州区	420	242	178			
西吉县	2398	1513	885	2	2	
隆德县	1268	668	600	5	4	1
泾源县	501	272	229	1		1
彭阳县	1958	1209	749	1		1
中卫市	**10218**	**6089**	**4129**	**25**	**20**	**5**
沙坡头区	1329	965	364	3	2	1
中宁县	7297	4163	3134	19	15	4
海原县	1592	961	631	3	3	

7-3b　续表 1　　单位：人

现住地	户口登记地								
	天津			河北			山西		
	小计	男	女	小计	男	女	小计	男	女
宁　夏	**226**	**143**	**83**	**8300**	**4937**	**3363**	**3177**	**1905**	**1272**
银川市	**169**	**109**	**60**	**6103**	**3590**	**2513**	**2368**	**1380**	**988**
兴庆区	51	29	22	1375	820	555	599	343	256
西夏区	1	1		35	21	14	23	13	10
金凤区	1	1		43	25	18	16	7	9
永宁县	36	24	12	2783	1592	1191	727	424	303
贺兰县	43	23	20	1306	772	534	742	414	328
灵武市	37	31	6	561	360	201	261	179	82
石嘴山市	**18**	**9**	**9**	**726**	**413**	**313**	**263**	**158**	**105**
大武口区				360	179	181	104	66	38
惠农区	9	7	2	82	59	23	37	25	12
平罗县	9	2	7	284	175	109	122	67	55
吴忠市	**13**	**11**	**2**	**459**	**317**	**142**	**298**	**213**	**85**
利通区	5	4	1	25	16	9	16	10	6
红寺堡区				44	35	9	20	16	4
盐池县	4	4		137	85	52	134	91	43
同心县	4	3	1	193	140	53	72	61	11
青铜峡市				60	41	19	56	35	21
固原市	**17**	**8**	**9**	**161**	**96**	**65**	**66**	**45**	**21**
原州区				16	10	6	2	1	1
西吉县	6	3	3	59	32	27	19	10	9
隆德县	4	1	3	23	16	7	5	3	2
泾源县	1	1		14	6	8	2		2
彭阳县	6	3	3	49	32	17	38	31	7
中卫市	**9**	**6**	**3**	**851**	**521**	**330**	**182**	**109**	**73**
沙坡头区				54	41	13	42	32	10
中宁县	5	3	2	702	417	285	118	66	52
海原县	4	3	1	95	63	32	22	11	11

7-3b 续表 2

单位：人

现住地	户口登记地								
	内蒙古			辽宁			吉林		
	小计	男	女	小计	男	女	小计	男	女
宁　夏	**5637**	**2948**	**2689**	**1111**	**643**	**468**	**1038**	**619**	**419**
银川市	**3320**	**1755**	**1565**	**761**	**440**	**321**	**728**	**428**	**300**
兴庆区	675	351	324	161	93	68	169	94	75
西夏区	23	10	13	2	1	1	4	3	1
金凤区	26	12	14	1	1		1		1
永宁县	879	457	422	209	119	90	229	132	97
贺兰县	1416	741	675	233	124	109	201	115	86
灵武市	301	184	117	155	102	53	124	84	40
石嘴山市	**1162**	**583**	**579**	**179**	**92**	**87**	**155**	**92**	**63**
大武口区	132	67	65	127	62	65	105	67	38
惠农区	230	111	119	23	10	13	8	3	5
平罗县	800	405	395	29	20	9	42	22	20
吴忠市	**760**	**402**	**358**	**84**	**58**	**26**	**93**	**63**	**30**
利通区	63	38	25	15	10	5	3	2	1
红寺堡区	18	15	3	23	20	3	13	8	5
盐池县	504	257	247	9	8	1	29	19	10
同心县	78	43	35	20	13	7	10	8	2
青铜峡市	97	49	48	17	7	10	38	26	12
固原市	**74**	**41**	**33**	**16**	**12**	**4**	**21**	**10**	**11**
原州区	11	5	6	1	1		2	1	1
西吉县	30	18	12	8	6	2	4	1	3
隆德县	16	6	10	2	1	1	2		2
泾源县	5	4	1	1	1				
彭阳县	12	8	4	4	3	1	13	8	5
中卫市	**321**	**167**	**154**	**71**	**41**	**30**	**41**	**26**	**15**
沙坡头区	32	20	12	12	7	5	3	2	1
中宁县	263	133	130	56	34	22	30	19	11
海原县	26	14	12	3		3	8	5	3

7-3b　续表 3　　单位：人

现住地	户口登记地 黑龙江 小计	黑龙江 男	黑龙江 女	上海 小计	上海 男	上海 女	江苏 小计	江苏 男	江苏 女
宁　夏	**1828**	**1073**	**755**	**93**	**59**	**34**	**3732**	**2593**	**1139**
银川市	**1368**	**795**	**573**	**64**	**43**	**21**	**2464**	**1677**	**787**
兴庆区	230	132	98	31	22	9	722	470	252
西夏区	8	4	4				10	8	2
金凤区	15	7	8				7	5	2
永宁县	304	179	125	16	8	8	512	346	166
贺兰县	496	300	196	13	9	4	936	616	320
灵武市	315	173	142	4	4		277	232	45
石嘴山市	**267**	**162**	**105**	**14**	**9**	**5**	**422**	**278**	**144**
大武口区	100	59	41				205	130	75
惠农区	34	20	14	6	3	3	44	32	12
平罗县	133	83	50	8	6	2	173	116	57
吴忠市	**74**	**46**	**28**	**5**	**1**	**4**	**325**	**256**	**69**
利通区	16	14	2				12	9	3
红寺堡区	19	9	10	1		1	11	9	2
盐池县	17	11	6				53	31	22
同心县	1		1	2	1	1	94	72	22
青铜峡市	21	12	9	2		2	155	135	20
固原市	**39**	**20**	**19**	**9**	**6**	**3**	**164**	**122**	**42**
原州区	3		3				3	2	1
西吉县	9	4	5				54	34	20
隆德县	11	6	5	6	3	3	31	18	13
泾源县	3	2	1				6	5	1
彭阳县	13	8	5	3	3		70	63	7
中卫市	**80**	**50**	**30**	**1**		**1**	**357**	**260**	**97**
沙坡头区	11	8	3				130	124	6
中宁县	57	35	22	1		1	151	88	63
海原县	12	7	5				76	48	28

7-3b 续表 4

单位：人

现住地	户口登记地								
	浙江			安徽			福建		
	小计	男	女	小计	男	女	小计	男	女
宁夏	**2851**	**1744**	**1107**	**5120**	**2985**	**2135**	**1503**	**921**	**582**
银川市	**1710**	**1037**	**673**	**3655**	**2129**	**1526**	**1078**	**665**	**413**
兴庆区	711	435	276	1121	642	479	474	279	195
西夏区	12	6	6	2	2		2	2	
金凤区	13	8	5	98	59	39	1	1	
永宁县	507	299	208	1135	669	466	346	221	125
贺兰县	363	220	143	970	558	412	212	136	76
灵武市	104	69	35	329	199	130	43	26	17
石嘴山市	**543**	**343**	**200**	**634**	**362**	**272**	**168**	**93**	**75**
大武口区	262	164	98	233	121	112	79	43	36
惠农区	17	12	5	52	28	24	13	9	4
平罗县	264	167	97	349	213	136	76	41	35
吴忠市	**185**	**121**	**64**	**447**	**262**	**185**	**81**	**56**	**25**
利通区	16	10	6	32	18	14	25	21	4
红寺堡区	4	4		36	22	14	7	5	2
盐池县	67	41	26	175	101	74	18	13	5
同心县	63	40	23	87	56	31	27	14	13
青铜峡市	35	26	9	117	65	52	4	3	1
固原市	**216**	**130**	**86**	**117**	**76**	**41**	**86**	**53**	**33**
原州区	4	3	1	9	2	7	9	4	5
西吉县	70	45	25	48	26	22	35	21	14
隆德县	74	44	30	14	9	5	13	7	6
泾源县	12	7	5	8	5	3	9	6	3
彭阳县	56	31	25	38	34	4	20	15	5
中卫市	**197**	**113**	**84**	**267**	**156**	**111**	**90**	**54**	**36**
沙坡头区	21	12	9	30	22	8	17	16	1
中宁县	143	82	61	168	95	73	58	32	26
海原县	33	19	14	69	39	30	15	6	9

7-3b　续表 5

单位：人

现住地	户口登记地								
	江西			山东			河南		
	小计	男	女	小计	男	女	小计	男	女
宁　夏	**970**	**590**	**380**	**4981**	**3147**	**1834**	**17230**	**10234**	**6996**
银川市	**675**	**413**	**262**	**3679**	**2255**	**1424**	**12244**	**7233**	**5011**
兴庆区	143	84	59	760	464	296	3465	2017	1448
西夏区				20	10	10	101	60	41
金凤区	2	2		27	16	11	85	49	36
永宁县	303	192	111	1283	780	503	3664	2180	1484
贺兰县	180	107	73	1224	717	507	3650	2104	1546
灵武市	47	28	19	365	268	97	1279	823	456
石嘴山市	**55**	**38**	**17**	**384**	**234**	**150**	**2690**	**1506**	**1184**
大武口区	32	23	9	130	76	54	1256	678	578
惠农区	5	3	2	115	69	46	226	123	103
平罗县	18	12	6	139	89	50	1208	705	503
吴忠市	**65**	**42**	**23**	**367**	**260**	**107**	**897**	**613**	**284**
利通区	3	2	1	23	20	3	68	46	22
红寺堡区	21	16	5	84	69	15	79	63	16
盐池县	28	18	10	91	59	32	259	161	98
同心县	11	5	6	83	54	29	235	157	78
青铜峡市	2	1	1	86	58	28	256	186	70
固原市	**92**	**53**	**39**	**230**	**190**	**40**	**472**	**277**	**195**
原州区				17	6	11	40	25	15
西吉县	37	21	16	51	39	12	174	105	69
隆德县	17	9	8	19	12	7	84	42	42
泾源县	6	2	4	3	1	2	56	30	26
彭阳县	32	21	11	140	132	8	118	75	43
中卫市	**83**	**44**	**39**	**321**	**208**	**113**	**927**	**605**	**322**
沙坡头区	12	7	5	45	38	7	191	153	38
中宁县	59	29	30	240	148	92	565	337	228
海原县	12	8	4	36	22	14	171	115	56

7-3b 续表 6

单位：人

现住地	户口登记地								
	湖北			湖南			广东		
	小计	男	女	小计	男	女	小计	男	女
宁夏	**2134**	**1278**	**856**	**1344**	**768**	**576**	**537**	**334**	**203**
银川市	**1313**	**773**	**540**	**793**	**460**	**333**	**433**	**275**	**158**
兴庆区	355	212	143	177	106	71	126	87	39
西夏区	12	8	4	3	2	1	5	2	3
金凤区	9	8	1	11	8	3	2	2	
永宁县	438	263	175	255	129	126	110	68	42
贺兰县	398	223	175	238	144	94	182	111	71
灵武市	101	59	42	109	71	38	8	5	3
石嘴山市	**181**	**115**	**66**	**120**	**64**	**56**	**24**	**11**	**13**
大武口区	81	47	34	26	16	10	9	5	4
惠农区	16	13	3	12	7	5	5	3	2
平罗县	84	55	29	82	41	41	10	3	7
吴忠市	**272**	**171**	**101**	**189**	**113**	**76**	**33**	**19**	**14**
利通区	19	16	3	5	3	2			
红寺堡区	9	6	3	5	3	2			
盐池县	58	35	23	66	35	31	8	5	3
同心县	163	101	62	69	41	28	8	6	2
青铜峡市	23	13	10	44	31	13	17	8	9
固原市	**165**	**99**	**66**	**112**	**58**	**54**	**18**	**14**	**4**
原州区	5	4	1	9	7	2	4	3	1
西吉县	87	55	32	47	24	23	8	6	2
隆德县	21	11	10	19	9	10	3	3	
泾源县	9	2	7	16	6	10	3	2	1
彭阳县	43	27	16	21	12	9			
中卫市	**203**	**120**	**83**	**130**	**73**	**57**	**29**	**15**	**14**
沙坡头区	59	48	11	22	14	8	2	1	1
中宁县	122	61	61	68	36	32	25	13	12
海原县	22	11	11	40	23	17	2	1	1

7-3b　续表 7　　　　单位：人

现住地	户口登记地								
	广　西			海　南			重　庆		
	小计	男	女	小计	男	女	小计	男	女
宁　夏	**350**	**181**	**169**	**54**	**22**	**32**	**1977**	**1293**	**684**
银川市	**239**	**130**	**109**	**41**	**17**	**24**	**1167**	**757**	**410**
兴庆区	42	24	18	10	3	7	281	183	98
西夏区	1		1				7	4	3
金凤区							12	8	4
永宁县	106	58	48	8	1	7	392	257	135
贺兰县	77	41	36	23	13	10	384	245	139
灵武市	13	7	6				91	60	31
石嘴山市	**20**	**7**	**13**	**7**	**3**	**4**	**265**	**149**	**116**
大武口区	1		1				149	74	75
惠农区	2		2	1		1	37	25	12
平罗县	17	7	10	6	3	3	79	50	29
吴忠市	**61**	**29**	**32**	**1**		**1**	**167**	**119**	**48**
利通区	27	12	15				11	9	2
红寺堡区							21	14	7
盐池县	6	2	4	1		1	25	14	11
同心县	2	1	1				86	66	20
青铜峡市	26	14	12				24	16	8
固原市	**6**	**4**	**2**	**5**	**2**	**3**	**197**	**145**	**52**
原州区							8	4	4
西吉县	5	3	2	4	1	3	137	111	26
隆德县				1	1		17	6	11
泾源县	1	1					21	17	4
彭阳县							14	7	7
中卫市	**24**	**11**	**13**				**181**	**123**	**58**
沙坡头区	1	1					36	28	8
中宁县	17	7	10				84	45	39
海原县	6	3	3				61	50	11

7-3b 续表 8 单位：人

现住地	户口登记地 四川 小计	四川 男	四川 女	贵州 小计	贵州 男	贵州 女	云南 小计	云南 男	云南 女
宁夏	**6539**	**4045**	**2494**	**3295**	**1879**	**1416**	**597**	**299**	**298**
银川市	**4400**	**2675**	**1725**	**2356**	**1350**	**1006**	**352**	**171**	**181**
兴庆区	1064	631	433	100	60	40	60	30	30
西夏区	14	10	4	15	9	6	1	1	
金凤区	53	36	17	5	4	1	4	3	1
永宁县	1723	1035	688	1638	908	730	154	69	85
贺兰县	1242	756	486	557	341	216	96	45	51
灵武市	304	207	97	41	28	13	37	23	14
石嘴山市	**617**	**339**	**278**	**113**	**70**	**43**	**59**	**33**	**26**
大武口区	300	142	158	55	32	23	25	19	6
惠农区	40	27	13	18	12	6	9	5	4
平罗县	277	170	107	40	26	14	25	9	16
吴忠市	**647**	**462**	**185**	**599**	**328**	**271**	**122**	**61**	**61**
利通区	42	25	17	105	47	58	42	21	21
红寺堡区	12	12		3	2	1	2	1	1
盐池县	114	73	41	19	14	5	23	12	11
同心县	341	250	91	39	27	12	10	3	7
青铜峡市	138	102	36	433	238	195	45	24	21
固原市	**424**	**295**	**129**	**91**	**51**	**40**	**39**	**22**	**17**
原州区	11	7	4	14	8	6	23	13	10
西吉县	310	233	77	49	30	19	5	3	2
隆德县	26	12	14	22	10	12	1		1
泾源县	27	16	11	4	2	2	4	2	2
彭阳县	50	27	23	2	1	1	6	4	2
中卫市	**451**	**274**	**177**	**136**	**80**	**56**	**25**	**12**	**13**
沙坡头区	20	14	6	17	11	6	5	3	2
中宁县	319	184	135	80	47	33	17	7	10
海原县	112	76	36	39	22	17	3	2	1

7-3b　续表 9　　　　单位：人

现住地	户口登记地 西藏 小计	西藏 男	西藏 女	陕西 小计	陕西 男	陕西 女	甘肃 小计	甘肃 男	甘肃 女
宁　夏	**19**	**4**	**15**	**23957**	**13750**	**10207**	**63264**	**35689**	**27575**
银川市	**17**	**4**	**13**	**16446**	**9406**	**7040**	**46886**	**26317**	**20569**
兴庆区	1	1		4177	2354	1823	12994	7315	5679
西夏区				101	63	38	704	392	312
金凤区				107	71	36	283	192	91
永宁县	3	1	2	4943	2828	2115	16769	9168	7601
贺兰县	4		4	5294	3029	2265	13294	7486	5808
灵武市	9	2	7	1824	1061	763	2842	1764	1078
石嘴山市	**2**		**2**	**1807**	**991**	**816**	**4075**	**2253**	**1822**
大武口区				575	321	254	1189	670	519
惠农区	2		2	164	90	74	607	322	285
平罗县				1068	580	488	2279	1261	1018
吴忠市				**4511**	**2637**	**1874**	**5026**	**2986**	**2040**
利通区				182	125	57	374	213	161
红寺堡区				146	119	27	563	347	216
盐池县				3481	1919	1562	1776	1047	729
同心县				316	244	72	894	585	309
青铜峡市				386	230	156	1419	794	625
固原市				**372**	**191**	**181**	**3081**	**1746**	**1335**
原州区				32	15	17	156	96	60
西吉县				142	73	69	861	540	321
隆德县				51	26	25	742	387	355
泾源县				30	15	15	244	132	112
彭阳县				117	62	55	1078	591	487
中卫市				**821**	**525**	**296**	**4196**	**2387**	**1809**
沙坡头区				103	77	26	451	278	173
中宁县				614	376	238	3233	1817	1416
海原县				104	72	32	512	292	220

7-3b 续表 10

单位：人

现住地	户口登记地					
	青海			新疆		
	小计	男	女	小计	男	女
宁 夏	**929**	**491**	**438**	**1143**	**585**	**558**
银川市	**473**	**239**	**234**	**559**	**304**	**255**
兴庆区	69	39	30	99	57	42
西夏区	3	2	1	27	10	17
金凤区	3	2	1	13	10	3
永宁县	99	43	56	176	91	85
贺兰县	261	127	134	196	109	87
灵武市	38	26	12	48	27	21
石嘴山市	**285**	**152**	**133**	**64**	**27**	**37**
大武口区	224	123	101	13	6	7
惠农区	31	17	14	22	8	14
平罗县	30	12	18	29	13	16
吴忠市	**56**	**37**	**19**	**190**	**96**	**94**
利通区	9	6	3	8	3	5
红寺堡区	2	1	1	4	4	
盐池县	19	14	5	20	13	7
同心县	13	7	6	147	70	77
青铜峡市	13	9	4	11	6	5
固原市	**42**	**28**	**14**	**204**	**104**	**100**
原州区	5	2	3	36	23	13
西吉县	22	15	7	115	52	63
隆德县	6	3	3	33	19	14
泾源县	2	1	1	13	6	7
彭阳县	7	7		7	4	3
中卫市	**73**	**35**	**38**	**126**	**54**	**72**
沙坡头区	5	2	3	5	4	1
中宁县	33	16	17	50	21	29
海原县	35	17	18	71	29	42

7-3c　全区按现住地、性别分的户口登记地在外省的人口(乡村)

单位：人

现住地	户口登记地					
	合计			北京		
	合计	男	女	小计	男	女
宁　夏	**137803**	**86270**	**51533**	**178**	**119**	**59**
银川市	**74922**	**46864**	**28058**	**116**	**81**	**35**
兴庆区	17030	10444	6586	24	21	3
西夏区	4775	2691	2084	8	5	3
金凤区	17215	10346	6869	56	35	21
永宁县	7946	4747	3199	10	6	4
贺兰县	16496	9436	7060	10	7	3
灵武市	11460	9200	2260	8	7	1
石嘴山市	**12035**	**8489**	**3546**	**8**	**3**	**5**
大武口区	2088	1353	735	3		3
惠农区	3625	2936	689			
平罗县	6322	4200	2122	5	3	2
吴忠市	**28072**	**17143**	**10929**	**21**	**14**	**7**
利通区	5307	3138	2169	6	4	2
红寺堡区	3754	2264	1490	5	2	3
盐池县	8960	6044	2916	5	4	1
同心县	1666	1046	620	4	3	1
青铜峡市	8385	4651	3734	1	1	
固原市	**8217**	**4953**	**3264**	**16**	**7**	**9**
原州区	3377	2018	1359	5	1	4
西吉县	1648	951	697	2	1	1
隆德县	1020	555	465	4	2	2
泾源县	634	381	253	2	1	1
彭阳县	1538	1048	490	3	2	1
中卫市	**14557**	**8821**	**5736**	**17**	**14**	**3**
沙坡头区	5434	3423	2011	6	5	1
中宁县	7671	4541	3130	4	3	1
海原县	1452	857	595	7	6	1

7-3c 续表 1

单位：人

现住地	户口登记地								
	天津			河北			山西		
	小计	男	女	小计	男	女	小计	男	女
宁夏	**126**	**90**	**36**	**5362**	**3926**	**1436**	**2154**	**1497**	**657**
银川市	**65**	**44**	**21**	**2672**	**1826**	**846**	**1463**	**969**	**494**
兴庆区	6	5	1	658	414	244	225	146	79
西夏区	3	1	2	117	72	45	27	19	8
金凤区	24	15	9	569	348	221	373	206	167
永宁县	3	2	1	291	206	85	119	71	48
贺兰县	12	7	5	538	358	180	260	152	108
灵武市	17	14	3	499	428	71	459	375	84
石嘴山市	**12**	**9**	**3**	**1189**	**1050**	**139**	**240**	**198**	**42**
大武口区				31	21	10	32	25	7
惠农区	5	4	1	830	773	57	71	58	13
平罗县	7	5	2	328	256	72	137	115	22
吴忠市	**25**	**19**	**6**	**657**	**500**	**157**	**274**	**211**	**63**
利通区	6	4	2	220	152	68	61	44	17
红寺堡区	5	3	2	104	87	17	52	46	6
盐池县	9	9		190	154	36	102	79	23
同心县	1	1		70	52	18	9	7	2
青铜峡市	4	2	2	73	55	18	50	35	15
固原市	**10**	**6**	**4**	**264**	**160**	**104**	**37**	**23**	**14**
原州区	1	1		165	101	64	18	10	8
西吉县	2		2	28	15	13	8	6	2
隆德县	1	1		16	12	4	3	2	1
泾源县				16	4	12	4	2	2
彭阳县	6	4	2	39	28	11	4	3	1
中卫市	**14**	**12**	**2**	**580**	**390**	**190**	**140**	**96**	**44**
沙坡头区	6	5	1	297	192	105	60	43	17
中宁县	5	5		247	175	72	65	45	20
海原县	3	2	1	36	23	13	15	8	7

7-3c 续表 2

单位：人

现住地	户口登记地								
	内蒙古			辽宁			吉林		
	小计	男	女	小计	男	女	小计	男	女
宁 夏	**3493**	**2031**	**1462**	**1029**	**767**	**262**	**801**	**554**	**247**
银川市	**1698**	**1002**	**696**	**436**	**288**	**148**	**387**	**246**	**141**
兴庆区	236	141	95	47	30	17	50	33	17
西夏区	105	62	43	15	9	6	10	3	7
金凤区	502	263	239	123	72	51	123	65	58
永宁县	131	79	52	40	25	15	57	36	21
贺兰县	368	195	173	43	19	24	62	41	21
灵武市	356	262	94	168	133	35	85	68	17
石嘴山市	**566**	**328**	**238**	**319**	**272**	**47**	**133**	**112**	**21**
大武口区	49	25	24	12	9	3	23	21	2
惠农区	173	115	58	261	234	27	78	71	7
平罗县	344	188	156	46	29	17	32	20	12
吴忠市	**714**	**410**	**304**	**127**	**95**	**32**	**191**	**134**	**57**
利通区	174	110	64	21	14	7	15	8	7
红寺堡区	68	43	25	20	15	5	5	4	1
盐池县	284	155	129	59	48	11	153	110	43
同心县	77	42	35	7	4	3	5	3	2
青铜峡市	111	60	51	20	14	6	13	9	4
固原市	**103**	**57**	**46**	**30**	**20**	**10**	**31**	**17**	**14**
原州区	51	26	25	12	9	3	20	11	9
西吉县	32	19	13	6	4	2	3	2	1
隆德县	2	1	1	2	1	1	3	1	2
泾源县	8	4	4	4	2	2	2	1	1
彭阳县	10	7	3	6	4	2	3	2	1
中卫市	**412**	**234**	**178**	**117**	**92**	**25**	**59**	**45**	**14**
沙坡头区	221	124	97	73	58	15	31	22	9
中宁县	154	88	66	34	26	8	18	17	1
海原县	37	22	15	10	8	2	10	6	4

7-3c 续表 3 单位：人

现住地	户口登记地								
	黑龙江			上海			江苏		
	小计	男	女	小计	男	女	小计	男	女
宁夏	**1227**	**800**	**427**	**91**	**63**	**28**	**3418**	**2589**	**829**
银川市	**841**	**537**	**304**	**26**	**16**	**10**	**2066**	**1633**	**433**
兴庆区	89	50	39	8	4	4	446	327	119
西夏区	27	21	6	2	2		48	33	15
金凤区	172	102	70	12	7	5	431	305	126
永宁县	48	25	23	1		1	101	71	30
贺兰县	252	164	88	2	2		269	183	86
灵武市	253	175	78	1	1		771	714	57
石嘴山市	**191**	**128**	**63**	**50**	**41**	**9**	**567**	**453**	**114**
大武口区	30	24	6	6	6		43	34	9
惠农区	63	50	13	43	34	9	128	105	23
平罗县	98	54	44	1	1		396	314	82
吴忠市	**105**	**72**	**33**	**5**	**3**	**2**	**370**	**243**	**127**
利通区	23	14	9	2	1	1	124	76	48
红寺堡区	13	10	3	1		1	59	47	12
盐池县	59	43	16	2	2		70	48	22
同心县	3	2	1				50	28	22
青铜峡市	7	3	4				67	44	23
固原市	**20**	**10**	**10**	**6**	**3**	**3**	**163**	**93**	**70**
原州区	12	6	6	3	2	1	46	27	19
西吉县	2		2	1		1	30	19	11
隆德县	3	2	1				36	17	19
泾源县	1	1					21	12	9
彭阳县	2	1	1	2	1	1	30	18	12
中卫市	**70**	**53**	**17**	**4**		**4**	**252**	**167**	**85**
沙坡头区	45	32	13	2		2	94	67	27
中宁县	19	16	3	1		1	75	56	19
海原县	6	5	1	1		1	83	44	39

7-3c 续表 4

单位：人

现住地	户口登记地								
	浙江			安徽			福建		
	小计	男	女	小计	男	女	小计	男	女
宁 夏	**1379**	**931**	**448**	**6256**	**3837**	**2419**	**692**	**485**	**207**
银川市	**780**	**512**	**268**	**4794**	**2871**	**1923**	**326**	**212**	**114**
兴庆区	187	109	78	1339	776	563	77	46	31
西夏区	22	13	9	128	71	57	15	12	3
金凤区	174	119	55	1217	714	503	97	60	37
永宁县	141	88	53	379	220	159	34	22	12
贺兰县	130	79	51	901	509	392	51	32	19
灵武市	126	104	22	830	581	249	52	40	12
石嘴山市	**92**	**65**	**27**	**307**	**197**	**110**	**61**	**50**	**11**
大武口区	21	12	9	40	27	13	13	9	4
惠农区	9	7	2	48	36	12	18	14	4
平罗县	62	46	16	219	134	85	30	27	3
吴忠市	**214**	**148**	**66**	**654**	**406**	**248**	**96**	**74**	**22**
利通区	62	37	25	309	187	122	36	22	14
红寺堡区	21	16	5	27	19	8	27	26	1
盐池县	56	39	17	226	146	80	9	8	1
同心县	14	12	2	9	4	5	8	7	1
青铜峡市	61	44	17	83	50	33	16	11	5
固原市	**140**	**95**	**45**	**246**	**201**	**45**	**129**	**83**	**46**
原州区	81	55	26	65	37	28	55	37	18
西吉县	21	11	10	22	18	4	26	10	16
隆德县	21	16	5	12	6	6	20	18	2
泾源县	8	6	2	9	6	3	7	3	4
彭阳县	9	7	2	138	134	4	21	15	6
中卫市	**153**	**111**	**42**	**255**	**162**	**93**	**80**	**66**	**14**
沙坡头区	83	59	24	147	91	56	41	33	8
中宁县	60	45	15	81	51	30	24	21	3
海原县	10	7	3	27	20	7	15	12	3

7-3c 续表 5

单位：人

现住地	户口登记地								
	江西			山东			河南		
	小计	男	女	小计	男	女	小计	男	女
宁夏	**455**	**283**	**172**	**4615**	**3241**	**1374**	**14598**	**9739**	**4859**
银川市	**345**	**209**	**136**	**2973**	**1976**	**997**	**9061**	**5931**	**3130**
兴庆区	66	41	25	841	510	331	2520	1493	1027
西夏区				115	81	34	394	248	146
金凤区	63	34	29	458	282	176	1332	822	510
永宁县	133	81	52	265	163	102	991	619	372
贺兰县	53	29	24	782	482	300	2064	1238	826
灵武市	30	24	6	512	458	54	1760	1511	249
石嘴山市	**36**	**30**	**6**	**622**	**515**	**107**	**1748**	**1259**	**489**
大武口区	21	19	2	81	63	18	280	189	91
惠农区	8	8		164	143	21	506	438	68
平罗县	7	3	4	377	309	68	962	632	330
吴忠市	**30**	**17**	**13**	**588**	**448**	**140**	**1899**	**1282**	**617**
利通区	14	8	6	175	109	66	546	342	204
红寺堡区	9	7	2	54	44	10	165	145	20
盐池县	6	2	4	208	190	18	345	269	76
同心县				32	26	6	104	73	31
青铜峡市	1		1	119	79	40	739	453	286
固原市	**16**	**9**	**7**	**160**	**111**	**49**	**885**	**594**	**291**
原州区	12	6	6	80	54	26	554	368	186
西吉县				26	19	7	102	66	36
隆德县	1		1	12	7	5	57	36	21
泾源县	2	2		11	6	5	77	44	33
彭阳县	1	1		31	25	6	95	80	15
中卫市	**28**	**18**	**10**	**272**	**191**	**81**	**1005**	**673**	**332**
沙坡头区	17	12	5	111	73	38	488	325	163
中宁县	6	4	2	145	105	40	417	289	128
海原县	5	2	3	16	13	3	100	59	41

7-3c　续表 6　　　　单位：人

现 住 地	户口登记地								
	湖　北			湖　南			广　东		
	小计	男	女	小计	男	女	小计	男	女
宁　夏	**1790**	**1286**	**504**	**718**	**498**	**220**	**349**	**213**	**136**
银川市	**1180**	**855**	**325**	**289**	**184**	**105**	**166**	**95**	**71**
兴庆区	230	167	63	86	58	28	35	21	14
西夏区	22	15	7	2	1	1	4	3	1
金凤区	506	361	145	56	27	29	62	34	28
永宁县	57	33	24	53	31	22	20	13	7
贺兰县	147	99	48	61	40	21	36	19	17
灵武市	218	180	38	31	27	4	9	5	4
石嘴山市	**95**	**69**	**26**	**171**	**141**	**30**	**34**	**24**	**10**
大武口区	27	18	9	23	20	3	17	12	5
惠农区	30	25	5	86	71	15	4	4	
平罗县	38	26	12	62	50	12	13	8	5
吴忠市	**300**	**223**	**77**	**154**	**109**	**45**	**81**	**55**	**26**
利通区	28	17	11	42	30	12	22	16	6
红寺堡区	51	44	7	6	4	2	5	4	1
盐池县	188	137	51	76	56	20	11	4	7
同心县	8	7	1	3		3	10	8	2
青铜峡市	25	18	7	27	19	8	33	23	10
固原市	**59**	**32**	**27**	**42**	**27**	**15**	**27**	**19**	**8**
原州区	29	15	14	15	9	6	9	6	3
西吉县	12	7	5	12	7	5	4	3	1
隆德县	6	2	4	4	3	1	8	7	1
泾源县	3	2	1	5	2	3	2	1	1
彭阳县	9	6	3	6	6		4	2	2
中卫市	**156**	**107**	**49**	**62**	**37**	**25**	**41**	**20**	**21**
沙坡头区	107	77	30	35	22	13	20	10	10
中宁县	47	29	18	23	13	10	13	6	7
海原县	2	1	1	4	2	2	8	4	4

7-3c 续表 7 单位：人

现住地	户口登记地								
	广西			海南			重庆		
	小计	男	女	小计	男	女	小计	男	女
宁夏	**421**	**229**	**192**	**24**	**17**	**7**	**1482**	**980**	**502**
银川市	**168**	**94**	**74**	**7**	**3**	**4**	**988**	**661**	**327**
兴庆区	12	9	3	1		1	218	149	69
西夏区	5	1	4				24	17	7
金凤区	35	21	14	4	2	2	336	234	102
永宁县	42	26	16				115	72	43
贺兰县	61	29	32				223	135	88
灵武市	13	8	5	2	1	1	72	54	18
石嘴山市	**34**	**22**	**12**	**1**	**1**		**118**	**68**	**50**
大武口区	2	1	1	1	1		20	14	6
惠农区	5	5					62	29	33
平罗县	27	16	11				36	25	11
吴忠市	**174**	**90**	**84**	**3**	**2**	**1**	**172**	**107**	**65**
利通区	34	21	13	1	1		33	19	14
红寺堡区	2	1	1				26	17	9
盐池县	3		3				49	29	20
同心县							15	12	3
青铜峡市	135	68	67	2	1	1	49	30	19
固原市	**19**	**6**	**13**	**11**	**9**	**2**	**92**	**66**	**26**
原州区	10	2	8	1	1		37	26	11
西吉县	1	1					29	22	7
隆德县	5	2	3	1	1		4	2	2
泾源县				9	7	2	9	7	2
彭阳县	3	1	2				13	9	4
中卫市	**26**	**17**	**9**	**2**	**2**		**112**	**78**	**34**
沙坡头区	16	11	5				40	26	14
中宁县	5	3	2	1	1		52	36	16
海原县	5	3	2	1	1		20	16	4

7-3c 续表 8 单位：人

现住地	户口登记地								
	四川			贵州			云南		
	小计	男	女	小计	男	女	小计	男	女
宁 夏	**4926**	**3333**	**1593**	**6867**	**3687**	**3180**	**1423**	**797**	**626**
银川市	**3346**	**2231**	**1115**	**1848**	**1031**	**817**	**378**	**210**	**168**
兴庆区	699	466	233	83	46	37	24	13	11
西夏区	93	57	36	31	15	16	3	2	1
金凤区	1466	946	520	83	53	30	93	59	34
永宁县	316	211	105	1103	604	499	162	88	74
贺兰县	384	240	144	461	248	213	59	23	36
灵武市	388	311	77	87	65	22	37	25	12
石嘴山市	**298**	**212**	**86**	**353**	**200**	**153**	**166**	**98**	**68**
大武口区	46	36	10	11	5	6	3	3	
惠农区	62	43	19	59	35	24	64	42	22
平罗县	190	133	57	283	160	123	99	53	46
吴忠市	**609**	**413**	**196**	**3738**	**1926**	**1812**	**710**	**391**	**319**
利通区	126	84	42	395	216	179	99	50	49
红寺堡区	79	55	24	23	22	1	28	24	4
盐池县	123	91	32	79	52	27	18	12	6
同心县	123	90	33	33	16	17	17	7	10
青铜峡市	158	93	65	3208	1620	1588	548	298	250
固原市	**303**	**216**	**87**	**349**	**176**	**173**	**84**	**44**	**40**
原州区	121	87	34	130	66	64	23	16	7
西吉县	43	22	21	44	25	19	28	12	16
隆德县	21	15	6	146	72	74	15	6	9
泾源县	31	23	8	7	3	4	6	3	3
彭阳县	87	69	18	22	10	12	12	7	5
中卫市	370	261	109	579	354	225	85	54	31
沙坡头区	157	119	38	332	207	125	40	25	15
中宁县	175	115	60	192	113	79	21	11	10
海原县	38	27	11	55	34	21	24	18	6

7-3c 续表 9

单位：人

现住地	户口登记地								
	西藏			陕西			甘肃		
	小计	男	女	小计	男	女	小计	男	女
宁夏	**22**	**13**	**9**	**19450**	**11989**	**7461**	**52164**	**31099**	**21065**
银川市	**6**	**4**	**2**	**10962**	**6535**	**4427**	**26944**	**16276**	**10668**
兴庆区				2039	1241	798	6708	4081	2627
西夏区	1		1	631	359	272	2889	1552	1337
金凤区	3	2	1	2613	1508	1105	6076	3572	2504
永宁县				956	565	391	2306	1349	957
贺兰县				3171	1709	1462	5931	3315	2616
灵武市	2	2		1552	1153	399	3034	2407	627
石嘴山市	**1**	**1**		**1151**	**784**	**367**	**3353**	**2090**	**1263**
大武口区				186	139	47	1038	603	435
惠农区				281	209	72	531	360	171
平罗县	1	1		684	436	248	1784	1127	657
吴忠市	**6**	**3**	**3**	**5388**	**3307**	**2081**	**10358**	**6233**	**4125**
利通区	3	2	1	1096	640	456	1560	873	687
红寺堡区				264	162	102	2523	1358	1165
盐池县				2949	1875	1074	3660	2466	1194
同心县	1		1	118	89	29	770	472	298
青铜峡市	2	1	1	961	541	420	1845	1064	781
固原市	**3**	**2**	**1**	**649**	**428**	**221**	**3578**	**2095**	**1483**
原州区	1	1		359	227	132	1222	705	517
西吉县				78	51	27	759	455	304
隆德县	1		1	55	36	19	483	253	230
泾源县				47	31	16	300	187	113
彭阳县	1	1		110	83	27	814	495	319
中卫市	**6**	**3**	**3**	**1300**	**935**	**365**	**7931**	**4405**	**3526**
沙坡头区	2		2	453	361	92	2445	1387	1058
中宁县	2	1	1	771	522	249	4889	2679	2210
海原县	2	2		76	52	24	597	339	258

7-3c　续表 10　　单位：人

现 住 地	户口登记地					
	青　海			新　疆		
	小计	男	女	小计	男	女
宁　夏	**552**	**327**	**225**	**1741**	**850**	**891**
银川市	**283**	**170**	**113**	**308**	**162**	**146**
兴庆区	34	22	12	42	25	17
西夏区	7	4	3	27	13	14
金凤区	54	28	26	102	50	52
永宁县	34	27	7	38	14	24
贺兰县	103	51	52	62	31	31
灵武市	51	38	13	37	29	8
石嘴山市	**80**	**46**	**34**	**39**	**23**	**16**
大武口区	20	11	9	9	6	3
惠农区	35	22	13	1	1	
平罗县	25	13	12	29	16	13
吴忠市	**62**	**41**	**21**	**347**	**167**	**180**
利通区	17	12	5	57	25	32
红寺堡区	5	4	1	107	55	52
盐池县	11	9	2	10	7	3
同心县	13	7	6	162	74	88
青铜峡市	16	9	7	11	6	5
固原市	**53**	**26**	**27**	**692**	**318**	**374**
原州区	22	9	13	218	97	121
西吉县	20	10	10	307	146	161
隆德县	1		1	77	34	43
泾源县	5	4	1	38	17	21
彭阳县	5	3	2	52	24	28
中卫市	**74**	**44**	**30**	**355**	**180**	**175**
沙坡头区	16	12	4	49	25	24
中宁县	28	14	14	97	52	45
海原县	30	18	12	209	103	106

7-4 全区按现住地、离开户口登记地时间分的户口登记地在外乡镇街道的人口

单位：人

现住地	离开户口登记地时间							
	合计							
	合计	半年以上，不满一年	一年以上，不满二年	二年以上，不满三年	三年以上，不满四年	四年以上，不满五年	五年以上，不满十年	十年以上
宁　夏	**3362670**	**495141**	**402696**	**398571**	**359328**	**285789**	**792548**	**628597**
银川市	**1620472**	**270358**	**214020**	**200148**	**170952**	**127185**	**343223**	**294586**
兴庆区	451350	81733	59931	55704	46666	35244	81243	90829
西夏区	291613	49342	51044	40057	29690	18323	51057	52100
金凤区	316631	56960	43442	43691	37990	24967	60022	49559
永宁县	182045	28564	18332	18002	17539	15820	53420	30368
贺兰县	205310	30509	23091	22839	21568	17801	51009	38493
灵武市	173523	23250	18180	19855	17499	15030	46472	33237
石嘴山市	**365026**	**44057**	**38302**	**37299**	**36473**	**31349**	**102136**	**75410**
大武口区	137234	15907	15438	15005	13038	10780	35459	31607
惠农区	92885	14491	10593	9352	8714	7191	22781	19763
平罗县	134907	13659	12271	12942	14721	13378	43896	24040
吴忠市	**598617**	**73910**	**61140**	**65703**	**63381**	**53674**	**154945**	**125864**
利通区	230857	28695	27981	30044	27214	21797	56899	38227
红寺堡区	84536	9503	8692	8615	7669	6951	21177	21929
盐池县	84736	8385	6928	6546	7574	7696	22059	25548
同心县	83636	11345	9102	10525	8727	6585	17687	19665
青铜峡市	114852	15982	8437	9973	12197	10645	37123	20495
固原市	**357965**	**58180**	**44196**	**48430**	**42330**	**32625**	**78574**	**53630**
原州区	219094	27989	25441	29610	29104	21602	51170	34178
西吉县	63033	15256	10628	9932	5499	3821	10216	7681
隆德县	23411	5208	2392	2784	2848	2119	5642	2418
泾源县	12690	2209	1557	1960	1479	1409	2488	1588
彭阳县	39737	7518	4178	4144	3400	3674	9058	7765
中卫市	**420590**	**48636**	**45038**	**46991**	**46192**	**40956**	**113670**	**79107**
沙坡头区	192101	21389	20164	22110	22052	19881	54621	31884
中宁县	152479	12840	12275	14428	15987	15197	45480	36272
海原县	76010	14407	12599	10453	8153	5878	13569	10951

7–4 续表 1

单位：人

现住地	离开户口登记地时间							
	自治区内							
	小计	半年以上，不满一年	一年以上，不满二年	二年以上，不满三年	三年以上，不满四年	四年以上，不满五年	五年以上，不满十年	十年以上
宁　夏	**2687551**	**366563**	**319498**	**325687**	**292375**	**238749**	**664425**	**480254**
银川市	**1145699**	**182578**	**153994**	**146921**	**121669**	**93266**	**253873**	**193398**
兴庆区	274089	47706	39015	36829	29164	21865	48726	50784
西夏区	200718	36442	36527	28248	18821	12843	35266	32571
金凤区	239603	40471	34115	35255	29858	19472	46452	33980
永宁县	134323	19357	12860	12964	12812	12017	42730	21583
贺兰县	153146	21526	17089	17128	16434	13997	39770	27202
灵武市	143820	17076	14388	16497	14580	13072	40929	27278
石嘴山市	**290042**	**32425**	**28570**	**29614**	**29727**	**26591**	**87348**	**55767**
大武口区	100422	11721	10952	10874	9492	8436	27843	21104
惠农区	68727	9563	6971	6947	6749	5843	18481	14173
平罗县	120893	11141	10647	11793	13486	12312	41024	20490
吴忠市	**533492**	**57777**	**54739**	**60023**	**58239**	**49510**	**142644**	**110560**
利通区	212013	25366	25919	28024	25454	20416	53101	33733
红寺堡区	76176	8168	7822	7765	6974	6294	19130	20023
盐池县	68630	5401	5095	5136	6201	6661	19003	21133
同心县	78896	9537	8640	10077	8395	6303	17002	18942
青铜峡市	97777	9305	7263	9021	11215	9836	34408	16729
固原市	**334015**	**52080**	**41204**	**45875**	**39982**	**31024**	**74460**	**49390**
原州区	206109	25619	23838	28195	27645	20647	48619	31546
西吉县	58987	13567	10180	9588	5197	3674	9708	7073
隆德县	21123	4480	2074	2532	2652	1953	5275	2157
泾源县	11555	1893	1403	1831	1383	1328	2333	1384
彭阳县	36241	6521	3709	3729	3105	3422	8525	7230
中卫市	**384303**	**41703**	**40991**	**43254**	**42758**	**38358**	**106100**	**71139**
沙坡头区	173826	17663	17934	20076	20273	18470	50644	28766
中宁县	137511	10406	10861	13060	14584	14232	42396	31972
海原县	72966	13634	12196	10118	7901	5656	13060	10401

7-4 续表 2

单位：人

现住地	离开户口登记地时间							
	自治区外							
	小计	半年以上，不满一年	一年以上，不满二年	二年以上，不满三年	三年以上，不满四年	四年以上，不满五年	五年以上，不满十年	十年以上
宁　夏	**675119**	**128578**	**83198**	**72884**	**66953**	**47040**	**128123**	**148343**
银川市	**474773**	**87780**	**60026**	**53227**	**49283**	**33919**	**89350**	**101188**
兴庆区	177261	34027	20916	18875	17502	13379	32517	40045
西夏区	90895	12900	14517	11809	10869	5480	15791	19529
金凤区	77028	16489	9327	8436	8132	5495	13570	15579
永宁县	47722	9207	5472	5038	4727	3803	10690	8785
贺兰县	52164	8983	6002	5711	5134	3804	11239	11291
灵武市	29703	6174	3792	3358	2919	1958	5543	5959
石嘴山市	**74984**	**11632**	**9732**	**7685**	**6746**	**4758**	**14788**	**19643**
大武口区	36812	4186	4486	4131	3546	2344	7616	10503
惠农区	24158	4928	3622	2405	1965	1348	4300	5590
平罗县	14014	2518	1624	1149	1235	1066	2872	3550
吴忠市	**65125**	**16133**	**6401**	**5680**	**5142**	**4164**	**12301**	**15304**
利通区	18844	3329	2062	2020	1760	1381	3798	4494
红寺堡区	8360	1335	870	850	695	657	2047	1906
盐池县	16106	2984	1833	1410	1373	1035	3056	4415
同心县	4740	1808	462	448	332	282	685	723
青铜峡市	17075	6677	1174	952	982	809	2715	3766
固原市	**23950**	**6100**	**2992**	**2555**	**2348**	**1601**	**4114**	**4240**
原州区	12985	2370	1603	1415	1459	955	2551	2632
西吉县	4046	1689	448	344	302	147	508	608
隆德县	2288	728	318	252	196	166	367	261
泾源县	1135	316	154	129	96	81	155	204
彭阳县	3496	997	469	415	295	252	533	535
中卫市	**36287**	**6933**	**4047**	**3737**	**3434**	**2598**	**7570**	**7968**
沙坡头区	18275	3726	2230	2034	1779	1411	3977	3118
中宁县	14968	2434	1414	1368	1403	965	3084	4300
海原县	3044	773	403	335	252	222	509	550

7-4a　全区按现住地、离开户口登记地时间分的户口登记地在外乡镇街道的人口(城市)

单位：人

现住地	离开户口登记地时间							
	合计							
	合计	半年以上，不满一年	一年以上，不满二年	二年以上，不满三年	三年以上，不满四年	四年以上，不满五年	五年以上，不满十年	十年以上
宁　夏	**1771385**	**256378**	**229224**	**223625**	**199010**	**152394**	**403318**	**307436**
银川市	**967129**	**162455**	**140326**	**129690**	**106705**	**74430**	**187003**	**166520**
兴庆区	339784	60062	44691	43628	36597	27593	60713	66500
西夏区	262953	46551	48630	37918	27628	16439	44166	41621
金凤区	263111	45840	37100	37375	32067	20497	49879	40353
永宁县								
贺兰县	3343	506	515	379	344	283	855	461
灵武市	97938	9496	9390	10390	10069	9618	31390	17585
石嘴山市	**180553**	**22185**	**18834**	**18199**	**16217**	**14307**	**46720**	**44091**
大武口区	115101	12150	10988	11451	10436	9647	32181	28248
惠农区	65452	10035	7846	6748	5781	4660	14539	15843
平罗县								
吴忠市	**305147**	**34906**	**33478**	**35658**	**34399**	**29193**	**85332**	**52181**
利通区	182561	21813	21979	22285	20328	16983	48048	31125
红寺堡区	46913	5480	5871	6077	5206	4248	10568	9463
盐池县								
同心县								
青铜峡市	75673	7613	5628	7296	8865	7962	26716	11593
固原市	**169308**	**20510**	**19551**	**21405**	**22990**	**17462**	**41041**	**26349**
原州区	169308	20510	19551	21405	22990	17462	41041	26349
西吉县								
隆德县								
泾源县								
彭阳县								
中卫市	**149248**	**16322**	**17035**	**18673**	**18699**	**17002**	**43222**	**18295**
沙坡头区	149248	16322	17035	18673	18699	17002	43222	18295
中宁县								
海原县								

7-4a 续表 1

单位：人

现住地	离开户口登记地时间							
	自治区内							
	小计	半年以上，不满一年	一年以上，不满二年	二年以上，不满三年	三年以上，不满四年	四年以上，不满五年	五年以上，不满十年	十年以上
宁　夏	**1398274**	**193192**	**181111**	**181215**	**159693**	**125609**	**332520**	**224934**
银川市	**683339**	**111652**	**102294**	**96271**	**75636**	**54266**	**136184**	**107036**
兴庆区	209837	35116	29287	29351	23486	17517	37093	37987
西夏区	177969	34599	34689	26554	17160	11311	29539	24117
金凤区	204137	33609	29755	30744	25562	16280	39381	28806
永宁县								
贺兰县	2000	275	333	233	198	162	554	245
灵武市	89396	8053	8230	9389	9230	8996	29617	15881
石嘴山市	**132939**	**16199**	**13632**	**13832**	**12291**	**11077**	**36285**	**29623**
大武口区	86151	9023	8498	9050	8172	7547	25247	18614
惠农区	46788	7176	5134	4782	4119	3530	11038	11009
平罗县								
吴忠市	**284140**	**31578**	**31387**	**33560**	**32459**	**27590**	**80380**	**47186**
利通区	170172	20087	20650	20977	19167	16063	45220	28008
红寺堡区	43454	5041	5534	5709	4888	3963	9632	8687
盐池县								
同心县								
青铜峡市	70514	6450	5203	6874	8404	7564	25528	10491
固原市	**160120**	**19215**	**18363**	**20369**	**21929**	**16753**	**39100**	**24391**
原州区	160120	19215	18363	20369	21929	16753	39100	24391
西吉县								
隆德县								
泾源县								
彭阳县								
中卫市	**137736**	**14548**	**15435**	**17183**	**17378**	**15923**	**40571**	**16698**
沙坡头区	137736	14548	15435	17183	17378	15923	40571	16698
中宁县								
海原县								

7-4a 续表 2

单位：人

现住地	离开户口登记地时间 自治区外 小计	半年以上，不满一年	一年以上，不满二年	二年以上，不满三年	三年以上，不满四年	四年以上，不满五年	五年以上，不满十年	十年以上
宁 夏	**373111**	**63186**	**48113**	**42410**	**39317**	**26785**	**70798**	**82502**
银川市	**283790**	**50803**	**38032**	**33419**	**31069**	**20164**	**50819**	**59484**
兴庆区	129947	24946	15404	14277	13111	10076	23620	28513
西夏区	84984	11952	13941	11364	10468	5128	14627	17504
金凤区	58974	12231	7345	6631	6505	4217	10498	11547
永宁县								
贺兰县	1343	231	182	146	146	121	301	216
灵武市	8542	1443	1160	1001	839	622	1773	1704
石嘴山市	**47614**	**5986**	**5202**	**4367**	**3926**	**3230**	**10435**	**14468**
大武口区	28950	3127	2490	2401	2264	2100	6934	9634
惠农区	18664	2859	2712	1966	1662	1130	3501	4834
平罗县								
吴忠市	**21007**	**3328**	**2091**	**2098**	**1940**	**1603**	**4952**	**4995**
利通区	12389	1726	1329	1308	1161	920	2828	3117
红寺堡区	3459	439	337	368	318	285	936	776
盐池县								
同心县								
青铜峡市	5159	1163	425	422	461	398	1188	1102
固原市	**9188**	**1295**	**1188**	**1036**	**1061**	**709**	**1941**	**1958**
原州区	9188	1295	1188	1036	1061	709	1941	1958
西吉县								
隆德县								
泾源县								
彭阳县								
中卫市	**11512**	**1774**	**1600**	**1490**	**1321**	**1079**	**2651**	**1597**
沙坡头区	11512	1774	1600	1490	1321	1079	2651	1597
中宁县								
海原县								

7-4b 全区按现住地、离开户口登记地时间分的户口登记地在外乡镇街道的人口(镇)

单位：人

现住地	离开户口登记地时间							
	合计							
	合计	半年以上，不满一年	一年以上，不满二年	二年以上，不满三年	三年以上，不满四年	四年以上，不满五年	五年以上，不满十年	十年以上
宁　夏	**995085**	**134180**	**109947**	**114036**	**106686**	**89692**	**259949**	**180595**
银川市	**430278**	**63945**	**47061**	**47231**	**44108**	**36479**	**110456**	**80998**
兴庆区	75258	11106	8405	7818	7341	5900	16044	18644
西夏区	6554	1166	1311	960	637	341	1112	1027
金凤区	2462	539	347	392	370	122	327	365
永宁县	149428	22843	14566	15004	14562	12895	45252	24306
贺兰县	154581	23252	17670	17401	16507	13686	38433	27632
灵武市	41995	5039	4762	5656	4691	3535	9288	9024
石嘴山市	**138189**	**11618**	**12192**	**14464**	**16730**	**13931**	**45676**	**23578**
大武口区	13252	1886	2881	2614	2054	592	1694	1531
惠农区	17714	1769	1378	1875	2289	1912	5799	2692
平罗县	107223	7963	7933	9975	12387	11427	38183	19355
吴忠市	**144771**	**17038**	**14019**	**15016**	**14209**	**12700**	**34798**	**36991**
利通区	6891	1352	1024	848	825	629	1393	820
红寺堡区	4837	766	545	590	452	347	965	1172
盐池县	61091	4589	4412	4252	5142	6106	17335	19255
同心县	59053	8513	7102	8472	6779	4727	11467	11993
青铜峡市	12899	1818	936	854	1011	891	3638	3751
固原市	**112564**	**20972**	**15360**	**16112**	**11246**	**9302**	**23686**	**15886**
原州区	5770	717	400	541	547	384	1401	1780
西吉县	51490	11325	9356	8886	4693	3155	8426	5649
隆德县	16985	2857	1413	2132	2329	1709	4859	1686
泾源县	9087	1351	1136	1635	1243	1157	1827	738
彭阳县	29232	4722	3055	2918	2434	2897	7173	6033
中卫市	**169283**	**20607**	**21315**	**21213**	**20393**	**17280**	**45333**	**23142**
沙坡头区	4469	749	486	332	365	242	1299	996
中宁县	103277	8842	9719	11705	13148	12133	33189	14541
海原县	61537	11016	11110	9176	6880	4905	10845	7605

7-4b　续表 1　　　单位：人

现住地	离开户口登记地时间							
	自治区内							
	小计	半年以上，不满一年	一年以上，不满二年	二年以上，不满三年	三年以上，不满四年	四年以上，不满五年	五年以上，不满十年	十年以上
宁　夏	**830880**	**106206**	**90575**	**96368**	**89882**	**77430**	**225277**	**145142**
银川市	**314217**	**44942**	**33884**	**35087**	**32369**	**27428**	**84866**	**55641**
兴庆区	44974	6310	5175	4901	4360	3550	9812	10866
西夏区	5418	918	1113	801	519	293	947	827
金凤区	1623	292	241	268	267	80	240	235
永宁县	109652	16365	10107	10763	10556	9583	35587	16691
贺兰县	120256	17353	13700	13777	13044	11124	31111	20147
灵武市	32294	3704	3548	4577	3623	2798	7169	6875
石嘴山市	**122854**	**9818**	**9615**	**12209**	**14702**	**12997**	**42958**	**20555**
大武口区	7478	1152	1112	1211	956	480	1418	1149
惠农区	15845	1512	1173	1694	2125	1783	5309	2249
平罗县	99531	7154	7330	9304	11621	10734	36231	17157
吴忠市	**128725**	**13306**	**12518**	**13668**	**12969**	**11627**	**31773**	**32864**
利通区	5743	974	890	723	723	552	1204	677
红寺堡区	3690	540	390	438	312	252	762	996
盐池县	53945	3659	3790	3722	4596	5555	15706	16917
同心县	55979	7297	6807	8148	6543	4549	11058	11577
青铜峡市	9368	836	641	637	795	719	3043	2697
固原市	**106019**	**19206**	**14599**	**15403**	**10606**	**8878**	**22544**	**14783**
原州区	5350	585	368	508	510	366	1326	1687
西吉县	49092	10393	9114	8668	4488	3070	8080	5279
隆德县	15717	2606	1257	1977	2186	1594	4580	1517
泾源县	8586	1241	1071	1582	1185	1105	1751	651
彭阳县	27274	4381	2789	2668	2237	2743	6807	5649
中卫市	**159065**	**18934**	**19959**	**20001**	**19236**	**16500**	**43136**	**21299**
沙坡头区	3140	404	293	231	256	164	990	802
中宁县	95980	7845	8773	10801	12238	11551	31597	13175
海原县	59945	10685	10893	8969	6742	4785	10549	7322

7-4b 续表 2　　　　单位：人

现住地	离开户口登记地时间							
	自治区外							
	小计	半年以上，不满一年	一年以上，不满二年	二年以上，不满三年	三年以上，不满四年	四年以上，不满五年	五年以上，不满十年	十年以上
宁　夏	**164205**	**27974**	**19372**	**17668**	**16804**	**12262**	**34672**	**35453**
银川市	**116061**	**19003**	**13177**	**12144**	**11739**	**9051**	**25590**	**25357**
兴庆区	30284	4796	3230	2917	2981	2350	6232	7778
西夏区	1136	248	198	159	118	48	165	200
金凤区	839	247	106	124	103	42	87	130
永宁县	39776	6478	4459	4241	4006	3312	9665	7615
贺兰县	34325	5899	3970	3624	3463	2562	7322	7485
灵武市	9701	1335	1214	1079	1068	737	2119	2149
石嘴山市	**15335**	**1800**	**2577**	**2255**	**2028**	**934**	**2718**	**3023**
大武口区	5774	734	1769	1403	1098	112	276	382
惠农区	1869	257	205	181	164	129	490	443
平罗县	7692	809	603	671	766	693	1952	2198
吴忠市	**16046**	**3732**	**1501**	**1348**	**1240**	**1073**	**3025**	**4127**
利通区	1148	378	134	125	102	77	189	143
红寺堡区	1147	226	155	152	140	95	203	176
盐池县	7146	930	622	530	546	551	1629	2338
同心县	3074	1216	295	324	236	178	409	416
青铜峡市	3531	982	295	217	216	172	595	1054
固原市	**6545**	**1766**	**761**	**709**	**640**	**424**	**1142**	**1103**
原州区	420	132	32	33	37	18	75	93
西吉县	2398	932	242	218	205	85	346	370
隆德县	1268	251	156	155	143	115	279	169
泾源县	501	110	65	53	58	52	76	87
彭阳县	1958	341	266	250	197	154	366	384
中卫市	**10218**	**1673**	**1356**	**1212**	**1157**	**780**	**2197**	**1843**
沙坡头区	1329	345	193	101	109	78	309	194
中宁县	7297	997	946	904	910	582	1592	1366
海原县	1592	331	217	207	138	120	296	283

7-4c　全区按现住地、离开户口登记地时间分的户口登记地在外乡镇街道的人口(乡村)

单位：人

现住地	离开户口登记地时间							
	合计							
	合计	半年以上，不满一年	一年以上，不满二年	二年以上，不满三年	三年以上，不满四年	四年以上，不满五年	五年以上，不满十年	十年以上
宁　夏	**596200**	**104583**	**63525**	**60910**	**53632**	**43703**	**129281**	**140566**
银川市	**223065**	**43958**	**26633**	**23227**	**20139**	**16276**	**45764**	**47068**
兴庆区	36308	10565	6835	4258	2728	1751	4486	5685
西夏区	22106	1625	1103	1179	1425	1543	5779	9452
金凤区	51058	10581	5995	5924	5553	4348	9816	8841
永宁县	32617	5721	3766	2998	2977	2925	8168	6062
贺兰县	47386	6751	4906	5059	4717	3832	11721	10400
灵武市	33590	8715	4028	3809	2739	1877	5794	6628
石嘴山市	**46284**	**10254**	**7276**	**4636**	**3526**	**3111**	**9740**	**7741**
大武口区	8881	1871	1569	940	548	541	1584	1828
惠农区	9719	2687	1369	729	644	619	2443	1228
平罗县	27684	5696	4338	2967	2334	1951	5713	4685
吴忠市	**148699**	**21966**	**13643**	**15029**	**14773**	**11781**	**34815**	**36692**
利通区	41405	5530	4978	6911	6061	4185	7458	6282
红寺堡区	32786	3257	2276	1948	2011	2356	9644	11294
盐池县	23645	3796	2516	2294	2432	1590	4724	6293
同心县	24583	2832	2000	2053	1948	1858	6220	7672
青铜峡市	26280	6551	1873	1823	2321	1792	6769	5151
固原市	**76093**	**16698**	**9285**	**10913**	**8094**	**5861**	**13847**	**11395**
原州区	44016	6762	5490	7664	5567	3756	8728	6049
西吉县	11543	3931	1272	1046	806	666	1790	2032
隆德县	6426	2351	979	652	519	410	783	732
泾源县	3603	858	421	325	236	252	661	850
彭阳县	10505	2796	1123	1226	966	777	1885	1732
中卫市	**102059**	**11707**	**6688**	**7105**	**7100**	**6674**	**25115**	**37670**
沙坡头区	38384	4318	2643	3105	2988	2637	10100	12593
中宁县	49202	3998	2556	2723	2839	3064	12291	21731
海原县	14473	3391	1489	1277	1273	973	2724	3346

7-4c 续表 1

单位：人

现住地	离开户口登记地时间							
	自治区内							
	小计	半年以上，不满一年	一年以上，不满二年	二年以上，不满三年	三年以上，不满四年	四年以上，不满五年	五年以上，不满十年	十年以上
宁 夏	**458397**	**67165**	**47812**	**48104**	**42800**	**35710**	**106628**	**110178**
银川市	**148143**	**25984**	**17816**	**15563**	**13664**	**11572**	**32823**	**30721**
兴庆区	19278	6280	4553	2577	1318	798	1821	1931
西夏区	17331	925	725	893	1142	1239	4780	7627
金凤区	33843	6570	4119	4243	4029	3112	6831	4939
永宁县	24671	2992	2753	2201	2256	2434	7143	4892
贺兰县	30890	3898	3056	3118	3192	2711	8105	6810
灵武市	22130	5319	2610	2531	1727	1278	4143	4522
石嘴山市	**34249**	**6408**	**5323**	**3573**	**2734**	**2517**	**8105**	**5589**
大武口区	6793	1546	1342	613	364	409	1178	1341
惠农区	6094	875	664	471	505	530	2134	915
平罗县	21362	3987	3317	2489	1865	1578	4793	3333
吴忠市	**120627**	**12893**	**10834**	**12795**	**12811**	**10293**	**30491**	**30510**
利通区	36098	4305	4379	6324	5564	3801	6677	5048
红寺堡区	29032	2587	1898	1618	1774	2079	8736	10340
盐池县	14685	1742	1305	1414	1605	1106	3297	4216
同心县	22917	2240	1833	1929	1852	1754	5944	7365
青铜峡市	17895	2019	1419	1510	2016	1553	5837	3541
固原市	**67876**	**13659**	**8242**	**10103**	**7447**	**5393**	**12816**	**10216**
原州区	40639	5819	5107	7318	5206	3528	8193	5468
西吉县	9895	3174	1066	920	709	604	1628	1794
隆德县	5406	1874	817	555	466	359	695	640
泾源县	2969	652	332	249	198	223	582	733
彭阳县	8967	2140	920	1061	868	679	1718	1581
中卫市	**87502**	**8221**	**5597**	**6070**	**6144**	**5935**	**22393**	**33142**
沙坡头区	32950	2711	2206	2662	2639	2383	9083	11266
中宁县	41531	2561	2088	2259	2346	2681	10799	18797
海原县	13021	2949	1303	1149	1159	871	2511	3079

7–4c　续表 2

单位：人

现住地	离开户口登记地时间							
	自治区外							
	小计	半年以上，不满一年	一年以上，不满二年	二年以上，不满三年	三年以上，不满四年	四年以上，不满五年	五年以上，不满十年	十年以上
宁　夏	**137803**	**37418**	**15713**	**12806**	**10832**	**7993**	**22653**	**30388**
银川市	**74922**	**17974**	**8817**	**7664**	**6475**	**4704**	**12941**	**16347**
兴庆区	17030	4285	2282	1681	1410	953	2665	3754
西夏区	4775	700	378	286	283	304	999	1825
金凤区	17215	4011	1876	1681	1524	1236	2985	3902
永宁县	7946	2729	1013	797	721	491	1025	1170
贺兰县	16496	2853	1850	1941	1525	1121	3616	3590
灵武市	11460	3396	1418	1278	1012	599	1651	2106
石嘴山市	**12035**	**3846**	**1953**	**1063**	**792**	**594**	**1635**	**2152**
大武口区	2088	325	227	327	184	132	406	487
惠农区	3625	1812	705	258	139	89	309	313
平罗县	6322	1709	1021	478	469	373	920	1352
吴忠市	**28072**	**9073**	**2809**	**2234**	**1962**	**1488**	**4324**	**6182**
利通区	5307	1225	599	587	497	384	781	1234
红寺堡区	3754	670	378	330	237	277	908	954
盐池县	8960	2054	1211	880	827	484	1427	2077
同心县	1666	592	167	124	96	104	276	307
青铜峡市	8385	4532	454	313	305	239	932	1610
固原市	**8217**	**3039**	**1043**	**810**	**647**	**468**	**1031**	**1179**
原州区	3377	943	383	346	361	228	535	581
西吉县	1648	757	206	126	97	62	162	238
隆德县	1020	477	162	97	53	51	88	92
泾源县	634	206	89	76	38	29	79	117
彭阳县	1538	656	203	165	98	98	167	151
中卫市	**14557**	**3486**	**1091**	**1035**	**956**	**739**	**2722**	**4528**
沙坡头区	5434	1607	437	443	349	254	1017	1327
中宁县	7671	1437	468	464	493	383	1492	2934
海原县	1452	442	186	128	114	102	213	267

7-5 全区按户口登记地、性别、受教育程度分的户口登记地在外乡镇街道的人口

单位：人

受教育程度	合计			自治区内		
	合计	男	女	小计	男	女
总 计	**3250773**	**1681363**	**1569410**	**2591476**	**1294846**	**1296630**
未上过学	139792	43598	96194	115215	35951	79264
学前教育	119323	62204	57119	99554	51696	47858
小 学	722335	343890	378445	567791	263279	304512
初 中	1051475	593827	457648	799949	433101	366848
高 中	550073	303084	246989	458734	244388	214346
大学专科	352168	181436	170732	296625	147841	148784
大学本科	296963	145087	151876	240181	112850	127331
硕士研究生	17254	7482	9772	12417	5225	7192
博士研究生	1390	755	635	1010	515	495

7-5 续表

单位：人

受教育程度	自治区内			自治区外		
	其中市辖区内人户分离					
	小计	男	女	小计	男	女
总 计	**826473**	**402682**	**423791**	**659297**	**386517**	**272780**
未上过学	28320	8581	19739	24577	7647	16930
学前教育	31596	16313	15283	19769	10508	9261
小 学	146556	66919	79637	154544	80611	73933
初 中	257150	132656	124494	251526	160726	90800
高 中	161662	82171	79491	91339	58696	32643
大学专科	102030	49703	52327	55543	33595	21948
大学本科	91556	42925	48631	56782	32237	24545
硕士研究生	6869	3048	3821	4837	2257	2580
博士研究生	734	366	368	380	240	140

7–5a　全区按户口登记地、性别、受教育程度分的户口登记地在外乡镇街道的人口(城市)

单位：人

受教育程度	合计			自治区内		
	合计	男	女	小计	男	女
总　计	**1717259**	**871301**	**845958**	**1352694**	**662600**	**690094**
未上过学	56213	16127	40086	44889	12790	32099
学前教育	57806	30207	27599	47321	24572	22749
小　学	303046	141910	161136	228142	103753	124389
初　中	530279	292182	238097	396928	209091	187837
高　中	316033	168992	147041	262378	135832	126546
大学专科	224982	113469	111513	190103	93079	97024
大学本科	213183	101561	111622	171858	78792	93066
硕士研究生	14522	6205	8317	10208	4249	5959
博士研究生	1195	648	547	867	442	425

7–5a　续表

单位：人

受教育程度	自治区内			自治区外		
	其中市辖区内人户分离					
	小计	男	女	小计	男	女
总　计	**697867**	**338215**	**359652**	**364565**	**208701**	**155864**
未上过学	21091	6153	14938	11324	3337	7987
学前教育	26523	13742	12781	10485	5635	4850
小　学	115194	52035	63159	74904	38157	36747
初　中	212338	108537	103801	133351	83091	50260
高　中	141419	71329	70090	53655	33160	20495
大学专科	90274	43938	46336	34879	20390	14489
大学本科	83868	39262	44606	41325	22769	18556
硕士研究生	6459	2868	3591	4314	1956	2358
博士研究生	701	351	350	328	206	122

7-5b 全区按户口登记地、性别、受教育程度分的户口登记地在外乡镇街道的人口(镇)

单位：人

受教育程度	合计			自治区内		
	合计	男	女	小计	男	女
总　计	**957398**	**492798**	**464600**	**797639**	**399806**	**397833**
未上过学	39967	12756	27211	34600	11104	23496
学前教育	41740	21677	20063	35743	18565	17178
小　学	233943	109373	124570	195073	89213	105860
初　中	330107	184038	146069	266552	144116	122436
高　中	163469	90088	73381	141214	75855	65359
大学专科	84817	43774	41043	72481	36354	36127
大学本科	61349	30182	31167	50321	23888	26433
硕士研究生	1888	846	1042	1565	666	899
博士研究生	118	64	54	90	45	45

7-5b　续表

单位：人

受教育程度	自治区内			自治区外		
	其中市辖区内人户分离					
	小计	男	女	小计	男	女
总　计	**41314**	**20508**	**20806**	**159759**	**92992**	**66767**
未上过学	1685	564	1121	5367	1652	3715
学前教育	1607	797	810	5997	3112	2885
小　学	9006	4147	4859	38870	20160	18710
初　中	13872	7380	6492	63555	39922	23633
高　中	6980	3681	3299	22255	14233	8022
大学专科	4739	2329	2410	12336	7420	4916
大学本科	3282	1546	1736	11028	6294	4734
硕士研究生	136	60	76	323	180	143
博士研究生	7	4	3	28	19	9

7-5c　全区按户口登记地、性别、受教育程度分的户口登记地在外乡镇街道的人口(乡村)

单位：人

受教育程度	合计			自治区内		
	合计	男	女	小计	男	女
总　计	**576116**	**317264**	**258852**	**441143**	**232440**	**208703**
未上过学	43612	14715	28897	35726	12057	23669
学前教育	19777	10320	9457	16490	8559	7931
小　学	185346	92607	92739	144576	70313	74263
初　中	191089	117607	73482	136469	79894	56575
高　中	70571	44004	26567	55142	32701	22441
大学专科	42369	24193	18176	34041	18408	15633
大学本科	22431	13344	9087	18002	10170	7832
硕士研究生	844	431	413	644	310	334
博士研究生	77	43	34	53	28	25

7-5c　续表

单位：人

受教育程度	自治区内			自治区外		
	其中市辖区内人户分离					
	小计	男	女	小计	男	女
总　计	**87292**	**43959**	**43333**	**134973**	**84824**	**50149**
未上过学	5544	1864	3680	7886	2658	5228
学前教育	3466	1774	1692	3287	1761	1526
小　学	22356	10737	11619	40770	22294	18476
初　中	30940	16739	14201	54620	37713	16907
高　中	13263	7161	6102	15429	11303	4126
大学专科	7017	3436	3581	8328	5785	2543
大学本科	4406	2117	2289	4429	3174	1255
硕士研究生	274	120	154	200	121	79
博士研究生	26	11	15	24	15	9

7-6 全区按现住地、受教育程度、性别分的户口登记地在本自治区其他乡镇街道的人口

单位：人

现住地	合计			未上过学		
	合计	男	女	小计	男	女
宁夏	**2591476**	**1294846**	**1296630**	**115215**	**35951**	**79264**
银川市	**1107616**	**552506**	**555110**	**37812**	**11429**	**26383**
兴庆区	266437	128178	138259	7034	2036	4998
西夏区	195302	97066	98236	5693	1683	4010
金凤区	232275	112788	119487	6276	1830	4446
永宁县	128353	64058	64295	6558	2069	4489
贺兰县	146475	73265	73210	5844	1765	4079
灵武市	138774	77151	61623	6407	2046	4361
石嘴山市	**281040**	**142522**	**138518**	**9704**	**3014**	**6690**
大武口区	97648	49107	48541	2917	851	2066
惠农区	66986	35089	31897	2032	616	1416
平罗县	116406	58326	58080	4755	1547	3208
吴忠市	**512456**	**255915**	**256541**	**28636**	**9184**	**19452**
利通区	204032	99939	104093	9121	2840	6281
红寺堡区	72766	36763	36003	7793	2499	5294
盐池县	65953	34468	31485	2409	793	1616
同心县	75305	37090	38215	4566	1579	2987
青铜峡市	94400	47655	46745	4747	1473	3274
固原市	**322506**	**158560**	**163946**	**20088**	**6042**	**14046**
原州区	198835	97249	101586	12553	3615	8938
西吉县	56910	27901	29009	3503	1153	2350
隆德县	20605	10163	10442	925	320	605
泾源县	11178	5407	5771	954	347	607
彭阳县	34978	17840	17138	2153	607	1546
中卫市	**367858**	**185343**	**182515**	**18975**	**6282**	**12693**
沙坡头区	166599	84361	82238	6608	2078	4530
中宁县	131397	66774	64623	7237	2441	4796
海原县	69862	34208	35654	5130	1763	3367

7-6　续表 1　　　　单位：人

现住地	学前教育			小　　学		
	小计	男	女	小计	男	女
宁　夏	**99554**	**51696**	**47858**	**567791**	**263279**	**304512**
银川市	**39603**	**20446**	**19157**	**181960**	**84512**	**97448**
兴庆区	7994	4117	3877	37563	17515	20048
西夏区	5532	2824	2708	29602	13664	15938
金凤区	6948	3555	3393	28127	12350	15777
永宁县	6437	3346	3091	29818	14215	15603
贺兰县	6839	3508	3331	26953	12517	14436
灵武市	5853	3096	2757	29897	14251	15646
石嘴山市	**9516**	**4881**	**4635**	**56391**	**25733**	**30658**
大武口区	3062	1562	1500	17959	8166	9793
惠农区	1897	970	927	13231	5922	7309
平罗县	4557	2349	2208	25201	11645	13556
吴忠市	**20714**	**10805**	**9909**	**136733**	**63855**	**72878**
利通区	7924	4175	3749	42786	19984	22802
红寺堡区	3234	1629	1605	27269	13186	14083
盐池县	3275	1733	1542	17930	8317	9613
同心县	2659	1379	1280	30446	13722	16724
青铜峡市	3622	1889	1733	18302	8646	9656
固原市	**13333**	**6948**	**6385**	**94942**	**43339**	**51603**
原州区	7978	4157	3821	52998	24578	28420
西吉县	2407	1267	1140	20909	9448	11461
隆德县	743	395	348	6757	2940	3817
泾源县	565	286	279	3561	1643	1918
彭阳县	1640	843	797	10717	4730	5987
中卫市	**16388**	**8616**	**7772**	**97765**	**45840**	**51925**
沙坡头区	7031	3692	3339	33587	15786	17801
中宁县	6185	3282	2903	35697	16838	18859
海原县	3172	1642	1530	28481	13216	15265

7-6 续表 2

单位：人

现住地	初中			高中			大学专科		
	小计	男	女	小计	男	女	小计	男	女
宁 夏	**799949**	**433101**	**366848**	**458734**	**244388**	**214346**	**296625**	**147841**	**148784**
银川市	**291374**	**156957**	**134417**	**209321**	**111881**	**97440**	**182843**	**90460**	**92383**
兴庆区	68156	35836	32320	56214	29103	27111	49230	21226	28004
西夏区	37890	20469	17421	41709	22366	19343	39002	20991	18011
金凤区	46796	24429	22367	42750	21245	21505	45490	22315	23175
永宁县	43341	23871	19470	18785	9838	8947	14102	6595	7507
贺兰县	47809	25862	21947	26172	14129	12043	18870	9010	9860
灵武市	47382	26490	20892	23691	15200	8491	16149	10323	5826
石嘴山市	**112219**	**61356**	**50863**	**49437**	**26303**	**23134**	**25350**	**12766**	**12584**
大武口区	30469	16397	14072	20760	11351	9409	12079	6002	6077
惠农区	27494	15451	12043	12125	6786	5339	6179	3353	2826
平罗县	54256	29508	24748	16552	8166	8386	7092	3411	3681
吴忠市	**181222**	**98474**	**82748**	**78314**	**41415**	**36899**	**40362**	**19392**	**20970**
利通区	77779	40809	36970	31544	16365	15179	21185	9293	11892
红寺堡区	19397	11313	8084	9003	4800	4203	3417	1973	1444
盐池县	24100	13475	10625	9667	5701	3966	5044	2700	2344
同心县	18884	10631	8253	12556	6487	6069	3299	1831	1468
青铜峡市	41062	22246	18816	15544	8062	7482	7417	3595	3822
固原市	**83489**	**44976**	**38513**	**61074**	**32612**	**28462**	**24511**	**13122**	**11389**
原州区	54073	28915	25158	34719	18401	16318	17089	9021	8068
西吉县	11752	6575	5177	13537	6945	6592	2726	1432	1294
隆德县	5921	3018	2903	3736	2076	1660	1519	884	635
泾源县	2484	1313	1171	2124	1026	1098	805	443	362
彭阳县	9259	5155	4104	6958	4164	2794	2372	1342	1030
中卫市	**131645**	**71338**	**60307**	**60588**	**32177**	**28411**	**23559**	**12101**	**11458**
沙坡头区	65525	35266	30259	29641	15858	13783	12652	6339	6313
中宁县	50576	27432	23144	19333	10461	8872	7991	4210	3781
海原县	15544	8640	6904	11614	5858	5756	2916	1552	1364

7-6 续表 3　　单位：人

现住地	大学本科			硕士研究生			博士研究生		
	小计	男	女	小计	男	女	小计	男	女
宁　夏	**240181**	**112850**	**127331**	**12417**	**5225**	**7192**	**1010**	**515**	**495**
银川市	**153391**	**72040**	**81351**	**10442**	**4336**	**6106**	**870**	**445**	**425**
兴庆区	37250	17155	20095	2767	1072	1695	229	118	111
西夏区	33621	14168	19453	2019	771	1248	234	130	104
金凤区	51088	24941	26147	4464	1962	2502	336	161	175
永宁县	9125	4050	5075	177	69	108	10	5	5
贺兰县	13178	6140	7038	758	309	449	52	25	27
灵武市	9129	5586	3543	257	153	104	9	6	3
石嘴山市	**17897**	**8245**	**9652**	**499**	**214**	**285**	**27**	**10**	**17**
大武口区	10049	4620	5429	337	151	186	16	7	9
惠农区	3945	1958	1987	76	31	45	7	2	5
平罗县	3903	1667	2236	86	32	54	4	1	3
吴忠市	**25829**	**12502**	**13327**	**601**	**262**	**339**	**45**	**26**	**19**
利通区	13282	6293	6989	381	163	218	30	17	13
红寺堡区	2605	1337	1268	46	24	22	2	2	
盐池县	3467	1718	1749	58	29	29	3	2	1
同心县	2843	1435	1408	47	23	24	5	3	2
青铜峡市	3632	1719	1913	69	23	46	5	2	3
固原市	**24503**	**11252**	**13251**	**516**	**244**	**272**	**50**	**25**	**25**
原州区	18960	8341	10619	423	201	222	42	20	22
西吉县	2035	1063	972	39	18	21	2		2
隆德县	984	521	463	18	7	11	2	2	
泾源县	676	341	335	9	8	1			
彭阳县	1848	986	862	27	10	17	4	3	1
中卫市	**18561**	**8811**	**9750**	**359**	**169**	**190**	**18**	**9**	**9**
沙坡头区	11336	5245	6091	206	92	114	13	5	8
中宁县	4301	2073	2228	75	36	39	2	1	1
海原县	2924	1493	1431	78	41	37	3	3	

7-6a 全区按现住地、受教育程度、性别分的户口登记地在本自治区其他乡镇街道的人口(城市)

单位：人

现住地	合计			未上过学		
	合计	男	女	小计	男	女
宁夏	**1352694**	**662600**	**690094**	**44889**	**12790**	**32099**
银川市	**663410**	**322481**	**340929**	**17552**	**4928**	**12624**
兴庆区	204058	97372	106686	5164	1477	3687
西夏区	173471	85912	87559	3862	1064	2798
金凤区	198240	95568	102672	4579	1212	3367
永宁县						
贺兰县	1922	998	924	29	11	18
灵武市	85719	42631	43088	3918	1164	2754
石嘴山市	**129221**	**65487**	**63734**	**3435**	**991**	**2444**
大武口区	83634	41604	42030	2262	639	1623
惠农区	45587	23883	21704	1173	352	821
平罗县						
吴忠市	**273427**	**133470**	**139957**	**11817**	**3555**	**8262**
利通区	163859	79233	84626	6171	1828	4343
红寺堡区	41490	20351	21139	3031	978	2053
盐池县						
同心县						
青铜峡市	68078	33886	34192	2615	749	1866
固原市	**154683**	**74710**	**79973**	**8867**	**2355**	**6512**
原州区	154683	74710	79973	8867	2355	6512
西吉县						
隆德县						
泾源县						
彭阳县						
中卫市	**131953**	**66452**	**65501**	**3218**	**961**	**2257**
沙坡头区	131953	66452	65501	3218	961	2257
中宁县						
海原县						

7—6a　续表 1　　　　单位：人

现 住 地	学前教育			小　学		
	小计	男	女	小计	男	女
宁　夏	**47321**	**24572**	**22749**	**228142**	**103753**	**124389**
银川市	**20604**	**10656**	**9948**	**89944**	**40566**	**49378**
兴庆区	6075	3147	2928	27889	12797	15092
西夏区	4438	2265	2173	20333	9257	11076
金凤区	5632	2891	2741	21939	9377	12562
永宁县						
贺兰县	118	58	60	321	157	164
灵武市	4341	2295	2046	19462	8978	10484
石嘴山市	**4055**	**2058**	**1997**	**22046**	**9849**	**12197**
大武口区	2723	1399	1324	14125	6232	7893
惠农区	1332	659	673	7921	3617	4304
平罗县						
吴忠市	**11059**	**5759**	**5300**	**57082**	**26378**	**30704**
利通区	6429	3402	3027	32345	14898	17447
红寺堡区	2035	1017	1018	13712	6354	7358
盐池县						
同心县						
青铜峡市	2595	1340	1255	11025	5126	5899
固原市	**5934**	**3090**	**2844**	**37086**	**16960**	**20126**
原州区	5934	3090	2844	37086	16960	20126
西吉县						
隆德县						
泾源县						
彭阳县						
中卫市	**5669**	**3009**	**2660**	**21984**	**10000**	**11984**
沙坡头区	5669	3009	2660	21984	10000	11984
中宁县						
海原县						

7-6a 续表 2

单位：人

现住地	初中			高中			大学专科		
	小计	男	女	小计	男	女	小计	男	女
宁夏	**396928**	**209091**	**187837**	**262378**	**135832**	**126546**	**190103**	**93079**	**97024**
银川市	**152782**	**79456**	**73326**	**133928**	**68928**	**65000**	**122508**	**60371**	**62137**
兴庆区	52076	27151	24925	41349	20569	20780	36657	16346	20311
西夏区	30864	16333	14531	40105	21423	18682	38268	20640	17628
金凤区	37901	19452	18449	37187	18341	18846	39973	19612	20361
永宁县									
贺兰县	630	353	277	344	195	149	295	144	151
灵武市	31311	16167	15144	14943	8400	6543	7315	3629	3686
石嘴山市	**45278**	**24479**	**20799**	**26442**	**14153**	**12289**	**16085**	**8245**	**7840**
大武口区	27408	14537	12871	17236	9050	8186	11265	5646	5619
惠农区	17870	9942	7928	9206	5103	4103	4820	2599	2221
平罗县									
吴忠市	**103961**	**54911**	**49050**	**47216**	**23936**	**23280**	**25843**	**11352**	**14491**
利通区	61204	31761	29443	27341	13997	13344	18506	7821	10685
红寺堡区	11522	6455	5067	7300	3608	3692	2010	1050	960
盐池县									
同心县									
青铜峡市	31235	16695	14540	12575	6331	6244	5327	2481	2846
固原市	**41765**	**22032**	**19733**	**28583**	**14935**	**13648**	**14542**	**7589**	**6953**
原州区	41765	22032	19733	28583	14935	13648	14542	7589	6953
西吉县									
隆德县									
泾源县									
彭阳县									
中卫市	**53142**	**28213**	**24929**	**26209**	**13880**	**12329**	**11125**	**5522**	**5603**
沙坡头区	53142	28213	24929	26209	13880	12329	11125	5522	5603
中宁县									
海原县									

7-6a　续表 3

单位：人

现住地	大学本科			硕士研究生			博士研究生		
	小计	男	女	小计	男	女	小计	男	女
宁　夏	**171858**	**78792**	**93066**	**10208**	**4249**	**5959**	**867**	**442**	**425**
银川市	**116512**	**53556**	**62956**	**8818**	**3628**	**5190**	**762**	**392**	**370**
兴庆区	32060	14779	17281	2571	994	1577	217	112	105
西夏区	33361	14038	19323	2006	762	1244	234	130	104
金凤区	46603	22712	23891	4117	1822	2295	309	149	160
永宁县									
贺兰县	176	73	103	9	7	2			
灵武市	4312	1954	2358	115	43	72	2	1	1
石嘴山市	**11495**	**5537**	**5958**	**364**	**167**	**197**	**21**	**8**	**13**
大武口区	8298	3953	4345	302	141	161	15	7	8
惠农区	3197	1584	1613	62	26	36	6	1	5
平罗县									
吴忠市	**15974**	**7377**	**8597**	**442**	**183**	**259**	**33**	**19**	**14**
利通区	11486	5361	6125	350	150	200	27	15	12
红寺堡区	1845	873	972	33	14	19	2	2	
盐池县									
同心县									
青铜峡市	2643	1143	1500	59	19	40	4	2	2
固原市	**17476**	**7545**	**9931**	**392**	**186**	**206**	**38**	**18**	**20**
原州区	17476	7545	9931	392	186	206	38	18	20
西吉县									
隆德县									
泾源县									
彭阳县									
中卫市	**10401**	**4777**	**5624**	**192**	**85**	**107**	**13**	**5**	**8**
沙坡头区	10401	4777	5624	192	85	107	13	5	8
中宁县									
海原县									

7-6b 全区按现住地、受教育程度、性别分的户口登记地在本自治区其他乡镇街道的人口(镇)

单位：人

现住地	合计			未上过学		
	合计	男	女	小计	男	女
宁夏	**797639**	**399806**	**397833**	**34600**	**11104**	**23496**
银川市	**300996**	**152920**	**148076**	**11267**	**3434**	**7833**
兴庆区	43517	21762	21755	1110	296	814
西夏区	5121	2566	2555	315	120	195
金凤区	1561	792	769	112	38	74
永宁县	104594	52121	52473	4282	1317	2965
贺兰县	114943	57289	57654	3858	1143	2715
灵武市	31260	18390	12870	1590	520	1070
石嘴山市	**118471**	**58920**	**59551**	**4368**	**1383**	**2985**
大武口区	7308	3436	3872	327	112	215
惠农区	15402	7690	7712	614	183	431
平罗县	95761	47794	47967	3427	1088	2339
吴忠市	**123452**	**62295**	**61157**	**6184**	**2132**	**4052**
利通区	5583	3108	2475	461	185	276
红寺堡区	3580	2294	1286	141	51	90
盐池县	51618	25856	25762	1797	569	1228
同心县	53604	26222	27382	2863	983	1880
青铜峡市	9067	4815	4252	922	344	578
固原市	**102339**	**49726**	**52613**	**5713**	**1829**	**3884**
原州区	5126	2613	2513	487	194	293
西吉县	47315	22710	24605	2790	918	1872
隆德县	15346	7399	7947	511	183	328
泾源县	8288	3948	4340	543	201	342
彭阳县	26264	13056	13208	1382	333	1049
中卫市	**152381**	**75945**	**76436**	**7068**	**2326**	**4742**
沙坡头区	3018	1625	1393	251	81	170
中宁县	91921	46437	45484	2841	891	1950
海原县	57442	27883	29559	3976	1354	2622

7-6b 续表 1

单位：人

现住地	学前教育			小学		
	小计	男	女	小计	男	女
宁夏	**35743**	**18565**	**17178**	**195073**	**89213**	**105860**
银川市	**13879**	**7134**	**6745**	**56428**	**26419**	**30009**
兴庆区	1551	774	777	6692	3134	3558
西夏区	386	190	196	1992	957	1035
金凤区	63	30	33	414	212	202
永宁县	5395	2801	2594	21999	10411	11588
贺兰县	5320	2710	2610	18834	8630	10204
灵武市	1164	629	535	6497	3075	3422
石嘴山市	**4589**	**2351**	**2238**	**25823**	**11636**	**14187**
大武口区	215	106	109	2075	1017	1058
惠农区	477	260	217	3845	1607	2238
平罗县	3897	1985	1912	19903	9012	10891
吴忠市	**5323**	**2780**	**2543**	**38361**	**17547**	**20814**
利通区	161	83	78	1461	741	720
红寺堡区	87	39	48	864	434	430
盐池县	2810	1487	1323	13838	6373	7465
同心县	1900	991	909	19385	8620	10765
青铜峡市	365	180	185	2813	1379	1434
固原市	**4735**	**2490**	**2245**	**33603**	**14775**	**18828**
原州区	309	168	141	2281	1077	1204
西吉县	2099	1106	993	16509	7284	9225
隆德县	585	323	262	4884	2072	2812
泾源县	430	222	208	2490	1148	1342
彭阳县	1312	671	641	7439	3194	4245
中卫市	**7217**	**3810**	**3407**	**40858**	**18836**	**22022**
沙坡头区	129	60	69	1202	607	595
中宁县	4388	2351	2037	16688	7630	9058
海原县	2700	1399	1301	22968	10599	12369

7-6b 续表 2 单位：人

现住地	初中			高中			大学专科		
	小计	男	女	小计	男	女	小计	男	女
宁　夏	**266552**	**144116**	**122436**	**141214**	**75855**	**65359**	**72481**	**36354**	**36127**
银川市	**96186**	**52408**	**43778**	**53184**	**29476**	**23708**	**41117**	**20308**	**20809**
兴庆区	12282	6515	5767	9574	5378	4196	7579	3523	4056
西夏区	1621	890	731	480	246	234	235	123	112
金凤区	517	297	220	195	101	94	166	68	98
永宁县	35868	19694	16174	15867	8291	7576	12339	5693	6646
贺兰县	36624	19663	16961	21955	11807	10148	15814	7522	8292
灵武市	9274	5349	3925	5113	3653	1460	4984	3379	1605
石嘴山市	**55566**	**29849**	**25717**	**15092**	**8049**	**7043**	**7403**	**3386**	**4017**
大武口区	1486	861	625	895	490	405	584	205	379
惠农区	6633	3589	3044	2174	1207	967	1036	546	490
平罗县	47447	25399	22048	12023	6352	5671	5783	2635	3148
吴忠市	**38076**	**20999**	**17077**	**20846**	**11160**	**9686**	**8457**	**4596**	**3861**
利通区	2230	1297	933	497	321	176	479	298	181
红寺堡区	926	598	328	529	394	135	708	540	168
盐池县	18983	10207	8776	7637	4186	3451	3835	1858	1977
同心县	13030	7240	5790	11286	5692	5594	2671	1476	1195
青铜峡市	2907	1657	1250	897	567	330	764	424	340
固原市	**23962**	**12739**	**11223**	**23614**	**12387**	**11227**	**5973**	**3144**	**2829**
原州区	1412	825	587	321	185	136	146	79	67
西吉县	9342	5061	4281	12643	6373	6270	2198	1109	1089
隆德县	4540	2215	2325	2850	1551	1299	1155	633	522
泾源县	1760	907	853	1858	853	1005	618	328	290
彭阳县	6908	3731	3177	5942	3425	2517	1856	995	861
中卫市	**52762**	**28121**	**24641**	**28478**	**14783**	**13695**	**9531**	**4920**	**4611**
沙坡头区	928	542	386	228	151	77	132	100	32
中宁县	39457	20757	18700	17526	9311	8215	7110	3659	3451
海原县	12377	6822	5555	10724	5321	5403	2289	1161	1128

7-6b　续表 3　　　　单位：人

现住地	大学本科			硕士研究生			博士研究生		
	小计	男	女	小计	男	女	小计	男	女
宁　夏	**50321**	**23888**	**26433**	**1565**	**666**	**899**	**90**	**45**	**45**
银川市	**27700**	**13214**	**14486**	**1161**	**490**	**671**	**74**	**37**	**37**
兴庆区	4543	2069	2474	175	67	108	11	6	5
西夏区	86	36	50	6	4	2			
金凤区	89	43	46	5	3	2			
永宁县	8674	3851	4823	163	60	103	7	3	4
贺兰县	11773	5503	6270	715	287	428	50	24	26
灵武市	2535	1712	823	97	69	28	6	4	2
石嘴山市	**5530**	**2231**	**3299**	**97**	**34**	**63**	**3**	**1**	**2**
大武口区	1695	637	1058	30	8	22	1		1
惠农区	609	292	317	13	5	8	1	1	
平罗县	3226	1302	1924	54	21	33	1		1
吴忠市	**6104**	**3034**	**3070**	**96**	**44**	**52**	**5**	**3**	**2**
利通区	288	181	107	6	2	4			
红寺堡区	321	234	87	4	4				
盐池县	2675	1159	1516	41	16	25	2	1	1
同心县	2426	1199	1227	40	19	21	3	2	1
青铜峡市	394	261	133	5	3	2			
固原市	**4660**	**2330**	**2330**	**74**	**30**	**44**	**5**	**2**	**3**
原州区	166	83	83	3	2	1	1		1
西吉县	1706	850	856	27	9	18	1		1
隆德县	803	415	388	18	7	11			
泾源县	585	285	300	4	4				
彭阳县	1400	697	703	22	8	14	3	2	1
中卫市	**6327**	**3079**	**3248**	**137**	**68**	**69**	**3**	**2**	**1**
沙坡头区	145	81	64	3	3				
中宁县	3845	1807	2038	65	31	34	1		1
海原县	2337	1191	1146	69	34	35	2	2	

7-6c 全区按现住地、受教育程度、性别分的户口登记地在本自治区其他乡镇街道的人口(乡村)

单位：人

现住地	合计			未上过学		
	合计	男	女	小计	男	女
宁　夏	**441143**	**232440**	**208703**	**35726**	**12057**	**23669**
银川市	**143210**	**77105**	**66105**	**8993**	**3067**	**5926**
兴庆区	18862	9044	9818	760	263	497
西夏区	16710	8588	8122	1516	499	1017
金凤区	32474	16428	16046	1585	580	1005
永宁县	23759	11937	11822	2276	752	1524
贺兰县	29610	14978	14632	1957	611	1346
灵武市	21795	16130	5665	899	362	537
石嘴山市	**33348**	**18115**	**15233**	**1901**	**640**	**1261**
大武口区	6706	4067	2639	328	100	228
惠农区	5997	3516	2481	245	81	164
平罗县	20645	10532	10113	1328	459	869
吴忠市	**115577**	**60150**	**55427**	**10635**	**3497**	**7138**
利通区	34590	17598	16992	2489	827	1662
红寺堡区	27696	14118	13578	4621	1470	3151
盐池县	14335	8612	5723	612	224	388
同心县	21701	10868	10833	1703	596	1107
青铜峡市	17255	8954	8301	1210	380	830
固原市	**65484**	**34124**	**31360**	**5508**	**1858**	**3650**
原州区	39026	19926	19100	3199	1066	2133
西吉县	9595	5191	4404	713	235	478
隆德县	5259	2764	2495	414	137	277
泾源县	2890	1459	1431	411	146	265
彭阳县	8714	4784	3930	771	274	497
中卫市	**83524**	**42946**	**40578**	**8689**	**2995**	**5694**
沙坡头区	31628	16284	15344	3139	1036	2103
中宁县	39476	20337	19139	4396	1550	2846
海原县	12420	6325	6095	1154	409	745

7−6c　续表 1　　　　单位：人

现住地	学前教育			小　学		
	小计	男	女	小计	男	女
宁　夏	**16490**	**8559**	**7931**	**144576**	**70313**	**74263**
银川市	**5120**	**2656**	**2464**	**35588**	**17527**	**18061**
兴庆区	368	196	172	2982	1584	1398
西夏区	708	369	339	7277	3450	3827
金凤区	1253	634	619	5774	2761	3013
永宁县	1042	545	497	7819	3804	4015
贺兰县	1401	740	661	7798	3730	4068
灵武市	348	172	176	3938	2198	1740
石嘴山市	**872**	**472**	**400**	**8522**	**4248**	**4274**
大武口区	124	57	67	1759	917	842
惠农区	88	51	37	1465	698	767
平罗县	660	364	296	5298	2633	2665
吴忠市	**4332**	**2266**	**2066**	**41290**	**19930**	**21360**
利通区	1334	690	644	8980	4345	4635
红寺堡区	1112	573	539	12693	6398	6295
盐池县	465	246	219	4092	1944	2148
同心县	759	388	371	11061	5102	5959
青铜峡市	662	369	293	4464	2141	2323
固原市	**2664**	**1368**	**1296**	**24253**	**11604**	**12649**
原州区	1735	899	836	13631	6541	7090
西吉县	308	161	147	4400	2164	2236
隆德县	158	72	86	1873	868	1005
泾源县	135	64	71	1071	495	576
彭阳县	328	172	156	3278	1536	1742
中卫市	**3502**	**1797**	**1705**	**34923**	**17004**	**17919**
沙坡头区	1233	623	610	10401	5179	5222
中宁县	1797	931	866	19009	9208	9801
海原县	472	243	229	5513	2617	2896

7-6c 续表 2

单位：人

现住地	初中			高中			大学专科		
	小计	男	女	小计	男	女	小计	男	女
宁 夏	**136469**	**79894**	**56575**	**55142**	**32701**	**22441**	**34041**	**18408**	**15633**
银川市	**42406**	**25093**	**17313**	**22209**	**13477**	**8732**	**19218**	**9781**	**9437**
兴庆区	3798	2170	1628	5291	3156	2135	4994	1357	3637
西夏区	5405	3246	2159	1124	697	427	499	228	271
金凤区	8378	4680	3698	5368	2803	2565	5351	2635	2716
永宁县	7473	4177	3296	2918	1547	1371	1763	902	861
贺兰县	10555	5846	4709	3873	2127	1746	2761	1344	1417
灵武市	6797	4974	1823	3635	3147	488	3850	3315	535
石嘴山市	**11375**	**7028**	**4347**	**7903**	**4101**	**3802**	**1862**	**1135**	**727**
大武口区	1575	999	576	2629	1811	818	230	151	79
惠农区	2991	1920	1071	745	476	269	323	208	115
平罗县	6809	4109	2700	4529	1814	2715	1309	776	533
吴忠市	**39185**	**22564**	**16621**	**10252**	**6319**	**3933**	**6062**	**3444**	**2618**
利通区	14345	7751	6594	3706	2047	1659	2200	1174	1026
红寺堡区	6949	4260	2689	1174	798	376	699	383	316
盐池县	5117	3268	1849	2030	1515	515	1209	842	367
同心县	5854	3391	2463	1270	795	475	628	355	273
青铜峡市	6920	3894	3026	2072	1164	908	1326	690	636
固原市	**17762**	**10205**	**7557**	**8877**	**5290**	**3587**	**3996**	**2389**	**1607**
原州区	10896	6058	4838	5815	3281	2534	2401	1353	1048
西吉县	2410	1514	896	894	572	322	528	323	205
隆德县	1381	803	578	886	525	361	364	251	113
泾源县	724	406	318	266	173	93	187	115	72
彭阳县	2351	1424	927	1016	739	277	516	347	169
中卫市	**25741**	**15004**	**10737**	**5901**	**3514**	**2387**	**2903**	**1659**	**1244**
沙坡头区	11455	6511	4944	3204	1827	1377	1395	717	678
中宁县	11119	6675	4444	1807	1150	657	881	551	330
海原县	3167	1818	1349	890	537	353	627	391	236

7−6c 续表 3 单位：人

现住地	大学本科			硕士研究生			博士研究生		
	小计	男	女	小计	男	女	小计	男	女
宁 夏	**18002**	**10170**	**7832**	**644**	**310**	**334**	**53**	**28**	**25**
银川市	**9179**	**5270**	**3909**	**463**	**218**	**245**	**34**	**16**	**18**
兴庆区	647	307	340	21	11	10	1		1
西夏区	174	94	80	7	5	2			
金凤区	4396	2186	2210	342	137	205	27	12	15
永宁县	451	199	252	14	9	5	3	2	1
贺兰县	1229	564	665	34	15	19	2	1	1
灵武市	2282	1920	362	45	41	4	1	1	
石嘴山市	**872**	**477**	**395**	**38**	**13**	**25**	**3**	**1**	**2**
大武口区	56	30	26	5	2	3			
惠农区	139	82	57	1		1			
平罗县	677	365	312	32	11	21	3	1	2
吴忠市	**3751**	**2091**	**1660**	**63**	**35**	**28**	**7**	**4**	**3**
利通区	1508	751	757	25	11	14	3	2	1
红寺堡区	439	230	209	9	6	3			
盐池县	792	559	233	17	13	4	1	1	
同心县	417	236	181	7	4	3	2	1	1
青铜峡市	595	315	280	5	1	4	1		1
固原市	**2367**	**1377**	**990**	**50**	**28**	**22**	**7**	**5**	**2**
原州区	1318	713	605	28	13	15	3	2	1
西吉县	329	213	116	12	9	3	1		1
隆德县	181	106	75				2	2	
泾源县	91	56	35	5	4	1			
彭阳县	448	289	159	5	2	3	1	1	
中卫市	**1833**	**955**	**878**	**30**	**16**	**14**	**2**	**2**	
沙坡头区	790	387	403	11	4	7			
中宁县	456	266	190	10	5	5	1	1	
海原县	587	302	285	9	7	2	1	1	

7-7 全区按现住地、受教育程度、性别分的户口登记地在外省的人口

单位：人

现住地	合计			未上过学		
	合计	男	女	小计	男	女
宁　夏	**659297**	**386517**	**272780**	**24577**	**7647**	**16930**
银川市	**463561**	**269374**	**194187**	**15417**	**4700**	**10717**
兴庆区	173021	99866	73155	5114	1628	3486
西夏区	89160	50107	39053	3054	887	2167
金凤区	75309	44012	31297	2346	660	1686
永宁县	46148	26456	19692	1752	535	1217
贺兰县	50795	29215	21580	2100	582	1518
灵武市	29128	19718	9410	1051	408	643
石嘴山市	**73526**	**44329**	**29197**	**2206**	**691**	**1515**
大武口区	36088	20497	15591	1166	356	810
惠农区	23721	15424	8297	489	159	330
平罗县	13717	8408	5309	551	176	375
吴忠市	**63538**	**37882**	**25656**	**4365**	**1473**	**2892**
利通区	18384	10588	7796	1083	348	735
红寺堡区	8162	4834	3328	677	205	472
盐池县	15756	9940	5816	633	215	418
同心县	4663	3084	1579	177	72	105
青铜峡市	16573	9436	7137	1795	633	1162
固原市	**23328**	**13732**	**9596**	**977**	**299**	**678**
原州区	12655	7269	5386	542	156	386
西吉县	3947	2416	1531	168	61	107
隆德县	2211	1191	1020	101	30	71
泾源县	1106	637	469	56	18	38
彭阳县	3409	2219	1190	110	34	76
中卫市	**35344**	**21200**	**14144**	**1612**	**484**	**1128**
沙坡头区	17814	10934	6880	656	189	467
中宁县	14562	8494	6068	840	253	587
海原县	2968	1772	1196	116	42	74

7-7　续表 1　　　　单位：人

现住地	学前教育			小　学		
	小计	男	女	小计	男	女
宁　夏	**19769**	**10508**	**9261**	**154544**	**80611**	**73933**
银川市	**14216**	**7569**	**6647**	**103363**	**53757**	**49606**
兴庆区	5673	3048	2625	39845	20913	18932
西夏区	2026	1073	953	17020	8546	8474
金凤区	1910	1015	895	14560	7547	7013
永宁县	1946	1018	928	12735	6639	6096
贺兰县	1888	1001	887	13274	6795	6479
灵武市	773	414	359	5929	3317	2612
石嘴山市	**1915**	**1025**	**890**	**16571**	**8511**	**8060**
大武口区	863	458	405	7878	3893	3985
惠农区	607	320	287	5061	2696	2365
平罗县	445	247	198	3632	1922	1710
吴忠市	**1784**	**951**	**833**	**19519**	**10464**	**9055**
利通区	578	308	270	4708	2505	2203
红寺堡区	206	113	93	2702	1419	1283
盐池县	493	271	222	4808	2648	2160
同心县	83	33	50	1587	910	677
青铜峡市	424	226	198	5714	2982	2732
固原市	**703**	**354**	**349**	**5898**	**3128**	**2770**
原州区	396	201	195	2783	1432	1351
西吉县	104	59	45	1311	753	558
隆德县	65	28	37	604	275	329
泾源县	26	13	13	309	164	145
彭阳县	112	53	59	891	504	387
中卫市	**1151**	**609**	**542**	**9193**	**4751**	**4442**
沙坡头区	624	352	272	3588	1861	1727
中宁县	444	216	228	4689	2402	2287
海原县	83	41	42	916	488	428

7-7 续表 2

单位：人

现住地	初中			高中			大学专科		
	小计	男	女	小计	男	女	小计	男	女
宁 夏	**251526**	**160726**	**90800**	**91339**	**58696**	**32643**	**55543**	**33595**	**21948**
银川市	**175332**	**111008**	**64324**	**65049**	**41017**	**24032**	**41541**	**24672**	**16869**
兴庆区	72523	45124	27399	25844	15707	10137	13822	7740	6082
西夏区	25142	16011	9131	10640	6775	3865	8332	5080	3252
金凤区	25888	16430	9458	11555	7224	4331	9338	5424	3914
永宁县	20045	12618	7427	5322	3412	1910	2575	1453	1122
贺兰县	20555	12984	7571	6884	4286	2598	4047	2372	1675
灵武市	11179	7841	3338	4804	3613	1191	3427	2603	824
石嘴山市	**30549**	**20022**	**10527**	**10801**	**7241**	**3560**	**4702**	**2913**	**1789**
大武口区	13452	8302	5150	5066	3208	1858	2181	1224	957
惠农区	11151	7783	3368	3909	2781	1128	1671	1127	544
平罗县	5946	3937	2009	1826	1252	574	850	562	288
吴忠市	**24149**	**15870**	**8279**	**7286**	**4900**	**2386**	**3951**	**2567**	**1384**
利通区	7317	4536	2781	2254	1409	845	1436	850	586
红寺堡区	2844	1903	941	919	625	294	543	373	170
盐池县	6094	4188	1906	2079	1465	614	1033	730	303
同心县	1941	1445	496	513	365	148	194	131	63
青铜峡市	5953	3798	2155	1521	1036	485	745	483	262
固原市	**8735**	**5616**	**3119**	**3332**	**2220**	**1112**	**1854**	**1128**	**726**
原州区	4685	2991	1694	1786	1131	655	1138	696	442
西吉县	1491	985	506	536	362	174	205	123	82
隆德县	761	457	304	328	207	121	211	114	97
泾源县	437	264	173	133	87	46	56	32	24
彭阳县	1361	919	442	549	433	116	244	163	81
中卫市	**12761**	**8210**	**4551**	**4871**	**3318**	**1553**	**3495**	**2315**	**1180**
沙坡头区	6273	4011	2262	2724	1896	828	2411	1571	840
中宁县	5399	3480	1919	1754	1173	581	892	619	273
海原县	1089	719	370	393	249	144	192	125	67

7-7　续表 3　　单位：人

现住地	大学本科			硕士研究生			博士研究生		
	小计	男	女	小计	男	女	小计	男	女
宁　夏	**56782**	**32237**	**24545**	**4837**	**2257**	**2580**	**380**	**240**	**140**
银川市	**43941**	**24432**	**19509**	**4365**	**2010**	**2355**	**337**	**209**	**128**
兴庆区	8926	5177	3749	1188	473	715	86	56	30
西夏区	20780	10748	10032	2025	906	1119	141	81	60
金凤区	8701	5164	3537	927	495	432	84	53	31
永宁县	1716	751	965	48	25	23	9	5	4
贺兰县	1941	1141	800	97	47	50	9	7	2
灵武市	1877	1451	426	80	64	16	8	7	1
石嘴山市	**6627**	**3848**	**2779**	**139**	**67**	**72**	**16**	**11**	**5**
大武口区	5387	3012	2375	89	42	47	6	2	4
惠农区	798	538	260	29	15	14	6	5	1
平罗县	442	298	144	21	10	11	4	4	
吴忠市	**2390**	**1599**	**791**	**92**	**56**	**36**	**2**	**2**	
利通区	955	599	356	52	32	20	1	1	
红寺堡区	261	188	73	10	8	2			
盐池县	601	414	187	15	9	6			
同心县	166	126	40	2	2				
青铜峡市	407	272	135	13	5	8	1	1	
固原市	**1676**	**911**	**765**	**134**	**63**	**71**	**19**	**13**	**6**
原州区	1189	598	591	118	51	67	18	13	5
西吉县	128	71	57	4	2	2			
隆德县	137	78	59	3	2	1	1		1
泾源县	89	59	30						
彭阳县	133	105	28	9	8	1			
中卫市	**2148**	**1447**	**701**	**107**	**61**	**46**	**6**	**5**	**1**
沙坡头区	1453	1004	449	79	45	34	6	5	1
中宁县	531	344	187	13	7	6			
海原县	164	99	65	15	9	6			

7-7a 全区按现住地、受教育程度、性别分的户口登记地在外省的人口(城市)

单位：人

现住地	合计			未上过学		
	合计	男	女	小计	男	女
宁夏	**364565**	**208701**	**155864**	**11324**	**3337**	**7987**
银川市	**277450**	**158125**	**119325**	**8346**	**2442**	**5904**
兴庆区	126733	72566	54167	3794	1175	2619
西夏区	83399	46848	36551	2642	753	1889
金凤区	57710	33359	24351	1590	407	1183
永宁县						
贺兰县	1300	788	512	24	11	13
灵武市	8308	4564	3744	296	96	200
石嘴山市	**46587**	**27460**	**19127**	**1369**	**425**	**944**
大武口区	28291	15981	12310	971	293	678
惠农区	18296	11479	6817	398	132	266
平罗县						
吴忠市	**20396**	**11457**	**8939**	**1010**	**314**	**696**
利通区	12053	6808	5245	494	157	337
红寺堡区	3348	1818	1530	220	62	158
盐池县						
同心县						
青铜峡市	4995	2831	2164	296	95	201
固原市	**8950**	**5050**	**3900**	**330**	**80**	**250**
原州区	8950	5050	3900	330	80	250
西吉县						
隆德县						
泾源县						
彭阳县						
中卫市	**11182**	**6609**	**4573**	**269**	**76**	**193**
沙坡头区	11182	6609	4573	269	76	193
中宁县						
海原县						

7-7a 续表 1

单位：人

现住地	学前教育			小学		
	小计	男	女	小计	男	女
宁 夏	**10485**	**5635**	**4850**	**74904**	**38157**	**36747**
银川市	**7747**	**4163**	**3584**	**54917**	**28049**	**26868**
兴庆区	4124	2239	1885	27569	14309	13260
西夏区	1841	974	867	14802	7440	7362
金凤区	1403	743	660	10169	5112	5057
永宁县						
贺兰县	40	28	12	392	221	171
灵武市	339	179	160	1985	967	1018
石嘴山市	**1293**	**689**	**604**	**10934**	**5455**	**5479**
大武口区	795	423	372	6852	3349	3503
惠农区	498	266	232	4082	2106	1976
平罗县						
吴忠市	**690**	**379**	**311**	**5277**	**2738**	**2539**
利通区	410	221	189	2838	1489	1349
红寺堡区	110	59	51	1125	554	571
盐池县						
同心县						
青铜峡市	170	99	71	1314	695	619
固原市	**286**	**145**	**141**	**1829**	**952**	**877**
原州区	286	145	141	1829	952	877
西吉县						
隆德县						
泾源县						
彭阳县						
中卫市	**469**	**259**	**210**	**1947**	**963**	**984**
沙坡头区	469	259	210	1947	963	984
中宁县						
海原县						

7-7a 续表 2

单位：人

现住地	初中			高中			大学专科		
	小计	男	女	小计	男	女	小计	男	女
宁夏	**133351**	**83091**	**50260**	**53655**	**33160**	**20495**	**34879**	**20390**	**14489**
银川市	**97967**	**60994**	**36973**	**40653**	**24950**	**15703**	**27343**	**15856**	**11487**
兴庆区	52137	32261	19876	19627	11782	7845	10762	5996	4766
西夏区	23042	14642	8400	10162	6456	3706	8085	4926	3159
金凤区	18831	11751	7080	9367	5816	3551	7803	4540	3263
永宁县									
贺兰县	589	377	212	156	100	56	70	34	36
灵武市	3368	1963	1405	1341	796	545	623	360	263
石嘴山市	**20742**	**13263**	**7479**	**7170**	**4615**	**2555**	**3127**	**1849**	**1278**
大武口区	12142	7393	4749	4320	2704	1616	1904	1070	834
惠农区	8600	5870	2730	2850	1911	939	1223	779	444
平罗县									
吴忠市	**8004**	**4808**	**3196**	**2756**	**1661**	**1095**	**1611**	**930**	**681**
利通区	4827	2897	1930	1674	1000	674	1096	616	480
红寺堡区	1233	741	492	369	218	151	168	107	61
盐池县									
同心县									
青铜峡市	1944	1170	774	713	443	270	347	207	140
固原市	**3137**	**1951**	**1186**	**1363**	**854**	**509**	**838**	**497**	**341**
原州区	3137	1951	1186	1363	854	509	838	497	341
西吉县									
隆德县									
泾源县									
彭阳县									
中卫市	**3501**	**2075**	**1426**	**1713**	**1080**	**633**	**1960**	**1258**	**702**
沙坡头区	3501	2075	1426	1713	1080	633	1960	1258	702
中宁县									
海原县									

7－7a 续表 3 单位：人

现住地	大学本科			硕士研究生			博士研究生		
	小计	男	女	小计	男	女	小计	男	女
宁 夏	**41325**	**22769**	**18556**	**4314**	**1956**	**2358**	**328**	**206**	**122**
银川市	**36201**	**19700**	**16501**	**3980**	**1788**	**2192**	**296**	**183**	**113**
兴庆区	7520	4315	3205	1121	436	685	79	53	26
西夏区	20668	10672	9996	2017	905	1112	140	80	60
金凤区	7635	4497	3138	836	444	392	76	49	27
永宁县									
贺兰县	28	17	11	1		1			
灵武市	350	199	151	5	3	2	1	1	
石嘴山市	**1845**	**1109**	**736**	**97**	**49**	**48**	**10**	**6**	**4**
大武口区	1232	711	521	70	36	34	5	2	3
惠农区	613	398	215	27	13	14	5	4	1
平罗县									
吴忠市	**991**	**594**	**397**	**56**	**32**	**24**	**1**	**1**	
利通区	674	404	270	40	24	16			
红寺堡区	117	72	45	6	5	1			
盐池县									
同心县									
青铜峡市	200	118	82	10	3	7	1	1	
固原市	**1042**	**511**	**531**	**109**	**48**	**61**	**16**	**12**	**4**
原州区	1042	511	531	109	48	61	16	12	4
西吉县									
隆德县									
泾源县									
彭阳县									
中卫市	**1246**	**855**	**391**	**72**	**39**	**33**	**5**	**4**	**1**
沙坡头区	1246	855	391	72	39	33	5	4	1
中宁县									
海原县									

7-7b 全区按现住地、受教育程度、性别分的户口登记地在外省的人口(镇)

单位：人

现住地	合计			未上过学		
	合计	男	女	小计	男	女
宁　夏	**159759**	**92992**	**66767**	**5367**	**1652**	**3715**
银川市	**112762**	**65192**	**47570**	**3664**	**1088**	**2576**
兴庆区	29568	17006	12562	797	252	545
西夏区	1101	624	477	57	18	39
金凤区	822	527	295	36	11	25
永宁县	38389	21811	16578	1300	392	908
贺兰县	33410	19206	14204	1193	321	872
灵武市	9472	6018	3454	281	94	187
石嘴山市	**15051**	**8449**	**6602**	**378**	**110**	**268**
大武口区	5741	3174	2567	80	31	49
惠农区	1818	1019	799	40	8	32
平罗县	7492	4256	3236	258	71	187
吴忠市	**15661**	**9599**	**6062**	**780**	**286**	**494**
利通区	1122	692	430	98	30	68
红寺堡区	1130	791	339	34	13	21
盐池县	6938	3977	2961	306	105	201
同心县	3022	2049	973	91	46	45
青铜峡市	3449	2090	1359	251	92	159
固原市	**6368**	**3824**	**2544**	**203**	**65**	**138**
原州区	408	235	173	17	7	10
西吉县	2344	1487	857	75	28	47
隆德县	1232	652	580	32	6	26
泾源县	483	263	220	21	9	12
彭阳县	1901	1187	714	58	15	43
中卫市	**9917**	**5928**	**3989**	**342**	**103**	**239**
沙坡头区	1311	959	352	21	5	16
中宁县	7058	4036	3022	275	84	191
海原县	1548	933	615	46	14	32

7-7b　续表 1　　单位：人

现住地	学前教育			小　学		
	小计	男	女	小计	男	女
宁　夏	**5997**	**3112**	**2885**	**38870**	**20160**	**18710**
银川市	**4519**	**2358**	**2161**	**27100**	**13950**	**13150**
兴庆区	1082	567	515	6834	3530	3304
西夏区	46	23	23	368	188	180
金凤区	23	13	10	236	143	93
永宁县	1757	917	840	10044	5165	4879
贺兰县	1296	668	628	7793	3994	3799
灵武市	315	170	145	1825	930	895
石嘴山市	**436**	**235**	**201**	**2891**	**1452**	**1439**
大武口区	39	22	17	418	208	210
惠农区	71	35	36	464	220	244
平罗县	326	178	148	2009	1024	985
吴忠市	**499**	**253**	**246**	**4668**	**2503**	**2165**
利通区	24	17	7	255	131	124
红寺堡区	22	11	11	200	110	90
盐池县	303	163	140	2111	1092	1019
同心县	56	22	34	1006	596	410
青铜峡市	94	40	54	1096	574	522
固原市	**199**	**97**	**102**	**1802**	**1007**	**795**
原州区	10	4	6	144	73	71
西吉县	62	38	24	713	427	286
隆德县	38	16	22	325	148	177
泾源县	12	7	5	123	65	58
彭阳县	77	32	45	497	294	203
中卫市	**344**	**169**	**175**	**2409**	**1248**	**1161**
沙坡头区	29	18	11	203	101	102
中宁县	269	131	138	1774	900	874
海原县	46	20	26	432	247	185

7-7b 续表 2

单位：人

现住地	初中			高中			大学专科		
	小计	男	女	小计	男	女	小计	男	女
宁　夏	**63555**	**39922**	**23633**	**22255**	**14233**	**8022**	**12336**	**7420**	**4916**
银川市	**46511**	**28931**	**17580**	**16247**	**10239**	**6008**	**9295**	**5543**	**3752**
兴庆区	12818	7867	4951	4571	2815	1756	2288	1279	1009
西夏区	411	254	157	123	80	43	56	35	21
金凤区	329	227	102	107	72	35	54	35	19
永宁县	16581	10336	6245	4702	2980	1722	2345	1320	1025
贺兰县	13215	8289	4926	5207	3201	2006	3042	1755	1287
灵武市	3157	1958	1199	1537	1091	446	1510	1119	391
石嘴山市	**4689**	**2883**	**1806**	**1493**	**934**	**559**	**737**	**388**	**349**
大武口区	508	311	197	369	241	128	193	86	107
惠农区	798	488	310	241	145	96	135	78	57
平罗县	3383	2084	1299	883	548	335	409	224	185
吴忠市	**6076**	**4093**	**1983**	**1943**	**1321**	**622**	**1029**	**685**	**344**
利通区	404	269	135	132	94	38	120	94	26
红寺堡区	370	284	86	200	141	59	217	160	57
盐池县	2694	1699	995	871	533	338	389	227	162
同心县	1275	955	320	359	263	96	112	73	39
青铜峡市	1333	886	447	381	290	91	191	131	60
固原市	**2357**	**1499**	**858**	**975**	**668**	**307**	**477**	**273**	**204**
原州区	157	105	52	38	23	15	21	13	8
西吉县	894	607	287	379	259	120	124	74	50
隆德县	410	233	177	180	116	64	146	75	71
泾源县	186	108	78	64	38	26	28	11	17
彭阳县	710	446	264	314	232	82	158	100	58
中卫市	**3922**	**2516**	**1406**	**1597**	**1071**	**526**	**798**	**531**	**267**
沙坡头区	576	435	141	293	254	39	142	114	28
中宁县	2749	1684	1065	1073	672	401	558	354	204
海原县	597	397	200	231	145	86	98	63	35

7-7b　续表 3

单位：人

现住地	大学本科			硕士研究生			博士研究生		
	小计	男	女	小计	男	女	小计	男	女
宁　夏	**11028**	**6294**	**4734**	**323**	**180**	**143**	**28**	**19**	**9**
银川市	**5167**	**2934**	**2233**	**235**	**133**	**102**	**24**	**16**	**8**
兴庆区	1120	665	455	54	29	25	4	2	2
西夏区	37	25	12	3	1	2			
金凤区	37	26	11						
永宁县	1609	674	935	44	23	21	7	4	3
贺兰县	1575	934	641	81	38	43	8	6	2
灵武市	789	610	179	53	42	11	5	4	1
石嘴山市	**4395**	**2433**	**1962**	**30**	**12**	**18**	**2**	**2**	
大武口区	4115	2269	1846	19	6	13			
惠农区	68	44	24	1	1				
平罗县	212	120	92	10	5	5	2	2	
吴忠市	**648**	**447**	**201**	**17**	**10**	**7**	**1**	**1**	
利通区	86	54	32	2	2		1	1	
红寺堡区	84	70	14	3	2	1			
盐池县	257	156	101	7	2	5			
同心县	121	92	29	2	2				
青铜峡市	100	75	25	3	2	1			
固原市	**338**	**204**	**134**	**16**	**11**	**5**	**1**		**1**
原州区	20	10	10	1		1			
西吉县	93	52	41	4	2	2			
隆德县	97	56	41	3	2	1	1		1
泾源县	49	25	24						
彭阳县	79	61	18	8	7	1			
中卫市	**480**	**276**	**204**	**25**	**14**	**11**			
沙坡头区	43	28	15	4	4				
中宁县	351	208	143	9	3	6			
海原县	86	40	46	12	7	5			

7-7c 全区按现住地、受教育程度、性别分的户口登记地在外省的人口(乡村)

单位：人

现住地	合计			未上过学		
	合计	男	女	小计	男	女
宁　夏	**134973**	**84824**	**50149**	**7886**	**2658**	**5228**
银川市	**73349**	**46057**	**27292**	**3407**	**1170**	**2237**
兴庆区	16720	10294	6426	523	201	322
西夏区	4660	2635	2025	355	116	239
金凤区	16777	10126	6651	720	242	478
永宁县	7759	4645	3114	452	143	309
贺兰县	16085	9221	6864	883	250	633
灵武市	11348	9136	2212	474	218	256
石嘴山市	**11888**	**8420**	**3468**	**459**	**156**	**303**
大武口区	2056	1342	714	115	32	83
惠农区	3607	2926	681	51	19	32
平罗县	6225	4152	2073	293	105	188
吴忠市	**27481**	**16826**	**10655**	**2575**	**873**	**1702**
利通区	5209	3088	2121	491	161	330
红寺堡区	3684	2225	1459	423	130	293
盐池县	8818	5963	2855	327	110	217
同心县	1641	1035	606	86	26	60
青铜峡市	8129	4515	3614	1248	446	802
固原市	**8010**	**4858**	**3152**	**444**	**154**	**290**
原州区	3297	1984	1313	195	69	126
西吉县	1603	929	674	93	33	60
隆德县	979	539	440	69	24	45
泾源县	623	374	249	35	9	26
彭阳县	1508	1032	476	52	19	33
中卫市	**14245**	**8663**	**5582**	**1001**	**305**	**696**
沙坡头区	5321	3366	1955	366	108	258
中宁县	7504	4458	3046	565	169	396
海原县	1420	839	581	70	28	42

7-7c　续表 1　　　　单位：人

现住地	学前教育			小　学		
	小计	男	女	小计	男	女
宁　夏	**3287**	**1761**	**1526**	**40770**	**22294**	**18476**
银川市	**1950**	**1048**	**902**	**21346**	**11758**	**9588**
兴庆区	467	242	225	5442	3074	2368
西夏区	139	76	63	1850	918	932
金凤区	484	259	225	4155	2292	1863
永宁县	189	101	88	2691	1474	1217
贺兰县	552	305	247	5089	2580	2509
灵武市	119	65	54	2119	1420	699
石嘴山市	**186**	**101**	**85**	**2746**	**1604**	**1142**
大武口区	29	13	16	608	336	272
惠农区	38	19	19	515	370	145
平罗县	119	69	50	1623	898	725
吴忠市	**595**	**319**	**276**	**9574**	**5223**	**4351**
利通区	144	70	74	1615	885	730
红寺堡区	74	43	31	1377	755	622
盐池县	190	108	82	2697	1556	1141
同心县	27	11	16	581	314	267
青铜峡市	160	87	73	3304	1713	1591
固原市	**218**	**112**	**106**	**2267**	**1169**	**1098**
原州区	100	52	48	810	407	403
西吉县	42	21	21	598	326	272
隆德县	27	12	15	279	127	152
泾源县	14	6	8	186	99	87
彭阳县	35	21	14	394	210	184
中卫市	**338**	**181**	**157**	**4837**	**2540**	**2297**
沙坡头区	126	75	51	1438	797	641
中宁县	175	85	90	2915	1502	1413
海原县	37	21	16	484	241	243

7-7c 续表 2

单位：人

现住地	初中			高中			大学专科		
	小计	男	女	小计	男	女	小计	男	女
宁　夏	**54620**	**37713**	**16907**	**15429**	**11303**	**4126**	**8328**	**5785**	**2543**
银川市	**30854**	**21083**	**9771**	**8149**	**5828**	**2321**	**4903**	**3273**	**1630**
兴庆区	7568	4996	2572	1646	1110	536	772	465	307
西夏区	1689	1115	574	355	239	116	191	119	72
金凤区	6728	4452	2276	2081	1336	745	1481	849	632
永宁县	3464	2282	1182	620	432	188	230	133	97
贺兰县	6751	4318	2433	1521	985	536	935	583	352
灵武市	4654	3920	734	1926	1726	200	1294	1124	170
石嘴山市	**5118**	**3876**	**1242**	**2138**	**1692**	**446**	**838**	**676**	**162**
大武口区	802	598	204	377	263	114	84	68	16
惠农区	1753	1425	328	818	725	93	313	270	43
平罗县	2563	1853	710	943	704	239	441	338	103
吴忠市	**10069**	**6969**	**3100**	**2587**	**1918**	**669**	**1311**	**952**	**359**
利通区	2086	1370	716	448	315	133	220	140	80
红寺堡区	1241	878	363	350	266	84	158	106	52
盐池县	3400	2489	911	1208	932	276	644	503	141
同心县	666	490	176	154	102	52	82	58	24
青铜峡市	2676	1742	934	427	303	124	207	145	62
固原市	**3241**	**2166**	**1075**	**994**	**698**	**296**	**539**	**358**	**181**
原州区	1391	935	456	385	254	131	279	186	93
西吉县	597	378	219	157	103	54	81	49	32
隆德县	351	224	127	148	91	57	65	39	26
泾源县	251	156	95	69	49	20	28	21	7
彭阳县	651	473	178	235	201	34	86	63	23
中卫市	**5338**	**3619**	**1719**	**1561**	**1167**	**394**	**737**	**526**	**211**
沙坡头区	2196	1501	695	718	562	156	309	199	110
中宁县	2650	1796	854	681	501	180	334	265	69
海原县	492	322	170	162	104	58	94	62	32

7-7c 续表 3

单位：人

现住地	大学本科			硕士研究生			博士研究生		
	小计	男	女	小计	男	女	小计	男	女
宁　夏	**4429**	**3174**	**1255**	**200**	**121**	**79**	**24**	**15**	**9**
银川市	**2573**	**1798**	**775**	**150**	**89**	**61**	**17**	**10**	**7**
兴庆区	286	197	89	13	8	5	3	1	2
西夏区	75	51	24	5		5	1	1	
金凤区	1029	641	388	91	51	40	8	4	4
永宁县	107	77	30	4	2	2	2	1	1
贺兰县	338	190	148	15	9	6	1	1	
灵武市	738	642	96	22	19	3	2	2	
石嘴山市	**387**	**306**	**81**	**12**	**6**	**6**	**4**	**3**	**1**
大武口区	40	32	8				1		1
惠农区	117	96	21	1	1		1	1	
平罗县	230	178	52	11	5	6	2	2	
吴忠市	**751**	**558**	**193**	**19**	**14**	**5**			
利通区	195	141	54	10	6	4			
红寺堡区	60	46	14	1	1				
盐池县	344	258	86	8	7	1			
同心县	45	34	11						
青铜峡市	107	79	28						
固原市	**296**	**196**	**100**	**9**	**4**	**5**	**2**	**1**	**1**
原州区	127	77	50	8	3	5	2	1	1
西吉县	35	19	16						
隆德县	40	22	18						
泾源县	40	34	6						
彭阳县	54	44	10	1	1				
中卫市	**422**	**316**	**106**	**10**	**8**	**2**	**1**	**1**	
沙坡头区	164	121	43	3	2	1	1	1	
中宁县	180	136	44	4	4				
海原县	78	59	19	3	2	1			

7-8 全区分年龄、性别、迁移原因的户口登记地在外乡镇街道的人口

单位：人

年龄	合计			工作就业		
	合计	男	女	小计	男	女
总 计	**3362670**	**1739397**	**1623273**	**944625**	**596405**	**348220**
0-4岁	**204864**	**106403**	**98461**			
0	30083	15512	14571			
1	41615	21686	19929			
2	40199	20836	19363			
3	45187	23468	21719			
4	47780	24901	22879			
5-9岁	**221478**	**116670**	**104808**			
5	40198	20956	19242			
6	46619	24381	22238			
7	44162	23354	20808			
8	46339	24643	21696			
9	44160	23336	20824			
10-14岁	**214725**	**112943**	**101782**	**109**	**71**	**38**
10	43145	22777	20368	22	15	7
11	43672	22953	20719	16	10	6
12	43682	22879	20803	22	14	8
13	42427	22254	20173	22	14	8
14	41799	22080	19719	27	18	9
15-19岁	**257260**	**129002**	**128258**	**17014**	**11140**	**5874**
15	47326	24349	22977	765	542	223
16	58167	29698	28469	1668	1237	431
17	55260	27641	27619	3194	2137	1057
18	48624	24012	24612	4791	3104	1687
19	47883	23302	24581	6596	4120	2476
20-24岁	**253868**	**122216**	**131652**	**86819**	**49256**	**37563**
20	49008	23383	25625	9004	5510	3494
21	47692	22541	25151	12218	7125	5093
22	52667	25140	27527	18231	10222	8009
23	51205	25010	26195	21873	12171	9702
24	53296	26142	27154	25493	14228	11265
25-29岁	**316772**	**159285**	**157487**	**158475**	**94024**	**64451**
25	58424	28838	29586	29640	16762	12878
26	59382	29690	29692	30281	17540	12741
27	63913	32027	31886	32292	19204	13088
28	67372	34006	33366	33440	20205	13235
29	67681	34724	32957	32822	20313	12509

7-8 续表 1

单位：人

年 龄	合 计			工作就业		
	合计	男	女	小计	男	女
30–34岁	**360672**	**187895**	**172777**	**168061**	**106333**	**61728**
30	81568	42040	39528	39178	24487	14691
31	75190	39049	36141	35564	22458	13106
32	69752	36052	33700	32186	20175	12011
33	71540	37602	33938	32827	21035	11792
34	62622	33152	29470	28306	18178	10128
35–39岁	**279781**	**151054**	**128727**	**117189**	**76292**	**40897**
35	56861	30251	26610	24928	16056	8872
36	57249	30780	26469	24426	15853	8573
37	53101	28862	24239	22200	14493	7707
38	60237	32654	27583	24572	16035	8537
39	52333	28507	23826	21063	13855	7208
40–44岁	**259752**	**140698**	**119054**	**103320**	**66010**	**37310**
40	53617	28909	24708	20862	13470	7392
41	52232	28401	23831	20864	13399	7465
42	51646	27920	23726	20447	13062	7385
43	48102	26091	22011	19191	12165	7026
44	54155	29377	24778	21956	13914	8042
45–49岁	**266265**	**144519**	**121746**	**114111**	**72169**	**41942**
45	53135	28615	24520	21570	13587	7983
46	54156	29284	24872	22981	14388	8593
47	54484	29825	24659	23585	14941	8644
48	53841	29265	24576	23552	14935	8617
49	50649	27530	23119	22423	14318	8105
50–54岁	**236766**	**125629**	**111137**	**93477**	**61554**	**31923**
50	54738	29274	25464	23187	14957	8230
51	49071	25995	23076	19849	12921	6928
52	51304	27146	24158	20128	13228	6900
53	39360	20890	18470	15066	10038	5028
54	42293	22324	19969	15247	10410	4837
55–59岁	**166613**	**85769**	**80844**	**50503**	**34858**	**15645**
55	39096	20454	18642	13244	9070	4174
56	39242	20494	18748	12395	8563	3832
57	41199	21167	20032	12127	8408	3719
58	31948	16061	15887	8825	6087	2738
59	15128	7593	7535	3912	2730	1182
60–64岁	**100480**	**50748**	**49732**	**18228**	**12845**	**5383**
60	19519	9992	9527	4352	3076	1276
61	16307	8319	7988	3243	2309	934
62	20427	10410	10017	3637	2572	1065
63	22562	11297	11265	3824	2653	1171
64	21665	10730	10935	3172	2235	937
65岁及以上	**223374**	**106566**	**116808**	**17319**	**11853**	**5466**

7-8 续表 2

单位：人

年 龄	学习培训			随同离开/投亲靠友			拆迁/搬家		
	小计	男	女	小计	男	女	小计	男	女
总 计	**348303**	**165964**	**182339**	**599302**	**271201**	**328101**	**748544**	**395107**	**353437**
0-4岁	**1145**	**587**	**558**	**123472**	**64405**	**59067**	**23173**	**11782**	**11391**
0	27	11	16	17354	9002	8352	2923	1479	1444
1	74	32	42	24661	12924	11737	4494	2318	2176
2	103	60	43	24355	12677	11678	4544	2342	2202
3	323	174	149	27647	14403	13244	5380	2699	2681
4	618	310	308	29455	15399	14056	5832	2944	2888
5-9岁	**36571**	**19576**	**16995**	**119998**	**63041**	**56957**	**28291**	**14865**	**13426**
5	594	327	267	24910	12909	12001	5100	2648	2452
6	7736	4086	3650	25239	13183	12056	5806	3036	2770
7	8912	4835	4077	23072	12135	10937	5685	2978	2707
8	9712	5165	4547	24005	12871	11134	5959	3157	2802
9	9617	5163	4454	22772	11943	10829	5741	3046	2695
10-14岁	**53265**	**27924**	**25341**	**106002**	**56018**	**49984**	**30639**	**16044**	**14595**
10	9428	5067	4361	22354	11764	10590	5836	3094	2742
11	10193	5406	4787	22286	11749	10537	5951	3080	2871
12	10441	5420	5021	21806	11587	10219	6363	3261	3102
13	10761	5629	5132	20606	10791	9815	6398	3329	3069
14	12442	6402	6040	18950	10127	8823	6091	3280	2811
15-19岁	**160176**	**75651**	**84525**	**45146**	**24057**	**21089**	**19274**	**10608**	**8666**
15	25004	12375	12629	13528	7134	6394	4690	2529	2161
16	38934	19194	19740	10449	5486	4963	4030	2165	1865
17	36706	17473	19233	8554	4488	4066	3752	2059	1693
18	30340	13752	16588	6999	3816	3183	3481	1976	1505
19	29192	12857	16335	5616	3133	2483	3321	1879	1442
20-24岁	**79700**	**33142**	**46558**	**30784**	**16073**	**14711**	**27949**	**14804**	**13145**
20	27272	11467	15805	5361	3016	2345	3653	2030	1623
21	21538	8696	12842	5482	2946	2536	4175	2346	1829
22	16350	6766	9584	6662	3439	3223	5700	2938	2762
23	9059	3830	5229	6734	3456	3278	6732	3529	3203
24	5481	2383	3098	6545	3216	3329	7689	3961	3728
25-29岁	**11211**	**5506**	**5705**	**28034**	**11709**	**16325**	**54021**	**28824**	**25197**
25	3796	1737	2059	6369	2976	3393	8661	4552	4109
26	2627	1279	1348	5809	2664	3145	9377	4996	4381
27	1987	984	1003	5686	2381	3305	10840	5757	5083
28	1549	829	720	5255	1993	3262	12293	6567	5726
29	1252	677	575	4915	1695	3220	12850	6952	5898

7-8 续表 3

单位：人

年 龄	学习培训			随同离开/投亲靠友			拆迁/搬家		
	小计	男	女	小计	男	女	小计	男	女
30–34岁	**3837**	**2235**	**1602**	**23192**	**6009**	**17183**	**77796**	**41641**	**36155**
30	1236	707	529	5664	1733	3931	16091	8720	7371
31	924	539	385	4989	1356	3633	15735	8433	7302
32	685	392	293	4434	1103	3331	15337	8157	7180
33	579	345	234	4352	992	3360	16081	8532	7549
34	413	252	161	3753	825	2928	14552	7799	6753
35–39岁	**1101**	**612**	**489**	**16106**	**3152**	**12954**	**72322**	**39234**	**33088**
35	294	168	126	3282	676	2606	13878	7474	6404
36	245	131	114	3386	706	2680	14301	7778	6523
37	208	117	91	3043	598	2445	13726	7496	6230
38	198	114	84	3424	622	2802	16078	8738	7340
39	156	82	74	2971	550	2421	14339	7748	6591
40–44岁	**529**	**321**	**208**	**14399**	**2621**	**11778**	**76400**	**40913**	**35487**
40	147	101	46	3071	583	2488	15405	8251	7154
41	126	74	52	2802	505	2297	15062	8196	6866
42	88	50	38	2828	519	2309	15159	8088	7071
43	73	38	35	2665	484	2181	14453	7771	6682
44	95	58	37	3033	530	2503	16321	8607	7714
45–49岁	**310**	**164**	**146**	**16052**	**2682**	**13370**	**83220**	**43930**	**39290**
45	82	43	39	3140	498	2642	16551	8685	7866
46	65	39	26	3183	493	2690	16783	8921	7862
47	57	25	32	3170	557	2613	17114	9138	7976
48	57	28	29	3366	573	2793	16906	8901	8005
49	49	29	20	3193	561	2632	15866	8285	7581
50–54岁	**209**	**117**	**92**	**17399**	**3337**	**14062**	**78557**	**41034**	**37523**
50	62	38	24	3736	622	3114	17798	9232	8566
51	54	28	26	3442	640	2802	16308	8453	7855
52	41	23	18	3778	706	3072	17264	9038	8226
53	30	18	12	2989	604	2385	13110	6912	6198
54	22	10	12	3454	765	2689	14077	7399	6678
55–59岁	**104**	**59**	**45**	**14293**	**3423**	**10870**	**57020**	**29977**	**27043**
55	24	11	13	3124	718	2406	13256	6970	6286
56	30	18	12	3286	781	2505	13455	7164	6291
57	20	16	4	3562	872	2690	14339	7554	6785
58	23	11	12	2858	689	2169	10885	5657	5228
59	7	3	4	1463	363	1100	5085	2632	2453
60–64岁	**48**	**26**	**22**	**10400**	**3183**	**7217**	**35917**	**18820**	**17097**
60	10	7	3	1848	518	1330	6943	3658	3285
61	8	5	3	1578	470	1108	5775	3046	2729
62	13	6	7	2147	693	1454	7271	3851	3420
63	7	3	4	2428	744	1684	8017	4176	3841
64	10	5	5	2399	758	1641	7911	4089	3822
65岁及以上	**97**	**44**	**53**	**34025**	**11491**	**22534**	**83965**	**42631**	**41334**

7-8 续表 4

单位：人

年龄	寄挂户口			婚姻嫁娶			照料孙子女		
	小计	男	女	小计	男	女	小计	男	女
总计	**56248**	**29345**	**26903**	**134388**	**29978**	**104410**	**72700**	**25001**	**47699**
0-4岁	**13958**	**7290**	**6668**						
0	2587	1350	1237						
1	3070	1597	1473						
2	2731	1424	1307						
3	2831	1507	1324						
4	2739	1412	1327						
5-9岁	**8263**	**4251**	**4012**						
5	1987	1045	942						
6	1889	964	925						
7	1531	790	741						
8	1528	768	760						
9	1328	684	644						
10-14岁	**4724**	**2354**	**2370**	**9**	**2**	**7**			
10	1132	548	584	4	2	2			
11	1042	506	536						
12	1020	514	506	1		1			
13	787	416	371						
14	743	370	373	4		4			
15-19岁	**2385**	**1295**	**1090**	**2032**	**37**	**1995**			
15	484	254	230	48	3	45			
16	517	273	244	157	6	151			
17	479	253	226	330		330			
18	437	247	190	620	6	614			
19	468	268	200	877	22	855			
20-24岁	**2605**	**1435**	**1170**	**13892**	**1356**	**12536**	**5**	**1**	**4**
20	401	242	159	1344	49	1295			
21	443	253	190	1860	88	1772	1	1	
22	548	286	262	2666	192	2474	1		1
23	616	329	287	3513	393	3120	2		2
24	597	325	272	4509	634	3875	1		1
25-29岁	**3321**	**1714**	**1607**	**37722**	**7480**	**30242**	**8**	**1**	**7**
25	662	365	297	5840	920	4920	1	1	
26	608	302	306	6735	1183	5552	1		1
27	680	361	319	7812	1482	6330	2		2
28	695	345	350	8576	1825	6751	3		3
29	676	341	335	8759	2070	6689	1		1

7−8 续表 5

单位：人

年龄	寄挂户口			婚姻嫁娶			照料孙子女		
	小计	男	女	小计	男	女	小计	男	女
30−34岁	**3685**	**1846**	**1839**	**37055**	**9367**	**27688**	**100**	**21**	**79**
30	820	410	410	9954	2368	7586	23	4	19
31	742	369	373	8376	2112	6264	14	3	11
32	717	362	355	7152	1821	5331	21	2	19
33	725	351	374	6516	1702	4814	22	5	17
34	681	354	327	5057	1364	3693	20	7	13
35−39岁	**2910**	**1540**	**1370**	**16624**	**4479**	**12145**	**161**	**60**	**101**
35	579	294	285	4110	1080	3030	25	10	15
36	577	305	272	3850	1052	2798	35	12	23
37	575	314	261	3109	875	2234	33	10	23
38	643	344	299	3123	832	2291	36	14	22
39	536	283	253	2432	640	1792	32	14	18
40−44岁	**2625**	**1362**	**1263**	**9608**	**2474**	**7134**	**283**	**87**	**196**
40	536	277	259	2317	596	1721	38	15	23
41	523	286	237	2040	526	1514	45	15	30
42	547	269	278	1899	492	1407	46	14	32
43	463	230	233	1683	428	1255	61	15	46
44	556	300	256	1669	432	1237	93	28	65
45−49岁	**2701**	**1401**	**1300**	**6769**	**1865**	**4904**	**2018**	**404**	**1614**
45	526	268	258	1526	406	1120	151	31	120
46	555	285	270	1426	390	1036	227	48	179
47	539	275	264	1356	378	978	341	73	268
48	538	287	251	1263	354	909	515	93	422
49	543	286	257	1198	337	861	784	159	625
50−54岁	**2480**	**1303**	**1177**	**4532**	**1236**	**3296**	**10972**	**2325**	**8647**
50	562	291	271	1144	307	837	1300	254	1046
51	499	249	250	1034	297	737	1702	318	1384
52	535	293	242	974	264	710	2333	461	1872
53	415	237	178	711	191	520	2371	519	1852
54	469	233	236	669	177	492	3266	773	2493
55−59岁	**2005**	**1130**	**875**	**2634**	**719**	**1915**	**18873**	**5289**	**13584**
55	445	229	216	678	194	484	3576	897	2679
56	500	298	202	669	185	484	4022	1070	2952
57	465	265	200	614	160	454	4892	1417	3475
58	397	214	183	443	121	322	4253	1234	3019
59	198	124	74	230	59	171	2130	671	1459
60−64岁	**1172**	**670**	**502**	**1322**	**336**	**986**	**16615**	**6434**	**10181**
60	245	134	111	249	61	188	2973	1031	1942
61	177	99	78	224	56	168	2624	983	1641
62	211	125	86	261	60	201	3429	1391	2038
63	273	157	116	307	81	226	3846	1542	2304
64	266	155	111	281	78	203	3743	1487	2256
65岁及以上	**3414**	**1754**	**1660**	**2189**	**627**	**1562**	**23665**	**10379**	**13286**

7-8 续表 6

单位：人

年 龄	为子女就学			养老/康养			其 他		
	小计	男	女	小计	男	女	小计	男	女
总 计	**168714**	**78952**	**89762**	**58779**	**26733**	**32046**	**231067**	**120711**	**110356**
0–4岁							**43116**	**22339**	**20777**
0							7192	3670	3522
1							9316	4815	4501
2							8466	4333	4133
3							9006	4685	4321
4							9136	4836	4300
5–9岁							**28355**	**14937**	**13418**
5							7607	4027	3580
6							5949	3112	2837
7							4962	2616	2346
8							5135	2682	2453
9							4702	2500	2202
10–14岁							**19977**	**10530**	**9447**
10							4369	2287	2082
11							4184	2202	1982
12							4029	2083	1946
13							3853	2075	1778
14							3542	1883	1659
15–19岁	**161**	**94**	**67**	**1**	**1**		**11071**	**6119**	**4952**
15	47	27	20	1	1		2759	1484	1275
16	37	21	16				2375	1316	1059
17	38	20	18				2207	1211	996
18	21	13	8				1935	1098	837
19	18	13	5				1795	1010	785
20–24岁	**1235**	**228**	**1007**	**8**	**7**	**1**	**10871**	**5914**	**4957**
20	69	18	51	2	2		1902	1049	853
21	85	17	68				1890	1069	821
22	184	37	147	2	2		2323	1258	1065
23	317	60	257	1	1		2358	1241	1117
24	580	96	484	3	2	1	2398	1297	1101
25–29岁	**10640**	**3014**	**7626**	**9**	**9**		**13331**	**7004**	**6327**
25	895	179	716	4	4		2556	1342	1214
26	1380	318	1062	1	1		2563	1407	1156
27	1970	500	1470				2644	1358	1286
28	2803	811	1992	2	2		2756	1429	1327
29	3592	1206	2386	2	2		2812	1468	1344

7-8　续表 7　　　　单位：人

年　龄	为子女就学			养老/康养			其　他		
	小计	男	女	小计	男	女	小计	男	女
30-34岁	**32004**	**12568**	**19436**	**26**	**14**	**12**	**14916**	**7861**	**7055**
30	5261	1879	3382	4	3	1	3337	1729	1608
31	5779	2177	3602	9	4	5	3058	1598	1460
32	6337	2512	3825	4	3	1	2879	1525	1354
33	7386	2997	4389	5	2	3	3047	1641	1406
34	7241	3003	4238	4	2	2	2595	1368	1227
35-39岁	**40712**	**18925**	**21787**	**37**	**24**	**13**	**12619**	**6736**	**5883**
35	7286	3169	4117	5	5		2474	1319	1155
36	7866	3566	4300	5	2	3	2558	1375	1183
37	7826	3678	4148	2	2		2379	1279	1100
38	9390	4464	4926	10	5	5	2763	1486	1277
39	8344	4048	4296	15	10	5	2445	1277	1168
40-44岁	**39722**	**20088**	**19634**	**61**	**33**	**28**	**12805**	**6789**	**6016**
40	8651	4244	4407	14	8	6	2576	1364	1212
41	8275	4108	4167	11	5	6	2484	1287	1197
42	8054	4043	4011	10	7	3	2568	1376	1192
43	7088	3662	3426	11	5	6	2414	1293	1121
44	7654	4031	3623	15	8	7	2763	1469	1294
45-49岁	**26030**	**14169**	**11861**	**136**	**72**	**64**	**14918**	**7663**	**7255**
45	6735	3641	3094	25	15	10	2829	1441	1388
46	5962	3177	2785	24	13	11	2950	1530	1420
47	5245	2846	2399	29	17	12	3048	1575	1473
48	4524	2506	2018	19	8	11	3101	1580	1521
49	3564	1999	1565	39	19	20	2990	1537	1453
50-54岁	**10948**	**5968**	**4980**	**3548**	**1423**	**2125**	**14644**	**7332**	**7312**
50	3374	1826	1548	388	158	230	3187	1589	1598
51	2494	1366	1128	647	246	401	3042	1477	1565
52	2223	1202	1021	808	324	484	3220	1607	1613
53	1498	819	679	694	275	419	2476	1277	1199
54	1359	755	604	1011	420	591	2719	1382	1337
55-59岁	**3738**	**2055**	**1683**	**6302**	**2560**	**3742**	**11141**	**5699**	**5442**
55	1062	600	462	1101	441	660	2586	1324	1262
56	947	523	424	1317	537	780	2621	1355	1266
57	839	452	387	1648	657	991	2693	1366	1327
58	639	341	298	1418	584	834	2207	1123	1084
59	251	139	112	818	341	477	1034	531	503
60-64岁	**1536**	**795**	**741**	**8417**	**4002**	**4415**	**6825**	**3637**	**3188**
60	353	194	159	1246	587	659	1300	726	574
61	252	144	108	1334	614	720	1092	593	499
62	296	142	154	1759	831	928	1403	739	664
63	324	156	168	1967	969	998	1569	816	753
64	311	159	152	2111	1001	1110	1461	763	698
65岁及以上	**1988**	**1048**	**940**	**40234**	**18588**	**21646**	**16478**	**8151**	**8327**

7-8a 全区分年龄、性别、迁移原因的户口登记地在外乡镇街道的人口(城市)

单位：人

年 龄	合 计			工作就业		
	合计	男	女	小计	男	女
总 计	**1771385**	**899390**	**871995**	**487299**	**296706**	**190593**
0-4岁	**98465**	**51319**	**47146**			
0	14644	7524	7120			
1	20438	10635	9803			
2	19044	9930	9114			
3	21391	11110	10281			
4	22948	12120	10828			
5-9岁	**101384**	**53770**	**47614**			
5	18076	9371	8705			
6	21625	11383	10242			
7	20021	10619	9402			
8	21439	11590	9849			
9	20223	10807	9416			
10-14岁	**99262**	**52662**	**46600**	**50**	**34**	**16**
10	19583	10464	9119	12	10	2
11	19699	10459	9240	6	5	1
12	20298	10759	9539	7	4	3
13	20159	10637	9522	9	6	3
14	19523	10343	9180	16	9	7
15-19岁	**140815**	**69950**	**70865**	**10452**	**6683**	**3769**
15	23721	12041	11680	437	313	124
16	30007	15065	14942	987	730	257
17	29794	14688	15106	1966	1329	637
18	27294	13487	13807	3002	1888	1114
19	29999	14669	15330	4060	2423	1637
20-24岁	**158010**	**73160**	**84850**	**51426**	**27532**	**23894**
20	32490	15160	17330	5498	3188	2310
21	31238	14147	17091	7324	4033	3291
22	33029	15046	17983	10861	5753	5108
23	30413	14250	16163	12776	6706	6070
24	30840	14557	16283	14967	7852	7115
25-29岁	**174377**	**85706**	**88671**	**87626**	**49568**	**38058**
25	33023	15767	17256	17117	9087	8030
26	33148	16146	17002	17214	9465	7749
27	34846	17056	17790	17687	10054	7633
28	36753	18217	18536	18166	10526	7640
29	36607	18520	18087	17442	10436	7006

7-8a　续表 1　　单位：人

年　龄	合　计			工作就业		
	合计	男	女	小计	男	女
30-34岁	**192115**	**98720**	**93395**	**87338**	**53617**	**33721**
30	43860	22223	21637	20797	12585	8212
31	39811	20313	19498	18436	11249	7187
32	37546	19223	18323	16761	10250	6511
33	37957	19746	18211	16828	10497	6331
34	32941	17215	15726	14516	9036	5480
35-39岁	**145214**	**77858**	**67356**	**58996**	**37746**	**21250**
35	29607	15577	14030	12569	7876	4693
36	29944	16078	13866	12575	8041	4534
37	27761	15067	12694	11270	7241	4029
38	30829	16492	14337	12114	7771	4343
39	27073	14644	12429	10468	6817	3651
40-44岁	**133453**	**71468**	**61985**	**50481**	**31641**	**18840**
40	27268	14592	12676	10274	6517	3757
41	27056	14541	12515	10280	6486	3794
42	26438	14169	12269	9931	6237	3694
43	25103	13399	11704	9448	5846	3602
44	27588	14767	12821	10548	6555	3993
45-49岁	**137359**	**72961**	**64398**	**55132**	**33791**	**21341**
45	27363	14536	12827	10427	6399	4028
46	27968	14969	12999	11183	6842	4341
47	27944	15009	12935	11334	6973	4361
48	27900	14720	13180	11457	6978	4479
49	26184	13727	12457	10731	6599	4132
50-54岁	**123583**	**63442**	**60141**	**44759**	**28443**	**16316**
50	28347	14721	13626	11198	6988	4210
51	25595	13163	12432	9510	5993	3517
52	26843	13711	13132	9613	6053	3560
53	20494	10556	9938	7179	4608	2571
54	22304	11291	11013	7259	4801	2458
55-59岁	**90059**	**44524**	**45535**	**24025**	**16089**	**7936**
55	21010	10534	10476	6353	4221	2132
56	20974	10454	10520	5864	3911	1953
57	22771	11287	11484	5851	3958	1893
58	17144	8294	8850	4136	2768	1368
59	8160	3955	4205	1821	1231	590
60-64岁	**56444**	**27686**	**28758**	**8662**	**5964**	**2698**
60	10955	5444	5511	2096	1439	657
61	9247	4574	4673	1512	1047	465
62	11536	5674	5862	1724	1169	555
63	12580	6143	6437	1806	1246	560
64	12126	5851	6275	1524	1063	461
65岁及以上	**120845**	**56164**	**64681**	**8352**	**5598**	**2754**

7-8a 续表 2 单位：人

年 龄	学习培训			随同离开/投亲靠友			拆迁/搬家		
	小计	男	女	小计	男	女	小计	男	女
总 计	**203681**	**94162**	**109519**	**284792**	**129172**	**155620**	**433653**	**226183**	**207470**
0-4岁	**592**	**296**	**296**	**58891**	**30862**	**28029**	**12083**	**6160**	**5923**
0	16	7	9	8437	4381	4056	1474	731	743
1	35	16	19	12012	6296	5716	2352	1195	1157
2	56	34	22	11559	6031	5528	2281	1172	1109
3	165	84	81	12929	6723	6206	2855	1434	1421
4	320	155	165	13954	7431	6523	3121	1628	1493
5-9岁	**15506**	**8375**	**7131**	**55475**	**29299**	**26176**	**14281**	**7560**	**6721**
5	270	152	118	11092	5693	5399	2521	1293	1228
6	3331	1762	1569	11858	6227	5631	2927	1557	1370
7	3660	1985	1675	10607	5605	5002	2917	1541	1376
8	4133	2219	1914	11292	6176	5116	3003	1624	1379
9	4112	2257	1855	10626	5598	5028	2913	1545	1368
10-14岁	**23392**	**12250**	**11142**	**49104**	**26304**	**22800**	**15464**	**8108**	**7356**
10	3903	2125	1778	10305	5473	4832	2900	1558	1342
11	4225	2241	1984	10211	5481	4730	2913	1498	1415
12	4613	2380	2233	10101	5443	4658	3235	1687	1548
13	4946	2594	2352	9723	5111	4612	3302	1724	1578
14	5705	2910	2795	8764	4796	3968	3114	1641	1473
15-19岁	**90142**	**41696**	**48446**	**21936**	**11663**	**10273**	**10578**	**5791**	**4787**
15	12819	6186	6633	6296	3311	2985	2455	1327	1128
16	20112	9585	10527	5091	2655	2436	2224	1201	1023
17	19776	9051	10725	4382	2324	2058	2101	1141	960
18	17457	7846	9611	3470	1890	1580	1989	1131	858
19	19978	9028	10950	2697	1483	1214	1809	991	818
20-24岁	**61947**	**25434**	**36513**	**15366**	**7693**	**7673**	**15701**	**8091**	**7610**
20	20605	8787	11818	2659	1445	1214	1969	1060	909
21	16897	6721	10176	2720	1415	1305	2332	1283	1049
22	13021	5226	7795	3302	1580	1722	3224	1605	1619
23	7168	2935	4233	3418	1663	1755	3806	1972	1834
24	4256	1765	2491	3267	1590	1677	4370	2171	2199
25-29岁	**8042**	**3809**	**4233**	**13664**	**5635**	**8029**	**31716**	**16750**	**14966**
25	2816	1243	1573	3121	1425	1696	4946	2532	2414
26	1919	918	1001	2854	1279	1575	5535	2896	2639
27	1369	637	732	2769	1144	1625	6362	3348	3014
28	1060	537	523	2513	939	1574	7292	3897	3395
29	878	474	404	2407	848	1559	7581	4077	3504

7-8a　续表 3　　单位：人

年　龄	学习培训			随同离开/投亲靠友			拆迁/搬家		
	小计	男	女	小计	男	女	小计	男	女
30-34岁	**2453**	**1421**	**1032**	**11212**	**2953**	**8259**	**46367**	**24682**	**21685**
30	819	460	359	2772	817	1955	9569	5130	4439
31	580	334	246	2328	655	1673	9348	4957	4391
32	443	256	187	2173	567	1606	9306	4913	4393
33	355	215	140	2111	489	1622	9612	5134	4478
34	256	156	100	1828	425	1403	8532	4548	3984
35-39岁	**735**	**404**	**331**	**7503**	**1598**	**5905**	**41791**	**22584**	**19207**
35	188	100	88	1546	332	1214	8143	4366	3777
36	153	80	73	1546	352	1194	8259	4506	3753
37	141	82	59	1451	310	1141	7923	4346	3577
38	141	79	62	1576	323	1253	9147	4934	4213
39	112	63	49	1384	281	1103	8319	4432	3887
40-44岁	**355**	**203**	**152**	**6532**	**1335**	**5197**	**43971**	**23277**	**20694**
40	89	55	34	1374	275	1099	8737	4645	4092
41	90	52	38	1300	268	1032	8703	4681	4022
42	63	32	31	1266	258	1008	8697	4600	4097
43	55	29	26	1218	260	958	8498	4502	3996
44	58	35	23	1374	274	1100	9336	4849	4487
45-49岁	**211**	**105**	**106**	**7416**	**1377**	**6039**	**49203**	**25529**	**23674**
45	58	27	31	1416	264	1152	9741	5044	4697
46	44	25	19	1455	237	1218	9864	5208	4656
47	35	15	20	1433	300	1133	10042	5251	4791
48	40	20	20	1578	277	1301	10042	5185	4857
49	34	18	16	1534	299	1235	9514	4841	4673
50-54岁	**140**	**83**	**57**	**8511**	**1753**	**6758**	**46451**	**23882**	**22569**
50	41	28	13	1822	304	1518	10510	5343	5167
51	32	16	16	1678	334	1344	9731	4955	4776
52	28	17	11	1821	371	1450	10246	5280	4966
53	23	13	10	1464	321	1143	7676	4047	3629
54	16	9	7	1726	423	1303	8288	4257	4031
55-59岁	**69**	**40**	**29**	**7135**	**1758**	**5377**	**34350**	**17613**	**16737**
55	12	7	5	1582	376	1206	8025	4090	3935
56	25	15	10	1597	371	1226	8038	4133	3905
57	14	12	2	1833	457	1376	8794	4557	4237
58	13	4	9	1389	361	1028	6438	3275	3163
59	5	2	3	734	193	541	3055	1558	1497
60-64岁	**31**	**16**	**15**	**5459**	**1632**	**3827**	**21935**	**11313**	**10622**
60	6	4	2	987	277	710	4227	2198	2029
61	4	2	2	830	255	575	3593	1886	1707
62	10	6	4	1132	340	792	4456	2328	2128
63	3		3	1234	389	845	4891	2483	2408
64	8	4	4	1276	371	905	4768	2418	2350
65岁及以上	**66**	**30**	**36**	**16588**	**5310**	**11278**	**49762**	**24843**	**24919**

7-8a 续表 4 单位：人

年 龄	寄挂户口			婚姻嫁娶			照料孙子女		
	小计	男	女	小计	男	女	小计	男	女
总 计	**24410**	**12673**	**11737**	**72522**	**17299**	**55223**	**46335**	**16034**	**30301**
0-4岁	**5189**	**2695**	**2494**						
0	969	508	461						
1	1194	603	591						
2	977	521	456						
3	1005	546	459						
4	1044	517	527						
5-9岁	**2976**	**1553**	**1423**						
5	708	382	326						
6	659	349	310						
7	553	275	278						
8	576	289	287						
9	480	258	222						
10-14岁	**1886**	**953**	**933**	**2**	**1**	**1**			
10	459	222	237	1	1				
11	394	185	209						
12	434	220	214	1		1			
13	308	173	135						
14	291	153	138						
15-19岁	**1164**	**643**	**521**	**456**	**21**	**435**			
15	214	112	102	9	2	7			
16	251	138	113	19	2	17			
17	254	136	118	49		49			
18	215	122	93	130	3	127			
19	230	135	95	249	14	235			
20-24岁	**1234**	**671**	**563**	**6434**	**806**	**5628**	**1**	**1**	
20	182	108	74	529	33	496			
21	229	124	105	760	57	703	1	1	
22	250	126	124	1131	123	1008			
23	288	145	143	1711	241	1470			
24	285	168	117	2303	352	1951			
25-29岁	**1740**	**873**	**867**	**20723**	**4323**	**16400**	**4**	**1**	**3**
25	325	185	140	3079	517	2562	1	1	
26	309	141	168	3538	639	2899	1		1
27	341	182	159	4287	844	3443	1		1
28	386	186	200	4863	1092	3771	1		1
29	379	179	200	4956	1231	3725			

7-8a　续表 5　　　单位：人

年　龄	寄挂户口			婚姻嫁娶			照料孙子女		
	小计	男	女	小计	男	女	小计	男	女
30—34岁	**1890**	**935**	**955**	**20907**	**5361**	**15546**	**43**	**9**	**34**
30	427	214	213	5571	1325	4246	9	2	7
31	372	177	195	4650	1197	3453	6	2	4
32	410	208	202	4054	1060	2994	9	1	8
33	349	163	186	3748	992	2756	7	1	6
34	332	173	159	2884	787	2097	12	3	9
35—39岁	**1460**	**753**	**707**	**9564**	**2720**	**6844**	**90**	**36**	**54**
35	285	137	148	2336	648	1688	17	8	9
36	284	153	131	2217	614	1603	22	8	14
37	291	155	136	1780	536	1244	15	6	9
38	326	174	152	1840	531	1309	22	7	15
39	274	134	140	1391	391	1000	14	7	7
40—44岁	**1344**	**700**	**644**	**5570**	**1543**	**4027**	**150**	**42**	**108**
40	261	141	120	1313	350	963	21	8	13
41	277	148	129	1206	326	880	25	9	16
42	285	145	140	1109	316	793	18	5	13
43	244	122	122	1004	276	728	34	8	26
44	277	144	133	938	275	663	52	12	40
45—49岁	**1310**	**658**	**652**	**3606**	**1079**	**2527**	**1156**	**211**	**945**
45	245	123	122	824	239	585	76	17	59
46	274	138	136	776	243	533	131	22	109
47	251	120	131	744	220	524	193	44	149
48	264	144	120	669	213	456	291	49	242
49	276	133	143	593	164	429	465	79	386
50—54岁	**1299**	**671**	**628**	**2325**	**673**	**1652**	**6695**	**1390**	**5305**
50	278	141	137	624	182	442	759	150	609
51	261	121	140	528	157	371	972	188	784
52	297	161	136	503	153	350	1426	277	1149
53	219	130	89	337	89	248	1458	309	1149
54	244	118	126	333	92	241	2080	466	1614
55—59岁	**1020**	**577**	**443**	**1303**	**373**	**930**	**11874**	**3294**	**8580**
55	232	119	113	314	94	220	2207	549	1658
56	250	144	106	327	94	233	2525	679	1846
57	231	137	94	331	89	242	3088	879	2209
58	203	111	92	221	60	161	2707	764	1943
59	104	66	38	110	36	74	1347	423	924
60—64岁	**536**	**308**	**228**	**624**	**168**	**456**	**11052**	**4299**	**6753**
60	113	71	42	128	37	91	1953	672	1281
61	79	45	34	111	38	73	1757	654	1103
62	97	55	42	124	29	95	2300	938	1362
63	128	62	66	144	37	107	2567	1039	1528
64	119	75	44	117	27	90	2475	996	1479
65岁及以上	**1362**	**683**	**679**	**1008**	**231**	**777**	**15270**	**6751**	**8519**

7-8a 续表 6

单位：人

年 龄	为子女就学			养老/康养			其 他		
	小计	男	女	小计	男	女	小计	男	女
总 计	**77565**	**36743**	**40822**	**28630**	**12316**	**16314**	**112498**	**58102**	**54396**
0-4岁							**21710**	**11306**	**10404**
0							3748	1897	1851
1							4845	2525	2320
2							4171	2172	1999
3							4437	2323	2114
4							4509	2389	2120
5-9岁							**13146**	**6983**	**6163**
5							3485	1851	1634
6							2850	1488	1362
7							2284	1213	1071
8							2435	1282	1153
9							2092	1149	943
10-14岁							**9364**	**5012**	**4352**
10							2003	1075	928
11							1950	1049	901
12							1907	1025	882
13							1871	1029	842
14							1633	834	799
15-19岁	**120**	**65**	**55**				**5967**	**3388**	**2579**
15	32	16	16				1459	774	685
16	27	14	13				1296	740	556
17	31	15	16				1235	692	543
18	18	13	5				1013	594	419
19	12	7	5				964	588	376
20-24岁	**506**	**103**	**403**	**3**	**3**		**5392**	**2826**	**2566**
20	35	5	30	1	1		1012	533	479
21	44	10	34				931	503	428
22	70	12	58				1170	621	549
23	127	26	101	1	1		1118	561	557
24	230	50	180	1	1		1161	608	553
25-29岁	**4376**	**1338**	**3038**				**6486**	**3409**	**3077**
25	339	88	251				1279	689	590
26	539	124	415				1239	684	555
27	782	211	571				1248	636	612
28	1168	374	794				1304	666	638
29	1548	541	1007				1416	734	682

7-8a　续表 7　　单位：人

年　龄	为子女就学			养老/康养			其　他		
	小计	男	女	小计	男	女	小计	男	女
30-34岁	**14467**	**5904**	**8563**	**5**	**1**	**4**	**7433**	**3837**	**3596**
30	2266	843	1423	1		1	1629	847	782
31	2580	970	1610	2		2	1509	772	737
32	2900	1207	1693	1		1	1489	761	728
33	3375	1421	1954				1572	834	738
34	3346	1463	1883	1	1		1234	623	611
35-39岁	**19035**	**8887**	**10148**	**4**	**2**	**2**	**6036**	**3128**	**2908**
35	3326	1488	1838	1	1		1196	621	575
36	3663	1677	1986	1		1	1224	647	577
37	3741	1783	1958				1149	608	541
38	4347	2005	2342	1	1		1315	667	648
39	3958	1934	2024	1		1	1152	585	567
40-44岁	**19020**	**9562**	**9458**	**15**	**7**	**8**	**6015**	**3158**	**2857**
40	3982	1970	2012	5	2	3	1212	629	583
41	4003	1954	2049	3	2	1	1169	615	554
42	3851	1914	1937	2	2		1216	660	556
43	3450	1759	1691	2		2	1150	597	553
44	3734	1965	1769	3	1	2	1268	657	611
45-49岁	**12149**	**6652**	**5497**	**35**	**12**	**23**	**7141**	**3547**	**3594**
45	3219	1745	1474	4	2	2	1353	676	677
46	2867	1556	1311	6	1	5	1368	697	671
47	2430	1344	1086	5	1	4	1477	741	736
48	2069	1140	929	7	4	3	1483	710	773
49	1564	867	697	13	4	9	1460	723	737
50-54岁	**4605**	**2515**	**2090**	**1702**	**647**	**1055**	**7096**	**3385**	**3711**
50	1423	771	652	171	68	103	1521	746	775
51	1053	580	473	314	113	201	1516	706	810
52	955	526	429	395	151	244	1559	722	837
53	626	342	284	347	132	215	1165	565	600
54	548	296	252	475	183	292	1335	646	689
55-59岁	**1607**	**857**	**750**	**3144**	**1225**	**1919**	**5532**	**2698**	**2834**
55	449	243	206	543	199	344	1293	636	657
56	389	220	169	683	267	416	1276	620	656
57	387	198	189	825	327	498	1417	673	744
58	280	141	139	695	278	417	1062	532	530
59	102	55	47	398	154	244	484	237	247
60-64岁	**716**	**367**	**349**	**4025**	**1866**	**2159**	**3404**	**1753**	**1651**
60	159	88	71	632	298	334	654	360	294
61	120	67	53	686	302	384	555	278	277
62	146	68	78	852	388	464	695	353	342
63	153	72	81	890	429	461	764	386	378
64	138	72	66	965	449	516	736	376	360
65岁及以上	**964**	**493**	**471**	**19697**	**8553**	**11144**	**7776**	**3672**	**4104**

7-8b 全区分年龄、性别、迁移原因的户口登记地在外乡镇街道的人口(镇)

单位：人

年龄	合计			工作就业		
	合计	男	女	小计	男	女
总计	**995085**	**512370**	**482715**	**279389**	**174938**	**104451**
0-4岁	**69744**	**36205**	**33539**			
0	10280	5319	4961			
1	13814	7239	6575			
2	13593	7014	6579			
3	15467	8064	7403			
4	16590	8569	8021			
5-9岁	**78880**	**41534**	**37346**			
5	14296	7496	6800			
6	16735	8716	8019			
7	16009	8485	7524			
8	16251	8559	7692			
9	15589	8278	7311			
10-14岁	**74682**	**39111**	**35571**	**39**	**24**	**15**
10	15284	8090	7194	4	2	2
11	15614	8169	7445	7	3	4
12	15089	7846	7243	10	7	3
13	14361	7494	6867	11	6	5
14	14334	7512	6822	7	6	1
15-19岁	**79496**	**40529**	**38967**	**3977**	**2612**	**1365**
15	15652	8257	7395	186	130	56
16	19041	9933	9108	407	312	95
17	17999	9045	8954	755	482	273
18	14904	7403	7501	1062	681	381
19	11900	5891	6009	1567	1007	560
20-24岁	**59055**	**29236**	**29819**	**21327**	**12089**	**9238**
20	10554	5244	5310	2056	1264	792
21	10265	5170	5095	2882	1696	1186
22	12073	5985	6088	4467	2499	1968
23	12516	6200	6316	5507	3045	2462
24	13647	6637	7010	6415	3585	2830
25-29岁	**90582**	**44516**	**46066**	**45549**	**27086**	**18463**
25	15670	7566	8104	7860	4463	3397
26	16487	8035	8452	8339	4840	3499
27	18342	8944	9398	9326	5532	3794
28	19723	9752	9971	9925	6002	3923
29	20360	10219	10141	10099	6249	3850

7-8b　续表 1　　　　单位：人

年龄	合计			工作就业		
	合计	男	女	小计	男	女
30-34岁	**109687**	**55479**	**54208**	**52718**	**32834**	**19884**
30	24424	12243	12181	12033	7451	4582
31	22994	11596	11398	11150	6941	4209
32	20998	10435	10563	10017	6103	3914
33	21957	11211	10746	10531	6621	3910
34	19314	9994	9320	8987	5718	3269
35-39岁	**87579**	**46670**	**40909**	**38053**	**24336**	**13717**
35	17814	9327	8487	8068	5146	2922
36	18020	9499	8521	7820	4946	2874
37	16682	8934	7748	7192	4632	2560
38	19161	10394	8767	8211	5285	2926
39	15902	8516	7386	6762	4327	2435
40-44岁	**78380**	**42135**	**36245**	**32562**	**20511**	**12051**
40	16589	8921	7668	6647	4251	2396
41	15805	8493	7312	6589	4140	2449
42	15759	8426	7333	6613	4167	2446
43	14132	7577	6555	5878	3680	2198
44	16095	8718	7377	6835	4273	2562
45-49岁	**76478**	**41302**	**35176**	**34405**	**21549**	**12856**
45	15544	8324	7220	6558	4098	2460
46	15750	8404	7346	6989	4323	2666
47	15914	8640	7274	7252	4511	2741
48	15216	8282	6934	6997	4435	2562
49	14054	7652	6402	6609	4182	2427
50-54岁	**63680**	**33425**	**30255**	**26581**	**17282**	**9299**
50	14876	7888	6988	6579	4158	2421
51	13310	7011	6299	5745	3723	2022
52	13738	7194	6544	5725	3724	2001
53	10532	5444	5088	4235	2763	1472
54	11224	5888	5336	4297	2914	1383
55-59岁	**44119**	**22533**	**21586**	**14259**	**9781**	**4478**
55	10503	5494	5009	3751	2555	1196
56	10523	5520	5003	3541	2444	1097
57	10736	5428	5308	3369	2320	1049
58	8351	4134	4217	2526	1713	813
59	4006	1957	2049	1072	749	323
60-64岁	**25742**	**12715**	**13027**	**5003**	**3499**	**1504**
60	4953	2491	2462	1161	815	346
61	4204	2084	2120	954	669	285
62	5146	2561	2585	964	684	280
63	5820	2891	2929	1066	732	334
64	5619	2688	2931	858	599	259
65岁及以上	**56981**	**26980**	**30001**	**4916**	**3335**	**1581**

7-8b 续表 2

单位：人

年 龄	学习培训			随同离开/投亲靠友			拆迁/搬家		
	小计	男	女	小计	男	女	小计	男	女
总 计	**108441**	**54559**	**53882**	**202329**	**91113**	**111216**	**171789**	**90752**	**81037**
0—4岁	**365**	**196**	**169**	**44676**	**23248**	**21428**	**5704**	**2883**	**2821**
0	5	1	4	6211	3213	2998	730	377	353
1	28	12	16	8700	4562	4138	1106	576	530
2	30	19	11	8719	4543	4176	1158	594	564
3	101	58	43	10131	5283	4848	1271	636	635
4	201	106	95	10915	5647	5268	1439	700	739
5—9岁	**16206**	**8623**	**7583**	**43750**	**22935**	**20815**	**7168**	**3775**	**3393**
5	248	135	113	9514	4964	4550	1278	672	606
6	3363	1763	1600	9301	4835	4466	1476	767	709
7	4074	2187	1887	8420	4423	3997	1431	759	672
8	4222	2248	1974	8519	4491	4028	1527	790	737
9	4299	2290	2009	7996	4222	3774	1456	787	669
10—14岁	**22621**	**11893**	**10728**	**37386**	**19519**	**17867**	**7393**	**3889**	**3504**
10	4225	2266	1959	7941	4179	3762	1452	792	660
11	4580	2468	2112	7921	4093	3828	1538	800	738
12	4374	2306	2068	7704	4028	3676	1494	760	734
13	4413	2280	2133	7147	3730	3417	1479	751	728
14	5029	2573	2456	6673	3489	3184	1430	786	644
15—19岁	**51315**	**25213**	**26102**	**16083**	**8519**	**7564**	**4428**	**2403**	**2025**
15	8543	4412	4131	4943	2622	2321	1142	639	503
16	13153	6756	6397	3739	1970	1769	982	497	485
17	12658	6216	6442	3057	1555	1502	858	455	403
18	9935	4685	5250	2478	1325	1153	734	407	327
19	7026	3144	3882	1866	1047	819	712	405	307
20—24岁	**14102**	**6549**	**7553**	**9636**	**5021**	**4615**	**6283**	**3297**	**2986**
20	5236	2285	2951	1628	923	705	798	451	347
21	3733	1719	2014	1717	920	797	882	495	387
22	2675	1307	1368	2111	1104	1007	1280	631	649
23	1500	751	749	2072	1087	985	1523	779	744
24	958	487	471	2108	987	1121	1800	941	859
25—29岁	**2314**	**1222**	**1092**	**9100**	**3508**	**5592**	**12731**	**6738**	**5993**
25	733	370	363	2058	921	1137	1994	1046	948
26	524	263	261	1884	809	1075	2127	1134	993
27	422	223	199	1825	699	1126	2548	1328	1220
28	362	222	140	1738	600	1138	2961	1565	1396
29	273	144	129	1595	479	1116	3101	1665	1436

7-8b 续表 3

单位：人

年 龄	学习培训			随同离开/投亲靠友			拆迁/搬家		
	小计	男	女	小计	男	女	小计	男	女
30–34岁	**980**	**559**	**421**	**7419**	**1547**	**5872**	**18197**	**9627**	**8570**
30	294	172	122	1773	468	1305	3757	2008	1749
31	242	145	97	1635	355	1280	3767	1993	1774
32	177	95	82	1392	258	1134	3505	1845	1660
33	158	84	74	1406	256	1150	3730	1936	1794
34	109	63	46	1213	210	1003	3438	1845	1593
35–39岁	**261**	**143**	**118**	**5105**	**785**	**4320**	**17348**	**9502**	**7846**
35	76	46	30	1061	175	886	3314	1805	1509
36	60	32	28	1150	200	950	3536	1939	1597
37	49	24	25	951	156	795	3404	1863	1541
38	41	27	14	1051	133	918	3905	2152	1753
39	35	14	21	892	121	771	3189	1743	1446
40–44岁	**125**	**82**	**43**	**4468**	**612**	**3856**	**17623**	**9490**	**8133**
40	38	29	9	938	149	789	3684	2005	1679
41	29	16	13	872	112	760	3451	1887	1564
42	19	13	6	882	118	764	3502	1864	1638
43	13	7	6	833	106	727	3236	1713	1523
44	26	17	9	943	127	816	3750	2021	1729
45–49岁	**64**	**35**	**29**	**4886**	**624**	**4262**	**18887**	**10060**	**8827**
45	16	11	5	975	102	873	3743	2005	1738
46	12	6	6	979	124	855	3870	2046	1824
47	15	7	8	966	115	851	3988	2177	1811
48	10	4	6	1030	150	880	3779	1997	1782
49	11	7	4	936	133	803	3507	1835	1672
50–54岁	**41**	**19**	**22**	**4955**	**787**	**4168**	**17354**	**9045**	**8309**
50	13	8	5	1037	163	874	3924	2046	1878
51	15	6	9	984	149	835	3519	1838	1681
52	7	3	4	1095	162	933	3806	2005	1801
53	2	2		866	149	717	2964	1501	1463
54	4		4	973	164	809	3141	1655	1486
55–59岁	**21**	**12**	**9**	**4030**	**866**	**3164**	**12731**	**6708**	**6023**
55	7	2	5	897	189	708	3009	1613	1396
56	5	3	2	919	205	714	3059	1674	1385
57	4	3	1	998	220	778	3182	1644	1538
58	5	4	1	804	165	639	2358	1205	1153
59				412	87	325	1123	572	551
60–64岁	**8**	**4**	**4**	**2581**	**703**	**1878**	**7864**	**4063**	**3801**
60	2	1	1	469	110	359	1511	798	713
61	3	2	1	420	114	306	1232	613	619
62	1		1	516	155	361	1578	813	765
63				611	159	452	1724	917	807
64	2	1	1	565	165	400	1819	922	897
65岁及以上	**18**	**9**	**9**	**8254**	**2439**	**5815**	**18078**	**9272**	**8806**

7-8b 续表 4

单位：人

年 龄	寄挂户口			婚姻嫁娶			照料孙子女		
	小计	男	女	小计	男	女	小计	男	女
总 计	**14755**	**7662**	**7093**	**38517**	**8882**	**29635**	**20250**	**6844**	**13406**
0-4岁	**5581**	**2968**	**2613**						
0	1115	588	527						
1	1208	663	545						
2	1100	563	537						
3	1111	604	507						
4	1047	550	497						
5-9岁	**2673**	**1362**	**1311**						
5	681	351	330						
6	685	328	357						
7	509	283	226						
8	454	222	232						
9	344	178	166						
10-14岁	**1199**	**588**	**611**	**2**		**2**			
10	281	127	154	1		1			
11	277	137	140						
12	262	117	145						
13	203	110	93						
14	176	97	79	1		1			
15-19岁	**511**	**262**	**249**	**350**	**8**	**342**			
15	119	64	55	7		7			
16	119	54	65	10	1	9			
17	94	44	50	27		27			
18	92	48	44	116	1	115			
19	87	52	35	190	6	184			
20-24岁	**579**	**313**	**266**	**3818**	**383**	**3435**	**1**		**1**
20	84	50	34	295	8	287			
21	90	50	40	449	21	428			
22	125	64	61	757	53	704	1		1
23	149	82	67	993	104	889			
24	131	67	64	1324	197	1127			
25-29岁	**687**	**363**	**324**	**11471**	**2392**	**9079**	**3**		**3**
25	149	79	70	1785	300	1485			
26	123	61	62	2148	417	1731			
27	141	73	68	2352	477	1875			
28	132	72	60	2493	543	1950	2		2
29	142	78	64	2693	655	2038	1		1

7-8b　续表 5　　单位：人

年龄	寄挂户口			婚姻嫁娶			照料孙子女		
	小计	男	女	小计	男	女	小计	男	女
30-34岁	**509**	**239**	**270**	**11667**	**3207**	**8460**	**35**	**9**	**26**
30	124	52	72	3137	807	2330	8	1	7
31	104	49	55	2684	727	1957	5	1	4
32	83	39	44	2267	629	1638	8	1	7
33	99	49	50	1985	572	1413	9	3	6
34	99	50	49	1594	472	1122	5	3	2
35-39岁	**614**	**323**	**291**	**4818**	**1394**	**3424**	**52**	**16**	**36**
35	98	45	53	1241	356	885	6	1	5
36	136	70	66	1126	345	781	9	2	7
37	138	80	58	923	261	662	11	2	9
38	144	76	68	868	243	625	12	7	5
39	98	52	46	660	189	471	14	4	10
40-44岁	**474**	**224**	**250**	**2414**	**614**	**1800**	**104**	**35**	**69**
40	106	44	62	605	182	423	14	6	8
41	97	50	47	531	133	398	15	5	10
42	87	34	53	472	109	363	22	6	16
43	84	44	40	410	95	315	20	5	15
44	100	52	48	396	95	301	33	13	20
45-49岁	**551**	**286**	**265**	**1621**	**377**	**1244**	**655**	**149**	**506**
45	112	58	54	385	85	300	55	11	44
46	130	63	67	337	83	254	72	23	49
47	117	68	49	315	71	244	112	22	90
48	101	47	54	297	65	232	168	32	136
49	91	50	41	287	73	214	248	61	187
50-54岁	**400**	**203**	**197**	**1018**	**221**	**797**	**3242**	**718**	**2524**
50	91	48	43	255	58	197	418	84	334
51	85	44	41	242	52	190	553	98	455
52	77	41	36	214	43	171	701	148	553
53	65	35	30	157	40	117	671	157	514
54	82	35	47	150	28	122	899	231	668
55-59岁	**385**	**218**	**167**	**589**	**130**	**459**	**5378**	**1520**	**3858**
55	91	46	45	157	37	120	1065	267	798
56	104	69	35	147	32	115	1142	304	838
57	85	46	39	125	26	99	1387	412	975
58	72	39	33	100	26	74	1161	343	818
59	33	18	15	60	9	51	623	194	429
60-64岁	**178**	**105**	**73**	**289**	**56**	**233**	**4398**	**1661**	**2737**
60	44	25	19	55	12	43	811	279	532
61	31	14	17	52	9	43	668	249	419
62	31	20	11	57	5	52	901	362	539
63	38	29	9	61	14	47	999	385	614
64	34	17	17	64	16	48	1019	386	633
65岁及以上	**414**	**208**	**206**	**460**	**100**	**360**	**6382**	**2736**	**3646**

7-8b 续表 6

单位：人

年 龄	为子女就学			养老/康养			其 他		
	小计	男	女	小计	男	女	小计	男	女
总 计	**76564**	**35569**	**40995**	**21486**	**9936**	**11550**	**61565**	**32115**	**29450**
0-4岁							**13418**	**6910**	**6508**
0							2219	1140	1079
1							2772	1426	1346
2							2586	1295	1291
3							2853	1483	1370
4							2988	1566	1422
5-9岁							**9083**	**4839**	**4244**
5							2575	1374	1201
6							1910	1023	887
7							1575	833	742
8							1529	808	721
9							1494	801	693
10-14岁							**6042**	**3198**	**2844**
10							1380	724	656
11							1291	668	623
12							1245	628	617
13							1108	617	491
14							1018	561	457
15-19岁	**25**	**17**	**8**				**2807**	**1495**	**1312**
15	10	7	3				702	383	319
16	5	4	1				626	339	287
17	5	3	2				545	290	255
18	2		2				485	256	229
19	3	3					449	227	222
20-24岁	**576**	**99**	**477**				**2733**	**1485**	**1248**
20	24	8	16				433	255	178
21	31	6	25				481	263	218
22	90	18	72				567	309	258
23	146	27	119				626	325	301
24	285	40	245				626	333	293
25-29岁	**5185**	**1389**	**3796**	**1**	**1**		**3541**	**1817**	**1724**
25	468	74	394				623	313	310
26	691	155	536				651	356	295
27	992	251	741				736	361	375
28	1339	356	983	1	1		770	391	379
29	1695	553	1142				761	396	365

7-8b　续表 7　　　　　　　　　　　　　　　　　　　　　　　　　　　　　　　单位：人

年　龄	为子女就学			养老/康养			其　他		
	小计	男	女	小计	男	女	小计	男	女
30-34岁	**14520**	**5508**	**9012**	**5**	**2**	**3**	**3637**	**1947**	**1690**
30	2439	839	1600				859	445	414
31	2641	988	1653	3	2	1	763	395	368
32	2868	1087	1781				681	378	303
33	3316	1308	2008	2		2	721	382	339
34	3256	1286	1970				613	347	266
35-39岁	**18146**	**8462**	**9684**	**5**	**4**	**1**	**3177**	**1705**	**1472**
35	3345	1437	1908				605	316	289
36	3510	1591	1919				673	374	299
37	3392	1586	1806				622	330	292
38	4237	2083	2154	1		1	691	388	303
39	3662	1765	1897	4	4		586	297	289
40-44岁	**17513**	**8926**	**8587**	**9**	**3**	**6**	**3088**	**1638**	**1450**
40	3958	1922	2036				599	333	266
41	3619	1847	1772	2	1	1	600	302	298
42	3554	1804	1750	1	1		607	310	297
43	3055	1604	1451	2		2	601	323	278
44	3327	1749	1578	4	1	3	681	370	311
45-49岁	**11820**	**6384**	**5436**	**45**	**23**	**22**	**3544**	**1815**	**1729**
45	3008	1612	1396	13	7	6	679	335	344
46	2630	1371	1259	7	4	3	724	361	363
47	2406	1290	1116	11	5	6	732	374	358
48	2095	1163	932	3	2	1	736	387	349
49	1681	948	733	11	5	6	673	358	315
50-54岁	**5447**	**2963**	**2484**	**1363**	**542**	**821**	**3279**	**1645**	**1634**
50	1684	907	777	156	61	95	719	355	364
51	1240	686	554	250	88	162	677	327	350
52	1085	573	512	304	124	180	724	371	353
53	747	407	340	262	105	157	563	285	278
54	691	390	301	391	164	227	596	307	289
55-59岁	**1824**	**1024**	**800**	**2405**	**1002**	**1403**	**2497**	**1272**	**1225**
55	522	299	223	434	186	248	570	300	270
56	493	270	223	497	203	294	616	316	300
57	381	216	165	643	258	385	562	283	279
58	299	165	134	522	222	300	504	252	252
59	129	74	55	309	133	176	245	121	124
60-64岁	**671**	**342**	**329**	**3320**	**1535**	**1785**	**1430**	**747**	**683**
60	158	84	74	460	212	248	282	155	127
61	114	65	49	498	220	278	232	129	103
62	119	59	60	686	313	373	293	150	143
63	141	68	73	839	414	425	341	173	168
64	139	66	73	837	376	461	282	140	142
65岁及以上	**837**	**455**	**382**	**14333**	**6824**	**7509**	**3289**	**1602**	**1687**

7-8c 全区分年龄、性别、迁移原因的户口登记地在外乡镇街道的人口(乡村)

单位：人

年 龄	合 计			工作就业		
	合计	男	女	小计	男	女
总 计	**596200**	**327637**	**268563**	**177937**	**124761**	**53176**
0-4岁	**36655**	**18879**	**17776**			
0	5159	2669	2490			
1	7363	3812	3551			
2	7562	3892	3670			
3	8329	4294	4035			
4	8242	4212	4030			
5-9岁	**41214**	**21366**	**19848**			
5	7826	4089	3737			
6	8259	4282	3977			
7	8132	4250	3882			
8	8649	4494	4155			
9	8348	4251	4097			
10-14岁	**40781**	**21170**	**19611**	**20**	**13**	**7**
10	8278	4223	4055	6	3	3
11	8359	4325	4034	3	2	1
12	8295	4274	4021	5	3	2
13	7907	4123	3784	2	2	
14	7942	4225	3717	4	3	1
15-19岁	**36949**	**18523**	**18426**	**2585**	**1845**	**740**
15	7953	4051	3902	142	99	43
16	9119	4700	4419	274	195	79
17	7467	3908	3559	473	326	147
18	6426	3122	3304	727	535	192
19	5984	2742	3242	969	690	279
20-24岁	**36803**	**19820**	**16983**	**14066**	**9635**	**4431**
20	5964	2979	2985	1450	1058	392
21	6189	3224	2965	2012	1396	616
22	7565	4109	3456	2903	1970	933
23	8276	4560	3716	3590	2420	1170
24	8809	4948	3861	4111	2791	1320
25-29岁	**51813**	**29063**	**22750**	**25300**	**17370**	**7930**
25	9731	5505	4226	4663	3212	1451
26	9747	5509	4238	4728	3235	1493
27	10725	6027	4698	5279	3618	1661
28	10896	6037	4859	5349	3677	1672
29	10714	5985	4729	5281	3628	1653

7–8c 续表 1 单位：人

年龄	合计			工作就业		
	合计	男	女	小计	男	女
30–34岁	**58870**	**33696**	**25174**	**28005**	**19882**	**8123**
30	13284	7574	5710	6348	4451	1897
31	12385	7140	5245	5978	4268	1710
32	11208	6394	4814	5408	3822	1586
33	11626	6645	4981	5468	3917	1551
34	10367	5943	4424	4803	3424	1379
35–39岁	**46988**	**26526**	**20462**	**20140**	**14210**	**5930**
35	9440	5347	4093	4291	3034	1257
36	9285	5203	4082	4031	2866	1165
37	8658	4861	3797	3738	2620	1118
38	10247	5768	4479	4247	2979	1268
39	9358	5347	4011	3833	2711	1122
40–44岁	**47919**	**27095**	**20824**	**20277**	**13858**	**6419**
40	9760	5396	4364	3941	2702	1239
41	9371	5367	4004	3995	2773	1222
42	9449	5325	4124	3903	2658	1245
43	8867	5115	3752	3865	2639	1226
44	10472	5892	4580	4573	3086	1487
45–49岁	**52428**	**30256**	**22172**	**24574**	**16829**	**7745**
45	10228	5755	4473	4585	3090	1495
46	10438	5911	4527	4809	3223	1586
47	10626	6176	4450	4999	3457	1542
48	10725	6263	4462	5098	3522	1576
49	10411	6151	4260	5083	3537	1546
50–54岁	**49503**	**28762**	**20741**	**22137**	**15829**	**6308**
50	11515	6665	4850	5410	3811	1599
51	10166	5821	4345	4594	3205	1389
52	10723	6241	4482	4790	3451	1339
53	8334	4890	3444	3652	2667	985
54	8765	5145	3620	3691	2695	996
55–59岁	**32435**	**18712**	**13723**	**12219**	**8988**	**3231**
55	7583	4426	3157	3140	2294	846
56	7745	4520	3225	2990	2208	782
57	7692	4452	3240	2907	2130	777
58	6453	3633	2820	2163	1606	557
59	2962	1681	1281	1019	750	269
60–64岁	**18294**	**10347**	**7947**	**4563**	**3382**	**1181**
60	3611	2057	1554	1095	822	273
61	2856	1661	1195	777	593	184
62	3745	2175	1570	949	719	230
63	4162	2263	1899	952	675	277
64	3920	2191	1729	790	573	217
65岁及以上	**45548**	**23422**	**22126**	**4051**	**2920**	**1131**

7-8c 续表 2 单位：人

年 龄	学习培训			随同离开/投亲靠友			拆迁/搬家		
	小计	男	女	小计	男	女	小计	男	女
总 计	**36181**	**17243**	**18938**	**112181**	**50916**	**61265**	**143102**	**78172**	**64930**
0-4岁	**188**	**95**	**93**	**19905**	**10295**	**9610**	**5386**	**2739**	**2647**
0	6	3	3	2706	1408	1298	719	371	348
1	11	4	7	3949	2066	1883	1036	547	489
2	17	7	10	4077	2103	1974	1105	576	529
3	57	32	25	4587	2397	2190	1254	629	625
4	97	49	48	4586	2321	2265	1272	616	656
5-9岁	**4859**	**2578**	**2281**	**20773**	**10807**	**9966**	**6842**	**3530**	**3312**
5	76	40	36	4304	2252	2052	1301	683	618
6	1042	561	481	4080	2121	1959	1403	712	691
7	1178	663	515	4045	2107	1938	1337	678	659
8	1357	698	659	4194	2204	1990	1429	743	686
9	1206	616	590	4150	2123	2027	1372	714	658
10-14岁	**7252**	**3781**	**3471**	**19512**	**10195**	**9317**	**7782**	**4047**	**3735**
10	1300	676	624	4108	2112	1996	1484	744	740
11	1388	697	691	4154	2175	1979	1500	782	718
12	1454	734	720	4001	2116	1885	1634	814	820
13	1402	755	647	3736	1950	1786	1617	854	763
14	1708	919	789	3513	1842	1671	1547	853	694
15-19岁	**18719**	**8742**	**9977**	**7127**	**3875**	**3252**	**4268**	**2414**	**1854**
15	3642	1777	1865	2289	1201	1088	1093	563	530
16	5669	2853	2816	1619	861	758	824	467	357
17	4272	2206	2066	1115	609	506	793	463	330
18	2948	1221	1727	1051	601	450	758	438	320
19	2188	685	1503	1053	603	450	800	483	317
20-24岁	**3651**	**1159**	**2492**	**5782**	**3359**	**2423**	**5965**	**3416**	**2549**
20	1431	395	1036	1074	648	426	886	519	367
21	908	256	652	1045	611	434	961	568	393
22	654	233	421	1249	755	494	1196	702	494
23	391	144	247	1244	706	538	1403	778	625
24	267	131	136	1170	639	531	1519	849	670
25-29岁	**855**	**475**	**380**	**5270**	**2566**	**2704**	**9574**	**5336**	**4238**
25	247	124	123	1190	630	560	1721	974	747
26	184	98	86	1071	576	495	1715	966	749
27	196	124	72	1092	538	554	1930	1081	849
28	127	70	57	1004	454	550	2040	1105	935
29	101	59	42	913	368	545	2168	1210	958

7-8c　续表 3　　单位：人

年　龄	学习培训			随同离开/投亲靠友			拆迁/搬家		
	小计	男	女	小计	男	女	小计	男	女
30–34岁	**404**	**255**	**149**	**4561**	**1509**	**3052**	**13232**	**7332**	**5900**
30	123	75	48	1119	448	671	2765	1582	1183
31	102	60	42	1026	346	680	2620	1483	1137
32	65	41	24	869	278	591	2526	1399	1127
33	66	46	20	835	247	588	2739	1462	1277
34	48	33	15	712	190	522	2582	1406	1176
35–39岁	**105**	**65**	**40**	**3498**	**769**	**2729**	**13183**	**7148**	**6035**
35	30	22	8	675	169	506	2421	1303	1118
36	32	19	13	690	154	536	2506	1333	1173
37	18	11	7	641	132	509	2399	1287	1112
38	16	8	8	797	166	631	3026	1652	1374
39	9	5	4	695	148	547	2831	1573	1258
40–44岁	**49**	**36**	**13**	**3399**	**674**	**2725**	**14806**	**8146**	**6660**
40	20	17	3	759	159	600	2984	1601	1383
41	7	6	1	630	125	505	2908	1628	1280
42	6	5	1	680	143	537	2960	1624	1336
43	5	2	3	614	118	496	2719	1556	1163
44	11	6	5	716	129	587	3235	1737	1498
45–49岁	**35**	**24**	**11**	**3750**	**681**	**3069**	**15130**	**8341**	**6789**
45	8	5	3	749	132	617	3067	1636	1431
46	9	8	1	749	132	617	3049	1667	1382
47	7	3	4	771	142	629	3084	1710	1374
48	7	4	3	758	146	612	3085	1719	1366
49	4	4		723	129	594	2845	1609	1236
50–54岁	**28**	**15**	**13**	**3933**	**797**	**3136**	**14752**	**8107**	**6645**
50	8	2	6	877	155	722	3364	1843	1521
51	7	6	1	780	157	623	3058	1660	1398
52	6	3	3	862	173	689	3212	1753	1459
53	5	3	2	659	134	525	2470	1364	1106
54	2	1	1	755	178	577	2648	1487	1161
55–59岁	**14**	**7**	**7**	**3128**	**799**	**2329**	**9939**	**5656**	**4283**
55	5	2	3	645	153	492	2222	1267	955
56				770	205	565	2358	1357	1001
57	2	1	1	731	195	536	2363	1353	1010
58	5	3	2	665	163	502	2089	1177	912
59	2	1	1	317	83	234	907	502	405
60–64岁	**9**	**6**	**3**	**2360**	**848**	**1512**	**6118**	**3444**	**2674**
60	2	2		392	131	261	1205	662	543
61	1	1		328	101	227	950	547	403
62	2		2	499	198	301	1237	710	527
63	4	3	1	583	196	387	1402	776	626
64				558	222	336	1324	749	575
65岁及以上	**13**	**5**	**8**	**9183**	**3742**	**5441**	**16125**	**8516**	**7609**

7-8c 续表 4

单位：人

年 龄	寄挂户口			婚姻嫁娶			照料孙子女		
	小计	男	女	小计	男	女	小计	男	女
总 计	**17083**	**9010**	**8073**	**23349**	**3797**	**19552**	**6115**	**2123**	**3992**
0-4岁	**3188**	**1627**	**1561**						
0	503	254	249						
1	668	331	337						
2	654	340	314						
3	715	357	358						
4	648	345	303						
5-9岁	**2614**	**1336**	**1278**						
5	598	312	286						
6	545	287	258						
7	469	232	237						
8	498	257	241						
9	504	248	256						
10-14岁	**1639**	**813**	**826**	**5**	**1**	**4**			
10	392	199	193	2	1	1			
11	371	184	187						
12	324	177	147						
13	276	133	143						
14	276	120	156	3		3			
15-19岁	**710**	**390**	**320**	**1226**	**8**	**1218**			
15	151	78	73	32	1	31			
16	147	81	66	128	3	125			
17	131	73	58	254		254			
18	130	77	53	374	2	372			
19	151	81	70	438	2	436			
20-24岁	**792**	**451**	**341**	**3640**	**167**	**3473**	**3**		**3**
20	135	84	51	520	8	512			
21	124	79	45	651	10	641			
22	173	96	77	778	16	762			
23	179	102	77	809	48	761	2		2
24	181	90	91	882	85	797	1		1
25-29岁	**894**	**478**	**416**	**5528**	**765**	**4763**	**1**		**1**
25	188	101	87	976	103	873			
26	176	100	76	1049	127	922			
27	198	106	92	1173	161	1012	1		1
28	177	87	90	1220	190	1030			
29	155	84	71	1110	184	926			

7-8c　续表 5　　　　单位：人

年　龄	寄挂户口			婚姻嫁娶			照料孙子女		
	小计	男	女	小计	男	女	小计	男	女
30—34岁	**1286**	**672**	**614**	**4481**	**799**	**3682**	**22**	**3**	**19**
30	269	144	125	1246	236	1010	6	1	5
31	266	143	123	1042	188	854	3		3
32	224	115	109	831	132	699	4		4
33	277	139	138	783	138	645	6	1	5
34	250	131	119	579	105	474	3	1	2
35—39岁	**836**	**464**	**372**	**2242**	**365**	**1877**	**19**	**8**	**11**
35	196	112	84	533	76	457	2	1	1
36	157	82	75	507	93	414	4	2	2
37	146	79	67	406	78	328	7	2	5
38	173	94	79	415	58	357	2		2
39	164	97	67	381	60	321	4	3	1
40—44岁	**807**	**438**	**369**	**1624**	**317**	**1307**	**29**	**10**	**19**
40	169	92	77	399	64	335	3	1	2
41	149	88	61	303	67	236	5	1	4
42	175	90	85	318	67	251	6	3	3
43	135	64	71	269	57	212	7	2	5
44	179	104	75	335	62	273	8	3	5
45—49岁	**840**	**457**	**383**	**1542**	**409**	**1133**	**207**	**44**	**163**
45	169	87	82	317	82	235	20	3	17
46	151	84	67	313	64	249	24	3	21
47	171	87	84	297	87	210	36	7	29
48	173	96	77	297	76	221	56	12	44
49	176	103	73	318	100	218	71	19	52
50—54岁	**781**	**429**	**352**	**1189**	**342**	**847**	**1035**	**217**	**818**
50	193	102	91	265	67	198	123	20	103
51	153	84	69	264	88	176	177	32	145
52	161	91	70	257	68	189	206	36	170
53	131	72	59	217	62	155	242	53	189
54	143	80	63	186	57	129	287	76	211
55—59岁	**600**	**335**	**265**	**742**	**216**	**526**	**1621**	**475**	**1146**
55	122	64	58	207	63	144	304	81	223
56	146	85	61	195	59	136	355	87	268
57	149	82	67	158	45	113	417	126	291
58	122	64	58	122	35	87	385	127	258
59	61	40	21	60	14	46	160	54	106
60—64岁	**458**	**257**	**201**	**409**	**112**	**297**	**1165**	**474**	**691**
60	88	38	50	66	12	54	209	80	129
61	67	40	27	61	9	52	199	80	119
62	83	50	33	80	26	54	228	91	137
63	107	66	41	102	30	72	280	118	162
64	113	63	50	100	35	65	249	105	144
65岁及以上	**1638**	**863**	**775**	**721**	**296**	**425**	**2013**	**892**	**1121**

7-8c 续表 6

单位：人

年 龄	为子女就学			养老/康养			其 他		
	小计	男	女	小计	男	女	小计	男	女
总 计	**14585**	**6640**	**7945**	**8663**	**4481**	**4182**	**57004**	**30494**	**26510**
0–4岁							**7988**	**4123**	**3865**
0							1225	633	592
1							1699	864	835
2							1709	866	843
3							1716	879	837
4							1639	881	758
5–9岁							**6126**	**3115**	**3011**
5							1547	802	745
6							1189	601	588
7							1103	570	533
8							1171	592	579
9							1116	550	566
10–14岁							**4571**	**2320**	**2251**
10							986	488	498
11							943	485	458
12							877	430	447
13							874	429	445
14							891	488	403
15–19岁	**16**	**12**	**4**	**1**	**1**		**2297**	**1236**	**1061**
15	5	4	1	1	1		598	327	271
16	5	3	2				453	237	216
17	2	2					427	229	198
18	1		1				437	248	189
19	3	3					382	195	187
20–24岁	**153**	**26**	**127**	**5**	**4**	**1**	**2746**	**1603**	**1143**
20	10	5	5	1	1		457	261	196
21	10	1	9				478	303	175
22	24	7	17	2	2		586	328	258
23	44	7	37				614	355	259
24	65	6	59	2	1	1	611	356	255
25–29岁	**1079**	**287**	**792**	**8**	**8**		**3304**	**1778**	**1526**
25	88	17	71	4	4		654	340	314
26	150	39	111	1	1		673	367	306
27	196	38	158				660	361	299
28	296	81	215	1	1		682	372	310
29	349	112	237	2	2		635	338	297

7-8c　续表 7

单位：人

年　龄	为子女就学			养老/康养			其　他		
	小计	男	女	小计	男	女	小计	男	女
30—34岁	**3017**	**1156**	**1861**	**16**	**11**	**5**	**3846**	**2077**	**1769**
30	556	197	359	3	3		849	437	412
31	558	219	339	4	2	2	786	431	355
32	569	218	351	3	3		709	386	323
33	695	268	427	3	2	1	754	425	329
34	639	254	385	3	1	2	748	398	350
35—39岁	**3531**	**1576**	**1955**	**28**	**18**	**10**	**3406**	**1903**	**1503**
35	615	244	371	4	4		673	382	291
36	693	298	395	4	2	2	661	354	307
37	693	309	384	2	2		608	341	267
38	806	376	430	8	4	4	757	431	326
39	724	349	375	10	6	4	707	395	312
40—44岁	**3189**	**1600**	**1589**	**37**	**23**	**14**	**3702**	**1993**	**1709**
40	711	352	359	9	6	3	765	402	363
41	653	307	346	6	2	4	715	370	345
42	649	325	324	7	4	3	745	406	339
43	583	299	284	7	5	2	663	373	290
44	593	317	276	8	6	2	814	442	372
45—49岁	**2061**	**1133**	**928**	**56**	**37**	**19**	**4233**	**2301**	**1932**
45	508	284	224	8	6	2	797	430	367
46	465	250	215	11	8	3	858	472	386
47	409	212	197	13	11	2	839	460	379
48	360	203	157	9	2	7	882	483	399
49	319	184	135	15	10	5	857	456	401
50—54岁	**896**	**490**	**406**	**483**	**234**	**249**	**4269**	**2302**	**1967**
50	267	148	119	61	29	32	947	488	459
51	201	100	101	83	45	38	849	444	405
52	183	103	80	109	49	60	937	514	423
53	125	70	55	85	38	47	748	427	321
54	120	69	51	145	73	72	788	429	359
55—59岁	**307**	**174**	**133**	**753**	**333**	**420**	**3112**	**1729**	**1383**
55	91	58	33	124	56	68	723	388	335
56	65	33	32	137	67	70	729	419	310
57	71	38	33	180	72	108	714	410	304
58	60	35	25	201	84	117	641	339	302
59	20	10	10	111	54	57	305	173	132
60—64岁	**149**	**86**	**63**	**1072**	**601**	**471**	**1991**	**1137**	**854**
60	36	22	14	154	77	77	364	211	153
61	18	12	6	150	92	58	305	186	119
62	31	15	16	221	130	91	415	236	179
63	30	16	14	238	126	112	464	257	207
64	34	21	13	309	176	133	443	247	196
65岁及以上	**187**	**100**	**87**	**6204**	**3211**	**2993**	**5413**	**2877**	**2536**

7-9 全区按现住地、性别、迁移原因分的户口登记地在本自治区其他乡镇街道的人口

单位：人

现住地	合计			工作就业		
	合计	男	女	小计	男	女
宁夏	**2687551**	**1344638**	**1342913**	**580195**	**348530**	**231665**
银川市	**1145699**	**572159**	**573540**	**310958**	**182890**	**128068**
兴庆区	274089	132121	141968	90031	47735	42296
西夏区	200718	99884	100834	43749	26960	16789
金凤区	239603	116521	123082	65957	36379	29578
永宁县	134323	67112	67211	30325	17769	12556
贺兰县	153146	76752	76394	37939	22866	15073
灵武市	143820	79769	64051	42957	31181	11776
石嘴山市	**290042**	**147201**	**142841**	**71584**	**44852**	**26732**
大武口区	100422	50549	49873	20738	12857	7881
惠农区	68727	36001	32726	20679	13310	7369
平罗县	120893	60651	60242	30167	18685	11482
吴忠市	**533492**	**266853**	**266639**	**80348**	**49554**	**30794**
利通区	212013	104131	107882	26070	15275	10795
红寺堡区	76176	38501	37675	11421	7143	4278
盐池县	68630	35882	32748	21020	13468	7552
同心县	78896	38934	39962	5733	3587	2146
青铜峡市	97777	49405	48372	16104	10081	6023
固原市	**334015**	**164551**	**169464**	**58219**	**34967**	**23252**
原州区	206109	101051	105058	33643	20180	13463
西吉县	58987	28985	30002	8397	4898	3499
隆德县	21123	10447	10676	5320	3013	2307
泾源县	11555	5609	5946	2276	1284	992
彭阳县	36241	18459	17782	8583	5592	2991
中卫市	**384303**	**193874**	**190429**	**59086**	**36267**	**22819**
沙坡头区	173826	88160	85666	29076	17879	11197
中宁县	137511	69900	67611	20982	13200	7782
海原县	72966	35814	37152	9028	5188	3840

7-9　续表 1　　　　单位：人

现住地	学习培训			随同离开/投亲靠友			拆迁/搬家		
	小计	男	女	小计	男	女	小计	男	女
宁　夏	**299485**	**140884**	**158601**	**487533**	**220571**	**266962**	**695738**	**365198**	**330540**
银川市	**139743**	**66063**	**73680**	**166136**	**75446**	**90690**	**285470**	**147362**	**138108**
兴庆区	29620	13122	16498	32839	14854	17985	61053	31066	29987
西夏区	61343	28677	32666	30071	13383	16688	36382	19309	17073
金凤区	15528	7279	8249	24245	11125	13120	76544	38554	37990
永宁县	13805	6434	7371	24457	11199	13258	36462	19248	17214
贺兰县	9211	5005	4206	27455	12611	14844	39164	20298	18866
灵武市	10236	5546	4690	27069	12274	14795	35865	18887	16978
石嘴山市	**20882**	**9982**	**10900**	**56107**	**24631**	**31476**	**72778**	**38157**	**34621**
大武口区	8695	4469	4226	16845	7598	9247	33470	17271	16199
惠农区	2262	1143	1119	14157	5867	8290	21316	11334	9982
平罗县	9925	4370	5555	25105	11166	13939	17992	9552	8440
吴忠市	**44821**	**20071**	**24750**	**110513**	**51612**	**58901**	**170115**	**89328**	**80787**
利通区	15582	6181	9401	37406	17912	19494	83179	42962	40217
红寺堡区	7069	3292	3777	18872	8696	10176	21067	11338	9729
盐池县	5377	2832	2545	17131	7958	9173	8619	4572	4047
同心县	10666	5055	5611	19801	9346	10455	22375	11984	10391
青铜峡市	6127	2711	3416	17303	7700	9603	34875	18472	16403
固原市	**57072**	**26720**	**30352**	**61650**	**27553**	**34097**	**72009**	**37716**	**34293**
原州区	28753	12595	16158	41671	18564	23107	53133	27854	25279
西吉县	16956	8501	8455	7367	3480	3887	10061	5198	4863
隆德县	3932	1994	1938	2765	1232	1533	1704	898	806
泾源县	1650	719	931	2086	949	1137	2786	1442	1344
彭阳县	5781	2911	2870	7761	3328	4433	4325	2324	2001
中卫市	**36967**	**18048**	**18919**	**93127**	**41329**	**51798**	**95366**	**52635**	**42731**
沙坡头区	13689	6634	7055	39364	17477	21887	52965	29012	23953
中宁县	7781	3765	4016	40316	17605	22711	30199	17281	12918
海原县	15497	7649	7848	13447	6247	7200	12202	6342	5860

7–9 续表 2

单位：人

现 住 地	寄挂户口			婚姻嫁娶			照料孙子女		
	小计	男	女	小计	男	女	小计	男	女
宁　夏	**51467**	**26790**	**24677**	**113596**	**25634**	**87962**	**54161**	**19065**	**35096**
银川市	**21336**	**11078**	**10258**	**54029**	**12194**	**41835**	**30404**	**10723**	**19681**
兴庆区	5532	2875	2657	10654	2391	8263	8134	2953	5181
西夏区	4342	2206	2136	6361	913	5448	3753	1287	2466
金凤区	4613	2442	2171	12761	3059	9702	9897	3507	6390
永宁县	2266	1165	1101	6905	1640	5265	2353	791	1562
贺兰县	2603	1351	1252	10699	2582	8117	4621	1598	3023
灵武市	1980	1039	941	6649	1609	5040	1646	587	1059
石嘴山市	**3598**	**1880**	**1718**	**15131**	**4114**	**11017**	**4820**	**1679**	**3141**
大武口区	1678	869	809	5633	1357	4276	1897	656	1241
惠农区	703	372	331	2260	503	1757	701	241	460
平罗县	1217	639	578	7238	2254	4984	2222	782	1440
吴忠市	**7576**	**3924**	**3652**	**24125**	**5689**	**18436**	**5965**	**2139**	**3826**
利通区	2041	1034	1007	11658	3159	8499	2921	1033	1888
红寺堡区	1938	996	942	1883	93	1790	658	259	399
盐池县	990	517	473	1905	232	1673	728	255	473
同心县	1728	919	809	2639	208	2431	430	171	259
青铜峡市	879	458	421	6040	1997	4043	1228	421	807
固原市	**5801**	**3114**	**2687**	**6969**	**1010**	**5959**	**6278**	**2115**	**4163**
原州区	2677	1465	1212	4873	788	4085	3689	1272	2417
西吉县	2033	1077	956	739	58	681	1156	378	778
隆德县	235	140	95	240	28	212	682	215	467
泾源县	219	106	113	408	65	343	133	53	80
彭阳县	637	326	311	709	71	638	618	197	421
中卫市	**13156**	**6794**	**6362**	**13342**	**2627**	**10715**	**6694**	**2409**	**4285**
沙坡头区	3045	1586	1459	7021	1435	5586	3458	1238	2220
中宁县	8858	4521	4337	5077	1094	3983	2432	882	1550
海原县	1253	687	566	1244	98	1146	804	289	515

7-9　续表 3　　　　单位：人

现住地	为子女就学			养老/康养			其　他		
	小计	男	女	小计	男	女	小计	男	女
宁　夏	**161961**	**75808**	**86153**	**52543**	**24035**	**28508**	**190872**	**98123**	**92749**
银川市	**38210**	**17559**	**20651**	**22608**	**9892**	**12716**	**76805**	**38952**	**37853**
兴庆区	9768	4282	5486	6172	2574	3598	20286	10269	10017
西夏区	2423	1031	1392	2092	925	1167	10202	5193	5009
金凤区	6254	2749	3505	7178	3087	4091	16626	8340	8286
永宁县	4436	2125	2311	2427	1132	1295	10887	5609	5278
贺兰县	7121	3330	3791	3889	1765	2124	10444	5346	5098
灵武市	8208	4042	4166	850	409	441	8360	4195	4165
石嘴山市	**19987**	**9594**	**10393**	**9563**	**4356**	**5207**	**15592**	**7956**	**7636**
大武口区	3223	1454	1769	2175	968	1207	6068	3050	3018
惠农区	1517	716	801	1442	645	797	3690	1870	1820
平罗县	15247	7424	7823	5946	2743	3203	5834	3036	2798
吴忠市	**36672**	**17336**	**19336**	**7700**	**3467**	**4233**	**45657**	**23733**	**21924**
利通区	13390	6586	6804	2909	1304	1605	16857	8685	8172
红寺堡区	3761	1687	2074	671	310	361	8836	4687	4149
盐池县	6562	2830	3732	1300	640	660	4998	2578	2420
同心县	6591	3073	3518	803	368	435	8130	4223	3907
青铜峡市	6368	3160	3208	2017	845	1172	6836	3560	3276
固原市	**31369**	**13467**	**17902**	**7162**	**3629**	**3533**	**27486**	**14260**	**13226**
原州区	17470	8010	9460	3351	1554	1797	16849	8769	8080
西吉县	6308	2323	3985	1135	604	531	4835	2468	2367
隆德县	2703	1007	1696	1335	747	588	2207	1173	1034
泾源县	621	274	347	304	166	138	1072	551	521
彭阳县	4267	1853	2414	1037	558	479	2523	1299	1224
中卫市	**35723**	**17852**	**17871**	**5510**	**2691**	**2819**	**25332**	**13222**	**12110**
沙坡头区	12845	6569	6276	1481	731	750	10882	5599	5283
中宁县	12417	6672	5745	3165	1508	1657	6284	3372	2912
海原县	10461	4611	5850	864	452	412	8166	4251	3915

7-9a 全区按现住地、性别、迁移原因分的户口登记地在本自治区其他乡镇街道的人口(城市)

单位：人

现住地	合计			工作就业		
	合计	男	女	小计	男	女
宁　夏	**1398274**	**686231**	**712043**	**293662**	**168312**	**125350**
银川市	**683339**	**332753**	**350586**	**176071**	**97699**	**78372**
兴庆区	209837	100343	109494	68753	35824	32929
西夏区	177969	88226	89743	39243	24295	14948
金凤区	204137	98602	105535	54461	29546	24915
永宁县						
贺兰县	2000	1033	967	794	476	318
灵武市	89396	44549	44847	12820	7558	5262
石嘴山市	**132939**	**67445**	**65494**	**33873**	**21274**	**12599**
大武口区	86151	42920	43231	18428	11429	6999
惠农区	46788	24525	22263	15445	9845	5600
平罗县						
吴忠市	**284140**	**139005**	**145135**	**33405**	**19228**	**14177**
利通区	170172	82524	87648	18104	10168	7936
红寺堡区	43454	21348	22106	6835	3881	2954
盐池县						
同心县						
青铜峡市	70514	35133	35381	8466	5179	3287
固原市	**160120**	**77549**	**82571**	**25788**	**15160**	**10628**
原州区	160120	77549	82571	25788	15160	10628
西吉县						
隆德县						
泾源县						
彭阳县						
中卫市	**137736**	**69479**	**68257**	**24525**	**14951**	**9574**
沙坡头区	137736	69479	68257	24525	14951	9574
中宁县						
海原县						

7−9a　续表 1　　　　单位：人

现住地	学习培训			随同离开/投亲靠友			拆迁/搬家		
	小计	男	女	小计	男	女	小计	男	女
宁　夏	**169269**	**76738**	**92531**	**225133**	**101797**	**123336**	**404285**	**209504**	**194781**
银川市	**101676**	**47239**	**54437**	**85292**	**38725**	**46567**	**176045**	**89804**	**86241**
兴庆区	18477	8069	10408	24165	10880	13285	49066	24901	24165
西夏区	60920	28457	32463	23054	10153	12901	30307	15843	14464
金凤区	13791	6431	7360	19720	9060	10660	67819	34006	33813
永宁县									
贺兰县	90	53	37	296	134	162	333	172	161
灵武市	8398	4229	4169	18057	8498	9559	28520	14882	13638
石嘴山市	**5509**	**2738**	**2771**	**24063**	**10433**	**13630**	**43042**	**22314**	**20728**
大武口区	3579	1756	1823	14449	6491	7958	30411	15530	14881
惠农区	1930	982	948	9614	3942	5672	12631	6784	5847
平罗县									
吴忠市	**25710**	**10582**	**15128**	**52049**	**24589**	**27460**	**104295**	**54157**	**50138**
利通区	14124	5407	8717	30520	14723	15797	67978	34959	33019
红寺堡区	6319	2901	3418	9592	4497	5095	8917	4721	4196
盐池县									
同心县									
青铜峡市	5267	2274	2993	11937	5369	6568	27400	14477	12923
固原市	**23700**	**10092**	**13608**	**33325**	**14789**	**18536**	**42432**	**22120**	**20312**
原州区	23700	10092	13608	33325	14789	18536	42432	22120	20312
西吉县									
隆德县									
泾源县									
彭阳县									
中卫市	**12674**	**6087**	**6587**	**30404**	**13261**	**17143**	**38471**	**21109**	**17362**
沙坡头区	12674	6087	6587	30404	13261	17143	38471	21109	17362
中宁县									
海原县									

7-9a 续表 2

单位：人

现住地	寄挂户口			婚姻嫁娶			照料孙子女		
	小计	男	女	小计	男	女	小计	男	女
宁 夏	**21719**	**11252**	**10467**	**60446**	**14637**	**45809**	**33457**	**11836**	**21621**
银川市	**13220**	**6851**	**6369**	**29939**	**6853**	**23086**	**20661**	**7360**	**13301**
兴庆区	4241	2183	2058	8327	1918	6409	6937	2522	4415
西夏区	3981	2033	1948	5721	895	4826	3649	1247	2402
金凤区	3826	2026	1800	10551	2594	7957	8698	3099	5599
永宁县									
贺兰县	20	11	9	109	30	79	67	22	45
灵武市	1152	598	554	5231	1416	3815	1310	470	840
石嘴山市	**2031**	**1036**	**995**	**7114**	**1716**	**5398**	**2397**	**817**	**1580**
大武口区	1533	786	747	5417	1330	4087	1824	624	1200
惠农区	498	250	248	1697	386	1311	573	193	380
平罗县									
吴忠市	**2458**	**1241**	**1217**	**14440**	**4234**	**10206**	**4014**	**1416**	**2598**
利通区	1260	630	630	8896	2524	6372	2528	896	1632
红寺堡区	919	472	447	828	37	791	485	177	308
盐池县									
同心县									
青铜峡市	279	139	140	4716	1673	3043	1001	343	658
固原市	**1498**	**839**	**659**	**3459**	**595**	**2864**	**3205**	**1104**	**2101**
原州区	1498	839	659	3459	595	2864	3205	1104	2101
西吉县									
隆德县									
泾源县									
彭阳县									
中卫市	**2512**	**1285**	**1227**	**5494**	**1239**	**4255**	**3180**	**1139**	**2041**
沙坡头区	2512	1285	1227	5494	1239	4255	3180	1139	2041
中宁县									
海原县									

7-9a 续表 3

单位：人

现住地	为子女就学			养老/康养			其他		
	小计	男	女	小计	男	女	小计	男	女
宁 夏	**73902**	**35019**	**38883**	**24818**	**10670**	**14148**	**91583**	**46466**	**45117**
银川市	**24270**	**11039**	**13231**	**14098**	**5972**	**8126**	**42067**	**21211**	**20856**
兴庆区	8870	3904	4966	5018	2070	2948	15983	8072	7911
西夏区	2251	957	1294	1920	840	1080	6923	3506	3417
金凤区	5703	2505	3198	6359	2679	3680	13209	6656	6553
永宁县									
贺兰县	77	30	47	39	16	23	175	89	86
灵武市	7369	3643	3726	762	367	395	5777	2888	2889
石嘴山市	**4169**	**1912**	**2257**	**2913**	**1304**	**1609**	**7828**	**3901**	**3927**
大武口区	3139	1424	1715	2076	920	1156	5295	2630	2665
惠农区	1030	488	542	837	384	453	2533	1271	1262
平罗县									
吴忠市	**20557**	**9976**	**10581**	**4227**	**1806**	**2421**	**22985**	**11776**	**11209**
利通区	11495	5624	5871	2418	1048	1370	12849	6545	6304
红寺堡区	3533	1588	1945	340	147	193	5686	2927	2759
盐池县									
同心县									
青铜峡市	5529	2764	2765	1469	611	858	4450	2304	2146
固原市	**13808**	**6378**	**7430**	**2508**	**1092**	**1416**	**10397**	**5380**	**5017**
原州区	13808	6378	7430	2508	1092	1416	10397	5380	5017
西吉县									
隆德县									
泾源县									
彭阳县									
中卫市	**11098**	**5714**	**5384**	**1072**	**496**	**576**	**8306**	**4198**	**4108**
沙坡头区	11098	5714	5384	1072	496	576	8306	4198	4108
中宁县									
海原县									

7-9b 全区按现住地、性别、迁移原因分的户口登记地在本自治区其他乡镇街道的人口(镇)

单位：人

现住地	合计			工作就业		
	合计	男	女	小计	男	女
宁 夏	**830880**	**417040**	**413840**	**190341**	**114869**	**75472**
银川市	**314217**	**159770**	**154447**	**89831**	**54123**	**35708**
兴庆区	44974	22505	22469	16672	8752	7920
西夏区	5418	2727	2691	1542	872	670
金凤区	1623	823	800	445	255	190
永宁县	109652	54710	54942	27107	15987	11120
贺兰县	120256	60093	60163	29487	17705	11782
灵武市	32294	18912	13382	14578	10552	4026
石嘴山市	**122854**	**61186**	**61668**	**27496**	**16525**	**10971**
大武口区	7478	3513	3965	1400	810	590
惠农区	15845	7919	7926	2907	1731	1176
平罗县	99531	49754	49777	23189	13984	9205
吴忠市	**128725**	**65049**	**63676**	**27526**	**17201**	**10325**
利通区	5743	3188	2555	2559	1682	877
红寺堡区	3690	2348	1342	2395	1757	638
盐池县	53945	27076	26869	14711	8758	5953
同心县	55979	27468	28511	4820	2957	1863
青铜峡市	9368	4969	4399	3041	2047	994
固原市	**106019**	**51645**	**54374**	**19957**	**11584**	**8373**
原州区	5350	2730	2620	786	452	334
西吉县	49092	23649	25443	7185	4080	3105
隆德县	15717	7603	8114	4118	2242	1876
泾源县	8586	4110	4476	1610	875	735
彭阳县	27274	13553	13721	6258	3935	2323
中卫市	**159065**	**79390**	**79675**	**25531**	**15436**	**10095**
沙坡头区	3140	1691	1449	804	549	255
中宁县	95980	48526	47454	17521	10856	6665
海原县	59945	29173	30772	7206	4031	3175

7-9b 续表 1

单位：人

现住地	学习培训			随同离开/投亲靠友			拆迁/搬家		
	小计	男	女	小计	男	女	小计	男	女
宁 夏	**97797**	**48972**	**48825**	**171624**	**77138**	**94486**	**161139**	**84767**	**76372**
银川市	**23884**	**12692**	**11192**	**55716**	**25195**	**30521**	**74926**	**39076**	**35850**
兴庆区	2925	2014	911	6284	2844	3440	9911	5068	4843
西夏区	54	26	28	1575	696	879	1587	844	743
金凤区	37	16	21	109	37	72	611	311	300
永宁县	11430	5168	6262	19888	9155	10733	26419	13965	12454
贺兰县	7957	4400	3557	20670	9470	11200	31377	16193	15184
灵武市	1481	1068	413	7190	2993	4197	5021	2695	2326
石嘴山市	**9684**	**4623**	**5061**	**25961**	**11482**	**14479**	**23226**	**12218**	**11008**
大武口区	2688	1056	1632	1455	668	787	1436	779	657
惠农区	263	125	138	3596	1514	2082	6721	3549	3172
平罗县	6733	3442	3291	20910	9300	11610	15069	7890	7179
吴忠市	**15335**	**7504**	**7831**	**32656**	**15082**	**17574**	**22967**	**12151**	**10816**
利通区	103	52	51	911	392	519	1212	622	590
红寺堡区	121	71	50	632	250	382	262	158	104
盐池县	4723	2477	2246	15341	7097	8244	6012	3170	2842
同心县	10154	4783	5371	13228	6298	6930	12983	6868	6115
青铜峡市	234	121	113	2544	1045	1499	2498	1333	1165
固原市	**26677**	**13278**	**13399**	**17897**	**8032**	**9865**	**15075**	**7810**	**7265**
原州区	188	97	91	1751	804	947	1566	886	680
西吉县	16697	8355	8342	6220	2916	3304	7377	3723	3654
隆德县	3158	1607	1551	2097	933	1164	979	504	475
泾源县	1544	663	881	1605	722	883	2145	1100	1045
彭阳县	5090	2556	2534	6224	2657	3567	3008	1597	1411
中卫市	**22217**	**10875**	**11342**	**39394**	**17347**	**22047**	**24945**	**13512**	**11433**
沙坡头区	99	56	43	772	362	410	834	455	379
中宁县	7139	3418	3721	27609	11900	15709	15885	8834	7051
海原县	14979	7401	7578	11013	5085	5928	8226	4223	4003

7-9b 续表 2 单位：人

现住地	寄挂户口			婚姻嫁娶			照料孙子女		
	小计	男	女	小计	男	女	小计	男	女
宁 夏	**13535**	**7004**	**6531**	**33531**	**7943**	**25588**	**16126**	**5550**	**10576**
银川市	**4918**	**2540**	**2378**	**17742**	**4228**	**13514**	**7664**	**2634**	**5030**
兴庆区	961	522	439	1931	422	1509	1119	396	723
西夏区	68	24	44	91	9	82	20	8	12
金凤区	75	44	31	95	27	68	9	4	5
永宁县	1738	872	866	6158	1533	4625	2275	764	1511
贺兰县	1742	908	834	8594	2115	6479	3944	1355	2589
灵武市	334	170	164	873	122	751	297	107	190
石嘴山市	**788**	**412**	**376**	**6779**	**2164**	**4615**	**2191**	**776**	**1415**
大武口区	49	29	20	120	12	108	32	14	18
惠农区	73	39	34	418	96	322	119	43	76
平罗县	666	344	322	6241	2056	4185	2040	719	1321
吴忠市	**1491**	**769**	**722**	**3549**	**402**	**3147**	**1041**	**373**	**668**
利通区	102	53	49	201	24	177	41	15	26
红寺堡区	24	14	10	56	6	50	12	2	10
盐池县	471	259	212	1641	219	1422	645	226	419
同心县	707	346	361	1442	136	1306	297	113	184
青铜峡市	187	97	90	209	17	192	46	17	29
固原市	**1458**	**737**	**721**	**1410**	**126**	**1284**	**2252**	**704**	**1548**
原州区	112	64	48	219	26	193	20	4	16
西吉县	1080	536	544	427	28	399	1059	337	722
隆德县	51	30	21	106	12	94	611	189	422
泾源县	53	30	23	141	12	129	91	34	57
彭阳县	162	77	85	517	48	469	471	140	331
中卫市	**4880**	**2546**	**2334**	**4051**	**1023**	**3028**	**2978**	**1063**	**1915**
沙坡头区	34	19	15	99	17	82	9	4	5
中宁县	4237	2202	2035	3379	968	2411	2259	807	1452
海原县	609	325	284	573	38	535	710	252	458

7-9b 续表 3

单位：人

现住地	为子女就学			养老/康养			其他		
	小计	男	女	小计	男	女	小计	男	女
宁 夏	**74325**	**34505**	**39820**	**19984**	**9282**	**10702**	**52478**	**27010**	**25468**
银川市	**11507**	**5417**	**6090**	**6468**	**2914**	**3554**	**21561**	**10951**	**10610**
兴庆区	801	351	450	1011	422	589	3359	1714	1645
西夏区	75	33	42	38	17	21	368	198	170
金凤区	7	4	3	16	7	9	219	118	101
永宁县	3865	1844	2021	2164	1000	1164	8608	4422	4186
贺兰县	5973	2807	3166	3171	1435	1736	7341	3705	3636
灵武市	786	378	408	68	33	35	1666	794	872
石嘴山市	**15088**	**7310**	**7778**	**5929**	**2734**	**3195**	**5712**	**2942**	**2770**
大武口区	69	20	49	52	27	25	177	98	79
惠农区	470	221	249	559	241	318	719	360	359
平罗县	14549	7069	7480	5318	2466	2852	4816	2484	2332
吴忠市	**12336**	**5558**	**6778**	**1771**	**838**	**933**	**10053**	**5171**	**4882**
利通区	93	46	47	132	76	56	389	226	163
红寺堡区	6	2	4	2	1	1	180	87	93
盐池县	5758	2502	3256	1007	485	522	3636	1883	1753
同心县	6365	2962	3403	533	236	297	5450	2769	2681
青铜峡市	114	46	68	97	40	57	398	206	192
固原市	**12953**	**5123**	**7830**	**2335**	**1171**	**1164**	**6005**	**3080**	**2925**
原州区	122	55	67	80	54	26	506	288	218
西吉县	6240	2298	3942	690	317	373	2117	1059	1058
隆德县	2453	951	1502	832	448	384	1312	687	625
泾源县	581	257	324	198	102	96	618	315	303
彭阳县	3557	1562	1995	535	250	285	1452	731	721
中卫市	**22441**	**11097**	**11344**	**3481**	**1625**	**1856**	**9147**	**4866**	**4281**
沙坡头区	350	158	192	30	12	18	109	59	50
中宁县	11943	6459	5484	2767	1266	1501	3241	1816	1425
海原县	10148	4480	5668	684	347	337	5797	2991	2806

7-9c 全区按现住地、性别、迁移原因分的户口登记地在本自治区其他乡镇街道的人口(乡村)

单位：人

现住地	合计			工作就业		
	合计	男	女	小计	男	女
宁　夏	**458397**	**241367**	**217030**	**96192**	**65349**	**30843**
银川市	**148143**	**79636**	**68507**	**45056**	**31068**	**13988**
兴庆区	19278	9273	10005	4606	3159	1447
西夏区	17331	8931	8400	2964	1793	1171
金凤区	33843	17096	16747	11051	6578	4473
永宁县	24671	12402	12269	3218	1782	1436
贺兰县	30890	15626	15264	7658	4685	2973
灵武市	22130	16308	5822	15559	13071	2488
石嘴山市	**34249**	**18570**	**15679**	**10215**	**7053**	**3162**
大武口区	6793	4116	2677	910	618	292
惠农区	6094	3557	2537	2327	1734	593
平罗县	21362	10897	10465	6978	4701	2277
吴忠市	**120627**	**62799**	**57828**	**19417**	**13125**	**6292**
利通区	36098	18419	17679	5407	3425	1982
红寺堡区	29032	14805	14227	2191	1505	686
盐池县	14685	8806	5879	6309	4710	1599
同心县	22917	11466	11451	913	630	283
青铜峡市	17895	9303	8592	4597	2855	1742
固原市	**67876**	**35357**	**32519**	**12474**	**8223**	**4251**
原州区	40639	20772	19867	7069	4568	2501
西吉县	9895	5336	4559	1212	818	394
隆德县	5406	2844	2562	1202	771	431
泾源县	2969	1499	1470	666	409	257
彭阳县	8967	4906	4061	2325	1657	668
中卫市	**87502**	**45005**	**42497**	**9030**	**5880**	**3150**
沙坡头区	32950	16990	15960	3747	2379	1368
中宁县	41531	21374	20157	3461	2344	1117
海原县	13021	6641	6380	1822	1157	665

7–9c　续表 1

单位：人

现住地	学习培训			随同离开/投亲靠友			拆迁/搬家		
	小计	男	女	小计	男	女	小计	男	女
宁　夏	**32419**	**15174**	**17245**	**90776**	**41636**	**49140**	**130314**	**70927**	**59387**
银川市	**14183**	**6132**	**8051**	**25128**	**11526**	**13602**	**34499**	**18482**	**16017**
兴庆区	8218	3039	5179	2390	1130	1260	2076	1097	979
西夏区	369	194	175	5442	2534	2908	4488	2622	1866
金凤区	1700	832	868	4416	2028	2388	8114	4237	3877
永宁县	2375	1266	1109	4569	2044	2525	10043	5283	4760
贺兰县	1164	552	612	6489	3007	3482	7454	3933	3521
灵武市	357	249	108	1822	783	1039	2324	1310	1014
石嘴山市	**5689**	**2621**	**3068**	**6083**	**2716**	**3367**	**6510**	**3625**	**2885**
大武口区	2428	1657	771	941	439	502	1623	962	661
惠农区	69	36	33	947	411	536	1964	1001	963
平罗县	3192	928	2264	4195	1866	2329	2923	1662	1261
吴忠市	**3776**	**1985**	**1791**	**25808**	**11941**	**13867**	**42853**	**23020**	**19833**
利通区	1355	722	633	5975	2797	3178	13989	7381	6608
红寺堡区	629	320	309	8648	3949	4699	11888	6459	5429
盐池县	654	355	299	1790	861	929	2607	1402	1205
同心县	512	272	240	6573	3048	3525	9392	5116	4276
青铜峡市	626	316	310	2822	1286	1536	4977	2662	2315
固原市	**6695**	**3350**	**3345**	**10428**	**4732**	**5696**	**14502**	**7786**	**6716**
原州区	4865	2406	2459	6595	2971	3624	9135	4848	4287
西吉县	259	146	113	1147	564	583	2684	1475	1209
隆德县	774	387	387	668	299	369	725	394	331
泾源县	106	56	50	481	227	254	641	342	299
彭阳县	691	355	336	1537	671	866	1317	727	590
中卫市	**2076**	**1086**	**990**	**23329**	**10721**	**12608**	**31950**	**18014**	**13936**
沙坡头区	916	491	425	8188	3854	4334	13660	7448	6212
中宁县	642	347	295	12707	5705	7002	14314	8447	5867
海原县	518	248	270	2434	1162	1272	3976	2119	1857

7-9c 续表 2 单位：人

现 住 地	寄挂户口			婚姻嫁娶			照料孙子女		
	小计	男	女	小计	男	女	小计	男	女
宁 夏	**16213**	**8534**	**7679**	**19619**	**3054**	**16565**	**4578**	**1679**	**2899**
银川市	**3198**	**1687**	**1511**	**6348**	**1113**	**5235**	**2079**	**729**	**1350**
兴庆区	330	170	160	396	51	345	78	35	43
西夏区	293	149	144	549	9	540	84	32	52
金凤区	712	372	340	2115	438	1677	1190	404	786
永宁县	528	293	235	747	107	640	78	27	51
贺兰县	841	432	409	1996	437	1559	610	221	389
灵武市	494	271	223	545	71	474	39	10	29
石嘴山市	**779**	**432**	**347**	**1238**	**234**	**1004**	**232**	**86**	**146**
大武口区	96	54	42	96	15	81	41	18	23
惠农区	132	83	49	145	21	124	9	5	4
平罗县	551	295	256	997	198	799	182	63	119
吴忠市	**3627**	**1914**	**1713**	**6136**	**1053**	**5083**	**910**	**350**	**560**
利通区	679	351	328	2561	611	1950	352	122	230
红寺堡区	995	510	485	999	50	949	161	80	81
盐池县	519	258	261	264	13	251	83	29	54
同心县	1021	573	448	1197	72	1125	133	58	75
青铜峡市	413	222	191	1115	307	808	181	61	120
固原市	**2845**	**1538**	**1307**	**2100**	**289**	**1811**	**821**	**307**	**514**
原州区	1067	562	505	1195	167	1028	464	164	300
西吉县	953	541	412	312	30	282	97	41	56
隆德县	184	110	74	134	16	118	71	26	45
泾源县	166	76	90	267	53	214	42	19	23
彭阳县	475	249	226	192	23	169	147	57	90
中卫市	**5764**	**2963**	**2801**	**3797**	**365**	**3432**	**536**	**207**	**329**
沙坡头区	499	282	217	1428	179	1249	269	95	174
中宁县	4621	2319	2302	1698	126	1572	173	75	98
海原县	644	362	282	671	60	611	94	37	57

7−9c　续表 3　　　　单位：人

现住地	为子女就学			养老/康养			其　他		
	小计	男	女	小计	男	女	小计	男	女
宁　夏	**13734**	**6284**	**7450**	**7741**	**4083**	**3658**	**46811**	**24647**	**22164**
银川市	**2433**	**1103**	**1330**	**2042**	**1006**	**1036**	**13177**	**6790**	**6387**
兴庆区	97	27	70	143	82	61	944	483	461
西夏区	97	41	56	134	68	66	2911	1489	1422
金凤区	544	240	304	803	401	402	3198	1566	1632
永宁县	571	281	290	263	132	131	2279	1187	1092
贺兰县	1071	493	578	679	314	365	2928	1552	1376
灵武市	53	21	32	20	9	11	917	513	404
石嘴山市	**730**	**372**	**358**	**721**	**318**	**403**	**2052**	**1113**	**939**
大武口区	15	10	5	47	21	26	596	322	274
惠农区	17	7	10	46	20	26	438	239	199
平罗县	698	355	343	628	277	351	1018	552	466
吴忠市	**3779**	**1802**	**1977**	**1702**	**823**	**879**	**12619**	**6786**	**5833**
利通区	1802	916	886	359	180	179	3619	1914	1705
红寺堡区	222	97	125	329	162	167	2970	1673	1297
盐池县	804	328	476	293	155	138	1362	695	667
同心县	226	111	115	270	132	138	2680	1454	1226
青铜峡市	725	350	375	451	194	257	1988	1050	938
固原市	**4608**	**1966**	**2642**	**2319**	**1366**	**953**	**11084**	**5800**	**5284**
原州区	3540	1577	1963	763	408	355	5946	3101	2845
西吉县	68	25	43	445	287	158	2718	1409	1309
隆德县	250	56	194	503	299	204	895	486	409
泾源县	40	17	23	106	64	42	454	236	218
彭阳县	710	291	419	502	308	194	1071	568	503
中卫市	**2184**	**1041**	**1143**	**957**	**570**	**387**	**7879**	**4158**	**3721**
沙坡头区	1397	697	700	379	223	156	2467	1342	1125
中宁县	474	213	261	398	242	156	3043	1556	1487
海原县	313	131	182	180	105	75	2369	1260	1109

7-10 全区按现住地、性别、迁移原因分的户口登记地在外省的人口

单位：人

现住地	合计			工作就业		
	合计	男	女	小计	男	女
宁夏	**675119**	**394759**	**280360**	**364430**	**247875**	**116555**
银川市	**474773**	**275259**	**199514**	**263267**	**175655**	**87612**
兴庆区	177261	102106	75155	106708	68509	38199
西夏区	90895	50998	39897	36591	25032	11559
金凤区	77028	44906	32122	44918	30162	14756
永宁县	47722	27303	20419	26950	17713	9237
贺兰县	52164	29925	22239	27658	18375	9283
灵武市	29703	20021	9682	20442	15864	4578
石嘴山市	**74984**	**45065**	**29919**	**37384**	**27156**	**10228**
大武口区	36812	20852	15960	14484	10006	4478
惠农区	24158	15650	8508	15031	11465	3566
平罗县	14014	8563	5451	7869	5685	2184
吴忠市	**65125**	**38697**	**26428**	**33716**	**23423**	**10293**
利通区	18844	10817	8027	8813	5882	2931
红寺堡区	8360	4932	3428	3454	2565	889
盐池县	16106	10129	5977	8983	6707	2276
同心县	4740	3118	1622	2735	2145	590
青铜峡市	17075	9701	7374	9731	6124	3607
固原市	**23950**	**14040**	**9910**	**12791**	**9131**	**3660**
原州区	12985	7443	5542	6640	4649	1991
西吉县	4046	2464	1582	2328	1681	647
隆德县	2288	1223	1065	1182	749	433
泾源县	1135	653	482	604	433	171
彭阳县	3496	2257	1239	2037	1619	418
中卫市	**36287**	**21698**	**14589**	**17272**	**12510**	**4762**
沙坡头区	18275	11176	7099	9689	7049	2640
中宁县	14968	8704	6264	6101	4390	1711
海原县	3044	1818	1226	1482	1071	411

7-10　续表 1　　　　单位：人

现住地	学习培训			随同离开/投亲靠友			拆迁/搬家		
	小计	男	女	小计	男	女	小计	男	女
宁　夏	**48818**	**25080**	**23738**	**111769**	**50630**	**61139**	**52806**	**29909**	**22897**
银川市	**38067**	**19369**	**18698**	**77016**	**35109**	**41907**	**30779**	**17442**	**13337**
兴庆区	7978	4162	3816	28656	13318	15338	9966	5574	4392
西夏区	22231	11123	11108	14613	6571	8042	6528	3835	2693
金凤区	2676	1399	1277	9673	4401	5272	5971	3355	2616
永宁县	2355	1050	1305	9361	4346	5015	2641	1496	1145
贺兰县	1907	1067	840	10053	4570	5483	4302	2426	1876
灵武市	920	568	352	4660	1903	2757	1371	756	615
石嘴山市	**6230**	**3442**	**2788**	**13900**	**6280**	**7620**	**7080**	**3988**	**3092**
大武口区	5268	2918	2350	6867	3154	3713	4440	2540	1900
惠农区	521	297	224	4538	1999	2539	1650	912	738
平罗县	441	227	214	2495	1127	1368	990	536	454
吴忠市	**1912**	**939**	**973**	**10266**	**4591**	**5675**	**8693**	**4930**	**3763**
利通区	610	289	321	3097	1437	1660	2956	1695	1261
红寺堡区	309	165	144	1465	631	834	1713	935	778
盐池县	503	264	239	2455	1092	1363	1704	963	741
同心县	113	45	68	597	270	327	419	232	187
青铜峡市	377	176	201	2652	1161	1491	1901	1105	796
固原市	**1452**	**665**	**787**	**3580**	**1538**	**2042**	**1357**	**773**	**584**
原州区	949	400	549	2159	928	1231	875	502	373
西吉县	166	79	87	451	199	252	166	89	77
隆德县	149	82	67	314	138	176	80	43	37
泾源县	34	22	12	139	58	81	77	43	34
彭阳县	154	82	72	517	215	302	159	96	63
中卫市	**1157**	**665**	**492**	**7007**	**3112**	**3895**	**4897**	**2776**	**2121**
沙坡头区	596	362	234	3200	1436	1764	1953	1109	844
中宁县	436	228	208	3458	1504	1954	2620	1510	1110
海原县	125	75	50	349	172	177	324	157	167

7-10 续表 2

单位：人

现住地	寄挂户口			婚姻嫁娶			照料孙子女		
	小计	男	女	小计	男	女	小计	男	女
宁 夏	**4781**	**2555**	**2226**	**20792**	**4344**	**16448**	**18539**	**5936**	**12603**
银川市	**3009**	**1607**	**1402**	**12740**	**2653**	**10087**	**14951**	**4856**	**10095**
兴庆区	897	467	430	3750	839	2911	5113	1693	3420
西夏区	1070	573	497	2222	317	1905	2497	781	1716
金凤区	262	160	102	3207	840	2367	4187	1399	2788
永宁县	276	144	132	1232	210	1022	1165	350	815
贺兰县	321	167	154	1700	328	1372	1632	530	1102
灵武市	183	96	87	629	119	510	357	103	254
石嘴山市	**527**	**272**	**255**	**2781**	**503**	**2278**	**1535**	**484**	**1051**
大武口区	322	158	164	1534	277	1257	1011	326	685
惠农区	80	40	40	644	98	546	323	95	228
平罗县	125	74	51	603	128	475	201	63	138
吴忠市	**400**	**209**	**191**	**2380**	**582**	**1798**	**766**	**224**	**542**
利通区	124	64	60	851	250	601	363	111	252
红寺堡区	65	33	32	237	29	208	112	36	76
盐池县	58	31	27	522	107	415	114	29	85
同心县	61	34	27	186	33	153	11	3	8
青铜峡市	92	47	45	584	163	421	166	45	121
固原市	**235**	**136**	**99**	**1341**	**236**	**1105**	**468**	**135**	**333**
原州区	76	39	37	741	165	576	311	95	216
西吉县	98	61	37	235	22	213	46	18	28
隆德县	25	14	11	104	17	87	66	15	51
泾源县	8	4	4	103	10	93	8	2	6
彭阳县	28	18	10	158	22	136	37	5	32
中卫市	**610**	**331**	**279**	**1550**	**370**	**1180**	**819**	**237**	**582**
沙坡头区	132	74	58	848	214	634	510	150	360
中宁县	419	220	199	507	125	382	283	81	202
海原县	59	37	22	195	31	164	26	6	20

7-10　续表 3　　　　单位：人

现住地	为子女就学			养老/康养			其　他		
	小计	男	女	小计	男	女	小计	男	女
宁　夏	**6753**	**3144**	**3609**	**6236**	**2698**	**3538**	**40195**	**22588**	**17607**
银川市	**3906**	**1773**	**2133**	**4396**	**1903**	**2493**	**26642**	**14892**	**11750**
兴庆区	1321	574	747	1448	604	844	11424	6366	5058
西夏区	488	237	251	708	323	385	3947	2206	1741
金凤区	701	325	376	1164	509	655	4269	2356	1913
永宁县	431	197	234	334	144	190	2977	1653	1324
贺兰县	748	350	398	675	289	386	3168	1823	1345
灵武市	217	90	127	67	34	33	857	488	369
石嘴山市	**786**	**391**	**395**	**754**	**311**	**443**	**4007**	**2238**	**1769**
大武口区	387	189	198	394	148	246	2105	1136	969
惠农区	134	64	70	201	89	112	1036	591	445
平罗县	265	138	127	159	74	85	866	511	355
吴忠市	**1116**	**540**	**576**	**566**	**246**	**320**	**5310**	**3013**	**2297**
利通区	361	186	175	168	75	93	1501	828	673
红寺堡区	148	65	83	68	32	36	789	441	348
盐池县	385	169	216	168	69	99	1214	698	516
同心县	68	35	33	39	21	18	511	300	211
青铜峡市	154	85	69	123	49	74	1295	746	549
固原市	**455**	**190**	**265**	**274**	**127**	**147**	**1997**	**1109**	**888**
原州区	217	103	114	140	62	78	877	500	377
西吉县	54	17	37	39	18	21	463	280	183
隆德县	68	23	45	53	26	27	247	116	131
泾源县	6	3	3	15	9	6	141	69	72
彭阳县	110	44	66	27	12	15	269	144	125
中卫市	**490**	**250**	**240**	**246**	**111**	**135**	**2239**	**1336**	**903**
沙坡头区	236	114	122	83	39	44	1028	629	399
中宁县	219	120	99	140	60	80	785	466	319
海原县	35	16	19	23	12	11	426	241	185

7-10a 全区按现住地、性别、迁移原因分的户口登记地在外省的人口(城市)

单位：人

现住地	合计			工作就业		
	合计	男	女	小计	男	女
宁　夏	**373111**	**213159**	**159952**	**193637**	**128394**	**65243**
银川市	**283790**	**161446**	**122344**	**150596**	**98427**	**52169**
兴庆区	129947	74260	55687	77485	49246	28239
西夏区	84984	47663	37321	34447	23532	10915
金凤区	58974	34022	24952	33469	22308	11161
永宁县						
贺兰县	1343	812	531	875	572	303
灵武市	8542	4689	3853	4320	2769	1551
石嘴山市	**47614**	**27977**	**19637**	**23920**	**17003**	**6917**
大武口区	28950	16307	12643	12840	8805	4035
惠农区	18664	11670	6994	11080	8198	2882
平罗县						
吴忠市	**21007**	**11765**	**9242**	**8702**	**5698**	**3004**
利通区	12389	6978	5411	5276	3453	1823
红寺堡区	3459	1868	1591	1190	795	395
盐池县						
同心县						
青铜峡市	5159	2919	2240	2236	1450	786
固原市	**9188**	**5183**	**4005**	**4465**	**3103**	**1362**
原州区	9188	5183	4005	4465	3103	1362
西吉县						
隆德县						
泾源县						
彭阳县						
中卫市	**11512**	**6788**	**4724**	**5954**	**4163**	**1791**
沙坡头区	11512	6788	4724	5954	4163	1791
中宁县						
海原县						

7-10a　续表 1　　单位：人

现住地	学习培训			随同离开/投亲靠友			拆迁/搬家		
	小计	男	女	小计	男	女	小计	男	女
宁　夏	**34412**	**17424**	**16988**	**59659**	**27375**	**32284**	**29368**	**16679**	**12689**
银川市	**30973**	**15636**	**15337**	**42253**	**19503**	**22750**	**19027**	**10769**	**8258**
兴庆区	6244	3214	3030	19981	9423	10558	7750	4309	3441
西夏区	22090	11045	11045	13298	6023	7275	5357	3141	2216
金凤区	2087	1067	1020	7146	3244	3902	5079	2876	2203
永宁县									
贺兰县	57	39	18	171	86	85	38	18	20
灵武市	495	271	224	1657	727	930	803	425	378
石嘴山市	**1203**	**709**	**494**	**10132**	**4588**	**5544**	**5091**	**2876**	**2215**
大武口区	765	463	302	6256	2865	3391	3742	2129	1613
惠农区	438	246	192	3876	1723	2153	1349	747	602
平罗县									
吴忠市	**945**	**451**	**494**	**3546**	**1665**	**1881**	**3632**	**2079**	**1553**
利通区	502	228	274	2052	983	1069	2198	1264	934
红寺堡区	213	113	100	683	299	384	561	303	258
盐池县									
同心县									
青铜峡市	230	110	120	811	383	428	873	512	361
固原市	**811**	**332**	**479**	**1606**	**688**	**918**	**651**	**376**	**275**
原州区	811	332	479	1606	688	918	651	376	275
西吉县									
隆德县									
泾源县									
彭阳县									
中卫市	**480**	**296**	**184**	**2122**	**931**	**1191**	**967**	**579**	**388**
沙坡头区	480	296	184	2122	931	1191	967	579	388
中宁县									
海原县									

7-10a 续表 2 单位：人

现住地	寄挂户口			婚姻嫁娶			照料孙子女		
	小计	男	女	小计	男	女	小计	男	女
宁 夏	**2691**	**1421**	**1270**	**12076**	**2662**	**9414**	**12878**	**4198**	**8680**
银川市	**2016**	**1088**	**928**	**8010**	**1760**	**6250**	**10466**	**3456**	**7010**
兴庆区	664	346	318	2989	687	2302	4183	1391	2792
西夏区	1053	559	494	2060	299	1761	2432	759	1673
金凤区	225	146	79	2585	695	1890	3609	1225	2384
永宁县									
贺兰县	1	1		26	5	21	51	20	31
灵武市	73	36	37	350	74	276	191	61	130
石嘴山市	**367**	**179**	**188**	**1957**	**344**	**1613**	**1244**	**389**	**855**
大武口区	304	150	154	1446	266	1180	976	313	663
惠农区	63	29	34	511	78	433	268	76	192
平罗县									
吴忠市	**150**	**69**	**81**	**997**	**286**	**711**	**472**	**145**	**327**
利通区	94	44	50	577	177	400	302	95	207
红寺堡区	31	14	17	107	9	98	79	24	55
盐池县									
同心县									
青铜峡市	25	11	14	313	100	213	91	26	65
固原市	**46**	**25**	**21**	**507**	**121**	**386**	**259**	**80**	**179**
原州区	46	25	21	507	121	386	259	80	179
西吉县									
隆德县									
泾源县									
彭阳县									
中卫市	**112**	**60**	**52**	**605**	**151**	**454**	**437**	**128**	**309**
沙坡头区	112	60	52	605	151	454	437	128	309
中宁县									
海原县									

7-10a　续表 3　　单位：人

现住地	为子女就学			养老/康养			其他		
	小计	男	女	小计	男	女	小计	男	女
宁　夏	**3663**	**1724**	**1939**	**3812**	**1646**	**2166**	**20915**	**11636**	**9279**
银川市	**2280**	**1042**	**1238**	**2890**	**1259**	**1631**	**15279**	**8506**	**6773**
兴庆区	1060	460	600	1160	489	671	8431	4695	3736
西夏区	456	224	232	652	296	356	3139	1785	1354
金凤区	573	273	300	1034	451	583	3167	1737	1430
永宁县									
贺兰县	31	13	18	7	4	3	86	54	32
灵武市	160	72	88	37	19	18	456	235	221
石嘴山市	**492**	**239**	**253**	**540**	**217**	**323**	**2668**	**1433**	**1235**
大武口区	373	183	190	368	140	228	1880	993	887
惠农区	119	56	63	172	77	95	788	440	348
平罗县									
吴忠市	**542**	**272**	**270**	**220**	**97**	**123**	**1801**	**1003**	**798**
利通区	295	151	144	117	52	65	976	531	445
红寺堡区	127	54	73	36	18	18	432	239	193
盐池县									
同心县									
青铜峡市	120	67	53	67	27	40	393	233	160
固原市	**180**	**88**	**92**	**107**	**47**	**60**	**556**	**323**	**233**
原州区	180	88	92	107	47	60	556	323	233
西吉县									
隆德县									
泾源县									
彭阳县									
中卫市	**169**	**83**	**86**	**55**	**26**	**29**	**611**	**371**	**240**
沙坡头区	169	83	86	55	26	29	611	371	240
中宁县									
海原县									

7-10b 全区按现住地、性别、迁移原因分的户口登记地在外省的人口(镇)

单位：人

现住地	合计			工作就业		
	合计	男	女	小计	男	女
宁　夏	**164205**	**95330**	**68875**	**89048**	**60069**	**28979**
银川市	**116061**	**66949**	**49112**	**65921**	**43664**	**22257**
兴庆区	30284	17402	12882	17898	11438	6460
西夏区	1136	644	492	548	357	191
金凤区	839	538	301	555	389	166
永宁县	39776	22556	17220	22300	14606	7694
贺兰县	34325	19677	14648	18038	12036	6002
灵武市	9701	6132	3569	6582	4838	1744
石嘴山市	**15335**	**8599**	**6736**	**5085**	**3446**	**1639**
大武口区	5774	3192	2582	654	429	225
惠农区	1869	1044	825	828	590	238
平罗县	7692	4363	3329	3603	2427	1176
吴忠市	**16046**	**9789**	**6257**	**9113**	**6606**	**2507**
利通区	1148	701	447	803	558	245
红寺堡区	1147	800	347	899	677	222
盐池县	7146	4085	3061	3394	2324	1070
同心县	3074	2072	1002	1950	1525	425
青铜峡市	3531	2131	1400	2067	1522	545
固原市	**6545**	**3904**	**2641**	**3752**	**2658**	**1094**
原州区	420	242	178	243	161	82
西吉县	2398	1513	885	1496	1084	412
隆德县	1268	668	600	647	392	255
泾源县	501	272	229	268	173	95
彭阳县	1958	1209	749	1098	848	250
中卫市	**10218**	**6089**	**4129**	**5177**	**3695**	**1482**
沙坡头区	1329	965	364	962	793	169
中宁县	7297	4163	3134	3341	2293	1048
海原县	1592	961	631	874	609	265

7-10b 续表 1

单位：人

现住地	学习培训			随同离开/投亲靠友			拆迁/搬家		
	小计	男	女	小计	男	女	小计	男	女
宁　夏	**10644**	**5587**	**5057**	**30705**	**13975**	**16730**	**10650**	**5985**	**4665**
银川市	**4718**	**2380**	**2338**	**22163**	**10206**	**11957**	**7286**	**4125**	**3161**
兴庆区	1023	577	446	5521	2559	2962	1854	1055	799
西夏区	33	20	13	236	97	139	158	90	68
金凤区	22	15	7	65	28	37	67	36	31
永宁县	2091	902	1189	8184	3856	4328	2033	1145	888
贺兰县	1308	708	600	6131	2876	3255	2928	1657	1271
灵武市	241	158	83	2026	790	1236	246	142	104
石嘴山市	**4715**	**2595**	**2120**	**2403**	**1112**	**1291**	**1170**	**625**	**545**
大武口区	4362	2387	1975	284	139	145	309	166	143
惠农区	51	31	20	469	193	276	239	131	108
平罗县	302	177	125	1650	780	870	622	328	294
吴忠市	**481**	**235**	**246**	**3072**	**1296**	**1776**	**1032**	**594**	**438**
利通区	7	3	4	152	50	102	65	36	29
红寺堡区	17	9	8	111	43	68	32	19	13
盐池县	315	167	148	1628	734	894	499	301	198
同心县	86	33	53	392	186	206	217	118	99
青铜峡市	56	23	33	789	283	506	219	120	99
固原市	**358**	**187**	**171**	**947**	**407**	**540**	**251**	**140**	**111**
原州区	12	5	7	72	33	39	37	23	14
西吉县	126	59	67	264	120	144	64	33	31
隆德县	104	60	44	185	77	108	48	25	23
泾源县	15	10	5	74	30	44	42	23	19
彭阳县	101	53	48	352	147	205	60	36	24
中卫市	**372**	**190**	**182**	**2120**	**954**	**1166**	**911**	**501**	**410**
沙坡头区	18	12	6	155	65	90	88	47	41
中宁县	279	134	145	1779	800	979	706	399	307
海原县	75	44	31	186	89	97	117	55	62

7-10b 续表 2

单位：人

现住地	寄挂户口			婚姻嫁娶			照料孙子女		
	小计	男	女	小计	男	女	小计	男	女
宁　夏	**1220**	**658**	**562**	**4986**	**939**	**4047**	**4124**	**1294**	**2830**
银川市	**759**	**390**	**369**	**3219**	**556**	**2663**	**3425**	**1096**	**2329**
兴庆区	180	93	87	595	121	474	818	275	543
西夏区	1	1		22	4	18	14	5	9
金凤区	3	1	2	21	6	15	10	3	7
永宁县	231	116	115	1085	162	923	1112	337	775
贺兰县	263	136	127	1314	244	1070	1332	439	893
灵武市	81	43	38	182	19	163	139	37	102
石嘴山市	**89**	**54**	**35**	**590**	**121**	**469**	**229**	**73**	**156**
大武口区	9	4	5	42	4	38	17	5	12
惠农区	8	5	3	94	13	81	48	17	31
平罗县	72	45	27	454	104	350	164	51	113
吴忠市	**109**	**59**	**50**	**521**	**117**	**404**	**123**	**29**	**94**
利通区	3	2	1	39	10	29	4		4
红寺堡区				10	3	7	7	1	6
盐池县	39	24	15	331	78	253	80	20	60
同心县	27	13	14	77	18	59	8	2	6
青铜峡市	40	20	20	64	8	56	24	6	18
固原市	**65**	**42**	**23**	**282**	**45**	**237**	**115**	**32**	**83**
原州区	1	1		21	3	18	1		1
西吉县	48	33	15	92	14	78	36	14	22
隆德县	10	4	6	46	9	37	41	11	30
泾源县	3	1	2	37	4	33	7	2	5
彭阳县	3	3		86	15	71	30	5	25
中卫市	**198**	**113**	**85**	**374**	**100**	**274**	**232**	**64**	**168**
沙坡头区	2	2		36	13	23	11	3	8
中宁县	177	97	80	264	68	196	203	57	146
海原县	19	14	5	74	19	55	18	4	14

7-10b　续表 3　　　　单位：人

现住地	为子女就学			养老/康养			其　他		
	小计	男	女	小计	男	女	小计	男	女
宁　夏	**2239**	**1064**	**1175**	**1502**	**654**	**848**	**9087**	**5105**	**3982**
银川市	**1210**	**573**	**637**	**1033**	**444**	**589**	**6327**	**3515**	**2812**
兴庆区	214	101	113	240	95	145	1941	1088	853
西夏区	8	5	3	5	2	3	111	63	48
金凤区				8	4	4	88	56	32
永宁县	360	167	193	294	126	168	2086	1139	947
贺兰县	581	286	295	471	208	263	1959	1087	872
灵武市	47	14	33	15	9	6	142	82	60
石嘴山市	**261**	**136**	**125**	**172**	**76**	**96**	**621**	**361**	**260**
大武口区	10	5	5	14	4	10	73	49	24
惠农区	11	6	5	20	8	12	101	50	51
平罗县	240	125	115	138	64	74	447	262	185
吴忠市	**360**	**167**	**193**	**132**	**57**	**75**	**1103**	**629**	**474**
利通区	12	6	6	6	1	5	57	35	22
红寺堡区	1		1	4	2	2	66	46	20
盐池县	284	126	158	89	38	51	487	273	214
同心县	56	31	25	12	8	4	249	138	111
青铜峡市	7	4	3	21	8	13	244	137	107
固原市	**196**	**75**	**121**	**84**	**40**	**44**	**495**	**278**	**217**
原州区	3		3	4	2	2	26	14	12
西吉县	54	17	37	26	12	14	192	127	65
隆德县	52	21	31	29	14	15	106	55	51
泾源县	3	2	1	9	5	4	43	22	21
彭阳县	84	35	49	16	7	9	128	60	68
中卫市	**212**	**113**	**99**	**81**	**37**	**44**	**541**	**322**	**219**
沙坡头区	13	4	9	5	2	3	39	24	15
中宁县	171	95	76	66	30	36	311	190	121
海原县	28	14	14	10	5	5	191	108	83

7-10c 全区按现住地、性别、迁移原因分的户口登记地在外省的人口(乡村)

单位：人

现住地	合计			工作就业		
	合计	男	女	小计	男	女
宁 夏	**137803**	**86270**	**51533**	**81745**	**59412**	**22333**
银川市	**74922**	**46864**	**28058**	**46750**	**33564**	**13186**
兴庆区	17030	10444	6586	11325	7825	3500
西夏区	4775	2691	2084	1596	1143	453
金凤区	17215	10346	6869	10894	7465	3429
永宁县	7946	4747	3199	4650	3107	1543
贺兰县	16496	9436	7060	8745	5767	2978
灵武市	11460	9200	2260	9540	8257	1283
石嘴山市	**12035**	**8489**	**3546**	**8379**	**6707**	**1672**
大武口区	2088	1353	735	990	772	218
惠农区	3625	2936	689	3123	2677	446
平罗县	6322	4200	2122	4266	3258	1008
吴忠市	**28072**	**17143**	**10929**	**15901**	**11119**	**4782**
利通区	5307	3138	2169	2734	1871	863
红寺堡区	3754	2264	1490	1365	1093	272
盐池县	8960	6044	2916	5589	4383	1206
同心县	1666	1046	620	785	620	165
青铜峡市	8385	4651	3734	5428	3152	2276
固原市	**8217**	**4953**	**3264**	**4574**	**3370**	**1204**
原州区	3377	2018	1359	1932	1385	547
西吉县	1648	951	697	832	597	235
隆德县	1020	555	465	535	357	178
泾源县	634	381	253	336	260	76
彭阳县	1538	1048	490	939	771	168
中卫市	**14557**	**8821**	**5736**	**6141**	**4652**	**1489**
沙坡头区	5434	3423	2011	2773	2093	680
中宁县	7671	4541	3130	2760	2097	663
海原县	1452	857	595	608	462	146

7-10c 续表 1

单位：人

现住地	学习培训			随同离开/投亲靠友			拆迁/搬家		
	小计	男	女	小计	男	女	小计	男	女
宁 夏	**3762**	**2069**	**1693**	**21405**	**9280**	**12125**	**12788**	**7245**	**5543**
银川市	**2376**	**1353**	**1023**	**12600**	**5400**	**7200**	**4466**	**2548**	**1918**
兴庆区	711	371	340	3154	1336	1818	362	210	152
西夏区	108	58	50	1079	451	628	1013	604	409
金凤区	567	317	250	2462	1129	1333	825	443	382
永宁县	264	148	116	1177	490	687	608	351	257
贺兰县	542	320	222	3751	1608	2143	1336	751	585
灵武市	184	139	45	977	386	591	322	189	133
石嘴山市	**312**	**138**	**174**	**1365**	**580**	**785**	**819**	**487**	**332**
大武口区	141	68	73	327	150	177	389	245	144
惠农区	32	20	12	193	83	110	62	34	28
平罗县	139	50	89	845	347	498	368	208	160
吴忠市	**486**	**253**	**233**	**3648**	**1630**	**2018**	**4029**	**2257**	**1772**
利通区	101	58	43	893	404	489	693	395	298
红寺堡区	79	43	36	671	289	382	1120	613	507
盐池县	188	97	91	827	358	469	1205	662	543
同心县	27	12	15	205	84	121	202	114	88
青铜峡市	91	43	48	1052	495	557	809	473	336
固原市	**283**	**146**	**137**	**1027**	**443**	**584**	**455**	**257**	**198**
原州区	126	63	63	481	207	274	187	103	84
西吉县	40	20	20	187	79	108	102	56	46
隆德县	45	22	23	129	61	68	32	18	14
泾源县	19	12	7	65	28	37	35	20	15
彭阳县	53	29	24	165	68	97	99	60	39
中卫市	**305**	**179**	**126**	**2765**	**1227**	**1538**	**3019**	**1696**	**1323**
沙坡头区	98	54	44	923	440	483	898	483	415
中宁县	157	94	63	1679	704	975	1914	1111	803
海原县	50	31	19	163	83	80	207	102	105

7-10c 续表 2

单位：人

现住地	寄挂户口			婚姻嫁娶			照料孙子女		
	小计	男	女	小计	男	女	小计	男	女
宁　夏	**870**	**476**	**394**	**3730**	**743**	**2987**	**1537**	**444**	**1093**
银川市	**234**	**129**	**105**	**1511**	**337**	**1174**	**1060**	**304**	**756**
兴庆区	53	28	25	166	31	135	112	27	85
西夏区	16	13	3	140	14	126	51	17	34
金凤区	34	13	21	601	139	462	568	171	397
永宁县	45	28	17	147	48	99	53	13	40
贺兰县	57	30	27	360	79	281	249	71	178
灵武市	29	17	12	97	26	71	27	5	22
石嘴山市	**71**	**39**	**32**	**234**	**38**	**196**	**62**	**22**	**40**
大武口区	9	4	5	46	7	39	18	8	10
惠农区	9	6	3	39	7	32	7	2	5
平罗县	53	29	24	149	24	125	37	12	25
吴忠市	**141**	**81**	**60**	**862**	**179**	**683**	**171**	**50**	**121**
利通区	27	18	9	235	63	172	57	16	41
红寺堡区	34	19	15	120	17	103	26	11	15
盐池县	19	7	12	191	29	162	34	9	25
同心县	34	21	13	109	15	94	3	1	2
青铜峡市	27	16	11	207	55	152	51	13	38
固原市	**124**	**69**	**55**	**552**	**70**	**482**	**94**	**23**	**71**
原州区	29	13	16	213	41	172	51	15	36
西吉县	50	28	22	143	8	135	10	4	6
隆德县	15	10	5	58	8	50	25	4	21
泾源县	5	3	2	66	6	60	1		1
彭阳县	25	15	10	72	7	65	7		7
中卫市	**300**	**158**	**142**	**571**	**119**	**452**	**150**	**45**	**105**
沙坡头区	18	12	6	207	50	157	62	19	43
中宁县	242	123	119	243	57	186	80	24	56
海原县	40	23	17	121	12	109	8	2	6

7-10c　续表 3　　　　单位：人

现住地	为子女就学			养老/康养			其　他		
	小计	男	女	小计	男	女	小计	男	女
宁　夏	**851**	**356**	**495**	**922**	**398**	**524**	**10193**	**5847**	**4346**
银川市	**416**	**158**	**258**	**473**	**200**	**273**	**5036**	**2871**	**2165**
兴庆区	47	13	34	48	20	28	1052	583	469
西夏区	24	8	16	51	25	26	697	358	339
金凤区	128	52	76	122	54	68	1014	563	451
永宁县	71	30	41	40	18	22	891	514	377
贺兰县	136	51	85	197	77	120	1123	682	441
灵武市	10	4	6	15	6	9	259	171	88
石嘴山市	**33**	**16**	**17**	**42**	**18**	**24**	**718**	**444**	**274**
大武口区	4	1	3	12	4	8	152	94	58
惠农区	4	2	2	9	4	5	147	101	46
平罗县	25	13	12	21	10	11	419	249	170
吴忠市	**214**	**101**	**113**	**214**	**92**	**122**	**2406**	**1381**	**1025**
利通区	54	29	25	45	22	23	468	262	206
红寺堡区	20	11	9	28	12	16	291	156	135
盐池县	101	43	58	79	31	48	727	425	302
同心县	12	4	8	27	13	14	262	162	100
青铜峡市	27	14	13	35	14	21	658	376	282
固原市	**79**	**27**	**52**	**83**	**40**	**43**	**946**	**508**	**438**
原州区	34	15	19	29	13	16	295	163	132
西吉县				13	6	7	271	153	118
隆德县	16	2	14	24	12	12	141	61	80
泾源县	3	1	2	6	4	2	98	47	51
彭阳县	26	9	17	11	5	6	141	84	57
中卫市	**109**	**54**	**55**	**110**	**48**	**62**	**1087**	**643**	**444**
沙坡头区	54	27	27	23	11	12	378	234	144
中宁县	48	25	23	74	30	44	474	276	198
海原县	7	2	5	13	7	6	235	133	102

第一部分　全部数据资料

第八卷　住房

8—1　各地区按住房间数分的家庭户户数

单位：户

地　　区	家庭户户　数	住房间数				
		一间	二间	三间	四间	五间
宁　夏	**2361757**	**226301**	**929703**	**894852**	**175887**	**75110**
银川市	**959837**	**80863**	**428787**	**375797**	**46877**	**15572**
兴庆区	285880	34592	134664	101598	11093	2681
西夏区	129290	9769	75508	36479	4192	1402
金凤区	233551	15427	86335	110037	13439	4868
永宁县	104177	6240	47558	40577	5625	2598
贺兰县	118447	8650	54038	46202	6576	1962
灵武市	88492	6185	30684	40904	5952	2061
石嘴山市	**279286**	**19566**	**138970**	**102948**	**12856**	**3380**
大武口区	109255	6144	51085	45289	4697	1219
惠农区	70321	5853	40871	20737	2048	584
平罗县	99710	7569	47014	36922	6111	1577
吴忠市	**438481**	**42924**	**159589**	**157006**	**47853**	**18997**
利通区	157614	12038	75251	52558	10017	4051
红寺堡区	52439	5569	12429	20615	8169	3399
盐池县	51828	7094	14030	23800	4624	1454
同心县	87872	11563	18838	31708	16567	6128
青铜峡市	88728	6660	39041	28325	8476	3965
固原市	**349151**	**53055**	**98256**	**131841**	**31637**	**17045**
原州区	145097	22045	46080	58349	9856	4313
西吉县	87201	14928	23781	31741	9974	4604
隆德县	36706	4121	9605	14972	4066	2370
泾源县	25836	1174	3577	7001	3390	3799
彭阳县	54311	10787	15213	19778	4351	1959
中卫市	**335002**	**29893**	**104101**	**127260**	**36664**	**20116**
沙坡头区	134120	6481	55665	45993	11646	6259
中宁县	109034	8623	27747	50413	10719	6329
海原县	91848	14789	20689	30854	14299	7528

注：本表数据为居住在普通住宅的家庭户。

8-1 续表

单位：户

地　区	住房间数				
	六间	七间	八间	九间	十间及以上
宁　夏	**32876**	**11733**	**7518**	**2776**	**5001**
银川市	**6260**	**2195**	**1733**	**547**	**1206**
兴庆区	757	200	131	25	139
西夏区	814	372	401	120	233
金凤区	1606	796	493	166	384
永宁县	836	359	180	48	156
贺兰县	612	170	113	35	89
灵武市	1635	298	415	153	205
石嘴山市	**942**	**245**	**158**	**55**	**166**
大武口区	443	140	107	35	96
惠农区	150	21	18	12	27
平罗县	349	84	33	8	43
吴忠市	**7544**	**2075**	**1384**	**368**	**741**
利通区	2132	627	486	145	309
红寺堡区	1452	421	244	54	87
盐池县	539	120	95	19	53
同心县	1993	494	316	74	191
青铜峡市	1428	413	243	76	101
固原市	**9246**	**3195**	**2435**	**944**	**1497**
原州区	2088	784	686	296	600
西吉县	1533	308	200	36	96
隆德县	834	296	209	89	144
泾源县	3151	1560	1187	398	599
彭阳县	1640	247	153	125	58
中卫市	**8884**	**4023**	**1808**	**862**	**1391**
沙坡头区	4536	1634	880	284	742
中宁县	2196	1543	559	426	479
海原县	2152	846	369	152	170

8-1a　各地区按住房间数分的家庭户户数(城市)

单位：户

地　区	家庭户户　数	住房间数				
		一间	二间	三间	四间	五间
宁　夏	**1030336**	**83639**	**480133**	**421576**	**31578**	**8190**
银川市	**570003**	**48464**	**255395**	**238125**	**20111**	**5517**
兴庆区	219541	24984	101708	83375	7436	1505
西夏区	113799	9288	70689	31214	1905	380
金凤区	190686	12589	67132	95941	10058	3524
永宁县						
贺兰县	1421	11	1037	370	3	
灵武市	44556	1592	14829	27225	709	108
石嘴山市	**143020**	**8291**	**76915**	**53896**	**3122**	**545**
大武口区	96022	5649	46394	40715	2626	451
惠农区	46998	2642	30521	13181	496	94
平罗县						
吴忠市	**164798**	**12842**	**80604**	**63402**	**5265**	**1441**
利通区	104831	6917	56865	37486	2863	441
红寺堡区	19219	2797	3728	9100	1830	851
盐池县						
同心县						
青铜峡市	40748	3128	20011	16816	572	149
固原市	**76746**	**10306**	**25302**	**38434**	**1525**	**443**
原州区	76746	10306	25302	38434	1525	443
西吉县						
隆德县						
泾源县						
彭阳县						
中卫市	**75769**	**3736**	**41917**	**27719**	**1555**	**244**
沙坡头区	75769	3736	41917	27719	1555	244
中宁县						
海原县						

注：本表数据为居住在普通住宅的家庭户。

8-1a 续表

单位：户

地 区	住房间数				
	六间	七间	八间	九间	十间及以上
宁 夏	**2803**	**978**	**733**	**168**	**538**
银川市	**1353**	**553**	**264**	**47**	**174**
兴庆区	329	88	39	6	71
西夏区	153	58	59	12	41
金凤区	805	402	147	28	60
永宁县					
贺兰县					
灵武市	66	5	19	1	2
石嘴山市	**151**	**20**	**29**	**13**	**38**
大武口区	132	12	18	5	20
惠农区	19	8	11	8	18
平罗县					
吴忠市	**746**	**208**	**172**	**38**	**80**
利通区	174	34	25	6	20
红寺堡区	513	172	141	31	56
盐池县					
同心县					
青铜峡市	59	2	6	1	4
固原市	**305**	**88**	**130**	**36**	**177**
原州区	305	88	130	36	177
西吉县					
隆德县					
泾源县					
彭阳县					
中卫市	**248**	**109**	**138**	**34**	**69**
沙坡头区	248	109	138	34	69
中宁县					
海原县					

8–1b　各地区按住房间数分的家庭户户数(镇)

单位：户

地　区	家庭户户　数	住房间数				
		一间	二间	三间	四间	五间
宁　夏	**533038**	**61816**	**210490**	**221628**	**22704**	**8757**
银川市	**209596**	**12491**	**105939**	**80695**	**6700**	**2012**
兴庆区	42641	4345	24975	12093	1047	147
西夏区	3949	113	2030	1490	111	47
金凤区	3467	145	1395	974	404	225
永宁县	65472	3445	33910	24847	1813	687
贺兰县	74874	2736	34309	34081	2791	704
灵武市	19193	1707	9320	7210	534	202
石嘴山市	**78567**	**3815**	**41271**	**30811**	**1935**	**560**
大武口区	6198	257	3356	2114	242	146
惠农区	12370	1054	6838	3992	354	99
平罗县	59999	2504	31077	24705	1339	315
吴忠市	**81644**	**12816**	**22055**	**35409**	**6800**	**2689**
利通区	6882	1423	3796	879	508	134
红寺堡区	1334	434	362	301	160	55
盐池县	27117	4252	5513	15840	1027	251
同心县	36340	6018	6835	15803	4424	1937
青铜峡市	9971	689	5549	2586	681	312
固原市	**73236**	**18194**	**18427**	**30334**	**2967**	**1268**
原州区	5937	1147	1846	1643	798	300
西吉县	25615	8740	5679	9453	992	353
隆德县	13366	1907	3467	7460	338	82
泾源县	8614	731	1921	3903	485	452
彭阳县	19704	5669	5514	7875	354	81
中卫市	**89995**	**14500**	**22798**	**44379**	**4302**	**2228**
沙坡头区	5862	545	1460	2243	663	561
中宁县	54915	5088	14924	32380	1292	660
海原县	29218	8867	6414	9756	2347	1007

注：本表数据为居住在普通住宅的家庭户。

8-1b 续表

单位：户

地 区	住房间数				
	六间	七间	八间	九间	十间及以上
宁 夏	**4229**	**1374**	**948**	**321**	**771**
银川市	**951**	**310**	**218**	**71**	**209**
兴庆区	19	8	1	1	5
西夏区	45	19	40	27	27
金凤区	177	40	61	15	31
永宁县	353	199	87	22	109
贺兰县	182	34	10	4	23
灵武市	175	10	19	2	14
石嘴山市	**95**	**23**	**15**	**4**	**38**
大武口区	41	15	9	2	16
惠农区	26	4	1	1	1
平罗县	28	4	5	1	21
吴忠市	**1127**	**301**	**227**	**51**	**169**
利通区	81	27	21	4	9
红寺堡区	13	7	1	1	
盐池县	146	32	24	6	26
同心县	774	212	169	39	129
青铜峡市	113	23	12	1	5
固原市	**1145**	**324**	**293**	**94**	**190**
原州区	120	42	19	10	12
西吉县	202	54	77	12	53
隆德县	60	35	12	1	4
泾源县	574	183	179	70	116
彭阳县	189	10	6	1	5
中卫市	**911**	**416**	**195**	**101**	**165**
沙坡头区	222	126	25	5	12
中宁县	219	124	77	54	97
海原县	470	166	93	42	56

8-1c 各地区按住房间数分的家庭户户数(乡村)

单位：户

地 区	家庭户户数	住房间数				
		一间	二间	三间	四间	五间
宁 夏	**798383**	**80846**	**239080**	**251648**	**121605**	**58163**
银川市	**180238**	**19908**	**67453**	**56977**	**20066**	**8043**
兴庆区	23698	5263	7981	6130	2610	1029
西夏区	11542	368	2789	3775	2176	975
金凤区	39398	2693	17808	13122	2977	1119
永宁县	38705	2795	13648	15730	3812	1911
贺兰县	42152	5903	18692	11751	3782	1258
灵武市	24743	2886	6535	6469	4709	1751
石嘴山市	**57699**	**7460**	**20784**	**18241**	**7799**	**2275**
大武口区	7035	238	1335	2460	1829	622
惠农区	10953	2157	3512	3564	1198	391
平罗县	39711	5065	15937	12217	4772	1262
吴忠市	**192039**	**17266**	**56930**	**58195**	**35788**	**14867**
利通区	45901	3698	14590	14193	6646	3476
红寺堡区	31886	2338	8339	11214	6179	2493
盐池县	24711	2842	8517	7960	3597	1203
同心县	51532	5545	12003	15905	12143	4191
青铜峡市	38009	2843	13481	8923	7223	3504
固原市	**199169**	**24555**	**54527**	**63073**	**27145**	**15334**
原州区	62414	10592	18932	18272	7533	3570
西吉县	61586	6188	18102	22288	8982	4251
隆德县	23340	2214	6138	7512	3728	2288
泾源县	17222	443	1656	3098	2905	3347
彭阳县	34607	5118	9699	11903	3997	1878
中卫市	**169238**	**11657**	**39386**	**55162**	**30807**	**17644**
沙坡头区	52489	2200	12288	16031	9428	5454
中宁县	54119	3535	12823	18033	9427	5669
海原县	62630	5922	14275	21098	11952	6521

注：本表数据为居住在普通住宅的家庭户。

8-1c 续表

单位：户

地 区	住房间数				
	六间	七间	八间	九间	十间及以上
宁 夏	**25844**	**9381**	**5837**	**2287**	**3692**
银川市	**3956**	**1332**	**1251**	**429**	**823**
兴庆区	409	104	91	18	63
西夏区	616	295	302	81	165
金凤区	624	354	285	123	293
永宁县	483	160	93	26	47
贺兰县	430	136	103	31	66
灵武市	1394	283	377	150	189
石嘴山市	**696**	**202**	**114**	**38**	**90**
大武口区	270	113	80	28	60
惠农区	105	9	6	3	8
平罗县	321	80	28	7	22
吴忠市	**5671**	**1566**	**985**	**279**	**492**
利通区	1877	566	440	135	280
红寺堡区	926	242	102	22	31
盐池县	393	88	71	13	27
同心县	1219	282	147	35	62
青铜峡市	1256	388	225	74	92
固原市	**7796**	**2783**	**2012**	**814**	**1130**
原州区	1663	654	537	250	411
西吉县	1331	254	123	24	43
隆德县	774	261	197	88	140
泾源县	2577	1377	1008	328	483
彭阳县	1451	237	147	124	53
中卫市	**7725**	**3498**	**1475**	**727**	**1157**
沙坡头区	4066	1399	717	245	661
中宁县	1977	1419	482	372	382
海原县	1682	680	276	110	114

8-2 各地区按人均住房建筑面积分的家庭户户数

单位：户

地　区	家庭户户　数	人均住房建筑面积(平方米)			
		8及以下	9-12	13-16	17-19
宁　夏	**2361757**	**21149**	**51927**	**99189**	**94556**
银川市	**959837**	**4454**	**13889**	**28535**	**32709**
兴庆区	285880	2392	6376	10528	11222
西夏区	129290	571	2413	5874	6497
金凤区	233551	340	1165	3656	5245
永宁县	104177	352	1222	2661	3700
贺兰县	118447	325	1246	2908	3377
灵武市	88492	474	1467	2908	2668
石嘴山市	**279286**	**618**	**3407**	**8954**	**10234**
大武口区	109255	244	1129	3533	4398
惠农区	70321	138	1328	2945	3059
平罗县	99710	236	950	2476	2777
吴忠市	**438481**	**3646**	**9550**	**17442**	**15944**
利通区	157614	360	1869	3848	4827
红寺堡区	52439	764	1885	3374	2804
盐池县	51828	735	1398	2305	1286
同心县	87872	1564	3184	4975	4091
青铜峡市	88728	223	1214	2940	2936
固原市	**349151**	**7484**	**16344**	**28639**	**21822**
原州区	145097	2823	6269	9675	7975
西吉县	87201	2736	4449	9672	6880
隆德县	36706	325	1001	2314	2623
泾源县	25836	186	1217	2164	1481
彭阳县	54311	1414	3408	4814	2863
中卫市	**335002**	**4947**	**8737**	**15619**	**13847**
沙坡头区	134120	470	1806	4621	5484
中宁县	109034	663	2185	4289	4137
海原县	91848	3814	4746	6709	4226

注：本表数据为居住在普通住宅的家庭户。

8-2 续表 单位：户

地 区	人均住房建筑面积(平方米)					
	20-29	30-39	40-49	50-59	60-69	70及以上
宁 夏	**532077**	**461400**	**378731**	**212784**	**155128**	**354816**
银川市	**199610**	**187465**	**167927**	**89368**	**68245**	**167635**
兴庆区	59250	54717	48014	25018	21148	47215
西夏区	32466	25501	19862	11418	7837	16851
金凤区	37699	43392	47048	21523	21284	52199
永宁县	24827	21184	17886	11312	4682	16351
贺兰县	25739	23703	22587	10333	6780	21449
灵武市	19629	18968	12530	9764	6514	13570
石嘴山市	**65192**	**56296**	**49823**	**25713**	**16885**	**42164**
大武口区	24435	22342	18840	10424	6491	17419
惠农区	16197	14372	10867	6930	4897	9588
平罗县	24560	19582	20116	8359	5497	15157
吴忠市	**103738**	**86679**	**71244**	**39464**	**29499**	**61275**
利通区	35859	32045	28796	13135	10841	26034
红寺堡区	14532	10054	6592	4565	2742	5127
盐池县	11036	10467	8864	5067	3991	6679
同心县	21254	17309	12287	7053	5843	10312
青铜峡市	21057	16804	14705	9644	6082	13123
固原市	**84285**	**64385**	**42282**	**26236**	**20215**	**37459**
原州区	32904	27408	18471	12040	9138	18394
西吉县	23357	14863	9769	4729	3761	6985
隆德县	8589	7417	4563	3509	2018	4347
泾源县	6299	4865	3194	1895	1775	2760
彭阳县	13136	9832	6285	4063	3523	4973
中卫市	**79252**	**66575**	**47455**	**32003**	**20284**	**46283**
沙坡头区	31260	28098	21170	13392	7859	19960
中宁县	26435	21904	14846	11805	6747	16023
海原县	21557	16573	11439	6806	5678	10300

8–2a 各地区按人均住房建筑面积分的家庭户户数(城市)

单位：户

地 区	家庭户户 数	人均住房建筑面积(平方米)			
		8及以下	9–12	13–16	17–19
宁 夏	**1030336**	**4540**	**13679**	**29975**	**37478**
银川市	**570003**	**2127**	**7010**	**15626**	**20010**
兴庆区	219541	1439	3889	7274	8746
西夏区	113799	504	2168	5225	6117
金凤区	190686	166	696	2409	3956
永宁县					
贺兰县	1421		3	36	61
灵武市	44556	18	254	682	1130
石嘴山市	**143020**	**152**	**1439**	**4604**	**6170**
大武口区	96022	72	582	2500	3797
惠农区	46998	80	857	2104	2373
平罗县					
吴忠市	**164798**	**477**	**1749**	**3791**	**5306**
利通区	104831	94	1051	2084	3358
红寺堡区	19219	368	508	809	658
盐池县					
同心县					
青铜峡市	40748	15	190	898	1290
固原市	**76746**	**1709**	**2899**	**3696**	**2757**
原州区	76746	1709	2899	3696	2757
西吉县					
隆德县					
泾源县					
彭阳县					
中卫市	**75769**	**75**	**582**	**2258**	**3235**
沙坡头区	75769	75	582	2258	3235
中宁县					
海原县					

注：本表数据为居住在普通住宅的家庭户。

8-2a　续表　　　　单位：户

地　区	人均住房建筑面积(平方米)					
	20-29	30-39	40-49	50-59	60-69	70及以上
宁　夏	**225880**	**210123**	**177018**	**94963**	**73440**	**163240**
银川市	**112824**	**111452**	**100744**	**53172**	**45510**	**101528**
兴庆区	43946	42158	37086	20008	17103	37892
西夏区	28623	22783	17230	10231	6702	14216
金凤区	28480	35090	38988	17629	19198	44074
永宁县						
贺兰县	355	319	345	45	16	241
灵武市	11420	11102	7095	5259	2491	5105
石嘴山市	**33386**	**30386**	**22908**	**13875**	**8796**	**21304**
大武口区	21964	20138	17093	9257	5397	15222
惠农区	11422	10248	5815	4618	3399	6082
平罗县						
吴忠市	**42387**	**36333**	**29724**	**13715**	**10030**	**21286**
利通区	25359	23420	20055	8067	6972	14371
红寺堡区	5531	3941	2563	1648	1114	2079
盐池县						
同心县						
青铜峡市	11497	8972	7106	4000	1944	4836
固原市	**17083**	**14484**	**11186**	**7204**	**5340**	**10388**
原州区	17083	14484	11186	7204	5340	10388
西吉县						
隆德县						
泾源县						
彭阳县						
中卫市	**20200**	**17468**	**12456**	**6997**	**3764**	**8734**
沙坡头区	20200	17468	12456	6997	3764	8734
中宁县						
海原县						

8-2b　各地区按人均住房建筑面积分的家庭户户数(镇)

单位：户

地　区	家庭户户　数	人均住房建筑面积(平方米)			
		8及以下	9-12	13-16	17-19
宁　夏	**533038**	**8921**	**15075**	**21623**	**19808**
银川市	**209596**	**436**	**2092**	**5312**	**7453**
兴庆区	42641	233	864	1418	1572
西夏区	3949	10	26	141	80
金凤区	3467	10	28	129	110
永宁县	65472	84	537	1652	2796
贺兰县	74874	56	265	1081	1949
灵武市	19193	43	372	891	946
石嘴山市	**78567**	**186**	**898**	**1986**	**2352**
大武口区	6198	137	461	752	455
惠农区	12370	16	283	413	384
平罗县	59999	33	154	821	1513
吴忠市	**81644**	**1825**	**3127**	**4229**	**3024**
利通区	6882	35	201	434	365
红寺堡区	1334	85	143	149	61
盐池县	27117	492	796	1136	638
同心县	36340	1146	1681	1895	1436
青铜峡市	9971	67	306	615	524
固原市	**73236**	**3137**	**5307**	**5945**	**3926**
原州区	5937	208	430	544	394
西吉县	25615	2327	2653	2360	1193
隆德县	13366	158	426	758	962
泾源县	8614	43	455	513	299
彭阳县	19704	401	1343	1770	1078
中卫市	**89995**	**3337**	**3651**	**4151**	**3053**
沙坡头区	5862	137	208	276	151
中宁县	54915	218	732	1487	1780
海原县	29218	2982	2711	2388	1122

注：本表数据为居住在普通住宅的家庭户。

8-2b 续表

单位：户

地 区	人均住房建筑面积(平方米)					
	20-29	30-39	40-49	50-59	60-69	70及以上
宁 夏	**130744**	**105314**	**84421**	**49219**	**27060**	**70853**
银川市	**50391**	**43374**	**36925**	**18283**	**11090**	**34240**
兴庆区	10277	8739	7764	3119	2444	6211
西夏区	1237	693	684	277	239	562
金凤区	903	634	650	339	102	562
永宁县	17186	14022	10866	5789	2574	9966
贺兰县	16346	15462	14568	6499	4314	14334
灵武市	4442	3824	2393	2260	1417	2605
石嘴山市	**21312**	**15782**	**16230**	**6608**	**2833**	**10380**
大武口区	1480	830	537	772	175	599
惠农区	2681	2497	2648	1083	727	1638
平罗县	17151	12455	13045	4753	1931	8143
吴忠市	**18854**	**15948**	**11922**	**7477**	**5493**	**9745**
利通区	1946	870	1305	627	235	864
红寺堡区	278	211	171	100	64	72
盐池县	6541	5986	3964	2941	1747	2876
同心县	8016	7319	5135	2540	2620	4552
青铜峡市	2073	1562	1347	1269	827	1381
固原市	**17909**	**12187**	**8169**	**7099**	**3263**	**6294**
原州区	1323	1091	564	368	343	672
西吉县	6069	3737	2684	1985	831	1776
隆德县	3377	2784	1330	1627	568	1376
泾源县	1932	1596	1231	762	802	981
彭阳县	5208	2979	2360	2357	719	1489
中卫市	**22278**	**18023**	**11175**	**9752**	**4381**	**10194**
沙坡头区	1062	994	839	592	543	1060
中宁县	15155	12712	7224	6902	2308	6397
海原县	6061	4317	3112	2258	1530	2737

8−2c　各地区按人均住房建筑面积分的家庭户户数(乡村)

单位：户

地　区	家庭户户　数	人均住房建筑面积(平方米)			
		8及以下	9−12	13−16	17−19
宁　夏	**798383**	**7688**	**23173**	**47591**	**37270**
银川市	**180238**	**1891**	**4787**	**7597**	**5246**
兴庆区	23698	720	1623	1836	904
西夏区	11542	57	219	508	300
金凤区	39398	164	441	1118	1179
永宁县	38705	268	685	1009	904
贺兰县	42152	269	978	1791	1367
灵武市	24743	413	841	1335	592
石嘴山市	**57699**	**280**	**1070**	**2364**	**1712**
大武口区	7035	35	86	281	146
惠农区	10953	42	188	428	302
平罗县	39711	203	796	1655	1264
吴忠市	**192039**	**1344**	**4674**	**9422**	**7614**
利通区	45901	231	617	1330	1104
红寺堡区	31886	311	1234	2416	2085
盐池县	24711	243	602	1169	648
同心县	51532	418	1503	3080	2655
青铜峡市	38009	141	718	1427	1122
固原市	**199169**	**2638**	**8138**	**18998**	**15139**
原州区	62414	906	2940	5435	4824
西吉县	61586	409	1796	7312	5687
隆德县	23340	167	575	1556	1661
泾源县	17222	143	762	1651	1182
彭阳县	34607	1013	2065	3044	1785
中卫市	**169238**	**1535**	**4504**	**9210**	**7559**
沙坡头区	52489	258	1016	2087	2098
中宁县	54119	445	1453	2802	2357
海原县	62630	832	2035	4321	3104

注：本表数据为居住在普通住宅的家庭户。

8-2c 续表

单位：户

地 区	人均住房建筑面积(平方米)					
	20-29	30-39	40-49	50-59	60-69	70及以上
宁 夏	**175453**	**145963**	**117292**	**68602**	**54628**	**120723**
银川市	**36395**	**32639**	**30258**	**17913**	**11645**	**31867**
兴庆区	5027	3820	3164	1891	1601	3112
西夏区	2606	2025	1948	910	896	2073
金凤区	8316	7668	7410	3555	1984	7563
永宁县	7641	7162	7020	5523	2108	6385
贺兰县	9038	7922	7674	3789	2450	6874
灵武市	3767	4042	3042	2245	2606	5860
石嘴山市	**10494**	**10128**	**10685**	**5230**	**5256**	**10480**
大武口区	991	1374	1210	395	919	1598
惠农区	2094	1627	2404	1229	771	1868
平罗县	7409	7127	7071	3606	3566	7014
吴忠市	**42497**	**34398**	**29598**	**18272**	**13976**	**30244**
利通区	8554	7755	7436	4441	3634	10799
红寺堡区	8723	5902	3858	2817	1564	2976
盐池县	4495	4481	4900	2126	2244	3803
同心县	13238	9990	7152	4513	3223	5760
青铜峡市	7487	6270	6252	4375	3311	6906
固原市	**49293**	**37714**	**22927**	**11933**	**11612**	**20777**
原州区	14498	11833	6721	4468	3455	7334
西吉县	17288	11126	7085	2744	2930	5209
隆德县	5212	4633	3233	1882	1450	2971
泾源县	4367	3269	1963	1133	973	1779
彭阳县	7928	6853	3925	1706	2804	3484
中卫市	**36774**	**31084**	**23824**	**15254**	**12139**	**27355**
沙坡头区	9998	9636	7875	5803	3552	10166
中宁县	11280	9192	7622	4903	4439	9626
海原县	15496	12256	8327	4548	4148	7563

8–3　各地区按家庭户类别和住房间数分的家庭户户数

单位：户

地　区	家庭户户　数	一代户				
		一间	二间	三间	四间	五间及以上
宁　夏	**2361757**	**154953**	**454693**	**344233**	**62436**	**48961**
银川市	**959837**	**63638**	**215266**	**156422**	**18293**	**9496**
兴庆区	285880	28202	68140	43206	4189	1395
西夏区	129290	7673	38305	15037	1456	925
金凤区	233551	12050	45083	47456	5216	2711
永宁县	104177	4642	22752	17228	1985	1284
贺兰县	118447	6464	25952	18365	2731	1131
灵武市	88492	4607	15034	15130	2716	2050
石嘴山市	**279286**	**15366**	**76793**	**45974**	**5994**	**2188**
大武口区	109255	4543	27883	20152	1913	747
惠农区	70321	4997	23893	10018	1076	437
平罗县	99710	5826	25017	15804	3005	1004
吴忠市	**438481**	**28107**	**74738**	**53412**	**16560**	**11252**
利通区	157614	8508	33388	17970	4044	3367
红寺堡区	52439	3256	4537	4921	1652	1077
盐池县	51828	4622	7927	10045	2425	1166
同心县	87872	6710	8168	8134	3601	2040
青铜峡市	88728	5011	20718	12342	4838	3602
固原市	**349151**	**30297**	**41364**	**44313**	**9160**	**9838**
原州区	145097	12877	18452	19279	2750	2675
西吉县	87201	7652	9069	8364	2124	1297
隆德县	36706	2705	4500	5777	1487	1386
泾源县	25836	679	1856	2815	1261	2957
彭阳县	54311	6384	7487	8078	1538	1523
中卫市	**335002**	**17545**	**46532**	**44112**	**12429**	**16187**
沙坡头区	134120	4621	24894	17889	5095	7198
中宁县	109034	6163	12941	17304	3860	5822
海原县	91848	6761	8697	8919	3474	3167

注：本表数据为居住在普通住宅的家庭户。

8-3 续表 1

单位：户

地　区	二代户				
	一间	二间	三间	四间	五间及以上
宁　夏	**67228**	**420921**	**457827**	**82316**	**57170**
银川市	**15998**	**187485**	**183472**	**22377**	**12839**
兴庆区	5928	58736	49253	5520	1902
西夏区	1948	32315	17525	2098	1631
金凤区	3170	36105	52443	6802	4160
永宁县	1496	22001	19451	2842	2144
贺兰县	2029	24515	22826	2914	1299
灵武市	1427	13813	21974	2201	1703
石嘴山市	**3944**	**56101**	**49223**	**5193**	**1908**
大武口区	1512	20717	21449	2044	885
惠农区	811	15419	9425	783	286
平罗县	1621	19965	18349	2366	737
吴忠市	**14044**	**76860**	**87446**	**22316**	**12538**
利通区	3297	38053	29673	4192	2455
红寺堡区	2182	6833	12334	4290	2755
盐池县	2393	5607	11989	1741	822
同心县	4649	9693	19719	9415	4706
青铜峡市	1523	16674	13731	2678	1800
固原市	**21495**	**49551**	**69434**	**15341**	**15813**
原州区	8660	24118	31630	5055	4300
西吉县	6906	12931	17842	5143	3304
隆德县	1332	4264	6992	1659	1622
泾源县	477	1567	3612	1629	4837
彭阳县	4120	6671	9358	1855	1750
中卫市	**11747**	**50924**	**68252**	**17089**	**14072**
沙坡头区	1741	27280	23462	4739	4957
中宁县	2306	12961	26672	4619	3884
海原县	7700	10683	18118	7731	5231

8-3　续表 2　　　　单位：户

地　区	三代户				
	一间	二间	三间	四间	五间及以上
宁　夏	**4088**	**53525**	**91155**	**30105**	**27683**
银川市	**1218**	**25757**	**35385**	**6042**	**4981**
兴庆区	458	7699	9024	1351	616
西夏区	147	4838	3861	620	749
金凤区	206	5103	10009	1394	1397
永宁县	102	2777	3837	778	728
贺兰县	156	3533	4946	909	527
灵武市	149	1807	3708	990	964
石嘴山市	**253**	**6019**	**7658**	**1621**	**815**
大武口区	88	2460	3646	717	388
惠农区	44	1540	1273	186	88
平罗县	121	2019	2739	718	339
吴忠市	**765**	**7912**	**15820**	**8692**	**6960**
利通区	230	3770	4823	1722	1827
红寺堡区	127	1047	3281	2148	1728
盐池县	79	488	1731	445	271
同心县	203	966	3771	3440	2336
青铜峡市	126	1641	2214	937	798
固原市	**1252**	**7270**	**17712**	**6865**	**8380**
原州区	506	3480	7290	1975	1734
西吉县	364	1759	5429	2602	2055
隆德县	83	833	2140	882	896
泾源县	18	152	566	487	2824
彭阳县	281	1046	2287	919	871
中卫市	**600**	**6567**	**14580**	**6885**	**6547**
沙坡头区	118	3455	4567	1744	2105
中宁县	154	1825	6282	2150	1753
海原县	328	1287	3731	2991	2689

8-3 续表 3 单位：户

地　区	四代户				
	一间	二间	三间	四间	五间及以上
宁　夏	**32**	**564**	**1637**	**1030**	**1199**
银川市	**9**	**279**	**518**	**165**	**197**
兴庆区	4	89	115	33	20
西夏区	1	50	56	18	37
金凤区	1	44	129	27	45
永宁县		28	61	20	21
贺兰县	1	38	65	22	24
灵武市	2	30	92	45	50
石嘴山市	**3**	**57**	**93**	**48**	**34**
大武口区	1	25	42	23	20
惠农区	1	19	21	3	
平罗县	1	13	30	22	14
吴忠市	**8**	**79**	**328**	**285**	**359**
利通区	3	40	92	59	101
红寺堡区	4	12	79	79	97
盐池县		8	35	13	21
同心县	1	11	84	111	114
青铜峡市		8	38	23	26
固原市	**11**	**71**	**382**	**271**	**331**
原州区	2	30	150	76	58
西吉县	6	22	106	105	121
隆德县	1	8	63	38	38
泾源县		2	8	13	76
彭阳县	2	9	55	39	38
中卫市	**1**	**78**	**316**	**261**	**278**
沙坡头区	1	36	75	68	75
中宁县		20	155	90	73
海原县		22	86	103	130

8-3　续表 4　　　　单位：户

地　区	五代及以上户				
	一间	二间	三间	四间	五间及以上
宁　夏					**1**
银川市					
兴庆区					
西夏区					
金凤区					
永宁县					
贺兰县					
灵武市					
石嘴山市					**1**
大武口区					
惠农区					1
平罗县					
吴忠市					
利通区					
红寺堡区					
盐池县					
同心县					
青铜峡市					
固原市					
原州区					
西吉县					
隆德县					
泾源县					
彭阳县					
中卫市					
沙坡头区					
中宁县					
海原县					

8-3a　各地区按家庭户类别和住房间数分的家庭户户数(城市)

单位：户

地　区	家庭户户　数	一代户				
		一间	二间	三间	四间	五间及以上
宁　夏	**1030336**	**61388**	**235897**	**166922**	**12233**	**5162**
银川市	**570003**	**38601**	**130456**	**100126**	**8204**	**3230**
兴庆区	219541	20201	52375	36287	2884	793
西夏区	113799	7319	36210	13188	809	315
金凤区	190686	10006	35155	41761	4271	2058
永宁县						
贺兰县	1421	9	448	135		
灵武市	44556	1066	6268	8755	240	64
石嘴山市	**143020**	**6502**	**43421**	**24273**	**1446**	**398**
大武口区	96022	4170	25817	18418	1229	304
惠农区	46998	2332	17604	5855	217	94
平罗县						
吴忠市	**164798**	**8751**	**34587**	**20567**	**1594**	**749**
利通区	104831	4981	24477	12122	948	279
红寺堡区	19219	1491	1173	2164	389	364
盐池县						
同心县						
青铜峡市	40748	2279	8937	6281	257	106
固原市	**76746**	**4880**	**9707**	**12917**	**472**	**382**
原州区	76746	4880	9707	12917	472	382
西吉县						
隆德县						
泾源县						
彭阳县						
中卫市	**75769**	**2654**	**17726**	**9039**	**517**	**403**
沙坡头区	75769	2654	17726	9039	517	403
中宁县						
海原县						

注：本表数据为居住在普通住宅的家庭户。

8-3a　续表 1

单位：户

地　区	二代户				
	一间	二间	三间	四间	五间及以上
宁　夏	**20835**	**217325**	**216816**	**15687**	**6277**
银川市	**9179**	**109625**	**116505**	**9824**	**3771**
兴庆区	4432	43492	40006	3787	1020
西夏区	1829	29859	14709	829	276
金凤区	2432	27964	45445	4815	2365
永宁县					
贺兰县	2	510	200	3	
灵武市	484	7800	16145	390	110
石嘴山市	**1692**	**30237**	**25593**	**1321**	**292**
大武口区	1396	18504	19148	1098	241
惠农区	296	11733	6445	223	51
平罗县					
吴忠市	**3835**	**42134**	**37526**	**2889**	**1289**
利通区	1815	29645	22285	1569	321
红寺堡区	1238	2321	5946	1065	891
盐池县					
同心县					
青铜峡市	782	10168	9295	255	77
固原市	**5124**	**13761**	**21219**	**813**	**593**
原州区	5124	13761	21219	813	593
西吉县					
隆德县					
泾源县					
彭阳县					
中卫市	**1005**	**21568**	**15973**	**840**	**332**
沙坡头区	1005	21568	15973	840	332
中宁县					
海原县					

8-3a　续表 2　　　　单位：户

地　区	三代户				
	一间	二间	三间	四间	五间及以上
宁　夏	**1406**	**26654**	**37333**	**3582**	**1912**
银川市	**680**	**15163**	**21226**	**2047**	**881**
兴庆区	349	5778	6999	754	221
西夏区	139	4576	3272	263	105
金凤区	150	3980	8634	957	530
永宁县					
贺兰县		78	35		
灵武市	42	751	2286	73	25
石嘴山市	**96**	**3222**	**3981**	**348**	**104**
大武口区	82	2052	3113	293	92
惠农区	14	1170	868	55	12
平罗县					
吴忠市	**253**	**3853**	**5227**	**761**	**623**
利通区	120	2719	3033	334	96
红寺堡区	66	233	969	369	490
盐池县					
同心县					
青铜峡市	67	901	1225	58	37
固原市	**301**	**1818**	**4220**	**233**	**200**
原州区	301	1818	4220	233	200
西吉县					
隆德县					
泾源县					
彭阳县					
中卫市	**76**	**2598**	**2679**	**193**	**104**
沙坡头区	76	2598	2679	193	104
中宁县					
海原县					

8-3a 续表 3

单位：户

地　区	四代户				
	一间	二间	三间	四间	五间及以上
宁　夏	**10**	**257**	**505**	**76**	**58**
银川市	**4**	**151**	**268**	**36**	**26**
兴庆区	2	63	83	11	4
西夏区	1	44	45	4	7
金凤区	1	33	101	15	13
永宁县					
贺兰县		1			
灵武市		10	39	6	2
石嘴山市	**1**	**35**	**49**	**7**	**1**
大武口区	1	21	36	6	1
惠农区		14	13	1	
平罗县					
吴忠市	**3**	**30**	**82**	**21**	**24**
利通区	1	24	46	12	4
红寺堡区	2	1	21	7	19
盐池县					
同心县					
青铜峡市		5	15	2	1
固原市	**1**	**16**	**78**	**7**	**4**
原州区	1	16	78	7	4
西吉县					
隆德县					
泾源县					
彭阳县					
中卫市	**1**	**25**	**28**	**5**	**3**
沙坡头区	1	25	28	5	3
中宁县					
海原县					

8-3a 续表 4

单位：户

地 区	五代及以上户				
	一间	二间	三间	四间	五间及以上
宁 夏					**1**
银川市					
兴庆区					
西夏区					
金凤区					
永宁县					
贺兰县					
灵武市					
石嘴山市					**1**
大武口区					
惠农区					1
平罗县					
吴忠市					
利通区					
红寺堡区					
盐池县					
同心县					
青铜峡市					
固原市					
原州区					
西吉县					
隆德县					
泾源县					
彭阳县					
中卫市					
沙坡头区					
中宁县					
海原县					

8-3b　各地区按家庭户类别和住房间数分的家庭户户数(镇)

单位：户

地　区	家庭户户数	一代户				
		一间	二间	三间	四间	五间及以上
宁　夏	**533038**	**34268**	**94030**	**78028**	**7391**	**5276**
银川市	**209596**	**9552**	**48016**	**30932**	**2356**	**1108**
兴庆区	42641	3614	11620	4716	431	94
西夏区	3949	72	754	496	29	49
金凤区	3467	100	671	376	80	94
永宁县	65472	2465	14556	9269	539	311
贺兰县	74874	1971	15430	13040	1021	364
灵武市	19193	1330	4985	3035	256	196
石嘴山市	**78567**	**2872**	**20113**	**11921**	**801**	**293**
大武口区	6198	191	1352	734	70	71
惠农区	12370	907	3984	1981	197	76
平罗县	59999	1774	14777	9206	534	146
吴忠市	**81644**	**6833**	**10002**	**11189**	**2009**	**1405**
利通区	6882	1014	1850	413	226	132
红寺堡区	1334	312	178	104	42	26
盐池县	27117	2333	2146	5141	374	202
同心县	36340	2639	2391	3991	979	789
青铜峡市	9971	535	3437	1540	388	256
固原市	**73236**	**8222**	**6661**	**9721**	**866**	**931**
原州区	5937	775	758	536	225	177
西吉县	25615	3173	1674	2605	226	145
隆德县	13366	1050	1350	2574	130	91
泾源县	8614	356	707	1243	168	421
彭阳县	19704	2868	2172	2763	117	97
中卫市	**89995**	**6789**	**9238**	**14265**	**1359**	**1539**
沙坡头区	5862	292	790	989	267	518
中宁县	54915	3732	6354	10565	508	562
海原县	29218	2765	2094	2711	584	459

注：本表数据为居住在普通住宅的家庭户。

8–3b 续表 1

单位：户

地区	二代户				
	一间	二间	三间	四间	五间及以上
宁 夏	**26220**	**103717**	**121076**	**11539**	**7558**
银川市	**2744**	**51162**	**41431**	**3480**	**1939**
兴庆区	684	11906	6151	509	73
西夏区	39	1185	881	69	121
金凤区	40	622	515	263	282
永宁县	912	17155	13023	1033	864
贺兰县	719	16505	17314	1405	454
灵武市	350	3789	3547	201	145
石嘴山市	**893**	**19176**	**16643**	**923**	**326**
大武口区	63	1666	1105	112	106
惠农区	138	2585	1755	125	42
平罗县	692	14925	13783	686	178
吴忠市	**5751**	**10970**	**20969**	**3546**	**2119**
利通区	384	1744	381	192	89
红寺堡区	116	173	160	88	30
盐池县	1861	3085	9357	510	196
同心县	3244	4015	10189	2531	1647
青铜峡市	146	1953	882	225	157
固原市	**9440**	**10363**	**16820**	**1455**	**1550**
原州区	346	919	826	400	200
西吉县	5311	3557	5556	514	411
隆德县	805	1813	3847	136	75
泾源县	363	1124	2331	240	725
彭阳县	2615	2950	4260	165	139
中卫市	**7392**	**12046**	**25213**	**2135**	**1624**
沙坡头区	250	573	977	274	304
中宁县	1274	7586	18247	552	428
海原县	5868	3887	5989	1309	892

8-3b　续表 2

单位：户

地　区	三代户				
	一间	二间	三间	四间	五间及以上
宁　夏	**1319**	**12621**	**22154**	**3661**	**3424**
银川市	**195**	**6695**	**8208**	**846**	**698**
兴庆区	47	1435	1207	103	13
西夏区	2	88	112	13	35
金凤区	5	99	80	60	165
永宁县	68	2183	2518	236	274
贺兰县	46	2352	3675	361	132
灵武市	27	538	616	73	79
石嘴山市	**49**	**1971**	**2227**	**205**	**110**
大武口区	3	337	270	57	47
惠农区	8	265	252	32	14
平罗县	38	1369	1705	116	49
吴忠市	**231**	**1070**	**3183**	**1214**	**992**
利通区	25	200	84	89	54
红寺堡区	5	11	37	30	20
盐池县	58	279	1317	141	81
同心县	135	423	1585	888	786
青铜峡市	8	157	160	66	51
固原市	**525**	**1388**	**3721**	**621**	**808**
原州区	26	169	270	169	124
西吉县	252	442	1271	241	186
隆德县	51	300	1016	70	27
泾源县	12	89	325	73	417
彭阳县	184	388	839	68	54
中卫市	**319**	**1497**	**4815**	**775**	**816**
沙坡头区	3	96	273	114	123
中宁县	82	975	3513	228	231
海原县	234	426	1029	433	462

8-3b 续表 3

单位：户

地　区	四代户				
	一间	二间	三间	四间	五间及以上
宁　夏	**9**	**122**	**370**	**113**	**142**
银川市		**66**	**124**	**18**	**26**
兴庆区		14	19	4	1
西夏区		3	1		
金凤区		3	3	1	8
永宁县		16	37	5	8
贺兰县		22	52	4	7
灵武市		8	12	4	2
石嘴山市	**1**	**11**	**20**	**6**	**6**
大武口区		1	5	3	5
惠农区	1	4	4		
平罗县		6	11	3	1
吴忠市	**1**	**13**	**68**	**31**	**48**
利通区		2	1	1	1
红寺堡区	1				1
盐池县		3	25	2	6
同心县		6	38	26	38
青铜峡市		2	4	2	2
固原市	**7**	**15**	**72**	**25**	**25**
原州区			11	4	2
西吉县	4	6	21	11	9
隆德县	1	4	23	2	1
泾源县		1	4	4	11
彭阳县	2	4	13	4	2
中卫市		**17**	**86**	**33**	**37**
沙坡头区		1	4	8	6
中宁县		9	55	4	10
海原县		7	27	21	21

8-3b　续表 4

单位：户

地　区	五代及以上户				
	一间	二间	三间	四间	五间及以上
宁　夏					
银川市					
兴庆区					
西夏区					
金凤区					
永宁县					
贺兰县					
灵武市					
石嘴山市					
大武口区					
惠农区					
平罗县					
吴忠市					
利通区					
红寺堡区					
盐池县					
同心县					
青铜峡市					
固原市					
原州区					
西吉县					
隆德县					
泾源县					
彭阳县					
中卫市					
沙坡头区					
中宁县					
海原县					

8-3c 各地区按家庭户类别和住房间数分的家庭户户数(乡村)

单位：户

地 区	家庭户户数	一代户				
		一间	二间	三间	四间	五间及以上
宁 夏	**798383**	**59297**	**124766**	**99283**	**42812**	**38523**
银川市	**180238**	**15485**	**36794**	**25364**	**7733**	**5158**
兴庆区	23698	4387	4145	2203	874	508
西夏区	11542	282	1341	1353	618	561
金凤区	39398	1944	9257	5319	865	559
永宁县	38705	2177	8196	7959	1446	973
贺兰县	42152	4484	10074	5190	1710	767
灵武市	24743	2211	3781	3340	2220	1790
石嘴山市	**57699**	**5992**	**13259**	**9780**	**3747**	**1497**
大武口区	7035	182	714	1000	614	372
惠农区	10953	1758	2305	2182	662	267
平罗县	39711	4052	10240	6598	2471	858
吴忠市	**192039**	**12523**	**30149**	**21656**	**12957**	**9098**
利通区	45901	2513	7061	5435	2870	2956
红寺堡区	31886	1453	3186	2653	1221	687
盐池县	24711	2289	5781	4904	2051	964
同心县	51532	4071	5777	4143	2622	1251
青铜峡市	38009	2197	8344	4521	4193	3240
固原市	**199169**	**17195**	**24996**	**21675**	**7822**	**8525**
原州区	62414	7222	7987	5826	2053	2116
西吉县	61586	4479	7395	5759	1898	1152
隆德县	23340	1655	3150	3203	1357	1295
泾源县	17222	323	1149	1572	1093	2536
彭阳县	34607	3516	5315	5315	1421	1426
中卫市	**169238**	**8102**	**19568**	**20808**	**10553**	**14245**
沙坡头区	52489	1675	6378	7861	4311	6277
中宁县	54119	2431	6587	6739	3352	5260
海原县	62630	3996	6603	6208	2890	2708

注：本表数据为居住在普通住宅的家庭户。

8-3c　续表 1　　　　单位：户

地　区	二代户				
	一间	二间	三间	四间	五间及以上
宁　夏	**20173**	**99879**	**119935**	**55090**	**43335**
银川市	**4075**	**26698**	**25536**	**9073**	**7129**
兴庆区	812	3338	3096	1224	809
西夏区	80	1271	1935	1200	1234
金凤区	698	7519	6483	1724	1513
永宁县	584	4846	6428	1809	1280
贺兰县	1308	7500	5312	1506	845
灵武市	593	2224	2282	1610	1448
石嘴山市	**1359**	**6688**	**6987**	**2949**	**1290**
大武口区	53	547	1196	834	538
惠农区	377	1101	1225	435	193
平罗县	929	5040	4566	1680	559
吴忠市	**4458**	**23756**	**28951**	**15881**	**9130**
利通区	1098	6664	7007	2431	2045
红寺堡区	828	4339	6228	3137	1834
盐池县	532	2522	2632	1231	626
同心县	1405	5678	9530	6884	3059
青铜峡市	595	4553	3554	2198	1566
固原市	**6931**	**25427**	**31395**	**13073**	**13670**
原州区	3190	9438	9585	3842	3507
西吉县	1595	9374	12286	4629	2893
隆德县	527	2451	3145	1523	1547
泾源县	114	443	1281	1389	4112
彭阳县	1505	3721	5098	1690	1611
中卫市	**3350**	**17310**	**27066**	**14114**	**12116**
沙坡头区	486	5139	6512	3625	4321
中宁县	1032	5375	8425	4067	3456
海原县	1832	6796	12129	6422	4339

8−3c 续表 2

单位：户

地　区	三代户				
	一间	二间	三间	四间	五间及以上
宁　夏	**1363**	**14250**	**31668**	**22862**	**22347**
银川市	**343**	**3899**	**5951**	**3149**	**3402**
兴庆区	62	486	818	494	382
西夏区	6	174	477	344	609
金凤区	51	1024	1295	377	702
永宁县	34	594	1319	542	454
贺兰县	110	1103	1236	548	395
灵武市	80	518	806	844	860
石嘴山市	**108**	**826**	**1450**	**1068**	**601**
大武口区	3	71	263	367	249
惠农区	22	105	153	99	62
平罗县	83	650	1034	602	290
吴忠市	**281**	**2989**	**7410**	**6717**	**5345**
利通区	85	851	1706	1299	1677
红寺堡区	56	803	2275	1749	1218
盐池县	21	209	414	304	190
同心县	68	543	2186	2552	1550
青铜峡市	51	583	829	813	710
固原市	**426**	**4064**	**9771**	**6011**	**7372**
原州区	179	1493	2800	1573	1410
西吉县	112	1317	4158	2361	1869
隆德县	32	533	1124	812	869
泾源县	6	63	241	414	2407
彭阳县	97	658	1448	851	817
中卫市	**205**	**2472**	**7086**	**5917**	**5627**
沙坡头区	39	761	1615	1437	1878
中宁县	72	850	2769	1922	1522
海原县	94	861	2702	2558	2227

8-3c　续表 3

单位：户

地　区	四代户				
	一间	二间	三间	四间	五间及以上
宁　夏	**13**	**185**	**762**	**841**	**999**
银川市	**5**	**62**	**126**	**111**	**145**
兴庆区	2	12	13	18	15
西夏区		3	10	14	30
金凤区		8	25	11	24
永宁县		12	24	15	13
贺兰县	1	15	13	18	17
灵武市	2	12	41	35	46
石嘴山市	**1**	**11**	**24**	**35**	**27**
大武口区		3	1	14	14
惠农区		1	4	2	
平罗县	1	7	19	19	13
吴忠市	**4**	**36**	**178**	**233**	**287**
利通区	2	14	45	46	96
红寺堡区	1	11	58	72	77
盐池县		5	10	11	15
同心县	1	5	46	85	76
青铜峡市		1	19	19	23
固原市	**3**	**40**	**232**	**239**	**302**
原州区	1	14	61	65	52
西吉县	2	16	85	94	112
隆德县		4	40	36	37
泾源县		1	4	9	65
彭阳县		5	42	35	36
中卫市		**36**	**202**	**223**	**238**
沙坡头区		10	43	55	66
中宁县		11	100	86	63
海原县		15	59	82	109

8-3c　续表 4　　　　单位：户

地　区	五代及以上户				
	一间	二间	三间	四间	五间及以上
宁　夏					
银川市					
兴庆区					
西夏区					
金凤区					
永宁县					
贺兰县					
灵武市					
石嘴山市					
大武口区					
惠农区					
平罗县					
吴忠市					
利通区					
红寺堡区					
盐池县					
同心县					
青铜峡市					
固原市					
原州区					
西吉县					
隆德县					
泾源县					
彭阳县					
中卫市					
沙坡头区					
中宁县					
海原县					

8-4　全区按户主的受教育程度分的家庭户住房状况

受教育程度	户　数 (户)	人　数 (人)	平均每户住房间数 (间/户)	人均住房建筑面积 (平方米/人)	人均住房间　数 (间/人)
总　计	**2180449**	**6038680**	**2.64**	**35.17**	**0.95**
未上过学	103255	256405	2.64	35.87	1.06
学前教育	1450	3378	2.65	39.33	1.14
小　学	512909	1506366	2.79	32.48	0.95
初　中	796280	2297370	2.62	32.98	0.91
高　中	311914	817029	2.50	36.63	0.96
大学专科	239928	608789	2.55	40.28	1.00
大学本科	200719	512923	2.67	43.26	1.05
硕士研究生	12751	33167	2.82	46.82	1.08
博士研究生	1243	3253	2.85	47.22	1.09

注：本表数据为居住在普通住宅的家庭户。

8-4a　全区按户主的受教育程度分的家庭户住房状况(城市)

受教育程度	户　数 (户)	人　数 (人)	平均每户住房间数 (间/户)	人均住房建筑面积 (平方米/人)	人均住房间　数 (间/人)
总　计	**967896**	**2499915**	**2.44**	**37.22**	**0.94**
未上过学	22302	45919	2.21	40.59	1.07
学前教育	342	686	2.30	43.50	1.15
小　学	108902	269924	2.31	34.81	0.93
初　中	325194	885183	2.34	32.99	0.86
高　中	185825	473024	2.40	37.06	0.94
大学专科	163866	412277	2.54	40.83	1.01
大学本科	149200	380637	2.68	43.84	1.05
硕士研究生	11135	29297	2.83	46.49	1.08
博士研究生	1130	2968	2.83	46.74	1.08

注：本表数据为居住在普通住宅的家庭户。

8-4b 全区按户主的受教育程度分的家庭户住房状况(镇)

受教育程度	户 数 (户)	人 数 (人)	平均每户住房间数 (间/户)	人均住房建筑面积 (平方米/人)	人均住房间 数 (间/人)
总 计	**504890**	**1418176**	**2.50**	**33.98**	**0.89**
未上过学	18201	42936	2.38	36.56	1.01
学前教育	275	631	2.37	39.37	1.03
小 学	100132	289269	2.49	31.48	0.86
初 中	204881	604189	2.49	31.89	0.84
高 中	79757	216897	2.48	35.35	0.91
大学专科	59161	154147	2.55	38.91	0.98
大学本科	41278	107270	2.65	41.22	1.02
硕士研究生	1131	2654	2.70	50.06	1.15
博士研究生	74	183	2.88	52.66	1.16

注：本表数据为居住在普通住宅的家庭户。

8-4c 全区按户主的受教育程度分的家庭户住房状况(乡村)

受教育程度	户 数 (户)	人 数 (人)	平均每户住房间数 (间/户)	人均住房建筑面积 (平方米/人)	人均住房间 数 (间/人)
总 计	**707663**	**2120589**	**3.02**	**33.54**	**1.01**
未上过学	62752	167550	2.86	34.39	1.07
学前教育	833	2061	2.89	37.93	1.17
小 学	303875	947173	3.06	32.12	0.98
初 中	266205	807998	3.07	33.79	1.01
高 中	46332	127108	2.96	37.21	1.08
大学专科	16901	42365	2.63	39.95	1.05
大学本科	10241	25016	2.65	43.05	1.09
硕士研究生	485	1216	2.92	47.71	1.16
博士研究生	39	102	3.41	51.48	1.30

注：本表数据为居住在普通住宅的家庭户。

8−5　全区按户主受教育程度、人均住房建筑面积分的家庭户户数

单位：户

受教育程度	户　数	人均住房建筑面积(平方米)			
		8及以下	9−12	13−16	17−19
总　计	**2180449**	**20662**	**50370**	**95945**	**91457**
未上过学	103255	1361	3281	5753	4733
学前教育	1450	14	39	65	60
小　学	512909	8826	19003	34496	27207
初　中	796280	8375	20683	38769	38024
高　中	311914	1553	4908	10067	11553
大学专科	239928	375	1746	4412	6122
大学本科	200719	153	685	2278	3579
硕士研究生	12751	5	23	95	162
博士研究生	1243		2	10	17

注：本表数据为居住在普通住宅的家庭户。

8−5　续表

单位：户

受教育程度	人均住房建筑面积(平方米)				
	20−29	30−39	40−49	50−59	60及以上
总　计	**513642**	**439624**	**354309**	**192417**	**422023**
未上过学	20509	16811	15877	9956	24974
学前教育	248	237	217	137	433
小　学	119949	92804	79294	42497	88833
初　中	219390	165511	121212	63034	121282
高　中	73546	65686	52409	29580	62612
大学专科	46880	52249	43151	24489	60504
大学本科	31432	43493	39217	21296	58586
硕士研究生	1535	2586	2692	1308	4345
博士研究生	153	247	240	120	454

8-5a 全区按户主受教育程度、人均住房建筑面积分的家庭户户数(城市)

单位：户

受教育程度	户 数	人均住房建筑面积(平方米)			
		8及以下	9-12	13-16	17-19
总 计	**967896**	**4484**	**13449**	**29309**	**36550**
未上过学	22302	277	509	858	741
学前教育	342	2	7	19	12
小 学	108902	1433	3149	5177	4909
初 中	325194	2094	6379	13772	16709
高 中	185825	455	2095	5094	7124
大学专科	163866	139	904	2744	4267
大学本科	149200	79	386	1552	2622
硕士研究生	11135	5	18	84	150
博士研究生	1130		2	9	16

注：本表数据为居住在普通住宅的家庭户。

8-5a 续表

单位：户

受教育程度	人均住房建筑面积(平方米)				
	20-29	30-39	40-49	50-59	60及以上
总 计	**219717**	**202169**	**167225**	**88128**	**206865**
未上过学	3572	3221	3741	2442	6941
学前教育	55	37	53	32	125
小 学	24448	19380	18532	10196	21678
初 中	93352	69940	49594	25226	48128
高 中	43920	39734	31815	17445	38143
大学专科	30908	35406	30434	16353	42711
大学本科	21988	31958	30414	15190	45011
硕士研究生	1336	2268	2421	1133	3720
博士研究生	138	225	221	111	408

中国人口普查
CHINA POPULATION CENSUS

2020

宁夏回族自治区人口普查年鉴（中册）

NINGXIA POPULATION CENSUS YEARBOOK 2020

(BOOK 2)

宁夏回族自治区第七次全国人口普查领导小组办公室
宁 夏 回 族 自 治 区 统 计 局 编

Compiled by
Office of the Leading Group of Ningxia Hui Autonomous Region
for the Seventh National Population Census
Ningxia Hui Autonomous Region Bureau of Statistics

中国统计出版社
China Statistics Press

图书在版编目（CIP）数据

宁夏回族自治区人口普查年鉴. 2020. 中册 / 宁夏回族自治区第七次全国人口普查领导小组办公室，宁夏回族自治区统计局编. -- 北京 : 中国统计出版社, 2022.8
ISBN 978-7-5037-9832-0

Ⅰ. ①宁… Ⅱ. ①宁… ②宁… Ⅲ. ①人口普查－统计资料－宁夏－2020－年鉴 Ⅳ. ①C924.254.3-54

中国版本图书馆 CIP 数据核字(2022)第 100424 号

宁夏回族自治区人口普查年鉴-2020（中册）
Ningxia Population Census Yearbook 2020 (Book 2)

作　　者/宁夏回族自治区第七次全国人口普查领导小组办公室　宁夏回族自治区统计局
责任编辑/张　洁
封面设计/李雪燕
出版发行/中国统计出版社有限公司
通信地址/北京市丰台区西三环南路甲 6 号　邮政编码/100073
发行电话/邮购（010）63376909　书店（010）68783171
网　　址/http://www.zgtjcbs.com/
印　　刷/河北鑫兆源印刷有限公司
经　　销/新华书店
开　　本/880mm×1230mm　1/16
字　　数/1544 千字
印　　张/48.25
版　　别/2022 年 8 月第 1 版
版　　次/2022 年 8 月第 1 次印刷
定　　价/890.00 元（全三册附光盘）

目　录

中　册

第二部分　长表数据资料

第三卷 教育

第四卷 就业

第五卷　婚姻

第二部分 长表数据资料

第一卷 概要

1-1　各地区户数、

地　　区	户数			合计			
	合计	家庭户	集体户	合计	男	女	性别比(女=100)
宁　夏	**249698**	**243254**	**6444**	**710449**	**361368**	**349081**	**103.52**
银川市	**101979**	**98016**	**3963**	**273477**	**138897**	**134580**	**103.21**
兴庆区	29425	28850	575	75172	37355	37817	98.78
西夏区	14709	13151	1558	41724	21022	20702	101.55
金凤区	23757	23342	415	61777	30645	31132	98.44
永宁县	11106	10951	155	31009	15895	15114	105.17
贺兰县	12333	12072	261	33081	16904	16177	104.49
灵武市	10649	9650	999	30714	17076	13638	125.21
石嘴山市	**29778**	**29108**	**670**	**76787**	**39293**	**37494**	**104.80**
大武口区	11674	11333	341	29453	14780	14673	100.73
惠农区	7750	7577	173	19799	10545	9254	113.95
平罗县	10354	10198	156	27535	13968	13567	102.96
吴忠市	**45437**	**44719**	**718**	**136530**	**69291**	**67239**	**103.05**
利通区	15938	15774	164	45224	22524	22700	99.22
红寺堡区	5630	5420	210	19725	10105	9620	105.04
盐池县	5705	5567	138	15480	8316	7164	116.08
同心县	8921	8834	87	31619	15949	15670	101.78
青铜峡市	9243	9124	119	24482	12397	12085	102.58
固原市	**37136**	**36563**	**573**	**116382**	**59004**	**57378**	**102.83**
原州区	15543	15293	250	47497	23796	23701	100.40
西吉县	9327	9238	89	33171	16930	16241	104.24
隆德县	3863	3830	33	11221	5683	5538	102.62
泾源县	2686	2647	39	8545	4333	4212	102.87
彭阳县	5717	5555	162	15948	8262	7686	107.49
中卫市	**35368**	**34848**	**520**	**107273**	**54883**	**52390**	**104.76**
沙坡头区	14144	13898	246	38668	19802	18866	104.96
中宁县	11057	10933	124	32873	16778	16095	104.24
海原县	10167	10017	150	35732	18303	17429	105.01

人口数和性别比

单位：户、人

人口数								平均家庭户规模（人/户）
家庭户				集体户				
小计	男	女	性别比（女=100）	小计	男	女	性别比（女=100）	
675996	**340671**	**335325**	**101.59**	**34453**	**20697**	**13756**	**150.46**	**2.78**
255072	**127625**	**127447**	**100.14**	**18405**	**11272**	**7133**	**158.03**	**2.60**
72604	35984	36620	98.26	2568	1371	1197	114.54	2.52
34095	17092	17003	100.52	7629	3930	3699	106.24	2.59
59886	29512	30374	97.16	1891	1133	758	149.47	2.57
30123	15466	14657	105.52	886	429	457	93.87	2.75
31868	16054	15814	101.52	1213	850	363	234.16	2.64
26496	13517	12979	104.15	4218	3559	659	540.06	2.75
72818	**36645**	**36173**	**101.30**	**3969**	**2648**	**1321**	**200.45**	**2.50**
27943	13887	14056	98.80	1510	893	617	144.73	2.47
18537	9512	9025	105.40	1262	1033	229	451.09	2.45
26338	13246	13092	101.18	1197	722	475	152.00	2.58
130705	**65857**	**64848**	**101.56**	**5825**	**3434**	**2391**	**143.62**	**2.92**
43778	21797	21981	99.16	1446	727	719	101.11	2.78
18811	9546	9265	103.03	914	559	355	157.46	3.47
14318	7389	6929	106.64	1162	927	235	394.47	2.57
30529	15338	15191	100.97	1090	611	479	127.56	3.46
23269	11787	11482	102.66	1213	610	603	101.16	2.55
112618	**57044**	**55574**	**102.65**	**3764**	**1960**	**1804**	**108.65**	**3.08**
45718	22970	22748	100.98	1779	826	953	86.67	2.99
32142	16428	15714	104.54	1029	502	527	95.26	3.48
11011	5548	5463	101.56	210	135	75	180.00	2.87
8308	4209	4099	102.68	237	124	113	109.73	3.14
15439	7889	7550	104.49	509	373	136	274.26	2.78
104783	**53500**	**51283**	**104.32**	**2490**	**1383**	**1107**	**124.93**	**3.01**
37663	19220	18443	104.21	1005	582	423	137.59	2.71
32263	16415	15848	103.58	610	363	247	146.96	2.95
34857	17865	16992	105.14	875	438	437	100.23	3.48

1-1a 各地区户数、

地区	户数			合计			
	合计	家庭户	集体户	合计	男	女	性别比(女=100)
宁 夏	**107498**	**104407**	**3091**	**286187**	**141726**	**144461**	**98.11**
银川市	**59410**	**57132**	**2278**	**155456**	**76905**	**78551**	**97.90**
兴庆区	22413	22055	358	56159	27601	28558	96.65
西夏区	13004	11452	1552	36241	18229	18012	101.20
金凤区	19263	18980	283	49256	24160	25096	96.27
永宁县							
贺兰县	151	144	7	382	201	181	111.05
灵武市	4579	4501	78	13418	6714	6704	100.15
石嘴山市	**14962**	**14745**	**217**	**36827**	**18741**	**18086**	**103.62**
大武口区	10012	9930	82	24093	11972	12121	98.77
惠农区	4950	4815	135	12734	6769	5965	113.48
平罗县							
吴忠市	**16805**	**16578**	**227**	**47676**	**23316**	**24360**	**95.71**
利通区	10557	10443	114	29391	14373	15018	95.71
红寺堡区	2090	2020	70	7072	3439	3633	94.66
盐池县							
同心县							
青铜峡市	4158	4115	43	11213	5504	5709	96.41
固原市	**8173**	**7994**	**179**	**24257**	**11715**	**12542**	**93.41**
原州区	8173	7994	179	24257	11715	12542	93.41
西吉县							
隆德县							
泾源县							
彭阳县							
中卫市	**8148**	**7958**	**190**	**21971**	**11049**	**10922**	**101.16**
沙坡头区	8148	7958	190	21971	11049	10922	101.16
中宁县							
海原县							

人口数和性别比(城市)

单位：户、人

人口数								平均家庭户规模（人/户）
家庭户				集体户				
小计	男	女	性别比（女=100）	小计	男	女	性别比（女=100）	
270046	**133588**	**136458**	**97.90**	**16141**	**8138**	**8003**	**101.69**	**2.59**
144562	**71329**	**73233**	**97.40**	**10894**	**5576**	**5318**	**104.85**	**2.53**
54722	26919	27803	96.82	1437	682	755	90.33	2.48
28650	14324	14326	99.99	7591	3905	3686	105.94	2.50
47912	23452	24460	95.88	1344	708	636	111.32	2.52
368	194	174	111.49	14	7	7	100.00	2.56
12910	6440	6470	99.54	508	274	234	117.09	2.87
35569	**17779**	**17790**	**99.94**	**1258**	**962**	**296**	**325.00**	**2.41**
23672	11699	11973	97.71	421	273	148	184.46	2.38
11897	6080	5817	104.52	837	689	148	465.54	2.47
45711	**22562**	**23149**	**97.46**	**1965**	**754**	**1211**	**62.26**	**2.76**
28374	13979	14395	97.11	1017	394	623	63.24	2.72
6634	3278	3356	97.68	438	161	277	58.12	3.28
10703	5305	5398	98.28	510	199	311	63.99	2.60
22923	**11199**	**11724**	**95.52**	**1334**	**516**	**818**	**63.08**	**2.87**
22923	11199	11724	95.52	1334	516	818	63.08	2.87
21281	**10719**	**10562**	**101.49**	**690**	**330**	**360**	**91.67**	**2.67**
21281	10719	10562	101.49	690	330	360	91.67	2.67

1-1b 各地区户数、

地区	户数			合计			
	合计	家庭户	集体户	合计	男	女	性别比(女=100)
宁夏	**57553**	**55912**	**1641**	**165015**	**83608**	**81407**	**102.70**
银川市	**22667**	**21945**	**722**	**61525**	**31576**	**29949**	**105.43**
兴庆区	4404	4347	57	11572	5816	5756	101.04
西夏区	437	436	1	1313	659	654	100.76
金凤区	366	359	7	1149	564	585	96.41
永宁县	7075	6957	118	19755	10048	9707	103.51
贺兰县	7784	7597	187	20979	10646	10333	103.03
灵武市	2601	2249	352	6757	3843	2914	131.88
石嘴山市	**8216**	**7952**	**264**	**21981**	**10985**	**10996**	**99.90**
大武口区	853	645	208	2664	1356	1308	103.67
惠农区	1346	1336	10	3258	1676	1582	105.94
平罗县	6017	5971	46	16059	7953	8106	98.11
吴忠市	**9096**	**8886**	**210**	**27846**	**14232**	**13614**	**104.54**
利通区	774	752	22	2111	1102	1009	109.22
红寺堡区	308	237	71	758	478	280	170.71
盐池县	3044	3020	24	8552	4321	4231	102.13
同心县	3857	3780	77	13709	6887	6822	100.95
青铜峡市	1113	1097	16	2716	1444	1272	113.52
固原市	**8084**	**7859**	**225**	**25051**	**12464**	**12587**	**99.02**
原州区	701	698	3	2203	1121	1082	103.60
西吉县	2707	2627	80	9365	4601	4764	96.58
隆德县	1498	1476	22	4359	2159	2200	98.14
泾源县	943	918	25	2947	1471	1476	99.66
彭阳县	2235	2140	95	6177	3112	3065	101.53
中卫市	**9490**	**9270**	**220**	**28612**	**14351**	**14261**	**100.63**
沙坡头区	632	612	20	1700	912	788	115.74
中宁县	5519	5449	70	15744	7897	7847	100.64
海原县	3339	3209	130	11168	5542	5626	98.51

人口数和性别比(镇)

单位：户、人

人口数								平均家庭户规模（人/户）
家庭户				集体户				
小计	男	女	性别比（女=100）	小计	男	女	性别比（女=100）	
156438	**78454**	**77984**	**100.60**	**8577**	**5154**	**3423**	**150.57**	**2.80**
58656	**29579**	**29077**	**101.73**	**2869**	**1997**	**872**	**229.01**	**2.67**
11276	5595	5681	98.49	296	221	75	294.67	2.59
1308	659	649	101.54	5		5		3.00
1136	556	580	95.86	13	8	5	160.00	3.16
19128	9782	9346	104.67	627	266	361	73.68	2.75
20120	10037	10083	99.54	859	609	250	243.60	2.65
5688	2950	2738	107.74	1069	893	176	507.39	2.53
20862	**10359**	**10503**	**98.63**	**1119**	**626**	**493**	**126.98**	**2.62**
1903	948	955	99.27	761	408	353	115.58	2.95
3197	1629	1568	103.89	61	47	14	335.71	2.39
15762	7782	7980	97.52	297	171	126	135.71	2.64
26160	**13195**	**12965**	**101.77**	**1686**	**1037**	**649**	**159.78**	**2.94**
1931	965	966	99.90	180	137	43	318.60	2.57
551	296	255	116.08	207	182	25	728.00	2.32
8381	4234	4147	102.10	171	87	84	103.57	2.78
12702	6347	6355	99.87	1007	540	467	115.63	3.36
2595	1353	1242	108.94	121	91	30	303.33	2.37
23431	**11629**	**11802**	**98.53**	**1620**	**835**	**785**	**106.37**	**2.98**
2167	1101	1066	103.28	36	20	16	125.00	3.10
8413	4160	4253	97.81	952	441	511	86.30	3.20
4213	2065	2148	96.14	146	94	52	180.77	2.85
2771	1392	1379	100.94	176	79	97	81.44	3.02
5867	2911	2956	98.48	310	201	109	184.40	2.74
27329	**13692**	**13637**	**100.40**	**1283**	**659**	**624**	**105.61**	**2.95**
1626	851	775	109.81	74	61	13	469.23	2.66
15328	7681	7647	100.44	416	216	200	108.00	2.81
10375	5160	5215	98.95	793	382	411	92.94	3.23

1-1c 各地区户数、

地　区	户　数			合　计			
	合计	家庭户	集体户	合计	男	女	性别比（女=100）
宁　夏	**84647**	**82935**	**1712**	**259247**	**136034**	**123213**	**110.41**
银川市	**19902**	**18939**	**963**	**56496**	**30416**	**26080**	**116.63**
兴庆区	2608	2448	160	7441	3938	3503	112.42
西夏区	1268	1263	5	4170	2134	2036	104.81
金凤区	4128	4003	125	11372	5921	5451	108.62
永宁县	4031	3994	37	11254	5847	5407	108.14
贺兰县	4398	4331	67	11720	6057	5663	106.96
灵武市	3469	2900	569	10539	6519	4020	162.16
石嘴山市	**6600**	**6411**	**189**	**17979**	**9567**	**8412**	**113.73**
大武口区	809	758	51	2696	1452	1244	116.72
惠农区	1454	1426	28	3807	2100	1707	123.02
平罗县	4337	4227	110	11476	6015	5461	110.14
吴忠市	**19536**	**19255**	**281**	**61008**	**31743**	**29265**	**108.47**
利通区	4607	4579	28	13722	7049	6673	105.63
红寺堡区	3232	3163	69	11895	6188	5707	108.43
盐池县	2661	2547	114	6928	3995	2933	136.21
同心县	5064	5054	10	17910	9062	8848	102.42
青铜峡市	3972	3912	60	10553	5449	5104	106.76
固原市	**20879**	**20710**	**169**	**67074**	**34825**	**32249**	**107.99**
原州区	6669	6601	68	21037	10960	10077	108.76
西吉县	6620	6611	9	23806	12329	11477	107.42
隆德县	2365	2354	11	6862	3524	3338	105.57
泾源县	1743	1729	14	5598	2862	2736	104.61
彭阳县	3482	3415	67	9771	5150	4621	111.45
中卫市	**17730**	**17620**	**110**	**56690**	**29483**	**27207**	**108.37**
沙坡头区	5364	5328	36	14997	7841	7156	109.57
中宁县	5538	5484	54	17129	8881	8248	107.67
海原县	6828	6808	20	24564	12761	11803	108.12

人口数和性别比(乡村)

单位：户、人

人口数								平均家庭户规模(人/户)
家庭户				集体户				
小计	男	女	性别比(女=100)	小计	男	女	性别比(女=100)	
249512	**128629**	**120883**	**106.41**	**9735**	**7405**	**2330**	**317.81**	**3.01**
51854	**26717**	**25137**	**106.29**	**4642**	**3699**	**943**	**392.26**	**2.74**
6606	3470	3136	110.65	835	468	367	127.52	2.70
4137	2109	2028	103.99	33	25	8	312.50	3.28
10838	5504	5334	103.19	534	417	117	356.41	2.71
10995	5684	5311	107.02	259	163	96	169.79	2.75
11380	5823	5557	104.79	340	234	106	220.75	2.63
7898	4127	3771	109.44	2641	2392	249	960.64	2.72
16387	**8507**	**7880**	**107.96**	**1592**	**1060**	**532**	**199.25**	**2.56**
2368	1240	1128	109.93	328	212	116	182.76	3.12
3443	1803	1640	109.94	364	297	67	443.28	2.41
10576	5464	5112	106.89	900	551	349	157.88	2.50
58834	**30100**	**28734**	**104.75**	**2174**	**1643**	**531**	**309.42**	**3.06**
13473	6853	6620	103.52	249	196	53	369.81	2.94
11626	5972	5654	105.62	269	216	53	407.55	3.68
5937	3155	2782	113.41	991	840	151	556.29	2.33
17827	8991	8836	101.75	83	71	12	591.67	3.53
9971	5129	4842	105.93	582	320	262	122.14	2.55
66264	**34216**	**32048**	**106.76**	**810**	**609**	**201**	**302.99**	**3.20**
20628	10670	9958	107.15	409	290	119	243.70	3.12
23729	12268	11461	107.04	77	61	16	381.25	3.59
6798	3483	3315	105.07	64	41	23	178.26	2.89
5537	2817	2720	103.57	61	45	16	281.25	3.20
9572	4978	4594	108.36	199	172	27	637.04	2.80
56173	**29089**	**27084**	**107.40**	**517**	**394**	**123**	**320.33**	**3.19**
14756	7650	7106	107.66	241	191	50	382.00	2.77
16935	8734	8201	106.50	194	147	47	312.77	3.09
24482	12705	11777	107.88	82	56	26	215.38	3.60

1-2 各地区分性别、

地　区	人　口　数			居住本乡、镇、街道，户口在本乡、镇、街道		
	合计	男	女	小计	男	女
宁　夏	**710449**	**361368**	**349081**	**398696**	**200229**	**198467**
银川市	**273477**	**138897**	**134580**	**126451**	**61994**	**64457**
兴庆区	75172	37355	37817	36428	17515	18913
西夏区	41724	21022	20702	15778	7673	8105
金凤区	61777	30645	31132	33392	16176	17216
永宁县	31009	15895	15114	14160	7175	6985
贺兰县	33081	16904	16177	13607	6791	6816
灵武市	30714	17076	13638	13086	6664	6422
石嘴山市	**76787**	**39293**	**37494**	**41261**	**20506**	**20755**
大武口区	29453	14780	14673	16445	8030	8415
惠农区	19799	10545	9254	10375	5211	5164
平罗县	27535	13968	13567	14441	7265	7176
吴忠市	**136530**	**69291**	**67239**	**79382**	**40234**	**39148**
利通区	45224	22524	22700	23290	11666	11624
红寺堡区	19725	10105	9620	11595	5957	5638
盐池县	15480	8316	7164	7382	3804	3578
同心县	31619	15949	15670	23861	12063	11798
青铜峡市	24482	12397	12085	13254	6744	6510
固原市	**116382**	**59004**	**57378**	**83238**	**42486**	**40752**
原州区	47497	23796	23701	26911	13663	13248
西吉县	33171	16930	16241	27622	14192	13430
隆德县	11221	5683	5538	8970	4585	4385
泾源县	8545	4333	4212	7254	3673	3581
彭阳县	15948	8262	7686	12481	6373	6108
中卫市	**107273**	**54883**	**52390**	**68364**	**35009**	**33355**
沙坡头区	38668	19802	18866	20928	10630	10298
中宁县	32873	16778	16095	18525	9474	9051
海原县	35732	18303	17429	28911	14905	14006

户口登记状况的人口

单位：人

居住本乡、镇、街道，户口在外乡、镇、街道，离开户口登记地半年以上			居住本乡、镇、街道，户口待定			原住本乡、镇、街道，现在港澳台或国外工作学习		
小计	男	女	小计	男	女	小计	男	女
310455	**160421**	**150034**	**899**	**490**	**409**	**399**	**228**	**171**
146289	**76508**	**69781**	**494**	**264**	**230**	**243**	**131**	**112**
38482	19704	18778	147	72	75	115	64	51
25864	13304	12560	49	27	22	33	18	15
28129	14327	13802	186	106	80	70	36	34
16817	8702	8115	27	15	12	5	3	2
19400	10074	9326	67	35	32	7	4	3
17597	10397	7200	18	9	9	13	6	7
35412	**18723**	**16689**	**67**	**40**	**27**	**47**	**24**	**23**
12952	6716	6236	24	17	7	32	17	15
9395	5321	4074	24	11	13	5	2	3
13065	6686	6379	19	12	7	10	5	5
56975	**28955**	**28020**	**120**	**66**	**54**	**53**	**36**	**17**
21875	10823	11052	38	21	17	21	14	7
8097	4130	3967	25	15	10	8	3	5
8085	4505	3580	11	6	5	2	1	1
7723	3866	3857	20	9	11	15	11	4
11195	5631	5564	26	15	11	7	7	
33009	**16439**	**16570**	**114**	**67**	**47**	**21**	**12**	**9**
20530	10099	10431	47	27	20	9	7	2
5506	2715	2791	39	23	16	4		4
2242	1092	1150	5	2	3	4	4	
1276	652	624	14	8	6	1		1
3455	1881	1574	9	7	2	3	1	2
38770	**19796**	**18974**	**104**	**53**	**51**	**35**	**25**	**10**
17695	9148	8547	35	19	16	10	5	5
14306	7276	7030	31	19	12	11	9	2
6769	3372	3397	38	15	23	14	11	3

1-2a 各地区分性别、

地区	人口数			居住本乡、镇、街道，户口在本乡、镇、街道		
	合计	男	女	小计	男	女
宁夏	**286187**	**141726**	**144461**	**124286**	**60197**	**64089**
银川市	**155456**	**76905**	**78551**	**70035**	**33680**	**36355**
兴庆区	56159	27601	28558	26870	12832	14038
西夏区	36241	18229	18012	13076	6308	6768
金凤区	49256	24160	25096	25899	12444	13455
永宁县						
贺兰县	382	201	181	84	45	39
灵武市	13418	6714	6704	4106	2051	2055
石嘴山市	**36827**	**18741**	**18086**	**19274**	**9362**	**9912**
大武口区	24093	11972	12121	13109	6329	6780
惠农区	12734	6769	5965	6165	3033	3132
平罗县						
吴忠市	**47676**	**23316**	**24360**	**18563**	**9189**	**9374**
利通区	29391	14373	15018	12144	5982	6162
红寺堡区	7072	3439	3633	2647	1314	1333
盐池县						
同心县						
青铜峡市	11213	5504	5709	3772	1893	1879
固原市	**24257**	**11715**	**12542**	**8230**	**3950**	**4280**
原州区	24257	11715	12542	8230	3950	4280
西吉县						
隆德县						
泾源县						
彭阳县						
中卫市	**21971**	**11049**	**10922**	**8184**	**4016**	**4168**
沙坡头区	21971	11049	10922	8184	4016	4168
中宁县						
海原县						

户口登记状况的人口(城市)

单位：人

居住本乡、镇、街道，户口在外乡、镇、街道，离开户口登记地半年以上			居住本乡、镇、街道，户口待定			原住本乡、镇、街道，现在港澳台或国外工作学习		
小计	男	女	小计	男	女	小计	男	女
161266	**81183**	**80083**	**376**	**212**	**164**	**259**	**134**	**125**
84964	**42977**	**41987**	**254**	**142**	**112**	**203**	**106**	**97**
29067	14658	14409	119	57	62	103	54	49
23093	11880	11213	41	25	16	31	16	15
23200	11622	11578	89	59	30	68	35	33
297	156	141	1		1			
9307	4661	4646	4	1	3	1	1	
17486	**9343**	**8143**	**33**	**20**	**13**	**34**	**16**	**18**
10937	5615	5322	17	13	4	30	15	15
6549	3728	2821	16	7	9	4	1	3
29051	**14090**	**14961**	**46**	**27**	**19**	**16**	**10**	**6**
17206	8368	8838	29	16	13	12	7	5
4414	2120	2294	9	4	5	2	1	1
7431	3602	3829	8	7	1	2	2	
16004	**7752**	**8252**	**21**	**12**	**9**	**2**	**1**	**1**
16004	7752	8252	21	12	9	2	1	1
13761	**7021**	**6740**	**22**	**11**	**11**	**4**	**1**	**3**
13761	7021	6740	22	11	11	4	1	3

1-2b 各地区分性别、

地　区	人　口　数			居住本乡、镇、街道，户口在本乡、镇、街道		
	合计	男	女	小计	男	女
宁　夏	**165015**	**83608**	**81407**	**70784**	**35108**	**35676**
银川市	**61525**	**31576**	**29949**	**21071**	**10322**	**10749**
兴庆区	11572	5816	5756	4985	2385	2600
西夏区	1313	659	654	764	385	379
金凤区	1149	564	585	943	453	490
永宁县	19755	10048	9707	5865	2912	2953
贺兰县	20979	10646	10333	6216	2998	3218
灵武市	6757	3843	2914	2298	1189	1109
石嘴山市	**21981**	**10985**	**10996**	**8474**	**4177**	**4297**
大武口区	2664	1356	1308	1391	695	696
惠农区	3258	1676	1582	1425	724	701
平罗县	16059	7953	8106	5658	2758	2900
吴忠市	**27846**	**14232**	**13614**	**13948**	**7002**	**6946**
利通区	2111	1102	1009	1437	720	717
红寺堡区	758	478	280	250	129	121
盐池县	8552	4321	4231	2724	1348	1376
同心县	13709	6887	6822	8043	4040	4003
青铜峡市	2716	1444	1272	1494	765	729
固原市	**25051**	**12464**	**12587**	**14439**	**7194**	**7245**
原州区	2203	1121	1082	1682	845	837
西吉县	9365	4601	4764	4629	2308	2321
隆德县	4359	2159	2200	2553	1285	1268
泾源县	2947	1471	1476	2002	1009	993
彭阳县	6177	3112	3065	3573	1747	1826
中卫市	**28612**	**14351**	**14261**	**12852**	**6413**	**6439**
沙坡头区	1700	912	788	1306	685	621
中宁县	15744	7897	7847	6033	2990	3043
海原县	11168	5542	5626	5513	2738	2775

户口登记状况的人口(镇)

单位：人

居住本乡、镇、街道，户口在外乡、镇、街道，离开户口登记地半年以上			居住本乡、镇、街道，户口待定			原住本乡、镇、街道，现在港澳台或国外工作学习		
小计	男	女	小计	男	女	小计	男	女
94034	**48393**	**45641**	**162**	**89**	**73**	**35**	**18**	**17**
40351	**21199**	**19152**	**86**	**45**	**41**	**17**	**10**	**7**
6567	3419	3148	12	6	6	8	6	2
547	273	274	2	1	1			
202	109	93	4	2	2			
13870	7126	6744	16	8	8	4	2	2
14715	7622	7093	45	24	21	3	2	1
4450	2650	1800	7	4	3	2		2
13494	**6802**	**6692**	**11**	**5**	**6**	**2**	**1**	**1**
1270	659	611	2	1	1	1	1	
1831	951	880	2	1	1			
10393	5192	5201	7	3	4	1		1
13876	**7218**	**6658**	**16**	**10**	**6**	**6**	**2**	**4**
673	382	291				1		1
507	349	158	1		1			
5820	2968	2852	6	4	2	2	1	1
5656	2842	2814	7	4	3	3	1	2
1220	677	543	2	2				
10582	**5252**	**5330**	**26**	**15**	**11**	**4**	**3**	**1**
519	275	244	1		1	1	1	
4721	2285	2436	15	8	7			
1803	871	932	1	1		2	2	
939	459	480	5	3	2	1		1
2600	1362	1238	4	3	1			
15731	**7922**	**7809**	**23**	**14**	**9**	**6**	**2**	**4**
391	225	166	2	2		1		1
9699	4898	4801	9	7	2	3	2	1
5641	2799	2842	12	5	7	2		2

1-2c 各地区分性别、

地区	人口数			居住本乡、镇、街道，户口在本乡、镇、街道		
	合计	男	女	小计	男	女
宁 夏	**259247**	**136034**	**123213**	**203626**	**104924**	**98702**
银川市	**56496**	**30416**	**26080**	**35345**	**17992**	**17353**
兴庆区	7441	3938	3503	4573	2298	2275
西夏区	4170	2134	2036	1938	980	958
金凤区	11372	5921	5451	6550	3279	3271
永宁县	11254	5847	5407	8295	4263	4032
贺兰县	11720	6057	5663	7307	3748	3559
灵武市	10539	6519	4020	6682	3424	3258
石嘴山市	**17979**	**9567**	**8412**	**13513**	**6967**	**6546**
大武口区	2696	1452	1244	1945	1006	939
惠农区	3807	2100	1707	2785	1454	1331
平罗县	11476	6015	5461	8783	4507	4276
吴忠市	**61008**	**31743**	**29265**	**46871**	**24043**	**22828**
利通区	13722	7049	6673	9709	4964	4745
红寺堡区	11895	6188	5707	8698	4514	4184
盐池县	6928	3995	2933	4658	2456	2202
同心县	17910	9062	8848	15818	8023	7795
青铜峡市	10553	5449	5104	7988	4086	3902
固原市	**67074**	**34825**	**32249**	**60569**	**31342**	**29227**
原州区	21037	10960	10077	16999	8868	8131
西吉县	23806	12329	11477	22993	11884	11109
隆德县	6862	3524	3338	6417	3300	3117
泾源县	5598	2862	2736	5252	2664	2588
彭阳县	9771	5150	4621	8908	4626	4282
中卫市	**56690**	**29483**	**27207**	**47328**	**24580**	**22748**
沙坡头区	14997	7841	7156	11438	5929	5509
中宁县	17129	8881	8248	12492	6484	6008
海原县	24564	12761	11803	23398	12167	11231

户口登记状况的人口(乡村)

单位：人

居住本乡、镇、街道，户口在外乡、镇、街道，离开户口登记地半年以上			居住本乡、镇、街道，户口待定			原住本乡、镇、街道，现在港澳台或国外工作学习		
小计	男	女	小计	男	女	小计	男	女
55155	**30845**	**24310**	**361**	**189**	**172**	**105**	**76**	**29**
20974	**12332**	**8642**	**154**	**77**	**77**	**23**	**15**	**8**
2848	1627	1221	16	9	7	4	4	
2224	1151	1073	6	1	5	2	2	
4727	2596	2131	93	45	48	2	1	1
2947	1576	1371	11	7	4	1	1	
4388	2296	2092	21	11	10	4	2	2
3840	3086	754	7	4	3	10	5	5
4432	**2578**	**1854**	**23**	**15**	**8**	**11**	**7**	**4**
745	442	303	5	3	2	1	1	
1015	642	373	6	3	3	1	1	
2672	1494	1178	12	9	3	9	5	4
14048	**7647**	**6401**	**58**	**29**	**29**	**31**	**24**	**7**
3996	2073	1923	9	5	4	8	7	1
3176	1661	1515	15	11	4	6	2	4
2265	1537	728	5	2	3			
2067	1024	1043	13	5	8	12	10	2
2544	1352	1192	16	6	10	5	5	
6423	**3435**	**2988**	**67**	**40**	**27**	**15**	**8**	**7**
4007	2072	1935	25	15	10	6	5	1
785	430	355	24	15	9	4		4
439	221	218	4	1	3	2	2	
337	193	144	9	5	4			
855	519	336	5	4	1	3	1	2
9278	**4853**	**4425**	**59**	**28**	**31**	**25**	**22**	**3**
3543	1902	1641	11	6	5	5	4	1
4607	2378	2229	22	12	10	8	7	1
1128	573	555	26	10	16	12	11	1

1-3 各地区分年龄、性别的人口

单位：人

地区	合计			0岁		
	合计	男	女	小计	男	女
宁 夏	**710449**	**361368**	**349081**	**7695**	**3983**	**3712**
银川市	**273477**	**138897**	**134580**	**2698**	**1377**	**1321**
兴庆区	75172	37355	37817	620	308	312
西夏区	41724	21022	20702	355	180	175
金凤区	61777	30645	31132	778	400	378
永宁县	31009	15895	15114	295	141	154
贺兰县	33081	16904	16177	367	205	162
灵武市	30714	17076	13638	283	143	140
石嘴山市	**76787**	**39293**	**37494**	**533**	**269**	**264**
大武口区	29453	14780	14673	192	101	91
惠农区	19799	10545	9254	116	55	61
平罗县	27535	13968	13567	225	113	112
吴忠市	**136530**	**69291**	**67239**	**1571**	**834**	**737**
利通区	45224	22524	22700	450	240	210
红寺堡区	19725	10105	9620	284	146	138
盐池县	15480	8316	7164	134	68	66
同心县	31619	15949	15670	482	267	215
青铜峡市	24482	12397	12085	221	113	108
固原市	**116382**	**59004**	**57378**	**1512**	**761**	**751**
原州区	47497	23796	23701	589	292	297
西吉县	33171	16930	16241	510	261	249
隆德县	11221	5683	5538	100	64	36
泾源县	8545	4333	4212	104	46	58
彭阳县	15948	8262	7686	209	98	111
中卫市	**107273**	**54883**	**52390**	**1381**	**742**	**639**
沙坡头区	38668	19802	18866	418	221	197
中宁县	32873	16778	16095	403	219	184
海原县	35732	18303	17429	560	302	258

1-3　续表 1　　　　单位：人

地　区	1-4岁			5-9岁			10-14岁		
	小计	男	女	小计	男	女	小计	男	女
宁　夏	**40230**	**20781**	**19449**	**49471**	**25864**	**23607**	**48299**	**25131**	**23168**
银川市	**15439**	**8016**	**7423**	**16853**	**8797**	**8056**	**14678**	**7739**	**6939**
兴庆区	3715	1969	1746	4706	2407	2299	4288	2314	1974
西夏区	2114	1088	1026	2245	1168	1077	1940	980	960
金凤区	4212	2161	2051	3844	2020	1824	2886	1534	1352
永宁县	1955	1042	913	2016	1044	972	1893	998	895
贺兰县	1852	957	895	2146	1158	988	1804	937	867
灵武市	1591	799	792	1896	1000	896	1867	976	891
石嘴山市	**3066**	**1568**	**1498**	**3863**	**2006**	**1857**	**4277**	**2147**	**2130**
大武口区	1164	575	589	1510	784	726	1559	789	770
惠农区	698	365	333	860	458	402	967	477	490
平罗县	1204	628	576	1493	764	729	1751	881	870
吴忠市	**7995**	**4145**	**3850**	**10642**	**5568**	**5074**	**10986**	**5735**	**5251**
利通区	2291	1212	1079	3036	1624	1412	3458	1849	1609
红寺堡区	1420	739	681	1939	990	949	1795	923	872
盐池县	758	416	342	953	511	442	914	517	397
同心县	2431	1211	1220	3430	1753	1677	3281	1667	1614
青铜峡市	1095	567	528	1284	690	594	1538	779	759
固原市	**7025**	**3546**	**3479**	**9805**	**5126**	**4679**	**9983**	**5198**	**4785**
原州区	2988	1525	1463	4138	2150	1988	3936	2052	1884
西吉县	2173	1099	1074	3017	1556	1461	3201	1653	1548
隆德县	482	253	229	790	425	365	881	463	418
泾源县	551	271	280	715	371	344	745	366	379
彭阳县	831	398	433	1145	624	521	1220	664	556
中卫市	**6705**	**3506**	**3199**	**8308**	**4367**	**3941**	**8375**	**4312**	**4063**
沙坡头区	2040	1067	973	2295	1226	1069	2396	1255	1141
中宁县	1977	1047	930	2465	1252	1213	2545	1312	1233
海原县	2688	1392	1296	3548	1889	1659	3434	1745	1689

1-3 续表 2 单位：人

地　区	15-19岁			20-24岁			25-29岁		
	小计	男	女	小计	男	女	小计	男	女
宁　夏	**42149**	**21525**	**20624**	**41891**	**20509**	**21382**	**52835**	**26655**	**26180**
银川市	**14227**	**7546**	**6681**	**18748**	**9046**	**9702**	**23749**	**11911**	**11838**
兴庆区	3856	2049	1807	4371	2000	2371	6010	2869	3141
西夏区	3622	1879	1743	5970	2885	3085	3658	1878	1780
金凤区	2285	1186	1099	3052	1424	1628	6033	2886	3147
永宁县	1450	763	687	1946	902	1044	2534	1282	1252
贺兰县	1550	858	692	1586	780	806	2731	1366	1365
灵武市	1464	811	653	1823	1055	768	2783	1630	1153
石嘴山市	**4186**	**2121**	**2065**	**3675**	**1970**	**1705**	**4536**	**2367**	**2169**
大武口区	1696	912	784	1664	893	771	1670	832	838
惠农区	934	505	429	907	499	408	1181	657	524
平罗县	1556	704	852	1104	578	526	1685	878	807
吴忠市	**8485**	**4173**	**4312**	**7428**	**3577**	**3851**	**9882**	**4999**	**4883**
利通区	2732	1354	1378	2639	1201	1438	3428	1657	1771
红寺堡区	1342	615	727	1237	634	603	1586	840	746
盐池县	675	377	298	629	345	284	1084	567	517
同心县	2338	1158	1180	1903	919	984	2417	1219	1198
青铜峡市	1398	669	729	1020	478	542	1367	716	651
固原市	**8522**	**4280**	**4242**	**6289**	**2988**	**3301**	**7141**	**3474**	**3667**
原州区	3220	1653	1567	2763	1227	1536	3000	1403	1597
西吉县	2957	1474	1483	1999	1016	983	2251	1133	1118
隆德县	651	338	313	472	227	245	579	292	287
泾源县	711	320	391	494	241	253	487	230	257
彭阳县	983	495	488	561	277	284	824	416	408
中卫市	**6729**	**3405**	**3324**	**5751**	**2928**	**2823**	**7527**	**3904**	**3623**
沙坡头区	2075	1073	1002	1818	911	907	2805	1449	1356
中宁县	1901	963	938	1541	814	727	2075	1092	983
海原县	2753	1369	1384	2392	1203	1189	2647	1363	1284

1–3 续表 3

单位：人

地 区	30–34岁			35–39岁			40–44岁		
	小计	男	女	小计	男	女	小计	男	女
宁 夏	**63015**	**32103**	**30912**	**54072**	**28168**	**25904**	**54611**	**27831**	**26780**
银川市	**29031**	**14885**	**14146**	**22364**	**11740**	**10624**	**20355**	**10389**	**9966**
兴庆区	7325	3554	3771	6459	3176	3283	6338	3167	3171
西夏区	3826	1965	1861	2764	1474	1290	2430	1233	1197
金凤区	7844	3897	3947	5533	2800	2733	4428	2177	2251
永宁县	3201	1662	1539	2306	1271	1035	2152	1122	1030
贺兰县	3544	1791	1753	2789	1494	1295	2472	1246	1226
灵武市	3291	2016	1275	2513	1525	988	2535	1444	1091
石嘴山市	**6111**	**3118**	**2993**	**5455**	**2899**	**2556**	**6316**	**3222**	**3094**
大武口区	2406	1181	1225	2068	1065	1003	2292	1111	1181
惠农区	1566	863	703	1425	804	621	1685	898	787
平罗县	2139	1074	1065	1962	1030	932	2339	1213	1126
吴忠市	**10812**	**5548**	**5264**	**10126**	**5229**	**4897**	**11019**	**5569**	**5450**
利通区	3825	1916	1909	3429	1732	1697	3830	1885	1945
红寺堡区	1593	818	775	1508	778	730	1499	757	742
盐池县	1293	725	568	1246	681	565	1311	739	572
同心县	2395	1196	1199	2231	1179	1052	2220	1098	1122
青铜峡市	1706	893	813	1712	859	853	2159	1090	1069
固原市	**8385**	**4105**	**4280**	**8437**	**4274**	**4163**	**9075**	**4605**	**4470**
原州区	3810	1836	1974	3913	1946	1967	3834	1930	1904
西吉县	2231	1146	1085	2170	1124	1046	2396	1221	1175
隆德县	715	335	380	660	311	349	787	371	416
泾源县	529	239	290	578	301	277	679	359	320
彭阳县	1100	549	551	1116	592	524	1379	724	655
中卫市	**8676**	**4447**	**4229**	**7690**	**4026**	**3664**	**7846**	**4046**	**3800**
沙坡头区	3271	1704	1567	2780	1449	1331	2933	1531	1402
中宁县	2643	1356	1287	2327	1201	1126	2458	1269	1189
海原县	2762	1387	1375	2583	1376	1207	2455	1246	1209

1-3 续表 4

单位：人

地　区	45-49岁			50-54岁			55-59岁		
	小计	男	女	小计	男	女	小计	男	女
宁　夏	**59221**	**30591**	**28630**	**57097**	**28930**	**28167**	**43587**	**22199**	**21388**
银川市	**22050**	**11316**	**10734**	**21011**	**10652**	**10359**	**16714**	**8254**	**8460**
兴庆区	6441	3282	3159	5711	2885	2826	4596	2273	2323
西夏区	2836	1412	1424	2928	1461	1467	2176	1084	1092
金凤区	4596	2304	2292	4572	2188	2384	4016	1903	2113
永宁县	2645	1376	1269	2449	1247	1202	1984	991	993
贺兰县	2729	1371	1358	2676	1352	1324	2226	1102	1124
灵武市	2803	1571	1232	2675	1519	1156	1716	901	815
石嘴山市	**7996**	**4205**	**3791**	**8002**	**4104**	**3898**	**5841**	**3106**	**2735**
大武口区	3064	1588	1476	3027	1495	1532	2248	1155	1093
惠农区	2297	1233	1064	2396	1324	1072	1628	911	717
平罗县	2635	1384	1251	2579	1285	1294	1965	1040	925
吴忠市	**11198**	**5804**	**5394**	**10746**	**5430**	**5316**	**8100**	**4145**	**3955**
利通区	3779	1928	1851	3545	1702	1843	2678	1302	1376
红寺堡区	1425	733	692	1335	713	622	933	492	441
盐池县	1509	818	691	1477	792	685	1126	598	528
同心县	1987	993	994	1962	981	981	1505	805	700
青铜峡市	2498	1332	1166	2427	1242	1185	1858	948	910
固原市	**9164**	**4733**	**4431**	**8586**	**4410**	**4176**	**6616**	**3468**	**3148**
原州区	3766	1956	1810	3324	1669	1655	2615	1357	1258
西吉县	2266	1173	1093	2131	1097	1034	1687	889	798
隆德县	1085	529	556	1080	545	535	880	444	436
泾源县	649	359	290	599	322	277	419	228	191
彭阳县	1398	716	682	1452	777	675	1015	550	465
中卫市	**8813**	**4533**	**4280**	**8752**	**4334**	**4418**	**6316**	**3226**	**3090**
沙坡头区	3848	1966	1882	3659	1865	1794	2468	1239	1229
中宁县	2779	1426	1353	2878	1396	1482	2186	1099	1087
海原县	2186	1141	1045	2215	1073	1142	1662	888	774

1-3 续表 5

单位：人

地区	60-64岁			65-69岁			70-74岁		
	小计	男	女	小计	男	女	小计	男	女
宁 夏	**27915**	**14132**	**13783**	**27825**	**13720**	**14105**	**17924**	**8602**	**9322**
银川市	**11070**	**5587**	**5483**	**10395**	**5005**	**5390**	**6160**	**2935**	**3225**
兴庆区	3204	1589	1615	3044	1392	1652	1966	960	1006
西夏区	1391	707	684	1308	653	655	748	336	412
金凤区	2770	1413	1357	2245	1105	1140	1162	539	623
永宁县	1191	606	585	1384	677	707	810	366	444
贺兰县	1522	779	743	1424	699	725	789	375	414
灵武市	992	493	499	990	479	511	685	359	326
石嘴山市	**3691**	**1871**	**1820**	**3413**	**1669**	**1744**	**2328**	**1052**	**1276**
大武口区	1351	703	648	1171	557	614	876	379	497
惠农区	890	462	428	778	383	395	525	231	294
平罗县	1450	706	744	1464	729	735	927	442	485
吴忠市	**4956**	**2440**	**2516**	**5299**	**2613**	**2686**	**3326**	**1620**	**1706**
利通区	1663	821	842	1908	920	988	1113	551	562
红寺堡区	528	256	272	558	307	251	337	165	172
盐池县	735	373	362	687	328	359	448	217	231
同心县	856	414	442	820	413	407	616	301	315
青铜峡市	1174	576	598	1326	645	681	812	386	426
固原市	**4080**	**2174**	**1906**	**4455**	**2316**	**2139**	**3334**	**1635**	**1699**
原州区	1558	813	745	1601	815	786	1131	537	594
西吉县	1005	522	483	1151	581	570	900	445	455
隆德县	527	308	219	550	309	241	436	213	223
泾源县	301	161	140	405	207	198	276	152	124
彭阳县	689	370	319	748	404	344	591	288	303
中卫市	**4118**	**2060**	**2058**	**4263**	**2117**	**2146**	**2776**	**1360**	**1416**
沙坡头区	1744	865	879	1787	866	921	1084	521	563
中宁县	1334	686	648	1418	708	710	906	452	454
海原县	1040	509	531	1058	543	515	786	387	399

1-3 续表 6

单位：人

地 区	75-79岁			80-84岁			85-89岁		
	小计	男	女	小计	男	女	小计	男	女
宁 夏	**12062**	**5663**	**6399**	**7073**	**3293**	**3780**	**2716**	**1331**	**1385**
银川市	**4018**	**1836**	**2182**	**2613**	**1215**	**1398**	**1011**	**509**	**502**
兴庆区	1246	552	694	822	381	441	347	176	171
西夏区	663	278	385	495	225	270	196	107	89
金凤区	771	356	415	504	229	275	203	106	97
永宁县	449	230	219	248	126	122	77	36	41
贺兰县	485	237	248	285	142	143	80	41	39
灵武市	404	183	221	259	112	147	108	43	65
石嘴山市	**1805**	**808**	**997**	**1120**	**506**	**614**	**439**	**210**	**229**
大武口区	754	304	450	490	226	264	188	94	94
惠农区	470	206	264	318	143	175	121	49	72
平罗县	581	298	283	312	137	175	130	67	63
吴忠市	**2147**	**1039**	**1108**	**1190**	**552**	**638**	**475**	**221**	**254**
利通区	723	338	385	444	191	253	190	78	112
红寺堡区	224	116	108	132	60	72	39	19	20
盐池县	291	144	147	139	67	72	54	26	28
同心县	430	219	211	204	110	94	83	38	45
青铜峡市	479	222	257	271	124	147	109	60	49
固原市	**2254**	**1099**	**1155**	**1214**	**570**	**644**	**419**	**205**	**214**
原州区	746	359	387	404	198	206	134	64	70
西吉县	646	320	326	326	145	181	132	64	68
隆德县	304	145	159	169	80	89	59	29	30
泾源县	183	100	83	87	43	44	26	13	13
彭阳县	375	175	200	228	104	124	68	35	33
中卫市	**1838**	**881**	**957**	**936**	**450**	**486**	**372**	**186**	**186**
沙坡头区	691	321	370	377	184	193	154	76	78
中宁县	607	288	319	291	125	166	102	51	51
海原县	540	272	268	268	141	127	116	59	57

1-3　续表 7　　　　单位：人

地　区	90-94岁			95-99岁			100岁及以上		
	小计	男	女	小计	男	女	小计	男	女
宁　夏	**644**	**305**	**339**	**105**	**49**	**56**	**12**	**3**	**9**
银川市	**255**	**120**	**135**	**35**	**21**	**14**	**3**	**1**	**2**
兴庆区	93	43	50	13	9	4	1		1
西夏区	48	23	25	9	5	4	2	1	1
金凤区	39	15	24	4	2	2			
永宁县	20	12	8	4	1	3			
贺兰县	22	12	10	2	2				
灵武市	33	15	18	3	2	1			
石嘴山市	**114**	**67**	**47**	**18**	**8**	**10**	**2**		**2**
大武口区	53	33	20	8	3	5	2		2
惠农区	32	19	13	5	3	2			
平罗县	29	15	14	5	2	3			
吴忠市	**114**	**41**	**73**	**30**	**8**	**22**	**3**	**1**	**2**
利通区	47	16	31	15	7	8	1		1
红寺堡区	9	3	6	1		1	1	1	
盐池县	16	7	9	1		1			
同心县	22	8	14	6		6			
青铜峡市	20	7	13	7	1	6	1		1
固原市	**74**	**31**	**43**	**9**	**6**	**3**	**3**		**3**
原州区	24	12	12	2	2		1		1
西吉县	20	9	11	2	2				
隆德县	11	2	9	1		1	2		2
泾源县	7	4	3						
彭阳县	12	4	8	4	2	2			
中卫市	**87**	**46**	**41**	**13**	**6**	**7**	**1**	**1**	
沙坡头区	20	11	9	5	2	3			
中宁县	34	20	14	2	1	1	1	1	
海原县	33	15	18	6	3	3			

1-3a 各地区分年龄、性别的人口(城市)

单位：人

地区	合计			0岁		
	合计	男	女	小计	男	女
宁 夏	**286187**	**141726**	**144461**	**2516**	**1289**	**1227**
银川市	**155456**	**76905**	**78551**	**1475**	**761**	**714**
兴庆区	56159	27601	28558	450	234	216
西夏区	36241	18229	18012	298	152	146
金凤区	49256	24160	25096	610	316	294
永宁县						
贺兰县	382	201	181	2	1	1
灵武市	13418	6714	6704	115	58	57
石嘴山市	**36827**	**18741**	**18086**	**224**	**114**	**110**
大武口区	24093	11972	12121	156	80	76
惠农区	12734	6769	5965	68	34	34
平罗县						
吴忠市	**47676**	**23316**	**24360**	**421**	**223**	**198**
利通区	29391	14373	15018	253	135	118
红寺堡区	7072	3439	3633	88	43	45
盐池县						
同心县						
青铜峡市	11213	5504	5709	80	45	35
固原市	**24257**	**11715**	**12542**	**217**	**106**	**111**
原州区	24257	11715	12542	217	106	111
西吉县						
隆德县						
泾源县						
彭阳县						
中卫市	**21971**	**11049**	**10922**	**179**	**85**	**94**
沙坡头区	21971	11049	10922	179	85	94
中宁县						
海原县						

1-3a 续表 1 单位：人

地区	1-4岁			5-9岁			10-14岁		
	小计	男	女	小计	男	女	小计	男	女
宁 夏	**15381**	**7914**	**7467**	**17842**	**9380**	**8462**	**16683**	**8712**	**7971**
银川市	**8614**	**4444**	**4170**	**9283**	**4837**	**4446**	**7872**	**4190**	**3682**
兴庆区	2733	1440	1293	3454	1759	1695	3087	1664	1423
西夏区	1706	869	837	1714	899	815	1512	766	746
金凤区	3280	1694	1586	3022	1586	1436	2195	1173	1022
永宁县									
贺兰县	19	13	6	32	19	13	20	13	7
灵武市	876	428	448	1061	574	487	1058	574	484
石嘴山市	**1407**	**705**	**702**	**1761**	**935**	**826**	**1859**	**942**	**917**
大武口区	951	477	474	1218	645	573	1236	634	602
惠农区	456	228	228	543	290	253	623	308	315
平罗县									
吴忠市	**2644**	**1372**	**1272**	**3395**	**1813**	**1582**	**3627**	**1873**	**1754**
利通区	1552	828	724	2029	1105	924	2219	1169	1050
红寺堡区	546	275	271	759	398	361	681	347	334
盐池县									
同心县									
青铜峡市	546	269	277	607	310	297	727	357	370
固原市	**1469**	**741**	**728**	**2054**	**1065**	**989**	**1957**	**1000**	**957**
原州区	1469	741	728	2054	1065	989	1957	1000	957
西吉县									
隆德县									
泾源县									
彭阳县									
中卫市	**1247**	**652**	**595**	**1349**	**730**	**619**	**1368**	**707**	**661**
沙坡头区	1247	652	595	1349	730	619	1368	707	661
中宁县									
海原县									

1-3a 续表 2

单位：人

地　　区	15-19岁			20-24岁			25-29岁		
	小计	男	女	小计	男	女	小计	男	女
宁　夏	**17319**	**8697**	**8622**	**18712**	**8728**	**9984**	**22829**	**10977**	**11852**
银川市	**8877**	**4606**	**4271**	**11934**	**5667**	**6267**	**13578**	**6520**	**7058**
兴庆区	2642	1376	1266	3228	1521	1707	4475	2106	2369
西夏区	3431	1782	1649	5663	2734	2929	3182	1663	1519
金凤区	1833	941	892	2303	1060	1243	4736	2203	2533
永宁县									
贺兰县	16	9	7	27	14	13	31	15	16
灵武市	955	498	457	713	338	375	1154	533	621
石嘴山市	**1720**	**916**	**804**	**1460**	**788**	**672**	**2133**	**1108**	**1025**
大武口区	1090	574	516	907	480	427	1357	674	683
惠农区	630	342	288	553	308	245	776	434	342
平罗县									
吴忠市	**3495**	**1594**	**1901**	**2675**	**1126**	**1549**	**3711**	**1754**	**1957**
利通区	1974	951	1023	1766	737	1029	2356	1105	1251
红寺堡区	624	244	380	370	161	209	598	276	322
盐池县									
同心县									
青铜峡市	897	399	498	539	228	311	757	373	384
固原市	**1838**	**877**	**961**	**1483**	**607**	**876**	**1574**	**682**	**892**
原州区	1838	877	961	1483	607	876	1574	682	892
西吉县									
隆德县									
泾源县									
彭阳县									
中卫市	**1389**	**704**	**685**	**1160**	**540**	**620**	**1833**	**913**	**920**
沙坡头区	1389	704	685	1160	540	620	1833	913	920
中宁县									
海原县									

1-3a　续表 3　　　　单位：人

地　区	30-34岁			35-39岁			40-44岁		
	小计	男	女	小计	男	女	小计	男	女
宁　夏	**28518**	**13946**	**14572**	**23801**	**11936**	**11865**	**22895**	**11360**	**11535**
银川市	**16607**	**8158**	**8449**	**13027**	**6538**	**6489**	**11523**	**5700**	**5823**
兴庆区	5496	2622	2874	4903	2355	2548	4818	2370	2448
西夏区	3324	1716	1608	2344	1250	1094	2030	1032	998
金凤区	6270	3072	3198	4564	2281	2283	3535	1716	1819
永宁县									
贺兰县	55	23	32	30	20	10	26	15	11
灵武市	1462	725	737	1186	632	554	1114	567	547
石嘴山市	**3142**	**1584**	**1558**	**2725**	**1425**	**1300**	**3129**	**1572**	**1557**
大武口区	2033	979	1054	1762	894	868	2000	976	1024
惠农区	1109	605	504	963	531	432	1129	596	533
平罗县									
吴忠市	**4366**	**2118**	**2248**	**3961**	**1969**	**1992**	**4292**	**2110**	**2182**
利通区	2672	1270	1402	2394	1192	1202	2632	1278	1354
红寺堡区	732	364	368	658	334	324	504	253	251
盐池县									
同心县									
青铜峡市	962	484	478	909	443	466	1156	579	577
固原市	**2180**	**976**	**1204**	**2247**	**1075**	**1172**	**2138**	**1037**	**1101**
原州区	2180	976	1204	2247	1075	1172	2138	1037	1101
西吉县									
隆德县									
泾源县									
彭阳县									
中卫市	**2223**	**1110**	**1113**	**1841**	**929**	**912**	**1813**	**941**	**872**
沙坡头区	2223	1110	1113	1841	929	912	1813	941	872
中宁县									
海原县									

1-3a 续表 4

单位：人

地区	45-49岁			50-54岁			55-59岁		
	小计	男	女	小计	男	女	小计	男	女
宁 夏	**24209**	**12266**	**11943**	**22254**	**11048**	**11206**	**16648**	**8204**	**8444**
银川市	**11890**	**5923**	**5967**	**11176**	**5460**	**5716**	**9212**	**4425**	**4787**
兴庆区	4821	2430	2391	4220	2104	2116	3459	1698	1761
西夏区	2409	1193	1216	2478	1230	1248	1867	909	958
金凤区	3602	1786	1816	3588	1694	1894	3284	1518	1766
永宁县									
贺兰县	36	16	20	30	16	14	23	10	13
灵武市	1022	498	524	860	416	444	579	290	289
石嘴山市	**4122**	**2165**	**1957**	**4171**	**2168**	**2003**	**2861**	**1491**	**1370**
大武口区	2610	1358	1252	2593	1283	1310	1854	925	929
惠农区	1512	807	705	1578	885	693	1007	566	441
平罗县									
吴忠市	**3962**	**2030**	**1932**	**3468**	**1693**	**1775**	**2357**	**1155**	**1202**
利通区	2400	1214	1186	2169	1038	1131	1498	716	782
红寺堡区	404	205	199	345	172	173	273	135	138
盐池县									
同心县									
青铜峡市	1158	611	547	954	483	471	586	304	282
固原市	**2019**	**1029**	**990**	**1646**	**813**	**833**	**1132**	**592**	**540**
原州区	2019	1029	990	1646	813	833	1132	592	540
西吉县									
隆德县									
泾源县									
彭阳县									
中卫市	**2216**	**1119**	**1097**	**1793**	**914**	**879**	**1086**	**541**	**545**
沙坡头区	2216	1119	1097	1793	914	879	1086	541	545
中宁县									
海原县									

1−3a　续表 5　　　　单位：人

地　区	60−64岁			65−69岁			70−74岁		
	小计	男	女	小计	男	女	小计	男	女
宁　夏	**10933**	**5415**	**5518**	**10138**	**4808**	**5330**	**6290**	**2895**	**3395**
银川市	**6417**	**3173**	**3244**	**5734**	**2698**	**3036**	**3379**	**1603**	**1776**
兴庆区	2482	1209	1273	2340	1055	1285	1528	744	784
西夏区	1244	616	628	1151	574	577	640	285	355
金凤区	2328	1172	1156	1861	907	954	956	439	517
永宁县									
贺兰县	11	6	5	15	6	9	6	3	3
灵武市	352	170	182	367	156	211	249	132	117
石嘴山市	**1650**	**844**	**806**	**1430**	**688**	**742**	**1047**	**432**	**615**
大武口区	1172	593	579	1022	479	543	766	320	446
惠农区	478	251	227	408	209	199	281	112	169
平罗县									
吴忠市	**1459**	**697**	**762**	**1631**	**798**	**833**	**986**	**444**	**542**
利通区	948	462	486	1070	520	550	627	289	338
红寺堡区	166	74	92	147	84	63	78	31	47
盐池县									
同心县									
青铜峡市	345	161	184	414	194	220	281	124	157
固原市	**694**	**363**	**331**	**603**	**281**	**322**	**431**	**196**	**235**
原州区	694	363	331	603	281	322	431	196	235
西吉县									
隆德县									
泾源县									
彭阳县									
中卫市	**713**	**338**	**375**	**740**	**343**	**397**	**447**	**220**	**227**
沙坡头区	713	338	375	740	343	397	447	220	227
中宁县									
海原县									

1-3a 续表 6

单位：人

地 区	75-79岁			80-84岁			85-89岁		
	小计	男	女	小计	男	女	小计	男	女
宁 夏	**4544**	**1975**	**2569**	**3085**	**1383**	**1702**	**1245**	**617**	**628**
银川市	**2343**	**1014**	**1329**	**1641**	**740**	**901**	**677**	**353**	**324**
兴庆区	987	417	570	661	305	356	287	150	137
西夏区	568	235	333	443	199	244	180	98	82
金凤区	631	292	339	443	199	244	180	95	85
永宁县									
贺兰县				3	2	1			
灵武市	157	70	87	91	35	56	30	10	20
石嘴山市	**960**	**385**	**575**	**683**	**308**	**375**	**261**	**121**	**140**
大武口区	683	274	409	453	207	246	172	84	88
惠农区	277	111	166	230	101	129	89	37	52
平罗县									
吴忠市	**643**	**298**	**345**	**382**	**159**	**223**	**157**	**73**	**84**
利通区	434	198	236	247	103	144	117	50	67
红寺堡区	50	21	29	38	17	21	9	5	4
盐池县									
同心县									
青铜峡市	159	79	80	97	39	58	31	18	13
固原市	**302**	**144**	**158**	**196**	**94**	**102**	**66**	**32**	**34**
原州区	302	144	158	196	94	102	66	32	34
西吉县									
隆德县									
泾源县									
彭阳县									
中卫市	**296**	**134**	**162**	**183**	**82**	**101**	**84**	**38**	**46**
沙坡头区	296	134	162	183	82	101	84	38	46
中宁县									
海原县									

1-3a　续表 7

单位：人

地　区	90-94岁			95-99岁			100岁及以上		
	小计	男	女	小计	男	女	小计	男	女
宁　夏	**295**	**150**	**145**	**44**	**25**	**19**	**6**	**1**	**5**
银川市	**172**	**80**	**92**	**22**	**14**	**8**	**3**	**1**	**2**
兴庆区	76	34	42	11	8	3	1		1
西夏区	47	22	25	8	4	4	2	1	1
金凤区	32	14	18	3	2	1			
永宁县									
贺兰县									
灵武市	17	10	7						
石嘴山市	**72**	**45**	**27**	**9**	**5**	**4**	**1**		**1**
大武口区	51	33	18	6	3	3	1		1
惠农区	21	12	9	3	2	1			
平罗县									
吴忠市	**33**	**14**	**19**	**10**	**3**	**7**	**1**		**1**
利通区	26	11	15	8	2	6			
红寺堡区	2		2						
盐池县									
同心县									
青铜峡市	5	3	2	2	1	1	1		1
固原市	**9**	**4**	**5**	**1**	**1**		**1**		**1**
原州区	9	4	5	1	1		1		1
西吉县									
隆德县									
泾源县									
彭阳县									
中卫市	**9**	**7**	**2**	**2**	**2**				
沙坡头区	9	7	2	2	2				
中宁县									
海原县									

1-3b 各地区分年龄、性别的人口(镇)

单位：人

地　区	合　计			0岁		
	合计	男	女	小计	男	女
宁　夏	**165015**	**83608**	**81407**	**1444**	**723**	**721**
银川市	**61525**	**31576**	**29949**	**547**	**263**	**284**
兴庆区	11572	5816	5756	88	36	52
西夏区	1313	659	654	16	9	7
金凤区	1149	564	585	11	2	9
永宁县	19755	10048	9707	165	71	94
贺兰县	20979	10646	10333	220	123	97
灵武市	6757	3843	2914	47	22	25
石嘴山市	**21981**	**10985**	**10996**	**143**	**72**	**71**
大武口区	2664	1356	1308	17	11	6
惠农区	3258	1676	1582	14	4	10
平罗县	16059	7953	8106	112	57	55
吴忠市	**27846**	**14232**	**13614**	**250**	**131**	**119**
利通区	2111	1102	1009	20	8	12
红寺堡区	758	478	280	7	3	4
盐池县	8552	4321	4231	60	33	27
同心县	13709	6887	6822	141	75	66
青铜峡市	2716	1444	1272	22	12	10
固原市	**25051**	**12464**	**12587**	**224**	**103**	**121**
原州区	2203	1121	1082	38	15	23
西吉县	9365	4601	4764	79	32	47
隆德县	4359	2159	2200	20	13	7
泾源县	2947	1471	1476	30	15	15
彭阳县	6177	3112	3065	57	28	29
中卫市	**28612**	**14351**	**14261**	**280**	**154**	**126**
沙坡头区	1700	912	788	18	11	7
中宁县	15744	7897	7847	143	76	67
海原县	11168	5542	5626	119	67	52

1-3b　续表 1　　　　　　　　　　　　　　　　　　　　　　　　　　单位：人

地　区	1-4岁			5-9岁			10-14岁		
	小计	男	女	小计	男	女	小计	男	女
宁　夏	**9824**	**5114**	**4710**	**12832**	**6706**	**6126**	**12398**	**6462**	**5936**
银川市	**3801**	**2000**	**1801**	**4245**	**2211**	**2034**	**3656**	**1915**	**1741**
兴庆区	607	329	278	763	386	377	702	385	317
西夏区	114	63	51	157	81	76	107	51	56
金凤区	89	45	44	101	59	42	90	41	49
永宁县	1401	746	655	1399	718	681	1206	632	574
贺兰县	1275	646	629	1428	764	664	1164	618	546
灵武市	315	171	144	397	203	194	387	188	199
石嘴山市	**1028**	**527**	**501**	**1281**	**660**	**621**	**1429**	**693**	**736**
大武口区	108	50	58	147	71	76	159	71	88
惠农区	116	66	50	173	91	82	171	82	89
平罗县	804	411	393	961	498	463	1099	540	559
吴忠市	**1683**	**881**	**802**	**2546**	**1351**	**1195**	**2470**	**1319**	**1151**
利通区	90	43	47	137	70	67	147	75	72
红寺堡区	36	18	18	37	18	19	34	16	18
盐池县	515	276	239	700	366	334	664	384	280
同心县	936	483	453	1477	797	680	1432	741	691
青铜峡市	106	61	45	195	100	95	193	103	90
固原市	**1432**	**720**	**712**	**2303**	**1239**	**1064**	**2373**	**1275**	**1098**
原州区	154	84	70	180	92	88	183	89	94
西吉县	574	276	298	962	505	457	968	532	436
隆德县	187	111	76	352	197	155	416	222	194
泾源县	171	86	85	265	137	128	288	144	144
彭阳县	346	163	183	544	308	236	518	288	230
中卫市	**1880**	**986**	**894**	**2457**	**1245**	**1212**	**2470**	**1260**	**1210**
沙坡头区	85	49	36	107	53	54	113	56	57
中宁县	962	515	447	1094	524	570	1132	579	553
海原县	833	422	411	1256	668	588	1225	625	600

1-3b 续表 2

单位：人

地 区	15-19岁			20-24岁			25-29岁		
	小计	男	女	小计	男	女	小计	男	女
宁 夏	**10804**	**5504**	**5300**	**8758**	**4211**	**4547**	**12927**	**6297**	**6630**
银川市	**2824**	**1581**	**1243**	**3572**	**1660**	**1912**	**5790**	**2883**	**2907**
兴庆区	626	393	233	663	297	366	1030	484	546
西夏区	43	22	21	91	34	57	138	60	78
金凤区	46	17	29	93	41	52	114	56	58
永宁县	844	431	413	1277	552	725	1853	913	940
贺兰县	1065	595	470	958	465	493	1931	939	992
灵武市	200	123	77	490	271	219	724	431	293
石嘴山市	**1247**	**615**	**632**	**1452**	**742**	**710**	**1500**	**741**	**759**
大武口区	264	132	132	629	339	290	144	65	79
惠农区	131	68	63	138	68	70	192	105	87
平罗县	852	415	437	685	335	350	1164	571	593
吴忠市	**2048**	**1020**	**1028**	**1386**	**685**	**701**	**2043**	**992**	**1051**
利通区	67	40	27	105	69	36	182	90	92
红寺堡区	12	5	7	72	52	20	102	74	28
盐池县	477	249	228	386	193	193	681	320	361
同心县	1412	682	730	740	328	412	978	456	522
青铜峡市	80	44	36	83	43	40	100	52	48
固原市	**2465**	**1184**	**1281**	**1054**	**480**	**574**	**1522**	**673**	**849**
原州区	90	52	38	119	49	70	149	73	76
西吉县	1334	634	700	414	204	210	586	248	338
隆德县	260	131	129	159	71	88	227	104	123
泾源县	318	143	175	166	72	94	192	80	112
彭阳县	463	224	239	196	84	112	368	168	200
中卫市	**2220**	**1104**	**1116**	**1294**	**644**	**650**	**2072**	**1008**	**1064**
沙坡头区	54	31	23	66	39	27	103	57	46
中宁县	1086	551	535	677	357	320	1154	577	577
海原县	1080	522	558	551	248	303	815	374	441

1-3b　续表 3　　　　单位：人

地　区	30-34岁			35-39岁			40-44岁		
	小计	男	女	小计	男	女	小计	男	女
宁　夏	**16339**	**8110**	**8229**	**13916**	**7253**	**6663**	**13341**	**6823**	**6518**
银川市	**7350**	**3784**	**3566**	**5473**	**2974**	**2499**	**4731**	**2465**	**2266**
兴庆区	1171	558	613	1057	536	521	982	488	494
西夏区	155	75	80	110	68	42	112	55	57
金凤区	96	46	50	77	35	42	72	37	35
永宁县	2484	1291	1193	1661	919	742	1430	744	686
贺兰县	2649	1313	1336	1970	1050	920	1607	822	785
灵武市	795	501	294	598	366	232	528	319	209
石嘴山市	**1912**	**941**	**971**	**1721**	**882**	**839**	**1926**	**960**	**966**
大武口区	162	89	73	134	67	67	143	67	76
惠农区	238	126	112	216	121	95	257	131	126
平罗县	1512	726	786	1371	694	677	1526	762	764
吴忠市	**2369**	**1155**	**1214**	**2329**	**1220**	**1109**	**2217**	**1141**	**1076**
利通区	176	100	76	161	93	68	154	77	77
红寺堡区	96	61	35	67	49	18	64	49	15
盐池县	809	391	418	790	371	419	745	397	348
同心县	1093	503	590	1088	588	500	1009	496	513
青铜峡市	195	100	95	223	119	104	245	122	123
固原市	**2030**	**919**	**1111**	**2031**	**977**	**1054**	**2172**	**1091**	**1081**
原州区	181	90	91	145	75	70	166	92	74
西吉县	700	321	379	747	351	396	764	366	398
隆德县	338	144	194	346	150	196	394	179	215
泾源县	218	92	126	250	128	122	250	142	108
彭阳县	593	272	321	543	273	270	598	312	286
中卫市	**2678**	**1311**	**1367**	**2362**	**1200**	**1162**	**2295**	**1166**	**1129**
沙坡头区	115	68	47	111	55	56	133	66	67
中宁县	1532	777	755	1302	656	646	1330	693	637
海原县	1031	466	565	949	489	460	832	407	425

1-3b 续表 4

单位：人

地区	45-49岁			50-54岁			55-59岁		
	小计	男	女	小计	男	女	小计	男	女
宁夏	**13725**	**7107**	**6618**	**11999**	**6073**	**5926**	**8694**	**4463**	**4231**
银川市	**5047**	**2616**	**2431**	**4481**	**2293**	**2188**	**3370**	**1664**	**1706**
兴庆区	975	494	481	868	437	431	631	308	323
西夏区	76	39	37	64	34	30	42	23	19
金凤区	86	40	46	93	51	42	58	30	28
永宁县	1626	849	777	1339	675	664	1069	515	554
贺兰县	1638	816	822	1527	748	779	1205	596	609
灵武市	646	378	268	590	348	242	365	192	173
石嘴山市	**2160**	**1134**	**1026**	**1855**	**903**	**952**	**1276**	**683**	**593**
大武口区	194	99	95	200	91	109	144	85	59
惠农区	344	183	161	341	171	170	264	147	117
平罗县	1622	852	770	1314	641	673	868	451	417
吴忠市	**2192**	**1141**	**1051**	**1973**	**992**	**981**	**1446**	**770**	**676**
利通区	191	100	91	166	74	92	158	87	71
红寺堡区	66	42	24	58	35	23	41	22	19
盐池县	767	386	381	641	304	337	434	219	215
同心县	881	449	432	832	419	413	598	329	269
青铜峡市	287	164	123	276	160	116	215	113	102
固原市	**2035**	**1043**	**992**	**1708**	**899**	**809**	**1149**	**611**	**538**
原州区	170	91	79	157	79	78	152	85	67
西吉县	660	336	324	515	271	244	353	182	171
隆德县	466	233	233	374	183	191	268	142	126
泾源县	228	125	103	196	108	88	110	63	47
彭阳县	511	258	253	466	258	208	266	139	127
中卫市	**2291**	**1173**	**1118**	**1982**	**986**	**996**	**1453**	**735**	**718**
沙坡头区	178	99	79	187	108	79	133	76	57
中宁县	1470	741	729	1226	604	622	878	423	455
海原县	643	333	310	569	274	295	442	236	206

1-3b　续表 5　　　　单位：人

地　区	60-64岁			65-69岁			70-74岁		
	小计	男	女	小计	男	女	小计	男	女
宁　夏	**5274**	**2630**	**2644**	**5156**	**2500**	**2656**	**3508**	**1662**	**1846**
银川市	**2207**	**1105**	**1102**	**1998**	**996**	**1002**	**1143**	**540**	**603**
兴庆区	461	229	232	403	197	206	252	115	137
西夏区	30	17	13	22	10	12	11	7	4
金凤区	39	24	15	43	19	24	13	8	5
永宁县	620	317	303	637	311	326	367	172	195
贺兰县	851	422	429	684	343	341	385	182	203
灵武市	206	96	110	209	116	93	115	56	59
石嘴山市	**818**	**416**	**402**	**835**	**362**	**473**	**656**	**293**	**363**
大武口区	65	43	22	62	28	34	51	30	21
惠农区	172	87	85	174	76	98	143	60	83
平罗县	581	286	295	599	258	341	462	203	259
吴忠市	**811**	**396**	**415**	**813**	**407**	**406**	**581**	**289**	**292**
利通区	89	40	49	127	65	62	63	33	30
红寺堡区	18	10	8	27	14	13	12	6	6
盐池县	276	136	140	232	117	115	169	75	94
同心县	316	147	169	283	141	142	226	120	106
青铜峡市	112	63	49	144	70	74	111	55	56
固原市	**615**	**316**	**299**	**715**	**347**	**368**	**550**	**266**	**284**
原州区	84	41	43	101	50	51	65	33	32
西吉县	162	84	78	192	84	108	152	73	79
隆德县	134	69	65	158	85	73	105	49	56
泾源县	74	40	34	71	34	37	62	34	28
彭阳县	161	82	79	193	94	99	166	77	89
中卫市	**823**	**397**	**426**	**795**	**388**	**407**	**578**	**274**	**304**
沙坡头区	88	39	49	81	41	40	58	26	32
中宁县	506	246	260	509	235	274	352	170	182
海原县	229	112	117	205	112	93	168	78	90

1-3b 续表 6 单位：人

地　区	75-79岁			80-84岁			85-89岁		
	小计	男	女	小计	男	女	小计	男	女
宁　夏	**2263**	**1084**	**1179**	**1230**	**589**	**641**	**454**	**230**	**224**
银川市	**676**	**324**	**352**	**417**	**203**	**214**	**154**	**74**	**80**
兴庆区	143	75	68	93	41	52	46	23	23
西夏区	16	6	10	5	1	4	3	3	
金凤区	14	8	6	6	1	5	7	4	3
永宁县	201	104	97	123	60	63	40	18	22
贺兰县	232	104	128	139	74	65	36	18	18
灵武市	70	27	43	51	26	25	22	8	14
石嘴山市	**413**	**206**	**207**	**229**	**105**	**124**	**72**	**38**	**34**
大武口区	23	11	12	14	7	7	2		2
惠农区	106	57	49	48	23	25	11	4	7
平罗县	284	138	146	167	75	92	59	34	25
吴忠市	**388**	**187**	**201**	**198**	**105**	**93**	**77**	**38**	**39**
利通区	44	23	21	21	11	10	8	2	6
红寺堡区	5	3	2	2		2	2	1	1
盐池县	119	59	60	56	29	27	23	12	11
同心县	152	72	80	80	46	34	26	12	14
青铜峡市	68	30	38	39	19	20	18	11	7
固原市	**382**	**176**	**206**	**197**	**91**	**106**	**78**	**45**	**33**
原州区	45	21	24	15	5	10	7	4	3
西吉县	116	57	59	56	25	31	25	16	9
隆德县	90	41	49	47	24	23	16	10	6
泾源县	28	12	16	22	10	12	5	4	1
彭阳县	103	45	58	57	27	30	25	11	14
中卫市	**404**	**191**	**213**	**189**	**85**	**104**	**73**	**35**	**38**
沙坡头区	40	22	18	20	10	10	7	4	3
中宁县	229	102	127	114	46	68	37	18	19
海原县	135	67	68	55	29	26	29	13	16

1-3b　续表 7　　　　单位：人

地　区	90-94岁			95-99岁			100岁及以上		
	小计	男	女	小计	男	女	小计	男	女
宁　夏	**109**	**57**	**52**	**19**	**10**	**9**	**1**		**1**
银川市	**37**	**21**	**16**	**6**	**4**	**2**			
兴庆区	9	4	5	2	1	1			
西夏区				1	1				
金凤区	1		1						
永宁县	12	10	2	1		1			
贺兰县	13	6	7	2	2				
灵武市	2	1	1						
石嘴山市	**21**	**9**	**12**	**6**	**3**	**3**	**1**		**1**
大武口区				1		1	1		1
惠农区	8	5	3	1	1				
平罗县	13	4	9	4	2	2			
吴忠市	**22**	**11**	**11**	**4**	**1**	**3**			
利通区	4	1	3	1	1				
红寺堡区									
盐池县	7	4	3	1		1			
同心县	7	3	4	2		2			
青铜峡市	4	3	1						
固原市	**14**	**8**	**6**	**2**	**1**	**1**			
原州区	2	1	1						
西吉县	5	3	2	1	1				
隆德县	1	1		1		1			
泾源县	3	2	1						
彭阳县	3	1	2						
中卫市	**15**	**8**	**7**	**1**	**1**				
沙坡头区	3	2	1						
中宁县	10	6	4	1	1				
海原县	2		2						

1-3c 各地区分年龄、性别的人口(乡村)

单位：人

地区	合计			0岁		
	合计	男	女	小计	男	女
宁夏	**259247**	**136034**	**123213**	**3735**	**1971**	**1764**
银川市	**56496**	**30416**	**26080**	**676**	**353**	**323**
兴庆区	7441	3938	3503	82	38	44
西夏区	4170	2134	2036	41	19	22
金凤区	11372	5921	5451	157	82	75
永宁县	11254	5847	5407	130	70	60
贺兰县	11720	6057	5663	145	81	64
灵武市	10539	6519	4020	121	63	58
石嘴山市	**17979**	**9567**	**8412**	**166**	**83**	**83**
大武口区	2696	1452	1244	19	10	9
惠农区	3807	2100	1707	34	17	17
平罗县	11476	6015	5461	113	56	57
吴忠市	**61008**	**31743**	**29265**	**900**	**480**	**420**
利通区	13722	7049	6673	177	97	80
红寺堡区	11895	6188	5707	189	100	89
盐池县	6928	3995	2933	74	35	39
同心县	17910	9062	8848	341	192	149
青铜峡市	10553	5449	5104	119	56	63
固原市	**67074**	**34825**	**32249**	**1071**	**552**	**519**
原州区	21037	10960	10077	334	171	163
西吉县	23806	12329	11477	431	229	202
隆德县	6862	3524	3338	80	51	29
泾源县	5598	2862	2736	74	31	43
彭阳县	9771	5150	4621	152	70	82
中卫市	**56690**	**29483**	**27207**	**922**	**503**	**419**
沙坡头区	14997	7841	7156	221	125	96
中宁县	17129	8881	8248	260	143	117
海原县	24564	12761	11803	441	235	206

1–3c 续表 1

单位：人

地 区	1–4岁			5–9岁			10–14岁		
	小计	男	女	小计	男	女	小计	男	女
宁 夏	**15025**	**7753**	**7272**	**18797**	**9778**	**9019**	**19218**	**9957**	**9261**
银川市	**3024**	**1572**	**1452**	**3325**	**1749**	**1576**	**3150**	**1634**	**1516**
兴庆区	375	200	175	489	262	227	499	265	234
西夏区	294	156	138	374	188	186	321	163	158
金凤区	843	422	421	721	375	346	601	320	281
永宁县	554	296	258	617	326	291	687	366	321
贺兰县	558	298	260	686	375	311	620	306	314
灵武市	400	200	200	438	223	215	422	214	208
石嘴山市	**631**	**336**	**295**	**821**	**411**	**410**	**989**	**512**	**477**
大武口区	105	48	57	145	68	77	164	84	80
惠农区	126	71	55	144	77	67	173	87	86
平罗县	400	217	183	532	266	266	652	341	311
吴忠市	**3668**	**1892**	**1776**	**4701**	**2404**	**2297**	**4889**	**2543**	**2346**
利通区	649	341	308	870	449	421	1092	605	487
红寺堡区	838	446	392	1143	574	569	1080	560	520
盐池县	243	140	103	253	145	108	250	133	117
同心县	1495	728	767	1953	956	997	1849	926	923
青铜峡市	443	237	206	482	280	202	618	319	299
固原市	**4124**	**2085**	**2039**	**5448**	**2822**	**2626**	**5653**	**2923**	**2730**
原州区	1365	700	665	1904	993	911	1796	963	833
西吉县	1599	823	776	2055	1051	1004	2233	1121	1112
隆德县	295	142	153	438	228	210	465	241	224
泾源县	380	185	195	450	234	216	457	222	235
彭阳县	485	235	250	601	316	285	702	376	326
中卫市	**3578**	**1868**	**1710**	**4502**	**2392**	**2110**	**4537**	**2345**	**2192**
沙坡头区	708	366	342	839	443	396	915	492	423
中宁县	1015	532	483	1371	728	643	1413	733	680
海原县	1855	970	885	2292	1221	1071	2209	1120	1089

1-3c 续表 2 单位：人

地区	15-19岁			20-24岁			25-29岁		
	小计	男	女	小计	男	女	小计	男	女
宁夏	**14026**	**7324**	**6702**	**14421**	**7570**	**6851**	**17079**	**9381**	**7698**
银川市	**2526**	**1359**	**1167**	**3242**	**1719**	**1523**	**4381**	**2508**	**1873**
兴庆区	588	280	308	480	182	298	505	279	226
西夏区	148	75	73	216	117	99	338	155	183
金凤区	406	228	178	656	323	333	1183	627	556
永宁县	606	332	274	669	350	319	681	369	312
贺兰县	469	254	215	601	301	300	769	412	357
灵武市	309	190	119	620	446	174	905	666	239
石嘴山市	**1219**	**590**	**629**	**763**	**440**	**323**	**903**	**518**	**385**
大武口区	342	206	136	128	74	54	169	93	76
惠农区	173	95	78	216	123	93	213	118	95
平罗县	704	289	415	419	243	176	521	307	214
吴忠市	**2942**	**1559**	**1383**	**3367**	**1766**	**1601**	**4128**	**2253**	**1875**
利通区	691	363	328	768	395	373	890	462	428
红寺堡区	706	366	340	795	421	374	886	490	396
盐池县	198	128	70	243	152	91	403	247	156
同心县	926	476	450	1163	591	572	1439	763	676
青铜峡市	421	226	195	398	207	191	510	291	219
固原市	**4219**	**2219**	**2000**	**3752**	**1901**	**1851**	**4045**	**2119**	**1926**
原州区	1292	724	568	1161	571	590	1277	648	629
西吉县	1623	840	783	1585	812	773	1665	885	780
隆德县	391	207	184	313	156	157	352	188	164
泾源县	393	177	216	328	169	159	295	150	145
彭阳县	520	271	249	365	193	172	456	248	208
中卫市	**3120**	**1597**	**1523**	**3297**	**1744**	**1553**	**3622**	**1983**	**1639**
沙坡头区	632	338	294	592	332	260	869	479	390
中宁县	815	412	403	864	457	407	921	515	406
海原县	1673	847	826	1841	955	886	1832	989	843

1-3c　续表 3　　　　单位：人

地　区	30-34岁			35-39岁			40-44岁		
	小计	男	女	小计	男	女	小计	男	女
宁　夏	**18158**	**10047**	**8111**	**16355**	**8979**	**7376**	**18375**	**9648**	**8727**
银川市	**5074**	**2943**	**2131**	**3864**	**2228**	**1636**	**4101**	**2224**	**1877**
兴庆区	658	374	284	499	285	214	538	309	229
西夏区	347	174	173	310	156	154	288	146	142
金凤区	1478	779	699	892	484	408	821	424	397
永宁县	717	371	346	645	352	293	722	378	344
贺兰县	840	455	385	789	424	365	839	409	430
灵武市	1034	790	244	729	527	202	893	558	335
石嘴山市	**1057**	**593**	**464**	**1009**	**592**	**417**	**1261**	**690**	**571**
大武口区	211	113	98	172	104	68	149	68	81
惠农区	219	132	87	246	152	94	299	171	128
平罗县	627	348	279	591	336	255	813	451	362
吴忠市	**4077**	**2275**	**1802**	**3836**	**2040**	**1796**	**4510**	**2318**	**2192**
利通区	977	546	431	874	447	427	1044	530	514
红寺堡区	765	393	372	783	395	388	931	455	476
盐池县	484	334	150	456	310	146	566	342	224
同心县	1302	693	609	1143	591	552	1211	602	609
青铜峡市	549	309	240	580	297	283	758	389	369
固原市	**4175**	**2210**	**1965**	**4159**	**2222**	**1937**	**4765**	**2477**	**2288**
原州区	1449	770	679	1521	796	725	1530	801	729
西吉县	1531	825	706	1423	773	650	1632	855	777
隆德县	377	191	186	314	161	153	393	192	201
泾源县	311	147	164	328	173	155	429	217	212
彭阳县	507	277	230	573	319	254	781	412	369
中卫市	**3775**	**2026**	**1749**	**3487**	**1897**	**1590**	**3738**	**1939**	**1799**
沙坡头区	933	526	407	828	465	363	987	524	463
中宁县	1111	579	532	1025	545	480	1128	576	552
海原县	1731	921	810	1634	887	747	1623	839	784

1-3c 续表 4

单位：人

地区	45-49岁			50-54岁			55-59岁		
	小计	男	女	小计	男	女	小计	男	女
宁 夏	**21287**	**11218**	**10069**	**22844**	**11809**	**11035**	**18245**	**9532**	**8713**
银川市	**5113**	**2777**	**2336**	**5354**	**2899**	**2455**	**4132**	**2165**	**1967**
兴庆区	645	358	287	623	344	279	506	267	239
西夏区	351	180	171	386	197	189	267	152	115
金凤区	908	478	430	891	443	448	674	355	319
永宁县	1019	527	492	1110	572	538	915	476	439
贺兰县	1055	539	516	1119	588	531	998	496	502
灵武市	1135	695	440	1225	755	470	772	419	353
石嘴山市	**1714**	**906**	**808**	**1976**	**1033**	**943**	**1704**	**932**	**772**
大武口区	260	131	129	234	121	113	250	145	105
惠农区	441	243	198	477	268	209	357	198	159
平罗县	1013	532	481	1265	644	621	1097	589	508
吴忠市	**5044**	**2633**	**2411**	**5305**	**2745**	**2560**	**4297**	**2220**	**2077**
利通区	1188	614	574	1210	590	620	1022	499	523
红寺堡区	955	486	469	932	506	426	619	335	284
盐池县	742	432	310	836	488	348	692	379	313
同心县	1106	544	562	1130	562	568	907	476	431
青铜峡市	1053	557	496	1197	599	598	1057	531	526
固原市	**5110**	**2661**	**2449**	**5232**	**2698**	**2534**	**4335**	**2265**	**2070**
原州区	1577	836	741	1521	777	744	1331	680	651
西吉县	1606	837	769	1616	826	790	1334	707	627
隆德县	619	296	323	706	362	344	612	302	310
泾源县	421	234	187	403	214	189	309	165	144
彭阳县	887	458	429	986	519	467	749	411	338
中卫市	**4306**	**2241**	**2065**	**4977**	**2434**	**2543**	**3777**	**1950**	**1827**
沙坡头区	1454	748	706	1679	843	836	1249	622	627
中宁县	1309	685	624	1652	792	860	1308	676	632
海原县	1543	808	735	1646	799	847	1220	652	568

1-3c　续表 5　　　　单位：人

地　区	60-64岁			65-69岁			70-74岁		
	小计	男	女	小计	男	女	小计	男	女
宁　夏	**11708**	**6087**	**5621**	**12531**	**6412**	**6119**	**8126**	**4045**	**4081**
银川市	**2446**	**1309**	**1137**	**2663**	**1311**	**1352**	**1638**	**792**	**846**
兴庆区	261	151	110	301	140	161	186	101	85
西夏区	117	74	43	135	69	66	97	44	53
金凤区	403	217	186	341	179	162	193	92	101
永宁县	571	289	282	747	366	381	443	194	249
贺兰县	660	351	309	725	350	375	398	190	208
灵武市	434	227	207	414	207	207	321	171	150
石嘴山市	**1223**	**611**	**612**	**1148**	**619**	**529**	**625**	**327**	**298**
大武口区	114	67	47	87	50	37	59	29	30
惠农区	240	124	116	196	98	98	101	59	42
平罗县	869	420	449	865	471	394	465	239	226
吴忠市	**2686**	**1347**	**1339**	**2855**	**1408**	**1447**	**1759**	**887**	**872**
利通区	626	319	307	711	335	376	423	229	194
红寺堡区	344	172	172	384	209	175	247	128	119
盐池县	459	237	222	455	211	244	279	142	137
同心县	540	267	273	537	272	265	390	181	209
青铜峡市	717	352	365	768	381	387	420	207	213
固原市	**2771**	**1495**	**1276**	**3137**	**1688**	**1449**	**2353**	**1173**	**1180**
原州区	780	409	371	897	484	413	635	308	327
西吉县	843	438	405	959	497	462	748	372	376
隆德县	393	239	154	392	224	168	331	164	167
泾源县	227	121	106	334	173	161	214	118	96
彭阳县	528	288	240	555	310	245	425	211	214
中卫市	**2582**	**1325**	**1257**	**2728**	**1386**	**1342**	**1751**	**866**	**885**
沙坡头区	943	488	455	966	482	484	579	275	304
中宁县	828	440	388	909	473	436	554	282	272
海原县	811	397	414	853	431	422	618	309	309

1-3c　续表 6　　　　单位：人

地　区	75-79岁			80-84岁			85-89岁		
	小计	男	女	小计	男	女	小计	男	女
宁　夏	**5255**	**2604**	**2651**	**2758**	**1321**	**1437**	**1017**	**484**	**533**
银川市	**999**	**498**	**501**	**555**	**272**	**283**	**180**	**82**	**98**
兴庆区	116	60	56	68	35	33	14	3	11
西夏区	79	37	42	47	25	22	13	6	7
金凤区	126	56	70	55	29	26	16	7	9
永宁县	248	126	122	125	66	59	37	18	19
贺兰县	253	133	120	143	66	77	44	23	21
灵武市	177	86	91	117	51	66	56	25	31
石嘴山市	**432**	**217**	**215**	**208**	**93**	**115**	**106**	**51**	**55**
大武口区	48	19	29	23	12	11	14	10	4
惠农区	87	38	49	40	19	21	21	8	13
平罗县	297	160	137	145	62	83	71	33	38
吴忠市	**1116**	**554**	**562**	**610**	**288**	**322**	**241**	**110**	**131**
利通区	245	117	128	176	77	99	65	26	39
红寺堡区	169	92	77	92	43	49	28	13	15
盐池县	172	85	87	83	38	45	31	14	17
同心县	278	147	131	124	64	60	57	26	31
青铜峡市	252	113	139	135	66	69	60	31	29
固原市	**1570**	**779**	**791**	**821**	**385**	**436**	**275**	**128**	**147**
原州区	399	194	205	193	99	94	61	28	33
西吉县	530	263	267	270	120	150	107	48	59
隆德县	214	104	110	122	56	66	43	19	24
泾源县	155	88	67	65	33	32	21	9	12
彭阳县	272	130	142	171	77	94	43	24	19
中卫市	**1138**	**556**	**582**	**564**	**283**	**281**	**215**	**113**	**102**
沙坡头区	355	165	190	174	92	82	63	34	29
中宁县	378	186	192	177	79	98	65	33	32
海原县	405	205	200	213	112	101	87	46	41

1-3c　续表 7　　单位：人

地　区	90-94岁			95-99岁			100岁及以上		
	小计	男	女	小计	男	女	小计	男	女
宁　夏	**240**	**98**	**142**	**42**	**14**	**28**	**5**	**2**	**3**
银川市	**46**	**19**	**27**	**7**	**3**	**4**			
兴庆区	8	5	3						
西夏区	1	1							
金凤区	6	1	5	1		1			
永宁县	8	2	6	3	1	2			
贺兰县	9	6	3						
灵武市	14	4	10	3	2	1			
石嘴山市	**21**	**13**	**8**	**3**		**3**			
大武口区	2		2	1		1			
惠农区	3	2	1	1		1			
平罗县	16	11	5	1		1			
吴忠市	**59**	**16**	**43**	**16**	**4**	**12**	**2**	**1**	**1**
利通区	17	4	13	6	4	2	1		1
红寺堡区	7	3	4	1		1	1	1	
盐池县	9	3	6						
同心县	15	5	10	4		4			
青铜峡市	11	1	10	5		5			
固原市	**51**	**19**	**32**	**6**	**4**	**2**	**2**		**2**
原州区	13	7	6	1	1				
西吉县	15	6	9	1	1				
隆德县	10	1	9				2		2
泾源县	4	2	2						
彭阳县	9	3	6	4	2	2			
中卫市	**63**	**31**	**32**	**10**	**3**	**7**	**1**	**1**	
沙坡头区	8	2	6	3		3			
中宁县	24	14	10	1		1	1	1	
海原县	31	15	16	6	3	3			

1-4 全区分年龄、性别的人口

单位：人、%

年 龄	人口数			占总人口比重			性别比
	合计	男	女	合计	男	女	(女=100)
总 计	**710449**	**361368**	**349081**	**100.00**	**50.86**	**49.14**	**103.52**
0-4岁	**47925**	**24764**	**23161**	**6.75**	**3.49**	**3.26**	**106.92**
0	7695	3983	3712	1.08	0.56	0.52	107.30
1	9689	4947	4742	1.36	0.70	0.67	104.32
2	9295	4830	4465	1.31	0.68	0.63	108.17
3	10460	5444	5016	1.47	0.77	0.71	108.53
4	10786	5560	5226	1.52	0.78	0.74	106.39
5-9岁	**49471**	**25864**	**23607**	**6.96**	**3.64**	**3.32**	**109.56**
5	9111	4753	4358	1.28	0.67	0.61	109.06
6	10526	5524	5002	1.48	0.78	0.70	110.44
7	10033	5263	4770	1.41	0.74	0.67	110.34
8	10292	5414	4878	1.45	0.76	0.69	110.99
9	9509	4910	4599	1.34	0.69	0.65	106.76
10-14岁	**48299**	**25131**	**23168**	**6.80**	**3.54**	**3.26**	**108.47**
10	9673	5046	4627	1.36	0.71	0.65	109.06
11	9701	5092	4609	1.37	0.72	0.65	110.48
12	9909	5124	4785	1.39	0.72	0.67	107.08
13	9632	4988	4644	1.36	0.70	0.65	107.41
14	9384	4881	4503	1.32	0.69	0.63	108.39
15-19岁	**42149**	**21525**	**20624**	**5.93**	**3.03**	**2.90**	**104.37**
15	8792	4570	4222	1.24	0.64	0.59	108.24
16	9713	4961	4752	1.37	0.70	0.67	104.40
17	8708	4410	4298	1.23	0.62	0.60	102.61
18	7598	3893	3705	1.07	0.55	0.52	105.07
19	7338	3691	3647	1.03	0.52	0.51	101.21
20-24岁	**41891**	**20509**	**21382**	**5.90**	**2.89**	**3.01**	**95.92**
20	7655	3714	3941	1.08	0.52	0.55	94.24
21	7750	3804	3946	1.09	0.54	0.56	96.40
22	8846	4239	4607	1.25	0.60	0.65	92.01
23	8566	4212	4354	1.21	0.59	0.61	96.74
24	9074	4540	4534	1.28	0.64	0.64	100.13
25-29岁	**52835**	**26655**	**26180**	**7.44**	**3.75**	**3.68**	**101.81**
25	9771	4881	4890	1.38	0.69	0.69	99.82
26	9796	4914	4882	1.38	0.69	0.69	100.66
27	10680	5346	5334	1.50	0.75	0.75	100.22
28	11099	5642	5457	1.56	0.79	0.77	103.39
29	11489	5872	5617	1.62	0.83	0.79	104.54

1-4　续表 1

单位：人、%

年　龄	人　口　数			占总人口比重			性别比
	合计	男	女	合计	男	女	(女=100)
30-34岁	**63015**	**32103**	**30912**	**8.87**	**4.52**	**4.35**	**103.85**
30	13881	7078	6803	1.95	1.00	0.96	104.04
31	12883	6523	6360	1.81	0.92	0.90	102.56
32	12263	6236	6027	1.73	0.88	0.85	103.47
33	12708	6467	6241	1.79	0.91	0.88	103.62
34	11280	5799	5481	1.59	0.82	0.77	105.80
35-39岁	**54072**	**28168**	**25904**	**7.61**	**3.96**	**3.65**	**108.74**
35	10483	5457	5026	1.48	0.77	0.71	108.58
36	10822	5587	5235	1.52	0.79	0.74	106.72
37	10173	5308	4865	1.43	0.75	0.68	109.11
38	12080	6368	5712	1.70	0.90	0.80	111.48
39	10514	5448	5066	1.48	0.77	0.71	107.54
40-44岁	**54611**	**27831**	**26780**	**7.69**	**3.92**	**3.77**	**103.92**
40	11287	5680	5607	1.59	0.80	0.79	101.30
41	10732	5514	5218	1.51	0.78	0.73	105.67
42	10896	5575	5321	1.53	0.78	0.75	104.77
43	10194	5220	4974	1.43	0.73	0.70	104.95
44	11502	5842	5660	1.62	0.82	0.80	103.22
45-49岁	**59221**	**30591**	**28630**	**8.34**	**4.31**	**4.03**	**106.85**
45	11722	6055	5667	1.65	0.85	0.80	106.85
46	11824	6039	5785	1.66	0.85	0.81	104.39
47	12232	6387	5845	1.72	0.90	0.82	109.27
48	11966	6123	5843	1.68	0.86	0.82	104.79
49	11477	5987	5490	1.62	0.84	0.77	109.05
50-54岁	**57097**	**28930**	**28167**	**8.04**	**4.07**	**3.96**	**102.71**
50	12777	6526	6251	1.80	0.92	0.88	104.40
51	11667	5800	5867	1.64	0.82	0.83	98.86
52	12452	6320	6132	1.75	0.89	0.86	103.07
53	9694	4958	4736	1.36	0.70	0.67	104.69
54	10507	5326	5181	1.48	0.75	0.73	102.80
55-59岁	**43587**	**22199**	**21388**	**6.14**	**3.12**	**3.01**	**103.79**
55	10012	5115	4897	1.41	0.72	0.69	104.45
56	10260	5358	4902	1.44	0.75	0.69	109.30
57	10760	5523	5237	1.51	0.78	0.74	105.46
58	8518	4210	4308	1.20	0.59	0.61	97.73
59	4037	1993	2044	0.57	0.28	0.29	97.50
60-64岁	**27915**	**14132**	**13783**	**3.93**	**1.99**	**1.94**	**102.53**
60	5242	2747	2495	0.74	0.39	0.35	110.10
61	4313	2149	2164	0.61	0.30	0.30	99.31
62	5721	2902	2819	0.81	0.41	0.40	102.94
63	6411	3249	3162	0.90	0.46	0.45	102.75
64	6228	3085	3143	0.88	0.43	0.44	98.15

1-4 续表 2 单位：人、%

年 龄	人口数			占总人口比重			性别比
	合计	男	女	合计	男	女	(女=100)
65-69岁	**27825**	**13720**	**14105**	**3.92**	**1.93**	**1.99**	**97.27**
65	6461	3172	3289	0.91	0.45	0.46	96.44
66	6051	2965	3086	0.85	0.42	0.43	96.08
67	5301	2625	2676	0.75	0.37	0.38	98.09
68	5404	2678	2726	0.76	0.38	0.38	98.24
69	4608	2280	2328	0.65	0.32	0.33	97.94
70-74岁	**17924**	**8602**	**9322**	**2.52**	**1.21**	**1.31**	**92.28**
70	4730	2260	2470	0.67	0.32	0.35	91.50
71	3901	1903	1998	0.55	0.27	0.28	95.25
72	3064	1524	1540	0.43	0.21	0.22	98.96
73	3352	1634	1718	0.47	0.23	0.24	95.11
74	2877	1281	1596	0.40	0.18	0.22	80.26
75-79岁	**12062**	**5663**	**6399**	**1.70**	**0.80**	**0.90**	**88.50**
75	2639	1162	1477	0.37	0.16	0.21	78.67
76	2656	1283	1373	0.37	0.18	0.19	93.45
77	2574	1250	1324	0.36	0.18	0.19	94.41
78	2221	1058	1163	0.31	0.15	0.16	90.97
79	1972	910	1062	0.28	0.13	0.15	85.69
80-84岁	**7073**	**3293**	**3780**	**1.00**	**0.46**	**0.53**	**87.12**
80	1872	879	993	0.26	0.12	0.14	88.52
81	1581	738	843	0.22	0.10	0.12	87.54
82	1499	700	799	0.21	0.10	0.11	87.61
83	1163	522	641	0.16	0.07	0.09	81.44
84	958	454	504	0.13	0.06	0.07	90.08
85-89岁	**2716**	**1331**	**1385**	**0.38**	**0.19**	**0.19**	**96.10**
85	785	388	397	0.11	0.05	0.06	97.73
86	695	349	346	0.10	0.05	0.05	100.87
87	544	251	293	0.08	0.04	0.04	85.67
88	386	207	179	0.05	0.03	0.03	115.64
89	306	136	170	0.04	0.02	0.02	80.00
90-94岁	**644**	**305**	**339**	**0.09**	**0.04**	**0.05**	**89.97**
90	260	131	129	0.04	0.02	0.02	101.55
91	135	61	74	0.02	0.01	0.01	82.43
92	109	48	61	0.02	0.01	0.01	78.69
93	84	33	51	0.01		0.01	64.71
94	56	32	24	0.01			133.33
95-99岁	**105**	**49**	**56**	**0.01**	**0.01**	**0.01**	**87.50**
95	37	21	16	0.01			131.25
96	34	14	20				70.00
97	18	9	9				100.00
98	10	2	8				25.00
99	6	3	3				100.00
100岁及以上	**12**	**3**	**9**				**33.33**

1－4a　全区分年龄、性别的人口(城市)

单位：人、%

年　龄	人　口　数			占总人口比重			性别比
	合计	男	女	合计	男	女	(女=100)
总　计	**286187**	**141726**	**144461**	**100.00**	**49.52**	**50.48**	**98.11**
0－4岁	**17897**	**9203**	**8694**	**6.25**	**3.22**	**3.04**	**105.85**
0	2516	1289	1227	0.88	0.45	0.43	105.05
1	3699	1890	1809	1.29	0.66	0.63	104.48
2	3417	1734	1683	1.19	0.61	0.59	103.03
3	4023	2055	1968	1.41	0.72	0.69	104.42
4	4242	2235	2007	1.48	0.78	0.70	111.36
5－9岁	**17842**	**9380**	**8462**	**6.23**	**3.28**	**2.96**	**110.85**
5	3086	1620	1466	1.08	0.57	0.51	110.50
6	4011	2114	1897	1.40	0.74	0.66	111.44
7	3751	1949	1802	1.31	0.68	0.63	108.16
8	3704	1971	1733	1.29	0.69	0.61	113.73
9	3290	1726	1564	1.15	0.60	0.55	110.36
10－14岁	**16683**	**8712**	**7971**	**5.83**	**3.04**	**2.79**	**109.30**
10	3381	1753	1628	1.18	0.61	0.57	107.68
11	3214	1687	1527	1.12	0.59	0.53	110.48
12	3499	1858	1641	1.22	0.65	0.57	113.22
13	3402	1769	1633	1.19	0.62	0.57	108.33
14	3187	1645	1542	1.11	0.57	0.54	106.68
15－19岁	**17319**	**8697**	**8622**	**6.05**	**3.04**	**3.01**	**100.87**
15	3279	1657	1622	1.15	0.58	0.57	102.16
16	4040	2028	2012	1.41	0.71	0.70	100.80
17	3698	1818	1880	1.29	0.64	0.66	96.70
18	3101	1591	1510	1.08	0.56	0.53	105.36
19	3201	1603	1598	1.12	0.56	0.56	100.31
20－24岁	**18712**	**8728**	**9984**	**6.54**	**3.05**	**3.49**	**87.42**
20	3579	1680	1899	1.25	0.59	0.66	88.47
21	3675	1671	2004	1.28	0.58	0.70	83.38
22	3919	1763	2156	1.37	0.62	0.75	81.77
23	3683	1720	1963	1.29	0.60	0.69	87.62
24	3856	1894	1962	1.35	0.66	0.69	96.53
25－29岁	**22829**	**10977**	**11852**	**7.98**	**3.84**	**4.14**	**92.62**
25	4180	1991	2189	1.46	0.70	0.76	90.95
26	4134	1973	2161	1.44	0.69	0.76	91.30
27	4586	2215	2371	1.60	0.77	0.83	93.42
28	4905	2395	2510	1.71	0.84	0.88	95.42
29	5024	2403	2621	1.76	0.84	0.92	91.68

1-4a 续表 1

单位：人、%

年 龄	人口数			占总人口比重			性别比
	合计	男	女	合计	男	女	(女=100)
30-34岁	**28518**	**13946**	**14572**	**9.96**	**4.87**	**5.09**	**95.70**
30	6029	2957	3072	2.11	1.03	1.07	96.26
31	5865	2833	3032	2.05	0.99	1.06	93.44
32	5693	2804	2889	1.99	0.98	1.01	97.06
33	5818	2828	2990	2.03	0.99	1.04	94.58
34	5113	2524	2589	1.79	0.88	0.90	97.49
35-39岁	**23801**	**11936**	**11865**	**8.32**	**4.17**	**4.15**	**100.60**
35	4677	2367	2310	1.63	0.83	0.81	102.47
36	4889	2450	2439	1.71	0.86	0.85	100.45
37	4600	2293	2307	1.61	0.80	0.81	99.39
38	5169	2600	2569	1.81	0.91	0.90	101.21
39	4466	2226	2240	1.56	0.78	0.78	99.38
40-44岁	**22895**	**11360**	**11535**	**8.00**	**3.97**	**4.03**	**98.48**
40	4709	2329	2380	1.65	0.81	0.83	97.86
41	4563	2281	2282	1.59	0.80	0.80	99.96
42	4573	2280	2293	1.60	0.80	0.80	99.43
43	4292	2125	2167	1.50	0.74	0.76	98.06
44	4758	2345	2413	1.66	0.82	0.84	97.18
45-49岁	**24209**	**12266**	**11943**	**8.46**	**4.29**	**4.17**	**102.70**
45	4819	2430	2389	1.68	0.85	0.83	101.72
46	4823	2445	2378	1.69	0.85	0.83	102.82
47	4960	2517	2443	1.73	0.88	0.85	103.03
48	4962	2514	2448	1.73	0.88	0.86	102.70
49	4645	2360	2285	1.62	0.82	0.80	103.28
50-54岁	**22254**	**11048**	**11206**	**7.78**	**3.86**	**3.92**	**98.59**
50	5121	2566	2555	1.79	0.90	0.89	100.43
51	4668	2271	2397	1.63	0.79	0.84	94.74
52	4810	2375	2435	1.68	0.83	0.85	97.54
53	3686	1845	1841	1.29	0.64	0.64	100.22
54	3969	1991	1978	1.39	0.70	0.69	100.66
55-59岁	**16648**	**8204**	**8444**	**5.82**	**2.87**	**2.95**	**97.16**
55	3758	1869	1889	1.31	0.65	0.66	98.94
56	3945	1945	2000	1.38	0.68	0.70	97.25
57	4333	2168	2165	1.51	0.76	0.76	100.14
58	3152	1492	1660	1.10	0.52	0.58	89.88
59	1460	730	730	0.51	0.26	0.26	100.00
60-64岁	**10933**	**5415**	**5518**	**3.82**	**1.89**	**1.93**	**98.13**
60	2113	1080	1033	0.74	0.38	0.36	104.55
61	1717	846	871	0.60	0.30	0.30	97.13
62	2252	1089	1163	0.79	0.38	0.41	93.64
63	2500	1248	1252	0.87	0.44	0.44	99.68
64	2351	1152	1199	0.82	0.40	0.42	96.08

1-4a 续表 2　　　　单位：人、%

年 龄	人 口 数			占总人口比重			性别比
	合计	男	女	合计	男	女	(女=100)
65-69岁	**10138**	**4808**	**5330**	**3.54**	**1.68**	**1.86**	**90.21**
65	2417	1157	1260	0.84	0.40	0.44	91.83
66	2290	1066	1224	0.80	0.37	0.43	87.09
67	1974	921	1053	0.69	0.32	0.37	87.46
68	1852	892	960	0.65	0.31	0.34	92.92
69	1605	772	833	0.56	0.27	0.29	92.68
70-74岁	**6290**	**2895**	**3395**	**2.20**	**1.01**	**1.19**	**85.27**
70	1646	757	889	0.58	0.26	0.31	85.15
71	1392	633	759	0.49	0.22	0.27	83.40
72	1088	511	577	0.38	0.18	0.20	88.56
73	1157	554	603	0.40	0.19	0.21	91.87
74	1007	440	567	0.35	0.15	0.20	77.60
75-79岁	**4544**	**1975**	**2569**	**1.59**	**0.69**	**0.90**	**76.88**
75	958	375	583	0.33	0.13	0.20	64.32
76	929	412	517	0.32	0.14	0.18	79.69
77	925	420	505	0.32	0.15	0.18	83.17
78	866	384	482	0.30	0.13	0.17	79.67
79	866	384	482	0.30	0.13	0.17	79.67
80-84岁	**3085**	**1383**	**1702**	**1.08**	**0.48**	**0.59**	**81.26**
80	811	357	454	0.28	0.12	0.16	78.63
81	642	275	367	0.22	0.10	0.13	74.93
82	656	314	342	0.23	0.11	0.12	91.81
83	518	218	300	0.18	0.08	0.10	72.67
84	458	219	239	0.16	0.08	0.08	91.63
85-89岁	**1245**	**617**	**628**	**0.44**	**0.22**	**0.22**	**98.25**
85	360	183	177	0.13	0.06	0.06	103.39
86	321	155	166	0.11	0.05	0.06	93.37
87	237	110	127	0.08	0.04	0.04	86.61
88	173	91	82	0.06	0.03	0.03	110.98
89	154	78	76	0.05	0.03	0.03	102.63
90-94岁	**295**	**150**	**145**	**0.10**	**0.05**	**0.05**	**103.45**
90	123	67	56	0.04	0.02	0.02	119.64
91	59	28	31	0.02	0.01	0.01	90.32
92	49	26	23	0.02	0.01	0.01	113.04
93	37	13	24	0.01		0.01	54.17
94	27	16	11	0.01	0.01		145.45
95-99岁	**44**	**25**	**19**	**0.02**	**0.01**	**0.01**	**131.58**
95	15	12	3	0.01			400.00
96	11	5	6				83.33
97	6	3	3				100.00
98	8	2	6				33.33
99	4	3	1				300.00
100岁及以上	**6**	**1**	**5**				**20.00**

1-4b 全区分年龄、性别的人口(镇)

单位：人、%

年 龄	人口数			占总人口比重			性别比
	合计	男	女	合计	男	女	(女=100)
总 计	**165015**	**83608**	**81407**	**100.00**	**50.67**	**49.33**	**102.70**
0-4岁	**11268**	**5837**	**5431**	**6.83**	**3.54**	**3.29**	**107.48**
0	1444	723	721	0.88	0.44	0.44	100.28
1	2341	1197	1144	1.42	0.73	0.69	104.63
2	2226	1155	1071	1.35	0.70	0.65	107.84
3	2530	1386	1144	1.53	0.84	0.69	121.15
4	2727	1376	1351	1.65	0.83	0.82	101.85
5-9岁	**12832**	**6706**	**6126**	**7.78**	**4.06**	**3.71**	**109.47**
5	2368	1232	1136	1.44	0.75	0.69	108.45
6	2695	1413	1282	1.63	0.86	0.78	110.22
7	2606	1387	1219	1.58	0.84	0.74	113.78
8	2687	1388	1299	1.63	0.84	0.79	106.85
9	2476	1286	1190	1.50	0.78	0.72	108.07
10-14岁	**12398**	**6462**	**5936**	**7.51**	**3.92**	**3.60**	**108.86**
10	2458	1321	1137	1.49	0.80	0.69	116.18
11	2571	1349	1222	1.56	0.82	0.74	110.39
12	2529	1274	1255	1.53	0.77	0.76	101.51
13	2452	1297	1155	1.49	0.79	0.70	112.29
14	2388	1221	1167	1.45	0.74	0.71	104.63
15-19岁	**10804**	**5504**	**5300**	**6.55**	**3.34**	**3.21**	**103.85**
15	2338	1243	1095	1.42	0.75	0.66	113.52
16	2471	1286	1185	1.50	0.78	0.72	108.52
17	2414	1237	1177	1.46	0.75	0.71	105.10
18	1973	960	1013	1.20	0.58	0.61	94.77
19	1608	778	830	0.97	0.47	0.50	93.73
20-24岁	**8758**	**4211**	**4547**	**5.31**	**2.55**	**2.76**	**92.61**
20	1496	702	794	0.91	0.43	0.48	88.41
21	1471	741	730	0.89	0.45	0.44	101.51
22	1823	874	949	1.10	0.53	0.58	92.10
23	1917	939	978	1.16	0.57	0.59	96.01
24	2051	955	1096	1.24	0.58	0.66	87.14
25-29岁	**12927**	**6297**	**6630**	**7.83**	**3.82**	**4.02**	**94.98**
25	2279	1108	1171	1.38	0.67	0.71	94.62
26	2311	1105	1206	1.40	0.67	0.73	91.63
27	2637	1251	1386	1.60	0.76	0.84	90.26
28	2774	1358	1416	1.68	0.82	0.86	95.90
29	2926	1475	1451	1.77	0.89	0.88	101.65

1-4b 续表 1

单位：人、%

年 龄	人口数			占总人口比重			性别比
	合计	男	女	合计	男	女	(女=100)
30-34岁	**16339**	**8110**	**8229**	**9.90**	**4.91**	**4.99**	**98.55**
30	3642	1774	1868	2.21	1.08	1.13	94.97
31	3272	1616	1656	1.98	0.98	1.00	97.58
32	3193	1596	1597	1.93	0.97	0.97	99.94
33	3323	1649	1674	2.01	1.00	1.01	98.51
34	2909	1475	1434	1.76	0.89	0.87	102.86
35-39岁	**13916**	**7253**	**6663**	**8.43**	**4.40**	**4.04**	**108.85**
35	2794	1430	1364	1.69	0.87	0.83	104.84
36	2763	1416	1347	1.67	0.86	0.82	105.12
37	2588	1375	1213	1.57	0.83	0.74	113.36
38	3161	1676	1485	1.92	1.02	0.90	112.86
39	2610	1356	1254	1.58	0.82	0.76	108.13
40-44岁	**13341**	**6823**	**6518**	**8.08**	**4.13**	**3.95**	**104.68**
40	2787	1413	1374	1.69	0.86	0.83	102.84
41	2736	1398	1338	1.66	0.85	0.81	104.48
42	2642	1336	1306	1.60	0.81	0.79	102.30
43	2447	1261	1186	1.48	0.76	0.72	106.32
44	2729	1415	1314	1.65	0.86	0.80	107.69
45-49岁	**13725**	**7107**	**6618**	**8.32**	**4.31**	**4.01**	**107.39**
45	2683	1372	1311	1.63	0.83	0.79	104.65
46	2829	1448	1381	1.71	0.88	0.84	104.85
47	2842	1479	1363	1.72	0.90	0.83	108.51
48	2707	1414	1293	1.64	0.86	0.78	109.36
49	2664	1394	1270	1.61	0.84	0.77	109.76
50-54岁	**11999**	**6073**	**5926**	**7.27**	**3.68**	**3.59**	**102.48**
50	2746	1392	1354	1.66	0.84	0.82	102.81
51	2477	1223	1254	1.50	0.74	0.76	97.53
52	2658	1353	1305	1.61	0.82	0.79	103.68
53	2026	1048	978	1.23	0.64	0.59	107.16
54	2092	1057	1035	1.27	0.64	0.63	102.13
55-59岁	**8694**	**4463**	**4231**	**5.27**	**2.70**	**2.56**	**105.48**
55	2025	1036	989	1.23	0.63	0.60	104.75
56	2105	1143	962	1.28	0.69	0.58	118.81
57	2111	1082	1029	1.28	0.66	0.62	105.15
58	1650	802	848	1.00	0.49	0.51	94.58
59	803	400	403	0.49	0.24	0.24	99.26
60-64岁	**5274**	**2630**	**2644**	**3.20**	**1.59**	**1.60**	**99.47**
60	1007	494	513	0.61	0.30	0.31	96.30
61	827	426	401	0.50	0.26	0.24	106.23
62	1065	554	511	0.65	0.34	0.31	108.41
63	1204	591	613	0.73	0.36	0.37	96.41
64	1171	565	606	0.71	0.34	0.37	93.23

1-4b 续表 2

单位：人、%

年 龄	人口数			占总人口比重			性别比
	合计	男	女	合计	男	女	(女=100)
65-69岁	**5156**	**2500**	**2656**	**3.12**	**1.52**	**1.61**	**94.13**
65	1146	542	604	0.69	0.33	0.37	89.74
66	1100	544	556	0.67	0.33	0.34	97.84
67	1029	526	503	0.62	0.32	0.30	104.57
68	1008	484	524	0.61	0.29	0.32	92.37
69	873	404	469	0.53	0.24	0.28	86.14
70-74岁	**3508**	**1662**	**1846**	**2.13**	**1.01**	**1.12**	**90.03**
70	948	470	478	0.57	0.28	0.29	98.33
71	759	364	395	0.46	0.22	0.24	92.15
72	591	294	297	0.36	0.18	0.18	98.99
73	671	305	366	0.41	0.18	0.22	83.33
74	539	229	310	0.33	0.14	0.19	73.87
75-79岁	**2263**	**1084**	**1179**	**1.37**	**0.66**	**0.71**	**91.94**
75	525	250	275	0.32	0.15	0.17	90.91
76	514	256	258	0.31	0.16	0.16	99.22
77	485	232	253	0.29	0.14	0.15	91.70
78	372	172	200	0.23	0.10	0.12	86.00
79	367	174	193	0.22	0.11	0.12	90.16
80-84岁	**1230**	**589**	**641**	**0.75**	**0.36**	**0.39**	**91.89**
80	328	171	157	0.20	0.10	0.10	108.92
81	280	127	153	0.17	0.08	0.09	83.01
82	252	123	129	0.15	0.07	0.08	95.35
83	197	86	111	0.12	0.05	0.07	77.48
84	173	82	91	0.10	0.05	0.06	90.11
85-89岁	**454**	**230**	**224**	**0.28**	**0.14**	**0.14**	**102.68**
85	135	73	62	0.08	0.04	0.04	117.74
86	126	63	63	0.08	0.04	0.04	100.00
87	91	41	50	0.06	0.02	0.03	82.00
88	58	36	22	0.04	0.02	0.01	163.64
89	44	17	27	0.03	0.01	0.02	62.96
90-94岁	**109**	**57**	**52**	**0.07**	**0.03**	**0.03**	**109.62**
90	44	20	24	0.03	0.01	0.01	83.33
91	24	15	9	0.01	0.01	0.01	166.67
92	20	9	11	0.01	0.01	0.01	81.82
93	14	9	5	0.01	0.01		180.00
94	7	4	3				133.33
95-99岁	**19**	**10**	**9**	**0.01**	**0.01**	**0.01**	**111.11**
95	5	3	2				150.00
96	8	5	3				166.67
97	5	2	3				66.67
98	1		1				
99							
100岁及以上	**1**		**1**				

1-4c 全区分年龄、性别的人口(乡村)

单位：人、%

年 龄	人 口 数			占总人口比重			性别比
	合计	男	女	合计	男	女	(女=100)
总 计	**259247**	**136034**	**123213**	**100.00**	**52.47**	**47.53**	**110.41**
0—4岁	**18760**	**9724**	**9036**	**7.24**	**3.75**	**3.49**	**107.61**
0	3735	1971	1764	1.44	0.76	0.68	111.73
1	3649	1860	1789	1.41	0.72	0.69	103.97
2	3652	1941	1711	1.41	0.75	0.66	113.44
3	3907	2003	1904	1.51	0.77	0.73	105.20
4	3817	1949	1868	1.47	0.75	0.72	104.34
5—9岁	**18797**	**9778**	**9019**	**7.25**	**3.77**	**3.48**	**108.42**
5	3657	1901	1756	1.41	0.73	0.68	108.26
6	3820	1997	1823	1.47	0.77	0.70	109.54
7	3676	1927	1749	1.42	0.74	0.67	110.18
8	3901	2055	1846	1.50	0.79	0.71	111.32
9	3743	1898	1845	1.44	0.73	0.71	102.87
10—14岁	**19218**	**9957**	**9261**	**7.41**	**3.84**	**3.57**	**107.52**
10	3834	1972	1862	1.48	0.76	0.72	105.91
11	3916	2056	1860	1.51	0.79	0.72	110.54
12	3881	1992	1889	1.50	0.77	0.73	105.45
13	3778	1922	1856	1.46	0.74	0.72	103.56
14	3809	2015	1794	1.47	0.78	0.69	112.32
15—19岁	**14026**	**7324**	**6702**	**5.41**	**2.83**	**2.59**	**109.28**
15	3175	1670	1505	1.22	0.64	0.58	110.96
16	3202	1647	1555	1.24	0.64	0.60	105.92
17	2596	1355	1241	1.00	0.52	0.48	109.19
18	2524	1342	1182	0.97	0.52	0.46	113.54
19	2529	1310	1219	0.98	0.51	0.47	107.47
20—24岁	**14421**	**7570**	**6851**	**5.56**	**2.92**	**2.64**	**110.49**
20	2580	1332	1248	1.00	0.51	0.48	106.73
21	2604	1392	1212	1.00	0.54	0.47	114.85
22	3104	1602	1502	1.20	0.62	0.58	106.66
23	2966	1553	1413	1.14	0.60	0.55	109.91
24	3167	1691	1476	1.22	0.65	0.57	114.57
25—29岁	**17079**	**9381**	**7698**	**6.59**	**3.62**	**2.97**	**121.86**
25	3312	1782	1530	1.28	0.69	0.59	116.47
26	3351	1836	1515	1.29	0.71	0.58	121.19
27	3457	1880	1577	1.33	0.73	0.61	119.21
28	3420	1889	1531	1.32	0.73	0.59	123.38
29	3539	1994	1545	1.37	0.77	0.60	129.06

1-4c 续表 1

单位：人、%

年 龄	人口数			占总人口比重			性别比
	合计	男	女	合计	男	女	(女=100)
30–34岁	**18158**	**10047**	**8111**	**7.00**	**3.88**	**3.13**	**123.87**
30	4210	2347	1863	1.62	0.91	0.72	125.98
31	3746	2074	1672	1.44	0.80	0.64	124.04
32	3377	1836	1541	1.30	0.71	0.59	119.14
33	3567	1990	1577	1.38	0.77	0.61	126.19
34	3258	1800	1458	1.26	0.69	0.56	123.46
35–39岁	**16355**	**8979**	**7376**	**6.31**	**3.46**	**2.85**	**121.73**
35	3012	1660	1352	1.16	0.64	0.52	122.78
36	3170	1721	1449	1.22	0.66	0.56	118.77
37	2985	1640	1345	1.15	0.63	0.52	121.93
38	3750	2092	1658	1.45	0.81	0.64	126.18
39	3438	1866	1572	1.33	0.72	0.61	118.70
40–44岁	**18375**	**9648**	**8727**	**7.09**	**3.72**	**3.37**	**110.55**
40	3791	1938	1853	1.46	0.75	0.71	104.59
41	3433	1835	1598	1.32	0.71	0.62	114.83
42	3681	1959	1722	1.42	0.76	0.66	113.76
43	3455	1834	1621	1.33	0.71	0.63	113.14
44	4015	2082	1933	1.55	0.80	0.75	107.71
45–49岁	**21287**	**11218**	**10069**	**8.21**	**4.33**	**3.88**	**111.41**
45	4220	2253	1967	1.63	0.87	0.76	114.54
46	4172	2146	2026	1.61	0.83	0.78	105.92
47	4430	2391	2039	1.71	0.92	0.79	117.26
48	4297	2195	2102	1.66	0.85	0.81	104.42
49	4168	2233	1935	1.61	0.86	0.75	115.40
50–54岁	**22844**	**11809**	**11035**	**8.81**	**4.56**	**4.26**	**107.01**
50	4910	2568	2342	1.89	0.99	0.90	109.65
51	4522	2306	2216	1.74	0.89	0.85	104.06
52	4984	2592	2392	1.92	1.00	0.92	108.36
53	3982	2065	1917	1.54	0.80	0.74	107.72
54	4446	2278	2168	1.71	0.88	0.84	105.07
55–59岁	**18245**	**9532**	**8713**	**7.04**	**3.68**	**3.36**	**109.40**
55	4229	2210	2019	1.63	0.85	0.78	109.46
56	4210	2270	1940	1.62	0.88	0.75	117.01
57	4316	2273	2043	1.66	0.88	0.79	111.26
58	3716	1916	1800	1.43	0.74	0.69	106.44
59	1774	863	911	0.68	0.33	0.35	94.73
60–64岁	**11708**	**6087**	**5621**	**4.52**	**2.35**	**2.17**	**108.29**
60	2122	1173	949	0.82	0.45	0.37	123.60
61	1769	877	892	0.68	0.34	0.34	98.32
62	2404	1259	1145	0.93	0.49	0.44	109.96
63	2707	1410	1297	1.04	0.54	0.50	108.71
64	2706	1368	1338	1.04	0.53	0.52	102.24

1-4c 续表 2

单位：人、%

年 龄	人口数			占总人口比重			性别比
	合计	男	女	合计	男	女	(女=100)
65-69岁	**12531**	**6412**	**6119**	**4.83**	**2.47**	**2.36**	**104.79**
65	2898	1473	1425	1.12	0.57	0.55	103.37
66	2661	1355	1306	1.03	0.52	0.50	103.75
67	2298	1178	1120	0.89	0.45	0.43	105.18
68	2544	1302	1242	0.98	0.50	0.48	104.83
69	2130	1104	1026	0.82	0.43	0.40	107.60
70-74岁	**8126**	**4045**	**4081**	**3.13**	**1.56**	**1.57**	**99.12**
70	2136	1033	1103	0.82	0.40	0.43	93.65
71	1750	906	844	0.68	0.35	0.33	107.35
72	1385	719	666	0.53	0.28	0.26	107.96
73	1524	775	749	0.59	0.30	0.29	103.47
74	1331	612	719	0.51	0.24	0.28	85.12
75-79岁	**5255**	**2604**	**2651**	**2.03**	**1.00**	**1.02**	**98.23**
75	1156	537	619	0.45	0.21	0.24	86.75
76	1213	615	598	0.47	0.24	0.23	102.84
77	1164	598	566	0.45	0.23	0.22	105.65
78	983	502	481	0.38	0.19	0.19	104.37
79	739	352	387	0.29	0.14	0.15	90.96
80-84岁	**2758**	**1321**	**1437**	**1.06**	**0.51**	**0.55**	**91.93**
80	733	351	382	0.28	0.14	0.15	91.88
81	659	336	323	0.25	0.13	0.12	104.02
82	591	263	328	0.23	0.10	0.13	80.18
83	448	218	230	0.17	0.08	0.09	94.78
84	327	153	174	0.13	0.06	0.07	87.93
85-89岁	**1017**	**484**	**533**	**0.39**	**0.19**	**0.21**	**90.81**
85	290	132	158	0.11	0.05	0.06	83.54
86	248	131	117	0.10	0.05	0.05	111.97
87	216	100	116	0.08	0.04	0.04	86.21
88	155	80	75	0.06	0.03	0.03	106.67
89	108	41	67	0.04	0.02	0.03	61.19
90-94岁	**240**	**98**	**142**	**0.09**	**0.04**	**0.05**	**69.01**
90	93	44	49	0.04	0.02	0.02	89.80
91	52	18	34	0.02	0.01	0.01	52.94
92	40	13	27	0.02	0.01	0.01	48.15
93	33	11	22	0.01		0.01	50.00
94	22	12	10	0.01			120.00
95-99岁	**42**	**14**	**28**	**0.02**	**0.01**	**0.01**	**50.00**
95	17	6	11	0.01			54.55
96	15	4	11	0.01			36.36
97	7	4	3				133.33
98	1		1				
99	2		2				
100岁及以上	**5**	**2**	**3**				**66.67**

第二部分　长表数据资料

第二卷　民族

2-1　全区各民族分性别、行业的人口

单位：人

民　族	人口数			农、林、牧、渔业			采矿业		
	合计	男	女	小计	男	女	小计	男	女
总　计	**314900**	**193742**	**121158**	**63138**	**34996**	**28142**	**9095**	**7825**	**1270**
汉　族	214396	131862	82534	31749	18089	13660	7146	6110	1036
蒙古族	382	229	153	8	4	4	19	16	3
回　族	98007	60448	37559	30897	16652	14245	1868	1655	213
藏　族	38	19	19	2		2			
维吾尔族	22	12	10						
苗　族	372	203	169	335	176	159	3	2	1
彝　族	49	32	17	6	2	4	1		1
壮　族	37	23	14	4	1	3	1	1	
布依族	80	35	45	70	31	39	1	1	
朝鲜族	24	13	11	1	1		1	1	
满　族	1224	697	527	31	21	10	46	33	13
侗　族	15	10	5	2	2		1	1	
瑶　族	6	3	3	2	1	1			
白　族	9	4	5				1	1	
土家族	110	76	34	3	3		3	1	2
哈尼族	2		2	1		1			
哈萨克族	1	1							
傣　族	3		3	1		1			
黎　族	2		2						
傈僳族	1		1						
佤　族	2		2						
畲　族	3	1	2						
高山族									
拉祜族	2	2							
水　族	2		2	1		1			
东乡族	60	39	21	24	12	12			
纳西族									
景颇族	1	1							
柯尔克孜族	1		1						
土　族	13	11	2				2	1	1
达斡尔族	4	1	3						
仫佬族	1		1						
羌　族	2		2						
布朗族									
撒拉族	2	2					1	1	
毛南族	1	1							
仡佬族	5	4	1						
锡伯族	11	6	5	1	1		1	1	
阿昌族									
普米族	1	1							
塔吉克族									
怒　族									
乌孜别克族									
俄罗斯族									
鄂温克族									
德昂族									
保安族	1	1							
裕固族	4	4							
京　族									
塔塔尔族									
独龙族									
鄂伦春族	1		1						
赫哲族									
门巴族									
珞巴族									
基诺族									
未定族称人口	2	1	1						
入　籍	1		1						

2-1 续表 1 单位：人

民族	制造业			电力、热力、燃气及水生产和供应业			建筑业		
	小计	男	女	小计	男	女	小计	男	女
总 计	**34250**	**24958**	**9292**	**7010**	**5363**	**1647**	**38615**	**33175**	**5440**
汉 族	25776	19035	6741	5587	4233	1354	26632	22679	3953
蒙古族	46	34	12	17	12	5	31	22	9
回 族	8255	5756	2499	1329	1066	263	11784	10339	1445
藏 族	7	6	1	3	2	1	2	2	
维吾尔族									
苗 族	5	3	2				10	10	
彝 族	5	3	2				26	21	5
壮 族	5	5		2	2		4	3	1
布依族				1		1	2	1	1
朝鲜族	3	2	1	2	1	1	1		1
满 族	112	87	25	61	41	20	76	57	19
侗 族									
瑶 族									
白 族	2	1	1	1	1				
土家族	17	14	3	3	2	1	32	27	5
哈尼族									
哈萨克族									
傣 族	1		1						
黎 族									
傈僳族									
佤 族									
畲 族									
高山族									
拉祜族							2	2	
水 族									
东乡族	7	6	1	2	2		7	7	
纳西族									
景颇族									
柯尔克孜族									
土 族	4	3	1	1	1		1	1	
达斡尔族	1	1							
仫佬族	1		1						
羌 族				1		1			
布朗族									
撒拉族							1	1	
毛南族									
仡佬族							4	3	1
锡伯族	2	1	1						
阿昌族									
普米族									
塔吉克族									
怒 族									
乌孜别克族									
俄罗斯族									
鄂温克族									
德昂族									
保安族									
裕固族	1	1							
京 族									
塔塔尔族									
独龙族									
鄂伦春族									
赫哲族									
门巴族									
珞巴族									
基诺族									
未定族称人口									
入 籍									

2-1 续表 2

单位：人

民族	批发和零售业			交通运输、仓储和邮政业			住宿和餐饮业		
	小计	男	女	小计	男	女	小计	男	女
总　计	**39395**	**18544**	**20851**	**21158**	**18327**	**2831**	**16253**	**8015**	**8238**
汉　族	29705	13986	15719	13659	11528	2131	9507	4459	5048
蒙古族	48	25	23	26	17	9	16	7	9
回　族	9425	4424	5001	7378	6711	667	6637	3492	3145
藏　族	3		3	2		2	3	2	1
维吾尔族	5	4	1	1		1	5	2	3
苗　族				5	5		4	2	2
彝　族	4	2	2				2	1	1
壮　族	4	2	2	2	2		2	1	1
布依族	1		1				2	2	
朝鲜族	4	2	2				5	3	2
满　族	168	86	82	76	57	19	54	36	18
侗　族	6	3	3						
瑶　族	2		2						
白　族	2		2				1	1	
土家族	8	3	5	4	3	1	4		4
哈尼族									
哈萨克族									
傣　族	1		1						
黎　族	1		1				1		1
傈僳族									
佤　族									
畲　族	1	1							
高山族									
拉祜族									
水　族									
东乡族	2	2		3	3		6	4	2
纳西族									
景颇族							1	1	
柯尔克孜族							1		1
土　族	1	1		1	1				
达斡尔族	1		1						
仫佬族									
羌　族									
布朗族									
撒拉族									
毛南族									
仡佬族							1	1	
锡伯族	1	1					1	1	
阿昌族									
普米族									
塔吉克族									
怒　族									
乌孜别克族									
俄罗斯族									
鄂温克族									
德昂族									
保安族									
裕固族	1	1							
京　族									
塔塔尔族									
独龙族									
鄂伦春族				1		1			
赫哲族									
门巴族									
珞巴族									
基诺族									
未定族称人口	1	1							
入　籍									

2-1 续表 3　　单位：人

民　族	信息传输、软件和信息技术服务业			金融业			房地产业		
	小计	男	女	小计	男	女	小计	男	女
总　计	**4419**	**2765**	**1654**	**5716**	**2426**	**3290**	**7091**	**3945**	**3146**
汉　族	3449	2168	1281	4396	1836	2560	5495	3019	2476
蒙古族	12	7	5	19	13	6	7	2	5
回　族	900	558	342	1205	536	669	1548	903	645
藏　族	2	1	1	2	1	1	2	1	1
维吾尔族							1		1
苗　族				1	1				
彝　族							1		1
壮　族				2	2		2	1	1
布依族				1		1			
朝鲜族				3	1	2	1	1	
满　族	48	28	20	81	35	46	32	18	14
侗　族	1	1		1		1			
瑶　族									
白　族				1		1			
土家族	5	2	3	3	1	2			
哈尼族									
哈萨克族									
傣　族									
黎　族									
傈僳族							1		1
佤　族									
畲　族				1		1			
高山族									
拉祜族									
水　族									
东乡族									
纳西族									
景颇族									
柯尔克孜族									
土　族									
达斡尔族									
仫佬族									
羌　族	1		1						
布朗族									
撒拉族									
毛南族									
仡佬族									
锡伯族									
阿昌族									
普米族									
塔吉克族									
怒　族									
乌孜别克族									
俄罗斯族									
鄂温克族									
德昂族									
保安族									
裕固族									
京　族									
塔塔尔族									
独龙族									
鄂伦春族									
赫哲族									
门巴族									
珞巴族									
基诺族									
未定族称人口							1		1
入　籍	1		1						

2-1　续表 4　　　　单位：人

民　族	租赁和商务服务业			科学研究和技术服务业			水利、环境和公共设施管理业		
	小计	男	女	小计	男	女	小计	男	女
总　计	**6885**	**4247**	**2638**	**3736**	**2516**	**1220**	**4444**	**2503**	**1941**
汉　族	5395	3257	2138	3113	2093	1020	3393	1932	1461
蒙古族	17	10	7	7	4	3	6	5	1
回　族	1410	946	464	578	396	182	1030	555	475
藏　族	2	1	1						
维吾尔族									
苗　族				2	1	1			
彝　族	1	1							
壮　族	1		1	1	1				
布依族									
朝鲜族	1		1	1	1				
满　族	46	23	23	30	19	11	15	11	4
侗　族				1	1				
瑶　族	1	1							
白　族									
土家族	7	5	2	1		1			
哈尼族									
哈萨克族	1	1							
傣　族									
黎　族									
傈僳族									
佤　族									
畲　族									
高山族									
拉祜族									
水　族									
东乡族	1		1	1		1			
纳西族									
景颇族									
柯尔克孜族									
土　族									
达斡尔族									
仫佬族									
羌　族									
布朗族									
撒拉族									
毛南族									
仡佬族									
锡伯族				1		1			
阿昌族									
普米族	1	1							
塔吉克族									
怒　族									
乌孜别克族									
俄罗斯族									
鄂温克族									
德昂族									
保安族									
裕固族	1	1							
京　族									
塔塔尔族									
独龙族									
鄂伦春族									
赫哲族									
门巴族									
珞巴族									
基诺族									
未定族称人口									
入　籍									

2-1 续表 5 单位：人

民　族	居民服务、修理和其他服务业			教　育			卫生和社会工作		
	小计	男	女	小计	男	女	小计	男	女
总　计	**9506**	**5055**	**4451**	**15770**	**5166**	**10604**	**7932**	**2162**	**5770**
汉　族	7503	3946	3557	11428	3730	7698	6013	1612	4401
蒙古族	8	4	4	27	12	15	14	5	9
回　族	1962	1094	868	4164	1371	2793	1834	517	1317
藏　族	1		1	4	1	3	1		1
维吾尔族				5	4	1	3	1	2
苗　族	1	1		1		1			
彝　族				1	1		1		1
壮　族				5	2	3			
布依族	1		1						
朝鲜族									
满　族	26	9	17	115	35	80	60	24	36
侗　族				2	1	1			
瑶　族							1	1	
白　族				1		1			
土家族	1	1		7	4	3	2	1	1
哈尼族									
哈萨克族									
傣　族									
黎　族									
傈僳族									
佤　族	2		2						
畲　族									
高山族									
拉祜族									
水　族				1		1			
东乡族	1		1	3	1	2	2	1	1
纳西族									
景颇族									
柯尔克孜族									
土　族				3	3				
达斡尔族				1		1			
仫佬族									
羌　族									
布朗族									
撒拉族									
毛南族									
仡佬族									
锡伯族				1		1	1		1
阿昌族									
普米族									
塔吉克族									
怒　族									
乌孜别克族									
俄罗斯族									
鄂温克族									
德昂族									
保安族				1	1				
裕固族									
京　族									
塔塔尔族									
独龙族									
鄂伦春族									
赫哲族									
门巴族									
珞巴族									
基诺族									
未定族称人口									
入　籍									

2-1　续表 6　　　　单位：人

民　族	文化、体育和娱乐业			公共管理、社会保障和社会组织			国际组织		
	小计	男	女	小计	男	女	小计	男	女
总　计	**2679**	**1422**	**1257**	**17808**	**10332**	**7476**			
汉　族	2129	1109	1020	12321	7041	5280			
蒙古族	12	7	5	42	23	19			
回　族	500	287	213	5303	3190	2113			
藏　族				2	2				
维吾尔族				2	1	1			
苗　族	2		2	3	2	1			
彝　族				1	1				
壮　族				2		2			
布依族				1		1			
朝鲜族				1		1			
满　族	28	14	14	119	63	56			
侗　族	1	1							
瑶　族									
白　族									
土家族	2	1	1	8	8				
哈尼族	1		1						
哈萨克族									
傣　族									
黎　族									
傈僳族									
佤　族									
畲　族				1		1			
高山族									
拉祜族									
水　族									
东乡族				1	1				
纳西族									
景颇族									
柯尔克孜族									
土　族									
达斡尔族	1		1						
仫佬族									
羌　族									
布朗族									
撒拉族									
毛南族	1	1							
仡佬族									
锡伯族	1	1		1		1			
阿昌族									
普米族									
塔吉克族									
怒　族									
乌孜别克族									
俄罗斯族									
鄂温克族									
德昂族									
保安族									
裕固族	1	1							
京　族									
塔塔尔族									
独龙族									
鄂伦春族									
赫哲族									
门巴族									
珞巴族									
基诺族									
未定族称人口									
入　籍									

2–2 全区各民族分性别、职业的人口

单位：人

民　族	人口数			党的机关、国家机关、群众团体和社会组织、企事业单位负责人		
	合计	男	女	小计	男	女
总　计	**314900**	**193742**	**121158**	**6208**	**4875**	**1333**
汉　族	214396	131862	82534	4784	3758	1026
蒙古族	382	229	153	18	15	3
回　族	98007	60448	37559	1337	1052	285
藏　族	38	19	19	2	1	1
维吾尔族	22	12	10	2		2
苗　族	372	203	169			
彝　族	49	32	17			
壮　族	37	23	14	2	2	
布依族	80	35	45			
朝鲜族	24	13	11	4	3	1
满　族	1224	697	527	49	36	13
侗　族	15	10	5	1	1	
瑶　族	6	3	3			
白　族	9	4	5			
土家族	110	76	34	3	2	1
哈尼族	2		2			
哈萨克族	1	1				
傣　族	3		3			
黎　族	2		2			
傈僳族	1		1			
佤　族	2		2			
畲　族	3	1	2			
高山族						
拉祜族	2	2				
水　族	2		2			
东乡族	60	39	21	1	1	
纳西族						
景颇族	1	1				
柯尔克孜族	1		1			
土　族	13	11	2			
达斡尔族	4	1	3			
仫佬族	1		1	1		1
羌　族	2		2			
布朗族						
撒拉族	2	2		1	1	
毛南族	1	1				
仡佬族	5	4	1	1	1	
锡伯族	11	6	5	1	1	
阿昌族						
普米族	1	1				
塔吉克族						
怒　族						
乌孜别克族						
俄罗斯族						
鄂温克族						
德昂族						
保安族	1	1				
裕固族	4	4		1	1	
京　族						
塔塔尔族						
独龙族						
鄂伦春族	1		1			
赫哲族						
门巴族						
珞巴族						
基诺族						
未定族称人口	2	1	1			
入　籍	1		1			

2-2　续表 1　　　　单位：人

民　族	专业技术人员			办事人员和有关人员			社会生产服务和生活服务人员		
	小计	男	女	小计	男	女	小计	男	女
总　计	**37760**	**15934**	**21826**	**22211**	**12736**	**9475**	**115049**	**66264**	**48785**
汉　族	29000	12230	16770	16932	9661	7271	81464	45819	35645
蒙古族	79	33	46	64	35	29	134	81	53
回　族	8287	3499	4788	4943	2895	2048	32858	20028	12830
藏　族	7	1	6	5	5		12	4	8
维吾尔族	6	4	2	3	3		11	5	6
苗　族	7	5	2	3	1	2	13	7	6
彝　族	4	1	3	4	2	2	3	1	2
壮　族	7	4	3	5	2	3	14	9	5
布依族				3	1	2	5	2	3
朝鲜族	5	1	4				11	5	6
满　族	318	134	184	217	111	106	446	264	182
侗　族	4	3	1	1		1	6	3	3
瑶　族	1	1		1	1		2		2
白　族				1		1	5	2	3
土家族	18	11	7	20	14	6	24	10	14
哈尼族	1		1						
哈萨克族							1	1	
傣　族							1		1
黎　族	1		1				1		1
傈僳族							1		1
佤　族							2		2
畲　族				1		1	2	1	1
高山族									
拉祜族									
水　族	1		1						
东乡族	6	3	3	1		1	17	13	4
纳西族									
景颇族							1	1	
柯尔克孜族							1		1
土　族	3	3					2	2	
达斡尔族	1		1				2		2
仫佬族									
羌　族	1		1				1		1
布朗族									
撒拉族									
毛南族	1	1							
仡佬族							1	1	
锡伯族	2		2	4	2	2	3	3	
阿昌族									
普米族							1	1	
塔吉克族									
怒　族									
乌孜别克族									
俄罗斯族									
鄂温克族									
德昂族									
保安族				1	1				
裕固族				1	1		1	1	
京　族									
塔塔尔族									
独龙族									
鄂伦春族							1		1
赫哲族									
门巴族									
珞巴族									
基诺族									
未定族称人口				1	1		1		1
入　籍							1		1

2−2 续表 2　　　　单位：人

民　族	农、林、牧、渔业生产及辅助人员			生产制造及有关人员			不便分类的其他从业人员		
	小计	男	女	小计	男	女	小计	男	女
总　计	**62503**	**34526**	**27977**	**70759**	**59215**	**11544**	**410**	**192**	**218**
汉　族	31331	17799	13532	50583	42444	8139	302	151	151
蒙古族	9	4	5	76	60	16	2	1	1
回　族	30699	16489	14210	19782	16447	3335	101	38	63
藏　族	2		2	9	7	2	1	1	
维吾尔族									
苗　族	325	168	157	24	22	2			
彝　族	6	2	4	32	26	6			
壮　族	3		3	6	6				
布依族	70	31	39	2	1	1			
朝鲜族				4	4				
满　族	25	16	9	165	135	30	4	1	3
侗　族	1	1		2	2				
瑶　族	2	1	1						
白　族				3	2	1			
土家族	3	3		42	36	6			
哈尼族	1		1						
哈萨克族									
傣　族	1		1	1		1			
黎　族									
傈僳族									
佤　族									
畲　族									
高山族									
拉祜族				2	2				
水　族	1		1						
东乡族	24	12	12	11	10	1			
纳西族									
景颇族									
柯尔克孜族									
土　族				8	6	2			
达斡尔族				1	1				
仫佬族									
羌　族									
布朗族									
撒拉族				1	1				
毛南族									
仡佬族				3	2	1			
锡伯族				1		1			
阿昌族									
普米族									
塔吉克族									
怒　族									
乌孜别克族									
俄罗斯族									
鄂温克族									
德昂族									
保安族									
裕固族				1	1				
京　族									
塔塔尔族									
独龙族									
鄂伦春族									
赫哲族									
门巴族									
珞巴族									
基诺族									
未定族称人口									
入　籍									

2-3　全区各民族分性别、主要生活来源的15岁及以上人口

单位：人

民　族	15岁及以上人口			劳动收入		
	合计	男	女	小计	男	女
总　计	**564754**	**285609**	**279145**	**321357**	**198408**	**122949**
汉　族	376441	191514	184927	217240	133999	83241
蒙古族	726	343	383	379	229	150
回　族	183664	91786	91878	101624	62975	38649
藏　族	101	44	57	38	19	19
维吾尔族	117	48	69	22	12	10
苗　族	505	272	233	374	204	170
彝　族	99	48	51	49	32	17
壮　族	121	47	74	37	23	14
布依族	106	45	61	80	36	44
朝鲜族	51	24	27	25	13	12
满　族	2173	1109	1064	1223	699	524
侗　族	49	22	27	15	10	5
瑶　族	23	15	8	6	3	3
白　族	35	18	17	9	4	5
土家族	276	149	127	109	76	33
哈尼族	6		6	2		2
哈萨克族	23	7	16	1	1	
傣　族	6	1	5	3		3
黎　族	9	2	7	2		2
傈僳族	2		2	1		1
佤　族	2		2	2		2
畲　族	4	2	2	3	1	2
高山族						
拉祜族	3	3		2	2	
水　族	7	4	3	2		2
东乡族	77	44	33	60	39	21
纳西族	1		1			
景颇族	2	1	1	1	1	
柯尔克孜族	6	3	3	1		1
土　族	30	19	11	11	9	2
达斡尔族	8	1	7	4	1	3
仫佬族	4	1	3	1		1
羌　族	6	2	4	2		2
布朗族						
撒拉族	11	6	5	2	2	
毛南族	2	1	1	1	1	
仡佬族	14	8	6	5	4	1
锡伯族	15	7	8	11	6	5
阿昌族	1		1			
普米族	5	2	3	1	1	
塔吉克族						
怒　族						
乌孜别克族						
俄罗斯族	2		2			
鄂温克族	2	1	1			
德昂族						
保安族	3	1	2	1	1	
裕固族	5	5		4	4	
京　族						
塔塔尔族						
独龙族						
鄂伦春族	1		1	1		1
赫哲族	1		1			
门巴族						
珞巴族	1		1			
基诺族	1	1				
未定族称人口	5	2	3	2	1	1
入　籍	2	1	1	1		1

2-3 续表 1

单位：人

民族	离退休金/养老金			最低生活保障金			失业保险金		
	小计	男	女	小计	男	女	小计	男	女
总　计	**64883**	**27272**	**37611**	**13943**	**6495**	**7448**	**266**	**141**	**125**
汉　族	51736	21452	30284	7008	3372	3636	213	110	103
蒙古族	119	36	83	4	1	3			
回　族	12419	5544	6875	6908	3109	3799	51	30	21
藏　族	9	3	6	1	1				
维吾尔族	3		3	1	1				
苗　族	5	2	3						
彝　族	3		3	1		1			
壮　族	12	3	9						
布依族	1		1						
朝鲜族	15	6	9						
满　族	525	218	307	15	9	6	2	1	1
侗　族	2	1	1						
瑶　族									
白　族	3	1	2						
土家族	17	4	13	3	2	1			
哈尼族									
哈萨克族									
傣　族									
黎　族									
傈僳族									
佤　族									
畲　族									
高山族									
拉祜族									
水　族									
东乡族	1		1	2		2			
纳西族									
景颇族									
柯尔克孜族									
土　族	2		2						
达斡尔族	1		1						
仫佬族									
羌　族	1		1						
布朗族									
撒拉族	2		2						
毛南族	1		1						
仡佬族									
锡伯族	2	1	1						
阿昌族									
普米族									
塔吉克族									
怒　族									
乌孜别克族									
俄罗斯族	2		2						
鄂温克族									
德昂族									
保安族	1		1						
裕固族	1	1							
京　族									
塔塔尔族									
独龙族									
鄂伦春族									
赫哲族									
门巴族									
珞巴族									
基诺族									
未定族称人口									
入　籍									

2-3 续表 2

单位：人

民族	财产性收入			家庭其他成员供养			其他		
	小计	男	女	小计	男	女	小计	男	女
总　计	**4087**	**2245**	**1842**	**134639**	**38394**	**96245**	**25579**	**12654**	**12925**
汉　族	2568	1404	1164	82710	23599	59111	14966	7578	7388
蒙古族	2	1	1	197	68	129	25	8	17
回　族	1510	838	672	50684	14286	36398	10468	5004	5464
藏　族				47	16	31	6	5	1
维吾尔族				90	35	55	1		1
苗　族				92	50	42	34	16	18
彝　族	1		1	41	16	25	4		4
壮　族				71	21	50	1		1
布依族				20	7	13	5	2	3
朝鲜族				9	4	5	2	1	1
满　族	5	2	3	350	147	203	53	33	20
侗　族				32	11	21			
瑶　族				17	12	5			
白　族				23	13	10			
土家族	1		1	143	65	78	3	2	1
哈尼族				4		4			
哈萨克族				21	6	15	1		1
傣　族				3	1	2			
黎　族				6	2	4	1		1
傈僳族				1		1			
佤　族									
畲　族				1	1				
高山族									
拉祜族				1	1				
水　族				5	4	1			
东乡族				10	2	8	4	3	1
纳西族				1		1			
景颇族				1		1			
柯尔克孜族				5	3	2			
土　族				13	8	5	4	2	2
达斡尔族				3		3			
仫佬族				3	1	2			
羌　族				3	2	1			
布朗族									
撒拉族				7	4	3			
毛南族									
仡佬族				8	4	4	1		1
锡伯族				2		2			
阿昌族				1		1			
普米族				4	1	3			
塔吉克族									
怒　族									
乌孜别克族									
俄罗斯族									
鄂温克族				2	1	1			
德昂族									
保安族				1		1			
裕固族									
京　族									
塔塔尔族									
独龙族									
鄂伦春族									
赫哲族				1		1			
门巴族									
珞巴族				1		1			
基诺族				1	1				
未定族称人口				3	1	2			
入　籍				1	1				

2–4 全区各民族分性别、婚姻状况的15岁及以上人口

单位：人

民族	15岁及以上人口			未婚		
	合计	男	女	小计	男	女
总计	**564754**	**285609**	**279145**	**100586**	**57581**	**43005**
汉族	376441	191514	184927	63186	36788	26398
蒙古族	726	343	383	220	109	111
回族	183664	91786	91878	35936	20043	15893
藏族	101	44	57	51	21	30
维吾尔族	117	48	69	89	37	52
苗族	505	272	233	142	93	49
彝族	99	48	51	49	24	25
壮族	121	47	74	65	24	41
布依族	106	45	61	28	13	15
朝鲜族	51	24	27	11	5	6
满族	2173	1109	1064	463	245	218
侗族	49	22	27	31	15	16
瑶族	23	15	8	17	12	5
白族	35	18	17	23	13	10
土家族	276	149	127	146	80	66
哈尼族	6		6	4		4
哈萨克族	23	7	16	21	7	14
傣族	6	1	5	3	1	2
黎族	9	2	7	6	2	4
傈僳族	2		2	1		1
佤族	2		2	2		2
畲族	4	2	2	1	1	
高山族						
拉祜族	3	3		3	3	
水族	7	4	3	5	4	1
东乡族	77	44	33	15	7	8
纳西族	1		1	1		1
景颇族	2	1	1	1		1
柯尔克孜族	6	3	3	5	3	2
土族	30	19	11	16	11	5
达斡尔族	8	1	7	4	1	3
仫佬族	4	1	3	3	1	2
羌族	6	2	4	3	2	1
布朗族						
撒拉族	11	6	5	9	6	3
毛南族	2	1	1			
仡佬族	14	8	6	8	4	4
锡伯族	15	7	8	2		2
阿昌族	1		1	1		1
普米族	5	2	3	5	2	3
塔吉克族						
怒族						
乌孜别克族						
俄罗斯族	2		2			
鄂温克族	2	1	1	2	1	1
德昂族						
保安族	3	1	2			
裕固族	5	5		1	1	
京族						
塔塔尔族						
独龙族						
鄂伦春族	1		1			
赫哲族	1		1			
门巴族						
珞巴族	1		1	1		1
基诺族	1	1		1	1	
未定族称人口	5	2	3	4	1	3
入籍	2	1	1	1		1

2-4　续表　　　　单位：人

民　　族	有配偶			离　　婚			丧　　偶		
	小计	男	女	小计	男	女	小计	男	女
总　计	**422141**	**213773**	**208368**	**16938**	**8259**	**8679**	**25089**	**5996**	**19093**
汉　族	283356	144463	138893	11968	5951	6017	17931	4312	13619
蒙古族	440	222	218	41	8	33	25	4	21
回　族	135888	67830	68058	4801	2248	2553	7039	1665	5374
藏　族	48	21	27	2	2				
维吾尔族	25	11	14	2		2	1		1
苗　族	360	178	182	1		1	2	1	1
彝　族	47	23	24	1		1	2	1	1
壮　族	51	22	29	2	1	1	3		3
布依族	76	32	44	1		1	1		1
朝鲜族	35	19	16	1		1	4		4
满　族	1536	809	727	103	43	60	71	12	59
侗　族	17	7	10	1		1			
瑶　族	6	3	3						
白　族	12	5	7						
土家族	116	64	52	8	4	4	6	1	5
哈尼族	2		2						
哈萨克族	2		2						
傣　族	3		3						
黎　族	3		3						
傈僳族	1		1						
佤　族									
畲　族	2	1	1	1		1			
高山族									
拉祜族									
水　族	2		2						
东乡族	58	35	23	3	2	1	1		1
纳西族									
景颇族	1	1							
柯尔克孜族	1		1						
土　族	13	8	5	1		1			
达斡尔族	4		4						
仫佬族	1		1						
羌　族	3		3						
布朗族									
撒拉族	2		2						
毛南族	2	1	1						
仡佬族	6	4	2						
锡伯族	12	7	5				1		1
阿昌族									
普米族									
塔吉克族									
怒　族									
乌孜别克族									
俄罗斯族				1		1	1		1
鄂温克族									
德昂族									
保安族	2	1	1				1		1
裕固族	4	4							
京　族									
塔塔尔族									
独龙族									
鄂伦春族	1		1						
赫哲族	1		1						
门巴族									
珞巴族									
基诺族									
未定族称人口	1	1							
入　籍	1	1							

2-5 全区各民族分性别、初婚年龄的人口

单位：人

民族	合计			15岁以下		
	合计	男	女	小计	男	女
总计	**464168**	**228028**	**236140**	**1350**	**197**	**1153**
汉族	313255	154726	158529	460	79	381
蒙古族	506	234	272			
回族	147728	71743	75985	885	116	769
藏族	50	23	27	1		1
维吾尔族	28	11	17			
苗族	363	179	184	1		1
彝族	50	24	26			
壮族	56	23	33			
布依族	78	32	46	1	1	
朝鲜族	40	19	21			
满族	1710	864	846	2	1	1
侗族	18	7	11			
瑶族	6	3	3			
白族	12	5	7			
土家族	130	69	61			
哈尼族	2		2			
哈萨克族	2		2			
傣族	3		3			
黎族	3		3			
傈僳族	1		1			
佤族						
畲族	3	1	2			
高山族						
拉祜族						
水族	2		2			
东乡族	62	37	25			
纳西族						
景颇族	1	1				
柯尔克孜族	1		1			
土族	14	8	6			
达斡尔族	4		4			
仫佬族	1		1			
羌族	3		3			
布朗族						
撒拉族	2		2			
毛南族	2	1	1			
仡佬族	6	4	2			
锡伯族	13	7	6			
阿昌族						
普米族						
塔吉克族						
怒族						
乌孜别克族						
俄罗斯族	2		2			
鄂温克族						
德昂族						
保安族	3	1	2			
裕固族	4	4				
京族						
塔塔尔族						
独龙族						
鄂伦春族	1		1			
赫哲族	1		1			
门巴族						
珞巴族						
基诺族						
未定族称人口	1	1				
入籍	1	1				

2-5 续表 1

单位：人

民 族	15岁			16岁		
	小计	男	女	小计	男	女
总 计	**5644**	**870**	**4774**	**10287**	**1592**	**8695**
汉 族	2315	382	1933	4390	676	3714
蒙古族	6	1	5	3		3
回 族	3304	485	2819	5855	904	4951
藏 族						
维吾尔族						
苗 族	13	2	11	18	4	14
彝 族				3	2	1
壮 族				1	1	
布依族				6	2	4
朝鲜族	1		1			
满 族	2		2	7	2	5
侗 族						
瑶 族	1		1	1	1	
白 族						
土家族				1		1
哈尼族						
哈萨克族	1		1			
傣 族						
黎 族						
傈僳族						
佤 族						
畲 族						
高山族						
拉祜族						
水 族				1		1
东乡族	1		1			
纳西族						
景颇族						
柯尔克孜族						
土 族						
达斡尔族				1		1
仫佬族						
羌 族						
布朗族						
撒拉族						
毛南族						
仡佬族						
锡伯族						
阿昌族						
普米族						
塔吉克族						
怒 族						
乌孜别克族						
俄罗斯族						
鄂温克族						
德昂族						
保安族						
裕固族						
京 族						
塔塔尔族						
独龙族						
鄂伦春族						
赫哲族						
门巴族						
珞巴族						
基诺族						
未定族称人口						
入 籍						

2-5 续表 2

单位：人

民　族	17岁			18岁			19岁		
	小计	男	女	小计	男	女	小计	男	女
总　计	**18059**	**3451**	**14608**	**28435**	**7015**	**21420**	**39150**	**13074**	**26076**
汉　族	7892	1433	6459	13919	3183	10736	22076	6343	15733
蒙古族	2	1	1	11	3	8	12	6	6
回　族	10111	2000	8111	14415	3810	10605	16917	6668	10249
藏　族	3	2	1	1		1	2		2
维吾尔族				3	2	1	1		1
苗　族	22	8	14	33	8	25	55	31	24
彝　族	2		2	5	2	3	1	1	
壮　族							1		1
布依族	6		6	10	3	7	20	8	12
朝鲜族							1		1
满　族	12	2	10	27	3	24	40	10	30
侗　族	1	1					1		1
瑶　族				1		1			
白　族									
土家族	2		2	5	1	4	9	3	6
哈尼族				1		1			
哈萨克族							1		1
傣　族									
黎　族									
傈僳族				1		1			
佤　族									
畲　族									
高山族									
拉祜族									
水　族									
东乡族	6	4	2	1		1	8	3	5
纳西族									
景颇族									
柯尔克孜族									
土　族							1		1
达斡尔族									
仫佬族									
羌　族									
布朗族									
撒拉族				1		1			
毛南族									
仡佬族							2	1	1
锡伯族									
阿昌族									
普米族									
塔吉克族									
怒　族									
乌孜别克族									
俄罗斯族							1		1
鄂温克族									
德昂族									
保安族				1		1	1		1
裕固族									
京　族									
塔塔尔族									
独龙族									
鄂伦春族									
赫哲族									
门巴族									
珞巴族									
基诺族									
未定族称人口									
入　籍									

2-5 续表 3

单位：人

民 族	20岁			21岁			22岁		
	小计	男	女	小计	男	女	小计	男	女
总 计	**49052**	**19983**	**29069**	**50562**	**24100**	**26462**	**51690**	**27710**	**23980**
汉 族	30334	10572	19762	34293	14936	19357	37327	19084	18243
蒙古族	30	4	26	42	10	32	60	23	37
回 族	18511	9339	9172	16020	9065	6955	14056	8488	5568
藏 族	4	1	3	2	1	1	4	1	3
维吾尔族	2	1	1	4	1	3			
苗 族	62	35	27	29	18	11	31	15	16
彝 族	5	2	3	5	4	1	7	2	5
壮 族	4		4	3		3	5	3	2
布依族	8	3	5	9	6	3	2		2
朝鲜族	1	1		5	2	3	3	1	2
满 族	74	18	56	124	44	80	164	73	91
侗 族				2	1	1			
瑶 族									
白 族	1		1	4	2	2	3	1	2
土家族	6	3	3	11	5	6	11	8	3
哈尼族									
哈萨克族									
傣 族									
黎 族							1		1
傈僳族									
佤 族									
畲 族	1		1				2	1	1
高山族									
拉祜族									
水 族									
东乡族	6	3	3	7	3	4	10	8	2
纳西族									
景颇族									
柯尔克孜族									
土 族	1		1	1	1				
达斡尔族									
仫佬族									
羌 族									
布朗族									
撒拉族									
毛南族									
仡佬族									
锡伯族				1	1		2	1	1
阿昌族									
普米族									
塔吉克族									
怒 族									
乌孜别克族									
俄罗斯族							1		1
鄂温克族									
德昂族									
保安族									
裕固族							1	1	
京 族									
塔塔尔族									
独龙族									
鄂伦春族	1		1						
赫哲族									
门巴族									
珞巴族									
基诺族									
未定族称人口									
入 籍	1	1							

2-5 续表 4 单位：人

民族	23岁			24岁			25岁		
	小计	男	女	小计	男	女	小计	男	女
总计	**45529**	**25751**	**19778**	**39931**	**23737**	**16194**	**33401**	**20796**	**12605**
汉族	33980	18464	15516	30118	17492	12626	25554	15670	9884
蒙古族	63	22	41	48	22	26	60	32	28
回族	11242	7146	4096	9466	6083	3383	7488	4934	2554
藏族	3	1	2	4	3	1	5	3	2
维吾尔族	2	1	1	4	1	3	3	1	2
苗族	20	12	8	18	11	7	18	10	8
彝族	5	2	3	5	3	2	2	1	1
壮族	11	4	7	5	2	3	7	6	1
布依族	3	2	1	7	3	4	1		1
朝鲜族	4	1	3	9	3	6	5	3	2
满族	170	83	87	221	97	124	227	118	109
侗族	2	1	1	3		3	4	2	2
瑶族	1	1					1	1	
白族									
土家族	9	6	3	16	10	6	13	8	5
哈尼族									
哈萨克族									
傣族							1		1
黎族									
傈僳族									
佤族									
畲族									
高山族									
拉祜族									
水族									
东乡族	8	5	3	2	2		3	3	
纳西族									
景颇族									
柯尔克孜族	1		1						
土族	3		3	2	2		1	1	
达斡尔族							1		1
仫佬族									
羌族							1		1
布朗族									
撒拉族							1		1
毛南族	1		1						
仡佬族	1		1						
锡伯族				2	2		1		1
阿昌族									
普米族									
塔吉克族									
怒族									
乌孜别克族									
俄罗斯族									
鄂温克族									
德昂族									
保安族							1	1	
裕固族				1	1		2	2	
京族									
塔塔尔族									
独龙族									
鄂伦春族									
赫哲族							1		1
门巴族									
珞巴族									
基诺族									
未定族称人口									
入籍									

2–5　续表 5　　　　单位：人

民　族	26岁			27岁			28岁		
	小计	男	女	小计	男	女	小计	男	女
总　计	**25053**	**15876**	**9177**	**18252**	**11945**	**6307**	**12810**	**8591**	**4219**
汉　族	19521	12292	7229	14376	9375	5001	9916	6698	3218
蒙古族	42	25	17	31	21	10	29	16	13
回　族	5246	3437	1809	3694	2460	1234	2739	1796	943
藏　族	5	2	3	2	1	1	7	4	3
维吾尔族	4		4	1	1		1	1	
苗　族	14	11	3	7	3	4	4	1	3
彝　族	2	2					2	1	1
壮　族	7		7	4	1	3	2	1	1
布依族	1	1		1		1	2	2	
朝鲜族	1	1		2	1	1	2	1	1
满　族	182	98	84	119	76	43	86	55	31
侗　族	1	1		2	1	1	1		1
瑶　族									
白　族	3	1	2				1	1	
土家族	11	1	10	5	2	3	12	10	2
哈尼族	1		1						
哈萨克族									
傣　族	1		1						
黎　族	1		1						
傈僳族									
佤　族									
畲　族									
高山族									
拉祜族									
水　族				1		1			
东乡族	2	2		2		2	2	1	1
纳西族									
景颇族				1	1				
柯尔克孜族									
土　族	1		1	1	1		1	1	
达斡尔族				1		1	1		1
仫佬族	1		1						
羌　族	1		1						
布朗族									
撒拉族									
毛南族									
仡佬族	2	2		1	1				
锡伯族	3		3	1		1	2	2	
阿昌族									
普米族									
塔吉克族									
怒　族									
乌孜别克族									
俄罗斯族									
鄂温克族									
德昂族									
保安族									
裕固族									
京　族									
塔塔尔族									
独龙族									
鄂伦春族									
赫哲族									
门巴族									
珞巴族									
基诺族									
未定族称人口									
入　籍									

2-5 续表 6

单位：人

民　族	29岁			30岁			31岁		
	小计	男	女	小计	男	女	小计	男	女
总　计	**8558**	**5846**	**2712**	**6314**	**4291**	**2023**	**4260**	**2829**	**1431**
汉　族	6664	4592	2072	4886	3345	1541	3297	2215	1082
蒙古族	13	7	6	12	12		10	8	2
回　族	1811	1195	616	1349	894	455	914	577	337
藏　族	2	1	1	2		2	1	1	
维吾尔族	1		1				1	1	
苗　族	3	2	1	4	2	2	2	2	
彝　族				1		1	1		1
壮　族	1	1		1	1		2	2	
布依族									
朝鲜族	1	1		1		1			
满　族	53	40	13	52	35	17	31	22	9
侗　族				1		1			
瑶　族									
白　族									
土家族	6	4	2	2	1	1			
哈尼族									
哈萨克族									
傣　族									
黎　族				1		1			
傈僳族									
佤　族									
畲　族									
高山族									
拉祜族									
水　族									
东乡族	1	1		1	1				
纳西族									
景颇族									
柯尔克孜族									
土　族	1	1							
达斡尔族									
仫佬族									
羌　族				1		1			
布朗族									
撒拉族									
毛南族							1	1	
仡佬族									
锡伯族									
阿昌族									
普米族									
塔吉克族									
怒　族									
乌孜别克族									
俄罗斯族									
鄂温克族									
德昂族									
保安族									
裕固族									
京　族									
塔塔尔族									
独龙族									
鄂伦春族									
赫哲族									
门巴族									
珞巴族									
基诺族									
未定族称人口	1	1							
入　籍									

2-5 续表 7

单位：人

民族	32岁			33岁			34岁		
	小计	男	女	小计	男	女	小计	男	女
总 计	**3165**	**2097**	**1068**	**2358**	**1564**	**794**	**1771**	**1173**	**598**
汉 族	2456	1628	828	1774	1192	582	1353	911	442
蒙古族	6	5	1	8	6	2			
回 族	666	437	229	556	349	207	392	242	150
藏 族				1	1		1	1	
维吾尔族							1	1	
苗 族	3	2	1				1	1	
彝 族	4	2	2						
壮 族									
布依族									
朝鲜族	2	2		1	1				
满 族	21	16	5	17	15	2	22	16	6
侗 族									
瑶 族	1		1						
白 族									
土家族	3	3		1		1			
哈尼族									
哈萨克族									
傣 族									
黎 族									
傈僳族									
佤 族									
畲 族									
高山族									
拉祜族									
水 族									
东乡族	1		1				1	1	
纳西族									
景颇族									
柯尔克孜族									
土 族	1	1							
达斡尔族									
仫佬族									
羌 族									
布朗族									
撒拉族									
毛南族									
仡佬族									
锡伯族	1	1							
阿昌族									
普米族									
塔吉克族									
怒 族									
乌孜别克族									
俄罗斯族									
鄂温克族									
德昂族									
保安族									
裕固族									
京 族									
塔塔尔族									
独龙族									
鄂伦春族									
赫哲族									
门巴族									
珞巴族									
基诺族									
未定族称人口									
入 籍									

2-5 续表 8

单位：人

民　族	35岁			36岁			37岁		
	小计	男	女	小计	男	女	小计	男	女
总　计	**1464**	**1000**	**464**	**1091**	**728**	**363**	**999**	**645**	**354**
汉　族	1110	771	339	808	560	248	750	486	264
蒙古族	2		2	2	2		3	1	2
回　族	335	218	117	272	157	115	238	151	87
藏　族									
维吾尔族									
苗　族	1		1						
彝　族									
壮　族				1	1				
布依族							1	1	
朝鲜族							1	1	
满　族	12	9	3	7	7		6	5	1
侗　族									
瑶　族									
白　族									
土家族	4	2	2	1	1				
哈尼族									
哈萨克族									
傣　族									
黎　族									
傈僳族									
佤　族									
畲　族									
高山族									
拉祜族									
水　族									
东乡族									
纳西族									
景颇族									
柯尔克孜族									
土　族									
达斡尔族									
仫佬族									
羌　族									
布朗族									
撒拉族									
毛南族									
仡佬族									
锡伯族									
阿昌族									
普米族									
塔吉克族									
怒　族									
乌孜别克族									
俄罗斯族									
鄂温克族									
德昂族									
保安族									
裕固族									
京　族									
塔塔尔族									
独龙族									
鄂伦春族									
赫哲族									
门巴族									
珞巴族									
基诺族									
未定族称人口									
入　籍									

2-5　续表 9　　　　单位：人

民　族	38岁			39岁			40岁及以上		
	小计	男	女	小计	男	女	小计	男	女
总　计	**763**	**488**	**275**	**674**	**427**	**247**	**3546**	**2252**	**1294**
汉　族	569	363	206	504	314	190	2613	1670	943
蒙古族	2	2		2	2		7	3	4
回　族	181	117	64	164	109	55	901	566	335
藏　族									
维吾尔族									
苗　族	3	1	2				1		1
彝　族									
壮　族	1		1						
布依族									
朝鲜族									
满　族	7	5	2	4	2	2	21	12	9
侗　族									
瑶　族									
白　族									
土家族							2	1	1
哈尼族									
哈萨克族									
傣　族							1		1
黎　族									
傈僳族									
佤　族									
畲　族									
高山族									
拉祜族									
水　族									
东乡族									
纳西族									
景颇族									
柯尔克孜族									
土　族									
达斡尔族									
仫佬族									
羌　族									
布朗族									
撒拉族									
毛南族									
仡佬族									
锡伯族									
阿昌族									
普米族									
塔吉克族									
怒　族									
乌孜别克族									
俄罗斯族									
鄂温克族									
德昂族									
保安族									
裕固族									
京　族									
塔塔尔族									
独龙族									
鄂伦春族									
赫哲族									
门巴族									
珞巴族									
基诺族									
未定族称人口									
入　籍									

2-6 全区按民族、生育孩次分的育龄妇女人数

(2019.11.1-2020.10.31)

单位：人

民族	合计	生男孩的妇女人数	生女孩的妇女人数	一孩			二孩		
				小计	男	女	小计	男	女
总计	**8708**	**4474**	**4234**	**3746**	**1915**	**1831**	**3471**	**1738**	**1733**
汉族	4935	2509	2426	2379	1217	1162	2196	1103	1093
蒙古族	12	5	7	8	5	3	4		4
回族	3725	1945	1780	1339	686	653	1260	629	631
藏族									
维吾尔族	1	1		1	1				
苗族	11	5	6	4	1	3	3	2	1
彝族									
壮族	1		1	1		1			
布依族									
朝鲜族									
满族	14	6	8	10	3	7	4	3	1
侗族									
瑶族									
白族									
土家族									
哈尼族	2	1	1	1	1		1		1
哈萨克族									
傣族									
黎族	1	1					1	1	
傈僳族									
佤族									
畲族									
高山族									
拉祜族									
水族	1		1	1		1			
东乡族	3		3				2		2
纳西族									
景颇族									
柯尔克孜族									
土族									
达斡尔族									
仫佬族	1	1		1	1				
羌族									
布朗族									
撒拉族									
毛南族									
仡佬族	1		1	1		1			
锡伯族									
阿昌族									
普米族									
塔吉克族									
怒族									
乌孜别克族									
俄罗斯族									
鄂温克族									
德昂族									
保安族									
裕固族									
京族									
塔塔尔族									
独龙族									
鄂伦春族									
赫哲族									
门巴族									
珞巴族									
基诺族									
未定族称人口									
入籍									

2-6　续表

单位：人

民　族	三　孩			四　孩			五孩及以上		
	小计	男	女	小计	男	女	小计	男	女
总　计	**1058**	**578**	**480**	**315**	**179**	**136**	**118**	**64**	**54**
汉　族	309	163	146	44	23	21	7	3	4
蒙古族									
回　族	746	414	332	270	155	115	110	61	49
藏　族									
维吾尔族									
苗　族	2	1	1	1	1		1		1
彝　族									
壮　族									
布依族									
朝鲜族									
满　族									
侗　族									
瑶　族									
白　族									
土家族									
哈尼族									
哈萨克族									
傣　族									
黎　族									
傈僳族									
佤　族									
畲　族									
高山族									
拉祜族									
水　族									
东乡族	1		1						
纳西族									
景颇族									
柯尔克孜族									
土　族									
达斡尔族									
仫佬族									
羌　族									
布朗族									
撒拉族									
毛南族									
仡佬族									
锡伯族									
阿昌族									
普米族									
塔吉克族									
怒　族									
乌孜别克族									
俄罗斯族									
鄂温克族									
德昂族									
保安族									
裕固族									
京　族									
塔塔尔族									
独龙族									
鄂伦春族									
赫哲族									
门巴族									
珞巴族									
基诺族									
未定族称人口									
入　籍									

2-7 全区各民族15-64岁妇女平均活产子女数和平均存活子女数

单位：人、%

民族	15-64岁妇女人数	活产子女总数			存活子女总数			存活子女数占活产子女数的百分比	妇女平均活产子女数	妇女平均存活子女数
		小计	男	女	小计	男	女			
总计	**243750**	**383118**	**200974**	**182144**	**370875**	**193633**	**177242**	**96.80**	**1.57**	**1.52**
汉族	159332	225595	118582	107013	218918	114578	104340	97.04	1.42	1.37
蒙古族	348	292	146	146	287	144	143	98.29	0.84	0.82
回族	82260	155465	81349	74116	149953	78046	71907	96.45	1.89	1.82
藏族	54	38	16	22	36	14	22	94.74	0.70	0.67
维吾尔族	67	25	12	13	24	11	13	96.00	0.37	0.36
苗族	230	409	207	202	405	204	201	99.02	1.78	1.76
彝族	50	41	25	16	39	23	16	95.12	0.82	0.78
壮族	71	44	22	22	44	22	22	100.00	0.62	0.62
布依族	61	104	50	54	102	49	53	98.08	1.70	1.67
朝鲜族	24	22	11	11	22	11	11	100.00	0.92	0.92
满族	946	855	434	421	829	418	411	96.96	0.90	0.88
侗族	27	18	9	9	18	9	9	100.00	0.67	0.67
瑶族	8	6	2	4	6	2	4	100.00	0.75	0.75
白族	16	12	6	6	11	6	5	91.67	0.75	0.69
土家族	119	76	39	37	74	37	37	97.37	0.64	0.62
哈尼族	6	3	2	1	3	2	1	100.00	0.50	0.50
哈萨克族	16	3	2	1	3	2	1	100.00	0.19	0.19
傣族	5	3	1	2	3	1	2	100.00	0.60	0.60
黎族	7	5	3	2	5	3	2	100.00	0.71	0.71
傈僳族	2	4		4	4		4	100.00	2.00	2.00
佤族	2									
畲族	2	3	3		3	3		100.00	1.50	1.50
高山族										
拉祜族										
水族	3	5	3	2	5	3	2	100.00	1.67	1.67
东乡族	33	57	31	26	49	27	22	85.96	1.73	1.48
纳西族	1									
景颇族	1									
柯尔克孜族	3									
土族	11	9	3	6	9	3	6	100.00	0.82	0.82
达斡尔族	6	5	4	1	5	4	1	100.00	0.83	0.83
仫佬族	3	1	1		1	1		100.00	0.33	0.33
羌族	3	2	1	1	2	1	1	100.00	0.67	0.67
布朗族										
撒拉族	5	2	1	1	2	1	1	100.00	0.40	0.40
毛南族	1	1	1						1.00	
仡佬族	6	4	1	3	4	1	3	100.00	0.67	0.67
锡伯族	7	6	4	2	6	4	2	100.00	0.86	0.86
阿昌族	1									
普米族	3									
塔吉克族										
怒族										
乌孜别克族										
俄罗斯族	1	1	1		1	1		100.00	1.00	1.00
鄂温克族	1									
德昂族										
保安族	1									
裕固族										
京族										
塔塔尔族										
独龙族										
鄂伦春族	1	1	1		1	1		100.00	1.00	1.00
赫哲族	1	1	1		1	1		100.00	1.00	1.00
门巴族										
珞巴族	1									
基诺族										
未定族称人口	3									
入籍	1									

第二部分　长表数据资料

第三卷　教育

3-1 全区分学业完成情况、性别、受教育程度的3岁及以上人口

单位：人

学业完成情况	合计			小学		
	合计	男	女	小计	男	女
总 计	**619002**	**322063**	**296939**	**187871**	**87835**	**100036**
在 校	132718	66777	65941	59634	31131	28503
毕 业	434585	229856	204729	96023	43291	52732
肄 业	9189	4326	4863	5820	2281	3539
辍 学	22780	11108	11672	14327	5822	8505
其 他	19730	9996	9734	12067	5310	6757

3-1 续表 1

单位：人

学业完成情况	初中			高中			大学专科		
	小计	男	女	小计	男	女	小计	男	女
总 计	**207312**	**117236**	**90076**	**97105**	**52924**	**44181**	**65228**	**33624**	**31604**
在 校	30078	15734	14344	26033	12533	13500	6542	2984	3558
毕 业	162114	92173	69941	67983	38404	29579	57897	30197	27700
肄 业	2636	1588	1048	559	357	202	116	67	49
辍 学	7144	4410	2734	1238	834	404	62	37	25
其 他	5340	3331	2009	1292	796	496	611	339	272

3-1 续表 2

单位：人

学业完成情况	大学本科			硕士研究生			博士研究生		
	小计	男	女	小计	男	女	小计	男	女
总 计	**57444**	**28546**	**28898**	**3734**	**1735**	**1999**	**308**	**163**	**145**
在 校	9590	4073	5517	769	294	475	72	28	44
毕 业	47399	24229	23170	2936	1430	1506	233	132	101
肄 业	56	32	24	2	1	1			
辍 学	9	5	4						
其 他	390	207	183	27	10	17	3	3	

3-1a 全区分学业完成情况、性别、受教育程度的3岁及以上人口(城市)

单位：人

学业完成情况	合计			小学		
	合计	男	女	小计	男	女
总 计	**257593**	**128916**	**128677**	**46682**	**21224**	**25458**
在 校	52948	26285	26663	20856	10959	9897
毕 业	194837	98102	96735	21316	8647	12669
肄 业	2271	971	1300	1134	358	776
辍 学	5027	2350	2677	2568	938	1630
其 他	2510	1208	1302	808	322	486

3-1a 续表 1

单位：人

学业完成情况	初中			高中			大学专科		
	小计	男	女	小计	男	女	小计	男	女
总 计	**77794**	**40831**	**36963**	**50961**	**26192**	**24769**	**39018**	**19516**	**19502**
在 校	10246	5348	4898	11498	5500	5998	3181	1481	1700
毕 业	63960	33507	30453	38393	20077	18316	35490	17854	17636
肄 业	810	443	367	229	120	109	64	32	32
辍 学	1989	1119	870	451	283	168	18	9	9
其 他	789	414	375	390	212	178	265	140	125

3-1a 续表 2

单位：人

学业完成情况	大学本科			硕士研究生			博士研究生		
	小计	男	女	小计	男	女	小计	男	女
总 计	**39682**	**19551**	**20131**	**3179**	**1450**	**1729**	**277**	**152**	**125**
在 校	6457	2729	3728	649	242	407	61	26	35
毕 业	32961	16696	16265	2504	1198	1306	213	123	90
肄 业	32	17	15	2	1	1			
辍 学	1	1							
其 他	231	108	123	24	9	15	3	3	

3-1b　全区分学业完成情况、性别、受教育程度的3岁及以上人口(镇)

单位：人

学业完成情况	合计			小学		
	合计	男	女	小计	男	女
总　计	**145084**	**74774**	**70310**	**40474**	**18359**	**22115**
在　校	33363	16922	16441	15396	8049	7347
毕　业	101931	53214	48717	19689	8266	11423
肄　业	1770	808	962	1048	384	664
辍　学	4896	2316	2580	2764	1010	1754
其　他	3124	1514	1610	1577	650	927

3-1b　续表 1

单位：人

学业完成情况	初中			高中			大学专科		
	小计	男	女	小计	男	女	小计	男	女
总　计	**51277**	**28181**	**23096**	**25503**	**14056**	**11447**	**15692**	**8221**	**7471**
在　校	7478	3943	3535	7831	3788	4043	1004	457	547
毕　业	40486	22310	18176	16877	9762	7115	14488	7656	6832
肄　业	547	306	241	137	96	41	26	14	12
辍　学	1757	1053	704	354	243	111	18	9	9
其　他	1009	569	440	304	167	137	156	85	71

3-1b　续表 2

单位：人

学业完成情况	大学本科			硕士研究生			博士研究生		
	小计	男	女	小计	男	女	小计	男	女
总　计	**11789**	**5776**	**6013**	**329**	**174**	**155**	**20**	**7**	**13**
在　校	1595	661	934	53	23	30	6	1	5
毕　业	10103	5064	5039	274	150	124	14	6	8
肄　业	12	8	4						
辍　学	3	1	2						
其　他	76	42	34	2	1	1			

3-1c 全区分学业完成情况、性别、受教育程度的3岁及以上人口(乡村)

单位：人

学业完成情况	合计			小学		
	合计	男	女	小计	男	女
总计	**216325**	**118373**	**97952**	**100715**	**48252**	**52463**
在校	46407	23570	22837	23382	12123	11259
毕业	137817	78540	59277	55018	26378	28640
肄业	5148	2547	2601	3638	1539	2099
辍学	12857	6442	6415	8995	3874	5121
其他	14096	7274	6822	9682	4338	5344

3-1c 续表 1

单位：人

学业完成情况	初中			高中			大学专科		
	小计	男	女	小计	男	女	小计	男	女
总计	**78241**	**48224**	**30017**	**20641**	**12676**	**7965**	**10518**	**5887**	**4631**
在校	12354	6443	5911	6704	3245	3459	2357	1046	1311
毕业	57668	36356	21312	12713	8565	4148	7919	4687	3232
肄业	1279	839	440	193	141	52	26	21	5
辍学	3398	2238	1160	433	308	125	26	19	7
其他	3542	2348	1194	598	417	181	190	114	76

3-1c 续表 2

单位：人

学业完成情况	大学本科			硕士研究生			博士研究生		
	小计	男	女	小计	男	女	小计	男	女
总计	**5973**	**3219**	**2754**	**226**	**111**	**115**	**11**	**4**	**7**
在校	1538	683	855	67	29	38	5	1	4
毕业	4335	2469	1866	158	82	76	6	3	3
肄业	12	7	5						
辍学	5	3	2						
其他	83	57	26	1		1			

3-2　全区分年龄、性别、学业完成情况的3岁及以上各种受教育程度人口

单位：人

年龄	合计								
	合计			在校			毕业		
	合计	男	女	小计	男	女	小计	男	女
总　计	**619002**	**322063**	**296939**	**132718**	**66777**	**65941**	**434585**	**229856**	**204729**
3									
4									
5—9岁	**37416**	**19480**	**17936**	**36793**	**19125**	**17668**	**454**	**262**	**192**
5	762	413	349	742	402	340	13	9	4
6	7143	3654	3489	7023	3579	3444	83	51	32
7	9866	5168	4698	9704	5081	4623	118	64	54
8	10197	5370	4827	10028	5274	4754	127	73	54
9	9448	4875	4573	9296	4789	4507	113	65	48
10—14岁	**48103**	**25033**	**23070**	**47021**	**24445**	**22576**	**828**	**446**	**382**
10	9621	5019	4602	9470	4941	4529	113	57	56
11	9662	5073	4589	9478	4981	4497	136	69	67
12	9874	5104	4770	9657	4991	4666	165	88	77
13	9597	4976	4621	9360	4848	4512	185	97	88
14	9349	4861	4488	9056	4684	4372	229	135	94
15—19岁	**42057**	**21478**	**20579**	**35815**	**17615**	**18200**	**5507**	**3389**	**2118**
15	8774	4558	4216	8488	4356	4132	233	162	71
16	9695	4952	4743	9054	4526	4528	560	368	192
17	8690	4401	4289	7573	3669	3904	969	639	330
18	7580	3888	3692	5774	2773	3001	1610	986	624
19	7318	3679	3639	4926	2291	2635	2135	1234	901
20—24岁	**41727**	**20437**	**21290**	**11919**	**5055**	**6864**	**27753**	**14200**	**13553**
20	7634	3708	3926	4312	1827	2485	3015	1700	1315
21	7716	3785	3931	3262	1381	1881	4110	2193	1917
22	8812	4224	4588	2367	984	1383	6002	2998	3004
23	8534	4197	4337	1290	551	739	6795	3374	3421
24	9031	4523	4508	688	312	376	7831	3935	3896
25—29岁	**52647**	**26579**	**26068**	**866**	**389**	**477**	**48629**	**24471**	**24158**
25	9744	4872	4872	411	179	232	8781	4387	4394
26	9764	4897	4867	199	97	102	8979	4489	4490
27	10650	5329	5321	133	60	73	9884	4925	4959
28	11055	5628	5427	80	31	49	10303	5221	5082
29	11434	5853	5581	43	22	21	10682	5449	5233
30—34岁	**62482**	**31920**	**30562**	**154**	**72**	**82**	**58204**	**29743**	**28461**
30	13797	7050	6747	51	25	26	12892	6587	6305
31	12808	6495	6313	37	19	18	11918	6031	5887
32	12161	6204	5957	19	8	11	11351	5801	5550
33	12578	6420	6158	23	11	12	11709	5984	5725
34	11138	5751	5387	24	9	15	10334	5340	4994
35—39岁	**53065**	**27896**	**25169**	**48**	**25**	**23**	**48518**	**25561**	**22957**
35	10340	5416	4924	11	6	5	9549	5005	4544
36	10632	5538	5094	9	4	5	9761	5084	4677
37	9975	5252	4723	13	8	5	9145	4825	4320
38	11855	6307	5548	7	3	4	10802	5777	5025
39	10263	5383	4880	8	4	4	9261	4870	4391
40—44岁	**53008**	**27422**	**25586**	**37**	**18**	**19**	**47765**	**24858**	**22907**
40	10959	5600	5359	10	4	6	9842	5054	4788
41	10422	5431	4991	9	3	6	9395	4954	4441
42	10562	5498	5064	6	3	3	9557	5007	4550
43	9907	5138	4769	8	7	1	8933	4646	4287
44	11158	5755	5403	4	1	3	10038	5197	4841
45—49岁	**56967**	**29919**	**27048**	**23**	**14**	**9**	**51150**	**27113**	**24037**
45	11349	5953	5396	4	2	2	10179	5395	4784
46	11418	5939	5479	2	1	1	10330	5432	4898
47	11737	6231	5506	5	2	3	10527	5616	4911
48	11449	5954	5495	6	5	1	10257	5388	4869
49	11014	5842	5172	6	4	2	9857	5282	4575
50岁及以上	**171530**	**91899**	**79631**	**42**	**19**	**23**	**145777**	**79813**	**65964**

3-2 续表 1

单位：人

年 龄	合计								
	肄业			辍学			其他		
	小计	男	女	小计	男	女	小计	男	女
总 计	**9189**	**4326**	**4863**	**22780**	**11108**	**11672**	**19730**	**9996**	**9734**
3									
4									
5-9岁	**36**	**20**	**16**	**11**	**5**	**6**	**122**	**68**	**54**
5				1		1	6	2	4
6	6	5	1	1	1		30	18	12
7	10	6	4	3	2	1	31	15	16
8	10	5	5	5	2	3	27	16	11
9	10	4	6	1		1	28	17	11
10-14岁	**55**	**32**	**23**	**38**	**28**	**10**	**161**	**82**	**79**
10	5	3	2	3	2	1	30	16	14
11	13	5	8	3	3		32	15	17
12	14	9	5	3	3		35	13	22
13	10	7	3	13	8	5	29	16	13
14	13	8	5	16	12	4	35	22	13
15-19岁	**110**	**70**	**40**	**335**	**237**	**98**	**290**	**167**	**123**
15	8	6	2	25	20	5	20	14	6
16	10	6	4	41	33	8	30	19	11
17	19	13	6	69	43	26	60	37	23
18	35	24	11	80	58	22	81	47	34
19	38	21	17	120	83	37	99	50	49
20-24岁	**267**	**156**	**111**	**830**	**507**	**323**	**958**	**519**	**439**
20	44	27	17	132	85	47	131	69	62
21	52	29	23	124	82	42	168	100	68
22	54	29	25	177	103	74	212	110	102
23	53	35	18	200	128	72	196	109	87
24	64	36	28	197	109	88	251	131	120
25-29岁	**448**	**258**	**190**	**1267**	**704**	**563**	**1437**	**757**	**680**
25	66	40	26	208	131	77	278	135	143
26	81	46	35	253	137	116	252	128	124
27	100	56	44	240	132	108	293	156	137
28	104	63	41	265	142	123	303	171	132
29	97	53	44	301	162	139	311	167	144
30-34岁	**668**	**351**	**317**	**1804**	**927**	**877**	**1652**	**827**	**825**
30	160	83	77	333	178	155	361	177	184
31	134	69	65	379	212	167	340	164	176
32	127	69	58	346	170	176	318	156	162
33	137	73	64	378	181	197	331	171	160
34	110	57	53	368	186	182	302	159	143
35-39岁	**704**	**373**	**331**	**2075**	**1059**	**1016**	**1720**	**878**	**842**
35	128	77	51	368	182	186	284	146	138
36	136	72	64	412	220	192	314	158	156
37	123	62	61	384	193	191	310	164	146
38	162	80	82	473	242	231	411	205	206
39	155	82	73	438	222	216	401	205	196
40-44岁	**799**	**373**	**426**	**2459**	**1218**	**1241**	**1948**	**955**	**993**
40	166	77	89	556	285	271	385	180	205
41	169	86	83	464	211	253	385	177	208
42	153	62	91	479	241	238	367	185	182
43	146	66	80	449	230	219	371	189	182
44	165	82	83	511	251	260	440	224	216
45-49岁	**949**	**422**	**527**	**2680**	**1301**	**1379**	**2165**	**1069**	**1096**
45	182	89	93	531	253	278	453	214	239
46	179	77	102	477	226	251	430	203	227
47	202	100	102	567	283	284	436	230	206
48	190	71	119	583	290	293	413	200	213
49	196	85	111	522	249	273	433	222	211
50岁及以上	**5153**	**2271**	**2882**	**11281**	**5122**	**6159**	**9277**	**4674**	**4603**

3-2　续表 2　　　　单位：人

年龄	小学								
	合计			在校			毕业		
	合计	男	女	小计	男	女	小计	男	女
总计	**187871**	**87835**	**100036**	**59634**	**31131**	**28503**	**96023**	**43291**	**52732**
3									
4									
5—9岁	**37219**	**19373**	**17846**	**36613**	**19029**	**17584**	**441**	**252**	**189**
5	762	413	349	742	402	340	13	9	4
6	7116	3634	3482	6997	3560	3437	82	50	32
7	9829	5148	4681	9672	5064	4608	114	61	53
8	10144	5339	4805	9978	5246	4732	124	70	54
9	9368	4839	4529	9224	4757	4467	108	62	46
10—14岁	**23411**	**12311**	**11100**	**22961**	**12076**	**10885**	**323**	**170**	**153**
10	9485	4949	4536	9338	4873	4465	109	55	54
11	9246	4866	4380	9077	4783	4294	123	61	62
12	3839	2058	1781	3743	2004	1739	68	40	28
13	607	317	290	590	306	284	12	9	3
14	234	121	113	213	110	103	11	5	6
15—19岁	**434**	**212**	**222**	**39**	**17**	**22**	**315**	**148**	**167**
15	40	17	23	16	7	9	18	8	10
16	50	29	21	8	4	4	31	15	16
17	74	36	38	5	2	3	50	24	26
18	104	56	48	3	2	1	87	46	41
19	166	74	92	7	2	5	129	55	74
20—24岁	**1927**	**832**	**1095**	**3**	**1**	**2**	**1549**	**660**	**889**
20	219	99	120	3	1	2	178	81	97
21	297	141	156				238	106	132
22	435	189	246				349	146	203
23	437	182	255				357	145	212
24	539	221	318				427	182	245
25—29岁	**4457**	**1789**	**2668**	**1**		**1**	**3561**	**1441**	**2120**
25	643	265	378				497	209	288
26	760	284	476				613	229	384
27	895	359	536				721	288	433
28	1035	424	611				837	343	494
29	1124	457	667	1		1	893	372	521
30—34岁	**8094**	**3274**	**4820**	**2**	**1**	**1**	**6352**	**2575**	**3777**
30	1553	609	944	1	1		1228	482	746
31	1550	648	902				1195	500	695
32	1531	581	950				1205	457	748
33	1751	727	1024				1384	586	798
34	1709	709	1000	1		1	1340	550	790
35—39岁	**10694**	**4701**	**5993**				**8295**	**3698**	**4597**
35	1710	722	988				1342	574	768
36	1990	821	1169				1544	639	905
37	1997	912	1085				1559	712	847
38	2566	1139	1427				1984	901	1083
39	2431	1107	1324				1866	872	994
40—44岁	**12698**	**5597**	**7101**	**2**	**2**		**9696**	**4369**	**5327**
40	2622	1123	1499				1996	869	1127
41	2422	1072	1350				1821	837	984
42	2561	1146	1415	1	1		1989	915	1074
43	2351	1030	1321	1	1		1800	805	995
44	2742	1226	1516				2090	943	1147
45—49岁	**15080**	**6487**	**8593**	**1**	**1**		**11537**	**5050**	**6487**
45	2863	1246	1617				2172	964	1208
46	2887	1188	1699				2243	931	1312
47	3029	1364	1665				2327	1068	1259
48	3174	1291	1883	1	1		2422	995	1427
49	3127	1398	1729				2373	1092	1281
50岁及以上	**73857**	**33259**	**40598**	**12**	**4**	**8**	**53954**	**24928**	**29026**

3-2 续表 3 单位：人

年 龄	小学								
	肄业			辍学			其他		
	小计	男	女	小计	男	女	小计	男	女
总 计	**5820**	**2281**	**3539**	**14327**	**5822**	**8505**	**12067**	**5310**	**6757**
3									
4									
5-9岁	**36**	**20**	**16**	**9**	**5**	**4**	**120**	**67**	**53**
5				1		1	6	2	4
6	6	5	1	1	1		30	18	12
7	10	6	4	2	2		31	15	16
8	10	5	5	5	2	3	27	16	11
9	10	4	6				26	16	10
10-14岁	**26**	**14**	**12**	**11**	**10**	**1**	**90**	**41**	**49**
10	5	3	2	3	2	1	30	16	14
11	13	5	8	3	3		30	14	16
12	6	5	1	2	2		20	7	13
13				1	1		4	1	3
14	2	1	1	2	2		6	3	3
15-19岁	**15**	**8**	**7**	**37**	**23**	**14**	**28**	**16**	**12**
15	1		1	4	2	2	1		1
16	1	1		4	4		6	5	1
17	1	1		11	5	6	7	4	3
18	4	2	2	5	3	2	5	3	2
19	8	4	4	13	9	4	9	4	5
20-24岁	**35**	**14**	**21**	**143**	**67**	**76**	**197**	**90**	**107**
20	5	2	3	20	9	11	13	6	7
21	5	3	2	17	10	7	37	22	15
22	7	5	2	36	20	16	43	18	25
23	7	2	5	32	15	17	41	20	21
24	11	2	9	38	13	25	63	24	39
25-29岁	**120**	**43**	**77**	**375**	**138**	**237**	**400**	**167**	**233**
25	15	6	9	54	22	32	77	28	49
26	18	6	12	58	20	38	71	29	42
27	26	9	17	78	34	44	70	28	42
28	27	10	17	88	30	58	83	41	42
29	34	12	22	97	32	65	99	41	58
30-34岁	**238**	**93**	**145**	**784**	**313**	**471**	**718**	**292**	**426**
30	49	19	30	126	51	75	149	56	93
31	52	19	33	160	70	90	143	59	84
32	40	16	24	160	58	102	126	50	76
33	52	18	34	164	62	102	151	61	90
34	45	21	24	174	72	102	149	66	83
35-39岁	**338**	**138**	**200**	**1110**	**460**	**650**	**951**	**405**	**546**
35	52	22	30	174	71	103	142	55	87
36	58	18	40	213	94	119	175	70	105
37	64	30	34	205	86	119	169	84	85
38	85	31	54	260	103	157	237	104	133
39	79	37	42	258	106	152	228	92	136
40-44岁	**433**	**155**	**278**	**1384**	**557**	**827**	**1183**	**514**	**669**
40	92	32	60	305	128	177	229	94	135
41	94	40	54	268	92	176	239	103	136
42	86	29	57	264	103	161	221	98	123
43	78	24	54	252	108	144	220	92	128
44	83	30	53	295	126	169	274	127	147
45-49岁	**559**	**203**	**356**	**1649**	**666**	**983**	**1334**	**567**	**767**
45	98	40	58	307	121	186	286	121	165
46	100	36	64	281	110	171	263	111	152
47	120	48	72	334	137	197	248	111	137
48	119	39	80	380	154	226	252	102	150
49	122	40	82	347	144	203	285	122	163
50岁及以上	**4020**	**1593**	**2427**	**8825**	**3583**	**5242**	**7046**	**3151**	**3895**

3-2　续表 4　　　　　　　　　　　　　　　　　　　　　　　　　　　　　　　　单位：人

年　龄	初　　中								
	合　　计			在　　校			毕　　业		
	合计	男	女	小计	男	女	小计	男	女
总　计	**207312**	**117236**	**90076**	**30078**	**15734**	**14344**	**162114**	**92173**	**69941**
3									
4									
5–9岁	**197**	**107**	**90**	**180**	**96**	**84**	**13**	**10**	**3**
5									
6	27	20	7	26	19	7	1	1	
7	37	20	17	32	17	15	4	3	1
8	53	31	22	50	28	22	3	3	
9	80	36	44	72	32	40	5	3	2
10–14岁	**24062**	**12442**	**11620**	**23449**	**12098**	**11351**	**491**	**270**	**221**
10	135	69	66	131	67	64	4	2	2
11	416	207	209	401	198	203	13	8	5
12	6031	3045	2986	5910	2986	2924	97	48	49
13	8879	4597	4282	8666	4483	4183	168	86	82
14	8601	4524	4077	8341	4364	3977	209	126	83
15–19岁	**10224**	**6035**	**4189**	**6379**	**3503**	**2876**	**3400**	**2235**	**1165**
15	4163	2370	1793	3931	2205	1726	191	132	59
16	1944	1101	843	1437	757	680	454	308	146
17	1286	791	495	532	277	255	672	460	212
18	1435	913	522	319	173	146	998	660	338
19	1396	860	536	160	91	69	1085	675	410
20–24岁	**10735**	**6332**	**4403**	**48**	**24**	**24**	**9558**	**5617**	**3941**
20	1655	1019	636	17	9	8	1457	894	563
21	1878	1118	760	18	10	8	1671	993	678
22	2334	1350	984	8	3	5	2092	1211	881
23	2326	1367	959	2		2	2076	1208	868
24	2542	1478	1064	3	2	1	2262	1311	951
25–29岁	**16095**	**9151**	**6944**	**6**	**4**	**2**	**14525**	**8161**	**6364**
25	2776	1607	1169				2501	1424	1077
26	2980	1717	1263	5	3	2	2676	1538	1138
27	3317	1870	1447				2997	1669	1328
28	3449	1933	1516	1	1		3111	1719	1392
29	3573	2024	1549				3240	1811	1429
30–34岁	**21428**	**11641**	**9787**				**19663**	**10607**	**9056**
30	4509	2501	2008				4138	2283	1855
31	4208	2262	1946				3844	2048	1796
32	4078	2222	1856				3736	2024	1712
33	4506	2429	2077				4147	2219	1928
34	4127	2227	1900				3798	2033	1765
35–39岁	**21182**	**11898**	**9284**	**1**	**1**		**19506**	**10856**	**8650**
35	3967	2166	1801	1	1		3644	1965	1679
36	4069	2310	1759				3750	2107	1643
37	4034	2257	1777				3725	2080	1645
38	4846	2792	2054				4469	2554	1915
39	4266	2373	1893				3918	2150	1768
40–44岁	**22665**	**12501**	**10164**	**2**	**1**	**1**	**20842**	**11421**	**9421**
40	4661	2556	2105				4257	2320	1937
41	4332	2410	1922				3984	2209	1775
42	4457	2478	1979	1		1	4092	2260	1832
43	4342	2411	1931				4016	2205	1811
44	4873	2646	2227	1	1		4493	2427	2066
45–49岁	**23837**	**13357**	**10480**	**3**	**1**	**2**	**21978**	**12251**	**9727**
45	5006	2832	2174				4615	2610	2005
46	4785	2650	2135	1	1		4414	2447	1967
47	4956	2767	2189	1		1	4539	2503	2036
48	4639	2568	2071				4285	2353	1932
49	4451	2540	1911	1		1	4125	2338	1787
50岁及以上	**56887**	**33772**	**23115**	**10**	**6**	**4**	**52138**	**30745**	**21393**

3-2 续表 5　　　　单位：人

年 龄	初中								
	肄业			辍学			其他		
	小计	男	女	小计	男	女	小计	男	女
总 计	**2636**	**1588**	**1048**	**7144**	**4410**	**2734**	**5340**	**3331**	**2009**
3									
4									
5—9岁				**2**		**2**	**2**	**1**	**1**
5									
6									
7				1		1			
8									
9				1		1	2	1	1
10—14岁	**29**	**18**	**11**	**26**	**18**	**8**	**67**	**38**	**29**
10									
11							2	1	1
12	8	4	4	1	1		15	6	9
13	10	7	3	12	7	5	23	14	9
14	11	7	4	13	10	3	27	17	10
15—19岁	**61**	**43**	**18**	**219**	**157**	**62**	**165**	**97**	**68**
15	7	6	1	20	17	3	14	10	4
16	9	5	4	27	21	6	17	10	7
17	12	10	2	40	26	14	30	18	12
18	19	12	7	54	38	16	45	30	15
19	14	10	4	78	55	23	59	29	30
20—24岁	**149**	**91**	**58**	**511**	**326**	**185**	**469**	**274**	**195**
20	23	15	8	85	57	28	73	44	29
21	30	15	15	77	51	26	82	49	33
22	29	16	13	100	60	40	105	60	45
23	30	21	9	127	86	41	91	52	39
24	37	24	13	122	72	50	118	69	49
25—29岁	**222**	**143**	**79**	**695**	**441**	**254**	**647**	**402**	**245**
25	35	24	11	117	87	30	123	72	51
26	42	27	15	147	86	61	110	63	47
27	51	32	19	127	75	52	142	94	48
28	54	35	19	141	88	53	142	90	52
29	40	25	15	163	105	58	130	83	47
30—34岁	**324**	**192**	**132**	**829**	**491**	**338**	**612**	**351**	**261**
30	82	47	35	157	95	62	132	76	56
31	60	37	23	176	109	67	128	68	60
32	60	35	25	156	94	62	126	69	57
33	67	43	24	172	94	78	120	73	47
34	55	30	25	168	99	69	106	65	41
35—39岁	**289**	**188**	**101**	**832**	**510**	**322**	**554**	**343**	**211**
35	63	45	18	161	90	71	98	65	33
36	54	40	14	167	104	63	98	59	39
37	48	25	23	158	96	62	103	56	47
38	61	39	22	189	123	66	127	76	51
39	63	39	24	157	97	60	128	87	41
40—44岁	**305**	**181**	**124**	**936**	**564**	**372**	**580**	**334**	**246**
40	61	34	27	221	136	85	122	66	56
41	65	40	25	165	99	66	118	62	56
42	56	28	28	191	120	71	117	70	47
43	55	35	20	170	104	66	101	67	34
44	68	44	24	189	105	84	122	69	53
45—49岁	**321**	**179**	**142**	**910**	**547**	**363**	**625**	**379**	**246**
45	67	38	29	207	120	87	117	64	53
46	65	30	35	170	95	75	135	77	58
47	65	43	22	205	129	76	146	92	54
48	61	29	32	177	117	60	116	69	47
49	63	39	24	151	86	65	111	77	34
50岁及以上	**936**	**553**	**383**	**2184**	**1356**	**828**	**1619**	**1112**	**507**

3-2　续表 6　　　　单位：人

年龄	高中								
	合计			在校			毕业		
	合计	男	女	小计	男	女	小计	男	女
总　计	**97105**	**52924**	**44181**	**26033**	**12533**	**13500**	**67983**	**38404**	**29579**
3									
4									
5-9岁									
5									
6									
7									
8									
9									
10-14岁	**627**	**279**	**348**	**610**	**270**	**340**	**12**	**6**	**6**
10	1	1		1	1				
11									
12	4	1	3	4	1	3			
13	109	61	48	103	58	45	4	2	2
14	513	216	297	502	210	292	8	4	4
15-19岁	**25688**	**12593**	**13095**	**24219**	**11701**	**12518**	**1288**	**777**	**511**
15	4487	2124	2363	4461	2101	2360	21	19	2
16	7488	3703	3785	7407	3652	3755	64	39	25
17	6884	3367	3517	6633	3200	3433	205	138	67
18	4392	2157	2235	3956	1901	2055	383	222	161
19	2437	1242	1195	1762	847	915	615	359	256
20-24岁	**6788**	**3769**	**3019**	**1185**	**554**	**631**	**5249**	**2989**	**2260**
20	1505	801	704	699	319	380	743	446	297
21	1216	668	548	246	108	138	910	516	394
22	1352	739	613	147	65	82	1127	630	497
23	1261	713	548	65	43	22	1125	622	503
24	1454	848	606	28	19	9	1344	775	569
25-29岁	**8481**	**4770**	**3711**	**9**	**5**	**4**	**8032**	**4503**	**3529**
25	1522	871	651	4	1	3	1447	831	616
26	1588	904	684	1	1		1489	842	647
27	1658	915	743	3	3		1571	864	707
28	1762	1005	757				1673	950	723
29	1951	1075	876	1		1	1852	1016	836
30-34岁	**9601**	**5326**	**4275**	**1**		**1**	**9231**	**5081**	**4150**
30	2243	1257	986				2150	1197	953
31	2048	1116	932				1978	1065	913
32	1868	1043	825				1798	1000	798
33	1898	1051	847				1816	995	821
34	1544	859	685	1		1	1489	824	665
35-39岁	**6769**	**3762**	**3007**	**1**		**1**	**6467**	**3569**	**2898**
35	1398	788	610	1		1	1334	748	586
36	1431	773	658				1364	728	636
37	1215	689	526				1168	658	510
38	1463	808	655				1396	768	628
39	1262	704	558				1205	667	538
40-44岁	**7555**	**4167**	**3388**	**1**		**1**	**7250**	**3967**	**3283**
40	1459	778	681				1404	736	668
41	1504	813	691	1		1	1450	783	667
42	1508	850	658				1454	817	637
43	1448	805	643				1377	761	616
44	1636	921	715				1565	870	695
45-49岁	**8932**	**4919**	**4013**	**4**	**2**	**2**	**8622**	**4718**	**3904**
45	1670	910	760				1611	870	741
46	1849	1024	825				1795	988	807
47	1873	1017	856				1800	974	826
48	1811	1019	792	3	2	1	1744	973	771
49	1729	949	780	1		1	1672	913	759
50岁及以上	**22664**	**13339**	**9325**	**3**	**1**	**2**	**21832**	**12794**	**9038**

3-2 续表 7

单位：人

年龄	高中								
	肄业			辍学			其他		
	小计	男	女	小计	男	女	小计	男	女
总计	**559**	**357**	**202**	**1238**	**834**	**404**	**1292**	**796**	**496**
3									
4									
5-9岁									
5									
6									
7									
8									
9									
10-14岁				**1**		**1**	**4**	**3**	**1**
10									
11									
12									
13							2	1	1
14				1		1	2	2	
15-19岁	**25**	**13**	**12**	**76**	**54**	**22**	**80**	**48**	**32**
15				1	1		4	3	1
16				10	8	2	7	4	3
17	6	2	4	18	12	6	22	15	7
18	8	6	2	20	16	4	25	12	13
19	11	5	6	27	17	10	22	14	8
20-24岁	**56**	**39**	**17**	**163**	**108**	**55**	**135**	**79**	**56**
20	13	9	4	25	18	7	25	9	16
21	10	9	1	29	21	8	21	14	7
22	12	5	7	39	22	17	27	17	10
23	10	8	2	37	24	13	24	16	8
24	11	8	3	33	23	10	38	23	15
25-29岁	**77**	**51**	**26**	**175**	**111**	**64**	**188**	**100**	**88**
25	8	4	4	32	20	12	31	15	16
26	14	9	5	44	29	15	40	23	17
27	19	12	7	31	20	11	34	16	18
28	19	15	4	30	19	11	40	21	19
29	17	11	6	38	23	15	43	25	18
30-34岁	**68**	**44**	**24**	**174**	**114**	**60**	**127**	**87**	**40**
30	16	11	5	46	30	16	31	19	12
31	13	7	6	37	29	8	20	15	5
32	19	13	6	27	17	10	24	13	11
33	12	8	4	38	23	15	32	25	7
34	8	5	3	26	15	11	20	15	5
35-39岁	**65**	**40**	**25**	**131**	**87**	**44**	**105**	**66**	**39**
35	11	8	3	33	21	12	19	11	8
36	19	10	9	31	21	10	17	14	3
37	9	6	3	21	11	10	17	14	3
38	15	10	5	23	15	8	29	15	14
39	11	6	5	23	19	4	23	12	11
40-44岁	**53**	**33**	**20**	**134**	**95**	**39**	**117**	**72**	**45**
40	11	9	2	28	20	8	16	13	3
41	9	6	3	30	19	11	14	5	9
42	9	4	5	24	18	6	21	11	10
43	11	6	5	25	18	7	35	20	15
44	13	8	5	27	20	7	31	23	8
45-49岁	**53**	**33**	**20**	**117**	**85**	**32**	**136**	**81**	**55**
45	14	11	3	17	12	5	28	17	11
46	11	8	3	23	19	4	20	9	11
47	12	7	5	28	17	11	33	19	14
48	6	2	4	25	18	7	33	24	9
49	10	5	5	24	19	5	22	12	10
50岁及以上	**162**	**104**	**58**	**267**	**180**	**87**	**400**	**260**	**140**

3-2　续表 8　　　　单位：人

年　龄	大学专科								
	合　计			在　校			毕　业		
	合计	男	女	小计	男	女	小计	男	女
总　计	**65228**	**33624**	**31604**	**6542**	**2984**	**3558**	**57897**	**30197**	**27700**
3									
4									
5-9岁									
5									
6									
7									
8									
9									
10-14岁	**2**	**1**	**1**	**1**	**1**		**1**		**1**
10									
11									
12									
13	1	1		1	1				
14	1		1				1		1
15-19岁	**3234**	**1561**	**1673**	**2736**	**1335**	**1401**	**471**	**213**	**258**
15	74	43	31	70	39	31	3	3	
16	187	114	73	177	108	69	10	6	4
17	338	167	171	295	150	145	42	17	25
18	921	441	480	777	381	396	134	54	80
19	1714	796	918	1417	657	760	282	133	149
20-24岁	**11052**	**4882**	**6170**	**3512**	**1494**	**2018**	**7415**	**3328**	**4087**
20	2139	940	1199	1532	670	862	588	261	327
21	2123	936	1187	983	428	555	1119	500	619
22	2206	937	1269	578	228	350	1598	695	903
23	2246	997	1249	273	111	162	1939	866	1073
24	2338	1072	1266	146	57	89	2171	1006	1165
25-29岁	**11872**	**5718**	**6154**	**184**	**91**	**93**	**11540**	**5551**	**5989**
25	2547	1173	1374	79	36	43	2432	1121	1311
26	2238	1070	1168	39	18	21	2178	1043	1135
27	2440	1173	1267	42	23	19	2364	1134	1230
28	2329	1137	1192	18	9	9	2280	1109	1171
29	2318	1165	1153	6	5	1	2286	1144	1142
30-34岁	**11211**	**5807**	**5404**	**45**	**23**	**22**	**11024**	**5711**	**5313**
30	2663	1356	1307	16	8	8	2612	1330	1282
31	2393	1251	1142	11	7	4	2348	1226	1122
32	2294	1201	1093	7	4	3	2256	1177	1079
33	2127	1078	1049	5	1	4	2095	1066	1029
34	1734	921	813	6	3	3	1713	912	801
35-39岁	**6682**	**3485**	**3197**	**26**	**16**	**10**	**6587**	**3430**	**3157**
35	1470	786	684	3	3		1456	777	679
36	1419	727	692	8	3	5	1396	715	681
37	1285	663	622	8	6	2	1264	650	614
38	1353	702	651	2	1	1	1336	693	643
39	1155	607	548	5	3	2	1135	595	540
40-44岁	**5277**	**2716**	**2561**	**16**	**10**	**6**	**5209**	**2678**	**2531**
40	1117	588	529	7	4	3	1095	576	519
41	1103	572	531	2	2		1090	565	525
42	1045	526	519	2	1	1	1037	519	518
43	954	496	458	4	3	1	940	487	453
44	1058	534	524	1		1	1047	531	516
45-49岁	**4985**	**2711**	**2274**	**10**	**8**	**2**	**4921**	**2667**	**2254**
45	1000	520	480	2	1	1	983	511	472
46	1020	547	473				1011	541	470
47	1041	574	467	3	2	1	1027	563	464
48	1022	589	433	2	2		1010	581	429
49	902	481	421	3	3		890	471	419
50岁及以上	**10913**	**6743**	**4170**	**12**	**6**	**6**	**10729**	**6619**	**4110**

3-2 续表 9

单位：人

年龄	大学专科								
	肄业			辍学			其他		
	小计	男	女	小计	男	女	小计	男	女
总计	**116**	**67**	**49**	**62**	**37**	**25**	**611**	**339**	**272**
3									
4									
5-9岁									
5									
6									
7									
8									
9									
10-14岁									
10									
11									
12									
13									
14									
15-19岁	**8**	**5**	**3**	**2**	**2**		**17**	**6**	**11**
15							1	1	
16									
17							1		1
18	3	3		1	1		6	2	4
19	5	2	3	1	1		9	3	6
20-24岁	**19**	**8**	**11**	**13**	**6**	**7**	**93**	**46**	**47**
20	2	1	1	2	1	1	15	7	8
21	4		4	1		1	16	8	8
22	4	2	2	2	1	1	24	11	13
23	6	4	2	4	3	1	24	13	11
24	3	1	2	4	1	3	14	7	7
25-29岁	**21**	**17**	**4**	**20**	**13**	**7**	**107**	**46**	**61**
25	7	5	2	5	2	3	24	9	15
26	3	2	1	4	2	2	14	5	9
27	3	2	1	4	3	1	27	11	16
28	3	3		5	4	1	23	12	11
29	5	5		2	2		19	9	10
30-34岁	**21**	**11**	**10**	**13**	**7**	**6**	**108**	**55**	**53**
30	9	4	5	3	1	2	23	13	10
31	3	2	1	4	3	1	27	13	14
32	4	3	1	3	1	2	24	16	8
33	4	2	2	3	2	1	20	7	13
34	1		1				14	6	8
35-39岁	**5**	**1**	**4**	**2**	**2**		**62**	**36**	**26**
35							11	6	5
36				1	1		14	8	6
37	2	1	1				11	6	5
38	1		1	1	1		13	7	6
39	2		2				13	9	4
40-44岁	**5**	**4**	**1**	**5**	**2**	**3**	**42**	**22**	**20**
40	2	2		2	1	1	11	5	6
41				1	1		10	4	6
42	1	1					5	5	
43	1	1		2		2	7	5	2
44	1		1				9	3	6
45-49岁	**10**	**5**	**5**	**3**	**3**		**41**	**28**	**13**
45	2		2				13	8	5
46	1	1		2	2		6	3	3
47	3	2	1				8	7	1
48	3	1	2	1	1		6	4	2
49	1	1					8	6	2
50岁及以上	**27**	**16**	**11**	**4**	**2**	**2**	**141**	**100**	**41**

3-2　续表 10　　　　单位：人

年　龄	大学本科								
	合　计			在　校			毕　业		
	合计	男	女	小计	男	女	小计	男	女
总　计	**57444**	**28546**	**28898**	**9590**	**4073**	**5517**	**47399**	**24229**	**23170**
3									
4									
5–9岁									
5									
6									
7									
8									
9									
10–14岁	**1**		**1**				**1**		**1**
10									
11									
12									
13	1		1				1		1
14									
15–19岁	**2476**	**1076**	**1400**	**2442**	**1059**	**1383**	**32**	**15**	**17**
15	10	4	6	10	4	6			
16	26	5	21	25	5	20	1		1
17	108	40	68	108	40	68			
18	727	320	407	719	316	403	7	3	4
19	1605	707	898	1580	694	886	24	12	12
20–24岁	**10765**	**4450**	**6315**	**6764**	**2825**	**3939**	**3932**	**1591**	**2341**
20	2114	848	1266	2061	828	1233	47	17	30
21	2190	920	1270	2004	833	1171	171	78	93
22	2421	980	1441	1573	659	914	833	316	517
23	2073	865	1208	778	331	447	1281	526	755
24	1967	837	1130	348	174	174	1600	654	946
25–29岁	**10829**	**4828**	**6001**	**304**	**151**	**153**	**10429**	**4632**	**5797**
25	2036	880	1156	172	85	87	1841	783	1058
26	2030	848	1182	69	35	34	1940	803	1137
27	2165	952	1213	26	14	12	2122	932	1190
28	2304	1078	1226	23	10	13	2266	1060	1206
29	2294	1070	1224	14	7	7	2260	1054	1206
30–34岁	**11163**	**5466**	**5697**	**56**	**27**	**29**	**11003**	**5385**	**5618**
30	2625	1261	1364	22	12	10	2573	1233	1340
31	2378	1126	1252	9	4	5	2340	1108	1232
32	2203	1074	1129	8	3	5	2175	1062	1113
33	2101	1044	1057	7	4	3	2083	1033	1050
34	1856	961	895	10	4	6	1832	949	883
35–39岁	**7053**	**3710**	**3343**	**8**	**5**	**3**	**6998**	**3676**	**3322**
35	1654	894	760	3	1	2	1637	883	754
36	1580	828	752				1566	818	748
37	1299	656	643	1	1		1292	653	639
38	1480	790	690	2	2		1474	786	688
39	1040	542	498	2	1	1	1029	536	493
40–44岁	**4434**	**2238**	**2196**	**7**	**2**	**5**	**4400**	**2223**	**2177**
40	1027	517	510	2		2	1018	515	503
41	963	514	449	2	1	1	956	510	446
42	917	453	464				914	452	462
43	734	355	379	1	1		725	349	376
44	793	399	394	2		2	787	397	390
45–49岁	**3848**	**2251**	**1597**	**4**	**2**	**2**	**3809**	**2234**	**1575**
45	752	408	344	2	1	1	740	403	337
46	822	490	332				814	486	328
47	768	461	307	1		1	764	460	304
48	748	451	297				741	450	291
49	758	441	317	1	1		750	435	315
50岁及以上	**6875**	**4527**	**2348**	**5**	**2**	**3**	**6795**	**4473**	**2322**

3-2 续表 11 单位：人

年 龄	大学本科								
	肄 业			辍 学			其 他		
	小计	男	女	小计	男	女	小计	男	女
总 计	**56**	**32**	**24**	**9**	**5**	**4**	**390**	**207**	**183**
3									
4									
5-9岁									
5									
6									
7									
8									
9									
10-14岁									
10									
11									
12									
13									
14									
15-19岁	**1**	**1**		**1**	**1**				
15									
16									
17									
18	1	1							
19				1	1				
20-24岁	**8**	**4**	**4**				**61**	**30**	**31**
20	1		1				5	3	2
21	3	2	1				12	7	5
22	2	1	1				13	4	9
23							14	8	6
24	2	1	1				17	8	9
25-29岁	**8**	**4**	**4**	**2**	**1**	**1**	**86**	**40**	**46**
25	1	1					22	11	11
26	4	2	2				17	8	9
27	1	1					16	5	11
28	1		1	1	1		13	7	6
29	1		1	1		1	18	9	9
30-34岁	**16**	**11**	**5**	**4**	**2**	**2**	**84**	**41**	**43**
30	3	2	1	1	1		26	13	13
31	6	4	2	2	1	1	21	9	12
32	4	2	2				16	7	9
33	2	2		1		1	8	5	3
34	1	1					13	7	6
35-39岁	**6**	**5**	**1**				**41**	**24**	**17**
35	1	1					13	9	4
36	5	4	1				9	6	3
37							6	2	4
38							4	2	2
39							9	5	4
40-44岁	**3**		**3**				**24**	**13**	**11**
40							7	2	5
41	1		1				4	3	1
42	1		1				2	1	1
43	1		1				7	5	2
44							4	2	2
45-49岁	**6**	**2**	**4**	**1**		**1**	**28**	**13**	**15**
45	1		1				9	4	5
46	2	2		1		1	5	2	3
47	2		2				1	1	
48	1		1				6	1	5
49							7	5	2
50岁及以上	**8**	**5**	**3**	**1**	**1**		**66**	**46**	**20**

3-2　续表 12　　　　单位：人

年　龄	硕士研究生								
	合　计			在　校			毕　业		
	合计	男	女	小计	男	女	小计	男	女
总　计	**3734**	**1735**	**1999**	**769**	**294**	**475**	**2936**	**1430**	**1506**
3									
4									
5-9岁									
5									
6									
7									
8									
9									
10-14岁									
10									
11									
12									
13									
14									
15-19岁	**1**	**1**					**1**	**1**	
15									
16									
17									
18	1	1					1	1	
19									
20-24岁	**451**	**169**	**282**	**400**	**155**	**245**	**48**	**14**	**34**
20	2	1	1				2	1	1
21	12	2	10	11	2	9	1		1
22	63	28	35	60	28	32	3		3
23	188	73	115	170	66	104	16	7	9
24	186	65	121	159	59	100	26	6	20
25-29岁	**873**	**308**	**565**	**329**	**125**	**204**	**535**	**181**	**354**
25	215	76	139	151	57	94	63	19	44
26	156	66	90	73	32	41	83	34	49
27	168	58	110	55	18	37	109	38	71
28	168	49	119	33	9	24	133	40	93
29	166	59	107	17	9	8	147	50	97
30-34岁	**922**	**374**	**548**	**31**	**13**	**18**	**887**	**360**	**527**
30	193	61	132	8	2	6	184	59	125
31	213	85	128	11	5	6	201	80	121
32	178	76	102	2		2	174	75	99
33	182	84	98	7	5	2	175	79	96
34	156	68	88	3	1	2	153	67	86
35-39岁	**621**	**312**	**309**	**6**	**1**	**5**	**609**	**308**	**301**
35	130	57	73	1		1	127	56	71
36	134	75	59	1	1		133	74	59
37	131	67	64	1		1	127	66	61
38	132	71	61	2		2	129	70	59
39	94	42	52	1		1	93	42	51
40-44岁	**325**	**177**	**148**	**3**		**3**	**320**	**177**	**143**
40	64	33	31	1		1	63	33	30
41	84	44	40	1		1	83	44	39
42	64	40	24	1		1	62	40	22
43	63	33	30				62	33	29
44	50	27	23				50	27	23
45-49岁	**256**	**177**	**79**				**255**	**176**	**79**
45	53	34	19				53	34	19
46	49	38	11				48	37	11
47	64	44	20				64	44	20
48	48	32	16				48	32	16
49	42	29	13				42	29	13
50岁及以上	**285**	**217**	**68**				**281**	**213**	**68**

3-2　续表 13　　　　单位：人

年　龄	硕士研究生								
	肄　业			辍　学			其　他		
	小计	男	女	小计	男	女	小计	男	女
总　计	**2**	**1**	**1**				**27**	**10**	**17**
3									
4									
5-9岁									
5									
6									
7									
8									
9									
10-14岁									
10									
11									
12									
13									
14									
15-19岁									
15									
16									
17									
18									
19									
20-24岁							**3**		**3**
20									
21									
22									
23							2		2
24							1		1
25-29岁							**9**	**2**	**7**
25							1		1
26									
27							4	2	2
28							2		2
29							2		2
30-34岁	**1**		**1**				**3**	**1**	**2**
30	1		1						
31							1		1
32							2	1	1
33									
34									
35-39岁	**1**	**1**					**5**	**2**	**3**
35	1	1					1		1
36									
37							3	1	2
38							1	1	
39									
40-44岁							**2**		**2**
40									
41									
42							1		1
43							1		1
44									
45-49岁							**1**	**1**	
45									
46							1	1	
47									
48									
49									
50岁及以上							**4**	**4**	

3-2 续表 14　　　　单位：人

年 龄	博士研究生								
	合 计			在 校			毕 业		
	合计	男	女	小计	男	女	小计	男	女
总 计	**308**	**163**	**145**	**72**	**28**	**44**	**233**	**132**	**101**
3									
4									
5-9岁									
5									
6									
7									
8									
9									
10-14岁									
10									
11									
12									
13									
14									
15-19岁									
15									
16									
17									
18									
19									
20-24岁	**9**	**3**	**6**	**7**	**2**	**5**	**2**	**1**	**1**
20									
21									
22	1	1		1	1				
23	3		3	2		2	1		1
24	5	2	3	4	1	3	1	1	
25-29岁	**40**	**15**	**25**	**33**	**13**	**20**	**7**	**2**	**5**
25	5		5	5		5			
26	12	8	4	12	8	4			
27	7	2	5	7	2	5			
28	8	2	6	5	2	3	3		3
29	8	3	5	4	1	3	4	2	2
30-34岁	**63**	**32**	**31**	**19**	**8**	**11**	**44**	**24**	**20**
30	11	5	6	4	2	2	7	3	4
31	18	7	11	6	3	3	12	4	8
32	9	7	2	2	1	1	7	6	1
33	13	7	6	4	1	3	9	6	3
34	12	6	6	3	1	2	9	5	4
35-39岁	**64**	**28**	**36**	**6**	**2**	**4**	**56**	**24**	**32**
35	11	3	8	2	1	1	9	2	7
36	9	4	5				8	3	5
37	14	8	6	3	1	2	10	6	4
38	15	5	10	1		1	14	5	9
39	15	8	7				15	8	7
40-44岁	**54**	**26**	**28**	**6**	**3**	**3**	**48**	**23**	**25**
40	9	5	4				9	5	4
41	14	6	8	3		3	11	6	5
42	10	5	5	1	1		9	4	5
43	15	8	7	2	2		13	6	7
44	6	2	4				6	2	4
45-49岁	**29**	**17**	**12**	**1**		**1**	**28**	**17**	**11**
45	5	3	2				5	3	2
46	6	2	4	1		1	5	2	3
47	6	4	2				6	4	2
48	7	4	3				7	4	3
49	5	4	1				5	4	1
50岁及以上	**49**	**42**	**7**				**48**	**41**	**7**

3-2 续表 15 单位：人

年 龄	博士研究生								
	肄 业			辍 学			其 他		
	小计	男	女	小计	男	女	小计	男	女
总 计							**3**	**3**	
3									
4									
5-9岁									
5									
6									
7									
8									
9									
10-14岁									
10									
11									
12									
13									
14									
15-19岁									
15									
16									
17									
18									
19									
20-24岁									
20									
21									
22									
23									
24									
25-29岁									
25									
26									
27									
28									
29									
30-34岁									
30									
31									
32									
33									
34									
35-39岁							**2**	**2**	
35									
36							1	1	
37							1	1	
38									
39									
40-44岁									
40									
41									
42									
43									
44									
45-49岁									
45									
46									
47									
48									
49									
50岁及以上							**1**	**1**	

3-2a　全区分年龄、性别、学业完成情况的3岁及以上各种受教育程度人口(城市)

单位：人

年　龄	合计								
	合　计			在　校			毕　业		
	合计	男	女	小计	男	女	小计	男	女
总　计	**257593**	**128916**	**128677**	**52948**	**26285**	**26663**	**194837**	**98102**	**96735**
3									
4									
5-9岁	**13678**	**7172**	**6506**	**13448**	**7043**	**6405**	**186**	**105**	**81**
5	152	85	67	143	79	64	6	5	1
6	2874	1489	1385	2836	1468	1368	29	16	13
7	3707	1928	1779	3643	1894	1749	53	28	25
8	3675	1956	1719	3606	1915	1691	56	33	23
9	3270	1714	1556	3220	1687	1533	42	23	19
10-14岁	**16613**	**8673**	**7940**	**16225**	**8463**	**7762**	**325**	**175**	**150**
10	3360	1740	1620	3298	1706	1592	52	29	23
11	3196	1678	1518	3133	1644	1489	50	28	22
12	3486	1850	1636	3408	1808	1600	64	34	30
13	3394	1766	1628	3310	1721	1589	72	39	33
14	3177	1639	1538	3076	1584	1492	87	45	42
15-19岁	**17290**	**8679**	**8611**	**15318**	**7434**	**7884**	**1807**	**1132**	**675**
15	3271	1651	1620	3195	1593	1602	65	50	15
16	4036	2025	2011	3847	1900	1947	172	114	58
17	3694	1816	1878	3347	1578	1769	309	212	97
18	3095	1589	1506	2521	1230	1291	533	328	205
19	3194	1598	1596	2408	1133	1275	728	428	300
20-24岁	**18677**	**8715**	**9962**	**7222**	**3020**	**4202**	**11106**	**5484**	**5622**
20	3572	1679	1893	2467	1058	1409	1052	587	465
21	3670	1669	2001	2095	867	1228	1522	768	754
22	3909	1760	2149	1452	590	862	2376	1125	1251
23	3681	1719	1962	790	317	473	2810	1352	1458
24	3845	1888	1957	418	188	230	3346	1652	1694
25-29岁	**22806**	**10966**	**11840**	**542**	**231**	**311**	**21750**	**10457**	**11293**
25	4177	1990	2187	252	106	146	3848	1841	2007
26	4132	1971	2161	124	60	64	3911	1851	2060
27	4581	2212	2369	87	35	52	4390	2122	2268
28	4899	2392	2507	50	15	35	4720	2306	2414
29	5017	2401	2616	29	15	14	4881	2337	2544
30-34岁	**28447**	**13923**	**14524**	**104**	**51**	**53**	**27584**	**13490**	**14094**
30	6017	2954	3063	28	17	11	5835	2856	2979
31	5852	2829	3023	25	13	12	5677	2740	2937
32	5681	2800	2881	15	7	8	5508	2713	2795
33	5799	2820	2979	15	6	9	5619	2732	2887
34	5098	2520	2578	21	8	13	4945	2449	2496
35-39岁	**23680**	**11906**	**11774**	**30**	**17**	**13**	**22844**	**11474**	**11370**
35	4658	2364	2294	8	4	4	4518	2287	2231
36	4864	2444	2420	5	3	2	4695	2349	2346
37	4576	2288	2288	8	4	4	4419	2215	2204
38	5143	2590	2553	5	3	2	4947	2491	2456
39	4439	2220	2219	4	3	1	4265	2132	2133
40-44岁	**22677**	**11298**	**11379**	**23**	**10**	**13**	**21741**	**10848**	**10893**
40	4674	2320	2354	6	2	4	4489	2225	2264
41	4519	2269	2250	6	1	5	4326	2181	2145
42	4521	2272	2249	3	2	1	4347	2185	2162
43	4252	2110	2142	5	5		4062	2012	2050
44	4711	2327	2384	3		3	4517	2245	2272
45-49岁	**23834**	**12169**	**11665**	**12**	**6**	**6**	**22826**	**11687**	**11139**
45	4781	2422	2359	2	1	1	4582	2329	2253
46	4751	2428	2323	1		1	4580	2349	2231
47	4888	2497	2391	2		2	4675	2395	2280
48	4859	2484	2375	2	2		4642	2371	2271
49	4555	2338	2217	5	3	2	4347	2243	2104
50岁及以上	**69891**	**35415**	**34476**	**24**	**10**	**14**	**64668**	**33250**	**31418**

3-2a 续表 1

单位：人

年 龄	合计								
	肄业			辍学			其他		
	小计	男	女	小计	男	女	小计	男	女
总 计	**2271**	**971**	**1300**	**5027**	**2350**	**2677**	**2510**	**1208**	**1302**
3									
4									
5-9岁	**23**	**13**	**10**	**4**	**3**	**1**	**17**	**8**	**9**
5							3	1	2
6	5	4	1				4	1	3
7	5	3	2	2	1	1	4	2	2
8	6	3	3	2	2		5	3	2
9	7	3	4				1	1	
10-14岁	**28**	**14**	**14**	**12**	**9**	**3**	**23**	**12**	**11**
10	1		1	1	1		8	4	4
11	10	4	6				3	2	1
12	7	4	3	2	2		5	2	3
13	5	3	2	4	2	2	3	1	2
14	5	3	2	5	4	1	4	3	1
15-19岁	**40**	**26**	**14**	**75**	**56**	**19**	**50**	**31**	**19**
15	3	3		7	4	3	1	1	
16	3	1	2	9	6	3	5	4	1
17	7	5	2	20	14	6	11	7	4
18	14	9	5	14	13	1	13	9	4
19	13	8	5	25	19	6	20	10	10
20-24岁	**67**	**39**	**28**	**155**	**109**	**46**	**127**	**63**	**64**
20	9	5	4	27	21	6	17	8	9
21	13	6	7	22	16	6	18	12	6
22	16	11	5	31	19	12	34	15	19
23	14	9	5	38	26	12	29	15	14
24	15	8	7	37	27	10	29	13	16
25-29岁	**99**	**56**	**43**	**234**	**134**	**100**	**181**	**88**	**93**
25	18	10	8	27	18	9	32	15	17
26	14	9	5	51	33	18	32	18	14
27	21	12	9	36	20	16	47	23	24
28	28	18	10	60	32	28	41	21	20
29	18	7	11	60	31	29	29	11	18
30-34岁	**165**	**79**	**86**	**361**	**190**	**171**	**233**	**113**	**120**
30	37	16	21	69	40	29	48	25	23
31	30	15	15	71	41	30	49	20	29
32	38	20	18	70	35	35	50	25	25
33	36	19	17	82	40	42	47	23	24
34	24	9	15	69	34	35	39	20	19
35-39岁	**175**	**91**	**84**	**419**	**211**	**208**	**212**	**113**	**99**
35	26	15	11	68	37	31	38	21	17
36	42	25	17	85	42	43	37	25	12
37	31	12	19	76	38	38	42	19	23
38	41	20	21	100	55	45	50	21	29
39	35	19	16	90	39	51	45	27	18
40-44岁	**175**	**80**	**95**	**539**	**271**	**268**	**199**	**89**	**110**
40	27	12	15	125	68	57	27	13	14
41	39	20	19	102	48	54	46	19	27
42	39	17	22	98	53	45	34	15	19
43	41	20	21	94	48	46	50	25	25
44	29	11	18	120	54	66	42	17	25
45-49岁	**219**	**89**	**130**	**548**	**277**	**271**	**229**	**110**	**119**
45	43	16	27	107	57	50	47	19	28
46	36	13	23	96	48	48	38	18	20
47	45	21	24	126	58	68	40	23	17
48	47	19	28	112	66	46	56	26	30
49	48	20	28	107	48	59	48	24	24
50岁及以上	**1280**	**484**	**796**	**2680**	**1090**	**1590**	**1239**	**581**	**658**

3-2a　续表 2　　　　单位：人

年　龄	小学								
	合　计			在　校			毕　业		
	合计	男	女	小计	男	女	小计	男	女
总　计	**46682**	**21224**	**25458**	**20856**	**10959**	**9897**	**21316**	**8647**	**12669**
3									
4									
5-9岁	**13619**	**7146**	**6473**	**13394**	**7019**	**6375**	**182**	**103**	**79**
5	152	85	67	143	79	64	6	5	1
6	2865	1484	1381	2827	1463	1364	29	16	13
7	3692	1923	1769	3631	1890	1741	51	27	24
8	3656	1947	1709	3588	1907	1681	55	32	23
9	3254	1707	1547	3205	1680	1525	41	23	18
10-14岁	**7600**	**4018**	**3582**	**7443**	**3933**	**3510**	**128**	**71**	**57**
10	3323	1720	1603	3262	1686	1576	51	29	22
11	3080	1618	1462	3021	1588	1433	47	25	22
12	1039	595	444	1014	581	433	21	12	9
13	116	61	55	109	57	52	6	4	2
14	42	24	18	37	21	16	3	1	2
15-19岁	**75**	**38**	**37**	**13**	**4**	**9**	**48**	**27**	**21**
15	11	4	7	6	3	3	4	1	3
16	15	8	7	1		1	12	6	6
17	17	6	11	3		3	11	5	6
18	17	10	7	2	1	1	14	9	5
19	15	10	5	1		1	7	6	1
20-24岁	**175**	**95**	**80**				**150**	**83**	**67**
20	25	14	11				21	13	8
21	25	11	14				22	9	13
22	38	21	17				32	19	13
23	39	20	19				33	15	18
24	48	29	19				42	27	15
25-29岁	**470**	**215**	**255**				**406**	**179**	**227**
25	65	35	30				57	33	24
26	67	30	37				55	22	33
27	90	40	50				78	32	46
28	123	58	65				101	46	55
29	125	52	73				115	46	69
30-34岁	**1174**	**478**	**696**				**1037**	**420**	**617**
30	198	89	109				179	81	98
31	210	77	133				185	66	119
32	229	85	144				201	71	130
33	274	122	152				242	110	132
34	263	105	158				230	92	138
35-39岁	**1669**	**674**	**995**				**1476**	**596**	**880**
35	246	110	136				216	95	121
36	321	122	199				291	111	180
37	308	124	184				272	107	165
38	407	167	240				353	143	210
39	387	151	236				344	140	204
40-44岁	**2119**	**905**	**1214**				**1831**	**804**	**1027**
40	414	173	241				367	158	209
41	375	152	223				313	132	181
42	439	193	246				384	173	211
43	421	180	241				365	161	204
44	470	207	263				402	180	222
45-49岁	**2757**	**1152**	**1605**				**2373**	**997**	**1376**
45	543	230	313				481	204	277
46	507	207	300				452	180	272
47	552	235	317				465	202	263
48	593	229	364				511	196	315
49	562	251	311				464	215	249
50岁及以上	**17024**	**6503**	**10521**	**6**	**3**	**3**	**13685**	**5367**	**8318**

3-2a 续表 3 单位：人

年龄	小学								
	肄业			辍学			其他		
	小计	男	女	小计	男	女	小计	男	女
总计	**1134**	**358**	**776**	**2568**	**938**	**1630**	**808**	**322**	**486**
3									
4									
5—9岁	**23**	**13**	**10**	**3**	**3**		**17**	**8**	**9**
5							3	1	2
6	5	4	1				4	1	3
7	5	3	2	1	1		4	2	2
8	6	3	3	2	2		5	3	2
9	7	3	4				1	1	
10—14岁	**12**	**5**	**7**	**4**	**4**		**13**	**5**	**8**
10	1		1	1	1		8	4	4
11	10	4	6				2	1	1
12	1	1		1	1		2		2
13							1		1
14				2	2				
15—19岁	**4**	**2**	**2**	**7**	**3**	**4**	**3**	**2**	**1**
15				1		1			
16				1	1		1	1	
17				2	1	1	1		1
18	1		1						
19	3	2	1	3	1	2	1	1	
20—24岁	**2**	**1**	**1**	**18**	**8**	**10**	**5**	**3**	**2**
20				4	1	3			
21				2	1	1	1	1	
22				4	1	3	2	1	1
23	1	1		5	4	1			
24	1		1	3	1	2	2	1	1
25—29岁	**15**	**9**	**6**	**36**	**20**	**16**	**13**	**7**	**6**
25				4	1	3	4	1	3
26	2	2		7	5	2	3	1	2
27	4	3	1	6	4	2	2	1	1
28	5	3	2	13	5	8	4	4	
29	4	1	3	6	5	1			
30—34岁	**35**	**12**	**23**	**75**	**32**	**43**	**27**	**14**	**13**
30	5	1	4	10	4	6	4	3	1
31	8	3	5	14	7	7	3	1	2
32	7	3	4	14	6	8	7	5	2
33	11	4	7	14	7	7	7	1	6
34	4	1	3	23	8	15	6	4	2
35—39岁	**44**	**19**	**25**	**124**	**50**	**74**	**25**	**9**	**16**
35	7	3	4	19	11	8	4	1	3
36	6		6	18	8	10	6	3	3
37	7	3	4	24	11	13	5	3	2
38	16	10	6	33	12	21	5	2	3
39	8	3	5	30	8	22	5		5
40—44岁	**69**	**20**	**49**	**183**	**66**	**117**	**36**	**15**	**21**
40	10	1	9	31	11	20	6	3	3
41	19	9	10	36	8	28	7	3	4
42	16	4	12	32	13	19	7	3	4
43	14	4	10	34	13	21	8	2	6
44	10	2	8	50	21	29	8	4	4
45—49岁	**91**	**29**	**62**	**243**	**103**	**140**	**50**	**23**	**27**
45	15	4	11	39	18	21	8	4	4
46	14	6	8	36	18	18	5	3	2
47	19	5	14	62	25	37	6	3	3
48	19	6	13	48	20	28	15	7	8
49	24	8	16	58	22	36	16	6	10
50岁及以上	**839**	**248**	**591**	**1875**	**649**	**1226**	**619**	**236**	**383**

3-2a 续表 4

单位：人

年 龄	初中								
	合计			在校			毕业		
	合计	男	女	小计	男	女	小计	男	女
总 计	**77794**	**40831**	**36963**	**10246**	**5348**	**4898**	**63960**	**33507**	**30453**
3									
4									
5-9岁	**59**	**26**	**33**	**54**	**24**	**30**	**4**	**2**	**2**
5									
6	9	5	4	9	5	4			
7	15	5	10	12	4	8	2	1	1
8	19	9	10	18	8	10	1	1	
9	16	7	9	15	7	8	1		1
10-14岁	**8772**	**4550**	**4222**	**8546**	**4427**	**4119**	**192**	**102**	**90**
10	37	20	17	36	20	16	1		1
11	116	60	56	112	56	56	3	3	
12	2447	1255	1192	2394	1227	1167	43	22	21
13	3246	1687	1559	3170	1646	1524	65	35	30
14	2926	1528	1398	2834	1478	1356	80	42	38
15-19岁	**2614**	**1569**	**1045**	**1632**	**894**	**738**	**900**	**615**	**285**
15	1081	622	459	1023	577	446	49	38	11
16	448	272	176	314	178	136	126	89	37
17	344	207	137	149	64	85	174	127	47
18	401	256	145	111	56	55	269	185	84
19	340	212	128	35	19	16	282	176	106
20-24岁	**2532**	**1520**	**1012**	**7**	**1**	**6**	**2368**	**1410**	**958**
20	377	234	143	2		2	354	218	136
21	446	267	179	3	1	2	423	254	169
22	514	302	212	1		1	475	277	198
23	545	331	214	1		1	510	306	204
24	650	386	264				606	355	251
25-29岁	**4568**	**2433**	**2135**				**4337**	**2298**	**2039**
25	775	436	339				744	414	330
26	790	421	369				747	394	353
27	930	500	430				888	473	415
28	1028	542	486				963	505	458
29	1045	534	511				995	512	483
30-34岁	**7482**	**3759**	**3723**				**7106**	**3559**	**3547**
30	1456	775	681				1379	731	648
31	1428	710	718				1355	672	683
32	1450	736	714				1379	701	678
33	1643	807	836				1556	758	798
34	1505	731	774				1437	697	740
35-39岁	**8065**	**4156**	**3909**	**1**	**1**		**7639**	**3920**	**3719**
35	1472	738	734	1	1		1407	699	708
36	1539	801	738				1451	748	703
37	1603	823	780				1520	785	735
38	1790	959	831				1689	904	785
39	1661	835	826				1572	784	788
40-44岁	**8785**	**4518**	**4267**				**8333**	**4277**	**4056**
40	1810	932	878				1706	869	837
41	1684	879	805				1597	833	764
42	1710	887	823				1622	840	782
43	1724	890	834				1638	841	797
44	1857	930	927				1770	894	876
45-49岁	**9228**	**4745**	**4483**	**2**		**2**	**8766**	**4506**	**4260**
45	1912	989	923				1814	940	874
46	1803	916	887				1715	881	834
47	1877	963	914	1		1	1780	911	869
48	1848	937	911				1747	876	871
49	1788	940	848	1		1	1710	898	812
50岁及以上	**25689**	**13555**	**12134**	**4**	**1**	**3**	**24315**	**12818**	**11497**

3-2a 续表 5

单位：人

年 龄	初中								
	肄业			辍学			其他		
	小计	男	女	小计	男	女	小计	男	女
总 计	**810**	**443**	**367**	**1989**	**1119**	**870**	**789**	**414**	**375**
3									
4									
5-9岁				**1**		**1**			
5									
6									
7				1		1			
8									
9									
10-14岁	**16**	**9**	**7**	**8**	**5**	**3**	**10**	**7**	**3**
10									
11							1	1	
12	6	3	3	1	1		3	2	1
13	5	3	2	4	2	2	2	1	1
14	5	3	2	3	2	1	4	3	1
15-19岁	**19**	**12**	**7**	**48**	**38**	**10**	**15**	**10**	**5**
15	3	3		5	3	2	1	1	
16	3	1	2	4	3	1	1	1	
17	4	4		14	10	4	3	2	1
18	7	3	4	11	10	1	3	2	1
19	2	1	1	14	12	2	7	4	3
20-24岁	**31**	**21**	**10**	**85**	**65**	**20**	**41**	**23**	**18**
20	2	2		11	10	1	8	4	4
21	7	3	4	9	6	3	4	3	1
22	7	6	1	20	14	6	11	5	6
23	6	4	2	20	16	4	8	5	3
24	9	6	3	25	19	6	10	6	4
25-29岁	**48**	**26**	**22**	**132**	**77**	**55**	**51**	**32**	**19**
25	12	7	5	14	12	2	5	3	2
26	7	3	4	24	16	8	12	8	4
27	8	4	4	18	9	9	16	14	2
28	16	10	6	38	23	15	11	4	7
29	5	2	3	38	17	21	7	3	4
30-34岁	**87**	**48**	**39**	**217**	**116**	**101**	**72**	**36**	**36**
30	20	10	10	44	25	19	13	9	4
31	17	10	7	41	23	18	15	5	10
32	14	8	6	42	22	20	15	5	10
33	20	14	6	51	25	26	16	10	6
34	16	6	10	39	21	18	13	7	6
35-39岁	**90**	**53**	**37**	**244**	**133**	**111**	**91**	**49**	**42**
35	12	7	5	36	20	16	16	11	5
36	23	18	5	54	27	27	11	8	3
37	18	7	11	46	24	22	19	7	12
38	19	9	10	59	39	20	23	7	16
39	18	12	6	49	23	26	22	16	6
40-44岁	**86**	**49**	**37**	**292**	**163**	**129**	**74**	**29**	**45**
40	15	9	6	81	50	31	8	4	4
41	17	9	8	50	29	21	20	8	12
42	17	9	8	55	31	24	16	7	9
43	20	13	7	49	28	21	17	8	9
44	17	9	8	57	25	32	13	2	11
45-49岁	**93**	**43**	**50**	**269**	**149**	**120**	**98**	**47**	**51**
45	19	7	12	63	36	27	16	6	10
46	16	3	13	52	23	29	20	9	11
47	19	13	6	57	30	27	20	9	11
48	22	11	11	54	37	17	25	13	12
49	17	9	8	43	23	20	17	10	7
50岁及以上	**340**	**182**	**158**	**693**	**373**	**320**	**337**	**181**	**156**

3-2a 续表 6

单位：人

年 龄	高中								
	合 计			在 校			毕 业		
	合计	男	女	小计	男	女	小计	男	女
总 计	**50961**	**26192**	**24769**	**11498**	**5500**	**5998**	**38393**	**20077**	**18316**
3									
4									
5-9岁									
5									
6									
7									
8									
9									
10-14岁	**240**	**105**	**135**	**236**	**103**	**133**	**4**	**2**	**2**
10									
11									
12									
13	31	18	13	31	18	13			
14	209	87	122	205	85	120	4	2	2
15-19岁	**11583**	**5660**	**5923**	**10925**	**5247**	**5678**	**601**	**374**	**227**
15	2150	1011	1139	2139	1001	1138	10	9	1
16	3500	1708	1792	3467	1690	1777	26	14	12
17	3172	1531	1641	3046	1447	1599	112	75	37
18	1859	940	919	1663	821	842	182	107	75
19	902	470	432	610	288	322	271	169	102
20-24岁	**2765**	**1495**	**1270**	**329**	**148**	**181**	**2351**	**1296**	**1055**
20	542	297	245	195	84	111	329	201	128
21	490	258	232	72	29	43	404	217	187
22	561	293	268	43	22	21	502	262	240
23	540	291	249	15	9	6	506	274	232
24	632	356	276	4	4		610	342	268
25-29岁	**3886**	**2106**	**1780**	**3**	**1**	**2**	**3763**	**2039**	**1724**
25	658	367	291	1		1	639	356	283
26	709	382	327				679	363	316
27	766	412	354	1	1		743	399	344
28	818	452	366				794	440	354
29	935	493	442	1		1	908	481	427
30-34岁	**4884**	**2513**	**2371**	**1**		**1**	**4753**	**2436**	**2317**
30	1091	548	543				1061	528	533
31	1037	529	508				1013	515	498
32	967	526	441				935	509	426
33	972	484	488				943	468	475
34	817	426	391	1		1	801	416	385
35-39岁	**3812**	**1973**	**1839**				**3696**	**1911**	**1785**
35	740	410	330				717	399	318
36	789	396	393				764	382	382
37	706	374	332				688	364	324
38	835	403	432				812	393	419
39	742	390	352				715	373	342
40-44岁	**4556**	**2315**	**2241**	**1**		**1**	**4432**	**2242**	**2190**
40	847	413	434				831	403	428
41	901	451	450	1		1	873	437	436
42	906	478	428				884	464	420
43	868	444	424				836	425	411
44	1034	529	505				1008	513	495
45-49岁	**5333**	**2721**	**2612**	**2**	**1**	**1**	**5232**	**2660**	**2572**
45	1013	522	491				991	510	481
46	1098	557	541				1083	546	537
47	1112	561	551				1088	547	541
48	1086	570	516	1	1		1065	554	511
49	1024	511	513	1		1	1005	503	502
50岁及以上	**13902**	**7304**	**6598**	**1**		**1**	**13561**	**7117**	**6444**

3-2a 续表 7

单位：人

年 龄	高中								
	肄业			辍学			其他		
	小计	男	女	小计	男	女	小计	男	女
总 计	**229**	**120**	**109**	**451**	**283**	**168**	**390**	**212**	**178**
3									
4									
5-9岁									
5									
6									
7									
8									
9									
10-14岁									
10									
11									
12									
13									
14									
15-19岁	**10**	**7**	**3**	**20**	**15**	**5**	**27**	**17**	**10**
15				1	1				
16				4	2	2	3	2	1
17	3	1	2	4	3	1	7	5	2
18	2	2		3	3		9	7	2
19	5	4	1	8	6	2	8	3	5
20-24岁	**19**	**11**	**8**	**49**	**34**	**15**	**17**	**6**	**11**
20	5	2	3	11	10	1	2		2
21	2	2		11	9	2	1	1	
22	5	3	2	7	4	3	4	2	2
23	5	3	2	11	4	7	3	1	2
24	2	1	1	9	7	2	7	2	5
25-29岁	**27**	**15**	**12**	**59**	**33**	**26**	**34**	**18**	**16**
25	3	1	2	7	5	2	8	5	3
26	4	3	1	18	10	8	8	6	2
27	7	4	3	10	6	4	5	2	3
28	7	5	2	8	3	5	9	4	5
29	6	2	4	16	9	7	4	1	3
30-34岁	**23**	**11**	**12**	**66**	**41**	**25**	**41**	**25**	**16**
30	6	4	2	15	11	4	9	5	4
31	1		1	15	10	5	8	4	4
32	10	5	5	13	7	6	9	5	4
33	4	1	3	16	8	8	9	7	2
34	2	1	1	7	5	2	6	4	2
35-39岁	**33**	**15**	**18**	**50**	**27**	**23**	**33**	**20**	**13**
35	6	4	2	13	6	7	4	1	3
36	9	4	5	12	6	6	4	4	
37	5	2	3	6	3	3	7	5	2
38	5	1	4	8	4	4	10	5	5
39	8	4	4	11	8	3	8	5	3
40-44岁	**16**	**8**	**8**	**61**	**41**	**20**	**46**	**24**	**22**
40	1	1		12	7	5	3	2	1
41	3	2	1	15	10	5	9	2	7
42	5	3	2	11	9	2	6	2	4
43	6	2	4	10	7	3	16	10	6
44	1		1	13	8	5	12	8	4
45-49岁	**25**	**14**	**11**	**35**	**24**	**11**	**39**	**22**	**17**
45	6	5	1	5	3	2	11	4	7
46	5	3	2	8	7	1	2	1	1
47	6	3	3	7	3	4	11	8	3
48	2	1	1	9	8	1	9	6	3
49	6	2	4	6	3	3	6	3	3
50岁及以上	**76**	**39**	**37**	**111**	**68**	**43**	**153**	**80**	**73**

3-2a　续表 8　　　　单位：人

年　龄	大学专科								
	合　计			在　校			毕　业		
	合计	男	女	小计	男	女	小计	男	女
总　计	**39018**	**19516**	**19502**	**3181**	**1481**	**1700**	**35490**	**17854**	**17636**
3									
4									
5-9岁									
5									
6									
7									
8									
9									
10-14岁									
10									
11									
12									
13									
14									
15-19岁	**1486**	**730**	**756**	**1233**	**617**	**616**	**242**	**107**	**135**
15	25	12	13	23	10	13	2	2	
16	61	34	27	54	29	25	7	5	2
17	112	52	60	100	47	53	12	5	7
18	395	185	210	325	157	168	66	25	41
19	893	447	446	731	374	357	155	70	85
20-24岁	**5748**	**2562**	**3186**	**1832**	**804**	**1028**	**3875**	**1736**	**2139**
20	1182	548	634	853	399	454	322	145	177
21	1129	493	636	542	242	300	580	249	331
22	1121	477	644	267	102	165	843	369	474
23	1110	486	624	105	35	70	993	443	550
24	1206	558	648	65	26	39	1137	530	607
25-29岁	**6251**	**2899**	**3352**	**55**	**27**	**28**	**6146**	**2849**	**3297**
25	1284	567	717	17	9	8	1258	556	702
26	1159	543	616	11	4	7	1140	533	607
27	1296	621	675	15	10	5	1266	607	659
28	1260	584	676	8	1	7	1243	578	665
29	1252	584	668	4	3	1	1239	575	664
30-34岁	**6474**	**3193**	**3281**	**26**	**12**	**14**	**6393**	**3160**	**3233**
30	1408	693	715	8	4	4	1388	685	703
31	1393	688	705	5	3	2	1374	678	696
32	1363	672	691	6	3	3	1348	664	684
33	1262	607	655	2		2	1249	605	644
34	1048	533	515	5	2	3	1034	528	506
35-39岁	**4344**	**2157**	**2187**	**13**	**8**	**5**	**4296**	**2129**	**2167**
35	892	437	455	1	1		886	434	452
36	925	457	468	4	2	2	910	447	463
37	861	432	429	4	2	2	852	428	424
38	885	432	453	1	1		876	427	449
39	781	399	382	3	2	1	772	393	379
40-44岁	**3602**	**1755**	**1847**	**10**	**6**	**4**	**3562**	**1734**	**1828**
40	768	385	383	4	2	2	755	379	376
41	758	381	377	1	1		750	376	374
42	711	335	376	2	1	1	705	330	375
43	642	310	332	2	2		636	306	330
44	723	344	379	1		1	716	343	373
45-49岁	**3426**	**1776**	**1650**	**3**	**3**		**3394**	**1759**	**1635**
45	703	357	346				693	353	340
46	687	350	337				681	347	334
47	711	367	344				709	365	344
48	726	401	325	1	1		719	398	321
49	599	301	298	2	2		592	296	296
50岁及以上	**7687**	**4444**	**3243**	**9**	**4**	**5**	**7582**	**4380**	**3202**

3-2a 续表 9 单位：人

年 龄	大学专科								
	肄 业			辍 学			其 他		
	小计	男	女	小计	男	女	小计	男	女
总 计	**64**	**32**	**32**	**18**	**9**	**9**	**265**	**140**	**125**
3									
4									
5-9岁									
5									
6									
7									
8									
9									
10-14岁									
10									
11									
12									
13									
14									
15-19岁	**6**	**4**	**2**				**5**	**2**	**3**
15									
16									
17									
18	3	3					1		1
19	3	1	2				4	2	2
20-24岁	**9**	**3**	**6**	**3**	**2**	**1**	**29**	**17**	**12**
20	1	1		1		1	5	3	2
21	2		2				5	2	3
22	3	1	2				8	5	3
23	2	1	1	2	2		8	5	3
24	1		1				3	2	1
25-29岁	**7**	**5**	**2**	**7**	**4**	**3**	**36**	**14**	**22**
25	2	1	1	2		2	5	1	4
26	1	1		2	2		5	3	2
27	2	1	1	2	1	1	11	2	9
28				1	1		8	4	4
29	2	2					7	4	3
30-34岁	**10**	**3**	**7**	**2**		**2**	**43**	**18**	**25**
30	4	1	3				8	3	5
31	1		1				13	7	6
32	3	2	1	1		1	5	3	2
33	1		1	1		1	9	2	7
34	1		1				8	3	5
35-39岁	**3**		**3**	**1**	**1**		**31**	**19**	**12**
35							5	2	3
36				1	1		10	7	3
37	1		1				4	2	2
38	1		1				7	4	3
39	1		1				5	4	1
40-44岁	**4**	**3**	**1**	**3**	**1**	**2**	**23**	**11**	**12**
40	1	1		1		1	7	3	4
41				1	1		6	3	3
42	1	1					3	3	
43	1	1		1		1	2	1	1
44	1		1				5	1	4
45-49岁	**7**	**3**	**4**	**1**	**1**		**21**	**10**	**11**
45	2		2				8	4	4
46	1	1					5	2	3
47							2	2	
48	3	1	2	1	1		2		2
49	1	1					4	2	2
50岁及以上	**18**	**11**	**7**	**1**		**1**	**77**	**49**	**28**

3-2a 续表 10　　　　单位：人

年 龄	大学本科								
	合 计			在 校			毕 业		
	合计	男	女	小计	男	女	小计	男	女
总 计	**39682**	**19551**	**20131**	**6457**	**2729**	**3728**	**32961**	**16696**	**16265**
3									
4									
5-9岁									
5									
6									
7									
8									
9									
10-14岁	**1**		**1**				**1**		**1**
10									
11									
12									
13	1		1				1		1
14									
15-19岁	**1532**	**682**	**850**	**1515**	**672**	**843**	**16**	**9**	**7**
15	4	2	2	4	2	2			
16	12	3	9	11	3	8	1		1
17	49	20	29	49	20	29			
18	423	198	225	420	195	225	2	2	
19	1044	459	585	1031	452	579	13	7	6
20-24岁	**7081**	**2906**	**4175**	**4721**	**1942**	**2779**	**2322**	**947**	**1375**
20	1445	586	859	1417	575	842	25	10	15
21	1571	638	933	1470	593	877	92	39	53
22	1624	644	980	1092	443	649	522	198	324
23	1286	533	753	526	222	304	752	307	445
24	1155	505	650	216	109	107	931	393	538
25-29岁	**6895**	**3058**	**3837**	**166**	**85**	**81**	**6688**	**2957**	**3731**
25	1207	522	685	96	48	48	1101	468	633
26	1273	533	740	39	21	18	1230	512	718
27	1357	593	764	13	7	6	1335	584	751
28	1532	717	815	12	5	7	1512	707	805
29	1526	693	833	6	4	2	1510	686	824
30-34岁	**7595**	**3642**	**3953**	**35**	**20**	**15**	**7502**	**3597**	**3905**
30	1697	794	903	12	9	3	1670	780	890
31	1585	749	836	5	3	2	1566	740	826
32	1511	713	798	5	3	2	1490	702	788
33	1483	724	759	3	1	2	1474	720	754
34	1319	662	657	10	4	6	1302	655	647
35-39岁	**5186**	**2651**	**2535**	**7**	**5**	**2**	**5149**	**2630**	**2519**
35	1190	616	574	3	1	2	1179	609	570
36	1165	602	563				1156	597	559
37	966	467	499	1	1		961	465	496
38	1099	568	531	2	2		1093	564	529
39	766	398	368	1	1		760	395	365
40-44岁	**3267**	**1624**	**1643**	**5**	**1**	**4**	**3244**	**1613**	**1631**
40	765	382	383	1		1	761	381	380
41	714	366	348	1		1	709	363	346
42	686	337	349				685	337	348
43	526	248	278	1	1		519	243	276
44	576	291	285	2		2	570	289	281
45-49岁	**2839**	**1610**	**1229**	**4**	**2**	**2**	**2812**	**1601**	**1211**
45	562	296	266	2	1	1	555	294	261
46	607	362	245				602	360	242
47	574	330	244	1		1	571	329	242
48	555	314	241				549	314	235
49	541	308	233	1	1		535	304	231
50岁及以上	**5286**	**3378**	**1908**	**4**	**2**	**2**	**5227**	**3342**	**1885**

3-2a 续表 11　　单位：人

年 龄	大学本科								
	肄 业			辍 学			其 他		
	小计	男	女	小计	男	女	小计	男	女
总 计	**32**	**17**	**15**	**1**	**1**		**231**	**108**	**123**
3									
4									
5-9岁									
5									
6									
7									
8									
9									
10-14岁									
10									
11									
12									
13									
14									
15-19岁	**1**	**1**							
15									
16									
17									
18	1	1							
19									
20-24岁	**6**	**3**	**3**				**32**	**14**	**18**
20	1		1				2	1	1
21	2	1	1				7	5	2
22	1	1					9	2	7
23							8	4	4
24	2	1	1				6	2	4
25-29岁	**2**	**1**	**1**				**39**	**15**	**24**
25	1	1					9	5	4
26							4		4
27							9	2	7
28							8	5	3
29	1		1				9	3	6
30-34岁	**9**	**5**	**4**	**1**	**1**		**48**	**19**	**29**
30	1		1				14	5	9
31	3	2	1	1	1		10	3	7
32	4	2	2				12	6	6
33							6	3	3
34	1	1					6	2	4
35-39岁	**4**	**3**	**1**				**26**	**13**	**13**
35							8	6	2
36	4	3	1				5	2	3
37							4	1	3
38							4	2	2
39							5	2	3
40-44岁							**18**	**10**	**8**
40							3	1	2
41							4	3	1
42							1		1
43							6	4	2
44							4	2	2
45-49岁	**3**		**3**				**20**	**7**	**13**
45	1		1				4	1	3
46							5	2	3
47	1		1				1	1	
48	1		1				5		5
49							5	3	2
50岁及以上	**7**	**4**	**3**				**48**	**30**	**18**

3-2a 续表 12 单位：人

年 龄	硕士研究生								
	合 计			在 校			毕 业		
	合计	男	女	小计	男	女	小计	男	女
总 计	**3179**	**1450**	**1729**	**649**	**242**	**407**	**2504**	**1198**	**1306**
3									
4									
5-9岁									
5									
6									
7									
8									
9									
10-14岁									
10									
11									
12									
13									
14									
15-19岁									
15									
16									
17									
18									
19									
20-24岁	**371**	**135**	**236**	**330**	**124**	**206**	**38**	**11**	**27**
20	1		1				1		1
21	9	2	7	8	2	6	1		1
22	51	23	28	49	23	26	2		2
23	158	58	100	141	51	90	15	7	8
24	152	52	100	132	48	84	19	4	15
25-29岁	**700**	**240**	**460**	**288**	**105**	**183**	**404**	**133**	**271**
25	185	63	122	135	49	86	49	14	35
26	122	54	68	62	27	35	60	27	33
27	135	44	91	51	15	36	80	27	53
28	132	37	95	26	7	19	105	30	75
29	126	42	84	14	7	7	110	35	75
30-34岁	**782**	**308**	**474**	**25**	**12**	**13**	**754**	**295**	**459**
30	159	50	109	5	2	3	153	48	105
31	182	70	112	10	5	5	172	65	107
32	153	61	92	2		2	149	60	89
33	153	70	83	6	4	2	147	66	81
34	135	57	78	2	1	1	133	56	77
35-39岁	**546**	**270**	**276**	**4**	**1**	**3**	**537**	**267**	**270**
35	108	50	58	1		1	105	49	56
36	117	63	54	1	1		116	62	54
37	120	61	59	1		1	117	61	56
38	112	56	56	1		1	110	55	55
39	89	40	49				89	40	49
40-44岁	**299**	**156**	**143**	**2**		**2**	**295**	**156**	**139**
40	61	30	31	1		1	60	30	30
41	75	35	40	1		1	74	35	39
42	60	37	23				59	37	22
43	57	30	27				56	30	26
44	46	24	22				46	24	22
45-49岁	**225**	**150**	**75**				**224**	**149**	**75**
45	44	26	18				44	26	18
46	44	34	10				43	33	10
47	56	37	19				56	37	19
48	44	29	15				44	29	15
49	37	24	13				37	24	13
50岁及以上	**256**	**191**	**65**				**252**	**187**	**65**

3-2a 续表 13　　单位：人

年 龄	硕士研究生								
	肄 业			辍 学			其 他		
	小计	男	女	小计	男	女	小计	男	女
总 计	**2**	**1**	**1**				**24**	**9**	**15**
3									
4									
5-9岁									
5									
6									
7									
8									
9									
10-14岁									
10									
11									
12									
13									
14									
15-19岁									
15									
16									
17									
18									
19									
20-24岁							**3**		**3**
20									
21									
22									
23							2		2
24							1		1
25-29岁							**8**	**2**	**6**
25							1		1
26									
27							4	2	2
28							1		1
29							2		2
30-34岁	**1**		**1**				**2**	**1**	**1**
30	1		1						
31									
32							2	1	1
33									
34									
35-39岁	**1**	**1**					**4**	**1**	**3**
35	1	1					1		1
36									
37							2		2
38							1	1	
39									
40-44岁							**2**		**2**
40									
41									
42							1		1
43							1		1
44									
45-49岁							**1**	**1**	
45									
46							1	1	
47									
48									
49									
50岁及以上							**4**	**4**	

3-2a 续表 14

单位：人

年 龄	博士研究生								
	合 计			在 校			毕 业		
	合计	男	女	小计	男	女	小计	男	女
总 计	**277**	**152**	**125**	**61**	**26**	**35**	**213**	**123**	**90**
3									
4									
5-9岁									
5									
6									
7									
8									
9									
10-14岁									
10									
11									
12									
13									
14									
15-19岁									
15									
16									
17									
18									
19									
20-24岁	**5**	**2**	**3**	**3**	**1**	**2**	**2**	**1**	**1**
20									
21									
22									
23	3		3	2		2	1		1
24	2	2		1	1		1	1	
25-29岁	**36**	**15**	**21**	**30**	**13**	**17**	**6**	**2**	**4**
25	3		3	3		3			
26	12	8	4	12	8	4			
27	7	2	5	7	2	5			
28	6	2	4	4	2	2	2		2
29	8	3	5	4	1	3	4	2	2
30-34岁	**56**	**30**	**26**	**17**	**7**	**10**	**39**	**23**	**16**
30	8	5	3	3	2	1	5	3	2
31	17	6	11	5	2	3	12	4	8
32	8	7	1	2	1	1	6	6	
33	12	6	6	4	1	3	8	5	3
34	11	6	5	3	1	2	8	5	3
35-39岁	**58**	**25**	**33**	**5**	**2**	**3**	**51**	**21**	**30**
35	10	3	7	2	1	1	8	2	6
36	8	3	5				7	2	5
37	12	7	5	2	1	1	9	5	4
38	15	5	10	1		1	14	5	9
39	13	7	6				13	7	6
40-44岁	**49**	**25**	**24**	**5**	**3**	**2**	**44**	**22**	**22**
40	9	5	4				9	5	4
41	12	5	7	2		2	10	5	5
42	9	5	4	1	1		8	4	4
43	14	8	6	2	2		12	6	6
44	5	2	3				5	2	3
45-49岁	**26**	**15**	**11**	**1**		**1**	**25**	**15**	**10**
45	4	2	2				4	2	2
46	5	2	3	1		1	4	2	2
47	6	4	2				6	4	2
48	7	4	3				7	4	3
49	4	3	1				4	3	1
50岁及以上	**47**	**40**	**7**				**46**	**39**	**7**

3-2a 续表 15　　　　单位：人

年 龄	博士研究生								
	肄 业			辍 学			其 他		
	小计	男	女	小计	男	女	小计	男	女
总 计							**3**	**3**	
3									
4									
5-9岁									
5									
6									
7									
8									
9									
10-14岁									
10									
11									
12									
13									
14									
15-19岁									
15									
16									
17									
18									
19									
20-24岁									
20									
21									
22									
23									
24									
25-29岁									
25									
26									
27									
28									
29									
30-34岁									
30									
31									
32									
33									
34									
35-39岁							**2**	**2**	
35									
36							1	1	
37							1	1	
38									
39									
40-44岁									
40									
41									
42									
43									
44									
45-49岁									
45									
46									
47									
48									
49									
50岁及以上							**1**	**1**	

3-2b 全区分年龄、性别、学业完成情况的3岁及以上各种受教育程度人口(镇)

单位：人

年龄	合计								
	合计			在校			毕业		
	合计	男	女	小计	男	女	小计	男	女
总计	**145084**	**74774**	**70310**	**33363**	**16922**	**16441**	**101931**	**53214**	**48717**
3									
4									
5-9岁	**9641**	**4997**	**4644**	**9485**	**4909**	**4576**	**121**	**69**	**52**
5	161	79	82	159	79	80	1		1
6	1781	894	887	1743	870	873	31	19	12
7	2568	1365	1203	2529	1346	1183	32	15	17
8	2665	1379	1286	2628	1360	1268	27	15	12
9	2466	1280	1186	2426	1254	1172	30	20	10
10-14岁	**12358**	**6441**	**5917**	**12087**	**6293**	**5794**	**217**	**119**	**98**
10	2449	1314	1135	2417	1299	1118	26	13	13
11	2564	1346	1218	2521	1328	1193	35	16	19
12	2520	1268	1252	2462	1237	1225	44	24	20
13	2443	1296	1147	2375	1258	1117	56	30	26
14	2382	1217	1165	2312	1171	1141	56	36	20
15-19岁	**10792**	**5496**	**5296**	**9640**	**4768**	**4872**	**1010**	**627**	**383**
15	2336	1242	1094	2283	1206	1077	46	29	17
16	2470	1285	1185	2354	1199	1155	98	71	27
17	2412	1235	1177	2226	1111	1115	166	109	57
18	1968	958	1010	1637	747	890	288	182	106
19	1606	776	830	1140	505	635	412	236	176
20-24岁	**8728**	**4198**	**4530**	**1976**	**871**	**1105**	**6332**	**3102**	**3230**
20	1494	702	792	822	338	484	616	332	284
21	1459	734	725	515	230	285	881	465	416
22	1819	873	946	366	169	197	1371	659	712
23	1910	936	974	184	90	94	1622	788	834
24	2046	953	1093	89	44	45	1842	858	984
25-29岁	**12893**	**6285**	**6608**	**123**	**61**	**62**	**12115**	**5893**	**6222**
25	2273	1106	1167	50	20	30	2120	1036	1084
26	2305	1102	1203	27	12	15	2165	1034	1131
27	2633	1249	1384	20	14	6	2477	1161	1316
28	2765	1356	1409	16	8	8	2620	1284	1336
29	2917	1472	1445	10	7	3	2733	1378	1355
30-34岁	**16234**	**8077**	**8157**	**24**	**8**	**16**	**15232**	**7596**	**7636**
30	3627	1768	1859	8	3	5	3407	1665	1742
31	3264	1613	1651	7	2	5	3042	1504	1538
32	3168	1589	1579	2		2	3006	1525	1481
33	3295	1642	1653	5	2	3	3093	1539	1554
34	2880	1465	1415	2	1	1	2684	1363	1321
35-39岁	**13728**	**7211**	**6517**	**12**	**4**	**8**	**12717**	**6705**	**6012**
35	2762	1424	1338	1	1		2561	1329	1232
36	2726	1409	1317	3		3	2530	1302	1228
37	2554	1364	1190	4	3	1	2359	1268	1091
38	3124	1669	1455	1		1	2905	1558	1347
39	2562	1345	1217	3		3	2362	1248	1114
40-44岁	**13054**	**6755**	**6299**	**4**	**1**	**3**	**11972**	**6223**	**5749**
40	2729	1398	1331	1		1	2488	1278	1210
41	2664	1377	1287	1	1		2418	1264	1154
42	2586	1327	1259	2		2	2383	1235	1148
43	2395	1247	1148				2199	1140	1059
44	2680	1406	1274				2484	1306	1178
45-49岁	**13337**	**7006**	**6331**	**7**	**5**	**2**	**12212**	**6464**	**5748**
45	2621	1364	1257	1		1	2399	1262	1137
46	2763	1431	1332	1	1		2548	1332	1216
47	2759	1453	1306	2	2		2519	1329	1190
48	2600	1385	1215	3	2	1	2372	1280	1092
49	2594	1373	1221				2374	1261	1113
50岁及以上	**34319**	**18308**	**16011**	**5**	**2**	**3**	**30003**	**16416**	**13587**

3−2b 续表 1

单位：人

年龄	合计								
	肄业			辍学			其他		
	小计	男	女	小计	男	女	小计	男	女
总计	**1770**	**808**	**962**	**4896**	**2316**	**2580**	**3124**	**1514**	**1610**
3									
4									
5−9岁	**2**	**1**	**1**	**2**		**2**	**31**	**18**	**13**
5							1		1
6							7	5	2
7	1	1					6	3	3
8				2		2	8	4	4
9	1		1				9	6	3
10−14岁	**9**	**5**	**4**	**9**	**6**	**3**	**36**	**18**	**18**
10	2	1	1				4	1	3
11	2		2				6	2	4
12	3	2	1				11	5	6
13				3	2	1	9	6	3
14	2	2		6	4	2	6	4	2
15−19岁	**11**	**7**	**4**	**83**	**66**	**17**	**48**	**28**	**20**
15				5	5		2	2	
16	1	1		13	10	3	4	4	
17	2	2		12	9	3	6	4	2
18	2	1	1	20	16	4	21	12	9
19	6	3	3	33	26	7	15	6	9
20−24岁	**54**	**30**	**24**	**191**	**106**	**85**	**175**	**89**	**86**
20	7	4	3	24	15	9	25	13	12
21	9	8	1	29	19	10	25	12	13
22	11	5	6	39	23	16	32	17	15
23	11	7	4	51	28	23	42	23	19
24	16	6	10	48	21	27	51	24	27
25−29岁	**80**	**40**	**40**	**330**	**174**	**156**	**245**	**117**	**128**
25	5	3	2	53	30	23	45	17	28
26	14	7	7	61	31	30	38	18	20
27	16	6	10	68	38	30	52	30	22
28	22	11	11	58	30	28	49	23	26
29	23	13	10	90	45	45	61	29	32
30−34岁	**153**	**73**	**80**	**527**	**256**	**271**	**298**	**144**	**154**
30	39	20	19	109	49	60	64	31	33
31	33	13	20	121	69	52	61	25	36
32	24	10	14	83	34	49	53	20	33
33	31	16	15	105	49	56	61	36	25
34	26	14	12	109	55	54	59	32	27
35−39岁	**134**	**64**	**70**	**551**	**279**	**272**	**314**	**159**	**155**
35	25	13	12	112	53	59	63	28	35
36	25	11	14	108	61	47	60	35	25
37	28	13	15	102	49	53	61	31	30
38	32	16	16	121	61	60	65	34	31
39	24	11	13	108	55	53	65	31	34
40−44岁	**173**	**87**	**86**	**567**	**279**	**288**	**338**	**165**	**173**
40	32	19	13	135	62	73	73	39	34
41	46	20	26	122	59	63	77	33	44
42	35	14	21	105	48	57	61	30	31
43	25	15	10	105	60	45	66	32	34
44	35	19	16	100	50	50	61	31	30
45−49岁	**213**	**97**	**116**	**566**	**272**	**294**	**339**	**168**	**171**
45	44	22	22	109	49	60	68	31	37
46	44	25	19	100	45	55	70	28	42
47	43	17	26	121	68	53	74	37	37
48	43	16	27	122	54	68	60	33	27
49	39	17	22	114	56	58	67	39	28
50岁及以上	**941**	**404**	**537**	**2070**	**878**	**1192**	**1300**	**608**	**692**

3-2b　续表 2　　　　单位：人

年　龄	小　学								
	合　计			在　校			毕　业		
	合计	男	女	小计	男	女	小计	男	女
总　计	**40474**	**18359**	**22115**	**15396**	**8049**	**7347**	**19689**	**8266**	**11423**
3									
4									
5-9岁	**9590**	**4969**	**4621**	**9436**	**4883**	**4553**	**119**	**67**	**52**
5	161	79	82	159	79	80	1		1
6	1779	893	886	1741	869	872	31	19	12
7	2559	1358	1201	2521	1340	1181	31	14	17
8	2652	1371	1281	2615	1352	1263	27	15	12
9	2439	1268	1171	2400	1243	1157	29	19	10
10-14岁	**6052**	**3213**	**2839**	**5952**	**3164**	**2788**	**76**	**39**	**37**
10	2423	1302	1121	2392	1287	1105	25	13	12
11	2475	1303	1172	2435	1287	1148	32	14	18
12	968	502	466	947	491	456	14	7	7
13	134	79	55	130	76	54	3	3	
14	52	27	25	48	23	25	2	2	
15-19岁	**69**	**38**	**31**	**4**	**2**	**2**	**51**	**27**	**24**
15	5	2	3	1		1	4	2	2
16	9	7	2				7	5	2
17	11	8	3	1	1		6	4	2
18	16	10	6				14	9	5
19	28	11	17	2	1	1	20	7	13
20-24岁	**334**	**142**	**192**	**1**		**1**	**272**	**114**	**158**
20	33	13	20	1		1	28	10	18
21	44	16	28				37	12	25
22	80	41	39				61	29	32
23	80	31	49				70	28	42
24	97	41	56				76	35	41
25-29岁	**937**	**342**	**595**				**771**	**290**	**481**
25	110	47	63				90	40	50
26	152	48	104				131	40	91
27	203	72	131				171	60	111
28	225	88	137				191	78	113
29	247	87	160				188	72	116
30-34岁	**1886**	**706**	**1180**	**1**		**1**	**1530**	**587**	**943**
30	372	128	244				293	105	188
31	341	139	202				269	114	155
32	358	133	225				305	120	185
33	422	145	277				352	124	228
34	393	161	232	1		1	311	124	187
35-39岁	**2377**	**999**	**1378**				**1910**	**815**	**1095**
35	417	165	252				335	134	201
36	413	160	253				325	117	208
37	458	202	256				371	172	199
38	581	243	338				468	198	270
39	508	229	279				411	194	217
40-44岁	**2621**	**1113**	**1508**				**2100**	**896**	**1204**
40	532	228	304				413	182	231
41	557	220	337				430	173	257
42	511	221	290				425	192	233
43	502	219	283				406	170	236
44	519	225	294				426	179	247
45-49岁	**2926**	**1189**	**1737**				**2366**	**989**	**1377**
45	525	210	315				413	168	245
46	578	237	341				481	204	277
47	562	232	330				456	196	260
48	618	244	374				495	204	291
49	643	266	377				521	217	304
50岁及以上	**13682**	**5648**	**8034**	**2**		**2**	**10494**	**4442**	**6052**

3-2b 续表 3

单位：人

年龄	小学								
	肄业			辍学			其他		
	小计	男	女	小计	男	女	小计	男	女
总计	**1048**	**384**	**664**	**2764**	**1010**	**1754**	**1577**	**650**	**927**
3									
4									
5-9岁	**2**	**1**	**1**	**2**		**2**	**31**	**18**	**13**
5							1		1
6							7	5	2
7	1	1					6	3	3
8				2		2	8	4	4
9	1		1				9	6	3
10-14岁	**7**	**4**	**3**				**17**	**6**	**11**
10	2	1	1				4	1	3
11	2		2				6	2	4
12	2	2					5	2	3
13							1		1
14	1	1					1	1	
15-19岁	**2**		**2**	**8**	**6**	**2**	**4**	**3**	**1**
15									
16				2	2				
17				3	2	1	1	1	
18	1		1				1	1	
19	1		1	3	2	1	2	1	1
20-24岁	**7**	**3**	**4**	**38**	**16**	**22**	**16**	**9**	**7**
20				4	3	1			
21	1	1		4	2	2	2	1	1
22	3	2	1	10	6	4	6	4	2
23				7	1	6	3	2	1
24	3		3	13	4	9	5	2	3
25-29岁	**16**	**2**	**14**	**98**	**26**	**72**	**52**	**24**	**28**
25				11	3	8	9	4	5
26	2		2	11	3	8	8	5	3
27	4		4	20	8	12	8	4	4
28	4	1	3	21	4	17	9	5	4
29	6	1	5	35	8	27	18	6	12
30-34岁	**42**	**9**	**33**	**204**	**67**	**137**	**109**	**43**	**66**
30	7	2	5	45	11	34	27	10	17
31	11		11	43	18	25	18	7	11
32	5	1	4	33	9	24	15	3	12
33	8	1	7	41	11	30	21	9	12
34	11	5	6	42	18	24	28	14	14
35-39岁	**64**	**18**	**46**	**260**	**103**	**157**	**143**	**63**	**80**
35	8	2	6	46	20	26	28	9	19
36	12	3	9	55	28	27	21	12	9
37	13	4	9	45	14	31	29	12	17
38	17	4	13	59	23	36	37	18	19
39	14	5	9	55	18	37	28	12	16
40-44岁	**78**	**35**	**43**	**278**	**106**	**172**	**165**	**76**	**89**
40	15	8	7	67	19	48	37	19	18
41	23	9	14	65	23	42	39	15	24
42	16	6	10	45	13	32	25	10	15
43	10	6	4	53	28	25	33	15	18
44	14	6	8	48	23	25	31	17	14
45-49岁	**116**	**39**	**77**	**300**	**104**	**196**	**144**	**57**	**87**
45	23	9	14	57	19	38	32	14	18
46	18	8	10	53	17	36	26	8	18
47	21	5	16	53	19	34	32	12	20
48	29	9	20	72	24	48	22	7	15
49	25	8	17	65	25	40	32	16	16
50岁及以上	**714**	**273**	**441**	**1576**	**582**	**994**	**896**	**351**	**545**

3-2b　续表 4

单位：人

年　龄	初　中								
	合　计			在　校			毕　业		
	合计	男	女	小计	男	女	小计	男	女
总　计	**51277**	**28181**	**23096**	**7478**	**3943**	**3535**	**40486**	**22310**	**18176**
3									
4									
5-9岁	**51**	**28**	**23**	**49**	**26**	**23**	**2**	**2**	
5									
6	2	1	1	2	1	1			
7	9	7	2	8	6	2	1	1	
8	13	8	5	13	8	5			
9	27	12	15	26	11	15	1	1	
10-14岁	**6120**	**3154**	**2966**	**5952**	**3056**	**2896**	**139**	**79**	**60**
10	26	12	14	25	12	13	1		1
11	89	43	46	86	41	45	3	2	1
12	1550	766	784	1513	746	767	30	17	13
13	2273	1196	1077	2209	1161	1048	53	27	26
14	2182	1137	1045	2119	1096	1023	52	33	19
15-19岁	**2127**	**1308**	**819**	**1461**	**851**	**610**	**578**	**389**	**189**
15	1056	614	442	1014	586	428	35	21	14
16	354	224	130	266	159	107	76	56	20
17	210	142	68	98	62	36	104	74	30
18	242	162	80	50	25	25	165	116	49
19	265	166	99	33	19	14	198	122	76
20-24岁	**2239**	**1253**	**986**	**14**	**9**	**5**	**2008**	**1130**	**878**
20	306	185	121	6	4	2	268	160	108
21	353	194	159	5	3	2	312	171	141
22	482	275	207	3	2	1	445	253	192
23	517	291	226				463	267	196
24	581	308	273				520	279	241
25-29岁	**3980**	**2128**	**1852**				**3668**	**1946**	**1722**
25	622	330	292				574	302	272
26	676	381	295				618	351	267
27	814	424	390				744	383	361
28	883	472	411				825	438	387
29	985	521	464				907	472	435
30-34岁	**5980**	**3070**	**2910**				**5521**	**2819**	**2702**
30	1222	628	594				1126	572	554
31	1167	588	579				1065	533	532
32	1141	594	547				1066	562	504
33	1279	659	620				1186	604	582
34	1171	601	570				1078	548	530
35-39岁	**6267**	**3449**	**2818**				**5852**	**3206**	**2646**
35	1141	594	547				1053	549	504
36	1249	691	558				1164	640	524
37	1186	664	522				1102	615	487
38	1476	832	644				1396	780	616
39	1215	668	547				1137	622	515
40-44岁	**6266**	**3355**	**2911**	**1**		**1**	**5807**	**3104**	**2703**
40	1311	704	607				1210	644	566
41	1254	673	581				1151	615	536
42	1232	659	573	1		1	1133	607	526
43	1148	617	531				1073	574	499
44	1321	702	619				1240	664	576
45-49岁	**6174**	**3385**	**2789**	**1**	**1**		**5736**	**3128**	**2608**
45	1314	743	571				1228	697	531
46	1295	695	600	1	1		1200	644	556
47	1312	697	615				1211	629	582
48	1159	638	521				1077	591	486
49	1094	612	482				1020	567	453
50岁及以上	**12073**	**7051**	**5022**				**11175**	**6507**	**4668**

3-2b 续表 5

单位：人

年 龄	初中								
	肄业			辍学			其他		
	小计	男	女	小计	男	女	小计	男	女
总 计	**547**	**306**	**241**	**1757**	**1053**	**704**	**1009**	**569**	**440**
3									
4									
5-9岁									
5									
6									
7									
8									
9									
10-14岁	**2**	**1**	**1**	**8**	**6**	**2**	**19**	**12**	**7**
10									
11									
12	1		1				6	3	3
13				3	2	1	8	6	2
14	1	1		5	4	1	5	3	2
15-19岁	**7**	**7**		**56**	**45**	**11**	**25**	**16**	**9**
15				5	5		2	2	
16	1	1		8	5	3	3	3	
17	2	2		5	4	1	1		1
18	1	1		16	12	4	10	8	2
19	3	3		22	19	3	9	3	6
20-24岁	**23**	**11**	**12**	**108**	**60**	**48**	**86**	**43**	**43**
20	3	2	1	14	9	5	15	10	5
21	3	3		18	10	8	15	7	8
22	5	1	4	20	13	7	9	6	3
23	5	2	3	30	15	15	19	7	12
24	7	3	4	26	13	13	28	13	15
25-29岁	**36**	**21**	**15**	**166**	**104**	**62**	**110**	**57**	**53**
25	2	2		26	18	8	20	8	12
26	4	2	2	36	19	17	18	9	9
27	7	3	4	38	22	16	25	16	9
28	11	6	5	23	16	7	24	12	12
29	12	8	4	43	29	14	23	12	11
30-34岁	**80**	**42**	**38**	**261**	**149**	**112**	**118**	**60**	**58**
30	25	14	11	50	30	20	21	12	9
31	13	7	6	60	37	23	29	11	18
32	14	5	9	39	19	20	22	8	14
33	17	10	7	53	30	23	23	15	8
34	11	6	5	59	33	26	23	14	9
35-39岁	**56**	**35**	**21**	**241**	**142**	**99**	**118**	**66**	**52**
35	13	8	5	53	25	28	22	12	10
36	10	6	4	44	27	17	31	18	13
37	13	7	6	48	30	18	23	12	11
38	12	10	2	51	31	20	17	11	6
39	8	4	4	45	29	16	25	13	12
40-44岁	**80**	**42**	**38**	**254**	**146**	**108**	**124**	**63**	**61**
40	15	9	6	59	36	23	27	15	12
41	20	10	10	50	30	20	33	18	15
42	18	7	11	54	30	24	26	15	11
43	11	6	5	46	29	17	18	8	10
44	16	10	6	45	21	24	20	7	13
45-49岁	**79**	**44**	**35**	**222**	**136**	**86**	**136**	**76**	**60**
45	17	11	6	45	25	20	24	10	14
46	20	11	9	37	21	16	37	18	19
47	16	8	8	57	42	15	28	18	10
48	13	6	7	46	27	19	23	14	9
49	13	8	5	37	21	16	24	16	8
50岁及以上	**184**	**103**	**81**	**441**	**265**	**176**	**273**	**176**	**97**

3-2b 续表 6

单位：人

年龄	高中								
	合计			在校			毕业		
	合计	男	女	小计	男	女	小计	男	女
总计	**25503**	**14056**	**11447**	**7831**	**3788**	**4043**	**16877**	**9762**	**7115**
3									
4									
5-9岁									
5									
6									
7									
8									
9									
10-14岁	**185**	**74**	**111**	**183**	**73**	**110**	**1**	**1**	
10									
11									
12	2		2	2		2			
13	36	21	15	36	21	15			
14	147	53	94	145	52	93	1	1	
15-19岁	**7582**	**3716**	**3866**	**7280**	**3532**	**3748**	**269**	**163**	**106**
15	1260	616	644	1254	611	643	6	5	1
16	2078	1038	1040	2060	1024	1036	14	10	4
17	2104	1050	1054	2055	1018	1037	41	26	15
18	1393	658	735	1304	605	699	79	48	31
19	747	354	393	607	274	333	129	74	55
20-24岁	**1684**	**936**	**748**	**364**	**180**	**184**	**1235**	**699**	**536**
20	432	226	206	245	116	129	176	105	71
21	292	171	121	64	32	32	215	127	88
22	316	167	149	29	14	15	270	145	125
23	318	188	130	18	14	4	274	151	123
24	326	184	142	8	4	4	300	171	129
25-29岁	**2408**	**1314**	**1094**	**1**	**1**		**2285**	**1238**	**1047**
25	427	237	190				405	227	178
26	429	241	188				404	224	180
27	459	235	224	1	1		433	218	215
28	518	284	234				493	268	225
29	575	317	258				550	301	249
30-34岁	**2800**	**1573**	**1227**				**2688**	**1497**	**1191**
30	654	379	275				632	366	266
31	591	324	267				564	304	260
32	554	293	261				532	279	253
33	548	323	225				522	303	219
34	453	254	199				438	245	193
35-39岁	**1907**	**1079**	**828**				**1818**	**1020**	**798**
35	428	228	200				407	216	191
36	401	216	185				384	205	179
37	338	206	132				322	194	128
38	412	243	169				390	230	160
39	328	186	142				315	175	140
40-44岁	**1939**	**1118**	**821**				**1858**	**1062**	**796**
40	406	220	186				390	207	183
41	386	224	162				375	217	158
42	405	228	177				389	218	171
43	346	202	144				329	192	137
44	396	244	152				375	228	147
45-49岁	**2178**	**1216**	**962**	**2**	**1**	**1**	**2083**	**1158**	**925**
45	391	197	194				375	188	187
46	446	252	194				428	241	187
47	470	264	206				446	252	194
48	431	249	182	2	1	1	413	236	177
49	440	254	186				421	241	180
50岁及以上	**4820**	**3030**	**1790**	**1**	**1**		**4640**	**2924**	**1716**

3-2b 续表 7

单位：人

年龄	高中								
	肄业			辍学			其他		
	小计	男	女	小计	男	女	小计	男	女
总计	**137**	**96**	**41**	**354**	**243**	**111**	**304**	**167**	**137**
3									
4									
5-9岁									
5									
6									
7									
8									
9									
10-14岁				**1**		**1**			
10									
11									
12									
13									
14				1		1			
15-19岁	**1**		**1**	**18**	**14**	**4**	**14**	**7**	**7**
15									
16				3	3		1	1	
17				4	3	1	4	3	1
18				4	4		6	1	5
19	1		1	7	4	3	3	2	1
20-24岁	**16**	**12**	**4**	**41**	**28**	**13**	**28**	**17**	**11**
20	3	2	1	5	2	3	3	1	2
21	3	3		7	7		3	2	1
22	2	1	1	9	4	5	6	3	3
23	4	4		13	12	1	9	7	2
24	4	2	2	7	3	4	7	4	3
25-29岁	**22**	**14**	**8**	**59**	**41**	**18**	**41**	**20**	**21**
25	2	1	1	14	8	6	6	1	5
26	7	5	2	12	9	3	6	3	3
27	4	2	2	9	7	2	12	7	5
28	5	3	2	13	10	3	7	3	4
29	4	3	1	11	7	4	10	6	4
30-34岁	**24**	**17**	**7**	**57**	**38**	**19**	**31**	**21**	**10**
30	4	3	1	13	7	6	5	3	2
31	7	4	3	16	13	3	4	3	1
32	5	4	1	10	6	4	7	4	3
33	4	3	1	10	8	2	12	9	3
34	4	3	1	8	4	4	3	2	1
35-39岁	**13**	**10**	**3**	**50**	**34**	**16**	**26**	**15**	**11**
35	3	2	1	13	8	5	5	2	3
36	3	2	1	9	6	3	5	3	2
37	2	2		9	5	4	5	5	
38	3	2	1	11	7	4	8	4	4
39	2	2		8	8		3	1	2
40-44岁	**13**	**10**	**3**	**34**	**27**	**7**	**34**	**19**	**15**
40	2	2		9	7	2	5	4	1
41	2	1	1	7	6	1	2		2
42	1	1		6	5	1	9	4	5
43	3	3		5	3	2	9	4	5
44	5	3	2	7	6	1	9	7	2
45-49岁	**13**	**10**	**3**	**42**	**31**	**11**	**38**	**16**	**22**
45	4	2	2	7	5	2	5	2	3
46	4	4		8	6	2	6	1	5
47	3	2	1	11	7	4	10	3	7
48	1	1		4	3	1	11	8	3
49	1	1		12	10	2	6	2	4
50岁及以上	**35**	**23**	**12**	**52**	**30**	**22**	**92**	**52**	**40**

3-2b　续表 8　　　　单位：人

年　龄	大学专科								
	合　计			在　校			毕　业		
	合计	男	女	小计	男	女	小计	男	女
总　计	**15692**	**8221**	**7471**	**1004**	**457**	**547**	**14488**	**7656**	**6832**
3									
4									
5-9岁									
5									
6									
7									
8									
9									
10-14岁	**1**		**1**				**1**		**1**
10									
11									
12									
13									
14	1		1				1		1
15-19岁	**567**	**265**	**302**	**456**	**218**	**238**	**104**	**44**	**60**
15	13	9	4	12	8	4	1	1	
16	23	15	8	22	15	7	1		1
17	61	28	33	46	23	23	15	5	10
18	197	86	111	163	75	88	30	9	21
19	273	127	146	213	97	116	57	29	28
20-24岁	**2360**	**1034**	**1326**	**479**	**207**	**272**	**1838**	**808**	**1030**
20	342	145	197	205	90	115	130	53	77
21	399	182	217	125	53	72	269	127	142
22	491	204	287	86	36	50	397	165	232
23	552	248	304	44	20	24	496	222	274
24	576	255	321	19	8	11	546	241	305
25-29岁	**3123**	**1463**	**1660**	**45**	**21**	**24**	**3043**	**1428**	**1615**
25	621	288	333	15	3	12	599	283	316
26	578	255	323	11	4	7	560	250	310
27	653	294	359	11	7	4	635	283	352
28	635	297	338	6	5	1	621	288	333
29	636	329	307	2	2		628	324	304
30-34岁	**3094**	**1580**	**1514**	**8**	**2**	**6**	**3054**	**1562**	**1492**
30	770	367	403	3	1	2	759	362	397
31	632	322	310	2		2	623	319	304
32	609	326	283				600	321	279
33	596	301	295	2		2	589	298	291
34	487	264	223	1	1		483	262	221
35-39岁	**1715**	**899**	**816**	**9**	**4**	**5**	**1689**	**887**	**802**
35	421	240	181	1	1		417	237	180
36	342	166	176	3		3	337	165	172
37	308	151	157	3	3		302	147	155
38	355	188	167	1		1	351	187	164
39	289	154	135	1		1	282	151	131
40-44岁	**1240**	**670**	**570**	**2**	**1**	**1**	**1227**	**665**	**562**
40	257	138	119	1		1	255	138	117
41	251	135	116	1	1		247	134	113
42	249	129	120				249	129	120
43	225	126	99				219	122	97
44	258	142	116				257	142	115
45-49岁	**1202**	**687**	**515**	**4**	**3**	**1**	**1181**	**667**	**514**
45	227	117	110	1		1	223	114	109
46	257	141	116				255	139	116
47	250	153	97	2	2		242	145	97
48	232	143	89	1	1		228	139	89
49	236	133	103				233	130	103
50岁及以上	**2390**	**1623**	**767**	**1**	**1**		**2351**	**1595**	**756**

3-2b 续表 9　　　　单位：人

年 龄	大学专科								
	肄 业			辍 学			其 他		
	小计	男	女	小计	男	女	小计	男	女
总 计	**26**	**14**	**12**	**18**	**9**	**9**	**156**	**85**	**71**
3									
4									
5-9岁									
5									
6									
7									
8									
9									
10-14岁									
10									
11									
12									
13									
14									
15-19岁	**1**		**1**	**1**	**1**		**5**	**2**	**3**
15									
16									
17									
18							4	2	2
19	1		1	1	1		1		1
20-24岁	**7**	**3**	**4**	**4**	**2**	**2**	**32**	**14**	**18**
20	1		1	1	1		5	1	4
21	1		1				4	2	2
22	1	1					7	2	5
23	2	1	1	1		1	9	5	4
24	2	1	1	2	1	1	7	4	3
25-29岁	**5**	**3**	**2**	**7**	**3**	**4**	**23**	**8**	**15**
25	1		1	2	1	1	4	1	3
26	1		1	2		2	4	1	3
27	1	1		1	1		5	2	3
28	1	1		1		1	6	3	3
29	1	1		1	1		4	1	3
30-34岁	**4**	**2**	**2**	**4**	**2**	**2**	**24**	**12**	**12**
30	2		2	1	1		5	3	2
31	1	1		2	1	1	4	1	3
32				1		1	8	5	3
33	1	1					4	2	2
34							3	1	2
35-39岁							**17**	**8**	**9**
35							3	2	1
36							2	1	1
37							3	1	2
38							3	1	2
39							6	3	3
40-44岁				**1**		**1**	**10**	**4**	**6**
40							1		1
41							3		3
42									
43				1		1	5	4	1
44							1		1
45-49岁	**2**	**2**		**1**	**1**		**14**	**14**	
45							3	3	
46				1	1		1	1	
47	2	2					4	4	
48							3	3	
49							3	3	
50岁及以上	**7**	**4**	**3**				**31**	**23**	**8**

3-2b 续表 10

单位：人

年 龄	大学本科								
	合 计			在 校			毕 业		
	合计	男	女	小计	男	女	小计	男	女
总 计	**11789**	**5776**	**6013**	**1595**	**661**	**934**	**10103**	**5064**	**5039**
3									
4									
5-9岁									
5									
6									
7									
8									
9									
10-14岁									
10									
11									
12									
13									
14									
15-19岁	**447**	**169**	**278**	**439**	**165**	**274**	**8**	**4**	**4**
15	2	1	1	2	1	1			
16	6	1	5	6	1	5			
17	26	7	19	26	7	19			
18	120	42	78	120	42	78			
19	293	118	175	285	114	171	8	4	4
20-24岁	**2073**	**818**	**1255**	**1083**	**461**	**622**	**976**	**350**	**626**
20	381	133	248	365	128	237	14	4	10
21	369	171	198	319	142	177	48	28	20
22	444	184	260	243	115	128	197	67	130
23	428	171	257	107	49	58	319	120	199
24	451	159	292	49	27	22	398	131	267
25-29岁	**2344**	**998**	**1346**	**60**	**31**	**29**	**2265**	**959**	**1306**
25	478	199	279	29	14	15	443	182	261
26	454	171	283	13	6	7	439	165	274
27	479	213	266	6	5	1	471	207	264
28	482	208	274	6	3	3	473	205	268
29	451	207	244	6	3	3	439	200	239
30-34岁	**2390**	**1108**	**1282**	**11**	**4**	**7**	**2359**	**1093**	**1266**
30	587	257	330	4	2	2	576	251	325
31	521	233	288	3	1	2	511	228	283
32	489	234	255	2		2	486	234	252
33	435	207	228	2	1	1	430	204	226
34	358	177	181				356	176	180
35-39岁	**1407**	**756**	**651**	**1**		**1**	**1396**	**749**	**647**
35	338	192	146				332	188	144
36	306	166	140				305	165	140
37	255	136	119				255	136	119
38	291	157	134				291	157	134
39	217	105	112	1		1	213	103	110
40-44岁	**963**	**481**	**482**				**956**	**478**	**478**
40	221	106	115				218	105	113
41	209	118	91				208	118	90
42	184	87	97				183	86	97
43	167	80	87				165	79	86
44	182	90	92				182	90	92
45-49岁	**834**	**510**	**324**				**823**	**503**	**320**
45	157	90	67				153	88	65
46	184	105	79				181	103	78
47	161	104	57				160	104	56
48	157	109	48				156	108	48
49	175	102	73				173	100	73
50岁及以上	**1331**	**936**	**395**	**1**		**1**	**1320**	**928**	**392**

3-2b 续表 11

单位：人

年龄	大学本科								
	肄业			辍学			其他		
	小计	男	女	小计	男	女	小计	男	女
总计	**12**	**8**	**4**	**3**	**1**	**2**	**76**	**42**	**34**
3									
4									
5-9岁									
5									
6									
7									
8									
9									
10-14岁									
10									
11									
12									
13									
14									
15-19岁									
15									
16									
17									
18									
19									
20-24岁	**1**	**1**					**13**	**6**	**7**
20							2	1	1
21	1	1					1		1
22							4	2	2
23							2	2	
24							4	1	3
25-29岁	**1**		**1**				**18**	**8**	**10**
25							6	3	3
26							2		2
27							2	1	1
28	1		1				2		2
29							6	4	2
30-34岁	**3**	**3**		**1**		**1**	**16**	**8**	**8**
30	1	1					6	3	3
31	1	1					6	3	3
32							1		1
33	1	1		1		1	1	1	
34							2	1	1
35-39岁	**1**	**1**					**9**	**6**	**3**
35	1	1					5	3	2
36							1	1	
37									
38									
39							3	2	1
40-44岁	**2**		**2**				**5**	**3**	**2**
40							3	1	2
41	1		1						
42							1	1	
43	1		1				1	1	
44									
45-49岁	**3**	**2**	**1**	**1**		**1**	**7**	**5**	**2**
45							4	2	2
46	2	2		1		1			
47	1		1						
48							1	1	
49							2	2	
50岁及以上	**1**	**1**		**1**	**1**		**8**	**6**	**2**

3-2b 续表 12

单位：人

年龄	硕士研究生								
	合计			在校			毕业		
	合计	男	女	小计	男	女	小计	男	女
总计	**329**	**174**	**155**	**53**	**23**	**30**	**274**	**150**	**124**
3									
4									
5-9岁									
5									
6									
7									
8									
9									
10-14岁									
10									
11									
12									
13									
14									
15-19岁									
15									
16									
17									
18									
19									
20-24岁	**36**	**15**	**21**	**33**	**14**	**19**	**3**	**1**	**2**
20									
21	2		2	2		2			
22	6	2	4	5	2	3	1		1
23	15	7	8	15	7	8			
24	13	6	7	11	5	6	2	1	1
25-29岁	**100**	**40**	**60**	**16**	**8**	**8**	**83**	**32**	**51**
25	15	5	10	6	3	3	9	2	7
26	16	6	10	3	2	1	13	4	9
27	25	11	14	2	1	1	23	10	13
28	21	7	14	3		3	17	7	10
29	23	11	12	2	2		21	9	12
30-34岁	**79**	**39**	**40**	**2**	**1**	**1**	**77**	**38**	**39**
30	19	9	10				19	9	10
31	11	6	5	1		1	10	6	4
32	17	9	8				17	9	8
33	15	7	8	1	1		14	6	8
34	17	8	9				17	8	9
35-39岁	**51**	**27**	**24**	**1**		**1**	**49**	**26**	**23**
35	16	5	11				16	5	11
36	14	9	5				14	9	5
37	8	5	3				7	4	3
38	9	6	3				9	6	3
39	4	2	2	1		1	3	2	1
40-44岁	**21**	**17**	**4**	**1**		**1**	**20**	**17**	**3**
40	2	2					2	2	
41	6	6					6	6	
42	4	3	1	1		1	3	3	
43	6	3	3				6	3	3
44	3	3					3	3	
45-49岁	**20**	**17**	**3**				**20**	**17**	**3**
45	6	6					6	6	
46	2	1	1				2	1	1
47	4	3	1				4	3	1
48	3	2	1				3	2	1
49	5	5					5	5	
50岁及以上	**22**	**19**	**3**				**22**	**19**	**3**

3-2b 续表 13　　单位：人

年 龄	硕士研究生								
	肄 业			辍 学			其 他		
	小计	男	女	小计	男	女	小计	男	女
总 计							**2**	**1**	**1**
3									
4									
5-9岁									
5									
6									
7									
8									
9									
10-14岁									
10									
11									
12									
13									
14									
15-19岁									
15									
16									
17									
18									
19									
20-24岁									
20									
21									
22									
23									
24									
25-29岁							**1**		**1**
25									
26									
27									
28							1		1
29									
30-34岁									
30									
31									
32									
33									
34									
35-39岁							**1**	**1**	
35									
36									
37							1	1	
38									
39									
40-44岁									
40									
41									
42									
43									
44									
45-49岁									
45									
46									
47									
48									
49									
50岁及以上									

3-2b　续表 14　　　　　　　　　　　　　　　　单位：人

年　龄	博士研究生								
	合　计			在　校			毕　业		
	合计	男	女	小计	男	女	小计	男	女
总　计	**20**	**7**	**13**	**6**	**1**	**5**	**14**	**6**	**8**
3									
4									
5-9岁									
5									
6									
7									
8									
9									
10-14岁									
10									
11									
12									
13									
14									
15-19岁									
15									
16									
17									
18									
19									
20-24岁	**2**		**2**	**2**		**2**			
20									
21									
22									
23									
24	2		2	2		2			
25-29岁	**1**		**1**	**1**		**1**			
25									
26									
27									
28	1		1	1		1			
29									
30-34岁	**5**	**1**	**4**	**2**	**1**	**1**	**3**		**3**
30	3		3	1		1	2		2
31	1	1		1	1				
32									
33									
34	1		1				1		1
35-39岁	**4**	**2**	**2**	**1**		**1**	**3**	**2**	**1**
35	1		1				1		1
36	1	1					1	1	
37	1		1	1		1			
38									
39	1	1					1	1	
40-44岁	**4**	**1**	**3**				**4**	**1**	**3**
40									
41	1	1					1	1	
42	1		1				1		1
43	1		1				1		1
44	1		1				1		1
45-49岁	**3**	**2**	**1**				**3**	**2**	**1**
45	1	1					1	1	
46	1		1				1		1
47									
48									
49	1	1					1	1	
50岁及以上	**1**	**1**					**1**	**1**	

3-2b 续表 15

单位：人

年 龄	博士研究生								
	肄 业			辍 学			其 他		
	小计	男	女	小计	男	女	小计	男	女
总 计									
3									
4									
5-9岁									
5									
6									
7									
8									
9									
10-14岁									
10									
11									
12									
13									
14									
15-19岁									
15									
16									
17									
18									
19									
20-24岁									
20									
21									
22									
23									
24									
25-29岁									
25									
26									
27									
28									
29									
30-34岁									
30									
31									
32									
33									
34									
35-39岁									
35									
36									
37									
38									
39									
40-44岁									
40									
41									
42									
43									
44									
45-49岁									
45									
46									
47									
48									
49									
50岁及以上									

3–2c　全区分年龄、性别、学业完成情况的3岁及以上各种受教育程度人口(乡村)

单位：人

年龄	合计								
	合计			在校			毕业		
	合计	男	女	小计	男	女	小计	男	女
总计	**216325**	**118373**	**97952**	**46407**	**23570**	**22837**	**137817**	**78540**	**59277**
3									
4									
5–9岁	**14097**	**7311**	**6786**	**13860**	**7173**	**6687**	**147**	**88**	**59**
5	449	249	200	440	244	196	6	4	2
6	2488	1271	1217	2444	1241	1203	23	16	7
7	3591	1875	1716	3532	1841	1691	33	21	12
8	3857	2035	1822	3794	1999	1795	44	25	19
9	3712	1881	1831	3650	1848	1802	41	22	19
10–14岁	**19132**	**9919**	**9213**	**18709**	**9689**	**9020**	**286**	**152**	**134**
10	3812	1965	1847	3755	1936	1819	35	15	20
11	3902	2049	1853	3824	2009	1815	51	25	26
12	3868	1986	1882	3787	1946	1841	57	30	27
13	3760	1914	1846	3675	1869	1806	57	28	29
14	3790	2005	1785	3668	1929	1739	86	54	32
15–19岁	**13975**	**7303**	**6672**	**10857**	**5413**	**5444**	**2690**	**1630**	**1060**
15	3167	1665	1502	3010	1557	1453	122	83	39
16	3189	1642	1547	2853	1427	1426	290	183	107
17	2584	1350	1234	2000	980	1020	494	318	176
18	2517	1341	1176	1616	796	820	789	476	313
19	2518	1305	1213	1378	653	725	995	570	425
20–24岁	**14322**	**7524**	**6798**	**2721**	**1164**	**1557**	**10315**	**5614**	**4701**
20	2568	1327	1241	1023	431	592	1347	781	566
21	2587	1382	1205	652	284	368	1707	960	747
22	3084	1591	1493	549	225	324	2255	1214	1041
23	2943	1542	1401	316	144	172	2363	1234	1129
24	3140	1682	1458	181	80	101	2643	1425	1218
25–29岁	**16948**	**9328**	**7620**	**201**	**97**	**104**	**14764**	**8121**	**6643**
25	3294	1776	1518	109	53	56	2813	1510	1303
26	3327	1824	1503	48	25	23	2903	1604	1299
27	3436	1868	1568	26	11	15	3017	1642	1375
28	3391	1880	1511	14	8	6	2963	1631	1332
29	3500	1980	1520	4		4	3068	1734	1334
30–34岁	**17801**	**9920**	**7881**	**26**	**13**	**13**	**15388**	**8657**	**6731**
30	4153	2328	1825	15	5	10	3650	2066	1584
31	3692	2053	1639	5	4	1	3199	1787	1412
32	3312	1815	1497	2	1	1	2837	1563	1274
33	3484	1958	1526	3	3		2997	1713	1284
34	3160	1766	1394	1		1	2705	1528	1177
35–39岁	**15657**	**8779**	**6878**	**6**	**4**	**2**	**12957**	**7382**	**5575**
35	2920	1628	1292	2	1	1	2470	1389	1081
36	3042	1685	1357	1	1		2536	1433	1103
37	2845	1600	1245	1	1		2367	1342	1025
38	3588	2048	1540	1		1	2950	1728	1222
39	3262	1818	1444	1	1		2634	1490	1144
40–44岁	**17277**	**9369**	**7908**	**10**	**7**	**3**	**14052**	**7787**	**6265**
40	3556	1882	1674	3	2	1	2865	1551	1314
41	3239	1785	1454	2	1	1	2651	1509	1142
42	3455	1899	1556	1	1		2827	1587	1240
43	3260	1781	1479	3	2	1	2672	1494	1178
44	3767	2022	1745	1	1		3037	1646	1391
45–49岁	**19796**	**10744**	**9052**	**4**	**3**	**1**	**16112**	**8962**	**7150**
45	3947	2167	1780	1	1		3198	1804	1394
46	3904	2080	1824				3202	1751	1451
47	4090	2281	1809	1		1	3333	1892	1441
48	3990	2085	1905	1	1		3243	1737	1506
49	3865	2131	1734	1	1		3136	1778	1358
50岁及以上	**67320**	**38176**	**29144**	**13**	**7**	**6**	**51106**	**30147**	**20959**

3-2c 续表 1

单位：人

年 龄	合 计								
	肄 业			辍 学			其 他		
	小计	男	女	小计	男	女	小计	男	女
总 计	**5148**	**2547**	**2601**	**12857**	**6442**	**6415**	**14096**	**7274**	**6822**
3									
4									
5—9岁	**11**	**6**	**5**	**5**	**2**	**3**	**74**	**42**	**32**
5				1		1	2	1	1
6	1	1		1	1		19	12	7
7	4	2	2	1	1		21	10	11
8	4	2	2	1		1	14	9	5
9	2	1	1	1		1	18	10	8
10—14岁	**18**	**13**	**5**	**17**	**13**	**4**	**102**	**52**	**50**
10	2	2		2	1	1	18	11	7
11	1	1		3	3		23	11	12
12	4	3	1	1	1		19	6	13
13	5	4	1	6	4	2	17	9	8
14	6	3	3	5	4	1	25	15	10
15—19岁	**59**	**37**	**22**	**177**	**115**	**62**	**192**	**108**	**84**
15	5	3	2	13	11	2	17	11	6
16	6	4	2	19	17	2	21	11	10
17	10	6	4	37	20	17	43	26	17
18	19	14	5	46	29	17	47	26	21
19	19	10	9	62	38	24	64	34	30
20—24岁	**146**	**87**	**59**	**484**	**292**	**192**	**656**	**367**	**289**
20	28	18	10	81	49	32	89	48	41
21	30	15	15	73	47	26	125	76	49
22	27	13	14	107	61	46	146	78	68
23	28	19	9	111	74	37	125	71	54
24	33	22	11	112	61	51	171	94	77
25—29岁	**269**	**162**	**107**	**703**	**396**	**307**	**1011**	**552**	**459**
25	43	27	16	128	83	45	201	103	98
26	53	30	23	141	73	68	182	92	90
27	63	38	25	136	74	62	194	103	91
28	54	34	20	147	80	67	213	127	86
29	56	33	23	151	86	65	221	127	94
30—34岁	**350**	**199**	**151**	**916**	**481**	**435**	**1121**	**570**	**551**
30	84	47	37	155	89	66	249	121	128
31	71	41	30	187	102	85	230	119	111
32	65	39	26	193	101	92	215	111	104
33	70	38	32	191	92	99	223	112	111
34	60	34	26	190	97	93	204	107	97
35—39岁	**395**	**218**	**177**	**1105**	**569**	**536**	**1194**	**606**	**588**
35	77	49	28	188	92	96	183	97	86
36	69	36	33	219	117	102	217	98	119
37	64	37	27	206	106	100	207	114	93
38	89	44	45	252	126	126	296	150	146
39	96	52	44	240	128	112	291	147	144
40—44岁	**451**	**206**	**245**	**1353**	**668**	**685**	**1411**	**701**	**710**
40	107	46	61	296	155	141	285	128	157
41	84	46	38	240	104	136	262	125	137
42	79	31	48	276	140	136	272	140	132
43	80	31	49	250	122	128	255	132	123
44	101	52	49	291	147	144	337	176	161
45—49岁	**517**	**236**	**281**	**1566**	**752**	**814**	**1597**	**791**	**806**
45	95	51	44	315	147	168	338	164	174
46	99	39	60	281	133	148	322	157	165
47	114	62	52	320	157	163	322	170	152
48	100	36	64	349	170	179	297	141	156
49	109	48	61	301	145	156	318	159	159
50岁及以上	**2932**	**1383**	**1549**	**6531**	**3154**	**3377**	**6738**	**3485**	**3253**

3-2c　续表 2　　　　单位：人

年　龄	小　学								
	合　计			在　校			毕　业		
	合计	男	女	小计	男	女	小计	男	女
总　计	**100715**	**48252**	**52463**	**23382**	**12123**	**11259**	**55018**	**26378**	**28640**
3									
4									
5-9岁	**14010**	**7258**	**6752**	**13783**	**7127**	**6656**	**140**	**82**	**58**
5	449	249	200	440	244	196	6	4	2
6	2472	1257	1215	2429	1228	1201	22	15	7
7	3578	1867	1711	3520	1834	1686	32	20	12
8	3836	2021	1815	3775	1987	1788	42	23	19
9	3675	1864	1811	3619	1834	1785	38	20	18
10-14岁	**9759**	**5080**	**4679**	**9566**	**4979**	**4587**	**119**	**60**	**59**
10	3739	1927	1812	3684	1900	1784	33	13	20
11	3691	1945	1746	3621	1908	1713	44	22	22
12	1832	961	871	1782	932	850	33	21	12
13	357	177	180	351	173	178	3	2	1
14	140	70	70	128	66	62	6	2	4
15-19岁	**290**	**136**	**154**	**22**	**11**	**11**	**216**	**94**	**122**
15	24	11	13	9	4	5	10	5	5
16	26	14	12	7	4	3	12	4	8
17	46	22	24	1	1		33	15	18
18	71	36	35	1	1		59	28	31
19	123	53	70	4	1	3	102	42	60
20-24岁	**1418**	**595**	**823**	**2**	**1**	**1**	**1127**	**463**	**664**
20	161	72	89	2	1	1	129	58	71
21	228	114	114				179	85	94
22	317	127	190				256	98	158
23	318	131	187				254	102	152
24	394	151	243				309	120	189
25-29岁	**3050**	**1232**	**1818**	**1**		**1**	**2384**	**972**	**1412**
25	468	183	285				350	136	214
26	541	206	335				427	167	260
27	602	247	355				472	196	276
28	687	278	409				545	219	326
29	752	318	434	1		1	590	254	336
30-34岁	**5034**	**2090**	**2944**	**1**	**1**		**3785**	**1568**	**2217**
30	983	392	591	1	1		756	296	460
31	999	432	567				741	320	421
32	944	363	581				699	266	433
33	1055	460	595				790	352	438
34	1053	443	610				799	334	465
35-39岁	**6648**	**3028**	**3620**				**4909**	**2287**	**2622**
35	1047	447	600				791	345	446
36	1256	539	717				928	411	517
37	1231	586	645				916	433	483
38	1578	729	849				1163	560	603
39	1536	727	809				1111	538	573
40-44岁	**7958**	**3579**	**4379**	**2**	**2**		**5765**	**2669**	**3096**
40	1676	722	954				1216	529	687
41	1490	700	790				1078	532	546
42	1611	732	879	1	1		1180	550	630
43	1428	631	797	1	1		1029	474	555
44	1753	794	959				1262	584	678
45-49岁	**9397**	**4146**	**5251**	**1**	**1**		**6798**	**3064**	**3734**
45	1795	806	989				1278	592	686
46	1802	744	1058				1310	547	763
47	1915	897	1018				1406	670	736
48	1963	818	1145	1	1		1416	595	821
49	1922	881	1041				1388	660	728
50岁及以上	**43151**	**21108**	**22043**	**4**	**1**	**3**	**29775**	**15119**	**14656**

3-2c 续表 3　　　　　　　　　　　　　　　　　　　　　　　　单位：人

年　龄	小　学								
	肄　业			辍　学			其　他		
	小计	男	女	小计	男	女	小计	男	女
总　计	**3638**	**1539**	**2099**	**8995**	**3874**	**5121**	**9682**	**4338**	**5344**
3									
4									
5-9岁	**11**	**6**	**5**	**4**	**2**	**2**	**72**	**41**	**31**
5				1		1	2	1	1
6	1	1		1	1		19	12	7
7	4	2	2	1	1		21	10	11
8	4	2	2	1		1	14	9	5
9	2	1	1				16	9	7
10-14岁	**7**	**5**	**2**	**7**	**6**	**1**	**60**	**30**	**30**
10	2	2		2	1	1	18	11	7
11	1	1		3	3		22	11	11
12	3	2	1	1	1		13	5	8
13				1	1		2	1	1
14	1		1				5	2	3
15-19岁	**9**	**6**	**3**	**22**	**14**	**8**	**21**	**11**	**10**
15	1		1	3	2	1	1		1
16	1	1		1	1		5	4	1
17	1	1		6	2	4	5	3	2
18	2	2		5	3	2	4	2	2
19	4	2	2	7	6	1	6	2	4
20-24岁	**26**	**10**	**16**	**87**	**43**	**44**	**176**	**78**	**98**
20	5	2	3	12	5	7	13	6	7
21	4	2	2	11	7	4	34	20	14
22	4	3	1	22	13	9	35	13	22
23	6	1	5	20	10	10	38	18	20
24	7	2	5	22	8	14	56	21	35
25-29岁	**89**	**32**	**57**	**241**	**92**	**149**	**335**	**136**	**199**
25	15	6	9	39	18	21	64	23	41
26	14	4	10	40	12	28	60	23	37
27	18	6	12	52	22	30	60	23	37
28	18	6	12	54	21	33	70	32	38
29	24	10	14	56	19	37	81	35	46
30-34岁	**161**	**72**	**89**	**505**	**214**	**291**	**582**	**235**	**347**
30	37	16	21	71	36	35	118	43	75
31	33	16	17	103	45	58	122	51	71
32	28	12	16	113	43	70	104	42	62
33	33	13	20	109	44	65	123	51	72
34	30	15	15	109	46	63	115	48	67
35-39岁	**230**	**101**	**129**	**726**	**307**	**419**	**783**	**333**	**450**
35	37	17	20	109	40	69	110	45	65
36	40	15	25	140	58	82	148	55	93
37	44	23	21	136	61	75	135	69	66
38	52	17	35	168	68	100	195	84	111
39	57	29	28	173	80	93	195	80	115
40-44岁	**286**	**100**	**186**	**923**	**385**	**538**	**982**	**423**	**559**
40	67	23	44	207	98	109	186	72	114
41	52	22	30	167	61	106	193	85	108
42	54	19	35	187	77	110	189	85	104
43	54	14	40	165	67	98	179	75	104
44	59	22	37	197	82	115	235	106	129
45-49岁	**352**	**135**	**217**	**1106**	**459**	**647**	**1140**	**487**	**653**
45	60	27	33	211	84	127	246	103	143
46	68	22	46	192	75	117	232	100	132
47	80	38	42	219	93	126	210	96	114
48	71	24	47	260	110	150	215	88	127
49	73	24	49	224	97	127	237	100	137
50岁及以上	**2467**	**1072**	**1395**	**5374**	**2352**	**3022**	**5531**	**2564**	**2967**

3-2c 续表 4

单位：人

年 龄	初 中								
	合 计			在 校			毕 业		
	合计	男	女	小计	男	女	小计	男	女
总 计	**78241**	**48224**	**30017**	**12354**	**6443**	**5911**	**57668**	**36356**	**21312**
3									
4									
5-9岁	**87**	**53**	**34**	**77**	**46**	**31**	**7**	**6**	**1**
5									
6	16	14	2	15	13	2	1	1	
7	13	8	5	12	7	5	1	1	
8	21	14	7	19	12	7	2	2	
9	37	17	20	31	14	17	3	2	1
10-14岁	**9170**	**4738**	**4432**	**8951**	**4615**	**4336**	**160**	**89**	**71**
10	72	37	35	70	35	35	2	2	
11	211	104	107	203	101	102	7	3	4
12	2034	1024	1010	2003	1013	990	24	9	15
13	3360	1714	1646	3287	1676	1611	50	24	26
14	3493	1859	1634	3388	1790	1598	77	51	26
15-19岁	**5483**	**3158**	**2325**	**3286**	**1758**	**1528**	**1922**	**1231**	**691**
15	2026	1134	892	1894	1042	852	107	73	34
16	1142	605	537	857	420	437	252	163	89
17	732	442	290	285	151	134	394	259	135
18	792	495	297	158	92	66	564	359	205
19	791	482	309	92	53	39	605	377	228
20-24岁	**5964**	**3559**	**2405**	**27**	**14**	**13**	**5182**	**3077**	**2105**
20	972	600	372	9	5	4	835	516	319
21	1079	657	422	10	6	4	936	568	368
22	1338	773	565	4	1	3	1172	681	491
23	1264	745	519	1		1	1103	635	468
24	1311	784	527	3	2	1	1136	677	459
25-29岁	**7547**	**4590**	**2957**	**6**	**4**	**2**	**6520**	**3917**	**2603**
25	1379	841	538				1183	708	475
26	1514	915	599	5	3	2	1311	793	518
27	1573	946	627				1365	813	552
28	1538	919	619	1	1		1323	776	547
29	1543	969	574				1338	827	511
30-34岁	**7966**	**4812**	**3154**				**7036**	**4229**	**2807**
30	1831	1098	733				1633	980	653
31	1613	964	649				1424	843	581
32	1487	892	595				1291	761	530
33	1584	963	621				1405	857	548
34	1451	895	556				1283	788	495
35-39岁	**6850**	**4293**	**2557**				**6015**	**3730**	**2285**
35	1354	834	520				1184	717	467
36	1281	818	463				1135	719	416
37	1245	770	475				1103	680	423
38	1580	1001	579				1384	870	514
39	1390	870	520				1209	744	465
40-44岁	**7614**	**4628**	**2986**	**1**	**1**		**6702**	**4040**	**2662**
40	1540	920	620				1341	807	534
41	1394	858	536				1236	761	475
42	1515	932	583				1337	813	524
43	1470	904	566				1305	790	515
44	1695	1014	681	1	1		1483	869	614
45-49岁	**8435**	**5227**	**3208**				**7476**	**4617**	**2859**
45	1780	1100	680				1573	973	600
46	1687	1039	648				1499	922	577
47	1767	1107	660				1548	963	585
48	1632	993	639				1461	886	575
49	1569	988	581				1395	873	522
50岁及以上	**19125**	**13166**	**5959**	**6**	**5**	**1**	**16648**	**11420**	**5228**

3-2c 续表 5 单位：人

年龄	初中								
	肄业			辍学			其他		
	小计	男	女	小计	男	女	小计	男	女
总计	**1279**	**839**	**440**	**3398**	**2238**	**1160**	**3542**	**2348**	**1194**
3									
4									
5-9岁				**1**		**1**	**2**	**1**	**1**
5									
6									
7									
8									
9				1		1	2	1	1
10-14岁	**11**	**8**	**3**	**10**	**7**	**3**	**38**	**19**	**19**
10									
11							1		1
12	1	1					6	1	5
13	5	4	1	5	3	2	13	7	6
14	5	3	2	5	4	1	18	11	7
15-19岁	**35**	**24**	**11**	**115**	**74**	**41**	**125**	**71**	**54**
15	4	3	1	10	9	1	11	7	4
16	5	3	2	15	13	2	13	6	7
17	6	4	2	21	12	9	26	16	10
18	11	8	3	27	16	11	32	20	12
19	9	6	3	42	24	18	43	22	21
20-24岁	**95**	**59**	**36**	**318**	**201**	**117**	**342**	**208**	**134**
20	18	11	7	60	38	22	50	30	20
21	20	9	11	50	35	15	63	39	24
22	17	9	8	60	33	27	85	49	36
23	19	15	4	77	55	22	64	40	24
24	21	15	6	71	40	31	80	50	30
25-29岁	**138**	**96**	**42**	**397**	**260**	**137**	**486**	**313**	**173**
25	21	15	6	77	57	20	98	61	37
26	31	22	9	87	51	36	80	46	34
27	36	25	11	71	44	27	101	64	37
28	27	19	8	80	49	31	107	74	33
29	23	15	8	82	59	23	100	68	32
30-34岁	**157**	**102**	**55**	**351**	**226**	**125**	**422**	**255**	**167**
30	37	23	14	63	40	23	98	55	43
31	30	20	10	75	49	26	84	52	32
32	32	22	10	75	53	22	89	56	33
33	30	19	11	68	39	29	81	48	33
34	28	18	10	70	45	25	70	44	26
35-39岁	**143**	**100**	**43**	**347**	**235**	**112**	**345**	**228**	**117**
35	38	30	8	72	45	27	60	42	18
36	21	16	5	69	50	19	56	33	23
37	17	11	6	64	42	22	61	37	24
38	30	20	10	79	53	26	87	58	29
39	37	23	14	63	45	18	81	58	23
40-44岁	**139**	**90**	**49**	**390**	**255**	**135**	**382**	**242**	**140**
40	31	16	15	81	50	31	87	47	40
41	28	21	7	65	40	25	65	36	29
42	21	12	9	82	59	23	75	48	27
43	24	16	8	75	47	28	66	51	15
44	35	25	10	87	59	28	89	60	29
45-49岁	**149**	**92**	**57**	**419**	**262**	**157**	**391**	**256**	**135**
45	31	20	11	99	59	40	77	48	29
46	29	16	13	81	51	30	78	50	28
47	30	22	8	91	57	34	98	65	33
48	26	12	14	77	53	24	68	42	26
49	33	22	11	71	42	29	70	51	19
50岁及以上	**412**	**268**	**144**	**1050**	**718**	**332**	**1009**	**755**	**254**

3-2c　续表 6　　　　单位：人

年　龄	高　中								
	合　计			在　校			毕　业		
	合计	男	女	小计	男	女	小计	男	女
总　计	**20641**	**12676**	**7965**	**6704**	**3245**	**3459**	**12713**	**8565**	**4148**
3									
4									
5-9岁									
5									
6									
7									
8									
9									
10-14岁	**202**	**100**	**102**	**191**	**94**	**97**	**7**	**3**	**4**
10	1	1		1	1				
11									
12	2	1	1	2	1	1			
13	42	22	20	36	19	17	4	2	2
14	157	76	81	152	73	79	3	1	2
15-19岁	**6523**	**3217**	**3306**	**6014**	**2922**	**3092**	**418**	**240**	**178**
15	1077	497	580	1068	489	579	5	5	
16	1910	957	953	1880	938	942	24	15	9
17	1608	786	822	1532	735	797	52	37	15
18	1140	559	581	989	475	514	122	67	55
19	788	418	370	545	285	260	215	116	99
20-24岁	**2339**	**1338**	**1001**	**492**	**226**	**266**	**1663**	**994**	**669**
20	531	278	253	259	119	140	238	140	98
21	434	239	195	110	47	63	291	172	119
22	475	279	196	75	29	46	355	223	132
23	403	234	169	32	20	12	345	197	148
24	496	308	188	16	11	5	434	262	172
25-29岁	**2187**	**1350**	**837**	**5**	**3**	**2**	**1984**	**1226**	**758**
25	437	267	170	3	1	2	403	248	155
26	450	281	169	1	1		406	255	151
27	433	268	165	1	1		395	247	148
28	426	269	157				386	242	144
29	441	265	176				394	234	160
30-34岁	**1917**	**1240**	**677**				**1790**	**1148**	**642**
30	498	330	168				457	303	154
31	420	263	157				401	246	155
32	347	224	123				331	212	119
33	378	244	134				351	224	127
34	274	179	95				250	163	87
35-39岁	**1050**	**710**	**340**	**1**		**1**	**953**	**638**	**315**
35	230	150	80	1		1	210	133	77
36	241	161	80				216	141	75
37	171	109	62				158	100	58
38	216	162	54				194	145	49
39	192	128	64				175	119	56
40-44岁	**1060**	**734**	**326**				**960**	**663**	**297**
40	206	145	61				183	126	57
41	217	138	79				202	129	73
42	197	144	53				181	135	46
43	234	159	75				212	144	68
44	206	148	58				182	129	53
45-49岁	**1421**	**982**	**439**				**1307**	**900**	**407**
45	266	191	75				245	172	73
46	305	215	90				284	201	83
47	291	192	99				266	175	91
48	294	200	94				266	183	83
49	265	184	81				246	169	77
50岁及以上	**3942**	**3005**	**937**	**1**		**1**	**3631**	**2753**	**878**

3-2c 续表 7 单位：人

年龄	高中								
	肄业			辍学			其他		
	小计	男	女	小计	男	女	小计	男	女
总计	**193**	**141**	**52**	**433**	**308**	**125**	**598**	**417**	**181**
3									
4									
5-9岁									
5									
6									
7									
8									
9									
10-14岁							**4**	**3**	**1**
10									
11									
12									
13							2	1	1
14							2	2	
15-19岁	**14**	**6**	**8**	**38**	**25**	**13**	**39**	**24**	**15**
15							4	3	1
16				3	3		3	1	2
17	3	1	2	10	6	4	11	7	4
18	6	4	2	13	9	4	10	4	6
19	5	1	4	12	7	5	11	9	2
20-24岁	**21**	**16**	**5**	**73**	**46**	**27**	**90**	**56**	**34**
20	5	5		9	6	3	20	8	12
21	5	4	1	11	5	6	17	11	6
22	5	1	4	23	14	9	17	12	5
23	1	1		13	8	5	12	8	4
24	5	5		17	13	4	24	17	7
25-29岁	**28**	**22**	**6**	**57**	**37**	**20**	**113**	**62**	**51**
25	3	2	1	11	7	4	17	9	8
26	3	1	2	14	10	4	26	14	12
27	8	6	2	12	7	5	17	7	10
28	7	7		9	6	3	24	14	10
29	7	6	1	11	7	4	29	18	11
30-34岁	**21**	**16**	**5**	**51**	**35**	**16**	**55**	**41**	**14**
30	6	4	2	18	12	6	17	11	6
31	5	3	2	6	6		8	8	
32	4	4		4	4		8	4	4
33	4	4		12	7	5	11	9	2
34	2	1	1	11	6	5	11	9	2
35-39岁	**19**	**15**	**4**	**31**	**26**	**5**	**46**	**31**	**15**
35	2	2		7	7		10	8	2
36	7	4	3	10	9	1	8	7	1
37	2	2		6	3	3	5	4	1
38	7	7		4	4		11	6	5
39	1		1	4	3	1	12	6	6
40-44岁	**24**	**15**	**9**	**39**	**27**	**12**	**37**	**29**	**8**
40	8	6	2	7	6	1	8	7	1
41	4	3	1	8	3	5	3	3	
42	3		3	7	4	3	6	5	1
43	2	1	1	10	8	2	10	6	4
44	7	5	2	7	6	1	10	8	2
45-49岁	**15**	**9**	**6**	**40**	**30**	**10**	**59**	**43**	**16**
45	4	4		5	4	1	12	11	1
46	2	1	1	7	6	1	12	7	5
47	3	2	1	10	7	3	12	8	4
48	3		3	12	7	5	13	10	3
49	3	2	1	6	6		10	7	3
50岁及以上	**51**	**42**	**9**	**104**	**82**	**22**	**155**	**128**	**27**

3-2c 续表 8

单位：人

年龄	大学专科								
	合计			在校			毕业		
	合计	男	女	小计	男	女	小计	男	女
总计	**10518**	**5887**	**4631**	**2357**	**1046**	**1311**	**7919**	**4687**	**3232**
3									
4									
5-9岁									
5									
6									
7									
8									
9									
10-14岁	**1**	**1**		**1**	**1**				
10									
11									
12									
13	1	1		1	1				
14									
15-19岁	**1181**	**566**	**615**	**1047**	**500**	**547**	**125**	**62**	**63**
15	36	22	14	35	21	14			
16	103	65	38	101	64	37	2	1	1
17	165	87	78	149	80	69	15	7	8
18	329	170	159	289	149	140	38	20	18
19	548	222	326	473	186	287	70	34	36
20-24岁	**2944**	**1286**	**1658**	**1201**	**483**	**718**	**1702**	**784**	**918**
20	615	247	368	474	181	293	136	63	73
21	595	261	334	316	133	183	270	124	146
22	594	256	338	225	90	135	358	161	197
23	584	263	321	124	56	68	450	201	249
24	556	259	297	62	23	39	488	235	253
25-29岁	**2498**	**1356**	**1142**	**84**	**43**	**41**	**2351**	**1274**	**1077**
25	642	318	324	47	24	23	575	282	293
26	501	272	229	17	10	7	478	260	218
27	491	258	233	16	6	10	463	244	219
28	434	256	178	4	3	1	416	243	173
29	430	252	178				419	245	174
30-34岁	**1643**	**1034**	**609**	**11**	**9**	**2**	**1577**	**989**	**588**
30	485	296	189	5	3	2	465	283	182
31	368	241	127	4	4		351	229	122
32	322	203	119	1	1		308	192	116
33	269	170	99	1	1		257	163	94
34	199	124	75				196	122	74
35-39岁	**623**	**429**	**194**	**4**	**4**		**602**	**414**	**188**
35	157	109	48	1	1		153	106	47
36	152	104	48	1	1		149	103	46
37	116	80	36	1	1		110	75	35
38	113	82	31				109	79	30
39	85	54	31	1	1		81	51	30
40-44岁	**435**	**291**	**144**	**4**	**3**	**1**	**420**	**279**	**141**
40	92	65	27	2	2		85	59	26
41	94	56	38				93	55	38
42	85	62	23				83	60	23
43	87	60	27	2	1	1	85	59	26
44	77	48	29				74	46	28
45-49岁	**357**	**248**	**109**	**3**	**2**	**1**	**346**	**241**	**105**
45	70	46	24	1	1		67	44	23
46	76	56	20				75	55	20
47	80	54	26	1		1	76	53	23
48	64	45	19				63	44	19
49	67	47	20	1	1		65	45	20
50岁及以上	**836**	**676**	**160**	**2**	**1**	**1**	**796**	**644**	**152**

3-2c 续表 9　　　　单位：人

年龄	大学专科								
	肄业			辍学			其他		
	小计	男	女	小计	男	女	小计	男	女
总计	**26**	**21**	**5**	**26**	**19**	**7**	**190**	**114**	**76**
3									
4									
5-9岁									
5									
6									
7									
8									
9									
10-14岁									
10									
11									
12									
13									
14									
15-19岁	**1**	**1**		**1**	**1**		**7**	**2**	**5**
15							1	1	
16									
17							1		1
18				1	1		1		1
19	1	1					4	1	3
20-24岁	**3**	**2**	**1**	**6**	**2**	**4**	**32**	**15**	**17**
20							5	3	2
21	1		1	1		1	7	4	3
22				2	1	1	9	4	5
23	2	2		1	1		7	3	4
24				2		2	4	1	3
25-29岁	**9**	**9**		**6**	**6**		**48**	**24**	**24**
25	4	4		1	1		15	7	8
26	1	1					5	1	4
27				1	1		11	7	4
28	2	2		3	3		9	5	4
29	2	2		1	1		8	4	4
30-34岁	**7**	**6**	**1**	**7**	**5**	**2**	**41**	**25**	**16**
30	3	3		2		2	10	7	3
31	1	1		2	2		10	5	5
32	1	1		1	1		11	8	3
33	2	1	1	2	2		7	3	4
34							3	2	1
35-39岁	**2**	**1**	**1**	**1**	**1**		**14**	**9**	**5**
35							3	2	1
36							2		2
37	1	1					4	3	1
38				1	1		3	2	1
39	1		1				2	2	
40-44岁	**1**	**1**		**1**	**1**		**9**	**7**	**2**
40	1	1		1	1		3	2	1
41							1	1	
42							2	2	
43									
44							3	2	1
45-49岁	**1**		**1**	**1**	**1**		**6**	**4**	**2**
45							2	1	1
46				1	1				
47	1		1				2	1	1
48							1	1	
49							1	1	
50岁及以上	**2**	**1**	**1**	**3**	**2**	**1**	**33**	**28**	**5**

3-2c 续表 10

单位：人

年 龄	大学本科								
	合 计			在 校			毕 业		
	合计	男	女	小计	男	女	小计	男	女
总 计	**5973**	**3219**	**2754**	**1538**	**683**	**855**	**4335**	**2469**	**1866**
3									
4									
5-9岁									
5									
6									
7									
8									
9									
10-14岁									
10									
11									
12									
13									
14									
15-19岁	**497**	**225**	**272**	**488**	**222**	**266**	**8**	**2**	**6**
15	4	1	3	4	1	3			
16	8	1	7	8	1	7			
17	33	13	20	33	13	20			
18	184	80	104	179	79	100	5	1	4
19	268	130	138	264	128	136	3	1	2
20-24岁	**1611**	**726**	**885**	**960**	**422**	**538**	**634**	**294**	**340**
20	288	129	159	279	125	154	8	3	5
21	250	111	139	215	98	117	31	11	20
22	353	152	201	238	101	137	114	51	63
23	359	161	198	145	60	85	210	99	111
24	361	173	188	83	38	45	271	130	141
25-29岁	**1590**	**772**	**818**	**78**	**35**	**43**	**1476**	**716**	**760**
25	351	159	192	47	23	24	297	133	164
26	303	144	159	17	8	9	271	126	145
27	329	146	183	7	2	5	316	141	175
28	290	153	137	5	2	3	281	148	133
29	317	170	147	2		2	311	168	143
30-34岁	**1178**	**716**	**462**	**10**	**3**	**7**	**1142**	**695**	**447**
30	341	210	131	6	1	5	327	202	125
31	272	144	128	1		1	263	140	123
32	203	127	76	1		1	199	126	73
33	183	113	70	2	2		179	109	70
34	179	122	57				174	118	56
35-39岁	**460**	**303**	**157**				**453**	**297**	**156**
35	126	86	40				126	86	40
36	109	60	49				105	56	49
37	78	53	25				76	52	24
38	90	65	25				90	65	25
39	57	39	18				56	38	18
40-44岁	**204**	**133**	**71**	**2**	**1**	**1**	**200**	**132**	**68**
40	41	29	12	1		1	39	29	10
41	40	30	10	1	1		39	29	10
42	47	29	18				46	29	17
43	41	27	14				41	27	14
44	35	18	17				35	18	17
45-49岁	**175**	**131**	**44**				**174**	**130**	**44**
45	33	22	11				32	21	11
46	31	23	8				31	23	8
47	33	27	6				33	27	6
48	36	28	8				36	28	8
49	42	31	11				42	31	11
50岁及以上	**258**	**213**	**45**				**248**	**203**	**45**

3-2c 续表 11 单位：人

年龄	大学本科								
	肄业			辍学			其他		
	小计	男	女	小计	男	女	小计	男	女
总计	**12**	**7**	**5**	**5**	**3**	**2**	**83**	**57**	**26**
3									
4									
5-9岁									
5									
6									
7									
8									
9									
10-14岁									
10									
11									
12									
13									
14									
15-19岁				**1**	**1**				
15									
16									
17									
18									
19				1	1				
20-24岁	**1**		**1**				**16**	**10**	**6**
20							1	1	
21							4	2	2
22	1		1						
23							4	2	2
24							7	5	2
25-29岁	**5**	**3**	**2**	**2**	**1**	**1**	**29**	**17**	**12**
25							7	3	4
26	4	2	2				11	8	3
27	1	1					5	2	3
28				1	1		3	2	1
29				1		1	3	2	1
30-34岁	**4**	**3**	**1**	**2**	**1**	**1**	**20**	**14**	**6**
30	1	1		1	1		6	5	1
31	2	1	1	1		1	5	3	2
32							3	1	2
33	1	1					1	1	
34							5	4	1
35-39岁	**1**	**1**					**6**	**5**	**1**
35									
36	1	1					3	3	
37							2	1	1
38									
39							1	1	
40-44岁	**1**		**1**				**1**		**1**
40							1		1
41									
42	1		1						
43									
44									
45-49岁							**1**	**1**	
45							1	1	
46									
47									
48									
49									
50岁及以上							**10**	**10**	

3-2c　续表 12　　　　单位：人

年　龄	硕士研究生								
	合　计			在　校			毕　业		
	合计	男	女	小计	男	女	小计	男	女
总　计	**226**	**111**	**115**	**67**	**29**	**38**	**158**	**82**	**76**
3									
4									
5—9岁									
5									
6									
7									
8									
9									
10—14岁									
10									
11									
12									
13									
14									
15—19岁	**1**	**1**					**1**	**1**	
15									
16									
17									
18	1	1					1	1	
19									
20—24岁	**44**	**19**	**25**	**37**	**17**	**20**	**7**	**2**	**5**
20	1	1					1	1	
21	1		1	1		1			
22	6	3	3	6	3	3			
23	15	8	7	14	8	6	1		1
24	21	7	14	16	6	10	5	1	4
25—29岁	**73**	**28**	**45**	**25**	**12**	**13**	**48**	**16**	**32**
25	15	8	7	10	5	5	5	3	2
26	18	6	12	8	3	5	10	3	7
27	8	3	5	2	2		6	1	5
28	15	5	10	4	2	2	11	3	8
29	17	6	11	1		1	16	6	10
30—34岁	**61**	**27**	**34**	**4**		**4**	**56**	**27**	**29**
30	15	2	13	3		3	12	2	10
31	20	9	11				19	9	10
32	8	6	2				8	6	2
33	14	7	7				14	7	7
34	4	3	1	1		1	3	3	
35—39岁	**24**	**15**	**9**	**1**		**1**	**23**	**15**	**8**
35	6	2	4				6	2	4
36	3	3					3	3	
37	3	1	2				3	1	2
38	11	9	2	1		1	10	9	1
39	1		1				1		1
40—44岁	**5**	**4**	**1**				**5**	**4**	**1**
40	1	1					1	1	
41	3	3					3	3	
42									
43									
44	1		1				1		1
45—49岁	**11**	**10**	**1**				**11**	**10**	**1**
45	3	2	1				3	2	1
46	3	3					3	3	
47	4	4					4	4	
48	1	1					1	1	
49									
50岁及以上	**7**	**7**					**7**	**7**	

3-2c 续表 13

单位：人

年 龄	硕士研究生								
	肄 业			辍 学			其 他		
	小计	男	女	小计	男	女	小计	男	女
总 计							**1**		**1**
3									
4									
5—9岁									
5									
6									
7									
8									
9									
10—14岁									
10									
11									
12									
13									
14									
15—19岁									
15									
16									
17									
18									
19									
20—24岁									
20									
21									
22									
23									
24									
25—29岁									
25									
26									
27									
28									
29									
30—34岁							**1**		**1**
30									
31							1		1
32									
33									
34									
35—39岁									
35									
36									
37									
38									
39									
40—44岁									
40									
41									
42									
43									
44									
45—49岁									
45									
46									
47									
48									
49									
50岁及以上									

3-2c　续表 14

单位：人

年　龄	博士研究生								
	合　计			在　校			毕　业		
	合计	男	女	小计	男	女	小计	男	女
总　计	**11**	**4**	**7**	**5**	**1**	**4**	**6**	**3**	**3**
3									
4									
5-9岁									
5									
6									
7									
8									
9									
10-14岁									
10									
11									
12									
13									
14									
15-19岁									
15									
16									
17									
18									
19									
20-24岁	**2**	**1**	**1**	**2**	**1**	**1**			
20									
21									
22	1	1		1	1				
23									
24	1		1	1		1			
25-29岁	**3**		**3**	**2**		**2**	**1**		**1**
25	2		2	2		2			
26									
27									
28	1		1				1		1
29									
30-34岁	**2**	**1**	**1**				**2**	**1**	**1**
30									
31									
32	1		1				1		1
33	1	1					1	1	
34									
35-39岁	**2**	**1**	**1**				**2**	**1**	**1**
35									
36									
37	1	1					1	1	
38									
39	1		1				1		1
40-44岁	**1**		**1**	**1**		**1**			
40									
41	1		1	1		1			
42									
43									
44									
45-49岁									
45									
46									
47									
48									
49									
50岁及以上	**1**	**1**					**1**	**1**	

3-2c 续表 15

单位：人

年 龄	博士研究生								
	肄 业			辍 学			其 他		
	小计	男	女	小计	男	女	小计	男	女
总 计									
3									
4									
5-9岁									
5									
6									
7									
8									
9									
10-14岁									
10									
11									
12									
13									
14									
15-19岁									
15									
16									
17									
18									
19									
20-24岁									
20									
21									
22									
23									
24									
25-29岁									
25									
26									
27									
28									
29									
30-34岁									
30									
31									
32									
33									
34									
35-39岁									
35									
36									
37									
38									
39									
40-44岁									
40									
41									
42									
43									
44									
45-49岁									
45									
46									
47									
48									
49									
50岁及以上									

第二部分　长表数据资料

第四卷　就业

4-1　各地区分性别、年龄的就业人口

单位：人

地　区 性　别	合计	16-19岁	20-24岁	25-29岁	30-34岁	35-39岁	40-44岁
宁　夏	**314750**	**3970**	**21826**	**39706**	**48892**	**42146**	**42754**
银川市	**126592**	**1527**	**9576**	**18557**	**23426**	**18065**	**16160**
兴庆区	34981	422	2640	4722	5912	5254	5043
西夏区	16278	224	1576	2740	2989	2183	1872
金凤区	29469	307	1878	4876	6565	4531	3497
永宁县	14204	168	1073	1860	2450	1781	1697
贺兰县	15697	192	1056	2112	2810	2234	1967
灵武市	15963	214	1353	2247	2700	2082	2084
石嘴山市	**34993**	**394**	**1923**	**3442**	**4736**	**4325**	**5122**
大武口区	12570	179	763	1267	1863	1654	1849
惠农区	9096	69	497	905	1242	1126	1350
平罗县	13327	146	663	1270	1631	1545	1923
吴忠市	**59930**	**866**	**4217**	**7223**	**8168**	**7774**	**8659**
利通区	19395	289	1462	2595	2987	2711	3036
红寺堡区	9407	208	745	1241	1305	1256	1281
盐池县	8127	44	422	839	988	935	1077
同心县	11610	207	961	1532	1632	1570	1550
青铜峡市	11391	118	627	1016	1256	1302	1715
固原市	**47614**	**659**	**3050**	**5093**	**6121**	**6155**	**6786**
原州区	19469	280	1291	2152	2817	2847	2845
西吉县	12097	220	944	1491	1489	1462	1620
隆德县	4968	30	210	446	569	521	649
泾源县	3731	78	299	368	410	461	556
彭阳县	7349	51	306	636	836	864	1116
中卫市	**45621**	**524**	**3060**	**5391**	**6441**	**5827**	**6027**
沙坡头区	17925	163	1088	2160	2564	2258	2346
中宁县	14665	151	870	1543	2041	1822	1945
海原县	13031	210	1102	1688	1836	1747	1736

4-1 续表 1

单位：人

地 区 性 别	合计	16-19岁	20-24岁	25-29岁	30-34岁	35-39岁	40-44岁
男	**193621**	**2696**	**12747**	**23514**	**29494**	**25484**	**24709**
银川市	**76651**	**1037**	**5466**	**10654**	**13855**	**10769**	**9188**
兴庆区	20254	275	1394	2511	3291	2909	2806
西夏区	10035	136	940	1628	1799	1328	1070
金凤区	16806	218	960	2556	3614	2559	1880
永宁县	9057	122	663	1171	1563	1165	1013
贺兰县	9494	129	597	1241	1661	1372	1097
灵武市	11005	157	912	1547	1927	1436	1322
石嘴山市	**21938**	**252**	**1121**	**2076**	**2889**	**2646**	**2941**
大武口区	7715	95	398	723	1106	987	1019
惠农区	5980	53	307	563	792	719	804
平罗县	8243	104	416	790	991	940	1118
吴忠市	**37451**	**604**	**2541**	**4465**	**5070**	**4738**	**5010**
利通区	11771	203	859	1493	1752	1565	1673
红寺堡区	5729	130	473	779	784	740	721
盐池县	5316	37	251	529	695	641	704
同心县	7598	156	623	1030	1040	1021	958
青铜峡市	7037	78	335	634	799	771	954
固原市	**28929**	**439**	**1756**	**2931**	**3665**	**3739**	**3958**
原州区	12040	181	724	1224	1701	1771	1721
西吉县	7310	148	583	880	926	874	933
隆德县	2862	22	107	251	311	287	338
泾源县	2228	56	168	204	212	267	312
彭阳县	4489	32	174	372	515	540	654
中卫市	**28652**	**364**	**1863**	**3388**	**4015**	**3592**	**3612**
沙坡头区	11176	111	635	1314	1577	1335	1391
中宁县	9030	104	552	960	1222	1083	1131
海原县	8446	149	676	1114	1216	1174	1090

4-1　续表 2　　　　单位：人

地　区 性　别	合计	16-19岁	20-24岁	25-29岁	30-34岁	35-39岁	40-44岁
女	**121129**	**1274**	**9079**	**16192**	**19398**	**16662**	**18045**
银川市	**49941**	**490**	**4110**	**7903**	**9571**	**7296**	**6972**
兴庆区	14727	147	1246	2211	2621	2345	2237
西夏区	6243	88	636	1112	1190	855	802
金凤区	12663	89	918	2320	2951	1972	1617
永宁县	5147	46	410	689	887	616	684
贺兰县	6203	63	459	871	1149	862	870
灵武市	4958	57	441	700	773	646	762
石嘴山市	**13055**	**142**	**802**	**1366**	**1847**	**1679**	**2181**
大武口区	4855	84	365	544	757	667	830
惠农区	3116	16	190	342	450	407	546
平罗县	5084	42	247	480	640	605	805
吴忠市	**22479**	**262**	**1676**	**2758**	**3098**	**3036**	**3649**
利通区	7624	86	603	1102	1235	1146	1363
红寺堡区	3678	78	272	462	521	516	560
盐池县	2811	7	171	310	293	294	373
同心县	4012	51	338	502	592	549	592
青铜峡市	4354	40	292	382	457	531	761
固原市	**18685**	**220**	**1294**	**2162**	**2456**	**2416**	**2828**
原州区	7429	99	567	928	1116	1076	1124
西吉县	4787	72	361	611	563	588	687
隆德县	2106	8	103	195	258	234	311
泾源县	1503	22	131	164	198	194	244
彭阳县	2860	19	132	264	321	324	462
中卫市	**16969**	**160**	**1197**	**2003**	**2426**	**2235**	**2415**
沙坡头区	6749	52	453	846	987	923	955
中宁县	5635	47	318	583	819	739	814
海原县	4585	61	426	574	620	573	646

4-1 续表 3 单位：人

地区 性别	45-49岁	50-54岁	55-59岁	60-64岁	65-69岁	70-74岁	75岁及以上
宁 夏	**45063**	**35890**	**21276**	**7076**	**4395**	**1278**	**478**
银川市	**16945**	**12612**	**6933**	**1703**	**834**	**192**	**62**
兴庆区	5021	3519	1830	375	183	44	16
西夏区	2095	1569	820	124	58	15	13
金凤区	3504	2550	1436	232	73	14	6
永宁县	2036	1574	986	343	197	36	3
贺兰县	2089	1622	980	363	203	52	17
灵武市	2200	1778	881	266	120	31	7
石嘴山市	**6166**	**4777**	**2498**	**881**	**540**	**139**	**50**
大武口区	2388	1697	731	126	46	5	2
惠农区	1704	1355	615	146	63	16	8
平罗县	2074	1725	1152	609	431	118	40
吴忠市	**8448**	**6924**	**4444**	**1664**	**1079**	**339**	**125**
利通区	2720	1939	1134	307	171	31	13
红寺堡区	1186	1048	653	242	173	52	17
盐池县	1228	1116	772	354	238	81	33
同心县	1397	1228	847	341	214	88	43
青铜峡市	1917	1593	1038	420	283	87	19
固原市	**6865**	**5876**	**3968**	**1490**	**1071**	**339**	**141**
原州区	2754	2136	1450	443	329	101	24
西吉县	1572	1443	1051	391	271	92	51
隆德县	866	765	530	208	126	30	18
泾源县	539	441	276	130	125	27	21
彭阳县	1134	1091	661	318	220	89	27
中卫市	**6639**	**5701**	**3433**	**1338**	**871**	**269**	**100**
沙坡头区	2918	2388	1248	470	249	56	17
中宁县	2158	1913	1238	477	356	119	32
海原县	1563	1400	947	391	266	94	51

4-1　续表 4　　　　单位：人

地区 性别	45-49岁	50-54岁	55-59岁	60-64岁	65-69岁	70-74岁	75岁及以上
男	**26498**	**23598**	**15434**	**4934**	**3206**	**951**	**356**
银川市	**9745**	**8499**	**5337**	**1280**	**621**	**151**	**49**
兴庆区	2835	2329	1431	292	131	37	13
西夏区	1174	1128	664	100	47	12	9
金凤区	1924	1668	1165	187	60	11	4
永宁县	1211	1018	709	244	150	25	3
贺兰县	1183	1064	702	252	137	43	16
灵武市	1418	1292	666	205	96	23	4
石嘴山市	**3701**	**3279**	**1895**	**590**	**397**	**109**	**42**
大武口区	1423	1192	625	104	36	5	2
惠农区	1054	1017	487	114	50	14	6
平罗县	1224	1070	783	372	311	90	34
吴忠市	**5065**	**4531**	**3147**	**1152**	**785**	**254**	**89**
利通区	1611	1324	888	233	135	24	11
红寺堡区	681	652	418	167	133	40	11
盐池县	762	715	520	233	152	58	19
同心县	854	824	598	234	160	66	34
青铜峡市	1157	1016	723	285	205	66	14
固原市	**4043**	**3654**	**2649**	**989**	**763**	**247**	**96**
原州区	1681	1387	1020	299	234	78	19
西吉县	924	850	661	249	181	68	33
隆德县	464	451	340	151	104	23	13
泾源县	329	282	186	84	90	21	17
彭阳县	645	684	442	206	154	57	14
中卫市	**3944**	**3635**	**2406**	**923**	**640**	**190**	**80**
沙坡头区	1729	1592	904	344	190	41	13
中宁县	1258	1178	849	329	259	79	26
海原县	957	865	653	250	191	70	41

4-1 续表 5 单位：人

地 区 性 别	45-49岁	50-54岁	55-59岁	60-64岁	65-69岁	70-74岁	75岁及 以 上
女	**18565**	**12292**	**5842**	**2142**	**1189**	**327**	**122**
银川市	**7200**	**4113**	**1596**	**423**	**213**	**41**	**13**
兴庆区	2186	1190	399	83	52	7	3
西夏区	921	441	156	24	11	3	4
金凤区	1580	882	271	45	13	3	2
永宁县	825	556	277	99	47	11	
贺兰县	906	558	278	111	66	9	1
灵武市	782	486	215	61	24	8	3
石嘴山市	**2465**	**1498**	**603**	**291**	**143**	**30**	**8**
大武口区	965	505	106	22	10		
惠农区	650	338	128	32	13	2	2
平罗县	850	655	369	237	120	28	6
吴忠市	**3383**	**2393**	**1297**	**512**	**294**	**85**	**36**
利通区	1109	615	246	74	36	7	2
红寺堡区	505	396	235	75	40	12	6
盐池县	466	401	252	121	86	23	14
同心县	543	404	249	107	54	22	9
青铜峡市	760	577	315	135	78	21	5
固原市	**2822**	**2222**	**1319**	**501**	**308**	**92**	**45**
原州区	1073	749	430	144	95	23	5
西吉县	648	593	390	142	90	24	18
隆德县	402	314	190	57	22	7	5
泾源县	210	159	90	46	35	6	4
彭阳县	489	407	219	112	66	32	13
中卫市	**2695**	**2066**	**1027**	**415**	**231**	**79**	**20**
沙坡头区	1189	796	344	126	59	15	4
中宁县	900	735	389	148	97	40	6
海原县	606	535	294	141	75	24	10

4-1a　各地区分性别、年龄的就业人口(城市)

单位：人

地　区 性　别	合计	16-19岁	20-24岁	25-29岁	30-34岁	35-39岁	40-44岁
宁　夏	**127668**	**1408**	**8930**	**17878**	**22925**	**19156**	**18260**
银川市	**70285**	**852**	**5378**	**10806**	**13612**	**10686**	**9190**
兴庆区	25998	329	1991	3540	4447	3992	3836
西夏区	14216	196	1419	2449	2658	1900	1605
金凤区	23890	238	1466	3928	5341	3809	2848
永宁县							
贺兰县	198	1	19	22	41	26	21
灵武市	5983	88	483	867	1125	959	880
石嘴山市	**16602**	**159**	**860**	**1648**	**2518**	**2214**	**2562**
大武口区	10561	116	543	1051	1621	1429	1629
惠农区	6041	43	317	597	897	785	933
平罗县							
吴忠市	**20970**	**241**	**1460**	**2848**	**3406**	**3138**	**3474**
利通区	12715	151	938	1821	2109	1904	2128
红寺堡区	3052	43	191	451	580	535	419
盐池县							
同心县							
青铜峡市	5203	47	331	576	717	699	927
固原市	**9436**	**78**	**555**	**1126**	**1604**	**1583**	**1557**
原州区	9436	78	555	1126	1604	1583	1557
西吉县							
隆德县							
泾源县							
彭阳县							
中卫市	**10375**	**78**	**677**	**1450**	**1785**	**1535**	**1477**
沙坡头区	10375	78	677	1450	1785	1535	1477
中宁县							
海原县							

4-1a 续表 1

单位：人

地区 性别	合计	16-19岁	20-24岁	25-29岁	30-34岁	35-39岁	40-44岁
男	**75561**	**904**	**4819**	**9783**	**13001**	**11022**	**10217**
银川市	**40678**	**548**	**2891**	**5803**	**7587**	**6033**	**5063**
兴庆区	14836	213	1045	1837	2430	2151	2111
西夏区	8708	116	840	1461	1585	1143	914
金凤区	13352	163	723	1988	2863	2119	1511
永宁县							
贺兰县	120		10	13	22	19	15
灵武市	3662	56	273	504	687	601	512
石嘴山市	**10360**	**96**	**500**	**957**	**1486**	**1319**	**1444**
大武口区	6400	66	298	588	924	832	894
惠农区	3960	30	202	369	562	487	550
平罗县							
吴忠市	**12527**	**161**	**776**	**1615**	**1985**	**1824**	**1922**
利通区	7514	104	510	1011	1186	1089	1153
红寺堡区	1849	26	110	263	350	323	247
盐池县							
同心县							
青铜峡市	3164	31	156	341	449	412	522
固原市	**5703**	**49**	**289**	**571**	**898**	**969**	**922**
原州区	5703	49	289	571	898	969	922
西吉县							
隆德县							
泾源县							
彭阳县							
中卫市	**6293**	**50**	**363**	**837**	**1045**	**877**	**866**
沙坡头区	6293	50	363	837	1045	877	866
中宁县							
海原县							

4-1a　续表 2

单位：人

地　区 性　别	合计	16-19岁	20-24岁	25-29岁	30-34岁	35-39岁	40-44岁
女	**52107**	**504**	**4111**	**8095**	**9924**	**8134**	**8043**
银川市	**29607**	**304**	**2487**	**5003**	**6025**	**4653**	**4127**
兴庆区	11162	116	946	1703	2017	1841	1725
西夏区	5508	80	579	988	1073	757	691
金凤区	10538	75	743	1940	2478	1690	1337
永宁县							
贺兰县	78	1	9	9	19	7	6
灵武市	2321	32	210	363	438	358	368
石嘴山市	**6242**	**63**	**360**	**691**	**1032**	**895**	**1118**
大武口区	4161	50	245	463	697	597	735
惠农区	2081	13	115	228	335	298	383
平罗县							
吴忠市	**8443**	**80**	**684**	**1233**	**1421**	**1314**	**1552**
利通区	5201	47	428	810	923	815	975
红寺堡区	1203	17	81	188	230	212	172
盐池县							
同心县							
青铜峡市	2039	16	175	235	268	287	405
固原市	**3733**	**29**	**266**	**555**	**706**	**614**	**635**
原州区	3733	29	266	555	706	614	635
西吉县							
隆德县							
泾源县							
彭阳县							
中卫市	**4082**	**28**	**314**	**613**	**740**	**658**	**611**
沙坡头区	4082	28	314	613	740	658	611
中宁县							
海原县							

4-1a 续表 3

单位：人

地区 性别	45-49岁	50-54岁	55-59岁	60-64岁	65-69岁	70-74岁	75岁及以上
宁 夏	**18600**	**12824**	**6153**	**985**	**424**	**81**	**44**
银川市	**9203**	**6440**	**3350**	**508**	**196**	**36**	**28**
兴庆区	3752	2533	1268	206	81	14	9
西夏区	1809	1329	682	92	50	14	13
金凤区	2835	2059	1149	162	44	5	6
永宁县							
贺兰县	30	22	12	2	2		
灵武市	777	497	239	46	19	3	
石嘴山市	**3212**	**2336**	**893**	**134**	**53**	**7**	**6**
大武口区	2057	1446	555	80	31	1	2
惠农区	1155	890	338	54	22	6	4
平罗县							
吴忠市	**3038**	**1997**	**1027**	**204**	**106**	**22**	**9**
利通区	1799	1140	574	91	48	8	4
红寺堡区	320	250	170	53	33	6	1
盐池县							
同心县							
青铜峡市	919	607	283	60	25	8	4
固原市	**1413**	**949**	**468**	**60**	**33**	**10**	
原州区	1413	949	468	60	33	10	
西吉县							
隆德县							
泾源县							
彭阳县							
中卫市	**1734**	**1102**	**415**	**79**	**36**	**6**	**1**
沙坡头区	1734	1102	415	79	36	6	1
中宁县							
海原县							

4-1a 续表 4

单位：人

地区 性别	45-49岁	50-54岁	55-59岁	60-64岁	65-69岁	70-74岁	75岁及以上
男	**10678**	**8861**	**5080**	**767**	**332**	**65**	**32**
银川市	**5077**	**4335**	**2738**	**404**	**151**	**29**	**19**
兴庆区	2087	1684	1036	166	59	11	6
西夏区	1009	957	553	70	40	11	9
金凤区	1526	1338	947	129	37	4	4
永宁县							
贺兰县	16	14	8	2	1		
灵武市	439	342	194	37	14	3	
石嘴山市	**1928**	**1716**	**751**	**108**	**44**	**6**	**5**
大武口区	1215	1022	472	62	24	1	2
惠农区	713	694	279	46	20	5	3
平罗县							
吴忠市	**1796**	**1369**	**828**	**144**	**84**	**16**	**7**
利通区	1052	808	488	66	37	6	4
红寺堡区	195	155	112	34	28	6	
盐池县							
同心县							
青铜峡市	549	406	228	44	19	4	3
固原市	**866**	**651**	**404**	**50**	**25**	**9**	
原州区	866	651	404	50	25	9	
西吉县							
隆德县							
泾源县							
彭阳县							
中卫市	**1011**	**790**	**359**	**61**	**28**	**5**	**1**
沙坡头区	1011	790	359	61	28	5	1
中宁县							
海原县							

4-1a 续表 5 单位：人

地区 性别	45-49岁	50-54岁	55-59岁	60-64岁	65-69岁	70-74岁	75岁及以上
女	**7922**	**3963**	**1073**	**218**	**92**	**16**	**12**
银川市	**4126**	**2105**	**612**	**104**	**45**	**7**	**9**
兴庆区	1665	849	232	40	22	3	3
西夏区	800	372	129	22	10	3	4
金凤区	1309	721	202	33	7	1	2
永宁县							
贺兰县	14	8	4		1		
灵武市	338	155	45	9	5		
石嘴山市	**1284**	**620**	**142**	**26**	**9**	**1**	**1**
大武口区	842	424	83	18	7		
惠农区	442	196	59	8	2	1	1
平罗县							
吴忠市	**1242**	**628**	**199**	**60**	**22**	**6**	**2**
利通区	747	332	86	25	11	2	
红寺堡区	125	95	58	19	5		1
盐池县							
同心县							
青铜峡市	370	201	55	16	6	4	1
固原市	**547**	**298**	**64**	**10**	**8**	**1**	
原州区	547	298	64	10	8	1	
西吉县							
隆德县							
泾源县							
彭阳县							
中卫市	**723**	**312**	**56**	**18**	**8**	**1**	
沙坡头区	723	312	56	18	8	1	
中宁县							
海原县							

4-1b 各地区分性别、年龄的就业人口(镇)

单位：人

地区 性别	合计	16-19岁	20-24岁	25-29岁	30-34岁	35-39岁	40-44岁
宁　夏	**71735**	**745**	**4884**	**9512**	**12397**	**10598**	**10304**
银川市	**29410**	**330**	**2259**	**4455**	**5827**	**4365**	**3768**
兴庆区	5545	66	439	808	948	870	784
西夏区	494	9	41	93	111	70	71
金凤区	277	5	23	47	44	29	33
永宁县	9199	97	698	1384	1929	1299	1117
贺兰县	10086	110	669	1514	2129	1594	1311
灵武市	3809	43	389	609	666	503	452
石嘴山市	**9899**	**141**	**644**	**1121**	**1458**	**1360**	**1568**
大武口区	957	52	144	93	107	101	114
惠农区	1341	8	77	145	189	171	203
平罗县	7601	81	423	883	1162	1088	1251
吴忠市	**11372**	**101**	**791**	**1434**	**1696**	**1683**	**1677**
利通区	916	11	74	144	135	124	113
红寺堡区	520	9	62	91	87	62	57
盐池县	3915	15	253	521	595	565	597
同心县	4749	52	352	606	731	754	698
青铜峡市	1272	14	50	72	148	178	212
固原市	**9424**	**67**	**502**	**1066**	**1458**	**1453**	**1577**
原州区	899	16	63	102	127	102	124
西吉县	2848	22	162	361	450	480	470
隆德县	1925	5	61	192	271	268	331
泾源县	1208	16	102	142	164	192	193
彭阳县	2544	8	114	269	446	411	459
中卫市	**11630**	**106**	**688**	**1436**	**1958**	**1737**	**1714**
沙坡头区	721	8	42	68	79	74	80
中宁县	7310	46	400	907	1243	1057	1083
海原县	3599	52	246	461	636	606	551

4-1b 续表 1

单位：人

地区 性别	合计	16-19岁	20-24岁	25-29岁	30-34岁	35-39岁	40-44岁
男	**44667**	**508**	**2735**	**5614**	**7546**	**6609**	**6073**
银川市	**18225**	**229**	**1268**	**2629**	**3562**	**2745**	**2193**
兴庆区	3164	45	211	429	509	499	428
西夏区	285	5	20	50	64	49	36
金凤区	170	3	11	27	30	17	18
永宁县	5914	67	422	850	1240	860	676
贺兰县	6025	78	363	856	1229	972	740
灵武市	2667	31	241	417	490	348	295
石嘴山市	**6047**	**81**	**342**	**664**	**889**	**817**	**883**
大武口区	557	20	49	54	79	59	62
惠农区	873	8	45	94	121	111	113
平罗县	4617	53	248	516	689	647	708
吴忠市	**7413**	**73**	**472**	**893**	**1064**	**1109**	**1048**
利通区	590	9	56	82	88	80	62
红寺堡区	392	5	48	74	61	49	46
盐池县	2450	13	136	296	374	357	382
同心县	3142	36	201	390	447	512	443
青铜峡市	839	10	31	51	94	111	115
固原市	**5690**	**48**	**255**	**558**	**834**	**857**	**919**
原州区	593	12	33	64	85	68	82
西吉县	1764	16	98	187	270	289	279
隆德县	1067	4	25	95	139	139	163
泾源县	690	13	46	65	77	110	111
彭阳县	1576	3	53	147	263	251	284
中卫市	**7292**	**77**	**398**	**870**	**1197**	**1081**	**1030**
沙坡头区	528	7	28	53	63	49	55
中宁县	4416	34	239	528	726	615	623
海原县	2348	36	131	289	408	417	352

4-1b 续表 2 单位：人

地区/性别	合计	16-19岁	20-24岁	25-29岁	30-34岁	35-39岁	40-44岁
女	**27068**	**237**	**2149**	**3898**	**4851**	**3989**	**4231**
银川市	**11185**	**101**	**991**	**1826**	**2265**	**1620**	**1575**
兴庆区	2381	21	228	379	439	371	356
西夏区	209	4	21	43	47	21	35
金凤区	107	2	12	20	14	12	15
永宁县	3285	30	276	534	689	439	441
贺兰县	4061	32	306	658	900	622	571
灵武市	1142	12	148	192	176	155	157
石嘴山市	**3852**	**60**	**302**	**457**	**569**	**543**	**685**
大武口区	400	32	95	39	28	42	52
惠农区	468		32	51	68	60	90
平罗县	2984	28	175	367	473	441	543
吴忠市	**3959**	**28**	**319**	**541**	**632**	**574**	**629**
利通区	326	2	18	62	47	44	51
红寺堡区	128	4	14	17	26	13	11
盐池县	1465	2	117	225	221	208	215
同心县	1607	16	151	216	284	242	255
青铜峡市	433	4	19	21	54	67	97
固原市	**3734**	**19**	**247**	**508**	**624**	**596**	**658**
原州区	306	4	30	38	42	34	42
西吉县	1084	6	64	174	180	191	191
隆德县	858	1	36	97	132	129	168
泾源县	518	3	56	77	87	82	82
彭阳县	968	5	61	122	183	160	175
中卫市	**4338**	**29**	**290**	**566**	**761**	**656**	**684**
沙坡头区	193	1	14	15	16	25	25
中宁县	2894	12	161	379	517	442	460
海原县	1251	16	115	172	228	189	199

4-1b 续表 3 单位：人

地区 性别	45-49岁	50-54岁	55-59岁	60-64岁	65-69岁	70-74岁	75岁及以上
宁夏	**10405**	**7295**	**3872**	**1013**	**506**	**142**	**62**
银川市	**3880**	**2647**	**1358**	**349**	**144**	**24**	**4**
兴庆区	750	534	262	60	23		1
西夏区	48	30	14	6		1	
金凤区	36	29	22	7	2		
永宁县	1259	809	440	109	49	9	
贺兰县	1259	869	444	122	51	11	3
灵武市	528	376	176	45	19	3	
石嘴山市	**1679**	**1119**	**555**	**172**	**63**	**11**	**8**
大武口区	147	115	66	13	3	2	
惠农区	235	181	96	30	6		
平罗县	1297	823	393	129	54	9	8
吴忠市	**1632**	**1220**	**722**	**224**	**125**	**46**	**21**
利通区	130	83	68	21	10	2	1
红寺堡区	59	46	26	9	10	2	
盐池县	601	423	224	66	36	11	8
同心县	610	489	288	92	42	23	12
青铜峡市	232	179	116	36	27	8	
固原市	**1476**	**1051**	**555**	**111**	**73**	**20**	**15**
原州区	129	93	95	26	16	6	
西吉县	402	289	161	27	16	6	2
隆德县	370	254	133	17	15	1	7
泾源县	180	127	60	16	11	3	2
彭阳县	395	288	106	25	15	4	4
中卫市	**1738**	**1258**	**682**	**157**	**101**	**41**	**14**
沙坡头区	127	132	68	29	6	7	1
中宁县	1167	809	418	87	61	25	7
海原县	444	317	196	41	34	9	6

4-1b 续表 4

单位：人

地 区 性 别	45-49岁	50-54岁	55-59岁	60-64岁	65-69岁	70-74岁	75岁及以上
男	**6242**	**4984**	**3028**	**768**	**402**	**113**	**45**
银川市	**2311**	**1823**	**1054**	**272**	**117**	**19**	**3**
兴庆区	430	349	199	46	18		1
西夏区	24	20	12	4		1	
金凤区	22	20	14	6	2		
永宁县	761	557	340	91	43	7	
贺兰县	717	587	346	89	37	9	2
灵武市	357	290	143	36	17	2	
石嘴山市	**998**	**739**	**445**	**127**	**50**	**7**	**5**
大武口区	87	72	61	11	1	2	
惠农区	145	133	74	24	5		
平罗县	766	534	310	92	44	5	5
吴忠市	**1023**	**849**	**565**	**167**	**96**	**39**	**15**
利通区	78	53	54	16	9	2	1
红寺堡区	40	33	18	8	8	2	
盐池县	359	266	177	49	27	9	5
同心县	390	366	230	67	32	19	9
青铜峡市	156	131	86	27	20	7	
固原市	**877**	**733**	**440**	**85**	**56**	**18**	**10**
原州区	79	64	68	20	12	6	
西吉县	255	208	125	20	11	5	1
隆德县	209	154	108	13	13		5
泾源县	107	88	49	12	8	3	1
彭阳县	227	219	90	20	12	4	3
中卫市	**1033**	**840**	**524**	**117**	**83**	**30**	**12**
沙坡头区	86	94	58	22	6	6	1
中宁县	671	531	311	68	48	17	5
海原县	276	215	155	27	29	7	6

4-1b 续表 5　　　　单位：人

地区 性别	45-49岁	50-54岁	55-59岁	60-64岁	65-69岁	70-74岁	75岁及以上
女	**4163**	**2311**	**844**	**245**	**104**	**29**	**17**
银川市	**1569**	**824**	**304**	**77**	**27**	**5**	**1**
兴庆区	320	185	63	14	5		
西夏区	24	10	2	2			
金凤区	14	9	8	1			
永宁县	498	252	100	18	6	2	
贺兰县	542	282	98	33	14	2	1
灵武市	171	86	33	9	2	1	
石嘴山市	**681**	**380**	**110**	**45**	**13**	**4**	**3**
大武口区	60	43	5	2	2		
惠农区	90	48	22	6	1		
平罗县	531	289	83	37	10	4	3
吴忠市	**609**	**371**	**157**	**57**	**29**	**7**	**6**
利通区	52	30	14	5	1		
红寺堡区	19	13	8	1	2		
盐池县	242	157	47	17	9	2	3
同心县	220	123	58	25	10	4	3
青铜峡市	76	48	30	9	7	1	
固原市	**599**	**318**	**115**	**26**	**17**	**2**	**5**
原州区	50	29	27	6	4		
西吉县	147	81	36	7	5	1	1
隆德县	161	100	25	4	2	1	2
泾源县	73	39	11	4	3		1
彭阳县	168	69	16	5	3		1
中卫市	**705**	**418**	**158**	**40**	**18**	**11**	**2**
沙坡头区	41	38	10	7		1	
中宁县	496	278	107	19	13	8	2
海原县	168	102	41	14	5	2	

4-1c 各地区分性别、年龄的就业人口(乡村)

单位：人

地区 性别	合计	16-19岁	20-24岁	25-29岁	30-34岁	35-39岁	40-44岁
宁 夏	**115347**	**1817**	**8012**	**12316**	**13570**	**12392**	**14190**
银川市	**26897**	**345**	**1939**	**3296**	**3987**	**3014**	**3202**
兴庆区	3438	27	210	374	517	392	423
西夏区	1568	19	116	198	220	213	196
金凤区	5302	64	389	901	1180	693	616
永宁县	5005	71	375	476	521	482	580
贺兰县	5413	81	368	576	640	614	635
灵武市	6171	83	481	771	909	620	752
石嘴山市	**8492**	**94**	**419**	**673**	**760**	**751**	**992**
大武口区	1052	11	76	123	135	124	106
惠农区	1714	18	103	163	156	170	214
平罗县	5726	65	240	387	469	457	672
吴忠市	**27588**	**524**	**1966**	**2941**	**3066**	**2953**	**3508**
利通区	5764	127	450	630	743	683	795
红寺堡区	5835	156	492	699	638	659	805
盐池县	4212	29	169	318	393	370	480
同心县	6861	155	609	926	901	816	852
青铜峡市	4916	57	246	368	391	425	576
固原市	**28754**	**514**	**1993**	**2901**	**3059**	**3119**	**3652**
原州区	9134	186	673	924	1086	1162	1164
西吉县	9249	198	782	1130	1039	982	1150
隆德县	3043	25	149	254	298	253	318
泾源县	2523	62	197	226	246	269	363
彭阳县	4805	43	192	367	390	453	657
中卫市	**23616**	**340**	**1695**	**2505**	**2698**	**2555**	**2836**
沙坡头区	6829	77	369	642	700	649	789
中宁县	7355	105	470	636	798	765	862
海原县	9432	158	856	1227	1200	1141	1185

4-1c 续表 1 单位：人

地 区 性 别	合计	16-19岁	20-24岁	25-29岁	30-34岁	35-39岁	40-44岁
男	**73393**	**1284**	**5193**	**8117**	**8947**	**7853**	**8419**
银川市	**17748**	**260**	**1307**	**2222**	**2706**	**1991**	**1932**
兴庆区	2254	17	138	245	352	259	267
西夏区	1042	15	80	117	150	136	120
金凤区	3284	52	226	541	721	423	351
永宁县	3143	55	241	321	323	305	337
贺兰县	3349	51	224	372	410	381	342
灵武市	4676	70	398	626	750	487	515
石嘴山市	**5531**	**75**	**279**	**455**	**514**	**510**	**614**
大武口区	758	9	51	81	103	96	63
惠农区	1147	15	60	100	109	121	141
平罗县	3626	51	168	274	302	293	410
吴忠市	**17511**	**370**	**1293**	**1957**	**2021**	**1805**	**2040**
利通区	3667	90	293	400	478	396	458
红寺堡区	3488	99	315	442	373	368	428
盐池县	2866	24	115	233	321	284	322
同心县	4456	120	422	640	593	509	515
青铜峡市	3034	37	148	242	256	248	317
固原市	**17536**	**342**	**1212**	**1802**	**1933**	**1913**	**2117**
原州区	5744	120	402	589	718	734	717
西吉县	5546	132	485	693	656	585	654
隆德县	1795	18	82	156	172	148	175
泾源县	1538	43	122	139	135	157	201
彭阳县	2913	29	121	225	252	289	370
中卫市	**15067**	**237**	**1102**	**1681**	**1773**	**1634**	**1716**
沙坡头区	4355	54	244	424	469	409	470
中宁县	4614	70	313	432	496	468	508
海原县	6098	113	545	825	808	757	738

4-1c　续表 2

单位：人

地　区 性　别	合计	16-19岁	20-24岁	25-29岁	30-34岁	35-39岁	40-44岁
女	**41954**	**533**	**2819**	**4199**	**4623**	**4539**	**5771**
银川市	**9149**	**85**	**632**	**1074**	**1281**	**1023**	**1270**
兴庆区	1184	10	72	129	165	133	156
西夏区	526	4	36	81	70	77	76
金凤区	2018	12	163	360	459	270	265
永宁县	1862	16	134	155	198	177	243
贺兰县	2064	30	144	204	230	233	293
灵武市	1495	13	83	145	159	133	237
石嘴山市	**2961**	**19**	**140**	**218**	**246**	**241**	**378**
大武口区	294	2	25	42	32	28	43
惠农区	567	3	43	63	47	49	73
平罗县	2100	14	72	113	167	164	262
吴忠市	**10077**	**154**	**673**	**984**	**1045**	**1148**	**1468**
利通区	2097	37	157	230	265	287	337
红寺堡区	2347	57	177	257	265	291	377
盐池县	1346	5	54	85	72	86	158
同心县	2405	35	187	286	308	307	337
青铜峡市	1882	20	98	126	135	177	259
固原市	**11218**	**172**	**781**	**1099**	**1126**	**1206**	**1535**
原州区	3390	66	271	335	368	428	447
西吉县	3703	66	297	437	383	397	496
隆德县	1248	7	67	98	126	105	143
泾源县	985	19	75	87	111	112	162
彭阳县	1892	14	71	142	138	164	287
中卫市	**8549**	**103**	**593**	**824**	**925**	**921**	**1120**
沙坡头区	2474	23	125	218	231	240	319
中宁县	2741	35	157	204	302	297	354
海原县	3334	45	311	402	392	384	447

4-1c 续表 3

单位：人

地区 性别	45-49岁	50-54岁	55-59岁	60-64岁	65-69岁	70-74岁	75岁及以上
宁夏	**16058**	**15771**	**11251**	**5078**	**3465**	**1055**	**372**
银川市	**3862**	**3525**	**2225**	**846**	**494**	**132**	**30**
兴庆区	519	452	300	109	79	30	6
西夏区	238	210	124	26	8		
金凤区	633	462	265	63	27	9	
永宁县	777	765	546	234	148	27	3
贺兰县	800	731	524	239	150	41	14
灵武市	895	905	466	175	82	25	7
石嘴山市	**1275**	**1322**	**1050**	**575**	**424**	**121**	**36**
大武口区	184	136	110	33	12	2	
惠农区	314	284	181	62	35	10	4
平罗县	777	902	759	480	377	109	32
吴忠市	**3778**	**3707**	**2695**	**1236**	**848**	**271**	**95**
利通区	791	716	492	195	113	21	8
红寺堡区	807	752	457	180	130	44	16
盐池县	627	693	548	288	202	70	25
同心县	787	739	559	249	172	65	31
青铜峡市	766	807	639	324	231	71	15
固原市	**3976**	**3876**	**2945**	**1319**	**965**	**309**	**126**
原州区	1212	1094	887	357	280	85	24
西吉县	1170	1154	890	364	255	86	49
隆德县	496	511	397	191	111	29	11
泾源县	359	314	216	114	114	24	19
彭阳县	739	803	555	293	205	85	23
中卫市	**3167**	**3341**	**2336**	**1102**	**734**	**222**	**85**
沙坡头区	1057	1154	765	362	207	43	15
中宁县	991	1104	820	390	295	94	25
海原县	1119	1083	751	350	232	85	45

4-1c　续表 4　　　　单位：人

地　区 性　别	45–49岁	50–54岁	55–59岁	60–64岁	65–69岁	70–74岁	75岁及以　上
男	**9578**	**9753**	**7326**	**3399**	**2472**	**773**	**279**
银川市	**2357**	**2341**	**1545**	**604**	**353**	**103**	**27**
兴庆区	318	296	196	80	54	26	6
西夏区	141	151	99	26	7		
金凤区	376	310	204	52	21	7	
永宁县	450	461	369	153	107	18	3
贺兰县	450	463	348	161	99	34	14
灵武市	622	660	329	132	65	18	4
石嘴山市	**775**	**824**	**699**	**355**	**303**	**96**	**32**
大武口区	121	98	92	31	11	2	
惠农区	196	190	134	44	25	9	3
平罗县	458	536	473	280	267	85	29
吴忠市	**2246**	**2313**	**1754**	**841**	**605**	**199**	**67**
利通区	481	463	346	151	89	16	6
红寺堡区	446	464	288	125	97	32	11
盐池县	403	449	343	184	125	49	14
同心县	464	458	368	167	128	47	25
青铜峡市	452	479	409	214	166	55	11
固原市	**2300**	**2270**	**1805**	**854**	**682**	**220**	**86**
原州区	736	672	548	229	197	63	19
西吉县	669	642	536	229	170	63	32
隆德县	255	297	232	138	91	23	8
泾源县	222	194	137	72	82	18	16
彭阳县	418	465	352	186	142	53	11
中卫市	**1900**	**2005**	**1523**	**745**	**529**	**155**	**67**
沙坡头区	632	708	487	261	156	30	11
中宁县	587	647	538	261	211	62	21
海原县	681	650	498	223	162	63	35

4-1c 续表 5

单位：人

地区 性别	45-49岁	50-54岁	55-59岁	60-64岁	65-69岁	70-74岁	75岁及以上
女	**6480**	**6018**	**3925**	**1679**	**993**	**282**	**93**
银川市	**1505**	**1184**	**680**	**242**	**141**	**29**	**3**
兴庆区	201	156	104	29	25	4	
西夏区	97	59	25		1		
金凤区	257	152	61	11	6	2	
永宁县	327	304	177	81	41	9	
贺兰县	350	268	176	78	51	7	
灵武市	273	245	137	43	17	7	3
石嘴山市	**500**	**498**	**351**	**220**	**121**	**25**	**4**
大武口区	63	38	18	2	1		
惠农区	118	94	47	18	10	1	1
平罗县	319	366	286	200	110	24	3
吴忠市	**1532**	**1394**	**941**	**395**	**243**	**72**	**28**
利通区	310	253	146	44	24	5	2
红寺堡区	361	288	169	55	33	12	5
盐池县	224	244	205	104	77	21	11
同心县	323	281	191	82	44	18	6
青铜峡市	314	328	230	110	65	16	4
固原市	**1676**	**1606**	**1140**	**465**	**283**	**89**	**40**
原州区	476	422	339	128	83	22	5
西吉县	501	512	354	135	85	23	17
隆德县	241	214	165	53	20	6	3
泾源县	137	120	79	42	32	6	3
彭阳县	321	338	203	107	63	32	12
中卫市	**1267**	**1336**	**813**	**357**	**205**	**67**	**18**
沙坡头区	425	446	278	101	51	13	4
中宁县	404	457	282	129	84	32	4
海原县	438	433	253	127	70	22	10

4-2 各地区分性别、受教育程度的就业人口

单位：人

地区 性别	合计	未上过学	学前教育	小学	初中	高中	大学专科	大学本科	硕士 研究生	博士 研究生
宁夏	**314750**	**7233**	**102**	**60983**	**112456**	**45138**	**44627**	**41217**	**2765**	**229**
银川市	**126592**	**1521**	**20**	**13124**	**39049**	**21123**	**24440**	**24768**	**2340**	**207**
兴庆区	34981	372	3	2774	9972	6405	7359	7394	641	61
西夏区	16278	225	2	1728	4648	3277	3489	2633	233	43
金凤区	29469	148	4	1713	5242	3952	6709	10338	1270	93
永宁县	14204	207	4	2524	6792	1936	1762	949	26	4
贺兰县	15697	227	4	2029	6384	2640	2448	1850	111	4
灵武市	15963	342	3	2356	6011	2913	2673	1604	59	2
石嘴山市	**34993**	**432**	**7**	**4413**	**15347**	**6140**	**4818**	**3711**	**121**	**4**
大武口区	12570	63	1	1080	4329	2673	2315	2026	81	2
惠农区	9096	54	2	911	4135	1820	1309	844	19	2
平罗县	13327	315	4	2422	6883	1647	1194	841	21	
吴忠市	**59930**	**2186**	**22**	**14974**	**24510**	**7043**	**6016**	**5056**	**121**	**2**
利通区	19395	305	11	2596	8943	2789	2461	2209	79	2
红寺堡区	9407	881	1	3689	2907	710	622	584	13	
盐池县	8127	128	1	2070	3217	1064	849	785	13	
同心县	11610	378	2	4866	3972	846	773	769	4	
青铜峡市	11391	494	7	1753	5471	1634	1311	709	12	
固原市	**47614**	**1920**	**23**	**17223**	**14411**	**4966**	**4857**	**4113**	**87**	**14**
原州区	19469	720	5	5561	6211	2297	2362	2233	69	11
西吉县	12097	306	4	5779	3381	916	988	718	4	1
隆德县	4968	147	9	1544	1649	627	591	398	3	
泾源县	3731	419		1524	953	279	283	270	3	
彭阳县	7349	328	5	2815	2217	847	633	494	8	2
中卫市	**45621**	**1174**	**30**	**11249**	**19139**	**5866**	**4496**	**3569**	**96**	**2**
沙坡头区	17925	355	7	2305	8301	2944	2208	1739	65	1
中宁县	14665	388	4	3371	6597	1906	1367	1017	14	1
海原县	13031	431	19	5573	4241	1016	921	813	17	

4-2 续表 1

单位：人

地区 性别	合计	未上过学	学前教育	小学	初中	高中	大学专科	大学本科	硕士研究生	博士研究生
男	**193621**	**2675**	**35**	**34115**	**77264**	**30534**	**25720**	**21787**	**1367**	**124**
银川市	**76651**	**588**	**9**	**7641**	**26063**	**13923**	**13957**	**13222**	**1137**	**111**
兴庆区	20254	129	1	1597	6464	3951	3934	3828	318	32
西夏区	10035	82	1	996	3073	2188	2139	1421	105	30
金凤区	16806	58	2	1006	3428	2519	3622	5522	604	45
永宁县	9057	102	2	1537	4584	1324	1014	479	13	2
贺兰县	9494	73	2	1157	4209	1693	1360	945	54	1
灵武市	11005	144	1	1348	4305	2248	1888	1027	43	1
石嘴山市	**21938**	**173**	**2**	**2457**	**10453**	**4105**	**2823**	**1859**	**65**	**1**
大武口区	7715	25		600	2938	1747	1349	1012	44	
惠农区	5980	24	1	531	2909	1271	793	441	9	1
平罗县	8243	124	1	1326	4606	1087	681	406	12	
吴忠市	**37451**	**742**	**8**	**8438**	**17131**	**4892**	**3500**	**2679**	**60**	**1**
利通区	11771	96	6	1458	5831	1780	1414	1148	37	1
红寺堡区	5729	286		2051	2133	548	379	325	7	
盐池县	5316	41		1121	2384	803	535	424	8	
同心县	7598	143		2799	3128	659	465	403	1	
青铜峡市	7037	176	2	1009	3655	1102	707	379	7	
固原市	**28929**	**739**	**8**	**9200**	**10367**	**3560**	**2855**	**2143**	**47**	**10**
原州区	12040	302	2	3165	4475	1541	1377	1138	32	8
西吉县	7310	110	2	3006	2552	691	571	375	3	
隆德县	2862	51	3	734	1064	444	351	213	2	
泾源县	2228	175		882	672	190	161	145	3	
彭阳县	4489	101	1	1413	1604	694	395	272	7	2
中卫市	**28652**	**433**	**8**	**6379**	**13250**	**4054**	**2585**	**1884**	**58**	**1**
沙坡头区	11176	129	4	1310	5578	1994	1223	900	38	
中宁县	9030	143	2	1833	4394	1300	817	529	11	1
海原县	8446	161	2	3236	3278	760	545	455	9	

4-2 续表 2

单位：人

地区 性别	合 计	未上过学	学前教育	小 学	初 中	高 中	大学专科	大学本科	硕 士 研究生	博 士 研究生
女	**121129**	**4558**	**67**	**26868**	**35192**	**14604**	**18907**	**19430**	**1398**	**105**
银川市	**49941**	**933**	**11**	**5483**	**12986**	**7200**	**10483**	**11546**	**1203**	**96**
兴庆区	14727	243	2	1177	3508	2454	3425	3566	323	29
西夏区	6243	143	1	732	1575	1089	1350	1212	128	13
金凤区	12663	90	2	707	1814	1433	3087	4816	666	48
永宁县	5147	105	2	987	2208	612	748	470	13	2
贺兰县	6203	154	2	872	2175	947	1088	905	57	3
灵武市	4958	198	2	1008	1706	665	785	577	16	1
石嘴山市	**13055**	**259**	**5**	**1956**	**4894**	**2035**	**1995**	**1852**	**56**	**3**
大武口区	4855	38	1	480	1391	926	966	1014	37	2
惠农区	3116	30	1	380	1226	549	516	403	10	1
平罗县	5084	191	3	1096	2277	560	513	435	9	
吴忠市	**22479**	**1444**	**14**	**6536**	**7379**	**2151**	**2516**	**2377**	**61**	**1**
利通区	7624	209	5	1138	3112	1009	1047	1061	42	1
红寺堡区	3678	595	1	1638	774	162	243	259	6	
盐池县	2811	87	1	949	833	261	314	361	5	
同心县	4012	235	2	2067	844	187	308	366	3	
青铜峡市	4354	318	5	744	1816	532	604	330	5	
固原市	**18685**	**1181**	**15**	**8023**	**4044**	**1406**	**2002**	**1970**	**40**	**4**
原州区	7429	418	3	2396	1736	756	985	1095	37	3
西吉县	4787	196	2	2773	829	225	417	343	1	1
隆德县	2106	96	6	810	585	183	240	185	1	
泾源县	1503	244		642	281	89	122	125		
彭阳县	2860	227	4	1402	613	153	238	222	1	
中卫市	**16969**	**741**	**22**	**4870**	**5889**	**1812**	**1911**	**1685**	**38**	**1**
沙坡头区	6749	226	3	995	2723	950	985	839	27	1
中宁县	5635	245	2	1538	2203	606	550	488	3	
海原县	4585	270	17	2337	963	256	376	358	8	

4-2a 各地区分性别、受教育程度的就业人口(城市)

单位：人

地区 性别	合计	未上过学	学前教育	小学	初中	高中	大学专科	大学本科	硕士研究生	博士研究生
宁夏	**127668**	**781**	**24**	**8666**	**37799**	**23208**	**26395**	**28228**	**2357**	**210**
银川市	**70285**	**360**	**8**	**3839**	**16092**	**12266**	**16171**	**19298**	**2058**	**193**
兴庆区	25998	143	3	1427	6526	4814	5949	6473	604	59
西夏区	14216	133	1	1084	3795	2997	3355	2578	230	43
金凤区	23890	42	3	751	3381	3202	5783	9440	1198	90
永宁县										
贺兰县	198	1		23	73	41	34	24	2	
灵武市	5983	41	1	554	2317	1212	1050	783	24	1
石嘴山市	**16602**	**50**	**3**	**996**	**6063**	**3742**	**3113**	**2543**	**88**	**4**
大武口区	10561	24	1	508	3504	2407	2153	1887	75	2
惠农区	6041	26	2	488	2559	1335	960	656	13	2
平罗县										
吴忠市	**20970**	**206**	**10**	**2230**	**8675**	**3464**	**3373**	**2922**	**89**	**1**
利通区	12715	75	8	1084	5320	2115	2077	1962	73	1
红寺堡区	3052	89	1	872	1015	318	337	414	6	
盐池县										
同心县										
青铜峡市	5203	42	1	274	2340	1031	959	546	10	
固原市	**9436**	**150**	**2**	**1092**	**2621**	**1618**	**1925**	**1950**	**67**	**11**
原州区	9436	150	2	1092	2621	1618	1925	1950	67	11
西吉县										
隆德县										
泾源县										
彭阳县										
中卫市	**10375**	**15**	**1**	**509**	**4348**	**2118**	**1813**	**1515**	**55**	**1**
沙坡头区	10375	15	1	509	4348	2118	1813	1515	55	1
中宁县										
海原县										

4-2a　续表 1　　　　单位：人

地区 性别	合计	未上过学	学前教育	小学	初中	高中	大学专科	大学本科	硕士 研究生	博士 研究生
男	**75561**	**275**	**9**	**4909**	**24719**	**14896**	**14714**	**14785**	**1138**	**116**
银川市	**40678**	**121**	**2**	**2130**	**10374**	**7814**	**8943**	**10200**	**988**	**106**
兴庆区	14836	54	1	793	4209	2941	3145	3362	300	31
西夏区	8708	44		606	2464	1993	2069	1399	103	30
金凤区	13352	11	1	428	2121	2029	3107	5041	570	44
永宁县										
贺兰县	120	1		17	49	25	14	13	1	
灵武市	3662	11		286	1531	826	608	385	14	1
石嘴山市	**10360**	**26**	**1**	**563**	**4135**	**2446**	**1834**	**1307**	**47**	**1**
大武口区	6400	15		272	2305	1539	1257	971	41	
惠农区	3960	11	1	291	1830	907	577	336	6	1
平罗县										
吴忠市	**12527**	**58**	**4**	**1237**	**5597**	**2212**	**1867**	**1509**	**42**	**1**
利通区	7514	24	4	607	3327	1312	1188	1017	34	1
红寺堡区	1849	22		474	722	229	183	216	3	
盐池县										
同心县										
青铜峡市	3164	12		156	1548	671	496	276	5	
固原市	**5703**	**66**	**1**	**668**	**1797**	**1043**	**1101**	**988**	**31**	**8**
原州区	5703	66	1	668	1797	1043	1101	988	31	8
西吉县										
隆德县										
泾源县										
彭阳县										
中卫市	**6293**	**4**	**1**	**311**	**2816**	**1381**	**969**	**781**	**30**	
沙坡头区	6293	4	1	311	2816	1381	969	781	30	
中宁县										
海原县										

4-2a 续表 2

单位：人

地区 性别	合计	未上过学	学前教育	小学	初中	高中	大学专科	大学本科	硕士研究生	博士研究生
女	**52107**	**506**	**15**	**3757**	**13080**	**8312**	**11681**	**13443**	**1219**	**94**
银川市	**29607**	**239**	**6**	**1709**	**5718**	**4452**	**7228**	**9098**	**1070**	**87**
兴庆区	11162	89	2	634	2317	1873	2804	3111	304	28
西夏区	5508	89	1	478	1331	1004	1286	1179	127	13
金凤区	10538	31	2	323	1260	1173	2676	4399	628	46
永宁县										
贺兰县	78			6	24	16	20	11	1	
灵武市	2321	30	1	268	786	386	442	398	10	
石嘴山市	**6242**	**24**	**2**	**433**	**1928**	**1296**	**1279**	**1236**	**41**	**3**
大武口区	4161	9	1	236	1199	868	896	916	34	2
惠农区	2081	15	1	197	729	428	383	320	7	1
平罗县										
吴忠市	**8443**	**148**	**6**	**993**	**3078**	**1252**	**1506**	**1413**	**47**	
利通区	5201	51	4	477	1993	803	889	945	39	
红寺堡区	1203	67	1	398	293	89	154	198	3	
盐池县										
同心县										
青铜峡市	2039	30	1	118	792	360	463	270	5	
固原市	**3733**	**84**	**1**	**424**	**824**	**575**	**824**	**962**	**36**	**3**
原州区	3733	84	1	424	824	575	824	962	36	3
西吉县										
隆德县										
泾源县										
彭阳县										
中卫市	**4082**	**11**		**198**	**1532**	**737**	**844**	**734**	**25**	**1**
沙坡头区	4082	11		198	1532	737	844	734	25	1
中宁县										
海原县										

4-2b 各地区分性别、受教育程度的就业人口(镇)

单位：人

地区 性别	合计	未上过学	学前教育	小学	初中	高中	大学专科	大学本科	硕士研究生	博士研究生
宁夏	**71735**	**921**	**14**	**10164**	**28063**	**11670**	**11537**	**9086**	**267**	**13**
银川市	**29410**	**299**	**6**	**2906**	**11096**	**5565**	**5601**	**3732**	**195**	**10**
兴庆区	5545	45		430	1802	1196	1205	830	35	2
西夏区	494	19	1	126	196	78	50	23	1	
金凤区	277	5		54	134	49	20	14	1	
永宁县	9199	83	3	1166	4002	1542	1520	853	26	4
贺兰县	10086	74		695	3713	1919	1964	1612	105	4
灵武市	3809	73	2	435	1249	781	842	400	27	
石嘴山市	**9899**	**56**		**1006**	**5146**	**1528**	**1209**	**931**	**23**	
大武口区	957	13		249	336	133	99	124	3	
惠农区	1341	10		162	643	230	189	102	5	
平罗县	7601	33		595	4167	1165	921	705	15	
吴忠市	**11372**	**262**	**5**	**2457**	**4363**	**1436**	**1482**	**1353**	**13**	**1**
利通区	916	24	1	175	506	96	73	40		1
红寺堡区	520	16		81	176	84	113	48	2	
盐池县	3915	34		541	1591	591	573	578	7	
同心县	4749	105		1396	1564	484	582	614	4	
青铜峡市	1272	83	4	264	526	181	141	73		
固原市	**9424**	**159**	**1**	**2104**	**2642**	**1338**	**1582**	**1586**	**11**	**1**
原州区	899	25		349	387	57	44	37		
西吉县	2848	28	1	731	640	336	524	587	1	
隆德县	1925	8		225	617	365	377	331	2	
泾源县	1208	42		332	272	138	199	222	3	
彭阳县	2544	56		467	726	442	438	409	5	1
中卫市	**11630**	**145**	**2**	**1691**	**4816**	**1803**	**1663**	**1484**	**25**	**1**
沙坡头区	721	10	1	124	377	117	58	28	6	
中宁县	7310	58		535	3414	1273	1121	900	8	1
海原县	3599	77	1	1032	1025	413	484	556	11	

4-2b 续表 1

单位：人

地区 性别	合计	未上过学	学前教育	小学	初中	高中	大学专科	大学本科	硕士研究生	博士研究生
男	**44667**	**366**	**7**	**5901**	**18931**	**7931**	**6698**	**4676**	**151**	**6**
银川市	**18225**	**120**	**4**	**1716**	**7388**	**3689**	**3252**	**1948**	**104**	**4**
兴庆区	3164	12		235	1119	729	641	410	17	1
西夏区	285	7	1	77	117	46	30	6	1	
金凤区	170	2		32	90	34	7	5		
永宁县	5914	42	2	726	2757	1056	889	427	13	2
贺兰县	6025	27		409	2425	1208	1087	817	51	1
灵武市	2667	30	1	237	880	616	598	283	22	
石嘴山市	**6047**	**24**		**546**	**3413**	**988**	**657**	**406**	**13**	
大武口区	557	4		124	246	99	52	31	1	
惠农区	873	6		96	437	154	121	56	3	
平罗县	4617	14		326	2730	735	484	319	9	
吴忠市	**7413**	**104**	**2**	**1473**	**3176**	**1053**	**890**	**709**	**6**	
利通区	590	6		110	335	69	46	24		
红寺堡区	392	8		49	141	68	85	39	2	
盐池县	2450	15		295	1119	406	340	272	3	
同心县	3142	44		858	1202	381	332	324	1	
青铜峡市	839	31	2	161	379	129	87	50		
固原市	**5690**	**57**		**1147**	**1749**	**972**	**925**	**829**	**10**	**1**
原州区	593	11		212	286	40	25	19		
西吉县	1764	15		419	462	257	308	302	1	
隆德县	1067	2		95	342	235	217	174	2	
泾源县	690	18		169	178	92	114	116	3	
彭阳县	1576	11		252	481	348	261	218	4	1
中卫市	**7292**	**61**	**1**	**1019**	**3205**	**1229**	**974**	**784**	**18**	**1**
沙坡头区	528	6	1	90	260	100	47	19	5	
中宁县	4416	21		287	2153	837	653	458	6	1
海原县	2348	34		642	792	292	274	307	7	

4-2b　续表 2　　　　单位：人

地　区 性　别	合　计	未上过学	学前教育	小　学	初　中	高　中	大学专科	大学本科	硕　士 研究生	博　士 研究生
女	**27068**	**555**	**7**	**4263**	**9132**	**3739**	**4839**	**4410**	**116**	**7**
银川市	**11185**	**179**	**2**	**1190**	**3708**	**1876**	**2349**	**1784**	**91**	**6**
兴庆区	2381	33		195	683	467	564	420	18	1
西夏区	209	12		49	79	32	20	17		
金凤区	107	3		22	44	15	13	9	1	
永宁县	3285	41	1	440	1245	486	631	426	13	2
贺兰县	4061	47		286	1288	711	877	795	54	3
灵武市	1142	43	1	198	369	165	244	117	5	
石嘴山市	**3852**	**32**		**460**	**1733**	**540**	**552**	**525**	**10**	
大武口区	400	9		125	90	34	47	93	2	
惠农区	468	4		66	206	76	68	46	2	
平罗县	2984	19		269	1437	430	437	386	6	
吴忠市	**3959**	**158**	**3**	**984**	**1187**	**383**	**592**	**644**	**7**	**1**
利通区	326	18	1	65	171	27	27	16		1
红寺堡区	128	8		32	35	16	28	9		
盐池县	1465	19		246	472	185	233	306	4	
同心县	1607	61		538	362	103	250	290	3	
青铜峡市	433	52	2	103	147	52	54	23		
固原市	**3734**	**102**	**1**	**957**	**893**	**366**	**657**	**757**	**1**	
原州区	306	14		137	101	17	19	18		
西吉县	1084	13	1	312	178	79	216	285		
隆德县	858	6		130	275	130	160	157		
泾源县	518	24		163	94	46	85	106		
彭阳县	968	45		215	245	94	177	191	1	
中卫市	**4338**	**84**	**1**	**672**	**1611**	**574**	**689**	**700**	**7**	
沙坡头区	193	4		34	117	17	11	9	1	
中宁县	2894	37		248	1261	436	468	442	2	
海原县	1251	43	1	390	233	121	210	249	4	

4-2c 各地区分性别、受教育程度的就业人口(乡村)

单位：人

地区 性别	合计	未上过学	学前教育	小学	初中	高中	大学专科	大学本科	硕士研究生	博士研究生
宁夏	**115347**	**5531**	**64**	**42153**	**46594**	**10260**	**6695**	**3903**	**141**	**6**
银川市	**26897**	**862**	**6**	**6379**	**11861**	**3292**	**2668**	**1738**	**87**	**4**
兴庆区	3438	184		917	1644	395	205	91	2	
西夏区	1568	73		518	657	202	84	32	2	
金凤区	5302	101	1	908	1727	701	906	884	71	3
永宁县	5005	124	1	1358	2790	394	242	96		
贺兰县	5413	152	4	1311	2598	680	450	214	4	
灵武市	6171	228		1367	2445	920	781	421	8	1
石嘴山市	**8492**	**326**	**4**	**2411**	**4138**	**870**	**496**	**237**	**10**	
大武口区	1052	26		323	489	133	63	15	3	
惠农区	1714	18		261	933	255	160	86	1	
平罗县	5726	282	4	1827	2716	482	273	136	6	
吴忠市	**27588**	**1718**	**7**	**10287**	**11472**	**2143**	**1161**	**781**	**19**	
利通区	5764	206	2	1337	3117	578	311	207	6	
红寺堡区	5835	776		2736	1716	308	172	122	5	
盐池县	4212	94	1	1529	1626	473	276	207	6	
同心县	6861	273	2	3470	2408	362	191	155		
青铜峡市	4916	369	2	1215	2605	422	211	90	2	
固原市	**28754**	**1611**	**20**	**14027**	**9148**	**2010**	**1350**	**577**	**9**	**2**
原州区	9134	545	3	4120	3203	622	393	246	2	
西吉县	9249	278	3	5048	2741	580	464	131	3	1
隆德县	3043	139	9	1319	1032	262	214	67	1	
泾源县	2523	377		1192	681	141	84	48		
彭阳县	4805	272	5	2348	1491	405	195	85	3	1
中卫市	**23616**	**1014**	**27**	**9049**	**9975**	**1945**	**1020**	**570**	**16**	
沙坡头区	6829	330	5	1672	3576	709	337	196	4	
中宁县	7355	330	4	2836	3183	633	246	117	6	
海原县	9432	354	18	4541	3216	603	437	257	6	

4-2c 续表 1

单位：人

地区 性别	合计	未上过学	学前教育	小学	初中	高中	大学专科	大学本科	硕士研究生	博士研究生
男	**73393**	**2034**	**19**	**23305**	**33614**	**7707**	**4308**	**2326**	**78**	**2**
银川市	**17748**	**347**	**3**	**3795**	**8301**	**2420**	**1762**	**1074**	**45**	**1**
兴庆区	2254	63		569	1136	281	148	56	1	
西夏区	1042	31		313	492	149	40	16	1	
金凤区	3284	45	1	546	1217	456	508	476	34	1
永宁县	3143	60		811	1827	268	125	52		
贺兰县	3349	45	2	731	1735	460	259	115	2	
灵武市	4676	103		825	1894	806	682	359	7	
石嘴山市	**5531**	**123**	**1**	**1348**	**2905**	**671**	**332**	**146**	**5**	
大武口区	758	6		204	387	109	40	10	2	
惠农区	1147	7		144	642	210	95	49		
平罗县	3626	110	1	1000	1876	352	197	87	3	
吴忠市	**17511**	**580**	**2**	**5728**	**8358**	**1627**	**743**	**461**	**12**	
利通区	3667	66	2	741	2169	399	180	107	3	
红寺堡区	3488	256		1528	1270	251	111	70	2	
盐池县	2866	26		826	1265	397	195	152	5	
同心县	4456	99		1941	1926	278	133	79		
青铜峡市	3034	133		692	1728	302	124	53	2	
固原市	**17536**	**616**	**7**	**7385**	**6821**	**1545**	**829**	**326**	**6**	**1**
原州区	5744	225	1	2285	2392	458	251	131	1	
西吉县	5546	95	2	2587	2090	434	263	73	2	
隆德县	1795	49	3	639	722	209	134	39		
泾源县	1538	157		713	494	98	47	29		
彭阳县	2913	90	1	1161	1123	346	134	54	3	1
中卫市	**15067**	**368**	**6**	**5049**	**7229**	**1444**	**642**	**319**	**10**	
沙坡头区	4355	119	2	909	2502	513	207	100	3	
中宁县	4614	122	2	1546	2241	463	164	71	5	
海原县	6098	127	2	2594	2486	468	271	148	2	

4-2c 续表 2

单位：人

地区 性别	合计	未上过学	学前教育	小学	初中	高中	大学专科	大学本科	硕士研究生	博士研究生
女	**41954**	**3497**	**45**	**18848**	**12980**	**2553**	**2387**	**1577**	**63**	**4**
银川市	**9149**	**515**	**3**	**2584**	**3560**	**872**	**906**	**664**	**42**	**3**
兴庆区	1184	121		348	508	114	57	35	1	
西夏区	526	42		205	165	53	44	16	1	
金凤区	2018	56		362	510	245	398	408	37	2
永宁县	1862	64	1	547	963	126	117	44		
贺兰县	2064	107	2	580	863	220	191	99	2	
灵武市	1495	125		542	551	114	99	62	1	1
石嘴山市	**2961**	**203**	**3**	**1063**	**1233**	**199**	**164**	**91**	**5**	
大武口区	294	20		119	102	24	23	5	1	
惠农区	567	11		117	291	45	65	37	1	
平罗县	2100	172	3	827	840	130	76	49	3	
吴忠市	**10077**	**1138**	**5**	**4559**	**3114**	**516**	**418**	**320**	**7**	
利通区	2097	140		596	948	179	131	100	3	
红寺堡区	2347	520		1208	446	57	61	52	3	
盐池县	1346	68	1	703	361	76	81	55	1	
同心县	2405	174	2	1529	482	84	58	76		
青铜峡市	1882	236	2	523	877	120	87	37		
固原市	**11218**	**995**	**13**	**6642**	**2327**	**465**	**521**	**251**	**3**	**1**
原州区	3390	320	2	1835	811	164	142	115	1	
西吉县	3703	183	1	2461	651	146	201	58	1	1
隆德县	1248	90	6	680	310	53	80	28	1	
泾源县	985	220		479	187	43	37	19		
彭阳县	1892	182	4	1187	368	59	61	31		
中卫市	**8549**	**646**	**21**	**4000**	**2746**	**501**	**378**	**251**	**6**	
沙坡头区	2474	211	3	763	1074	196	130	96	1	
中宁县	2741	208	2	1290	942	170	82	46	1	
海原县	3334	227	16	1947	730	135	166	109	4	

4–3 全区分年龄、性别、受教育程度的就业人口

单位：人

年龄组 性别	合计	未上过学	学前教育	小学	初中	高中	大学专科	大学本科	硕士研究生	博士研究生
总计	**314750**	**7233**	**102**	**60983**	**112456**	**45138**	**44627**	**41217**	**2765**	**229**
16–19岁	3970	2	2	162	2305	1031	399	68	1	
20–24岁	21826	22	2	1014	7139	4142	6207	3267	32	1
25–29岁	39706	50	2	2629	11296	6374	9579	9277	489	10
30–34岁	48892	232	5	5082	15756	7442	9301	10170	855	49
35–39岁	42146	542	9	7262	16247	5318	5629	6486	594	59
40–44岁	42754	896	16	9082	17700	5976	4611	4110	313	50
45–49岁	45063	1303	14	10552	18093	6862	4337	3624	251	27
50–54岁	35890	1371	16	11279	13050	4375	2854	2787	141	17
55–59岁	21276	953	7	6704	7997	2661	1519	1335	86	14
60–64岁	7076	815	14	3380	1901	770	133	59	3	1
65–69岁	4395	704	9	2698	770	152	42	19		1
70–74岁	1278	232	2	845	157	20	10	12		
75岁及以上	478	111	4	294	45	15	6	3		
男	**193621**	**2675**	**35**	**34115**	**77264**	**30534**	**25720**	**21787**	**1367**	**124**
16–19岁	2696	1	2	102	1748	643	174	25	1	
20–24岁	12747	10		612	5144	2697	2908	1363	12	1
25–29岁	23514	24	2	1466	8036	4273	5221	4323	166	3
30–34岁	29494	95	2	2767	10620	4913	5494	5220	358	25
35–39岁	25484	182	3	3982	10765	3402	3265	3555	304	26
40–44岁	24709	280	4	4750	11108	3705	2548	2117	174	23
45–49岁	26498	473	5	5416	11544	4211	2506	2152	174	17
50–54岁	23598	504	6	6294	9383	3478	2029	1784	105	15
55–59岁	15434	280	1	3799	6361	2338	1402	1169	71	13
60–64岁	4934	311	3	2085	1668	696	117	51	2	1
65–69岁	3206	333	5	1964	704	144	41	15		
70–74岁	951	120		650	141	20	9	11		
75岁及以上	356	62	2	228	42	14	6	2		
女	**121129**	**4558**	**67**	**26868**	**35192**	**14604**	**18907**	**19430**	**1398**	**105**
16–19岁	1274	1		60	557	388	225	43		
20–24岁	9079	12	2	402	1995	1445	3299	1904	20	
25–29岁	16192	26		1163	3260	2101	4358	4954	323	7
30–34岁	19398	137	3	2315	5136	2529	3807	4950	497	24
35–39岁	16662	360	6	3280	5482	1916	2364	2931	290	33
40–44岁	18045	616	12	4332	6592	2271	2063	1993	139	27
45–49岁	18565	830	9	5136	6549	2651	1831	1472	77	10
50–54岁	12292	867	10	4985	3667	897	825	1003	36	2
55–59岁	5842	673	6	2905	1636	323	117	166	15	1
60–64岁	2142	504	11	1295	233	74	16	8	1	
65–69岁	1189	371	4	734	66	8	1	4		1
70–74岁	327	112	2	195	16		1	1		
75岁及以上	122	49	2	66	3	1		1		

4－3a 全区分年龄、性别、受教育程度的就业人口(城市)

单位：人

年龄组 性别	合计	未上过学	学前教育	小学	初中	高中	大学专科	大学本科	硕士研究生	博士研究生
总计	**127668**	**781**	**24**	**8666**	**37799**	**23208**	**26395**	**28228**	**2357**	**210**
16－19岁	1408	1		26	671	487	208	15		
20－24岁	8930	7		103	1812	1864	3219	1901	23	1
25－29岁	17878	2	2	277	3243	2911	5113	5948	373	9
30－34岁	22925	31	1	748	5428	3720	5346	6882	725	44
35－39岁	19156	49	2	1120	6086	2956	3612	4755	522	54
40－44岁	18260	111	3	1475	6749	3495	3096	2997	289	45
45－49岁	18600	195	2	1871	6729	3970	2935	2652	221	25
50－54岁	12824	161	5	1817	4465	2350	1865	2019	125	17
55－59岁	6153	93	1	735	2131	1192	916	996	76	13
60－64岁	985	80	3	260	327	213	61	37	3	1
65－69岁	424	37	4	178	127	40	21	16		1
70－74岁	81	11		35	23	4	1	7		
75岁及以上	44	3	1	21	8	6	2	3		
男	**75561**	**275**	**9**	**4909**	**24719**	**14896**	**14714**	**14785**	**1138**	**116**
16－19岁	904			18	487	306	85	8		
20－24岁	4819	1		75	1293	1151	1488	803	7	1
25－29岁	9783	1	2	170	2188	1885	2663	2752	119	3
30－34岁	13001	12		417	3480	2301	3005	3469	293	24
35－39岁	11022	16	1	590	3813	1779	2002	2536	262	23
40－44岁	10217	41		781	4021	2035	1638	1525	154	22
45－49岁	10678	61	1	962	4043	2295	1626	1527	148	15
50－54岁	8861	61	1	1058	3237	1844	1301	1252	92	15
55－59岁	5080	28	1	474	1743	1064	835	862	61	12
60－64岁	767	33		183	278	191	48	31	2	1
65－69岁	332	15	2	137	110	36	20	12		
70－74岁	65	5		29	20	4	1	6		
75岁及以上	32	1	1	15	6	5	2	2		
女	**52107**	**506**	**15**	**3757**	**13080**	**8312**	**11681**	**13443**	**1219**	**94**
16－19岁	504	1		8	184	181	123	7		
20－24岁	4111	6		28	519	713	1731	1098	16	
25－29岁	8095	1		107	1055	1026	2450	3196	254	6
30－34岁	9924	19	1	331	1948	1419	2341	3413	432	20
35－39岁	8134	33	1	530	2273	1177	1610	2219	260	31
40－44岁	8043	70	3	694	2728	1460	1458	1472	135	23
45－49岁	7922	134	1	909	2686	1675	1309	1125	73	10
50－54岁	3963	100	4	759	1228	506	564	767	33	2
55－59岁	1073	65		261	388	128	81	134	15	1
60－64岁	218	47	3	77	49	22	13	6	1	
65－69岁	92	22	2	41	17	4	1	4		1
70－74岁	16	6		6	3			1		
75岁及以上	12	2		6	2	1		1		

4-3b　全区分年龄、性别、受教育程度的就业人口(镇)

单位：人

年龄组 性　别	合　计	未上过学	学前教育	小　学	初　中	高　中	大学专科	大学本科	硕　士 研究生	博　士 研究生
总　计	**71735**	**921**	**14**	**10164**	**28063**	**11670**	**11537**	**9086**	**267**	**13**
16-19岁	745		1	23	385	202	93	41		
20-24岁	4884	1	1	162	1434	927	1528	826	5	
25-29岁	9512	7		485	2708	1771	2458	2008	75	
30-34岁	12397	36	2	1041	4297	2176	2557	2209	76	3
35-39岁	10598	79	1	1429	4738	1510	1476	1311	51	3
40-44岁	10304	134	3	1731	4797	1578	1117	920	20	4
45-49岁	10405	202	4	1902	4694	1692	1083	806	20	2
50-54岁	7295	188	1	1761	2907	1001	748	676	13	
55-59岁	3872	100	1	860	1602	607	423	271	7	1
60-64岁	1013	82		371	332	174	40	14		
65-69岁	506	68		282	120	26	9	1		
70-74岁	142	14		78	40	4	3	3		
75岁及以上	62	10		39	9	2	2			
男	**44667**	**366**	**7**	**5901**	**18931**	**7931**	**6698**	**4676**	**151**	**6**
16-19岁	508		1	14	313	124	43	13		
20-24岁	2735	1		107	1021	611	700	292	3	
25-29岁	5614	5		292	1892	1172	1329	892	32	
30-34岁	7546	20	2	617	2822	1471	1504	1072	38	
35-39岁	6609	29		850	3137	984	854	726	27	2
40-44岁	6073	42	2	921	2984	1009	634	463	17	1
45-49岁	6242	67	2	983	2977	1047	649	498	17	2
50-54岁	4984	77		1059	2044	796	539	459	10	
55-59岁	3028	41		513	1291	535	395	245	7	1
60-64岁	768	30		246	292	150	38	12		
65-69岁	402	41		212	113	26	9	1		
70-74岁	113	9		59	36	4	2	3		
75岁及以上	45	4		28	9	2	2			
女	**27068**	**555**	**7**	**4263**	**9132**	**3739**	**4839**	**4410**	**116**	**7**
16-19岁	237			9	72	78	50	28		
20-24岁	2149		1	55	413	316	828	534	2	
25-29岁	3898	2		193	816	599	1129	1116	43	
30-34岁	4851	16		424	1475	705	1053	1137	38	3
35-39岁	3989	50	1	579	1601	526	622	585	24	1
40-44岁	4231	92	1	810	1813	569	483	457	3	3
45-49岁	4163	135	2	919	1717	645	434	308	3	
50-54岁	2311	111	1	702	863	205	209	217	3	
55-59岁	844	59	1	347	311	72	28	26		
60-64岁	245	52		125	40	24	2	2		
65-69岁	104	27		70	7					
70-74岁	29	5		19	4		1			
75岁及以上	17	6		11						

4－3c 全区分年龄、性别、受教育程度的就业人口(乡村)

单位：人

年龄组 性 别	合 计	未上过学	学前教育	小 学	初 中	高 中	大学专科	大学本科	硕 士 研究生	博 士 研究生
总 计	**115347**	**5531**	**64**	**42153**	**46594**	**10260**	**6695**	**3903**	**141**	**6**
16－19岁	1817	1	1	113	1249	342	98	12	1	
20－24岁	8012	14	1	749	3893	1351	1460	540	4	
25－29岁	12316	41		1867	5345	1692	2008	1321	41	1
30－34岁	13570	165	2	3293	6031	1546	1398	1079	54	2
35－39岁	12392	414	6	4713	5423	852	541	420	21	2
40－44岁	14190	651	10	5876	6154	903	398	193	4	1
45－49岁	16058	906	8	6779	6670	1200	319	166	10	
50－54岁	15771	1022	10	7701	5678	1024	241	92	3	
55－59岁	11251	760	5	5109	4264	862	180	68	3	
60－64岁	5078	653	11	2749	1242	383	32	8		
65－69岁	3465	599	5	2238	523	86	12	2		
70－74岁	1055	207	2	732	94	12	6	2		
75岁及以上	372	98	3	234	28	7	2			
男	**73393**	**2034**	**19**	**23305**	**33614**	**7707**	**4308**	**2326**	**78**	**2**
16－19岁	1284	1	1	70	948	213	46	4	1	
20－24岁	5193	8		430	2830	935	720	268	2	
25－29岁	8117	18		1004	3956	1216	1229	679	15	
30－34岁	8947	63		1733	4318	1141	985	679	27	1
35－39岁	7853	137	2	2542	3815	639	409	293	15	1
40－44岁	8419	197	2	3048	4103	661	276	129	3	
45－49岁	9578	345	2	3471	4524	869	231	127	9	
50－54岁	9753	366	5	4177	4102	838	189	73	3	
55－59岁	7326	211		2812	3327	739	172	62	3	
60－64岁	3399	248	3	1656	1098	355	31	8		
65－69岁	2472	277	3	1615	481	82	12	2		
70－74岁	773	106		562	85	12	6	2		
75岁及以上	279	57	1	185	27	7	2			
女	**41954**	**3497**	**45**	**18848**	**12980**	**2553**	**2387**	**1577**	**63**	**4**
16－19岁	533			43	301	129	52	8		
20－24岁	2819	6	1	319	1063	416	740	272	2	
25－29岁	4199	23		863	1389	476	779	642	26	1
30－34岁	4623	102	2	1560	1713	405	413	400	27	1
35－39岁	4539	277	4	2171	1608	213	132	127	6	1
40－44岁	5771	454	8	2828	2051	242	122	64	1	1
45－49岁	6480	561	6	3308	2146	331	88	39	1	
50－54岁	6018	656	5	3524	1576	186	52	19		
55－59岁	3925	549	5	2297	937	123	8	6		
60－64岁	1679	405	8	1093	144	28	1			
65－69岁	993	322	2	623	42	4				
70－74岁	282	101	2	170	9					
75岁及以上	93	41	2	49	1					

4−4 各地区分性别、行业大类的就业人口

单位：人

地区 性别	合计	农、林、牧、渔业						采矿业	
		小计	农业	林业	畜牧业	渔业	农、林、牧、渔专业及辅助性活动	小计	煤炭开采和洗选业
宁　夏	**314750**	**63101**	**42632**	**645**	**18818**	**124**	**882**	**9095**	**6600**
银川市	**126592**	**8896**	**6822**	**150**	**1612**	**76**	**236**	**5006**	**3410**
兴庆区	34981	1150	855	27	232	7	29	1900	581
西夏区	16278	886	654	21	198	1	12	117	72
金凤区	29469	642	464	14	112	8	44	415	332
永宁县	14204	2148	1796	57	262	11	22	159	121
贺兰县	15697	2216	1707	18	371	41	79	339	278
灵武市	15963	1854	1346	13	437	8	50	2076	2026
石嘴山市	**34993**	**4768**	**3635**	**17**	**990**	**24**	**102**	**1371**	**1287**
大武口区	12570	302	184	6	100	2	10	801	770
惠农区	9096	682	455	2	207	8	10	309	271
平罗县	13327	3784	2996	9	683	14	82	261	246
吴忠市	**59930**	**16410**	**9054**	**90**	**7046**	**8**	**212**	**1681**	**1088**
利通区	19395	2190	939	22	1165	1	63	344	291
红寺堡区	9407	4221	2036	7	2145		33	140	116
盐池县	8127	2290	923	11	1324		32	916	506
同心县	11610	4703	2911	12	1773		7	157	128
青铜峡市	11391	3006	2245	38	639	7	77	124	47
固原市	**47614**	**18791**	**12739**	**305**	**5634**	**7**	**106**	**821**	**706**
原州区	19469	5613	3913	53	1633	1	13	225	148
西吉县	12097	6252	4666	5	1526	5	50	45	26
隆德县	4968	1842	1294	27	507		14	26	22
泾源县	3731	1361	570	155	631		5	2	1
彭阳县	7349	3723	2296	65	1337	1	24	523	509
中卫市	**45621**	**14236**	**10382**	**83**	**3536**	**9**	**226**	**216**	**109**
沙坡头区	17925	3815	2876	26	848	8	57	64	22
中宁县	14665	5086	3722	42	1176	1	145	74	38
海原县	13031	5335	3784	15	1512		24	78	49

4-4 续表 1　　　　单位：人

地区 性别	合计	农、林、牧、渔业						采矿业	
		小计	农业	林业	畜牧业	渔业	农、林、牧、渔专业及辅助性活动	小计	煤炭开采和洗选业
男	**193621**	**34969**	**22517**	**427**	**11328**	**99**	**598**	**7825**	**5924**
银川市	**76651**	**5073**	**3695**	**97**	**1078**	**58**	**145**	**4148**	**3018**
兴庆区	20254	644	458	17	148	4	17	1362	465
西夏区	10035	557	387	17	142	1	10	107	67
金凤区	16806	373	251	7	82	7	26	325	262
永宁县	9057	1217	989	36	166	9	17	147	116
贺兰县	9494	1241	905	11	246	31	48	311	256
灵武市	11005	1041	705	9	294	6	27	1896	1852
石嘴山市	**21938**	**2757**	**2000**	**11**	**641**	**21**	**84**	**1218**	**1147**
大武口区	7715	188	106	3	71	2	6	713	685
惠农区	5980	419	276	1	128	6	8	271	242
平罗县	8243	2150	1618	7	442	13	70	234	220
吴忠市	**37451**	**9107**	**4774**	**62**	**4106**	**5**	**160**	**1517**	**1008**
利通区	11771	1361	513	14	791	1	42	311	263
红寺堡区	5729	2170	1034	3	1106		27	127	108
盐池县	5316	1368	534	7	798		29	821	467
同心县	7598	2593	1589	8	989		7	152	124
青铜峡市	7037	1615	1104	30	422	4	55	106	46
固原市	**28929**	**10265**	**6623**	**202**	**3347**	**6**	**87**	**745**	**649**
原州区	12040	3126	2059	40	1015	1	11	195	132
西吉县	7310	3385	2449	2	886	4	44	40	24
隆德县	2862	970	643	21	295		11	21	18
泾源县	2228	705	220	92	388		5	2	1
彭阳县	4489	2079	1252	47	763	1	16	487	474
中卫市	**28652**	**7767**	**5425**	**55**	**2156**	**9**	**122**	**197**	**102**
沙坡头区	11176	2170	1561	18	553	8	30	60	22
中宁县	9030	2795	1980	26	718	1	70	68	37
海原县	8446	2802	1884	11	885		22	69	43

4-4 续表 2

单位：人

地区 性别	合计	农、林、牧、渔业						采矿业	
		小计	农业	林业	畜牧业	渔业	农、林、牧、渔专业及辅助性活动	小计	煤炭开采和洗选业
女	**121129**	**28132**	**20115**	**218**	**7490**	**25**	**284**	**1270**	**676**
银川市	**49941**	**3823**	**3127**	**53**	**534**	**18**	**91**	**858**	**392**
兴庆区	14727	506	397	10	84	3	12	538	116
西夏区	6243	329	267	4	56		2	10	5
金凤区	12663	269	213	7	30	1	18	90	70
永宁县	5147	931	807	21	96	2	5	12	5
贺兰县	6203	975	802	7	125	10	31	28	22
灵武市	4958	813	641	4	143	2	23	180	174
石嘴山市	**13055**	**2011**	**1635**	**6**	**349**	**3**	**18**	**153**	**140**
大武口区	4855	114	78	3	29		4	88	85
惠农区	3116	263	179	1	79	2	2	38	29
平罗县	5084	1634	1378	2	241	1	12	27	26
吴忠市	**22479**	**7303**	**4280**	**28**	**2940**	**3**	**52**	**164**	**80**
利通区	7624	829	426	8	374		21	33	28
红寺堡区	3678	2051	1002	4	1039		6	13	8
盐池县	2811	922	389	4	526		3	95	39
同心县	4012	2110	1322	4	784			5	4
青铜峡市	4354	1391	1141	8	217	3	22	18	1
固原市	**18685**	**8526**	**6116**	**103**	**2287**	**1**	**19**	**76**	**57**
原州区	7429	2487	1854	13	618		2	30	16
西吉县	4787	2867	2217	3	640	1	6	5	2
隆德县	2106	872	651	6	212		3	5	4
泾源县	1503	656	350	63	243				
彭阳县	2860	1644	1044	18	574		8	36	35
中卫市	**16969**	**6469**	**4957**	**28**	**1380**		**104**	**19**	**7**
沙坡头区	6749	1645	1315	8	295		27	4	
中宁县	5635	2291	1742	16	458		75	6	1
海原县	4585	2533	1900	4	627		2	9	6

4-4 续表 3

单位：人

地 区 性 别	采矿业						制造业		
	石油和天然气开采业	黑色金属矿采选业	有色金属矿采选业	非金属矿采选业	开采专业及辅助性活动	其他采矿业	小计	农副食品加工业	食品制造业
宁 夏	**1688**	**41**	**22**	**345**	**363**	**36**	**34243**	**1775**	**1966**
银川市	**1258**	**17**	**9**	**54**	**234**	**24**	**13870**	**554**	**849**
兴庆区	1132	6	2	13	160	6	1964	97	127
西夏区	21		2	9	12	1	3036	69	175
金凤区	34	5	2	10	21	11	1945	81	72
永宁县	20	1	2	4	11		1901	100	243
贺兰县	24	5	1	5	23	3	1860	126	189
灵武市	27			13	7	3	3164	81	43
石嘴山市	**19**	**15**	**2**	**33**	**9**	**6**	**7805**	**178**	**156**
大武口区	5	1	1	12	7	5	2255	21	43
惠农区	12	14		10	2		2868	33	70
平罗县	2		1	11		1	2682	124	43
吴忠市	**352**	**3**	**4**	**130**	**101**	**3**	**5824**	**432**	**605**
利通区	22			18	12	1	2552	188	457
红寺堡区	5			10	9		776	27	23
盐池县	315		3	22	70		500	39	23
同心县	6	1		21	1		428	57	20
青铜峡市	4	2	1	59	9	2	1568	121	82
固原市	**30**		**1**	**70**	**12**	**2**	**1648**	**223**	**97**
原州区	11			56	10		803	97	21
西吉县	4		1	12		2	353	60	38
隆德县	2				2		188	28	7
泾源县				1			105	14	4
彭阳县	13			1			199	24	27
中卫市	**29**	**6**	**6**	**58**	**7**	**1**	**5096**	**388**	**259**
沙坡头区	4	3	3	30	2		2556	113	144
中宁县	16	2	2	16			1987	221	74
海原县	9	1	1	12	5	1	553	54	41

4-4　续表 4　　　　单位：人

地区 性别	采矿业						制造业		
	石油和天然气开采业	黑色金属矿采选业	有色金属矿采选业	非金属矿采选业	开采专业及辅助性活动	其他采矿业	小计	农副食品加工业	食品制造业
男	**1223**	**33**	**16**	**293**	**302**	**34**	**24952**	**1073**	**1074**
银川市	**849**	**14**	**5**	**47**	**193**	**22**	**10023**	**327**	**459**
兴庆区	743	6		11	131	6	1350	51	53
西夏区	19		2	7	11	1	2239	41	81
金凤区	26	3	1	8	16	9	1343	48	35
永宁县	16	1	1	4	9		1380	61	174
贺兰县	23	4	1	4	20	3	1257	72	95
灵武市	22			13	6	3	2454	54	21
石嘴山市	**16**	**10**	**2**	**29**	**8**	**6**	**5888**	**117**	**87**
大武口区	5	1	1	10	6	5	1684	15	23
惠农区	9	9		9	2		2200	20	48
平罗县	2		1	10		1	2004	82	16
吴忠市	**306**	**3**	**3**	**108**	**86**	**3**	**4047**	**265**	**349**
利通区	21			15	11	1	1688	113	278
红寺堡区	5			10	4		572	19	11
盐池县	271		3	18	62		361	19	12
同心县	6	1		20	1		296	38	12
青铜峡市	3	2		45	8	2	1130	76	36
固原市	**27**		**1**	**56**	**10**	**2**	**1171**	**152**	**42**
原州区	10			44	9		599	68	11
西吉县	3		1	10		2	257	42	17
隆德县	2				1		107	14	2
泾源县				1			65	12	1
彭阳县	12			1			143	16	11
中卫市	**25**	**6**	**5**	**53**	**5**	**1**	**3823**	**212**	**137**
沙坡头区	3	3	3	28	1		1921	64	81
中宁县	13	2	1	15			1484	112	32
海原县	9	1	1	10	4	1	418	36	24

4-4 续表 5

单位：人

地区 性别	采矿业						制造业		
	石油和天然气开采业	黑色金属矿采选业	有色金属矿采选业	非金属矿采选业	开采专业及辅助性活动	其他采矿业	小计	农副食品加工业	食品制造业
女	**465**	**8**	**6**	**52**	**61**	**2**	**9291**	**702**	**892**
银川市	**409**	**3**	**4**	**7**	**41**	**2**	**3847**	**227**	**390**
兴庆区	389		2	2	29		614	46	74
西夏区	2			2	1		797	28	94
金凤区	8	2	1	2	5	2	602	33	37
永宁县	4		1		2		521	39	69
贺兰县	1	1		1	3		603	54	94
灵武市	5				1		710	27	22
石嘴山市	**3**	**5**		**4**	**1**		**1917**	**61**	**69**
大武口区				2	1		571	6	20
惠农区	3	5		1			668	13	22
平罗县				1			678	42	27
吴忠市	**46**		**1**	**22**	**15**		**1777**	**167**	**256**
利通区	1			3	1		864	75	179
红寺堡区					5		204	8	12
盐池县	44			4	8		139	20	11
同心县				1			132	19	8
青铜峡市	1		1	14	1		438	45	46
固原市	**3**			**14**	**2**		**477**	**71**	**55**
原州区	1			12	1		204	29	10
西吉县	1			2			96	18	21
隆德县					1		81	14	5
泾源县							40	2	3
彭阳县	1						56	8	16
中卫市	**4**		**1**	**5**	**2**		**1273**	**176**	**122**
沙坡头区	1			2	1		635	49	63
中宁县	3		1	1			503	109	42
海原县				2	1		135	18	17

4-4 续表 6 单位：人

地区 性别	制造业								
	酒、饮料和精制茶制造业	烟草制品业	纺织业	纺织服装、服饰业	皮革、毛皮、羽毛及其制品和制鞋业	木材加工和木、竹、藤、棕、草制品业	家具制造业	造纸和纸制品业	印刷和记录媒介复制业
宁 夏	**531**	**57**	**1137**	**538**	**108**	**381**	**459**	**440**	**335**
银川市	**309**	**4**	**505**	**272**	**50**	**177**	**348**	**115**	**163**
兴庆区	24		44	57	7	42	61	19	68
西夏区	84		7	75	4	12	12	14	23
金凤区	69	3	27	24	3	15	29	17	41
永宁县	64		24	14	1	53	168	46	9
贺兰县	58	1	182	32		29	65	14	12
灵武市	10		221	70	35	26	13	5	10
石嘴山市	**46**	**2**	**131**	**29**	**1**	**37**	**9**	**5**	**15**
大武口区	20	2	102	9	1	5	7	2	6
惠农区	10		21	1		5		1	3
平罗县	16		8	19		27	2	2	6
吴忠市	**108**	**46**	**404**	**117**	**39**	**77**	**39**	**150**	**110**
利通区	29	46	265	28	17	28	23	106	94
红寺堡区	45		38	18	2	7	4	4	6
盐池县	1		6	9	1	4	4	1	2
同心县	3		47	47	3	8			2
青铜峡市	30		48	15	16	30	8	39	6
固原市	**22**	**1**	**56**	**68**	**11**	**19**	**39**	**6**	**19**
原州区	14	1	28	20		11	25	3	11
西吉县	4		12	15	3	1	5		2
隆德县	1		7	12	1		2	3	3
泾源县			2	18	4	2	1		
彭阳县	3		7	3	3	5	6		3
中卫市	**46**	**4**	**41**	**52**	**7**	**71**	**24**	**164**	**28**
沙坡头区	20	4	11	19	1	13	9	145	16
中宁县	25		10	5	2	42	5	16	6
海原县	1		20	28	4	16	10	3	6

4–4 续表 7　　　　单位：人

地区 性别	制造业								
	酒、饮料和精制茶制造业	烟草制品业	纺织业	纺织服装、服饰业	皮革、毛皮、羽毛及其制品和制鞋业	木材加工和木、竹、藤、棕、草制品业	家具制造业	造纸和纸制品业	印刷和记录媒介复制业
男	**303**	**38**	**393**	**97**	**43**	**261**	**341**	**231**	**167**
银川市	**175**	**2**	**182**	**57**	**18**	**112**	**249**	**62**	**89**
兴庆区	15		17	19	1	31	44	13	45
西夏区	40		3	7	2	10	9	8	9
金凤区	49	1	4	9	2	10	25	10	22
永宁县	36		10	1	1	31	114	24	5
贺兰县	31	1	78	10		21	49	6	3
灵武市	4		70	11	12	9	8	1	5
石嘴山市	**35**	**2**	**37**	**8**	**1**	**26**	**8**	**2**	**4**
大武口区	15	2	28	4	1	5	6	1	3
惠农区	5		6	1		4		1	1
平罗县	15		3	3		17	2		
吴忠市	**56**	**31**	**134**	**14**	**14**	**55**	**33**	**72**	**48**
利通区	17	31	83	3	5	21	20	56	41
红寺堡区	22		15	1	1	5	3	2	4
盐池县	1		2	1		3	4		
同心县	1		20	7	2	8			2
青铜峡市	15		14	2	6	18	6	14	1
固原市	**15**	**1**	**21**	**7**	**6**	**17**	**31**	**1**	**10**
原州区	11	1	11	2		9	19		5
西吉县	3		5	2	3	1	4		1
隆德县			2	2			2	1	2
泾源县					2	2	1		
彭阳县	1		3	1	1	5	5		2
中卫市	**22**	**2**	**19**	**11**	**4**	**51**	**20**	**94**	**16**
沙坡头区	14	2	6	2		10	8	84	8
中宁县	7		6	2	2	29	4	7	3
海原县	1		7	7	2	12	8	3	5

4-4 续表 8

单位：人

地区 性别	制造业								
	酒、饮料和精制茶制造业	烟草制品业	纺织业	纺织服装、服饰业	皮革、毛皮、羽毛及其制品和制鞋业	木材加工和木、竹、藤、棕、草制品业	家具制造业	造纸和纸制品业	印刷和记录媒介复制业
女	**228**	**19**	**744**	**441**	**65**	**120**	**118**	**209**	**168**
银川市	**134**	**2**	**323**	**215**	**32**	**65**	**99**	**53**	**74**
兴庆区	9		27	38	6	11	17	6	23
西夏区	44		4	68	2	2	3	6	14
金凤区	20	2	23	15	1	5	4	7	19
永宁县	28		14	13		22	54	22	4
贺兰县	27		104	22		8	16	8	9
灵武市	6		151	59	23	17	5	4	5
石嘴山市	**11**		**94**	**21**		**11**	**1**	**3**	**11**
大武口区	5		74	5			1	1	3
惠农区	5		15			1			2
平罗县	1		5	16		10		2	6
吴忠市	**52**	**15**	**270**	**103**	**25**	**22**	**6**	**78**	**62**
利通区	12	15	182	25	12	7	3	50	53
红寺堡区	23		23	17	1	2	1	2	2
盐池县			4	8	1	1		1	2
同心县	2		27	40	1				
青铜峡市	15		34	13	10	12	2	25	5
固原市	**7**		**35**	**61**	**5**	**2**	**8**	**5**	**9**
原州区	3		17	18		2	6	3	6
西吉县	1		7	13			1		1
隆德县	1		5	10	1			2	1
泾源县			2	18	2				
彭阳县	2		4	2	2		1		1
中卫市	**24**	**2**	**22**	**41**	**3**	**20**	**4**	**70**	**12**
沙坡头区	6	2	5	17	1	3	1	61	8
中宁县	18		4	3		13	1	9	3
海原县			13	21	2	4	2		1

4-4 续表 9

单位：人

地区 性别	制造业								
	文教、工美、体育和娱乐用品制造业	石油、煤炭及其他燃料加工业	化学原料和化学制品制造业	医药制造业	化学纤维制造业	橡胶和塑料制品业	非金属矿物制品业	黑色金属冶炼和压延加工业	有色金属冶炼和压延加工业
宁　夏	**136**	**3435**	**4966**	**998**	**77**	**904**	**2786**	**2966**	**1505**
银川市	**67**	**1600**	**1452**	**681**	**66**	**346**	**809**	**139**	**369**
兴庆区	18	329	183	66	3	59	98	32	44
西夏区	9	249	100	31		61	198	12	13
金凤区	18	225	175	83	2	48	115	42	56
永宁县	6	58	71	185	2	80	176	20	27
贺兰县	12	85	152	223		61	147	23	10
灵武市	4	654	771	93	59	37	75	10	219
石嘴山市	**16**	**1033**	**2016**	**172**	**4**	**259**	**679**	**1409**	**271**
大武口区	2	283	199	41	3	36	246	190	256
惠农区	5	439	1046	11		37	171	691	13
平罗县	9	311	771	120	1	186	262	528	2
吴忠市	**18**	**564**	**481**	**63**	**5**	**206**	**605**	**79**	**569**
利通区	6	103	207	12	5	137	117	17	130
红寺堡区	5	270	11	14		6	71	16	75
盐池县	3	153	21	11		1	158	1	1
同心县	4	10	30	8		6	53	5	9
青铜峡市		28	212	18		56	206	40	354
固原市	**30**	**22**	**185**	**47**		**48**	**214**	**41**	**23**
原州区	6	5	162	20		23	122	21	10
西吉县	2	7	12	6		7	28	11	6
隆德县	20	5	3	16		5	16	1	4
泾源县	1	1	2	2		6	11	2	2
彭阳县	1	4	6	3		7	37	6	1
中卫市	**5**	**216**	**832**	**35**	**2**	**45**	**479**	**1298**	**273**
沙坡头区	1	181	712	12	1	17	205	543	107
中宁县		23	109	14	1	20	183	743	157
海原县	4	12	11	9		8	91	12	9

4-4　续表 10　　单位：人

地　区 性　别	制造业								
	文教、工美、体育和娱乐用品制造业	石油、煤炭及其他燃料加工业	化学原料和化学制品制造业	医　药制造业	化学纤维制造业	橡胶和塑　料制品业	非金属矿　物制品业	黑色金属冶炼和压延加工业	有色金属冶炼和压延加工业
男	**67**	**2751**	**3881**	**647**	**55**	**579**	**2154**	**2394**	**1239**
银川市	**43**	**1289**	**1167**	**454**	**49**	**229**	**625**	**116**	**297**
兴庆区	6	253	132	44	2	39	74	24	32
西夏区	7	204	79	20		34	150	10	9
金凤区	12	157	127	32	1	34	86	40	40
永宁县	5	52	53	124	1	55	138	16	23
贺兰县	9	73	114	160		39	118	17	7
灵武市	4	550	662	74	45	28	59	9	186
石嘴山市	**4**	**815**	**1549**	**107**	**2**	**177**	**498**	**1118**	**192**
大武口区	1	226	155	26	2	20	185	155	181
惠农区		347	791	7		29	124	549	10
平罗县	3	242	603	74		128	189	414	1
吴忠市	**8**	**469**	**380**	**45**	**3**	**110**	**465**	**71**	**489**
利通区	2	91	165	10	3	65	93	16	116
红寺堡区	4	216	5	7		3	63	14	66
盐池县		128	19	8			112	1	1
同心县	2	9	24	6		6	46	5	9
青铜峡市		25	167	14		36	151	35	297
固原市	**8**	**18**	**149**	**15**		**35**	**175**	**36**	**21**
原州区	2	4	131	7		19	100	18	9
西吉县	1	4	8	2		6	23	9	6
隆德县	5	5	3	4		2	13	1	3
泾源县		1	1	1		3	9	2	2
彭阳县		4	6	1		5	30	6	1
中卫市	**4**	**160**	**636**	**26**	**1**	**28**	**391**	**1053**	**240**
沙坡头区		131	547	11		9	164	449	90
中宁县		20	82	8	1	12	147	593	141
海原县	4	9	7	7		7	80	11	9

4-4 续表 11

单位：人

地区 性别	制造业								
	文教、工美、体育和娱乐用品制造业	石油、煤炭及其他燃料加工业	化学原料和化学制品制造业	医药制造业	化学纤维制造业	橡胶和塑料制品业	非金属矿物制品业	黑色金属冶炼和压延加工业	有色金属冶炼和压延加工业
女	**69**	**684**	**1085**	**351**	**22**	**325**	**632**	**572**	**266**
银川市	**24**	**311**	**285**	**227**	**17**	**117**	**184**	**23**	**72**
兴庆区	12	76	51	22	1	20	24	8	12
西夏区	2	45	21	11		27	48	2	4
金凤区	6	68	48	51	1	14	29	2	16
永宁县	1	6	18	61	1	25	38	4	4
贺兰县	3	12	38	63		22	29	6	3
灵武市		104	109	19	14	9	16	1	33
石嘴山市	**12**	**218**	**467**	**65**	**2**	**82**	**181**	**291**	**79**
大武口区	1	57	44	15	1	16	61	35	75
惠农区	5	92	255	4		8	47	142	3
平罗县	6	69	168	46	1	58	73	114	1
吴忠市	**10**	**95**	**101**	**18**	**2**	**96**	**140**	**8**	**80**
利通区	4	12	42	2	2	72	24	1	14
红寺堡区	1	54	6	7		3	8	2	9
盐池县	3	25	2	3		1	46		
同心县	2	1	6	2			7		
青铜峡市		3	45	4		20	55	5	57
固原市	**22**	**4**	**36**	**32**		**13**	**39**	**5**	**2**
原州区	4	1	31	13		4	22	3	1
西吉县	1	3	4	4		1	5	2	
隆德县	15			12		3	3		1
泾源县	1		1	1		3	2		
彭阳县	1			2		2	7		
中卫市	**1**	**56**	**196**	**9**	**1**	**17**	**88**	**245**	**33**
沙坡头区	1	50	165	1	1	8	41	94	17
中宁县		3	27	6		8	36	150	16
海原县		3	4	2		1	11	1	

4-4 续表 12

单位：人

地区 性别	制造业								
	金属制品业	通用设备制造业	专用设备制造业	汽车制造业	铁路、船舶、航空航天和其他运输设备制造业	电气机械和器材制造业	计算机、通信和其他电子设备制造业	仪器仪表制造业	其他制造业
宁 夏	**2207**	**1433**	**956**	**144**	**36**	**858**	**1593**	**304**	**111**
银川市	**986**	**905**	**432**	**55**	**17**	**566**	**1056**	**147**	**67**
兴庆区	159	92	67	12	3	71	43	24	16
西夏区	256	434	83	6	2	212	800	48	3
金凤区	119	227	105	13	8	98	94	41	20
永宁县	245	58	43	14	2	68	50	5	7
贺兰县	139	60	52	10		69	31	8	16
灵武市	68	34	82		2	48	38	21	5
石嘴山市	**395**	**236**	**384**	**11**	**7**	**156**	**37**	**6**	**7**
大武口区	99	156	341	7	1	108	17	3	6
惠农区	152	40	21	2	4	31	12		1
平罗县	144	40	22	2	2	17	8	3	
吴忠市	**468**	**140**	**59**	**19**	**6**	**76**	**75**	**141**	**27**
利通区	220	57	23	14	2	31	8	134	4
红寺堡区	41	18	11	3		12	32		
盐池县	41	8	2			1			7
同心县	61	7	1	1		16	27	1	
青铜峡市	105	50	22	1	4	16	8	6	16
固原市	**126**	**80**	**39**	**10**	**1**	**28**	**114**	**6**	**5**
原州区	69	32	4	2		7	47	1	2
西吉县	22	25	17	3	1	6	39	3	1
隆德县	12	12	5	4		6	10		1
泾源县	11	7	5				5	2	
彭阳县	12	4	8	1		9	13		1
中卫市	**232**	**72**	**42**	**49**	**5**	**32**	**311**	**4**	**5**
沙坡头区	95	23	10	3	3	10	102	1	2
中宁县	88	17	11	33		6	149	2	1
海原县	49	32	21	13	2	16	60	1	2

4-4 续表 13 单位：人

地区 性别	制造业								
	金属制品业	通用设备制造业	专用设备制造业	汽车制造业	铁路、船舶、航空航天和其他运输设备制造业	电气机械和器材制造业	计算机、通信和其他电子设备制造业	仪器仪表制造业	其他制造业
男	**1854**	**1194**	**758**	**108**	**31**	**663**	**1267**	**234**	**83**
银川市	**820**	**739**	**331**	**43**	**14**	**424**	**831**	**103**	**49**
兴庆区	128	73	51	7	2	56	31	16	9
西夏区	224	353	66	6	2	160	632	28	3
金凤区	86	183	77	11	7	60	72	30	15
永宁县	204	51	28	10	1	59	41	5	5
贺兰县	119	50	39	9		52	23	3	12
灵武市	59	29	70		2	37	32	21	5
石嘴山市	**322**	**197**	**320**	**9**	**6**	**123**	**28**	**3**	**5**
大武口区	78	124	279	6	1	83	13	2	5
惠农区	125	34	21	1	3	25	8		
平罗县	119	39	20	2	2	15	7	1	
吴忠市	**404**	**116**	**42**	**13**	**6**	**62**	**65**	**119**	**20**
利通区	192	47	16	9	2	26	8	114	3
红寺堡区	31	17	9	2		11	26		
盐池县	36	6	1						5
同心县	51	4	1	1		15	24	1	
青铜峡市	94	42	15	1	4	10	7	4	12
固原市	**106**	**74**	**27**	**8**	**1**	**25**	**96**	**5**	**4**
原州区	56	29	4	1		7	37	1	1
西吉县	19	24	13	2	1	6	35	2	1
隆德县	11	11	2	4		4	9		1
泾源县	10	6	3				4	2	
彭阳县	10	4	5	1		8	11		1
中卫市	**202**	**68**	**38**	**35**	**4**	**29**	**247**	**4**	**5**
沙坡头区	83	21	9	2	2	9	84	1	2
中宁县	78	16	10	25		6	116	2	1
海原县	41	31	19	8	2	14	47	1	2

4-4 续表 14　　　　单位：人

地区 性别	制造业								
	金属制品业	通用设备制造业	专用设备制造业	汽车制造业	铁路、船舶、航空航天和其他运输设备制造业	电气机械和器材制造业	计算机、通信和其他电子设备制造业	仪器仪表制造业	其他制造业
女	**353**	**239**	**198**	**36**	**5**	**195**	**326**	**70**	**28**
银川市	**166**	**166**	**101**	**12**	**3**	**142**	**225**	**44**	**18**
兴庆区	31	19	16	5	1	15	12	8	7
西夏区	32	81	17			52	168	20	
金凤区	33	44	28	2	1	38	22	11	5
永宁县	41	7	15	4	1	9	9		2
贺兰县	20	10	13	1		17	8	5	4
灵武市	9	5	12			11	6		
石嘴山市	**73**	**39**	**64**	**2**	**1**	**33**	**9**	**3**	**2**
大武口区	21	32	62	1		25	4	1	1
惠农区	27	6		1	1	6	4		1
平罗县	25	1	2			2	1	2	
吴忠市	**64**	**24**	**17**	**6**		**14**	**10**	**22**	**7**
利通区	28	10	7	5		5		20	1
红寺堡区	10	1	2	1		1	6		
盐池县	5	2	1			1			2
同心县	10	3				1	3		
青铜峡市	11	8	7			6	1	2	4
固原市	**20**	**6**	**12**	**2**		**3**	**18**	**1**	**1**
原州区	13	3		1			10		1
西吉县	3	1	4	1			4	1	
隆德县	1	1	3			2	1		
泾源县	1	1	2				1		
彭阳县	2		3			1	2		
中卫市	**30**	**4**	**4**	**14**	**1**	**3**	**64**		
沙坡头区	12	2	1	1	1	1	18		
中宁县	10	1	1	8			33		
海原县	8	1	2	5		2	13		

4-4 续表 15 单位：人

地区 性别	制造业		电力、热力、燃气及水生产和供应业				建筑业		
	废弃资源综合利用业	金属制品、机械和设备修理业	小计	电力、热力生产和供应业	燃气生产和供应业	水的生产和供应业	小计	房屋建筑业	土木工程建筑业
宁 夏	**324**	**777**	**7010**	**5689**	**612**	**709**	**38606**	**23308**	**4799**
银川市	**230**	**534**	**3181**	**2561**	**340**	**280**	**15541**	**8477**	**1941**
兴庆区	23	76	897	703	123	71	3998	1829	445
西夏区	6	38	268	198	41	29	2073	1313	195
金凤区	13	62	1000	841	90	69	3156	1654	550
永宁县	39	23	193	136	30	27	2303	1386	164
贺兰县	6	48	232	175	34	23	2027	1118	239
灵武市	143	287	591	508	22	61	1984	1177	348
石嘴山市	**28**	**70**	**1130**	**957**	**68**	**105**	**3172**	**1567**	**508**
大武口区	9	34	412	355	24	33	1399	776	195
惠农区	17	31	473	406	25	42	696	257	128
平罗县	2	5	245	196	19	30	1077	534	185
吴忠市	**22**	**74**	**1214**	**1009**	**84**	**121**	**7697**	**5137**	**878**
利通区	2	42	476	406	25	45	2683	1788	229
红寺堡区	9	8	176	152	18	6	1065	701	148
盐池县		2	144	110	23	11	697	421	102
同心县		2	93	71	2	20	2025	1500	222
青铜峡市	11	20	325	270	16	39	1227	727	177
固原市	**17**	**51**	**667**	**533**	**48**	**86**	**6463**	**4646**	**614**
原州区	14	25	362	291	23	48	2946	2119	268
西吉县	3	14	117	100	5	12	1448	957	205
隆德县		4	85	73	5	7	813	597	46
泾源县		3	39	23	10	6	569	471	30
彭阳县		5	64	46	5	13	687	502	65
中卫市	**27**	**48**	**818**	**629**	**72**	**117**	**5733**	**3481**	**858**
沙坡头区	6	27	369	270	37	62	2353	1326	425
中宁县	7	17	300	233	26	41	1637	987	243
海原县	14	4	149	126	9	14	1743	1168	190

4-4　续表 16　　　　单位：人

地区 性别	制造业		电力、热力、燃气及水生产和供应业				建筑业		
	废弃资源综合利用业	金属制品、机械和设备修理业	小计	电力、热力生产和供应业	燃气生产和供应业	水的生产和供应业	小计	房屋建筑业	土木工程建筑业
男	**264**	**708**	**5363**	**4482**	**406**	**475**	**33166**	**20090**	**4103**
银川市	**187**	**481**	**2375**	**1961**	**233**	**181**	**12930**	**7096**	**1575**
兴庆区	16	66	632	509	80	43	3210	1473	334
西夏区	6	36	214	160	35	19	1759	1100	169
金凤区	9	49	704	598	61	45	2509	1349	416
永宁县	30	22	153	113	23	17	2008	1217	141
贺兰县	6	41	182	145	20	17	1713	928	207
灵武市	120	267	490	436	14	40	1731	1029	308
石嘴山市	**22**	**64**	**873**	**761**	**42**	**70**	**2746**	**1334**	**447**
大武口区	7	32	304	273	12	19	1193	643	173
惠农区	13	27	373	324	18	31	607	233	110
平罗县	2	5	196	164	12	20	946	458	164
吴忠市	**18**	**71**	**966**	**834**	**54**	**78**	**6749**	**4534**	**765**
利通区	1	41	362	322	14	26	2292	1558	192
红寺堡区	8	7	159	141	13	5	954	632	124
盐池县		2	117	95	14	8	588	342	89
同心县		2	87	70	2	15	1848	1364	207
青铜峡市	9	19	241	206	11	24	1067	638	153
固原市	**14**	**51**	**517**	**425**	**33**	**59**	**5608**	**4010**	**555**
原州区	11	25	256	207	17	32	2607	1869	245
西吉县	3	14	103	92	4	7	1248	822	181
隆德县		4	71	64	2	5	683	503	40
泾源县		3	33	22	8	3	483	399	28
彭阳县		5	54	40	2	12	587	417	61
中卫市	**23**	**41**	**632**	**501**	**44**	**87**	**5133**	**3116**	**761**
沙坡头区	6	22	277	210	24	43	2104	1191	374
中宁县	7	15	230	185	12	33	1474	875	216
海原县	10	4	125	106	8	11	1555	1050	171

4-4 续表 17 单位：人

地区 性别	制造业		电力、热力、燃气及水生产和供应业				建筑业		
	废弃资源综合利用业	金属制品、机械和设备修理业	小计	电力、热力生产和供应业	燃气生产和供应业	水的生产和供应业	小计	房屋建筑业	土木工程建筑业
女	**60**	**69**	**1647**	**1207**	**206**	**234**	**5440**	**3218**	**696**
银川市	**43**	**53**	**806**	**600**	**107**	**99**	**2611**	**1381**	**366**
兴庆区	7	10	265	194	43	28	788	356	111
西夏区		2	54	38	6	10	314	213	26
金凤区	4	13	296	243	29	24	647	305	134
永宁县	9	1	40	23	7	10	295	169	23
贺兰县		7	50	30	14	6	314	190	32
灵武市	23	20	101	72	8	21	253	148	40
石嘴山市	**6**	**6**	**257**	**196**	**26**	**35**	**426**	**233**	**61**
大武口区	2	2	108	82	12	14	206	133	22
惠农区	4	4	100	82	7	11	89	24	18
平罗县			49	32	7	10	131	76	21
吴忠市	**4**	**3**	**248**	**175**	**30**	**43**	**948**	**603**	**113**
利通区	1	1	114	84	11	19	391	230	37
红寺堡区	1	1	17	11	5	1	111	69	24
盐池县			27	15	9	3	109	79	13
同心县			6	1		5	177	136	15
青铜峡市	2	1	84	64	5	15	160	89	24
固原市	**3**		**150**	**108**	**15**	**27**	**855**	**636**	**59**
原州区	3		106	84	6	16	339	250	23
西吉县			14	8	1	5	200	135	24
隆德县			14	9	3	2	130	94	6
泾源县			6	1	2	3	86	72	2
彭阳县			10	6	3	1	100	85	4
中卫市	**4**	**7**	**186**	**128**	**28**	**30**	**600**	**365**	**97**
沙坡头区		5	92	60	13	19	249	135	51
中宁县		2	70	48	14	8	163	112	27
海原县	4		24	20	1	3	188	118	19

4-4 续表 18

单位：人

地区 性别	建筑业		批发和零售业			交通运输、仓储和邮政业			
	建筑安装业	建筑装饰、装修和其他建筑业	小计	批发业	零售业	小计	铁路运输业	道路运输业	水上运输业
宁 夏	**1834**	**8665**	**39390**	**9344**	**30046**	**21155**	**1611**	**16305**	**15**
银川市	**830**	**4293**	**20488**	**5331**	**15157**	**8213**	**924**	**5637**	**8**
兴庆区	189	1535	7796	2027	5769	2119	70	1604	
西夏区	121	444	2256	382	1874	1500	650	661	
金凤区	173	779	4209	1253	2956	1405	151	863	3
永宁县	95	658	2239	666	1573	1062	7	872	
贺兰县	94	576	2525	585	1940	1227	17	920	4
灵武市	158	301	1463	418	1045	900	29	717	1
石嘴山市	**216**	**881**	**4156**	**983**	**3173**	**2327**	**95**	**1942**	**2**
大武口区	70	358	1716	397	1319	791	31	654	1
惠农区	85	226	1123	283	840	683	58	552	1
平罗县	61	297	1317	303	1014	853	6	736	
吴忠市	**286**	**1396**	**6490**	**1325**	**5165**	**4351**	**91**	**3773**	**1**
利通区	111	555	2916	584	2332	1440	27	1261	
红寺堡区	24	192	675	119	556	455	6	396	
盐池县	36	138	784	125	659	707	26	608	
同心县	42	261	1032	197	835	847	18	748	
青铜峡市	73	250	1083	300	783	902	14	760	1
固原市	**197**	**1006**	**3900**	**679**	**3221**	**2359**	**68**	**1903**	**1**
原州区	95	464	2041	321	1720	1365	57	1111	
西吉县	31	255	707	141	566	466	4	373	
隆德县	48	122	463	61	402	187	5	146	
泾源县	8	60	267	59	208	112	1	100	1
彭阳县	15	105	422	97	325	229	1	173	
中卫市	**305**	**1089**	**4356**	**1026**	**3330**	**3905**	**433**	**3050**	**3**
沙坡头区	140	462	2001	431	1570	1549	405	993	2
中宁县	118	289	1478	395	1083	870	21	705	1
海原县	47	338	877	200	677	1486	7	1352	

4-4 续表 19 单位：人

地区 性别	建筑业		批发和零售业			交通运输、仓储和邮政业			
	建筑安装业	建筑装饰、装修和其他建筑业	小计	批发业	零售业	小计	铁路运输业	道路运输业	水上运输业
男	**1670**	**7303**	**18540**	**6107**	**12433**	**18325**	**1217**	**14605**	**12**
银川市	**734**	**3525**	**9875**	**3332**	**6543**	**6740**	**658**	**4838**	**6**
兴庆区	157	1246	3805	1217	2588	1750	56	1332	
西夏区	110	380	988	250	738	1170	453	570	
金凤区	139	605	2046	803	1243	1088	107	699	3
永宁县	90	560	1098	418	680	926	5	783	
贺兰县	87	491	1257	366	891	1020	14	809	2
灵武市	151	243	681	278	403	786	23	645	1
石嘴山市	**203**	**762**	**1833**	**673**	**1160**	**2038**	**79**	**1724**	**1**
大武口区	67	310	751	266	485	670	20	562	1
惠农区	76	188	523	204	319	613	53	501	
平罗县	60	264	559	203	356	755	6	661	
吴忠市	**262**	**1188**	**3033**	**961**	**2072**	**3949**	**80**	**3491**	**1**
利通区	104	438	1245	423	822	1255	21	1120	
红寺堡区	23	175	330	92	238	425	4	376	
盐池县	34	123	393	94	299	648	25	567	
同心县	39	238	569	146	423	794	17	713	
青铜峡市	62	214	496	206	290	827	13	715	1
固原市	**186**	**857**	**1819**	**453**	**1366**	**2072**	**52**	**1709**	**1**
原州区	92	401	956	229	727	1200	48	993	
西吉县	30	215	377	90	287	427	1	346	
隆德县	43	97	167	36	131	148	2	121	
泾源县	8	48	122	36	86	101		91	1
彭阳县	13	96	197	62	135	196	1	158	
中卫市	**285**	**971**	**1980**	**688**	**1292**	**3526**	**348**	**2843**	**3**
沙坡头区	128	411	843	283	560	1307	324	871	2
中宁县	115	268	674	265	409	782	17	644	1
海原县	42	292	463	140	323	1437	7	1328	

4-4 续表 20

单位：人

地区 性别	建筑业		批发和零售业			交通运输、仓储和邮政业			
	建筑安装业	建筑装饰、装修和其他建筑业	小计	批发业	零售业	小计	铁路运输业	道路运输业	水上运输业
女	**164**	**1362**	**20850**	**3237**	**17613**	**2830**	**394**	**1700**	**3**
银川市	**96**	**768**	**10613**	**1999**	**8614**	**1473**	**266**	**799**	**2**
兴庆区	32	289	3991	810	3181	369	14	272	
西夏区	11	64	1268	132	1136	330	197	91	
金凤区	34	174	2163	450	1713	317	44	164	
永宁县	5	98	1141	248	893	136	2	89	
贺兰县	7	85	1268	219	1049	207	3	111	2
灵武市	7	58	782	140	642	114	6	72	
石嘴山市	**13**	**119**	**2323**	**310**	**2013**	**289**	**16**	**218**	**1**
大武口区	3	48	965	131	834	121	11	92	
惠农区	9	38	600	79	521	70	5	51	1
平罗县	1	33	758	100	658	98		75	
吴忠市	**24**	**208**	**3457**	**364**	**3093**	**402**	**11**	**282**	
利通区	7	117	1671	161	1510	185	6	141	
红寺堡区	1	17	345	27	318	30	2	20	
盐池县	2	15	391	31	360	59	1	41	
同心县	3	23	463	51	412	53	1	35	
青铜峡市	11	36	587	94	493	75	1	45	
固原市	**11**	**149**	**2081**	**226**	**1855**	**287**	**16**	**194**	
原州区	3	63	1085	92	993	165	9	118	
西吉县	1	40	330	51	279	39	3	27	
隆德县	5	25	296	25	271	39	3	25	
泾源县		12	145	23	122	11	1	9	
彭阳县	2	9	225	35	190	33		15	
中卫市	**20**	**118**	**2376**	**338**	**2038**	**379**	**85**	**207**	
沙坡头区	12	51	1158	148	1010	242	81	122	
中宁县	3	21	804	130	674	88	4	61	
海原县	5	46	414	60	354	49		24	

4-4 续表 21 单位：人

地区 性别	交通运输、仓储和邮政业					住宿和餐饮业		
	航空运输业	管道运输业	多式联运和运输代理业	装卸搬运和仓储业	邮政业	小计	住宿业	餐饮业
宁夏	**290**	**41**	**140**	**1012**	**1741**	**16204**	**1796**	**14408**
银川市	**236**	**28**	**74**	**333**	**973**	**7457**	**992**	**6465**
兴庆区	73	21	1	99	251	2310	369	1941
西夏区	16		9	30	134	1189	155	1034
金凤区	86	3	33	53	213	1595	258	1337
永宁县	9	2	6	63	103	877	79	798
贺兰县	18	2	12	45	209	780	83	697
灵武市	34		13	43	63	706	48	658
石嘴山市	**9**	**1**	**18**	**105**	**155**	**1755**	**173**	**1582**
大武口区	4		10	34	57	763	75	688
惠农区	2	1	2	22	45	439	43	396
平罗县	3		6	49	53	553	55	498
吴忠市	**14**	**7**	**21**	**227**	**217**	**2936**	**184**	**2752**
利通区	12	1		50	89	1312	81	1231
红寺堡区				28	25	352	20	332
盐池县	1	3	1	44	24	361	25	336
同心县			5	37	39	363	32	331
青铜峡市	1	3	15	68	40	548	26	522
固原市	**11**		**10**	**145**	**221**	**2195**	**197**	**1998**
原州区	9		3	73	112	948	123	825
西吉县	1		3	51	34	577	34	543
隆德县	1		1	6	28	184	14	170
泾源县				4	6	290	6	284
彭阳县			3	11	41	196	20	176
中卫市	**20**	**5**	**17**	**202**	**175**	**1861**	**250**	**1611**
沙坡头区	14	3	12	46	74	893	160	733
中宁县	4	2	4	81	52	525	58	467
海原县	2		1	75	49	443	32	411

4-4　续表 22　　　　单位：人

地　区 性　别	交通运输、仓储和邮政业					住宿和餐饮业		
	航　空 运输业	管　道 运输业	多式联运 和运输 代理业	装卸搬运 和仓储业	邮政业	小计	住宿业	餐饮业
男	**187**	**36**	**117**	**864**	**1287**	**7974**	**670**	**7304**
银川市	**147**	**25**	**62**	**274**	**730**	**3918**	**393**	**3525**
兴庆区	46	18	1	92	205	1245	141	1104
西夏区	13		7	24	103	611	49	562
金凤区	51	3	26	41	158	905	127	778
永宁县	7	2	6	46	77	455	31	424
贺兰县	10	2	9	32	142	396	29	367
灵武市	20		13	39	45	306	16	290
石嘴山市	**7**	**1**	**15**	**90**	**121**	**803**	**54**	**749**
大武口区	3		9	31	44	358	26	332
惠农区	1	1	1	21	35	195	11	184
平罗县	3		5	38	42	250	17	233
吴忠市	**8**	**5**	**16**	**196**	**152**	**1379**	**69**	**1310**
利通区	7	1		47	59	622	28	594
红寺堡区				24	21	167	9	158
盐池县	1	2		31	22	138	8	130
同心县			4	34	26	196	15	181
青铜峡市		2	12	60	24	256	9	247
固原市	**8**		**9**	**127**	**166**	**1009**	**71**	**938**
原州区	6		3	63	87	421	43	378
西吉县	1		3	48	28	289	18	271
隆德县	1			4	20	57	1	56
泾源县				4	5	162		162
彭阳县			3	8	26	80	9	71
中卫市	**17**	**5**	**15**	**177**	**118**	**865**	**83**	**782**
沙坡头区	11	3	10	42	44	390	51	339
中宁县	4	2	4	71	39	238	17	221
海原县	2		1	64	35	237	15	222

4-4 续表 23

单位：人

地区 性别	交通运输、仓储和邮政业					住宿和餐饮业		
	航空运输业	管道运输业	多式联运和运输代理业	装卸搬运和仓储业	邮政业	小计	住宿业	餐饮业
女	**103**	**5**	**23**	**148**	**454**	**8230**	**1126**	**7104**
银川市	**89**	**3**	**12**	**59**	**243**	**3539**	**599**	**2940**
兴庆区	27	3		7	46	1065	228	837
西夏区	3		2	6	31	578	106	472
金凤区	35		7	12	55	690	131	559
永宁县	2			17	26	422	48	374
贺兰县	8		3	13	67	384	54	330
灵武市	14			4	18	400	32	368
石嘴山市	**2**		**3**	**15**	**34**	**952**	**119**	**833**
大武口区	1		1	3	13	405	49	356
惠农区	1		1	1	10	244	32	212
平罗县			1	11	11	303	38	265
吴忠市	**6**	**2**	**5**	**31**	**65**	**1557**	**115**	**1442**
利通区	5			3	30	690	53	637
红寺堡区				4	4	185	11	174
盐池县		1	1	13	2	223	17	206
同心县			1	3	13	167	17	150
青铜峡市	1	1	3	8	16	292	17	275
固原市	**3**		**1**	**18**	**55**	**1186**	**126**	**1060**
原州区	3			10	25	527	80	447
西吉县				3	6	288	16	272
隆德县			1	2	8	127	13	114
泾源县					1	128	6	122
彭阳县				3	15	116	11	105
中卫市	**3**		**2**	**25**	**57**	**996**	**167**	**829**
沙坡头区	3		2	4	30	503	109	394
中宁县				10	13	287	41	246
海原县				11	14	206	17	189

4-4　续表 24　　　　单位：人

地　区 性　别	信息传输、软件和信息技术服务业				金融业				
	小计	电信、广播电视和卫星传输服务	互联网和相关服务	软件和信息技术服务业	小计	货币金融服　务	资本市场服　务	保险业	其　他金融业
宁　夏	**4419**	**1973**	**1044**	**1402**	**5716**	**3036**	**200**	**2254**	**226**
银川市	**2823**	**1031**	**721**	**1071**	**3329**	**1673**	**169**	**1312**	**175**
兴庆区	841	320	263	258	1180	630	76	430	44
西夏区	310	107	89	114	201	94	4	93	10
金凤区	1180	395	259	526	1333	696	73	466	98
永宁县	170	80	44	46	143	52	1	85	5
贺兰县	219	76	57	86	319	132	14	159	14
灵武市	103	53	9	41	153	69	1	79	4
石嘴山市	**443**	**258**	**91**	**94**	**540**	**312**	**10**	**207**	**11**
大武口区	296	154	61	81	263	164	8	84	7
惠农区	68	41	21	6	106	51	2	51	2
平罗县	79	63	9	7	171	97		72	2
吴忠市	**405**	**238**	**65**	**102**	**790**	**435**	**11**	**331**	**13**
利通区	197	123	26	48	377	185	10	179	3
红寺堡区	34	16	7	11	51	35		16	
盐池县	46	33	4	9	122	81		40	1
同心县	55	33	11	11	106	67	1	38	
青铜峡市	73	33	17	23	134	67		58	9
固原市	**330**	**209**	**53**	**68**	**517**	**308**	**5**	**186**	**18**
原州区	196	126	28	42	295	184	1	104	6
西吉县	55	41	6	8	85	45	2	35	3
隆德县	38	25	6	7	43	25		15	3
泾源县	18	6	10	2	30	14	1	11	4
彭阳县	23	11	3	9	64	40	1	21	2
中卫市	**418**	**237**	**114**	**67**	**540**	**308**	**5**	**218**	**9**
沙坡头区	247	135	72	40	259	139	3	112	5
中宁县	84	47	20	17	205	122	1	80	2
海原县	87	55	22	10	76	47	1	26	2

4-4 续表 25

单位：人

地区 性别	信息传输、软件和信息技术服务业				金融业				
	小计	电信、广播电视和卫星传输服务	互联网和相关服务	软件和信息技术服务业	小计	货币金融服务	资本市场服务	保险业	其他金融业
男	**2765**	**1059**	**732**	**974**	**2426**	**1423**	**115**	**767**	**121**
银川市	**1785**	**535**	**506**	**744**	**1421**	**748**	**96**	**484**	**93**
兴庆区	528	159	189	180	488	269	43	152	24
西夏区	195	58	59	78	85	48	3	29	5
金凤区	746	212	184	350	610	321	39	199	51
永宁县	113	42	33	38	53	27	1	21	4
贺兰县	138	38	36	64	122	48	9	58	7
灵武市	65	26	5	34	63	35	1	25	2
石嘴山市	**260**	**137**	**60**	**63**	**186**	**125**	**6**	**47**	**8**
大武口区	180	90	37	53	92	64	6	18	4
惠农区	39	19	16	4	34	16		16	2
平罗县	41	28	7	6	60	45		13	2
吴忠市	**254**	**131**	**46**	**77**	**342**	**232**	**7**	**95**	**8**
利通区	117	66	18	33	145	99	6	39	1
红寺堡区	20	5	4	11	29	24		5	
盐池县	26	16	4	6	48	36		12	
同心县	40	21	10	9	67	44	1	22	
青铜峡市	51	23	10	18	53	29		17	7
固原市	**226**	**132**	**41**	**53**	**253**	**167**	**3**	**75**	**8**
原州区	143	85	22	36	135	92	1	37	5
西吉县	34	24	6	4	52	27	2	22	1
隆德县	27	16	5	6	27	18		8	1
泾源县	12	3	7	2	13	8		4	1
彭阳县	10	4	1	5	26	22		4	
中卫市	**240**	**124**	**79**	**37**	**224**	**151**	**3**	**66**	**4**
沙坡头区	155	76	53	26	102	63	2	35	2
中宁县	34	18	10	6	79	58		20	1
海原县	51	30	16	5	43	30	1	11	1

4-4　续表 26　　　　单位：人

地　区 性　别	信息传输、软件和信息技术服务业				金融业				
	小计	电信、广播电视和卫星传输服务	互联网和相关服务	软件和信息技术服务业	小计	货币金融服务	资本市场服务	保险业	其他金融业
女	**1654**	**914**	**312**	**428**	**3290**	**1613**	**85**	**1487**	**105**
银川市	**1038**	**496**	**215**	**327**	**1908**	**925**	**73**	**828**	**82**
兴庆区	313	161	74	78	692	361	33	278	20
西夏区	115	49	30	36	116	46	1	64	5
金凤区	434	183	75	176	723	375	34	267	47
永宁县	57	38	11	8	90	25		64	1
贺兰县	81	38	21	22	197	84	5	101	7
灵武市	38	27	4	7	90	34		54	2
石嘴山市	**183**	**121**	**31**	**31**	**354**	**187**	**4**	**160**	**3**
大武口区	116	64	24	28	171	100	2	66	3
惠农区	29	22	5	2	72	35	2	35	
平罗县	38	35	2	1	111	52		59	
吴忠市	**151**	**107**	**19**	**25**	**448**	**203**	**4**	**236**	**5**
利通区	80	57	8	15	232	86	4	140	2
红寺堡区	14	11	3		22	11		11	
盐池县	20	17		3	74	45		28	1
同心县	15	12	1	2	39	23		16	
青铜峡市	22	10	7	5	81	38		41	2
固原市	**104**	**77**	**12**	**15**	**264**	**141**	**2**	**111**	**10**
原州区	53	41	6	6	160	92		67	1
西吉县	21	17		4	33	18		13	2
隆德县	11	9	1	1	16	7		7	2
泾源县	6	3	3		17	6	1	7	3
彭阳县	13	7	2	4	38	18	1	17	2
中卫市	**178**	**113**	**35**	**30**	**316**	**157**	**2**	**152**	**5**
沙坡头区	92	59	19	14	157	76	1	77	3
中宁县	50	29	10	11	126	64	1	60	1
海原县	36	25	6	5	33	17		15	1

4-4 续表 27 单位：人

地区 性别	房地产业		租赁和商务服务业			科学研究和技术服务业			
	小计	房地产业	小计	租赁业	商务服务业	小计	研究和试验发展	专业技术服务业	科技推广和应用服务业
宁　夏	**7090**	**7090**	**6885**	**844**	**6041**	**3735**	**272**	**2919**	**544**
银川市	**4973**	**4973**	**4263**	**387**	**3876**	**2680**	**231**	**2069**	**380**
兴庆区	1439	1439	1180	103	1077	745	46	610	89
西夏区	543	543	446	63	383	353	32	267	54
金凤区	1544	1544	1538	88	1450	1150	117	853	180
永宁县	415	415	265	37	228	121	15	87	19
贺兰县	650	650	462	48	414	227	18	185	24
灵武市	382	382	372	48	324	84	3	67	14
石嘴山市	**551**	**551**	**461**	**78**	**383**	**240**	**11**	**200**	**29**
大武口区	271	271	250	21	229	133	7	113	13
惠农区	116	116	88	23	65	48	4	38	6
平罗县	164	164	123	34	89	59		49	10
吴忠市	**686**	**686**	**1053**	**140**	**913**	**316**	**7**	**270**	**39**
利通区	421	421	430	42	388	131		126	5
红寺堡区	52	52	93	10	83	29	1	20	8
盐池县	49	49	110	22	88	20	1	15	4
同心县	47	47	98	12	86	40		31	9
青铜峡市	117	117	322	54	268	96	5	78	13
固原市	**413**	**413**	**522**	**75**	**447**	**258**	**11**	**208**	**39**
原州区	269	269	216	30	186	145	6	124	15
西吉县	83	83	117	26	91	42	1	26	15
隆德县	22	22	77	2	75	23		20	3
泾源县	14	14	44	3	41	9		7	2
彭阳县	25	25	68	14	54	39	4	31	4
中卫市	**467**	**467**	**586**	**164**	**422**	**241**	**12**	**172**	**57**
沙坡头区	268	268	288	87	201	122	4	85	33
中宁县	133	133	199	59	140	61	2	43	16
海原县	66	66	99	18	81	58	6	44	8

4-4 续表 28

单位：人

地区 性别	房地产业		租赁和商务服务业			科学研究和技术服务业			
	小计	房地产业	小计	租赁业	商务服务业	小计	研究和试验发展	专业技术服务业	科技推广和应用服务业
男	**3944**	**3944**	**4247**	**744**	**3503**	**2515**	**175**	**1980**	**360**
银川市	**2816**	**2816**	**2486**	**326**	**2160**	**1773**	**147**	**1381**	**245**
兴庆区	831	831	665	84	581	495	33	407	55
西夏区	316	316	265	47	218	251	23	196	32
金凤区	899	899	856	78	778	731	63	551	117
永宁县	238	238	168	33	135	84	12	55	17
贺兰县	344	344	264	40	224	154	15	126	13
灵武市	188	188	268	44	224	58	1	46	11
石嘴山市	**276**	**276**	**296**	**71**	**225**	**170**	**7**	**139**	**24**
大武口区	138	138	151	19	132	91	4	75	12
惠农区	65	65	53	19	34	35	3	28	4
平罗县	73	73	92	33	59	44		36	8
吴忠市	**362**	**362**	**700**	**124**	**576**	**227**	**4**	**195**	**28**
利通区	196	196	276	34	242	89		87	2
红寺堡区	37	37	71	8	63	25	1	17	7
盐池县	30	30	75	20	55	14		12	2
同心县	30	30	74	12	62	34		25	9
青铜峡市	69	69	204	50	154	65	3	54	8
固原市	**241**	**241**	**354**	**70**	**284**	**180**	**9**	**141**	**30**
原州区	153	153	139	26	113	98	5	82	11
西吉县	53	53	88	26	62	32	1	17	14
隆德县	14	14	53	2	51	14		14	
泾源县	9	9	32	2	30	8		6	2
彭阳县	12	12	42	14	28	28	3	22	3
中卫市	**249**	**249**	**411**	**153**	**258**	**165**	**8**	**124**	**33**
沙坡头区	127	127	202	84	118	81	3	61	17
中宁县	71	71	134	52	82	41	2	29	10
海原县	51	51	75	17	58	43	3	34	6

4-4 续表 29　　　　单位：人

地区 性别	房地产业		租赁和商务服务业			科学研究和技术服务业			
	小计	房地产业	小计	租赁业	商务服务业	小计	研究和试验发展	专业技术服务业	科技推广和应用服务业
女	**3146**	**3146**	**2638**	**100**	**2538**	**1220**	**97**	**939**	**184**
银川市	**2157**	**2157**	**1777**	**61**	**1716**	**907**	**84**	**688**	**135**
兴庆区	608	608	515	19	496	250	13	203	34
西夏区	227	227	181	16	165	102	9	71	22
金凤区	645	645	682	10	672	419	54	302	63
永宁县	177	177	97	4	93	37	3	32	2
贺兰县	306	306	198	8	190	73	3	59	11
灵武市	194	194	104	4	100	26	2	21	3
石嘴山市	**275**	**275**	**165**	**7**	**158**	**70**	**4**	**61**	**5**
大武口区	133	133	99	2	97	42	3	38	1
惠农区	51	51	35	4	31	13	1	10	2
平罗县	91	91	31	1	30	15		13	2
吴忠市	**324**	**324**	**353**	**16**	**337**	**89**	**3**	**75**	**11**
利通区	225	225	154	8	146	42		39	3
红寺堡区	15	15	22	2	20	4		3	1
盐池县	19	19	35	2	33	6	1	3	2
同心县	17	17	24		24	6		6	
青铜峡市	48	48	118	4	114	31	2	24	5
固原市	**172**	**172**	**168**	**5**	**163**	**78**	**2**	**67**	**9**
原州区	116	116	77	4	73	47	1	42	4
西吉县	30	30	29		29	10		9	1
隆德县	8	8	24		24	9		6	3
泾源县	5	5	12	1	11	1		1	
彭阳县	13	13	26		26	11	1	9	1
中卫市	**218**	**218**	**175**	**11**	**164**	**76**	**4**	**48**	**24**
沙坡头区	141	141	86	3	83	41	1	24	16
中宁县	62	62	65	7	58	20		14	6
海原县	15	15	24	1	23	15	3	10	2

4-4　续表 30　　　　单位：人

地　区 性　别	水利、环境和公共设施管理业					居民服务、修理和其他服务业			
	小计	水　利 管理业	生态保护 和环境 治理业	公共设施 管理业	土　地 管理业	小计	居　民 服务业	机动车、 电子产品 和日用产 品修理业	其　他 服务业
宁　夏	**4444**	**482**	**356**	**3546**	**60**	**9487**	**5290**	**3423**	**774**
银川市	**2149**	**208**	**154**	**1763**	**24**	**4566**	**2842**	**1356**	**368**
兴庆区	560	52	38	468	2	1431	983	363	85
西夏区	241	12	18	210	1	542	337	160	45
金凤区	523	104	44	359	16	922	627	199	96
永宁县	372	15	12	344	1	560	328	186	46
贺兰县	298	16	27	253	2	673	351	258	64
灵武市	155	9	15	129	2	438	216	190	32
石嘴山市	**509**	**36**	**34**	**431**	**8**	**1071**	**620**	**394**	**57**
大武口区	238	9	10	217	2	457	277	142	38
惠农区	104	8	15	80	1	262	130	117	15
平罗县	167	19	9	134	5	352	213	135	4
吴忠市	**688**	**95**	**41**	**543**	**9**	**1585**	**740**	**734**	**111**
利通区	159	19	7	133		640	354	252	34
红寺堡区	49	1	5	37	6	148	49	77	22
盐池县	118	8	20	90		242	101	134	7
同心县	108	36		72		175	63	100	12
青铜峡市	254	31	9	211	3	380	173	171	36
固原市	**539**	**47**	**70**	**417**	**5**	**1169**	**549**	**446**	**174**
原州区	205	14	24	167		589	284	264	41
西吉县	109	7	24	78		236	102	78	56
隆德县	90	12	7	67	4	114	48	43	23
泾源县	62	9	7	46		78	28	26	24
彭阳县	73	5	8	59	1	152	87	35	30
中卫市	**559**	**96**	**57**	**392**	**14**	**1096**	**539**	**493**	**64**
沙坡头区	259	23	36	193	7	489	283	182	24
中宁县	229	67	10	149	3	337	161	159	17
海原县	71	6	11	50	4	270	95	152	23

4-4 续表 31

单位：人

地区 性别	水利、环境和公共设施管理业					居民服务、修理和其他服务业			
	小计	水利管理业	生态保护和环境治理业	公共设施管理业	土地管理业	小计	居民服务业	机动车、电子产品和日用产品修理业	其他服务业
男	**2503**	**362**	**262**	**1837**	**42**	**5039**	**1811**	**2935**	**293**
银川市	**1256**	**153**	**108**	**979**	**16**	**2291**	**989**	**1155**	**147**
兴庆区	334	34	28	272		688	333	318	37
西夏区	126	9	13	103	1	268	114	139	15
金凤区	335	74	24	226	11	422	218	169	35
永宁县	198	13	10	174	1	312	137	160	15
贺兰县	172	16	20	135	1	350	110	210	30
灵武市	91	7	13	69	2	251	77	159	15
石嘴山市	**263**	**29**	**29**	**201**	**4**	**526**	**176**	**331**	**19**
大武口区	104	7	8	88	1	219	81	125	13
惠农区	58	7	13	38		135	36	94	5
平罗县	101	15	8	75	3	172	59	112	1
吴忠市	**395**	**71**	**32**	**286**	**6**	**933**	**252**	**641**	**40**
利通区	96	17	5	74		343	113	219	11
红寺堡区	33	1	4	23	5	90	19	66	5
盐池县	76	5	18	53		159	37	118	4
同心县	58	27		31		126	35	87	4
青铜峡市	132	21	5	105	1	215	48	151	16
固原市	**275**	**37**	**52**	**181**	**5**	**630**	**182**	**383**	**65**
原州区	105	11	17	77		344	104	229	11
西吉县	61	5	17	39		121	30	66	25
隆德县	43	9	5	25	4	56	14	33	9
泾源县	36	7	7	22		39	5	24	10
彭阳县	30	5	6	18	1	70	29	31	10
中卫市	**314**	**72**	**41**	**190**	**11**	**659**	**212**	**425**	**22**
沙坡头区	143	14	22	102	5	281	111	159	11
中宁县	130	53	10	65	2	191	54	134	3
海原县	41	5	9	23	4	187	47	132	8

4-4　续表 32　　　　单位：人

地区 性别	水利、环境和公共设施管理业					居民服务、修理和其他服务业			
	小计	水利管理业	生态保护和环境治理业	公共设施管理业	土地管理业	小计	居民服务业	机动车、电子产品和日用产品修理业	其他服务业
女	**1941**	**120**	**94**	**1709**	**18**	**4448**	**3479**	**488**	**481**
银川市	**893**	**55**	**46**	**784**	**8**	**2275**	**1853**	**201**	**221**
兴庆区	226	18	10	196	2	743	650	45	48
西夏区	115	3	5	107		274	223	21	30
金凤区	188	30	20	133	5	500	409	30	61
永宁县	174	2	2	170		248	191	26	31
贺兰县	126		7	118	1	323	241	48	34
灵武市	64	2	2	60		187	139	31	17
石嘴山市	**246**	**7**	**5**	**230**	**4**	**545**	**444**	**63**	**38**
大武口区	134	2	2	129	1	238	196	17	25
惠农区	46	1	2	42	1	127	94	23	10
平罗县	66	4	1	59	2	180	154	23	3
吴忠市	**293**	**24**	**9**	**257**	**3**	**652**	**488**	**93**	**71**
利通区	63	2	2	59		297	241	33	23
红寺堡区	16		1	14	1	58	30	11	17
盐池县	42	3	2	37		83	64	16	3
同心县	50	9		41		49	28	13	8
青铜峡市	122	10	4	106	2	165	125	20	20
固原市	**264**	**10**	**18**	**236**		**539**	**367**	**63**	**109**
原州区	100	3	7	90		245	180	35	30
西吉县	48	2	7	39		115	72	12	31
隆德县	47	3	2	42		58	34	10	14
泾源县	26	2		24		39	23	2	14
彭阳县	43		2	41		82	58	4	20
中卫市	**245**	**24**	**16**	**202**	**3**	**437**	**327**	**68**	**42**
沙坡头区	116	9	14	91	2	208	172	23	13
中宁县	99	14		84	1	146	107	25	14
海原县	30	1	2	27		83	48	20	15

4-4 续表 33

单位：人

地区 性别	教育		卫生和社会工作			文化、体育和娱乐业				
	小计	教育	小计	卫生	社会工作	小计	新闻和出版业	广播、电视、电影和录音制作业	文化艺术业	体育
宁　夏	**15758**	**15758**	**7931**	**7660**	**271**	**2673**	**334**	**282**	**488**	**306**
银川市	**7002**	**7002**	**3772**	**3627**	**145**	**1615**	**241**	**204**	**332**	**208**
兴庆区	1882	1882	1320	1261	59	491	98	57	94	60
西夏区	1130	1130	418	395	23	213	14	30	33	29
金凤区	2371	2371	1297	1268	29	604	104	85	158	73
永宁县	486	486	236	226	10	79	2	6	16	16
贺兰县	660	660	266	252	14	153	15	15	17	22
灵武市	473	473	235	225	10	75	8	11	14	8
石嘴山市	**1574**	**1574**	**889**	**855**	**34**	**246**	**21**	**23**	**36**	**27**
大武口区	791	791	375	360	15	138	17	13	23	17
惠农区	323	323	254	248	6	54	2	5	3	5
平罗县	460	460	260	247	13	54	2	5	10	5
吴忠市	**2733**	**2733**	**1216**	**1186**	**30**	**280**	**25**	**22**	**43**	**34**
利通区	1060	1060	466	455	11	134	12	16	13	15
红寺堡区	390	390	146	141	5	21			6	3
盐池县	294	294	158	157	1	37	5	1	6	2
同心县	562	562	200	195	5	22	4	2	6	3
青铜峡市	427	427	246	238	8	66	4	3	12	11
固原市	**2563**	**2563**	**1131**	**1095**	**36**	**177**	**27**	**10**	**42**	**23**
原州区	1234	1234	586	579	7	111	19	5	21	9
西吉县	585	585	221	217	4	24	3	2	4	8
隆德县	245	245	122	114	8	22	3	2	8	3
泾源县	154	154	91	80	11	9		1	4	1
彭阳县	345	345	111	105	6	11	2		5	2
中卫市	**1886**	**1886**	**923**	**897**	**26**	**355**	**20**	**23**	**35**	**14**
沙坡头区	766	766	381	370	11	258	16	9	14	7
中宁县	543	543	237	227	10	64	1	13	7	5
海原县	577	577	305	300	5	33	3	1	14	2

4-4　续表 34　　　　　　单位：人

地　区 性　别	教育		卫生和社会工作			文化、体育和娱乐业				
	小计	教育	小计	卫生	社会工作	小计	新闻和出版业	广播、电视、电影和录音制作业	文　化艺术业	体育
男	**5159**	**5159**	**2161**	**2084**	**77**	**1416**	**161**	**142**	**211**	**175**
银川市	**2074**	**2074**	**1004**	**954**	**50**	**857**	**117**	**109**	**148**	**116**
兴庆区	551	551	393	367	26	273	46	31	43	36
西夏区	399	399	94	88	6	117	8	14	15	16
金凤区	691	691	346	338	8	316	48	47	73	39
永宁县	144	144	61	58	3	37		3	7	8
贺兰县	163	163	57	53	4	74	10	9	7	11
灵武市	126	126	53	50	3	40	5	5	3	6
石嘴山市	**466**	**466**	**234**	**229**	**5**	**125**	**12**	**9**	**11**	**13**
大武口区	253	253	87	84	3	65	10	5	6	6
惠农区	96	96	70	69	1	28		3		3
平罗县	117	117	77	76	1	32	2	1	5	4
吴忠市	**903**	**903**	**337**	**326**	**11**	**151**	**11**	**11**	**19**	**22**
利通区	317	317	124	120	4	72	7	7	4	9
红寺堡区	137	137	48	47	1	13			1	3
盐池县	97	97	46	45	1	20	1	1	3	1
同心县	203	203	56	53	3	15	2	2	3	3
青铜峡市	149	149	63	61	2	31	1	1	8	6
固原市	**1060**	**1060**	**338**	**331**	**7**	**94**	**10**	**5**	**16**	**15**
原州区	474	474	166	164	2	56	7	2	4	6
西吉县	274	274	69	68	1	16	2	1	2	7
隆德县	106	106	35	32	3	13	1	2	4	1
泾源县	52	52	29	29		4			2	1
彭阳县	154	154	39	38	1	5			4	
中卫市	**656**	**656**	**248**	**244**	**4**	**189**	**11**	**8**	**17**	**9**
沙坡头区	228	228	97	95	2	138	8	4	7	4
中宁县	168	168	52	50	2	30	1	3	2	4
海原县	260	260	99	99		21	2	1	8	1

4-4 续表 35 单位：人

地区 性别	教育		卫生和社会工作			文化、体育和娱乐业				
	小计	教育	小计	卫生	社会工作	小计	新闻和出版业	广播、电视、电影和录音制作业	文化艺术业	体育
女	**10599**	**10599**	**5770**	**5576**	**194**	**1257**	**173**	**140**	**277**	**131**
银川市	**4928**	**4928**	**2768**	**2673**	**95**	**758**	**124**	**95**	**184**	**92**
兴庆区	1331	1331	927	894	33	218	52	26	51	24
西夏区	731	731	324	307	17	96	6	16	18	13
金凤区	1680	1680	951	930	21	288	56	38	85	34
永宁县	342	342	175	168	7	42	2	3	9	8
贺兰县	497	497	209	199	10	79	5	6	10	11
灵武市	347	347	182	175	7	35	3	6	11	2
石嘴山市	**1108**	**1108**	**655**	**626**	**29**	**121**	**9**	**14**	**25**	**14**
大武口区	538	538	288	276	12	73	7	8	17	11
惠农区	227	227	184	179	5	26	2	2	3	2
平罗县	343	343	183	171	12	22		4	5	1
吴忠市	**1830**	**1830**	**879**	**860**	**19**	**129**	**14**	**11**	**24**	**12**
利通区	743	743	342	335	7	62	5	9	9	6
红寺堡区	253	253	98	94	4	8			5	
盐池县	197	197	112	112		17	4		3	1
同心县	359	359	144	142	2	7	2		3	
青铜峡市	278	278	183	177	6	35	3	2	4	5
固原市	**1503**	**1503**	**793**	**764**	**29**	**83**	**17**	**5**	**26**	**8**
原州区	760	760	420	415	5	55	12	3	17	3
西吉县	311	311	152	149	3	8	1	1	2	1
隆德县	139	139	87	82	5	9	2		4	2
泾源县	102	102	62	51	11	5		1	2	
彭阳县	191	191	72	67	5	6	2		1	2
中卫市	**1230**	**1230**	**675**	**653**	**22**	**166**	**9**	**15**	**18**	**5**
沙坡头区	538	538	284	275	9	120	8	5	7	3
中宁县	375	375	185	177	8	34		10	5	1
海原县	317	317	206	201	5	12	1		6	1

4-4　续表 36　　　　　　　　　　　　　　　　　　　　　　　　　　　　　　单位：人

地区 性别	娱乐业	公共管理、社会保障和社会组织						国际组织	
		小计	中国共产党机关	国家机构	人民政协、民主党派	社会保障	群众团体、社会团体和其他成员组织	基层群众自治组织	小计	国际组织
宁　夏	**1263**	**17808**	**390**	**13848**	**85**	**54**	**733**	**2698**		
银川市	**630**	**6768**	**154**	**5516**	**34**	**20**	**317**	**727**		
兴庆区	182	1778	12	1519	10	3	85	149		
西夏区	107	556	2	428	1		20	105		
金凤区	184	2640	128	2221	15	13	131	132		
永宁县	39	475	7	328	5	1	25	109		
贺兰县	84	564	3	421	1	1	18	120		
灵武市	34	755	2	599	2	2	38	112		
石嘴山市	**139**	**1985**	**50**	**1515**	**10**	**10**	**59**	**341**		
大武口区	68	919	20	739	8	4	27	121		
惠农区	39	400	7	289		1	16	87		
平罗县	32	666	23	487	2	5	16	133		
吴忠市	**156**	**3575**	**75**	**2673**	**13**	**10**	**153**	**651**		
利通区	78	1467	34	1164	9	1	80	179		
红寺堡区	12	534	15	372			5	142		
盐池县	23	532	2	416	3	2	11	98		
同心县	7	549	12	397	1	1	16	122		
青铜峡市	36	493	12	324		6	41	110		
固原市	**75**	**3151**	**41**	**2507**	**14**	**5**	**111**	**473**		
原州区	57	1320	8	1152	7		38	115		
西吉县	7	575	3	420	6	3	24	119		
隆德县	6	384	4	287		2	17	74		
泾源县	3	477		370			19	88		
彭阳县	2	395	26	278	1		13	77		
中卫市	**263**	**2329**	**70**	**1637**	**14**	**9**	**93**	**506**		
沙坡头区	212	988	41	735	7	4	40	161		
中宁县	38	616	19	411	4	2	16	164		
海原县	13	725	10	491	3	3	37	181		

4-4 续表 37

单位：人

地区 性别	娱乐业	公共管理、社会保障和社会组织							国际组织	
		小计	中国共产党机关	国家机构	人民政协、民主党派	社会保障	群众团体、社会团体和其他成员组织	基层群众自治组织	小计	国际组织
男	**727**	**10332**	**266**	**8309**	**51**	**22**	**427**	**1257**		
银川市	**367**	**3806**	**107**	**3255**	**20**	**7**	**170**	**247**		
兴庆区	117	1010	8	911	7		36	48		
西夏区	64	274	2	242	1		12	17		
金凤区	109	1561	90	1347	8	6	71	39		
永宁县	19	265	5	194	2	1	15	48		
贺兰县	37	279	1	230			9	39		
灵武市	21	417	1	331	2		27	56		
石嘴山市	**80**	**980**	**35**	**813**	**5**	**3**	**29**	**95**		
大武口区	38	474	12	424	4	1	11	22		
惠农区	22	166	6	134			9	17		
平罗县	20	340	17	255	1	2	9	56		
吴忠市	**88**	**2100**	**47**	**1601**	**7**	**5**	**111**	**329**		
利通区	45	860	22	688	4		65	81		
红寺堡区	9	322	12	228			5	77		
盐池县	14	291	1	232	3	1	5	49		
同心县	5	360	6	269			11	74		
青铜峡市	15	267	6	184		4	25	48		
固原市	**48**	**2072**	**34**	**1638**	**8**	**3**	**68**	**321**		
原州区	37	867	7	757	4		25	74		
西吉县	4	384	3	279	3	1	12	86		
隆德县	5	250	3	189		2	5	51		
泾源县	1	321		245			16	60		
彭阳县	1	250	21	168	1		10	50		
中卫市	**144**	**1374**	**43**	**1002**	**11**	**4**	**49**	**265**		
沙坡头区	115	550	24	425	4	2	13	82		
中宁县	20	355	13	247	4	1	7	83		
海原县	9	469	6	330	3	1	29	100		

4-4 续表 38

单位：人

地区 性别	娱乐业	公共管理、社会保障和社会组织						国际组织	
		小计	中国共产党机关	国家机构	人民政协、民主党派	社会保障	群众团体、社会团体和其他成员组织	基层群众自治组织	小计	国际组织
女	**536**	**7476**	**124**	**5539**	**34**	**32**	**306**	**1441**		
银川市	**263**	**2962**	**47**	**2261**	**14**	**13**	**147**	**480**		
兴庆区	65	768	4	608	3	3	49	101		
西夏区	43	282		186			8	88		
金凤区	75	1079	38	874	7	7	60	93		
永宁县	20	210	2	134	3		10	61		
贺兰县	47	285	2	191	1	1	9	81		
灵武市	13	338	1	268		2	11	56		
石嘴山市	**59**	**1005**	**15**	**702**	**5**	**7**	**30**	**246**		
大武口区	30	445	8	315	4	3	16	99		
惠农区	17	234	1	155		1	7	70		
平罗县	12	326	6	232	1	3	7	77		
吴忠市	**68**	**1475**	**28**	**1072**	**6**	**5**	**42**	**322**		
利通区	33	607	12	476	5	1	15	98		
红寺堡区	3	212	3	144				65		
盐池县	9	241	1	184		1	6	49		
同心县	2	189	6	128	1	1	5	48		
青铜峡市	21	226	6	140		2	16	62		
固原市	**27**	**1079**	**7**	**869**	**6**	**2**	**43**	**152**		
原州区	20	453	1	395	3		13	41		
西吉县	3	191		141	3	2	12	33		
隆德县	1	134	1	98			12	23		
泾源县	2	156		125			3	28		
彭阳县	1	145	5	110			3	27		
中卫市	**119**	**955**	**27**	**635**	**3**	**5**	**44**	**241**		
沙坡头区	97	438	17	310	3	2	27	79		
中宁县	18	261	6	164		1	9	81		
海原县	4	256	4	161		2	8	81		

4-4a 各地区分性别、行业大类的就业人口(城市)

单位：人

地区 性别	合计	农、林、牧、渔业						采矿业	
		小计	农业	林业	畜牧业	渔业	农、林、牧、渔专业及辅助性活动	小计	煤炭开采和洗选业
宁　夏	**127668**	**3603**	**2238**	**115**	**1088**	**27**	**135**	**4329**	**2783**
银川市	**70285**	**1181**	**787**	**48**	**270**	**16**	**60**	**2763**	**1403**
兴庆区	25998	193	121	14	43	5	10	1602	371
西夏区	14216	505	353	21	121		10	105	70
金凤区	23890	185	92	7	51	7	28	363	293
永宁县									
贺兰县	198	4	2		2			2	1
灵武市	5983	294	219	6	53	4	12	691	668
石嘴山市	**16602**	**241**	**126**	**7**	**96**	**2**	**10**	**1013**	**962**
大武口区	10561	175	90	5	70		10	765	738
惠农区	6041	66	36	2	26	2		248	224
平罗县									
吴忠市	**20970**	**1406**	**804**	**29**	**527**	**3**	**43**	**371**	**289**
利通区	12715	474	203	7	254	1	9	283	241
红寺堡区	3052	524	303	2	210		9	31	26
盐池县									
同心县									
青铜峡市	5203	408	298	20	63	2	25	57	22
固原市	**9436**	**236**	**154**	**20**	**51**		**11**	**161**	**115**
原州区	9436	236	154	20	51		11	161	115
西吉县									
隆德县									
泾源县									
彭阳县									
中卫市	**10375**	**539**	**367**	**11**	**144**	**6**	**11**	**21**	**14**
沙坡头区	10375	539	367	11	144	6	11	21	14
中宁县									
海原县									

4-4a　续表 1　　　　　　　　　　　　　　　　　　　　　　　　　　　　单位：人

地　区 性　别	合计	农、林、牧、渔业						采矿业	
		小计	农业	林业	畜牧业	渔业	农、林、牧、渔专业及辅助性活动	小计	煤炭开采和洗选业
男	**75561**	**2342**	**1374**	**83**	**769**	**22**	**94**	**3498**	**2415**
银川市	**40678**	**756**	**481**	**35**	**190**	**12**	**38**	**2105**	**1177**
兴庆区	14836	128	77	11	31	3	6	1102	278
西夏区	8708	318	211	17	82		8	97	65
金凤区	13352	130	67	4	35	6	18	280	228
永宁县									
贺兰县	120	2	1		1			2	1
灵武市	3662	178	125	3	41	3	6	624	605
石嘴山市	**10360**	**163**	**81**	**4**	**70**	**2**	**6**	**901**	**859**
大武口区	6400	118	58	3	51		6	680	656
惠农区	3960	45	23	1	19	2		221	203
平罗县									
吴忠市	**12527**	**881**	**467**	**19**	**360**	**2**	**33**	**335**	**265**
利通区	7514	342	133	4	196	1	8	260	220
红寺堡区	1849	303	180	1	115		7	29	24
盐池县									
同心县									
青铜峡市	3164	236	154	14	49	1	18	46	21
固原市	**5703**	**173**	**112**	**14**	**38**		**9**	**137**	**100**
原州区	5703	173	112	14	38		9	137	100
西吉县									
隆德县									
泾源县									
彭阳县									
中卫市	**6293**	**369**	**233**	**11**	**111**	**6**	**8**	**20**	**14**
沙坡头区	6293	369	233	11	111	6	8	20	14
中宁县									
海原县									

4-4a 续表 2 单位：人

地区 性别	合计	农、林、牧、渔业						采矿业	
		小计	农业	林业	畜牧业	渔业	农、林、牧、渔专业及辅助性活动	小计	煤炭开采和洗选业
女	**52107**	**1261**	**864**	**32**	**319**	**5**	**41**	**831**	**368**
银川市	**29607**	**425**	**306**	**13**	**80**	**4**	**22**	**658**	**226**
兴庆区	11162	65	44	3	12	2	4	500	93
西夏区	5508	187	142	4	39		2	8	5
金凤区	10538	55	25	3	16	1	10	83	65
永宁县									
贺兰县	78	2	1		1				
灵武市	2321	116	94	3	12	1	6	67	63
石嘴山市	**6242**	**78**	**45**	**3**	**26**		**4**	**112**	**103**
大武口区	4161	57	32	2	19		4	85	82
惠农区	2081	21	13	1	7			27	21
平罗县									
吴忠市	**8443**	**525**	**337**	**10**	**167**	**1**	**10**	**36**	**24**
利通区	5201	132	70	3	58		1	23	21
红寺堡区	1203	221	123	1	95		2	2	2
盐池县									
同心县									
青铜峡市	2039	172	144	6	14	1	7	11	1
固原市	**3733**	**63**	**42**	**6**	**13**		**2**	**24**	**15**
原州区	3733	63	42	6	13		2	24	15
西吉县									
隆德县									
泾源县									
彭阳县									
中卫市	**4082**	**170**	**134**		**33**		**3**	**1**	
沙坡头区	4082	170	134		33		3	1	
中宁县									
海原县									

4-4a 续表 3 单位：人

地 区 性 别	采矿业						制造业		
	石油和天然气开采业	黑色金属矿采选业	有色金属矿采选业	非金属矿采选业	开采专业及辅助性活动	其他采矿业	小计	农副食品加工业	食品制造业
宁 夏	**1237**	**17**	**7**	**105**	**161**	**19**	**14785**	**512**	**802**
银川市	**1182**	**9**	**5**	**23**	**127**	**14**	**6526**	**206**	**297**
兴庆区	1120	5	2	7	94	3	1373	60	78
西夏区	18		1	4	11	1	2776	53	143
金凤区	26	4	2	8	20	10	1534	63	52
永宁县									
贺兰县					1		9	1	
灵武市	18			4	1		834	29	24
石嘴山市	**16**	**7**	**1**	**15**	**9**	**3**	**3787**	**30**	**92**
大武口区	5	1	1	10	7	3	1832	18	36
惠农区	11	6		5	2		1955	12	56
平罗县									
吴忠市	**27**		**1**	**37**	**15**	**2**	**2355**	**148**	**303**
利通区	22			11	8	1	1489	82	250
红寺堡区	2			1	2		168	16	7
盐池县									
同心县									
青铜峡市	3		1	25	5	1	698	50	46
固原市	**10**			**27**	**9**		**385**	**60**	**13**
原州区	10			27	9		385	60	13
西吉县									
隆德县									
泾源县									
彭阳县									
中卫市	**2**	**1**		**3**	**1**		**1732**	**68**	**97**
沙坡头区	2	1		3	1		1732	68	97
中宁县									
海原县									

4-4a 续表 4　　单位：人

地区 性别	采矿业						制造业		
	石油和天然气开采业	黑色金属矿采选业	有色金属矿采选业	非金属矿采选业	开采专业及辅助性活动	其他采矿业	小计	农副食品加工业	食品制造业
男	**835**	**13**	**3**	**83**	**132**	**17**	**10727**	**316**	**438**
银川市	**785**	**7**	**2**	**20**	**102**	**12**	**4630**	**120**	**140**
兴庆区	733	5		7	76	3	941	29	33
西夏区	17		1	3	10	1	2078	31	69
金凤区	20	2	1	6	15	8	1044	40	26
永宁县									
贺兰县					1		9	1	
灵武市	15			4			558	19	12
石嘴山市	**13**	**5**	**1**	**12**	**8**	**3**	**2881**	**21**	**59**
大武口区	5	1	1	8	6	3	1392	12	20
惠农区	8	4		4	2		1489	9	39
平罗县									
吴忠市	**26**			**28**	**14**	**2**	**1662**	**95**	**177**
利通区	21			10	8	1	1039	54	153
红寺堡区	2			1	2		112	10	3
盐池县									
同心县									
青铜峡市	3			17	4	1	511	31	21
固原市	**9**			**20**	**8**		**276**	**40**	**6**
原州区	9			20	8		276	40	6
西吉县									
隆德县									
泾源县									
彭阳县									
中卫市	**2**	**1**		**3**			**1278**	**40**	**56**
沙坡头区	2	1		3			1278	40	56
中宁县									
海原县									

4-4a　续表 5

单位：人

地　区 性　别	采矿业						制造业		
	石油和天然气开采业	黑色金属矿采选业	有色金属矿采选业	非金属矿采选业	开采专业及辅助性活　动	其　他采矿业	小计	农副食品加工业	食　品制造业
女	**402**	**4**	**4**	**22**	**29**	**2**	**4058**	**196**	**364**
银川市	**397**	**2**	**3**	**3**	**25**	**2**	**1896**	**86**	**157**
兴庆区	387		2		18		432	31	45
西夏区	1			1	1		698	22	74
金凤区	6	2	1	2	5	2	490	23	26
永宁县									
贺兰县									
灵武市	3				1		276	10	12
石嘴山市	**3**	**2**		**3**	**1**		**906**	**9**	**33**
大武口区				2	1		440	6	16
惠农区	3	2		1			466	3	17
平罗县									
吴忠市	**1**		**1**	**9**	**1**		**693**	**53**	**126**
利通区	1			1			450	28	97
红寺堡区							56	6	4
盐池县									
同心县									
青铜峡市			1	8	1		187	19	25
固原市	**1**			**7**	**1**		**109**	**20**	**7**
原州区	1			7	1		109	20	7
西吉县									
隆德县									
泾源县									
彭阳县									
中卫市					**1**		**454**	**28**	**41**
沙坡头区					1		454	28	41
中宁县									
海原县									

4-4a 续表 6

单位：人

地区 性别	制造业								
	酒、饮料和精制茶制造业	烟草制品业	纺织业	纺织服装、服饰业	皮革、毛皮、羽毛及其制品和制鞋业	木材加工和木、竹、藤、棕、草制品业	家具制造业	造纸和纸制品业	印刷和记录媒介复制业
宁夏	**212**	**53**	**406**	**236**	**41**	**84**	**115**	**223**	**190**
银川市	**120**	**3**	**173**	**164**	**30**	**45**	**64**	**41**	**115**
兴庆区	19		21	26	2	25	33	15	53
西夏区	38		6	71	4	12	12	11	23
金凤区	58	3	18	22	3	8	16	14	33
永宁县									
贺兰县	1								
灵武市	4		128	45	21		3	1	6
石嘴山市	**19**	**2**	**42**	**10**	**1**	**4**	**7**	**3**	**9**
大武口区	17	2	24	9	1	3	7	2	6
惠农区	2		18	1		1		1	3
平罗县									
吴忠市	**46**	**43**	**167**	**36**	**10**	**19**	**26**	**64**	**43**
利通区	25	43	133	17	8	10	20	49	35
红寺堡区	5		3	11	2	4	2		3
盐池县									
同心县									
青铜峡市	16		31	8		5	4	15	5
固原市	**8**	**1**	**16**	**15**		**6**	**14**	**2**	**9**
原州区	8	1	16	15		6	14	2	9
西吉县									
隆德县									
泾源县									
彭阳县									
中卫市	**19**	**4**	**8**	**11**		**10**	**4**	**113**	**14**
沙坡头区	19	4	8	11		10	4	113	14
中宁县									
海原县									

4-4a 续表 7

单位：人

地区 性别	制造业								
	酒、饮料和精制茶制造业	烟草制品业	纺织业	纺织服装、服饰业	皮革、毛皮、羽毛及其制品和制鞋业	木材加工和木、竹、藤、棕、草制品业	家具制造业	造纸和纸制品业	印刷和记录媒介复制业
男	**133**	**35**	**137**	**43**	**18**	**63**	**91**	**121**	**105**
银川市	**75**	**1**	**53**	**32**	**13**	**34**	**48**	**24**	**67**
兴庆区	11		11	10	1	19	25	11	37
西夏区	21		3	7	2	10	9	5	9
金凤区	41	1	2	9	2	5	13	8	19
永宁县									
贺兰县	1								
灵武市	1		37	6	8		1		2
石嘴山市	**13**	**2**	**13**	**5**	**1**	**4**	**6**	**2**	**4**
大武口区	12	2	7	4	1	3	6	1	3
惠农区	1		6	1		1		1	1
平罗县									
吴忠市	**25**	**29**	**60**	**2**	**4**	**13**	**23**	**32**	**23**
利通区	13	29	49	1	3	7	18	26	19
红寺堡区	2		1		1	2	1		3
盐池县									
同心县									
青铜峡市	10		10	1		4	4	6	1
固原市	**6**	**1**	**7**	**2**		**4**	**10**		**4**
原州区	6	1	7	2		4	10		4
西吉县									
隆德县									
泾源县									
彭阳县									
中卫市	**14**	**2**	**4**	**2**		**8**	**4**	**63**	**7**
沙坡头区	14	2	4	2		8	4	63	7
中宁县									
海原县									

4-4a 续表 8 单位：人

地区 性别	制造业								
	酒、饮料和精制茶制造业	烟草制品业	纺织业	纺织服装、服饰业	皮革、毛皮、羽毛及其制品和制鞋业	木材加工和木、竹、藤、棕、草制品业	家具制造业	造纸和纸制品业	印刷和记录媒介复制业
女	**79**	**18**	**269**	**193**	**23**	**21**	**24**	**102**	**85**
银川市	**45**	**2**	**120**	**132**	**17**	**11**	**16**	**17**	**48**
兴庆区	8		10	16	1	6	8	4	16
西夏区	17		3	64	2	2	3	6	14
金凤区	17	2	16	13	1	3	3	6	14
永宁县									
贺兰县									
灵武市	3		91	39	13		2	1	4
石嘴山市	**6**		**29**	**5**			**1**	**1**	**5**
大武口区	5		17	5			1	1	3
惠农区	1		12						2
平罗县									
吴忠市	**21**	**14**	**107**	**34**	**6**	**6**	**3**	**32**	**20**
利通区	12	14	84	16	5	3	2	23	16
红寺堡区	3		2	11	1	2	1		
盐池县									
同心县									
青铜峡市	6		21	7		1		9	4
固原市	**2**		**9**	**13**		**2**	**4**	**2**	**5**
原州区	2		9	13		2	4	2	5
西吉县									
隆德县									
泾源县									
彭阳县									
中卫市	**5**	**2**	**4**	**9**		**2**		**50**	**7**
沙坡头区	5	2	4	9		2		50	7
中宁县									
海原县									

4-4a　续表 9　　　　单位：人

地　区 性　别	制造业								
	文教、工美、体育和娱乐用品制造业	石油、煤炭及其他燃料加工业	化学原料和化学制品制造业	医　药制造业	化学纤维制造业	橡胶和塑　料制品业	非金属矿　物制品业	黑色金属冶炼和压延加工业	有色金属冶炼和压延加工业
宁　夏	**54**	**1647**	**2310**	**252**	**17**	**291**	**992**	**878**	**676**
银川市	**37**	**811**	**497**	**166**	**14**	**121**	**374**	**46**	**141**
兴庆区	14	251	133	55	3	28	77	23	38
西夏区	6	225	97	29		52	188	9	11
金凤区	15	193	147	65	2	30	78	14	43
永宁县									
贺兰县		1							
灵武市	2	141	120	17	9	11	31		49
石嘴山市	**2**	**574**	**1006**	**35**	**1**	**44**	**298**	**454**	**244**
大武口区	2	194	176	28	1	29	209	132	240
惠农区		380	830	7		15	89	322	4
平罗县									
吴忠市	**9**	**124**	**244**	**28**	**2**	**110**	**179**	**14**	**207**
利通区	6	84	123	10	2	77	63	8	110
红寺堡区	3	22	4	9		2	12	1	5
盐池县									
同心县									
青铜峡市		18	117	9		31	104	5	92
固原市	**5**	**3**	**40**	**13**		**8**	**64**	**10**	**3**
原州区	5	3	40	13		8	64	10	3
西吉县									
隆德县									
泾源县									
彭阳县									
中卫市	**1**	**135**	**523**	**10**		**8**	**77**	**354**	**81**
沙坡头区	1	135	523	10		8	77	354	81
中宁县									
海原县									

4-4a 续表 10 单位：人

地区 性别	制造业								
	文教、工美、体育和娱乐用品制造业	石油、煤炭及其他燃料加工业	化学原料和化学制品制造业	医药制造业	化学纤维制造业	橡胶和塑料制品业	非金属矿物制品业	黑色金属冶炼和压延加工业	有色金属冶炼和压延加工业
男	**31**	**1297**	**1752**	**145**	**11**	**173**	**751**	**693**	**527**
银川市	**24**	**624**	**371**	**91**	**9**	**72**	**282**	**36**	**101**
兴庆区	5	185	90	38	2	16	58	16	27
西夏区	6	183	76	19		26	142	7	7
金凤区	11	132	101	21	1	20	57	13	31
永宁县									
贺兰县		1							
灵武市	2	123	104	13	6	10	25		36
石嘴山市	**1**	**468**	**754**	**22**	**1**	**28**	**221**	**354**	**173**
大武口区	1	159	137	18	1	16	156	109	170
惠农区		309	617	4		12	65	245	3
平罗县									
吴忠市	**4**	**109**	**195**	**18**	**1**	**63**	**135**	**13**	**185**
利通区	2	72	100	8	1	40	51	7	96
红寺堡区	2	20	3	3		1	9	1	5
盐池县									
同心县									
青铜峡市		17	92	7		22	75	5	84
固原市	**2**	**3**	**33**	**5**		**7**	**53**	**9**	**2**
原州区	2	3	33	5		7	53	9	2
西吉县									
隆德县									
泾源县									
彭阳县									
中卫市		**93**	**399**	**9**		**3**	**60**	**281**	**66**
沙坡头区		93	399	9		3	60	281	66
中宁县									
海原县									

4-4a　续表 11　　　　单位：人

地　区 性　别	制造业								
	文教、工美、体育和娱乐用品制造业	石油、煤炭及其他燃料加工业	化学原料和化学制品制造业	医　药制造业	化学纤维制造业	橡胶和塑　料制品业	非金属矿　物制品业	黑色金属冶炼和压延加工业	有色金属冶炼和压延加工业
女	**23**	**350**	**558**	**107**	**6**	**118**	**241**	**185**	**149**
银川市	**13**	**187**	**126**	**75**	**5**	**49**	**92**	**10**	**40**
兴庆区	9	66	43	17	1	12	19	7	11
西夏区		42	21	10		26	46	2	4
金凤区	4	61	46	44	1	10	21	1	12
永宁县									
贺兰县									
灵武市		18	16	4	3	1	6		13
石嘴山市	**1**	**106**	**252**	**13**		**16**	**77**	**100**	**71**
大武口区	1	35	39	10		13	53	23	70
惠农区		71	213	3		3	24	77	1
平罗县									
吴忠市	**5**	**15**	**49**	**10**	**1**	**47**	**44**	**1**	**22**
利通区	4	12	23	2	1	37	12	1	14
红寺堡区	1	2	1	6		1	3		
盐池县									
同心县									
青铜峡市		1	25	2		9	29		8
固原市	**3**		**7**	**8**		**1**	**11**	**1**	**1**
原州区	3		7	8		1	11	1	1
西吉县									
隆德县									
泾源县									
彭阳县									
中卫市	**1**	**42**	**124**	**1**		**5**	**17**	**73**	**15**
沙坡头区	1	42	124	1		5	17	73	15
中宁县									
海原县									

4-4a 续表 12　　单位：人

地区 性别	制造业								
	金属制品业	通用设备制造业	专用设备制造业	汽车制造业	铁路、船舶、航空航天和其他运输设备制造业	电气机械和器材制造业	计算机、通信和其他电子设备制造业	仪器仪表制造业	其他制造业
宁　夏	**939**	**1019**	**614**	**49**	**20**	**512**	**964**	**213**	**46**
银川市	**486**	**723**	**245**	**28**	**14**	**352**	**833**	**104**	**32**
兴庆区	116	75	45	10	3	50	25	21	11
西夏区	238	423	79	6	2	196	751	45	3
金凤区	102	204	88	12	7	84	52	33	15
永宁县									
贺兰县	4		1						1
灵武市	26	21	32		2	22	5	5	2
石嘴山市	**184**	**177**	**326**	**8**	**1**	**122**	**22**	**3**	**4**
大武口区	83	142	308	7	1	96	14	3	3
惠农区	101	35	18	1		26	8		1
平罗县									
吴忠市	**187**	**85**	**34**	**9**	**2**	**32**	**14**	**104**	**8**
利通区	106	44	13	8		23	5	102	2
红寺堡区	24	8	5			1	6		
盐池县									
同心县									
青铜峡市	57	33	16	1	2	8	3	2	6
固原市	**28**	**19**	**2**	**2**			**12**	**1**	**1**
原州区	28	19	2	2			12	1	1
西吉县									
隆德县									
泾源县									
彭阳县									
中卫市	**54**	**15**	**7**	**2**	**3**	**6**	**83**	**1**	**1**
沙坡头区	54	15	7	2	3	6	83	1	1
中宁县									
海原县									

4-4a 续表 13 单位：人

地区 性别	制造业								
	金属制品业	通用设备制造业	专用设备制造业	汽车制造业	铁路、船舶、航空航天和其他运输设备制造业	电气机械和器材制造业	计算机、通信和其他电子设备制造业	仪器仪表制造业	其他制造业
男	**781**	**831**	**479**	**37**	**17**	**383**	**766**	**163**	**33**
银川市	**400**	**586**	**183**	**22**	**12**	**257**	**662**	**69**	**21**
兴庆区	94	60	32	5	2	39	18	13	4
西夏区	209	345	63	6	2	152	598	27	3
金凤区	72	164	63	11	6	51	42	24	11
永宁县									
贺兰县	4		1						1
灵武市	21	17	24		2	15	4	5	2
石嘴山市	**147**	**140**	**266**	**6**	**1**	**95**	**15**	**2**	**2**
大武口区	64	111	248	6	1	74	10	2	2
惠农区	83	29	18			21	5		
平罗县									
吴忠市	**164**	**74**	**21**	**7**	**2**	**25**	**13**	**90**	**8**
利通区	94	38	9	6		19	5	88	2
红寺堡区	17	8	3			1	5		
盐池县									
同心县									
青铜峡市	53	28	9	1	2	5	3	2	6
固原市	**23**	**17**	**2**	**1**			**9**	**1**	**1**
原州区	23	17	2	1			9	1	1
西吉县									
隆德县									
泾源县									
彭阳县									
中卫市	**47**	**14**	**7**	**1**	**2**	**6**	**67**	**1**	**1**
沙坡头区	47	14	7	1	2	6	67	1	1
中宁县									
海原县									

4－4a 续表 14　　单位：人

地区 性别	制造业								
	金属制品业	通用设备制造业	专用设备制造业	汽车制造业	铁路、船舶、航空航天和其他运输设备制造业	电气机械和器材制造业	计算机、通信和其他电子设备制造业	仪器仪表制造业	其他制造业
女	**158**	**188**	**135**	**12**	**3**	**129**	**198**	**50**	**13**
银川市	**86**	**137**	**62**	**6**	**2**	**95**	**171**	**35**	**11**
兴庆区	22	15	13	5	1	11	7	8	7
西夏区	29	78	16			44	153	18	
金凤区	30	40	25	1	1	33	10	9	4
永宁县									
贺兰县									
灵武市	5	4	8			7	1		
石嘴山市	**37**	**37**	**60**	**2**		**27**	**7**	**1**	**2**
大武口区	19	31	60	1		22	4	1	1
惠农区	18	6		1		5	3		1
平罗县									
吴忠市	**23**	**11**	**13**	**2**		**7**	**1**	**14**	
利通区	12	6	4	2		4		14	
红寺堡区	7		2				1		
盐池县									
同心县									
青铜峡市	4	5	7			3			
固原市	**5**	**2**		**1**			**3**		
原州区	5	2		1			3		
西吉县									
隆德县									
泾源县									
彭阳县									
中卫市	**7**	**1**		**1**	**1**		**16**		
沙坡头区	7	1		1	1		16		
中宁县									
海原县									

4-4a 续表 15 单位：人

地区 性别	制造业		电力、热力、燃气及水生产和供应业				建筑业		
	废弃资源综合利用业	金属制品、机械和设备修理业	小计	电力、热力生产和供应业	燃气生产和供应业	水的生产和供应业	小计	房屋建筑业	土木工程建筑业
宁 夏	**123**	**295**	**3985**	**3247**	**354**	**384**	**13551**	**7099**	**1823**
银川市	**80**	**164**	**2093**	**1696**	**235**	**162**	**6988**	**3356**	**1041**
兴庆区	8	55	756	604	107	45	2717	1152	364
西夏区	6	37	239	178	35	26	1585	903	168
金凤区	6	54	899	763	79	57	2036	936	433
永宁县									
贺兰县			2	2			33	7	7
灵武市	60	18	197	149	14	34	617	358	69
石嘴山市	**22**	**41**	**772**	**664**	**44**	**64**	**1197**	**451**	**186**
大武口区	8	31	391	337	23	31	763	288	135
惠农区	14	10	381	327	21	33	434	163	51
平罗县									
吴忠市	**10**	**48**	**594**	**489**	**29**	**76**	**2504**	**1490**	**272**
利通区	2	29	385	331	14	40	1525	925	152
红寺堡区	5	8	64	58	4	2	468	299	53
盐池县									
同心县									
青铜峡市	3	11	145	100	11	34	511	266	67
固原市	**7**	**23**	**247**	**191**	**19**	**37**	**1532**	**1041**	**163**
原州区	7	23	247	191	19	37	1532	1041	163
西吉县									
隆德县									
泾源县									
彭阳县									
中卫市	**4**	**19**	**279**	**207**	**27**	**45**	**1330**	**761**	**161**
沙坡头区	4	19	279	207	27	45	1330	761	161
中宁县									
海原县									

4-4a 续表 16

单位：人

地区 性别	制造业		电力、热力、燃气及水生产和供应业				建筑业		
	废弃资源综合利用业	金属制品、机械和设备修理业	小计	电力、热力生产和供应业	燃气生产和供应业	水的生产和供应业	小计	房屋建筑业	土木工程建筑业
男	**97**	**260**	**2894**	**2412**	**236**	**246**	**11310**	**5979**	**1480**
银川市	**63**	**138**	**1497**	**1230**	**162**	**105**	**5624**	**2727**	**798**
兴庆区	5	45	527	429	70	28	2152	908	265
西夏区	6	35	193	145	31	17	1342	752	145
金凤区	4	43	620	534	52	34	1580	751	322
永宁县									
贺兰县			2	2			30	7	6
灵武市	48	15	155	120	9	26	520	309	60
石嘴山市	**18**	**37**	**584**	**514**	**27**	**43**	**1033**	**387**	**161**
大武口区	7	29	283	255	11	17	655	241	116
惠农区	11	8	301	259	16	26	378	146	45
平罗县									
吴忠市	**7**	**45**	**445**	**381**	**18**	**46**	**2151**	**1296**	**234**
利通区	1	28	282	251	8	23	1295	804	126
红寺堡区	4	7	58	53	3	2	408	257	48
盐池县									
同心县									
青铜峡市	2	10	105	77	7	21	448	235	60
固原市	**5**	**23**	**165**	**129**	**13**	**23**	**1332**	**899**	**145**
原州区	5	23	165	129	13	23	1332	899	145
西吉县									
隆德县									
泾源县									
彭阳县									
中卫市	**4**	**17**	**203**	**158**	**16**	**29**	**1170**	**670**	**142**
沙坡头区	4	17	203	158	16	29	1170	670	142
中宁县									
海原县									

4-4a　续表 17　　　　单位：人

地　区 性　别	制造业		电力、热力、燃气及水生产和供应业				建筑业		
	废弃资源综合利用业	金属制品、机械和设备修理业	小计	电力、热力生产和供应业	燃气生产和供应业	水的生产和供应业	小计	房屋建筑业	土木工程建筑业
女	**26**	**35**	**1091**	**835**	**118**	**138**	**2241**	**1120**	**343**
银川市	**17**	**26**	**596**	**466**	**73**	**57**	**1364**	**629**	**243**
兴庆区	3	10	229	175	37	17	565	244	99
西夏区		2	46	33	4	9	243	151	23
金凤区	2	11	279	229	27	23	456	185	111
永宁县									
贺兰县							3		1
灵武市	12	3	42	29	5	8	97	49	9
石嘴山市	**4**	**4**	**188**	**150**	**17**	**21**	**164**	**64**	**25**
大武口区	1	2	108	82	12	14	108	47	19
惠农区	3	2	80	68	5	7	56	17	6
平罗县									
吴忠市	**3**	**3**	**149**	**108**	**11**	**30**	**353**	**194**	**38**
利通区	1	1	103	80	6	17	230	121	26
红寺堡区	1	1	6	5	1		60	42	5
盐池县									
同心县									
青铜峡市	1	1	40	23	4	13	63	31	7
固原市	**2**		**82**	**62**	**6**	**14**	**200**	**142**	**18**
原州区	2		82	62	6	14	200	142	18
西吉县									
隆德县									
泾源县									
彭阳县									
中卫市		**2**	**76**	**49**	**11**	**16**	**160**	**91**	**19**
沙坡头区		2	76	49	11	16	160	91	19
中宁县									
海原县									

4-4a　续表 18　　　　单位：人

地　区 性　别	建筑业		批发和零售业			交通运输、仓储和邮政业			
	建　筑 安装业	建筑装饰、装修和其他建筑业	小计	批发业	零售业	小计	铁　路 运输业	道　路 运输业	水　上 运输业
宁　夏	**803**	**3826**	**20737**	**4764**	**15973**	**9329**	**1378**	**6498**	**6**
银川市	**418**	**2173**	**12158**	**3016**	**9142**	**4405**	**855**	**2663**	**1**
兴庆区	133	1068	5892	1477	4415	1488	57	1111	
西夏区	111	403	2021	342	1679	1364	646	551	
金凤区	130	537	3448	1030	2418	1071	143	608	1
永宁县									
贺兰县	1	18	35	5	30	20	1	11	
灵武市	43	147	762	162	600	462	8	382	
石嘴山市	**106**	**454**	**2447**	**614**	**1833**	**1203**	**76**	**981**	**2**
大武口区	53	287	1578	367	1211	719	30	592	1
惠农区	53	167	869	247	622	484	46	389	1
平罗县									
吴忠市	**130**	**612**	**3339**	**658**	**2681**	**1732**	**29**	**1512**	**1**
利通区	73	375	2219	411	1808	962	20	841	
红寺堡区	15	101	450	50	400	209	2	186	
盐池县									
同心县									
青铜峡市	42	136	670	197	473	561	7	485	1
固原市	**53**	**275**	**1369**	**213**	**1156**	**838**	**55**	**660**	
原州区	53	275	1369	213	1156	838	55	660	
西吉县									
隆德县									
泾源县									
彭阳县									
中卫市	**96**	**312**	**1424**	**263**	**1161**	**1151**	**363**	**682**	**2**
沙坡头区	96	312	1424	263	1161	1151	363	682	2
中宁县									
海原县									

4-4a　续表 19　　　　单位：人

地　区 性　别	建筑业		批发和零售业			交通运输、仓储和邮政业			
	建　筑 安装业	建筑装饰、装修和其他建筑业	小计	批发业	零售业	小计	铁　路 运输业	道　路 运输业	水　上 运输业
男	**710**	**3141**	**9386**	**3031**	**6355**	**7698**	**1019**	**5575**	**5**
银川市	**355**	**1744**	**5738**	**1840**	**3898**	**3470**	**602**	**2197**	**1**
兴庆区	113	866	2871	868	2003	1204	45	906	
西夏区	101	344	879	223	656	1050	449	468	
金凤区	99	408	1660	650	1010	811	103	481	1
永宁县									
贺兰县	1	16	19	4	15	15	1	8	
灵武市	41	110	309	95	214	390	4	334	
石嘴山市	**99**	**386**	**1110**	**425**	**685**	**1039**	**61**	**861**	**1**
大武口区	50	248	689	246	443	607	19	508	1
惠农区	49	138	421	179	242	432	42	353	
平罗县									
吴忠市	**121**	**500**	**1411**	**449**	**962**	**1540**	**24**	**1369**	**1**
利通区	70	295	922	288	634	825	16	733	
红寺堡区	14	89	200	35	165	194	1	176	
盐池县									
同心县									
青铜峡市	37	116	289	126	163	521	7	460	1
固原市	**51**	**237**	**582**	**147**	**435**	**710**	**46**	**569**	
原州区	51	237	582	147	435	710	46	569	
西吉县									
隆德县									
泾源县									
彭阳县									
中卫市	**84**	**274**	**545**	**170**	**375**	**939**	**286**	**579**	**2**
沙坡头区	84	274	545	170	375	939	286	579	2
中宁县									
海原县									

4-4a 续表 20 单位：人

地区 性别	建筑业		批发和零售业			交通运输、仓储和邮政业			
	建筑安装业	建筑装饰、装修和其他建筑业	小计	批发业	零售业	小计	铁路运输业	道路运输业	水上运输业
女	**93**	**685**	**11351**	**1733**	**9618**	**1631**	**359**	**923**	**1**
银川市	**63**	**429**	**6420**	**1176**	**5244**	**935**	**253**	**466**	
兴庆区	20	202	3021	609	2412	284	12	205	
西夏区	10	59	1142	119	1023	314	197	83	
金凤区	31	129	1788	380	1408	260	40	127	
永宁县									
贺兰县		2	16	1	15	5		3	
灵武市	2	37	453	67	386	72	4	48	
石嘴山市	**7**	**68**	**1337**	**189**	**1148**	**164**	**15**	**120**	**1**
大武口区	3	39	889	121	768	112	11	84	
惠农区	4	29	448	68	380	52	4	36	1
平罗县									
吴忠市	**9**	**112**	**1928**	**209**	**1719**	**192**	**5**	**143**	
利通区	3	80	1297	123	1174	137	4	108	
红寺堡区	1	12	250	15	235	15	1	10	
盐池县									
同心县									
青铜峡市	5	20	381	71	310	40		25	
固原市	**2**	**38**	**787**	**66**	**721**	**128**	**9**	**91**	
原州区	2	38	787	66	721	128	9	91	
西吉县									
隆德县									
泾源县									
彭阳县									
中卫市	**12**	**38**	**879**	**93**	**786**	**212**	**77**	**103**	
沙坡头区	12	38	879	93	786	212	77	103	
中宁县									
海原县									

4-4a　续表 21　　　　单位：人

地　区 性　别	交通运输、仓储和邮政业					住宿和餐饮业		
	航　空 运输业	管　道 运输业	多式联运 和运输 代理业	装卸搬运 和仓储业	邮政业	小计	住宿业	餐饮业
宁　夏	**205**	**29**	**82**	**293**	**838**	**7842**	**1056**	**6786**
银川市	**168**	**24**	**46**	**121**	**527**	**4298**	**637**	**3661**
兴庆区	63	21	1	47	188	1673	252	1421
西夏区	14		6	24	123	1013	136	877
金凤区	76	3	26	40	174	1292	229	1063
永宁县								
贺兰县	1		1	1	5	11	1	10
灵武市	14		12	9	37	309	19	290
石嘴山市	**5**		**12**	**39**	**88**	**962**	**105**	**857**
大武口区	3		10	28	55	648	71	577
惠农区	2		2	11	33	314	34	280
平罗县								
吴忠市	**12**	**3**	**13**	**64**	**98**	**1429**	**96**	**1333**
利通区	11			31	59	924	69	855
红寺堡区				9	12	173	12	161
盐池县								
同心县								
青铜峡市	1	3	13	24	27	332	15	317
固原市	**8**		**3**	**41**	**71**	**542**	**94**	**448**
原州区	8		3	41	71	542	94	448
西吉县								
隆德县								
泾源县								
彭阳县								
中卫市	**12**	**2**	**8**	**28**	**54**	**611**	**124**	**487**
沙坡头区	12	2	8	28	54	611	124	487
中宁县								
海原县								

4-4a 续表 22

单位：人

地区 性别	交通运输、仓储和邮政业					住宿和餐饮业		
	航空运输业	管道运输业	多式联运和运输代理业	装卸搬运和仓储业	邮政业	小计	住宿业	餐饮业
男	**129**	**25**	**67**	**253**	**625**	**3889**	**391**	**3498**
银川市	**104**	**21**	**37**	**100**	**408**	**2302**	**253**	**2049**
兴庆区	39	18	1	44	151	907	92	815
西夏区	12		4	20	97	521	41	480
金凤区	44	3	19	29	131	741	114	627
永宁县								
贺兰县	1		1	1	3	4		4
灵武市	8		12	6	26	129	6	123
石嘴山市	**3**		**10**	**36**	**67**	**448**	**33**	**415**
大武口区	2		9	26	42	310	25	285
惠农区	1		1	10	25	138	8	130
平罗县								
吴忠市	**7**	**2**	**10**	**59**	**68**	**644**	**37**	**607**
利通区	7			28	41	427	26	401
红寺堡区				7	10	66	5	61
盐池县								
同心县								
青铜峡市		2	10	24	17	151	6	145
固原市	**6**		**3**	**33**	**53**	**245**	**33**	**212**
原州区	6		3	33	53	245	33	212
西吉县								
隆德县								
泾源县								
彭阳县								
中卫市	**9**	**2**	**7**	**25**	**29**	**250**	**35**	**215**
沙坡头区	9	2	7	25	29	250	35	215
中宁县								
海原县								

4-4a　续表 23　　　　单位：人

地区 性别	交通运输、仓储和邮政业					住宿和餐饮业		
	航空运输业	管道运输业	多式联运和运输代理业	装卸搬运和仓储业	邮政业	小计	住宿业	餐饮业
女	**76**	**4**	**15**	**40**	**213**	**3953**	**665**	**3288**
银川市	**64**	**3**	**9**	**21**	**119**	**1996**	**384**	**1612**
兴庆区	24	3		3	37	766	160	606
西夏区	2		2	4	26	492	95	397
金凤区	32		7	11	43	551	115	436
永宁县								
贺兰县					2	7	1	6
灵武市	6			3	11	180	13	167
石嘴山市	**2**		**2**	**3**	**21**	**514**	**72**	**442**
大武口区	1		1	2	13	338	46	292
惠农区	1		1	1	8	176	26	150
平罗县								
吴忠市	**5**	**1**	**3**	**5**	**30**	**785**	**59**	**726**
利通区	4			3	18	497	43	454
红寺堡区				2	2	107	7	100
盐池县								
同心县								
青铜峡市	1	1	3		10	181	9	172
固原市	**2**			**8**	**18**	**297**	**61**	**236**
原州区	2			8	18	297	61	236
西吉县								
隆德县								
泾源县								
彭阳县								
中卫市	**3**		**1**	**3**	**25**	**361**	**89**	**272**
沙坡头区	3		1	3	25	361	89	272
中宁县								
海原县								

4-4a 续表 24 单位：人

地区 性别	信息传输、软件和信息技术服务业				金融业				
	小计	电信、广播电视和卫星传输服务	互联网和相关服务	软件和信息技术服务业	小计	货币金融服务	资本市场服务	保险业	其他金融业
宁夏	**2979**	**1285**	**705**	**989**	**3890**	**2119**	**155**	**1438**	**178**
银川市	**2042**	**751**	**510**	**781**	**2581**	**1374**	**134**	**924**	**149**
兴庆区	669	267	197	205	1018	559	64	353	42
西夏区	297	102	84	111	196	92	4	90	10
金凤区	1033	355	221	457	1248	667	66	421	94
永宁县									
贺兰县	5	2	1	2	4	2		2	
灵武市	38	25	7	6	115	54		58	3
石嘴山市	**339**	**183**	**73**	**83**	**337**	**200**	**10**	**119**	**8**
大武口区	283	149	56	78	253	159	8	79	7
惠农区	56	34	17	5	84	41	2	40	1
平罗县									
吴忠市	**251**	**143**	**39**	**69**	**491**	**255**	**7**	**218**	**11**
利通区	173	108	22	43	337	167	7	160	3
红寺堡区	26	10	6	10	42	29		13	
盐池县									
同心县									
青铜峡市	52	25	11	16	112	59		45	8
固原市	**157**	**103**	**24**	**30**	**262**	**171**	**1**	**84**	**6**
原州区	157	103	24	30	262	171	1	84	6
西吉县									
隆德县									
泾源县									
彭阳县									
中卫市	**190**	**105**	**59**	**26**	**219**	**119**	**3**	**93**	**4**
沙坡头区	190	105	59	26	219	119	3	93	4
中宁县									
海原县									

4-4a　续表 25　　　　单位：人

地区 性别	信息传输、软件和信息技术服务业				金融业				
	小计	电信、广播电视和卫星传输服务	互联网和相关服务	软件和信息技术服务业	小计	货币金融服务	资本市场服务	保险业	其他金融业
男	**1884**	**702**	**491**	**691**	**1648**	**971**	**85**	**495**	**97**
银川市	**1296**	**399**	**358**	**539**	**1129**	**618**	**72**	**360**	**79**
兴庆区	426	137	142	147	429	238	35	133	23
西夏区	187	54	56	77	84	47	3	29	5
金凤区	657	194	155	308	571	307	34	180	50
永宁县									
贺兰县	4	1	1	2	2	2			
灵武市	22	13	4	5	43	24		18	1
石嘴山市	**201**	**101**	**46**	**54**	**115**	**74**	**6**	**30**	**5**
大武口区	169	85	33	51	88	61	6	17	4
惠农区	32	16	13	3	27	13		13	1
平罗县									
吴忠市	**155**	**78**	**24**	**53**	**192**	**135**	**4**	**46**	**7**
利通区	105	59	15	31	124	88	4	31	1
红寺堡区	16	2	4	10	23	20		3	
盐池县									
同心县									
青铜峡市	34	17	5	12	45	27		12	6
固原市	**113**	**67**	**20**	**26**	**122**	**86**	**1**	**30**	**5**
原州区	113	67	20	26	122	86	1	30	5
西吉县									
隆德县									
泾源县									
彭阳县									
中卫市	**119**	**57**	**43**	**19**	**90**	**58**	**2**	**29**	**1**
沙坡头区	119	57	43	19	90	58	2	29	1
中宁县									
海原县									

4-4a 续表 26

单位：人

地区 性别	信息传输、软件和信息技术服务业				金融业				
	小计	电信、广播电视和卫星传输服务	互联网和相关服务	软件和信息技术服务业	小计	货币金融服务	资本市场服务	保险业	其他金融业
女	**1095**	**583**	**214**	**298**	**2242**	**1148**	**70**	**943**	**81**
银川市	**746**	**352**	**152**	**242**	**1452**	**756**	**62**	**564**	**70**
兴庆区	243	130	55	58	589	321	29	220	19
西夏区	110	48	28	34	112	45	1	61	5
金凤区	376	161	66	149	677	360	32	241	44
永宁县									
贺兰县	1	1			2			2	
灵武市	16	12	3	1	72	30		40	2
石嘴山市	**138**	**82**	**27**	**29**	**222**	**126**	**4**	**89**	**3**
大武口区	114	64	23	27	165	98	2	62	3
惠农区	24	18	4	2	57	28	2	27	
平罗县									
吴忠市	**96**	**65**	**15**	**16**	**299**	**120**	**3**	**172**	**4**
利通区	68	49	7	12	213	79	3	129	2
红寺堡区	10	8	2		19	9		10	
盐池县									
同心县									
青铜峡市	18	8	6	4	67	32		33	2
固原市	**44**	**36**	**4**	**4**	**140**	**85**		**54**	**1**
原州区	44	36	4	4	140	85		54	1
西吉县									
隆德县									
泾源县									
彭阳县									
中卫市	**71**	**48**	**16**	**7**	**129**	**61**	**1**	**64**	**3**
沙坡头区	71	48	16	7	129	61	1	64	3
中宁县									
海原县									

4-4a　续表 27　　　　单位：人

地区 性别	房地产业		租赁和商务服务业			科学研究和技术服务业			
	小计	房地产业	小计	租赁业	商务服务业	小计	研究和试验发展	专业技术服务业	科技推广和应用服务业
宁　夏	**4158**	**4158**	**3937**	**386**	**3551**	**2641**	**200**	**2074**	**367**
银川市	**2962**	**2962**	**2705**	**215**	**2490**	**2076**	**179**	**1604**	**293**
兴庆区	1121	1121	903	66	837	665	42	545	78
西夏区	527	527	414	63	351	345	30	262	53
金凤区	1148	1148	1238	69	1169	1021	106	760	155
永宁县									
贺兰县	23	23	16		16	5		5	
灵武市	143	143	134	17	117	40	1	32	7
石嘴山市	**346**	**346**	**302**	**37**	**265**	**162**	**10**	**135**	**17**
大武口区	262	262	236	21	215	125	7	105	13
惠农区	84	84	66	16	50	37	3	30	4
平罗县									
吴忠市	**419**	**419**	**567**	**67**	**500**	**197**	**3**	**177**	**17**
利通区	320	320	334	28	306	111		107	4
红寺堡区	25	25	45	6	39	8		7	1
盐池县									
同心县									
青铜峡市	74	74	188	33	155	78	3	63	12
固原市	**217**	**217**	**155**	**19**	**136**	**117**	**6**	**99**	**12**
原州区	217	217	155	19	136	117	6	99	12
西吉县									
隆德县									
泾源县									
彭阳县									
中卫市	**214**	**214**	**208**	**48**	**160**	**89**	**2**	**59**	**28**
沙坡头区	214	214	208	48	160	89	2	59	28
中宁县									
海原县									

4-4a 续表 28

单位：人

地区 性别	房地产业		租赁和商务服务业			科学研究和技术服务业			
	小计	房地产业	小计	租赁业	商务服务业	小计	研究和试验发展	专业技术服务业	科技推广和应用服务业
男	**2276**	**2276**	**2298**	**323**	**1975**	**1739**	**123**	**1380**	**236**
银川市	**1700**	**1700**	**1531**	**172**	**1359**	**1359**	**108**	**1066**	**185**
兴庆区	649	649	506	50	456	439	30	361	48
西夏区	306	306	246	47	199	245	21	193	31
金凤区	676	676	679	60	619	647	57	489	101
永宁县									
贺兰县	10	10	5		5	4		4	
灵武市	59	59	95	15	80	24		19	5
石嘴山市	**174**	**174**	**179**	**31**	**148**	**109**	**6**	**88**	**15**
大武口区	131	131	141	19	122	83	4	67	12
惠农区	43	43	38	12	26	26	2	21	3
平罗县									
吴忠市	**193**	**193**	**354**	**57**	**297**	**132**	**2**	**119**	**11**
利通区	141	141	209	21	188	76		74	2
红寺堡区	13	13	30	5	25	6		5	1
盐池县									
同心县									
青铜峡市	39	39	115	31	84	50	2	40	8
固原市	**120**	**120**	**98**	**17**	**81**	**80**	**5**	**66**	**9**
原州区	120	120	98	17	81	80	5	66	9
西吉县									
隆德县									
泾源县									
彭阳县									
中卫市	**89**	**89**	**136**	**46**	**90**	**59**	**2**	**41**	**16**
沙坡头区	89	89	136	46	90	59	2	41	16
中宁县									
海原县									

4-4a　续表 29　　　　单位：人

地区 性别	房地产业		租赁和商务服务业			科学研究和技术服务业			
	小计	房地产业	小计	租赁业	商务服务业	小计	研究和试验发展	专业技术服务业	科技推广和应用服务业
女	**1882**	**1882**	**1639**	**63**	**1576**	**902**	**77**	**694**	**131**
银川市	**1262**	**1262**	**1174**	**43**	**1131**	**717**	**71**	**538**	**108**
兴庆区	472	472	397	16	381	226	12	184	30
西夏区	221	221	168	16	152	100	9	69	22
金凤区	472	472	559	9	550	374	49	271	54
永宁县									
贺兰县	13	13	11		11	1		1	
灵武市	84	84	39	2	37	16	1	13	2
石嘴山市	**172**	**172**	**123**	**6**	**117**	**53**	**4**	**47**	**2**
大武口区	131	131	95	2	93	42	3	38	1
惠农区	41	41	28	4	24	11	1	9	1
平罗县									
吴忠市	**226**	**226**	**213**	**10**	**203**	**65**	**1**	**58**	**6**
利通区	179	179	125	7	118	35		33	2
红寺堡区	12	12	15	1	14	2		2	
盐池县									
同心县									
青铜峡市	35	35	73	2	71	28	1	23	4
固原市	**97**	**97**	**57**	**2**	**55**	**37**	**1**	**33**	**3**
原州区	97	97	57	2	55	37	1	33	3
西吉县									
隆德县									
泾源县									
彭阳县									
中卫市	**125**	**125**	**72**	**2**	**70**	**30**		**18**	**12**
沙坡头区	125	125	72	2	70	30		18	12
中宁县									
海原县									

4-4a 续表 30 单位：人

地区 性别	水利、环境和公共设施管理业					居民服务、修理和其他服务业			
	小计	水利管理业	生态保护和环境治理业	公共设施管理业	土地管理业	小计	居民服务业	机动车、电子产品和日用产品修理业	其他服务业
宁夏	**1723**	**232**	**142**	**1323**	**26**	**4597**	**2883**	**1410**	**304**
银川市	**983**	**154**	**93**	**718**	**18**	**2525**	**1724**	**622**	**179**
兴庆区	342	47	27	267	1	1102	775	266	61
西夏区	192	11	18	162	1	474	302	132	40
金凤区	404	93	42	253	16	735	506	165	64
永宁县									
贺兰县	1			1		10	8	1	1
灵武市	44	3	6	35		204	133	58	13
石嘴山市	**250**	**12**	**15**	**220**	**3**	**579**	**350**	**190**	**39**
大武口区	185	8	10	165	2	395	248	117	30
惠农区	65	4	5	55	1	184	102	73	9
平罗县									
吴忠市	**205**	**36**	**13**	**152**	**4**	**789**	**402**	**335**	**52**
利通区	87	16	7	64		459	261	180	18
红寺堡区	13	1	1	10	1	93	27	49	17
盐池县									
同心县									
青铜峡市	105	19	5	78	3	237	114	106	17
固原市	**129**	**13**	**7**	**109**		**375**	**206**	**147**	**22**
原州区	129	13	7	109		375	206	147	22
西吉县									
隆德县									
泾源县									
彭阳县									
中卫市	**156**	**17**	**14**	**124**	**1**	**329**	**201**	**116**	**12**
沙坡头区	156	17	14	124	1	329	201	116	12
中宁县									
海原县									

4-4a　续表 31　　　　单位：人

地区 性别	水利、环境和公共设施管理业					居民服务、修理和其他服务业			
	小计	水利管理业	生态保护和环境治理业	公共设施管理业	土地管理业	小计	居民服务业	机动车、电子产品和日用产品修理业	其他服务业
男	**983**	**167**	**93**	**707**	**16**	**2265**	**956**	**1201**	**108**
银川市	**588**	**107**	**59**	**410**	**12**	**1190**	**587**	**533**	**70**
兴庆区	205	32	19	154		525	267	232	26
西夏区	101	8	13	79	1	233	104	115	14
金凤区	258	65	22	160	11	324	162	139	23
永宁县									
贺兰县						4	3	1	
灵武市	24	2	5	17		104	51	46	7
石嘴山市	**114**	**10**	**11**	**92**	**1**	**277**	**104**	**159**	**14**
大武口区	81	6	8	66	1	185	73	101	11
惠农区	33	4	3	26		92	31	58	3
平罗县									
吴忠市	**126**	**28**	**7**	**89**	**2**	**418**	**120**	**283**	**15**
利通区	65	15	5	45		237	79	153	5
红寺堡区	10	1	1	7	1	50	9	39	2
盐池县									
同心县									
青铜峡市	51	12	1	37	1	131	32	91	8
固原市	**62**	**10**	**5**	**47**		**201**	**70**	**127**	**4**
原州区	62	10	5	47		201	70	127	4
西吉县									
隆德县									
泾源县									
彭阳县									
中卫市	**93**	**12**	**11**	**69**	**1**	**179**	**75**	**99**	**5**
沙坡头区	93	12	11	69	1	179	75	99	5
中宁县									
海原县									

4-4a 续表 32　　单位：人

地区 性别	水利、环境和公共设施管理业					居民服务、修理和其他服务业			
	小计	水利管理业	生态保护和环境治理业	公共设施管理业	土地管理业	小计	居民服务业	机动车、电子产品和日用产品修理业	其他服务业
女	**740**	**65**	**49**	**616**	**10**	**2332**	**1927**	**209**	**196**
银川市	**395**	**47**	**34**	**308**	**6**	**1335**	**1137**	**89**	**109**
兴庆区	137	15	8	113	1	577	508	34	35
西夏区	91	3	5	83		241	198	17	26
金凤区	146	28	20	93	5	411	344	26	41
永宁县									
贺兰县	1			1		6	5		1
灵武市	20	1	1	18		100	82	12	6
石嘴山市	**136**	**2**	**4**	**128**	**2**	**302**	**246**	**31**	**25**
大武口区	104	2	2	99	1	210	175	16	19
惠农区	32		2	29	1	92	71	15	6
平罗县									
吴忠市	**79**	**8**	**6**	**63**	**2**	**371**	**282**	**52**	**37**
利通区	22	1	2	19		222	182	27	13
红寺堡区	3			3		43	18	10	15
盐池县									
同心县									
青铜峡市	54	7	4	41	2	106	82	15	9
固原市	**67**	**3**	**2**	**62**		**174**	**136**	**20**	**18**
原州区	67	3	2	62		174	136	20	18
西吉县									
隆德县									
泾源县									
彭阳县									
中卫市	**63**	**5**	**3**	**55**		**150**	**126**	**17**	**7**
沙坡头区	63	5	3	55		150	126	17	7
中宁县									
海原县									

4-4a 续表 33

单位：人

地区 性别	教育		卫生和社会工作			文化、体育和娱乐业				
	小计	教育	小计	卫生	社会工作	小计	新闻和出版业	广播、电视、电影和录音制作业	文化艺术业	体育
宁夏	**9127**	**9127**	**4855**	**4701**	**154**	**1847**	**269**	**209**	**336**	**200**
银川市	**5130**	**5130**	**2821**	**2718**	**103**	**1189**	**203**	**166**	**253**	**143**
兴庆区	1539	1539	1139	1090	49	387	87	48	75	47
西夏区	1079	1079	402	381	21	202	14	28	30	27
金凤区	2149	2149	1103	1079	24	546	97	81	140	60
永宁县										
贺兰县	5	5	4	3	1	7	1	1	1	2
灵武市	358	358	173	165	8	47	4	8	7	7
石嘴山市	**813**	**813**	**541**	**524**	**17**	**171**	**18**	**15**	**24**	**20**
大武口区	589	589	355	341	14	128	17	12	21	16
惠农区	224	224	186	183	3	43	1	3	3	4
平罗县										
吴忠市	**1517**	**1517**	**686**	**666**	**20**	**179**	**15**	**15**	**28**	**24**
利通区	900	900	393	382	11	108	11	12	11	12
红寺堡区	269	269	118	115	3	13			5	3
盐池县										
同心县										
青铜峡市	348	348	175	169	6	58	4	3	12	9
固原市	**1050**	**1050**	**490**	**485**	**5**	**97**	**18**	**5**	**20**	**8**
原州区	1050	1050	490	485	5	97	18	5	20	8
西吉县										
隆德县										
泾源县										
彭阳县										
中卫市	**617**	**617**	**317**	**308**	**9**	**211**	**15**	**8**	**11**	**5**
沙坡头区	617	617	317	308	9	211	15	8	11	5
中宁县										
海原县										

4-4a 续表 34 单位：人

地区 性别	教育		卫生和社会工作			文化、体育和娱乐业				
	小计	教育	小计	卫生	社会工作	小计	新闻和出版业	广播、电视、电影和录音制作业	文化艺术业	体育
男	**2910**	**2910**	**1320**	**1272**	**48**	**974**	**129**	**104**	**144**	**112**
银川市	**1568**	**1568**	**795**	**756**	**39**	**637**	**98**	**85**	**117**	**83**
兴庆区	455	455	357	333	24	217	41	25	38	30
西夏区	382	382	92	87	5	111	8	12	15	15
金凤区	636	636	306	298	8	280	45	44	62	31
永宁县										
贺兰县	1	1	1		1	6	1	1	1	2
灵武市	94	94	39	38	1	23	3	3	1	5
石嘴山市	**259**	**259**	**135**	**133**	**2**	**83**	**10**	**6**	**5**	**7**
大武口区	194	194	83	81	2	60	10	4	5	5
惠农区	65	65	52	52		23		2		2
平罗县										
吴忠市	**496**	**496**	**180**	**174**	**6**	**94**	**7**	**7**	**12**	**14**
利通区	274	274	108	104	4	59	6	6	3	7
红寺堡区	100	100	34	33	1	8			1	3
盐池县										
同心县										
青铜峡市	122	122	38	37	1	27	1	1	8	4
固原市	**408**	**408**	**136**	**136**		**46**	**6**	**2**	**4**	**5**
原州区	408	408	136	136		46	6	2	4	5
西吉县										
隆德县										
泾源县										
彭阳县										
中卫市	**179**	**179**	**74**	**73**	**1**	**114**	**8**	**4**	**6**	**3**
沙坡头区	179	179	74	73	1	114	8	4	6	3
中宁县										
海原县										

4-4a 续表 35 单位：人

地区 性别	教育		卫生和社会工作			文化、体育和娱乐业				
	小计	教育	小计	卫生	社会工作	小计	新闻和出版业	广播、电视、电影和录音制作业	文化艺术业	体育
女	**6217**	**6217**	**3535**	**3429**	**106**	**873**	**140**	**105**	**192**	**88**
银川市	**3562**	**3562**	**2026**	**1962**	**64**	**552**	**105**	**81**	**136**	**60**
兴庆区	1084	1084	782	757	25	170	46	23	37	17
西夏区	697	697	310	294	16	91	6	16	15	12
金凤区	1513	1513	797	781	16	266	52	37	78	29
永宁县										
贺兰县	4	4	3	3		1				
灵武市	264	264	134	127	7	24	1	5	6	2
石嘴山市	**554**	**554**	**406**	**391**	**15**	**88**	**8**	**9**	**19**	**13**
大武口区	395	395	272	260	12	68	7	8	16	11
惠农区	159	159	134	131	3	20	1	1	3	2
平罗县										
吴忠市	**1021**	**1021**	**506**	**492**	**14**	**85**	**8**	**8**	**16**	**10**
利通区	626	626	285	278	7	49	5	6	8	5
红寺堡区	169	169	84	82	2	5			4	
盐池县										
同心县										
青铜峡市	226	226	137	132	5	31	3	2	4	5
固原市	**642**	**642**	**354**	**349**	**5**	**51**	**12**	**3**	**16**	**3**
原州区	642	642	354	349	5	51	12	3	16	3
西吉县										
隆德县										
泾源县										
彭阳县										
中卫市	**438**	**438**	**243**	**235**	**8**	**97**	**7**	**4**	**5**	**2**
沙坡头区	438	438	243	235	8	97	7	4	5	2
中宁县										
海原县										

4-4a 续表 36 单位：人

地区 性别	娱乐业	公共管理、社会保障和社会组织						国际组织	
		小计	中国共产党机关	国家机构	人民政协、民主党派	社会保障	群众团体、社会团体和其他成员组织	基层群众自治组织	小计	国际组织
宁　夏	**833**	**9753**	**268**	**8223**	**57**	**31**	**405**	**769**		
银川市	**424**	**4859**	**137**	**4147**	**27**	**15**	**220**	**313**		
兴庆区	130	1419	10	1241	10	2	68	88		
西夏区	103	480	2	381	1		15	81		
金凤区	168	2437	124	2070	14	11	118	100		
永宁县										
贺兰县	2	2						2		
灵武市	21	521	1	455	2	2	19	42		
石嘴山市	**94**	**1140**	**25**	**909**	**8**	**5**	**36**	**157**		
大武口区	62	879	20	720	8	4	24	103		
惠农区	32	261	5	189		1	12	54		
平罗县										
吴忠市	**97**	**1939**	**60**	**1575**	**9**	**7**	**90**	**198**		
利通区	62	1232	33	1026	9	1	57	106		
红寺堡区	5	313	15	259			1	38		
盐池县										
同心县										
青铜峡市	30	394	12	290		6	32	54		
固原市	**46**	**1077**	**8**	**988**	**6**		**29**	**46**		
原州区	46	1077	8	988	6		29	46		
西吉县										
隆德县										
泾源县										
彭阳县										
中卫市	**172**	**738**	**38**	**604**	**7**	**4**	**30**	**55**		
沙坡头区	172	738	38	604	7	4	30	55		
中宁县										
海原县										

4-4a　续表 37　　　　　　　　　　　　　　　　　　　　　　　　　　单位：人

地　区 性　别	娱乐业	公共管理、社会保障和社会组织							国际组织	
		小计	中国共产党机关	国家机构	人民政协、民主党派	社会保障	群众团体、社会团体和其他成员组织	基层群众自治组织	小计	国际组织
男	**485**	**5520**	**182**	**4892**	**32**	**11**	**209**	**194**		
银川市	**254**	**2763**	**96**	**2476**	**17**	**4**	**108**	**62**		
兴庆区	83	796	6	737	7		25	21		
西夏区	61	243	2	223	1		7	10		
金凤区	98	1452	88	1267	7	4	64	22		
永宁县										
贺兰县	1									
灵武市	11	272		249	2		12	9		
石嘴山市	**55**	**555**	**16**	**500**	**4**	**1**	**16**	**18**		
大武口区	36	451	12	410	4	1	10	14		
惠农区	19	104	4	90			6	4		
平罗县										
吴忠市	**54**	**1118**	**39**	**934**	**4**	**4**	**62**	**75**		
利通区	37	724	21	616	4		43	40		
红寺堡区	4	189	12	155			1	21		
盐池县										
同心县										
青铜峡市	13	205	6	163		4	18	14		
固原市	**29**	**697**	**7**	**649**	**3**		**16**	**22**		
原州区	29	697	7	649	3		16	22		
西吉县										
隆德县										
泾源县										
彭阳县										
中卫市	**93**	**387**	**24**	**333**	**4**	**2**	**7**	**17**		
沙坡头区	93	387	24	333	4	2	7	17		
中宁县										
海原县										

4-4a 续表 38 单位：人

地区 性别	娱乐业	公共管理、社会保障和社会组织							国际组织	
		小计	中国共产党机关	国家机构	人民政协、民主党派	社会保障	群众团体、社会团体和其他成员组织	基层群众自治组织	小计	国际组织
女	**348**	**4233**	**86**	**3331**	**25**	**20**	**196**	**575**		
银川市	**170**	**2096**	**41**	**1671**	**10**	**11**	**112**	**251**		
兴庆区	47	623	4	504	3	2	43	67		
西夏区	42	237		158			8	71		
金凤区	70	985	36	803	7	7	54	78		
永宁县										
贺兰县	1	2						2		
灵武市	10	249	1	206		2	7	33		
石嘴山市	**39**	**585**	**9**	**409**	**4**	**4**	**20**	**139**		
大武口区	26	428	8	310	4	3	14	89		
惠农区	13	157	1	99		1	6	50		
平罗县										
吴忠市	**43**	**821**	**21**	**641**	**5**	**3**	**28**	**123**		
利通区	25	508	12	410	5	1	14	66		
红寺堡区	1	124	3	104				17		
盐池县										
同心县										
青铜峡市	17	189	6	127		2	14	40		
固原市	**17**	**380**	**1**	**339**	**3**		**13**	**24**		
原州区	17	380	1	339	3		13	24		
西吉县										
隆德县										
泾源县										
彭阳县										
中卫市	**79**	**351**	**14**	**271**	**3**	**2**	**23**	**38**		
沙坡头区	79	351	14	271	3	2	23	38		
中宁县										
海原县										

4–4b 各地区分性别、行业大类的就业人口(镇)

单位：人

地区 性别	合计	农、林、牧、渔业						采矿业	
		小计	农业	林业	畜牧业	渔业	农、林、牧、渔专业及辅助性活动	小计	煤炭开采和洗选业
宁　夏	**71735**	**6217**	**4507**	**135**	**1353**	**29**	**193**	**1991**	**1723**
银川市	**29410**	**1174**	**854**	**31**	**220**	**20**	**49**	**1050**	**939**
兴庆区	5545	154	124	4	21		5	129	104
西夏区	494	27	9		18				
金凤区	277	7	5		2			1	
永宁县	9199	394	282	19	79	7	7	117	93
贺兰县	10086	366	258	7	56	12	33	284	237
灵武市	3809	226	176	1	44	1	4	519	505
石嘴山市	**9899**	**854**	**668**	**5**	**144**	**5**	**32**	**244**	**226**
大武口区	957	13	3		10			10	9
惠农区	1341	102	55		46		1	33	27
平罗县	7601	739	610	5	88	5	31	201	190
吴忠市	**11372**	**1672**	**996**	**12**	**652**		**12**	**277**	**173**
利通区	916	219	66		151		2	9	7
红寺堡区	520	39	12		27			13	4
盐池县	3915	313	192	6	111		4	134	64
同心县	4749	835	516	6	311		2	102	95
青铜峡市	1272	266	210		52		4	19	3
固原市	**9424**	**1056**	**789**	**59**	**173**	**3**	**32**	**372**	**361**
原州区	899	283	227	1	55			4	2
西吉县	2848	286	253		23	2	8	13	9
隆德县	1925	101	75	7	9		10	13	13
泾源县	1208	123	52	21	48		2		
彭阳县	2544	263	182	30	38	1	12	342	337
中卫市	**11630**	**1461**	**1200**	**28**	**164**	**1**	**68**	**48**	**24**
沙坡头区	721	183	143	1	36		3	8	1
中宁县	7310	939	787	23	66	1	62	26	16
海原县	3599	339	270	4	62		3	14	7

4-4b 续表 1

单位：人

地区 性别	合计	农、林、牧、渔业						采矿业	
		小计	农业	林业	畜牧业	渔业	农、林、牧、渔专业及辅助性活动	小计	煤炭开采和洗选业
男	**44667**	**3747**	**2546**	**91**	**964**	**23**	**123**	**1817**	**1582**
银川市	**18225**	**714**	**489**	**19**	**160**	**14**	**32**	**955**	**860**
兴庆区	3164	86	64	2	17		3	103	84
西夏区	285	16	4		12				
金凤区	170	7	5		2			1	
永宁县	5914	242	161	13	57	5	6	107	88
贺兰县	6025	224	152	3	41	8	20	261	218
灵武市	2667	139	103	1	31	1	3	483	470
石嘴山市	**6047**	**524**	**377**	**5**	**109**	**5**	**28**	**220**	**205**
大武口区	557	7	2		5			9	8
惠农区	873	69	35		33		1	26	22
平罗县	4617	448	340	5	71	5	27	185	175
吴忠市	**7413**	**1056**	**581**	**6**	**458**		**11**	**260**	**166**
利通区	590	154	37		115		2	7	6
红寺堡区	392	25	7		18			13	4
盐池县	2450	207	118	3	83		3	126	61
同心县	3142	511	298	3	208		2	98	92
青铜峡市	839	159	121		34		4	16	3
固原市	**5690**	**600**	**419**	**43**	**114**	**3**	**21**	**338**	**328**
原州区	593	171	133	1	37			4	2
西吉县	1764	164	139		17	2	6	12	9
隆德县	1067	47	30	5	5		7	10	10
泾源县	690	63	15	16	30		2		
彭阳县	1576	155	102	21	25	1	6	312	307
中卫市	**7292**	**853**	**680**	**18**	**123**	**1**	**31**	**44**	**23**
沙坡头区	528	133	105		27		1	7	1
中宁县	4416	528	435	16	49	1	27	24	15
海原县	2348	192	140	2	47		3	13	7

4-4b 续表 2

单位：人

地区 性别	合计	农、林、牧、渔业						采矿业	
		小计	农业	林业	畜牧业	渔业	农、林、牧、渔专业及辅助性活动	小计	煤炭开采和洗选业
女	**27068**	**2470**	**1961**	**44**	**389**	**6**	**70**	**174**	**141**
银川市	**11185**	**460**	**365**	**12**	**60**	**6**	**17**	**95**	**79**
兴庆区	2381	68	60	2	4		2	26	20
西夏区	209	11	5		6				
金凤区	107								
永宁县	3285	152	121	6	22	2	1	10	5
贺兰县	4061	142	106	4	15	4	13	23	19
灵武市	1142	87	73		13		1	36	35
石嘴山市	**3852**	**330**	**291**		**35**		**4**	**24**	**21**
大武口区	400	6	1		5			1	1
惠农区	468	33	20		13			7	5
平罗县	2984	291	270		17		4	16	15
吴忠市	**3959**	**616**	**415**	**6**	**194**		**1**	**17**	**7**
利通区	326	65	29		36			2	1
红寺堡区	128	14	5		9				
盐池县	1465	106	74	3	28		1	8	3
同心县	1607	324	218	3	103			4	3
青铜峡市	433	107	89		18			3	
固原市	**3734**	**456**	**370**	**16**	**59**		**11**	**34**	**33**
原州区	306	112	94		18				
西吉县	1084	122	114		6		2	1	
隆德县	858	54	45	2	4		3	3	3
泾源县	518	60	37	5	18				
彭阳县	968	108	80	9	13		6	30	30
中卫市	**4338**	**608**	**520**	**10**	**41**		**37**	**4**	**1**
沙坡头区	193	50	38	1	9		2	1	
中宁县	2894	411	352	7	17		35	2	1
海原县	1251	147	130	2	15			1	

4-4b 续表 3 单位：人

地区 性别	采矿业						制造业		
	石油和天然气开采业	黑色金属矿采选业	有色金属矿采选业	非金属矿采选业	开采专业及辅助性活动	其他采矿业	小计	农副食品加工业	食品制造业
宁夏	**121**	**10**	**8**	**59**	**63**	**7**	**9657**	**563**	**683**
银川市	**50**	**5**	**2**	**5**	**45**	**4**	**3969**	**178**	**373**
兴庆区	10			1	13	1	312	21	31
西夏区							91	4	11
金凤区	1						19		2
永宁县	12	1	1	1	9		1337	58	168
贺兰县	21	4	1	1	18	2	1146	72	150
灵武市	6			2	5	1	1064	23	11
石嘴山市	**2**	**4**		**10**		**2**	**2315**	**74**	**47**
大武口区						1	191	2	2
惠农区		4		2			456	13	11
平罗县	2			8		1	1668	59	34
吴忠市	**54**	**1**	**3**	**32**	**14**		**1346**	**90**	**129**
利通区				2			240	15	92
红寺堡区	1			7	1		211	1	
盐池县	52		3	3	12		278	30	16
同心县	1	1		5			195	23	14
青铜峡市				15	1		422	21	7
固原市	**6**			**3**	**1**	**1**	**364**	**34**	**48**
原州区				1	1		51	4	
西吉县	1			2		1	91	6	20
隆德县							88	11	4
泾源县							23	3	1
彭阳县	5						111	10	23
中卫市	**9**		**3**	**9**	**3**		**1663**	**187**	**86**
沙坡头区	2		3	2			121	14	10
中宁县	4			6			1366	143	54
海原县	3			1	3		176	30	22

4-4b 续表 4

单位：人

地区 性别	采矿业						制造业		
	石油和天然气开采业	黑色金属矿采选业	有色金属矿采选业	非金属矿采选业	开采专业及辅助性活动	其他采矿业	小计	农副食品加工业	食品制造业
男	**110**	**7**	**8**	**51**	**52**	**7**	**6915**	**312**	**371**
银川市	**43**	**4**	**2**	**4**	**38**	**4**	**2866**	**101**	**223**
兴庆区	8				10	1	214	12	14
西夏区							57	3	5
金凤区	1						16		1
永宁县	9	1	1	1	7		971	34	121
贺兰县	20	3	1	1	16	2	775	39	77
灵武市	5			2	5	1	833	13	5
石嘴山市	**2**	**2**		**9**		**2**	**1687**	**49**	**20**
大武口区						1	121	2	1
惠农区		2		2			343	8	6
平罗县	2			7		1	1223	39	13
吴忠市	**52**	**1**	**3**	**27**	**11**		**932**	**45**	**69**
利通区				1			134	6	52
红寺堡区	1			7	1		170		
盐池县	50		3	3	9		195	15	8
同心县	1	1		4			126	11	8
青铜峡市				12	1		307	13	1
固原市	**6**			**2**	**1**	**1**	**218**	**22**	**19**
原州区				1	1		38	3	
西吉县	1			1		1	59	6	9
隆德县							41	4	1
泾源县							9	3	
彭阳县	5						71	6	9
中卫市	**7**		**3**	**9**	**2**		**1212**	**95**	**40**
沙坡头区	1		3	2			98	9	8
中宁县	3			6			1000	68	19
海原县	3			1	2		114	18	13

4-4b 续表 5

单位：人

地区 性别	采矿业						制造业		
	石油和天然气开采业	黑色金属矿采选业	有色金属矿采选业	非金属矿采选业	开采专业及辅助性活动	其他采矿业	小计	农副食品加工业	食品制造业
女	**11**	**3**		**8**	**11**		**2742**	**251**	**312**
银川市	**7**	**1**		**1**	**7**		**1103**	**77**	**150**
兴庆区	2			1	3		98	9	17
西夏区							34	1	6
金凤区							3		1
永宁县	3				2		366	24	47
贺兰县	1	1			2		371	33	73
灵武市	1						231	10	6
石嘴山市		**2**		**1**			**628**	**25**	**27**
大武口区							70		1
惠农区		2					113	5	5
平罗县				1			445	20	21
吴忠市	**2**			**5**	**3**		**414**	**45**	**60**
利通区				1			106	9	40
红寺堡区							41	1	
盐池县	2				3		83	15	8
同心县				1			69	12	6
青铜峡市				3			115	8	6
固原市				**1**			**146**	**12**	**29**
原州区							13	1	
西吉县				1			32		11
隆德县							47	7	3
泾源县							14		1
彭阳县							40	4	14
中卫市	**2**				**1**		**451**	**92**	**46**
沙坡头区	1						23	5	2
中宁县	1						366	75	35
海原县					1		62	12	9

4-4b 续表 6 单位：人

地区 性别	制造业								
	酒、饮料和精制茶制造业	烟草制品业	纺织业	纺织服装、服饰业	皮革、毛皮、羽毛及其制品和制鞋业	木材加工和木、竹、藤、棕、草制品业	家具制造业	造纸和纸制品业	印刷和记录媒介复制业
宁夏	**123**	**1**	**266**	**150**	**17**	**127**	**154**	**75**	**96**
银川市	**75**	**1**	**121**	**57**	**8**	**64**	**134**	**48**	**35**
兴庆区	2		10	9	2	8	18		13
西夏区	4		1	3				1	
金凤区						1			
永宁县	20		11	12	1	35	65	37	8
贺兰县	44	1	54	18		18	49	8	12
灵武市	5		45	15	5	2	2	2	2
石嘴山市	**10**		**59**	**11**		**19**	**1**		**4**
大武口区	2		51						
惠农区	2		2			3			
平罗县	6		6	11		16	1		4
吴忠市	**9**		**53**	**31**	**2**	**22**	**5**	**15**	**42**
利通区	1		7			2	1	7	38
红寺堡区	3		6					1	
盐池县			6	7	1	4	3	1	2
同心县	2		32	23		2			2
青铜峡市	3		2	1	1	14	1	6	
固原市	**6**		**14**	**32**	**4**	**1**	**9**	**2**	**5**
原州区	2		2				2	1	
西吉县	1		3	11	1				2
隆德县	1		5	9			2	1	
泾源县			1	9	1				
彭阳县	2		3	3	2	1	5		3
中卫市	**23**		**19**	**19**	**3**	**21**	**5**	**10**	**10**
沙坡头区	1								
中宁县	21		5	5	2	16	1	8	5
海原县	1		14	14	1	5	4	2	5

4−4b 续表 7

单位：人

地　区 性　别	制造业								
	酒、饮料和精制茶制造业	烟　草制品业	纺织业	纺织服装、服饰业	皮革、毛皮、羽毛及其制品和制鞋业	木材加工和木、竹、藤、棕、草制品业	家　具制造业	造纸和纸制品业	印刷和记录媒介复制业
男	**70**	**1**	**95**	**29**	**7**	**85**	**106**	**35**	**40**
银川市	**47**	**1**	**45**	**12**	**2**	**41**	**89**	**24**	**15**
兴庆区	2		4	3		7	14		7
西夏区	3							1	
金凤区						1			
永宁县	16		5	1	1	19	40	18	4
贺兰县	23	1	19	6		12	35	5	3
灵武市	3		17	2	1	2			1
石嘴山市	**9**		**17**	**2**		**12**	**1**		
大武口区	2		15						
惠农区	1					2			
平罗县	6		2	2		10	1		
吴忠市	**5**		**21**	**7**	**1**	**16**	**4**	**6**	**16**
利通区	1		1			2	1	2	14
红寺堡区	2		3					1	
盐池县			2	1		3	3		
同心县	1		15	6		2			2
青铜峡市	1				1	9		3	
固原市	**3**		**4**	**3**	**1**	**1**	**8**	**1**	**3**
原州区	1		1				2		
西吉县	1		1	1	1				1
隆德县			1	1			2	1	
泾源县									
彭阳县	1		1	1		1	4		2
中卫市	**6**		**8**	**5**	**3**	**15**	**4**	**4**	**6**
沙坡头区									
中宁县	5		3	2	2	12	1	2	2
海原县	1		5	3	1	3	3	2	4

4-4b　续表 8　　　　单位：人

地　区 性　别	制造业								
	酒、饮料和精制茶制造业	烟　草制品业	纺织业	纺织服装、服饰业	皮革、毛皮、羽毛及其制品和制鞋业	木材加工和木、竹、藤、棕、草制品业	家　具制造业	造纸和纸制品业	印刷和记录媒介复制业
女	**53**		**171**	**121**	**10**	**42**	**48**	**40**	**56**
银川市	**28**		**76**	**45**	**6**	**23**	**45**	**24**	**20**
兴庆区			6	6	2	1	4		6
西夏区	1		1	3					
金凤区									
永宁县	4		6	11		16	25	19	4
贺兰县	21		35	12		6	14	3	9
灵武市	2		28	13	4		2	2	1
石嘴山市	**1**		**42**	**9**		**7**			**4**
大武口区			36						
惠农区	1		2			1			
平罗县			4	9		6			4
吴忠市	**4**		**32**	**24**	**1**	**6**	**1**	**9**	**26**
利通区			6					5	24
红寺堡区	1		3						
盐池县			4	6	1	1		1	2
同心县	1		17	17					
青铜峡市	2		2	1		5	1	3	
固原市	**3**		**10**	**29**	**3**		**1**	**1**	**2**
原州区	1		1					1	
西吉县			2	10					1
隆德县	1		4	8					
泾源县			1	9	1				
彭阳县	1		2	2	2		1		1
中卫市	**17**		**11**	**14**		**6**	**1**	**6**	**4**
沙坡头区	1								
中宁县	16		2	3		4		6	3
海原县			9	11		2	1		1

4-4b 续表 9 单位：人

地区 性别	制造业								
	文教、工美、体育和娱乐用品制造业	石油、煤炭及其他燃料加工业	化学原料和化学制品制造业	医药制造业	化学纤维制造业	橡胶和塑料制品业	非金属矿物制品业	黑色金属冶炼和压延加工业	有色金属冶炼和压延加工业
宁 夏	**51**	**1109**	**1199**	**367**	**51**	**288**	**812**	**1241**	**392**
银川市	**20**	**510**	**406**	**268**	**47**	**121**	**253**	**49**	**62**
兴庆区	4	34	31	8		10	9	4	5
西夏区	2	7	1	1		2	1		
金凤区			1				2	2	
永宁县	3	54	55	164	2	66	136	15	19
贺兰县	10	59	109	41		40	97	18	10
灵武市	1	356	209	54	45	3	8	10	28
石嘴山市	**6**	**279**	**618**	**62**	**3**	**120**	**216**	**540**	**12**
大武口区		37	8	8	2	4	15	34	8
惠农区	5	34	130	1		7	22	162	4
平罗县	1	208	480	53	1	109	179	344	
吴忠市	**6**	**295**	**60**	**16**		**32**	**138**	**27**	**224**
利通区		6	19			17	10	1	1
红寺堡区		170		1		1	15		6
盐池县	2	116	2	9			35	1	1
同心县	4	1	4	3		3	27	3	
青铜峡市		2	35	3		11	51	22	216
固原市	**18**	**8**	**7**	**10**		**9**	**53**	**7**	**4**
原州区			2	1		2	19	1	1
西吉县		2	2	1		3	7	1	1
隆德县	17	3		6		1	11	1	
泾源县								1	1
彭阳县	1	3	3	2		3	16	3	1
中卫市	**1**	**17**	**108**	**11**	**1**	**6**	**152**	**618**	**90**
沙坡头区		6	39			1	19	18	2
中宁县		9	68	10	1	5	121	597	88
海原县	1	2	1	1			12	3	

4-4b 续表 10

单位：人

地区 性别	制造业								
	文教、工美、体育和娱乐用品制造业	石油、煤炭及其他燃料加工业	化学原料和化学制品制造业	医药制造业	化学纤维制造业	橡胶和塑料制品业	非金属矿物制品业	黑色金属冶炼和压延加工业	有色金属冶炼和压延加工业
男	**20**	**893**	**940**	**245**	**38**	**174**	**611**	**973**	**316**
银川市	**13**	**413**	**318**	**183**	**36**	**76**	**202**	**40**	**50**
兴庆区	1	26	26	4		5	7	4	4
西夏区	1	5	1	1		2	1		
金凤区			1				2	2	
永宁县	3	48	43	108	1	47	106	11	15
贺兰县	7	50	88	22		20	81	14	7
灵武市	1	284	159	48	35	2	5	9	24
石嘴山市		**214**	**483**	**38**	**1**	**70**	**149**	**415**	**8**
大武口区		28	6	5	1	2	13	25	4
惠农区		21	107	1		3	15	126	4
平罗县		165	370	32		65	121	264	
吴忠市	**2**	**244**	**47**	**12**		**18**	**100**	**23**	**175**
利通区		6	17			7	7	1	1
红寺堡区		137		1		1	14		5
盐池县		98	2	6			21	1	1
同心县	2	1	3	3		3	23	3	
青铜峡市		2	25	2		7	35	18	168
固原市	**4**	**7**	**7**	**4**		**6**	**39**	**7**	**4**
原州区			2	1		2	13	1	1
西吉县		1	2			2	6	1	1
隆德县	4	3		2			9	1	
泾源县								1	1
彭阳县		3	3	1		2	11	3	1
中卫市	**1**	**15**	**85**	**8**	**1**	**4**	**121**	**488**	**79**
沙坡头区		6	31			1	16	16	2
中宁县		8	54	7	1	3	94	469	77
海原县	1	1		1			11	3	

4-4b 续表 11 单位：人

地 区 性 别	制造业								
	文教、工美、体育和娱乐用品制造业	石油、煤炭及其他燃料加工业	化学原料和化学制品制造业	医 药制造业	化学纤维制造业	橡胶和塑 料制品业	非金属矿 物制品业	黑色金属冶炼和压延加工业	有色金属冶炼和压延加工业
女	**31**	**216**	**259**	**122**	**13**	**114**	**201**	**268**	**76**
银川市	**7**	**97**	**88**	**85**	**11**	**45**	**51**	**9**	**12**
兴庆区	3	8	5	4		5	2		1
西夏区	1	2							
金凤区									
永宁县		6	12	56	1	19	30	4	4
贺兰县	3	9	21	19		20	16	4	3
灵武市		72	50	6	10	1	3	1	4
石嘴山市	**6**	**65**	**135**	**24**	**2**	**50**	**67**	**125**	**4**
大武口区		9	2	3	1	2	2	9	4
惠农区	5	13	23			4	7	36	
平罗县	1	43	110	21	1	44	58	80	
吴忠市	**4**	**51**	**13**	**4**		**14**	**38**	**4**	**49**
利通区			2			10	3		
红寺堡区		33					1		1
盐池县	2	18		3			14		
同心县	2		1				4		
青铜峡市			10	1		4	16	4	48
固原市	**14**	**1**		**6**		**3**	**14**		
原州区							6		
西吉县		1		1		1	1		
隆德县	13			4		1	2		
泾源县									
彭阳县	1			1		1	5		
中卫市		**2**	**23**	**3**		**2**	**31**	**130**	**11**
沙坡头区			8				3	2	
中宁县		1	14	3		2	27	128	11
海原县		1	1				1		

4-4b 续表 12 单位：人

地区 性别	制造业								
	金属制品业	通用设备制造业	专用设备制造业	汽车制造业	铁路、船舶、航空航天和其他运输设备制造业	电气机械和器材制造业	计算机、通信和其他电子设备制造业	仪器仪表制造业	其他制造业
宁　夏	**682**	**187**	**161**	**52**	**3**	**197**	**261**	**30**	**31**
银川市	**344**	**110**	**122**	**22**	**2**	**150**	**119**	**25**	**23**
兴庆区	31	14	6	2		12	12	2	
西夏区	6	7	1			14	24	1	
金凤区	2	3	1				4		
永宁县	189	42	36	11	2	61	30	1	6
贺兰县	110	35	41	9		57	19	7	14
灵武市	6	9	37			6	30	14	3
石嘴山市	**138**	**33**	**17**	**1**		**19**	**8**	**3**	**1**
大武口区	7	3	2			2	1		1
惠农区	44	3	1			3	2		
平罗县	87	27	14	1		14	5	3	
吴忠市	**86**	**14**	**6**	**4**	**1**	**12**	**9**	**2**	**5**
利通区	14		2	4				2	1
红寺堡区		3	1						
盐池县	28	6	2						4
同心县	34	1				7	9		
青铜峡市	10	4	1		1	5			
固原市	**29**	**13**	**11**	**2**		**10**	**10**		**1**
原州区	8	1	1			1	2		
西吉县	7	5	4			2	2		
隆德县	3	3	2	2		3	3		
泾源县	1	2	1				1		
彭阳县	10	2	3			4	2		1
中卫市	**85**	**17**	**5**	**23**		**6**	**115**		**1**
沙坡头区	5	2	1			1	2		
中宁县	56	7	3	20		3	101		1
海原县	24	8	1	3		2	12		

4-4b 续表 13

单位：人

地区 性别	制造业								
	金属制品业	通用设备制造业	专用设备制造业	汽车制造业	铁路、船舶、航空航天和其他运输设备制造业	电气机械和器材制造业	计算机、通信和其他电子设备制造业	仪器仪表制造业	其他制造业
男	**566**	**162**	**123**	**37**	**2**	**150**	**202**	**21**	**24**
银川市	**282**	**93**	**93**	**17**	**1**	**113**	**92**	**20**	**17**
兴庆区	24	10	5	2		8	9	2	
西夏区	5	5	1			6	17		
金凤区	2	2	1				3		
永宁县	154	38	22	7	1	53	23	1	4
贺兰县	91	29	31	8		40	14	3	10
灵武市	6	9	33			6	26	14	3
石嘴山市	**115**	**32**	**15**	**1**		**16**	**6**	**1**	**1**
大武口区	7	3	2			1	1		1
惠农区	36	3	1			3	1		
平罗县	72	26	12	1		12	4	1	
吴忠市	**73**	**10**	**5**	**1**	**1**	**9**	**8**		**4**
利通区	12		2	1					1
红寺堡区		2	1						
盐池县	24	4	1						3
同心县	27					7	8		
青铜峡市	10	4	1		1	2			
固原市	**23**	**12**	**5**	**2**		**7**	**8**		**1**
原州区	6	1	1			1	1		
西吉县	5	4	3			2	2		
隆德县	3	3		2		1	3		
泾源县	1	2							
彭阳县	8	2	1			3	2		1
中卫市	**73**	**15**	**5**	**16**		**5**	**88**		**1**
沙坡头区	5	1	1				2		
中宁县	50	6	3	14		3	78		1
海原县	18	8	1	2		2	8		

4-4b 续表 14

单位：人

地区 性别	制造业								
	金属制品业	通用设备制造业	专用设备制造业	汽车制造业	铁路、船舶、航空航天和其他运输设备制造业	电气机械和器材制造业	计算机、通信和其他电子设备制造业	仪器仪表制造业	其他制造业
女	**116**	**25**	**38**	**15**	**1**	**47**	**59**	**9**	**7**
银川市	**62**	**17**	**29**	**5**	**1**	**37**	**27**	**5**	**6**
兴庆区	7	4	1			4	3		
西夏区	1	2				8	7	1	
金凤区		1					1		
永宁县	35	4	14	4	1	8	7		2
贺兰县	19	6	10	1		17	5	4	4
灵武市			4				4		
石嘴山市	**23**	**1**	**2**			**3**	**2**	**2**	
大武口区						1			
惠农区	8						1		
平罗县	15	1	2			2	1	2	
吴忠市	**13**	**4**	**1**	**3**		**3**	**1**	**2**	**1**
利通区	2			3				2	
红寺堡区		1							
盐池县	4	2	1						1
同心县	7	1					1		
青铜峡市						3			
固原市	**6**	**1**	**6**			**3**	**2**		
原州区	2						1		
西吉县	2	1	1						
隆德县			2			2			
泾源县			1				1		
彭阳县	2		2			1			
中卫市	**12**	**2**		**7**		**1**	**27**		
沙坡头区		1				1			
中宁县	6	1		6			23		
海原县	6			1			4		

4-4b 续表 15

单位：人

地区 性别	制造业		电力、热力、燃气及水生产和供应业				建筑业		
	废弃资源综合利用业	金属制品、机械和设备修理业	小计	电力、热力生产和供应业	燃气生产和供应业	水的生产和供应业	小计	房屋建筑业	土木工程建筑业
宁　夏	**59**	**229**	**1549**	**1168**	**166**	**215**	**9650**	**5992**	**964**
银川市	**33**	**189**	**587**	**441**	**73**	**73**	**3981**	**2165**	**363**
兴庆区	3	11	97	67	14	16	595	255	55
西夏区			15	10	4	1	77	68	4
金凤区		1	2	2			39	24	4
永宁县	10	20	147	101	23	23	1585	869	102
贺兰县	6	38	171	128	29	14	1282	714	134
灵武市	14	119	155	133	3	19	403	235	64
石嘴山市	**4**	**10**	**206**	**158**	**14**	**34**	**1109**	**640**	**135**
大武口区		2	8	7	1		294	247	12
惠农区	3	4	51	44		7	100	53	15
平罗县	1	4	147	107	13	27	715	340	108
吴忠市	**6**	**5**	**252**	**192**	**31**	**29**	**1515**	**1099**	**163**
利通区			15	15			115	89	6
红寺堡区	3		35	24	10	1	27	20	3
盐池县		2	97	68	18	11	434	270	57
同心县		1	51	34	1	16	842	651	89
青铜峡市	3	2	54	51	2	1	97	69	8
固原市	**3**	**14**	**179**	**132**	**14**	**33**	**1559**	**1165**	**134**
原州区	1		9	3	2	4	132	106	7
西吉县	2	8	54	43		11	527	351	80
隆德县			43	36	3	4	396	310	16
泾源县		1	28	19	5	4	176	154	4
彭阳县		5	45	31	4	10	328	244	27
中卫市	**13**	**11**	**325**	**245**	**34**	**46**	**1486**	**923**	**169**
沙坡头区			10	4	5	1	73	39	22
中宁县	6	10	234	178	21	35	824	501	95
海原县	7	1	81	63	8	10	589	383	52

4-4b　续表 16　　　　　　　　　　　　　　　　　　　　　　　　　　　　单位：人

地　区 性　别	制造业		电力、热力、燃气及水生产和供应业				建筑业		
	废弃资源综合利用业	金属制品、机械和设备修理业	小计	电力、热力生产和供应业	燃气生产和供应业	水的生产和供应业	小计	房屋建筑业	土木工程建筑业
男	**49**	**218**	**1198**	**950**	**110**	**138**	**8294**	**5142**	**845**
银川市	**28**	**179**	**446**	**357**	**49**	**40**	**3377**	**1840**	**310**
兴庆区	3	11	68	51	9	8	492	218	46
西夏区			10	6	3	1	64	56	4
金凤区		1	2	2			34	21	4
永宁县	8	19	116	83	18	15	1369	758	87
贺兰县	6	34	132	106	18	8	1082	592	115
灵武市	11	114	118	109	1	8	336	195	54
石嘴山市	**3**	**9**	**156**	**125**	**9**	**22**	**958**	**541**	**120**
大武口区		2	8	7	1		243	200	12
惠农区	2	3	39	35		4	84	48	11
平罗县	1	4	109	83	8	18	631	293	97
吴忠市	**5**	**5**	**202**	**161**	**21**	**20**	**1327**	**970**	**138**
利通区			13	13			101	79	5
红寺堡区	3		29	22	7		24	18	2
盐池县		2	75	56	11	8	372	225	49
同心县		1	46	33	1	12	747	584	78
青铜峡市	2	2	39	37	2		83	64	4
固原市	**3**	**14**	**144**	**113**	**9**	**22**	**1309**	**973**	**125**
原州区	1		8	3	2	3	118	93	7
西吉县	2	8	43	37		6	446	296	75
隆德县			33	29	1	3	323	254	15
泾源县		1	23	18	4	1	138	120	3
彭阳县		5	37	26	2	9	284	210	25
中卫市	**10**	**11**	**250**	**194**	**22**	**34**	**1323**	**818**	**152**
沙坡头区			7	3	4		67	39	16
中宁县	6	10	174	136	11	27	743	444	89
海原县	4	1	69	55	7	7	513	335	47

4-4b 续表 17 单位：人

地区 性别	制造业		电力、热力、燃气及水生产和供应业				建筑业		
	废弃资源综合利用业	金属制品、机械和设备修理业	小计	电力、热力生产和供应业	燃气生产和供应业	水的生产和供应业	小计	房屋建筑业	土木工程建筑业
女	**10**	**11**	**351**	**218**	**56**	**77**	**1356**	**850**	**119**
银川市	**5**	**10**	**141**	**84**	**24**	**33**	**604**	**325**	**53**
兴庆区			29	16	5	8	103	37	9
西夏区			5	4	1		13	12	
金凤区							5	3	
永宁县	2	1	31	18	5	8	216	111	15
贺兰县		4	39	22	11	6	200	122	19
灵武市	3	5	37	24	2	11	67	40	10
石嘴山市	**1**	**1**	**50**	**33**	**5**	**12**	**151**	**99**	**15**
大武口区							51	47	
惠农区	1	1	12	9		3	16	5	4
平罗县			38	24	5	9	84	47	11
吴忠市	**1**		**50**	**31**	**10**	**9**	**188**	**129**	**25**
利通区			2	2			14	10	1
红寺堡区			6	2	3	1	3	2	1
盐池县			22	12	7	3	62	45	8
同心县			5	1		4	95	67	11
青铜峡市	1		15	14		1	14	5	4
固原市			**35**	**19**	**5**	**11**	**250**	**192**	**9**
原州区			1			1	14	13	
西吉县			11	6		5	81	55	5
隆德县			10	7	2	1	73	56	1
泾源县			5	1	1	3	38	34	1
彭阳县			8	5	2	1	44	34	2
中卫市	**3**		**75**	**51**	**12**	**12**	**163**	**105**	**17**
沙坡头区			3	1	1	1	6		6
中宁县			60	42	10	8	81	57	6
海原县	3		12	8	1	3	76	48	5

4-4b　续表 18　　　　单位：人

地区 性别	建筑业		批发和零售业			交通运输、仓储和邮政业			
	建筑安装业	建筑装饰、装修和其他建筑业	小计	批发业	零售业	小计	铁路运输业	道路运输业	水上运输业
宁　夏	**445**	**2249**	**11236**	**2616**	**8620**	**5622**	**82**	**4582**	**5**
银川市	**210**	**1243**	**5708**	**1520**	**4188**	**2271**	**37**	**1750**	**4**
兴庆区	28	257	1472	403	1069	363	12	282	
西夏区		5	91	9	82	37	1	28	
金凤区	2	9	42	17	25	19	1	13	
永宁县	79	535	1824	583	1241	772	7	627	
贺兰县	67	367	1923	395	1528	902	12	661	4
灵武市	34	70	356	113	243	178	4	139	
石嘴山市	**63**	**271**	**1212**	**230**	**982**	**749**	**7**	**667**	
大武口区	8	27	70	14	56	25		17	
惠农区	8	24	141	20	121	102	2	89	
平罗县	47	220	1001	196	805	622	5	561	
吴忠市	**44**	**209**	**1501**	**264**	**1237**	**1076**	**17**	**911**	
利通区	3	17	102	31	71	53		44	
红寺堡区	4		58	29	29	44		27	
盐池县	18	89	571	65	506	486	4	428	
同心县	16	86	667	115	552	410	12	361	
青铜峡市	3	17	103	24	79	83	1	51	
固原市	**54**	**206**	**1234**	**203**	**1031**	**518**	**6**	**402**	
原州区	8	11	189	25	164	68		60	
西吉县	15	81	319	67	252	161	3	121	
隆德县	20	50	318	30	288	95	3	69	
泾源县	1	17	135	26	109	49		44	
彭阳县	10	47	273	55	218	145		108	
中卫市	**74**	**320**	**1581**	**399**	**1182**	**1008**	**15**	**852**	**1**
沙坡头区	1	11	103	23	80	52		47	
中宁县	60	168	1069	296	773	498	13	387	1
海原县	13	141	409	80	329	458	2	418	

4-4b 续表 19　　单位：人

地区 性别	建筑业		批发和零售业			交通运输、仓储和邮政业			
	建筑安装业	建筑装饰、装修和其他建筑业	小计	批发业	零售业	小计	铁路运输业	道路运输业	水上运输业
男	**410**	**1897**	**5306**	**1678**	**3628**	**4927**	**66**	**4136**	**3**
银川市	**190**	**1037**	**2801**	**947**	**1854**	**1910**	**29**	**1528**	**2**
兴庆区	21	207	715	246	469	309	10	239	
西夏区		4	37	7	30	28	1	22	
金凤区	2	7	22	10	12	17	1	12	
永宁县	74	450	910	366	544	671	5	558	
贺兰县	62	313	951	242	709	730	9	571	2
灵武市	31	56	166	76	90	155	3	126	
石嘴山市	**60**	**237**	**480**	**145**	**335**	**664**	**7**	**597**	
大武口区	8	23	26	8	18	21		14	
惠农区	6	19	56	13	43	92	2	80	
平罗县	46	195	398	124	274	551	5	503	
吴忠市	**43**	**176**	**771**	**198**	**573**	**992**	**17**	**858**	
利通区	3	14	53	23	30	48		40	
红寺堡区	4		37	26	11	39		25	
盐池县	18	80	262	46	216	450	4	405	
同心县	15	70	369	84	285	382	12	341	
青铜峡市	3	12	50	19	31	73	1	47	
固原市	**47**	**164**	**528**	**121**	**407**	**447**	**2**	**364**	
原州区	8	10	104	18	86	65		58	
西吉县	15	60	157	44	113	140		109	
隆德县	15	39	99	17	82	78	2	61	
泾源县	1	14	56	14	42	45		41	
彭阳县	8	41	112	28	84	119		95	
中卫市	**70**	**283**	**726**	**267**	**459**	**914**	**11**	**789**	**1**
沙坡头区	1	11	55	15	40	49		44	
中宁县	57	153	467	194	273	430	9	339	1
海原县	12	119	204	58	146	435	2	406	

4-4b　续表 20　　　　单位：人

地区 性别	建筑业		批发和零售业			交通运输、仓储和邮政业			
	建筑安装业	建筑装饰、装修和其他建筑业	小计	批发业	零售业	小计	铁路运输业	道路运输业	水上运输业
女	**35**	**352**	**5930**	**938**	**4992**	**695**	**16**	**446**	**2**
银川市	**20**	**206**	**2907**	**573**	**2334**	**361**	**8**	**222**	**2**
兴庆区	7	50	757	157	600	54	2	43	
西夏区		1	54	2	52	9		6	
金凤区		2	20	7	13	2		1	
永宁县	5	85	914	217	697	101	2	69	
贺兰县	5	54	972	153	819	172	3	90	2
灵武市	3	14	190	37	153	23	1	13	
石嘴山市	**3**	**34**	**732**	**85**	**647**	**85**		**70**	
大武口区		4	44	6	38	4		3	
惠农区	2	5	85	7	78	10		9	
平罗县	1	25	603	72	531	71		58	
吴忠市	**1**	**33**	**730**	**66**	**664**	**84**		**53**	
利通区		3	49	8	41	5		4	
红寺堡区			21	3	18	5		2	
盐池县		9	309	19	290	36		23	
同心县	1	16	298	31	267	28		20	
青铜峡市		5	53	5	48	10		4	
固原市	**7**	**42**	**706**	**82**	**624**	**71**	**4**	**38**	
原州区		1	85	7	78	3		2	
西吉县		21	162	23	139	21	3	12	
隆德县	5	11	219	13	206	17	1	8	
泾源县		3	79	12	67	4		3	
彭阳县	2	6	161	27	134	26		13	
中卫市	**4**	**37**	**855**	**132**	**723**	**94**	**4**	**63**	
沙坡头区			48	8	40	3		3	
中宁县	3	15	602	102	500	68	4	48	
海原县	1	22	205	22	183	23		12	

4-4b 续表 21

单位：人

地 区 性 别	交通运输、仓储和邮政业					住宿和餐饮业		
	航 空 运输业	管 道 运输业	多式联运 和运输 代理业	装卸搬运 和仓储业	邮政业	小计	住宿业	餐饮业
宁 夏	**52**	**7**	**29**	**310**	**555**	**4140**	**483**	**3657**
银川市	**43**	**4**	**17**	**93**	**323**	**1926**	**270**	**1656**
兴庆区	9			10	50	513	103	410
西夏区	1			1	6	52	7	45
金凤区			3		2	23	5	18
永宁县	8	2	5	42	81	568	59	509
贺兰县	14	2	8	31	170	544	72	472
灵武市	11		1	9	14	226	24	202
石嘴山市	**3**		**1**	**19**	**52**	**528**	**52**	**476**
大武口区	1			5	2	57	2	55
惠农区				5	6	57	2	55
平罗县	2		1	9	44	414	48	366
吴忠市	**1**	**1**	**2**	**92**	**52**	**617**	**54**	**563**
利通区		1		5	3	33	1	32
红寺堡区				14	3	23	1	22
盐池县	1		1	33	19	269	22	247
同心县			1	13	23	214	27	187
青铜峡市				27	4	78	3	75
固原市	**1**		**5**	**32**	**72**	**510**	**48**	**462**
原州区				6	2	59	3	56
西吉县	1		2	18	16	150	16	134
隆德县				2	21	86	9	77
泾源县				1	4	89	4	85
彭阳县			3	5	29	126	16	110
中卫市	**4**	**2**	**4**	**74**	**56**	**559**	**59**	**500**
沙坡头区				3	2	36	3	33
中宁县	4	2	4	56	31	342	41	301
海原县				15	23	181	15	166

4-4b　续表 22　　　　单位：人

地　区 性　别	交通运输、仓储和邮政业					住宿和餐饮业		
	航　空 运输业	管　道 运输业	多式联运 和运输 代理业	装卸搬运 和仓储业	邮政业	小计	住宿业	餐饮业
男	**33**	**7**	**25**	**252**	**405**	**1955**	**181**	**1774**
银川市	**24**	**4**	**15**	**73**	**235**	**994**	**107**	**887**
兴庆区	6			9	45	282	46	236
西夏区				1	4	26	2	24
金凤区			3		1	9	2	7
永宁县	6	2	5	33	62	301	21	280
贺兰县	6	2	6	21	113	280	28	252
灵武市	6		1	9	10	96	8	88
石嘴山市	**3**			**17**	**40**	**229**	**17**	**212**
大武口区	1			4	2	23	1	22
惠农区				5	5	25	1	24
平罗县	2			8	33	181	15	166
吴忠市	**1**	**1**	**1**	**74**	**40**	**278**	**23**	**255**
利通区		1		5	2	16	1	15
红寺堡区				12	2	12	1	11
盐池县	1			22	18	105	8	97
同心县			1	12	16	109	12	97
青铜峡市				23	2	36	1	35
固原市	**1**		**5**	**26**	**49**	**217**	**16**	**201**
原州区				6	1	28	2	26
西吉县	1		2	16	12	67	7	60
隆德县					15	29		29
泾源县				1	3	45		45
彭阳县			3	3	18	48	7	41
中卫市	**4**	**2**	**4**	**62**	**41**	**237**	**18**	**219**
沙坡头区				3	2	18	2	16
中宁县	4	2	4	48	23	139	10	129
海原县				11	16	80	6	74

4-4b 续表 23

单位：人

地区 性别	交通运输、仓储和邮政业					住宿和餐饮业		
	航空运输业	管道运输业	多式联运和运输代理业	装卸搬运和仓储业	邮政业	小计	住宿业	餐饮业
女	**19**		**4**	**58**	**150**	**2185**	**302**	**1883**
银川市	**19**		**2**	**20**	**88**	**932**	**163**	**769**
兴庆区	3			1	5	231	57	174
西夏区	1				2	26	5	21
金凤区					1	14	3	11
永宁县	2			9	19	267	38	229
贺兰县	8		2	10	57	264	44	220
灵武市	5				4	130	16	114
石嘴山市			**1**	**2**	**12**	**299**	**35**	**264**
大武口区				1		34	1	33
惠农区					1	32	1	31
平罗县			1	1	11	233	33	200
吴忠市			**1**	**18**	**12**	**339**	**31**	**308**
利通区					1	17		17
红寺堡区				2	1	11		11
盐池县			1	11	1	164	14	150
同心县				1	7	105	15	90
青铜峡市				4	2	42	2	40
固原市				**6**	**23**	**293**	**32**	**261**
原州区					1	31	1	30
西吉县				2	4	83	9	74
隆德县				2	6	57	9	48
泾源县					1	44	4	40
彭阳县				2	11	78	9	69
中卫市				**12**	**15**	**322**	**41**	**281**
沙坡头区						18	1	17
中宁县				8	8	203	31	172
海原县				4	7	101	9	92

4-4b 续表 24

单位：人

地区 性别	信息传输、软件和信息技术服务业				金融业				
	小计	电信、广播电视和卫星传输服务	互联网和相关服务	软件和信息技术服务业	小计	货币金融服务	资本市场服务	保险业	其他金融业
宁　夏	**862**	**436**	**208**	**218**	**1355**	**730**	**29**	**559**	**37**
银川市	**510**	**178**	**152**	**180**	**561**	**237**	**25**	**279**	**20**
兴庆区	143	38	58	47	142	65	9	67	1
西夏区	9	2	4	3	3	2		1	
金凤区	6	2	4		2	1			1
永宁县	145	67	39	39	112	44	1	63	4
贺兰县	174	54	45	75	273	112	14	133	14
灵武市	33	15	2	16	29	13	1	15	
石嘴山市	**85**	**66**	**12**	**7**	**175**	**97**		**75**	**3**
大武口区	2	1	1		2			2	
惠农区	9	5	3	1	16	7		8	1
平罗县	74	60	8	6	157	90		65	2
吴忠市	**82**	**58**	**11**	**13**	**194**	**127**	**1**	**65**	**1**
利通区	5	5			2	2			
红寺堡区					1	1			
盐池县	40	28	4	8	94	61		32	1
同心县	32	23	6	3	92	62	1	29	
青铜峡市	5	2	1	2	5	1		4	
固原市	**79**	**62**	**9**	**8**	**183**	**113**	**2**	**58**	**10**
原州区	2	2			3	2		1	
西吉县	27	24	1	2	63	42		20	1
隆德县	27	21	3	3	36	21		12	3
泾源县	9	6	3		24	10	1	9	4
彭阳县	14	9	2	3	57	38	1	16	2
中卫市	**106**	**72**	**24**	**10**	**242**	**156**	**1**	**82**	**3**
沙坡头区	8	6	2		6	5		1	
中宁县	66	41	17	8	186	115	1	68	2
海原县	32	25	5	2	50	36		13	1

4-4b 续表 25

单位：人

地区 性别	信息传输、软件和信息技术服务业				金融业				
	小计	电信、广播电视和卫星传输服务	互联网和相关服务	软件和信息技术服务业	小计	货币金融服务	资本市场服务	保险业	其他金融业
男	**507**	**208**	**140**	**159**	**573**	**368**	**17**	**168**	**20**
银川市	**313**	**80**	**101**	**132**	**224**	**107**	**16**	**88**	**13**
兴庆区	83	14	39	30	53	31	5	16	1
西夏区	4	1	2	1	1	1			
金凤区	2		2		1				1
永宁县	97	34	29	34	44	25	1	14	4
贺兰县	111	28	28	55	108	40	9	52	7
灵武市	16	3	1	12	17	10	1	6	
石嘴山市	**45**	**30**	**9**	**6**	**59**	**45**		**11**	**3**
大武口区	1	1							
惠农区	5	2	2	1	4	2		1	1
平罗县	39	27	7	5	55	43		10	2
吴忠市	**52**	**31**	**11**	**10**	**95**	**69**	**1**	**25**	
利通区	3	3			1	1			
红寺堡区					1	1			
盐池县	24	14	4	6	33	24		9	
同心县	22	13	6	3	58	42	1	15	
青铜峡市	3	1	1	1	2	1		1	
固原市	**44**	**34**	**5**	**5**	**92**	**66**		**24**	**2**
原州区	1	1			1	1			
西吉县	17	15	1	1	37	25		12	
隆德县	17	13	2	2	22	15		6	1
泾源县	4	3	1		9	5		3	1
彭阳县	5	2	1	2	23	20		3	
中卫市	**53**	**33**	**14**	**6**	**103**	**81**		**20**	**2**
沙坡头区	6	4	2		2	1		1	
中宁县	30	17	8	5	71	56		14	1
海原县	17	12	4	1	30	24		5	1

4-4b 续表 26 单位：人

地区 性别	信息传输、软件和信息技术服务业				金融业				
	小计	电信、广播电视和卫星传输服务	互联网和相关服务	软件和信息技术服务业	小计	货币金融服务	资本市场服务	保险业	其他金融业
女	**355**	**228**	**68**	**59**	**782**	**362**	**12**	**391**	**17**
银川市	**197**	**98**	**51**	**48**	**337**	**130**	**9**	**191**	**7**
兴庆区	60	24	19	17	89	34	4	51	
西夏区	5	1	2	2	2	1		1	
金凤区	4	2	2		1	1			
永宁县	48	33	10	5	68	19		49	
贺兰县	63	26	17	20	165	72	5	81	7
灵武市	17	12	1	4	12	3		9	
石嘴山市	**40**	**36**	**3**	**1**	**116**	**52**		**64**	
大武口区	1		1		2			2	
惠农区	4	3	1		12	5		7	
平罗县	35	33	1	1	102	47		55	
吴忠市	**30**	**27**		**3**	**99**	**58**		**40**	**1**
利通区	2	2			1	1			
红寺堡区									
盐池县	16	14		2	61	37		23	1
同心县	10	10			34	20		14	
青铜峡市	2	1		1	3			3	
固原市	**35**	**28**	**4**	**3**	**91**	**47**	**2**	**34**	**8**
原州区	1	1			2	1		1	
西吉县	10	9		1	26	17		8	1
隆德县	10	8	1	1	14	6		6	2
泾源县	5	3	2		15	5	1	6	3
彭阳县	9	7	1	1	34	18	1	13	2
中卫市	**53**	**39**	**10**	**4**	**139**	**75**	**1**	**62**	**1**
沙坡头区	2	2			4	4			
中宁县	36	24	9	3	115	59	1	54	1
海原县	15	13	1	1	20	12		8	

4-4b 续表 27

单位：人

地 区 性 别	房地产业		租赁和商务服务业			科学研究和技术服务业			
	小计	房地产业	小计	租赁业	商 务 服务业	小计	研究和 试验发展	专业技术 服务业	科技推广 和应用 服务业
宁 夏	**1665**	**1665**	**1549**	**220**	**1329**	**634**	**40**	**500**	**94**
银川市	**1215**	**1215**	**891**	**101**	**790**	**391**	**31**	**314**	**46**
兴庆区	252	252	215	25	190	68	4	55	9
西夏区	4	4	11		11	2		1	1
金凤区	30	30	25	2	23	2		2	
永宁县	303	303	211	34	177	98	9	75	14
贺兰县	499	499	340	34	306	195	16	161	18
灵武市	127	127	89	6	83	26	2	20	4
石嘴山市	**158**	**158**	**122**	**29**	**93**	**64**	**1**	**51**	**12**
大武口区	3	3	9		9	3		3	
惠农区	20	20	15	5	10	6	1	3	2
平罗县	135	135	98	24	74	55		45	10
吴忠市	**85**	**85**	**201**	**32**	**169**	**53**	**2**	**41**	**10**
利通区	10	10	7	1	6	3		3	
红寺堡区			22	4	18	3		3	
盐池县	36	36	87	14	73	14	1	10	3
同心县	29	29	64	7	57	29		22	7
青铜峡市	10	10	21	6	15	4	1	3	
固原市	**75**	**75**	**153**	**13**	**140**	**51**	**3**	**40**	**8**
原州区	3	3	6	1	5	1		1	
西吉县	35	35	33	3	30	12		6	6
隆德县	13	13	44		44	9		9	
泾源县	8	8	25	1	24	3		3	
彭阳县	16	16	45	8	37	26	3	21	2
中卫市	**132**	**132**	**182**	**45**	**137**	**75**	**3**	**54**	**18**
沙坡头区	1	1	7	1	6	8	1	7	
中宁县	108	108	137	40	97	44	1	29	14
海原县	23	23	38	4	34	23	1	18	4

4-4b　续表 28　　　　单位：人

地区 性别	房地产业		租赁和商务服务业			科学研究和技术服务业			
	小计	房地产业	小计	租赁业	商务服务业	小计	研究和试验发展	专业技术服务业	科技推广和应用服务业
男	**897**	**897**	**956**	**194**	**762**	**446**	**31**	**343**	**72**
银川市	**653**	**653**	**515**	**87**	**428**	**267**	**25**	**207**	**35**
兴庆区	140	140	118	22	96	47	3	38	6
西夏区	3	3	7		7	2		1	1
金凤区	15	15	15	2	13	1		1	
永宁县	172	172	129	30	99	66	8	44	14
贺兰县	257	257	185	28	157	132	13	109	10
灵武市	66	66	61	5	56	19	1	14	4
石嘴山市	**75**	**75**	**86**	**28**	**58**	**48**	**1**	**38**	**9**
大武口区	3	3	8		8	3		3	
惠农区	13	13	10	5	5	5	1	3	1
平罗县	59	59	68	23	45	40		32	8
吴忠市	**47**	**47**	**140**	**28**	**112**	**41**	**1**	**32**	**8**
利通区	4	4	4	1	3	2		2	
红寺堡区			18	3	15	2		2	
盐池县	21	21	55	12	43	9		8	1
同心县	15	15	48	7	41	24		17	7
青铜峡市	7	7	15	5	10	4	1	3	
固原市	**45**	**45**	**99**	**12**	**87**	**36**	**2**	**26**	**8**
原州区	2	2	6	1	5				
西吉县	22	22	22	3	19	11		5	6
隆德县	7	7	31		31	6		6	
泾源县	5	5	16		16	3		3	
彭阳县	9	9	24	8	16	16	2	12	2
中卫市	**77**	**77**	**116**	**39**	**77**	**54**	**2**	**40**	**12**
沙坡头区			7	1	6	6		6	
中宁县	58	58	83	34	49	28	1	19	8
海原县	19	19	26	4	22	20	1	15	4

4-4b 续表 29 单位：人

地区 性别	房地产业		租赁和商务服务业			科学研究和技术服务业			
	小计	房地产业	小计	租赁业	商务服务业	小计	研究和试验发展	专业技术服务业	科技推广和应用服务业
女	**768**	**768**	**593**	**26**	**567**	**188**	**9**	**157**	**22**
银川市	**562**	**562**	**376**	**14**	**362**	**124**	**6**	**107**	**11**
兴庆区	112	112	97	3	94	21	1	17	3
西夏区	1	1	4		4				
金凤区	15	15	10		10	1		1	
永宁县	131	131	82	4	78	32	1	31	
贺兰县	242	242	155	6	149	63	3	52	8
灵武市	61	61	28	1	27	7	1	6	
石嘴山市	**83**	**83**	**36**	**1**	**35**	**16**		**13**	**3**
大武口区			1		1				
惠农区	7	7	5		5	1			1
平罗县	76	76	30	1	29	15		13	2
吴忠市	**38**	**38**	**61**	**4**	**57**	**12**	**1**	**9**	**2**
利通区	6	6	3		3	1		1	
红寺堡区			4	1	3	1		1	
盐池县	15	15	32	2	30	5	1	2	2
同心县	14	14	16		16	5		5	
青铜峡市	3	3	6	1	5				
固原市	**30**	**30**	**54**	**1**	**53**	**15**	**1**	**14**	
原州区	1	1				1		1	
西吉县	13	13	11		11	1		1	
隆德县	6	6	13		13	3		3	
泾源县	3	3	9	1	8				
彭阳县	7	7	21		21	10	1	9	
中卫市	**55**	**55**	**66**	**6**	**60**	**21**	**1**	**14**	**6**
沙坡头区	1	1				2	1	1	
中宁县	50	50	54	6	48	16		10	6
海原县	4	4	12		12	3		3	

4-4b　续表 30　　　　　　　　　　　　　　　　　　　　　　　　　　　　　　单位：人

地　区 性　别	水利、环境和公共设施管理业					居民服务、修理和其他服务业			
	小计	水　利 管理业	生态保护 和环境 治理业	公共设施 管理业	土　地 管理业	小计	居　民 服务业	机动车、 电子产品 和日用产 品修理业	其　他 服务业
宁　夏	**1070**	**170**	**81**	**813**	**6**	**2692**	**1463**	**1034**	**195**
银川市	**453**	**31**	**51**	**368**	**3**	**1342**	**784**	**466**	**92**
兴庆区	83	2	11	70		264	183	69	12
西夏区	7			7		21	17	4	
金凤区	12			12		19	6	7	6
永宁县	134	12	11	110	1	431	257	143	31
贺兰县	175	15	21	137	2	500	261	201	38
灵武市	42	2	8	32		107	60	42	5
石嘴山市	**162**	**19**	**3**	**139**	**1**	**344**	**208**	**125**	**11**
大武口区	22			22		27	13	10	4
惠农区	12	3		9		38	15	19	4
平罗县	128	16	3	108	1	279	180	96	3
吴忠市	**153**	**36**	**4**	**113**		**333**	**141**	**176**	**16**
利通区	6	1		5		32	12	16	4
红寺堡区	6		2	4		6	3	3	
盐池县	50	2	2	46		163	73	84	6
同心县	70	31		39		108	42	61	5
青铜峡市	21	2		19		24	11	12	1
固原市	**135**	**18**	**9**	**107**	**1**	**299**	**143**	**99**	**57**
原州区	5		1	4		19	6	12	1
西吉县	27	4	3	20		87	40	32	15
隆德县	42	8	1	33		69	28	23	18
泾源县	13	2	1	10		34	15	13	6
彭阳县	48	4	3	40	1	90	54	19	17
中卫市	**167**	**66**	**14**	**86**	**1**	**374**	**187**	**168**	**19**
沙坡头区	6		2	4		34	17	16	1
中宁县	134	60	7	66	1	234	125	95	14
海原县	27	6	5	16		106	45	57	4

4-4b 续表 31

单位：人

地区 性别	水利、环境和公共设施管理业					居民服务、修理和其他服务业			
	小计	水利管理业	生态保护和环境治理业	公共设施管理业	土地管理业	小计	居民服务业	机动车、电子产品和日用产品修理业	其他服务业
男	**616**	**132**	**63**	**416**	**5**	**1416**	**483**	**860**	**73**
银川市	**287**	**27**	**39**	**219**	**2**	**671**	**251**	**383**	**37**
兴庆区	58	1	9	48		120	55	60	5
西夏区	4			4		9	5	4	
金凤区	9			9		10	2	6	2
永宁县	84	10	9	64	1	232	102	120	10
贺兰县	107	15	14	77	1	249	74	158	17
灵武市	25	1	7	17		51	13	35	3
石嘴山市	**83**	**14**	**3**	**65**	**1**	**163**	**57**	**103**	**3**
大武口区	5			5		13	3	9	1
惠农区	7	2		5		20	3	16	1
平罗县	71	12	3	55	1	130	51	78	1
吴忠市	**89**	**26**	**3**	**60**		**219**	**56**	**155**	**8**
利通区	2	1		1		22	6	15	1
红寺堡区	3		2	1		4	1	3	
盐池县	31	2	1	28		103	25	74	4
同心县	40	22		18		78	23	52	3
青铜峡市	13	1		12		12	1	11	
固原市	**51**	**11**	**6**	**33**	**1**	**149**	**48**	**79**	**22**
原州区	2		1	1		14	4	10	
西吉县	13	2	3	8		46	16	25	5
隆德县	12	5		7		32	7	17	8
泾源县	5		1	4		18	4	11	3
彭阳县	19	4	1	13	1	39	17	16	6
中卫市	**106**	**54**	**12**	**39**	**1**	**214**	**71**	**140**	**3**
沙坡头区	5		1	4		20	8	12	
中宁县	85	49	7	28	1	125	42	81	2
海原县	16	5	4	7		69	21	47	1

4-4b　续表 32

单位：人

地区 性别	水利、环境和公共设施管理业					居民服务、修理和其他服务业			
	小计	水利管理业	生态保护和环境治理业	公共设施管理业	土地管理业	小计	居民服务业	机动车、电子产品和日用产品修理业	其他服务业
女	**454**	**38**	**18**	**397**	**1**	**1276**	**980**	**174**	**122**
银川市	**166**	**4**	**12**	**149**	**1**	**671**	**533**	**83**	**55**
兴庆区	25	1	2	22		144	128	9	7
西夏区	3			3		12	12		
金凤区	3			3		9	4	1	4
永宁县	50	2	2	46		199	155	23	21
贺兰县	68		7	60	1	251	187	43	21
灵武市	17	1	1	15		56	47	7	2
石嘴山市	**79**	**5**		**74**		**181**	**151**	**22**	**8**
大武口区	17			17		14	10	1	3
惠农区	5	1		4		18	12	3	3
平罗县	57	4		53		149	129	18	2
吴忠市	**64**	**10**	**1**	**53**		**114**	**85**	**21**	**8**
利通区	4			4		10	6	1	3
红寺堡区	3			3		2	2		
盐池县	19		1	18		60	48	10	2
同心县	30	9		21		30	19	9	2
青铜峡市	8	1		7		12	10	1	1
固原市	**84**	**7**	**3**	**74**		**150**	**95**	**20**	**35**
原州区	3			3		5	2	2	1
西吉县	14	2		12		41	24	7	10
隆德县	30	3	1	26		37	21	6	10
泾源县	8	2		6		16	11	2	3
彭阳县	29		2	27		51	37	3	11
中卫市	**61**	**12**	**2**	**47**		**160**	**116**	**28**	**16**
沙坡头区	1		1			14	9	4	1
中宁县	49	11		38		109	83	14	12
海原县	11	1	1	9		37	24	10	3

4-4b 续表 33 单位：人

地 区 性 别	教育		卫生和社会工作			文化、体育和娱乐业				
	小计	教育	小计	卫生	社会工作	小计	新闻和出版业	广播、电视、电影和录音制作业	文化艺术业	体育
宁 夏	**4488**	**4488**	**1968**	**1900**	**68**	**523**	**50**	**60**	**103**	**58**
银川市	**1316**	**1316**	**615**	**589**	**26**	**288**	**29**	**32**	**48**	**38**
兴庆区	272	272	151	143	8	79	11	9	15	10
西夏区	12	12	5	4	1	5		1	1	1
金凤区	8	8	3	3		3		1	1	1
永宁县	402	402	204	200	4	62	2	4	13	11
贺兰县	556	556	207	196	11	114	13	14	11	15
灵武市	66	66	45	43	2	25	3	3	7	
石嘴山市	**612**	**612**	**270**	**254**	**16**	**63**	**2**	**8**	**10**	**6**
大武口区	177	177	13	13		9		1	1	1
惠农区	48	48	37	34	3	10	1	2		1
平罗县	387	387	220	207	13	44	1	5	9	4
吴忠市	**765**	**765**	**306**	**302**	**4**	**56**	**9**	**3**	**11**	**4**
利通区	27	27	7	7		2				
红寺堡区	14	14				2				
盐池县	256	256	127	126	1	30	5	1	6	2
同心县	438	438	162	159	3	19	4	2	5	2
青铜峡市	30	30	10	10		3				
固原市	**991**	**991**	**367**	**357**	**10**	**44**	**7**	**4**	**15**	**5**
原州区	28	28	9	9		2				
西吉县	418	418	132	131	1	12	3	1	3	1
隆德县	189	189	82	78	4	18	2	2	6	3
泾源县	112	112	61	60	1	4		1	3	
彭阳县	244	244	83	79	4	8	2		3	1
中卫市	**804**	**804**	**410**	**398**	**12**	**72**	**3**	**13**	**19**	**5**
沙坡头区	25	25	7	7		6		1	1	
中宁县	424	424	188	180	8	43	1	11	6	4
海原县	355	355	215	211	4	23	2	1	12	1

4-4b　续表 34　　　　单位：人

地区 性别	教育		卫生和社会工作			文化、体育和娱乐业				
	小计	教育	小计	卫生	社会工作	小计	新闻和出版业	广播、电视、电影和录音制作业	文化艺术业	体育
男	**1533**	**1533**	**509**	**493**	**16**	**263**	**24**	**32**	**40**	**31**
银川市	**355**	**355**	**133**	**124**	**9**	**141**	**16**	**19**	**16**	**18**
兴庆区	77	77	26	25	1	39	5	6	3	4
西夏区	4	4	1		1	3		1		1
金凤区	1	1	1	1		2			1	1
永宁县	123	123	55	52	3	28		2	6	4
贺兰县	133	133	42	40	2	54	9	8	4	8
灵武市	17	17	8	6	2	15	2	2	2	
石嘴山市	**165**	**165**	**77**	**75**	**2**	**32**	**1**	**3**	**4**	**5**
大武口区	49	49	1	1		4		1		1
惠农区	17	17	12	11	1	5		1		1
平罗县	99	99	64	63	1	23	1	1	4	3
吴忠市	**271**	**271**	**83**	**81**	**2**	**31**	**3**	**3**	**5**	**3**
利通区	7	7	2	2		1				
红寺堡区	5	5				1				
盐池县	84	84	38	37	1	17	1	1	3	1
同心县	164	164	40	39	1	12	2	2	2	2
青铜峡市	11	11	3	3						
固原市	**438**	**438**	**110**	**108**	**2**	**22**	**2**	**3**	**7**	**2**
原州区	14	14	2	2		1				
西吉县	190	190	39	39		8	2	1	2	1
隆德县	82	82	25	23	2	9		2	2	1
泾源县	41	41	21	21		1			1	
彭阳县	111	111	23	23		3			2	
中卫市	**304**	**304**	**106**	**105**	**1**	**37**	**2**	**4**	**8**	**3**
沙坡头区	14	14	5	5		5			1	
中宁县	132	132	35	34	1	18	1	3	1	3
海原县	158	158	66	66		14	1	1	6	

4－4b　续表 35　　　　单位：人

地　区 性　别	教育		卫生和社会工作			文化、体育和娱乐业				
	小计	教育	小计	卫生	社会工作	小计	新闻和出版业	广播、电视、电影和录音制作业	文化艺术业	体育
女	**2955**	**2955**	**1459**	**1407**	**52**	**260**	**26**	**28**	**63**	**27**
银川市	**961**	**961**	**482**	**465**	**17**	**147**	**13**	**13**	**32**	**20**
兴庆区	195	195	125	118	7	40	6	3	12	6
西夏区	8	8	4	4		2			1	
金凤区	7	7	2	2		1		1		
永宁县	279	279	149	148	1	34	2	2	7	7
贺兰县	423	423	165	156	9	60	4	6	7	7
灵武市	49	49	37	37		10	1	1	5	
石嘴山市	**447**	**447**	**193**	**179**	**14**	**31**	**1**	**5**	**6**	**1**
大武口区	128	128	12	12		5			1	
惠农区	31	31	25	23	2	5	1	1		
平罗县	288	288	156	144	12	21		4	5	1
吴忠市	**494**	**494**	**223**	**221**	**2**	**25**	**6**		**6**	**1**
利通区	20	20	5	5		1				
红寺堡区	9	9				1				
盐池县	172	172	89	89		13	4		3	1
同心县	274	274	122	120	2	7	2		3	
青铜峡市	19	19	7	7		3				
固原市	**553**	**553**	**257**	**249**	**8**	**22**	**5**	**1**	**8**	**3**
原州区	14	14	7	7		1				
西吉县	228	228	93	92	1	4	1		1	
隆德县	107	107	57	55	2	9	2		4	2
泾源县	71	71	40	39	1	3		1	2	
彭阳县	133	133	60	56	4	5	2		1	1
中卫市	**500**	**500**	**304**	**293**	**11**	**35**	**1**	**9**	**11**	**2**
沙坡头区	11	11	2	2		1		1		
中宁县	292	292	153	146	7	25		8	5	1
海原县	197	197	149	145	4	9	1		6	1

4-4b 续表 36 单位：人

地区 性别	娱乐业	公共管理、社会保障和社会组织							国际组织	
		小计	中国共产党机关	国家机构	人民政协、民主党派	社会保障	群众团体、社会团体和其他成员组织	基层群众自治组织	小计	国际组织
宁 夏	**252**	**4867**	**83**	**4017**	**23**	**17**	**154**	**573**		
银川市	**141**	**1162**	**10**	**925**	**4**	**3**	**46**	**174**		
兴庆区	34	241	2	206		1	9	23		
西夏区	2	25		18			2	5		
金凤区		15	1	7			1	6		
永宁县	32	353	5	278	3	1	13	53		
贺兰县	61	435	2	353	1	1	16	62		
灵武市	12	93		63			5	25		
石嘴山市	**37**	**627**	**19**	**495**	**1**	**4**	**14**	**94**		
大武口区	6	22		14			2	6		
惠农区	6	88	1	72			3	12		
平罗县	25	517	18	409	1	4	9	76		
吴忠市	**29**	**888**	**7**	**744**	**4**	**3**	**26**	**104**		
利通区	2	29		16			1	12		
红寺堡区	2	16		13				3		
盐池县	16	436	1	375	3	2	8	47		
同心县	6	390	6	337	1	1	13	32		
青铜峡市	3	17		3			4	10		
固原市	**13**	**1255**	**19**	**1115**	**7**	**2**	**34**	**78**		
原州区	2	26		22	1			3		
西吉县	4	401	1	359	6	1	10	24		
隆德县	5	256	4	232		1	10	9		
泾源县		292		267			5	20		
彭阳县	2	280	14	235			9	22		
中卫市	**32**	**935**	**28**	**738**	**7**	**5**	**34**	**123**		
沙坡头区	4	27		18				9		
中宁县	21	448	18	361	4	2	12	51		
海原县	7	460	10	359	3	3	22	63		

4-4b 续表 37

单位：人

地区 性别	娱乐业	公共管理、社会保障和社会组织							国际组织	
		小计	中国共产党机关	国家机构	人民政协、民主党派	社会保障	群众团体、社会团体和其他成员组织	基层群众自治组织	小计	国际组织
男	**136**	**2792**	**56**	**2426**	**16**	**7**	**84**	**203**		
银川市	**72**	**603**	**7**	**520**	**2**	**1**	**26**	**47**		
兴庆区	21	134	2	124			5	3		
西夏区	1	9		7			2			
金凤区		5		1				4		
永宁县	16	197	4	167	2	1	8	15		
贺兰县	25	212	1	191			8	12		
灵武市	9	46		30			3	13		
石嘴山市	**19**	**296**	**13**	**250**		**1**	**5**	**27**		
大武口区	2	12		10				2		
惠农区	3	41	1	34			2	4		
平罗县	14	243	12	206		1	3	21		
吴忠市	**17**	**527**	**3**	**461**	**3**	**1**	**15**	**44**		
利通区	1	16		8			1	7		
红寺堡区	1	9		8				1		
盐池县	11	243		215	3	1	4	20		
同心县	4	253	3	229			8	13		
青铜峡市		6		1			2	3		
固原市	**8**	**803**	**14**	**721**	**4**	**2**	**19**	**43**		
原州区	1	14		10	1			3		
西吉县	2	271	1	246	3	1	7	13		
隆德县	4	164	3	153		1	1	6		
泾源县		188		173			5	10		
彭阳县	1	166	10	139			6	11		
中卫市	**20**	**563**	**19**	**474**	**7**	**2**	**19**	**42**		
沙坡头区	4	24		16				8		
中宁县	10	246	13	209	4	1	4	15		
海原县	6	293	6	249	3	1	15	19		

4-4b 续表 38

单位：人

地区 性别	娱乐业	公共管理、社会保障和社会组织							国际组织	
		小计	中国共产党机关	国家机构	人民政协、民主党派	社会保障	群众团体、社会团体和其他成员组织	基层群众自治组织	小计	国际组织
女	**116**	**2075**	**27**	**1591**	**7**	**10**	**70**	**370**		
银川市	**69**	**559**	**3**	**405**	**2**	**2**	**20**	**127**		
兴庆区	13	107		82		1	4	20		
西夏区	1	16		11				5		
金凤区		10	1	6			1	2		
永宁县	16	156	1	111	1		5	38		
贺兰县	36	223	1	162	1	1	8	50		
灵武市	3	47		33			2	12		
石嘴山市	**18**	**331**	**6**	**245**	**1**	**3**	**9**	**67**		
大武口区	4	10		4			2	4		
惠农区	3	47		38			1	8		
平罗县	11	274	6	203	1	3	6	55		
吴忠市	**12**	**361**	**4**	**283**	**1**	**2**	**11**	**60**		
利通区	1	13		8				5		
红寺堡区	1	7		5				2		
盐池县	5	193	1	160		1	4	27		
同心县	2	137	3	108	1	1	5	19		
青铜峡市	3	11		2			2	7		
固原市	**5**	**452**	**5**	**394**	**3**		**15**	**35**		
原州区	1	12		12						
西吉县	2	130		113	3		3	11		
隆德县	1	92	1	79			9	3		
泾源县		104		94				10		
彭阳县	1	114	4	96			3	11		
中卫市	**12**	**372**	**9**	**264**		**3**	**15**	**81**		
沙坡头区		3		2				1		
中宁县	11	202	5	152		1	8	36		
海原县	1	167	4	110		2	7	44		

4-4c 各地区分性别、行业大类的就业人口(乡村)

单位：人

地　区 性　别	合计	农、林、牧、渔业						采矿业	
		小计	农业	林业	畜牧业	渔业	农、林、牧、渔专业及辅助性活动	小计	煤炭开采和洗选业
宁　夏	**115347**	**53281**	**35887**	**395**	**16377**	**68**	**554**	**2775**	**2094**
银川市	**26897**	**6541**	**5181**	**71**	**1122**	**40**	**127**	**1193**	**1068**
兴庆区	3438	803	610	9	168	2	14	169	106
西夏区	1568	354	292		59	1	2	12	2
金凤区	5302	450	367	7	59	1	16	51	39
永宁县	5005	1754	1514	38	183	4	15	42	28
贺兰县	5413	1846	1447	11	313	29	46	53	40
灵武市	6171	1334	951	6	340	3	34	866	853
石嘴山市	**8492**	**3673**	**2841**	**5**	**750**	**17**	**60**	**114**	**99**
大武口区	1052	114	91	1	20	2		26	23
惠农区	1714	514	364		135	6	9	28	20
平罗县	5726	3045	2386	4	595	9	51	60	56
吴忠市	**27588**	**13332**	**7254**	**49**	**5867**	**5**	**157**	**1033**	**626**
利通区	5764	1497	670	15	760		52	52	43
红寺堡区	5835	3658	1721	5	1908		24	96	86
盐池县	4212	1977	731	5	1213		28	782	442
同心县	6861	3868	2395	6	1462		5	55	33
青铜峡市	4916	2332	1737	18	524	5	48	48	22
固原市	**28754**	**17499**	**11796**	**226**	**5410**	**4**	**63**	**288**	**230**
原州区	9134	5094	3532	32	1527	1	2	60	31
西吉县	9249	5966	4413	5	1503	3	42	32	17
隆德县	3043	1741	1219	20	498		4	13	9
泾源县	2523	1238	518	134	583		3	2	1
彭阳县	4805	3460	2114	35	1299		12	181	172
中卫市	**23616**	**12236**	**8815**	**44**	**3228**	**2**	**147**	**147**	**71**
沙坡头区	6829	3093	2366	14	668	2	43	35	7
中宁县	7355	4147	2935	19	1110		83	48	22
海原县	9432	4996	3514	11	1450		21	64	42

4-4c 续表 1

单位：人

地区 性别	合计	农、林、牧、渔业						采矿业	
		小计	农业	林业	畜牧业	渔业	农、林、牧、渔专业及辅助性活动	小计	煤炭开采和洗选业
男	**73393**	**28880**	**18597**	**253**	**9595**	**54**	**381**	**2510**	**1927**
银川市	**17748**	**3603**	**2725**	**43**	**728**	**32**	**75**	**1088**	**981**
兴庆区	2254	430	317	4	100	1	8	157	103
西夏区	1042	223	172		48	1	2	10	2
金凤区	3284	236	179	3	45	1	8	44	34
永宁县	3143	975	828	23	109	4	11	40	28
贺兰县	3349	1015	752	8	204	23	28	48	37
灵武市	4676	724	477	5	222	2	18	789	777
石嘴山市	**5531**	**2070**	**1542**	**2**	**462**	**14**	**50**	**97**	**83**
大武口区	758	63	46		15	2		24	21
惠农区	1147	305	218		76	4	7	24	17
平罗县	3626	1702	1278	2	371	8	43	49	45
吴忠市	**17511**	**7170**	**3726**	**37**	**3288**	**3**	**116**	**922**	**577**
利通区	3667	865	343	10	480		32	44	37
红寺堡区	3488	1842	847	2	973		20	85	80
盐池县	2866	1161	416	4	715		26	695	406
同心县	4456	2082	1291	5	781		5	54	32
青铜峡市	3034	1220	829	16	339	3	33	44	22
固原市	**17536**	**9492**	**6092**	**145**	**3195**	**3**	**57**	**270**	**221**
原州区	5744	2782	1814	25	940	1	2	54	30
西吉县	5546	3221	2310	2	869	2	38	28	15
隆德县	1795	923	613	16	290		4	11	8
泾源县	1538	642	205	76	358		3	2	1
彭阳县	2913	1924	1150	26	738		10	175	167
中卫市	**15067**	**6545**	**4512**	**26**	**1922**	**2**	**83**	**133**	**65**
沙坡头区	4355	1668	1223	7	415	2	21	33	7
中宁县	4614	2267	1545	10	669		43	44	22
海原县	6098	2610	1744	9	838		19	56	36

4-4c 续表 2　　　　单位：人

地　区 性　别	合计	农、林、牧、渔业						采矿业	
		小计	农业	林业	畜牧业	渔业	农、林、牧、渔专业及辅助性活动	小计	煤炭开采和洗选业
女	**41954**	**24401**	**17290**	**142**	**6782**	**14**	**173**	**265**	**167**
银川市	**9149**	**2938**	**2456**	**28**	**394**	**8**	**52**	**105**	**87**
兴庆区	1184	373	293	5	68	1	6	12	3
西夏区	526	131	120		11			2	
金凤区	2018	214	188	4	14		8	7	5
永宁县	1862	779	686	15	74		4	2	
贺兰县	2064	831	695	3	109	6	18	5	3
灵武市	1495	610	474	1	118	1	16	77	76
石嘴山市	**2961**	**1603**	**1299**	**3**	**288**	**3**	**10**	**17**	**16**
大武口区	294	51	45	1	5			2	2
惠农区	567	209	146		59	2	2	4	3
平罗县	2100	1343	1108	2	224	1	8	11	11
吴忠市	**10077**	**6162**	**3528**	**12**	**2579**	**2**	**41**	**111**	**49**
利通区	2097	632	327	5	280		20	8	6
红寺堡区	2347	1816	874	3	935		4	11	6
盐池县	1346	816	315	1	498		2	87	36
同心县	2405	1786	1104	1	681			1	1
青铜峡市	1882	1112	908	2	185	2	15	4	
固原市	**11218**	**8007**	**5704**	**81**	**2215**	**1**	**6**	**18**	**9**
原州区	3390	2312	1718	7	587			6	1
西吉县	3703	2745	2103	3	634	1	4	4	2
隆德县	1248	818	606	4	208			2	1
泾源县	985	596	313	58	225				
彭阳县	1892	1536	964	9	561		2	6	5
中卫市	**8549**	**5691**	**4303**	**18**	**1306**		**64**	**14**	**6**
沙坡头区	2474	1425	1143	7	253		22	2	
中宁县	2741	1880	1390	9	441		40	4	
海原县	3334	2386	1770	2	612		2	8	6

4-4c　续表 3　　　　单位：人

地　区 性　别	采矿业						制造业		
	石油和天然气开采业	黑色金属矿采选业	有色金属矿采选业	非金属矿采选业	开采专业及辅助性活　动	其　他采矿业	小计	农副食品加工业	食　品制造业
宁　夏	**330**	**14**	**7**	**181**	**139**	**10**	**9801**	**700**	**481**
银川市	**26**	**3**	**2**	**26**	**62**	**6**	**3375**	**170**	**179**
兴庆区	2	1		5	53	2	279	16	18
西夏区	3		1	5	1		169	12	21
金凤区	7	1		2	1	1	392	18	18
永宁县	8		1	3	2		564	42	75
贺兰县	3	1		4	4	1	705	53	39
灵武市	3			7	1	2	1266	29	8
石嘴山市	**1**	**4**	**1**	**8**		**1**	**1703**	**74**	**17**
大武口区				2		1	232	1	5
惠农区	1	4		3			457	8	3
平罗县			1	3			1014	65	9
吴忠市	**271**	**2**		**61**	**72**	**1**	**2123**	**194**	**173**
利通区				5	4		823	91	115
红寺堡区	2			2	6		397	10	16
盐池县	263			19	58		222	9	7
同心县	5			16	1		233	34	6
青铜峡市	1	2		19	3	1	448	50	29
固原市	**14**		**1**	**40**	**2**	**1**	**899**	**129**	**36**
原州区	1			28			367	33	8
西吉县	3		1	10		1	262	54	18
隆德县	2				2		100	17	3
泾源县				1			82	11	3
彭阳县	8			1			88	14	4
中卫市	**18**	**5**	**3**	**46**	**3**	**1**	**1701**	**133**	**76**
沙坡头区		2		25	1		703	31	37
中宁县	12	2	2	10			621	78	20
海原县	6	1	1	11	2	1	377	24	19

4-4c 续表 4

单位：人

地　区 性　别	采矿业						制造业		
	石油和天然气开采业	黑色金属矿采选业	有色金属矿采选业	非金属矿采选业	开采专业及辅助性活　动	其　他采矿业	小计	农副食品加工业	食　品制造业
男	**278**	**13**	**5**	**159**	**118**	**10**	**7310**	**445**	**265**
银川市	**21**	**3**	**1**	**23**	**53**	**6**	**2527**	**106**	**96**
兴庆区	2	1		4	45	2	195	10	6
西夏区	2		1	4	1		104	7	7
金凤区	5	1		2	1	1	283	8	8
永宁县	7			3	2		409	27	53
贺兰县	3	1		3	3	1	473	32	18
灵武市	2			7	1	2	1063	22	4
石嘴山市	**1**	**3**	**1**	**8**		**1**	**1320**	**47**	**8**
大武口区				2		1	171	1	2
惠农区	1	3		3			368	3	3
平罗县			1	3			781	43	3
吴忠市	**228**	**2**		**53**	**61**	**1**	**1453**	**125**	**103**
利通区				4	3		515	53	73
红寺堡区	2			2	1		290	9	8
盐池县	221			15	53		166	4	4
同心县	5			16	1		170	27	4
青铜峡市		2		16	3	1	312	32	14
固原市	**12**		**1**	**34**	**1**	**1**	**677**	**90**	**17**
原州区	1			23			285	25	5
西吉县	2		1	9		1	198	36	8
隆德县	2				1		66	10	1
泾源县				1			56	9	1
彭阳县	7			1			72	10	2
中卫市	**16**	**5**	**2**	**41**	**3**	**1**	**1333**	**77**	**41**
沙坡头区		2		23	1		545	15	17
中宁县	10	2	1	9			484	44	13
海原县	6	1	1	9	2	1	304	18	11

4-4c 续表 5

单位：人

地区 性别	采矿业						制造业		
	石油和天然气开采业	黑色金属矿采选业	有色金属矿采选业	非金属矿采选业	开采专业及辅助性活动	其他采矿业	小计	农副食品加工业	食品制造业
女	**52**	**1**	**2**	**22**	**21**		**2491**	**255**	**216**
银川市	**5**		**1**	**3**	**9**		**848**	**64**	**83**
兴庆区				1	8		84	6	12
西夏区	1			1			65	5	14
金凤区	2						109	10	10
永宁县	1		1				155	15	22
贺兰县				1	1		232	21	21
灵武市	1						203	7	4
石嘴山市		**1**					**383**	**27**	**9**
大武口区							61		3
惠农区		1					89	5	
平罗县							233	22	6
吴忠市	**43**			**8**	**11**		**670**	**69**	**70**
利通区				1	1		308	38	42
红寺堡区					5		107	1	8
盐池县	42			4	5		56	5	3
同心县							63	7	2
青铜峡市	1			3			136	18	15
固原市	**2**			**6**	**1**		**222**	**39**	**19**
原州区				5			82	8	3
西吉县	1			1			64	18	10
隆德县					1		34	7	2
泾源县							26	2	2
彭阳县	1						16	4	2
中卫市	**2**		**1**	**5**			**368**	**56**	**35**
沙坡头区				2			158	16	20
中宁县	2		1	1			137	34	7
海原县				2			73	6	8

4-4c 续表 6 单位：人

地区 性别	制造业								
	酒、饮料和精制茶制造业	烟草制品业	纺织业	纺织服装、服饰业	皮革、毛皮、羽毛及其制品和制鞋业	木材加工和木、竹、藤、棕、草制品业	家具制造业	造纸和纸制品业	印刷和记录媒介复制业
宁夏	**196**	**3**	**465**	**152**	**50**	**170**	**190**	**142**	**49**
银川市	**114**		**211**	**51**	**12**	**68**	**150**	**26**	**13**
兴庆区	3		13	22	3	9	10	4	2
西夏区	42			1				2	
金凤区	11		9	2		6	13	3	8
永宁县	44		13	2		18	103	9	1
贺兰县	13		128	14		11	16	6	
灵武市	1		48	10	9	24	8	2	2
石嘴山市	**17**		**30**	**8**		**14**	**1**	**2**	**2**
大武口区	1		27			2			
惠农区	6		1			1			
平罗县	10		2	8		11	1	2	2
吴忠市	**53**	**3**	**184**	**50**	**27**	**36**	**8**	**71**	**25**
利通区	3	3	125	11	9	16	2	50	21
红寺堡区	37		29	7		3	2	3	3
盐池县	1			2			1		
同心县	1		15	24	3	6			
青铜峡市	11		15	6	15	11	3	18	1
固原市	**8**		**26**	**21**	**7**	**12**	**16**	**2**	**5**
原州区	4		10	5		5	9		2
西吉县	3		9	4	2	1	5		
隆德县			2	3	1			2	3
泾源县			1	9	3	2	1		
彭阳县	1		4		1	4	1		
中卫市	**4**		**14**	**22**	**4**	**40**	**15**	**41**	**4**
沙坡头区			3	8	1	3	5	32	2
中宁县	4		5			26	4	8	1
海原县			6	14	3	11	6	1	1

4-4c 续表 7　　　　单位：人

地区 性别	制造业								
	酒、饮料和精制茶制造业	烟草制品业	纺织业	纺织服装、服饰业	皮革、毛皮、羽毛及其制品和制鞋业	木材加工和木、竹、藤、棕、草制品业	家具制造业	造纸和纸制品业	印刷和记录媒介复制业
男	**100**	**2**	**161**	**25**	**18**	**113**	**144**	**75**	**22**
银川市	**53**		**84**	**13**	**3**	**37**	**112**	**14**	**7**
兴庆区	2		2	6		5	5	2	1
西夏区	16							2	
金凤区	8		2			4	12	2	3
永宁县	20		5			12	74	6	1
贺兰县	7		59	4		9	14	1	
灵武市			16	3	3	7	7	1	2
石嘴山市	**13**		**7**	**1**		**10**	**1**		
大武口区	1		6			2			
惠农区	3					1			
平罗县	9		1	1		7	1		
吴忠市	**26**	**2**	**53**	**5**	**9**	**26**	**6**	**34**	**9**
利通区	3	2	33	2	2	12	1	28	8
红寺堡区	18		11	1		3	2	1	1
盐池县	1						1		
同心县			5	1	2	6			
青铜峡市	4		4	1	5	5	2	5	
固原市	**6**		**10**	**2**	**5**	**12**	**13**		**3**
原州区	4		3			5	7		1
西吉县	2		4	1	2	1	4		
隆德县			1	1					2
泾源县					2	2	1		
彭阳县			2		1	4	1		
中卫市	**2**		**7**	**4**	**1**	**28**	**12**	**27**	**3**
沙坡头区			2			2	4	21	1
中宁县	2		3			17	3	5	1
海原县			2	4	1	9	5	1	1

4-4c 续表 8

单位：人

地区 性别	制造业								
	酒、饮料和精制茶制造业	烟草制品业	纺织业	纺织服装、服饰业	皮革、毛皮、羽毛及其制品和制鞋业	木材加工和木、竹、藤、棕、草制品业	家具制造业	造纸和纸制品业	印刷和记录媒介复制业
女	**96**	**1**	**304**	**127**	**32**	**57**	**46**	**67**	**27**
银川市	**61**		**127**	**38**	**9**	**31**	**38**	**12**	**6**
兴庆区	1		11	16	3	4	5	2	1
西夏区	26			1					
金凤区	3		7	2		2	1	1	5
永宁县	24		8	2		6	29	3	
贺兰县	6		69	10		2	2	5	
灵武市	1		32	7	6	17	1	1	
石嘴山市	**4**		**23**	**7**		**4**		**2**	**2**
大武口区			21						
惠农区	3		1						
平罗县	1		1	7		4		2	2
吴忠市	**27**	**1**	**131**	**45**	**18**	**10**	**2**	**37**	**16**
利通区		1	92	9	7	4	1	22	13
红寺堡区	19		18	6				2	2
盐池县				2					
同心县	1		10	23	1				
青铜峡市	7		11	5	10	6	1	13	1
固原市	**2**		**16**	**19**	**2**		**3**	**2**	**2**
原州区			7	5			2		1
西吉县	1		5	3			1		
隆德县			1	2	1			2	1
泾源县			1	9	1				
彭阳县	1		2						
中卫市	**2**		**7**	**18**	**3**	**12**	**3**	**14**	**1**
沙坡头区			1	8	1	1	1	11	1
中宁县	2		2			9	1	3	
海原县			4	10	2	2	1		

4-4c　续表 9　　　　单位：人

地　区 性　别	制造业								
	文教、工美、体育和娱乐用品制造业	石油、煤炭及其他燃料加工业	化学原料和化学制品制造业	医　药制造业	化学纤维制造业	橡胶和塑　料制品业	非金属矿　物制品业	黑色金属冶炼和压延加工业	有色金属冶炼和压延加工业
宁　夏	**31**	**679**	**1457**	**379**	**9**	**325**	**982**	**847**	**437**
银川市	**10**	**279**	**549**	**247**	**5**	**104**	**182**	**44**	**166**
兴庆区		44	19	3		21	12	5	1
西夏区	1	17	2	1		7	9	3	2
金凤区	3	32	27	18		18	35	26	13
永宁县	3	4	16	21		14	40	5	8
贺兰县	2	25	43	182		21	50	5	
灵武市	1	157	442	22	5	23	36		142
石嘴山市	**8**	**180**	**392**	**75**		**95**	**165**	**415**	**15**
大武口区		52	15	5		3	22	24	8
惠农区		25	86	3		15	60	207	5
平罗县	8	103	291	67		77	83	184	2
吴忠市	**3**	**145**	**177**	**19**	**3**	**64**	**288**	**38**	**138**
利通区		13	65	2	3	43	44	8	19
红寺堡区	2	78	7	4		3	44	15	64
盐池县	1	37	19	2		1	123		
同心县		9	26	5		3	26	2	9
青铜峡市		8	60	6		14	51	13	46
固原市	**7**	**11**	**138**	**24**		**31**	**97**	**24**	**16**
原州区	1	2	120	6		13	39	10	6
西吉县	2	5	10	5		4	21	10	5
隆德县	3	2	3	10		4	5		4
泾源县	1	1	2	2		6	11	1	1
彭阳县		1	3	1		4	21	3	
中卫市	**3**	**64**	**201**	**14**	**1**	**31**	**250**	**326**	**102**
沙坡头区		40	150	2	1	8	109	171	24
中宁县		14	41	4		15	62	146	69
海原县	3	10	10	8		8	79	9	9

4-4c 续表 10

单位：人

地区 性别	制造业								
	文教、工美、体育和娱乐用品制造业	石油、煤炭及其他燃料加工业	化学原料和化学制品制造业	医药制造业	化学纤维制造业	橡胶和塑料制品业	非金属矿物制品业	黑色金属冶炼和压延加工业	有色金属冶炼和压延加工业
男	**16**	**561**	**1189**	**257**	**6**	**232**	**792**	**728**	**396**
银川市	**6**	**252**	**478**	**180**	**4**	**81**	**141**	**40**	**146**
兴庆区		42	16	2		18	9	4	1
西夏区		16	2			6	7	3	2
金凤区	1	25	25	11		14	27	25	9
永宁县	2	4	10	16		8	32	5	8
贺兰县	2	22	26	138		19	37	3	
灵武市	1	143	399	13	4	16	29		126
石嘴山市	**3**	**133**	**312**	**47**		**79**	**128**	**349**	**11**
大武口区		39	12	3		2	16	21	7
惠农区		17	67	2		14	44	178	3
平罗县	3	77	233	42		63	68	150	1
吴忠市	**2**	**116**	**138**	**15**	**2**	**29**	**230**	**35**	**129**
利通区		13	48	2	2	18	35	8	19
红寺堡区	2	59	2	3		1	40	13	56
盐池县		30	17	2			91		
同心县		8	21	3		3	23	2	9
青铜峡市		6	50	5		7	41	12	45
固原市	**2**	**8**	**109**	**6**		**22**	**83**	**20**	**15**
原州区		1	96	1		10	34	8	6
西吉县	1	3	6	2		4	17	8	5
隆德县	1	2	3	2		2	4		3
泾源县		1	1	1		3	9	1	1
彭阳县		1	3			3	19	3	
中卫市	**3**	**52**	**152**	**9**		**21**	**210**	**284**	**95**
沙坡头区		32	117	2		5	88	152	22
中宁县		12	28	1		9	53	124	64
海原县	3	8	7	6		7	69	8	9

4-4c　续表 11　　　　单位：人

地　区 性　别	制造业								
	文教、工美、体育和娱乐用品制造业	石油、煤炭及其他燃料加工业	化学原料和化学制品制造业	医　药制造业	化学纤维制造业	橡胶和塑　料制品业	非金属矿　物制品业	黑色金属冶炼和压延加工业	有色金属冶炼和压延加工业
女	**15**	**118**	**268**	**122**	**3**	**93**	**190**	**119**	**41**
银川市	**4**	**27**	**71**	**67**	**1**	**23**	**41**	**4**	**20**
兴庆区		2	3	1		3	3	1	
西夏区	1	1		1		1	2		
金凤区	2	7	2	7		4	8	1	4
永宁县	1		6	5		6	8		
贺兰县		3	17	44		2	13	2	
灵武市		14	43	9	1	7	7		16
石嘴山市	**5**	**47**	**80**	**28**		**16**	**37**	**66**	**4**
大武口区		13	3	2		1	6	3	1
惠农区		8	19	1		1	16	29	2
平罗县	5	26	58	25		14	15	34	1
吴忠市	**1**	**29**	**39**	**4**	**1**	**35**	**58**	**3**	**9**
利通区			17		1	25	9		
红寺堡区		19	5	1		2	4	2	8
盐池县	1	7	2			1	32		
同心县		1	5	2			3		
青铜峡市		2	10	1		7	10	1	1
固原市	**5**	**3**	**29**	**18**		**9**	**14**	**4**	**1**
原州区	1	1	24	5		3	5	2	
西吉县	1	2	4	3			4	2	
隆德县	2			8		2	1		1
泾源县	1		1	1		3	2		
彭阳县				1		1	2		
中卫市		**12**	**49**	**5**	**1**	**10**	**40**	**42**	**7**
沙坡头区		8	33		1	3	21	19	2
中宁县		2	13	3		6	9	22	5
海原县		2	3	2		1	10	1	

4–4c 续表 12 单位：人

地 区 性 别	制造业								
	金 属 制品业	通用设备 制造业	专用设备 制造业	汽 车 制造业	铁路、船舶、 航空航天和 其他运输 设备制造业	电气机械 和器材 制造业	计算机、 通信和其 他电子设 备制造业	仪器仪表 制造业	其 他 制造业
宁 夏	**586**	**227**	**181**	**43**	**13**	**149**	**368**	**61**	**34**
银川市	**156**	**72**	**65**	**5**	**1**	**64**	**104**	**18**	**12**
兴庆区	12	3	16			9	6	1	5
西夏区	12	4	3			2	25	2	
金凤区	15	20	16	1	1	14	38	8	5
永宁县	56	16	7	3		7	20	4	1
贺兰县	25	25	10	1		12	12	1	1
灵武市	36	4	13			20	3	2	
石嘴山市	**73**	**26**	**41**	**2**	**6**	**15**	**7**		**2**
大武口区	9	11	31			10	2		2
惠农区	7	2	2	1	4	2	2		
平罗县	57	13	8	1	2	3	3		
吴忠市	**195**	**41**	**19**	**6**	**3**	**32**	**52**	**35**	**14**
利通区	100	13	8	2	2	8	3	30	1
红寺堡区	17	7	5	3		11	26		
盐池县	13	2				1			3
同心县	27	6	1	1		9	18	1	
青铜峡市	38	13	5		1	3	5	4	10
固原市	**69**	**48**	**26**	**6**	**1**	**18**	**92**	**5**	**3**
原州区	33	12	1			6	33		1
西吉县	15	20	13	3	1	4	37	3	1
隆德县	9	9	3	2		3	7		1
泾源县	10	5	4				4	2	
彭阳县	2	2	5	1		5	11		
中卫市	**93**	**40**	**30**	**24**	**2**	**20**	**113**	**3**	**3**
沙坡头区	36	6	2	1		3	17		1
中宁县	32	10	8	13		3	48	2	
海原县	25	24	20	10	2	14	48	1	2

4-4c　续表 13　　　　单位：人

地　区 性　别	制造业								
	金　属 制品业	通用设备 制造业	专用设备 制造业	汽　车 制造业	铁路、船舶、航空航天和其他运输设备制造业	电气机械和器材制造业	计算机、通信和其他电子设备制造业	仪器仪表 制造业	其　他 制造业
男	**507**	**201**	**156**	**34**	**12**	**130**	**299**	**50**	**26**
银川市	**138**	**60**	**55**	**4**	**1**	**54**	**77**	**14**	**11**
兴庆区	10	3	14			9	4	1	5
西夏区	10	3	2			2	17	1	
金凤区	12	17	13		1	9	27	6	4
永宁县	50	13	6	3		6	18	4	1
贺兰县	24	21	7	1		12	9		1
灵武市	32	3	13			16	2	2	
石嘴山市	**60**	**25**	**39**	**2**	**5**	**12**	**7**		**2**
大武口区	7	10	29			8	2		2
惠农区	6	2	2	1	3	1	2		
平罗县	47	13	8	1	2	3	3		
吴忠市	**167**	**32**	**16**	**5**	**3**	**28**	**44**	**29**	**8**
利通区	86	9	5	2	2	7	3	26	
红寺堡区	14	7	5	2		10	21		
盐池县	12	2							2
同心县	24	4	1	1		8	16	1	
青铜峡市	31	10	5		1	3	4	2	6
固原市	**60**	**45**	**20**	**5**	**1**	**18**	**79**	**4**	**2**
原州区	27	11	1			6	27		
西吉县	14	20	10	2	1	4	33	2	1
隆德县	8	8	2	2		3	6		1
泾源县	9	4	3				4	2	
彭阳县	2	2	4	1		5	9		
中卫市	**82**	**39**	**26**	**18**	**2**	**18**	**92**	**3**	**3**
沙坡头区	31	6	1	1		3	15		1
中宁县	28	10	7	11		3	38	2	
海原县	23	23	18	6	2	12	39	1	2

4–4c 续表 14　　单位：人

地区 性别	制造业								
	金属制品业	通用设备制造业	专用设备制造业	汽车制造业	铁路、船舶、航空航天和其他运输设备制造业	电气机械和器材制造业	计算机、通信和其他电子设备制造业	仪器仪表制造业	其他制造业
女	**79**	**26**	**25**	**9**	**1**	**19**	**69**	**11**	**8**
银川市	**18**	**12**	**10**	**1**		**10**	**27**	**4**	**1**
兴庆区	2		2				2		
西夏区	2	1	1				8	1	
金凤区	3	3	3	1		5	11	2	1
永宁县	6	3	1			1	2		
贺兰县	1	4	3				3	1	
灵武市	4	1				4	1		
石嘴山市	**13**	**1**	**2**		**1**	**3**			
大武口区	2	1	2			2			
惠农区	1				1	1			
平罗县	10								
吴忠市	**28**	**9**	**3**	**1**		**4**	**8**	**6**	**6**
利通区	14	4	3			1		4	1
红寺堡区	3			1		1	5		
盐池县	1					1			1
同心县	3	2				1	2		
青铜峡市	7	3					1	2	4
固原市	**9**	**3**	**6**	**1**			**13**	**1**	**1**
原州区	6	1					6		1
西吉县	1		3	1			4	1	
隆德县	1	1	1				1		
泾源县	1	1	1						
彭阳县			1				2		
中卫市	**11**	**1**	**4**	**6**		**2**	**21**		
沙坡头区	5		1				2		
中宁县	4		1	2			10		
海原县	2	1	2	4		2	9		

4-4c　续表 15　　　　　　　　　　　　　　　　　　　　单位：人

地　区 性　别	制造业		电力、热力、燃气及水生产和供应业				建筑业		
	废弃资源综合利用业	金属制品、机械和设备修理业	小计	电力、热力生产和供应业	燃气生产和供应业	水的生产和供应业	小计	房屋建筑业	土木工程建筑业
宁　夏	**142**	**253**	**1476**	**1274**	**92**	**110**	**15405**	**10217**	**2012**
银川市	**117**	**181**	**501**	**424**	**32**	**45**	**4572**	**2956**	**537**
兴庆区	12	10	44	32	2	10	686	422	26
西夏区		1	14	10	2	2	411	342	23
金凤区	7	7	99	76	11	12	1081	694	113
永宁县	29	3	46	35	7	4	718	517	62
贺兰县		10	59	45	5	9	712	397	98
灵武市	69	150	239	226	5	8	964	584	215
石嘴山市	**2**	**19**	**152**	**135**	**10**	**7**	**866**	**476**	**187**
大武口区	1	1	13	11		2	342	241	48
惠农区		17	41	35	4	2	162	41	62
平罗县	1	1	98	89	6	3	362	194	77
吴忠市	**6**	**21**	**368**	**328**	**24**	**16**	**3678**	**2548**	**443**
利通区		13	76	60	11	5	1043	774	71
红寺堡区	1		77	70	4	3	570	382	92
盐池县			47	42	5		263	151	45
同心县		1	42	37	1	4	1183	849	133
青铜峡市	5	7	126	119	3	4	619	392	102
固原市	**7**	**14**	**241**	**210**	**15**	**16**	**3372**	**2440**	**317**
原州区	6	2	106	97	2	7	1282	972	98
西吉县	1	6	63	57	5	1	921	606	125
隆德县		4	42	37	2	3	417	287	30
泾源县		2	11	4	5	2	393	317	26
彭阳县			19	15	1	3	359	258	38
中卫市	**10**	**18**	**214**	**177**	**11**	**26**	**2917**	**1797**	**528**
沙坡头区	2	8	80	59	5	16	950	526	242
中宁县	1	7	66	55	5	6	813	486	148
海原县	7	3	68	63	1	4	1154	785	138

4-4c 续表 16 单位：人

地区 性别	制造业		电力、热力、燃气及水生产和供应业				建筑业		
	废弃资源综合利用业	金属制品、机械和设备修理业	小计	电力、热力生产和供应业	燃气生产和供应业	水的生产和供应业	小计	房屋建筑业	土木工程建筑业
男	**118**	**230**	**1271**	**1120**	**60**	**91**	**13562**	**8969**	**1778**
银川市	**96**	**164**	**432**	**374**	**22**	**36**	**3929**	**2529**	**467**
兴庆区	8	10	37	29	1	7	566	347	23
西夏区		1	11	9	1	1	353	292	20
金凤区	5	5	82	62	9	11	895	577	90
永宁县	22	3	37	30	5	2	639	459	54
贺兰县		7	48	37	2	9	601	329	86
灵武市	61	138	217	207	4	6	875	525	194
石嘴山市	**1**	**18**	**133**	**122**	**6**	**5**	**755**	**406**	**166**
大武口区		1	13	11		2	295	202	45
惠农区		16	33	30	2	1	145	39	54
平罗县	1	1	87	81	4	2	315	165	67
吴忠市	**6**	**21**	**319**	**292**	**15**	**12**	**3271**	**2268**	**393**
利通区		13	67	58	6	3	896	675	61
红寺堡区	1		72	66	3	3	522	357	74
盐池县			42	39	3		216	117	40
同心县		1	41	37	1	3	1101	780	129
青铜峡市	5	7	97	92	2	3	536	339	89
固原市	**6**	**14**	**208**	**183**	**11**	**14**	**2967**	**2138**	**285**
原州区	5	2	83	75	2	6	1157	877	93
西吉县	1	6	60	55	4	1	802	526	106
隆德县		4	38	35	1	2	360	249	25
泾源县		2	10	4	4	2	345	279	25
彭阳县			17	14		3	303	207	36
中卫市	**9**	**13**	**179**	**149**	**6**	**24**	**2640**	**1628**	**467**
沙坡头区	2	5	67	49	4	14	867	482	216
中宁县	1	5	56	49	1	6	731	431	127
海原县	6	3	56	51	1	4	1042	715	124

4-4c　续表 17　　　　单位：人

地区 性别	制造业		电力、热力、燃气及水生产和供应业				建筑业		
	废弃资源综合利用业	金属制品、机械和设备修理业	小计	电力、热力生产和供应业	燃气生产和供应业	水的生产和供应业	小计	房屋建筑业	土木工程建筑业
女	**24**	**23**	**205**	**154**	**32**	**19**	**1843**	**1248**	**234**
银川市	**21**	**17**	**69**	**50**	**10**	**9**	**643**	**427**	**70**
兴庆区	4		7	3	1	3	120	75	3
西夏区			3	1	1	1	58	50	3
金凤区	2	2	17	14	2	1	186	117	23
永宁县	7		9	5	2	2	79	58	8
贺兰县		3	11	8	3		111	68	12
灵武市	8	12	22	19	1	2	89	59	21
石嘴山市	**1**	**1**	**19**	**13**	**4**	**2**	**111**	**70**	**21**
大武口区	1						47	39	3
惠农区		1	8	5	2	1	17	2	8
平罗县			11	8	2	1	47	29	10
吴忠市			**49**	**36**	**9**	**4**	**407**	**280**	**50**
利通区			9	2	5	2	147	99	10
红寺堡区			5	4	1		48	25	18
盐池县			5	3	2		47	34	5
同心县			1			1	82	69	4
青铜峡市			29	27	1	1	83	53	13
固原市	**1**		**33**	**27**	**4**	**2**	**405**	**302**	**32**
原州区	1		23	22		1	125	95	5
西吉县			3	2	1		119	80	19
隆德县			4	2	1	1	57	38	5
泾源县			1		1		48	38	1
彭阳县			2	1	1		56	51	2
中卫市	**1**	**5**	**35**	**28**	**5**	**2**	**277**	**169**	**61**
沙坡头区		3	13	10	1	2	83	44	26
中宁县		2	10	6	4		82	55	21
海原县	1		12	12			112	70	14

4-4c 续表 18

单位：人

地区 性别	建筑业		批发和零售业			交通运输、仓储和邮政业			
	建筑安装业	建筑装饰、装修和其他建筑业	小计	批发业	零售业	小计	铁路运输业	道路运输业	水上运输业
宁夏	**586**	**2590**	**7417**	**1964**	**5453**	**6204**	**151**	**5225**	**4**
银川市	**202**	**877**	**2622**	**795**	**1827**	**1537**	**32**	**1224**	**3**
兴庆区	28	210	432	147	285	268	1	211	
西夏区	10	36	144	31	113	99	3	82	
金凤区	41	233	719	206	513	315	7	242	2
永宁县	16	123	415	83	332	290		245	
贺兰县	26	191	567	185	382	305	4	248	
灵武市	81	84	345	143	202	260	17	196	1
石嘴山市	**47**	**156**	**497**	**139**	**358**	**375**	**12**	**294**	
大武口区	9	44	68	16	52	47	1	45	
惠农区	24	35	113	16	97	97	10	74	
平罗县	14	77	316	107	209	231	1	175	
吴忠市	**112**	**575**	**1650**	**403**	**1247**	**1543**	**45**	**1350**	
利通区	35	163	595	142	453	425	7	376	
红寺堡区	5	91	167	40	127	202	4	183	
盐池县	18	49	213	60	153	221	22	180	
同心县	26	175	365	82	283	437	6	387	
青铜峡市	28	97	310	79	231	258	6	224	
固原市	**90**	**525**	**1297**	**263**	**1034**	**1003**	**7**	**841**	**1**
原州区	34	178	483	83	400	459	2	391	
西吉县	16	174	388	74	314	305	1	252	
隆德县	28	72	145	31	114	92	2	77	
泾源县	7	43	132	33	99	63	1	56	1
彭阳县	5	58	149	42	107	84	1	65	
中卫市	**135**	**457**	**1351**	**364**	**987**	**1746**	**55**	**1516**	
沙坡头区	43	139	474	145	329	346	42	264	
中宁县	58	121	409	99	310	372	8	318	
海原县	34	197	468	120	348	1028	5	934	

4-4c　续表 19　　　　单位：人

地区 性别	建筑业		批发和零售业			交通运输、仓储和邮政业			
	建筑安装业	建筑装饰、装修和其他建筑业	小计	批发业	零售业	小计	铁路运输业	道路运输业	水上运输业
男	**550**	**2265**	**3848**	**1398**	**2450**	**5700**	**132**	**4894**	**4**
银川市	**189**	**744**	**1336**	**545**	**791**	**1360**	**27**	**1113**	**3**
兴庆区	23	173	219	103	116	237	1	187	
西夏区	9	32	72	20	52	92	3	80	
金凤区	38	190	364	143	221	260	3	206	2
永宁县	16	110	188	52	136	255		225	
贺兰县	24	162	287	120	167	275	4	230	
灵武市	79	77	206	107	99	241	16	185	1
石嘴山市	**44**	**139**	**243**	**103**	**140**	**335**	**11**	**266**	
大武口区	9	39	36	12	24	42	1	40	
惠农区	21	31	46	12	34	89	9	68	
平罗县	14	69	161	79	82	204	1	158	
吴忠市	**98**	**512**	**851**	**314**	**537**	**1417**	**39**	**1264**	
利通区	31	129	270	112	158	382	5	347	
红寺堡区	5	86	93	31	62	192	3	175	
盐池县	16	43	131	48	83	198	21	162	
同心县	24	168	200	62	138	412	5	372	
青铜峡市	22	86	157	61	96	233	5	208	
固原市	**88**	**456**	**709**	**185**	**524**	**915**	**4**	**776**	**1**
原州区	33	154	270	64	206	425	2	366	
西吉县	15	155	220	46	174	287	1	237	
隆德县	28	58	68	19	49	70		60	
泾源县	7	34	66	22	44	56		50	1
彭阳县	5	55	85	34	51	77	1	63	
中卫市	**131**	**414**	**709**	**251**	**458**	**1673**	**51**	**1475**	
沙坡头区	43	126	243	98	145	319	38	248	
中宁县	58	115	207	71	136	352	8	305	
海原县	30	173	259	82	177	1002	5	922	

4-4c 续表 20 单位：人

地 区 性 别	建筑业		批发和零售业			交通运输、仓储和邮政业			
	建筑安装业	建筑装饰、装修和其他建筑业	小计	批发业	零售业	小计	铁路运输业	道路运输业	水上运输业
女	**36**	**325**	**3569**	**566**	**3003**	**504**	**19**	**331**	
银川市	**13**	**133**	**1286**	**250**	**1036**	**177**	**5**	**111**	
兴庆区	5	37	213	44	169	31		24	
西夏区	1	4	72	11	61	7		2	
金凤区	3	43	355	63	292	55	4	36	
永宁县		13	227	31	196	35		20	
贺兰县	2	29	280	65	215	30		18	
灵武市	2	7	139	36	103	19	1	11	
石嘴山市	**3**	**17**	**254**	**36**	**218**	**40**	**1**	**28**	
大武口区		5	32	4	28	5		5	
惠农区	3	4	67	4	63	8	1	6	
平罗县		8	155	28	127	27		17	
吴忠市	**14**	**63**	**799**	**89**	**710**	**126**	**6**	**86**	
利通区	4	34	325	30	295	43	2	29	
红寺堡区		5	74	9	65	10	1	8	
盐池县	2	6	82	12	70	23	1	18	
同心县	2	7	165	20	145	25	1	15	
青铜峡市	6	11	153	18	135	25	1	16	
固原市	**2**	**69**	**588**	**78**	**510**	**88**	**3**	**65**	
原州区	1	24	213	19	194	34		25	
西吉县	1	19	168	28	140	18		15	
隆德县		14	77	12	65	22	2	17	
泾源县		9	66	11	55	7	1	6	
彭阳县		3	64	8	56	7		2	
中卫市	**4**	**43**	**642**	**113**	**529**	**73**	**4**	**41**	
沙坡头区		13	231	47	184	27	4	16	
中宁县		6	202	28	174	20		13	
海原县	4	24	209	38	171	26		12	

4-4c　续表 21

单位：人

地区 性别	交通运输、仓储和邮政业					住宿和餐饮业		
	航空运输业	管道运输业	多式联运和运输代理业	装卸搬运和仓储业	邮政业	小计	住宿业	餐饮业
宁　夏	**33**	**5**	**29**	**409**	**348**	**4222**	**257**	**3965**
银川市	**25**		**11**	**119**	**123**	**1233**	**85**	**1148**
兴庆区	1			42	13	124	14	110
西夏区	1		3	5	5	124	12	112
金凤区	10		4	13	37	280	24	256
永宁县	1		1	21	22	309	20	289
贺兰县	3		3	13	34	225	10	215
灵武市	9			25	12	171	5	166
石嘴山市	**1**	**1**	**5**	**47**	**15**	**265**	**16**	**249**
大武口区				1		58	2	56
惠农区		1		6	6	68	7	61
平罗县	1		5	40	9	139	7	132
吴忠市	**1**	**3**	**6**	**71**	**67**	**890**	**34**	**856**
利通区	1			14	27	355	11	344
红寺堡区				5	10	156	7	149
盐池县		3		11	5	92	3	89
同心县			4	24	16	149	5	144
青铜峡市			2	17	9	138	8	130
固原市	**2**		**2**	**72**	**78**	**1143**	**55**	**1088**
原州区	1			26	39	347	26	321
西吉县			1	33	18	427	18	409
隆德县	1		1	4	7	98	5	93
泾源县				3	2	201	2	199
彭阳县				6	12	70	4	66
中卫市	**4**	**1**	**5**	**100**	**65**	**691**	**67**	**624**
沙坡头区	2	1	4	15	18	246	33	213
中宁县				25	21	183	17	166
海原县	2		1	60	26	262	17	245

4-4c 续表 22 单位：人

地 区 性 别	交通运输、仓储和邮政业					住宿和餐饮业		
	航 空 运输业	管 道 运输业	多式联运 和运输 代理业	装卸搬运 和仓储业	邮政业	小计	住宿业	餐饮业
男	**25**	**4**	**25**	**359**	**257**	**2130**	**98**	**2032**
银川市	**19**		**10**	**101**	**87**	**622**	**33**	**589**
兴庆区	1			39	9	56	3	53
西夏区	1		3	3	2	64	6	58
金凤区	7		4	12	26	155	11	144
永宁县	1		1	13	15	154	10	144
贺兰县	3		2	10	26	112	1	111
灵武市	6			24	9	81	2	79
石嘴山市	**1**	**1**	**5**	**37**	**14**	**126**	**4**	**122**
大武口区				1		25		25
惠农区		1		6	5	32	2	30
平罗县	1		5	30	9	69	2	67
吴忠市		**2**	**5**	**63**	**44**	**457**	**9**	**448**
利通区				14	16	179	1	178
红寺堡区				5	9	89	3	86
盐池县		2		9	4	33		33
同心县			3	22	10	87	3	84
青铜峡市			2	13	5	69	2	67
固原市	**1**		**1**	**68**	**64**	**547**	**22**	**525**
原州区				24	33	148	8	140
西吉县			1	32	16	222	11	211
隆德县	1			4	5	28	1	27
泾源县				3	2	117		117
彭阳县				5	8	32	2	30
中卫市	**4**	**1**	**4**	**90**	**48**	**378**	**30**	**348**
沙坡头区	2	1	3	14	13	122	14	108
中宁县				23	16	99	7	92
海原县	2		1	53	19	157	9	148

4-4c　续表 23　　　　单位：人

地　区 性　别	交通运输、仓储和邮政业					住宿和餐饮业		
	航　空 运输业	管　道 运输业	多式联运 和运输 代理业	装卸搬运 和仓储业	邮政业	小计	住宿业	餐饮业
女	**8**	**1**	**4**	**50**	**91**	**2092**	**159**	**1933**
银川市	**6**		**1**	**18**	**36**	**611**	**52**	**559**
兴庆区				3	4	68	11	57
西夏区				2	3	60	6	54
金凤区	3			1	11	125	13	112
永宁县				8	7	155	10	145
贺兰县			1	3	8	113	9	104
灵武市	3			1	3	90	3	87
石嘴山市				**10**	**1**	**139**	**12**	**127**
大武口区						33	2	31
惠农区					1	36	5	31
平罗县				10		70	5	65
吴忠市	**1**	**1**	**1**	**8**	**23**	**433**	**25**	**408**
利通区	1				11	176	10	166
红寺堡区					1	67	4	63
盐池县		1		2	1	59	3	56
同心县			1	2	6	62	2	60
青铜峡市				4	4	69	6	63
固原市	**1**		**1**	**4**	**14**	**596**	**33**	**563**
原州区	1			2	6	199	18	181
西吉县				1	2	205	7	198
隆德县			1		2	70	4	66
泾源县						84	2	82
彭阳县				1	4	38	2	36
中卫市			**1**	**10**	**17**	**313**	**37**	**276**
沙坡头区			1	1	5	124	19	105
中宁县				2	5	84	10	74
海原县				7	7	105	8	97

4-4c 续表 24　　单位：人

地区 性别	信息传输、软件和信息技术服务业				金融业				
	小计	电信、广播电视和卫星传输服务	互联网和相关服务	软件和信息技术服务业	小计	货币金融服务	资本市场服务	保险业	其他金融业
宁　夏	**578**	**252**	**131**	**195**	**471**	**187**	**16**	**257**	**11**
银川市	**271**	**102**	**59**	**110**	**187**	**62**	**10**	**109**	**6**
兴庆区	29	15	8	6	20	6	3	10	1
西夏区	4	3	1		2			2	
金凤区	141	38	34	69	83	28	7	45	3
永宁县	25	13	5	7	31	8		22	1
贺兰县	40	20	11	9	42	18		24	
灵武市	32	13		19	9	2		6	1
石嘴山市	**19**	**9**	**6**	**4**	**28**	**15**		**13**	
大武口区	11	4	4	3	8	5		3	
惠农区	3	2	1		6	3		3	
平罗县	5	3	1	1	14	7		7	
吴忠市	**72**	**37**	**15**	**20**	**105**	**53**	**3**	**48**	**1**
利通区	19	10	4	5	38	16	3	19	
红寺堡区	8	6	1	1	8	5		3	
盐池县	6	5		1	28	20		8	
同心县	23	10	5	8	14	5		9	
青铜峡市	16	6	5	5	17	7		9	1
固原市	**94**	**44**	**20**	**30**	**72**	**24**	**2**	**44**	**2**
原州区	37	21	4	12	30	11		19	
西吉县	28	17	5	6	22	3	2	15	2
隆德县	11	4	3	4	7	4		3	
泾源县	9		7	2	6	4		2	
彭阳县	9	2	1	6	7	2		5	
中卫市	**122**	**60**	**31**	**31**	**79**	**33**	**1**	**43**	**2**
沙坡头区	49	24	11	14	34	15		18	1
中宁县	18	6	3	9	19	7		12	
海原县	55	30	17	8	26	11	1	13	1

4-4c　续表 25　　　　单位：人

地区 性别	信息传输、软件和信息技术服务业				金融业				
	小计	电信、广播电视和卫星传输服务	互联网和相关服务	软件和信息技术服务业	小计	货币金融服务	资本市场服务	保险业	其他金融业
男	**374**	**149**	**101**	**124**	**205**	**84**	**13**	**104**	**4**
银川市	**176**	**56**	**47**	**73**	**68**	**23**	**8**	**36**	**1**
兴庆区	19	8	8	3	6		3	3	
西夏区	4	3	1						
金凤区	87	18	27	42	38	14	5	19	
永宁县	16	8	4	4	9	2		7	
贺兰县	23	9	7	7	12	6		6	
灵武市	27	10		17	3	1		1	1
石嘴山市	**14**	**6**	**5**	**3**	**12**	**6**		**6**	
大武口区	10	4	4	2	4	3		1	
惠农区	2	1	1		3	1		2	
平罗县	2	1		1	5	2		3	
吴忠市	**47**	**22**	**11**	**14**	**55**	**28**	**2**	**24**	**1**
利通区	9	4	3	2	20	10	2	8	
红寺堡区	4	3		1	5	3		2	
盐池县	2	2			15	12		3	
同心县	18	8	4	6	9	2		7	
青铜峡市	14	5	4	5	6	1		4	1
固原市	**69**	**31**	**16**	**22**	**39**	**15**	**2**	**21**	**1**
原州区	29	17	2	10	12	5		7	
西吉县	17	9	5	3	15	2	2	10	1
隆德县	10	3	3	4	5	3		2	
泾源县	8		6	2	4	3		1	
彭阳县	5	2		3	3	2		1	
中卫市	**68**	**34**	**22**	**12**	**31**	**12**	**1**	**17**	**1**
沙坡头区	30	15	8	7	10	4		5	1
中宁县	4	1	2	1	8	2		6	
海原县	34	18	12	4	13	6	1	6	

4-4c 续表 26

单位：人

地区 性别	信息传输、软件和信息技术服务业				金融业				
	小计	电信、广播电视和卫星传输服务	互联网和相关服务	软件和信息技术服务业	小计	货币金融服务	资本市场服务	保险业	其他金融业
女	**204**	**103**	**30**	**71**	**266**	**103**	**3**	**153**	**7**
银川市	**95**	**46**	**12**	**37**	**119**	**39**	**2**	**73**	**5**
兴庆区	10	7		3	14	6		7	1
西夏区					2			2	
金凤区	54	20	7	27	45	14	2	26	3
永宁县	9	5	1	3	22	6		15	1
贺兰县	17	11	4	2	30	12		18	
灵武市	5	3		2	6	1		5	
石嘴山市	**5**	**3**	**1**	**1**	**16**	**9**		**7**	
大武口区	1			1	4	2		2	
惠农区	1	1			3	2		1	
平罗县	3	2	1		9	5		4	
吴忠市	**25**	**15**	**4**	**6**	**50**	**25**	**1**	**24**	
利通区	10	6	1	3	18	6	1	11	
红寺堡区	4	3	1		3	2		1	
盐池县	4	3		1	13	8		5	
同心县	5	2	1	2	5	3		2	
青铜峡市	2	1	1		11	6		5	
固原市	**25**	**13**	**4**	**8**	**33**	**9**		**23**	**1**
原州区	8	4	2	2	18	6		12	
西吉县	11	8		3	7	1		5	1
隆德县	1	1			2	1		1	
泾源县	1		1		2	1		1	
彭阳县	4		1	3	4			4	
中卫市	**54**	**26**	**9**	**19**	**48**	**21**		**26**	**1**
沙坡头区	19	9	3	7	24	11		13	
中宁县	14	5	1	8	11	5		6	
海原县	21	12	5	4	13	5		7	1

4–4c　续表 27　　　　单位：人

地　区 性　别	房地产业		租赁和商务服务业			科学研究和技术服务业			
	小计	房地产业	小计	租赁业	商　务 服务业	小计	研究和 试验发展	专业技术 服务业	科技推广 和应用 服务业
宁　夏	**1267**	**1267**	**1399**	**238**	**1161**	**460**	**32**	**345**	**83**
银川市	**796**	**796**	**667**	**71**	**596**	**213**	**21**	**151**	**41**
兴庆区	66	66	62	12	50	12		10	2
西夏区	12	12	21		21	6	2	4	
金凤区	366	366	275	17	258	127	11	91	25
永宁县	112	112	54	3	51	23	6	12	5
贺兰县	128	128	106	14	92	27	2	19	6
灵武市	112	112	149	25	124	18		15	3
石嘴山市	**47**	**47**	**37**	**12**	**25**	**14**		**14**	
大武口区	6	6	5		5	5		5	
惠农区	12	12	7	2	5	5		5	
平罗县	29	29	25	10	15	4		4	
吴忠市	**182**	**182**	**285**	**41**	**244**	**66**	**2**	**52**	**12**
利通区	91	91	89	13	76	17		16	1
红寺堡区	27	27	26		26	18	1	10	7
盐池县	13	13	23	8	15	6		5	1
同心县	18	18	34	5	29	11		9	2
青铜峡市	33	33	113	15	98	14	1	12	1
固原市	**121**	**121**	**214**	**43**	**171**	**90**	**2**	**69**	**19**
原州区	49	49	55	10	45	27		24	3
西吉县	48	48	84	23	61	30	1	20	9
隆德县	9	9	33	2	31	14		11	3
泾源县	6	6	19	2	17	6		4	2
彭阳县	9	9	23	6	17	13	1	10	2
中卫市	**121**	**121**	**196**	**71**	**125**	**77**	**7**	**59**	**11**
沙坡头区	53	53	73	38	35	25	1	19	5
中宁县	25	25	62	19	43	17	1	14	2
海原县	43	43	61	14	47	35	5	26	4

4-4c 续表 28 单位：人

地区 性别	房地产业		租赁和商务服务业			科学研究和技术服务业			
	小计	房地产业	小计	租赁业	商务服务业	小计	研究和试验发展	专业技术服务业	科技推广和应用服务业
男	**771**	**771**	**993**	**227**	**766**	**330**	**21**	**257**	**52**
银川市	**463**	**463**	**440**	**67**	**373**	**147**	**14**	**108**	**25**
兴庆区	42	42	41	12	29	9		8	1
西夏区	7	7	12		12	4	2	2	
金凤区	208	208	162	16	146	83	6	61	16
永宁县	66	66	39	3	36	18	4	11	3
贺兰县	77	77	74	12	62	18	2	13	3
灵武市	63	63	112	24	88	15		13	2
石嘴山市	**27**	**27**	**31**	**12**	**19**	**13**		**13**	
大武口区	4	4	2		2	5		5	
惠农区	9	9	5	2	3	4		4	
平罗县	14	14	24	10	14	4		4	
吴忠市	**122**	**122**	**206**	**39**	**167**	**54**	**1**	**44**	**9**
利通区	51	51	63	12	51	11		11	
红寺堡区	24	24	23		23	17	1	10	6
盐池县	9	9	20	8	12	5		4	1
同心县	15	15	26	5	21	10		8	2
青铜峡市	23	23	74	14	60	11		11	
固原市	**76**	**76**	**157**	**41**	**116**	**64**	**2**	**49**	**13**
原州区	31	31	35	8	27	18		16	2
西吉县	31	31	66	23	43	21	1	12	8
隆德县	7	7	22	2	20	8		8	
泾源县	4	4	16	2	14	5		3	2
彭阳县	3	3	18	6	12	12	1	10	1
中卫市	**83**	**83**	**159**	**68**	**91**	**52**	**4**	**43**	**5**
沙坡头区	38	38	59	37	22	16	1	14	1
中宁县	13	13	51	18	33	13	1	10	2
海原县	32	32	49	13	36	23	2	19	2

4-4c 续表 29 单位：人

地区 性别	房地产业		租赁和商务服务业			科学研究和技术服务业			
	小计	房地产业	小计	租赁业	商务服务业	小计	研究和试验发展	专业技术服务业	科技推广和应用服务业
女	**496**	**496**	**406**	**11**	**395**	**130**	**11**	**88**	**31**
银川市	**333**	**333**	**227**	**4**	**223**	**66**	**7**	**43**	**16**
兴庆区	24	24	21		21	3		2	1
西夏区	5	5	9		9	2		2	
金凤区	158	158	113	1	112	44	5	30	9
永宁县	46	46	15		15	5	2	1	2
贺兰县	51	51	32	2	30	9		6	3
灵武市	49	49	37	1	36	3		2	1
石嘴山市	**20**	**20**	**6**		**6**	**1**		**1**	
大武口区	2	2	3		3				
惠农区	3	3	2		2	1		1	
平罗县	15	15	1		1				
吴忠市	**60**	**60**	**79**	**2**	**77**	**12**	**1**	**8**	**3**
利通区	40	40	26	1	25	6		5	1
红寺堡区	3	3	3		3	1			1
盐池县	4	4	3		3	1		1	
同心县	3	3	8		8	1		1	
青铜峡市	10	10	39	1	38	3	1	1	1
固原市	**45**	**45**	**57**	**2**	**55**	**26**		**20**	**6**
原州区	18	18	20	2	18	9		8	1
西吉县	17	17	18		18	9		8	1
隆德县	2	2	11		11	6		3	3
泾源县	2	2	3		3	1		1	
彭阳县	6	6	5		5	1			1
中卫市	**38**	**38**	**37**	**3**	**34**	**25**	**3**	**16**	**6**
沙坡头区	15	15	14	1	13	9		5	4
中宁县	12	12	11	1	10	4		4	
海原县	11	11	12	1	11	12	3	7	2

4−4c 续表 30 单位：人

地区 性别	水利、环境和公共设施管理业					居民服务、修理和其他服务业			
	小计	水利管理业	生态保护和环境治理业	公共设施管理业	土地管理业	小计	居民服务业	机动车、电子产品和日用产品修理业	其他服务业
宁夏	**1651**	**80**	**133**	**1410**	**28**	**2198**	**944**	**979**	**275**
银川市	**713**	**23**	**10**	**677**	**3**	**699**	**334**	**268**	**97**
兴庆区	135	3		131	1	65	25	28	12
西夏区	42	1		41		47	18	24	5
金凤区	107	11	2	94		168	115	27	26
永宁县	238	3	1	234		129	71	43	15
贺兰县	122	1	6	115		163	82	56	25
灵武市	69	4	1	62	2	127	23	90	14
石嘴山市	**97**	**5**	**16**	**72**	**4**	**148**	**62**	**79**	**7**
大武口区	31	1		30		35	16	15	4
惠农区	27	1	10	16		40	13	25	2
平罗县	39	3	6	26	4	73	33	39	1
吴忠市	**330**	**23**	**24**	**278**	**5**	**463**	**197**	**223**	**43**
利通区	66	2		64		149	81	56	12
红寺堡区	30		2	23	5	49	19	25	5
盐池县	68	6	18	44		79	28	50	1
同心县	38	5		33		67	21	39	7
青铜峡市	128	10	4	114		119	48	53	18
固原市	**275**	**16**	**54**	**201**	**4**	**495**	**200**	**200**	**95**
原州区	71	1	16	54		195	72	105	18
西吉县	82	3	21	58		149	62	46	41
隆德县	48	4	6	34	4	45	20	20	5
泾源县	49	7	6	36		44	13	13	18
彭阳县	25	1	5	19		62	33	16	13
中卫市	**236**	**13**	**29**	**182**	**12**	**393**	**151**	**209**	**33**
沙坡头区	97	6	20	65	6	126	65	50	11
中宁县	95	7	3	83	2	103	36	64	3
海原县	44		6	34	4	164	50	95	19

4-4c 续表 31

单位：人

地区 性别	水利、环境和公共设施管理业					居民服务、修理和其他服务业			
	小计	水利管理业	生态保护和环境治理业	公共设施管理业	土地管理业	小计	居民服务业	机动车、电子产品和日用产品修理业	其他服务业
男	**904**	**63**	**106**	**714**	**21**	**1358**	**372**	**874**	**112**
银川市	**381**	**19**	**10**	**350**	**2**	**430**	**151**	**239**	**40**
兴庆区	71	1		70		43	11	26	6
西夏区	21	1		20		26	5	20	1
金凤区	68	9	2	57		88	54	24	10
永宁县	114	3	1	110		80	35	40	5
贺兰县	65	1	6	58		97	33	51	13
灵武市	42	4	1	35	2	96	13	78	5
石嘴山市	**66**	**5**	**15**	**44**	**2**	**86**	**15**	**69**	**2**
大武口区	18	1		17		21	5	15	1
惠农区	18	1	10	7		23	2	20	1
平罗县	30	3	5	20	2	42	8	34	
吴忠市	**180**	**17**	**22**	**137**	**4**	**296**	**76**	**203**	**17**
利通区	29	1		28		84	28	51	5
红寺堡区	20		1	15	4	36	9	24	3
盐池县	45	3	17	25		56	12	44	
同心县	18	5		13		48	12	35	1
青铜峡市	68	8	4	56		72	15	49	8
固原市	**162**	**16**	**41**	**101**	**4**	**280**	**64**	**177**	**39**
原州区	41	1	11	29		129	30	92	7
西吉县	48	3	14	31		75	14	41	20
隆德县	31	4	5	18	4	24	7	16	1
泾源县	31	7	6	18		21	1	13	7
彭阳县	11	1	5	5		31	12	15	4
中卫市	**115**	**6**	**18**	**82**	**9**	**266**	**66**	**186**	**14**
沙坡头区	45	2	10	29	4	82	28	48	6
中宁县	45	4	3	37	1	66	12	53	1
海原县	25		5	16	4	118	26	85	7

4-4c　续表 32　　　　单位：人

地区 性别	水利、环境和公共设施管理业 小计	水利管理业	生态保护和环境治理业	公共设施管理业	土地管理业	居民服务、修理和其他服务业 小计	居民服务业	机动车、电子产品和日用产品修理业	其他服务业
女	**747**	**17**	**27**	**696**	**7**	**840**	**572**	**105**	**163**
银川市	**332**	**4**		**327**	**1**	**269**	**183**	**29**	**57**
兴庆区	64	2		61	1	22	14	2	6
西夏区	21			21		21	13	4	4
金凤区	39	2		37		80	61	3	16
永宁县	124			124		49	36	3	10
贺兰县	57			57		66	49	5	12
灵武市	27			27		31	10	12	9
石嘴山市	**31**		**1**	**28**	**2**	**62**	**47**	**10**	**5**
大武口区	13			13		14	11		3
惠农区	9			9		17	11	5	1
平罗县	9		1	6	2	31	25	5	1
吴忠市	**150**	**6**	**2**	**141**	**1**	**167**	**121**	**20**	**26**
利通区	37	1		36		65	53	5	7
红寺堡区	10		1	8	1	13	10	1	2
盐池县	23	3	1	19		23	16	6	1
同心县	20			20		19	9	4	6
青铜峡市	60	2		58		47	33	4	10
固原市	**113**		**13**	**100**		**215**	**136**	**23**	**56**
原州区	30		5	25		66	42	13	11
西吉县	34		7	27		74	48	5	21
隆德县	17		1	16		21	13	4	4
泾源县	18			18		23	12		11
彭阳县	14			14		31	21	1	9
中卫市	**121**	**7**	**11**	**100**	**3**	**127**	**85**	**23**	**19**
沙坡头区	52	4	10	36	2	44	37	2	5
中宁县	50	3		46	1	37	24	11	2
海原县	19		1	18		46	24	10	12

4-4c 续表 33

单位：人

地区 性别	教育		卫生和社会工作			文化、体育和娱乐业				
	小计	教育	小计	卫生	社会工作	小计	新闻和出版业	广播、电视、电影和录音制作业	文化艺术业	体育
宁　夏	**2143**	**2143**	**1108**	**1059**	**49**	**303**	**15**	**13**	**49**	**48**
银川市	**556**	**556**	**336**	**320**	**16**	**138**	**9**	**6**	**31**	**27**
兴庆区	71	71	30	28	2	25			4	3
西夏区	39	39	11	10	1	6		1	2	1
金凤区	214	214	191	186	5	55	7	3	17	12
永宁县	84	84	32	26	6	17		2	3	5
贺兰县	99	99	55	53	2	32	1		5	5
灵武市	49	49	17	17		3	1			1
石嘴山市	**149**	**149**	**78**	**77**	**1**	**12**	**1**		**2**	**1**
大武口区	25	25	7	6	1	1			1	
惠农区	51	51	31	31		1				
平罗县	73	73	40	40		10	1		1	1
吴忠市	**451**	**451**	**224**	**218**	**6**	**45**	**1**	**4**	**4**	**6**
利通区	133	133	66	66		24	1	4	2	3
红寺堡区	107	107	28	26	2	6			1	
盐池县	38	38	31	31		7				
同心县	124	124	38	36	2	3			1	1
青铜峡市	49	49	61	59	2	5				2
固原市	**522**	**522**	**274**	**253**	**21**	**36**	**2**	**1**	**7**	**10**
原州区	156	156	87	85	2	12	1		1	1
西吉县	167	167	89	86	3	12		1	1	7
隆德县	56	56	40	36	4	4	1		2	
泾源县	42	42	30	20	10	5			1	1
彭阳县	101	101	28	26	2	3			2	1
中卫市	**465**	**465**	**196**	**191**	**5**	**72**	**2**	**2**	**5**	**4**
沙坡头区	124	124	57	55	2	41	1		2	2
中宁县	119	119	49	47	2	21		2	1	1
海原县	222	222	90	89	1	10	1		2	1

4-4c 续表 34 单位：人

地区 性别	教育		卫生和社会工作			文化、体育和娱乐业				
	小计	教育	小计	卫生	社会工作	小计	新闻和出版业	广播、电视、电影和录音制作业	文化艺术业	体育
男	**716**	**716**	**332**	**319**	**13**	**179**	**8**	**6**	**27**	**32**
银川市	**151**	**151**	**76**	**74**	**2**	**79**	**3**	**5**	**15**	**15**
兴庆区	19	19	10	9	1	17			2	2
西夏区	13	13	1	1		3		1		
金凤区	54	54	39	39		34	3	3	10	7
永宁县	21	21	6	6		9		1	1	4
贺兰县	29	29	14	13	1	14			2	1
灵武市	15	15	6	6		2				1
石嘴山市	**42**	**42**	**22**	**21**	**1**	**10**	**1**		**2**	**1**
大武口区	10	10	3	2	1	1			1	
惠农区	14	14	6	6						
平罗县	18	18	13	13		9	1		1	1
吴忠市	**136**	**136**	**74**	**71**	**3**	**26**	**1**	**1**	**2**	**5**
利通区	36	36	14	14		12	1	1	1	2
红寺堡区	32	32	14	14		4				
盐池县	13	13	8	8		3				
同心县	39	39	16	14	2	3			1	1
青铜峡市	16	16	22	21	1	4				2
固原市	**214**	**214**	**92**	**87**	**5**	**26**	**2**		**5**	**8**
原州区	52	52	28	26	2	9	1			1
西吉县	84	84	30	29	1	8				6
隆德县	24	24	10	9	1	4	1		2	
泾源县	11	11	8	8		3			1	1
彭阳县	43	43	16	15	1	2			2	
中卫市	**173**	**173**	**68**	**66**	**2**	**38**	**1**		**3**	**3**
沙坡头区	35	35	18	17	1	19				1
中宁县	36	36	17	16	1	12			1	1
海原县	102	102	33	33		7	1		2	1

4-4c 续表 35

单位：人

地区 性别	教育		卫生和社会工作			文化、体育和娱乐业				
	小计	教育	小计	卫生	社会工作	小计	新闻和出版业	广播、电视、电影和录音制作业	文化艺术业	体育
女	**1427**	**1427**	**776**	**740**	**36**	**124**	**7**	**7**	**22**	**16**
银川市	**405**	**405**	**260**	**246**	**14**	**59**	**6**	**1**	**16**	**12**
兴庆区	52	52	20	19	1	8			2	1
西夏区	26	26	10	9	1	3			2	1
金凤区	160	160	152	147	5	21	4		7	5
永宁县	63	63	26	20	6	8		1	2	1
贺兰县	70	70	41	40	1	18	1		3	4
灵武市	34	34	11	11		1	1			
石嘴山市	**107**	**107**	**56**	**56**		**2**				
大武口区	15	15	4	4						
惠农区	37	37	25	25		1				
平罗县	55	55	27	27		1				
吴忠市	**315**	**315**	**150**	**147**	**3**	**19**		**3**	**2**	**1**
利通区	97	97	52	52		12		3	1	1
红寺堡区	75	75	14	12	2	2			1	
盐池县	25	25	23	23		4				
同心县	85	85	22	22						
青铜峡市	33	33	39	38	1	1				
固原市	**308**	**308**	**182**	**166**	**16**	**10**		**1**	**2**	**2**
原州区	104	104	59	59		3			1	
西吉县	83	83	59	57	2	4		1	1	1
隆德县	32	32	30	27	3					
泾源县	31	31	22	12	10	2				
彭阳县	58	58	12	11	1	1				1
中卫市	**292**	**292**	**128**	**125**	**3**	**34**	**1**	**2**	**2**	**1**
沙坡头区	89	89	39	38	1	22	1		2	1
中宁县	83	83	32	31	1	9		2		
海原县	120	120	57	56	1	3				

4-4c 续表 36 单位：人

地区 性别	娱乐业	公共管理、社会保障和社会组织						国际组织	
		小计	中国共产党机关	国家机构	人民政协、民主党派	社会保障	群众团体、社会团体和其他成员组织	基层群众自治组织	小计	国际组织
宁　夏	**178**	**3188**	**39**	**1608**	**5**	**6**	**174**	**1356**		
银川市	**65**	**747**	**7**	**444**	**3**	**2**	**51**	**240**		
兴庆区	18	118		72			8	38		
西夏区	2	51		29			3	19		
金凤区	16	188	3	144	1	2	12	26		
永宁县	7	122	2	50	2		12	56		
贺兰县	21	127	1	68			2	56		
灵武市	1	141	1	81			14	45		
石嘴山市	**8**	**218**	**6**	**111**	**1**	**1**	**9**	**90**		
大武口区		18		5			1	12		
惠农区	1	51	1	28			1	21		
平罗县	7	149	5	78	1	1	7	57		
吴忠市	**30**	**748**	**8**	**354**			**37**	**349**		
利通区	14	206	1	122			22	61		
红寺堡区	5	205		100			4	101		
盐池县	7	96	1	41			3	51		
同心县	1	159	6	60			3	90		
青铜峡市	3	82		31			5	46		
固原市	**16**	**819**	**14**	**404**	**1**	**3**	**48**	**349**		
原州区	9	217		142			9	66		
西吉县	3	174	2	61		2	14	95		
隆德县	1	128		55		1	7	65		
泾源县	3	185		103			14	68		
彭阳县		115	12	43	1		4	55		
中卫市	**59**	**656**	**4**	**295**			**29**	**328**		
沙坡头区	36	223	3	113			10	97		
中宁县	17	168	1	50			4	113		
海原县	6	265		132			15	118		

4-4c　续表 37　　　　单位：人

地　区 性　别	娱乐业	公共管理、社会保障和社会组织							国际组织	
		小计	中国共产党机关	国家机构	人民政协、民主党派	社会保障	群众团体、社会团体和其他成员组织	基层群众自治组织	小计	国际组织
男	**106**	**2020**	**28**	**991**	**3**	**4**	**134**	**860**		
银川市	**41**	**440**	**4**	**259**	**1**	**2**	**36**	**138**		
兴庆区	13	80		50			6	24		
西夏区	2	22		12			3	7		
金凤区	11	104	2	79	1	2	7	13		
永宁县	3	68	1	27			7	33		
贺兰县	11	67		39			1	27		
灵武市	1	99	1	52			12	34		
石嘴山市	**6**	**129**	**6**	**63**	**1**	**1**	**8**	**50**		
大武口区		11		4			1	6		
惠农区		21	1	10			1	9		
平罗县	6	97	5	49	1	1	6	35		
吴忠市	**17**	**455**	**5**	**206**			**34**	**210**		
利通区	7	120	1	64			21	34		
红寺堡区	4	124		65			4	55		
盐池县	3	48	1	17			1	29		
同心县	1	107	3	40			3	61		
青铜峡市	2	56		20			5	31		
固原市	**11**	**572**	**13**	**268**	**1**	**1**	**33**	**256**		
原州区	7	156		98			9	49		
西吉县	2	113	2	33			5	73		
隆德县	1	86		36		1	4	45		
泾源县	1	133		72			11	50		
彭阳县		84	11	29	1		4	39		
中卫市	**31**	**424**		**195**			**23**	**206**		
沙坡头区	18	139		76			6	57		
中宁县	10	109		38			3	68		
海原县	3	176		81			14	81		

4-4c 续表 38 单位：人

地区 性别	娱乐业	公共管理、社会保障和社会组织							国际组织	
		小计	中国共产党机关	国家机构	人民政协、民主党派	社会保障	群众团体、社会团体和其他成员组织	基层群众自治组织	小计	国际组织
女	**72**	**1168**	**11**	**617**	**2**	**2**	**40**	**496**		
银川市	**24**	**307**	**3**	**185**	**2**		**15**	**102**		
兴庆区	5	38		22			2	14		
西夏区		29		17				12		
金凤区	5	84	1	65			5	13		
永宁县	4	54	1	23	2		5	23		
贺兰县	10	60	1	29			1	29		
灵武市		42		29			2	11		
石嘴山市	**2**	**89**		**48**			**1**	**40**		
大武口区		7		1				6		
惠农区	1	30		18				12		
平罗县	1	52		29			1	22		
吴忠市	**13**	**293**	**3**	**148**			**3**	**139**		
利通区	7	86		58			1	27		
红寺堡区	1	81		35				46		
盐池县	4	48		24			2	22		
同心县		52	3	20				29		
青铜峡市	1	26		11				15		
固原市	**5**	**247**	**1**	**136**		**2**	**15**	**93**		
原州区	2	61		44				17		
西吉县	1	61		28		2	9	22		
隆德县		42		19			3	20		
泾源县	2	52		31			3	18		
彭阳县		31	1	14				16		
中卫市	**28**	**232**	**4**	**100**			**6**	**122**		
沙坡头区	18	84	3	37			4	40		
中宁县	7	59	1	12			1	45		
海原县	3	89		51			1	37		

4-5　全区分年龄、性别、行业大类的就业人口

单位：人

年龄组 性　别	合计	农、林、牧、渔业						采矿业	
		小计	农业	林业	畜牧业	渔业	农、林、牧、渔专业及辅助性活动	小计	煤炭开采和洗选业
总　计	**314750**	**63101**	**42632**	**645**	**18818**	**124**	**882**	**9095**	**6600**
16-19岁	3970	627	405		218		4	23	10
20-24岁	21826	2276	1378	13	836	2	47	287	199
25-29岁	39706	3659	2260	22	1300	8	69	971	722
30-34岁	48892	4898	3167	50	1568	15	98	1752	1356
35-39岁	42146	6046	3880	70	1981	7	108	1489	1075
40-44岁	42754	7782	5126	93	2450	5	108	1524	1035
45-49岁	45063	9732	6721	129	2719	25	138	1579	1149
50-54岁	35890	10737	7314	127	3124	29	143	1029	788
55-59岁	21276	8431	6031	75	2215	19	91	362	218
60-64岁	7076	4373	3169	32	1120	5	47	54	34
65-69岁	4395	3188	2305	25	826	8	24	22	12
70-74岁	1278	998	647	8	338	1	4	3	2
75岁及以上	478	354	229	1	123		1		
男	**193621**	**34969**	**22517**	**427**	**11328**	**99**	**598**	**7825**	**5924**
16-19岁	2696	402	237		161		4	21	8
20-24岁	12747	1302	735	8	528	2	29	247	181
25-29岁	23514	2028	1183	16	775	8	46	859	670
30-34岁	29494	2594	1572	28	915	13	66	1564	1243
35-39岁	25484	3141	1917	44	1104	7	69	1274	964
40-44岁	24709	3981	2512	48	1351	3	67	1181	866
45-49岁	26498	5023	3295	90	1533	15	90	1292	991
50-54岁	23598	5707	3690	82	1810	23	102	973	749
55-59岁	15434	4890	3315	60	1431	16	68	342	208
60-64岁	4934	2716	1880	25	771	4	36	49	31
65-69岁	3206	2212	1565	18	606	7	16	20	11
70-74岁	951	717	451	7	254	1	4	3	2
75岁及以上	356	256	165	1	89		1		
女	**121129**	**28132**	**20115**	**218**	**7490**	**25**	**284**	**1270**	**676**
16-19岁	1274	225	168		57			2	2
20-24岁	9079	974	643	5	308		18	40	18
25-29岁	16192	1631	1077	6	525		23	112	52
30-34岁	19398	2304	1595	22	653	2	32	188	113
35-39岁	16662	2905	1963	26	877		39	215	111
40-44岁	18045	3801	2614	45	1099	2	41	343	169
45-49岁	18565	4709	3426	39	1186	10	48	287	158
50-54岁	12292	5030	3624	45	1314	6	41	56	39
55-59岁	5842	3541	2716	15	784	3	23	20	10
60-64岁	2142	1657	1289	7	349	1	11	5	3
65-69岁	1189	976	740	7	220	1	8	2	1
70-74岁	327	281	196	1	84				
75岁及以上	122	98	64		34				

4-5 续表 1

单位：人

年龄组 性别	采矿业						制造业		
	石油和天然气开采业	黑色金属矿采选业	有色金属矿采选业	非金属矿采选业	开采专业及辅助性活动	其他采矿业	小计	农副食品加工业	食品制造业
总　计	**1688**	**41**	**22**	**345**	**363**	**36**	**34243**	**1775**	**1966**
16-19岁	5	1		5	2		357	14	25
20-24岁	56		1	19	11	1	2988	82	198
25-29岁	124	11	4	66	39	5	5280	194	368
30-34岁	241	6	3	58	80	8	6349	282	407
35-39岁	282	6	4	47	67	8	4607	262	269
40-44岁	378	5	1	33	68	4	4610	286	285
45-49岁	325	4	1	47	49	4	4809	248	226
50-54岁	152	4	7	41	33	4	3439	224	119
55-59岁	109	3	1	16	13	2	1362	113	54
60-64岁	10	1		8	1		286	36	9
65-69岁	5			5			113	27	4
70-74岁	1						34	6	1
75岁及以上							9	1	1
男	**1223**	**33**	**16**	**293**	**302**	**34**	**24952**	**1073**	**1074**
16-19岁	5	1		5	2		294	11	12
20-24岁	42			14	9	1	2268	54	125
25-29岁	89	10	3	57	25	5	3981	121	206
30-34岁	184	5	1	53	70	8	4625	150	232
35-39岁	202	3	3	38	57	7	3107	155	137
40-44岁	228	4	1	26	53	3	2927	146	123
45-49岁	212	4		38	43	4	3334	145	114
50-54岁	141	4	7	37	31	4	2838	153	73
55-59岁	106	1	1	13	11	2	1196	86	38
60-64岁	9	1		7	1		248	25	9
65-69岁	4			5			97	21	3
70-74岁	1						30	6	1
75岁及以上							7		1
女	**465**	**8**	**6**	**52**	**61**	**2**	**9291**	**702**	**892**
16-19岁							63	3	13
20-24岁	14		1	5	2		720	28	73
25-29岁	35	1	1	9	14		1299	73	162
30-34岁	57	1	2	5	10		1724	132	175
35-39岁	80	3	1	9	10	1	1500	107	132
40-44岁	150	1		7	15	1	1683	140	162
45-49岁	113		1	9	6		1475	103	112
50-54岁	11			4	2		601	71	46
55-59岁	3	2		3	2		166	27	16
60-64岁	1			1			38	11	
65-69岁	1						16	6	1
70-74岁							4		
75岁及以上							2	1	

4-5 续表 2 单位：人

年龄组 性别	制造业								
	酒、饮料和精制茶制造业	烟草制品业	纺织业	纺织服装、服饰业	皮革、毛皮、羽毛及其制品和制鞋业	木材加工和木、竹、藤、棕、草制品业	家具制造业	造纸和纸制品业	印刷和记录媒介复制业
总计	**531**	**57**	**1137**	**538**	**108**	**381**	**459**	**440**	**335**
16-19岁	1		15	5	2	3	10	1	5
20-24岁	38	2	82	23	4	16	31	29	24
25-29岁	71	8	150	48	9	47	58	50	45
30-34岁	97	14	187	79	14	56	86	73	63
35-39岁	84	7	193	93	17	56	69	80	51
40-44岁	65	6	218	133	24	53	56	69	68
45-49岁	80	13	154	91	23	59	67	82	44
50-54岁	57	6	84	45	11	50	54	43	21
55-59岁	24	1	38	14	3	34	16	11	9
60-64岁	12		11	4		7	8		2
65-69岁	2		3	2	1		4		3
70-74岁			1					2	
75岁及以上			1	1					
男	**303**	**38**	**393**	**97**	**43**	**261**	**341**	**231**	**167**
16-19岁	1		10	2	1	3	8	1	3
20-24岁	20	1	40	9	3	12	26	22	14
25-29岁	39	7	60	7	4	29	45	27	24
30-34岁	59	7	54	17	6	42	67	35	38
35-39岁	42	6	43	12	7	36	46	30	25
40-44岁	36	2	47	11	4	32	32	26	30
45-49岁	41	8	56	16	8	32	51	48	12
50-54岁	38	6	43	12	6	43	41	30	11
55-59岁	16	1	26	7	3	26	14	10	6
60-64岁	9		9	2		6	7		2
65-69岁	2		3	2	1		4		2
70-74岁			1					2	
75岁及以上			1						
女	**228**	**19**	**744**	**441**	**65**	**120**	**118**	**209**	**168**
16-19岁			5	3	1		2		2
20-24岁	18	1	42	14	1	4	5	7	10
25-29岁	32	1	90	41	5	18	13	23	21
30-34岁	38	7	133	62	8	14	19	38	25
35-39岁	42	1	150	81	10	20	23	50	26
40-44岁	29	4	171	122	20	21	24	43	38
45-49岁	39	5	98	75	15	27	16	34	32
50-54岁	19		41	33	5	7	13	13	10
55-59岁	8		12	7		8	2	1	3
60-64岁	3		2	2		1	1		
65-69岁									1
70-74岁									
75岁及以上				1					

4−5 续表 3　　单位：人

年龄组 性　别	制造业								
	文教、工美、体育和娱乐用品制造业	石油、煤炭及其他燃料加工业	化学原料和化学制品制造业	医　药制造业	化学纤维制造业	橡胶和塑　料制品业	非金属矿　物制品业	黑色金属冶炼和压延加工业	有色金属冶炼和压延加工业
总　计	**136**	**3435**	**4966**	**998**	**77**	**904**	**2786**	**2966**	**1505**
16−19岁	1	15	23	5	1	10	14	9	6
20−24岁	7	271	423	131	23	70	144	148	104
25−29岁	21	629	808	194	24	124	351	326	202
30−34岁	16	685	1003	215	12	153	446	473	276
35−39岁	22	447	643	144	7	126	372	401	209
40−44岁	24	374	623	113	1	151	388	509	226
45−49岁	19	459	740	106	4	130	484	584	247
50−54岁	20	394	474	56	4	81	359	378	180
55−59岁	5	131	188	27		45	161	120	46
60−64岁	1	22	23	1	1	11	47	16	8
65−69岁		5	13	4		1	14	2	1
70−74岁		3	4	1		2	6		
75岁及以上			1	1					
男	**67**	**2751**	**3881**	**647**	**55**	**579**	**2154**	**2394**	**1239**
16−19岁	1	13	19	2	1	8	13	7	6
20−24岁	4	206	323	75	18	48	118	126	88
25−29岁	14	511	639	130	16	93	278	264	168
30−34岁	9	555	782	148	6	101	337	368	223
35−39岁	11	337	475	90	4	70	275	310	166
40−44岁	4	284	466	63	1	75	280	371	165
45−49岁	8	349	553	68	4	81	340	473	196
50−54岁	11	343	407	48	4	52	308	347	174
55−59岁	4	124	178	18		39	146	112	45
60−64岁	1	22	22	1	1	10	41	14	7
65−69岁		4	13	3			12	2	1
70−74岁		3	3			2	6		
75岁及以上			1	1					
女	**69**	**684**	**1085**	**351**	**22**	**325**	**632**	**572**	**266**
16−19岁		2	4	3		2	1	2	
20−24岁	3	65	100	56	5	22	26	22	16
25−29岁	7	118	169	64	8	31	73	62	34
30−34岁	7	130	221	67	6	52	109	105	53
35−39岁	11	110	168	54	3	56	97	91	43
40−44岁	20	90	157	50		76	108	138	61
45−49岁	11	110	187	38		49	144	111	51
50−54岁	9	51	67	8		29	51	31	6
55−59岁	1	7	10	9		6	15	8	1
60−64岁			1			1	6	2	1
65−69岁		1		1		1	2		
70−74岁			1	1					
75岁及以上									

4-5　续表 4　　　　单位：人

年龄组 性　别	制造业								
	金　属 制品业	通用设备 制造业	专用设备 制造业	汽　车 制造业	铁路、船舶、航空航天和其他运输设备制造业	电气机械和器材制造业	计算机、通信和其他电子设备制造业	仪器仪表 制造业	其　他 制造业
总　计	**2207**	**1433**	**956**	**144**	**36**	**858**	**1593**	**304**	**111**
16-19岁	24	13	18	5	2	22	90	4	2
20-24岁	139	117	91	29	4	158	476	36	7
25-29岁	267	210	142	34	3	184	484	60	8
30-34岁	424	299	185	32	8	175	301	63	26
35-39岁	328	189	129	13	2	106	102	21	17
40-44岁	338	156	114	12	3	70	69	26	17
45-49岁	291	189	117	11	6	76	44	46	14
50-54岁	242	177	107	6	5	38	17	34	11
55-59岁	116	69	40	2	2	24	6	13	4
60-64岁	28	9	7		1	2	4	1	4
65-69岁	8	4	4			2			
70-74岁	2	1	2						
75岁及以上						1			1
男	**1854**	**1194**	**758**	**108**	**31**	**663**	**1267**	**234**	**83**
16-19岁	23	13	16	5	2	16	81	4	1
20-24岁	121	102	72	23	3	126	387	27	5
25-29岁	228	185	112	27	3	151	398	44	6
30-34岁	364	245	140	20	8	136	227	52	19
35-39岁	273	149	93	10	1	78	73	16	11
40-44岁	264	122	80	9	2	54	54	16	12
45-49岁	235	146	96	8	4	45	24	31	12
50-54岁	208	157	98	4	5	32	13	30	9
55-59岁	106	62	39	2	2	21	6	13	4
60-64岁	24	8	6		1	2	4	1	3
65-69岁	7	4	4			1			
70-74岁	1	1	2						
75岁及以上						1			1
女	**353**	**239**	**198**	**36**	**5**	**195**	**326**	**70**	**28**
16-19岁	1		2			6	9		1
20-24岁	18	15	19	6	1	32	89	9	2
25-29岁	39	25	30	7		33	86	16	2
30-34岁	60	54	45	12		39	74	11	7
35-39岁	55	40	36	3	1	28	29	5	6
40-44岁	74	34	34	3	1	16	15	10	5
45-49岁	56	43	21	3	2	31	20	15	2
50-54岁	34	20	9	2		6	4	4	2
55-59岁	10	7	1			3			
60-64岁	4	1	1						1
65-69岁	1					1			
70-74岁	1								
75岁及以上									

4-5 续表 5

单位：人

年龄组 性别	制造业		电力、热力、燃气及水生产和供应业				建筑业		
	废弃资源综合利用业	金属制品、机械和设备修理业	小计	电力、热力生产和供应业	燃气生产和供应业	水的生产和供应业	小计	房屋建筑业	土木工程建筑业
总计	**324**	**777**	**7010**	**5689**	**612**	**709**	**38606**	**23308**	**4799**
16-19岁	4	8	35	32	1	2	284	157	40
20-24岁	23	58	477	412	33	32	2131	1138	321
25-29岁	39	122	1095	894	102	99	4476	2415	624
30-34岁	39	160	1290	1063	112	115	6261	3457	788
35-39岁	47	101	868	693	99	76	5907	3503	668
40-44岁	42	91	888	708	80	100	5897	3683	620
45-49岁	54	101	1097	859	93	145	6094	3985	691
50-54岁	41	101	785	656	50	79	4657	3010	612
55-59岁	16	30	408	323	37	48	2235	1531	317
60-64岁	7	4	50	39	3	8	495	312	91
65-69岁	8	1	14	8	1	5	141	97	25
70-74岁	3		1	1			18	12	1
75岁及以上	1		2	1	1		10	8	1
男	**264**	**708**	**5363**	**4482**	**406**	**475**	**33166**	**20090**	**4103**
16-19岁	3	8	32	29	1	2	263	150	37
20-24岁	19	51	392	338	28	26	1873	1004	276
25-29岁	35	110	898	754	70	74	3911	2129	527
30-34岁	32	146	996	843	75	78	5450	3017	670
35-39岁	38	88	633	533	60	40	5027	3002	570
40-44岁	32	84	586	490	45	51	4892	3056	514
45-49岁	41	89	715	578	54	83	4981	3259	559
50-54岁	34	98	667	563	38	66	4091	2654	547
55-59岁	13	29	384	309	32	43	2064	1418	295
60-64岁	7	4	44	35	2	7	461	295	83
65-69岁	7	1	14	8	1	5	127	87	23
70-74岁	2		1	1			17	12	1
75岁及以上	1		1	1			9	7	1
女	**60**	**69**	**1647**	**1207**	**206**	**234**	**5440**	**3218**	**696**
16-19岁	1		3	3			21	7	3
20-24岁	4	7	85	74	5	6	258	134	45
25-29岁	4	12	197	140	32	25	565	286	97
30-34岁	7	14	294	220	37	37	811	440	118
35-39岁	9	13	235	160	39	36	880	501	98
40-44岁	10	7	302	218	35	49	1005	627	106
45-49岁	13	12	382	281	39	62	1113	726	132
50-54岁	7	3	118	93	12	13	566	356	65
55-59岁	3	1	24	14	5	5	171	113	22
60-64岁			6	4	1	1	34	17	8
65-69岁	1						14	10	2
70-74岁	1						1		
75岁及以上			1		1		1	1	

4-5　续表 6

单位：人

年龄组 性　别	建筑业		批发和零售业			交通运输、仓储和邮政业			
	建　筑 安装业	建筑装 饰、装修 和其他 建筑业	小计	批发业	零售业	小计	铁　路 运输业	道　路 运输业	水　上 运输业
总　计	**1834**	**8665**	**39390**	**9344**	**30046**	**21155**	**1611**	**16305**	**15**
16–19岁	19	68	361	59	302	143	21	58	
20–24岁	110	562	2482	474	2008	1111	175	605	1
25–29岁	266	1171	5107	1206	3901	2565	322	1575	4
30–34岁	371	1645	7181	1676	5505	3502	191	2694	4
35–39岁	288	1448	6327	1428	4899	3979	150	3380	1
40–44岁	267	1327	6138	1380	4758	3792	131	3302	
45–49岁	209	1209	5621	1362	4259	3318	268	2659	1
50–54岁	182	853	3590	1037	2553	1880	229	1418	1
55–59岁	96	291	1705	469	1236	759	116	545	3
60–64岁	17	75	490	144	346	77	7	50	
65–69岁	7	12	255	68	187	22		16	
70–74岁	1	4	90	29	61	4		2	
75岁及以上	1		43	12	31	3	1	1	
男	**1670**	**7303**	**18540**	**6107**	**12433**	**18325**	**1217**	**14605**	**12**
16–19岁	18	58	169	43	126	107	6	47	
20–24岁	101	492	1150	302	848	891	109	520	1
25–29岁	248	1007	2347	767	1580	2110	211	1382	4
30–34岁	341	1422	3246	1091	2155	2964	149	2364	4
35–39岁	253	1202	2791	913	1878	3549	119	3083	1
40–44岁	244	1078	2567	840	1727	3292	94	2940	
45–49岁	184	979	2492	831	1661	2867	199	2370	
50–54岁	171	719	2005	746	1259	1721	207	1314	
55–59岁	89	262	1142	368	774	727	115	521	2
60–64岁	15	68	346	122	224	70	7	45	
65–69岁	5	12	186	52	134	21		16	
70–74岁		4	68	23	45	3		2	
75岁及以上	1		31	9	22	3	1	1	
女	**164**	**1362**	**20850**	**3237**	**17613**	**2830**	**394**	**1700**	**3**
16–19岁	1	10	192	16	176	36	15	11	
20–24岁	9	70	1332	172	1160	220	66	85	
25–29岁	18	164	2760	439	2321	455	111	193	
30–34岁	30	223	3935	585	3350	538	42	330	
35–39岁	35	246	3536	515	3021	430	31	297	
40–44岁	23	249	3571	540	3031	500	37	362	
45–49岁	25	230	3129	531	2598	451	69	289	1
50–54岁	11	134	1585	291	1294	159	22	104	1
55–59岁	7	29	563	101	462	32	1	24	1
60–64岁	2	7	144	22	122	7		5	
65–69岁	2		69	16	53	1			
70–74岁	1		22	6	16	1			
75岁及以上			12	3	9				

4-5 续表 7

单位：人

年龄组 性别	交通运输、仓储和邮政业					住宿和餐饮业		
	航空运输业	管道运输业	多式联运和运输代理业	装卸搬运和仓储业	邮政业	小计	住宿业	餐饮业
总　计	**290**	**41**	**140**	**1012**	**1741**	**16204**	**1796**	**14408**
16-19岁	3		2	12	47	1027	46	981
20-24岁	33		9	65	223	2028	207	1821
25-29岁	98	3	20	116	427	2263	219	2044
30-34岁	61	4	23	123	402	2767	271	2496
35-39岁	32	7	23	144	242	2196	250	1946
40-44岁	21	6	24	153	155	2085	228	1857
45-49岁	24	9	21	195	141	1972	281	1691
50-54岁	11	5	16	122	78	1231	177	1054
55-59岁	6	7	2	58	22	473	86	387
60-64岁	1			16	3	110	20	90
65-69岁				5	1	43	10	33
70-74岁				2		7	1	6
75岁及以上				1		2		2
男	**187**	**36**	**117**	**864**	**1287**	**7974**	**670**	**7304**
16-19岁	2		2	12	38	813	33	780
20-24岁	16		7	58	180	1331	88	1243
25-29岁	66	1	18	101	327	1223	68	1155
30-34岁	38	4	19	104	282	1375	94	1281
35-39岁	23	7	20	125	171	1032	95	937
40-44岁	13	6	16	124	99	785	61	724
45-49岁	13	7	19	156	103	633	76	557
50-54岁	9	4	14	111	62	449	76	373
55-59岁	6	7	2	53	21	230	57	173
60-64岁	1			14	3	64	15	49
65-69岁				4	1	32	6	26
70-74岁				1		5	1	4
75岁及以上				1		2		2
女	**103**	**5**	**23**	**148**	**454**	**8230**	**1126**	**7104**
16-19岁	1				9	214	13	201
20-24岁	17		2	7	43	697	119	578
25-29岁	32	2	2	15	100	1040	151	889
30-34岁	23		4	19	120	1392	177	1215
35-39岁	9		3	19	71	1164	155	1009
40-44岁	8		8	29	56	1300	167	1133
45-49岁	11	2	2	39	38	1339	205	1134
50-54岁	2	1	2	11	16	782	101	681
55-59岁				5	1	243	29	214
60-64岁				2		46	5	41
65-69岁				1		11	4	7
70-74岁				1		2		2
75岁及以上								

4-5 续表 8

单位：人

年龄组 性别	信息传输、软件和信息技术服务业				金融业				
	小计	电信、广播电视和卫星传输服务	互联网和相关服务	软件和信息技术服务业	小计	货币金融服务	资本市场服务	保险业	其他金融业
总 计	**4419**	**1973**	**1044**	**1402**	**5716**	**3036**	**200**	**2254**	**226**
16-19岁	83	40	21	22	16	4	2	7	3
20-24岁	642	224	195	223	380	199	15	147	19
25-29岁	1110	448	268	394	1054	531	46	412	65
30-34岁	992	413	221	358	1259	648	51	507	53
35-39岁	622	276	146	200	886	446	27	387	26
40-44岁	422	242	87	93	642	256	22	343	21
45-49岁	315	188	67	60	700	389	20	274	17
50-54岁	158	97	26	35	524	371	14	124	15
55-59岁	67	41	12	14	226	171	2	46	7
60-64岁	6	4		2	15	8	1	6	
65-69岁	2		1	1	9	8		1	
70-74岁					2	2			
75岁及以上					3	3			
男	**2765**	**1059**	**732**	**974**	**2426**	**1423**	**115**	**767**	**121**
16-19岁	39	14	14	11	9	2	1	5	1
20-24岁	401	131	131	139	159	79	7	66	7
25-29岁	678	228	185	265	451	210	27	181	33
30-34岁	619	198	170	251	520	275	25	190	30
35-39岁	376	127	95	154	351	214	13	108	16
40-44岁	257	125	63	69	193	91	15	78	9
45-49岁	208	126	40	42	261	174	13	65	9
50-54岁	121	70	22	29	267	204	11	42	10
55-59岁	59	37	11	11	196	158	2	30	6
60-64岁	5	3		2	9	6	1	2	
65-69岁	2		1	1	6	6			
70-74岁					1	1			
75岁及以上					3	3			
女	**1654**	**914**	**312**	**428**	**3290**	**1613**	**85**	**1487**	**105**
16-19岁	44	26	7	11	7	2	1	2	2
20-24岁	241	93	64	84	221	120	8	81	12
25-29岁	432	220	83	129	603	321	19	231	32
30-34岁	373	215	51	107	739	373	26	317	23
35-39岁	246	149	51	46	535	232	14	279	10
40-44岁	165	117	24	24	449	165	7	265	12
45-49岁	107	62	27	18	439	215	7	209	8
50-54岁	37	27	4	6	257	167	3	82	5
55-59岁	8	4	1	3	30	13		16	1
60-64岁	1	1			6	2		4	
65-69岁					3	2		1	
70-74岁					1	1			
75岁及以上									

4-5 续表 9 单位：人

年龄组 性别	房地产业		租赁和商务服务业			科学研究和技术服务业			
	小计	房地产业	小计	租赁业	商务服务业	小计	研究和试验发展	专业技术服务业	科技推广和应用服务业
总　计	**7090**	**7090**	**6885**	**844**	**6041**	**3735**	**272**	**2919**	**544**
16-19岁	36	36	91	15	76	18	1	14	3
20-24岁	450	450	638	54	584	331	25	250	56
25-29岁	853	853	1231	159	1072	742	47	591	104
30-34岁	1045	1045	1362	206	1156	890	54	708	128
35-39岁	765	765	919	129	790	504	43	403	58
40-44岁	831	831	787	94	693	407	26	325	56
45-49岁	1004	1004	782	91	691	357	26	265	66
50-54岁	903	903	560	59	501	258	17	199	42
55-59岁	700	700	390	28	362	198	32	139	27
60-64岁	326	326	79	6	73	22	1	17	4
65-69岁	154	154	38	3	35	6		6	
70-74岁	18	18	6		6	1		1	
75岁及以上	5	5	2		2	1		1	
男	**3944**	**3944**	**4247**	**744**	**3503**	**2515**	**175**	**1980**	**360**
16-19岁	22	22	62	15	47	14		11	3
20-24岁	278	278	329	48	281	192	10	155	27
25-29岁	449	449	657	147	510	474	33	366	75
30-34岁	545	545	803	181	622	565	35	446	84
35-39岁	340	340	550	116	434	330	24	273	33
40-44岁	334	334	472	80	392	264	14	212	38
45-49岁	451	451	476	76	400	253	17	196	40
50-54岁	560	560	436	49	387	212	13	166	33
55-59岁	540	540	347	25	322	183	28	131	24
60-64岁	281	281	72	4	68	20	1	16	3
65-69岁	123	123	36	3	33	6		6	
70-74岁	17	17	5		5	1		1	
75岁及以上	4	4	2		2	1		1	
女	**3146**	**3146**	**2638**	**100**	**2538**	**1220**	**97**	**939**	**184**
16-19岁	14	14	29		29	4	1	3	
20-24岁	172	172	309	6	303	139	15	95	29
25-29岁	404	404	574	12	562	268	14	225	29
30-34岁	500	500	559	25	534	325	19	262	44
35-39岁	425	425	369	13	356	174	19	130	25
40-44岁	497	497	315	14	301	143	12	113	18
45-49岁	553	553	306	15	291	104	9	69	26
50-54岁	343	343	124	10	114	46	4	33	9
55-59岁	160	160	43	3	40	15	4	8	3
60-64岁	45	45	7	2	5	2		1	1
65-69岁	31	31	2		2				
70-74岁	1	1	1		1				
75岁及以上	1	1							

4-5 续表 10 单位：人

年龄组 性别	水利、环境和公共设施管理业					居民服务、修理和其他服务业			
	小计	水利管理业	生态保护和环境治理业	公共设施管理业	土地管理业	小计	居民服务业	机动车、电子产品和日用产品修理业	其他服务业
总计	**4444**	**482**	**356**	**3546**	**60**	**9487**	**5290**	**3423**	**774**
16-19岁	3			3		413	246	164	3
20-24岁	97	9	20	66	2	1184	644	510	30
25-29岁	290	49	42	190	9	1589	848	680	61
30-34岁	421	62	54	294	11	1663	896	692	75
35-39岁	424	57	43	317	7	1259	688	466	105
40-44岁	609	72	43	482	12	1067	626	313	128
45-49岁	851	81	52	709	9	1054	608	299	147
50-54岁	790	77	51	658	4	713	426	175	112
55-59岁	590	64	39	481	6	341	210	78	53
60-64岁	209	7	9	193		116	54	29	33
65-69岁	134	3	3	128		58	23	12	23
70-74岁	21			21		20	16	2	2
75岁及以上	5	1		4		10	5	3	2
男	**2503**	**362**	**262**	**1837**	**42**	**5039**	**1811**	**2935**	**293**
16-19岁	1			1		306	143	161	2
20-24岁	66	7	15	43	1	775	282	478	15
25-29岁	182	32	25	119	6	947	319	598	30
30-34岁	242	44	36	156	6	914	291	587	36
35-39岁	222	35	30	152	5	610	196	385	29
40-44岁	272	47	30	185	10	445	156	244	45
45-49岁	359	60	34	259	6	432	166	239	27
50-54岁	450	67	43	338	2	305	127	135	43
55-59岁	414	59	38	311	6	167	84	64	19
60-64岁	161	7	8	146		74	22	28	24
65-69岁	111	3	3	105		43	13	11	19
70-74岁	18			18		13	9	2	2
75岁及以上	5	1		4		8	3	3	2
女	**1941**	**120**	**94**	**1709**	**18**	**4448**	**3479**	**488**	**481**
16-19岁	2			2		107	103	3	1
20-24岁	31	2	5	23	1	409	362	32	15
25-29岁	108	17	17	71	3	642	529	82	31
30-34岁	179	18	18	138	5	749	605	105	39
35-39岁	202	22	13	165	2	649	492	81	76
40-44岁	337	25	13	297	2	622	470	69	83
45-49岁	492	21	18	450	3	622	442	60	120
50-54岁	340	10	8	320	2	408	299	40	69
55-59岁	176	5	1	170		174	126	14	34
60-64岁	48		1	47		42	32	1	9
65-69岁	23			23		15	10	1	4
70-74岁	3			3		7	7		
75岁及以上						2	2		

4-5 续表 11

单位：人

年龄组 性 别	教育		卫生和社会工作			文化、体育和娱乐业				
	小计	教育	小计	卫生	社会工作	小计	新闻和出版业	广播、电视、电影和录音制作业	文 化 艺术业	体育
总 计	**15758**	**15758**	**7931**	**7660**	**271**	**2673**	**334**	**282**	**488**	**306**
16-19岁	231	231	117	114	3	70	1	3	8	10
20-24岁	1788	1788	926	903	23	379	20	49	43	69
25-29岁	2831	2831	1606	1576	30	463	56	63	83	71
30-34岁	2809	2809	1498	1467	31	473	59	48	78	52
35-39岁	1982	1982	1149	1117	32	348	47	34	48	35
40-44岁	1722	1722	827	787	40	302	53	29	63	23
45-49岁	1788	1788	793	740	53	299	37	28	65	24
50-54岁	1565	1565	616	580	36	201	44	17	59	13
55-59岁	910	910	272	255	17	102	15	11	34	7
60-64岁	91	91	52	49	3	17	2		2	1
65-69岁	32	32	49	46	3	13			2	1
70-74岁	6	6	16	16		6			3	
75岁及以上	3	3	10	10						
男	**5159**	**5159**	**2161**	**2084**	**77**	**1416**	**161**	**142**	**211**	**175**
16-19岁	57	57	9	9		49	1	1	6	7
20-24岁	220	220	129	125	4	231	5	28	18	51
25-29岁	576	576	299	290	9	248	25	33	31	43
30-34岁	687	687	335	322	13	234	27	22	29	24
35-39岁	626	626	306	294	12	167	19	14	21	17
40-44岁	601	601	259	252	7	139	22	12	25	9
45-49岁	733	733	274	270	4	123	15	13	22	7
50-54岁	797	797	262	249	13	121	34	11	28	9
55-59岁	749	749	188	177	11	75	11	8	27	6
60-64岁	78	78	36	34	2	15	2		2	1
65-69岁	27	27	41	39	2	10				1
70-74岁	5	5	16	16		4			2	
75岁及以上	3	3	7	7						
女	**10599**	**10599**	**5770**	**5576**	**194**	**1257**	**173**	**140**	**277**	**131**
16-19岁	174	174	108	105	3	21		2	2	3
20-24岁	1568	1568	797	778	19	148	15	21	25	18
25-29岁	2255	2255	1307	1286	21	215	31	30	52	28
30-34岁	2122	2122	1163	1145	18	239	32	26	49	28
35-39岁	1356	1356	843	823	20	181	28	20	27	18
40-44岁	1121	1121	568	535	33	163	31	17	38	14
45-49岁	1055	1055	519	470	49	176	22	15	43	17
50-54岁	768	768	354	331	23	80	10	6	31	4
55-59岁	161	161	84	78	6	27	4	3	7	1
60-64岁	13	13	16	15	1	2				
65-69岁	5	5	8	7	1	3			2	
70-74岁	1	1				2			1	
75岁及以上			3	3						

4-5 续表 12 单位：人

年龄组 性别	娱乐业	公共管理、社会保障和社会组织 小计	中国共产党机关	国家机构	人民政协、民主党派	社会保障	群众团体、社会团体和其他成员组织	基层群众自治组织	国际组织 小计	国际组织
总　计	**1263**	**17808**	**390**	**13848**	**85**	**54**	**733**	**2698**		
16-19岁	48	35		22			3	10		
20-24岁	198	1231	22	1058	5	7	45	94		
25-29岁	190	2521	56	2164	8	6	65	222		
30-34岁	236	2480	60	2001	5	9	93	312		
35-39岁	184	1869	63	1452	2	9	76	267		
40-44岁	134	2422	43	1841	9	8	114	407		
45-49岁	145	2898	56	2179	18	12	118	515		
50-54岁	68	2254	53	1712	10	2	122	355		
55-59岁	35	1745	33	1265	27	1	65	354		
60-64岁	12	208	2	102	1		15	88		
65-69岁	10	102	1	36			12	53		
70-74岁	3	27		9			1	17		
75岁及以上		16	1	7			4	4		
男	**727**	**10332**	**266**	**8309**	**51**	**22**	**427**	**1257**		
16-19岁	34	27		21			3	3		
20-24岁	129	513	10	457	2	2	16	26		
25-29岁	116	1196	28	1087	3	2	25	51		
30-34岁	132	1216	37	1063	4	2	36	74		
35-39岁	96	1052	44	872		3	46	87		
40-44岁	71	1262	33	1013	5	3	64	144		
45-49岁	66	1591	40	1273	9	8	63	198		
50-54岁	39	1616	40	1241	6	2	91	236		
55-59岁	23	1541	31	1144	21		54	291		
60-64岁	10	185	1	92	1		12	79		
65-69岁	9	92	1	32			12	47		
70-74岁	2	27		9			1	17		
75岁及以上		14	1	5			4	4		
女	**536**	**7476**	**124**	**5539**	**34**	**32**	**306**	**1441**		
16-19岁	14	8		1				7		
20-24岁	69	718	12	601	3	5	29	68		
25-29岁	74	1325	28	1077	5	4	40	171		
30-34岁	104	1264	23	938	1	7	57	238		
35-39岁	88	817	19	580	2	6	30	180		
40-44岁	63	1160	10	828	4	5	50	263		
45-49岁	79	1307	16	906	9	4	55	317		
50-54岁	29	638	13	471	4		31	119		
55-59岁	12	204	2	121	6	1	11	63		
60-64岁	2	23	1	10			3	9		
65-69岁	1	10		4				6		
70-74岁	1									
75岁及以上		2		2						

4-5a 全区分年龄、性别、行业大类的就业人口(城市)

单位：人

年龄组 性 别	合计	农、林、牧、渔业						采矿业	
		小计	农业	林业	畜牧业	渔业	农、林、牧、渔专业及辅助性活动	小计	煤炭开采和洗选业
总 计	**127668**	**3603**	**2238**	**115**	**1088**	**27**	**135**	**4329**	**2783**
16-19岁	1408	22	10		11		1	5	3
20-24岁	8930	98	37	2	55	1	3	87	52
25-29岁	17878	229	106	7	99	2	15	333	210
30-34岁	22925	367	202	14	126	6	19	726	518
35-39岁	19156	477	275	12	166	3	21	720	456
40-44岁	18260	593	366	13	195	2	17	850	477
45-49岁	18600	649	417	24	181	6	21	878	571
50-54岁	12824	602	419	23	128	7	25	536	396
55-59岁	6153	358	262	16	70		10	177	91
60-64岁	985	117	79	2	34		2	11	6
65-69岁	424	68	47	2	18		1	5	3
70-74岁	81	14	10		4			1	
75岁及以上	44	9	8		1				
男	**75561**	**2342**	**1374**	**83**	**769**	**22**	**94**	**3498**	**2415**
16-19岁	904	20	8		11		1	4	2
20-24岁	4819	69	26	2	39	1	1	67	46
25-29岁	9783	167	77	6	73	2	9	274	190
30-34岁	13001	248	124	9	96	6	13	608	457
35-39岁	11022	299	160	9	114	3	13	571	392
40-44岁	10217	382	223	8	142	1	8	604	376
45-49岁	10678	399	245	15	118	4	17	677	479
50-54岁	8861	363	240	17	81	5	20	506	377
55-59岁	5080	252	177	14	52		9	173	89
60-64岁	767	75	47	2	24		2	9	5
65-69岁	332	53	35	1	16		1	4	2
70-74岁	65	8	6		2			1	
75岁及以上	32	7	6		1				
女	**52107**	**1261**	**864**	**32**	**319**	**5**	**41**	**831**	**368**
16-19岁	504	2	2					1	1
20-24岁	4111	29	11		16		2	20	6
25-29岁	8095	62	29	1	26		6	59	20
30-34岁	9924	119	78	5	30		6	118	61
35-39岁	8134	178	115	3	52		8	149	64
40-44岁	8043	211	143	5	53	1	9	246	101
45-49岁	7922	250	172	9	63	2	4	201	92
50-54岁	3963	239	179	6	47	2	5	30	19
55-59岁	1073	106	85	2	18		1	4	2
60-64岁	218	42	32		10			2	1
65-69岁	92	15	12	1	2			1	1
70-74岁	16	6	4		2				
75岁及以上	12	2	2						

4-5a　续表 1　　　　单位：人

年龄组 性　别	采矿业						制造业		
	石油和天然气开采业	黑色金属矿采选业	有色金属矿采选业	非金属矿采选业	开采专业及辅助性活　动	其　他采矿业	小计	农副食品加工业	食　品制造业
总　计	**1237**	**17**	**7**	**105**	**161**	**19**	**14785**	**512**	**802**
16－19岁	1				1		111	4	11
20－24岁	27		1	7			1225	26	88
25－29岁	80	4		24	14	1	2261	71	158
30－34岁	150	3	1	23	27	4	2869	96	159
35－39岁	216	3	1	14	27	3	2041	71	109
40－44岁	314	3		12	40	4	1970	92	125
45－49岁	254	2	1	15	32	3	2170	67	85
50－54岁	110	2	2	5	18	3	1538	49	46
55－59岁	78		1	4	2	1	493	24	18
60－64岁	5						68	6	2
65－69岁	1			1			29	5	
70－74岁	1						4	1	
75岁及以上							6		1
男	**835**	**13**	**3**	**83**	**132**	**17**	**10727**	**316**	**438**
16－19岁	1				1		86	1	3
20－24岁	18			3			931	15	50
25－29岁	52	3		20	8	1	1686	47	89
30－34岁	101	3		20	23	4	2048	54	87
35－39岁	141	1		11	24	2	1366	50	49
40－44岁	182	2		10	31	3	1250	47	61
45－49岁	156	2		10	27	3	1501	43	48
50－54岁	101	2	2	5	16	3	1306	32	35
55－59岁	77		1	3	2	1	457	18	13
60－64岁	4						60	3	2
65－69岁	1			1			27	5	
70－74岁	1						4	1	
75岁及以上							5		1
女	**402**	**4**	**4**	**22**	**29**	**2**	**4058**	**196**	**364**
16－19岁							25	3	8
20－24岁	9		1	4			294	11	38
25－29岁	28	1		4	6		575	24	69
30－34岁	49		1	3	4		821	42	72
35－39岁	75	2	1	3	3	1	675	21	60
40－44岁	132	1		2	9	1	720	45	64
45－49岁	98		1	5	5		669	24	37
50－54岁	9				2		232	17	11
55－59岁	1			1			36	6	5
60－64岁	1						8	3	
65－69岁							2		
70－74岁									
75岁及以上							1		

4-5a 续表 2 单位：人

年龄组 性 别	制造业								
	酒、饮料和精制茶制造业	烟 草制品业	纺织业	纺织服装、服饰业	皮革、毛皮、羽毛及其制品和制鞋业	木材加工和木、竹、藤、棕、草制品业	家 具制造业	造纸和纸制品业	印刷和记录媒介复制业
总 计	**212**	**53**	**406**	**236**	**41**	**84**	**115**	**223**	**190**
16-19岁			4	1			1		3
20-24岁	11	1	21	8	3	3	8	13	12
25-29岁	37	7	42	23	3	13	15	27	25
30-34岁	51	14	68	30	4	18	28	37	36
35-39岁	33	7	87	37	8	18	20	42	25
40-44岁	19	6	86	59	10	8	10	38	42
45-49岁	29	11	63	45	7	12	17	42	26
50-54岁	21	6	26	24	4	9	13	21	15
55-59岁	4	1	7	5	2	3	2	3	5
60-64岁	6		1	2					1
65-69岁	1		1	1			1		
70-74岁									
75岁及以上				1					
男	**133**	**35**	**137**	**43**	**18**	**63**	**91**	**121**	**105**
16-19岁			3	1			1		2
20-24岁	3	1	9	1	3	1	7	11	7
25-29岁	19	6	16	4	1	8	14	13	15
30-34岁	34	7	24	4	1	13	22	18	25
35-39岁	19	6	23	4	4	14	17	17	13
40-44岁	15	2	17	3	1	6	4	16	21
45-49岁	18	6	25	12	4	10	12	26	8
50-54岁	16	6	12	8	2	9	11	17	9
55-59岁	3	1	6	4	2	2	2	3	4
60-64岁	5		1	1					1
65-69岁	1		1	1			1		
70-74岁									
75岁及以上									
女	**79**	**18**	**269**	**193**	**23**	**21**	**24**	**102**	**85**
16-19岁			1						1
20-24岁	8		12	7		2	1	2	5
25-29岁	18	1	26	19	2	5	1	14	10
30-34岁	17	7	44	26	3	5	6	19	11
35-39岁	14	1	64	33	4	4	3	25	12
40-44岁	4	4	69	56	9	2	6	22	21
45-49岁	11	5	38	33	3	2	5	16	18
50-54岁	5		14	16	2		2	4	6
55-59岁	1		1	1		1			1
60-64岁	1			1					
65-69岁									
70-74岁									
75岁及以上				1					

4-5a 续表 3 单位：人

年龄组 性别	制造业								
	文教、工美、体育和娱乐用品制造业	石油、煤炭及其他燃料加工业	化学原料和化学制品制造业	医药制造业	化学纤维制造业	橡胶和塑料制品业	非金属矿物制品业	黑色金属冶炼和压延加工业	有色金属冶炼和压延加工业
总计	**54**	**1647**	**2310**	**252**	**17**	**291**	**992**	**878**	**676**
16-19岁		5	5				4	1	1
20-24岁	2	79	142	20	6	22	55	55	26
25-29岁	12	235	336	48	7	30	126	90	84
30-34岁	8	343	481	54	1	48	159	140	142
35-39岁	7	231	332	44	2	46	137	126	94
40-44岁	12	203	281	29		60	140	143	107
45-49岁	4	255	394	32		46	184	179	114
50-54岁	7	223	240	17	1	29	126	115	90
55-59岁	1	60	84	7		9	50	27	15
60-64岁	1	10	6			1	8	2	3
65-69岁		3	7				2		
70-74岁			1				1		
75岁及以上			1	1					
男	**31**	**1297**	**1752**	**145**	**11**	**173**	**751**	**693**	**527**
16-19岁		4	4				4	1	1
20-24岁	2	61	103	13	5	16	40	47	20
25-29岁	8	182	265	28	4	19	98	77	65
30-34岁	5	271	350	24		29	110	108	108
35-39岁	5	164	235	25	1	27	103	93	68
40-44岁	2	150	210	16		33	104	95	71
45-49岁	1	197	285	18		22	126	139	90
50-54岁	6	197	203	15	1	19	108	106	87
55-59岁	1	58	82	5		7	47	25	15
60-64岁	1	10	6			1	8	2	2
65-69岁		3	7				2		
70-74岁			1				1		
75岁及以上			1	1					
女	**23**	**350**	**558**	**107**	**6**	**118**	**241**	**185**	**149**
16-19岁		1	1						
20-24岁		18	39	7	1	6	15	8	6
25-29岁	4	53	71	20	3	11	28	13	19
30-34岁	3	72	131	30	1	19	49	32	34
35-39岁	2	67	97	19	1	19	34	33	26
40-44岁	10	53	71	13		27	36	48	36
45-49岁	3	58	109	14		24	58	40	24
50-54岁	1	26	37	2		10	18	9	3
55-59岁		2	2	2		2	3	2	
60-64岁									1
65-69岁									
70-74岁									
75岁及以上									

4-5a 续表 4 单位：人

年龄组 性别	制造业								
	金属制品业	通用设备制造业	专用设备制造业	汽车制造业	铁路、船舶、航空航天和其他运输设备制造业	电气机械和器材制造业	计算机、通信和其他电子设备制造业	仪器仪表制造业	其他制造业
总计	**939**	**1019**	**614**	**49**	**20**	**512**	**964**	**213**	**46**
16-19岁	7	4	3	1	1	12	36	2	
20-24岁	50	74	49	10	3	89	306	22	1
25-29岁	122	141	76	11	3	110	312	36	5
30-34岁	172	223	118	11	4	107	175	44	11
35-39岁	150	127	84	4		65	50	14	9
40-44岁	147	107	80	6	1	45	42	19	3
45-49岁	137	146	85	2	4	52	30	39	9
50-54岁	110	138	82	3	2	19	8	26	5
55-59岁	39	53	30	1	1	10	3	10	1
60-64岁	2	5	4		1	1	2	1	1
65-69岁	3	1	2			1			
70-74岁			1						
75岁及以上						1			1
男	**781**	**831**	**479**	**37**	**17**	**383**	**766**	**163**	**33**
16-19岁	7	4	3	1	1	7	31	2	
20-24岁	45	65	39	8	2	69	254	15	1
25-29岁	105	118	55	8	3	86	255	24	4
30-34岁	144	180	91	7	4	80	130	38	7
35-39岁	121	97	56	3		49	37	13	5
40-44岁	112	79	56	4		35	34	11	2
45-49岁	107	109	68	2	3	31	16	27	7
50-54岁	99	125	75	3	2	15	4	22	4
55-59岁	37	49	30	1	1	9	3	10	1
60-64岁	2	4	3		1	1	2	1	1
65-69岁	2	1	2						
70-74岁			1						
75岁及以上						1			1
女	**158**	**188**	**135**	**12**	**3**	**129**	**198**	**50**	**13**
16-19岁						5	5		
20-24岁	5	9	10	2	1	20	52	7	
25-29岁	17	23	21	3		24	57	12	1
30-34岁	28	43	27	4		27	45	6	4
35-39岁	29	30	28	1		16	13	1	4
40-44岁	35	28	24	2	1	10	8	8	1
45-49岁	30	37	17		1	21	14	12	2
50-54岁	11	13	7			4	4	4	1
55-59岁	2	4				1			
60-64岁		1	1						
65-69岁	1					1			
70-74岁									
75岁及以上									

4-5a 续表 5

单位：人

年龄组 性 别	制造业		电力、热力、燃气及水生产和供应业				建筑业		
	废弃资源综合利用业	金属制品、机械和设备修理业	小计	电力、热力生产和供应业	燃气生产和供应业	水的生产和供应业	小计	房屋建筑业	土木工程建筑业
总 计	**123**	**295**	**3985**	**3247**	**354**	**384**	**13551**	**7099**	**1823**
16–19岁	3	2	12	12			57	25	10
20–24岁	6	14	207	182	11	14	605	272	95
25–29岁	17	39	557	439	58	60	1542	710	249
30–34岁	23	64	722	598	62	62	2421	1183	339
35–39岁	18	44	530	424	57	49	2204	1112	274
40–44岁	17	33	544	436	54	54	2120	1120	260
45–49岁	18	36	692	546	60	86	2167	1250	273
50–54岁	14	49	485	417	29	39	1604	923	212
55–59岁	4	14	223	185	21	17	678	415	89
60–64岁	2		10	6	2	2	119	67	19
65–69岁	1		3	2		1	25	17	2
70–74岁							6	4	
75岁及以上							3	1	1
男	**97**	**260**	**2894**	**2412**	**236**	**246**	**11310**	**5979**	**1480**
16–19岁	3	2	10	10			50	25	8
20–24岁	5	13	153	131	9	13	485	221	68
25–29岁	15	35	424	339	42	43	1231	572	195
30–34岁	17	56	530	450	40	40	2017	983	270
35–39岁	14	34	367	307	35	25	1824	938	219
40–44岁	12	31	340	284	32	24	1748	930	212
45–49岁	13	28	441	357	35	49	1763	1014	215
50–54岁	11	47	405	350	22	33	1421	823	189
55–59岁	4	14	214	178	20	16	633	392	86
60–64岁	2		7	4	1	2	107	62	15
65–69岁	1		3	2		1	22	14	2
70–74岁							6	4	
75岁及以上							3	1	1
女	**26**	**35**	**1091**	**835**	**118**	**138**	**2241**	**1120**	**343**
16–19岁			2	2			7		2
20–24岁	1	1	54	51	2	1	120	51	27
25–29岁	2	4	133	100	16	17	311	138	54
30–34岁	6	8	192	148	22	22	404	200	69
35–39岁	4	10	163	117	22	24	380	174	55
40–44岁	5	2	204	152	22	30	372	190	48
45–49岁	5	8	251	189	25	37	404	236	58
50–54岁	3	2	80	67	7	6	183	100	23
55–59岁			9	7	1	1	45	23	3
60–64岁			3	2	1		12	5	4
65–69岁							3	3	
70–74岁									
75岁及以上									

4-5a 续表 6

单位：人

年龄组 性别	建筑业		批发和零售业			交通运输、仓储和邮政业			
	建筑安装业	建筑装饰、装修和其他建筑业	小计	批发业	零售业	小计	铁路运输业	道路运输业	水上运输业
总计	**803**	**3826**	**20737**	**4764**	**15973**	**9329**	**1378**	**6498**	**6**
16-19岁	3	19	193	31	162	57	19	13	
20-24岁	42	196	1273	247	1026	422	132	169	
25-29岁	102	481	2663	638	2025	1091	282	485	4
30-34岁	155	744	3909	909	3000	1442	164	1000	1
35-39岁	139	679	3524	785	2739	1646	128	1322	
40-44岁	133	607	3369	728	2641	1712	108	1427	
45-49岁	102	542	3071	694	2377	1599	236	1182	1
50-54岁	84	385	1759	471	1288	945	198	643	
55-59岁	36	138	713	187	526	380	107	237	
60-64岁	3	30	159	40	119	27	3	17	
65-69岁	3	3	76	22	54	5		3	
70-74岁		2	16	6	10	1			
75岁及以上	1		12	6	6	2	1		
男	**710**	**3141**	**9386**	**3031**	**6355**	**7698**	**1019**	**5575**	**5**
16-19岁	2	15	91	23	68	38	5	10	
20-24岁	37	159	580	150	430	295	73	127	
25-29岁	87	377	1185	392	793	809	176	393	4
30-34岁	137	627	1722	581	1141	1157	129	825	1
35-39岁	118	549	1490	481	1009	1406	99	1162	
40-44岁	120	486	1383	436	947	1402	75	1205	
45-49岁	90	444	1276	407	869	1324	173	1012	
50-54岁	81	328	979	350	629	862	179	593	
55-59岁	33	122	486	148	338	371	106	229	
60-64岁	1	29	121	37	84	26	3	16	
65-69岁	3	3	53	17	36	5		3	
70-74岁		2	13	5	8	1			
75岁及以上	1		7	4	3	2	1		
女	**93**	**685**	**11351**	**1733**	**9618**	**1631**	**359**	**923**	**1**
16-19岁	1	4	102	8	94	19	14	3	
20-24岁	5	37	693	97	596	127	59	42	
25-29岁	15	104	1478	246	1232	282	106	92	
30-34岁	18	117	2187	328	1859	285	35	175	
35-39岁	21	130	2034	304	1730	240	29	160	
40-44岁	13	121	1986	292	1694	310	33	222	
45-49岁	12	98	1795	287	1508	275	63	170	1
50-54岁	3	57	780	121	659	83	19	50	
55-59岁	3	16	227	39	188	9	1	8	
60-64岁	2	1	38	3	35	1		1	
65-69岁			23	5	18				
70-74岁			3	1	2				
75岁及以上			5	2	3				

4-5a 续表 7

单位：人

年龄组 性别	交通运输、仓储和邮政业					住宿和餐饮业		
	航空运输业	管道运输业	多式联运和运输代理业	装卸搬运和仓储业	邮政业	小计	住宿业	餐饮业
总计	**205**	**29**	**82**	**293**	**838**	**7842**	**1056**	**6786**
16-19岁	1		1	3	20	439	24	415
20-24岁	21		3	14	83	907	111	796
25-29岁	71	3	12	24	210	1043	124	919
30-34岁	42	1	16	39	179	1359	164	1195
35-39岁	21	5	13	47	110	1127	154	973
40-44岁	18	5	11	52	91	1045	127	918
45-49岁	18	8	13	55	86	1020	182	838
50-54岁	7	2	12	41	42	609	109	500
55-59岁	5	5	1	11	14	231	48	183
60-64岁	1			4	2	44	8	36
65-69岁				1	1	15	5	10
70-74岁				1		3		3
75岁及以上				1				
男	**129**	**25**	**67**	**253**	**625**	**3889**	**391**	**3498**
16-19岁			1	3	19	340	15	325
20-24岁	12		2	13	68	576	41	535
25-29岁	42	1	11	21	161	574	42	532
30-34岁	26	1	12	31	132	683	57	626
35-39岁	14	5	11	40	75	562	61	501
40-44岁	12	5	6	41	58	421	33	388
45-49岁	11	6	12	47	63	343	50	293
50-54岁	6	2	11	39	32	238	51	187
55-59岁	5	5	1	11	14	117	32	85
60-64岁	1			4	2	23	6	17
65-69岁				1	1	10	3	7
70-74岁				1		2		2
75岁及以上				1				
女	**76**	**4**	**15**	**40**	**213**	**3953**	**665**	**3288**
16-19岁	1				1	99	9	90
20-24岁	9		1	1	15	331	70	261
25-29岁	29	2	1	3	49	469	82	387
30-34岁	16		4	8	47	676	107	569
35-39岁	7		2	7	35	565	93	472
40-44岁	6		5	11	33	624	94	530
45-49岁	7	2	1	8	23	677	132	545
50-54岁	1		1	2	10	371	58	313
55-59岁						114	16	98
60-64岁						21	2	19
65-69岁						5	2	3
70-74岁						1		1
75岁及以上								

4-5a 续表 8

单位：人

年龄组 性别	信息传输、软件和信息技术服务业				金融业				
	小计	电信、广播电视和卫星传输服务	互联网和相关服务	软件和信息技术服务业	小计	货币金融服务	资本市场服务	保险业	其他金融业
总计	**2979**	**1285**	**705**	**989**	**3890**	**2119**	**155**	**1438**	**178**
16-19岁	60	29	15	16	13	2	2	6	3
20-24岁	402	121	130	151	229	116	6	93	14
25-29岁	709	254	186	269	698	347	36	266	49
30-34岁	649	255	135	259	845	462	40	302	41
35-39岁	453	200	107	146	640	334	24	260	22
40-44岁	310	191	55	64	428	176	20	214	18
45-49岁	218	126	47	45	484	286	14	171	13
50-54岁	119	75	19	25	376	261	11	92	12
55-59岁	53	31	11	11	161	124	1	30	6
60-64岁	5	3		2	9	5	1	3	
65-69岁	1			1	4	3		1	
70-74岁					1	1			
75岁及以上					2	2			
男	**1884**	**702**	**491**	**691**	**1648**	**971**	**85**	**495**	**97**
16-19岁	28	8	11	9	8	1	1	5	1
20-24岁	251	75	84	92	86	37	2	42	5
25-29岁	450	136	132	182	290	135	20	107	28
30-34岁	410	124	100	186	348	190	19	116	23
35-39岁	282	100	70	112	259	163	12	71	13
40-44岁	182	96	39	47	134	62	13	51	8
45-49岁	138	80	28	30	184	123	8	47	6
50-54岁	88	52	16	20	182	131	8	35	8
55-59岁	50	29	11	10	146	120	1	20	5
60-64岁	4	2		2	6	4	1	1	
65-69岁	1			1	2	2			
70-74岁					1	1			
75岁及以上					2	2			
女	**1095**	**583**	**214**	**298**	**2242**	**1148**	**70**	**943**	**81**
16-19岁	32	21	4	7	5	1	1	1	2
20-24岁	151	46	46	59	143	79	4	51	9
25-29岁	259	118	54	87	408	212	16	159	21
30-34岁	239	131	35	73	497	272	21	186	18
35-39岁	171	100	37	34	381	171	12	189	9
40-44岁	128	95	16	17	294	114	7	163	10
45-49岁	80	46	19	15	300	163	6	124	7
50-54岁	31	23	3	5	194	130	3	57	4
55-59岁	3	2		1	15	4		10	1
60-64岁	1	1			3	1		2	
65-69岁					2	1		1	
70-74岁									
75岁及以上									

4-5a　续表 9　　　　单位：人

年龄组 性　别	房地产业 小计	房地产业	租赁和商务服务业 小计	租赁业	商　务 服务业	科学研究和技术服务业 小计	研究和 试验发展	专业技术 服务业	科技推广 和应用 服务业
总　计	**4158**	**4158**	**3937**	**386**	**3551**	**2641**	**200**	**2074**	**367**
16−19岁	16	16	39	5	34	7	1	5	1
20−24岁	246	246	349	22	327	198	16	144	38
25−29岁	494	494	715	66	649	469	27	379	63
30−34岁	630	630	797	93	704	647	42	510	95
35−39岁	491	491	579	68	511	390	33	311	46
40−44岁	511	511	469	37	432	305	19	246	40
45−49岁	606	606	448	46	402	272	24	207	41
50−54岁	511	511	305	32	273	185	13	147	25
55−59岁	385	385	202	16	186	149	25	110	14
60−64岁	168	168	23		23	13		9	4
65−69岁	86	86	9	1	8	4		4	
70−74岁	11	11	2		2	1		1	
75岁及以上	3	3				1		1	
男	**2276**	**2276**	**2298**	**323**	**1975**	**1739**	**123**	**1380**	**236**
16−19岁	11	11	27	5	22	4		3	1
20−24岁	147	147	161	18	143	109	6	83	20
25−29岁	251	251	349	58	291	288	17	226	45
30−34岁	323	323	446	74	372	402	27	318	57
35−39岁	227	227	329	58	271	251	19	206	26
40−44岁	212	212	271	31	240	190	7	157	26
45−49岁	270	270	260	36	224	190	15	149	26
50−54岁	322	322	242	28	214	150	10	120	20
55−59岁	296	296	180	14	166	138	22	104	12
60−64岁	140	140	22		22	11		8	3
65−69岁	65	65	9	1	8	4		4	
70−74岁	10	10	2		2	1		1	
75岁及以上	2	2				1		1	
女	**1882**	**1882**	**1639**	**63**	**1576**	**902**	**77**	**694**	**131**
16−19岁	5	5	12		12	3	1	2	
20−24岁	99	99	188	4	184	89	10	61	18
25−29岁	243	243	366	8	358	181	10	153	18
30−34岁	307	307	351	19	332	245	15	192	38
35−39岁	264	264	250	10	240	139	14	105	20
40−44岁	299	299	198	6	192	115	12	89	14
45−49岁	336	336	188	10	178	82	9	58	15
50−54岁	189	189	63	4	59	35	3	27	5
55−59岁	89	89	22	2	20	11	3	6	2
60−64岁	28	28	1		1	2		1	1
65−69岁	21	21							
70−74岁	1	1							
75岁及以上	1	1							

4-5a 续表 10　　　　单位：人

年龄组 性别	水利、环境和公共设施管理业					居民服务、修理和其他服务业			
	小计	水利管理业	生态保护和环境治理业	公共设施管理业	土地管理业	小计	居民服务业	机动车、电子产品和日用产品修理业	其他服务业
总计	**1723**	**232**	**142**	**1323**	**26**	**4597**	**2883**	**1410**	**304**
16-19岁	2			2		195	133	61	1
20-24岁	45	4	13	28		526	334	176	16
25-29岁	139	25	20	88	6	723	424	271	28
30-34岁	198	33	28	130	7	821	493	299	29
35-39岁	201	32	23	143	3	648	391	210	47
40-44岁	264	31	16	212	5	572	359	154	59
45-49岁	347	38	21	284	4	554	357	136	61
50-54岁	268	30	10	228		355	245	68	42
55-59岁	196	39	9	147	1	147	112	24	11
60-64岁	41		1	40		38	24	8	6
65-69岁	21		1	20		13	7	2	4
70-74岁	1			1		4	4		
75岁及以上						1		1	
男	**983**	**167**	**93**	**707**	**16**	**2265**	**956**	**1201**	**108**
16-19岁						130	70	59	1
20-24岁	32	3	10	19		315	145	163	7
25-29岁	82	15	11	53	3	400	152	234	14
30-34岁	114	21	17	73	3	423	154	255	14
35-39岁	115	20	15	77	3	296	109	174	13
40-44岁	139	21	10	104	4	244	100	121	23
45-49岁	136	27	10	97	2	227	104	113	10
50-54岁	155	25	9	121		134	65	53	16
55-59岁	159	35	9	114	1	65	43	18	4
60-64岁	34		1	33		19	8	8	3
65-69岁	16		1	15		10	5	2	3
70-74岁	1			1		1	1		
75岁及以上						1		1	
女	**740**	**65**	**49**	**616**	**10**	**2332**	**1927**	**209**	**196**
16-19岁	2			2		65	63	2	
20-24岁	13	1	3	9		211	189	13	9
25-29岁	57	10	9	35	3	323	272	37	14
30-34岁	84	12	11	57	4	398	339	44	15
35-39岁	86	12	8	66		352	282	36	34
40-44岁	125	10	6	108	1	328	259	33	36
45-49岁	211	11	11	187	2	327	253	23	51
50-54岁	113	5	1	107		221	180	15	26
55-59岁	37	4		33		82	69	6	7
60-64岁	7			7		19	16		3
65-69岁	5			5		3	2		1
70-74岁						3	3		
75岁及以上									

4-5a　续表 11　　　　单位：人

年龄组 性　别	教育		卫生和社会工作			文化、体育和娱乐业				
	小计	教育	小计	卫生	社会工作	小计	新闻和出版业	广播、电视、电影和录音制作业	文　化艺术业	体育
总　计	**9127**	**9127**	**4855**	**4701**	**154**	**1847**	**269**	**209**	**336**	**200**
16-19岁	74	74	54	52	2	41		1	5	6
20-24岁	858	858	457	447	10	234	14	32	30	32
25-29岁	1614	1614	959	941	18	327	40	44	55	52
30-34岁	1705	1705	981	961	20	326	49	34	53	37
35-39岁	1263	1263	786	761	25	260	38	31	37	26
40-44岁	1051	1051	511	492	19	230	47	26	41	18
45-49岁	1073	1073	523	495	28	206	31	19	47	18
50-54岁	923	923	375	356	19	137	36	13	40	6
55-59岁	509	509	159	149	10	68	13	9	25	4
60-64岁	41	41	24	22	2	7	1		1	
65-69岁	14	14	18	17	1	8			1	1
70-74岁	2	2	6	6		3			1	
75岁及以上			2	2						
男	**2910**	**2910**	**1320**	**1272**	**48**	**974**	**129**	**104**	**144**	**112**
16-19岁	12	12	7	7		28		1	5	3
20-24岁	111	111	72	71	1	142	5	18	14	23
25-29岁	340	340	196	188	8	175	18	26	19	30
30-34岁	423	423	221	212	9	164	23	14	19	19
35-39岁	379	379	204	196	8	129	13	12	17	14
40-44岁	335	335	147	142	5	110	20	10	18	8
45-49岁	419	419	181	179	2	82	12	9	15	6
50-54岁	441	441	145	138	7	79	28	8	16	5
55-59岁	408	408	113	106	7	49	9	6	19	3
60-64岁	32	32	15	14	1	7	1		1	
65-69岁	9	9	13	13		7				1
70-74岁	1	1	6	6		2			1	
75岁及以上										
女	**6217**	**6217**	**3535**	**3429**	**106**	**873**	**140**	**105**	**192**	**88**
16-19岁	62	62	47	45	2	13				3
20-24岁	747	747	385	376	9	92	9	14	16	9
25-29岁	1274	1274	763	753	10	152	22	18	36	22
30-34岁	1282	1282	760	749	11	162	26	20	34	18
35-39岁	884	884	582	565	17	131	25	19	20	12
40-44岁	716	716	364	350	14	120	27	16	23	10
45-49岁	654	654	342	316	26	124	19	10	32	12
50-54岁	482	482	230	218	12	58	8	5	24	1
55-59岁	101	101	46	43	3	19	4	3	6	1
60-64岁	9	9	9	8	1					
65-69岁	5	5	5	4	1	1			1	
70-74岁	1	1				1				
75岁及以上			2	2						

4-5a 续表 12 单位：人

年龄组 性　别	娱乐业	公共管理、社会保障和社会组织							国际组织	
		小计	中国共产党机关	国家机构	人民政协、民主党派	社会保障	群众团体、社会团体和其他成员组织	基层群众自治组织	小计	国际组织
总　计	**833**	**9753**	**268**	**8223**	**57**	**31**	**405**	**769**		
16-19岁	29	11		8				3		
20-24岁	126	562	10	501	4	2	22	23		
25-29岁	136	1312	36	1155	4	3	39	75		
30-34岁	153	1511	43	1279	5	5	57	122		
35-39岁	128	1176	53	965	2	6	46	104		
40-44岁	98	1406	27	1147	7	7	70	148		
45-49岁	91	1623	40	1313	14	5	72	179		
50-54岁	42	1192	37	1040	8	2	54	51		
55-59岁	17	871	21	752	13	1	36	48		
60-64岁	5	61		46			7	8		
65-69岁	6	20	1	13			2	4		
70-74岁	2	5		1				4		
75岁及以上		3		3						
男	**485**	**5520**	**182**	**4892**	**32**	**11**	**209**	**194**		
16-19岁	19	10		8				2		
20-24岁	82	237	5	214	2		10	6		
25-29岁	82	612	19	564	1	2	14	12		
30-34岁	89	714	24	652	4	1	18	15		
35-39岁	73	666	37	580		1	25	23		
40-44岁	54	723	23	633	3	2	36	26		
45-49岁	40	867	28	765	8	3	36	27		
50-54岁	22	843	26	744	4	2	35	32		
55-59岁	12	773	19	678	10		28	38		
60-64岁	5	49		39			5	5		
65-69岁	6	19	1	12			2	4		
70-74岁	1	5		1				4		
75岁及以上		2		2						
女	**348**	**4233**	**86**	**3331**	**25**	**20**	**196**	**575**		
16-19岁	10	1						1		
20-24岁	44	325	5	287	2	2	12	17		
25-29岁	54	700	17	591	3	1	25	63		
30-34岁	64	797	19	627	1	4	39	107		
35-39岁	55	510	16	385	2	5	21	81		
40-44岁	44	683	4	514	4	5	34	122		
45-49岁	51	756	12	548	6	2	36	152		
50-54岁	20	349	11	296	4		19	19		
55-59岁	5	98	2	74	3	1	8	10		
60-64岁		12		7			2	3		
65-69岁		1		1						
70-74岁	1									
75岁及以上		1		1						

4-5b　全区分年龄、性别、行业大类的就业人口(镇)

单位：人

年龄组 性　别	合计	农、林、牧、渔业						采矿业	
		小计	农业	林业	畜牧业	渔业	农、林、牧、渔专业及辅助性活动	小计	煤炭开采和洗选业
总　计	**71735**	**6217**	**4507**	**135**	**1353**	**29**	**193**	**1991**	**1723**
16-19岁	745	37	19		17		1	1	
20-24岁	4884	174	110	5	56		3	66	54
25-29岁	9512	379	221	3	135	2	18	247	214
30-34岁	12397	520	341	8	140	6	25	460	397
35-39岁	10598	691	487	22	155	1	26	357	309
40-44岁	10304	850	618	26	173	2	31	282	243
45-49岁	10405	1130	854	27	202	4	43	299	269
50-54岁	7295	1048	787	22	213	7	19	195	169
55-59岁	3872	749	576	13	141	5	14	70	57
60-64岁	1013	332	253	6	62	1	10	10	7
65-69岁	506	208	168	1	35	1	3	3	3
70-74岁	142	69	54	2	13			1	1
75岁及以上	62	30	19		11				
男	**44667**	**3747**	**2546**	**91**	**964**	**23**	**123**	**1817**	**1582**
16-19岁	508	26	10		15		1	1	
20-24岁	2735	100	58	2	39		1	58	47
25-29岁	5614	237	127	3	93	2	12	228	197
30-34岁	7546	317	179	5	110	4	19	434	376
35-39岁	6609	416	273	14	111	1	17	322	282
40-44岁	6073	482	332	17	116	1	16	244	215
45-49岁	6242	640	456	22	136	2	24	268	240
50-54岁	4984	619	446	12	140	7	14	185	160
55-59岁	3028	472	342	9	105	4	12	63	54
60-64岁	768	219	157	5	50	1	6	10	7
65-69岁	402	147	115		30	1	1	3	3
70-74岁	113	52	40	2	10			1	1
75岁及以上	45	20	11		9				
女	**27068**	**2470**	**1961**	**44**	**389**	**6**	**70**	**174**	**141**
16-19岁	237	11	9		2				
20-24岁	2149	74	52	3	17		2	8	7
25-29岁	3898	142	94		42		6	19	17
30-34岁	4851	203	162	3	30	2	6	26	21
35-39岁	3989	275	214	8	44		9	35	27
40-44岁	4231	368	286	9	57	1	15	38	28
45-49岁	4163	490	398	5	66	2	19	31	29
50-54岁	2311	429	341	10	73		5	10	9
55-59岁	844	277	234	4	36	1	2	7	3
60-64岁	245	113	96	1	12		4		
65-69岁	104	61	53	1	5		2		
70-74岁	29	17	14		3				
75岁及以上	17	10	8		2				

4–5b 续表 1 单位：人

年龄组 性　别	采矿业						制造业		
	石油和天然气开采业	黑色金属矿采选业	有色金属矿采选业	非金属矿采选业	开采专业及辅助性活　动	其　他采矿业	小计	农副食品加工业	食　品制造业
总　计	**121**	**10**	**8**	**59**	**63**	**7**	**9657**	**563**	**683**
16–19岁				1			78	2	10
20–24岁	4			2	5	1	741	25	65
25–29岁	15	3	1	8	4	2	1405	48	114
30–34岁	32	2	1	12	13	3	1878	103	165
35–39岁	20	2	1	9	15	1	1436	101	103
40–44岁	21		1	8	9		1397	90	87
45–49岁	17			7	6		1374	92	93
50–54岁	8	2	4	4	8		840	55	32
55–59岁	4	1		6	2		389	30	13
60–64岁				2	1		86	9	1
65–69岁							24	6	
70–74岁							8	1	
75岁及以上							1	1	
男	**110**	**7**	**8**	**51**	**52**	**7**	**6915**	**312**	**371**
16–19岁				1			64	2	7
20–24岁	4			2	4	1	550	17	42
25–29岁	13	3	1	8	4	2	1036	29	61
30–34岁	29	1	1	12	12	3	1353	47	97
35–39岁	19	1	1	7	11	1	954	51	61
40–44岁	18		1	5	5		893	42	38
45–49岁	16			6	6		931	51	39
50–54岁	8	2	4	3	8		690	40	14
55–59岁	3			5	1		345	23	11
60–64岁				2	1		72	5	1
65–69岁							21	4	
70–74岁							6	1	
75岁及以上									
女	**11**	**3**		**8**	**11**		**2742**	**251**	**312**
16–19岁							14		3
20–24岁					1		191	8	23
25–29岁	2						369	19	53
30–34岁	3	1			1		525	56	68
35–39岁	1	1		2	4		482	50	42
40–44岁	3			3	4		504	48	49
45–49岁	1			1			443	41	54
50–54岁				1			150	15	18
55–59岁	1	1		1	1		44	7	2
60–64岁							14	4	
65–69岁							3	2	
70–74岁							2		
75岁及以上							1	1	

4-5b 续表 2

单位：人

年龄组 性别	制造业								
	酒、饮料和精制茶制造业	烟草制品业	纺织业	纺织服装、服饰业	皮革、毛皮、羽毛及其制品和制鞋业	木材加工和木、竹、藤、棕、草制品业	家具制造业	造纸和纸制品业	印刷和记录媒介复制业
总　计	**123**	**1**	**266**	**150**	**17**	**127**	**154**	**75**	**96**
16-19岁	1		1			3	2		2
20-24岁	12		12	6		4	10	7	9
25-29岁	18		29	10	2	15	19	7	9
30-34岁	25		39	20	4	12	26	14	16
35-39岁	24		41	23	3	20	26	19	20
40-44岁	16		48	42	3	25	21	10	16
45-49岁	12	1	44	29	3	19	21	13	13
50-54岁	9		27	13		14	17	4	4
55-59岁	4		18	4	1	13	8		3
60-64岁	2		5	2		2	2		1
65-69岁			1	1	1		2		3
70-74岁			1					1	
75岁及以上									
男	**70**	**1**	**95**	**29**	**7**	**85**	**106**	**35**	**40**
16-19岁	1		1			3	1		1
20-24岁	7		6	3		4	7	4	5
25-29岁	10		10	1	1	10	13	4	5
30-34岁	13		13	6	2	9	19	6	6
35-39岁	12		7	4	1	7	13	8	9
40-44岁	11		10	6		17	16	3	5
45-49岁	6	1	16	3	1	10	16	7	3
50-54岁	5		14	3		12	12	2	1
55-59岁	3		12	1	1	11	6		2
60-64岁	2		4	1		2	1		1
65-69岁			1	1	1		2		2
70-74岁			1					1	
75岁及以上									
女	**53**		**171**	**121**	**10**	**42**	**48**	**40**	**56**
16-19岁							1		1
20-24岁	5		6	3			3	3	4
25-29岁	8		19	9	1	5	6	3	4
30-34岁	12		26	14	2	3	7	8	10
35-39岁	12		34	19	2	13	13	11	11
40-44岁	5		38	36	3	8	5	7	11
45-49岁	6		28	26	2	9	5	6	10
50-54岁	4		13	10		2	5	2	3
55-59岁	1		6	3		2	2		1
60-64岁			1	1			1		
65-69岁									1
70-74岁									
75岁及以上									

4-5b 续表 3 单位：人

年龄组 性 别	制造业								
	文教、工美、体育和娱乐用品制造业	石油、煤炭及其他燃料加工业	化学原料和化学制品制造业	医 药制造业	化学纤维制造业	橡胶和塑 料制品业	非金属矿 物制品业	黑色金属冶炼和压延加工业	有色金属冶炼和压延加工业
总 计	**51**	**1109**	**1199**	**367**	**51**	**288**	**812**	**1241**	**392**
16-19岁	1	2	4	2	1	5	2	2	
20-24岁	2	124	90	33	14	17	33	58	21
25-29岁	6	239	176	70	15	45	87	156	38
30-34岁	4	212	236	93	8	46	153	238	68
35-39岁	10	150	161	56	5	43	119	172	62
40-44岁	11	112	181	44	1	50	133	209	67
45-49岁	9	117	172	45	4	37	135	232	74
50-54岁	7	104	122	16	3	25	82	129	44
55-59岁	1	42	49	7		18	49	38	16
60-64岁		6	7			2	16	6	2
65-69岁		1	1				1	1	
70-74岁				1			2		
75岁及以上									
男	**20**	**893**	**940**	**245**	**38**	**174**	**611**	**973**	**316**
16-19岁	1	2	4		1	4	1	2	
20-24岁		89	64	24	10	11	27	47	20
25-29岁	3	192	135	52	11	34	62	117	30
30-34岁	3	175	181	63	5	29	119	182	55
35-39岁	3	120	123	34	3	23	81	126	49
40-44岁	2	91	139	24	1	20	92	148	46
45-49岁	4	86	130	27	4	21	95	189	56
50-54岁	3	90	109	15	3	15	72	119	43
55-59岁	1	41	47	6		15	46	37	15
60-64岁		6	7			2	13	5	2
65-69岁		1	1				1	1	
70-74岁							2		
75岁及以上									
女	**31**	**216**	**259**	**122**	**13**	**114**	**201**	**268**	**76**
16-19岁				2		1	1		
20-24岁	2	35	26	9	4	6	6	11	1
25-29岁	3	47	41	18	4	11	25	39	8
30-34岁	1	37	55	30	3	17	34	56	13
35-39岁	7	30	38	22	2	20	38	46	13
40-44岁	9	21	42	20		30	41	61	21
45-49岁	5	31	42	18		16	40	43	18
50-54岁	4	14	13	1		10	10	10	1
55-59岁		1	2	1		3	3	1	1
60-64岁							3	1	
65-69岁									
70-74岁				1					
75岁及以上									

4-5b　续表 4　　　　单位：人

年龄组 性　别	制造业								
	金　属 制品业	通用设备 制造业	专用设备 制造业	汽　车 制造业	铁路、船舶、航空航天和其他运输设备制造业	电气机械和器材制造业	计算机、通信和其他电子设备制造业	仪器仪表 制造业	其　他 制造业
总　计	**682**	**187**	**161**	**52**	**3**	**197**	**261**	**30**	**31**
16-19岁	8	2	8	1		7	9		
20-24岁	43	17	16	11		32	49		1
25-29岁	72	27	25	8		38	64	12	2
30-34岁	136	38	33	14	1	35	66	4	11
35-39岁	107	32	23	9		29	34	6	4
40-44岁	111	26	14	3		16	20	2	7
45-49岁	90	20	22	3	1	18	9	4	1
50-54岁	56	15	12	2	1	12	8	1	3
55-59岁	42	8	5	1		9	1	1	1
60-64岁	14	2	1			1	1		1
65-69岁	2		1						
70-74岁	1		1						
75岁及以上									
男	**566**	**162**	**123**	**37**	**2**	**150**	**202**	**21**	**24**
16-19岁	7	2	6	1		7	8		
20-24岁	36	15	13	9		22	40		1
25-29岁	63	26	18	6		32	51	9	1
30-34岁	117	30	23	7	1	27	53	2	8
35-39岁	90	27	16	7		20	21	3	4
40-44岁	84	23	11	3		12	14	2	4
45-49岁	70	18	18	2		11	5	3	1
50-54岁	47	13	11	1	1	11	8	1	3
55-59岁	39	6	4	1		7	1	1	1
60-64岁	11	2	1			1	1		1
65-69岁	2		1						
70-74岁			1						
75岁及以上									
女	**116**	**25**	**38**	**15**	**1**	**47**	**59**	**9**	**7**
16-19岁	1		2				1		
20-24岁	7	2	3	2		10	9		
25-29岁	9	1	7	2		6	13	3	1
30-34岁	19	8	10	7		8	13	2	3
35-39岁	17	5	7	2		9	13	3	
40-44岁	27	3	3			4	6		3
45-49岁	20	2	4	1	1	7	4	1	
50-54岁	9	2	1	1		1			
55-59岁	3	2	1			2			
60-64岁	3								
65-69岁									
70-74岁	1								
75岁及以上									

4-5b 续表 5

单位：人

年龄组 性别	制造业		电力、热力、燃气及水生产和供应业				建筑业		
	废弃资源综合利用业	金属制品、机械和设备修理业	小计	电力、热力生产和供应业	燃气生产和供应业	水的生产和供应业	小计	房屋建筑业	土木工程建筑业
总计	**59**	**229**	**1549**	**1168**	**166**	**215**	**9650**	**5992**	**964**
16-19岁	1	2	5	3	1	1	47	20	7
20-24岁	7	23	118	94	12	12	460	222	62
25-29岁	12	42	239	188	25	26	1067	577	133
30-34岁	6	52	303	228	33	42	1593	913	172
35-39岁	5	29	198	146	32	20	1604	991	154
40-44岁	8	24	204	149	21	34	1566	1012	123
45-49岁	9	32	230	170	20	40	1559	1044	125
50-54岁	6	17	141	107	12	22	1088	730	114
55-59岁	1	6	83	61	8	14	521	379	56
60-64岁	1	2	22	18	1	3	103	69	15
65-69岁	3		4	3		1	36	29	3
70-74岁							4	4	
75岁及以上			2	1	1		2	2	
男	**49**	**218**	**1198**	**950**	**110**	**138**	**8294**	**5142**	**845**
16-19岁		2	5	3	1	1	42	20	7
20-24岁	5	22	95	78	10	7	394	193	51
25-29岁	11	39	209	168	19	22	955	515	117
30-34岁	6	49	238	187	23	28	1406	805	151
35-39岁	3	28	148	117	20	11	1375	851	139
40-44岁	6	23	135	106	12	17	1301	836	105
45-49岁	7	31	147	117	10	20	1256	840	101
50-54岁	6	16	119	95	7	17	950	638	105
55-59岁	1	6	78	59	7	12	483	348	53
60-64岁	1	2	19	16	1	2	95	65	14
65-69岁	3		4	3		1	32	26	2
70-74岁							4	4	
75岁及以上			1	1			1	1	
女	**10**	**11**	**351**	**218**	**56**	**77**	**1356**	**850**	**119**
16-19岁	1						5		
20-24岁	2	1	23	16	2	5	66	29	11
25-29岁	1	3	30	20	6	4	112	62	16
30-34岁		3	65	41	10	14	187	108	21
35-39岁	2	1	50	29	12	9	229	140	15
40-44岁	2	1	69	43	9	17	265	176	18
45-49岁	2	1	83	53	10	20	303	204	24
50-54岁		1	22	12	5	5	138	92	9
55-59岁			5	2	1	2	38	31	3
60-64岁			3	2		1	8	4	1
65-69岁							4	3	1
70-74岁									
75岁及以上			1		1		1	1	

4-5b　续表 6　　　　　　　　　　单位：人

年龄组 性　别	建筑业		批发和零售业			交通运输、仓储和邮政业			
	建　筑 安装业	建筑装 饰、装修 和其他 建筑业	小计	批发业	零售业	小计	铁　路 运输业	道　路 运输业	水　上 运输业
总　计	**445**	**2249**	**11236**	**2616**	**8620**	**5622**	**82**	**4582**	**5**
16-19岁	6	14	64	11	53	31	1	19	
20-24岁	31	145	622	121	501	249	6	145	
25-29岁	64	293	1517	343	1174	623	13	407	
30-34岁	114	394	2119	495	1624	984	12	782	1
35-39岁	71	388	1853	414	1439	1185	11	1023	
40-44岁	70	361	1746	365	1381	1047	16	935	
45-49岁	44	346	1540	369	1171	879	10	757	
50-54岁	25	219	1028	297	731	429	9	362	1
55-59岁	19	67	509	132	377	171	4	136	3
60-64岁		19	141	42	99	17		11	
65-69岁	1	3	63	17	46	6		4	
70-74岁			28	7	21				
75岁及以上			6	3	3	1		1	
男	**410**	**1897**	**5306**	**1678**	**3628**	**4927**	**66**	**4136**	**3**
16-19岁	6	9	36	8	28	25	1	15	
20-24岁	29	121	297	83	214	194	4	118	
25-29岁	62	261	704	212	492	517	10	349	
30-34岁	107	343	973	321	652	836	8	692	1
35-39岁	62	323	830	275	555	1067	10	943	
40-44岁	64	296	721	214	507	935	14	850	
45-49岁	39	276	673	211	462	775	8	687	
50-54岁	21	186	557	192	365	395	7	338	
55-59岁	19	63	347	107	240	161	4	129	2
60-64岁		16	92	31	61	15		10	
65-69岁	1	3	51	16	35	6		4	
70-74岁			20	6	14				
75岁及以上			5	2	3	1		1	
女	**35**	**352**	**5930**	**938**	**4992**	**695**	**16**	**446**	**2**
16-19岁		5	28	3	25	6		4	
20-24岁	2	24	325	38	287	55	2	27	
25-29岁	2	32	813	131	682	106	3	58	
30-34岁	7	51	1146	174	972	148	4	90	
35-39岁	9	65	1023	139	884	118	1	80	
40-44岁	6	65	1025	151	874	112	2	85	
45-49岁	5	70	867	158	709	104	2	70	
50-54岁	4	33	471	105	366	34	2	24	1
55-59岁		4	162	25	137	10		7	1
60-64岁		3	49	11	38	2		1	
65-69岁			12	1	11				
70-74岁			8	1	7				
75岁及以上			1	1					

4-5b 续表 7

单位：人

年龄组 性别	交通运输、仓储和邮政业					住宿和餐饮业		
	航空运输业	管道运输业	多式联运和运输代理业	装卸搬运和仓储业	邮政业	小计	住宿业	餐饮业
总计	**52**	**7**	**29**	**310**	**555**	**4140**	**483**	**3657**
16-19岁				3	8	188	9	179
20-24岁	10		3	16	69	379	43	336
25-29岁	14		7	49	133	544	59	485
30-34岁	12	2	3	28	144	792	74	718
35-39岁	9	1	4	41	96	630	74	556
40-44岁	1		9	43	43	595	77	518
45-49岁	5	1	1	69	36	517	62	455
50-54岁	1	1	2	31	22	339	49	290
55-59岁		2		23	3	113	26	87
60-64岁				5	1	25	5	20
65-69岁				2		14	4	10
70-74岁						4	1	3
75岁及以上								
男	**33**	**7**	**25**	**252**	**405**	**1955**	**181**	**1774**
16-19岁				3	6	158	8	150
20-24岁	4		2	14	52	242	23	219
25-29岁	12		6	38	102	283	16	267
30-34岁	6	2	3	25	99	382	25	357
35-39岁	7	1	4	33	69	308	27	281
40-44岁	1		7	34	29	212	23	189
45-49岁	2	1	1	49	27	158	16	142
50-54岁	1	1	2	29	17	128	19	109
55-59岁		2		21	3	55	17	38
60-64岁				4	1	16	4	12
65-69岁				2		10	2	8
70-74岁						3	1	2
75岁及以上								
女	**19**		**4**	**58**	**150**	**2185**	**302**	**1883**
16-19岁					2	30	1	29
20-24岁	6		1	2	17	137	20	117
25-29岁	2		1	11	31	261	43	218
30-34岁	6			3	45	410	49	361
35-39岁	2			8	27	322	47	275
40-44岁			2	9	14	383	54	329
45-49岁	3			20	9	359	46	313
50-54岁				2	5	211	30	181
55-59岁				2		58	9	49
60-64岁				1		9	1	8
65-69岁						4	2	2
70-74岁						1		1
75岁及以上								

4-5b　续表 8　　　　单位：人

年龄组 性别	信息传输、软件和信息技术服务业				金融业				
	小计	电信、广播电视和卫星传输服务	互联网和相关服务	软件和信息技术服务业	小计	货币金融服务	资本市场服务	保险业	其他金融业
总　计	**862**	**436**	**208**	**218**	**1355**	**730**	**29**	**559**	**37**
16-19岁	14	8	4	2	2	2			
20-24岁	128	54	40	34	93	57	3	30	3
25-29岁	216	111	46	59	237	125	7	93	12
30-34岁	205	102	44	59	304	157	6	132	9
35-39岁	118	53	32	33	195	95	3	93	4
40-44岁	84	43	25	16	165	65	2	96	2
45-49岁	69	47	12	10	173	87	5	78	3
50-54岁	21	11	5	5	130	100	3	24	3
55-59岁	7	7			48	36		11	1
60-64岁					4	2		2	
65-69岁					3	3			
70-74岁									
75岁及以上					1	1			
男	**507**	**208**	**140**	**159**	**573**	**368**	**17**	**168**	**20**
16-19岁	6	4	1	1	1	1			
20-24岁	89	33	29	27	46	31	1	12	2
25-29岁	116	47	28	41	103	51	4	45	3
30-34岁	115	40	34	41	116	66	2	42	6
35-39岁	59	14	19	26	72	44	1	24	3
40-44岁	53	23	18	12	48	26	2	19	1
45-49岁	46	32	7	7	63	44	4	13	2
50-54岁	17	9	4	4	79	69	3	5	2
55-59岁	6	6			39	31		7	1
60-64岁					3	2		1	
65-69岁					2	2			
70-74岁									
75岁及以上					1	1			
女	**355**	**228**	**68**	**59**	**782**	**362**	**12**	**391**	**17**
16-19岁	8	4	3	1	1	1			
20-24岁	39	21	11	7	47	26	2	18	1
25-29岁	100	64	18	18	134	74	3	48	9
30-34岁	90	62	10	18	188	91	4	90	3
35-39岁	59	39	13	7	123	51	2	69	1
40-44岁	31	20	7	4	117	39		77	1
45-49岁	23	15	5	3	110	43	1	65	1
50-54岁	4	2	1	1	51	31		19	1
55-59岁	1	1			9	5		4	
60-64岁					1			1	
65-69岁					1	1			
70-74岁									
75岁及以上									

4-5b 续表 9 单位：人

年龄组 性别	房地产业		租赁和商务服务业			科学研究和技术服务业			
	小计	房地产业	小计	租赁业	商务服务业	小计	研究和试验发展	专业技术服务业	科技推广和应用服务业
总计	**1665**	**1665**	**1549**	**220**	**1329**	**634**	**40**	**500**	**94**
16-19岁	2	2	23		23	4		3	1
20-24岁	88	88	151	8	143	63	3	55	5
25-29岁	190	190	247	32	215	153	10	124	19
30-34岁	253	253	344	61	283	146	5	124	17
35-39岁	171	171	203	35	168	72	7	58	7
40-44岁	196	196	170	33	137	62	5	47	10
45-49岁	239	239	185	25	160	52	2	36	14
50-54岁	220	220	108	15	93	45	2	30	13
55-59岁	166	166	73	5	68	32	5	19	8
60-64岁	92	92	26	5	21	5	1	4	
65-69岁	45	45	15	1	14				
70-74岁	2	2	3		3				
75岁及以上	1	1	1		1				
男	**897**	**897**	**956**	**194**	**762**	**446**	**31**	**343**	**72**
16-19岁	1	1	13		13	4		3	1
20-24岁	57	57	81	7	74	39	2	35	2
25-29岁	104	104	126	30	96	103	8	80	15
30-34岁	121	121	196	57	139	93	3	75	15
35-39岁	63	63	135	33	102	46	3	39	4
40-44岁	67	67	104	27	77	46	5	33	8
45-49岁	103	103	118	23	95	41	2	30	9
50-54岁	135	135	78	9	69	38	2	26	10
55-59岁	125	125	65	4	61	31	5	18	8
60-64岁	81	81	23	3	20	5	1	4	
65-69岁	37	37	13	1	12				
70-74岁	2	2	3		3				
75岁及以上	1	1	1		1				
女	**768**	**768**	**593**	**26**	**567**	**188**	**9**	**157**	**22**
16-19岁	1	1	10		10				
20-24岁	31	31	70	1	69	24	1	20	3
25-29岁	86	86	121	2	119	50	2	44	4
30-34岁	132	132	148	4	144	53	2	49	2
35-39岁	108	108	68	2	66	26	4	19	3
40-44岁	129	129	66	6	60	16		14	2
45-49岁	136	136	67	2	65	11		6	5
50-54岁	85	85	30	6	24	7		4	3
55-59岁	41	41	8	1	7	1		1	
60-64岁	11	11	3	2	1				
65-69岁	8	8	2		2				
70-74岁									
75岁及以上									

4-5b　续表 10　　　　单位：人

年龄组 性　别	水利、环境和公共设施管理业					居民服务、修理和其他服务业			
	小计	水　利 管理业	生态保护 和环境 治理业	公共设施 管理业	土　地 管理业	小计	居　民 服务业	机动车、 电子产品 和日用产 品修理业	其　他 服务业
总　计	**1070**	**170**	**81**	**813**	**6**	**2692**	**1463**	**1034**	**195**
16-19岁	1			1		101	53	48	
20-24岁	23	2	6	15		301	160	134	7
25-29岁	79	15	10	53	1	458	245	198	15
30-34岁	111	19	12	80		510	266	223	21
35-39岁	100	16	10	74		413	210	168	35
40-44岁	162	34	9	119		301	183	88	30
45-49岁	230	29	11	187	3	300	177	87	36
50-54岁	179	35	11	132	1	172	99	47	26
55-59岁	109	16	8	84	1	88	48	27	13
60-64岁	38	3	3	32		24	11	8	5
65-69岁	32	1	1	30		14	4	3	7
70-74岁	4			4		6	4	2	
75岁及以上	2			2		4	3	1	
男	**616**	**132**	**63**	**416**	**5**	**1416**	**483**	**860**	**73**
16-19岁	1			1		82	34	48	
20-24岁	16	1	5	10		200	76	121	3
25-29岁	52	10	8	33	1	270	88	175	7
30-34岁	64	15	9	40		279	85	182	12
35-39岁	55	10	7	38		204	60	134	10
40-44岁	71	23	6	42		117	41	66	10
45-49岁	113	23	8	79	3	114	42	66	6
50-54岁	105	31	9	65		72	30	31	11
55-59岁	75	15	8	51	1	43	15	24	4
60-64岁	30	3	2	25		15	4	7	4
65-69岁	28	1	1	26		12	3	3	6
70-74岁	4			4		6	4	2	
75岁及以上	2			2		2	1	1	
女	**454**	**38**	**18**	**397**	**1**	**1276**	**980**	**174**	**122**
16-19岁						19	19		
20-24岁	7	1	1	5		101	84	13	4
25-29岁	27	5	2	20		188	157	23	8
30-34岁	47	4	3	40		231	181	41	9
35-39岁	45	6	3	36		209	150	34	25
40-44岁	91	11	3	77		184	142	22	20
45-49岁	117	6	3	108		186	135	21	30
50-54岁	74	4	2	67	1	100	69	16	15
55-59岁	34	1		33		45	33	3	9
60-64岁	8		1	7		9	7	1	1
65-69岁	4			4		2	1		1
70-74岁									
75岁及以上						2	2		

4-5b 续表 11

单位：人

年龄组 性 别	教育		卫生和社会工作			文化、体育和娱乐业				
	小计	教育	小计	卫生	社会工作	小计	新闻和出版业	广播、电视、电影和录音制作业	文 化艺术业	体育
总 计	**4488**	**4488**	**1968**	**1900**	**68**	**523**	**50**	**60**	**103**	**58**
16-19岁	86	86	35	35		16		1	2	2
20-24岁	511	511	262	257	5	83	4	15	7	15
25-29岁	705	705	383	377	6	89	14	17	15	13
30-34岁	775	775	341	334	7	102	9	11	16	9
35-39岁	559	559	283	280	3	61	6	3	9	6
40-44岁	529	529	220	206	14	48	3	3	17	4
45-49岁	564	564	192	171	21	62	5	6	14	4
50-54岁	493	493	150	144	6	34	7	3	13	3
55-59岁	238	238	63	59	4	21	2	1	7	2
60-64岁	22	22	17	16	1	3			1	
65-69岁	5	5	13	12	1	1				
70-74岁			5	5		3			2	
75岁及以上	1	1	4	4						
男	**1533**	**1533**	**509**	**493**	**16**	**263**	**24**	**32**	**40**	**31**
16-19岁	22	22	2	2		10				2
20-24岁	55	55	29	27	2	45		8	1	11
25-29岁	132	132	57	56	1	44	6	6	5	9
30-34岁	182	182	67	64	3	50	4	7	6	2
35-39岁	203	203	71	69	2	28	4	2	3	1
40-44岁	207	207	71	71		18	1	2	4	1
45-49岁	244	244	66	64	2	27	2	4	6	1
50-54岁	262	262	74	72	2	20	5	2	7	2
55-59岁	200	200	42	40	2	17	2	1	6	2
60-64岁	20	20	10	9	1	1			1	
65-69岁	5	5	12	11	1	1				
70-74岁			5	5		2			1	
75岁及以上	1	1	3	3						
女	**2955**	**2955**	**1459**	**1407**	**52**	**260**	**26**	**28**	**63**	**27**
16-19岁	64	64	33	33		6		1	2	
20-24岁	456	456	233	230	3	38	4	7	6	4
25-29岁	573	573	326	321	5	45	8	11	10	4
30-34岁	593	593	274	270	4	52	5	4	10	7
35-39岁	356	356	212	211	1	33	2	1	6	5
40-44岁	322	322	149	135	14	30	2	1	13	3
45-49岁	320	320	126	107	19	35	3	2	8	3
50-54岁	231	231	76	72	4	14	2	1	6	1
55-59岁	38	38	21	19	2	4			1	
60-64岁	2	2	7	7		2				
65-69岁			1	1						
70-74岁						1			1	
75岁及以上			1	1						

4-5b 续表 12

单位：人

年龄组 性别	娱乐业	公共管理、社会保障和社会组织							国际组织	
		小计	中国共产党机关	国家机构	人民政协、民主党派	社会保障	群众团体、社会团体和其他成员组织	基层群众自治组织	小计	国际组织
总 计	**252**	**4867**	**83**	**4017**	**23**	**17**	**154**	**573**		
16-19岁	11	10		8			1	1		
20-24岁	42	372	8	323	1	2	13	25		
25-29岁	30	734	11	643	2	3	15	60		
30-34岁	57	657	13	535		3	20	86		
35-39岁	37	469	7	370		3	12	77		
40-44岁	21	680	15	552	2	1	22	88		
45-49岁	33	811	10	665	3	5	25	103		
50-54岁	8	635	10	530	2		30	63		
55-59岁	9	422	8	350	12		9	43		
60-64岁	2	46	1	26	1		3	15		
65-69岁	1	20		8			3	9		
70-74岁	1	5		4				1		
75岁及以上		6		3			1	2		
男	**136**	**2792**	**56**	**2426**	**16**	**7**	**84**	**203**		
16-19岁	8	9		8			1			
20-24岁	25	148	3	136		1	3	5		
25-29岁	18	338	5	313	1		6	13		
30-34岁	31	324	11	290			8	15		
35-39岁	18	253	5	219		2	8	19		
40-44岁	10	348	9	303	2	1	11	22		
45-49岁	14	459	7	399	1	3	11	38		
50-54岁	4	461	8	394	2		22	35		
55-59岁	6	381	8	324	9		8	32		
60-64岁		42		25	1		2	14		
65-69岁	1	18		8			3	7		
70-74岁	1	5		4				1		
75岁及以上		6		3			1	2		
女	**116**	**2075**	**27**	**1591**	**7**	**10**	**70**	**370**		
16-19岁	3	1						1		
20-24岁	17	224	5	187	1	1	10	20		
25-29岁	12	396	6	330	1	3	9	47		
30-34岁	26	333	2	245		3	12	71		
35-39岁	19	216	2	151		1	4	58		
40-44岁	11	332	6	249			11	66		
45-49岁	19	352	3	266	2	2	14	65		
50-54岁	4	174	2	136			8	28		
55-59岁	3	41		26	3		1	11		
60-64岁	2	4	1	1			1	1		
65-69岁		2						2		
70-74岁										
75岁及以上										

4-5c 全区分年龄、性别、行业大类的就业人口(乡村)

单位：人

年龄组 性别	合计	农、林、牧、渔业						采矿业	
		小计	农业	林业	畜牧业	渔业	农、林、牧、渔专业及辅助性活动	小计	煤炭开采和洗选业
总计	**115347**	**53281**	**35887**	**395**	**16377**	**68**	**554**	**2775**	**2094**
16-19岁	1817	568	376		190		2	17	7
20-24岁	8012	2004	1231	6	725	1	41	134	93
25-29岁	12316	3051	1933	12	1066	4	36	391	298
30-34岁	13570	4011	2624	28	1302	3	54	566	441
35-39岁	12392	4878	3118	36	1660	3	61	412	310
40-44岁	14190	6339	4142	54	2082	1	60	392	315
45-49岁	16058	7953	5450	78	2336	15	74	402	309
50-54岁	15771	9087	6108	82	2783	15	99	298	223
55-59岁	11251	7324	5193	46	2004	14	67	115	70
60-64岁	5078	3924	2837	24	1024	4	35	33	21
65-69岁	3465	2912	2090	22	773	7	20	14	6
70-74岁	1055	915	583	6	321	1	4	1	1
75岁及以上	372	315	202	1	111		1		
男	**73393**	**28880**	**18597**	**253**	**9595**	**54**	**381**	**2510**	**1927**
16-19岁	1284	356	219		135		2	16	6
20-24岁	5193	1133	651	4	450	1	27	122	88
25-29岁	8117	1624	979	7	609	4	25	357	283
30-34岁	8947	2029	1269	14	709	3	34	522	410
35-39岁	7853	2426	1484	21	879	3	39	381	290
40-44岁	8419	3117	1957	23	1093	1	43	333	275
45-49岁	9578	3984	2594	53	1279	9	49	347	272
50-54岁	9753	4725	3004	53	1589	11	68	282	212
55-59岁	7326	4166	2796	37	1274	12	47	106	65
60-64岁	3399	2422	1676	18	697	3	28	30	19
65-69岁	2472	2012	1415	17	560	6	14	13	6
70-74岁	773	657	405	5	242	1	4	1	1
75岁及以上	279	229	148	1	79		1		
女	**41954**	**24401**	**17290**	**142**	**6782**	**14**	**173**	**265**	**167**
16-19岁	533	212	157		55			1	1
20-24岁	2819	871	580	2	275		14	12	5
25-29岁	4199	1427	954	5	457		11	34	15
30-34岁	4623	1982	1355	14	593		20	44	31
35-39岁	4539	2452	1634	15	781		22	31	20
40-44岁	5771	3222	2185	31	989		17	59	40
45-49岁	6480	3969	2856	25	1057	6	25	55	37
50-54岁	6018	4362	3104	29	1194	4	31	16	11
55-59岁	3925	3158	2397	9	730	2	20	9	5
60-64岁	1679	1502	1161	6	327	1	7	3	2
65-69岁	993	900	675	5	213	1	6	1	
70-74岁	282	258	178	1	79				
75岁及以上	93	86	54		32				

4-5c 续表 1 单位：人

年龄组 性别	采矿业						制造业		
	石油和天然气开采业	黑色金属矿采选业	有色金属矿采选业	非金属矿采选业	开采专业及辅助性活动	其他采矿业	小计	农副食品加工业	食品制造业
总计	**330**	**14**	**7**	**181**	**139**	**10**	**9801**	**700**	**481**
16-19岁	4	1		4	1		168	8	4
20-24岁	25			10	6		1022	31	45
25-29岁	29	4	3	34	21	2	1614	75	96
30-34岁	59	1	1	23	40	1	1602	83	83
35-39岁	46	1	2	24	25	4	1130	90	57
40-44岁	43	2		13	19		1243	104	73
45-49岁	54	2		25	11	1	1265	89	48
50-54岁	34		1	32	7	1	1061	120	41
55-59岁	27	2		6	9	1	480	59	23
60-64岁	5	1		6			132	21	6
65-69岁	4			4			60	16	4
70-74岁							22	4	1
75岁及以上							2		
男	**278**	**13**	**5**	**159**	**118**	**10**	**7310**	**445**	**265**
16-19岁	4	1		4	1		144	8	2
20-24岁	20			9	5		787	22	33
25-29岁	24	4	2	29	13	2	1259	45	56
30-34岁	54	1		21	35	1	1224	49	48
35-39岁	42	1	2	20	22	4	787	54	27
40-44岁	28	2		11	17		784	57	24
45-49岁	40	2		22	10	1	902	51	27
50-54岁	32		1	29	7	1	842	81	24
55-59岁	26	1		5	8	1	394	45	14
60-64岁	5	1		5			116	17	6
65-69岁	3			4			49	12	3
70-74岁							20	4	1
75岁及以上							2		
女	**52**	**1**	**2**	**22**	**21**		**2491**	**255**	**216**
16-19岁							24		2
20-24岁	5			1	1		235	9	12
25-29岁	5		1	5	8		355	30	40
30-34岁	5		1	2	5		378	34	35
35-39岁	4			4	3		343	36	30
40-44岁	15			2	2		459	47	49
45-49岁	14			3	1		363	38	21
50-54岁	2			3			219	39	17
55-59岁	1	1		1	1		86	14	9
60-64岁				1			16	4	
65-69岁	1						11	4	1
70-74岁							2		
75岁及以上									

4-5c 续表 2

单位：人

年龄组 性 别	制造业								
	酒、饮料和精制茶制造业	烟 草制品业	纺织业	纺织服装、服饰业	皮革、毛皮、羽毛及其制品和制鞋业	木材加工和木、竹、藤、棕、草制品业	家 具制造业	造纸和纸制品业	印刷和记录媒介复制业
总 计	**196**	**3**	**465**	**152**	**50**	**170**	**190**	**142**	**49**
16-19岁			10	4	2		7	1	
20-24岁	15	1	49	9	1	9	13	9	3
25-29岁	16	1	79	15	4	19	24	16	11
30-34岁	21		80	29	6	26	32	22	11
35-39岁	27		65	33	6	18	23	19	6
40-44岁	30		84	32	11	20	25	21	10
45-49岁	39	1	47	17	13	28	29	27	5
50-54岁	27		31	8	7	27	24	18	2
55-59岁	16		13	5		18	6	8	1
60-64岁	4		5			5	6		
65-69岁	1		1				1		
70-74岁								1	
75岁及以上			1						
男	**100**	**2**	**161**	**25**	**18**	**113**	**144**	**75**	**22**
16-19岁			6	1	1		6	1	
20-24岁	10		25	5		7	12	7	2
25-29岁	10	1	34	2	2	11	18	10	4
30-34岁	12		17	7	3	20	26	11	7
35-39岁	11		13	4	2	15	16	5	3
40-44岁	10		20	2	3	9	12	7	4
45-49岁	17	1	15	1	3	12	23	15	1
50-54岁	17		17	1	4	22	18	11	1
55-59岁	10		8	2		13	6	7	
60-64岁	2		4			4	6		
65-69岁	1		1				1		
70-74岁								1	
75岁及以上			1						
女	**96**	**1**	**304**	**127**	**32**	**57**	**46**	**67**	**27**
16-19岁			4	3	1		1		
20-24岁	5	1	24	4	1	2	1	2	1
25-29岁	6		45	13	2	8	6	6	7
30-34岁	9		63	22	3	6	6	11	4
35-39岁	16		52	29	4	3	7	14	3
40-44岁	20		64	30	8	11	13	14	6
45-49岁	22		32	16	10	16	6	12	4
50-54岁	10		14	7	3	5	6	7	1
55-59岁	6		5	3		5		1	1
60-64岁	2		1			1			
65-69岁									
70-74岁									
75岁及以上									

4-5c　续表 3　　　　单位：人

年龄组 性　别	制造业								
	文教、工美、体育和娱乐用品制造业	石油、煤炭及其他燃料加工业	化学原料和化学制品制造业	医　药制造业	化学纤维制造业	橡胶和塑　料制品业	非金属矿　物制品业	黑色金属冶炼和压延加工业	有色金属冶炼和压延加工业
总　计	**31**	**679**	**1457**	**379**	**9**	**325**	**982**	**847**	**437**
16–19岁		8	14	3		5	8	6	5
20–24岁	3	68	191	78	3	31	56	35	57
25–29岁	3	155	296	76	2	49	138	80	80
30–34岁	4	130	286	68	3	59	134	95	66
35–39岁	5	66	150	44		37	116	103	53
40–44岁	1	59	161	40		41	115	157	52
45–49岁	6	87	174	29		47	165	173	59
50–54岁	6	67	112	23		27	151	134	46
55–59岁	3	29	55	13		18	62	55	15
60–64岁		6	10	1	1	8	23	8	3
65–69岁		1	5	4		1	11	1	1
70–74岁		3	3			2	3		
75岁及以上									
男	**16**	**561**	**1189**	**257**	**6**	**232**	**792**	**728**	**396**
16–19岁		7	11	2		4	8	4	5
20–24岁	2	56	156	38	3	21	51	32	48
25–29岁	3	137	239	50	1	40	118	70	73
30–34岁	1	109	251	61	1	43	108	78	60
35–39岁	3	53	117	31		20	91	91	49
40–44岁		43	117	23		22	84	128	48
45–49岁	3	66	138	23		38	119	145	50
50–54岁	2	56	95	18		18	128	122	44
55–59岁	2	25	49	7		17	53	50	15
60–64岁		6	9	1	1	7	20	7	3
65–69岁			5	3			9	1	1
70–74岁		3	2			2	3		
75岁及以上									
女	**15**	**118**	**268**	**122**	**3**	**93**	**190**	**119**	**41**
16–19岁		1	3	1		1		2	
20–24岁	1	12	35	40		10	5	3	9
25–29岁		18	57	26	1	9	20	10	7
30–34岁	3	21	35	7	2	16	26	17	6
35–39岁	2	13	33	13		17	25	12	4
40–44岁	1	16	44	17		19	31	29	4
45–49岁	3	21	36	6		9	46	28	9
50–54岁	4	11	17	5		9	23	12	2
55–59岁	1	4	6	6		1	9	5	
60–64岁			1			1	3	1	
65–69岁		1		1		1	2		
70–74岁			1						
75岁及以上									

4-5c 续表 4

单位：人

年龄组 性　别	制造业								
	金　属 制品业	通用设备 制造业	专用设备 制造业	汽　车 制造业	铁路、船舶、 航空航天和 其他运输 设备制造业	电气机械 和器材 制造业	计算机、 通信和其 他电子设 备制造业	仪器仪表 制造业	其　他 制造业
总　计	**586**	**227**	**181**	**43**	**13**	**149**	**368**	**61**	**34**
16-19岁	9	7	7	3	1	3	45	2	2
20-24岁	46	26	26	8	1	37	121	14	5
25-29岁	73	42	41	15		36	108	12	1
30-34岁	116	38	34	7	3	33	60	15	4
35-39岁	71	30	22		2	12	18	1	4
40-44岁	80	23	20	3	2	9	7	5	7
45-49岁	64	23	10	6	1	6	5	3	4
50-54岁	76	24	13	1	2	7	1	7	3
55-59岁	35	8	5		1	5	2	2	2
60-64岁	12	2	2				1		2
65-69岁	3	3	1			1			
70-74岁	1	1							
75岁及以上									
男	**507**	**201**	**156**	**34**	**12**	**130**	**299**	**50**	**26**
16-19岁	9	7	7	3	1	2	42	2	1
20-24岁	40	22	20	6	1	35	93	12	3
25-29岁	60	41	39	13		33	92	11	1
30-34岁	103	35	26	6	3	29	44	12	4
35-39岁	62	25	21		1	9	15		2
40-44岁	68	20	13	2	2	7	6	3	6
45-49岁	58	19	10	4	1	3	3	1	4
50-54岁	62	19	12		2	6	1	7	2
55-59岁	30	7	5		1	5	2	2	2
60-64岁	11	2	2				1		1
65-69岁	3	3	1			1			
70-74岁	1	1							
75岁及以上									
女	**79**	**26**	**25**	**9**	**1**	**19**	**69**	**11**	**8**
16-19岁						1	3		1
20-24岁	6	4	6	2		2	28	2	2
25-29岁	13	1	2	2		3	16	1	
30-34岁	13	3	8	1		4	16	3	
35-39岁	9	5	1		1	3	3	1	2
40-44岁	12	3	7	1		2	1	2	1
45-49岁	6	4		2		3	2	2	
50-54岁	14	5	1	1		1			1
55-59岁	5	1							
60-64岁	1								1
65-69岁									
70-74岁									
75岁及以上									

4-5c 续表 5 单位：人

年龄组 性别	制造业		电力、热力、燃气及水生产和供应业				建筑业		
	废弃资源综合利用业	金属制品、机械和设备修理业	小计	电力、热力生产和供应业	燃气生产和供应业	水的生产和供应业	小计	房屋建筑业	土木工程建筑业
总 计	**142**	**253**	**1476**	**1274**	**92**	**110**	**15405**	**10217**	**2012**
16-19岁		4	18	17		1	180	112	23
20-24岁	10	21	152	136	10	6	1066	644	164
25-29岁	10	41	299	267	19	13	1867	1128	242
30-34岁	10	44	265	237	17	11	2247	1361	277
35-39岁	24	28	140	123	10	7	2099	1400	240
40-44岁	17	34	140	123	5	12	2211	1551	237
45-49岁	27	33	175	143	13	19	2368	1691	293
50-54岁	21	35	159	132	9	18	1965	1357	286
55-59岁	11	10	102	77	8	17	1036	737	172
60-64岁	4	2	18	15		3	273	176	57
65-69岁	4	1	7	3	1	3	80	51	20
70-74岁	3		1	1			8	4	1
75岁及以上	1						5	5	
男	**118**	**230**	**1271**	**1120**	**60**	**91**	**13562**	**8969**	**1778**
16-19岁		4	17	16		1	171	105	22
20-24岁	9	16	144	129	9	6	994	590	157
25-29岁	9	36	265	247	9	9	1725	1042	215
30-34岁	9	41	228	206	12	10	2027	1229	249
35-39岁	21	26	118	109	5	4	1828	1213	212
40-44岁	14	30	111	100	1	10	1843	1290	197
45-49岁	21	30	127	104	9	14	1962	1405	243
50-54岁	17	35	143	118	9	16	1720	1193	253
55-59岁	8	9	92	72	5	15	948	678	156
60-64岁	4	2	18	15		3	259	168	54
65-69岁	3	1	7	3	1	3	73	47	19
70-74岁	2		1	1			7	4	1
75岁及以上	1						5	5	
女	**24**	**23**	**205**	**154**	**32**	**19**	**1843**	**1248**	**234**
16-19岁			1	1			9	7	1
20-24岁	1	5	8	7	1		72	54	7
25-29岁	1	5	34	20	10	4	142	86	27
30-34岁	1	3	37	31	5	1	220	132	28
35-39岁	3	2	22	14	5	3	271	187	28
40-44岁	3	4	29	23	4	2	368	261	40
45-49岁	6	3	48	39	4	5	406	286	50
50-54岁	4		16	14		2	245	164	33
55-59岁	3	1	10	5	3	2	88	59	16
60-64岁							14	8	3
65-69岁	1						7	4	1
70-74岁	1						1		
75岁及以上									

4-5c 续表 6

单位：人

年龄组 性 别	建筑业		批发和零售业			交通运输、仓储和邮政业			
	建 筑 安装业	建筑装 饰、装修 和其他 建筑业	小计	批发业	零售业	小计	铁 路 运输业	道 路 运输业	水 上 运输业
总 计	**586**	**2590**	**7417**	**1964**	**5453**	**6204**	**151**	**5225**	**4**
16-19岁	10	35	104	17	87	55	1	26	
20-24岁	37	221	587	106	481	440	37	291	1
25-29岁	100	397	927	225	702	851	27	683	
30-34岁	102	507	1153	272	881	1076	15	912	2
35-39岁	78	381	950	229	721	1148	11	1035	1
40-44岁	64	359	1023	287	736	1033	7	940	
45-49岁	63	321	1010	299	711	840	22	720	
50-54岁	73	249	803	269	534	506	22	413	
55-59岁	41	86	483	150	333	208	5	172	
60-64岁	14	26	190	62	128	33	4	22	
65-69岁	3	6	116	29	87	11		9	
70-74岁	1	2	46	16	30	3		2	
75岁及以上			25	3	22				
男	**550**	**2265**	**3848**	**1398**	**2450**	**5700**	**132**	**4894**	**4**
16-19岁	10	34	42	12	30	44		22	
20-24岁	35	212	273	69	204	402	32	275	1
25-29岁	99	369	458	163	295	784	25	640	
30-34岁	97	452	551	189	362	971	12	847	2
35-39岁	73	330	471	157	314	1076	10	978	1
40-44岁	60	296	463	190	273	955	5	885	
45-49岁	55	259	543	213	330	768	18	671	
50-54岁	69	205	469	204	265	464	21	383	
55-59岁	37	77	309	113	196	195	5	163	
60-64岁	14	23	133	54	79	29	4	19	
65-69岁	1	6	82	19	63	10		9	
70-74岁		2	35	12	23	2		2	
75岁及以上			19	3	16				
女	**36**	**325**	**3569**	**566**	**3003**	**504**	**19**	**331**	
16-19岁		1	62	5	57	11	1	4	
20-24岁	2	9	314	37	277	38	5	16	
25-29岁	1	28	469	62	407	67	2	43	
30-34岁	5	55	602	83	519	105	3	65	
35-39岁	5	51	479	72	407	72	1	57	
40-44岁	4	63	560	97	463	78	2	55	
45-49岁	8	62	467	86	381	72	4	49	
50-54岁	4	44	334	65	269	42	1	30	
55-59岁	4	9	174	37	137	13		9	
60-64岁		3	57	8	49	4		3	
65-69岁	2		34	10	24	1			
70-74岁	1		11	4	7	1			
75岁及以上			6		6				

4-5c 续表 7

单位：人

年龄组 性 别	交通运输、仓储和邮政业					住宿和餐饮业		
	航 空 运输业	管 道 运输业	多式联运 和运输 代理业	装卸搬运 和仓储业	邮政业	小计	住宿业	餐饮业
总 计	**33**	**5**	**29**	**409**	**348**	**4222**	**257**	**3965**
16–19岁	2		1	6	19	400	13	387
20–24岁	2		3	35	71	742	53	689
25–29岁	13		1	43	84	676	36	640
30–34岁	7	1	4	56	79	616	33	583
35–39岁	2	1	6	56	36	439	22	417
40–44岁	2	1	4	58	21	445	24	421
45–49岁	1		7	71	19	435	37	398
50–54岁	3	2	2	50	14	283	19	264
55–59岁	1		1	24	5	129	12	117
60–64岁				7		41	7	34
65–69岁				2		14	1	13
70–74岁				1				
75岁及以上						2		2
男	**25**	**4**	**25**	**359**	**257**	**2130**	**98**	**2032**
16–19岁	2		1	6	13	315	10	305
20–24岁			3	31	60	513	24	489
25–29岁	12		1	42	64	366	10	356
30–34岁	6	1	4	48	51	310	12	298
35–39岁	2	1	5	52	27	162	7	155
40–44岁		1	3	49	12	152	5	147
45–49岁			6	60	13	132	10	122
50–54岁	2	1	1	43	13	83	6	77
55–59岁	1		1	21	4	58	8	50
60–64岁				6		25	5	20
65–69岁				1		12	1	11
70–74岁								
75岁及以上						2		2
女	**8**	**1**	**4**	**50**	**91**	**2092**	**159**	**1933**
16–19岁					6	85	3	82
20–24岁	2			4	11	229	29	200
25–29岁	1			1	20	310	26	284
30–34岁	1			8	28	306	21	285
35–39岁			1	4	9	277	15	262
40–44岁	2		1	9	9	293	19	274
45–49岁	1		1	11	6	303	27	276
50–54岁	1	1	1	7	1	200	13	187
55–59岁				3	1	71	4	67
60–64岁				1		16	2	14
65–69岁				1		2		2
70–74岁				1				
75岁及以上								

4-5c 续表 8

单位：人

年龄组 性 别	信息传输、软件和信息技术服务业				金融业				
	小计	电信、广播电视和卫星传输服务	互联网和相关服务	软件和信息技术服务业	小计	货币金融服务	资本市场服务	保险业	其他金融业
总 计	**578**	**252**	**131**	**195**	**471**	**187**	**16**	**257**	**11**
16-19岁	9	3	2	4	1			1	
20-24岁	112	49	25	38	58	26	6	24	2
25-29岁	185	83	36	66	119	59	3	53	4
30-34岁	138	56	42	40	110	29	5	73	3
35-39岁	51	23	7	21	51	17		34	
40-44岁	28	8	7	13	49	15		33	1
45-49岁	28	15	8	5	43	16	1	25	1
50-54岁	18	11	2	5	18	10		8	
55-59岁	7	3	1	3	17	11	1	5	
60-64岁	1	1			2	1		1	
65-69岁	1		1		2	2			
70-74岁					1	1			
75岁及以上									
男	**374**	**149**	**101**	**124**	**205**	**84**	**13**	**104**	**4**
16-19岁	5	2	2	1					
20-24岁	61	23	18	20	27	11	4	12	
25-29岁	112	45	25	42	58	24	3	29	2
30-34岁	94	34	36	24	56	19	4	32	1
35-39岁	35	13	6	16	20	7		13	
40-44岁	22	6	6	10	11	3		8	
45-49岁	24	14	5	5	14	7	1	5	1
50-54岁	16	9	2	5	6	4		2	
55-59岁	3	2		1	11	7	1	3	
60-64岁	1	1							
65-69岁	1		1		2	2			
70-74岁									
75岁及以上									
女	**204**	**103**	**30**	**71**	**266**	**103**	**3**	**153**	**7**
16-19岁	4	1		3	1			1	
20-24岁	51	26	7	18	31	15	2	12	2
25-29岁	73	38	11	24	61	35		24	2
30-34岁	44	22	6	16	54	10	1	41	2
35-39岁	16	10	1	5	31	10		21	
40-44岁	6	2	1	3	38	12		25	1
45-49岁	4	1	3		29	9		20	
50-54岁	2	2			12	6		6	
55-59岁	4	1	1	2	6	4		2	
60-64岁					2	1		1	
65-69岁									
70-74岁					1	1			
75岁及以上									

4-5c　续表 9　　　　单位：人

年龄组 性　别	房地产业		租赁和商务服务业			科学研究和技术服务业			
	小计	房地产业	小计	租赁业	商　务 服务业	小计	研究和 试验发展	专业技术 服务业	科技推广 和应用 服务业
总　计	**1267**	**1267**	**1399**	**238**	**1161**	**460**	**32**	**345**	**83**
16–19岁	18	18	29	10	19	7		6	1
20–24岁	116	116	138	24	114	70	6	51	13
25–29岁	169	169	269	61	208	120	10	88	22
30–34岁	162	162	221	52	169	97	7	74	16
35–39岁	103	103	137	26	111	42	3	34	5
40–44岁	124	124	148	24	124	40	2	32	6
45–49岁	159	159	149	20	129	33		22	11
50–54岁	172	172	147	12	135	28	2	22	4
55–59岁	149	149	115	7	108	17	2	10	5
60–64岁	66	66	30	1	29	4		4	
65–69岁	23	23	14	1	13	2		2	
70–74岁	5	5	1		1				
75岁及以上	1	1	1		1				
男	**771**	**771**	**993**	**227**	**766**	**330**	**21**	**257**	**52**
16–19岁	10	10	22	10	12	6		5	1
20–24岁	74	74	87	23	64	44	2	37	5
25–29岁	94	94	182	59	123	83	8	60	15
30–34岁	101	101	161	50	111	70	5	53	12
35–39岁	50	50	86	25	61	33	2	28	3
40–44岁	55	55	97	22	75	28	2	22	4
45–49岁	78	78	98	17	81	22		17	5
50–54岁	103	103	116	12	104	24	1	20	3
55–59岁	119	119	102	7	95	14	1	9	4
60–64岁	60	60	27	1	26	4		4	
65–69岁	21	21	14	1	13	2		2	
70–74岁	5	5							
75岁及以上	1	1	1		1				
女	**496**	**496**	**406**	**11**	**395**	**130**	**11**	**88**	**31**
16–19岁	8	8	7		7	1		1	
20–24岁	42	42	51	1	50	26	4	14	8
25–29岁	75	75	87	2	85	37	2	28	7
30–34岁	61	61	60	2	58	27	2	21	4
35–39岁	53	53	51	1	50	9	1	6	2
40–44岁	69	69	51	2	49	12		10	2
45–49岁	81	81	51	3	48	11		5	6
50–54岁	69	69	31		31	4	1	2	1
55–59岁	30	30	13		13	3	1	1	1
60–64岁	6	6	3		3				
65–69岁	2	2							
70–74岁			1		1				
75岁及以上									

4-5c 续表 10 单位：人

年龄组 性别	水利、环境和公共设施管理业					居民服务、修理和其他服务业			
	小计	水利管理业	生态保护和环境治理业	公共设施管理业	土地管理业	小计	居民服务业	机动车、电子产品和日用产品修理业	其他服务业
总计	**1651**	**80**	**133**	**1410**	**28**	**2198**	**944**	**979**	**275**
16-19岁						117	60	55	2
20-24岁	29	3	1	23	2	357	150	200	7
25-29岁	72	9	12	49	2	408	179	211	18
30-34岁	112	10	14	84	4	332	137	170	25
35-39岁	123	9	10	100	4	198	87	88	23
40-44岁	183	7	18	151	7	194	84	71	39
45-49岁	274	14	20	238	2	200	74	76	50
50-54岁	343	12	30	298	3	186	82	60	44
55-59岁	285	9	22	250	4	106	50	27	29
60-64岁	130	4	5	121		54	19	13	22
65-69岁	81	2	1	78		31	12	7	12
70-74岁	16			16		10	8		2
75岁及以上	3	1		2		5	2	1	2
男	**904**	**63**	**106**	**714**	**21**	**1358**	**372**	**874**	**112**
16-19岁						94	39	54	1
20-24岁	18	3		14	1	260	61	194	5
25-29岁	48	7	6	33	2	277	79	189	9
30-34岁	64	8	10	43	3	212	52	150	10
35-39岁	52	5	8	37	2	110	27	77	6
40-44岁	62	3	14	39	6	84	15	57	12
45-49岁	110	10	16	83	1	91	20	60	11
50-54岁	190	11	25	152	2	99	32	51	16
55-59岁	180	9	21	146	4	59	26	22	11
60-64岁	97	4	5	88		40	10	13	17
65-69岁	67	2	1	64		21	5	6	10
70-74岁	13			13		6	4		2
75岁及以上	3	1		2		5	2	1	2
女	**747**	**17**	**27**	**696**	**7**	**840**	**572**	**105**	**163**
16-19岁						23	21	1	1
20-24岁	11		1	9	1	97	89	6	2
25-29岁	24	2	6	16		131	100	22	9
30-34岁	48	2	4	41	1	120	85	20	15
35-39岁	71	4	2	63	2	88	60	11	17
40-44岁	121	4	4	112	1	110	69	14	27
45-49岁	164	4	4	155	1	109	54	16	39
50-54岁	153	1	5	146	1	87	50	9	28
55-59岁	105		1	104		47	24	5	18
60-64岁	33			33		14	9		5
65-69岁	14			14		10	7	1	2
70-74岁	3			3		4	4		
75岁及以上									

4-5c 续表 11

单位：人

年龄组 性 别	教育		卫生和社会工作			文化、体育和娱乐业				
	小计	教育	小计	卫生	社会工作	小计	新闻和出版业	广播、电视、电影和录音制作业	文 化艺术业	体育
总　计	**2143**	**2143**	**1108**	**1059**	**49**	**303**	**15**	**13**	**49**	**48**
16-19岁	71	71	28	27	1	13	1	1	1	2
20-24岁	419	419	207	199	8	62	2	2	6	22
25-29岁	512	512	264	258	6	47	2	2	13	6
30-34岁	329	329	176	172	4	45	1	3	9	6
35-39岁	160	160	80	76	4	27	3		2	3
40-44岁	142	142	96	89	7	24	3		5	1
45-49岁	151	151	78	74	4	31	1	3	4	2
50-54岁	149	149	91	80	11	30	1	1	6	4
55-59岁	163	163	50	47	3	13		1	2	1
60-64岁	28	28	11	11		7	1			1
65-69岁	13	13	18	17	1	4			1	
70-74岁	4	4	5	5						
75岁及以上	2	2	4	4						
男	**716**	**716**	**332**	**319**	**13**	**179**	**8**	**6**	**27**	**32**
16-19岁	23	23				11	1		1	2
20-24岁	54	54	28	27	1	44		2	3	17
25-29岁	104	104	46	46		29	1	1	7	4
30-34岁	82	82	47	46	1	20		1	4	3
35-39岁	44	44	31	29	2	10	2		1	2
40-44岁	59	59	41	39	2	11	1		3	
45-49岁	70	70	27	27		14	1		1	
50-54岁	94	94	43	39	4	22	1	1	5	2
55-59岁	141	141	33	31	2	9		1	2	1
60-64岁	26	26	11	11		7	1			1
65-69岁	13	13	16	15	1	2				
70-74岁	4	4	5	5						
75岁及以上	2	2	4	4						
女	**1427**	**1427**	**776**	**740**	**36**	**124**	**7**	**7**	**22**	**16**
16-19岁	48	48	28	27	1	2		1		
20-24岁	365	365	179	172	7	18	2		3	5
25-29岁	408	408	218	212	6	18	1	1	6	2
30-34岁	247	247	129	126	3	25	1	2	5	3
35-39岁	116	116	49	47	2	17	1		1	1
40-44岁	83	83	55	50	5	13	2		2	1
45-49岁	81	81	51	47	4	17		3	3	2
50-54岁	55	55	48	41	7	8			1	2
55-59岁	22	22	17	16	1	4				
60-64岁	2	2								
65-69岁			2	2		2			1	
70-74岁										
75岁及以上										

4-5c 续表 12

单位：人

年龄组 性 别	娱乐业	公共管理、社会保障和社会组织							国际组织	
		小计	中国共产党机关	国家机构	人民政协、民主党派	社会保障	群众团体、社会团体和其他成员组织	基层群众自治组织	小计	国际组织
总 计	**178**	**3188**	**39**	**1608**	**5**	**6**	**174**	**1356**		
16-19岁	8	14		6			2	6		
20-24岁	30	297	4	234		3	10	46		
25-29岁	24	475	9	366	2		11	87		
30-34岁	26	312	4	187		1	16	104		
35-39岁	19	224	3	117			18	86		
40-44岁	15	336	1	142			22	171		
45-49岁	21	464	6	201	1	2	21	233		
50-54岁	18	427	6	142			38	241		
55-59岁	9	452	4	163	2		20	263		
60-64岁	5	101	1	30			5	65		
65-69岁	3	62		15			7	40		
70-74岁		17		4			1	12		
75岁及以上		7	1	1			3	2		
男	**106**	**2020**	**28**	**991**	**3**	**4**	**134**	**860**		
16-19岁	7	8		5			2	1		
20-24岁	22	128	2	107		1	3	15		
25-29岁	16	246	4	210	1		5	26		
30-34岁	12	178	2	121		1	10	44		
35-39岁	5	133	2	73			13	45		
40-44岁	7	191	1	77			17	96		
45-49岁	12	265	5	109		2	16	133		
50-54岁	13	312	6	103			34	169		
55-59岁	5	387	4	142	2		18	221		
60-64岁	5	94	1	28			5	60		
65-69岁	2	55		12			7	36		
70-74岁		17		4			1	12		
75岁及以上		6	1				3	2		
女	**72**	**1168**	**11**	**617**	**2**	**2**	**40**	**496**		
16-19岁	1	6		1				5		
20-24岁	8	169	2	127		2	7	31		
25-29岁	8	229	5	156	1		6	61		
30-34岁	14	134	2	66			6	60		
35-39岁	14	91	1	44			5	41		
40-44岁	8	145		65			5	75		
45-49岁	9	199	1	92	1		5	100		
50-54岁	5	115		39			4	72		
55-59岁	4	65		21			2	42		
60-64岁		7		2				5		
65-69岁	1	7		3				4		
70-74岁										
75岁及以上		1		1						

4–6　各地区分性别、职业中类的就业人口

单位：人

地　区 性　别	合计	党的机关、国家机关、群众团体和社会组织、企事业单位负责人						
		小计	中国共产党机关负责人	国家机关负责人	民主党派和工商联负责人	人民团体和群众团体、社会组织及其他成员组织负责人	基层群众自治组织负责人	企事业单位负责人
宁　夏	**314750**	**6208**	**46**	**397**	**3**	**283**	**395**	**5084**
银川市	**126592**	**3438**	**11**	**158**	**3**	**160**	**58**	**3048**
兴庆区	34981	698	2	24	1	15	1	655
西夏区	16278	421		5		2	5	409
金凤区	29469	1420	9	86	2	67	5	1251
永宁县	14204	265		13		27	22	203
贺兰县	15697	448		16		40	21	371
灵武市	15963	186		14		9	4	159
石嘴山市	**34993**	**643**	**12**	**54**		**25**	**49**	**503**
大武口区	12570	317	5	25		5	5	277
惠农区	9096	152		8		7	17	120
平罗县	13327	174	7	21		13	27	106
吴忠市	**59930**	**1028**	**2**	**62**		**47**	**73**	**844**
利通区	19395	485	1	21		18	17	428
红寺堡区	9407	115	1	12		10	6	86
盐池县	8127	163		16		7	21	119
同心县	11610	55		2		1	17	35
青铜峡市	11391	210		11		11	12	176
固原市	**47614**	**589**	**13**	**69**		**26**	**135**	**346**
原州区	19469	230	1	26		4	23	176
西吉县	12097	142	1	15		13	52	61
隆德县	4968	57		10		7	22	18
泾源县	3731	77	2	13		1	27	34
彭阳县	7349	83	9	5		1	11	57
中卫市	**45621**	**510**	**8**	**54**		**25**	**80**	**343**
沙坡头区	17925	221		26		6	25	164
中宁县	14665	160	7	11		6	17	119
海原县	13031	129	1	17		13	38	60

4-6 续表 1　　　　单位：人

地区 性别	合计	党的机关、国家机关、群众团体和社会组织、企事业单位负责人						
		小计	中国共产党机关负责人	国家机关负责人	民主党派和工商联负责人	人民团体和群众团体、社会组织及其他成员组织负责人	基层群众自治组织负责人	企事业单位负责人
男	**193621**	**4875**	**39**	**314**	**1**	**174**	**327**	**4020**
银川市	**76651**	**2596**	**9**	**118**	**1**	**102**	**40**	**2326**
兴庆区	20254	527	2	17		5	1	502
西夏区	10035	318		2		2	4	310
金凤区	16806	1070	7	66	1	45	3	948
永宁县	9057	205		11		19	17	158
贺兰县	9494	326		14		25	13	274
灵武市	11005	150		8		6	2	134
石嘴山市	**21938**	**499**	**10**	**44**		**9**	**31**	**405**
大武口区	7715	239	4	22		2	2	209
惠农区	5980	121		5		5	6	105
平罗县	8243	139	6	17		2	23	91
吴忠市	**37451**	**837**	**1**	**46**		**28**	**61**	**701**
利通区	11771	388		17		11	13	347
红寺堡区	5729	99	1	9		6	6	77
盐池县	5316	135		10		3	14	108
同心县	7598	51		2		1	17	31
青铜峡市	7037	164		8		7	11	138
固原市	**28929**	**500**	**13**	**58**		**17**	**121**	**291**
原州区	12040	198	1	22		3	23	149
西吉县	7310	114	1	12		7	43	51
隆德县	2862	51		9		5	21	16
泾源县	2228	65	2	11		1	23	28
彭阳县	4489	72	9	4		1	11	47
中卫市	**28652**	**443**	**6**	**48**		**18**	**74**	**297**
沙坡头区	11176	193		22		3	23	145
中宁县	9030	133	5	10		5	15	98
海原县	8446	117	1	16		10	36	54

4-6　续表 2　　　　单位：人

地区 性别	合计	党的机关、国家机关、群众团体和社会组织、企事业单位负责人						
		小计	中国共产党机关负责人	国家机关负责人	民主党派和工商联负责人	人民团体和群众团体、社会组织及其他成员组织负责人	基层群众自治组织负责人	企事业单位负责人
女	**121129**	**1333**	**7**	**83**	**2**	**109**	**68**	**1064**
银川市	**49941**	**842**	**2**	**40**	**2**	**58**	**18**	**722**
兴庆区	14727	171		7	1	10		153
西夏区	6243	103		3			1	99
金凤区	12663	350	2	20	1	22	2	303
永宁县	5147	60		2		8	5	45
贺兰县	6203	122		2		15	8	97
灵武市	4958	36		6		3	2	25
石嘴山市	**13055**	**144**	**2**	**10**		**16**	**18**	**98**
大武口区	4855	78	1	3		3	3	68
惠农区	3116	31		3		2	11	15
平罗县	5084	35	1	4		11	4	15
吴忠市	**22479**	**191**	**1**	**16**		**19**	**12**	**143**
利通区	7624	97	1	4		7	4	81
红寺堡区	3678	16		3		4		9
盐池县	2811	28		6		4	7	11
同心县	4012	4						4
青铜峡市	4354	46		3		4	1	38
固原市	**18685**	**89**		**11**		**9**	**14**	**55**
原州区	7429	32		4		1		27
西吉县	4787	28		3		6	9	10
隆德县	2106	6		1		2	1	2
泾源县	1503	12		2			4	6
彭阳县	2860	11		1				10
中卫市	**16969**	**67**	**2**	**6**		**7**	**6**	**46**
沙坡头区	6749	28		4		3	2	19
中宁县	5635	27	2	1		1	2	21
海原县	4585	12		1		3	2	6

4-6 续表 3

单位：人

地区 性别	专业技术人员									
	小计	科学研究人员	工程技术人员	农业技术人员	飞机和船舶技术人员	卫生专业技术人员	经济和金融专业人员	法律、社会和宗教专业人员	教学人员	文学艺术、体育专业人员
宁　夏	**37754**	**145**	**7967**	**530**	**21**	**6380**	**7272**	**1257**	**12843**	**414**
银川市	**20410**	**109**	**5268**	**164**	**13**	**3020**	**4673**	**658**	**5602**	**323**
兴庆区	5904	27	1363	37	1	1025	1485	179	1540	92
西夏区	2501	11	690	27	2	323	514	78	760	31
金凤区	7652	60	2078	42	9	1094	1721	249	2012	140
永宁县	1148	5	296	11		170	247	38	353	11
贺兰县	1792	4	427	26		224	444	49	546	35
灵武市	1413	2	414	21	1	184	262	65	391	14
石嘴山市	**3329**	**8**	**592**	**47**	**1**	**696**	**631**	**117**	**1164**	**25**
大武口区	1645	6	346	7	1	299	335	69	528	19
惠农区	763	1	101	7		199	162	18	269	2
平罗县	921	1	145	33		198	134	30	367	4
吴忠市	**5471**	**10**	**896**	**125**	**1**	**962**	**823**	**213**	**2280**	**26**
利通区	2214	2	364	52	1	367	430	105	847	11
红寺堡区	614	2	76	15		121	66	9	313	1
盐池县	716	3	160	18		120	113	23	252	4
同心县	904		109	13		165	57	26	501	3
青铜峡市	1023	3	187	27		189	157	50	367	7
固原市	**4682**	**10**	**628**	**93**	**1**	**954**	**517**	**141**	**2232**	**24**
原州区	2243	6	235	29	1	503	270	73	1073	8
西吉县	1067	2	175	25		196	84	21	546	5
隆德县	502	2	79	18		108	45	16	214	7
泾源县	297		39	14		58	30	20	131	
彭阳县	573		100	7		89	88	11	268	4
中卫市	**3862**	**8**	**583**	**101**	**5**	**748**	**628**	**128**	**1565**	**16**
沙坡头区	1619	4	234	22	5	293	318	64	644	8
中宁县	1125	1	199	37		185	221	27	425	6
海原县	1118	3	150	42		270	89	37	496	2

4-6 续表 4

单位：人

地区 性别	专业技术人员									
	小计	科学研究人员	工程技术人员	农业技术人员	飞机和船舶技术人员	卫生专业技术人员	经济和金融专业人员	法律、社会和宗教专业人员	教学人员	文学艺术、体育专业人员
男	**15929**	**85**	**6719**	**409**	**18**	**1610**	**1882**	**638**	**3919**	**238**
银川市	**8620**	**63**	**4343**	**127**	**10**	**721**	**1167**	**267**	**1479**	**192**
兴庆区	2353	21	1092	30	1	268	358	65	406	59
西夏区	1103	10	579	24	2	63	113	28	240	17
金凤区	3284	25	1659	28	6	266	469	101	525	84
永宁县	480	4	266	7		34	41	19	92	7
贺兰县	732	1	372	20		52	112	18	123	18
灵武市	668	2	375	18	1	38	74	36	93	7
石嘴山市	**1269**	**5**	**512**	**34**	**1**	**170**	**134**	**56**	**322**	**14**
大武口区	647	4	291	4	1	63	67	29	164	11
惠农区	268	1	92	6		52	28	12	74	
平罗县	354		129	24		55	39	15	84	3
吴忠市	**2310**	**4**	**806**	**110**	**1**	**255**	**216**	**138**	**695**	**13**
利通区	887		327	49	1	88	100	75	225	5
红寺堡区	261	1	73	13		42	24	6	98	
盐池县	333	3	146	17		30	32	12	81	2
同心县	398		102	12		44	25	20	172	2
青铜峡市	431		158	19		51	35	25	119	4
固原市	**2144**	**8**	**543**	**73**	**1**	**272**	**196**	**99**	**906**	**10**
原州区	900	4	198	25	1	136	75	44	400	
西吉县	561	2	159	19		57	46	14	251	4
隆德县	251	2	66	15		28	20	15	96	3
泾源县	137		30	9		18	18	19	41	
彭阳县	295		90	5		33	37	7	118	3
中卫市	**1586**	**5**	**515**	**65**	**5**	**192**	**169**	**78**	**517**	**9**
沙坡头区	595	1	210	15	5	70	65	34	181	5
中宁县	444	1	173	25		37	64	15	119	3
海原县	547	3	132	25		85	40	29	217	1

4-6 续表 5　　单位：人

地　区 性　别	专业技术人员									
	小计	科学研究人员	工程技术人员	农业技术人员	飞机和船舶技术人员	卫生专业技术人员	经济和金融专业人员	法律、社会和宗教专业人员	教学人员	文学艺术、体育专业人员
女	**21825**	**60**	**1248**	**121**	**3**	**4770**	**5390**	**619**	**8924**	**176**
银川市	**11790**	**46**	**925**	**37**	**3**	**2299**	**3506**	**391**	**4123**	**131**
兴庆区	3551	6	271	7		757	1127	114	1134	33
西夏区	1398	1	111	3		260	401	50	520	14
金凤区	4368	35	419	14	3	828	1252	148	1487	56
永宁县	668	1	30	4		136	206	19	261	4
贺兰县	1060	3	55	6		172	332	31	423	17
灵武市	745		39	3		146	188	29	298	7
石嘴山市	**2060**	**3**	**80**	**13**		**526**	**497**	**61**	**842**	**11**
大武口区	998	2	55	3		236	268	40	364	8
惠农区	495		9	1		147	134	6	195	2
平罗县	567	1	16	9		143	95	15	283	1
吴忠市	**3161**	**6**	**90**	**15**		**707**	**607**	**75**	**1585**	**13**
利通区	1327	2	37	3		279	330	30	622	6
红寺堡区	353	1	3	2		79	42	3	215	1
盐池县	383		14	1		90	81	11	171	2
同心县	506		7	1		121	32	6	329	1
青铜峡市	592	3	29	8		138	122	25	248	3
固原市	**2538**	**2**	**85**	**20**		**682**	**321**	**42**	**1326**	**14**
原州区	1343	2	37	4		367	195	29	673	8
西吉县	506		16	6		139	38	7	295	1
隆德县	251		13	3		80	25	1	118	4
泾源县	160		9	5		40	12	1	90	
彭阳县	278		10	2		56	51	4	150	1
中卫市	**2276**	**3**	**68**	**36**		**556**	**459**	**50**	**1048**	**7**
沙坡头区	1024	3	24	7		223	253	30	463	3
中宁县	681		26	12		148	157	12	306	3
海原县	571		18	17		185	49	8	279	1

4-6 续表 6

单位：人

地区 性别	专业技术人员		办事人员和有关人员				社会生产服务和生活服务人员		
	新闻出版、文化专业人员	其他专业技术人员	小计	办事人员	安全和消防人员	其他办事人员和有关人员	小计	批发与零售服务人员	交通运输、仓储和邮政业服务人员
宁　夏	**788**	**137**	**22211**	**19036**	**2832**	**343**	**114961**	**37475**	**25563**
银川市	**491**	**89**	**11453**	**10028**	**1226**	**199**	**54689**	**19038**	**10149**
兴庆区	145	10	3980	3621	285	74	17446	6959	2723
西夏区	59	6	1009	840	146	23	7176	2162	1692
金凤区	190	57	4311	3758	484	69	11530	4042	1549
永宁县	11	6	566	474	88	4	6235	2106	1374
贺兰县	30	7	847	718	111	18	6909	2296	1477
灵武市	56	3	740	617	112	11	5393	1473	1334
石嘴山市	**40**	**8**	**2484**	**2049**	**422**	**13**	**13041**	**4033**	**3149**
大武口区	28	7	1326	1062	254	10	5223	1755	1080
惠农区	3	1	516	459	56	1	3424	1011	923
平罗县	9		642	528	112	2	4394	1267	1146
吴忠市	**107**	**28**	**3421**	**2888**	**449**	**84**	**20137**	**6123**	**5294**
利通区	35		1542	1330	198	14	8389	2792	1936
红寺堡区	11		351	270	77	4	2149	639	532
盐池县	17	6	513	401	63	49	2713	733	795
同心县	30		463	392	68	3	3040	947	958
青铜峡市	14	22	552	495	43	14	3846	1012	1073
固原市	**71**	**11**	**2602**	**2181**	**397**	**24**	**12410**	**3839**	**2634**
原州区	44	1	1299	1120	165	14	6392	2022	1472
西吉县	8	5	437	338	94	5	2399	687	515
隆德县	9	4	277	231	44	2	1313	433	255
泾源县	4	1	254	200	53	1	987	276	129
彭阳县	6		335	292	41	2	1319	421	263
中卫市	**79**	**1**	**2251**	**1890**	**338**	**23**	**14684**	**4442**	**4337**
沙坡头区	27		1214	1052	148	14	6556	2029	1672
中宁县	23	1	590	492	92	6	4344	1506	1036
海原县	29		447	346	98	3	3784	907	1629

4-6 续表 7

单位：人

地　区 性　别	专业技术人员		办事人员和有关人员				社会生产服务和生活服务人员		
	新闻出版、文化专业人员	其他专业技术人员	小计	办事人员	安全和消防人员	其他办事人员和有关人员	小计	批发与零售服务人　员	交通运输、仓储和邮政业服务人员
男	**304**	**107**	**12736**	**10144**	**2407**	**185**	**66189**	**16926**	**22382**
银川市	**179**	**72**	**6416**	**5279**	**1030**	**107**	**30893**	**8763**	**8593**
兴庆区	44	9	2279	1994	235	50	9739	3273	2325
西夏区	22	5	546	410	129	7	3974	874	1368
金凤区	79	42	2457	2022	399	36	6403	1902	1282
永宁县	4	6	293	213	78	2	3633	953	1205
贺兰县	9	7	399	301	88	10	3978	1103	1244
灵武市	21	3	442	339	101	2	3166	658	1169
石嘴山市	**18**	**3**	**1333**	**968**	**361**	**4**	**7278**	**1738**	**2752**
大武口区	11	2	755	537	214	4	2832	742	935
惠农区	2	1	232	184	48		1991	462	816
平罗县	5		346	247	99		2455	534	1001
吴忠市	**50**	**22**	**2017**	**1569**	**397**	**51**	**11993**	**2681**	**4806**
利通区	17		898	723	168	7	4612	1136	1704
红寺堡区	4		224	156	67	1	1305	292	494
盐池县	5	5	288	199	58	31	1711	343	742
同心县	21		307	242	62	3	2064	510	899
青铜峡市	3	17	300	249	42	9	2301	400	967
固原市	**27**	**9**	**1679**	**1333**	**337**	**9**	**7087**	**1764**	**2319**
原州区	16	1	829	688	139	2	3762	939	1305
西吉县	5	4	293	207	81	5	1470	352	482
隆德县	3	3	180	140	39	1	623	158	186
泾源县	1	1	164	122	42		549	128	120
彭阳县	2		213	176	36	1	683	187	226
中卫市	**30**	**1**	**1291**	**995**	**282**	**14**	**8938**	**1980**	**3912**
沙坡头区	9		658	536	113	9	3693	835	1439
中宁县	6	1	334	252	79	3	2497	681	916
海原县	15		299	207	90	2	2748	464	1557

4-6　续表 8　　　　单位：人

地　区 性　别	专业技术人员		办事人员和有关人员				社会生产服务和生活服务人员		
	新闻出版、文化专业人员	其他专业技术人员	小计	办事人员	安全和消防人员	其他办事人员和有关人员	小计	批发与零售服务人员	交通运输、仓储和邮政业服务人员
女	**484**	**30**	**9475**	**8892**	**425**	**158**	**48772**	**20549**	**3181**
银川市	**312**	**17**	**5037**	**4749**	**196**	**92**	**23796**	**10275**	**1556**
兴庆区	101	1	1701	1627	50	24	7707	3686	398
西夏区	37	1	463	430	17	16	3202	1288	324
金凤区	111	15	1854	1736	85	33	5127	2140	267
永宁县	7		273	261	10	2	2602	1153	169
贺兰县	21		448	417	23	8	2931	1193	233
灵武市	35		298	278	11	9	2227	815	165
石嘴山市	**22**	**5**	**1151**	**1081**	**61**	**9**	**5763**	**2295**	**397**
大武口区	17	5	571	525	40	6	2391	1013	145
惠农区	1		284	275	8	1	1433	549	107
平罗县	4		296	281	13	2	1939	733	145
吴忠市	**57**	**6**	**1404**	**1319**	**52**	**33**	**8144**	**3442**	**488**
利通区	18		644	607	30	7	3777	1656	232
红寺堡区	7		127	114	10	3	844	347	38
盐池县	12	1	225	202	5	18	1002	390	53
同心县	9		156	150	6		976	437	59
青铜峡市	11	5	252	246	1	5	1545	612	106
固原市	**44**	**2**	**923**	**848**	**60**	**15**	**5323**	**2075**	**315**
原州区	28		470	432	26	12	2630	1083	167
西吉县	3	1	144	131	13		929	335	33
隆德县	6	1	97	91	5	1	690	275	69
泾源县	3		90	78	11	1	438	148	9
彭阳县	4		122	116	5	1	636	234	37
中卫市	**49**		**960**	**895**	**56**	**9**	**5746**	**2462**	**425**
沙坡头区	18		556	516	35	5	2863	1194	233
中宁县	17		256	240	13	3	1847	825	120
海原县	14		148	139	8	1	1036	443	72

4-6 续表 9

单位：人

地区 性别	社会生产服务和生活服务人员								
	住宿和餐饮服务人员	信息传输、软件和信息技术服务人员	金融服务人员	房地产服务人员	租赁和商务服务人员	技术辅助服务人员	水利、环境和公共设施管理服务人员	居民服务人员	电力、燃气及水供应服务人员
宁夏	**16420**	**2251**	**3526**	**2768**	**5462**	**2107**	**8177**	**4752**	**1571**
银川市	**7189**	**1324**	**1901**	**1934**	**2757**	**1327**	**3733**	**2479**	**603**
兴庆区	2161	381	702	701	767	489	901	851	170
西夏区	1119	135	113	241	357	169	535	297	84
金凤区	1423	514	705	527	639	343	638	539	171
永宁县	899	104	72	135	295	92	558	284	54
贺兰县	755	131	205	236	357	143	536	307	68
灵武市	832	59	104	94	342	91	565	201	56
石嘴山市	**1914**	**244**	**353**	**185**	**677**	**167**	**1032**	**571**	**132**
大武口区	711	147	148	68	230	79	463	247	50
惠农区	518	43	69	51	216	28	243	124	41
平罗县	685	54	136	66	231	60	326	200	41
吴忠市	**3129**	**254**	**552**	**272**	**948**	**262**	**1444**	**692**	**297**
利通区	1316	113	243	167	354	147	558	329	136
红寺堡区	400	22	40	30	100	19	220	42	21
盐池县	428	30	90	9	154	22	163	102	42
同心县	430	43	89	21	111	32	197	58	29
青铜峡市	555	46	90	45	229	42	306	161	69
固原市	**2221**	**186**	**375**	**199**	**438**	**166**	**956**	**509**	**331**
原州区	912	101	234	127	300	96	393	248	176
西吉县	578	41	54	42	36	21	166	93	56
隆德县	215	21	43	17	37	11	132	58	41
泾源县	291	7	18	6	16	12	129	40	28
彭阳县	225	16	26	7	49	26	136	70	30
中卫市	**1967**	**243**	**345**	**178**	**642**	**185**	**1012**	**501**	**208**
沙坡头区	953	140	167	98	387	95	439	265	66
中宁县	582	47	132	32	177	59	337	148	85
海原县	432	56	46	48	78	31	236	88	57

4-6　续表 10　　　　单位：人

地　区 性　别	社会生产服务和生活服务人员								
	住宿和餐饮服务人员	信息传输、软件和信息技术服务人员	金融服务人员	房地产服务人员	租赁和商务服务人员	技术辅助服务人员	水利、环境和公共设施管理服务人员	居民服务人员	电力、燃气及水供应服务人员
男	**7501**	**1415**	**1397**	**1502**	**4263**	**1293**	**2890**	**1427**	**1175**
银川市	**3516**	**844**	**743**	**1076**	**2113**	**818**	**1350**	**774**	**459**
兴庆区	1103	234	260	418	588	289	344	260	120
西夏区	535	90	43	152	278	113	143	83	69
金凤区	768	333	301	294	443	209	225	181	129
永宁县	421	70	24	76	237	55	213	95	51
贺兰县	355	77	75	98	263	90	211	88	48
灵武市	334	40	40	38	304	62	214	67	42
石嘴山市	**822**	**144**	**125**	**91**	**528**	**103**	**308**	**122**	**84**
大武口区	325	89	55	35	181	50	129	57	35
惠农区	221	21	21	24	165	17	73	29	26
平罗县	276	34	49	32	182	36	106	36	23
吴忠市	**1342**	**159**	**224**	**137**	**781**	**138**	**554**	**219**	**218**
利通区	578	72	83	82	281	78	168	95	91
红寺堡区	176	12	21	19	91	9	88	12	17
盐池县	148	17	30	2	134	13	90	35	27
同心县	208	29	58	12	99	16	74	30	26
青铜峡市	232	29	32	22	176	22	134	47	57
固原市	**954**	**127**	**176**	**119**	**350**	**108**	**312**	**141**	**262**
原州区	376	73	100	73	242	60	112	88	133
西吉县	286	28	28	27	27	15	68	21	49
隆德县	54	15	26	12	30	8	47	13	33
泾源县	162	5	9	4	13	8	48	4	22
彭阳县	76	6	13	3	38	17	37	15	25
中卫市	**867**	**141**	**129**	**79**	**491**	**126**	**366**	**171**	**152**
沙坡头区	402	85	55	29	283	64	160	91	41
中宁县	242	23	50	9	144	35	123	39	66
海原县	223	33	24	41	64	27	83	41	45

4-6 续表 11

单位：人

地区 性别	社会生产服务和生活服务人员								
	住宿和餐饮服务人员	信息传输、软件和信息技术服务人员	金融服务人员	房地产服务人员	租赁和商务服务人员	技术辅助服务人员	水利、环境和公共设施管理服务人员	居民服务人员	电力、燃气及水供应服务人员
女	**8919**	**836**	**2129**	**1266**	**1199**	**814**	**5287**	**3325**	**396**
银川市	**3673**	**480**	**1158**	**858**	**644**	**509**	**2383**	**1705**	**144**
兴庆区	1058	147	442	283	179	200	557	591	50
西夏区	584	45	70	89	79	56	392	214	15
金凤区	655	181	404	233	196	134	413	358	42
永宁县	478	34	48	59	58	37	345	189	3
贺兰县	400	54	130	138	94	53	325	219	20
灵武市	498	19	64	56	38	29	351	134	14
石嘴山市	**1092**	**100**	**228**	**94**	**149**	**64**	**724**	**449**	**48**
大武口区	386	58	93	33	49	29	334	190	15
惠农区	297	22	48	27	51	11	170	95	15
平罗县	409	20	87	34	49	24	220	164	18
吴忠市	**1787**	**95**	**328**	**135**	**167**	**124**	**890**	**473**	**79**
利通区	738	41	160	85	73	69	390	234	45
红寺堡区	224	10	19	11	9	10	132	30	4
盐池县	280	13	60	7	20	9	73	67	15
同心县	222	14	31	9	12	16	123	28	3
青铜峡市	323	17	58	23	53	20	172	114	12
固原市	**1267**	**59**	**199**	**80**	**88**	**58**	**644**	**368**	**69**
原州区	536	28	134	54	58	36	281	160	43
西吉县	292	13	26	15	9	6	98	72	7
隆德县	161	6	17	5	7	3	85	45	8
泾源县	129	2	9	2	3	4	81	36	6
彭阳县	149	10	13	4	11	9	99	55	5
中卫市	**1100**	**102**	**216**	**99**	**151**	**59**	**646**	**330**	**56**
沙坡头区	551	55	112	69	104	31	279	174	25
中宁县	340	24	82	23	33	24	214	109	19
海原县	209	23	22	7	14	4	153	47	12

4-6 续表 12

单位：人

地区 性别	社会生产服务和生活服务人员				农、林、牧、渔业生产及辅助人员				
	修理及制作服务人员	文化、体育和娱乐服务人员	健康服务人员	其他社会生产和生活服务人员	小计	农业生产人员	林业生产人员	畜牧业生产人员	渔业生产人员
宁　夏	**3907**	**644**	**253**	**85**	**62466**	**42327**	**1059**	**18215**	**117**
银川市	**1688**	**386**	**122**	**59**	**8670**	**6791**	**204**	**1417**	**72**
兴庆区	459	121	46	15	1096	834	33	202	8
西夏区	187	73	8	4	819	634	18	150	2
金凤区	258	123	40	19	606	468	30	87	4
永宁县	231	20	10	1	2130	1784	72	243	10
贺兰县	336	38	10	14	2148	1694	16	330	42
灵武市	217	11	8	6	1871	1377	35	405	6
石嘴山市	**471**	**82**	**18**	**13**	**4652**	**3580**	**48**	**935**	**24**
大武口区	189	33	11	12	292	175	19	92	3
惠农区	122	33	1	1	654	441	10	180	7
平罗县	160	16	6		3706	2964	19	663	14
吴忠市	**743**	**70**	**48**	**9**	**16053**	**9018**	**170**	**6734**	**8**
利通区	238	41	18	1	1902	903	23	943	2
红寺堡区	78	5	1		4237	2040	62	2119	
盐池县	131	5	4	5	2289	925	21	1328	
同心县	111	4	9	1	4707	2899	27	1767	
青铜峡市	185	15	16	2	2918	2251	37	577	6
固原市	**470**	**47**	**38**	**1**	**18970**	**12734**	**492**	**5685**	**5**
原州区	271	22	18		5621	3916	86	1610	1
西吉县	87	13	10		6296	4594	52	1637	3
隆德县	43	6	1		1843	1299	51	482	
泾源县	28	5	2		1462	616	207	629	
彭阳县	41	1	7	1	3748	2309	96	1327	1
中卫市	**535**	**59**	**27**	**3**	**14121**	**10204**	**145**	**3444**	**8**
沙坡头区	203	32	10		3751	2702	46	806	7
中宁县	180	15	8		5043	3760	53	1131	1
海原县	152	12	9	3	5327	3742	46	1507	

4-6 续表 13

单位：人

地区 性别	社会生产服务和生活服务人员				农、林、牧、渔业生产及辅助人员				
	修理及制作服务人员	文化、体育和娱乐服务人员	健康服务人员	其他社会生产和生活服务人员	小计	农业生产人员	林业生产人员	畜牧业生产人员	渔业生产人员
男	**3516**	**386**	**63**	**53**	**34499**	**22254**	**751**	**10904**	**94**
银川市	**1545**	**235**	**30**	**34**	**4895**	**3636**	**132**	**948**	**55**
兴庆区	426	75	15	9	614	443	23	127	4
西夏区	172	48	3	3	497	364	11	109	2
金凤区	242	76	6	12	353	246	23	68	4
永宁县	216	14	2	1	1196	973	43	153	9
贺兰县	298	19	2	7	1199	891	11	223	32
灵武市	191	3	2	2	1036	719	21	268	4
石嘴山市	**403**	**47**	**2**	**9**	**2681**	**1962**	**31**	**610**	**21**
大武口区	171	18	1	9	182	101	10	65	3
惠农区	97	19			412	264	10	121	5
平罗县	135	10	1		2087	1597	11	424	13
吴忠市	**675**	**40**	**13**	**6**	**8818**	**4719**	**128**	**3860**	**5**
利通区	218	22	3	1	1133	474	18	611	1
红寺堡区	69	4	1		2175	1032	46	1087	
盐池县	122	3	2	3	1366	536	17	800	
同心县	97	4	1	1	2596	1580	22	983	
青铜峡市	169	7	6	1	1548	1097	25	379	4
固原市	**412**	**29**	**13**	**1**	**10417**	**6610**	**360**	**3399**	**5**
原州区	242	15	4		3140	2062	71	999	1
西吉县	75	6	6		3413	2405	29	969	3
隆德县	35	5	1		976	643	42	282	
泾源县	24	2			787	241	146	391	
彭阳县	36	1	2	1	2101	1259	72	758	1
中卫市	**481**	**35**	**5**	**3**	**7688**	**5327**	**100**	**2087**	**8**
沙坡头区	187	21	1		2129	1479	34	518	7
中宁县	160	7	2		2755	1987	32	688	1
海原县	134	7	2	3	2804	1861	34	881	

4−6　续表 14　　　　单位：人

地　区 性　别	社会生产服务和生活服务人员				农、林、牧、渔业生产及辅助人员				
	修理及制作服务人员	文化、体育和娱乐服务人员	健康服务人员	其他社会生产和生活服务人员	小计	农业生产人员	林业生产人员	畜牧业生产人员	渔业生产人员
女	**391**	**258**	**190**	**32**	**27967**	**20073**	**308**	**7311**	**23**
银川市	**143**	**151**	**92**	**25**	**3775**	**3155**	**72**	**469**	**17**
兴庆区	33	46	31	6	482	391	10	75	4
西夏区	15	25	5	1	322	270	7	41	
金凤区	16	47	34	7	253	222	7	19	
永宁县	15	6	8		934	811	29	90	1
贺兰县	38	19	8	7	949	803	5	107	10
灵武市	26	8	6	4	835	658	14	137	2
石嘴山市	**68**	**35**	**16**	**4**	**1971**	**1618**	**17**	**325**	**3**
大武口区	18	15	10	3	110	74	9	27	
惠农区	25	14	1	1	242	177		59	2
平罗县	25	6	5		1619	1367	8	239	1
吴忠市	**68**	**30**	**35**	**3**	**7235**	**4299**	**42**	**2874**	**3**
利通区	20	19	15		769	429	5	332	1
红寺堡区	9	1			2062	1008	16	1032	
盐池县	9	2	2	2	923	389	4	528	
同心县	14		8		2111	1319	5	784	
青铜峡市	16	8	10	1	1370	1154	12	198	2
固原市	**58**	**18**	**25**		**8553**	**6124**	**132**	**2286**	
原州区	29	7	14		2481	1854	15	611	
西吉县	12	7	4		2883	2189	23	668	
隆德县	8	1			867	656	9	200	
泾源县	4	3	2		675	375	61	238	
彭阳县	5		5		1647	1050	24	569	
中卫市	**54**	**24**	**22**		**6433**	**4877**	**45**	**1357**	
沙坡头区	16	11	9		1622	1223	12	288	
中宁县	20	8	6		2288	1773	21	443	
海原县	18	5	7		2523	1881	12	626	

4-6 续表 15

单位：人

地区 性别	农林牧渔生产辅助人员	其他农、林、牧、渔业生产加工人员	生产制造及有关人员						
			小计	农副产品加工人员	食品、饮料生产加工人员	烟草及其制品加工人员	纺织、针织、印染人员	纺织品、服装和皮革、毛皮制品加工制作人员	木材加工、家具与木制品制作人员
宁　夏	**730**	**18**	**70745**	**904**	**1267**	**21**	**612**	**811**	**1350**
银川市	**179**	**7**	**27780**	**236**	**571**	**1**	**279**	**349**	**730**
兴庆区	19		5824	34	79		15	55	125
西夏区	15		4344	24	107		6	65	125
金凤区	16	1	3878	20	85	1	6	42	109
永宁县	21		3850	56	139		6	24	224
贺兰县	61	5	3538	66	134		90	83	90
灵武市	47	1	6346	36	27		156	80	57
石嘴山市	**64**	**1**	**10691**	**88**	**125**		**75**	**68**	**104**
大武口区	3		3620	8	34		65	25	58
惠农区	15	1	3586	15	34		4	17	17
平罗县	46		3485	65	57		6	26	29
吴忠市	**118**	**5**	**13767**	**262**	**332**	**19**	**231**	**195**	**343**
利通区	31		4860	94	228	17	162	65	203
红寺堡区	14	2	1941	37	24	1	27	27	40
盐池县	15		1726	28	18		2	12	21
同心县	14		2441	50	14		23	43	15
青铜峡市	44	3	2799	53	48	1	17	48	64
固原市	**52**	**2**	**8345**	**154**	**98**		**25**	**113**	**67**
原州区	8		3684	63	21		18	26	32
西吉县	9	1	1746	42	32		1	33	15
隆德县	11		973	18	13		2	15	2
泾源县	10		652	8	6		2	25	1
彭阳县	14	1	1290	23	26		2	14	17
中卫市	**317**	**3**	**10162**	**164**	**141**	**1**	**2**	**86**	**106**
沙坡头区	189	1	4561	59	50	1		25	35
中宁县	97	1	3403	60	48			19	49
海原县	31	1	2198	45	43		2	42	22

4-6　续表 16　　　　单位：人

地区 性别	农林牧渔生产辅助人员	其他农、林、牧、渔业生产加工人员	生产制造及有关人员 小计	农副产品加工人员	食品、饮料生产加工人员	烟草及其制品加工人员	纺织、针织、印染人员	纺织品、服装和皮革、毛皮制品加工制作人员	木材加工、家具与木制品制作人员
男	**484**	**12**	**59202**	**574**	**670**	**18**	**154**	**174**	**1169**
银川市	**119**	**5**	**23133**	**147**	**318**	**1**	**75**	**75**	**613**
兴庆区	17		4721	22	32		2	10	106
西夏区	11		3592	17	54		2	8	110
金凤区	11	1	3191	16	55	1	2	13	93
永宁县	18		3244	32	99		3	2	173
贺兰县	39	3	2852	35	66		35	28	76
灵武市	23	1	5533	25	12		31	14	55
石嘴山市	**56**	**1**	**8833**	**59**	**62**		**16**	**14**	**92**
大武口区	3		3016	8	12		15	8	55
惠农区	11	1	2956	9	25		1	2	16
平罗县	42		2861	42	25			4	21
吴忠市	**103**	**3**	**11445**	**162**	**180**	**16**	**56**	**39**	**313**
利通区	29		3850	54	141	14	35	6	190
红寺堡区	9	1	1665	24	12	1	10	7	37
盐池县	13		1478	16	7			3	20
同心县	11		2182	33	6		7	10	14
青铜峡市	41	2	2270	35	14	1	4	13	52
固原市	**42**	**1**	**7093**	**104**	**43**		**6**	**25**	**58**
原州区	7		3211	44	11		6	6	27
西吉县	6	1	1454	27	14			11	13
隆德县	9		778	10	6			2	2
泾源县	9		525	7	3			2	1
彭阳县	11		1125	16	9			4	15
中卫市	**164**	**2**	**8698**	**102**	**67**	**1**	**1**	**21**	**93**
沙坡头区	90	1	3905	36	25	1		3	33
中宁县	47		2867	35	17			7	40
海原县	27	1	1926	31	25		1	11	20

4-6 续表 17

单位：人

地区 性别	农林牧渔生产辅助人员	其他农、林、牧、渔业生产加工人员	生产制造及有关人员						
			小计	农副产品加工人员	食品、饮料生产加工人员	烟草及其制品加工人员	纺织、针织、印染人员	纺织品、服装和皮革、毛皮制品加工制作人员	木材加工、家具与木制品制作人员
女	**246**	**6**	**11543**	**330**	**597**	**3**	**458**	**637**	**181**
银川市	**60**	**2**	**4647**	**89**	**253**		**204**	**274**	**117**
兴庆区	2		1103	12	47		13	45	19
西夏区	4		752	7	53		4	57	15
金凤区	5		687	4	30		4	29	16
永宁县	3		606	24	40		3	22	51
贺兰县	22	2	686	31	68		55	55	14
灵武市	24		813	11	15		125	66	2
石嘴山市	**8**		**1858**	**29**	**63**		**59**	**54**	**12**
大武口区			604		22		50	17	3
惠农区	4		630	6	9		3	15	1
平罗县	4		624	23	32		6	22	8
吴忠市	**15**	**2**	**2322**	**100**	**152**	**3**	**175**	**156**	**30**
利通区	2		1010	40	87	3	127	59	13
红寺堡区	5	1	276	13	12		17	20	3
盐池县	2		248	12	11		2	9	1
同心县	3		259	17	8		16	33	1
青铜峡市	3	1	529	18	34		13	35	12
固原市	**10**	**1**	**1252**	**50**	**55**		**19**	**88**	**9**
原州区	1		473	19	10		12	20	5
西吉县	3		292	15	18		1	22	2
隆德县	2		195	8	7		2	13	
泾源县	1		127	1	3		2	23	
彭阳县	3	1	165	7	17		2	10	2
中卫市	**153**	**1**	**1464**	**62**	**74**		**1**	**65**	**13**
沙坡头区	99		656	23	25			22	2
中宁县	50	1	536	25	31			12	9
海原县	4		272	14	18		1	31	2

4-6 续表 18

单位：人

地 区 性 别	生产制造及有关人员								
	纸及纸制品生产加工人员	印刷和记录媒介复制人员	文教、工美、体育和娱乐用品制造人 员	石油加工和炼焦、煤化工生产人员	化学原料和化学制品制造人 员	医药制造人 员	化学纤维制造人员	橡胶和塑料制品制造人员	非金属矿物制品制造人员
宁 夏	**269**	**268**	**120**	**1291**	**2312**	**499**	**43**	**524**	**1213**
银川市	**63**	**128**	**65**	**740**	**468**	**373**	**33**	**171**	**323**
兴庆区	12	44	20	144	87	30	1	9	27
西夏区	7	24	12	74	41	15	1	34	83
金凤区	7	31	19	103	70	32		16	38
永宁县	27	7	8	39	46	83		51	96
贺兰县	8	12	5	36	66	165		37	55
灵武市	2	10	1	344	158	48	31	24	24
石嘴山市	**3**	**15**	**14**	**205**	**1068**	**36**	**4**	**141**	**272**
大武口区		4	3	64	126	19	1	18	110
惠农区	1	4	5	98	496	6	1	17	69
平罗县	2	7	6	43	446	11	2	106	93
吴忠市	**102**	**70**	**9**	**234**	**215**	**48**	**3**	**144**	**259**
利通区	82	47	3	39	83	5	3	92	47
红寺堡区	5	7	1	78	19	26		4	40
盐池县		2	1	83	9	3		3	60
同心县		4	3	27	3	5		3	21
青铜峡市	15	10	1	7	101	9		42	91
固原市	**5**	**28**	**28**	**17**	**117**	**21**		**35**	**134**
原州区	2	5	5	5	104	7		15	68
西吉县		8	2	5	6	3		4	33
隆德县	2	7	15	5	4	8		4	5
泾源县		3	3			2		5	10
彭阳县	1	5	3	2	3	1		7	18
中卫市	**96**	**27**	**4**	**95**	**444**	**21**	**3**	**33**	**225**
沙坡头区	82	13	1	71	391	8	2	12	101
中宁县	11	7	2	17	45	9	1	13	65
海原县	3	7	1	7	8	4		8	59

4-6 续表 19 单位：人

地区 性别	生产制造及有关人员								
	纸及纸制品生产加工人员	印刷和记录媒介复制人员	文教、工美、体育和娱乐用品制造人员	石油加工和炼焦、煤化工生产人员	化学原料和化学制品制造人员	医药制造人员	化学纤维制造人员	橡胶和塑料制品制造人员	非金属矿物制品制造人员
男	**139**	**140**	**60**	**1079**	**1845**	**303**	**37**	**323**	**990**
银川市	**36**	**72**	**42**	**620**	**393**	**241**	**29**	**108**	**264**
兴庆区	8	28	11	116	71	15	1	6	21
西夏区	4	14	10	66	36	5	1	16	66
金凤区	5	18	12	78	59	14		11	31
永宁县	15	6	5	35	39	52		38	84
贺兰县	4	3	3	33	52	119		20	41
灵武市		3	1	292	136	36	27	17	21
石嘴山市	**1**	**3**	**3**	**163**	**844**	**21**	**3**	**99**	**214**
大武口区		2	1	53	97	12	1	10	89
惠农区	1	1		73	388	3	1	17	50
平罗县			2	37	359	6	1	72	75
吴忠市	**49**	**32**	**4**	**215**	**176**	**24**	**3**	**70**	**214**
利通区	40	19	2	36	68	2	3	38	37
红寺堡区	4	4	1	71	13	12		2	35
盐池县				78	9	1		2	45
同心县		3	1	23	3	4		3	18
青铜峡市	5	6		7	83	5		25	79
固原市	**1**	**17**	**9**	**13**	**94**	**7**		**25**	**108**
原州区		2	2	4	85	2		13	55
西吉县		4	1	3	3	1		4	28
隆德县		5	3	4	4	3		1	4
泾源县		3	1					2	7
彭阳县	1	3	2	2	2	1		5	14
中卫市	**52**	**16**	**2**	**68**	**338**	**10**	**2**	**21**	**190**
沙坡头区	44	8		49	298	4	1	7	82
中宁县	5	3	1	15	33	3	1	7	56
海原县	3	5	1	4	7	3		7	52

4-6　续表 20　　　　单位：人

地区 性别	生产制造及有关人员								
	纸及纸制品生产加工人员	印刷和记录媒介复制人员	文教、工美、体育和娱乐用品制造人员	石油加工和炼焦、煤化工生产人员	化学原料和化学制品制造人员	医药制造人员	化学纤维制造人员	橡胶和塑料制品制造人员	非金属矿物制品制造人员
女	**130**	**128**	**60**	**212**	**467**	**196**	**6**	**201**	**223**
银川市	**27**	**56**	**23**	**120**	**75**	**132**	**4**	**63**	**59**
兴庆区	4	16	9	28	16	15		3	6
西夏区	3	10	2	8	5	10		18	17
金凤区	2	13	7	25	11	18		5	7
永宁县	12	1	3	4	7	31		13	12
贺兰县	4	9	2	3	14	46		17	14
灵武市	2	7		52	22	12	4	7	3
石嘴山市	**2**	**12**	**11**	**42**	**224**	**15**	**1**	**42**	**58**
大武口区		2	2	11	29	7		8	21
惠农区		3	5	25	108	3			19
平罗县	2	7	4	6	87	5	1	34	18
吴忠市	**53**	**38**	**5**	**19**	**39**	**24**		**74**	**45**
利通区	42	28	1	3	15	3		54	10
红寺堡区	1	3		7	6	14		2	5
盐池县		2	1	5		2		1	15
同心县		1	2	4		1			3
青铜峡市	10	4	1		18	4		17	12
固原市	**4**	**11**	**19**	**4**	**23**	**14**		**10**	**26**
原州区	2	3	3	1	19	5		2	13
西吉县		4	1	2	3	2			5
隆德县	2	2	12	1		5		3	1
泾源县			2			2		3	3
彭阳县		2	1		1			2	4
中卫市	**44**	**11**	**2**	**27**	**106**	**11**	**1**	**12**	**35**
沙坡头区	38	5	1	22	93	4	1	5	19
中宁县	6	4	1	2	12	6		6	9
海原县		2		3	1	1		1	7

4-6 续表 21

单位：人

地区 性别	生产制造及有关人员								
	采矿人员	金属冶炼和压延加工人员	机械制造基础加工人员	金属制品制造人员	通用设备制造人员	专用设备制造人员	汽车制造人员	铁路、船舶、航空设备制造人员	电气机械和器材制造人员
宁　夏	**4168**	**2510**	**2817**	**669**	**512**	**158**	**101**	**27**	**385**
银川市	**2267**	**369**	**1103**	**283**	**259**	**62**	**44**	**13**	**252**
兴庆区	926	52	137	65	19	13	5	2	27
西夏区	48	41	352	56	141	7	5	6	116
金凤区	115	56	105	35	36	20	15	4	17
永宁县	61	63	169	67	26	13	10		41
贺兰县	129	29	145	41	33	6	7	1	16
灵武市	988	128	195	19	4	3	2		35
石嘴山市	**469**	**935**	**638**	**73**	**60**	**65**	**15**	**4**	**45**
大武口区	244	213	307	19	39	50	7	1	27
惠农区	154	447	128	9	11	13	3	1	9
平罗县	71	275	203	45	10	2	5	2	9
吴忠市	**746**	**303**	**585**	**145**	**111**	**12**	**10**	**3**	**46**
利通区	154	92	236	49	68	4	2	1	20
红寺堡区	53	53	70	22	10	4	2		10
盐池县	419	2	51	11	7				
同心县	82	8	56	26	3		1	1	8
青铜峡市	38	148	172	37	23	4	5	1	8
固原市	**587**	**45**	**147**	**90**	**41**	**5**	**12**	**2**	**15**
原州区	146	21	67	53	7	2		1	6
西吉县	30	12	32	14	12	2	5		3
隆德县	15	6	26	5	10		5		3
泾源县	2	4	5	7	4	1	1		
彭阳县	394	2	17	11	8		1	1	3
中卫市	**99**	**858**	**344**	**78**	**41**	**14**	**20**	**5**	**27**
沙坡头区	32	355	169	23	22	8	1	2	14
中宁县	31	483	122	28	6	3	10		4
海原县	36	20	53	27	13	3	9	3	9

4-6　续表 22　　　　　　　　　　　　　　　　　　　　　单位：人

地　区 性　别	生产制造及有关人员								
	采矿人员	金属冶炼和压延加工人员	机械制造基础加工人员	金属制品制造人员	通用设备制造人员	专用设备制造人员	汽车制造人员	铁路、船舶、航空设备制造人员	电气机械和器材制造人员
男	**3753**	**2144**	**2703**	**547**	**465**	**119**	**81**	**24**	**322**
银川市	**1970**	**339**	**1056**	**241**	**230**	**43**	**36**	**10**	**204**
兴庆区	692	45	133	54	14	8	2	2	23
西夏区	45	38	335	53	123	5	5	4	88
金凤区	100	52	97	27	34	14	13	3	15
永宁县	60	58	162	57	24	8	9		36
贺兰县	124	23	140	35	32	5	5	1	13
灵武市	949	123	189	15	3	3	2		29
石嘴山市	**424**	**757**	**616**	**53**	**52**	**54**	**12**	**4**	**37**
大武口区	225	170	291	14	34	41	6	1	23
惠农区	136	362	126	6	9	12	3	1	8
平罗县	63	225	199	33	9	1	3	2	6
吴忠市	**702**	**278**	**558**	**114**	**104**	**7**	**7**	**3**	**41**
利通区	145	85	229	41	64	2	2	1	18
红寺堡区	51	50	65	15	9	2	1		10
盐池县	386	2	50	9	5				
同心县	82	8	51	20	3		1	1	7
青铜峡市	38	133	163	29	23	3	3	1	6
固原市	**566**	**39**	**141**	**78**	**40**	**3**	**10**	**2**	**14**
原州区	137	18	64	45	7	2		1	6
西吉县	29	11	30	12	12	1	4		3
隆德县	14	5	25	5	10		4		2
泾源县	1	3	5	6	4		1		
彭阳县	385	2	17	10	7		1	1	3
中卫市	**91**	**731**	**332**	**61**	**39**	**12**	**16**	**5**	**26**
沙坡头区	30	302	164	17	20	7	1	2	13
中宁县	28	409	119	23	6	3	10		4
海原县	33	20	49	21	13	2	5	3	9

4-6 续表 23 单位：人

地区 性别	生产制造及有关人员								
	采矿人员	金属冶炼和压延加工人员	机械制造基础加工人员	金属制品制造人员	通用设备制造人员	专用设备制造人员	汽车制造人员	铁路、船舶、航空设备制造人员	电气机械和器材制造人员
女	**415**	**366**	**114**	**122**	**47**	**39**	**20**	**3**	**63**
银川市	**297**	**30**	**47**	**42**	**29**	**19**	**8**	**3**	**48**
兴庆区	234	7	4	11	5	5	3		4
西夏区	3	3	17	3	18	2		2	28
金凤区	15	4	8	8	2	6	2	1	2
永宁县	1	5	7	10	2	5	1		5
贺兰县	5	6	5	6	1	1	2		3
灵武市	39	5	6	4	1				6
石嘴山市	**45**	**178**	**22**	**20**	**8**	**11**	**3**		**8**
大武口区	19	43	16	5	5	9	1		4
惠农区	18	85	2	3	2	1			1
平罗县	8	50	4	12	1	1	2		3
吴忠市	**44**	**25**	**27**	**31**	**7**	**5**	**3**		**5**
利通区	9	7	7	8	4	2			2
红寺堡区	2	3	5	7	1	2	1		
盐池县	33		1	2	2				
同心县			5	6					1
青铜峡市		15	9	8		1	2		2
固原市	**21**	**6**	**6**	**12**	**1**	**2**	**2**		**1**
原州区	9	3	3	8					
西吉县	1	1	2	2		1	1		
隆德县	1	1	1				1		1
泾源县	1	1		1		1			
彭阳县	9			1	1				
中卫市	**8**	**127**	**12**	**17**	**2**	**2**	**4**		**1**
沙坡头区	2	53	5	6	2	1			1
中宁县	3	74	3	5					
海原县	3		4	6		1	4		

4-6　续表 24　　　　　　　　　　　　　　　　　　　　　　　　　　单位：人

地区 性别	生产制造及有关人员								不便分类的其他从业人员
	计算机、通信和其他电子设备制造人员	仪器仪表制造人员	废弃资源综合利用人员	电力、热力、气体、水生产和输配人员	建筑施工人员	运输设备和通用工程机械操作人员及有关人员	生产辅助人员	其他生产制造及有关人员	
宁　夏	**1485**	**162**	**91**	**1793**	**29322**	**4250**	**10664**	**127**	**405**
银川市	**921**	**60**	**60**	**717**	**10469**	**1565**	**4744**	**62**	**152**
兴庆区	29	11	3	120	2779	168	780	6	33
西夏区	589	16	2	83	1351	237	670	6	8
金凤区	161	14	11	154	1624	195	708	29	72
永宁县	67	9	5	70	1820	229	388	6	10
贺兰县	55	4	2	64	1506	176	473	4	15
灵武市	20	6	37	226	1389	560	1725	11	14
石嘴山市	**62**	**49**	**9**	**374**	**2475**	**849**	**2342**	**9**	**153**
大武口区	32	6	1	120	1030	274	707	8	147
惠农区	9	29	4	135	633	247	969	1	1
平罗县	21	14	4	119	812	328	666		5
吴忠市	**153**	**41**	**6**	**317**	**6185**	**834**	**1760**	**44**	**53**
利通区	20	25	1	73	1942	229	771	3	3
红寺堡区	38	2		73	936	126	206		
盐池县	2	2	1	53	535	111	273	17	7
同心县	26			19	1841	94	64	1	
青铜峡市	67	12	4	99	931	274	446	23	43
固原市	**141**	**6**	**6**	**162**	**5507**	**298**	**436**	**3**	**16**
原州区	49	4	1	78	2484	124	269	1	
西吉县	59	2	1	31	1225	77	57		10
隆德县	9			29	694	28	42	1	3
泾源县	5			9	527	10	12		2
彭阳县	19		4	15	577	59	56	1	1
中卫市	**208**	**6**	**10**	**223**	**4686**	**704**	**1382**	**9**	**31**
沙坡头区	50	5		116	1756	386	763	8	3
中宁县	92	1	9	81	1414	238	534	1	
海原县	66		1	26	1516	80	85		28

4-6 续表 25　　单位：人

地　区 性　别	生产制造及有关人员								不便分类的其他从业人员
	计算机、通信和其他电子设备制造人员	仪器仪表制造人员	废弃资源综合利用人员	电力、热力、气体、水生产和输配人员	建筑施工人员	运输设备和通用工程机械操作人员及有关人员	生产辅助人员	其他生产制造及有关人员	
男	**1197**	**107**	**72**	**1558**	**25798**	**3974**	**8561**	**102**	**191**
银川市	**733**	**42**	**48**	**625**	**9137**	**1459**	**3874**	**52**	**98**
兴庆区	26	7	3	89	2392	160	618	4	21
西夏区	463	10	2	74	1183	219	532	4	5
金凤区	131	7	6	134	1421	176	530	23	48
永宁县	55	8	3	65	1601	219	290	6	6
贺兰县	39	4	2	57	1315	168	370	4	8
灵武市	19	6	32	206	1225	517	1534	11	10
石嘴山市	**53**	**21**	**8**	**324**	**2175**	**754**	**1889**	**6**	**45**
大武口区	25	2		103	891	237	585	5	44
惠农区	7	15	4	114	571	220	774	1	
平罗县	21	4	4	107	713	297	530		1
吴忠市	**123**	**34**	**2**	**279**	**5427**	**813**	**1368**	**32**	**31**
利通区	19	20		63	1651	225	598	2	3
红寺堡区	29	2		69	840	123	166		
盐池县		1	1	52	444	108	225	14	5
同心县	24			18	1693	94	54	1	
青铜峡市	51	11	1	77	799	263	325	15	23
固原市	**120**	**4**	**6**	**132**	**4794**	**291**	**340**	**3**	**9**
原州区	41	3	1	57	2228	123	220	1	
西吉县	50	1	1	27	1049	76	39		5
隆德县	8			28	582	27	23	1	3
泾源县	5			9	447	10	8		1
彭阳县	16		4	11	488	55	50	1	
中卫市	**168**	**6**	**8**	**198**	**4265**	**657**	**1090**	**9**	**8**
沙坡头区	44	5		102	1617	360	622	8	3
中宁县	72	1	7	70	1279	218	394	1	
海原县	52		1	26	1369	79	74		5

4-6　续表 26　　　　单位：人

地区 性别	生产制造及有关人员								不便分类的其他从业人员
	计算机、通信和其他电子设备制造人员	仪器仪表制造人员	废弃资源综合利用人员	电力、热力、气体、水生产和输配人员	建筑施工人员	运输设备和通用工程机械操作人员及有关人员	生产辅助人员	其他生产制造及有关人员	
女	**288**	**55**	**19**	**235**	**3524**	**276**	**2103**	**25**	**214**
银川市	**188**	**18**	**12**	**92**	**1332**	**106**	**870**	**10**	**54**
兴庆区	3	4		31	387	8	162	2	12
西夏区	126	6		9	168	18	138	2	3
金凤区	30	7	5	20	203	19	178	6	24
永宁县	12	1	2	5	219	10	98		4
贺兰县	16			7	191	8	103		7
灵武市	1		5	20	164	43	191		4
石嘴山市	**9**	**28**	**1**	**50**	**300**	**95**	**453**	**3**	**108**
大武口区	7	4	1	17	139	37	122	3	103
惠农区	2	14		21	62	27	195		1
平罗县		10		12	99	31	136		4
吴忠市	**30**	**7**	**4**	**38**	**758**	**21**	**392**	**12**	**22**
利通区	1	5	1	10	291	4	173	1	
红寺堡区	9			4	96	3	40		
盐池县	2	1		1	91	3	48	3	2
同心县	2			1	148		10		
青铜峡市	16	1	3	22	132	11	121	8	20
固原市	**21**	**2**		**30**	**713**	**7**	**96**		**7**
原州区	8	1		21	256	1	49		
西吉县	9	1		4	176	1	18		5
隆德县	1			1	112	1	19		
泾源县					80		4		1
彭阳县	3			4	89	4	6		1
中卫市	**40**		**2**	**25**	**421**	**47**	**292**		**23**
沙坡头区	6			14	139	26	141		
中宁县	20		2	11	135	20	140		
海原县	14				147	1	11		23

4–6a 各地区分性别、职业中类的就业人口(城市)

单位：人

地区 性别	合计	党的机关、国家机关、群众团体和社会组织、企事业单位负责人						
		小计	中国共产党机关负责人	国家机关负责人	民主党派和工商联负责人	人民团体和群众团体、社会组织及其他成员组织负责人	基层群众自治组织负责人	企事业单位负责人
宁　夏	**127668**	**3868**	**18**	**237**	**3**	**128**	**45**	**3437**
银川市	**70285**	**2441**	**10**	**117**	**3**	**78**	**9**	**2224**
兴庆区	25998	613	2	22	1	13		575
西夏区	14216	409		5		2	2	400
金凤区	23890	1293	8	82	2	58	4	1139
永宁县								
贺兰县	198	8					1	7
灵武市	5983	118		8		5	2	103
石嘴山市	**16602**	**412**	**5**	**31**		**10**	**10**	**356**
大武口区	10561	309	5	25		5	4	270
惠农区	6041	103		6		5	6	86
平罗县								
吴忠市	**20970**	**655**	**2**	**42**		**31**	**11**	**569**
利通区	12715	414	1	21		18	7	367
红寺堡区	3052	66	1	10		4	1	50
盐池县								
同心县								
青铜峡市	5203	175		11		9	3	152
固原市	**9436**	**187**	**1**	**24**		**4**	**6**	**152**
原州区	9436	187	1	24		4	6	152
西吉县								
隆德县								
泾源县								
彭阳县								
中卫市	**10375**	**173**		**23**		**5**	**9**	**136**
沙坡头区	10375	173		23		5	9	136
中宁县								
海原县								

4-6a 续表 1

单位：人

地区 性别	合计	党的机关、国家机关、群众团体和社会组织、企事业单位负责人						
		小计	中国共产党机关负责人	国家机关负责人	民主党派和工商联负责人	人民团体和群众团体、社会组织及其他成员组织负责人	基层群众自治组织负责人	企事业单位负责人
男	**75561**	**2967**	**14**	**182**	**1**	**78**	**27**	**2665**
银川市	**40678**	**1836**	**8**	**83**	**1**	**48**	**4**	**1692**
兴庆区	14836	461	2	15		4		440
西夏区	8708	309		2		2	1	304
金凤区	13352	970	6	62	1	39	2	860
永宁县								
贺兰县	120	6						6
灵武市	3662	90		4		3	1	82
石嘴山市	**10360**	**312**	**4**	**26**		**5**	**2**	**275**
大武口区	6400	232	4	22		2	2	202
惠农区	3960	80		4		3		73
平罗县								
吴忠市	**12527**	**516**	**1**	**32**		**20**	**8**	**455**
利通区	7514	327		17		11	5	294
红寺堡区	1849	55	1	7		3	1	43
盐池县								
同心县								
青铜峡市	3164	134		8		6	2	118
固原市	**5703**	**157**	**1**	**21**		**3**	**6**	**126**
原州区	5703	157	1	21		3	6	126
西吉县								
隆德县								
泾源县								
彭阳县								
中卫市	**6293**	**146**		**20**		**2**	**7**	**117**
沙坡头区	6293	146		20		2	7	117
中宁县								
海原县								

4-6a　续表 2　　　　单位：人

地区 性别	合计	党的机关、国家机关、群众团体和社会组织、企事业单位负责人						
		小计	中国共产党机关负责人	国家机关负责人	民主党派和工商联负责人	人民团体和群众团体、社会组织及其他成员组织负责人	基层群众自治组织负责人	企事业单位负责人
女	**52107**	**901**	**4**	**55**	**2**	**50**	**18**	**772**
银川市	**29607**	**605**	**2**	**34**	**2**	**30**	**5**	**532**
兴庆区	11162	152		7	1	9		135
西夏区	5508	100		3			1	96
金凤区	10538	323	2	20	1	19	2	279
永宁县								
贺兰县	78	2					1	1
灵武市	2321	28		4		2	1	21
石嘴山市	**6242**	**100**	**1**	**5**		**5**	**8**	**81**
大武口区	4161	77	1	3		3	2	68
惠农区	2081	23		2		2	6	13
平罗县								
吴忠市	**8443**	**139**	**1**	**10**		**11**	**3**	**114**
利通区	5201	87	1	4		7	2	73
红寺堡区	1203	11		3		1		7
盐池县								
同心县								
青铜峡市	2039	41		3		3	1	34
固原市	**3733**	**30**		**3**		**1**		**26**
原州区	3733	30		3		1		26
西吉县								
隆德县								
泾源县								
彭阳县								
中卫市	**4082**	**27**		**3**		**3**	**2**	**19**
沙坡头区	4082	27		3		3	2	19
中宁县								
海原县								

4-6a 续表 3 单位：人

地区 性别	专业技术人员									
	小计	科学研究人员	工程技术人员	农业技术人员	飞机和船舶技术人员	卫生专业技术人员	经济和金融专业人员	法律、社会和宗教专业人员	教学人员	文学艺术、体育专业人员
宁夏	**23352**	**114**	**4961**	**178**	**18**	**3924**	**4899**	**799**	**7558**	**273**
银川市	**14991**	**94**	**3776**	**97**	**10**	**2288**	**3427**	**483**	**4139**	**226**
兴庆区	4954	25	1144	22	1	892	1243	146	1279	68
西夏区	2401	11	675	25	2	309	502	66	717	29
金凤区	6807	56	1822	38	7	944	1541	228	1834	115
永宁县										
贺兰县	21		7			3	5	1	3	1
灵武市	808	2	128	12		140	136	42	306	13
石嘴山市	**2102**	**6**	**375**	**8**	**1**	**432**	**456**	**83**	**685**	**19**
大武口区	1553	5	319	7	1	281	331	67	491	17
惠农区	549	1	56	1		151	125	16	194	2
平罗县										
吴忠市	**3058**	**5**	**461**	**42**	**1**	**546**	**516**	**125**	**1273**	**14**
利通区	1843	2	291	27	1	308	362	81	732	8
红寺堡区	421	1	37	4		99	33	9	229	
盐池县										
同心县										
青铜峡市	794	2	133	11		139	121	35	312	6
固原市	**1899**	**6**	**191**	**18**	**1**	**419**	**233**	**56**	**926**	**8**
原州区	1899	6	191	18	1	419	233	56	926	8
西吉县										
隆德县										
泾源县										
彭阳县										
中卫市	**1302**	**3**	**158**	**13**	**5**	**239**	**267**	**52**	**535**	**6**
沙坡头区	1302	3	158	13	5	239	267	52	535	6
中宁县										
海原县										

4-6a 续表 4 单位：人

地区 性别	专业技术人员									
	小计	科学研究人员	工程技术人员	农业技术人员	飞机和船舶技术人员	卫生专业技术人员	经济和金融专业人员	法律、社会和宗教专业人员	教学人员	文学艺术、体育专业人员
男	**9432**	**64**	**4068**	**135**	**15**	**979**	**1176**	**356**	**2223**	**156**
银川市	**6253**	**55**	**3042**	**73**	**7**	**576**	**855**	**188**	**1132**	**137**
兴庆区	1975	19	911	16	1	246	296	53	344	46
西夏区	1066	10	566	22	2	63	110	23	228	15
金凤区	2908	24	1444	25	4	237	420	91	488	69
永宁县										
贺兰县	10		7				1	1		
灵武市	294	2	114	10		30	28	20	72	7
石嘴山市	**782**	**4**	**319**	**4**	**1**	**101**	**88**	**39**	**202**	**9**
大武口区	598	3	267	4	1	58	66	29	149	9
惠农区	184	1	52			43	22	10	53	
平罗县										
吴忠市	**1213**		**407**	**36**	**1**	**139**	**122**	**75**	**390**	**7**
利通区	715		258	25	1	77	82	54	200	4
红寺堡区	170		35	3		30	12	6	81	
盐池县										
同心县										
青铜峡市	328		114	8		32	28	15	109	3
固原市	**743**	**4**	**160**	**14**	**1**	**111**	**59**	**30**	**351**	
原州区	743	4	160	14	1	111	59	30	351	
西吉县										
隆德县										
泾源县										
彭阳县										
中卫市	**441**	**1**	**140**	**8**	**5**	**52**	**52**	**24**	**148**	**3**
沙坡头区	441	1	140	8	5	52	52	24	148	3
中宁县										
海原县										

4-6a 续表 5

单位：人

地区 性别	专业技术人员 小计	科学研究人员	工程技术人员	农业技术人员	飞机和船舶技术人员	卫生专业技术人员	经济和金融专业人员	法律、社会和宗教专业人员	教学人员	文学艺术、体育专业人员
女	**13920**	**50**	**893**	**43**	**3**	**2945**	**3723**	**443**	**5335**	**117**
银川市	**8738**	**39**	**734**	**24**	**3**	**1712**	**2572**	**295**	**3007**	**89**
兴庆区	2979	6	233	6		646	947	93	935	22
西夏区	1335	1	109	3		246	392	43	489	14
金凤区	3899	32	378	13	3	707	1121	137	1346	46
永宁县										
贺兰县	11					3	4		3	1
灵武市	514		14	2		110	108	22	234	6
石嘴山市	**1320**	**2**	**56**	**4**		**331**	**368**	**44**	**483**	**10**
大武口区	955	2	52	3		223	265	38	342	8
惠农区	365		4	1		108	103	6	141	2
平罗县										
吴忠市	**1845**	**5**	**54**	**6**		**407**	**394**	**50**	**883**	**7**
利通区	1128	2	33	2		231	280	27	532	4
红寺堡区	251	1	2	1		69	21	3	148	
盐池县										
同心县										
青铜峡市	466	2	19	3		107	93	20	203	3
固原市	**1156**	**2**	**31**	**4**		**308**	**174**	**26**	**575**	**8**
原州区	1156	2	31	4		308	174	26	575	8
西吉县										
隆德县										
泾源县										
彭阳县										
中卫市	**861**	**2**	**18**	**5**		**187**	**215**	**28**	**387**	**3**
沙坡头区	861	2	18	5		187	215	28	387	3
中宁县										
海原县										

4-6a 续表 6　　单位：人

地区 性别	专业技术人员		办事人员和有关人员				社会生产服务和生活服务人员		
	新闻出版、文化专业人员	其他专业技术人员	小计	办事人员	安全和消防人员	其他办事人员和有关人员	小计	批发与零售服务人员	交通运输、仓储和邮政业服务人员
宁夏	**539**	**89**	**14436**	**12584**	**1630**	**222**	**56116**	**19733**	**10968**
银川市	**392**	**59**	**8680**	**7677**	**843**	**160**	**30950**	**11353**	**5144**
兴庆区	127	7	3361	3066	230	65	12907	5239	1912
西夏区	59	6	950	791	136	23	6360	1943	1496
金凤区	178	44	3926	3448	416	62	9105	3333	1111
永宁县									
贺兰县	1		9	8	1		115	37	17
灵武市	27	2	434	364	60	10	2463	801	608
石嘴山市	**29**	**8**	**1674**	**1377**	**289**	**8**	**7097**	**2388**	**1627**
大武口区	27	7	1285	1033	244	8	4619	1610	978
惠农区	2	1	389	344	45		2478	778	649
平罗县									
吴忠市	**53**	**22**	**1986**	**1712**	**246**	**28**	**9338**	**3171**	**2169**
利通区	31		1347	1167	167	13	5974	2118	1282
红寺堡区	9		219	176	40	3	1154	440	241
盐池县									
同心县									
青铜峡市	13	22	420	369	39	12	2210	613	646
固原市	**41**		**1111**	**959**	**139**	**13**	**4159**	**1375**	**864**
原州区	41		1111	959	139	13	4159	1375	864
西吉县									
隆德县									
泾源县									
彭阳县									
中卫市	**24**		**985**	**859**	**113**	**13**	**4572**	**1446**	**1164**
沙坡头区	24		985	859	113	13	4572	1446	1164
中宁县									
海原县									

4-6a 续表 7

单位：人

地区 性别	专业技术人员		办事人员和有关人员				社会生产服务和生活服务人员		
	新闻出版、文化专业人员	其他专业技术人员	小计	办事人员	安全和消防人员	其他办事人员和有关人员	小计	批发与零售服务人员	交通运输、仓储和邮政业服务人员
男	**195**	**65**	**8232**	**6767**	**1354**	**111**	**30877**	**8611**	**9314**
银川市	**143**	**45**	**4932**	**4146**	**702**	**84**	**17070**	**5205**	**4241**
兴庆区	36	7	1925	1693	189	43	7164	2487	1622
西夏区	22	5	526	398	121	7	3505	786	1192
金凤区	75	31	2245	1870	342	33	5003	1585	904
永宁县									
贺兰县	1		4	3	1		62	18	13
灵武市	9	2	232	182	49	1	1336	329	510
石嘴山市	**12**	**3**	**918**	**672**	**243**	**3**	**3955**	**1049**	**1418**
大武口区	10	2	731	523	205	3	2504	681	843
惠农区	2	1	187	149	38		1451	368	575
平罗县									
吴忠市	**19**	**17**	**1147**	**920**	**213**	**14**	**5079**	**1230**	**1928**
利通区	14		786	639	141	6	3174	833	1118
红寺堡区	3		135	101	34		623	184	220
盐池县									
同心县									
青铜峡市	2	17	226	180	38	8	1282	213	590
固原市	**13**		**710**	**591**	**117**	**2**	**2315**	**581**	**749**
原州区	13		710	591	117	2	2315	581	749
西吉县									
隆德县									
泾源县									
彭阳县									
中卫市	**8**		**525**	**438**	**79**	**8**	**2458**	**546**	**978**
沙坡头区	8		525	438	79	8	2458	546	978
中宁县									
海原县									

4-6a 续表 8

单位：人

地区 性别	专业技术人员		办事人员和有关人员				社会生产服务和生活服务人员		
	新闻出版、文化专业人员	其他专业技术人员	小计	办事人员	安全和消防人员	其他办事人员和有关人员	小计	批发与零售服务人员	交通运输、仓储和邮政业服务人员
女	**344**	**24**	**6204**	**5817**	**276**	**111**	**25239**	**11122**	**1654**
银川市	**249**	**14**	**3748**	**3531**	**141**	**76**	**13880**	**6148**	**903**
兴庆区	91		1436	1373	41	22	5743	2752	290
西夏区	37	1	424	393	15	16	2855	1157	304
金凤区	103	13	1681	1578	74	29	4102	1748	207
永宁县									
贺兰县			5	5			53	19	4
灵武市	18		202	182	11	9	1127	472	98
石嘴山市	**17**	**5**	**756**	**705**	**46**	**5**	**3142**	**1339**	**209**
大武口区	17	5	554	510	39	5	2115	929	135
惠农区			202	195	7		1027	410	74
平罗县									
吴忠市	**34**	**5**	**839**	**792**	**33**	**14**	**4259**	**1941**	**241**
利通区	17		561	528	26	7	2800	1285	164
红寺堡区	6		84	75	6	3	531	256	21
盐池县									
同心县									
青铜峡市	11	5	194	189	1	4	928	400	56
固原市	**28**		**401**	**368**	**22**	**11**	**1844**	**794**	**115**
原州区	28		401	368	22	11	1844	794	115
西吉县									
隆德县									
泾源县									
彭阳县									
中卫市	**16**		**460**	**421**	**34**	**5**	**2114**	**900**	**186**
沙坡头区	16		460	421	34	5	2114	900	186
中宁县									
海原县									

4-6a 续表 9

单位：人

地 区 性 别	社会生产服务和生活服务人员								
	住宿和餐饮服务人员	信息传输、软件和信息技术服务人员	金融服务人员	房地产服务人员	租赁和商务服务人员	技术辅助服务人员	水利、环境和公共设施管理服务人员	居民服务人员	电力、燃气及水供应服务人员
宁 夏	**7377**	**1386**	**2295**	**1709**	**2643**	**1292**	**3144**	**2534**	**824**
银川市	**3915**	**884**	**1428**	**1255**	**1442**	**911**	**1590**	**1498**	**387**
兴庆区	1524	293	588	560	544	407	551	675	139
西夏区	949	128	110	236	321	160	437	269	75
金凤区	1124	432	649	390	476	293	390	423	138
永宁县									
贺兰县	9	4	2	13	6	2	7	8	5
灵武市	309	27	79	56	95	49	205	123	30
石嘴山市	**948**	**172**	**193**	**102**	**352**	**91**	**525**	**310**	**76**
大武口区	584	137	138	63	203	71	363	218	45
惠农区	364	35	55	39	149	20	162	92	31
平罗县									
吴忠市	**1373**	**140**	**326**	**170**	**377**	**146**	**510**	**364**	**178**
利通区	890	98	220	134	224	111	321	245	111
红寺堡区	188	12	31	10	44	8	87	25	12
盐池县									
同心县									
青铜峡市	295	30	75	26	109	27	102	94	55
固原市	**503**	**76**	**207**	**103**	**206**	**72**	**263**	**175**	**132**
原州区	503	76	207	103	206	72	263	175	132
西吉县									
隆德县									
泾源县									
彭阳县									
中卫市	**638**	**114**	**141**	**79**	**266**	**72**	**256**	**187**	**51**
沙坡头区	638	114	141	79	266	72	256	187	51
中宁县									
海原县									

4-6a 续表 10

单位：人

地区 性别	社会生产服务和生活服务人员								
	住宿和餐饮服务人员	信息传输、软件和信息技术服务人员	金融服务人员	房地产服务人员	租赁和商务服务人员	技术辅助服务人员	水利、环境和公共设施管理服务人员	居民服务人员	电力、燃气及水供应服务人员
男	**3461**	**873**	**897**	**938**	**1961**	**780**	**943**	**746**	**588**
银川市	**1985**	**564**	**577**	**732**	**1057**	**552**	**504**	**461**	**286**
兴庆区	781	180	223	341	407	242	187	211	99
西夏区	455	85	43	150	248	108	105	78	61
金凤区	624	279	281	215	315	175	141	129	98
永宁县									
贺兰县	4	3	1	4	2	1	3	3	5
灵武市	121	17	29	22	85	26	68	40	23
石嘴山市	**433**	**99**	**68**	**48**	**266**	**56**	**149**	**74**	**53**
大武口区	274	82	52	31	156	44	94	50	30
惠农区	159	17	16	17	110	12	55	24	23
平罗县									
吴忠市	**575**	**85**	**114**	**81**	**283**	**76**	**151**	**96**	**125**
利通区	388	63	72	65	169	60	96	66	69
红寺堡区	66	6	15	4	38	3	25	5	10
盐池县									
同心县									
青铜峡市	121	16	27	12	76	13	30	25	46
固原市	**205**	**55**	**90**	**60**	**163**	**46**	**66**	**55**	**94**
原州区	205	55	90	60	163	46	66	55	94
西吉县									
隆德县									
泾源县									
彭阳县									
中卫市	**263**	**70**	**48**	**17**	**192**	**50**	**73**	**60**	**30**
沙坡头区	263	70	48	17	192	50	73	60	30
中宁县									
海原县									

4-6a　续表 11　　　　单位：人

地　区 性　别	社会生产服务和生活服务人员								
	住宿和餐饮服务人员	信息传输、软件和信息技术服务人员	金融服务人员	房地产服务人员	租赁和商务服务人员	技术辅助服务人员	水利、环境和公共设施管理服务人员	居民服务人员	电力、燃气及水供应服务人员
女	**3916**	**513**	**1398**	**771**	**682**	**512**	**2201**	**1788**	**236**
银川市	**1930**	**320**	**851**	**523**	**385**	**359**	**1086**	**1037**	**101**
兴庆区	743	113	365	219	137	165	364	464	40
西夏区	494	43	67	86	73	52	332	191	14
金凤区	500	153	368	175	161	118	249	294	40
永宁县									
贺兰县	5	1	1	9	4	1	4	5	
灵武市	188	10	50	34	10	23	137	83	7
石嘴山市	**515**	**73**	**125**	**54**	**86**	**35**	**376**	**236**	**23**
大武口区	310	55	86	32	47	27	269	168	15
惠农区	205	18	39	22	39	8	107	68	8
平罗县									
吴忠市	**798**	**55**	**212**	**89**	**94**	**70**	**359**	**268**	**53**
利通区	502	35	148	69	55	51	225	179	42
红寺堡区	122	6	16	6	6	5	62	20	2
盐池县									
同心县									
青铜峡市	174	14	48	14	33	14	72	69	9
固原市	**298**	**21**	**117**	**43**	**43**	**26**	**197**	**120**	**38**
原州区	298	21	117	43	43	26	197	120	38
西吉县									
隆德县									
泾源县									
彭阳县									
中卫市	**375**	**44**	**93**	**62**	**74**	**22**	**183**	**127**	**21**
沙坡头区	375	44	93	62	74	22	183	127	21
中宁县									
海原县									

4-6a 续表 12 单位：人

地区 性别	社会生产服务和生活服务人员				农、林、牧、渔业生产及辅助人员				
	修理及制作服务人员	文化、体育和娱乐服务人员	健康服务人员	其他社会生产和生活服务人员	小计	农业生产人员	林业生产人员	畜牧业生产人员	渔业生产人员
宁夏	**1599**	**421**	**147**	**44**	**3276**	**2147**	**174**	**859**	**22**
银川市	**745**	**281**	**86**	**31**	**1057**	**753**	**73**	**182**	**13**
兴庆区	330	94	42	9	161	103	18	26	6
西夏区	155	69	8	4	436	340	11	76	1
金凤区	189	110	33	14	153	90	20	29	4
永宁县									
贺兰县	2	3			4	2		2	
灵武市	69	5	3	4	303	218	24	49	2
石嘴山市	**237**	**54**	**10**	**12**	**231**	**114**	**20**	**89**	**3**
大武口区	160	28	10	11	166	80	19	63	1
惠农区	77	26		1	65	34	1	26	2
平罗县									
吴忠市	**334**	**51**	**28**	**1**	**1258**	**777**	**39**	**420**	**1**
利通区	169	34	17		355	178	6	163	1
红寺堡区	51	4	1		516	287	18	205	
盐池县									
同心县									
青铜峡市	114	13	10	1	387	312	15	52	
固原市	**155**	**14**	**14**		**224**	**150**	**24**	**47**	
原州区	155	14	14		224	150	24	47	
西吉县									
隆德县									
泾源县									
彭阳县									
中卫市	**128**	**21**	**9**		**506**	**353**	**18**	**121**	**5**
沙坡头区	128	21	9		506	353	18	121	5
中宁县									
海原县									

4-6a 续表 13 单位：人

地 区 性 别	社会生产服务和生活服务人员				农、林、牧、渔业生产及辅助人员				
	修理及制作服务人 员	文化、体育和娱乐服务人员	健康服务人 员	其他社会生产和生活服务人 员	小计	农业生产人 员	林业生产人 员	畜牧业生产人员	渔业生产人 员
男	**1450**	**250**	**37**	**28**	**2111**	**1305**	**124**	**607**	**18**
银川市	**689**	**173**	**24**	**20**	**684**	**458**	**54**	**134**	**9**
兴庆区	307	57	13	7	115	68	15	21	3
西夏区	143	45	3	3	270	203	8	51	1
金凤区	176	67	6	8	114	62	17	23	4
永宁县									
贺兰县	2	3			2	1		1	
灵武市	61	1	2	2	183	124	14	38	1
石嘴山市	**202**	**31**	**1**	**8**	**154**	**71**	**11**	**65**	**3**
大武口区	142	16	1	8	110	50	10	46	1
惠农区	60	15			44	21	1	19	2
平罗县									
吴忠市	**300**	**27**	**8**		**764**	**442**	**25**	**279**	**1**
利通区	154	18	3		252	112	5	127	1
红寺堡区	43	3	1		303	172	13	114	
盐池县									
同心县									
青铜峡市	103	6	4		209	158	7	38	
固原市	**141**	**7**	**3**		**164**	**109**	**17**	**35**	
原州区	141	7	3		164	109	17	35	
西吉县									
隆德县									
泾源县									
彭阳县									
中卫市	**118**	**12**	**1**		**345**	**225**	**17**	**94**	**5**
沙坡头区	118	12	1		345	225	17	94	5
中宁县									
海原县									

4-6a 续表 14　　　　单位：人

地区 性别	社会生产服务和生活服务人员：修理及制作服务人员	社会生产服务和生活服务人员：文化、体育和娱乐服务人员	社会生产服务和生活服务人员：健康服务人员	社会生产服务和生活服务人员：其他社会生产和生活服务人员	农、林、牧、渔业生产及辅助人员：小计	农、林、牧、渔业生产及辅助人员：农业生产人员	农、林、牧、渔业生产及辅助人员：林业生产人员	农、林、牧、渔业生产及辅助人员：畜牧业生产人员	农、林、牧、渔业生产及辅助人员：渔业生产人员
女	**149**	**171**	**110**	**16**	**1165**	**842**	**50**	**252**	**4**
银川市	**56**	**108**	**62**	**11**	**373**	**295**	**19**	**48**	**4**
兴庆区	23	37	29	2	46	35	3	5	3
西夏区	12	24	5	1	166	137	3	25	
金凤区	13	43	27	6	39	28	3	6	
永宁县									
贺兰县					2	1		1	
灵武市	8	4	1	2	120	94	10	11	1
石嘴山市	**35**	**23**	**9**	**4**	**77**	**43**	**9**	**24**	
大武口区	18	12	9	3	56	30	9	17	
惠农区	17	11		1	21	13		7	
平罗县									
吴忠市	**34**	**24**	**20**	**1**	**494**	**335**	**14**	**141**	
利通区	15	16	14		103	66	1	36	
红寺堡区	8	1			213	115	5	91	
盐池县									
同心县									
青铜峡市	11	7	6	1	178	154	8	14	
固原市	**14**	**7**	**11**		**60**	**41**	**7**	**12**	
原州区	14	7	11		60	41	7	12	
西吉县									
隆德县									
泾源县									
彭阳县									
中卫市	**10**	**9**	**8**		**161**	**128**	**1**	**27**	
沙坡头区	10	9	8		161	128	1	27	
中宁县									
海原县									

4-6a　续表 15　　　　单位：人

地区 性别	农林牧渔生产辅助人员	其他农、林、牧、渔业生产加工人员	生产制造及有关人员 小计	农副产品加工人员	食品、饮料生产加工人员	烟草及其制品加工人员	纺织、针织、印染人员	纺织品、服装和皮革、毛皮制品加工制作人员	木材加工、家具与木制品制作人员
宁　夏	**71**	**3**	**26470**	**176**	**486**	**18**	**218**	**299**	**504**
银川市	**35**	**1**	**12067**	**55**	**227**	**1**	**107**	**163**	**266**
兴庆区	8		3987	14	55		4	21	84
西夏区	8		3652	13	87		3	62	114
金凤区	9	1	2539	16	69	1	5	36	54
永宁县									
贺兰县			41		2				1
灵武市	10		1848	12	14		95	44	13
石嘴山市	**5**		**5077**	**15**	**52**		**15**	**32**	**51**
大武口区	3		2620	8	28		11	22	42
惠农区	2		2457	7	24		4	10	9
平罗县									
吴忠市	**19**	**2**	**4635**	**51**	**164**	**16**	**85**	**73**	**139**
利通区	7		2781	26	131	16	76	34	104
红寺堡区	4	2	676	7	10		2	17	13
盐池县									
同心县									
青铜峡市	8		1178	18	23		7	22	22
固原市	**3**		**1856**	**31**	**10**		**11**	**14**	**18**
原州区	3		1856	31	10		11	14	18
西吉县									
隆德县									
泾源县									
彭阳县									
中卫市	**9**		**2835**	**24**	**33**	**1**		**17**	**30**
沙坡头区	9		2835	24	33	1		17	30
中宁县									
海原县									

4-6a 续表 16 单位：人

地区 性别	农林牧渔生产辅助人员	其他农、林、牧、渔业生产加工人员	生产制造及有关人员 小计	农副产品加工人员	食品、饮料生产加工人员	烟草及其制品加工人员	纺织、针织、印染人员	纺织品、服装和皮革、毛皮制品加工制作人员	木材加工、家具与木制品制作人员
男	**55**	**2**	**21847**	**113**	**259**	**15**	**55**	**59**	**459**
银川市	**28**	**1**	**9838**	**40**	**120**	**1**	**22**	**32**	**237**
兴庆区	8		3185	10	21			5	75
西夏区	7		3027	9	46		2	7	100
金凤区	7	1	2068	13	46	1	2	12	49
永宁县									
贺兰县			36		1				1
灵武市	6		1522	8	6		18	8	12
石嘴山市	**4**		**4233**	**15**	**27**		**4**	**9**	**48**
大武口区	3		2219	8	8		3	8	39
惠农区	1		2014	7	19		1	1	9
平罗县									
吴忠市	**16**	**1**	**3786**	**25**	**89**	**13**	**25**	**13**	**131**
利通区	7		2259	13	77	13	21	2	98
红寺堡区	3	1	563	3	5		1	4	11
盐池县									
同心县									
青铜峡市	6		964	9	7		3	7	22
固原市	**3**		**1614**	**19**	**5**		**4**	**2**	**15**
原州区	3		1614	19	5		4	2	15
西吉县									
隆德县									
泾源县									
彭阳县									
中卫市	**4**		**2376**	**14**	**18**	**1**		**3**	**28**
沙坡头区	4		2376	14	18	1		3	28
中宁县									
海原县									

4-6a 续表 17

单位：人

地区 性别	农林牧渔生产辅助人员	其他农、林、牧、渔业生产加工人员	生产制造及有关人员 小计	农副产品加工人员	食品、饮料生产加工人员	烟草及其制品加工人员	纺织、针织、印染人员	纺织品、服装和皮革、毛皮制品加工制作人员	木材加工、家具与木制品制作人员
女	**16**	**1**	**4623**	**63**	**227**	**3**	**163**	**240**	**45**
银川市	**7**		**2229**	**15**	**107**		**85**	**131**	**29**
兴庆区			802	4	34		4	16	9
西夏区	1		625	4	41		1	55	14
金凤区	2		471	3	23		3	24	5
永宁县									
贺兰县			5		1				
灵武市	4		326	4	8		77	36	1
石嘴山市	**1**		**844**		**25**		**11**	**23**	**3**
大武口区			401		20		8	14	3
惠农区	1		443		5		3	9	
平罗县									
吴忠市	**3**	**1**	**849**	**26**	**75**	**3**	**60**	**60**	**8**
利通区			522	13	54	3	55	32	6
红寺堡区	1	1	113	4	5		1	13	2
盐池县									
同心县									
青铜峡市	2		214	9	16		4	15	
固原市			**242**	**12**	**5**		**7**	**12**	**3**
原州区			242	12	5		7	12	3
西吉县									
隆德县									
泾源县									
彭阳县									
中卫市	**5**		**459**	**10**	**15**			**14**	**2**
沙坡头区	5		459	10	15			14	2
中宁县									
海原县									

4-6a 续表 18

单位：人

地区 性别	生产制造及有关人员								
	纸及纸制品生产加工人员	印刷和记录媒介复制人员	文教、工美、体育和娱乐用品制造人员	石油加工和炼焦、煤化工生产人员	化学原料和化学制品制造人员	医药制造人员	化学纤维制造人员	橡胶和塑料制品制造人员	非金属矿物制品制造人员
宁夏	**129**	**136**	**50**	**590**	**1048**	**126**	**8**	**160**	**372**
银川市	**21**	**85**	**39**	**344**	**177**	**72**	**6**	**52**	**123**
兴庆区	8	33	12	124	59	24	1	5	20
西夏区	5	23	10	70	41	14	1	32	80
金凤区	6	24	16	86	54	26		7	18
永宁县									
贺兰县	1			2	1				
灵武市	1	5	1	62	22	8	4	8	5
石嘴山市	**1**	**8**	**3**	**136**	**460**	**14**	**1**	**24**	**125**
大武口区		4	3	54	78	12		14	86
惠农区	1	4		82	382	2	1	10	39
平罗县									
吴忠市	**39**	**31**	**4**	**53**	**102**	**28**	**1**	**73**	**64**
利通区	29	17	3	33	43	4	1	48	27
红寺堡区	2	6		13	3	20		1	11
盐池县									
同心县									
青铜峡市	8	8	1	7	56	4		24	26
固原市	**2**	**3**	**4**	**4**	**23**	**5**		**4**	**32**
原州区	2	3	4	4	23	5		4	32
西吉县									
隆德县									
泾源县									
彭阳县									
中卫市	**66**	**9**		**53**	**286**	**7**		**7**	**28**
沙坡头区	66	9		53	286	7		7	28
中宁县									
海原县									

4-6a 续表 19

单位：人

地区 性别	生产制造及有关人员								
	纸及纸制品生产加工人员	印刷和记录媒介复制人员	文教、工美、体育和娱乐用品制造人员	石油加工和炼焦、煤化工生产人员	化学原料和化学制品制造人员	医药制造人员	化学纤维制造人员	橡胶和塑料制品制造人员	非金属矿物制品制造人员
男	**68**	**77**	**32**	**484**	**824**	**55**	**8**	**96**	**290**
银川市	**14**	**50**	**27**	**286**	**142**	**31**	**6**	**31**	**96**
兴庆区	6	21	8	100	46	11	1	3	14
西夏区	2	13	9	62	36	4	1	15	64
金凤区	5	15	9	64	43	11		5	13
永宁县									
贺兰县	1			2					
灵武市		1	1	58	17	5	4	8	5
石嘴山市	**1**	**3**	**1**	**109**	**361**	**9**	**1**	**18**	**97**
大武口区		2	1	47	63	8		8	68
惠农区	1	1		62	298	1	1	10	29
平罗县									
吴忠市	**17**	**17**	**2**	**49**	**89**	**10**	**1**	**40**	**53**
利通区	13	9	2	30	36	1	1	24	22
红寺堡区	2	4		12	3	7		1	9
盐池县									
同心县									
青铜峡市	2	4		7	50	2		15	22
固原市		**1**	**2**	**4**	**18**	**2**		**3**	**27**
原州区		1	2	4	18	2		3	27
西吉县									
隆德县									
泾源县									
彭阳县									
中卫市	**36**	**6**		**36**	**214**	**3**		**4**	**17**
沙坡头区	36	6		36	214	3		4	17
中宁县									
海原县									

4-6a 续表 20 单位：人

地区 性别	生产制造及有关人员								
	纸及纸制品生产加工人员	印刷和记录媒介复制人员	文教、工美、体育和娱乐用品制造人员	石油加工和炼焦、煤化工生产人员	化学原料和化学制品制造人员	医药制造人员	化学纤维制造人员	橡胶和塑料制品制造人员	非金属矿物制品制造人员
女	**61**	**59**	**18**	**106**	**224**	**71**		**64**	**82**
银川市	**7**	**35**	**12**	**58**	**35**	**41**		**21**	**27**
兴庆区	2	12	4	24	13	13		2	6
西夏区	3	10	1	8	5	10		17	16
金凤区	1	9	7	22	11	15		2	5
永宁县									
贺兰县					1				
灵武市	1	4		4	5	3			
石嘴山市		**5**	**2**	**27**	**99**	**5**		**6**	**28**
大武口区		2	2	7	15	4		6	18
惠农区		3		20	84	1			10
平罗县									
吴忠市	**22**	**14**	**2**	**4**	**13**	**18**		**33**	**11**
利通区	16	8	1	3	7	3		24	5
红寺堡区		2		1		13			2
盐池县									
同心县									
青铜峡市	6	4	1		6	2		9	4
固原市	**2**	**2**	**2**		**5**	**3**		**1**	**5**
原州区	2	2	2		5	3		1	5
西吉县									
隆德县									
泾源县									
彭阳县									
中卫市	**30**	**3**		**17**	**72**	**4**		**3**	**11**
沙坡头区	30	3		17	72	4		3	11
中宁县									
海原县									

4-6a 续表 21 单位：人

地 区 性 别	生产制造及有关人员								
	采矿人员	金属冶炼和压延加工人员	机械制造基础加工人员	金属制品制造人员	通用设备制造人员	专用设备制造人员	汽车制造人员	铁路、船舶、航空设备制造人员	电气机械和器材制造人员
宁 夏	**1864**	**804**	**1232**	**272**	**315**	**99**	**39**	**17**	**183**
银川市	**1225**	**93**	**537**	**134**	**182**	**33**	**23**	**12**	**120**
兴庆区	797	26	81	44	13	8	5	2	17
西夏区	40	28	329	53	136	7	5	6	83
金凤区	94	21	73	28	29	17	12	4	11
永宁县									
贺兰县		1	2		1				
灵武市	294	17	52	9	3	1	1		9
石嘴山市	**361**	**382**	**326**	**26**	**46**	**56**	**8**	**2**	**29**
大武口区	225	171	244	17	36	44	7	1	21
惠农区	136	211	82	9	10	12	1	1	8
平罗县									
吴忠市	**163**	**102**	**221**	**78**	**69**	**5**	**7**	**1**	**21**
利通区	123	57	124	39	48		2	1	16
红寺堡区	20	6	15	14	5	3			
盐池县									
同心县									
青铜峡市	20	39	82	25	16	2	5		5
固原市	**100**	**7**	**31**	**23**	**3**	**1**			**1**
原州区	100	7	31	23	3	1			1
西吉县									
隆德县									
泾源县									
彭阳县									
中卫市	**15**	**220**	**117**	**11**	**15**	**4**	**1**	**2**	**12**
沙坡头区	15	220	117	11	15	4	1	2	12
中宁县									
海原县									

4-6a 续表 22

单位：人

地区 性别	生产制造及有关人员								
	采矿人员	金属冶炼和压延加工人员	机械制造基础加工人员	金属制品制造人员	通用设备制造人员	专用设备制造人员	汽车制造人员	铁路、船舶、航空设备制造人员	电气机械和器材制造人员
男	**1564**	**652**	**1173**	**226**	**282**	**77**	**32**	**14**	**152**
银川市	**970**	**81**	**509**	**116**	**159**	**23**	**19**	**9**	**97**
兴庆区	568	20	79	37	11	6	2	2	15
西夏区	38	25	315	50	118	5	5	4	66
金凤区	80	20	66	22	27	11	11	3	10
永宁县									
贺兰县		1	2		1				
灵武市	284	15	47	7	2	1	1		6
石嘴山市	**329**	**295**	**309**	**18**	**39**	**48**	**7**	**2**	**26**
大武口区	207	137	228	12	31	37	6	1	19
惠农区	122	158	81	6	8	11	1	1	7
平罗县									
吴忠市	**156**	**92**	**212**	**63**	**67**	**2**	**5**	**1**	**17**
利通区	116	51	121	32	46		2	1	14
红寺堡区	20	6	14	9	5	1			
盐池县									
同心县									
青铜峡市	20	35	77	22	16	1	3		3
固原市	**95**	**6**	**30**	**20**	**3**	**1**			**1**
原州区	95	6	30	20	3	1			1
西吉县									
隆德县									
泾源县									
彭阳县									
中卫市	**14**	**178**	**113**	**9**	**14**	**3**	**1**	**2**	**11**
沙坡头区	14	178	113	9	14	3	1	2	11
中宁县									
海原县									

4-6a 续表 23

单位：人

地区 性别	生产制造及有关人员								
	采矿人员	金属冶炼和压延加工人员	机械制造基础加工人员	金属制品制造人员	通用设备制造人员	专用设备制造人员	汽车制造人员	铁路、船舶、航空设备制造人员	电气机械和器材制造人员
女	**300**	**152**	**59**	**46**	**33**	**22**	**7**	**3**	**31**
银川市	**255**	**12**	**28**	**18**	**23**	**10**	**4**	**3**	**23**
兴庆区	229	6	2	7	2	2	3		2
西夏区	2	3	14	3	18	2		2	17
金凤区	14	1	7	6	2	6	1	1	1
永宁县									
贺兰县									
灵武市	10	2	5	2	1				3
石嘴山市	**32**	**87**	**17**	**8**	**7**	**8**	**1**		**3**
大武口区	18	34	16	5	5	7	1		2
惠农区	14	53	1	3	2	1			1
平罗县									
吴忠市	**7**	**10**	**9**	**15**	**2**	**3**	**2**		**4**
利通区	7	6	3	7	2				2
红寺堡区			1	5		2			
盐池县									
同心县									
青铜峡市		4	5	3		1	2		2
固原市	**5**	**1**	**1**	**3**					
原州区	5	1	1	3					
西吉县									
隆德县									
泾源县									
彭阳县									
中卫市	**1**	**42**	**4**	**2**	**1**	**1**			**1**
沙坡头区	1	42	4	2	1	1			1
中宁县									
海原县									

4-6a 续表 24 单位：人

地区 性别	生产制造及有关人员								不便分类的其他从业人员
	计算机、通信和其他电子设备制造人员	仪器仪表制造人员	废弃资源综合利用人员	电力、热力、气体、水生产和输配人员	建筑施工人员	运输设备和通用工程机械操作人员及有关人员	生产辅助人员	其他生产制造及有关人员	
宁　夏	**856**	**82**	**21**	**778**	**8794**	**1646**	**5079**	**69**	**150**
银川市	**712**	**33**	**17**	**332**	**3982**	**634**	**2223**	**37**	**99**
兴庆区	16	8		99	1756	94	552	5	15
西夏区	565	13	2	78	909	215	623	5	8
金凤区	120	11	4	128	832	129	583	25	67
永宁县									
贺兰县			1		24	2	2	1	
灵武市	11	1	10	27	461	194	463	1	9
石嘴山市	**37**	**24**	**4**	**220**	**891**	**389**	**1330**	**9**	**9**
大武口区	29	6		110	474	232	633	8	9
惠农区	8	18	4	110	417	157	697	1	
平罗县									
吴忠市	**56**	**21**		**107**	**1748**	**293**	**802**	**18**	**40**
利通区	12	18		48	1027	136	536	2	1
红寺堡区	9			27	405	27	40		
盐池县									
同心县									
青铜峡市	35	3		32	316	130	226	16	39
固原市	**15**			**35**	**1225**	**68**	**185**	**1**	
原州区	15			35	1225	68	185	1	
西吉县									
隆德县									
泾源县									
彭阳县									
中卫市	**36**	**4**		**84**	**948**	**262**	**539**	**4**	**2**
沙坡头区	36	4		84	948	262	539	4	2
中宁县									
海原县									

4-6a　续表 25　　　　单位：人

地　区 性　别	生产制造及有关人员								不便分类的其他从业人员
	计算机、通信和其他电子设备制造人　员	仪器仪表制造人员	废弃资源综合利用人　员	电力、热力、气体、水生产和输配人员	建筑施工人　员	运输设备和通用工程机械操作人员及有关人员	生产辅助人　员	其他生产制造及有关人员	
男	**688**	**52**	**18**	**644**	**7749**	**1514**	**4065**	**51**	**95**
银川市	**567**	**20**	**14**	**270**	**3480**	**580**	**1761**	**28**	**65**
兴庆区	14	4		71	1516	87	428	4	11
西夏区	445	9	2	69	803	200	500	3	5
金凤区	97	6	3	109	741	115	440	19	44
永宁县									
贺兰县			1		22	2	1	1	
灵武市	11	1	8	21	398	176	392	1	5
石嘴山市	**30**	**10**	**4**	**187**	**804**	**338**	**1078**	**6**	**6**
大武口区	23	2		94	428	200	526	5	6
惠农区	7	8	4	93	376	138	552	1	
平罗县									
吴忠市	**48**	**18**		**90**	**1508**	**287**	**634**	**12**	**22**
利通区	12	16		40	879	134	431	2	1
红寺堡区	6			26	353	26	35		
盐池县									
同心县									
青铜峡市	30	2		24	276	127	168	10	21
固原市	**13**			**26**	**1093**	**68**	**155**	**1**	
原州区	13			26	1093	68	155	1	
西吉县									
隆德县									
泾源县									
彭阳县									
中卫市	**30**	**4**		**71**	**864**	**241**	**437**	**4**	**2**
沙坡头区	30	4		71	864	241	437	4	2
中宁县									
海原县									

4–6a　续表 26　　　　　　　　　　　　　　　　　　　　　　　　　　　　　　　单位：人

地　区 性　别	生产制造及有关人员								不便分类的其他从业人员
	计算机、通信和其他电子设备制造人员	仪器仪表制造人员	废弃资源综合利用人员	电力、热力、气体、水生产和输配人员	建筑施工人员	运输设备和通用工程机械操作人员及有关人员	生产辅助人员	其他生产制造及有关人员	
女	**168**	**30**	**3**	**134**	**1045**	**132**	**1014**	**18**	**55**
银川市	**145**	**13**	**3**	**62**	**502**	**54**	**462**	**9**	**34**
兴庆区	2	4		28	240	7	124	1	4
西夏区	120	4		9	106	15	123	2	3
金凤区	23	5	1	19	91	14	143	6	23
永宁县									
贺兰县					2		1		
灵武市			2	6	63	18	71		4
石嘴山市	**7**	**14**		**33**	**87**	**51**	**252**	**3**	**3**
大武口区	6	4		16	46	32	107	3	3
惠农区	1	10		17	41	19	145		
平罗县									
吴忠市	**8**	**3**		**17**	**240**	**6**	**168**	**6**	**18**
利通区		2		8	148	2	105		
红寺堡区	3			1	52	1	5		
盐池县									
同心县									
青铜峡市	5	1		8	40	3	58	6	18
固原市	**2**			**9**	**132**		**30**		
原州区	2			9	132		30		
西吉县									
隆德县									
泾源县									
彭阳县									
中卫市	**6**			**13**	**84**	**21**	**102**		
沙坡头区	6			13	84	21	102		
中宁县									
海原县									

4-6b 各地区分性别、职业中类的就业人口(镇)

单位：人

地 区 性 别	合计	党的机关、国家机关、群众团体和社会组织、企事业单位负责人						
		小计	中国共产党机关负责人	国家机关负责人	民主党派和工商联负责人	人民团体和群众团体、社会组织及其他成员组织负责人	基层群众自治组织负责人	企事业单位负责人
宁 夏	**71735**	**1460**	**16**	**136**		**110**	**78**	**1120**
银川市	**29410**	**724**		**34**		**63**	**15**	**612**
兴庆区	5545	77		2		2		73
西夏区	494	1						1
金凤区	277	1		1				
永宁县	9199	222		13		17	7	185
贺兰县	10086	388		14		40	8	326
灵武市	3809	35		4		4		27
石嘴山市	**9899**	**148**	**6**	**16**		**9**	**15**	**102**
大武口区	957	3					1	2
惠农区	1341	25		2		2	6	15
平罗县	7601	120	6	14		7	8	85
吴忠市	**11372**	**181**		**17**		**10**	**20**	**134**
利通区	916	9					1	8
红寺堡区	520	23		1		3	1	18
盐池县	3915	103		15		6	10	72
同心县	4749	37		1		1	7	28
青铜峡市	1272	9					1	8
固原市	**9424**	**207**	**2**	**42**		**14**	**18**	**131**
原州区	899	4		1			1	2
西吉县	2848	74		13		8	6	47
隆德县	1925	32		10		6	2	14
泾源县	1208	44	2	13			6	23
彭阳县	2544	53		5			3	45
中卫市	**11630**	**200**	**8**	**27**		**14**	**10**	**141**
沙坡头区	721	7					1	6
中宁县	7310	120	7	11		5	7	90
海原县	3599	73	1	16		9	2	45

4-6b 续表 1

单位：人

地 区 性 别	合计	党的机关、国家机关、群众团体和社会组织、企事业单位负责人						
		小计	中国共产党机关负责人	国家机关负责人	民主党派和工商联负责人	人民团体和群众团体、社会组织及其他成员组织负责人	基层群众自治组织负责人	企事业单位负责人
男	**44667**	**1148**	**13**	**112**		**71**	**57**	**895**
银川市	**18225**	**543**		**29**		**42**	**11**	**461**
兴庆区	3164	58		2		1		55
西夏区	285	1						1
金凤区	170	1		1				
永宁县	5914	175		11		13	7	144
贺兰县	6025	278		12		25	4	237
灵武市	2667	30		3		3		24
石嘴山市	**6047**	**119**	**5**	**12**		**3**	**10**	**89**
大武口区	557	2						2
惠农区	873	21		1		2	3	15
平罗县	4617	96	5	11		1	7	72
吴忠市	**7413**	**147**		**11**		**5**	**13**	**118**
利通区	590	8						8
红寺堡区	392	20		1		1	1	17
盐池县	2450	78		9		3	4	62
同心县	3142	34		1		1	7	25
青铜峡市	839	7					1	6
固原市	**5690**	**169**	**2**	**35**		**9**	**14**	**109**
原州区	593	3					1	2
西吉县	1764	61		11		5	4	41
隆德县	1067	27		9		4	2	12
泾源县	690	35	2	11			4	18
彭阳县	1576	43		4			3	36
中卫市	**7292**	**170**	**6**	**25**		**12**	**9**	**118**
沙坡头区	528	7					1	6
中宁县	4416	98	5	10		5	6	72
海原县	2348	65	1	15		7	2	40

4-6b 续表 2

单位：人

地区 性别	合计	党的机关、国家机关、群众团体和社会组织、企事业单位负责人						
		小计	中国共产党机关负责人	国家机关负责人	民主党派和工商联负责人	人民团体和群众团体、社会组织及其他成员组织负责人	基层群众自治组织负责人	企事业单位负责人
女	**27068**	**312**	**3**	**24**		**39**	**21**	**225**
银川市	**11185**	**181**		**5**		**21**	**4**	**151**
兴庆区	2381	19				1		18
西夏区	209							
金凤区	107							
永宁县	3285	47		2		4		41
贺兰县	4061	110		2		15	4	89
灵武市	1142	5		1		1		3
石嘴山市	**3852**	**29**	**1**	**4**		**6**	**5**	**13**
大武口区	400	1					1	
惠农区	468	4		1			3	
平罗县	2984	24	1	3		6	1	13
吴忠市	**3959**	**34**		**6**		**5**	**7**	**16**
利通区	326	1					1	
红寺堡区	128	3				2		1
盐池县	1465	25		6		3	6	10
同心县	1607	3						3
青铜峡市	433	2						2
固原市	**3734**	**38**		**7**		**5**	**4**	**22**
原州区	306	1		1				
西吉县	1084	13		2		3	2	6
隆德县	858	5		1		2		2
泾源县	518	9		2			2	5
彭阳县	968	10		1				9
中卫市	**4338**	**30**	**2**	**2**		**2**	**1**	**23**
沙坡头区	193							
中宁县	2894	22	2	1			1	18
海原县	1251	8		1		2		5

4-6b 续表 3

单位：人

地区 性别	专业技术人员									
	小计	科学研究人员	工程技术人员	农业技术人员	飞机和船舶技术人员	卫生专业技术人员	经济和金融专业人员	法律、社会和宗教专业人员	教学人员	文学艺术、体育专业人员
宁　夏	**9148**	**17**	**1624**	**157**		**1554**	**1604**	**276**	**3652**	**81**
银川市	**3571**	**6**	**875**	**36**		**479**	**878**	**114**	**1051**	**55**
兴庆区	771	1	146	9		116	215	27	219	23
西夏区	30		3	1		5	3	7	11	
金凤区	22		6			4	3	1	7	1
永宁县	943	2	237	6		148	209	26	296	6
贺兰县	1493	3	348	19		173	381	45	467	24
灵武市	312		135	1		33	67	8	51	1
石嘴山市	**899**	**1**	**124**	**23**		**195**	**141**	**27**	**378**	**3**
大武口区	53		12			11	3	2	24	1
惠农区	101		11	4		24	23	1	37	
平罗县	745	1	101	19		160	115	24	317	2
吴忠市	**1390**	**4**	**215**	**24**		**236**	**164**	**45**	**661**	**5**
利通区	46		11	8		4	8		14	
红寺堡区	40	1	16			1	15		7	
盐池县	535	3	86	5		91	91	19	222	3
同心县	700		76	10		133	43	20	398	1
青铜峡市	69		26	1		7	7	6	20	1
固原市	**1679**	**2**	**190**	**41**		**303**	**179**	**42**	**885**	**11**
原州区	37		2			10	3	1	21	
西吉县	654		62	15		112	48	16	392	1
隆德县	359	2	48	14		75	24	8	172	7
泾源县	209		17	9		44	29	9	97	
彭阳县	420		61	3		62	75	8	203	3
中卫市	**1609**	**4**	**220**	**33**		**341**	**242**	**48**	**677**	**7**
沙坡头区	42	1	10	1		5	4	2	18	1
中宁县	920	1	159	18		146	200	23	350	5
海原县	647	2	51	14		190	38	23	309	1

4-6b　续表 4　　单位：人

地　区 性　别	专业技术人员 小计	科学研究人员	工程技术人员	农业技术人员	飞机和船舶技术人员	卫生专业技术人员	经济和金融专业人员	法律、社会和宗教专业人员	教学人员	文学艺术、体育专业人员
男	**3807**	**13**	**1415**	**120**		**366**	**438**	**137**	**1201**	**42**
银川市	**1444**	**4**	**758**	**30**		**92**	**208**	**38**	**257**	**28**
兴庆区	279	1	119	9		17	52	7	55	13
西夏区	11		3	1			1	3	3	
金凤区	10		5			2	1	1	1	
永宁县	382	2	212	4		29	34	10	82	3
贺兰县	597	1	300	15		41	97	15	103	12
灵武市	165		119	1		3	23	2	13	
石嘴山市	**318**		**109**	**14**		**48**	**35**	**10**	**98**	**2**
大武口区	24		11			1	1		10	1
惠农区	35		10	4		4	2	1	14	
平罗县	259		88	10		43	32	9	74	1
吴忠市	**601**	**4**	**195**	**22**		**60**	**47**	**28**	**220**	**3**
利通区	24		11	8		1	2		2	
红寺堡区	24	1	16				6		1	
盐池县	222	3	78	4		24	21	10	72	1
同心县	296		70	9		31	17	15	141	1
青铜峡市	35		20	1		4	1	3	4	1
固原市	**785**	**2**	**163**	**31**		**80**	**78**	**32**	**382**	**6**
原州区	17		2			3	1	1	10	
西吉县	309		57	12		28	22	12	172	1
隆德县	173	2	39	11		21	10	7	77	3
泾源县	90		11	6		13	17	8	34	
彭阳县	196		54	2		15	28	4	89	2
中卫市	**659**	**3**	**190**	**23**		**86**	**70**	**29**	**244**	**3**
沙坡头区	30		10			4	3	2	10	1
中宁县	344	1	136	11		26	51	11	102	2
海原县	285	2	44	12		56	16	16	132	

4-6b 续表 5

单位：人

地区 性别	专业技术人员									
	小计	科学研究人员	工程技术人员	农业技术人员	飞机和船舶技术人员	卫生专业技术人员	经济和金融专业人员	法律、社会和宗教专业人员	教学人员	文学艺术、体育专业人员
女	**5341**	**4**	**209**	**37**		**1188**	**1166**	**139**	**2451**	**39**
银川市	**2127**	**2**	**117**	**6**		**387**	**670**	**76**	**794**	**27**
兴庆区	492		27			99	163	20	164	10
西夏区	19					5	2	4	8	
金凤区	12		1			2	2		6	1
永宁县	561		25	2		119	175	16	214	3
贺兰县	896	2	48	4		132	284	30	364	12
灵武市	147		16			30	44	6	38	1
石嘴山市	**581**	**1**	**15**	**9**		**147**	**106**	**17**	**280**	**1**
大武口区	29		1			10	2	2	14	
惠农区	66		1			20	21		23	
平罗县	486	1	13	9		117	83	15	243	1
吴忠市	**789**		**20**	**2**		**176**	**117**	**17**	**441**	**2**
利通区	22					3	6		12	
红寺堡区	16					1	9		6	
盐池县	313		8	1		67	70	9	150	2
同心县	404		6	1		102	26	5	257	
青铜峡市	34		6			3	6	3	16	
固原市	**894**		**27**	**10**		**223**	**101**	**10**	**503**	**5**
原州区	20					7	2		11	
西吉县	345		5	3		84	26	4	220	
隆德县	186		9	3		54	14	1	95	4
泾源县	119		6	3		31	12	1	63	
彭阳县	224		7	1		47	47	4	114	1
中卫市	**950**	**1**	**30**	**10**		**255**	**172**	**19**	**433**	**4**
沙坡头区	12	1		1		1	1		8	
中宁县	576		23	7		120	149	12	248	3
海原县	362		7	2		134	22	7	177	1

4-6b　续表 6　　　　单位：人

地区 性别	专业技术人员 新闻出版、文化专业人员	专业技术人员 其他专业技术人员	办事人员和有关人员 小计	办事人员和有关人员 办事人员	办事人员和有关人员 安全和消防人员	办事人员和有关人员 其他办事人员和有关人员	社会生产服务和生活服务人员 小计	社会生产服务和生活服务人员 批发与零售服务人员	社会生产服务和生活服务人员 交通运输、仓储和邮政业服务人员
宁　夏	**159**	**24**	**5259**	**4433**	**759**	**67**	**31073**	**10625**	**6970**
银川市	**66**	**11**	**1907**	**1672**	**212**	**23**	**14534**	**5219**	**2895**
兴庆区	14	1	513	466	45	2	3235	1316	484
西夏区			22	20	2		257	100	43
金凤区			18	16	2		168	36	28
永宁县	9	4	466	403	60	3	4480	1674	975
贺兰县	27	6	713	609	87	17	5022	1736	1069
灵武市	16		175	158	16	1	1372	357	296
石嘴山市	**7**		**631**	**533**	**95**	**3**	**4051**	**1165**	**998**
大武口区			22	16	5	1	275	72	39
惠农区	1		76	68	7	1	497	132	139
平罗县	6		533	449	83	1	3279	961	820
吴忠市	**30**	**6**	**855**	**701**	**126**	**28**	**4564**	**1422**	**1246**
利通区	1		22	18	4		368	98	107
红寺堡区			30	18	12		171	47	58
盐池县	9	6	392	310	55	27	1825	542	516
同心县	19		368	312	55	1	1781	633	460
青铜峡市	1		43	43			419	102	105
固原市	**20**	**6**	**1047**	**866**	**173**	**8**	**3312**	**1188**	**655**
原州区			22	21	1		394	189	93
西吉县	5	3	326	256	66	4	907	301	190
隆德县	6	3	231	194	35	2	751	293	150
泾源县	4		193	157	35	1	423	140	57
彭阳县	5		275	238	36	1	837	265	165
中卫市	**36**	**1**	**819**	**661**	**153**	**5**	**4612**	**1631**	**1176**
沙坡头区			23	14	9		294	109	64
中宁县	17	1	479	401	75	3	2843	1087	592
海原县	19		317	246	69	2	1475	435	520

4-6b 续表 7 单位：人

地区 性别	专业技术人员		办事人员和有关人员				社会生产服务和生活服务人员		
	新闻出版、文化专业人员	其他专业技术人员	小计	办事人员	安全和消防人员	其他办事人员和有关人员	小计	批发与零售服务人员	交通运输、仓储和邮政业服务人员
男	**54**	**21**	**2980**	**2285**	**654**	**41**	**17680**	**4784**	**6103**
银川市	**19**	**10**	**973**	**786**	**174**	**13**	**8260**	**2407**	**2472**
兴庆区	6		279	241	37	1	1787	600	413
西夏区			6	5	1		128	39	36
金凤区			8	6	2		93	13	26
永宁县	2	4	234	181	52	1	2621	766	857
贺兰县	7	6	333	257	66	10	2855	835	878
灵武市	4		113	96	16	1	776	154	262
石嘴山市	**2**		**313**	**229**	**84**		**2174**	**446**	**879**
大武口区			14	9	5		124	24	36
惠农区			25	19	6		284	52	123
平罗县	2		274	201	73		1766	370	720
吴忠市	**17**	**5**	**522**	**388**	**114**	**20**	**2837**	**691**	**1147**
利通区			13	9	4		227	51	94
红寺堡区			21	10	11		114	24	55
盐池县	4	5	220	151	50	19	1098	232	483
同心县	12		243	193	49	1	1161	339	429
青铜峡市	1		25	25			237	45	86
固原市	**6**	**5**	**680**	**528**	**147**	**5**	**1727**	**498**	**558**
原州区			11	10	1		255	104	87
西吉县	3	2	222	162	56	4	528	147	175
隆德县		3	151	119	31	1	325	92	104
泾源县	1		123	95	28		216	57	53
彭阳县	2		173	142	31		403	98	139
中卫市	**10**	**1**	**492**	**354**	**135**	**3**	**2682**	**742**	**1047**
沙坡头区			17	8	9		183	59	57
中宁县	3	1	259	194	64	1	1532	470	505
海原县	7		216	152	62	2	967	213	485

4-6b 续表 8

单位：人

地区 性别	专业技术人员		办事人员和有关人员				社会生产服务和生活服务人员		
	新闻出版、文化专业人员	其他专业技术人员	小计	办事人员	安全和消防人员	其他办事人员和有关人员	小计	批发与零售服务人员	交通运输、仓储和邮政业服务人员
女	**105**	**3**	**2279**	**2148**	**105**	**26**	**13393**	**5841**	**867**
银川市	**47**	**1**	**934**	**886**	**38**	**10**	**6274**	**2812**	**423**
兴庆区	8	1	234	225	8	1	1448	716	71
西夏区			16	15	1		129	61	7
金凤区			10	10			75	23	2
永宁县	7		232	222	8	2	1859	908	118
贺兰县	20		380	352	21	7	2167	901	191
灵武市	12		62	62			596	203	34
石嘴山市	**5**		**318**	**304**	**11**	**3**	**1877**	**719**	**119**
大武口区			8	7		1	151	48	3
惠农区	1		51	49	1	1	213	80	16
平罗县	4		259	248	10	1	1513	591	100
吴忠市	**13**	**1**	**333**	**313**	**12**	**8**	**1727**	**731**	**99**
利通区	1		9	9			141	47	13
红寺堡区			9	8	1		57	23	3
盐池县	5	1	172	159	5	8	727	310	33
同心县	7		125	119	6		620	294	31
青铜峡市			18	18			182	57	19
固原市	**14**	**1**	**367**	**338**	**26**	**3**	**1585**	**690**	**97**
原州区			11	11			139	85	6
西吉县	2	1	104	94	10		379	154	15
隆德县	6		80	75	4	1	426	201	46
泾源县	3		70	62	7	1	207	83	4
彭阳县	3		102	96	5	1	434	167	26
中卫市	**26**		**327**	**307**	**18**	**2**	**1930**	**889**	**129**
沙坡头区			6	6			111	50	7
中宁县	14		220	207	11	2	1311	617	87
海原县	12		101	94	7		508	222	35

4-6b 续表 9 单位：人

地区 性别	社会生产服务和生活服务人员								
	住宿和餐饮服务人员	信息传输、软件和信息技术服务人员	金融服务人员	房地产服务人员	租赁和商务服务人员	技术辅助服务人员	水利、环境和公共设施管理服务人员	居民服务人员	电力、燃气及水供应服务人员
宁夏	**4343**	**513**	**913**	**625**	**1409**	**519**	**1992**	**1291**	**416**
银川市	**1904**	**276**	**362**	**456**	**721**	**301**	**881**	**669**	**133**
兴庆区	491	64	103	125	136	73	146	147	23
西夏区	48	4	2	1	11	3	22	13	4
金凤区	24	4	2	9	16	3	25	12	
永宁县	594	81	56	108	191	81	255	218	42
贺兰县	517	100	179	188	253	117	283	223	48
灵武市	230	23	20	25	114	24	150	56	16
石嘴山市	**634**	**58**	**139**	**67**	**215**	**56**	**315**	**194**	**34**
大武口区	68	2	3	3	9	3	47	13	1
惠农区	71	7	10	6	32	6	44	16	4
平罗县	495	49	126	58	174	47	224	165	29
吴忠市	**708**	**55**	**146**	**31**	**224**	**61**	**273**	**130**	**59**
利通区	44	3	1	4	32	7	43	11	1
红寺堡区	26		1	2	17	4	10	3	
盐池县	299	24	65	8	67	20	81	71	36
同心县	243	24	76	14	73	26	98	35	19
青铜峡市	96	4	3	3	35	4	41	10	3
固原市	**528**	**62**	**118**	**37**	**86**	**46**	**242**	**128**	**87**
原州区	61	1	1	1	16	1	10	5	6
西吉县	150	23	44	17	15	10	57	31	21
隆德县	94	19	37	8	18	8	48	32	19
泾源县	91	6	15	5	7	9	45	14	17
彭阳县	132	13	21	6	30	18	82	46	24
中卫市	**569**	**62**	**148**	**34**	**163**	**55**	**281**	**170**	**103**
沙坡头区	42	4	3	1	20	5	10	12	4
中宁县	354	36	121	20	101	42	170	116	73
海原县	173	22	24	13	42	8	101	42	26

4-6b　续表 10　　　　单位：人

地区 性别	社会生产服务和生活服务人员								
	住宿和餐饮服务人员	信息传输、软件和信息技术服务人员	金融服务人员	房地产服务人员	租赁和商务服务人员	技术辅助服务人员	水利、环境和公共设施管理服务人员	居民服务人员	电力、燃气及水供应服务人员
男	**1877**	**311**	**367**	**304**	**1124**	**323**	**654**	**344**	**299**
银川市	**913**	**168**	**130**	**220**	**565**	**191**	**321**	**181**	**99**
兴庆区	259	34	34	71	109	41	63	38	16
西夏区	23	3			10	1	5	3	3
金凤区	6	1	1	4	15	2	9	7	
永宁县	286	53	19	61	152	49	92	68	39
贺兰县	249	62	65	74	184	77	100	52	31
灵武市	90	15	11	10	95	21	52	13	10
石嘴山市	**251**	**36**	**47**	**34**	**173**	**37**	**80**	**38**	**16**
大武口区	25	1		3	8	3	9	3	1
惠农区	28	3	3	3	30	4	13	3	
平罗县	198	32	44	28	135	30	58	32	15
吴忠市	**288**	**34**	**69**	**11**	**189**	**28**	**116**	**46**	**39**
利通区	17	2	1	1	24	1	15	4	1
红寺堡区	10		1		14	2	4	1	
盐池县	113	15	16	2	59	11	37	22	22
同心县	110	15	51	7	61	13	40	17	16
青铜峡市	38	2		1	31	1	20	2	
固原市	**202**	**38**	**62**	**21**	**66**	**28**	**58**	**27**	**68**
原州区	26	1			14	1	5	3	5
西吉县	65	16	22	10	11	6	16	8	17
隆德县	22	13	22	5	14	5	9	5	15
泾源县	45	4	7	3	6	5	10	3	12
彭阳县	44	4	11	3	21	11	18	8	19
中卫市	**223**	**35**	**59**	**18**	**131**	**39**	**79**	**52**	**77**
沙坡头区	18	2	2		17	3	4	4	2
中宁县	135	19	43	6	79	28	49	32	56
海原县	70	14	14	12	35	8	26	16	19

4-6b 续表 11 单位：人

地区 性别	社会生产服务和生活服务人员								
	住宿和餐饮服务人员	信息传输、软件和信息技术服务人员	金融服务人员	房地产服务人员	租赁和商务服务人员	技术辅助服务人员	水利、环境和公共设施管理服务人员	居民服务人员	电力、燃气及水供应服务人员
女	**2466**	**202**	**546**	**321**	**285**	**196**	**1338**	**947**	**117**
银川市	**991**	**108**	**232**	**236**	**156**	**110**	**560**	**488**	**34**
兴庆区	232	30	69	54	27	32	83	109	7
西夏区	25	1	2	1	1	2	17	10	1
金凤区	18	3	1	5	1	1	16	5	
永宁县	308	28	37	47	39	32	163	150	3
贺兰县	268	38	114	114	69	40	183	171	17
灵武市	140	8	9	15	19	3	98	43	6
石嘴山市	**383**	**22**	**92**	**33**	**42**	**19**	**235**	**156**	**18**
大武口区	43	1	3		1		38	10	
惠农区	43	4	7	3	2	2	31	13	4
平罗县	297	17	82	30	39	17	166	133	14
吴忠市	**420**	**21**	**77**	**20**	**35**	**33**	**157**	**84**	**20**
利通区	27	1		3	8	6	28	7	
红寺堡区	16			2	3	2	6	2	
盐池县	186	9	49	6	8	9	44	49	14
同心县	133	9	25	7	12	13	58	18	3
青铜峡市	58	2	3	2	4	3	21	8	3
固原市	**326**	**24**	**56**	**16**	**20**	**18**	**184**	**101**	**19**
原州区	35		1	1	2		5	2	1
西吉县	85	7	22	7	4	4	41	23	4
隆德县	72	6	15	3	4	3	39	27	4
泾源县	46	2	8	2	1	4	35	11	5
彭阳县	88	9	10	3	9	7	64	38	5
中卫市	**346**	**27**	**89**	**16**	**32**	**16**	**202**	**118**	**26**
沙坡头区	24	2	1	1	3	2	6	8	2
中宁县	219	17	78	14	22	14	121	84	17
海原县	103	8	10	1	7		75	26	7

4-6b 续表 12

单位：人

地区 性别	社会生产服务和生活服务人员				农、林、牧、渔业生产及辅助人员				
	修理及制作服务人员	文化、体育和娱乐服务人员	健康服务人员	其他社会生产和生活服务人员	小计	农业生产人员	林业生产人员	畜牧业生产人员	渔业生产人员
宁夏	**1223**	**141**	**70**	**23**	**6065**	**4455**	**206**	**1218**	**28**
银川市	**597**	**78**	**24**	**18**	**1099**	**820**	**43**	**187**	**20**
兴庆区	100	23	2	2	138	120	4	14	
西夏区	5	1			25	8	1	16	
金凤区	8	1			7	4		2	
永宁县	179	17	9		383	265	27	76	7
贺兰县	255	31	9	14	325	250	7	37	12
灵武市	50	5	4	2	221	173	4	42	1
石嘴山市	**145**	**23**	**8**		**827**	**656**	**16**	**127**	**5**
大武口区	9	5	1		13	3		10	
惠农区	22	7	1		104	54	8	38	
平罗县	114	11	6		710	599	8	79	5
吴忠市	**188**	**6**	**12**	**3**	**1608**	**989**	**19**	**581**	
利通区	17				153	57		90	
红寺堡区	3				40	12	1	27	
盐池县	88	3	3	2	320	194	10	114	
同心县	68	3	8	1	835	515	8	307	
青铜峡市	12		1		260	211		43	
固原市	**107**	**13**	**14**	**1**	**1078**	**797**	**92**	**173**	**2**
原州区	10				283	230	2	51	
西吉县	35	6	7		297	251	16	28	1
隆德县	22	3			95	75	7	8	
泾源县	13	3	1		139	57	33	48	
彭阳县	27	1	6	1	264	184	34	38	1
中卫市	**186**	**21**	**12**	**1**	**1453**	**1193**	**36**	**150**	**1**
沙坡头区	14	6			182	134	3	35	
中宁县	116	7	8		923	787	20	55	1
海原县	56	8	4	1	348	272	13	60	

4-6b 续表 13　　单位：人

地区 性别	社会生产服务和生活服务人员				农、林、牧、渔业生产及辅助人员				
	修理及制作服务人员	文化、体育和娱乐服务人员	健康服务人员	其他社会生产和生活服务人员	小计	农业生产人员	林业生产人员	畜牧业生产人员	渔业生产人员
男	**1080**	**80**	**19**	**11**	**3623**	**2511**	**141**	**852**	**23**
银川市	**536**	**44**	**6**	**7**	**664**	**469**	**26**	**134**	**15**
兴庆区	92	15	2		74	61	2	11	
西夏区	4	1			15	3	1	11	
金凤区	8	1			6	3		2	
永宁县	166	11	2		235	150	17	55	6
贺兰县	225	14	2	7	199	149	4	27	8
灵武市	41	2			135	103	2	28	1
石嘴山市	**124**	**12**	**1**		**504**	**369**	**14**	**96**	**5**
大武口区	9	2			7	2		5	
惠农区	18	4			73	33	8	28	
平罗县	97	6	1		424	334	6	63	5
吴忠市	**169**	**5**	**3**	**2**	**998**	**574**	**12**	**395**	
利通区	16				96	29		61	
红寺堡区	3				24	6		18	
盐池县	81	2	2	1	214	121	7	84	
同心县	58	3	1	1	511	299	5	204	
青铜峡市	11				153	119		28	
固原市	**87**	**7**	**6**	**1**	**617**	**424**	**67**	**115**	**2**
原州区	9				171	135	2	34	
西吉县	28	3	4		171	139	10	21	1
隆德县	17	2			42	29	4	5	
泾源县	10	1			77	18	28	30	
彭阳县	23	1	2	1	156	103	23	25	1
中卫市	**164**	**12**	**3**	**1**	**840**	**675**	**22**	**112**	**1**
沙坡头区	10	5			133	98	2	26	
中宁县	106	2	2		511	436	13	41	1
海原县	48	5	1	1	196	141	7	45	

4-6b 续表 14

单位：人

地区 性别	社会生产服务和生活服务人员				农、林、牧、渔业生产及辅助人员				
	修理及制作服务人员	文化、体育和娱乐服务人员	健康服务人员	其他社会生产和生活服务人员	小计	农业生产人员	林业生产人员	畜牧业生产人员	渔业生产人员
女	**143**	**61**	**51**	**12**	**2442**	**1944**	**65**	**366**	**5**
银川市	**61**	**34**	**18**	**11**	**435**	**351**	**17**	**53**	**5**
兴庆区	8	8		2	64	59	2	3	
西夏区	1				10	5		5	
金凤区					1	1			
永宁县	13	6	7		148	115	10	21	1
贺兰县	30	17	7	7	126	101	3	10	4
灵武市	9	3	4	2	86	70	2	14	
石嘴山市	**21**	**11**	**7**		**323**	**287**	**2**	**31**	
大武口区		3	1		6	1		5	
惠农区	4	3	1		31	21		10	
平罗县	17	5	5		286	265	2	16	
吴忠市	**19**	**1**	**9**	**1**	**610**	**415**	**7**	**186**	
利通区	1				57	28		29	
红寺堡区					16	6	1	9	
盐池县	7	1	1	1	106	73	3	30	
同心县	10		7		324	216	3	103	
青铜峡市	1		1		107	92		15	
固原市	**20**	**6**	**8**		**461**	**373**	**25**	**58**	
原州区	1				112	95		17	
西吉县	7	3	3		126	112	6	7	
隆德县	5	1			53	46	3	3	
泾源县	3	2	1		62	39	5	18	
彭阳县	4		4		108	81	11	13	
中卫市	**22**	**9**	**9**		**613**	**518**	**14**	**38**	
沙坡头区	4	1			49	36	1	9	
中宁县	10	5	6		412	351	7	14	
海原县	8	3	3		152	131	6	15	

4-6b 续表 15

单位：人

地区 性别	农林牧渔生产辅助人员	其他农、林、牧、渔业生产加工人员	生产制造及有关人员						
			小计	农副产品加工人员	食品、饮料生产加工人员	烟草及其制品加工人员	纺织、针织、印染人员	纺织品、服装和皮革、毛皮制品加工制作人员	木材加工、家具与木制品制作人员
宁　夏	**153**	**5**	**18539**	**257**	**445**		**127**	**239**	**315**
银川市	**25**	**4**	**7542**	**89**	**218**		**56**	**91**	**196**
兴庆区			801	10	14		1	12	24
西夏区			159	4	1		2	2	2
金凤区	1		61		3				
永宁县	8		2696	31	98		2	17	95
贺兰县	15	4	2136	35	92		24	41	67
灵武市	1		1689	9	10		27	19	8
石嘴山市	**23**		**3207**	**28**	**45**		**39**	**24**	**24**
大武口区			460		4		33	2	1
惠农区	4		537	5	7			6	5
平罗县	19		2210	23	34		6	16	18
吴忠市	**19**		**2767**	**62**	**78**		**27**	**41**	**53**
利通区	6		318	11	52		5	2	11
红寺堡区			216				5		
盐池县	2		733	22	14		2	12	20
同心县	5		1028	19	8		15	23	8
青铜峡市	6		472	10	4			4	14
固原市	**14**		**2094**	**27**	**47**		**4**	**48**	**14**
原州区			159	4	1			2	2
西吉县	1		585	3	16			16	4
隆德县	5		456	8	9		2	12	
泾源县	1		199	1			1	9	
彭阳县	7		695	11	21		1	9	8
中卫市	**72**	**1**	**2929**	**51**	**57**		**1**	**35**	**28**
沙坡头区	10		173	14	1				
中宁县	59	1	2025	14	39			13	23
海原县	3		731	23	17		1	22	5

4-6b 续表 16

单位：人

地区 性别	农林牧渔生产辅助人员	其他农、林、牧、渔业生产加工人员	生产制造及有关人员 小计	农副产品加工人员	食品、饮料生产加工人员	烟草及其制品加工人员	纺织、针织、印染人员	纺织品、服装和皮革、毛皮制品加工制作人员	木材加工、家具与木制品制作人员
男	**94**	**2**	**15363**	**148**	**240**		**30**	**50**	**260**
银川市	**18**	**2**	**6322**	**49**	**135**		**13**	**19**	**158**
兴庆区			682	8	7			3	21
西夏区			124	3	1				2
金凤区	1		52		2				
永宁县	7		2262	16	72		1	1	73
贺兰县	9	2	1759	17	47		7	14	55
灵武市	1		1443	5	6		5	1	7
石嘴山市	**20**		**2583**	**15**	**21**		**8**	**3**	**20**
大武口区			351		3		8		1
惠农区	4		435	2	4			1	4
平罗县	16		1797	13	14			2	15
吴忠市	**17**		**2303**	**36**	**43**		**9**	**11**	**44**
利通区	6		222	6	35			1	11
红寺堡区			189				3		
盐池县	2		613	13	5			3	19
同心县	3		897	9	3		6	6	7
青铜峡市	6		382	8				1	7
固原市	**9**		**1709**	**15**	**18**			**8**	**11**
原州区			136	3	1			1	2
西吉县			472	2	5			3	3
隆德县	4		348	3	4			2	
泾源县	1		148	1					
彭阳县	4		605	6	8			2	6
中卫市	**30**		**2446**	**33**	**23**			**9**	**27**
沙坡头区	7		158	10	1				
中宁县	20		1672	9	12			4	22
海原县	3		616	14	10			5	5

4-6b 续表 17 单位：人

地区 性别			生产制造及有关人员						
	农林牧渔生产辅助人员	其他农、林、牧、渔业生产加工人员	小计	农副产品加工人员	食品、饮料生产加工人员	烟草及其制品加工人员	纺织、针织、印染人员	纺织品、服装和皮革、毛皮制品加工制作人员	木材加工、家具与木制品制作人员
女	**59**	**3**	**3176**	**109**	**205**		**97**	**189**	**55**
银川市	**7**	**2**	**1220**	**40**	**83**		**43**	**72**	**38**
兴庆区			119	2	7		1	9	3
西夏区			35	1			2	2	
金凤区			9		1				
永宁县	1		434	15	26		1	16	22
贺兰县	6	2	377	18	45		17	27	12
灵武市			246	4	4		22	18	1
石嘴山市	**3**		**624**	**13**	**24**		**31**	**21**	**4**
大武口区			109		1		25	2	
惠农区			102	3	3			5	1
平罗县	3		413	10	20		6	14	3
吴忠市	**2**		**464**	**26**	**35**		**18**	**30**	**9**
利通区			96	5	17		5	1	
红寺堡区			27				2		
盐池县			120	9	9		2	9	1
同心县	2		131	10	5		9	17	1
青铜峡市			90	2	4			3	7
固原市	**5**		**385**	**12**	**29**		**4**	**40**	**3**
原州区			23	1				1	
西吉县	1		113	1	11			13	1
隆德县	1		108	5	5		2	10	
泾源县			51				1	9	
彭阳县	3		90	5	13		1	7	2
中卫市	**42**	**1**	**483**	**18**	**34**		**1**	**26**	**1**
沙坡头区	3		15	4					
中宁县	39	1	353	5	27			9	1
海原县			115	9	7		1	17	

4-6b　续表 18　　　　单位：人

地　区 性　别	生产制造及有关人员								
	纸及纸制品生产加工人员	印刷和记录媒介复制人员	文教、工美、体育和娱乐用品制造人员	石油加工和炼焦、煤化工生产人员	化学原料和化学制品制造人员	医药制造人员	化学纤维制造人员	橡胶和塑料制品制造人员	非金属矿物制品制造人员
宁　夏	**43**	**92**	**40**	**426**	**613**	**152**	**24**	**168**	**336**
银川市	**29**	**33**	**16**	**257**	**173**	**116**	**22**	**72**	**97**
兴庆区		9	6	15	14	2		2	4
西夏区	1		1					1	
金凤区		1						1	1
永宁县	21	6	6	37	36	74		40	61
贺兰县	6	12	3	27	42	15		27	29
灵武市	1	5		178	81	25	22	1	2
石嘴山市		**5**	**6**	**48**	**348**	**17**	**1**	**61**	**74**
大武口区				7	20	5	1	4	8
惠农区			5	5	74	2		1	6
平罗县		5	1	36	254	10		56	60
吴忠市	**6**	**32**	**3**	**106**	**33**	**7**		**24**	**69**
利通区	4	27		3	7			14	2
红寺堡区	1			51					4
盐池县		2		50	2	3		2	16
同心县		3	3	2	2	2		2	11
青铜峡市	1				22	2		6	36
固原市	**1**	**10**	**13**	**7**	**5**	**6**		**8**	**40**
原州区					2			2	18
西吉县		4		2	1	1		1	10
隆德县		1	10	3		2		2	2
泾源县		3				2			
彭阳县	1	2	3	2	2	1		3	10
中卫市	**7**	**12**	**2**	**8**	**54**	**6**	**1**	**3**	**56**
沙坡头区				2	27			1	11
中宁县	5	6	2	5	27	6	1	2	34
海原县	2	6		1					11

4-6b 续表 19 单位：人

地区 性别	生产制造及有关人员								
	纸及纸制品生产加工人员	印刷和记录媒介复制人员	文教、工美、体育和娱乐用品制造人员	石油加工和炼焦、煤化工生产人员	化学原料和化学制品制造人员	医药制造人员	化学纤维制造人员	橡胶和塑料制品制造人员	非金属矿物制品制造人员
男	**21**	**41**	**12**	**349**	**505**	**92**	**20**	**98**	**276**
银川市	**14**	**16**	**7**	**204**	**154**	**73**	**18**	**45**	**83**
兴庆区		6	1	12	13			2	4
西夏区	1		1						
金凤区								1	
永宁县	10	5	4	33	32	44		30	54
贺兰县	3	3	1	25	37	6		11	23
灵武市		2		134	72	23	18	1	2
石嘴山市				**36**	**280**	**10**	**1**	**36**	**55**
大武口区				4	15	3	1	2	7
惠农区				2	61	1		1	4
平罗县				30	204	6		33	44
吴忠市	**3**	**12**	**1**	**98**	**25**	**4**		**10**	**56**
利通区	1	9		3	6			4	1
红寺堡区	1			46					3
盐池县				47	2	1		2	10
同心县		3	1	2	2	2		2	10
青铜峡市	1				15	1		2	32
固原市	**1**	**7**	**3**	**5**	**4**	**3**		**5**	**30**
原州区					2			2	12
西吉县		2		1	1			1	8
隆德县		1	1	2		2			2
泾源县		3							
彭阳县	1	1	2	2	1	1		2	8
中卫市	**3**	**6**	**1**	**6**	**42**	**2**	**1**	**2**	**52**
沙坡头区				1	23			1	11
中宁县	1	2	1	5	19	2	1	1	31
海原县	2	4							10

4–6b　续表 20　　　　单位：人

地　区 性　别	生产制造及有关人员								
	纸及纸制品生产加工人员	印刷和记录媒介复制人员	文教、工美、体育和娱乐用品制造人　员	石油加工和炼焦、煤化工生产人员	化学原料和化学制品制造人　员	医药制造人　　员	化学纤维制造人员	橡胶和塑料制品制造人员	非金属矿物制品制造人员
女	**22**	**51**	**28**	**77**	**108**	**60**	**4**	**70**	**60**
银川市	**15**	**17**	**9**	**53**	**19**	**43**	**4**	**27**	**14**
兴庆区		3	5	3	1	2			
西夏区								1	
金凤区		1							1
永宁县	11	1	2	4	4	30		10	7
贺兰县	3	9	2	2	5	9		16	6
灵武市	1	3		44	9	2	4		
石嘴山市		**5**	**6**	**12**	**68**	**7**		**25**	**19**
大武口区				3	5	2		2	1
惠农区			5	3	13	1			2
平罗县		5	1	6	50	4		23	16
吴忠市	**3**	**20**	**2**	**8**	**8**	**3**		**14**	**13**
利通区	3	18			1			10	1
红寺堡区				5					1
盐池县		2		3		2			6
同心县			2						1
青铜峡市					7	1		4	4
固原市		**3**	**10**	**2**	**1**	**3**		**3**	**10**
原州区									6
西吉县		2		1		1			2
隆德县			9	1				2	
泾源县						2			
彭阳县		1	1		1			1	2
中卫市	**4**	**6**	**1**	**2**	**12**	**4**		**1**	**4**
沙坡头区				1	4				
中宁县	4	4	1		8	4		1	3
海原县		2		1					1

4–6b 续表 21 单位：人

地区 性别	生产制造及有关人员								
	采矿人员	金属冶炼和压延加工人员	机械制造基础加工人员	金属制品制造人员	通用设备制造人员	专用设备制造人员	汽车制造人员	铁路、船舶、航空设备制造人员	电气机械和器材制造人员
宁夏	**882**	**835**	**714**	**211**	**92**	**27**	**27**	**3**	**111**
银川市	**404**	**100**	**268**	**100**	**53**	**21**	**13**	**1**	**87**
兴庆区	45	10	27	7	6	3			4
西夏区	2	6	4	1	2				22
金凤区		2	3	3	3				
永宁县	40	38	114	54	17	12	7		34
贺兰县	106	23	92	33	25	4	6	1	15
灵武市	211	21	28	2		2			12
石嘴山市	**61**	**284**	**194**	**29**	**7**	**2**	**4**	**1**	**12**
大武口区	7	25	21	1	1				2
惠农区	8	104	23		1				1
平罗县	46	155	150	28	5	2	4	1	9
吴忠市	**144**	**79**	**118**	**29**	**10**	**1**		**1**	**4**
利通区	5	2	18	2					
红寺堡区	14	2	15		1	1			
盐池县	64	2	26	9	6				
同心县	56	3	27	14	1				4
青铜峡市	5	70	32	4	2			1	
固原市	**253**	**6**	**32**	**24**	**13**	**1**	**4**		**4**
原州区	1	1	2	8		1			1
西吉县	8	1	11	5			1		2
隆德县	8	1	7		5		3		1
泾源县	1	1	2	2					
彭阳县	235	2	10	9	8				
中卫市	**20**	**366**	**102**	**29**	**9**	**2**	**6**		**4**
沙坡头区	4	13	5	3	1	1			
中宁县	6	350	82	11	3	1	5		1
海原县	10	3	15	15	5		1		3

4-6b　续表 22　　　　单位：人

地　区 性　别	生产制造及有关人员								
	采矿人员	金属冶炼和压延加工人员	机械制造基础加工人员	金属制品制造人员	通用设备制造人员	专用设备制造人员	汽车制造人员	铁路、船舶、航空设备制造人员	电气机械和器材制造人员
男	**849**	**700**	**687**	**167**	**83**	**19**	**20**	**3**	**88**
银川市	**391**	**93**	**258**	**84**	**48**	**14**	**10**	**1**	**69**
兴庆区	42	10	25	6	3	2			2
西夏区	2	6	4	1	2				14
金凤区		2	3	2	3				
永宁县	39	35	109	46	16	7	6		30
贺兰县	102	20	89	28	24	3	4	1	12
灵武市	206	20	28	1		2			11
石嘴山市	**54**	**230**	**191**	**21**	**6**	**1**	**2**	**1**	**8**
大武口区	6	18	21	1	1				1
惠农区	5	88	23		1				1
平罗县	43	124	147	20	4	1	2	1	6
吴忠市	**142**	**68**	**110**	**22**	**8**	**1**		**1**	**4**
利通区	5	2	18	1					
红寺堡区	13	2	14		1	1			
盐池县	63	2	25	7	4				
同心县	56	3	23	11	1				4
青铜峡市	5	59	30	3	2			1	
固原市	**245**	**6**	**31**	**20**	**12**	**1**	**3**		**3**
原州区	1	1	2	7		1			1
西吉县	8	1	10	4			1		2
隆德县	7	1	7		5		2		
泾源县		1	2	1					
彭阳县	229	2	10	8	7				
中卫市	**17**	**303**	**97**	**20**	**9**	**2**	**5**		**4**
沙坡头区	3	12	5	2	1	1			
中宁县	5	288	79	9	3	1	5		1
海原县	9	3	13	9	5				3

4－6b　续表 23　　　　　单位：人

地区 性别	生产制造及有关人员								
	采矿人员	金属冶炼和压延加工人员	机械制造基础加工人员	金属制品制造人员	通用设备制造人员	专用设备制造人员	汽车制造人员	铁路、船舶、航空设备制造人员	电气机械和器材制造人员
女	**33**	**135**	**27**	**44**	**9**	**8**	**7**		**23**
银川市	**13**	**7**	**10**	**16**	**5**	**7**	**3**		**18**
兴庆区	3		2	1	3	1			2
西夏区									8
金凤区				1					
永宁县	1	3	5	8	1	5	1		4
贺兰县	4	3	3	5	1	1	2		3
灵武市	5	1		1					1
石嘴山市	**7**	**54**	**3**	**8**	**1**	**1**	**2**		**4**
大武口区	1	7							1
惠农区	3	16							
平罗县	3	31	3	8	1	1	2		3
吴忠市	**2**	**11**	**8**	**7**	**2**				
利通区				1					
红寺堡区	1		1						
盐池县	1		1	2	2				
同心县			4	3					
青铜峡市		11	2	1					
固原市	**8**		**1**	**4**	**1**		**1**		**1**
原州区				1					
西吉县			1	1					
隆德县	1						1		1
泾源县	1			1					
彭阳县	6			1	1				
中卫市	**3**	**63**	**5**	**9**			**1**		
沙坡头区	1	1		1					
中宁县	1	62	3	2					
海原县	1		2	6			1		

4-6b 续表 24

单位：人

地区 性别	生产制造及有关人员								不便分类的其他从业人员
	计算机、通信和其他电子设备制造人员	仪器仪表制造人员	废弃资源综合利用人员	电力、热力、气体、水生产和输配人员	建筑施工人员	运输设备和通用工程机械操作人员及有关人员	生产辅助人员	其他生产制造及有关人员	
宁夏	**243**	**35**	**14**	**452**	**7522**	**1203**	**2871**	**20**	**191**
银川市	**106**	**13**	**3**	**176**	**2911**	**452**	**1360**	**9**	**33**
兴庆区	6	1		13	404	22	140		10
西夏区	11	1		1	71	10	14		
金凤区	6				27	2	9		
永宁县	55	6		50	1248	185	308	4	9
贺兰县	23	3		34	898	114	337	2	9
灵武市	5	2	3	78	263	119	552	3	5
石嘴山市	**17**	**12**	**1**	**82**	**851**	**333**	**597**		**136**
大武口区	2			1	250	24	41		131
惠农区	1	3		18	82	53	127		1
平罗县	14	9	1	63	519	256	429		4
吴忠市	**26**	**10**	**1**	**79**	**1221**	**159**	**334**	**10**	**7**
利通区		1		6	89	7	50		
红寺堡区	1	2		17	19	13	70		
盐池县	2	1	1	27	307	49	86	8	7
同心县	9			7	729	44	36		
青铜峡市	14	6		22	77	46	92	2	
固原市	**19**		**2**	**46**	**1287**	**64**	**108**	**1**	**7**
原州区	2			2	97	7	6		
西吉县	9		1	17	430	13	29		5
隆德县	3			14	332	12	18	1	1
泾源县				7	156	4	10		1
彭阳县	5		1	6	272	28	45		
中卫市	**75**		**7**	**69**	**1252**	**195**	**472**		**8**
沙坡头区				1	53	6	30		
中宁县	58		6	59	683	169	414		
海原县	17		1	9	516	20	28		8

4-6b 续表 25 单位：人

地区 性别	生产制造及有关人员								不便分类的其他从业人员
	计算机、通信和其他电子设备制造人员	仪器仪表制造人员	废弃资源综合利用人员	电力、热力、气体、水生产和输配人员	建筑施工人员	运输设备和通用工程机械操作人员及有关人员	生产辅助人员	其他生产制造及有关人员	
男	**192**	**24**	**12**	**393**	**6569**	**1122**	**2274**	**19**	**66**
银川市	**80**	**11**	**3**	**154**	**2559**	**429**	**1121**	**9**	**19**
兴庆区	6	1		11	363	21	113		5
西夏区	8			1	59	9	10		
金凤区	6				23	2	8		
永宁县	43	5		46	1092	176	233	4	5
贺兰县	13	3		30	800	108	271	2	4
灵武市	4	2	3	66	222	113	486	3	5
石嘴山市	**16**	**4**	**1**	**69**	**732**	**297**	**465**		**36**
大武口区	2			1	204	20	32		35
惠农区		2		15	72	47	101		
平罗县	14	2	1	53	456	230	332		1
吴忠市	**20**	**9**	**1**	**71**	**1076**	**154**	**255**	**9**	**5**
利通区				5	76	7	31		
红寺堡区	1	2		16	17	13	56		
盐池县		1	1	26	258	48	69	7	5
同心县	9			7	655	44	31		
青铜峡市	10	6		17	70	42	68	2	
固原市	**16**		**2**	**39**	**1076**	**63**	**81**	**1**	**3**
原州区	1			2	86	7	4		
西吉县	8		1	14	362	13	22		1
隆德县	3			13	270	12	10	1	1
泾源县				7	123	4	6		1
彭阳县	4		1	3	235	27	39		
中卫市	**60**		**5**	**60**	**1126**	**179**	**352**		**3**
沙坡头区				1	53	6	27		
中宁县	47		4	50	618	153	299		
海原县	13		1	9	455	20	26		3

4-6b　续表 26　　单位：人

地　区 性　别	生产制造及有关人员								不便分类的其他从业人员
	计算机、通信和其他电子设备制造人　员	仪器仪表制造人员	废弃资源综合利用人　员	电力、热力、气体、水生产和输配人员	建筑施工人　员	运输设备和通用工程机械操作人员及有关人员	生产辅助人　员	其他生产制造及有关人员	
女	**51**	**11**	**2**	**59**	**953**	**81**	**597**	**1**	**125**
银川市	**26**	**2**		**22**	**352**	**23**	**239**		**14**
兴庆区				2	41	1	27		5
西夏区	3	1			12	1	4		
金凤区					4		1		
永宁县	12	1		4	156	9	75		4
贺兰县	10			4	98	6	66		5
灵武市	1			12	41	6	66		
石嘴山市	**1**	**8**		**13**	**119**	**36**	**132**		**100**
大武口区					46	4	9		96
惠农区	1	1		3	10	6	26		1
平罗县		7		10	63	26	97		3
吴忠市	**6**	**1**		**8**	**145**	**5**	**79**	**1**	**2**
利通区		1		1	13		19		
红寺堡区				1	2		14		
盐池县	2			1	49	1	17	1	2
同心县					74		5		
青铜峡市	4			5	7	4	24		
固原市	**3**			**7**	**211**	**1**	**27**		**4**
原州区	1				11		2		
西吉县	1			3	68		7		4
隆德县				1	62		8		
泾源县					33		4		
彭阳县	1			3	37	1	6		
中卫市	**15**		**2**	**9**	**126**	**16**	**120**		**5**
沙坡头区							3		
中宁县	11		2	9	65	16	115		
海原县	4				61		2		5

4-6c 各地区分性别、职业中类的就业人口(乡村)

单位：人

地 区 性 别	合计	党的机关、国家机关、群众团体和社会组织、企事业单位负责人						
		小计	中国共产党机关负责人	国家机关负责人	民主党派和工商联负责人	人民团体和群众团体、社会组织及其他成员组织负责人	基层群众自治组织负责人	企事业单位负责人
宁 夏	**115347**	**880**	**12**	**24**		**45**	**272**	**527**
银川市	**26897**	**273**	**1**	**7**		**19**	**34**	**212**
兴庆区	3438	8					1	7
西夏区	1568	11					3	8
金凤区	5302	126	1	3		9	1	112
永宁县	5005	43				10	15	18
贺兰县	5413	52		2			12	38
灵武市	6171	33		2			2	29
石嘴山市	**8492**	**83**	**1**	**7**		**6**	**24**	**45**
大武口区	1052	5						5
惠农区	1714	24					5	19
平罗县	5726	54	1	7		6	19	21
吴忠市	**27588**	**192**		**3**		**6**	**42**	**141**
利通区	5764	62					9	53
红寺堡区	5835	26		1		3	4	18
盐池县	4212	60		1		1	11	47
同心县	6861	18		1			10	7
青铜峡市	4916	26				2	8	16
固原市	**28754**	**195**	**10**	**3**		**8**	**111**	**63**
原州区	9134	39		1			16	22
西吉县	9249	68	1	2		5	46	14
隆德县	3043	25				1	20	4
泾源县	2523	33				1	21	11
彭阳县	4805	30	9			1	8	12
中卫市	**23616**	**137**		**4**		**6**	**61**	**66**
沙坡头区	6829	41		3		1	15	22
中宁县	7355	40				1	10	29
海原县	9432	56		1		4	36	15

4-6c　续表 1　　　　单位：人

地区 性别	合计	党的机关、国家机关、群众团体和社会组织、企事业单位负责人						
		小计	中国共产党机关负责人	国家机关负责人	民主党派和工商联负责人	人民团体和群众团体、社会组织及其他成员组织负责人	基层群众自治组织负责人	企事业单位负责人
男	**73393**	**760**	**12**	**20**		**25**	**243**	**460**
银川市	**17748**	**217**	**1**	**6**		**12**	**25**	**173**
兴庆区	2254	8					1	7
西夏区	1042	8					3	5
金凤区	3284	99	1	3		6	1	88
永宁县	3143	30				6	10	14
贺兰县	3349	42		2			9	31
灵武市	4676	30		1			1	28
石嘴山市	**5531**	**68**	**1**	**6**		**1**	**19**	**41**
大武口区	758	5						5
惠农区	1147	20					3	17
平罗县	3626	43	1	6		1	16	19
吴忠市	**17511**	**174**		**3**		**3**	**40**	**128**
利通区	3667	53					8	45
红寺堡区	3488	24		1		2	4	17
盐池县	2866	57		1			10	46
同心县	4456	17		1			10	6
青铜峡市	3034	23				1	8	14
固原市	**17536**	**174**	**10**	**2**		**5**	**101**	**56**
原州区	5744	38		1			16	21
西吉县	5546	53	1	1		2	39	10
隆德县	1795	24				1	19	4
泾源县	1538	30				1	19	10
彭阳县	2913	29	9			1	8	11
中卫市	**15067**	**127**		**3**		**4**	**58**	**62**
沙坡头区	4355	40		2		1	15	22
中宁县	4614	35					9	26
海原县	6098	52		1		3	34	14

4-6c 续表 2

单位：人

地区 性别	合计	党的机关、国家机关、群众团体和社会组织、企事业单位负责人						
		小计	中国共产党机关负责人	国家机关负责人	民主党派和工商联负责人	人民团体和群众团体、社会组织及其他成员组织负责人	基层群众自治组织负责人	企事业单位负责人
女	**41954**	**120**		**4**		**20**	**29**	**67**
银川市	**9149**	**56**		**1**		**7**	**9**	**39**
兴庆区	1184							
西夏区	526	3						3
金凤区	2018	27				3		24
永宁县	1862	13				4	5	4
贺兰县	2064	10					3	7
灵武市	1495	3		1			1	1
石嘴山市	**2961**	**15**		**1**		**5**	**5**	**4**
大武口区	294							
惠农区	567	4					2	2
平罗县	2100	11		1		5	3	2
吴忠市	**10077**	**18**				**3**	**2**	**13**
利通区	2097	9					1	8
红寺堡区	2347	2				1		1
盐池县	1346	3				1	1	1
同心县	2405	1						1
青铜峡市	1882	3				1		2
固原市	**11218**	**21**		**1**		**3**	**10**	**7**
原州区	3390	1						1
西吉县	3703	15		1		3	7	4
隆德县	1248	1					1	
泾源县	985	3					2	1
彭阳县	1892	1						1
中卫市	**8549**	**10**		**1**		**2**	**3**	**4**
沙坡头区	2474	1		1				
中宁县	2741	5				1	1	3
海原县	3334	4				1	2	1

4-6c　续表 3　　　　单位：人

地　区 性　别	专业技术人员									
	小计	科学研究人　员	工程技术人　员	农业技术人　员	飞机和船舶技术人　员	卫生专业技术人员	经济和金融专业人　员	法律、社会和宗教专业人员	教学人员	文学艺术、体育专业人员
宁　夏	**5254**	**14**	**1382**	**195**	**3**	**902**	**769**	**182**	**1633**	**60**
银川市	**1848**	**9**	**617**	**31**	**3**	**253**	**368**	**61**	**412**	**42**
兴庆区	179	1	73	6		17	27	6	42	1
西夏区	70		12	1		9	9	5	32	2
金凤区	823	4	250	4	2	146	177	20	171	24
永宁县	205	3	59	5		22	38	12	57	5
贺兰县	278	1	72	7		48	58	3	76	10
灵武市	293		151	8	1	11	59	15	34	
石嘴山市	**328**	**1**	**93**	**16**		**69**	**34**	**7**	**101**	**3**
大武口区	39	1	15			7	1		13	1
惠农区	113		34	2		24	14	1	38	
平罗县	176		44	14		38	19	6	50	2
吴忠市	**1023**	**1**	**220**	**59**		**180**	**143**	**43**	**346**	**7**
利通区	325		62	17		55	60	24	101	3
红寺堡区	153		23	11		21	18		77	1
盐池县	181		74	13		29	22	4	30	1
同心县	204		33	3		32	14	6	103	2
青铜峡市	160	1	28	15		43	29	9	35	
固原市	**1104**	**2**	**247**	**34**		**232**	**105**	**43**	**421**	**5**
原州区	307		42	11		74	34	16	126	
西吉县	413	2	113	10		84	36	5	154	4
隆德县	143		31	4		33	21	8	42	
泾源县	88		22	5		14	1	11	34	
彭阳县	153		39	4		27	13	3	65	1
中卫市	**951**	**1**	**205**	**55**		**168**	**119**	**28**	**353**	**3**
沙坡头区	275		66	8		49	47	10	91	1
中宁县	205		40	19		39	21	4	75	1
海原县	471	1	99	28		80	51	14	187	1

4−6c 续表 4 单位：人

地区 性别	专业技术人员									
	小计	科学研究人员	工程技术人员	农业技术人员	飞机和船舶技术人员	卫生专业技术人员	经济和金融专业人员	法律、社会和宗教专业人员	教学人员	文学艺术、体育专业人员
男	**2690**	**8**	**1236**	**154**	**3**	**265**	**268**	**145**	**495**	**40**
银川市	**923**	**4**	**543**	**24**	**3**	**53**	**104**	**41**	**90**	**27**
兴庆区	99	1	62	5		5	10	5	7	
西夏区	26		10	1			2	2	9	2
金凤区	366	1	210	3	2	27	48	9	36	15
永宁县	98	2	54	3		5	7	9	10	4
贺兰县	125		65	5		11	14	2	20	6
灵武市	209		142	7	1	5	23	14	8	
石嘴山市	**169**	**1**	**84**	**16**		**21**	**11**	**7**	**22**	**3**
大武口区	25	1	13			4			5	1
惠农区	49		30	2		5	4	1	7	
平罗县	95		41	14		12	7	6	10	2
吴忠市	**496**		**204**	**52**		**56**	**47**	**35**	**85**	**3**
利通区	148		58	16		10	16	21	23	1
红寺堡区	67		22	10		12	6		16	
盐池县	111		68	13		6	11	2	9	1
同心县	102		32	3		13	8	5	31	1
青铜峡市	68		24	10		15	6	7	6	
固原市	**616**	**2**	**220**	**28**		**81**	**59**	**37**	**173**	**4**
原州区	140		36	11		22	15	13	39	
西吉县	252	2	102	7		29	24	2	79	3
隆德县	78		27	4		7	10	8	19	
泾源县	47		19	3		5	1	11	7	
彭阳县	99		36	3		18	9	3	29	1
中卫市	**486**	**1**	**185**	**34**		**54**	**47**	**25**	**125**	**3**
沙坡头区	124		60	7		14	10	8	23	1
中宁县	100		37	14		11	13	4	17	1
海原县	262	1	88	13		29	24	13	85	1

4-6c 续表 5

单位：人

地区 性别	专业技术人员									
	小计	科学研究人员	工程技术人员	农业技术人员	飞机和船舶技术人员	卫生专业技术人员	经济和金融专业人员	法律、社会和宗教专业人员	教学人员	文学艺术、体育专业人员
女	**2564**	**6**	**146**	**41**		**637**	**501**	**37**	**1138**	**20**
银川市	**925**	**5**	**74**	**7**		**200**	**264**	**20**	**322**	**15**
兴庆区	80		11	1		12	17	1	35	1
西夏区	44		2			9	7	3	23	
金凤区	457	3	40	1		119	129	11	135	9
永宁县	107	1	5	2		17	31	3	47	1
贺兰县	153	1	7	2		37	44	1	56	4
灵武市	84		9	1		6	36	1	26	
石嘴山市	**159**		**9**			**48**	**23**		**79**	
大武口区	14		2			3	1		8	
惠农区	64		4			19	10		31	
平罗县	81		3			26	12		40	
吴忠市	**527**	**1**	**16**	**7**		**124**	**96**	**8**	**261**	**4**
利通区	177		4	1		45	44	3	78	2
红寺堡区	86		1	1		9	12		61	1
盐池县	70		6			23	11	2	21	
同心县	102		1			19	6	1	72	1
青铜峡市	92	1	4	5		28	23	2	29	
固原市	**488**		**27**	**6**		**151**	**46**	**6**	**248**	**1**
原州区	167		6			52	19	3	87	
西吉县	161		11	3		55	12	3	75	1
隆德县	65		4			26	11		23	
泾源县	41		3	2		9			27	
彭阳县	54		3	1		9	4		36	
中卫市	**465**		**20**	**21**		**114**	**72**	**3**	**228**	
沙坡头区	151		6	1		35	37	2	68	
中宁县	105		3	5		28	8		58	
海原县	209		11	15		51	27	1	102	

4-6c 续表 6

单位：人

地区 性别	专业技术人员		办事人员和有关人员				社会生产服务和生活服务人员		
	新闻出版、文化专业人员	其他专业技术人员	小计	办事人员	安全和消防人员	其他办事人员和有关人员	小计	批发与零售服务人员	交通运输、仓储和邮政业服务人员
宁　夏	**90**	**24**	**2516**	**2019**	**443**	**54**	**27772**	**7117**	**7625**
银川市	**33**	**19**	**866**	**679**	**171**	**16**	**9205**	**2466**	**2110**
兴庆区	4	2	106	89	10	7	1304	404	327
西夏区			37	29	8		559	119	153
金凤区	12	13	367	294	66	7	2257	673	410
永宁县	2	2	100	71	28	1	1755	432	399
贺兰县	2	1	125	101	23	1	1772	523	391
灵武市	13	1	131	95	36		1558	315	430
石嘴山市	**4**		**179**	**139**	**38**	**2**	**1893**	**480**	**524**
大武口区	1		19	13	5	1	329	73	63
惠农区			51	47	4		449	101	135
平罗县	3		109	79	29	1	1115	306	326
吴忠市	**24**		**580**	**475**	**77**	**28**	**6235**	**1530**	**1879**
利通区	3		173	145	27	1	2047	576	547
红寺堡区	2		102	76	25	1	824	152	233
盐池县	8		121	91	8	22	888	191	279
同心县	11		95	80	13	2	1259	314	498
青铜峡市			89	83	4	2	1217	297	322
固原市	**10**	**5**	**444**	**356**	**85**	**3**	**4939**	**1276**	**1115**
原州区	3	1	166	140	25	1	1839	458	515
西吉县	3	2	111	82	28	1	1492	386	325
隆德县	3	1	46	37	9		562	140	105
泾源县		1	61	43	18		564	136	72
彭阳县	1		60	54	5	1	482	156	98
中卫市	**19**		**447**	**370**	**72**	**5**	**5500**	**1365**	**1997**
沙坡头区	3		206	179	26	1	1690	474	444
中宁县	6		111	91	17	3	1501	419	444
海原县	10		130	100	29	1	2309	472	1109

4-6c　续表 7　　　　单位：人

地　区 性　别	专业技术人员		办事人员和有关人员				社会生产服务和生活服务人员		
	新闻出版、文化专业人员	其他专业技术人员	小计	办事人员	安全和消防人员	其他办事人员和有关人员	小计	批发与零售服务人员	交通运输、仓储和邮政业服务人员
男	**55**	**21**	**1524**	**1092**	**399**	**33**	**17632**	**3531**	**6965**
银川市	**17**	**17**	**511**	**347**	**154**	**10**	**5563**	**1151**	**1880**
兴庆区	2	2	75	60	9	6	788	186	290
西夏区			14	7	7		341	49	140
金凤区	4	11	204	146	55	3	1307	304	352
永宁县	2	2	59	32	26	1	1012	187	348
贺兰县	1	1	62	41	21		1061	250	353
灵武市	8	1	97	61	36		1054	175	397
石嘴山市	**4**		**102**	**67**	**34**	**1**	**1149**	**243**	**455**
大武口区	1		10	5	4	1	204	37	56
惠农区			20	16	4		256	42	118
平罗县	3		72	46	26		689	164	281
吴忠市	**14**		**348**	**261**	**70**	**17**	**4077**	**760**	**1731**
利通区	3		99	75	23	1	1211	252	492
红寺堡区	1		68	45	22	1	568	84	219
盐池县	1		68	48	8	12	613	111	259
同心县	9		64	49	13	2	903	171	470
青铜峡市			49	44	4	1	782	142	291
固原市	**8**	**4**	**289**	**214**	**73**	**2**	**3045**	**685**	**1012**
原州区	3	1	108	87	21		1192	254	469
西吉县	2	2	71	45	25	1	942	205	307
隆德县	3		29	21	8		298	66	82
泾源县		1	41	27	14		333	71	67
彭阳县			40	34	5	1	280	89	87
中卫市	**12**		**274**	**203**	**68**	**3**	**3798**	**692**	**1887**
沙坡头区	1		116	90	25	1	1052	230	404
中宁县	3		75	58	15	2	965	211	411
海原县	8		83	55	28		1781	251	1072

4-6c 续表 8

单位：人

地区 性别	专业技术人员		办事人员和有关人员				社会生产服务和生活服务人员		
	新闻出版、文化专业人员	其他专业技术人员	小计	办事人员	安全和消防人员	其他办事人员和有关人员	小计	批发与零售服务人员	交通运输、仓储和邮政业服务人员
女	**35**	**3**	**992**	**927**	**44**	**21**	**10140**	**3586**	**660**
银川市	**16**	**2**	**355**	**332**	**17**	**6**	**3642**	**1315**	**230**
兴庆区	2		31	29	1	1	516	218	37
西夏区			23	22	1		218	70	13
金凤区	8	2	163	148	11	4	950	369	58
永宁县			41	39	2		743	245	51
贺兰县	1		63	60	2	1	711	273	38
灵武市	5		34	34			504	140	33
石嘴山市			**77**	**72**	**4**	**1**	**744**	**237**	**69**
大武口区			9	8	1		125	36	7
惠农区			31	31			193	59	17
平罗县			37	33	3	1	426	142	45
吴忠市	**10**		**232**	**214**	**7**	**11**	**2158**	**770**	**148**
利通区			74	70	4		836	324	55
红寺堡区	1		34	31	3		256	68	14
盐池县	7		53	43		10	275	80	20
同心县	2		31	31			356	143	28
青铜峡市			40	39		1	435	155	31
固原市	**2**	**1**	**155**	**142**	**12**	**1**	**1894**	**591**	**103**
原州区			58	53	4	1	647	204	46
西吉县	1		40	37	3		550	181	18
隆德县		1	17	16	1		264	74	23
泾源县			20	16	4		231	65	5
彭阳县	1		20	20			202	67	11
中卫市	**7**		**173**	**167**	**4**	**2**	**1702**	**673**	**110**
沙坡头区	2		90	89	1		638	244	40
中宁县	3		36	33	2	1	536	208	33
海原县	2		47	45	1	1	528	221	37

4-6c　续表 9　　单位：人

地　区 性　别	社会生产服务和生活服务人员								
	住宿和餐饮服务人　员	信息传输、软件和信息技术服务人　员	金融服务人　　员	房地产服务人员	租赁和商务服务人　员	技术辅助服务人员	水利、环境和公共设施管理服务人员	居民服务人　　员	电力、燃气及水供应服务人　员
宁　夏	**4700**	**352**	**318**	**434**	**1410**	**296**	**3041**	**927**	**331**
银川市	**1370**	**164**	**111**	**223**	**594**	**115**	**1262**	**312**	**83**
兴庆区	146	24	11	16	87	9	204	29	8
西夏区	122	3	1	4	25	6	76	15	5
金凤区	275	78	54	128	147	47	223	104	33
永宁县	305	23	16	27	104	11	303	66	12
贺兰县	229	27	24	35	98	24	246	76	15
灵武市	293	9	5	13	133	18	210	22	10
石嘴山市	**332**	**14**	**21**	**16**	**110**	**20**	**192**	**67**	**22**
大武口区	59	8	7	2	18	5	53	16	4
惠农区	83	1	4	6	35	2	37	16	6
平罗县	190	5	10	8	57	13	102	35	12
吴忠市	**1048**	**59**	**80**	**71**	**347**	**55**	**661**	**198**	**60**
利通区	382	12	22	29	98	29	194	73	24
红寺堡区	186	10	8	18	39	7	123	14	9
盐池县	129	6	25	1	87	2	82	31	6
同心县	187	19	13	7	38	6	99	23	10
青铜峡市	164	12	12	16	85	11	163	57	11
固原市	**1190**	**48**	**50**	**59**	**146**	**48**	**451**	**206**	**112**
原州区	348	24	26	23	78	23	120	68	38
西吉县	428	18	10	25	21	11	109	62	35
隆德县	121	2	6	9	19	3	84	26	22
泾源县	200	1	3	1	9	3	84	26	11
彭阳县	93	3	5	1	19	8	54	24	6
中卫市	**760**	**67**	**56**	**65**	**213**	**58**	**475**	**144**	**54**
沙坡头区	273	22	23	18	101	18	173	66	11
中宁县	228	11	11	12	76	17	167	32	12
海原县	259	34	22	35	36	23	135	46	31

4-6c 续表 10

单位：人

地区 性别	社会生产服务和生活服务人员								
	住宿和餐饮服务人员	信息传输、软件和信息技术服务人员	金融服务人员	房地产服务人员	租赁和商务服务人员	技术辅助服务人员	水利、环境和公共设施管理服务人员	居民服务人员	电力、燃气及水供应服务人员
男	**2163**	**231**	**133**	**260**	**1178**	**190**	**1293**	**337**	**288**
银川市	**618**	**112**	**36**	**124**	**491**	**75**	**525**	**132**	**74**
兴庆区	63	20	3	6	72	6	94	11	5
西夏区	57	2		2	20	4	33	2	5
金凤区	138	53	19	75	113	32	75	45	31
永宁县	135	17	5	15	85	6	121	27	12
贺兰县	102	12	9	20	77	12	108	33	12
灵武市	123	8		6	124	15	94	14	9
石嘴山市	**138**	**9**	**10**	**9**	**89**	**10**	**79**	**10**	**15**
大武口区	26	6	3	1	17	3	26	4	4
惠农区	34	1	2	4	25	1	5	2	3
平罗县	78	2	5	4	47	6	48	4	8
吴忠市	**479**	**40**	**41**	**45**	**309**	**34**	**287**	**77**	**54**
利通区	173	7	10	16	88	17	57	25	21
红寺堡区	100	6	5	15	39	4	59	6	7
盐池县	35	2	14		75	2	53	13	5
同心县	98	14	7	5	38	3	34	13	10
青铜峡市	73	11	5	9	69	8	84	20	11
固原市	**547**	**34**	**24**	**38**	**121**	**34**	**188**	**59**	**100**
原州区	145	17	10	13	65	13	41	30	34
西吉县	221	12	6	17	16	9	52	13	32
隆德县	32	2	4	7	16	3	38	8	18
泾源县	117	1	2	1	7	3	38	1	10
彭阳县	32	2	2		17	6	19	7	6
中卫市	**381**	**36**	**22**	**44**	**168**	**37**	**214**	**59**	**45**
沙坡头区	121	13	5	12	74	11	83	27	9
中宁县	107	4	7	3	65	7	74	7	10
海原县	153	19	10	29	29	19	57	25	26

4-6c 续表 11

单位：人

地区 性别	社会生产服务和生活服务人员								
	住宿和餐饮服务人员	信息传输、软件和信息技术服务人员	金融服务人员	房地产服务人员	租赁和商务服务人员	技术辅助服务人员	水利、环境和公共设施管理服务人员	居民服务人员	电力、燃气及水供应服务人员
女	**2537**	**121**	**185**	**174**	**232**	**106**	**1748**	**590**	**43**
银川市	**752**	**52**	**75**	**99**	**103**	**40**	**737**	**180**	**9**
兴庆区	83	4	8	10	15	3	110	18	3
西夏区	65	1	1	2	5	2	43	13	
金凤区	137	25	35	53	34	15	148	59	2
永宁县	170	6	11	12	19	5	182	39	
贺兰县	127	15	15	15	21	12	138	43	3
灵武市	170	1	5	7	9	3	116	8	1
石嘴山市	**194**	**5**	**11**	**7**	**21**	**10**	**113**	**57**	**7**
大武口区	33	2	4	1	1	2	27	12	
惠农区	49		2	2	10	1	32	14	3
平罗县	112	3	5	4	10	7	54	31	4
吴忠市	**569**	**19**	**39**	**26**	**38**	**21**	**374**	**121**	**6**
利通区	209	5	12	13	10	12	137	48	3
红寺堡区	86	4	3	3		3	64	8	2
盐池县	94	4	11	1	12		29	18	1
同心县	89	5	6	2		3	65	10	
青铜峡市	91	1	7	7	16	3	79	37	
固原市	**643**	**14**	**26**	**21**	**25**	**14**	**263**	**147**	**12**
原州区	203	7	16	10	13	10	79	38	4
西吉县	207	6	4	8	5	2	57	49	3
隆德县	89		2	2	3		46	18	4
泾源县	83		1		2		46	25	1
彭阳县	61	1	3	1	2	2	35	17	
中卫市	**379**	**31**	**34**	**21**	**45**	**21**	**261**	**85**	**9**
沙坡头区	152	9	18	6	27	7	90	39	2
中宁县	121	7	4	9	11	10	93	25	2
海原县	106	15	12	6	7	4	78	21	5

4-6c 续表 12

单位：人

地区 性别	社会生产服务和生活服务人员				农、林、牧、渔业生产及辅助人员				
	修理及制作服务人员	文化、体育和娱乐服务人员	健康服务人员	其他社会生产和生活服务人员	小计	农业生产人员	林业生产人员	畜牧业生产人员	渔业生产人员
宁夏	**1085**	**82**	**36**	**18**	**53125**	**35725**	**679**	**16138**	**67**
银川市	**346**	**27**	**12**	**10**	**6514**	**5218**	**88**	**1048**	**39**
兴庆区	29	4	2	4	797	611	11	162	2
西夏区	27	3			358	286	6	58	1
金凤区	61	12	7	5	446	374	10	56	
永宁县	52	3	1	1	1747	1519	45	167	3
贺兰县	79	4	1		1819	1442	9	291	30
灵武市	98	1	1		1347	986	7	314	3
石嘴山市	**89**	**5**		**1**	**3594**	**2810**	**12**	**719**	**16**
大武口区	20			1	113	92		19	2
惠农区	23				485	353	1	116	5
平罗县	46	5			2996	2365	11	584	9
吴忠市	**221**	**13**	**8**	**5**	**13187**	**7252**	**112**	**5733**	**7**
利通区	52	7	1	1	1394	668	17	690	1
红寺堡区	24	1			3681	1741	43	1887	
盐池县	43	2	1	3	1969	731	11	1214	
同心县	43	1	1		3872	2384	19	1460	
青铜峡市	59	2	5	1	2271	1728	22	482	6
固原市	**208**	**20**	**10**		**17668**	**11787**	**376**	**5465**	**3**
原州区	106	8	4		5114	3536	60	1512	1
西吉县	52	7	3		5999	4343	36	1609	2
隆德县	21	3	1		1748	1224	44	474	
泾源县	15	2	1		1323	559	174	581	
彭阳县	14		1		3484	2125	62	1289	
中卫市	**221**	**17**	**6**	**2**	**12162**	**8658**	**91**	**3173**	**2**
沙坡头区	61	5	1		3063	2215	25	650	2
中宁县	64	8			4120	2973	33	1076	
海原县	96	4	5	2	4979	3470	33	1447	

4–6c　续表 13　　　　单位：人

地区 性别	社会生产服务和生活服务人员				农、林、牧、渔业生产及辅助人员				
	修理及制作服务人员	文化、体育和娱乐服务人员	健康服务人员	其他社会生产和生活服务人员	小计	农业生产人员	林业生产人员	畜牧业生产人员	渔业生产人员
男	**986**	**56**	**7**	**14**	**28765**	**18438**	**486**	**9445**	**53**
银川市	**320**	**18**		**7**	**3547**	**2709**	**52**	**680**	**31**
兴庆区	27	3		2	425	314	6	95	1
西夏区	25	2			212	158	2	47	1
金凤区	58	8		4	233	181	6	43	
永宁县	50	3		1	961	823	26	98	3
贺兰县	71	2			998	741	7	195	24
灵武市	89				718	492	5	202	2
石嘴山市	**77**	**4**		**1**	**2023**	**1522**	**6**	**449**	**13**
大武口区	20			1	65	49		14	2
惠农区	19				295	210	1	74	3
平罗县	38	4			1663	1263	5	361	8
吴忠市	**206**	**8**	**2**	**4**	**7056**	**3703**	**91**	**3186**	**4**
利通区	48	4		1	785	333	13	423	
红寺堡区	23	1			1848	854	33	955	
盐池县	41	1		2	1152	415	10	716	
同心县	39	1			2085	1281	17	779	
青铜峡市	55	1	2	1	1186	820	18	313	4
固原市	**184**	**15**	**4**		**9636**	**6077**	**276**	**3249**	**3**
原州区	92	8	1		2805	1818	52	930	1
西吉县	47	3	2		3242	2266	19	948	2
隆德县	18	3	1		934	614	38	277	
泾源县	14	1			710	223	118	361	
彭阳县	13				1945	1156	49	733	
中卫市	**199**	**11**	**1**	**2**	**6503**	**4427**	**61**	**1881**	**2**
沙坡头区	59	4			1651	1156	15	398	2
中宁县	54	5			2244	1551	19	647	
海原县	86	2	1	2	2608	1720	27	836	

4-6c 续表 14

单位：人

地区 性别	社会生产服务和生活服务人员				农、林、牧、渔业生产及辅助人员				
	修理及制作服务人员	文化、体育和娱乐服务人员	健康服务人员	其他社会生产和生活服务人员	小计	农业生产人员	林业生产人员	畜牧业生产人员	渔业生产人员
女	**99**	**26**	**29**	**4**	**24360**	**17287**	**193**	**6693**	**14**
银川市	**26**	**9**	**12**	**3**	**2967**	**2509**	**36**	**368**	**8**
兴庆区	2	1	2	2	372	297	5	67	1
西夏区	2	1			146	128	4	11	
金凤区	3	4	7	1	213	193	4	13	
永宁县	2		1		786	696	19	69	
贺兰县	8	2	1		821	701	2	96	6
灵武市	9	1	1		629	494	2	112	1
石嘴山市	**12**	**1**			**1571**	**1288**	**6**	**270**	**3**
大武口区					48	43		5	
惠农区	4				190	143		42	2
平罗县	8	1			1333	1102	6	223	1
吴忠市	**15**	**5**	**6**	**1**	**6131**	**3549**	**21**	**2547**	**3**
利通区	4	3	1		609	335	4	267	1
红寺堡区	1				1833	887	10	932	
盐池县	2	1	1	1	817	316	1	498	
同心县	4		1		1787	1103	2	681	
青铜峡市	4	1	3		1085	908	4	169	2
固原市	**24**	**5**	**6**		**8032**	**5710**	**100**	**2216**	
原州区	14		3		2309	1718	8	582	
西吉县	5	4	1		2757	2077	17	661	
隆德县	3				814	610	6	197	
泾源县	1	1	1		613	336	56	220	
彭阳县	1		1		1539	969	13	556	
中卫市	**22**	**6**	**5**		**5659**	**4231**	**30**	**1292**	
沙坡头区	2	1	1		1412	1059	10	252	
中宁县	10	3			1876	1422	14	429	
海原县	10	2	4		2371	1750	6	611	

4-6c　续表 15　　单位：人

地　区 性　别			生产制造及有关人员						
	农林牧渔生产辅助人员	其他农、林、牧、渔业生产加工人员	小计	农副产品加工人员	食品、饮料生产加工人员	烟草及其制品加工人员	纺织、针织、印染人员	纺织品、服装和皮革、毛皮制品加工制作人员	木材加工、家具与木制品制作人员
宁　夏	**506**	**10**	**25736**	**471**	**336**	**3**	**267**	**273**	**531**
银川市	**119**	**2**	**8171**	**92**	**126**		**116**	**95**	**268**
兴庆区	11		1036	10	10		10	22	17
西夏区	7		533	7	19		1	1	9
金凤区	6		1278	4	13		1	6	55
永宁县	13		1154	25	41		4	7	129
贺兰县	46	1	1361	31	40		66	42	22
灵武市	36	1	2809	15	3		34	17	36
石嘴山市	**36**	**1**	**2407**	**45**	**28**		**21**	**12**	**29**
大武口区			540		2		21	1	15
惠农区	9	1	592	3	3			1	3
平罗县	27		1275	42	23			10	11
吴忠市	**80**	**3**	**6365**	**149**	**90**	**3**	**119**	**81**	**151**
利通区	18		1761	57	45	1	81	29	88
红寺堡区	10		1049	30	14	1	20	10	27
盐池县	13		993	6	4				1
同心县	9		1413	31	6		8	20	7
青铜峡市	30	3	1149	25	21	1	10	22	28
固原市	**35**	**2**	**4395**	**96**	**41**		**10**	**51**	**35**
原州区	5		1669	28	10		7	10	12
西吉县	8	1	1161	39	16		1	17	11
隆德县	6		517	10	4			3	2
泾源县	9		453	7	6		1	16	1
彭阳县	7	1	595	12	5		1	5	9
中卫市	**236**	**2**	**4398**	**89**	**51**		**1**	**34**	**48**
沙坡头区	170	1	1553	21	16			8	5
中宁县	38		1378	46	9			6	26
海原县	28	1	1467	22	26		1	20	17

4-6c 续表 16 单位：人

地区 性别	农林牧渔生产辅助人员	其他农、林、牧、渔业生产加工人员	生产制造及有关人员 小计	农副产品加工人员	食品、饮料生产加工人员	烟草及其制品加工人员	纺织、针织、印染人员	纺织品、服装和皮革、毛皮制品加工制作人员	木材加工、家具与木制品制作人员
男	**335**	**8**	**21992**	**313**	**171**	**3**	**69**	**65**	**450**
银川市	**73**	**2**	**6973**	**58**	**63**		**40**	**24**	**218**
兴庆区	9		854	4	4		2	2	10
西夏区	4		441	5	7			1	8
金凤区	3		1071	3	7			1	44
永宁县	11		982	16	27		2	1	100
贺兰县	30	1	1057	18	18		28	14	20
灵武市	16	1	2568	12			8	5	36
石嘴山市	**32**	**1**	**2017**	**29**	**14**		**4**	**2**	**24**
大武口区			446		1		4		15
惠农区	6	1	507		2				3
平罗县	26		1064	29	11			2	6
吴忠市	**70**	**2**	**5356**	**101**	**48**	**3**	**22**	**15**	**138**
利通区	16		1369	35	29	1	14	3	81
红寺堡区	6		913	21	7	1	6	3	26
盐池县	11		865	3	2				1
同心县	8		1285	24	3		1	4	7
青铜峡市	29	2	924	18	7	1	1	5	23
固原市	**30**	**1**	**3770**	**70**	**20**		**2**	**15**	**32**
原州区	4		1461	22	5		2	3	10
西吉县	6	1	982	25	9			8	10
隆德县	5		430	7	2				2
泾源县	8		377	6	3			2	1
彭阳县	7		520	10	1			2	9
中卫市	**130**	**2**	**3876**	**55**	**26**		**1**	**9**	**38**
沙坡头区	79	1	1371	12	6				5
中宁县	27		1195	26	5			3	18
海原县	24	1	1310	17	15		1	6	15

4−6c 续表 17

单位：人

地区 性别	农林牧渔生产辅助人员	其他农、林、牧、渔业生产加工人员	生产制造及有关人员						
			小计	农副产品加工人员	食品、饮料生产加工人员	烟草及其制品加工人员	纺织、针织、印染人员	纺织品、服装和皮革、毛皮制品加工制作人员	木材加工、家具与木制品制作人员
女	**171**	**2**	**3744**	**158**	**165**		**198**	**208**	**81**
银川市	**46**		**1198**	**34**	**63**		**76**	**71**	**50**
兴庆区	2		182	6	6		8	20	7
西夏区	3		92	2	12		1		1
金凤区	3		207	1	6		1	5	11
永宁县	2		172	9	14		2	6	29
贺兰县	16		304	13	22		38	28	2
灵武市	20		241	3	3		26	12	
石嘴山市	**4**		**390**	**16**	**14**		**17**	**10**	**5**
大武口区			94		1		17	1	
惠农区	3		85	3	1			1	
平罗县	1		211	13	12			8	5
吴忠市	**10**	**1**	**1009**	**48**	**42**		**97**	**66**	**13**
利通区	2		392	22	16		67	26	7
红寺堡区	4		136	9	7		14	7	1
盐池县	2		128	3	2				
同心县	1		128	7	3		7	16	
青铜峡市	1	1	225	7	14		9	17	5
固原市	**5**	**1**	**625**	**26**	**21**		**8**	**36**	**3**
原州区	1		208	6	5		5	7	2
西吉县	2		179	14	7		1	9	1
隆德县	1		87	3	2			3	
泾源县	1		76	1	3		1	14	
彭阳县		1	75	2	4		1	3	
中卫市	**106**		**522**	**34**	**25**			**25**	**10**
沙坡头区	91		182	9	10			8	
中宁县	11		183	20	4			3	8
海原县	4		157	5	11			14	2

4-6c 续表 18 单位：人

地区 性别	生产制造及有关人员								
	纸及纸制品生产加工人员	印刷和记录媒介复制人员	文教、工美、体育和娱乐用品制造人员	石油加工和炼焦、煤化工生产人员	化学原料和化学制品制造人员	医药制造人员	化学纤维制造人员	橡胶和塑料制品制造人员	非金属矿物制品制造人员
宁夏	**97**	**40**	**30**	**275**	**651**	**221**	**11**	**196**	**505**
银川市	**13**	**10**	**10**	**139**	**118**	**185**	**5**	**47**	**103**
兴庆区	4	2	2	5	14	4		2	3
西夏区	1	1	1	4		1		1	3
金凤区	1	6	3	17	16	6		8	19
永宁县	6	1	2	2	10	9		11	35
贺兰县	1		2	7	23	150		10	26
灵武市				104	55	15	5	15	17
石嘴山市	**2**	**2**	**5**	**21**	**260**	**5**	**2**	**56**	**73**
大武口区				3	28	2			16
惠农区				11	40	2		6	24
平罗县	2	2	5	7	192	1	2	50	33
吴忠市	**57**	**7**	**2**	**75**	**80**	**13**	**2**	**47**	**126**
利通区	49	3		3	33	1	2	30	18
红寺堡区	2	1	1	14	16	6		3	25
盐池县			1	33	7			1	44
同心县		1		25	1	3		1	10
青铜峡市	6	2			23	3		12	29
固原市	**2**	**15**	**11**	**6**	**89**	**10**		**23**	**62**
原州区		2	1	1	79	2		9	18
西吉县		4	2	3	5	2		3	23
隆德县	2	6	5	2	4	6		2	3
泾源县			3					5	10
彭阳县		3			1			4	8
中卫市	**23**	**6**	**2**	**34**	**104**	**8**	**2**	**23**	**141**
沙坡头区	16	4	1	16	78	1	2	4	62
中宁县	6	1		12	18	3		11	31
海原县	1	1	1	6	8	4		8	48

4-6c　续表 19　　　　单位：人

地　区 性　别	生产制造及有关人员								
	纸及纸制品生产加工人员	印刷和记录媒介复制人员	文教、工美、体育和娱乐用品制造人员	石油加工和炼焦、煤化工生产人员	化学原料和化学制品制造人员	医药制造人员	化学纤维制造人员	橡胶和塑料制品制造人员	非金属矿物制品制造人员
男	**50**	**22**	**16**	**246**	**516**	**156**	**9**	**129**	**424**
银川市	**8**	**6**	**8**	**130**	**97**	**137**	**5**	**32**	**85**
兴庆区	2	1	2	4	12	4		1	3
西夏区	1	1		4		1		1	2
金凤区		3	3	14	16	3		5	18
永宁县	5	1	1	2	7	8		8	30
贺兰县			2	6	15	113		9	18
灵武市				100	47	8	5	8	14
石嘴山市			**2**	**18**	**203**	**2**	**1**	**45**	**62**
大武口区				2	19	1			14
惠农区				9	29	1		6	17
平罗县			2	7	155		1	39	31
吴忠市	**29**	**3**	**1**	**68**	**62**	**10**	**2**	**20**	**105**
利通区	26	1		3	26	1	2	10	14
红寺堡区	1		1	13	10	5		1	23
盐池县				31	7				35
同心县				21	1	2		1	8
青铜峡市	2	2			18	2		8	25
固原市		**9**	**4**	**4**	**72**	**2**		**17**	**51**
原州区		1			65			8	16
西吉县		2	1	2	2	1		3	20
隆德县		4	2	2	4	1		1	2
泾源县			1					2	7
彭阳县		2			1			3	6
中卫市	**13**	**4**	**1**	**26**	**82**	**5**	**1**	**15**	**121**
沙坡头区	8	2		12	61	1	1	2	54
中宁县	4	1		10	14	1		6	25
海原县	1	1	1	4	7	3		7	42

4-6c 续表 20 单位：人

地区 性别	生产制造及有关人员								
	纸及纸制品生产加工人员	印刷和记录媒介复制人员	文教、工美、体育和娱乐用品制造人员	石油加工和炼焦、煤化工生产人员	化学原料和化学制品制造人员	医药制造人员	化学纤维制造人员	橡胶和塑料制品制造人员	非金属矿物制品制造人员
女	**47**	**18**	**14**	**29**	**135**	**65**	**2**	**67**	**81**
银川市	**5**	**4**	**2**	**9**	**21**	**48**		**15**	**18**
兴庆区	2	1		1	2			1	
西夏区			1						1
金凤区	1	3		3		3		3	1
永宁县	1		1		3	1		3	5
贺兰县	1			1	8	37		1	8
灵武市				4	8	7		7	3
石嘴山市	**2**	**2**	**3**	**3**	**57**	**3**	**1**	**11**	**11**
大武口区				1	9	1			2
惠农区				2	11	1			7
平罗县	2	2	3		37	1	1	11	2
吴忠市	**28**	**4**	**1**	**7**	**18**	**3**		**27**	**21**
利通区	23	2			7			20	4
红寺堡区	1	1		1	6	1		2	2
盐池县			1	2				1	9
同心县		1		4		1			2
青铜峡市	4				5	1		4	4
固原市	**2**	**6**	**7**	**2**	**17**	**8**		**6**	**11**
原州区		1	1	1	14	2		1	2
西吉县		2	1	1	3	1			3
隆德县	2	2	3			5		1	1
泾源县			2					3	3
彭阳县		1						1	2
中卫市	**10**	**2**	**1**	**8**	**22**	**3**	**1**	**8**	**20**
沙坡头区	8	2	1	4	17		1	2	8
中宁县	2			2	4	2		5	6
海原县				2	1	1		1	6

4−6c　续表 21　　单位：人

地区 性别	生产制造及有关人员								
	采矿人员	金属冶炼和压延加工人员	机械制造基础加工人员	金属制品制造人员	通用设备制造人员	专用设备制造人员	汽车制造人员	铁路、船舶、航空设备制造人员	电气机械和器材制造人员
宁　夏	**1422**	**871**	**871**	**186**	**105**	**32**	**35**	**7**	**91**
银川市	**638**	**176**	**298**	**49**	**24**	**8**	**8**		**45**
兴庆区	84	16	29	14		2			6
西夏区	6	7	19	2	3				11
金凤区	21	33	29	4	4	3	3		6
永宁县	21	25	55	13	9	1	3		7
贺兰县	23	5	51	8	7	2	1		1
灵武市	483	90	115	8	1		1		14
石嘴山市	**47**	**269**	**118**	**18**	**7**	**7**	**3**	**1**	**4**
大武口区	12	17	42	1	2	6			4
惠农区	10	132	23			1	2		
平罗县	25	120	53	17	5		1	1	
吴忠市	**439**	**122**	**246**	**38**	**32**	**6**	**3**	**1**	**21**
利通区	26	33	94	8	20	4			4
红寺堡区	19	45	40	8	4		2		10
盐池县	355		25	2	1				
同心县	26	5	29	12	2		1	1	4
青铜峡市	13	39	58	8	5	2			3
固原市	**234**	**32**	**84**	**43**	**25**	**3**	**8**	**2**	**10**
原州区	45	13	34	22	4			1	4
西吉县	22	11	21	9	12	2	4		1
隆德县	7	5	19	5	5		2		2
泾源县	1	3	3	5	4	1	1		
彭阳县	159		7	2			1	1	3
中卫市	**64**	**272**	**125**	**38**	**17**	**8**	**13**	**3**	**11**
沙坡头区	13	122	47	9	6	3			2
中宁县	25	133	40	17	3	2	5		3
海原县	26	17	38	12	8	3	8	3	6

4—6c 续表 22　　单位：人

地区 性别	生产制造及有关人员								
	采矿人员	金属冶炼和压延加工人员	机械制造基础加工人员	金属制品制造人员	通用设备制造人员	专用设备制造人员	汽车制造人员	铁路、船舶、航空设备制造人员	电气机械和器材制造人员
男	**1340**	**792**	**843**	**154**	**100**	**23**	**29**	**7**	**82**
银川市	**609**	**165**	**289**	**41**	**23**	**6**	**7**		**38**
兴庆区	82	15	29	11					6
西夏区	5	7	16	2	3				8
金凤区	20	30	28	3	4	3	2		5
永宁县	21	23	53	11	8	1	3		6
贺兰县	22	2	49	7	7	2	1		1
灵武市	459	88	114	7	1		1		12
石嘴山市	**41**	**232**	**116**	**14**	**7**	**5**	**3**	**1**	**3**
大武口区	12	15	42	1	2	4			3
惠农区	9	116	22			1	2		
平罗县	20	101	52	13	5		1	1	
吴忠市	**404**	**118**	**236**	**29**	**29**	**4**	**2**	**1**	**20**
利通区	24	32	90	8	18	2			4
红寺堡区	18	42	37	6	3		1		10
盐池县	323		25	2	1				
同心县	26	5	28	9	2		1	1	3
青铜峡市	13	39	56	4	5	2			3
固原市	**226**	**27**	**80**	**38**	**25**	**1**	**7**	**2**	**10**
原州区	41	11	32	18	4			1	4
西吉县	21	10	20	8	12	1	3		1
隆德县	7	4	18	5	5		2		2
泾源县	1	2	3	5	4		1		
彭阳县	156		7	2			1	1	3
中卫市	**60**	**250**	**122**	**32**	**16**	**7**	**10**	**3**	**11**
沙坡头区	13	112	46	6	5	3			2
中宁县	23	121	40	14	3	2	5		3
海原县	24	17	36	12	8	2	5	3	6

4-6c 续表 23

单位：人

地区 性别	生产制造及有关人员								
	采矿人员	金属冶炼和压延加工人员	机械制造基础加工人员	金属制品制造人员	通用设备制造人员	专用设备制造人员	汽车制造人员	铁路、船舶、航空设备制造人员	电气机械和器材制造人员
女	**82**	**79**	**28**	**32**	**5**	**9**	**6**		**9**
银川市	**29**	**11**	**9**	**8**	**1**	**2**	**1**		**7**
兴庆区	2	1		3		2			
西夏区	1		3						3
金凤区	1	3	1	1			1		1
永宁县		2	2	2	1				1
贺兰县	1	3	2	1					
灵武市	24	2	1	1					2
石嘴山市	**6**	**37**	**2**	**4**		**2**			**1**
大武口区		2				2			1
惠农区	1	16	1						
平罗县	5	19	1	4					
吴忠市	**35**	**4**	**10**	**9**	**3**	**2**	**1**		**1**
利通区	2	1	4		2	2			
红寺堡区	1	3	3	2	1		1		
盐池县	32								
同心县			1	3					1
青铜峡市			2	4					
固原市	**8**	**5**	**4**	**5**		**2**	**1**		
原州区	4	2	2	4					
西吉县	1	1	1	1		1	1		
隆德县		1	1						
泾源县		1				1			
彭阳县	3								
中卫市	**4**	**22**	**3**	**6**	**1**	**1**	**3**		
沙坡头区		10	1	3	1				
中宁县	2	12		3					
海原县	2		2			1	3		

4-6c 续表 24

单位：人

地区 性别	生产制造及有关人员								不便分类的其他从业人员
	计算机、通信和其他电子设备制造人员	仪器仪表制造人员	废弃资源综合利用人员	电力、热力、气体、水生产和输配人员	建筑施工人员	运输设备和通用工程机械操作人员及有关人员	生产辅助人员	其他生产制造及有关人员	
宁夏	**386**	**45**	**56**	**563**	**13006**	**1401**	**2714**	**38**	**64**
银川市	**103**	**14**	**40**	**209**	**3576**	**479**	**1161**	**16**	**20**
兴庆区	7	2	3	8	619	52	88	1	8
西夏区	13	2		4	371	12	33	1	
金凤区	35	3	7	26	765	64	116	4	5
永宁县	12	3	5	20	572	44	80	2	1
贺兰县	32	1	1	30	584	60	134	1	6
灵武市	4	3	24	121	665	247	710	7	
石嘴山市	**8**	**13**	**4**	**72**	**733**	**127**	**415**		**8**
大武口区	1		1	9	306	18	33		7
惠农区		8		7	134	37	145		
平罗县	7	5	3	56	293	72	237		1
吴忠市	**71**	**10**	**5**	**131**	**3216**	**382**	**624**	**16**	**6**
利通区	8	6	1	19	826	86	185	1	2
红寺堡区	28			29	512	86	96		
盐池县		1		26	228	62	187	9	
同心县	17			12	1112	50	28	1	
青铜峡市	18	3	4	45	538	98	128	5	4
固原市	**107**	**6**	**4**	**81**	**2995**	**166**	**143**	**1**	**9**
原州区	32	4	1	41	1162	49	78		
西吉县	50	2		14	795	64	28		5
隆德县	6			15	362	16	24		2
泾源县	5			2	371	6	2		1
彭阳县	14		3	9	305	31	11	1	1
中卫市	**97**	**2**	**3**	**70**	**2486**	**247**	**371**	**5**	**21**
沙坡头区	14	1		31	755	118	194	4	1
中宁县	34	1	3	22	731	69	120	1	
海原县	49			17	1000	60	57		20

4-6c 续表 25

单位：人

地区 性别	生产制造及有关人员								不便分类的其他从业人员
	计算机、通信和其他电子设备制造人员	仪器仪表制造人员	废弃资源综合利用人员	电力、热力、气体、水生产和输配人员	建筑施工人员	运输设备和通用工程机械操作人员及有关人员	生产辅助人员	其他生产制造及有关人员	
男	**317**	**31**	**42**	**521**	**11480**	**1338**	**2222**	**32**	**30**
银川市	**86**	**11**	**31**	**201**	**3098**	**450**	**992**	**15**	**14**
兴庆区	6	2	3	7	513	52	77		5
西夏区	10	1		4	321	10	22	1	
金凤区	28	1	3	25	657	59	82	4	4
永宁县	12	3	3	19	509	43	57	2	1
贺兰县	26	1	1	27	493	58	98	1	4
灵武市	4	3	21	119	605	228	656	7	
石嘴山市	**7**	**7**	**3**	**68**	**639**	**119**	**346**		**3**
大武口区				8	259	17	27		3
惠农区		5		6	123	35	121		
平罗县	7	2	3	54	257	67	198		
吴忠市	**55**	**7**	**1**	**118**	**2843**	**372**	**479**	**11**	**4**
利通区	7	4		18	696	84	136		2
红寺堡区	22			27	470	84	75		
盐池县				26	186	60	156	7	
同心县	15			11	1038	50	23	1	
青铜峡市	11	3	1	36	453	94	89	3	2
固原市	**91**	**4**	**4**	**67**	**2625**	**160**	**104**	**1**	**6**
原州区	27	3	1	29	1049	48	61		
西吉县	42	1		13	687	63	17		4
隆德县	5			15	312	15	13		2
泾源县	5			2	324	6	2		
彭阳县	12		3	8	253	28	11	1	
中卫市	**78**	**2**	**3**	**67**	**2275**	**237**	**301**	**5**	**3**
沙坡头区	14	1		30	700	113	158	4	1
中宁县	25	1	3	20	661	65	95	1	
海原县	39			17	914	59	48		2

4-6c 续表 26

单位：人

地区 性别	生产制造及有关人员								不便分类的其他从业人员
	计算机、通信和其他电子设备制造人员	仪器仪表制造人员	废弃资源综合利用人员	电力、热力、气体、水生产和输配人员	建筑施工人员	运输设备和通用工程机械操作人员及有关人员	生产辅助人员	其他生产制造及有关人员	
女	**69**	**14**	**14**	**42**	**1526**	**63**	**492**	**6**	**34**
银川市	**17**	**3**	**9**	**8**	**478**	**29**	**169**	**1**	**6**
兴庆区	1			1	106		11	1	3
西夏区	3	1			50	2	11		
金凤区	7	2	4	1	108	5	34		1
永宁县			2	1	63	1	23		
贺兰县	6			3	91	2	36		2
灵武市			3	2	60	19	54		
石嘴山市	**1**	**6**	**1**	**4**	**94**	**8**	**69**		**5**
大武口区	1		1	1	47	1	6		4
惠农区		3		1	11	2	24		
平罗县		3		2	36	5	39		1
吴忠市	**16**	**3**	**4**	**13**	**373**	**10**	**145**	**5**	**2**
利通区	1	2	1	1	130	2	49	1	
红寺堡区	6			2	42	2	21		
盐池县		1			42	2	31	2	
同心县	2			1	74		5		
青铜峡市	7		3	9	85	4	39	2	2
固原市	**16**	**2**		**14**	**370**	**6**	**39**		**3**
原州区	5	1		12	113	1	17		
西吉县	8	1		1	108	1	11		1
隆德县	1				50	1	11		
泾源县					47				1
彭阳县	2			1	52	3			1
中卫市	**19**			**3**	**211**	**10**	**70**		**18**
沙坡头区				1	55	5	36		
中宁县	9			2	70	4	25		
海原县	10				86	1	9		18

4-7　全区分年龄、性别、职业中类的就业人口

单位：人

年龄组 性　别	合计	党的机关、国家机关、群众团体和社会组织、企事业单位负责人						
		小计	中国共产党机关负责人	国家机关负责人	民主党派和工商联负责人	人民团体和群众团体、社会组织及其他成员组织负责人	基层群众自治组织负责人	企事业单位负责人
总　计	**314750**	**6208**	**46**	**397**	**3**	**283**	**395**	**5084**
16-19岁	3970	1						1
20-24岁	21826	126		2		7	2	115
25-29岁	39706	525	2	8		28	12	475
30-34岁	48892	1168	4	30		59	24	1051
35-39岁	42146	1055	5	30	1	36	34	949
40-44岁	42754	955	7	58	1	40	58	791
45-49岁	45063	1030	10	117		36	89	778
50-54岁	35890	738	10	98	1	35	61	533
55-59岁	21276	510	6	54		35	84	331
60-64岁	7076	64	1			4	18	41
65-69岁	4395	29	1			1	10	17
70-74岁	1278	3					3	
75岁及以上	478	4				2		2
男	**193621**	**4875**	**39**	**314**	**1**	**174**	**327**	**4020**
16-19岁	2696	1						1
20-24岁	12747	91				5		86
25-29岁	23514	371	2	1		16	4	348
30-34岁	29494	856	3	15		30	12	796
35-39岁	25484	828	3	26		23	27	749
40-44岁	24709	739	6	37	1	23	47	625
45-49岁	26498	806	8	99		18	73	608
50-54岁	23598	623	10	85		24	55	449
55-59岁	15434	469	5	51		28	81	304
60-64岁	4934	59	1			4	16	38
65-69岁	3206	26	1			1	9	15
70-74岁	951	3					3	
75岁及以上	356	3				2		1
女	**121129**	**1333**	**7**	**83**	**2**	**109**	**68**	**1064**
16-19岁	1274							
20-24岁	9079	35		2		2	2	29
25-29岁	16192	154		7		12	8	127
30-34岁	19398	312	1	15		29	12	255
35-39岁	16662	227	2	4	1	13	7	200
40-44岁	18045	216	1	21		17	11	166
45-49岁	18565	224	2	18		18	16	170
50-54岁	12292	115		13	1	11	6	84
55-59岁	5842	41	1	3		7	3	27
60-64岁	2142	5					2	3
65-69岁	1189	3					1	2
70-74岁	327							
75岁及以上	122	1						1

4-7 续表 1

单位：人

年龄组 性 别	专业技术人员									
	小计	科学研究人员	工程技术人员	农业技术人员	飞机和船舶技术人员	卫生专业技术人员	经济和金融专业人员	法律、社会和宗教专业人员	教学人员	文学艺术、体育专业人员
总 计	**37754**	**145**	**7967**	**530**	**21**	**6380**	**7272**	**1257**	**12843**	**414**
16-19岁	358	1	38	19		113	23	3	137	14
20-24岁	4062	9	633	60	1	857	675	78	1576	86
25-29岁	7793	21	1588	45	11	1423	1623	223	2565	95
30-34岁	7864	21	1944	62	4	1237	1633	236	2458	91
35-39岁	5214	15	1173	54	3	945	1036	182	1628	40
40-44岁	3895	13	778	69	1	614	806	145	1339	25
45-49岁	3718	19	762	77	1	521	770	146	1295	26
50-54岁	3019	22	639	74		405	475	135	1179	24
55-59岁	1547	23	359	49		174	202	87	606	12
60-64岁	156	1	38	14		31	17	12	38	
65-69岁	76		11	3		35	8	5	13	
70-74岁	31		2	1		15	3	3	6	1
75岁及以上	21		2	3		10	1	2	3	
男	**15929**	**85**	**6719**	**409**	**18**	**1610**	**1882**	**638**	**3919**	**238**
16-19岁	100		33	18		11	9	3	15	3
20-24岁	1091	3	538	51	1	104	121	28	170	42
25-29岁	2660	12	1318	32	11	254	340	83	477	56
30-34岁	3120	14	1625	44	2	235	385	92	573	56
35-39岁	2192	8	977	41	3	237	258	88	501	25
40-44岁	1651	7	635	51		194	170	67	472	16
45-49岁	1802	8	624	53	1	206	226	73	561	15
50-54岁	1749	14	572	54		178	185	106	587	15
55-59岁	1319	19	346	47		117	166	78	508	10
60-64岁	133		36	12		23	13	10	35	
65-69岁	66		11	3		29	5	5	12	
70-74岁	29		2	1		15	3	3	5	
75岁及以上	17		2	2		7	1	2	3	
女	**21825**	**60**	**1248**	**121**	**3**	**4770**	**5390**	**619**	**8924**	**176**
16-19岁	258	1	5	1		102	14		122	11
20-24岁	2971	6	95	9		753	554	50	1406	44
25-29岁	5133	9	270	13		1169	1283	140	2088	39
30-34岁	4744	7	319	18	2	1002	1248	144	1885	35
35-39岁	3022	7	196	13		708	778	94	1127	15
40-44岁	2244	6	143	18	1	420	636	78	867	9
45-49岁	1916	11	138	24		315	544	73	734	11
50-54岁	1270	8	67	20		227	290	29	592	9
55-59岁	228	4	13	2		57	36	9	98	2
60-64岁	23	1	2	2		8	4	2	3	
65-69岁	10					6	3		1	
70-74岁	2								1	1
75岁及以上	4			1		3				

4-7 续表 2

单位：人

年龄组 性 别	专业技术人员		办事人员和有关人员				社会生产服务和生活服务人员		
	新闻出版、文化专业人员	其他专业技术人员	小计	办事人员	安全和消防人员	其他办事人员和有关人员	小计	批发与零售服务人员	交通运输、仓储和邮政业服务人员
总 计	**788**	**137**	**22211**	**19036**	**2832**	**343**	**114961**	**37475**	**25563**
16–19岁	6	4	67	44	22	1	2223	378	172
20–24岁	77	10	1721	1413	287	21	8763	2497	1302
25–29岁	172	27	3611	2972	587	52	14885	4937	2916
30–34岁	149	29	3902	3369	488	45	18963	6991	4186
35–39岁	117	21	2884	2555	282	47	16932	6066	4712
40–44岁	92	13	2857	2572	241	44	16791	5832	4617
45–49岁	88	13	3047	2673	322	52	16541	5176	4083
50–54岁	54	12	2294	1975	277	42	11191	3268	2435
55–59岁	28	7	1557	1293	235	29	5855	1543	974
60–64岁	4	1	179	114	57	8	1667	423	112
65–69岁	1		66	38	27	1	863	230	40
70–74岁			14	7	6	1	210	92	8
75岁及以上			12	11	1		77	42	6
男	**304**	**107**	**12736**	**10144**	**2407**	**185**	**66189**	**16926**	**22382**
16–19岁	4	4	47	25	22		1563	157	134
20–24岁	24	9	741	475	253	13	5401	1087	1108
25–29岁	55	22	1707	1187	496	24	8703	2174	2500
30–34岁	70	24	1922	1498	398	26	10692	3023	3604
35–39岁	41	13	1631	1370	233	28	9546	2547	4167
40–44岁	32	7	1551	1351	181	19	8696	2347	3992
45–49岁	25	10	1752	1465	266	21	8432	2251	3520
50–54岁	28	10	1714	1443	247	24	6768	1777	2261
55–59岁	21	7	1431	1179	231	21	4201	1002	944
60–64岁	3	1	158	101	50	7	1269	295	101
65–69岁	1		60	36	23	1	688	168	38
70–74岁			12	5	6	1	169	68	7
75岁及以上			10	9	1		61	30	6
女	**484**	**30**	**9475**	**8892**	**425**	**158**	**48772**	**20549**	**3181**
16–19岁	2		20	19		1	660	221	38
20–24岁	53	1	980	938	34	8	3362	1410	194
25–29岁	117	5	1904	1785	91	28	6182	2763	416
30–34岁	79	5	1980	1871	90	19	8271	3968	582
35–39岁	76	8	1253	1185	49	19	7386	3519	545
40–44岁	60	6	1306	1221	60	25	8095	3485	625
45–49岁	63	3	1295	1208	56	31	8109	2925	563
50–54岁	26	2	580	532	30	18	4423	1491	174
55–59岁	7		126	114	4	8	1654	541	30
60–64岁	1		21	13	7	1	398	128	11
65–69岁			6	2	4		175	62	2
70–74岁			2	2			41	24	1
75岁及以上			2	2			16	12	

4－7 续表 3 单位：人

年龄组 性 别	社会生产服务和生活服务人员								
	住宿和餐饮服务人员	信息传输、软件和信息技术服务人员	金融服务人员	房地产服务人员	租赁和商务服务人员	技术辅助服务人员	水利、环境和公共设施管理服务人员	居民服务人员	电力、燃气及水供应服务人员
总 计	**16420**	**2251**	**3526**	**2768**	**5462**	**2107**	**8177**	**4752**	**1571**
16－19岁	1018	49	11	21	49	61	15	227	7
20－24岁	1896	340	274	297	261	376	76	551	102
25－29岁	2131	630	663	504	400	517	225	750	257
30－34岁	2626	516	806	491	443	456	459	788	289
35－39岁	2150	270	544	336	381	271	702	635	214
40－44岁	2199	219	405	322	463	182	1333	552	218
45－49岁	2220	131	405	310	778	143	2035	579	246
50－54岁	1459	60	291	228	995	68	1585	391	133
55－59岁	534	31	117	155	986	30	1051	198	92
60－64岁	131	4	4	58	432	3	416	43	7
65－69岁	46	1	3	40	227		233	21	5
70－74岁	8		1	5	44		37	10	
75岁及以上	2		2	1	3		10	7	1
男	**7501**	**1415**	**1397**	**1502**	**4263**	**1293**	**2890**	**1427**	**1175**
16－19岁	814	24	6	11	35	35	10	129	7
20－24岁	1285	215	125	182	152	199	51	239	81
25－29岁	1146	390	267	276	238	322	123	250	207
30－34岁	1265	330	311	242	258	286	186	221	219
35－39岁	933	161	200	153	229	166	170	156	143
40－44岁	725	126	108	132	312	103	266	108	138
45－49岁	592	91	126	140	601	97	411	125	157
50－54岁	439	45	140	153	875	56	582	93	123
55－59岁	201	29	107	132	922	26	556	69	88
60－64岁	65	3	2	47	399	3	304	15	6
65－69岁	28	1	2	28	202		186	14	5
70－74岁	6		1	5	38		35	4	
75岁及以上	2		2	1	2		10	4	1
女	**8919**	**836**	**2129**	**1266**	**1199**	**814**	**5287**	**3325**	**396**
16－19岁	204	25	5	10	14	26	5	98	
20－24岁	611	125	149	115	109	177	25	312	21
25－29岁	985	240	396	228	162	195	102	500	50
30－34岁	1361	186	495	249	185	170	273	567	70
35－39岁	1217	109	344	183	152	105	532	479	71
40－44岁	1474	93	297	190	151	79	1067	444	80
45－49岁	1628	40	279	170	177	46	1624	454	89
50－54岁	1020	15	151	75	120	12	1003	298	10
55－59岁	333	2	10	23	64	4	495	129	4
60－64岁	66	1	2	11	33		112	28	1
65－69岁	18		1	12	25		47	7	
70－74岁	2				6		2	6	
75岁及以上					1			3	

4-7 续表 4

单位：人

年龄组 性 别	社会生产服务和生活服务人员				农、林、牧、渔业生产及辅助人员				
	修理及制作服务人员	文化、体育和娱乐服务人员	健康服务人员	其他社会生产和生活服务人员	小计	农业生产人员	林业生产人员	畜牧业生产人员	渔业生产人员
总 计	**3907**	**644**	**253**	**85**	**62466**	**42327**	**1059**	**18215**	**117**
16-19岁	175	38	1	1	601	393		203	
20-24岁	578	163	45	5	2172	1355	20	768	2
25-29岁	773	144	28	10	3515	2216	46	1203	8
30-34岁	758	94	48	12	4757	3113	80	1471	12
35-39岁	535	73	33	10	5928	3838	106	1890	7
40-44岁	357	46	31	15	7736	5096	148	2376	5
45-49岁	339	40	39	17	9668	6692	189	2632	23
50-54岁	233	23	18	4	10747	7286	217	3081	29
55-59岁	112	15	8	9	8437	5995	156	2188	20
60-64岁	31	2	1		4371	3170	56	1114	4
65-69岁	11	4		2	3188	2297	33	831	7
70-74岁	2	2	1		993	646	8	336	
75岁及以上	3				353	230		122	
男	**3516**	**386**	**63**	**53**	**34499**	**22254**	**751**	**10904**	**94**
16-19岁	173	28			377	228		144	
20-24岁	558	111	4	4	1233	705	15	486	2
25-29岁	711	86	7	6	1934	1149	34	709	8
30-34岁	679	52	7	9	2494	1535	51	847	9
35-39岁	465	40	11	5	3073	1903	71	1037	6
40-44岁	299	20	13	7	3946	2485	94	1295	3
45-49岁	287	17	8	9	4940	3246	129	1477	15
50-54岁	199	14	8	3	5716	3666	155	1786	24
55-59岁	102	11	4	8	4891	3284	125	1405	17
60-64岁	28	1			2714	1883	44	763	4
65-69岁	10	4		2	2211	1553	26	612	6
70-74岁	2	2	1		713	450	7	254	
75岁及以上	3				257	167		89	
女	**391**	**258**	**190**	**32**	**27967**	**20073**	**308**	**7311**	**23**
16-19岁	2	10	1	1	224	165		59	
20-24岁	20	52	41	1	939	650	5	282	
25-29岁	62	58	21	4	1581	1067	12	494	
30-34岁	79	42	41	3	2263	1578	29	624	3
35-39岁	70	33	22	5	2855	1935	35	853	1
40-44岁	58	26	18	8	3790	2611	54	1081	2
45-49岁	52	23	31	8	4728	3446	60	1155	8
50-54岁	34	9	10	1	5031	3620	62	1295	5
55-59岁	10	4	4	1	3546	2711	31	783	3
60-64岁	3	1	1		1657	1287	12	351	
65-69岁	1				977	744	7	219	1
70-74岁					280	196	1	82	
75岁及以上					96	63		33	

4-7 续表 5

单位：人

年龄组 性别	农林牧渔生产辅助人员	其他农、林、牧、渔业生产加工人员	生产制造及有关人员 小计	农副产品加工人员	食品、饮料生产加工人员	烟草及其制品加工人员	纺织、针织、印染人员	纺织品、服装和皮革、毛皮制品加工制作人员	木材加工、家具与木制品制作人员
总　计	**730**	**18**	**70745**	**904**	**1267**	**21**	**612**	**811**	**1350**
16-19岁	5		655	8	25		8	10	15
20-24岁	25	2	4884	41	148	2	48	34	54
25-29岁	41	1	9329	91	232	4	74	72	138
30-34岁	81		12196	118	237	3	109	107	205
35-39岁	85	2	10099	140	174	2	121	143	207
40-44岁	107	4	10477	149	173	1	136	202	192
45-49岁	128	4	11028	133	164	7	82	133	225
50-54岁	131	3	7878	125	70	2	21	75	195
55-59岁	78		3353	58	37		12	27	97
60-64岁	26	1	636	17	5		1	5	18
65-69岁	19	1	173	17	2			2	4
70-74岁	3		26	6					
75岁及以上	1		11	1				1	
男	**484**	**12**	**59202**	**574**	**670**	**18**	**154**	**174**	**1169**
16-19岁	5		583	8	11		4	7	14
20-24岁	24	1	4164	30	90	1	25	12	50
25-29岁	33	1	8111	66	137	4	22	24	119
30-34岁	52		10384	68	139	3	30	18	179
35-39岁	54	2	8199	82	83	2	17	23	171
40-44岁	67	2	8100	86	72	1	16	24	157
45-49岁	72	1	8753	80	70	5	23	26	191
50-54岁	82	3	7012	85	40	2	7	22	178
55-59岁	60		3110	41	24		9	12	89
60-64岁	19	1	599	12	2		1	5	17
65-69岁	13	1	155	10	2			1	4
70-74岁	2		24	6					
75岁及以上	1		8						
女	**246**	**6**	**11543**	**330**	**597**	**3**	**458**	**637**	**181**
16-19岁			72		14		4	3	1
20-24岁	1	1	720	11	58	1	23	22	4
25-29岁	8		1218	25	95		52	48	19
30-34岁	29		1812	50	98		79	89	26
35-39岁	31		1900	58	91		104	120	36
40-44岁	40	2	2377	63	101		120	178	35
45-49岁	56	3	2275	53	94	2	59	107	34
50-54岁	49		866	40	30		14	53	17
55-59岁	18		243	17	13		3	15	8
60-64岁	7		37	5	3				1
65-69岁	6		18	7				1	
70-74岁	1		2						
75岁及以上			3	1				1	

4-7　续表 6　　　　单位：人

年龄组 性　别	生产制造及有关人员								
	纸及纸制品生产加工人员	印刷和记录媒介复制人员	文教、工美、体育和娱乐用品制造人　员	石油加工和炼焦、煤化工生产人员	化学原料和化学制品制造人　员	医药制造人　　员	化学纤维制造人员	橡胶和塑料制品制造人员	非金属矿物制品制造人员
总　计	**269**	**268**	**120**	**1291**	**2312**	**499**	**43**	**524**	**1213**
16-19岁	1	7		4	12		1	6	8
20-24岁	20	25	11	147	198	67	14	47	76
25-29岁	24	40	18	307	362	103	13	82	124
30-34岁	44	57	22	289	444	113	6	83	181
35-39岁	59	37	20	154	307	69	3	85	157
40-44岁	46	45	15	119	320	67	1	85	164
45-49岁	39	40	13	114	354	43	1	75	235
50-54岁	23	10	17	120	232	23	3	38	169
55-59岁	10	6	3	35	74	13		17	76
60-64岁	2		1	2	6		1	6	18
65-69岁		1			3	1			5
70-74岁	1								
75岁及以上									
男	**139**	**140**	**60**	**1079**	**1845**	**303**	**37**	**323**	**990**
16-19岁	1	2		3	11		1	5	7
20-24岁	17	16	6	115	153	39	14	37	69
25-29岁	14	24	9	268	298	67	11	59	113
30-34岁	23	33	11	242	363	81	4	59	143
35-39岁	19	23	10	122	221	39	2	46	113
40-44岁	16	18	7	89	246	32		34	123
45-49岁	24	13	5	93	268	22	1	41	179
50-54岁	15	6	8	111	205	15	3	23	148
55-59岁	8	4	3	34	71	8		14	72
60-64岁	1		1	2	6		1	5	18
65-69岁		1			3				5
70-74岁	1								
75岁及以上									
女	**130**	**128**	**60**	**212**	**467**	**196**	**6**	**201**	**223**
16-19岁		5		1	1			1	1
20-24岁	3	9	5	32	45	28		10	7
25-29岁	10	16	9	39	64	36	2	23	11
30-34岁	21	24	11	47	81	32	2	24	38
35-39岁	40	14	10	32	86	30	1	39	44
40-44岁	30	27	8	30	74	35	1	51	41
45-49岁	15	27	8	21	86	21		34	56
50-54岁	8	4	9	9	27	8		15	21
55-59岁	2	2		1	3	5		3	4
60-64岁	1							1	
65-69岁						1			
70-74岁									
75岁及以上									

4-7 续表 7

单位：人

年龄组 性别	生产制造及有关人员								
	采矿人员	金属冶炼和压延加工人员	机械制造基础加工人员	金属制品制造人员	通用设备制造人员	专用设备制造人员	汽车制造人员	铁路、船舶、航空设备制造人员	电气机械和器材制造人员
总　计	**4168**	**2510**	**2817**	**669**	**512**	**158**	**101**	**27**	**385**
16-19岁	7	11	31	7	6	5	2	1	14
20-24岁	138	133	216	57	52	17	21	2	89
25-29岁	492	307	347	85	63	27	26	5	99
30-34岁	865	399	533	128	106	32	17	2	79
35-39岁	679	341	419	105	59	22	9	5	44
40-44岁	697	433	415	98	63	16	11	2	20
45-49岁	698	491	403	88	66	18	9	3	25
50-54岁	411	306	310	66	59	16	4	5	12
55-59岁	158	79	111	27	33	4	1	1	2
60-64岁	17	8	20	6	4			1	
65-69岁	5	1	10	2	1	1	1		1
70-74岁	1	1	2						
75岁及以上									
男	**3753**	**2144**	**2703**	**547**	**465**	**119**	**81**	**24**	**322**
16-19岁	7	10	31	6	6	1	2	1	12
20-24岁	124	121	207	48	49	12	18	1	72
25-29岁	462	273	336	76	57	21	23	5	88
30-34岁	802	340	515	104	98	25	13	2	65
35-39岁	607	287	397	85	47	16	4	4	38
40-44岁	584	329	395	76	54	12	8	2	16
45-49岁	592	407	375	69	61	11	7	2	18
50-54岁	400	293	304	54	56	16	4	5	11
55-59岁	155	74	111	24	32	4	1	1	1
60-64岁	15	8	20	4	4			1	
65-69岁	4	1	10	1	1	1	1		1
70-74岁	1	1	2						
75岁及以上									
女	**415**	**366**	**114**	**122**	**47**	**39**	**20**	**3**	**63**
16-19岁		1		1		4			2
20-24岁	14	12	9	9	3	5	3	1	17
25-29岁	30	34	11	9	6	6	3		11
30-34岁	63	59	18	24	8	7	4		14
35-39岁	72	54	22	20	12	6	5	1	6
40-44岁	113	104	20	22	9	4	3		4
45-49岁	106	84	28	19	5	7	2	1	7
50-54岁	11	13	6	12	3				1
55-59岁	3	5		3	1				1
60-64岁	2			2					
65-69岁	1			1					
70-74岁									
75岁及以上									

4-7　续表 8　　　　单位：人

年龄组 性　别	生产制造及有关人员								不便分类的其他从业人员
	计算机、通信和其他电子设备制造人　员	仪器仪表制造人员	废弃资源综合利用人　　员	电力、热力、气体、水生产和输配人员	建筑施工人　　员	运输设备和通用工程机械操作人员及有关人员	生产辅助人　　员	其他生产制造及有关人员	
总　计	**1485**	**162**	**91**	**1793**	**29322**	**4250**	**10664**	**127**	**405**
16－19岁	89	1		10	226	59	79	2	65
20－24岁	422	21	7	150	1430	343	842	12	98
25－29岁	408	40	7	302	2878	809	1732	18	48
30－34岁	273	33	10	315	4294	963	2102	27	42
35－39岁	100	14	15	182	4431	621	1361	14	34
40－44岁	90	17	12	197	4804	508	1364	15	43
45－49岁	63	25	18	265	5103	482	1591	22	31
50－54岁	34	9	15	235	3840	323	1102	8	23
55－59岁	4	2	3	111	1809	120	415	8	17
60－64岁	1		2	20	400	19	56		3
65－69岁	1		1	3	92	2	16	1	
70－74岁			1	2	9		3		1
75岁及以上				1	6	1	1		
男	**1197**	**107**	**72**	**1558**	**25798**	**3974**	**8561**	**102**	**191**
16－19岁	81	1		8	214	57	71	1	25
20－24岁	345	15	5	133	1342	324	664	10	26
25－29岁	342	30	7	274	2693	781	1396	12	28
30－34岁	213	24	9	275	3885	906	1689	23	26
35－39岁	79	11	11	160	3855	577	1036	12	15
40－44岁	63	6	7	160	4014	443	1000	10	26
45－49岁	41	10	15	190	4229	437	1230	18	13
50－54岁	27	8	11	224	3400	314	1010	7	16
55－59岁	4	2	3	108	1687	114	392	8	13
60－64岁	1		2	20	379	18	56		2
65－69岁	1		1	3	88	2	13	1	
70－74岁			1	2	7		3		1
75岁及以上				1	5	1	1		
女	**288**	**55**	**19**	**235**	**3524**	**276**	**2103**	**25**	**214**
16－19岁	8			2	12	2	8	1	40
20－24岁	77	6	2	17	88	19	178	2	72
25－29岁	66	10		28	185	28	336	6	20
30－34岁	60	9	1	40	409	57	413	4	16
35－39岁	21	3	4	22	576	44	325	2	19
40－44岁	27	11	5	37	790	65	364	5	17
45－49岁	22	15	3	75	874	45	361	4	18
50－54岁	7	1	4	11	440	9	92	1	7
55－59岁				3	122	6	23		4
60－64岁					21	1			1
65－69岁					4		3		
70－74岁					2				
75岁及以上					1				

4-7a 全区分年龄、性别、职业中类的就业人口(城市)

单位：人

年龄组 性别	合计	党的机关、国家机关、群众团体和社会组织、企事业单位负责人						
		小计	中国共产党机关负责人	国家机关负责人	民主党派和工商联负责人	人民团体和群众团体、社会组织及其他成员组织负责人	基层群众自治组织负责人	企事业单位负责人
总　计	**127668**	**3868**	**18**	**237**	**3**	**128**	**45**	**3437**
16-19岁	1408	1						1
20-24岁	8930	79		1		4		74
25-29岁	17878	345	1	7		10	2	325
30-34岁	22925	735	2	22		19	6	686
35-39岁	19156	714	4	17	1	18	4	670
40-44岁	18260	621	1	31	1	21	8	559
45-49岁	18600	621	5	62		17	13	524
50-54岁	12824	443	4	66	1	19	3	350
55-59岁	6153	275	1	31		18	8	217
60-64岁	985	19				2		17
65-69岁	424	12						12
70-74岁	81	1					1	
75岁及以上	44	2						2
男	**75561**	**2967**	**14**	**182**	**1**	**78**	**27**	**2665**
16-19岁	904	1						1
20-24岁	4819	56				2		54
25-29岁	9783	243	1	1		5	1	235
30-34岁	13001	530	1	10		10	2	507
35-39岁	11022	553	2	15		11	3	522
40-44岁	10217	478	1	21	1	12	4	439
45-49岁	10678	461	5	50		7	6	393
50-54岁	8861	370	4	57		14	3	292
55-59岁	5080	244		28		15	7	194
60-64岁	767	18				2		16
65-69岁	332	11						11
70-74岁	65	1					1	
75岁及以上	32	1						1
女	**52107**	**901**	**4**	**55**	**2**	**50**	**18**	**772**
16-19岁	504							
20-24岁	4111	23		1		2		20
25-29岁	8095	102		6		5	1	90
30-34岁	9924	205	1	12		9	4	179
35-39岁	8134	161	2	2	1	7	1	148
40-44岁	8043	143		10		9	4	120
45-49岁	7922	160		12		10	7	131
50-54岁	3963	73		9	1	5		58
55-59岁	1073	31	1	3		3	1	23
60-64岁	218	1						1
65-69岁	92	1						1
70-74岁	16							
75岁及以上	12	1						1

4-7a　续表 1　　　　　　　　　　　　　　　　　　　　　　　　　　单位：人

年龄组 性　别	专业技术人员									
	小计	科学研究人员	工程技术人员	农业技术人员	飞机和船舶技术人员	卫生专业技术人员	经济和金融专业人员	法律、社会和宗教专业人员	教学人员	文学艺术、体育专业人员
总　计	**23352**	**114**	**4961**	**178**	**18**	**3924**	**4899**	**799**	**7558**	**273**
16-19岁	147	1	14	4		48	11		63	6
20-24岁	2126	5	344	21	1	420	410	49	787	47
25-29岁	4622	14	926	15	9	853	1024	144	1443	68
30-34岁	4995	16	1234	20	3	813	1079	152	1497	64
35-39岁	3487	14	750	22	3	655	727	127	1055	31
40-44岁	2566	10	513	26	1	391	587	100	837	19
45-49岁	2451	18	501	27	1	352	570	98	789	17
50-54岁	1916	17	421	23		251	347	69	724	14
55-59岁	923	18	230	13		106	128	53	342	7
60-64岁	68	1	18	5		12	10	6	13	
65-69岁	35		8			15	4	1	6	
70-74岁	11		1	1		6	1		2	
75岁及以上	5		1	1		2	1			
男	**9432**	**64**	**4068**	**135**	**15**	**979**	**1176**	**356**	**2223**	**156**
16-19岁	36		13	4		6	5		7	1
20-24岁	575	1	286	19	1	61	65	16	94	21
25-29岁	1546	6	744	10	9	163	201	53	277	36
30-34岁	1910	10	992	13	1	153	243	55	345	39
35-39岁	1375	7	609	17	3	161	173	57	295	20
40-44岁	1001	5	408	20		109	114	38	262	13
45-49岁	1091	7	393	17	1	134	140	39	321	11
50-54岁	1042	12	372	18		97	124	47	335	9
55-59岁	763	16	223	12		69	102	46	270	6
60-64岁	53		18	3		9	6	4	11	
65-69岁	27		8			11	1	1	5	
70-74岁	10		1	1		6	1		1	
75岁及以上	3		1	1			1			
女	**13920**	**50**	**893**	**43**	**3**	**2945**	**3723**	**443**	**5335**	**117**
16-19岁	111	1	1			42	6		56	5
20-24岁	1551	4	58	2		359	345	33	693	26
25-29岁	3076	8	182	5		690	823	91	1166	32
30-34岁	3085	6	242	7	2	660	836	97	1152	25
35-39岁	2112	7	141	5		494	554	70	760	11
40-44岁	1565	5	105	6	1	282	473	62	575	6
45-49岁	1360	11	108	10		218	430	59	468	6
50-54岁	874	5	49	5		154	223	22	389	5
55-59岁	160	2	7	1		37	26	7	72	1
60-64岁	15	1		2		3	4	2	2	
65-69岁	8					4	3		1	
70-74岁	1								1	
75岁及以上	2					2				

4-7a 续表 2　　单位：人

年龄组 性　别	专业技术人员		办事人员和有关人员				社会生产服务和生活服务人员		
	新闻出版、文化专业人员	其他专业技术人员	小计	办事人员	安全和消防人员	其他办事人员和有关人员	小计	批发与零售服务人员	交通运输、仓储和邮政业服务人员
总　计	**539**	**89**	**14436**	**12584**	**1630**	**222**	**56116**	**19733**	**10968**
16-19岁			32	24	8		1031	208	65
20-24岁	40	2	908	765	130	13	4121	1277	496
25-29岁	109	17	2127	1789	306	32	7230	2631	1138
30-34岁	98	19	2626	2302	296	28	9510	3798	1646
35-39岁	88	15	2063	1838	192	33	8633	3435	1931
40-44岁	71	11	1977	1786	160	31	8517	3204	2075
45-49岁	68	10	2115	1861	214	40	8407	2777	1931
50-54岁	42	8	1521	1326	168	27	5280	1552	1168
55-59岁	20	6	966	824	129	13	2510	633	458
60-64岁	2	1	73	47	21	5	562	127	47
65-69岁	1		23	17	6		248	65	8
70-74岁			1	1			48	16	2
75岁及以上			4	4			19	10	3
男	**195**	**65**	**8232**	**6767**	**1354**	**111**	**30877**	**8611**	**9314**
16-19岁			22	14	8		681	91	45
20-24岁	10	1	388	269	110	9	2384	548	395
25-29岁	33	14	997	737	246	14	4005	1161	905
30-34岁	43	16	1287	1035	235	17	5094	1620	1373
35-39岁	26	7	1178	991	165	22	4603	1392	1665
40-44岁	25	7	1074	940	123	11	4249	1258	1732
45-49岁	21	7	1206	1021	172	13	4116	1133	1612
50-54岁	22	6	1108	950	145	13	3207	830	1084
55-59岁	13	6	886	752	126	8	1877	420	449
60-64岁	1	1	62	39	19	4	422	96	41
65-69岁	1		21	16	5		186	44	8
70-74岁							39	12	2
75岁及以上			3	3			14	6	3
女	**344**	**24**	**6204**	**5817**	**276**	**111**	**25239**	**11122**	**1654**
16-19岁			10	10			350	117	20
20-24岁	30	1	520	496	20	4	1737	729	101
25-29岁	76	3	1130	1052	60	18	3225	1470	233
30-34岁	55	3	1339	1267	61	11	4416	2178	273
35-39岁	62	8	885	847	27	11	4030	2043	266
40-44岁	46	4	903	846	37	20	4268	1946	343
45-49岁	47	3	909	840	42	27	4291	1644	319
50-54岁	20	2	413	376	23	14	2073	722	84
55-59岁	7		80	72	3	5	633	213	9
60-64岁	1		11	8	2	1	140	31	6
65-69岁			2	1	1		62	21	
70-74岁			1	1			9	4	
75岁及以上			1	1			5	4	

4-7a 续表 3

单位：人

年龄组 性 别	社会生产服务和生活服务人员								
	住宿和餐饮服务人员	信息传输、软件和信息技术服务人员	金融服务人员	房地产服务人员	租赁和商务服务人员	技术辅助服务人员	水利、环境和公共设施管理服务人员	居民服务人员	电力、燃气及水供应服务人员
总 计	**7377**	**1386**	**2295**	**1709**	**2643**	**1292**	**3144**	**2534**	**824**
16-19岁	418	35	8	14	30	31	4	122	2
20-24岁	811	194	155	168	138	205	26	274	47
25-29岁	929	360	407	285	231	296	71	364	110
30-34岁	1217	304	519	298	262	299	170	440	153
35-39岁	1022	181	380	220	223	171	283	347	132
40-44岁	1015	164	256	212	235	122	569	303	124
45-49岁	1054	81	279	213	386	95	888	333	148
50-54岁	640	40	202	138	467	50	600	224	70
55-59岁	210	23	84	98	437	23	353	101	36
60-64岁	44	4	1	37	150		116	20	1
65-69岁	12		2	23	70		56	4	1
70-74岁	5		1	3	11		7	2	
75岁及以上			1		3		1		
男	**3461**	**873**	**897**	**938**	**1961**	**780**	**943**	**746**	**588**
16-19岁	324	17	5	9	20	18	2	66	2
20-24岁	535	126	66	100	75	93	22	123	36
25-29岁	511	229	158	154	124	179	45	117	84
30-34岁	596	190	203	153	142	188	73	120	109
35-39岁	486	113	132	103	125	111	66	86	85
40-44岁	366	88	67	92	155	69	100	67	74
45-49岁	307	56	89	101	286	61	137	78	98
50-54岁	215	29	93	90	409	42	196	51	62
55-59岁	92	22	81	86	410	19	183	31	36
60-64岁	19	3		31	140		74	4	1
65-69岁	6		1	16	63		38	3	1
70-74岁	4		1	3	10		6		
75岁及以上			1		2		1		
女	**3916**	**513**	**1398**	**771**	**682**	**512**	**2201**	**1788**	**236**
16-19岁	94	18	3	5	10	13	2	56	
20-24岁	276	68	89	68	63	112	4	151	11
25-29岁	418	131	249	131	107	117	26	247	26
30-34岁	621	114	316	145	120	111	97	320	44
35-39岁	536	68	248	117	98	60	217	261	47
40-44岁	649	76	189	120	80	53	469	236	50
45-49岁	747	25	190	112	100	34	751	255	50
50-54岁	425	11	109	48	58	8	404	173	8
55-59岁	118	1	3	12	27	4	170	70	
60-64岁	25	1	1	6	10		42	16	
65-69岁	6		1	7	7		18	1	
70-74岁	1				1		1	2	
75岁及以上					1				

4-7a 续表 4 单位：人

年龄组 性 别	社会生产服务和生活服务人员				农、林、牧、渔业生产及辅助人员				
	修理及制作服务人员	文化、体育和娱乐服务人员	健康服务人员	其他社会生产和生活服务人员	小计	农业生产人员	林业生产人员	畜牧业生产人员	渔业生产人员
总 计	**1599**	**421**	**147**	**44**	**3276**	**2147**	**174**	**859**	**22**
16-19岁	65	27	1	1	17	10		7	
20-24岁	205	100	23	2	63	31	3	26	1
25-29岁	297	93	15	3	189	96	16	71	1
30-34岁	313	57	29	5	302	181	16	91	3
35-39岁	226	54	21	7	414	266	22	120	3
40-44岁	177	35	17	9	548	343	23	165	2
45-49岁	155	30	25	12	606	406	33	148	5
50-54岁	104	13	11	1	586	412	31	119	7
55-59岁	39	8	3	4	344	257	23	58	
60-64岁	13	1	1		115	77	4	33	
65-69岁	4	3			69	49	3	17	
70-74岁			1		13	10		3	
75岁及以上	1				10	9		1	
男	**1450**	**250**	**37**	**28**	**2111**	**1305**	**124**	**607**	**18**
16-19岁	64	18			15	8		7	
20-24岁	196	67		2	46	20	3	20	1
25-29岁	276	56	4	2	141	69	13	55	1
30-34岁	284	32	6	5	209	115	12	72	2
35-39岁	200	30	6	3	263	161	16	80	3
40-44岁	152	15	8	6	347	206	11	119	1
45-49岁	134	14	4	6	353	223	20	96	4
50-54岁	91	8	6	1	354	234	24	76	6
55-59岁	37	6	2	3	239	172	20	41	
60-64岁	12	1			74	47	3	23	
65-69岁	3	3			54	37	2	15	
70-74岁			1		8	6		2	
75岁及以上	1				8	7		1	
女	**149**	**171**	**110**	**16**	**1165**	**842**	**50**	**252**	**4**
16-19岁	1	9	1	1	2	2			
20-24岁	9	33	23		17	11		6	
25-29岁	21	37	11	1	48	27	3	16	
30-34岁	29	25	23		93	66	4	19	1
35-39岁	26	24	15	4	151	105	6	40	
40-44岁	25	20	9	3	201	137	12	46	1
45-49岁	21	16	21	6	253	183	13	52	1
50-54岁	13	5	5		232	178	7	43	1
55-59岁	2	2	1	1	105	85	3	17	
60-64岁	1		1		41	30	1	10	
65-69岁	1				15	12	1	2	
70-74岁					5	4		1	
75岁及以上					2	2			

4-7a　续表 5

单位：人

年龄组 性　别	农林牧渔生产辅助人员	其他农、林、牧、渔业生产加工人员	生产制造及有关人员						
			小计	农副产品加工人员	食品、饮料生产加工人员	烟草及其制品加工人员	纺织、针织、印染人员	纺织品、服装和皮革、毛皮制品加工制作人员	木材加工、家具与木制品制作人员
总　计	**71**	**3**	**26470**	**176**	**486**	**18**	**218**	**299**	**504**
16-19岁			174		11		3	1	2
20-24岁	2		1627	7	61	2	14	10	18
25-29岁	5		3335	25	89	3	18	25	45
30-34岁	11		4732	30	85	2	33	36	81
35-39岁	3		3827	30	60	2	54	60	84
40-44岁	14	1	4006	29	72	1	51	80	74
45-49岁	13	1	4387	26	64	6	32	50	84
50-54岁	16	1	3061	16	32	2	8	30	83
55-59岁	6		1126	10	8		4	5	31
60-64岁	1		147	3	4		1		
65-69岁			37					1	2
70-74岁			7						
75岁及以上			4					1	
男	**55**	**2**	**21847**	**113**	**259**	**15**	**55**	**59**	**459**
16-19岁			145		3		2	1	2
20-24岁	2		1365	4	32	1	8	5	16
25-29岁	3		2833	21	50	3	4	8	43
30-34岁	8		3954	17	52	2	9	4	72
35-39岁	3		3041	16	25	2	11	10	77
40-44岁	10		3050	18	35	1	4	9	60
45-49岁	9	1	3445	18	32	4	10	12	77
50-54岁	13	1	2770	10	22	2	3	8	80
55-59岁	6		1064	7	6		3	2	30
60-64岁	1		137	2	2		1		
65-69岁			33						2
70-74岁			7						
75岁及以上			3						
女	**16**	**1**	**4623**	**63**	**227**	**3**	**163**	**240**	**45**
16-19岁			29		8		1		
20-24岁			262	3	29	1	6	5	2
25-29岁	2		502	4	39		14	17	2
30-34岁	3		778	13	33		24	32	9
35-39岁			786	14	35		43	50	7
40-44岁	4	1	956	11	37		47	71	14
45-49岁	4		942	8	32	2	22	38	7
50-54岁	3		291	6	10		5	22	3
55-59岁			62	3	2		1	3	1
60-64岁			10	1	2				
65-69岁			4					1	
70-74岁									
75岁及以上			1					1	

4-7a 续表 6　　单位：人

年龄组 性　别	生产制造及有关人员								
	纸及纸制品生产加工人员	印刷和记录媒介复制人员	文教、工美、体育和娱乐用品制造人　员	石油加工和炼焦、煤化工生产人员	化学原料和化学制品制造人　员	医药制造人　　员	化学纤维制造人员	橡胶和塑料制品制造人员	非金属矿物制品制造人员
总　计	**129**	**136**	**50**	**590**	**1048**	**126**	**8**	**160**	**372**
16-19岁		3			3				1
20-24岁	8	7	5	27	66	8	2	13	22
25-29岁	9	14	12	96	164	24	5	23	44
30-34岁	21	34	11	139	232	28		22	62
35-39岁	32	20	5	84	151	22	1	30	55
40-44岁	27	21	7	71	122	20		25	47
45-49岁	20	26	2	72	172	12		30	73
50-54岁	8	6	6	79	107	8		14	47
55-59岁	3	5	1	21	28	4		2	19
60-64岁	1		1	1	1			1	2
65-69岁					2				
70-74岁									
75岁及以上									
男	**68**	**77**	**32**	**484**	**824**	**55**	**8**	**96**	**290**
16-19岁		1			3				1
20-24岁	7	6	4	24	49	5	2	11	18
25-29岁	5	8	7	82	137	11	5	15	41
30-34岁	11	19	7	113	187	13		17	43
35-39岁	11	15	3	63	106	9	1	17	41
40-44岁	11	10	4	50	97	9		11	32
45-49岁	14	10	1	59	119	4		14	53
50-54岁	6	4	4	72	96	4		9	40
55-59岁	3	4	1	20	27			1	19
60-64岁			1	1	1			1	2
65-69岁					2				
70-74岁									
75岁及以上									
女	**61**	**59**	**18**	**106**	**224**	**71**		**64**	**82**
16-19岁		2							
20-24岁	1	1	1	3	17	3		2	4
25-29岁	4	6	5	14	27	13		8	3
30-34岁	10	15	4	26	45	15		5	19
35-39岁	21	5	2	21	45	13		13	14
40-44岁	16	11	3	21	25	11		14	15
45-49岁	6	16	1	13	53	8		16	20
50-54岁	2	2	2	7	11	4		5	7
55-59岁		1		1	1	4		1	
60-64岁	1								
65-69岁									
70-74岁									
75岁及以上									

4−7a　续表 7　　　　单位：人

年龄组 性　别	生产制造及有关人员								
	采矿人员	金属冶炼和压延加工人员	机械制造基础加工人　员	金属制品制造人员	通用设备制造人员	专用设备制造人员	汽车制造人　员	铁路、船舶、航空设备制造人　员	电气机械和器材制造人员
总　计	**1864**	**804**	**1232**	**272**	**315**	**99**	**39**	**17**	**183**
16−19岁	3		11	1	1	2			7
20−24岁	39	40	103	21	30	7	9	2	40
25−29岁	153	96	147	38	39	13	11	3	45
30−34岁	322	134	228	57	62	14	7	1	41
35−39岁	315	109	162	46	37	17	2	3	19
40−44岁	370	133	168	32	38	11	6	1	12
45−49岁	360	167	199	36	44	17	3	3	14
50−54岁	202	105	160	28	43	14	1	4	4
55−59岁	90	17	50	11	19	4			1
60−64岁	6	3	1	1	2				
65−69岁	3		2	1					
70−74岁	1		1						
75岁及以上									
男	**1564**	**652**	**1173**	**226**	**282**	**77**	**32**	**14**	**152**
16−19岁	3		11	1	1				5
20−24岁	31	37	100	18	29	5	8	1	35
25−29岁	138	84	141	34	35	10	10	3	39
30−34岁	282	111	220	46	57	12	5	1	32
35−39岁	259	86	148	40	28	12		2	17
40−44岁	279	87	157	27	29	10	5	1	9
45−49岁	282	129	183	26	40	10	3	2	11
50−54岁	193	100	159	24	42	14	1	4	4
55−59岁	88	15	50	9	19	4			
60−64岁	5	3	1	1	2				
65−69岁	3		2						
70−74岁	1		1						
75岁及以上									
女	**300**	**152**	**59**	**46**	**33**	**22**	**7**	**3**	**31**
16−19岁						2			2
20−24岁	8	3	3	3	1	2	1	1	5
25−29岁	15	12	6	4	4	3	1		6
30−34岁	40	23	8	11	5	2	2		9
35−39岁	56	23	14	6	9	5	2	1	2
40−44岁	91	46	11	5	9	1	1		3
45−49岁	78	38	16	10	4	7		1	3
50−54岁	9	5	1	4	1				
55−59岁	2	2		2					1
60−64岁	1								
65−69岁				1					
70−74岁									
75岁及以上									

4-7a 续表 8 单位：人

年龄组 性 别	生产制造及有关人员								不便分类的其他从业人员
	计算机、通信和其他电子设备制造人员	仪器仪表制造人员	废弃资源综合利用人员	电力、热力、气体、水生产和输配人员	建筑施工人员	运输设备和通用工程机械操作人员及有关人员	生产辅助人员	其他生产制造及有关人员	
总 计	**856**	**82**	**21**	**778**	**8794**	**1646**	**5079**	**69**	**150**
16-19岁	33			3	45	18	26		6
20-24岁	257	8	3	49	301	105	340	3	6
25-29岁	252	17	3	122	767	282	738	13	30
30-34岁	147	19	3	137	1378	372	982	12	25
35-39岁	55	6	2	82	1394	234	643	11	18
40-44岁	46	8	1	95	1535	214	678	11	25
45-49岁	44	17	4	130	1621	212	835	12	13
50-54岁	20	6	4	113	1166	139	602	4	17
55-59岁	1	1	1	41	476	63	208	2	9
60-64岁	1			5	89	5	19		1
65-69岁				1	17	1	6	1	
70-74岁					4		1		
75岁及以上					1	1	1		
男	**688**	**52**	**18**	**644**	**7749**	**1514**	**4065**	**51**	**95**
16-19岁	28			2	42	18	21		4
20-24岁	210	5	2	41	284	97	267	3	5
25-29岁	208	14	3	103	709	266	589	7	18
30-34岁	115	13	3	113	1244	347	778	9	17
35-39岁	45	5	2	70	1212	213	485	10	9
40-44岁	34	1	1	73	1304	184	492	6	18
45-49岁	30	8	3	92	1362	186	642	9	6
50-54岁	16	5	3	105	1042	135	559	4	10
55-59岁	1	1	1	39	445	61	206	2	7
60-64岁	1			5	84	5	19		1
65-69岁				1	16	1	5	1	
70-74岁					4		1		
75岁及以上					1	1	1		
女	**168**	**30**	**3**	**134**	**1045**	**132**	**1014**	**18**	**55**
16-19岁	5			1	3		5		2
20-24岁	47	3	1	8	17	8	73		1
25-29岁	44	3		19	58	16	149	6	12
30-34岁	32	6		24	134	25	204	3	8
35-39岁	10	1		12	182	21	158	1	9
40-44岁	12	7		22	231	30	186	5	7
45-49岁	14	9	1	38	259	26	193	3	7
50-54岁	4	1	1	8	124	4	43		7
55-59岁				2	31	2	2		2
60-64岁					5				
65-69岁					1		1		
70-74岁									
75岁及以上									

4-7b 全区分年龄、性别、职业中类的就业人口(镇)

单位：人

年龄组 性别	合计	党的机关、国家机关、群众团体和社会组织、企事业单位负责人						
		小计	中国共产党机关负责人	国家机关负责人	民主党派和工商联负责人	人民团体和群众团体、社会组织及其他成员组织负责人	基层群众自治组织负责人	企事业单位负责人
总　计	**71735**	**1460**	**16**	**136**		**110**	**78**	**1120**
16-19岁	745							
20-24岁	4884	28		1			1	26
25-29岁	9512	117		1		16	3	97
30-34岁	12397	307	1	5		35	8	258
35-39岁	10598	223		7		14	12	190
40-44岁	10304	216	5	24		15	13	159
45-49岁	10405	258	3	49		11	17	178
50-54岁	7295	174	3	31		11	12	117
55-59岁	3872	116	4	18		7	8	79
60-64岁	1013	17					3	14
65-69岁	506	4				1	1	2
70-74岁	142							
75岁及以上	62							
男	**44667**	**1148**	**13**	**112**		**71**	**57**	**895**
16-19岁	508							
20-24岁	2735	20						20
25-29岁	5614	87				10	1	76
30-34岁	7546	225	1	3		20	4	197
35-39岁	6609	173		5		11	9	148
40-44岁	6073	160	4	15		9	9	123
45-49岁	6242	211	1	44		7	14	145
50-54岁	4984	141	3	27		7	9	95
55-59岁	3028	112	4	18		6	7	77
60-64岁	768	15					3	12
65-69岁	402	4				1	1	2
70-74岁	113							
75岁及以上	45							
女	**27068**	**312**	**3**	**24**		**39**	**21**	**225**
16-19岁	237							
20-24岁	2149	8		1			1	6
25-29岁	3898	30		1		6	2	21
30-34岁	4851	82		2		15	4	61
35-39岁	3989	50		2		3	3	42
40-44岁	4231	56	1	9		6	4	36
45-49岁	4163	47	2	5		4	3	33
50-54岁	2311	33		4		4	3	22
55-59岁	844	4				1	1	2
60-64岁	245	2						2
65-69岁	104							
70-74岁	29							
75岁及以上	17							

4-7b 续表 1 单位：人

年龄组 性 别	专业技术人员									
	小计	科学研究人员	工程技术人员	农业技术人员	飞机和船舶技术人员	卫生专业技术人员	经济和金融专业人员	法律、社会和宗教专业人员	教学人员	文学艺术、体育专业人员
总 计	**9148**	**17**	**1624**	**157**		**1554**	**1604**	**276**	**3652**	**81**
16-19岁	91		5	2		38	5	1	31	6
20-24岁	996	2	122	10		241	166	13	396	19
25-29岁	1798	6	332	11		328	363	51	653	15
30-34岁	1841		378	14		277	379	66	678	12
35-39岁	1279	1	264	14		229	226	39	475	6
40-44岁	989	1	171	27		150	166	26	431	2
45-49岁	940		147	28		121	155	30	430	8
50-54岁	790	4	124	25		108	96	31	382	7
55-59岁	369	3	74	22		38	45	16	163	5
60-64岁	33		7	2		11	1	1	11	
65-69岁	8			1		5	1		1	
70-74岁	7					4	1	1		1
75岁及以上	7			1		4		1	1	
男	**3807**	**13**	**1415**	**120**		**366**	**438**	**137**	**1201**	**42**
16-19岁	22		5	2		5	2	1	3	1
20-24岁	223	1	106	9		23	33	5	29	9
25-29岁	571	5	290	6		46	73	15	114	10
30-34岁	682		330	9		47	90	24	158	6
35-39岁	552	1	226	10		53	51	18	176	3
40-44岁	441	1	142	18		50	42	12	172	1
45-49岁	478		127	22		47	59	18	196	3
50-54岁	470	2	113	18		52	47	26	199	5
55-59岁	322	3	70	22		25	38	15	142	4
60-64岁	26		6	2		6	1	1	10	
65-69岁	8			1		5	1		1	
70-74岁	6					4	1	1		
75岁及以上	6			1		3		1	1	
女	**5341**	**4**	**209**	**37**		**1188**	**1166**	**139**	**2451**	**39**
16-19岁	69					33	3		28	5
20-24岁	773	1	16	1		218	133	8	367	10
25-29岁	1227	1	42	5		282	290	36	539	5
30-34岁	1159		48	5		230	289	42	520	6
35-39岁	727		38	4		176	175	21	299	3
40-44岁	548		29	9		100	124	14	259	1
45-49岁	462		20	6		74	96	12	234	5
50-54岁	320	2	11	7		56	49	5	183	2
55-59岁	47		4			13	7	1	21	1
60-64岁	7		1			5			1	
65-69岁										
70-74岁	1									1
75岁及以上	1					1				

4-7b 续表 2

单位：人

年龄组 性别	专业技术人员		办事人员和有关人员				社会生产服务和生活服务人员		
	新闻出版、文化专业人员	其他专业技术人员	小计	办事人员	安全和消防人员	其他办事人员和有关人员	小计	批发与零售服务人员	交通运输、仓储和邮政业服务人员
总计	**159**	**24**	**5259**	**4433**	**759**	**67**	**31073**	**10625**	**6970**
16-19岁		3	19	11	8		443	68	36
20-24岁	22	5	438	360	74	4	2031	642	285
25-29岁	35	4	919	743	164	12	3950	1408	752
30-34岁	33	4	894	754	132	8	5467	2072	1221
35-39岁	22	3	619	542	67	10	4892	1726	1440
40-44岁	14	1	674	612	55	7	4684	1639	1292
45-49岁	19	2	698	609	79	10	4465	1442	1101
50-54岁	11	2	550	463	80	7	2929	953	590
55-59岁	3		371	301	62	8	1482	455	225
60-64岁			45	24	20	1	430	124	15
65-69岁			23	8	15		226	60	11
70-74岁			5	2	3		57	28	1
75岁及以上			4	4			17	8	1
男	**54**	**21**	**2980**	**2285**	**654**	**41**	**17680**	**4784**	**6103**
16-19岁		3	15	7	8		331	28	29
20-24岁	3	5	179	111	66	2	1247	289	238
25-29岁	9	3	420	272	141	7	2267	607	648
30-34岁	15	3	421	304	112	5	3024	887	1046
35-39岁	11	3	336	281	51	4	2794	727	1269
40-44岁	3		357	315	38	4	2407	658	1132
45-49岁	4	2	405	329	69	7	2253	623	953
50-54岁	6	2	432	353	74	5	1729	506	544
55-59岁	3		345	278	61	6	1056	304	216
60-64岁			41	22	18	1	323	81	15
65-69岁			21	8	13		189	48	11
70-74岁			4	1	3		47	20	1
75岁及以上			4	4			13	6	1
女	**105**	**3**	**2279**	**2148**	**105**	**26**	**13393**	**5841**	**867**
16-19岁			4	4			112	40	7
20-24岁	19		259	249	8	2	784	353	47
25-29岁	26	1	499	471	23	5	1683	801	104
30-34岁	18	1	473	450	20	3	2443	1185	175
35-39岁	11		283	261	16	6	2098	999	171
40-44岁	11	1	317	297	17	3	2277	981	160
45-49岁	15		293	280	10	3	2212	819	148
50-54岁	5		118	110	6	2	1200	447	46
55-59岁			26	23	1	2	426	151	9
60-64岁			4	2	2		107	43	
65-69岁			2		2		37	12	
70-74岁			1	1			10	8	
75岁及以上							4	2	

4-7b 续表 3

单位：人

年龄组 性别	社会生产服务和生活服务人员 住宿和餐饮服务人员	信息传输、软件和信息技术服务人员	金融服务人员	房地产服务人员	租赁和商务服务人员	技术辅助服务人员	水利、环境和公共设施管理服务人员	居民服务人员	电力、燃气及水供应服务人员
总　计	**4343**	**513**	**913**	**625**	**1409**	**519**	**1992**	**1291**	**416**
16-19岁	194	9	2	1	6	17		49	2
20-24岁	365	77	75	56	55	108	13	132	27
25-29岁	516	147	168	117	83	123	63	213	74
30-34岁	782	120	215	122	104	100	130	229	81
35-39岁	645	57	126	70	86	71	191	195	58
40-44岁	648	45	120	77	126	43	355	164	51
45-49岁	589	38	101	65	222	38	519	163	60
50-54岁	410	13	77	61	261	11	357	85	33
55-59岁	142	7	25	26	256	6	222	41	26
60-64岁	35		2	12	134	2	81	10	3
65-69岁	14		1	16	64		52	5	1
70-74岁	3			1	12		8	1	
75岁及以上			1	1			1	4	
男	**1877**	**311**	**367**	**304**	**1124**	**323**	**654**	**344**	**299**
16-19岁	164	5	1		5	10		29	2
20-24岁	244	49	39	35	33	65	10	61	18
25-29岁	260	85	67	60	53	82	40	62	63
30-34岁	363	75	76	48	64	62	46	60	63
35-39岁	289	27	52	28	52	36	48	46	36
40-44岁	207	30	34	23	79	24	77	23	29
45-49岁	148	23	30	27	175	28	93	29	29
50-54岁	119	10	43	43	229	8	119	17	31
55-59岁	51	7	21	20	244	6	109	6	25
60-64岁	21		2	7	121	2	59	4	2
65-69岁	9		1	11	58		44	4	1
70-74岁	2			1	11		8	1	
75岁及以上			1	1			1	2	
女	**2466**	**202**	**546**	**321**	**285**	**196**	**1338**	**947**	**117**
16-19岁	30	4	1	1	1	7		20	
20-24岁	121	28	36	21	22	43	3	71	9
25-29岁	256	62	101	57	30	41	23	151	11
30-34岁	419	45	139	74	40	38	84	169	18
35-39岁	356	30	74	42	34	35	143	149	22
40-44岁	441	15	86	54	47	19	278	141	22
45-49岁	441	15	71	38	47	10	426	134	31
50-54岁	291	3	34	18	32	3	238	68	2
55-59岁	91		4	6	12		113	35	1
60-64岁	14			5	13		22	6	1
65-69岁	5			5	6		8	1	
70-74岁	1				1				
75岁及以上								2	

4-7b　续表 4　　　　　　　　　　　　　　　　　　　　　　　　单位：人

年龄组 性　别	社会生产服务和生活服务人员				农、林、牧、渔业生产及辅助人员				
	修理及制作服务人员	文化、体育和娱乐服务人员	健康服务人员	其他社会生产和生活服务人员	小计	农业生产人员	林业生产人员	畜牧业生产人员	渔业生产人员
总　计	**1223**	**141**	**70**	**23**	**6065**	**4455**	**206**	**1218**	**28**
16—19岁	54	5			34	19		14	
20—24岁	144	34	17	1	153	104	3	43	
25—29岁	241	33	9	3	332	208	7	108	3
30—34岁	244	28	14	5	487	333	16	119	6
35—39岁	204	11	9	3	671	486	30	133	1
40—44岁	104	7	9	4	840	614	39	157	2
45—49岁	107	9	8	3	1117	842	44	187	3
50—54岁	66	7	3	2	1051	783	40	200	6
55—59岁	43	5	1	2	746	572	19	138	5
60—64岁	11	1			328	255	6	61	1
65—69岁	2				209	166	1	35	1
70—74岁	2	1			67	54	1	12	
75岁及以上	1				30	19		11	
男	**1080**	**80**	**19**	**11**	**3623**	**2511**	**141**	**852**	**23**
16—19岁	54	4			23	10		12	
20—24岁	138	24	4		91	54	3	31	
25—29岁	221	16	3		206	121	5	71	3
30—34岁	216	15		3	289	175	10	91	4
35—39岁	173	6	3	2	403	277	20	94	1
40—44岁	84	3	3	1	478	333	28	102	1
45—49岁	88	3	3	1	620	444	32	122	2
50—54岁	52	4	2	2	619	442	25	131	6
55—59岁	40	4	1	2	463	334	13	101	4
60—64岁	9				214	158	4	49	1
65—69岁	2				147	112		30	1
70—74岁	2	1			50	40	1	9	
75岁及以上	1				20	11		9	
女	**143**	**61**	**51**	**12**	**2442**	**1944**	**65**	**366**	**5**
16—19岁		1			11	9		2	
20—24岁	6	10	13	1	62	50		12	
25—29岁	20	17	6	3	126	87	2	37	
30—34岁	28	13	14	2	198	158	6	28	2
35—39岁	31	5	6	1	268	209	10	39	
40—44岁	20	4	6	3	362	281	11	55	1
45—49岁	19	6	5	2	497	398	12	65	1
50—54岁	14	3	1		432	341	15	69	
55—59岁	3	1			283	238	6	37	1
60—64岁	2	1			114	97	2	12	
65—69岁					62	54	1	5	
70—74岁					17	14		3	
75岁及以上					10	8		2	

4-7b 续表 5

单位：人

年龄组 性 别	农林牧渔生产辅助人员	其他农、林、牧、渔业生产加工人员	生产制造及有关人员 小计	农副产品加工人员	食品、饮料生产加工人员	烟草及其制品加工人员	纺织、针织、印染人员	纺织品、服装和皮革、毛皮制品加工制作人员	木材加工、家具与木制品制作人员
总 计	**153**	**5**	**18539**	**257**	**445**		**127**	**239**	**315**
16-19岁	1		108	2	8				4
20-24岁	3		1152	15	51		5	7	15
25-29岁	5	1	2387	19	80		14	16	34
30-34岁	13		3393	37	91		25	26	48
35-39岁	21		2906	39	75		20	42	58
40-44岁	27	1	2890	44	53		28	63	45
45-49岁	39	2	2916	44	59		23	45	46
50-54岁	21	1	1800	32	19		8	24	33
55-59岁	12		781	15	9		4	13	24
60-64岁	5		160	5				2	7
65-69岁	6		36	3				1	1
70-74岁			6	1					
75岁及以上			4	1					
男	**94**	**2**	**15363**	**148**	**240**		**30**	**50**	**260**
16-19岁	1		99	2	6				4
20-24岁	3		956	10	34		1	1	14
25-29岁	5	1	2058	14	50		3	4	27
30-34岁	9		2900	19	51		11	5	40
35-39岁	11		2349	23	42			6	41
40-44岁	14		2224	19	21		2	8	38
45-49岁	20		2270	21	21		6	9	37
50-54岁	14	1	1592	25	8		4	7	29
55-59岁	11		725	10	7		3	7	22
60-64岁	2		149	3				2	7
65-69岁	4		33	1				1	1
70-74岁			6	1					
75岁及以上			2						
女	**59**	**3**	**3176**	**109**	**205**		**97**	**189**	**55**
16-19岁			9		2				
20-24岁			196	5	17		4	6	1
25-29岁			329	5	30		11	12	7
30-34岁	4		493	18	40		14	21	8
35-39岁	10		557	16	33		20	36	17
40-44岁	13	1	666	25	32		26	55	7
45-49岁	19	2	646	23	38		17	36	9
50-54岁	7		208	7	11		4	17	4
55-59岁	1		56	5	2		1	6	2
60-64岁	3		11	2					
65-69岁	2		3	2					
70-74岁									
75岁及以上			2	1					

4-7b 续表 6　　　　单位：人

年龄组 性　别	生产制造及有关人员								
	纸及纸制品生产加工人员	印刷和记录媒介复制人员	文教、工美、体育和娱乐用品制造人　员	石油加工和炼焦、煤化工生产人员	化学原料和化学制品制造人　员	医药制造人　　员	化学纤维制造人员	橡胶和塑料制品制造人员	非金属矿物制品制造人员
总　计	**43**	**92**	**40**	**426**	**613**	**152**	**24**	**168**	**336**
16-19岁		2			2		1	2	1
20-24岁	5	11	4	76	49	13	8	8	14
25-29岁	3	13	4	123	87	27	6	24	30
30-34岁	9	18	4	77	110	39	4	29	56
35-39岁	13	15	10	50	79	19	2	28	43
40-44岁	4	19	5	33	114	27		36	61
45-49岁	5	11	6	32	86	19	1	22	65
50-54岁	3	2	6	27	59	6	2	11	40
55-59岁			1	8	24	2		7	19
60-64岁					2			1	7
65-69岁		1			1				
70-74岁	1								
75岁及以上									
男	**21**	**41**	**12**	**349**	**505**	**92**	**20**	**98**	**276**
16-19岁		1			2		1	1	1
20-24岁	4	7		52	40	12	8	6	13
25-29岁	2	7	1	106	72	17	5	17	24
30-34岁	5	9	1	66	90	25	2	22	49
35-39岁	4	7	4	40	58	12	1	16	29
40-44岁	1	6	1	27	96	10		12	44
45-49岁	3	2	2	25	70	10	1	11	52
50-54岁	1	1	2	25	50	4	2	6	39
55-59岁			1	8	24	2		6	18
60-64岁					2			1	7
65-69岁		1			1				
70-74岁	1								
75岁及以上									
女	**22**	**51**	**28**	**77**	**108**	**60**	**4**	**70**	**60**
16-19岁		1						1	
20-24岁	1	4	4	24	9	1		2	1
25-29岁	1	6	3	17	15	10	1	7	6
30-34岁	4	9	3	11	20	14	2	7	7
35-39岁	9	8	6	10	21	7	1	12	14
40-44岁	3	13	4	6	18	17		24	17
45-49岁	2	9	4	7	16	9		11	13
50-54岁	2	1	4	2	9	2		5	1
55-59岁								1	1
60-64岁									
65-69岁									
70-74岁									
75岁及以上									

4-7b 续表 7

单位：人

年龄组 性别	生产制造及有关人员								
	采矿人员	金属冶炼和压延加工人员	机械制造基础加工人员	金属制品制造人员	通用设备制造人员	专用设备制造人员	汽车制造人员	铁路、船舶、航空设备制造人员	电气机械和器材制造人员
总计	**882**	**835**	**714**	**211**	**92**	**27**	**27**	**3**	**111**
16-19岁		4	6	4	1	2			4
20-24岁	31	43	42	16	5	3	4		24
25-29岁	126	100	78	28	6	5	5	1	29
30-34岁	231	149	148	34	26	11	6		22
35-39岁	153	119	132	38	13		6		15
40-44岁	124	154	111	38	15	4	2	1	5
45-49岁	124	156	101	26	10	1	2		8
50-54岁	70	84	63	14	8		1	1	4
55-59岁	19	25	25	8	6		1		
60-64岁	4	1	6	4	1				
65-69岁			2	1	1	1			
70-74岁									
75岁及以上									
男	**849**	**700**	**687**	**167**	**83**	**19**	**20**	**3**	**88**
16-19岁		4	6	3	1				4
20-24岁	29	37	40	14	3	2	4		16
25-29岁	119	87	76	25	5	4	4	1	26
30-34岁	226	123	143	29	23	9	4		18
35-39岁	147	97	127	28	12		3		12
40-44岁	122	114	108	27	15	2	1	1	4
45-49岁	115	130	93	20	10	1	2		5
50-54岁	69	83	61	11	7		1	1	3
55-59岁	18	24	25	7	5		1		
60-64岁	4	1	6	2	1				
65-69岁			2	1	1	1			
70-74岁									
75岁及以上									
女	**33**	**135**	**27**	**44**	**9**	**8**	**7**		**23**
16-19岁				1		2			
20-24岁	2	6	2	2	2	1			8
25-29岁	7	13	2	3	1	1	1		3
30-34岁	5	26	5	5	3	2	2		4
35-39岁	6	22	5	10	1		3		3
40-44岁	2	40	3	11		2	1		1
45-49岁	9	26	8	6					3
50-54岁	1	1	2	3	1				1
55-59岁	1	1		1	1				
60-64岁				2					
65-69岁									
70-74岁									
75岁及以上									

4-7b 续表 8 单位：人

年龄组 性别	生产制造及有关人员								不便分类的其他从业人员
	计算机、通信和其他电子设备制造人员	仪器仪表制造人员	废弃资源综合利用人员	电力、热力、气体、水生产和输配人员	建筑施工人员	运输设备和通用工程机械操作人员及有关人员	生产辅助人员	其他生产制造及有关人员	
总　计	**243**	**35**	**14**	**452**	**7522**	**1203**	**2871**	**20**	**191**
16-19岁	8			1	26	9	21		50
20-24岁	45	2		42	310	76	227	1	86
25-29岁	52	10	2	76	703	223	461	2	9
30-34岁	64	6		72	1128	304	615	4	8
35-39岁	27	5	1	42	1225	210	424	3	8
40-44岁	26	4	2	63	1296	139	372	2	11
45-49岁	13	7	4	73	1375	124	421	7	11
50-54岁	6	1	3	50	909	89	225		1
55-59岁	2			25	435	24	84	1	7
60-64岁			1	7	91	5	16		
65-69岁					20		4		
70-74岁			1		2		1		
75岁及以上				1	2				
男	**192**	**24**	**12**	**393**	**6569**	**1122**	**2274**	**19**	**66**
16-19岁	8			1	25	9	20		18
20-24岁	37	2		35	286	72	176	1	19
25-29岁	44	7	2	71	657	215	364	2	5
30-34岁	53	5		64	1025	283	496	4	5
35-39岁	19	4	1	38	1066	192	318	2	2
40-44岁	16	3	1	50	1074	124	275	2	6
45-49岁	8	2	3	54	1115	114	321	7	5
50-54岁	5	1	3	48	805	85	206		1
55-59岁	2			24	410	23	77	1	5
60-64岁			1	7	84	5	16		
65-69岁					19		4		
70-74岁			1		2		1		
75岁及以上				1	1				
女	**51**	**11**	**2**	**59**	**953**	**81**	**597**	**1**	**125**
16-19岁					1		1		32
20-24岁	8			7	24	4	51		67
25-29岁	8	3		5	46	8	97		4
30-34岁	11	1		8	103	21	119		3
35-39岁	8	1		4	159	18	106	1	6
40-44岁	10	1	1	13	222	15	97		5
45-49岁	5	5	1	19	260	10	100		6
50-54岁	1			2	104	4	19		
55-59岁				1	25	1	7		2
60-64岁					7				
65-69岁					1				
70-74岁									
75岁及以上					1				

4-7c 全区分年龄、性别、职业中类的就业人口(乡村)

单位：人

年龄组 性　别	合计	党的机关、国家机关、群众团体和社会组织、企事业单位负责人						
		小计	中国共产党机关负责人	国家机关负责人	民主党派和工商联负责人	人民团体和群众团体、社会组织及其他成员组织负责人	基层群众自治组织负责人	企事业单位负责人
总　计	**115347**	**880**	**12**	**24**		**45**	**272**	**527**
16-19岁	1817							
20-24岁	8012	19				3	1	15
25-29岁	12316	63	1			2	7	53
30-34岁	13570	126	1	3		5	10	107
35-39岁	12392	118	1	6		4	18	89
40-44岁	14190	118	1	3		4	37	73
45-49岁	16058	151	2	6		8	59	76
50-54岁	15771	121	3	1		5	46	66
55-59岁	11251	119	1	5		10	68	35
60-64岁	5078	28	1			2	15	10
65-69岁	3465	13	1				9	3
70-74岁	1055	2					2	
75岁及以上	372	2				2		
男	**73393**	**760**	**12**	**20**		**25**	**243**	**460**
16-19岁	1284							
20-24岁	5193	15				3		12
25-29岁	8117	41	1			1	2	37
30-34岁	8947	101	1	2			6	92
35-39岁	7853	102	1	6		1	15	79
40-44岁	8419	101	1	1		2	34	63
45-49岁	9578	134	2	5		4	53	70
50-54岁	9753	112	3	1		3	43	62
55-59岁	7326	113	1	5		7	67	33
60-64岁	3399	26	1			2	13	10
65-69岁	2472	11	1				8	2
70-74岁	773	2					2	
75岁及以上	279	2				2		
女	**41954**	**120**		**4**		**20**	**29**	**67**
16-19岁	533							
20-24岁	2819	4					1	3
25-29岁	4199	22				1	5	16
30-34岁	4623	25		1		5	4	15
35-39岁	4539	16				3	3	10
40-44岁	5771	17		2		2	3	10
45-49岁	6480	17		1		4	6	6
50-54岁	6018	9				2	3	4
55-59岁	3925	6				3	1	2
60-64岁	1679	2					2	
65-69岁	993	2					1	1
70-74岁	282							
75岁及以上	93							

4-7c　续表 1　　　　单位：人

年龄组 性　别	专业技术人员									
	小计	科学研究人　员	工程技术人　员	农业技术人　员	飞机和船舶技术人　员	卫生专业技术人员	经济和金融专业人　员	法律、社会和宗教专业人员	教学人员	文学艺术、体育专业人员
总　计	**5254**	**14**	**1382**	**195**	**3**	**902**	**769**	**182**	**1633**	**60**
16-19岁	120		19	13		27	7	2	43	2
20-24岁	940	2	167	29		196	99	16	393	20
25-29岁	1373	1	330	19	2	242	236	28	469	12
30-34岁	1028	5	332	28	1	147	175	18	283	15
35-39岁	448		159	18		61	83	16	98	3
40-44岁	340	2	94	16		73	53	19	71	4
45-49岁	327	1	114	22		48	45	18	76	1
50-54岁	313	1	94	26		46	32	35	73	3
55-59岁	255	2	55	14		30	29	18	101	
60-64岁	55		13	7		8	6	5	14	
65-69岁	33		3	2		15	3	4	6	
70-74岁	13		1			5	1	2	4	
75岁及以上	9		1	1		4		1	2	
男	**2690**	**8**	**1236**	**154**	**3**	**265**	**268**	**145**	**495**	**40**
16-19岁	42		15	12			2	2	5	1
20-24岁	293	1	146	23		20	23	7	47	12
25-29岁	543	1	284	16	2	45	66	15	86	10
30-34岁	528	4	303	22	1	35	52	13	70	11
35-39岁	265		142	14		23	34	13	30	2
40-44岁	209	1	85	13		35	14	17	38	2
45-49岁	233	1	104	14		25	27	16	44	1
50-54岁	237		87	18		29	14	33	53	1
55-59岁	234		53	13		23	26	17	96	
60-64岁	54		12	7		8	6	5	14	
65-69岁	31		3	2		13	3	4	6	
70-74岁	13		1			5	1	2	4	
75岁及以上	8		1			4		1	2	
女	**2564**	**6**	**146**	**41**		**637**	**501**	**37**	**1138**	**20**
16-19岁	78		4	1		27	5		38	1
20-24岁	647	1	21	6		176	76	9	346	8
25-29岁	830		46	3		197	170	13	383	2
30-34岁	500	1	29	6		112	123	5	213	4
35-39岁	183		17	4		38	49	3	68	1
40-44岁	131	1	9	3		38	39	2	33	2
45-49岁	94		10	8		23	18	2	32	
50-54岁	76	1	7	8		17	18	2	20	2
55-59岁	21	2	2	1		7	3	1	5	
60-64岁	1		1							
65-69岁	2					2				
70-74岁										
75岁及以上	1			1						

4-7c 续表 2 单位：人

年龄组 性 别	专业技术人员		办事人员和有关人员				社会生产服务和生活服务人员		
	新闻出版、文化专业人员	其他专业技术人员	小计	办事人员	安全和消防人员	其他办事人员和有关人员	小计	批发与零售服务人员	交通运输、仓储和邮政业服务人员
总 计	**90**	**24**	**2516**	**2019**	**443**	**54**	**27772**	**7117**	**7625**
16-19岁	6	1	16	9	6	1	749	102	71
20-24岁	15	3	375	288	83	4	2611	578	521
25-29岁	28	6	565	440	117	8	3705	898	1026
30-34岁	18	6	382	313	60	9	3986	1121	1319
35-39岁	7	3	202	175	23	4	3407	905	1341
40-44岁	7	1	206	174	26	6	3590	989	1250
45-49岁	1	1	234	203	29	2	3669	957	1051
50-54岁	1	2	223	186	29	8	2982	763	677
55-59岁	5	1	220	168	44	8	1863	455	291
60-64岁	2		61	43	16	2	675	172	50
65-69岁			20	13	6	1	389	105	21
70-74岁			8	4	3	1	105	48	5
75岁及以上			4	3	1		41	24	2
男	**55**	**21**	**1524**	**1092**	**399**	**33**	**17632**	**3531**	**6965**
16-19岁	4	1	10	4	6		551	38	60
20-24岁	11	3	174	95	77	2	1770	250	475
25-29岁	13	5	290	178	109	3	2431	406	947
30-34岁	12	5	214	159	51	4	2574	516	1185
35-39岁	4	3	117	98	17	2	2149	428	1233
40-44岁	4		120	96	20	4	2040	431	1128
45-49岁		1	141	115	25	1	2063	495	955
50-54岁		2	174	140	28	6	1832	441	633
55-59岁	5	1	200	149	44	7	1268	278	279
60-64岁	2		55	40	13	2	524	118	45
65-69岁			18	12	5	1	313	76	19
70-74岁			8	4	3	1	83	36	4
75岁及以上			3	2	1		34	18	2
女	**35**	**3**	**992**	**927**	**44**	**21**	**10140**	**3586**	**660**
16-19岁	2		6	5		1	198	64	11
20-24岁	4		201	193	6	2	841	328	46
25-29岁	15	1	275	262	8	5	1274	492	79
30-34岁	6	1	168	154	9	5	1412	605	134
35-39岁	3		85	77	6	2	1258	477	108
40-44岁	3	1	86	78	6	2	1550	558	122
45-49岁	1		93	88	4	1	1606	462	96
50-54岁	1		49	46	1	2	1150	322	44
55-59岁			20	19		1	595	177	12
60-64岁			6	3	3		151	54	5
65-69岁			2	1	1		76	29	2
70-74岁							22	12	1
75岁及以上			1	1			7	6	

4-7c　续表 3　　　　单位：人

年龄组 性　别	社会生产服务和生活服务人员								
	住宿和餐饮服务人员	信息传输、软件和信息技术服务人员	金融服务人员	房地产服务人员	租赁和商务服务人员	技术辅助服务人员	水利、环境和公共设施管理服务人员	居民服务人员	电力、燃气及水供应服务人员
总　计	**4700**	**352**	**318**	**434**	**1410**	**296**	**3041**	**927**	**331**
16-19岁	406	5	1	6	13	13	11	56	3
20-24岁	720	69	44	73	68	63	37	145	28
25-29岁	686	123	88	102	86	98	91	173	73
30-34岁	627	92	72	71	77	57	159	119	55
35-39岁	483	32	38	46	72	29	228	93	24
40-44岁	536	10	29	33	102	17	409	85	43
45-49岁	577	12	25	32	170	10	628	83	38
50-54岁	409	7	12	29	267	7	628	82	30
55-59岁	182	1	8	31	293	1	476	56	30
60-64岁	52		1	9	148	1	219	13	3
65-69岁	20	1		1	93		125	12	3
70-74岁				1	21		22	7	
75岁及以上	2						8	3	1
男	**2163**	**231**	**133**	**260**	**1178**	**190**	**1293**	**337**	**288**
16-19岁	326	2		2	10	7	8	34	3
20-24岁	506	40	20	47	44	41	19	55	27
25-29岁	375	76	42	62	61	61	38	71	60
30-34岁	306	65	32	41	52	36	67	41	47
35-39岁	158	21	16	22	52	19	56	24	22
40-44岁	152	8	7	17	78	10	89	18	35
45-49岁	137	12	7	12	140	8	181	18	30
50-54岁	105	6	4	20	237	6	267	25	30
55-59岁	58		5	26	268	1	264	32	27
60-64岁	25			9	138	1	171	7	3
65-69岁	13	1		1	81		104	7	3
70-74岁				1	17		21	3	
75岁及以上	2						8	2	1
女	**2537**	**121**	**185**	**174**	**232**	**106**	**1748**	**590**	**43**
16-19岁	80	3	1	4	3	6	3	22	
20-24岁	214	29	24	26	24	22	18	90	1
25-29岁	311	47	46	40	25	37	53	102	13
30-34岁	321	27	40	30	25	21	92	78	8
35-39岁	325	11	22	24	20	10	172	69	2
40-44岁	384	2	22	16	24	7	320	67	8
45-49岁	440		18	20	30	2	447	65	8
50-54岁	304	1	8	9	30	1	361	57	
55-59岁	124	1	3	5	25		212	24	3
60-64岁	27		1		10		48	6	
65-69岁	7				12		21	5	
70-74岁					4		1	4	
75岁及以上								1	

4-7c 续表 4

单位：人

年龄组 性别	社会生产服务和生活服务人员				农、林、牧、渔业生产及辅助人员				
	修理及制作服务人员	文化、体育和娱乐服务人员	健康服务人员	其他社会生产和生活服务人员	小计	农业生产人员	林业生产人员	畜牧业生产人员	渔业生产人员
总计	**1085**	**82**	**36**	**18**	**53125**	**35725**	**679**	**16138**	**67**
16-19岁	56	6			550	364		182	
20-24岁	229	29	5	2	1956	1220	14	699	1
25-29岁	235	18	4	4	2994	1912	23	1024	4
30-34岁	201	9	5	2	3968	2599	48	1261	3
35-39岁	105	8	3		4843	3086	54	1637	3
40-44岁	76	4	5	2	6348	4139	86	2054	1
45-49岁	77	1	6	2	7945	5444	112	2297	15
50-54岁	63	3	4	1	9110	6091	146	2762	16
55-59岁	30	2	4	3	7347	5166	114	1992	15
60-64岁	7				3928	2838	46	1020	3
65-69岁	5	1		2	2910	2082	29	779	6
70-74岁		1			913	582	7	321	
75岁及以上	1				313	202		110	
男	**986**	**56**	**7**	**14**	**28765**	**18438**	**486**	**9445**	**53**
16-19岁	55	6			339	210		125	
20-24岁	224	20		2	1096	631	9	435	1
25-29岁	214	14		4	1587	959	16	583	4
30-34岁	179	5	1	1	1996	1245	29	684	3
35-39岁	92	4	2		2407	1465	35	863	2
40-44岁	63	2	2		3121	1946	55	1074	1
45-49岁	65		1	2	3967	2579	77	1259	9
50-54岁	56	2			4743	2990	106	1579	12
55-59岁	25	1	1	3	4189	2778	92	1263	13
60-64岁	7				2426	1678	37	691	3
65-69岁	5	1		2	2010	1404	24	567	5
70-74岁		1			655	404	6	243	
75岁及以上	1				229	149		79	
女	**99**	**26**	**29**	**4**	**24360**	**17287**	**193**	**6693**	**14**
16-19岁	1				211	154		57	
20-24岁	5	9	5		860	589	5	264	
25-29岁	21	4	4		1407	953	7	441	
30-34岁	22	4	4	1	1972	1354	19	577	
35-39岁	13	4	1		2436	1621	19	774	1
40-44岁	13	2	3	2	3227	2193	31	980	
45-49岁	12	1	5		3978	2865	35	1038	6
50-54岁	7	1	4	1	4367	3101	40	1183	4
55-59岁	5	1	3		3158	2388	22	729	2
60-64岁					1502	1160	9	329	
65-69岁					900	678	5	212	1
70-74岁					258	178	1	78	
75岁及以上					84	53		31	

4-7c　续表 5　　　　　　　　　　　　　　　　　　　　　　单位：人

年龄组 性　别	农林牧渔生产辅助人　员	其他农、林、牧、渔业生产加工人员	生产制造及有关人员 小计	农副产品加工人员	食品、饮料生产加工人员	烟草及其制品加工人员	纺织、针织、印染人员	纺织品、服装和皮革、毛皮制品加工制作人员	木材加工、家具与木制品制作人员
总　计	**506**	**10**	**25736**	**471**	**336**	**3**	**267**	**273**	**531**
16-19岁	4		373	6	6		5	9	9
20-24岁	20	2	2105	19	36		29	17	21
25-29岁	31		3607	47	63	1	42	31	59
30-34岁	57		4071	51	61	1	51	45	76
35-39岁	61	2	3366	71	39		47	41	65
40-44岁	66	2	3581	76	48		57	59	73
45-49岁	76	1	3725	63	41	1	27	38	95
50-54岁	94	1	3017	77	19		5	21	79
55-59岁	60		1446	33	20		4	9	42
60-64岁	20	1	329	9	1			3	11
65-69岁	13	1	100	14	2				1
70-74岁	3		13	5					
75岁及以上	1		3						
男	**335**	**8**	**21992**	**313**	**171**	**3**	**69**	**65**	**450**
16-19岁	4		339	6	2		2	6	8
20-24岁	19	1	1843	16	24		16	6	20
25-29岁	25		3220	31	37	1	15	12	49
30-34岁	35		3530	32	36	1	10	9	67
35-39岁	40	2	2809	43	16		6	7	53
40-44岁	43	2	2826	49	16		10	7	59
45-49岁	43		3038	41	17	1	7	5	77
50-54岁	55	1	2650	50	10			7	69
55-59岁	43		1321	24	11		3	3	37
60-64岁	16	1	313	7				3	10
65-69岁	9	1	89	9	2				1
70-74岁	2		11	5					
75岁及以上	1		3						
女	**171**	**2**	**3744**	**158**	**165**		**198**	**208**	**81**
16-19岁			34		4		3	3	1
20-24岁	1	1	262	3	12		13	11	1
25-29岁	6		387	16	26		27	19	10
30-34岁	22		541	19	25		41	36	9
35-39岁	21		557	28	23		41	34	12
40-44岁	23		755	27	32		47	52	14
45-49岁	33	1	687	22	24		20	33	18
50-54岁	39		367	27	9		5	14	10
55-59岁	17		125	9	9		1	6	5
60-64岁	4		16	2	1				1
65-69岁	4		11	5					
70-74岁	1		2						
75岁及以上									

4–7c 续表 6

单位：人

年龄组 性 别	生产制造及有关人员								
	纸及纸制品生产加工人员	印刷和记录媒介复制人员	文教、工美、体育和娱乐用品制造人员	石油加工和炼焦、煤化工生产人员	化学原料和化学制品制造人员	医药制造人员	化学纤维制造人员	橡胶和塑料制品制造人员	非金属矿物制品制造人员
总 计	**97**	**40**	**30**	**275**	**651**	**221**	**11**	**196**	**505**
16–19岁	1	2		4	7			4	6
20–24岁	7	7	2	44	83	46	4	26	40
25–29岁	12	13	2	88	111	52	2	35	50
30–34岁	14	5	7	73	102	46	2	32	63
35–39岁	14	2	5	20	77	28		27	59
40–44岁	15	5	3	15	84	20	1	24	56
45–49岁	14	3	5	10	96	12		23	97
50–54岁	12	2	5	14	66	9	1	13	82
55–59岁	7	1	1	6	22	7		8	38
60–64岁	1			1	3		1	4	9
65–69岁						1			5
70–74岁									
75岁及以上									
男	**50**	**22**	**16**	**246**	**516**	**156**	**9**	**129**	**424**
16–19岁	1			3	6			4	5
20–24岁	6	3	2	39	64	22	4	20	38
25–29岁	7	9	1	80	89	39	1	27	48
30–34岁	7	5	3	63	86	43	2	20	51
35–39岁	4	1	3	19	57	18		13	43
40–44岁	4	2	2	12	53	13		11	47
45–49岁	7	1	2	9	79	8		16	74
50–54岁	8	1	2	14	59	7	1	8	69
55–59岁	5		1	6	20	6		7	35
60–64岁	1			1	3		1	3	9
65–69岁									5
70–74岁									
75岁及以上									
女	**47**	**18**	**14**	**29**	**135**	**65**	**2**	**67**	**81**
16–19岁		2		1	1				1
20–24岁	1	4		5	19	24		6	2
25–29岁	5	4	1	8	22	13	1	8	2
30–34岁	7		4	10	16	3		12	12
35–39岁	10	1	2	1	20	10		14	16
40–44岁	11	3	1	3	31	7	1	13	9
45–49岁	7	2	3	1	17	4		7	23
50–54岁	4	1	3		7	2		5	13
55–59岁	2	1			2	1		1	3
60–64岁								1	
65–69岁						1			
70–74岁									
75岁及以上									

4-7c 续表 7

单位：人

年龄组 性 别	生产制造及有关人员								
	采矿人员	金属冶炼和压延加工人员	机械制造基础加工人员	金属制品制造人员	通用设备制造人员	专用设备制造人员	汽车制造人员	铁路、船舶、航空设备制造人员	电气机械和器材制造人员
总 计	**1422**	**871**	**871**	**186**	**105**	**32**	**35**	**7**	**91**
16-19岁	4	7	14	2	4	1	2	1	3
20-24岁	68	50	71	20	17	7	8		25
25-29岁	213	111	122	19	18	9	10	1	25
30-34岁	312	116	157	37	18	7	4	1	16
35-39岁	211	113	125	21	9	5	1	2	10
40-44岁	203	146	136	28	10	1	3		3
45-49岁	214	168	103	26	12		4		3
50-54岁	139	117	87	24	8	2	2		4
55-59岁	49	37	36	8	8			1	1
60-64岁	7	4	13	1	1			1	
65-69岁	2	1	6				1		1
70-74岁		1	1						
75岁及以上									
男	**1340**	**792**	**843**	**154**	**100**	**23**	**29**	**7**	**82**
16-19岁	4	6	14	2	4	1	2	1	3
20-24岁	64	47	67	16	17	5	6		21
25-29岁	205	102	119	17	17	7	9	1	23
30-34岁	294	106	152	29	18	4	4	1	15
35-39岁	201	104	122	17	7	4	1	2	9
40-44岁	183	128	130	22	10		2		3
45-49岁	195	148	99	23	11		2		2
50-54岁	138	110	84	19	7	2	2		4
55-59岁	49	35	36	8	8			1	1
60-64岁	6	4	13	1	1			1	
65-69岁	1	1	6				1		1
70-74岁		1	1						
75岁及以上									
女	**82**	**79**	**28**	**32**	**5**	**9**	**6**		**9**
16-19岁		1							
20-24岁	4	3	4	4		2	2		4
25-29岁	8	9	3	2	1	2	1		2
30-34岁	18	10	5	8		3			1
35-39岁	10	9	3	4	2	1			1
40-44岁	20	18	6	6		1	1		
45-49岁	19	20	4	3	1		2		1
50-54岁	1	7	3	5	1				
55-59岁		2							
60-64岁	1								
65-69岁	1								
70-74岁									
75岁及以上									

4-7c 续表 8　　单位：人

年龄组 性别	生产制造及有关人员								不便分类的其他从业人员
	计算机、通信和其他电子设备制造人员	仪器仪表制造人员	废弃资源综合利用人员	电力、热力、气体、水生产和输配人员	建筑施工人员	运输设备和通用工程机械操作人员及有关人员	生产辅助人员	其他生产制造及有关人员	
总　计	**386**	**45**	**56**	**563**	**13006**	**1401**	**2714**	**38**	**64**
16-19岁	48	1		6	155	32	32	2	9
20-24岁	120	11	4	59	819	162	275	8	6
25-29岁	104	13	2	104	1408	304	533	3	9
30-34岁	62	8	7	106	1788	287	505	11	9
35-39岁	18	3	12	58	1812	177	294		8
40-44岁	18	5	9	39	1973	155	314	2	7
45-49岁	6	1	10	62	2107	146	335	3	7
50-54岁	8	2	8	72	1765	95	275	4	5
55-59岁	1	1	2	45	898	33	123	5	1
60-64岁			1	8	220	9	21		2
65-69岁	1		1	2	55	1	6		
70-74岁				2	3		1		1
75岁及以上					3				
男	**317**	**31**	**42**	**521**	**11480**	**1338**	**2222**	**32**	**30**
16-19岁	45	1		5	147	30	30	1	3
20-24岁	98	8	3	57	772	155	221	6	2
25-29岁	90	9	2	100	1327	300	443	3	5
30-34岁	45	6	6	98	1616	276	415	10	4
35-39岁	15	2	8	52	1577	172	233		4
40-44岁	13	2	5	37	1636	135	233	2	2
45-49岁	3		9	44	1752	137	267	2	2
50-54岁	6	2	5	71	1553	94	245	3	5
55-59岁	1	1	2	45	832	30	109	5	1
60-64岁			1	8	211	8	21		1
65-69岁	1		1	2	53	1	4		
70-74岁				2	1		1		1
75岁及以上					3				
女	**69**	**14**	**14**	**42**	**1526**	**63**	**492**	**6**	**34**
16-19岁	3			1	8	2	2	1	6
20-24岁	22	3	1	2	47	7	54	2	4
25-29岁	14	4		4	81	4	90		4
30-34岁	17	2	1	8	172	11	90	1	5
35-39岁	3	1	4	6	235	5	61		4
40-44岁	5	3	4	2	337	20	81		5
45-49岁	3	1	1	18	355	9	68	1	5
50-54岁	2		3	1	212	1	30	1	
55-59岁					66	3	14		
60-64岁					9	1			1
65-69岁					2		2		
70-74岁					2				
75岁及以上									

第二部分　长表数据资料

第五卷　婚姻

5-1 各地区分性别、婚姻状况的15岁及以上人口

单位：人

地区	15岁及以上人口			未婚		
	合计	男	女	小计	男	女
宁夏	**564754**	**285609**	**279145**	**100586**	**57581**	**43005**
银川市	**223809**	**112968**	**110841**	**43504**	**24395**	**19109**
兴庆区	61843	30357	31486	11863	6275	5588
西夏区	35070	17606	17464	11420	6148	5272
金凤区	50057	24530	25527	8295	4535	3760
永宁县	24850	12670	12180	4069	2389	1680
贺兰县	26912	13647	13265	3990	2415	1575
灵武市	25077	14158	10919	3867	2633	1234
石嘴山市	**65048**	**33303**	**31745**	**10271**	**6153**	**4118**
大武口区	25028	12531	12497	4478	2651	1827
惠农区	17158	9190	7968	2671	1680	991
平罗县	22862	11582	11280	3122	1822	1300
吴忠市	**105336**	**53009**	**52327**	**16364**	**9351**	**7013**
利通区	35989	17599	18390	5574	3048	2526
红寺堡区	14287	7307	6980	2500	1443	1057
盐池县	12721	6804	5917	1644	1030	614
同心县	21995	11051	10944	3818	2200	1618
青铜峡市	20344	10248	10096	2828	1630	1198
固原市	**88057**	**44373**	**43684**	**16710**	**9458**	**7252**
原州区	35846	17777	18069	6539	3566	2973
西吉县	24270	12361	11909	5603	3193	2410
隆德县	8968	4478	4490	1525	916	609
泾源县	6430	3279	3151	1147	649	498
彭阳县	12543	6478	6065	1896	1134	762
中卫市	**82504**	**41956**	**40548**	**13737**	**8224**	**5513**
沙坡头区	31519	16033	15486	4800	2901	1899
中宁县	25483	12948	12535	3764	2302	1462
海原县	25502	12975	12527	5173	3021	2152

5–1　续表　　　　单位：人

地　　区	有配偶			离　　婚			丧　　偶		
	小计	男	女	小计	男	女	小计	男	女
宁　夏	**422141**	**213773**	**208368**	**16938**	**8259**	**8679**	**25089**	**5996**	**19093**
银川市	**164332**	**83365**	**80967**	**7645**	**3420**	**4225**	**8328**	**1788**	**6540**
兴庆区	44961	22498	22463	2566	1095	1471	2453	489	1964
西夏区	21326	10667	10659	1039	495	544	1285	296	989
金凤区	38401	19011	19390	1850	712	1138	1511	272	1239
永宁县	19163	9702	9461	552	299	253	1066	280	786
贺兰县	20990	10556	10434	829	419	410	1103	257	846
灵武市	19491	10931	8560	809	400	409	910	194	716
石嘴山市	**48622**	**25046**	**23576**	**2494**	**1292**	**1202**	**3661**	**812**	**2849**
大武口区	17932	9030	8902	1139	517	622	1479	333	1146
惠农区	12766	6864	5902	743	416	327	978	230	748
平罗县	17924	9152	8772	612	359	253	1204	249	955
吴忠市	**81170**	**41092**	**40078**	**3084**	**1511**	**1573**	**4718**	**1055**	**3663**
利通区	27321	13588	13733	1449	646	803	1645	317	1328
红寺堡区	11020	5586	5434	247	133	114	520	145	375
盐池县	10194	5464	4730	321	171	150	562	139	423
同心县	16847	8437	8410	479	224	255	851	190	661
青铜峡市	15788	8017	7771	588	337	251	1140	264	876
固原市	**65175**	**32649**	**32526**	**1724**	**963**	**761**	**4448**	**1303**	**3145**
原州区	26779	13322	13457	985	491	494	1543	398	1145
西吉县	17186	8610	8576	310	203	107	1171	355	816
隆德县	6739	3319	3420	90	59	31	614	184	430
泾源县	4803	2434	2369	141	87	54	339	109	230
彭阳县	9668	4964	4704	198	123	75	781	257	524
中卫市	**62842**	**31621**	**31221**	**1991**	**1073**	**918**	**3934**	**1038**	**2896**
沙坡头区	24231	12232	11999	905	494	411	1583	406	1177
中宁县	19876	10008	9868	578	319	259	1265	319	946
海原县	18735	9381	9354	508	260	248	1086	313	773

5-1a 各地区分性别、婚姻状况的15岁及以上人口(城市)

单位：人

地 区	15岁及以上人口			未 婚		
	合计	男	女	小计	男	女
宁 夏	**233765**	**114431**	**119334**	**46688**	**24937**	**21751**
银川市	**128212**	**62673**	**65539**	**28248**	**15023**	**13225**
兴庆区	46435	22504	23931	8876	4642	4234
西夏区	31011	15543	15468	10916	5840	5076
金凤区	40149	19391	20758	6748	3567	3181
永宁县						
贺兰县	309	155	154	52	29	23
灵武市	10308	5080	5228	1656	945	711
石嘴山市	**31576**	**16045**	**15531**	**4690**	**2843**	**1847**
大武口区	20532	10136	10396	2927	1741	1186
惠农区	11044	5909	5135	1763	1102	661
平罗县						
吴忠市	**37589**	**18035**	**19554**	**6690**	**3396**	**3294**
利通区	23338	11136	12202	4019	2056	1963
红寺堡区	4998	2376	2622	1000	474	526
盐池县						
同心县						
青铜峡市	9253	4523	4730	1671	866	805
固原市	**18560**	**8803**	**9757**	**3883**	**1870**	**2013**
原州区	18560	8803	9757	3883	1870	2013
西吉县						
隆德县						
泾源县						
彭阳县						
中卫市	**17828**	**8875**	**8953**	**3177**	**1805**	**1372**
沙坡头区	17828	8875	8953	3177	1805	1372
中宁县						
海原县						

5-1a 续表

单位：人

地区	有配偶			离婚			丧偶		
	小计	男	女	小计	男	女	小计	男	女
宁 夏	**168531**	**83733**	**84798**	**9295**	**3931**	**5364**	**9251**	**1830**	**7421**
银川市	**90440**	**44758**	**45682**	**4934**	**2010**	**2924**	**4590**	**882**	**3708**
兴庆区	33562	16652	16910	2079	849	1230	1918	361	1557
西夏区	18025	9007	9018	948	439	509	1122	257	865
金凤区	30710	15071	15639	1496	554	942	1195	199	996
永宁县									
贺兰县	238	121	117	9	4	5	10	1	9
灵武市	7905	3907	3998	402	164	238	345	64	281
石嘴山市	**23461**	**12069**	**11392**	**1560**	**741**	**819**	**1865**	**392**	**1473**
大武口区	15274	7664	7610	1071	473	598	1260	258	1002
惠农区	8187	4405	3782	489	268	221	605	134	471
平罗县									
吴忠市	**27899**	**13725**	**14174**	**1543**	**650**	**893**	**1457**	**264**	**1193**
利通区	17280	8480	8800	1094	439	655	945	161	784
红寺堡区	3736	1827	1909	119	49	70	143	26	117
盐池县									
同心县									
青铜峡市	6883	3418	3465	330	162	168	369	77	292
固原市	**13387**	**6539**	**6848**	**630**	**252**	**378**	**660**	**142**	**518**
原州区	13387	6539	6848	630	252	378	660	142	518
西吉县									
隆德县									
泾源县									
彭阳县									
中卫市	**13344**	**6642**	**6702**	**628**	**278**	**350**	**679**	**150**	**529**
沙坡头区	13344	6642	6702	628	278	350	679	150	529
中宁县									
海原县									

5-1b 各地区分性别、婚姻状况的15岁及以上人口(镇)

单位：人

地 区	15岁及以上人口			未 婚		
	合计	男	女	小计	男	女
宁 夏	**128517**	**64603**	**63914**	**22809**	**12954**	**9855**
银川市	**49276**	**25187**	**24089**	**8224**	**4838**	**3386**
兴庆区	9412	4680	4732	1810	1012	798
西夏区	919	455	464	100	53	47
金凤区	858	417	441	110	60	50
永宁县	15584	7881	7703	2586	1452	1134
贺兰县	16892	8495	8397	2629	1574	1055
灵武市	5611	3259	2352	989	687	302
石嘴山市	**18100**	**9033**	**9067**	**3119**	**1797**	**1322**
大武口区	2233	1153	1080	962	530	432
惠农区	2784	1433	1351	386	241	145
平罗县	13083	6447	6636	1771	1026	745
吴忠市	**20897**	**10550**	**10347**	**3616**	**2048**	**1568**
利通区	1717	906	811	212	157	55
红寺堡区	644	423	221	108	90	18
盐池县	6613	3262	3351	1043	592	451
同心县	9723	4791	4932	2055	1078	977
青铜峡市	2200	1168	1032	198	131	67
固原市	**18719**	**9127**	**9592**	**3959**	**2030**	**1929**
原州区	1648	841	807	219	131	88
西吉县	6782	3256	3526	1923	956	967
隆德县	3384	1616	1768	564	297	267
泾源县	2193	1089	1104	482	244	238
彭阳县	4712	2325	2387	771	402	369
中卫市	**21525**	**10706**	**10819**	**3891**	**2241**	**1650**
沙坡头区	1377	743	634	166	116	50
中宁县	12413	6203	6210	2086	1246	840
海原县	7735	3760	3975	1639	879	760

5-1b 续表

单位：人

地区	有配偶			离婚			丧偶		
	小计	男	女	小计	男	女	小计	男	女
宁夏	**97036**	**48789**	**48247**	**3736**	**1742**	**1994**	**4936**	**1118**	**3818**
银川市	**37797**	**19235**	**18562**	**1619**	**745**	**874**	**1636**	**369**	**1267**
兴庆区	6920	3441	3479	375	167	208	307	60	247
西夏区	768	384	384	27	15	12	24	3	21
金凤区	699	341	358	15	6	9	34	10	24
永宁县	12097	6098	5999	392	200	192	509	131	378
贺兰县	13079	6534	6545	604	261	343	580	126	454
灵武市	4234	2437	1797	206	96	110	182	39	143
石嘴山市	**13488**	**6736**	**6752**	**612**	**332**	**280**	**881**	**168**	**713**
大武口区	1150	571	579	35	22	13	86	30	56
惠农区	2077	1065	1012	142	83	59	179	44	135
平罗县	10261	5100	5161	435	227	208	616	94	522
吴忠市	**15895**	**8063**	**7832**	**564**	**248**	**316**	**822**	**191**	**631**
利通区	1334	689	645	62	32	30	109	28	81
红寺堡区	506	320	186	14	10	4	16	3	13
盐池县	5139	2537	2602	183	77	106	248	56	192
同心县	7138	3568	3570	220	76	144	310	69	241
青铜峡市	1778	949	829	85	53	32	139	35	104
固原市	**13674**	**6738**	**6936**	**339**	**153**	**186**	**747**	**206**	**541**
原州区	1315	668	647	34	23	11	80	19	61
西吉县	4561	2195	2366	103	47	56	195	58	137
隆德县	2634	1262	1372	26	11	15	160	46	114
泾源县	1552	788	764	74	31	43	85	26	59
彭阳县	3612	1825	1787	102	41	61	227	57	170
中卫市	**16182**	**8017**	**8165**	**602**	**264**	**338**	**850**	**184**	**666**
沙坡头区	1092	577	515	33	26	7	86	24	62
中宁县	9436	4679	4757	369	176	193	522	102	420
海原县	5654	2761	2893	200	62	138	242	58	184

5-1c 各地区分性别、婚姻状况的15岁及以上人口(乡村)

单位：人

地区	15岁及以上人口			未婚		
	合计	男	女	小计	男	女
宁夏	**202472**	**106575**	**95897**	**31089**	**19690**	**11399**
银川市	**46321**	**25108**	**21213**	**7032**	**4534**	**2498**
兴庆区	5996	3173	2823	1177	621	556
西夏区	3140	1608	1532	404	255	149
金凤区	9050	4722	4328	1437	908	529
永宁县	9266	4789	4477	1483	937	546
贺兰县	9711	4997	4714	1309	812	497
灵武市	9158	5819	3339	1222	1001	221
石嘴山市	**15372**	**8225**	**7147**	**2462**	**1513**	**949**
大武口区	2263	1242	1021	589	380	209
惠农区	3330	1848	1482	522	337	185
平罗县	9779	5135	4644	1351	796	555
吴忠市	**46850**	**24424**	**22426**	**6058**	**3907**	**2151**
利通区	10934	5557	5377	1343	835	508
红寺堡区	8645	4508	4137	1392	879	513
盐池县	6108	3542	2566	601	438	163
同心县	12272	6260	6012	1763	1122	641
青铜峡市	8891	4557	4334	959	633	326
固原市	**50778**	**26443**	**24335**	**8868**	**5558**	**3310**
原州区	15638	8133	7505	2437	1565	872
西吉县	17488	9105	8383	3680	2237	1443
隆德县	5584	2862	2722	961	619	342
泾源县	4237	2190	2047	665	405	260
彭阳县	7831	4153	3678	1125	732	393
中卫市	**43151**	**22375**	**20776**	**6669**	**4178**	**2491**
沙坡头区	12314	6415	5899	1457	980	477
中宁县	13070	6745	6325	1678	1056	622
海原县	17767	9215	8552	3534	2142	1392

5-1c　续表　　　　单位：人

地　区	有配偶			离　婚			丧　偶		
	小计	男	女	小计	男	女	小计	男	女
宁　夏	**156574**	**81251**	**75323**	**3907**	**2586**	**1321**	**10902**	**3048**	**7854**
银川市	**36095**	**19372**	**16723**	**1092**	**665**	**427**	**2102**	**537**	**1565**
兴庆区	4479	2405	2074	112	79	33	228	68	160
西夏区	2533	1276	1257	64	41	23	139	36	103
金凤区	6992	3599	3393	339	152	187	282	63	219
永宁县	7066	3604	3462	160	99	61	557	149	408
贺兰县	7673	3901	3772	216	154	62	513	130	383
灵武市	7352	4587	2765	201	140	61	383	91	292
石嘴山市	**11673**	**6241**	**5432**	**322**	**219**	**103**	**915**	**252**	**663**
大武口区	1508	795	713	33	22	11	133	45	88
惠农区	2502	1394	1108	112	65	47	194	52	142
平罗县	7663	4052	3611	177	132	45	588	155	433
吴忠市	**37376**	**19304**	**18072**	**977**	**613**	**364**	**2439**	**600**	**1839**
利通区	8707	4419	4288	293	175	118	591	128	463
红寺堡区	6778	3439	3339	114	74	40	361	116	245
盐池县	5055	2927	2128	138	94	44	314	83	231
同心县	9709	4869	4840	259	148	111	541	121	420
青铜峡市	7127	3650	3477	173	122	51	632	152	480
固原市	**38114**	**19372**	**18742**	**755**	**558**	**197**	**3041**	**955**	**2086**
原州区	12077	6115	5962	321	216	105	803	237	566
西吉县	12625	6415	6210	207	156	51	976	297	679
隆德县	4105	2057	2048	64	48	16	454	138	316
泾源县	3251	1646	1605	67	56	11	254	83	171
彭阳县	6056	3139	2917	96	82	14	554	200	354
中卫市	**33316**	**16962**	**16354**	**761**	**531**	**230**	**2405**	**704**	**1701**
沙坡头区	9795	5013	4782	244	190	54	818	232	586
中宁县	10440	5329	5111	209	143	66	743	217	526
海原县	13081	6620	6461	308	198	110	844	255	589

5-2 全区分性别、职业、婚姻状况的人口

单位：人

职业大类	15岁及以上人口			未婚		
	合计	男	女	小计	男	女
总 计	**314900**	**193742**	**121158**	**41152**	**27505**	**13647**
党的机关、国家机关、群众团体和社会组织、企事业单位负责人	6208	4875	1333	373	272	101
专业技术人员	37760	15934	21826	8186	2997	5189
办事人员和有关人员	22211	12736	9475	3753	1852	1901
社会生产服务和生活服务人员	115049	66264	48785	16269	11180	5089
农、林、牧、渔业生产及辅助人员	62503	34526	27977	2739	2346	393
生产制造及有关人员	70759	59215	11544	9633	8784	849
不便分类的其他从业人员	410	192	218	199	74	125

5-2 续表

单位：人

职业大类	有配偶			离婚			丧偶		
	小计	男	女	小计	男	女	小计	男	女
总 计	**259549**	**159169**	**100380**	**11024**	**5978**	**5046**	**3175**	**1090**	**2085**
党的机关、国家机关、群众团体和社会组织、企事业单位负责人	5611	4475	1136	196	112	84	28	16	12
专业技术人员	28332	12542	15790	1098	363	735	144	32	112
办事人员和有关人员	17574	10499	7075	788	355	433	96	30	66
社会生产服务和生活服务人员	92332	52484	39848	5311	2298	3013	1137	302	835
农、林、牧、渔业生产及辅助人员	57348	30934	26414	990	730	260	1426	516	910
生产制造及有关人员	58153	48120	10033	2631	2118	513	342	193	149
不便分类的其他从业人员	199	115	84	10	2	8	2	1	1

5-2a　全区分性别、职业、婚姻状况的人口(城市)

单位：人

职业大类	15岁及以上人口			未　婚		
	合计	男	女	小计	男	女
总　计	**127711**	**75599**	**52112**	**19330**	**11684**	**7646**
党的机关、国家机关、群众团体和社会组织、企事业单位负责人	3868	2967	901	266	187	79
专业技术人员	23355	9435	13920	4764	1754	3010
办事人员和有关人员	14436	8232	6204	2144	1046	1098
社会生产服务和生活服务人员	56152	30909	25243	8553	5516	3037
农、林、牧、渔业生产及辅助人员	3276	2111	1165	114	102	12
生产制造及有关人员	26474	21850	4624	3458	3058	400
不便分类的其他从业人员	150	95	55	31	21	10

5-2a　续表

单位：人

职业大类	有配偶			离　婚			丧　偶		
	小计	男	女	小计	男	女	小计	男	女
总　计	**101869**	**61025**	**40844**	**5736**	**2673**	**3063**	**776**	**217**	**559**
党的机关、国家机关、群众团体和社会组织、企事业单位负责人	3454	2701	753	135	72	63	13	7	6
专业技术人员	17748	7427	10321	754	239	515	89	15	74
办事人员和有关人员	11666	6913	4753	570	255	315	56	18	38
社会生产服务和生活服务人员	44064	24107	19957	3062	1185	1877	473	101	372
农、林、牧、渔业生产及辅助人员	3047	1941	1106	75	51	24	40	17	23
生产制造及有关人员	21779	17864	3915	1133	869	264	104	59	45
不便分类的其他从业人员	111	72	39	7	2	5	1		1

5-2b 全区分性别、职业、婚姻状况的人口(镇)

单位：人

职业大类	15岁及以上人口			未　婚		
	合计	男	女	小计	男	女
总　计	**71762**	**44689**	**27073**	**8857**	**5807**	**3050**
党的机关、国家机关、群众团体和社会组织、企事业单位负责人	1460	1148	312	71	59	12
专业技术人员	9150	3808	5342	1758	582	1176
办事人员和有关人员	5259	2980	2279	938	446	492
社会生产服务和生活服务人员	31093	17696	13397	3519	2476	1043
农、林、牧、渔业生产及辅助人员	6070	3628	2442	204	173	31
生产制造及有关人员	18539	15363	3176	2223	2027	196
不便分类的其他从业人员	191	66	125	144	44	100

5-2b　续表

单位：人

职业大类	有配偶			离　婚			丧　偶		
	小计	男	女	小计	男	女	小计	男	女
总　计	**59795**	**37368**	**22427**	**2543**	**1340**	**1203**	**567**	**174**	**393**
党的机关、国家机关、群众团体和社会组织、企事业单位负责人	1343	1066	277	36	19	17	10	4	6
专业技术人员	7106	3142	3964	247	73	174	39	11	28
办事人员和有关人员	4142	2466	1676	153	63	90	26	5	21
社会生产服务和生活服务人员	25990	14581	11409	1293	561	732	291	78	213
农、林、牧、渔业生产及辅助人员	5647	3349	2298	112	74	38	107	32	75
生产制造及有关人员	15522	12742	2780	700	550	150	94	44	50
不便分类的其他从业人员	45	22	23	2		2			

5–2c　全区分性别、职业、婚姻状况的人口(乡村)

单位：人

职业大类	15岁及以上人口			未　婚		
	合计	男	女	小计	男	女
总　计	**115427**	**73454**	**41973**	**12965**	**10014**	**2951**
党的机关、国家机关、群众团体和社会组织、企事业单位负责人	880	760	120	36	26	10
专业技术人员	5255	2691	2564	1664	661	1003
办事人员和有关人员	2516	1524	992	671	360	311
社会生产服务和生活服务人员	27804	17659	10145	4197	3188	1009
农、林、牧、渔业生产及辅助人员	53157	28787	24370	2421	2071	350
生产制造及有关人员	25746	22002	3744	3952	3699	253
不便分类的其他从业人员	69	31	38	24	9	15

5–2c　续表

单位：人

职业大类	有 配 偶			离　婚			丧　偶		
	小计	男	女	小计	男	女	小计	男	女
总　计	**97885**	**60776**	**37109**	**2745**	**1965**	**780**	**1832**	**699**	**1133**
党的机关、国家机关、群众团体和社会组织、企事业单位负责人	814	708	106	25	21	4	5	5	
专业技术人员	3478	1973	1505	97	51	46	16	6	10
办事人员和有关人员	1766	1120	646	65	37	28	14	7	7
社会生产服务和生活服务人员	22278	13796	8482	956	552	404	373	123	250
农、林、牧、渔业生产及辅助人员	48654	25644	23010	803	605	198	1279	467	812
生产制造及有关人员	20852	17514	3338	798	699	99	144	90	54
不便分类的其他从业人员	43	21	22	1		1	1	1	

5-3 全区分年龄、性别、受教育

受教育程度 年 龄	15岁及以上人口			未婚		
	合计	男	女	小计	男	女
总 计	**564754**	**285609**	**279145**	**100586**	**57581**	**43005**
15-19岁	**42149**	**21525**	**20624**	**41420**	**21467**	**19953**
15	8792	4570	4222	8782	4569	4213
16	9713	4961	4752	9674	4957	4717
17	8708	4410	4298	8639	4406	4233
18	7598	3893	3705	7388	3883	3505
19	7338	3691	3647	6937	3652	3285
20-24岁	**41891**	**20509**	**21382**	**32009**	**17596**	**14413**
20	7655	3714	3941	6928	3605	3323
21	7750	3804	3946	6571	3570	3001
22	8846	4239	4607	6878	3721	3157
23	8566	4212	4354	6084	3431	2653
24	9074	4540	4534	5548	3269	2279
25-29岁	**52835**	**26655**	**26180**	**16733**	**10729**	**6004**
25	9771	4881	4890	5004	3017	1987
26	9796	4914	4882	3894	2444	1450
27	10680	5346	5334	3253	2132	1121
28	11099	5642	5457	2583	1755	828
29	11489	5872	5617	1999	1381	618
30-34岁	**63015**	**32103**	**30912**	**5439**	**3914**	**1525**
30	13881	7078	6803	1844	1318	526
31	12883	6523	6360	1276	909	367
32	12263	6236	6027	937	686	251
33	12708	6467	6241	805	584	221
34	11280	5799	5481	577	417	160
35-39岁	**54072**	**28168**	**25904**	**1760**	**1312**	**448**
35	10483	5457	5026	436	334	102
36	10822	5587	5235	397	290	107
37	10173	5308	4865	302	231	71
38	12080	6368	5712	345	247	98
39	10514	5448	5066	280	210	70
40-44岁	**54611**	**27831**	**26780**	**997**	**726**	**271**
40	11287	5680	5607	232	162	70
41	10732	5514	5218	230	166	64
42	10896	5575	5321	193	142	51
43	10194	5220	4974	156	116	40
44	11502	5842	5660	186	140	46
45-49岁	**59221**	**30591**	**28630**	**837**	**658**	**179**
45	11722	6055	5667	188	144	44
46	11824	6039	5785	156	116	40
47	12232	6387	5845	183	146	37
48	11966	6123	5843	151	114	37
49	11477	5987	5490	159	138	21
50-54岁	**57097**	**28930**	**28167**	**563**	**455**	**108**
50	12777	6526	6251	153	118	35
51	11667	5800	5867	114	90	24
52	12452	6320	6132	110	92	18
53	9694	4958	4736	101	86	15
54	10507	5326	5181	85	69	16
55-59岁	**43587**	**22199**	**21388**	**364**	**308**	**56**
55	10012	5115	4897	82	68	14
56	10260	5358	4902	100	88	12
57	10760	5523	5237	93	78	15
58	8518	4210	4308	61	49	12
59	4037	1993	2044	28	25	3
60-64岁	**27915**	**14132**	**13783**	**158**	**141**	**17**
60	5242	2747	2495	23	19	4
61	4313	2149	2164	28	23	5
62	5721	2902	2819	36	35	1
63	6411	3249	3162	36	32	4
64	6228	3085	3143	35	32	3
65岁及以上	**68361**	**32966**	**35395**	**306**	**275**	**31**

程度、婚姻状况的人口

单位：人

有配偶			离婚			丧偶		
小计	男	女	小计	男	女	小计	男	女
422141	**213773**	**208368**	**16938**	**8259**	**8679**	**25089**	**5996**	**19093**
717	**57**	**660**	**11**	**1**	**10**	**1**		**1**
10	1	9						
38	4	34	1		1			
68	4	64	1		1			
206	10	196	4		4			
395	38	357	5	1	4	1		1
9683	**2852**	**6831**	**191**	**60**	**131**	**8**	**1**	**7**
710	108	602	15	1	14	2		2
1156	229	927	21	5	16	2		2
1924	509	1415	43	9	34	1		1
2432	763	1669	49	18	31	1		1
3461	1243	2218	63	27	36	2	1	1
35083	**15428**	**19655**	**988**	**493**	**495**	**31**	**5**	**26**
4645	1820	2825	119	43	76	3	1	2
5764	2403	3361	136	67	69	2		2
7232	3115	4117	190	98	92	5	1	4
8269	3760	4509	241	127	114	6		6
9173	4330	4843	302	158	144	15	3	12
55308	**26991**	**28317**	**2167**	**1177**	**990**	**101**	**21**	**80**
11627	5538	6089	394	219	175	16	3	13
11201	5399	5802	385	213	172	21	2	19
10858	5303	5555	452	243	209	16	4	12
11359	5599	5760	519	276	243	25	8	17
10263	5152	5111	417	226	191	23	4	19
49467	**25434**	**24033**	**2634**	**1386**	**1248**	**211**	**36**	**175**
9555	4860	4695	464	259	205	28	4	24
9902	5019	4883	490	270	220	33	8	25
9294	4794	4500	538	276	262	39	7	32
11089	5799	5290	592	312	280	54	10	44
9627	4962	4665	550	269	281	57	7	50
50380	**25704**	**24676**	**2796**	**1325**	**1471**	**438**	**76**	**362**
10434	5235	5199	539	266	273	82	17	65
9871	5078	4793	561	260	301	70	10	60
10034	5129	4905	583	292	291	86	12	74
9408	4843	4565	542	244	298	88	17	71
10633	5419	5214	571	263	308	112	20	92
54730	**28415**	**26315**	**2889**	**1343**	**1546**	**765**	**175**	**590**
10843	5631	5212	568	253	315	123	27	96
10931	5591	5340	606	299	307	131	33	98
11276	5921	5355	620	284	336	153	36	117
11113	5714	5399	553	251	302	149	44	105
10567	5558	5009	542	256	286	209	35	174
52626	**27052**	**25574**	**2461**	**1123**	**1338**	**1447**	**300**	**1147**
11759	6073	5686	625	288	337	240	47	193
10758	5433	5325	517	230	287	278	47	231
11457	5905	5552	541	246	295	344	77	267
8908	4627	4281	398	183	215	287	62	225
9744	5014	4730	380	176	204	298	67	231
39841	**20788**	**19053**	**1455**	**690**	**765**	**1927**	**413**	**1514**
9167	4782	4385	361	176	185	402	89	313
9401	5000	4401	343	178	165	416	92	324
9813	5176	4637	370	164	206	484	105	379
7777	3954	3823	275	122	153	405	85	320
3683	1876	1807	106	50	56	220	42	178
24979	**13211**	**11768**	**656**	**304**	**352**	**2122**	**476**	**1646**
4757	2590	2167	145	66	79	317	72	245
3860	2004	1856	122	56	66	303	66	237
5113	2703	2410	142	63	79	430	101	329
5709	3026	2683	130	62	68	536	129	407
5540	2888	2652	117	57	60	536	108	428
49327	**27841**	**21486**	**690**	**357**	**333**	**18038**	**4493**	**13545**

5-3 续表 1

受教育程度 年　龄	15岁及以上人口			未　婚		
	合计	男	女	小计	男	女
未上过学	**30922**	**7959**	**22963**	**1029**	**751**	**278**
15-19岁	**82**	**42**	**40**	**82**	**42**	**40**
15	14	10	4	14	10	4
16	15	7	8	15	7	8
17	17	9	8	17	9	8
18	16	4	12	16	4	12
19	20	12	8	20	12	8
20-24岁	**156**	**69**	**87**	**129**	**66**	**63**
20	21	6	15	18	6	12
21	32	17	15	29	17	12
22	33	15	18	28	14	14
23	31	15	16	23	15	8
24	39	16	23	31	14	17
25-29岁	**182**	**74**	**108**	**83**	**51**	**32**
25	27	9	18	16	7	9
26	32	17	15	20	15	5
27	30	17	13	16	14	2
28	41	12	29	16	7	9
29	52	19	33	15	8	7
30-34岁	**525**	**181**	**344**	**82**	**60**	**22**
30	82	28	54	21	15	6
31	73	28	45	13	9	4
32	100	31	69	19	12	7
33	129	46	83	14	13	1
34	141	48	93	15	11	4
35-39岁	**995**	**268**	**727**	**92**	**64**	**28**
35	142	40	102	16	11	5
36	188	48	140	20	14	6
37	194	55	139	21	14	7
38	220	60	160	16	11	5
39	251	65	186	19	14	5
40-44岁	**1573**	**400**	**1173**	**85**	**59**	**26**
40	323	79	244	24	17	7
41	306	81	225	20	15	5
42	326	76	250	13	9	4
43	278	77	201	13	10	3
44	340	87	253	15	8	7
45-49岁	**2228**	**662**	**1566**	**103**	**81**	**22**
45	369	101	268	17	10	7
46	401	98	303	12	9	3
47	492	155	337	25	24	1
48	513	168	345	35	29	6
49	453	140	313	14	9	5
50-54岁	**2786**	**714**	**2072**	**103**	**86**	**17**
50	608	180	428	24	19	5
51	567	135	432	23	18	5
52	600	151	449	20	17	3
53	456	111	345	19	18	1
54	555	137	418	17	14	3
55-59岁	**2679**	**493**	**2186**	**77**	**70**	**7**
55	518	107	411	17	15	2
56	570	125	445	16	16	
57	600	126	474	21	19	2
58	634	85	549	17	14	3
59	357	50	307	6	6	
60-64岁	**3643**	**804**	**2839**	**66**	**62**	**4**
60	495	99	396	8	7	1
61	503	96	407	11	10	1
62	735	166	569	18	18	
63	934	212	722	15	14	1
64	976	231	745	14	13	1
65岁及以上	**16073**	**4252**	**11821**	**127**	**110**	**17**

单位：人

有配偶			离婚			丧偶		
小计	男	女	小计	男	女	小计	男	女
22044	**6069**	**15975**	**389**	**135**	**254**	**7460**	**1004**	**6456**
24	**2**	**22**	**3**	**1**	**2**			
3		3						
3		3						
4	1	3	1		1			
7		7	1		1			
7	1	6	1	1				
95	**21**	**74**	**4**	**2**	**2**			
11	2	9						
11	2	9	1		1			
14	3	11						
23	4	19	2	1	1			
36	10	26	1	1				
420	**111**	**309**	**21**	**10**	**11**	**2**		**2**
58	12	46	3	1	2			
55	18	37	4	1	3	1		1
77	16	61	4	3	1			
109	29	80	6	4	2			
121	36	85	4	1	3	1		1
868	**194**	**674**	**29**	**10**	**19**	**6**		**6**
123	28	95	3	1	2			
159	31	128	9	3	6			
168	41	127	2		2	3		3
193	46	147	9	3	6	2		2
225	48	177	6	3	3	1		1
1398	**320**	**1078**	**59**	**18**	**41**	**31**	**3**	**28**
286	59	227	8	2	6	5	1	4
268	59	209	12	6	6	6	1	5
285	61	224	21	6	15	7		7
251	65	186	9	2	7	5		5
308	76	232	9	2	7	8	1	7
1998	**556**	**1442**	**52**	**20**	**32**	**75**	**5**	**70**
335	88	247	9	3	6	8		8
360	86	274	13	3	10	16		16
453	126	327	8	4	4	6	1	5
443	128	315	12	7	5	23	4	19
407	128	279	10	3	7	22		22
2499	**600**	**1899**	**52**	**15**	**37**	**132**	**13**	**119**
548	154	394	14	3	11	22	4	18
506	112	394	12	4	8	26	1	25
543	129	414	8	2	6	29	3	26
404	89	315	5	2	3	28	2	26
498	116	382	13	4	9	27	3	24
2310	**390**	**1920**	**51**	**17**	**34**	**241**	**16**	**225**
447	83	364	13	3	10	41	6	35
497	101	396	12	4	8	45	4	41
518	100	418	6	3	3	55	4	51
551	65	486	15	5	10	51	1	50
297	41	256	5	2	3	49	1	48
3033	**681**	**2352**	**41**	**12**	**29**	**503**	**49**	**454**
432	82	350	9	1	8	46	9	37
411	75	336	5	2	3	76	9	67
611	139	472	5	2	3	101	7	94
755	178	577	12	4	8	152	16	136
824	207	617	10	3	7	128	8	120
9399	**3194**	**6205**	**77**	**30**	**47**	**6470**	**918**	**5552**

5-3 续表 2

受教育程度 年龄	15岁及以上人口			未婚		
	合计	男	女	小计	男	女
学前教育	**349**	**100**	**249**	**30**	**20**	**10**
15-19岁	**10**	**5**	**5**	**10**	**5**	**5**
15	4	2	2	4	2	2
16	3	2	1	3	2	1
17	1		1	1		1
18	2	1	1	2	1	1
19						
20-24岁	**8**	**3**	**5**	**5**	**3**	**2**
20						
21	2	2		2	2	
22	1		1			
23	1		1	1		1
24	4	1	3	2	1	1
25-29岁	**6**	**2**	**4**	**2**	**2**	
25						
26						
27						
28	3	2	1	2	2	
29	3		3			
30-34岁	**8**	**2**	**6**	**2**		**2**
30	2		2			
31	2		2	1		1
32	2	1	1			
33	1	1				
34	1		1	1		1
35-39岁	**12**	**4**	**8**	**1**	**1**	
35	1	1				
36	2	1	1	1	1	
37	4	1	3			
38	5	1	4			
39						
40-44岁	**30**	**9**	**21**	**4**	**4**	
40	5	1	4			
41	4	2	2	1	1	
42	8	1	7	1	1	
43	9	5	4	2	2	
44	4		4			
45-49岁	**26**	**10**	**16**	**2**	**1**	**1**
45	4	1	3			
46	5	2	3	1		1
47	3	1	2	1	1	
48	4	1	3			
49	10	5	5			
50-54岁	**35**	**11**	**24**	**2**	**2**	
50	13	6	7	1	1	
51	6	1	5	1	1	
52	5	2	3			
53	6	2	4			
54	5		5			
55-59岁	**20**	**2**	**18**	**1**	**1**	
55	2	1	1			
56	5		5			
57	4	1	3	1	1	
58	7		7			
59	2		2			
60-64岁	**43**	**7**	**36**			
60	2		2			
61	4	2	2			
62	12	2	10			
63	13	2	11			
64	12	1	11			
65岁及以上	**151**	**45**	**106**	**1**	**1**	

单位：人

有配偶			离婚			丧偶		
小计	男	女	小计	男	女	小计	男	女
260	**70**	**190**	**5**	**2**	**3**	**54**	**8**	**46**
3		**3**						
1		1						
2		2						
4		**4**						
1		1						
3		3						
6	**2**	**4**						
2		2						
1		1						
2	1	1						
1	1							
11	**3**	**8**						
1	1							
1		1						
4	1	3						
5	1	4						
25	**5**	**20**	**1**		**1**			
5	1	4						
3	1	2						
6		6	1		1			
7	3	4						
4		4						
21	**6**	**15**	**2**	**2**		**1**	**1**	
4	1	3						
4	2	2						
2		2						
4	1	3						
7	2	5	2	2		1	1	
31	**8**	**23**				**2**	**1**	**1**
12	5	7						
4		4				1		1
4	1	3				1	1	
6	2	4						
5		5						
18	**1**	**17**	**1**		**1**			
2	1	1						
5		5						
2		2	1		1			
7		7						
2		2						
37	**6**	**31**				**6**	**1**	**5**
1		1				1		1
4	2	2						
10	2	8				2		2
12	1	11				1	1	
10	1	9				2		2
104	**39**	**65**	**1**		**1**	**45**	**5**	**40**

5-3 续表 3

受教育程度 / 年龄	15岁及以上人口 合计	男	女	未婚 小计	男	女
小 学	**127241**	**56151**	**71090**	**2896**	**2428**	**468**
15-19岁	**434**	**212**	**222**	**328**	**207**	**121**
15	40	17	23	38	17	21
16	50	29	21	45	29	16
17	74	36	38	64	36	28
18	104	56	48	74	55	19
19	166	74	92	107	70	37
20-24岁	**1927**	**832**	**1095**	**642**	**535**	**107**
20	219	99	120	122	88	34
21	297	141	156	134	114	20
22	435	189	246	153	130	23
23	437	182	255	116	105	11
24	539	221	318	117	98	19
25-29岁	**4457**	**1789**	**2668**	**439**	**365**	**74**
25	643	265	378	108	83	25
26	760	284	476	99	85	14
27	895	359	536	93	80	13
28	1035	424	611	65	54	11
29	1124	457	667	74	63	11
30-34岁	**8094**	**3274**	**4820**	**306**	**253**	**53**
30	1553	609	944	86	72	14
31	1550	648	902	57	47	10
32	1531	581	950	56	46	10
33	1751	727	1024	60	51	9
34	1709	709	1000	47	37	10
35-39岁	**10694**	**4701**	**5993**	**238**	**211**	**27**
35	1710	722	988	35	32	3
36	1990	821	1169	48	44	4
37	1997	912	1085	39	38	1
38	2566	1139	1427	62	49	13
39	2431	1107	1324	54	48	6
40-44岁	**12698**	**5597**	**7101**	**222**	**184**	**38**
40	2622	1123	1499	61	43	18
41	2422	1072	1350	36	31	5
42	2561	1146	1415	43	37	6
43	2351	1030	1321	35	30	5
44	2742	1226	1516	47	43	4
45-49岁	**15080**	**6487**	**8593**	**233**	**212**	**21**
45	2863	1246	1617	56	54	2
46	2887	1188	1699	49	43	6
47	3029	1364	1665	48	44	4
48	3174	1291	1883	33	27	6
49	3127	1398	1729	47	44	3
50-54岁	**18361**	**7926**	**10435**	**176**	**164**	**12**
50	3798	1647	2151	42	39	3
51	3653	1570	2083	31	26	5
52	4074	1756	2318	43	42	1
53	3304	1430	1874	31	30	1
54	3532	1523	2009	29	27	2
55-59岁	**12908**	**5276**	**7632**	**119**	**113**	**6**
55	3183	1385	1798	25	24	1
56	3104	1356	1748	36	34	2
57	2870	1121	1749	32	29	3
58	2563	958	1605	16	16	
59	1188	456	732	10	10	
60-64岁	**10055**	**4351**	**5704**	**54**	**50**	**4**
60	1513	616	897	4	3	1
61	1367	549	818	11	9	2
62	2073	929	1144	11	11	
63	2493	1115	1378	11	11	
64	2609	1142	1467	17	16	1
65岁及以上	**32533**	**15706**	**16827**	**139**	**134**	**5**

单位：人

有配偶			离　婚			丧　偶		
小计	男	女	小计	男	女	小计	男	女
110486	**49491**	**60995**	**2683**	**1340**	**1343**	**11176**	**2892**	**8284**
104	**5**	**99**	**2**		**2**			
2		2						
5		5						
10		10						
29	1	28	1		1			
58	4	54	1		1			
1252	**288**	**964**	**27**	**8**	**19**	**6**	**1**	**5**
92	11	81	4		4	1		1
160	26	134	2	1	1	1		1
274	58	216	7	1	6	1		1
314	74	240	6	3	3	1		1
412	119	293	8	3	5	2	1	1
3889	**1361**	**2528**	**123**	**62**	**61**	**6**	**1**	**5**
515	174	341	19	8	11	1		1
651	194	457	10	5	5			
778	267	511	23	11	12	1	1	
936	350	586	32	20	12	2		2
1009	376	633	39	18	21	2		2
7533	**2908**	**4625**	**228**	**107**	**121**	**27**	**6**	**21**
1423	522	901	39	14	25	5	1	4
1444	577	867	44	24	20	5		5
1427	510	917	44	24	20	4	1	3
1623	647	976	62	26	36	6	3	3
1616	652	964	39	19	20	7	1	6
10003	**4263**	**5740**	**396**	**218**	**178**	**57**	**9**	**48**
1604	652	952	64	38	26	7		7
1870	737	1133	62	39	23	10	1	9
1869	826	1043	79	45	34	10	3	7
2394	1037	1357	97	50	47	13	3	10
2266	1011	1255	94	46	48	17	2	15
11906	**5204**	**6702**	**418**	**188**	**230**	**152**	**21**	**131**
2433	1026	1407	99	51	48	29	3	26
2274	1004	1270	87	33	54	25	4	21
2413	1065	1348	74	40	34	31	4	27
2200	951	1249	82	43	39	34	6	28
2586	1158	1428	76	21	55	33	4	29
14139	**6009**	**8130**	**428**	**212**	**216**	**280**	**54**	**226**
2672	1141	1531	88	44	44	47	7	40
2682	1077	1605	108	55	53	48	13	35
2843	1259	1584	80	45	35	58	16	42
3004	1216	1788	89	40	49	48	8	40
2938	1316	1622	63	28	35	79	10	69
17161	**7431**	**9730**	**427**	**212**	**215**	**597**	**119**	**478**
3563	1538	2025	97	47	50	96	23	73
3438	1485	1953	90	45	45	94	14	80
3781	1626	2155	88	52	36	162	36	126
3073	1346	1727	82	34	48	118	20	98
3306	1436	1870	70	34	36	127	26	101
11781	**4874**	**6907**	**258**	**145**	**113**	**750**	**144**	**606**
2930	1288	1642	68	39	29	160	34	126
2825	1253	1572	69	39	30	174	30	144
2616	1039	1577	51	25	26	171	28	143
2340	885	1455	47	26	21	160	31	129
1070	409	661	23	16	7	85	21	64
8982	**4041**	**4941**	**138**	**65**	**73**	**881**	**195**	**686**
1362	585	777	24	9	15	123	19	104
1239	509	730	16	11	5	101	20	81
1850	854	996	32	14	18	180	50	130
2220	1030	1190	32	16	16	230	58	172
2311	1063	1248	34	15	19	247	48	199
23736	**13107**	**10629**	**238**	**123**	**115**	**8420**	**2342**	**6078**

5-3 续表 4

受教育程度 年龄	15岁及以上人口 合计	男	女	未婚 小计	男	女
初 中	**183053**	**104687**	**78366**	**21316**	**15688**	**5628**
15-19岁	**10224**	**6035**	**4189**	**9684**	**5988**	**3696**
15	4163	2370	1793	4155	2369	1786
16	1944	1101	843	1914	1098	816
17	1286	791	495	1231	787	444
18	1435	913	522	1276	907	369
19	1396	860	536	1108	827	281
20-24岁	**10735**	**6332**	**4403**	**5664**	**4655**	**1009**
20	1655	1019	636	1173	937	236
21	1878	1118	760	1199	969	230
22	2334	1350	984	1253	1022	231
23	2326	1367	959	1092	920	172
24	2542	1478	1064	947	807	140
25-29岁	**16095**	**9151**	**6944**	**3232**	**2740**	**492**
25	2776	1607	1169	887	744	143
26	2980	1717	1263	747	632	115
27	3317	1870	1447	622	533	89
28	3449	1933	1516	535	460	75
29	3573	2024	1549	441	371	70
30-34岁	**21428**	**11641**	**9787**	**1330**	**1144**	**186**
30	4509	2501	2008	423	359	64
31	4208	2262	1946	316	272	44
32	4078	2222	1856	235	205	30
33	4506	2429	2077	182	159	23
34	4127	2227	1900	174	149	25
35-39岁	**21182**	**11898**	**9284**	**523**	**437**	**86**
35	3967	2166	1801	126	102	24
36	4069	2310	1759	130	107	23
37	4034	2257	1777	92	77	15
38	4846	2792	2054	93	78	15
39	4266	2373	1893	82	73	9
40-44岁	**22665**	**12501**	**10164**	**305**	**248**	**57**
40	4661	2556	2105	53	42	11
41	4332	2410	1922	80	65	15
42	4457	2478	1979	60	55	5
43	4342	2411	1931	44	32	12
44	4873	2646	2227	68	54	14
45-49岁	**23837**	**13357**	**10480**	**264**	**216**	**48**
45	5006	2832	2174	63	49	14
46	4785	2650	2135	54	43	11
47	4956	2767	2189	55	45	10
48	4639	2568	2071	38	29	9
49	4451	2540	1911	54	50	4
50-54岁	**20885**	**11687**	**9198**	**164**	**133**	**31**
50	4734	2636	2098	43	33	10
51	4216	2314	1902	38	31	7
52	4407	2475	1932	26	22	4
53	3596	2042	1554	33	27	6
54	3932	2220	1712	24	20	4
55-59岁	**16326**	**9447**	**6879**	**100**	**84**	**16**
55	3904	2178	1726	23	17	6
56	3981	2307	1674	31	28	3
57	4153	2424	1729	22	20	2
58	2897	1715	1182	15	13	2
59	1391	823	568	9	6	3
60-64岁	**7504**	**4758**	**2746**	**25**	**21**	**4**
60	1721	1101	620	7	6	1
61	1238	772	466	5	4	1
62	1449	897	552	3	3	
63	1603	1022	581	6	5	1
64	1493	966	527	4	3	1
65岁及以上	**12172**	**7880**	**4292**	**25**	**22**	**3**

单位：人

有配偶			离婚			丧偶		
小计	男	女	小计	男	女	小计	男	女
150634	**83764**	**66870**	**6964**	**3844**	**3120**	**4139**	**1391**	**2748**
531	**46**	**485**	**9**	**1**	**8**			
8	1	7						
29	3	26	1		1			
54	4	50	1		1			
156	6	150	3		3			
284	32	252	4	1	3			
4964	**1643**	**3321**	**105**	**34**	**71**	**2**		**2**
475	81	394	6	1	5	1		1
665	147	518	13	2	11	1		1
1055	321	734	26	7	19			
1208	439	769	26	8	18			
1561	655	906	34	16	18			
12372	**6135**	**6237**	**475**	**273**	**202**	**16**	**3**	**13**
1831	843	988	57	19	38	1	1	
2160	1042	1118	72	43	29	1		1
2593	1278	1315	99	59	40	3		3
2801	1408	1393	110	65	45	3		3
2987	1564	1423	137	87	50	8	2	6
19165	**9928**	**9237**	**893**	**559**	**334**	**40**	**10**	**30**
3904	2030	1874	175	111	64	7	1	6
3716	1884	1832	169	104	65	7	2	5
3654	1898	1756	181	117	64	8	2	6
4106	2130	1976	209	137	72	9	3	6
3785	1986	1799	159	90	69	9	2	7
19462	**10768**	**8694**	**1105**	**674**	**431**	**92**	**19**	**73**
3637	1944	1693	192	118	74	12	2	10
3728	2070	1658	195	127	68	16	6	10
3699	2046	1653	229	131	98	14	3	11
4479	2549	1930	250	160	90	24	5	19
3919	2159	1760	239	138	101	26	3	23
20995	**11573**	**9422**	**1195**	**641**	**554**	**170**	**39**	**131**
4352	2378	1974	219	124	95	37	12	25
3989	2215	1774	240	126	114	23	4	19
4121	2285	1836	242	133	109	34	5	29
4028	2253	1775	239	119	120	31	7	24
4505	2442	2063	255	139	116	45	11	34
22140	**12449**	**9691**	**1166**	**616**	**550**	**267**	**76**	**191**
4659	2651	2008	239	119	120	45	13	32
4445	2469	1976	237	125	112	49	13	36
4579	2579	2000	265	131	134	57	12	45
4347	2408	1939	206	110	96	48	21	27
4110	2342	1768	219	131	88	68	17	51
19240	**10932**	**8308**	**1008**	**503**	**505**	**473**	**119**	**354**
4354	2465	1889	261	122	139	76	16	60
3862	2156	1706	212	107	105	104	20	84
4075	2330	1745	203	96	107	103	27	76
3299	1892	1407	167	93	74	97	30	67
3650	2089	1561	165	85	80	93	26	67
15016	**8888**	**6128**	**574**	**301**	**273**	**636**	**174**	**462**
3594	2045	1549	155	81	74	132	35	97
3672	2157	1515	134	80	54	144	42	102
3789	2271	1518	161	81	80	181	52	129
2670	1626	1044	89	41	48	123	35	88
1291	789	502	35	18	17	56	10	46
6836	**4474**	**2362**	**231**	**122**	**109**	**412**	**141**	**271**
1587	1036	551	52	31	21	75	28	47
1111	721	390	54	26	28	68	21	47
1327	851	476	42	20	22	77	23	54
1454	959	495	48	22	26	95	36	59
1357	907	450	35	23	12	97	33	64
9913	**6928**	**2985**	**203**	**120**	**83**	**2031**	**810**	**1221**

5-3 续表 5

受教育程度 / 年龄	15岁及以上人口			未婚		
	合计	男	女	小计	男	女
高 中	**96478**	**52645**	**43833**	**34785**	**18986**	**15799**
15—19岁	**25688**	**12593**	**13095**	**25618**	**12588**	**13030**
15	4487	2124	2363	4487	2124	2363
16	7488	3703	3785	7485	3703	3782
17	6884	3367	3517	6880	3367	3513
18	4392	2157	2235	4372	2154	2218
19	2437	1242	1195	2394	1240	1154
20—24岁	**6788**	**3769**	**3019**	**5130**	**3266**	**1864**
20	1505	801	704	1407	792	615
21	1216	668	548	1011	626	385
22	1352	739	613	1045	661	384
23	1261	713	548	821	570	251
24	1454	848	606	846	617	229
25—29岁	**8481**	**4770**	**3711**	**2437**	**1904**	**533**
25	1522	871	651	656	502	154
26	1588	904	684	581	439	142
27	1658	915	743	467	367	100
28	1762	1005	757	399	330	69
29	1951	1075	876	334	266	68
30—34岁	**9601**	**5326**	**4275**	**916**	**730**	**186**
30	2243	1257	986	316	263	53
31	2048	1116	932	203	153	50
32	1868	1043	825	162	133	29
33	1898	1051	847	147	112	35
34	1544	859	685	88	69	19
35—39岁	**6769**	**3762**	**3007**	**267**	**207**	**60**
35	1398	788	610	68	57	11
36	1431	773	658	65	46	19
37	1215	689	526	39	32	7
38	1463	808	655	49	40	9
39	1262	704	558	46	32	14
40—44岁	**7555**	**4167**	**3388**	**162**	**112**	**50**
40	1459	778	681	34	25	9
41	1504	813	691	34	24	10
42	1508	850	658	29	17	12
43	1448	805	643	36	27	9
44	1636	921	715	29	19	10
45—49岁	**8932**	**4919**	**4013**	**134**	**95**	**39**
45	1670	910	760	22	15	7
46	1849	1024	825	19	10	9
47	1873	1017	856	33	22	11
48	1811	1019	792	27	20	7
49	1729	949	780	33	28	5
50—54岁	**7441**	**4247**	**3194**	**67**	**48**	**19**
50	1841	1054	787	24	17	7
51	1601	892	709	10	8	2
52	1659	962	697	12	8	4
53	1147	661	486	14	11	3
54	1193	678	515	7	4	3
55—59岁	**6417**	**3632**	**2785**	**39**	**27**	**12**
55	1175	656	519	9	6	3
56	1332	767	565	12	8	4
57	1680	918	762	9	7	2
58	1498	865	633	6	3	3
59	732	426	306	3	3	
60—64岁	**4439**	**2635**	**1804**	**8**	**5**	**3**
60	1066	616	450	2	1	1
61	831	481	350			
62	976	585	391	2	2	
63	895	544	351	4	2	2
64	671	409	262			
65岁及以上	**4367**	**2825**	**1542**	**7**	**4**	**3**

单位：人

有配偶			离　婚			丧　偶		
小计	男	女	小计	男	女	小计	男	女
56805	**31660**	**25145**	**3418**	**1571**	**1847**	**1470**	**428**	**1042**
70	**5**	**65**						
3		3						
4		4						
20	3	17						
43	2	41						
1626	**492**	**1134**	**32**	**11**	**21**			
95	9	86	3		3			
201	40	161	4	2	2			
303	78	225	4		4			
431	139	292	9	4	5			
596	226	370	12	5	7			
5836	**2777**	**3059**	**201**	**88**	**113**	**7**	**1**	**6**
836	356	480	29	13	16	1		1
977	454	523	29	11	18	1		1
1147	534	613	43	14	29	1		1
1316	652	664	47	23	24			
1560	781	779	53	27	26	4	1	3
8265	**4370**	**3895**	**406**	**223**	**183**	**14**	**3**	**11**
1837	941	896	89	52	37	1	1	
1777	932	845	64	31	33	4		4
1624	862	762	82	48	34			
1656	891	765	90	47	43	5	1	4
1371	744	627	81	45	36	4	1	3
6051	**3348**	**2703**	**423**	**204**	**219**	**28**	**3**	**25**
1241	687	554	85	44	41	4		4
1283	689	594	79	38	41	4		4
1081	606	475	92	50	42	3	1	2
1315	726	589	89	41	48	10	1	9
1131	640	491	78	31	47	7	1	6
6809	**3795**	**3014**	**535**	**249**	**286**	**49**	**11**	**38**
1320	707	613	101	45	56	4	1	3
1366	740	626	96	49	47	8		8
1365	777	588	106	54	52	8	2	6
1293	734	559	106	40	66	13	4	9
1465	837	628	126	61	65	16	4	12
8032	**4494**	**3538**	**680**	**301**	**379**	**86**	**29**	**57**
1504	836	668	131	54	77	13	5	8
1693	943	750	127	67	60	10	4	6
1683	930	753	138	59	79	19	6	13
1614	923	691	152	66	86	18	10	8
1538	862	676	132	55	77	26	4	22
6696	**3925**	**2771**	**544**	**248**	**296**	**134**	**26**	**108**
1650	968	682	140	66	74	27	3	24
1453	834	619	107	42	65	31	8	23
1485	884	601	134	66	68	28	4	24
1026	606	420	88	40	48	19	4	15
1082	633	449	75	34	41	29	7	22
5837	**3423**	**2414**	**337**	**135**	**202**	**204**	**47**	**157**
1055	618	437	67	29	38	44	3	41
1218	716	502	65	32	33	37	11	26
1535	869	666	86	28	58	50	14	36
1353	814	539	85	35	50	54	13	41
676	406	270	34	11	23	19	6	13
4032	**2501**	**1531**	**158**	**64**	**94**	**241**	**65**	**176**
968	589	379	43	18	25	53	8	45
755	459	296	30	10	20	46	12	34
883	549	334	40	17	23	51	17	34
825	519	306	22	8	14	44	15	29
601	385	216	23	11	12	47	13	34
3551	**2530**	**1021**	**102**	**48**	**54**	**707**	**243**	**464**

5-3 续表 6

受教育程度 年 龄	15岁及以上人口			未 婚		
	合计	男	女	小计	男	女
大学专科	**65226**	**33623**	**31603**	**19181**	**10005**	**9176**
15-19岁	**3234**	**1561**	**1673**	**3222**	**1560**	**1662**
15	74	43	31	74	43	31
16	187	114	73	186	113	73
17	338	167	171	338	167	171
18	921	441	480	920	441	479
19	1714	796	918	1704	796	908
20-24岁	**11052**	**4882**	**6170**	**9563**	**4532**	**5031**
20	2139	940	1199	2101	934	1167
21	2123	936	1187	2002	920	1082
22	2206	937	1269	1952	889	1063
23	2246	997	1249	1843	904	939
24	2338	1072	1266	1665	885	780
25-29岁	**11872**	**5718**	**6154**	**4606**	**2732**	**1874**
25	2547	1173	1374	1537	844	693
26	2238	1070	1168	1053	615	438
27	2440	1173	1267	884	541	343
28	2329	1137	1192	645	415	230
29	2318	1165	1153	487	317	170
30-34岁	**11211**	**5807**	**5404**	**1272**	**858**	**414**
30	2663	1356	1307	445	306	139
31	2393	1251	1142	297	199	98
32	2294	1201	1093	234	162	72
33	2127	1078	1049	188	119	69
34	1734	921	813	108	72	36
35-39岁	**6682**	**3485**	**3197**	**291**	**197**	**94**
35	1470	786	684	91	66	25
36	1419	727	692	55	42	13
37	1285	663	622	53	33	20
38	1353	702	651	50	30	20
39	1155	607	548	42	26	16
40-44岁	**5277**	**2716**	**2561**	**120**	**73**	**47**
40	1117	588	529	33	22	11
41	1103	572	531	38	23	15
42	1045	526	519	20	9	11
43	954	496	458	18	11	7
44	1058	534	524	11	8	3
45-49岁	**4985**	**2711**	**2274**	**55**	**27**	**28**
45	1000	520	480	15	8	7
46	1020	547	473	12	5	7
47	1041	574	467	11	5	6
48	1022	589	433	12	5	7
49	902	481	421	5	4	1
50-54岁	**4176**	**2286**	**1890**	**25**	**12**	**13**
50	992	542	450	11	6	5
51	930	487	443	4	2	2
52	931	505	426	4	2	2
53	644	374	270	3		3
54	679	378	301	3	2	1
55-59岁	**3064**	**1844**	**1220**	**17**	**8**	**9**
55	692	424	268	5	4	1
56	703	415	288	3	1	2
57	830	492	338	3		3
58	584	354	230	6	3	3
59	255	159	96			
60-64岁	**1589**	**1085**	**504**	**4**	**2**	**2**
60	282	199	83	2	2	
61	269	172	97	1		1
62	361	234	127	1		1
63	346	252	94			
64	331	228	103			
65岁及以上	**2084**	**1528**	**556**	**6**	**4**	**2**

单位：人

有配偶			离婚			丧偶		
小计	男	女	小计	男	女	小计	男	女
43405	**22591**	**20814**	**2113**	**851**	**1262**	**527**	**176**	**351**
11	**1**	**10**				**1**		**1**
1	1							
1		1						
9		9				1		1
1469	**345**	**1124**	**20**	**5**	**15**			
36	6	30	2		2			
119	16	103	2		2			
250	47	203	4	1	3			
397	90	307	6	3	3			
667	186	481	6	1	5			
7143	**2941**	**4202**	**121**	**45**	**76**	**2**		**2**
999	327	672	11	2	9			
1168	449	719	17	6	11			
1537	620	917	19	12	7			
1650	711	939	33	11	22	1		1
1789	834	955	41	14	27	1		1
9573	**4776**	**4797**	**356**	**173**	**183**	**10**		**10**
2160	1019	1141	55	31	24	3		3
2030	1017	1013	63	35	28	3		3
1982	1005	977	77	34	43	1		1
1848	923	925	89	36	53	2		2
1553	812	741	72	37	35	1		1
6000	**3134**	**2866**	**377**	**152**	**225**	**14**	**2**	**12**
1313	691	622	63	29	34	3		3
1275	653	622	86	31	55	3	1	2
1157	598	559	71	32	39	4		4
1221	640	581	81	31	50	1	1	
1034	552	482	76	29	47	3		3
4779	**2494**	**2285**	**358**	**148**	**210**	**20**	**1**	**19**
1017	542	475	62	24	38	5		5
983	515	468	79	34	45	3		3
943	480	463	79	36	43	3	1	2
863	459	404	71	26	45	2		2
973	498	475	67	28	39	7		7
4544	**2563**	**1981**	**354**	**116**	**238**	**32**	**5**	**27**
922	490	432	57	20	37	6	2	4
925	512	413	79	29	50	4	1	3
937	542	395	86	27	59	7		7
945	568	377	58	16	42	7		7
815	451	364	74	24	50	8	2	6
3838	**2174**	**1664**	**253**	**90**	**163**	**60**	**10**	**50**
907	509	398	66	27	39	8		8
856	461	395	57	22	35	13	2	11
851	480	371	67	20	47	9	3	6
589	359	230	33	11	22	19	4	15
635	365	270	30	10	20	11	1	10
2826	**1755**	**1071**	**157**	**63**	**94**	**64**	**18**	**46**
629	397	232	41	16	25	17	7	10
650	397	253	41	15	26	9	2	7
760	468	292	44	19	25	23	5	18
547	340	207	24	10	14	7	1	6
240	153	87	7	3	4	8	3	5
1457	**1032**	**425**	**66**	**32**	**34**	**62**	**19**	**43**
252	185	67	13	6	7	15	6	9
248	165	83	12	4	8	8	3	5
323	222	101	20	10	10	17	2	15
326	243	83	9	7	2	11	2	9
308	217	91	12	5	7	11	6	5
1765	**1376**	**389**	**51**	**27**	**24**	**262**	**121**	**141**

5–3 续表 7

受教育程度 年龄	15岁及以上人口			未婚		
	合计	男	女	小计	男	女
大学本科	**57443**	**28546**	**28897**	**20035**	**9181**	**10854**
15–19岁	**2476**	**1076**	**1400**	**2475**	**1076**	**1399**
15	10	4	6	10	4	6
16	26	5	21	26	5	21
17	108	40	68	108	40	68
18	727	320	407	727	320	407
19	1605	707	898	1604	707	897
20–24岁	**10765**	**4450**	**6315**	**10424**	**4369**	**6055**
20	2114	848	1266	2106	847	1259
21	2190	920	1270	2182	920	1262
22	2421	980	1441	2383	976	1407
23	2073	865	1208	1998	845	1153
24	1967	837	1130	1755	781	974
25–29岁	**10829**	**4828**	**6001**	**5294**	**2693**	**2601**
25	2036	880	1156	1598	765	833
26	2030	848	1182	1251	593	658
27	2165	952	1213	1047	553	494
28	2304	1078	1226	820	456	364
29	2294	1070	1224	578	326	252
30–34岁	**11163**	**5466**	**5697**	**1365**	**790**	**575**
30	2625	1261	1364	499	282	217
31	2378	1126	1252	340	204	136
32	2203	1074	1129	208	112	96
33	2101	1044	1057	188	117	71
34	1856	961	895	130	75	55
35–39岁	**7053**	**3710**	**3343**	**306**	**174**	**132**
35	1654	894	760	88	57	31
36	1580	828	752	67	31	36
37	1299	656	643	52	34	18
38	1480	790	690	69	37	32
39	1040	542	498	30	15	15
40–44岁	**4434**	**2238**	**2196**	**93**	**42**	**51**
40	1027	517	510	27	13	14
41	963	514	449	20	6	14
42	917	453	464	26	13	13
43	734	355	379	7	3	4
44	793	399	394	13	7	6
45–49岁	**3848**	**2251**	**1597**	**41**	**23**	**18**
45	752	408	344	13	7	6
46	822	490	332	7	5	2
47	768	461	307	10	5	5
48	748	451	297	5	3	2
49	758	441	317	6	3	3
50–54岁	**3244**	**1934**	**1310**	**26**	**10**	**16**
50	751	437	314	8	3	5
51	651	371	280	7	4	3
52	742	442	300	5	1	4
53	517	318	199	1		1
54	583	366	217	5	2	3
55–59岁	**2052**	**1408**	**644**	**9**	**3**	**6**
55	508	340	168	2	1	1
56	528	362	166	2	1	1
57	592	415	177	4	1	3
58	317	217	100	1		1
59	107	74	33			
60–64岁	**616**	**469**	**147**	**1**	**1**	
60	155	110	45			
61	97	73	24			
62	109	83	26	1	1	
63	122	98	24			
64	133	105	28			
65岁及以上	**963**	**716**	**247**	**1**		**1**

单位：人

有配偶			离婚			丧偶		
小计	男	女	小计	男	女	小计	男	女
35849	**18775**	**17074**	**1302**	**496**	**806**	**257**	**94**	**163**
1		**1**						
1		1						
337	**80**	**257**	**4**	**1**	**3**			
8	1	7						
8		8						
37	4	33	1		1			
74	20	54	1		1			
210	55	155	2	1	1			
5473	**2113**	**3360**	**62**	**22**	**40**			
435	114	321	3	1	2			
772	253	519	7	2	5			
1112	397	715	6	2	4			
1468	616	852	16	6	10			
1686	733	953	30	11	19			
9541	**4573**	**4968**	**249**	**101**	**148**	**8**	**2**	**6**
2095	970	1125	31	9	22			
1998	905	1093	39	17	22	1		1
1931	945	986	61	16	45	3	1	2
1850	900	950	60	26	34	3	1	2
1667	853	814	58	33	25	1		1
6444	**3407**	**3037**	**289**	**126**	**163**	**14**	**3**	**11**
1508	806	702	56	29	27	2	2	
1454	765	689	59	32	27			
1185	605	580	57	17	40	5		5
1346	727	619	61	26	35	4		4
951	504	447	56	22	34	3	1	2
4108	**2119**	**1989**	**217**	**76**	**141**	**16**	**1**	**15**
950	485	465	48	19	29	2		2
896	498	398	42	9	33	5	1	4
830	417	413	58	23	35	3		3
691	338	353	33	14	19	3		3
741	381	360	36	11	25	3		3
3586	**2151**	**1435**	**198**	**72**	**126**	**23**	**5**	**18**
692	388	304	43	13	30	4		4
770	463	307	41	20	21	4	2	2
713	439	274	40	16	24	5	1	4
704	436	268	34	11	23	5	1	4
707	425	282	40	12	28	5	1	4
3000	**1860**	**1140**	**171**	**53**	**118**	**47**	**11**	**36**
688	411	277	44	22	22	11	1	10
600	356	244	36	9	27	8	2	6
684	428	256	41	10	31	12	3	9
487	313	174	23	3	20	6	2	4
541	352	189	27	9	18	10	3	7
1939	**1364**	**575**	**73**	**28**	**45**	**31**	**13**	**18**
481	327	154	17	8	9	8	4	4
500	350	150	19	8	11	7	3	4
563	404	159	21	8	13	4	2	2
293	210	83	14	4	10	9	3	6
102	73	29	2		2	3	1	2
577	**454**	**123**	**22**	**9**	**13**	**16**	**5**	**11**
147	107	40	4	1	3	4	2	2
88	69	19	5	3	2	4	1	3
104	81	23	3		3	1	1	
112	92	20	7	5	2	3	1	2
126	105	21	3		3	4		4
843	**654**	**189**	**17**	**8**	**9**	**102**	**54**	**48**

5-3 续表 8

受教育程度 年龄	15岁及以上人口			未婚		
	合计	男	女	小计	男	女
硕士研究生	**3734**	**1735**	**1999**	**1245**	**492**	**753**
15-19岁	**1**	**1**		**1**	**1**	
15						
16						
17						
18	1	1		1	1	
19						
20-24岁	**451**	**169**	**282**	**443**	**167**	**276**
20	2	1	1	1	1	
21	12	2	10	12	2	10
22	63	28	35	63	28	35
23	188	73	115	187	72	115
24	186	65	121	180	64	116
25-29岁	**873**	**308**	**565**	**611**	**232**	**379**
25	215	76	139	197	72	125
26	156	66	90	132	58	74
27	168	58	110	118	42	76
28	168	49	119	95	30	65
29	166	59	107	69	30	39
30-34岁	**922**	**374**	**548**	**142**	**66**	**76**
30	193	61	132	46	18	28
31	213	85	128	42	21	21
32	178	76	102	19	13	6
33	182	84	98	22	11	11
34	156	68	88	13	3	10
35-39岁	**621**	**312**	**309**	**38**	**18**	**20**
35	130	57	73	9	6	3
36	134	75	59	10	5	5
37	131	67	64	6	3	3
38	132	71	61	6	2	4
39	94	42	52	7	2	5
40-44岁	**325**	**177**	**148**	**4**	**3**	**1**
40	64	33	31			
41	84	44	40	1	1	
42	64	40	24			
43	63	33	30	1	1	
44	50	27	23	2	1	1
45-49岁	**256**	**177**	**79**	**4**	**3**	**1**
45	53	34	19	2	1	1
46	49	38	11	1	1	
47	64	44	20			
48	48	32	16	1	1	
49	42	29	13			
50-54岁	**149**	**108**	**41**			
50	34	20	14			
51	42	29	13			
52	28	21	7			
53	23	20	3			
54	22	18	4			
55-59岁	**104**	**82**	**22**	**2**	**2**	
55	25	20	5	1	1	
56	35	24	11			
57	23	19	4	1	1	
58	16	14	2			
59	5	5				
60-64岁	**19**	**16**	**3**			
60	7	5	2			
61	3	3				
62	3	3				
63	4	3	1			
64	2	2				
65岁及以上	**13**	**11**	**2**			

单位：人

有配偶			离　婚			丧　偶		
小计	男	女	小计	男	女	小计	男	女
2428	**1225**	**1203**	**55**	**15**	**40**	**6**	**3**	**3**
8	**2**	**6**						
1		1						
1	1							
6	1	5						
260	**75**	**185**	**2**	**1**	**1**			
18	4	14						
24	8	16						
50	16	34						
72	18	54	1	1				
96	29	67	1		1			
766	**304**	**462**	**14**	**4**	**10**			
145	42	103	2	1	1			
169	63	106	2	1	1			
156	62	94	3	1	2			
157	73	84	3		3			
139	64	75	4	1	3			
571	**293**	**278**	**12**	**1**	**11**			
120	51	69	1		1			
124	70	54						
120	64	56	5		5			
121	68	53	5	1	4			
86	40	46	1		1			
311	**171**	**140**	**10**	**3**	**7**			
62	32	30	2	1	1			
80	42	38	3	1	2			
62	40	22	2		2			
61	32	29	1		1			
46	25	21	2	1	1			
244	**172**	**72**	**7**	**2**	**5**	**1**		**1**
50	33	17	1		1			
47	37	10	1		1			
61	43	18	2	1	1	1		1
45	30	15	2	1	1			
41	29	12	1		1			
142	**105**	**37**	**5**	**2**	**3**	**2**	**1**	**1**
32	19	13	2	1	1			
38	28	10	3	1	2	1		1
28	21	7						
23	20	3						
21	17	4				1	1	
97	**78**	**19**	**4**	**1**	**3**	**1**	**1**	
24	19	5						
32	24	8	3		3			
22	18	4						
14	12	2	1	1		1	1	
5	5							
18	**15**	**3**				**1**	**1**	
7	5	2						
3	3							
2	2					1	1	
4	3	1						
2	2							
11	**10**	**1**	**1**	**1**		**1**		**1**

5-3 续表 9

受教育程度 年龄	15岁及以上人口			未婚		
	合计	男	女	小计	男	女
博士研究生	**308**	**163**	**145**	**69**	**30**	**39**
15-19岁						
15						
16						
17						
18						
19						
20-24岁	**9**	**3**	**6**	**9**	**3**	**6**
20						
21						
22	1	1		1	1	
23	3		3	3		3
24	5	2	3	5	2	3
25-29岁	**40**	**15**	**25**	**29**	**10**	**19**
25	5		5	5		5
26	12	8	4	11	7	4
27	7	2	5	6	2	4
28	8	2	6	6	1	5
29	8	3	5	1		1
30-34岁	**63**	**32**	**31**	**24**	**13**	**11**
30	11	5	6	8	3	5
31	18	7	11	7	4	3
32	9	7	2	4	3	1
33	13	7	6	4	2	2
34	12	6	6	1	1	
35-39岁	**64**	**28**	**36**	**4**	**3**	**1**
35	11	3	8	3	3	
36	9	4	5	1		1
37	14	8	6			
38	15	5	10			
39	15	8	7			
40-44岁	**54**	**26**	**28**	**2**	**1**	**1**
40	9	5	4			
41	14	6	8			
42	10	5	5	1	1	
43	15	8	7			
44	6	2	4	1		1
45-49岁	**29**	**17**	**12**	**1**		**1**
45	5	3	2			
46	6	2	4	1		1
47	6	4	2			
48	7	4	3			
49	5	4	1			
50-54岁	**20**	**17**	**3**			
50	6	4	2			
51	1	1				
52	6	6				
53	1		1			
54	6	6				
55-59岁	**17**	**15**	**2**			
55	5	4	1			
56	2	2				
57	8	7	1			
58	2	2				
59						
60-64岁	**7**	**7**				
60	1	1				
61	1	1				
62	3	3				
63	1	1				
64	1	1				
65岁及以上	**5**	**3**	**2**			

单位：人

有配偶			离婚			丧偶		
小计	男	女	小计	男	女	小计	男	女
230	**128**	**102**	**9**	**5**	**4**			
11	**5**	**6**						
1	1							
1		1						
2	1	1						
7	3	4						
39	**19**	**20**						
3	2	1						
11	3	8						
5	4	1						
9	5	4						
11	5	6						
57	**24**	**33**	**3**	**1**	**2**			
8		8						
8	4	4						
11	7	4	3	1	2			
15	5	10						
15	8	7						
49	**23**	**26**	**3**	**2**	**1**			
9	5	4						
12	4	8	2	2				
9	4	5						
14	8	6	1		1			
5	2	3						
26	**15**	**11**	**2**	**2**				
5	3	2						
5	2	3						
5	3	2	1	1				
7	4	3						
4	3	1	1	1				
19	**17**	**2**	**1**		**1**			
5	4	1	1		1			
1	1							
6	6							
1		1						
6	6							
17	**15**	**2**						
5	4	1						
2	2							
8	7	1						
2	2							
7	**7**							
1	1							
1	1							
3	3							
1	1							
1	1							
5	**3**	**2**						

5-3a 全区分年龄、性别、受教育

受教育程度 年龄	15岁及以上人口 合计	男	女	未婚 小计	男	女
总计	**233765**	**114431**	**119334**	**46688**	**24937**	**21751**
15-19岁	**17319**	**8697**	**8622**	**17228**	**8688**	**8540**
15	3279	1657	1622	3278	1657	1621
16	4040	2028	2012	4034	2027	2007
17	3698	1818	1880	3693	1818	1875
18	3101	1591	1510	3078	1588	1490
19	3201	1603	1598	3145	1598	1547
20-24岁	**18712**	**8728**	**9984**	**15936**	**7913**	**8023**
20	3579	1680	1899	3428	1660	1768
21	3675	1671	2004	3382	1622	1760
22	3919	1763	2156	3437	1633	1804
23	3683	1720	1963	2954	1482	1472
24	3856	1894	1962	2735	1516	1219
25-29岁	**22829**	**10977**	**11852**	**8512**	**5000**	**3512**
25	4180	1991	2189	2471	1373	1098
26	4134	1973	2161	1948	1106	842
27	4586	2215	2371	1686	1037	649
28	4905	2395	2510	1396	851	545
29	5024	2403	2621	1011	633	378
30-34岁	**28518**	**13946**	**14572**	**2887**	**1890**	**997**
30	6029	2957	3072	955	623	332
31	5865	2833	3032	691	452	239
32	5693	2804	2889	510	346	164
33	5818	2828	2990	434	276	158
34	5113	2524	2589	297	193	104
35-39岁	**23801**	**11936**	**11865**	**874**	**598**	**276**
35	4677	2367	2310	228	166	62
36	4889	2450	2439	201	133	68
37	4600	2293	2307	152	109	43
38	5169	2600	2569	168	106	62
39	4466	2226	2240	125	84	41
40-44岁	**22895**	**11360**	**11535**	**453**	**288**	**165**
40	4709	2329	2380	90	52	38
41	4563	2281	2282	116	74	42
42	4573	2280	2293	88	56	32
43	4292	2125	2167	79	55	24
44	4758	2345	2413	80	51	29
45-49岁	**24209**	**12266**	**11943**	**341**	**236**	**105**
45	4819	2430	2389	71	47	24
46	4823	2445	2378	65	37	28
47	4960	2517	2443	70	45	25
48	4962	2514	2448	69	52	17
49	4645	2360	2285	66	55	11
50-54岁	**22254**	**11048**	**11206**	**212**	**144**	**68**
50	5121	2566	2555	68	44	24
51	4668	2271	2397	46	33	13
52	4810	2375	2435	35	21	14
53	3686	1845	1841	34	27	7
54	3969	1991	1978	29	19	10
55-59岁	**16648**	**8204**	**8444**	**118**	**86**	**32**
55	3758	1869	1889	17	13	4
56	3945	1945	2000	35	25	10
57	4333	2168	2165	37	28	9
58	3152	1492	1660	22	14	8
59	1460	730	730	7	6	1
60-64岁	**10933**	**5415**	**5518**	**47**	**33**	**14**
60	2113	1080	1033	10	7	3
61	1717	846	871	10	5	5
62	2252	1089	1163	12	11	1
63	2500	1248	1252	9	6	3
64	2351	1152	1199	6	4	2
65岁及以上	**25647**	**11854**	**13793**	**80**	**61**	**19**

程度、婚姻状况的人口(城市)

单位：人

有配偶			离婚			丧偶		
小计	男	女	小计	男	女	小计	男	女
168531	**83733**	**84798**	**9295**	**3931**	**5364**	**9251**	**1830**	**7421**
90	**9**	**81**				**1**		**1**
1		1						
6	1	5						
5		5						
23	3	20						
55	5	50				1		1
2729	**801**	**1928**	**47**	**14**	**33**			
146	19	127	5	1	4			
290	48	242	3	1	2			
470	128	342	12	2	10			
718	234	484	11	4	7			
1105	372	733	16	6	10			
13931	**5829**	**8102**	**376**	**147**	**229**	**10**	**1**	**9**
1669	608	1061	39	10	29	1		1
2139	848	1291	47	19	28			
2834	1149	1685	64	29	35	2		2
3413	1506	1907	95	38	57	1		1
3876	1718	2158	131	51	80	6	1	5
24575	**11577**	**12998**	**1019**	**474**	**545**	**37**	**5**	**32**
4900	2246	2654	172	88	84	2		2
4982	2293	2689	184	86	98	8	2	6
4973	2365	2608	203	92	111	7	1	6
5113	2439	2674	262	112	150	9	1	8
4607	2234	2373	198	96	102	11	1	10
21515	**10745**	**10770**	**1326**	**583**	**743**	**86**	**10**	**76**
4228	2095	2133	209	106	103	12		12
4401	2186	2215	276	129	147	11	2	9
4163	2062	2101	270	120	150	15	2	13
4693	2383	2310	284	108	176	24	3	21
4030	2019	2011	287	120	167	24	3	21
20812	**10420**	**10392**	**1485**	**633**	**852**	**145**	**19**	**126**
4322	2150	2172	273	123	150	24	4	20
4133	2084	2049	294	122	172	20	1	19
4146	2074	2072	313	146	167	26	4	22
3878	1943	1935	302	120	182	33	7	26
4333	2169	2164	303	122	181	42	3	39
21902	**11291**	**10611**	**1717**	**696**	**1021**	**249**	**43**	**206**
4366	2245	2121	345	132	213	37	6	31
4391	2248	2143	334	150	184	33	10	23
4475	2339	2136	356	125	231	59	8	51
4505	2310	2195	334	141	193	54	11	43
4165	2149	2016	348	148	200	66	8	58
20019	**10212**	**9807**	**1509**	**603**	**906**	**514**	**89**	**425**
4592	2352	2240	370	154	216	91	16	75
4181	2098	2083	327	124	203	114	16	98
4323	2196	2127	343	137	206	109	21	88
3323	1708	1615	231	90	141	98	20	78
3600	1858	1742	238	98	140	102	16	86
14913	**7607**	**7306**	**922**	**385**	**537**	**695**	**126**	**569**
3367	1729	1638	225	100	125	149	27	122
3536	1800	1736	217	96	121	157	24	133
3874	2002	1872	238	96	142	184	42	142
2813	1392	1421	175	67	108	142	19	123
1323	684	639	67	26	41	63	14	49
9671	**5047**	**4624**	**433**	**182**	**251**	**782**	**153**	**629**
1889	1008	881	94	44	50	120	21	99
1497	777	720	87	34	53	123	30	93
1977	1008	969	98	38	60	165	32	133
2214	1166	1048	84	36	48	193	40	153
2094	1088	1006	70	30	40	181	30	151
18374	**10195**	**8179**	**461**	**214**	**247**	**6732**	**1384**	**5348**

5-3a 续表 1

受教育程度 年 龄	15岁及以上人口			未 婚		
	合计	男	女	小计	男	女
未上过学	**6379**	**1336**	**5043**	**239**	**166**	**73**
15-19岁	**25**	**17**	**8**	**25**	**17**	**8**
15	7	6	1	7	6	1
16	3	2	1	3	2	1
17	3	2	1	3	2	1
18	5	2	3	5	2	3
19	7	5	2	7	5	2
20-24岁	**34**	**12**	**22**	**27**	**12**	**15**
20	7	1	6	6	1	5
21	4	1	3	4	1	3
22	10	3	7	8	3	5
23	2	1	1	1	1	
24	11	6	5	8	6	2
25-29岁	**19**	**9**	**10**	**13**	**9**	**4**
25	3	1	2	2	1	1
26	2	2		2	2	
27	5	3	2	3	3	
28	4	1	3	2	1	1
29	5	2	3	4	2	2
30-34岁	**68**	**23**	**45**	**12**	**8**	**4**
30	11	3	8	3	1	2
31	12	4	8	3	1	2
32	12	4	8	1	1	
33	19	8	11	3	3	
34	14	4	10	2	2	
35-39岁	**119**	**29**	**90**	**15**	**12**	**3**
35	18	2	16	2	1	1
36	25	6	19	4	4	
37	23	5	18	4	3	1
38	26	10	16	2	2	
39	27	6	21	3	2	1
40-44岁	**214**	**61**	**153**	**22**	**12**	**10**
40	34	9	25	6	2	4
41	44	12	32	5	4	1
42	52	8	44	1		1
43	38	14	24	5	4	1
44	46	18	28	5	2	3
45-49岁	**370**	**94**	**276**	**22**	**16**	**6**
45	38	8	30	2	1	1
46	71	17	54	2	1	1
47	71	20	51	5	5	
48	103	30	73	10	7	3
49	87	19	68	3	2	1
50-54岁	**463**	**103**	**360**	**28**	**20**	**8**
50	93	25	68	5	4	1
51	95	26	69	5	3	2
52	92	22	70	7	5	2
53	76	14	62	4	4	
54	107	16	91	7	4	3
55-59岁	**503**	**75**	**428**	**19**	**16**	**3**
55	82	12	70	2	2	
56	113	23	90	4	4	
57	102	18	84	8	6	2
58	136	10	126	4	3	1
59	70	12	58	1	1	
60-64岁	**805**	**142**	**663**	**19**	**16**	**3**
60	99	12	87	3	2	1
61	108	20	88	3	2	1
62	168	29	139	6	6	
63	214	31	183	5	4	1
64	216	50	166	2	2	
65岁及以上	**3759**	**771**	**2988**	**37**	**28**	**9**

单位：人

有配偶			离　婚			丧　偶		
小计	男	女	小计	男	女	小计	男	女
4160	**995**	**3165**	**129**	**19**	**110**	**1851**	**156**	**1695**
6		**6**	**1**		**1**			
1		1						
1		1	1		1			
1		1						
3		3						
6		**6**						
1		1						
2		2						
2		2						
1		1						
51	**15**	**36**	**5**		**5**			
7	2	5	1		1			
8	3	5	1		1			
10	3	7	1		1			
15	5	10	1		1			
11	2	9	1		1			
99	**17**	**82**	**5**		**5**			
16	1	15						
19	2	17	2		2			
18	2	16	1		1			
22	8	14	2		2			
24	4	20						
173	**45**	**128**	**15**	**3**	**12**	**4**	**1**	**3**
23	6	17	2		2	3	1	2
34	6	28	5	2	3			
44	7	37	7	1	6			
32	10	22	1		1			
40	16	24				1		1
316	**75**	**241**	**17**	**3**	**14**	**15**		**15**
34	7	27	1		1	1		1
62	15	47	4	1	3	3		3
61	15	46	4		4	1		1
86	21	65	3	2	1	4		4
73	17	56	5		5	6		6
402	**80**	**322**	**14**	**1**	**13**	**19**	**2**	**17**
81	20	61	3		3	4	1	3
84	23	61	3		3	3		3
78	16	62	3	1	2	4		4
70	10	60				2		2
89	11	78	5		5	6	1	5
406	**53**	**353**	**24**	**3**	**21**	**54**	**3**	**51**
64	9	55	7	1	6	9		9
89	17	72	7	1	6	13	1	12
80	11	69	2		2	12	1	11
116	7	109	6		6	10		10
57	9	48	2	1	1	10	1	9
656	**120**	**536**	**13**	**1**	**12**	**117**	**5**	**112**
82	9	73	2		2	12	1	11
88	16	72	3	1	2	14	1	13
138	22	116	3		3	21	1	20
166	25	141	2		2	41	2	39
182	48	134	3		3	29		29
2045	**590**	**1455**	**35**	**8**	**27**	**1642**	**145**	**1497**

5-3a 续表 2

受教育程度 年　龄	15岁及以上人口			未　婚		
	合计	男	女	小计	男	女
学前教育	**84**	**24**	**60**	**12**	**7**	**5**
15-19岁	**4**	**1**	**3**	**4**	**1**	**3**
15	1		1	1		1
16	1	1		1	1	
17	1		1	1		1
18	1		1	1		1
19						
20-24岁	**1**	**1**		**1**	**1**	
20						
21	1	1		1	1	
22						
23						
24						
25-29岁	**4**	**2**	**2**	**2**	**2**	
25						
26						
27						
28	2	2		2	2	
29	2		2			
30-34岁	**3**		**3**	**2**		**2**
30	1		1			
31	1		1	1		1
32						
33						
34	1		1	1		1
35-39岁	**2**	**1**	**1**			
35	1	1				
36						
37	1		1			
38						
39						
40-44岁	**4**	**1**	**3**	**1**	**1**	
40	1		1			
41						
42						
43	2	1	1	1	1	
44	1		1			
45-49岁	**5**	**3**	**2**			
45						
46	1		1			
47	1		1			
48						
49	3	3				
50-54岁	**9**	**2**	**7**	**1**	**1**	
50	3	1	2			
51	2	1	1	1	1	
52	1		1			
53	1		1			
54	2		2			
55-59岁	**4**	**2**	**2**	**1**	**1**	
55	1	1				
56						
57	2	1	1	1	1	
58						
59	1		1			
60-64岁	**12**	**1**	**11**			
60						
61						
62	3		3			
63	4	1	3			
64	5		5			
65岁及以上	**36**	**10**	**26**			

单位：人

有配偶			离　婚			丧　偶		
小计	男	女	小计	男	女	小计	男	女
53	**14**	**39**	**3**	**2**	**1**	**16**	**1**	**15**
2		**2**						
2		2						
1		**1**						
1		1						
2	**1**	**1**						
1	1							
1		1						
3		**3**						
1		1						
1		1						
1		1						
3	**1**	**2**	**2**	**2**				
1		1						
1		1						
1	1		2	2				
8	**1**	**7**						
3	1	2						
1		1						
1		1						
1		1						
2		2						
3	**1**	**2**						
1	1							
1		1						
1		1						
11	**1**	**10**				**1**		**1**
3		3						
4	1	3						
4		4				1		1
20	**9**	**11**	**1**		**1**	**15**	**1**	**14**

5-3a 续表 3

受教育程度 年　　龄	15岁及以上人口			未　　婚		
	合计	男	女	小计	男	女
小　学	**25463**	**10060**	**15403**	**515**	**398**	**117**
15-19岁	**75**	**38**	**37**	**71**	**38**	**33**
15	11	4	7	11	4	7
16	15	8	7	13	8	5
17	17	6	11	16	6	10
18	17	10	7	16	10	6
19	15	10	5	15	10	5
20-24岁	**175**	**95**	**80**	**87**	**67**	**20**
20	25	14	11	21	13	8
21	25	11	14	11	8	3
22	38	21	17	19	14	5
23	39	20	19	13	13	
24	48	29	19	23	19	4
25-29岁	**470**	**215**	**255**	**90**	**72**	**18**
25	65	35	30	19	15	4
26	67	30	37	19	14	5
27	90	40	50	12	12	
28	123	58	65	18	15	3
29	125	52	73	22	16	6
30-34岁	**1174**	**478**	**696**	**70**	**57**	**13**
30	198	89	109	22	20	2
31	210	77	133	11	11	
32	229	85	144	16	9	7
33	274	122	152	11	9	2
34	263	105	158	10	8	2
35-39岁	**1669**	**674**	**995**	**43**	**39**	**4**
35	246	110	136	7	6	1
36	321	122	199	7	6	1
37	308	124	184	7	7	
38	407	167	240	13	12	1
39	387	151	236	9	8	1
40-44岁	**2119**	**905**	**1214**	**36**	**28**	**8**
40	414	173	241	8	4	4
41	375	152	223	5	4	1
42	439	193	246	8	7	1
43	421	180	241	7	6	1
44	470	207	263	8	7	1
45-49岁	**2757**	**1152**	**1605**	**41**	**33**	**8**
45	543	230	313	10	9	1
46	507	207	300	12	9	3
47	552	235	317	5	3	2
48	593	229	364	8	6	2
49	562	251	311	6	6	
50-54岁	**3461**	**1372**	**2089**	**29**	**22**	**7**
50	712	291	421	8	6	2
51	719	285	434	5	3	2
52	752	291	461	7	6	1
53	637	250	387	6	5	1
54	641	255	386	3	2	1
55-59岁	**2201**	**759**	**1442**	**17**	**15**	**2**
55	528	210	318	2	2	
56	558	191	367	5	4	1
57	533	167	366	6	5	1
58	397	115	282	2	2	
59	185	76	109	2	2	
60-64岁	**2076**	**755**	**1321**	**10**	**7**	**3**
60	281	104	177			
61	281	109	172	3	1	2
62	414	147	267	2	2	
63	557	209	348	2	2	
64	543	186	357	3	2	1
65岁及以上	**9286**	**3617**	**5669**	**21**	**20**	**1**

单位：人

有配偶			离婚			丧偶		
小计	男	女	小计	男	女	小计	男	女
20640	**8701**	**11939**	**846**	**318**	**528**	**3462**	**643**	**2819**
4		**4**						
2		2						
1		1						
1		1						
84	**27**	**57**	**4**	**1**	**3**			
3	1	2	1		1			
14	3	11						
17	7	10	2		2			
26	7	19						
24	9	15	1	1				
359	**137**	**222**	**21**	**6**	**15**			
45	19	26	1	1				
46	14	32	2	2				
74	28	46	4		4			
97	41	56	8	2	6			
97	35	62	6	1	5			
1046	**397**	**649**	**55**	**24**	**31**	**3**		**3**
167	67	100	9	2	7			
190	63	127	8	3	5	1		1
201	69	132	12	7	5			
243	106	137	20	7	13			
245	92	153	6	5	1	2		2
1523	**595**	**928**	**96**	**38**	**58**	**7**	**2**	**5**
225	97	128	12	7	5	2		2
300	109	191	12	6	6	2	1	1
284	110	174	15	6	9	2	1	1
362	142	220	32	13	19			
352	137	215	25	6	19	1		1
1928	**832**	**1096**	**128**	**43**	**85**	**27**	**2**	**25**
382	164	218	21	5	16	3		3
340	140	200	27	7	20	3	1	2
397	170	227	30	16	14	4		4
385	164	221	21	9	12	8	1	7
424	194	230	29	6	23	9		9
2528	**1063**	**1465**	**139**	**48**	**91**	**49**	**8**	**41**
495	211	284	30	9	21	8	1	7
456	184	272	32	11	21	7	3	4
511	219	292	24	10	14	12	3	9
546	214	332	27	8	19	12	1	11
520	235	285	26	10	16	10		10
3165	**1276**	**1889**	**147**	**54**	**93**	**120**	**20**	**100**
654	268	386	28	10	18	22	7	15
653	268	385	39	13	26	22	1	21
687	262	425	31	15	16	27	8	19
584	236	348	25	8	17	22	1	21
587	242	345	24	8	16	27	3	24
1959	**693**	**1266**	**83**	**35**	**48**	**142**	**16**	**126**
480	193	287	20	9	11	26	6	20
486	174	312	26	10	16	41	3	38
477	154	323	17	7	10	33	1	32
351	104	247	14	6	8	30	3	27
165	68	97	6	3	3	12	3	9
1802	**692**	**1110**	**50**	**16**	**34**	**214**	**40**	**174**
248	98	150	6	2	4	27	4	23
244	99	145	6	2	4	28	7	21
357	135	222	12	2	10	43	8	35
479	189	290	11	4	7	65	14	51
474	171	303	15	6	9	51	7	44
6242	**2989**	**3253**	**123**	**53**	**70**	**2900**	**555**	**2345**

5-3a 续表 4

受教育程度 / 年龄	15岁及以上人口 合计	男	女	未婚 小计	男	女
初 中	**68963**	**36255**	**32708**	**6073**	**4329**	**1744**
15-19岁	**2614**	**1569**	**1045**	**2549**	**1562**	**987**
15	1081	622	459	1080	622	458
16	448	272	176	446	272	174
17	344	207	137	341	207	134
18	401	256	145	385	254	131
19	340	212	128	297	207	90
20-24岁	**2532**	**1520**	**1012**	**1491**	**1162**	**329**
20	377	234	143	287	219	68
21	446	267	179	314	239	75
22	514	302	212	309	232	77
23	545	331	214	286	228	58
24	650	386	264	295	244	51
25-29岁	**4568**	**2433**	**2135**	**1008**	**804**	**204**
25	775	436	339	289	226	63
26	790	421	369	202	156	46
27	930	500	430	209	177	32
28	1028	542	486	181	143	38
29	1045	534	511	127	102	25
30-34岁	**7482**	**3759**	**3723**	**444**	**354**	**90**
30	1456	775	681	138	107	31
31	1428	710	718	110	93	17
32	1450	736	714	82	62	20
33	1643	807	836	60	49	11
34	1505	731	774	54	43	11
35-39岁	**8065**	**4156**	**3909**	**184**	**149**	**35**
35	1472	738	734	48	40	8
36	1539	801	738	51	39	12
37	1603	823	780	28	25	3
38	1790	959	831	35	25	10
39	1661	835	826	22	20	2
40-44岁	**8785**	**4518**	**4267**	**131**	**95**	**36**
40	1810	932	878	19	13	6
41	1684	879	805	39	29	10
42	1710	887	823	21	18	3
43	1724	890	834	21	14	7
44	1857	930	927	31	21	10
45-49岁	**9228**	**4745**	**4483**	**119**	**91**	**28**
45	1912	989	923	24	17	7
46	1803	916	887	25	16	9
47	1877	963	914	22	16	6
48	1848	937	911	21	17	4
49	1788	940	848	27	25	2
50-54岁	**8405**	**4276**	**4129**	**83**	**62**	**21**
50	1985	997	988	25	17	8
51	1726	866	860	20	17	3
52	1730	878	852	11	7	4
53	1418	730	688	12	10	2
54	1546	805	741	15	11	4
55-59岁	**6373**	**3213**	**3160**	**43**	**36**	**7**
55	1545	751	794	7	5	2
56	1538	760	778	16	13	3
57	1649	870	779	12	12	
58	1101	549	552	6	5	1
59	540	283	257	2	1	1
60-64岁	**3688**	**1989**	**1699**	**10**	**6**	**4**
60	798	429	369	3	2	1
61	568	302	266	3	2	1
62	716	383	333	2	2	
63	808	443	365	1		1
64	798	432	366	1		1
65岁及以上	**7223**	**4077**	**3146**	**11**	**8**	**3**

单位：人

有配偶			离婚			丧偶		
小计	男	女	小计	男	女	小计	男	女
57073	**29667**	**27406**	**3523**	**1669**	**1854**	**2294**	**590**	**1704**
65	**7**	**58**						
1		1						
2		2						
3		3						
16	2	14						
43	5	38						
1025	**353**	**672**	**16**	**5**	**11**			
89	14	75	1	1				
131	28	103	1		1			
201	68	133	4	2	2			
255	103	152	4		4			
349	140	209	6	2	4			
3422	**1569**	**1853**	**135**	**60**	**75**	**3**		**3**
472	207	265	14	3	11			
572	258	314	16	7	9			
692	308	384	27	15	12	2		2
812	384	428	35	15	20			
874	412	462	43	20	23	1		1
6679	**3224**	**3455**	**343**	**179**	**164**	**16**	**2**	**14**
1250	630	620	67	38	29	1		1
1253	588	665	61	27	34	4	2	2
1293	634	659	71	40	31	4		4
1499	715	784	81	43	38	3		3
1384	657	727	63	31	32	4		4
7367	**3767**	**3600**	**472**	**237**	**235**	**42**	**3**	**39**
1345	658	687	72	40	32	7		7
1390	710	680	92	51	41	6	1	5
1470	748	722	100	50	50	5		5
1655	894	761	89	39	50	11	1	10
1507	757	750	119	57	62	13	1	12
8028	**4156**	**3872**	**564**	**258**	**306**	**62**	**9**	**53**
1680	865	815	101	51	50	10	3	7
1525	800	725	109	50	59	11		11
1566	818	748	110	50	60	13	1	12
1565	821	744	127	52	75	11	3	8
1692	852	840	117	55	62	17	2	15
8357	**4336**	**4021**	**658**	**305**	**353**	**94**	**13**	**81**
1734	912	822	138	59	79	16	1	15
1639	836	803	128	61	67	11	3	8
1692	890	802	138	55	83	25	2	23
1688	856	832	121	60	61	18	4	14
1604	842	762	133	70	63	24	3	21
7489	**3907**	**3582**	**625**	**272**	**353**	**208**	**35**	**173**
1766	909	857	160	65	95	34	6	28
1528	788	740	123	54	69	55	7	48
1540	810	730	132	55	77	47	6	41
1263	660	603	102	49	53	41	11	30
1392	740	652	108	49	59	31	5	26
5653	**2938**	**2715**	**377**	**181**	**196**	**300**	**58**	**242**
1371	686	685	101	48	53	66	12	54
1372	695	677	84	43	41	66	9	57
1446	783	663	105	49	56	86	26	60
976	510	466	62	28	34	57	6	51
488	264	224	25	13	12	25	5	20
3277	**1840**	**1437**	**171**	**84**	**87**	**230**	**59**	**171**
718	393	325	40	25	15	37	9	28
484	270	214	40	17	23	41	13	28
637	354	283	33	16	17	44	11	33
721	415	306	35	13	22	51	15	36
717	408	309	23	13	10	57	11	46
5711	**3570**	**2141**	**162**	**88**	**74**	**1339**	**411**	**928**

5-3a 续表 5

受教育程度 年龄	15岁及以上人口			未婚		
	合计	男	女	小计	男	女
高 中	**50721**	**26087**	**24634**	**15686**	**8474**	**7212**
15-19岁	**11583**	**5660**	**5923**	**11566**	**5659**	**5907**
15	2150	1011	1139	2150	1011	1139
16	3500	1708	1792	3499	1708	1791
17	3172	1531	1641	3171	1531	1640
18	1859	940	919	1853	939	914
19	902	470	432	893	470	423
20-24岁	**2765**	**1495**	**1270**	**2076**	**1291**	**785**
20	542	297	245	510	296	214
21	490	258	232	402	243	159
22	561	293	268	449	268	181
23	540	291	249	347	229	118
24	632	356	276	368	255	113
25-29岁	**3886**	**2106**	**1780**	**1116**	**847**	**269**
25	658	367	291	284	212	72
26	709	382	327	274	201	73
27	766	412	354	207	164	43
28	818	452	366	199	155	44
29	935	493	442	152	115	37
30-34岁	**4884**	**2513**	**2371**	**508**	**381**	**127**
30	1091	548	543	166	132	34
31	1037	529	508	113	80	33
32	967	526	441	94	74	20
33	972	484	488	80	56	24
34	817	426	391	55	39	16
35-39岁	**3812**	**1973**	**1839**	**164**	**128**	**36**
35	740	410	330	41	35	6
36	789	396	393	39	27	12
37	706	374	332	25	21	4
38	835	403	432	31	24	7
39	742	390	352	28	21	7
40-44岁	**4556**	**2315**	**2241**	**105**	**70**	**35**
40	847	413	434	19	13	6
41	901	451	450	23	16	7
42	906	478	428	20	12	8
43	868	444	424	26	19	7
44	1034	529	505	17	10	7
45-49岁	**5333**	**2721**	**2612**	**86**	**55**	**31**
45	1013	522	491	15	10	5
46	1098	557	541	10	2	8
47	1112	561	551	22	12	10
48	1086	570	516	18	15	3
49	1024	511	513	21	16	5
50-54岁	**4481**	**2314**	**2167**	**34**	**27**	**7**
50	1038	548	490	15	10	5
51	975	494	481	6	5	1
52	1024	535	489	4	3	1
53	703	360	343	8	8	
54	741	377	364	1	1	
55-59岁	**3756**	**1867**	**1889**	**22**	**12**	**10**
55	741	375	366	4	2	2
56	803	425	378	6	3	3
57	968	451	517	5	3	2
58	841	415	426	5	2	3
59	403	201	202	2	2	
60-64岁	**2672**	**1394**	**1278**	**3**	**1**	**2**
60	605	308	297	2	1	1
61	486	241	245			
62	596	303	293			
63	558	305	253	1		1
64	427	237	190			
65岁及以上	**2993**	**1729**	**1264**	**6**	**3**	**3**

单位：人

有配偶			离　婚			丧　偶		
小计	男	女	小计	男	女	小计	男	女
31757	**16402**	**15355**	**2255**	**959**	**1296**	**1023**	**252**	**771**
17	**1**	**16**						
1		1						
1		1						
6	1	5						
9		9						
675	**199**	**476**	**14**	**5**	**9**			
31	1	30	1		1			
87	14	73	1	1				
110	25	85	2		2			
189	60	129	4	2	2			
258	99	159	6	2	4			
2669	**1222**	**1447**	**96**	**36**	**60**	**5**	**1**	**4**
357	151	206	16	4	12	1		1
423	177	246	12	4	8			
542	243	299	17	5	12			
597	287	310	22	10	12			
750	364	386	29	13	16	4	1	3
4143	**2019**	**2124**	**226**	**112**	**114**	**7**	**1**	**6**
882	392	490	43	24	19			
879	430	449	43	19	24	2		2
832	431	401	41	21	20			
835	403	432	55	25	30	2		2
715	363	352	44	23	21	3	1	2
3370	**1732**	**1638**	**262**	**110**	**152**	**16**	**3**	**13**
654	353	301	44	22	22	1		1
691	345	346	58	24	34	1		1
625	327	298	54	25	29	2	1	1
740	359	381	56	19	37	8	1	7
660	348	312	50	20	30	4	1	3
4069	**2079**	**1990**	**355**	**160**	**195**	**27**	**6**	**21**
762	371	391	65	29	36	1		1
813	404	409	63	31	32	2		2
815	431	384	66	33	33	5	2	3
757	392	365	75	30	45	10	3	7
922	481	441	86	37	49	9	1	8
4731	**2448**	**2283**	**464**	**200**	**264**	**52**	**18**	**34**
903	473	430	89	36	53	6	3	3
999	513	486	83	40	43	6	2	4
987	515	472	91	31	60	12	3	9
948	497	451	108	52	56	12	6	6
894	450	444	93	41	52	16	4	12
3973	**2107**	**1866**	**385**	**164**	**221**	**89**	**16**	**73**
918	499	419	89	38	51	16	1	15
864	454	410	87	31	56	18	4	14
912	485	427	89	43	46	19	4	15
615	322	293	65	26	39	15	4	11
664	347	317	55	26	29	21	3	18
3355	**1735**	**1620**	**251**	**94**	**157**	**128**	**26**	**102**
651	347	304	55	25	30	31	1	30
726	393	333	49	23	26	22	6	16
870	423	447	60	17	43	33	8	25
742	383	359	61	22	39	33	8	25
366	189	177	26	7	19	9	3	6
2392	**1319**	**1073**	**121**	**43**	**78**	**156**	**31**	**125**
541	292	249	32	12	20	30	3	27
433	229	204	23	7	16	30	5	25
526	284	242	29	10	19	41	9	32
511	290	221	21	8	13	25	7	18
381	224	157	16	6	10	30	7	23
2363	**1541**	**822**	**81**	**35**	**46**	**543**	**150**	**393**

5-3a 续表 6

受教育程度 年龄	15岁及以上人口			未婚		
	合计	男	女	小计	男	女
大学专科	**39018**	**19516**	**19502**	**10047**	**5211**	**4836**
15-19岁	**1486**	**730**	**756**	**1481**	**729**	**752**
15	25	12	13	25	12	13
16	61	34	27	60	33	27
17	112	52	60	112	52	60
18	395	185	210	395	185	210
19	893	447	446	889	447	442
20-24岁	**5748**	**2562**	**3186**	**4999**	**2386**	**2613**
20	1182	548	634	1163	545	618
21	1129	493	636	1076	490	586
22	1121	477	644	1000	452	548
23	1110	486	624	903	433	470
24	1206	558	648	857	466	391
25-29岁	**6251**	**2899**	**3352**	**2450**	**1402**	**1048**
25	1284	567	717	754	403	351
26	1159	543	616	564	316	248
27	1296	621	675	497	303	194
28	1260	584	676	365	213	152
29	1252	584	668	270	167	103
30-34岁	**6474**	**3193**	**3281**	**765**	**487**	**278**
30	1408	693	715	244	157	87
31	1393	688	705	181	115	66
32	1363	672	691	150	105	45
33	1262	607	655	122	66	56
34	1048	533	515	68	44	24
35-39岁	**4344**	**2157**	**2187**	**201**	**127**	**74**
35	892	437	455	54	36	18
36	925	457	468	38	29	9
37	861	432	429	43	25	18
38	885	432	453	33	17	16
39	781	399	382	33	20	13
40-44岁	**3602**	**1755**	**1847**	**81**	**47**	**34**
40	768	385	383	19	12	7
41	758	381	377	29	16	13
42	711	335	376	14	6	8
43	642	310	332	13	9	4
44	723	344	379	6	4	2
45-49岁	**3426**	**1776**	**1650**	**36**	**19**	**17**
45	703	357	346	10	4	6
46	687	350	337	7	3	4
47	711	367	344	8	5	3
48	726	401	325	7	4	3
49	599	301	298	4	3	1
50-54岁	**2887**	**1492**	**1395**	**15**	**5**	**10**
50	693	370	323	7	4	3
51	648	321	327	3	1	2
52	632	316	316	2		2
53	442	237	205	3		3
54	472	248	224			
55-59岁	**2118**	**1159**	**959**	**11**	**5**	**6**
55	461	259	202	2	2	
56	495	260	235	3	1	2
57	581	315	266	2		2
58	406	224	182	4	2	2
59	175	101	74			
60-64岁	**1154**	**743**	**411**	**4**	**2**	**2**
60	195	134	61	2	2	
61	192	114	78	1		1
62	261	158	103	1		1
63	258	179	79			
64	248	158	90			
65岁及以上	**1528**	**1050**	**478**	**4**	**2**	**2**

单位：人

有配偶			离婚			丧偶		
小计	男	女	小计	男	女	小计	男	女
27099	**13623**	**13476**	**1483**	**568**	**915**	**389**	**114**	**275**
4	**1**	**3**				**1**		**1**
1	1							
3		3				1		1
737	**173**	**564**	**12**	**3**	**9**			
17	3	14	2		2			
52	3	49	1		1			
118	25	93	3		3			
204	51	153	3	2	1			
346	91	255	3	1	2			
3725	**1469**	**2256**	**74**	**28**	**46**	**2**		**2**
525	163	362	5	1	4			
582	223	359	13	4	9			
788	310	478	11	8	3			
875	365	510	19	6	13	1		1
955	408	547	26	9	17	1		1
5499	**2618**	**2881**	**206**	**88**	**118**	**4**		**4**
1133	519	614	30	17	13	1		1
1172	552	620	39	21	18	1		1
1169	551	618	44	16	28			
1084	523	561	55	18	37	1		1
941	473	468	38	16	22	1		1
3879	**1930**	**1949**	**255**	**99**	**156**	**9**	**1**	**8**
799	384	415	37	17	20	2		2
822	407	415	63	21	42	2		2
769	384	385	48	23	25	1		1
800	399	401	51	15	36	1	1	
689	356	333	56	23	33	3		3
3261	**1603**	**1658**	**244**	**104**	**140**	**16**	**1**	**15**
700	353	347	44	20	24	5		5
675	341	334	52	24	28	2		2
639	301	338	55	27	28	3	1	2
577	283	294	50	18	32	2		2
670	325	345	43	15	28	4		4
3101	**1675**	**1426**	**270**	**80**	**190**	**19**	**2**	**17**
643	335	308	48	17	31	2	1	1
619	325	294	57	21	36	4	1	3
637	348	289	62	14	48	4		4
670	387	283	45	10	35	4		4
532	280	252	58	18	40	5		5
2632	**1414**	**1218**	**196**	**67**	**129**	**44**	**6**	**38**
627	343	284	53	23	30	6		6
589	302	287	45	16	29	11	2	9
573	300	273	52	15	37	5	1	4
403	230	173	23	5	18	13	2	11
440	239	201	23	8	15	9	1	8
1937	**1093**	**844**	**124**	**47**	**77**	**46**	**14**	**32**
418	240	178	29	11	18	12	6	6
453	246	207	31	11	20	8	2	6
524	295	229	39	16	23	16	4	12
379	215	164	19	7	12	4		4
163	97	66	6	2	4	6	2	4
1044	**698**	**346**	**58**	**30**	**28**	**48**	**13**	**35**
172	125	47	10	4	6	11	3	8
175	107	68	10	4	6	6	3	3
228	147	81	18	10	8	14	1	13
241	171	70	9	7	2	8	1	7
228	148	80	11	5	6	9	5	4
1280	**949**	**331**	**44**	**22**	**22**	**200**	**77**	**123**

5-3a 续表 7

受教育程度 年 龄	15岁及以上人口 合计	男	女	未婚 小计	男	女
大学本科	**39681**	**19551**	**20130**	**13047**	**5931**	**7116**
15-19岁	**1532**	**682**	**850**	**1532**	**682**	**850**
15	4	2	2	4	2	2
16	12	3	9	12	3	9
17	49	20	29	49	20	29
18	423	198	225	423	198	225
19	1044	459	585	1044	459	585
20-24岁	**7081**	**2906**	**4175**	**6886**	**2859**	**4027**
20	1445	586	859	1441	586	855
21	1571	638	933	1565	638	927
22	1624	644	980	1601	641	960
23	1286	533	753	1244	521	723
24	1155	505	650	1035	473	562
25-29岁	**6895**	**3058**	**3837**	**3312**	**1666**	**1646**
25	1207	522	685	949	455	494
26	1273	533	740	771	363	408
27	1357	593	764	658	344	314
28	1532	717	815	548	296	252
29	1526	693	833	386	208	178
30-34岁	**7595**	**3642**	**3953**	**953**	**540**	**413**
30	1697	794	903	340	188	152
31	1585	749	836	231	133	98
32	1511	713	798	149	83	66
33	1483	724	759	138	83	55
34	1319	662	657	95	53	42
35-39岁	**5186**	**2651**	**2535**	**231**	**125**	**106**
35	1190	616	574	66	40	26
36	1165	602	563	52	24	28
37	966	467	499	40	25	15
38	1099	568	531	50	25	25
39	766	398	368	23	11	12
40-44岁	**3267**	**1624**	**1643**	**73**	**32**	**41**
40	765	382	383	19	8	11
41	714	366	348	15	5	10
42	686	337	349	23	12	11
43	526	248	278	5	1	4
44	576	291	285	11	6	5
45-49岁	**2839**	**1610**	**1229**	**32**	**19**	**13**
45	562	296	266	8	5	3
46	607	362	245	7	5	2
47	574	330	244	8	4	4
48	555	314	241	4	2	2
49	541	308	233	5	3	2
50-54岁	**2395**	**1377**	**1018**	**22**	**7**	**15**
50	559	311	248	8	3	5
51	463	250	213	6	3	3
52	551	311	240	4		4
53	387	236	151	1		1
54	435	269	166	3	1	2
55-59岁	**1585**	**1045**	**540**	**4**		**4**
55	374	241	133			
56	405	264	141	1		1
57	469	322	147	2		2
58	255	165	90	1		1
59	82	53	29			
60-64岁	**501**	**369**	**132**	**1**	**1**	
60	128	88	40			
61	78	56	22			
62	88	63	25	1	1	
63	96	76	20			
64	111	86	25			
65岁及以上	**805**	**587**	**218**	**1**		**1**

单位：人

有配偶			离婚			丧偶		
小计	男	女	小计	男	女	小计	男	女
25426	**13170**	**12256**	**997**	**378**	**619**	**211**	**72**	**139**
195	**47**	**148**						
4		4						
6		6						
23	3	20						
42	12	30						
120	32	88						
3535	**1376**	**2159**	**48**	**16**	**32**			
255	66	189	3	1	2			
498	168	330	4	2	2			
694	248	446	5	1	4			
974	417	557	10	4	6			
1114	477	637	26	8	18			
6463	**3031**	**3432**	**172**	**69**	**103**	**7**	**2**	**5**
1337	600	737	20	6	14			
1324	601	723	30	15	15			
1327	621	706	32	8	24	3	1	2
1295	621	674	47	19	28	3	1	2
1180	588	592	43	21	22	1		1
4720	**2428**	**2292**	**223**	**97**	**126**	**12**	**1**	**11**
1081	556	525	43	20	23			
1064	551	513	49	27	22			
876	427	449	45	15	30	5		5
995	522	473	50	21	29	4		4
704	372	332	36	14	22	3	1	2
3019	**1532**	**1487**	**166**	**60**	**106**	**9**		**9**
706	357	349	38	17	21	2		2
664	356	308	33	5	28	2		2
619	306	313	43	19	24	1		1
493	236	257	26	11	15	2		2
537	277	260	26	8	18	2		2
2630	**1535**	**1095**	**158**	**54**	**104**	**19**	**2**	**17**
512	280	232	38	11	27	4		4
569	340	229	29	16	13	2	1	1
528	313	215	34	13	21	4		4
519	304	215	28	8	20	4		4
502	298	204	29	6	23	5	1	4
2203	**1317**	**886**	**137**	**43**	**94**	**33**	**10**	**23**
508	290	218	34	17	17	9	1	8
425	236	189	28	9	19	4	2	2
504	301	203	36	8	28	7	2	5
365	232	133	16	2	14	5	2	3
401	258	143	23	7	16	8	3	5
1498	**1013**	**485**	**59**	**24**	**35**	**24**	**8**	**16**
356	233	123	13	6	7	5	2	3
380	253	127	17	8	9	7	3	4
448	313	135	15	7	8	4	2	2
235	161	74	12	3	9	7	1	6
79	53	26	2		2	1		1
465	**356**	**109**	**20**	**8**	**12**	**15**	**4**	**11**
121	86	35	4	1	3	3	1	2
69	52	17	5	3	2	4	1	3
83	61	22	3		3	1	1	
87	71	16	6	4	2	3	1	2
105	86	19	2		2	4		4
698	**535**	**163**	**14**	**7**	**7**	**92**	**45**	**47**

5-3a 续表 8

受教育程度 年　　龄	15岁及以上人口			未　　婚		
	合计	男	女	小计	男	女
硕士研究生	**3179**	**1450**	**1729**	**1011**	**393**	**618**
15-19岁						
15						
16						
17						
18						
19						
20-24岁	**371**	**135**	**236**	**364**	**133**	**231**
20	1		1			
21	9	2	7	9	2	7
22	51	23	28	51	23	28
23	158	58	100	157	57	100
24	152	52	100	147	51	96
25-29岁	**700**	**240**	**460**	**495**	**188**	**307**
25	185	63	122	171	61	110
26	122	54	68	105	47	58
27	135	44	91	94	32	62
28	132	37	95	76	25	51
29	126	42	84	49	23	26
30-34岁	**782**	**308**	**474**	**112**	**51**	**61**
30	159	50	109	36	15	21
31	182	70	112	35	16	19
32	153	61	92	14	9	5
33	153	70	83	16	8	8
34	135	57	78	11	3	8
35-39岁	**546**	**270**	**276**	**32**	**15**	**17**
35	108	50	58	7	5	2
36	117	63	54	9	4	5
37	120	61	59	5	3	2
38	112	56	56	4	1	3
39	89	40	49	7	2	5
40-44岁	**299**	**156**	**143**	**3**	**2**	**1**
40	61	30	31			
41	75	35	40			
42	60	37	23			
43	57	30	27	1	1	
44	46	24	22	2	1	1
45-49岁	**225**	**150**	**75**	**4**	**3**	**1**
45	44	26	18	2	1	1
46	44	34	10	1	1	
47	56	37	19			
48	44	29	15	1	1	
49	37	24	13			
50-54岁	**133**	**95**	**38**			
50	32	19	13			
51	39	27	12			
52	22	16	6			
53	21	18	3			
54	19	15	4			
55-59岁	**93**	**71**	**22**	**1**	**1**	
55	21	16	5			
56	31	20	11			
57	23	19	4	1	1	
58	14	12	2			
59	4	4				
60-64岁	**18**	**15**	**3**			
60	6	4	2			
61	3	3				
62	3	3				
63	4	3	1			
64	2	2				
65岁及以上	**12**	**10**	**2**			

单位：人

有配偶			离　婚			丧　偶		
小计	男	女	小计	男	女	小计	男	女
2112	**1042**	**1070**	**51**	**13**	**38**	**5**	**2**	**3**
7	**2**	**5**						
1		1						
1	1							
5	1	4						
203	**51**	**152**	**2**	**1**	**1**			
14	2	12						
17	7	10						
41	12	29						
55	11	44	1	1				
76	19	57	1		1			
658	**255**	**403**	**12**	**2**	**10**			
121	34	87	2	1	1			
145	53	92	2	1	1			
137	52	85	2		2			
134	62	72	3		3			
121	54	67	3		3			
503	**254**	**249**	**11**	**1**	**10**			
100	45	55	1		1			
108	59	49						
110	58	52	5		5			
104	54	50	4	1	3			
81	38	43	1		1			
286	**151**	**135**	**10**	**3**	**7**			
59	29	30	2	1	1			
72	34	38	3	1	2			
58	37	21	2		2			
55	29	26	1		1			
42	22	20	2	1	1			
213	**145**	**68**	**7**	**2**	**5**	**1**		**1**
41	25	16	1		1			
42	33	9	1		1			
53	36	17	2	1	1	1		1
41	27	14	2	1	1			
36	24	12	1		1			
128	**93**	**35**	**4**	**2**	**2**	**1**		**1**
30	18	12	2	1	1			
36	26	10	2	1	1	1		1
22	16	6						
21	18	3						
19	15	4						
87	**68**	**19**	**4**	**1**	**3**	**1**	**1**	
21	16	5						
28	20	8	3		3			
22	18	4						
12	10	2	1	1		1	1	
4	4							
17	**14**	**3**				**1**	**1**	
6	4	2						
3	3							
2	2					1	1	
4	3	1						
2	2							
10	**9**	**1**	**1**	**1**		**1**		**1**

5-3a 续表 9

受教育程度 年龄	15岁及以上人口			未婚		
	合计	男	女	小计	男	女
博士研究生	**277**	**152**	**125**	**58**	**28**	**30**
15-19岁						
15						
16						
17						
18						
19						
20-24岁	**5**	**2**	**3**	**5**	**2**	**3**
20						
21						
22						
23	3		3	3		3
24	2	2		2	2	
25-29岁	**36**	**15**	**21**	**26**	**10**	**16**
25	3		3	3		3
26	12	8	4	11	7	4
27	7	2	5	6	2	4
28	6	2	4	5	1	4
29	8	3	5	1		1
30-34岁	**56**	**30**	**26**	**21**	**12**	**9**
30	8	5	3	6	3	3
31	17	6	11	6	3	3
32	8	7	1	4	3	1
33	12	6	6	4	2	2
34	11	6	5	1	1	
35-39岁	**58**	**25**	**33**	**4**	**3**	**1**
35	10	3	7	3	3	
36	8	3	5	1		1
37	12	7	5			
38	15	5	10			
39	13	7	6			
40-44岁	**49**	**25**	**24**	**1**	**1**	
40	9	5	4			
41	12	5	7			
42	9	5	4	1	1	
43	14	8	6			
44	5	2	3			
45-49岁	**26**	**15**	**11**	**1**		**1**
45	4	2	2			
46	5	2	3	1		1
47	6	4	2			
48	7	4	3			
49	4	3	1			
50-54岁	**20**	**17**	**3**			
50	6	4	2			
51	1	1				
52	6	6				
53	1		1			
54	6	6				
55-59岁	**15**	**13**	**2**			
55	5	4	1			
56	2	2				
57	6	5	1			
58	2	2				
59						
60-64岁	**7**	**7**				
60	1	1				
61	1	1				
62	3	3				
63	1	1				
64	1	1				
65岁及以上	**5**	**3**	**2**			

单位：人

有配偶			离婚			丧偶		
小计	男	女	小计	男	女	小计	男	女
211	**119**	**92**	**8**	**5**	**3**			
10	**5**	**5**						
1	1							
1		1						
1	1							
7	3	4						
35	**18**	**17**						
2	2							
11	3	8						
4	4							
8	4	4						
10	5	5						
52	**21**	**31**	**2**	**1**	**1**			
7		7						
7	3	4						
10	6	4	2	1	1			
15	5	10						
13	7	6						
45	**22**	**23**	**3**	**2**	**1**			
9	5	4						
10	3	7	2	2				
8	4	4						
13	8	5	1		1			
5	2	3						
23	**13**	**10**	**2**	**2**				
4	2	2						
4	2	2						
5	3	2	1	1				
7	4	3						
3	2	1	1	1				
19	**17**	**2**	**1**		**1**			
5	4	1	1		1			
1	1							
6	6							
1		1						
6	6							
15	**13**	**2**						
5	4	1						
2	2							
6	5	1						
2	2							
7	**7**							
1	1							
1	1							
3	3							
1	1							
1	1							
5	**3**	**2**						

5–3b 全区分年龄、性别、受教育

受教育程度 年 龄	15岁及以上人口			未 婚		
	合计	男	女	小计	男	女
总 计	**128517**	**64603**	**63914**	**22809**	**12954**	**9855**
15–19岁	**10804**	**5504**	**5300**	**10686**	**5492**	**5194**
15	2338	1243	1095	2337	1242	1095
16	2471	1286	1185	2466	1286	1180
17	2414	1237	1177	2406	1237	1169
18	1973	960	1013	1940	957	983
19	1608	778	830	1537	770	767
20–24岁	**8758**	**4211**	**4547**	**6517**	**3628**	**2889**
20	1496	702	794	1367	689	678
21	1471	741	730	1237	699	538
22	1823	874	949	1401	780	621
23	1917	939	978	1314	769	545
24	2051	955	1096	1198	691	507
25–29岁	**12927**	**6297**	**6630**	**3579**	**2309**	**1270**
25	2279	1108	1171	1093	662	431
26	2311	1105	1206	829	510	319
27	2637	1251	1386	680	444	236
28	2774	1358	1416	548	395	153
29	2926	1475	1451	429	298	131
30–34岁	**16339**	**8110**	**8229**	**1140**	**844**	**296**
30	3642	1774	1868	400	293	107
31	3272	1616	1656	254	193	61
32	3193	1596	1597	205	145	60
33	3323	1649	1674	159	122	37
34	2909	1475	1434	122	91	31
35–39岁	**13916**	**7253**	**6663**	**329**	**240**	**89**
35	2794	1430	1364	88	65	23
36	2763	1416	1347	70	52	18
37	2588	1375	1213	61	43	18
38	3161	1676	1485	62	46	16
39	2610	1356	1254	48	34	14
40–44岁	**13341**	**6823**	**6518**	**168**	**122**	**46**
40	2787	1413	1374	43	28	15
41	2736	1398	1338	40	32	8
42	2642	1336	1306	31	23	8
43	2447	1261	1186	26	18	8
44	2729	1415	1314	28	21	7
45–49岁	**13725**	**7107**	**6618**	**151**	**111**	**40**
45	2683	1372	1311	31	21	10
46	2829	1448	1381	30	23	7
47	2842	1479	1363	36	28	8
48	2707	1414	1293	27	16	11
49	2664	1394	1270	27	23	4
50–54岁	**11999**	**6073**	**5926**	**90**	**72**	**18**
50	2746	1392	1354	24	18	6
51	2477	1223	1254	15	13	2
52	2658	1353	1305	18	15	3
53	2026	1048	978	19	16	3
54	2092	1057	1035	14	10	4
55–59岁	**8694**	**4463**	**4231**	**58**	**47**	**11**
55	2025	1036	989	16	11	5
56	2105	1143	962	16	16	
57	2111	1082	1029	11	9	2
58	1650	802	848	8	6	2
59	803	400	403	7	5	2
60–64岁	**5274**	**2630**	**2644**	**24**	**23**	**1**
60	1007	494	513	3	3	
61	827	426	401	5	5	
62	1065	554	511	4	4	
63	1204	591	613	6	5	1
64	1171	565	606	6	6	
65岁及以上	**12740**	**6132**	**6608**	**67**	**66**	**1**

程度、婚姻状况的人口(镇)

单位：人

有配偶			离婚			丧偶		
小计	男	女	小计	男	女	小计	男	女
97036	**48789**	**48247**	**3736**	**1742**	**1994**	**4936**	**1118**	**3818**
116	**11**	**105**	**2**	**1**	**1**			
1	1							
5		5						
8		8						
33	3	30						
69	7	62	2	1	1			
2201	**572**	**1629**	**39**	**11**	**28**	**1**		**1**
127	13	114	2		2			
230	42	188	3		3	1		1
417	92	325	5	2	3			
590	165	425	13	5	8			
837	260	577	16	4	12			
9112	**3885**	**5227**	**229**	**101**	**128**	**7**	**2**	**5**
1160	437	723	26	9	17			
1453	583	870	28	12	16	1		1
1904	789	1115	50	17	33	3	1	2
2169	938	1231	56	25	31	1		1
2426	1138	1288	69	38	31	2	1	1
14655	**6990**	**7665**	**522**	**273**	**249**	**22**	**3**	**19**
3150	1438	1712	86	43	43	6		6
2922	1375	1547	92	48	44	4		4
2866	1389	1477	120	61	59	2	1	1
3039	1459	1580	120	67	53	5	1	4
2678	1329	1349	104	54	50	5	1	4
12891	**6670**	**6221**	**648**	**335**	**313**	**48**	**8**	**40**
2570	1292	1278	129	70	59	7	3	4
2589	1307	1282	97	57	40	7		7
2372	1263	1109	142	66	76	13	3	10
2933	1541	1392	153	87	66	13	2	11
2427	1267	1160	127	55	72	8		8
12363	**6372**	**5991**	**711**	**316**	**395**	**99**	**13**	**86**
2591	1321	1270	138	62	76	15	2	13
2528	1298	1230	152	64	88	16	4	12
2435	1239	1196	154	74	80	22		22
2274	1181	1093	127	59	68	20	3	17
2535	1333	1202	140	57	83	26	4	22
12767	**6687**	**6080**	**622**	**275**	**347**	**185**	**34**	**151**
2497	1287	1210	119	58	61	36	6	30
2616	1356	1260	153	66	87	30	3	27
2638	1384	1254	132	59	73	36	8	28
2529	1341	1188	119	47	72	32	10	22
2487	1319	1168	99	45	54	51	7	44
11089	**5740**	**5349**	**486**	**208**	**278**	**334**	**53**	**281**
2533	1312	1221	132	54	78	57	8	49
2296	1155	1141	104	48	56	62	7	55
2462	1280	1182	103	44	59	75	14	61
1860	987	873	85	38	47	62	7	55
1938	1006	932	62	24	38	78	17	61
7972	**4214**	**3758**	**268**	**126**	**142**	**396**	**76**	**320**
1852	971	881	73	35	38	84	19	65
1939	1071	868	59	32	27	91	24	67
1934	1028	906	69	30	39	97	15	82
1518	763	755	51	21	30	73	12	61
729	381	348	16	8	8	51	6	45
4683	**2469**	**2214**	**104**	**42**	**62**	**463**	**96**	**367**
898	468	430	30	9	21	76	14	62
741	396	345	17	7	10	64	18	46
957	522	435	21	10	11	83	18	65
1057	547	510	15	8	7	126	31	95
1030	536	494	21	8	13	114	15	99
9187	**5179**	**4008**	**105**	**54**	**51**	**3381**	**833**	**2548**

5-3b 续表 1

受教育程度 年龄	15岁及以上人口			未婚		
	合计	男	女	小计	男	女
未上过学	**5370**	**1245**	**4125**	**184**	**145**	**39**
15-19岁	**9**	**6**	**3**	**9**	**6**	**3**
15						
16	1	1		1	1	
17	2	2		2	2	
18	4	1	3	4	1	3
19	2	2		2	2	
20-24岁	**27**	**12**	**15**	**23**	**12**	**11**
20	2		2	1		1
21	11	6	5	11	6	5
22	4	1	3	4	1	3
23	6	3	3	3	3	
24	4	2	2	4	2	2
25-29岁	**34**	**12**	**22**	**17**	**7**	**10**
25	6	2	4	3		3
26	6	3	3	5	3	2
27	4	2	2	1	1	
28	9	2	7	5	2	3
29	9	3	6	3	1	2
30-34岁	**103**	**31**	**72**	**11**	**8**	**3**
30	15	6	9	5	4	1
31	8	3	5			
32	24	6	18	3	1	2
33	27	6	21	1	1	
34	29	10	19	2	2	
35-39岁	**187**	**42**	**145**	**13**	**10**	**3**
35	32	6	26	1	1	
36	37	7	30	3	3	
37	33	11	22	4	4	
38	37	7	30	1		1
39	48	11	37	4	2	2
40-44岁	**279**	**64**	**215**	**12**	**9**	**3**
40	58	15	43	3	2	1
41	70	20	50	4	4	
42	55	8	47	2	1	1
43	50	12	38	1	1	
44	46	9	37	2	1	1
45-49岁	**384**	**99**	**285**	**18**	**16**	**2**
45	62	8	54	1	1	
46	66	17	49	3	3	
47	82	25	57	5	4	1
48	106	29	77	5	4	1
49	68	20	48	4	4	
50-54岁	**502**	**118**	**384**	**21**	**19**	**2**
50	99	23	76	3	3	
51	105	28	77	6	5	1
52	113	30	83	5	4	1
53	89	19	70	4	4	
54	96	18	78	3	3	
55-59岁	**444**	**87**	**357**	**15**	**14**	**1**
55	98	22	76	5	4	1
56	98	23	75	4	4	
57	100	22	78	2	2	
58	97	14	83	2	2	
59	51	6	45	2	2	
60-64岁	**665**	**123**	**542**	**13**	**13**	
60	99	17	82	2	2	
61	100	19	81	3	3	
62	118	20	98	4	4	
63	173	34	139	2	2	
64	175	33	142	2	2	
65岁及以上	**2736**	**651**	**2085**	**32**	**31**	**1**

单位：人

有配偶			离婚			丧偶		
小计	男	女	小计	男	女	小计	男	女
3721	**920**	**2801**	**95**	**28**	**67**	**1370**	**152**	**1218**
3		**3**	**1**		**1**			
1		1						
2		2	1		1			
17	**5**	**12**						
3	2	1						
1		1						
3	1	2						
4		4						
6	2	4						
92	**23**	**69**						
10	2	8						
8	3	5						
21	5	16						
26	5	21						
27	8	19						
163	**31**	**132**	**9**	**1**	**8**	**2**		**2**
29	5	24	2		2			
32	4	28	2		2			
28	7	21				1		1
32	7	25	3		3	1		1
42	8	34	2	1	1			
243	**51**	**192**	**16**	**4**	**12**	**8**		**8**
51	12	39	3	1	2	1		1
62	14	48	3	2	1	1		1
46	6	40	5	1	4	2		2
45	11	34	1		1	3		3
39	8	31	4		4	1		1
337	**78**	**259**	**14**	**4**	**10**	**15**	**1**	**14**
57	5	52	2	2		2		2
56	13	43	5	1	4	2		2
76	21	55				1		1
88	23	65	5	1	4	8	1	7
60	16	44	2		2	2		2
426	**92**	**334**	**16**	**4**	**12**	**39**	**3**	**36**
80	18	62	8	2	6	8		8
91	22	69	1		1	7	1	6
99	23	76	3	1	2	6	2	4
76	14	62	2	1	1	7		7
80	15	65	2		2	11		11
377	**61**	**316**	**18**	**9**	**9**	**34**	**3**	**31**
80	14	66	3	2	1	10	2	8
84	15	69	5	3	2	5	1	4
91	19	72	2	1	1	5		5
81	9	72	7	3	4	7		7
41	4	37	1		1	7		7
522	**98**	**424**	**12**	**3**	**9**	**118**	**9**	**109**
84	13	71	4		4	9	2	7
78	14	64				19	2	17
89	15	74				25	1	24
130	27	103	4	2	2	37	3	34
141	29	112	4	1	3	28	1	27
1541	**481**	**1060**	**9**	**3**	**6**	**1154**	**136**	**1018**

5-3b 续表 2

受教育程度 年 龄	15岁及以上人口			未 婚		
	合计	男	女	小计	男	女
学前教育	**62**	**22**	**40**	**9**	**6**	**3**
15-19岁	**3**	**2**	**1**	**3**	**2**	**1**
15	2	1	1	2	1	1
16						
17						
18	1	1		1	1	
19						
20-24岁	**3**	**1**	**2**	**3**	**1**	**2**
20						
21	1	1		1	1	
22						
23	1		1	1		1
24	1		1	1		1
25-29岁						
25						
26						
27						
28						
29						
30-34岁	**2**	**2**				
30						
31						
32	1	1				
33	1	1				
34						
35-39岁	**1**		**1**			
35						
36						
37	1		1			
38						
39						
40-44岁	**8**	**4**	**4**	**2**	**2**	
40						
41	2	1	1	1	1	
42	1	1		1	1	
43	2	2				
44	3		3			
45-49岁	**4**	**2**	**2**	**1**	**1**	
45						
46						
47	1	1		1	1	
48	1		1			
49	2	1	1			
50-54岁	**6**	**1**	**5**			
50	3	1	2			
51	1		1			
52	1		1			
53	1		1			
54						
55-59岁	**3**		**3**			
55						
56	1		1			
57						
58	2		2			
59						
60-64岁	**3**		**3**			
60						
61	2		2			
62						
63	1		1			
64						
65岁及以上	**29**	**10**	**19**			

单位：人

有配偶			离婚			丧偶		
小计	男	女	小计	男	女	小计	男	女
45	**16**	**29**				**8**		**8**
2	**2**							
1	1							
1	1							
1		**1**						
1		1						
6	**2**	**4**						
1		1						
2	2							
3		3						
3	**1**	**2**						
1		1						
2	1	1						
6	**1**	**5**						
3	1	2						
1		1						
1		1						
1		1						
3		**3**						
1		1						
2		2						
3		**3**						
2		2						
1		1						
21	**10**	**11**				**8**		**8**

5-3b 续表 3

受教育程度 年龄	15岁及以上人口			未婚		
	合计	男	女	小计	男	女
小学	**24832**	**10177**	**14655**	**490**	**398**	**92**
15-19岁	**69**	**38**	**31**	**57**	**36**	**21**
15	5	2	3	5	2	3
16	9	7	2	9	7	2
17	11	8	3	11	8	3
18	16	10	6	13	9	4
19	28	11	17	19	10	9
20-24岁	**334**	**142**	**192**	**112**	**90**	**22**
20	33	13	20	18	12	6
21	44	16	28	16	12	4
22	80	41	39	35	30	5
23	80	31	49	23	19	4
24	97	41	56	20	17	3
25-29岁	**937**	**342**	**595**	**87**	**71**	**16**
25	110	47	63	15	11	4
26	152	48	104	21	19	2
27	203	72	131	23	19	4
28	225	88	137	12	9	3
29	247	87	160	16	13	3
30-34岁	**1886**	**706**	**1180**	**51**	**41**	**10**
30	372	128	244	13	10	3
31	341	139	202	10	9	1
32	358	133	225	12	10	2
33	422	145	277	5	4	1
34	393	161	232	11	8	3
35-39岁	**2377**	**999**	**1378**	**43**	**37**	**6**
35	417	165	252	9	9	
36	413	160	253	7	6	1
37	458	202	256	7	6	1
38	581	243	338	13	9	4
39	508	229	279	7	7	
40-44岁	**2621**	**1113**	**1508**	**31**	**22**	**9**
40	532	228	304	7	3	4
41	557	220	337	10	9	1
42	511	221	290	5	3	2
43	502	219	283	5	3	2
44	519	225	294	4	4	
45-49岁	**2926**	**1189**	**1737**	**35**	**31**	**4**
45	525	210	315	7	7	
46	578	237	341	10	9	1
47	562	232	330	6	6	
48	618	244	374	6	5	1
49	643	266	377	6	4	2
50-54岁	**3388**	**1380**	**2008**	**24**	**21**	**3**
50	690	281	409	6	5	1
51	706	291	415	5	4	1
52	798	324	474	3	3	
53	598	257	341	7	7	
54	596	227	369	3	2	1
55-59岁	**2241**	**824**	**1417**	**15**	**14**	**1**
55	537	206	331	3	2	1
56	560	241	319	6	6	
57	484	170	314	2	2	
58	448	138	310	2	2	
59	212	69	143	2	2	
60-64岁	**1839**	**702**	**1137**	**6**	**6**	
60	287	92	195			
61	228	85	143	1	1	
62	362	149	213			
63	445	176	269	1	1	
64	517	200	317	4	4	
65岁及以上	**6214**	**2742**	**3472**	**29**	**29**	

单位：人

有配偶			离婚			丧偶		
小计	男	女	小计	男	女	小计	男	女
21424	**9012**	**12412**	**653**	**265**	**388**	**2265**	**502**	**1763**
12	**2**	**10**						
3	1	2						
9	1	8						
215	**51**	**164**	**6**	**1**	**5**	**1**		**1**
14	1	13	1		1			
26	4	22	1		1	1		1
44	10	34	1	1				
56	12	44	1		1			
75	24	51	2		2			
828	**262**	**566**	**21**	**8**	**13**	**1**	**1**	
93	35	58	2	1	1			
129	28	101	2	1	1			
174	51	123	5	1	4	1	1	
210	77	133	3	2	1			
222	71	151	9	3	6			
1772	**642**	**1130**	**58**	**21**	**37**	**5**	**2**	**3**
348	116	232	11	2	9			
321	126	195	9	4	5	1		1
333	117	216	13	6	7			
399	136	263	16	4	12	2	1	1
371	147	224	9	5	4	2	1	1
2231	**920**	**1311**	**86**	**39**	**47**	**17**	**3**	**14**
396	149	247	11	7	4	1		1
389	147	242	14	7	7	3		3
424	186	238	23	8	15	4	2	2
548	226	322	15	7	8	5	1	4
474	212	262	23	10	13	4		4
2441	**1039**	**1402**	**124**	**51**	**73**	**25**	**1**	**24**
485	207	278	35	18	17	5		5
515	201	314	28	9	19	4	1	3
483	210	273	15	8	7	8		8
466	203	263	27	13	14	4		4
492	218	274	19	3	16	4		4
2718	**1106**	**1612**	**108**	**46**	**62**	**65**	**6**	**59**
484	193	291	20	10	10	14		14
529	213	316	29	14	15	10	1	9
523	216	307	21	9	12	12	1	11
579	228	351	26	10	16	7	1	6
603	256	347	12	3	9	22	3	19
3123	**1300**	**1823**	**114**	**42**	**72**	**127**	**17**	**110**
640	266	374	26	8	18	18	2	16
658	274	384	22	12	10	21	1	20
738	305	433	22	11	11	35	5	30
539	241	298	28	7	21	24	2	22
548	214	334	16	4	12	29	7	22
2016	**764**	**1252**	**57**	**28**	**29**	**153**	**18**	**135**
484	188	296	20	11	9	30	5	25
505	223	282	13	7	6	36	5	31
428	160	268	12	5	7	42	3	39
413	131	282	8	3	5	25	2	23
186	62	124	4	2	2	20	3	17
1617	**656**	**961**	**28**	**7**	**21**	**188**	**33**	**155**
247	89	158	9		9	31	3	28
208	77	131	2	1	1	17	6	11
324	138	186	4	2	2	34	9	25
391	161	230	7	4	3	46	10	36
447	191	256	6		6	60	5	55
4451	**2270**	**2181**	**51**	**22**	**29**	**1683**	**421**	**1262**

5-3b 续表 4

受教育程度 年龄	15岁及以上人口			未婚		
	合计	男	女	小计	男	女
初 中	**45106**	**24999**	**20107**	**4436**	**3278**	**1158**
15-19岁	**2127**	**1308**	**819**	**2034**	**1299**	**735**
15	1056	614	442	1055	613	442
16	354	224	130	349	224	125
17	210	142	68	203	142	61
18	242	162	80	217	161	56
19	265	166	99	210	159	51
20-24岁	**2239**	**1253**	**986**	**1158**	**938**	**220**
20	306	185	121	228	175	53
21	353	194	159	225	172	53
22	482	275	207	273	218	55
23	517	291	226	225	194	31
24	581	308	273	207	179	28
25-29岁	**3980**	**2128**	**1852**	**674**	**570**	**104**
25	622	330	292	165	144	21
26	676	381	295	153	131	22
27	814	424	390	128	104	24
28	883	472	411	130	117	13
29	985	521	464	98	74	24
30-34岁	**5980**	**3070**	**2910**	**306**	**265**	**41**
30	1222	628	594	96	82	14
31	1167	588	579	76	66	10
32	1141	594	547	52	48	4
33	1279	659	620	43	36	7
34	1171	601	570	39	33	6
35-39岁	**6267**	**3449**	**2818**	**106**	**80**	**26**
35	1141	594	547	23	16	7
36	1249	691	558	27	22	5
37	1186	664	522	25	16	9
38	1476	832	644	13	12	1
39	1215	668	547	18	14	4
40-44岁	**6266**	**3355**	**2911**	**58**	**49**	**9**
40	1311	704	607	13	10	3
41	1254	673	581	10	9	1
42	1232	659	573	15	14	1
43	1148	617	531	11	8	3
44	1321	702	619	9	8	1
45-49岁	**6174**	**3385**	**2789**	**53**	**39**	**14**
45	1314	743	571	11	6	5
46	1295	695	600	9	7	2
47	1312	697	615	15	12	3
48	1159	638	521	7	4	3
49	1094	612	482	11	10	1
50-54岁	**4699**	**2524**	**2175**	**24**	**21**	**3**
50	1087	593	494	6	5	1
51	927	469	458	3	3	
52	998	533	465	6	6	
53	821	446	375	6	4	2
54	866	483	383	3	3	
55-59岁	**3550**	**1952**	**1598**	**16**	**10**	**6**
55	872	468	404	3	1	2
56	887	507	380	5	5	
57	880	474	406	4	3	1
58	613	333	280	2	1	1
59	298	170	128	2		2
60-64岁	**1426**	**905**	**521**	**3**	**3**	
60	302	189	113	1	1	
61	245	154	91	1	1	
62	281	170	111			
63	335	215	120	1	1	
64	263	177	86			
65岁及以上	**2398**	**1670**	**728**	**4**	**4**	

单位：人

有配偶			离婚			丧偶		
小计	男	女	小计	男	女	小计	男	女
38247	**20587**	**17660**	**1554**	**830**	**724**	**869**	**304**	**565**
91	**8**	**83**	**2**	**1**	**1**			
1	1							
5		5						
7		7						
25	1	24						
53	6	47	2	1	1			
1062	**307**	**755**	**19**	**8**	**11**			
78	10	68						
127	22	105	1		1			
206	56	150	3	1	2			
285	93	192	7	4	3			
366	126	240	8	3	5			
3187	**1496**	**1691**	**115**	**61**	**54**	**4**	**1**	**3**
444	183	261	13	3	10			
512	243	269	11	7	4			
661	308	353	24	12	12	1		1
726	343	383	26	12	14	1		1
844	419	425	41	27	14	2	1	1
5446	**2680**	**2766**	**217**	**124**	**93**	**11**	**1**	**10**
1088	527	561	33	19	14	5		5
1047	497	550	44	25	19			
1047	524	523	40	21	19	2	1	1
1177	584	593	57	39	18	2		2
1087	548	539	43	20	23	2		2
5858	**3192**	**2666**	**288**	**174**	**114**	**15**	**3**	**12**
1062	545	517	55	32	23	1	1	
1174	636	538	46	33	13	2		2
1094	613	481	63	34	29	4	1	3
1381	769	612	77	50	27	5	1	4
1147	629	518	47	25	22	3		3
5848	**3137**	**2711**	**314**	**160**	**154**	**46**	**9**	**37**
1239	664	575	52	28	24	7	2	5
1170	631	539	68	31	37	6	2	4
1140	602	538	70	43	27	7		7
1066	577	489	59	30	29	12	2	10
1233	663	570	65	28	37	14	3	11
5795	**3204**	**2591**	**261**	**127**	**134**	**65**	**15**	**50**
1237	703	534	55	30	25	11	4	7
1214	664	550	58	23	35	14	1	13
1224	657	567	60	24	36	13	4	9
1097	607	490	45	23	22	10	4	6
1023	573	450	43	27	16	17	2	15
4375	**2388**	**1987**	**187**	**92**	**95**	**113**	**23**	**90**
1016	564	452	45	19	26	20	5	15
852	438	414	51	25	26	21	3	18
935	507	428	35	15	20	22	5	17
763	420	343	29	18	11	23	4	19
809	459	350	27	15	12	27	6	21
3286	**1851**	**1435**	**101**	**52**	**49**	**147**	**39**	**108**
807	446	361	29	12	17	33	9	24
825	474	351	22	15	7	35	13	22
808	444	364	31	17	14	37	10	27
568	321	247	14	5	9	29	6	23
278	166	112	5	3	2	13	1	12
1302	**854**	**448**	**26**	**14**	**12**	**95**	**34**	**61**
279	181	98	5	3	2	17	4	13
219	143	76	7	3	4	18	7	11
259	163	96	6	3	3	16	4	12
306	202	104	3	1	2	25	11	14
239	165	74	5	4	1	19	8	11
1997	**1470**	**527**	**24**	**17**	**7**	**373**	**179**	**194**

5-3b 续表 5

受教育程度 年　　龄	15岁及以上人口			未　　婚		
	合计	男	女	小计	男	女
高　中	**25318**	**13982**	**11336**	**9762**	**5271**	**4491**
15-19岁	**7582**	**3716**	**3866**	**7571**	**3715**	**3856**
15	1260	616	644	1260	616	644
16	2078	1038	1040	2078	1038	1040
17	2104	1050	1054	2103	1050	1053
18	1393	658	735	1389	657	732
19	747	354	393	741	354	387
20-24岁	**1684**	**936**	**748**	**1272**	**833**	**439**
20	432	226	206	408	224	184
21	292	171	121	248	163	85
22	316	167	149	237	155	82
23	318	188	130	201	153	48
24	326	184	142	178	138	40
25-29岁	**2408**	**1314**	**1094**	**585**	**461**	**124**
25	427	237	190	175	140	35
26	429	241	188	124	89	35
27	459	235	224	115	87	28
28	518	284	234	87	76	11
29	575	317	258	84	69	15
30-34岁	**2800**	**1573**	**1227**	**210**	**173**	**37**
30	654	379	275	82	70	12
31	591	324	267	39	30	9
32	554	293	261	40	33	7
33	548	323	225	33	27	6
34	453	254	199	16	13	3
35-39岁	**1907**	**1079**	**828**	**52**	**39**	**13**
35	428	228	200	15	10	5
36	401	216	185	13	10	3
37	338	206	132	8	6	2
38	412	243	169	8	8	
39	328	186	142	8	5	3
40-44岁	**1939**	**1118**	**821**	**25**	**19**	**6**
40	406	220	186	7	6	1
41	386	224	162	5	4	1
42	405	228	177	3	2	1
43	346	202	144	4	3	1
44	396	244	152	6	4	2
45-49岁	**2178**	**1216**	**962**	**24**	**16**	**8**
45	391	197	194	3	1	2
46	446	252	194	4	3	1
47	470	264	206	6	5	1
48	431	249	182	6	2	4
49	440	254	186	5	5	
50-54岁	**1647**	**973**	**674**	**14**	**7**	**7**
50	468	268	200	5	3	2
51	350	203	147			
52	351	213	138	4	2	2
53	241	146	95	2	1	1
54	237	143	94	3	1	2
55-59岁	**1361**	**816**	**545**	**6**	**6**	
55	244	149	95	2	2	
56	293	177	116	1	1	
57	362	217	145	2	2	
58	307	181	126			
59	155	92	63	1	1	
60-64岁	**942**	**588**	**354**	**2**	**1**	**1**
60	229	130	99			
61	186	118	68			
62	212	143	69			
63	171	102	69	2	1	1
64	144	95	49			
65岁及以上	**870**	**653**	**217**	**1**	**1**	

单位：人

有配偶			离婚			丧偶		
小计	男	女	小计	男	女	小计	男	女
14536	**8264**	**6272**	**740**	**351**	**389**	**280**	**96**	**184**
11	**1**	**10**						
1		1						
4	1	3						
6		6						
405	**101**	**304**	**7**	**2**	**5**			
23	2	21	1		1			
43	8	35	1		1			
79	12	67						
115	34	81	2	1	1			
145	45	100	3	1	2			
1766	**832**	**934**	**55**	**21**	**34**	**2**		**2**
244	92	152	8	5	3			
295	149	146	9	3	6	1		1
328	146	182	15	2	13	1		1
418	203	215	13	5	8			
481	242	239	10	6	4			
2489	**1342**	**1147**	**99**	**58**	**41**	**2**		**2**
551	295	256	21	14	7			
538	287	251	13	7	6	1		1
491	246	245	23	14	9			
495	285	210	20	11	9			
414	229	185	22	12	10	1		1
1731	**979**	**752**	**116**	**61**	**55**	**8**		**8**
380	203	177	31	15	16	2		2
373	198	175	13	8	5	2		2
301	183	118	28	17	11	1		1
378	221	157	24	14	10	2		2
299	174	125	20	7	13	1		1
1775	**1039**	**736**	**127**	**58**	**69**	**12**	**2**	**10**
371	203	168	26	11	15	2		2
354	208	146	25	12	13	2		2
370	214	156	29	12	17	3		3
322	191	131	19	7	12	1	1	
358	223	135	28	16	12	4	1	3
1987	**1136**	**851**	**142**	**58**	**84**	**25**	**6**	**19**
354	183	171	29	12	17	5	1	4
406	229	177	34	20	14	2		2
430	243	187	28	14	14	6	2	4
391	237	154	30	7	23	4	3	1
406	244	162	21	5	16	8		8
1508	**912**	**596**	**97**	**48**	**49**	**28**	**6**	**22**
423	245	178	33	19	14	7	1	6
331	195	136	11	6	5	8	2	6
314	199	115	28	12	16	5		5
221	136	85	16	9	7	2		2
219	137	82	9	2	7	6	3	3
1259	**780**	**479**	**54**	**22**	**32**	**42**	**8**	**34**
229	143	86	8	4	4	5		5
270	168	102	8	3	5	14	5	9
336	208	128	17	6	11	7	1	6
283	173	110	16	7	9	8	1	7
141	88	53	5	2	3	8	1	7
862	**557**	**305**	**29**	**15**	**14**	**49**	**15**	**34**
205	124	81	9	4	5	15	2	13
172	112	60	6	3	3	8	3	5
198	135	63	9	5	4	5	3	2
154	95	59				15	6	9
133	91	42	5	3	2	6	1	5
743	**585**	**158**	**14**	**8**	**6**	**112**	**59**	**53**

5-3b 续表 6

受教育程度 年　　龄	15岁及以上人口			未　婚		
	合计	男	女	小计	男	女
大学专科	**15691**	**8221**	**7470**	**3944**	**2099**	**1845**
15-19岁	**567**	**265**	**302**	**565**	**265**	**300**
15	13	9	4	13	9	4
16	23	15	8	23	15	8
17	61	28	33	61	28	33
18	197	86	111	196	86	110
19	273	127	146	272	127	145
20-24岁	**2360**	**1034**	**1326**	**1938**	**939**	**999**
20	342	145	197	333	145	188
21	399	182	217	366	174	192
22	491	204	287	415	191	224
23	552	248	304	440	226	214
24	576	255	321	384	203	181
25-29岁	**3123**	**1463**	**1660**	**1051**	**628**	**423**
25	621	288	333	358	193	165
26	578	255	323	246	142	104
27	653	294	359	187	111	76
28	635	297	338	147	103	44
29	636	329	307	113	79	34
30-34岁	**3094**	**1580**	**1514**	**286**	**204**	**82**
30	770	367	403	105	77	28
31	632	322	310	59	42	17
32	609	326	283	49	30	19
33	596	301	295	44	34	10
34	487	264	223	29	21	8
35-39岁	**1715**	**899**	**816**	**59**	**40**	**19**
35	421	240	181	24	18	6
36	342	166	176	11	7	4
37	308	151	157	6	4	2
38	355	188	167	12	8	4
39	289	154	135	6	3	3
40-44岁	**1240**	**670**	**570**	**22**	**12**	**10**
40	257	138	119	6	3	3
41	251	135	116	5	4	1
42	249	129	120	4	1	3
43	225	126	99	3	1	2
44	258	142	116	4	3	1
45-49岁	**1202**	**687**	**515**	**13**	**5**	**8**
45	227	117	110	5	4	1
46	257	141	116	4	1	3
47	250	153	97	2		2
48	232	143	89	2		2
49	236	133	103			
50-54岁	**1001**	**590**	**411**	**5**	**3**	**2**
50	228	118	110	4	2	2
51	217	123	94	1	1	
52	231	143	88			
53	161	105	56			
54	164	101	63			
55-59岁	**706**	**486**	**220**	**4**	**2**	**2**
55	167	114	53	1	1	
56	164	116	48			
57	185	124	61	1		1
58	126	88	38	2	1	1
59	64	44	20			
60-64岁	**313**	**240**	**73**			
60	69	50	19			
61	52	38	14			
62	77	57	20			
63	60	49	11			
64	55	46	9			
65岁及以上	**370**	**307**	**63**	**1**	**1**	

单位：人

有配偶			离婚			丧偶		
小计	男	女	小计	男	女	小计	男	女
11186	**5891**	**5295**	**458**	**188**	**270**	**103**	**43**	**60**
2		**2**						
1		1						
1		1						
419	**95**	**324**	**3**		**3**			
9		9						
33	8	25						
76	13	63						
111	22	89	1		1			
190	52	138	2		2			
2042	**826**	**1216**	**30**	**9**	**21**			
260	95	165	3		3			
329	112	217	3	1	2			
460	181	279	6	2	4			
478	190	288	10	4	6			
515	248	267	8	2	6			
2705	**1321**	**1384**	**99**	**55**	**44**	**4**		**4**
651	284	367	13	6	7	1		1
553	270	283	18	10	8	2		2
535	281	254	25	15	10			
533	258	275	18	9	9	1		1
433	228	205	25	15	10			
1558	**822**	**736**	**94**	**37**	**57**	**4**		**4**
374	211	163	22	11	11	1		1
315	153	162	16	6	10			
282	142	140	17	5	12	3		3
320	169	151	23	11	12			
267	147	120	16	4	12			
1129	**627**	**502**	**87**	**31**	**56**	**2**		**2**
237	132	105	14	3	11			
225	124	101	21	7	14			
223	121	102	22	7	15			
208	119	89	14	6	8			
236	131	105	16	8	8	2		2
1114	**655**	**459**	**64**	**24**	**40**	**11**	**3**	**8**
210	110	100	8	2	6	4	1	3
236	135	101	17	5	12			
227	144	83	18	9	9	3		3
218	139	79	10	4	6	2		2
223	127	96	11	4	7	2	2	
940	**570**	**370**	**43**	**15**	**28**	**13**	**2**	**11**
210	113	97	12	3	9	2		2
204	117	87	11	5	6	1		1
217	138	79	11	4	7	3	1	2
151	102	49	5	2	3	5	1	4
158	100	58	4	1	3	2		2
662	**469**	**193**	**25**	**11**	**14**	**15**	**4**	**11**
153	108	45	9	4	5	4	1	3
154	112	42	9	4	5	1		1
176	123	53	2		2	6	1	5
118	84	34	4	2	2	2	1	1
61	42	19	1	1		2	1	1
294	**234**	**60**	**7**	**2**	**5**	**12**	**4**	**8**
63	46	17	3	2	1	3	2	1
48	38	10	2		2	2		2
72	56	16	2		2	3	1	2
57	48	9				3	1	2
54	46	8				1		1
321	**272**	**49**	**6**	**4**	**2**	**42**	**30**	**12**

5-3b 续表 7

受教育程度 年龄	15岁及以上人口			未婚		
	合计	男	女	小计	男	女
大学本科	**11789**	**5776**	**6013**	**3851**	**1704**	**2147**
15-19岁	**447**	**169**	**278**	**447**	**169**	**278**
15	2	1	1	2	1	1
16	6	1	5	6	1	5
17	26	7	19	26	7	19
18	120	42	78	120	42	78
19	293	118	175	293	118	175
20-24岁	**2073**	**818**	**1255**	**1974**	**800**	**1174**
20	381	133	248	379	133	246
21	369	171	198	368	171	197
22	444	184	260	431	183	248
23	428	171	257	406	167	239
24	451	159	292	390	146	244
25-29岁	**2344**	**998**	**1346**	**1097**	**549**	**548**
25	478	199	279	364	170	194
26	454	171	283	267	121	146
27	479	213	266	207	114	93
28	482	208	274	155	86	69
29	451	207	244	104	58	46
30-34岁	**2390**	**1108**	**1282**	**255**	**142**	**113**
30	587	257	330	91	47	44
31	521	233	288	65	42	23
32	489	234	255	45	20	25
33	435	207	228	31	19	12
34	358	177	181	23	14	9
35-39岁	**1407**	**756**	**651**	**51**	**31**	**20**
35	338	192	146	14	10	4
36	306	166	140	8	3	5
37	255	136	119	10	7	3
38	291	157	134	14	8	6
39	217	105	112	5	3	2
40-44岁	**963**	**481**	**482**	**16**	**8**	**8**
40	221	106	115	7	4	3
41	209	118	91	4		4
42	184	87	97	1	1	
43	167	80	87	2	2	
44	182	90	92	2	1	1
45-49岁	**834**	**510**	**324**	**7**	**3**	**4**
45	157	90	67	4	2	2
46	184	105	79			
47	161	104	57	1		1
48	157	109	48	1	1	
49	175	102	73	1		1
50-54岁	**743**	**477**	**266**	**2**	**1**	**1**
50	169	107	62			
51	169	108	61			
52	162	107	55			
53	113	73	40			
54	130	82	48	2	1	1
55-59岁	**381**	**290**	**91**	**2**	**1**	**1**
55	106	76	30	2	1	1
56	99	76	23			
57	99	74	25			
58	55	46	9			
59	22	18	4			
60-64岁	**85**	**71**	**14**			
60	20	15	5			
61	14	12	2			
62	15	15				
63	19	15	4			
64	17	14	3			
65岁及以上	**122**	**98**	**24**			

单位：人

有配偶			离婚			丧偶		
小计	男	女	小计	男	女	小计	男	女
7666	**3973**	**3693**	**232**	**79**	**153**	**40**	**20**	**20**
96	**18**	**78**	**3**		**3**			
2		2						
1		1						
12	1	11	1		1			
21	4	17	1		1			
60	13	47	1		1			
1239	**447**	**792**	**8**	**2**	**6**			
114	29	85						
184	50	134	3		3			
272	99	173						
323	120	203	4	2	2			
346	149	197	1		1			
2087	**952**	**1135**	**48**	**14**	**34**			
488	208	280	8	2	6			
448	189	259	8	2	6			
425	209	216	19	5	14			
395	184	211	9	4	5			
331	162	169	4	1	3			
1301	**700**	**601**	**53**	**23**	**30**	**2**	**2**	
314	175	139	8	5	3	2	2	
292	160	132	6	3	3			
235	127	108	10	2	8			
267	144	123	10	5	5			
193	94	99	19	8	11			
898	**460**	**438**	**43**	**12**	**31**	**6**	**1**	**5**
206	101	105	8	1	7			
195	114	81	7	3	4	3	1	2
168	83	85	13	3	10	2		2
158	75	83	7	3	4			
171	87	84	8	2	6	1		1
790	**488**	**302**	**33**	**16**	**17**	**4**	**3**	**1**
148	86	62	5	2	3			
172	101	71	10	3	7	2	1	1
154	100	54	5	3	2	1	1	
152	105	47	3	2	1	1	1	
164	96	68	10	6	4			
700	**468**	**232**	**28**	**7**	**21**	**13**	**1**	**12**
159	104	55	8	3	5	2		2
158	108	50	7		7	4		4
154	105	49	4	1	3	4	1	3
107	72	35	5	1	4	1		1
122	79	43	4	2	2	2		2
361	**281**	**80**	**13**	**4**	**9**	**5**	**4**	**1**
98	71	27	4	2	2	2	2	
97	76	21	2		2			
94	73	21	5	1	4			
51	43	8	2	1	1	2	2	
21	18	3				1		1
82	**69**	**13**	**2**	**1**	**1**	**1**	**1**	
19	14	5				1	1	
14	12	2						
15	15							
18	14	4	1	1				
16	14	2	1		1			
112	**90**	**22**	**1**		**1**	**9**	**8**	**1**

5-3b 续表 8

受教育程度 年 龄	15岁及以上人口 合计	男	女	未婚 小计	男	女
硕士研究生	**329**	**174**	**155**	**126**	**52**	**74**
15-19岁						
15						
16						
17						
18						
19						
20-24岁	**36**	**15**	**21**	**35**	**15**	**20**
20						
21	2		2	2		2
22	6	2	4	6	2	4
23	15	7	8	15	7	8
24	13	6	7	12	6	6
25-29岁	**100**	**40**	**60**	**67**	**23**	**44**
25	15	5	10	13	4	9
26	16	6	10	13	5	8
27	25	11	14	19	8	11
28	21	7	14	11	2	9
29	23	11	12	11	4	7
30-34岁	**79**	**39**	**40**	**18**	**10**	**8**
30	19	9	10	6	3	3
31	11	6	5	4	3	1
32	17	9	8	4	3	1
33	15	7	8	2	1	1
34	17	8	9	2		2
35-39岁	**51**	**27**	**24**	**5**	**3**	**2**
35	16	5	11	2	1	1
36	14	9	5	1	1	
37	8	5	3	1		1
38	9	6	3	1	1	
39	4	2	2			
40-44岁	**21**	**17**	**4**	**1**	**1**	
40	2	2				
41	6	6		1	1	
42	4	3	1			
43	6	3	3			
44	3	3				
45-49岁	**20**	**17**	**3**			
45	6	6				
46	2	1	1			
47	4	3	1			
48	3	2	1			
49	5	5				
50-54岁	**13**	**10**	**3**			
50	2	1	1			
51	2	1	1			
52	4	3	1			
53	2	2				
54	3	3				
55-59岁	**7**	**7**				
55	1	1				
56	3	3				
57						
58	2	2				
59	1	1				
60-64岁	**1**	**1**				
60	1	1				
61						
62						
63						
64						
65岁及以上	**1**	**1**				

单位：人

有配偶			离婚			丧偶		
小计	男	女	小计	男	女	小计	男	女
199	**120**	**79**	**3**	**1**	**2**	**1**	**1**	
1		**1**						
1		1						
33	**17**	**16**						
2	1	1						
3	1	2						
6	3	3						
10	5	5						
12	7	5						
60	**28**	**32**	**1**	**1**				
13	6	7						
7	3	4						
13	6	7						
13	6	7						
14	7	7	1	1				
45	**24**	**21**	**1**		**1**			
14	4	10						
13	8	5						
7	5	2						
7	5	2	1		1			
4	2	2						
20	**16**	**4**						
2	2							
5	5							
4	3	1						
6	3	3						
3	3							
20	**17**	**3**						
6	6							
2	1	1						
4	3	1						
3	2	1						
5	5							
11	**9**	**2**	**1**		**1**	**1**	**1**	
2	1	1						
1	1		1		1			
4	3	1						
2	2							
2	2					1	1	
7	**7**							
1	1							
3	3							
2	2							
1	1							
1	**1**							
1	1							
1	**1**							

5-3b 续表 9

受教育程度 年龄	15岁及以上人口			未婚		
	合计	男	女	小计	男	女
博士研究生	**20**	**7**	**13**	**7**	**1**	**6**
15-19岁						
15						
16						
17						
18						
19						
20-24岁	**2**		**2**	**2**		**2**
20						
21						
22						
23						
24	2		2	2		2
25-29岁	**1**		**1**	**1**		**1**
25						
26						
27						
28	1		1	1		1
29						
30-34岁	**5**	**1**	**4**	**3**	**1**	**2**
30	3		3	2		2
31	1	1		1	1	
32						
33						
34	1		1			
35-39岁	**4**	**2**	**2**			
35	1		1			
36	1	1				
37	1		1			
38						
39	1	1				
40-44岁	**4**	**1**	**3**	**1**		**1**
40						
41	1	1				
42	1		1			
43	1		1			
44	1		1	1		1
45-49岁	**3**	**2**	**1**			
45	1	1				
46	1		1			
47						
48						
49	1	1				
50-54岁						
50						
51						
52						
53						
54						
55-59岁	**1**	**1**				
55						
56						
57	1	1				
58						
59						
60-64岁						
60						
61						
62						
63						
64						
65岁及以上						

单位：人

有配偶			离婚			丧偶		
小计	男	女	小计	男	女	小计	男	女
12	**6**	**6**	**1**		**1**			
2		**2**						
1		1						
1		1						
3	**2**	**1**	**1**		**1**			
1		1						
1	1							
			1		1			
1	1							
3	**1**	**2**						
1	1							
1		1						
1		1						
3	**2**	**1**						
1	1							
1		1						
1	1							
1	**1**							
1	1							

5−3c 全区分年龄、性别、受教育

受教育程度 年龄	15岁及以上人口			未婚		
	合计	男	女	小计	男	女
总计	**202472**	**106575**	**95897**	**31089**	**19690**	**11399**
15−19岁	**14026**	**7324**	**6702**	**13506**	**7287**	**6219**
15	3175	1670	1505	3167	1670	1497
16	3202	1647	1555	3174	1644	1530
17	2596	1355	1241	2540	1351	1189
18	2524	1342	1182	2370	1338	1032
19	2529	1310	1219	2255	1284	971
20−24岁	**14421**	**7570**	**6851**	**9556**	**6055**	**3501**
20	2580	1332	1248	2133	1256	877
21	2604	1392	1212	1952	1249	703
22	3104	1602	1502	2040	1308	732
23	2966	1553	1413	1816	1180	636
24	3167	1691	1476	1615	1062	553
25−29岁	**17079**	**9381**	**7698**	**4642**	**3420**	**1222**
25	3312	1782	1530	1440	982	458
26	3351	1836	1515	1117	828	289
27	3457	1880	1577	887	651	236
28	3420	1889	1531	639	509	130
29	3539	1994	1545	559	450	109
30−34岁	**18158**	**10047**	**8111**	**1412**	**1180**	**232**
30	4210	2347	1863	489	402	87
31	3746	2074	1672	331	264	67
32	3377	1836	1541	222	195	27
33	3567	1990	1577	212	186	26
34	3258	1800	1458	158	133	25
35−39岁	**16355**	**8979**	**7376**	**557**	**474**	**83**
35	3012	1660	1352	120	103	17
36	3170	1721	1449	126	105	21
37	2985	1640	1345	89	79	10
38	3750	2092	1658	115	95	20
39	3438	1866	1572	107	92	15
40−44岁	**18375**	**9648**	**8727**	**376**	**316**	**60**
40	3791	1938	1853	99	82	17
41	3433	1835	1598	74	60	14
42	3681	1959	1722	74	63	11
43	3455	1834	1621	51	43	8
44	4015	2082	1933	78	68	10
45−49岁	**21287**	**11218**	**10069**	**345**	**311**	**34**
45	4220	2253	1967	86	76	10
46	4172	2146	2026	61	56	5
47	4430	2391	2039	77	73	4
48	4297	2195	2102	55	46	9
49	4168	2233	1935	66	60	6
50−54岁	**22844**	**11809**	**11035**	**261**	**239**	**22**
50	4910	2568	2342	61	56	5
51	4522	2306	2216	53	44	9
52	4984	2592	2392	57	56	1
53	3982	2065	1917	48	43	5
54	4446	2278	2168	42	40	2
55−59岁	**18245**	**9532**	**8713**	**188**	**175**	**13**
55	4229	2210	2019	49	44	5
56	4210	2270	1940	49	47	2
57	4316	2273	2043	45	41	4
58	3716	1916	1800	31	29	2
59	1774	863	911	14	14	
60−64岁	**11708**	**6087**	**5621**	**87**	**85**	**2**
60	2122	1173	949	10	9	1
61	1769	877	892	13	13	
62	2404	1259	1145	20	20	
63	2707	1410	1297	21	21	
64	2706	1368	1338	23	22	1
65岁及以上	**29974**	**14980**	**14994**	**159**	**148**	**11**

程度、婚姻状况的人口(乡村)

单位：人

有配偶			离婚			丧偶		
小计	男	女	小计	男	女	小计	男	女
156574	**81251**	**75323**	**3907**	**2586**	**1321**	**10902**	**3048**	**7854**
511	**37**	**474**	**9**		**9**			
8		8						
27	3	24	1		1			
55	4	51	1		1			
150	4	146	4		4			
271	26	245	3		3			
4753	**1479**	**3274**	**105**	**35**	**70**	**7**	**1**	**6**
437	76	361	8		8	2		2
636	139	497	15	4	11	1		1
1037	289	748	26	5	21	1		1
1124	364	760	25	9	16	1		1
1519	611	908	31	17	14	2	1	1
12040	**5714**	**6326**	**383**	**245**	**138**	**14**	**2**	**12**
1816	775	1041	54	24	30	2	1	1
2172	972	1200	61	36	25	1		1
2494	1177	1317	76	52	24			
2687	1316	1371	90	64	26	4		4
2871	1474	1397	102	69	33	7	1	6
16078	**8424**	**7654**	**626**	**430**	**196**	**42**	**13**	**29**
3577	1854	1723	136	88	48	8	3	5
3297	1731	1566	109	79	30	9		9
3019	1549	1470	129	90	39	7	2	5
3207	1701	1506	137	97	40	11	6	5
2978	1589	1389	115	76	39	7	2	5
15061	**8019**	**7042**	**660**	**468**	**192**	**77**	**18**	**59**
2757	1473	1284	126	83	43	9	1	8
2912	1526	1386	117	84	33	15	6	9
2759	1469	1290	126	90	36	11	2	9
3463	1875	1588	155	117	38	17	5	12
3170	1676	1494	136	94	42	25	4	21
17205	**8912**	**8293**	**600**	**376**	**224**	**194**	**44**	**150**
3521	1764	1757	128	81	47	43	11	32
3210	1696	1514	115	74	41	34	5	29
3453	1816	1637	116	72	44	38	8	30
3256	1719	1537	113	65	48	35	7	28
3765	1917	1848	128	84	44	44	13	31
20061	**10437**	**9624**	**550**	**372**	**178**	**331**	**98**	**233**
3980	2099	1881	104	63	41	50	15	35
3924	1987	1937	119	83	36	68	20	48
4163	2198	1965	132	100	32	58	20	38
4079	2063	2016	100	63	37	63	23	40
3915	2090	1825	95	63	32	92	20	72
21518	**11100**	**10418**	**466**	**312**	**154**	**599**	**158**	**441**
4634	2409	2225	123	80	43	92	23	69
4281	2180	2101	86	58	28	102	24	78
4672	2429	2243	95	65	30	160	42	118
3725	1932	1793	82	55	27	127	35	92
4206	2150	2056	80	54	26	118	34	84
16956	**8967**	**7989**	**265**	**179**	**86**	**836**	**211**	**625**
3948	2082	1866	63	41	22	169	43	126
3926	2129	1797	67	50	17	168	44	124
4005	2146	1859	63	38	25	203	48	155
3446	1799	1647	49	34	15	190	54	136
1631	811	820	23	16	7	106	22	84
10625	**5695**	**4930**	**119**	**80**	**39**	**877**	**227**	**650**
1970	1114	856	21	13	8	121	37	84
1622	831	791	18	15	3	116	18	98
2179	1173	1006	23	15	8	182	51	131
2438	1313	1125	31	18	13	217	58	159
2416	1264	1152	26	19	7	241	63	178
21766	**12467**	**9299**	**124**	**89**	**35**	**7925**	**2276**	**5649**

5-3c 续表 1

受教育程度 年龄	15岁及以上人口			未婚		
	合计	男	女	小计	男	女
未上过学	**19173**	**5378**	**13795**	**606**	**440**	**166**
15-19岁	**48**	**19**	**29**	**48**	**19**	**29**
15	7	4	3	7	4	3
16	11	4	7	11	4	7
17	12	5	7	12	5	7
18	7	1	6	7	1	6
19	11	5	6	11	5	6
20-24岁	**95**	**45**	**50**	**79**	**42**	**37**
20	12	5	7	11	5	6
21	17	10	7	14	10	4
22	19	11	8	16	10	6
23	23	11	12	19	11	8
24	24	8	16	19	6	13
25-29岁	**129**	**53**	**76**	**53**	**35**	**18**
25	18	6	12	11	6	5
26	24	12	12	13	10	3
27	21	12	9	12	10	2
28	28	9	19	9	4	5
29	38	14	24	8	5	3
30-34岁	**354**	**127**	**227**	**59**	**44**	**15**
30	56	19	37	13	10	3
31	53	21	32	10	8	2
32	64	21	43	15	10	5
33	83	32	51	10	9	1
34	98	34	64	11	7	4
35-39岁	**689**	**197**	**492**	**64**	**42**	**22**
35	92	32	60	13	9	4
36	126	35	91	13	7	6
37	138	39	99	13	7	6
38	157	43	114	13	9	4
39	176	48	128	12	10	2
40-44岁	**1080**	**275**	**805**	**51**	**38**	**13**
40	231	55	176	15	13	2
41	192	49	143	11	7	4
42	219	60	159	10	8	2
43	190	51	139	7	5	2
44	248	60	188	8	5	3
45-49岁	**1474**	**469**	**1005**	**63**	**49**	**14**
45	269	85	184	14	8	6
46	264	64	200	7	5	2
47	339	110	229	15	15	
48	304	109	195	20	18	2
49	298	101	197	7	3	4
50-54岁	**1821**	**493**	**1328**	**54**	**47**	**7**
50	416	132	284	16	12	4
51	367	81	286	12	10	2
52	395	99	296	8	8	
53	291	78	213	11	10	1
54	352	103	249	7	7	
55-59岁	**1732**	**331**	**1401**	**43**	**40**	**3**
55	338	73	265	10	9	1
56	359	79	280	8	8	
57	398	86	312	11	11	
58	401	61	340	11	9	2
59	236	32	204	3	3	
60-64岁	**2173**	**539**	**1634**	**34**	**33**	**1**
60	297	70	227	3	3	
61	295	57	238	5	5	
62	449	117	332	8	8	
63	547	147	400	8	8	
64	585	148	437	10	9	1
65岁及以上	**9578**	**2830**	**6748**	**58**	**51**	**7**

单位：人

有配偶			离　婚			丧　偶		
小计	男	女	小计	男	女	小计	男	女
14163	**4154**	**10009**	**165**	**88**	**77**	**4239**	**696**	**3543**
15	**2**	**13**	**1**	**1**				
1		1						
3		3						
3	1	2						
4		4						
4	1	3	1	1				
72	**16**	**56**	**4**	**2**	**2**			
7		7						
10	2	8	1		1			
9	2	7						
17	4	13	2	1	1			
29	8	21	1	1				
277	**73**	**204**	**16**	**10**	**6**	**2**		**2**
41	8	33	2	1	1			
39	12	27	3	1	2	1		1
46	8	38	3	3				
68	19	49	5	4	1			
83	26	57	3	1	2	1		1
606	**146**	**460**	**15**	**9**	**6**	**4**		**4**
78	22	56	1	1				
108	25	83	5	3	2			
122	32	90	1		1	2		2
139	31	108	4	3	1	1		1
159	36	123	4	2	2	1		1
982	**224**	**758**	**28**	**11**	**17**	**19**	**2**	**17**
212	41	171	3	1	2	1		1
172	39	133	4	2	2	5	1	4
195	48	147	9	4	5	5		5
174	44	130	7	2	5	2		2
229	52	177	5	2	3	6	1	5
1345	**403**	**942**	**21**	**13**	**8**	**45**	**4**	**41**
244	76	168	6	1	5	5		5
242	58	184	4	1	3	11		11
316	90	226	4	4		4	1	3
269	84	185	4	4		11	3	8
274	95	179	3	3		14		14
1671	**428**	**1243**	**22**	**10**	**12**	**74**	**8**	**66**
387	116	271	3	1	2	10	3	7
331	67	264	8	4	4	16		16
366	90	276	2		2	19	1	18
258	65	193	3	1	2	19	2	17
329	90	239	6	4	2	10	2	8
1527	**276**	**1251**	**9**	**5**	**4**	**153**	**10**	**143**
303	60	243	3		3	22	4	18
324	69	255				27	2	25
347	70	277	2	2		38	3	35
354	49	305	2	2		34	1	33
199	28	171	2	1	1	32		32
1855	**463**	**1392**	**16**	**8**	**8**	**268**	**35**	**233**
266	60	206	3	1	2	25	6	19
245	45	200	2	1	1	43	6	37
384	102	282	2	2		55	5	50
459	126	333	6	2	4	74	11	63
501	130	371	3	2	1	71	7	64
5813	**2123**	**3690**	**33**	**19**	**14**	**3674**	**637**	**3037**

5-3c 续表 2

受教育程度 年龄	15岁及以上人口 合计	男	女	未婚 小计	男	女
学前教育	**203**	**54**	**149**	**9**	**7**	**2**
15-19岁	**3**	**2**	**1**	**3**	**2**	**1**
15	1	1		1	1	
16	2	1	1	2	1	1
17						
18						
19						
20-24岁	**4**	**1**	**3**	**1**	**1**	
20						
21						
22	1		1			
23						
24	3	1	2	1	1	
25-29岁	**2**		**2**			
25						
26						
27						
28	1		1			
29	1		1			
30-34岁	**3**		**3**			
30	1		1			
31	1		1			
32	1		1			
33						
34						
35-39岁	**9**	**3**	**6**	**1**	**1**	
35						
36	2	1	1	1	1	
37	2	1	1			
38	5	1	4			
39						
40-44岁	**18**	**4**	**14**	**1**	**1**	
40	4	1	3			
41	2	1	1			
42	7		7			
43	5	2	3	1	1	
44						
45-49岁	**17**	**5**	**12**	**1**		**1**
45	4	1	3			
46	4	2	2	1		1
47	1		1			
48	3	1	2			
49	5	1	4			
50-54岁	**20**	**8**	**12**	**1**	**1**	
50	7	4	3	1	1	
51	3		3			
52	3	2	1			
53	4	2	2			
54	3		3			
55-59岁	**13**		**13**			
55	1		1			
56	4		4			
57	2		2			
58	5		5			
59	1		1			
60-64岁	**28**	**6**	**22**			
60	2		2			
61	2	2				
62	9	2	7			
63	8	1	7			
64	7	1	6			
65岁及以上	**86**	**25**	**61**	**1**	**1**	

单位：人

有配偶			离婚			丧偶		
小计	男	女	小计	男	女	小计	男	女
162	**40**	**122**	**2**		**2**	**30**	**7**	**23**
3		**3**						
1		1						
2		2						
2		**2**						
1		1						
1		1						
3		**3**						
1		1						
1		1						
1		1						
8	**2**	**6**						
1		1						
2	1	1						
5	1	4						
16	**3**	**13**	**1**		**1**			
4	1	3						
2	1	1						
6		6	1		1			
4	1	3						
15	**4**	**11**				**1**	**1**	
4	1	3						
3	2	1						
1		1						
3	1	2						
4		4				1	1	
17	**6**	**11**				**2**	**1**	**1**
6	3	3						
2		2				1		1
2	1	1				1	1	
4	2	2						
3		3						
12		**12**	**1**		**1**			
1		1						
4		4						
1		1	1		1			
5		5						
1		1						
23	**5**	**18**				**5**	**1**	**4**
1		1				1		1
2	2							
7	2	5				2		2
7		7				1	1	
6	1	5				1		1
63	**20**	**43**				**22**	**4**	**18**

5-3c 续表 3

受教育程度 年龄	15岁及以上人口 合计	15岁及以上人口 男	15岁及以上人口 女	未婚 小计	未婚 男	未婚 女
小 学	**76946**	**35914**	**41032**	**1891**	**1632**	**259**
15-19岁	**290**	**136**	**154**	**200**	**133**	**67**
15	24	11	13	22	11	11
16	26	14	12	23	14	9
17	46	22	24	37	22	15
18	71	36	35	45	36	9
19	123	53	70	73	50	23
20-24岁	**1418**	**595**	**823**	**443**	**378**	**65**
20	161	72	89	83	63	20
21	228	114	114	107	94	13
22	317	127	190	99	86	13
23	318	131	187	80	73	7
24	394	151	243	74	62	12
25-29岁	**3050**	**1232**	**1818**	**262**	**222**	**40**
25	468	183	285	74	57	17
26	541	206	335	59	52	7
27	602	247	355	58	49	9
28	687	278	409	35	30	5
29	752	318	434	36	34	2
30-34岁	**5034**	**2090**	**2944**	**185**	**155**	**30**
30	983	392	591	51	42	9
31	999	432	567	36	27	9
32	944	363	581	28	27	1
33	1055	460	595	44	38	6
34	1053	443	610	26	21	5
35-39岁	**6648**	**3028**	**3620**	**152**	**135**	**17**
35	1047	447	600	19	17	2
36	1256	539	717	34	32	2
37	1231	586	645	25	25	
38	1578	729	849	36	28	8
39	1536	727	809	38	33	5
40-44岁	**7958**	**3579**	**4379**	**155**	**134**	**21**
40	1676	722	954	46	36	10
41	1490	700	790	21	18	3
42	1611	732	879	30	27	3
43	1428	631	797	23	21	2
44	1753	794	959	35	32	3
45-49岁	**9397**	**4146**	**5251**	**157**	**148**	**9**
45	1795	806	989	39	38	1
46	1802	744	1058	27	25	2
47	1915	897	1018	37	35	2
48	1963	818	1145	19	16	3
49	1922	881	1041	35	34	1
50-54岁	**11512**	**5174**	**6338**	**123**	**121**	**2**
50	2396	1075	1321	28	28	
51	2228	994	1234	21	19	2
52	2524	1141	1383	33	33	
53	2069	923	1146	18	18	
54	2295	1041	1254	23	23	
55-59岁	**8466**	**3693**	**4773**	**87**	**84**	**3**
55	2118	969	1149	20	20	
56	1986	924	1062	25	24	1
57	1853	784	1069	24	22	2
58	1718	705	1013	12	12	
59	791	311	480	6	6	
60-64岁	**6140**	**2894**	**3246**	**38**	**37**	**1**
60	945	420	525	4	3	1
61	858	355	503	7	7	
62	1297	633	664	9	9	
63	1491	730	761	8	8	
64	1549	756	793	10	10	
65岁及以上	**17033**	**9347**	**7686**	**89**	**85**	**4**

单位：人

有配偶			离婚			丧偶		
小计	男	女	小计	男	女	小计	男	女
68422	**31778**	**36644**	**1184**	**757**	**427**	**5449**	**1747**	**3702**
88	**3**	**85**	**2**		**2**			
2		2						
3		3						
9		9						
25		25	1		1			
49	3	46	1		1			
953	**210**	**743**	**17**	**6**	**11**	**5**	**1**	**4**
75	9	66	2		2	1		1
120	19	101	1	1				
213	41	172	4		4	1		1
232	55	177	5	3	2	1		1
313	86	227	5	2	3	2	1	1
2702	**962**	**1740**	**81**	**48**	**33**	**5**		**5**
377	120	257	16	6	10	1		1
476	152	324	6	2	4			
530	188	342	14	10	4			
629	232	397	21	16	5	2		2
690	270	420	24	14	10	2		2
4715	**1869**	**2846**	**115**	**62**	**53**	**19**	**4**	**15**
908	339	569	19	10	9	5	1	4
933	388	545	27	17	10	3		3
893	324	569	19	11	8	4	1	3
981	405	576	26	15	11	4	2	2
1000	413	587	24	9	15	3		3
6249	**2748**	**3501**	**214**	**141**	**73**	**33**	**4**	**29**
983	406	577	41	24	17	4		4
1181	481	700	36	26	10	5		5
1161	530	631	41	31	10	4		4
1484	669	815	50	30	20	8	2	6
1440	662	778	46	30	16	12	2	10
7537	**3333**	**4204**	**166**	**94**	**72**	**100**	**18**	**82**
1566	655	911	43	28	15	21	3	18
1419	663	756	32	17	15	18	2	16
1533	685	848	29	16	13	19	4	15
1349	584	765	34	21	13	22	5	17
1670	746	924	28	12	16	20	4	16
8893	**3840**	**5053**	**181**	**118**	**63**	**166**	**40**	**126**
1693	737	956	38	25	13	25	6	19
1697	680	1017	47	30	17	31	9	22
1809	824	985	35	26	9	34	12	22
1879	774	1105	36	22	14	29	6	23
1815	825	990	25	15	10	47	7	40
10873	**4855**	**6018**	**166**	**116**	**50**	**350**	**82**	**268**
2269	1004	1265	43	29	14	56	14	42
2127	943	1184	29	20	9	51	12	39
2356	1059	1297	35	26	9	100	23	77
1950	869	1081	29	19	10	72	17	55
2171	980	1191	30	22	8	71	16	55
7806	**3417**	**4389**	**118**	**82**	**36**	**455**	**110**	**345**
1966	907	1059	28	19	9	104	23	81
1834	856	978	30	22	8	97	22	75
1711	725	986	22	13	9	96	24	72
1576	650	926	25	17	8	105	26	79
719	279	440	13	11	2	53	15	38
5563	**2693**	**2870**	**60**	**42**	**18**	**479**	**122**	**357**
867	398	469	9	7	2	65	12	53
787	333	454	8	8		56	7	49
1169	581	588	16	10	6	103	33	70
1350	680	670	14	8	6	119	34	85
1390	701	689	13	9	4	136	36	100
13043	**7848**	**5195**	**64**	**48**	**16**	**3837**	**1366**	**2471**

5-3c 续表 4

受教育程度 年　　龄	15岁及以上人口			未　婚		
	合计	男	女	小计	男	女
初　中	**68984**	**43433**	**25551**	**10807**	**8081**	**2726**
15-19岁	**5483**	**3158**	**2325**	**5101**	**3127**	**1974**
15	2026	1134	892	2020	1134	886
16	1142	605	537	1119	602	517
17	732	442	290	687	438	249
18	792	495	297	674	492	182
19	791	482	309	601	461	140
20-24岁	**5964**	**3559**	**2405**	**3015**	**2555**	**460**
20	972	600	372	658	543	115
21	1079	657	422	660	558	102
22	1338	773	565	671	572	99
23	1264	745	519	581	498	83
24	1311	784	527	445	384	61
25-29岁	**7547**	**4590**	**2957**	**1550**	**1366**	**184**
25	1379	841	538	433	374	59
26	1514	915	599	392	345	47
27	1573	946	627	285	252	33
28	1538	919	619	224	200	24
29	1543	969	574	216	195	21
30-34岁	**7966**	**4812**	**3154**	**580**	**525**	**55**
30	1831	1098	733	189	170	19
31	1613	964	649	130	113	17
32	1487	892	595	101	95	6
33	1584	963	621	79	74	5
34	1451	895	556	81	73	8
35-39岁	**6850**	**4293**	**2557**	**233**	**208**	**25**
35	1354	834	520	55	46	9
36	1281	818	463	52	46	6
37	1245	770	475	39	36	3
38	1580	1001	579	45	41	4
39	1390	870	520	42	39	3
40-44岁	**7614**	**4628**	**2986**	**116**	**104**	**12**
40	1540	920	620	21	19	2
41	1394	858	536	31	27	4
42	1515	932	583	24	23	1
43	1470	904	566	12	10	2
44	1695	1014	681	28	25	3
45-49岁	**8435**	**5227**	**3208**	**92**	**86**	**6**
45	1780	1100	680	28	26	2
46	1687	1039	648	20	20	
47	1767	1107	660	18	17	1
48	1632	993	639	10	8	2
49	1569	988	581	16	15	1
50-54岁	**7781**	**4887**	**2894**	**57**	**50**	**7**
50	1662	1046	616	12	11	1
51	1563	979	584	15	11	4
52	1679	1064	615	9	9	
53	1357	866	491	15	13	2
54	1520	932	588	6	6	
55-59岁	**6403**	**4282**	**2121**	**41**	**38**	**3**
55	1487	959	528	13	11	2
56	1556	1040	516	10	10	
57	1624	1080	544	6	5	1
58	1183	833	350	7	7	
59	553	370	183	5	5	
60-64岁	**2390**	**1864**	**526**	**12**	**12**	
60	621	483	138	3	3	
61	425	316	109	1	1	
62	452	344	108	1	1	
63	460	364	96	4	4	
64	432	357	75	3	3	
65岁及以上	**2551**	**2133**	**418**	**10**	**10**	

单位：人

有配偶			离婚			丧偶		
小计	男	女	小计	男	女	小计	男	女
55314	**33510**	**21804**	**1887**	**1345**	**542**	**976**	**497**	**479**
375	**31**	**344**	**7**		**7**			
6		6						
22	3	19	1		1			
44	4	40	1		1			
115	3	112	3		3			
188	21	167	2		2			
2877	**983**	**1894**	**70**	**21**	**49**	**2**		**2**
308	57	251	5		5	1		1
407	97	310	11	2	9	1		1
648	197	451	19	4	15			
668	243	425	15	4	11			
846	389	457	20	11	9			
5763	**3070**	**2693**	**225**	**152**	**73**	**9**	**2**	**7**
915	453	462	30	13	17	1	1	
1076	541	535	45	29	16	1		1
1240	662	578	48	32	16			
1263	681	582	49	38	11	2		2
1269	733	536	53	40	13	5	1	4
7040	**4024**	**3016**	**333**	**256**	**77**	**13**	**7**	**6**
1566	873	693	75	54	21	1	1	
1416	799	617	64	52	12	3		3
1314	740	574	70	56	14	2	1	1
1430	831	599	71	55	16	4	3	1
1314	781	533	53	39	14	3	2	1
6237	**3809**	**2428**	**345**	**263**	**82**	**35**	**13**	**22**
1230	741	489	65	46	19	4	1	3
1164	724	440	57	43	14	8	5	3
1135	685	450	66	47	19	5	2	3
1443	886	557	84	71	13	8	3	5
1265	773	492	73	56	17	10	2	8
7119	**4280**	**2839**	**317**	**223**	**94**	**62**	**21**	**41**
1433	849	584	66	45	21	20	7	13
1294	784	510	63	45	18	6	2	4
1415	865	550	62	40	22	14	4	10
1397	855	542	53	37	16	8	2	6
1580	927	653	73	56	17	14	6	8
7988	**4909**	**3079**	**247**	**184**	**63**	**108**	**48**	**60**
1688	1036	652	46	30	16	18	8	10
1592	969	623	51	41	10	24	9	15
1663	1032	631	67	52	15	19	6	13
1562	945	617	40	27	13	20	13	7
1483	927	556	43	34	9	27	12	15
7376	**4637**	**2739**	**196**	**139**	**57**	**152**	**61**	**91**
1572	992	580	56	38	18	22	5	17
1482	930	552	38	28	10	28	10	18
1600	1013	587	36	26	10	34	16	18
1273	812	461	36	26	10	33	15	18
1449	890	559	30	21	9	35	15	20
6077	**4099**	**1978**	**96**	**68**	**28**	**189**	**77**	**112**
1416	913	503	25	21	4	33	14	19
1475	988	487	28	22	6	43	20	23
1535	1044	491	25	15	10	58	16	42
1126	795	331	13	8	5	37	23	14
525	359	166	5	2	3	18	4	14
2257	**1780**	**477**	**34**	**24**	**10**	**87**	**48**	**39**
590	462	128	7	3	4	21	15	6
408	308	100	7	6	1	9	1	8
431	334	97	3	1	2	17	8	9
427	342	85	10	8	2	19	10	9
401	334	67	7	6	1	21	14	7
2205	**1888**	**317**	**17**	**15**	**2**	**319**	**220**	**99**

5-3c 续表 5

受教育程度 年龄	15岁及以上人口			未婚		
	合计	男	女	小计	男	女
高 中	**20439**	**12576**	**7863**	**9337**	**5241**	**4096**
15-19岁	**6523**	**3217**	**3306**	**6481**	**3214**	**3267**
15	1077	497	580	1077	497	580
16	1910	957	953	1908	957	951
17	1608	786	822	1606	786	820
18	1140	559	581	1130	558	572
19	788	418	370	760	416	344
20-24岁	**2339**	**1338**	**1001**	**1782**	**1142**	**640**
20	531	278	253	489	272	217
21	434	239	195	361	220	141
22	475	279	196	359	238	121
23	403	234	169	273	188	85
24	496	308	188	300	224	76
25-29岁	**2187**	**1350**	**837**	**736**	**596**	**140**
25	437	267	170	197	150	47
26	450	281	169	183	149	34
27	433	268	165	145	116	29
28	426	269	157	113	99	14
29	441	265	176	98	82	16
30-34岁	**1917**	**1240**	**677**	**198**	**176**	**22**
30	498	330	168	68	61	7
31	420	263	157	51	43	8
32	347	224	123	28	26	2
33	378	244	134	34	29	5
34	274	179	95	17	17	
35-39岁	**1050**	**710**	**340**	**51**	**40**	**11**
35	230	150	80	12	12	
36	241	161	80	13	9	4
37	171	109	62	6	5	1
38	216	162	54	10	8	2
39	192	128	64	10	6	4
40-44岁	**1060**	**734**	**326**	**32**	**23**	**9**
40	206	145	61	8	6	2
41	217	138	79	6	4	2
42	197	144	53	6	3	3
43	234	159	75	6	5	1
44	206	148	58	6	5	1
45-49岁	**1421**	**982**	**439**	**24**	**24**	
45	266	191	75	4	4	
46	305	215	90	5	5	
47	291	192	99	5	5	
48	294	200	94	3	3	
49	265	184	81	7	7	
50-54岁	**1313**	**960**	**353**	**19**	**14**	**5**
50	335	238	97	4	4	
51	276	195	81	4	3	1
52	284	214	70	4	3	1
53	203	155	48	4	2	2
54	215	158	57	3	2	1
55-59岁	**1300**	**949**	**351**	**11**	**9**	**2**
55	190	132	58	3	2	1
56	236	165	71	5	4	1
57	350	250	100	2	2	
58	350	269	81	1	1	
59	174	133	41			
60-64岁	**825**	**653**	**172**	**3**	**3**	
60	232	178	54			
61	159	122	37			
62	168	139	29	2	2	
63	166	137	29	1	1	
64	100	77	23			
65岁及以上	**504**	**443**	**61**			

单位：人

有配偶			离　婚			丧　偶		
小计	男	女	小计	男	女	小计	男	女
10512	**6994**	**3518**	**423**	**261**	**162**	**167**	**80**	**87**
42	**3**	**39**						
2		2						
2		2						
10	1	9						
28	2	26						
546	**192**	**354**	**11**	**4**	**7**			
41	6	35	1		1			
71	18	53	2	1	1			
114	41	73	2		2			
127	45	82	3	1	2			
193	82	111	3	2	1			
1401	**723**	**678**	**50**	**31**	**19**			
235	113	122	5	4	1			
259	128	131	8	4	4			
277	145	132	11	7	4			
301	162	139	12	8	4			
329	175	154	14	8	6			
1633	**1009**	**624**	**81**	**53**	**28**	**5**	**2**	**3**
404	254	150	25	14	11	1	1	
360	215	145	8	5	3	1		1
301	185	116	18	13	5			
326	203	123	15	11	4	3	1	2
242	152	90	15	10	5			
950	**637**	**313**	**45**	**33**	**12**	**4**		**4**
207	131	76	10	7	3	1		1
219	146	73	8	6	2	1		1
155	96	59	10	8	2			
197	146	51	9	8	1			
172	118	54	8	4	4	2		2
965	**677**	**288**	**53**	**31**	**22**	**10**	**3**	**7**
187	133	54	10	5	5	1	1	
199	128	71	8	6	2	4		4
180	132	48	11	9	2			
214	151	63	12	3	9	2		2
185	133	52	12	8	4	3	2	1
1314	**910**	**404**	**74**	**43**	**31**	**9**	**5**	**4**
247	180	67	13	6	7	2	1	1
288	201	87	10	7	3	2	2	
266	172	94	19	14	5	1	1	
275	189	86	14	7	7	2	1	1
238	168	70	18	9	9	2		2
1215	**906**	**309**	**62**	**36**	**26**	**17**	**4**	**13**
309	224	85	18	9	9	4	1	3
258	185	73	9	5	4	5	2	3
259	200	59	17	11	6	4		4
190	148	42	7	5	2	2		2
199	149	50	11	6	5	2	1	1
1223	**908**	**315**	**32**	**19**	**13**	**34**	**13**	**21**
175	128	47	4		4	8	2	6
222	155	67	8	6	2	1		1
329	238	91	9	5	4	10	5	5
328	258	70	8	6	2	13	4	9
169	129	40	3	2	1	2	2	
778	**625**	**153**	**8**	**6**	**2**	**36**	**19**	**17**
222	173	49	2	2		8	3	5
150	118	32	1		1	8	4	4
159	130	29	2	2		5	5	
160	134	26	1		1	4	2	2
87	70	17	2	2		11	5	6
445	**404**	**41**	**7**	**5**	**2**	**52**	**34**	**18**

5-3c 续表 6

受教育程度 年　　龄	15岁及以上人口			未　婚		
	合计	男	女	小计	男	女
大学专科	**10517**	**5886**	**4631**	**5190**	**2695**	**2495**
15-19岁	**1181**	**566**	**615**	**1176**	**566**	**610**
15	36	22	14	36	22	14
16	103	65	38	103	65	38
17	165	87	78	165	87	78
18	329	170	159	329	170	159
19	548	222	326	543	222	321
20-24岁	**2944**	**1286**	**1658**	**2626**	**1207**	**1419**
20	615	247	368	605	244	361
21	595	261	334	560	256	304
22	594	256	338	537	246	291
23	584	263	321	500	245	255
24	556	259	297	424	216	208
25-29岁	**2498**	**1356**	**1142**	**1105**	**702**	**403**
25	642	318	324	425	248	177
26	501	272	229	243	157	86
27	491	258	233	200	127	73
28	434	256	178	133	99	34
29	430	252	178	104	71	33
30-34岁	**1643**	**1034**	**609**	**221**	**167**	**54**
30	485	296	189	96	72	24
31	368	241	127	57	42	15
32	322	203	119	35	27	8
33	269	170	99	22	19	3
34	199	124	75	11	7	4
35-39岁	**623**	**429**	**194**	**31**	**30**	**1**
35	157	109	48	13	12	1
36	152	104	48	6	6	
37	116	80	36	4	4	
38	113	82	31	5	5	
39	85	54	31	3	3	
40-44岁	**435**	**291**	**144**	**17**	**14**	**3**
40	92	65	27	8	7	1
41	94	56	38	4	3	1
42	85	62	23	2	2	
43	87	60	27	2	1	1
44	77	48	29	1	1	
45-49岁	**357**	**248**	**109**	**6**	**3**	**3**
45	70	46	24			
46	76	56	20	1	1	
47	80	54	26	1		1
48	64	45	19	3	1	2
49	67	47	20	1	1	
50-54岁	**288**	**204**	**84**	**5**	**4**	**1**
50	71	54	17			
51	65	43	22			
52	68	46	22	2	2	
53	41	32	9			
54	43	29	14	3	2	1
55-59岁	**240**	**199**	**41**	**2**	**1**	**1**
55	64	51	13	2	1	1
56	44	39	5			
57	64	53	11			
58	52	42	10			
59	16	14	2			
60-64岁	**122**	**102**	**20**			
60	18	15	3			
61	25	20	5			
62	23	19	4			
63	28	24	4			
64	28	24	4			
65岁及以上	**186**	**171**	**15**	**1**	**1**	

单位：人

有配偶			离婚			丧偶		
小计	男	女	小计	男	女	小计	男	女
5120	**3077**	**2043**	**172**	**95**	**77**	**35**	**19**	**16**
5		**5**						
5		5						
313	**77**	**236**	**5**	**2**	**3**			
10	3	7						
34	5	29	1		1			
56	9	47	1	1				
82	17	65	2	1	1			
131	43	88	1		1			
1376	**646**	**730**	**17**	**8**	**9**			
214	69	145	3	1	2			
257	114	143	1	1				
289	129	160	2	2				
297	156	141	4	1	3			
319	178	141	7	3	4			
1369	**837**	**532**	**51**	**30**	**21**	**2**		**2**
376	216	160	12	8	4	1		1
305	195	110	6	4	2			
278	173	105	8	3	5	1		1
231	142	89	16	9	7			
179	111	68	9	6	3			
563	**382**	**181**	**28**	**16**	**12**	**1**	**1**	
140	96	44	4	1	3			
138	93	45	7	4	3	1	1	
106	72	34	6	4	2			
101	72	29	7	5	2			
78	49	29	4	2	2			
389	**264**	**125**	**27**	**13**	**14**	**2**		**2**
80	57	23	4	1	3			
83	50	33	6	3	3	1		1
81	58	23	2	2				
78	57	21	7	2	5			
67	42	25	8	5	3	1		1
329	**233**	**96**	**20**	**12**	**8**	**2**		**2**
69	45	24	1	1				
70	52	18	5	3	2			
73	50	23	6	4	2			
57	42	15	3	2	1	1		1
60	44	16	5	2	3	1		1
266	**190**	**76**	**14**	**8**	**6**	**3**	**2**	**1**
70	53	17	1	1				
63	42	21	1	1		1		1
61	42	19	4	1	3	1	1	
35	27	8	5	4	1	1	1	
37	26	11	3	1	2			
227	**193**	**34**	**8**	**5**	**3**	**3**		**3**
58	49	9	3	1	2	1		1
43	39	4	1		1			
60	50	10	3	3		1		1
50	41	9	1	1		1		1
16	14	2						
119	**100**	**19**	**1**		**1**	**2**	**2**	
17	14	3				1	1	
25	20	5						
23	19	4						
28	24	4						
26	23	3	1		1	1	1	
164	**155**	**9**	**1**	**1**		**20**	**14**	**6**

5-3c 续表 7

受教育程度 年 龄	15岁及以上人口			未 婚		
	合计	男	女	小计	男	女
大学本科	**5973**	**3219**	**2754**	**3137**	**1546**	**1591**
15-19岁	**497**	**225**	**272**	**496**	**225**	**271**
15	4	1	3	4	1	3
16	8	1	7	8	1	7
17	33	13	20	33	13	20
18	184	80	104	184	80	104
19	268	130	138	267	130	137
20-24岁	**1611**	**726**	**885**	**1564**	**710**	**854**
20	288	129	159	286	128	158
21	250	111	139	249	111	138
22	353	152	201	351	152	199
23	359	161	198	348	157	191
24	361	173	188	330	162	168
25-29岁	**1590**	**772**	**818**	**885**	**478**	**407**
25	351	159	192	285	140	145
26	303	144	159	213	109	104
27	329	146	183	182	95	87
28	290	153	137	117	74	43
29	317	170	147	88	60	28
30-34岁	**1178**	**716**	**462**	**157**	**108**	**49**
30	341	210	131	68	47	21
31	272	144	128	44	29	15
32	203	127	76	14	9	5
33	183	113	70	19	15	4
34	179	122	57	12	8	4
35-39岁	**460**	**303**	**157**	**24**	**18**	**6**
35	126	86	40	8	7	1
36	109	60	49	7	4	3
37	78	53	25	2	2	
38	90	65	25	5	4	1
39	57	39	18	2	1	1
40-44岁	**204**	**133**	**71**	**4**	**2**	**2**
40	41	29	12	1	1	
41	40	30	10	1	1	
42	47	29	18	2		2
43	41	27	14			
44	35	18	17			
45-49岁	**175**	**131**	**44**	**2**	**1**	**1**
45	33	22	11	1		1
46	31	23	8			
47	33	27	6	1	1	
48	36	28	8			
49	42	31	11			
50-54岁	**106**	**80**	**26**	**2**	**2**	
50	23	19	4			
51	19	13	6	1	1	
52	29	24	5	1	1	
53	17	9	8			
54	18	15	3			
55-59岁	**86**	**73**	**13**	**3**	**2**	**1**
55	28	23	5			
56	24	22	2	1	1	
57	24	19	5	2	1	1
58	7	6	1			
59	3	3				
60-64岁	**30**	**29**	**1**			
60	7	7				
61	5	5				
62	6	5	1			
63	7	7				
64	5	5				
65岁及以上	**36**	**31**	**5**			

单位：人

有配偶			离婚			丧偶		
小计	男	女	小计	男	女	小计	男	女
2757	**1632**	**1125**	**73**	**39**	**34**	**6**	**2**	**4**
1		**1**						
1		1						
46	**15**	**31**	**1**	**1**				
2	1	1						
1		1						
2		2						
11	4	7						
30	10	20	1	1				
699	**290**	**409**	**6**	**4**	**2**			
66	19	47						
90	35	55						
146	50	96	1	1				
171	79	92	2		2			
226	107	119	3	3				
991	**590**	**401**	**29**	**18**	**11**	**1**		**1**
270	162	108	3	1	2			
226	115	111	1		1	1		1
179	115	64	10	3	7			
160	95	65	4	3	1			
156	103	53	11	11				
423	**279**	**144**	**13**	**6**	**7**			
113	75	38	5	4	1			
98	54	44	4	2	2			
74	51	23	2		2			
84	61	23	1		1			
54	38	16	1		1			
191	**127**	**64**	**8**	**4**	**4**	**1**		**1**
38	27	11	2	1	1			
37	28	9	2	1	1			
43	28	15	2	1	1			
40	27	13				1		1
33	17	16	2	1	1			
166	**128**	**38**	**7**	**2**	**5**			
32	22	10						
29	22	7	2	1	1			
31	26	5	1		1			
33	27	6	3	1	2			
41	31	10	1		1			
97	**75**	**22**	**6**	**3**	**3**	**1**		**1**
21	17	4	2	2				
17	12	5	1		1			
26	22	4	1	1		1		1
15	9	6	2		2			
18	15	3						
80	**70**	**10**	**1**		**1**	**2**	**1**	**1**
27	23	4				1		1
23	21	2						
21	18	3	1		1			
7	6	1						
2	2					1	1	
30	**29**	**1**						
7	7							
5	5							
6	5	1						
7	7							
5	5							
33	**29**	**4**	**2**	**1**	**1**	**1**	**1**	

5-3c 续表 8

受教育程度 年 龄	15岁及以上人口 合计	15岁及以上人口 男	15岁及以上人口 女	未婚 小计	未婚 男	未婚 女
硕士研究生	**226**	**111**	**115**	**108**	**47**	**61**
15–19岁	**1**	**1**		**1**	**1**	
15						
16						
17						
18	1	1		1	1	
19						
20–24岁	**44**	**19**	**25**	**44**	**19**	**25**
20	1	1		1	1	
21	1		1	1		1
22	6	3	3	6	3	3
23	15	8	7	15	8	7
24	21	7	14	21	7	14
25–29岁	**73**	**28**	**45**	**49**	**21**	**28**
25	15	8	7	13	7	6
26	18	6	12	14	6	8
27	8	3	5	5	2	3
28	15	5	10	8	3	5
29	17	6	11	9	3	6
30–34岁	**61**	**27**	**34**	**12**	**5**	**7**
30	15	2	13	4		4
31	20	9	11	3	2	1
32	8	6	2	1	1	
33	14	7	7	4	2	2
34	4	3	1			
35–39岁	**24**	**15**	**9**	**1**		**1**
35	6	2	4			
36	3	3				
37	3	1	2			
38	11	9	2	1		1
39	1		1			
40–44岁	**5**	**4**	**1**			
40	1	1				
41	3	3				
42						
43						
44	1		1			
45–49岁	**11**	**10**	**1**			
45	3	2	1			
46	3	3				
47	4	4				
48	1	1				
49						
50–54岁	**3**	**3**				
50						
51	1	1				
52	2	2				
53						
54						
55–59岁	**4**	**4**		**1**	**1**	
55	3	3		1	1	
56	1	1				
57						
58						
59						
60–64岁						
60						
61						
62						
63						
64						
65岁及以上						

单位：人

有配偶			离　婚			丧　偶		
小计	男	女	小计	男	女	小计	男	女
117	**63**	**54**	**1**	**1**				
24	**7**	**17**						
2	1	1						
4		4						
3	1	2						
7	2	5						
8	3	5						
48	**21**	**27**	**1**	**1**				
11	2	9						
17	7	10						
6	4	2	1	1				
10	5	5						
4	3	1						
23	**15**	**8**						
6	2	4						
3	3							
3	1	2						
10	9	1						
1		1						
5	**4**	**1**						
1	1							
3	3							
1		1						
11	**10**	**1**						
3	2	1						
3	3							
4	4							
1	1							
3	**3**							
1	1							
2	2							
3	**3**							
2	2							
1	1							

5-3c 续表 9

受教育程度 年龄	15岁及以上人口			未婚		
	合计	男	女	小计	男	女
博士研究生	**11**	**4**	**7**	**4**	**1**	**3**
15-19岁						
15						
16						
17						
18						
19						
20-24岁	**2**	**1**	**1**	**2**	**1**	**1**
20						
21						
22	1	1		1	1	
23						
24	1		1	1		1
25-29岁	**3**		**3**	**2**		**2**
25	2		2	2		2
26						
27						
28	1		1			
29						
30-34岁	**2**	**1**	**1**			
30						
31						
32	1		1			
33	1	1				
34						
35-39岁	**2**	**1**	**1**			
35						
36						
37	1	1				
38						
39	1		1			
40-44岁	**1**		**1**			
40						
41	1		1			
42						
43						
44						
45-49岁						
45						
46						
47						
48						
49						
50-54岁						
50						
51						
52						
53						
54						
55-59岁	**1**	**1**				
55						
56						
57	1	1				
58						
59						
60-64岁						
60						
61						
62						
63						
64						
65岁及以上						

单位：人

有配偶			离婚			丧偶		
小计	男	女	小计	男	女	小计	男	女
7	**3**	**4**						
1		**1**						
1		1						
2	**1**	**1**						
1		1						
1	1							
2	**1**	**1**						
1	1							
1		1						
1		**1**						
1		1						
1	**1**							
1	1							

5-4 全区分初婚年龄、性别、初婚年份的人口

单位：人

初婚年龄	初婚年份								
	合计			1980年			1981年		
	合计	男	女	小计	男	女	小计	男	女
总 计	**390089**	**195782**	**194307**	**8261**	**3984**	**4277**	**5759**	**2782**	**2977**
15岁以下	**770**	**115**	**655**	**32**	**8**	**24**	**21**	**7**	**14**
15-19岁	**69840**	**18424**	**51416**	**2289**	**555**	**1734**	**1638**	**393**	**1245**
15	3130	565	2565	143	31	112	71	10	61
16	6090	1050	5040	280	42	238	132	25	107
17	11673	2402	9271	574	129	445	288	54	234
18	19669	4900	14769	713	171	542	561	114	447
19	29278	9507	19771	579	182	397	586	190	396
20-24岁	**202541**	**102302**	**100239**	**4438**	**2296**	**2142**	**2934**	**1511**	**1423**
20	39011	15345	23666	759	313	446	493	182	311
21	42522	19857	22665	756	326	430	583	248	335
22	44883	23733	21150	1107	554	553	557	291	266
23	40224	22391	17833	967	539	428	684	403	281
24	35901	20976	14925	849	564	285	617	387	230
25-29岁	**91526**	**58205**	**33321**	**1350**	**1014**	**336**	**1083**	**809**	**274**
25	30743	18857	11886	581	422	159	478	340	138
26	23395	14656	8739	372	270	102	300	226	74
27	17164	11122	6042	202	163	39	172	137	35
28	12116	8055	4061	128	105	23	82	67	15
29	8108	5515	2593	67	54	13	51	39	12
30-34岁	**17082**	**11344**	**5738**	**122**	**91**	**31**	**64**	**50**	**14**
30	6020	4056	1964	45	32	13	28	23	5
31	4077	2695	1382	23	16	7	12	9	3
32	3034	1993	1041	19	15	4	14	10	4
33	2254	1485	769	21	16	5	5	5	
34	1697	1115	582	14	12	2	5	3	2
35-39岁	**4834**	**3170**	**1664**	**20**	**14**	**6**	**11**	**7**	**4**
35	1402	947	455	4	3	1	1	1	
36	1064	709	355	5	3	2	3	2	1
37	970	625	345	2	1	1	3	1	2
38	734	470	264	3	3		3	2	1
39	664	419	245	6	4	2	1	1	
40-44岁	**2009**	**1264**	**745**	**7**	**5**	**2**	**5**	**2**	**3**
40	535	315	220	1	1		1		1
41	464	302	162	2	1	1			
42	375	237	138	2	1	1	1	1	
43	346	226	120				2	1	1
44	289	184	105	2	2		1		1
45-49岁	**806**	**528**	**278**	**2**	**1**	**1**	**2**	**2**	
45	214	140	74	1		1			
46	186	123	63	1	1		1	1	
47	158	105	53				1	1	
48	137	80	57						
49	111	80	31						
50岁及以上	**681**	**430**	**251**	**1**		**1**	**1**	**1**	
平均初婚年龄	**23.56**	**24.56**	**22.55**	**22.15**	**23.42**	**20.97**	**22.28**	**23.56**	**21.07**

5-4 续表 1

单位：人

初婚年龄	初婚年份								
	1982年			1983年			1984年		
	小计	男	女	小计	男	女	小计	男	女
总　计	**7428**	**3576**	**3852**	**7444**	**3626**	**3818**	**7313**	**3602**	**3711**
15岁以下	**29**	**2**	**27**	**26**	**1**	**25**	**21**	**5**	**16**
15–19岁	**2361**	**645**	**1716**	**2190**	**610**	**1580**	**2065**	**594**	**1471**
15	99	16	83	124	27	97	92	20	72
16	201	44	157	195	35	160	173	40	133
17	368	80	288	328	83	245	316	86	230
18	620	158	462	594	160	434	547	128	419
19	1073	347	726	949	305	644	937	320	617
20–24岁	**3661**	**1884**	**1777**	**3920**	**2025**	**1895**	**4228**	**2235**	**1993**
20	996	419	577	1280	543	737	1292	556	736
21	588	274	314	946	461	485	1311	670	641
22	751	410	341	614	357	257	763	466	297
23	605	338	267	589	371	218	421	254	167
24	721	443	278	491	293	198	441	289	152
25–29岁	**1250**	**953**	**297**	**1178**	**895**	**283**	**868**	**672**	**196**
25	534	391	143	454	332	122	258	198	60
26	318	245	73	334	258	76	260	196	64
27	207	163	44	209	156	53	172	141	31
28	127	101	26	116	95	21	105	77	28
29	64	53	11	65	54	11	73	60	13
30–34岁	**103**	**78**	**25**	**100**	**77**	**23**	**108**	**80**	**28**
30	47	35	12	45	33	12	51	36	15
31	22	14	8	26	21	5	26	21	5
32	24	22	2	9	8	1	13	13	
33	6	3	3	13	10	3	12	7	5
34	4	4		7	5	2	6	3	3
35–39岁	**12**	**7**	**5**	**18**	**11**	**7**	**13**	**9**	**4**
35	2	1	1	9	5	4	6	4	2
36	2	1	1	1	1		1	1	
37	4	3	1	4	2	2	3	2	1
38	1	1		2	1	1	2	2	
39	3	1	2	2	2		1		1
40–44岁	**9**	**5**	**4**	**7**	**5**	**2**	**5**	**4**	**1**
40	3	1	2	2	1	1	2	2	
41	1		1	2	2		1	1	
42	1	1		1	1		2	1	1
43	3	2	1						
44	1	1		2	1	1			
45–49岁	**2**	**2**		**4**	**2**	**2**	**5**	**3**	**2**
45				1	1		2	1	1
46	1	1		2		2	1		1
47							1	1	
48	1	1		1	1				
49							1	1	
50岁及以上	**1**		**1**	**1**		**1**			
平均初婚年龄	**22.00**	**23.21**	**20.87**	**21.87**	**23.00**	**20.79**	**21.70**	**22.69**	**20.74**

5-4　续表 2　　　　单位：人

初婚年龄	初婚年份								
	1985年			1986年			1987年		
	小计	男	女	小计	男	女	小计	男	女
总　计	**8917**	**4349**	**4568**	**8887**	**4357**	**4530**	**8876**	**4362**	**4514**
15岁以下	**21**	**3**	**18**	**21**	**3**	**18**	**20**	**7**	**13**
15-19岁	**2369**	**641**	**1728**	**2245**	**647**	**1598**	**2157**	**635**	**1522**
15	101	24	77	77	19	58	82	14	68
16	234	42	192	187	49	138	145	31	114
17	407	83	324	439	103	336	315	75	240
18	649	171	478	616	157	459	646	169	477
19	978	321	657	926	319	607	969	346	623
20-24岁	**5353**	**2835**	**2518**	**5675**	**3002**	**2673**	**5616**	**2947**	**2669**
20	1359	544	815	1309	536	773	1187	436	751
21	1460	763	697	1313	631	682	1315	635	680
22	1390	795	595	1414	805	609	1260	739	521
23	755	482	273	1112	689	423	1089	642	447
24	389	251	138	527	341	186	765	495	270
25-29岁	**1002**	**737**	**265**	**764**	**569**	**195**	**890**	**630**	**260**
25	395	281	114	272	196	76	387	272	115
26	211	158	53	214	156	58	166	117	49
27	176	131	45	106	86	20	155	114	41
28	134	103	31	100	79	21	99	68	31
29	86	64	22	72	52	20	83	59	24
30-34岁	**136**	**106**	**30**	**137**	**108**	**29**	**150**	**113**	**37**
30	48	37	11	63	46	17	57	45	12
31	34	26	8	27	23	4	31	20	11
32	32	25	7	22	18	4	30	25	5
33	13	11	2	14	12	2	20	15	5
34	9	7	2	11	9	2	12	8	4
35-39岁	**24**	**21**	**3**	**29**	**17**	**12**	**32**	**22**	**10**
35	9	8	1	6	2	4	9	6	3
36	2	1	1	10	6	4	5	3	2
37	10	9	1	4	2	2	8	6	2
38	1	1		5	5		7	6	1
39	2	2		4	2	2	3	1	2
40-44岁	**7**	**2**	**5**	**10**	**6**	**4**	**9**	**6**	**3**
40	2	1	1	4		4	1	1	
41				3	3		3	1	2
42	3		3	2	2		2	1	1
43				1	1		1	1	
44	2	1	1				2	2	
45-49岁	**3**	**2**	**1**	**5**	**5**		**1**	**1**	
45	1		1	1	1		1	1	
46				2	2				
47									
48									
49	2	2		2	2				
50岁及以上	**2**	**2**		**1**		**1**	**1**	**1**	
平均初婚年龄	**21.79**	**22.79**	**20.84**	**21.86**	**22.75**	**21.00**	**22.06**	**22.94**	**21.22**

5-4　续表 3　　　　单位：人

初婚年龄	初婚年份								
	1988年			1989年			1990年		
	小计	男	女	小计	男	女	小计	男	女
总　计	**9526**	**4683**	**4843**	**10354**	**5197**	**5157**	**11530**	**5770**	**5760**
15岁以下	**31**	**6**	**25**	**27**	**7**	**20**	**38**	**6**	**32**
15-19岁	**2313**	**679**	**1634**	**2316**	**707**	**1609**	**2608**	**820**	**1788**
15	83	17	66	85	19	66	126	25	101
16	149	36	113	151	41	110	235	50	185
17	310	81	229	352	94	258	400	112	288
18	688	185	503	606	185	421	722	232	490
19	1083	360	723	1122	368	754	1125	401	724
20-24岁	**5900**	**3103**	**2797**	**6429**	**3362**	**3067**	**7234**	**3758**	**3476**
20	1309	531	778	1494	588	906	1681	683	998
21	1292	619	673	1606	771	835	1798	852	946
22	1301	720	581	1341	763	578	1696	945	751
23	1105	654	451	1164	690	474	1137	689	448
24	893	579	314	824	550	274	922	589	333
25-29岁	**1087**	**760**	**327**	**1381**	**980**	**401**	**1415**	**1022**	**393**
25	604	408	196	660	468	192	648	459	189
26	258	185	73	432	299	133	380	278	102
27	84	64	20	172	118	54	242	180	62
28	89	63	26	45	35	10	99	67	32
29	52	40	12	72	60	12	46	38	8
30-34岁	**148**	**105**	**43**	**136**	**97**	**39**	**160**	**111**	**49**
30	52	33	19	37	23	14	52	31	21
31	32	23	9	40	31	9	28	20	8
32	33	27	6	23	17	6	22	20	2
33	12	8	4	16	9	7	30	22	8
34	19	14	5	20	17	3	28	18	10
35-39岁	**28**	**18**	**10**	**42**	**28**	**14**	**46**	**34**	**12**
35	8	5	3	13	11	2	15	12	3
36	7	4	3	10	6	4	10	7	3
37	5	4	1	5	5		8	7	1
38	6	4	2	8	3	5	6	5	1
39	2	1	1	6	3	3	7	3	4
40-44岁	**15**	**9**	**6**	**11**	**5**	**6**	**18**	**11**	**7**
40	5	3	2	2		2	7	4	3
41	5	3	2	4	4		3	2	1
42	1		1	1	1		1	1	
43				2		2	3	2	1
44	4	3	1	2		2	4	2	2
45-49岁	**2**	**1**	**1**	**8**	**8**		**8**	**7**	**1**
45				2	2				
46	2	1	1	3	3		1		1
47				2	2		3	3	
48							1	1	
49				1	1		3	3	
50岁及以上	**2**	**2**		**4**	**3**	**1**	**3**	**1**	**2**
平均初婚年龄	**22.08**	**22.92**	**21.27**	**22.18**	**23.00**	**21.35**	**22.10**	**22.93**	**21.27**

5-4 续表 4 单位：人

初婚年龄	初婚年份								
	1991年			1992年			1993年		
	小计	男	女	小计	男	女	小计	男	女
总　计	**8261**	**4117**	**4144**	**9750**	**4862**	**4888**	**10190**	**5147**	**5043**
15岁以下	**21**	**3**	**18**	**28**	**8**	**20**	**23**	**4**	**19**
15–19岁	**1790**	**548**	**1242**	**1999**	**621**	**1378**	**1835**	**568**	**1267**
15	94	23	71	85	17	68	73	11	62
16	124	23	101	183	48	135	144	36	108
17	265	75	190	275	87	188	265	72	193
18	550	177	373	533	141	392	500	146	354
19	757	250	507	923	328	595	853	303	550
20–24岁	**5199**	**2682**	**2517**	**6125**	**3107**	**3018**	**6515**	**3313**	**3202**
20	1118	459	659	1209	499	710	1301	518	783
21	1180	548	632	1345	636	709	1422	666	756
22	1246	699	547	1486	796	690	1506	785	721
23	1013	571	442	1204	633	571	1343	749	594
24	642	405	237	881	543	338	943	595	348
25–29岁	**1125**	**793**	**332**	**1390**	**991**	**399**	**1558**	**1087**	**471**
25	470	312	158	536	370	166	702	467	235
26	325	241	84	379	267	112	365	266	99
27	196	141	55	231	169	62	234	174	60
28	93	73	20	144	103	41	164	117	47
29	41	26	15	100	82	18	93	63	30
30–34岁	**80**	**65**	**15**	**117**	**77**	**40**	**162**	**109**	**53**
30	26	22	4	56	35	21	69	47	22
31	13	11	2	12	8	4	40	25	15
32	18	14	4	23	15	8	24	16	8
33	13	9	4	14	10	4	16	13	3
34	10	9	1	12	9	3	13	8	5
35–39岁	**34**	**21**	**13**	**50**	**37**	**13**	**57**	**40**	**17**
35	11	9	2	18	13	5	15	12	3
36	8	4	4	7	6	1	10	8	2
37	5	4	1	10	8	2	6	4	2
38	6	2	4	6	4	2	15	11	4
39	4	2	2	9	6	3	11	5	6
40–44岁	**2**	**1**	**1**	**27**	**14**	**13**	**21**	**14**	**7**
40	1		1	9	4	5	7	6	1
41				8	5	3	7	4	3
42				5	2	3	6	4	2
43	1	1		1		1	1		1
44				4	3	1			
45–49岁	**7**	**2**	**5**	**9**	**3**	**6**	**12**	**7**	**5**
45				3	2	1	4	2	2
46				3	1	2	1		1
47	3	1	2	1		1	3	3	
48	3	1	2	2		2	3	1	2
49	1		1				1	1	
50岁及以上	**3**	**2**	**1**	**5**	**4**	**1**	**7**	**5**	**2**
平均初婚年龄	**22.21**	**22.99**	**21.43**	**22.45**	**23.23**	**21.68**	**22.63**	**23.41**	**21.83**

5-4　续表 5

单位：人

初婚年龄	初婚年份								
	1994年			1995年			1996年		
	小计	男	女	小计	男	女	小计	男	女
总　计	**10326**	**5151**	**5175**	**10975**	**5515**	**5460**	**10385**	**5206**	**5179**
15岁以下	**13**	**2**	**11**	**13**	**1**	**12**	**20**	**2**	**18**
15–19岁	**1864**	**570**	**1294**	**1884**	**604**	**1280**	**1688**	**494**	**1194**
15	73	23	50	65	21	44	62	14	48
16	147	43	104	157	31	126	143	24	119
17	235	57	178	290	75	215	261	60	201
18	530	144	386	469	149	320	484	155	329
19	879	303	576	903	328	575	738	241	497
20–24岁	**6475**	**3221**	**3254**	**6530**	**3198**	**3332**	**6198**	**3072**	**3126**
20	1227	470	757	1186	454	732	1187	449	738
21	1509	709	800	1468	644	824	1266	588	678
22	1434	726	708	1474	751	723	1409	676	733
23	1283	717	566	1284	696	588	1286	731	555
24	1022	599	423	1118	653	465	1050	628	422
25–29岁	**1704**	**1174**	**530**	**2148**	**1446**	**702**	**2064**	**1369**	**695**
25	767	504	263	864	542	322	755	487	268
26	418	293	125	608	417	191	563	351	212
27	249	177	72	355	262	93	362	252	110
28	164	125	39	198	135	63	233	172	61
29	106	75	31	123	90	33	151	107	44
30–34岁	**185**	**131**	**54**	**278**	**191**	**87**	**285**	**187**	**98**
30	80	60	20	102	75	27	103	70	33
31	57	38	19	77	53	24	69	45	24
32	20	12	8	54	34	20	54	27	27
33	6	4	2	30	22	8	39	28	11
34	22	17	5	15	7	8	20	17	3
35–39岁	**44**	**30**	**14**	**69**	**46**	**23**	**58**	**43**	**15**
35	7	4	3	21	13	8	12	9	3
36	17	13	4	17	11	6	14	10	4
37	6	5	1	13	10	3	12	7	5
38	9	5	4	7	5	2	10	9	1
39	5	3	2	11	7	4	10	8	2
40–44岁	**25**	**13**	**12**	**32**	**20**	**12**	**38**	**22**	**16**
40	9	2	7	5	2	3	11	6	5
41	3	2	1	9	7	2	9	5	4
42	3	1	2	4	4		9	6	3
43	5	4	1	7	5	2	4	3	1
44	5	4	1	7	2	5	5	2	3
45–49岁	**8**	**4**	**4**	**10**	**6**	**4**	**15**	**8**	**7**
45	3	1	2	3	2	1	3	2	1
46				2	1	1	5	1	4
47	2	1	1	2	2		4	2	2
48	1	1		1		1			
49	2	1	1	2	1	1	3	3	
50岁及以上	**8**	**6**	**2**	**11**	**3**	**8**	**19**	**9**	**10**
平均初婚年龄	**22.70**	**23.48**	**21.93**	**23.02**	**23.81**	**22.23**	**23.15**	**23.99**	**22.30**

5-4 续表 6

单位：人

初婚年龄	初婚年份								
	1997年			1998年			1999年		
	小计	男	女	小计	男	女	小计	男	女
总 计	**10567**	**5303**	**5264**	**10881**	**5471**	**5410**	**10151**	**5104**	**5047**
15岁以下	**10**	**1**	**9**	**13**	**2**	**11**	**26**	**2**	**24**
15-19岁	**1696**	**469**	**1227**	**1756**	**472**	**1284**	**1772**	**484**	**1288**
15	56	13	43	64	12	52	64	15	49
16	125	31	94	136	30	106	125	22	103
17	282	66	216	254	56	198	277	54	223
18	454	117	337	533	127	406	510	141	369
19	779	242	537	769	247	522	796	252	544
20-24岁	**6217**	**3084**	**3133**	**6143**	**3027**	**3116**	**5600**	**2760**	**2840**
20	994	376	618	1088	422	666	1018	393	625
21	1363	637	726	1201	539	662	1138	514	624
22	1480	737	743	1480	715	765	1273	639	634
23	1270	681	589	1290	693	597	1213	661	552
24	1110	653	457	1084	658	426	958	553	405
25-29岁	**2178**	**1454**	**724**	**2452**	**1626**	**826**	**2308**	**1549**	**759**
25	791	504	287	867	558	309	861	553	308
26	583	385	198	614	401	213	574	391	183
27	407	290	117	439	315	124	414	284	130
28	247	167	80	323	211	112	281	196	85
29	150	108	42	209	141	68	178	125	53
30-34岁	**323**	**212**	**111**	**385**	**257**	**128**	**318**	**223**	**95**
30	112	70	42	132	91	41	118	81	37
31	80	51	29	87	59	28	80	56	24
32	65	45	20	69	42	27	53	39	14
33	39	26	13	59	38	21	40	32	8
34	27	20	7	38	27	11	27	15	12
35-39岁	**55**	**31**	**24**	**83**	**53**	**30**	**79**	**56**	**23**
35	19	13	6	31	26	5	32	22	10
36	5	2	3	21	9	12	21	16	5
37	9	4	5	10	6	4	15	9	6
38	11	7	4	10	6	4	7	6	1
39	11	5	6	11	6	5	4	3	1
40-44岁	**58**	**36**	**22**	**33**	**26**	**7**	**23**	**12**	**11**
40	11	10	1	4	4		2	1	1
41	9	3	6	10	8	2	3	2	1
42	12	8	4	10	8	2	7	5	2
43	12	8	4	5	3	2	7	2	5
44	14	7	7	4	3	1	4	2	2
45-49岁	**17**	**7**	**10**	**10**	**4**	**6**	**14**	**9**	**5**
45	4	1	3	6	3	3	3	3	
46	4	2	2	2	1	1	2		2
47	2	1	1				1		1
48	5	2	3	2		2	5	4	1
49	2	1	1				3	2	1
50岁及以上	**13**	**9**	**4**	**6**	**4**	**2**	**11**	**9**	**2**
平均初婚年龄	**23.30**	**24.13**	**22.46**	**23.38**	**24.29**	**22.45**	**23.27**	**24.24**	**22.28**

5-4　续表 7　　　　　　　　　　　　　　　　　　　　　　　　　　　　　单位：人

初婚年龄	初婚年份								
	2000年			2001年			2002年		
	小计	男	女	小计	男	女	小计	男	女
总　计	**12299**	**6211**	**6088**	**7676**	**3908**	**3768**	**9657**	**4885**	**4772**
15岁以下	**30**	**8**	**22**	**15**	**5**	**10**	**21**	**3**	**18**
15-19岁	**2320**	**637**	**1683**	**1366**	**370**	**996**	**1669**	**447**	**1222**
15	103	20	83	62	14	48	90	19	71
16	174	39	135	97	19	78	141	18	123
17	383	95	288	202	37	165	273	60	213
18	679	177	502	389	108	281	424	111	313
19	981	306	675	616	192	424	741	239	502
20-24岁	**6768**	**3399**	**3369**	**4191**	**2081**	**2110**	**5313**	**2630**	**2683**
20	1314	524	790	845	330	515	1073	406	667
21	1439	641	798	919	416	503	1111	507	604
22	1448	764	684	938	489	449	1188	611	577
23	1351	738	613	800	448	352	1039	561	478
24	1216	732	484	689	398	291	902	545	357
25-29岁	**2683**	**1824**	**859**	**1751**	**1204**	**547**	**2184**	**1454**	**730**
25	978	635	343	619	406	213	712	434	278
26	700	460	240	440	285	155	585	381	204
27	498	353	145	332	239	93	416	291	125
28	297	222	75	214	159	55	256	193	63
29	210	154	56	146	115	31	215	155	60
30-34岁	**338**	**235**	**103**	**265**	**190**	**75**	**370**	**277**	**93**
30	124	83	41	117	81	36	115	86	29
31	93	63	30	58	43	15	96	72	24
32	60	43	17	37	29	8	72	57	15
33	32	26	6	32	20	12	60	44	16
34	29	20	9	21	17	4	27	18	9
35-39岁	**100**	**67**	**33**	**63**	**42**	**21**	**67**	**52**	**15**
35	39	23	16	19	12	7	22	16	6
36	23	16	7	18	12	6	14	11	3
37	22	19	3	15	10	5	13	11	2
38	13	6	7	6	5	1	7	7	
39	3	3		5	3	2	11	7	4
40-44岁	**31**	**20**	**11**	**10**	**6**	**4**	**12**	**7**	**5**
40	8	5	3				3	2	1
41	2		2	2		2	3	2	1
42	6	3	3	5	3	2	2	1	1
43	6	6		2	2		3	2	1
44	9	6	3	1	1		1		1
45-49岁	**11**	**8**	**3**	**7**	**5**	**2**	**12**	**9**	**3**
45	2	1	1	2		2	3	1	2
46				1	1		1	1	
47	4	3	1	2	2		4	3	1
48	2	1	1	1	1		1	1	
49	3	3		1	1		3	3	
50岁及以上	**18**	**13**	**5**	**8**	**5**	**3**	**9**	**6**	**3**
平均初婚年龄	**23.11**	**24.11**	**22.09**	**23.22**	**24.23**	**22.17**	**23.28**	**24.35**	**22.18**

5–4 续表 8

单位：人

初婚年龄	初婚年份								
	2003年			2004年			2005年		
	小计	男	女	小计	男	女	小计	男	女
总　计	**9625**	**4875**	**4750**	**9713**	**4932**	**4781**	**9504**	**4819**	**4685**
15岁以下	**21**	**3**	**18**	**18**	**1**	**17**	**12**	**3**	**9**
15–19岁	**1665**	**383**	**1282**	**1660**	**345**	**1315**	**1823**	**427**	**1396**
15	89	21	68	75	16	59	92	19	73
16	167	34	133	139	24	115	171	21	150
17	260	51	209	303	34	269	342	51	291
18	465	99	366	449	91	358	536	136	400
19	684	178	506	694	180	514	682	200	482
20–24岁	**5088**	**2575**	**2513**	**5183**	**2695**	**2488**	**4712**	**2450**	**2262**
20	868	326	542	897	341	556	836	320	516
21	1129	539	590	1045	510	535	927	413	514
22	1162	613	549	1200	661	539	1103	613	490
23	1082	606	476	1034	617	417	1011	587	424
24	847	491	356	1007	566	441	835	517	318
25–29岁	**2268**	**1489**	**779**	**2230**	**1460**	**770**	**2253**	**1451**	**802**
25	747	477	270	741	463	278	752	449	303
26	546	340	206	562	370	192	571	368	203
27	439	291	148	395	250	145	439	285	154
28	299	208	91	334	236	98	291	206	85
29	237	173	64	198	141	57	200	143	57
30–34岁	**440**	**320**	**120**	**450**	**317**	**133**	**503**	**346**	**157**
30	163	121	42	156	112	44	168	124	44
31	94	69	25	119	83	36	135	83	52
32	80	52	28	84	58	26	89	62	27
33	56	40	16	49	36	13	72	49	23
34	47	38	9	42	28	14	39	28	11
35–39岁	**83**	**60**	**23**	**104**	**67**	**37**	**127**	**89**	**38**
35	27	21	6	31	24	7	50	36	14
36	10	7	3	16	10	6	28	23	5
37	22	15	7	23	15	8	24	14	10
38	14	10	4	19	10	9	11	7	4
39	10	7	3	15	8	7	14	9	5
40–44岁	**23**	**18**	**5**	**39**	**28**	**11**	**54**	**40**	**14**
40	10	8	2	16	8	8	18	15	3
41	6	5	1	10	10		15	10	5
42	2	1	1	5	3	2	10	6	4
43				3	2	1	6	4	2
44	5	4	1	5	5		5	5	
45–49岁	**19**	**13**	**6**	**13**	**10**	**3**	**9**	**5**	**4**
45	5	5		6	5	1	1	1	
46	4	2	2	2	1	1	3	3	
47	2	2		2	2		1	1	
48	4	3	1	1	1		2		2
49	4	1	3	2	1	1	2		2
50岁及以上	**18**	**14**	**4**	**16**	**9**	**7**	**11**	**8**	**3**
平均初婚年龄	**23.51**	**24.65**	**22.35**	**23.57**	**24.67**	**22.43**	**23.59**	**24.78**	**22.37**

5-4 续表 9

单位：人

初婚年龄	初婚年份								
	2006年			2007年			2008年		
	小计	男	女	小计	男	女	小计	男	女
总　计	**9915**	**5039**	**4876**	**9439**	**4809**	**4630**	**10981**	**5569**	**5412**
15岁以下	**12**		**12**	**10**		**10**	**24**	**1**	**23**
15-19岁	**1778**	**408**	**1370**	**1618**	**361**	**1257**	**1905**	**456**	**1449**
15	53	7	46	67	9	58	86	16	70
16	174	16	158	133	15	118	172	20	152
17	319	44	275	315	50	265	299	50	249
18	521	105	416	435	87	348	614	138	476
19	711	236	475	668	200	468	734	232	502
20-24岁	**4780**	**2477**	**2303**	**4518**	**2318**	**2200**	**5176**	**2630**	**2546**
20	875	332	543	902	354	548	1004	371	633
21	974	467	507	931	430	501	1123	537	586
22	987	512	475	964	531	433	1145	620	525
23	952	548	404	895	527	368	965	568	397
24	992	618	374	826	476	350	939	534	405
25-29岁	**2548**	**1620**	**928**	**2504**	**1600**	**904**	**2940**	**1832**	**1108**
25	778	482	296	839	516	323	910	555	355
26	670	412	258	604	370	234	797	502	295
27	511	324	187	473	310	163	554	330	224
28	343	235	108	360	257	103	417	275	142
29	246	167	79	228	147	81	262	170	92
30-34岁	**561**	**364**	**197**	**524**	**348**	**176**	**605**	**420**	**185**
30	177	116	61	157	108	49	182	136	46
31	126	83	43	139	92	47	122	88	34
32	106	76	30	102	69	33	128	87	41
33	89	51	38	73	48	25	100	62	38
34	63	38	25	53	31	22	73	47	26
35-39岁	**151**	**111**	**40**	**176**	**122**	**54**	**209**	**142**	**67**
35	48	36	12	38	28	10	54	34	20
36	34	26	8	53	41	12	40	27	13
37	28	21	7	37	24	13	40	29	11
38	26	18	8	27	16	11	31	22	9
39	15	10	5	21	13	8	44	30	14
40-44岁	**58**	**37**	**21**	**55**	**36**	**19**	**77**	**57**	**20**
40	13	7	6	15	10	5	25	16	9
41	13	8	5	13	8	5	14	12	2
42	12	11	1	13	8	5	9	6	3
43	15	8	7	8	6	2	15	12	3
44	5	3	2	6	4	2	14	11	3
45-49岁	**13**	**11**	**2**	**15**	**10**	**5**	**21**	**14**	**7**
45	1		1				6	5	1
46	6	6		4	4		3	2	1
47	3	2	1	6	3	3	2		2
48	2	2		2	1	1	4	4	
49	1	1		3	2	1	6	3	3
50岁及以上	**14**	**11**	**3**	**19**	**14**	**5**	**24**	**17**	**7**
平均初婚年龄	**23.87**	**25.04**	**22.66**	**23.95**	**25.11**	**22.76**	**23.99**	**25.17**	**22.78**

5-4 续表 10

单位：人

初婚年龄	初婚年份								
	2009年			2010年			2011年		
	小计	男	女	小计	男	女	小计	男	女
总　计	**10346**	**5243**	**5103**	**11523**	**5882**	**5641**	**9568**	**4866**	**4702**
15岁以下	**13**		**13**	**24**	**1**	**23**	**12**	**1**	**11**
15—19岁	**1659**	**394**	**1265**	**1956**	**489**	**1467**	**1401**	**308**	**1093**
15	67	9	58	94	11	83	64	5	59
16	157	9	148	200	28	172	148	11	137
17	285	52	233	357	59	298	310	52	258
18	432	100	332	514	132	382	381	67	314
19	718	224	494	791	259	532	498	173	325
20—24岁	**4818**	**2411**	**2407**	**5469**	**2819**	**2650**	**4471**	**2268**	**2203**
20	895	337	558	1095	464	631	750	307	443
21	1048	476	572	1055	497	558	878	430	448
22	1094	575	519	1215	641	574	990	525	465
23	897	508	389	1089	612	477	951	531	420
24	884	515	369	1015	605	410	902	475	427
25—29岁	**2794**	**1751**	**1043**	**2948**	**1843**	**1105**	**2799**	**1690**	**1109**
25	813	481	332	897	538	359	803	457	346
26	698	423	275	744	455	289	725	425	300
27	582	383	199	593	383	210	566	346	220
28	402	261	141	482	313	169	419	269	150
29	299	203	96	232	154	78	286	193	93
30—34岁	**695**	**448**	**247**	**730**	**461**	**269**	**605**	**410**	**195**
30	227	141	86	237	159	78	184	120	64
31	155	105	50	207	123	84	168	117	51
32	138	88	50	121	67	54	103	72	31
33	96	67	29	94	59	35	101	66	35
34	79	47	32	71	53	18	49	35	14
35—39岁	**231**	**145**	**86**	**258**	**173**	**85**	**187**	**126**	**61**
35	59	37	22	76	50	26	55	36	19
36	56	33	23	55	43	12	39	29	10
37	49	32	17	50	34	16	30	18	12
38	41	31	10	48	29	19	34	23	11
39	26	12	14	29	17	12	29	20	9
40—44岁	**96**	**66**	**30**	**85**	**60**	**25**	**56**	**36**	**20**
40	24	14	10	30	20	10	12	9	3
41	25	19	6	20	13	7	10	7	3
42	15	9	6	11	9	2	18	11	7
43	20	16	4	13	10	3	12	5	7
44	12	8	4	11	8	3	4	4	
45—49岁	**21**	**16**	**5**	**30**	**20**	**10**	**24**	**17**	**7**
45	9	8	1	8	6	2	9	6	3
46	4	2	2	7	6	1	4	3	1
47	2	1	1	10	5	5	5	3	2
48	3	2	1	5	3	2	4	4	
49	3	3					2	1	1
50岁及以上	**19**	**12**	**7**	**23**	**16**	**7**	**13**	**10**	**3**
平均初婚年龄	**24.29**	**25.43**	**23.12**	**24.10**	**25.19**	**22.96**	**24.33**	**25.41**	**23.22**

5-4　续表 11　　　　单位：人

初婚年龄	初婚年份								
	2012年			2013年			2014年		
	小计	男	女	小计	男	女	小计	男	女
总　计	**11171**	**5734**	**5437**	**10800**	**5467**	**5333**	**10375**	**5255**	**5120**
15岁以下	**21**	**3**	**18**	**14**		**14**	**13**	**1**	**12**
15-19岁	**1568**	**386**	**1182**	**1383**	**322**	**1061**	**1180**	**247**	**933**
15	97	9	88	108	2	106	76	8	68
16	155	20	135	131	12	119	156	13	143
17	292	49	243	261	42	219	229	24	205
18	446	105	341	378	84	294	323	77	246
19	578	203	375	505	182	323	396	125	271
20-24岁	**5088**	**2574**	**2514**	**4529**	**2219**	**2310**	**4262**	**2088**	**2174**
20	748	301	447	602	231	371	627	257	370
21	927	423	504	766	370	396	690	332	358
22	1151	609	542	957	490	467	824	416	408
23	1123	608	515	1104	546	558	971	474	497
24	1139	633	506	1100	582	518	1150	609	541
25-29岁	**3377**	**2027**	**1350**	**3620**	**2138**	**1482**	**3612**	**2101**	**1511**
25	1048	594	454	1170	671	499	1109	603	506
26	877	497	380	913	525	388	944	534	410
27	653	407	246	702	410	292	706	424	282
28	454	300	154	487	304	183	511	321	190
29	345	229	116	348	228	120	342	219	123
30-34岁	**733**	**481**	**252**	**811**	**503**	**308**	**823**	**501**	**322**
30	293	196	97	280	166	114	244	152	92
31	137	99	38	194	123	71	189	120	69
32	139	85	54	136	86	50	175	98	77
33	94	60	34	106	68	38	121	71	50
34	70	41	29	95	60	35	94	60	34
35-39岁	**224**	**155**	**69**	**253**	**161**	**92**	**284**	**188**	**96**
35	74	48	26	69	50	19	81	55	26
36	48	30	18	55	33	22	67	43	24
37	42	34	8	52	32	20	58	39	19
38	23	16	7	38	24	14	41	25	16
39	37	27	10	39	22	17	37	26	11
40-44岁	**97**	**64**	**33**	**109**	**72**	**37**	**132**	**84**	**48**
40	31	21	10	30	17	13	37	18	19
41	26	17	9	27	16	11	33	26	7
42	16	13	3	17	13	4	26	16	10
43	13	6	7	23	19	4	27	17	10
44	11	7	4	12	7	5	9	7	2
45-49岁	**38**	**25**	**13**	**42**	**31**	**11**	**41**	**32**	**9**
45	9	5	4	11	7	4	11	11	
46	8	6	2	13	11	2	6	4	2
47	8	5	3	9	8	1	4	2	2
48	8	4	4	3	1	2	13	8	5
49	5	5		6	4	2	7	7	
50岁及以上	**25**	**19**	**6**	**39**	**21**	**18**	**28**	**13**	**15**
平均初婚年龄	**24.55**	**25.59**	**23.46**	**25.00**	**26.01**	**23.97**	**25.26**	**26.26**	**24.23**

5-4 续表 12

单位：人

初婚年龄	初婚年份								
	2015年			2016年			2017年		
	小计	男	女	小计	男	女	小计	男	女
总　计	**10383**	**5296**	**5087**	**9494**	**4779**	**4715**	**9062**	**4542**	**4520**
15岁以下	**12**		**12**	**16**	**2**	**14**	**12**	**1**	**11**
15-19岁	**1030**	**209**	**821**	**880**	**153**	**727**	**784**	**127**	**657**
15	50	1	49	42	2	40	34	3	31
16	124	10	114	82	7	75	72	4	68
17	208	21	187	177	19	158	135	17	118
18	274	52	222	274	39	235	224	30	194
19	374	125	249	305	86	219	319	73	246
20-24岁	**3857**	**1854**	**2003**	**3422**	**1632**	**1790**	**3177**	**1453**	**1724**
20	522	199	323	407	147	260	422	132	290
21	566	250	316	582	267	315	500	219	281
22	776	390	386	689	321	368	616	298	318
23	892	443	449	814	413	401	730	358	372
24	1101	572	529	930	484	446	909	446	463
25-29岁	**4106**	**2367**	**1739**	**3832**	**2147**	**1685**	**3781**	**2129**	**1652**
25	1274	656	618	1089	566	523	1013	543	470
26	1019	600	419	1028	573	455	891	475	416
27	821	469	352	792	457	335	867	495	372
28	611	380	231	558	329	229	583	345	238
29	381	262	119	365	222	143	427	271	156
30-34岁	**874**	**564**	**310**	**816**	**514**	**302**	**838**	**546**	**292**
30	304	204	100	258	173	85	323	220	103
31	210	132	78	209	132	77	174	115	59
32	138	84	54	139	82	57	135	78	57
33	127	86	41	114	76	38	123	81	42
34	95	58	37	96	51	45	83	52	31
35-39岁	**275**	**162**	**113**	**295**	**187**	**108**	**237**	**141**	**96**
35	75	42	33	85	56	29	72	49	23
36	53	33	20	71	49	22	50	29	21
37	62	34	28	59	32	27	44	22	22
38	44	22	22	44	28	16	39	17	22
39	41	31	10	36	22	14	32	24	8
40-44岁	**138**	**78**	**60**	**143**	**84**	**59**	**120**	**72**	**48**
40	36	19	17	32	21	11	25	14	11
41	33	20	13	31	21	10	27	17	10
42	27	16	11	27	12	15	27	16	11
43	20	13	7	29	15	14	22	15	7
44	22	10	12	24	15	9	19	10	9
45-49岁	**52**	**38**	**14**	**48**	**34**	**14**	**62**	**39**	**23**
45	19	13	6	16	11	5	13	7	6
46	9	8	1	11	8	3	15	12	3
47	15	11	4	9	8	1	9	4	5
48	5	3	2	8	4	4	17	11	6
49	4	3	1	4	3	1	8	5	3
50岁及以上	**39**	**24**	**15**	**42**	**26**	**16**	**51**	**34**	**17**
平均初婚年龄	**25.65**	**26.62**	**24.64**	**25.86**	**26.86**	**24.86**	**26.03**	**27.07**	**24.99**

5-4 续表 13

单位：人

初婚年龄	初婚年份								
	2018年			2019年			2020年		
	小计	男	女	小计	男	女	小计	男	女
总　计	**9651**	**4854**	**4797**	**7983**	**4042**	**3941**	**5143**	**2611**	**2532**
15岁以下	**11**	**1**	**10**	**5**	**1**	**4**			
15—19岁	**708**	**105**	**603**	**473**	**75**	**398**	**179**	**19**	**160**
15	36	1	35	18	2	16	8		8
16	79	4	75	34	2	32	18	1	17
17	117	6	111	78	6	72	27	1	26
18	192	19	173	139	13	126	55	3	52
19	284	75	209	204	52	152	71	14	57
20—24岁	**3223**	**1488**	**1735**	**2559**	**1139**	**1420**	**1547**	**680**	**867**
20	383	134	249	302	110	192	157	51	106
21	460	188	272	379	137	242	213	77	136
22	658	309	349	502	237	265	294	139	155
23	751	365	386	605	276	329	354	174	180
24	971	492	479	771	379	392	529	239	290
25—29岁	**4196**	**2328**	**1868**	**3544**	**1954**	**1590**	**2361**	**1266**	**1095**
25	1071	524	547	905	444	461	591	299	292
26	1007	535	472	847	448	399	553	278	275
27	869	500	369	695	405	290	477	253	224
28	774	468	306	633	375	258	420	240	180
29	475	301	174	464	282	182	320	196	124
30—34岁	**996**	**620**	**376**	**908**	**571**	**337**	**700**	**440**	**260**
30	364	235	129	345	218	127	279	180	99
31	256	148	108	215	142	73	165	93	72
32	177	116	61	148	91	57	106	69	37
33	106	65	41	113	66	47	78	44	34
34	93	56	37	87	54	33	72	54	18
35—39岁	**279**	**170**	**109**	**258**	**163**	**95**	**169**	**102**	**67**
35	76	42	34	68	47	21	36	26	10
36	64	40	24	52	33	19	42	27	15
37	59	38	21	65	31	34	34	22	12
38	39	24	15	37	30	7	27	12	15
39	41	26	15	36	22	14	30	15	15
40—44岁	**113**	**66**	**47**	**113**	**72**	**41**	**86**	**43**	**43**
40	27	13	14	36	21	15	18	8	10
41	24	12	12	25	16	9	23	10	13
42	20	12	8	19	14	5	15	6	9
43	22	14	8	18	13	5	14	8	6
44	20	15	5	15	8	7	16	11	5
45—49岁	**72**	**42**	**30**	**69**	**36**	**33**	**43**	**29**	**14**
45	21	14	7	16	7	9	8	5	3
46	16	8	8	21	11	10	15	9	6
47	11	8	3	13	7	6	12	8	4
48	12	5	7	10	5	5	5	4	1
49	12	7	5	9	6	3	3	3	
50岁及以上	**53**	**34**	**19**	**54**	**31**	**23**	**58**	**32**	**26**
平均初婚年龄	**26.32**	**27.28**	**25.34**	**26.70**	**27.61**	**25.77**	**27.30**	**28.08**	**26.49**

5-4a 全区分初婚年龄、性别、初婚年份的人口(城市)

单位：人

初婚年龄	初婚年份								
	合　计			1980年			1981年		
	合计	男	女	小计	男	女	小计	男	女
总　计	**161223**	**78720**	**82503**	**2919**	**1361**	**1558**	**2285**	**1075**	**1210**
15岁以下	**136**	**35**	**101**	**4**	**1**	**3**	**5**	**1**	**4**
15-19岁	**17687**	**4264**	**13423**	**430**	**84**	**346**	**428**	**92**	**336**
15	537	119	418	23	5	18	15	4	11
16	1178	205	973	52	6	46	25	4	21
17	2529	448	2081	100	20	80	78	13	65
18	5066	1171	3895	131	23	108	151	30	121
19	8377	2321	6056	124	30	94	159	41	118
20-24岁	**79880**	**35999**	**43881**	**1734**	**751**	**983**	**1214**	**541**	**673**
20	12167	4084	8083	225	71	154	130	33	97
21	14993	6132	8861	282	99	183	220	75	145
22	17605	8139	9466	431	168	263	225	103	122
23	17815	8631	9184	407	194	213	332	168	164
24	17300	9013	8287	389	219	170	307	162	145
25-29岁	**49844**	**29567**	**20277**	**677**	**472**	**205**	**601**	**414**	**187**
25	15982	8969	7013	280	181	99	267	171	96
26	12776	7377	5399	186	124	62	170	119	51
27	9799	5953	3846	116	88	28	95	71	24
28	6750	4280	2470	62	51	11	41	31	10
29	4537	2988	1549	33	28	5	28	22	6
30-34岁	**9313**	**6033**	**3280**	**65**	**46**	**19**	**25**	**20**	**5**
30	3347	2186	1161	27	19	8	9	8	1
31	2193	1416	777	11	5	6	5	4	1
32	1637	1043	594	9	6	3	6	3	3
33	1207	770	437	11	9	2	4	4	
34	929	618	311	7	7		1	1	
35-39岁	**2544**	**1653**	**891**	**7**	**6**	**1**	**8**	**4**	**4**
35	759	518	241	2	2		1	1	
36	551	356	195	1	1		2	1	1
37	530	340	190				3	1	2
38	364	225	139	2	2		2	1	1
39	340	214	126	2	1	1			
40-44岁	**1039**	**664**	**375**	**2**	**1**	**1**	**2**	**1**	**1**
40	275	164	111				1		1
41	235	150	85						
42	187	121	66	1		1	1	1	
43	176	119	57						
44	166	110	56	1	1				
45-49岁	**426**	**282**	**144**				**2**	**2**	
45	117	77	40						
46	96	63	33				1	1	
47	83	60	23				1	1	
48	71	40	31						
49	59	42	17						
50岁及以上	**354**	**223**	**131**						
平均初婚年龄	**24.54**	**25.50**	**23.63**	**23.21**	**24.38**	**22.19**	**23.17**	**24.34**	**22.13**

5-4a　续表 1　　　　单位：人

初婚年龄	初婚年份 1982年 小计	男	女	1983年 小计	男	女	1984年 小计	男	女
总　计	**2797**	**1320**	**1477**	**2831**	**1341**	**1490**	**2511**	**1180**	**1331**
15岁以下	**1**		**1**	**3**		**3**	**7**	**3**	**4**
15-19岁	**612**	**160**	**452**	**589**	**147**	**442**	**493**	**134**	**359**
15	20	4	16	24	2	22	22	5	17
16	41	9	32	41	13	28	34	13	21
17	69	12	57	62	17	45	61	17	44
18	161	41	120	178	40	138	131	26	105
19	321	94	227	284	75	209	245	73	172
20-24岁	**1465**	**652**	**813**	**1549**	**710**	**839**	**1507**	**678**	**829**
20	298	100	198	418	149	269	371	123	248
21	207	85	122	328	137	191	469	188	281
22	286	120	166	243	117	126	267	142	125
23	316	158	158	284	161	123	194	112	82
24	358	189	169	276	146	130	206	113	93
25-29岁	**661**	**469**	**192**	**633**	**438**	**195**	**453**	**329**	**124**
25	282	191	91	254	173	81	137	96	41
26	163	116	47	173	120	53	141	102	39
27	115	87	28	110	73	37	87	67	20
28	67	50	17	63	47	16	53	34	19
29	34	25	9	33	25	8	35	30	5
30-34岁	**45**	**31**	**14**	**45**	**37**	**8**	**43**	**31**	**12**
30	20	12	8	20	16	4	18	12	6
31	8	5	3	17	14	3	12	10	2
32	15	14	1	4	3	1	3	3	
33	2		2	3	3		6	3	3
34				1	1		4	3	1
35-39岁	**7**	**4**	**3**	**8**	**5**	**3**	**6**	**4**	**2**
35				4	2	2	2	1	1
36							1	1	
37	4	3	1	2	1	1	2	1	1
38	1	1		1	1		1	1	
39	2		2	1	1				
40-44岁	**6**	**4**	**2**	**2**	**2**		**1**		**1**
40	2	1	1	1	1				
41	1		1	1	1				
42	1	1					1		1
43	2	2							
44									
45-49岁				**2**	**2**		**1**	**1**	
45				1	1		1	1	
46									
47									
48				1	1				
49									
50岁及以上									
平均初婚年龄	**22.94**	**24.04**	**21.95**	**22.70**	**23.82**	**21.70**	**22.46**	**23.49**	**21.56**

5-4a 续表 2 单位：人

初婚年龄	初婚年份								
	1985年			1986年			1987年		
	小计	男	女	小计	男	女	小计	男	女
总　计	**3174**	**1480**	**1694**	**3257**	**1542**	**1715**	**3395**	**1616**	**1779**
15岁以下	**2**		**2**	**5**	**2**	**3**	**4**	**3**	**1**
15-19岁	**588**	**162**	**426**	**538**	**159**	**379**	**550**	**128**	**422**
15	22	7	15	19	3	16	22	4	18
16	50	11	39	40	17	23	35	3	32
17	81	19	62	89	25	64	74	17	57
18	162	37	125	158	41	117	163	35	128
19	273	88	185	232	73	159	256	69	187
20-24岁	**1975**	**885**	**1090**	**2208**	**1018**	**1190**	**2278**	**1084**	**1194**
20	406	121	285	375	131	244	360	104	256
21	516	223	293	450	173	277	450	192	258
22	530	248	282	590	296	294	507	261	246
23	327	179	148	539	275	264	523	268	255
24	196	114	82	254	143	111	438	259	179
25-29岁	**528**	**377**	**151**	**429**	**307**	**122**	**482**	**336**	**146**
25	215	143	72	164	113	51	209	144	65
26	121	88	33	128	92	36	103	70	33
27	90	65	25	54	42	12	89	61	28
28	64	49	15	42	30	12	45	34	11
29	38	32	6	41	30	11	36	27	9
30-34岁	**71**	**48**	**23**	**60**	**47**	**13**	**58**	**48**	**10**
30	27	20	7	27	20	7	19	15	4
31	20	13	7	12	11	1	16	12	4
32	13	7	6	12	9	3	10	10	
33	4	2	2	6	4	2	7	6	1
34	7	6	1	3	3		6	5	1
35-39岁	**8**	**7**	**1**	**10**	**5**	**5**	**19**	**14**	**5**
35				3	1	2	5	3	2
36				1		1	3	2	1
37	6	5	1	3	1	2	5	5	
38				2	2		3	3	
39	2	2		1	1		3	1	2
40-44岁	**2**	**1**	**1**	**4**	**1**	**3**	**4**	**3**	**1**
40				3		3			
41							1		1
42									
43				1	1		1	1	
44	2	1	1				2	2	
45-49岁				**3**	**3**				
45				1	1				
46				1	1				
47									
48									
49				1	1				
50岁及以上									
平均初婚年龄	**22.53**	**23.52**	**21.66**	**22.60**	**23.40**	**21.87**	**22.78**	**23.75**	**21.90**

5-4a　续表 3　　　　单位：人

初婚年龄	初婚年份								
	1988年			1989年			1990年		
	小计	男	女	小计	男	女	小计	男	女
总　计	**3533**	**1671**	**1862**	**3783**	**1850**	**1933**	**4112**	**1999**	**2113**
15岁以下	**11**	**3**	**8**	**8**	**2**	**6**	**4**	**3**	**1**
15-19岁	**595**	**158**	**437**	**558**	**157**	**401**	**645**	**197**	**448**
15	10	3	7	12	2	10	25	10	15
16	20	6	14	25	12	13	40	5	35
17	70	21	49	69	17	52	78	22	56
18	166	45	121	144	36	108	188	56	132
19	329	83	246	308	90	218	314	104	210
20-24岁	**2261**	**1070**	**1191**	**2416**	**1148**	**1268**	**2676**	**1266**	**1410**
20	383	132	251	459	162	297	518	186	332
21	456	195	261	512	210	302	632	257	375
22	489	237	252	518	262	256	642	332	310
23	492	249	243	523	271	252	462	247	215
24	441	257	184	404	243	161	422	244	178
25-29岁	**582**	**379**	**203**	**709**	**476**	**233**	**681**	**457**	**224**
25	331	205	126	328	218	110	302	195	107
26	126	85	41	231	145	86	195	136	59
27	45	35	10	98	68	30	123	86	37
28	52	34	18	19	15	4	44	28	16
29	28	20	8	33	30	3	17	12	5
30-34岁	**62**	**46**	**16**	**60**	**43**	**17**	**70**	**49**	**21**
30	23	17	6	16	8	8	21	12	9
31	13	9	4	22	18	4	13	10	3
32	13	12	1	10	7	3	14	13	1
33	7	4	3	5	3	2	12	8	4
34	6	4	2	7	7		10	6	4
35-39岁	**15**	**11**	**4**	**20**	**14**	**6**	**25**	**20**	**5**
35	6	5	1	7	7		5	5	
36	4	2	2	5	3	2	5	4	1
37	2	1	1	2	2		8	7	1
38	2	2		4	1	3	3	2	1
39	1	1		2	1	1	4	2	2
40-44岁	**5**	**3**	**2**	**5**	**3**	**2**	**5**	**3**	**2**
40							4	2	2
41	2	1	1	2	2		1	1	
42				1	1				
43				2		2			
44	3	2	1						
45-49岁	**1**		**1**	**5**	**5**		**5**	**4**	**1**
45				1	1				
46	1		1	2	2		1		1
47				1	1		1	1	
48							1	1	
49				1	1		2	2	
50岁及以上	**1**	**1**		**2**	**2**		**1**		**1**
平均初婚年龄	**22.79**	**23.60**	**22.07**	**22.93**	**23.76**	**22.13**	**22.76**	**23.54**	**22.03**

5-4a 续表 4

单位：人

初婚年龄	初婚年份								
	1991年			1992年			1993年		
	小计	男	女	小计	男	女	小计	男	女
总 计	**3242**	**1597**	**1645**	**3755**	**1812**	**1943**	**4032**	**1986**	**2046**
15岁以下	**9**	**1**	**8**	**10**	**5**	**5**	**4**	**1**	**3**
15-19岁	**432**	**123**	**309**	**479**	**145**	**334**	**433**	**116**	**317**
15	19	9	10	18	5	13	9	2	7
16	16	1	15	39	9	30	21	4	17
17	50	12	38	58	20	38	44	10	34
18	145	44	101	123	34	89	141	33	108
19	202	57	145	241	77	164	218	67	151
20-24岁	**2089**	**978**	**1111**	**2414**	**1090**	**1324**	**2611**	**1226**	**1385**
20	349	124	225	360	130	230	403	138	265
21	414	171	243	474	202	272	521	238	283
22	511	244	267	595	265	330	599	264	335
23	480	245	235	544	250	294	607	299	308
24	335	194	141	441	243	198	481	287	194
25-29岁	**640**	**442**	**198**	**758**	**513**	**245**	**864**	**562**	**302**
25	266	174	92	287	183	104	391	238	153
26	176	126	50	224	146	78	193	128	65
27	121	83	38	122	86	36	135	96	39
28	55	44	11	78	55	23	90	64	26
29	22	15	7	47	43	4	55	36	19
30-34岁	**47**	**37**	**10**	**60**	**35**	**25**	**81**	**54**	**27**
30	21	17	4	30	17	13	35	22	13
31	5	4	1	8	5	3	19	12	7
32	9	6	3	9	4	5	12	8	4
33	5	3	2	7	6	1	10	8	2
34	7	7		6	3	3	5	4	1
35-39岁	**21**	**15**	**6**	**21**	**16**	**5**	**22**	**17**	**5**
35	9	7	2	9	8	1	8	8	
36	4	3	1	2	2		3	3	
37	4	4		4	3	1	3	2	1
38	2		2	2	1	1	4	3	1
39	2	1	1	4	2	2	4	1	3
40-44岁				**7**	**4**	**3**	**7**	**5**	**2**
40				3	1	2	3	2	1
41				3	2	1	3	2	1
42							1	1	
43									
44				1	1				
45-49岁	**4**	**1**	**3**	**1**		**1**	**5**	**2**	**3**
45							2		2
46									
47	3	1	2				2	2	
48				1		1	1		1
49	1		1						
50岁及以上				**5**	**4**	**1**	**5**	**3**	**2**
平均初婚年龄	**23.03**	**23.83**	**22.26**	**23.19**	**23.94**	**22.49**	**23.39**	**24.13**	**22.67**

5-4a　续表 5　　　　单位：人

初婚年龄	初婚年份								
	1994年			1995年			1996年		
	小计	男	女	小计	男	女	小计	男	女
总　计	**3998**	**1945**	**2053**	**4302**	**2078**	**2224**	**4265**	**2085**	**2180**
15岁以下	**2**		**2**	**2**		**2**	**4**	**2**	**2**
15-19岁	**481**	**137**	**344**	**448**	**142**	**306**	**455**	**113**	**342**
15	13	5	8	10	5	5	8	4	4
16	32	8	24	24	6	18	24	5	19
17	50	10	40	48	9	39	52	11	41
18	129	36	93	112	36	76	131	33	98
19	257	78	179	254	86	168	240	60	180
20-24岁	**2495**	**1148**	**1347**	**2566**	**1131**	**1435**	**2509**	**1150**	**1359**
20	392	139	253	336	109	227	377	141	236
21	517	232	285	527	206	321	469	197	272
22	544	236	308	586	258	328	555	245	310
23	540	265	275	610	289	321	581	285	296
24	502	276	226	507	269	238	527	282	245
25-29岁	**893**	**571**	**322**	**1102**	**677**	**425**	**1110**	**697**	**413**
25	407	246	161	441	249	192	386	231	155
26	217	130	87	327	208	119	315	187	128
27	136	95	41	185	125	60	211	140	71
28	89	68	21	86	51	35	118	84	34
29	44	32	12	63	44	19	80	55	25
30-34岁	**91**	**63**	**28**	**131**	**95**	**36**	**134**	**87**	**47**
30	46	35	11	50	41	9	50	38	12
31	24	15	9	43	31	12	31	19	12
32	8	4	4	20	11	9	27	12	15
33	1	1		13	8	5	16	9	7
34	12	8	4	5	4	1	10	9	1
35-39岁	**21**	**17**	**4**	**30**	**22**	**8**	**26**	**23**	**3**
35	6	4	2	7	6	1	7	7	
36	7	6	1	8	4	4	3	3	
37	2	2		7	5	2	6	4	2
38	4	3	1	2	2		3	3	
39	2	2		6	5	1	7	6	1
40-44岁	**11**	**6**	**5**	**11**	**5**	**6**	**14**	**7**	**7**
40	3	1	2	2	2		6	2	4
41				4	2	2	4	2	2
42	1		1				4	3	1
43	3	2	1	1	1				
44	4	3	1	4		4			
45-49岁	**2**	**1**	**1**	**7**	**5**	**2**	**4**	**2**	**2**
45	1		1	3	2	1	1		1
46				1	1				
47				1	1		2	1	1
48	1	1		1		1			
49				1	1		1	1	
50岁及以上	**2**	**2**		**5**	**1**	**4**	**9**	**4**	**5**
平均初婚年龄	**23.37**	**24.13**	**22.64**	**23.76**	**24.49**	**23.08**	**23.83**	**24.61**	**23.08**

5-4a 续表 6

单位：人

初婚年龄	初婚年份								
	1997年			1998年			1999年		
	小计	男	女	小计	男	女	小计	男	女
总　计	**4203**	**2044**	**2159**	**4516**	**2195**	**2321**	**4214**	**2075**	**2139**
15岁以下	**1**		**1**	**2**		**2**	**2**		**2**
15-19岁	**424**	**113**	**311**	**470**	**121**	**349**	**510**	**129**	**381**
15	8	2	6	16	3	13	17	4	13
16	24	2	22	30	6	24	34	2	32
17	51	16	35	59	10	49	75	14	61
18	116	23	93	144	36	108	137	33	104
19	225	70	155	221	66	155	247	76	171
20-24岁	**2416**	**1085**	**1331**	**2529**	**1141**	**1388**	**2240**	**992**	**1248**
20	334	115	219	364	117	247	317	119	198
21	451	181	270	419	167	252	409	150	259
22	578	261	317	606	272	334	485	235	250
23	553	263	290	598	286	312	556	258	298
24	500	265	235	542	299	243	473	230	243
25-29岁	**1146**	**716**	**430**	**1279**	**779**	**500**	**1246**	**801**	**445**
25	398	236	162	426	235	191	439	260	179
26	313	188	125	334	201	133	326	203	123
27	218	149	69	249	174	75	227	157	70
28	136	87	49	175	109	66	148	109	39
29	81	56	25	95	60	35	106	72	34
30-34岁	**148**	**92**	**56**	**170**	**111**	**59**	**161**	**113**	**48**
30	51	33	18	53	35	18	62	40	22
31	35	20	15	42	28	14	41	29	12
32	27	17	10	27	15	12	27	21	6
33	20	13	7	24	15	9	17	14	3
34	15	9	6	24	18	6	14	9	5
35-39岁	**25**	**12**	**13**	**43**	**29**	**14**	**38**	**27**	**11**
35	5	2	3	17	15	2	15	9	6
36	2		2	7	3	4	10	10	
37	6	4	2	5	4	1	8	5	3
38	6	4	2	8	4	4	3	2	1
39	6	2	4	6	3	3	2	1	1
40-44岁	**30**	**20**	**10**	**18**	**14**	**4**	**9**	**7**	**2**
40	5	5		3	3		1	1	
41	4	1	3	7	5	2	2	2	
42	6	5	1	5	4	1	4	2	2
43	6	4	2	2	1	1			
44	9	5	4	1	1		2	2	
45-49岁	**9**	**3**	**6**	**4**		**4**	**5**	**4**	**1**
45	3		3	2		2	2	2	
46	2	1	1	1		1			
47									
48	3	1	2	1		1	1	1	
49	1	1					2	1	1
50岁及以上	**4**	**3**	**1**	**1**		**1**	**3**	**2**	**1**
平均初婚年龄	**24.04**	**24.80**	**23.32**	**24.05**	**24.88**	**23.26**	**23.98**	**24.97**	**23.03**

5-4a 续表 7

单位：人

初婚年龄	初婚年份								
	2000年			2001年			2002年		
	小计	男	女	小计	男	女	小计	男	女
总 计	**5102**	**2488**	**2614**	**3364**	**1664**	**1700**	**3905**	**1916**	**1989**
15岁以下	**8**	**3**	**5**	**2**		**2**	**3**	**1**	**2**
15-19岁	**677**	**158**	**519**	**431**	**113**	**318**	**457**	**97**	**360**
15	25	4	21	19	4	15	16	2	14
16	46	10	36	22	5	17	28	1	27
17	110	25	85	58	9	49	61	9	52
18	188	41	147	138	41	97	105	22	83
19	308	78	230	194	54	140	247	63	184
20-24岁	**2676**	**1206**	**1470**	**1743**	**774**	**969**	**2028**	**902**	**1126**
20	440	161	279	301	107	194	352	116	236
21	537	223	314	359	158	201	377	160	217
22	558	258	300	370	159	211	450	207	243
23	593	270	323	366	172	194	442	197	245
24	548	294	254	347	178	169	407	222	185
25-29岁	**1464**	**940**	**524**	**1020**	**668**	**352**	**1152**	**722**	**430**
25	510	310	200	344	212	132	352	198	154
26	377	232	145	256	157	99	295	177	118
27	271	176	95	206	140	66	230	154	76
28	174	129	45	130	93	37	154	109	45
29	132	93	39	84	66	18	121	84	37
30-34岁	**180**	**117**	**63**	**125**	**82**	**43**	**208**	**154**	**54**
30	68	39	29	61	39	22	69	50	19
31	48	30	18	27	18	9	47	35	12
32	33	22	11	15	10	5	47	36	11
33	19	16	3	12	7	5	32	23	9
34	12	10	2	10	8	2	13	10	3
35-39岁	**57**	**37**	**20**	**29**	**19**	**10**	**35**	**25**	**10**
35	23	14	9	13	10	3	14	9	5
36	13	7	6	7	3	4	9	6	3
37	14	13	1	4	2	2	6	5	1
38	5	1	4	3	3		3	3	
39	2	2		2	1	1	3	2	1
40-44岁	**22**	**13**	**9**	**5**	**3**	**2**	**10**	**5**	**5**
40	6	3	3				2	1	1
41	2		2	1		1	3	2	1
42	3	2	1	2	1	1	2	1	1
43	4	4		1	1		2	1	1
44	7	4	3	1	1		1		1
45-49岁	**6**	**4**	**2**	**3**	**2**	**1**	**7**	**6**	**1**
45	1		1	1		1	2	1	1
46							1	1	
47	2	2		1	1		1	1	
48	2	1	1	1	1		1	1	
49	1	1					2	2	
50岁及以上	**12**	**10**	**2**	**6**	**3**	**3**	**5**	**4**	**1**
平均初婚年龄	**23.93**	**24.96**	**22.95**	**23.91**	**24.86**	**22.98**	**24.17**	**25.31**	**23.07**

5-4a　续表 8　　　　单位：人

初婚年龄	初婚年份								
	2003年			2004年			2005年		
	小计	男	女	小计	男	女	小计	男	女
总　计	**4056**	**1981**	**2075**	**4112**	**2015**	**2097**	**3884**	**1899**	**1985**
15岁以下	**4**		**4**	**2**		**2**	**2**	**1**	**1**
15-19岁	**500**	**106**	**394**	**500**	**99**	**401**	**533**	**108**	**425**
15	14	2	12	10	3	7	15	3	12
16	47	10	37	30	6	24	33	2	31
17	79	8	71	83	5	78	98	10	88
18	142	33	109	133	28	105	178	50	128
19	218	53	165	244	57	187	209	43	166
20-24岁	**1993**	**891**	**1102**	**2052**	**945**	**1107**	**1792**	**848**	**944**
20	279	96	183	287	90	197	280	92	188
21	368	143	225	406	184	222	347	147	200
22	459	203	256	451	212	239	416	205	211
23	474	236	238	434	220	214	395	205	190
24	413	213	200	474	239	235	354	199	155
25-29岁	**1228**	**756**	**472**	**1196**	**730**	**466**	**1175**	**681**	**494**
25	384	223	161	384	225	159	352	182	170
26	297	176	121	301	180	121	289	161	128
27	241	143	98	221	125	96	255	150	105
28	167	116	51	180	123	57	170	114	56
29	139	98	41	110	77	33	109	74	35
30-34岁	**251**	**175**	**76**	**261**	**175**	**86**	**287**	**190**	**97**
30	94	63	31	92	64	28	89	61	28
31	49	36	13	66	46	20	79	43	36
32	45	28	17	54	33	21	52	38	14
33	36	26	10	25	17	8	43	32	11
34	27	22	5	24	15	9	24	16	8
35-39岁	**45**	**27**	**18**	**62**	**39**	**23**	**62**	**46**	**16**
35	17	11	6	17	14	3	27	21	6
36	4	2	2	10	6	4	14	12	2
37	9	5	4	14	9	5	10	6	4
38	7	3	4	12	5	7	3	2	1
39	8	6	2	9	5	4	8	5	3
40-44岁	**13**	**11**	**2**	**26**	**19**	**7**	**23**	**18**	**5**
40	6	5	1	8	4	4	5	3	2
41	3	3		7	7		8	7	1
42				5	3	2	6	4	2
43				2	1	1	2	2	
44	4	3	1	4	4		2	2	
45-49岁	**10**	**7**	**3**	**5**	**4**	**1**	**6**	**3**	**3**
45	4	4		2	2		1	1	
46	2	1	1	1		1	2	2	
47				2	2				
48	1	1					1		1
49	3	1	2				2		2
50岁及以上	**12**	**8**	**4**	**8**	**4**	**4**	**4**	**4**	
平均初婚年龄	**24.40**	**25.56**	**23.31**	**24.44**	**25.50**	**23.42**	**24.46**	**25.65**	**23.32**

5-4a　续表 9　　　　单位：人

初婚年龄	初婚年份								
	2006年			2007年			2008年		
	小计	男	女	小计	男	女	小计	男	女
总　计	**4366**	**2149**	**2217**	**4042**	**2003**	**2039**	**4715**	**2327**	**2388**
15岁以下	**2**		**2**				**3**	**1**	**2**
15-19岁	**547**	**115**	**432**	**449**	**92**	**357**	**470**	**93**	**377**
15	11	2	9	12	1	11	12	2	10
16	50	4	46	31	2	29	33	5	28
17	91	9	82	74	11	63	74	9	65
18	161	35	126	119	22	97	140	24	116
19	234	65	169	213	56	157	211	53	158
20-24岁	**1922**	**894**	**1028**	**1792**	**825**	**967**	**2031**	**918**	**1113**
20	287	95	192	292	105	187	327	100	227
21	361	158	203	336	137	199	402	166	236
22	404	187	217	394	205	189	454	234	220
23	435	222	213	379	186	193	400	197	203
24	435	232	203	391	192	199	448	221	227
25-29岁	**1423**	**827**	**596**	**1339**	**783**	**556**	**1647**	**933**	**714**
25	408	221	187	400	224	176	473	254	219
26	365	202	163	315	175	140	445	255	190
27	302	183	119	280	164	116	325	167	158
28	201	132	69	211	139	72	235	151	84
29	147	89	58	133	81	52	169	106	63
30-34岁	**340**	**219**	**121**	**302**	**196**	**106**	**360**	**243**	**117**
30	112	73	39	84	55	29	113	82	31
31	71	43	28	83	57	26	59	44	15
32	65	47	18	57	35	22	88	60	28
33	48	30	18	44	28	16	54	28	26
34	44	26	18	34	21	13	46	29	17
35-39岁	**88**	**61**	**27**	**98**	**67**	**31**	**129**	**84**	**45**
35	27	21	6	25	18	7	30	20	10
36	21	14	7	27	22	5	23	10	13
37	17	12	5	19	13	6	27	18	9
38	15	10	5	16	9	7	24	17	7
39	8	4	4	11	5	6	25	19	6
40-44岁	**30**	**22**	**8**	**39**	**24**	**15**	**48**	**36**	**12**
40	6	3	3	10	6	4	19	12	7
41	6	4	2	9	5	4	7	6	1
42	9	8	1	7	4	3	5	4	1
43	7	5	2	7	5	2	9	7	2
44	2	2		6	4	2	8	7	1
45-49岁	**6**	**5**	**1**	**10**	**7**	**3**	**12**	**8**	**4**
45	1		1				3	2	1
46	3	3		2	2		2	1	1
47	1	1		5	3	2			
48	1	1		1		1	3	3	
49				2	2		4	2	2
50岁及以上	**8**	**6**	**2**	**13**	**9**	**4**	**15**	**11**	**4**
平均初婚年龄	**24.81**	**25.95**	**23.71**	**25.03**	**26.10**	**23.98**	**25.22**	**26.36**	**24.11**

5-4a 续表 10 单位：人

初婚年龄	初婚年份								
	2009年			2010年			2011年		
	小计	男	女	小计	男	女	小计	男	女
总 计	**4554**	**2228**	**2326**	**4866**	**2407**	**2459**	**4340**	**2148**	**2192**
15岁以下	**2**		**2**	**3**		**3**	**2**		**2**
15-19岁	**430**	**87**	**343**	**484**	**106**	**378**	**326**	**53**	**273**
15	7	1	6	16	2	14	6		6
16	27	1	26	34	4	30	32	3	29
17	64	7	57	84	10	74	65	4	61
18	116	24	92	129	26	103	87	11	76
19	216	54	162	221	64	157	136	35	101
20-24岁	**1999**	**882**	**1117**	**2137**	**966**	**1171**	**1822**	**817**	**1005**
20	307	101	206	346	120	226	242	79	163
21	399	147	252	378	157	221	293	133	160
22	455	203	252	483	233	250	413	187	226
23	406	206	200	459	215	244	425	207	218
24	432	225	207	471	241	230	449	211	238
25-29岁	**1525**	**875**	**650**	**1626**	**949**	**677**	**1664**	**933**	**731**
25	412	218	194	467	251	216	448	228	220
26	412	223	189	410	233	177	419	224	195
27	311	190	121	355	214	141	346	199	147
28	231	138	93	268	163	105	277	165	112
29	159	106	53	126	88	38	174	117	57
30-34岁	**387**	**245**	**142**	**412**	**255**	**157**	**364**	**240**	**124**
30	128	71	57	131	89	42	112	71	41
31	90	67	23	112	66	46	97	70	27
32	73	47	26	74	39	35	68	44	24
33	52	33	19	52	29	23	60	35	25
34	44	27	17	43	32	11	27	20	7
35-39岁	**127**	**77**	**50**	**128**	**80**	**48**	**101**	**61**	**40**
35	32	20	12	27	17	10	30	21	9
36	32	19	13	29	21	8	23	14	9
37	29	17	12	27	17	10	16	8	8
38	23	15	8	28	16	12	15	9	6
39	11	6	5	17	9	8	17	9	8
40-44岁	**61**	**46**	**15**	**44**	**29**	**15**	**34**	**22**	**12**
40	15	10	5	18	13	5	9	8	1
41	19	15	4	8	4	4	4	2	2
42	9	7	2	5	3	2	10	7	3
43	10	9	1	6	4	2	9	3	6
44	8	5	3	7	5	2	2	2	
45-49岁	**13**	**10**	**3**	**16**	**11**	**5**	**17**	**14**	**3**
45	6	5	1	5	4	1	7	6	1
46	4	2	2	3	2	1	2	2	
47				6	3	3	4	3	1
48	1	1		2	2		2	2	
49	2	2					2	1	1
50岁及以上	**10**	**6**	**4**	**16**	**11**	**5**	**10**	**8**	**2**
平均初婚年龄	**25.32**	**26.46**	**24.22**	**25.21**	**26.23**	**24.20**	**25.52**	**26.54**	**24.53**

5-4a 续表 11 单位：人

初婚年龄	初婚年份								
	2012年			2013年			2014年		
	小计	男	女	小计	男	女	小计	男	女
总　计	**4988**	**2488**	**2500**	**4883**	**2432**	**2451**	**4608**	**2273**	**2335**
15岁以下	**3**	**1**	**2**	**3**		**3**	**1**		**1**
15–19岁	**355**	**75**	**280**	**317**	**68**	**249**	**242**	**48**	**194**
15	7	2	5	10		10	10	2	8
16	28	2	26	20	3	17	21	1	20
17	58	5	53	52	4	48	43	1	42
18	105	25	80	103	26	77	69	14	55
19	157	41	116	132	35	97	99	30	69
20–24岁	**2095**	**954**	**1141**	**1865**	**819**	**1046**	**1626**	**682**	**944**
20	234	80	154	183	57	126	185	63	122
21	314	116	198	267	123	144	227	94	133
22	484	233	251	371	159	212	307	121	186
23	506	248	258	486	215	271	373	161	212
24	557	277	280	558	265	293	534	243	291
25–29岁	**1957**	**1087**	**870**	**2023**	**1124**	**899**	**2020**	**1097**	**923**
25	580	299	281	630	338	292	580	291	289
26	509	252	257	503	261	242	553	294	259
27	387	225	162	433	239	194	398	224	174
28	275	173	102	262	160	102	291	169	122
29	206	138	68	195	126	69	198	119	79
30–34岁	**395**	**254**	**141**	**442**	**271**	**171**	**465**	**277**	**188**
30	172	110	62	157	89	68	146	84	62
31	70	48	22	98	64	34	110	69	41
32	70	41	29	74	49	25	99	58	41
33	47	31	16	55	33	22	61	33	28
34	36	24	12	58	36	22	49	33	16
35–39岁	**104**	**64**	**40**	**126**	**82**	**44**	**146**	**99**	**47**
35	38	20	18	40	30	10	46	32	14
36	22	13	9	28	16	12	35	23	12
37	21	15	6	23	15	8	30	20	10
38	6	3	3	12	7	5	18	12	6
39	17	13	4	23	14	9	17	12	5
40–44岁	**46**	**31**	**15**	**63**	**39**	**24**	**70**	**45**	**25**
40	16	11	5	14	6	8	23	13	10
41	10	5	5	14	8	6	17	12	5
42	8	7	1	13	9	4	13	9	4
43	6	4	2	13	11	2	11	6	5
44	6	4	2	9	5	4	6	5	1
45–49岁	**20**	**14**	**6**	**24**	**17**	**7**	**27**	**21**	**6**
45	7	4	3	5	4	1	9	9	
46	5	4	1	6	4	2	3	2	1
47	3	3		6	6		3	2	1
48	2		2	2		2	8	4	4
49	3	3		5	3	2	4	4	
50岁及以上	**13**	**8**	**5**	**20**	**12**	**8**	**11**	**4**	**7**
平均初婚年龄	**25.53**	**26.41**	**24.65**	**26.00**	**26.88**	**25.14**	**26.36**	**27.27**	**25.47**

5-4a 续表 12 单位：人

初婚年龄	初婚年份								
	2015年			2016年			2017年		
	小计	男	女	小计	男	女	小计	男	女
总 计	**4824**	**2427**	**2397**	**4330**	**2123**	**2207**	**4147**	**2038**	**2109**
15岁以下	**2**		**2**				**2**		**2**
15-19岁	**206**	**40**	**166**	**173**	**30**	**143**	**150**	**20**	**130**
15	3	1	2	4		4			
16	12	1	11	11		11	10		10
17	37	2	35	29	3	26	20	5	15
18	59	13	46	50	7	43	55	4	51
19	95	23	72	79	20	59	65	11	54
20-24岁	**1532**	**626**	**906**	**1335**	**561**	**774**	**1232**	**501**	**731**
20	150	38	112	125	39	86	119	27	92
21	188	65	123	183	67	116	157	54	103
22	266	116	150	262	109	153	241	106	135
23	391	166	225	325	144	181	304	124	180
24	537	241	296	440	202	238	411	190	221
25-29岁	**2291**	**1268**	**1023**	**2084**	**1072**	**1012**	**2025**	**1060**	**965**
25	657	310	347	577	273	304	524	239	285
26	562	307	255	533	274	259	461	233	228
27	504	282	222	458	241	217	469	255	214
28	336	213	123	309	167	142	336	196	140
29	232	156	76	207	117	90	235	137	98
30-34岁	**517**	**331**	**186**	**442**	**270**	**172**	**476**	**301**	**175**
30	193	123	70	134	88	46	186	124	62
31	117	75	42	110	66	44	97	59	38
32	81	49	32	77	45	32	74	43	31
33	78	52	26	66	43	23	75	52	23
34	48	32	16	55	28	27	44	23	21
35-39岁	**160**	**95**	**65**	**176**	**111**	**65**	**139**	**81**	**58**
35	48	28	20	59	36	23	40	29	11
36	31	20	11	46	32	14	29	17	12
37	37	18	19	30	19	11	26	11	15
38	28	16	12	21	12	9	22	10	12
39	16	13	3	20	12	8	22	14	8
40-44岁	**69**	**39**	**30**	**73**	**47**	**26**	**58**	**33**	**25**
40	18	9	9	17	10	7	10	7	3
41	17	12	5	12	10	2	16	10	6
42	11	6	5	10	2	8	14	7	7
43	14	9	5	16	12	4	9	5	4
44	9	3	6	18	13	5	9	4	5
45-49岁	**31**	**20**	**11**	**23**	**17**	**6**	**39**	**23**	**16**
45	11	6	5	8	6	2	8	3	5
46	7	6	1	5	4	1	10	9	1
47	7	5	2	3	3		7	2	5
48	4	2	2	3	1	2	11	7	4
49	2	1	1	4	3	1	3	2	1
50岁及以上	**16**	**8**	**8**	**24**	**15**	**9**	**26**	**19**	**7**
平均初婚年龄	**26.70**	**27.56**	**25.84**	**26.89**	**27.77**	**26.05**	**27.06**	**27.95**	**26.19**

5-4a 续表 13

单位：人

初婚年龄	初婚年份								
	2018年			2019年			2020年		
	小计	男	女	小计	男	女	小计	男	女
总　计	**4615**	**2288**	**2327**	**3730**	**1854**	**1876**	**2668**	**1320**	**1348**
15岁以下	**1**		**1**	**1**	**1**				
15-19岁	**154**	**23**	**131**	**94**	**12**	**82**	**34**	**4**	**30**
15	7		7				1		1
16	10	2	8	3	1	2	3		3
17	16		16	11		11	4		4
18	43	4	39	26	1	25	9	2	7
19	78	17	61	54	10	44	17	2	15
20-24岁	**1336**	**551**	**785**	**1016**	**409**	**607**	**704**	**284**	**420**
20	112	37	75	89	25	64	55	12	43
21	156	53	103	131	40	91	84	29	55
22	273	99	174	183	82	101	124	55	69
23	325	142	183	256	98	158	173	78	95
24	470	220	250	357	164	193	268	110	158
25-29岁	**2279**	**1193**	**1086**	**1882**	**976**	**906**	**1350**	**681**	**669**
25	532	248	284	446	200	246	312	143	169
26	552	283	269	454	219	235	306	145	161
27	494	267	227	397	224	173	290	143	147
28	433	240	193	350	186	164	233	130	103
29	268	155	113	235	147	88	209	120	89
30-34岁	**566**	**350**	**216**	**501**	**306**	**195**	**405**	**249**	**156**
30	207	142	65	209	128	81	165	104	61
31	152	83	69	111	72	39	103	51	52
32	86	53	33	70	39	31	60	42	18
33	64	40	24	68	39	29	36	20	16
34	57	32	25	43	28	15	41	32	9
35-39岁	**152**	**95**	**57**	**128**	**83**	**45**	**72**	**48**	**24**
35	33	16	17	34	22	12	21	16	5
36	39	25	14	24	15	9	17	11	6
37	37	25	12	38	21	17	14	11	3
38	21	16	5	17	15	2	10	3	7
39	22	13	9	15	10	5	10	7	3
40-44岁	**66**	**40**	**26**	**55**	**36**	**19**	**39**	**16**	**23**
40	15	9	6	14	9	5	7	1	6
41	14	6	8	14	8	6	9	3	6
42	13	8	5	8	7	1	8	4	4
43	13	8	5	10	7	3	7	3	4
44	11	9	2	9	5	4	8	5	3
45-49岁	**33**	**18**	**15**	**28**	**17**	**11**	**30**	**19**	**11**
45	7	5	2	4	3	1	7	4	3
46	11	4	7	10	5	5	7	3	4
47	6	5	1	6	4	2	9	6	3
48	5	2	3	4	2	2	5	4	1
49	4	2	2	4	3	1	2	2	
50岁及以上	**28**	**18**	**10**	**25**	**14**	**11**	**34**	**19**	**15**
平均初婚年龄	**27.15**	**27.97**	**26.34**	**27.38**	**28.22**	**26.54**	**27.79**	**28.50**	**27.09**

5-4b 全区分初婚年龄、性别、初婚年份的人口(镇)

单位：人

初婚年龄	初婚年份								
	合计			1980年			1981年		
	合计	男	女	小计	男	女	小计	男	女
总 计	**91838**	**45649**	**46189**	**1563**	**739**	**824**	**1122**	**538**	**584**
15岁以下	**142**	**23**	**119**	**6**	**2**	**4**	**1**	**1**	
15-19岁	**15261**	**3716**	**11545**	**442**	**102**	**340**	**312**	**69**	**243**
15	618	113	505	36	9	27	13	2	11
16	1252	226	1026	54	15	39	25	4	21
17	2492	476	2016	107	26	81	52	10	42
18	4219	957	3262	125	22	103	117	23	94
19	6680	1944	4736	120	30	90	105	30	75
20-24岁	**49907**	**24627**	**25280**	**856**	**436**	**420**	**610**	**311**	**299**
20	9252	3339	5913	154	60	94	123	48	75
21	10473	4600	5873	145	62	83	105	36	69
22	11314	5857	5457	195	99	96	119	66	53
23	10039	5627	4412	199	105	94	146	87	59
24	8829	5204	3625	163	110	53	117	74	43
25-29岁	**21067**	**13697**	**7370**	**229**	**177**	**52**	**173**	**136**	**37**
25	7360	4577	2783	91	65	26	75	57	18
26	5460	3536	1924	77	62	15	48	36	12
27	3734	2506	1228	25	22	3	32	28	4
28	2740	1866	874	29	23	6	13	11	2
29	1773	1212	561	7	5	2	5	4	1
30-34岁	**3701**	**2454**	**1247**	**23**	**18**	**5**	**23**	**19**	**4**
30	1281	881	400	6	3	3	11	9	2
31	910	612	298	6	6		7	5	2
32	641	408	233	4	4		5	5	
33	495	317	178	3	2	1			
34	374	236	138	4	3	1			
35-39岁	**1054**	**684**	**370**	**6**	**4**	**2**	**1**	**1**	
35	314	210	104	2	1	1			
36	226	147	79	1	1				
37	200	123	77	2	1	1			
38	163	109	54						
39	151	95	56	1	1		1	1	
40-44岁	**432**	**264**	**168**				**2**	**1**	**1**
40	115	66	49						
41	99	64	35						
42	86	56	30						
43	72	47	25				1	1	
44	60	31	29				1		1
45-49岁	**151**	**103**	**48**						
45	38	26	12						
46	30	21	9						
47	29	21	8						
48	28	17	11						
49	26	18	8						
50岁及以上	**123**	**81**	**42**	**1**		**1**			
平均初婚年龄	**23.52**	**24.55**	**22.50**	**22.06**	**23.35**	**20.91**	**22.22**	**23.58**	**20.97**

5-4b　续表 1　　　　　　　　　　　　　　　　　　　　　　单位：人

初婚年龄	初婚年份 1982年 小计	1982年 男	1982年 女	1983年 小计	1983年 男	1983年 女	1984年 小计	1984年 男	1984年 女
总　计	**1448**	**668**	**780**	**1441**	**697**	**744**	**1458**	**718**	**740**
15岁以下	**7**	**1**	**6**	**5**		**5**	**5**		**5**
15–19岁	**466**	**113**	**353**	**445**	**126**	**319**	**366**	**101**	**265**
15	15	4	11	20	7	13	23	3	20
16	35	5	30	33	5	28	33	8	25
17	76	17	59	72	18	54	49	15	34
18	115	28	87	112	28	84	92	25	67
19	225	59	166	208	68	140	169	50	119
20–24岁	**724**	**364**	**360**	**769**	**391**	**378**	**902**	**471**	**431**
20	194	77	117	256	102	154	285	123	162
21	124	57	67	202	98	104	264	131	133
22	154	82	72	124	76	48	178	104	74
23	96	54	42	104	62	42	84	44	40
24	156	94	62	83	53	30	91	69	22
25–29岁	**228**	**170**	**58**	**199**	**164**	**35**	**156**	**126**	**30**
25	91	60	31	83	65	18	46	39	7
26	64	50	14	62	53	9	45	35	10
27	38	28	10	29	24	5	30	23	7
28	25	23	2	12	12		24	20	4
29	10	9	1	13	10	3	11	9	2
30–34岁	**20**	**18**	**2**	**18**	**13**	**5**	**23**	**15**	**8**
30	9	8	1	10	6	4	11	8	3
31	4	4		2	2		7	4	3
32	5	4	1	2	2		2	2	
33	1	1		3	2	1	3	1	2
34	1	1		1	1				
35–39岁	**2**	**2**		**1**	**1**		**2**	**2**	
35				1	1		2	2	
36	1	1							
37									
38									
39	1	1							
40–44岁				**3**	**2**	**1**	**2**	**2**	
40				1		1	1	1	
41				1	1				
42				1	1		1	1	
43									
44									
45–49岁							**2**	**1**	**1**
45									
46							1		1
47									
48									
49							1	1	
50岁及以上	**1**		**1**	**1**		**1**			
平均初婚年龄	**21.94**	**23.26**	**20.81**	**21.67**	**22.82**	**20.60**	**21.76**	**22.76**	**20.79**

5-4b 续表 2 单位：人

初婚年龄	初婚年份								
	1985年			1986年			1987年		
	小计	男	女	小计	男	女	小计	男	女
总 计	**1690**	**826**	**864**	**1722**	**836**	**886**	**1694**	**830**	**864**
15岁以下	**2**		**2**	**2**		**2**	**2**	**1**	**1**
15-19岁	**465**	**119**	**346**	**451**	**126**	**325**	**411**	**126**	**285**
15	12	4	8	15	7	8	20	3	17
16	47	9	38	33	9	24	28	8	20
17	79	15	64	99	23	76	50	8	42
18	141	33	108	114	29	85	112	36	76
19	186	58	128	190	58	132	201	71	130
20-24岁	**1035**	**565**	**470**	**1103**	**583**	**520**	**1096**	**577**	**519**
20	269	114	155	231	85	146	229	82	147
21	296	156	140	266	123	143	256	114	142
22	265	156	109	287	159	128	238	133	105
23	132	91	41	225	154	71	236	154	82
24	73	48	25	94	62	32	137	94	43
25-29岁	**161**	**119**	**42**	**135**	**104**	**31**	**154**	**104**	**50**
25	64	46	18	50	39	11	59	40	19
26	36	26	10	32	22	10	24	18	6
27	29	23	6	20	17	3	30	21	9
28	19	14	5	24	20	4	25	16	9
29	13	10	3	9	6	3	16	9	7
30-34岁	**20**	**18**	**2**	**21**	**16**	**5**	**26**	**19**	**7**
30	5	3	2	7	5	2	11	10	1
31	5	5		8	6	2	5	3	2
32	5	5		1	1		3	1	2
33	4	4		2	2		4	3	1
34	1	1		3	2	1	3	2	1
35-39岁	**3**	**2**	**1**	**7**	**4**	**3**	**5**	**3**	**2**
35	2	1	1	1		1	3	2	1
36				3	2	1	1		1
37	1	1					1	1	
38				1	1				
39				2	1	1			
40-44岁	**1**		**1**	**2**	**2**				
40	1		1						
41									
42				2	2				
43									
44									
45-49岁	**2**	**2**		**1**	**1**				
45									
46				1	1				
47									
48									
49	2	2							
50岁及以上	**1**	**1**							
平均初婚年龄	**21.65**	**22.66**	**20.68**	**21.80**	**22.74**	**20.91**	**22.01**	**22.81**	**21.23**

5-4b　续表 3　　　　单位：人

初婚年龄	初婚年份								
	1988年			1989年			1990年		
	小计	男	女	小计	男	女	小计	男	女
总　计	**1901**	**954**	**947**	**2350**	**1166**	**1184**	**2475**	**1229**	**1246**
15岁以下	**1**		**1**	**3**	**2**	**1**	**7**	**1**	**6**
15—19岁	**439**	**121**	**318**	**482**	**137**	**345**	**536**	**182**	**354**
15	17	6	11	13	2	11	19	2	17
16	25	7	18	33	9	24	51	18	33
17	60	13	47	65	16	49	79	25	54
18	122	31	91	138	40	98	145	51	94
19	215	64	151	233	70	163	242	86	156
20—24岁	**1214**	**657**	**557**	**1512**	**770**	**742**	**1584**	**784**	**800**
20	246	92	154	334	125	209	363	143	220
21	261	131	130	399	181	218	390	173	217
22	291	166	125	346	200	146	388	200	188
23	231	142	89	250	147	103	242	142	100
24	185	126	59	183	117	66	201	126	75
25—29岁	**217**	**157**	**60**	**305**	**225**	**80**	**300**	**228**	**72**
25	129	92	37	151	110	41	153	118	35
26	57	41	16	97	72	25	63	44	19
27	17	14	3	22	17	5	50	38	12
28	11	7	4	14	10	4	22	17	5
29	3	3		21	16	5	12	11	1
30—34岁	**22**	**14**	**8**	**33**	**24**	**9**	**32**	**21**	**11**
30	12	7	5	8	5	3	14	8	6
31	3	2	1	7	5	2	6	4	2
32	4	2	2	7	7		2	2	
33	2	2		5	3	2	5	4	1
34	1	1		6	4	2	5	3	2
35—39岁	**1**		**1**	**9**	**6**	**3**	**11**	**9**	**2**
35				3	3		5	3	2
36	1		1	3	2	1	3	3	
37									
38				2	1	1	2	2	
39				1		1	1	1	
40—44岁	**6**	**4**	**2**	**4**	**1**	**3**	**3**	**2**	**1**
40	2	2		1		1			
41	3	2	1	1	1				
42	1		1				1	1	
43									
44				2		2	2	1	1
45—49岁							**2**	**2**	
45									
46									
47							1	1	
48									
49							1	1	
50岁及以上	**1**	**1**		**2**	**1**	**1**			
平均初婚年龄	**22.12**	**22.94**	**21.30**	**22.26**	**23.06**	**21.47**	**22.13**	**22.94**	**21.33**

5-4b 续表 4　　　　单位：人

初婚年龄	初婚年份								
	1991年			1992年			1993年		
	小计	男	女	小计	男	女	小计	男	女
总　计	**1840**	**910**	**930**	**2019**	**1001**	**1018**	**2267**	**1128**	**1139**
15岁以下	**1**	**1**		**3**		**3**	**4**		**4**
15-19岁	**393**	**113**	**280**	**395**	**127**	**268**	**389**	**130**	**259**
15	16	1	15	14	4	10	11	1	10
16	29	3	26	32	9	23	29	9	20
17	62	17	45	45	14	31	54	13	41
18	110	33	77	105	33	72	92	27	65
19	176	59	117	199	67	132	203	80	123
20-24岁	**1215**	**633**	**582**	**1344**	**668**	**676**	**1517**	**748**	**769**
20	276	118	158	262	106	156	292	101	191
21	287	135	152	314	146	168	337	152	185
22	279	156	123	306	156	150	389	201	188
23	235	132	103	286	143	143	299	168	131
24	138	92	46	176	117	59	200	126	74
25-29岁	**214**	**150**	**64**	**247**	**187**	**60**	**307**	**218**	**89**
25	95	63	32	103	76	27	135	93	42
26	69	51	18	57	42	15	79	60	19
27	28	21	7	46	37	9	47	32	15
28	15	12	3	19	15	4	34	25	9
29	7	3	4	22	17	5	12	8	4
30-34岁	**13**	**12**	**1**	**18**	**13**	**5**	**25**	**14**	**11**
30	4	4		7	5	2	15	9	6
31	2	2		1	1		3	2	1
32	3	3		6	5	1	3	1	2
33	1	1		2		2	2	1	1
34	3	2	1	2	2		2	1	1
35-39岁	**2**		**2**	**7**	**5**	**2**	**18**	**12**	**6**
35				5	3	2	4	1	3
36	1		1	1	1		4	3	1
37	1		1				1	1	
38							7	5	2
39				1	1		2	2	
40-44岁				**5**	**1**	**4**	**4**	**3**	**1**
40							2	2	
41				2		2	1	1	
42				1		1	1		1
43									
44				2	1	1			
45-49岁	**2**	**1**	**1**				**2**	**2**	
45									
46									
47							1	1	
48	2	1	1				1	1	
49									
50岁及以上							**1**	**1**	
平均初婚年龄	**22.04**	**22.77**	**21.32**	**22.33**	**23.04**	**21.62**	**22.56**	**23.31**	**21.81**

5-4b 续表 5

单位：人

初婚年龄	初婚年份								
	1994年			1995年			1996年		
	小计	男	女	小计	男	女	小计	男	女
总　计	**2323**	**1150**	**1173**	**2567**	**1276**	**1291**	**2394**	**1184**	**1210**
15岁以下	**1**		**1**	**1**		**1**	**1**		**1**
15–19岁	**367**	**101**	**266**	**419**	**126**	**293**	**354**	**104**	**250**
15	7	1	6	13	4	9	15	1	14
16	24	5	19	33	7	26	28	5	23
17	43	6	37	70	16	54	55	11	44
18	95	15	80	112	35	77	101	33	68
19	198	74	124	191	64	127	155	54	101
20–24岁	**1562**	**763**	**799**	**1606**	**774**	**832**	**1503**	**721**	**782**
20	272	95	177	274	102	172	278	88	190
21	378	172	206	376	143	233	304	132	172
22	367	179	188	383	197	186	352	161	191
23	323	188	135	298	176	122	327	188	139
24	222	129	93	275	156	119	242	152	90
25–29岁	**349**	**257**	**92**	**465**	**326**	**139**	**463**	**312**	**151**
25	164	112	52	195	124	71	189	123	66
26	87	70	17	130	95	35	117	70	47
27	46	33	13	71	59	12	78	58	20
28	27	23	4	47	32	15	50	39	11
29	25	19	6	22	16	6	29	22	7
30–34岁	**32**	**24**	**8**	**48**	**32**	**16**	**50**	**36**	**14**
30	16	12	4	16	10	6	21	13	8
31	8	4	4	14	10	4	13	11	2
32	2	2		8	6	2	8	6	2
33	2	2		5	5		7	5	2
34	4	4		5	1	4	1	1	
35–39岁	**5**	**1**	**4**	**12**	**10**	**2**	**9**	**4**	**5**
35				5	3	2	3	1	2
36	2		2	2	2		4	2	2
37	1		1	2	2		1		1
38	1	1		2	2		1	1	
39	1		1	1	1				
40–44岁	**4**	**3**	**1**	**10**	**5**	**5**	**9**	**4**	**5**
40	2	1	1	2		2	1	1	
41	1	1		2	2		1		1
42	1	1		1	1		2	1	1
43				3	1	2	3	2	1
44				2	1	1	2		2
45–49岁	**3**	**1**	**2**	**2**	**1**	**1**	**4**	**3**	**1**
45							1	1	
46							2	1	1
47	2	1	1	1	1				
48									
49	1		1	1		1	1	1	
50岁及以上				**4**	**2**	**2**	**1**		**1**
平均初婚年龄	**22.66**	**23.46**	**21.88**	**22.94**	**23.78**	**22.12**	**23.06**	**23.91**	**22.23**

5-4b 续表 6　　单位：人

初婚年龄	初婚年份								
	1997年			1998年			1999年		
	小计	男	女	小计	男	女	小计	男	女
总　计	**2553**	**1257**	**1296**	**2565**	**1283**	**1282**	**2384**	**1196**	**1188**
15岁以下	**2**	**1**	**1**	**5**	**2**	**3**	**6**	**2**	**4**
15-19岁	**384**	**93**	**291**	**400**	**103**	**297**	**362**	**95**	**267**
15	10	1	9	14	1	13	6	2	4
16	25	10	15	27	10	17	25	7	18
17	54	11	43	55	15	40	46	11	35
18	100	27	73	119	22	97	107	29	78
19	195	44	151	185	55	130	178	46	132
20-24岁	**1590**	**767**	**823**	**1492**	**705**	**787**	**1428**	**700**	**728**
20	248	86	162	241	84	157	262	89	173
21	347	158	189	283	121	162	318	139	179
22	389	185	204	383	176	207	338	167	171
23	337	178	159	321	162	159	288	164	124
24	269	160	109	264	162	102	222	141	81
25-29岁	**494**	**341**	**153**	**559**	**399**	**160**	**486**	**337**	**149**
25	187	119	68	235	170	65	205	136	69
26	130	94	36	136	90	46	117	90	27
27	102	76	26	85	64	21	79	59	20
28	46	31	15	65	47	18	56	31	25
29	29	21	8	38	28	10	29	21	8
30-34岁	**61**	**43**	**18**	**82**	**54**	**28**	**62**	**36**	**26**
30	20	12	8	33	23	10	18	11	7
31	16	11	5	13	9	4	13	5	8
32	11	9	2	17	12	5	14	10	4
33	10	7	3	13	7	6	13	9	4
34	4	4		6	3	3	4	1	3
35-39岁	**6**	**4**	**2**	**16**	**12**	**4**	**21**	**14**	**7**
35	3	3		6	5	1	8	6	2
36	1		1	5	4	1	7	4	3
37	1		1	3	2	1	4	2	2
38	1	1					1	1	
39				2	1	1	1	1	
40-44岁	**6**	**3**	**3**	**5**	**4**	**1**	**9**	**3**	**6**
40	1		1	1	1				
41	2	1	1				1		1
42				1	1		1	1	
43	1	1		1		1	5	2	3
44	2	1	1	2	2		2		2
45-49岁	**6**	**3**	**3**	**4**	**2**	**2**	**4**	**3**	**1**
45	1	1		3	2	1	1	1	
46	1		1						
47	2	1	1				1		1
48	1	1		1		1	2	2	
49	1		1						
50岁及以上	**4**	**2**	**2**	**2**	**2**		**6**	**6**	
平均初婚年龄	**23.15**	**24.01**	**22.31**	**23.30**	**24.30**	**22.30**	**23.26**	**24.16**	**22.35**

5-4b 续表 7

单位：人

初婚年龄	初婚年份								
	2000年			2001年			2002年		
	小计	男	女	小计	男	女	小计	男	女
总 计	**3240**	**1615**	**1625**	**1893**	**949**	**944**	**2508**	**1248**	**1260**
15岁以下	**9**	**2**	**7**	**4**	**2**	**2**	**7**	**1**	**6**
15-19岁	**593**	**150**	**443**	**347**	**83**	**264**	**431**	**114**	**317**
15	23	3	20	12	3	9	26	8	18
16	37	7	30	28	4	24	40	6	34
17	110	26	84	50	8	42	68	18	50
18	172	37	135	90	24	66	105	29	76
19	251	77	174	167	44	123	192	53	139
20-24岁	**1905**	**960**	**945**	**1097**	**552**	**545**	**1446**	**702**	**744**
20	369	144	225	229	86	143	287	98	189
21	407	165	242	227	95	132	313	132	181
22	403	212	191	273	154	119	326	172	154
23	386	232	154	192	114	78	275	155	120
24	340	207	133	176	103	73	245	145	100
25-29岁	**633**	**429**	**204**	**372**	**264**	**108**	**526**	**360**	**166**
25	238	149	89	138	91	47	185	116	69
26	179	118	61	99	68	31	147	100	47
27	115	85	30	61	47	14	84	62	22
28	63	46	17	43	34	9	59	49	10
29	38	31	7	31	24	7	51	33	18
30-34岁	**72**	**54**	**18**	**62**	**42**	**20**	**74**	**50**	**24**
30	24	19	5	24	17	7	18	13	5
31	20	14	6	14	9	5	23	16	7
32	12	10	2	12	9	3	7	4	3
33	6	4	2	9	5	4	17	13	4
34	10	7	3	3	2	1	9	4	5
35-39岁	**21**	**13**	**8**	**11**	**6**	**5**	**20**	**17**	**3**
35	8	5	3	2		2	4	4	
36	4	3	1	2	2		4	4	
37	4	2	2	3	1	2	5	4	1
38	4	2	2	2	2		4	4	
39	1	1		2	1	1	3	1	2
40-44岁	**4**	**4**					**2**	**2**	
40	2	2					1	1	
41									
42	1	1							
43	1	1					1	1	
44									
45-49岁	**1**	**1**					**1**	**1**	
45									
46									
47									
48									
49	1	1					1	1	
50岁及以上	**2**	**2**					**1**	**1**	
平均初婚年龄	**22.88**	**23.92**	**21.86**	**22.91**	**23.92**	**21.90**	**23.07**	**24.15**	**22.01**

5-4b 续表 8 单位：人

初婚年龄	初婚年份								
	2003年			2004年			2005年		
	小计	男	女	小计	男	女	小计	男	女
总 计	**2373**	**1179**	**1194**	**2513**	**1243**	**1270**	**2449**	**1235**	**1214**
15岁以下	**2**		**2**	**2**		**2**	**4**		**4**
15-19岁	**401**	**77**	**324**	**443**	**63**	**380**	**425**	**86**	**339**
15	23	8	15	18	3	15	24	6	18
16	35	7	28	34	3	31	41	6	35
17	52	7	45	74	9	65	64	6	58
18	119	19	100	130	15	115	125	21	104
19	172	36	136	187	33	154	171	47	124
20-24岁	**1346**	**674**	**672**	**1411**	**733**	**678**	**1331**	**660**	**671**
20	239	90	149	254	92	162	227	70	157
21	296	131	165	272	126	146	258	106	152
22	313	178	135	336	190	146	331	180	151
23	280	155	125	279	172	107	293	170	123
24	218	120	98	270	153	117	222	134	88
25-29岁	**502**	**339**	**163**	**530**	**358**	**172**	**538**	**383**	**155**
25	168	111	57	199	124	75	186	121	65
26	116	71	45	128	89	39	134	99	35
27	101	73	28	88	61	27	111	79	32
28	69	46	23	77	57	20	67	51	16
29	48	38	10	38	27	11	40	33	7
30-34岁	**94**	**68**	**26**	**92**	**68**	**24**	**102**	**69**	**33**
30	31	26	5	26	21	5	32	24	8
31	20	13	7	32	23	9	32	21	11
32	21	12	9	17	13	4	17	11	6
33	8	6	2	11	8	3	15	9	6
34	14	11	3	6	3	3	6	4	2
35-39岁	**17**	**14**	**3**	**18**	**10**	**8**	**28**	**21**	**7**
35	5	5		9	6	3	11	10	1
36	3	3		3	2	1	5	3	2
37	6	4	2	2		2	6	3	3
38	2	2		3	2	1	5	5	
39	1		1	1		1	1		1
40-44岁	**4**	**2**	**2**	**6**	**4**	**2**	**18**	**13**	**5**
40	2	1	1	3	1	2	6	6	
41	2	1	1	3	3		5	2	3
42							3	2	1
43							2	1	1
44							2	2	
45-49岁	**3**	**1**	**2**	**5**	**3**	**2**	**2**	**2**	
45	1	1		3	2	1			
46	1		1	1	1		1	1	
47							1	1	
48	1		1						
49				1		1			
50岁及以上	**4**	**4**		**6**	**4**	**2**	**1**	**1**	
平均初婚年龄	**23.31**	**24.46**	**22.18**	**23.31**	**24.52**	**22.12**	**23.46**	**24.78**	**22.12**

5-4b 续表 9

单位：人

初婚年龄	初婚年份								
	2006年			2007年			2008年		
	小计	男	女	小计	男	女	小计	男	女
总　计	**2510**	**1256**	**1254**	**2502**	**1255**	**1247**	**2862**	**1424**	**1438**
15岁以下	**3**		**3**	**5**		**5**	**10**		**10**
15—19岁	**445**	**79**	**366**	**452**	**88**	**364**	**482**	**97**	**385**
15	9		9	21	4	17	9	1	8
16	40	1	39	33	1	32	40	3	37
17	81	6	75	89	16	73	83	13	70
18	129	21	108	126	20	106	161	30	131
19	186	51	135	183	47	136	189	50	139
20—24岁	**1319**	**681**	**638**	**1292**	**666**	**626**	**1459**	**712**	**747**
20	239	74	165	265	86	179	266	88	178
21	275	120	155	260	118	142	342	155	187
22	271	147	124	277	154	123	333	160	173
23	263	160	103	258	157	101	277	170	107
24	271	180	91	232	151	81	241	139	102
25—29岁	**592**	**398**	**194**	**602**	**396**	**206**	**736**	**499**	**237**
25	195	126	69	227	140	87	253	165	88
26	148	97	51	159	98	61	201	138	63
27	112	72	40	99	73	26	117	84	33
28	83	60	23	69	53	16	105	70	35
29	54	43	11	48	32	16	60	42	18
30—34岁	**108**	**70**	**38**	**112**	**75**	**37**	**124**	**84**	**40**
30	33	20	13	39	29	10	36	27	9
31	28	21	7	29	19	10	38	26	12
32	17	12	5	21	14	7	16	9	7
33	19	9	10	13	9	4	20	14	6
34	11	8	3	10	4	6	14	8	6
35—39岁	**27**	**19**	**8**	**32**	**23**	**9**	**29**	**17**	**12**
35	13	8	5	7	5	2	9	5	4
36	5	4	1	6	4	2	5	5	
37	3	3		9	5	4	3	2	1
38	3	2	1	6	5	1	5	3	2
39	3	2	1	4	4		7	2	5
40—44岁	**12**	**5**	**7**	**5**	**5**		**15**	**10**	**5**
40	1		1	1	1		4	3	1
41	4	1	3	2	2		1	1	
42	2	2		2	2		3	1	2
43	3	1	2				5	4	1
44	2	1	1				2	1	1
45—49岁	**3**	**3**		**1**	**1**		**3**	**2**	**1**
45							2	2	
46	2	2							
47	1	1					1		1
48				1	1				
49									
50岁及以上	**1**	**1**		**1**	**1**		**4**	**3**	**1**
平均初婚年龄	**23.54**	**24.81**	**22.26**	**23.41**	**24.68**	**22.13**	**23.60**	**24.82**	**22.40**

5-4b 续表 10 单位：人

初婚年龄	初婚年份								
	2009年			2010年			2011年		
	小计	男	女	小计	男	女	小计	男	女
总　计	**2617**	**1329**	**1288**	**2940**	**1471**	**1469**	**2441**	**1232**	**1209**
15岁以下	**1**		**1**	**5**		**5**	**2**		**2**
15-19岁	**402**	**85**	**317**	**493**	**104**	**389**	**343**	**75**	**268**
15	15	3	12	28	3	25	20	3	17
16	36	2	34	39	6	33	35	2	33
17	73	12	61	105	12	93	73	14	59
18	98	19	79	111	28	83	101	17	84
19	180	49	131	210	55	155	114	39	75
20-24岁	**1308**	**650**	**658**	**1516**	**772**	**744**	**1250**	**604**	**646**
20	231	76	155	305	119	186	210	79	131
21	292	129	163	284	121	163	257	109	148
22	303	162	141	369	182	187	265	140	125
23	246	140	106	305	188	117	266	147	119
24	236	143	93	253	162	91	252	129	123
25-29岁	**690**	**454**	**236**	**695**	**445**	**250**	**667**	**427**	**240**
25	217	135	82	233	147	86	192	117	75
26	167	107	60	173	105	68	190	119	71
27	152	101	51	128	87	41	134	86	48
28	87	69	18	114	77	37	83	60	23
29	67	42	25	47	29	18	68	45	23
30-34岁	**147**	**96**	**51**	**156**	**96**	**60**	**121**	**87**	**34**
30	48	35	13	57	33	24	48	34	14
31	31	17	14	43	25	18	31	24	7
32	26	15	11	25	14	11	16	12	4
33	22	15	7	18	14	4	14	11	3
34	20	14	6	13	10	3	12	6	6
35-39岁	**47**	**29**	**18**	**49**	**35**	**14**	**41**	**31**	**10**
35	14	8	6	17	11	6	12	5	7
36	13	8	5	11	8	3	11	10	1
37	7	5	2	9	7	2	6	5	1
38	5	4	1	9	6	3	6	6	
39	8	4	4	3	3		6	5	1
40-44岁	**15**	**9**	**6**	**19**	**14**	**5**	**12**	**7**	**5**
40	3		3	4	2	2	1		1
41	5	4	1	7	6	1	3	3	
42	2	1	1	2	2		5	2	3
43	4	4		3	2	1	2	1	1
44	1		1	3	2	1	1	1	
45-49岁	**4**	**3**	**1**	**3**	**2**	**1**	**4**	**1**	**3**
45	1	1					1		1
46				1	1		1		1
47	1		1				1		1
48	1	1		2	1	1	1	1	
49	1	1							
50岁及以上	**3**	**3**		**4**	**3**	**1**	**1**		**1**
平均初婚年龄	**24.02**	**25.17**	**22.83**	**23.73**	**24.91**	**22.54**	**24.01**	**25.11**	**22.89**

5-4b　续表 11　　单位：人

初婚年龄	初婚年份								
	2012年			2013年			2014年		
	小计	男	女	小计	男	女	小计	男	女
总　计	**2918**	**1484**	**1434**	**2792**	**1392**	**1400**	**2645**	**1331**	**1314**
15岁以下	**7**		**7**	**3**		**3**	**3**	**1**	**2**
15-19岁	**378**	**82**	**296**	**299**	**61**	**238**	**243**	**45**	**198**
15	23	2	21	22		22	13	1	12
16	32	6	26	27	1	26	29	2	27
17	71	8	63	54	5	49	47	7	40
18	104	24	80	80	15	65	65	11	54
19	148	42	106	116	40	76	89	24	65
20-24岁	**1428**	**692**	**736**	**1252**	**576**	**676**	**1192**	**558**	**634**
20	209	75	134	165	44	121	145	50	95
21	272	122	150	192	78	114	198	84	114
22	311	147	164	271	138	133	249	124	125
23	326	173	153	325	152	173	289	130	159
24	310	175	135	299	164	135	311	170	141
25-29岁	**854**	**535**	**319**	**961**	**570**	**391**	**896**	**535**	**361**
25	278	160	118	323	184	139	286	159	127
26	219	141	78	239	145	94	231	134	97
27	161	103	58	175	106	69	187	111	76
28	114	76	38	126	78	48	109	73	36
29	82	55	27	98	57	41	83	58	25
30-34岁	**163**	**112**	**51**	**195**	**126**	**69**	**193**	**119**	**74**
30	60	45	15	69	40	29	46	35	11
31	31	24	7	52	35	17	45	28	17
32	34	19	15	37	25	12	36	19	17
33	21	14	7	20	12	8	37	21	16
34	17	10	7	17	14	3	29	16	13
35-39岁	**62**	**46**	**16**	**51**	**38**	**13**	**73**	**43**	**30**
35	17	15	2	15	11	4	20	13	7
36	14	9	5	8	7	1	17	7	10
37	11	9	2	10	7	3	12	9	3
38	6	3	3	9	7	2	12	7	5
39	14	10	4	9	6	3	12	7	5
40-44岁	**16**	**9**	**7**	**17**	**11**	**6**	**32**	**20**	**12**
40	6	3	3	6	3	3	8	3	5
41	3	1	2	5	3	2	5	4	1
42	4	4					9	5	4
43	1		1	5	5		8	6	2
44	2	1	1	1		1	2	2	
45-49岁	**7**	**5**	**2**	**5**	**5**		**8**	**8**	
45	2	1	1	1	1		2	2	
46				2	2		1	1	
47	1	1		1	1				
48	3	2	1				3	3	
49	1	1		1	1		2	2	
50岁及以上	**3**	**3**		**9**	**5**	**4**	**5**	**2**	**3**
平均初婚年龄	**24.36**	**25.49**	**23.18**	**24.88**	**25.99**	**23.77**	**25.24**	**26.22**	**24.25**

5-4b 续表 12

单位：人

初婚年龄	初婚年份								
	2015年			2016年			2017年		
	小计	男	女	小计	男	女	小计	男	女
总 计	**2596**	**1299**	**1297**	**2424**	**1209**	**1215**	**2208**	**1097**	**1111**
15岁以下				**3**	**2**	**1**	**3**		**3**
15-19岁	**230**	**35**	**195**	**184**	**25**	**159**	**151**	**21**	**130**
15	5		5	10		10	4		4
16	32	3	29	12	2	10	13		13
17	39	3	36	31	3	28	20		20
18	74	10	64	53	9	44	38	6	32
19	80	19	61	78	11	67	76	15	61
20-24岁	**1029**	**480**	**549**	**939**	**417**	**522**	**821**	**353**	**468**
20	134	49	85	108	29	79	107	32	75
21	136	54	82	151	65	86	119	43	76
22	216	101	115	185	81	104	144	63	81
23	235	118	117	232	105	127	192	96	96
24	308	158	150	263	137	126	259	119	140
25-29岁	**1026**	**589**	**437**	**984**	**571**	**413**	**915**	**511**	**404**
25	334	165	169	294	151	143	239	139	100
26	289	185	104	259	153	106	239	120	119
27	166	92	74	178	111	67	209	111	98
28	157	90	67	157	100	57	126	72	54
29	80	57	23	96	56	40	102	69	33
30-34岁	**194**	**122**	**72**	**208**	**128**	**80**	**204**	**142**	**62**
30	68	49	19	73	49	24	78	59	19
31	42	26	16	54	34	20	46	36	10
32	33	19	14	38	20	18	31	16	15
33	29	18	11	21	11	10	28	18	10
34	22	10	12	22	14	8	21	13	8
35-39岁	**70**	**41**	**29**	**58**	**37**	**21**	**62**	**37**	**25**
35	17	9	8	13	11	2	21	14	7
36	13	8	5	12	8	4	10	4	6
37	17	12	5	16	8	8	14	8	6
38	11	2	9	8	6	2	10	4	6
39	12	10	2	9	4	5	7	7	
40-44岁	**34**	**22**	**12**	**32**	**17**	**15**	**33**	**21**	**12**
40	8	6	2	7	5	2	9	6	3
41	10	5	5	7	4	3	6	3	3
42	7	5	2	11	7	4	7	5	2
43	1	1		4	1	3	6	4	2
44	8	5	3	3		3	5	3	2
45-49岁	**6**	**6**		**10**	**8**	**2**	**12**	**7**	**5**
45	3	3		3	1	2	1	1	
46	1	1		2	2		3	1	2
47	2	2		3	3		2	2	
48				2	2		2	1	1
49							4	2	2
50岁及以上	**7**	**4**	**3**	**6**	**4**	**2**	**7**	**5**	**2**
平均初婚年龄	**25.53**	**26.52**	**24.54**	**25.75**	**26.73**	**24.78**	**26.09**	**27.16**	**25.03**

5-4b 续表 13

单位：人

初婚年龄	初婚年份								
	2018年			2019年			2020年		
	小计	男	女	小计	男	女	小计	男	女
总　计	**2289**	**1135**	**1154**	**2092**	**1043**	**1049**	**1250**	**637**	**613**
15岁以下	**3**	**1**	**2**	**1**		**1**			
15–19岁	**114**	**15**	**99**	**95**	**15**	**80**	**32**	**2**	**30**
15	2		2	1		1	1		1
16	11	2	9	7		7	2		2
17	20	1	19	13	2	11	3		3
18	27		27	26	2	24	11		11
19	54	12	42	48	11	37	15	2	13
20–24岁	**820**	**351**	**469**	**695**	**287**	**408**	**389**	**159**	**230**
20	74	13	61	69	18	51	31	7	24
21	124	45	79	97	30	67	49	12	37
22	153	66	87	136	55	81	78	32	46
23	210	94	116	167	78	89	84	40	44
24	259	133	126	226	106	120	147	68	79
25–29岁	**996**	**563**	**433**	**938**	**515**	**423**	**573**	**319**	**254**
25	275	130	145	246	118	128	154	82	72
26	249	130	119	220	127	93	147	71	76
27	181	108	73	168	98	70	103	62	41
28	185	119	66	163	98	65	107	60	47
29	106	76	30	141	74	67	62	44	18
30–34岁	**231**	**134**	**97**	**229**	**148**	**81**	**168**	**105**	**63**
30	84	47	37	78	55	23	55	33	22
31	57	32	25	57	39	18	42	29	13
32	43	25	18	42	26	16	28	15	13
33	27	16	11	28	15	13	25	14	11
34	20	14	6	24	13	11	18	14	4
35–39岁	**72**	**40**	**32**	**71**	**41**	**30**	**51**	**30**	**21**
35	23	11	12	19	14	5	5	5	
36	14	8	6	15	9	6	11	6	5
37	10	6	4	17	6	11	12	7	5
38	13	6	7	10	8	2	12	8	4
39	12	9	3	10	4	6	11	4	7
40–44岁	**27**	**15**	**12**	**28**	**19**	**9**	**26**	**15**	**11**
40	8	2	6	13	8	5	7	5	2
41	3	3		6	5	1	7	4	3
42	6	4	2	4	3	1	4		4
43	4	3	1	4	2	2	4	3	1
44	6	3	3	1	1		4	3	1
45–49岁	**18**	**11**	**7**	**16**	**7**	**9**	**5**	**4**	**1**
45	6	3	3	6	3	3			
46	3	3		3	2	1	3	2	1
47	2	2		3	1	2	2	2	
48	3		3	2		2			
49	4	3	1	2	1	1			
50岁及以上	**8**	**5**	**3**	**19**	**11**	**8**	**6**	**3**	**3**
平均初婚年龄	**26.42**	**27.34**	**25.52**	**26.84**	**27.71**	**25.98**	**27.26**	**28.11**	**26.38**

5-4c 全区分初婚年龄、性别、初婚年份的人口(乡村)

单位：人

初婚年龄	初婚年份								
	合计			1980年			1981年		
	合计	男	女	小计	男	女	小计	男	女
总　计	**137028**	**71413**	**65615**	**3779**	**1884**	**1895**	**2352**	**1169**	**1183**
15岁以下	**492**	**57**	**435**	**22**	**5**	**17**	**15**	**5**	**10**
15-19岁	**36892**	**10444**	**26448**	**1417**	**369**	**1048**	**898**	**232**	**666**
15	1975	333	1642	84	17	67	43	4	39
16	3660	619	3041	174	21	153	82	17	65
17	6652	1478	5174	367	83	284	158	31	127
18	10384	2772	7612	457	126	331	293	61	232
19	14221	5242	8979	335	122	213	322	119	203
20-24岁	**72754**	**41676**	**31078**	**1848**	**1109**	**739**	**1110**	**659**	**451**
20	17592	7922	9670	380	182	198	240	101	139
21	17056	9125	7931	329	165	164	258	137	121
22	15964	9737	6227	481	287	194	213	122	91
23	12370	8133	4237	361	240	121	206	148	58
24	9772	6759	3013	297	235	62	193	151	42
25-29岁	**20615**	**14941**	**5674**	**444**	**365**	**79**	**309**	**259**	**50**
25	7401	5311	2090	210	176	34	136	112	24
26	5159	3743	1416	109	84	25	82	71	11
27	3631	2663	968	61	53	8	45	38	7
28	2626	1909	717	37	31	6	28	25	3
29	1798	1315	483	27	21	6	18	13	5
30-34岁	**4068**	**2857**	**1211**	**34**	**27**	**7**	**16**	**11**	**5**
30	1392	989	403	12	10	2	8	6	2
31	974	667	307	6	5	1			
32	756	542	214	6	5	1	3	2	1
33	552	398	154	7	5	2	1	1	
34	394	261	133	3	2	1	4	2	2
35-39岁	**1236**	**833**	**403**	**7**	**4**	**3**	**2**	**2**	
35	329	219	110						
36	287	206	81	3	1	2	1	1	
37	240	162	78						
38	207	136	71	1	1		1	1	
39	173	110	63	3	2	1			
40-44岁	**538**	**336**	**202**	**5**	**4**	**1**	**1**		**1**
40	145	85	60	1	1				
41	130	88	42	2	1	1			
42	102	60	42	1	1				
43	98	60	38				1		1
44	63	43	20	1	1				
45-49岁	**229**	**143**	**86**	**2**	**1**	**1**			
45	59	37	22	1		1			
46	60	39	21	1	1				
47	46	24	22						
48	38	23	15						
49	26	20	6						
50岁及以上	**204**	**126**	**78**				**1**	**1**	
平均初婚年龄	**22.43**	**23.53**	**21.22**	**21.37**	**22.76**	**19.99**	**21.43**	**22.84**	**20.04**

5-4c　续表 1　　　　单位：人

初婚年龄	初婚年份								
	1982年			1983年			1984年		
	小计	男	女	小计	男	女	小计	男	女
总　计	**3183**	**1588**	**1595**	**3172**	**1588**	**1584**	**3344**	**1704**	**1640**
15岁以下	**21**	**1**	**20**	**18**	**1**	**17**	**9**	**2**	**7**
15-19岁	**1283**	**372**	**911**	**1156**	**337**	**819**	**1206**	**359**	**847**
15	64	8	56	80	18	62	47	12	35
16	125	30	95	121	17	104	106	19	87
17	223	51	172	194	48	146	206	54	152
18	344	89	255	304	92	212	324	77	247
19	527	194	333	457	162	295	523	197	326
20-24岁	**1472**	**868**	**604**	**1602**	**924**	**678**	**1819**	**1086**	**733**
20	504	242	262	606	292	314	636	310	326
21	257	132	125	416	226	190	578	351	227
22	311	208	103	247	164	83	318	220	98
23	193	126	67	201	148	53	143	98	45
24	207	160	47	132	94	38	144	107	37
25-29岁	**361**	**314**	**47**	**346**	**293**	**53**	**259**	**217**	**42**
25	161	140	21	117	94	23	75	63	12
26	91	79	12	99	85	14	74	59	15
27	54	48	6	70	59	11	55	51	4
28	35	28	7	41	36	5	28	23	5
29	20	19	1	19	19		27	21	6
30-34岁	**38**	**29**	**9**	**37**	**27**	**10**	**42**	**34**	**8**
30	18	15	3	15	11	4	22	16	6
31	10	5	5	7	5	2	7	7	
32	4	4		3	3		8	8	
33	3	2	1	7	5	2	3	3	
34	3	3		5	3	2	2		2
35-39岁	**3**	**1**	**2**	**9**	**5**	**4**	**5**	**3**	**2**
35	2	1	1	4	2	2	2	1	1
36	1		1	1	1				
37				2	1	1	1	1	
38				1		1	1	1	
39				1	1		1		1
40-44岁	**3**	**1**	**2**	**2**	**1**	**1**	**2**	**2**	
40	1		1				1	1	
41							1	1	
42									
43	1		1						
44	1	1		2	1	1			
45-49岁	**2**	**2**		**2**		**2**	**2**	**1**	**1**
45							1		1
46	1	1		2		2			
47							1	1	
48	1	1							
49									
50岁及以上									
平均初婚年龄	**21.19**	**22.51**	**19.89**	**21.20**	**22.38**	**20.03**	**21.11**	**22.11**	**20.06**

5-4c 续表 2

单位：人

初婚年龄	初婚年份								
	1985年			1986年			1987年		
	小计	男	女	小计	男	女	小计	男	女
总　计	**4053**	**2043**	**2010**	**3908**	**1979**	**1929**	**3787**	**1916**	**1871**
15岁以下	**17**	**3**	**14**	**14**	**1**	**13**	**14**	**3**	**11**
15–19岁	**1316**	**360**	**956**	**1256**	**362**	**894**	**1196**	**381**	**815**
15	67	13	54	43	9	34	40	7	33
16	137	22	115	114	23	91	82	20	62
17	247	49	198	251	55	196	191	50	141
18	346	101	245	344	87	257	371	98	273
19	519	175	344	504	188	316	512	206	306
20–24岁	**2343**	**1385**	**958**	**2364**	**1401**	**963**	**2242**	**1286**	**956**
20	684	309	375	703	320	383	598	250	348
21	648	384	264	597	335	262	609	329	280
22	595	391	204	537	350	187	515	345	170
23	296	212	84	348	260	88	330	220	110
24	120	89	31	179	136	43	190	142	48
25–29岁	**313**	**241**	**72**	**200**	**158**	**42**	**254**	**190**	**64**
25	116	92	24	58	44	14	119	88	31
26	54	44	10	54	42	12	39	29	10
27	57	43	14	32	27	5	36	32	4
28	51	40	11	34	29	5	29	18	11
29	35	22	13	22	16	6	31	23	8
30–34岁	**45**	**40**	**5**	**56**	**45**	**11**	**66**	**46**	**20**
30	16	14	2	29	21	8	27	20	7
31	9	8	1	7	6	1	10	5	5
32	14	13	1	9	8	1	17	14	3
33	5	5		6	6		9	6	3
34	1		1	5	4	1	3	1	2
35–39岁	**13**	**12**	**1**	**12**	**8**	**4**	**8**	**5**	**3**
35	7	7		2	1	1	1	1	
36	2	1	1	6	4	2	1	1	
37	3	3		1	1		2		2
38	1	1		2	2		4	3	1
39				1		1			
40–44岁	**4**	**1**	**3**	**4**	**3**	**1**	**5**	**3**	**2**
40	1	1		1		1	1	1	
41				3	3		2	1	1
42	3		3				2	1	1
43									
44									
45–49岁	**1**		**1**	**1**	**1**		**1**	**1**	
45	1		1				1	1	
46									
47									
48									
49				1	1				
50岁及以上	**1**	**1**		**1**		**1**	**1**	**1**	
平均初婚年龄	**21.27**	**22.31**	**20.22**	**21.27**	**22.25**	**20.26**	**21.44**	**22.31**	**20.56**

5-4c 续表 3

单位：人

初婚年龄	初婚年份								
	1988年			1989年			1990年		
	小计	男	女	小计	男	女	小计	男	女
总　计	**4092**	**2058**	**2034**	**4221**	**2181**	**2040**	**4943**	**2542**	**2401**
15岁以下	**19**	**3**	**16**	**16**	**3**	**13**	**27**	**2**	**25**
15-19岁	**1279**	**400**	**879**	**1276**	**413**	**863**	**1427**	**441**	**986**
15	56	8	48	60	15	45	82	13	69
16	104	23	81	93	20	73	144	27	117
17	180	47	133	218	61	157	243	65	178
18	400	109	291	324	109	215	389	125	264
19	539	213	326	581	208	373	569	211	358
20-24岁	**2425**	**1376**	**1049**	**2501**	**1444**	**1057**	**2974**	**1708**	**1266**
20	680	307	373	701	301	400	800	354	446
21	575	293	282	695	380	315	776	422	354
22	521	317	204	477	301	176	666	413	253
23	382	263	119	391	272	119	433	300	133
24	267	196	71	237	190	47	299	219	80
25-29岁	**288**	**224**	**64**	**367**	**279**	**88**	**434**	**337**	**97**
25	144	111	33	181	140	41	193	146	47
26	75	59	16	104	82	22	122	98	24
27	22	15	7	52	33	19	69	56	13
28	26	22	4	12	10	2	33	22	11
29	21	17	4	18	14	4	17	15	2
30-34岁	**64**	**45**	**19**	**43**	**30**	**13**	**58**	**41**	**17**
30	17	9	8	13	10	3	17	11	6
31	16	12	4	11	8	3	9	6	3
32	16	13	3	6	3	3	6	5	1
33	3	2	1	6	3	3	13	10	3
34	12	9	3	7	6	1	13	9	4
35-39岁	**12**	**7**	**5**	**13**	**8**	**5**	**10**	**5**	**5**
35	2		2	3	1	2	5	4	1
36	2	2		2	1	1	2		2
37	3	3		3	3				
38	4	2	2	2	1	1	1	1	
39	1		1	3	2	1	2		2
40-44岁	**4**	**2**	**2**	**2**	**1**	**1**	**10**	**6**	**4**
40	3	1	2	1		1	3	2	1
41				1	1		2	1	1
42									
43							3	2	1
44	1	1					2	1	1
45-49岁	**1**	**1**		**3**	**3**		**1**	**1**	
45				1	1				
46	1	1		1	1				
47				1	1		1	1	
48									
49									
50岁及以上							**2**	**1**	**1**
平均初婚年龄	**21.45**	**22.36**	**20.53**	**21.47**	**22.33**	**20.55**	**21.54**	**22.45**	**20.56**

5-4c 续表 4

单位：人

初婚年龄	初婚年份								
	1991年			1992年			1993年		
	小计	男	女	小计	男	女	小计	男	女
总　计	**3179**	**1610**	**1569**	**3976**	**2049**	**1927**	**3891**	**2033**	**1858**
15岁以下	**11**	**1**	**10**	**15**	**3**	**12**	**15**	**3**	**12**
15-19岁	**965**	**312**	**653**	**1125**	**349**	**776**	**1013**	**322**	**691**
15	59	13	46	53	8	45	53	8	45
16	79	19	60	112	30	82	94	23	71
17	153	46	107	172	53	119	167	49	118
18	295	100	195	305	74	231	267	86	181
19	379	134	245	483	184	299	432	156	276
20-24岁	**1895**	**1071**	**824**	**2367**	**1349**	**1018**	**2387**	**1339**	**1048**
20	493	217	276	587	263	324	606	279	327
21	479	242	237	557	288	269	564	276	288
22	456	299	157	585	375	210	518	320	198
23	298	194	104	374	240	134	437	282	155
24	169	119	50	264	183	81	262	182	80
25-29岁	**271**	**201**	**70**	**385**	**291**	**94**	**387**	**307**	**80**
25	109	75	34	146	111	35	176	136	40
26	80	64	16	98	79	19	93	78	15
27	47	37	10	63	46	17	52	46	6
28	23	17	6	47	33	14	40	28	12
29	12	8	4	31	22	9	26	19	7
30-34岁	**20**	**16**	**4**	**39**	**29**	**10**	**56**	**41**	**15**
30	1	1		19	13	6	19	16	3
31	6	5	1	3	2	1	18	11	7
32	6	5	1	8	6	2	9	7	2
33	7	5	2	5	4	1	4	4	
34				4	4		6	3	3
35-39岁	**11**	**6**	**5**	**22**	**16**	**6**	**17**	**11**	**6**
35	2	2		4	2	2	3	3	
36	3	1	2	4	3	1	3	2	1
37				6	5	1	2	1	1
38	4	2	2	4	3	1	4	3	1
39	2	1	1	4	3	1	5	2	3
40-44岁	**2**	**1**	**1**	**15**	**9**	**6**	**10**	**6**	**4**
40	1		1	6	3	3	2	2	
41				3	3		3	1	2
42				4	2	2	4	3	1
43	1	1		1		1	1		1
44				1	1				
45-49岁	**1**		**1**	**8**	**3**	**5**	**5**	**3**	**2**
45				3	2	1	2	2	
46				3	1	2	1		1
47				1		1			
48	1		1	1		1	1		1
49							1	1	
50岁及以上	**3**	**2**	**1**				**1**	**1**	
平均初婚年龄	**21.47**	**22.29**	**20.63**	**21.82**	**22.70**	**20.88**	**21.89**	**22.76**	**20.93**

5-4c 续表 5

单位：人

初婚年龄	初婚年份								
	1994年			1995年			1996年		
	小计	男	女	小计	男	女	小计	男	女
总　计	**4005**	**2056**	**1949**	**4106**	**2161**	**1945**	**3726**	**1937**	**1789**
15岁以下	**10**	**2**	**8**	**10**	**1**	**9**	**15**		**15**
15-19岁	**1016**	**332**	**684**	**1017**	**336**	**681**	**879**	**277**	**602**
15	53	17	36	42	12	30	39	9	30
16	91	30	61	100	18	82	91	14	77
17	142	41	101	172	50	122	154	38	116
18	306	93	213	245	78	167	252	89	163
19	424	151	273	458	178	280	343	127	216
20-24岁	**2418**	**1310**	**1108**	**2358**	**1293**	**1065**	**2186**	**1201**	**985**
20	563	236	327	576	243	333	532	220	312
21	614	305	309	565	295	270	493	259	234
22	523	311	212	505	296	209	502	270	232
23	420	264	156	376	231	145	378	258	120
24	298	194	104	336	228	108	281	194	87
25-29岁	**462**	**346**	**116**	**581**	**443**	**138**	**491**	**360**	**131**
25	196	146	50	228	169	59	180	133	47
26	114	93	21	151	114	37	131	94	37
27	67	49	18	99	78	21	73	54	19
28	48	34	14	65	52	13	65	49	16
29	37	24	13	38	30	8	42	30	12
30-34岁	**62**	**44**	**18**	**99**	**64**	**35**	**101**	**64**	**37**
30	18	13	5	36	24	12	32	19	13
31	25	19	6	20	12	8	25	15	10
32	10	6	4	26	17	9	19	9	10
33	3	1	2	12	9	3	16	14	2
34	6	5	1	5	2	3	9	7	2
35-39岁	**18**	**12**	**6**	**27**	**14**	**13**	**23**	**16**	**7**
35	1		1	9	4	5	2	1	1
36	8	7	1	7	5	2	7	5	2
37	3	3		4	3	1	5	3	2
38	4	1	3	3	1	2	6	5	1
39	2	1	1	4	1	3	3	2	1
40-44岁	**10**	**4**	**6**	**11**	**10**	**1**	**15**	**11**	**4**
40	4		4	1		1	4	3	1
41	2	1	1	3	3		4	3	1
42	1		1	3	3		3	2	1
43	2	2		3	3		1	1	
44	1	1		1	1		3	2	1
45-49岁	**3**	**2**	**1**	**1**		**1**	**7**	**3**	**4**
45	2	1	1				1	1	
46				1		1	3		3
47							2	1	1
48									
49	1	1					1	1	
50岁及以上	**6**	**4**	**2**	**2**		**2**	**9**	**5**	**4**
平均初婚年龄	**22.07**	**22.88**	**21.21**	**22.30**	**23.18**	**21.32**	**22.44**	**23.38**	**21.41**

5-4c 续表 6

单位：人

初婚年龄	初婚年份								
	1997年			1998年			1999年		
	小计	男	女	小计	男	女	小计	男	女
总　计	**3811**	**2002**	**1809**	**3800**	**1993**	**1807**	**3553**	**1833**	**1720**
15岁以下	**7**		**7**	**6**		**6**	**18**		**18**
15-19岁	**888**	**263**	**625**	**886**	**248**	**638**	**900**	**260**	**640**
15	38	10	28	34	8	26	41	9	32
16	76	19	57	79	14	65	66	13	53
17	177	39	138	140	31	109	156	29	127
18	238	67	171	270	69	201	266	79	187
19	359	128	231	363	126	237	371	130	241
20-24岁	**2211**	**1232**	**979**	**2122**	**1181**	**941**	**1932**	**1068**	**864**
20	412	175	237	483	221	262	439	185	254
21	565	298	267	499	251	248	411	225	186
22	513	291	222	491	267	224	450	237	213
23	380	240	140	371	245	126	369	239	130
24	341	228	113	278	197	81	263	182	81
25-29岁	**538**	**397**	**141**	**614**	**448**	**166**	**576**	**411**	**165**
25	206	149	57	206	153	53	217	157	60
26	140	103	37	144	110	34	131	98	33
27	87	65	22	105	77	28	108	68	40
28	65	49	16	83	55	28	77	56	21
29	40	31	9	76	53	23	43	32	11
30-34岁	**114**	**77**	**37**	**133**	**92**	**41**	**95**	**74**	**21**
30	41	25	16	46	33	13	38	30	8
31	29	20	9	32	22	10	26	22	4
32	27	19	8	25	15	10	12	8	4
33	9	6	3	22	16	6	10	9	1
34	8	7	1	8	6	2	9	5	4
35-39岁	**24**	**15**	**9**	**24**	**12**	**12**	**20**	**15**	**5**
35	11	8	3	8	6	2	9	7	2
36	2	2		9	2	7	4	2	2
37	2		2	2		2	3	2	1
38	4	2	2	2	2		3	3	
39	5	3	2	3	2	1	1	1	
40-44岁	**22**	**13**	**9**	**10**	**8**	**2**	**5**	**2**	**3**
40	5	5					1		1
41	3	1	2	3	3				
42	6	3	3	4	3	1	2	2	
43	5	3	2	2	2		2		2
44	3	1	2	1		1			
45-49岁	**2**	**1**	**1**	**2**	**2**		**5**	**2**	**3**
45				1	1				
46	1	1		1	1		2		2
47									
48	1		1				2	1	1
49							1	1	
50岁及以上	**5**	**4**	**1**	**3**	**2**	**1**	**2**	**1**	**1**
平均初婚年龄	**22.58**	**23.52**	**21.53**	**22.63**	**23.64**	**21.51**	**22.42**	**23.48**	**21.30**

5−4c　续表 7　　　　　　　　　　　　　　　　　　　　　　　　　　　　单位：人

初婚年龄	初婚年份								
	2000年			2001年			2002年		
	小计	男	女	小计	男	女	小计	男	女
总　计	3957	2108	1849	2419	1295	1124	3244	1721	1523
15岁以下	13	3	10	9	3	6	11	1	10
15−19岁	1050	329	721	588	174	414	781	236	545
15	55	13	42	31	7	24	48	9	39
16	91	22	69	47	10	37	73	11	62
17	163	44	119	94	20	74	144	33	111
18	319	99	220	161	43	118	214	60	154
19	422	151	271	255	94	161	302	123	179
20−24岁	2187	1233	954	1351	755	596	1839	1026	813
20	505	219	286	315	137	178	434	192	242
21	495	253	242	333	163	170	421	215	206
22	487	294	193	295	176	119	412	232	180
23	372	236	136	242	162	80	322	209	113
24	328	231	97	166	117	49	250	178	72
25−29岁	586	455	131	359	272	87	506	372	134
25	230	176	54	137	103	34	175	120	55
26	144	110	34	85	60	25	143	104	39
27	112	92	20	65	52	13	102	75	27
28	60	47	13	41	32	9	43	35	8
29	40	30	10	31	25	6	43	38	5
30−34岁	86	64	22	78	66	12	88	73	15
30	32	25	7	32	25	7	28	23	5
31	25	19	6	17	16	1	26	21	5
32	15	11	4	10	10		18	17	1
33	7	6	1	11	8	3	11	8	3
34	7	3	4	8	7	1	5	4	1
35−39岁	22	17	5	23	17	6	12	10	2
35	8	4	4	4	2	2	4	3	1
36	6	6		9	7	2	1	1	
37	4	4		8	7	1	2	2	
38	4	3	1	1		1			
39				1	1		5	4	1
40−44岁	5	3	2	5	3	2			
40									
41				1		1			
42	2		2	3	2	1			
43	1	1		1	1				
44	2	2							
45−49岁	4	3	1	4	3	1	4	2	2
45	1	1		1		1	1		1
46				1	1				
47	2	1	1	1	1		3	2	1
48									
49	1	1		1	1				
50岁及以上	4	1	3	2	2		3	1	2
平均初婚年龄	22.25	23.26	21.09	22.50	23.66	21.17	22.35	23.42	21.14

5-4c 续表 8

单位：人

初婚年龄	初婚年份								
	2003年			2004年			2005年		
	小计	男	女	小计	男	女	小计	男	女
总　计	**3196**	**1715**	**1481**	**3088**	**1674**	**1414**	**3171**	**1685**	**1486**
15岁以下	**15**	**3**	**12**	**14**	**1**	**13**	**6**	**2**	**4**
15-19岁	**764**	**200**	**564**	**717**	**183**	**534**	**865**	**233**	**632**
15	52	11	41	47	10	37	53	10	43
16	85	17	68	75	15	60	97	13	84
17	129	36	93	146	20	126	180	35	145
18	204	47	157	186	48	138	233	65	168
19	294	89	205	263	90	173	302	110	192
20-24岁	**1749**	**1010**	**739**	**1720**	**1017**	**703**	**1589**	**942**	**647**
20	350	140	210	356	159	197	329	158	171
21	465	265	200	367	200	167	322	160	162
22	390	232	158	413	259	154	356	228	128
23	328	215	113	321	225	96	323	212	111
24	216	158	58	263	174	89	259	184	75
25-29岁	**538**	**394**	**144**	**504**	**372**	**132**	**540**	**387**	**153**
25	195	143	52	158	114	44	214	146	68
26	133	93	40	133	101	32	148	108	40
27	97	75	22	86	64	22	73	56	17
28	63	46	17	77	56	21	54	41	13
29	50	37	13	50	37	13	51	36	15
30-34岁	**95**	**77**	**18**	**97**	**74**	**23**	**114**	**87**	**27**
30	38	32	6	38	27	11	47	39	8
31	25	20	5	21	14	7	24	19	5
32	14	12	2	13	12	1	20	13	7
33	12	8	4	13	11	2	14	8	6
34	6	5	1	12	10	2	9	8	1
35-39岁	**21**	**19**	**2**	**24**	**18**	**6**	**37**	**22**	**15**
35	5	5		5	4	1	12	5	7
36	3	2	1	3	2	1	9	8	1
37	7	6	1	7	6	1	8	5	3
38	5	5		4	3	1	3		3
39	1	1		5	3	2	5	4	1
40-44岁	**6**	**5**	**1**	**7**	**5**	**2**	**13**	**9**	**4**
40	2	2		5	3	2	7	6	1
41	1	1					2	1	1
42	2	1	1				1		1
43				1	1		2	1	1
44	1	1		1	1		1	1	
45-49岁	**6**	**5**	**1**	**3**	**3**		**1**		**1**
45				1	1				
46	1	1							
47	2	2							
48	2	2		1	1		1		1
49	1		1	1	1				
50岁及以上	**2**	**2**		**2**	**1**	**1**	**6**	**3**	**3**
平均初婚年龄	**22.53**	**23.74**	**21.13**	**22.63**	**23.79**	**21.25**	**22.64**	**23.80**	**21.31**

5-4c　续表 9　　　　单位：人

初婚年龄	初婚年份								
	2006年			2007年			2008年		
	小计	男	女	小计	男	女	小计	男	女
总　计	**3039**	**1634**	**1405**	**2895**	**1551**	**1344**	**3404**	**1818**	**1586**
15岁以下	**7**		**7**	**5**		**5**	**11**		**11**
15-19岁	**786**	**214**	**572**	**717**	**181**	**536**	**953**	**266**	**687**
15	33	5	28	34	4	30	65	13	52
16	84	11	73	69	12	57	99	12	87
17	147	29	118	152	23	129	142	28	114
18	231	49	182	190	45	145	313	84	229
19	291	120	171	272	97	175	334	129	205
20-24岁	**1539**	**902**	**637**	**1434**	**827**	**607**	**1686**	**1000**	**686**
20	349	163	186	345	163	182	411	183	228
21	338	189	149	335	175	160	379	216	163
22	312	178	134	293	172	121	358	226	132
23	254	166	88	258	184	74	288	201	87
24	286	206	80	203	133	70	250	174	76
25-29岁	**533**	**395**	**138**	**563**	**421**	**142**	**557**	**400**	**157**
25	175	135	40	212	152	60	184	136	48
26	157	113	44	130	97	33	151	109	42
27	97	69	28	94	73	21	112	79	33
28	59	43	16	80	65	15	77	54	23
29	45	35	10	47	34	13	33	22	11
30-34岁	**113**	**75**	**38**	**110**	**77**	**33**	**121**	**93**	**28**
30	32	23	9	34	24	10	33	27	6
31	27	19	8	27	16	11	25	18	7
32	24	17	7	24	20	4	24	18	6
33	22	12	10	16	11	5	26	20	6
34	8	4	4	9	6	3	13	10	3
35-39岁	**36**	**31**	**5**	**46**	**32**	**14**	**51**	**41**	**10**
35	8	7	1	6	5	1	15	9	6
36	8	8		20	15	5	12	12	
37	8	6	2	9	6	3	10	9	1
38	8	6	2	5	2	3	2	2	
39	4	4		6	4	2	12	9	3
40-44岁	**16**	**10**	**6**	**11**	**7**	**4**	**14**	**11**	**3**
40	6	4	2	4	3	1	2	1	1
41	3	3		2	1	1	6	5	1
42	1	1		4	2	2	1	1	
43	5	2	3	1	1		1	1	
44	1		1				4	3	1
45-49岁	**4**	**3**	**1**	**4**	**2**	**2**	**6**	**4**	**2**
45							1	1	
46	1	1		2	2		1	1	
47	1		1	1		1	1		1
48	1	1					1	1	
49	1	1		1		1	2	1	1
50岁及以上	**5**	**4**	**1**	**5**	**4**	**1**	**5**	**3**	**2**
平均初婚年龄	**22.81**	**24.03**	**21.38**	**22.92**	**24.17**	**21.47**	**22.61**	**23.91**	**21.12**

5-4c 续表 10

单位：人

初婚年龄	初婚年份								
	2009年			2010年			2011年		
	小计	男	女	小计	男	女	小计	男	女
总　计	**3175**	**1686**	**1489**	**3717**	**2004**	**1713**	**2787**	**1486**	**1301**
15岁以下	**10**		**10**	**16**	**1**	**15**	**8**	**1**	**7**
15-19岁	**827**	**222**	**605**	**979**	**279**	**700**	**732**	**180**	**552**
15	45	5	40	50	6	44	38	2	36
16	94	6	88	127	18	109	81	6	75
17	148	33	115	168	37	131	172	34	138
18	218	57	161	274	78	196	193	39	154
19	322	121	201	360	140	220	248	99	149
20-24岁	**1511**	**879**	**632**	**1816**	**1081**	**735**	**1399**	**847**	**552**
20	357	160	197	444	225	219	298	149	149
21	357	200	157	393	219	174	328	188	140
22	336	210	126	363	226	137	312	198	114
23	245	162	83	325	209	116	260	177	83
24	216	147	69	291	202	89	201	135	66
25-29岁	**579**	**422**	**157**	**627**	**449**	**178**	**468**	**330**	**138**
25	184	128	56	197	140	57	163	112	51
26	119	93	26	161	117	44	116	82	34
27	119	92	27	110	82	28	86	61	25
28	84	54	30	100	73	27	59	44	15
29	73	55	18	59	37	22	44	31	13
30-34岁	**161**	**107**	**54**	**162**	**110**	**52**	**120**	**83**	**37**
30	51	35	16	49	37	12	24	15	9
31	34	21	13	52	32	20	40	23	17
32	39	26	13	22	14	8	19	16	3
33	22	19	3	24	16	8	27	20	7
34	15	6	9	15	11	4	10	9	1
35-39岁	**57**	**39**	**18**	**81**	**58**	**23**	**45**	**34**	**11**
35	13	9	4	32	22	10	13	10	3
36	11	6	5	15	14	1	5	5	
37	13	10	3	14	10	4	8	5	3
38	13	12	1	11	7	4	13	8	5
39	7	2	5	9	5	4	6	6	
40-44岁	**20**	**11**	**9**	**22**	**17**	**5**	**10**	**7**	**3**
40	6	4	2	8	5	3	2	1	1
41	1		1	5	3	2	3	2	1
42	4	1	3	4	4		3	2	1
43	6	3	3	4	4		1	1	
44	3	3		1	1		1	1	
45-49岁	**4**	**3**	**1**	**11**	**7**	**4**	**3**	**2**	**1**
45	2	2		3	2	1	1		1
46				3	3		1	1	
47	1	1		4	2	2			
48	1		1	1		1	1	1	
49									
50岁及以上	**6**	**3**	**3**	**3**	**2**	**1**	**2**	**2**	
平均初婚年龄	**23.05**	**24.28**	**21.66**	**22.94**	**24.14**	**21.53**	**22.77**	**24.04**	**21.31**

5-4c　续表 11　　　　单位：人

初婚年龄	初婚年份								
	2012年			2013年			2014年		
	小计	男	女	小计	男	女	小计	男	女
总　计	**3265**	**1762**	**1503**	**3125**	**1643**	**1482**	**3122**	**1651**	**1471**
15岁以下	**11**	**2**	**9**	**8**		**8**	**9**		**9**
15–19岁	**835**	**229**	**606**	**767**	**193**	**574**	**695**	**154**	**541**
15	67	5	62	76	2	74	53	5	48
16	95	12	83	84	8	76	106	10	96
17	163	36	127	155	33	122	139	16	123
18	237	56	181	195	43	152	189	52	137
19	273	120	153	257	107	150	208	71	137
20–24岁	**1565**	**928**	**637**	**1412**	**824**	**588**	**1444**	**848**	**596**
20	305	146	159	254	130	124	297	144	153
21	341	185	156	307	169	138	265	154	111
22	356	229	127	315	193	122	268	171	97
23	291	187	104	293	179	114	309	183	126
24	272	181	91	243	153	90	305	196	109
25–29岁	**566**	**405**	**161**	**636**	**444**	**192**	**696**	**469**	**227**
25	190	135	55	217	149	68	243	153	90
26	149	104	45	171	119	52	160	106	54
27	105	79	26	94	65	29	121	89	32
28	65	51	14	99	66	33	111	79	32
29	57	36	21	55	45	10	61	42	19
30–34岁	**175**	**115**	**60**	**174**	**106**	**68**	**165**	**105**	**60**
30	61	41	20	54	37	17	52	33	19
31	36	27	9	44	24	20	34	23	11
32	35	25	10	25	12	13	40	21	19
33	26	15	11	31	23	8	23	17	6
34	17	7	10	20	10	10	16	11	5
35–39岁	**58**	**45**	**13**	**76**	**41**	**35**	**65**	**46**	**19**
35	19	13	6	14	9	5	15	10	5
36	12	8	4	19	10	9	15	13	2
37	10	10		19	10	9	16	10	6
38	11	10	1	17	10	7	11	6	5
39	6	4	2	7	2	5	8	7	1
40–44岁	**35**	**24**	**11**	**29**	**22**	**7**	**30**	**19**	**11**
40	9	7	2	10	8	2	6	2	4
41	13	11	2	8	5	3	11	10	1
42	4	2	2	4	4		4	2	2
43	6	2	4	5	3	2	8	5	3
44	3	2	1	2	2		1		1
45–49岁	**11**	**6**	**5**	**13**	**9**	**4**	**6**	**3**	**3**
45				5	2	3			
46	3	2	1	5	5		2	1	1
47	4	1	3	2	1	1	1		1
48	3	2	1	1	1		2	1	1
49	1	1					1	1	
50岁及以上	**9**	**8**	**1**	**10**	**4**	**6**	**12**	**7**	**5**
平均初婚年龄	**23.22**	**24.50**	**21.72**	**23.54**	**24.73**	**22.23**	**23.64**	**24.89**	**22.24**

5-4c 续表 12 单位：人

初婚年龄	初婚年份								
	2015年			2016年			2017年		
	小计	男	女	小计	男	女	小计	男	女
总　计	**2963**	**1570**	**1393**	**2740**	**1447**	**1293**	**2707**	**1407**	**1300**
15岁以下	**10**		**10**	**13**		**13**	**7**	**1**	**6**
15-19岁	**594**	**134**	**460**	**523**	**98**	**425**	**483**	**86**	**397**
15	42		42	28	2	26	30	3	27
16	80	6	74	59	5	54	49	4	45
17	132	16	116	117	13	104	95	12	83
18	141	29	112	171	23	148	131	20	111
19	199	83	116	148	55	93	178	47	131
20-24岁	**1296**	**748**	**548**	**1148**	**654**	**494**	**1124**	**599**	**525**
20	238	112	126	174	79	95	196	73	123
21	242	131	111	248	135	113	224	122	102
22	294	173	121	242	131	111	231	129	102
23	266	159	107	257	164	93	234	138	96
24	256	173	83	227	145	82	239	137	102
25-29岁	**789**	**510**	**279**	**764**	**504**	**260**	**841**	**558**	**283**
25	283	181	102	218	142	76	250	165	85
26	168	108	60	236	146	90	191	122	69
27	151	95	56	156	105	51	189	129	60
28	118	77	41	92	62	30	121	77	44
29	69	49	20	62	49	13	90	65	25
30-34岁	**163**	**111**	**52**	**166**	**116**	**50**	**158**	**103**	**55**
30	43	32	11	51	36	15	59	37	22
31	51	31	20	45	32	13	31	20	11
32	24	16	8	24	17	7	30	19	11
33	20	16	4	27	22	5	20	11	9
34	25	16	9	19	9	10	18	16	2
35-39岁	**45**	**26**	**19**	**61**	**39**	**22**	**36**	**23**	**13**
35	10	5	5	13	9	4	11	6	5
36	9	5	4	13	9	4	11	8	3
37	8	4	4	13	5	8	4	3	1
38	5	4	1	15	10	5	7	3	4
39	13	8	5	7	6	1	3	3	
40-44岁	**35**	**17**	**18**	**38**	**20**	**18**	**29**	**18**	**11**
40	10	4	6	8	6	2	6	1	5
41	6	3	3	12	7	5	5	4	1
42	9	5	4	6	3	3	6	4	2
43	5	3	2	9	2	7	7	6	1
44	5	2	3	3	2	1	5	3	2
45-49岁	**15**	**12**	**3**	**15**	**9**	**6**	**11**	**9**	**2**
45	5	4	1	5	4	1	4	3	1
46	1	1		4	2	2	2	2	
47	6	4	2	3	2	1			
48	1	1		3	1	2	4	3	1
49	2	2					1	1	
50岁及以上	**16**	**12**	**4**	**12**	**7**	**5**	**18**	**10**	**8**
平均初婚年龄	**24.05**	**25.27**	**22.68**	**24.34**	**25.62**	**22.90**	**24.41**	**25.72**	**22.99**

5-4c 续表 13

单位：人

初婚年龄	初婚年份								
	2018年			2019年			2020年		
	小计	男	女	小计	男	女	小计	男	女
总　计	**2747**	**1431**	**1316**	**2161**	**1145**	**1016**	**1225**	**654**	**571**
15岁以下	**7**		**7**	**3**		**3**			
15-19岁	**440**	**67**	**373**	**284**	**48**	**236**	**113**	**13**	**100**
15	27	1	26	17	2	15	6		6
16	58		58	24	1	23	13	1	12
17	81	5	76	54	4	50	20	1	19
18	122	15	107	87	10	77	35	1	34
19	152	46	106	102	31	71	39	10	29
20-24岁	**1067**	**586**	**481**	**848**	**443**	**405**	**454**	**237**	**217**
20	197	84	113	144	67	77	71	32	39
21	180	90	90	151	67	84	80	36	44
22	232	144	88	183	100	83	92	52	40
23	216	129	87	182	100	82	97	56	41
24	242	139	103	188	109	79	114	61	53
25-29岁	**921**	**572**	**349**	**724**	**463**	**261**	**438**	**266**	**172**
25	264	146	118	213	126	87	125	74	51
26	206	122	84	173	102	71	100	62	38
27	194	125	69	130	83	47	84	48	36
28	156	109	47	120	91	29	80	50	30
29	101	70	31	88	61	27	49	32	17
30-34岁	**199**	**136**	**63**	**178**	**117**	**61**	**127**	**86**	**41**
30	73	46	27	58	35	23	59	43	16
31	47	33	14	47	31	16	20	13	7
32	48	38	10	36	26	10	18	12	6
33	15	9	6	17	12	5	17	10	7
34	16	10	6	20	13	7	13	8	5
35-39岁	**55**	**35**	**20**	**59**	**39**	**20**	**46**	**24**	**22**
35	20	15	5	15	11	4	10	5	5
36	11	7	4	13	9	4	14	10	4
37	12	7	5	10	4	6	8	4	4
38	5	2	3	10	7	3	5	1	4
39	7	4	3	11	8	3	9	4	5
40-44岁	**20**	**11**	**9**	**30**	**17**	**13**	**21**	**12**	**9**
40	4	2	2	9	4	5	4	2	2
41	7	3	4	5	3	2	7	3	4
42	1		1	7	4	3	3	2	1
43	5	3	2	4	4		3	2	1
44	3	3		5	2	3	4	3	1
45-49岁	**21**	**13**	**8**	**25**	**12**	**13**	**8**	**6**	**2**
45	8	6	2	6	1	5	1	1	
46	2	1	1	8	4	4	5	4	1
47	3	1	2	4	2	2	1		1
48	4	3	1	4	3	1			
49	4	2	2	3	2	1	1	1	
50岁及以上	**17**	**11**	**6**	**10**	**6**	**4**	**18**	**10**	**8**
平均初婚年龄	**24.84**	**26.15**	**23.42**	**25.40**	**26.52**	**24.13**	**26.27**	**27.19**	**25.20**

5-5 全区分年龄、性别、初婚年龄的人口

单位：人

年龄	初婚年龄					
	合计			15岁以下		
	合计	男	女	小计	男	女
总计	**464168**	**228028**	**236140**	**1350**	**197**	**1153**
20岁以下	**729**	**58**	**671**	**58**	**6**	**52**
20-24岁	**9882**	**2913**	**6969**	**83**	**4**	**79**
20	727	109	618	11		11
21	1179	234	945	18	1	17
22	1968	518	1450	21	2	19
23	2482	781	1701	13	1	12
24	3526	1271	2255	20		20
25-29岁	**36102**	**15926**	**20176**	**76**	**7**	**69**
25	4767	1864	2903	18	1	17
26	5902	2470	3432	17		17
27	7427	3214	4213	17	3	14
28	8516	3887	4629	7	1	6
29	9490	4491	4999	17	2	15
30-34岁	**57576**	**28189**	**29387**	**112**	**17**	**95**
30	12037	5760	6277	17	1	16
31	11607	5614	5993	23	5	18
32	11326	5550	5776	29	4	25
33	11903	5883	6020	23	3	20
34	10703	5382	5321	20	4	16
35-39岁	**52312**	**26856**	**25456**	**77**	**12**	**65**
35	10047	5123	4924	20	3	17
36	10425	5297	5128	14	1	13
37	9871	5077	4794	9	3	6
38	11735	6121	5614	14	3	11
39	10234	5238	4996	20	2	18
40-44岁	**53614**	**27105**	**26509**	**132**	**27**	**105**
40	11055	5518	5537	23	5	18
41	10502	5348	5154	24	3	21
42	10703	5433	5270	22	5	17
43	10038	5104	4934	30	5	25
44	11316	5702	5614	33	9	24
45-49岁	**58384**	**29933**	**28451**	**102**	**20**	**82**
45	11534	5911	5623	34	5	29
46	11668	5923	5745	14	5	9
47	12049	6241	5808	19	4	15
48	11815	6009	5806	16	3	13
49	11318	5849	5469	19	3	16
50-54岁	**56534**	**28475**	**28059**	**134**	**22**	**112**
50	12624	6408	6216	28	3	25
51	11553	5710	5843	28	6	22
52	12342	6228	6114	38	1	37
53	9593	4872	4721	18	5	13
54	10422	5257	5165	22	7	15
55-59岁	**43223**	**21891**	**21332**	**72**	**10**	**62**
55	9930	5047	4883	16	4	12
56	10160	5270	4890	13	2	11
57	10667	5445	5222	24	3	21
58	8457	4161	4296	13	1	12
59	4009	1968	2041	6		6
60-64岁	**27757**	**13991**	**13766**	**75**	**7**	**68**
60	5219	2728	2491	9	1	8
61	4285	2126	2159	13	2	11
62	5685	2867	2818	16	1	15
63	6375	3217	3158	17	1	16
64	6193	3053	3140	20	2	18
65岁及以上	**68055**	**32691**	**35364**	**429**	**65**	**364**

5-5 续表 1

单位：人

年　龄	初婚年龄								
	15岁			16岁			17岁		
	小计	男	女	小计	男	女	小计	男	女
总　计	**5644**	**870**	**4774**	**10287**	**1592**	**8695**	**18059**	**3451**	**14608**
20岁以下	**124**	**8**	**116**	**166**	**10**	**156**	**185**	**10**	**175**
20—24岁	**387**	**23**	**364**	**642**	**57**	**585**	**976**	**118**	**858**
20	52	1	51	92	5	87	141	16	125
21	49	5	44	107	7	100	144	13	131
22	116	5	111	161	16	145	201	22	179
23	96	7	89	122	9	113	225	23	202
24	74	5	69	160	20	140	265	44	221
25—29岁	**374**	**52**	**322**	**802**	**82**	**720**	**1504**	**254**	**1250**
25	92	10	82	136	11	125	274	38	236
26	65	8	57	196	25	171	288	51	237
27	83	17	66	164	14	150	332	59	273
28	78	10	68	171	20	151	318	51	267
29	56	7	49	135	12	123	292	55	237
30—34岁	**402**	**91**	**311**	**797**	**116**	**681**	**1560**	**230**	**1330**
30	76	16	60	177	19	158	313	51	262
31	88	16	72	166	19	147	342	47	295
32	85	17	68	132	21	111	311	49	262
33	82	23	59	184	37	147	314	34	280
34	71	19	52	138	20	118	280	49	231
35—39岁	**348**	**71**	**277**	**656**	**130**	**526**	**1401**	**302**	**1099**
35	79	13	66	114	18	96	261	47	214
36	89	16	73	144	32	112	223	53	170
37	57	11	46	129	27	102	308	69	239
38	67	14	53	149	28	121	348	68	280
39	56	17	39	120	25	95	261	65	196
40—44岁	**381**	**88**	**293**	**753**	**177**	**576**	**1319**	**322**	**997**
40	64	14	50	139	24	115	277	62	215
41	69	26	43	168	36	132	253	62	191
42	83	15	68	149	43	106	288	66	222
43	64	9	55	128	35	93	234	62	172
44	101	24	77	169	39	130	267	70	197
45—49岁	**453**	**98**	**355**	**818**	**192**	**626**	**1567**	**440**	**1127**
45	104	23	81	152	34	118	267	76	191
46	108	23	85	212	47	165	266	82	184
47	90	23	67	171	38	133	357	105	252
48	82	11	71	150	40	110	373	84	289
49	69	18	51	133	33	100	304	93	211
50—54岁	**495**	**100**	**395**	**988**	**211**	**777**	**1831**	**445**	**1386**
50	107	25	82	175	39	136	340	83	257
51	87	19	68	211	54	157	389	83	306
52	118	22	96	207	34	173	455	104	351
53	99	21	78	177	32	145	313	89	224
54	84	13	71	218	52	166	334	86	248
55—59岁	**397**	**59**	**338**	**794**	**123**	**671**	**1654**	**335**	**1319**
55	121	22	99	140	27	113	342	62	280
56	90	17	73	226	35	191	300	67	233
57	81	11	70	211	25	186	482	113	369
58	78	7	71	160	29	131	392	72	320
59	27	2	25	57	7	50	138	21	117
60—64岁	**288**	**36**	**252**	**427**	**47**	**380**	**799**	**120**	**679**
60	45	4	41	49	4	45	103	23	80
61	40	4	36	57	7	50	90	13	77
62	43	3	40	77	7	70	134	27	107
63	69	13	56	109	14	95	198	23	175
64	91	12	79	135	15	120	274	34	240
65岁及以上	**1995**	**244**	**1751**	**3444**	**447**	**2997**	**5263**	**875**	**4388**

5-5 续表 2

单位：人

年龄	初婚年龄								
	18岁			19岁			20岁		
	小计	男	女	小计	男	女	小计	男	女
总　计	**28435**	**7015**	**21420**	**39150**	**13074**	**26076**	**49052**	**19983**	**29069**
20岁以下	**156**	**13**	**143**	**40**	**11**	**29**			
20-24岁	**1232**	**201**	**1031**	**1373**	**362**	**1011**	**1543**	**527**	**1016**
20	168	18	150	159	37	122	104	32	72
21	225	21	204	267	57	210	254	92	162
22	245	39	206	308	91	217	373	129	244
23	268	43	225	301	71	230	393	138	255
24	326	80	246	338	106	232	419	136	283
25-29岁	**2088**	**476**	**1612**	**2603**	**900**	**1703**	**3138**	**1246**	**1892**
25	348	72	276	400	144	256	486	181	305
26	441	104	337	464	150	314	565	238	327
27	375	73	302	563	201	362	623	243	380
28	476	116	360	512	180	332	725	292	433
29	448	111	337	664	225	439	739	292	447
30-34岁	**2554**	**553**	**2001**	**3575**	**1121**	**2454**	**4751**	**1854**	**2897**
30	578	129	449	809	249	560	993	428	565
31	513	106	407	739	234	505	967	370	597
32	460	90	370	629	191	438	940	353	587
33	551	132	419	742	248	494	938	345	593
34	452	96	356	656	199	457	913	358	555
35-39岁	**2454**	**619**	**1835**	**3612**	**1047**	**2565**	**4478**	**1710**	**2768**
35	454	99	355	689	181	508	807	314	493
36	444	101	343	701	186	515	911	346	565
37	403	116	287	678	199	479	842	308	534
38	608	156	452	726	232	494	1022	405	617
39	545	147	398	818	249	569	896	337	559
40-44岁	**2467**	**701**	**1766**	**4013**	**1300**	**2713**	**5514**	**2146**	**3368**
40	553	143	410	915	289	626	1198	459	739
41	461	118	343	749	250	499	1147	464	683
42	474	136	338	765	238	527	1071	413	658
43	476	158	318	735	229	506	984	373	611
44	503	146	357	849	294	555	1114	437	677
45-49岁	**2866**	**853**	**2013**	**4431**	**1545**	**2886**	**6042**	**2371**	**3671**
45	519	142	377	905	325	580	1213	473	740
46	500	136	364	876	307	569	1219	430	789
47	550	166	384	875	311	564	1276	523	753
48	677	215	462	814	280	534	1230	482	748
49	620	194	426	961	322	639	1104	463	641
50-54岁	**3209**	**841**	**2368**	**5207**	**1767**	**3440**	**7050**	**2810**	**4240**
50	717	212	505	1196	411	785	1588	660	928
51	629	164	465	1043	346	697	1512	579	933
52	664	170	494	1080	372	708	1452	592	860
53	581	146	435	900	307	593	1155	442	713
54	618	149	469	988	331	657	1343	537	806
55-59岁	**2782**	**672**	**2110**	**4214**	**1383**	**2831**	**5571**	**2305**	**3266**
55	549	136	413	943	316	627	1317	518	799
56	623	176	447	921	313	608	1294	544	750
57	580	115	465	1068	345	723	1341	572	769
58	764	177	587	797	258	539	1146	488	658
59	266	68	198	485	151	334	473	183	290
60-64岁	**1325**	**252**	**1073**	**2000**	**565**	**1435**	**2822**	**1028**	**1794**
60	280	60	220	477	147	330	691	288	403
61	166	34	132	307	93	214	559	186	373
62	202	42	160	327	80	247	568	206	362
63	281	53	228	420	116	304	514	178	336
64	396	63	333	469	129	340	490	170	320
65岁及以上	**7302**	**1834**	**5468**	**8082**	**3073**	**5009**	**8143**	**3986**	**4157**

5-5 续表 3

单位：人

年　龄	初婚年龄								
	21岁			22岁			23岁		
	小计	男	女	小计	男	女	小计	男	女
总　计	**50562**	**24100**	**26462**	**51690**	**27710**	**23980**	**45529**	**25751**	**19778**
20岁以下									
20-24岁	**1384**	**545**	**839**	**1219**	**577**	**642**	**761**	**358**	**403**
20									
21	115	38	77						
22	354	127	227	189	87	102			
23	426	169	257	411	210	201	227	110	117
24	489	211	278	619	280	339	534	248	286
25-29岁	**3348**	**1555**	**1793**	**3755**	**1851**	**1904**	**3991**	**1970**	**2021**
25	579	264	315	646	300	346	739	346	393
26	527	231	296	648	311	337	686	343	343
27	663	317	346	741	373	368	790	400	390
28	729	346	383	808	397	411	881	440	441
29	850	397	453	912	470	442	895	441	454
30-34岁	**5080**	**2395**	**2685**	**5578**	**2939**	**2639**	**5269**	**2828**	**2441**
30	967	453	514	1140	605	535	1132	566	566
31	968	478	490	1040	543	497	1140	595	545
32	1013	458	555	1108	598	510	955	524	431
33	1165	556	609	1172	619	553	1095	607	488
34	967	450	517	1118	574	544	947	536	411
35-39岁	**5085**	**2375**	**2710**	**5382**	**2926**	**2456**	**4776**	**2783**	**1993**
35	957	447	510	1005	564	441	903	531	372
36	943	432	511	986	517	469	932	551	381
37	984	467	517	1027	553	474	932	527	405
38	1181	573	608	1248	694	554	1030	609	421
39	1020	456	564	1116	598	518	979	565	414
40-44岁	**6014**	**2725**	**3289**	**6273**	**3200**	**3073**	**5481**	**3031**	**2450**
40	1044	474	570	1173	632	541	1110	638	472
41	1211	551	660	1025	518	507	1010	564	446
42	1314	597	717	1278	654	624	927	514	413
43	1124	511	613	1357	703	654	1088	585	503
44	1321	592	729	1440	693	747	1346	730	616
45-49岁	**7021**	**3244**	**3777**	**7281**	**3660**	**3621**	**6363**	**3495**	**2868**
45	1317	628	689	1497	741	756	1237	684	553
46	1379	599	780	1382	684	698	1284	684	600
47	1512	697	815	1484	750	734	1264	711	553
48	1438	688	750	1487	743	744	1315	713	602
49	1375	632	743	1431	742	689	1263	703	560
50-54岁	**7264**	**3449**	**3815**	**7211**	**3979**	**3232**	**5970**	**3390**	**2580**
50	1269	603	666	1555	843	712	1383	769	614
51	1534	710	824	1262	685	577	1213	653	560
52	1828	891	937	1638	892	746	1105	607	498
53	1285	614	671	1385	796	589	1036	616	420
54	1348	631	717	1371	763	608	1233	745	488
55-59岁	**5788**	**2906**	**2882**	**5611**	**3264**	**2347**	**4631**	**2797**	**1834**
55	1314	643	671	1246	727	519	1101	645	456
56	1357	693	664	1344	776	568	1088	642	446
57	1452	755	697	1466	831	635	1152	708	444
58	1125	565	560	969	578	391	893	571	322
59	540	250	290	586	352	234	397	231	166
60-64岁	**3205**	**1318**	**1887**	**3921**	**2011**	**1910**	**3529**	**2031**	**1498**
60	613	267	346	719	402	317	569	354	215
61	623	265	358	555	284	271	555	323	232
62	782	308	474	935	461	474	680	394	286
63	721	281	440	956	488	468	923	524	399
64	466	197	269	756	376	380	802	436	366
65岁及以上	**6373**	**3588**	**2785**	**5459**	**3303**	**2156**	**4758**	**3068**	**1690**

5-5 续表 4

单位：人

年龄	初婚年龄								
	24岁			25岁			26岁		
	小计	男	女	小计	男	女	小计	男	女
总　计	**39931**	**23737**	**16194**	**33401**	**20796**	**12605**	**25053**	**15876**	**9177**
20岁以下									
20–24岁	**282**	**141**	**141**						
20									
21									
22									
23									
24	282	141	141						
25–29岁	**4462**	**2242**	**2220**	**4223**	**2153**	**2070**	**2975**	**1559**	**1416**
25	698	326	372	351	171	180			
26	867	434	433	823	420	403	315	155	160
27	944	456	488	1029	488	541	788	405	383
28	939	489	450	1007	518	489	960	519	441
29	1014	537	477	1013	556	457	912	480	432
30–34岁	**5419**	**2926**	**2493**	**5580**	**3036**	**2544**	**4833**	**2752**	**2081**
30	1185	610	575	1297	671	626	1008	559	449
31	1077	583	494	1168	621	547	1044	609	435
32	1178	617	561	1142	642	500	921	523	398
33	998	555	443	1105	625	480	988	556	432
34	981	561	420	868	477	391	872	505	367
35–39岁	**4544**	**2705**	**1839**	**4255**	**2583**	**1672**	**3643**	**2216**	**1427**
35	894	516	378	855	524	331	739	430	309
36	975	565	410	857	503	354	774	464	310
37	805	467	338	857	517	340	698	441	257
38	1034	616	418	920	569	351	794	477	317
39	836	541	295	766	470	296	638	404	234
40–44岁	**4515**	**2633**	**1882**	**3634**	**2253**	**1381**	**2932**	**1834**	**1098**
40	950	539	411	780	472	308	666	395	271
41	900	510	390	709	429	280	580	364	216
42	866	515	351	787	502	285	582	392	190
43	778	461	317	684	421	263	526	336	190
44	1021	608	413	674	429	245	578	347	231
45–49岁	**5390**	**3191**	**2199**	**4208**	**2717**	**1491**	**2927**	**1947**	**980**
45	1072	620	452	821	534	287	485	335	150
46	1054	651	403	953	624	329	636	414	222
47	1113	653	460	901	576	325	616	417	199
48	1069	619	450	769	501	268	636	423	213
49	1082	648	434	764	482	282	554	358	196
50–54岁	**4522**	**2793**	**1729**	**3434**	**2253**	**1181**	**2418**	**1650**	**768**
50	1086	637	449	874	553	321	592	374	218
51	940	573	367	762	499	263	534	370	164
52	942	604	338	759	494	265	535	368	167
53	661	406	255	550	385	165	363	257	106
54	893	573	320	489	322	167	394	281	113
55–59岁	**3505**	**2276**	**1229**	**2612**	**1830**	**782**	**1594**	**1142**	**452**
55	836	547	289	606	425	181	334	240	94
56	890	573	317	677	476	201	377	278	99
57	813	532	281	632	444	188	422	304	118
58	622	398	224	466	320	146	317	219	98
59	344	226	118	231	165	66	144	101	43
60–64岁	**3025**	**1915**	**1110**	**2078**	**1513**	**565**	**1317**	**992**	**325**
60	467	310	157	392	280	112	232	173	59
61	439	268	171	265	202	63	185	131	54
62	654	401	253	401	295	106	251	195	56
63	653	398	255	544	394	150	327	244	83
64	812	538	274	476	342	134	322	249	73
65岁及以上	**4267**	**2915**	**1352**	**3377**	**2458**	**919**	**2414**	**1784**	**630**

5–5 续表 5

单位：人

年 龄	初婚年龄								
	27岁			28岁			29岁		
	小计	男	女	小计	男	女	小计	男	女
总 计	**18252**	**11945**	**6307**	**12810**	**8591**	**4219**	**8558**	**5846**	**2712**
20岁以下									
20–24岁									
20									
21									
22									
23									
24									
25–29岁	**1739**	**991**	**748**	**823**	**468**	**355**	**201**	**120**	**81**
25									
26									
27	315	165	150						
28	627	350	277	278	158	120			
29	797	476	321	545	310	235	201	120	81
30–34岁	**3986**	**2298**	**1688**	**3117**	**1889**	**1228**	**2119**	**1331**	**788**
30	913	520	393	793	484	309	460	279	181
31	795	453	342	626	373	253	452	280	172
32	804	459	345	553	328	225	438	283	155
33	763	442	321	599	361	238	417	254	163
34	711	424	287	546	343	203	352	235	117
35–39岁	**2977**	**1865**	**1112**	**2263**	**1463**	**800**	**1586**	**1053**	**533**
35	647	391	256	482	311	171	336	224	112
36	612	374	238	494	313	181	373	242	131
37	548	356	192	382	246	136	320	216	104
38	629	412	217	495	327	168	328	219	109
39	541	332	209	410	266	144	229	152	77
40–44岁	**2287**	**1466**	**821**	**1774**	**1223**	**551**	**1253**	**841**	**412**
40	497	308	189	419	275	144	293	190	103
41	515	342	173	366	253	113	255	179	76
42	445	283	162	367	253	114	257	160	97
43	406	269	137	285	205	80	239	160	79
44	424	264	160	337	237	100	209	152	57
45–49岁	**2111**	**1483**	**628**	**1375**	**997**	**378**	**995**	**732**	**263**
45	430	297	133	293	199	94	214	153	61
46	352	255	97	301	220	81	214	157	57
47	444	315	129	214	159	55	213	153	60
48	461	318	143	279	206	73	166	124	42
49	424	298	126	288	213	75	188	145	43
50–54岁	**1673**	**1206**	**467**	**1195**	**829**	**366**	**854**	**603**	**251**
50	440	314	126	321	212	109	210	145	65
51	334	235	99	249	167	82	189	127	62
52	406	296	110	257	186	71	177	126	51
53	261	186	75	186	127	59	129	96	33
54	232	175	57	182	137	45	149	109	40
55–59岁	**957**	**698**	**259**	**575**	**414**	**161**	**394**	**281**	**113**
55	239	176	63	162	115	47	106	68	38
56	194	138	56	150	107	43	90	70	20
57	247	187	60	107	86	21	110	79	31
58	195	137	58	110	76	34	57	40	17
59	82	60	22	46	30	16	31	24	7
60–64岁	**801**	**607**	**194**	**504**	**375**	**129**	**369**	**283**	**86**
60	153	110	43	88	66	22	75	64	11
61	114	92	22	77	53	24	52	43	9
62	160	117	43	119	93	26	73	53	20
63	179	147	32	124	92	32	81	58	23
64	195	141	54	96	71	25	88	65	23
65岁及以上	**1721**	**1331**	**390**	**1184**	**933**	**251**	**787**	**602**	**185**

5–5 续表 6

单位：人

年龄	初婚年龄								
	30岁			31岁			32岁		
	小计	男	女	小计	男	女	小计	男	女
总计	**6314**	**4291**	**2023**	**4260**	**2829**	**1431**	**3165**	**2097**	**1068**
20岁以下									
20–24岁									
20									
21									
22									
23									
24									
25–29岁									
25									
26									
27									
28									
29									
30–34岁	**1507**	**981**	**526**	**764**	**470**	**294**	**377**	**243**	**134**
30	179	120	59						
31	348	219	129	111	63	48			
32	351	219	132	206	125	81	71	49	22
33	344	228	116	239	150	89	134	81	53
34	285	195	90	208	132	76	172	113	59
35–39岁	**1320**	**848**	**472**	**940**	**597**	**343**	**742**	**438**	**304**
35	256	170	86	181	109	72	143	88	55
36	269	173	96	226	146	80	138	77	61
37	278	173	105	172	108	64	135	79	56
38	294	192	102	230	146	84	173	105	68
39	223	140	83	131	88	43	153	89	64
40–44岁	**975**	**664**	**311**	**795**	**535**	**260**	**617**	**390**	**227**
40	200	132	68	157	112	45	132	88	44
41	230	151	79	201	130	71	113	66	47
42	207	145	62	180	113	67	118	74	44
43	157	111	46	125	91	34	132	78	54
44	181	125	56	132	89	43	122	84	38
45–49岁	**734**	**528**	**206**	**583**	**396**	**187**	**487**	**336**	**151**
45	167	119	48	128	83	45	126	83	43
46	156	110	46	130	84	46	103	78	25
47	168	131	37	131	87	44	92	60	32
48	137	93	44	98	72	26	81	58	23
49	106	75	31	96	70	26	85	57	28
50–54岁	**602**	**403**	**199**	**397**	**273**	**124**	**298**	**215**	**83**
50	129	86	43	74	57	17	76	58	18
51	123	84	39	79	53	26	40	30	10
52	132	91	41	88	62	26	63	46	17
53	109	73	36	81	55	26	53	42	11
54	109	69	40	75	46	29	66	39	27
55–59岁	**346**	**247**	**99**	**278**	**185**	**93**	**223**	**135**	**88**
55	96	74	22	84	57	27	62	39	23
56	93	65	28	75	50	25	58	36	22
57	68	49	19	64	44	20	55	33	22
58	66	43	23	41	25	16	26	14	12
59	23	16	7	14	9	5	22	13	9
60–64岁	**260**	**182**	**78**	**145**	**104**	**41**	**116**	**91**	**25**
60	51	34	17	17	13	4	30	22	8
61	38	25	13	17	11	6	16	13	3
62	49	32	17	48	37	11	19	16	3
63	58	40	18	27	22	5	20	15	5
64	64	51	13	36	21	15	31	25	6
65岁及以上	**570**	**438**	**132**	**358**	**269**	**89**	**305**	**249**	**56**

5-5　续表 7　　　　单位：人

年　龄	初婚年龄								
	33岁			34岁			35岁		
	小计	男	女	小计	男	女	小计	男	女
总　计	**2358**	**1564**	**794**	**1771**	**1173**	**598**	**1464**	**1000**	**464**
20岁以下									
20-24岁									
20									
21									
22									
23									
24									
25-29岁									
25									
26									
27									
28									
29									
30-34岁	**153**	**89**	**64**	**43**	**30**	**13**			
30									
31									
32									
33	50	27	23						
34	103	62	41	43	30	13			
35-39岁	**595**	**383**	**212**	**462**	**283**	**179**	**309**	**203**	**106**
35	109	64	45	91	62	29	25	17	8
36	131	83	48	97	59	38	61	43	18
37	104	71	33	73	42	31	71	45	26
38	124	84	40	97	59	38	71	42	29
39	127	81	46	104	61	43	81	56	25
40-44岁	**493**	**315**	**178**	**376**	**244**	**132**	**366**	**239**	**127**
40	106	59	47	86	54	32	85	47	38
41	101	68	33	98	61	37	74	54	20
42	99	66	33	77	47	30	78	51	27
43	97	58	39	53	35	18	71	48	23
44	90	64	26	62	47	15	58	39	19
45-49岁	**395**	**251**	**144**	**316**	**198**	**118**	**282**	**187**	**95**
45	97	66	31	78	46	32	65	42	23
46	83	50	33	75	49	26	71	45	26
47	84	53	31	66	45	21	51	36	15
48	80	48	32	56	30	26	45	29	16
49	51	34	17	41	28	13	50	35	15
50-54岁	**226**	**167**	**59**	**169**	**123**	**46**	**152**	**112**	**40**
50	62	46	16	47	31	16	46	37	9
51	55	43	12	41	31	10	33	20	13
52	40	23	17	37	30	7	30	26	4
53	30	24	6	23	16	7	24	16	8
54	39	31	8	21	15	6	19	13	6
55-59岁	**184**	**128**	**56**	**134**	**91**	**43**	**136**	**96**	**40**
55	58	38	20	29	16	13	35	24	11
56	42	31	11	36	26	10	34	22	12
57	41	28	13	34	25	9	34	24	10
58	35	26	9	22	17	5	22	17	5
59	8	5	3	13	7	6	11	9	2
60-64岁	**90**	**64**	**26**	**85**	**61**	**24**	**69**	**47**	**22**
60	18	14	4	23	17	6	18	10	8
61	10	8	2	14	9	5	11	7	4
62	14	8	6	11	8	3	12	8	4
63	27	22	5	13	11	2	20	15	5
64	21	12	9	24	16	8	8	7	1
65岁及以上	**222**	**167**	**55**	**186**	**143**	**43**	**150**	**116**	**34**

5-5 续表 8 单位：人

年　龄	初婚年龄								
	36岁			37岁			38岁		
	小计	男	女	小计	男	女	小计	男	女
总　计	**1091**	**728**	**363**	**999**	**645**	**354**	**763**	**488**	**275**
20岁以下									
20-24岁									
20									
21									
22									
23									
24									
25-29岁									
25									
26									
27									
28									
29									
30-34岁									
30									
31									
32									
33									
34									
35-39岁	**195**	**118**	**77**	**138**	**80**	**58**	**56**	**35**	**21**
35									
36	31	20	11						
37	39	23	16	20	13	7			
38	69	47	22	65	36	29	19	8	11
39	56	28	28	53	31	22	37	27	10
40-44岁	**289**	**190**	**99**	**281**	**161**	**120**	**199**	**114**	**85**
40	62	42	20	50	23	27	33	22	11
41	56	37	19	59	35	24	42	21	21
42	65	39	26	56	31	25	45	27	18
43	63	43	20	59	37	22	36	17	19
44	43	29	14	57	35	22	43	27	16
45-49岁	**245**	**170**	**75**	**209**	**141**	**68**	**188**	**124**	**64**
45	48	30	18	46	37	9	38	23	15
46	41	31	10	32	21	11	31	21	10
47	60	41	19	47	29	18	32	22	10
48	47	32	15	49	33	16	42	26	16
49	49	36	13	35	21	14	45	32	13
50-54岁	**113**	**84**	**29**	**144**	**100**	**44**	**122**	**80**	**42**
50	41	33	8	44	32	12	37	26	11
51	28	21	7	28	21	7	25	17	8
52	22	15	7	29	18	11	30	18	12
53	10	7	3	21	15	6	10	7	3
54	12	8	4	22	14	8	20	12	8
55-59岁	**91**	**60**	**31**	**77**	**57**	**20**	**47**	**32**	**15**
55	19	13	6	14	10	4	13	6	7
56	19	16	3	17	13	4	9	9	
57	20	14	6	19	15	4	8	7	1
58	25	11	14	16	13	3	13	7	6
59	8	6	2	11	6	5	4	3	1
60-64岁	**67**	**48**	**19**	**50**	**32**	**18**	**47**	**33**	**14**
60	13	7	6	12	6	6	15	9	6
61	12	8	4	8	5	3	7	5	2
62	21	18	3	16	10	6	9	7	2
63	9	5	4	7	6	1	7	5	2
64	12	10	2	7	5	2	9	7	2
65岁及以上	**91**	**58**	**33**	**100**	**74**	**26**	**104**	**70**	**34**

5-5　续表 9　　　　单位：人

年　龄	初婚年龄					
	39岁			40岁及以上		
	小计	男	女	小计	男	女
总　计	**674**	**427**	**247**	**3546**	**2252**	**1294**
20岁以下						
20-24岁						
20						
21						
22						
23						
24						
25-29岁						
25						
26						
27						
28						
29						
30-34岁						
30						
31						
32						
33						
34						
35-39岁	**18**	**11**	**7**			
35						
36						
37						
38						
39	18	11	7			
40-44岁	**183**	**118**	**65**	**298**	**168**	**130**
40	33	16	17	10	4	6
41	42	28	14	44	28	16
42	35	24	11	68	30	38
43	37	24	13	70	40	30
44	36	26	10	106	66	40
45-49岁	**177**	**117**	**60**	**818**	**500**	**318**
45	44	32	12	137	81	56
46	34	19	15	162	97	65
47	37	27	10	182	109	73
48	37	25	12	181	113	68
49	25	14	11	156	100	56
50-54岁	**127**	**79**	**48**	**729**	**491**	**238**
50	25	13	12	162	106	56
51	38	22	16	147	98	49
52	36	25	11	174	115	59
53	11	8	3	122	84	38
54	17	11	6	124	88	36
55-59岁	**45**	**28**	**17**	**511**	**337**	**174**
55	13	5	8	135	94	41
56	12	9	3	131	86	45
57	12	9	3	124	87	37
58	6	3	3	81	49	32
59	2	2		40	21	19
60-64岁	**47**	**29**	**18**	**296**	**200**	**96**
60	2	2		58	41	17
61	9	5	4	46	30	16
62	14	8	6	50	32	18
63	10	7	3	61	45	16
64	12	7	5	81	52	29
65岁及以上	**77**	**45**	**32**	**894**	**556**	**338**

5-5a 全区分年龄、性别、初婚年龄的人口(城市)

单位：人

年龄	初婚年龄					
	合计			15岁以下		
	合计	男	女	小计	男	女
总计	**187077**	**89494**	**97583**	**326**	**56**	**270**
20岁以下	**91**	**9**	**82**	**5**	**1**	**4**
20-24岁	**2776**	**815**	**1961**	**13**	**1**	**12**
20	151	20	131	2		2
21	293	49	244	3		3
22	482	130	352	3	1	2
23	729	238	491	3		3
24	1121	378	743	2		2
25-29岁	**14317**	**5977**	**8340**	**10**	**2**	**8**
25	1709	618	1091	1		1
26	2186	867	1319	3		3
27	2900	1178	1722	3	1	2
28	3509	1544	1965	2	1	1
29	4013	1770	2243	1		1
30-34岁	**25631**	**12056**	**13575**	**18**	**3**	**15**
30	5074	2334	2740			
31	5174	2381	2793	2		2
32	5183	2458	2725	7		7
33	5384	2552	2832	5	2	3
34	4816	2331	2485	4	1	3
35-39岁	**22927**	**11338**	**11589**	**11**	**3**	**8**
35	4449	2201	2248	1	1	
36	4688	2317	2371	4		4
37	4448	2184	2264	2	1	1
38	5001	2494	2507			
39	4341	2142	2199	4	1	3
40-44岁	**22442**	**11072**	**11370**	**38**	**13**	**25**
40	4619	2277	2342	6	1	5
41	4447	2207	2240	6	1	5
42	4485	2224	2261	7	2	5
43	4213	2070	2143	10	4	6
44	4678	2294	2384	9	5	4
45-49岁	**23868**	**12030**	**11838**	**23**	**9**	**14**
45	4748	2383	2365	9	3	6
46	4758	2408	2350	4	1	3
47	4890	2472	2418	4	3	1
48	4893	2462	2431	2	1	1
49	4579	2305	2274	4	1	3
50-54岁	**22042**	**10904**	**11138**	**18**	**3**	**15**
50	5053	2522	2531	5		5
51	4622	2238	2384	3	2	1
52	4775	2354	2421	4		4
53	3652	1818	1834	2	1	1
54	3940	1972	1968	4		4
55-59岁	**16530**	**8118**	**8412**	**12**	**2**	**10**
55	3741	1856	1885	2	1	1
56	3910	1920	1990	2		2
57	4296	2140	2156	5	1	4
58	3130	1478	1652	2		2
59	1453	724	729	1		1
60-64岁	**10886**	**5382**	**5504**	**18**	**3**	**15**
60	2103	1073	1030	1	1	
61	1707	841	866	2		2
62	2240	1078	1162	7	1	6
63	2491	1242	1249	5	1	4
64	2345	1148	1197	3		3
65岁及以上	**25567**	**11793**	**13774**	**160**	**16**	**144**

5-5a 续表 1

单位：人

年 龄	初婚年龄								
	15岁			16岁			17岁		
	小计	男	女	小计	男	女	小计	男	女
总 计	**1222**	**203**	**1019**	**2420**	**349**	**2071**	**4413**	**710**	**3703**
20岁以下	**9**		**9**	**20**	**3**	**17**	**20**		**20**
20-24岁	**36**	**5**	**31**	**87**	**5**	**82**	**173**	**14**	**159**
20	5	1	4	14		14	24	3	21
21	3		3	12	1	11	26	3	23
22	15	2	13	13	1	12	30	3	27
23	9	2	7	20	1	19	47	2	45
24	4		4	28	2	26	46	3	43
25-29岁	**57**	**8**	**49**	**153**	**16**	**137**	**333**	**32**	**301**
25	13	2	11	33	4	29	56	4	52
26	8		8	30	3	27	56	2	54
27	9	2	7	31	3	28	72	11	61
28	14	2	12	27	3	24	87	8	79
29	13	2	11	32	3	29	62	7	55
30-34岁	**72**	**14**	**58**	**192**	**24**	**168**	**427**	**44**	**383**
30	16	2	14	50	3	47	75	12	63
31	11	2	9	34	4	30	92	9	83
32	12	3	9	31	5	26	93	10	83
33	12	3	9	44	7	37	87	6	81
34	21	4	17	33	5	28	80	7	73
35-39岁	**79**	**17**	**62**	**158**	**23**	**135**	**373**	**68**	**305**
35	20	3	17	28	5	23	61	7	54
36	22	4	18	33	5	28	59	9	50
37	14	2	12	36	6	30	88	18	70
38	15	3	12	36	6	30	94	16	78
39	8	5	3	25	1	24	71	18	53
40-44岁	**62**	**22**	**40**	**133**	**30**	**103**	**247**	**55**	**192**
40	10	5	5	20	3	17	52	11	41
41	8	4	4	30	9	21	43	13	30
42	10	2	8	27	5	22	59	10	49
43	14	3	11	24	5	19	44	11	33
44	20	8	12	32	8	24	49	10	39
45-49岁	**88**	**25**	**63**	**137**	**29**	**108**	**310**	**86**	**224**
45	21	9	12	25	4	21	50	14	36
46	19	6	13	33	4	29	53	16	37
47	12	3	9	30	9	21	61	20	41
48	18	4	14	22	9	13	85	15	70
49	18	3	15	27	3	24	61	21	40
50-54岁	**108**	**23**	**85**	**212**	**63**	**149**	**380**	**101**	**279**
50	24	5	19	39	14	25	75	20	55
51	19	5	14	52	14	38	89	21	68
52	23	4	19	36	9	27	88	24	64
53	22	3	19	35	14	21	62	17	45
54	20	6	14	50	12	38	66	19	47
55-59岁	**62**	**15**	**47**	**138**	**19**	**119**	**315**	**54**	**261**
55	13	2	11	26	6	20	58	8	50
56	21	5	16	41	4	37	74	13	61
57	12	4	8	38	3	35	94	23	71
58	10	2	8	26	5	21	64	7	57
59	6	2	4	7	1	6	25	3	22
60-64岁	**61**	**9**	**52**	**90**	**15**	**75**	**171**	**32**	**139**
60	7	1	6	7	1	6	24	7	17
61	6	2	4	11	3	8	16	3	13
62	7	1	6	14	2	12	30	8	22
63	11	1	10	20	2	18	48	6	42
64	30	4	26	38	7	31	53	8	45
65岁及以上	**588**	**65**	**523**	**1100**	**122**	**978**	**1664**	**224**	**1440**

5-5a 续表 2

单位：人

年龄	初婚年龄								
	18岁			19岁			20岁		
	小计	男	女	小计	男	女	小计	男	女
总 计	**7691**	**1694**	**5997**	**11367**	**3214**	**8153**	**15108**	**5233**	**9875**
20岁以下	**26**	**3**	**23**	**11**	**2**	**9**			
20-24岁	**260**	**38**	**222**	**334**	**66**	**268**	**461**	**131**	**330**
20	34	2	32	35	5	30	37	9	28
21	53	3	50	73	13	60	76	17	59
22	49	7	42	68	17	51	109	33	76
23	56	9	47	80	16	64	111	33	78
24	68	17	51	78	15	63	128	39	89
25-29岁	**514**	**108**	**406**	**689**	**193**	**496**	**939**	**295**	**644**
25	85	19	66	95	34	61	134	33	101
26	115	28	87	121	32	89	162	47	115
27	93	13	80	158	43	115	190	64	126
28	113	18	95	140	32	108	215	81	134
29	108	30	78	175	52	123	238	70	168
30-34岁	**728**	**155**	**573**	**1101**	**285**	**816**	**1548**	**517**	**1031**
30	133	27	106	234	65	169	304	111	193
31	139	20	119	217	50	167	334	103	231
32	136	25	111	195	53	142	305	99	206
33	184	51	133	246	68	178	316	104	212
34	136	32	104	209	49	160	289	100	189
35-39岁	**709**	**167**	**542**	**1181**	**288**	**893**	**1476**	**486**	**990**
35	136	29	107	217	44	173	263	92	171
36	129	31	98	239	61	178	297	93	204
37	118	31	87	226	53	173	289	85	204
38	181	44	137	240	68	172	309	108	201
39	145	32	113	259	62	197	318	108	210
40-44岁	**643**	**167**	**476**	**1192**	**354**	**838**	**1824**	**654**	**1170**
40	160	43	117	273	79	194	416	156	260
41	110	21	89	228	74	154	376	140	236
42	124	28	96	216	63	153	331	113	218
43	126	40	86	230	67	163	340	111	229
44	123	35	88	245	71	174	361	134	227
45-49岁	**727**	**200**	**527**	**1194**	**363**	**831**	**1831**	**638**	**1193**
45	135	33	102	257	75	182	361	129	232
46	114	30	84	259	86	173	370	117	253
47	140	46	94	207	62	145	391	140	251
48	178	46	132	225	72	153	377	130	247
49	160	45	115	246	68	178	332	122	210
50-54岁	**790**	**188**	**602**	**1457**	**429**	**1028**	**2115**	**723**	**1392**
50	169	52	117	355	118	237	498	183	315
51	154	31	123	294	84	210	474	164	310
52	169	40	129	310	76	234	417	143	274
53	146	33	113	224	63	161	360	106	254
54	152	32	120	274	88	186	366	127	239
55-59岁	**697**	**151**	**546**	**1167**	**329**	**838**	**1691**	**558**	**1133**
55	162	33	129	239	69	170	386	120	266
56	166	44	122	252	69	183	382	119	263
57	154	32	122	329	97	232	439	152	287
58	165	29	136	245	68	177	349	124	225
59	50	13	37	102	26	76	135	43	92
60-64岁	**303**	**49**	**254**	**465**	**95**	**370**	**768**	**217**	**551**
60	60	16	44	112	23	89	203	57	146
61	42	6	36	67	14	53	158	42	116
62	42	5	37	68	8	60	135	37	98
63	56	10	46	95	21	74	142	40	102
64	103	12	91	123	29	94	130	41	89
65岁及以上	**2294**	**468**	**1826**	**2576**	**810**	**1766**	**2455**	**1014**	**1441**

5-5a 续表 3

单位：人

年龄	初婚年龄								
	21岁			22岁			23岁		
	小计	男	女	小计	男	女	小计	男	女
总　计	**17711**	**7344**	**10367**	**20185**	**9419**	**10766**	**20129**	**9907**	**10222**
20岁以下									
20-24岁	**470**	**156**	**314**	**465**	**194**	**271**	**339**	**141**	**198**
20									
21	47	12	35						
22	117	34	83	78	32	46			
23	153	57	96	153	75	78	97	43	54
24	153	53	100	234	87	147	242	98	144
25-29岁	**1110**	**430**	**680**	**1402**	**584**	**818**	**1656**	**710**	**946**
25	176	64	112	268	107	161	319	128	191
26	177	60	117	239	104	135	285	127	158
27	213	84	129	263	112	151	327	140	187
28	239	105	134	290	114	176	376	166	210
29	305	117	188	342	147	195	349	149	200
30-34岁	**1807**	**748**	**1059**	**2301**	**1071**	**1230**	**2307**	**1081**	**1226**
30	318	140	178	475	222	253	478	210	268
31	333	142	191	450	212	238	512	235	277
32	390	143	247	435	210	225	442	217	225
33	428	174	254	491	218	273	455	217	238
34	338	149	189	450	209	241	420	202	218
35-39岁	**1825**	**761**	**1064**	**2107**	**1035**	**1072**	**2032**	**1026**	**1006**
35	350	138	212	394	219	175	378	192	186
36	353	156	197	409	201	208	393	197	196
37	394	169	225	391	179	212	427	209	218
38	397	174	223	471	230	241	411	215	196
39	331	124	207	442	206	236	423	213	210
40-44岁	**2173**	**887**	**1286**	**2439**	**1103**	**1336**	**2400**	**1119**	**1281**
40	399	178	221	436	198	238	467	245	222
41	449	196	253	412	175	237	428	196	232
42	468	179	289	485	219	266	414	193	221
43	405	162	243	531	260	271	466	202	264
44	452	172	280	575	251	324	625	283	342
45-49岁	**2494**	**1062**	**1432**	**2837**	**1259**	**1578**	**2873**	**1387**	**1486**
45	471	202	269	609	284	325	565	284	281
46	478	185	293	503	221	282	568	267	301
47	540	226	314	587	257	330	566	278	288
48	498	236	262	588	257	331	624	290	334
49	507	213	294	550	240	310	550	268	282
50-54岁	**2491**	**1035**	**1456**	**2815**	**1352**	**1463**	**2644**	**1327**	**1317**
50	430	182	248	633	294	339	603	295	308
51	539	217	322	502	224	278	556	261	295
52	621	261	360	627	307	320	509	257	252
53	431	185	246	558	293	265	436	228	208
54	470	190	280	495	234	261	540	286	254
55-59岁	**2032**	**846**	**1186**	**2219**	**1118**	**1101**	**2153**	**1112**	**1041**
55	449	186	263	497	260	237	494	246	248
56	454	185	269	545	278	267	499	257	242
57	544	230	314	588	290	298	570	292	278
58	411	176	235	357	172	185	407	216	191
59	174	69	105	232	118	114	183	101	82
60-64岁	**1073**	**363**	**710**	**1506**	**624**	**882**	**1605**	**817**	**788**
60	238	86	152	286	122	164	270	153	117
61	223	79	144	205	92	113	282	149	133
62	259	80	179	356	133	223	335	170	165
63	216	73	143	398	166	232	399	196	203
64	137	45	92	261	111	150	319	149	170
65岁及以上	**2236**	**1056**	**1180**	**2094**	**1079**	**1015**	**2120**	**1187**	**933**

5-5a 续表 4

单位：人

年 龄	初婚年龄								
	24岁			25岁			26岁		
	小计	男	女	小计	男	女	小计	男	女
总 计	**19207**	**10211**	**8996**	**17325**	**9871**	**7454**	**13639**	**7996**	**5643**
20岁以下									
20-24岁	**138**	**64**	**74**						
20									
21									
22									
23									
24	138	64	74						
25-29岁	**2101**	**954**	**1147**	**2150**	**998**	**1152**	**1608**	**792**	**816**
25	338	143	195	191	80	111			
26	393	183	210	417	202	215	180	79	101
27	449	201	248	479	205	274	408	197	211
28	427	204	223	543	258	285	520	275	245
29	494	223	271	520	253	267	500	241	259
30-34岁	**2631**	**1259**	**1372**	**2977**	**1481**	**1496**	**2676**	**1399**	**1277**
30	549	244	305	667	317	350	500	259	241
31	540	254	286	596	282	314	580	314	266
32	582	275	307	625	333	292	531	277	254
33	504	253	251	620	318	302	541	283	258
34	456	233	223	469	231	238	524	266	258
35-39岁	**2113**	**1092**	**1021**	**2170**	**1174**	**996**	**2032**	**1124**	**908**
35	441	221	220	457	248	209	413	217	196
36	471	237	234	433	233	200	429	235	194
37	358	180	178	432	227	205	415	241	174
38	465	232	233	461	257	204	444	236	208
39	378	222	156	387	209	178	331	195	136
40-44岁	**2107**	**1093**	**1014**	**1849**	**1048**	**801**	**1560**	**882**	**678**
40	430	217	213	375	205	170	365	197	168
41	430	215	215	366	195	171	296	159	137
42	403	218	185	417	251	166	319	192	127
43	380	199	181	327	180	147	279	167	112
44	464	244	220	364	217	147	301	167	134
45-49岁	**2588**	**1370**	**1218**	**2143**	**1269**	**874**	**1611**	**993**	**618**
45	518	258	260	441	268	173	271	178	93
46	504	283	221	487	294	193	335	203	132
47	536	279	257	430	240	190	353	222	131
48	522	271	251	401	244	157	349	213	136
49	508	279	229	384	223	161	303	177	126
50-54岁	**2234**	**1267**	**967**	**1841**	**1113**	**728**	**1318**	**828**	**490**
50	502	268	234	458	268	190	319	191	128
51	483	280	203	384	217	167	292	185	107
52	475	269	206	413	252	161	285	175	110
53	336	192	144	318	210	108	189	119	70
54	438	258	180	268	166	102	233	158	75
55-59岁	**1763**	**1028**	**735**	**1347**	**881**	**466**	**846**	**567**	**279**
55	394	241	153	293	189	104	183	121	62
56	439	242	197	337	221	116	188	130	58
57	452	275	177	325	211	114	242	167	75
58	322	180	142	259	170	89	146	92	54
59	156	90	66	133	90	43	87	57	30
60-64岁	**1503**	**817**	**686**	**1140**	**769**	**371**	**720**	**511**	**209**
60	231	138	93	218	149	69	146	108	38
61	241	128	113	144	102	42	97	64	33
62	325	168	157	226	149	77	140	104	36
63	328	171	157	282	191	91	175	121	54
64	378	212	166	270	178	92	162	114	48
65岁及以上	**2029**	**1267**	**762**	**1708**	**1138**	**570**	**1268**	**900**	**368**

5-5a 续表 5

单位：人

年 龄	初婚年龄								
	27岁			28岁			29岁		
	小计	男	女	小计	男	女	小计	男	女
总 计	**10359**	**6374**	**3985**	**7111**	**4557**	**2554**	**4755**	**3151**	**1604**
20岁以下									
20-24岁									
20									
21									
22									
23									
24									
25-29岁	**1012**	**543**	**469**	**455**	**241**	**214**	**128**	**71**	**57**
25									
26									
27	205	102	103						
28	353	186	167	163	91	72			
29	454	255	199	292	150	142	128	71	57
30-34岁	**2305**	**1259**	**1046**	**1739**	**996**	**743**	**1189**	**713**	**476**
30	489	262	227	432	243	189	250	152	98
31	458	245	213	362	207	155	249	144	105
32	484	272	212	306	165	141	242	142	100
33	444	237	207	339	202	137	241	142	99
34	430	243	187	300	179	121	207	133	74
35-39岁	**1734**	**1001**	**733**	**1330**	**816**	**514**	**925**	**607**	**318**
35	388	222	166	266	170	96	198	124	74
36	365	207	158	299	185	114	208	129	79
37	340	212	128	243	145	98	187	130	57
38	344	202	142	289	171	118	201	133	68
39	297	158	139	233	145	88	131	91	40
40-44岁	**1332**	**780**	**552**	**1017**	**669**	**348**	**729**	**468**	**261**
40	298	166	132	241	151	90	155	100	55
41	305	189	116	207	136	71	151	103	48
42	265	157	108	212	142	70	159	92	67
43	227	139	88	170	112	58	145	88	57
44	237	129	108	187	128	59	119	85	34
45-49岁	**1188**	**793**	**395**	**787**	**563**	**224**	**575**	**411**	**164**
45	225	142	83	164	108	56	113	74	39
46	221	155	66	174	122	52	124	90	34
47	254	166	88	131	95	36	124	88	36
48	250	169	81	165	119	46	98	70	28
49	238	161	77	153	119	34	116	89	27
50-54岁	**919**	**633**	**286**	**619**	**409**	**210**	**448**	**302**	**146**
50	232	160	72	174	109	65	120	75	45
51	200	137	63	144	94	50	95	63	32
52	222	151	71	131	93	38	97	68	29
53	140	96	44	79	46	33	59	40	19
54	125	89	36	91	67	24	77	56	21
55-59岁	**532**	**375**	**157**	**308**	**219**	**89**	**197**	**142**	**55**
55	132	93	39	96	69	27	47	28	19
56	111	76	35	76	51	25	49	38	11
57	138	101	37	61	50	11	64	49	15
58	108	72	36	55	37	18	24	18	6
59	43	33	10	20	12	8	13	9	4
60-64岁	**428**	**305**	**123**	**242**	**174**	**68**	**176**	**138**	**38**
60	88	61	27	49	34	15	32	28	4
61	55	42	13	33	26	7	25	20	5
62	85	59	26	54	39	15	37	27	10
63	92	73	19	58	42	16	39	27	12
64	108	70	38	48	33	15	43	36	7
65岁及以上	**909**	**685**	**224**	**614**	**470**	**144**	**388**	**299**	**89**

5-5a 续表 6 单位：人

年龄	初婚年龄								
	30岁			31岁			32岁		
	小计	男	女	小计	男	女	小计	男	女
总计	**3471**	**2293**	**1178**	**2262**	**1470**	**792**	**1714**	**1105**	**609**
20岁以下									
20-24岁									
20									
21									
22									
23									
24									
25-29岁									
25									
26									
27									
28									
29									
30-34岁	**876**	**568**	**308**	**438**	**250**	**188**	**196**	**126**	**70**
30	104	65	39						
31	204	127	77	61	31	30			
32	203	129	74	119	68	51	45	32	13
33	199	137	62	138	80	58	67	39	28
34	166	110	56	120	71	49	84	55	29
35-39岁	**778**	**474**	**304**	**506**	**320**	**186**	**404**	**236**	**168**
35	150	97	53	95	56	39	63	32	31
36	164	95	69	124	79	45	86	50	36
37	155	95	60	100	64	36	69	40	29
38	171	103	68	121	76	45	104	64	40
39	138	84	54	66	45	21	82	50	32
40-44岁	**557**	**368**	**189**	**436**	**302**	**134**	**359**	**225**	**134**
40	110	73	37	87	61	26	71	46	25
41	136	84	52	110	72	38	68	40	28
42	117	78	39	103	68	35	69	42	27
43	88	63	25	66	52	14	79	46	33
44	106	70	36	70	49	21	72	51	21
45-49岁	**422**	**283**	**139**	**325**	**211**	**114**	**298**	**196**	**102**
45	93	62	31	73	45	28	79	47	32
46	91	62	29	81	48	33	59	46	13
47	106	78	28	70	42	28	57	36	21
48	80	50	30	54	42	12	51	36	15
49	52	31	21	47	34	13	52	31	21
50-54岁	**292**	**192**	**100**	**198**	**129**	**69**	**152**	**107**	**45**
50	72	43	29	40	28	12	47	36	11
51	64	43	21	37	24	13	20	13	7
52	57	37	20	44	29	15	31	21	10
53	46	31	15	41	27	14	29	22	7
54	53	38	15	36	21	15	25	15	10
55-59岁	**187**	**134**	**53**	**131**	**86**	**45**	**96**	**52**	**44**
55	48	41	7	35	23	12	27	16	11
56	48	33	15	40	27	13	28	16	12
57	38	27	11	29	19	10	19	9	10
58	33	20	13	19	12	7	13	6	7
59	20	13	7	8	5	3	9	5	4
60-64岁	**108**	**77**	**31**	**72**	**54**	**18**	**54**	**41**	**13**
60	23	16	7	10	7	3	14	8	6
61	19	10	9	8	5	3	6	5	1
62	20	16	4	24	20	4	13	10	3
63	22	15	7	13	11	2	10	8	2
64	24	20	4	17	11	6	11	10	1
65岁及以上	**251**	**197**	**54**	**156**	**118**	**38**	**155**	**122**	**33**

5-5a　续表 7　　　　单位：人

年　龄	初婚年龄								
	33岁			34岁			35岁		
	小计	男	女	小计	男	女	小计	男	女
总　计	**1252**	**806**	**446**	**955**	**639**	**316**	**791**	**545**	**246**
20岁以下									
20-24岁									
20									
21									
22									
23									
24									
25-29岁									
25									
26									
27									
28									
29									
30-34岁	**78**	**44**	**34**	**25**	**19**	**6**			
30									
31									
32									
33	23	11	12						
34	55	33	22	25	19	6			
35-39岁	**355**	**231**	**124**	**251**	**148**	**103**	**166**	**108**	**58**
35	71	43	28	44	30	14	15	11	4
36	74	49	25	55	32	23	29	20	9
37	59	40	19	46	23	23	36	21	15
38	78	53	25	52	30	22	35	21	14
39	73	46	27	54	33	21	51	35	16
40-44岁	**264**	**156**	**108**	**216**	**147**	**69**	**215**	**138**	**77**
40	53	24	29	44	30	14	54	30	24
41	55	35	20	57	35	22	42	31	11
42	49	31	18	44	30	14	48	32	16
43	55	31	24	28	19	9	39	25	14
44	52	35	17	43	33	10	32	20	12
45-49岁	**223**	**138**	**85**	**192**	**120**	**72**	**141**	**94**	**47**
45	45	25	20	39	25	14	24	14	10
46	54	31	23	42	25	17	36	22	14
47	49	30	19	43	30	13	26	21	5
48	41	28	13	43	23	20	28	18	10
49	34	24	10	25	17	8	27	19	8
50-54岁	**119**	**87**	**32**	**90**	**66**	**24**	**91**	**67**	**24**
50	37	27	10	29	18	11	28	24	4
51	24	19	5	21	16	5	19	13	6
52	21	11	10	22	18	4	15	11	4
53	16	13	3	9	7	2	16	9	7
54	21	17	4	9	7	2	13	10	3
55-59岁	**79**	**51**	**28**	**72**	**52**	**20**	**71**	**50**	**21**
55	24	15	9	13	8	5	22	17	5
56	17	14	3	20	15	5	16	8	8
57	19	10	9	22	15	7	20	15	5
58	15	10	5	10	8	2	6	4	2
59	4	2	2	7	6	1	7	6	1
60-64岁	**39**	**28**	**11**	**40**	**29**	**11**	**35**	**30**	**5**
60	10	8	2	11	7	4	5	4	1
61	5	5		6	5	1	7	6	1
62	4	2	2	4	2	2	8	7	1
63	10	7	3	9	8	1	9	8	1
64	10	6	4	10	7	3	6	5	1
65岁及以上	**95**	**71**	**24**	**69**	**58**	**11**	**72**	**58**	**14**

5-5a 续表 8

单位：人

年龄	初婚年龄								
	36岁			37岁			38岁		
	小计	男	女	小计	男	女	小计	男	女
总计	**563**	**365**	**198**	**541**	**348**	**193**	**378**	**235**	**143**
20岁以下									
20-24岁									
20									
21									
22									
23									
24									
25-29岁									
25									
26									
27									
28									
29									
30-34岁									
30									
31									
32									
33									
34									
35-39岁	**104**	**64**	**40**	**76**	**49**	**27**	**24**	**15**	**9**
35									
36	13	9	4						
37	16	8	8	7	5	2			
38	36	26	10	36	23	13	10	3	7
39	39	21	18	33	21	12	14	12	2
40-44岁	**156**	**102**	**54**	**153**	**87**	**66**	**104**	**64**	**40**
40	36	24	12	30	13	17	14	12	2
41	36	25	11	32	21	11	28	16	12
42	35	21	14	31	16	15	19	9	10
43	32	22	10	33	19	14	25	13	12
44	17	10	7	27	18	9	18	14	4
45-49岁	**140**	**87**	**53**	**114**	**69**	**45**	**87**	**52**	**35**
45	28	15	13	20	15	5	16	8	8
46	21	15	6	20	12	8	11	7	4
47	32	21	11	22	11	11	11	7	4
48	28	15	13	28	19	9	21	11	10
49	31	21	10	24	12	12	28	19	9
50-54岁	**61**	**43**	**18**	**77**	**53**	**24**	**73**	**46**	**27**
50	20	17	3	24	18	6	24	16	8
51	17	12	5	18	13	5	17	12	5
52	10	6	4	13	8	5	17	9	8
53	6	4	2	12	7	5	4	3	1
54	8	4	4	10	7	3	11	6	5
55-59岁	**39**	**25**	**14**	**41**	**31**	**10**	**22**	**11**	**11**
55	8	4	4	8	5	3	9	2	7
56	9	7	2	5	3	2	3	3	
57	10	6	4	9	8	1	4	4	
58	10	6	4	12	10	2	4	1	3
59	2	2		7	5	2	2	1	1
60-64岁	**25**	**18**	**7**	**24**	**17**	**7**	**24**	**16**	**8**
60	3	1	2	6	4	2	9	4	5
61	6	4	2	4	3	1	5	4	1
62	10	8	2	6	3	3	2	1	1
63	2	1	1	5	5		4	4	
64	4	4		3	2	1	4	3	1
65岁及以上	**38**	**26**	**12**	**56**	**42**	**14**	**44**	**31**	**13**

5-5a　续表 9　　　　单位：人

年　龄	初婚年龄					
	39岁			40岁及以上		
	小计	男	女	小计	男	女
总　计	**344**	**218**	**126**	**1838**	**1181**	**657**
20岁以下						
20—24岁						
20						
21						
22						
23						
24						
25—29岁						
25						
26						
27						
28						
29						
30—34岁						
30						
31						
32						
33						
34						
35—39岁	**8**	**5**	**3**			
35						
36						
37						
38						
39	8	5	3			
40—44岁	**92**	**60**	**32**	**145**	**79**	**66**
40	11	8	3	6	1	5
41	23	13	10	15	9	6
42	20	14	6	34	17	17
43	19	11	8	31	19	12
44	19	14	5	59	33	26
45—49岁	**91**	**59**	**32**	**429**	**264**	**165**
45	19	14	5	77	48	29
46	18	11	7	79	49	30
47	19	13	6	89	49	40
48	18	11	7	99	63	36
49	17	10	7	85	55	30
50—54岁	**67**	**40**	**27**	**413**	**278**	**135**
50	12	6	6	84	55	29
51	19	13	6	86	61	25
52	20	12	8	98	63	35
53	6	3	3	70	46	24
54	10	6	4	75	53	22
55—59岁	**25**	**17**	**8**	**288**	**193**	**95**
55	7	3	4	69	50	19
56	10	8	2	78	54	24
57	4	3	1	67	47	20
58	2	1	1	56	32	24
59	2	2		18	10	8
60—64岁	**27**	**17**	**10**	**169**	**117**	**52**
60				40	29	11
61	6	3	3	28	19	9
62	7	3	4	22	15	7
63	6	5	1	37	29	8
64	8	6	2	42	25	17
65岁及以上	**34**	**20**	**14**	**394**	**250**	**144**

5-5b 全区分年龄、性别、初婚年龄的人口(镇)

单位：人

年 龄	初婚年龄					
	合 计			15岁以下		
	合计	男	女	小计	男	女
总 计	**105708**	**51649**	**54059**	**253**	**45**	**208**
20岁以下	**118**	**12**	**106**	**11**	**4**	**7**
20-24岁	**2241**	**583**	**1658**	**21**		**21**
20	129	13	116	3		3
21	234	42	192	5		5
22	422	94	328	5		5
23	603	170	433	3		3
24	853	264	589	5		5
25-29岁	**9348**	**3988**	**5360**	**23**	**2**	**21**
25	1186	446	740	4		4
26	1482	595	887	5		5
27	1957	807	1150	4		4
28	2226	963	1263	3		3
29	2497	1177	1320	7	2	5
30-34岁	**15199**	**7266**	**7933**	**25**	**3**	**22**
30	3242	1481	1761	5		5
31	3018	1423	1595	4		4
32	2988	1451	1537	7	1	6
33	3164	1527	1637	6		6
34	2787	1384	1403	3	2	1
35-39岁	**13587**	**7013**	**6574**	**14**	**5**	**9**
35	2706	1365	1341	5	2	3
36	2693	1364	1329	2	1	1
37	2527	1332	1195	3	1	2
38	3099	1630	1469	3	1	2
39	2562	1322	1240	1		1
40-44岁	**13173**	**6701**	**6472**	**14**	**4**	**10**
40	2744	1385	1359	3	1	2
41	2696	1366	1330	1		1
42	2611	1313	1298	6	2	4
43	2421	1243	1178	2		2
44	2701	1394	1307	2	1	1
45-49岁	**13574**	**6996**	**6578**	**11**	**1**	**10**
45	2652	1351	1301	3		3
46	2799	1425	1374	2	1	1
47	2806	1451	1355	2		2
48	2680	1398	1282	3		3
49	2637	1371	1266	1		1
50-54岁	**11909**	**6001**	**5908**	**22**	**4**	**18**
50	2722	1374	1348	5	1	4
51	2462	1210	1252	4		4
52	2640	1338	1302	7		7
53	2007	1032	975	2	1	1
54	2078	1047	1031	4	2	2
55-59岁	**8636**	**4416**	**4220**	**16**	**3**	**13**
55	2009	1025	984	3		3
56	2089	1127	962	5	2	3
57	2100	1073	1027	5	1	4
58	1642	796	846	3		3
59	796	395	401			
60-64岁	**5250**	**2607**	**2643**	**15**		**15**
60	1004	491	513	2		2
61	822	421	401	3		3
62	1061	550	511	2		2
63	1198	586	612	5		5
64	1165	559	606	3		3
65岁及以上	**12673**	**6066**	**6607**	**81**	**19**	**62**

5－5b　续表 1

单位：人

年　龄	初婚年龄								
	15岁			16岁			17岁		
	小计	男	女	小计	男	女	小计	男	女
总　计	**1075**	**162**	**913**	**2102**	**345**	**1757**	**3773**	**713**	**3060**
20岁以下	**14**		**14**	**25**	**2**	**23**	**30**	**2**	**28**
20－24岁	**79**	**4**	**75**	**128**	**12**	**116**	**181**	**18**	**163**
20	8		8	17	1	16	22	1	21
21	9	1	8	23	2	21	25	2	23
22	21		21	33	4	29	38	3	35
23	20	2	18	27	1	26	45	8	37
24	21	1	20	28	4	24	51	4	47
25－29岁	**87**	**13**	**74**	**182**	**16**	**166**	**383**	**56**	**327**
25	29	4	25	29	2	27	62	5	57
26	14	3	11	46	7	39	75	13	62
27	15	3	12	37	1	36	89	12	77
28	17	2	15	35	4	31	85	12	73
29	12	1	11	35	2	33	72	14	58
30－34岁	**99**	**27**	**72**	**190**	**21**	**169**	**375**	**46**	**329**
30	19	5	14	38	1	37	97	15	82
31	24	4	20	43	4	39	87	11	76
32	18	5	13	33	5	28	60	3	57
33	26	7	19	39	7	32	69	6	63
34	12	6	6	37	4	33	62	11	51
35－39岁	**67**	**8**	**59**	**147**	**36**	**111**	**334**	**75**	**259**
35	16	3	13	32	6	26	68	12	56
36	19	3	16	30	6	24	47	12	35
37	9		9	27	5	22	86	20	66
38	12	1	11	36	11	25	87	18	69
39	11	1	10	22	8	14	46	13	33
40－44岁	**63**	**12**	**51**	**142**	**36**	**106**	**269**	**53**	**216**
40	14	2	12	27	7	20	53	13	40
41	12	4	8	36	6	30	60	11	49
42	10	1	9	26	7	19	60	13	47
43	11	2	9	23	7	16	50	9	41
44	16	3	13	30	9	21	46	7	39
45－49岁	**84**	**18**	**66**	**165**	**45**	**120**	**316**	**88**	**228**
45	20	2	18	32	5	27	53	18	35
46	15		15	47	16	31	50	15	35
47	16	7	9	38	8	30	78	22	56
48	20	3	17	25	9	16	69	17	52
49	13	6	7	23	7	16	66	16	50
50－54岁	**86**	**22**	**64**	**180**	**38**	**142**	**346**	**81**	**265**
50	14	5	9	34	9	25	52	13	39
51	20	3	17	40	11	29	79	13	66
52	21	6	15	42	7	35	96	22	74
53	17	5	12	31	4	27	52	14	38
54	14	3	11	33	7	26	67	19	48
55－59岁	**77**	**11**	**66**	**147**	**30**	**117**	**311**	**65**	**246**
55	29	4	25	27	4	23	77	13	64
56	18	6	12	51	12	39	48	12	36
57	12		12	33	10	23	94	27	67
58	11	1	10	27	3	24	74	11	63
59	7		7	9	1	8	18	2	16
60－64岁	**43**	**4**	**39**	**86**	**8**	**78**	**142**	**25**	**117**
60	6		6	13	1	12	18	5	13
61	4		4	7	1	6	15	4	11
62	8		8	14	1	13	18	3	15
63	10	2	8	27	4	23	36	4	32
64	15	2	13	25	1	24	55	9	46
65岁及以上	**376**	**43**	**333**	**710**	**101**	**609**	**1086**	**204**	**882**

5-5b 续表 2 单位：人

年龄	初婚年龄								
	18岁			19岁			20岁		
	小计	男	女	小计	男	女	小计	男	女
总　计	**5917**	**1392**	**4525**	**8531**	**2584**	**5947**	**11148**	**4198**	**6950**
20岁以下	**29**	**2**	**27**	**9**	**2**	**7**			
20-24岁	**242**	**34**	**208**	**303**	**60**	**243**	**350**	**86**	**264**
20	27		27	29	5	24	23	6	17
21	33	2	31	57	13	44	56	14	42
22	45	10	35	71	18	53	68	13	55
23	65	9	56	72	10	62	98	31	67
24	72	13	59	74	14	60	105	22	83
25-29岁	**481**	**97**	**384**	**634**	**190**	**444**	**832**	**280**	**552**
25	75	11	64	86	23	63	127	43	84
26	90	18	72	109	31	78	122	51	71
27	95	22	73	136	41	95	173	49	124
28	117	26	91	122	42	80	207	67	140
29	104	20	84	181	53	128	203	70	133
30-34岁	**658**	**108**	**550**	**929**	**249**	**680**	**1298**	**445**	**853**
30	132	27	105	210	52	158	279	113	166
31	154	24	130	179	49	130	257	88	169
32	125	20	105	176	44	132	243	81	162
33	115	16	99	196	55	141	272	85	187
34	132	21	111	168	49	119	247	78	169
35-39岁	**605**	**129**	**476**	**920**	**218**	**702**	**1228**	**435**	**793**
35	122	18	104	175	32	143	226	71	155
36	108	24	84	179	32	147	266	95	171
37	100	30	70	170	46	124	205	74	131
38	143	29	114	196	54	142	290	108	182
39	132	28	104	200	54	146	241	87	154
40-44岁	**526**	**143**	**383**	**951**	**281**	**670**	**1381**	**486**	**895**
40	117	33	84	232	71	161	315	117	198
41	109	24	85	188	52	136	318	119	199
42	98	31	67	178	45	133	254	89	165
43	108	32	76	161	45	116	235	74	161
44	94	23	71	192	68	124	259	87	172
45-49岁	**576**	**174**	**402**	**988**	**355**	**633**	**1389**	**518**	**871**
45	95	24	71	192	68	124	279	108	171
46	108	33	75	196	78	118	274	87	187
47	102	30	72	202	69	133	282	97	185
48	140	45	95	179	60	119	272	107	165
49	131	42	89	219	80	139	282	119	163
50-54岁	**610**	**161**	**449**	**1051**	**326**	**725**	**1434**	**545**	**889**
50	135	34	101	246	75	171	353	144	209
51	116	37	79	213	63	150	322	114	208
52	117	29	88	216	69	147	295	120	175
53	128	37	91	199	63	136	211	70	141
54	114	24	90	177	56	121	253	97	156
55-59岁	**511**	**113**	**398**	**850**	**251**	**599**	**1144**	**467**	**677**
55	96	22	74	184	58	126	257	103	154
56	114	36	78	188	61	127	280	121	159
57	120	18	102	216	64	152	272	109	163
58	139	28	111	160	38	122	226	87	139
59	42	9	33	102	30	72	109	47	62
60-64岁	**252**	**47**	**205**	**382**	**101**	**281**	**540**	**184**	**356**
60	71	10	61	98	24	74	133	52	81
61	39	12	27	55	20	35	129	44	85
62	25	7	18	52	11	41	103	39	64
63	49	8	41	87	25	62	91	31	60
64	68	10	58	90	21	69	84	18	66
65岁及以上	**1427**	**384**	**1043**	**1514**	**551**	**963**	**1552**	**752**	**800**

5-5b 续表 3

单位：人

年 龄	初婚年龄								
	21岁			22岁			23岁		
	小计	男	女	小计	男	女	小计	男	女
总 计	**11953**	**5390**	**6563**	**12606**	**6635**	**5971**	**10978**	**6224**	**4754**
20岁以下									
20-24岁	**345**	**112**	**233**	**313**	**127**	**186**	**197**	**88**	**109**
20									
21	26	8	18						
22	87	22	65	54	24	30			
23	113	40	73	98	41	57	62	28	34
24	119	42	77	161	62	99	135	60	75
25-29岁	**871**	**366**	**505**	**1023**	**486**	**537**	**1099**	**520**	**579**
25	150	61	89	147	62	85	202	95	107
26	127	53	74	171	75	96	186	91	95
27	180	76	104	207	101	106	216	100	116
28	195	76	119	225	106	119	241	116	125
29	219	100	119	273	142	131	254	118	136
30-34岁	**1471**	**645**	**826**	**1560**	**778**	**782**	**1513**	**815**	**698**
30	302	133	169	309	151	158	336	156	180
31	257	107	150	273	134	139	336	177	159
32	282	131	151	329	173	156	271	142	129
33	343	148	195	339	181	158	310	180	130
34	287	126	161	310	139	171	260	160	100
35-39岁	**1378**	**598**	**780**	**1524**	**830**	**694**	**1330**	**799**	**531**
35	271	123	148	315	166	149	254	154	100
36	262	110	152	269	147	122	269	159	110
37	252	115	137	286	156	130	257	158	99
38	318	140	178	352	194	158	303	184	119
39	275	110	165	302	167	135	247	144	103
40-44岁	**1580**	**685**	**895**	**1729**	**902**	**827**	**1446**	**842**	**604**
40	272	114	158	320	196	124	310	173	137
41	330	139	191	308	160	148	262	148	114
42	383	163	220	365	186	179	235	138	97
43	275	126	149	353	182	171	300	176	124
44	320	143	177	383	178	205	339	207	132
45-49岁	**1728**	**747**	**981**	**1884**	**928**	**956**	**1595**	**882**	**713**
45	321	131	190	377	176	201	299	151	148
46	359	146	213	374	183	191	339	177	162
47	378	167	211	385	188	197	318	181	137
48	351	159	192	368	187	181	319	189	130
49	319	144	175	380	194	186	320	184	136
50-54岁	**1614**	**743**	**871**	**1652**	**888**	**764**	**1339**	**748**	**591**
50	316	149	167	326	161	165	304	170	134
51	331	140	191	284	157	127	282	152	130
52	430	201	229	380	192	188	273	145	128
53	280	139	141	336	195	141	220	128	92
54	257	114	143	326	183	143	260	153	107
55-59岁	**1188**	**585**	**603**	**1127**	**650**	**477**	**949**	**612**	**337**
55	270	126	144	244	142	102	240	148	92
56	287	148	139	269	154	115	245	156	89
57	290	151	139	284	147	137	225	155	70
58	231	109	122	218	137	81	159	110	49
59	110	51	59	112	70	42	80	43	37
60-64岁	**627**	**246**	**381**	**782**	**411**	**371**	**702**	**388**	**314**
60	125	46	79	145	83	62	98	55	43
61	117	51	66	127	67	60	90	50	40
62	161	59	102	182	95	87	140	84	56
63	137	49	88	159	82	77	188	104	84
64	87	41	46	169	84	85	186	95	91
65岁及以上	**1151**	**663**	**488**	**1012**	**635**	**377**	**808**	**530**	**278**

5-5b 续表 4

单位：人

年 龄	初婚年龄								
	24岁			25岁			26岁		
	小计	男	女	小计	男	女	小计	男	女
总 计	**9524**	**5683**	**3841**	**7815**	**4924**	**2891**	**5759**	**3760**	**1999**
20岁以下									
20-24岁	**82**	**42**	**40**						
20									
21									
22									
23									
24	82	42	40						
25-29岁	**1254**	**621**	**633**	**1083**	**559**	**524**	**761**	**401**	**360**
25	196	95	101	79	45	34			
26	232	104	128	224	109	115	81	40	41
27	258	127	131	275	129	146	210	109	101
28	284	143	141	242	124	118	240	129	111
29	284	152	132	263	152	111	230	123	107
30-34岁	**1455**	**794**	**661**	**1475**	**804**	**671**	**1253**	**757**	**496**
30	320	167	153	345	168	177	275	157	118
31	284	165	119	316	169	147	275	168	107
32	321	162	159	296	174	122	235	145	90
33	280	152	128	289	162	127	264	154	110
34	250	148	102	229	131	98	204	133	71
35-39岁	**1218**	**770**	**448**	**1128**	**716**	**412**	**919**	**589**	**330**
35	238	146	92	214	144	70	206	132	74
36	249	149	100	227	132	95	180	109	71
37	230	150	80	245	162	83	165	106	59
38	295	189	106	238	152	86	204	134	70
39	206	136	70	204	126	78	164	108	56
40-44岁	**1220**	**706**	**514**	**901**	**575**	**326**	**666**	**437**	**229**
40	260	142	118	188	118	70	147	88	59
41	240	134	106	188	123	65	140	101	39
42	222	131	91	188	117	71	126	91	35
43	203	118	85	168	109	59	119	77	42
44	295	181	114	169	108	61	134	80	54
45-49岁	**1285**	**776**	**509**	**1032**	**685**	**347**	**675**	**477**	**198**
45	246	149	97	191	123	68	119	87	32
46	271	171	100	225	145	80	160	107	53
47	266	158	108	244	172	72	135	98	37
48	254	153	101	175	115	60	141	98	43
49	248	145	103	197	130	67	120	87	33
50-54岁	**979**	**615**	**364**	**719**	**487**	**232**	**499**	**356**	**143**
50	267	158	109	199	127	72	122	75	47
51	186	112	74	184	128	56	122	90	32
52	199	138	61	136	88	48	111	84	27
53	145	93	52	100	72	28	77	60	17
54	182	114	68	100	72	28	67	47	20
55-59岁	**703**	**464**	**239**	**564**	**414**	**150**	**314**	**228**	**86**
55	183	110	73	135	101	34	68	52	16
56	185	132	53	153	114	39	68	47	21
57	154	102	52	151	108	43	79	58	21
58	108	71	37	75	54	21	75	52	23
59	73	49	24	50	37	13	24	19	5
60-64岁	**593**	**387**	**206**	**339**	**250**	**89**	**229**	**178**	**51**
60	93	68	25	60	44	16	34	25	9
61	72	49	23	41	33	8	35	24	11
62	138	87	51	76	60	16	42	35	7
63	134	81	53	100	67	33	56	43	13
64	156	102	54	62	46	16	62	51	11
65岁及以上	**735**	**508**	**227**	**574**	**434**	**140**	**443**	**337**	**106**

5-5b 续表 5

单位：人

年 龄	初婚年龄								
	27岁			28岁			29岁		
	小计	男	女	小计	男	女	小计	男	女
总 计	**3913**	**2647**	**1266**	**2852**	**1954**	**898**	**1853**	**1269**	**584**
20岁以下									
20-24岁									
20									
21									
22									
23									
24									
25-29岁	**386**	**232**	**154**	**207**	**118**	**89**	**42**	**31**	**11**
25									
26									
27	62	37	25						
28	144	81	63	69	35	34			
29	180	114	66	138	83	55	42	31	11
30-34岁	**924**	**532**	**392**	**768**	**475**	**293**	**521**	**324**	**197**
30	217	122	95	203	125	78	120	66	54
31	172	98	74	134	81	53	113	72	41
32	186	100	86	150	99	51	103	72	31
33	175	104	71	152	87	65	107	63	44
34	174	108	66	129	83	46	78	51	27
35-39岁	**713**	**471**	**242**	**524**	**354**	**170**	**386**	**252**	**134**
35	161	95	66	124	79	45	77	58	19
36	155	103	52	109	67	42	109	70	39
37	108	70	38	92	66	26	74	46	28
38	165	114	51	105	79	26	79	51	28
39	124	89	35	94	63	31	47	27	20
40-44岁	**514**	**359**	**155**	**401**	**294**	**107**	**275**	**194**	**81**
40	104	73	31	100	72	28	62	39	23
41	117	81	36	81	58	23	64	46	18
42	104	70	34	85	60	25	49	33	16
43	93	66	27	65	51	14	50	38	12
44	96	69	27	70	53	17	50	38	12
45-49岁	**428**	**319**	**109**	**309**	**222**	**87**	**204**	**153**	**51**
45	99	74	25	73	52	21	37	30	7
46	60	44	16	72	54	18	48	39	9
47	98	73	25	38	29	9	42	24	18
48	84	63	21	61	45	16	41	31	10
49	87	65	22	65	42	23	36	29	7
50-54岁	**359**	**270**	**89**	**241**	**174**	**67**	**155**	**117**	**38**
50	108	81	27	60	42	18	38	30	8
51	70	52	18	45	32	13	32	21	11
52	84	67	17	53	39	14	30	24	6
53	48	34	14	47	32	15	24	19	5
54	49	36	13	36	29	7	31	23	8
55-59岁	**172**	**133**	**39**	**103**	**79**	**24**	**76**	**54**	**22**
55	45	35	10	27	20	7	24	16	8
56	34	26	8	25	20	5	14	11	3
57	41	33	8	14	12	2	15	10	5
58	36	26	10	23	18	5	17	12	5
59	16	13	3	14	9	5	6	5	1
60-64岁	**135**	**105**	**30**	**98**	**72**	**26**	**64**	**48**	**16**
60	24	16	8	14	10	4	20	16	4
61	28	23	5	19	12	7	11	10	1
62	22	16	6	27	22	5	8	3	5
63	32	26	6	20	15	5	15	10	5
64	29	24	5	18	13	5	10	9	1
65岁及以上	**282**	**226**	**56**	**201**	**166**	**35**	**130**	**96**	**34**

5-5b 续表 6 单位：人

年 龄	初婚年龄								
	30岁			31岁			32岁		
	小计	男	女	小计	男	女	小计	男	女
总 计	**1341**	**925**	**416**	**949**	**639**	**310**	**657**	**418**	**239**
20岁以下									
20-24岁									
20									
21									
22									
23									
24									
25-29岁									
25									
26									
27									
28									
29									
30-34岁	**343**	**226**	**117**	**193**	**131**	**62**	**93**	**52**	**41**
30	35	23	12						
31	77	51	26	33	21	12			
32	85	51	34	48	32	16	20	11	9
33	77	53	24	55	38	17	33	19	14
34	69	48	21	57	40	17	40	22	18
35-39岁	**301**	**209**	**92**	**227**	**147**	**80**	**186**	**108**	**78**
35	65	42	23	44	24	20	40	26	14
36	57	46	11	46	31	15	32	17	15
37	65	40	25	38	22	16	39	20	19
38	63	44	19	62	44	18	33	18	15
39	51	37	14	37	26	11	42	27	15
40-44岁	**218**	**150**	**68**	**173**	**112**	**61**	**123**	**71**	**52**
40	48	29	19	24	20	4	30	19	11
41	54	39	15	46	27	19	23	12	11
42	40	27	13	32	19	13	25	15	10
43	42	30	12	35	23	12	22	11	11
44	34	25	9	36	23	13	23	14	9
45-49岁	**135**	**103**	**32**	**130**	**89**	**41**	**89**	**62**	**27**
45	36	26	10	28	20	8	18	13	5
46	21	16	5	26	19	7	21	14	7
47	29	22	7	33	24	9	13	9	4
48	25	21	4	27	18	9	19	13	6
49	24	18	6	16	8	8	18	13	5
50-54岁	**117**	**76**	**41**	**81**	**53**	**28**	**67**	**47**	**20**
50	24	18	6	18	14	4	12	7	5
51	20	11	9	21	13	8	9	6	3
52	30	20	10	16	10	6	17	13	4
53	23	16	7	11	7	4	12	10	2
54	20	11	9	15	9	6	17	11	6
55-59岁	**60**	**42**	**18**	**44**	**32**	**12**	**34**	**25**	**9**
55	16	12	4	13	11	2	9	6	3
56	18	13	5	17	12	5	6	6	
57	14	9	5	8	6	2	13	10	3
58	11	7	4	4	1	3	2	1	1
59	1	1		2	2		4	2	2
60-64岁	**53**	**36**	**17**	**21**	**14**	**7**	**20**	**18**	**2**
60	14	9	5	2	2		6	5	1
61	7	5	2	2	1	1	3	3	
62	10	6	4	8	5	3	1	1	
63	15	11	4	5	5		5	5	
64	7	5	2	4	1	3	5	4	1
65岁及以上	**114**	**83**	**31**	**80**	**61**	**19**	**45**	**35**	**10**

5-5b 续表 7

单位：人

年龄	初婚年龄								
	33岁			34岁			35岁		
	小计	男	女	小计	男	女	小计	男	女
总计	**514**	**333**	**181**	**392**	**248**	**144**	**327**	**222**	**105**
20岁以下									
20-24岁									
20									
21									
22									
23									
24									
25-29岁									
25									
26									
27									
28									
29									
30-34岁	**45**	**26**	**19**	**11**	**8**	**3**			
30									
31									
32									
33	17	10	7						
34	28	16	12	11	8	3			
35-39岁	**140**	**82**	**58**	**113**	**70**	**43**	**78**	**53**	**25**
35	23	12	11	28	18	10	2	2	
36	33	20	13	20	13	7	17	14	3
37	25	15	10	14	9	5	21	11	10
38	22	12	10	27	16	11	20	12	8
39	37	23	14	24	14	10	18	14	4
40-44岁	**97**	**64**	**33**	**86**	**51**	**35**	**79**	**53**	**26**
40	24	13	11	25	11	14	19	9	10
41	18	13	5	20	15	5	16	13	3
42	19	14	5	16	10	6	17	11	6
43	17	11	6	14	9	5	16	11	5
44	19	13	6	11	6	5	11	9	2
45-49岁	**80**	**51**	**29**	**62**	**40**	**22**	**64**	**38**	**26**
45	25	19	6	17	12	5	17	11	6
46	15	10	5	19	12	7	14	8	6
47	11	9	2	13	8	5	12	6	6
48	21	8	13	6	3	3	7	5	2
49	8	5	3	7	5	2	14	8	6
50-54岁	**54**	**39**	**15**	**42**	**27**	**15**	**32**	**26**	**6**
50	10	8	2	8	4	4	10	9	1
51	18	14	4	13	10	3	8	5	3
52	10	6	4	10	7	3	7	7	
53	6	4	2	5	2	3	4	4	
54	10	7	3	6	4	2	3	1	2
55-59岁	**41**	**28**	**13**	**22**	**12**	**10**	**27**	**20**	**7**
55	12	6	6	7	4	3	5	4	1
56	14	9	5	6	3	3	9	6	3
57	6	5	1	4	3	1	8	6	2
58	8	7	1	2	2		3	3	
59	1	1		3		3	2	1	1
60-64岁	**16**	**10**	**6**	**17**	**12**	**5**	**15**	**7**	**8**
60	2	1	1	5	4	1	6	3	3
61	2	1	1	2	2				
62	2	1	1	3	2	1	3		3
63	4	3	1	3	2	1	5	3	2
64	6	4	2	4	2	2	1	1	
65岁及以上	**41**	**33**	**8**	**39**	**28**	**11**	**32**	**25**	**7**

5-5b 续表 8

单位：人

年 龄	初婚年龄								
	36岁			37岁			38岁		
	小计	男	女	小计	男	女	小计	男	女
总 计	**233**	**151**	**82**	**207**	**128**	**79**	**169**	**110**	**59**
20岁以下									
20-24岁									
20									
21									
22									
23									
24									
25-29岁									
25									
26									
27									
28									
29									
30-34岁									
30									
31									
32									
33									
34									
35-39岁	**47**	**25**	**22**	**36**	**18**	**18**	**18**	**13**	**5**
35									
36	8	4	4						
37	10	5	5	6	5	1			
38	20	13	7	19	8	11	7	4	3
39	9	3	6	11	5	6	11	9	2
40-44岁	**64**	**40**	**24**	**70**	**44**	**26**	**54**	**26**	**28**
40	13	8	5	13	6	7	13	7	6
41	10	6	4	15	9	6	9	4	5
42	18	8	10	16	11	5	10	7	3
43	9	8	1	14	9	5	9	2	7
44	14	10	4	12	9	3	13	6	7
45-49岁	**47**	**35**	**12**	**38**	**28**	**10**	**38**	**27**	**11**
45	13	10	3	10	8	2	8	6	2
46	10	7	3	8	6	2	9	6	3
47	14	9	5	10	8	2	6	4	2
48	6	6		7	4	3	8	7	1
49	4	3	1	3	2	1	7	4	3
50-54岁	**19**	**14**	**5**	**25**	**15**	**10**	**23**	**18**	**5**
50	6	4	2	8	5	3	6	4	2
51	3	2	1	2	2		4	3	1
52	6	4	2	6	3	3	5	4	1
53	1	1		2	2		3	3	
54	3	3		7	3	4	5	4	1
55-59岁	**22**	**16**	**6**	**17**	**10**	**7**	**12**	**10**	**2**
55	3	3		4	3	1	1	1	
56	6	5	1	5	3	2	3	3	
57	5	3	2	4	2	2	3	3	
58	6	4	2	2	2		5	3	2
59	2	1	1	2		2			
60-64岁	**13**	**8**	**5**	**9**	**5**	**4**	**6**	**6**	
60	4	2	2	3	2	1	1	1	
61	1	1		2		2			
62	2	1	1	2	2		2	2	
63	4	2	2	1		1			
64	2	2		1	1		3	3	
65岁及以上	**21**	**13**	**8**	**12**	**8**	**4**	**18**	**10**	**8**

5–5b　续表 9　　单位：人

年　龄	初婚年龄					
	39岁			40岁及以上		
	小计	男	女	小计	男	女
总　计	**153**	**97**	**56**	**714**	**453**	**261**
20岁以下						
20–24岁						
20						
21						
22						
23						
24						
25–29岁						
25						
26						
27						
28						
29						
30–34岁						
30						
31						
32						
33						
34						
35–39岁	**6**	**3**	**3**			
35						
36						
37						
38						
39	6	3	3			
40–44岁	**50**	**31**	**19**	**81**	**50**	**31**
40	10	3	7	1	1	
41	13	9	4	18	13	5
42	8	6	2	21	8	13
43	11	7	4	16	10	6
44	8	6	2	25	18	7
45–49岁	**47**	**33**	**14**	**175**	**102**	**73**
45	15	10	5	29	18	11
46	9	5	4	47	26	21
47	10	9	1	31	20	11
48	12	8	4	40	24	16
49	1	1		28	14	14
50–54岁	**25**	**14**	**11**	**138**	**97**	**41**
50	7	4	3	34	23	11
51	8	3	5	26	16	10
52	6	5	1	37	28	9
53	1	1		22	16	6
54	3	1	2	19	14	5
55–59岁	**7**	**2**	**5**	**98**	**60**	**38**
55	1		1	29	21	8
56	1		1	20	9	11
57	2	1	1	28	20	8
58	3	1	2	14	8	6
59				7	2	5
60–64岁	**5**	**4**	**1**	**46**	**33**	**13**
60	2	2		5	5	
61	2	1	1	9	7	2
62				10	8	2
63				10	4	6
64	1	1		12	9	3
65岁及以上	**13**	**10**	**3**	**176**	**111**	**65**

5-5c 全区分年龄、性别、初婚年龄的人口(乡村)

单位：人

年龄	初婚年龄					
	合计			15岁以下		
	合计	男	女	小计	男	女
总计	**171383**	**86885**	**84498**	**771**	**96**	**675**
20岁以下	**520**	**37**	**483**	**42**	**1**	**41**
20-24岁	**4865**	**1515**	**3350**	**49**	**3**	**46**
20	447	76	371	6		6
21	652	143	509	10	1	9
22	1064	294	770	13	1	12
23	1150	373	777	7	1	6
24	1552	629	923	13		13
25-29岁	**12437**	**5961**	**6476**	**43**	**3**	**40**
25	1872	800	1072	13	1	12
26	2234	1008	1226	9		9
27	2570	1229	1341	10	2	8
28	2781	1380	1401	2		2
29	2980	1544	1436	9		9
30-34岁	**16746**	**8867**	**7879**	**69**	**11**	**58**
30	3721	1945	1776	12	1	11
31	3415	1810	1605	17	5	12
32	3155	1641	1514	15	3	12
33	3355	1804	1551	12	1	11
34	3100	1667	1433	13	1	12
35-39岁	**15798**	**8505**	**7293**	**52**	**4**	**48**
35	2892	1557	1335	14		14
36	3044	1616	1428	8		8
37	2896	1561	1335	4	1	3
38	3635	1997	1638	11	2	9
39	3331	1774	1557	15	1	14
40-44岁	**17999**	**9332**	**8667**	**80**	**10**	**70**
40	3692	1856	1836	14	3	11
41	3359	1775	1584	17	2	15
42	3607	1896	1711	9	1	8
43	3404	1791	1613	18	1	17
44	3937	2014	1923	22	3	19
45-49岁	**20942**	**10907**	**10035**	**68**	**10**	**58**
45	4134	2177	1957	22	2	20
46	4111	2090	2021	8	3	5
47	4353	2318	2035	13	1	12
48	4242	2149	2093	11	2	9
49	4102	2173	1929	14	2	12
50-54岁	**22583**	**11570**	**11013**	**94**	**15**	**79**
50	4849	2512	2337	18	2	16
51	4469	2262	2207	21	4	17
52	4927	2536	2391	27	1	26
53	3934	2022	1912	14	3	11
54	4404	2238	2166	14	5	9
55-59岁	**18057**	**9357**	**8700**	**44**	**5**	**39**
55	4180	2166	2014	11	3	8
56	4161	2223	1938	6		6
57	4271	2232	2039	14	1	13
58	3685	1887	1798	8	1	7
59	1760	849	911	5		5
60-64岁	**11621**	**6002**	**5619**	**42**	**4**	**38**
60	2112	1164	948	6		6
61	1756	864	892	8	2	6
62	2384	1239	1145	7		7
63	2686	1389	1297	7		7
64	2683	1346	1337	14	2	12
65岁及以上	**29815**	**14832**	**14983**	**188**	**30**	**158**

5-5c　续表 1　　单位：人

年　龄	初婚年龄								
	15岁			16岁			17岁		
	小计	男	女	小计	男	女	小计	男	女
总　计	**3347**	**505**	**2842**	**5765**	**898**	**4867**	**9873**	**2028**	**7845**
20岁以下	**101**	**8**	**93**	**121**	**5**	**116**	**135**	**8**	**127**
20-24岁	**272**	**14**	**258**	**427**	**40**	**387**	**622**	**86**	**536**
20	39		39	61	4	57	95	12	83
21	37	4	33	72	4	68	93	8	85
22	80	3	77	115	11	104	133	16	117
23	67	3	64	75	7	68	133	13	120
24	49	4	45	104	14	90	168	37	131
25-29岁	**230**	**31**	**199**	**467**	**50**	**417**	**788**	**166**	**622**
25	50	4	46	74	5	69	156	29	127
26	43	5	38	120	15	105	157	36	121
27	59	12	47	96	10	86	171	36	135
28	47	6	41	109	13	96	146	31	115
29	31	4	27	68	7	61	158	34	124
30-34岁	**231**	**50**	**181**	**415**	**71**	**344**	**758**	**140**	**618**
30	41	9	32	89	15	74	141	24	117
31	53	10	43	89	11	78	163	27	136
32	55	9	46	68	11	57	158	36	122
33	44	13	31	101	23	78	158	22	136
34	38	9	29	68	11	57	138	31	107
35-39岁	**202**	**46**	**156**	**351**	**71**	**280**	**694**	**159**	**535**
35	43	7	36	54	7	47	132	28	104
36	48	9	39	81	21	60	117	32	85
37	34	9	25	66	16	50	134	31	103
38	40	10	30	77	11	66	167	34	133
39	37	11	26	73	16	57	144	34	110
40-44岁	**256**	**54**	**202**	**478**	**111**	**367**	**803**	**214**	**589**
40	40	7	33	92	14	78	172	38	134
41	49	18	31	102	21	81	150	38	112
42	63	12	51	96	31	65	169	43	126
43	39	4	35	81	23	58	140	42	98
44	65	13	52	107	22	85	172	53	119
45-49岁	**281**	**55**	**226**	**516**	**118**	**398**	**941**	**266**	**675**
45	63	12	51	95	25	70	164	44	120
46	74	17	57	132	27	105	163	51	112
47	62	13	49	103	21	82	218	63	155
48	44	4	40	103	22	81	219	52	167
49	38	9	29	83	23	60	177	56	121
50-54岁	**301**	**55**	**246**	**596**	**110**	**486**	**1105**	**263**	**842**
50	69	15	54	102	16	86	213	50	163
51	48	11	37	119	29	90	221	49	172
52	74	12	62	129	18	111	271	58	213
53	60	13	47	111	14	97	199	58	141
54	50	4	46	135	33	102	201	48	153
55-59岁	**258**	**33**	**225**	**509**	**74**	**435**	**1028**	**216**	**812**
55	79	16	63	87	17	70	207	41	166
56	51	6	45	134	19	115	178	42	136
57	57	7	50	140	12	128	294	63	231
58	57	4	53	107	21	86	254	54	200
59	14		14	41	5	36	95	16	79
60-64岁	**184**	**23**	**161**	**251**	**24**	**227**	**486**	**63**	**423**
60	32	3	29	29	2	27	61	11	50
61	30	2	28	39	3	36	59	6	53
62	28	2	26	49	4	45	86	16	70
63	48	10	38	62	8	54	114	13	101
64	46	6	40	72	7	65	166	17	149
65岁及以上	**1031**	**136**	**895**	**1634**	**224**	**1410**	**2513**	**447**	**2066**

5-5c 续表 2

单位：人

年龄	初婚年龄								
	18岁			19岁			20岁		
	小计	男	女	小计	男	女	小计	男	女
总　计	**14827**	**3929**	**10898**	**19252**	**7276**	**11976**	**22796**	**10552**	**12244**
20岁以下	**101**	**8**	**93**	**20**	**7**	**13**			
20-24岁	**730**	**129**	**601**	**736**	**236**	**500**	**732**	**310**	**422**
20	107	16	91	95	27	68	44	17	27
21	139	16	123	137	31	106	122	61	61
22	151	22	129	169	56	113	196	83	113
23	147	25	122	149	45	104	184	74	110
24	186	50	136	186	77	109	186	75	111
25-29岁	**1093**	**271**	**822**	**1280**	**517**	**763**	**1367**	**671**	**696**
25	188	42	146	219	87	132	225	105	120
26	236	58	178	234	87	147	281	140	141
27	187	38	149	269	117	152	260	130	130
28	246	72	174	250	106	144	303	144	159
29	236	61	175	308	120	188	298	152	146
30-34岁	**1168**	**290**	**878**	**1545**	**587**	**958**	**1905**	**892**	**1013**
30	313	75	238	365	132	233	410	204	206
31	220	62	158	343	135	208	376	179	197
32	199	45	154	258	94	164	392	173	219
33	252	65	187	300	125	175	350	156	194
34	184	43	141	279	101	178	377	180	197
35-39岁	**1140**	**323**	**817**	**1511**	**541**	**970**	**1774**	**789**	**985**
35	196	52	144	297	105	192	318	151	167
36	207	46	161	283	93	190	348	158	190
37	185	55	130	282	100	182	348	149	199
38	284	83	201	290	110	180	423	189	234
39	268	87	181	359	133	226	337	142	195
40-44岁	**1298**	**391**	**907**	**1870**	**665**	**1205**	**2309**	**1006**	**1303**
40	276	67	209	410	139	271	467	186	281
41	242	73	169	333	124	209	453	205	248
42	252	77	175	371	130	241	486	211	275
43	242	86	156	344	117	227	409	188	221
44	286	88	198	412	155	257	494	216	278
45-49岁	**1563**	**479**	**1084**	**2249**	**827**	**1422**	**2822**	**1215**	**1607**
45	289	85	204	456	182	274	573	236	337
46	278	73	205	421	143	278	575	226	349
47	308	90	218	466	180	286	603	286	317
48	359	124	235	410	148	262	581	245	336
49	329	107	222	496	174	322	490	222	268
50-54岁	**1809**	**492**	**1317**	**2699**	**1012**	**1687**	**3501**	**1542**	**1959**
50	413	126	287	595	218	377	737	333	404
51	359	96	263	536	199	337	716	301	415
52	378	101	277	554	227	327	740	329	411
53	307	76	231	477	181	296	584	266	318
54	352	93	259	537	187	350	724	313	411
55-59岁	**1574**	**408**	**1166**	**2197**	**803**	**1394**	**2736**	**1280**	**1456**
55	291	81	210	520	189	331	674	295	379
56	343	96	247	481	183	298	632	304	328
57	306	65	241	523	184	339	630	311	319
58	460	120	340	392	152	240	571	277	294
59	174	46	128	281	95	186	229	93	136
60-64岁	**770**	**156**	**614**	**1153**	**369**	**784**	**1514**	**627**	**887**
60	149	34	115	267	100	167	355	179	176
61	85	16	69	185	59	126	272	100	172
62	135	30	105	207	61	146	330	130	200
63	176	35	141	238	70	168	281	107	174
64	225	41	184	256	79	177	276	111	165
65岁及以上	**3581**	**982**	**2599**	**3992**	**1712**	**2280**	**4136**	**2220**	**1916**

5–5c　续表 3　　　　单位：人

年　龄	初婚年龄								
	21岁			22岁			23岁		
	小计	男	女	小计	男	女	小计	男	女
总　计	**20898**	**11366**	**9532**	**18899**	**11656**	**7243**	**14422**	**9620**	**4802**
20岁以下									
20–24岁	**569**	**277**	**292**	**441**	**256**	**185**	**225**	**129**	**96**
20									
21	42	18	24						
22	150	71	79	57	31	26			
23	160	72	88	160	94	66	68	39	29
24	217	116	101	224	131	93	157	90	67
25–29岁	**1367**	**759**	**608**	**1330**	**781**	**549**	**1236**	**740**	**496**
25	253	139	114	231	131	100	218	123	95
26	223	118	105	238	132	106	215	125	90
27	270	157	113	271	160	111	247	160	87
28	295	165	130	293	177	116	264	158	106
29	326	180	146	297	181	116	292	174	118
30–34岁	**1802**	**1002**	**800**	**1717**	**1090**	**627**	**1449**	**932**	**517**
30	347	180	167	356	232	124	318	200	118
31	378	229	149	317	197	120	292	183	109
32	341	184	157	344	215	129	242	165	77
33	394	234	160	342	220	122	330	210	120
34	342	175	167	358	226	132	267	174	93
35–39岁	**1882**	**1016**	**866**	**1751**	**1061**	**690**	**1414**	**958**	**456**
35	336	186	150	296	179	117	271	185	86
36	328	166	162	308	169	139	270	195	75
37	338	183	155	350	218	132	248	160	88
38	466	259	207	425	270	155	316	210	106
39	414	222	192	372	225	147	309	208	101
40–44岁	**2261**	**1153**	**1108**	**2105**	**1195**	**910**	**1635**	**1070**	**565**
40	373	182	191	417	238	179	333	220	113
41	432	216	216	305	183	122	320	220	100
42	463	255	208	428	249	179	278	183	95
43	444	223	221	473	261	212	322	207	115
44	549	277	272	482	264	218	382	240	142
45–49岁	**2799**	**1435**	**1364**	**2560**	**1473**	**1087**	**1895**	**1226**	**669**
45	525	295	230	511	281	230	373	249	124
46	542	268	274	505	280	225	377	240	137
47	594	304	290	512	305	207	380	252	128
48	589	293	296	531	299	232	372	234	138
49	549	275	274	501	308	193	393	251	142
50–54岁	**3159**	**1671**	**1488**	**2744**	**1739**	**1005**	**1987**	**1315**	**672**
50	523	272	251	596	388	208	476	304	172
51	664	353	311	476	304	172	375	240	135
52	777	429	348	631	393	238	323	205	118
53	574	290	284	491	308	183	380	260	120
54	621	327	294	550	346	204	433	306	127
55–59岁	**2568**	**1475**	**1093**	**2265**	**1496**	**769**	**1529**	**1073**	**456**
55	595	331	264	505	325	180	367	251	116
56	616	360	256	530	344	186	344	229	115
57	618	374	244	594	394	200	357	261	96
58	483	280	203	394	269	125	327	245	82
59	256	130	126	242	164	78	134	87	47
60–64岁	**1505**	**709**	**796**	**1633**	**976**	**657**	**1222**	**826**	**396**
60	250	135	115	288	197	91	201	146	55
61	283	135	148	223	125	98	183	124	59
62	362	169	193	397	233	164	205	140	65
63	368	159	209	399	240	159	336	224	112
64	242	111	131	326	181	145	297	192	105
65岁及以上	**2986**	**1869**	**1117**	**2353**	**1589**	**764**	**1830**	**1351**	**479**

5-5c 续表 4　　单位：人

年龄	初婚年龄								
	24岁			25岁			26岁		
	小计	男	女	小计	男	女	小计	男	女
总　计	**11200**	**7843**	**3357**	**8261**	**6001**	**2260**	**5655**	**4120**	**1535**
20岁以下									
20-24岁	**62**	**35**	**27**						
20									
21									
22									
23									
24	62	35	27						
25-29岁	**1107**	**667**	**440**	**990**	**596**	**394**	**606**	**366**	**240**
25	164	88	76	81	46	35			
26	242	147	95	182	109	73	54	36	18
27	237	128	109	275	154	121	170	99	71
28	228	142	86	222	136	86	200	115	85
29	236	162	74	230	151	79	182	116	66
30-34岁	**1333**	**873**	**460**	**1128**	**751**	**377**	**904**	**596**	**308**
30	316	199	117	285	186	99	233	143	90
31	253	164	89	256	170	86	189	127	62
32	275	180	95	221	135	86	155	101	54
33	214	150	64	196	145	51	183	119	64
34	275	180	95	170	115	55	144	106	38
35-39岁	**1213**	**843**	**370**	**957**	**693**	**264**	**692**	**503**	**189**
35	215	149	66	184	132	52	120	81	39
36	255	179	76	197	138	59	165	120	45
37	217	137	80	180	128	52	118	94	24
38	274	195	79	221	160	61	146	107	39
39	252	183	69	175	135	40	143	101	42
40-44岁	**1188**	**834**	**354**	**884**	**630**	**254**	**706**	**515**	**191**
40	260	180	80	217	149	68	154	110	44
41	230	161	69	155	111	44	144	104	40
42	241	166	75	182	134	48	137	109	28
43	195	144	51	189	132	57	128	92	36
44	262	183	79	141	104	37	143	100	43
45-49岁	**1517**	**1045**	**472**	**1033**	**763**	**270**	**641**	**477**	**164**
45	308	213	95	189	143	46	95	70	25
46	279	197	82	241	185	56	141	104	37
47	311	216	95	227	164	63	128	97	31
48	293	195	98	193	142	51	146	112	34
49	326	224	102	183	129	54	131	94	37
50-54岁	**1309**	**911**	**398**	**874**	**653**	**221**	**601**	**466**	**135**
50	317	211	106	217	158	59	151	108	43
51	271	181	90	194	154	40	120	95	25
52	268	197	71	210	154	56	139	109	30
53	180	121	59	132	103	29	97	78	19
54	273	201	72	121	84	37	94	76	18
55-59岁	**1039**	**784**	**255**	**701**	**535**	**166**	**434**	**347**	**87**
55	259	196	63	178	135	43	83	67	16
56	266	199	67	187	141	46	121	101	20
57	207	155	52	156	125	31	101	79	22
58	192	147	45	132	96	36	96	75	21
59	115	87	28	48	38	10	33	25	8
60-64岁	**929**	**711**	**218**	**599**	**494**	**105**	**368**	**303**	**65**
60	143	104	39	114	87	27	52	40	12
61	126	91	35	80	67	13	53	43	10
62	191	146	45	99	86	13	69	56	13
63	191	146	45	162	136	26	96	80	16
64	278	224	54	144	118	26	98	84	14
65岁及以上	**1503**	**1140**	**363**	**1095**	**886**	**209**	**703**	**547**	**156**

5-5c 续表 5 单位：人

年 龄	初婚年龄								
	27岁			28岁			29岁		
	小计	男	女	小计	男	女	小计	男	女
总 计	**3980**	**2924**	**1056**	**2847**	**2080**	**767**	**1950**	**1426**	**524**
20岁以下									
20-24岁									
20									
21									
22									
23									
24									
25-29岁	**341**	**216**	**125**	**161**	**109**	**52**	**31**	**18**	**13**
25									
26									
27	48	26	22						
28	130	83	47	46	32	14			
29	163	107	56	115	77	38	31	18	13
30-34岁	**757**	**507**	**250**	**610**	**418**	**192**	**409**	**294**	**115**
30	207	136	71	158	116	42	90	61	29
31	165	110	55	130	85	45	90	64	26
32	134	87	47	97	64	33	93	69	24
33	144	101	43	108	72	36	69	49	20
34	107	73	34	117	81	36	67	51	16
35-39岁	**530**	**393**	**137**	**409**	**293**	**116**	**275**	**194**	**81**
35	98	74	24	92	62	30	61	42	19
36	92	64	28	86	61	25	56	43	13
37	100	74	26	47	35	12	59	40	19
38	120	96	24	101	77	24	48	35	13
39	120	85	35	83	58	25	51	34	17
40-44岁	**441**	**327**	**114**	**356**	**260**	**96**	**249**	**179**	**70**
40	95	69	26	78	52	26	76	51	25
41	93	72	21	78	59	19	40	30	10
42	76	56	20	70	51	19	49	35	14
43	86	64	22	50	42	8	44	34	10
44	91	66	25	80	56	24	40	29	11
45-49岁	**495**	**371**	**124**	**279**	**212**	**67**	**216**	**168**	**48**
45	106	81	25	56	39	17	64	49	15
46	71	56	15	55	44	11	42	28	14
47	92	76	16	45	35	10	47	41	6
48	127	86	41	53	42	11	27	23	4
49	99	72	27	70	52	18	36	27	9
50-54岁	**395**	**303**	**92**	**335**	**246**	**89**	**251**	**184**	**67**
50	100	73	27	87	61	26	52	40	12
51	64	46	18	60	41	19	62	43	19
52	100	78	22	73	54	19	50	34	16
53	73	56	17	60	49	11	46	37	9
54	58	50	8	55	41	14	41	30	11
55-59岁	**253**	**190**	**63**	**164**	**116**	**48**	**121**	**85**	**36**
55	62	48	14	39	26	13	35	24	11
56	49	36	13	49	36	13	27	21	6
57	68	53	15	32	24	8	31	20	11
58	51	39	12	32	21	11	16	10	6
59	23	14	9	12	9	3	12	10	2
60-64岁	**238**	**197**	**41**	**164**	**129**	**35**	**129**	**97**	**32**
60	41	33	8	25	22	3	23	20	3
61	31	27	4	25	15	10	16	13	3
62	53	42	11	38	32	6	28	23	5
63	55	48	7	46	35	11	27	21	6
64	58	47	11	30	25	5	35	20	15
65岁及以上	**530**	**420**	**110**	**369**	**297**	**72**	**269**	**207**	**62**

5-5c 续表 6

单位：人

年 龄	初婚年龄								
	30岁			31岁			32岁		
	小计	男	女	小计	男	女	小计	男	女
总 计	**1502**	**1073**	**429**	**1049**	**720**	**329**	**794**	**574**	**220**
20岁以下									
20-24岁									
20									
21									
22									
23									
24									
25-29岁									
25									
26									
27									
28									
29									
30-34岁	**288**	**187**	**101**	**133**	**89**	**44**	**88**	**65**	**23**
30	40	32	8						
31	67	41	26	17	11	6			
32	63	39	24	39	25	14	6	6	
33	68	38	30	46	32	14	34	23	11
34	50	37	13	31	21	10	48	36	12
35-39岁	**241**	**165**	**76**	**207**	**130**	**77**	**152**	**94**	**58**
35	41	31	10	42	29	13	40	30	10
36	48	32	16	56	36	20	20	10	10
37	58	38	20	34	22	12	27	19	8
38	60	45	15	47	26	21	36	23	13
39	34	19	15	28	17	11	29	12	17
40-44岁	**200**	**146**	**54**	**186**	**121**	**65**	**135**	**94**	**41**
40	42	30	12	46	31	15	31	23	8
41	40	28	12	45	31	14	22	14	8
42	50	40	10	45	26	19	24	17	7
43	27	18	9	24	16	8	31	21	10
44	41	30	11	26	17	9	27	19	8
45-49岁	**177**	**142**	**35**	**128**	**96**	**32**	**100**	**78**	**22**
45	38	31	7	27	18	9	29	23	6
46	44	32	12	23	17	6	23	18	5
47	33	31	2	28	21	7	22	15	7
48	32	22	10	17	12	5	11	9	2
49	30	26	4	33	28	5	15	13	2
50-54岁	**193**	**135**	**58**	**118**	**91**	**27**	**79**	**61**	**18**
50	33	25	8	16	15	1	17	15	2
51	39	30	9	21	16	5	11	11	
52	45	34	11	28	23	5	15	12	3
53	40	26	14	29	21	8	12	10	2
54	36	20	16	24	16	8	24	13	11
55-59岁	**99**	**71**	**28**	**103**	**67**	**36**	**93**	**58**	**35**
55	32	21	11	36	23	13	26	17	9
56	27	19	8	18	11	7	24	14	10
57	16	13	3	27	19	8	23	14	9
58	22	16	6	18	12	6	11	7	4
59	2	2		4	2	2	9	6	3
60-64岁	**99**	**69**	**30**	**52**	**36**	**16**	**42**	**32**	**10**
60	14	9	5	5	4	1	10	9	1
61	12	10	2	7	5	2	7	5	2
62	19	10	9	16	12	4	5	5	
63	21	14	7	9	6	3	5	2	3
64	33	26	7	15	9	6	15	11	4
65岁及以上	**205**	**158**	**47**	**122**	**90**	**32**	**105**	**92**	**13**

5−5c 续表 7

单位：人

年 龄	初婚年龄								
	33岁			34岁			35岁		
	小计	男	女	小计	男	女	小计	男	女
总 计	**592**	**425**	**167**	**424**	**286**	**138**	**346**	**233**	**113**
20岁以下									
20−24岁									
20									
21									
22									
23									
24									
25−29岁									
25									
26									
27									
28									
29									
30−34岁	**30**	**19**	**11**	**7**	**3**	**4**			
30									
31									
32									
33	10	6	4						
34	20	13	7	7	3	4			
35−39岁	**100**	**70**	**30**	**98**	**65**	**33**	**65**	**42**	**23**
35	15	9	6	19	14	5	8	4	4
36	24	14	10	22	14	8	15	9	6
37	20	16	4	13	10	3	14	13	1
38	24	19	5	18	13	5	16	9	7
39	17	12	5	26	14	12	12	7	5
40−44岁	**132**	**95**	**37**	**74**	**46**	**28**	**72**	**48**	**24**
40	29	22	7	17	13	4	12	8	4
41	28	20	8	21	11	10	16	10	6
42	31	21	10	17	7	10	13	8	5
43	25	16	9	11	7	4	16	12	4
44	19	16	3	8	8		15	10	5
45−49岁	**92**	**62**	**30**	**62**	**38**	**24**	**77**	**55**	**22**
45	27	22	5	22	9	13	24	17	7
46	14	9	5	14	12	2	21	15	6
47	24	14	10	10	7	3	13	9	4
48	18	12	6	7	4	3	10	6	4
49	9	5	4	9	6	3	9	8	1
50−54岁	**53**	**41**	**12**	**37**	**30**	**7**	**29**	**19**	**10**
50	15	11	4	10	9	1	8	4	4
51	13	10	3	7	5	2	6	2	4
52	9	6	3	5	5		8	8	
53	8	7	1	9	7	2	4	3	1
54	8	7	1	6	4	2	3	2	1
55−59岁	**64**	**49**	**15**	**40**	**27**	**13**	**38**	**26**	**12**
55	22	17	5	9	4	5	8	3	5
56	11	8	3	10	8	2	9	8	1
57	16	13	3	8	7	1	6	3	3
58	12	9	3	10	7	3	13	10	3
59	3	2	1	3	1	2	2	2	
60−64岁	**35**	**26**	**9**	**28**	**20**	**8**	**19**	**10**	**9**
60	6	5	1	7	6	1	7	3	4
61	3	2	1	6	2	4	4	1	3
62	8	5	3	4	4		1	1	
63	13	12	1	1	1		6	4	2
64	5	2	3	10	7	3	1	1	
65岁及以上	**86**	**63**	**23**	**78**	**57**	**21**	**46**	**33**	**13**

5-5c 续表 8 单位：人

年 龄	初婚年龄								
	36岁			37岁			38岁		
	小计	男	女	小计	男	女	小计	男	女
总 计	**295**	**212**	**83**	**251**	**169**	**82**	**216**	**143**	**73**
20岁以下									
20-24岁									
20									
21									
22									
23									
24									
25-29岁									
25									
26									
27									
28									
29									
30-34岁									
30									
31									
32									
33									
34									
35-39岁	**44**	**29**	**15**	**26**	**13**	**13**	**14**	**7**	**7**
35									
36	10	7	3						
37	13	10	3	7	3	4			
38	13	8	5	10	5	5	2	1	1
39	8	4	4	9	5	4	12	6	6
40-44岁	**69**	**48**	**21**	**58**	**30**	**28**	**41**	**24**	**17**
40	13	10	3	7	4	3	6	3	3
41	10	6	4	12	5	7	5	1	4
42	12	10	2	9	4	5	16	11	5
43	22	13	9	12	9	3	2	2	
44	12	9	3	18	8	10	12	7	5
45-49岁	**58**	**48**	**10**	**57**	**44**	**13**	**63**	**45**	**18**
45	7	5	2	16	14	2	14	9	5
46	10	9	1	4	3	1	11	8	3
47	14	11	3	15	10	5	15	11	4
48	13	11	2	14	10	4	13	8	5
49	14	12	2	8	7	1	10	9	1
50-54岁	**33**	**27**	**6**	**42**	**32**	**10**	**26**	**16**	**10**
50	15	12	3	12	9	3	7	6	1
51	8	7	1	8	6	2	4	2	2
52	6	5	1	10	7	3	8	5	3
53	3	2	1	7	6	1	3	1	2
54	1	1		5	4	1	4	2	2
55-59岁	**30**	**19**	**11**	**19**	**16**	**3**	**13**	**11**	**2**
55	8	6	2	2	2		3	3	
56	4	4		7	7		3	3	
57	5	5		6	5	1	1		1
58	9	1	8	2	1	1	4	3	1
59	4	3	1	2	1	1	2	2	
60-64岁	**29**	**22**	**7**	**17**	**10**	**7**	**17**	**11**	**6**
60	6	4	2	3		3	5	4	1
61	5	3	2	2	2		2	1	1
62	9	9		8	5	3	5	4	1
63	3	2	1	1	1		3	1	2
64	6	4	2	3	2	1	2	1	1
65岁及以上	**32**	**19**	**13**	**32**	**24**	**8**	**42**	**29**	**13**

5–5c　续表 9　　　　单位：人

年　龄	初婚年龄					
	39岁			40岁及以上		
	小计	男	女	小计	男	女
总　计	**177**	**112**	**65**	**994**	**618**	**376**
20岁以下						
20–24岁						
20						
21						
22						
23						
24						
25–29岁						
25						
26						
27						
28						
29						
30–34岁						
30						
31						
32						
33						
34						
35–39岁	**4**	**3**	**1**			
35						
36						
37						
38						
39	4	3	1			
40–44岁	**41**	**27**	**14**	**72**	**39**	**33**
40	12	5	7	3	2	1
41	6	6		11	6	5
42	7	4	3	13	5	8
43	7	6	1	23	11	12
44	9	6	3	22	15	7
45–49岁	**39**	**25**	**14**	**214**	**134**	**80**
45	10	8	2	31	15	16
46	7	3	4	36	22	14
47	8	5	3	62	40	22
48	7	6	1	42	26	16
49	7	3	4	43	31	12
50–54岁	**35**	**25**	**10**	**178**	**116**	**62**
50	6	3	3	44	28	16
51	11	6	5	35	21	14
52	10	8	2	39	24	15
53	4	4		30	22	8
54	4	4		30	21	9
55–59岁	**13**	**9**	**4**	**125**	**84**	**41**
55	5	2	3	37	23	14
56	1	1		33	23	10
57	6	5	1	29	20	9
58	1	1		11	9	2
59				15	9	6
60–64岁	**15**	**8**	**7**	**81**	**50**	**31**
60				13	7	6
61	1	1		9	4	5
62	7	5	2	18	9	9
63	4	2	2	14	12	2
64	3		3	27	18	9
65岁及以上	**30**	**15**	**15**	**324**	**195**	**129**

5–6 全区分性别、受教育程度、初婚年龄的人口

单位：人

受教育程度	初婚年龄					
	合　计			15岁以下		
	合计	男	女	小计	男	女
总　计	**464168**	**228028**	**236140**	**1350**	**197**	**1153**
未上过学	29893	7208	22685	331	19	312
学前教育	319	80	239	5		5
小　学	124345	53723	70622	663	93	570
初　中	161737	88999	72738	272	53	219
高　中	61693	33659	28034	55	20	35
大学专科	46045	23618	22427	20	12	8
大学本科	37408	19365	18043	4		4
硕士研究生	2489	1243	1246			
博士研究生	239	133	106			

5–6　续表 1

单位：人

受教育程度	初婚年龄								
	15岁			16岁			17岁		
	小计	男	女	小计	男	女	小计	男	女
总　计	**5644**	**870**	**4774**	**10287**	**1592**	**8695**	**18059**	**3451**	**14608**
未上过学	1304	83	1221	2044	119	1925	3140	250	2890
学前教育	8		8	22	2	20	26	1	25
小　学	2816	387	2429	5122	737	4385	8603	1554	7049
初　中	1212	273	939	2562	547	2015	5157	1265	3892
高　中	204	81	123	364	108	256	810	262	548
大学专科	63	28	35	120	60	60	253	93	160
大学本科	35	18	17	51	18	33	68	24	44
硕士研究生	2		2	2	1	1	2	2	
博士研究生									

5-6 续表 2

单位：人

受教育程度	初婚年龄								
	18岁			19岁			20岁		
	小计	男	女	小计	男	女	小计	男	女
总　计	**28435**	**7015**	**21420**	**39150**	**13074**	**26076**	**49052**	**19983**	**29069**
未上过学	4043	477	3566	4213	742	3471	3916	972	2944
学前教育	44	6	38	48	6	42	29	8	21
小　学	12771	2947	9824	15734	5133	10601	17612	7107	10505
初　中	9281	2872	6409	14811	5688	9123	19955	9044	10911
高　中	1687	500	1187	3049	1083	1966	4917	2004	2913
大学专科	492	163	329	1028	314	714	2025	657	1368
大学本科	115	50	65	259	105	154	586	187	399
硕士研究生	2		2	7	3	4	7	2	5
博士研究生				1		1	5	2	3

5-6 续表 3

单位：人

受教育程度	初婚年龄								
	21岁			22岁			23岁		
	小计	男	女	小计	男	女	小计	男	女
总　计	**50562**	**24100**	**26462**	**51690**	**27710**	**23980**	**45529**	**25751**	**19778**
未上过学	2762	841	1921	2210	800	1410	1573	671	902
学前教育	39	11	28	26	11	15	16	8	8
小　学	14805	7046	7759	12323	6710	5613	9105	5509	3596
初　中	22045	11715	10330	21804	13058	8746	17497	11181	6316
高　中	6528	2975	3553	8189	4286	3903	8079	4370	3709
大学专科	3185	1124	2061	4812	1948	2864	5715	2528	3187
大学本科	1168	368	800	2264	863	1401	3403	1412	1991
硕士研究生	28	18	10	55	27	28	129	66	63
博士研究生	2	2		7	7		12	6	6

5-6 续表 4

单位：人

受教育程度	初婚年龄								
	24岁			25岁			26岁		
	小计	男	女	小计	男	女	小计	男	女
总 计	**39931**	**23737**	**16194**	**33401**	**20796**	**12605**	**25053**	**15876**	**9177**
未上过学	1128	535	593	742	416	326	514	285	229
学前教育	14	7	7	10	3	7	11	8	3
小 学	6930	4483	2447	4808	3299	1509	3156	2185	971
初 中	13295	8995	4300	9497	6851	2646	6484	4695	1789
高 中	7192	4273	2919	5866	3720	2146	4105	2757	1348
大学专科	6155	3116	3039	6199	3447	2752	4738	2799	1939
大学本科	4969	2208	2761	5899	2904	2995	5609	2946	2663
硕士研究生	228	109	119	350	143	207	410	190	220
博士研究生	20	11	9	30	13	17	26	11	15

5-6 续表 5

单位：人

受教育程度	初婚年龄								
	27岁			28岁			29岁		
	小计	男	女	小计	男	女	小计	男	女
总 计	**18252**	**11945**	**6307**	**12810**	**8591**	**4219**	**8558**	**5846**	**2712**
未上过学	402	219	183	311	172	139	201	109	92
学前教育	6	3	3	4	2	2	4	3	1
小 学	2214	1532	682	1600	1089	511	1158	791	367
初 中	4549	3362	1187	3053	2229	824	2190	1608	582
高 中	2842	1932	910	2046	1439	607	1351	932	419
大学专科	3489	2168	1321	2433	1575	858	1536	1040	496
大学本科	4298	2518	1780	3050	1940	1110	1904	1238	666
硕士研究生	417	194	223	287	132	155	190	111	79
博士研究生	35	17	18	26	13	13	24	14	10

5-6 续表 6

单位：人

受教育程度	初婚年龄								
	30岁			31岁			32岁		
	小计	男	女	小计	男	女	小计	男	女
总 计	**6314**	**4291**	**2023**	**4260**	**2829**	**1431**	**3165**	**2097**	**1068**
未上过学	219	111	108	131	63	68	87	56	31
学前教育	1	1		2		2			
小 学	964	621	343	729	476	253	545	355	190
初 中	1720	1206	514	1237	834	403	967	682	285
高 中	983	653	330	683	468	215	589	382	207
大学专科	1079	764	315	654	430	224	435	272	163
大学本科	1190	829	361	746	516	230	478	310	168
硕士研究生	147	96	51	68	36	32	52	32	20
博士研究生	11	10	1	10	6	4	12	8	4

5-6 续表 7

单位：人

受教育程度	初婚年龄								
	33岁			34岁			35岁		
	小计	男	女	小计	男	女	小计	男	女
总 计	**2358**	**1564**	**794**	**1771**	**1173**	**598**	**1464**	**1000**	**464**
未上过学	92	46	46	60	28	32	52	26	26
学前教育	1		1	1		1			
小 学	424	281	143	343	223	120	253	169	84
初 中	788	547	241	558	387	171	505	357	148
高 中	395	231	164	282	191	91	266	183	83
大学专科	330	222	108	258	170	88	213	151	62
大学本科	299	216	83	242	155	87	158	102	56
硕士研究生	26	19	7	22	16	6	15	11	4
博士研究生	3	2	1	5	3	2	2	1	1

5-6 续表 8

单位：人

受教育程度	初婚年龄								
	36岁			37岁			38岁		
	小计	男	女	小计	男	女	小计	男	女
总　计	**1091**	**728**	**363**	**999**	**645**	**354**	**763**	**488**	**275**
未上过学	51	23	28	43	22	21	36	13	23
学前教育									
小　学	211	135	76	208	134	74	180	112	68
初　中	368	253	115	327	221	106	239	156	83
高　中	184	132	52	184	124	60	130	87	43
大学专科	135	87	48	121	68	53	99	68	31
大学本科	131	89	42	108	70	38	77	51	26
硕士研究生	10	8	2	7	6	1	1		1
博士研究生	1	1		1		1	1	1	

5-6 续表 9

单位：人

受教育程度	初婚年龄					
	39岁			40岁及以上		
	小计	男	女	小计	男	女
总　计	**674**	**427**	**247**	**3546**	**2252**	**1294**
未上过学	21	7	14	267	103	164
学前教育	1		1	1		1
小　学	162	91	71	906	524	382
初　中	224	149	75	1140	771	369
高　中	125	87	38	588	379	209
大学专科	74	42	32	384	272	112
大学本科	56	44	12	241	184	57
硕士研究生	11	7	4	14	14	
博士研究生				5	5	

5-6a　全区分性别、受教育程度、初婚年龄的人口(城市)

单位：人

受教育程度	初婚年龄					
	合　计			15岁以下		
	合计	男	女	小计	男	女
总　计	**187077**	**89494**	**97583**	**326**	**56**	**270**
未上过学	6140	1170	4970	66	2	64
学前教育	72	17	55			
小　学	24948	9662	15286	132	18	114
初　中	62890	31926	30964	90	23	67
高　中	35035	17613	17422	24	7	17
大学专科	28971	14305	14666	11	6	5
大学本科	26634	13620	13014	3		3
硕士研究生	2168	1057	1111			
博士研究生	219	124	95			

5-6a　续表 1　　单位：人

受教育程度	初婚年龄								
	15岁			16岁			17岁		
	小计	男	女	小计	男	女	小计	男	女
总　计	**1222**	**203**	**1019**	**2420**	**349**	**2071**	**4413**	**710**	**3703**
未上过学	263	7	256	435	15	420	641	28	613
学前教育	3		3	3		3	9		9
小　学	460	59	401	898	107	791	1519	198	1321
初　中	340	75	265	799	141	658	1650	315	1335
高　中	106	40	66	186	49	137	388	102	286
大学专科	30	13	17	69	28	41	163	52	111
大学本科	18	9	9	28	8	20	41	13	28
硕士研究生	2		2	2	1	1	2	2	
博士研究生									

5-6a 续表 2 单位：人

受教育程度	初婚年龄								
	18岁			19岁			20岁		
	小计	男	女	小计	男	女	小计	男	女
总　计	**7691**	**1694**	**5997**	**11367**	**3214**	**8153**	**15108**	**5233**	**9875**
未上过学	819	64	755	847	93	754	701	117	584
学前教育	10	2	8	13	2	11	4		4
小　学	2406	436	1970	2969	785	2184	3287	1044	2243
初　中	3257	880	2377	5275	1690	3585	7119	2799	4320
高　中	853	204	649	1551	442	1109	2459	821	1638
大学专科	276	83	193	548	138	410	1152	339	813
大学本科	68	25	43	158	62	96	374	109	265
硕士研究生	2		2	6	2	4	7	2	5
博士研究生							5	2	3

5-6a 续表 3 单位：人

受教育程度	初婚年龄								
	21岁			22岁			23岁		
	小计	男	女	小计	男	女	小计	男	女
总　计	**17711**	**7344**	**10367**	**20185**	**9419**	**10766**	**20129**	**9907**	**10222**
未上过学	547	121	426	458	141	317	386	127	259
学前教育	10	3	7	4		4	2	1	1
小　学	3032	1256	1776	2538	1189	1349	2061	1102	959
初　中	8010	3767	4243	8302	4441	3861	7011	3968	3043
高　中	3464	1387	2077	4417	2021	2396	4629	2221	2408
大学专科	1877	576	1301	2890	1066	1824	3565	1471	2094
大学本科	750	220	530	1522	533	989	2345	952	1393
硕士研究生	20	13	7	47	21	26	118	59	59
博士研究生	1	1		7	7		12	6	6

5-6a　续表 4　　单位：人

受教育程度	初婚年龄								
	24岁			25岁			26岁		
	小计	男	女	小计	男	女	小计	男	女
总　计	**19207**	**10211**	**8996**	**17325**	**9871**	**7454**	**13639**	**7996**	**5643**
未上过学	259	101	158	163	85	78	103	49	54
学前教育	5	3	2	3	1	2	3	2	1
小　学	1567	914	653	1079	702	377	739	471	268
初　中	5578	3422	2156	4125	2712	1413	2840	1898	942
高　中	4184	2265	1919	3480	2053	1427	2513	1593	920
大学专科	3872	1864	2008	3907	2126	1781	3024	1727	1297
大学本科	3519	1538	1981	4239	2063	2176	4040	2081	1959
硕士研究生	204	93	111	302	118	184	353	165	188
博士研究生	19	11	8	27	11	16	24	10	14

5-6a　续表 5　　单位：人

受教育程度	初婚年龄								
	27岁			28岁			29岁		
	小计	男	女	小计	男	女	小计	男	女
总　计	**10359**	**6374**	**3985**	**7111**	**4557**	**2554**	**4755**	**3151**	**1604**
未上过学	94	50	44	73	36	37	40	18	22
学前教育	1	1					2	2	
小　学	502	307	195	338	216	122	239	159	80
初　中	2143	1505	638	1398	952	446	1019	724	295
高　中	1787	1141	646	1246	837	409	848	563	285
大学专科	2310	1395	915	1602	1000	602	1006	663	343
大学本科	3128	1793	1335	2179	1388	791	1407	914	493
硕士研究生	361	165	196	252	117	135	171	94	77
博士研究生	33	17	16	23	11	12	23	14	9

5-6a 续表 6 单位：人

受教育程度	初婚年龄								
	30岁			31岁			32岁		
	小计	男	女	小计	男	女	小计	男	女
总　计	**3471**	**2293**	**1178**	**2262**	**1470**	**792**	**1714**	**1105**	**609**
未上过学	53	30	23	24	13	11	28	15	13
学前教育									
小　学	226	132	94	172	104	68	116	79	37
初　中	808	534	274	570	380	190	448	290	158
高　中	621	389	232	448	298	150	377	235	142
大学专科	754	525	229	441	280	161	322	200	122
大学本科	870	590	280	544	365	179	365	248	117
硕士研究生	129	84	45	53	24	29	47	30	17
博士研究生	10	9	1	10	6	4	11	8	3

5-6a 续表 7 单位：人

受教育程度	初婚年龄								
	33岁			34岁			35岁		
	小计	男	女	小计	男	女	小计	男	女
总　计	**1252**	**806**	**446**	**955**	**639**	**316**	**791**	**545**	**246**
未上过学	19	7	12	16	6	10	13	9	4
学前教育									
小　学	107	70	37	81	55	26	57	41	16
初　中	380	245	135	284	198	86	244	176	68
高　中	267	153	114	181	125	56	180	124	56
大学专科	227	147	80	176	118	58	161	107	54
大学本科	228	166	62	193	120	73	122	79	43
硕士研究生	23	17	6	19	14	5	12	8	4
博士研究生	1	1		5	3	2	2	1	1

5-6a 续表 8

单位：人

受教育程度	初婚年龄								
	36岁			37岁			38岁		
	小计	男	女	小计	男	女	小计	男	女
总　计	**563**	**365**	**198**	**541**	**348**	**193**	**378**	**235**	**143**
未上过学	9	4	5	13	7	6	11	4	7
学前教育									
小　学	43	25	18	50	29	21	42	24	18
初　中	180	110	70	170	114	56	103	64	39
高　中	111	76	35	124	90	34	86	56	30
大学专科	98	66	32	94	50	44	71	46	25
大学本科	112	76	36	85	54	31	63	40	23
硕士研究生	9	7	2	5	4	1	1		1
博士研究生	1	1					1	1	

5-6a 续表 9

单位：人

受教育程度	初婚年龄					
	39岁			40岁及以上		
	小计	男	女	小计	男	女
总　计	**344**	**218**	**126**	**1838**	**1181**	**657**
未上过学	5	3	2	54	18	36
学前教育						
小　学	37	14	23	251	126	125
初　中	116	78	38	631	425	206
高　中	84	55	29	421	266	155
大学专科	49	28	21	276	191	85
大学本科	44	35	9	189	139	50
硕士研究生	9	5	4	12	12	
博士研究生				4	4	

5-6b 全区分性别、受教育程度、初婚年龄的人口(镇)

单位：人

受教育程度	初婚年龄					
	合计			15岁以下		
	合计	男	女	小计	男	女
总 计	**105708**	**51649**	**54059**	**253**	**45**	**208**
未上过学	5186	1100	4086	50	3	47
学前教育	53	16	37			
小 学	24342	9779	14563	119	17	102
初 中	40670	21721	18949	61	14	47
高 中	15556	8711	6845	17	8	9
大学专科	11747	6122	5625	6	3	3
大学本科	7938	4072	3866			
硕士研究生	203	122	81			
博士研究生	13	6	7			

5-6b 续表 1

单位：人

受教育程度	初婚年龄								
	15岁			16岁			17岁		
	小计	男	女	小计	男	女	小计	男	女
总 计	**1075**	**162**	**913**	**2102**	**345**	**1757**	**3773**	**713**	**3060**
未上过学	216	12	204	353	22	331	519	39	480
学前教育	2		2	6	2	4	7	1	6
小 学	511	61	450	1027	139	888	1711	285	1426
初 中	271	55	216	581	128	453	1229	285	944
高 中	50	24	26	92	30	62	225	70	155
大学专科	14	5	9	26	15	11	63	27	36
大学本科	11	5	6	17	9	8	19	6	13
硕士研究生									
博士研究生									

5-6b　续表 2　　单位：人

受教育程度	初婚年龄								
	18岁			19岁			20岁		
	小计	男	女	小计	男	女	小计	男	女
总　计	**5917**	**1392**	**4525**	**8531**	**2584**	**5947**	**11148**	**4198**	**6950**
未上过学	707	81	626	728	95	633	718	146	572
学前教育	4	1	3	5		5	4	1	3
小　学	2407	500	1907	2932	812	2120	3347	1204	2143
初　中	2197	612	1585	3650	1229	2421	4983	2064	2919
高　中	431	137	294	837	315	522	1325	533	792
大学专科	140	47	93	305	103	202	607	196	411
大学本科	31	14	17	73	30	43	164	54	110
硕士研究生									
博士研究生				1		1			

5-6b　续表 3　　单位：人

受教育程度	初婚年龄								
	21岁			22岁			23岁		
	小计	男	女	小计	男	女	小计	男	女
总　计	**11953**	**5390**	**6563**	**12606**	**6635**	**5971**	**10978**	**6224**	**4754**
未上过学	486	135	351	395	117	278	269	101	168
学前教育	7	3	4	5	3	2	5	3	2
小　学	2842	1191	1651	2471	1255	1216	1817	1029	788
初　中	5713	2865	2848	5659	3267	2392	4522	2868	1654
高　中	1714	769	945	2143	1156	987	2036	1169	867
大学专科	859	316	543	1338	583	755	1501	704	797
大学本科	326	106	220	588	249	339	820	345	475
硕士研究生	5	4	1	7	5	2	8	5	3
博士研究生	1	1							

5-6b 续表 4

单位：人

受教育程度	初婚年龄								
	24岁			25岁			26岁		
	小计	男	女	小计	男	女	小计	男	女
总　计	**9524**	**5683**	**3841**	**7815**	**4924**	**2891**	**5759**	**3760**	**1999**
未上过学	200	87	113	123	55	68	83	52	31
学前教育	2		2	2		2			
小　学	1414	861	553	976	623	353	668	443	225
初　中	3407	2299	1108	2356	1728	628	1644	1201	443
高　中	1783	1114	669	1502	997	505	1002	696	306
大学专科	1581	813	768	1581	882	699	1181	725	456
大学本科	1117	496	621	1237	620	617	1143	623	520
硕士研究生	20	13	7	36	17	19	36	19	17
博士研究生				2	2		2	1	1

5-6b 续表 5

单位：人

受教育程度	初婚年龄								
	27岁			28岁			29岁		
	小计	男	女	小计	男	女	小计	男	女
总　计	**3913**	**2647**	**1266**	**2852**	**1954**	**898**	**1853**	**1269**	**584**
未上过学	54	29	25	51	31	20	36	12	24
学前教育				1	1		1		1
小　学	462	323	139	321	222	99	248	169	79
初　中	1099	797	302	779	579	200	548	397	151
高　中	610	442	168	508	369	139	305	223	82
大学专科	820	527	293	564	376	188	368	253	115
大学本科	833	510	323	606	364	242	342	212	130
硕士研究生	34	19	15	20	11	9	4	3	1
博士研究生	1		1	2	1	1	1		1

5-6b 续表 6

单位：人

受教育程度	初婚年龄								
	30岁			31岁			32岁		
	小计	男	女	小计	男	女	小计	男	女
总　计	**1341**	**925**	**416**	**949**	**639**	**310**	**657**	**418**	**239**
未上过学	33	14	19	30	14	16	13	9	4
学前教育	1	1							
小　学	205	120	85	144	94	50	120	68	52
初　中	419	296	123	328	216	112	238	172	66
高　中	233	167	66	148	102	46	134	84	50
大学专科	233	165	68	154	108	46	76	46	30
大学本科	205	153	52	134	97	37	73	38	35
硕士研究生	12	9	3	11	8	3	2	1	1
博士研究生							1		1

5-6b 续表 7

单位：人

受教育程度	初婚年龄								
	33岁			34岁			35岁		
	小计	男	女	小计	男	女	小计	男	女
总　计	**514**	**333**	**181**	**392**	**248**	**144**	**327**	**222**	**105**
未上过学	21	11	10	9	4	5	8	5	3
学前教育									
小　学	91	53	38	82	54	28	56	35	21
初　中	184	126	58	142	90	52	142	95	47
高　中	86	51	35	69	45	24	57	39	18
大学专科	76	52	24	55	31	24	36	30	6
大学本科	52	37	15	34	23	11	27	17	10
硕士研究生	2	2		1	1		1	1	
博士研究生	2	1	1						

5-6b　续表 8　　单位：人

受教育程度	初婚年龄								
	36岁			37岁			38岁		
	小计	男	女	小计	男	女	小计	男	女
总　计	**233**	**151**	**82**	**207**	**128**	**79**	**169**	**110**	**59**
未上过学	12	3	9	6	2	4	6	1	5
学前教育									
小　学	47	27	20	58	36	22	35	23	12
初　中	83	61	22	72	47	25	70	43	27
高　中	46	33	13	36	20	16	32	22	10
大学专科	29	16	13	17	11	6	14	11	3
大学本科	15	10	5	17	11	6	12	10	2
硕士研究生	1	1		1	1				
博士研究生									

5-6b　续表 9　　单位：人

受教育程度	初婚年龄					
	39岁			40岁及以上		
	小计	男	女	小计	男	女
总　计	**153**	**97**	**56**	**714**	**453**	**261**
未上过学	6	1	5	54	19	35
学前教育				1		1
小　学	41	28	13	190	107	83
初　中	53	29	24	240	158	82
高　中	26	21	5	109	75	34
大学专科	20	13	7	83	64	19
大学本科	6	4	2	36	29	7
硕士研究生	1	1		1	1	
博士研究生						

5−6c　全区分性别、受教育程度、初婚年龄的人口(乡村)

单位：人

受教育程度	初婚年龄					
	合　计			15岁以下		
	合计	男	女	小计	男	女
总　计	**171383**	**86885**	**84498**	**771**	**96**	**675**
未上过学	18567	4938	13629	215	14	201
学前教育	194	47	147	5		5
小　学	75055	34282	40773	412	58	354
初　中	58177	35352	22825	121	16	105
高　中	11102	7335	3767	14	5	9
大学专科	5327	3191	2136	3	3	
大学本科	2836	1673	1163	1		1
硕士研究生	118	64	54			
博士研究生	7	3	4			

5−6c　续表 1

单位：人

受教育程度	初婚年龄								
	15岁			16岁			17岁		
	小计	男	女	小计	男	女	小计	男	女
总　计	**3347**	**505**	**2842**	**5765**	**898**	**4867**	**9873**	**2028**	**7845**
未上过学	825	64	761	1256	82	1174	1980	183	1797
学前教育	3		3	13		13	10		10
小　学	1845	267	1578	3197	491	2706	5373	1071	4302
初　中	601	143	458	1182	278	904	2278	665	1613
高　中	48	17	31	86	29	57	197	90	107
大学专科	19	10	9	25	17	8	27	14	13
大学本科	6	4	2	6	1	5	8	5	3
硕士研究生									
博士研究生									

5-6c 续表 2

单位：人

受教育程度	初婚年龄								
	18岁			19岁			20岁		
	小计	男	女	小计	男	女	小计	男	女
总 计	**14827**	**3929**	**10898**	**19252**	**7276**	**11976**	**22796**	**10552**	**12244**
未上过学	2517	332	2185	2638	554	2084	2497	709	1788
学前教育	30	3	27	30	4	26	21	7	14
小 学	7958	2011	5947	9833	3536	6297	10978	4859	6119
初 中	3827	1380	2447	5886	2769	3117	7853	4181	3672
高 中	403	159	244	661	326	335	1133	650	483
大学专科	76	33	43	175	73	102	266	122	144
大学本科	16	11	5	28	13	15	48	24	24
硕士研究生				1	1				
博士研究生									

5-6c 续表 3

单位：人

受教育程度	初婚年龄								
	21岁			22岁			23岁		
	小计	男	女	小计	男	女	小计	男	女
总 计	**20898**	**11366**	**9532**	**18899**	**11656**	**7243**	**14422**	**9620**	**4802**
未上过学	1729	585	1144	1357	542	815	918	443	475
学前教育	22	5	17	17	8	9	9	4	5
小 学	8931	4599	4332	7314	4266	3048	5227	3378	1849
初 中	8322	5083	3239	7843	5350	2493	5964	4345	1619
高 中	1350	819	531	1629	1109	520	1414	980	434
大学专科	449	232	217	584	299	285	649	353	296
大学本科	92	42	50	154	81	73	238	115	123
硕士研究生	3	1	2	1	1		3	2	1
博士研究生									

5-6c　续表 4　　　　单位：人

受教育程度	初婚年龄								
	24岁			25岁			26岁		
	小计	男	女	小计	男	女	小计	男	女
总　计	**11200**	**7843**	**3357**	**8261**	**6001**	**2260**	**5655**	**4120**	**1535**
未上过学	669	347	322	456	276	180	328	184	144
学前教育	7	4	3	5	2	3	8	6	2
小　学	3949	2708	1241	2753	1974	779	1749	1271	478
初　中	4310	3274	1036	3016	2411	605	2000	1596	404
高　中	1225	894	331	884	670	214	590	468	122
大学专科	702	439	263	711	439	272	533	347	186
大学本科	333	174	159	423	221	202	426	242	184
硕士研究生	4	3	1	12	8	4	21	6	15
博士研究生	1		1	1		1			

5-6c　续表 5　　　　单位：人

受教育程度	初婚年龄								
	27岁			28岁			29岁		
	小计	男	女	小计	男	女	小计	男	女
总　计	**3980**	**2924**	**1056**	**2847**	**2080**	**767**	**1950**	**1426**	**524**
未上过学	254	140	114	187	105	82	125	79	46
学前教育	5	2	3	3	1	2	1	1	
小　学	1250	902	348	941	651	290	671	463	208
初　中	1307	1060	247	876	698	178	623	487	136
高　中	445	349	96	292	233	59	198	146	52
大学专科	359	246	113	267	199	68	162	124	38
大学本科	337	215	122	265	188	77	155	112	43
硕士研究生	22	10	12	15	4	11	15	14	1
博士研究生	1		1	1	1				

5-6c 续表 6

单位：人

受教育程度	初婚年龄								
	30岁			31岁			32岁		
	小计	男	女	小计	男	女	小计	男	女
总　计	**1502**	**1073**	**429**	**1049**	**720**	**329**	**794**	**574**	**220**
未上过学	133	67	66	77	36	41	46	32	14
学前教育				2		2			
小　学	533	369	164	413	278	135	309	208	101
初　中	493	376	117	339	238	101	281	220	61
高　中	129	97	32	87	68	19	78	63	15
大学专科	92	74	18	59	42	17	37	26	11
大学本科	115	86	29	68	54	14	40	24	16
硕士研究生	6	3	3	4	4		3	1	2
博士研究生	1	1							

5-6c 续表 7

单位：人

受教育程度	初婚年龄								
	33岁			34岁			35岁		
	小计	男	女	小计	男	女	小计	男	女
总　计	**592**	**425**	**167**	**424**	**286**	**138**	**346**	**233**	**113**
未上过学	52	28	24	35	18	17	31	12	19
学前教育	1		1	1		1			
小　学	226	158	68	180	114	66	140	93	47
初　中	224	176	48	132	99	33	119	86	33
高　中	42	27	15	32	21	11	29	20	9
大学专科	27	23	4	27	21	6	16	14	2
大学本科	19	13	6	15	12	3	9	6	3
硕士研究生	1		1	2	1	1	2	2	
博士研究生									

5-6c 续表 8

单位：人

受教育程度	初婚年龄								
	36岁			37岁			38岁		
	小计	男	女	小计	男	女	小计	男	女
总　计	**295**	**212**	**83**	**251**	**169**	**82**	**216**	**143**	**73**
未上过学	30	16	14	24	13	11	19	8	11
学前教育									
小　学	121	83	38	100	69	31	103	65	38
初　中	105	82	23	85	60	25	66	49	17
高　中	27	23	4	24	14	10	12	9	3
大学专科	8	5	3	10	7	3	14	11	3
大学本科	4	3	1	6	5	1	2	1	1
硕士研究生				1	1				
博士研究生				1		1			

5-6c 续表 9

单位：人

受教育程度	初婚年龄					
	39岁			40岁及以上		
	小计	男	女	小计	男	女
总　计	**177**	**112**	**65**	**994**	**618**	**376**
未上过学	10	3	7	159	66	93
学前教育	1		1			
小　学	84	49	35	465	291	174
初　中	55	42	13	269	188	81
高　中	15	11	4	58	38	20
大学专科	5	1	4	25	17	8
大学本科	6	5	1	16	16	
硕士研究生	1	1		1	1	
博士研究生				1	1	

图书在版编目（CIP）数据

宁夏回族自治区人口普查年鉴. 2020. 下册 / 宁夏回族自治区第七次全国人口普查领导小组办公室, 宁夏回族自治区统计局编. -- 北京 : 中国统计出版社, 2022.8
ISBN 978-7-5037-9832-0

Ⅰ. ①宁… Ⅱ. ①宁… ②宁… Ⅲ. ①人口普查－统计资料－宁夏－2020－年鉴 Ⅳ. ①C924.254.3-54

中国版本图书馆 CIP 数据核字(2022)第 100423 号

宁夏回族自治区人口普查年鉴-2020（下册）
Ningxia Population Census Yearbook 2020 (Book 3)

者/宁夏回族自治区第七次全国人口普查领导小组办公室　宁夏回族自治区统计局
任编辑/张　洁
面设计/李雪燕
版发行/中国统计出版社有限公司
信地址/北京市丰台区西三环南路甲 6 号　邮政编码/100073
行电话/邮购（010）63376909　书店（010）68783171
址/http://www.zgtjcbs.com/
刷/河北鑫兆源印刷有限公司
销/新华书店
本/880mm×1230mm　1/16
数/920 千字
张/28.75
别/2022 年 8 月第 1 版
次/2022 年 8 月第 1 次印刷
价/890.00 元（全三册附光盘）

中国人口普查
CHINA POPULATION CENSUS

2020

宁夏回族自治区人口普查年鉴（下册）

NINGXIA POPULATION CENSUS YEARBOOK 2020

(BOOK 3)

宁夏回族自治区第七次全国人口普查领导小组办公室
宁 夏 回 族 自 治 区 统 计 局 编

Compiled by
Office of the Leading Group of Ningxia Hui Autonomous Region
for the Seventh National Population Census
Ningxia Hui Autonomous Region Bureau of Statistics

中国统计
China Statis

目　录

下　册

第二部分　长表数据资料(续)

第六卷　生育

第七卷　迁移和户口登记地

第八卷　老年人口

第九卷　住房

第三部分　附　录

第二部分 长表数据资料

第六卷 生育

6-1 各地区分性别、孩次的出生人口
(2019.11.1-2020.10.31)

单位：人

地区	出生人数				第一孩			
	合计	男	女	性别比(女=100)	小计	男	女	性别比(女=100)
宁夏	**8708**	**4474**	**4234**	**105.67**	**3746**	**1915**	**1831**	**104.59**
银川市	**3464**	**1748**	**1716**	**101.86**	**1746**	**875**	**871**	**100.46**
兴庆区	810	396	414	95.65	387	196	191	102.62
西夏区	493	244	249	97.99	259	130	129	100.78
金凤区	972	506	466	108.58	555	280	275	101.82
永宁县	387	188	199	94.47	167	73	94	77.66
贺兰县	481	251	230	109.13	257	128	129	99.22
灵武市	321	163	158	103.16	121	68	53	128.30
石嘴山市	**640**	**326**	**314**	**103.82**	**307**	**151**	**156**	**96.79**
大武口区	235	116	119	97.48	124	53	71	74.65
惠农区	135	67	68	98.53	68	35	33	106.06
平罗县	270	143	127	112.60	115	63	52	121.15
吴忠市	**1743**	**918**	**825**	**111.27**	**679**	**362**	**317**	**114.20**
利通区	555	290	265	109.43	272	149	123	121.14
红寺堡区	330	168	162	103.70	109	61	48	127.08
盐池县	148	78	70	111.43	62	32	30	106.67
同心县	491	262	229	114.41	141	66	75	88.00
青铜峡市	219	120	99	121.21	95	54	41	131.71
固原市	**1420**	**721**	**699**	**103.15**	**518**	**264**	**254**	**103.94**
原州区	640	324	316	102.53	254	131	123	106.50
西吉县	451	235	216	108.80	135	73	62	117.74
隆德县	85	55	30	183.33	35	22	13	169.23
泾源县	91	39	52	75.00	34	10	24	41.67
彭阳县	153	68	85	80.00	60	28	32	87.50
中卫市	**1441**	**761**	**680**	**111.91**	**496**	**263**	**233**	**112.88**
沙坡头区	465	237	228	103.95	176	99	77	128.57
中宁县	433	228	205	111.22	154	76	78	97.44
海原县	543	296	247	119.84	166	88	78	112.82

6-1 续表 1

单位：人

地 区	第二孩				第三孩			
	小计	男	女	性别比（女=100）	小计	男	女	性别比（女=100）
宁 夏	**3471**	**1738**	**1733**	**100.29**	**1058**	**578**	**480**	**120.42**
银川市	**1451**	**723**	**728**	**99.31**	**219**	**127**	**92**	**138.04**
兴庆区	358	166	192	86.46	57	32	25	128.00
西夏区	195	94	101	93.07	35	19	16	118.75
金凤区	385	206	179	115.08	28	19	9	211.11
永宁县	172	85	87	97.70	33	21	12	175.00
贺兰县	185	101	84	120.24	30	17	13	130.77
灵武市	156	71	85	83.53	36	19	17	111.76
石嘴山市	**288**	**152**	**136**	**111.76**	**37**	**18**	**19**	**94.74**
大武口区	98	59	39	151.28	10	3	7	42.86
惠农区	59	28	31	90.32	6	3	3	100.00
平罗县	131	65	66	98.48	21	12	9	133.33
吴忠市	**685**	**355**	**330**	**107.58**	**261**	**139**	**122**	**113.93**
利通区	242	121	121	100.00	32	16	16	100.00
红寺堡区	117	56	61	91.80	77	37	40	92.50
盐池县	65	36	29	124.14	19	10	9	111.11
同心县	163	92	71	129.58	117	68	49	138.78
青铜峡市	98	50	48	104.17	16	8	8	100.00
固原市	**498**	**236**	**262**	**90.08**	**282**	**148**	**134**	**110.45**
原州区	249	118	131	90.08	101	51	50	102.00
西吉县	138	66	72	91.67	120	64	56	114.29
隆德县	25	15	10	150.00	16	10	6	166.67
泾源县	36	14	22	63.64	16	12	4	300.00
彭阳县	50	23	27	85.19	29	11	18	61.11
中卫市	**549**	**272**	**277**	**98.19**	**259**	**146**	**113**	**129.20**
沙坡头区	237	107	130	82.31	37	22	15	146.67
中宁县	179	93	86	108.14	61	31	30	103.33
海原县	133	72	61	118.03	161	93	68	136.76

6-1 续表 2 单位：人

地 区	第四孩				第五孩及以上			
	小计	男	女	性别比(女=100)	小计	男	女	性别比(女=100)
宁 夏	**315**	**179**	**136**	**131.62**	**118**	**64**	**54**	**118.52**
银川市	**36**	**19**	**17**	**111.76**	**12**	**4**	**8**	**50.00**
兴庆区	6	2	4	50.00	2		2	
西夏区	3	1	2	50.00	1		1	
金凤区	3	1	2	50.00	1		1	
永宁县	11	7	4	175.00	4	2	2	100.00
贺兰县	6	3	3	100.00	3	2	1	200.00
灵武市	7	5	2	250.00	1		1	
石嘴山市	**7**	**4**	**3**	**133.33**	**1**	**1**		
大武口区	3	1	2	50.00				
惠农区	1		1		1	1		
平罗县	3	3						
吴忠市	**84**	**45**	**39**	**115.38**	**34**	**17**	**17**	**100.00**
利通区	7	4	3	133.33	2		2	
红寺堡区	23	13	10	130.00	4	1	3	33.33
盐池县	2		2					
同心县	45	22	23	95.65	25	14	11	127.27
青铜峡市	7	6	1	600.00	3	2	1	200.00
固原市	**89**	**54**	**35**	**154.29**	**33**	**19**	**14**	**135.71**
原州区	25	17	8	212.50	11	7	4	175.00
西吉县	41	24	17	141.18	17	8	9	88.89
隆德县	8	7	1	700.00	1	1		
泾源县	3	2	1	200.00	2	1	1	100.00
彭阳县	12	4	8	50.00	2	2		
中卫市	**99**	**57**	**42**	**135.71**	**38**	**23**	**15**	**153.33**
沙坡头区	10	5	5	100.00	5	4	1	400.00
中宁县	25	15	10	150.00	14	13	1	1300.00
海原县	64	37	27	137.04	19	6	13	46.15

6-1a　各地区分性别、孩次的出生人口 (2019.11.1-2020.10.31)(城市)

单位：人

地　区	出生人数				第　一　孩			
	合计	男	女	性别比(女=100)	小计	男	女	性别比(女=100)
宁　夏	**3514**	**1805**	**1709**	**105.62**	**1733**	**913**	**820**	**111.34**
银川市	**1963**	**1016**	**947**	**107.29**	**1015**	**532**	**483**	**110.14**
兴庆区	594	301	293	102.73	285	147	138	106.52
西夏区	415	212	203	104.43	225	118	107	110.28
金凤区	755	397	358	110.89	437	226	211	107.11
永宁县								
贺兰县	13	10	3	333.33	6	4	2	200.00
灵武市	186	96	90	106.67	62	37	25	148.00
石嘴山市	**284**	**142**	**142**	**100.00**	**150**	**68**	**82**	**82.93**
大武口区	195	95	100	95.00	107	45	62	72.58
惠农区	89	47	42	111.90	43	23	20	115.00
平罗县								
吴忠市	**647**	**341**	**306**	**111.44**	**296**	**163**	**133**	**122.56**
利通区	386	204	182	112.09	188	103	85	121.18
红寺堡区	134	66	68	97.06	46	24	22	109.09
盐池县								
同心县								
青铜峡市	127	71	56	126.79	62	36	26	138.46
固原市	**320**	**161**	**159**	**101.26**	**139**	**78**	**61**	**127.87**
原州区	320	161	159	101.26	139	78	61	127.87
西吉县								
隆德县								
泾源县								
彭阳县								
中卫市	**300**	**145**	**155**	**93.55**	**133**	**72**	**61**	**118.03**
沙坡头区	300	145	155	93.55	133	72	61	118.03
中宁县								
海原县								

6−1a 续表 1

单位：人

地　　区	第二孩				第三孩			
	小计	男	女	性别比（女=100）	小计	男	女	性别比（女=100）
宁　夏	**1551**	**771**	**780**	**98.85**	**203**	**109**	**94**	**115.96**
银川市	**849**	**427**	**422**	**101.18**	**93**	**56**	**37**	**151.35**
兴庆区	271	134	137	97.81	35	20	15	133.33
西夏区	170	82	88	93.18	20	12	8	150.00
金凤区	301	159	142	111.97	16	12	4	300.00
永宁县								
贺兰县	7	6	1	600.00				
灵武市	100	46	54	85.19	22	12	10	120.00
石嘴山市	**119**	**68**	**51**	**133.33**	**12**	**5**	**7**	**71.43**
大武口区	80	48	32	150.00	7	2	5	40.00
惠农区	39	20	19	105.26	5	3	2	150.00
平罗县								
吴忠市	**287**	**147**	**140**	**105.00**	**54**	**27**	**27**	**100.00**
利通区	172	88	84	104.76	23	11	12	91.67
红寺堡区	55	26	29	89.66	26	14	12	116.67
盐池县								
同心县								
青铜峡市	60	33	27	122.22	5	2	3	66.67
固原市	**142**	**64**	**78**	**82.05**	**32**	**14**	**18**	**77.78**
原州区	142	64	78	82.05	32	14	18	77.78
西吉县								
隆德县								
泾源县								
彭阳县								
中卫市	**154**	**65**	**89**	**73.03**	**12**	**7**	**5**	**140.00**
沙坡头区	154	65	89	73.03	12	7	5	140.00
中宁县								
海原县								

6-1a　续表 2　　　　单位：人

地　区	第四孩				第五孩及以上			
	小计	男	女	性别比（女=100）	小计	男	女	性别比（女=100）
宁　夏	**21**	**10**	**11**	**90.91**	**6**	**2**	**4**	**50.00**
银川市	**3**	**1**	**2**	**50.00**	**3**		**3**	
兴庆区	1		1		2		2	
西夏区								
金凤区	1		1					
永宁县								
贺兰县								
灵武市	1	1			1		1	
石嘴山市	**2**		**2**		**1**	**1**		
大武口区	1		1					
惠农区	1		1		1	1		
平罗县								
吴忠市	**9**	**4**	**5**	**80.00**	**1**		**1**	
利通区	3	2	1	200.00				
红寺堡区	6	2	4	50.00	1		1	
盐池县								
同心县								
青铜峡市								
固原市	**6**	**4**	**2**	**200.00**	**1**	**1**		
原州区	6	4	2	200.00	1	1		
西吉县								
隆德县								
泾源县								
彭阳县								
中卫市	**1**	**1**						
沙坡头区	1	1						
中宁县								
海原县								

6-1b 各地区分性别、孩次的出生人口 (2019.11.1-2020.10.31)(镇)

单位：人

地区	出生人数				第一孩			
	合计	男	女	性别比(女=100)	小计	男	女	性别比(女=100)
宁夏	**2150**	**1089**	**1061**	**102.64**	**922**	**447**	**475**	**94.11**
银川市	**856**	**405**	**451**	**89.80**	**441**	**201**	**240**	**83.75**
兴庆区	128	55	73	75.34	68	30	38	78.95
西夏区	28	15	13	115.38	14	9	5	180.00
金凤区	14	5	9	55.56	8	3	5	60.00
永宁县	276	124	152	81.58	131	55	76	72.37
贺兰县	343	172	171	100.58	188	88	100	88.00
灵武市	67	34	33	103.03	32	16	16	100.00
石嘴山市	**234**	**120**	**114**	**105.26**	**103**	**51**	**52**	**98.08**
大武口区	18	10	8	125.00	5	1	4	25.00
惠农区	24	10	14	71.43	12	6	6	100.00
平罗县	192	100	92	108.70	86	44	42	104.76
吴忠市	**349**	**194**	**155**	**125.16**	**135**	**70**	**65**	**107.69**
利通区	20	11	9	122.22	10	7	3	233.33
红寺堡区	12	7	5	140.00	7	5	2	250.00
盐池县	111	62	49	126.53	50	26	24	108.33
同心县	187	98	89	110.11	66	30	36	83.33
青铜峡市	19	16	3	533.33	2	2		
固原市	**291**	**145**	**146**	**99.32**	**105**	**52**	**53**	**98.11**
原州区	36	18	18	100.00	14	4	10	40.00
西吉县	116	54	62	87.10	30	17	13	130.77
隆德县	33	20	13	153.85	14	9	5	180.00
泾源县	33	19	14	135.71	12	6	6	100.00
彭阳县	73	34	39	87.18	35	16	19	84.21
中卫市	**420**	**225**	**195**	**115.38**	**138**	**73**	**65**	**112.31**
沙坡头区	14	8	6	133.33	3	3		
中宁县	229	116	113	102.65	89	46	43	106.98
海原县	177	101	76	132.89	46	24	22	109.09

6-1b　续表 1　　　　单位：人

地　区	第二孩				第三孩			
	小计	男	女	性别比(女=100)	小计	男	女	性别比(女=100)
宁　夏	**869**	**440**	**429**	**102.56**	**277**	**156**	**121**	**128.93**
银川市	**355**	**170**	**185**	**91.89**	**48**	**27**	**21**	**128.57**
兴庆区	51	19	32	59.38	9	6	3	200.00
西夏区	9	4	5	80.00	3	2	1	200.00
金凤区	5	2	3	66.67	1		1	
永宁县	124	57	67	85.07	16	9	7	128.57
贺兰县	139	74	65	113.85	13	7	6	116.67
灵武市	27	14	13	107.69	6	3	3	100.00
石嘴山市	**114**	**60**	**54**	**111.11**	**15**	**7**	**8**	**87.50**
大武口区	10	8	2	400.00	2		2	
惠农区	12	4	8	50.00				
平罗县	92	48	44	109.09	13	7	6	116.67
吴忠市	**129**	**79**	**50**	**158.00**	**65**	**34**	**31**	**109.68**
利通区	10	4	6	66.67				
红寺堡区	4	2	2	100.00	1		1	
盐池县	46	27	19	142.11	14	9	5	180.00
同心县	60	39	21	185.71	46	22	24	91.67
青铜峡市	9	7	2	350.00	4	3	1	300.00
固原市	**102**	**50**	**52**	**96.15**	**58**	**30**	**28**	**107.14**
原州区	8	3	5	60.00	8	6	2	300.00
西吉县	41	20	21	95.24	31	12	19	63.16
隆德县	13	9	4	225.00	6	2	4	50.00
泾源县	14	6	8	75.00	7	7		
彭阳县	26	12	14	85.71	6	3	3	100.00
中卫市	**169**	**81**	**88**	**92.05**	**91**	**58**	**33**	**175.76**
沙坡头区	8	4	4	100.00	2	1	1	100.00
中宁县	113	55	58	94.83	24	13	11	118.18
海原县	48	22	26	84.62	65	44	21	209.52

6-1b 续表 2

单位：人

地区	第四孩				第五孩及以上			
	小计	男	女	性别比(女=100)	小计	男	女	性别比(女=100)
宁夏	**66**	**34**	**32**	**106.25**	**16**	**12**	**4**	**300.00**
银川市	**10**	**5**	**5**	**100.00**	**2**	**2**		
兴庆区								
西夏区	2		2					
金凤区								
永宁县	4	2	2	100.00	1	1		
贺兰县	2	2			1	1		
灵武市	2	1	1	100.00				
石嘴山市	**2**	**2**						
大武口区	1	1						
惠农区								
平罗县	1	1						
吴忠市	**13**	**6**	**7**	**85.71**	**7**	**5**	**2**	**250.00**
利通区								
红寺堡区								
盐池县	1		1					
同心县	8	2	6	33.33	7	5	2	250.00
青铜峡市	4	4						
固原市	**21**	**10**	**11**	**90.91**	**5**	**3**	**2**	**150.00**
原州区	4	3	1	300.00	2	2		
西吉县	11	4	7	57.14	3	1	2	50.00
隆德县								
泾源县								
彭阳县	6	3	3	100.00				
中卫市	**20**	**11**	**9**	**122.22**	**2**	**2**		
沙坡头区	1		1					
中宁县	2	1	1	100.00	1	1		
海原县	17	10	7	142.86	1	1		

6-1c　各地区分性别、孩次的出生人口
(2019.11.1—2020.10.31)(乡村)

单位：人

地　区	出生人数				第　一　孩			
	合计	男	女	性别比(女=100)	小计	男	女	性别比(女=100)
宁　夏	**3044**	**1580**	**1464**	**107.92**	**1091**	**555**	**536**	**103.54**
银川市	**645**	**327**	**318**	**102.83**	**290**	**142**	**148**	**95.95**
兴庆区	88	40	48	83.33	34	19	15	126.67
西夏区	50	17	33	51.52	20	3	17	17.65
金凤区	203	104	99	105.05	110	51	59	86.44
永宁县	111	64	47	136.17	36	18	18	100.00
贺兰县	125	69	56	123.21	63	36	27	133.33
灵武市	68	33	35	94.29	27	15	12	125.00
石嘴山市	**122**	**64**	**58**	**110.34**	**54**	**32**	**22**	**145.45**
大武口区	22	11	11	100.00	12	7	5	140.00
惠农区	22	10	12	83.33	13	6	7	85.71
平罗县	78	43	35	122.86	29	19	10	190.00
吴忠市	**747**	**383**	**364**	**105.22**	**248**	**129**	**119**	**108.40**
利通区	149	75	74	101.35	74	39	35	111.43
红寺堡区	184	95	89	106.74	56	32	24	133.33
盐池县	37	16	21	76.19	12	6	6	100.00
同心县	304	164	140	117.14	75	36	39	92.31
青铜峡市	73	33	40	82.50	31	16	15	106.67
固原市	**809**	**415**	**394**	**105.33**	**274**	**134**	**140**	**95.71**
原州区	284	145	139	104.32	101	49	52	94.23
西吉县	335	181	154	117.53	105	56	49	114.29
隆德县	52	35	17	205.88	21	13	8	162.50
泾源县	58	20	38	52.63	22	4	18	22.22
彭阳县	80	34	46	73.91	25	12	13	92.31
中卫市	**721**	**391**	**330**	**118.48**	**225**	**118**	**107**	**110.28**
沙坡头区	151	84	67	125.37	40	24	16	150.00
中宁县	204	112	92	121.74	65	30	35	85.71
海原县	366	195	171	114.04	120	64	56	114.29

6-1c 续表 1

单位：人

地　区	第 二 孩				第 三 孩			
	小计	男	女	性别比（女=100）	小计	男	女	性别比（女=100）
宁　夏	**1051**	**527**	**524**	**100.57**	**578**	**313**	**265**	**118.11**
银川市	**247**	**126**	**121**	**104.13**	**78**	**44**	**34**	**129.41**
兴庆区	36	13	23	56.52	13	6	7	85.71
西夏区	16	8	8	100.00	12	5	7	71.43
金凤区	79	45	34	132.35	11	7	4	175.00
永宁县	48	28	20	140.00	17	12	5	240.00
贺兰县	39	21	18	116.67	17	10	7	142.86
灵武市	29	11	18	61.11	8	4	4	100.00
石嘴山市	**55**	**24**	**31**	**77.42**	**10**	**6**	**4**	**150.00**
大武口区	8	3	5	60.00	1	1		
惠农区	8	4	4	100.00	1		1	
平罗县	39	17	22	77.27	8	5	3	166.67
吴忠市	**269**	**129**	**140**	**92.14**	**142**	**78**	**64**	**121.88**
利通区	60	29	31	93.55	9	5	4	125.00
红寺堡区	58	28	30	93.33	50	23	27	85.19
盐池县	19	9	10	90.00	5	1	4	25.00
同心县	103	53	50	106.00	71	46	25	184.00
青铜峡市	29	10	19	52.63	7	3	4	75.00
固原市	**254**	**122**	**132**	**92.42**	**192**	**104**	**88**	**118.18**
原州区	99	51	48	106.25	61	31	30	103.33
西吉县	97	46	51	90.20	89	52	37	140.54
隆德县	12	6	6	100.00	10	8	2	400.00
泾源县	22	8	14	57.14	9	5	4	125.00
彭阳县	24	11	13	84.62	23	8	15	53.33
中卫市	**226**	**126**	**100**	**126.00**	**156**	**81**	**75**	**108.00**
沙坡头区	75	38	37	102.70	23	14	9	155.56
中宁县	66	38	28	135.71	37	18	19	94.74
海原县	85	50	35	142.86	96	49	47	104.26

6-1c　续表 2

单位：人

地　区	第四孩				第五孩及以上			
	小计	男	女	性别比（女=100）	小计	男	女	性别比（女=100）
宁　夏	**228**	**135**	**93**	**145.16**	**96**	**50**	**46**	**108.70**
银川市	**23**	**13**	**10**	**130.00**	**7**	**2**	**5**	**40.00**
兴庆区	5	2	3	66.67				
西夏区	1	1			1		1	
金凤区	2	1	1	100.00	1		1	
永宁县	7	5	2	250.00	3	1	2	50.00
贺兰县	4	1	3	33.33	2	1	1	100.00
灵武市	4	3	1	300.00				
石嘴山市	**3**	**2**	**1**	**200.00**				
大武口区	1		1					
惠农区								
平罗县	2	2						
吴忠市	**62**	**35**	**27**	**129.63**	**26**	**12**	**14**	**85.71**
利通区	4	2	2	100.00	2		2	
红寺堡区	17	11	6	183.33	3	1	2	50.00
盐池县	1		1					
同心县	37	20	17	117.65	18	9	9	100.00
青铜峡市	3	2	1	200.00	3	2	1	200.00
固原市	**62**	**40**	**22**	**181.82**	**27**	**15**	**12**	**125.00**
原州区	15	10	5	200.00	8	4	4	100.00
西吉县	30	20	10	200.00	14	7	7	100.00
隆德县	8	7	1	700.00	1	1		
泾源县	3	2	1	200.00	2	1	1	100.00
彭阳县	6	1	5	20.00	2	2		
中卫市	**78**	**45**	**33**	**136.36**	**36**	**21**	**15**	**140.00**
沙坡头区	8	4	4	100.00	5	4	1	400.00
中宁县	23	14	9	155.56	13	12	1	1200.00
海原县	47	27	20	135.00	18	5	13	38.46

6-2 全区按年龄、受教育程度、生育孩次

受教育程度 年　　龄	合　计	生男孩的妇女人数	生女孩的妇女人数	一孩 小计	一孩 男	一孩 女
总　计	**8708**	**4474**	**4234**	**3746**	**1915**	**1831**
15-19岁	**230**	**106**	**124**	**193**	**91**	**102**
15	4	1	3	4	1	3
16	5	1	4	5	1	4
17	19	12	7	19	12	7
18	66	35	31	57	32	25
19	136	57	79	108	45	63
20-24岁	**1716**	**892**	**824**	**973**	**504**	**469**
20	205	106	99	133	68	65
21	281	149	132	162	86	76
22	354	186	168	197	98	99
23	374	193	181	191	100	91
24	502	258	244	290	152	138
25-29岁	**3181**	**1646**	**1535**	**1714**	**898**	**816**
25	536	281	255	296	161	135
26	573	287	286	308	163	145
27	739	378	361	436	231	205
28	680	355	325	360	180	180
29	653	345	308	314	163	151
30-34岁	**2551**	**1304**	**1247**	**703**	**341**	**362**
30	717	368	349	291	133	158
31	592	298	294	165	87	78
32	498	267	231	119	64	55
33	424	212	212	74	31	43
34	320	159	161	54	26	28
35-39岁	**831**	**427**	**404**	**127**	**64**	**63**
35	238	114	124	35	16	19
36	215	105	110	29	17	12
37	146	67	79	22	7	15
38	139	87	52	21	14	7
39	93	54	39	20	10	10
40-44岁	**160**	**79**	**81**	**33**	**15**	**18**
40	61	34	27	13	9	4
41	33	15	18	7	3	4
42	34	19	15	7	1	6
43	15	7	8	4	2	2
44	17	4	13	2		2
45-49岁	**39**	**20**	**19**	**3**	**2**	**1**
45	6	2	4			
46	11	6	5			
47	10	7	3	2	1	1
48	7	2	5	1	1	
49	5	3	2			

分的育龄妇女人数(2019.11.1—2020.10.31)

单位：人

二孩			三孩及以上		
小计	男	女	小计	男	女
3471	**1738**	**1733**	**1491**	**821**	**670**
36	**14**	**22**	**1**	**1**	
8	2	6	1	1	
28	12	16			
540	**280**	**260**	**203**	**108**	**95**
60	34	26	12	4	8
104	55	49	15	8	7
113	62	51	44	26	18
124	63	61	59	30	29
139	66	73	73	40	33
1014	**512**	**502**	**453**	**236**	**217**
158	79	79	82	41	41
178	81	97	87	43	44
212	103	109	91	44	47
228	119	109	92	56	36
238	130	108	101	52	49
1323	**658**	**665**	**525**	**305**	**220**
296	150	146	130	85	45
316	152	164	111	59	52
276	142	134	103	61	42
244	114	130	106	67	39
191	100	91	75	33	42
469	**227**	**242**	**235**	**136**	**99**
145	66	79	58	32	26
127	59	68	59	29	30
86	38	48	38	22	16
67	38	29	51	35	16
44	26	18	29	18	11
70	**37**	**33**	**57**	**27**	**30**
29	16	13	19	9	10
15	6	9	11	6	5
13	9	4	14	9	5
6	3	3	5	2	3
7	3	4	8	1	7
19	**10**	**9**	**17**	**8**	**9**
4	2	2	2		2
3	2	1	8	4	4
5	3	2	3	3	
4	1	3	2		2
3	2	1	2	1	1

6-2 续表 1

受教育程度 年龄	合计	生男孩的妇女人数	生女孩的妇女人数	一孩		
				小计	男	女
未上过学	**62**	**34**	**28**	**11**	**6**	**5**
15-19岁						
15						
16						
17						
18						
19						
20-24岁	**9**	**7**	**2**	**5**	**4**	**1**
20	2		2	1		1
21						
22	2	2		1	1	
23	3	3		2	2	
24	2	2		1	1	
25-29岁	**9**	**5**	**4**			
25	3	2	1			
26	1	1				
27	2		2			
28	1	1				
29	2	1	1			
30-34岁	**16**	**7**	**9**	**1**	**1**	
30	5	2	3			
31						
32	1	1				
33	5	2	3			
34	5	2	3	1	1	
35-39岁	**16**	**9**	**7**	**4**	**1**	**3**
35	3		3	1		1
36	1	1				
37	2	2				
38	6	4	2	2	1	1
39	4	2	2	1		1
40-44岁	**10**	**5**	**5**	**1**		**1**
40	3	2	1			
41						
42	5	3	2	1		1
43	1		1			
44	1		1			
45-49岁	**2**	**1**	**1**			
45						
46						
47	1	1				
48	1		1			
49						

单位：人

二孩			三孩及以上		
小计	男	女	小计	男	女
9	**4**	**5**	**42**	**24**	**18**
3	**2**	**1**	**1**	**1**	
1		1			
1	1				
			1	1	
1	1				
2		**2**	**7**	**5**	**2**
1		1	2	2	
			1	1	
			2		2
			1	1	
1		1	1	1	
1		**1**	**14**	**6**	**8**
1		1	4	2	2
			1	1	
			5	2	3
			4	1	3
1		**1**	**11**	**8**	**3**
1		1	1		1
			1	1	
			2	2	
			4	3	1
			3	2	1
1	**1**		**8**	**4**	**4**
			3	2	1
1	1		3	2	1
			1		1
			1		1
1	**1**		**1**		**1**
1	1				
			1		1

6-2　续表 2

受教育程度 年　　龄	合　计	生男孩的 妇女人数	生女孩的 妇女人数	一　孩		
				小计	男	女
学前教育	**4**	**3**	**1**	**2**	**1**	**1**
15-19岁						
15						
16						
17						
18						
19						
20-24岁	**2**	**1**	**1**	**1**		**1**
20						
21						
22	1	1				
23						
24	1		1	1		1
25-29岁	**1**	**1**				
25						
26						
27						
28	1	1				
29						
30-34岁	**1**	**1**		**1**	**1**	
30						
31	1	1		1	1	
32						
33						
34						
35-39岁						
35						
36						
37						
38						
39						
40-44岁						
40						
41						
42						
43						
44						
45-49岁						
45						
46						
47						
48						
49						

单位：人

二孩			三孩及以上		
小计	男	女	小计	男	女
1	**1**		**1**	**1**	
			1	**1**	
			1	1	
1	**1**				
1	1				

6-2 续表 3

受教育程度 年龄	合计	生男孩的 妇女人数	生女孩的 妇女人数	一孩		
				小计	男	女
小 学	**1151**	**642**	**509**	**201**	**113**	**88**
15-19岁	**35**	**18**	**17**	**25**	**13**	**12**
15	2	1	1	2	1	1
16						
17	6	5	1	6	5	1
18	9	6	3	5	4	1
19	18	6	12	12	3	9
20-24岁	**229**	**131**	**98**	**65**	**38**	**27**
20	27	12	15	13	5	8
21	49	32	17	15	12	3
22	46	28	18	13	7	6
23	51	31	20	12	8	4
24	56	28	28	12	6	6
25-29岁	**360**	**190**	**170**	**69**	**40**	**29**
25	65	38	27	11	10	1
26	69	30	39	14	8	6
27	79	37	42	20	10	10
28	67	41	26	13	7	6
29	80	44	36	11	5	6
30-34岁	**332**	**187**	**145**	**26**	**12**	**14**
30	92	58	34	10	3	7
31	68	34	34	4	3	1
32	77	45	32	6	4	2
33	57	34	23	3	1	2
34	38	16	22	3	1	2
35-39岁	**143**	**91**	**52**	**13**	**9**	**4**
35	35	18	17	3	3	
36	37	25	12	4	4	
37	22	12	10	2		2
38	32	24	8	1	1	
39	17	12	5	3	1	2
40-44岁	**34**	**17**	**17**	**2**	**1**	**1**
40	15	9	6	1	1	
41	7	2	5	1		1
42	6	4	2			
43	2	2				
44	4		4			
45-49岁	**18**	**8**	**10**	**1**		**1**
45	3		3			
46	6	4	2			
47	5	2	3	1		1
48	2		2			
49	2	2				

单位：人

二孩			三孩及以上		
小计	男	女	小计	男	女
317	**164**	**153**	**633**	**365**	**268**
10	**5**	**5**			
4	2	2			
6	3	3			
86	**48**	**38**	**78**	**45**	**33**
10	5	5	4	2	2
28	17	11	6	3	3
18	11	7	15	10	5
15	8	7	24	15	9
15	7	8	29	15	14
97	**46**	**51**	**194**	**104**	**90**
20	11	9	34	17	17
21	7	14	34	15	19
19	9	10	40	18	22
18	8	10	36	26	10
19	11	8	50	28	22
79	**39**	**40**	**227**	**136**	**91**
17	9	8	65	46	19
20	8	12	44	23	21
23	14	9	48	27	21
10	5	5	44	28	16
9	3	6	26	12	14
30	**18**	**12**	**100**	**64**	**36**
8	3	5	24	12	12
7	6	1	26	15	11
5	3	2	15	9	6
6	3	3	25	20	5
4	3	1	10	8	2
8	**5**	**3**	**24**	**11**	**13**
6	4	2	8	4	4
1		1	5	2	3
1	1		5	3	2
			2	2	
			4		4
7	**3**	**4**	**10**	**5**	**5**
1		1	2		2
			6	4	2
3	1	2	1	1	
1		1	1		1
2	2				

6-2 续表 4

受教育程度 年 龄	合 计	生男孩的妇女人数	生女孩的妇女人数	一 孩		
				小计	男	女
初 中	**2844**	**1420**	**1424**	**952**	**463**	**489**
15-19岁	**170**	**75**	**95**	**144**	**65**	**79**
15	2		2	2		2
16	4	1	3	4	1	3
17	12	6	6	12	6	6
18	49	24	25	44	23	21
19	103	44	59	82	35	47
20-24岁	**845**	**420**	**425**	**389**	**183**	**206**
20	134	70	64	84	42	42
21	159	75	84	86	38	48
22	182	92	90	81	37	44
23	175	85	90	65	30	35
24	195	98	97	73	36	37
25-29岁	**853**	**428**	**425**	**261**	**128**	**133**
25	178	81	97	62	30	32
26	175	91	84	56	27	29
27	191	98	93	58	29	29
28	156	81	75	48	25	23
29	153	77	76	37	17	20
30-34岁	**664**	**347**	**317**	**102**	**59**	**43**
30	167	88	79	37	23	14
31	164	98	66	19	13	6
32	126	69	57	19	9	10
33	114	56	58	13	7	6
34	93	36	57	14	7	7
35-39岁	**246**	**116**	**130**	**37**	**18**	**19**
35	58	25	33	6	3	3
36	62	27	35	8	5	3
37	52	26	26	11	4	7
38	44	25	19	10	6	4
39	30	13	17	2		2
40-44岁	**54**	**25**	**29**	**17**	**8**	**9**
40	21	11	10	6	4	2
41	11	6	5	5	2	3
42	10	5	5	1		1
43	6	2	4	4	2	2
44	6	1	5	1		1
45-49岁	**12**	**9**	**3**	**2**	**2**	
45	1	1				
46	4	2	2			
47	4	4		1	1	
48	2	2		1	1	
49	1		1			

单位：人

二孩			三孩及以上		
小计	男	女	小计	男	女
1250	**609**	**641**	**642**	**348**	**294**
25	**9**	**16**	**1**	**1**	
4		4	1	1	
21	9	12			
343	**178**	**165**	**113**	**59**	**54**
43	26	17	7	2	5
65	32	33	8	5	3
75	40	35	26	15	11
77	41	36	33	14	19
83	39	44	39	23	16
384	**189**	**195**	**208**	**111**	**97**
75	33	42	41	18	23
77	38	39	42	26	16
91	46	45	42	23	19
63	32	31	45	24	21
78	40	38	38	20	18
347	**165**	**182**	**215**	**123**	**92**
82	37	45	48	28	20
87	54	33	58	31	27
71	37	34	36	23	13
61	22	39	40	27	13
46	15	31	33	14	19
127	**54**	**73**	**82**	**44**	**38**
34	11	23	18	11	7
34	12	22	20	10	10
25	14	11	16	8	8
18	10	8	16	9	7
16	7	9	12	6	6
19	**9**	**10**	**18**	**8**	**10**
8	4	4	7	3	4
4	3	1	2	1	1
5	2	3	4	3	1
			2		2
2		2	3	1	2
5	**5**		**5**	**2**	**3**
1	1				
2	2		2		2
1	1		2	2	
1	1				
			1		1

6-2 续表 5

受教育程度 年龄	合计	生男孩的妇女人数	生女孩的妇女人数	一孩		
				小计	男	女
高 中	**1226**	**625**	**601**	**556**	**301**	**255**
15-19岁	**22**	**12**	**10**	**21**	**12**	**9**
15						
16	1		1	1		1
17	1	1		1	1	
18	8	5	3	8	5	3
19	12	6	6	11	6	5
20-24岁	**311**	**164**	**147**	**224**	**124**	**100**
20	28	15	13	21	12	9
21	51	28	23	41	23	18
22	66	39	27	49	30	19
23	70	39	31	50	31	19
24	96	43	53	63	28	35
25-29岁	**439**	**229**	**210**	**213**	**123**	**90**
25	89	52	37	51	28	23
26	81	35	46	37	18	19
27	91	51	40	56	37	19
28	93	46	47	35	22	13
29	85	45	40	34	18	16
30-34岁	**331**	**162**	**169**	**80**	**34**	**46**
30	97	57	40	30	14	16
31	79	29	50	21	8	13
32	59	28	31	7	3	4
33	48	23	25	13	6	7
34	48	25	23	9	3	6
35-39岁	**101**	**48**	**53**	**15**	**7**	**8**
35	31	13	18	6	4	2
36	32	15	17	2	1	1
37	12	6	6	1		1
38	13	7	6	2		2
39	13	7	6	4	2	2
40-44岁	**17**	**9**	**8**	**3**	**1**	**2**
40	8	6	2	2	1	1
41	3	1	2			
42	1		1	1		1
43	3	1	2			
44	2	1	1			
45-49岁	**5**	**1**	**4**			
45	1		1			
46						
47						
48	2		2			
49	2	1	1			

单位：人

二孩			三孩及以上		
小计	男	女	小计	男	女
573	**284**	**289**	**97**	**40**	**57**
1		**1**			
1		1			
79	**40**	**39**	**8**		**8**
6	3	3	1		1
9	5	4	1		1
15	9	6	2		2
19	8	11	1		1
30	15	15	3		3
197	**95**	**102**	**29**	**11**	**18**
34	21	13	4	3	1
36	17	19	8		8
31	12	19	4	2	2
51	19	32	7	5	2
45	26	19	6	1	5
213	**109**	**104**	**38**	**19**	**19**
58	37	21	9	6	3
52	17	35	6	4	2
44	22	22	8	3	5
27	13	14	8	4	4
32	20	12	7	2	5
67	**33**	**34**	**19**	**8**	**11**
16	4	12	9	5	4
25	14	11	5		5
10	5	5	1	1	
9	6	3	2	1	1
7	4	3	2	1	1
12	**7**	**5**	**2**	**1**	**1**
5	5		1		1
2		2	1	1	
3	1	2			
2	1	1			
4		**4**	**1**	**1**	
1		1			
2		2			
1		1	1	1	

6-2 续表 6

受教育程度 年　　龄	合　计	生男孩的 妇女人数	生女孩的 妇女人数	一　　孩		
				小计	男	女
大学专科	**1742**	**889**	**853**	**1007**	**507**	**500**
15-19岁	**3**	**1**	**2**	**3**	**1**	**2**
15						
16						
17						
18						
19	3	1	2	3	1	2
20-24岁	**278**	**147**	**131**	**248**	**134**	**114**
20	11	7	4	11	7	4
21	20	13	7	18	12	6
22	53	23	30	49	22	27
23	70	34	36	57	28	29
24	124	70	54	113	65	48
25-29岁	**792**	**402**	**390**	**559**	**281**	**278**
25	140	77	63	116	64	52
26	145	72	73	108	58	50
27	191	94	97	138	69	69
28	174	86	88	108	45	63
29	142	73	69	89	45	44
30-34岁	**503**	**246**	**257**	**165**	**74**	**91**
30	149	68	81	79	35	44
31	107	50	57	34	16	18
32	94	49	45	24	12	12
33	89	42	47	16	5	11
34	64	37	27	12	6	6
35-39岁	**142**	**79**	**63**	**27**	**13**	**14**
35	54	35	19	9	3	6
36	38	16	22	7	3	4
37	23	8	15	3		3
38	18	14	4	4	4	
39	9	6	3	4	3	1
40-44岁	**23**	**13**	**10**	**5**	**4**	**1**
40	5	2	3	3	2	1
41	7	3	4	1	1	
42	7	6	1	1	1	
43	2	1	1			
44	2	1	1			
45-49岁	**1**	**1**				
45	1	1				
46						
47						
48						
49						

单位：人

二孩			三孩及以上		
小计	男	女	小计	男	女
688	**356**	**332**	**47**	**26**	**21**
28	**11**	**17**	**2**	**2**	
2	1	1			
4	1	3			
13	6	7			
9	3	6	2	2	
221	**118**	**103**	**12**	**3**	**9**
23	12	11	1	1	
35	13	22	2	1	1
50	24	26	3	1	2
63	41	22	3		3
50	28	22	3		3
317	**158**	**159**	**21**	**14**	**7**
68	32	36	2	1	1
73	34	39			
63	32	31	7	5	2
65	32	33	8	5	3
48	28	20	4	3	1
107	**61**	**46**	**8**	**5**	**3**
42	29	13	3	3	
30	13	17	1		1
19	8	11	1		1
13	9	4	1	1	
3	2	1	2	1	1
14	**7**	**7**	**4**	**2**	**2**
2		2			
3		3	3	2	1
5	5		1		1
2	1	1			
2	1	1			
1	**1**				
1	1				

6-2 续表 7

受教育程度 年龄	合计	生男孩的妇女人数	生女孩的妇女人数	一孩 小计	一孩 男	一孩 女
大学本科	**1562**	**797**	**765**	**933**	**479**	**454**
15-19岁						
15						
16						
17						
18						
19						
20-24岁	**40**	**21**	**19**	**39**	**20**	**19**
20	3	2	1	3	2	1
21	2	1	1	2	1	1
22	4	1	3	4	1	3
23	5	1	4	5	1	4
24	26	16	10	25	15	10
25-29岁	**698**	**376**	**322**	**584**	**312**	**272**
25	61	31	30	56	29	27
26	102	58	44	93	52	41
27	181	96	85	160	84	76
28	180	95	85	148	77	71
29	174	96	78	127	70	57
30-34岁	**627**	**311**	**316**	**274**	**130**	**144**
30	187	84	103	118	49	69
31	153	73	80	69	35	34
32	123	66	57	53	30	23
33	99	48	51	22	9	13
34	65	40	25	12	7	5
35-39岁	**174**	**79**	**95**	**31**	**16**	**15**
35	52	20	32	10	3	7
36	42	20	22	8	4	4
37	35	13	22	5	3	2
38	26	13	13	2	2	
39	19	13	6	6	4	2
40-44岁	**22**	**10**	**12**	**5**	**1**	**4**
40	9	4	5	1	1	
41	5	3	2			
42	5	1	4	3		3
43	1	1				
44	2	1	1	1		1
45-49岁	**1**		**1**			
45						
46	1		1			
47						
48						
49						

单位：人

二孩			三孩及以上		
小计	男	女	小计	男	女
600	**301**	**299**	**29**	**17**	**12**
1	**1**				
1	1				
111	**62**	**49**	**3**	**2**	**1**
5	2	3			
9	6	3			
21	12	9			
32	18	14			
44	24	20	3	2	1
343	**174**	**169**	**10**	**7**	**3**
67	33	34	2	2	
81	37	44	3	1	2
67	34	33	3	2	1
76	38	38	1	1	
52	32	20	1	1	
128	**56**	**72**	**15**	**7**	**8**
39	16	23	3	1	2
28	13	15	6	3	3
27	8	19	3	2	1
21	10	11	3	1	2
13	9	4			
16	**8**	**8**	**1**	**1**	
8	3	5			
5	3	2			
1		1	1	1	
1	1				
1	1				
1		**1**			
1		1			

6-2 续表 8

受教育程度 年 龄	合 计	生男孩的 妇女人数	生女孩的 妇女人数	一 孩		
				小计	男	女
硕士研究生	**114**	**61**	**53**	**81**	**42**	**39**
15-19岁						
15						
16						
17						
18						
19						
20-24岁	**2**	**1**	**1**	**2**	**1**	**1**
20						
21						
22						
23						
24	2	1	1	2	1	1
25-29岁	**28**	**14**	**14**	**27**	**13**	**14**
25						
26						
27	4	2	2	4	2	2
28	7	3	4	7	3	4
29	17	9	8	16	8	8
30-34岁	**75**	**41**	**34**	**52**	**28**	**24**
30	20	11	9	17	9	8
31	18	11	7	15	9	6
32	18	9	9	10	6	4
33	12	7	5	7	3	4
34	7	3	4	3	1	2
35-39岁	**9**	**5**	**4**			
35	5	3	2			
36	3	1	2			
37						
38						
39	1	1				
40-44岁						
40						
41						
42						
43						
44						
45-49岁						
45						
46						
47						
48						
49						

单位：人

二孩			三孩及以上		
小计	男	女	小计	男	女
33	**19**	**14**			
1	**1**				
1	1				
23	**13**	**10**			
3	2	1			
3	2	1			
8	3	5			
5	4	1			
4	2	2			
9	**5**	**4**			
5	3	2			
3	1	2			
1	1				

6-2 续表 9

受教育程度 年龄	合计	生男孩的 妇女人数	生女孩的 妇女人数	一孩		
				小计	男	女
博士研究生	**3**	**3**		**3**	**3**	
15–19岁						
15						
16						
17						
18						
19						
20–24岁						
20						
21						
22						
23						
24						
25–29岁	**1**	**1**		**1**	**1**	
25						
26						
27						
28	1	1		1	1	
29						
30–34岁	**2**	**2**		**2**	**2**	
30						
31	2	2		2	2	
32						
33						
34						
35–39岁						
35						
36						
37						
38						
39						
40–44岁						
40						
41						
42						
43						
44						
45–49岁						
45						
46						
47						
48						
49						

单位：人

二　孩			三孩及以上		
小计	男	女	小计	男	女

6-2a 全区按年龄、受教育程度、生育孩次

受教育程度 年龄	合计	生男孩的妇女人数	生女孩的妇女人数	一孩		
				小计	男	女
总计	**3514**	**1805**	**1709**	**1733**	**913**	**820**
15-19岁	**28**	**12**	**16**	**28**	**12**	**16**
15	1		1	1		1
16						
17	1		1	1		1
18	7	6	1	7	6	1
19	19	6	13	19	6	13
20-24岁	**406**	**211**	**195**	**313**	**170**	**143**
20	40	21	19	34	21	13
21	55	30	25	44	26	18
22	77	38	39	65	33	32
23	80	40	40	56	26	30
24	154	82	72	114	64	50
25-29岁	**1290**	**675**	**615**	**877**	**468**	**409**
25	185	94	91	138	72	66
26	214	117	97	152	87	65
27	288	153	135	199	105	94
28	303	148	155	203	103	100
29	300	163	137	185	101	84
30-34岁	**1272**	**638**	**634**	**428**	**212**	**216**
30	353	178	175	179	85	94
31	294	143	151	105	53	52
32	258	130	128	74	38	36
33	218	103	115	42	19	23
34	149	84	65	28	17	11
35-39岁	**416**	**218**	**198**	**68**	**38**	**30**
35	127	68	59	16	8	8
36	107	50	57	17	10	7
37	73	35	38	13	5	8
38	65	37	28	12	8	4
39	44	28	16	10	7	3
40-44岁	**85**	**43**	**42**	**17**	**11**	**6**
40	30	18	12	8	7	1
41	23	11	12	5	3	2
42	16	8	8	2		2
43	7	4	3	1	1	
44	9	2	7	1		1
45-49岁	**17**	**8**	**9**	**2**	**2**	
45	4	2	2			
46	4	2	2			
47	4	2	2	1	1	
48	4	2	2	1	1	
49	1		1			

分的育龄妇女人数(2019.11.1—2020.10.31)(城市)

单位：人

二孩			三孩及以上		
小计	男	女	小计	男	女
1551	**771**	**780**	**230**	**121**	**109**
87	**39**	**48**	**6**	**2**	**4**
5		5	1		1
10	4	6	1		1
12	5	7			
24	14	10			
36	16	20	4	2	2
373	**189**	**184**	**40**	**18**	**22**
46	22	24	1		1
56	28	28	6	2	4
78	41	37	11	7	4
89	40	49	11	5	6
104	58	46	11	4	7
742	**366**	**376**	**102**	**60**	**42**
155	82	73	19	11	8
169	81	88	20	9	11
161	76	85	23	16	7
150	67	83	26	17	9
107	60	47	14	7	7
292	**149**	**143**	**56**	**31**	**25**
91	48	43	20	12	8
79	37	42	11	3	8
56	27	29	4	3	1
40	21	19	13	8	5
26	16	10	8	5	3
45	**22**	**23**	**23**	**10**	**13**
16	9	7	6	2	4
12	4	8	6	4	2
8	5	3	6	3	3
5	3	2	1		1
4	1	3	4	1	3
12	**6**	**6**	**3**		**3**
3	2	1	1		1
3	2	1	1		1
3	1	2			
3	1	2			
			1		1

6-2a 续表 1

受教育程度 年龄	合计	生男孩的妇女人数	生女孩的妇女人数	一孩 小计	一孩 男	一孩 女
未上过学	**4**	**1**	**3**			
15-19岁						
15						
16						
17						
18						
19						
20-24岁	**1**		**1**			
20	1		1			
21						
22						
23						
24						
25-29岁						
25						
26						
27						
28						
29						
30-34岁	**1**		**1**			
30						
31						
32						
33	1		1			
34						
35-39岁						
35						
36						
37						
38						
39						
40-44岁	**2**	**1**	**1**			
40						
41						
42	2	1	1			
43						
44						
45-49岁						
45						
46						
47						
48						
49						

单位：人

二孩			三孩及以上		
小计	男	女	小计	男	女
1		**1**	**3**	**1**	**2**
1		**1**			
1		1			
			1		**1**
			1		1
			2	**1**	**1**
			2	1	1

6-2a 续表 2

受教育程度 年　　龄	合　计	生男孩的妇女人数	生女孩的妇女人数	一　　孩		
				小计	男	女
学前教育						
15-19岁						
15						
16						
17						
18						
19						
20-24岁						
20						
21						
22						
23						
24						
25-29岁						
25						
26						
27						
28						
29						
30-34岁						
30						
31						
32						
33						
34						
35-39岁						
35						
36						
37						
38						
39						
40-44岁						
40						
41						
42						
43						
44						
45-49岁						
45						
46						
47						
48						
49						

单位：人

二　孩			三孩及以上		
小计	男	女	小计	男	女

6-2a 续表 3

受教育程度 年龄	合计	生男孩的妇女人数	生女孩的妇女人数	一孩		
				小计	男	女
小学	**93**	**50**	**43**	**18**	**8**	**10**
15-19岁	**1**		**1**	**1**		**1**
15						
16						
17	1		1	1		1
18						
19						
20-24岁	**9**	**6**	**3**	**5**	**4**	**1**
20	1	1		1	1	
21	3	2	1	1	1	
22						
23	4	3	1	3	2	1
24	1		1			
25-29岁	**20**	**12**	**8**	**6**	**2**	**4**
25	1		1	1		1
26	6	6		2	2	
27	8	3	5	3		3
28	2	1	1			
29	3	2	1			
30-34岁	**33**	**17**	**16**	**3**	**1**	**2**
30	5	3	2			
31	6	1	5			
32	11	7	4	2		2
33	8	5	3	1	1	
34	3	1	2			
35-39岁	**17**	**11**	**6**	**2**	**1**	**1**
35	4	2	2			
36	4	3	1	1	1	
37	1	1				
38	5	3	2			
39	3	2	1	1		1
40-44岁	**8**	**3**	**5**	**1**		**1**
40	4	2	2			
41	2	1	1	1		1
42	1		1			
43						
44	1		1			
45-49岁	**5**	**1**	**4**			
45	1		1			
46						
47	3	1	2			
48	1		1			
49						

单位：人

二孩			三孩及以上		
小计	男	女	小计	男	女
45	**24**	**21**	**30**	**18**	**12**
4	**2**	**2**			
2	1	1			
1	1				
1		1			
10	**7**	**3**	**4**	**3**	**1**
3	3		1	1	
3	1	2	2	2	
2	1	1			
2	2		1		1
16	**7**	**9**	**14**	**9**	**5**
2	1	1	3	2	1
4	1	3	2		2
6	4	2	3	3	
1		1	6	4	2
3	1	2			
9	**5**	**4**	**6**	**5**	**1**
2		2	2	2	
2	2		1		1
1	1				
3	1	2	2	2	
1	1		1	1	
2	**2**		**5**	**1**	**4**
2	2		2		2
			1	1	
			1		1
			1		1
4	**1**	**3**	**1**		**1**
			1		1
3	1	2			
1		1			

6-2a 续表 4

受教育程度 年　　龄	合　计	生男孩的妇女人数	生女孩的妇女人数	一　孩		
				小计	男	女
初　中	**760**	**399**	**361**	**247**	**143**	**104**
15-19岁	**19**	**10**	**9**	**19**	**10**	**9**
15	1		1	1		1
16						
17						
18	4	4		4	4	
19	14	6	8	14	6	8
20-24岁	**124**	**61**	**63**	**73**	**37**	**36**
20	19	10	9	15	10	5
21	21	11	10	15	9	6
22	25	12	13	17	8	9
23	18	7	11	8	1	7
24	41	21	20	18	9	9
25-29岁	**213**	**116**	**97**	**80**	**46**	**34**
25	39	18	21	18	10	8
26	36	18	18	18	10	8
27	50	30	20	17	10	7
28	47	27	20	18	12	6
29	41	23	18	9	4	5
30-34岁	**252**	**131**	**121**	**46**	**31**	**15**
30	62	34	28	19	14	5
31	58	37	21	6	5	1
32	56	27	29	10	5	5
33	44	20	24	4	3	1
34	32	13	19	7	4	3
35-39岁	**114**	**59**	**55**	**19**	**11**	**8**
35	35	18	17	4	2	2
36	23	9	14	4	3	1
37	23	14	9	6	3	3
38	20	12	8	5	3	2
39	13	6	7			
40-44岁	**30**	**16**	**14**	**8**	**6**	**2**
40	11	7	4	4	3	1
41	7	4	3	3	2	1
42	5	3	2			
43	2	1	1	1	1	
44	5	1	4			
45-49岁	**8**	**6**	**2**	**2**	**2**	
45	1	1				
46	3	2	1			
47	1	1		1	1	
48	2	2		1	1	
49	1		1			

单位：人

二孩			三孩及以上		
小计	男	女	小计	男	女
393	**190**	**203**	**120**	**66**	**54**
47	**23**	**24**	**4**	**1**	**3**
3		3	1		1
6	2	4			
8	4	4			
10	6	4			
20	11	9	3	1	2
111	**59**	**52**	**22**	**11**	**11**
20	8	12	1		1
16	7	9	2	1	1
27	16	11	6	4	2
23	12	11	6	3	3
25	16	9	7	3	4
153	**68**	**85**	**53**	**32**	**21**
32	15	17	11	5	6
39	24	15	13	8	5
34	14	20	12	8	4
33	11	22	7	6	1
15	4	11	10	5	5
66	**31**	**35**	**29**	**17**	**12**
20	9	11	11	7	4
16	5	11	3	1	2
15	10	5	2	1	1
7	4	3	8	5	3
8	3	5	5	3	2
12	**5**	**7**	**10**	**5**	**5**
4	2	2	3	2	1
3	2	1	1		1
3	1	2	2	2	
			1		1
2		2	3	1	2
4	**4**		**2**		**2**
1	1				
2	2		1		1
1	1				
			1		1

6-2a 续表 5

受教育程度 年龄	合计	生男孩的 妇女人数	生女孩的 妇女人数	一孩		
				小计	男	女
高 中	**608**	**316**	**292**	**266**	**145**	**121**
15-19岁	**6**	**2**	**4**	**6**	**2**	**4**
15						
16						
17						
18	3	2	1	3	2	1
19	3		3	3		3
20-24岁	**115**	**59**	**56**	**92**	**50**	**42**
20	10	5	5	9	5	4
21	23	12	11	21	11	10
22	23	15	8	20	14	6
23	24	13	11	16	9	7
24	35	14	21	26	11	15
25-29岁	**219**	**118**	**101**	**115**	**69**	**46**
25	45	25	20	30	15	15
26	35	16	19	17	10	7
27	42	26	16	30	21	9
28	48	23	25	19	14	5
29	49	28	21	19	9	10
30-34岁	**193**	**101**	**92**	**45**	**20**	**25**
30	58	36	22	17	9	8
31	43	14	29	11	3	8
32	34	17	17	5	2	3
33	30	17	13	8	4	4
34	28	17	11	4	2	2
35-39岁	**62**	**30**	**32**	**7**	**3**	**4**
35	17	8	9	2	2	
36	16	6	10	1		1
37	10	6	4	1		1
38	10	5	5	2		2
39	9	5	4	1	1	
40-44岁	**11**	**6**	**5**	**1**	**1**	
40	5	4	1	1	1	
41	3	1	2			
42						
43	3	1	2			
44						
45-49岁	**2**		**2**			
45	1		1			
46						
47						
48	1		1			
49						

单位：人

二孩			三孩及以上		
小计	男	女	小计	男	女
302	**154**	**148**	**40**	**17**	**23**
22	**9**	**13**	**1**		**1**
1		1			
1	1		1		1
3	1	2			
8	4	4			
9	3	6			
96	**46**	**50**	**8**	**3**	**5**
15	10	5			
15	6	9	3		3
11	4	7	1	1	
26	7	19	3	2	1
29	19	10	1		1
130	**72**	**58**	**18**	**9**	**9**
38	25	13	3	2	1
30	11	19	2		2
27	14	13	2	1	1
15	9	6	7	4	3
20	13	7	4	2	2
44	**23**	**21**	**11**	**4**	**7**
10	4	6	5	2	3
12	6	6	3		3
8	5	3	1	1	
8	5	3			
6	3	3	2	1	1
8	**4**	**4**	**2**	**1**	**1**
3	3		1		1
2		2	1	1	
3	1	2			
2		**2**			
1		1			
1		1			

6-2a 续表 6

受教育程度 年龄	合计	生男孩的妇女人数	生女孩的妇女人数	一孩		
				小计	男	女
大学专科	**911**	**459**	**452**	**508**	**258**	**250**
15—19岁	**2**		**2**	**2**		**2**
15						
16						
17						
18						
19	2		2	2		2
20—24岁	**132**	**72**	**60**	**119**	**67**	**52**
20	8	5	3	8	5	3
21	6	4	2	5	4	1
22	26	10	16	25	10	15
23	31	16	15	26	13	13
24	61	37	24	55	35	20
25—29岁	**372**	**179**	**193**	**273**	**134**	**139**
25	67	33	34	58	31	27
26	66	35	31	51	27	24
27	78	37	41	53	24	29
28	85	35	50	59	22	37
29	76	39	37	52	30	22
30—34岁	**290**	**139**	**151**	**95**	**44**	**51**
30	85	40	45	47	20	27
31	64	30	34	22	11	11
32	54	26	28	11	6	5
33	54	23	31	8	3	5
34	33	20	13	7	4	3
35—39岁	**97**	**57**	**40**	**16**	**10**	**6**
35	35	23	12	3	1	2
36	31	15	16	5	3	2
37	14	5	9	2		2
38	11	9	2	3	3	
39	6	5	1	3	3	
40—44岁	**17**	**11**	**6**	**3**	**3**	
40	2	2		2	2	
41	7	3	4	1	1	
42	5	4	1			
43	1	1				
44	2	1	1			
45—49岁	**1**	**1**				
45	1	1				
46						
47						
48						
49						

单位：人

二孩			三孩及以上		
小计	男	女	小计	男	女
382	**190**	**192**	**21**	**11**	**10**
12	**4**	**8**	**1**	**1**	
1		1			
1		1			
5	3	2			
5	1	4	1	1	
94	**45**	**49**	**5**		**5**
9	2	7			
15	8	7			
23	13	10	2		2
24	13	11	2		2
23	9	14	1		1
186	**89**	**97**	**9**	**6**	**3**
38	20	18			
42	19	23			
39	17	22	4	3	1
41	17	24	5	3	2
26	16	10			
79	**45**	**34**	**2**	**2**	
31	21	10	1	1	
26	12	14			
12	5	7			
7	5	2	1	1	
3	2	1			
10	**6**	**4**	**4**	**2**	**2**
3		3	3	2	1
4	4		1		1
1	1				
2	1	1			
1	**1**				
1	1				

6-2a 续表 7

受教育程度 年龄	合计	生男孩的妇女人数	生女孩的妇女人数	一孩		
				小计	男	女
大学本科	**1033**	**523**	**510**	**618**	**318**	**300**
15-19岁						
15						
16						
17						
18						
19						
20-24岁	**24**	**13**	**11**	**23**	**12**	**11**
20	1		1	1		1
21	2	1	1	2	1	1
22	3	1	2	3	1	2
23	3	1	2	3	1	2
24	15	10	5	14	9	5
25-29岁	**439**	**236**	**203**	**377**	**204**	**173**
25	33	18	15	31	16	15
26	71	42	29	64	38	26
27	106	55	51	92	48	44
28	114	59	55	100	52	48
29	115	62	53	90	50	40
30-34岁	**434**	**211**	**223**	**190**	**88**	**102**
30	125	54	71	81	33	48
31	103	48	55	49	23	26
32	87	45	42	37	20	17
33	72	34	38	15	6	9
34	47	30	17	8	6	2
35-39岁	**118**	**57**	**61**	**24**	**13**	**11**
35	32	15	17	7	3	4
36	30	16	14	6	3	3
37	25	9	16	4	2	2
38	19	8	11	2	2	
39	12	9	3	5	3	2
40-44岁	**17**	**6**	**11**	**4**	**1**	**3**
40	8	3	5	1	1	
41	4	2	2			
42	3		3	2		2
43	1	1				
44	1		1	1		1
45-49岁	**1**		**1**			
45						
46	1		1			
47						
48						
49						

单位：人

二孩			三孩及以上		
小计	男	女	小计	男	女
399	**197**	**202**	**16**	**8**	**8**
1	**1**				
1	1				
61	**31**	**30**	**1**	**1**	
2	2				
7	4	3			
14	7	7			
14	7	7			
24	11	13	1	1	
237	**119**	**118**	**7**	**4**	**3**
42	19	23	2	2	
51	24	27	3	1	2
48	24	24	2	1	1
57	28	29			
39	24	15			
86	**41**	**45**	**8**	**3**	**5**
24	12	12	1		1
20	11	9	4	2	2
20	6	14	1	1	
15	6	9	2		2
7	6	1			
13	**5**	**8**			
7	2	5			
4	2	2			
1		1			
1	1				
1		**1**			
1		1			

6-2a　续表 8

受教育程度 年　龄	合　计	生男孩的 妇女人数	生女孩的 妇女人数	一　孩		
				小计	男	女
硕士研究生	**103**	**55**	**48**	**74**	**39**	**35**
15-19岁						
15						
16						
17						
18						
19						
20-24岁	**1**		**1**	**1**		**1**
20						
21						
22						
23						
24	1		1	1		1
25-29岁	**27**	**14**	**13**	**26**	**13**	**13**
25						
26						
27	4	2	2	4	2	2
28	7	3	4	7	3	4
29	16	9	7	15	8	7
30-34岁	**67**	**37**	**30**	**47**	**26**	**21**
30	18	11	7	15	9	6
31	18	11	7	15	9	6
32	16	8	8	9	5	4
33	9	4	5	6	2	4
34	6	3	3	2	1	1
35-39岁	**8**	**4**	**4**			
35	4	2	2			
36	3	1	2			
37						
38						
39	1	1				
40-44岁						
40						
41						
42						
43						
44						
45-49岁						
45						
46						
47						
48						
49						

单位：人

二孩			三孩及以上		
小计	男	女	小计	男	女
29	**16**	**13**			
1	**1**				
1	1				
20	**11**	**9**			
3	2	1			
3	2	1			
7	3	4			
3	2	1			
4	2	2			
8	**4**	**4**			
4	2	2			
3	1	2			
1	1				

6-2a 续表 9

受教育程度 年龄	合 计	生男孩的 妇女人数	生女孩的 妇女人数	一 孩		
				小计	男	女
博士研究生	**2**	**2**		**2**	**2**	
15-19岁						
15						
16						
17						
18						
19						
20-24岁						
20						
21						
22						
23						
24						
25-29岁						
25						
26						
27						
28						
29						
30-34岁	**2**	**2**		**2**	**2**	
30						
31	2	2		2	2	
32						
33						
34						
35-39岁						
35						
36						
37						
38						
39						
40-44岁						
40						
41						
42						
43						
44						
45-49岁						
45						
46						
47						
48						
49						

单位：人

二孩			三孩及以上		
小计	男	女	小计	男	女

6-2b 全区按年龄、受教育程度、生育孩次

受教育程度 年龄	合计	生男孩的妇女人数	生女孩的妇女人数	一孩		
				小计	男	女
总计	**2150**	**1089**	**1061**	**922**	**447**	**475**
15-19岁	**38**	**17**	**21**	**32**	**14**	**18**
15						
16	3	1	2	3	1	2
17	1	1		1	1	
18	9	6	3	8	5	3
19	25	9	16	20	7	13
20-24岁	**401**	**208**	**193**	**256**	**134**	**122**
20	42	23	19	32	16	16
21	56	34	22	34	22	12
22	83	41	42	50	25	25
23	83	44	39	53	27	26
24	137	66	71	87	44	43
25-29岁	**830**	**414**	**416**	**442**	**217**	**225**
25	143	73	70	82	44	38
26	139	61	78	82	32	50
27	200	104	96	124	69	55
28	174	85	89	81	36	45
29	174	91	83	73	36	37
30-34岁	**627**	**329**	**298**	**154**	**66**	**88**
30	173	85	88	61	22	39
31	146	82	64	31	17	14
32	122	71	51	27	15	12
33	95	50	45	18	5	13
34	91	41	50	17	7	10
35-39岁	**209**	**100**	**109**	**29**	**13**	**16**
35	54	23	31	14	5	9
36	57	28	29	4	3	1
37	37	16	21	4	2	2
38	37	23	14	2	1	1
39	24	10	14	5	2	3
40-44岁	**36**	**17**	**19**	**9**	**3**	**6**
40	14	7	7	2	1	1
41	5	2	3	1		1
42	10	6	4	4	1	3
43	4	1	3	2	1	1
44	3	1	2			
45-49岁	**9**	**4**	**5**			
45	1		1			
46	4	2	2			
47	1	1				
48	1		1			
49	2	1	1			

分的育龄妇女人数(2019.11.1—2020.10.31)(镇)

单位：人

二孩			三孩及以上		
小计	男	女	小计	男	女
869	**440**	**429**	**359**	**202**	**157**
6	**3**	**3**			
1	1				
5	2	3			
108	**51**	**57**	**37**	**23**	**14**
10	7	3			
19	9	10	3	3	
22	10	12	11	6	5
22	12	10	8	5	3
35	13	22	15	9	6
293	**151**	**142**	**95**	**46**	**49**
44	20	24	17	9	8
43	22	21	14	7	7
62	29	33	14	6	8
70	39	31	23	10	13
74	41	33	27	14	13
335	**181**	**154**	**138**	**82**	**56**
76	39	37	36	24	12
87	46	41	28	19	9
66	40	26	29	16	13
56	30	26	21	15	6
50	26	24	24	8	16
111	**46**	**65**	**69**	**41**	**28**
30	11	19	10	7	3
31	12	19	22	13	9
19	7	12	14	7	7
19	11	8	16	11	5
12	5	7	7	3	4
14	**8**	**6**	**13**	**6**	**7**
7	4	3	5	2	3
2	1	1	2	1	1
2	2		4	3	1
1		1	1		1
2	1	1	1		1
2		**2**	**7**	**4**	**3**
1		1			
			4	2	2
			1	1	
			1		1
1		1	1	1	

6-2b 续表 1

受教育程度 年龄	合计	生男孩的妇女人数	生女孩的妇女人数	一孩		
				小计	男	女
未上过学	**7**	**5**	**2**	**3**	**2**	**1**
15-19岁						
15						
16						
17						
18						
19						
20-24岁	**1**	**1**		**1**	**1**	
20						
21						
22						
23	1	1		1	1	
24						
25-29岁						
25						
26						
27						
28						
29						
30-34岁	**3**	**3**		**1**	**1**	
30	2	2				
31						
32						
33						
34	1	1		1	1	
35-39岁	**1**		**1**			
35						
36						
37						
38						
39	1		1			
40-44岁	**2**	**1**	**1**	**1**		**1**
40						
41						
42	2	1	1	1		1
43						
44						
45-49岁						
45						
46						
47						
48						
49						

单位：人

二孩			三孩及以上		
小计	男	女	小计	男	女
			4	**3**	**1**
			2	**2**	
			2	2	
			1		**1**
			1		1
			1	**1**	
			1	1	

6-2b　续表 2

受教育程度 年　　龄	合　计	生男孩的 妇女人数	生女孩的 妇女人数	一　孩		
				小计	男	女
学前教育						
15—19岁						
15						
16						
17						
18						
19						
20—24岁						
20						
21						
22						
23						
24						
25—29岁						
25						
26						
27						
28						
29						
30—34岁						
30						
31						
32						
33						
34						
35—39岁						
35						
36						
37						
38						
39						
40—44岁						
40						
41						
42						
43						
44						
45—49岁						
45						
46						
47						
48						
49						

单位：人

二　孩			三孩及以上		
小计	男	女	小计	男	女

6-2b 续表 3

受教育程度 年龄	合计	生男孩的妇女人数	生女孩的妇女人数	一孩 小计	一孩 男	一孩 女
小学	**243**	**136**	**107**	**39**	**20**	**19**
15-19岁	**5**	**3**	**2**	**3**	**1**	**2**
15						
16						
17						
18	2	2		1	1	
19	3	1	2	2		2
20-24岁	**35**	**16**	**19**	**11**	**4**	**7**
20	4	1	3	3	1	2
21	8	6	2	3	2	1
22	11	6	5	1		1
23	3	1	2	1		1
24	9	2	7	3	1	2
25-29岁	**78**	**39**	**39**	**17**	**10**	**7**
25	11	5	6	1	1	
26	11	5	6	3	2	1
27	19	9	10	7	4	3
28	16	9	7	4	3	1
29	21	11	10	2		2
30-34岁	**86**	**53**	**33**	**6**	**3**	**3**
30	22	14	8	1	1	
31	19	11	8	1		1
32	23	15	8	2	2	
33	14	9	5	2		2
34	8	4	4			
35-39岁	**29**	**21**	**8**	**2**	**2**	
35	9	6	3	2	2	
36	7	5	2			
37	4	3	1			
38	7	7				
39	2		2			
40-44岁	**5**	**2**	**3**			
40	2	2				
41	2		2			
42						
43						
44	1		1			
45-49岁	**5**	**2**	**3**			
45	1		1			
46	3	2	1			
47						
48	1		1			
49						

单位：人

二孩			三孩及以上		
小计	男	女	小计	男	女
66	**34**	**32**	**138**	**82**	**56**
2	**2**				
1	1				
1	1				
14	**6**	**8**	**10**	**6**	**4**
1		1			
4	3	1	1	1	
4	2	2	6	4	2
			2	1	1
5	1	4	1		1
21	**8**	**13**	**40**	**21**	**19**
5	2	3	5	2	3
2		2	6	3	3
4	2	2	8	3	5
7	3	4	5	3	2
3	1	2	16	10	6
21	**15**	**6**	**59**	**35**	**24**
5	4	1	16	9	7
6	3	3	12	8	4
6	4	2	15	9	6
3	3		9	6	3
1	1		7	3	4
6	**3**	**3**	**21**	**16**	**5**
3	1	2	4	3	1
			7	5	2
1	1		3	2	1
1	1		6	6	
1		1	1		1
1		**1**	**4**	**2**	**2**
			2	2	
1		1	1		1
			1		1
1		**1**	**4**	**2**	**2**
1		1			
			3	2	1
			1		1

6-2b 续表 4

受教育程度 年龄	合计	生男孩的妇女人数	生女孩的妇女人数	一孩		
				小计	男	女
初　中	**703**	**337**	**366**	**238**	**104**	**134**
15-19岁	**29**	**12**	**17**	**26**	**11**	**15**
15						
16	3	1	2	3	1	2
17	1	1		1	1	
18	5	2	3	5	2	3
19	20	8	12	17	7	10
20-24岁	**191**	**97**	**94**	**103**	**51**	**52**
20	28	17	11	22	12	10
21	29	14	15	17	9	8
22	41	19	22	23	11	12
23	36	20	16	16	8	8
24	57	27	30	25	11	14
25-29岁	**216**	**91**	**125**	**68**	**24**	**44**
25	45	18	27	17	7	10
26	48	22	26	19	5	14
27	40	18	22	11	4	7
28	38	11	27	10	2	8
29	45	22	23	11	6	5
30-34岁	**181**	**100**	**81**	**28**	**14**	**14**
30	42	22	20	9	3	6
31	51	32	19	8	5	3
32	30	20	10	4	2	2
33	28	15	13	2	1	1
34	30	11	19	5	3	2
35-39岁	**68**	**30**	**38**	**7**	**2**	**5**
35	8	2	6	1		1
36	21	11	10	2	1	1
37	15	7	8	2	1	1
38	15	6	9	1		1
39	9	4	5	1		1
40-44岁	**16**	**6**	**10**	**6**	**2**	**4**
40	7	2	5	2	1	1
41	2	1	1	1		1
42	4	2	2	1		1
43	3	1	2	2	1	1
44						
45-49岁	**2**	**1**	**1**			
45						
46	1		1			
47	1	1				
48						
49						

单位：人

二孩			三孩及以上		
小计	男	女	小计	男	女
305	**146**	**159**	**160**	**87**	**73**
3	**1**	**2**			
3	1	2			
64	**30**	**34**	**24**	**16**	**8**
6	5	1			
10	3	7	2	2	
13	6	7	5	2	3
15	8	7	5	4	1
20	8	12	12	8	4
106	**47**	**59**	**42**	**20**	**22**
18	5	13	10	6	4
22	13	9	7	4	3
24	11	13	5	3	2
14	5	9	14	4	10
28	13	15	6	3	3
98	**55**	**43**	**55**	**31**	**24**
20	10	10	13	9	4
29	18	11	14	9	5
19	14	5	7	4	3
18	8	10	8	6	2
12	5	7	13	3	10
31	**11**	**20**	**30**	**17**	**13**
5	1	4	2	1	1
9	3	6	10	7	3
5	2	3	8	4	4
7	3	4	7	3	4
5	2	3	3	2	1
3	**2**	**1**	**7**	**2**	**5**
2	1	1	3		3
			1	1	
1	1		2	1	1
			1		1
			2	**1**	**1**
			1		1
			1	1	

6-2b 续表 5

受教育程度 年龄	合计	生男孩的妇女人数	生女孩的妇女人数	一孩		
				小计	男	女
高 中	**325**	**164**	**161**	**142**	**76**	**66**
15-19岁	**4**	**2**	**2**	**3**	**2**	**1**
15						
16						
17						
18	2	2		2	2	
19	2		2	1		1
20-24岁	**82**	**45**	**37**	**57**	**34**	**23**
20	7	3	4	4	1	3
21	10	8	2	6	6	
22	16	9	7	12	7	5
23	21	13	8	14	10	4
24	28	12	16	21	10	11
25-29岁	**126**	**65**	**61**	**59**	**32**	**27**
25	28	19	9	14	10	4
26	22	8	14	12	3	9
27	27	14	13	13	8	5
28	26	12	14	9	3	6
29	23	12	11	11	8	3
30-34岁	**75**	**34**	**41**	**16**	**4**	**12**
30	21	11	10	4		4
31	15	9	6	4	3	1
32	15	5	10	1		1
33	10	3	7	3		3
34	14	6	8	4	1	3
35-39岁	**32**	**14**	**18**	**7**	**4**	**3**
35	12	4	8	4	2	2
36	14	7	7	1	1	
37	1		1			
38	3	2	1			
39	2	1	1	2	1	1
40-44岁	**4**	**3**	**1**			
40	2	2				
41						
42						
43						
44	2	1	1			
45-49岁	**2**	**1**	**1**			
45						
46						
47						
48						
49	2	1	1			

单位：人

二孩			三孩及以上		
小计	男	女	小计	男	女
151	**74**	**77**	**32**	**14**	**18**
1		**1**			
1		1			
23	**11**	**12**	**2**		**2**
3	2	1			
4	2	2			
4	2	2			
6	3	3	1		1
6	2	4	1		1
58	**29**	**29**	**9**	**4**	**5**
12	8	4	2	1	1
9	5	4	1		1
13	6	7	1		1
14	6	8	3	3	
10	4	6	2		2
46	**24**	**22**	**13**	**6**	**7**
13	8	5	4	3	1
9	4	5	2	2	
9	4	5	5	1	4
6	3	3	1		1
9	5	4	1		1
18	**7**	**11**	**7**	**3**	**4**
5		5	3	2	1
11	6	5	2		2
1		1			
1	1		2	1	1
4	**3**	**1**			
2	2				
2	1	1			
1		**1**	**1**	**1**	
1		1	1	1	

6-2b 续表 6

受教育程度 年龄	合计	生男孩的妇女人数	生女孩的妇女人数	一孩		
				小计	男	女
大学专科	**511**	**268**	**243**	**295**	**150**	**145**
15-19岁						
15						
16						
17						
18						
19						
20-24岁	**81**	**44**	**37**	**73**	**39**	**34**
20	2	1	1	2	1	1
21	9	6	3	8	5	3
22	15	7	8	14	7	7
23	20	9	11	19	8	11
24	35	21	14	30	18	12
25-29岁	**246**	**133**	**113**	**169**	**88**	**81**
25	42	23	19	35	18	17
26	42	21	21	33	18	15
27	66	36	30	49	29	20
28	50	29	21	27	12	15
29	46	24	22	25	11	14
30-34岁	**149**	**76**	**73**	**44**	**20**	**24**
30	45	21	24	21	12	9
31	29	14	15	6	2	4
32	26	15	11	8	4	4
33	24	13	11	6	1	5
34	25	13	12	3	1	2
35-39岁	**30**	**13**	**17**	**8**	**2**	**6**
35	10	5	5	5	1	4
36	4	1	3			
37	8	3	5	1		1
38	5	3	2	1	1	
39	3	1	2	1		1
40-44岁	**5**	**2**	**3**	**1**	**1**	
40	2		2			
41						
42	2	2		1	1	
43	1		1			
44						
45-49岁						
45						
46						
47						
48						
49						

单位：人

二孩			三孩及以上		
小计	男	女	小计	男	女
202	**111**	**91**	**14**	**7**	**7**
7	**4**	**3**	**1**	**1**	
1	1				
1		1			
1	1				
4	2	2	1	1	
74	**45**	**29**	**3**		**3**
7	5	2			
9	3	6			
17	7	10			
22	17	5	1		1
19	13	6	2		2
99	**51**	**48**	**6**	**5**	**1**
23	8	15	1	1	
23	12	11			
17	10	7	1	1	
16	10	6	2	2	
20	11	9	2	1	1
18	**10**	**8**	**4**	**1**	**3**
5	4	1			
3	1	2	1		1
6	3	3	1		1
4	2	2			
			2	1	1
4	**1**	**3**			
2		2			
1	1				
1		1			

6-2b 续表 7

受教育程度 年龄	合计	生男孩的妇女人数	生女孩的妇女人数	一孩		
				小计	男	女
大学本科	**356**	**175**	**181**	**202**	**93**	**109**
15-19岁						
15						
16						
17						
18						
19						
20-24岁	**10**	**4**	**6**	**10**	**4**	**6**
20	1	1		1	1	
21						
22						
23	2		2	2		2
24	7	3	4	7	3	4
25-29岁	**164**	**86**	**78**	**129**	**63**	**66**
25	17	8	9	15	8	7
26	16	5	11	15	4	11
27	48	27	21	44	24	20
28	44	24	20	31	16	15
29	39	22	17	24	11	13
30-34岁	**130**	**61**	**69**	**57**	**23**	**34**
30	40	15	25	25	6	19
31	32	16	16	12	7	5
32	27	15	12	11	6	5
33	18	9	9	5	3	2
34	13	6	7	4	1	3
35-39岁	**48**	**21**	**27**	**5**	**3**	**2**
35	14	5	9	2		2
36	11	4	7	1	1	
37	9	3	6	1	1	
38	7	5	2			
39	7	4	3	1	1	
40-44岁	**4**	**3**	**1**	**1**		**1**
40	1	1				
41	1	1				
42	2	1	1	1		1
43						
44						
45-49岁						
45						
46						
47						
48						
49						

单位：人

二孩			三孩及以上		
小计	男	女	小计	男	女
143	**73**	**70**	**11**	**9**	**2**
34	**22**	**12**	**1**	**1**	
2		2			
1	1				
4	3	1			
13	8	5			
14	10	4	1	1	
70	**35**	**35**	**3**	**3**	
15	9	6			
20	9	11			
15	8	7	1	1	
12	5	7	1	1	
8	4	4	1	1	
37	**14**	**23**	**6**	**4**	**2**
11	4	7	1	1	
8	2	6	2	1	1
6	1	5	2	1	1
6	4	2	1	1	
6	3	3			
2	**2**		**1**	**1**	
1	1				
1	1				
			1	1	

6-2b 续表 8

受教育程度 年 龄	合 计	生男孩的妇女人数	生女孩的妇女人数	一 孩 小计	一 孩 男	一 孩 女
硕士研究生	**5**	**4**	**1**	**3**	**2**	**1**
15-19岁						
15						
16						
17						
18						
19						
20-24岁	**1**	**1**		**1**	**1**	
20						
21						
22						
23						
24	1	1		1	1	
25-29岁						
25						
26						
27						
28						
29						
30-34岁	**3**	**2**	**1**	**2**	**1**	**1**
30	1		1	1		1
31						
32	1	1		1	1	
33	1	1				
34						
35-39岁	**1**	**1**				
35	1	1				
36						
37						
38						
39						
40-44岁						
40						
41						
42						
43						
44						
45-49岁						
45						
46						
47						
48						
49						

单位：人

二孩			三孩及以上		
小计	男	女	小计	男	女
2	**2**				
1	**1**				
1	1				
1	**1**				
1	1				

6-2b 续表 9

受教育程度 年 龄	合 计	生男孩的 妇女人数	生女孩的 妇女人数	一 孩		
				小计	男	女
博士研究生						
15-19岁						
15						
16						
17						
18						
19						
20-24岁						
20						
21						
22						
23						
24						
25-29岁						
25						
26						
27						
28						
29						
30-34岁						
30						
31						
32						
33						
34						
35-39岁						
35						
36						
37						
38						
39						
40-44岁						
40						
41						
42						
43						
44						
45-49岁						
45						
46						
47						
48						
49						

单位：人

二　孩			三孩及以上		
小计	男	女	小计	男	女

6-2c 全区按年龄、受教育程度、生育孩次

受教育程度 年　龄	合　计	生男孩的妇女人数	生女孩的妇女人数	一　孩		
				小计	男	女
总　计	**3044**	**1580**	**1464**	**1091**	**555**	**536**
15-19岁	**164**	**77**	**87**	**133**	**65**	**68**
15	3	1	2	3	1	2
16	2		2	2		2
17	17	11	6	17	11	6
18	50	23	27	42	21	21
19	92	42	50	69	32	37
20-24岁	**909**	**473**	**436**	**404**	**200**	**204**
20	123	62	61	67	31	36
21	170	85	85	84	38	46
22	194	107	87	82	40	42
23	211	109	102	82	47	35
24	211	110	101	89	44	45
25-29岁	**1061**	**557**	**504**	**395**	**213**	**182**
25	208	114	94	76	45	31
26	220	109	111	74	44	30
27	251	121	130	113	57	56
28	203	122	81	76	41	35
29	179	91	88	56	26	30
30-34岁	**652**	**337**	**315**	**121**	**63**	**58**
30	191	105	86	51	26	25
31	152	73	79	29	17	12
32	118	66	52	18	11	7
33	111	59	52	14	7	7
34	80	34	46	9	2	7
35-39岁	**206**	**109**	**97**	**30**	**13**	**17**
35	57	23	34	5	3	2
36	51	27	24	8	4	4
37	36	16	20	5		5
38	37	27	10	7	5	2
39	25	16	9	5	1	4
40-44岁	**39**	**19**	**20**	**7**	**1**	**6**
40	17	9	8	3	1	2
41	5	2	3	1		1
42	8	5	3	1		1
43	4	2	2	1		1
44	5	1	4	1		1
45-49岁	**13**	**8**	**5**	**1**		**1**
45	1		1			
46	3	2	1			
47	5	4	1	1		1
48	2		2			
49	2	2				

分的育龄妇女人数(2019.11.1—2020.10.31)(乡村)

单位：人

二孩			三孩及以上		
小计	男	女	小计	男	女
1051	**527**	**524**	**902**	**498**	**404**
30	**11**	**19**	**1**	**1**	
7	1	6	1	1	
23	10	13			
345	**190**	**155**	**160**	**83**	**77**
45	27	18	11	4	7
75	42	33	11	5	6
79	47	32	33	20	13
78	37	41	51	25	26
68	37	31	54	29	25
348	**172**	**176**	**318**	**172**	**146**
68	37	31	64	32	32
79	31	48	67	34	33
72	33	39	66	31	35
69	40	29	58	41	17
60	31	29	63	34	29
246	**111**	**135**	**285**	**163**	**122**
65	29	36	75	50	25
60	25	35	63	31	32
49	26	23	51	29	22
38	17	21	59	35	24
34	14	20	37	18	19
66	**32**	**34**	**110**	**64**	**46**
24	7	17	28	13	15
17	10	7	26	13	13
11	4	7	20	12	8
8	6	2	22	16	6
6	5	1	14	10	4
11	**7**	**4**	**21**	**11**	**10**
6	3	3	8	5	3
1	1		3	1	2
3	2	1	4	3	1
			3	2	1
1	1		3		3
5	**4**	**1**	**7**	**4**	**3**
			1		1
			3	2	1
2	2		2	2	
1		1	1		1
2	2				

6-2c 续表 1

受教育程度 年龄	合计	生男孩的妇女人数	生女孩的妇女人数	一孩 小计	一孩 男	一孩 女
未上过学	**51**	**28**	**23**	**8**	**4**	**4**
15-19岁						
15						
16						
17						
18						
19						
20-24岁	**7**	**6**	**1**	**4**	**3**	**1**
20	1		1	1		1
21						
22	2	2		1	1	
23	2	2		1	1	
24	2	2		1	1	
25-29岁	**9**	**5**	**4**			
25	3	2	1			
26	1	1				
27	2		2			
28	1	1				
29	2	1	1			
30-34岁	**12**	**4**	**8**			
30	3		3			
31						
32	1	1				
33	4	2	2			
34	4	1	3			
35-39岁	**15**	**9**	**6**	**4**	**1**	**3**
35	3		3	1		1
36	1	1				
37	2	2				
38	6	4	2	2	1	1
39	3	2	1	1		1
40-44岁	**6**	**3**	**3**			
40	3	2	1			
41						
42	1	1				
43	1		1			
44	1		1			
45-49岁	**2**	**1**	**1**			
45						
46						
47	1	1				
48	1		1			
49						

单位：人

二孩			三孩及以上		
小计	男	女	小计	男	女
8	**4**	**4**	**35**	**20**	**15**
2	**2**		**1**	**1**	
1	1				
			1	1	
1	1				
2		**2**	**7**	**5**	**2**
1		1	2	2	
			1	1	
			2		2
			1	1	
1		1	1	1	
1		**1**	**11**	**4**	**7**
1		1	2		2
			1	1	
			4	2	2
			4	1	3
1		**1**	**10**	**8**	**2**
1		1	1		1
			1	1	
			2	2	
			4	3	1
			2	2	
1	**1**		**5**	**2**	**3**
			3	2	1
1	1				
			1		1
			1		1
1	**1**		**1**		**1**
1	1				
			1		1

6-2c 续表 2

受教育程度 年龄	合计	生男孩的妇女人数	生女孩的妇女人数	一孩 小计	一孩 男	一孩 女
学前教育	**4**	**3**	**1**	**2**	**1**	**1**
15-19岁						
15						
16						
17						
18						
19						
20-24岁	**2**	**1**	**1**	**1**		**1**
20						
21						
22	1	1				
23						
24	1		1	1		1
25-29岁	**1**	**1**				
25						
26						
27						
28	1	1				
29						
30-34岁	**1**	**1**		**1**	**1**	
30						
31	1	1		1	1	
32						
33						
34						
35-39岁						
35						
36						
37						
38						
39						
40-44岁						
40						
41						
42						
43						
44						
45-49岁						
45						
46						
47						
48						
49						

单位：人

二孩			三孩及以上		
小计	男	女	小计	男	女
1	**1**		**1**	**1**	
			1	**1**	
			1	1	
1	**1**				
1	1				

6–2c 续表 3

受教育程度 年 龄	合 计	生男孩的 妇女人数	生女孩的 妇女人数	一 孩		
				小计	男	女
小 学	**815**	**456**	**359**	**144**	**85**	**59**
15–19岁	**29**	**15**	**14**	**21**	**12**	**9**
15	2	1	1	2	1	1
16						
17	5	5		5	5	
18	7	4	3	4	3	1
19	15	5	10	10	3	7
20–24岁	**185**	**109**	**76**	**49**	**30**	**19**
20	22	10	12	9	3	6
21	38	24	14	11	9	2
22	35	22	13	12	7	5
23	44	27	17	8	6	2
24	46	26	20	9	5	4
25–29岁	**262**	**139**	**123**	**46**	**28**	**18**
25	53	33	20	9	9	
26	52	19	33	9	4	5
27	52	25	27	10	6	4
28	49	31	18	9	4	5
29	56	31	25	9	5	4
30–34岁	**213**	**117**	**96**	**17**	**8**	**9**
30	65	41	24	9	2	7
31	43	22	21	3	3	
32	43	23	20	2	2	
33	35	20	15			
34	27	11	16	3	1	2
35–39岁	**97**	**59**	**38**	**9**	**6**	**3**
35	22	10	12	1	1	
36	26	17	9	3	3	
37	17	8	9	2		2
38	20	14	6	1	1	
39	12	10	2	2	1	1
40–44岁	**21**	**12**	**9**	**1**	**1**	
40	9	5	4	1	1	
41	3	1	2			
42	5	4	1			
43	2	2				
44	2		2			
45–49岁	**8**	**5**	**3**	**1**		**1**
45	1		1			
46	3	2	1			
47	2	1	1	1		1
48						
49	2	2				

单位：人

二孩			三孩及以上		
小计	男	女	小计	男	女
206	**106**	**100**	**465**	**265**	**200**
8	**3**	**5**			
3	1	2			
5	2	3			
68	**40**	**28**	**68**	**39**	**29**
9	5	4	4	2	2
22	13	9	5	2	3
14	9	5	9	6	3
14	7	7	22	14	8
9	6	3	28	15	13
66	**31**	**35**	**150**	**80**	**70**
15	9	6	29	15	14
16	4	12	27	11	16
12	6	6	30	13	17
9	4	5	31	23	8
14	8	6	33	18	15
42	**17**	**25**	**154**	**92**	**62**
10	4	6	46	35	11
10	4	6	30	15	15
11	6	5	30	15	15
6	2	4	29	18	11
5	1	4	19	9	10
15	**10**	**5**	**73**	**43**	**30**
3	2	1	18	7	11
5	4	1	18	10	8
3	1	2	12	7	5
2	1	1	17	12	5
2	2		8	7	1
5	**3**	**2**	**15**	**8**	**7**
4	2	2	4	2	2
			3	1	2
1	1		4	3	1
			2	2	
			2		2
2	**2**		**5**	**3**	**2**
			1		1
			3	2	1
			1	1	
2	2				

6-2c 续表 4

受教育程度 年　　龄	合 计	生男孩的妇女人数	生女孩的妇女人数	一　　孩		
				小计	男	女
初　中	**1381**	**684**	**697**	**467**	**216**	**251**
15-19岁	**122**	**53**	**69**	**99**	**44**	**55**
15	1		1	1		1
16	1		1	1		1
17	11	5	6	11	5	6
18	40	18	22	35	17	18
19	69	30	39	51	22	29
20-24岁	**530**	**262**	**268**	**213**	**95**	**118**
20	87	43	44	47	20	27
21	109	50	59	54	20	34
22	116	61	55	41	18	23
23	121	58	63	41	21	20
24	97	50	47	30	16	14
25-29岁	**424**	**221**	**203**	**113**	**58**	**55**
25	94	45	49	27	13	14
26	91	51	40	19	12	7
27	101	50	51	30	15	15
28	71	43	28	20	11	9
29	67	32	35	17	7	10
30-34岁	**231**	**116**	**115**	**28**	**14**	**14**
30	63	32	31	9	6	3
31	55	29	26	5	3	2
32	40	22	18	5	2	3
33	42	21	21	7	3	4
34	31	12	19	2		2
35-39岁	**64**	**27**	**37**	**11**	**5**	**6**
35	15	5	10	1	1	
36	18	7	11	2	1	1
37	14	5	9	3		3
38	9	7	2	4	3	1
39	8	3	5	1		1
40-44岁	**8**	**3**	**5**	**3**		**3**
40	3	2	1			
41	2	1	1	1		1
42	1		1			
43	1		1	1		1
44	1		1	1		1
45-49岁	**2**	**2**				
45						
46						
47	2	2				
48						
49						

单位：人

二孩			三孩及以上		
小计	男	女	小计	男	女
552	**273**	**279**	**362**	**195**	**167**
22	**8**	**14**	**1**	**1**	
4		4	1	1	
18	8	10			
232	**125**	**107**	**85**	**42**	**43**
34	21	13	6	2	4
49	27	22	6	3	3
54	30	24	21	13	8
52	27	25	28	10	18
43	20	23	24	14	10
167	**83**	**84**	**144**	**80**	**64**
37	20	17	30	12	18
39	18	21	33	21	12
40	19	21	31	16	15
26	15	11	25	17	8
25	11	14	25	14	11
96	**42**	**54**	**107**	**60**	**47**
30	12	18	24	14	10
19	12	7	31	14	17
18	9	9	17	11	6
10	3	7	25	15	10
19	6	13	10	6	4
30	**12**	**18**	**23**	**10**	**13**
9	1	8	5	3	2
9	4	5	7	2	5
5	2	3	6	3	3
4	3	1	1	1	
3	2	1	4	1	3
4	**2**	**2**	**1**	**1**	
2	1	1	1	1	
1	1				
1		1			
1	**1**		**1**	**1**	
1	1		1	1	

6-2c 续表 5

受教育程度 年龄	合计	生男孩的妇女人数	生女孩的妇女人数	一孩		
				小计	男	女
高中	**293**	**145**	**148**	**148**	**80**	**68**
15-19岁	**12**	**8**	**4**	**12**	**8**	**4**
15						
16	1		1	1		1
17	1	1		1	1	
18	3	1	2	3	1	2
19	7	6	1	7	6	1
20-24岁	**114**	**60**	**54**	**75**	**40**	**35**
20	11	7	4	8	6	2
21	18	8	10	14	6	8
22	27	15	12	17	9	8
23	25	13	12	20	12	8
24	33	17	16	16	7	9
25-29岁	**94**	**46**	**48**	**39**	**22**	**17**
25	16	8	8	7	3	4
26	24	11	13	8	5	3
27	22	11	11	13	8	5
28	19	11	8	7	5	2
29	13	5	8	4	1	3
30-34岁	**63**	**27**	**36**	**19**	**10**	**9**
30	18	10	8	9	5	4
31	21	6	15	6	2	4
32	10	6	4	1	1	
33	8	3	5	2	2	
34	6	2	4	1		1
35-39岁	**7**	**4**	**3**	**1**		**1**
35	2	1	1			
36	2	2				
37	1		1			
38						
39	2	1	1	1		1
40-44岁	**2**		**2**	**2**		**2**
40	1		1	1		1
41						
42	1		1	1		1
43						
44						
45-49岁	**1**		**1**			
45						
46						
47						
48	1		1			
49						

单位：人

二孩			三孩及以上		
小计	男	女	小计	男	女
120	**56**	**64**	**25**	**9**	**16**
34	**20**	**14**	**5**		**5**
2	1	1	1		1
4	2	2			
8	6	2	2		2
5	1	4			
15	10	5	2		2
43	**20**	**23**	**12**	**4**	**8**
7	3	4	2	2	
12	6	6	4		4
7	2	5	2	1	1
11	6	5	1		1
6	3	3	3	1	2
37	**13**	**24**	**7**	**4**	**3**
7	4	3	2	1	1
13	2	11	2	2	
8	4	4	1	1	
6	1	5			
3	2	1	2		2
5	**3**	**2**	**1**	**1**	
1		1	1	1	
2	2				
1		1			
1	1				
1		**1**			
1		1			

6-2c 续表 6

受教育程度 年龄	合计	生男孩的妇女人数	生女孩的妇女人数	一孩 小计	一孩 男	一孩 女
大学专科	**320**	**162**	**158**	**204**	**99**	**105**
15-19岁	**1**	**1**		**1**	**1**	
15						
16						
17						
18						
19	1	1		1	1	
20-24岁	**65**	**31**	**34**	**56**	**28**	**28**
20	1	1		1	1	
21	5	3	2	5	3	2
22	12	6	6	10	5	5
23	19	9	10	12	7	5
24	28	12	16	28	12	16
25-29岁	**174**	**90**	**84**	**117**	**59**	**58**
25	31	21	10	23	15	8
26	37	16	21	24	13	11
27	47	21	26	36	16	20
28	39	22	17	22	11	11
29	20	10	10	12	4	8
30-34岁	**64**	**31**	**33**	**26**	**10**	**16**
30	19	7	12	11	3	8
31	14	6	8	6	3	3
32	14	8	6	5	2	3
33	11	6	5	2	1	1
34	6	4	2	2	1	1
35-39岁	**15**	**9**	**6**	**3**	**1**	**2**
35	9	7	2	1	1	
36	3		3	2		2
37	1		1			
38	2	2				
39						
40-44岁	**1**		**1**	**1**		**1**
40	1		1	1		1
41						
42						
43						
44						
45-49岁						
45						
46						
47						
48						
49						

单位：人

二孩			三孩及以上		
小计	男	女	小计	男	女
104	**55**	**49**	**12**	**8**	**4**
9	**3**	**6**			
2	1	1			
7	2	5			
53	**28**	**25**	**4**	**3**	**1**
7	5	2	1	1	
11	2	9	2	1	1
10	4	6	1	1	
17	11	6			
8	6	2			
32	**18**	**14**	**6**	**3**	**3**
7	4	3	1		1
8	3	5			
7	5	2	2	1	1
8	5	3	1		1
2	1	1	2	2	
10	**6**	**4**	**2**	**2**	
6	4	2	2	2	
1		1			
1		1			
2	2				

6–2c 续表 7

受教育程度 年龄	合计	生男孩的妇女人数	生女孩的妇女人数	一孩		
				小计	男	女
大学本科	**173**	**99**	**74**	**113**	**68**	**45**
15–19岁						
15						
16						
17						
18						
19						
20–24岁	**6**	**4**	**2**	**6**	**4**	**2**
20	1	1		1	1	
21						
22	1		1	1		1
23						
24	4	3	1	4	3	1
25–29岁	**95**	**54**	**41**	**78**	**45**	**33**
25	11	5	6	10	5	5
26	15	11	4	14	10	4
27	27	14	13	24	12	12
28	22	12	10	17	9	8
29	20	12	8	13	9	4
30–34岁	**63**	**39**	**24**	**27**	**19**	**8**
30	22	15	7	12	10	2
31	18	9	9	8	5	3
32	9	6	3	5	4	1
33	9	5	4	2		2
34	5	4	1			
35–39岁	**8**	**1**	**7**	**2**		**2**
35	6		6	1		1
36	1		1	1		1
37	1	1				
38						
39						
40–44岁	**1**	**1**				
40						
41						
42						
43						
44	1	1				
45–49岁						
45						
46						
47						
48						
49						

单位：人

二孩			三孩及以上		
小计	男	女	小计	男	女
58	**31**	**27**	**2**		**2**
16	**9**	**7**	**1**		**1**
1		1			
1	1				
3	2	1			
5	3	2			
6	3	3	1		1
36	**20**	**16**			
10	5	5			
10	4	6			
4	2	2			
7	5	2			
5	4	1			
5	**1**	**4**	**1**		**1**
4		4	1		1
1	1				
1	**1**				
1	1				

6-2c 续表 8

受教育程度 年 龄	合 计	生男孩的妇女人数	生女孩的妇女人数	一孩		
				小计	男	女
硕士研究生	**6**	**2**	**4**	**4**	**1**	**3**
15-19岁						
15						
16						
17						
18						
19						
20-24岁						
20						
21						
22						
23						
24						
25-29岁	**1**		**1**	**1**		**1**
25						
26						
27						
28						
29	1		1	1		1
30-34岁	**5**	**2**	**3**	**3**	**1**	**2**
30	1		1	1		1
31						
32	1		1			
33	2	2		1	1	
34	1		1	1		1
35-39岁						
35						
36						
37						
38						
39						
40-44岁						
40						
41						
42						
43						
44						
45-49岁						
45						
46						
47						
48						
49						

单位：人

二孩			三孩及以上		
小计	男	女	小计	男	女
2	**1**	**1**			
2	**1**	**1**			
1		1			
1	1				

6-2c 续表 9

受教育程度 年龄	合计	生男孩的妇女人数	生女孩的妇女人数	一孩		
				小计	男	女
博士研究生	**1**	**1**		**1**	**1**	
15-19岁						
15						
16						
17						
18						
19						
20-24岁						
20						
21						
22						
23						
24						
25-29岁	**1**	**1**		**1**	**1**	
25						
26						
27						
28	1	1		1	1	
29						
30-34岁						
30						
31						
32						
33						
34						
35-39岁						
35						
36						
37						
38						
39						
40-44岁						
40						
41						
42						
43						
44						
45-49岁						
45						
46						
47						
48						
49						

单位：人

二　孩			三孩及以上		
小计	男	女	小计	男	女

6−3 全区育龄妇女分年龄、孩次的生育状况
(2019.11.1−2020.10.31)

单位：人、‰

年龄	平均育龄妇女人数	出生人数	生育率	第一孩		第二孩		第三孩及以上	
				出生数	生育率	出生数	生育率	出生数	生育率
总　计	**181423**	**8712**	**48.02**	**3747**	**20.65**	**3473**	**19.14**	**1492**	**8.22**
15−19岁	**20386**	**314**	**15.40**	**250**	**12.26**	**57**	**2.80**	**7**	**0.34**
15	4534	6	1.32	6	1.32				
16	4482	11	2.45	11	2.45				
17	4185	38	9.08	36	8.60	1	0.24	1	0.24
18	3564	90	25.25	74	20.76	16	4.49		
19	3621	169	46.67	123	33.97	40	11.05	6	1.66
20−24岁	**22003**	**1902**	**86.44**	**1070**	**48.63**	**596**	**27.09**	**236**	**10.73**
20	4026	242	60.11	157	39.00	76	18.88	9	2.24
21	4376	335	76.55	181	41.36	122	27.88	32	7.31
22	4405	354	80.36	184	41.77	120	27.24	50	11.35
23	4514	451	99.91	239	52.95	136	30.13	76	16.84
24	4682	520	111.06	309	66.00	142	30.33	69	14.74
25−29岁	**26922**	**3244**	**120.50**	**1702**	**63.22**	**1076**	**39.97**	**466**	**17.31**
25	4872	541	111.04	290	59.52	170	34.89	81	16.63
26	5140	667	129.77	374	72.76	200	38.91	93	18.09
27	5331	727	136.37	414	77.66	217	40.71	96	18.01
28	5516	645	116.93	315	57.11	227	41.15	103	18.67
29	6063	664	109.52	309	50.96	262	43.21	93	15.34
30−34岁	**30217**	**2346**	**77.64**	**581**	**19.23**	**1266**	**41.90**	**499**	**16.51**
30	6727	661	98.26	244	36.27	293	43.56	124	18.43
31	6209	568	91.48	140	22.55	317	51.05	111	17.88
32	6202	456	73.52	88	14.19	261	42.08	107	17.25
33	5800	366	63.10	62	10.69	211	36.38	93	16.03
34	5279	295	55.88	47	8.90	184	34.86	64	12.12
35−39岁	**26045**	**732**	**28.11**	**111**	**4.26**	**405**	**15.55**	**216**	**8.29**
35	5186	203	39.14	24	4.63	120	23.14	59	11.38
36	4989	191	38.28	32	6.41	112	22.45	47	9.42
37	5088	139	27.32	18	3.54	79	15.53	42	8.25
38	5624	126	22.40	23	4.09	57	10.14	46	8.18
39	5158	73	14.15	14	2.71	37	7.17	22	4.27
40−44岁	**27094**	**132**	**4.87**	**29**	**1.07**	**52**	**1.92**	**51**	**1.88**
40	5676	50	8.81	14	2.47	18	3.17	18	3.17
41	5246	35	6.67	8	1.52	16	3.05	11	2.10
42	5172	24	4.64	3	0.58	9	1.74	12	2.32
43	5212	13	2.49	3	0.58	3	0.58	7	1.34
44	5788	10	1.73	1	0.17	6	1.04	3	0.52
45−49岁	**28756**	**42**	**1.46**	**4**	**0.14**	**21**	**0.73**	**17**	**0.59**
45	5647	10	1.77			5	0.89	5	0.89
46	5830	11	1.89	1	0.17	5	0.86	5	0.86
47	5868	9	1.53	2	0.34	4	0.68	3	0.51
48	5533	6	1.08			5	0.90	1	0.18
49	5878	6	1.02	1	0.17	2	0.34	3	0.51

6–3a 全区育龄妇女分年龄、孩次的生育状况(2019.11.1–2020.10.31)(城市)

单位：人、‰

年 龄	平均育龄妇女人数	出生人数	生育率	第一孩		第二孩		第三孩及以上	
				出生数	生育率	出生数	生育率	出生数	生育率
总 计	**80854**	**3515**	**43.47**	**1733**	**21.43**	**1551**	**19.18**	**231**	**2.86**
15–19岁	**8694**	**39**	**4.49**	**38**	**4.37**			**1**	**0.12**
15	1806	1	0.55	1	0.55				
16	1901								
17	1816	4	2.20	4	2.20				
18	1492	12	8.04	12	8.04				
19	1679	22	13.10	21	12.51			1	0.60
20–24岁	**10210**	**484**	**47.40**	**373**	**36.53**	**106**	**10.38**	**5**	**0.49**
20	2023	54	26.69	45	22.24	8	3.95	1	0.49
21	2138	67	31.34	53	24.79	14	6.55		
22	1973	68	34.47	56	28.38	12	6.08		
23	1975	119	60.25	82	41.52	35	17.72	2	1.01
24	2101	176	83.77	137	65.21	37	17.61	2	0.95
25–29岁	**12207**	**1364**	**111.74**	**893**	**73.15**	**426**	**34.90**	**45**	**3.69**
25	2151	192	89.26	135	62.76	53	24.64	4	1.86
26	2272	252	110.92	176	77.46	70	30.81	6	2.64
27	2436	318	130.54	220	90.31	82	33.66	16	6.57
28	2557	287	112.24	182	71.18	95	37.15	10	3.91
29	2791	315	112.86	180	64.49	126	45.15	9	3.22
30–34岁	**14286**	**1176**	**82.32**	**353**	**24.71**	**718**	**50.26**	**105**	**7.35**
30	3118	329	105.52	150	48.11	156	50.03	23	7.38
31	2975	292	98.15	94	31.60	179	60.17	19	6.39
32	2934	231	78.73	45	15.34	158	53.85	28	9.54
33	2765	174	62.93	35	12.66	118	42.68	21	7.59
34	2494	150	60.14	29	11.63	107	42.90	14	5.61
35–39岁	**11815**	**361**	**30.55**	**58**	**4.91**	**253**	**21.41**	**50**	**4.23**
35	2399	109	45.44	12	5.00	78	32.51	19	7.92
36	2354	95	40.36	16	6.80	72	30.59	7	2.97
37	2360	70	29.66	11	4.66	52	22.03	7	2.97
38	2463	52	21.11	13	5.28	29	11.77	10	4.06
39	2239	35	15.63	6	2.68	22	9.83	7	3.13
40–44岁	**11617**	**73**	**6.28**	**16**	**1.38**	**36**	**3.10**	**21**	**1.81**
40	2433	28	11.51	10	4.11	11	4.52	7	2.88
41	2255	22	9.76	4	1.77	13	5.76	5	2.22
42	2285	11	4.81			6	2.63	5	2.19
43	2236	7	3.13	1	0.45	2	0.89	4	1.79
44	2408	5	2.08	1	0.42	4	1.66		
45–49岁	**12025**	**18**	**1.50**	**2**	**0.17**	**12**	**1.00**	**4**	**0.33**
45	2414	5	2.07			4	1.66	1	0.41
46	2424	5	2.06	1	0.41	3	1.24	1	0.41
47	2410	5	2.07	1	0.41	4	1.66		
48	2343	1	0.43			1	0.43		
49	2434	2	0.82					2	0.82

6-3b 全区育龄妇女分年龄、孩次的生育状况
(2019.11.1-2020.10.31)(镇)

单位：人、‰

年龄	平均育龄妇女人数	出生人数	生育率	第一孩		第二孩		第三孩及以上	
				出生数	生育率	出生数	生育率	出生数	生育率
总计	**44601**	**2152**	**48.25**	**923**	**20.69**	**870**	**19.51**	**359**	**8.05**
15-19岁	**5140**	**56**	**10.89**	**46**	**8.95**	**10**	**1.95**		
15	1141	1	0.88	1	0.88				
16	1182	3	2.54	3	2.54				
17	1136	3	2.64	3	2.64				
18	915	12	13.11	11	12.02	1	1.09		
19	766	37	48.30	28	36.55	9	11.75		
20-24岁	**4753**	**456**	**95.94**	**285**	**59.96**	**127**	**26.72**	**44**	**9.26**
20	737	47	63.77	33	44.78	13	17.64	1	1.36
21	876	69	78.77	43	49.09	20	22.83	6	6.85
22	944	90	95.34	54	57.20	26	27.54	10	10.59
23	1050	111	105.71	65	61.90	31	29.52	15	14.29
24	1146	139	121.29	90	78.53	37	32.29	12	10.47
25-29岁	**6918**	**837**	**120.99**	**427**	**61.72**	**304**	**43.94**	**106**	**15.32**
25	1162	129	111.02	71	61.10	42	36.14	16	13.77
26	1337	179	133.88	110	82.27	54	40.39	15	11.22
27	1369	186	135.87	102	74.51	66	48.21	18	13.15
28	1404	175	124.64	73	51.99	71	50.57	31	22.08
29	1646	168	102.07	71	43.13	71	43.13	26	15.80
30-34岁	**8003**	**578**	**72.22**	**133**	**16.62**	**320**	**39.99**	**125**	**15.62**
30	1819	162	89.06	54	29.69	80	43.98	28	15.39
31	1607	138	85.87	23	14.31	83	51.65	32	19.91
32	1640	108	65.85	27	16.46	54	32.93	27	16.46
33	1565	97	61.98	17	10.86	59	37.70	21	13.42
34	1372	73	53.21	12	8.75	44	32.07	17	12.39
35-39岁	**6671**	**187**	**28.03**	**23**	**3.45**	**97**	**14.54**	**67**	**10.04**
35	1416	47	33.19	7	4.94	26	18.36	14	9.89
36	1248	51	40.87	7	5.61	24	19.23	20	16.03
37	1275	31	24.31	1	0.78	18	14.12	12	9.41
38	1426	40	28.05	5	3.51	20	14.03	15	10.52
39	1306	18	13.78	3	2.30	9	6.89	6	4.59
40-44岁	**6526**	**27**	**4.14**	**8**	**1.23**	**9**	**1.38**	**10**	**1.53**
40	1413	9	6.37	2	1.42	4	2.83	3	2.12
41	1322	7	5.30	3	2.27	1	0.76	3	2.27
42	1254	7	5.58	2	1.59	2	1.59	3	2.39
43	1191	2	1.68	1	0.84	1	0.84		
44	1346	2	1.49			1	0.74	1	0.74
45-49岁	**6590**	**11**	**1.67**	**1**	**0.15**	**3**	**0.46**	**7**	**1.06**
45	1305	2	1.53			1	0.77	1	0.77
46	1406	3	2.13					3	2.13
47	1363	2	1.47					2	1.47
48	1234	1	0.81			1	0.81		
49	1282	3	2.34	1	0.78	1	0.78	1	0.78

6-3c 全区育龄妇女分年龄、孩次的生育状况 (2019.11.1-2020.10.31)(乡村)

单位：人、‰

年 龄	平均育龄妇女人数	出生人数	生育率	第一孩		第二孩		第三孩及以上	
				出生数	生育率	出生数	生育率	出生数	生育率
总 计	**55968**	**3045**	**54.41**	**1091**	**19.49**	**1052**	**18.80**	**902**	**16.12**
15-19岁	**6552**	**219**	**33.42**	**166**	**25.34**	**47**	**7.17**	**6**	**0.92**
15	1587	4	2.52	4	2.52				
16	1399	8	5.72	8	5.72				
17	1233	31	25.14	29	23.52	1	0.81	1	0.81
18	1157	66	57.04	51	44.08	15	12.96		
19	1176	110	93.54	74	62.93	31	26.36	5	4.25
20-24岁	**7040**	**962**	**136.65**	**412**	**58.52**	**363**	**51.56**	**187**	**26.56**
20	1266	141	111.37	79	62.40	55	43.44	7	5.53
21	1362	199	146.11	85	62.41	88	64.61	26	19.09
22	1488	196	131.72	74	49.73	82	55.11	40	26.88
23	1489	221	148.42	92	61.79	70	47.01	59	39.62
24	1435	205	142.86	82	57.14	68	47.39	55	38.33
25-29岁	**7797**	**1043**	**133.77**	**382**	**48.99**	**346**	**44.38**	**315**	**40.40**
25	1559	220	141.12	84	53.88	75	48.11	61	39.13
26	1531	236	154.15	88	57.48	76	49.64	72	47.03
27	1526	223	146.13	92	60.29	69	45.22	62	40.63
28	1555	183	117.68	60	38.59	61	39.23	62	39.87
29	1626	181	111.32	58	35.67	65	39.98	58	35.67
30-34岁	**7928**	**592**	**74.67**	**95**	**11.98**	**228**	**28.76**	**269**	**33.93**
30	1790	170	94.97	40	22.35	57	31.84	73	40.78
31	1627	138	84.82	23	14.14	55	33.80	60	36.88
32	1628	117	71.87	16	9.83	49	30.10	52	31.94
33	1470	95	64.63	10	6.80	34	23.13	51	34.69
34	1413	72	50.96	6	4.25	33	23.35	33	23.35
35-39岁	**7559**	**184**	**24.34**	**30**	**3.97**	**55**	**7.28**	**99**	**13.10**
35	1371	47	34.28	5	3.65	16	11.67	26	18.96
36	1387	45	32.44	9	6.49	16	11.54	20	14.42
37	1453	38	26.15	6	4.13	9	6.19	23	15.83
38	1735	34	19.60	5	2.88	8	4.61	21	12.10
39	1613	20	12.40	5	3.10	6	3.72	9	5.58
40-44岁	**8951**	**32**	**3.58**	**5**	**0.56**	**7**	**0.78**	**20**	**2.23**
40	1830	13	7.10	2	1.09	3	1.64	8	4.37
41	1669	6	3.59	1	0.60	2	1.20	3	1.80
42	1633	6	3.67	1	0.61	1	0.61	4	2.45
43	1785	4	2.24	1	0.56			3	1.68
44	2034	3	1.47			1	0.49	2	0.98
45-49岁	**10141**	**13**	**1.28**	**1**	**0.10**	**6**	**0.59**	**6**	**0.59**
45	1928	3	1.56					3	1.56
46	2000	3	1.50			2	1.00	1	0.50
47	2095	2	0.95	1	0.48			1	0.48
48	1956	4	2.04			3	1.53	1	0.51
49	2162	1	0.46			1	0.46		

6-4 各地区育龄妇女年龄别生育率

单位：‰

地　区	15-19岁	20-24岁	25-29岁	30-34岁	35-39岁	40-44岁	45-49岁	总　和 生育率
宁　夏	**15.40**	**86.44**	**120.50**	**77.64**	**28.11**	**4.87**	**1.46**	**1672.09**
银川市	**6.98**	**53.85**	**111.69**	**82.11**	**30.09**	**5.87**	**0.83**	**1457.15**
兴庆区	4.42	44.05	89.60	76.01	30.90	5.94	1.58	1262.46
西夏区	5.52	28.91	111.30	91.16	23.81	2.45		1315.70
金凤区	9.25	55.31	122.57	86.80	37.51	10.25	0.86	1612.73
永宁县	5.64	78.65	127.01	69.88	23.26	5.74		1550.86
贺兰县	6.05	88.00	136.84	92.27	28.64	5.71	1.43	1794.72
灵武市	17.57	99.76	94.04	72.95	24.58	0.91		1549.04
石嘴山市	**4.42**	**59.92**	**118.06**	**62.52**	**21.93**	**4.09**	**1.30**	**1361.16**
大武口区		39.42	115.17	67.43	16.98	4.13	0.66	1218.97
惠农区		47.96	86.64	61.25	27.51	7.45	0.92	1158.72
平罗县	10.96	97.97	141.36	57.64	23.55	1.71	2.39	1677.90
吴忠市	**25.55**	**130.37**	**121.75**	**71.17**	**22.09**	**4.38**	**2.40**	**1888.55**
利通区	18.01	88.17	122.41	67.95	21.41	6.70	2.67	1636.67
红寺堡区	39.49	184.13	126.70	91.61	22.07	6.41	1.51	2359.64
盐池县	7.35	112.18	106.34	68.47	24.52	1.72	1.45	1610.17
同心县	40.25	190.62	122.48	60.66	22.98	2.74	5.06	2223.90
青铜峡市	9.99	79.57	125.56	76.18	20.76	1.84	0.84	1573.66
固原市	**19.41**	**105.75**	**134.81**	**74.12**	**33.32**	**5.06**	**1.15**	**1868.05**
原州区	26.49	99.68	130.76	78.51	33.37	4.69	0.57	1870.32
西吉县	11.78	118.64	152.53	90.05	39.03	5.05	2.80	2099.40
隆德县	6.51	60.48	117.85	62.84	21.98	4.67		1371.68
泾源县	35.23	125.48	88.80	31.47	35.71	6.25	3.47	1632.07
彭阳县	15.38	114.48	143.51	56.71	28.09	5.80		1819.84
中卫市	**22.14**	**131.13**	**134.91**	**85.43**	**28.80**	**3.38**	**2.32**	**2040.57**
沙坡头区	9.67	104.17	115.28	94.08	31.11	3.46	1.57	1796.66
中宁县	23.57	138.34	152.95	91.77	25.60	3.33	1.45	2185.04
海原县	29.85	147.90	141.88	69.31	29.20	3.35	4.89	2131.91

6–4a　各地区育龄妇女年龄别生育率(城市)

单位：‰

地　　区	15–19岁	20–24岁	25–29岁	30–34岁	35–39岁	40–44岁	45–49岁	总　和 生育率
宁　夏	**4.49**	**47.40**	**111.74**	**82.32**	**30.55**	**6.28**	**1.50**	**1421.42**
银川市	**2.69**	**36.11**	**105.25**	**84.76**	**33.10**	**6.83**	**1.16**	**1349.51**
兴庆区	2.41	40.76	80.69	77.84	32.39	6.47	1.68	1211.15
西夏区	2.10	20.86	114.60	94.15	26.22	2.94		1304.36
金凤区		41.33	122.82	85.32	38.89	9.96	0.54	1494.34
永宁县								
贺兰县	200.00		125.00	125.00	250.00	153.85	90.91	4723.78
灵武市	9.24	101.49	100.31	87.45	23.21	1.85		1617.69
石嘴山市		**45.71**	**108.33**	**64.04**	**19.97**	**5.06**	**0.99**	**1220.46**
大武口区		50.63	120.23	62.80	18.41	3.84	0.76	1283.36
惠农区		36.29	85.79	66.67	23.09	7.42	1.39	1103.27
平罗县								
吴忠市	**11.18**	**79.11**	**125.31**	**80.20**	**24.96**	**7.80**	**3.12**	**1658.44**
利通区	14.56	68.01	120.47	73.51	23.83	8.94	4.21	1567.64
红寺堡区	10.78	162.90	129.34	103.17	29.41	15.15	5.52	2281.39
盐池县								
同心县								
青铜峡市	4.19	57.14	137.50	81.25	25.00	1.75		1534.15
固原市	**5.29**	**50.62**	**131.55**	**80.95**	**38.82**	**5.43**	**1.04**	**1568.47**
原州区	5.29	50.62	131.55	80.95	38.82	5.43	1.04	1568.47
西吉县								
隆德县								
泾源县								
彭阳县								
中卫市	**1.55**	**78.58**	**118.13**	**95.90**	**29.35**	**2.23**	**1.83**	**1637.88**
沙坡头区	1.55	78.58	118.13	95.90	29.35	2.23	1.83	1637.88
中宁县								
海原县								

6-4b 各地区育龄妇女年龄别生育率(镇)

单位：‰

地　区	15-19岁	20-24岁	25-29岁	30-34岁	35-39岁	40-44岁	45-49岁	总　和 生育率
宁　夏	**10.89**	**95.94**	**120.99**	**72.22**	**28.03**	**4.14**	**1.67**	**1669.42**
银川市	**11.31**	**76.66**	**115.99**	**73.98**	**26.49**	**5.77**	**0.41**	**1553.02**
兴庆区	8.66	44.89	92.04	65.07	29.07	6.22		1229.72
西夏区	190.48	145.16	125.00	68.49				2645.65
金凤区	74.07	71.43	52.63	63.83	25.00		21.74	1543.52
永宁县	9.15	68.64	126.14	66.96	20.58	7.31		1493.91
贺兰县	4.47	95.84	131.66	90.22	31.57	6.38		1800.68
灵武市		94.42	84.42	47.45	25.53			1259.07
石嘴山市	**6.00**	**69.53**	**123.44**	**62.76**	**26.60**	**0.99**	**1.00**	**1451.61**
大武口区		4.27	105.88	98.59	14.93			1118.36
惠农区		95.89	79.55	52.63	43.01			1355.39
平罗县	9.59	105.69	131.96	60.96	25.49	1.25	1.34	1681.41
吴忠市	**20.96**	**146.90**	**100.46**	**62.19**	**24.24**	**3.75**	**4.79**	**1816.49**
利通区		153.85	112.36	24.39	29.85			1602.23
红寺堡区	142.86	166.67	96.77	103.45	50.00			2798.73
盐池县	4.90	117.37	110.24	77.67	21.63	2.90	2.66	1686.86
同心县	26.39	163.51	93.11	54.89	23.76	5.89	7.06	1873.07
青铜峡市		113.64	85.11	60.00	28.30		8.00	1475.22
固原市	**8.17**	**87.69**	**134.92**	**61.64**	**36.21**	**3.70**		**1661.65**
原州区	116.28	202.90	129.87	80.46				2647.54
西吉县	2.98	67.31	146.55	79.79	41.87	5.13		1718.14
隆德县		20.83	111.11	57.59	24.15	4.83		1092.61
泾源县	6.13	106.80	80.36	41.32	56.91			1457.61
彭阳县	8.97	94.02	159.82	44.87	37.17	3.34		1740.97
中卫市	**7.57**	**131.12**	**141.59**	**92.58**	**28.36**	**4.48**	**3.61**	**2046.50**
沙坡头区		64.52	139.53	108.70	16.39			1645.70
中宁县	4.02	115.73	153.60	98.77	26.11	4.71	2.70	2028.14
海原县	11.13	153.37	125.27	82.71	32.85	4.85	6.85	2085.23

6-4c　各地区育龄妇女年龄别生育率(乡村)

单位：‰

地　　区	15-19岁	20-24岁	25-29岁	30-34岁	35-39岁	40-44岁	45-49岁	总　和 生育率
宁　夏	**33.42**	**136.65**	**133.77**	**74.67**	**24.34**	**3.58**	**1.28**	**2038.56**
银川市	**18.69**	**95.99**	**129.12**	**85.15**	**23.75**	**3.10**	**0.43**	**1781.13**
兴庆区	9.06	64.52	174.47	80.29	18.10		3.47	1749.56
西夏区	46.15	160.71	77.35	73.86	13.79			1859.36
金凤区	43.96	107.04	128.16	95.10	30.85	12.53		2088.18
永宁县		101.54	129.63	80.25	29.70	2.76		1719.40
贺兰县	4.78	78.18	151.60	96.61	16.57			1738.68
灵武市	59.32	102.56	89.36	59.07	27.03			1686.73
石嘴山市	**8.21**	**71.65**	**133.33**	**56.89**	**18.87**	**6.76**	**2.40**	**1490.55**
大武口区		94.34	82.35	95.74		11.11		1417.74
惠农区		41.67	96.77	43.01	32.61	15.15		1146.06
平罗县	12.38	81.40	167.40	48.15	18.73	2.70	3.93	1673.40
吴忠市	**48.67**	**171.79**	**130.41**	**65.92**	**17.72**	**1.34**	**0.82**	**2183.37**
利通区	30.30	136.84	130.23	58.11	13.51	1.91		1854.57
红寺堡区	69.49	197.40	126.94	78.80	15.04	2.00		2448.37
盐池县	14.71	101.01	96.77	41.96	32.26			1433.53
同心县	61.93	209.65	146.56	66.23	22.30		3.55	2551.06
青铜峡市	26.18	108.25	112.61	72.87	10.68	2.56		1665.73
固原市	**33.30**	**137.28**	**136.27**	**76.84**	**28.50**	**5.51**	**1.66**	**2096.80**
原州区	55.46	159.80	129.75	73.86	27.96	4.06		2254.41
西吉县	19.43	132.08	155.26	95.73	37.31	5.01	3.98	2243.98
隆德县	10.93	85.53	122.81	68.57	19.11	4.52		1557.33
泾源县	58.25	137.50	95.24	24.24	19.11	9.52	5.38	1746.21
彭阳县	21.55	127.78	127.27	73.73	18.87	7.67		1884.38
中卫市	**41.84**	**152.54**	**140.12**	**73.43**	**28.82**	**3.28**	**1.90**	**2209.61**
沙坡头区	30.30	167.86	105.91	87.50	37.94	6.25	1.35	2185.54
中宁县	48.35	156.40	151.96	82.24	24.90	1.77		2328.07
海原县	42.45	145.90	150.70	60.18	26.92	2.55	4.11	2164.09

6-5 各地区按活产子女数分的15-64岁妇女人数

单位：人

地区	15-64岁妇女人数	活产0个	活产1个	活产2个	活产3个	活产4个	活产5个及以上
宁夏	**243750**	**53095**	**65674**	**79941**	**29946**	**10404**	**4690**
银川市	**97993**	**24182**	**35473**	**29682**	**6416**	**1700**	**540**
兴庆区	27467	6894	11202	7662	1299	309	101
西夏区	15623	6015	4791	3462	966	300	89
金凤区	22951	5415	10383	5813	1009	255	76
永宁县	10636	2097	2760	4245	1055	345	134
贺兰县	11686	2179	4035	4422	799	196	55
灵武市	9630	1582	2302	4078	1288	295	85
石嘴山市	**26826**	**5123**	**10252**	**9020**	**1861**	**420**	**150**
大武口区	10551	2239	4640	2876	640	126	30
惠农区	6753	1244	2898	2100	391	89	31
平罗县	9522	1640	2714	4044	830	205	89
吴忠市	**45838**	**8580**	**8909**	**16832**	**7565**	**2706**	**1246**
利通区	16050	3098	4099	6510	1869	367	107
红寺堡区	6350	1265	642	1924	1525	659	335
盐池县	5070	762	1022	2265	777	189	55
同心县	9852	1944	842	2586	2512	1278	690
青铜峡市	8516	1511	2304	3547	882	213	59
固原市	**37784**	**8392**	**4816**	**12375**	**7714**	**3033**	**1454**
原州区	16013	3460	2701	5684	2798	961	409
西吉县	10298	2756	862	2432	2255	1262	731
隆德县	3736	695	491	1561	714	192	83
泾源县	2686	558	254	855	717	221	81
彭阳县	5051	923	508	1843	1230	397	150
中卫市	**35309**	**6818**	**6224**	**12032**	**6390**	**2545**	**1300**
沙坡头区	13349	2343	3570	5054	1705	494	183
中宁县	10820	1812	1765	4263	1933	696	351
海原县	11140	2663	889	2715	2752	1355	766

6–6　全区按受教育程度、活产子女数分的15–64岁妇女人数

单位：人

受教育程度	15–64岁妇女人数	活产0个	活产1个	活产2个	活产3个	活产4个	活产5个及以上
总　计	**243750**	**53095**	**65674**	**79941**	**29946**	**10404**	**4690**
未上过学	11142	477	578	3312	3685	1900	1190
学前教育	143	14	13	54	35	16	11
小　学	54263	1656	4642	22346	16124	6506	2989
初　中	74074	7958	20983	34641	8361	1698	433
高　中	42291	17260	14062	9451	1248	215	55
大学专科	31047	11507	13462	5679	345	47	7
大学本科	28650	13186	11131	4167	139	22	5
硕士研究生	1997	983	735	272	7		
博士研究生	143	54	68	19	2		

6–7　全区按职业、活产子女数分的15–64岁妇女人数

单位：人

职业大类	15–64岁妇女人数	活产0个	活产1个	活产2个	活产3个	活产4个	活产5个及以上	妇女平均活产子女数
总　计	**119520**	**20045**	**37362**	**41508**	**13854**	**4651**	**2100**	**1.60**
党的机关、国家机关、群众团体和社会组织、企事业单位负责人	1329	196	672	393	53	13	2	1.26
专业技术人员	21810	7229	9826	4455	244	43	13	0.90
办事人员和有关人员	9465	2710	4557	2020	147	26	5	0.97
社会生产服务和生活服务人员	48553	7487	16641	18931	4193	992	309	1.50
农、林、牧、渔业生产及辅助人员	26624	965	2097	10675	7892	3296	1699	2.58
生产制造及有关人员	11521	1325	3533	5004	1312	277	70	1.64
不便分类的其他从业人员	218	133	36	30	13	4	2	0.74

6-8 各地区按存活子女数分的15-64岁妇女人数

单位：人

地　区	15-64岁妇女人数	存活0个	存活1个	存活2个	存活3个	存活4个	存活5个及以上
宁　夏	**243750**	**56958**	**65015**	**78803**	**29304**	**9771**	**3899**
银川市	**97993**	**25882**	**34942**	**29017**	**6170**	**1560**	**422**
兴庆区	27467	7423	10987	7439	1242	288	88
西夏区	15623	6208	4722	3401	947	278	67
金凤区	22951	5833	10210	5666	958	223	61
永宁县	10636	2339	2725	4138	992	330	112
贺兰县	11686	2401	3988	4300	772	180	45
灵武市	9630	1678	2310	4073	1259	261	49
石嘴山市	**26826**	**5463**	**10236**	**8879**	**1753**	**373**	**122**
大武口区	10551	2387	4605	2804	616	111	28
惠农区	6753	1313	2888	2063	386	79	24
平罗县	9522	1763	2743	4012	751	183	70
吴忠市	**45838**	**9485**	**8800**	**16579**	**7420**	**2530**	**1024**
利通区	16050	3569	4021	6333	1757	303	67
红寺堡区	6350	1334	649	1929	1526	629	283
盐池县	5070	808	1019	2258	768	171	46
同心县	9852	2067	852	2593	2531	1227	582
青铜峡市	8516	1707	2259	3466	838	200	46
固原市	**37784**	**8816**	**4801**	**12354**	**7666**	**2882**	**1265**
原州区	16013	3737	2669	5614	2761	886	346
西吉县	10298	2828	863	2458	2288	1211	650
隆德县	3736	720	486	1557	706	188	79
泾源县	2686	574	260	867	707	213	65
彭阳县	5051	957	523	1858	1204	384	125
中卫市	**35309**	**7312**	**6236**	**11974**	**6295**	**2426**	**1066**
沙坡头区	13349	2540	3551	5012	1641	455	150
中宁县	10820	1980	1787	4240	1883	648	282
海原县	11140	2792	898	2722	2771	1323	634

6-9　全区按受教育程度、存活子女数分的15-64岁妇女人数

单位：人

受教育程度	15-64岁妇女人数	存活0个	存活1个	存活2个	存活3个	存活4个	存活5个及以上
总　计	**243750**	**56958**	**65015**	**78803**	**29304**	**9771**	**3899**
未上过学	11142	660	611	3416	3674	1824	957
学前教育	143	16	13	55	33	15	11
小　学	54263	2586	4816	22275	15889	6166	2531
初　中	74074	9369	20790	33994	8043	1528	350
高　中	42291	17829	13811	9221	1200	186	44
大学专科	31047	11919	13237	5525	328	34	4
大学本科	28650	13509	10952	4040	129	18	2
硕士研究生	1997	1014	718	259	6		
博士研究生	143	56	67	18	2		

6-10　全区按职业、存活子女数分的15-64岁妇女人数

单位：人

职业大类	15-64岁妇女人数	存活0个	存活1个	存活2个	存活3个	存活4个	存活5个及以上	妇女平均存活子女数
总　计	**119520**	**22010**	**36904**	**40893**	**13586**	**4393**	**1734**	**1.55**
党的机关、国家机关、群众团体和社会组织、企事业单位负责人	1329	226	664	379	49	10	1	1.21
专业技术人员	21810	7551	9666	4314	233	37	9	0.88
办事人员和有关人员	9465	2857	4475	1970	137	24	2	0.94
社会生产服务和生活服务人员	48553	8410	16365	18568	4044	913	253	1.45
农、林、牧、渔业生产及辅助人员	26624	1317	2203	10702	7839	3150	1413	2.51
生产制造及有关人员	11521	1515	3495	4931	1269	256	55	1.60
不便分类的其他从业人员	218	134	36	29	15	3	1	0.72

6-11 各地区15-64岁妇女平均活产子女数和平均存活子女数

单位：人、%

地 区	15-64岁妇女人数	活产子女总数			存活子女总数			存活子女数占活产子女数的百分比	妇女平均活产子女数	妇女平均存活子女数
		合计	男	女	合计	男	女			
宁 夏	**243750**	**383118**	**200974**	**182144**	**370875**	**193633**	**177242**	**96.80**	**1.57**	**1.52**
银川市	**97993**	**123817**	**65255**	**58562**	**119988**	**62961**	**57027**	**96.91**	**1.26**	**1.22**
兴庆区	27467	32211	17029	15182	31216	16445	14771	96.91	1.17	1.14
西夏区	15623	16288	8561	7727	15832	8267	7565	97.20	1.04	1.01
金凤区	22951	26455	13863	12592	25622	13377	12245	96.85	1.15	1.12
永宁县	10636	16550	8791	7759	15917	8394	7523	96.18	1.56	1.50
贺兰县	11686	16350	8581	7769	15862	8301	7561	97.02	1.40	1.36
灵武市	9630	15963	8430	7533	15539	8177	7362	97.34	1.66	1.61
石嘴山市	**26826**	**36392**	**19005**	**17387**	**35407**	**18391**	**17016**	**97.29**	**1.36**	**1.32**
大武口区	10551	12975	6749	6226	12652	6556	6096	97.51	1.23	1.20
惠农区	6753	8792	4644	4148	8614	4533	4081	97.98	1.30	1.28
平罗县	9522	14625	7612	7013	14141	7302	6839	96.69	1.54	1.49
吴忠市	**45838**	**83083**	**43663**	**39420**	**79945**	**41859**	**38086**	**96.22**	**1.81**	**1.74**
利通区	16050	24770	13050	11720	23523	12360	11163	94.97	1.54	1.47
红寺堡区	6350	13620	7265	6355	13184	6996	6188	96.80	2.14	2.08
盐池县	5070	8925	4759	4166	8760	4656	4104	98.15	1.76	1.73
同心县	9852	22552	11675	10877	21731	11192	10539	96.36	2.29	2.21
青铜峡市	8516	13216	6914	6302	12747	6655	6092	96.45	1.55	1.50
固原市	**37784**	**72912**	**38096**	**34816**	**70939**	**36845**	**34094**	**97.29**	**1.93**	**1.88**
原州区	16013	28559	14941	13618	27595	14355	13240	96.62	1.78	1.72
西吉县	10298	21664	11416	10248	21092	11031	10061	97.36	2.10	2.05
隆德县	3736	6977	3670	3307	6897	3630	3267	98.85	1.87	1.85
泾源县	2686	5424	2721	2703	5300	2636	2664	97.71	2.02	1.97
彭阳县	5051	10288	5348	4940	10055	5193	4862	97.74	2.04	1.99
中卫市	**35309**	**66914**	**34955**	**31959**	**64596**	**33577**	**31019**	**96.54**	**1.90**	**1.83**
沙坡头区	13349	21791	11413	10378	21134	11036	10098	96.98	1.63	1.58
中宁县	10820	20836	10831	10005	20032	10337	9695	96.14	1.93	1.85
海原县	11140	24287	12711	11576	23430	12204	11226	96.47	2.18	2.10

6–12　全区按年龄分的15–64岁妇女平均活产子女数和平均存活子女数

单位：人、%

年　龄	15–64岁妇女人数	活产子女总数			存活子女总数			存活子女数占活产子女数的百分比	妇女平均活产子女数	妇女平均存活子女数
		合计	男	女	合计	男	女			
总　计	**243750**	**383118**	**200974**	**182144**	**370875**	**193633**	**177242**	**96.80**	**1.57**	**1.52**
15–19岁	**20624**	**447**	**221**	**226**	**436**	**215**	**221**	**97.54**	**0.02**	**0.02**
15	4222	5	1	4	4	1	3	80.00		
16	4752	13	7	6	12	6	6	92.31		
17	4298	37	20	17	34	18	16	91.89	0.01	0.01
18	3705	124	72	52	124	72	52	100.00	0.03	0.03
19	3647	268	121	147	262	118	144	97.76	0.07	0.07
20–24岁	**21382**	**8161**	**4303**	**3858**	**7999**	**4202**	**3797**	**98.01**	**0.38**	**0.37**
20	3941	582	295	287	570	288	282	97.94	0.15	0.14
21	3946	978	534	444	953	520	433	97.44	0.25	0.24
22	4607	1734	911	823	1693	887	806	97.64	0.38	0.37
23	4354	2066	1062	1004	2028	1039	989	98.16	0.47	0.47
24	4534	2801	1501	1300	2755	1468	1287	98.36	0.62	0.61
25–29岁	**26180**	**27592**	**14317**	**13275**	**26929**	**13928**	**13001**	**97.60**	**1.05**	**1.03**
25	4890	3604	1822	1782	3521	1782	1739	97.70	0.74	0.72
26	4882	4481	2372	2109	4382	2307	2075	97.79	0.92	0.90
27	5334	5534	2821	2713	5406	2749	2657	97.69	1.04	1.01
28	5457	6536	3475	3061	6378	3380	2998	97.58	1.20	1.17
29	5617	7437	3827	3610	7242	3710	3532	97.38	1.32	1.29
30–34岁	**30912**	**49697**	**25929**	**23768**	**48463**	**25207**	**23256**	**97.52**	**1.61**	**1.57**
30	6803	9908	5096	4812	9677	4956	4721	97.67	1.46	1.42
31	6360	9819	5164	4655	9594	5031	4563	97.71	1.54	1.51
32	6027	9724	5127	4597	9476	4987	4489	97.45	1.61	1.57
33	6241	10612	5520	5092	10341	5355	4986	97.45	1.70	1.66
34	5481	9634	5022	4612	9375	4878	4497	97.31	1.76	1.71
35–39岁	**25904**	**48269**	**25248**	**23021**	**47056**	**24522**	**22534**	**97.49**	**1.86**	**1.82**
35	5026	9079	4736	4343	8837	4587	4250	97.33	1.81	1.76
36	5235	9651	5026	4625	9416	4886	4530	97.57	1.84	1.80
37	4865	9150	4778	4372	8930	4648	4282	97.60	1.88	1.84
38	5712	10778	5669	5109	10505	5508	4997	97.47	1.89	1.84
39	5066	9611	5039	4572	9368	4893	4475	97.47	1.90	1.85
40–44岁	**26780**	**50522**	**26638**	**23884**	**49013**	**25730**	**23283**	**97.01**	**1.89**	**1.83**
40	5607	10882	5716	5166	10587	5537	5050	97.29	1.94	1.89
41	5218	9733	5126	4607	9409	4929	4480	96.67	1.87	1.80
42	5321	9989	5322	4667	9692	5142	4550	97.03	1.88	1.82
43	4974	9411	4896	4515	9151	4740	4411	97.24	1.89	1.84
44	5660	10507	5578	4929	10174	5382	4792	96.83	1.86	1.80
45–49岁	**28630**	**54744**	**28941**	**25803**	**52998**	**27906**	**25092**	**96.81**	**1.91**	**1.85**
45	5667	10784	5689	5095	10427	5485	4942	96.69	1.90	1.84
46	5785	11065	5809	5256	10757	5642	5115	97.22	1.91	1.86
47	5845	11171	5872	5299	10770	5625	5145	96.41	1.91	1.84
48	5843	11212	5937	5275	10866	5741	5125	96.91	1.92	1.86
49	5490	10512	5634	4878	10178	5413	4765	96.82	1.91	1.85
50–54岁	**28167**	**58870**	**30876**	**27994**	**56819**	**29622**	**27197**	**96.52**	**2.09**	**2.02**
50	6251	12478	6545	5933	12081	6299	5782	96.82	2.00	1.93
51	5867	11898	6272	5626	11519	6046	5473	96.81	2.03	1.96
52	6132	12961	6786	6175	12490	6492	5998	96.37	2.11	2.04
53	4736	10133	5327	4806	9715	5081	4634	95.87	2.14	2.05
54	5181	11400	5946	5454	11014	5704	5310	96.61	2.20	2.13
55–59岁	**21388**	**49578**	**26077**	**23501**	**47558**	**24845**	**22713**	**95.93**	**2.32**	**2.22**
55	4897	10966	5722	5244	10529	5459	5070	96.01	2.24	2.15
56	4902	11162	5789	5373	10720	5539	5181	96.04	2.28	2.19
57	5237	11985	6333	5652	11504	6026	5478	95.99	2.29	2.20
58	4308	10477	5542	4935	10058	5282	4776	96.00	2.43	2.33
59	2044	4988	2691	2297	4747	2539	2208	95.17	2.44	2.32
60–64岁	**13783**	**35238**	**18424**	**16814**	**33604**	**17456**	**16148**	**95.36**	**2.56**	**2.44**
60	2495	6031	3201	2830	5745	3038	2707	95.26	2.42	2.30
61	2164	5239	2764	2475	5008	2613	2395	95.59	2.42	2.31
62	2819	7107	3757	3350	6786	3550	3236	95.48	2.52	2.41
63	3162	8272	4301	3971	7920	4090	3830	95.74	2.62	2.50
64	3143	8589	4401	4188	8145	4165	3980	94.83	2.73	2.59

6–13 全区按受教育程度分的15–64岁妇女平均活产子女数和平均存活子女数

单位：人、%

受教育程度	15–64岁妇女人数	活产子女总数			存活子女总数			存活子女数占活产子女数的百分比	妇女平均活产子女数	妇女平均存活子女数
		合计	男	女	合计	男	女			
总　计	**243750**	**383118**	**200974**	**182144**	**370875**	**193633**	**177242**	**96.80**	**1.57**	**1.52**
未上过学	11142	32609	16990	15619	31032	16063	14969	95.16	2.93	2.79
学前教育	143	349	186	163	341	182	159	97.71	2.44	2.38
小　学	54263	140328	73746	66582	135515	70836	64679	96.57	2.59	2.50
初　中	74074	124483	65293	59190	120867	63076	57791	97.10	1.68	1.63
高　中	42291	37860	19913	17947	36827	19337	17490	97.27	0.90	0.87
大学专科	31047	26079	13613	12466	25428	13238	12190	97.50	0.84	0.82
大学本科	28650	19998	10503	9495	19502	10197	9305	97.52	0.70	0.68
硕士研究生	1997	1300	668	632	1254	643	611	96.46	0.65	0.63
博士研究生	143	112	62	50	109	61	48	97.32	0.78	0.76

第二部分 长表数据资料

第七卷 迁移和户口登记地

7-1　全区按现住地、户口登记地类型分的户口登记地在外乡镇街道人口

单位：人

现住地	合计					自治区内				
	合计	乡	镇的村委会	镇的居委会	街道	小计	乡	镇的村委会	镇的居委会	街道
宁　夏	**310455**	**71863**	**151270**	**31403**	**55919**	**251185**	**57900**	**116691**	**27493**	**49101**
银川市	**146289**	**24333**	**70072**	**14478**	**37406**	**105315**	**15756**	**45193**	**11921**	**32445**
兴庆区	38482	6542	16438	3404	12098	24275	3253	8002	2561	10459
西夏区	25864	4868	11777	2702	6517	17812	3084	7144	2129	5455
金凤区	28129	3330	9541	4145	11113	21372	2056	5895	3567	9854
永宁县	16817	3382	10958	986	1491	12765	2607	8031	843	1284
贺兰县	19400	3345	10596	1562	3897	14542	2381	7421	1312	3428
灵武市	17597	2866	10762	1679	2290	14549	2375	8700	1509	1965
石嘴山市	**35412**	**9889**	**12933**	**3277**	**9313**	**28004**	**7804**	**9188**	**2800**	**8212**
大武口区	12952	2292	4063	1218	5379	9483	1309	2404	997	4773
惠农区	9395	2317	2961	759	3358	6838	1600	1602	635	3001
平罗县	13065	5280	5909	1300	576	11683	4895	5182	1168	438
吴忠市	**56975**	**15695**	**31500**	**7355**	**2425**	**51071**	**13777**	**28261**	**6918**	**2115**
利通区	21875	5603	11067	4469	736	20208	5134	10147	4274	653
红寺堡区	8097	4074	3314	520	189	7292	3672	3032	449	139
盐池县	8085	3085	4187	396	417	6562	2644	3268	333	317
同心县	7723	1513	5389	690	131	7377	1422	5192	654	109
青铜峡市	11195	1420	7543	1280	952	9632	905	6622	1208	897
固原市	**33009**	**11192**	**13495**	**2647**	**5675**	**31130**	**10560**	**12601**	**2504**	**5465**
原州区	20530	3596	10140	1572	5222	19448	3306	9550	1525	5067
西吉县	5506	3699	1282	416	109	5239	3575	1193	372	99
隆德县	2242	1435	467	290	50	2068	1349	403	271	45
泾源县	1276	499	543	125	109	1200	477	515	112	96
彭阳县	3455	1963	1063	244	185	3175	1853	940	224	158
中卫市	**38770**	**10754**	**23270**	**3646**	**1100**	**35665**	**10003**	**21448**	**3350**	**864**
沙坡头区	17695	1632	13421	2316	326	16095	1417	12379	2105	194
中宁县	14306	5202	7804	1038	262	13059	4742	7166	963	188
海原县	6769	3920	2045	292	512	6511	3844	1903	282	482

7-1 续表 1

单位：人

现住地	自治区外									
	小计					北京				
	小计	乡	镇的村委会	镇的居委会	街道	小计	乡	镇的村委会	镇的居委会	街道
宁夏	**59270**	**13963**	**34579**	**3910**	**6818**	**194**	**5**	**14**	**36**	**139**
银川市	**40974**	**8577**	**24879**	**2557**	**4961**	**161**		**12**	**28**	**121**
兴庆区	14207	3289	8436	843	1639	63		7	9	47
西夏区	8052	1784	4633	573	1062	14				14
金凤区	6757	1274	3646	578	1259	73		3	17	53
永宁县	4052	775	2927	143	207	1			1	
贺兰县	4858	964	3175	250	469	6		1		5
灵武市	3048	491	2062	170	325	4		1	1	2
石嘴山市	**7408**	**2085**	**3745**	**477**	**1101**	**10**			**3**	**7**
大武口区	3469	983	1659	221	606	8			2	6
惠农区	2557	717	1359	124	357	2			1	1
平罗县	1382	385	727	132	138					
吴忠市	**5904**	**1918**	**3239**	**437**	**310**	**10**	**2**	**1**	**3**	**4**
利通区	1667	469	920	195	83	3			1	2
红寺堡区	805	402	282	71	50	2	1	1		
盐池县	1523	441	919	63	100	3	1			2
同心县	346	91	197	36	22	2			2	
青铜峡市	1563	515	921	72	55					
固原市	**1879**	**632**	**894**	**143**	**210**	**8**	**1**	**1**	**2**	**4**
原州区	1082	290	590	47	155	3				3
西吉县	267	124	89	44	10	2			2	
隆德县	174	86	64	19	5	1	1			
泾源县	76	22	28	13	13	1				1
彭阳县	280	110	123	20	27	1		1		
中卫市	**3105**	**751**	**1822**	**296**	**236**	**5**	**2**			**3**
沙坡头区	1600	215	1042	211	132	1				1
中宁县	1247	460	638	75	74	2				2
海原县	258	76	142	10	30	2	2			

7—1 续表 2

单位：人

现住地	自治区外									
	天津					河北				
	小计	乡	镇的村委会	镇的居委会	街道	小计	乡	镇的村委会	镇的居委会	街道
宁夏	**130**	**12**	**28**	**17**	**73**	**2888**	**639**	**1709**	**176**	**364**
银川市	**95**	**7**	**19**	**9**	**60**	**1916**	**386**	**1164**	**110**	**256**
兴庆区	19	3		5	11	725	132	450	42	101
西夏区	12	1	1	1	9	335	67	176	20	72
金凤区	22	1	2	2	17	251	52	125	23	51
永宁县	14		10		4	276	66	199	5	6
贺兰县	10	2	3		5	175	37	116	8	14
灵武市	18		3	1	14	154	32	98	12	12
石嘴山市	**12**			**4**	**8**	**462**	**109**	**266**	**24**	**63**
大武口区	2			1	1	164	41	85	9	29
惠农区	4				4	233	57	154	1	21
平罗县	6			3	3	65	11	27	14	13
吴忠市	**15**	**4**	**3**	**3**	**5**	**218**	**70**	**117**	**17**	**14**
利通区	4		1	3		108	34	66	4	4
红寺堡区	2	1			1	33	13	10	4	6
盐池县	1				1	28	13	11	2	2
同心县	1				1	28	5	21	2	
青铜峡市	7	3	2		2	21	5	9	5	2
固原市	**3**		**3**			**121**	**51**	**52**		**18**
原州区	1		1			88	36	36		16
西吉县	1		1			11	4	7		
隆德县						7	6	1		
泾源县						1		1		
彭阳县	1		1			14	5	7		2
中卫市	**5**	**1**	**3**	**1**		**171**	**23**	**110**	**25**	**13**
沙坡头区	4		3	1		91	3	62	18	8
中宁县	1	1				60	17	35	7	1
海原县						20	3	13		4

7-1 续表 3 单位：人

现住地	自治区外									
	山西					内蒙古				
	小计	乡	镇的村委会	镇的居委会	街道	小计	乡	镇的村委会	镇的居委会	街道
宁 夏	**1505**	**326**	**890**	**94**	**195**	**2385**	**340**	**977**	**421**	**647**
银川市	**1081**	**197**	**659**	**63**	**162**	**1375**	**166**	**513**	**260**	**436**
兴庆区	329	67	198	23	41	398	52	144	73	129
西夏区	224	37	124	14	49	310	30	129	64	87
金凤区	221	32	133	13	43	350	38	102	89	121
永宁县	79	10	60	7	2	90	9	46	11	24
贺兰县	122	29	76	3	14	161	31	59	15	56
灵武市	106	22	68	3	13	66	6	33	8	19
石嘴山市	**220**	**96**	**95**	**10**	**19**	**619**	**88**	**244**	**106**	**181**
大武口区	38	8	17	3	10	253	32	103	49	69
惠农区	142	76	57	3	6	236	38	80	27	91
平罗县	40	12	21	4	3	130	18	61	30	21
吴忠市	**109**	**11**	**77**	**14**	**7**	**227**	**53**	**129**	**34**	**11**
利通区	39	4	27	5	3	78	18	38	19	3
红寺堡区	17		8	9		25	6	9	9	1
盐池县	32	5	26		1	87	23	59	2	3
同心县	3		3			2	1	1		
青铜峡市	18	2	13		3	35	5	22	4	4
固原市	**26**	**12**	**11**	**1**	**2**	**32**	**13**	**8**	**6**	**5**
原州区	14	8	4		2	15	5	4	1	5
西吉县						13	5	3	5	
隆德县						2	2			
泾源县	8	2	6							
彭阳县	4	2	1	1		2	1	1		
中卫市	**69**	**10**	**48**	**6**	**5**	**132**	**20**	**83**	**15**	**14**
沙坡头区	45	3	34	5	3	93	13	59	12	9
中宁县	14	5	8	1		36	7	21	3	5
海原县	10	2	6		2	3		3		

7-1 续表 4

单位：人

现住地	自治区外									
	辽宁					吉林				
	小计	乡	镇的村委会	镇的居委会	街道	小计	乡	镇的村委会	镇的居委会	街道
宁夏	**539**	**58**	**227**	**80**	**174**	**476**	**71**	**229**	**51**	**125**
银川市	**359**	**44**	**137**	**50**	**128**	**327**	**38**	**158**	**39**	**92**
兴庆区	95	5	28	15	47	100	13	52	6	29
西夏区	92	4	43	9	36	89	7	39	15	28
金凤区	78	13	28	13	24	49	8	12	10	19
永宁县	33	4	19	6	4	27	2	21	1	3
贺兰县	20	6	5	2	7	27	3	16	3	5
灵武市	41	12	14	5	10	35	5	18	4	8
石嘴山市	**109**	**8**	**57**	**9**	**35**	**82**	**16**	**45**	**4**	**17**
大武口区	50	4	15	5	26	43	11	16	3	13
惠农区	52	4	37	3	8	28	4	21		3
平罗县	7		5	1	1	11	1	8	1	1
吴忠市	**42**	**6**	**16**	**11**	**9**	**45**	**9**	**18**	**5**	**13**
利通区	15	2	6	7		10	4	3	3	
红寺堡区	10	3	5		2	2		1	1	
盐池县	6		1		5	24	3	7	1	13
同心县	2			1	1	3		3		
青铜峡市	9	1	4	3	1	6	2	4		
固原市	**7**		**4**	**2**	**1**	**10**	**2**	**4**	**1**	**3**
原州区	4		2	1	1	7	2	2		3
西吉县	2		1	1		1			1	
隆德县										
泾源县										
彭阳县	1		1			2		2		
中卫市	**22**		**13**	**8**	**1**	**12**	**6**	**4**	**2**	
沙坡头区	21		12	8	1	8	6	1	1	
中宁县	1		1			4		3	1	
海原县										

7-1 续表 5

单位：人

现住地	自治区外									
	黑龙江					上海				
	小计	乡	镇的村委会	镇的居委会	街道	小计	乡	镇的村委会	镇的居委会	街道
宁夏	**873**	**122**	**359**	**120**	**272**	**71**	**1**	**15**	**9**	**46**
银川市	**648**	**83**	**280**	**83**	**202**	**46**		**3**	**4**	**39**
兴庆区	196	37	72	20	67	21		3		18
西夏区	114	12	55	20	27	6				6
金凤区	152	12	54	19	67	17			4	13
永宁县	37	10	16	4	7	2				2
贺兰县	71	5	42	18	6					
灵武市	78	7	41	2	28					
石嘴山市	**149**	**25**	**53**	**17**	**54**	**10**		**6**		**4**
大武口区	78	17	17	6	38	1				1
惠农区	49	6	22	6	15	9		6		3
平罗县	22	2	14	5	1					
吴忠市	**35**	**4**	**9**	**11**	**11**	**5**			**4**	**1**
利通区	21	4	5	7	5	5			4	1
红寺堡区	2		1	1						
盐池县	7		1	2	4					
同心县	1			1						
青铜峡市	4		2		2					
固原市	**20**	**6**	**9**	**2**	**3**	**3**		**1**		**2**
原州区	13	6	4		3	2				2
西吉县	1			1						
隆德县						1		1		
泾源县	1			1						
彭阳县	5		5							
中卫市	**21**	**4**	**8**	**7**	**2**	**7**	**1**	**5**	**1**	
沙坡头区	14	1	6	5	2					
中宁县	6	3	1	2		3		2	1	
海原县	1		1			4	1	3		

7-1　续表 6　　　　单位：人

现住地	自治区外									
	江苏					浙江				
	小计	乡	镇的村委会	镇的居委会	街道	小计	乡	镇的村委会	镇的居委会	街道
宁　夏	**1455**	**170**	**873**	**161**	**251**	**1032**	**95**	**602**	**96**	**239**
银川市	**999**	**91**	**642**	**109**	**157**	**687**	**65**	**398**	**55**	**169**
兴庆区	323	38	209	31	45	403	38	246	28	91
西夏区	137	13	97	14	13	60	6	44	1	9
金凤区	200	11	107	30	52	108	9	42	11	46
永宁县	38	5	22	8	3	49	8	30	6	5
贺兰县	122	15	84	5	18	42	2	22	4	14
灵武市	179	9	123	21	26	25	2	14	5	4
石嘴山市	**206**	**42**	**98**	**11**	**55**	**143**	**13**	**72**	**13**	**45**
大武口区	83	16	30	6	31	84	3	39	6	36
惠农区	81	14	43	4	20	32	9	16	5	2
平罗县	42	12	25	1	4	27	1	17	2	7
吴忠市	**99**	**19**	**54**	**10**	**16**	**97**	**8**	**51**	**21**	**17**
利通区	37	13	15	4	5	29		13	10	6
红寺堡区	10	3	2	2	3	30	4	18	1	7
盐池县	16	3	6	3	4	12	3	6	3	
同心县	4		4			3		1		2
青铜峡市	32		27	1	4	23	1	13	7	2
固原市	**35**	**2**	**23**	**3**	**7**	**46**	**7**	**32**	**4**	**3**
原州区	14		9	2	3	26	2	22		2
西吉县	5	1	3		1	3		3		
隆德县	6		5	1		12	3	4	4	1
泾源县	1		1							
彭阳县	9	1	5		3	5	2	3		
中卫市	**116**	**16**	**56**	**28**	**16**	**59**	**2**	**49**	**3**	**5**
沙坡头区	99	15	41	27	16	42		35	3	4
中宁县	7	1	5	1		8	1	6		1
海原县	10		10			9	1	8		

7–1 续表 7

单位：人

现住地	自治区外									
	安徽					福建				
	小计	乡	镇的村委会	镇的居委会	街道	小计	乡	镇的村委会	镇的居委会	街道
宁　夏	**2399**	**450**	**1651**	**112**	**186**	**531**	**73**	**330**	**34**	**94**
银川市	**1805**	**315**	**1283**	**77**	**130**	**364**	**58**	**207**	**28**	**71**
兴庆区	707	161	455	38	53	211	34	119	21	37
西夏区	254	44	169	13	28	48	13	28	1	6
金凤区	356	58	255	12	31	37	5	17	1	14
永宁县	174	26	134	4	10	28	1	19	3	5
贺兰县	176	17	147	7	5	30	5	17		8
灵武市	138	9	123	3	3	10		7	2	1
石嘴山市	**332**	**89**	**190**	**11**	**42**	**80**	**12**	**55**	**3**	**10**
大武口区	150	57	62	3	28	26	5	19		2
惠农区	115	15	83	7	10	38	5	25	1	7
平罗县	67	17	45	1	4	16	2	11	2	1
吴忠市	**148**	**37**	**97**	**11**	**3**	**35**		**31**	**1**	**3**
利通区	62	18	41		3	20		19	1	
红寺堡区	12	5	2	5		6		5		1
盐池县	28	7	19	2						
同心县	9		6	3		7		6		1
青铜峡市	37	7	29	1		2		1		1
固原市	**51**	**3**	**42**	**1**	**5**	**16**	**2**	**10**	**2**	**2**
原州区	14		12		2	5		3	1	1
西吉县	10	2	6		2	4	1	2	1	
隆德县	1			1		1	1			
泾源县	3	1	1		1					
彭阳县	23		23			6		5		1
中卫市	**63**	**6**	**39**	**12**	**6**	**36**	**1**	**27**		**8**
沙坡头区	29		19	4	6	21		18		3
中宁县	30	6	17	7		7		3		4
海原县	4		3	1		8	1	6		1

7-1 续表 8 单位：人

现住地	自治区外									
	江西					山东				
	小计	乡	镇的村委会	镇的居委会	街道	小计	乡	镇的村委会	镇的居委会	街道
宁夏	**422**	**98**	**237**	**41**	**46**	**2145**	**294**	**1356**	**158**	**337**
银川市	**320**	**74**	**189**	**27**	**30**	**1545**	**204**	**1006**	**83**	**252**
兴庆区	155	48	82	14	11	492	61	343	18	70
西夏区	35	6	19	1	9	325	46	194	21	64
金凤区	26	5	13	3	5	228	37	122	17	52
永宁县	67	6	57	3	1	159	11	121	6	21
贺兰县	28	7	12	5	4	205	38	137	13	17
灵武市	9	2	6	1		136	11	89	8	28
石嘴山市	**27**	**10**	**6**		**11**	**340**	**49**	**201**	**29**	**61**
大武口区	17	6	6		5	161	27	90	14	30
惠农区	7	1			6	124	19	71	15	19
平罗县	3	3				55	3	40		12
吴忠市	**26**	**5**	**14**	**7**		**129**	**21**	**82**	**18**	**8**
利通区	14	3	9	2		50	4	33	12	1
红寺堡区	6	2	2	2		10		7	2	1
盐池县						21	5	10	2	4
同心县	3		1	2		19	8	10	1	
青铜峡市	3		2	1		29	4	22	1	2
固原市	**31**	**6**	**14**	**7**	**4**	**52**	**10**	**19**	**15**	**8**
原州区	14	1	10	3		22		9	9	4
西吉县	6	5	1			8	7			1
隆德县	2		2			1		1		
泾源县	1		1			2	2			
彭阳县	8			4	4	19	1	9	6	3
中卫市	**18**	**3**	**14**		**1**	**79**	**10**	**48**	**13**	**8**
沙坡头区	12		12			41	6	26	9	
中宁县	5	3	1		1	34	2	21	4	7
海原县	1		1			4	2	1		1

7-1 续表 9

单位：人

现住地	自治区外									
	河南					湖北				
	小计	乡	镇的村委会	镇的居委会	街道	小计	乡	镇的村委会	镇的居委会	街道
宁夏	**6433**	**1779**	**3821**	**325**	**508**	**1168**	**178**	**713**	**88**	**189**
银川市	**4352**	**1119**	**2679**	**216**	**338**	**784**	**113**	**465**	**62**	**144**
兴庆区	1533	399	934	91	109	270	56	156	13	45
西夏区	887	240	538	41	68	175	29	101	20	25
金凤区	528	152	289	35	52	138	13	86	9	30
永宁县	430	99	296	11	24	63	7	48	4	4
贺兰县	570	147	340	25	58	74	6	27	8	33
灵武市	404	82	282	13	27	64	2	47	8	7
石嘴山市	**1276**	**435**	**671**	**52**	**118**	**138**	**24**	**83**	**5**	**26**
大武口区	716	262	360	23	71	50	8	27	1	14
惠农区	351	105	198	9	39	70	12	47	1	10
平罗县	209	68	113	20	8	18	4	9	3	2
吴忠市	**407**	**116**	**239**	**33**	**19**	**103**	**15**	**68**	**11**	**9**
利通区	138	43	78	15	2	25	6	15	3	1
红寺堡区	40	10	14	10	6	12		8		4
盐池县	65	19	39		7	31		29		2
同心县	24	6	13	5		21	5	8	6	2
青铜峡市	140	38	95	3	4	14	4	8	2	
固原市	**185**	**56**	**105**	**4**	**20**	**34**	**15**	**15**	**2**	**2**
原州区	125	21	85	1	18	19	4	12	1	2
西吉县	28	17	10	1		7	6	1		
隆德县	14	8	6			1	1			
泾源县	7	3	3	1						
彭阳县	11	7	1	1	2	7	4	2	1	
中卫市	**213**	**53**	**127**	**20**	**13**	**109**	**11**	**82**	**8**	**8**
沙坡头区	119	25	79	7	8	83	7	67	3	6
中宁县	63	16	32	10	5	21	4	13	3	1
海原县	31	12	16	3		5		2	2	1

7-1 续表 10

单位：人

现住地	自治区外									
	湖南					广东				
	小计	乡	镇的村委会	镇的居委会	街道	小计	乡	镇的村委会	镇的居委会	街道
宁夏	**608**	**137**	**342**	**41**	**88**	**254**	**27**	**68**	**28**	**131**
银川市	**435**	**82**	**249**	**31**	**73**	**204**	**18**	**51**	**22**	**113**
兴庆区	128	36	74	4	14	89	8	35	4	42
西夏区	158	33	80	14	31	25	1	3	6	15
金凤区	79	9	46	3	21	70	2	9	12	47
永宁县	30	4	24	2		5	1	1		3
贺兰县	25		13	6	6	14	6	3		5
灵武市	15		12	2	1	1				1
石嘴山市	**53**	**12**	**31**	**3**	**7**	**12**	**3**	**2**	**1**	**6**
大武口区	26	5	18	1	2	6		1	1	4
惠农区	19	5	7	2	5	2		1		1
平罗县	8	2	6			4	3			1
吴忠市	**56**	**27**	**28**		**1**	**15**	**4**	**6**	**4**	**1**
利通区	22	11	11			7		2	4	1
红寺堡区	4	3	1							
盐池县	11	7	4							
同心县	9	2	6		1	4		4		
青铜峡市	10	4	6			4	4			
固原市	**38**	**14**	**18**	**1**	**5**	**6**	**2**	**3**		**1**
原州区	28	9	14		5	3	1	2		
西吉县						1	1			
隆德县	4	4				2		1		1
泾源县	1	1								
彭阳县	5		4	1						
中卫市	**26**	**2**	**16**	**6**	**2**	**17**		**6**	**1**	**10**
沙坡头区	17	1	9	6	1	10		3	1	6
中宁县	8		7		1	7		3		4
海原县	1	1								

7-1 续表 11

单位：人

现住地	自治区外									
	广西					海南				
	小计	乡	镇的村委会	镇的居委会	街道	小计	乡	镇的村委会	镇的居委会	街道
宁夏	**183**	**43**	**87**	**20**	**33**	**66**	**2**	**18**	**13**	**33**
银川市	**129**	**27**	**61**	**15**	**26**	**49**	**2**	**15**	**10**	**22**
兴庆区	22	7	8		7	9	1	3	1	4
西夏区	86	18	42	12	14	21	1	8	7	5
金凤区	12	2	3	2	5	10		2	1	7
永宁县	7		7							
贺兰县	2		1	1		9		2	1	6
灵武市										
石嘴山市	**10**	**2**	**5**	**2**	**1**	**3**				**3**
大武口区	6	1	3	1	1	1				1
惠农区	2	1	1			2				2
平罗县	2		1	1						
吴忠市	**26**	**10**	**14**	**1**	**1**	**3**			**1**	**2**
利通区	7	1	5	1		3			1	2
红寺堡区										
盐池县	1		1							
同心县										
青铜峡市	18	9	8		1					
固原市	**11**		**5**	**1**	**5**	**3**			**2**	**1**
原州区	11		5	1	5	1				1
西吉县						2			2	
隆德县										
泾源县										
彭阳县										
中卫市	**7**	**4**	**2**	**1**		**8**		**3**		**5**
沙坡头区	3	3				8		3		5
中宁县	3	1	1	1						
海原县	1		1							

7-1　续表 12　　　　单位：人

现住地	自治区外									
	重庆					四川				
	小计	乡	镇的村委会	镇的居委会	街道	小计	乡	镇的村委会	镇的居委会	街道
宁　夏	**771**	**119**	**437**	**75**	**140**	**2385**	**625**	**1365**	**167**	**228**
银川市	**526**	**79**	**303**	**53**	**91**	**1781**	**448**	**1044**	**123**	**166**
兴庆区	159	24	93	16	26	605	174	333	50	48
西夏区	130	24	73	15	18	266	66	141	20	39
金凤区	116	21	49	19	27	442	101	254	30	57
永宁县	37	8	26		3	188	51	123	9	5
贺兰县	66	2	53	2	9	194	44	137	10	3
灵武市	18		9	1	8	86	12	56	4	14
石嘴山市	**117**	**21**	**70**	**6**	**20**	**256**	**75**	**135**	**15**	**31**
大武口区	47	5	23	6	13	136	43	67	9	17
惠农区	65	16	43		6	76	16	47	4	9
平罗县	5		4		1	44	16	21	2	5
吴忠市	**41**	**6**	**25**	**4**	**6**	**126**	**45**	**64**	**13**	**4**
利通区	7		2	3	2	42	5	34	2	1
红寺堡区	2		1		1	8	5	1	1	1
盐池县	14	4	8		2	9	2	2	4	1
同心县	4		3	1		21	14	5	2	
青铜峡市	14	2	11		1	46	19	22	4	1
固原市	**30**	**5**	**16**	**3**	**6**	**85**	**28**	**32**	**11**	**14**
原州区	14	2	9	1	2	53	11	25	4	13
西吉县	5		3	2		19	10	2	7	
隆德县	3		3			1		1		
泾源县	1		1			5	2	2		1
彭阳县	7	3			4	7	5	2		
中卫市	**57**	**8**	**23**	**9**	**17**	**137**	**29**	**90**	**5**	**13**
沙坡头区	44	2	21	7	14	62	4	48	4	6
中宁县	9	4	2	1	2	46	15	26	1	4
海原县	4	2		1	1	29	10	16		3

7-1　续表 13　　　　单位：人

现住地	自治区外									
	贵州					云南				
	小计	乡	镇的村委会	镇的居委会	街道	小计	乡	镇的村委会	镇的居委会	街道
宁夏	**697**	**244**	**399**	**15**	**39**	**363**	**106**	**211**	**23**	**23**
银川市	**250**	**49**	**153**	**13**	**35**	**214**	**35**	**148**	**12**	**19**
兴庆区	26	8	9	1	8	30	6	20	1	3
西夏区	146	28	87	11	20	117	15	79	11	12
金凤区	29	4	20	1	4	34	8	22		4
永宁县	27	3	24			16	2	14		
贺兰县	13	4	8		1	4	1	3		
灵武市	9	2	5		2	13	3	10		
石嘴山市	**29**	**15**	**10**	**1**	**3**	**37**	**23**	**8**	**2**	**4**
大武口区	10	4	4	1	1	7		2	2	3
惠农区	8	1	6		1	17	12	5		
平罗县	11	10			1	13	11	1		1
吴忠市	**375**	**173**	**202**			**85**	**47**	**35**	**3**	
利通区	31		31			13	2	9	2	
红寺堡区	1	1				2		2		
盐池县	5	1	4			3	2		1	
同心县										
青铜峡市	338	171	167			67	43	24		
固原市	**20**	**5**	**14**		**1**	**13**	**1**	**7**	**5**	
原州区	16	2	13		1	10	1	7	2	
西吉县	2	2								
隆德县	2	1	1							
泾源县						3			3	
彭阳县										
中卫市	**23**	**2**	**20**	**1**		**14**		**13**	**1**	
沙坡头区	10		10			7		6	1	
中宁县	13	2	10	1		6		6		
海原县						1		1		

7-1　续表 14　　　　　　　　　　　　　　　　　　　　　　　　　　　　单位：人

现住地	自治区外									
	西藏					陕西				
	小计	乡	镇的村委会	镇的居委会	街道	小计	乡	镇的村委会	镇的居委会	街道
宁　夏	**25**	**9**	**10**	**2**	**4**	**8535**	**1731**	**5364**	**539**	**901**
银川市	**20**	**9**	**8**	**1**	**2**	**6063**	**1136**	**3868**	**367**	**692**
兴庆区						1954	428	1086	150	290
西夏区	20	9	8	1	2	1179	223	748	81	127
金凤区						1039	188	618	75	158
永宁县						505	73	400	10	22
贺兰县						788	137	560	28	63
灵武市						598	87	456	23	32
石嘴山市	**1**		**1**			**843**	**210**	**493**	**43**	**97**
大武口区	1		1			415	94	240	21	60
惠农区						238	64	135	13	26
平罗县						190	52	118	9	11
吴忠市	**1**			**1**		**1211**	**307**	**755**	**85**	**64**
利通区	1			1		266	57	160	36	13
红寺堡区						91	28	50	6	7
盐池县						606	169	376	30	31
同心县						46	9	29	1	7
青铜峡市						202	44	140	12	6
固原市	**1**		**1**			**126**	**31**	**64**	**15**	**16**
原州区	1		1			90	25	47	5	13
西吉县						10	3	4	3	
隆德县						12	1	5	6	
泾源县						8		6		2
彭阳县						6	2	2	1	1
中卫市	**2**				**2**	**292**	**47**	**184**	**29**	**32**
沙坡头区						161	13	107	26	15
中宁县	2				2	114	28	70	2	14
海原县						17	6	7	1	3

7–1 续表 15 单位：人

现住地	自治区外									
	甘肃					青海				
	小计	乡	镇的村委会	镇的居委会	街道	小计	乡	镇的村委会	镇的居委会	街道
宁 夏	**19924**	**5993**	**11979**	**853**	**1099**	**308**	**77**	**118**	**37**	**76**
银川市	**13951**	**3626**	**9021**	**533**	**771**	**192**	**35**	**72**	**25**	**60**
兴庆区	5055	1433	3254	157	211	27	1	12	6	8
西夏区	2597	772	1552	106	167	73	13	27	13	20
金凤区	2003	474	1207	121	201	40	8	14	2	16
永宁县	1651	361	1205	41	44	7	5	1		1
贺兰县	1839	408	1266	74	91	33	5	14	3	11
灵武市	806	178	537	34	57	12	3	4	1	4
石嘴山市	**1752**	**678**	**819**	**96**	**159**	**51**	**23**	**18**	**2**	**8**
大武口区	857	323	404	46	84	22	7	7	1	7
惠农区	515	220	238	19	38	26	16	8	1	1
平罗县	380	135	177	31	37	3		3		
吴忠市	**2122**	**881**	**1072**	**96**	**73**	**23**	**9**	**11**	**2**	**1**
利通区	578	232	285	36	25	9	4	2	2	1
红寺堡区	449	300	128	15	6	2		2		
盐池县	500	166	306	10	18	8	4	4		
同心县	118	38	68	7	5	1		1		
青铜峡市	477	145	285	28	19	3	1	2		
固原市	**784**	**340**	**343**	**41**	**60**	**19**	**5**	**8**	**4**	**2**
原州区	419	143	230	9	37	9	2	3	2	2
西吉县	99	52	30	12	5	7	3	2	2	
隆德县	100	58	32	7	3					
泾源县	33	11	6	8	8					
彭阳县	133	76	45	5	7	3		3		
中卫市	**1315**	**468**	**724**	**87**	**36**	**23**	**5**	**9**	**4**	**5**
沙坡头区	539	110	355	59	15	8		3	4	1
中宁县	707	335	331	26	15	10	5	5		
海原县	69	23	38	2	6	5		1		4

7-1 续表 16

单位：人

现住地	自治区外				
	新疆				
	小计	乡	镇的村委会	镇的居委会	街道
宁 夏	**505**	**139**	**150**	**78**	**138**
银川市	**296**	**71**	**72**	**49**	**104**
兴庆区	63	19	11	6	27
西夏区	117	26	28	21	42
金凤区	49	11	12	4	22
永宁县	12	3	4	1	4
贺兰县	32	7	11	9	5
灵武市	23	5	6	8	4
石嘴山市	**29**	**7**	**11**	**5**	**6**
大武口区	11	4	3	1	3
惠农区	14	1	8	2	3
平罗县	4	2		2	
吴忠市	**70**	**29**	**21**	**13**	**7**
利通区	23	4	10	7	2
红寺堡区	27	17	4	3	3
盐池县	5	4		1	
同心县	11	3	4	2	2
青铜峡市	4	1	3		
固原市	**63**	**15**	**30**	**8**	**10**
原州区	41	9	19	4	9
西吉县	20	5	10	4	1
隆德县	1		1		
泾源县					
彭阳县	1	1			
中卫市	**47**	**17**	**16**	**3**	**11**
沙坡头区	8	3	3		2
中宁县	20	4	8	3	5
海原县	19	10	5		4

7-1a 全区按现住地、户口登记地类型分的户口登记地在外乡镇街道人口(城市)

单位：人

现住地	合计					自治区内				
	合计	乡	镇的村委会	镇的居委会	街道	小计	乡	镇的村委会	镇的居委会	街道
宁　夏	**161266**	**24866**	**75213**	**20045**	**41142**	**129222**	**18038**	**57082**	**17556**	**36546**
银川市	**84964**	**11981**	**35677**	**9863**	**27443**	**61380**	**7309**	**22006**	**8123**	**23942**
兴庆区	29067	4202	12112	2677	10076	18816	2074	5936	2004	8802
西夏区	23093	3751	10257	2639	6446	15543	2170	5904	2074	5395
金凤区	23200	2332	7087	3617	10164	18336	1523	4606	3140	9067
永宁县										
贺兰县	297	1	180	30	86	173	1	71	26	75
灵武市	9307	1695	6041	900	671	8512	1541	5489	879	603
石嘴山市	**17486**	**2987**	**5277**	**1696**	**7526**	**12820**	**1722**	**2934**	**1391**	**6773**
大武口区	10937	1704	3088	1076	5069	8244	954	1774	891	4625
惠农区	6549	1283	2189	620	2457	4576	768	1160	500	2148
平罗县										
吴忠市	**29051**	**6668**	**15911**	**5120**	**1352**	**27122**	**6093**	**14879**	**4904**	**1246**
利通区	17206	4226	8399	3956	625	16054	3897	7798	3795	564
红寺堡区	4414	1815	2228	300	71	4103	1651	2099	291	62
盐池县										
同心县										
青铜峡市	7431	627	5284	864	656	6965	545	4982	818	620
固原市	**16004**	**2559**	**7523**	**1332**	**4590**	**15177**	**2330**	**7105**	**1289**	**4453**
原州区	16004	2559	7523	1332	4590	15177	2330	7105	1289	4453
西吉县										
隆德县										
泾源县										
彭阳县										
中卫市	**13761**	**671**	**10825**	**2034**	**231**	**12723**	**584**	**10158**	**1849**	**132**
沙坡头区	13761	671	10825	2034	231	12723	584	10158	1849	132
中宁县										
海原县										

7-1a　续表 1　　　　单位：人

现住地	自治区外									
	小计					北京				
	小计	乡	镇的村委会	镇的居委会	街道	小计	乡	镇的村委会	镇的居委会	街道
宁　夏	**32044**	**6828**	**18131**	**2489**	**4596**	**147**		**7**	**29**	**111**
银川市	**23584**	**4672**	**13671**	**1740**	**3501**	**131**		**7**	**25**	**99**
兴庆区	10251	2128	6176	673	1274	50		3	8	39
西夏区	7550	1581	4353	565	1051	14				14
金凤区	4864	809	2481	477	1097	66		3	17	46
永宁县										
贺兰县	124		109	4	11					
灵武市	795	154	552	21	68	1		1		
石嘴山市	**4666**	**1265**	**2343**	**305**	**753**	**10**			**3**	**7**
大武口区	2693	750	1314	185	444	8			2	6
惠农区	1973	515	1029	120	309	2			1	1
平罗县										
吴忠市	**1929**	**575**	**1032**	**216**	**106**	**3**			**1**	**2**
利通区	1152	329	601	161	61	3			1	2
红寺堡区	311	164	129	9	9					
盐池县										
同心县										
青铜峡市	466	82	302	46	36					
固原市	**827**	**229**	**418**	**43**	**137**	**2**				**2**
原州区	827	229	418	43	137	2				2
西吉县										
隆德县										
泾源县										
彭阳县										
中卫市	**1038**	**87**	**667**	**185**	**99**	**1**				**1**
沙坡头区	1038	87	667	185	99	1				1
中宁县										
海原县										

7-1a 续表 2 单位：人

现住地	自治区外									
	天津					河北				
	小计	乡	镇的村委会	镇的居委会	街道	小计	乡	镇的村委会	镇的居委会	街道
宁夏	**66**	**5**	**9**	**11**	**41**	**1533**	**349**	**840**	**110**	**234**
银川市	**47**	**4**	**3**	**6**	**34**	**1048**	**195**	**603**	**75**	**175**
兴庆区	15	3		3	9	512	90	328	33	61
西夏区	12	1	1	1	9	325	65	168	20	72
金凤区	18		2	2	14	190	36	93	20	41
永宁县										
贺兰县						2		2		
灵武市	2				2	19	4	12	2	1
石嘴山市	**6**			**1**	**5**	**228**	**77**	**113**	**6**	**32**
大武口区	2			1	1	116	36	58	5	17
惠农区	4				4	112	41	55	1	15
平罗县										
吴忠市	**8**	**1**	**2**	**3**	**2**	**114**	**40**	**57**	**12**	**5**
利通区	3			3		81	24	50	4	3
红寺堡区	1	1				21	11	6	4	
盐池县										
同心县										
青铜峡市	4		2		2	12	5	1	4	2
固原市	**1**		**1**			**72**	**36**	**22**		**14**
原州区	1		1			72	36	22		14
西吉县										
隆德县										
泾源县										
彭阳县										
中卫市	**4**		**3**	**1**		**71**	**1**	**45**	**17**	**8**
沙坡头区	4		3	1		71	1	45	17	8
中宁县										
海原县										

7-1a　续表 3　　　　单位：人

现住地	自治区外									
	山西					内蒙古				
	小计	乡	镇的村委会	镇的居委会	街道	小计	乡	镇的村委会	镇的居委会	街道
宁　夏	**932**	**210**	**526**	**54**	**142**	**1503**	**176**	**545**	**305**	**477**
银川市	**684**	**114**	**400**	**45**	**125**	**940**	**100**	**321**	**201**	**318**
兴庆区	254	41	160	19	34	328	36	113	65	114
西夏区	224	37	124	14	49	301	30	123	63	85
金凤区	190	27	111	12	40	294	34	77	71	112
永宁县										
贺兰县	4		4			4		1		3
灵武市	12	9	1		2	13		7	2	4
石嘴山市	**154**	**80**	**61**	**4**	**9**	**425**	**54**	**152**	**74**	**145**
大武口区	20	6	9	1	4	233	28	96	47	62
惠农区	134	74	52	3	5	192	26	56	27	83
平罗县										
吴忠市	**44**	**6**	**34**	**1**	**3**	**65**	**11**	**34**	**18**	**2**
利通区	27	4	20	1	2	42	8	21	12	1
红寺堡区	4		4			6	1	3	2	
盐池县										
同心县										
青铜峡市	13	2	10		1	17	2	10	4	1
固原市	**12**	**7**	**3**		**2**	**12**	**3**	**3**	**1**	**5**
原州区	12	7	3		2	12	3	3	1	5
西吉县										
隆德县										
泾源县										
彭阳县										
中卫市	**38**	**3**	**28**	**4**	**3**	**61**	**8**	**35**	**11**	**7**
沙坡头区	38	3	28	4	3	61	8	35	11	7
中宁县										
海原县										

7-1a 续表 4 单位：人

现住地	自治区外									
	辽宁					吉林				
	小计	乡	镇的村委会	镇的居委会	街道	小计	乡	镇的村委会	镇的居委会	街道
宁夏	**321**	**24**	**118**	**50**	**129**	**293**	**51**	**116**	**38**	**88**
银川市	**235**	**18**	**86**	**31**	**100**	**224**	**26**	**92**	**31**	**75**
兴庆区	81	3	22	12	44	80	10	37	5	28
西夏区	92	4	43	9	36	89	7	39	15	28
金凤区	61	11	20	10	20	44	6	10	9	19
永宁县										
贺兰县						3		3		
灵武市	1		1			8	3	3	2	
石嘴山市	**56**	**4**	**18**	**7**	**27**	**42**	**11**	**18**	**3**	**10**
大武口区	35	3	8	4	20	31	9	12	3	7
惠农区	21	1	10	3	7	11	2	6		3
平罗县										
吴忠市	**15**	**2**	**6**	**7**		**13**	**6**	**4**	**3**	
利通区	14	2	5	7		10	4	3	3	
红寺堡区										
盐池县										
同心县										
青铜峡市	1		1			3	2	1		
固原市	**4**		**2**	**1**	**1**	**6**	**2**	**1**		**3**
原州区	4		2	1	1	6	2	1		3
西吉县										
隆德县										
泾源县										
彭阳县										
中卫市	**11**		**6**	**4**	**1**	**8**	**6**	**1**	**1**	
沙坡头区	11		6	4	1	8	6	1	1	
中宁县										
海原县										

7-1a　续表 5　　　　单位：人

现住地	自治区外									
	黑龙江					上海				
	小计	乡	镇的村委会	镇的居委会	街道	小计	乡	镇的村委会	镇的居委会	街道
宁　夏	**530**	**67**	**194**	**76**	**193**	**49**		**1**	**8**	**40**
银川市	**390**	**38**	**149**	**58**	**145**	**38**		**1**	**4**	**33**
兴庆区	159	22	61	19	57	15		1		14
西夏区	110	9	54	20	27	6				6
金凤区	116	6	32	19	59	17			4	13
永宁县										
贺兰县										
灵武市	5	1	2		2					
石嘴山市	**98**	**20**	**30**	**8**	**40**	**4**				**4**
大武口区	60	15	15	3	27	1				1
惠农区	38	5	15	5	13	3				3
平罗县										
吴忠市	**20**	**2**	**6**	**7**	**5**	**5**			**4**	**1**
利通区	18	2	4	7	5	5			4	1
红寺堡区	1		1							
盐池县										
同心县										
青铜峡市	1		1							
固原市	**11**	**6**	**3**		**2**	**2**				**2**
原州区	11	6	3		2	2				2
西吉县										
隆德县										
泾源县										
彭阳县										
中卫市	**11**	**1**	**6**	**3**	**1**					
沙坡头区	11	1	6	3	1					
中宁县										
海原县										

7−1a 续表 6

单位：人

现住地	自治区外									
	江苏					浙江				
	小计	乡	镇的村委会	镇的居委会	街道	小计	乡	镇的村委会	镇的居委会	街道
宁夏	**812**	**107**	**438**	**111**	**156**	**668**	**54**	**395**	**64**	**155**
银川市	**547**	**57**	**322**	**72**	**96**	**472**	**39**	**281**	**36**	**116**
兴庆区	247	35	150	30	32	311	27	199	25	60
西夏区	130	12	93	14	11	60	6	44	1	9
金凤区	154	10	67	28	49	94	6	33	10	45
永宁县										
贺兰县										
灵武市	16		12		4	7		5		2
石嘴山市	**138**	**24**	**66**	**8**	**40**	**80**	**11**	**38**	**9**	**22**
大武口区	65	11	26	4	24	53	3	26	4	20
惠农区	73	13	40	4	16	27	8	12	5	2
平罗县										
吴忠市	**39**	**13**	**16**	**4**	**6**	**69**	**3**	**37**	**17**	**12**
利通区	32	10	14	4	4	29		13	10	6
红寺堡区	3	3				21	3	14		4
盐池县										
同心县										
青铜峡市	4		2		2	19		10	7	2
固原市	**10**		**9**		**1**	**19**	**1**	**16**		**2**
原州区	10		9		1	19	1	16		2
西吉县										
隆德县										
泾源县										
彭阳县										
中卫市	**78**	**13**	**25**	**27**	**13**	**28**		**23**	**2**	**3**
沙坡头区	78	13	25	27	13	28		23	2	3
中宁县										
海原县										

7-1a　续表 7　　　　单位：人

现住地	自治区外									
	安徽					福建				
	小计	乡	镇的村委会	镇的居委会	街道	小计	乡	镇的村委会	镇的居委会	街道
宁　夏	**1219**	**233**	**804**	**62**	**120**	**361**	**53**	**220**	**26**	**62**
银川市	**918**	**152**	**631**	**50**	**85**	**262**	**43**	**146**	**23**	**50**
兴庆区	438	85	289	27	37	180	25	101	21	33
西夏区	237	39	157	13	28	46	13	26	1	6
金凤区	200	26	144	10	20	32	5	15	1	11
永宁县										
贺兰县	14		14							
灵武市	29	2	27			4		4		
石嘴山市	**225**	**66**	**126**	**8**	**25**	**52**	**10**	**34**	**1**	**7**
大武口区	119	52	45	2	20	16	5	11		
惠农区	106	14	81	6	5	36	5	23	1	7
平罗县										
吴忠市	**51**	**15**	**33**		**3**	**21**		**19**	**1**	**1**
利通区	39	12	24		3	19		18	1	
红寺堡区	2	1	1							
盐池县										
同心县										
青铜峡市	10	2	8			2		1		1
固原市	**7**		**5**		**2**	**5**		**3**	**1**	**1**
原州区	7		5		2	5		3	1	1
西吉县										
隆德县										
泾源县										
彭阳县										
中卫市	**18**		**9**	**4**	**5**	**21**		**18**		**3**
沙坡头区	18		9	4	5	21		18		3
中宁县										
海原县										

7-1a 续表 8

单位：人

现住地	自治区外									
	江西					山东				
	小计	乡	镇的村委会	镇的居委会	街道	小计	乡	镇的村委会	镇的居委会	街道
宁夏	**247**	**60**	**131**	**20**	**36**	**1237**	**173**	**746**	**96**	**222**
银川市	**191**	**50**	**102**	**14**	**25**	**901**	**125**	**553**	**46**	**177**
兴庆区	133	41	71	10	11	377	45	266	11	55
西夏区	35	6	19	1	9	321	46	190	21	64
金凤区	23	3	12	3	5	182	30	91	13	48
永宁县										
贺兰县						1		1		
灵武市						20	4	5	1	10
石嘴山市	**20**	**5**	**4**		**11**	**235**	**39**	**137**	**21**	**38**
大武口区	14	5	4		5	126	22	77	6	21
惠农区	6				6	109	17	60	15	17
平罗县										
吴忠市	**16**	**4**	**9**	**3**		**51**	**4**	**31**	**13**	**3**
利通区	12	3	7	2		40	4	23	12	1
红寺堡区	1	1								
盐池县										
同心县										
青铜峡市	3		2	1		11		8	1	2
固原市	**12**	**1**	**8**	**3**		**21**		**8**	**9**	**4**
原州区	12	1	8	3		21		8	9	4
西吉县										
隆德县										
泾源县										
彭阳县										
中卫市	**8**		**8**			**29**	**5**	**17**	**7**	
沙坡头区	8		8			29	5	17	7	
中宁县										
海原县										

7-1a 续表 9

单位：人

现住地	自治区外									
	河南					湖北				
	小计	乡	镇的村委会	镇的居委会	街道	小计	乡	镇的村委会	镇的居委会	街道
宁夏	**3575**	**948**	**2168**	**164**	**295**	**719**	**122**	**439**	**50**	**108**
银川市	**2383**	**601**	**1491**	**109**	**182**	**502**	**90**	**292**	**42**	**78**
兴庆区	997	238	652	47	60	218	52	126	10	30
西夏区	849	227	513	41	68	171	29	97	20	25
金凤区	375	96	216	20	43	87	9	46	9	23
永宁县										
贺兰县	12		11		1					
灵武市	150	40	99	1	10	26		23	3	
石嘴山市	**855**	**270**	**470**	**29**	**86**	**99**	**12**	**64**	**2**	**21**
大武口区	563	201	288	21	53	39	5	22	1	11
惠农区	292	69	182	8	33	60	7	42	1	10
平罗县										
吴忠市	**187**	**52**	**109**	**19**	**7**	**35**	**9**	**20**	**3**	**3**
利通区	109	32	60	15	2	19	5	10	3	1
红寺堡区	23	7	13	1	2	4		2		2
盐池县										
同心县										
青铜峡市	55	13	36	3	3	12	4	8		
固原市	**89**	**17**	**56**	**1**	**15**	**17**	**4**	**10**	**1**	**2**
原州区	89	17	56	1	15	17	4	10	1	2
西吉县										
隆德县										
泾源县										
彭阳县										
中卫市	**61**	**8**	**42**	**6**	**5**	**66**	**7**	**53**	**2**	**4**
沙坡头区	61	8	42	6	5	66	7	53	2	4
中宁县										
海原县										

7-1a 续表 10

单位：人

现住地	自治区外									
	湖南					广东				
	小计	乡	镇的村委会	镇的居委会	街道	小计	乡	镇的村委会	镇的居委会	街道
宁　夏	**412**	**94**	**226**	**24**	**68**	**186**	**11**	**42**	**22**	**111**
银川市	**318**	**66**	**179**	**17**	**56**	**167**	**10**	**40**	**18**	**99**
兴庆区	97	24	67		6	81	7	28	4	42
西夏区	156	33	78	14	31	25	1	3	6	15
金凤区	60	9	29	3	19	61	2	9	8	42
永宁县										
贺兰县										
灵武市	5		5							
石嘴山市	**29**	**4**	**17**	**2**	**6**	**7**		**1**	**1**	**5**
大武口区	20	3	16		1	6		1	1	4
惠农区	9	1	1	2	5	1				1
平罗县										
吴忠市	**25**	**14**	**11**			**3**			**2**	**1**
利通区	18	11	7			3			2	1
红寺堡区										
盐池县										
同心县										
青铜峡市	7	3	4							
固原市	**28**	**9**	**14**		**5**	**1**	**1**			
原州区	28	9	14		5	1	1			
西吉县										
隆德县										
泾源县										
彭阳县										
中卫市	**12**	**1**	**5**	**5**	**1**	**8**		**1**	**1**	**6**
沙坡头区	12	1	5	5	1	8		1	1	6
中宁县										
海原县										

7-1a　续表 11　　　　　　　　　　　　　　　　　　　　　　　　　　　　单位：人

现住地	自治区外									
	广西					海南				
	小计	乡	镇的村委会	镇的居委会	街道	小计	乡	镇的村委会	镇的居委会	街道
宁　夏	**130**	**25**	**58**	**17**	**30**	**54**	**2**	**16**	**10**	**26**
银川市	**109**	**21**	**50**	**14**	**24**	**40**	**2**	**13**	**9**	**16**
兴庆区	14	2	6		6	9	1	3	1	4
西夏区	85	18	41	12	14	21	1	8	7	5
金凤区	10	1	3	2	4	10		2	1	7
永宁县										
贺兰县										
灵武市										
石嘴山市	**7**	**2**	**3**	**1**	**1**	**2**				**2**
大武口区	6	1	3	1	1	1				1
惠农区	1	1				1				1
平罗县										
吴忠市	**3**	**1**		**1**	**1**	**3**			**1**	**2**
利通区	2	1		1		3			1	2
红寺堡区										
盐池县										
同心县										
青铜峡市	1				1					
固原市	**10**		**5**	**1**	**4**	**1**				**1**
原州区	10		5	1	4	1				1
西吉县										
隆德县										
泾源县										
彭阳县										
中卫市	**1**	**1**				**8**		**3**		**5**
沙坡头区	1	1				8		3		5
中宁县										
海原县										

7－1a　续表 12　　单位：人

现住地	自治区外									
	重庆					四川				
	小计	乡	镇的村委会	镇的居委会	街道	小计	乡	镇的村委会	镇的居委会	街道
宁夏	**465**	**62**	**244**	**65**	**94**	**1300**	**301**	**734**	**103**	**162**
银川市	**309**	**43**	**156**	**48**	**62**	**1026**	**236**	**583**	**83**	**124**
兴庆区	106	10	62	14	20	448	116	248	41	43
西夏区	126	20	73	15	18	261	66	138	19	38
金凤区	72	13	17	18	24	265	46	154	23	42
永宁县										
贺兰县						28		28		
灵武市	5		4	1		24	8	15		1
石嘴山市	**86**	**15**	**50**	**6**	**15**	**159**	**44**	**86**	**11**	**18**
大武口区	37	3	19	6	9	96	33	46	8	9
惠农区	49	12	31		6	63	11	40	3	9
平罗县										
吴忠市	**18**		**12**	**3**	**3**	**37**	**10**	**22**	**4**	**1**
利通区	7		2	3	2	29	5	21	2	1
红寺堡区						4	4			
盐池县										
同心县										
青铜峡市	11		10		1	4	1	1	2	
固原市	**14**	**2**	**9**	**1**	**2**	**46**	**8**	**22**	**3**	**13**
原州区	14	2	9	1	2	46	8	22	3	13
西吉县										
隆德县										
泾源县										
彭阳县										
中卫市	**38**	**2**	**17**	**7**	**12**	**32**	**3**	**21**	**2**	**6**
沙坡头区	38	2	17	7	12	32	3	21	2	6
中宁县										
海原县										

7-1a　续表 13　　单位：人

现住地	自治区外									
	贵州					云南				
	小计	乡	镇的村委会	镇的居委会	街道	小计	乡	镇的村委会	镇的居委会	街道
宁　夏	**232**	**41**	**142**	**14**	**35**	**168**	**24**	**105**	**19**	**20**
银川市	**184**	**34**	**105**	**13**	**32**	**146**	**19**	**97**	**12**	**18**
兴庆区	18	3	6	1	8	20	2	14	1	3
西夏区	146	28	87	11	20	117	15	79	11	12
金凤区	20	3	12	1	4	8	1	4		3
永宁县										
贺兰县										
灵武市						1	1			
石嘴山市	**10**	**4**	**3**	**1**	**2**	**11**	**2**	**5**	**2**	**2**
大武口区	6	3	1	1	1	4			2	2
惠农区	4	1	2		1	7	2	5		
平罗县										
吴忠市	**34**	**1**	**33**			**4**	**2**		**2**	
利通区	1		1			3	1		2	
红寺堡区										
盐池县										
同心县										
青铜峡市	33	1	32			1	1			
固原市	**4**	**2**	**1**		**1**	**3**	**1**		**2**	
原州区	4	2	1		1	3	1		2	
西吉县										
隆德县										
泾源县										
彭阳县										
中卫市						**4**		**3**	**1**	
沙坡头区						4		3	1	
中宁县										
海原县										

7-1a 续表 14

单位：人

现住地	自治区外									
	西藏					陕西				
	小计	乡	镇的村委会	镇的居委会	街道	小计	乡	镇的村委会	镇的居委会	街道
宁夏	**22**	**9**	**9**	**2**	**2**	**4613**	**846**	**2799**	**366**	**602**
银川市	**20**	**9**	**8**	**1**	**2**	**3637**	**657**	**2189**	**279**	**512**
兴庆区						1490	301	812	134	243
西夏区	20	9	8	1	2	1127	208	715	79	125
金凤区						748	108	445	61	134
永宁县										
贺兰县						18		15		3
灵武市						254	40	202	5	7
石嘴山市	**1**		**1**			**524**	**116**	**311**	**30**	**67**
大武口区	1		1			328	75	195	17	41
惠农区						196	41	116	13	26
平罗县										
吴忠市	**1**			**1**		**271**	**61**	**174**	**29**	**7**
利通区	1			1		160	35	100	21	4
红寺堡区						46	15	29	2	
盐池县										
同心县										
青铜峡市						65	11	45	6	3
固原市						**69**	**12**	**40**	**5**	**12**
原州区						69	12	40	5	12
西吉县										
隆德县										
泾源县										
彭阳县										
中卫市						**112**		**85**	**23**	**4**
沙坡头区						112		85	23	4
中宁县										
海原县										

7-1a 续表 15

单位：人

现住地	自治区外									
	甘肃					青海				
	小计	乡	镇的村委会	镇的居委会	街道	小计	乡	镇的村委会	镇的居委会	街道
宁夏	**9787**	**2689**	**5912**	**500**	**686**	**178**	**28**	**71**	**27**	**52**
银川市	**7368**	**1857**	**4671**	**327**	**513**	**133**	**18**	**52**	**18**	**45**
兴庆区	3500	893	2329	122	156	23	1	11	4	7
西夏区	2258	616	1377	102	163	73	13	27	13	20
金凤区	1390	307	813	97	173	35	4	14	1	16
永宁县										
贺兰县	34		30	2	2					
灵武市	186	41	122	4	19	2				2
石嘴山市	**1064**	**389**	**514**	**62**	**99**	**20**	**4**	**11**	**2**	**3**
大武口区	673	229	330	43	71	6		3	1	2
惠农区	391	160	184	19	28	14	4	8	1	1
平罗县										
吴忠市	**734**	**303**	**349**	**49**	**33**	**10**	**4**	**3**	**2**	**1**
利通区	396	160	188	31	17	8	3	2	2	1
红寺堡区	162	109	52		1	1		1		
盐池县										
同心县										
青铜峡市	176	34	109	18	15	1	1			
固原市	**320**	**112**	**168**	**9**	**31**	**8**	**2**	**3**	**1**	**2**
原州区	320	112	168	9	31	8	2	3	1	2
西吉县										
隆德县										
泾源县										
彭阳县										
中卫市	**301**	**28**	**210**	**53**	**10**	**7**		**2**	**4**	**1**
沙坡头区	301	28	210	53	10	7		2	4	1
中宁县										
海原县										

7-1a 续表 16

单位：人

现住地	自治区外				
	新疆				
	小计	乡	镇的村委会	镇的居委会	街道
宁 夏	**285**	**64**	**76**	**46**	**99**
银川市	**214**	**48**	**48**	**33**	**85**
兴庆区	50	15	11	6	18
西夏区	113	22	28	21	42
金凤区	42	10	7	4	21
永宁县					
贺兰县	4			2	2
灵武市	5	1	2		2
石嘴山市	**19**	**2**	**10**	**3**	**4**
大武口区	8	2	2	1	3
惠农区	11		8	2	1
平罗县					
吴忠市	**30**	**11**	**11**	**6**	**2**
利通区	19	3	8	6	2
红寺堡区	11	8	3		
盐池县					
同心县					
青铜峡市					
固原市	**21**	**3**	**6**	**4**	**8**
原州区	21	3	6	4	8
西吉县					
隆德县					
泾源县					
彭阳县					
中卫市	**1**		**1**		
沙坡头区	1		1		
中宁县					
海原县					

7-1b　全区按现住地、户口登记地类型分的户口登记地在外乡镇街道人口(镇)

单位：人

现住地	合计					自治区内				
	合计	乡	镇的村委会	镇的居委会	街道	小计	乡	镇的村委会	镇的居委会	街道
宁　夏	**94034**	**29759**	**47178**	**7185**	**9912**	**79131**	**26261**	**38058**	**6296**	**8516**
银川市	**40351**	**7008**	**22841**	**3122**	**7380**	**29917**	**4846**	**16042**	**2625**	**6404**
兴庆区	6567	1316	2951	549	1751	4103	630	1554	448	1471
西夏区	547	296	223	12	16	472	258	193	9	12
金凤区	202	29	131	6	36	140	16	85	6	33
永宁县	13870	2483	9315	766	1306	10348	1829	6770	629	1120
贺兰县	14715	2261	7737	1302	3415	11402	1642	5604	1113	3043
灵武市	4450	623	2484	487	856	3452	471	1836	420	725
石嘴山市	**13494**	**5280**	**5780**	**1312**	**1122**	**11917**	**4866**	**4996**	**1169**	**886**
大武口区	1270	299	607	100	264	655	150	329	71	105
惠农区	1831	782	381	100	568	1634	703	303	97	531
平罗县	10393	4199	4792	1112	290	9628	4013	4364	1001	250
吴忠市	**13876**	**4035**	**8276**	**1088**	**477**	**12456**	**3626**	**7434**	**986**	**410**
利通区	673	228	382	47	16	571	203	321	35	12
红寺堡区	507	102	289	85	31	373	70	215	67	21
盐池县	5820	2353	3062	216	189	5209	2169	2688	187	165
同心县	5656	1140	3892	516	108	5392	1071	3752	481	88
青铜峡市	1220	212	651	224	133	911	113	458	216	124
固原市	**10582**	**6554**	**2963**	**756**	**309**	**10030**	**6319**	**2767**	**673**	**271**
原州区	519	91	362	11	55	479	89	324	11	55
西吉县	4721	3404	955	304	58	4525	3303	903	266	53
隆德县	1803	1230	360	196	17	1674	1159	321	179	15
泾源县	939	375	417	99	48	910	369	411	87	43
彭阳县	2600	1454	869	146	131	2442	1399	808	130	105
中卫市	**15731**	**6882**	**7318**	**907**	**624**	**14811**	**6604**	**6819**	**843**	**545**
沙坡头区	391	99	252	16	24	254	68	161	14	11
中宁县	9699	3304	5507	705	183	9094	3100	5204	652	138
海原县	5641	3479	1559	186	417	5463	3436	1454	177	396

7–1b 续表 1

单位：人

现住地	自治区外									
	小计					北京				
	小计	乡	镇的村委会	镇的居委会	街道	小计	乡	镇的村委会	镇的居委会	街道
宁 夏	**14903**	**3498**	**9120**	**889**	**1396**	**30**	**3**	**2**	**7**	**18**
银川市	**10434**	**2162**	**6799**	**497**	**976**	**20**		**2**	**3**	**15**
兴庆区	2464	686	1397	101	280	10		1	1	8
西夏区	75	38	30	3	4					
金凤区	62	13	46		3					
永宁县	3522	654	2545	137	186	1			1	
贺兰县	3313	619	2133	189	372	6		1		5
灵武市	998	152	648	67	131	3			1	2
石嘴山市	**1577**	**414**	**784**	**143**	**236**					
大武口区	615	149	278	29	159					
惠农区	197	79	78	3	37					
平罗县	765	186	428	111	40					
吴忠市	**1420**	**409**	**842**	**102**	**67**	**4**	**1**		**2**	**1**
利通区	102	25	61	12	4					
红寺堡区	134	32	74	18	10					
盐池县	611	184	374	29	24	2	1			1
同心县	264	69	140	35	20	2			2	
青铜峡市	309	99	193	8	9					
固原市	**552**	**235**	**196**	**83**	**38**	**3**	**1**		**2**	
原州区	40	2	38							
西吉县	196	101	52	38	5	2			2	
隆德县	129	71	39	17	2	1	1			
泾源县	29	6	6	12	5					
彭阳县	158	55	61	16	26					
中卫市	**920**	**278**	**499**	**64**	**79**	**3**	**1**			**2**
沙坡头区	137	31	91	2	13					
中宁县	605	204	303	53	45	2				2
海原县	178	43	105	9	21	1	1			

7-1b　续表 2　　　　单位：人

现住地	自治区外									
	天津					河北				
	小计	乡	镇的村委会	镇的居委会	街道	小计	乡	镇的村委会	镇的居委会	街道
宁　夏	**49**	**3**	**19**	**4**	**23**	**871**	**204**	**537**	**44**	**86**
银川市	**41**	**2**	**16**	**1**	**22**	**621**	**137**	**400**	**20**	**64**
兴庆区	2				2	152	32	78	3	39
西夏区						4	1	3		
金凤区						7	3	4		
永宁县	14		10		4	262	63	188	5	6
贺兰县	10	2	3		5	136	25	92	7	12
灵武市	15		3	1	11	60	13	35	5	7
石嘴山市	**3**			**3**		**95**	**15**	**48**	**16**	**16**
大武口区						46	4	26	4	12
惠农区						10	5	3		2
平罗县	3			3		39	6	19	12	2
吴忠市	**2**		**1**		**1**	**60**	**20**	**37**	**2**	**1**
利通区	1		1			7	5	1		1
红寺堡区						3		3		
盐池县						18	10	8		
同心县	1				1	27	5	20	2	
青铜峡市						5		5		
固原市	**2**		**2**			**26**	**13**	**11**		**2**
原州区										
西吉县	1		1			8	4	4		
隆德县						6	6			
泾源县						1		1		
彭阳县	1		1			11	3	6		2
中卫市	**1**	**1**				**69**	**19**	**41**	**6**	**3**
沙坡头区						4		4		
中宁县	1	1				50	16	27	6	1
海原县						15	3	10		2

7-1b 续表 3

单位：人

现住地	自治区外									
	山西					内蒙古				
	小计	乡	镇的村委会	镇的居委会	街道	小计	乡	镇的村委会	镇的居委会	街道
宁　夏	**296**	**48**	**192**	**22**	**34**	**550**	**96**	**257**	**73**	**124**
银川市	**213**	**32**	**143**	**15**	**23**	**291**	**35**	**127**	**36**	**93**
兴庆区	36	7	21	3	5	50	7	25	6	12
西夏区						1			1	
金凤区										
永宁县	70	9	53	7	1	80	7	41	11	21
贺兰县	80	10	54	3	13	133	17	50	15	51
灵武市	27	6	15	2	4	27	4	11	3	9
石嘴山市	**35**	**4**	**20**	**3**	**8**	**145**	**23**	**67**	**28**	**27**
大武口区	16	1	8	1	6	17	2	7	1	7
惠农区	1	1				27	9	11		7
平罗县	18	2	12	2	2	101	12	49	27	13
吴忠市	**27**	**4**	**19**	**2**	**2**	**82**	**27**	**50**	**3**	**2**
利通区	4		4			5	3	2		
红寺堡区	3		1	2		3	2		1	
盐池县	15	4	11			65	19	42	2	2
同心县	3		3			2	1	1		
青铜峡市	2				2	7	2	5		
固原市	**4**	**2**	**1**	**1**		**14**	**7**	**2**	**5**	
原州区										
西吉县						12	5	2	5	
隆德县						1	1			
泾源县										
彭阳县	4	2	1	1		1	1			
中卫市	**17**	**6**	**9**	**1**	**1**	**18**	**4**	**11**	**1**	**2**
沙坡头区						7		5		2
中宁县	9	5	3	1		10	4	5	1	
海原县	8	1	6		1	1		1		

7-1b　续表 4　　　　单位：人

现住地	自治区外									
	辽宁					吉林				
	小计	乡	镇的村委会	镇的居委会	街道	小计	乡	镇的村委会	镇的居委会	街道
宁　夏	**102**	**11**	**47**	**19**	**25**	**113**	**9**	**74**	**10**	**20**
银川市	**68**	**9**	**31**	**13**	**15**	**81**	**7**	**53**	**7**	**14**
兴庆区	9	2	5	2		18	3	13	1	1
西夏区										
金凤区										
永宁县	28	1	17	6	4	22	1	17	1	3
贺兰县	13	3	4		6	20	1	11	3	5
灵武市	18	3	5	5	5	21	2	12	2	5
石嘴山市	**17**	**1**	**8**	**1**	**7**	**21**	**2**	**12**	**1**	**6**
大武口区	15	1	7	1	6	9	1	2		6
惠农区	1				1	2		2		
平罗县	1		1			10	1	8	1	
吴忠市	**13**	**1**	**5**	**4**	**3**	**7**		**6**	**1**	
利通区	1		1							
红寺堡区	4	1	1		2	2		1	1	
盐池县						2		2		
同心县	2			1	1	2		2		
青铜峡市	6		3	3		1		1		
固原市	**2**		**1**	**1**		**1**			**1**	
原州区										
西吉县	2		1	1		1			1	
隆德县										
泾源县										
彭阳县										
中卫市	**2**		**2**			**3**		**3**		
沙坡头区	2		2							
中宁县						3		3		
海原县										

7-1b 续表 5 单位：人

现住地	自治区外									
	黑龙江					上海				
	小计	乡	镇的村委会	镇的居委会	街道	小计	乡	镇的村委会	镇的居委会	街道
宁夏	**204**	**33**	**98**	**26**	**47**	**10**		**3**	**1**	**6**
银川市	**151**	**24**	**82**	**11**	**34**	**8**		**2**		**6**
兴庆区	30	11	10	1	8	6		2		4
西夏区										
金凤区	4		4							
永宁县	28	6	12	4	6	2				2
贺兰县	42	2	31	5	4					
灵武市	47	5	25	1	16					
石嘴山市	**33**	**4**	**9**	**7**	**13**					
大武口区	17	2	2	2	11					
惠农区	2			1	1					
平罗县	14	2	7	4	1					
吴忠市	**6**	**2**		**4**						
利通区	2	2								
红寺堡区	1			1						
盐池县	2			2						
同心县	1			1						
青铜峡市										
固原市	**8**		**6**	**2**						
原州区	1		1							
西吉县	1			1						
隆德县										
泾源县	1			1						
彭阳县	5		5							
中卫市	**6**	**3**	**1**	**2**		**2**		**1**	**1**	
沙坡头区										
中宁县	5	3		2		2		1	1	
海原县	1		1							

7-1b　续表 6　　　　单位：人

现住地	自治区外									
	江苏					浙江				
	小计	乡	镇的村委会	镇的居委会	街道	小计	乡	镇的村委会	镇的居委会	街道
宁夏	**321**	**36**	**204**	**27**	**54**	**275**	**28**	**153**	**26**	**68**
银川市	**206**	**22**	**132**	**19**	**33**	**170**	**19**	**89**	**16**	**46**
兴庆区	36	1	23	1	11	84	11	41	3	29
西夏区										
金凤区										
永宁县	29	4	14	8	3	36	4	24	5	3
贺兰县	99	13	71	3	12	37	2	17	4	14
灵武市	42	4	24	7	7	13	2	7	4	
石嘴山市	**41**	**11**	**16**	**2**	**12**	**53**		**32**	**3**	**18**
大武口区	18	5	4	2	7	30		12	2	16
惠农区	5	1			4	4		4		
平罗县	18	5	12		1	19		16	1	2
吴忠市	**34**	**2**	**24**	**5**	**3**	**14**	**3**	**7**	**2**	**2**
利通区										
红寺堡区	4		1	2	1					
盐池县	4	2		2		9	3	4	2	
同心县	4		4			3		1		2
青铜峡市	22		19	1	2	2		2		
固原市	**17**	**1**	**12**	**1**	**3**	**18**	**5**	**9**	**4**	
原州区										
西吉县	4	1	3			2		2		
隆德县	4		3	1		11	3	4	4	
泾源县	1		1							
彭阳县	8		5		3	5	2	3		
中卫市	**23**		**20**		**3**	**20**	**1**	**16**	**1**	**2**
沙坡头区	12		9		3	5		3	1	1
中宁县	1		1			6		5		1
海原县	10		10			9	1	8		

7-1b 续表 7 单位：人

现住地	自治区外									
	安徽					福建				
	小计	乡	镇的村委会	镇的居委会	街道	小计	乡	镇的村委会	镇的居委会	街道
宁　夏	**507**	**99**	**349**	**25**	**34**	**125**	**16**	**81**	**5**	**23**
银川市	**365**	**71**	**259**	**14**	**21**	**78**	**15**	**45**	**3**	**15**
兴庆区	113	45	57	2	9	27	9	14		4
西夏区										
金凤区	9		9							
永宁县	122	17	96	3	6	25	1	16	3	5
贺兰县	96	7	77	7	5	23	5	12		6
灵武市	25	2	20	2	1	3		3		
石嘴山市	**71**	**13**	**43**	**2**	**13**	**18**		**15**	**1**	**2**
大武口区	28	5	14	1	8	10		8		2
惠农区	7	1		1	5					
平罗县	36	7	29			8		7	1	
吴忠市	**39**	**9**	**26**	**4**		**12**		**11**		**1**
利通区	6	1	5			1		1		
红寺堡区	4	3	1			4		4		
盐池县	10	4	6							
同心县	9		6	3		7		6		1
青铜峡市	10	1	8	1						
固原市	**12**		**12**			**7**	**1**	**5**	**1**	
原州区	7		7							
西吉县	3		3			2	1		1	
隆德县										
泾源县										
彭阳县	2		2			5		5		
中卫市	**20**	**6**	**9**	**5**		**10**		**5**		**5**
沙坡头区	1		1							
中宁县	15	6	5	4		7		3		4
海原县	4		3	1		3		2		1

7-1b　续表 8　　　　单位：人

现住地	自治区外									
	江西					山东				
	小计	乡	镇的村委会	镇的居委会	街道	小计	乡	镇的村委会	镇的居委会	街道
宁　夏	**121**	**25**	**68**	**18**	**10**	**500**	**66**	**331**	**32**	**71**
银川市	**90**	**14**	**60**	**11**	**5**	**366**	**47**	**254**	**14**	**51**
兴庆区	17	4	11	2		49	8	34		7
西夏区										
金凤区						4		3		1
永宁县	41	3	34	3	1	140	11	104	4	21
贺兰县	28	7	12	5	4	126	23	82	9	12
灵武市	4		3	1		47	5	31	1	10
石嘴山市	**5**	**3**	**2**			**58**	**8**	**33**	**8**	**9**
大武口区	3	1	2			30	4	10	8	8
惠农区						10	1	9		
平罗县	2	2				18	3	14		1
吴忠市	**6**		**3**	**3**		**27**	**4**	**21**	**1**	**1**
利通区						1		1		
红寺堡区	3		2	1		8		7		1
盐池县						2	1	1		
同心县	3		1	2		10	1	8	1	
青铜峡市						6	2	4		
固原市	**15**	**5**	**2**	**4**	**4**	**24**	**5**	**10**	**5**	**4**
原州区						1		1		
西吉县	6	5	1			6	5			1
隆德县	1		1			1		1		
泾源县										
彭阳县	8			4	4	16		8	5	3
中卫市	**5**	**3**	**1**		**1**	**25**	**2**	**13**	**4**	**6**
沙坡头区						1		1		
中宁县	5	3	1		1	23	2	12	4	5
海原县						1				1

7-1b 续表 9　　单位：人

现住地	自治区外									
	河南					湖北				
	小计	乡	镇的村委会	镇的居委会	街道	小计	乡	镇的村委会	镇的居委会	街道
宁　夏	**1600**	**457**	**896**	**109**	**138**	**236**	**36**	**134**	**25**	**41**
银川市	**1130**	**280**	**683**	**64**	**103**	**145**	**13**	**90**	**12**	**30**
兴庆区	311	92	159	25	35	31	3	17	3	8
西夏区	6		6							
金凤区	1		1			1				1
永宁县	344	74	238	10	22	57	7	42	4	4
贺兰县	364	96	201	25	42	46	3	23	4	16
灵武市	104	18	78	4	4	10		8	1	1
石嘴山市	**252**	**99**	**109**	**22**	**22**	**27**	**7**	**14**	**1**	**5**
大武口区	121	47	56	2	16	11	3	5		3
惠农区	20	10	4		6					
平罗县	111	42	49	20		16	4	9	1	2
吴忠市	**76**	**26**	**39**	**7**	**4**	**22**	**1**	**11**	**6**	**4**
利通区	2		2			2		2		
红寺堡区	6	3	1	2		1				1
盐池县	30	10	17		3	2		1		1
同心县	19	6	8	5		17	1	8	6	2
青铜峡市	19	7	11		1					
固原市	**51**	**33**	**13**	**3**	**2**	**16**	**11**	**4**	**1**	
原州区	4		4			2		2		
西吉县	22	17	4	1		7	6	1		
隆德县	12	8	4			1	1			
泾源县	4	2	1	1						
彭阳县	9	6		1	2	6	4	1	1	
中卫市	**91**	**19**	**52**	**13**	**7**	**26**	**4**	**15**	**5**	**2**
沙坡头区	14		12		2	5		5		
中宁县	51	11	25	10	5	17	4	9	3	1
海原县	26	8	15	3		4		1	2	1

7-1b 续表 10

单位：人

现住地	自治区外									
	湖南					广东				
	小计	乡	镇的村委会	镇的居委会	街道	小计	乡	镇的村委会	镇的居委会	街道
宁夏	**129**	**23**	**76**	**13**	**17**	**41**	**13**	**17**		**11**
银川市	**83**	**7**	**50**	**12**	**14**	**23**	**7**	**10**		**6**
兴庆区	20	6	4	2	8	8	1	7		
西夏区	2		2							
金凤区	4		4							
永宁县	25	1	22	2		2		1		1
贺兰县	25		13	6	6	12	6	2		4
灵武市	7		5	2		1				1
石嘴山市	**15**	**6**	**7**	**1**	**1**	**5**	**3**	**1**		**1**
大武口区	6	2	2	1	1					
惠农区	2	2				1		1		
平罗县	7	2	5			4	3			1
吴忠市	**17**	**6**	**10**		**1**	**3**	**3**			
利通区										
红寺堡区	1		1							
盐池县	5	3	2							
同心县	9	2	6		1					
青铜峡市	2	1	1			3	3			
固原市	**4**	**4**				**2**		**2**		
原州区						2		2		
西吉县										
隆德县	4	4								
泾源县										
彭阳县										
中卫市	**10**		**9**		**1**	**8**		**4**		**4**
沙坡头区	4		4			1		1		
中宁县	6		5		1	7		3		4
海原县										

7—1b 续表 11　　　　单位：人

现住地	自治区外									
	广西					海南				
	小计	乡	镇的村委会	镇的居委会	街道	小计	乡	镇的村委会	镇的居委会	街道
宁夏	**31**	**11**	**17**	**2**	**1**	**12**		**2**	**3**	**7**
银川市	**16**	**5**	**10**		**1**	**9**		**2**	**1**	**6**
兴庆区	8	5	2		1					
西夏区										
金凤区										
永宁县	7		7							
贺兰县	1		1			9		2	1	6
灵武市										
石嘴山市	**2**		**1**	**1**		**1**				**1**
大武口区										
惠农区						1				1
平罗县	2		1	1						
吴忠市	**10**	**6**	**4**							
利通区	2		2							
红寺堡区										
盐池县	1		1							
同心县										
青铜峡市	7	6	1							
固原市						**2**			**2**	
原州区										
西吉县						2			2	
隆德县										
泾源县										
彭阳县										
中卫市	**3**		**2**	**1**						
沙坡头区										
中宁县	2		1	1						
海原县	1		1							

7-1b　续表 12　　　　单位：人

现住地	自治区外									
	重庆					四川				
	小计	乡	镇的村委会	镇的居委会	街道	小计	乡	镇的村委会	镇的居委会	街道
宁　夏	**165**	**25**	**100**	**6**	**34**	**624**	**179**	**359**	**43**	**43**
银川市	**112**	**19**	**72**	**2**	**19**	**429**	**113**	**268**	**26**	**22**
兴庆区	33	8	19	1	5	94	34	51	6	3
西夏区	2	2				2		2		
金凤区						3		2		1
永宁县	25	8	16		1	163	43	107	9	4
贺兰县	45	1	36	1	7	133	34	88	8	3
灵武市	7		1		6	34	2	18	3	11
石嘴山市	**20**	**4**	**11**		**5**	**71**	**17**	**37**	**4**	**13**
大武口区	8		4		4	34	6	19	1	8
惠农区	8	4	4			3	1	1	1	
平罗县	4		3		1	34	10	17	2	5
吴忠市	**12**		**10**	**1**	**1**	**38**	**20**	**11**	**5**	**2**
利通区						5		5		
红寺堡区	1		1			2		1		1
盐池县	7		6		1	4	1	1	2	
同心县	4		3	1		19	14	3	2	
青铜峡市						8	5	1	1	1
固原市	**11**	**1**	**4**	**2**	**4**	**18**	**6**	**5**	**7**	
原州区										
西吉县	5		3	2		15	6	2	7	
隆德县						1		1		
泾源县	1		1							
彭阳县	5	1			4	2		2		
中卫市	**10**	**1**	**3**	**1**	**5**	**68**	**23**	**38**	**1**	**6**
沙坡头区	3		1		2	2		2		
中宁县	4		2		2	38	13	20	1	4
海原县	3	1		1	1	28	10	16		2

7-1b 续表 13 单位：人

现住地	自治区外									
	贵州					云南				
	小计	乡	镇的村委会	镇的居委会	街道	小计	乡	镇的村委会	镇的居委会	街道
宁　夏	**72**	**40**	**30**		**2**	**47**	**12**	**31**	**3**	**1**
银川市	**24**	**6**	**16**		**2**	**15**	**7**	**8**		
兴庆区	2		2			5	3	2		
西夏区										
金凤区	3		3							
永宁县	8	1	7			3	2	1		
贺兰县	8	4	3		1	3		3		
灵武市	3	1	1		1	4	2	2		
石嘴山市	**5**	**2**	**3**			**6**	**3**	**2**		**1**
大武口区	4	1	3			2		1		1
惠农区										
平罗县	1	1				4	3	1		
吴忠市	**36**	**28**	**8**			**11**	**2**	**9**		
利通区	4		4			9		9		
红寺堡区	1	1								
盐池县	2		2			1	1			
同心县										
青铜峡市	29	27	2			1	1			
固原市	**2**	**2**				**10**		**7**	**3**	
原州区						7		7		
西吉县	1	1								
隆德县	1	1								
泾源县						3			3	
彭阳县										
中卫市	**5**	**2**	**3**			**5**		**5**		
沙坡头区						1		1		
中宁县	5	2	3			3		3		
海原县						1		1		

7-1b　续表 14　　　　单位：人

现住地	自治区外									
	西藏					陕西				
	小计	乡	镇的村委会	镇的居委会	街道	小计	乡	镇的村委会	镇的居委会	街道
宁　夏	**2**				**2**	**2151**	**397**	**1487**	**104**	**163**
银川市						**1471**	**243**	**1058**	**56**	**114**
兴庆区						340	87	203	15	35
西夏区						4		1	2	1
金凤区						3		3		
永宁县						448	57	360	10	21
贺兰县						488	78	344	21	45
灵武市						188	21	147	8	12
石嘴山市						**177**	**41**	**105**	**10**	**21**
大武口区						68	7	39	3	19
惠农区						10	7	3		
平罗县						99	27	63	7	2
吴忠市						**411**	**88**	**278**	**27**	**18**
利通区						25	3	12	9	1
红寺堡区						19	3	15	1	
盐池县						281	69	186	16	10
同心县						40	8	24	1	7
青铜峡市						46	5	41		
固原市						**21**	**3**	**6**	**9**	**3**
原州区										
西吉县						5	2	1	2	
隆德县						10	1	3	6	
泾源县						3		1		2
彭阳县						3		1	1	1
中卫市	**2**				**2**	**71**	**22**	**40**	**2**	**7**
沙坡头区						12	6	5		1
中宁县	2				2	47	11	31	2	3
海原县						12	5	4		3

7-1b 续表 15

单位：人

现住地	自治区外									
	甘肃					青海				
	小计	乡	镇的村委会	镇的居委会	街道	小计	乡	镇的村委会	镇的居委会	街道
宁夏	**5537**	**1573**	**3494**	**218**	**252**	**91**	**34**	**32**	**5**	**20**
银川市	**4122**	**1010**	**2810**	**129**	**173**	**34**	**7**	**12**	**3**	**12**
兴庆区	962	307	595	24	36	2		1		1
西夏区	53	34	16		3					
金凤区	23	10	13							
永宁县	1521	326	1113	40	42	7	5	1		1
贺兰县	1287	275	884	52	76	23	2	8	3	10
灵武市	276	58	189	13	16	2		2		
石嘴山市	**369**	**131**	**183**	**27**	**28**	**25**	**15**	**5**		**5**
大武口区	104	49	42		13	16	7	4		5
惠农区	72	28	36		8	8	8			
平罗县	193	54	105	27	7	1		1		
吴忠市	**431**	**146**	**247**	**18**	**20**	**10**	**5**	**5**		
利通区	24	10	9	3	2	1	1			
红寺堡区	61	19	34	4	4					
盐池县	139	50	81	2	6	7	4	3		
同心县	76	28	36	7	5					
青铜峡市	131	39	87	2	3	2		2		
固原市	**245**	**131**	**71**	**27**	**16**	**10**	**3**	**5**	**2**	
原州区	14	2	12							
西吉县	77	44	18	11	4	7	3	2	2	
隆德县	75	45	22	6	2					
泾源县	15	4	1	7	3					
彭阳县	64	36	18	3	7	3		3		
中卫市	**370**	**155**	**183**	**17**	**15**	**12**	**4**	**5**		**3**
沙坡头区	62	25	35	1	1					
中宁县	268	119	127	14	8	8	4	4		
海原县	40	11	21	2	6	4		1		3

7-1b　续表 16　　　　单位：人

现住地	自治区外				
	新疆				
	小计	乡	镇的村委会	镇的居委会	街道
宁　夏	**91**	**21**	**30**	**19**	**21**
银川市	**52**	**11**	**15**	**9**	**17**
兴庆区	9				9
西夏区	1	1			
金凤区					
永宁县	12	3	4	1	4
贺兰县	20	3	8	7	2
灵武市	10	4	3	1	2
石嘴山市	**7**	**2**	**1**	**2**	**2**
大武口区	2	1	1		
惠农区	3	1			2
平罗县	2			2	
吴忠市	**10**	**5**		**5**	
利通区					
红寺堡区	3			3	
盐池县	3	2		1	
同心县	4	3		1	
青铜峡市					
固原市	**7**	**1**	**6**		
原州区	2		2		
西吉县	5	1	4		
隆德县					
泾源县					
彭阳县					
中卫市	**15**	**2**	**8**	**3**	**2**
沙坡头区	1				1
中宁县	8		4	3	1
海原县	6	2	4		

7-1c 全区按现住地、户口登记地类型分的户口登记地在外乡镇街道人口(乡村)

单位：人

现住地	合计					自治区内				
	合计	乡	镇的村委会	镇的居委会	街道	小计	乡	镇的村委会	镇的居委会	街道
宁夏	**55155**	**17238**	**28879**	**4173**	**4865**	**42832**	**13601**	**21551**	**3641**	**4039**
银川市	**20974**	**5344**	**11554**	**1493**	**2583**	**14018**	**3601**	**7145**	**1173**	**2099**
兴庆区	2848	1024	1375	178	271	1356	549	512	109	186
西夏区	2224	821	1297	51	55	1797	656	1047	46	48
金凤区	4727	969	2323	522	913	2896	517	1204	421	754
永宁县	2947	899	1643	220	185	2417	778	1261	214	164
贺兰县	4388	1083	2679	230	396	2967	738	1746	173	310
灵武市	3840	548	2237	292	763	2585	363	1375	210	637
石嘴山市	**4432**	**1622**	**1876**	**269**	**665**	**3267**	**1216**	**1258**	**240**	**553**
大武口区	745	289	368	42	46	584	205	301	35	43
惠农区	1015	252	391	39	333	628	129	139	38	322
平罗县	2672	1081	1117	188	286	2055	882	818	167	188
吴忠市	**14048**	**4992**	**7313**	**1147**	**596**	**11493**	**4058**	**5948**	**1028**	**459**
利通区	3996	1149	2286	466	95	3583	1034	2028	444	77
红寺堡区	3176	2157	797	135	87	2816	1951	718	91	56
盐池县	2265	732	1125	180	228	1353	475	580	146	152
同心县	2067	373	1497	174	23	1985	351	1440	173	21
青铜峡市	2544	581	1608	192	163	1756	247	1182	174	153
固原市	**6423**	**2079**	**3009**	**559**	**776**	**5923**	**1911**	**2729**	**542**	**741**
原州区	4007	946	2255	229	577	3792	887	2121	225	559
西吉县	785	295	327	112	51	714	272	290	106	46
隆德县	439	205	107	94	33	394	190	82	92	30
泾源县	337	124	126	26	61	290	108	104	25	53
彭阳县	855	509	194	98	54	733	454	132	94	53
中卫市	**9278**	**3201**	**5127**	**705**	**245**	**8131**	**2815**	**4471**	**658**	**187**
沙坡头区	3543	862	2344	266	71	3118	765	2060	242	51
中宁县	4607	1898	2297	333	79	3965	1642	1962	311	50
海原县	1128	441	486	106	95	1048	408	449	105	86

7-1c　续表 1　　　　单位：人

现住地	自治区外									
	小计					北京				
	小计	乡	镇的村委会	镇的居委会	街道	小计	乡	镇的村委会	镇的居委会	街道
宁　夏	**12323**	**3637**	**7328**	**532**	**826**	**17**	**2**	**5**		**10**
银川市	**6956**	**1743**	**4409**	**320**	**484**	**10**		**3**		**7**
兴庆区	1492	475	863	69	85	3		3		
西夏区	427	165	250	5	7					
金凤区	1831	452	1119	101	159	7				7
永宁县	530	121	382	6	21					
贺兰县	1421	345	933	57	86					
灵武市	1255	185	862	82	126					
石嘴山市	**1165**	**406**	**618**	**29**	**112**					
大武口区	161	84	67	7	3					
惠农区	387	123	252	1	11					
平罗县	617	199	299	21	98					
吴忠市	**2555**	**934**	**1365**	**119**	**137**	**3**	**1**	**1**		**1**
利通区	413	115	258	22	18					
红寺堡区	360	206	79	44	31	2	1	1		
盐池县	912	257	545	34	76	1				1
同心县	82	22	57	1	2					
青铜峡市	788	334	426	18	10					
固原市	**500**	**168**	**280**	**17**	**35**	**3**		**1**		**2**
原州区	215	59	134	4	18	1				1
西吉县	71	23	37	6	5					
隆德县	45	15	25	2	3					
泾源县	47	16	22	1	8	1				1
彭阳县	122	55	62	4	1	1		1		
中卫市	**1147**	**386**	**656**	**47**	**58**	**1**	**1**			
沙坡头区	425	97	284	24	20					
中宁县	642	256	335	22	29					
海原县	80	33	37	1	9	1	1			

7-1c 续表 2

单位：人

现住地	自治区外									
	天津					河北				
	小计	乡	镇的村委会	镇的居委会	街道	小计	乡	镇的村委会	镇的居委会	街道
宁夏	**15**	**4**		**2**	**9**	**484**	**86**	**332**	**22**	**44**
银川市	**7**	**1**		**2**	**4**	**247**	**54**	**161**	**15**	**17**
兴庆区	2			2		61	10	44	6	1
西夏区						6	1	5		
金凤区	4	1			3	54	13	28	3	10
永宁县						14	3	11		
贺兰县						37	12	22	1	2
灵武市	1				1	75	15	51	5	4
石嘴山市	**3**				**3**	**139**	**17**	**105**	**2**	**15**
大武口区						2	1	1		
惠农区						111	11	96		4
平罗县	3				3	26	5	8	2	11
吴忠市	**5**	**3**			**2**	**44**	**10**	**23**	**3**	**8**
利通区						20	5	15		
红寺堡区	1				1	9	2	1		6
盐池县	1				1	10	3	3	2	2
同心县						1		1		
青铜峡市	3	3				4		3	1	
固原市						**23**	**2**	**19**		**2**
原州区						16		14		2
西吉县						3		3		
隆德县						1		1		
泾源县										
彭阳县						3	2	1		
中卫市						**31**	**3**	**24**	**2**	**2**
沙坡头区						16	2	13	1	
中宁县						10	1	8	1	
海原县						5		3		2

7-1c　续表 3　　　　单位：人

现住地	自治区外									
	山西					内蒙古				
	小计	乡	镇的村委会	镇的居委会	街道	小计	乡	镇的村委会	镇的居委会	街道
宁　夏	**277**	**68**	**172**	**18**	**19**	**332**	**68**	**175**	**43**	**46**
银川市	**184**	**51**	**116**	**3**	**14**	**144**	**31**	**65**	**23**	**25**
兴庆区	39	19	17	1	2	20	9	6	2	3
西夏区						8		6		2
金凤区	31	5	22	1	3	56	4	25	18	9
永宁县	9	1	7		1	10	2	5		3
贺兰县	38	19	18		1	24	14	8		2
灵武市	67	7	52	1	7	26	2	15	3	6
石嘴山市	**31**	**12**	**14**	**3**	**2**	**49**	**11**	**25**	**4**	**9**
大武口区	2	1		1		3	2		1	
惠农区	7	1	5		1	17	3	13		1
平罗县	22	10	9	2	1	29	6	12	3	8
吴忠市	**38**	**1**	**24**	**11**	**2**	**80**	**15**	**45**	**13**	**7**
利通区	8		3	4	1	31	7	15	7	2
红寺堡区	10		3	7		16	3	6	6	1
盐池县	17	1	15		1	22	4	17		1
同心县										
青铜峡市	3		3			11	1	7		3
固原市	**10**	**3**	**7**			**6**	**3**	**3**		
原州区	2	1	1			3	2	1		
西吉县						1		1		
隆德县						1	1			
泾源县	8	2	6							
彭阳县						1		1		
中卫市	**14**	**1**	**11**	**1**	**1**	**53**	**8**	**37**	**3**	**5**
沙坡头区	7		6	1		25	5	19	1	
中宁县	5		5			26	3	16	2	5
海原县	2	1			1	2		2		

7-1c 续表 4 单位：人

现住地	自治区外									
	辽宁					吉林				
	小计	乡	镇的村委会	镇的居委会	街道	小计	乡	镇的村委会	镇的居委会	街道
宁 夏	**116**	**23**	**62**	**11**	**20**	**70**	**11**	**39**	**3**	**17**
银川市	**56**	**17**	**20**	**6**	**13**	**22**	**5**	**13**	**1**	**3**
兴庆区	5		1	1	3	2		2		
西夏区										
金凤区	17	2	8	3	4	5	2	2	1	
永宁县	5	3	2			5	1	4		
贺兰县	7	3	1	2	1	4	2	2		
灵武市	22	9	8		5	6		3		3
石嘴山市	**36**	**3**	**31**	**1**	**1**	**19**	**3**	**15**		**1**
大武口区						3	1	2		
惠农区	30	3	27			15	2	13		
平罗县	6		4	1	1	1				1
吴忠市	**14**	**3**	**5**		**6**	**25**	**3**	**8**	**1**	**13**
利通区										
红寺堡区	6	2	4							
盐池县	6		1		5	22	3	5	1	13
同心县						1		1		
青铜峡市	2	1			1	2		2		
固原市	**1**		**1**			**3**		**3**		
原州区						1		1		
西吉县										
隆德县										
泾源县										
彭阳县	1		1			2		2		
中卫市	**9**		**5**	**4**		**1**			**1**	
沙坡头区	8		4	4						
中宁县	1		1			1			1	
海原县										

7-1c 续表 5

单位：人

现住地	自治区外									
	黑龙江					上海				
	小计	乡	镇的村委会	镇的居委会	街道	小计	乡	镇的村委会	镇的居委会	街道
宁夏	**139**	**22**	**67**	**18**	**32**	**12**	**1**	**11**		
银川市	**107**	**21**	**49**	**14**	**23**					
兴庆区	7	4	1		2					
西夏区	4	3	1							
金凤区	32	6	18		8					
永宁县	9	4	4		1					
贺兰县	29	3	11	13	2					
灵武市	26	1	14	1	10					
石嘴山市	**18**	**1**	**14**	**2**	**1**	**6**		**6**		
大武口区	1			1						
惠农区	9	1	7		1	6		6		
平罗县	8		7	1						
吴忠市	**9**		**3**		**6**					
利通区	1		1							
红寺堡区										
盐池县	5		1		4					
同心县										
青铜峡市	3		1		2					
固原市	**1**				**1**	**1**		**1**		
原州区	1				1					
西吉县										
隆德县						1		1		
泾源县										
彭阳县										
中卫市	**4**		**1**	**2**	**1**	**5**	**1**	**4**		
沙坡头区	3			2	1					
中宁县	1		1			1		1		
海原县						4	1	3		

7-1c 续表 6

单位：人

现住地	自治区外									
	江苏					浙江				
	小计	乡	镇的村委会	镇的居委会	街道	小计	乡	镇的村委会	镇的居委会	街道
宁　夏	**322**	**27**	**231**	**23**	**41**	**89**	**13**	**54**	**6**	**16**
银川市	**246**	**12**	**188**	**18**	**28**	**45**	**7**	**28**	**3**	**7**
兴庆区	40	2	36		2	8		6		2
西夏区	7	1	4		2					
金凤区	46	1	40	2	3	14	3	9	1	1
永宁县	9	1	8			13	4	6	1	2
贺兰县	23	2	13	2	6	5		5		
灵武市	121	5	87	14	15	5		2	1	2
石嘴山市	**27**	**7**	**16**	**1**	**3**	**10**	**2**	**2**	**1**	**5**
大武口区						1		1		
惠农区	3		3			1	1			
平罗县	24	7	13	1	3	8	1	1	1	5
吴忠市	**26**	**4**	**14**	**1**	**7**	**14**	**2**	**7**	**2**	**3**
利通区	5	3	1		1					
红寺堡区	3		1		2	9	1	4	1	3
盐池县	12	1	6	1	4	3		2	1	
同心县										
青铜峡市	6		6			2	1	1		
固原市	**8**	**1**	**2**	**2**	**3**	**9**	**1**	**7**		**1**
原州区	4			2	2	7	1	6		
西吉县	1				1	1		1		
隆德县	2		2			1				1
泾源县										
彭阳县	1	1								
中卫市	**15**	**3**	**11**	**1**		**11**	**1**	**10**		
沙坡头区	9	2	7			9		9		
中宁县	6	1	4	1		2	1	1		
海原县										

7-1c 续表 7 单位：人

现住地	自治区外									
	安徽					福建				
	小计	乡	镇的村委会	镇的居委会	街道	小计	乡	镇的村委会	镇的居委会	街道
宁　夏	**673**	**118**	**498**	**25**	**32**	**45**	**4**	**29**	**3**	**9**
银川市	**522**	**92**	**393**	**13**	**24**	**24**		**16**	**2**	**6**
兴庆区	156	31	109	9	7	4		4		
西夏区	17	5	12			2		2		
金凤区	147	32	102	2	11	5		2		3
永宁县	52	9	38	1	4	3		3		
贺兰县	66	10	56			7		5		2
灵武市	84	5	76	1	2	3			2	1
石嘴山市	**36**	**10**	**21**	**1**	**4**	**10**	**2**	**6**	**1**	**1**
大武口区	3		3							
惠农区	2		2			2		2		
平罗县	31	10	16	1	4	8	2	4	1	1
吴忠市	**58**	**13**	**38**	**7**		**2**		**1**		**1**
利通区	17	5	12							
红寺堡区	6	1		5		2		1		1
盐池县	18	3	13	2						
同心县										
青铜峡市	17	4	13							
固原市	**32**	**3**	**25**	**1**	**3**	**4**	**1**	**2**		**1**
原州区										
西吉县	7	2	3		2	2		2		
隆德县	1			1		1	1			
泾源县	3	1	1		1					
彭阳县	21		21			1				1
中卫市	**25**		**21**	**3**	**1**	**5**	**1**	**4**		
沙坡头区	10		9		1					
中宁县	15		12	3						
海原县						5	1	4		

7-1c 续表 8 单位：人

现住地	自治区外									
	江西					山东				
	小计	乡	镇的村委会	镇的居委会	街道	小计	乡	镇的村委会	镇的居委会	街道
宁夏	**54**	**13**	**38**	**3**		**408**	**55**	**279**	**30**	**44**
银川市	**39**	**10**	**27**	**2**		**278**	**32**	**199**	**23**	**24**
兴庆区	5	3		2		66	8	43	7	8
西夏区						4		4		
金凤区	3	2	1			42	7	28	4	3
永宁县	26	3	23			19		17	2	
贺兰县						78	15	54	4	5
灵武市	5	2	3			69	2	53	6	8
石嘴山市	**2**	**2**				**47**	**2**	**31**		**14**
大武口区						5	1	3		1
惠农区	1	1				5	1	2		2
平罗县	1	1				37		26		11
吴忠市	**4**	**1**	**2**	**1**		**51**	**13**	**30**	**4**	**4**
利通区	2		2			9		9		
红寺堡区	2	1		1		2			2	
盐池县						19	4	9	2	4
同心县						9	7	2		
青铜峡市						12	2	10		
固原市	**4**		**4**			**7**	**5**	**1**	**1**	
原州区	2		2							
西吉县						2	2			
隆德县	1		1							
泾源县	1		1			2	2			
彭阳县						3	1	1	1	
中卫市	**5**		**5**			**25**	**3**	**18**	**2**	**2**
沙坡头区	4		4			11	1	8	2	
中宁县						11		9		2
海原县	1		1			3	2	1		

7-1c　续表 9　　　　单位：人

现住地	自治区外									
	河南					湖北				
	小计	乡	镇的村委会	镇的居委会	街道	小计	乡	镇的村委会	镇的居委会	街道
宁　夏	**1258**	**374**	**757**	**52**	**75**	**213**	**20**	**140**	**13**	**40**
银川市	**839**	**238**	**505**	**43**	**53**	**137**	**10**	**83**	**8**	**36**
兴庆区	225	69	123	19	14	21	1	13		7
西夏区	32	13	19			4		4		
金凤区	152	56	72	15	9	50	4	40		6
永宁县	86	25	58	1	2	6		6		
贺兰县	194	51	128		15	28	3	4	4	17
灵武市	150	24	105	8	13	28	2	16	4	6
石嘴山市	**169**	**66**	**92**	**1**	**10**	**12**	**5**	**5**	**2**	
大武口区	32	14	16		2					
惠农区	39	26	12	1		10	5	5		
平罗县	98	26	64		8	2			2	
吴忠市	**144**	**38**	**91**	**7**	**8**	**46**	**5**	**37**	**2**	**2**
利通区	27	11	16			4	1	3		
红寺堡区	11			7	4	7		6		1
盐池县	35	9	22		4	29		28		1
同心县	5		5			4	4			
青铜峡市	66	18	48			2			2	
固原市	**45**	**6**	**36**		**3**	**1**		**1**		
原州区	32	4	25		3					
西吉县	6		6							
隆德县	2		2							
泾源县	3	1	2							
彭阳县	2	1	1			1		1		
中卫市	**61**	**26**	**33**	**1**	**1**	**17**		**14**	**1**	**2**
沙坡头区	44	17	25	1	1	12		9	1	2
中宁县	12	5	7			4		4		
海原县	5	4	1			1		1		

7-1c 续表 10

单位：人

现住地	自治区外									
	湖南					广东				
	小计	乡	镇的村委会	镇的居委会	街道	小计	乡	镇的村委会	镇的居委会	街道
宁夏	**67**	**20**	**40**	**4**	**3**	**27**	**3**	**9**	**6**	**9**
银川市	**34**	**9**	**20**	**2**	**3**	**14**	**1**	**1**	**4**	**8**
兴庆区	11	6	3	2						
西夏区										
金凤区	15		13		2	9			4	5
永宁县	5	3	2			3	1			2
贺兰县						2		1		1
灵武市	3		2		1					
石嘴山市	**9**	**2**	**7**							
大武口区										
惠农区	8	2	6							
平罗县	1		1							
吴忠市	**14**	**7**	**7**			**9**	**1**	**6**	**2**	
利通区	4		4			4		2	2	
红寺堡区	3	3								
盐池县	6	4	2							
同心县						4		4		
青铜峡市	1		1			1	1			
固原市	**6**	**1**	**4**	**1**		**3**	**1**	**1**		**1**
原州区										
西吉县						1	1			
隆德县						2		1		1
泾源县	1	1								
彭阳县	5		4	1						
中卫市	**4**	**1**	**2**	**1**		**1**		**1**		
沙坡头区	1			1		1		1		
中宁县	2		2							
海原县	1	1								

7-1c 续表 11　　　　单位：人

现住地	自治区外									
	广西					海南				
	小计	乡	镇的村委会	镇的居委会	街道	小计	乡	镇的村委会	镇的居委会	街道
宁夏	**22**	**7**	**12**	**1**	**2**					
银川市	**4**	**1**	**1**	**1**	**1**					
兴庆区										
西夏区	1		1							
金凤区	2	1			1					
永宁县										
贺兰县	1			1						
灵武市										
石嘴山市	**1**		**1**							
大武口区										
惠农区	1		1							
平罗县										
吴忠市	**13**	**3**	**10**							
利通区	3		3							
红寺堡区										
盐池县										
同心县										
青铜峡市	10	3	7							
固原市	**1**				**1**					
原州区	1				1					
西吉县										
隆德县										
泾源县										
彭阳县										
中卫市	**3**	**3**								
沙坡头区	2	2								
中宁县	1	1								
海原县										

7−1c 续表 12

单位：人

现住地	自治区外									
	重庆					四川				
	小计	乡	镇的村委会	镇的居委会	街道	小计	乡	镇的村委会	镇的居委会	街道
宁夏	**141**	**32**	**93**	**4**	**12**	**461**	**145**	**272**	**21**	**23**
银川市	**105**	**17**	**75**	**3**	**10**	**326**	**99**	**193**	**14**	**20**
兴庆区	20	6	12	1	1	63	24	34	3	2
西夏区	2	2				3		1	1	1
金凤区	44	8	32	1	3	174	55	98	7	14
永宁县	12		10		2	25	8	16		1
贺兰县	21	1	17	1	2	33	10	21	2	
灵武市	6		4		2	28	2	23	1	2
石嘴山市	**11**	**2**	**9**			**26**	**14**	**12**		
大武口区	2	2				6	4	2		
惠农区	8		8			10	4	6		
平罗县	1		1			10	6	4		
吴忠市	**11**	**6**	**3**		**2**	**51**	**15**	**31**	**4**	**1**
利通区						8		8		
红寺堡区	1				1	2	1		1	
盐池县	7	4	2		1	5	1	1	2	1
同心县						2		2		
青铜峡市	3	2	1			34	13	20	1	
固原市	**5**	**2**	**3**			**21**	**14**	**5**	**1**	**1**
原州区						7	3	3	1	
西吉县						4	4			
隆德县	3		3							
泾源县						5	2	2		1
彭阳县	2	2				5	5			
中卫市	**9**	**5**	**3**	**1**		**37**	**3**	**31**	**2**	**1**
沙坡头区	3		3			28	1	25	2	
中宁县	5	4		1		8	2	6		
海原县	1	1				1				1

7-1c 续表 13

单位：人

现住地	自治区外									
	贵州					云南				
	小计	乡	镇的村委会	镇的居委会	街道	小计	乡	镇的村委会	镇的居委会	街道
宁 夏	**393**	**163**	**227**	**1**	**2**	**148**	**70**	**75**	**1**	**2**
银川市	**42**	**9**	**32**		**1**	**53**	**9**	**43**		**1**
兴庆区	6	5	1			5	1	4		
西夏区										
金凤区	6	1	5			26	7	18		1
永宁县	19	2	17			13		13		
贺兰县	5		5			1	1			
灵武市	6	1	4		1	8		8		
石嘴山市	**14**	**9**	**4**		**1**	**20**	**18**	**1**		**1**
大武口区						1		1		
惠农区	4		4			10	10			
平罗县	10	9			1	9	8			1
吴忠市	**305**	**144**	**161**			**70**	**43**	**26**	**1**	
利通区	26		26			1	1			
红寺堡区						2		2		
盐池县	3	1	2			2	1		1	
同心县										
青铜峡市	276	143	133			65	41	24		
固原市	**14**	**1**	**13**							
原州区	12		12							
西吉县	1	1								
隆德县	1		1							
泾源县										
彭阳县										
中卫市	**18**		**17**	**1**		**5**		**5**		
沙坡头区	10		10			2		2		
中宁县	8		7	1		3		3		
海原县										

7-1c 续表 14

单位：人

现住地	自治区外									
	西藏					陕西				
	小计	乡	镇的村委会	镇的居委会	街道	小计	乡	镇的村委会	镇的居委会	街道
宁　夏	**1**		**1**			**1771**	**488**	**1078**	**69**	**136**
银川市						**955**	**236**	**621**	**32**	**66**
兴庆区						124	40	71	1	12
西夏区						48	15	32		1
金凤区						288	80	170	14	24
永宁县						57	16	40		1
贺兰县						282	59	201	7	15
灵武市						156	26	107	10	13
石嘴山市						**142**	**53**	**77**	**3**	**9**
大武口区						19	12	6	1	
惠农区						32	16	16		
平罗县						91	25	55	2	9
吴忠市						**529**	**158**	**303**	**29**	**39**
利通区						81	19	48	6	8
红寺堡区						26	10	6	3	7
盐池县						325	100	190	14	21
同心县						6	1	5		
青铜峡市						91	28	54	6	3
固原市	**1**		**1**			**36**	**16**	**18**	**1**	**1**
原州区	1		1			21	13	7		1
西吉县						5	1	3	1	
隆德县						2		2		
泾源县						5		5		
彭阳县						3	2	1		
中卫市						**109**	**25**	**59**	**4**	**21**
沙坡头区						37	7	17	3	10
中宁县						67	17	39		11
海原县						5	1	3	1	

7-1c　续表 15

单位：人

现住地	自治区外									
	甘肃					青海				
	小计	乡	镇的村委会	镇的居委会	街道	小计	乡	镇的村委会	镇的居委会	街道
宁　夏	**4600**	**1731**	**2573**	**135**	**161**	**39**	**15**	**15**	**5**	**4**
银川市	**2461**	**759**	**1540**	**77**	**85**	**25**	**10**	**8**	**4**	**3**
兴庆区	593	233	330	11	19	2			2	
西夏区	286	122	159	4	1					
金凤区	590	157	381	24	28	5	4		1	
永宁县	130	35	92	1	2					
贺兰县	518	133	352	20	13	10	3	6		1
灵武市	344	79	226	17	22	8	3	2	1	2
石嘴山市	**319**	**158**	**122**	**7**	**32**	**6**	**4**	**2**		
大武口区	80	45	32	3						
惠农区	52	32	18		2	4	4			
平罗县	187	81	72	4	30	2		2		
吴忠市	**957**	**432**	**476**	**29**	**20**	**3**		**3**		
利通区	158	62	88	2	6					
红寺堡区	226	172	42	11	1	1		1		
盐池县	361	116	225	8	12	1		1		
同心县	42	10	32			1		1		
青铜峡市	170	72	89	8	1					
固原市	**219**	**97**	**104**	**5**	**13**	**1**			**1**	
原州区	85	29	50		6	1			1	
西吉县	22	8	12	1	1					
隆德县	25	13	10	1	1					
泾源县	18	7	5	1	5					
彭阳县	69	40	27	2						
中卫市	**644**	**285**	**331**	**17**	**11**	**4**	**1**	**2**		**1**
沙坡头区	176	57	110	5	4	1		1		
中宁县	439	216	204	12	7	2	1	1		
海原县	29	12	17			1				1

7-1c 续表 16

单位：人

现住地	自治区外				
	新疆				
	小计	乡	镇的村委会	镇的居委会	街道
宁 夏	**129**	**54**	**44**	**13**	**18**
银川市	**30**	**12**	**9**	**7**	**2**
兴庆区	4	4			
西夏区	3	3			
金凤区	7	1	5		1
永宁县					
贺兰县	8	4	3		1
灵武市	8		1	7	
石嘴山市	**3**	**3**			
大武口区	1	1			
惠农区					
平罗县	2	2			
吴忠市	**30**	**13**	**10**	**2**	**5**
利通区	4	1	2	1	
红寺堡区	13	9	1		3
盐池县	2	2			
同心县	7		4	1	2
青铜峡市	4	1	3		
固原市	**35**	**11**	**18**	**4**	**2**
原州区	18	6	11		1
西吉县	15	4	6	4	1
隆德县	1		1		
泾源县					
彭阳县	1	1			
中卫市	**31**	**15**	**7**		**9**
沙坡头区	6	3	2		1
中宁县	12	4	4		4
海原县	13	8	1		4

7–2　全区按现住地、职业和性别分的户口登记地在本自治区其他乡镇街道人口

单位：人

现住地	合计			党的机关、国家机关、群众团体和社会组织、企事业单位负责人		
	合计	男	女	小计	男	女
宁　夏	**112911**	**69101**	**43810**	**2487**	**1943**	**544**
银川市	**50344**	**30151**	**20193**	**1358**	**1004**	**354**
兴庆区	11851	6478	5373	216	158	58
西夏区	6710	4109	2601	167	116	51
金凤区	11028	6146	4882	535	410	125
永宁县	5565	3503	2062	106	74	32
贺兰县	7059	4207	2852	240	172	68
灵武市	8131	5708	2423	94	74	20
石嘴山市	**13238**	**8238**	**5000**	**240**	**192**	**48**
大武口区	4349	2641	1708	114	92	22
惠农区	3351	2146	1205	57	43	14
平罗县	5538	3451	2087	69	57	12
吴忠市	**22449**	**13944**	**8505**	**500**	**412**	**88**
利通区	8977	5328	3649	262	213	49
红寺堡区	3347	2072	1275	48	42	6
盐池县	3195	2176	1019	85	74	11
同心县	2432	1585	847	21	20	1
青铜峡市	4498	2783	1715	84	63	21
固原市	**11466**	**7185**	**4281**	**200**	**171**	**29**
原州区	7419	4664	2755	127	112	15
西吉县	1350	859	491	23	20	3
隆德县	863	488	375	11	9	2
泾源县	472	274	198	16	13	3
彭阳县	1362	900	462	23	17	6
中卫市	**15414**	**9583**	**5831**	**189**	**164**	**25**
沙坡头区	7619	4675	2944	88	77	11
中宁县	5845	3607	2238	69	59	10
海原县	1950	1301	649	32	28	4

7-2 续表 1

单位：人

现住地	专业技术人员			办事人员和有关人员			社会生产服务和生活服务人员		
	小计	男	女	小计	男	女	小计	男	女
宁　夏	**15794**	**6222**	**9572**	**8627**	**4728**	**3899**	**47699**	**26761**	**20938**
银川市	**8777**	**3489**	**5288**	**4425**	**2358**	**2067**	**22508**	**12622**	**9886**
兴庆区	2376	872	1504	1404	762	642	6356	3474	2882
西夏区	1084	445	639	404	221	183	2730	1503	1227
金凤区	3066	1268	1798	1557	840	717	4500	2512	1988
永宁县	543	208	335	269	125	144	2628	1506	1122
贺兰县	975	377	598	429	201	228	3436	1983	1453
灵武市	733	319	414	362	209	153	2858	1644	1214
石嘴山市	**1286**	**436**	**850**	**957**	**483**	**474**	**5359**	**2910**	**2449**
大武口区	603	224	379	457	254	203	1847	988	859
惠农区	298	84	214	233	106	127	1301	742	559
平罗县	385	128	257	267	123	144	2211	1180	1031
吴忠市	**2504**	**1012**	**1492**	**1413**	**804**	**609**	**9322**	**5333**	**3989**
利通区	1176	438	738	721	418	303	4086	2158	1928
红寺堡区	264	110	154	146	94	52	1004	594	410
盐池县	342	156	186	233	118	115	1344	862	482
同心县	266	124	142	112	74	38	998	612	386
青铜峡市	456	184	272	201	100	101	1890	1107	783
固原市	**1734**	**747**	**987**	**983**	**630**	**353**	**4550**	**2543**	**2007**
原州区	1170	440	730	653	419	234	3226	1870	1356
西吉县	214	125	89	95	63	32	413	247	166
隆德县	103	57	46	59	36	23	343	138	205
泾源县	74	30	44	75	48	27	155	80	75
彭阳县	173	95	78	101	64	37	413	208	205
中卫市	**1493**	**538**	**955**	**849**	**453**	**396**	**5960**	**3353**	**2607**
沙坡头区	679	201	478	522	266	256	3170	1702	1468
中宁县	480	182	298	201	101	100	1987	1103	884
海原县	334	155	179	126	86	40	803	548	255

7-2　续表 2　　单位：人

现住地	农、林、牧、渔业生产及辅助人员			生产制造及有关人员			不便分类的其他从业人员		
	小计	男	女	小计	男	女	小计	男	女
宁　夏	**9692**	**5591**	**4101**	**28453**	**23783**	**4670**	**159**	**73**	**86**
银川市	**1945**	**1155**	**790**	**11267**	**9482**	**1785**	**64**	**41**	**23**
兴庆区	145	92	53	1344	1115	229	10	5	5
西夏区	323	187	136	1998	1634	364	4	3	1
金凤区	135	92	43	1207	1005	202	28	19	9
永宁县	458	256	202	1554	1329	225	7	5	2
贺兰县	496	294	202	1474	1175	299	9	5	4
灵武市	388	234	154	3690	3224	466	6	4	2
石嘴山市	**848**	**535**	**313**	**4489**	**3670**	**819**	**59**	**12**	**47**
大武口区	81	57	24	1189	1014	175	58	12	46
惠农区	136	95	41	1326	1076	250			
平罗县	631	383	248	1974	1580	394	1		1
吴忠市	**3082**	**1711**	**1371**	**5599**	**4658**	**941**	**29**	**14**	**15**
利通区	636	409	227	2095	1691	404	1	1	
红寺堡区	1045	510	535	840	722	118			
盐池县	307	207	100	881	757	124	3	2	1
同心县	452	247	205	583	508	75			
青铜峡市	642	338	304	1200	980	220	25	11	14
固原市	**1129**	**668**	**461**	**2867**	**2424**	**443**	**3**	**2**	**1**
原州区	457	288	169	1786	1535	251			
西吉县	310	176	134	293	227	66	2	1	1
隆德县	95	52	43	251	195	56	1	1	
泾源县	93	54	39	59	49	10			
彭阳县	174	98	76	478	418	60			
中卫市	**2688**	**1522**	**1166**	**4231**	**3549**	**682**	**4**	**4**	
沙坡头区	982	587	395	2175	1839	336	3	3	
中宁县	1489	824	665	1619	1338	281			
海原县	217	111	106	437	372	65	1	1	

7-3 全区按现住地、职业和性别分的户口登记地在外省人口

单位：人

现住地	合计			党的机关、国家机关、群众团体和社会组织、企事业单位负责人		
	合计	男	女	小计	男	女
宁　夏	**34463**	**24155**	**10308**	**801**	**701**	**100**
银川市	**23400**	**16171**	**7229**	**554**	**479**	**75**
兴庆区	8487	5621	2866	126	114	12
西夏区	3471	2367	1104	89	77	12
金凤区	4084	2843	1241	181	148	33
永宁县	2370	1670	700	59	53	6
贺兰县	2731	1848	883	77	66	11
灵武市	2257	1822	435	22	21	1
石嘴山市	**4323**	**3170**	**1153**	**86**	**77**	**9**
大武口区	1646	1119	527	39	32	7
惠农区	1755	1358	397	28	28	
平罗县	922	693	229	19	17	2
吴忠市	**3707**	**2640**	**1067**	**92**	**82**	**10**
利通区	956	670	286	31	26	5
红寺堡区	499	365	134	21	20	1
盐池县	1006	771	235	13	13	
同心县	229	192	37	2	2	
青铜峡市	1017	642	375	25	21	4
固原市	**1130**	**837**	**293**	**37**	**32**	**5**
原州区	620	460	160	14	13	1
西吉县	158	112	46	10	7	3
隆德县	99	61	38	5	4	1
泾源县	45	32	13	1	1	
彭阳县	208	172	36	7	7	
中卫市	**1903**	**1337**	**566**	**32**	**31**	**1**
沙坡头区	1042	749	293	21	21	
中宁县	708	476	232	7	6	1
海原县	153	112	41	4	4	

7-3 续表 1

单位：人

现住地	专业技术人员			办事人员和有关人员			社会生产服务和生活服务人员		
	小计	男	女	小计	男	女	小计	男	女
宁　夏	**2651**	**1496**	**1155**	**1232**	**836**	**396**	**15775**	**9733**	**6042**
银川市	**1910**	**1050**	**860**	**890**	**600**	**290**	**11433**	**6909**	**4524**
兴庆区	546	265	281	375	255	120	4938	2928	2010
西夏区	324	179	145	101	65	36	1648	979	669
金凤区	599	359	240	258	180	78	1811	1120	691
永宁县	107	50	57	46	28	18	1142	717	425
贺兰县	181	88	93	60	33	27	1201	730	471
灵武市	153	109	44	50	39	11	693	435	258
石嘴山市	**253**	**148**	**105**	**143**	**104**	**39**	**1854**	**1187**	**667**
大武口区	120	55	65	66	49	17	853	540	313
惠农区	80	55	25	40	27	13	621	401	220
平罗县	53	38	15	37	28	9	380	246	134
吴忠市	**219**	**135**	**84**	**92**	**60**	**32**	**1295**	**859**	**436**
利通区	71	40	31	32	17	15	422	265	157
红寺堡区	27	18	9	14	9	5	153	97	56
盐池县	77	47	30	31	21	10	384	272	112
同心县	8	5	3	4	4		67	51	16
青铜峡市	36	25	11	11	9	2	269	174	95
固原市	**101**	**63**	**38**	**29**	**20**	**9**	**510**	**333**	**177**
原州区	39	23	16	15	9	6	328	224	104
西吉县	15	8	7	5	4	1	69	45	24
隆德县	13	5	8				46	26	20
泾源县	12	8	4	5	4	1	13	8	5
彭阳县	22	19	3	4	3	1	54	30	24
中卫市	**168**	**100**	**68**	**78**	**52**	**26**	**683**	**445**	**238**
沙坡头区	114	67	47	61	41	20	414	275	139
中宁县	33	17	16	11	7	4	217	133	84
海原县	21	16	5	6	4	2	52	37	15

7-3 续表 2

单位：人

现住地	农、林、牧、渔业生产及辅助人员			生产制造及有关人员			不便分类的其他从业人员		
	小计	男	女	小计	男	女	小计	男	女
宁　夏	**1845**	**1009**	**836**	**12058**	**10337**	**1721**	**101**	**43**	**58**
银川市	**687**	**391**	**296**	**7903**	**6726**	**1177**	**23**	**16**	**7**
兴庆区	120	67	53	2376	1987	389	6	5	1
西夏区	175	100	75	1133	967	166	1		1
金凤区	33	16	17	1196	1015	181	6	5	1
永宁县	104	61	43	910	760	150	2	1	1
贺兰县	224	127	97	987	804	183	1		1
灵武市	31	20	11	1301	1193	108	7	5	2
石嘴山市	**122**	**72**	**50**	**1787**	**1555**	**232**	**78**	**27**	**51**
大武口区	24	16	8	466	400	66	78	27	51
惠农区	41	23	18	945	824	121			
平罗县	57	33	24	376	331	45			
吴忠市	**699**	**366**	**333**	**1310**	**1138**	**172**			
利通区	87	56	31	313	266	47			
红寺堡区	83	42	41	201	179	22			
盐池县	54	29	25	447	389	58			
同心县	11	8	3	137	122	15			
青铜峡市	464	231	233	212	182	30			
固原市	**72**	**35**	**37**	**381**	**354**	**27**			
原州区	33	14	19	191	177	14			
西吉县	13	5	8	46	43	3			
隆德县	8	6	2	27	20	7			
泾源县	5	3	2	9	8	1			
彭阳县	13	7	6	108	106	2			
中卫市	**265**	**145**	**120**	**677**	**564**	**113**			
沙坡头区	74	41	33	358	304	54			
中宁县	181	98	83	259	215	44			
海原县	10	6	4	60	45	15			

7-4　全区按现住地、户口登记地类型、受教育程度分的户口登记地在本自治区其他乡镇街道人口

单位：人

现住地	合计					未上过学				
	合计	乡	镇的村委会	镇的居委会	街道	小计	乡	镇的村委会	镇的居委会	街道
宁　夏	**243604**	**56023**	**112850**	**26755**	**47976**	**10168**	**3328**	**4948**	**870**	**1022**
银川市	**102301**	**15243**	**43738**	**11633**	**31687**	**3345**	**778**	**1744**	**283**	**540**
兴庆区	23713	3164	7796	2510	10243	612	143	242	45	182
西夏区	17387	3010	6967	2084	5326	522	167	229	42	84
金凤区	20825	1993	5716	3489	9627	443	82	193	56	112
永宁县	12230	2498	7671	823	1238	623	170	369	46	38
贺兰县	14026	2289	7150	1262	3325	525	116	301	32	76
灵武市	14120	2289	8438	1465	1928	620	100	410	62	48
石嘴山市	**27304**	**7563**	**8950**	**2728**	**8063**	**790**	**267**	**292**	**82**	**149**
大武口区	9281	1272	2345	977	4687	232	39	85	33	75
惠农区	6686	1564	1555	625	2942	157	35	39	20	63
平罗县	11337	4727	5050	1126	434	401	193	168	29	11
吴忠市	**49349**	**13330**	**27252**	**6701**	**2066**	**2554**	**919**	**1312**	**268**	**55**
利通区	19556	4994	9799	4122	641	782	244	409	111	18
红寺堡区	7004	3525	2903	439	137	682	435	210	24	13
盐池县	6362	2547	3180	327	308	200	98	98	4	
同心县	7087	1374	4978	632	103	380	62	271	42	5
青铜峡市	9340	890	6392	1181	877	510	80	324	87	19
固原市	**30241**	**10260**	**12223**	**2439**	**5319**	**1867**	**692**	**818**	**122**	**235**
原州区	18873	3201	9256	1484	4932	1178	247	630	86	215
西吉县	5102	3483	1165	359	95	302	221	64	10	7
隆德县	2020	1317	395	264	44	98	67	15	14	2
泾源县	1162	458	497	111	96	73	29	39	3	2
彭阳县	3084	1801	910	221	152	216	128	70	9	9
中卫市	**34409**	**9627**	**20687**	**3254**	**841**	**1612**	**672**	**782**	**115**	**43**
沙坡头区	15554	1364	11940	2061	189	544	106	368	65	5
中宁县	12589	4565	6921	919	184	661	306	312	37	6
海原县	6266	3698	1826	274	468	407	260	102	13	32

7-4 续表 1

单位：人

现住地	学前教育					小学				
	小计	乡	镇的村委会	镇的居委会	街道	小计	乡	镇的村委会	镇的居委会	街道
宁夏	**9384**	**2398**	**4632**	**813**	**1541**	**52870**	**16404**	**26828**	**4182**	**5456**
银川市	**3793**	**622**	**1789**	**343**	**1039**	**16281**	**3530**	**8550**	**1331**	**2870**
兴庆区	708	94	234	77	303	3077	546	1192	303	1036
西夏区	519	92	222	52	153	2682	724	1332	198	428
金凤区	651	63	172	90	326	2325	357	875	316	777
永宁县	615	120	422	25	48	2901	862	1756	129	154
贺兰县	692	133	327	62	170	2443	546	1412	175	310
灵武市	608	120	412	37	39	2853	495	1983	210	165
石嘴山市	**880**	**306**	**305**	**74**	**195**	**5348**	**1822**	**1938**	**498**	**1090**
大武口区	270	46	72	25	127	1637	319	540	163	615
惠农区	198	70	55	18	55	1283	417	322	124	420
平罗县	412	190	178	31	13	2428	1086	1076	211	55
吴忠市	**1883**	**518**	**1100**	**206**	**59**	**13191**	**4180**	**7538**	**1208**	**265**
利通区	728	197	382	126	23	4151	1250	2213	609	79
红寺堡区	302	133	139	27	3	2685	1458	1085	110	32
盐池县	305	115	174	11	5	1686	741	852	48	45
同心县	220	48	153	14	5	2920	528	2134	230	28
青铜峡市	328	25	252	28	23	1749	203	1254	211	81
固原市	**1255**	**458**	**495**	**81**	**221**	**8907**	**3466**	**3862**	**538**	**1041**
原州区	790	141	392	49	208	5014	977	2829	254	954
西吉县	220	160	42	18		1888	1282	455	128	23
隆德县	66	52	6	6	2	657	455	114	77	11
泾源县	49	20	23	5	1	391	170	176	23	22
彭阳县	130	85	32	3	10	957	582	288	56	31
中卫市	**1573**	**494**	**943**	**109**	**27**	**9143**	**3406**	**4940**	**607**	**190**
沙坡头区	643	60	519	59	5	3134	452	2380	276	26
中宁县	608	227	331	43	7	3400	1333	1798	244	25
海原县	322	207	93	7	15	2609	1621	762	87	139

7-4 续表 2

单位：人

现住地	初中					高中				
	小计	乡	镇的村委会	镇的居委会	街道	小计	乡	镇的村委会	镇的居委会	街道
宁 夏	**74831**	**18069**	**39983**	**6605**	**10174**	**43205**	**8872**	**18734**	**5371**	**10228**
银川市	**26918**	**4491**	**13966**	**2544**	**5917**	**19137**	**2498**	**7318**	**2453**	**6868**
兴庆区	5925	883	2357	601	2084	4953	573	1581	522	2277
西夏区	3462	683	1456	352	971	3599	528	1026	563	1482
金凤区	3974	458	1426	609	1481	3763	377	1016	661	1709
永宁县	4279	796	2953	209	321	1666	299	998	129	240
贺兰县	4596	803	2798	326	669	2633	348	1298	269	718
灵武市	4682	868	2976	447	391	2523	373	1399	309	442
石嘴山市	**10815**	**3437**	**3981**	**906**	**2491**	**4935**	**1036**	**1485**	**554**	**1860**
大武口区	2883	462	809	281	1331	2016	221	470	237	1088
惠农区	2722	704	737	227	1054	1201	187	243	112	659
平罗县	5210	2271	2435	398	106	1718	628	772	205	113
吴忠市	**17118**	**4536**	**10265**	**1821**	**496**	**7821**	**1908**	**4185**	**1348**	**380**
利通区	7309	1978	3994	1166	171	3114	686	1500	804	124
红寺堡区	1846	957	790	74	25	848	342	422	71	13
盐池县	2261	948	1208	65	40	962	352	489	69	52
同心县	1737	331	1239	153	14	1223	323	799	91	10
青铜峡市	3965	322	3034	363	246	1674	205	975	313	181
固原市	**7708**	**2546**	**3519**	**518**	**1125**	**5685**	**2119**	**2148**	**417**	**1001**
原州区	5085	893	2793	327	1072	3270	527	1523	282	938
西吉县	982	661	227	72	22	1272	920	292	42	18
隆德县	611	393	144	64	10	328	221	62	43	2
泾源县	238	101	109	18	10	232	97	102	23	10
彭阳县	792	498	246	37	11	583	354	169	27	33
中卫市	**12272**	**3059**	**8252**	**816**	**145**	**5627**	**1311**	**3598**	**599**	**119**
沙坡头区	6088	455	5096	505	32	2793	170	2154	442	27
中宁县	4816	1808	2714	260	34	1861	548	1166	113	34
海原县	1368	796	442	51	79	973	593	278	44	58

7−4 续表 3

单位：人

现住地	大学专科					大学本科				
	小计	乡	镇的村委会	镇的居委会	街道	小计	乡	镇的村委会	镇的居委会	街道
宁　夏	**28525**	**4177**	**10835**	**4482**	**9031**	**23227**	**2688**	**6713**	**4209**	**9617**
银川市	**17137**	**1975**	**6379**	**2382**	**6401**	**14536**	**1293**	**3848**	**2161**	**7234**
兴庆区	4555	585	1357	538	2075	3575	324	805	402	2044
西夏区	3341	414	1542	422	963	3061	380	1118	434	1129
金凤区	4204	350	1097	757	2000	4954	292	889	920	2853
永宁县	1383	164	800	166	253	747	86	368	117	176
贺兰县	1806	238	682	228	658	1249	103	321	162	663
灵武市	1848	224	901	271	452	950	108	347	126	369
石嘴山市	**2644**	**454**	**606**	**335**	**1249**	**1840**	**237**	**334**	**271**	**998**
大武口区	1216	106	210	135	765	992	77	154	98	663
惠农区	673	101	105	67	400	447	50	53	57	287
平罗县	755	247	291	133	84	401	110	127	116	48
吴忠市	**3990**	**779**	**1825**	**957**	**429**	**2711**	**474**	**1020**	**848**	**369**
利通区	2072	429	843	671	129	1346	200	454	603	89
红寺堡区	344	105	147	68	24	291	92	110	63	26
盐池县	518	167	229	52	70	425	125	130	74	96
同心县	304	42	195	55	12	301	39	186	47	29
青铜峡市	752	36	411	111	194	348	18	140	61	129
固原市	**2424**	**565**	**696**	**336**	**827**	**2345**	**412**	**679**	**417**	**837**
原州区	1674	200	520	216	738	1819	215	564	263	777
西吉县	251	146	55	39	11	187	93	30	50	14
隆德县	166	88	34	32	12	92	40	20	28	4
泾源县	86	17	25	13	31	90	24	22	24	20
彭阳县	247	114	62	36	35	157	40	43	52	22
中卫市	**2330**	**404**	**1329**	**472**	**125**	**1795**	**272**	**832**	**512**	**179**
沙坡头区	1273	71	846	325	31	1046	47	571	368	60
中宁县	800	228	412	118	42	430	111	185	102	32
海原县	257	105	71	29	52	319	114	76	42	87

7-4　续表 4　　　　单位：人

现住地	硕士研究生					博士研究生				
	小计	乡	镇的村委会	镇的居委会	街道	小计	乡	镇的村委会	镇的居委会	街道
宁　夏	**1301**	**84**	**171**	**217**	**829**	**93**	**3**	**6**	**6**	**78**
银川市	**1072**	**54**	**138**	**132**	**748**	**82**	**2**	**6**	**4**	**70**
兴庆区	276	14	27	21	214	32	2	1	1	28
西夏区	185	22	41	21	101	16		1		15
金凤区	483	14	45	78	346	28		3	2	23
永宁县	14	1	5	1	7	2			1	1
贺兰县	79	2	11	8	58	3				3
灵武市	35	1	9	3	22	1		1		
石嘴山市	**49**	**4**	**9**	**8**	**28**	**3**				**3**
大武口区	33	2	5	5	21	2				2
惠农区	4		1		3	1				1
平罗县	12	2	3	3	4					
吴忠市	**81**	**16**	**7**	**45**	**13**					
利通区	54	10	4	32	8					
红寺堡区	6	3		2	1					
盐池县	5	1		4						
同心县	2	1	1							
青铜峡市	14	1	2	7	4					
固原市	**43**	**1**	**6**	**9**	**27**	**7**	**1**		**1**	**5**
原州区	38	1	5	7	25	5				5
西吉县										
隆德县	1				1	1	1			
泾源县	3		1	2						
彭阳县	1				1	1			1	
中卫市	**56**	**9**	**11**	**23**	**13**	**1**			**1**	
沙坡头区	32	3	6	20	3	1			1	
中宁县	13	4	3	2	4					
海原县	11	2	2	1	6					

7-5 全区按现住地、户口登记地类型、受教育程度分的户口登记地在外省人口

单位：人

现住地	合计					未上过学				
	合计	乡	镇的村委会	镇的居委会	街道	小计	乡	镇的村委会	镇的居委会	街道
宁夏	**57959**	**13660**	**33745**	**3843**	**6711**	**2030**	**693**	**1185**	**73**	**79**
银川市	**40066**	**8395**	**24270**	**2517**	**4884**	**1253**	**352**	**811**	**38**	**52**
兴庆区	13888	3220	8220	831	1617	414	118	261	16	19
西夏区	7920	1749	4554	567	1050	264	82	170	4	8
金凤区	6591	1244	3546	562	1239	189	61	107	4	17
永宁县	3920	756	2820	140	204	111	26	83	1	1
贺兰县	4748	946	3100	248	454	174	36	128	8	2
灵武市	2999	480	2030	169	320	101	29	62	5	5
石嘴山市	**7277**	**2050**	**3673**	**469**	**1085**	**188**	**67**	**92**	**13**	**16**
大武口区	3403	964	1622	218	599	99	35	47	6	11
惠农区	2520	711	1338	122	349	48	16	25	3	4
平罗县	1354	375	713	129	137	41	16	20	4	1
吴忠市	**5768**	**1873**	**3158**	**432**	**305**	**409**	**197**	**197**	**10**	**5**
利通区	1623	452	897	193	81	90	26	60	2	2
红寺堡区	785	389	276	71	49	60	45	13		2
盐池县	1504	438	903	63	100	47	16	29	2	
同心县	339	91	191	35	22	14	3	9	1	1
青铜峡市	1517	503	891	70	53	198	107	86	5	
固原市	**1826**	**619**	**864**	**139**	**204**	**66**	**23**	**34**	**5**	**4**
原州区	1049	283	568	47	151	42	10	26	3	3
西吉县	259	122	85	42	10	5	3		2	
隆德县	169	84	63	18	4	4	2	2		
泾源县	75	22	28	12	13	5	2	2		1
彭阳县	274	108	120	20	26	10	6	4		
中卫市	**3022**	**723**	**1780**	**286**	**233**	**114**	**54**	**51**	**7**	**2**
沙坡头区	1569	210	1021	208	130	40	13	24	3	
中宁县	1203	439	622	69	73	69	38	25	4	2
海原县	250	74	137	9	30	5	3	2		

7-5 续表 1

单位：人

现住地	学前教育					小学				
	小计	乡	镇的村委会	镇的居委会	街道	小计	乡	镇的村委会	镇的居委会	街道
宁夏	**1869**	**424**	**1169**	**99**	**177**	**13038**	**3817**	**7954**	**546**	**721**
银川市	**1327**	**269**	**846**	**68**	**144**	**8641**	**2242**	**5587**	**317**	**495**
兴庆区	501	104	304	30	63	3204	907	1993	108	196
西夏区	202	52	132	6	12	1498	427	947	67	57
金凤区	194	30	108	14	42	1238	299	738	68	133
永宁县	178	36	130	5	7	1012	239	727	19	27
贺兰县	180	34	122	13	11	1170	260	811	36	63
灵武市	72	13	50		9	519	110	371	19	19
石嘴山市	**184**	**54**	**102**	**12**	**16**	**1551**	**510**	**825**	**90**	**126**
大武口区	65	20	29	6	10	727	245	378	35	69
惠农区	70	19	43	2	6	520	150	292	26	52
平罗县	49	15	30	4		304	115	155	29	5
吴忠市	**179**	**52**	**113**	**9**	**5**	**1641**	**619**	**927**	**62**	**33**
利通区	55	16	34	3	2	380	118	224	30	8
红寺堡区	20	12	8			252	155	86	7	4
盐池县	53	12	38	2	1	436	155	264	7	10
同心县	8	2	6			94	35	49	7	3
青铜峡市	43	10	27	4	2	479	156	304	11	8
固原市	**64**	**20**	**36**	**6**	**2**	**423**	**163**	**202**	**21**	**37**
原州区	35	9	23	3		225	60	133	3	29
西吉县	12	7	3	1	1	80	42	27	9	2
隆德县	6	3	3			47	27	15	4	1
泾源县	5		3	1	1	14	7	5		2
彭阳县	6	1	4	1		57	27	22	5	3
中卫市	**115**	**29**	**72**	**4**	**10**	**782**	**283**	**413**	**56**	**30**
沙坡头区	66	10	47	3	6	298	67	183	38	10
中宁县	39	15	19	1	4	404	187	188	18	11
海原县	10	4	6			80	29	42		9

7-5 续表 2

单位：人

现住地	初中					高中				
	小计	乡	镇的村委会	镇的居委会	街道	小计	乡	镇的村委会	镇的居委会	街道
宁夏	**20933**	**5128**	**13217**	**1091**	**1497**	**8548**	**1825**	**4808**	**713**	**1202**
银川市	**14211**	**3106**	**9444**	**657**	**1004**	**5993**	**1190**	**3468**	**478**	**857**
兴庆区	5377	1294	3406	254	423	2285	497	1296	181	311
西夏区	1994	501	1287	105	101	900	217	519	57	107
金凤区	2116	449	1326	133	208	1016	179	520	108	209
永宁县	1668	301	1259	44	64	542	97	366	35	44
贺兰县	1914	400	1302	75	137	722	137	419	56	110
灵武市	1142	161	864	46	71	528	63	348	41	76
石嘴山市	**2901**	**880**	**1541**	**154**	**326**	**1117**	**278**	**554**	**84**	**201**
大武口区	1191	360	599	74	158	502	142	229	38	93
惠农区	1138	351	619	45	123	420	108	218	24	70
平罗县	572	169	323	35	45	195	28	107	22	38
吴忠市	**2160**	**690**	**1238**	**161**	**71**	**744**	**188**	**396**	**91**	**69**
利通区	630	179	351	76	24	230	57	126	34	13
红寺堡区	291	139	105	32	15	87	25	30	19	13
盐池县	542	157	358	12	15	222	58	122	20	22
同心县	144	42	82	15	5	60	7	38	6	9
青铜峡市	553	173	342	26	12	145	41	80	12	12
固原市	**673**	**239**	**338**	**38**	**58**	**261**	**87**	**125**	**17**	**32**
原州区	389	120	212	17	40	142	34	80	6	22
西吉县	96	47	35	10	4	32	16	10	4	2
隆德县	56	28	21	6	1	32	16	11	4	1
泾源县	20	6	11	1	2	6	1	1	2	2
彭阳县	112	38	59	4	11	49	20	23	1	5
中卫市	**988**	**213**	**656**	**81**	**38**	**433**	**82**	**265**	**43**	**43**
沙坡头区	507	59	379	50	19	249	35	152	32	30
中宁县	397	130	227	24	16	162	42	97	11	12
海原县	84	24	50	7	3	22	5	16		1

7-5 续表 3

单位：人

现住地	大学专科					大学本科				
	小计	乡	镇的村委会	镇的居委会	街道	小计	乡	镇的村委会	镇的居委会	街道
宁 夏	**5377**	**894**	**2831**	**577**	**1075**	**5617**	**819**	**2405**	**671**	**1722**
银川市	**3941**	**626**	**2140**	**401**	**774**	**4205**	**555**	**1814**	**496**	**1340**
兴庆区	1185	188	630	126	241	792	91	291	98	312
西夏区	809	155	454	80	120	2038	291	963	229	555
金凤区	881	114	434	105	228	839	108	287	109	335
永宁县	254	42	156	21	35	144	12	95	13	24
贺兰县	403	59	236	39	69	175	19	80	20	56
灵武市	409	68	230	30	81	217	34	98	27	58
石嘴山市	**568**	**103**	**246**	**64**	**155**	**755**	**156**	**307**	**50**	**242**
大武口区	229	44	86	26	73	581	116	250	31	184
惠农区	218	41	108	15	54	104	26	32	7	39
平罗县	121	18	52	23	28	70	14	25	12	19
吴忠市	**368**	**76**	**184**	**44**	**64**	**256**	**49**	**101**	**53**	**53**
利通区	143	40	65	21	17	88	15	35	25	13
红寺堡区	43	7	22	4	10	32	6	12	9	5
盐池县	106	15	55	12	24	95	25	37	8	25
同心县	9	1	4	2	2	10	1	3	4	2
青铜峡市	67	13	38	5	11	31	2	14	7	8
固原市	**183**	**61**	**66**	**18**	**38**	**142**	**25**	**58**	**32**	**27**
原州区	101	31	40	2	28	106	19	50	12	25
西吉县	18	5	6	7		16	2	4	9	1
隆德县	21	7	10	3	1	3	1	1	1	
泾源县	14	3	4	3	4	10	3	1	5	1
彭阳县	29	15	6	3	5	7		2	5	
中卫市	**317**	**28**	**195**	**50**	**44**	**259**	**34**	**125**	**40**	**60**
沙坡头区	229	13	145	43	28	169	13	88	34	34
中宁县	70	12	43	6	9	60	15	23	5	17
海原县	18	3	7	1	7	30	6	14	1	9

7-5 续表 4 单位：人

现住地	硕士研究生					博士研究生				
	小计	乡	镇的村委会	镇的居委会	街道	小计	乡	镇的村委会	镇的居委会	街道
宁夏	**511**	**57**	**169**	**70**	**215**	**36**	**3**	**7**	**3**	**23**
银川市	**462**	**52**	**155**	**59**	**196**	**33**	**3**	**5**	**3**	**22**
兴庆区	123	20	37	17	49	7	1	2	1	3
西夏区	202	23	79	18	82	13	1	3	1	8
金凤区	109	4	26	20	59	9			1	8
永宁县	8	2	4	2		3	1			2
贺兰县	9	1	2	1	5	1				1
灵武市	11	2	7	1	1					
石嘴山市	**13**	**2**	**6**	**2**	**3**					
大武口区	9	2	4	2	1					
惠农区	2		1		1					
平罗县	2		1		1					
吴忠市	**11**	**2**	**2**	**2**	**5**					
利通区	7	1	2	2	2					
红寺堡区										
盐池县	3				3					
同心县										
青铜峡市	1	1								
固原市	**11**	**1**	**3**	**2**	**5**	**3**		**2**		**1**
原州区	6		2	1	3	3		2		1
西吉县										
隆德县										
泾源县	1		1							
彭阳县	4	1		1	2					
中卫市	**14**		**3**	**5**	**6**					
沙坡头区	11		3	5	3					
中宁县	2				2					
海原县	1				1					

7–6　全区按现住地和出生地分的人口

单位：人

现住地	出生地							
	合计	自治区内		自治区外				
		本县市区	本自治区其他县市区	北京	天津	河北	山西	内蒙古
宁　夏	**710449**	**460963**	**154894**	**547**	**373**	**5621**	**2453**	**4169**
银川市	**273477**	**119651**	**90209**	**443**	**256**	**3534**	**1799**	**2695**
兴庆区	75172	29262	23585	186	90	1206	597	864
西夏区	41724	12117	16250	77	49	838	378	516
金凤区	61777	25312	23247	143	89	736	466	824
永宁县	31009	17080	9172	7	15	298	85	111
贺兰县	33081	16747	10312	21	10	263	143	254
灵武市	30714	19133	7643	9	3	193	130	126
石嘴山市	**76787**	**45341**	**15607**	**48**	**85**	**1414**	**352**	**970**
大武口区	29453	11548	8746	34	31	771	120	501
惠农区	19799	11267	3682	10	51	568	180	334
平罗县	27535	22526	3179	4	3	75	52	135
吴忠市	**136530**	**101622**	**26942**	**32**	**25**	**316**	**161**	**329**
利通区	45224	35805	6860	11	19	154	66	127
红寺堡区	19725	5632	13145	3	1	31	16	31
盐池县	15480	12753	922	4	1	24	33	96
同心县	31619	29111	2090		1	30	2	9
青铜峡市	24482	18321	3925	14	3	77	44	66
固原市	**116382**	**105678**	**7786**	**14**	**1**	**139**	**49**	**43**
原州区	47497	39437	6458	7	1	102	33	27
西吉县	33171	32330	454	3		8	3	8
隆德县	11221	10660	241			8	1	1
泾源县	8545	8144	246	1		4	7	2
彭阳县	15948	15107	387	3		17	5	5
中卫市	**107273**	**88671**	**14350**	**10**	**6**	**218**	**92**	**132**
沙坡头区	38668	32948	3313	4	5	137	71	87
中宁县	32873	23559	7847	5		62	13	37
海原县	35732	32164	3190	1	1	19	8	8

7-6 续表 1

单位：人

现住地	出生地								
	自治区外								
	辽宁	吉林	黑龙江	上海	江苏	浙江	安徽	福建	江西
宁　夏	**2284**	**948**	**1748**	**437**	**2938**	**1383**	**3331**	**618**	**511**
银川市	**1456**	**641**	**1235**	**329**	**1860**	**951**	**2240**	**440**	**400**
兴庆区	463	208	363	152	672	494	852	238	187
西夏区	412	162	264	61	339	120	400	66	53
金凤区	377	157	366	101	452	188	485	65	54
永宁县	53	41	42	5	59	46	190	28	64
贺兰县	86	42	107	9	144	47	164	34	27
灵武市	65	31	93	1	194	56	149	9	15
石嘴山市	**659**	**200**	**389**	**48**	**727**	**220**	**764**	**99**	**38**
大武口区	482	140	290	22	387	117	469	40	30
惠农区	166	43	75	23	279	72	209	40	7
平罗县	11	17	24	3	61	31	86	19	1
吴忠市	**84**	**63**	**60**	**33**	**133**	**111**	**188**	**30**	**28**
利通区	30	16	29	26	55	37	79	19	14
红寺堡区	11	2	7		11	28	15	3	7
盐池县	8	26	9	1	17	9	34		1
同心县	1	4			4	6	12	6	1
青铜峡市	34	15	15	6	46	31	48	2	5
固原市	**18**	**19**	**33**	**20**	**62**	**49**	**60**	**19**	**27**
原州区	12	16	21	19	35	29	24	5	13
西吉县	3	1	3		5	6	10	2	5
隆德县	1		1		9	9		6	
泾源县			2		4	1	3	3	1
彭阳县	2	2	6	1	9	4	23	3	8
中卫市	**67**	**25**	**31**	**7**	**156**	**52**	**79**	**30**	**18**
沙坡头区	64	19	23	4	135	37	42	15	12
中宁县	3	6	7	2	12	9	30	6	6
海原县			1	1	9	6	7	9	

7-6　续表 2　　单位：人

现住地	出生地								
	自治区外								
	山东	河南	湖北	湖南	广东	广西	海南	重庆	四川
宁　夏	**5058**	**10600**	**1480**	**969**	**297**	**230**	**89**	**933**	**3507**
银川市	**3332**	**6504**	**1049**	**688**	**235**	**153**	**62**	**647**	**2500**
兴庆区	1094	2157	369	219	92	33	13	191	883
西夏区	839	1526	217	226	58	79	21	173	467
金凤区	750	1097	218	140	49	27	14	156	606
永宁县	198	488	76	38	12	6	3	37	202
贺兰县	284	699	108	39	20	7	10	70	220
灵武市	167	537	61	26	4	1	1	20	122
石嘴山市	**1276**	**3012**	**182**	**126**	**19**	**18**	**9**	**159**	**567**
大武口区	783	1925	89	75	9	10	8	77	334
惠农区	417	838	72	40	7	4	1	72	171
平罗县	76	249	21	11	3	4		10	62
吴忠市	**248**	**532**	**111**	**64**	**20**	**36**	**3**	**38**	**190**
利通区	94	176	30	28	8	12		9	71
红寺堡区	18	49	13	4	3		2	3	9
盐池县	38	65	32	8	2	3		14	12
同心县	17	27	21	7	1	1		4	26
青铜峡市	81	215	15	17	6	20	1	8	72
固原市	**80**	**227**	**42**	**45**	**11**	**14**	**3**	**32**	**98**
原州区	45	169	24	32	7	12	2	15	65
西吉县	10	30	8	2	3		1	6	16
隆德县	2	8	1	4	1	1		5	
泾源县	3	6		1				1	9
彭阳县	20	14	9	6		1		5	8
中卫市	**122**	**325**	**96**	**46**	**12**	**9**	**12**	**57**	**152**
沙坡头区	77	193	69	30	7	4	8	45	71
中宁县	36	101	14	11	3	3	4	7	58
海原县	9	31	13	5	2	2		5	23

7-6 续表 3 单位：人

现住地	出生地							
	自治区外							港澳台或国外
	贵州	云南	西藏	陕西	甘肃	青海	新疆	
宁　夏	**730**	**369**	**24**	**14371**	**27071**	**551**	**935**	**17**
银川市	**276**	**224**	**18**	**10388**	**18313**	**389**	**545**	**15**
兴庆区	50	37	2	3643	6691	113	162	4
西夏区	138	113	15	1827	3661	101	158	3
金凤区	35	35	1	2249	3099	98	136	5
永宁县	25	17		738	1837	13	23	
贺兰县	19	8		1070	2030	50	35	2
灵武市	9	14		861	995	14	31	1
石嘴山市	**31**	**33**	**2**	**1541**	**2710**	**60**	**80**	**1**
大武口区	13	6	2	796	1527	27	43	1
惠农区	7	13		397	703	28	23	
平罗县	11	14		348	480	5	14	
吴忠市	**378**	**82**	**3**	**1831**	**2684**	**41**	**112**	
利通区	31	14	2	549	793	15	45	
红寺堡区	1	3	1	113	524	4	35	
盐池县	5	4		787	556	11	5	
同心县		2		40	170	5	21	
青铜峡市	341	59		342	641	6	6	
固原市	**22**	**18**	**1**	**215**	**1399**	**26**	**132**	
原州区	16	11	1	160	630	11	58	
西吉县	2	2		9	171	8	62	
隆德县	3			14	241	1	3	
泾源县	1	4		20	75	1	6	
彭阳县		1		12	282	5	3	
中卫市	**23**	**12**		**396**	**1965**	**35**	**66**	**1**
沙坡头区	8	9		197	1000	20	13	1
中宁县	13	2		176	808	8	25	
海原县	2	1		23	157	7	28	

7-7 全区按现住地和五年前常住地分的人口

单位：人

现住地	五年前常住地							
	合计	自治区内		自治区外				
		本县市区	本自治区其他县市区	北京	天津	河北	山西	内蒙古
宁 夏	**662524**	**595016**	**42313**	**636**	**202**	**1296**	**718**	**1344**
银川市	**255340**	**209870**	**28688**	**513**	**151**	**798**	**486**	**877**
兴庆区	70837	60489	6023	179	34	191	113	197
西夏区	39255	30051	5167	64	36	222	158	206
金凤区	56787	46265	7087	179	53	89	80	215
永宁县	28759	24754	2666	24	5	113	22	73
贺兰县	30862	24777	4271	32	4	82	43	102
灵武市	28840	23534	3474	35	19	101	70	84
石嘴山市	**73188**	**66772**	**3425**	**34**	**14**	**271**	**129**	**224**
大武口区	28097	25698	1210	16	3	71	28	52
惠农区	18985	16638	1151	12	5	161	81	108
平罗县	26106	24436	1064	6	6	39	20	64
吴忠市	**126964**	**119408**	**4953**	**38**	**17**	**87**	**48**	**137**
利通区	42483	39532	2251	20	5	31	18	53
红寺堡区	18021	16622	1040	7	3	18	15	22
盐池县	14588	13436	481	3	2	9	11	39
同心县	28706	27939	566	3	2	24		5
青铜峡市	23166	21879	615	5	5	5	4	18
固原市	**107845**	**103722**	**2839**	**18**	**6**	**60**	**15**	**47**
原州区	43920	41219	2091	13	4	38	10	21
西吉县	30488	29919	274	2	1	5		8
隆德县	10639	10450	96			6	1	4
泾源县	7890	7695	133	1	1	1	1	
彭阳县	14908	14439	245	2		10	3	14
中卫市	**99187**	**95244**	**2408**	**33**	**14**	**80**	**40**	**59**
沙坡头区	36210	34499	816	16	11	43	29	33
中宁县	30493	29236	847	13	2	24	5	14
海原县	32484	31509	745	4	1	13	6	12

7-7 续表 1　　单位：人

现住地	五年前常住地								
	自治区外								
	辽宁	吉林	黑龙江	上海	江苏	浙江	安徽	福建	江西
宁　夏	**345**	**268**	**414**	**231**	**877**	**450**	**555**	**234**	**233**
银川市	**244**	**182**	**315**	**174**	**589**	**268**	**390**	**140**	**172**
兴庆区	46	50	63	37	137	85	116	43	57
西夏区	70	62	72	20	91	42	58	42	35
金凤区	70	34	78	67	126	67	69	23	29
永宁县	23	7	19	11	23	20	48	9	26
贺兰县	7	11	43	27	61	26	40	14	13
灵武市	28	18	40	12	151	28	59	9	12
石嘴山市	**69**	**43**	**67**	**24**	**121**	**79**	**83**	**49**	**14**
大武口区	25	16	39	9	53	46	42	18	9
惠农区	39	21	18	15	35	19	23	21	3
平罗县	5	6	10		33	14	18	10	2
吴忠市	**20**	**30**	**17**	**11**	**77**	**44**	**34**	**7**	**18**
利通区	4	3	9	5	23	13	13	1	5
红寺堡区	7	1	2		9	9	7	3	8
盐池县	6	20	6	3	13	10	9		1
同心县		3		1	3	2	1	1	1
青铜峡市	3	3		2	29	10	4	2	3
固原市		**6**	**5**	**16**	**32**	**27**	**37**	**18**	**16**
原州区		4	4	9	10	15	4	2	5
西吉县				2	3	7	8	6	7
隆德县				1	6	1	1	6	
泾源县				1	2	1	2	3	
彭阳县		2	1	3	11	3	22	1	4
中卫市	**12**	**7**	**10**	**6**	**58**	**32**	**11**	**20**	**13**
沙坡头区	9	6	9	3	52	18	8	10	8
中宁县	1	1	1	3	2	7	2	1	3
海原县	2				4	7	1	9	2

7-7　续表 2　　　　单位：人

现住地	五年前常住地								
	自治区外								
	山东	河南	湖北	湖南	广东	广西	海南	重庆	四川
宁　夏	**993**	**1905**	**591**	**354**	**357**	**136**	**51**	**439**	**984**
银川市	**679**	**1249**	**400**	**272**	**240**	**104**	**41**	**341**	**725**
兴庆区	176	339	92	49	74	19	7	84	173
西夏区	171	267	111	147	49	72	26	101	146
金凤区	142	154	83	39	66	10	5	85	222
永宁县	38	139	30	9	18	2		14	41
贺兰县	77	164	47	14	19	1	2	38	86
灵武市	75	186	37	14	14		1	19	57
石嘴山市	**160**	**327**	**63**	**23**	**31**	**4**	**1**	**26**	**84**
大武口区	56	165	19	7	14	2	1	11	45
惠农区	65	104	40	10	15	1		14	27
平罗县	39	58	4	6	2	1		1	12
吴忠市	**78**	**132**	**68**	**25**	**31**	**15**	**3**	**23**	**85**
利通区	29	55	7	13	13	6		5	26
红寺堡区	10	16	9	5	3		2	2	6
盐池县	18	30	31	4	1		1	11	7
同心县	10	9	17		1			3	16
青铜峡市	11	22	4	3	13	9		2	30
固原市	**41**	**92**	**24**	**10**	**17**	**10**	**2**	**17**	**35**
原州区	13	66	12	5	8	8	2	8	17
西吉县	7	10	6	1	4	1		5	15
隆德县		2	1					3	1
泾源县		7	1		2			1	1
彭阳县	21	7	4	4	3	1			1
中卫市	**35**	**105**	**36**	**24**	**38**	**3**	**4**	**32**	**55**
沙坡头区	16	62	24	14	24	3	3	23	31
中宁县	12	30	5	4	7		1	7	11
海原县	7	13	7	6	7			2	13

7-7 续表 3

单位：人

现住地	五年前常住地							
	自治区外							港澳台或国外
	贵州	云南	西藏	陕西	甘肃	青海	新疆	
宁　夏	**536**	**294**	**32**	**2872**	**6571**	**269**	**908**	**100**
银川市	**210**	**183**	**22**	**1862**	**4428**	**183**	**467**	**77**
兴庆区	16	18	2	478	1298	33	91	28
西夏区	130	104	14	379	935	56	143	8
金凤区	21	29	2	420	803	37	102	36
永宁县	23	13	2	137	408	8	34	
贺兰县	13	4		196	573	31	42	2
灵武市	7	15	2	252	411	18	55	3
石嘴山市	**20**	**23**	**5**	**324**	**533**	**43**	**94**	**9**
大武口区	5	3	4	153	226	17	26	8
惠农区	6	10	1	111	159	24	48	
平罗县	9	10		60	148	2	20	1
吴忠市	**267**	**57**	**1**	**411**	**733**	**18**	**65**	**6**
利通区	26	9		75	199	9	21	4
红寺堡区		2	1	47	115	1	28	1
盐池县	2	4		204	220	5	1	
同心县		1		39	47	1	10	1
青铜峡市	239	41		46	152	2	5	
固原市	**20**	**11**	**1**	**97**	**387**	**14**	**200**	**3**
原州区	16	9	1	61	184	9	50	2
西吉县	2	1		13	54		126	1
隆德县	1			5	49		5	
泾源县	1	1		8	18		9	
彭阳县				10	82	5	10	
中卫市	**19**	**20**	**3**	**178**	**490**	**11**	**82**	**5**
沙坡头区	7	16	1	105	288	7	11	5
中宁县	12	3	2	54	154	2	27	
海原县		1		19	48	2	44	

第二部分　长表数据资料

第八卷　老年人口

8-1　各地区分性别、健康状况的60岁及以上老年人口

单位：人

地　区	60岁及以上人口			健　康		
	合计	男	女	小计	男	女
宁　夏	**96276**	**47098**	**49178**	**42315**	**22824**	**19491**
银川市	**35560**	**17229**	**18331**	**18661**	**9705**	**8956**
兴庆区	10736	5102	5634	5820	2931	2889
西夏区	4860	2335	2525	2501	1305	1196
金凤区	7698	3765	3933	4426	2286	2140
永宁县	4183	2054	2129	1873	1029	844
贺兰县	4609	2287	2322	2137	1149	988
灵武市	3474	1686	1788	1904	1005	899
石嘴山市	**12930**	**6191**	**6739**	**5523**	**2919**	**2604**
大武口区	4893	2299	2594	2235	1147	1088
惠农区	3139	1496	1643	1379	730	649
平罗县	4898	2396	2502	1909	1042	867
吴忠市	**17540**	**8535**	**9005**	**6334**	**3517**	**2817**
利通区	6104	2922	3182	2713	1427	1286
红寺堡区	1829	927	902	625	369	256
盐池县	2371	1162	1209	908	497	411
同心县	3037	1503	1534	1015	586	429
青铜峡市	4199	2021	2178	1073	638	435
固原市	**15842**	**8036**	**7806**	**6934**	**3909**	**3025**
原州区	5601	2800	2801	2452	1336	1116
西吉县	4182	2088	2094	1684	956	728
隆德县	2059	1086	973	814	491	323
泾源县	1285	680	605	725	417	308
彭阳县	2715	1382	1333	1259	709	550
中卫市	**14404**	**7107**	**7297**	**4863**	**2774**	**2089**
沙坡头区	5862	2846	3016	2060	1147	913
中宁县	4695	2332	2363	1532	893	639
海原县	3847	1929	1918	1271	734	537

8-1 续表

单位：人

地 区	基本健康			不健康，但生活能自理			不健康，生活不能自理		
	小计	男	女	小计	男	女	小计	男	女
宁 夏	**36400**	**16805**	**19595**	**15026**	**6388**	**8638**	**2535**	**1081**	**1454**
银川市	**12290**	**5549**	**6741**	**3786**	**1613**	**2173**	**823**	**362**	**461**
兴庆区	3662	1612	2050	1005	456	549	249	103	146
西夏区	1740	775	965	482	191	291	137	64	73
金凤区	2458	1130	1328	658	282	376	156	67	89
永宁县	1646	735	911	581	243	338	83	47	36
贺兰县	1659	791	868	708	303	405	105	44	61
灵武市	1125	506	619	352	138	214	93	37	56
石嘴山市	**5133**	**2310**	**2823**	**1900**	**809**	**1091**	**374**	**153**	**221**
大武口区	1889	825	1064	625	267	358	144	60	84
惠农区	1218	545	673	441	180	261	101	41	60
平罗县	2026	940	1086	834	362	472	129	52	77
吴忠市	**7148**	**3336**	**3812**	**3480**	**1444**	**2036**	**578**	**238**	**340**
利通区	2311	1052	1259	888	369	519	192	74	118
红寺堡区	707	338	369	426	188	238	71	32	39
盐池县	940	449	491	443	186	257	80	30	50
同心县	1247	593	654	670	276	394	105	48	57
青铜峡市	1943	904	1039	1053	425	628	130	54	76
固原市	**5398**	**2589**	**2809**	**3109**	**1368**	**1741**	**401**	**170**	**231**
原州区	1939	911	1028	1047	477	570	163	76	87
西吉县	1494	706	788	914	390	524	90	36	54
隆德县	823	407	416	364	170	194	58	18	40
泾源县	397	195	202	143	59	84	20	9	11
彭阳县	745	370	375	641	272	369	70	31	39
中卫市	**6431**	**3021**	**3410**	**2751**	**1154**	**1597**	**359**	**158**	**201**
沙坡头区	2939	1343	1596	752	311	441	111	45	66
中宁县	1966	935	1031	1050	439	611	147	65	82
海原县	1526	743	783	949	404	545	101	48	53

8-1a 各地区分性别、健康状况的60岁及以上老年人口(城市)

单位：人

地区	60岁及以上人口			健康		
	合计	男	女	小计	男	女
宁夏	**36580**	**17269**	**19311**	**18770**	**9542**	**9228**
银川市	**20388**	**9676**	**10712**	**11350**	**5735**	**5615**
兴庆区	8373	3922	4451	4592	2276	2316
西夏区	4283	2034	2249	2182	1120	1062
金凤区	6434	3120	3314	3803	1945	1858
永宁县						
贺兰县	35	17	18	17	10	7
灵武市	1263	583	680	756	384	372
石嘴山市	**6113**	**2828**	**3285**	**2884**	**1462**	**1422**
大武口区	4326	1993	2333	2033	1025	1008
惠农区	1787	835	952	851	437	414
平罗县						
吴忠市	**5302**	**2486**	**2816**	**2247**	**1165**	**1082**
利通区	3477	1635	1842	1689	864	825
红寺堡区	490	232	258	183	98	85
盐池县						
同心县						
青铜峡市	1335	619	716	375	203	172
固原市	**2303**	**1115**	**1188**	**1270**	**643**	**627**
原州区	2303	1115	1188	1270	643	627
西吉县						
隆德县						
泾源县						
彭阳县						
中卫市	**2474**	**1164**	**1310**	**1019**	**537**	**482**
沙坡头区	2474	1164	1310	1019	537	482
中宁县						
海原县						

8-1a 续表

单位：人

地区	基本健康			不健康，但生活能自理			不健康，生活不能自理		
	小计	男	女	小计	男	女	小计	男	女
宁　夏	**12952**	**5678**	**7274**	**3904**	**1641**	**2263**	**954**	**408**	**546**
银川市	**6761**	**2972**	**3789**	**1798**	**761**	**1037**	**479**	**208**	**271**
兴庆区	2804	1211	1593	769	348	421	208	87	121
西夏区	1567	701	866	417	160	257	117	53	64
金凤区	2027	918	1109	485	203	282	119	54	65
永宁县									
贺兰县	13	4	9	5	3	2			
灵武市	350	138	212	122	47	75	35	14	21
石嘴山市	**2291**	**985**	**1306**	**728**	**296**	**432**	**210**	**85**	**125**
大武口区	1666	706	960	490	205	285	137	57	80
惠农区	625	279	346	238	91	147	73	28	45
平罗县									
吴忠市	**2047**	**906**	**1141**	**840**	**344**	**496**	**168**	**71**	**97**
利通区	1281	559	722	402	168	234	105	44	61
红寺堡区	175	80	95	109	45	64	23	9	14
盐池县									
同心县									
青铜峡市	591	267	324	329	131	198	40	18	22
固原市	**641**	**287**	**354**	**335**	**156**	**179**	**57**	**29**	**28**
原州区	641	287	354	335	156	179	57	29	28
西吉县									
隆德县									
泾源县									
彭阳县									
中卫市	**1212**	**528**	**684**	**203**	**84**	**119**	**40**	**15**	**25**
沙坡头区	1212	528	684	203	84	119	40	15	25
中宁县									
海原县									

8-1b　各地区分性别、健康状况的60岁及以上老年人口(镇)

单位：人

地　区	60岁及以上人口			健　康		
	合计	男	女	小计	男	女
宁　夏	**18014**	**8762**	**9252**	**7676**	**4137**	**3539**
银川市	**6638**	**3267**	**3371**	**3390**	**1798**	**1592**
兴庆区	1409	685	724	750	385	365
西夏区	88	45	43	58	32	26
金凤区	123	64	59	43	24	19
永宁县	2001	992	1009	925	509	416
贺兰县	2342	1151	1191	1238	658	580
灵武市	675	330	345	376	190	186
石嘴山市	**3051**	**1432**	**1619**	**1233**	**651**	**582**
大武口区	219	119	100	63	41	22
惠农区	663	313	350	260	142	118
平罗县	2169	1000	1169	910	468	442
吴忠市	**2894**	**1434**	**1460**	**911**	**503**	**408**
利通区	357	176	181	135	70	65
红寺堡区	66	34	32	30	19	11
盐池县	883	432	451	307	168	139
同心县	1092	541	551	312	170	142
青铜峡市	496	251	245	127	76	51
固原市	**2553**	**1250**	**1303**	**1129**	**626**	**503**
原州区	319	155	164	130	76	54
西吉县	709	343	366	271	158	113
隆德县	552	279	273	254	144	110
泾源县	265	136	129	134	76	58
彭阳县	708	337	371	340	172	168
中卫市	**2878**	**1379**	**1499**	**1013**	**559**	**454**
沙坡头区	297	144	153	95	56	39
中宁县	1758	824	934	641	345	296
海原县	823	411	412	277	158	119

8-1b 续表 单位：人

地区	基本健康			不健康，但生活能自理			不健康，生活不能自理		
	小计	男	女	小计	男	女	小计	男	女
宁 夏	**7021**	**3246**	**3775**	**2867**	**1187**	**1680**	**450**	**192**	**258**
银川市	**2361**	**1093**	**1268**	**750**	**310**	**440**	**137**	**66**	**71**
兴庆区	528	240	288	108	53	55	23	7	16
西夏区	21	8	13	8	5	3	1		1
金凤区	54	28	26	22	11	11	4	1	3
永宁县	746	339	407	275	110	165	55	34	21
贺兰县	782	365	417	283	113	170	39	15	24
灵武市	230	113	117	54	18	36	15	9	6
石嘴山市	**1312**	**568**	**744**	**430**	**179**	**251**	**76**	**34**	**42**
大武口区	101	53	48	51	22	29	4	3	1
惠农区	299	127	172	91	36	55	13	8	5
平罗县	912	388	524	288	121	167	59	23	36
吴忠市	**1266**	**619**	**647**	**615**	**270**	**345**	**102**	**42**	**60**
利通区	135	68	67	73	32	41	14	6	8
红寺堡区	22	10	12	13	5	8	1		1
盐池县	406	189	217	130	60	70	40	15	25
同心县	466	237	229	278	120	158	36	14	22
青铜峡市	237	115	122	121	53	68	11	7	4
固原市	**889**	**406**	**483**	**481**	**199**	**282**	**54**	**19**	**35**
原州区	118	46	72	58	25	33	13	8	5
西吉县	257	118	139	168	64	104	13	3	10
隆德县	224	102	122	68	33	35	6		6
泾源县	79	41	38	49	17	32	3	2	1
彭阳县	211	99	112	138	60	78	19	6	13
中卫市	**1193**	**560**	**633**	**591**	**229**	**362**	**81**	**31**	**50**
沙坡头区	155	75	80	41	10	31	6	3	3
中宁县	732	328	404	330	129	201	55	22	33
海原县	306	157	149	220	90	130	20	6	14

8-1c　各地区分性别、健康状况的60岁及以上老年人口(乡村)

单位：人

地　区	60岁及以上人口			健　康		
	合计	男	女	小计	男	女
宁　夏	**41682**	**21067**	**20615**	**15869**	**9145**	**6724**
银川市	**8534**	**4286**	**4248**	**3921**	**2172**	**1749**
兴庆区	954	495	459	478	270	208
西夏区	489	256	233	261	153	108
金凤区	1141	581	560	580	317	263
永宁县	2182	1062	1120	948	520	428
贺兰县	2232	1119	1113	882	481	401
灵武市	1536	773	763	772	431	341
石嘴山市	**3766**	**1931**	**1835**	**1406**	**806**	**600**
大武口区	348	187	161	139	81	58
惠农区	689	348	341	268	151	117
平罗县	2729	1396	1333	999	574	425
吴忠市	**9344**	**4615**	**4729**	**3176**	**1849**	**1327**
利通区	2270	1111	1159	889	493	396
红寺堡区	1273	661	612	412	252	160
盐池县	1488	730	758	601	329	272
同心县	1945	962	983	703	416	287
青铜峡市	2368	1151	1217	571	359	212
固原市	**10986**	**5671**	**5315**	**4535**	**2640**	**1895**
原州区	2979	1530	1449	1052	617	435
西吉县	3473	1745	1728	1413	798	615
隆德县	1507	807	700	560	347	213
泾源县	1020	544	476	591	341	250
彭阳县	2007	1045	962	919	537	382
中卫市	**9052**	**4564**	**4488**	**2831**	**1678**	**1153**
沙坡头区	3091	1538	1553	946	554	392
中宁县	2937	1508	1429	891	548	343
海原县	3024	1518	1506	994	576	418

8-1c 续表

单位：人

地　区	基本健康			不健康，但生活能自理			不健康，生活不能自理		
	小计	男	女	小计	男	女	小计	男	女
宁　夏	**16427**	**7881**	**8546**	**8255**	**3560**	**4695**	**1131**	**481**	**650**
银川市	**3168**	**1484**	**1684**	**1238**	**542**	**696**	**207**	**88**	**119**
兴庆区	330	161	169	128	55	73	18	9	9
西夏区	152	66	86	57	26	31	19	11	8
金凤区	377	184	193	151	68	83	33	12	21
永宁县	900	396	504	306	133	173	28	13	15
贺兰县	864	422	442	420	187	233	66	29	37
灵武市	545	255	290	176	73	103	43	14	29
石嘴山市	**1530**	**757**	**773**	**742**	**334**	**408**	**88**	**34**	**54**
大武口区	122	66	56	84	40	44	3		3
惠农区	294	139	155	112	53	59	15	5	10
平罗县	1114	552	562	546	241	305	70	29	41
吴忠市	**3835**	**1811**	**2024**	**2025**	**830**	**1195**	**308**	**125**	**183**
利通区	895	425	470	413	169	244	73	24	49
红寺堡区	510	248	262	304	138	166	47	23	24
盐池县	534	260	274	313	126	187	40	15	25
同心县	781	356	425	392	156	236	69	34	35
青铜峡市	1115	522	593	603	241	362	79	29	50
固原市	**3868**	**1896**	**1972**	**2293**	**1013**	**1280**	**290**	**122**	**168**
原州区	1180	578	602	654	296	358	93	39	54
西吉县	1237	588	649	746	326	420	77	33	44
隆德县	599	305	294	296	137	159	52	18	34
泾源县	318	154	164	94	42	52	17	7	10
彭阳县	534	271	263	503	212	291	51	25	26
中卫市	**4026**	**1933**	**2093**	**1957**	**841**	**1116**	**238**	**112**	**126**
沙坡头区	1572	740	832	508	217	291	65	27	38
中宁县	1234	607	627	720	310	410	92	43	49
海原县	1220	586	634	729	314	415	81	42	39

8-2 全区分年龄、性别、健康状况的60岁及以上老年人口

单位：人

年 龄	60岁及以上人口			健 康		
	合计	男	女	小计	男	女
总 计	**96276**	**47098**	**49178**	**42315**	**22824**	**19491**
60-64岁	**27915**	**14132**	**13783**	**16857**	**9156**	**7701**
60	5242	2747	2495	3464	1931	1533
61	4313	2149	2164	2698	1457	1241
62	5721	2902	2819	3436	1879	1557
63	6411	3249	3162	3776	2033	1743
64	6228	3085	3143	3483	1856	1627
65-69岁	**27825**	**13720**	**14105**	**13298**	**7172**	**6126**
65	6461	3172	3289	3370	1813	1557
66	6051	2965	3086	3032	1624	1408
67	5301	2625	2676	2563	1370	1193
68	5404	2678	2726	2408	1314	1094
69	4608	2280	2328	1925	1051	874
70-74岁	**17924**	**8602**	**9322**	**6514**	**3531**	**2983**
70	4730	2260	2470	1899	1012	887
71	3901	1903	1998	1489	802	687
72	3064	1524	1540	1141	632	509
73	3352	1634	1718	1109	622	487
74	2877	1281	1596	876	463	413
75-79岁	**12062**	**5663**	**6399**	**3420**	**1772**	**1648**
75	2639	1162	1477	821	387	434
76	2656	1283	1373	819	449	370
77	2574	1250	1324	688	375	313
78	2221	1058	1163	582	302	280
79	1972	910	1062	510	259	251
80-84岁	**7073**	**3293**	**3780**	**1619**	**859**	**760**
80	1872	879	993	474	245	229
81	1581	738	843	387	217	170
82	1499	700	799	310	169	141
83	1163	522	641	251	125	126
84	958	454	504	197	103	94
85-89岁	**2716**	**1331**	**1385**	**479**	**262**	**217**
85	785	388	397	150	80	70
86	695	349	346	126	71	55
87	544	251	293	103	59	44
88	386	207	179	52	31	21
89	306	136	170	48	21	27
90-94岁	**644**	**305**	**339**	**109**	**65**	**44**
90	260	131	129	46	32	14
91	135	61	74	23	11	12
92	109	48	61	17	10	7
93	84	33	51	14	7	7
94	56	32	24	9	5	4
95-99岁	**105**	**49**	**56**	**16**	**6**	**10**
95	37	21	16	7	3	4
96	34	14	20	4		4
97	18	9	9	2	1	1
98	10	2	8	2	1	1
99	6	3	3	1	1	
100岁及以上	**12**	**3**	**9**	**3**	**1**	**2**

8-2 续表

单位：人

年 龄	基本健康			不健康，但生活能自理			不健康，生活不能自理		
	小计	男	女	小计	男	女	小计	男	女
总 计	**36400**	**16805**	**19595**	**15026**	**6388**	**8638**	**2535**	**1081**	**1454**
60-64岁	**8528**	**3856**	**4672**	**2284**	**1007**	**1277**	**246**	**113**	**133**
60	1380	634	746	363	166	197	35	16	19
61	1271	550	721	305	123	182	39	19	20
62	1770	803	967	475	203	272	40	17	23
63	2025	940	1085	546	247	299	64	29	35
64	2082	929	1153	595	268	327	68	32	36
65-69岁	**10676**	**4912**	**5764**	**3489**	**1454**	**2035**	**362**	**182**	**180**
65	2324	1042	1282	704	294	410	63	23	40
66	2238	1005	1233	706	288	418	75	48	27
67	2010	932	1078	657	288	369	71	35	36
68	2208	1038	1170	705	285	420	83	41	42
69	1896	895	1001	717	299	418	70	35	35
70-74岁	**7752**	**3536**	**4216**	**3267**	**1346**	**1921**	**391**	**189**	**202**
70	1968	900	1068	772	314	458	91	34	57
71	1661	756	905	676	301	375	75	44	31
72	1303	638	665	555	220	335	65	34	31
73	1510	684	826	644	282	362	89	46	43
74	1310	558	752	620	229	391	71	31	40
75-79岁	**5218**	**2459**	**2759**	**2914**	**1212**	**1702**	**510**	**220**	**290**
75	1136	496	640	603	245	358	79	34	45
76	1142	535	607	609	265	344	86	34	52
77	1149	565	584	625	258	367	112	52	60
78	951	461	490	583	247	336	105	48	57
79	840	402	438	494	197	297	128	52	76
80-84岁	**2878**	**1362**	**1516**	**2052**	**876**	**1176**	**524**	**196**	**328**
80	782	381	401	507	207	300	109	46	63
81	631	287	344	464	199	265	99	35	64
82	615	293	322	465	203	262	109	35	74
83	452	206	246	362	156	206	98	35	63
84	398	195	203	254	111	143	109	45	64
85-89岁	**1071**	**538**	**533**	**792**	**388**	**404**	**374**	**143**	**231**
85	306	158	148	228	111	117	101	39	62
86	284	146	138	205	100	105	80	32	48
87	223	101	122	147	71	76	71	20	51
88	144	78	66	118	64	54	72	34	38
89	114	55	59	94	42	52	50	18	32
90-94岁	**246**	**125**	**121**	**187**	**87**	**100**	**102**	**28**	**74**
90	104	51	53	81	38	43	29	10	19
91	46	25	21	44	21	23	22	4	18
92	42	21	21	24	10	14	26	7	19
93	30	13	17	22	9	13	18	4	14
94	24	15	9	16	9	7	7	3	4
95-99岁	**30**	**17**	**13**	**36**	**16**	**20**	**23**	**10**	**13**
95	7	5	2	13	8	5	10	5	5
96	12	5	7	11	4	7	7	5	2
97	7	5	2	6	3	3	3		3
98	2		2	4	1	3	2		2
99	2	2		2		2	1		1
100岁及以上	**1**		**1**	**5**	**2**	**3**	**3**		**3**

8-2a　全区分年龄、性别、健康状况的60岁及以上老年人口(城市)

单位：人

年　龄	60岁及以上人口			健　康		
	合计	男	女	小计	男	女
总　计	**36580**	**17269**	**19311**	**18770**	**9542**	**9228**
60-64岁	**10933**	**5415**	**5518**	**7403**	**3824**	**3579**
60	2113	1080	1033	1510	806	704
61	1717	846	871	1173	594	579
62	2252	1089	1163	1527	768	759
63	2500	1248	1252	1662	857	805
64	2351	1152	1199	1531	799	732
65-69岁	**10138**	**4808**	**5330**	**5740**	**2890**	**2850**
65	2417	1157	1260	1456	726	730
66	2290	1066	1224	1377	699	678
67	1974	921	1053	1118	540	578
68	1852	892	960	977	502	475
69	1605	772	833	812	423	389
70-74岁	**6290**	**2895**	**3395**	**2822**	**1428**	**1394**
70	1646	757	889	814	392	422
71	1392	633	759	610	299	311
72	1088	511	577	521	273	248
73	1157	554	603	480	267	213
74	1007	440	567	397	197	200
75-79岁	**4544**	**1975**	**2569**	**1610**	**782**	**828**
75	958	375	583	396	177	219
76	929	412	517	347	175	172
77	925	420	505	302	156	146
78	866	384	482	286	140	146
79	866	384	482	279	134	145
80-84岁	**3085**	**1383**	**1702**	**865**	**437**	**428**
80	811	357	454	237	119	118
81	642	275	367	200	102	98
82	656	314	342	177	95	82
83	518	218	300	135	63	72
84	458	219	239	116	58	58
85-89岁	**1245**	**617**	**628**	**257**	**137**	**120**
85	360	183	177	81	42	39
86	321	155	166	67	33	34
87	237	110	127	49	31	18
88	173	91	82	30	16	14
89	154	78	76	30	15	15
90-94岁	**295**	**150**	**145**	**60**	**39**	**21**
90	123	67	56	29	19	10
91	59	28	31	12	8	4
92	49	26	23	8	6	2
93	37	13	24	7	3	4
94	27	16	11	4	3	1
95-99岁	**44**	**25**	**19**	**11**	**5**	**6**
95	15	12	3	4	3	1
96	11	5	6	3		3
97	6	3	3	1		1
98	8	2	6	2	1	1
99	4	3	1	1	1	
100岁及以上	**6**	**1**	**5**	**2**		**2**

8-2a 续表

单位：人

年 龄	基本健康			不健康，但生活能自理			不健康，生活不能自理		
	小计	男	女	小计	男	女	小计	男	女
总 计	**12952**	**5678**	**7274**	**3904**	**1641**	**2263**	**954**	**408**	**546**
60-64岁	**2840**	**1274**	**1566**	**601**	**271**	**330**	**89**	**46**	**43**
60	484	216	268	104	53	51	15	5	10
61	444	208	236	87	35	52	13	9	4
62	590	264	326	120	51	69	15	6	9
63	662	313	349	159	69	90	17	9	8
64	660	273	387	131	63	68	29	17	12
65-69岁	**3413**	**1507**	**1906**	**856**	**346**	**510**	**129**	**65**	**64**
65	761	341	420	184	83	101	16	7	9
66	721	290	431	168	61	107	24	16	8
67	657	296	361	170	74	96	29	11	18
68	675	311	364	170	62	108	30	17	13
69	599	269	330	164	66	98	30	14	16
70-74岁	**2593**	**1087**	**1506**	**744**	**316**	**428**	**131**	**64**	**67**
70	626	272	354	180	81	99	26	12	14
71	594	244	350	160	76	84	28	14	14
72	427	185	242	118	39	79	22	14	8
73	501	209	292	143	63	80	33	15	18
74	445	177	268	143	57	86	22	9	13
75-79岁	**2042**	**848**	**1194**	**698**	**262**	**436**	**194**	**83**	**111**
75	389	140	249	144	47	97	29	11	18
76	410	171	239	138	55	83	34	11	23
77	444	186	258	141	57	84	38	21	17
78	412	176	236	139	52	87	29	16	13
79	387	175	212	136	51	85	64	24	40
80-84岁	**1377**	**611**	**766**	**638**	**255**	**383**	**205**	**80**	**125**
80	378	165	213	152	56	96	44	17	27
81	271	109	162	132	49	83	39	15	24
82	301	141	160	141	64	77	37	14	23
83	222	96	126	124	50	74	37	9	28
84	205	100	105	89	36	53	48	25	23
85-89岁	**545**	**276**	**269**	**288**	**151**	**137**	**155**	**53**	**102**
85	151	81	70	86	46	40	42	14	28
86	144	68	76	76	43	33	34	11	23
87	111	48	63	46	21	25	31	10	21
88	73	42	31	43	24	19	27	9	18
89	66	37	29	37	17	20	21	9	12
90-94岁	**129**	**67**	**62**	**64**	**32**	**32**	**42**	**12**	**30**
90	54	27	27	28	16	12	12	5	7
91	24	14	10	13	4	9	10	2	8
92	22	12	10	8	6	2	11	2	9
93	16	6	10	7	2	5	7	2	5
94	13	8	5	8	4	4	2	1	1
95-99岁	**12**	**8**	**4**	**13**	**7**	**6**	**8**	**5**	**3**
95	3	3		5	4	1	3	2	1
96	3	1	2	2	1	1	3	3	
97	2	2		2	1	1	1		1
98	2		2	3	1	2	1		1
99	2	2		1		1			
100岁及以上	**1**		**1**	**2**	**1**	**1**	**1**		**1**

8-2b　全区分年龄、性别、健康状况的60岁及以上老年人口(镇)

单位：人

年　龄	60岁及以上人口			健　康		
	合计	男	女	小计	男	女
总　计	**18014**	**8762**	**9252**	**7676**	**4137**	**3539**
60-64岁	**5274**	**2630**	**2644**	**3043**	**1626**	**1417**
60	1007	494	513	634	329	305
61	827	426	401	515	292	223
62	1065	554	511	601	334	267
63	1204	591	613	663	344	319
64	1171	565	606	630	327	303
65-69岁	**5156**	**2500**	**2656**	**2387**	**1279**	**1108**
65	1146	542	604	574	312	262
66	1100	544	556	517	272	245
67	1029	526	503	502	282	220
68	1008	484	524	448	236	212
69	873	404	469	346	177	169
70-74岁	**3508**	**1662**	**1846**	**1241**	**687**	**554**
70	948	470	478	354	212	142
71	759	364	395	290	156	134
72	591	294	297	214	116	98
73	671	305	366	214	113	101
74	539	229	310	169	90	79
75-79岁	**2263**	**1084**	**1179**	**631**	**332**	**299**
75	525	250	275	146	74	72
76	514	256	258	165	90	75
77	485	232	253	129	74	55
78	372	172	200	98	47	51
79	367	174	193	93	47	46
80-84岁	**1230**	**589**	**641**	**274**	**156**	**118**
80	328	171	157	87	51	36
81	280	127	153	65	39	26
82	252	123	129	43	23	20
83	197	86	111	45	23	22
84	173	82	91	34	20	14
85-89岁	**454**	**230**	**224**	**80**	**47**	**33**
85	135	73	62	31	19	12
86	126	63	63	18	12	6
87	91	41	50	20	10	10
88	58	36	22	6	5	1
89	44	17	27	5	1	4
90-94岁	**109**	**57**	**52**	**18**	**9**	**9**
90	44	20	24	5	4	1
91	24	15	9	5	1	4
92	20	9	11	4	1	3
93	14	9	5	3	2	1
94	7	4	3	1	1	
95-99岁	**19**	**10**	**9**	**2**	**1**	**1**
95	5	3	2	1		1
96	8	5	3			
97	5	2	3	1	1	
98	1		1			
99						
100岁及以上	**1**		**1**			

8-2b 续表 单位：人

年龄	基本健康			不健康，但生活能自理			不健康，生活不能自理		
	小计	男	女	小计	男	女	小计	男	女
总 计	**7021**	**3246**	**3775**	**2867**	**1187**	**1680**	**450**	**192**	**258**
60-64岁	**1702**	**774**	**928**	**481**	**207**	**274**	**48**	**23**	**25**
60	283	126	157	79	32	47	11	7	4
61	239	106	133	63	24	39	10	4	6
62	365	177	188	92	40	52	7	3	4
63	423	190	233	107	52	55	11	5	6
64	392	175	217	140	59	81	9	4	5
65-69岁	**2035**	**929**	**1106**	**672**	**260**	**412**	**62**	**32**	**30**
65	444	182	262	117	45	72	11	3	8
66	429	209	220	141	54	87	13	9	4
67	387	188	199	129	51	78	11	5	6
68	416	184	232	131	57	74	13	7	6
69	359	166	193	154	53	101	14	8	6
70-74岁	**1565**	**695**	**870**	**619**	**242**	**377**	**83**	**38**	**45**
70	439	202	237	138	53	85	17	3	14
71	322	139	183	132	60	72	15	9	6
72	252	126	126	107	43	64	18	9	9
73	291	123	168	146	57	89	20	12	8
74	261	105	156	96	29	67	13	5	8
75-79岁	**979**	**481**	**498**	**571**	**238**	**333**	**82**	**33**	**49**
75	244	117	127	117	48	69	18	11	7
76	212	107	105	126	54	72	11	5	6
77	216	107	109	124	46	78	16	5	11
78	141	70	71	109	49	60	24	6	18
79	166	80	86	95	41	54	13	6	7
80-84岁	**514**	**239**	**275**	**345**	**159**	**186**	**97**	**35**	**62**
80	134	69	65	86	39	47	21	12	9
81	120	50	70	74	34	40	21	4	17
82	108	54	54	81	41	40	20	5	15
83	79	33	46	60	24	36	13	6	7
84	73	33	40	44	21	23	22	8	14
85-89岁	**183**	**102**	**81**	**136**	**57**	**79**	**55**	**24**	**31**
85	57	31	26	35	18	17	12	5	7
86	50	31	19	42	13	29	16	7	9
87	31	17	14	30	13	17	10	1	9
88	25	13	12	15	8	7	12	10	2
89	20	10	10	14	5	9	5	1	4
90-94岁	**36**	**21**	**15**	**37**	**21**	**16**	**18**	**6**	**12**
90	18	8	10	14	7	7	7	1	6
91	4	4		13	9	4	2	1	1
92	7	4	3	5	2	3	4	2	2
93	5	4	1	2	1	1	4	2	2
94	2	1	1	3	2	1	1		1
95-99岁	**7**	**5**	**2**	**6**	**3**	**3**	**4**	**1**	**3**
95	2	2		1	1		1		1
96	4	2	2	3	2	1	1	1	
97	1	1		1		1	2		2
98				1		1			
99									
100岁及以上							**1**		**1**

8-2c　全区分年龄、性别、健康状况的60岁及以上老年人口(乡村)

单位：人

年　龄	60岁及以上人口			健　康		
	合计	男	女	小计	男	女
总　计	**41682**	**21067**	**20615**	**15869**	**9145**	**6724**
60-64岁	**11708**	**6087**	**5621**	**6411**	**3706**	**2705**
60	2122	1173	949	1320	796	524
61	1769	877	892	1010	571	439
62	2404	1259	1145	1308	777	531
63	2707	1410	1297	1451	832	619
64	2706	1368	1338	1322	730	592
65-69岁	**12531**	**6412**	**6119**	**5171**	**3003**	**2168**
65	2898	1473	1425	1340	775	565
66	2661	1355	1306	1138	653	485
67	2298	1178	1120	943	548	395
68	2544	1302	1242	983	576	407
69	2130	1104	1026	767	451	316
70-74岁	**8126**	**4045**	**4081**	**2451**	**1416**	**1035**
70	2136	1033	1103	731	408	323
71	1750	906	844	589	347	242
72	1385	719	666	406	243	163
73	1524	775	749	415	242	173
74	1331	612	719	310	176	134
75-79岁	**5255**	**2604**	**2651**	**1179**	**658**	**521**
75	1156	537	619	279	136	143
76	1213	615	598	307	184	123
77	1164	598	566	257	145	112
78	983	502	481	198	115	83
79	739	352	387	138	78	60
80-84岁	**2758**	**1321**	**1437**	**480**	**266**	**214**
80	733	351	382	150	75	75
81	659	336	323	122	76	46
82	591	263	328	90	51	39
83	448	218	230	71	39	32
84	327	153	174	47	25	22
85-89岁	**1017**	**484**	**533**	**142**	**78**	**64**
85	290	132	158	38	19	19
86	248	131	117	41	26	15
87	216	100	116	34	18	16
88	155	80	75	16	10	6
89	108	41	67	13	5	8
90-94岁	**240**	**98**	**142**	**31**	**17**	**14**
90	93	44	49	12	9	3
91	52	18	34	6	2	4
92	40	13	27	5	3	2
93	33	11	22	4	2	2
94	22	12	10	4	1	3
95-99岁	**42**	**14**	**28**	**3**		**3**
95	17	6	11	2		2
96	15	4	11	1		1
97	7	4	3			
98	1		1			
99	2		2			
100岁及以上	**5**	**2**	**3**	**1**	**1**	

8-2c　续表　　　　单位：人

年　龄	基本健康			不健康，但生活能自理			不健康，生活不能自理		
	小计	男	女	小计	男	女	小计	男	女
总　计	**16427**	**7881**	**8546**	**8255**	**3560**	**4695**	**1131**	**481**	**650**
60-64岁	**3986**	**1808**	**2178**	**1202**	**529**	**673**	**109**	**44**	**65**
60	613	292	321	180	81	99	9	4	5
61	588	236	352	155	64	91	16	6	10
62	815	362	453	263	112	151	18	8	10
63	940	437	503	280	126	154	36	15	21
64	1030	481	549	324	146	178	30	11	19
65-69岁	**5228**	**2476**	**2752**	**1961**	**848**	**1113**	**171**	**85**	**86**
65	1119	519	600	403	166	237	36	13	23
66	1088	506	582	397	173	224	38	23	15
67	966	448	518	358	163	195	31	19	12
68	1117	543	574	404	166	238	40	17	23
69	938	460	478	399	180	219	26	13	13
70-74岁	**3594**	**1754**	**1840**	**1904**	**788**	**1116**	**177**	**87**	**90**
70	903	426	477	454	180	274	48	19	29
71	745	373	372	384	165	219	32	21	11
72	624	327	297	330	138	192	25	11	14
73	718	352	366	355	162	193	36	19	17
74	604	276	328	381	143	238	36	17	19
75-79岁	**2197**	**1130**	**1067**	**1645**	**712**	**933**	**234**	**104**	**130**
75	503	239	264	342	150	192	32	12	20
76	520	257	263	345	156	189	41	18	23
77	489	272	217	360	155	205	58	26	32
78	398	215	183	335	146	189	52	26	26
79	287	147	140	263	105	158	51	22	29
80-84岁	**987**	**512**	**475**	**1069**	**462**	**607**	**222**	**81**	**141**
80	270	147	123	269	112	157	44	17	27
81	240	128	112	258	116	142	39	16	23
82	206	98	108	243	98	145	52	16	36
83	151	77	74	178	82	96	48	20	28
84	120	62	58	121	54	67	39	12	27
85-89岁	**343**	**160**	**183**	**368**	**180**	**188**	**164**	**66**	**98**
85	98	46	52	107	47	60	47	20	27
86	90	47	43	87	44	43	30	14	16
87	81	36	45	71	37	34	30	9	21
88	46	23	23	60	32	28	33	15	18
89	28	8	20	43	20	23	24	8	16
90-94岁	**81**	**37**	**44**	**86**	**34**	**52**	**42**	**10**	**32**
90	32	16	16	39	15	24	10	4	6
91	18	7	11	18	8	10	10	1	9
92	13	5	8	11	2	9	11	3	8
93	9	3	6	13	6	7	7		7
94	9	6	3	5	3	2	4	2	2
95-99岁	**11**	**4**	**7**	**17**	**6**	**11**	**11**	**4**	**7**
95	2		2	7	3	4	6	3	3
96	5	2	3	6	1	5	3	1	2
97	4	2	2	3	2	1			
98							1		1
99				1		1	1		1
100岁及以上				**3**	**1**	**2**	**1**		**1**

8−3　全区分性别、婚姻状况、健康状况的60岁及以上老年人口

单位：人

婚姻状况	60岁及以上人口			健　康		
	合计	男	女	小计	男	女
总　计	**96276**	**47098**	**49178**	**42315**	**22824**	**19491**
未　婚	464	416	48	119	105	14
有配偶	74306	41052	33254	35820	20903	14917
离　婚	1346	661	685	690	317	373
丧　偶	20160	4969	15191	5686	1499	4187

8−3　续表　　单位：人

婚姻状况	基本健康			不健康，但生活能自理			不健康，生活不能自理		
	小计	男	女	小计	男	女	小计	男	女
总　计	**36400**	**16805**	**19595**	**15026**	**6388**	**8638**	**2535**	**1081**	**1454**
未　婚	131	123	8	168	150	18	46	38	8
有配偶	27450	14413	13037	9686	4962	4724	1350	774	576
离　婚	466	244	222	162	83	79	28	17	11
丧　偶	8353	2025	6328	5010	1193	3817	1111	252	859

8−3a　全区分性别、婚姻状况、健康状况的60岁及以上老年人口(城市)

单位：人

婚姻状况	60岁及以上人口			健　康		
	合计	男	女	小计	男	女
总　计	**36580**	**17269**	**19311**	**18770**	**9542**	**9228**
未　婚	127	94	33	34	22	12
有配偶	28045	15242	12803	15679	8783	6896
离　婚	894	396	498	493	203	290
丧　偶	7514	1537	5977	2564	534	2030

8−3a　续表　　单位：人

婚姻状况	基本健康			不健康，但生活能自理			不健康，生活不能自理		
	小计	男	女	小计	男	女	小计	男	女
总　计	**12952**	**5678**	**7274**	**3904**	**1641**	**2263**	**954**	**408**	**546**
未　婚	36	32	4	42	29	13	15	11	4
有配偶	9435	4880	4555	2433	1277	1156	498	302	196
离　婚	297	141	156	88	44	44	16	8	8
丧　偶	3184	625	2559	1341	291	1050	425	87	338

8-3b 全区分性别、婚姻状况、健康状况的60岁及以上老年人口(镇)

单位：人

婚姻状况	60岁及以上人口			健康		
	合计	男	女	小计	男	女
总　计	**18014**	**8762**	**9252**	**7676**	**4137**	**3539**
未　婚	91	89	2	11	11	
有配偶	13870	7648	6222	6490	3779	2711
离　婚	209	96	113	96	44	52
丧　偶	3844	929	2915	1079	303	776

8-3b 续表

单位：人

婚姻状况	基本健康			不健康，但生活能自理			不健康，生活不能自理		
	小计	男	女	小计	男	女	小计	男	女
总　计	**7021**	**3246**	**3775**	**2867**	**1187**	**1680**	**450**	**192**	**258**
未　婚	25	24	1	48	47	1	7	7	
有配偶	5302	2802	2500	1833	928	905	245	139	106
离　婚	81	38	43	29	11	18	3	3	
丧　偶	1613	382	1231	957	201	756	195	43	152

8-3c 全区分性别、婚姻状况、健康状况的60岁及以上老年人口(乡村)

单位：人

婚姻状况	60岁及以上人口			健康		
	合计	男	女	小计	男	女
总　计	**41682**	**21067**	**20615**	**15869**	**9145**	**6724**
未　婚	246	233	13	74	72	2
有配偶	32391	18162	14229	13651	8341	5310
离　婚	243	169	74	101	70	31
丧　偶	8802	2503	6299	2043	662	1381

8-3c 续表

单位：人

婚姻状况	基本健康			不健康，但生活能自理			不健康，生活不能自理		
	小计	男	女	小计	男	女	小计	男	女
总　计	**16427**	**7881**	**8546**	**8255**	**3560**	**4695**	**1131**	**481**	**650**
未　婚	70	67	3	78	74	4	24	20	4
有配偶	12713	6731	5982	5420	2757	2663	607	333	274
离　婚	88	65	23	45	28	17	9	6	3
丧　偶	3556	1018	2538	2712	701	2011	491	122	369

8-4　全区分性别、主要生活来源、健康状况的60岁及以上老年人口

单位：人

主要生活来源	60岁及以上人口			健　康		
	合计	男	女	小计	男	女
总　计	**96276**	**47098**	**49178**	**42315**	**22824**	**19491**
劳动收入	12927	9297	3630	8395	6219	2176
离退休金/养老金	49412	24547	24865	23278	12336	10942
最低生活保障金	8428	3872	4556	1798	892	906
失业保险金	12	6	6	3	1	2
财产性收入	918	493	425	343	192	151
家庭其他成员供养	19567	6523	13044	6468	2190	4278
其　他	5012	2360	2652	2030	994	1036

8-4　续表

单位：人

主要生活来源	基本健康			不健康，但生活能自理			不健康，生活不能自理		
	小计	男	女	小计	男	女	小计	男	女
总　计	**36400**	**16805**	**19595**	**15026**	**6388**	**8638**	**2535**	**1081**	**1454**
劳动收入	3994	2729	1265	521	339	182	17	10	7
离退休金/养老金	18998	8909	10089	5966	2744	3222	1170	558	612
最低生活保障金	3273	1469	1804	2911	1311	1600	446	200	246
失业保险金	6	4	2	3	1	2			
财产性收入	434	226	208	136	74	62	5	1	4
家庭其他成员供养	7744	2556	5188	4611	1533	3078	744	244	500
其　他	1951	912	1039	878	386	492	153	68	85

8-4a 全区分性别、主要生活来源、健康状况的60岁及以上老年人口(城市)

单位：人

主要生活来源	60岁及以上人口			健康		
	合计	男	女	小计	男	女
总　计	**36580**	**17269**	**19311**	**18770**	**9542**	**9228**
劳动收入	1510	1178	332	1155	914	241
离退休金/养老金	29129	14138	14991	15183	7830	7353
最低生活保障金	784	339	445	190	80	110
失业保险金						
财产性收入	84	46	38	33	20	13
家庭其他成员供养	3950	1089	2861	1691	455	1236
其　他	1123	479	644	518	243	275

8-4a 续表

单位：人

主要生活来源	基本健康			不健康，但生活能自理			不健康，生活不能自理		
	小计	男	女	小计	男	女	小计	男	女
总　计	**12952**	**5678**	**7274**	**3904**	**1641**	**2263**	**954**	**408**	**546**
劳动收入	312	236	76	41	27	14	2	1	1
离退休金/养老金	10444	4737	5707	2799	1242	1557	703	329	374
最低生活保障金	311	130	181	230	109	121	53	20	33
失业保险金									
财产性收入	43	21	22	8	5	3			
家庭其他成员供养	1462	400	1062	649	191	458	148	43	105
其　他	380	154	226	177	67	110	48	15	33

8-4b　全区分性别、主要生活来源、健康状况的60岁及以上老年人口(镇)

单位：人

主要生活来源	60岁及以上人口			健　康		
	合计	男	女	小计	男	女
总　计	**18014**	**8762**	**9252**	**7676**	**4137**	**3539**
劳动收入	1673	1305	368	1129	889	240
离退休金/养老金	9721	5029	4692	4343	2447	1896
最低生活保障金	1227	556	671	273	135	138
失业保险金	8	3	5	3	1	2
财产性收入	101	51	50	35	17	18
家庭其他成员供养	4174	1293	2881	1472	460	1012
其　他	1110	525	585	421	188	233

8-4b　续表

单位：人

主要生活来源	基本健康			不健康，但生活能自理			不健康，生活不能自理		
	小计	男	女	小计	男	女	小计	男	女
总　计	**7021**	**3246**	**3775**	**2867**	**1187**	**1680**	**450**	**192**	**258**
劳动收入	486	371	115	52	41	11	6	4	2
离退休金/养老金	3867	1872	1995	1312	602	710	199	108	91
最低生活保障金	436	195	241	455	198	257	63	28	35
失业保险金	4	2	2	1		1			
财产性收入	51	27	24	15	7	8			
家庭其他成员供养	1712	543	1169	842	254	588	148	36	112
其　他	465	236	229	190	85	105	34	16	18

8-4c 全区分性别、主要生活来源、健康状况的60岁及以上老年人口(乡村)

单位：人

主要生活来源	60岁及以上人口			健康		
	合计	男	女	小计	男	女
总　计	**41682**	**21067**	**20615**	**15869**	**9145**	**6724**
劳动收入	9744	6814	2930	6111	4416	1695
离退休金/养老金	10562	5380	5182	3752	2059	1693
最低生活保障金	6417	2977	3440	1335	677	658
失业保险金	4	3	1			
财产性收入	733	396	337	275	155	120
家庭其他成员供养	11443	4141	7302	3305	1275	2030
其　他	2779	1356	1423	1091	563	528

8-4c 续表

单位：人

主要生活来源	基本健康			不健康，但生活能自理			不健康，生活不能自理		
	小计	男	女	小计	男	女	小计	男	女
总　计	**16427**	**7881**	**8546**	**8255**	**3560**	**4695**	**1131**	**481**	**650**
劳动收入	3196	2122	1074	428	271	157	9	5	4
离退休金/养老金	4687	2300	2387	1855	900	955	268	121	147
最低生活保障金	2526	1144	1382	2226	1004	1222	330	152	178
失业保险金	2	2		2	1	1			
财产性收入	340	178	162	113	62	51	5	1	4
家庭其他成员供养	4570	1613	2957	3120	1088	2032	448	165	283
其　他	1106	522	584	511	234	277	71	37	34

8-5　全区分性别、居住状况、健康状况的60岁及以上老年人口

单位：人

居住状况	60岁及以上人口			健康		
	合计	男	女	小计	男	女
总　计	**96276**	**47098**	**49178**	**42315**	**22824**	**19491**
与配偶和子女同住	14667	8263	6404	7290	4333	2957
与配偶同住	53582	29392	24190	25412	14708	10704
与子女同住	14125	3946	10179	4529	1381	3148
独居(有保姆)	151	65	86	28	16	12
独居(无保姆)	10446	3746	6700	3732	1606	2126
养老机构	523	301	222	40	28	12
其　他	2782	1385	1397	1284	752	532

8-5　续表

单位：人

居住状况	基本健康			不健康，但生活能自理			不健康，生活不能自理		
	小计	男	女	小计	男	女	小计	男	女
总　计	**36400**	**16805**	**19595**	**15026**	**6388**	**8638**	**2535**	**1081**	**1454**
与配偶和子女同住	4958	2656	2302	2106	1094	1012	313	180	133
与配偶同住	20431	10676	9755	6837	3488	3349	902	520	382
与子女同住	5440	1495	3945	3237	837	2400	919	233	686
独居(有保姆)	43	18	25	39	21	18	41	10	31
独居(无保姆)	4433	1461	2972	2147	638	1509	134	41	93
养老机构	141	86	55	230	137	93	112	50	62
其　他	954	413	541	430	173	257	114	47	67

8-5a 全区分性别、居住状况、健康状况的60岁及以上老年人口(城市)

单位：人

居住状况	60岁及以上人口			健 康		
	合计	男	女	小计	男	女
总 计	**36580**	**17269**	**19311**	**18770**	**9542**	**9228**
与配偶和子女同住	5218	2908	2310	3218	1836	1382
与配偶同住	20733	11242	9491	11223	6282	4941
与子女同住	4846	1172	3674	2040	534	1506
独居(有保姆)	111	48	63	19	10	9
独居(无保姆)	4441	1343	3098	1749	605	1144
养老机构	238	113	125	19	10	9
其 他	993	443	550	502	265	237

8-5a 续表

单位：人

居住状况	基本健康			不健康，但生活能自理			不健康，生活不能自理		
	小计	男	女	小计	男	女	小计	男	女
总 计	**12952**	**5678**	**7274**	**3904**	**1641**	**2263**	**954**	**408**	**546**
与配偶和子女同住	1498	799	699	420	219	201	82	54	28
与配偶同住	7296	3764	3532	1844	975	869	370	221	149
与子女同住	1808	395	1413	696	171	525	302	72	230
独居(有保姆)	28	13	15	31	19	12	33	6	27
独居(无保姆)	1912	546	1366	719	176	543	61	16	45
养老机构	72	38	34	82	40	42	65	25	40
其 他	338	123	215	112	41	71	41	14	27

8-5b 全区分性别、居住状况、健康状况的60岁及以上老年人口(镇)

单位：人

居住状况	60岁及以上人口			健康		
	合计	男	女	小计	男	女
总 计	**18014**	**8762**	**9252**	**7676**	**4137**	**3539**
与配偶和子女同住	2651	1514	1137	1301	777	524
与配偶同住	9910	5426	4484	4531	2617	1914
与子女同住	2878	802	2076	932	289	643
独居(有保姆)	21	8	13	3	2	1
独居(无保姆)	1894	658	1236	658	302	356
养老机构	166	111	55	11	10	1
其 他	494	243	251	240	140	100

8-5b 续表

单位：人

居住状况	基本健康			不健康，但生活能自理			不健康，生活不能自理		
	小计	男	女	小计	男	女	小计	男	女
总 计	**7021**	**3246**	**3775**	**2867**	**1187**	**1680**	**450**	**192**	**258**
与配偶和子女同住	953	530	423	347	177	170	50	30	20
与配偶同住	3890	2045	1845	1324	672	652	165	92	73
与子女同住	1149	320	829	622	147	475	175	46	129
独居(有保姆)	9	3	6	4	1	3	5	2	3
独居(无保姆)	818	254	564	399	96	303	19	6	13
养老机构	40	26	14	95	67	28	20	8	12
其 他	162	68	94	76	27	49	16	8	8

8-5c 全区分性别、居住状况、健康状况的60岁及以上老年人口(乡村)

单位：人

居住状况	60岁及以上人口			健　康		
	合计	男	女	小计	男	女
总　计	**41682**	**21067**	**20615**	**15869**	**9145**	**6724**
与配偶和子女同住	6798	3841	2957	2771	1720	1051
与配偶同住	22939	12724	10215	9658	5809	3849
与子女同住	6401	1972	4429	1557	558	999
独居(有保姆)	19	9	10	6	4	2
独居(无保姆)	4111	1745	2366	1325	699	626
养老机构	119	77	42	10	8	2
其　他	1295	699	596	542	347	195

8-5c 续表

单位：人

居住状况	基本健康			不健康，但生活能自理			不健康，生活不能自理		
	小计	男	女	小计	男	女	小计	男	女
总　计	**16427**	**7881**	**8546**	**8255**	**3560**	**4695**	**1131**	**481**	**650**
与配偶和子女同住	2507	1327	1180	1339	698	641	181	96	85
与配偶同住	9245	4867	4378	3669	1841	1828	367	207	160
与子女同住	2483	780	1703	1919	519	1400	442	115	327
独居(有保姆)	6	2	4	4	1	3	3	2	1
独居(无保姆)	1703	661	1042	1029	366	663	54	19	35
养老机构	29	22	7	53	30	23	27	17	10
其　他	454	222	232	242	105	137	57	25	32

8-6　各地区分性别、主要生活来源的60岁及以上老年人口

单位：人

地　区	60岁及以上人口			劳动收入		
	合计	男	女	小计	男	女
宁　夏	**96276**	**47098**	**49178**	**12927**	**9297**	**3630**
银川市	**35560**	**17229**	**18331**	**2865**	**2152**	**713**
兴庆区	10736	5102	5634	638	483	155
西夏区	4860	2335	2525	217	172	45
金凤区	7698	3765	3933	319	257	62
永宁县	4183	2054	2129	589	430	159
贺兰县	4609	2287	2322	662	467	195
灵武市	3474	1686	1788	440	343	97
石嘴山市	**12930**	**6191**	**6739**	**1649**	**1161**	**488**
大武口区	4893	2299	2594	172	143	29
惠农区	3139	1496	1643	242	193	49
平罗县	4898	2396	2502	1235	825	410
吴忠市	**17540**	**8535**	**9005**	**3184**	**2278**	**906**
利通区	6104	2922	3182	533	418	115
红寺堡区	1829	927	902	478	348	130
盐池县	2371	1162	1209	654	429	225
同心县	3037	1503	1534	638	471	167
青铜峡市	4199	2021	2178	881	612	269
固原市	**15842**	**8036**	**7806**	**2760**	**1930**	**830**
原州区	5601	2800	2801	830	586	244
西吉县	4182	2088	2094	771	514	257
隆德县	2059	1086	973	356	274	82
泾源县	1285	680	605	227	164	63
彭阳县	2715	1382	1333	576	392	184
中卫市	**14404**	**7107**	**7297**	**2469**	**1776**	**693**
沙坡头区	5862	2846	3016	742	558	184
中宁县	4695	2332	2363	956	681	275
海原县	3847	1929	1918	771	537	234

8-6 续表 1 单位：人

地 区	离退休金/养老金			最低生活保障金			失业保险金		
	小计	男	女	小计	男	女	小计	男	女
宁 夏	**49412**	**24547**	**24865**	**8428**	**3872**	**4556**	**12**	**6**	**6**
银川市	**24632**	**12071**	**12561**	**1278**	**565**	**713**	**3**	**1**	**2**
兴庆区	8374	4061	4313	195	82	113			
西夏区	3761	1842	1919	61	29	32			
金凤区	6417	3152	3265	103	40	63			
永宁县	1759	871	888	396	177	219	3	1	2
贺兰县	2250	1168	1082	262	121	141			
灵武市	2071	977	1094	261	116	145			
石嘴山市	**8796**	**4046**	**4750**	**578**	**285**	**293**	**3**	**1**	**2**
大武口区	4030	1870	2160	148	73	75			
惠农区	2522	1156	1366	123	60	63			
平罗县	2244	1020	1224	307	152	155	3	1	2
吴忠市	**6463**	**3310**	**3153**	**1919**	**821**	**1098**	**1**		**1**
利通区	3361	1649	1712	411	180	231			
红寺堡区	281	158	123	261	125	136			
盐池县	548	321	227	146	67	79			
同心县	687	390	297	624	273	351	1		1
青铜峡市	1586	792	794	477	176	301			
固原市	**3398**	**2033**	**1365**	**2681**	**1321**	**1360**	**1**	**1**	
原州区	1701	974	727	1038	495	543			
西吉县	696	430	266	572	292	280	1	1	
隆德县	369	234	135	177	104	73			
泾源县	217	138	79	468	227	241			
彭阳县	415	257	158	426	203	223			
中卫市	**6123**	**3087**	**3036**	**1972**	**880**	**1092**	**4**	**3**	**1**
沙坡头区	3450	1677	1773	509	214	295	3	2	1
中宁县	1880	953	927	406	181	225			
海原县	793	457	336	1057	485	572	1	1	

8-6　续表 2　　　　单位：人

地　区	财产性收入			家庭其他成员供养			其　他		
	小计	男	女	小计	男	女	小计	男	女
宁　夏	**918**	**493**	**425**	**19567**	**6523**	**13044**	**5012**	**2360**	**2652**
银川市	**400**	**212**	**188**	**4963**	**1563**	**3400**	**1419**	**665**	**754**
兴庆区	46	22	24	1191	323	868	292	131	161
西夏区	6	4	2	683	223	460	132	65	67
金凤区	12	9	3	661	221	440	186	86	100
永宁县	131	65	66	928	332	596	377	178	199
贺兰县	194	105	89	939	281	658	302	145	157
灵武市	11	7	4	561	183	378	130	60	70
石嘴山市	**94**	**55**	**39**	**1366**	**438**	**928**	**444**	**205**	**239**
大武口区	7	4	3	425	162	263	111	47	64
惠农区	4	2	2	150	46	104	98	39	59
平罗县	83	49	34	791	230	561	235	119	116
吴忠市	**204**	**101**	**103**	**4301**	**1357**	**2944**	**1468**	**668**	**800**
利通区	26	14	12	1002	310	692	771	351	420
红寺堡区	7	5	2	779	282	497	23	9	14
盐池县	14	6	8	812	256	556	197	83	114
同心县	20	11	9	918	283	635	149	75	74
青铜峡市	137	65	72	790	226	564	328	150	178
固原市	**78**	**50**	**28**	**5792**	**2157**	**3635**	**1132**	**544**	**588**
原州区	38	21	17	1763	613	1150	231	111	120
西吉县	16	13	3	1710	646	1064	416	192	224
隆德县	5	4	1	986	382	604	166	88	78
泾源县	6	4	2	336	129	207	31	18	13
彭阳县	13	8	5	997	387	610	288	135	153
中卫市	**142**	**75**	**67**	**3145**	**1008**	**2137**	**549**	**278**	**271**
沙坡头区	59	29	30	969	302	667	130	64	66
中宁县	59	34	25	1190	376	814	204	107	97
海原县	24	12	12	986	330	656	215	107	108

8-6a 各地区分性别、主要生活来源的60岁及以上老年人口(城市)

单位：人

地　区	60岁及以上人口			劳动收入		
	合计	男	女	小计	男	女
宁　夏	**36580**	**17269**	**19311**	**1510**	**1178**	**332**
银川市	**20388**	**9676**	**10712**	**766**	**599**	**167**
兴庆区	8373	3922	4451	307	239	68
西夏区	4283	2034	2249	170	129	41
金凤区	6434	3120	3314	211	168	43
永宁县						
贺兰县	35	17	18	4	3	1
灵武市	1263	583	680	74	60	14
石嘴山市	**6113**	**2828**	**3285**	**200**	**165**	**35**
大武口区	4326	1993	2333	107	85	22
惠农区	1787	835	952	93	80	13
平罗县						
吴忠市	**5302**	**2486**	**2816**	**327**	**241**	**86**
利通区	3477	1635	1842	139	105	34
红寺堡区	490	232	258	88	65	23
盐池县						
同心县						
青铜峡市	1335	619	716	100	71	29
固原市	**2303**	**1115**	**1188**	**101**	**81**	**20**
原州区	2303	1115	1188	101	81	20
西吉县						
隆德县						
泾源县						
彭阳县						
中卫市	**2474**	**1164**	**1310**	**116**	**92**	**24**
沙坡头区	2474	1164	1310	116	92	24
中宁县						
海原县						

8-6a　续表 1　　　　单位：人

地　区	离退休金/养老金			最低生活保障金			失业保险金		
	小计	男	女	小计	男	女	小计	男	女
宁　夏	**29129**	**14138**	**14991**	**784**	**339**	**445**			
银川市	**17094**	**8301**	**8793**	**214**	**77**	**137**			
兴庆区	7032	3397	3635	87	28	59			
西夏区	3506	1710	1796	49	22	27			
金凤区	5535	2721	2814	69	23	46			
永宁县									
贺兰县	27	13	14						
灵武市	994	460	534	9	4	5			
石嘴山市	**5361**	**2460**	**2901**	**121**	**62**	**59**			
大武口区	3816	1755	2061	89	47	42			
惠农区	1545	705	840	32	15	17			
平罗县									
吴忠市	**3463**	**1707**	**1756**	**217**	**97**	**120**			
利通区	2501	1221	1280	89	36	53			
红寺堡区	99	59	40	80	40	40			
盐池县									
同心县									
青铜峡市	863	427	436	48	21	27			
固原市	**1241**	**726**	**515**	**153**	**64**	**89**			
原州区	1241	726	515	153	64	89			
西吉县									
隆德县									
泾源县									
彭阳县									
中卫市	**1970**	**944**	**1026**	**79**	**39**	**40**			
沙坡头区	1970	944	1026	79	39	40			
中宁县									
海原县									

8-6a 续表 2

单位：人

地区	财产性收入			家庭其他成员供养			其他		
	小计	男	女	小计	男	女	小计	男	女
宁夏	**84**	**46**	**38**	**3950**	**1089**	**2861**	**1123**	**479**	**644**
银川市	**30**	**18**	**12**	**1865**	**502**	**1363**	**419**	**179**	**240**
兴庆区	12	6	6	751	173	578	184	79	105
西夏区	5	3	2	477	133	344	76	37	39
金凤区	10	7	3	482	151	331	127	50	77
永宁县									
贺兰县				4	1	3			
灵武市	3	2	1	151	44	107	32	13	19
石嘴山市	**5**	**3**	**2**	**330**	**101**	**229**	**96**	**37**	**59**
大武口区	5	3	2	245	79	166	64	24	40
惠农区				85	22	63	32	13	19
平罗县									
吴忠市	**33**	**16**	**17**	**801**	**225**	**576**	**461**	**200**	**261**
利通区	6	3	3	337	95	242	405	175	230
红寺堡区	1	1		214	65	149	8	2	6
盐池县									
同心县									
青铜峡市	26	12	14	250	65	185	48	23	25
固原市	**13**	**8**	**5**	**697**	**193**	**504**	**98**	**43**	**55**
原州区	13	8	5	697	193	504	98	43	55
西吉县									
隆德县									
泾源县									
彭阳县									
中卫市	**3**	**1**	**2**	**257**	**68**	**189**	**49**	**20**	**29**
沙坡头区	3	1	2	257	68	189	49	20	29
中宁县									
海原县									

8-6b　各地区分性别、主要生活来源的60岁及以上老年人口(镇)

单位：人

地　区	60岁及以上人口			劳动收入		
	合计	男	女	小计	男	女
宁　夏	**18014**	**8762**	**9252**	**1673**	**1305**	**368**
银川市	**6638**	**3267**	**3371**	**516**	**410**	**106**
兴庆区	1409	685	724	84	65	19
西夏区	88	45	43	7	5	2
金凤区	123	64	59	12	11	1
永宁县	2001	992	1009	167	143	24
贺兰县	2342	1151	1191	179	131	48
灵武市	675	330	345	67	55	12
石嘴山市	**3051**	**1432**	**1619**	**270**	**200**	**70**
大武口区	219	119	100	18	14	4
惠农区	663	313	350	36	30	6
平罗县	2169	1000	1169	216	156	60
吴忠市	**2894**	**1434**	**1460**	**380**	**296**	**84**
利通区	357	176	181	34	28	6
红寺堡区	66	34	32	21	18	3
盐池县	883	432	451	115	86	29
同心县	1092	541	551	142	110	32
青铜峡市	496	251	245	68	54	14
固原市	**2553**	**1250**	**1303**	**214**	**166**	**48**
原州区	319	155	164	45	36	9
西吉县	709	343	366	53	40	13
隆德县	552	279	273	45	33	12
泾源县	265	136	129	28	22	6
彭阳县	708	337	371	43	35	8
中卫市	**2878**	**1379**	**1499**	**293**	**233**	**60**
沙坡头区	297	144	153	39	32	7
中宁县	1758	824	934	175	139	36
海原县	823	411	412	79	62	17

8-6b 续表 1

单位：人

地　区	离退休金/养老金			最低生活保障金			失业保险金		
	小计	男	女	小计	男	女	小计	男	女
宁　夏	**9721**	**5029**	**4692**	**1227**	**556**	**671**	**8**	**3**	**5**
银川市	**4316**	**2195**	**2121**	**265**	**114**	**151**	**3**	**1**	**2**
兴庆区	1069	527	542	15	8	7			
西夏区	50	29	21						
金凤区	83	39	44	5	2	3			
永宁县	1180	593	587	111	47	64	3	1	2
贺兰县	1487	786	701	100	41	59			
灵武市	447	221	226	34	16	18			
石嘴山市	**2145**	**987**	**1158**	**144**	**74**	**70**	**2**		**2**
大武口区	103	61	42	20	9	11			
惠农区	525	248	277	35	18	17			
平罗县	1517	678	839	89	47	42	2		2
吴忠市	**1146**	**634**	**512**	**259**	**115**	**144**	**1**		**1**
利通区	140	69	71	36	15	21			
红寺堡区	25	12	13	6	2	4			
盐池县	331	200	131	36	21	15			
同心县	384	223	161	127	57	70	1		1
青铜峡市	266	130	136	54	20	34			
固原市	**738**	**486**	**252**	**254**	**128**	**126**	**1**	**1**	
原州区	44	24	20	45	23	22			
西吉县	248	169	79	50	23	27	1	1	
隆德县	175	117	58	21	14	7			
泾源县	79	51	28	70	36	34			
彭阳县	192	125	67	68	32	36			
中卫市	**1376**	**727**	**649**	**305**	**125**	**180**	**1**	**1**	
沙坡头区	141	71	70	36	10	26			
中宁县	996	496	500	126	50	76			
海原县	239	160	79	143	65	78	1	1	

8-6b　续表 2　　　　单位：人

地　区	财产性收入			家庭其他成员供养			其　他		
	小计	男	女	小计	男	女	小计	男	女
宁　夏	**101**	**51**	**50**	**4174**	**1293**	**2881**	**1110**	**525**	**585**
银川市	**31**	**15**	**16**	**1248**	**391**	**857**	**259**	**141**	**118**
兴庆区	7	4	3	213	68	145	21	13	8
西夏区				13	3	10	18	8	10
金凤区				13	5	8	10	7	3
永宁县	8	5	3	435	152	283	97	51	46
贺兰县	16	6	10	457	129	328	103	58	45
灵武市				117	34	83	10	4	6
石嘴山市	**10**	**6**	**4**	**363**	**117**	**246**	**117**	**48**	**69**
大武口区				67	31	36	11	4	7
惠农区	3	1	2	29	8	21	35	8	27
平罗县	7	5	2	267	78	189	71	36	35
吴忠市	**31**	**15**	**16**	**820**	**250**	**570**	**257**	**124**	**133**
利通区				66	20	46	81	44	37
红寺堡区				13	2	11	1		1
盐池县	3	1	2	324	99	225	74	25	49
同心县	10	5	5	352	104	248	76	42	34
青铜峡市	18	9	9	65	25	40	25	13	12
固原市	**2**	**2**		**1022**	**331**	**691**	**322**	**136**	**186**
原州区				163	62	101	22	10	12
西吉县	2	2		302	90	212	53	18	35
隆德县				249	88	161	62	27	35
泾源县				78	20	58	10	7	3
彭阳县				230	71	159	175	74	101
中卫市	**27**	**13**	**14**	**721**	**204**	**517**	**155**	**76**	**79**
沙坡头区	14	5	9	62	24	38	5	2	3
中宁县	5	4	1	393	106	287	63	29	34
海原县	8	4	4	266	74	192	87	45	42

8-6c 各地区分性别、主要生活来源的60岁及以上老年人口(乡村)

单位：人

地区	60岁及以上人口			劳动收入		
	合计	男	女	小计	男	女
宁 夏	**41682**	**21067**	**20615**	**9744**	**6814**	**2930**
银川市	**8534**	**4286**	**4248**	**1583**	**1143**	**440**
兴庆区	954	495	459	247	179	68
西夏区	489	256	233	40	38	2
金凤区	1141	581	560	96	78	18
永宁县	2182	1062	1120	422	287	135
贺兰县	2232	1119	1113	479	333	146
灵武市	1536	773	763	299	228	71
石嘴山市	**3766**	**1931**	**1835**	**1179**	**796**	**383**
大武口区	348	187	161	47	44	3
惠农区	689	348	341	113	83	30
平罗县	2729	1396	1333	1019	669	350
吴忠市	**9344**	**4615**	**4729**	**2477**	**1741**	**736**
利通区	2270	1111	1159	360	285	75
红寺堡区	1273	661	612	369	265	104
盐池县	1488	730	758	539	343	196
同心县	1945	962	983	496	361	135
青铜峡市	2368	1151	1217	713	487	226
固原市	**10986**	**5671**	**5315**	**2445**	**1683**	**762**
原州区	2979	1530	1449	684	469	215
西吉县	3473	1745	1728	718	474	244
隆德县	1507	807	700	311	241	70
泾源县	1020	544	476	199	142	57
彭阳县	2007	1045	962	533	357	176
中卫市	**9052**	**4564**	**4488**	**2060**	**1451**	**609**
沙坡头区	3091	1538	1553	587	434	153
中宁县	2937	1508	1429	781	542	239
海原县	3024	1518	1506	692	475	217

8-6c　续表 1　　单位：人

地　区	离退休金/养老金			最低生活保障金			失业保险金		
	小计	男	女	小计	男	女	小计	男	女
宁　夏	**10562**	**5380**	**5182**	**6417**	**2977**	**3440**	**4**	**3**	**1**
银川市	**3222**	**1575**	**1647**	**799**	**374**	**425**			
兴庆区	273	137	136	93	46	47			
西夏区	205	103	102	12	7	5			
金凤区	799	392	407	29	15	14			
永宁县	579	278	301	285	130	155			
贺兰县	736	369	367	162	80	82			
灵武市	630	296	334	218	96	122			
石嘴山市	**1290**	**599**	**691**	**313**	**149**	**164**	**1**	**1**	
大武口区	111	54	57	39	17	22			
惠农区	452	203	249	56	27	29			
平罗县	727	342	385	218	105	113	1	1	
吴忠市	**1854**	**969**	**885**	**1443**	**609**	**834**			
利通区	720	359	361	286	129	157			
红寺堡区	157	87	70	175	83	92			
盐池县	217	121	96	110	46	64			
同心县	303	167	136	497	216	281			
青铜峡市	457	235	222	375	135	240			
固原市	**1419**	**821**	**598**	**2274**	**1129**	**1145**			
原州区	416	224	192	840	408	432			
西吉县	448	261	187	522	269	253			
隆德县	194	117	77	156	90	66			
泾源县	138	87	51	398	191	207			
彭阳县	223	132	91	358	171	187			
中卫市	**2777**	**1416**	**1361**	**1588**	**716**	**872**	**3**	**2**	**1**
沙坡头区	1339	662	677	394	165	229	3	2	1
中宁县	884	457	427	280	131	149			
海原县	554	297	257	914	420	494			

8-6c 续表 2

单位：人

地 区	财产性收入			家庭其他成员供养			其 他		
	小计	男	女	小计	男	女	小计	男	女
宁 夏	**733**	**396**	**337**	**11443**	**4141**	**7302**	**2779**	**1356**	**1423**
银川市	**339**	**179**	**160**	**1850**	**670**	**1180**	**741**	**345**	**396**
兴庆区	27	12	15	227	82	145	87	39	48
西夏区	1	1		193	87	106	38	20	18
金凤区	2	2		166	65	101	49	29	20
永宁县	123	60	63	493	180	313	280	127	153
贺兰县	178	99	79	478	151	327	199	87	112
灵武市	8	5	3	293	105	188	88	43	45
石嘴山市	**79**	**46**	**33**	**673**	**220**	**453**	**231**	**120**	**111**
大武口区	2	1	1	113	52	61	36	19	17
惠农区	1	1		36	16	20	31	18	13
平罗县	76	44	32	524	152	372	164	83	81
吴忠市	**140**	**70**	**70**	**2680**	**882**	**1798**	**750**	**344**	**406**
利通区	20	11	9	599	195	404	285	132	153
红寺堡区	6	4	2	552	215	337	14	7	7
盐池县	11	5	6	488	157	331	123	58	65
同心县	10	6	4	566	179	387	73	33	40
青铜峡市	93	44	49	475	136	339	255	114	141
固原市	**63**	**40**	**23**	**4073**	**1633**	**2440**	**712**	**365**	**347**
原州区	25	13	12	903	358	545	111	58	53
西吉县	14	11	3	1408	556	852	363	174	189
隆德县	5	4	1	737	294	443	104	61	43
泾源县	6	4	2	258	109	149	21	11	10
彭阳县	13	8	5	767	316	451	113	61	52
中卫市	**112**	**61**	**51**	**2167**	**736**	**1431**	**345**	**182**	**163**
沙坡头区	42	23	19	650	210	440	76	42	34
中宁县	54	30	24	797	270	527	141	78	63
海原县	16	8	8	720	256	464	128	62	66

8-7 全区分年龄、性别、主要生活来源的人口

单位：人

年龄	15岁及以上人口			劳动收入		
	合计	男	女	小计	男	女
总计	**564754**	**285609**	**279145**	**321357**	**198408**	**122949**
45岁以下	**308573**	**156791**	**151782**	**203163**	**121537**	**81626**
45-49岁	**59221**	**30591**	**28630**	**46337**	**27302**	**19035**
45	11722	6055	5667	9405	5477	3928
46	11824	6039	5785	9393	5398	3995
47	12232	6387	5845	9618	5674	3944
48	11966	6123	5843	9228	5480	3748
49	11477	5987	5490	8693	5273	3420
50-54岁	**57097**	**28930**	**28167**	**37007**	**24351**	**12656**
50	12777	6526	6251	8818	5644	3174
51	11667	5800	5867	7679	4961	2718
52	12452	6320	6132	8083	5357	2726
53	9694	4958	4736	6069	4070	1999
54	10507	5326	5181	6358	4319	2039
55-59岁	**43587**	**22199**	**21388**	**21923**	**15921**	**6002**
55	10012	5115	4897	5443	3885	1558
56	10260	5358	4902	5454	4019	1435
57	10760	5523	5237	5344	3952	1392
58	8518	4210	4308	3956	2821	1135
59	4037	1993	2044	1726	1244	482
60-64岁	**27915**	**14132**	**13783**	**7160**	**5024**	**2136**
60	5242	2747	2495	1692	1237	455
61	4313	2149	2164	1192	800	392
62	5721	2902	2819	1415	995	420
63	6411	3249	3162	1527	1077	450
64	6228	3085	3143	1334	915	419
65-69岁	**27825**	**13720**	**14105**	**4271**	**3131**	**1140**
65	6461	3172	3289	1298	939	359
66	6051	2965	3086	1010	728	282
67	5301	2625	2676	755	568	187
68	5404	2678	2726	703	515	188
69	4608	2280	2328	505	381	124

8-7 续表 1

单位：人

年龄	15岁及以上人口			劳动收入		
	合计	男	女	小计	男	女
70-74岁	**17924**	**8602**	**9322**	**1136**	**860**	**276**
70	4730	2260	2470	405	300	105
71	3901	1903	1998	292	220	72
72	3064	1524	1540	191	155	36
73	3352	1634	1718	157	120	37
74	2877	1281	1596	91	65	26
75-79岁	**12062**	**5663**	**6399**	**281**	**223**	**58**
75	2639	1162	1477	82	67	15
76	2656	1283	1373	83	66	17
77	2574	1250	1324	61	45	16
78	2221	1058	1163	34	27	7
79	1972	910	1062	21	18	3
80-84岁	**7073**	**3293**	**3780**	**61**	**47**	**14**
80	1872	879	993	24	18	6
81	1581	738	843	16	12	4
82	1499	700	799	12	11	1
83	1163	522	641	3	2	1
84	958	454	504	6	4	2
85-89岁	**2716**	**1331**	**1385**	**11**	**8**	**3**
85	785	388	397	4	4	
86	695	349	346	3	2	1
87	544	251	293	3	2	1
88	386	207	179	1		1
89	306	136	170			
90-94岁	**644**	**305**	**339**	**5**	**3**	**2**
90	260	131	129	3	3	
91	135	61	74			
92	109	48	61	1		1
93	84	33	51	1		1
94	56	32	24			
95-99岁	**105**	**49**	**56**	**2**	**1**	**1**
95	37	21	16	1		1
96	34	14	20			
97	18	9	9			
98	10	2	8			
99	6	3	3	1	1	
100岁及以上	**12**	**3**	**9**			

8-7 续表 2 单位：人

年 龄	离退休金/养老金			最低生活保障金			失业保险金		
	小计	男	女	小计	男	女	小计	男	女
总 计	**64883**	**27272**	**37611**	**13943**	**6495**	**7448**	**266**	**141**	**125**
45岁以下	**18**	**5**	**13**	**2298**	**1108**	**1190**	**160**	**72**	**88**
45-49岁	**529**	**16**	**513**	**917**	**460**	**457**	**42**	**17**	**25**
45	31	2	29	172	84	88	5	3	2
46	51		51	177	88	89	10	5	5
47	92	4	88	167	93	74	6	2	4
48	142	6	136	199	86	113	12	4	8
49	213	4	209	202	109	93	9	3	6
50-54岁	**5625**	**581**	**5044**	**1088**	**527**	**561**	**30**	**27**	**3**
50	1010	61	949	213	105	108	9	6	3
51	1125	86	1039	212	100	112	5	5	
52	1272	121	1151	216	107	109	7	7	
53	1058	132	926	217	112	105	3	3	
54	1160	181	979	230	103	127	6	6	
55-59岁	**9299**	**2123**	**7176**	**1212**	**528**	**684**	**22**	**19**	**3**
55	1830	355	1475	253	124	129	8	8	
56	2013	434	1579	273	111	162	5	3	2
57	2429	536	1893	262	129	133	3	3	
58	1980	482	1498	277	104	173	5	4	1
59	1047	316	731	147	60	87	1	1	
60-64岁	**12905**	**6332**	**6573**	**1532**	**673**	**859**	**1**		**1**
60	2176	1059	1117	218	86	132			
61	1973	961	1012	205	86	119			
62	2704	1339	1365	320	153	167			
63	3056	1518	1538	376	167	209	1		1
64	2996	1455	1541	413	181	232			
65-69岁	**13967**	**6901**	**7066**	**2458**	**1105**	**1353**	**5**	**3**	**2**
65	3136	1494	1642	479	213	266	1	1	
66	3059	1508	1551	485	212	273	2	1	1
67	2735	1354	1381	461	211	250	1		1
68	2680	1371	1309	507	233	274			
69	2357	1174	1183	526	236	290	1	1	

8-7 续表 3　　　　单位：人

年　龄	离退休金/养老金			最低生活保障金			失业保险金		
	小计	男	女	小计	男	女	小计	男	女
70—74岁	**9582**	**4802**	**4780**	**2090**	**983**	**1107**	**3**	**1**	**2**
70	2564	1299	1265	467	196	271	1		1
71	2048	1025	1023	453	227	226	1	1	
72	1628	857	771	361	177	184			
73	1816	907	909	427	211	216			
74	1526	714	812	382	172	210	1		1
75—79岁	**6668**	**3256**	**3412**	**1498**	**722**	**776**	**1**	**1**	
75	1421	648	773	340	142	198	1	1	
76	1436	716	720	344	170	174			
77	1344	680	664	345	173	172			
78	1282	643	639	266	132	134			
79	1185	569	616	203	105	98			
80—84岁	**4239**	**2120**	**2119**	**621**	**292**	**329**	**1**		**1**
80	1148	580	568	196	88	108			
81	903	435	468	146	81	65			
82	893	455	438	130	54	76			
83	699	347	352	88	38	50			
84	596	303	293	61	31	30	1		1
85—89岁	**1616**	**889**	**727**	**182**	**84**	**98**	**1**	**1**	
85	477	266	211	41	16	25			
86	425	232	193	55	27	28			
87	317	156	161	36	18	18	1	1	
88	224	134	90	29	16	13			
89	173	101	72	21	7	14			
90—94岁	**380**	**216**	**164**	**40**	**12**	**28**			
90	158	95	63	17	5	12			
91	77	38	39	10	4	6			
92	68	37	31	6	2	4			
93	47	24	23	5	1	4			
94	30	22	8	2		2			
95—99岁	**53**	**30**	**23**	**7**	**1**	**6**			
95	18	13	5	3	1	2			
96	21	11	10	1		1			
97	7	4	3	2		2			
98	5	1	4	1		1			
99	2	1	1						
100岁及以上	**2**	**1**	**1**						

8-7 续表 4

单位：人

年 龄	财产性收入			家庭其他成员供养			其 他		
	小计	男	女	小计	男	女	小计	男	女
总 计	**4087**	**2245**	**1842**	**134639**	**38394**	**96245**	**25579**	**12654**	**12925**
45岁以下	**1432**	**774**	**658**	**89263**	**27318**	**61945**	**12239**	**5977**	**6262**
45-49岁	**530**	**292**	**238**	**7960**	**1015**	**6945**	**2906**	**1489**	**1417**
45	91	50	41	1464	159	1305	554	280	274
46	94	52	42	1520	191	1329	579	305	274
47	115	64	51	1621	220	1401	613	330	283
48	106	60	46	1697	205	1492	582	282	300
49	124	66	58	1658	240	1418	578	292	286
50-54岁	**620**	**330**	**290**	**9675**	**1535**	**8140**	**3052**	**1579**	**1473**
50	117	70	47	1934	300	1634	676	340	336
51	112	56	56	1912	268	1644	622	324	298
52	135	63	72	2073	317	1756	666	348	318
53	115	65	50	1704	287	1417	528	289	239
54	141	76	65	2052	363	1689	560	278	282
55-59岁	**587**	**356**	**231**	**8174**	**2003**	**6171**	**2370**	**1249**	**1121**
55	114	62	52	1863	416	1447	501	265	236
56	128	79	49	1835	426	1409	552	286	266
57	150	91	59	1980	501	1479	592	311	281
58	131	89	42	1674	449	1225	495	261	234
59	64	35	29	822	211	611	230	126	104
60-64岁	**291**	**151**	**140**	**4660**	**1282**	**3378**	**1366**	**670**	**696**
60	54	34	20	826	192	634	276	139	137
61	41	22	19	688	181	507	214	99	115
62	44	21	23	959	254	705	279	140	139
63	80	37	43	1077	300	777	294	150	144
64	72	37	35	1110	355	755	303	142	161
65-69岁	**346**	**181**	**165**	**5240**	**1681**	**3559**	**1538**	**718**	**820**
65	73	37	36	1139	340	799	335	148	187
66	75	36	39	1100	339	761	320	141	179
67	69	35	34	973	312	661	307	145	162
68	78	43	35	1119	363	756	317	153	164
69	51	30	21	909	327	582	259	131	128

8-7 续表 5 单位：人

年龄	财产性收入			家庭其他成员供养			其他		
	小计	男	女	小计	男	女	小计	男	女
70-74岁	**184**	**103**	**81**	**3972**	**1416**	**2556**	**957**	**437**	**520**
70	59	27	32	975	318	657	259	120	139
71	40	26	14	841	301	540	226	103	123
72	29	17	12	693	250	443	162	68	94
73	35	21	14	740	291	449	177	84	93
74	21	12	9	723	256	467	133	62	71
75-79岁	**75**	**43**	**32**	**2964**	**1133**	**1831**	**575**	**285**	**290**
75	14	7	7	648	230	418	133	67	66
76	21	14	7	626	247	379	146	70	76
77	14	11	3	690	278	412	120	63	57
78	17	7	10	526	207	319	96	42	54
79	9	4	5	474	171	303	80	43	37
80-84岁	**20**	**14**	**6**	**1779**	**666**	**1113**	**352**	**154**	**198**
80	7	5	2	407	147	260	90	41	49
81	2	2		435	167	268	79	41	38
82	7	4	3	387	142	245	70	34	36
83	2	1	1	314	115	199	57	19	38
84	2	2		236	95	141	56	19	37
85-89岁	**1**		**1**	**735**	**270**	**465**	**170**	**79**	**91**
85				210	73	137	53	29	24
86				174	78	96	38	10	28
87	1		1	155	57	98	31	17	14
88				106	43	63	26	14	12
89				90	19	71	22	9	13
90-94岁	**1**	**1**		**176**	**59**	**117**	**42**	**14**	**28**
90				65	22	43	17	6	11
91	1	1		39	15	24	8	3	5
92				27	6	21	7	3	4
93				27	8	19	4		4
94				18	8	10	6	2	4
95-99岁				**32**	**14**	**18**	**11**	**3**	**8**
95				13	6	7	2	1	1
96				9	2	7	3	1	2
97				7	4	3	2	1	1
98				2	1	1	2		2
99				1	1		2		2
100岁及以上				**9**	**2**	**7**	**1**		**1**

8-7a　全区分年龄、性别、主要生活来源的人口(城市)

单位：人

年　龄	15岁及以上人口			劳动收入		
	合计	男	女	小计	男	女
总　计	**233765**	**114431**	**119334**	**128697**	**76381**	**52316**
45岁以下	**134074**	**65644**	**68430**	**89201**	**50258**	**38943**
45–49岁	**24209**	**12266**	**11943**	**18815**	**10831**	**7984**
45	4819	2430	2389	3868	2172	1696
46	4823	2445	2378	3818	2165	1653
47	4960	2517	2443	3868	2235	1633
48	4962	2514	2448	3789	2216	1573
49	4645	2360	2285	3472	2043	1429
50–54岁	**22254**	**11048**	**11206**	**12970**	**8981**	**3989**
50	5121	2566	2555	3290	2171	1119
51	4668	2271	2397	2778	1870	908
52	4810	2375	2435	2792	1950	842
53	3686	1845	1841	2009	1448	561
54	3969	1991	1978	2101	1542	559
55–59岁	**16648**	**8204**	**8444**	**6201**	**5133**	**1068**
55	3758	1869	1889	1603	1292	311
56	3945	1945	2000	1559	1296	263
57	4333	2168	2165	1630	1360	270
58	3152	1492	1660	1004	837	167
59	1460	730	730	405	348	57
60–64岁	**10933**	**5415**	**5518**	**976**	**761**	**215**
60	2113	1080	1033	288	229	59
61	1717	846	871	163	131	32
62	2252	1089	1163	181	136	45
63	2500	1248	1252	205	161	44
64	2351	1152	1199	139	104	35
65–69岁	**10138**	**4808**	**5330**	**423**	**327**	**96**
65	2417	1157	1260	133	104	29
66	2290	1066	1224	121	91	30
67	1974	921	1053	75	53	22
68	1852	892	960	51	43	8
69	1605	772	833	43	36	7

8-7a 续表 1

单位：人

年 龄	15岁及以上人口			劳动收入		
	合计	男	女	小计	男	女
70-74岁	**6290**	**2895**	**3395**	**78**	**62**	**16**
70	1646	757	889	35	28	7
71	1392	633	759	26	21	5
72	1088	511	577	9	8	1
73	1157	554	603	4	2	2
74	1007	440	567	4	3	1
75-79岁	**4544**	**1975**	**2569**	**28**	**23**	**5**
75	958	375	583	7	7	
76	929	412	517	10	7	3
77	925	420	505	7	5	2
78	866	384	482	2	2	
79	866	384	482	2	2	
80-84岁	**3085**	**1383**	**1702**	**3**	**3**	
80	811	357	454	1	1	
81	642	275	367	2	2	
82	656	314	342			
83	518	218	300			
84	458	219	239			
85-89岁	**1245**	**617**	**628**			
85	360	183	177			
86	321	155	166			
87	237	110	127			
88	173	91	82			
89	154	78	76			
90-94岁	**295**	**150**	**145**	**1**	**1**	
90	123	67	56	1	1	
91	59	28	31			
92	49	26	23			
93	37	13	24			
94	27	16	11			
95-99岁	**44**	**25**	**19**	**1**	**1**	
95	15	12	3			
96	11	5	6			
97	6	3	3			
98	8	2	6			
99	4	3	1	1	1	
100岁及以上	**6**	**1**	**5**			

8－7a　续表 2　　　　单位：人

年　龄	离退休金/养老金			最低生活保障金			失业保险金		
	小计	男	女	小计	男	女	小计	男	女
总　计	**40643**	**16193**	**24450**	**2001**	**947**	**1054**	**180**	**94**	**86**
45岁以下	**14**	**5**	**9**	**504**	**243**	**261**	**103**	**40**	**63**
45—49岁	**422**	**14**	**408**	**225**	**105**	**120**	**35**	**15**	**20**
45	27	1	26	36	17	19	4	3	1
46	46		46	43	19	24	8	4	4
47	80	4	76	40	13	27	4	1	3
48	112	5	107	44	17	27	12	4	8
49	157	4	153	62	39	23	7	3	4
50—54岁	**4345**	**458**	**3887**	**256**	**146**	**110**	**25**	**23**	**2**
50	759	49	710	55	29	26	7	5	2
51	881	69	812	49	32	17	4	4	
52	984	100	884	45	23	22	7	7	
53	818	101	717	46	29	17	2	2	
54	903	139	764	61	33	28	5	5	
55—59岁	**6733**	**1578**	**5155**	**232**	**114**	**118**	**17**	**16**	**1**
55	1323	262	1061	47	23	24	7	7	
56	1505	328	1177	63	24	39	4	3	1
57	1766	408	1358	48	26	22	2	2	
58	1424	355	1069	48	27	21	3	3	
59	715	225	490	26	14	12	1	1	
60—64岁	**8277**	**4089**	**4188**	**177**	**80**	**97**			
60	1507	749	758	21	6	15			
61	1297	631	666	30	11	19			
62	1726	846	880	41	14	27			
63	1905	957	948	44	22	22			
64	1842	906	936	41	27	14			
65—69岁	**7941**	**3886**	**4055**	**261**	**119**	**142**			
65	1880	918	962	67	36	31			
66	1788	857	931	54	25	29			
67	1553	748	805	53	23	30			
68	1447	729	718	36	15	21			
69	1273	634	639	51	20	31			

8-7a 续表 3

单位：人

年 龄	离退休金/养老金			最低生活保障金			失业保险金		
	小计	男	女	小计	男	女	小计	男	女
70–74岁	**5132**	**2484**	**2648**	**160**	**71**	**89**			
70	1338	646	692	32	15	17			
71	1120	535	585	39	19	20			
72	897	449	448	22	6	16			
73	968	489	479	35	16	19			
74	809	365	444	32	15	17			
75–79岁	**3820**	**1710**	**2110**	**100**	**47**	**53**			
75	781	318	463	30	11	19			
76	770	347	423	23	10	13			
77	751	348	403	24	12	12			
78	762	345	417	12	9	3			
79	756	352	404	11	5	6			
80–84岁	**2631**	**1250**	**1381**	**56**	**15**	**41**			
80	710	332	378	17	3	14			
81	535	238	297	14	7	7			
82	557	282	275	14	4	10			
83	438	201	237	4		4			
84	391	197	194	7	1	6			
85–89岁	**1048**	**562**	**486**	**26**	**7**	**19**			
85	308	166	142	4	2	2			
86	273	144	129	12	3	9			
87	195	97	98	3	1	2			
88	146	84	62	3	1	2			
89	126	71	55	4		4			
90–94岁	**249**	**139**	**110**	**4**		**4**			
90	103	62	41	2		2			
91	50	24	26						
92	46	26	20						
93	28	12	16	2		2			
94	22	15	7						
95–99岁	**29**	**17**	**12**						
95	11	9	2						
96	10	5	5						
97	2	1	1						
98	4	1	3						
99	2	1	1						
100岁及以上	**2**	**1**	**1**						

8-7a 续表 4

单位：人

年 龄	财产性收入			家庭其他成员供养			其 他		
	小计	男	女	小计	男	女	小计	男	女
总 计	**856**	**495**	**361**	**53093**	**15964**	**37129**	**8295**	**4357**	**3938**
45岁以下	**339**	**185**	**154**	**39663**	**12747**	**26916**	**4250**	**2166**	**2084**
45-49岁	**154**	**81**	**73**	**3389**	**558**	**2831**	**1169**	**662**	**507**
45	26	14	12	616	94	522	242	129	113
46	29	14	15	659	107	552	220	136	84
47	34	19	15	694	111	583	240	134	106
48	39	19	20	728	115	613	238	138	100
49	26	15	11	692	131	561	229	125	104
50-54岁	**139**	**81**	**58**	**3475**	**751**	**2724**	**1044**	**608**	**436**
50	28	19	9	753	155	598	229	138	91
51	34	18	16	698	148	550	224	130	94
52	28	12	16	725	148	577	229	135	94
53	25	17	8	594	137	457	192	111	81
54	24	15	9	705	163	542	170	94	76
55-59岁	**140**	**102**	**38**	**2616**	**819**	**1797**	**709**	**442**	**267**
55	27	19	8	595	177	418	156	89	67
56	38	26	12	612	169	443	164	99	65
57	32	22	10	665	221	444	190	129	61
58	29	23	6	515	167	348	129	80	49
59	14	12	2	229	85	144	70	45	25
60-64岁	**26**	**16**	**10**	**1167**	**318**	**849**	**310**	**151**	**159**
60	5	5		217	57	160	75	34	41
61	1	1		183	51	132	43	21	22
62	3	2	1	240	56	184	61	35	26
63	5	2	3	276	75	201	65	31	34
64	12	6	6	251	79	172	66	30	36
65-69岁	**37**	**18**	**19**	**1128**	**314**	**814**	**348**	**144**	**204**
65	11	3	8	249	62	187	77	34	43
66	5	1	4	252	61	191	70	31	39
67	7	4	3	219	66	153	67	27	40
68	8	6	2	234	73	161	76	26	50
69	6	4	2	174	52	122	58	26	32

8-7a 续表 5 单位：人

年 龄	财产性收入			家庭其他成员供养			其 他		
	小计	男	女	小计	男	女	小计	男	女
70–74岁	**17**	**10**	**7**	**693**	**184**	**509**	**210**	**84**	**126**
70	6	2	4	163	36	127	72	30	42
71	2	2		161	44	117	44	12	32
72	6	3	3	117	28	89	37	17	20
73	2	2		121	30	91	27	15	12
74	1	1		131	46	85	30	10	20
75–79岁	**4**	**2**	**2**	**478**	**146**	**332**	**114**	**47**	**67**
75				116	29	87	24	10	14
76				98	38	60	28	10	18
77	2	1	1	102	33	69	39	21	18
78	1	1		83	26	57	6	1	5
79	1		1	79	20	59	17	5	12
80–84岁				**307**	**83**	**224**	**88**	**32**	**56**
80				65	15	50	18	6	12
81				72	19	53	19	9	10
82				62	20	42	23	8	15
83				62	14	48	14	3	11
84				46	15	31	14	6	8
85–89岁				**133**	**31**	**102**	**38**	**17**	**21**
85				38	9	29	10	6	4
86				28	7	21	8	1	7
87				30	7	23	9	5	4
88				20	5	15	4	1	3
89				17	3	14	7	4	3
90–94岁				**31**	**7**	**24**	**10**	**3**	**7**
90				13	3	10	4	1	3
91				6	3	3	3	1	2
92				3		3			
93				6	1	5	1		1
94				3		3	2	1	1
95–99岁				**9**	**6**	**3**	**5**	**1**	**4**
95				2	2		2	1	1
96				1		1			
97				3	2	1	1		1
98				2	1	1	2		2
99				1	1				
100岁及以上				**4**		**4**			

8−7b　全区分年龄、性别、主要生活来源的人口(镇)

单位：人

年　龄	15岁及以上人口			劳动收入		
	合计	男	女	小计	男	女
总　计	**128517**	**64603**	**63914**	**72833**	**45627**	**27206**
45岁以下	**76085**	**38198**	**37887**	**49065**	**29686**	**19379**
45−49岁	**13725**	**7107**	**6618**	**10622**	**6393**	**4229**
45	2683	1372	1311	2144	1258	886
46	2829	1448	1381	2260	1312	948
47	2842	1479	1363	2189	1311	878
48	2707	1414	1293	2067	1286	781
49	2664	1394	1270	1962	1226	736
50−54岁	**11999**	**6073**	**5926**	**7500**	**5133**	**2367**
50	2746	1392	1354	1844	1217	627
51	2477	1223	1254	1586	1058	528
52	2658	1353	1305	1672	1159	513
53	2026	1048	978	1223	855	368
54	2092	1057	1035	1175	844	331
55−59岁	**8694**	**4463**	**4231**	**3973**	**3110**	**863**
55	2025	1036	989	983	756	227
56	2105	1143	962	1059	831	228
57	2111	1082	1029	959	772	187
58	1650	802	848	676	516	160
59	803	400	403	296	235	61
60−64岁	**5274**	**2630**	**2644**	**1009**	**768**	**241**
60	1007	494	513	274	207	67
61	827	426	401	182	142	40
62	1065	554	511	189	148	41
63	1204	591	613	189	136	53
64	1171	565	606	175	135	40
65−69岁	**5156**	**2500**	**2656**	**483**	**388**	**95**
65	1146	542	604	138	105	33
66	1100	544	556	114	88	26
67	1029	526	503	98	88	10
68	1008	484	524	79	61	18
69	873	404	469	54	46	8

8-7b 续表 1 单位：人

年龄	15岁及以上人口			劳动收入		
	合计	男	女	小计	男	女
70-74岁	**3508**	**1662**	**1846**	**128**	**109**	**19**
70	948	470	478	52	47	5
71	759	364	395	25	19	6
72	591	294	297	21	18	3
73	671	305	366	24	20	4
74	539	229	310	6	5	1
75-79岁	**2263**	**1084**	**1179**	**39**	**31**	**8**
75	525	250	275	16	12	4
76	514	256	258	10	6	4
77	485	232	253	4	4	
78	372	172	200	7	7	
79	367	174	193	2	2	
80-84岁	**1230**	**589**	**641**	**12**	**8**	**4**
80	328	171	157	8	6	2
81	280	127	153	2	1	1
82	252	123	129	1	1	
83	197	86	111			
84	173	82	91	1		1
85-89岁	**454**	**230**	**224**	**2**	**1**	**1**
85	135	73	62	1	1	
86	126	63	63	1		1
87	91	41	50			
88	58	36	22			
89	44	17	27			
90-94岁	**109**	**57**	**52**			
90	44	20	24			
91	24	15	9			
92	20	9	11			
93	14	9	5			
94	7	4	3			
95-99岁	**19**	**10**	**9**			
95	5	3	2			
96	8	5	3			
97	5	2	3			
98	1		1			
99						
100岁及以上	**1**		**1**			

8-7b 续表 2

单位：人

年 龄	离退休金/养老金			最低生活保障金			失业保险金		
	小计	男	女	小计	男	女	小计	男	女
总 计	**12526**	**5529**	**6997**	**2452**	**1139**	**1313**	**50**	**24**	**26**
45岁以下	**3**		**3**	**542**	**240**	**302**	**37**	**19**	**18**
45-49岁	**86**	**2**	**84**	**225**	**118**	**107**	**4**	**1**	**3**
45	1	1		46	17	29			
46	5		5	40	23	17	1		1
47	11		11	49	29	20	2	1	1
48	24	1	23	49	22	27			
49	45		45	41	27	14	1		1
50-54岁	**997**	**99**	**898**	**225**	**104**	**121**	**1**	**1**	
50	199	10	189	44	22	22			
51	192	12	180	47	22	25			
52	222	18	204	46	24	22			
53	192	26	166	43	20	23	1	1	
54	192	33	159	45	16	29			
55-59岁	**1719**	**399**	**1320**	**233**	**121**	**112**			
55	347	77	270	65	32	33			
56	349	74	275	49	26	23			
57	448	91	357	49	25	24			
58	369	88	281	46	23	23			
59	206	69	137	24	15	9			
60-64岁	**2519**	**1267**	**1252**	**255**	**116**	**139**	**1**		**1**
60	395	186	209	48	20	28			
61	383	193	190	32	19	13			
62	539	284	255	47	25	22			
63	624	315	309	58	26	32	1		1
64	578	289	289	70	26	44			
65-69岁	**2833**	**1423**	**1410**	**349**	**160**	**189**	**3**	**2**	**1**
65	615	290	325	65	29	36	1	1	
66	589	304	285	64	30	34	1	1	
67	569	297	272	79	37	42	1		1
68	574	291	283	60	28	32			
69	486	241	245	81	36	45			

8-7b 续表 3

单位：人

年 龄	离退休金/养老金			最低生活保障金			失业保险金		
	小计	男	女	小计	男	女	小计	男	女
70—74岁	**2054**	**1067**	**987**	**291**	**123**	**168**	**2**		**2**
70	568	313	255	65	24	41	1		1
71	433	224	209	72	34	38			
72	345	191	154	43	18	25			
73	397	189	208	62	25	37			
74	311	150	161	49	22	27	1		1
75—79岁	**1254**	**672**	**582**	**198**	**94**	**104**	**1**	**1**	
75	293	150	143	42	16	26	1	1	
76	286	160	126	48	21	27			
77	250	136	114	55	35	20			
78	215	117	98	26	9	17			
79	210	109	101	27	13	14			
80—84岁	**733**	**407**	**326**	**90**	**35**	**55**	**1**		**1**
80	203	121	82	32	11	21			
81	163	84	79	20	10	10			
82	149	81	68	11	4	7			
83	110	64	46	20	5	15			
84	108	57	51	7	5	2	1		1
85—89岁	**257**	**146**	**111**	**33**	**25**	**8**			
85	81	52	29	10	7	3			
86	70	38	32	11	8	3			
87	53	26	27	6	4	2			
88	30	20	10	5	5				
89	23	10	13	1	1				
90—94岁	**59**	**40**	**19**	**10**	**3**	**7**			
90	21	13	8	4	2	2			
91	11	8	3	2	1	1			
92	13	8	5	2		2			
93	11	8	3	1		1			
94	3	3		1		1			
95—99岁	**12**	**7**	**5**	**1**		**1**			
95	3	2	1						
96	5	3	2						
97	3	2	1	1		1			
98	1		1						
99									
100岁及以上									

8-7b　续表 4　　　　单位：人

年　龄	财产性收入			家庭其他成员供养			其　他		
	小计	男	女	小计	男	女	小计	男	女
总　计	**681**	**381**	**300**	**34365**	**9189**	**25176**	**5610**	**2714**	**2896**
45岁以下	**312**	**165**	**147**	**23385**	**6794**	**16591**	**2741**	**1294**	**1447**
45—49岁	**86**	**58**	**28**	**2095**	**231**	**1864**	**607**	**304**	**303**
45	9	6	3	378	33	345	105	57	48
46	11	6	5	385	40	345	127	67	60
47	19	11	8	447	59	388	125	68	57
48	21	15	6	426	39	387	120	51	69
49	26	20	6	459	60	399	130	61	69
50—54岁	**95**	**49**	**46**	**2549**	**361**	**2188**	**632**	**326**	**306**
50	13	8	5	510	74	436	136	61	75
51	17	11	6	505	54	451	130	66	64
52	15	6	9	559	76	483	144	70	74
53	21	12	9	436	64	372	110	70	40
54	29	12	17	539	93	446	112	59	53
55—59岁	**87**	**58**	**29**	**2162**	**510**	**1652**	**520**	**265**	**255**
55	14	10	4	512	108	404	104	53	51
56	21	14	7	490	126	364	137	72	65
57	27	17	10	511	124	387	117	53	64
58	21	13	8	431	105	326	107	57	50
59	4	4		218	47	171	55	30	25
60—64岁	**33**	**16**	**17**	**1141**	**309**	**832**	**316**	**154**	**162**
60	10	5	5	225	49	176	55	27	28
61	4	2	2	181	46	135	45	24	21
62	4	2	2	223	65	158	63	30	33
63	9	4	5	243	71	172	80	39	41
64	6	3	3	269	78	191	73	34	39
65—69岁	**38**	**20**	**18**	**1146**	**361**	**785**	**304**	**146**	**158**
65	4	2	2	250	80	170	73	35	38
66	8	5	3	265	91	174	59	25	34
67	11	7	4	209	68	141	62	29	33
68	10	4	6	226	65	161	59	35	24
69	5	2	3	196	57	139	51	22	29

8-7b 续表 5

单位：人

年 龄	财产性收入			家庭其他成员供养			其 他		
	小计	男	女	小计	男	女	小计	男	女
70—74岁	**19**	**9**	**10**	**790**	**249**	**541**	**224**	**105**	**119**
70	11	4	7	207	61	146	44	21	23
71	4	2	2	166	58	108	59	27	32
72	2	2		132	47	85	48	18	30
73	1		1	141	48	93	46	23	23
74	1	1		144	35	109	27	16	11
75—79岁	**9**	**4**	**5**	**616**	**210**	**406**	**146**	**72**	**74**
75	2	1	1	128	47	81	43	23	20
76	1	1		134	52	82	35	16	19
77	2	2		154	46	108	20	9	11
78	3		3	95	26	69	26	13	13
79	1		1	105	39	66	22	11	11
80—84岁	**1**	**1**		**321**	**108**	**213**	**72**	**30**	**42**
80	1	1		67	22	45	17	10	7
81				81	27	54	14	5	9
82				78	29	49	13	8	5
83				54	14	40	13	3	10
84				41	16	25	15	4	11
85—89岁				**126**	**45**	**81**	**36**	**13**	**23**
85				33	6	27	10	7	3
86				36	17	19	8		8
87				23	8	15	9	3	6
88				19	10	9	4	1	3
89				15	4	11	5	2	3
90—94岁	**1**	**1**		**29**	**9**	**20**	**10**	**4**	**6**
90				15	2	13	4	3	1
91	1	1		7	4	3	3	1	2
92				4	1	3	1		1
93				2	1	1			
94				1	1		2		2
95—99岁				**5**	**2**	**3**	**1**	**1**	
95				2	1	1			
96				2	1	1	1	1	
97				1		1			
98									
99									
100岁及以上							**1**		**1**

8-7c 全区分年龄、性别、主要生活来源的人口(乡村)

单位：人

年龄	15岁及以上人口			劳动收入		
	合计	男	女	小计	男	女
总计	**202472**	**106575**	**95897**	**119827**	**76400**	**43427**
45岁以下	**98414**	**52949**	**45465**	**64897**	**41593**	**23304**
45-49岁	**21287**	**11218**	**10069**	**16900**	**10078**	**6822**
45	4220	2253	1967	3393	2047	1346
46	4172	2146	2026	3315	1921	1394
47	4430	2391	2039	3561	2128	1433
48	4297	2195	2102	3372	1978	1394
49	4168	2233	1935	3259	2004	1255
50-54岁	**22844**	**11809**	**11035**	**16537**	**10237**	**6300**
50	4910	2568	2342	3684	2256	1428
51	4522	2306	2216	3315	2033	1282
52	4984	2592	2392	3619	2248	1371
53	3982	2065	1917	2837	1767	1070
54	4446	2278	2168	3082	1933	1149
55-59岁	**18245**	**9532**	**8713**	**11749**	**7678**	**4071**
55	4229	2210	2019	2857	1837	1020
56	4210	2270	1940	2836	1892	944
57	4316	2273	2043	2755	1820	935
58	3716	1916	1800	2276	1468	808
59	1774	863	911	1025	661	364
60-64岁	**11708**	**6087**	**5621**	**5175**	**3495**	**1680**
60	2122	1173	949	1130	801	329
61	1769	877	892	847	527	320
62	2404	1259	1145	1045	711	334
63	2707	1410	1297	1133	780	353
64	2706	1368	1338	1020	676	344
65-69岁	**12531**	**6412**	**6119**	**3365**	**2416**	**949**
65	2898	1473	1425	1027	730	297
66	2661	1355	1306	775	549	226
67	2298	1178	1120	582	427	155
68	2544	1302	1242	573	411	162
69	2130	1104	1026	408	299	109

8-7c 续表 1　　单位：人

年龄	15岁及以上人口			劳动收入		
	合计	男	女	小计	男	女
70-74岁	**8126**	**4045**	**4081**	**930**	**689**	**241**
70	2136	1033	1103	318	225	93
71	1750	906	844	241	180	61
72	1385	719	666	161	129	32
73	1524	775	749	129	98	31
74	1331	612	719	81	57	24
75-79岁	**5255**	**2604**	**2651**	**214**	**169**	**45**
75	1156	537	619	59	48	11
76	1213	615	598	63	53	10
77	1164	598	566	50	36	14
78	983	502	481	25	18	7
79	739	352	387	17	14	3
80-84岁	**2758**	**1321**	**1437**	**46**	**36**	**10**
80	733	351	382	15	11	4
81	659	336	323	12	9	3
82	591	263	328	11	10	1
83	448	218	230	3	2	1
84	327	153	174	5	4	1
85-89岁	**1017**	**484**	**533**	**9**	**7**	**2**
85	290	132	158	3	3	
86	248	131	117	2	2	
87	216	100	116	3	2	1
88	155	80	75	1		1
89	108	41	67			
90-94岁	**240**	**98**	**142**	**4**	**2**	**2**
90	93	44	49	2	2	
91	52	18	34			
92	40	13	27	1		1
93	33	11	22	1		1
94	22	12	10			
95-99岁	**42**	**14**	**28**	**1**		**1**
95	17	6	11	1		1
96	15	4	11			
97	7	4	3			
98	1		1			
99	2		2			
100岁及以上	**5**	**2**	**3**			

8-7c　续表 2　　　　单位：人

年　龄	离退休金/养老金			最低生活保障金			失业保险金		
	小计	男	女	小计	男	女	小计	男	女
总　计	**11714**	**5550**	**6164**	**9490**	**4409**	**5081**	**36**	**23**	**13**
45岁以下	**1**		**1**	**1252**	**625**	**627**	**20**	**13**	**7**
45-49岁	**21**		**21**	**467**	**237**	**230**	**3**	**1**	**2**
45	3		3	90	50	40	1		1
46				94	46	48	1	1	
47	1		1	78	51	27			
48	6		6	106	47	59			
49	11		11	99	43	56	1		1
50-54岁	**283**	**24**	**259**	**607**	**277**	**330**	**4**	**3**	**1**
50	52	2	50	114	54	60	2	1	1
51	52	5	47	116	46	70	1	1	
52	66	3	63	125	60	65			
53	48	5	43	128	63	65			
54	65	9	56	124	54	70	1	1	
55-59岁	**847**	**146**	**701**	**747**	**293**	**454**	**5**	**3**	**2**
55	160	16	144	141	69	72	1	1	
56	159	32	127	161	61	100	1		1
57	215	37	178	165	78	87	1	1	
58	187	39	148	183	54	129	2	1	1
59	126	22	104	97	31	66			
60-64岁	**2109**	**976**	**1133**	**1100**	**477**	**623**			
60	274	124	150	149	60	89			
61	293	137	156	143	56	87			
62	439	209	230	232	114	118			
63	527	246	281	274	119	155			
64	576	260	316	302	128	174			
65-69岁	**3193**	**1592**	**1601**	**1848**	**826**	**1022**	**2**	**1**	**1**
65	641	286	355	347	148	199			
66	682	347	335	367	157	210	1		1
67	613	309	304	329	151	178			
68	659	351	308	411	190	221			
69	598	299	299	394	180	214	1	1	

8-7c 续表 3

单位：人

年 龄	离退休金/养老金			最低生活保障金			失业保险金		
	小计	男	女	小计	男	女	小计	男	女
70-74岁	**2396**	**1251**	**1145**	**1639**	**789**	**850**	**1**	**1**	
70	658	340	318	370	157	213			
71	495	266	229	342	174	168	1	1	
72	386	217	169	296	153	143			
73	451	229	222	330	170	160			
74	406	199	207	301	135	166			
75-79岁	**1594**	**874**	**720**	**1200**	**581**	**619**			
75	347	180	167	268	115	153			
76	380	209	171	273	139	134			
77	343	196	147	266	126	140			
78	305	181	124	228	114	114			
79	219	108	111	165	87	78			
80-84岁	**875**	**463**	**412**	**475**	**242**	**233**			
80	235	127	108	147	74	73			
81	205	113	92	112	64	48			
82	187	92	95	105	46	59			
83	151	82	69	64	33	31			
84	97	49	48	47	25	22			
85-89岁	**311**	**181**	**130**	**123**	**52**	**71**	**1**	**1**	
85	88	48	40	27	7	20			
86	82	50	32	32	16	16			
87	69	33	36	27	13	14	1	1	
88	48	30	18	21	10	11			
89	24	20	4	16	6	10			
90-94岁	**72**	**37**	**35**	**26**	**9**	**17**			
90	34	20	14	11	3	8			
91	16	6	10	8	3	5			
92	9	3	6	4	2	2			
93	8	4	4	2	1	1			
94	5	4	1	1		1			
95-99岁	**12**	**6**	**6**	**6**	**1**	**5**			
95	4	2	2	3	1	2			
96	6	3	3	1		1			
97	2	1	1	1		1			
98				1		1			
99									
100岁及以上									

8-7c 续表 4

单位：人

年 龄	财产性收入			家庭其他成员供养			其 他		
	小计	男	女	小计	男	女	小计	男	女
总 计	**2550**	**1369**	**1181**	**47181**	**13241**	**33940**	**11674**	**5583**	**6091**
45岁以下	**781**	**424**	**357**	**26215**	**7777**	**18438**	**5248**	**2517**	**2731**
45-49岁	**290**	**153**	**137**	**2476**	**226**	**2250**	**1130**	**523**	**607**
45	56	30	26	470	32	438	207	94	113
46	54	32	22	476	44	432	232	102	130
47	62	34	28	480	50	430	248	128	120
48	46	26	20	543	51	492	224	93	131
49	72	31	41	507	49	458	219	106	113
50-54岁	**386**	**200**	**186**	**3651**	**423**	**3228**	**1376**	**645**	**731**
50	76	43	33	671	71	600	311	141	170
51	61	27	34	709	66	643	268	128	140
52	92	45	47	789	93	696	293	143	150
53	69	36	33	674	86	588	226	108	118
54	88	49	39	808	107	701	278	125	153
55-59岁	**360**	**196**	**164**	**3396**	**674**	**2722**	**1141**	**542**	**599**
55	73	33	40	756	131	625	241	123	118
56	69	39	30	733	131	602	251	115	136
57	91	52	39	804	156	648	285	129	156
58	81	53	28	728	177	551	259	124	135
59	46	19	27	375	79	296	105	51	54
60-64岁	**232**	**119**	**113**	**2352**	**655**	**1697**	**740**	**365**	**375**
60	39	24	15	384	86	298	146	78	68
61	36	19	17	324	84	240	126	54	72
62	37	17	20	496	133	363	155	75	80
63	66	31	35	558	154	404	149	80	69
64	54	28	26	590	198	392	164	78	86
65-69岁	**271**	**143**	**128**	**2966**	**1006**	**1960**	**886**	**428**	**458**
65	58	32	26	640	198	442	185	79	106
66	62	30	32	583	187	396	191	85	106
67	51	24	27	545	178	367	178	89	89
68	60	33	27	659	225	434	182	92	90
69	40	24	16	539	218	321	150	83	67

8-7c 续表 5 单位：人

年 龄	财产性收入			家庭其他成员供养			其 他		
	小计	男	女	小计	男	女	小计	男	女
70-74岁	**148**	**84**	**64**	**2489**	**983**	**1506**	**523**	**248**	**275**
70	42	21	21	605	221	384	143	69	74
71	34	22	12	514	199	315	123	64	59
72	21	12	9	444	175	269	77	33	44
73	32	19	13	478	213	265	104	46	58
74	19	10	9	448	175	273	76	36	40
75-79岁	**62**	**37**	**25**	**1870**	**777**	**1093**	**315**	**166**	**149**
75	12	6	6	404	154	250	66	34	32
76	20	13	7	394	157	237	83	44	39
77	10	8	2	434	199	235	61	33	28
78	13	6	7	348	155	193	64	28	36
79	7	4	3	290	112	178	41	27	14
80-84岁	**19**	**13**	**6**	**1151**	**475**	**676**	**192**	**92**	**100**
80	6	4	2	275	110	165	55	25	30
81	2	2		282	121	161	46	27	19
82	7	4	3	247	93	154	34	18	16
83	2	1	1	198	87	111	30	13	17
84	2	2		149	64	85	27	9	18
85-89岁	**1**		**1**	**476**	**194**	**282**	**96**	**49**	**47**
85				139	58	81	33	16	17
86				110	54	56	22	9	13
87	1		1	102	42	60	13	9	4
88				67	28	39	18	12	6
89				58	12	46	10	3	7
90-94岁				**116**	**43**	**73**	**22**	**7**	**15**
90				37	17	20	9	2	7
91				26	8	18	2	1	1
92				20	5	15	6	3	3
93				19	6	13	3		3
94				14	7	7	2	1	1
95-99岁				**18**	**6**	**12**	**5**	**1**	**4**
95				9	3	6			
96				6	1	5	2		2
97				3	2	1	1	1	
98									
99							2		2
100岁及以上				**5**	**2**	**3**			

8-8 全区分性别、婚姻状况、主要生活来源的60岁及以上老年人口

单位：人

婚姻状况	60岁及以上人口			劳动收入		
	合计	男	女	小计	男	女
总　计	**96276**	**47098**	**49178**	**12927**	**9297**	**3630**
未　婚	464	416	48	48	48	
有配偶	74306	41052	33254	12033	8794	3239
离　婚	1346	661	685	113	91	22
丧　偶	20160	4969	15191	733	364	369

8-8 续表 1

单位：人

婚姻状况	离退休金/养老金			最低生活保障金			失业保险金		
	小计	男	女	小计	男	女	小计	男	女
总　计	**49412**	**24547**	**24865**	**8428**	**3872**	**4556**	**12**	**6**	**6**
未　婚	73	55	18	214	203	11			
有配偶	38495	21672	16823	5725	2987	2738	8	4	4
离　婚	958	426	532	103	59	44			
丧　偶	9886	2394	7492	2386	623	1763	4	2	2

8-8 续表 2

单位：人

婚姻状况	财产性收入			家庭其他成员供养			其　他		
	小计	男	女	小计	男	女	小计	男	女
总　计	**918**	**493**	**425**	**19567**	**6523**	**13044**	**5012**	**2360**	**2652**
未　婚	1	1		29	23	6	99	86	13
有配偶	795	449	346	13425	5166	8259	3825	1980	1845
离　婚	7	6	1	111	43	68	54	36	18
丧　偶	115	37	78	6002	1291	4711	1034	258	776

8-8a 全区分性别、婚姻状况、主要生活来源的60岁及以上老年人口(城市)

单位：人

婚姻状况	60岁及以上人口			劳动收入		
	合计	男	女	小计	男	女
总　计	**36580**	**17269**	**19311**	**1510**	**1178**	**332**
未　婚	127	94	33	9	9	
有配偶	28045	15242	12803	1393	1107	286
离　婚	894	396	498	36	24	12
丧　偶	7514	1537	5977	72	38	34

8-8a 续表 1

单位：人

婚姻状况	离退休金/养老金			最低生活保障金			失业保险金		
	小计	男	女	小计	男	女	小计	男	女
总　计	**29129**	**14138**	**14991**	**784**	**339**	**445**			
未　婚	46	29	17	35	33	2			
有配偶	22593	12563	10030	508	253	255			
离　婚	756	323	433	34	20	14			
丧　偶	5734	1223	4511	207	33	174			

8-8a 续表 2

单位：人

婚姻状况	财产性收入			家庭其他成员供养			其　他		
	小计	男	女	小计	男	女	小计	男	女
总　计	**84**	**46**	**38**	**3950**	**1089**	**2861**	**1123**	**479**	**644**
未　婚				10	7	3	27	16	11
有配偶	76	44	32	2646	866	1780	829	409	420
离　婚	2	1	1	47	16	31	19	12	7
丧　偶	6	1	5	1247	200	1047	248	42	206

8-8b 全区分性别、婚姻状况、主要生活来源的60岁及以上老年人口(镇)

单位：人

婚姻状况	60岁及以上人口			劳动收入		
	合计	男	女	小计	男	女
总 计	**18014**	**8762**	**9252**	**1673**	**1305**	**368**
未 婚	91	89	2	6	6	
有配偶	13870	7648	6222	1562	1236	326
离 婚	209	96	113	19	14	5
丧 偶	3844	929	2915	86	49	37

8-8b 续表 1

单位：人

婚姻状况	离退休金/养老金			最低生活保障金			失业保险金		
	小计	男	女	小计	男	女	小计	男	女
总 计	**9721**	**5029**	**4692**	**1227**	**556**	**671**	**8**	**3**	**5**
未 婚	8	7	1	43	42	1			
有配偶	7721	4476	3245	809	420	389	6	3	3
离 婚	123	55	68	19	9	10			
丧 偶	1869	491	1378	356	85	271	2		2

8-8b 续表 2

单位：人

婚姻状况	财产性收入			家庭其他成员供养			其 他		
	小计	男	女	小计	男	女	小计	男	女
总 计	**101**	**51**	**50**	**4174**	**1293**	**2881**	**1110**	**525**	**585**
未 婚				8	8		26	26	
有配偶	82	44	38	2878	1044	1834	812	425	387
离 婚				34	10	24	14	8	6
丧 偶	19	7	12	1254	231	1023	258	66	192

8-8c 全区分性别、婚姻状况、主要生活来源的60岁及以上老年人口(乡村)

单位：人

婚姻状况	60岁及以上人口			劳动收入		
	合计	男	女	小计	男	女
总　计	**41682**	**21067**	**20615**	**9744**	**6814**	**2930**
未　婚	246	233	13	33	33	
有配偶	32391	18162	14229	9078	6451	2627
离　婚	243	169	74	58	53	5
丧　偶	8802	2503	6299	575	277	298

8-8c 续表 1

单位：人

婚姻状况	离退休金/养老金			最低生活保障金			失业保险金		
	小计	男	女	小计	男	女	小计	男	女
总　计	**10562**	**5380**	**5182**	**6417**	**2977**	**3440**	**4**	**3**	**1**
未　婚	19	19		136	128	8			
有配偶	8181	4633	3548	4408	2314	2094	2	1	1
离　婚	79	48	31	50	30	20			
丧　偶	2283	680	1603	1823	505	1318	2	2	

8-8c 续表 2

单位：人

婚姻状况	财产性收入			家庭其他成员供养			其　他		
	小计	男	女	小计	男	女	小计	男	女
总　计	**733**	**396**	**337**	**11443**	**4141**	**7302**	**2779**	**1356**	**1423**
未　婚	1	1		11	8	3	46	44	2
有配偶	637	361	276	7901	3256	4645	2184	1146	1038
离　婚	5	5		30	17	13	21	16	5
丧　偶	90	29	61	3501	860	2641	528	150	378

8–9　全区分性别、居住状况、主要生活来源的60岁及以上老年人口

单位：人

居住状况	60岁及以上人口			劳动收入		
	合计	男	女	小计	男	女
总　计	**96276**	**47098**	**49178**	**12927**	**9297**	**3630**
与配偶和子女同住	14667	8263	6404	2145	1619	526
与配偶同住	53582	29392	24190	8662	6156	2506
与子女同住	14125	3946	10179	615	378	237
独居(有保姆)	151	65	86	5	3	2
独居(无保姆)	10446	3746	6700	930	677	253
养老机构	523	301	222	3	3	
其　他	2782	1385	1397	567	461	106

8–9　续表 1

单位：人

居住状况	离退休金/养老金			最低生活保障金			失业保险金		
	小计	男	女	小计	男	女	小计	男	女
总　计	**49412**	**24547**	**24865**	**8428**	**3872**	**4556**	**12**	**6**	**6**
与配偶和子女同住	6449	3735	2714	1266	686	580			
与配偶同住	29679	16584	13095	4045	2087	1958	8	4	4
与子女同住	5742	1614	4128	1561	436	1125	2	1	1
独居(有保姆)	120	53	67	3	3				
独居(无保姆)	6109	1970	4139	1168	441	727	2	1	1
养老机构	210	95	115	101	85	16			
其　他	1103	496	607	284	134	150			

8–9　续表 2

单位：人

居住状况	财产性收入			家庭其他成员供养			其　他		
	小计	男	女	小计	男	女	小计	男	女
总　计	**918**	**493**	**425**	**19567**	**6523**	**13044**	**5012**	**2360**	**2652**
与配偶和子女同住	75	45	30	4117	1838	2279	615	340	275
与配偶同住	678	379	299	7682	2743	4939	2828	1439	1389
与子女同住	44	13	31	5561	1328	4233	600	176	424
独居(有保姆)	1		1	16	4	12	6	2	4
独居(无保姆)	96	39	57	1590	420	1170	551	198	353
养老机构				60	29	31	149	89	60
其　他	24	17	7	541	161	380	263	116	147

8-9a 全区分性别、居住状况、主要生活来源的60岁及以上老年人口(城市)

单位：人

居住状况	60岁及以上人口			劳动收入		
	合计	男	女	小计	男	女
总　计	**36580**	**17269**	**19311**	**1510**	**1178**	**332**
与配偶和子女同住	5218	2908	2310	287	234	53
与配偶同住	20733	11242	9491	827	641	186
与子女同住	4846	1172	3674	88	62	26
独居(有保姆)	111	48	63			
独居(无保姆)	4441	1343	3098	151	118	33
养老机构	238	113	125			
其　他	993	443	550	157	123	34

8-9a 续表 1

单位：人

居住状况	离退休金/养老金			最低生活保障金			失业保险金		
	小计	男	女	小计	男	女	小计	男	女
总　计	**29129**	**14138**	**14991**	**784**	**339**	**445**			
与配偶和子女同住	3823	2184	1639	100	50	50			
与配偶同住	17502	9691	7811	360	180	180			
与子女同住	3172	795	2377	149	34	115			
独居(有保姆)	101	47	54						
独居(无保姆)	3736	1093	2643	117	34	83			
养老机构	145	62	83	27	24	3			
其　他	650	266	384	31	17	14			

8-9a 续表 2

单位：人

居住状况	财产性收入			家庭其他成员供养			其　他		
	小计	男	女	小计	男	女	小计	男	女
总　计	**84**	**46**	**38**	**3950**	**1089**	**2861**	**1123**	**479**	**644**
与配偶和子女同住	9	6	3	860	361	499	139	73	66
与配偶同住	64	36	28	1380	400	980	600	294	306
与子女同住	5	1	4	1271	241	1030	161	39	122
独居(有保姆)				8	1	7	2		2
独居(无保姆)	3	1	2	301	55	246	133	42	91
养老机构				18	9	9	48	18	30
其　他	3	2	1	112	22	90	40	13	27

8-9b　全区分性别、居住状况、主要生活来源的60岁及以上老年人口(镇)

单位：人

居住状况	60岁及以上人口			劳动收入		
	合计	男	女	小计	男	女
总　计	**18014**	**8762**	**9252**	**1673**	**1305**	**368**
与配偶和子女同住	2651	1514	1137	320	258	62
与配偶同住	9910	5426	4484	1012	781	231
与子女同住	2878	802	2076	88	61	27
独居(有保姆)	21	8	13	1	1	
独居(无保姆)	1894	658	1236	156	121	35
养老机构	166	111	55	1	1	
其　他	494	243	251	95	82	13

8-9b　续表 1

单位：人

居住状况	离退休金/养老金			最低生活保障金			失业保险金		
	小计	男	女	小计	男	女	小计	男	女
总　计	**9721**	**5029**	**4692**	**1227**	**556**	**671**	**8**	**3**	**5**
与配偶和子女同住	1179	720	459	166	91	75			
与配偶同住	6040	3466	2574	576	295	281	6	3	3
与子女同住	1128	349	779	237	66	171	1		1
独居(有保姆)	13	4	9						
独居(无保姆)	1124	382	742	170	52	118	1		1
养老机构	46	22	24	40	36	4			
其　他	191	86	105	38	16	22			

8-9b　续表 2

单位：人

居住状况	财产性收入			家庭其他成员供养			其　他		
	小计	男	女	小计	男	女	小计	男	女
总　计	**101**	**51**	**50**	**4174**	**1293**	**2881**	**1110**	**525**	**585**
与配偶和子女同住	8	5	3	848	364	484	130	76	54
与配偶同住	71	38	33	1615	542	1073	590	301	289
与子女同住	12	4	8	1271	279	992	141	43	98
独居(有保姆)				6	2	4	1	1	
独居(无保姆)	10	4	6	290	59	231	143	40	103
养老机构				32	16	16	47	36	11
其　他				112	31	81	58	28	30

8-9c 全区分性别、居住状况、主要生活来源的60岁及以上老年人口(乡村)

单位：人

居住状况	60岁及以上人口			劳动收入		
	合计	男	女	小计	男	女
总　计	**41682**	**21067**	**20615**	**9744**	**6814**	**2930**
与配偶和子女同住	6798	3841	2957	1538	1127	411
与配偶同住	22939	12724	10215	6823	4734	2089
与子女同住	6401	1972	4429	439	255	184
独居(有保姆)	19	9	10	4	2	2
独居(无保姆)	4111	1745	2366	623	438	185
养老机构	119	77	42	2	2	
其　他	1295	699	596	315	256	59

8-9c　续表 1

单位：人

居住状况	离退休金/养老金			最低生活保障金			失业保险金		
	小计	男	女	小计	男	女	小计	男	女
总　计	**10562**	**5380**	**5182**	**6417**	**2977**	**3440**	**4**	**3**	**1**
与配偶和子女同住	1447	831	616	1000	545	455			
与配偶同住	6137	3427	2710	3109	1612	1497	2	1	1
与子女同住	1442	470	972	1175	336	839	1	1	
独居(有保姆)	6	2	4	3	3				
独居(无保姆)	1249	495	754	881	355	526	1	1	
养老机构	19	11	8	34	25	9			
其　他	262	144	118	215	101	114			

8-9c　续表 2

单位：人

居住状况	财产性收入			家庭其他成员供养			其　他		
	小计	男	女	小计	男	女	小计	男	女
总　计	**733**	**396**	**337**	**11443**	**4141**	**7302**	**2779**	**1356**	**1423**
与配偶和子女同住	58	34	24	2409	1113	1296	346	191	155
与配偶同住	543	305	238	4687	1801	2886	1638	844	794
与子女同住	27	8	19	3019	808	2211	298	94	204
独居(有保姆)	1		1	2	1	1	3	1	2
独居(无保姆)	83	34	49	999	306	693	275	116	159
养老机构				10	4	6	54	35	19
其　他	21	15	6	317	108	209	165	75	90

8-10　各地区分性别、居住状况的60岁及以上老年人口

单位：人

地　区	60岁及以上人口			与配偶和子女同住		
	合计	男	女	小计	男	女
宁　夏	**96276**	**47098**	**49178**	**14667**	**8263**	**6404**
银川市	**35560**	**17229**	**18331**	**5424**	**3042**	**2382**
兴庆区	10736	5102	5634	1579	869	710
西夏区	4860	2335	2525	744	422	322
金凤区	7698	3765	3933	1425	808	617
永宁县	4183	2054	2129	483	273	210
贺兰县	4609	2287	2322	715	403	312
灵武市	3474	1686	1788	478	267	211
石嘴山市	**12930**	**6191**	**6739**	**1300**	**736**	**564**
大武口区	4893	2299	2594	617	358	259
惠农区	3139	1496	1643	290	157	133
平罗县	4898	2396	2502	393	221	172
吴忠市	**17540**	**8535**	**9005**	**2427**	**1374**	**1053**
利通区	6104	2922	3182	713	411	302
红寺堡区	1829	927	902	529	289	240
盐池县	2371	1162	1209	210	113	97
同心县	3037	1503	1534	600	354	246
青铜峡市	4199	2021	2178	375	207	168
固原市	**15842**	**8036**	**7806**	**3205**	**1813**	**1392**
原州区	5601	2800	2801	1087	615	472
西吉县	4182	2088	2094	1039	576	463
隆德县	2059	1086	973	367	212	155
泾源县	1285	680	605	268	157	111
彭阳县	2715	1382	1333	444	253	191
中卫市	**14404**	**7107**	**7297**	**2311**	**1298**	**1013**
沙坡头区	5862	2846	3016	747	412	335
中宁县	4695	2332	2363	729	411	318
海原县	3847	1929	1918	835	475	360

8-10 续表 1

单位：人

地 区	与配偶同住			与子女同住			独居(有保姆)		
	小计	男	女	小计	男	女	小计	男	女
宁 夏	**53582**	**29392**	**24190**	**14125**	**3946**	**10179**	**151**	**65**	**86**
银川市	**20260**	**11046**	**9214**	**4724**	**1224**	**3500**	**100**	**45**	**55**
兴庆区	6052	3283	2769	1399	333	1066	53	24	29
西夏区	2575	1396	1179	711	213	498	17	8	9
金凤区	4369	2395	1974	931	226	705	18	6	12
永宁县	2555	1388	1167	577	173	404	5	2	3
贺兰县	2666	1456	1210	608	168	440	5	4	1
灵武市	2043	1128	915	498	111	387	2	1	1
石嘴山市	**7755**	**4258**	**3497**	**1667**	**408**	**1259**	**18**	**9**	**9**
大武口区	2690	1464	1226	697	184	513	9	4	5
惠农区	1783	977	806	417	98	319	6	5	1
平罗县	3282	1817	1465	553	126	427	3		3
吴忠市	**10289**	**5638**	**4651**	**2435**	**640**	**1795**	**17**	**3**	**14**
利通区	3739	2055	1684	782	174	608	11	3	8
红寺堡区	788	445	343	362	120	242			
盐池县	1566	843	723	277	74	203	3		3
同心县	1594	879	715	520	137	383			
青铜峡市	2602	1416	1186	494	135	359	3		3
固原市	**7409**	**4139**	**3270**	**3033**	**993**	**2040**	**7**	**4**	**3**
原州区	2837	1580	1257	950	283	667	3	1	2
西吉县	1755	972	783	865	285	580	1	1	
隆德县	882	513	369	454	163	291			
泾源县	570	317	253	239	80	159	2	1	1
彭阳县	1365	757	608	525	182	343	1	1	
中卫市	**7869**	**4311**	**3558**	**2266**	**681**	**1585**	**9**	**4**	**5**
沙坡头区	3480	1889	1591	861	259	602	5	2	3
中宁县	2551	1418	1133	718	208	510	1		1
海原县	1838	1004	834	687	214	473	3	2	1

8-10 续表 2

单位：人

地 区	独居(无保姆)			养老机构			其 他		
	小计	男	女	小计	男	女	小计	男	女
宁 夏	**10446**	**3746**	**6700**	**523**	**301**	**222**	**2782**	**1385**	**1397**
银川市	**3973**	**1319**	**2654**	**161**	**83**	**78**	**918**	**470**	**448**
兴庆区	1331	448	883	35	21	14	287	124	163
西夏区	628	199	429	36	17	19	149	80	69
金凤区	743	228	515	50	16	34	162	86	76
永宁县	493	178	315	5	4	1	65	36	29
贺兰县	462	163	299	15	11	4	138	82	56
灵武市	316	103	213	20	14	6	117	62	55
石嘴山市	**1635**	**506**	**1129**	**129**	**66**	**63**	**426**	**208**	**218**
大武口区	698	200	498	63	37	26	119	52	67
惠农区	455	164	291	20	8	12	168	87	81
平罗县	482	142	340	46	21	25	139	69	70
吴忠市	**1847**	**639**	**1208**	**95**	**53**	**42**	**430**	**188**	**242**
利通区	662	205	457	48	19	29	149	55	94
红寺堡区	112	49	63	11	8	3	27	16	11
盐池县	231	89	142	8	6	2	76	37	39
同心县	225	86	139	14	8	6	84	39	45
青铜峡市	617	210	407	14	12	2	94	41	53
固原市	**1501**	**708**	**793**	**64**	**52**	**12**	**623**	**327**	**296**
原州区	539	223	316	5	4	1	180	94	86
西吉县	293	142	151	7	5	2	222	107	115
隆德县	218	111	107	23	20	3	115	67	48
泾源县	169	98	71	6	4	2	31	23	8
彭阳县	282	134	148	23	19	4	75	36	39
中卫市	**1490**	**574**	**916**	**74**	**47**	**27**	**385**	**192**	**193**
沙坡头区	652	221	431	11	6	5	106	57	49
中宁县	544	208	336	49	32	17	103	55	48
海原县	294	145	149	14	9	5	176	80	96

8-10a 各地区分性别、居住状况的60岁及以上老年人口(城市)

单位：人

地　区	60岁及以上人口			与配偶和子女同住		
	合计	男	女	小计	男	女
宁　夏	**36580**	**17269**	**19311**	**5218**	**2908**	**2310**
银川市	**20388**	**9676**	**10712**	**3247**	**1804**	**1443**
兴庆区	8373	3922	4451	1274	695	579
西夏区	4283	2034	2249	626	352	274
金凤区	6434	3120	3314	1205	678	527
永宁县						
贺兰县	35	17	18	6	4	2
灵武市	1263	583	680	136	75	61
石嘴山市	**6113**	**2828**	**3285**	**656**	**368**	**288**
大武口区	4326	1993	2333	473	269	204
惠农区	1787	835	952	183	99	84
平罗县						
吴忠市	**5302**	**2486**	**2816**	**595**	**335**	**260**
利通区	3477	1635	1842	365	213	152
红寺堡区	490	232	258	108	58	50
盐池县						
同心县						
青铜峡市	1335	619	716	122	64	58
固原市	**2303**	**1115**	**1188**	**452**	**251**	**201**
原州区	2303	1115	1188	452	251	201
西吉县						
隆德县						
泾源县						
彭阳县						
中卫市	**2474**	**1164**	**1310**	**268**	**150**	**118**
沙坡头区	2474	1164	1310	268	150	118
中宁县						
海原县						

8-10a　续表 1　　　　单位：人

地　区	与配偶同住			与子女同住			独居(有保姆)		
	小计	男	女	小计	男	女	小计	男	女
宁　夏	**20733**	**11242**	**9491**	**4846**	**1172**	**3674**	**111**	**48**	**63**
银川市	**11455**	**6204**	**5251**	**2555**	**602**	**1953**	**82**	**36**	**46**
兴庆区	4663	2518	2145	1051	232	819	49	23	26
西夏区	2315	1245	1070	575	165	410	15	6	9
金凤区	3693	2016	1677	757	172	585	17	6	11
永宁县									
贺兰县	16	9	7	6	1	5			
灵武市	768	416	352	166	32	134	1	1	
石嘴山市	**3415**	**1842**	**1573**	**843**	**205**	**638**	**13**	**7**	**6**
大武口区	2469	1328	1141	574	142	432	9	4	5
惠农区	946	514	432	269	63	206	4	3	1
平罗县									
吴忠市	**3225**	**1767**	**1458**	**698**	**155**	**543**	**11**	**3**	**8**
利通区	2153	1189	964	430	84	346	10	3	7
红寺堡区	230	129	101	108	25	83			
盐池县									
同心县									
青铜峡市	842	449	393	160	46	114	1		1
固原市	**1128**	**621**	**507**	**409**	**121**	**288**	**3**	**1**	**2**
原州区	1128	621	507	409	121	288	3	1	2
西吉县									
隆德县									
泾源县									
彭阳县									
中卫市	**1510**	**808**	**702**	**341**	**89**	**252**	**2**	**1**	**1**
沙坡头区	1510	808	702	341	89	252	2	1	1
中宁县									
海原县									

8-10a 续表 2

单位：人

地　区	独居(无保姆)			养老机构			其　他		
	小计	男	女	小计	男	女	小计	男	女
宁　夏	**4441**	**1343**	**3098**	**238**	**113**	**125**	**993**	**443**	**550**
银川市	**2409**	**741**	**1668**	**124**	**55**	**69**	**516**	**234**	**282**
兴庆区	1091	349	742	22	11	11	223	94	129
西夏区	588	184	404	34	16	18	130	66	64
金凤区	595	174	421	49	15	34	118	59	59
永宁县									
贺兰县	2		2				5	3	2
灵武市	133	34	99	19	13	6	40	12	28
石嘴山市	**914**	**278**	**636**	**54**	**29**	**25**	**218**	**99**	**119**
大武口区	664	187	477	37	23	14	100	40	60
惠农区	250	91	159	17	6	11	118	59	59
平罗县									
吴忠市	**601**	**161**	**440**	**51**	**24**	**27**	**121**	**41**	**80**
利通区	417	117	300	28	6	22	74	23	51
红寺堡区	25	8	17	9	6	3	10	6	4
盐池县									
同心县									
青铜峡市	159	36	123	14	12	2	37	12	25
固原市	**221**	**74**	**147**	**2**	**1**	**1**	**88**	**46**	**42**
原州区	221	74	147	2	1	1	88	46	42
西吉县									
隆德县									
泾源县									
彭阳县									
中卫市	**296**	**89**	**207**	**7**	**4**	**3**	**50**	**23**	**27**
沙坡头区	296	89	207	7	4	3	50	23	27
中宁县									
海原县									

8-10b　各地区分性别、居住状况的60岁及以上老年人口(镇)

单位：人

地　区	60岁及以上人口			与配偶和子女同住		
	合计	男	女	小计	男	女
宁　夏	**18014**	**8762**	**9252**	**2651**	**1514**	**1137**
银川市	**6638**	**3267**	**3371**	**1064**	**611**	**453**
兴庆区	1409	685	724	183	107	76
西夏区	88	45	43	12	10	2
金凤区	123	64	59	18	10	8
永宁县	2001	992	1009	267	155	112
贺兰县	2342	1151	1191	474	267	207
灵武市	675	330	345	110	62	48
石嘴山市	**3051**	**1432**	**1619**	**290**	**162**	**128**
大武口区	219	119	100	57	33	24
惠农区	663	313	350	51	28	23
平罗县	2169	1000	1169	182	101	81
吴忠市	**2894**	**1434**	**1460**	**388**	**228**	**160**
利通区	357	176	181	19	11	8
红寺堡区	66	34	32	9	6	3
盐池县	883	432	451	86	49	37
同心县	1092	541	551	234	139	95
青铜峡市	496	251	245	40	23	17
固原市	**2553**	**1250**	**1303**	**438**	**247**	**191**
原州区	319	155	164	68	37	31
西吉县	709	343	366	144	80	64
隆德县	552	279	273	102	57	45
泾源县	265	136	129	40	25	15
彭阳县	708	337	371	84	48	36
中卫市	**2878**	**1379**	**1499**	**471**	**266**	**205**
沙坡头区	297	144	153	45	23	22
中宁县	1758	824	934	255	147	108
海原县	823	411	412	171	96	75

8-10b 续表 1

单位：人

地 区	与配偶同住			与子女同住			独居(有保姆)		
	小计	男	女	小计	男	女	小计	男	女
宁 夏	**9910**	**5426**	**4484**	**2878**	**802**	**2076**	**21**	**8**	**13**
银川市	**3707**	**2026**	**1681**	**990**	**277**	**713**	**11**	**5**	**6**
兴庆区	821	444	377	211	56	155	4	1	3
西夏区	50	29	21	18	4	14			
金凤区	76	45	31	20	5	15			
永宁县	1169	641	528	298	92	206	3	1	2
贺兰县	1208	658	550	351	98	253	4	3	1
灵武市	383	209	174	92	22	70			
石嘴山市	**1888**	**1035**	**853**	**395**	**95**	**300**	**4**	**1**	**3**
大武口区	95	58	37	41	17	24			
惠农区	409	224	185	78	22	56	1	1	
平罗县	1384	753	631	276	56	220	3		3
吴忠市	**1693**	**930**	**763**	**431**	**116**	**315**	**1**		**1**
利通区	236	127	109	47	14	33			
红寺堡区	39	22	17	9		9			
盐池县	564	307	257	118	30	88	1		1
同心县	564	309	255	199	54	145			
青铜峡市	290	165	125	58	18	40			
固原市	**1143**	**626**	**517**	**576**	**183**	**393**	**2**	**1**	**1**
原州区	159	89	70	53	11	42			
西吉县	305	169	136	192	64	128			
隆德县	203	110	93	133	49	84			
泾源县	112	62	50	62	18	44	1		1
彭阳县	364	196	168	136	41	95	1	1	
中卫市	**1479**	**809**	**670**	**486**	**131**	**355**	**3**	**1**	**2**
沙坡头区	163	88	75	46	17	29	1		1
中宁县	939	511	428	287	73	214			
海原县	377	210	167	153	41	112	2	1	1

8-10b 续表 2

单位：人

地 区	独居(无保姆)			养老机构			其 他		
	小计	男	女	小计	男	女	小计	男	女
宁 夏	**1894**	**658**	**1236**	**166**	**111**	**55**	**494**	**243**	**251**
银川市	**681**	**246**	**435**	**17**	**13**	**4**	**168**	**89**	**79**
兴庆区	150	57	93	2	1	1	38	19	19
西夏区	6	1	5				2	1	1
金凤区	6	3	3				3	1	2
永宁县	225	84	141	5	4	1	34	15	19
贺兰县	232	79	153	10	8	2	63	38	25
灵武市	62	22	40				28	15	13
石嘴山市	**361**	**89**	**272**	**39**	**17**	**22**	**74**	**33**	**41**
大武口区	20	8	12				6	3	3
惠农区	110	32	78	1		1	13	6	7
平罗县	231	49	182	38	17	21	55	24	31
吴忠市	**308**	**118**	**190**	**24**	**18**	**6**	**49**	**24**	**25**
利通区	35	10	25	14	11	3	6	3	3
红寺堡区	7	4	3				2	2	
盐池县	88	35	53	8	6	2	18	5	13
同心县	75	27	48	2	1	1	18	11	7
青铜峡市	103	42	61				5	3	2
固原市	**242**	**104**	**138**	**30**	**28**	**2**	**122**	**61**	**61**
原州区	29	13	16				10	5	5
西吉县	30	16	14				38	14	24
隆德县	49	21	28	11	11		54	31	23
泾源县	45	27	18	2	2		3	2	1
彭阳县	89	27	62	17	15	2	17	9	8
中卫市	**302**	**101**	**201**	**56**	**35**	**21**	**81**	**36**	**45**
沙坡头区	39	14	25				3	2	1
中宁县	201	54	147	42	26	16	34	13	21
海原县	62	33	29	14	9	5	44	21	23

8-10c 各地区分性别、居住状况的60岁及以上老年人口(乡村)

单位：人

地区	60岁及以上人口			与配偶和子女同住		
	合计	男	女	小计	男	女
宁 夏	**41682**	**21067**	**20615**	**6798**	**3841**	**2957**
银川市	**8534**	**4286**	**4248**	**1113**	**627**	**486**
兴庆区	954	495	459	122	67	55
西夏区	489	256	233	106	60	46
金凤区	1141	581	560	202	120	82
永宁县	2182	1062	1120	216	118	98
贺兰县	2232	1119	1113	235	132	103
灵武市	1536	773	763	232	130	102
石嘴山市	**3766**	**1931**	**1835**	**354**	**206**	**148**
大武口区	348	187	161	87	56	31
惠农区	689	348	341	56	30	26
平罗县	2729	1396	1333	211	120	91
吴忠市	**9344**	**4615**	**4729**	**1444**	**811**	**633**
利通区	2270	1111	1159	329	187	142
红寺堡区	1273	661	612	412	225	187
盐池县	1488	730	758	124	64	60
同心县	1945	962	983	366	215	151
青铜峡市	2368	1151	1217	213	120	93
固原市	**10986**	**5671**	**5315**	**2315**	**1315**	**1000**
原州区	2979	1530	1449	567	327	240
西吉县	3473	1745	1728	895	496	399
隆德县	1507	807	700	265	155	110
泾源县	1020	544	476	228	132	96
彭阳县	2007	1045	962	360	205	155
中卫市	**9052**	**4564**	**4488**	**1572**	**882**	**690**
沙坡头区	3091	1538	1553	434	239	195
中宁县	2937	1508	1429	474	264	210
海原县	3024	1518	1506	664	379	285

8-10c 续表 1 单位：人

地 区	与配偶同住			与子女同住			独居(有保姆)		
	小计	男	女	小计	男	女	小计	男	女
宁 夏	**22939**	**12724**	**10215**	**6401**	**1972**	**4429**	**19**	**9**	**10**
银川市	**5098**	**2816**	**2282**	**1179**	**345**	**834**	**7**	**4**	**3**
兴庆区	568	321	247	137	45	92			
西夏区	210	122	88	118	44	74	2	2	
金凤区	600	334	266	154	49	105	1		1
永宁县	1386	747	639	279	81	198	2	1	1
贺兰县	1442	789	653	251	69	182	1	1	
灵武市	892	503	389	240	57	183	1		1
石嘴山市	**2452**	**1381**	**1071**	**429**	**108**	**321**	**1**	**1**	
大武口区	126	78	48	82	25	57			
惠农区	428	239	189	70	13	57	1	1	
平罗县	1898	1064	834	277	70	207			
吴忠市	**5371**	**2941**	**2430**	**1306**	**369**	**937**	**5**		**5**
利通区	1350	739	611	305	76	229	1		1
红寺堡区	519	294	225	245	95	150			
盐池县	1002	536	466	159	44	115	2		2
同心县	1030	570	460	321	83	238			
青铜峡市	1470	802	668	276	71	205	2		2
固原市	**5138**	**2892**	**2246**	**2048**	**689**	**1359**	**2**	**2**	
原州区	1550	870	680	488	151	337			
西吉县	1450	803	647	673	221	452	1	1	
隆德县	679	403	276	321	114	207			
泾源县	458	255	203	177	62	115	1	1	
彭阳县	1001	561	440	389	141	248			
中卫市	**4880**	**2694**	**2186**	**1439**	**461**	**978**	**4**	**2**	**2**
沙坡头区	1807	993	814	474	153	321	2	1	1
中宁县	1612	907	705	431	135	296	1		1
海原县	1461	794	667	534	173	361	1	1	

8-10c 续表 2 单位：人

地 区	独居(无保姆)			养老机构			其 他		
	小计	男	女	小计	男	女	小计	男	女
宁 夏	**4111**	**1745**	**2366**	**119**	**77**	**42**	**1295**	**699**	**596**
银川市	**883**	**332**	**551**	**20**	**15**	**5**	**234**	**147**	**87**
兴庆区	90	42	48	11	9	2	26	11	15
西夏区	34	14	20	2	1	1	17	13	4
金凤区	142	51	91	1	1		41	26	15
永宁县	268	94	174				31	21	10
贺兰县	228	84	144	5	3	2	70	41	29
灵武市	121	47	74	1	1		49	35	14
石嘴山市	**360**	**139**	**221**	**36**	**20**	**16**	**134**	**76**	**58**
大武口区	14	5	9	26	14	12	13	9	4
惠农区	95	41	54	2	2		37	22	15
平罗县	251	93	158	8	4	4	84	45	39
吴忠市	**938**	**360**	**578**	**20**	**11**	**9**	**260**	**123**	**137**
利通区	210	78	132	6	2	4	69	29	40
红寺堡区	80	37	43	2	2		15	8	7
盐池县	143	54	89				58	32	26
同心县	150	59	91	12	7	5	66	28	38
青铜峡市	355	132	223				52	26	26
固原市	**1038**	**530**	**508**	**32**	**23**	**9**	**413**	**220**	**193**
原州区	289	136	153	3	3		82	43	39
西吉县	263	126	137	7	5	2	184	93	91
隆德县	169	90	79	12	9	3	61	36	25
泾源县	124	71	53	4	2	2	28	21	7
彭阳县	193	107	86	6	4	2	58	27	31
中卫市	**892**	**384**	**508**	**11**	**8**	**3**	**254**	**133**	**121**
沙坡头区	317	118	199	4	2	2	53	32	21
中宁县	343	154	189	7	6	1	69	42	27
海原县	232	112	120				132	59	73

8-11　全区分年龄、性别、居住状况的60岁及以上老年人口

单位：人

年　龄	60岁及以上人口			与配偶和子女同住		
	合计	男	女	小计	男	女
总　计	**96276**	**47098**	**49178**	**14667**	**8263**	**6404**
60-64岁	**27915**	**14132**	**13783**	**5336**	**2957**	**2379**
60	5242	2747	2495	1096	610	486
61	4313	2149	2164	846	476	370
62	5721	2902	2819	1101	598	503
63	6411	3249	3162	1203	674	529
64	6228	3085	3143	1090	599	491
65-69岁	**27825**	**13720**	**14105**	**4395**	**2388**	**2007**
65	6461	3172	3289	1077	583	494
66	6051	2965	3086	979	529	450
67	5301	2625	2676	863	449	414
68	5404	2678	2726	833	460	373
69	4608	2280	2328	643	367	276
70-74岁	**17924**	**8602**	**9322**	**2479**	**1390**	**1089**
70	4730	2260	2470	683	399	284
71	3901	1903	1998	538	297	241
72	3064	1524	1540	406	229	177
73	3352	1634	1718	457	261	196
74	2877	1281	1596	395	204	191
75-79岁	**12062**	**5663**	**6399**	**1473**	**861**	**612**
75	2639	1162	1477	328	172	156
76	2656	1283	1373	332	189	143
77	2574	1250	1324	363	211	152
78	2221	1058	1163	265	168	97
79	1972	910	1062	185	121	64
80-84岁	**7073**	**3293**	**3780**	**708**	**454**	**254**
80	1872	879	993	203	125	78
81	1581	738	843	167	104	63
82	1499	700	799	153	102	51
83	1163	522	641	97	60	37
84	958	454	504	88	63	25
85-89岁	**2716**	**1331**	**1385**	**232**	**177**	**55**
85	785	388	397	64	45	19
86	695	349	346	59	45	14
87	544	251	293	53	39	14
88	386	207	179	25	22	3
89	306	136	170	31	26	5
90-94岁	**644**	**305**	**339**	**37**	**29**	**8**
90	260	131	129	20	15	5
91	135	61	74	4	3	1
92	109	48	61	4	3	1
93	84	33	51	7	6	1
94	56	32	24	2	2	
95-99岁	**105**	**49**	**56**	**6**	**6**	
95	37	21	16	3	3	
96	34	14	20	2	2	
97	18	9	9			
98	10	2	8			
99	6	3	3	1	1	
100岁及以上	**12**	**3**	**9**	**1**	**1**	

8-11 续表 1

单位：人

年龄	与配偶同住			与子女同住			独居(有保姆)		
	小计	男	女	小计	男	女	小计	男	女
总 计	**53582**	**29392**	**24190**	**14125**	**3946**	**10179**	**151**	**65**	**86**
60-64岁	**17244**	**8922**	**8322**	**2336**	**681**	**1655**	**9**	**4**	**5**
60	3173	1702	1471	410	113	297	1		1
61	2620	1325	1295	368	100	268	2	2	
62	3517	1830	1687	487	137	350	3	1	2
63	3972	2048	1924	538	171	367	1		1
64	3962	2017	1945	533	160	373	2	1	1
65-69岁	**17425**	**9097**	**8328**	**2683**	**788**	**1895**	**10**	**4**	**6**
65	4074	2077	1997	593	168	425	2	1	1
66	3824	1960	1864	555	163	392	1		1
67	3333	1750	1583	473	147	326	1		1
68	3307	1768	1539	582	176	406	2	1	1
69	2887	1542	1345	480	134	346	4	2	2
70-74岁	**10242**	**5701**	**4541**	**2562**	**640**	**1922**	**17**	**9**	**8**
70	2834	1509	1325	595	148	447	2	1	1
71	2263	1272	991	524	135	389	7	4	3
72	1771	1030	741	432	114	318	1	1	
73	1875	1068	807	491	125	366	1		1
74	1499	822	677	520	118	402	6	3	3
75-79岁	**5494**	**3360**	**2134**	**2717**	**696**	**2021**	**25**	**7**	**18**
75	1325	735	590	514	116	398	2		2
76	1299	787	512	521	144	377	9	5	4
77	1121	712	409	579	159	420	3		3
78	929	603	326	541	134	407	3		3
79	820	523	297	562	143	419	8	2	6
80-84岁	**2407**	**1695**	**712**	**2254**	**623**	**1631**	**39**	**12**	**27**
80	724	498	226	507	130	377	8	3	5
81	549	382	167	514	152	362	7	2	5
82	486	341	145	510	138	372	6	2	4
83	363	265	98	401	109	292	7	1	6
84	285	209	76	322	94	228	11	4	7
85-89岁	**642**	**510**	**132**	**1185**	**398**	**787**	**33**	**21**	**12**
85	229	171	58	318	108	210	7	5	2
86	181	151	30	291	104	187	7	3	4
87	105	80	25	247	75	172	7	3	4
88	77	64	13	180	67	113	4	4	
89	50	44	6	149	44	105	8	6	2
90-94岁	**116**	**97**	**19**	**324**	**98**	**226**	**15**	**7**	**8**
90	53	44	9	116	36	80	9	6	3
91	22	21	1	74	21	53	4	1	3
92	20	15	5	56	18	38	2		2
93	11	7	4	49	12	37			
94	10	10		29	11	18			
95-99岁	**12**	**10**	**2**	**56**	**20**	**36**	**2**	**1**	**1**
95	5	4	1	25	11	14			
96	4	3	1	18	5	13	1	1	
97	2	2		8	3	5	1		1
98				4	1	3			
99	1	1		1		1			
100岁及以上				**8**	**2**	**6**	**1**		**1**

8-11 续表 2

单位：人

年 龄	独居(无保姆)			养老机构			其 他		
	小计	男	女	小计	男	女	小计	男	女
总 计	**10446**	**3746**	**6700**	**523**	**301**	**222**	**2782**	**1385**	**1397**
60–64岁	**1964**	**946**	**1018**	**61**	**46**	**15**	**965**	**576**	**389**
60	357	192	165	7	3	4	198	127	71
61	323	159	164	14	10	4	140	77	63
62	397	202	195	12	11	1	204	123	81
63	466	215	251	13	10	3	218	131	87
64	421	178	243	15	12	3	205	118	87
65–69岁	**2502**	**987**	**1515**	**89**	**73**	**16**	**721**	**383**	**338**
65	527	219	308	17	16	1	171	108	63
66	535	223	312	18	15	3	139	75	64
67	465	192	273	15	11	4	151	76	75
68	519	189	330	21	17	4	140	67	73
69	456	164	292	18	14	4	120	57	63
70–74岁	**2117**	**637**	**1480**	**73**	**47**	**26**	**434**	**178**	**256**
70	500	159	341	11	6	5	105	38	67
71	459	144	315	12	8	4	98	43	55
72	362	106	256	14	8	6	78	36	42
73	431	135	296	21	11	10	76	34	42
74	365	93	272	15	14	1	77	27	50
75–79岁	**1951**	**567**	**1384**	**87**	**48**	**39**	**315**	**124**	**191**
75	389	102	287	18	12	6	63	25	38
76	414	120	294	15	5	10	66	33	33
77	417	128	289	13	9	4	78	31	47
78	401	123	278	27	15	12	55	15	40
79	330	94	236	14	7	7	53	20	33
80–84岁	**1343**	**390**	**953**	**122**	**47**	**75**	**200**	**72**	**128**
80	355	93	262	25	13	12	50	17	33
81	271	75	196	30	8	22	43	15	28
82	286	91	195	18	9	9	40	17	23
83	230	70	160	28	7	21	37	10	27
84	201	61	140	21	10	11	30	13	17
85–89岁	**449**	**162**	**287**	**68**	**30**	**38**	**107**	**33**	**74**
85	116	43	73	19	10	9	32	6	26
86	119	36	83	15	4	11	23	6	17
87	100	40	60	12	5	7	20	9	11
88	70	35	35	11	7	4	19	8	11
89	44	8	36	11	4	7	13	4	9
90–94岁	**104**	**51**	**53**	**19**	**8**	**11**	**29**	**15**	**14**
90	42	21	21	8	3	5	12	6	6
91	18	7	11	5	3	2	8	5	3
92	19	9	10	2		2	6	3	3
93	14	7	7	2	1	1	1		1
94	11	7	4	2	1	1	2	1	1
95–99岁	**16**	**6**	**10**	**4**	**2**	**2**	**9**	**4**	**5**
95	4	3	1						
96	3		3	2	2		4	1	3
97	2	1	1				5	3	2
98	5	1	4	1		1			
99	2	1	1	1		1			
100岁及以上							**2**		**2**

8-11a 全区分年龄、性别、居住状况的60岁及以上老年人口(城市)

单位：人

年 龄	60岁及以上人口			与配偶和子女同住		
	合计	男	女	小计	男	女
总 计	**36580**	**17269**	**19311**	**5218**	**2908**	**2310**
60-64岁	**10933**	**5415**	**5518**	**2119**	**1158**	**961**
60	2113	1080	1033	461	258	203
61	1717	846	871	336	188	148
62	2252	1089	1163	435	229	206
63	2500	1248	1252	456	251	205
64	2351	1152	1199	431	232	199
65-69岁	**10138**	**4808**	**5330**	**1586**	**845**	**741**
65	2417	1157	1260	409	204	205
66	2290	1066	1224	393	211	182
67	1974	921	1053	313	161	152
68	1852	892	960	270	155	115
69	1605	772	833	201	114	87
70-74岁	**6290**	**2895**	**3395**	**753**	**425**	**328**
70	1646	757	889	206	118	88
71	1392	633	759	174	91	83
72	1088	511	577	128	81	47
73	1157	554	603	126	75	51
74	1007	440	567	119	60	59
75-79岁	**4544**	**1975**	**2569**	**420**	**254**	**166**
75	958	375	583	98	52	46
76	929	412	517	96	56	40
77	925	420	505	82	54	28
78	866	384	482	83	53	30
79	866	384	482	61	39	22
80-84岁	**3085**	**1383**	**1702**	**234**	**141**	**93**
80	811	357	454	66	39	27
81	642	275	367	55	27	28
82	656	314	342	49	34	15
83	518	218	300	35	23	12
84	458	219	239	29	18	11
85-89岁	**1245**	**617**	**628**	**86**	**68**	**18**
85	360	183	177	18	16	2
86	321	155	166	20	14	6
87	237	110	127	19	13	6
88	173	91	82	13	12	1
89	154	78	76	16	13	3
90-94岁	**295**	**150**	**145**	**14**	**11**	**3**
90	123	67	56	5	5	
91	59	28	31	3	2	1
92	49	26	23	2	1	1
93	37	13	24	4	3	1
94	27	16	11			
95-99岁	**44**	**25**	**19**	**6**	**6**	
95	15	12	3	3	3	
96	11	5	6	2	2	
97	6	3	3			
98	8	2	6			
99	4	3	1	1	1	
100岁及以上	**6**	**1**	**5**			

8-11a　续表 1　　　　单位：人

年　龄	与配偶同住			与子女同住			独居(有保姆)		
	小计	男	女	小计	男	女	小计	男	女
总　计	**20733**	**11242**	**9491**	**4846**	**1172**	**3674**	**111**	**48**	**63**
60-64岁	**6677**	**3448**	**3229**	**956**	**257**	**699**	**3**	**2**	**1**
60	1251	655	596	177	48	129			
61	1013	524	489	162	41	121			
62	1361	689	672	201	51	150	1	1	
63	1548	803	745	221	63	158	1		1
64	1504	777	727	195	54	141	1	1	
65-69岁	**6365**	**3242**	**3123**	**951**	**265**	**686**	**4**	**1**	**3**
65	1529	780	749	219	60	159			
66	1409	693	716	216	58	158	1		1
67	1251	623	628	165	46	119			
68	1150	602	548	192	56	136			
69	1026	544	482	159	45	114	3	1	2
70-74岁	**3754**	**2045**	**1709**	**784**	**159**	**625**	**10**	**5**	**5**
70	1012	533	479	197	41	156			
71	831	450	381	168	35	133	6	3	3
72	668	375	293	140	22	118			
73	691	386	305	138	31	107	1		1
74	552	301	251	141	30	111	3	2	1
75-79岁	**2252**	**1308**	**944**	**849**	**158**	**691**	**18**	**5**	**13**
75	506	256	250	175	27	148	2		2
76	482	265	217	146	30	116	6	4	2
77	458	273	185	168	34	134	1		1
78	394	254	140	168	28	140	3		3
79	412	260	152	192	39	153	6	1	5
80-84岁	**1232**	**831**	**401**	**751**	**181**	**570**	**32**	**10**	**22**
80	370	236	134	160	32	128	7	3	4
81	247	170	77	166	39	127	5	1	4
82	265	177	88	166	46	120	4	1	3
83	173	122	51	143	32	111	6	1	5
84	177	126	51	116	32	84	10	4	6
85-89岁	**383**	**310**	**73**	**416**	**106**	**310**	**28**	**18**	**10**
85	139	106	33	107	27	80	6	4	2
86	107	90	17	102	25	77	7	3	4
87	64	51	13	80	14	66	6	3	3
88	40	32	8	62	20	42	3	3	
89	33	31	2	65	20	45	6	5	1
90-94岁	**67**	**55**	**12**	**115**	**37**	**78**	**14**	**6**	**8**
90	31	25	6	42	13	29	8	5	3
91	10	10		24	7	17	4	1	3
92	12	10	2	16	7	9	2		2
93	8	4	4	18	4	14			
94	6	6		15	6	9			
95-99岁	**3**	**3**		**21**	**8**	**13**	**1**	**1**	
95	2	2		8	5	3			
96				5	1	4	1	1	
97				4	1	3			
98				3	1	2			
99	1	1		1		1			
100岁及以上				**3**	**1**	**2**	**1**		**1**

8-11a 续表 2

单位：人

年龄	独居(无保姆)			养老机构			其他		
	小计	男	女	小计	男	女	小计	男	女
总计	**4441**	**1343**	**3098**	**238**	**113**	**125**	**993**	**443**	**550**
60-64岁	**800**	**335**	**465**	**22**	**14**	**8**	**356**	**201**	**155**
60	148	72	76	4	2	2	72	45	27
61	153	66	87	6	4	2	47	23	24
62	174	78	96	4	3	1	76	38	38
63	169	67	102	5	3	2	100	61	39
64	156	52	104	3	2	1	61	34	27
65-69岁	**953**	**307**	**646**	**30**	**25**	**5**	**249**	**123**	**126**
65	203	77	126	5	5		52	31	21
66	204	66	138	8	8		59	30	29
67	183	62	121	4	3	1	58	26	32
68	183	48	135	8	6	2	49	25	24
69	180	54	126	5	3	2	31	11	20
70-74岁	**821**	**204**	**617**	**25**	**16**	**9**	**143**	**41**	**102**
70	192	52	140	3	1	2	36	12	24
71	176	43	133	2	1	1	35	10	25
72	128	28	100	3	1	2	21	4	17
73	170	50	120	9	5	4	22	7	15
74	155	31	124	8	8		29	8	21
75-79岁	**857**	**194**	**663**	**39**	**17**	**22**	**109**	**39**	**70**
75	148	30	118	4	3	1	25	7	18
76	166	44	122	8	1	7	25	12	13
77	188	46	142	8	5	3	20	8	12
78	191	43	148	11	3	8	16	3	13
79	164	31	133	8	5	3	23	9	14
80-84岁	**697**	**181**	**516**	**65**	**19**	**46**	**74**	**20**	**54**
80	178	39	139	11	4	7	19	4	15
81	135	33	102	17	2	15	17	3	14
82	147	46	101	13	5	8	12	5	7
83	132	33	99	15	4	11	14	3	11
84	105	30	75	9	4	5	12	5	7
85-89岁	**245**	**89**	**156**	**44**	**17**	**27**	**43**	**9**	**34**
85	65	22	43	12	7	5	13	1	12
86	65	19	46	12	3	9	8	1	7
87	52	23	29	8	3	5	8	3	5
88	41	19	22	5	2	3	9	3	6
89	22	6	16	7	2	5	5	1	4
90-94岁	**58**	**28**	**30**	**11**	**4**	**7**	**16**	**9**	**7**
90	27	14	13	5	2	3	5	3	2
91	11	3	8				7	5	2
92	12	7	5	2		2	3	1	2
93	4	1	3	2	1	1	1		1
94	4	3	1	2	1	1			
95-99岁	**10**	**5**	**5**	**2**	**1**	**1**	**1**	**1**	
95	2	2							
96	2		2	1	1				
97	1	1					1	1	
98	4	1	3	1		1			
99	1	1							
100岁及以上							**2**		**2**

8-11b　全区分年龄、性别、居住状况的60岁及以上老年人口(镇)

单位：人

年　龄	60岁及以上人口			与配偶和子女同住		
	合计	男	女	小计	男	女
总　计	**18014**	**8762**	**9252**	**2651**	**1514**	**1137**
60—64岁	**5274**	**2630**	**2644**	**1088**	**616**	**472**
60	1007	494	513	234	129	105
61	827	426	401	197	115	82
62	1065	554	511	204	115	89
63	1204	591	613	246	137	109
64	1171	565	606	207	120	87
65—69岁	**5156**	**2500**	**2656**	**803**	**437**	**366**
65	1146	542	604	190	102	88
66	1100	544	556	169	92	77
67	1029	526	503	182	104	78
68	1008	484	524	153	79	74
69	873	404	469	109	60	49
70—74岁	**3508**	**1662**	**1846**	**424**	**240**	**184**
70	948	470	478	121	78	43
71	759	364	395	98	57	41
72	591	294	297	66	35	31
73	671	305	366	75	37	38
74	539	229	310	64	33	31
75—79岁	**2263**	**1084**	**1179**	**211**	**134**	**77**
75	525	250	275	49	30	19
76	514	256	258	45	29	16
77	485	232	253	58	36	22
78	372	172	200	29	20	9
79	367	174	193	30	19	11
80—84岁	**1230**	**589**	**641**	**86**	**58**	**28**
80	328	171	157	28	22	6
81	280	127	153	16	9	7
82	252	123	129	17	14	3
83	197	86	111	12	4	8
84	173	82	91	13	9	4
85—89岁	**454**	**230**	**224**	**34**	**25**	**9**
85	135	73	62	13	7	6
86	126	63	63	8	6	2
87	91	41	50	6	5	1
88	58	36	22	4	4	
89	44	17	27	3	3	
90—94岁	**109**	**57**	**52**	**5**	**4**	**1**
90	44	20	24	2	1	1
91	24	15	9	1	1	
92	20	9	11			
93	14	9	5	2	2	
94	7	4	3			
95—99岁	**19**	**10**	**9**			
95	5	3	2			
96	8	5	3			
97	5	2	3			
98	1		1			
99						
100岁及以上	**1**		**1**			

8-11b 续表 1

单位：人

年 龄	与配偶同住			与子女同住			独居(有保姆)		
	小计	男	女	小计	男	女	小计	男	女
总 计	**9910**	**5426**	**4484**	**2878**	**802**	**2076**	**21**	**8**	**13**
60-64岁	**3067**	**1575**	**1492**	**560**	**160**	**400**			
60	547	280	267	103	20	83			
61	450	233	217	92	30	62			
62	650	349	301	108	32	76			
63	706	354	352	131	49	82			
64	714	359	355	126	29	97			
65-69岁	**3137**	**1614**	**1523**	**594**	**170**	**424**	**1**		**1**
65	699	342	357	130	33	97	1		1
66	679	358	321	112	31	81			
67	619	331	288	113	32	81			
68	600	314	286	130	46	84			
69	540	269	271	109	28	81			
70-74岁	**2047**	**1130**	**917**	**525**	**118**	**407**	**5**	**3**	**2**
70	575	322	253	131	23	108	2	1	1
71	448	242	206	95	24	71	1	1	
72	348	198	150	85	26	59	1	1	
73	383	214	169	112	27	85			
74	293	154	139	102	18	84	1		1
75-79岁	**1073**	**682**	**391**	**532**	**136**	**396**	**4**	**1**	**3**
75	272	168	104	100	24	76			
76	263	167	96	102	29	73	2	1	1
77	224	144	80	119	30	89	2		2
78	160	103	57	98	22	76			
79	154	100	54	113	31	82			
80-84岁	**434**	**310**	**124**	**408**	**113**	**295**	**5**	**1**	**4**
80	129	97	32	103	30	73			
81	99	65	34	88	25	63	1		1
82	89	65	24	94	25	69	2	1	1
83	67	48	19	63	13	50	1		1
84	50	35	15	60	20	40	1		1
85-89岁	**121**	**90**	**31**	**196**	**85**	**111**	**4**	**2**	**2**
85	42	32	10	57	26	31	1	1	
86	30	22	8	58	29	29			
87	20	11	9	43	18	25	1		1
88	20	17	3	22	9	13	1	1	
89	9	8	1	16	3	13	1		1
90-94岁	**26**	**21**	**5**	**53**	**17**	**36**	**1**	**1**	
90	8	7	1	24	8	16	1	1	
91	8	7	1	9	3	6			
92	7	4	3	10	3	7			
93	1	1		7	2	5			
94	2	2		3	1	2			
95-99岁	**5**	**4**	**1**	**9**	**3**	**6**	**1**		**1**
95	2	1	1	2	1	1			
96	1	1		5	2	3			
97	2	2		1		1	1		1
98				1		1			
99									
100岁及以上				**1**		**1**			

8-11b 续表 2 单位：人

年 龄	独居(无保姆)			养老机构			其 他		
	小计	男	女	小计	男	女	小计	男	女
总 计	**1894**	**658**	**1236**	**166**	**111**	**55**	**494**	**243**	**251**
60-64岁	**369**	**164**	**205**	**17**	**14**	**3**	**173**	**101**	**72**
60	78	39	39	1		1	44	26	18
61	54	28	26	5	4	1	29	16	13
62	69	34	35	5	5		29	19	10
63	87	32	55	1	1		33	18	15
64	81	31	50	5	4	1	38	22	16
65-69岁	**456**	**186**	**270**	**37**	**30**	**7**	**128**	**63**	**65**
65	88	39	49	10	9	1	28	17	11
66	108	44	64	8	5	3	24	14	10
67	80	38	42	7	5	2	28	16	12
68	94	33	61	5	4	1	26	8	18
69	86	32	54	7	7		22	8	14
70-74岁	**401**	**119**	**282**	**29**	**21**	**8**	**77**	**31**	**46**
70	99	35	64	4	3	1	16	8	8
71	97	32	65	5	4	1	15	4	11
72	69	20	49	8	6	2	14	8	6
73	75	17	58	8	4	4	18	6	12
74	61	15	46	4	4		14	5	9
75-79岁	**353**	**89**	**264**	**31**	**21**	**10**	**59**	**21**	**38**
75	78	14	64	11	8	3	15	6	9
76	87	23	64	5	3	2	10	4	6
77	67	16	51	4	3	1	11	3	8
78	64	17	47	8	7	1	13	3	10
79	57	19	38	3		3	10	5	5
80-84岁	**227**	**71**	**156**	**35**	**17**	**18**	**35**	**19**	**16**
80	49	14	35	8	4	4	11	4	7
81	56	15	41	9	5	4	11	8	3
82	44	13	31	2	2		4	3	1
83	38	16	22	9	3	6	7	2	5
84	40	13	27	7	3	4	2	2	
85-89岁	**72**	**19**	**53**	**10**	**4**	**6**	**17**	**5**	**12**
85	14	5	9	2		2	6	2	4
86	22	5	17	3	1	2	5		5
87	16	5	11	3	1	2	2	1	1
88	10	4	6	1	1				
89	10		10	1	1		4	2	2
90-94岁	**15**	**9**	**6**	**6**	**3**	**3**	**3**	**2**	**1**
90	4	1	3	3	1	2	2	1	1
91	3	2	1	3	2	1			
92	2	1	1				1	1	
93	4	4							
94	2	1	1						
95-99岁	**1**	**1**		**1**	**1**		**2**	**1**	**1**
95	1	1							
96				1	1		1	1	
97							1		1
98									
99									
100岁及以上									

8-11c 全区分年龄、性别、居住状况的60岁及以上老年人口(乡村)

单位：人

年龄	60岁及以上人口			与配偶和子女同住		
	合计	男	女	小计	男	女
总计	**41682**	**21067**	**20615**	**6798**	**3841**	**2957**
60-64岁	**11708**	**6087**	**5621**	**2129**	**1183**	**946**
60	2122	1173	949	401	223	178
61	1769	877	892	313	173	140
62	2404	1259	1145	462	254	208
63	2707	1410	1297	501	286	215
64	2706	1368	1338	452	247	205
65-69岁	**12531**	**6412**	**6119**	**2006**	**1106**	**900**
65	2898	1473	1425	478	277	201
66	2661	1355	1306	417	226	191
67	2298	1178	1120	368	184	184
68	2544	1302	1242	410	226	184
69	2130	1104	1026	333	193	140
70-74岁	**8126**	**4045**	**4081**	**1302**	**725**	**577**
70	2136	1033	1103	356	203	153
71	1750	906	844	266	149	117
72	1385	719	666	212	113	99
73	1524	775	749	256	149	107
74	1331	612	719	212	111	101
75-79岁	**5255**	**2604**	**2651**	**842**	**473**	**369**
75	1156	537	619	181	90	91
76	1213	615	598	191	104	87
77	1164	598	566	223	121	102
78	983	502	481	153	95	58
79	739	352	387	94	63	31
80-84岁	**2758**	**1321**	**1437**	**388**	**255**	**133**
80	733	351	382	109	64	45
81	659	336	323	96	68	28
82	591	263	328	87	54	33
83	448	218	230	50	33	17
84	327	153	174	46	36	10
85-89岁	**1017**	**484**	**533**	**112**	**84**	**28**
85	290	132	158	33	22	11
86	248	131	117	31	25	6
87	216	100	116	28	21	7
88	155	80	75	8	6	2
89	108	41	67	12	10	2
90-94岁	**240**	**98**	**142**	**18**	**14**	**4**
90	93	44	49	13	9	4
91	52	18	34			
92	40	13	27	2	2	
93	33	11	22	1	1	
94	22	12	10	2	2	
95-99岁	**42**	**14**	**28**			
95	17	6	11			
96	15	4	11			
97	7	4	3			
98	1		1			
99	2		2			
100岁及以上	**5**	**2**	**3**	**1**	**1**	

8-11c　续表 1

单位：人

年　龄	与配偶同住			与子女同住			独居(有保姆)		
	小计	男	女	小计	男	女	小计	男	女
总　计	22939	12724	10215	6401	1972	4429	19	9	10
60-64岁	7500	3899	3601	820	264	556	6	2	4
60	1375	767	608	130	45	85	1		1
61	1157	568	589	114	29	85	2	2	
62	1506	792	714	178	54	124	2		2
63	1718	891	827	186	59	127			
64	1744	881	863	212	77	135	1		1
65-69岁	7923	4241	3682	1138	353	785	5	3	2
65	1846	955	891	244	75	169	1	1	
66	1736	909	827	227	74	153			
67	1463	796	667	195	69	126	1		1
68	1557	852	705	260	74	186	2	1	1
69	1321	729	592	212	61	151	1	1	
70-74岁	4441	2526	1915	1253	363	890	2	1	1
70	1247	654	593	267	84	183			
71	984	580	404	261	76	185			
72	755	457	298	207	66	141			
73	801	468	333	241	67	174			
74	654	367	287	277	70	207	2	1	1
75-79岁	2169	1370	799	1336	402	934	3	1	2
75	547	311	236	239	65	174			
76	554	355	199	273	85	188	1		1
77	439	295	144	292	95	197			
78	375	246	129	275	84	191			
79	254	163	91	257	73	184	2	1	1
80-84岁	741	554	187	1095	329	766	2	1	1
80	225	165	60	244	68	176	1		1
81	203	147	56	260	88	172	1	1	
82	132	99	33	250	67	183			
83	123	95	28	195	64	131			
84	58	48	10	146	42	104			
85-89岁	138	110	28	573	207	366	1	1	
85	48	33	15	154	55	99			
86	44	39	5	131	50	81			
87	21	18	3	124	43	81			
88	17	15	2	96	38	58			
89	8	5	3	68	21	47	1	1	
90-94岁	23	21	2	156	44	112			
90	14	12	2	50	15	35			
91	4	4		41	11	30			
92	1	1		30	8	22			
93	2	2		24	6	18			
94	2	2		11	4	7			
95-99岁	4	3	1	26	9	17			
95	1	1		15	5	10			
96	3	2	1	8	2	6			
97				3	2	1			
98									
99									
100岁及以上				4	1	3			

8-11c 续表 2

单位：人

年 龄	独居(无保姆)			养老机构			其 他		
	小计	男	女	小计	男	女	小计	男	女
总 计	**4111**	**1745**	**2366**	**119**	**77**	**42**	**1295**	**699**	**596**
60-64岁	**795**	**447**	**348**	**22**	**18**	**4**	**436**	**274**	**162**
60	131	81	50	2	1	1	82	56	26
61	116	65	51	3	2	1	64	38	26
62	154	90	64	3	3		99	66	33
63	210	116	94	7	6	1	85	52	33
64	184	95	89	7	6	1	106	62	44
65-69岁	**1093**	**494**	**599**	**22**	**18**	**4**	**344**	**197**	**147**
65	236	103	133	2	2		91	60	31
66	223	113	110	2	2		56	31	25
67	202	92	110	4	3	1	65	34	31
68	242	108	134	8	7	1	65	34	31
69	190	78	112	6	4	2	67	38	29
70-74岁	**895**	**314**	**581**	**19**	**10**	**9**	**214**	**106**	**108**
70	209	72	137	4	2	2	53	18	35
71	186	69	117	5	3	2	48	29	19
72	165	58	107	3	1	2	43	24	19
73	186	68	118	4	2	2	36	21	15
74	149	47	102	3	2	1	34	14	20
75-79岁	**741**	**284**	**457**	**17**	**10**	**7**	**147**	**64**	**83**
75	163	58	105	3	1	2	23	12	11
76	161	53	108	2	1	1	31	17	14
77	162	66	96	1	1		47	20	27
78	146	63	83	8	5	3	26	9	17
79	109	44	65	3	2	1	20	6	14
80-84岁	**419**	**138**	**281**	**22**	**11**	**11**	**91**	**33**	**58**
80	128	40	88	6	5	1	20	9	11
81	80	27	53	4	1	3	15	4	11
82	95	32	63	3	2	1	24	9	15
83	60	21	39	4		4	16	5	11
84	56	18	38	5	3	2	16	6	10
85-89岁	**132**	**54**	**78**	**14**	**9**	**5**	**47**	**19**	**28**
85	37	16	21	5	3	2	13	3	10
86	32	12	20				10	5	5
87	32	12	20	1	1		10	5	5
88	19	12	7	5	4	1	10	5	5
89	12	2	10	3	1	2	4	1	3
90-94岁	**31**	**14**	**17**	**2**	**1**	**1**	**10**	**4**	**6**
90	11	6	5				5	2	3
91	4	2	2	2	1	1	1		1
92	5	1	4				2	1	1
93	6	2	4						
94	5	3	2				2	1	1
95-99岁	**5**		**5**	**1**		**1**	**6**	**2**	**4**
95	1		1						
96	1		1				3		3
97	1		1				3	2	1
98	1		1						
99	1		1	1		1			
100岁及以上									

8-12　全区分性别、婚姻状况、居住状况的60岁及以上老年人口

单位：人

居住状况	60岁及以上人口			未　婚		
	合计	男	女	小计	男	女
总　计	**96276**	**47098**	**49178**	**464**	**416**	**48**
与配偶和子女同住	14667	8263	6404			
与配偶同住	53582	29392	24190			
与子女同住	14125	3946	10179	12	11	1
独居(有保姆)	151	65	86			
独居(无保姆)	10446	3746	6700	165	151	14
养老机构	523	301	222	144	128	16
其　他	2782	1385	1397	143	126	17

8-12　续表

单位：人

居住状况	有配偶			离　婚			丧　偶		
	小计	男	女	小计	男	女	小计	男	女
总　计	**74306**	**41052**	**33254**	**1346**	**661**	**685**	**20160**	**4969**	**15191**
与配偶和子女同住	14667	8263	6404						
与配偶同住	53582	29392	24190						
与子女同住	2892	1282	1610	378	146	232	10843	2507	8336
独居(有保姆)	27	19	8	6	3	3	118	43	75
独居(无保姆)	1645	1151	494	794	412	382	7842	2032	5810
养老机构	99	63	36	13	9	4	267	101	166
其　他	1394	882	512	155	91	64	1090	286	804

8-12a 全区分性别、婚姻状况、居住状况的60岁及以上老年人口(城市)

单位：人

居住状况	60岁及以上人口			未婚		
	合计	男	女	小计	男	女
总计	**36580**	**17269**	**19311**	**127**	**94**	**33**
与配偶和子女同住	5218	2908	2310			
与配偶同住	20733	11242	9491			
与子女同住	4846	1172	3674	3	2	1
独居(有保姆)	111	48	63			
独居(无保姆)	4441	1343	3098	42	32	10
养老机构	238	113	125	48	37	11
其他	993	443	550	34	23	11

8-12a 续表

单位：人

居住状况	有配偶			离婚			丧偶		
	小计	男	女	小计	男	女	小计	男	女
总计	**28045**	**15242**	**12803**	**894**	**396**	**498**	**7514**	**1537**	**5977**
与配偶和子女同住	5218	2908	2310						
与配偶同住	20733	11242	9491						
与子女同住	1053	425	628	258	88	170	3532	657	2875
独居(有保姆)	17	12	5	4	2	2	90	34	56
独居(无保姆)	520	336	184	529	247	282	3350	728	2622
养老机构	36	21	15	7	4	3	147	51	96
其他	468	298	170	96	55	41	395	67	328

8-12b 全区分性别、婚姻状况、居住状况的60岁及以上老年人口(镇)

单位：人

居住状况	60岁及以上人口			未婚		
	合计	男	女	小计	男	女
总　计	**18014**	**8762**	**9252**	**91**	**89**	**2**
与配偶和子女同住	2651	1514	1137			
与配偶同住	9910	5426	4484			
与子女同住	2878	802	2076	1	1	
独居(有保姆)	21	8	13			
独居(无保姆)	1894	658	1236	18	17	1
养老机构	166	111	55	55	54	1
其　他	494	243	251	17	17	

8-12b 续表

单位：人

居住状况	有配偶			离婚			丧偶		
	小计	男	女	小计	男	女	小计	男	女
总　计	**13870**	**7648**	**6222**	**209**	**96**	**113**	**3844**	**929**	**2915**
与配偶和子女同住	2651	1514	1137						
与配偶同住	9910	5426	4484						
与子女同住	671	284	387	60	21	39	2146	496	1650
独居(有保姆)	1		1	1	1		19	7	12
独居(无保姆)	337	236	101	121	59	62	1418	346	1072
养老机构	41	30	11	2	1	1	68	26	42
其　他	259	158	101	25	14	11	193	54	139

8-12c 全区分性别、婚姻状况、居住状况的60岁及以上老年人口(乡村)

单位：人

居住状况	60岁及以上人口			未婚		
	合计	男	女	小计	男	女
总 计	**41682**	**21067**	**20615**	**246**	**233**	**13**
与配偶和子女同住	6798	3841	2957			
与配偶同住	22939	12724	10215			
与子女同住	6401	1972	4429	8	8	
独居(有保姆)	19	9	10			
独居(无保姆)	4111	1745	2366	105	102	3
养老机构	119	77	42	41	37	4
其 他	1295	699	596	92	86	6

8-12c 续表

单位：人

居住状况	有配偶			离婚			丧偶		
	小计	男	女	小计	男	女	小计	男	女
总 计	**32391**	**18162**	**14229**	**243**	**169**	**74**	**8802**	**2503**	**6299**
与配偶和子女同住	6798	3841	2957						
与配偶同住	22939	12724	10215						
与子女同住	1168	573	595	60	37	23	5165	1354	3811
独居(有保姆)	9	7	2	1		1	9	2	7
独居(无保姆)	788	579	209	144	106	38	3074	958	2116
养老机构	22	12	10	4	4		52	24	28
其 他	667	426	241	34	22	12	502	165	337

第二部分　长表数据资料

第九卷　住房

9-1 各地区按建筑层数、承重类型分的家庭户户数

单位：户

地 区	合 计	建筑层数				承重类型				
		平房	多层(7层及以下)	高层(8-33层)	超高层(34层及以上)	钢及钢筋混凝土结构	混合结构	砖木结构	竹草土坯结构	其他结构
宁 夏	**233945**	**77207**	**115665**	**40724**	**349**	**97625**	**77994**	**56622**	**489**	**1215**
银川市	**94525**	**11727**	**53246**	**29204**	**348**	**54888**	**33163**	**6151**	**33**	**290**
兴庆区	27948	1933	18034	7929	52	12938	14243	713	5	49
西夏区	12747	1498	7943	3306		5929	5904	780	7	127
金凤区	22897	910	9856	11835	296	17090	5311	478		18
永宁县	10395	2336	6470	1589		5591	3867	906	1	30
贺兰县	11567	2553	6203	2811		7127	2931	1460	10	39
灵武市	8971	2497	4740	1734		6213	907	1814	10	27
石嘴山市	**28028**	**6482**	**19592**	**1954**		**6533**	**15987**	**5444**	**28**	**36**
大武口区	10825	1195	8319	1311		3370	6562	885	3	5
惠农区	7295	1514	5434	347		1976	4050	1245	4	20
平罗县	9908	3773	5839	296		1187	5375	3314	21	11
吴忠市	**43291**	**20126**	**19541**	**3624**		**15979**	**11105**	**15640**	**199**	**368**
利通区	15521	3156	9977	2388		8517	4586	2217	82	119
红寺堡区	5149	3896	1157	96		778	1289	3063		19
盐池县	5120	2687	2043	390		2022	892	2029	38	139
同心县	8601	6956	1305	340		1849	1170	5527	32	23
青铜峡市	8900	3431	5059	410		2813	3168	2804	47	68
固原市	**35015**	**20788**	**11130**	**3097**		**13440**	**5183**	**16152**	**29**	**211**
原州区	14692	6597	5802	2293		7202	2486	4891	14	99
西吉县	8759	6696	1877	186		2399	1410	4911		39
隆德县	3695	2194	1377	124		1592	370	1723	1	9
泾源县	2578	1863	573	142		619	252	1702	1	4
彭阳县	5291	3438	1501	352		1628	665	2925	13	60
中卫市	**33086**	**18084**	**12156**	**2845**	**1**	**6785**	**12556**	**13235**	**200**	**310**
沙坡头区	13123	4902	6493	1727	1	3197	5206	4486	165	69
中宁县	10668	5571	4098	999		2374	3864	4342	28	60
海原县	9295	7611	1565	119		1214	3486	4407	7	181

注：本表数据为居住在普通住宅的家庭户，下表同。

9-1a 各地区按建筑层数、承重类型分的家庭户户数(城市)

单位：户

地区	合计	建筑层数				承重类型				
		平房	多层(7层及以下)	高层(8-33层)	超高层(34层及以上)	钢及钢筋混凝土结构	混合结构	砖木结构	竹草土坯结构	其他结构
宁夏	**101321**	**3091**	**68331**	**29805**	**94**	**56813**	**42545**	**1697**	**13**	**253**
银川市	**55801**	**808**	**33072**	**21828**	**93**	**34406**	**20834**	**404**	**6**	**151**
兴庆区	21416	182	13959	7223	52	10719	10642	27		28
西夏区	11177	534	7338	3305		5747	4959	357	6	108
金凤区	18629	78	8353	10157	41	13831	4765	20		13
永宁县										
贺兰县	142	2	136	4		31	111			
灵武市	4437	12	3286	1139		4078	357			2
石嘴山市	**14167**	**589**	**11945**	**1633**		**4390**	**9427**	**335**	**3**	**12**
大武口区	9512	283	7923	1306		3036	6330	142	3	1
惠农区	4655	306	4022	327		1354	3097	193		11
平罗县										
吴忠市	**16287**	**1073**	**12736**	**2478**		**9072**	**6380**	**760**	**1**	**74**
利通区	10311	246	8040	2025		6234	3911	101	1	64
红寺堡区	1928	729	1104	95		637	712	569		10
盐池县										
同心县										
青铜峡市	4048	98	3592	358		2201	1757	90		
固原市	**7699**	**467**	**5037**	**2195**		**6155**	**1447**	**79**	**2**	**16**
原州区	7699	467	5037	2195		6155	1447	79	2	16
西吉县										
隆德县										
泾源县										
彭阳县										
中卫市	**7367**	**154**	**5541**	**1671**	**1**	**2790**	**4457**	**119**	**1**	
沙坡头区	7367	154	5541	1671	1	2790	4457	119	1	
中宁县										
海原县										

9−1b　各地区按建筑层数、承重类型分的家庭户户数(镇)

单位：户

地　区	合　计	建筑层数				承重类型				
		平房	多层(7层及以下)	高层(8−33层)	超高层(34层及以上)	钢及钢筋混凝土结构	混合结构	砖木结构	竹草土坯结　构	其他结构
宁　夏	**52972**	**8697**	**36285**	**7990**		**27116**	**19629**	**5974**	**43**	**210**
银川市	**20801**	**1074**	**14681**	**5046**		**13290**	**7060**	**434**		**17**
兴庆区	4207	41	3740	426		1624	2567	12		4
西夏区	390	52	338			7	366	15		2
金凤区	345	109	143	93		252	8	85		
永宁县	6552	507	4655	1390		4031	2434	84		3
贺兰县	7321	169	4492	2660		5658	1550	108		5
灵武市	1986	196	1313	477		1718	135	130		3
石嘴山市	**7794**	**611**	**6871**	**312**		**1559**	**5826**	**407**		**2**
大武口区	614	215	394	5		322	166	125		1
惠农区	1306	204	1084	18		282	873	150		1
平罗县	5874	192	5393	289		955	4787	132		
吴忠市	**8250**	**3082**	**4440**	**728**		**4268**	**1471**	**2366**	**25**	**120**
利通区	695	179	516			507	52	129	3	4
红寺堡区	136	109	27			21	31	82		2
盐池县	2766	432	1946	388		1925	419	324	1	97
同心县	3627	2035	1252	340		1622	339	1643	15	8
青铜峡市	1026	327	699			193	630	188	6	9
固原市	**7374**	**1685**	**4896**	**793**		**5183**	**1048**	**1128**	**2**	**13**
原州区	606	549	56	1		56	85	462	2	1
西吉县	2511	579	1750	182		1882	398	225		6
隆德县	1382	96	1163	123		1195	96	88		3
泾源县	871	231	499	141		560	106	204		1
彭阳县	2004	230	1428	346		1490	363	149		2
中卫市	**8753**	**2245**	**5397**	**1111**		**2816**	**4224**	**1639**	**16**	**58**
沙坡头区	559	444	115			32	101	407	11	8
中宁县	5360	556	3808	996		2041	2974	328	5	12
海原县	2834	1245	1474	115		743	1149	904		38

9-1c 各地区按建筑层数、承重类型分的家庭户户数(乡村)

单位：户

地区	合计	建筑层数				承重类型				
		平房	多层(7层及以下)	高层(8-33层)	超高层(34层及以上)	钢及钢筋混凝土结构	混合结构	砖木结构	竹草土坯结构	其他结构
宁夏	**79652**	**65419**	**11049**	**2929**	**255**	**13696**	**15820**	**48951**	**433**	**752**
银川市	**17923**	**9845**	**5493**	**2330**	**255**	**7192**	**5269**	**5313**	**27**	**122**
兴庆区	2325	1710	335	280		595	1034	674	5	17
西夏区	1180	912	267	1		175	579	408	1	17
金凤区	3923	723	1360	1585	255	3007	538	373		5
永宁县	3843	1829	1815	199		1560	1433	822	1	27
贺兰县	4104	2382	1575	147		1438	1270	1352	10	34
灵武市	2548	2289	141	118		417	415	1684	10	22
石嘴山市	**6067**	**5282**	**776**	**9**		**584**	**734**	**4702**	**25**	**22**
大武口区	699	697	2			12	66	618		3
惠农区	1334	1004	328	2		340	80	902	4	8
平罗县	4034	3581	446	7		232	588	3182	21	11
吴忠市	**18754**	**15971**	**2365**	**418**		**2639**	**3254**	**12514**	**173**	**174**
利通区	4515	2731	1421	363		1776	623	1987	78	51
红寺堡区	3085	3058	26	1		120	546	2412		7
盐池县	2354	2255	97	2		97	473	1705	37	42
同心县	4974	4921	53			227	831	3884	17	15
青铜峡市	3826	3006	768	52		419	781	2526	41	59
固原市	**19942**	**18636**	**1197**	**109**		**2102**	**2688**	**14945**	**25**	**182**
原州区	6387	5581	709	97		991	954	4350	10	82
西吉县	6248	6117	127	4		517	1012	4686		33
隆德县	2313	2098	214	1		397	274	1635	1	6
泾源县	1707	1632	74	1		59	146	1498	1	3
彭阳县	3287	3208	73	6		138	302	2776	13	58
中卫市	**16966**	**15685**	**1218**	**63**		**1179**	**3875**	**11477**	**183**	**252**
沙坡头区	5197	4304	837	56		375	648	3960	153	61
中宁县	5308	5015	290	3		333	890	4014	23	48
海原县	6461	6366	91	4		471	2337	3503	7	143

9-2　各地区按住房建成时间分的家庭户住房状况

单位：户、间、平方米

地　区	合　计			1949年以前		
	户数	间数	面积	户数	间数	面积
宁　夏	**233945**	**620295**	**22879588**	**15**	**46**	**1428**
银川市	**94525**	**238126**	**9327117**	**2**	**3**	**182**
兴庆区	27948	66055	2583456			
西夏区	12747	30440	1130477			
金凤区	22897	60688	2495966			
永宁县	10395	26976	1020263			
贺兰县	11567	29219	1166788	2	3	182
灵武市	8971	24748	930167			
石嘴山市	**28028**	**68782**	**2495249**	**2**	**3**	**101**
大武口区	10825	27219	983847	1	1	16
惠农区	7295	16969	585282	1	2	85
平罗县	9908	24594	926120			
吴忠市	**43291**	**118894**	**4470038**	**3**	**7**	**277**
利通区	15521	39829	1632720			
红寺堡区	5149	15520	557355			
盐池县	5120	13698	484880			
同心县	8601	25888	976280	2	6	237
青铜峡市	8900	23959	818803	1	1	40
固原市	**35015**	**98578**	**3239838**	**6**	**28**	**690**
原州区	14692	39120	1451949	3	7	218
西吉县	8759	23655	788796			
隆德县	3695	10804	327350			
泾源县	2578	11124	248448			
彭阳县	5291	13875	423295	3	21	472
中卫市	**33086**	**95915**	**3347346**	**2**	**5**	**178**
沙坡头区	13123	36523	1304454	1	2	58
中宁县	10668	32076	1103760	1	3	120
海原县	9295	27316	939132			

9-2 续表 1　　单位：户、间、平方米

地　区	1949-1959年			1960-1969年		
	户数	间数	面积	户数	间数	面积
宁　夏	**72**	**169**	**5680**	**215**	**542**	**16813**
银川市	**33**	**73**	**2361**	**110**	**263**	**7047**
兴庆区	1	3	56	4	10	390
西夏区	12	25	730	76	177	4510
金凤区						
永宁县	2	4	106	10	22	507
贺兰县	13	28	1083	13	41	1251
灵武市	5	13	386	7	13	389
石嘴山市	**5**	**10**	**397**	**33**	**65**	**2288**
大武口区	2	5	160	7	10	269
惠农区	2	3	137	16	30	1087
平罗县	1	2	100	10	25	932
吴忠市	**12**	**26**	**883**	**25**	**76**	**2360**
利通区	6	9	285	13	38	1353
红寺堡区						
盐池县	2	5	130	4	13	395
同心县	3	9	364	1	3	74
青铜峡市	1	3	104	7	22	538
固原市	**20**	**53**	**1829**	**39**	**119**	**4660**
原州区	11	28	1148	27	83	3744
西吉县						
隆德县						
泾源县				1	3	40
彭阳县	9	25	681	11	33	876
中卫市	**2**	**7**	**210**	**8**	**19**	**458**
沙坡头区				6	10	298
中宁县				1	6	120
海原县	2	7	210	1	3	40

9-2　续表 2　　　　单位：户、间、平方米

地　区	1970-1979年			1980-1989年			1990-1999年		
	户数	间数	面积	户数	间数	面积	户数	间数	面积
宁　夏	**950**	**2264**	**69577**	**7491**	**18406**	**580052**	**29851**	**77529**	**2538600**
银川市	**496**	**1046**	**31127**	**3410**	**7174**	**231265**	**13236**	**30758**	**1020096**
兴庆区	116	209	7448	1567	2980	97114	6515	13778	456220
西夏区	222	415	11970	947	1876	58181	2330	5219	162182
金凤区	39	103	2516	212	517	15011	1261	2991	98828
永宁县	41	116	2823	197	518	15433	788	2202	69126
贺兰县	45	104	3291	240	542	18822	1197	3063	107967
灵武市	33	99	3079	247	741	26704	1145	3505	125773
石嘴山市	**126**	**278**	**9081**	**1467**	**3372**	**107892**	**5324**	**13372**	**453380**
大武口区	39	89	2781	485	1168	35634	1603	4248	139781
惠农区	52	106	3505	618	1309	41040	1710	4078	131577
平罗县	35	83	2795	364	895	31218	2011	5046	182022
吴忠市	**162**	**463**	**14032**	**1476**	**4380**	**141444**	**6013**	**17174**	**575588**
利通区	47	127	4450	575	1842	66674	2302	6415	242440
红寺堡区	1	2	90	7	15	351	97	321	10359
盐池县	37	88	2556	194	512	15509	607	1604	49910
同心县	14	48	1777	192	570	18659	764	2253	77075
青铜峡市	63	198	5159	508	1441	40251	2243	6581	195804
固原市	**75**	**210**	**7300**	**359**	**959**	**29785**	**1553**	**4414**	**136821**
原州区	51	125	5235	238	616	20836	814	2144	72797
西吉县	1	1	50	43	95	3100	188	437	15407
隆德县	4	10	348	17	56	1390	194	572	17549
泾源县	2	15	270	17	81	1445	121	575	11814
彭阳县	17	59	1397	44	111	3014	236	686	19254
中卫市	**91**	**267**	**8037**	**779**	**2521**	**69666**	**3725**	**11811**	**352715**
沙坡头区	56	145	4679	396	1115	33567	1642	4667	146796
中宁县	22	86	2357	253	1040	25503	1398	5025	144992
海原县	13	36	1001	130	366	10596	685	2119	60927

9-2 续表 3

单位：户、间、平方米

地　区	2000-2009年			2010-2014年			2015年以后		
	户数	间数	面积	户数	间数	面积	户数	间数	面积
宁　夏	**71714**	**194129**	**7211419**	**77235**	**201108**	**7702886**	**46402**	**126102**	**4753133**
银川市	**30156**	**77688**	**3067168**	**29915**	**76677**	**3131855**	**17167**	**44444**	**1836016**
兴庆区	10151	25441	1020886	4972	12492	532799	4622	11142	468543
西夏区	3656	9389	354201	3381	7991	321434	2123	5348	217269
金凤区	7000	18457	753281	8338	22035	928016	6047	16585	698314
永宁县	2528	6702	251539	5668	14378	563220	1161	3034	117509
贺兰县	3856	9451	374178	4563	11549	477473	1638	4438	182541
灵武市	2965	8248	313083	2993	8232	308913	1576	3897	151840
石嘴山市	**11343**	**28387**	**1038427**	**7849**	**18729**	**708856**	**1879**	**4566**	**174827**
大武口区	5295	13639	494773	2893	6898	261904	500	1161	48529
惠农区	2707	6435	227760	1784	4097	149498	405	909	30593
平罗县	3341	8313	315894	3172	7734	297454	974	2496	95705
吴忠市	**13628**	**38502**	**1440834**	**14675**	**38280**	**1508175**	**7297**	**19986**	**786445**
利通区	4958	13181	544111	5366	12556	536054	2254	5661	237353
红寺堡区	1899	5823	202209	2096	6151	222237	1049	3208	122109
盐池县	1689	4697	166987	1375	3595	135219	1212	3184	114174
同心县	2554	7633	280553	3024	9208	352694	2047	6158	244847
青铜峡市	2528	7168	246974	2814	6770	261971	735	1775	67962
固原市	**7399**	**21811**	**713416**	**13443**	**36722**	**1225660**	**12121**	**34262**	**1119677**
原州区	3716	10301	383256	5550	14665	545481	4282	11151	419234
西吉县	1134	2879	100441	3111	8480	283769	4282	11763	386029
隆德县	637	1951	61406	1478	4028	123715	1365	4187	122942
泾源县	770	3605	72925	992	3786	92990	675	3059	68964
彭阳县	1142	3075	95388	2312	5763	179705	1517	4102	122508
中卫市	**9188**	**27741**	**951574**	**11353**	**30700**	**1128340**	**7938**	**22844**	**836168**
沙坡头区	4139	12039	423184	4720	12409	463379	2163	6136	232493
中宁县	3203	10086	347111	3836	10381	385195	1954	5449	198362
海原县	1846	5616	181279	2797	7910	279766	3821	11259	405313

9–2a　各地区按住房建成时间分的家庭户住房状况(城市)

单位：户、间、平方米

地　区	合　计			1949年以前		
	户数	间数	面积	户数	间数	面积
宁　夏	**101321**	**246715**	**9772336**	**1**	**2**	**58**
银川市	**55801**	**136628**	**5473858**			
兴庆区	21416	50724	1998301			
西夏区	11177	25153	947655			
金凤区	18629	48829	2055148			
永宁县						
贺兰县	142	320	13251			
灵武市	4437	11602	459503			
石嘴山市	**14167**	**33829**	**1209211**			
大武口区	9512	23276	841854			
惠农区	4655	10553	367357			
平罗县						
吴忠市	**16287**	**39560**	**1608655**			
利通区	10311	24390	1018775			
红寺堡区	1928	5546	212243			
盐池县						
同心县						
青铜峡市	4048	9624	377637			
固原市	**7699**	**19138**	**778908**			
原州区	7699	19138	778908			
西吉县						
隆德县						
泾源县						
彭阳县						
中卫市	**7367**	**17560**	**701704**	**1**	**2**	**58**
沙坡头区	7367	17560	701704	1	2	58
中宁县						
海原县						

9-2a 续表 1

单位：户、间、平方米

地区	1949-1959年			1960-1969年		
	户数	间数	面积	户数	间数	面积
宁夏	**20**	**38**	**1186**	**94**	**210**	**5626**
银川市	**12**	**25**	**690**	**71**	**166**	**4137**
兴庆区	1	3	56	2	7	235
西夏区	11	22	634	69	159	3902
金凤区						
永宁县						
贺兰县						
灵武市						
石嘴山市	**1**	**2**	**65**	**17**	**30**	**934**
大武口区				7	10	269
惠农区	1	2	65	10	20	665
平罗县						
吴忠市	**5**	**7**	**249**	**4**	**9**	**409**
利通区	4	4	145	4	9	409
红寺堡区						
盐池县						
同心县						
青铜峡市	1	3	104			
固原市	**2**	**4**	**182**	**1**	**3**	**86**
原州区	2	4	182	1	3	86
西吉县						
隆德县						
泾源县						
彭阳县						
中卫市				**1**	**2**	**60**
沙坡头区				1	2	60
中宁县						
海原县						

9–2a　续表 2　　　　单位：户、间、平方米

地　区	1970–1979年			1980–1989年			1990–1999年		
	户数	间数	面积	户数	间数	面积	户数	间数	面积
宁　夏	**427**	**847**	**25205**	**3937**	**7860**	**248284**	**14681**	**32321**	**1076921**
银川市	**309**	**603**	**17407**	**2539**	**4872**	**154689**	**9019**	**19341**	**636266**
兴庆区	78	154	4987	1422	2687	87551	5357	11285	375475
西夏区	192	346	9904	919	1773	54836	2186	4640	143707
金凤区	39	103	2516	183	377	11287	1153	2559	87188
永宁县									
贺兰县									
灵武市				15	35	1015	323	857	29896
石嘴山市	**79**	**170**	**5379**	**946**	**2042**	**62447**	**2489**	**5891**	**190424**
大武口区	38	87	2725	446	1043	30978	1446	3718	120954
惠农区	41	83	2654	500	999	31469	1043	2173	69470
平罗县									
吴忠市	**7**	**21**	**529**	**191**	**398**	**13417**	**1859**	**4101**	**148566**
利通区	6	13	379	185	386	13066	1280	2792	103282
红寺堡区							11	30	1392
盐池县									
同心县									
青铜峡市	1	8	150	6	12	351	568	1279	43892
固原市	**12**	**22**	**955**	**104**	**237**	**8045**	**453**	**1091**	**39301**
原州区	12	22	955	104	237	8045	453	1091	39301
西吉县									
隆德县									
泾源县									
彭阳县									
中卫市	**20**	**31**	**935**	**157**	**311**	**9686**	**861**	**1897**	**62364**
沙坡头区	20	31	935	157	311	9686	861	1897	62364
中宁县									
海原县									

9-2a 续表 3

单位：户、间、平方米

地　区	2000-2009年			2010-2014年			2015年以后		
	户数	间数	面积	户数	间数	面积	户数	间数	面积
宁　夏	**35166**	**88260**	**3509987**	**30495**	**74783**	**3111072**	**16500**	**42394**	**1793997**
银川市	**17995**	**45540**	**1856187**	**15075**	**38200**	**1622226**	**10781**	**27881**	**1182256**
兴庆区	7151	18400	742260	3708	9416	411428	3697	8772	376309
西夏区	3088	7144	279611	2925	6648	272165	1787	4421	182896
金凤区	6222	16063	676510	6453	17064	734731	4579	12663	542916
永宁县									
贺兰县	96	225	8576	46	95	4675			
灵武市	1438	3708	149230	1943	4977	199227	718	2025	80135
石嘴山市	**6739**	**16471**	**591389**	**3321**	**7920**	**304951**	**575**	**1303**	**53622**
大武口区	4641	11528	415130	2464	5815	227015	470	1075	44783
惠农区	2098	4943	176259	857	2105	77936	105	228	8839
平罗县									
吴忠市	**5975**	**15160**	**615796**	**6182**	**14819**	**618307**	**2064**	**5045**	**211382**
利通区	3913	9531	401668	3589	8467	364068	1330	3188	135758
红寺堡区	767	2328	83921	857	2305	90726	293	883	36204
盐池县									
同心县									
青铜峡市	1295	3301	130207	1736	4047	163513	441	974	39420
固原市	**2452**	**6302**	**251057**	**2920**	**6842**	**279445**	**1755**	**4637**	**199837**
原州区	2452	6302	251057	2920	6842	279445	1755	4637	199837
西吉县									
隆德县									
泾源县									
彭阳县									
中卫市	**2005**	**4787**	**195558**	**2997**	**7002**	**286143**	**1325**	**3528**	**146900**
沙坡头区	2005	4787	195558	2997	7002	286143	1325	3528	146900
中宁县									
海原县									

9-2b　各地区按住房建成时间分的家庭户住房状况(镇)

单位：户、间、平方米

地　区	合　计			1949年以前		
	户数	间数	面积	户数	间数	面积
宁　夏	**52972**	**132679**	**5056377**	**2**	**6**	**240**
银川市	**20801**	**51224**	**2035109**			
兴庆区	4207	9448	376420			
西夏区	390	1005	38840			
金凤区	345	1077	37997			
永宁县	6552	16278	636347			
贺兰县	7321	18641	772290			
灵武市	1986	4775	173215			
石嘴山市	**7794**	**18787**	**704702**			
大武口区	614	1488	50434			
惠农区	1306	3052	104966			
平罗县	5874	14247	549302			
吴忠市	**8250**	**21952**	**834819**	**1**	**3**	**120**
利通区	695	1528	58681			
红寺堡区	136	318	8900			
盐池县	2766	7090	273874			
同心县	3627	10442	413436	1	3	120
青铜峡市	1026	2574	79928			
固原市	**7374**	**17979**	**637600**			
原州区	606	1659	54010			
西吉县	2511	5685	210737			
隆德县	1382	3440	123497			
泾源县	871	2817	90086			
彭阳县	2004	4378	159270			
中卫市	**8753**	**22737**	**844147**	**1**	**3**	**120**
沙坡头区	559	1684	57957			
中宁县	5360	14085	526594	1	3	120
海原县	2834	6968	259596			

9-2b 续表 1　　单位：户、间、平方米

地　区	1949-1959年			1960-1969年		
	户数	间数	面积	户数	间数	面积
宁　夏	**8**	**26**	**841**	**10**	**25**	**647**
银川市	**3**	**9**	**241**	**5**	**12**	**272**
兴庆区						
西夏区						
金凤区						
永宁县	2	4	106	4	11	232
贺兰县						
灵武市	1	5	135	1	1	40
石嘴山市				**1**	**2**	**80**
大武口区						
惠农区						
平罗县				1	2	80
吴忠市	**3**	**10**	**390**	**4**	**11**	**295**
利通区						
红寺堡区						
盐池县	1	2	50			
同心县	2	8	340			
青铜峡市				4	11	295
固原市						
原州区						
西吉县						
隆德县						
泾源县						
彭阳县						
中卫市	**2**	**7**	**210**			
沙坡头区						
中宁县						
海原县	2	7	210			

9-2b 续表 2 单位：户、间、平方米

地 区	1970-1979年			1980-1989年			1990-1999年		
	户数	间数	面积	户数	间数	面积	户数	间数	面积
宁 夏	**112**	**300**	**8455**	**928**	**2274**	**69835**	**4685**	**11941**	**392491**
银川市	**39**	**112**	**2761**	**233**	**542**	**15820**	**1507**	**3584**	**114546**
兴庆区				76	126	3829	687	1363	44597
西夏区				4	10	360	3	7	250
金凤区				7	31	950	24	103	2766
永宁县	30	88	2025	96	235	6548	353	955	29636
贺兰县	1	4	100	21	53	1694	254	644	20194
灵武市	8	20	636	29	87	2439	186	512	17103
石嘴山市	**5**	**11**	**388**	**136**	**302**	**10111**	**746**	**1864**	**64089**
大武口区	1	2	56	20	44	1300	28	70	3053
惠农区	1	2	86	31	70	2034	201	572	17829
平罗县	3	7	246	85	188	6777	517	1222	43207
吴忠市	**42**	**111**	**3428**	**377**	**937**	**28736**	**1072**	**2805**	**93964**
利通区	2	4	140	14	39	1578	99	266	9848
红寺堡区	1	2	90	6	11	301	29	85	2352
盐池县	1	3	80	22	51	1590	253	615	20837
同心县	12	44	1647	106	322	10599	337	961	33973
青铜峡市	26	58	1471	229	514	14668	354	878	26954
固原市	**8**	**24**	**666**	**63**	**139**	**4504**	**412**	**1076**	**35158**
原州区	4	9	308	16	28	1002	62	203	5901
西吉县	1	1	50	34	75	2426	120	263	9213
隆德县	2	4	158	10	25	762	147	396	13465
泾源县	1	10	150	1	4	130	29	105	3133
彭阳县				2	7	184	54	109	3446
中卫市	**18**	**42**	**1212**	**119**	**354**	**10664**	**948**	**2612**	**84734**
沙坡头区	6	16	385	27	92	2661	97	300	10020
中宁县	4	11	372	50	165	4884	586	1616	54115
海原县	8	15	455	42	97	3119	265	696	20599

9－2b 续表 3　　　　单位：户、间、平方米

地区	2000－2009年			2010－2014年			2015年以后		
	户数	间数	面积	户数	间数	面积	户数	间数	面积
宁　夏	**16559**	**42818**	**1628930**	**21324**	**51672**	**2033540**	**9344**	**23617**	**921398**
银川市	**7702**	**19144**	**755548**	**7739**	**18902**	**788759**	**3573**	**8919**	**357162**
兴庆区	2426	5731	234981	674	1458	62695	344	770	30318
西夏区	24	93	3051	162	376	15447	197	519	19732
金凤区	54	256	6912	50	184	6152	210	503	21217
永宁县	1813	4655	179366	3327	7960	325069	927	2370	93365
贺兰县	2719	6700	268948	3037	7674	332617	1289	3566	148737
灵武市	666	1709	62290	489	1250	46779	606	1191	43793
石嘴山市	**2304**	**5733**	**218081**	**3764**	**8860**	**334259**	**838**	**2015**	**77694**
大武口区	206	554	20496	340	774	23473	19	44	2056
惠农区	111	346	11407	771	1655	60201	191	407	13409
平罗县	1987	4833	186178	2653	6431	250585	628	1564	62229
吴忠市	**2459**	**6939**	**259119**	**2719**	**6906**	**278153**	**1573**	**4230**	**170614**
利通区	106	307	11389	435	814	31903	39	98	3823
红寺堡区	42	108	3046	37	64	1843	21	48	1268
盐池县	930	2483	93858	925	2293	92622	634	1643	64837
同心县	1122	3319	128061	1181	3391	139419	866	2394	99277
青铜峡市	259	722	22765	141	344	12366	13	47	1409
固原市	**1761**	**4638**	**163298**	**3545**	**8227**	**295625**	**1585**	**3875**	**138349**
原州区	142	436	14337	192	499	16253	190	484	16209
西吉县	691	1579	59271	980	2305	86105	685	1462	53672
隆德县	299	789	29034	688	1593	57674	236	633	22404
泾源县	202	763	21695	471	1265	43894	167	670	21084
彭阳县	427	1071	38961	1214	2565	91699	307	626	24980
中卫市	**2333**	**6364**	**232884**	**3557**	**8777**	**336744**	**1775**	**4578**	**177579**
沙坡头区	186	550	18262	179	547	20004	64	179	6625
中宁县	1574	4367	166447	2374	5975	227559	771	1948	73097
海原县	573	1447	48175	1004	2255	89181	940	2451	97857

9–2c　各地区按住房建成时间分的家庭户住房状况(乡村)

单位：户、间、平方米

地　区	合　计			1949年以前		
	户数	间数	面积	户数	间数	面积
宁　夏	**79652**	**240901**	**8050875**	**12**	**38**	**1130**
银川市	**17923**	**50274**	**1818150**	**2**	**3**	**182**
兴庆区	2325	5883	208735			
西夏区	1180	4282	143982			
金凤区	3923	10782	402821			
永宁县	3843	10698	383916			
贺兰县	4104	10258	381247	2	3	182
灵武市	2548	8371	297449			
石嘴山市	**6067**	**16166**	**581336**	**2**	**3**	**101**
大武口区	699	2455	91559	1	1	16
惠农区	1334	3364	112959	1	2	85
平罗县	4034	10347	376818			
吴忠市	**18754**	**57382**	**2026564**	**2**	**4**	**157**
利通区	4515	13911	555264			
红寺堡区	3085	9656	336212			
盐池县	2354	6608	211006			
同心县	4974	15446	562844	1	3	117
青铜峡市	3826	11761	361238	1	1	40
固原市	**19942**	**61461**	**1823330**	**6**	**28**	**690**
原州区	6387	18323	619031	3	7	218
西吉县	6248	17970	578059			
隆德县	2313	7364	203853			
泾源县	1707	8307	158362			
彭阳县	3287	9497	264025	3	21	472
中卫市	**16966**	**55618**	**1801495**			
沙坡头区	5197	17279	544793			
中宁县	5308	17991	577166			
海原县	6461	20348	679536			

9-2c 续表 1

单位：户、间、平方米

地　区	1949-1959年			1960-1969年		
	户数	间数	面积	户数	间数	面积
宁　夏	**44**	**105**	**3653**	**111**	**307**	**10540**
银川市	**18**	**39**	**1430**	**34**	**85**	**2638**
兴庆区				2	3	155
西夏区	1	3	96	7	18	608
金凤区						
永宁县				6	11	275
贺兰县	13	28	1083	13	41	1251
灵武市	4	8	251	6	12	349
石嘴山市	**4**	**8**	**332**	**15**	**33**	**1274**
大武口区	2	5	160			
惠农区	1	1	72	6	10	422
平罗县	1	2	100	9	23	852
吴忠市	**4**	**9**	**244**	**17**	**56**	**1656**
利通区	2	5	140	9	29	944
红寺堡区						
盐池县	1	3	80	4	13	395
同心县	1	1	24	1	3	74
青铜峡市				3	11	243
固原市	**18**	**49**	**1647**	**38**	**116**	**4574**
原州区	9	24	966	26	80	3658
西吉县						
隆德县						
泾源县				1	3	40
彭阳县	9	25	681	11	33	876
中卫市				**7**	**17**	**398**
沙坡头区				5	8	238
中宁县				1	6	120
海原县				1	3	40

9-2c　续表 2　　　　单位：户、间、平方米

地　区	1970—1979年			1980—1989年			1990—1999年		
	户数	间数	面积	户数	间数	面积	户数	间数	面积
宁　夏	**411**	**1117**	**35917**	**2626**	**8272**	**261933**	**10485**	**33267**	**1069188**
银川市	**148**	**331**	**10959**	**638**	**1760**	**60756**	**2710**	**7833**	**269284**
兴庆区	38	55	2461	69	167	5734	471	1130	36148
西夏区	30	69	2066	24	93	2985	141	572	18225
金凤区				22	109	2774	84	329	8874
永宁县	11	28	798	101	283	8885	435	1247	39490
贺兰县	44	100	3191	219	489	17128	943	2419	87773
灵武市	25	79	2443	203	619	23250	636	2136	78774
石嘴山市	**42**	**97**	**3314**	**385**	**1028**	**35334**	**2089**	**5617**	**198867**
大武口区				19	81	3356	129	460	15774
惠农区	10	21	765	87	240	7537	466	1333	44278
平罗县	32	76	2549	279	707	24441	1494	3824	138815
吴忠市	**113**	**331**	**10075**	**908**	**3045**	**99291**	**3082**	**10268**	**333058**
利通区	39	110	3931	376	1417	52030	923	3357	129310
红寺堡区				1	4	50	57	206	6615
盐池县	36	85	2476	172	461	13919	354	989	29073
同心县	2	4	130	86	248	8060	427	1292	43102
青铜峡市	36	132	3538	273	915	25232	1321	4424	124958
固原市	**55**	**164**	**5679**	**192**	**583**	**17236**	**688**	**2247**	**62362**
原州区	35	94	3972	118	351	11789	299	850	27595
西吉县				9	20	674	68	174	6194
隆德县	2	6	190	7	31	628	47	176	4084
泾源县	1	5	120	16	77	1315	92	470	8681
彭阳县	17	59	1397	42	104	2830	182	577	15808
中卫市	**53**	**194**	**5890**	**503**	**1856**	**49316**	**1916**	**7302**	**205617**
沙坡头区	30	98	3359	212	712	21220	684	2470	74412
中宁县	18	75	1985	203	875	20619	812	3409	90877
海原县	5	21	546	88	269	7477	420	1423	40328

9-2c 续表 3 单位：户、间、平方米

地区	2000-2009年			2010-2014年			2015年以后		
	户数	间数	面积	户数	间数	面积	户数	间数	面积
宁 夏	**19989**	**63051**	**2072502**	**25416**	**74653**	**2558274**	**20558**	**60091**	**2037738**
银川市	**4459**	**13004**	**455433**	**7101**	**19575**	**720870**	**2813**	**7644**	**296598**
兴庆区	574	1310	43645	590	1618	58676	581	1600	61916
西夏区	544	2152	71539	294	967	33822	139	408	14641
金凤区	724	2138	69859	1835	4787	187133	1258	3419	134181
永宁县	715	2047	72173	2341	6418	238151	234	664	24144
贺兰县	1041	2526	96654	1480	3780	140181	349	872	33804
灵武市	861	2831	101563	561	2005	62907	252	681	27912
石嘴山市	**2300**	**6183**	**228957**	**764**	**1949**	**69646**	**466**	**1248**	**43511**
大武口区	448	1557	59147	89	309	11416	11	42	1690
惠农区	498	1146	40094	156	337	11361	109	274	8345
平罗县	1354	3480	129716	519	1303	46869	346	932	33476
吴忠市	**5194**	**16403**	**565919**	**5774**	**16555**	**611715**	**3660**	**10711**	**404449**
利通区	939	3343	131054	1342	3275	140083	885	2375	97772
红寺堡区	1090	3387	115242	1202	3782	129668	735	2277	84637
盐池县	759	2214	73129	450	1302	42597	578	1541	49337
同心县	1432	4314	152492	1843	5817	213275	1181	3764	145570
青铜峡市	974	3145	94002	937	2379	86092	281	754	27133
固原市	**3186**	**10871**	**299061**	**6978**	**21653**	**650590**	**8781**	**25750**	**781491**
原州区	1122	3563	117862	2438	7324	249783	2337	6030	203188
西吉县	443	1300	41170	2131	6175	197664	3597	10301	332357
隆德县	338	1162	32372	790	2435	66041	1129	3554	100538
泾源县	568	2842	51230	521	2521	49096	508	2389	47880
彭阳县	715	2004	56427	1098	3198	88006	1210	3476	97528
中卫市	**4850**	**16590**	**523132**	**4799**	**14921**	**505453**	**4838**	**14738**	**511689**
沙坡头区	1948	6702	209364	1544	4860	157232	774	2429	78968
中宁县	1629	5719	180664	1462	4406	157636	1183	3501	125265
海原县	1273	4169	133104	1793	5655	190585	2881	8808	307456

9–3　各地区按住房设施状况分的家庭户户数

单位：户

地　区	合　计	住房所在建筑有无电梯		主要炊事燃料				
		有	无	燃气	电	煤炭	柴草	其他
宁　夏	**233945**	**45431**	**188514**	**142553**	**55833**	**31830**	**1887**	**1842**
银川市	**94525**	**32169**	**62356**	**81397**	**7502**	**4348**	**139**	**1139**
兴庆区	27948	8896	19052	24095	2757	300	28	768
西夏区	12747	3469	9278	10916	1063	619	36	113
金凤区	22897	13175	9722	21342	1099	364	14	78
永宁县	10395	1783	8612	8128	1311	855	48	53
贺兰县	11567	2968	8599	9994	525	954	2	92
灵武市	8971	1878	7093	6922	747	1256	11	35
石嘴山市	**28028**	**2355**	**25673**	**22349**	**2545**	**2914**	**93**	**127**
大武口区	10825	1416	9409	9346	1019	385	14	61
惠农区	7295	383	6912	5907	645	686	14	43
平罗县	9908	556	9352	7096	881	1843	65	23
吴忠市	**43291**	**4322**	**38969**	**20282**	**15096**	**7198**	**377**	**338**
利通区	15521	2709	12812	11952	2011	1370	23	165
红寺堡区	5149	120	5029	608	3334	1159	47	1
盐池县	5120	601	4519	2251	1418	1332	76	43
同心县	8601	399	8202	230	6152	2157	3	59
青铜峡市	8900	493	8407	5241	2181	1180	228	70
固原市	**35015**	**3435**	**31580**	**7461**	**12402**	**14123**	**942**	**87**
原州区	14692	2475	12217	4778	5891	3959	64	
西吉县	8759	219	8540	926	2902	4490	374	67
隆德县	3695	168	3527	481	1424	1786	2	2
泾源县	2578	168	2410	346	445	1771	12	4
彭阳县	5291	405	4886	930	1740	2117	490	14
中卫市	**33086**	**3150**	**29936**	**11064**	**18288**	**3247**	**336**	**151**
沙坡头区	13123	1949	11174	6664	5244	943	180	92
中宁县	10668	1034	9634	4160	5400	934	132	42
海原县	9295	167	9128	240	7644	1370	24	17

9-3 续表 1 单位：户

地区	住房内有无管道自来水		住房内有无厨房			住房内有无厕所	
	有	无	独立使用	与其他户合用	无	水冲式卫生厕所	水冲式非卫生厕所
宁夏	**226112**	**7833**	**224420**	**3484**	**6041**	**174358**	**3048**
银川市	**92513**	**2012**	**91723**	**850**	**1952**	**86778**	**521**
兴庆区	27443	505	26872	257	819	26542	124
西夏区	12254	493	12226	140	381	11747	14
金凤区	22576	321	22530	130	237	22370	68
永宁县	10177	218	10074	140	181	8519	49
贺兰县	11179	388	11251	116	200	9630	40
灵武市	8884	87	8770	67	134	7970	226
石嘴山市	**27587**	**441**	**27572**	**158**	**298**	**23885**	**182**
大武口区	10663	162	10729	26	70	10109	46
惠农区	7205	90	7151	12	132	6179	49
平罗县	9719	189	9692	120	96	7597	87
吴忠市	**42361**	**930**	**41406**	**916**	**969**	**28427**	**752**
利通区	15163	358	15057	146	318	13507	105
红寺堡区	5108	41	5003	61	85	1904	27
盐池县	5034	86	4920	37	163	3528	237
同心县	8350	251	7854	543	204	2158	216
青铜峡市	8706	194	8572	129	199	7330	167
固原市	**31454**	**3561**	**32382**	**666**	**1967**	**17700**	**578**
原州区	14319	373	13864	242	586	8492	382
西吉县	6391	2368	7639	304	816	2514	83
隆德县	3348	347	3534	36	125	2844	59
泾源县	2365	213	2346	21	211	1372	9
彭阳县	5031	260	4999	63	229	2478	45
中卫市	**32197**	**889**	**31337**	**894**	**855**	**17568**	**1015**
沙坡头区	12812	311	12610	262	251	8952	635
中宁县	10399	269	10067	318	283	6145	208
海原县	8986	309	8660	314	321	2471	172

9-3 续表 2

单位：户

地 区	住房内有无厕所			住房内有无洗澡设施			
	卫生旱厕	普通旱厕	无	统一供热水	家庭自装热水器	其他	无
宁 夏	**12452**	**37597**	**6490**	**9179**	**200659**	**8157**	**15950**
银川市	**1538**	**3936**	**1752**	**5138**	**82971**	**2484**	**3932**
兴庆区	216	479	587	1063	25097	417	1371
西夏区	102	519	365	778	10438	737	794
金凤区	52	218	189	2079	20175	393	250
永宁县	627	997	203	543	8867	285	700
贺兰县	317	1266	314	209	10360	461	537
灵武市	224	457	94	466	8034	191	280
石嘴山市	**657**	**2829**	**475**	**684**	**24636**	**1063**	**1645**
大武口区	87	446	137	211	9743	412	459
惠农区	184	689	194	94	6595	136	470
平罗县	386	1694	144	379	8298	515	716
吴忠市	**2091**	**10732**	**1289**	**1514**	**36789**	**1706**	**3282**
利通区	320	1347	242	913	13615	630	363
红寺堡区	355	2814	49	66	4487	185	411
盐池县	270	679	406	396	3697	143	884
同心县	864	5097	266	29	7770	288	514
青铜峡市	282	795	326	110	7220	460	1110
固原市	**4513**	**10207**	**2017**	**626**	**29009**	**1746**	**3634**
原州区	2283	3505	30	10	12764	663	1255
西吉县	1172	3639	1351	230	6908	561	1060
隆德县	361	273	158	24	3242	100	329
泾源县	354	656	187	37	2057	211	273
彭阳县	343	2134	291	325	4038	211	717
中卫市	**3653**	**9893**	**957**	**1217**	**27254**	**1158**	**3457**
沙坡头区	974	2298	264	768	10979	366	1010
中宁县	626	3143	546	227	8903	348	1190
海原县	2053	4452	147	222	7372	444	1257

9-3a 各地区按住房设施状况分的家庭户户数(城市)

单位：户

地区	合计	住房所在建筑有无电梯		主要炊事燃料				
		有	无	燃气	电	煤炭	柴草	其他
宁　夏	**101321**	**32734**	**68587**	**88633**	**10285**	**1215**	**35**	**1153**
银川市	**55801**	**23893**	**31908**	**51484**	**3209**	**269**	**24**	**815**
兴庆区	21416	8040	13376	18938	1801	47	1	629
西夏区	11177	3463	7714	10254	593	204	23	103
金凤区	18629	11114	7515	17810	744	18		57
永宁县								
贺兰县	142	8	134	139	2			1
灵武市	4437	1268	3169	4343	69			25
石嘴山市	**14167**	**1761**	**12406**	**13121**	**699**	**257**	**5**	**85**
大武口区	9512	1402	8110	8850	474	128	3	57
惠农区	4655	359	4296	4271	225	129	2	28
平罗县								
吴忠市	**16287**	**2826**	**13461**	**13887**	**1836**	**397**		**167**
利通区	10311	2279	8032	9522	606	66		117
红寺堡区	1928	119	1809	592	1044	291		1
盐池县								
同心县								
青铜峡市	4048	428	3620	3773	186	40		49
固原市	**7699**	**2367**	**5332**	**4405**	**3013**	**275**	**6**	
原州区	7699	2367	5332	4405	3013	275	6	
西吉县								
隆德县								
泾源县								
彭阳县								
中卫市	**7367**	**1887**	**5480**	**5736**	**1528**	**17**		**86**
沙坡头区	7367	1887	5480	5736	1528	17		86
中宁县								
海原县								

9-3a　续表 1

单位：户

地　区	住房内有无管道自来水		住房内有无厨房			住房内有无厕所	
	有	无	独立使用	与其他户合用	无	水冲式卫生厕所	水冲式非卫生厕所
宁　夏	**100158**	**1163**	**99278**	**394**	**1649**	**98806**	**306**
银川市	**55158**	**643**	**54613**	**259**	**929**	**54898**	**78**
兴庆区	21173	243	20802	132	482	21150	15
西夏区	10852	325	10830	46	301	10653	9
金凤区	18558	71	18409	80	140	18519	53
永宁县							
贺兰县	142		139		3	142	
灵武市	4433	4	4433	1	3	4434	1
石嘴山市	**13991**	**176**	**14001**	**8**	**158**	**13759**	**35**
大武口区	9404	108	9457	2	53	9341	20
惠农区	4587	68	4544	6	105	4418	15
平罗县							
吴忠市	**16086**	**201**	**16045**	**65**	**177**	**15584**	**23**
利通区	10171	140	10168	25	118	10188	6
红寺堡区	1896	32	1845	37	46	1365	15
盐池县							
同心县							
青铜峡市	4019	29	4032	3	13	4031	2
固原市	**7596**	**103**	**7293**	**38**	**368**	**7313**	**77**
原州区	7596	103	7293	38	368	7313	77
西吉县							
隆德县							
泾源县							
彭阳县							
中卫市	**7327**	**40**	**7326**	**24**	**17**	**7252**	**93**
沙坡头区	7327	40	7326	24	17	7252	93
中宁县							
海原县							

9-3a 续表 2

单位：户

地　区	住房内有无厕所			住房内有无洗澡设施			
	卫生旱厕	普通旱厕	无	统一供热水	家庭自装热水器	其他	无
宁　夏	**254**	**1048**	**907**	**4825**	**91250**	**2104**	**3142**
银川市	**55**	**230**	**540**	**3215**	**49997**	**1125**	**1464**
兴庆区	1	22	228	756	19755	222	683
西夏区	51	192	272	618	9308	626	625
金凤区	2	16	39	1562	16712	223	132
永宁县							
贺兰县				3	135		4
灵武市	1		1	276	4087	54	20
石嘴山市	**34**	**102**	**237**	**274**	**13118**	**216**	**559**
大武口区	9	62	80	209	8899	142	262
惠农区	25	40	157	65	4219	74	297
平罗县							
吴忠市	**64**	**504**	**112**	**721**	**14733**	**434**	**399**
利通区	13	40	64	568	9343	274	126
红寺堡区	45	457	46	65	1630	53	180
盐池县							
同心县							
青铜峡市	6	7	2	88	3760	107	93
固原市	**101**	**192**	**16**	**9**	**6884**	**200**	**606**
原州区	101	192	16	9	6884	200	606
西吉县							
隆德县							
泾源县							
彭阳县							
中卫市		**20**	**2**	**606**	**6518**	**129**	**114**
沙坡头区		20	2	606	6518	129	114
中宁县							
海原县							

9–3b　各地区按住房设施状况分的家庭户户数(镇)

单位：户

地　区	合　计	住房所在建筑有无电梯		主要炊事燃料				
		有	无	燃气	电	煤炭	柴草	其他
宁　夏	**52972**	**9091**	**43881**	**36029**	**13436**	**3138**	**53**	**316**
银川市	**20801**	**5397**	**15404**	**18976**	**1261**	**443**	**6**	**115**
兴庆区	4207	534	3673	3847	315	9		36
西夏区	390	3	387	333	32	18	2	5
金凤区	345	106	239	240	12	92		1
永宁县	6552	1482	5070	5828	557	132	3	32
贺兰县	7321	2791	4530	7072	152	59		38
灵武市	1986	481	1505	1656	193	133	1	3
石嘴山市	**7794**	**577**	**7217**	**7080**	**425**	**264**	**1**	**24**
大武口区	614	14	600	342	128	141		3
惠农区	1306	20	1286	1099	174	30		3
平罗县	5874	543	5331	5639	123	93	1	18
吴忠市	**8250**	**1002**	**7248**	**3249**	**4076**	**808**	**8**	**109**
利通区	695	9	686	329	252	104	1	9
红寺堡区	136		136	1	131	4		
盐池县	2766	597	2169	2135	499	94	2	36
同心县	3627	395	3232	210	2887	478	1	51
青铜峡市	1026	1	1025	574	307	128	4	13
固原市	**7374**	**927**	**6447**	**2587**	**3529**	**1226**	**4**	**28**
原州区	606	1	605	9	254	342	1	
西吉县	2511	203	2308	884	1184	429	3	11
隆德县	1382	164	1218	468	846	67		1
泾源县	871	167	704	329	309	229		4
彭阳县	2004	392	1612	897	936	159		12
中卫市	**8753**	**1188**	**7565**	**4137**	**4145**	**397**	**34**	**40**
沙坡头区	559		559	20	398	139	2	
中宁县	5360	1029	4331	3897	1308	94	24	37
海原县	2834	159	2675	220	2439	164	8	3

9-3b 续表 1

单位：户

地区	住房内有无管道自来水		住房内有无厨房			住房内有无厕所	
	有	无	独立使用	与其他户合用	无	水冲式卫生厕所	水冲式非卫生厕所
宁 夏	**51952**	**1020**	**51261**	**380**	**1331**	**46289**	**609**
银川市	**20536**	**265**	**20328**	**105**	**368**	**19817**	**106**
兴庆区	4137	70	4047	9	151	4094	8
西夏区	344	46	365	5	20	344	
金凤区	263	82	266	21	58	258	1
永宁县	6511	41	6459	44	49	6064	28
贺兰县	7303	18	7242	24	55	7179	3
灵武市	1978	8	1949	2	35	1878	66
石嘴山市	**7735**	**59**	**7756**	**12**	**26**	**7486**	**34**
大武口区	600	14	604	1	9	490	7
惠农区	1299	7	1303	1	2	1223	4
平罗县	5836	38	5849	10	15	5773	23
吴忠市	**8109**	**141**	**7905**	**124**	**221**	**6010**	**153**
利通区	676	19	686	5	4	605	
红寺堡区	136		130	6		91	
盐池县	2743	23	2690	4	72	2506	22
同心县	3590	37	3426	103	98	2012	125
青铜峡市	964	62	973	6	47	796	6
固原市	**7096**	**278**	**6955**	**50**	**369**	**6067**	**62**
原州区	606		584	4	18	110	4
西吉县	2336	175	2222	27	262	1992	48
隆德县	1328	54	1358	3	21	1333	4
泾源县	845	26	848	4	19	777	
彭阳县	1981	23	1943	12	49	1855	6
中卫市	**8476**	**277**	**8317**	**89**	**347**	**6909**	**254**
沙坡头区	538	21	540	3	16	139	72
中宁县	5254	106	5237	42	81	4917	39
海原县	2684	150	2540	44	250	1853	143

9-3b 续表 2

单位：户

地区	住房内有无厕所			住房内有无洗澡设施			
	卫生旱厕	普通旱厕	无	统一供热水	家庭自装热水器	其他	无
宁夏	**1506**	**3637**	**931**	**2873**	**45816**	**1358**	**2925**
银川市	**323**	**378**	**177**	**969**	**18997**	**384**	**451**
兴庆区	4	8	93	260	3658	150	139
西夏区	3	16	27	154	208	8	20
金凤区		84	2	91	198	46	10
永宁县	299	148	13	256	6089	55	152
贺兰县	5	112	22	37	7096	103	85
灵武市	12	10	20	171	1748	22	45
石嘴山市	**68**	**148**	**58**	**391**	**6800**	**397**	**206**
大武口区	29	65	23	2	340	205	67
惠农区	11	57	11	18	1227	2	59
平罗县	28	26	24	371	5233	190	80
吴忠市	**328**	**1453**	**306**	**554**	**6834**	**199**	**663**
利通区	34	53	3	149	504	19	23
红寺堡区	25	18	2	1	122	3	10
盐池县	20	70	148	375	2152	38	201
同心县	245	1223	22	20	3335	46	226
青铜峡市	4	89	131	9	721	93	203
固原市	**467**	**521**	**257**	**539**	**5982**	**188**	**665**
原州区	213	278	1		517	68	21
西吉县	173	98	200	191	1865	48	407
隆德县	23	11	11	8	1306	12	56
泾源县	49	38	7	36	770	29	36
彭阳县	9	96	38	304	1524	31	145
中卫市	**320**	**1137**	**133**	**420**	**7203**	**190**	**940**
沙坡头区	71	229	48	13	425	1	120
中宁县	24	342	38	214	4768	100	278
海原县	225	566	47	193	2010	89	542

9-3c 各地区按住房设施状况分的家庭户户数(乡村)

单位：户

地区	合计	住房所在建筑有无电梯		主要炊事燃料				
		有	无	燃气	电	煤炭	柴草	其他
宁夏	**79652**	**3606**	**76046**	**17891**	**32112**	**27477**	**1799**	**373**
银川市	**17923**	**2879**	**15044**	**10937**	**3032**	**3636**	**109**	**209**
兴庆区	2325	322	2003	1310	641	244	27	103
西夏区	1180	3	1177	329	438	397	11	5
金凤区	3923	1955	1968	3292	343	254	14	20
永宁县	3843	301	3542	2300	754	723	45	21
贺兰县	4104	169	3935	2783	371	895	2	53
灵武市	2548	129	2419	923	485	1123	10	7
石嘴山市	**6067**	**17**	**6050**	**2148**	**1421**	**2393**	**87**	**18**
大武口区	699		699	154	417	116	11	1
惠农区	1334	4	1330	537	246	527	12	12
平罗县	4034	13	4021	1457	758	1750	64	5
吴忠市	**18754**	**494**	**18260**	**3146**	**9184**	**5993**	**369**	**62**
利通区	4515	421	4094	2101	1153	1200	22	39
红寺堡区	3085	1	3084	15	2159	864	47	
盐池县	2354	4	2350	116	919	1238	74	7
同心县	4974	4	4970	20	3265	1679	2	8
青铜峡市	3826	64	3762	894	1688	1012	224	8
固原市	**19942**	**141**	**19801**	**469**	**5860**	**12622**	**932**	**59**
原州区	6387	107	6280	364	2624	3342	57	
西吉县	6248	16	6232	42	1718	4061	371	56
隆德县	2313	4	2309	13	578	1719	2	1
泾源县	1707	1	1706	17	136	1542	12	
彭阳县	3287	13	3274	33	804	1958	490	2
中卫市	**16966**	**75**	**16891**	**1191**	**12615**	**2833**	**302**	**25**
沙坡头区	5197	62	5135	908	3318	787	178	6
中宁县	5308	5	5303	263	4092	840	108	5
海原县	6461	8	6453	20	5205	1206	16	14

9-3c　续表 1　　　　单位：户

地　区	住房内有无管道自来水		住房内有无厨房			住房内有无厕所	
	有	无	独立使用	与其他户合用	无	水冲式卫生厕所	水冲式非卫生厕所
宁　夏	**74002**	**5650**	**73881**	**2710**	**3061**	**29263**	**2133**
银川市	**16819**	**1104**	**16782**	**486**	**655**	**12063**	**337**
兴庆区	2133	192	2023	116	186	1298	101
西夏区	1058	122	1031	89	60	750	5
金凤区	3755	168	3855	29	39	3593	14
永宁县	3666	177	3615	96	132	2455	21
贺兰县	3734	370	3870	92	142	2309	37
灵武市	2473	75	2388	64	96	1658	159
石嘴山市	**5861**	**206**	**5815**	**138**	**114**	**2640**	**113**
大武口区	659	40	668	23	8	278	19
惠农区	1319	15	1304	5	25	538	30
平罗县	3883	151	3843	110	81	1824	64
吴忠市	**18166**	**588**	**17456**	**727**	**571**	**6833**	**576**
利通区	4316	199	4203	116	196	2714	99
红寺堡区	3076	9	3028	18	39	448	12
盐池县	2291	63	2230	33	91	1022	215
同心县	4760	214	4428	440	106	146	91
青铜峡市	3723	103	3567	120	139	2503	159
固原市	**16762**	**3180**	**18134**	**578**	**1230**	**4320**	**439**
原州区	6117	270	5987	200	200	1069	301
西吉县	4055	2193	5417	277	554	522	35
隆德县	2020	293	2176	33	104	1511	55
泾源县	1520	187	1498	17	192	595	9
彭阳县	3050	237	3056	51	180	623	39
中卫市	**16394**	**572**	**15694**	**781**	**491**	**3407**	**668**
沙坡头区	4947	250	4744	235	218	1561	470
中宁县	5145	163	4830	276	202	1228	169
海原县	6302	159	6120	270	71	618	29

9-3c 续表 2

单位：户

地区	住房内有无厕所			住房内有无洗澡设施			
	卫生旱厕	普通旱厕	无	统一供热水	家庭自装热水器	其他	无
宁夏	**10692**	**32912**	**4652**	**1481**	**63593**	**4695**	**9883**
银川市	**1160**	**3328**	**1035**	**954**	**13977**	**975**	**2017**
兴庆区	211	449	266	47	1684	45	549
西夏区	48	311	66	6	922	103	149
金凤区	50	118	148	426	3265	124	108
永宁县	328	849	190	287	2778	230	548
贺兰县	312	1154	292	169	3129	358	448
灵武市	211	447	73	19	2199	115	215
石嘴山市	**555**	**2579**	**180**	**19**	**4718**	**450**	**880**
大武口区	49	319	34		504	65	130
惠农区	148	592	26	11	1149	60	114
平罗县	358	1668	120	8	3065	325	636
吴忠市	**1699**	**8775**	**871**	**239**	**15222**	**1073**	**2220**
利通区	273	1254	175	196	3768	337	214
红寺堡区	285	2339	1		2735	129	221
盐池县	250	609	258	21	1545	105	683
同心县	619	3874	244	9	4435	242	288
青铜峡市	272	699	193	13	2739	260	814
固原市	**3945**	**9494**	**1744**	**78**	**16143**	**1358**	**2363**
原州区	1969	3035	13	1	5363	395	628
西吉县	999	3541	1151	39	5043	513	653
隆德县	338	262	147	16	1936	88	273
泾源县	305	618	180	1	1287	182	237
彭阳县	334	2038	253	21	2514	180	572
中卫市	**3333**	**8736**	**822**	**191**	**13533**	**839**	**2403**
沙坡头区	903	2049	214	149	4036	236	776
中宁县	602	2801	508	13	4135	248	912
海原县	1828	3886	100	29	5362	355	715

9-4　各地区按住房来源分的家庭户户数

单位：户

地　区	合　计	租赁廉租住房/公租房	租　赁其他住房	购买新建商品房	购　买二手房	购买原公有住房	购买经济适用房/两限房	自建住房	继承或赠　予	其　他
宁　夏	**233945**	**10254**	**20268**	**70812**	**26090**	**8460**	**9559**	**68686**	**2003**	**17813**
银川市	**94525**	**2949**	**12386**	**36111**	**14082**	**4963**	**4020**	**9307**	**1011**	**9696**
兴庆区	27948	873	5812	8164	5234	2578	716	1409	382	2780
西夏区	12747	356	1645	4209	2540	1132	548	966	160	1191
金凤区	22897	907	2514	12697	2638	666	988	623	157	1707
永宁县	10395	105	911	2878	1086	169	1055	1847	221	2123
贺兰县	11567	167	837	5320	1706	283	345	2057	50	802
灵武市	8971	541	667	2843	878	135	368	2405	41	1093
石嘴山市	**28028**	**1343**	**2007**	**9749**	**4192**	**1181**	**2769**	**5382**	**258**	**1147**
大武口区	10825	628	803	3714	2023	606	1533	953	134	431
惠农区	7295	470	742	1652	1190	528	1019	1113	77	504
平罗县	9908	245	462	4383	979	47	217	3316	47	212
吴忠市	**43291**	**2207**	**2162**	**10729**	**4163**	**1196**	**847**	**17666**	**349**	**3972**
利通区	15521	1082	836	4924	2039	372	153	2828	217	3070
红寺堡区	5149	191	234	657	180	106	66	3681	11	23
盐池县	5120	282	391	1496	534	46	135	1992	33	211
同心县	8601	222	354	917	197	163	73	6345	44	286
青铜峡市	8900	430	347	2735	1213	509	420	2820	44	382
固原市	**35015**	**2349**	**2187**	**6815**	**1342**	**276**	**1224**	**19589**	**136**	**1097**
原州区	14692	967	1252	4162	881	97	736	6020	41	536
西吉县	8759	424	505	674	139	73	224	6421	48	251
隆德县	3695	351	58	881	82	26	9	2195	18	75
泾源县	2578	140	48	374	47	3	23	1851	8	84
彭阳县	5291	467	324	724	193	77	232	3102	21	151
中卫市	**33086**	**1406**	**1526**	**7408**	**2311**	**844**	**699**	**16742**	**249**	**1901**
沙坡头区	13123	580	554	3859	1402	368	398	4571	131	1260
中宁县	10668	469	372	3200	737	182	108	5266	29	305
海原县	9295	357	600	349	172	294	193	6905	89	336

9-4a 各地区按住房来源分的家庭户户数(城市)

单位：户

地　区	合　计	租赁廉租住房/公租房	租　赁其他住房	购买新建商品房	购　买二手房	购买原公有住房	购买经济适用房/两限房	自建住房	继承或赠　予	其　他
宁　夏	**101321**	**5193**	**12160**	**44144**	**17190**	**6361**	**5759**	**1858**	**925**	**7731**
银川市	**55801**	**1970**	**8312**	**24516**	**9568**	**4218**	**2159**	**415**	**561**	**4082**
兴庆区	21416	755	4471	6919	3981	2402	622	130	279	1857
西夏区	11177	355	1512	4127	2391	1096	539	225	146	786
金凤区	18629	607	1972	11123	2495	646	789	51	109	837
永宁县										
贺兰县	142		51	9	47					35
灵武市	4437	253	306	2338	654	74	209	9	27	567
石嘴山市	**14167**	**694**	**1370**	**5063**	**2909**	**1095**	**2285**	**246**	**133**	**372**
大武口区	9512	621	743	3634	1967	586	1533	164	67	197
惠农区	4655	73	627	1429	942	509	752	82	66	175
平罗县										
吴忠市	**16287**	**1182**	**1056**	**7188**	**2706**	**612**	**406**	**811**	**118**	**2208**
利通区	10311	651	699	4284	1841	347	109	148	104	2128
红寺堡区	1928	165	209	650	100	102	64	620	5	13
盐池县										
同心县										
青铜峡市	4048	366	148	2254	765	163	233	43	9	67
固原市	**7699**	**779**	**997**	**3839**	**806**	**92**	**636**	**272**	**24**	**254**
原州区	7699	779	997	3839	806	92	636	272	24	254
西吉县										
隆德县										
泾源县										
彭阳县										
中卫市	**7367**	**568**	**425**	**3538**	**1201**	**344**	**273**	**114**	**89**	**815**
沙坡头区	7367	568	425	3538	1201	344	273	114	89	815
中宁县										
海原县										

9–4b 各地区按住房来源分的家庭户户数(镇)

单位：户

地区	合计	租赁廉租住房/公租房	租赁其他住房	购买新建商品房	购买二手房	购买原公有住房	购买经济适用房/两限房	自建住房	继承或赠予	其他
宁夏	**52972**	**3818**	**5261**	**21684**	**6901**	**1686**	**2188**	**6730**	**501**	**4203**
银川市	**20801**	**600**	**2486**	**8986**	**3742**	**573**	**815**	**888**	**247**	**2464**
兴庆区	4207	79	830	1148	1219	171	91	15	63	591
西夏区	390		79	4	38			37	11	221
金凤区	345	1	21	25	1	13		84	8	192
永宁县	6552	80	762	2827	966	130	371	421	138	857
贺兰县	7321	154	524	4568	1320	234	211	131	20	159
灵武市	1986	286	270	414	198	25	142	200	7	444
石嘴山市	**7794**	**419**	**453**	**4331**	**1098**	**68**	**412**	**376**	**95**	**542**
大武口区	614	4	54	80	32	20		124	67	233
惠农区	1306	223	56	210	195	6	221	134	9	252
平罗县	5874	192	343	4041	871	42	191	118	19	57
吴忠市	**8250**	**724**	**706**	**2421**	**873**	**485**	**245**	**2312**	**71**	**413**
利通区	695	184	30	7	46	7	23	142	7	249
红寺堡区	136	25	12		19	1	2	74		3
盐池县	2766	280	243	1476	360	30	132	182	23	40
同心县	3627	220	325	913	146	162	58	1722	29	52
青铜峡市	1026	15	96	25	302	285	30	192	12	69
固原市	**7374**	**1279**	**742**	**2574**	**378**	**155**	**413**	**1471**	**30**	**332**
原州区	606		34	8	11		2	540	1	10
西吉县	2511	419	456	648	113	63	214	436	8	154
隆德县	1382	268	33	864	79	24	6	93	7	8
泾源县	871	132	27	365	32	2	20	223	7	63
彭阳县	2004	460	192	689	143	66	171	179	7	97
中卫市	**8753**	**796**	**874**	**3372**	**810**	**405**	**303**	**1683**	**58**	**452**
沙坡头区	559		41	34	25	10	24	412	2	11
中宁县	5360	452	278	3007	645	107	99	518	20	234
海原县	2834	344	555	331	140	288	180	753	36	207

9-4c 各地区按住房来源分的家庭户户数(乡村)

单位：户

地区	合计	租赁廉租住房/公租房	租赁其他住房	购买新建商品房	购买二手房	购买原公有住房	购买经济适用房/两限房	自建住房	继承或赠予	其他
宁夏	**79652**	**1243**	**2847**	**4984**	**1999**	**413**	**1612**	**60098**	**577**	**5879**
银川市	**17923**	**379**	**1588**	**2609**	**772**	**172**	**1046**	**8004**	**203**	**3150**
兴庆区	2325	39	511	97	34	5	3	1264	40	332
西夏区	1180	1	54	78	111	36	9	704	3	184
金凤区	3923	299	521	1549	142	7	199	488	40	678
永宁县	3843	25	149	51	120	39	684	1426	83	1266
贺兰县	4104	13	262	743	339	49	134	1926	30	608
灵武市	2548	2	91	91	26	36	17	2196	7	82
石嘴山市	**6067**	**230**	**184**	**355**	**185**	**18**	**72**	**4760**	**30**	**233**
大武口区	699	3	6		24			665		1
惠农区	1334	174	59	13	53	13	46	897	2	77
平罗县	4034	53	119	342	108	5	26	3198	28	155
吴忠市	**18754**	**301**	**400**	**1120**	**584**	**99**	**196**	**14543**	**160**	**1351**
利通区	4515	247	107	633	152	18	21	2538	106	693
红寺堡区	3085	1	13	7	61	3		2987	6	7
盐池县	2354	2	148	20	174	16	3	1810	10	171
同心县	4974	2	29	4	51	1	15	4623	15	234
青铜峡市	3826	49	103	456	146	61	157	2585	23	246
固原市	**19942**	**291**	**448**	**402**	**158**	**29**	**175**	**17846**	**82**	**511**
原州区	6387	188	221	315	64	5	98	5208	16	272
西吉县	6248	5	49	26	26	10	10	5985	40	97
隆德县	2313	83	25	17	3	2	3	2102	11	67
泾源县	1707	8	21	9	15	1	3	1628	1	21
彭阳县	3287	7	132	35	50	11	61	2923	14	54
中卫市	**16966**	**42**	**227**	**498**	**300**	**95**	**123**	**14945**	**102**	**634**
沙坡头区	5197	12	88	287	176	14	101	4045	40	434
中宁县	5308	17	94	193	92	75	9	4748	9	71
海原县	6461	13	45	18	32	6	13	6152	53	129

9–5　各地区按月租房费用分的家庭户户数

单位：户

地　区	合　计	200元以下	200–499元	500–999元	1000–1999元
宁　夏	**30522**	**8731**	**8171**	**8210**	**4525**
银川市	**15335**	**2284**	**3196**	**5813**	**3508**
兴庆区	6685	747	1217	2769	1748
西夏区	2001	300	343	1012	310
金凤区	3421	353	712	950	1219
永宁县	1016	168	388	381	38
贺兰县	1004	211	190	394	156
灵武市	1208	505	346	307	37
石嘴山市	**3350**	**1567**	**1071**	**588**	**70**
大武口区	1431	653	399	347	23
惠农区	1212	629	433	108	26
平罗县	707	285	239	133	21
吴忠市	**4369**	**1892**	**1452**	**657**	**244**
利通区	1918	796	652	365	69
红寺堡区	425	209	90	64	36
盐池县	673	304	225	106	30
同心县	576	171	252	57	74
青铜峡市	777	412	233	65	35
固原市	**4536**	**2081**	**1240**	**551**	**580**
原州区	2219	943	537	333	370
西吉县	929	430	244	72	162
隆德县	409	195	155	20	23
泾源县	188	131	35	13	4
彭阳县	791	382	269	113	21
中卫市	**2932**	**907**	**1212**	**601**	**123**
沙坡头区	1134	197	531	309	46
中宁县	841	424	208	142	40
海原县	957	286	473	150	37

9-5 续表 单位：户

地　　区	2000-2999元	3000-3999元	4000-5999元	6000-7999元	8000-9999元	10000元及以上
宁　夏	**456**	**134**	**164**	**52**	**40**	**39**
银川市	**321**	**87**	**62**	**26**	**18**	**20**
兴庆区	143	39	11	2	2	7
西夏区	12	11	7	1	2	3
金凤区	124	22	20	11	4	6
永宁县	20	8	11	1	1	
贺兰县	17	5	10	10	8	3
灵武市	5	2	3	1	1	1
石嘴山市	**15**	**13**	**15**	**6**	**1**	**4**
大武口区	6		1	1		1
惠农区	4	11	1			
平罗县	5	2	13	5	1	3
吴忠市	**57**	**19**	**29**	**6**	**8**	**5**
利通区	9	6	15	3	3	
红寺堡区	7	8	6	2		3
盐池县	4		4			
同心县	11	4	2	1	2	2
青铜峡市	26	1	2		3	
固原市	**41**	**11**	**18**	**6**	**3**	**5**
原州区	18	6	6	3	2	1
西吉县	8	2	5	2		4
隆德县	7	1	7		1	
泾源县	3	1		1		
彭阳县	5	1				
中卫市	**22**	**4**	**40**	**8**	**10**	**5**
沙坡头区	4		32	5	5	5
中宁县	12	2	7	2	4	
海原县	6	2	1	1	1	

9-5a　各地区按月租房费用分的家庭户户数(城市)

单位：户

地　区	合　计	200元以下	200-499元	500-999元	1000-1999元
宁　夏	**17353**	**3819**	**4100**	**5398**	**3499**
银川市	**10282**	**1220**	**1738**	**3962**	**2986**
兴庆区	5226	472	865	2192	1521
西夏区	1867	286	249	1006	305
金凤区	2579	240	400	627	1140
永宁县					
贺兰县	51			39	9
灵武市	559	222	224	98	11
石嘴山市	**2064**	**827**	**743**	**434**	**38**
大武口区	1364	619	374	344	21
惠农区	700	208	369	90	17
平罗县					
吴忠市	**2238**	**861**	**740**	**465**	**100**
利通区	1350	387	523	353	56
红寺堡区	374	192	68	61	29
盐池县					
同心县					
青铜峡市	514	282	149	51	15
固原市	**1776**	**758**	**392**	**270**	**332**
原州区	1776	758	392	270	332
西吉县					
隆德县					
泾源县					
彭阳县					
中卫市	**993**	**153**	**487**	**267**	**43**
沙坡头区	993	153	487	267	43
中宁县					
海原县					

9-5a 续表 单位：户

地 区	2000-2999元	3000-3999元	4000-5999元	6000-7999元	8000-9999元	10000元及以上
宁 夏	**316**	**77**	**87**	**21**	**17**	**19**
银川市	**262**	**50**	**33**	**10**	**7**	**14**
兴庆区	129	29	10	1		7
西夏区	11	1	3	1	2	3
金凤区	120	20	17	7	4	4
永宁县						
贺兰县			3			
灵武市	2			1	1	
石嘴山市	**9**	**11**	**1**	**1**		
大武口区	5			1		
惠农区	4	11	1			
平罗县						
吴忠市	**26**	**13**	**21**	**5**	**4**	**3**
利通区	7	5	13	3	3	
红寺堡区	5	8	6	2		3
盐池县						
同心县						
青铜峡市	14		2		1	
固原市	**16**	**3**	**3**	**1**	**1**	
原州区	16	3	3	1	1	
西吉县						
隆德县						
泾源县						
彭阳县						
中卫市	**3**		**29**	**4**	**5**	**2**
沙坡头区	3		29	4	5	2
中宁县						
海原县						

9–5b　各地区按月租房费用分的家庭户户数(镇)

单位：户

地　区	合　计	200元以下	200–499元	500–999元	1000–1999元
宁　夏	**9079**	**3338**	**2692**	**2051**	**779**
银川市	**3086**	**576**	**706**	**1303**	**403**
兴庆区	909	70	160	439	217
西夏区	79	4	70	2	3
金凤区	22	1	11	10	
永宁县	842	95	310	367	33
贺兰县	678	142	78	295	128
灵武市	556	264	77	190	22
石嘴山市	**872**	**414**	**280**	**132**	**16**
大武口区	58	29	23	3	1
惠农区	279	215	54	9	1
平罗县	535	170	203	120	14
吴忠市	**1430**	**673**	**485**	**149**	**97**
利通区	214	180	28		5
红寺堡区	37	15	19	2	1
盐池县	523	257	147	90	22
同心县	545	162	246	53	67
青铜峡市	111	59	45	4	2
固原市	**2021**	**1007**	**578**	**201**	**198**
原州区	34	15	4	8	5
西吉县	875	417	230	66	150
隆德县	301	149	99	15	22
泾源县	159	123	19	10	4
彭阳县	652	303	226	102	17
中卫市	**1670**	**668**	**643**	**266**	**65**
沙坡头区	41	16	12	8	3
中宁县	730	393	171	121	29
海原县	899	259	460	137	33

9-5b 续表 单位：户

地　区	2000-2999元	3000-3999元	4000-5999元	6000-7999元	8000-9999元	10000元及以上
宁　夏	**98**	**33**	**43**	**19**	**17**	**9**
银川市	**44**	**22**	**12**	**10**	**9**	**1**
兴庆区	10	9	1	1	2	
西夏区						
金凤区						
永宁县	18	8	9	1	1	
贺兰县	15	3	2	8	6	1
灵武市	1	2				
石嘴山市	**6**	**2**	**13**	**4**	**1**	**4**
大武口区	1					1
惠农区						
平罗县	5	2	13	4	1	3
吴忠市	**14**	**3**	**4**	**1**	**2**	**2**
利通区	1					
红寺堡区						
盐池县	4		3			
同心县	8	3	1	1	2	2
青铜峡市	1					
固原市	**21**	**3**	**8**	**2**	**1**	**2**
原州区	1			1		
西吉县	7	1	1	1		2
隆德县	7	1	7		1	
泾源县	2	1				
彭阳县	4					
中卫市	**13**	**3**	**6**	**2**	**4**	
沙坡头区	1		1			
中宁县	6	1	4	1	4	
海原县	6	2	1	1		

9–5c　各地区按月租房费用分的家庭户户数(乡村)

单位：户

地　　区	合　计	200元以下	200–499元	500–999元	1000–1999元
宁　夏	**4090**	**1574**	**1379**	**761**	**247**
银川市	**1967**	**488**	**752**	**548**	**119**
兴庆区	550	205	192	138	10
西夏区	55	10	24	4	2
金凤区	820	112	301	313	79
永宁县	174	73	78	14	5
贺兰县	275	69	112	60	19
灵武市	93	19	45	19	4
石嘴山市	**414**	**326**	**48**	**22**	**16**
大武口区	9	5	2		1
惠农区	233	206	10	9	8
平罗县	172	115	36	13	7
吴忠市	**701**	**358**	**227**	**43**	**47**
利通区	354	229	101	12	8
红寺堡区	14	2	3	1	6
盐池县	150	47	78	16	8
同心县	31	9	6	4	7
青铜峡市	152	71	39	10	18
固原市	**739**	**316**	**270**	**80**	**50**
原州区	409	170	141	55	33
西吉县	54	13	14	6	12
隆德县	108	46	56	5	1
泾源县	29	8	16	3	
彭阳县	139	79	43	11	4
中卫市	**269**	**86**	**82**	**68**	**15**
沙坡头区	100	28	32	34	
中宁县	111	31	37	21	11
海原县	58	27	13	13	4

9-5c 续表 单位：户

地 区	2000-2999元	3000-3999元	4000-5999元	6000-7999元	8000-9999元	10000元及以上
宁 夏	**42**	**24**	**34**	**12**	**6**	**11**
银川市	**15**	**15**	**17**	**6**	**2**	**5**
兴庆区	4	1				
西夏区	1	10	4			
金凤区	4	2	3	4		2
永宁县	2		2			
贺兰县	2	2	5	2	2	2
灵武市	2		3			1
石嘴山市			**1**	**1**		
大武口区			1			
惠农区						
平罗县				1		
吴忠市	**17**	**3**	**4**		**2**	
利通区	1	1	2			
红寺堡区	2					
盐池县			1			
同心县	3	1	1			
青铜峡市	11	1			2	
固原市	**4**	**5**	**7**	**3**	**1**	**3**
原州区	1	3	3	1	1	1
西吉县	1	1	4	1		2
隆德县						
泾源县	1			1		
彭阳县	1	1				
中卫市	**6**	**1**	**5**	**2**	**1**	**3**
沙坡头区			2	1		3
中宁县	6	1	3	1		
海原县					1	

9-6 各地区按住房来源分的同时拥有厨房和厕所的家庭户户数

单位：户

地 区	合 计	租赁廉租住房/公租房	租 赁 其他住房	购买新建商品房	购 买 二手房	购买原公有住房	购买经济适用房/两限房	自建住房	继承或赠 予	其 他
宁 夏	**223597**	**10136**	**17134**	**70698**	**25726**	**8295**	**9513**	**62924**	**1875**	**17296**
银川市	**91602**	**2894**	**11103**	**36055**	**13947**	**4916**	**4017**	**8220**	**945**	**9505**
兴庆区	26922	832	5054	8152	5230	2575	715	1265	364	2735
西夏区	12136	343	1459	4201	2470	1105	548	755	122	1133
金凤区	22522	907	2378	12667	2621	662	988	462	155	1682
永宁县	10082	105	859	2875	1071	165	1054	1624	220	2109
贺兰县	11168	166	741	5318	1681	280	344	1808	44	786
灵武市	8772	541	612	2842	874	129	368	2306	40	1060
石嘴山市	**27359**	**1307**	**1788**	**9737**	**4154**	**1135**	**2768**	**5125**	**247**	**1098**
大武口区	10660	625	751	3711	2019	583	1533	891	129	418
惠农区	7019	439	633	1644	1171	506	1018	1051	73	484
平罗县	9680	243	404	4382	964	46	217	3183	45	196
吴忠市	**41358**	**2201**	**1694**	**10703**	**4020**	**1176**	**840**	**16554**	**327**	**3843**
利通区	15049	1079	748	4918	2025	365	152	2503	213	3046
红寺堡区	5034	190	189	654	179	105	65	3622	10	20
盐池县	4655	281	210	1492	473	42	134	1824	27	172
同心县	8164	222	258	916	195	162	69	6050	41	251
青铜峡市	8456	429	289	2723	1148	502	420	2555	36	354
固原市	**31883**	**2339**	**1376**	**6799**	**1328**	**273**	**1192**	**17462**	**121**	**993**
原州区	14093	966	820	4158	876	97	736	5897	40	503
西吉县	7165	415	239	672	138	70	223	5133	42	233
隆德县	3466	351	46	879	82	26	8	1994	14	66
泾源县	2283	140	30	368	45	3	23	1595	8	71
彭阳县	4876	467	241	722	187	77	202	2843	17	120
中卫市	**31395**	**1395**	**1173**	**7404**	**2277**	**795**	**696**	**15563**	**235**	**1857**
沙坡头区	12621	580	512	3858	1385	361	396	4158	129	1242
中宁县	9925	463	308	3198	725	141	107	4677	23	283
海原县	8849	352	353	348	167	293	193	6728	83	332

9-6a 各地区按住房来源分的同时拥有厨房和厕所的家庭户户数(城市)

单位：户

地区	合计	租赁廉租住房/公租房	租赁其他住房	购买新建商品房	购买二手房	购买原公有住房	购买经济适用房/两限房	自建住房	继承或赠予	其他
宁夏	**99280**	**5102**	**10880**	**44077**	**17106**	**6286**	**5756**	**1614**	**867**	**7592**
银川市	**54683**	**1918**	**7620**	**24472**	**9512**	**4191**	**2158**	**298**	**516**	**3998**
兴庆区	20908	716	4045	6908	3978	2399	621	128	273	1840
西夏区	10722	342	1346	4121	2347	1074	539	112	109	732
金凤区	18480	607	1877	11096	2487	644	789	49	107	824
永宁县										
贺兰县	139		49	9	46					35
灵武市	4434	253	303	2338	654	74	209	9	27	567
石嘴山市	**13851**	**660**	**1241**	**5052**	**2897**	**1055**	**2284**	**195**	**125**	**342**
大武口区	9413	618	711	3631	1963	566	1533	143	63	185
惠农区	4438	42	530	1421	934	489	751	52	62	157
平罗县										
吴忠市	**16073**	**1178**	**936**	**7178**	**2696**	**611**	**406**	**761**	**115**	**2192**
利通区	10184	649	630	4278	1833	347	109	119	104	2115
红寺堡区	1854	164	165	647	99	101	64	599	4	11
盐池县										
同心县										
青铜峡市	4035	365	141	2253	764	163	233	43	7	66
固原市	**7324**	**778**	**660**	**3837**	**803**	**92**	**636**	**247**	**23**	**248**
原州区	7324	778	660	3837	803	92	636	247	23	248
西吉县										
隆德县										
泾源县										
彭阳县										
中卫市	**7349**	**568**	**423**	**3538**	**1198**	**337**	**272**	**113**	**88**	**812**
沙坡头区	7349	568	423	3538	1198	337	272	113	88	812
中宁县										
海原县										

9-6b　各地区按住房来源分的同时拥有厨房和厕所的家庭户户数(镇)

单位：户

地　区	合　计	租赁廉租住房/公租房	租　赁其他住房	购买新建商品房	购　买二手房	购买原公有住房	购买经济适用房/两限房	自建住房	继承或赠　予	其　他
宁　夏	**51181**	**3800**	**4195**	**21666**	**6787**	**1668**	**2179**	**6299**	**482**	**4105**
银川市	**20377**	**600**	**2261**	**8977**	**3733**	**564**	**814**	**781**	**236**	**2411**
兴庆区	4050	79	695	1147	1219	171	91	12	59	577
西夏区	354		71	3	37			13	10	220
金凤区	287	1	19	23	1	13		36	8	186
永宁县	6495	80	734	2825	965	126	371	403	137	854
贺兰县	7258	154	484	4566	1316	234	210	124	15	155
灵武市	1933	286	258	413	195	20	142	193	7	419
石嘴山市	**7721**	**417**	**420**	**4330**	**1089**	**65**	**412**	**356**	**94**	**538**
大武口区	586	4	38	80	32	17		116	66	233
惠农区	1293	223	56	210	193	6	221	123	9	252
平罗县	5842	190	326	4040	864	42	191	117	19	53
吴忠市	**7825**	**724**	**501**	**2419**	**786**	**482**	**241**	**2212**	**67**	**393**
利通区	689	184	30	7	46	7	22	138	7	248
红寺堡区	134	25	12		19	1	1	73		3
盐池县	2599	280	144	1475	331	30	131	153	20	35
同心县	3514	220	240	912	145	162	57	1708	29	41
青铜峡市	889	15	75	25	245	282	30	140	11	66
固原市	**6946**	**1271**	**431**	**2570**	**376**	**154**	**409**	**1385**	**29**	**321**
原州区	588		31	8	11		2	525	1	10
西吉县	2213	411	208	647	112	62	213	400	8	152
隆德县	1359	268	23	864	79	24	5	84	7	5
泾源县	847	132	21	364	32	2	20	209	7	60
彭阳县	1939	460	148	687	142	66	169	167	6	94
中卫市	**8312**	**788**	**582**	**3370**	**803**	**403**	**303**	**1565**	**56**	**442**
沙坡头区	497		31	33	24	10	24	363	2	10
中宁县	5261	448	238	3006	643	106	99	477	19	225
海原县	2554	340	313	331	136	287	180	725	35	207

9-6c 各地区按住房来源分的同时拥有厨房和厕所的家庭户户数(乡村)

单位：户

地　区	合　计	租赁廉租住房/公租房	租　赁其他住房	购买新建商品房	购　买二手房	购买原公有住房	购买经济适用房/两限房	自建住房	继承或赠　予	其　他
宁　夏	**73136**	**1234**	**2059**	**4955**	**1833**	**341**	**1578**	**55011**	**526**	**5599**
银川市	**16542**	**376**	**1222**	**2606**	**702**	**161**	**1045**	**7141**	**193**	**3096**
兴庆区	1964	37	314	97	33	5	3	1125	32	318
西夏区	1060	1	42	77	86	31	9	630	3	181
金凤区	3755	299	482	1548	133	5	199	377	40	672
永宁县	3587	25	125	50	106	39	683	1221	83	1255
贺兰县	3771	12	208	743	319	46	134	1684	29	596
灵武市	2405	2	51	91	25	35	17	2104	6	74
石嘴山市	**5787**	**230**	**127**	**355**	**168**	**15**	**72**	**4574**	**28**	**218**
大武口区	661	3	2		24			632		
惠农区	1288	174	47	13	44	11	46	876	2	75
平罗县	3838	53	78	342	100	4	26	3066	26	143
吴忠市	**17460**	**299**	**257**	**1106**	**538**	**83**	**193**	**13581**	**145**	**1258**
利通区	4176	246	88	633	146	11	21	2246	102	683
红寺堡区	3046	1	12	7	61	3		2950	6	6
盐池县	2056	1	66	17	142	12	3	1671	7	137
同心县	4650	2	18	4	50		12	4342	12	210
青铜峡市	3532	49	73	445	139	57	157	2372	18	222
固原市	**17613**	**290**	**285**	**392**	**149**	**27**	**147**	**15830**	**69**	**424**
原州区	6181	188	129	313	62	5	98	5125	16	245
西吉县	4952	4	31	25	26	8	10	4733	34	81
隆德县	2107	83	23	15	3	2	3	1910	7	61
泾源县	1436	8	9	4	13	1	3	1386	1	11
彭阳县	2937	7	93	35	45	11	33	2676	11	26
中卫市	**15734**	**39**	**168**	**496**	**276**	**55**	**121**	**13885**	**91**	**603**
沙坡头区	4775	12	58	287	163	14	100	3682	39	420
中宁县	4664	15	70	192	82	35	8	4200	4	58
海原县	6295	12	40	17	31	6	13	6003	48	125

9-7　全区按户主的受教育程度、住房来源分的家庭户户数

单位：户

受教育程度	合　计	租赁廉租住房/公租房	租　赁其他住房	购买新建商品房	购　买二手房	购买原公有住房	购买经济适用房/两限房	自建住房	继承或赠　予	其　他
总　计	**225458**	**10108**	**19861**	**69249**	**25494**	**8087**	**9253**	**64086**	**1954**	**17366**
未上过学	9279	545	457	989	528	270	381	4967	131	1011
学前教育	105	6	9	16	7	2	2	47	1	15
小　学	53813	2286	3512	5708	3347	1308	1754	30536	509	4853
初　中	81602	3956	7593	21901	9940	2700	3534	23620	781	7577
高　中	32462	1846	3211	12929	5006	1669	1558	3780	290	2173
大学专科	25071	882	2815	13463	3607	1220	1020	847	152	1065
大学本科	21519	545	2114	13255	2862	852	902	278	87	624
硕士研究生	1472	33	141	916	181	55	90	10	3	43
博士研究生	135	9	9	72	16	11	12	1		5

9-7a　全区按户主的受教育程度、住房来源分的家庭户户数(城市)

单位：户

受教育程度	合　计	租赁廉租住房/公租房	租　赁其他住房	购买新建商品房	购　买二手房	购买原公有住房	购买经济适用房/两限房	自建住房	继承或赠　予	其　他
总　计	**98794**	**5132**	**11920**	**43046**	**16756**	**6065**	**5568**	**1803**	**907**	**7597**
未上过学	2123	244	204	522	269	185	191	122	36	350
学前教育	33	4	6	9	5	1	1	3		4
小　学	11073	965	1477	2823	1693	875	865	668	148	1559
初　中	32345	2118	4158	11469	6072	2036	2053	724	356	3359
高　中	18872	1034	2134	8250	3516	1313	1054	146	188	1237
大学专科	16911	465	2114	9238	2665	939	649	77	111	653
大学本科	16022	273	1696	9871	2349	652	658	59	66	398
硕士研究生	1291	21	123	798	172	54	85	3	2	33
博士研究生	124	8	8	66	15	10	12	1		4

9-7b 全区按户主的受教育程度、住房来源分的家庭户户数(镇)

单位：户

受教育程度	合 计	租赁廉租住房/公租房	租 赁其他住房	购买新建商品房	购 买二手房	购买原公有住房	购买经济适用房/两限房	自建住房	继承或赠 予	其 他
总 计	**51863**	**3764**	**5167**	**21386**	**6804**	**1628**	**2139**	**6389**	**486**	**4100**
未上过学	1690	242	144	360	162	56	73	391	33	229
学前教育	23	2	1	5	2			6	1	6
小 学	10349	1027	1226	2284	1052	310	458	2745	143	1104
初 中	20660	1303	2121	8455	3023	522	833	2406	203	1794
高 中	8376	610	779	3921	1255	299	326	567	63	556
大学专科	6235	333	539	3545	830	246	255	197	29	261
大学本科	4392	237	342	2731	471	193	190	76	13	139
硕士研究生	130	9	14	81	9	1	4	1	1	10
博士研究生	8	1	1	4		1				1

9-7c 全区按户主的受教育程度、住房来源分的家庭户户数(乡村)

单位：户

受教育程度	合 计	租赁廉租住房/公租房	租 赁其他住房	购买新建商品房	购 买二手房	购买原公有住房	购买经济适用房/两限房	自建住房	继承或赠 予	其 他
总 计	**74801**	**1212**	**2774**	**4817**	**1934**	**394**	**1546**	**55894**	**561**	**5669**
未上过学	5466	59	109	107	97	29	117	4454	62	432
学前教育	49		2	2		1	1	38		5
小 学	32391	294	809	601	602	123	431	27123	218	2190
初 中	28597	535	1314	1977	845	142	648	20490	222	2424
高 中	5214	202	298	758	235	57	178	3067	39	380
大学专科	1925	84	162	680	112	35	116	573	12	151
大学本科	1105	35	76	653	42	7	54	143	8	87
硕士研究生	51	3	4	37			1	6		
博士研究生	3			2	1					

9-8　全区按户主的受教育程度、月租房费用分的家庭户户数

单位：户

受教育程度	合　计	200元以下	200-499元	500-999元	1000-1999元
总　计	**29969**	**8610**	**8054**	**8048**	**4398**
未上过学	1002	540	293	112	47
学前教育	15	2	7	4	1
小　学	5798	2354	1971	993	365
初　中	11549	3468	3556	3083	1101
高　中	5057	1389	1150	1524	863
大学专科	3697	541	625	1448	971
大学本科	2659	299	424	836	970
硕士研究生	174	14	20	46	75
博士研究生	18	3	8	2	5

9-8　续表

单位：户

受教育程度	2000-2999元	3000-3999元	4000-5999元	6000-7999元	8000-9999元	10000元及以上
总　计	**444**	**127**	**161**	**50**	**39**	**38**
未上过学	5		3	1		1
学前教育			1			
小　学	41	20	35	6	8	5
初　中	141	61	85	26	14	14
高　中	66	18	19	10	8	10
大学专科	75	13	11	5	4	4
大学本科	98	15	6	2	5	4
硕士研究生	18		1			
博士研究生						

9-8a 全区按户主的受教育程度、月租房费用分的家庭户户数(城市)

单位：户

受教育程度	合 计	200元以下	200-499元	500-999元	1000-1999元
总 计	**17052**	**3773**	**4055**	**5297**	**3403**
未上过学	448	201	145	68	30
学前教育	10	1	4	3	1
小 学	2442	821	842	537	196
初 中	6276	1612	1795	1934	765
高 中	3168	722	650	1030	676
大学专科	2579	263	361	1057	815
大学本科	1969	146	237	627	846
硕士研究生	144	6	13	39	69
博士研究生	16	1	8	2	5

9-8a 续表

单位：户

受教育程度	2000-2999元	3000-3999元	4000-5999元	6000-7999元	8000-9999元	10000元及以上
总 计	**309**	**75**	**85**	**21**	**16**	**18**
未上过学	1		3			
学前教育			1			
小 学	18	11	15		1	1
初 中	72	30	43	13	8	4
高 中	50	12	14	5	1	8
大学专科	64	9	3	3	2	2
大学本科	88	13	5		4	3
硕士研究生	16		1			
博士研究生						

9-8b　全区按户主的受教育程度、月租房费用分的家庭户户数(镇)

单位：户

受教育程度	合　计	200元以下	200-499元	500-999元	1000-1999元
总　计	**8931**	**3297**	**2645**	**2012**	**763**
未上过学	386	248	93	31	11
学前教育	3	1	1	1	
小　学	2253	1004	756	325	129
初　中	3424	1169	1117	795	239
高　中	1389	503	329	377	150
大学专科	872	222	197	303	126
大学本科	579	141	146	175	104
硕士研究生	23	7	6	5	4
博士研究生	2	2			

9-8b　续表

单位：户

受教育程度	2000-2999元	3000-3999元	4000-5999元	6000-7999元	8000-9999元	10000元及以上
总　计	**96**	**31**	**43**	**18**	**17**	**9**
未上过学	2			1		
学前教育						
小　学	14	4	10	4	5	2
初　中	48	18	24	7	4	3
高　中	14	3	2	4	6	1
大学专科	10	4	6	1	1	2
大学本科	7	2	1	1	1	1
硕士研究生	1					
博士研究生						

9-8c 全区按户主的受教育程度、月租房费用分的家庭户户数(乡村)

单位：户

受教育程度	合 计	200元以下	200-499元	500-999元	1000-1999元
总 计	**3986**	**1540**	**1354**	**739**	**232**
未上过学	168	91	55	13	6
学前教育	2		2		
小 学	1103	529	373	131	40
初 中	1849	687	644	354	97
高 中	500	164	171	117	37
大学专科	246	56	67	88	30
大学本科	111	12	41	34	20
硕士研究生	7	1	1	2	2
博士研究生					

9-8c 续表

单位：户

受教育程度	2000-2999元	3000-3999元	4000-5999元	6000-7999元	8000-9999元	10000元及以上
总 计	**39**	**21**	**33**	**11**	**6**	**11**
未上过学	2					1
学前教育						
小 学	9	5	10	2	2	2
初 中	21	13	18	6	2	7
高 中	2	3	3	1	1	1
大学专科	1		2	1	1	
大学本科	3			1		
硕士研究生	1					
博士研究生						

9−9　全区按户主的职业、住房来源分的家庭户户数

单位：户

职业大类	合　计	租赁廉租住房/公租房	租　赁其他住房	购买新建商品房	购　买二手房
总　计	**152156**	**5408**	**15575**	**48928**	**17918**
党的机关、国家机关、群众团体和社会组织、企事业单位负责人	3901	60	315	2282	456
专业技术人员	15361	495	1687	8409	2144
办事人员和有关人员	10845	467	816	6084	1404
社会生产服务和生活服务人员	53686	2623	7875	18357	8000
农、林、牧、渔业生产及辅助人员	29894	182	452	1824	1032
生产制造及有关人员	38356	1577	4423	11913	4865
不便分类的其他从业人员	113	4	7	59	17

9−9　续表

单位：户

职业大类	购买原公有住房	购买经济适用房/两限房	自建住房	继承或赠　予	其　他
总　计	**3601**	**5165**	**44068**	**1017**	**10476**
党的机关、国家机关、群众团体和社会组织、企事业单位负责人	90	144	371	16	167
专业技术人员	549	581	810	67	619
办事人员和有关人员	432	546	558	54	484
社会生产服务和生活服务人员	1266	1849	8470	490	4756
农、林、牧、渔业生产及辅助人员	169	395	24574	96	1170
生产制造及有关人员	1094	1644	9276	293	3271
不便分类的其他从业人员	1	6	9	1	9

9-9a 全区按户主的职业、住房来源分的家庭户户数(城市)

单位：户

职业大类	合 计	租赁廉租住房/公租房	租 赁其他住房	购买新建商品房	购 买二手房
总 计	**64868**	**2815**	**9404**	**29724**	**11583**
党的机关、国家机关、群众团体和社会组织、企事业单位负责人	2437	32	222	1594	330
专业技术人员	10210	242	1284	5808	1645
办事人员和有关人员	7465	240	627	4416	1100
社会生产服务和生活服务人员	27272	1556	4840	10787	5279
农、林、牧、渔业生产及辅助人员	1827	72	121	658	341
生产制造及有关人员	15584	671	2304	6419	2874
不便分类的其他从业人员	73	2	6	42	14

9-9a 续表

单位：户

职业大类	购买原公有住房	购买经济适用房/两限房	自建住房	继承或赠 予	其 他
总 计	**2393**	**2779**	**1152**	**472**	**4546**
党的机关、国家机关、群众团体和社会组织、企事业单位负责人	54	86	14	7	98
专业技术人员	401	382	48	46	354
办事人员和有关人员	314	389	39	41	299
社会生产服务和生活服务人员	856	1018	368	240	2328
农、林、牧、渔业生产及辅助人员	37	62	355	9	172
生产制造及有关人员	731	838	328	129	1290
不便分类的其他从业人员		4			5

9-9b 全区按户主的职业、住房来源分的家庭户户数(镇)

单位：户

职业大类	合 计	租赁廉租住房/公租房	租 赁其他住房	购买新建商品房	购 买二手房
总 计	**35817**	**2016**	**3926**	**15679**	**4902**
党的机关、国家机关、群众团体和社会组织、企事业单位负责人	952	23	65	575	113
专业技术人员	3662	208	306	2132	432
办事人员和有关人员	2492	203	154	1424	273
社会生产服务和生活服务人员	14584	790	1980	6119	2232
农、林、牧、渔业生产及辅助人员	3232	90	136	939	346
生产制造及有关人员	10875	700	1284	4480	1504
不便分类的其他从业人员	20	2	1	10	2

9-9b 续表

单位：户

职业大类	购买原公有住房	购买经济适用房/两限房	自建住房	继承或赠 予	其 他
总 计	**970**	**1372**	**4169**	**267**	**2516**
党的机关、国家机关、群众团体和社会组织、企事业单位负责人	34	42	55	6	39
专业技术人员	140	145	144	15	140
办事人员和有关人员	109	124	102	6	97
社会生产服务和生活服务人员	352	472	1356	143	1140
农、林、牧、渔业生产及辅助人员	38	117	1372	12	182
生产制造及有关人员	296	470	1138	85	918
不便分类的其他从业人员	1	2	2		

9-9c　全区按户主的职业、住房来源分的家庭户户数(乡村)

单位：户

职业大类	合　计	租赁廉租住房/公租房	租　　赁其他住房	购买新建商品房	购　买二手房
总　计	**51471**	**577**	**2245**	**3525**	**1433**
党的机关、国家机关、群众团体和社会组织、企事业单位负责人	512	5	28	113	13
专业技术人员	1489	45	97	469	67
办事人员和有关人员	888	24	35	244	31
社会生产服务和生活服务人员	11830	277	1055	1451	489
农、林、牧、渔业生产及辅助人员	24835	20	195	227	345
生产制造及有关人员	11897	206	835	1014	487
不便分类的其他从业人员	20			7	1

9-9c　续表

单位：户

职业大类	购买原公有住房	购买经济适用房/两限房	自建住房	继承或赠　予	其　他
总　计	**238**	**1014**	**38747**	**278**	**3414**
党的机关、国家机关、群众团体和社会组织、企事业单位负责人	2	16	302	3	30
专业技术人员	8	54	618	6	125
办事人员和有关人员	9	33	417	7	88
社会生产服务和生活服务人员	58	359	6746	107	1288
农、林、牧、渔业生产及辅助人员	94	216	22847	75	816
生产制造及有关人员	67	336	7810	79	1063
不便分类的其他从业人员			7	1	4

9–10　全区按户主的职业、月租房费用分的家庭户户数

单位：户

职业大类	合　计	200元以下	200–499元	500–999元	1000–1999元
总　计	**20983**	**4695**	**5675**	**6465**	**3428**
党的机关、国家机关、群众团体和社会组织、企事业单位负责人	375	22	49	120	148
专业技术人员	2182	281	405	762	658
办事人员和有关人员	1283	288	256	364	329
社会生产服务和生活服务人员	10498	2193	2640	3473	1765
农、林、牧、渔业生产及辅助人员	634	226	215	111	54
生产制造及有关人员	6000	1683	2109	1630	471
不便分类的其他从业人员	11	2	1	5	3

9–10　续表

单位：户

职业大类	2000–2999元	3000–3999元	4000–5999元	6000–7999元	8000–9999元	10000元及以上
总　计	**359**	**113**	**138**	**42**	**32**	**36**
党的机关、国家机关、群众团体和社会组织、企事业单位负责人	27	5		2	1	1
专业技术人员	53	7	6	3	5	2
办事人员和有关人员	34	10	2			
社会生产服务和生活服务人员	189	74	90	23	23	28
农、林、牧、渔业生产及辅助人员	8	7	11		1	1
生产制造及有关人员	48	10	29	14	2	4
不便分类的其他从业人员						

9-10a　全区按户主的职业、月租房费用分的家庭户户数(城市)

单位：户

职业大类	合　计	200元以下	200-499元	500-999元	1000-1999元
总　计	**12219**	**2032**	**2857**	**4260**	**2644**
党的机关、国家机关、群众团体和社会组织、企事业单位负责人	254	9	24	71	119
专业技术人员	1526	126	203	582	560
办事人员和有关人员	867	144	134	266	279
社会生产服务和生活服务人员	6396	1154	1348	2315	1340
农、林、牧、渔业生产及辅助人员	193	65	54	47	22
生产制造及有关人员	2975	534	1093	975	321
不便分类的其他从业人员	8		1	4	3

9-10a　续表

单位：户

职业大类	2000-2999元	3000-3999元	4000-5999元	6000-7999元	8000-9999元	10000元及以上
总　计	**242**	**64**	**72**	**20**	**12**	**16**
党的机关、国家机关、群众团体和社会组织、企事业单位负责人	25	5		1		
专业技术人员	43	5	2	1	4	
办事人员和有关人员	33	9	2			
社会生产服务和生活服务人员	112	41	52	12	7	15
农、林、牧、渔业生产及辅助人员	4		1			
生产制造及有关人员	25	4	15	6	1	1
不便分类的其他从业人员						

9-10b　全区按户主的职业、月租房费用分的家庭户户数(镇)

单位：户

职业大类	合　计	200元以下	200-499元	500-999元	1000-1999元
总　计	**5942**	**1726**	**1833**	**1600**	**595**
党的机关、国家机关、群众团体和社会组织、企事业单位负责人	88	10	16	34	23
专业技术人员	514	125	153	142	79
办事人员和有关人员	357	127	105	78	45
社会生产服务和生活服务人员	2770	669	832	824	320
农、林、牧、渔业生产及辅助人员	226	89	83	36	14
生产制造及有关人员	1984	704	644	485	114
不便分类的其他从业人员	3	2		1	

9-10b　续表

单位：户

职业大类	2000-2999元	3000-3999元	4000-5999元	6000-7999元	8000-9999元	10000元及以上
总　计	**84**	**30**	**36**	**15**	**14**	**9**
党的机关、国家机关、群众团体和社会组织、企事业单位负责人	2			1	1	1
专业技术人员	6	1	3	2	1	2
办事人员和有关人员	1	1				
社会生产服务和生活服务人员	58	24	20	8	10	5
农、林、牧、渔业生产及辅助人员			3		1	
生产制造及有关人员	17	4	10	4	1	1
不便分类的其他从业人员						

9–10c 全区按户主的职业、月租房费用分的家庭户户数(乡村)

单位：户

职业大类	合计	200元以下	200–499元	500–999元	1000–1999元
总 计	**2822**	**937**	**985**	**605**	**189**
党的机关、国家机关、群众团体和社会组织、企事业单位负责人	33	3	9	15	6
专业技术人员	142	30	49	38	19
办事人员和有关人员	59	17	17	20	5
社会生产服务和生活服务人员	1332	370	460	334	105
农、林、牧、渔业生产及辅助人员	215	72	78	28	18
生产制造及有关人员	1041	445	372	170	36
不便分类的其他从业人员					

9–10c 续表

单位：户

职业大类	2000–2999元	3000–3999元	4000–5999元	6000–7999元	8000–9999元	10000元及以上
总 计	**33**	**19**	**30**	**7**	**6**	**11**
党的机关、国家机关、群众团体和社会组织、企事业单位负责人						
专业技术人员	4	1	1			
办事人员和有关人员						
社会生产服务和生活服务人员	19	9	18	3	6	8
农、林、牧、渔业生产及辅助人员	4	7	7			1
生产制造及有关人员	6	2	4	4		2
不便分类的其他从业人员						

9-11　全区按户主的职业分的家庭户住房状况

职业大类	户　数（户）	人　数（人）	平均每户住房间数（间/户）	人均住房建筑面积（平方米/人）	人均住房间　数（间/人）
总　计	**152156**	**458433**	**2.69**	**33.16**	**0.89**
党的机关、国家机关、群众团体和社会组织、企事业单位负责人	3901	11339	2.84	40.67	0.98
专业技术人员	15361	40786	2.62	39.53	0.99
办事人员和有关人员	10845	28905	2.67	40.77	1.00
社会生产服务和生活服务人员	53686	157448	2.51	32.82	0.86
农、林、牧、渔业生产及辅助人员	29894	99375	3.15	31.01	0.95
生产制造及有关人员	38356	120275	2.62	30.66	0.83
不便分类的其他从业人员	113	305	2.40	37.27	0.89

9-11a　全区按户主的职业分的家庭户住房状况(城市)

职业大类	户　数（户）	人　数（人）	平均每户住房间数（间/户）	人均住房建筑面积（平方米/人）	人均住房间　数（间/人）
总　计	**64868**	**180549**	**2.47**	**35.35**	**0.89**
党的机关、国家机关、群众团体和社会组织、企事业单位负责人	2437	7067	2.77	41.31	0.96
专业技术人员	10210	26652	2.60	40.69	0.99
办事人员和有关人员	7465	19862	2.66	41.65	1.00
社会生产服务和生活服务人员	27272	75318	2.37	33.86	0.86
农、林、牧、渔业生产及辅助人员	1827	5655	2.68	32.83	0.87
生产制造及有关人员	15584	45800	2.38	31.32	0.81
不便分类的其他从业人员	73	195	2.42	39.39	0.91

9-11b 全区按户主的职业分的家庭户住房状况(镇)

职业大类	户 数 (户)	人 数 (人)	平均每户 住房间数 (间/户)	人均住房 建筑面积 (平方米/人)	人均住房 间 数 (间/人)
总 计	**35817**	**107217**	**2.54**	**32.46**	**0.85**
党的机关、国家机关、群众团体和社会组织、企事业单位负责人	952	2692	2.77	40.66	0.98
专业技术人员	3662	9793	2.59	38.20	0.97
办事人员和有关人员	2492	6615	2.60	38.66	0.98
社会生产服务和生活服务人员	14584	43635	2.48	32.07	0.83
农、林、牧、渔业生产及辅助人员	3232	10514	2.89	31.71	0.89
生产制造及有关人员	10875	33920	2.46	29.67	0.79
不便分类的其他从业人员	20	48	2.20	37.71	0.92

9-11c 全区按户主的职业分的家庭户住房状况(乡村)

职业大类	户 数 (户)	人 数 (人)	平均每户 住房间数 (间/户)	人均住房 建筑面积 (平方米/人)	人均住房 间 数 (间/人)
总 计	**51471**	**170667**	**3.09**	**31.28**	**0.93**
党的机关、国家机关、群众团体和社会组织、企事业单位负责人	512	1580	3.29	37.79	1.07
专业技术人员	1489	4341	2.84	35.39	0.97
办事人员和有关人员	888	2428	2.97	39.29	1.09
社会生产服务和生活服务人员	11830	38495	2.89	31.63	0.89
农、林、牧、渔业生产及辅助人员	24835	83206	3.22	30.80	0.96
生产制造及有关人员	11897	40555	3.07	30.74	0.90
不便分类的其他从业人员	20	62	2.50	30.24	0.81

9-12　全区按户主的职业、人均住房建筑面积分的家庭户户数

单位：户

职业大类	合　计	人均住房建筑面积(平方米)			
		8及以下	9-12	13-16	17-19
总　计	**152156**	**1483**	**4000**	**7680**	**7053**
党的机关、国家机关、群众团体和社会组织、企事业单位负责人	3901	12	34	54	104
专业技术人员	15361	29	120	282	330
办事人员和有关人员	10845	22	69	179	247
社会生产服务和生活服务人员	53686	544	1403	2577	2465
农、林、牧、渔业生产及辅助人员	29894	315	1045	2319	1832
生产制造及有关人员	38356	561	1326	2266	2070
不便分类的其他从业人员	113		3	3	5

9-12　续表

单位：户

职业大类	人均住房建筑面积(平方米)					
	20-29	30-39	40-49	50-59	60-69	70及以上
总　计	**40678**	**32405**	**22921**	**11807**	**8144**	**15985**
党的机关、国家机关、群众团体和社会组织、企事业单位负责人	757	924	708	366	302	640
专业技术人员	3078	3534	2879	1542	1187	2380
办事人员和有关人员	1916	2462	2226	1159	905	1660
社会生产服务和生活服务人员	15206	11539	7827	4015	2462	5648
农、林、牧、渔业生产及辅助人员	7711	5766	4262	2196	1884	2564
生产制造及有关人员	11982	8156	5002	2525	1396	3072
不便分类的其他从业人员	28	24	17	4	8	21

9-12a 全区按户主的职业、人均住房建筑面积分的家庭户户数(城市)

单位：户

职业大类	合 计	人均住房建筑面积(平方米)			
		8及以下	9-12	13-16	17-19
总 计	**64868**	**305**	**991**	**2087**	**2671**
党的机关、国家机关、群众团体和社会组织、企事业单位负责人	2437	3	15	21	59
专业技术人员	10210	7	48	131	205
办事人员和有关人员	7465	6	23	105	157
社会生产服务和生活服务人员	27272	119	510	1053	1294
农、林、牧、渔业生产及辅助人员	1827	12	25	70	98
生产制造及有关人员	15584	158	368	705	856
不便分类的其他从业人员	73		2	2	2

9-12a 续表

单位：户

职业大类	人均住房建筑面积(平方米)					
	20-29	30-39	40-49	50-59	60-69	70及以上
总 计	**16980**	**14720**	**10693**	**5141**	**3685**	**7595**
党的机关、国家机关、群众团体和社会组织、企事业单位负责人	459	605	468	213	185	409
专业技术人员	1924	2351	2048	979	863	1654
办事人员和有关人员	1252	1702	1615	774	661	1170
社会生产服务和生活服务人员	7733	6008	4131	2086	1359	2979
农、林、牧、渔业生产及辅助人员	533	438	284	142	81	144
生产制造及有关人员	5064	3598	2134	946	530	1225
不便分类的其他从业人员	15	18	13	1	6	14

9-12b 全区按户主的职业、人均住房建筑面积分的家庭户户数(镇)

单位：户

职业大类	合 计	人均住房建筑面积(平方米)			
		8及以下	9-12	13-16	17-19
总 计	**35817**	**529**	**1088**	**1580**	**1439**
党的机关、国家机关、群众团体和社会组织、企事业单位负责人	952	6	9	15	17
专业技术人员	3662	12	40	82	71
办事人员和有关人员	2492	12	32	46	59
社会生产服务和生活服务人员	14584	248	420	635	565
农、林、牧、渔业生产及辅助人员	3232	48	114	179	172
生产制造及有关人员	10875	203	473	622	555
不便分类的其他从业人员	20			1	

9-12b 续表

单位：户

职业大类	人均住房建筑面积(平方米)					
	20-29	30-39	40-49	50-59	60-69	70及以上
总 计	**10245**	**7891**	**5075**	**2942**	**1507**	**3521**
党的机关、国家机关、群众团体和社会组织、企事业单位负责人	184	236	151	114	74	146
专业技术人员	793	882	596	424	245	517
办事人员和有关人员	494	587	459	293	180	330
社会生产服务和生活服务人员	4342	3203	2079	1120	547	1425
农、林、牧、渔业生产及辅助人员	903	646	468	285	171	246
生产制造及有关人员	3522	2335	1319	704	288	854
不便分类的其他从业人员	7	2	3	2	2	3

9-12c 全区按户主的职业、人均住房建筑面积分的家庭户户数(乡村)

单位：户

职业大类	合 计	人均住房建筑面积(平方米)			
		8及以下	9-12	13-16	17-19
总 计	**51471**	**649**	**1921**	**4013**	**2943**
党的机关、国家机关、群众团体和社会组织、企事业单位负责人	512	3	10	18	28
专业技术人员	1489	10	32	69	54
办事人员和有关人员	888	4	14	28	31
社会生产服务和生活服务人员	11830	177	473	889	606
农、林、牧、渔业生产及辅助人员	24835	255	906	2070	1562
生产制造及有关人员	11897	200	485	939	659
不便分类的其他从业人员	20		1		3

9-12c 续表

单位：户

职业大类	人均住房建筑面积(平方米)					
	20-29	30-39	40-49	50-59	60-69	70及以上
总 计	**13453**	**9794**	**7153**	**3724**	**2952**	**4869**
党的机关、国家机关、群众团体和社会组织、企事业单位负责人	114	83	89	39	43	85
专业技术人员	361	301	235	139	79	209
办事人员和有关人员	170	173	152	92	64	160
社会生产服务和生活服务人员	3131	2328	1617	809	556	1244
农、林、牧、渔业生产及辅助人员	6275	4682	3510	1769	1632	2174
生产制造及有关人员	3396	2223	1549	875	578	993
不便分类的其他从业人员	6	4	1	1		4

9–13　各地区按拥有全部家用汽车总价分的家庭户户数

单位：户

地　区	合　计	不　满10万元	10万元以上，不满20万元	20万元以上，不满30万元	30万元以上，不满50万元	50万元以上，不满100万元	100万元及以上	没有汽车
宁　夏	**233945**	**47900**	**36216**	**9072**	**4014**	**1552**	**386**	**134805**
银川市	**94525**	**17916**	**18684**	**5415**	**2538**	**1036**	**256**	**48680**
兴庆区	27948	3986	5738	1974	941	408	100	14801
西夏区	12747	2686	2079	352	128	56	7	7439
金凤区	22897	3495	5603	2093	1037	396	101	10172
永宁县	10395	2469	1482	234	78	35	10	6087
贺兰县	11567	3271	2109	403	222	83	23	5456
灵武市	8971	2009	1673	359	132	58	15	4725
石嘴山市	**28028**	**5377**	**4505**	**887**	**333**	**100**	**31**	**16795**
大武口区	10825	1857	1943	456	174	49	21	6325
惠农区	7295	1176	1062	183	72	23	5	4774
平罗县	9908	2344	1500	248	87	28	5	5696
吴忠市	**43291**	**9438**	**5600**	**1274**	**537**	**236**	**49**	**26157**
利通区	15521	3058	2303	628	259	128	32	9113
红寺堡区	5149	1221	524	69	48	14	2	3271
盐池县	5120	1499	677	162	79	38	6	2659
同心县	8601	1714	861	182	90	37	7	5710
青铜峡市	8900	1946	1235	233	61	19	2	5404
固原市	**35015**	**8552**	**3450**	**716**	**278**	**76**	**17**	**21926**
原州区	14692	3438	1682	413	181	57	16	8905
西吉县	8759	2241	667	98	28	9		5716
隆德县	3695	900	370	56	20	3		2346
泾源县	2578	500	209	46	23	2		1798
彭阳县	5291	1473	522	103	26	5	1	3161
中卫市	**33086**	**6617**	**3977**	**780**	**328**	**104**	**33**	**21247**
沙坡头区	13123	2392	1951	403	148	51	15	8163
中宁县	10668	2443	1428	248	127	32	13	6377
海原县	9295	1782	598	129	53	21	5	6707

9-13a 各地区按拥有全部家用汽车总价分的家庭户户数(城市)

单位：户

地区	合计	不满10万元	10万元以上，不满20万元	20万元以上，不满30万元	30万元以上，不满50万元	50万元以上，不满100万元	100万元及以上	没有汽车
宁夏	**101321**	**16342**	**20788**	**6253**	**2797**	**1096**	**276**	**53769**
银川市	**55801**	**8316**	**12516**	**4249**	**1998**	**812**	**196**	**27714**
兴庆区	21416	2668	4611	1746	835	360	88	11108
西夏区	11177	2131	1942	338	121	55	6	6584
金凤区	18629	2561	4883	1910	950	355	91	7879
永宁县								
贺兰县	142	30	34	10	3	1		64
灵武市	4437	926	1046	245	89	41	11	2079
石嘴山市	**14167**	**2137**	**2647**	**595**	**225**	**66**	**26**	**8471**
大武口区	9512	1452	1852	447	169	49	21	5522
惠农区	4655	685	795	148	56	17	5	2949
平罗县								
吴忠市	**16287**	**3113**	**2881**	**732**	**299**	**132**	**30**	**9100**
利通区	10311	1768	1782	511	212	110	28	5900
红寺堡区	1928	494	354	57	39	9		975
盐池县								
同心县								
青铜峡市	4048	851	745	164	48	13	2	2225
固原市	**7699**	**1733**	**1396**	**363**	**160**	**53**	**13**	**3981**
原州区	7699	1733	1396	363	160	53	13	3981
西吉县								
隆德县								
泾源县								
彭阳县								
中卫市	**7367**	**1043**	**1348**	**314**	**115**	**33**	**11**	**4503**
沙坡头区	7367	1043	1348	314	115	33	11	4503
中宁县								
海原县								

9–13b 各地区按拥有全部家用汽车总价分的家庭户户数(镇)

单位：户

地 区	合 计	不 满 10万元	10万元以上，不满20万元	20万元以上，不满30万元	30万元以上，不满50万元	50万元以上，不满100万元	100万元及以上	没有汽车
宁 夏	**52972**	**11846**	**9005**	**1843**	**798**	**294**	**74**	**29112**
银川市	**20801**	**4911**	**4024**	**805**	**366**	**154**	**44**	**10497**
兴庆区	4207	721	857	186	81	38	11	2313
西夏区	390	144	25	6	1		1	213
金凤区	345	99	33	9	2	1		201
永宁县	6552	1621	1165	194	61	28	7	3476
贺兰县	7321	1956	1600	351	199	78	23	3114
灵武市	1986	370	344	59	22	9	2	1180
石嘴山市	**7794**	**1752**	**1329**	**231**	**82**	**23**	**4**	**4373**
大武口区	614	169	49	6	3			387
惠农区	1306	228	148	23	10	2		895
平罗县	5874	1355	1132	202	69	21	4	3091
吴忠市	**8250**	**1726**	**1266**	**314**	**139**	**66**	**12**	**4727**
利通区	695	116	66	32	5	3	1	472
红寺堡区	136	49	17	1				69
盐池县	2766	729	476	137	64	35	6	1319
同心县	3627	634	580	129	67	26	5	2186
青铜峡市	1026	198	127	15	3	2		681
固原市	**7374**	**1703**	**1044**	**220**	**74**	**12**		**4321**
原州区	606	158	35	6	2	1		404
西吉县	2511	587	357	66	19	5		1477
隆德县	1382	313	222	34	15	3		795
泾源县	871	167	125	35	21	1		522
彭阳县	2004	478	305	79	17	2		1123
中卫市	**8753**	**1754**	**1342**	**273**	**137**	**39**	**14**	**5194**
沙坡头区	559	132	60	8	9	5	2	343
中宁县	5360	1093	973	199	102	25	11	2957
海原县	2834	529	309	66	26	9	1	1894

9-13c 各地区按拥有全部家用汽车总价分的家庭户户数(乡村)

单位：户

地 区	合 计	不 满 10万元	10万元以上，不满20万元	20万元以上，不满30万元	30万元以上，不满50万元	50万元以上，不满100万元	100万元及以上	没有汽车
宁 夏	**79652**	**19712**	**6423**	**976**	**419**	**162**	**36**	**51924**
银川市	**17923**	**4689**	**2144**	**361**	**174**	**70**	**16**	**10469**
兴庆区	2325	597	270	42	25	10	1	1380
西夏区	1180	411	112	8	6	1		642
金凤区	3923	835	687	174	85	40	10	2092
永宁县	3843	848	317	40	17	7	3	2611
贺兰县	4104	1285	475	42	20	4		2278
灵武市	2548	713	283	55	21	8	2	1466
石嘴山市	**6067**	**1488**	**529**	**61**	**26**	**11**	**1**	**3951**
大武口区	699	236	42	3	2			416
惠农区	1334	263	119	12	6	4		930
平罗县	4034	989	368	46	18	7	1	2605
吴忠市	**18754**	**4599**	**1453**	**228**	**99**	**38**	**7**	**12330**
利通区	4515	1174	455	85	42	15	3	2741
红寺堡区	3085	678	153	11	9	5	2	2227
盐池县	2354	770	201	25	15	3		1340
同心县	4974	1080	281	53	23	11	2	3524
青铜峡市	3826	897	363	54	10	4		2498
固原市	**19942**	**5116**	**1010**	**133**	**44**	**11**	**4**	**13624**
原州区	6387	1547	251	44	19	3	3	4520
西吉县	6248	1654	310	32	9	4		4239
隆德县	2313	587	148	22	5			1551
泾源县	1707	333	84	11	2	1		1276
彭阳县	3287	995	217	24	9	3	1	2038
中卫市	**16966**	**3820**	**1287**	**193**	**76**	**32**	**8**	**11550**
沙坡头区	5197	1217	543	81	24	13	2	3317
中宁县	5308	1350	455	49	25	7	2	3420
海原县	6461	1253	289	63	27	12	4	4813

第三部分 附录

附录 1 2020 年宁夏第七次全国人口普查主要数据公报

第七次全国人口普查公报[1]（第一号）

—— 全区人口情况

宁夏回族自治区统计局

宁夏回族自治区第七次全国人口普查领导小组办公室

2021 年 5 月 25 日

根据第七次全国人口普查结果，现将 2020 年 11 月 1 日零时我区人口的基本情况公布如下：

一、常住人口

全区常住人口[2]为 7202654 人。

二、人口增长

全区常住人口与 2010 年第六次全国人口普查的 6301350 人相比，增加 901304 人，增长 14.30%，年平均增长率为 1.35%。

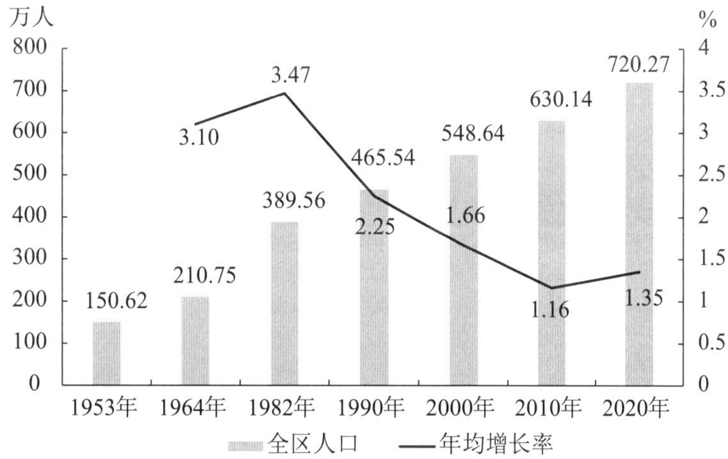

图 1-1 历次人口普查全区人口及年均增长率

三、户别人口

全区共有家庭户[3]2535074 户，集体户 126808 户，家庭户人口为 6709343 人，集体户人口为 493311 人。平均每个家庭户的人口为 2.65 人，比 2010 年第六次全国人口普查减少 0.6 人。

四、民族人口

全区常住人口中，汉族人口为 4612964 人，占 64.05%；各少数民族人口为 2589690 人，占 35.95%，其中回族人口为 2523581 人，占 35.04%。与 2010 年第六次全国人口普查相比，汉族人口增加 543552 人，增长 13.36%；各少数民族人口增加 357752 人，增长 16.03%，其中回族人口增加 332602 人，增长 15.18%。

注释：

[1] 本公报数据均为初步汇总数据。

[2] 常住人口包括：居住在本乡镇街道且户口在本乡镇街道或户口待定的人；居住在本乡镇街道且离开户口登记地所在的乡镇街道半年以上的人；户口在本乡镇街道且外出不满半年或在境外工作学习的人。全区常住人口包括五个地级市所辖 22 个县（市、区）的常住人口。

[3] 家庭户是指以家庭成员关系为主、居住一处共同生活的人组成的户。

第七次全国人口普查公报[1]（第二号）

—— 地区人口情况

宁夏回族自治区统计局

宁夏回族自治区第七次全国人口普查领导小组办公室

2021 年 5 月 25 日

根据第七次全国人口普查结果，现将 2020 年 11 月 1 日零时我区五个地级市所辖 22 个县（市、区）的常住人口[2]有关数据公布如下：

一、地区人口

分五个地级市[3]看，银川市人口为 2859074 人，占全区常住人口的 39.69%；石嘴山市人口为 751389 人，占 10.43%；吴忠市人口为 1382713 人，占 19.20%；固原市人口为 1142142 人，占 15.86%；中卫市人口为 1067336 人，占 14.82%。

表 2-1 各地区人口

单位：人、%

地 区	人口数	比重[4]	
		2020 年	2010 年
全 区	**7202654**	**100.00**	**100.00**
银川市	**2859074**	**39.69**	**31.62**
兴庆区	808282	11.22	10.76
西夏区	449559	6.24	5.23
金凤区	643952	8.94	4.48
永宁县	321618	4.47	3.46
贺兰县	341507	4.74	3.54
灵武市	294156	4.08	4.15
石嘴山市	**751389**	**10.43**	**11.52**
大武口区	298292	4.14	4.55
惠农区	178891	2.48	2.95
平罗县	274206	3.81	4.02
吴忠市	**1382713**	**19.20**	**20.22**
利通区	460790	6.40	6.02
红寺堡区	197604	2.74	2.62
盐池县	159209	2.21	2.33
同心县	320801	4.45	5.05
青铜峡市	244309	3.39	4.20
固原市	**1142142**	**15.86**	**19.49**
原州区	471329	6.54	6.54
西吉县	315827	4.38	5.62
隆德县	109451	1.52	2.55
泾源县	85023	1.18	1.60
彭阳县	160512	2.23	3.18
中卫市	**1067336**	**14.82**	**17.15**
沙坡头区	399796	5.55	6.01
中宁县	334022	4.64	4.96
海原县	333518	4.63	6.18

二、地区人口变化

五个地级市，人口比重与2010年第六次全国人口普查相比，银川市人口所占比重上升8.07个百分点，石嘴山市、吴忠市、固原市、中卫市人口所占比重分别下降1.09、1.02、3.63、2.33个百分点。

与2010年第六次全国人口普查相比，五个地级市所辖22个县（市、区）中，人口增加较多的县（市、区）依次为：金凤区、兴庆区、西夏区、贺兰县、永宁县、利通区、原州区，分别增加361398人、129976人、120249人、118526人、103358人、81444人、59475人。

注释：

[1]本公报数据均为初步汇总数据。部分数据因四舍五入的原因，存在总计与分项合计不等的情况。

[2]常住人口包括：居住在本乡镇街道且户口在本乡镇街道或户口待定的人；居住在本乡镇街道且离开户口登记地所在的乡镇街道半年以上的人；户口在本乡镇街道且外出不满半年或在境外工作学习的人。

[3]五个地级市包括：银川市，石嘴山市，吴忠市，固原市，中卫市。银川市所辖兴庆区、西夏区、金凤区、永宁县、贺兰县、灵武市；石嘴山市所辖大武口区、惠农区、平罗县；吴忠市所辖利通区、红寺堡区、盐池县、同心县、青铜峡市；固原市所辖原州区、西吉县、隆德县、泾源县、彭阳县；中卫市所辖沙坡头区、中宁县、海原县。

[4]指各县（市、区）的常住人口占全区常住人口的比重。

第七次全国人口普查公报[1]（第三号）

—— 人口性别构成情况

宁夏回族自治区统计局

宁夏回族自治区第七次全国人口普查领导小组办公室

2021 年 5 月 25 日

根据第七次全国人口普查结果，现将 2020 年 11 月 1 日零时我区五个地级市所辖 22 个县（市、区）的人口性别构成情况公布如下：

一、全区人口性别构成

全区常住人口[2]中，男性人口为 3668938 人，占 50.94%；女性人口为 3533716 人，占 49.06%。总人口性别比（以女性为 100，男性对女性的比例）为 103.83，与 2010 年第六次全国人口普查总人口性别比 105.09 相比，下降 1.26 个百分点。

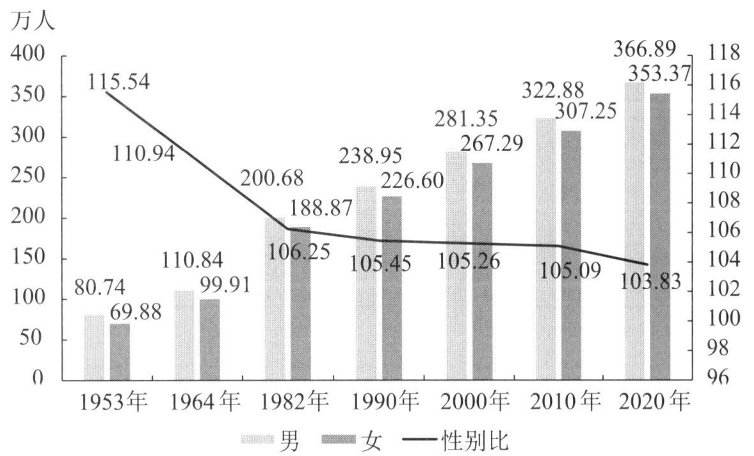

图 3-1 历次人口普查人口性别构成

二、地区人口性别构成

22 个县（市、区）中，总人口性别比在 103[3]以下的县（市、区）有 6 个，在 103 至 107 之间的县（市、区）有 13 个，在 107 以上的县（市、区）有 3 个。

表 3-1 各地区人口性别构成

单位：%

地 区	占常住人口比重		性别比
	男	女	
全 区	**50.94**	**49.06**	**103.83**
银川市	**50.85**	**49.15**	**103.46**
兴庆区	50.18	49.82	100.72
西夏区	50.76	49.24	103.08
金凤区	49.67	50.33	98.70

续表

地　区	占常住人口比重		性别比
	男	女	
永宁县	51.27	48.73	105.22
贺兰县	51.05	48.95	104.28
灵武市	54.73	45.27	120.88
石嘴山市	**51.17**	**48.83**	**104.80**
大武口区	50.40	49.60	101.61
惠农区	52.93	47.07	112.44
平罗县	50.86	49.14	103.51
吴忠市	**50.83**	**49.17**	**103.38**
利通区	49.96	50.04	99.84
红寺堡区	51.09	48.91	104.46
盐池县	52.96	47.04	112.60
同心县	50.65	49.35	102.63
青铜峡市	51.11	48.89	104.54
固原市	**50.84**	**49.16**	**103.40**
原州区	50.04	49.96	100.17
西吉县	51.49	48.51	106.15
隆德县	50.88	49.12	103.58
泾源县	51.31	48.69	105.40
彭阳县	51.59	48.41	106.59
中卫市	**51.26**	**48.74**	**105.17**
沙坡头区	51.37	48.63	105.64
中宁县	51.24	48.76	105.11
海原县	51.15	48.85	104.69

注释：

[1]本公报数据均为初步汇总数据。

[2]全区常住人口包括五个地级市所辖22个县（市、区）的常住人口。

[3]（103-107）是国际公认的人口性别比正常水平。

第七次全国人口普查公报[1]（第四号）

—— 人口年龄构成情况

宁夏回族自治区统计局

宁夏回族自治区第七次全国人口普查领导小组办公室

2021 年 5 月 25 日

根据第七次全国人口普查结果，现将 2020 年 11 月 1 日零时我区五个地级市所辖 22 个县（市、区）的人口年龄构成情况公布如下：

一、全区人口年龄构成

全区常住人口[2]中，0–14 岁[3]人口为 1468004 人，占 20.38%；15–59 岁人口为 4760508 人，占 66.09%；60 岁及以上人口为 974142 人，占 13.53%，其中 65 岁及以上人口为 692824 人，占 9.62%。与 2010 年第六次全国人口普查相比，0–14 岁人口的比重降低 1.10 个百分点，15–59 岁人口的比重降低 2.85 个百分点，60 岁及以上人口的比重上升 3.95 个百分点，65 岁及以上人口的比重上升 3.21 个百分点。

表 4-1　全区人口年龄构成

单位：人、%

年　　龄	人口数	比重
总　计	**7202654**	**100.00**
0–14 岁	1468004	20.38
15–59 岁	4760508	66.09
60 岁及以上	974142	13.53
其中：65 岁及以上	692824	9.62

二、地区人口年龄构成

22 个县（市、区）中，15–59 岁人口比重在 65%以上的县（市、区）有 13 个，在 60%–65%之间的县（市、区）有 8 个，在 60%以下的县（市、区）有 1 个。

21 个县（市、区）65 岁及以上老年人口比重超过 7%以上。

表 4-2　各地区人口年龄构成

单位：%

地　　区	占常住人口比重			
	0–14 岁	15–59 岁	60 岁及以上	其中：65 岁及以上
全　区	**20.38**	**66.09**	**13.53**	**9.62**
银川市	**18.07**	**69.13**	**12.79**	**8.81**
兴庆区	17.46	68.94	13.61	9.54
西夏区	15.31	73.34	11.34	7.94
金凤区	19.04	68.39	12.58	8.12

地　　区	占常住人口比重			
	0-14 岁	15-59 岁	60 岁及以上	其中：65 岁及以上
永宁县	19.81	66.99	13.19	9.40
贺兰县	19.13	67.27	13.60	9.20
灵武市	18.74	69.38	11.88	8.58
石嘴山市	**15.42**	**67.66**	**16.92**	**12.12**
大武口区	15.00	68.56	16.44	11.89
惠农区	13.37	69.72	16.91	12.19
平罗县	17.20	65.34	17.46	12.33
吴忠市	**22.96**	**64.21**	**12.83**	**9.20**
利通区	20.66	66.22	13.12	9.56
红寺堡区	28.15	62.62	9.23	6.65
盐池县	18.26	66.30	15.44	10.58
同心县	30.27	59.72	10.01	7.16
青铜峡市	16.54	66.26	17.21	12.39
固原市	**24.13**	**62.04**	**13.82**	**10.33**
原州区	24.50	63.54	11.96	8.77
西吉县	26.71	60.04	13.25	10.05
隆德县	19.74	61.34	18.92	14.28
泾源县	24.12	60.39	15.48	11.62
彭阳县	20.98	62.95	16.07	12.07
中卫市	**22.71**	**63.62**	**13.67**	**9.80**
沙坡头区	18.51	66.51	14.98	10.52
中宁县	22.09	63.77	14.14	10.08
海原县	28.37	60.01	11.62	8.64

注释：

[1] 本公报数据均为初步汇总数据。部分数据因四舍五入的原因，存在总计与分项合计不等的情况。

[2] 全区常住人口包括五个地级市所辖 22 个县（市、区）的常住人口。

[3] 0-15 岁人口为 1558823 人，16-59 岁人口为 4669689 人。

第七次全国人口普查公报[1]（第五号）

—— 人口受教育情况

宁夏回族自治区统计局

宁夏回族自治区第七次全国人口普查领导小组办公室

2021 年 5 月 25 日

根据第七次全国人口普查结果，现将 2020 年 11 月 1 日零时我区五个地级市所辖 22 个县（市、区）的人口受教育基本情况公布如下：

一、受教育程度人口

全区常住人口[2]中，拥有大学（指大专及以上）文化程度的人口为 1248938 人；拥有高中（含中专）文化程度的人口为 967429 人；拥有初中文化程度的人口为 2140403 人；拥有小学文化程度的人口为 1880672 人（以上各种受教育程度的人包括各类学校的毕业生、肄业生和在校生）。与 2010 年第六次全国人口普查相比，每 10 万人中拥有大学文化程度的由 9152 人增至 17340 人；拥有高中文化程度的由 12451 人增至 13432 人；拥有初中文化程度的由 33654 人减少为 29717 人；拥有小学文化程度的由 29826 人减少为 26111 人。

表 5-1　各地区每 10 万人口中拥有的各类受教育程度人数

单位：人/10 万人

地　区	大学（大专及以上）	高中（含中专）	初中	小学
全　区	**17340**	**13432**	**29717**	**26111**
银川市	**26171**	**15615**	**27732**	**19066**
兴庆区	26942	17577	28312	17479
西夏区	32249	17825	23439	16867
金凤区	37309	14737	20962	15076
永宁县	12771	11611	35800	26183
贺兰县	17175	14589	33017	22037
灵武市	15476	14339	32560	24294
石嘴山市	**15249**	**15582**	**36932**	**22497**
大武口区	21508	18239	31903	19703
惠农区	13532	17249	39994	21265
平罗县	9560	11603	40404	26340
吴忠市	**10763**	**10961**	**32355**	**30755**
利通区	14103	12671	36899	22952
红寺堡区	7464	7909	24963	38050
盐池县	12514	11447	32783	31591
同心县	6943	8050	25683	42677
青铜峡市	11004	13707	38246	23372

续表

地　　区	大学（大专及以上）	高中（含中专）	初中	小学
固原市	**11149**	**11166**	**24340**	**36775**
原州区	14021	12044	25864	31776
西吉县	7684	10204	21775	44000
隆德县	12523	11822	25489	36794
泾源县	7732	8417	22601	36460
彭阳县	10407	11489	25050	37396
中卫市	**10301**	**11694**	**32291**	**30098**
沙坡头区	13517	14619	37031	21824
中宁县	9572	11304	35381	29091
海原县	7177	8579	23514	41023

二、平均受教育年限[3]

与2010年第六次全国人口普查相比，全区常住人口中，15岁及以上人口的平均受教育年限由8.82年增至9.81年。

22个县（市、区）中，平均受教育年限在9.81年（全区水平）以上的县（市、区）有6个。

表5-2　各地区15岁及以上人口平均受教育年限

单位：年

地　　区	2020年	2010年
全　区	**9.81**	**8.82**
银川市	**11.01**	**10.21**
兴庆区	11.29	11.06
西夏区	11.64	11.07
金凤区	12.21	10.73
永宁县	9.32	8.47
贺兰县	10.00	8.69
灵武市	9.63	8.96
石嘴山市	**9.85**	**9.32**
大武口区	10.65	9.98
惠农区	9.85	9.39
平罗县	8.96	8.50
吴忠市	8.87	8.23
利通区	**9.56**	**8.79**
红寺堡区	7.69	7.04
盐池县	9.17	8.69
同心县	8.18	7.41
青铜峡市	9.03	8.71
固原市	**8.57**	**7.27**
原州区	9.13	7.88
西吉县	8.07	6.85
隆德县	8.77	7.35
泾源县	7.26	5.92
彭阳县	8.41	7.26
中卫市	**8.85**	**8.01**
沙坡头区	9.59	8.82
中宁县	8.91	8.21
海原县	7.79	6.93

三、文盲人口

全区常住人口中，文盲人口（15 岁及以上不识字的人）为 291030 人，与 2010 年第六次全国人口普查相比，文盲人口减少 100707 人，文盲率[4]由 6.22%下降为 4.04%，下降 2.18 个百分点。

注释：

[1] 本公报数据均为初步汇总数据。部分数据因四舍五入的原因，存在总计与分项合计不等的情况。

[2] 全区常住人口包括五个地级市所辖 22 个县（市、区）的常住人口。

[3] 平均受教育年限是将各种受教育程度折算成受教育年限计算平均数得出的，具体的折算标准是：小学=6 年，初中=9 年，高中=12 年，大专及以上=16 年。

[4] 文盲率是指五个地级市所辖 22 个县（市、区）的人口中 15 岁及以上不识字人口所占比例。

第七次全国人口普查公报[1]（第六号）

—— 城乡人口和流动人口情况

宁夏回族自治区统计局

宁夏回族自治区第七次全国人口普查领导小组办公室

2021 年 5 月 25 日

根据第七次全国人口普查结果，现将 2020 年 11 月 1 日零时我区五个地级市所辖 22 个县（市、区）的人口城乡分布及流动情况公布如下：

一、城乡[2]人口

全区常住人口[3]中，居住在城镇的人口为 4678654 人，占 64.96%；居住在乡村的人口为 2524000 人，占 35.04%。与 2010 年第六次全国人口普查相比，城镇人口增加 1660307 人，乡村人口减少 759003 人，城镇人口比重上升 17.06 个百分点。

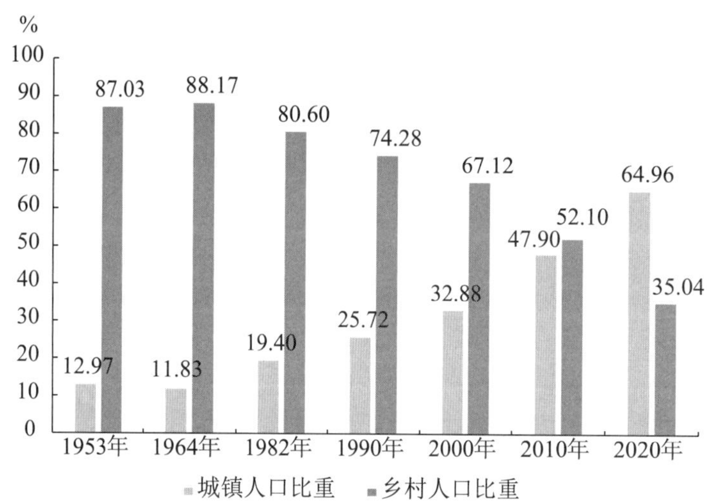

图 6-1　历次人口普查城乡人口构成

二、流动人口[4]

全区常住人口中，人户分离人口[5]为 3362670 人，其中，市辖区内人户分离[6]人口为 855675 人，流动人口为 2506995 人。流动人口中，外省流入人口为 675119 人，区内流动人口为 1831876 人。

与 2010 年第六次全国人口普查相比，人户分离人口增加 1828188 人，增长 119.14%，其中市辖区内人户分离人口增加 613935 人，增长 253.97%；流动人口增加 1214253 人，增长 93.93%。

注释：

[1] 本公报数据均为初步汇总数据。

[2] 城镇、乡村是按国家统计局《统计上划分城乡的规定》划分的。

[3] 全区常住人口包括五个地级市所辖 22 个县（市、区）的常住人口。

[4]流动人口是指人户分离人口中扣除市辖区内人户分离的人口。

[5]人户分离人口是指居住地与户口登记地所在的乡镇街道不一致且离开户口登记地半年以上的人口。

[6]市辖区内人户分离人口是指一个直辖市或地级市所辖的区内和区与区之间，居住地和户口登记地不在同一乡镇街道的人口。

第三部分　附录

附录 2　宁夏第七次全国人口普查领导小组副组长、办公室主任、统计局局长徐秀梅解读普查公报主要数据

宁夏第七次全国人口普查领导小组副组长、办公室主任、统计局局长徐秀梅解读普查公报主要数据

5 月 25 日下午，宁夏回族自治区人民政府新闻办举办全区第七次全国人口普查新闻发布会。特邀宁夏回族自治区第七次全国人口普查领导小组副组长、办公室主任、统计局局长徐秀梅发布宁夏回族自治区第七次全国人口普查主要数据，并解读宁夏 10 年来人口发展变化主要特点、人口受教育程度、城镇化进程、人口老龄化发展趋势以及这次人口普查工作创新方式等方面的情况。

问：大家都知道，全国人口普查每 10 年开展一次，您刚才发布了宁夏第七次全国人口普查结果，请您介绍一下 10 年来宁夏人口变化的主要特点。

徐秀梅：普查结果显示，10 年来，宁夏人口变化主要呈现以下八个方面的特点：

一是人口总量持续增加。2020 年第七次全国人口普查与 2010 年第六次全国人口普查相比，全区常住人口增长 14.30%，10 年间年平均增长 1.35%。与 2000 年～2010 年人口普查的人口年平均增长率 1.16%相比上升了 0.19 个百分点。

二是人口地区分布趋于集中。分地市看，人口向银川市集中。银川市 285.91 万人，占全区常住人口的 39.69%，与 2010 年第六次全国人口普查相比，增加 86.60 万人，增长 43.45%。分县（区）看，人口主要向城市区集中。与 2010 年第六次全国人口普查相比，本次人口普查常住人口增加较多的县（市、区）有：兴庆区（增加 13 万人），金凤区（增加 36.1 万人），西夏区（增加 12 万人），永宁县（增加 10.3 万人），贺兰县（增加 11.8 万人），利通区（增加 8.1 万人），原州区（增加 5.9 万人）。

三是各民族人口稳步增长。汉族人口增长 13.36%，少数民族人口增长 16.03%，其中，回族增长 15.18%。

四是老龄人口比重提高。60 岁及以上老年人口占常住人口的比重由 2010 年第六次全国人口普查的 9.58%上升到 13.53%，上升 3.95 个百分点，其中，65 岁及以上老龄人口由 6.41%上升到 9.62%，上升 3.21 个百分点。

五是人口质量提升，人均受教育年限增加。全区 15 岁及以上人口平均受教育年限 9.81 年，比 2010 年第六次全国人口普查时的 8.82 年增加 0.99 年。

六是常住人口城镇化率显著提高。常住人口城镇化率由 2010 年的 47.9%提高到 2020 年的 64.96%，提高了 17.06 个百分点。

七是流动人口大幅增加。普查结果显示，全区流动人口 250.7 万人，与 2010 年第六次全国人口普查相比，流动人口增加 121.43 万人，增长 93.93%，年均增长 6.85%。

八是家庭规模小型化。户均规模由 2010 年的 3.25 人减少为 2020 年的 2.65 人。

问：从普查结果看，10 年来我区人口素质稳步提升、人均受教育水平明显提高，请您介绍一下这方面的详细情况。

徐秀梅：10 年来我区人口受教育水平明显提高。我区全面实施 9 年义务教育、普通高中教育、职业教育、高等教育等各类教育取得了显著成效，人口素质不断提升，人才红利逐渐释放。具体表现在以下几个方面：

一是平均受教育年限提高。全区 15 周岁及以上人口的平均受教育年限由 8.82 年增至 9.81 年，提高近 1 年。

二是各类受教育水平的人口发展呈现积极的结构性变化。与 2010 年第六次全国人口普查相比，每 10 万人中拥有大学文化程度的由 9152 人增至 17340 人，增长 89.47%；拥有高中文化程度的由 12451 人增至

13432人，增长7.88%。

三是文盲率下降。全区15周岁及以上人口的文盲率由6.22%降至4.04%，下降2.18个百分点。10年来，我区普通高等学校由2010年的15所增至20所，同时，深化“互联网+教育”示范区建设，教育信息化水平居全国前列，人口素质的提升也为推进我区经济高质量发展提供了智力支持。

问：从普查结果看，我区城镇化率显著提高，您如何看待这种变化？

徐秀梅：党的十八大以来，党中央高度重视城镇化工作，召开城镇化工作会议，加快推进以人为核心的新型城镇化，推动我国城镇化建设取得历史性成就。

我区城镇化发展在走向高质量的同时，城镇化率也逐年提高，这与我区经济社会发展水平相匹配。10年来我区工业化、信息化和农业现代化深入发展，区域协调发展稳步推进，户籍制度改革不断深化，四通八达的现代交通网络日益完善，促进了人口在城乡间、区域间合理流动；同时，随着我区大力加强城乡基础设施建设，城区镇区范围不断扩大，城市人口的承载能力也进一步增强。我区坚决贯彻新发展理念，大力稳增长、调结构、换动能，推动高质量发展，综合实力大幅跃升。地区生产总值2020年比2010年翻了一番，年均增长8.0%。三次产业比重由9.6∶46.7∶43.7调整到8.6∶41.0∶50.4。实施了一批打基础、利长远的重大项目，带动就业增加，常住人口城镇化率由2010年的47.9%提高到2020年的64.96%，提高了17.06个百分点。

当前，随着乡村振兴战略深化实施，国家强农富农惠农政策力度不断加大，农村生产生活条件加快改善，农民收入持续增长，相信未来我区城乡会进一步协调发展、互促互进，人民生活会更加美好富足。

问：在全国老龄化趋势持续加剧的情况下，我区人口老龄化也在进一步加快，您怎么看待这个问题？

徐秀梅：人口老龄化是社会发展的趋势，也是今后较长时期我国的基本国情。伴随着人口老龄化，全社会对养老保险、医疗保障、养老服务和健康等需求大幅度增加，基本养老保险收支压力增大，卫生总费用和人均医疗费用攀升，空巢、高龄和失能老年人的生活照料和长期照护服务需求持续增加。

我区人口老龄化呈现总量不断增加，进程明显加快的主要特点。普查结果显示，60岁及以上老年人口数量达到97.41万人，比2010年第六次全国人口普查的60.36万人增加了37.05万人，比重由9.58%上升到13.53%，上升3.95个百分点，其中，65岁及以上老龄人口由40.39万人增加到69.28万人，比重由6.41%上升到9.62%，上升3.21个百分点。（国际标准，60岁及以上人口≥10%，或65岁及以上人口≥7%，表明该地区进入老龄化；60岁及以上人口≥20%，或65岁及以上人口≥14%，表明该地区进入深度老龄化。）按照国际标准，我区已进入老龄化社会。

老龄化社会的到来，既是挑战，更是机遇。人口老龄化促进了“银发经济”发展，对于推动我区养老事业和养老产业协同发展，健全基本养老服务体系，发展普惠性养老服务，培育养老新业态，扩大老年产品和服务消费，推动技术进步都有积极作用。而且，在全区60岁及以上人口中，60–69岁的低龄老年人口占57.21%，大多具有知识、经验、技能的优势，发挥余热和作用的潜力较大。

问：宁夏第七次全国人口普查取得了重要阶段性成果，请您介绍一下这次普查是如何组织开展的，有哪些特点？

徐秀梅：数据质量是统计工作的生命线，同样，也是普查工作的生命线。为了获得高质量的人口普查数据，我们坚持依法普查、科学普查，广泛开展宣传动员，研究制定普查方案和工作细则，认真组织综合试点，加强“两员”选聘和培训，扎实做好户口整顿、普查区划分、摸底调查等各项前期准备工作，统筹疫情防控和普查工作，对全区所有家庭和人口进行全面普查，切实做到“区不漏房，房不漏户，户不漏人，人不漏项”，圆满完成了普查入户登记任务。

人口普查是一项重大国情国力调查。一年多来，在全区上下的共同努力下，我们高质量完成了普查工作，主要有以下几个特点：

一是自治区党委和政府高度重视。自治区党委和政府主要领导参加人口普查现场登记并就做好人口普查工作提出明确要求；各市、县（区）的主要领导也以普通公民身份参加了登记；全区各地各相关部门按照统一领导、分工协作、分级负责、共同参与的要求，积极配合做好普查各阶段各环节的工作，推动普查工作的顺利开展。全区共组建各级普查机构 3134 个，选聘近 4 万名普查人员，为完成普查任务提供了组织保障。

二是新方法新手段充分运用。第七次全国人口普查首次全面采用电子化数据采集方式，由普查员使用电子设备采集，实时直接上报数据；首次实现普查对象通过互联网进行自主填报；首次利用行政记录和大数据对普查数据进行比对核查；首次对全区近 4 万名普查人员实行线上集中统一管理。

三是普查内容进一步优化。这次普查与 2010 年第六次全国人口普查相比，首次采集了居民身份号码，实现了普查数据和行政记录以及大数据的比对核查。同时，为了更好反映老年人口状况，积极应对老龄化，增加了老年人口的相关指标。

四是宣传动员深入人心。制定印发宣传工作方案，全面部署普查各阶段宣传工作。组织开展多渠道多形式普查宣传，持续不断掀起宣传高潮。“大国点名、没你不行”等宣传口号深入人心，社会各界和广大普查对象给予了极大支持和配合。

五是全程实行质量控制。各级普查机构按照普查方案的规定，全面建立了普查质量控制制度，严格执行普查质量控制要求，认真开展了质量验收，确保普查各阶段工作质量。普查登记工作结束后，国务院第七次全国人口普查领导小组办公室组织专业抽查人员，在全国开展事后质量抽查，抽查我区两个县区，结果显示普查数据真实可信。

第三部分 附录

附录 3 国务院关于开展第七次全国人口普查的通知

国务院关于开展第七次全国人口普查的通知

国发〔2019〕24号

各省、自治区、直辖市人民政府，国务院各部委、各直属机构：

根据《中华人民共和国统计法》和《全国人口普查条例》规定，国务院决定于2020年开展第七次全国人口普查。现将有关事项通知如下：

一、总体要求

（一）指导思想。以习近平新时代中国特色社会主义思想为指导，全面贯彻党的十九大和十九届二中、三中、四中全会精神，认真落实党中央、国务院关于统计改革发展的决策部署，坚持实事求是、改革创新，科学设计、精心组织，周密部署、依法实施，确保第七次全国人口普查数据真实准确，全面客观反映我国人口发展状况。

（二）普查目的。第七次全国人口普查是在中国特色社会主义进入新时代开展的重大国情国力调查，将全面查清我国人口数量、结构、分布、城乡住房等方面情况，为完善人口发展战略和政策体系，促进人口长期均衡发展，科学制定国民经济和社会发展规划，推动经济高质量发展，开启全面建设社会主义现代化国家新征程，向第二个百年奋斗目标进军，提供科学准确的统计信息支持。

二、普查对象、内容和时间

普查对象是普查标准时点在中华人民共和国境内的自然人以及在中华人民共和国境外但未定居的中国公民，不包括在中华人民共和国境内短期停留的境外人员。

普查主要调查人口和住户的基本情况，内容包括：姓名、公民身份号码、性别、年龄、民族、受教育程度、行业、职业、迁移流动、婚姻生育、死亡、住房情况等。

普查标准时点是2020年11月1日零时。

三、组织实施

第七次全国人口普查涉及范围广、参与部门多、技术要求高、工作难度大，各地区、各部门要按照“全国统一领导、部门分工协作、地方分级负责、各方共同参与”的原则，认真做好普查的宣传动员和组织实施工作。

为加强组织领导，国务院决定成立第七次全国人口普查领导小组，负责普查组织实施中重大问题的研究和决策。普查领导小组办公室设在国家统计局，具体负责普查的组织实施。各成员单位要按照职能分工，各负其责、通力协作、密切配合，共同做好普查工作。对普查工作中遇到的困难和问题，要及时采取措施予以解决。

地方各级人民政府要设立相应的普查领导小组及其办公室，认真做好本地区普查工作。要充分发挥街道办事处和乡镇政府、居民委员会和村民委员会的作用，广泛引导、动员和组织社会力量积极参与并认真配合做好普查工作。

地方普查机构可根据工作需要，招聘或者从有关单位借调符合条件的普查指导员和普查员。为稳定普查工作队伍，确保普查工作顺利进行，应及时支付招聘人员的劳动报酬，保证借调人员在原单位的工资、福利及其他待遇不变，并保留其原有工作岗位。

四、经费保障

第七次全国人口普查所需经费，由中央和地方各级人民政府共同负担，并列入相应年度的财政预算，按时拨付、确保到位。

五、工作要求

（一）坚持依法普查。各地区、各部门要按照《中华人民共和国统计法》、《中华人民共和国统计法实施条例》、《全国人口普查条例》等法律法规要求，认真做好普查各项工作。普查取得的数据，严格限定用于普查目的，不得作为任何部门和单位对各级行政管理工作实施考核、奖惩的依据。普查中获得的能够识别或者推断单个普查对象身份的资料，不得作为对普查对象实施处罚等具体行政行为的依据。

（二）确保数据质量。建立健全普查数据质量追溯和问责机制，各级人民政府统计机构要加大对普查工作中违纪违法行为的查处和通报曝光力度，坚决杜绝人为干扰普查工作的现象，确保普查工作顺利进行和普查数据真实准确。对普查中发现应当给予党纪政务处分或组织处理的统计违纪违法责任人，由统计机构按规定提出处分处理建议并及时移送任免机关、纪检监察机关或组织（人事）部门。

（三）提升信息化水平。采取电子化方式开展普查登记，探索使用智能手机采集数据。广泛应用部门行政记录，推进大数据在普查中的应用，提高普查数据采集处理效能。全流程加强对公民个人信息的保护，各级普查机构及其工作人员必须严格履行保密义务，严禁向任何机构、单位、个人泄露或出售公民个人信息。

（四）加强宣传工作。各级普查机构要会同宣传部门认真做好普查宣传的策划和组织工作。采用多种手段，广泛深入宣传第七次全国人口普查的重要意义和要求，引导广大普查对象依法配合普查，如实申报普查项目，为普查工作顺利实施创造良好舆论环境。

附件：国务院第七次全国人口普查领导小组组成人员名单（略）

国务院

2019 年 10 月 31 日

（此件公开发布）

第三部分 附录

附录4 宁夏回族自治区人民政府关于认真做好第七次全国人口普查工作的通知

宁夏回族自治区人民政府关于认真做好第七次全国人口普查工作的通知

宁政发〔2019〕39号

各市、县（区）人民政府，自治区政府各部门、直属机构：

为认真贯彻落实《国务院关于开展第七次全国人口普查的通知》（国发〔2019〕24号）要求，自治区人民政府决定于2020年开展自治区第七次全国人口普查工作，现将有关事项通知如下：

一、总体要求

（一）指导思想。以习近平新时代中国特色社会主义思想为指导，全面贯彻落实党的十九大和十九届二中、三中、四中全会精神，深入贯彻自治区党委十二届八次全会精神，认真落实党中央、国务院及自治区党委和政府关于统计改革发展的决策部署，坚持实事求是、改革创新，科学设计、精心组织，周密部署、依法实施，确保全区第七次全国人口普查数据真实准确，全面客观反映全区人口发展状况。

（二）普查目的。第七次全国人口普查是在中国特色社会主义进入新时代开展的重大国情国力调查。将全面查清自2010年第六次全国人口普查以来我区人口在数量、结构、分布、城乡住房等方面情况，为完善人口发展战略和政策体系，促进我区人口长期均衡发展，科学制定国民经济和社会发展规划，推动经济高质量发展，开启全面建设社会主义现代化国家新征程，向第二个百年奋斗目标进军，努力建设好经济繁荣民族团结环境优美人民富裕的美丽新宁夏，提供科学准确的统计信息支持。

二、普查对象、内容和时间

普查对象是普查标准时点在中华人民共和国境内的自然人以及在中华人民共和国境外但未定居的中国公民，不包括在中华人民共和国境内短期停留的境外人员。

普查主要调查人口和住户的基本情况，内容包括：姓名、公民身份号码、性别、年龄、民族、受教育程度、行业、职业、迁移流动、婚姻生育、死亡、住房情况等。

普查标准时点是2020年11月1日零时。

三、组织领导

第七次全国人口普查工作是一项庞大的社会系统工程，涉及范围广、参与部门多、技术要求高、工作难度大，各地各部门要按照“全区统一领导、部门分工协作、市县分级负责、各方共同参与”的原则，认真做好普查的宣传动员和组织实施工作。

为加强组织领导，自治区人民政府决定成立自治区第七次全国人口普查领导小组，负责普查组织实施中重大问题的研究和决策。普查领导小组办公室设在自治区统计局，具体负责普查的组织实施。各成员单位要按照职能分工，各负其责、通力协作、密切配合，共同做好普查工作。对普查工作中遇到的困难和问题，要及时采取措施予以解决。

各市、县（区）人民政府也要成立相应的普查领导小组及其办公室，认真做好本地区普查工作。要充分发挥街道办事处和乡镇政府、居民委员会和村民委员会的作用，广泛动员和组织社会力量积极参与并认真配合做好普查工作。

各级普查机构可根据工作需要，招聘或者从有关单位借调符合条件的普查指导员和普查员。为稳定普查工作队伍，确保普查工作顺利进行，应及时支付招聘人员的劳动报酬，保证借调人员在原单位的工资、福利及其他待遇不变，并保留其原有工作岗位。

四、经费保障

第七次全国人口普查所需经费，由中央和地方各级人民政府共同负担，并列入相应年度的财政预算。各市、县（区）人民政府要根据本地普查工作实际需要，及时安排必要的普查经费，并列入相应年度的财政预算，按时拨付、确保到位。各级普查机构要本着实事求是、勤俭节约的原则，加强财务管理，确保普查工作顺利实施。

五、工作要求

（一）坚持依法普查。各地各部门要按照《中华人民共和国统计法》《中华人民共和国统计法实施条例》《全国人口普查条例》等法律法规要求，认真做好普查各项工作。普查取得的数据，严格限定用于普查目的，不得作为任何部门和单位对各级行政管理工作实施考核、奖惩的依据。普查中获得的能够识别或者推断单个普查对象身份的资料，不得作为对普查对象实施处罚等具体行政行为的依据。

（二）确保数据质量。建立健全普查数据质量追溯和问责机制，各市、县（区）人民政府统计机构要加大对普查工作中违纪违法行为的查处和通报曝光力度，坚决杜绝人为干扰普查工作的现象，确保普查工作顺利进行和普查数据真实准确。对普查中发现应当给予党纪政务处分或组织处理的统计违纪违法责任人，由统计机构按规定提出处分处理建议并及时移送任免机关、纪检监察机关或组织（人事）部门。

（三）提升信息化水平。采取电子化方式开展普查登记，使用 PDA 或探索使用智能手机采集数据，联网实时上报。广泛应用部门行政记录，推进大数据在普查中的应用，提高普查数据采集处理效能。全流程加强对公民个人信息的保护，各市、县（区）普查机构及其工作人员必须严格履行保密义务，严禁向任何机构、单位、个人泄露或出售公民个人信息。

（四）加强宣传工作。各市、县（区）宣传部门和普查机构要密切配合，认真做好宣传报道工作。采用报纸、广播、电视、互联网、微信、短信等多种手段，广泛深入宣传全区第七次全国人口普查的重要意义和要求，引导广大普查对象依法配合普查，如实申报普查项目，为普查工作顺利实施创造良好社会舆论环境。

附件：宁夏回族自治区第七次全国人口普查领导小组组成人员名单（略）

宁夏回族自治区人民政府
2019 年 12 月 13 日

（此件公开发布）

第三部分 附录

附录5 全国人口普查条例

中华人民共和国国务院令

第 576 号

《全国人口普查条例》已经 2010 年 5 月 12 日国务院第 111 次常务会议通过，现予公布，自 2010 年 6 月 1 日起施行。

总理　温家宝

二〇一〇年五月二十四日

全国人口普查条例

第一章　总　　则

第一条　为了科学、有效地组织实施全国人口普查，保障人口普查数据的真实性、准确性、完整性和及时性，根据《中华人民共和国统计法》，制定本条例。

第二条　人口普查的目的是全面掌握全国人口的基本情况，为研究制定人口政策和经济社会发展规划提供依据，为社会公众提供人口统计信息服务。

第三条　人口普查工作按照全国统一领导、部门分工协作、地方分级负责、各方共同参与的原则组织实施。

国务院统一领导全国人口普查工作，研究决定人口普查中的重大问题。地方各级人民政府按照国务院的统一规定和要求，领导本行政区域的人口普查工作。

在人口普查工作期间，各级人民政府设立由统计机构和有关部门组成的人口普查机构（以下简称普查机构），负责人口普查的组织实施工作。

村民委员会、居民委员会应当协助所在地人民政府动员和组织社会力量，做好本区域的人口普查工作。

国家机关、社会团体、企业事业单位应当按照《中华人民共和国统计法》和本条例的规定，参与并配合人口普查工作。

第四条　人口普查对象应当按照《中华人民共和国统计法》和本条例的规定，真实、准确、完整、及时地提供人口普查所需的资料。

人口普查对象提供的资料，应当依法予以保密。

第五条　普查机构和普查机构工作人员、普查指导员、普查员（以下统称普查人员）依法独立行使调查、报告、监督的职权，任何单位和个人不得干涉。

地方各级人民政府、各部门、各单位及其负责人，不得自行修改普查机构和普查人员依法搜集、整理的人口普查资料，不得以任何方式要求普查机构和普查人员及其他单位和个人伪造、篡改人口普查资料，不得对依法履行职责或者拒绝、抵制人口普查违法行为的普查人员打击报复。

第六条　各级人民政府应当利用报刊、广播、电视、互联网和户外广告等媒介，开展人口普查的宣传动员工作。

第七条 人口普查所需经费，由国务院和地方各级人民政府共同负担，并列入相应年度的财政预算，按时拨付，确保足额到位。

人口普查经费应当统一管理、专款专用，从严控制支出。

第八条 人口普查每10年进行一次，尾数逢0的年份为普查年度，标准时点为普查年度的11月1日零时。

第九条 国家统计局会同国务院有关部门制定全国人口普查方案（以下简称普查方案），报国务院批准。

人口普查应当按照普查方案的规定执行。

第十条 对认真执行本条例，忠于职守、坚持原则，做出显著成绩的单位和个人，按照国家有关规定给予表彰和奖励。

第二章 人口普查的对象、内容和方法

第十一条 人口普查对象是指普查标准时点在中华人民共和国境内的自然人以及在中华人民共和国境外但未定居的中国公民，不包括在中华人民共和国境内短期停留的境外人员。

第十二条 人口普查主要调查人口和住户的基本情况，内容包括姓名、性别、年龄、民族、国籍、受教育程度、行业、职业、迁移流动、社会保障、婚姻、生育、死亡、住房情况等。

第十三条 人口普查采用全面调查的方法，以户为单位进行登记。

第十四条 人口普查采用国家统计分类标准。

第三章 人口普查的组织实施

第十五条 人口普查登记前，公安机关应当按照普查方案的规定完成户口整顿工作，并将有关资料提交本级人口普查机构。

第十六条 人口普查登记前应当划分普查区，普查区以村民委员会、居民委员会所辖区域为基础划分，每个普查区划分为若干普查小区。

第十七条 每个普查小区应当至少有一名普查员，负责入户登记等普查工作。每个普查区应当至少有一名普查指导员，负责安排、指导、督促和检查普查员的工作，也可以直接进行入户登记。

第十八条 普查指导员和普查员应当具有初中以上文化水平，身体健康，责任心强。

第十九条 普查指导员和普查员可以从国家机关、社会团体、企业事业单位借调，也可以从村民委员会、居民委员会或者社会招聘。借调和招聘工作由县级人民政府负责。

国家鼓励符合条件的公民作为志愿者参与人口普查工作。

第二十条 借调的普查指导员和普查员的工资由原单位支付，其福利待遇保持不变，并保留其原有工作岗位。

招聘的普查指导员和普查员的劳动报酬，在人口普查经费中予以安排，由聘用单位支付。

第二十一条 普查机构应当对普查指导员和普查员进行业务培训，并对考核合格的人员颁发全国统一的普查指导员证或者普查员证。

普查指导员和普查员执行人口普查任务时，应当出示普查指导员证或者普查员证。

第二十二条 人口普查登记前，普查指导员、普查员应当绘制普查小区图，编制普查小区户主姓名底册。

第二十三条 普查指导员、普查员入户登记时，应当向人口普查对象说明人口普查的目的、法律依据以及人口普查对象的权利和义务。

第二十四条 人口普查对象应当按时提供人口普查所需的资料，如实回答相关问题，不得隐瞒有关情况，不得提供虚假信息，不得拒绝或者阻碍人口普查工作。

第二十五条 人口普查对象应当在普查表上签字或者盖章确认，并对其内容的真实性负责。

第二十六条 普查人员应当坚持实事求是，恪守职业道德，拒绝、抵制人口普查工作中的违法行为。

普查机构和普查人员不得伪造、篡改普查资料，不得以任何方式要求任何单位和个人提供虚假的普查资料。

第二十七条 人口普查实行质量控制岗位责任制，普查机构应当对人口普查实施中的每个环节实行质量控制和检查，对人口普查数据进行审核、复查和验收。

第二十八条 国家统计局统一组织人口普查数据的事后质量抽查工作。

第四章 人口普查资料的管理和公布

第二十九条 地方各级普查机构应当按照普查方案的规定进行数据处理，并按时上报人口普查资料。

第三十条 人口普查汇总资料，除依法应当保密的外，应当予以公布。

全国和各省、自治区、直辖市主要人口普查数据，由国家统计局以公报形式公布。

地方人民政府统计机构公布本行政区域主要人口普查数据，应当报经上一级人民政府统计机构核准。

第三十一条 各级人民政府统计机构应当做好人口普查资料的管理、开发和应用，为社会公众提供查询、咨询等服务。

第三十二条 人口普查中获得的原始普查资料，按照国家有关规定保存、销毁。

第三十三条 人口普查中获得的能够识别或者推断单个普查对象身份的资料，任何单位和个人不得对外提供、泄露，不得作为对人口普查对象作出具体行政行为的依据，不得用于人口普查以外的目的。

人口普查数据不得作为对地方人民政府进行政绩考核和责任追究的依据。

第五章 法律责任

第三十四条 地方人民政府、政府统计机构或者有关部门、单位的负责人有下列行为之一的，由任免机关或者监察机关依法给予处分，并由县级以上人民政府统计机构予以通报；构成犯罪的，依法追究刑事责任：

（一）自行修改人口普查资料、编造虚假人口普查数据的；

（二）要求有关单位和个人伪造、篡改人口普查资料的；

（三）不按照国家有关规定保存、销毁人口普查资料的；

（四）违法公布人口普查资料的；

（五）对依法履行职责或者拒绝、抵制人口普查违法行为的普查人员打击报复的；

（六）对本地方、本部门、本单位发生的严重人口普查违法行为失察的。

第三十五条 普查机构在组织实施人口普查活动中有下列违法行为之一的，由本级人民政府或者上级人民政府统计机构责令改正，予以通报；对直接负责的主管人员和其他直接责任人员，由任免机关或者监察机关依法给予处分：

（一）不执行普查方案的；

（二）伪造、篡改人口普查资料的；

（三）要求人口普查对象提供不真实的人口普查资料的；

（四）未按照普查方案的规定报送人口普查资料的；

（五）违反国家有关规定，造成人口普查资料毁损、灭失的；

（六）泄露或者向他人提供能够识别或者推断单个普查对象身份的资料的。

普查人员有前款所列行为之一的，责令其停止执行人口普查任务，予以通报，依法给予处分。

第三十六条 人口普查对象拒绝提供人口普查所需的资料，或者提供不真实、不完整的人口普查资料的，由县级以上人民政府统计机构责令改正，予以批评教育。

人口普查对象阻碍普查机构和普查人员依法开展人口普查工作，构成违反治安管理行为的，由公安机关依法给予处罚。

第三十七条 县级以上人民政府统计机构应当设立举报电话和信箱，接受社会各界对人口普查违法行为的检举和监督。

第六章 附　　则

第三十八条 中国人民解放军现役军人、人民武装警察等人员的普查内容和方法，由国家统计局会同国务院有关部门、军队有关部门规定。

交通极为不便地区的人口普查登记的时间和方法，由国家统计局会同国务院有关部门规定。

第三十九条 香港特别行政区、澳门特别行政区的人口数，按照香港特别行政区政府、澳门特别行政区政府公布的资料计算。

台湾地区的人口数，按照台湾地区有关主管部门公布的资料计算。

第四十条 为及时掌握人口发展变化情况，在两次人口普查之间进行全国1%人口抽样调查。全国1%人口抽样调查参照本条例执行。

第四十一条 本条例自2010年6月1日起施行。

第三部分 附录

附录 6 第七次全国人口普查方案

第七次全国人口普查方案

国家统计局

国务院第七次全国人口普查领导小组办公室

第一部分 总说明

根据《中华人民共和国统计法》《中华人民共和国统计法实施条例》《全国人口普查条例》和《国务院关于开展第七次全国人口普查的通知》，制定本方案。

一、普查目的

全面查清我国人口数量、结构、分布、城乡住房等方面情况，为完善人口发展战略和政策体系，促进人口长期均衡发展，科学制定国民经济和社会发展规划，推动经济高质量发展，开启全面建设社会主义现代化国家新征程，向第二个百年奋斗目标进军，提供科学准确的统计信息支持。

二、普查时点

普查的标准时点是2020年11月1日零时。

三、普查对象

普查对象是指普查标准时点在中华人民共和国境内的自然人以及在中华人民共和国境外但未定居的中国公民，不包括在中华人民共和国境内短期停留的境外人员。

四、普查内容和普查表

普查登记的主要内容包括：姓名、公民身份号码、性别、年龄、民族、受教育程度、行业、职业、迁移流动、婚姻生育、死亡、住房情况等。

根据不同的普查对象和普查内容，具体分为四种普查表。

（一）第七次全国人口普查短表

普查短表包括反映人口基本状况的项目，由全部住户（不包括港澳台居民和外籍人员）填报。

（二）第七次全国人口普查长表

普查长表包括所有短表项目和人口的经济活动、婚姻生育和住房等情况的项目，在全部住户中抽取10%的户（不包括港澳台居民和外籍人员）填报。

（三）第七次全国人口普查港澳台居民和外籍人员普查表

港澳台居民和外籍人员普查表包括反映人口基本状况的项目以及入境目的、居住时间、身份或国籍、就业情况等项目，由在境内居住的港澳台居民和外籍人员填报。

（四）第七次全国人口普查死亡人口调查表

死亡人口调查表包括死亡人口的基本信息，由2019年11月1日至2020年10月31日期间有死亡人口的户填报。

五、普查方法

普查采用全面调查的方法，以户为单位进行登记。

普查采用按现住地登记的原则，每个人必须在现住地进行登记。普查对象不在户口登记地居住的，户口登记地要登记相应信息。

普查登记采用普查员入户询问、当场填报，或由普查对象自主填报等方式进行。

普查数据采集原则上采用电子化的方式。采取普查员使用电子采集设备（PAD或智能手机）登记普查对象信息并联网实时上报，或由普查对象通过互联网自主填报等方式进行。

普查员应按照工作要求，在户口整顿基础上对所负责普查小区进行全面摸底，掌握普查小区内的人口和居住情况，编制《户主姓名底册》，根据《户主姓名底册》进行入户登记工作，并参考部门行政记录等资料进行比对复查，确保普查登记真实准确、不重不漏。

六、普查数据处理

各级普查机构负责普查数据处理。国务院人口普查办公室统一编制数据采集、审核、编辑、汇总程序。

国务院人口普查办公室集中部署数据采集处理环境。各级普查机构应保障必要的数据处理办公环境和网络条件，采取必要的安全措施，确保数据处理工作安全、顺利地进行。

七、普查组织实施

（一）全国统一领导

国务院第七次全国人口普查领导小组负责普查组织实施中重大问题的研究和决策。普查领导小组办公室设在国家统计局，具体负责普查的组织实施。

（二）部门分工协作

领导小组各成员单位要按照职能分工，各负其责、通力协作、密切配合，共同做好普查工作。对普查工作中遇到的困难和问题，要及时采取措施予以解决。

（三）地方分级负责

地方各级人民政府设立相应的普查领导小组及其办公室，领导和组织实施本区域内的普查工作。村民委员会和居民委员会设立人口普查小组，协助街道办事处和乡镇政府动员和组织社会力量，做好本区域内的普查工作。

普查指导员和普查员可以从国家机关、社会团体、企业事业单位借调，也可以从村民委员会、居民委员会或者社会招聘。借调和招聘工作由县级人民政府负责。

（四）各方共同参与

国家机关、社会团体、企业事业单位应当按照《中华人民共和国统计法》《中华人民共和国统计法实施条例》和《全国人口普查条例》的规定，参与并配合普查工作。

八、普查质量控制

普查实行严格的质量控制制度，建立健全普查数据质量追溯和问责机制，确保普查数据可核查、可追溯、可问责。国务院人口普查办公室统一领导、统筹协调普查全过程质量控制的有关工作。地方各级普查机构主要负责人对本行政区域普查数据质量负总责，确保普查数据真实、准确、完整、及时。各级普查办公室必须严格执行各阶段工作要求，保证各阶段工作质量达到规定标准，确保普查工作质量与数据质量合格达标。

九、普查宣传

各级宣传部门和普查机构应制定宣传工作方案，深入开展普查宣传。

各级宣传部门应组织协调新闻媒体及有关部门，通过报刊、广播、电视、互联网、手机和户外广告等多种渠道，充分利用微博、微信、短视频等新媒体传播手段，宣传普查的重大意义、政策规定和工作要求，积极营造良好的普查氛围。

各级普查机构要组织开展形式多样的宣传活动，动员社会各界支持、参与普查。

十、普查法规与纪律要求

坚持依法普查，普查工作要严格按照《中华人民共和国统计法》《中华人民共和国统计法实施条例》《全国人口普查条例》《国务院关于开展第七次全国人口普查的通知》及相关规定组织开展。

普查对象应当依法履行普查义务，如实提供普查信息，不得虚报、瞒报、拒报。拒绝提供普查所需的资料，或者提供不真实、不完整的普查资料的，由县级以上人民政府统计机构责令改正，予以批评教育，情节严重的依法严肃处理。普查取得的数据，严格限定用于普查目的，不得作为任何部门和单位对各级行政管理工作实施考核、奖惩的依据。普查中获得的能够识别或者推断单个普查对象身份的资料，任何单位和个人不得对外提供、泄露，不得作为对普查对象实施处罚等具体行政行为的依据，不得用于普查以外的目的。各级普查机构及其工作人员，必须严格履行保密义务。

十一、普查主要工作阶段

普查工作分三个阶段进行：

一是准备阶段（2019 年 10 月—2020 年 10 月）。这一阶段的主要工作是：组建各级普查机构，制定普查方案和工作计划，进行普查试点，落实普查经费和物资，准备数据采集处理环境，开展普查宣传，选聘培训普查指导员和普查员，普查区域划分及绘图，进行户口整顿，开展摸底等。

二是普查登记阶段（2020 年 11 月—12 月）。这一阶段的主要工作是：普查员入户登记，进行比对复查，开展事后质量抽查等。

三是数据汇总和发布阶段（2020 年 12 月—2022 年 12 月）。这一阶段的主要工作是：数据处理、汇总、评估，发布主要数据公报，普查资料开发利用等。

十二、其他

（一）香港特别行政区、澳门特别行政区的人口数，按照香港特别行政区政府、澳门特别行政区政府公布的资料计算。

台湾地区的人口数，按照台湾地区有关主管部门公布的资料计算。

（二）因交通极为不便等特殊因素，需采用其他登记时间和方法的地区，须报请国务院人口普查办公室批准。

（三）对认真执行本方案，忠于职守，坚持原则，在普查工作中做出显著成绩的单位和个人，按照国家有关规定给予表彰奖励。

（四）本方案由国务院人口普查办公室负责解释。

第二部分　普查表式

第七次全国人口普查短表

经国务院批准进行第七次全国人口普查
人口普查的标准时点为2020年11月1日零时
人口普查的原始资料不向任何单位和个人提供，
仅供汇总使用
公民应履行如实申报普查项目的义务

表　　号：R　6　0　1　表
制定机关：国　家　统　计　局
国务院人口普查办公室
批准文号：国发（2019）24 号
有效期至：2 0 2 1　年　3　月

地址：_____省（区、市）_____市（地、州、盟）_____县（市、区、旗）_____乡（镇、街道）_____普查区_____普查小区_____户编号

一、住户项目

H1．户别

1．家庭户

2．集体户

H2．本户应登记人数

2020 年 10 月 31 日晚居住本户的人数_____人

户口在本户，2020 年 10 月 31 日晚未住本户的人数_____人

H3．本户 2019 年 11 月 1 日至 2020 年 10 月 31 日期间的出生人口

男_____人 女_____人

H4．本户 2019 年 11 月 1 日至 2020 年 10 月 31 日期间的死亡人口

男_____人 女_____人

H5．住所类型

1．普通住宅

2．集体住所

3．工作地住所

4．其他住房

5．无住房

（选择 2—5 的，跳至个人项目。）

H6．本户现住房建筑面积

_____平方米

H7．本户现住房间数

_____间

二、个人项目

每个人都填报的项目

D1．姓名

______

D2．与户主关系

0．户主
1．配偶
2．子女
3．父母
4．岳父母或公婆
5．祖父母
6．媳婿
7．孙子女
8．兄弟姐妹
9．其他

D3．公民身份号码

□□□□□□□□□□□□□□□□□□

D4．性别

1．男
2．女

D5．出生年月

出生于：______年______月

D6．民族

______族

D7．普查时点（2020年11月1日零时）居住地

1．本普查小区
2．本村（居）委会其他普查小区
3．本乡（镇、街道）其他村（居）委会
4．本县（市、区、旗）其他乡（镇、街道）
5．其他县（市、区、旗），请在下面填写地址

_______省（区、市）
_______市（地、州、盟）
_______县（市、区、旗）
6．香港特别行政区、澳门特别行政区、台湾地区
7．国外

D8．户口登记地
1．本村（居）委会
2．本乡（镇、街道）其他村（居）委会
3．本县（市、区、旗）其他乡（镇、街道）
4．其他县（市、区、旗），请在下面填写地址
_______省（区、市）
_______市（地、州、盟）
_______县（市、区、旗）
5．户口待定→D11

D9．离开户口登记地时间
1．没有离开户口登记地→D11
2．不满半年
3．半年以上，不满一年
4．一年以上，不满二年
5．二年以上，不满三年
6．三年以上，不满四年
7．四年以上，不满五年
8．五年以上，不满十年
9．十年以上

D10．离开户口登记地原因
0．工作就业
1．学习培训
2．随同离开/投亲靠友
3．拆迁/搬家
4．寄挂户口
5．婚姻嫁娶
6．照料孙子女
7．为子女就学
8．养老/康养
9．其他

3 周岁及以上（2017 年 10 月 31 日以前出生）的人填报的项目
D11．受教育程度
1．未上过学

2．学前教育
3．小学
4．初中
5．高中
6．大学专科
7．大学本科
8．硕士研究生
9．博士研究生

15 周岁及以上（2005 年 10 月 31 日以前出生）的人填报的项目

D12．是否识字

1．是
2．否

第七次全国人口普查长表

经国务院批准进行第七次全国人口普查
人口普查的标准时点为2020年11月1日零时
人口普查的原始资料不向任何单位和个人提供，仅供汇总使用
公民应履行如实申报普查项目的义务

表　　号：R 6 0 2 表
制定机关：国家统计局
国务院人口普查办公室
批准文号：国发（2019）24号
有效期至：2021年3月

地址：_____省（区、市）_____市（地、州、盟）_____县（市、区、旗）_____乡（镇、街道）_____普查区_____普查小区_____户编号

一、住户项目

H1．户别
1．家庭户
2．集体户

H2．本户应登记人数
2020年10月31日晚居住本户的人数_____人
户口在本户，2020年10月31日晚未住本户的人数_____人

H3．本户2019年11月1日至2020年10月31日期间的出生人口
男_____人　女_____人

H4．本户2019年11月1日至2020年10月31日期间的死亡人口
男_____人　女_____人

H5．住所类型
1．普通住宅
2．集体住所
3．工作地住所
4．其他住房
5．无住房
（选择2—5的，跳至个人项目。）

H6．本户现住房建筑面积
_____平方米

H7．本户现住房间数
_____间

H8．住房所在建筑的总层数

1．平房
2．多层（7 层及以下）
3．高层（8—33 层）
4．超高层（34 层及以上）

H9．承重类型

1．钢及钢筋混凝土结构
2．混合结构
3．砖木结构
4．竹草土坯结构
5．其他结构

H10．住房建成年代

1．1949 年以前
2．1949—1959 年
3．1960—1969 年
4．1970—1979 年
5．1980—1989 年
6．1990—1999 年
7．2000—2009 年
8．2010—2014 年
9．2015 年以后

H11．住房所在建筑有无电梯

1．有
2．无

H12．主要炊事燃料

1．燃气
2．电
3．煤炭
4．柴草
5．其他

H13．住房内有无管道自来水

1．有
2．无

H14．住房内有无厨房

1．独立使用
2．与其他户合用

3．无

H15．住房内有无厕所

1．水冲式卫生厕所
2．水冲式非卫生厕所
3．卫生旱厕
4．普通旱厕
5．无

H16．住房内有无洗澡设施

1．统一供热水
2．家庭自装热水器
3．其他
4．无

H17．住房来源

1．租赁廉租房/公租房
2．租赁其他住房
3．购买新建商品房
4．购买二手房
5．购买原公有住房
6．购买经济适用房/两限房
7．自建住房
8．继承或赠予
9．其他

（选择 3—9 的，跳至 H19。）

H18．月租房费用

0．200 元以下
1．200—499 元
2．500—999 元
3．1000—1999 元
4．2000—2999 元
5．3000—3999 元
6．4000—5999 元
7．6000—7999 元
8．8000—9999 元
9．10000 元以上

H19．拥有全部家用汽车的总价

1．不满 10 万元
2．10 万元以上，不满 20 万元

3．20 万元以上，不满 30 万元
4．30 万元以上，不满 50 万元
5．50 万元以上，不满 100 万元
6．100 万元以上
7．没有汽车

二、个人项目

每个人都填报的项目

C1．姓名

______

C2．与户主关系

0．户主
1．配偶
2．子女
3．父母
4．岳父母或公婆
5．祖父母
6．媳婿
7．孙子女
8．兄弟姐妹
9．其他

C3．公民身份号码

□□□□□□□□□□□□□□□□□□

C4．性别

1．男
2．女

C5．出生年月

出生于：______年______月

C6．民族

______族

C7．普查时点（2020 年 11 月 1 日零时）居住地

1．本普查小区
2．本村（居）委会其他普查小区
3．本乡（镇、街道）其他村（居）委会
4．本县（市、区、旗）其他乡（镇、街道）

5．其他县（市、区、旗），请在下面填写地址

______省（区、市）

______市（地、州、盟）

______县（市、区、旗）

6．香港特别行政区、澳门特别行政区、台湾地区

7．国外

C8．户口登记地

1．本村（居）委会

2．本乡（镇、街道）其他村（居）委会

3．本县（市、区、旗）其他乡（镇、街道）

4．其他县（市、区、旗），请在下面填写地址

______省（区、市）

______市（地、州、盟）

______县（市、区、旗）

5．户口待定→C12

C9．离开户口登记地时间

1．没有离开户口登记地→C12

2．不满半年

3．半年以上，不满一年

4．一年以上，不满二年

5．二年以上，不满三年

6．三年以上，不满四年

7．四年以上，不满五年

8．五年以上，不满十年

9．十年以上

C10．离开户口登记地原因

0．工作就业

1．学习培训

2．随同离开/投亲靠友

3．拆迁/搬家

4．寄挂户口

5．婚姻嫁娶

6．照料孙子女

7．为子女就学

8．养老/康养

9．其他

C11．户口登记地类型

1．乡

2．镇的村委会
3．镇的居委会
4．街道

C12．是否有农村土地承包经营权
1．有
2．无

C13．出生地
1．本县（市、区、旗）
2．本省其他县（市、区、旗）
3．省外：______省（区、市）

5周岁及以上（2015年10月31日以前出生）的人填报的项目
C14．五年前常住地
2015年11月1日常住地：
1．本县（市、区、旗）
2．其他地区，请在下面填写地址
_____省（区、市）
_____市（地、州、盟）
_____县（市、区、旗）

3周岁及以上（2017年10月31日以前出生）的人填报的项目
C15．受教育程度
1．未上过学→C17
2．学前教育→C17
3．小学
4．初中
5．高中
6．大学专科
7．大学本科
8．硕士研究生
9．博士研究生

C16．学业完成情况
1．在校
2．毕业
3．肄业
4．辍学
5．其他

15 周岁及以上（2005 年 10 月 31 日以前出生）的人填报的项目

C17．是否识字

1．是

2．否

C18．工作情况

10 月 25—31 日是否为取得收入而工作了一小时以上（包括临时工、依托互联网平台灵活就业、家庭经营无酬帮工等）

1．是，上周工作时间________小时

2．在职休假、在职学习培训、临时停工（保留工资）

3．未做任何工作→C22

C19．工作单位或生产经营活动所属类型

1．企业、事业、机关或社会团体等法人单位

2．个体经营户

3．经营农村家庭承包地（家庭农林牧渔生产经营活动）

4．自由职业/灵活就业

C20．行业

单位详细名称：____

主要产品或主要业务：____________________________________

C21．职业

本人从事的具体工作：____________________________________→C23

C22．未工作原因

1．在校学习

2．离退休

3．料理家务

4．丧失工作能力

5．其他

C23．主要生活来源

1．劳动收入

2．离退休金/养老金

3．最低生活保障金

4．失业保险金

5．财产性收入

6．家庭其他成员供养

7．其他

C24．婚姻状况

1．未婚→C28

2．有配偶

3．离婚

4．丧偶

C25．初婚年月

_______年_______月

15至64周岁（1955年11月1日—2005年10月31日出生）的妇女填报的项目

C26．生育子女数

1．未生育→C28

2．有生育（请填报生育的子女数）

生过几个孩子：

男_______人

女_______人

其中现在存活几个孩子：

男_______人

女_______人

15至50周岁（1969年11月1日—2005年10月31日出生）的妇女填报的项目

C27．过去一年（2019年11月1日—2020年10月31日）的生育状况

1．一年内未生育（结束）

2．一年内有生育（请填报生育时间和孩子性别）

生育时间：

____月

婴儿性别：

1．男

2．女

一年内生育两个以上孩子的，请填报第二个孩子的状况。

生育时间：

____月

婴儿性别：

1．男

2．女

60周岁及以上（1960年10月31日以前出生）的人填报的项目

C28．居住状况

1．与配偶和子女同住

2．与配偶同住

3．与子女同住
4．独居（有保姆）
5．独居（无保姆）
6．养老机构
7．其他

C29．身体健康状况

1．健康
2．基本健康
3．不健康，但生活能自理
4．不健康，生活不能自理

第七次全国人口普查港澳台居民和外籍人员普查表

The Seventh National Population Census Form for Residents from Hong Kong, Macao, Taiwan and from Foreign Countries

中国政府决定进行第七次全国人口普查
人口普查标准时点为2020年11月1日零时
我们将对您在普查表中填写的信息给予
保密，敬请合作。

The Government of China has decided to conduct the 7th National Population Census, with zero hour on 1 November 2020 as the reference time.
Information provided will be kept confidential.
Your cooperation is highly appreciated.

表　　号：R603表
制定机关：国家统计局
　　　　　国务院人口普查办公室
批准文号：国发（2019）24号
有效期至：2021年3月

Form number: R603
Form issued by: National Bureau of Statistics
Office of the State Council for the Seventh National Population Census
Approval number: （2019）24
Valid until: March 2021

地址 Address：

_____**省（区、市）Province**

_____**市（地、州、盟）City (prefecture)**

_____**县（市、区、旗）County (city, district)**

_____**乡（镇、街道）Town (township, street)**

_____**普查区 Enumeration area (village/community committee)**

_____**普查小区 Enumeration block**

_____**户编号 Household number**

一、住户项目

Household Information

F1. 户别

Type of household

1. 家庭户 Family household
2. 集体户 Collective household

F2. 住所类型

Type of dwelling

1. 普通住宅 Conventional dwellings
2. 集体住所 Collective living quarters
3. 工作地住所 Living in work places
4. 其他住房 Other dwellings
5. 无住房 With no dwellings

（选择2—5的，跳至个人项目。）

(If the answer is 2-5, then skip to 'Individual Information'.)

F3. 本户现住房建筑面积

Floor space for this household

_____平方米 m²

F4. 本户现住房间数

Number of rooms for this household

_____间 rooms

二、个人项目

Individual Information

R1. 姓名 Full name

____

R2. 与户主关系

Relationship with head of household

0. 户主 Head of household
1. 配偶 Spouse
2. 子女 Son or daughter
3. 父母 Parent
4. 岳父母或公婆 Parent-in-law
5. 祖父母 Grandparent
6. 媳婿 Son-in-law or daughter-in-law
7. 孙子女 Grandchild
8. 兄弟姐妹 Brother or sister
9. 其他 Other relationship

R3. 性别

Sex

1. 男 Male
2. 女 Female

R4. 出生年月

Date of birth

出生于 Born in：_______年 year_______月 month

R5. 来内地（大陆）或来华目的

Purpose for stay in the mainland of China

1. 商务 Business
2. 就业 Work
3. 学习 Study
4. 定居 Residence
5. 探亲 Visiting relatives

6. 其他 Others

R6. 已在内地（大陆）或在华居住时间

Duration of stay in the mainland of China

1. 不满三个月 Less than 3 months
2. 三个月以上，不满半年 3 months to less than 6 months
3. 半年以上，不满一年 6 months to less than 12 months
4. 一年以上，不满二年 1 year to less than 2 years
5. 二年以上，不满五年 2 years to less than 5 years
6. 五年以上 5 years or more

R7. 受教育程度

3 周岁及以上（2017 年 10 月 31 日以前出生）的人填报

Educational attainment

For persons aged 3 and over（Born before 31st Oct. 2017）

1. 未上过学 No schooling
2. 学前教育 Pre-primary education
3. 小学 Primary education
4. 初中 Junior secondary education
5. 高中 Senior secondary education
6. 大学专科 College
7. 大学本科 University
8. 硕士研究生 Master
9. 博士研究生 Doctor

R8. 身份或国籍

Citizenship

1. 香港特别行政区居民 Hong Kong SAR resident
2. 澳门特别行政区居民 Macao SAR resident
3. 台湾地区居民 Taiwan resident
4. 外国人 Foreigner：国籍 Country________（结束）(End)

15 周岁及以上（2005 年 10 月 31 日以前出生）港澳台居民填报的项目

For persons aged 15 and over (Born before 31st Oct. 2005) from Hong Kong, Macao and Taiwan

R9. 工作情况

10 月 25　31 日是否为取得收入而工作了一小时以上

1．是
2．在职休假、在职学习培训、临时停工（保留工资）
3．未做任何工作→R12

R10．行业

1．农、林、牧、渔业

2. 采矿业
3. 制造业
4. 电力、热力、燃气及水生产和供应业
5. 建筑业
6. 批发和零售业
7. 交通运输、仓储和邮政业
8. 住宿和餐饮业
9. 信息传输、软件和信息技术服务业
10. 金融业
11. 房地产业
12. 租赁和商务服务业
13. 科学研究和技术服务业
14. 水利、环境和公共设施管理业
15. 居民服务、修理和其他服务业
16. 教育
17. 卫生和社会工作
18. 文化、体育和娱乐业
19. 公共管理、社会保障和社会组织
20. 国际组织

R11. 职业

1. 党的机关、国家机关、群众团体和社会组织、企事业单位负责人
2. 专业技术人员
3. 办事人员和有关人员
4. 社会生产服务和生活服务人员
5. 农、林、牧、渔业生产及辅助人员
6. 生产制造及有关人员
7. 不便分类的其他从业人员

R12. 婚姻状况

1. 未婚
2. 有配偶
3. 离婚
4. 丧偶

第七次全国人口普查死亡人口调查表

（2019 年 11 月 1 日至 2020 年 10 月 31 日死亡的人口登记）

经国务院批准进行第七次全国人口普查
人口普查的标准时点为 2020 年 11 月 1 日零时
人口普查的原始资料不向任何单位和个人提供，仅供汇总使用
公民应履行如实申报普查项目的义务

表　　号：R 6 0 4 表
制定机关：国家统计局
国务院人口普查办公室
批准文号：国发（2019）24 号
有效期至：2021 年 3 月

地址：_____省（区、市）_____市（地、州、盟）_____县（市、区、旗）_____乡（镇、街道）_____普查区_____普查小区_____户编号

每个死亡人口都登记的项目

S1．姓名

____

S2．公民身份号码

□□□□□□□□□□□□□□□□□□

S3．性别

1．男

2．女

S4．出生年月

出生于：_______年_______月

S5．死亡时间

死亡于：_______月

S6．民族

_______族

死亡时满 3 周岁的人登记的项目

S7．受教育程度

1．未上过学

2．学前教育

3．小学

4．初中

5．高中

6．大学专科

7．大学本科

8．硕士研究生

9．博士研究生

死亡时满15周岁的人登记的项目

S8．婚姻状况

1．未婚

2．有配偶

3．离婚

4．丧偶

第三部分　普查表填写说明

一、普查表的种类

第七次全国人口普查表分为《第七次全国人口普查短表》《第七次全国人口普查长表》《第七次全国人口普查港澳台居民和外籍人员普查表》和《第七次全国人口普查死亡人口调查表》四种表。

二、标准时点

第七次全国人口普查的标准时点为2020年11月1日零时。

普查员在掌握普查标准时点时，应注意以下两点：

（一）2020年11月1日零时以后出生的人不登记；2020年11月1日零时以后死亡的人仍要在普查短表中登记。

（二）2020年11月1日零时以后居住地发生变化的人，仍在原居住地登记。

三、普查对象

普查对象是指普查标准时点在中华人民共和国境内的自然人以及在中华人民共和国境外但未定居的中国公民，不包括在中华人民共和国境内短期停留的境外人员。

（一）普查短表和普查长表的普查对象具体是指2020年10月31日晚住本普查小区的人，以及户口登记在本普查小区但2020年10月31日晚未住本普查小区的人。

1.2020年10月31日晚住本普查小区的人，无论其户口登记在何处。

2.户口登记在本普查小区，但2020年10月31日晚未住本普查小区的人，无论其外出时间长短、外出原因如何。

（二）港澳台居民和外籍人员普查表的普查对象具体是指2020年10月31日晚住本普查小区的港澳台居民和外籍人员。

（三）死亡人口调查表的登记对象具体是指2019年11月1日至2020年10月31日期间本普查小区的死亡人口。

四、登记原则

人口普查采用按现住地登记的原则，每个人必须在现住地进行登记。普查对象不在户口登记地居住的，户口登记地要登记相应信息。

人口普查以户为单位进行登记，户分为家庭户和集体户。集体户以一个住房单元为一户进行普查登记。

为便于理解登记对象，并考虑到普查中可能遇到的特殊情况，普查员在入户登记时可采取以下方式询问住户：

应在您家普查登记的人包括：

•2020年10月31日晚住在您家里的人。

•经常居住在您家，由于临时出差、探亲、旅游或值夜班等原因，2020年10月31日晚未住在您家的人（视为2020年10月31日晚住在您家）。

•幼儿园全托孩子，小学、初中住校生（视为2020年10月31日晚住在您家）。

•户口登记在现住房地址的其他人。

不包括：

•现役军人和武警。

•由于临时出差、探亲、旅游等原因，2020 年 10 月 31 日晚暂住在您家的人。

•2020 年 11 月 1 日零时以后出生的人。

五、普查项目

（一）普查短表

按户填报的项目有：户别、本户应登记人数、本户 2019 年 11 月 1 日至 2020 年 10 月 31 日期间的出生人口、本户 2019 年 11 月 1 日至 2020 年 10 月 31 日期间的死亡人口、住所类型、本户现住房建筑面积、本户现住房间数。

按人填报的项目有：姓名、与户主关系、公民身份号码、性别、出生年月、民族、普查时点（2020 年 11 月 1 日零时）居住地、户口登记地、离开户口登记地时间、离开户口登记地原因、受教育程度、是否识字。

（二）普查长表

按户填报的项目有：户别、本户应登记人数、本户 2019 年 11 月 1 日至 2020 年 10 月 31 日期间的出生人口、本户 2019 年 11 月 1 日至 2020 年 10 月 31 日期间的死亡人口、住所类型、本户现住房建筑面积、本户现住房间数、住房所在建筑的总层数、承重类型、住房建成年代、住房所在建筑有无电梯、主要炊事燃料、住房内有无管道自来水、住房内有无厨房、住房内有无厕所、住房内有无洗澡设施、住房来源、月租房费用、拥有全部家用汽车的总价。

按人填报的项目有：姓名、与户主关系、公民身份号码、性别、出生年月、民族、普查时点（2020 年 11 月 1 日零时）居住地、户口登记地、离开户口登记地时间、离开户口登记地原因、户口登记地类型、是否有农村土地承包经营权、出生地、五年前常住地、受教育程度、学业完成情况、是否识字、工作情况、经常工作单位或生产经营活动所属类型、行业、职业、未工作原因、主要生活来源、婚姻状况、初婚年月、生育子女数、过去一年（2019 年 11 月 1 日—2020 年 10 月 31 日.）的生育状况、居住状况、身体健康状况。

（三）港澳台居民和外籍人员普查表

按户填报的项目有：户别、住所类型、本户现住房建筑面积、本户现住房间数。

按人填报的项目有：姓名、与户主关系、性别、出生年月、来内地（大陆）或来华目的、已在内地（大陆）或在华居住时间、受教育程度、身份或国籍、工作情况、行业、职业、婚姻状况。

（四）死亡人口调查表

填报的项目有：姓名、公民身份号码、性别、出生年月、死亡时间、民族、受教育程度、婚姻状况。

六、普查表的填写方法

（一）普查表以户为单位进行登记。普查短表、死亡人口调查表采用普查员入户询问、当场填报，或由普查对象通过互联网自主填报等方式进行。普查长表、港澳台居民和外籍人员普查表采用普查指导员和普查员入户询问、当场填报的登记方式。

（二）普查小区中的每一户有且只有一个户编号，为“001”开始的 3 位顺序码，在《户主姓名底册》编制完成后自动生成，普查表上的户编号与其一致，不可修改。

（三）普查表的填写顺序：先填写住户项目，再逐人填写个人项目。

普查员填写普查短表时，填写按人登记的项目时，表内第一人应填户主，然后依次填户主的配偶和其他关系的人。全户死亡的户，只填写“H4.本户 2019 年 11 月 1 日至 2020 年 10 月 31 日期间的死亡人口”，其他住户项目和个人项目均不再登记。

普查员填写普查长表时，与普查短表相同的项目直接代入短表信息，经向普查对象核实确认后，再填报其他项目。

（四）普查表每户最多可以填写 20 人。对于超过 20 人的大集体户，可酌情分成若干集体户填写。

（五）有标准选项的项目，根据实际情况选填，并且每个问题只能选择一个标准选项。民族、普查时点（2020 年 11 月 1 日零时）居住地、户口登记地、出生地、五年前常住地等项目可根据列表栏进行选择。没有标准选项的项目，用文字或阿拉伯数字据情填报。

（六）如果填写错误或发生逻辑关系异常，数据采集程序会给出审核提示。审核类型分为强制性审核和确认性审核，若为强制性审核错误，必须根据提示信息对错误项目进行修改；若为确认性审核提示，应根据提示信息对异常项目进行核实，确认无误后，继续进行填报。

（七）普查员每填完一户，应即刻进行审核，将通过审核的信息向申报人当面宣读，核对无误后，由申报人签字确认。

第四部分 指标解释

一、普查短表

（一）住户项目

H1.户别——按家庭户、集体户的类别填报。

1.家庭户：以家庭成员关系为主，居住一处共同生活的人口，作为一个家庭户。单身居住独自生活的，也作为一个家庭户。

2.集体户：相互之间没有家庭成员关系，集体居住共同生活的人口作为一个集体户。

H2.本户应登记人数——包括两个部分。一部分是 2020 年 10 月 31 日晚居住本户的人数，既包括户口在本户、2020 年 10 月 31 日晚居住本户的人数，也包括户口不在本户、2020 年 10 月 31 日晚居住本户的人数，填写 H2 的第一项；另一部分是户口在本户，2020 年 10 月 31 日晚未居住本户的人数，填写 H2 的第二项。

H3.本户 2019 年 11 月 1 日至 2020 年 10 月 31 日期间的出生人口——填写本户在 2019 年 11 月 1 日至 2020 年 10 月 31 日期间出生的人数。分别填写男、女的合计数。若本户在此期间没有出生人口，请填写“0”。

H4.本户 2019 年 11 月 1 日至 2020 年 10 月 31 日期间的死亡人口——填写本户在 2019 年 11 月 1 日至 2020 年 10 月 31 日期间死亡的人数。分别填写男、女的合计数。若本户在此期间没有死亡人口，请填写“0”。

填写 H3、H4 时应注意：

不要漏掉出生时有某种生命现象（如在胎儿脱离母体时，有呼吸或心跳，脐带搏动、随意肌收缩等）不久即死亡的婴儿，既要填写出生人数，也要填写死亡人数。

H5.住所类型——按居住的住所类型填报。

1.普通住宅：指人工建造的，有墙、顶、门、窗等结构，具有独立入口，专门供人居住的房屋或场所。如单元房、平房、四合院、独栋别墅、筒子楼、窑洞等传统意义上的住宅。

2.集体住所：指学生宿舍、职工宿舍、工棚、养老院、福利院、宗教场所等。

3.工作地住所：指居住在办公楼、发廊、商铺、餐馆等工作场所。

4.其他住房：指居住在上述场所以外的其他房屋或场所。

5.无住房：指本户没有住房，居无定所（如流动人口中那些睡在桥下、公园、车站或睡在运载货物、商品车辆上的人等）。

H6.本户现住房建筑面积——本户现住房的建筑面积以房屋所有权证（不动产权证）或租赁凭证上的相关信息为准。

若只知道使用面积的，可用使用面积乘以 1.33，换算成建筑面积。填写本项目时应注意：

1.在租借房屋居住的户，按租借住房的实际情况填写其住房建筑面积。

2.合住在同一所住房里的住户，其建筑面积为各户所独立使用的房间面积加上公共使用面积（包括厨房、厕所、门厅、阳台等）的分摊部分：两户合住的，各按二分之一计算；三户合住的，各按三分之一计算，依此类推。

3.建筑面积应填写整数，不为整数时四舍五入获得。

H7.本户现住房间数——指除厨房、厕所、过道和厅以外的所有自然间数（包括扩建的房间）。填写本项目时应注意：

1.在租借房屋居住的户，按租借住房的实际居住情况填写其住房间数。

2.合住同一所住房的，在填写住房间数时，填写其独立使用的房间数。

（二）个人项目

D1.姓名——填写被登记人的正式姓名。没有正式姓名的可填小名或某某氏，但不能填笔名、代号等。婴儿未起名的，可填“未取名”。

D2.与户主关系——指被登记人与本户户主的关系。申报人不是户主的，不要将被登记人与申报人的关系错填为与户主的关系。

0.户主：按家庭日常生活习惯确定户主。

1.配偶：指户主的妻子或丈夫。

2.子女：指户主的子女。

3.父母：指户主的父母或继父母、养父母。

4.岳父母或公婆：指户主配偶的父母或继父母、养父母。

5.祖父母：指户主或配偶的祖父母、外祖父母、曾祖父母、外曾祖父母。

6.媳婿：指户主子女的配偶。

7.孙子女：指户主的孙子女、外孙子女、孙媳婿、外孙媳婿、重孙子女、重孙媳婿、重外孙子女、重外孙媳婿。

8.兄弟姐妹：指户主及其配偶的兄弟姐妹以及他们的配偶。

9.其他：指以上九种人以外的成员。

在登记家庭户时，户主应登记为第一人，选填“0.户主”。如果户主的配偶也在本户登记，应登记为第二人，选填“1.配偶”，然后再登记该户的其他成员；如果户主没有配偶，或户主配偶不在本户登记，第二人登记本户其他成员。

在登记集体户时，任选一人登记为户主，选填“0.户主”，本户其他成员与户主关系一律登记为其他，选填“9.其他”。

D3.公民身份号码——指 18 位公民身份号码。无公民身份号码的填写 18 位 0。

D4.性别——指被登记人的性别。

D5.出生年月——指被登记人的出生年、月。

出生年月按公历填写，只知道农历的，要换算成公历。按照一般的规律，农历的月份与公历的月份相差一个月左右，换算时农历的月份加 1 即可作为公历的月份，但要注意农历的 12 月应当是公历下一年的 1 月。

D6.民族——指被登记人的民族。

外国人加入中国籍，其民族和我国的某一民族相同的，就选填某一民族；没有相同民族的，按外国人加入中国籍填写，选填“入籍”。

D7.普查时点（2020 年 11 月 1 日零时）居住地——指被登记人在普查标准时点居住的地址。

1.本普查小区：指普查时点居住在本普查小区的人。如果本户在本普查小区拥有一套以上的住房，可确定其中一处进行登记。

2.本村（居）委会其他普查小区：指户口登记地在本普查小区，普查时点居住在本村（居）委会其他普查小区的人。

3.本乡（镇、街道）其他村（居）委会：指户口登记地在本普查小区，普查时点居住在本乡（镇、街道）其他村（居）委会的人。

4.本县（市、区、旗）其他乡（镇、街道）：指户口登记地在本普查小区，普查时点居住在本县（市、区、旗）的其他乡（镇、街道）的人。

5.其他县（市、区、旗）：指户口登记地在本普查小区，普查时点居住在本县（市、区、旗）以外地区的人。填报本选项的人还需选填普查时点居住地所在省（区、市）、市（地、州、盟）、县（市、区、旗）

的具体名称。

6.香港特别行政区、澳门特别行政区、台湾地区：指户口登记地在本户，普查时点居住在香港特别行政区、澳门特别行政区、台湾地区的人。

7.国外：指户口登记地在本户，普查时点居住在国外的人。

D8.户口登记地——指被登记人的居民户口簿上的地址。

1.本村（居）委会：指户口登记地在本村（居）委会的人。

2.本乡（镇、街道）其他村（居）委会：指普查时点居住本普查小区，户口登记地在本乡（镇、街道）其他村（居）委会的人。

3.本县（市、区、旗）其他乡（镇、街道）：指普查时点居住本普查小区，户口登记地在本县（市、区、旗）的其他乡（镇、街道）的人。

4.其他县（市、区、旗）：指普查时点居住本普查小区，户口登记地在本县（市、区、旗）以外地区的人。填报本选项的人还需填写户口登记地所在省（区、市）、市（地、州、盟）、县（市、区、旗）的具体名称。

5.户口待定：指普查时点居住本普查小区，在任何地方都没有登记户口的人。包括手持户口迁移证、出生证、退伍证等情况。

D9.离开户口登记地时间——指到普查标准时点为止，被登记人离开户口登记地（居住地与户口登记地不一致）的时间。

没有离开户口登记地是指户口登记地在本村（居）委会，普查标准时点居住在本普查小区或本村（居）委会其他普查小区。

若常年外出的人由于农忙、节假日等原因偶尔回家的，或回家后因疫情原因推迟外出的，还应该从第一次离开户口登记地的时间开始计算。

D10.离开户口登记地原因——指被登记人离开户口登记地（居住地与户口登记地不一致）的原因。

0.工作就业：指十五周岁及以上因务工经商、工作招聘、调动等原因离开户口登记地的人。

1.学习培训：指六周岁及以上因考入各级各类学校或参加各种学习班、培训班而离开户口登记地的人。

2.随同离开/投亲靠友：指因跟随亲属、投亲靠友而离开户口登记地的人。

3.拆迁/搬家：指因房屋拆迁、改造或者搬家而离开户口登记地的人。

4.寄挂户口：指户口落在集体户或没有在户口登记地居住过、只落户口的人。

5.婚姻嫁娶：指十五周岁及以上因结婚而离开户口登记地的人。

6.照料孙子女：指为照料孙子女而离开户口登记地的人。

7.为子女就学：指为子女就学而离开户口登记地的人。

8.养老/康养：指因旅游（度假）养老/康养、候鸟式养老/康养、回籍贯地养老/康养、居住在养老院而离开户口登记地的人，不包括跟随子女养老。

9.其他：指上述几种以外的原因。

凡具有两种以上原因的，按其主要的原因选填一个标准选项。

D11.受教育程度——指按照国家教育体制，被登记人接受教育的情况。通过自学或成人学历教育经国家统一考试合格的，分别归入相应的受教育程度。

1.未上过学：指从未接受过各级各类学校教育。包括参加过各种扫盲班或成人识字班学习，且以后再没有接受过各级各类学校教育的人。

2.学前教育：指仅接受过或正在接受专门学前教育机构教育，即在幼儿园或附设幼儿班接受保育和教育。

3.小学：指接受的最高一级教育为小学，无论其是否在校、毕业、肄业或辍学。

4.初中：指接受的最高一级教育为初中，无论其是否在校、毕业、肄业或辍学。

5.高中：指接受的最高一级教育为普通高中、成人高中和中等职业学校，无论其是否在校、毕业、肄业或辍学。

6.大学专科：指接受的最高一级教育为大学专科。在普通高等学校学习大学专科的，无论其是否在校、毕业、肄业或辍学，都填报此项。

凡国家授权承认学历的开放大学、广播电视大学、职工大学等成人高校和普通高等学校举办的函授大学、夜大学和其他形式的大学，按教育部颁布的大学专科教学大纲进行授课的，其毕业生选填此项；其肄业生、在校生按原有受教育程度填报。含成人专科和网络专科。

通过自学，经国家统一举办的自学考试合格，并取得大学专科毕业证书的，也选填此项。

7.大学本科：指接受的最高一级教育为大学本科。在普通高等学校学习大学本科的，无论其是否在校、毕业、肄业或辍学，都填报此项。

凡国家授权承认学历的开放大学、广播电视大学、职工大学等成人高校和普通高等学校举办的函授大学、夜大学和其他形式的大学，按教育部颁布的大学本科教学大纲进行授课的，其毕业生选填此项；其肄业生、在校生按原有受教育程度填报。含成人本科和网络本科。

通过自学和进修大学课程，经考试合格，并取得大学本科毕业证书的，也选填此项。

8.硕士研究生：指接受的最高一级教育为硕士研究生，无论其是否在校、毕业、肄业或辍学。含 2016 年 12 月 1 日以后录取的非全日制硕士研究生。

在职接受硕士研究生教育的，其毕业生选填此项；肄业生和在校生按原有受教育程度填报。

9.博士研究生：指接受的最高一级教育为博士研究生，无论其是否在校、毕业、肄业或辍学。含 2016 年 12 月 1 日以后录取的非全日制博士研究生。

在职接受博士研究生教育的，其毕业生选填此项；肄业生和在校生按原有受教育程度填报。

凡是没有按教育部的教学大纲培养或只学单科的人，不能填报“大学专科”“大学本科”“硕士研究生”或“博士研究生”，一律按原有受教育程度填报。

D12.是否识字：指被登记人是否达到国家规定的脱盲标准（城镇居民和企、事业单位职工识字 2000 个，农村居民识字 1500 个）。登记时可询问，日常生活中是否能读懂简单的书信或书写简短的句子。如果能阅读通俗书报、能写便条就认为具有识字能力。

二、普查长表

（一）住户项目

H1.户别——与短表 H1 相同。

H2.本户应登记人数——与短表 H2 相同。

H3.本户 2019 年 11 月 1 日至 2020 年 10 月 31 日期间的出生人口——与短表 H3 相同。

H4.本户 2019 年 11 月 1 日至 2020 年 10 月 31 日期间的死亡人口——与短表 H4 相同。

H5.住所类型——与短表 H5 相同。

H6.本户现住房建筑面积——与短表 H6 相同。

H7.本户现住房间数——与短表 H7 相同。

H8.住房所在建筑的总层数——层数是指建筑物的自然层数，一般按室内地坪以上计算。

采光窗在室外地坪以上的半地下室，其室内层高在 2.20m 以上（不含 2.20m）的，计算自然层数；假层、附层（夹层）、插层、阁楼（暗楼）、装饰性塔楼，以及突出屋面的楼梯间、水箱间不计层数。

其中，平房是指只有一层的房子。

H9.承重类型——指在房屋建筑中，由各种构件（屋架、梁、板、柱等）组成的能够承受各种作用的体系。

1.钢及钢筋混凝土结构：指承重的主要构件是用钢及钢筋混凝土建造的。它包括“钢结构”“钢、钢筋混凝土”和“钢筋混凝土”三种结构类型。

钢结构：承重的主要构件是钢材料建成的，包括悬索结构。

钢、钢筋混凝土结构：承重的主要构件是用钢、钢筋混凝土建造的。如一幢房屋一部分梁柱采用钢、钢筋混凝土构架建成。

钢筋混凝土结构：承重的主要构件是用钢筋混凝土建造的。包括薄壳结构、大模板现浇结构及使用滑模、升板等建造的钢筋混凝土结构的建筑物。

2.混合结构：指承重的主要构件是用钢筋混凝土和砖木建造的。如一幢房屋的梁是用钢筋混凝土制成，以砖墙为承重墙，或者梁是用木材建造，柱是用钢筋混凝土建造。

3.砖木结构：指承重的主要构件是用砖、木材建造的。如一幢房屋是木制房架、砖墙、木柱建成的。

4.竹草土坯结构：指承重的主要构件是用竹、草、土坯等建造的。如竹楼、土窑洞等。

5.其他结构：指不属于上述类型的结构。

H10.住房建成年代——指本户住房所属建筑物的建成年份。

本户住房所属建筑物翻修过的，按翻修时的年份选填。经过改建的，如改建面积大于原面积的，按改建时的年份选填；如改建面积小于原面积的，按原建成年份选填。

H11.住房所在建筑有无电梯——指本户住房所属建筑物内部、外部是否安装电梯。

H12.主要炊事燃料——指本户用于炊事的主要燃料。

如果本户用于炊事的燃料有两种以上，选填主要的一种。

H13.住房内有无管道自来水——指本户住房内是否有经过公用设施净化处理的管道输送水。

在院子里自己打的机井不能算作有自来水。

H14.住房内有无厨房——指本户住房内是否有专供做饭使用的房间，无论是否装有上下水道及固定灶具。

在公用过道、客堂等处烧饭的和在庭院、路边搭建的、临时简陋设施中做饭的都不算有厨房。

H15.住房内有无厕所——指本户住房内是否有厕所。

1.水冲式卫生厕所：指有上下水系统，或厕间有备水桶（瓢冲），坐便或蹲便器有水封或无水封的厕所，且粪便及污水冲入到下水道、化粪池和厕坑，无蝇，不会造成环境污染。

2.水冲式非卫生厕所：指虽然是水冲式厕所，但是粪便被冲到开放的水渠、沟塘等开放水体或者不确定冲到何处，会污染环境。

3.卫生旱厕：指有固定盖板的厕所，粪便基本无暴露，保持无蝇。比如通风改良厕所、堆肥厕所、双坑交替厕所、粪尿分集厕所、阁楼厕所、深坑防冻厕所等。

4.普通旱厕：包括无盖板的敞开式旱厕，有或无防渗处理。通常粪便暴露、有蛆蝇。

5.无：指没有厕所。

H16.住房内有无洗澡设施——指住房内是否有固定浴缸（浴盆）或淋浴龙头等能使用的洗浴设施。

1.统一供热水：指本户洗浴用热水由社区、物业管理部门或其他公共设施统一供应。

2.家庭自装热水器：指本户洗浴用热水是由自己安装的各种热水器，如电热水器、燃气（罐装、管道）热水器等。

3.其他：指上述两种以外的洗浴设施。

4.无：指住房内没有洗浴设施。

H17.住房来源——指本户获取现住房的方式。

1.租赁廉租房/公租房：指向政府相关部门申请并租住廉租房、公租房。

2.租赁其他住房：指通过私人、单位或房屋中介等渠道租住住房。

3.购买新建商品房：指按市场价购买的新建商品房。

4.购买二手房：指购买那些进入房屋市场进行交易，第二次及以上进行产权登记的住房，包括二手商品房、允许上市交易的已售公房、经济适用房等。

5.购买原公有住房：指个人以成本价或优惠价购买的、原作为福利分配给本单位职工的住房。

6.购买经济适用房/两限房：指向政府相关部门申请并购买经济适用房、两限房。

7.自建住房：指个人建造的住房，其产权属于个人所有。

8.继承或赠予：指从亲属处继承而来或者受他人赠予而获取住房。

9.其他：指上述几种住房来源以外的情况。

H18.月租房费用——指最近用于交纳房租的单月金额，不包括水电费、物业费、取暖费等附加费用。月租房费用不为整数时，按四舍五入计算。

若多人合租作一户登记时，则需将每人月租费加总计算。

H19.拥有全部家用汽车的总价——是指住户拥有的全部供家庭生活使用的汽车价格之和。

汽车价格按汽车实际购买价格（含税）的方式计算。

若住户有多辆家用汽车，则按全部家用汽车的价格总和选填。

（二）个人项目

C1.姓名——与短表 D1 相同。

C2.与户主关系——与短表 D2 相同。

C3.公民身份号码——与短表 D3 相同。

C4.性别——与短表 D4 相同。

C5.出生年月——与短表 D5 相同。

C6.民族——与短表 D6 相同。

C7.普查时点（2020 年 11 月 1 日零时）居住地——与短表 D7 相同。

C8.户口登记地——与短表 D8 相同。

C9.离开户口登记地时间——与短表 D9 相同。

C10.离开户口登记地原因——与短表 D10 相同。

C11.户口登记地类型——指离开户口登记地（居住地与户口登记地不一致）时的户口登记地类型。

若离开时户口登记地的类型是“乡”，而现在已改成“镇”，应选填“1.乡”，不要填报“2.镇的村委会”或“3.镇的居委会”。

C12.是否有农村土地承包经营权——指被登记人户口所在的户是否有农村土地承包经营权。

户口所在的户应以被登记人的户口簿为准。拥有农村土地承包经营权是指被登记人户口登记地在农村地区或以前的农村地区，目前户口所在的户与集体经济组织签订了农村土地承包合同。

拥有农村土地承包经营权的户，目前可能实际经营承包地，也可能因各种原因不再经营承包地，包括以转包、出租、入股、托管等方式流转所承包土地经营权。

C13.出生地——指被登记人的出生地点。

1.本县（市、区、旗）：指出生在本县、县级市、区、旗。

2.本省其他县（市、区、旗）：指出生在本省的其他县、县级市、区、旗。

3.省外：指出生在本省（区、市）以外其他地区，并选填出生地所在省（区、市）的名称。在港、澳、台或国外出生的，根据实际情况选填 “香港特别行政区”“澳门特别行政区”“台湾地区”或“国外”。

C14.五年前常住地——指被登记人在普查标准时点的五年前，即 2015 年 11 月 1 日零时的常住地。

五年前居住在本县（市、区、旗）以外其他地区的人，还需选填五年前常住地的地址。

五年前居住在港、澳、台或国外的，根据实际情况选填“香港特别行政区”“澳门特别行政区”“台湾地区”或“国外”。

C15.受教育程度——与短表 D11 项相同。

C16.学业完成情况——指受教育程度为小学及以上的人完成学业的情况。

1.在校：正在接受各级各类学校教育并有学籍。

2.毕业：已修完全部课程，并经过考试鉴定合格。

3.肄业：修完全部课程，但考试不及格或因种种原因未取得毕业资格。

4.辍学：未能修完所规定的全部课程，中途退学。

5.其他：私塾、自学等其他方式。

C17.是否识字——与短表 D12 项相同。

C18.工作情况——指被登记人在 10 月 25—31 日期间，即普查标准时点前一周，是否为取得收入而工作了 1 小时以上，包括临时工、互联网灵活就业、家庭经营无酬帮工。

工作是指为获取工资、实物报酬或经营收入而从事的各种生产、经营或服务性活动，其目的是为了取得收入，无论实际是否取得。不包括义务劳动和公益性劳动。

1.是：指在 10 月 25—31 日期间，为取得收入而干过固定的、临时的或兼职的工作，并且工作时间超过 1 小时。在校学生利用课余或假期以及退休人员为取得收入而从事了工作，也选填此项。

家庭成员在自家或亲属经营的公司、企业、商铺或网店工作，即使本人没有劳动报酬，也选填此项。

选填“1.是”的人，还需填写工作时间。工作时间按在 10 月 25—31 日期间实际的工作时间填写，而不是按国家或企业规定的制度工作时间填写。

计算工作时间，要注意把握以下几种情况：

（1）从事一种以上有收入工作的，几项工作时间相加计算。

（2）在规定的工作时间以外加班工作的，加班时间一并计算在内。

（3）农村既干家务又从事农业或其他有收入工作的人，家务劳动时间除外。

2.在职休假、在职学习培训、临时停工（保留工资）：

在职休假是指在 10 月 25—31 日期间，因各种休假或请假临时未工作，包括公休假、年休假、空勤人员、船员、火车乘务人员的轮休假、病假、工伤假、产假、事假、探亲假、婚丧假等。个人档案、人事关系已在某单位，但因各种原因尚未到新单位报到上班，如军人转业或工作调动等，也视为休假。

在职学习培训是指有工作单位，在 10 月 25—31 日期间参加脱产学习或培训。

临时停工（保留工资）是指在 10 月 25—31 日期间，由于机械或电力故障、原料或燃料短缺、天气或其他灾害等原因导致的暂时未工作，但仍可以有工资收入。

打零工、计件工等临时就业或灵活就业的人，因为上述原因停工并且没有收入，不填此项，应填“3.未做任何工作”。

3.未做任何工作：指在 10 月 25—31 日期间，没有工作单位，也未从事过任何可以有收入的工作。

对于下岗、内退人员，如果未与原单位解除劳动合同，仍有工资性收入的，选填“2.在职休假、在职学习培训、临时停工”；如果没有工资性收入，选填“3.未做任何工作”。对于承包土地的农民，在 10 月 25—31 日期间，如果干农活或其他有收入的工作超过 1 小时，选填“1.是”；如果外出打工，未从事任何工作，选填“3.未做任何工作”；如果正处于农业生产季节，没有外出打工，期间临时没有干农活，选填“2.在职休假、在职学习培训、临时停工”。

对于从事季节性生产经营的人，如果生产经营仍在进行中，只是在 10 月 25—31 日期间没有工作，选填“2.在职休假、在职学习培训、临时停工”；如果正处于季节性歇业，选填“3.未做任何工作”。

C19.工作单位或生产经营活动所属类型——指普查标准时点前一周的主要工作单位或生产经营活动类型。

1.企业、事业、机关或社会团体等法人单位：法人单位指依法成立，有自己的名称、组织机构和场所，能够独立承担民事责任，独立拥有和使用（或授权使用）资产承担负债，有权与其他单位签订合同，会计上独立核算，能够编制资产负债表的单位。包括企业、事业、机关、社会团体、民办非企业单位、基金会、居委会、村委会、农民专业合作社、农村集体经济组织和其他组织机构。

2.个体经营户：指资产归个人所有，以个体劳动为基础，劳动成果归劳动者个人占有和支配的一种经济组织。既包括在各级工商行政管理机关登记注册、领取《营业执照》的个体工商户，也包括没有领取《营业执照》，但实际从事个体经营活动的人。

3.经营农村家庭承包地（家庭农林牧渔生产经营活动）：指在自家承包的耕地、林地、草地、池塘以及其他合法用于农业的土地上，从事农林牧渔业生产经营活动，也包括家庭在转包和租用他人农业用地上从事农林牧渔业生产经营活动，所从事的农业生产活动以自营劳动为主，不雇佣长期雇工，但可能雇佣临时短工。

农业生产季节在承包土地上从事农业生产，但上周未做任何工作的人，也选填此项。

普查标准时点前一周未在自家承包土地上工作而从事其他生产经营活动的人，或外出务工经商的人不填此项，选填上周实际工作单位或生产经营活动。

4.自由职业/灵活就业：指除个体经营户以外的自雇就业或自主型的个体就业。包括律师、自由撰稿人、歌手、模特等自主就业人员，也包括家庭自雇家政服务、街头小贩、其他类型打零工的临时就业人员，还包括依赖平台承接工作任务、不隶属于任何雇主的劳动者。

C20.行业——指普查标准时点前一周主要工作所在单位的生产经营活动。如果前一周从事两项不同工作，按工作时间长短确定主要工作；如果工作时间相同，再按报酬高低确定主要工作。

行业是按照经济活动的同一性进行分类的，不是按其所属的行政管理系统来分的。产业活动单位是划分行业的分类标准。产业活动单位是指：（1）具有一个场所、从事一种或主要从事一种经济活动；（2）单独组织生产、经营或业务活动；（3）掌握收入和支出的会计核算资料。

填写行业时要注意以下情况：

有工作单位的，既要填写单位名称，也要填写单位的主要产品或从事的主要业务。单位名称要具体到分厂、分公司或营业部，即产业活动单位，不能笼统地只填写总厂名称。最重要的是单位的主要产品或主要业务要详细填写，要用动宾词组表达，如“生产服装”或“销售服装”，不能简写为“服装”。保密单位，填写其公开使用的名称和公开的主要产品或主要业务。

没有工作单位的，只填写主要产品或主要业务，如“送外卖”“当滴滴司机”。务农人员不能笼统地填写“农业”，要根据其具体的农业生产活动或农户具体从事的主要业务填写。如“种粮食”“养猪”等。

C21.职业——指普查标准时点前一周主要工作具体是干什么。如果前一周从事两项不同工作，按工作时间长短确定主要工作；如果工作时间相同，再按报酬高低确定主要工作。

职业分类是以工作性质的同一性为基本原则。所谓“同一性”，是指不论其所在工作单位是什么经济类型，不论用工形式是固定工还是临时工，也不论其隶属于哪个行业，凡是从事同一性质工作的人都划分为同一类。

填写职业时应注意以下情况：

填写职业要具体、详细。不能笼统地写“工人”“农民”“公务员”“工程师”等，而应具体填写其实际工作种类，如“铸轧工”“捕鱼”“统计人员”“通信工程技术员”等。具有专业技术职称的行政领导人员，应按行政领导职务填写其职业；同时担任两个以上职务的领导干部，应按主要职务填写其职业。工种尚未确定，暂时又无具体工作岗位的，要填写“工种未定”。

C22.未工作原因——指被登记人在普查标准时点前一周没有工作的主要原因。

1.在校学习：指在各级各类学校学习，并有正式学籍的人员。不包括有工作单位，脱产学习的人员。

2.离退休：指已办理离休、退休手续，定期领取离退休生活费，且未从事任何有收入劳动的人。

3.料理家务：指主要在自己家里从事家务劳动，且没有劳动收入的人。离、退休人员从事家务劳动的，选填“2.离退休”。为自家经营的摊位、商店、门市部、工厂工作的人，农村中既料理家务又务农或从事家庭副业的人，在别人家干家务活的临时工或小时工，均属于有工作的人，不选填此项。

4.丧失工作能力：指经专门机构鉴定或虽未鉴定但本人或其法定监护人认为，其因生理或心理疾患已丧失了从事劳动的能力。包括年老体弱生活不能自理的人员，但不包括离休、退休人员，这些人不论是身体残疾还是年老体弱生活不能自理，均选填“2.离退休”。

5.其他：指上述几种以外的原因。

C23.主要生活来源——指被登记人主要依靠什么生活。

如果被登记人同时有几种生活来源，选填其认为最主要的一项。

1.劳动收入：指主要依靠劳动报酬、经营利润或家庭收益（包括现金和实物收入）生活。

2.离退休金/养老金：指办理了离休、退休或退职手续，主要依靠从原工作单位或社会保险经办机构领取的离退休金（包括退职费）生活。

3.最低生活保障金：指建立最低生活保障制度的地区，家庭人均收入低于当地规定的最低生活保障线，主要依靠从政府有关部门或集体领取最低生活保障金生活，以及依靠民政部门发放的烈军属、五保户、残疾人等的生活抚恤金生活。

4.失业保险金：指失业保险经办机构依法支付给符合条件的失业人员的基本生活费用，是对失业人员在失业期间失去工资收入的一种临时补偿。

5.财产性收入：指以资金储蓄、借贷入股以及财产运营、房屋租赁等所取得的利息、股息、红利、租金等收入。

6.家庭其他成员供养：指主要依靠家庭其他成员或亲属的供养和资助生活。

7.其他：指上述几种以外的情况。

C24.婚姻状况——指被登记人在普查标准时点的实际婚姻状况。

1.未婚：指从未结过婚。

2.有配偶：指有配偶，处于婚姻中。

3.离婚：指曾经结过婚，但已办理了离婚手续且没有再婚，或正在办理离婚手续。

4.丧偶：指配偶已去世，且没有再婚。

人口普查的婚姻是指事实婚姻，不是单指法律意义上的婚姻，对不到法定结婚年龄，或未办理结婚手续而同居、实际结婚的人，应根据其在普查标准时点的实际情况，按照被登记人的申报选填。

C25.初婚年月——指被登记人第一次结婚时的年、月。

C26.生育子女数——指截止到普查标准时点，15至64周岁妇女的生育状况。

1.未生育：指被登记妇女没有生育过子女。

2.有生育：指被登记妇女生育过子女，需分别填写生过和存活的子女数。

生过几个孩子：指生育的活产男孩和女孩数，包括产后不久就死亡的婴儿。胎儿脱离母体时（不管孕期长短），凡有过呼吸或心跳、脐带搏动、随意肌收缩等生命现象的，都视为“活产”。这里所说的“子女”是指该妇女的亲生子女，不包括丈夫前妻的子女和领养的子女，但鉴于有些家庭不愿公开领养关系，可尊重申报人的意愿，按亲生子女填报。

其中现在存活几个孩子：指活产子女中，仍然存活的男孩和女孩数，无论是否与父母一起居住。在普查标准时点前已死亡的孩子不包括在内。无存活子女的填写“0”。

C27.过去一年（2019年11月1日—2020年10月31日）的生育状况——指普查标准时点前12个月内，15至50周岁被登记妇女的生育状况。

1.一年内未生育：指过去一年内没有生育过子女。

2.一年内有生育：指过去一年内生育过子女，需选填生育时间和孩子性别。

一年内生育两个以上孩子的，包括两次生育或生育多胞胎，还需填报第二个孩子的状况，第三个或以上的孩子不用填报。

C28.居住状况——指普查标准时点前一个月，60周岁及以上被登记人的主要居住状况。

1.与配偶和子女同住：指与配偶和子女住在一起。

2.与配偶同住：指子女不在身边，与配偶住在一起。

3.与子女同住：指配偶不在身边，与子女住在一起。

4.独居（有保姆）：指本户中只有老人和保姆。

5.独居（无保姆）：指独身一人居住。

6.养老机构：指在提供养老服务的场所，包括敬老院、老年公寓等居住的情况。凡在养老机构居住的老年人，不论与谁同住。

7.其他：指上述几种以外的状况。

C29.身体健康状况——指 60 周岁及以上被登记人根据自身健康状况，对普查标准时点前一个月能否保证正常生活做出的自我判断。

1.健康：指过去一个月健康状况良好，完全可以保证日常的生活。

2.基本健康：指过去一个月健康状况一般，可以保证日常的生活。

3.不健康，但生活能自理：指普查标准时点前一个月健康状况不是太好，但可以基本保证正常的生活。

4.不健康，生活不能自理：指普查标准时点前一个月健康状况较差，不能照顾自己日常的生活起居，如吃饭、穿衣、自行走动等。

三、港澳台居民和外籍人员普查表

（一）住户项目

F1.户别——与短表 H1 相同。

F2.住所类型——与短表 H5 相同。

F3.本户现住房建筑面积——与短表 H6 相同。

F4.本户现住房间数——与短表 H7 相同。

（二）个人项目

R1.姓名——填写被登记人的正式姓名。婴儿未起名的，可填“未取名”。外籍人员的姓名最好用中文填写，也可以用其它文字填写。

R2.与户主关系——与短表 D2 相同。

R3.性别——与短表 D4 相同。

R4.出生年月——与短表 D5 相同。

R5.来内地（大陆）或来华目的——指被登记人来中华人民共和国境内居住的原因。

1.商务：指进行各种商务活动的人。

2.就业：指已有工作或正在寻找工作的人。

3.学习：指已经或准备在各类学校学习的人。

4.定居：指在中华人民共和国境内定居但没有工作或上学的人。包括在中华人民共和国境内工作人士的家属。

5.探亲：指探望亲戚或朋友的人。

6.其他：指上述以外的其他原因。

R6.已在内地（大陆）或在华居住时间——指到普查标准时点为止，被登记人在中华人民共和国境内居住的时间。

R7.受教育程度——指被登记人接受教育情况。按照被登记人的申报选填。

R8.身份或国籍——指被登记人是香港特别行政区居民、澳门特别行政区居民还是台湾地区居民。如果是外国人，还应填写国籍。

R9.工作情况——参照长表 C18。

R10.行业——指被登记人的工作单位主要生产的产品或提供的服务类别，参照《国民经济行业分类（GB/T4754—2017)》，按标准选项据情选填。

R11.职业——指被登记人所从事的工作类别，按标准选项据情选填。

1.党的机关、国家机关、群众团体和社会组织、企事业单位负责人：指在中国共产党机关，国家机关，民主党派和工商联，人民团体和群众团体、社会组织及其工作机构，基层群众自治组织，企业、事业单位中担任领导职务并具有决策、管理权的人员。

2.专业技术人员：指从事科学研究和专业技术工作的人员。

3.办事人员和有关人员：指在公共管理和社会组织机构中从事行政业务、行政事务、行政执法和仲裁、安全保卫、消防和应急救援等工作的人员。

4.社会生产服务和生活服务人员：指从事商品批发零售、交通运输、仓储、邮政和快递、信息传输、软件和信息技术、住宿和餐饮以及金融、房地产、租赁和商务技术辅助、生态保护、文化、体育和娱乐等社会生产服务与生活服务工作的人员。

5.农、林、牧、渔业生产及辅助人员：指从事农、林、牧、渔业生产活动及辅助生产的人员。

6.生产制造及有关人员：指从事产品生产及设备制造，矿产开采，工程施工和运输设备操作的人员及有关人员。

7.不便分类的其他从业人员。

R12.婚姻状况——参照长表 C24。

四、死亡人口调查表

凡在普查短表户记录 H4 中，登记了 2019 年 11 月 1 日至 2020 年 10 月 31 日期间有死亡人口的户，还要登记死亡人口的具体情况。

S1.姓名——与短表 D1 相同。

S2.公民身份号码——与短表 D3 相同。

S3.性别——与短表 D4 相同。

S4.出生年月——与短表 D5 相同。

S5.死亡时间——指死亡人口死亡时的月份。

S6.民族——与短表 D6 相同。

S7.受教育程度——与短表 D11 相同。

S8.婚姻状况——与长表 C24 相同。

为保证死亡人口的登记质量，普查员在入户登记时应注意以下几点：

1.登记死亡人口时，一般以死亡前的常住地为登记地，而不以死亡发生时的地点（如医院等）为登记地。

2.本户常住人口中有死亡的，不论其与该户有无亲属关系，都应作为该户死亡人口予以登记。

3.对于无法确定死亡人口常住地，或登记时与死亡人口常住地联系不上的，如孤寡老人、流动人口等，一律在死亡发生地登记。